KRÖNERS TASCHENAUSGABE BAND 388

WINFRIED ENGLER

LEXIKON DER FRANZÖSISCHEN LITERATUR

3., verbesserte und erweiterte Auflage

ALFRED KRÖNER VERLAG STUTTGART

Engler, Winfried
Lexikon der französischen Literatur
3., verbesserte und erweitere Auflage
Stuttgart: Kröner 1994
(Kröners Taschenausgabe; Bd. 388)
ISBN 3-520-38803-0

... allons voir si ...

Satz: Utesch Satztechnik GmbH, Hamburg
Druck und Einband: Friedrich Pustet, Regensburg

VORWORT

Ein Literaturlexikon scheint vorauszusetzen, daß Literaturwissenschaft ihren eigenen Gegenstand, Literatur, problemlos besitzt und der Lexikograph scheinbar auf mechanische Art herrschende philologische Meinungen übertragen kann. Eher konstituiert jedoch die Disziplin ihren Gegenstand erst durch den jeweiligen Entscheid für eine Methode, die ihrerseits einsichtig auf eine Literaturtheorie zurückzuführen ist. Gerade wo im Lexikon, das Autoren-, Werk- und Sachwörterbuch in einem ist, Einzelfakten, Einzeldaten stehen, wird dem Verfasser wie dem Benutzer wieder bewußt, daß die Herstellung kohärenter Zusammenhänge beim Literaturverständnis ohne methodischen, hier freilich impliziten Vorentscheid über die Klassifikation noch nichts zu erklären vermag.
Zielgruppen des vorliegenden Bandes sind Benutzer, denen einbändige englische und amerikanische Lexika zur französischen Literatur bibliographisch zu wenig bieten und für die das *Dictionnaire des lettres françaises,* der ›Grente‹, nur in Seminarbibliotheken zur Verfügung steht – Schüler, Studenten, Lehrer und gebildete Amateure also könnten von dem Taschenbuch profitieren. Daß ein Literaturlexikon die Lektüre der verzeichneten Texte nicht ersetzen kann, immer nur Stichworte und Erinnerungshilfen gibt, bedarf keines eigenen Beweises.
Modell bei der Anlage war natürlich das *Oxford companion to French literature* von Sir Paul Harvey und Janet E. Heseltine (zuletzt 1966). Es galt, wenn eine Kopie vermieden werden sollte, nicht nur den Standard dieses Lexikons aufgrund einer veränderten Kultur- und Literaturkonzeption zu erreichen, sondern den Benutzer auch über Biographie, Opus, Wirkung und Forschung detaillierter zu unterrichten, und dies auf engerem Raum. Praktisch folgte daraus auch, daß noch über Daten vom Sommer 1973 informiert wird.
Aus technischen Gründen läßt das Taschenbuchformat wesentlich weniger Stichwörter zu als der inzwischen siebenbändige ›Grente‹ oder *Kindlers Literaturlexikon,* das ebenso wie die übrigen unter der Rubrik ›Lexika‹ in der abschließenden Allgemeinen Bibliographie genannten Sachwörterbücher ständig herangezogen wurde und denen der Verfasser auch Formulierungshilfen verdankt; andererseits berücksichtigen wir auch Titel, die die großen Nachschlagewerke übergangen haben. Die zwangsläufige Abhängigkeit gerade vom reichen Material des *Dictionnaire des lettres françaises* involviert, darauf sei ausdrücklich verwiesen, kein Einverständnis mit der dort ablesbaren Organisation des Stoffs, der lückenhaften Ausstattung mit Werk- und Sachartikeln, den mangelnden Querverweisen und einer Vorliebe für schriftstellerisch tätige Kleriker, wobei insgesamt die Prinzipien, nach denen der Umfang der Artikel koordiniert wurde, kaum auszumachen sind. Dies ist um so mehr zu beklagen, als gegenwärtig keine Publikation dieses Werk ersetzen kann.
›Französisch‹ ist im Titel des Lexikons sowohl ein geographischer Begriff, der eine knappe Berücksichtigung provenzalischer Autoren und Werke rechtfertigte (während jedoch katalanische und baskische Literatur a priori nicht aufgenommen werden sollte), wie ferner ein linguistischer, der sich auch auf Schriftsteller, die im wallonischen Teil Belgiens, in der Suisse

romande, in Kanada oder in ehemaligen afrikanischen Kolonien sowie überseeischen Départements Frankreichs französisch schreiben, bezieht. Arrabal, Beckett, Cocciolo oder Ionesco, bei denen Muttersprache und Literatursprache nicht identisch sind, gehören ebenso mit Recht hierher. Inhalt dieses Lexikons sind Autoren-, Werk-, Gattungs- und Epochenartikel, aufgenommen sind ferner Stichwörter aus der Metrik, Stilistik, dem Theaterwesen, der Publizistik, Kulturpolitik, Soziologie, Geschichte und Geographie (in Anlehnung an den *Guide littéraire de la France*). Die Artikel entstanden in chronologischer, nicht alphabetischer Reihenfolge und wurden laufend auch quantitativ revidiert und bibliographisch ergänzt. Die Titelaufnahme entspricht Prinzipien der Reihe ›Kröners Taschenausgabe‹. Eigens sei vermerkt, daß das Stichwort, also auch ein längerer Titel, innerhalb des Artikels auf den ersten Buchstaben des ersten auch für die alphabetische Einordnung maßgebenden Wortes abgekürzt wird und daß deutsche Verlagsorte sowie Paris nicht zitiert sind. Bestimmte wie unbestimmte Artikel zählen für die alphabetische Reihenfolge nicht, wohl aber Präpositionen. Laufende Abkürzungen sind in einem Verzeichnis katalogisiert. Der Umfang der Autorenartikel bezeichnet jeweils dort nicht die volle Bedeutung des Schriftstellers, wo, wie z. B. im Falle von Voltaire oder Sartre, zahlreiche Schriften in eigenen Werkartikeln ausgeklammert sind. Natürlich bringt der Verfasser des Lexikons in solchen Fällen auch seine Kompetenz ins Spiel; beim Kanon eines Literaturwörterbuchs ist dies nicht anders als bei der Arbeit an Sprachwörterbüchern. Ebenso gewiß ist sein Standpunkt wieder durch überzeugende Gesamtdarstellungen, wie etwa von Antoine Adam zum 17. Jahrhundert, von Victor Klemperer, Werner Krauss oder Hugo Friedrich zur neueren Literatur geprägt.

In den wichtigeren Werkartikeln werden – im Idealfall – Gattung, Entstehung, Erstdruck, Teildruck, Erstausgabe, gegebenenfalls Uraufführung, Inszenierung und moderne, auch kritische Einzelausgaben, vereinzelt noch Übersetzung und Verfilmung an den Anfang gestellt. Figurenartikel stehen häufig unter dem Vornamen, wo er im Werk geläufiger ist: Alissa *(La porte étroite)*, sonst Des Esseintes *(A rebours)*. Pfeile verweisen auf einzeln beschriebene Werke und weitere Sekundärliteratur, auf Autoren und thematische wie formale Komplexe.

Der Autorbegriff dieses Lexikons ist nicht identisch mit einer Konzeption, die auf den Dichter als Schöpfer von Belletristik verengt wird und streng genommen nur Lyriker, Epiker und Romanciers gelten läßt, den Dramatiker, dessen Wirkung von außerliterarischen Instanzen abhängt, und den Moralisten, der vom Philosophen, wo dieser sich schon an ein fachkundiges Publikum wenden muß, idealtypisch nirgends geschieden ist, ausklammern muß. Vielmehr wurden noch Literaturkritiker, Philologen, Philosophen und Gesellschaftstheoretiker, namentlich seit dem 18. Jahrhundert, berücksichtigt. Darüber hinaus verzeichnet diese Taschenausgabe auch Schauspieler, Regisseure, Buchdrucker, Verleger, Maler und einzelne politische Persönlichkeiten, wie Franz I., Heinrich IV., oder Repräsentanten der Revolution von 1789.

Der Benutzer findet unter solchen Stichwörtern bibliographische Hinweise, die er im allgemeinen Literaturverzeichnis am Ende des Bandes unter Umständen vermissen wird. Diese Schlußbibliographie, bei deren

Erstellung dem Verfasser das Gebot zur Konzentration und zur gleichzeitigen Wiedergabe kontroverser Lehrmeinungen sowie der Standardwerke kaum erreichbares Ideal war, umfaßt die Kapitel Bibliographie, Lexika, Darstellungen zur Ästhetik, Gattungspoetik, Stilistik, Stoffgeschichte und Sozialgeschichte sowie Epochenaufrisse.
Allen, die im Verlag und in der Druckerei zur Herstellung des handlichen Buches mitgeholfen haben, dankt der Verfasser an dieser Stelle, vor allem aber dem früheren Cheflektor, Gero von Wilpert, mit dem er seit 1966 die Konzeption vereinbart, Horst-P. Ensslen, mit dem er das Manuskript satzfertig gemacht hat, und Claudia Klaffke, M.A., die während der letzten Durchsicht substantielle Ergänzungen, vor allem zum Komplex der Négritude, vorschlagen konnte. Der Verfasser bittet die Benutzer um sachdienliche Hinweise zur Tilgung von Versehen und Bereicherung des Materials.

Berlin-Frohnau, im Herbst 1973 W. E.

VORWORT ZUR 2. AUFLAGE

Die Konzeption dieses Literaturwörterbuchs wurde für die Neuauflage nicht verändert. Durch seinen eigenständigen, vor zehn Jahren entwickelten Aufbau unterscheidet es sich weiterhin von Lexika, die entweder den Schwerpunkt auf Forschungsreferate, die Auflistung von Autoren oder die Datierung von Titeln legen. Druck- und Sachfehler, die ich selbst gefunden habe und auf die mich Rezensenten bzw. Benutzer aufmerksam gemacht haben, wurden getilgt. Für zahlreiche Eintragungen sind einige tausend biographische und bibliographische Ergänzungen erforderlich geworden; sie betreffen die Primär- und Sekundärliteratur, Gesamtausgaben, wissenschaftliche Editionen, gelegentlich Inszenierungen oder Verfilmungen. Zahlreiche wertvolle Mitteilungen und Gespräche, insbesondere mit den Kollegen der Berliner Universitäten, waren mir für die Erweiterung und Verbesserung von Nutzen.
Da einerseits die Handlichkeit sowie die Herstellungskosten dieses Literaturwörterbuchs vom Autor zu berücksichtigen waren und andererseits in Frankreich jedes Jahr zwischen zwei- und dreihundert Romane auf den Markt kommen oder, um ein philologisches Beispiel zu nennen, in letzter Zeit weltweit jährlich bis zu einem Dutzend neuer Untersuchungen zu *Manon Lescaut* publiziert werden, wird ein spezifisches Dilemma des Lexikons im Taschenbuchformat greifbar. Die als repräsentativ vorausgesetzte Selbstdarstellung der Literaturwissenschaft des Französischen im Rezensionsteil ihrer maßgebenden Periodica liefert den für die unumgängliche Selektion verläßlichen Leitfaden. Hingegen entscheidet über die Neuaufnahme von Schriftstellern und den Umfang ihres Werkkatalogs häufig meine subjektive Kompetenz, namentlich dort, wo Äußerungen der Literaturkritik wenig repräsentativ oder widersprüchlich ausfallen. Statistische Werte, mit deren Hilfe über den Rang eines Dichters bis Ende der sechziger Jahre entschieden werden kann, sind für Zeitgenossen in der Regel

nicht zu erbringen. Darüber hinaus ist generell die Vollständigkeit der Titelaufnahme in einem einbändigen Lexikon eine Utopie, auch wenn andere Verfasser oder ihre Verleger diesen Anspruch anmelden. Es kann sich fast immer nur um – im Idealfall – repräsentative Listen handeln.
Aus den skizzierten Gründen müssen auch am Prinzip der universellen Frankophonie, 1974 euphorisch formuliert, Abstriche gemacht werden; denn die zunehmende Quantität der in der Neuen Romania produzierten Literatur würde entweder den technisch vorgegebenen Rahmen sprengen oder, wie in anderen Werken, dazu führen, daß statt dessen französische Autoren übergangen oder ausgeklammert werden. – Die Bibliographie im Schlußteil wurde z. T. gründlich revidiert und um einen Abschnitt »Periodica«, der die wichtigsten Titel nennt, erweitert. Daß die Informationen zum Stichwort »Katze« detaillierter geworden sind, war zu erwarten; andersdenkende Rezensenten mögen darüber hinwegsehen.
Brunhilde Wehinger, M.A., überprüfte neue Artikel, Sigrid Esch sorgte für die Lesbarkeit der Druckvorlage; beiden danke ich für ihre Mühen.

Berlin-Frohnau, 23. Februar 1984 W. E.

VORWORT ZUR 3. AUFLAGE

Solange das Lexikon so selten zitiert wird, wie dies zu meiner anfänglichen Irritation in den letzten zwanzig Jahren der Fall war, nehmen Verleger und Autor dies inzwischen als ein eher gutes Zeichen. Die Benutzer haben offenbar wenig Anlaß zur Klage; wenn allerdings Monita vorgetragen werden, liegt ihnen ein strenger Fehlerindex zugrunde.
Für diese Neuauflage sind an weit mehr als tausend Stellen Korrekturen und Ergänzungen vorgenommen worden. Fällige neue Personen- und Sachartikel sind hinzugekommen. Wer trotzdem für die eine oder andere Kultfigur keinen Eintrag findet, sollte mich daraufhin ansprechen.
Das Motto des Bandes, aus Ronsard, dem neugierigen Leser als Zuruf allemal verständlich, war in der Zweitauflage ein Widmungssignal, nach dem Tod von Mignonne bleibt es als Epitaph stehen …
Assoziiert ist meine Arbeit der letzten Monate an dieser verbesserten Fassung mit dem herrischen Auftritt der *visiteurs du soir,* Ch., P. und la Rossa, vor allem ihrer Unart, vom Stützpunkt der wärmenden Lampe aus wie Surrealisten in die Tasten zu greifen oder die Maus zu malträtieren.
Für seriöse und verständige Mitarbeit danke ich herzlich Dr. Brunhilde Wehinger, Marc Comina, der die Lücke, die ihn störte, selbst auffüllte, Andrea Petruschke, deren Vertrauen in die Unfehlbarkeit der Lexikographen und Bibliographen ziemlich erschüttert wurde, Brigitta Paterok, und seit 1974 zum dritten Mal meiner Sekretärin, Sigrid Esch, die Notizen in Typoskripte umformte und überhaupt das letzte Wort hatte. Daß der Alfred Kröner Verlag diesen Titel mit allem technischen Aufwand in die dritte Auflage befördert, verdient, angesichts der Entwicklung auf dem Gebiet des Fachbuchs, besonderen Respekt.

Berlin-Frohnau, zu Johannis 1993 W. E.

ABKÜRZUNGEN

Ac. = Académie
Abh. = Abhandlung
allg. = allgemein
Ak. = Akademie
altfranz. = altfranzösisch
ANS = Archiv für das Studium der neueren Sprachen und Literaturen
Ausw. = Auswahl
Autobiogr. = Autobiographie
Bd. = Band
bibl. = bibliographie, bibliography
Bibl. = Bibliographie
Biogr. = Biographie
BN = Bibliothèque Nationale
CAIEF = Cahiers de l'Association internationale des études françaises
Com.frçe. = Comédie-Française
ders. = derselbe
dies. = dieselbe
Diss. = Dissertation
dt. = deutsch
Dtl. = Deutschland
DVJS = Deutsche Vierteljahrsschrift für Literaturwissenschaft und Geistesgeschichte
e. = ein(e usw.)
EA = Erstausgabe
ebda. = ebenda
Ed. = Edition
éd. = édité
ED = Erstdruck
eig. = eigentlich
ENS = Ecole Normale Supérieure
F = Franc
Festschr. = Festschrift
Forts. = Fortsetzung
franz. = französisch
FR = French Review
frç(e). = français(e)
Frkr. = Frankreich
FS = French Studies
geb. = geboren
Ged. = Gedicht
gen. = genannt
Gesch. = Geschichte
GRM = Germanisch-Romanische Monatsschrift
hg., Hg. = herausgegeben, Herausgeber
Hzg(in). = Herzog, Herzogin
Hs. = Handschrift
Jg. = Jahrgang
Jh. = Jahrhundert
Kap. = Kapitel
Kg(in). = König, Königin
kgl. = königlich
kom. = komisch
Kom. = Komödie
komm. = kommentiert
Komm. = Kommentar
KPF = Kommunistische Partei Frankreichs (PCF)
krA = kritische Ausgabe
lat. = lateinisch
lit. = literarisch
Lit. = Literatur
ma. = mittelalterlich
MA = Mittelalter
Mitgl. = Mitglied
MLQ = Modern Language Quarterly
MLR = Modern Language Review
mod. = modern
Ms. = Manuskript
n. = neu, Neuausgabe
NRF = Nouvelle Revue Française
OC = Œuvres complètes
o.J. = ohne Jahresangabe
Philos. = Philosophie
PMLA = Publications of the Modern Language Association of America
Ps. = Pseudonym
RF = Romanische Forschungen
RhlF = Revue d'histoire littéraire de la France
RJb = Romanistisches Jahrbuch

Rlc = Revue de littérature comparée
RoR = Romanic Review
RZLG = Romanistische Zeitschrift für Literaturgeschichte
s. = sein(e usw.)
Slg. = Sammlung
StFr = Studi Francesi
Stud. = Studium, Studien
TA = Teilausgabe
TD = Teildruck
trag. = tragisch
Trag. = Tragödie
u. = und
u. d. T. = unter dem Titel
Übs. = Übersetzer, Übersetzung
Unters. = Untersuchung
Urauff. = Uraufführung
v. = vers
V. = Vers
versch. = verschiedene
Vf. = Verfasser(in)
vgl. = man vergleiche
wiss., Wiss. = wissenschaftlich, Wissenschaft(en)
ZfSL = Zeitschrift für französische Sprache und Literatur
ZrP = Zeitschrift für romanische Philologie
Zs. = Zeitschrift

Endsilben -ich und -isch werden im allgemeinen nicht ausgeschrieben. Deutsche Verlagsorte sind nicht genannt; dasselbe gilt für Paris.

Abbaye, Künstlerkreis (Literaten, Maler, Schauspieler, u. a. →Duhamel, →Vildrac, →Arcos, →Durtain, →Romains), der sich 1906 in der alten Abtei von Créteil bei Paris niederließ u. den →Unanimismus als ästhet. Prinzip durchsetzte. Die A. löste sich nach 15 Monaten auf; sie hatte in ihrer Druckerei *La vie unanime* von Romains und *Des légendes, des batailles* (1907) von Duhamel produziert. Duhamel stellte im Roman *Le désert de Bièvres* (1937) die Endphase der A. dar.

Abbé Prévost →Prévost d'Exiles.

L'A, B, C, ou dialogues entre A, B, C: traduit de l'anglais de M. Huet, 17 Zwiegespräche von →Voltaire, EA 1768 f., *Dialogues philosophiques,* hg. R. Naves 1966. Die Dialoge handeln von polit. Fragen des 18. Jh., der Gesetzgebung, von Freiheit und Krieg, der Kosmogonie, Theokratie u. der sog. Natur des Menschen.

L'abbesse de Castro, Novelle von →Stendhal, ED *Revue des deux mondes* 1. 2. u. 1. 3. 1839, wurde später in →*Chroniques italiennes* aufgenommen. In der Toskana des frühen 16. Jh. vollzieht sich das Schicksal e. adligen Dame, Elena di Campireali, deren leidenschaftl. Liebe zu Giulio Branciforte durch Schicksalsschläge u. den Widerstand der Gesellschaft gelähmt wird. Indifferent erlebt sie als Äbtissin die Liaison mit e. jungen Bischof und den anschließenden Skandal. Als sie schließl. erfährt, daß der totgeglaubte Giulio noch am Leben ist, begreift sie, daß ihre Liebe ebenso unwiderrufl. der Vergangenheit angehört, wie sie für sie als Frau einmalig geblieben ist, u. tötet sich.

Abélard, Pierre, 1079 Pallet bei Nantes – 21. 4. 1142 Kloster Saint-Marcel-sur-Saône, Philosoph und Theologe, ausgebildet im Nominalismus und Realismus, als bedeutender Scholastiker, der in Melun, Corbeil und seit 1113 vor internationalem Auditorium an der Schule von Notre Dame in Paris lehrte, innerhalb der Scholastik u. von deren Gegnern, namentl. Bernhard von Clairvaux (→Cîteaux), heftig angegriffen (Verurteilung s. Lehren auf Konzilen in Soissons, 1121, u. Sens, 1141). S. Selbstporträt in der *Historia calamitatum mearum* (1133–36) zeigt Ansätze zu individualist. Selbstachtung, wie sie von Augustinus und Dante bekannt sind. A., der von sich behauptete, der einzige Philosoph s. Epoche zu sein, wurde vom Kanonikus Fulbert zum Privatlehrer der 17jähr. hochbegabten Héloïse (1100–1163) bestellt; A. verführte und entführte das Mädchen, das ihm in der Bretagne e. Sohn gebar. Zum Schein ging Fulbert auf A.s Angebot ein, mit Héloïse e. geheime Ehe zu schließen; er ließ ihn überfallen u. entmannen. Während Héloïse sieben Jahre im Kloster Argenteuil verbrachte, wurde A. Mönch in Saint-Denis, 1125 Abt in der Bretagne, dann

Leiter e. Ordensgemeinschaft bei Troyes. Wahrscheinl. ist der Briefwechsel des A. mit Héloïse, die selbst Äbtissin wurde u. Kenntnis von s. Apologie in *Historia calamitatum mearum* erhalten hat, fingiert. Doch das Schicksal des berühmten Liebespaares, das seit 1817 auf dem Friedhof Père Lachaise in Paris beigesetzt ist, beschäftigte gerade auf der Grundlage dieser Korrespondenz (Übs. 1697 durch Bussy) die Autoren, die in Frkr. die Briefform vor allem zur Heroide stilisierten (Pierre François Godard de Beauchamps, *Lettres d'Héloïse et d'A.*, 1714; Charles Pierre Colardeau, Heroide *Héloïse à A.*, 1758; darauf Antwort als Heroide von Dorat, 1759; B. J. Saurin, *Épîtres d'Héloïse à A.*, 1774, nach Pope, *Eloise to A.*, 1717; e. weitere Heroide von L.-S. Mercier). Rousseau konnte den Stoff als bekannt voraussetzen, als er das Verhalten s. liebenden und verzichtenden Julie an Héloïse maß *(→Julie ou la Nouvelle Héloïse)*. Spätere franz. Stoffbearbeitungen: M.-F. Beauharnais, *L'A. supposé ou le sentiment à l'épreuve* (1780), Loisel de Tréogate, *Héloïse et A. ou les victimes de l'amour galant et moral* (III, 1803), Roger Vailland, *Héloïse et A.* (1947).

E. Gilson, Héloïse et A., [2]1953; R. Pernoud, Héloïse et A., 1970; D. L. Anderson, A. and Héloïse: 18th century motif, Studies on Voltaire and the 18th century 84, 1971; A., Pierre le Vénérable, Colloque 1972, 1975; P. Zumthor, Übs. u. Kommentar der Korrespondenz, 1979.

Abellio, Raymond (eig. Georges Soulès), geb. 11. 11. 1907 Toulouse, Stud. École Polytechnique. Ingenieur. Marxist und Katholik, bis 1939 Mitglied der S.F.I.O.; wegen Kollaboration verurteilt. Flucht in die Schweiz, wo er in s. ersten Roman, *Heureux les pacifiques* (1946), das Bild der jungen Bourgeoisie vor 1939 zeichnete, die unter dem Widerspruch von polit. Ideal u. Führungsanspruch leidet u. ihre Identität im relig. Erlebnis findet. In *Les yeux d'Ezéchiel sont ouverts* (1949) stellt A. den span. Bürgerkrieg dar. In s. Essays (*La Bible, document chiffré,* 1950; *Vers un nouveau prophétisme,* 1950; *Assomption de l'Europe,* 1954, n. 1979) u. dem Roman *La fosse de Babel* (1962) neigt der Autor zu e. mystagog. Entzifferung der esoter. Schicht des Kosmos. 1973 erschien der Tagebuchband *Dans une âme et un corps; Les militants,* 1975; *La fin de l'ésotérisme,* 1979; bis 1980 die dreiteilige Autobiogr., *Ma dernière mémoire,* 1983 der Roman e. polit. Apokalypse, *Visages immobiles.*

M.-Th. de Brosses, Entretiens avec A., 1966; Cahiers de l'Herne 36, 1979; Cahiers A., 1984 ff.

Ablancourt, Nicolas Perraut, sieur d', 5. 4. 1606 Châlons – 17. 11. 1664 A., Protestant, der e. Konversion rückgängig machte; hochgebildet; Conrart regte ihn zum Übersetzen an (Xenophon, Thukydides, Plutarch, Cicero, Caesar, Tacitus, L. de Marmól). In den jeweiligen Vorreden legte A. s. Übs.stheorie dar: den Stil der Vorlage treffen; da das Publikum die ›honnêtes gens‹ sind, Respektierung der klass. ›bienséance‹.

About, Edmond, 14. 2. 1828 Dieuze – 16. 1. 1885 Paris, Stud. ENS, Journalist *(Figaro, Moniteur, Opinion nationale, Le Gaulois),* gründete mit Francisque Sarcey die Zeitung *Le XIX*[e] *siècle;* 1884 Aufnahme in die Ac. frçe. A. galt seit s. ersten Roman *Tolla* (1855) als Realist und Materialist. Neben zahlr. Romanen (*Le roi des montagnes,* 1856; *Trente et quarante,* 1859; *Le nez d'un notaire,* 1862; *L'homme à l'oreille cassée,* 1862; *Le roman d'un brave* *homme,* 1880) verfaßte A. auch Dramen (*Guillery,* 1857; *Risette,* 1859; *Gaëtano,* 1862) u. polemisierte gegen die Politik der Kurie sowie die Ultramontanen in Frkr. (*La question romaine,* 1859; *Rome contemporaine,* 1861). Artikelserien erschienen 1865 f. u. d. T. *Causeries.*

M. Thiébaut, A., 1936.

Abraham sacrifiant (1550), Trag. von Théodore de →Bèze, der frühe Versuch, e. pathet. Stoff – die Opferung des Isaak – von der Stilbindung an das Mysterienspiel zu lösen und als erhabene Aktion darzubieten (hg. K. Cameron, Genf 1967).

P. Keegstra, A. de Th. de Bèze et le théâtre calviniste de 1550–1566, Den Haag 1928; R. Campagnoli, Tragicomicità dell' A. di Bèze, StFr 1970, Y. Le Hir, Les drames bibliques de 1541 à 1600, Grenoble 1974.

Abrantès, Laure Permon, Hzgin., 1784 Montpellier – 1838, Mutter Korsin, befreundet mit der Familie Napoleons I., heiratete Jean-Andoche Junot, General der napoleon. Armee und späteren Hzg. A. Sie verfaßte Romane u. hist. Werke (*Mémoires ... historiques sur Napoléon, la Révolution, le Directoire ... et la Restauration,* XVIII 1831–38; *Histoire des salons de Paris,* VI 1836), mit denen sie sich nach dem Tod ihres Mannes ihren Unterhalt verdiente.

Abrégé de l'histoire de Port-Royal von Jean →Racine, entstanden 1697, postume EA Köln 1742–54. Das Werk ist weniger hist. Studie als die hagiograph. Darstellung e. verfolgten Glaubensbewegung. Im Alter stellte sich Racine, der 1666 den Bruch mit →Port-Royal vollzogen hatte, wieder auf die Seite des Jansenismus, verzichtete aus Gründen der polit. Opportunität jedoch auf e. Publikation des Werkes.

Absolutismus, monarch. Staatsform des 17. u. 18. Jh.s, von Kontrollinstanzen (Etats, Parlements) u. Gesetzen unabhängiges Gottesgnadentum des Herrschers. Privilegien der Kirche u. des Adels bestanden nur insoweit fort, als sie die polit. Souveränität im Ancien Régime nicht berührten. Typisch für den franz. A. waren die Verwirklichung im Zentralismus, der seit 1799 noch systematisch gefestigt wurde, u., besonders unter Ludwig XIV., die Mitwirkung des Bürgertums in der Exekutive (→Bodin, →Richelieu, →*Cinq-Mars,* →Corneille, →Ludwig XIII., →Mazarin, →Colbert, →Ludwig XIV., →Aufklärung, →Beaumarchais, →Revolution).

W. Hubatsch (Hg.), A., 1973; R. zur Lippe, Naturbeherrschung am Menschen II: Geometrisierung des Menschen u. Repräsentation des Privaten im franz. A., 1974.

Académie allégorique, Literatenzirkel um François →Hédelin, 1659 bezeugt (Bensserade, Chapelain, Gilles Boileau, Furetière); die A. polemisierte gegen die Preziosität.

L'académie des femmes (1661), Sittenkom. von Samuel →Chappuzeau.

Académie des inscriptions et belles-lettres, von Ludwig XIV. u. Colbert als Ac. des inscriptions et médailles eingerichtet (1663). Geringschätzig zuerst als ›petite Académie‹ angesehen, wuchs die wiss. Gesellschaft (zu den vier Gründungsmitgl. gehörte Jean →Chapelain) über die ursprüngl. gestellten numismat. Aufgaben hinaus u. befaßte sich auch mit Historiographie u. Architektur.

Académie des sciences, am 22. 9. 1666 von Colbert gegr. wiss. Institut (20 Mitgl.), das aus Zusammenkünften von Naturwissenschaftlern 1626–29 bei Descartes, später u. a. bei Mersenne, wo 1635 der junge Pascal auftrat, hervorging. Seit den 50er Jahren des 17. Jh. nannte sich die Forschergruppe Ac. de Paris, Ac. des physiciens oder nach e. Mitgl. Ac. Montmor. Am 26. 1. 1699 wurde die A. zur staatl. Einrichtung erklärt. Sie pflegt heute in elf Abteilungen mit je sechs Mitgl. alle naturwiss. Disziplinen, seit 1918 auch Probleme der angewandten Wiss. u. ist e. der fünf Akademien, die im →Institut zusammengeschlossen sind.

Académie des sciences morales et politiques, seit 1795 e. Klasse des Institut national de France, 1803 der napoleon. Neuorganisation des Akademiewesens zum Opfer gefallen; 1832 Neugründung auf Veranlassung von Guizot.

E. Seillière, Une ac. à l'époque romantique, 1926.

Académie d'opéra, Opernbühne in der Rue Mazarine, für die Pierre Perrin (um 1620–1675), der Vf. e. Comédie de chansons, *Pastorale d'Issi* (1659), am 28. 6. 1669 das Privileg erhielt; Einweihung 3. 3. 1671 mit *Pomone* (Libretto Perrin, Musik Cambert), Schließung 1. 4. 1672, nachdem Lulli das Monopol für sämtl. Opernaufführungen in Frkr. zugesprochen wurde; Neugründung als Ac. royale de musique.

Académie du Palais, von Jean-Antoine de Baïf u. dem Komponisten Thibaut de Courville 1570 gegr. Gesellschaft zur Pflege von Dichtung u. Musik, die Karl IX. u. Heinrich III. förderten (Bezeichnung seit 1574). Nach dem Vorbild der Florentiner Akademie auch bald Beschäftigung mit philos. Fragen. Ronsard, Belleau, Du Bartas, Rapin, Pibrac, Amyot, Desportes nahmen neben Aristokraten, Medizinern u. Juristen an Sitzungen teil, die gegen den Widerstand der Kirche, der Sorbonne u. des Gerichtshofs von Paris bis 1584 abgehalten wurden. In der A. wurden auch moraltheoret. Themen erörtert; Methode u. Stil widersprachen dem herrschenden Schematismus, den gleichzeitig Montaigne in den *Essais* aufhob.

R. J. Sealy, The Palace Academy of Henry III, Genf 1981.

Académie française, bedeutendste aller franz. Akademien. Sie entstand aus dem schöngeist. Zirkel, den seit 1629 Conrart bei sich versammelte (u. a. Boisrobert, Chapelain, Godeau, G. u. Ph. Habert, Serizay) u. der bereits 1634 lit. Neuerscheinungen, die Autoren wie Nicolas Faret, Desmarets de Saint-Sorlin usw. selbst vorlegten, beurteilte. Durch Vermittlung Boisroberts bot Richelieu dem Kreis s. Protektion an, Chapelain beschwor die zunächst ablehnende Mehrheit zu dankbarer Annahme. Nach Conrarts Heirat fanden Zusammenkünfte des sich vergrößernden Kreises im Hôtel de Pellévé bei Desmarets de Saint-Sorlin statt. Richelieu stellte den Beteiligten nun die spezif. Aufgabe: Sprachreinigung, Katalog des ›usage certain des mots‹ (Wörterbuch der Akademie, an dem seit 1637 intensiver gearbeitet wurde, EA 1694, 8. Ausgabe) u. gab der Institution den Namen A. Inzwischen waren Vaugelas u. Voiture rezipiert worden; Conrart wurde mit der Redaktion der Lettres patentes betraut, Séguier siegelte die Urkunde im Januar 1635. Die Zahl der Mitgl. war auf 40 festgesetzt. Bereits im Februar legte die Akademie ihre Statuten zur Genehmigung vor. Das Parlement registrierte die amtl. Gründung von 1635 erst 1637, als sich die Institution bereits in e. aufsehenerregenden Lit.streit *(→Le Cid)* eingelassen hatte. 1672 erfüllte Ludwig XIV. die Bitte, die A. unter s. persönl. Schutz zu stellen; ihre Mitglieder (Académiciens) versammelten sich jetzt im Louvre. Gegen Ende des Jh. gehörten ihr u. a. Boileau, Bossuet, Fénelon, La Bruyère, La Fontaine, Perrault u. Racine an. In der A. brach die →Querelle des anciens et des modernes aus. Im 18. Jh. wuchs nach der Wahl Voltaires (1746) der Anteil der Aufklärer; seit d'Alembert u. Condorcet aufgenommen wurden, führte jede Neuwahl zu e. Auseinandersetzung zwischen den beiden ideolog. Lagern. Von erfolglosen Kandidaten gingen wiederholt satir. Angriffe aus; 1791 referierte Chamfort, der selbst Académicien war, vor der Constituante über die A. u. nannte sie ›Schule der Schmeichelei u. Untertänigkeit‹. So kam es, daß die A., die der Aufklärung als Basis dienen sollte, im August 1793 geschlossen wurde; einzelne Mitgl. waren zuvor schon emigriert. Marmontel, damals →Secrétaire perpétuel, zog sich wie Suard, Saint-Lambert u. Lemierre in die Provinz zurück, Delille, Barthélemy u. Florian wurden inhaftiert. Seit 1790 plante Mirabeau e. nationale Akademie anstelle der A. Doch erst der Artikel 288 der Verfassung von 1795 sah die Schaffung e. Nationalinstituts der Künste u. Wiss. vor (→Institut). Es sollte in drei Klassen eingeteilt sein: Naturwissensch., Sciences morales et politiques sowie die Verschmelzung der bisherigen A., Ac. des inscriptions et belles-lettres u. Ac. des beaux-arts. Zuwahlen für die einzelnen Klassen sollten künftig vom ganzen Institut vorgenommen werden. Es wurde am 4. 4. 1796 eröffnet; der Erste Konsul Napoleon erließ am 23. 1. 1803 e. Neuordnung des Statuts mit Gliederung in vier Klassen (Physik/Mathematik, franz. Sprache u. Lit., alte Sprachen u. Lit., schöne Künste), er führte auch wieder die Stelle des Secrétaire perpétuel ein, die bis heute beibehalten wurde. Durch kgl. Ordonnanz vom 21. 5. 1816 wurde jede Klasse des Nationalinstituts wieder in e. Akademie zurückverwandelt. Die Sciences morales et politiques, die bereits 1803 gestrichen worden waren, wurden erst 1832 wieder als Akademie eingerichtet. Im 19. Jh. kandidierten Baudelaire u. Balzac erfolglos für die A., Flaubert dagegen bewarb sich nie. Die Mitgl. der A. setzten sich im 20. Jh. aus Literaten (u. a. Paul Valéry, Georges Duhamel, Paul Claudel, Abel Hermant, François Mauriac, Charles Maurras, André Maurois, Jules Romains, Jean Cocteau, André Chamson, Henry de Montherlant, Jean Paulhan, Eugène Ionesco, Julien Green, Roger Caillois), Diplomaten, hohen Militärs (Marschall Philippe Pétain, 1929), Geistes- u. Naturwissenschaftlern, Theologen, Medizinern u. Filmregisseuren (René Clair, 1960) zusammen. Die A. verleiht u. a. den Grand Prix de Littérature für Lyrik u. Prosa sowie den Grand Prix du Roman, Auszeichnungen, die sich häufig an ästhet. u. eth. Normen vergangener Epochen orientieren. Ebenso gehen für die Arbeit an der Grammatik u. am Lexikon von der A. keine innovierenden Impulse mehr aus. Immerhin wurde (was die Statuten nie ausgeschlossen hatten) mit →Yourcenar das 1. weibl. Mitglied gewählt.

D'Alembert, Histoire des membres de l'A. morts depuis 1700 jusqu'à 1770, postum 1785; Pellisson/D'Olivet, Histoire de l'A., hg. Ch. L. Livet, II 1858; Trois siècles de l'A. par les Quarante, 1935; R. Peter, La vie secrète de l'A., 1947; H. Bordeaux, 40 ans chez les quarante, 1959; J. Dryhurst, Les premières activités de l'A., ZfSL 1971; Duc de Castries, La vieille dame du quai de Conti, 1978; J. Jaubert, L'A. épinglée, 1981; J.-P. Caput, A., 1986.

L'Académie françoise (1577), moralisierender Traktat in Dialogform des Protestanten Pierre de La Primaudaye (1546–1619).

Académie Goncourt, als Société littéraire 1896 von Edmond de →Goncourt testamentar. eingesetzt. Sie besteht aus zehn Mitgl., von denen der Stifter acht vorgeschlagen hat: Gustave Geoffroy, Huysmans, Paul Margueritte, Octave Mirbeau, die Brüder Rosny, Léon Hennique u. Alphonse Daudet, der e. Jahr danach starb. Hinzugewählt wurden Léon Daudet, Lucien Descaves u. Élémir Bourges. 1903 konstituierte sich die A. u. verlieh seitdem den bedeutendsten franz. Lit.preis für e. Roman, den Prix Goncourt; außerdem besorgt sie die Herausgabe der umfangreichen Tagebücher der Brüder Goncourt. Mitgl. der A. wurden u. a. Jules Renard, Jean de La Varende (bis 1945), Henri Céard, Sacha Guitry (bis 1948), André Billy, Courteline, Carco, Mac-Orlan, Salacrou, Giono, Queneau, Roland Dorgelès, vorübergehend 1966 Aragon, 1972 Michel Tournier, 1983 Daniel Boulanger. Bei der Verleihung des Preises an Bazin (1948), Gracq (1950), Horia (1960) kam es in der A. zu polem. Auseinandersetzungen, die gleichzeitig e. Verjüngung einleiteten (Wahl von Lanoux, Mallet-Joris, Bernard Clavel u. Robert Sabatier). E. Wahl in die Ac. frçe. ist unvereinbar mit der Mitgliedschaft in der A.

L. Deffoux, Du testament à l'A., 1920.

Académie putéane, Literatenzirkel der Brüder Pierre (1582–1651) u. Jacques (1586–1656) Dupuy, in dem Guez de Balzac, Chapelain, Huet, Mersenne, Peiresc, Sarasin u. seit 1628 Gassendi verkehrten.

Achard, Marcel, 5. 7. 1899 Sainte-Foy-lès-Lyon/Rhône – 4. 9. 1974 Paris, schrieb e. Puppenspiel, war Souffleur am Vieux-Colombier u. Journalist, erster Theatererfolg 1923 mit dem Einakter *La messe est dite* u. *Voulez-vous jouer avec moâ?*, das im Zirkusmilieu spielt. Nach e. reichen Dramen- und Lyrikproduktion (*Celui qui vivait sa mort,* 1923; *Marlborough s'en va-t-en guerre,* 1924; Gedichte *La muse pérégrine,* 1924; *La femme silencieuse,* 1926; *Je ne vous aime pas,* 1926; *Dzim là là,* 1926; *Le joueur d'échecs,* 1927; Gedichte *La cendre empourprée,* 1927; *Jean de la lune,* 1929; *La vie est belle,* 1930; *La belle Marinière,* 1930; *Le rendez-vous,* 1930; *Mistigri,* 1931; *Domino,* 1932; *La femme en blanc,* 1933; *Pétrus,* 1934; *Noix de coco,* 1936; *Le corsaire,* 1938; *Adam,* 1939; *Mlle de Panama,* 1942; *Auprès de ma blonde,* 1946; *Les sourires inutiles,* 1947; *Nous irons à Valparaiso,* 1948; *La demoiselle de petite vertu,* 1950; *La P'tite Lili,* 1951; →*Savez-vous planter les choux?,* 1951; *Le moulin de la Galette,* 1952; *Les compagnons de la Marjolaine,* 1953; *Le mal d'amour,* 1955; →*Patate, Turlututu,* 1963; *Machin-Chouette,* 1964; *Guyusse,* 1968; *La débauche,* 1973) wurde A. als Nachfolger von André Chevrillon 1959 in die Ac. frçe. gewählt, 1960 wurde *L'idiote* uraufgef. In der Tradition von Marivaux u. Musset entstehen Kom., in denen Liebesideale u. Zwänge der Wirklichkeit in der Seele von Träumern Konflikte heraufbeschwören; häufig ist Ironie die rettende Haltung.

Achtsilber, ältester regelmäßiger Vers der franz. Lit. *(Passion de Jésus-Christ, Saint-Léger, Gormond et Isembart).* In der Lyrik des 14.–16. Jh. herrschte diese Versart vor, die auch in den frühen Dramen der franz. Lit. Verwendung fand. Der paarweise gereimte u. stichisch durchlaufende A. wurde zum Träger der von der Musik losgelösten novellist. u. romanhaften Erzählung, solange e. lit.fähige Prosa nicht entwickelt war. In der → Chanson de geste u. der höf. Lyrik hat sich der A. nicht durchgesetzt. Jodelle schrieb die älteste Humanistenkom., *Eugène ou la rencontre,* noch im A., desgleichen La Fontaine *s. Contes* u. Scarron den *Virgile travesti;* im 19. Jh. verwenden ihn vor allem Gautier u. Banville.

R. Baehr, Einführung in die franz. Verslehre, 1970.

Ackermann, Louise Victorine, 30. 11. 1813 Paris – 3. 8. 1890 Nizza, lernte beim Stud. in Berlin den Elsässer A., der mit Proudhon befreundet war, kennen u. heiratete den Philologen 1843. Sie verfaßte phantast. Erzählungen (*Contes,* 1855) und Ideenlyrik, die vom Pessimismus Vignys u. Schopenhauers beeinflußt war; sie arbeitete am *Parnasse contemporain* von 1876 mit (*Contes et poésies,* 1862; *Premières poésies,* 1862; *Poésies philosophiques,* 1871; *Le déluge,* 1876; *Pensées d'une solitaire,* 1882; *Œuvres,* 1885; *Journal (1848–69),* in: *Mercure de France,* Mai 1927).

M. Citoleux, La poésie philosophique au 19e siècle. Madame A., 1906; U. Scotti, Una poetessa del dolore. Luisa A., Florenz 1910.

Acte gratuit, ›die Tat, die nichts einbringt‹, Maxime, nach der Lafcadio Wluiki in →*Les caves du Vatican* von Gide s. Existenz einrichtet. Die Ohrfeige zuzügl. der 500 Francs, die Zeus in Gestalt des fremden Herrn in →*Le Prométhée mal enchaîné* austeilt, als A. mit theolog. Gehalt – der Beschenkte soll den Geber nicht erkennen – wird in *Les caves du Vatican* profaniert. Die durch nichts begründete ›autonome‹ Tat in der menschl. Lebenspraxis ironisiert die Geste des Gottes.

M. Raether, A., 1980.

Actes des apôtres, antirevolutionäre Wochenzs., 1789–1891. Die 45 Mitarbeiter – darunter Rivarol – verfochten mit satir. Feder e. ›démocratie royale‹.

Action française, nationalist. Gruppe, gegr. Juni 1899 von Henri Vaugeois zur Verteidigung von Ordnung und Tradition mit dem Ziel der Restauration des Kg.tums. Ch. →Maurras, der Wortführer der Aktion, sah vor allem in der kathol. Kirche e. Institution, die der Verwirklichung der eigenen royalist. u. antisemit. Ideale nützlich war. Ihr Organ (Mitarbeiter u. a. Léon Daudet) erschien 1908–1944, zuletzt unterstützte es die Vichy-Regierung. Auch nach 1918, als die Erfahrungen des I. Weltkrieges die Gegnerschaft zwischen Katholiken u. Kirchengegnern z. T. abgebaut hatten (→Renouveau catholique), blieb die A. für weite Kreise des franz. Katholizismus maßgebend; die päpstl. Verurteilung beschwor 1926 zwar zahlr. Gewissenskrisen herauf, setzte der Unterstützung der Kirche für die polit. Rechte jedoch kein Ende. Die A. sah die Prinzipien Patriotismus, Sittlichkeit u. Ordnung von der Republik

u. vor allem der Volksfront bedroht; de Gaulles späterer Parteienhaß war hier bereits angelegt. 1936 wurde die Organisation aufgelöst, die Zeitung erschien noch weitere acht Jahre.

R. Havard de la Montagne, Histoire de l'A., 1950; E. Weber, A., Stanford 1962; E. R. Tannenbaum, The A., New York 1962; R. O. Paxton, La France de Vichy 1940–44, 1972; E. Nolte, Der Faschismus in s. Epoche, [7]1986.

Adages, Slgg. von Sprichwörtern u. Lebensregeln, die im 16. Jh. humanist. Ideen propagierten (Erasmus, *Adagiorum collectanea,* 1500; P. Gringoire, *Notables enseignemens, adages et proverbes,* 1527; Pierre Grosnet, *Mots dorez de Cathon,* 1531 u. *Bons et très utiles enseignemens, proverbes, adages ...,* 1534). Vgl. →Miroirs.

Adam, Juliette, 4. 10. 1836 Verberie – 24. 8. 1936 Cagnolle, bekannt als Mme Edmond A., verheiratet mit dem Senator E. A., Gegnerin des Naturalismus, protegierte Bourget u. Loti, auch in der Zs. *Nouvelle Revue,* die sie 1879 gründete; Vf. von Romanen (*Païenne,* 1883; *Chrétienne,* 1913), Hg. e. Anth. griech. Dichter des 19. Jh. Sie agitierte gegen Bismarck u. verlangte e. franz.-russ. Allianz. 1902–10 erschienen ihre *Memoiren* (7 Bde.).

M. Cormier, Mme J. A.: l'aurore de la IIIe République, Bordeaux 1934; S. Morcos, A., Kairo 1961.

Adam, Paul (Ps. J. Plowert), 7. 12. 1862 Paris – 1. 1. 1920 ebda.; begann unter dem Einfluß der naturalist. Ästhetik, später Huysmans' zu schreiben u. analysierte die Ästhetik des Fin-de-siècle (*Petit glossaire pour servir à l'intelligence des auteurs décadents et symbolistes,* 1888). 1889 engagierte sich A. als Journalist in der Politik, wobei er sowohl die Pläne General Boulangers als auch der Anarchisten unterstützte. Seit s. Wahlniederlage von 1890 widmete er sich ausschließlich der Lit., vor allem dem breit angelegten Gesellschaftsroman (*Chair molle,* 1885; *Soi,* 1886; *Le mystère des foules,* II 1895; Tetralogie *Le temps et la vie: La force,* 1898; *L'enfant d'Austerlitz,* 1902; *La ruse,* 1903; *Au soleil de juillet,* 1903, Darstellung des Empire u. der Restauration; *Le serpent noir,* 1905; *Le trust,* 1910; *Stéphanie,* 1913; *Le lion d'Arras,* 1920; *Le culte d'Icare,* 1924).

F. C. Mauclair, A., 1921; F. H. Heinen, Das Frkr.bild im Werke A.s, 1932; Th. Fogelberg, La langue et le style de P. A., 1939; J. Normand, La pensée symboliste de P. A. Thèse 1963; J. A. Duncan, Les romans de P. A., 1977.

Adam de la Halle, gen. le Bossu d'Arras, um 1240 bis 1250 Arras – nach 1288 Italien, ob der Name mit der Funktion s. Vaters (Schöffe) oder dem Viertel, in dem die Familie wohnte, zusammenhing, ist ungewiß. Er brach das Theologiestud. in Paris nach dem Magister ab, heiratete, folgte s. Dienstherrn, dem Grafen Robert II. von Artois, nach Italien; am Hof Karls von Anjou in Neapel wurde er als Dichter u. Komponist berühmt. 1272 feierte ihn der Trouvère Baude Fastoul. A. verfaßte Chansons, Rondeaux, Jeux-partis, e. Dit d'amour, Pastourellen, das Fragment e. anachronist. Epos auf den Kg. von Sizilien, e. Satire auf s. Landsleute *(Congé)* sowie zwei Dramen (*Le jeu de la feuillée* u. das Schäferspiel *Le jeu de Robin et Marion*). Die *Lais,* auf die A. im *Congé* anspielt, sind nicht überliefert; das gleiche gilt für A.s Balladen, von denen e. Zeitgenosse sprach (*Œuvres complètes,* hg. E. de Coussemaker 1872; *Chansons,* hg. J. H. Marshall, Manchester 1971; *The lyrics and melodies*, ed. D. H. Nelson/H. Van der Werf, New York

1985). A. verdankt die weltl. Musik die Einführung der Polyphonie.

G. Meyer, Lexique des œuvres d'A., 1940; J. Dufournet, A., 1974; ders., Sur le Jeu de la feuillée, 1977; J. Maillard, A., 1982.

Adamov, Arthur, 23. 8. 1908 Kislovodsk (Kaukasus) – 15. 3. 1970 Paris (Selbstmord), sehr reiche armen. Familie, die während e. Dtld.reise vom Ausbruch des Ersten Weltkrieges überrascht wurde u. mit Hilfe des Kgs. von Württemberg in die Schweiz floh. Enteignung durch die Bolschewisten. Schulbesuch von Arthur in Genf u. 1922 Mainz (Französisches Gymnasium), 1924 Übersiedlung der Familie nach Paris. Erste lit. Aktivitäten im Kreis der Surrealisten; Übs. von C. G. Jung. Von der Vichyregierung 1941 im Lager Argelès interniert. Schwere psych. und finanzielle Probleme. Beeindruckt durch Strindbergs Dramatik seit 1944 Arbeit an Theaterstücken, die seit 1950 aufgeführt wurden (*La parodie*, →*L'invasion, La grande et la petite manœuvre, Le professeur Taranne,* 1951; *Le sens de la marche,* 1951; →*Tous contre tous, Les retrouvailles,* 1952; →*Le Ping-Pong*, →*Paolo Paoli, Les âmes mortes,* 1958 nach Gogol; Einakter *Intimité, La complainte du ridicule, Je ne suis pas français,* 1958; →*Le printemps 71, La politique des restes,* 1962; *Sainte Europe,* 1966; *M. le Modéré,* 1968; *Off limits,* 1969; *Si l'été revenait,* 1970; *Théâtre,* I–IV (1953–68). A. schrieb autobiograph. Prosa (*L'aveu,* entstanden 1938–43, EA 1946; *L'homme et l'enfant,* 1968; *Je . . . Ils . . .,* 1969) u. Theaterkritik (*A. Strindberg,* 1955; *Ici et maintenant. Pratique du théâtre,* 1964). Für A. ist das Leben nicht absurd, sondern nur extrem schwierig; die ziellose Sinnlosigkeit der Welt ist nicht s. Thema. Jarry u. Artaud, den er bes. schätzte, sowie Kafka wurden für s. Schreibweise u. Weltsicht maßgebend. Die Entscheidung in den Stücken fällt nicht zum Schluß, sie steht bereits fest, wenn die Szene eröffnet wird, denn die handelnden Personen sind durch Milieu u. Schicksal determiniert, vor allem in Stücken der Periode 1944–54. Später tritt der gesellschaftl. bestimmte Mensch in den Vordergrund; er scheitert, wo es ihm nicht gelingt, sich als Person mit den sozialen u. wirtschaftl. Prozessen in Übereinstimmung zu bringen. Das Mißverhältnis zwischen dem einzelnen u. dem System bringt den Grundkonflikt hervor, nicht e. Antagonismus von Individuen. Um den dramat. Prozeß auf s. eigene Welt zu beziehen, die in e. Entwicklung begriffen ist, benötigt das Publikum jenen mißtrauischen Blick, den das polit. engagierte ep. Theater voraussetzt. A.s Commune-Darstellung schließt als historisierende Abbildung pessimist. u. als ideolog. Entwurf zukunftsfroh. Er griff mit den Begriffen ›regard critique‹ u. ›dépistage‹ die Terminologie Brechts auf *(Ici et maintenant)* u. hoffte, die Dramaturgie der Verfremdung weiterentwickeln zu können. Gleichzeitig sollten die Mechanismen, die das Dasein bestimmten, hinterfragt u. demontiert werden, wobei Individuen fortfahren, ihr Eigenleben zu führen; zwischen der ›großen Geschichte‹ u. den ›kleinen Geschichten‹ sollte e. Gleichgewicht herzustellen sein. A. verwarf s. früheren Dramen, die er ›grotesk‹ nannte, u. konzipierte theoret. e. Werk, das sich zum Ziel setzt, die wirkl. Schwierigkeiten der Existenz, die polit., psycholog. u. psychiatr. Konflikte auszutragen.

M. Esslin, Das Theater des Absurden 1964; G. Serreau, Le théâtre nouveau en France, 1966;

K. Schoell, Das franz. Drama seit dem II. Weltkrieg, 1970; U. C. Bennholdt-Thomsen, A. (Franz. Lit. der Gegenwart in Einzeldarstellungen, hg. W.-D. Lange), 1971; R. Gaudy, A., 1971; J. H. Reilly, A., New York 1974; D. Bradby, A., London 1974; S. Assad Chahine, Regards sur le théâtre d'A., 1981; R. Abichared u. a. (Hg.), A., 1982.

Adélaïde Fouque, Stammutter der beiden Familien in Zolas →*Les Rougon-Macquart*. Aus ihrer Ehe mit e. Gärtner stammen die Rougons, aus der unehel. Verbindung mit dem Säufer Macquart Antoine, Gervaise u. Nana.

Adenet le Roi (Bedeutung des Beinamens unklar), wallon. Hofdichter, um 1240 – frühes 14. Jh. Erziehung am Hof Heinrichs III. von Brabant, er diente später Gui de Dampierre, dem Grafen von Flandern u. nahm 1270 mit ihm am VII. Kreuzzug teil. So lernte er die ital. Kultur kennen. Der Hof Philipps des Kühnen u. Philipps des Schönen zeichnete ihn aus, bis 1285 die franz.-flandr. Feindseligkeiten aufbrachen. A. bearbeitete drei Gestenstoffe: *Berte aus grans pies, Enfances Ogier* (8229 gereimte Zehnsilber, →Karlszyklus), *Buevon de Conmarchis* (→Wilhelmszyklus). 1282 vollendete er den mit oriental. Motiven durchsetzten phantast. Roman *Cléomadès ou le cheval de fust* (18 688 paarweise gereimte Achtsilber) (*Œuvres,* hg. A. Henry, Brügge V 1951–71).

J. Marchand, Cléomadès, roman d'aventure renouvelé, 1925; R. Colliot, A., II 1970; A. Adnès, A., dernier grand trouvère, 1971.

Un adolescent d'autrefois (1969), Roman von François →Mauriac. Das letzte Werk Mauriacs verknüpft das Motiv der herrschsüchtigen Mutter mit der Liebesthematik, wie sie kennzeichnend ist für s. Gesamtschaffen; Parallelen zum Lebensweg des Autors u. s. strengen Erziehung als Halbwaise durch die fromme Mutter sind vom selbstkrit. Erzähler bewußt intendiert. Die Rebellion des Alain Gajac gegen das Milieu, das ihn vor Abenteuern u. Erfahrungen behütet, gegen die Dogmen, in denen das Evangelium entartet, u. den Reichtum, der den Privilegierten von e. echten menschl. Gemeinschaft ausschließt, befreit den Helden nicht, sondern verhilft ihm nur zur ›Einsicht‹ in die Notwendigkeit der Anpassung. Zwar sieht sich der Jüngling von 1910, der in e. festgefügten Ordnung lebt, bereits als menschl. Petrefakt von 1970, wenngleich sich in der Schlußszene die Möglichkeit e. Schicksalswende andeutet, als ihm e. Fremde zulächelt; doch er akzeptiert die bürgerl. Karriere u. hofft auf den unverdienten Gnadenstrahl wie die meisten Figuren Mauriacs.

Adolphe, Anecdotes trouvées dans les papiers d'un inconnu, Roman von Benjamin →Constant, entstanden 1806–1815, EA London 1816, krA C. P. Courtney 1989. Ellénore, poln. Emigrantin u. Mätresse des Grafen von P …, von dem sie zwei Kinder hat, wird von e. jüngeren Franzosen, Adolphe, umworben. Geblendet von s. Galanterie, verzichtet sie auf ihren gesellschaftl. Rang, wird s. Geliebte u. zieht mit ihm nach Paris, wo A.s Vater die Liaison zu zerstören versucht, u. weiter auf ihre poln. Güter, wo A. als ihr Gast nicht mehr ihr Beschützer ist. Sowohl s. Eitelkeit als auch s. unmotivierter Altruismus sind ihres Gegenstands beraubt. S. Leidenschaft ist erloschen, nicht einmal die Energie zum entschiedenen Bruch mit der Freundin bleibt A. E. Brief, in dem er s. Vater verspricht, allein nach Paris zurückzukehren, wird Ellénore zugespielt; sie überlebt den Verrat nicht lange. Die ›Frau von dreißig Jahren‹, der neue Typus der romant. Heldin, stirbt den Seelentod (vgl. Mme de Staël, Chateaubriand, Balzac). Neu in dem Roman sind der lakon. Stil der sensualist. Diagnose, wo kein Detail der Formulierbarkeit entgeht, das Motiv der gereiften ›femme victime‹, die Darstellung e. spezif. Themas des Briefromans im Individualroman, dessen Glaubwürdigkeit durch die einleitende Herausgeberfiktion gesteigert wird. Romant. Pathos wie in →*René* von Chateaubriand u. romant. Lokalkolorit sind überwunden.

Ch. Glauser, B. Constants A. u. s. Bedeutung für den franz. Roman, Diss. Berlin 1893; G. Riccioli, L'ambizione, la morte nell' A. di B. Constant, Padua 1967; W. Holdheim, Der Höhepunkt der Liebe in B. Constants A. (Interpretation u. Vergleich. Festschrift für W. Pabst, hg. E. Leube u. L. Schrader), 1972; P. Delbouille, Genèse, structure et destin d'A., Lüttich 1972; I. W. Alexander, B. Constant, A., London 1973; G. Mercken-Spaas, Alienation in Constant's A., Bern 1977; E. Gonin, Le point de vue d'Ellénore, 1981; T. A. Unwin, A., London 1986; D. Wood, A., Cambridge 1987; U. Dethloff, Die lit. Demontage des bürgerl. Patriarchalismus, Habil. Tübingen 1988.

Adrienne Mesurat (1927), Roman von Julien →Green. Die Geschichte der A., ins Jahr 1908 verlegt, ist e. Schreckensbildnis puritan. Konventionen in der Provinz. Das Mädchen, das vor s. senilen Vater u. der altjüngferl. Schwester das ›natürl. Grauen, das man allem gegenüber, was geeignet ist, das Leben zu verkürzen oder s. Quellen zu verunreinigen‹, nährt, schafft sich im Doktor Maurecourt, den es nur vom Sehen kennt, e. ›große symbol. Gestalt‹. Den Vater, der sich tyrann. in ihre Ersatzwelt drängt, ermordet A. Mit dieser Verzweiflungstat zerbricht sie die Fesseln der Provinzexistenz – anders als die resignierende Eugénie Grandet bei Balzac –, doch aus dem Wachtraum stürzt sie in geistige Umnachtung. Green schildert die beklemmend kleinl. Umwelt A.s in allen Einzelheiten, um die Rebellion gegen die ›Einmauerung‹ begreifl. zu machen.

Adrien Sixte, im Roman →*Le disciple* von Paul Bourget der Lehrer des Protagonisten Robert Greslou; Vertreter des Positivismus, offenbar e. lit. Porträt des Philosophen Taine.

Ad usum Delphini, ›zum Gebrauch für den Dauphin‹ wurden 1670–98 speziell eingeleitete u. z. T. purgierte Klassikerausgaben hergestellt. Daher bedeutet der Ausdruck im verallgemeinernden Sinn auch ›hergerichtet‹, ›verstümmelt‹, wenn e. Edition unzuverlässig ist.

L'affaire Crainquebille (1901), Erzählung von Anatole →France, vom Autor 1903 dramatisiert. Der Gemüsehändler C. wird verhaftet, weil sich e. Polizist durch ihn beleidigt glaubte; als er jedoch später im drückendsten Elend in der rue Montmartre e. Agenten anpöbelt, um im Gefängnis unterzukommen, wird ihm s. Alter zugute gehalten u. die Strafe erlassen. Mit der spiegelsymmetr. Fabel, die sich um den leitmotiv. Fluch ›Mort aux vaches‹, e. gängige Verwünschung der Polizisten, dreht, kritisiert France das Ritual des Herrschaftsstaats und die Verselbständigung der Gesetzesmajestät; sie tritt im Namen des Volkes auf, aber Jérôme C. als der Repräsentant des Volkes begreift s. Verurteilung nicht als Rechtshandlung, sondern als Racheakt u. vergleicht den Gerichtspräsidenten mit e. Racheengel. Die Identität der Obrigkeit ist ihm ebensowenig einsichtig wie s. eigene. Deutlicher als etwa Kafka folgert der Erzähler aus der Unkenntnis des ›Gesetzes‹ bei s. Helden, dem Typus des kleinen Mannes, auf generelle polit. Mängel des Systems.

Affaire des placards, Skandal aufgrund protestant. Pamphlete, die in der Nacht vom 17./18. Oktober 1534 in Paris u. Amboise angeschlagen wurden: *Articles véritables sur les horribles, grands et insupportables abus de la messe papale, inventée directement contre la Sainte Cène de Notre Seigneur, seul médiateur et seul sauveur Jésus-Christ.* Franz I. mußte nun s. tolerante Haltung aufgeben, er ließ durch die Parlements 52 Personen verfolgen; 20 davon wurden verbrannt. Clément →Marot entzog sich der Verfolgung durch s. Flucht nach Ferrara (→Renée de France).

L'affaire Dreyfus →Dreyfus-Affäre.

L'affaire Lerouge (1866), Kriminalroman von Emile →Gaboriau. Als Kriminalreporter war der Autor, der sich intensiv mit der Erzähltechnik Poes *(The murders in the Rue Morgue)* beschäftigt hatte, auf den Fall der Ermordung e. Witwe in der Nähe der Place d'Italie gestoßen. Ausgehend von dem umfangr. Ermittlungsmaterial der Polizei gestaltete er den Kriminalfall, der nie gesühnt wurde, als spannungsreiche Geschichte, bei der der Leser immer wieder auf blinde Motive hereinfällt. Zusammen mit den melodramat. Trivialromanen des frühen 19. Jh. u. dem Werk von Sue begründete Gaboriau den →Roman policier.

Les affaires sont les affaires, Kom. in drei Akten von Octave →Mirbeau, EA 1903. Urauff. 20. 4. 1903 Com. frçe. Isidore Lechat, erfolgreicher Industrieller, Direktor e. Zeitung u. Besitzer von Schloß Vauperdu, das der Vicomte de La Fontenelle für ihn verwaltet, strebt danach, Deputierter zu werden. Gerade weil sowohl er als auch s. Frau aus dem Volk stammen, ertragen sie nicht die Sozialkritik ihrer Tochter Germaine, die mit dem Chemiker Lucien Garraud befreundet ist. Während Lechat zur Demonstrationsfigur ohne Problembewußtsein erstarrt u. durch s. großspurige Selbstdarstellung die Summe aller Vorwürfe gegen den Kapitalismus liefert, empfindet s. Frau noch zeitweise das Fragwürdige ihres Aufstiegs, den sie geistig u. sittl. nicht verkraftet hat. Germaine bestürmt Lucien Garraud, sie aus dieser Atmosphäre wegzubringen, sie erträgt den gestohlenen Reichtum nicht mehr. Als abschreckendes Beispiel erzählt sie, wie ihr Vater e. Bankier in den Selbstmord getrieben hat u. das Ereignis auch noch sarkast. kommentierte: ›Les affaires sont les affaires‹. Im Gespräch mit s. Ingenieuren stellt sich heraus, daß diese ebenso skrupellos denken u. verfahren wie Lechat, nur ist er ihnen takt. weit voraus u. zwingt sie in s. Abhängigkeit. Die geplante Heirat zwischen Germaine Lechat u. dem Sohn des Marquis de Porcellet, der dafür finanzielle Unterstützung erwartet, offenbart, wie die Neureichen ihr Geld nur wiederum dazu benutzen, Traditionen nachzuäffen, anstatt neue Gesellschaftsstrukturen auszubilden. Lechat verliert jede Contenance, als Germaine s. Projekt ablehnt, er droht mit Enterbung; Mutter u. Tochter verstehen sich zum erstenmal, als Germaine die Familie verläßt. Als auch noch die Nachricht eintrifft, Xavier Lechat sei bei e. Autounfall ums Leben gekommen, bietet der alte Lechat das Bild e. geschlagenen Menschen. Doch s. Geschäftssinn verläßt ihn auch in dieser Situation, die s. Angestellten zu ihren Gunsten nützen wollen, nicht.

A. M. Braun, O. Mirbeau als Dramatiker, Diss. Heidelberg 1944.

Afrancesado, span., im 18. Jh. abschätzige Bezeichnung der Kenner u. Anhänger des franz. Klassizismus u. der Aufklärung; nach dem Einmarsch Napoleons 1808 s. Parteigänger u. Gegner der Bourbonen; nationalist. Kampfbegriff. Die Restauration 1813 treibt die Intellektuellen vielfach ins franz. Exil, der a. fungiert erneut als Mittlerfigur zwischen franz. und span. Kultur.

Agamemnon, Trag. in fünf Akten von Népomucène →Lemercier, EA 1797, Urauff. 24. 4. 1797 Théâtre de la République, Paris. Der Gattenmord ist in dem klassizist. Schauspiel, wie kurz zuvor bei Alfieri (*Agamemnone,* 1776), durch Eifersucht motiviert. Ägisth, der sich in Abwesenheit A.s Zugang zu Klytämnestra verschaffen konnte u. sie verführte, gelingt es nach der Heimkehr des Feldherrn, ihn bei s. Gattin des Ehebruchs mit s. Gefangenen, Kassandra, zu verdächtigen. Kassandras Warnungen vor Untaten, die neues Unrecht hervorbringen, konnte das Publikum des Directoire auf die Jakobinerherrschaft beziehen.

G. Fuhrmann, Der Atriden-Mythos im mod. Drama. Diss. Würzburg 1950; J. Busch, Das Geschlecht der Atriden in Mykene. E. Stoffgesch. der dramat. Bearbeitungen in der Weltlit., Diss. Göttingen 1951.

L'âge de raison →*Les chemins de la liberté* von Sartre.

L'agneau (1954), Roman von François →Mauriac. Hier gelang dem Romancier die tiefste Versinnbildlichung des Erlösungsprozesses sündiger Menschen; Mauriac hat allerdings auch eingestanden, daß ihm Bernanos nie mehr gegeben habe als bei der Niederschrift von *A.* Xavier Dartigelongue ist auf dem Weg ins Priesterseminar nach Paris, als er im Zug e. offenbar unglückl. jungen Ehemann beobachtet. Er wird mit Jean u. Michèle de Mirbel bekannt u. hofft, sie retten zu können. Dabei durchschaut er nicht die Intrige des Ehemanns, der den Bemühungen des Seminaristen mit Sarkasmus begegnet. Xavier ist nicht nur der Gute Hirte, sondern auch das Opferlamm für die Sünden der Mitwelt. Die bibl. Anspielungen u. die Motivkreuzungen häufen sich. Als er bei e. Autounfall stirbt, wobei das Geheimnis nicht enthüllt wird, ob es e. Unfall oder Selbstmord war, finden Jean u. Michèle erschüttert wieder zusammen.

Agoult, Marie Catherine Sophie, Gräfin d'A., geb. de Flavigny (Ps. Daniel Stern), 31. 12. 1805 Frankfurt/M. – 5. 3. 1876 Paris, Offizierstochter; 1827 heiratete sie den Grafen d'A. Sie wurde zum Mittelpunkt des glänzendsten schöngeistigen u. polit. Salons ihrer Zeit (Lamennais, Sainte-Beuve, Rossini, Meyerbeer, Lamartine, Renan, Heine, Chopin); berühmt durch ihr Liebesverhältnis mit Liszt (1835–39); er war der Vater ihrer Tochter Cosima, die Wagner heiratete. Seit 1848 trat A. für die Ideen der Revolution ein. Von größerer Wirkung als ihr Liebesroman *Nélida* (1846) waren die polit. Schriften (*Lettres républicaines,* 1848; *Esquisses morales et politiques,* 1849; *Histoire de la Révolution de 1848,* III 1851–53;

Histoire des commencements de la république des Pays-Bas 1581 à 1625, 1872).

C. Aragonnès, A. Romantik, Liebe u. Leidenschaft um den jungen Liszt, 1939; J. Vier, A. et son temps, VI 1955–63.

Agravain, ›L'Orgueilleux‹, Bruder des →Gauvain in der Artus- u. Gralsepik; er tritt noch im *Meliador* des →Froissart auf.

Aicard, Jean, 4. 2. 1848 Toulon – 13. 5. 1921 Paris, Jurastud. ebda. Freund Lamartines, 1883 Preis der Ac. frçe. für das Gedicht *Lamartine,* 1909 Mitgl. der Ac. frçe. Regionalist, der s. Themen aus der Kulturgesch. der Provence schöpfte u. vor allem familiär motivierte Gefühlskonflikte in pathet. Sprache behandelte (Lyrik *Les Jeunes Croyances,* 1867; *Rébellions et Apaisements,* 1871; Drama *Pygmalion,* 1872; Drama *Mascarille,* 1873; *Poèmes de Provence,* 1874; *La Chanson de l'Enfant,* 1875; Drama *Smilis,* 1884; *Le livre d'heures de l'amour,* 1887; Drama *Le Père Lebonnard,* 1889; Roman *Roi de Camargue,* 1890; *Maternités,* 1893; Roman *L'Ibis bleu,* 1893; Lyrik *Jésus,* 1896; Roman *Maurin des Maures,* 1908). Gemessen an der Romantik u. am →*Félibrige* war A. bereits Epigone. Dem Einfluß des Realismus u. Naturalismus verschloß er sich.

J. Calvet, La poésie de J. A., 1909; ders., La prose de J. A., 1913.

L'aigle à deux têtes, Prosaschauspiel in drei Akten von Jean →Cocteau, EA 1946, Urauff. 25. 10. 1946 Lyon. Über e. fiktiven Königsmord schrieb Cocteau e. frenet. Melodrama. Elisabeth, Kaiserin von Österreich, sieht sich um ihr Glück betrogen, als ihr potentieller Mörder, der anarchist. Dichter Stanislaw, der von der Monarchie ebenso fasziniert ist wie die Monarchin von der Anarchie, sich durch Gift aus seiner kompromittierenden Lage – beide haben sich ineinander verliebt – befreien will. Erst als sie ihn durch gespielte Verachtung aufs äußerste kränkt, führt er mit letzten Kräften das geplante Attentat aus. Das Schicksal des ungleichen Paars vollendet sich in e. von Dekadenz angehauchten Atmosphäre, zu der Cocteau sich durch die Schlösser Ludwigs II. in Bayern inspirieren ließ.

L'aiglon, Schauspiel in sechs Akten von Edmond →Rostand, Urauff. 15. 3. 1900 Théâtre Sarah Bernhardt; EA 1900. 1830 soll nach den Ideen franz. Bonapartisten der Hzg. von Reichstadt, Napoleons Sohn, das Kaisertum erneuern. Metternich gelingt es, die polit. Energie des Zweiflers zu lähmen, indem er den Sohn der Marie Louise davon überzeugt, daß er vor allem Habsburger ist. Auf dem Schlachtfeld von Wagram, umgeben von den Schemen der Toten aus der Grande Armée s. Vaters, endet die verspätete Flucht des ›kleinen Adlers‹ vor s. Schicksal.

D. Page, E. Rostand et la légende napoléonienne dans A. 1929; O. Lemke, Der hist. Hintergrund zu dem Drama von E. Rostand ›Der junge Adler‹, Diss. Königsberg 1929.

Aimard, Gustave (eig. Olivier Gloux), 13. 9. 1818 Paris – 20. 6. 1883 ebda. Schiffsjunge, Abenteurer, lebte zehn Jahre mit Indianern in Arkansas, reiste in Mittelmeerländern u. kämpfte 1848 in Mexiko. – Vf. zahlr. Indianer- u. exot. Abenteuerromane, beeinflußt von J. F. Cooper (*Les trappeurs de l'Arkansas,* 1858; *Le Grand Chef des Aucas,* 1858; *Le chercheur de pistes,* 1858; *Les pirates des prairies,* 1859; *La fièvre d'or,* 1860; *La grande flibuste,* 1860; *Les fils de la tortue,* 1863; *Les nuits mexicai-*

nes, 1863; *Les bohèmes de la mer,* 1865; *Une vendetta mexicaine,* 1866; *La forêt vierge,* 1870; *Les bois brulés,* 1875; *Le chasseur des rats,* 1876; *Les bandits de l'Arizona,* 1882; *Le batteur de sentiers,* 1884).

Aimeric de Peguilhan, um 1195 Toulouse – um 1230, Trobador, Sohn e. Kaufmanns, lebte an südfranz., katalan. u. ital. Höfen, geschätzt vor allem von den Este; schrieb Kanzonen, Sirventese, Streit- u. Klagelieder; von Dante überschätzt (*The poems of A.*, hg.W. P. Shepard/F. M. Chambers, Evanston 1950).

Aimeri de Narbonne, chanson de geste (4708 Zehnsilber) von Bertrand de Bar-sur-Aube; das 1200–1225 entstandene Werk enthält die Vorgeschichte des →Wilhelmszyklus. Einzig Aimeri, der Sohn des Ernaut de Baulande, wagt es von allen Vasallen Karls d. Gr., das sarazen. Narbonne zu belagern u. zum Lehen zu gewinnen. Der zweite, ursprüngl. selbständige Teil, schildert die Hochzeit des Helden mit der Schwester des Lombardenkg.s, Ermenjart von Pavia.

W. Scherping, Die Prosafassungen des A. u. des Narbonnais, Diss. Halle 1911; Ph. A. Becker, Das Werden der Wilhelms- u. A.geste, 1939.

Aimez-vous Brahms? (1959), Roman von Françoise →Sagan. Paule, die Geliebte in reifen Jahren, zerbricht nicht mehr wie Anne in →*Bonjour tristesse* an der egoist. Einstellung der Jugend u. ihren Intrigen; nach dem Abenteuer mit Simon kehrt sie zu Roger zurück, obwohl sie weiß, wie unbedenkl. er sie betrügt. Paule hat resigniert. Im gleichnamigen Film wurde die Protagonistin von Ingrid Bergman dargestellt.

Aiol, Chanson de geste (1. Teil um 1160, Zehnsilber, 2. Teil Alexandriner, zwischen 1206 und 1215), schildert die Verbannung u. Begnadigung des Enkels Karls d. Gr. (hg. G. Raynaud 1877).

Aissé, um 1695–13. 3. 1733 Paris, Tscherkessin, die der franz. Botschafter in Konstantinopel, Graf Ferriol, 1698 auf dem Sklavenmarkt kaufte u. nach Paris brachte, wo sie bei s. Schwägerin lebte. Ihre pathet. Briefe an Mme Calandrini wurden postum von Voltaire ediert. Lavergne u. Foucher dramatisierten den romanzenhaften Stoff 1854, L. Bouilhet 1872. Die Erzählung *A.* (1916) von René Schickele verwendet Motive des Stoffs.

E. Bouvier, La genèse de l'histoire d'une grecque moderne, RhlF 1948; M. Andrieux, Mlle A., 1952.

Ajalbert, Jean, 10. 6. 1863 Levallois-Perret – 1947 Cahors, Jurist, engagierte sich in der →Dreyfus-Affäre für den Hauptmann; 1903 in diplomat. Mission in Südostasien, Konservator von Schloß Malmaison u. Direktor der staatl. Manufaktur von Beauvais. 1917 Mitgl. der Ac. Goncourt; Autor von Gedichten (*Sur le vif,* 1885), Reportagen (Auvergne) u. exot. Romanen (*Sao Van Di,* 1905; *Raffin-Su-Su,* 1911).

Ajar, Emile, Ps., unter dem Romain →Gary seit 1974 vier Romane veröffentlichte, darunter *La vie devant soi* (Prix Goncourt 1975). Der Autor selbst enthüllte die Mystifikation, die ihm zweimal den Prix Goncourt eingebracht hatte, in *Vie et mort d'A.* (1981).

Alain (eig. Émile Auguste Chartier), 3. 3. 1868 Mortagne-au-Perche/Orne – 2. 6. 1951 Le Vésinet/Seine-et-Oise, Stud. ENS, Agrégation, Philos.lehrer in der Provinz u. in Paris (Lycée Henri IV), zu s. Schülern zählten Henri Massis, André Maurois, Jean Prévost, Simone Weil, Julien Gracq. Durch Mitarbeit an radikal-sozialist. Provinzzeitungen, u. a. an der *Dépêche de Rouen,* wo 1906–14 über 3000 *Propos d'un normand* erschienen, sowie durch s. Vorträge wirkte A. auf e. breites Publikum. 1951 erhielt er den Großen Staatspreis für Lit. A. gilt als bedeutendster Essayist der III. Republik (*Les cent et un propos d'A.,* V 1908–29; *Les propos d'A.,* II 1920; *Système des beaux-arts,* 1920; *Mars ou la guerre jugée,* 1921; *Propos sur le christianisme,* 1924; *Propos sur le bonheur,* 1925; *Éléments d'une doctrine radicale,* 1925; *Jeanne d'Arc,* 1925; *Les idées et les âges,* II 1927; *Idées,* 1934; *Propos de politique,* 1934; *Les dieux,* 1934; *Propos de littérature,* 1934; *Stendhal,* 1935; *Histoire de mes pensées,* 1936; *Avec Balzac,* 1937; *Propos sur la religion,* 1938; *Minerve ou de la sagesse,* 1939; *Préliminaires à l'esthétique,* 1939; *Éléments de philosophie,* 1941; *Propos sur l'éducation,* 1948; *Politique,* 1951; *Propos d'un normand,* V 1952–60; *Humanités,* 1960). Die offene Form des ›propos‹ setzt die Tradition moralist. Lit. fort; A.s Skepsis u. Agnostizismus entsprach e. unsystemat. Schreibweise, sie hob sich auch von der hermet. Manier ab, wie sie der Symbolismus u. das Fin-de-siècle in der Prosa durchgesetzt hatten. A. kann zum Vorwurf gemacht werden, daß er nicht zum selbständigen Denken, sondern zur Imitation der eigenen intellektuellen Haltung, die mit bedeutendem Aufwand minimale Lebensfragen angeht, erziehen wollte. Die *Propos sur l'éducation* sind e. beispielhafte Darstellung der bürgerl. Erziehungskonzeption, die die alten Sprachen gegenüber den Naturwiss. auf ihrem prestigereichen Rang erhalten will; sie identifiziert die Gedanken mit den Worten, die sie bezeichnen, dies erlaubt die Disqualifikation der ›Dinge‹. Da A. die Weltsicht des petit bourgeois äußerst stilvoll artikulierte, blieb dem Publikum der ideolog. Kern häufig verborgen. Übergreifende Fragen, vor allem nach den Auswirkungen der Ökonomie, kamen ihm nicht in den Sinn. Anders als Benjamin Constant, der für die versch. Religionen e. gemeinsame Wurzel postulierte, band A. ihre Entstehung an die Onto- und Phylogenese. Erst 1978 erschien *Denys ou l'ambitieux.*

S. Solmi, Il pensiero di A., Mailand 1930; G. Hess, A. in der Reihe der franz. Moralisten, Diss. Berlin 1932; A. Maurois, A., 1949; H. Mondor, A., 1953; S. Dewit, A. Essai de bibliographie, Brüssel 1961; G. Bénézé, Généreux A., 1962; B. Halda, A., 1965; H. Guiraud, La morale d'A., 1970; G. Pascal, L'idée de philosophie chez A., 1970.

Alain de Lille (Alanus ab Insulis), um 1128 Lille – 1203 Cîteaux, Theologe, lehrte in Paris u. Montpellier, ehe er Zisterzienser wurde. In axiomat. Form verfaßte er theolog. Kompendien (Migne, *Patrologia latina,* Bd. 210) u. zwei allegor. Dichtungen, *De planctu naturae* u. *Anticlaudianus* (hg. R. Bossuat 1955), die durch die Darstellung e. Abstraktion in selbständ. ep. Motiven *(→Roman de la rose)* nachhaltig auf die ma. Dichtung wirkten.

J. Huizinga, Über die Verknüpfung des Poetischen mit dem Theologischen bei A., Amsterdam 1932; G. Raynaud de Lage, A., poète du XIIe siècle, 1951; V. Cilento, A., Neapel 1958.

Alain-Fournier, Henri (eig. Henri-Alban Fournier), 3. 10. 1886 La Chapelle d'Angillon bei Bourges – 22. 9. 1914 Wald von St. Rémy (gefallen), Sohn e. Lehrers. A.

brach die Ausbildung an der Schule für Handelsmarine in Brest ab u. bereitete sich am Lycée Lakanal bei Paris für die Aufnahme in die ENS vor; hier befreundete er sich mit Jacques Rivière, der später s. Schwester heiratete. 1905 nahm er e. Stelle als Volontär bei e. Londoner Firma an, seit 1909 schrieb er Lit.kritiken. S. einziger vollendeter Roman →*Le grand Meaulnes,* erschien 1913, *Colombe Blanchet* blieb Fragment (*NRF* 1922). Postum erschien e. Slg. Gedichte u. Erzählungen, *Miracles* (1924). Thema s. Erzählkunst war die Kindheit, die A. ohne den Anschein von Kindlichkeit, mit e. Tiefe, die an Mysterien rührt, darzustellen beabsichtigte. Dieser Respekt vor dem Geheimnisvollen verband ihn enger mit Péguy, von dem er in der Korrespondenz häufig u. bewundernd sprach (*Correspondance avec J. Rivière,* IV 1926–28; *Lettres d'A. à sa famille,* 1930; *Lettres au petit B., précédées de La fin de la jeunesse* hg. C. Aveline 1930). In e. der letzten Briefe, den er 1913 an Jacques Rivière richtete, sprach er von der ›Blüte des Lebens, die auf geheimnisvolle Art woanders lebt‹ u. von s. ›völligen Mangel an Wirklichkeitssinn‹, der ihn aus Depressionen rettete. Bei A. neigt, wie bei Nodier, Bosco oder Franz Hellens, die Kunst zur Mystifizierung der Wirklichkeit; was in Wahrheit veränderbar ist, wird als zeitlos hingestellt. Als wüßte er nichts von ihrem Mißbrauch, konstruierte A. e. ideale, wenn auch trag. Welt, um s. private Ausgestoßenheit zu verschmerzen (Brief vom 13. 9. 1911).

Ch. Dédéyan, A. et la réalité secrète, 1948; E. Gibson, The Quest of A., 1953; J.-M. Delettrez, A. et le Grand Meaulnes, 1954; C. Borgal, A., 1955; H. Valotton, A. ou la pureté retrouvée, 1957; J. Rivière, Vie et passion d'A., 1963; J. Bastaire, A. ou la tentation de l'enfance, 1964; G. Pascal, A. éducateur, 1964; J. Loize, A., sa vie et le Grand Meaulnes, 1968; J. Bastaire, A. ou l'anti-Rimbaud, 1978; G. Vidal, Les masques d'A., 1980; Ch. E. Des Laumes, Le nocturne passeur, 1986; Cl. Husson, A. et la naissance du récit, 1990.

A la recherche du temps perdu, Romanzyklus in 15 Bänden von Marcel →Proust, möglicherweise 1908 konzipiert; das zunächst auf drei, später auf acht (1921) bzw. zehn (1922) Bände angelegte Werk entstand, nachdem im Herbst 1909 →*Contre Sainte-Beuve* vom Autor aufgegeben wurde; EA 1913–27 unter teilweise vom Verleger Gallimard konzipierten Titeln: *Du côté de chez Swann, A l'ombre des jeunes filles en fleurs, Le côté de Guermantes, Sodome et Gomorrhe, La prisonnière, Albertine disparue, Le temps retouvé;* krA P. Clarac/A. Ferré VII 1969; krA Y. Tadié IV 1987–89. In s. Großroman, dessen komplexe Bauform als Replik auf den zykl. Epochenroman Balzacs u. Zolas zu verstehen ist, führt Proust den fiktiven Erzähler (Marcel?) ein, der aus Enttäuschung über die disparate Dingwelt zum erinnernden Ich wird, sich selbst im erinnerten Ich gegenübertritt u. die entschwundene Zeit von rund 40 Jahren (70er Jahre des 19. Jh. – Ära nach dem I. Weltkrieg) im Kunstwerk rettet. Die frühe themat. Einteilung (1912) in ›l'âge des noms‹ – ›l'âge des mots‹ – ›l'âge des choses‹ bleibt mit fließender Abgrenzung erhalten. Das Ich, wie der Autor selbst kränkl. Besitzbürger mit lit. Ambitionen, lernt die kultivierte Bourgeoisie in Herrn Swann, dessen Liebe zu Odette de Crécy als einzige Episode des Zyklus nicht unter das Stilgesetz der erinnerten Welt fällt, und die Hocharistokratie in der Hzg.-familie Guermantes in Combray, Seebädern der Normandie u. Paris kennen. Hist. Ereignisse (Weltausstellungen der

80er Jahre, →Dreyfus-Affäre, Marokkokrise, I. Weltkrieg) haben am Rhythmus der Erzählung keinen direkten Anteil, denn vorrangig interessieren das Subjekt Veränderungen innerh. der mondänen Welt u. Umschichtungen, wie etwa die Heirat einer Bürgerlichen mit einem Adligen, die daraus resultieren. Die soziale Frage wird von Proust im Werk zwar als ›groß‹ bezeichnet, wenn er Fischer u. Bauern im Gegenlicht e. feudalen Hotels darstellt, interessiert hat sie ihn in Wirklichkeit nicht, weil er keinen Roman im Stil des krit. Realismus zu schreiben beabsichtigte. Der polit. Machtanspruch, Motivation der Dreyfus-Affäre, reduziert sich in *A.* zum rechthaber. Dialog zwischen zwei Maîtres d'hôtel, die aus dem Ausgang des Prozesses, der ganz Frkr. in zwei Lager spaltete, ›ihren‹ Triumph u. ›ihre‹ Niederlage machen. Diese deprimierende Verkleinerung eines nationalen Streitfalls durch die Figurenperspektive paßt zu Prousts semiot. Prinzip, wonach Namen nur Wörter sind, die e. Realität bezeichnen, welche durchaus anders geartet sein kann als diejenige, die sich ursprüngl. einmal mit den Namen verknüpfte. Als Marcel z. B. die Hzgin. von Guermantes noch nicht kannte, hatte ihre Gestalt, verklärt durch e. Legende von der Abstammung von Genoveva von Brabant, die Qualität e. Figur im Kirchenfenster der Schloßkapelle. Das soziale Gefälle von der aristokrat. (›de côté de Guermantes‹) zur bürgerl. Sphäre (›du côté de Méséglise‹, d. h. der Swannseite) wird erschüttert u. verwandelt sich im Medium persönl. Erfahrungen in e. zeitl. Polarisationsverhältnis. Die Sach- u. Erlebniskomplexe erheben sich aus der Vergessenheit, wenn sich – wie in der berühmten Madeleine-Episode, wo der Genuß e. Teegebäcks zum auslösenden Reiz für die ›mémoire involontaire‹ wird – der spezif. Sinneseindruck als Signal wiederholt. Die evozierte Welt bleibt an sinnl. Erinnerungsspuren gebunden; darum ist die Wiedererinnerung imaginär, jedoch nicht phantast. Dabei regiert das Gesetz des Zufalls, die Willensanstrengung allein genügt nicht – die ›mémoire volontaire‹ erweist sich als ohnmächtig u. zugleich als ästhet. unergiebig. In *Le temps retrouvé* wird sich der anonyme Erzähler endgültig darüber klar, daß e. Autor s. Werk gegenüber nur bedingt frei ist; da die Welt in s. Imagination präexistent ist, besteht s. Aufgabe u. s. Würde in der Entdeckung, die wiederum von der Außenwelt angeregt werden muß. So wird er zum Herrn über die mechan. Zeit, die Verhängnis u. Tod inkarniert. Zur Rückerinnerung gehört als angemessenes erzähler. Mittel die verzögerte Identifikation: Baron Charlus aus dem Hause Guermantes spielt in *A l'ombre des jeunes filles en fleurs* bereits eine Rolle, in *Le côté de Guermantes* erfährt man, daß Charlus der Bruder des Hzg.s ist, in *Sodome et Gomorrhe* entdeckt er s. ›Laster‹, die Homosexualität. Proust erklärt den für Balzac u. Zola noch essentiellen Kontrast von Adel u. Bürgertum zum Scheingegensatz, das einzig relevante Spannungsfeld stellt die aktuelle, ungeordnete Welt der Innenlandschaft der erinnerten Welt gegenüber. Der Roman wird, indem er sich selbst in Frage stellt, sich selber Thema u. bleibt es bis →Simon. Vier Jahrzehnte versucht das Ich vor dem Vergessenwerden zu retten: als es das Mittel kennt – den Roman –, endet s. Geschichte. Der Roman bildet Vergangenheit nach u. reflektiert die Unmöglichkeit, e. lückenloses Bild zu evozieren, Kontinuität zu fingieren. Der Lektor des Verlags Fasquelle, der 1912 die ersten 700 Seiten des Zyklus beurteilen sollte, hielt die Lektüre über ›fünf oder sechs Seiten‹ hinaus für unmögl.; die Verlage Ollendorff u. Gallimard, dem Gide nahelegte, den ungewöhnl. Roman nicht zu verlegen, lehnten ebenfalls ab. Grasset brachte 1913 den ersten Band auf Kosten des Autors heraus, 1918 nahm Gallimard den Zyklus in s. Programm auf, 1919 wurde Proust der Prix Goncourt zugesprochen; damit war der Autor von *A.* e. größeren Publikum vorgestellt.

E. R. Curtius, Franz. Geist im neuen Europa, 1925; B. Crémieux, Du côte de chez M. Proust, 1929; E. Fiser, L'esthétique de M. Proust, 1933; A. Feuillerat, Comment M. Proust a composé son roman, New Haven 1934; H. R. Jauß, Zeit u. Erinnerung in M. Prousts A., Heidelberg, 1955, [2]1970; J.-F. Revel, Sur P. Remarques sur A., 1960; J. Daniel, Temps et mystification dans A., 1963; Ph. Kolb, La genèse de la Recherche: Une heureuse bévue, RhlF 1971; G. Matoré/I. Mecz, Musique et structure romanesque dans la Recherche du temps perdu, 1973; I. Backhaus, Strukturen des Romans. Stud. zur Leit- u. Wiederholungsmotivik in A., 1976; Ch. Robin, L'imaginaire du Temps retrouvé, 1977; D. Alden, M. Proust's Grasset proofs, Chapel Hill 1978; M. Muller, Préfiguration et structure romanesque dans A., 1982; V. Roloff, Werk u. Lektüre, 1984; U. Link-Heer, A. u. die Form der Autobiographie, Amsterdam 1988; F. Kotz, Das Kind v. Combray in A., 1990; M. Milner, On est prié de fermer les yeux, 1991.

Albéric de Besançon (bzw. de Briançon oder de Pisançon), Dichter des ältesten, frankoprovenzal. →*Roman d'Alexandre* (vor 1130), von dem nur die ersten 105 Achtsilber (15 Laissen) überliefert sind. Sie handeln von der Jugend u. Erziehung des Helden. In metr. Hinsicht steht das Werk zwischen der →Chanson de geste u. dem →Roman courtois; es ist das erste nordfranz. Lit.denkmal von rein weltl. Charakter. Paul Heyse entdeckte das Fragment 1953 in Florenz (hg. A. Foulet in: E. C. Armstrong, *The medieval French Roman d'Alexandre,* Bd. 3, Princeton 1949).

Albert-Birot, Pierre, 1876 Chalonnes – 1967. Gründer der Zs. *Sic* (1916), an der Apollinaire, Aragon, Breton u. Reverdy u. a. mitarbeiteten; Anhänger des Futurismus u. Kubismus, später schrieb er in der Zs. *Surréalisme.* S. Lyrik (*Trente et un poèmes de poche,* 1917; *Poèmes à hurler et à danser, La joie des sept couleurs,* 1919; *La triloterie,* 1920) u. Stücke (*Larountala, Les femmes pliantes*) stehen im Zeichen Jarrys u. Marinettis. S. Prosaepos *Grabinoulor* (1921–64) verarbeitete den Mythos des Superman (vgl. schon *Les chants de Maldoror, Fantômas*).

J. Follain, A., 1967.

Albertine, Romanfigur in →*A la recherche du temps perdu* von Proust, die Freundin von Gilberte Swann. Der Erzähler lernt A. beim Maler Elstir kennen; obwohl er ihre lesb. Neigungen entdeckt (A. ist die Transformation der Freundesgestalt Alfred Agostinelli, den Proust 1914 nach e. Flugzeugunglück verlor), beabsichtigt er, sie zu heiraten.

Albret, Adelshaus im franz. SW, seit 1484 im Besitz des Kg.reichs Navarra, das 1512 teilweise an die span. Krone verloren ging. Jeanne d'A. (1528–1572) unterstützte die Reformation, ihr Sohn →Heinrich IV. beendete die Religionskriege. 1607 fiel das Hzg.tum (seit 1556) an die franz. Krone.

B. Nabonne, Jeanne d'A., reine des Huguenots, 1945.

Alceste, Protagonist der Kom. →*Le misanthrope* von Molière; er vertritt e. rigorose Ethik, die →Philinte in Frage stellt.

Alcools, Gedichtslg. von Guillaume →Apollinaire, entstanden 1893–1913, EA 1913. Vom volksliedhaften Ton *(Le pont Mirabeau, Rhénanes)* reicht die Spannweite bis zum surrealist. Gedicht *Zone* (1911 begonnen), das Rimbauds poet. Verfahren an Breton u. s. Gruppe vermittelt. Hier gibt der Lyriker abnorme, vertauschbare Visionen wieder, um s. Unbehagen an der Realität auszudrücken. Die zunehmende Verdüsterung des Parisbilds in *Zone,* in das sich fernöstl. Fratzen, die synkretist. Christus bezeichnen, schieben, bereitet die schockierenden Schlußworte vor: ›Adieu Adieu/Soleil cou coupé‹. Der Surrealismus inspirierte sich an solchen Montagen, aber kein späterer Dichter wird Apollinaires futurist. Auswertung des Romanzentons, den er bei Nerval, Heinrich Heine u. Laforgue vorgebildet sah, kongenial nachahmen *(Marie, La blanche neige, Merlin et la vieille femme).* Durch Verzicht auf überkommene Interpunktion zwang er den Leser, die Skandierung durch intensive Beschäftigung mit dem Text u. Rezitation selbst zu finden.

L. R. C. Breuning, The chronology of Apollinaire's A., PMLA 1952; T. Tzara, Nouvelles observations à propos d'A., 1954; J. C. Chevalier, A. d'Apollinaire, essai d'analyse des formes poétiques, 1970; R. Couffignal, Zone d'Apollinaire, structure et confrontations 1971; R. H. Stamelman, The drama of self in A., Chapel Hill 1976; B. Lecherbonnier, Apollinaire, A., 1983.

Alde (Aude), Schwester Oliviers u. Rolands Braut, die die Botschaft vom Tod des Helden nicht überlebt u. in den Armen Karls des Gr. im Palast zu Aachen stirbt (→*Chanson de Roland,* v. 3708–3733) P. Raynal nannte die Soldatenbraut in →*Le tombeau sous l'Arc de triomphe* beziehungsreich wieder A.

Aldo, Protagonist des Romans →*Le rivage des Syrtes* von Gracq; er erfüllt die Gesetze im Reich des Untergangs, indem er den ›attentisme‹ durchbricht u. handelt.

Alembert, Jean-Le-Rond, gen. d', 17. 11. 1717 Paris – 29. 10. 1783 ebda., Naturwissenschaftler u. Aufklärer, Kind aus der Verbindung der Mme de Tencin u. des Artilleriegenerals Chevalier Destouches, wurde vor der Pariser Kirche Saint-Jean-Le-Rond ausgesetzt, später jedoch von s. Vater, der ihm 1728 e. Rente hinterließ, unterstützt, u. a. bei der Aufnahme in das Collège des quatre nations. 1741 bot die Ac. des sciences A., der über Dynamik, Astronomie u. Integralrechnen anerkannte Arbeiten vorlegte, e. Stellung als Adjoint an. Er verkehrte im Salon der Mme. Geoffrin; mit Julie de Lespinasse verband ihn e. Jahrzehnte währende Freundschaft. 1751 schrieb er den *Discours préliminaire* zur →*Encyclopédie,* deren Mithg. er bis zum 7. Band blieb; außerdem lieferte er aus s. Sachgebieten zahlr. Artikel. Er lehnte 1752 die ehrenvolle Berufung zum Präsidenten der Berliner Akademie (Vakanz durch den Weggang von Maupertuis) u. später den Auftrag Katharinas II., ihren Sohn zu erziehen, ab. Dennoch gewann A. soviel Einfluß auf Friedrich II., daß er bei der Berufung von Gelehrten u. Ernennung korrespondierender zu ordentl. Mitgliedern der Akademie gehört wurde. Auf s. Anregung kam auch das Preisausschreiben *Est-il utile de tromper le peuple?* (1780, hg. W. Krauss 1966) zustande. Seit der Wahl in die Ac. frçe. (1754) versuchte A., diese Institution der Aufklärung dienstbar zu machen; nach 1766 war er ihr Secrétaire perpétuel. Er verfaßte e. *Histoire des membres de l'Ac. frçe. morts depuis 1700 jus-*

qu'à 1770 (postum 1785). Die fünfbänd. Ausgabe letzter Hand s. *Mélanges de littérature, d'histoire et de philosophie* (Berlin 1783) enthält außer Eulogien u. a. e. Analyse des *Esprit des lois* von Montesquieu, e. Antwort an Rousseau auf dessen *Lettre à d'A. sur les spectacles,* die den Genf-Artikel in der *Encyclopédie* betraf, Schriften zur Übs.kritik u. Gattungspoetik. Zusammen mit Diderot u. Jaucourt verfaßte A. die *Synonymes français* (hg. J. Chas 1801). Im Rekurs auf Locke erklärte er Empirismus u. Rationalismus zu Grundlagen der neuen Philos., gelangte jedoch zur Einsicht, daß nur der Instinkt dem Menschen, dem die Frage nach der Widerspiegelung objektiver Realität durch die Sinneseindrücke unlösbar erscheint, zu einer für die Lebenspraxis notwendigen Überzeugung verhilft (*Œuvres philosophiques, historiques et littéraires,* postum XVIII 1805–08). Diderots Auseinandersetzung mit s. Denken ist festgehalten in *Entretien entre d'A. et Diderot,* →*Le rêve de d'A.* A. veranlaßte Voltaire, den Bruch mit der materialist. orientierten Fraktion der Aufklärung, namentl. Holbach, nach 1770 auch publizist. zu vollziehen u. vom deist. Standpunkt aus gegen das Aufkommen des Atheismus zu kämpfen.

J. Bertrand, A., 1889; M. Muller, Essai sur la philosophie de d'A., 1926; J. N. Pappas, Voltaire dans A., Bloomington 1962; R. Grimsley, A., Oxford 1963; M. Riegler, The A. question. A study in problematics, Diderot studies VI, 1964; W. Krauss, A. (in: Werk u. Wort), 1972.

Alexandre de Bernay (oder de Paris), Ende 12. oder Anfang 13. Jh. Vollender des →*Roman d'Alexandre* (um 1180–90). Er schrieb die erste Branche neu, fügte teilweise die vierte u. letzte hinzu, erfand die Überleitungen u. betonte an der Alexandergestalt die Sagesse. Ihm wird der Versroman *Athis et Prophilias* (um 1210, nach e. oriental. Erzählung, hg. A Hilka II 1912–16) zugeschrieben, die Fabel kommt →*Amis et Amiles* nahe, der Stil ahmt Darstellungsweisen des →antiken Zyklus nach.

Alexandre le Grand, Trag. in fünf Akten von Jean →Racine, EA 1666, Urauff. 4. 12. 1665 Palais royal. Ausgestattet mit romanesker Galanterie, markiert A. als trag. Held die Abkehr des Publikumsgeschmacks von Corneilles Konfliktschema auf der klass. Bühne. Racine entwickelt dramat. Spannung aus Liebeskonflikten: Cléofile liebt den siegreichen Helden u. veranlaßt ihren Bruder Taxile zum Bündnisbruch. Da Taxile der Rivale s. Verbündeten Porus bei Axiane ist, stellt auch er das Gesetz der Liebe über militär. Gebot. Axiane verweigert sich ihm jedoch, Taxile fällt im Duell gegen Porus, den der großmütige Makedonier in seine polit. Rechte einsetzt u. dessen Eheanspruch gegenüber Axiane er bestätigt. Saint-Évremond tadelte 1668 an *A.* die geschichtl. unhaltbare Zeichnung des Feldherrn als empfindsamen Liebhaber im Stil der Schäferromane.

T. C. Van Stockum, Die Erstlingstrag. Corneilles u. Racines u. ihre antiken Vorbilder, Neophilologus 1959; J. Pommier, A., Rddm 1965.

Alexandriner, zwölfsilbiger Reimvers, mit übl. Zäsur nach der 6. Silbe; erhielt den Namen nach dem →*Roman d'Alexandre,* obgleich der früheste Beleg e. geistl. Gedicht, *Li ver del Juïse* (um 1130, noch vor dem *Pèlerinage de Charlemagne*), ist. Bis zur Mitte des 16. Jh. blieb der A. für Lyrik u. Drama irrelevant, im 13. Jh. ersetzte er den →Zehnsilber als ep. Vers, vom 16. bis ins ausgehende 18.

Jh. wurde er das herrschende Metrum in allen Gattungen. Ob die Renaissanceautoren ihn direkt aus dem antiken jamb. Trimeter ableiteten oder ob die Tradition des ma. Verses gleicher Bezeichnung hinlängl. gesichert war u. den Rekurs auf griech. u. röm. Dichtungen überflüssig machte, ist umstritten. Victor Hugo setzte bewußt den dreigeteilten A. als Variante im romant. Vers ein, Baudelaire, die Parnasse-Dichter u. Mallarmé kultivierten ihn weiter.

K. Togeby, Histoire de l'alexandrin français (Etudes dédiées à A. Blinkenberg), Munksgaard 1963; R. Baehr, Einführung in die franz. Verslehre, 1970.

Alexis, Jacques-Stephen, 1922 Haiti – 1961 ebda., Stud. Medizin, vor allem Neurologie; Reisen nach Frkr., lit. Beziehungen zu Jacques Roumain, Césaire, Senghor, Aragon (→Négritude). 1955 erschien s. erster u. bekanntester Roman, *Compère général soleil;* später: *Les arbres musiciens* (1957), *L'espace d'un cillement* (1959), *Le manifeste programme de la Seconde indépendance* (1959, polit. Schrift), *Romancero aux étoiles* (1960). Zwei Romane blieben Fragment. Mitte April 1961 kämpfte A. auf Haiti gegen das diktator. Regime Chevalier, wurde gefangengenommen, gefoltert u. ermordet.

Alexis, Paul, franz. Schriftsteller, 16.6. 1847 Aix-en-Provence – 28.7.1901 Triel, Jurastud. Aix. Befreundet mit Zola (*É. Z., notes d'un ami,* 1882; *Naturalisme pas mort.* Lettres inédites de P. A. à É. Zola 1871–1900, hg. B. H. Bakker, Toronto 1971), Mitarbeit am Sammelband →*Les soirées de Médan,* Autor von naturalist. Dramen, Romanen u. Novellen, z.T. Bearbeitungen von Stoffen der Goncourts (*Celle qu'on n'épouse pas,* 1879; *La fin de Lucie Pellegrin,* 1880; *Le collage,* 1883; *Le besoin d'aimer,* 1885; *Un amour platonique,* 1886; *L'éducation amoureuse,* 1890; *Monsieur Betsy,* 1890; *Les frères Zemganno,* 1890; *Madame Meuriot, mœurs parisiennes,* 1891; *Charles Demailly,* 1893; *La provinciale,* 1894; *Trente romans,* 1895; *La comtesse,* 1897; *Vallobra,* 1901). Er vertrat →Huret gegenüber e. ungebrochenes Verhältnis zum Naturalismus.

Alexis ou de l'âge d'or (1787), Dialog von Frans →Hemsterhuis. Durch die Gleichsetzung des rousseauist. Naturzustandes mit dem Idealtypus e. Menschheitsentwicklung bestritt der Niederländer, der sich in diesem Dialog auch um e. praktikableres Französisch bemüht, die Suprematie der Vernunft. Erst Einsicht in die Begrenztheit verstandesmäßiger Erkenntnis rettet das Menschengeschlecht vor Verelendung. F. H. Jacobi übersetzte die Schrift noch im Erscheinungsjahr; die Geschichtsphilos. des jungen Novalis orientierte sich an der Enthusiasmustheorie in *A.*

A. Funder, Die Ästhetik des F. Hemsterhuis u. ihre hist. Beziehungen, 1913.

Alexius-Stoff, oriental. Ursprungs, handelt von der Weltflucht e. reichen Jünglings am Hochzeitstag u. s. unerkannten Heimkehr ins Elternhaus, wo er s. asket. Leben vollendet; war außer für die Verslegende →*Saint Alexis* dichter. Vorwurf für das personenreiche →Mirakel *Saint Alexis* (14. Jh.) sowie die Tragödien *L'illustre Olympie ou le Saint Alexis* (1644) von Nicolas-Marc Desfontaines u. *Le charmant Alexis* (1655) von Louis de Massip.

Algerien – Frankreich, Auswirkungen der Kolonialepoche 1830–

1962 in Werken von Audisio, L. Bertrand, Camus, Feraoun, Fromentin, Genet, Montherlant *(→Un assassin est mon maître)*, Roblès, J. Roy, Yacine.

Ch. Taillart, L'Algérie dans la littérature frçe. Essai de bibliographie méthodique et raisonnée jusqu'à l'an 1924, 1925; J. Arnauld u. a., Bibliographie de la littérature nord-africaine d'expression frçe. 1945–62, 1965; Ch. Bonn, La littérature algérienne de langue frçe., 1974; J. Déjeux, La littérature algérienne contemporaine, 1975.

Alibert, François-Paul, 16. 3. 1873 Carcassonne – 23. 6. 1953 ebda., Stadtschreiber in s. Heimat, neoklassizist. Lyriker in der Nachfolge von A. Chénier u. Moréas. Nach anfängl. freien Rhythmen fand er zu durchgefeilten Formen, vor allem zum Epigramm (vgl. auch Derème u. Toulet); vertrat e. pessimist. u. pantheist. Weltanschauung u. behandelt die großen Sinnfragen der Existenz (*L'arbre qui saigne,* 1907; *Le buisson ardent,* 1912; *Odes,* 1922; *Églogues,* 1923; *Élégies romaines,* 1923; *Le cantique sur la colline,* 1924; *La guirlande lyrique,* 1925; *Le chemin sur la mer,* 1926; *La prairie aux narcisses,* 1927; *La plainte de Calypso – La complainte du cyprès blessé,* 1931; *Épigrammes,* 1932; *Mirages,* 1936; *Vieilles chansons du jeune temps,* 1938; *Terre qui as bu le sang,* 1939; *La Méditerranée,* 1940; *La prairie aux colchiques,* 1944; *Le colloque spirituel,* 1948; *La chanson du saule au platane,* 1951). S. Ästhetizismus führte ihn zu mytholog. Dramenstoffen (*Le deuil des muses,* 1921; *Marsyas ou la justice d'Apollon,* 1922; *Les dioscures,* 1925).

Alidor, Protagonist der Kom. →*La place royale* von Pierre Corneille.

C. J. Mertens, A., bon ami, mauvais amant, RhlF 1972.

Aliénor, Hzgin. von Aquitanien, Kgin. von Frkr. u. England, um 1120 Bordelais – 31. 3. oder 1. 4. 1204 Abtei Fontevrault. Die hochgebildete Enkelin des →Guilhem de Peitieu, unglückl. Gemahlin zweier Kg.e, Ludwigs VII., der sich 1152 von ihr scheiden ließ, u. Heinrichs II. von Anjou, seit 1154 Kg. von England, der sie von 1172 bis 1189 einkerkerte, Mutter der Marie de Champagne (→Ma dame de Chanpaigne), des Richard Löwenherz u. Johann ohne Land, vermittelte die provenzal. Poesie (→Trobadors) nach Nordfrkr. u. trug zur Verbreitung der höf. Liebeskultur bei (→Tristan-Stoff, →*Erec,* →*Lancelot*). Der *Roman de Brut* des →Wace wie der →*Roman de Troie* des →Benoit de Sainte-Maure waren A. gewidmet. Ihre zweite Heirat vergrößerte den festländ. Besitz der engl. Kg.e im franz. SW, der erst nach dem 100jähr. Krieg an die franz. Krone zurückfiel.

C. H. Walker, Eleonore of Aquitaine, Chapel Hill 1950; A. Kelly, Eleonore of Aquitania and the four kings, Cambridge 1950; R. Pernoud, A. d'Aquitaine, 1965.

Aline et Valcour ou le roman philosophique vom Marquis de →Sade, entstanden 1785–88 in der Bastille, EA 1795. Die erste Geschichte des zweiteiligen Briefromans schildert die Leiden der Aline, die vom Vater zu schändl. Libertinage ausgenutzt werden soll. Als ihre Mutter sie retten will, wird sie vergiftet, Aline, die gewaltsam von ihrem Verlobten Valcour getrennt wird, ersticht sich, als sie zur Ehe mit Dolburg gezwungen werden soll. Im zweiten Teil unternimmt Sainville e. Reise um die halbe Welt, um Alines Schwester Leonora wiederzufinden. Er wird in zwei exot. Staaten, die negative

u. positive Aspekte von Sades polit. Utopie aufweisen, verschlagen.

Aliscans, Epos aus der zweiten Hälfte des 12. Jh., in 8435 assonierenden Zehnsilbern, das dem →Wilhelmszyklus zuzurechnen ist u. an die →*Enfances Vivien* anknüpft. *A.* setzt ein mit der Niederlage Wilhelms, der mit Hilfe s. Schwagers, des franz. Kg.s, die Sarazenen auf der Gräberstätte bei Arles doch noch besiegt; der keulenschwingende Rainouart, Wilhelms unerkannter Schwager (→*Chanson de Guillaume*), zeichnet sich hierbei bes. aus. Wolfram von Eschenbach schuf danach um 1210–1212 s. *Willehalm*.

F. W. Fischer, Der Stil des A.-Epos, Diss. Rostock 1930; Ph. A. Becker, Der Liederkreis um Vivien, Wien 1944; A. Adler, Rückzug in ep. Parade, 1963; J. Frappier, Les chansons de geste du cycle de Guillaume d'Orange, 1968.

Alissa, die negative Hauptfigur in →*La porte étroite* von Gide, Verkörperung e. exaltierten, dabei unmenschl. Frömmigkeit, die schließl. nicht belohnt wird. Ihr Mystizismus ist ebenso ›folie‹ wie der exzessive Nonkonformismus Michels in →*L'immoraliste*. Gide konzipierte die Rollen als diametrale Figuren, um extreme erzähler. Antworten auf die Frage, ob das Ziel des Menschen Gott oder der Mensch selbst sei, zu geben.

Alittérature, Bezeichnung von Cl. →Mauriac für Dichtung, die sich von jeder Konsumlit. abhebt, indem sie ihre Verfahren reflektiert u. Möglichkeiten der naiven Fiktionalität bezweifelt; steht im Gegensatz zu →Antilittérature (*L'a. contemporaine,* 1958).

Allainval, Léonor J.-Ch. Soulas d', 1700 Chartres – 2. 5. 1753 Paris, Dramatiker, von dessen Gesellschaftskom. (*L'embarras des richesses,* 1725; *La fausse comtesse,* 1726; *Le tour de carnaval,* 1726; *Le mari curieux,* 1731) allein →*L'école des bourgeois* bis in die Neuzeit gespielt wurde. Émile Augier (*Le gendre de M. Poirier,* 1854) orientierte sich an A.s Darstellung des Klassenkampfs verarmter Adliger mit der reichen Bourgeoise.

Allais, Alphonse, 20. 10. 1854 Honfleur – 28. 10. 1905 Paris, brach s. Pharmaziestud. ab; Mitbegründer des Pariser Kabaretts →Le Chat-Noir, wo er als Humorist mit eigenen Couplets auftrat (*A se tordre,* 1891; *Pas de bile,* 1893; *Deux et deux font cinq,* 1895; *On n'est pas des bœufs,* 1896; *Le bec en l'air,* 1897);A., der mit Charles Cros befreundet war, schrieb Romane u. Kom. (*Silveric ou les fonds hollandais,* 1898; *Le pauvre bougre et le bon génie,* 1899; *L'affaire Blaireau,* 1899; *Le boomerang ou rien n'est mal qui finit bien,* 1902; *Monsieur la pudeur,* 1903; *Œuvres complètes,* 1965 f.)

Mme Leroy-A., A. souvenirs d'enfance et de jeunesse, 1913; A. Jakovsky, Le tueur à gags, 1955; R. Zimmer, Aspekte der Sprachkomik im Franz. Stud. zur Sprache des Humoristen A. 1854–1905, 1972.

Allegorie, Verbildlichung e. Abstraktion, die als bekannt vorausgesetzt wird, in e. selbständig dingl. Motiv, namentl. als Personifikation, erlebte in der franz. Lit. ihre Blütezeit von →Bernard Silvestre bis zu den Autoren des →*Roman de la rose* u. deren Gegnern; häufig als Traumallegorie. Die A. ist ein Merkmal des ep. Stils vom MA bis ins 19. Jh. Im plakativen Revolutionstheater (z. B. bei Bonneville) fand die A. wieder Verwendung.

A. Marni, Allegory in the French heroic poem of the 17th century, Princeton 1936; H. R. Jauß, Genèse de la poésie allégorique française au moyen âge, Heidelberg 1962; K. J. Steinmeyer, Untersuchungen zur allegor. Bedeutung der Träume im altfranz. Rolandslied, 1963; A. Fletcher, Allegory, Ithaca/New York 1964; M.-R. Jung, Etudes sur le poème allégorique en France au moyen-âge, Bern 1971; G. A. Jonen, A. u. die späthöf. Dichtung in Frkr., 1974; W. Helmich, A. im franz. Theater des 15. u. 16. Jh.s, 1976.

Allons, enfants de la patrie, Eingangsvers der →*Marseillaise.*

Almanach des muses, Lyrikslg., die 1765–1833 jährl. herauskam u. die dichter. Jahresproduktion verzeichnete; die abgedruckten Texte sind oft von minderer Qualität. 1781 erschien e. Nachtragsband. Im *A.* veröffentlichte Voltaire Erzählungen; La Harpe u. Chamfort arbeiteten regelmäßig mit. Das Werk, das wiederholt imitiert wurde (*Almanach littéraire,* 1773–1793 u. 1801–1806; *Almanach des grâces,* 1784 ff.; *Almanach des dames,* 1811–1832), ist von bibliograph. Wert.

F. Lachèvre, Bibl. sommaire de l'A., 1928.

Almaviva, Figur in Beaumarchais' Dramenzyklus →*Le barbier de Séville,* →*La folle journée ou le mariage de Figaro* u. →*La mère coupable,* repräsentiert die privilegierte u. skrupellose Aristokratie des →Ancien Régime.

L'alouette, Schauspiel von Jean →Anouilh, entstanden 1953, EA 1953, Urauff. 14. 10. 1953 Théâtre Montparnasse, Paris. Anouilh setzte beim Publikum die Geschichte der →Jeanne d'Arc als bekannt voraus; seit 1928 war sie auch wiederholt verfilmt worden. Graf Warwick, e. der hist. Mitakteure, erklärt den Titel des Stücks, wenn er Jeanne als ›cette petite alouette chantant dans le ciel de France‹ ironisiert. Damit thematisiert er die Arglosigkeit, mit der Jeanne ihren Untergang heraufbeschwört. Wie in →*Becket ou l'honneur de dieu* entfaltete Anouilh das Geschehen vom Schlußpunkt her. Er aktualisierte die ma. Simultanbühne u. ließ nach dem Verfahren der Shakespearedramen einzelne Dekorationen ›sprechen‹. Die Szenen mit gesprochener Dekoration spielen zwischen Kulissen, die während des ganzen Stücks nicht verändert werden: neutraler Dekor, Sitzplätze für das Inquisitionsgericht, e. Schemel für Jeanne, Thron u. Scheiterhaufen. Die Technik des Flashback ergibt sich aus der Apologiesituation, in der sich Johanna befindet. Der jeweilige Schauplatz ist dabei an die Protagonisten, vor allem Jeanne, gebunden; Rückerinnerung, nachgeholte Exposition, Einblendung und Zeitraffung ergeben die Synopse realer Orte: wo Johanna ist, ist Domremy, Chinon u. Rouen. Sie spricht, wenn nötig, die Peripetien der Fabel u. spielt mit der Fiktionalität, indem sie epische Doppelrollen übernimmt. Die Angeklagte spielt sich selbst im Prozeßmoment, sie stellt ihre Vergangenheit dar u. imitiert die Stimmen der Heiligen. Ihr Vorwissen, das sie mit dem Grafen Warwick, Beaudricourt u. Bischof Cauchon gemeinsam hat, befähigt sie zu antiillusionist. Ansager- u. Kommentatorenfunktion. Alle Mitwirkenden bleiben während der Aufführung auf der Bühne; solange sie nicht agieren, sind sie unmittelbares Publikum. Die gewählte Bauform erlaubte es Anouilh, das Drama euphor., mit einer Anhäufung der Klischees aus der Hagiographie, zu beenden. Der bornierte Kg. Karl u. Jeannes Vater haben das letzte Wort u. kommentieren den Bilderbuchschluß. Dabei widersprechen sie ihrem manifesten Verhalten während der Ereignisse. Jeannes Standpunkt bleibt bis zuletzt die Kompromißlosigkeit. ›Mais je ne veux pas que les choses s'arrangent ... Je ne veux pas le vivre, votre temps ...‹ Wie Antigone, Thérèse in *La sauvage* oder Jeannette in *Roméo et Jeannette* verweigert sie sich dem Rollendiktat der Umwelt; sie will sich selbst erwählen u. nicht kollaborieren. Gegenüber krasser Real- u. Machtpolitik vertritt sie die individualist. Kritik an der Banalität u. Idealitätsfeindlichkeit ihrer Umwelt.

H. Linke, Dramaturgie des Wunders in J. Anouilhs A., ZfSL 1959; H. A. Korff, Die hlg. Johanna bei Schiller, Shaw u. Anouilh (Lessing – Kleist – Schiller. Drei Vorträge), 1961; R. Klesczewski, A. (Das franz. Theater. Vom Barock bis zur Gegenwart. Bd. 1, hg. J. v. Stackelberg), 1968; E. Rattunde, Die Bedeutung des Titelsymbols in J. Anouilhs Drama A., ZfSL 1971; S. B. John, Anouilh, A. et Pauvre Bitos, London 1984.

Alzire ou les américains, Trag. in fünf Akten von →Voltaire, EA 1736; Urauff. privat 25. 1. 1736 Cirey, öffentl. 27. 2. 1737 Com. frçe. Wie schon in →*Zaïre* ergibt sich der trag. Konflikt aus den Anforderungen der Liebe u. der Religion. Im Peru des 16. Jh. liebt Gusman, der Sohn des span. Gouverneurs Alvarez, die Inkaprinzessin A., die den totgemeldeten Stammesführer Zamore betrauert. Sie wird zur Taufe u. Ehe mit dem Sieger gezwungen. Als sie in e. indian. Gefangenen ihren Geliebten erkennt, versucht sie, Zamore zur Flucht zu verhelfen. Es gelingt ihm, Gusman zu stellen u. tödl. zu verwunden. In aufgeklärtem Großmut verzeiht der Spanier dem Rächer u. gibt ihm u. A. alle Freiheiten u. Macht zurück. Voltaire wollte mit dem Lehrstück auf die Haltung des Hzg.s François de Guise anspielen, der s. Attentäter verziehen hatte. Gresset u. Friedrich II. bewunderten an *A.* die Seelengröße der Helden.

J. R. Monty, Le travail de composition d'A., FR 1962.

Amadas et Ydoine, Versroman, wohl zwischen 1190 u. 1220 entstanden. Die sieben Jahre währenden Abenteuer der Tochter des Hzg.s von Burgund, Ydoine, die aus Liebe zu Amadas dem Grafen von Nevers den Vollzug der Ehe verweigert u. e. Trennung der polit. Verbindung erzwingt, verklammern sich mit traditionellen pathet. Motiven (Wahnsinn aus verschmähter Liebe, Ohnmacht, Scheintod).

F. Lyons, Les éléments descriptifs dans le roman d'aventure au XIIIe siècle, Genf 1965.

Amadisroman, bedeutender Ritterroman des 16. Jh., portug. oder span. Ursprungs (14. Jh.?), Zusammenhang mit der →Matière de Bretagne, auf Anweisung Franz' I. von Herberay des Essarts frei in elegante Prosa übertragen (VIII 1540–1548, die 4 letzten Bde. von anderen Übs.). Amadis, gen. Damoisel de la mer, der ausgesetzte illegitime Sohn des Kg.s Périon, verliebt sich in die zehnjähr. Oriane, die Prinzessin von Großbritannien; er wird – mit Unterstützung von Feen – ihr Liebhaber, galanter Beschützer u. Gemahl. Die Übs. galt im 16. Jh. geradezu als Handbuch moral. Courtoisie. Der *A.* begründete den abenteuerl. Stationenroman, der den an Irrtümern (Aussetzung, Entführung, Begegnung mit dem unbekannten Bruder Galaor, späte Identifizierung u. Suche) reichen Lebensweg des jugendl. Helden erzählt (vgl. auch N. Herberoy, *Flores de Grèce,* 1552; M. de Scudéry, La Calprènede, Gomberville; Dramatisierung durch Quinault, 1684; vertont von Lulli).

E. Baret, De l'A. et de son influence sur les mœurs et la littérature au XVIe et XVIIe siècle, ²1873; H. Thomas, The romance of A., London ²1916; V. Costa Marques, A. de Gaula, Lissabon 1960.

Les amants de Venise, Essay von Charles →Maurras, entstanden 1894–95, EA 1902. Am Fall des venezian. Liebesabenteuers von G. Sand u. A. de Musset wird sich der Autor s. antiromant. Denkens bewußt. Um die ›romant. Krankheit‹ in Frkr. zu ersticken, polemisiert Maurras gegen die egozentr. Leidenschaft, die Ablehnung von sozialen Normen, die Lust an Melancholie u. Depressionen (vgl. G. Sand, *Elle et lui,* éd. H. Guillemin 1963; P. de Musset, *Lui et elle;* L. Colet, *Lui;* A. de Musset, *La confession d'un enfant du siècle*).

A. Adam, Le secret de l'aventure vénitienne, 1938; J. Pommier, Autour du drame de Venise, 1958.

Les amants du métro, kom. Ballet von Jean →Tardieu, entstanden 1951, EA *Théâtre,* II 1960, Urauff. 22. 4. 1954 Théâtre Lancry, Paris. Anonyme Masken, die Tardieu als ›dépersonnalisés, inexpressifs, figés, absents‹ bezeichnet, trennen in der Métro ›Sie‹ u. ›Ihn‹. Das Mädchen wird von dieser Umgebung, in der zwischen Menschen, die sich verpuppen, e. wirkl. Schaufenstermaske steht, assimiliert. Doch noch rechtzeitig erlöst die Liebe des Partners ›Sie‹ aus beginnender Erstarrung. Die beiläufig erwähnte Geschichte von Hero u. Leander ist Bezugspunkt des existentiellen Ballets.

Amants, heureux amants (1923), drei Prosastücke von Valery →Larbaud, unpathet. Darstellung der Trennung von Liebespaaren (streckenweise autobiogr. Bericht), in der Titelgeschichte (1905) als innerer Monolog dargeboten. Die Texte sind James Joyce u. Édouard Dujardin gewidmet.

Ambigu-Comique, Pariser Boulevardtheater, am Boulevard Saint-Martin unweit der Place de la République gelegen, am 9. 7. 1769 vom Schauspieler Nicolas-Médard Audinot eröffnet. Das A. (später Théâtre de l'Ambigu) spielte im 18. Jh. kom. Opern, Singspiele u. Pantomimen, im 19. u. 20. Jh. bis zur Schließung in der V. Republik Melodramen u. Unterhaltungskom.

Amédée, Protagonist der dramat. Parabel →*Quoat-Quoat* von Audiberti, der die makabren Launen e. Weltensystems erleidet, ohne die Peripetien des Marionettenspiels zu durchschauen.

Amédée ou comment s'en débarrasser, Kom. in drei Akten von Eugène →Ionesco, entstanden 1953, EA *Théâtre,* I 1954, Urauff. 14. 4. 1954 Théâtre de Babylone, Paris. Wie in →*Les chaises* u. *La soif et la faim* (1966) wird e. alterndes Paar, dessen Existenz s. eigenen Idealvorstellung vom Leben widersprach, von Wachträumen u. Schuldkomplexen gequält. Madeleine u. Amédée, e. verkrachter Schriftsteller, dessen Werk über wenige Sätze nicht hinausgekommen ist, sind in Haßliebe aneinander gebunden. Ihr Verhalten zueinander bestimmt e. Toter, der seit 15 Jahren im Zimmer nebenan liegt – ob Amédée ihn ermordet hat, bleibt offen – u. dessen Kadaver zu wuchern beginnt u. das Haus erfüllt. Als Amédée auf Betreiben s. Frau den Leichnam schließl. entfernt u. dabei von der Polizei verfolgt wird, erhebt er sich mit s. Riesenlast in die Lüfte: das Vakuum s. Existenz, im Kadaver verdinglicht, reißt ihn davon.

L'âme et la danse (1923), Dialog von Paul →Valéry. Die reine Dichtung, die sich selber Thema ist, wird bei e. sokrat. Gastmahl definiert: Poesie hat nichts gemein mit dem Chaos der Empfindungen, um aber erträgl. zu werden, so zeigt sich am Tanz als der idealtyp. Ausgestaltung des Künstlerischen, tendiert die Ästhetik zur Abstraktion, ohne die Vermischung des Reinen mit dem Befleckten je ganz zu überwinden.

M. Got, Sur une œuvre de Valéry. Assomption de l'espace à propos de L'â., 1957.

Amers, Gedicht in vier Teilen von →Saint-John Perse, Teilveröffentlichungen *Les Cahiers de la Pléiade* 1948, 1950, *Exils* 1952, *NRF* 1953, 1956, EA 1957. A. ist wie zahlr. andere Texte von Saint-John Perse e. Preislied auf den Menschen als Welteroberer. Das Meer ist Spiegelbild s. Schicksals, Arena u. kult. Mitte, wie der Lyriker im Selbstkommentar erklärte. Die Anrufung der Meere (›Invocation‹) ist Hymnus u. Beschwörung der kosm. Macht, deren Qualitäten – Verharren u. wogende Vernichtung – die Spannungen des Eros versinnbildlichen. Die Sequenz ›Étroits sont les vaisseaux …‹ bringt den Wechselgesang e. namenlosen Liebespaares als Hochtonstelle des Gedichts. Der Teil ›Strophe‹ enthält menschl. ›Figurationen‹ angesichts des Meeres: Befragung, Beschwörung, Verwünschung, Einweihung, Anrufung, Feier. Im 3. Teil, ›Chor‹, vereinigt sich der Hochgesang in e. kollektiven Stimme, das Meer wird mit dem ›Être universel‹ gleichgesetzt. Der Dichter ist der ›Maître du Cœur‹ für die Menschlichkeit. Der Schlußteil ›Dédicace‹ entläßt ihn aus s. Funktion, in der strahlenden Mittagswelt hat die Menschheit ihre Identität zurückgewonnen.

A. Henry, A. de Saint-John Perse, Neuchâtel 1963.

L'ami des lois, Alexandrinerkom. in fünf Akten von Jean-Louis Laya, Urauff. 2. 1. 1793 Com. frçe. Das Stück spielt in Paris, im Haus des Herrn Versac, ci-devant baron, der mit Forlis, ci-devant marquis, den Gang der Revolution diskutiert u. sich gegen die Konspiration der Emigranten von Koblenz ausspricht. Forlis wirbt um Versacs Tochter, s. Rivale ist der Revolutionär Nomophage. Die Gegner in Liebesdingen sind auch polit. Kontrahenten: Forlis, Physiokrat, kennt nur e. einiges Frkr., Nomophage, unreflektierter Machtpolitiker, will Frkr. in 30 Teile zerstückeln. Als die Jakobiner Forlis vernichten wollen, da er ihre Rechtsbrüche kennt, stellt sich das Volk auf s. Seite. Das Stoffmuster der Heiratskom. bleibt äußerl. Rahmen, denn der cornelian. Wettstreit entsteht um die Frage nach dem sittl. u. polit. Tüchtigeren; der Aufklärer klass. Formats siegt über den Jakobiner. Die Bergpartei sah darin die Verteidigung girondist. Positionen, Robespierre glaubte in Nomophage s. Karikatur zu erkennen. Nach vier Aufführungen wurde das Stück verboten; sowohl der Convent als auch die Pariser Commune nahmen den Konflikt zum Anlaß neuer Zensuransprüche. Laya verglich in e. Verteidigungsschrift s. Gegner mit den Zeitgenossen Molières, die den Autor des *Tartuffe* verderben wollten.

M. Carlson, The theatre of the French revolution, Ithaca 1966.

L'ami du peuple, revolutionäre Tageszeitung, die →Marat vom 11. 8. 1789–13. 7. 1793 (mit kurzen Unterbrechungen) herausgab u. selbst redigierte, zuerst als *Moniteur* *patriotique* (bis 11. 9. 1789), *Le publiciste parisien* (bis 15. 9. 1789); 1792 neue Titel *Journal de la République française* u. *Publiciste de la République française.* In dem Blatt, das mit ca. 2000 Exemplaren auflagenschwächer war als *Les Révolutions de Paris* u. *Le tribun du peuple,* griff Marat den Kleinmut der Assemblée constituante an, die e. Verfassung für die Besitzenden gegen die Deklassierten ausarbeitete; er rief im Oktober 1789 zum Marsch nach Versailles auf, entlarvte Mirabeau u. Lafayette als Ehrgeizlinge. Das ideale Publikum, das M. erreichen wollte, war ›le petit peuple‹, Träger der Revolution, der nicht um s. Erfolg betrogen werden sollte. Am 27. 2. 1848 gab F.-V. Raspail den *A.* neu heraus.

L'amie de court (1541), antiplatonist. Gedicht von Bertrand de La Borderie, das mit Anleihen bei B. Castiglione *(Cortegiano)* e. kokettes u. zynisch. Frauenbild zeichnete.

Amiel, Denys, 1884 Villegailhenc/Aude – 1977 Nizza, als Sekretär des Dramatikers Henry Bataille verfaßte er einen biographischen Essay u. das Vorwort zur Aphorismenslg. *Le règne intérieur* (1912). A. gehört wie J. J. Bernard u. J. Renard zur Gruppe von Dramatikern, die das Drama als ›Schule des Schweigens‹ auffaßten und das Unausgesprochene, hinter dem Wort Liegende in den Peripetien spürbar machen wollten. Im indirekten Dialog des Einakters *Le voyageur* (1923) begehren zwei Rivalen e. Frau, die dem oberflächlich harmlosen Gespräch selbst zuhört; die Technik des Verschweigens der wirkl. Empfindungen bestimmt auch s. weiteren Stücke (*Le couple,* 1923; *M. et Mme un tel,* 1928; *Café-Tabac,* 1925; *La souriante Mme Beudet,* 1926, in Zusammenarbeit mit A. Obey). 1932–37 vor allem fand A.s psycholog. Theater, in dem das Bürgertum s. Konflikte, auch angesichts der Industrialisierung (*L'âge du fer,* 1932), gestaltet sah, beständige Anerkennung (*Théâtre,* X 1925–62).

Amiel, Henri Frédéric, 27. 9. 1821 Genf – 11. 5. 1881 ebda., Stud. in s. Heimat u. Berlin, 1849 in Genf Prof. für Ästhetik, 1854 für Philos.; Autor von Gedankenlyrik (*Il penseroso,* 1858; *La part du rêve,* 1863), Lit.kritik (*Du mouvement littéraire dans la Suisse romande et son avenir,* 1849; *Essais critiques,* hg. B. Bouvier, 1931) u. der →*Fragments d'un journal intime.* In s. *Essais de psychologie contemporaine* polemisierte Bourget gegen A. als ›Hamlet protestant‹, e. typ. Fall äußerster Unentschlossenheit zwischen den Anforderungen der Intelligenz u. des Willens. A. kultivierte e. romant. Haltung, die 1840 offensichtl. nicht verdrängt wurde. S. Vorliebe für den ›esprit germanique‹ schließt ihn nach Bourgets Meinung aus der franz. Tradition aus. A. verfaßte die Hymne der Suisse romande, *Roulez tambours* (1857).

A. Thibaudet, A. ou la part du rêve, 1929; H. Hilz, A. u. die Deutschen, 1930; E. Merian-Genast, A. im Spiegel der europ. Kritik, 1931; G. Marañon, A. ou une étude de la timidité, 1938; U. Schöni, A., Bern 1972; P. Trahard, A. juge de l'esprit frç., 1978.

Amis et Amiles, Epos des 13. Jh. in assonierenden Zehnsilbern, dessen Stoff um 1090 in e. lat. Hexametergedicht u. zu Beginn des 12. Jh. in der *Vita Sanctorum Amecii et Amelii* erschien. Zwei Edelleute retten sich durch Rollentausch im Zweikampf u. in der Scheinehe aus Gefahren; für die Verletzung des Ehesakraments wird Amis vom Aussatz befallen. Allein das Blutopfer der Kinder der Amiles gibt ihm die Gesundheit wieder, u. e. Wunder belohnt die Freundestreue: beide Knaben erhalten das Leben zurück. Der Ausgang der Fabel stellt die Beziehung zum →Karlszyklus her.

J. Dufournet (Ed.), A. Une chanson de geste de l'amitié, 1987.

Amor de lonh, Motiv der Fernliebe, verbreitet im Bereich des Märchens, wird in der provenzal. Lit. von e. Kanzone des Grafen →Guilhem de Peitieu u. der durchgeistigten *Vida* des Fürsten von Blaye, →Jaufré Rudel, abgeleitet. In den Gedichten Rudels ist die Sehnsucht nach der fernen Geliebten weit weniger myst. als die Forschung lange meinte. Bei →Froissart kehrt das Motiv der A. als Merkmal höf. Liebe wieder. Sorel parodiert es in →*Francion;* romant. Thema bei Rostand.

L'amour et l'occident (1939, revid. Text 1956), kulturgeschichtl. Essay von Denis de →Rougemont. Ausgehend vom Liebespaar Tristan u. Isolde analysiert der Autor in s. siebenteiligen Darstellung (›Le mythe de Tristan‹ – ›Origines religieuses du mythe‹ – ›Passion et mysticisme‹ – ›Le mythe dans la littérature‹ – ›Amour et guerre‹ – ›Le mythe contre le mariage‹ – ›L'amour action, ou de la fidélité‹) die Leidenschaft als ›la tentation orientale de l'Occident‹, die seit dem 12. Jh. zu beobachten ist. Das moral. Dilemma wird bes. in der Minnedichtung ästhet. gelöst.

Amours, Titel von Lyrikslgg. seit der Renaissance: Du Bellay, Belleau, A. u. L. Baïf, O. de Magny, Bertin, Flins des Oliviers (1780).

Les amours, Sammeltitel für Zyklen von Liebesgedichten des Pierre de →Ronsard (*Les amours de Cassandre,* 1552; *Les amours de Marie,* 1555/56; *La mort de Marie, Sonnets pour Hélène,* 1578), die sich hauptsächl. aus Sonetten zusammensetzen. Das Liebesthema wird über den Anlaß zur Selbstdarstellung hinaus zum sublimsten lyr. Gegenstand, den Petrarca, →Du Bellay u. Pontus de →Tyard mit Prestige versehen haben; Ronsard verband es mit den Themen der Natur, des Todes u. der metaphys. Macht der Dichtung (vgl. im Cassandre-Zyklus ›Mignonne, allons voir si la rose‹, im Marie-Zyklus ›Comme on voit sur la branche‹ u. im Hélène-Zyklus ›Quand vous serez bien vieille‹) u. erweist sich darin als kongenialer Nacheiferer u. Fortsetzer s. Vorbildes Petrarca. Im Frauenbild der Marie-Gedichte werden am ehesten individuelle Züge faßbar, hier vollzog der Dichter auch den Übergang vom Zehnsilber zum Alexandriner.

F. Desonay, Ronsard, poète de l'amour, Brüssel 1952–59; H. Weber, Les corrections de Ronsard dans les A. de 1551 (Studi in onore di V. Lugli et D. Valeri), Venedig 1961. A. Gendre, Ronsard poète de la conquête amoureuse, Neuchâtel 1970.

Les amours du chevalier de Faublas, dreiteiliger Roman von Jean-Baptiste →Louvet de Couvray, EA London/Paris X 1787–90. Dieser Liebes- u. Abenteuerroman verselbständigt die erot. Freizügigkeit der →*Liaisons dangereuses* von Choderlos de Laclos zum frivolen Bild des zerfallenden Ancien Régime. In der tändelnden Gesellschaft wird der 16jähr. Faublas selbst das Opfer jener Intrige, durch die er, auf Betreiben des Grafen Rosambert, die Marquise de ... irritieren soll; wenn der Romancier den zahlr. Liebesaffären des Helden die Beständigkeit der reinen Gefühle von Sophie, die Faublas schließl. vor dem Ruin bewahrt, entgegensetzt, so leiten ihn dabei weniger moral. als takt. Rücksichten. Die Peripetien in diesem Stationenroman ergeben in ihrer zeitl. Abfolge keine Lebensgeschichte wie im Entwicklungsroman, da die Einsicht des Helden in s. moral. Verfassung folgenlos bliebe ohne unmotivierte Eingriffe von Nebenpersonen.

D. Rieger, A.: e. Roman u. s. Kritiker, RF 1971.

L'ampelour (1948), Prosaeinakter von Jacques →Audiberti, EA 1948, Urauff. 17. 2. 1950 Paris, Théâtre des Noctambules. Die Satire auf den Napoleonmythos spielt 1821 in Südfrankreich. An dem Tage, da in einem entlegenen Dorf die Nachricht vom Tod des Kaisers auf St. Helena eintrifft, glaubt e. kuriose Wirtshausgesellschaft aus allerlei Vorzeichen auf die erneute Rückkehr des ›ampelour‹ (franz. ›empereur‹) aus der Verbannung schließen zu können. Statt dessen erscheinen der Vikar von Villedieu, e. Fleischer u. e. Blinder, der als Fledermäuse identifiziert, was die Wartenden in Autosuggestion als die kaiserl. Adler ansahen. Die burleske Trinität von Pfarrer, Schlachter u. Körperbehindertem kann nach den Bemerkungen des stotternden Raisonneurs des Stücks den Platz des Kaisers ausfüllen.

Amphitryon, Kom. in drei Akten u. vers mêlés von →Molière, EA 1668, Urauff. 13. 1. 1668 Palais royal, Paris. Molière inspirierte sich an Rotrou *(Les deux Sosies),* der den Stoff bei Plautus entdeckte u. zunächst als Kom., später (1650) als Ausstattungsdrama gestaltete. Er schrieb Unterhaltungstheater, das die moral. Implikation der Fabel – umstrittene Verantwortung für den Ehebruch – durch Alkmenes Leichtfertigkeit, mit der sie den Gott in der Gestalt ihres Gatten mit A. identifiziert, ausklammerte: Eingeweihte konnten im galanten Jupiter Ludwig XIV. u. in Alkmene Mme de Montespan wiedererkennen.

U. Leo, Molières A. u. s. Vorgänger, ZfSL 1925; H. Jacobi, A. in Frkr. u. Deutschland, Diss. Zürich 1952; L. Gossmann, Molière's A., PMLA 1963; W. Wittkowski, The new Prometheus: Molière's and Kleist's A., Comparative literature studies 1971; H. R. Jauß, Poetik u. Problematik von Identität u. Rolle in der Gesch. des A., Poetik u. Hermeneutik VIII, 1979.

Amphitryon 38, Prosakom. in drei Akten von Jean →Giraudoux, ED *Revue de Paris* Nov.–Dez. 1929, EA 1929, Urauff. 8. 11. 1929 Com. des Champs-Élysées. Giraudoux glaubte, die 38. Bearbeitung des bekannten Stoffs (Plautus, Molière, Dryden, Kleist) vorzulegen. Alkmene wird bei ihm zur Zentralfigur des Stücks, sie zieht die Liebe zum menschl. Amphitryon der Vergöttlichung durch Jupiter vor, der sie nur täuschen kann, wenn er als Sterblicher erscheint. Als sie den Betrug entdeckt, will sie Leda dem Gott zuführen; aber an Jupiters Stelle erscheint der wirkl. Amphitryon. Die Menschen verteidigen, wenn auch nur mangelhaft, ihre Würde gegenüber der göttl. Willkür u. verlangen Respekt für ihr Ethos.

P. Szondi, Zu A., Neophilologus 1957; J. Morel, A., Etudes 293, 1957.

Amyot, Jacques, 29. 10. 1513 Melun – 16. 2. 1593 Auxerre, Sohn e. Kaufmanns, Stipendiat in Paris, von 1536–46 Griech.-Lektor in Bourges. A. begann jetzt e. fruchtbare Übs.tätigkeit; Euripides, Teile aus den Lebensbildern des Plutarch legte er Franz I. vor, der ihn zum Abt von Bellozane in der Normandie ernannte u. die Übs. des Gesamtwerkes anregte. 1547 ließ A. e.

Übs. der *Aithiopika* des Heliodor drucken. In Italien verbesserte A. die griech. Texte, die er zu übertragen beabsichtigte: Diodor (1554), Longos (1559 u. 1572), Plutarch (1559). 1552 zum Prinzenerzieher, 1570 zum Bischof von Auxerre berufen, wurde A. 1589 beim Tode Heinrichs III. vom Klerus der Anstiftung zum Königsmord verdächtigt. A. erleichterte entscheidend den Zugang zur antiken Welt, den die Renaissance seit e. halben Jh. suchte, u. er bereicherte durch die Übs. den franz. Wortschatz sowie die Phraseologie. A.s Plutarch-Übs. wurde von Montaigne als Erleuchtung des Jh. gepriesen. Der Erzählkunst vermittelte A. die medias-in-res-Technik, durch die Spannung aufgebaut wird.

R. Sturel, A. traducteur des vies parallèles de Plutarque, 1908; A. Cioranescu, Vie de J. A., 1941; R. Aulotte, Plutarque en France au 16e siècle, 1971.

Anabase, Gedicht von →Saint-John Perse, Teildrucke *Chanson NRF* April 1922 u. November 1922, ED *NRF* Januar 1924, EA 1924; die Neuausgabe von 1947 ist nicht autorisiert, krA A. Henry 1982. Saint-John Perse verfaßte das Kulturgedicht in Peking, nach e. Reise durch die Wüste Gobi. Anabasis ist wörtlich zu nehmen: ›Zug ins Innere‹, der besungene Kulturakt ist, wenn auch punktuell geschichtl. Versichertes aufleuchtet, anders als in der *Anabasis* des Xenophon, ahist. u. meint e. geistiges Schicksal: heroische, unausgefüllte Einsamkeit, Eroberung, Städtegründung, erneute Unruhe u. Aufbruch über e. Meer. Die Stadt, in e. weiteren personifizierenden Dimension Synonym für Frau, Reizung u. Schwächung stellt sich als ambivalenter Privatmythos dar, der zugleich Ordnung u. schale Mattigkeit verheißt. Wind, Kühle, Nacktheit, Zeltlager u. Länderschwellen als Vorzugsmetaphern zielen im Einklang auf e. ungenanntes Drittes, e. abstrakte Dynamik.

B. Weinberg, A. de Saint-John Perse (Saggi e ricerche di letteratura francese), Mailand 1960; F. Pruner, Esotérisme ... dans A., 1977.

Anagramm, Umsetzung der Buchstaben e. Wortes, um u.a. Pseudonyme zu bilden, von franz. Autoren seit der Renaissance wiederholt geübt (Pierre de Ronsard – Rose de Pindar; François Rabelais – Alcofribas Nasier; Guillaume Des Autels – Glaumalis du Vezlet).

E. Kuhs, Buchstabendichtung, 1982.

Ancelot, Jacques-Arsène, 1794–1854; Vf. von Dramen, darunter e. Trag. *Louis IX* (1819). S. Frau Marguerite-Louise-Virginie unterhielt e. lit. Salon (*Un Salon de Paris 1824–1864*, 1866).

Ancey, Georges (eig. G. Mathiron de Cournière), 9. 12. 1860 Paris – 18. 11. 1917 ebda., Diplomat, naturalist. Dramatiker (vgl. Zola, Alexis, Becque, Mirbeau), dessen Werke von A. Antoine herausgebracht wurden (*Monsieur Lamblin,* 1887; *Les inséparables,* 1889; *L'école des veufs,* 1889; *La grand'mère,* 1890; *La dupe,* 1892; *L'avenir,* 1899; *Ces messieurs,* 1901). S. Ästhetik entspricht als Weltsicht e. Pessimismus Schopenhauerscher Prägung, wie er zur Zeit des Fin-de-siècle in weiten Kreisen Frkr.s vorherrschte.

Ancien Régime, Begriff aus den →*Cahiers de doléance* zur Bezeichnung der naturrechtswidrigen u. regenerationsbedürftigen Stände- u. Privilegienordnung der franz. Monarchie, Schlagwort für Absolutismus und Feudalismus in Verwaltung u. Regierung. Die Constituante setzt dem System des A., das sie abschafft, ihre neue Legitimität (Souveränität der Nation, Menschen- u. Bürgerrechte, Gleichheit aller, auch der ausgegrenzten relig. u. sozialen Minderheiten, vor dem Gesetz) entgegen. Zur polit. Geschichte des A. →*L'A. et la Révolution* von Tocqueville.

K. Malettke (Hg.), Soziale u. polit. Konflikte im Frkr. des A., 1981; Artikel A., in: F. Furet/M. Ozouf, Dictionnaire critique de la Révolution frçe., 1988.

L'Ancien Régime et la Révolution, hist. Abhandlung von Alexis de →Tocqueville, EA 1856, krA E. Pognon u. a. 1961. Tocqueville untersucht die polit. Fehlleistungen u. den gesellschaftl. Wandel vor dem Ausbruch der Revolution von 1789. Dabei weist er vorweg nach, daß es im vorrevolutionären Frkr. bereits egalitäre Konstellationen bei der Annäherung von Aristokraten u. Schriftstellern gab. Solche Kontakte, verbunden mit dem Bewußtsein polit. u. materieller Deklassierung, machen die Schriftsteller zum unruhigsten Element des III. Standes. Tocqueville geht dann der zentralen Frage nach, warum die Revolution Formen der Zentralregierung übernimmt; er geht zunächst soweit zu behaupten, daß die zentralist. Struktur des Ancien Régime, mit der die Entmachtung des Feudaladels zusammenhängt, notwendigerweise zur Revolution führte. Da der Adel im Zentralstaat des Absolutismus funktionslos geworden war, erschienen den Deklassierten des Tiers état die Gewährung von Privilegien an Adel u. Kirche, deren leitende Funktionen in der Regel nicht mit Bürgerlichen besetzt wurden, als widersinnig (zum Thema vgl. Beaumarchais, *La folle journée ou le mariage de Figaro;* Sieyès; Vigny, *Cinq-Mars*). Die jahrhundertelange polit. Entfremdung des franz. Volkes hatte nach 1789 zur Folge, daß nur die wenigsten Bürger die Neuentwicklung begriffen u. zu beeinflussen verstanden. In diese pessimist. Analyse fließen die Erinnerungen an 1830 u. 1848 ein. Einerseits schien mit den Prinzipien Gleichheit u. Freiheit e. Gewähr für die Überwindung des Zentralstaats gegeben zu sein, andererseits erwies sich der Zentralstaat wieder als unentbehrl., da die fakt. Befreiung des Menschen ausblieb. Vom Ancien Régime übernimmt die Revolution schließl., was dort bereits Fremdkörper war – neu sind die institutionellen Formen u. die Weiterentwicklung der Prinzipien.

E. Aden, Wesen u. Unterschiede in der franz. Revolution bei A. de Tocqueville u. H. Taine, Diss. Erlangen 1959.

Anciens et modernes →Querelle des anciens et modernes.

Les anciens et les modernes ou la toilette de Madame de Pompadour, Dialog von →Voltaire, EA in *Nouveaux mélanges* 1765, *Dialogues philosophiques,* hg. R. Naves 1966. Voltaire erfindet im Stil der Totengespräche e. Begegnung zwischen der Pompadour (gest. 1764) u. der Römerin Tullia, der Tochter Ciceros; in ihren Dialog mischen sich e. Gelehrter u. als Raisonneur e. Hzg. ein. Nachdem die Damen Vorzüge u. Nachteile der jeweiligen Kosmetik u. Inneneinrichtung besprochen haben, wobei der Gelehrte pedant. u. penetrant s. Person u. s. Verse zur Geltung zu bringen suchte, erklärt der Hzg. die Vervollkommnung für das selbstverständl. Prinzip der kulturellen Entwicklung. Fortschritt bedeutet Wissenszuwachs, aber in der

Rhetorik kann es keine Überbietung der Antike geben; ›et voilà peut-être de quoi terminer la querelle entre les anciens et les modernes‹. Voltaire kann nicht im Ernst daran geglaubt haben, mit der galanten Pirouette die Lösung des produktions- und rezeptionsästhet. Problems gegeben zu haben. An anderer Stelle stellt er sachl. fest: die Antike wie die Moderne haben in bestimmten Gattungen jeweils Meisterwerke hervorgebracht.

André, Charles, 1722 Langres – 1785 Paris, Perückenmacher, vermuteter Autor der Groteske *Le tremblement de terre de Lisbonne,* (Amsterdam 1765, d. i. Paris 1755). Voltaire, der dasselbe Ereignis (→Erdbeben von Lissabon) im philosoph. Gedicht darstellte, empfahl A., bei s. Handwerk zu bleiben.

André, Jean, 1722 Marseille – nach 1790 (?), von 1741 bis 1749 Oratorianer, dann bis 1775 Bibliothekar der Familie Aguesseau. 1762 schrieb er die *Réfutation du nouvel ouvrage de J.-J. Rousseau, intitulé Émile,* die in den Rahmen s. Apologetik paßte; später edierte er Pascal (1783) sowie die Werke des Kanzlers Aguesseau (1759–1790) u. verfaßte Artikel für Desessarts *Les siècles littéraires de la France ou Nouveau dictionnaire historique* (1800).

André Cornélis (1887), Roman von Paul →Bourget. In der Aktualisierung des Hamlet-Stoffs hebt die psycholog. Erzählung e. unglückl. Mutterbindung des Titelhelden hervor. Zwar klärt André den Mord an s. Vater auf – der Stiefvater, e. früherer Freund von Andrés Vater, hat tatsächl. e. Mörder gedungen u. wurde von ihm, s. eigenen Bruder, erpreßt –, doch unterliegt er moral. dem überführten Verbrecher. Dieser weigert sich einerseits, durch e. Selbstmord für das Verbrechen zu büßen, stellt aber andererseits s. eigenen Tod, als André ihn ersticht, in e. letzten Notiz noch als Selbstmord dar. Das Dilemma von Schuld u. gerechter Bestrafung, die Auflösung gesellschaftl. Normenverstöße in seel. Belastung, beschäftigt Bourget erneut in →*Le disciple.*

Andréa de Nerciat, André Robert, 1739 Dijon – 1800 Neapel, Offizier, Bibliothekar u. Architekt im Dienst des Hauses Hessen, während der Revolution Emigrant. A., den Apollinaire neu entdeckte, schrieb erot. Werke (u. a. *Félicia ou mes fredaines,* 1775; nach →*Les amours du chevalier de Faublas* von Louvet de Couvray *Les galanteries du jeune chevalier de Faublas,* 1788; *Les Aphrodites,* 1793; wahrscheinl. Autorschaft *Le diable au corps,* 1803). Die Motive s. Stationenromane stammen aus dem Schatz der Fabliaux, der Renaissancenovellistik (intrigante Geliebte, geile Kleriker), dem Barockroman u. der larmoyanten Erzählung engl. Prägung. Die lit. Darstellung von Prostitution, Promiskuität u. Inzest diente der Unterhaltung der Privilegierten; entsprechend richtet sich die erzählte Libertinage an e. lit. kultiviertes Publikum.

Bibliographie anecdotique et raisonnée de tous les ouvrages d'A. de N., London 1876; H. Juin, Chroniques sentimentales, 1961.

Andreini, Schauspielerfamilie aus der Toskana (Francesco, Isabella, Giovanni Battista), die 1603–52, gefördert von Heinrich IV. u. Maria de'Medici, vor allem Commedia dell'arte in Frkr. spielte.

André le Chapelain (lat. Andreas Capellanus), Ende 12. Jh., Kaplan des franz. Kg.s?, der Gräfin Marie de Champagne?, verfaßte um 1185 den Traktat *De amore,* in dem die Liebestheorien Ovids u. der Trobadors zu e. höf. Kodex (Thematik: Erwirkung der Liebe, Erhaltung der Liebe, Zurückweisung der Liebe) mit detaillierter Liebeskasuistik verschmolzen sind. A. postulierte, daß Adel auf moral. u. intellektuellen Werten, nicht gesellschaftl. Faktoren beruhen soll. Durch Übs. (u. a. Drouart La Vache ins Franz., um 1290, hg. R. Bossuat 1926) wirkte die Abhandlung nachhaltig auf die ma. Lit., nach Übertragungen des 14. u. 15. Jh. ins Toskan., Katalan. u. Dt. mit europ. Reichweite.

L. Pollmann, Der Tractatus de amore u. s. Stellung in der Geschichte der Amor-Theorien, Diss. Freiburg 1955; F. Schlösser, A., s. Minnelehre u. das christl. Weltbild um 1200, Diss. Bonn 1960; R. Schnell, A., 1982.

Andrieux, François Guillaume Jean Stanislas, 6. 5. 1759 Straßburg – 9. 5. 1833 Paris, Anwalt, Richter, Politiker der franz. Revolution; 1790 Mitgl. des Kassationsgerichtes, 1798 des Rates der 500, 1800 Sekretär u. später Präsident des Tribunals, bis er als Gegner Napoleons untragbar wurde; seit 1802 lehrte er Lit., nach 1814 am Collège de France; 1829 Secrétaire perpétuel der Ac. frçe. Als Klassizist (Verserzählungen u. Schauspiele: einaktige Kom. *L'enfance de Rousseau,* 1794; *Le procès du sénat de Capoue,* 1796; *Le moulin de Sans-Souci,* 1797; *Anaximandre,* 1782; *Les étourdis,* 1787; *Helvétius,* 1802; *La suite du menteur,* 1803; *Le trésor,* 1804; *Le vieux fat,* 1810; *Molière avec ses amis ou la soirée d'Auteuil,* 1814; *La comédienne,* 1816; *Le manteau,* 1826; *Œuvres,* IV 1818–23), der sich an den Molière-Epigonen orientierte, bekämpfte A. die Romantik. 1805 gab er die Werke s. Freundes Collin d'Harleville *(Théâtre et poésies fugitives)* heraus.

C.-A. Sainte-Beuve, Portraits littéraires, 1844; Saint-René Taillandier, Notice sur A., 1850.

Andromaque, Trag. in fünf Akten von Jean →Racine EA 1668, Urauff. 16. 11. 1667 in den Gemächern der Kgin., öffent. Premiere wohl 17. 11. Hôtel de Bourgogne; in der Titelrolle Thérèse Du Parc; krA R. C. Knight/H. T. Barnwell, Genf 1977. Diese Trag., die als Novum e. griech. Stoff gestaltete (Euripides, ergänzend Homer, Vergil, Seneca), spielt am Hof des Pyrrhus nach dem Fall Trojas. Die vier Hauptpersonen – der Kg., der s. Gefangene, A., liebt; Hermione, die mit ihm verlobt war, u. Orest, der Hermione begehrt – sind durch ihre Zuneigungen u. durch Eifersucht, nicht durch überpersönl. Probleme, so fest aneinander gebunden, daß die seel. Wandlung auch nur e. Figur alle anderen in e. Konfliktsituation reißt. Orest könnte Hermione gewinnen, wenn A. Pyrrhus heiratete, um ihren kleinen Sohn Astyanax vor dem Rachetod der Sieger zu retten; Hermione würde in diesem Fall Orest zum Eifersuchtsmord am Kg. verführen. Die Griechen töten den zaudernden Pyrrhus jedoch selbst, die rasende Hermione verflucht den feigen Orest, der in Wahnsinn verfällt, u. gibt sich selbst den Tod; A., die zur Heirat u. zum anschließenden Freitod entschlossen war, ist gerettet, ebenso ihr Kind. Die Hauptrollen spielen A. u. Hermione, durch diese Akzentuierung löste sich Racine von der Heldenpsychologie Corneilles; im Widerstreit der Frauenfiguren offenbart er motiv. Innovationen: Ohnmacht des Willens u. tödl. Übermacht der Liebesleidenschaft, Orest scheitert ohnmächtig beim Versuch, Rache zu üben, um sich s. Geliebten würdig zu erweisen – Gegenstück des Cid. Hermione wird vom Eros vernichtet, daher interessiert sie von allen Rollen am meisten: ohne Schuld die Verschmähte, ins Verderben gestürzt durch Rachsucht, Erleiderin e. unerträgl. Konflikts.

H. Weinrich, Trag. u kom. Elemente in Racines A., 1958; H. R. Jauß, Racines A. u. Anouilhs Antigone, NSp 1960; J. Pommier, Tradition littéraire et modèles vivants dans l'A. de Racine, Cambridge 1962; A. Ambroze, Racine poète du sacrifice, 1970.

Aneau, Barthélemy, Juni 1500 Lyon – 1565 ebda., Prinzipal des Collège de la Trinité in Lyon, Autor e. Apologie der ma. Poesie, namentl. Villons u. Marots, die gegen Du Bellay *(→Deffence et illustration)* gerichtet ist: *Le Quintil Horatian sur la Deffence et illustration de la langue françoise* (Lyon 1550, Paris 1555).

Anet, Claude (eig. Jean Schopfer), 28. 5. 1868 Morges/Genfer See – 9. 1. 1931 Paris, Stud. Philos. Sorbonne, Industrievertreter u. Journalist, unternahm ausgedehnte Reisen bis in den Mittleren Osten (*Voyage idéal en Italie,* 1899; *La Perse en automobile,* 1906; *La révolution russe de mars 1917 à juin 1918,* IV 1917 ff.). Der bekannteste s. Romane (*Petite ville,* 1901; *Les bergeries,* 1904; *Quand la terre trembla*, 1921), *Ariane, jeune fille russe* (1920) wurde 1931 mit Elisabeth Bergner verfilmt. A. verfaßte außerdem die psycholog. Dramen *Mademoiselle Bourrat* (1923) u. *La fille perdue* (1924).

Angélique de Saint-Jean, im Einakter *→Port-Royal* von Montherlant die Wortführerin des Jansenismus in der theolog. Disputation mit dem Erzbischof von Paris.

Les anges noirs (1936), Roman von François →Mauriac. Der diabol. Gabriel Gradère, der Adila Du Buch verführt, aus niedrigen Motiven heiratet u. ihr Vermögen durchbringt, wird der Gnade teilhaftig, nachdem er die Prostituierte Aline, die ihn erpreßte, ermordet hat. Für Mauriac ist die Geschichte e. theolog. Fall, an dem er nachzuweisen meint, daß extreme Gottferne e. Chance für die Rettung des Sünders enthält, da nicht s. Werke, sondern Reue u. Gnade zählen.

J. E. Flower, A. de F. Mauriac, esquisse critique, 1969.

Anglonormannisch, franz. Dialekt, der sich seit der Eroberung durch die Normannen im 11. Jh. in England entwickelte u. im 12. Jh. die angelsächs. Lit.sprache verdrängte. Um 1300 galt das A. als vorherrschende Verkehrssprache, während schon e. halbes Jh. später als polit. Folge des 100jähr. Kriegs der Gebrauch des A. rasch zurückging. In der Gerichtssprache wurde es bis ins 18. Jh. verwendet. Aus der Rivalitätshaltung des A. heraus ist es zu erklären, daß in England seit dem späten 13. Jh. die ältesten franz. Grammatiken entstanden.

J. Vising, Anglonorman language and literature, London 1923; W. von Wartburg, Évolution et structure de la langue française, Bern [8]1967.

Angot, von Maillot geschaffener Typus der neureichen Kleinbürgerin, die ihren materiellen Besitz durch e. adlige Heirat der Tochter sanktionieren will.

Annales de la littérature et des arts (Oktober 1820 – April 1829, 34 Bde.), Zs., gegr. u. hg. von Abel Rémusat, Ancelot, Nodier u. a., Organ der →Société des Bonnes-Lettres, verband sich mit dem →*Conservateur littéraire,* seitdem gehörte V. Hugo zu den Redakteuren. Die *A.* akzeptierten die Romantik in dem Maße, wie sie sich als Spielart e. überzeitl. Klassik begriff u. die polit. sowie relig. Verfassung der Restauration billigte. Chateaubriand genoß unbestrittene Verehrung, während Lamartine immer kritischer u. Dumas père fast feindselig beurteilt wurden.

Ch.-M. Des Granges, La presse littéraire sous la Restauration 1815–1830, 1907; R. Bray, Chronologie du romantisme, 1932.

Anna von Bretagne (Anne de Bretagne), 25. 1. 1477 Nantes – 9. 1. 1514 Blois, Tochter Franz' II., Hzg. der Bretagne, dessen Nachfolge sie 1488 antritt. Unter polit. Druck brach A. 1490 ihren Ehevertrag mit Kaiser Maximilian u. heiratete Karl VIII. von Frkr., der 1489 in die Bretagne eingedrungen war.

G. Toudouze, Anne de Bretagne, duchesse et reine, 1938.

Anna von Österreich (Anne d'Autriche), 22. 9. 1601 Valladolid/Kastilien – 20. 1. 1666 Paris, Tochter Philipps III. von Spanien; 1615 Ehe mit Ludwig XIII., nach dessen Tod sie die Regentschaft bis 1651 führte. Während sie die Politik Richelieus mißbilligte, unterstützte sie Mazarin, auch während der →Fronde. Im November 1678 ließ Ferrier de La Martinière s. Geschichtstrag. *Anne d'Autriche, reine de France* aufführen; A. spielt e. hist. Rolle im Roman *Cinq-Mars* von Vigny.

J. de La Varende, Anne d'Autriche, 1938; R. Kleinman, Anne of Austria, London 1986, Paris 1993.

Les anneaux de Bicêtre (1963), Roman von Georges →Simenon. Der Direktor e. Pariser Blattes u. Präsident des Verwaltungsrats von ORTF wird nach e. Schlaganfall in die Klinik von Bicêtre eingeliefert; er ist teilweise gelähmt, vor allem nicht mehr in der Lage zu sprechen, doch im Vollbesitz seiner intellektuellen Fähigkeiten. René Maugras beobachtet seine Umwelt, erinnert sich an s. Karriere, zwei Ehen u. macht sich auf die Suche nach s. Identität. Mit der einsetzenden Heilung bricht dieser Prozeß ab; Maugras paßt sich den Kontrollmechanismen der Leistungsgesellschaft erneut an.

L'année des vaincus (1934), Roman von André →Chamson. Konflikte zwischen Nationen – der dt. u. der franz. – sowie zwischen polit. Systemen – dem Faschismus u. der Republik – bilden das Thema dieses Romans. In e. südfranz. Bergwerk sind 1933 auch Arbeiter aus Dtl. beschäftigt. Carrière, die Zentralfigur, ist mit der Schwester eines Deutschen befreundet; als er mit Karl u. Ludwig im Auftrag der Firma nach Dtl. geschickt wird, lernt er die Nationalsozialisten kennen. Ludwig, der mit den Kommunisten sympathisiert, wird verhaftet, Karl bekennt sich zum Faschismus. Nach der Rückkehr kommt es im Arbeiterquartier zu Auseinandersetzungen. Carrière u. Karl sind zu Gegnern geworden. Erst nach e. Unfall, bei dem e. Deutscher u. zwei Franzosen getötet werden, scheint sich im Bewußtsein des gleichen Schicksals in der Arbeitswelt das Klima wieder zu normalisieren. Von der Kritik wurde das mangelnde Klassenbewußtsein Carrières bemängelt; die Erfahrungen mit dem nazist. Deutschland wecken in ihm nationalist. Gefühle, während er im übrigen dem Traum vom kleinbürgerl. Glück als Tankstellenbesitzer weiter nachhängt. Chamsons Gesellschaftsroman ist eher chronikal. als geschichtl. angelegt (vgl. auch Barrès, Giraudoux).

P. Nizan, A. par A. Chamson (Pour une nouvelle culture) 1971.

L'Année littéraire, Zs. 1749–1790, die 1754–76 von →Fréron u. 1779–1790 von Geoffroy geleitet wurde; Organ, das die Aufklärung, vor allem Voltaire u. die Enzyklopädisten, angriff u. Fréron wiederholt Gelegenheit bot, die klassizist. Schauspieltheorie gegen Auflösungstendenzen zu verteidigen. Neben dem →*Mercure de France* war *A.* die erfolgreichste Zs. im 18. Jh.; sie trug zur Verbreitung fremder Lit. bei.

P. van Tieghem. A. comme intermédiaire en France des littératures étrangères, 1917.

L'annonce faite à Marie, Mysterienspiel in vier Akten mit Prolog von Paul →Claudel, entstanden 1892–1911 (Frühfassung unter dem Titel *La jeune fille Violaine*), EA 1912, Urauff. 24. 12. 1912 durch Lugné-Poe am Théâtre de l'Œuvre, Paris. Das Werk, nach Claudels Selbstverständis ›en grande partie un opéra de paroles‹ (27. 8. 1912 an den Regisseur), in dessen erster Version noch deutl. Shakespeare-Einfluß vorherrschte, erhielt erst 1911 die endgültige liturg. Struktur, als auch zahlr. lyr. Monologe in Dialogszenen aufgelöst wurden. Das Märchenmotiv der beiden ungleichen Schwestern Mara u. Violaine, verbunden mit dem christl.ma. Sühneakt des ›baiser aux lépreux‹, entfaltet zwei Geschehnisreihen, die umfassende Eifersuchts- u. die Wunderhandlung. Aus Eifersucht treibt Mara ihre Schwester Violaine, die vom Aussatz befallen ist, seit sie aus Mitleid ihren aussätzigen Verehrer, den Baumeister Pierre de Craon, geküßt hat, aus dem Haus. Violaine zieht in die Einsamkeit, wo sie als blinde Eremitin lebt. Nachdem sie in der Weihnachtsnacht, während Jeanne d'Arc mit dem Kg. zur Krönung nach Reims reitet (Pierre de Craon ist der Baumeister der Kathedrale), durch Fürbitten das tote Kind Maras zu e. neuen Leben erwecken konnte, quält ihre Schwester sie in erneuter Eifersucht zu Tode. Das Mysterienspiel, das in der Apotheose den nationalen Mythos von 1428 u. die ewige Aktualität der Heiligen Nacht kontaminiert, stellt persönl. Schicksal u. Geschichte ins Licht der theolog. fundierten Weltschau, wie sie in Claudels Essay →*Art poétique* gefordert wurde.

J. Boly, A. Étude et analyse, 1957.

Anouilh, Jean, 23. 6. 1910 Bordeaux – 3. 10. 1987 Lausanne, Dramatiker u. Drehbuchautor (u. a. *Anna Karenina,* 1947; *La ronde,* 1964, mit Roger Vadim). Vater Schneider, Mutter Musikerin, lebte seit 1920 in Paris, wo er Jura studierte u. zwei Jahre lang als Werbetexter arbeitete. 1931 wurde er Sekretär des Schauspielers Louis Jouvet, unter dessen Arroganz er litt. 1922 versuchte er sich an e. Versdrama, 1926 an e. Imitation von Henry Bataille, *La femme sur la cheminée.* A. kam ohne Umweg über die Lyrik oder den Roman zum Drama (*Humulus le muet,* 1929; *Mandarine,* 1929). Er formulierte keine explizite Dramentheorie u. wehrte stets Fragen nach s. Biographie u. den Umständen s. Schaffens ab; nach der Premiere des →*Siegfried* gestand er Giraudoux s. Berufung zum Theater. Als bewiesen gilt, daß die Dramen Shakespeares, Marivaux' Darstellung der schwebenden Liebeskonstellationen, Pirandellos Illusionsdurchbrechung, Shaws Ironie, Claudels Auflösung der klassischen Schauspielform u. Roger Vitracs absurde Komik ihn beschäftigten u. s. Kraft der Anverwandlung stärkten. A. entdeckte das Temperament des Helden als die Quelle s. Unglücks; eingeborene Zwangsvorstellungen von der ›saleté‹ der Welt rufen zur Flucht aus der Verzauberung, der Maske, aus dem Leben selbst auf. A.s Einteilung s. Dramen seit 1942 in ›pièces noires‹, ›roses‹, ›brillantes‹, ›grinçantes‹, ›costumées‹, ›baroques‹, ›secrètes‹ umschreibt alle Gravitationsfelder des Trag. u. Kom.; Kom. meint für A. Darstellung des Possencharakters im Dasein. Die finanzielle Ungleichheit des Paares, ein bekanntes Vaudevillemotiv, führt in *L'hermine* (1932) zu trag. Mißverstehen; Monime begreift nicht, daß e. Ideal der ›pureté‹ ihren mittellosen Freund zum Mord an der reichen Verwandten getrieben hat. Die beabsichtigten Verwechslungen der Commedia dell'arte →*Le bal des voleurs* entlarven gerade die Maskenträger. In *Jézabel* (1932) leidet Marc in e. kriminellen Atmosphäre (die Mutter vergiftete den Vater) unter s. Verlangen nach Reinheit. Die Grundkonflikte seit *L'hermine* werden in →*La sauvage* variiert. *Y avait un prisonnier* (1935) nähert das Sinnbildliche bereits der Allegorie an. E. betrüger. Bankier entwirft während s. Gefängniszeit e. heile Weltordnung, die vom heuchler. Besitzbürgertum nicht mehr akzeptiert wird. Der Weltverbesserer springt von s. Yacht ins Meer u. hofft, an glückl. Gestade zu schwimmen. S. größten Bühnenerfolg errang A. mit →*Le voyageur sans bagage.* Das Dasein als Schauspiel hält aber auch das – wenn auch unvorhersehbare – ›Happy End‹ bereit: A. demonstriert den fröhlich-grotesken Aspekt vor allem mit der Technik des Spiels im Spiel in *Le rendez-vous de Senlis* (1937), *Léocadia* (1940), →*L'invitation au château* und →*Cécile ou l'école des pères.* Die Bearbeitung griech. Mythenstoffe (→*Eurydice,* →*Antigone,* e. Fragment *Oreste* u. *Médée,* 1953) markiert einen entwicklungsgeschichtl. Wendepunkt. A. entkleidet den Mythos aller metaphys. Bedingtheit, die ihm Giraudoux belassen hatte, u. psychologisiert das Handlungsgerüst. So wie Antigone stört auch Medea durch ihre mänad. Unbeirrbarkeit die Ordnung des Lebens. Orest agiert als Wüterich, der e. Kindheitstrauma abreagieren muß. Die Triebfeder der Protagonisten liegt auch hier im Privaten (vgl. ebenfalls A.s Bearbeitung des Elektra-Stoffs, *Tu étais si gentil quand tu étais petit,* 1972). Auf dieser Grundlage wächst der Pessimismus der Liebe in →*Roméo et Jeannette,* →*Ardèle ou la marguerite,* →*La répétition ou l'amour puni, La valse des toréadors* (1952) und *Ornifle ou le courant d'air* (1956). Mit →*L'alouette* u. →*Pauvre Bitos ou le dîner de têtes* setzte A. beim Publikum patriot. Reaktionen frei, die das Verständnis der komplizierten Dramenform u. der parod. Intentionen blockierten. Auf heroischer Ebene erfüllte sich in →*Becket ou l'honneur de dieu* die Rollenhaftigkeit des Lebens, während →*L'Hurluberlu ou le réactionnaire amoureux,* →*La grotte* u. *Le boulanger, la boulangère et le mitron* (1968) stärker die groteske Weltsicht des Autors ausdrücken. In *Cher Antoine ou l'amour raté* (1969) u. *Ne réveillez pas Madame* (1970) steht das potenzierte Rollenspiel des Schriftstellers u. Schauspielers im Mittelpunkt. Gerade die Technik des Spiels im Spiel bleibt bei A. sinnstiftend u. dient dem Dramatiker als Stilmittel der Ironisierung; sie zeigt die Entartung des Menschen, für die er sich selbst verantwortl. machen muß. A.s Antinomien Kind – Erwachsener, Armer

– Reicher, Wilder – Angepaßter, Einzelgänger – Gesellschaftsmensch, Eros – Sexus, Intuition – Intellekt, Leben – Tod implizieren, vom Spätwerk her betrachtet, nicht selbstredend auch sittl. Unvereinbarkeit. Sie lösen sich in Affinitäten des Temperaments, in Verblendung oder Zynismus, Emphase, Melancholie oder Skepsis, Offenheit oder Weltklugheit, Jasagen oder Neinsagen auf. A.s Helden leiden an ihrer eigenen psych. Rätselhaftigkeit, werden sich u. ihrer Umwelt zur Last; die Todessehnsucht keimt auf. Weder ihre gnadenlosen noch ihre verständigen Gegenspieler, weder Créon noch Cauchon, setzen sie endgültig ins Unrecht. A. ist nicht der Epigone Giraudoux', wie vorschnell angenommen wurde. S. sittl. indifferenter Voluntarismus u. die selbstherrl. Aufopferung interpretieren die trag. Mimesis des Opfers u. der Verlassenheit auf originelle Weise, da das Opfer das Ausmaß der Unvereinbarkeit, die s. Vernichtung auslöst, selbst bestimmt. Gesellschaftl. Widersprüche erscheinen dadurch zu privatpsych. Nöten denaturiert, u. nicht immer macht A. es so deutl. wie in *Pauvre Bitos ou le dîner de têtes,* daß der Protagonist aus einem gestörten Bewußtsein heraus handelt. Die Theatrum-mundi-Metapher, eben noch in *Cher Antoine* u. *Ne réveillez pas Madame* thematisiert, wird in *Le directeur de l'Opéra* (1972) in e. ital. Operettenmilieu verlegt. A.s Ideologie ersetzte im Spätwerk (*Mr. Barnett,* 1974; *L'arrestation,* 1975; *Scénario,* 1976; *Chers Zoiseaux,* 1976; *Vive Henri IV,* 1977; *La culotte,* 1978; *Le nombril,* 1981, mit Bernard Blier in der glänzend besetzten Hauptrolle) den Typus der reinen u. sich fanat. jedem moral. u. sozialen Kompromiß verweigernden jungen Frau durch die Gestalt des skurrilen Menschenfeindes, der s. frühere Nachgiebigkeit mit Vereinsamung büßt. Der Selbstsucht des Schriftstellers in *Le nombril* fehlt die aus Arroganz u. Sentimentalität gemischte Machtphilosophie e. Kreon oder Bitos, die deren Verstrickung interessant macht. Von der franz. Forschung wurden die ca. 40 Stücke A.s bisher weniger berücksichtigt als von der dt. u. der anglo-amerikan. Philologie.

R. de Luppé, A., suivi des fragments de la pièce Oreste, 1959; L. C. Pronko, The world of A., Berkeley/Los Angeles 1961; U. Störmer, Ideal u. Wirklichkeit in der Dramatik A.s, Diss. Hamburg 1961; Ph. Jolivet, Le théâtre d'A., 1963; J. Harvey, A. – A study in theatrics, New Haven/London 1964; P. Vandromme, A. Un auteur et ses personnages, 1965; C. Borgal, A., la peine de vivre, 1966; V. Canaris, A., 1968; Ph. Tody, A., Edinburgh/London 1968; H. Seilacher, Die Bedeutung des Spiels im Spiel u. der Durchbrechung der Illusion in den Dramen von A., Diss. Tübingen 1969; P. Ginestier, A., 1969; R. Brabant, Versuch e. onomasiolog. u. strukturellen Stilanalyse angewandt auf das Theater A.s, Diss. Ffm. 1970; K. W. Kelly, A. An annotated bibl., New York 1973; D. Kahl, Die Funktionen des Rollenspiels in den Dramen A.s, 1974; A.-F. Rombout, La pureté dans le théâtre d'A., Amsterdam 1975; J. Vier, Le théâtre de J. A., 1976; B. Beugnot, Les critiques de notre temps et A., 1977; H. G. McIntyre, The theatre of A., London 1981; C. Anouilh, Drôle de père, 1990.

Anseïs, e. der zwölf Pairs Karls d. Gr., der vom Afrikaner Malquiant getötet wird (*Chanson de Roland,* v. 1603: ›Morz est li quens, de sun tens n'i ad plus‹). Die übrigen Pairs sind Graf Berengier, Engelier von Bordeaux, Gefreid von Anjou, Gerard von Roussillon, Gerin, Ivon, Ivorie, →Olivier, Otes, Pinabel, Roland, Hzg. Sansun.

Anti, polem. Präfix in zahlr. philosoph., polit. u. lit. Werken: Alain de Lille, P. Doré, *Anticalvin,* 1551; G. Reboul, *Anti-Huguenot,* 1610; Ch. Sorel, *L'antiroman ou le berger extravagant,* 1627; Baillet, *Des satires per-*

sonnelles. Traité historique et critiques, de celles qui portent le titre d'Anti, II 1689; Friedrich II., *Antimachiavel;* R. de Nugent, *Anti-Titus,* 1813. Vgl. auch Anti-littérature u. Antiroman.

F. Nies, Genres mineurs, 1978.

Antigone, Tochter des Ödipus, Schwester des Eteokles u. Polyneikes, die sich über das Bestattungsverbot, das Kreon nach dem Tod ihrer verfeindeten Brüder erlassen hat, hinwegsetzt u. die Todesstrafe auf sich nimmt. Seit der Renaissance wurde der Stoff in Anlehnung an die antiken Bearbeitungen des Sophokles u. Euripides wiederholt aufgegriffen (R. Garnier, 1580); Rotrou, 1639; Racine, *La Thébaïde,* 1664; anonyme Bearbeitung 1672; Pader d'Assézan, 1687; Cocteau, 1922). E. Bühnenerfolg war nur der →*A.* von Anouilh beschieden.

S. Fraisse, Le mythe d'A., 1974.

Antigone, einaktiges Prosadrama von Jean →Anouilh, entstanden 1942, EA 1946, Urauff. 4. 2. 1944 Théâtre de l'Atelier, Paris. Der tödl. Konflikt, in den der Kg. von Theben, Kreon, u. Antigone, die Tochter des Ödipus, verwickelt werden, drückt keinen Gegensatz von göttl. u. menschl. Norm aus; darin rückt Anouilh iron. von Sophokles ab. Aus Staatsräson hat Kreon verboten, den Rebellen Polyneikes zu beerdigen, während s. Bruder Eteokles als Held e. Staatsbegräbnis erhält. Beide sind im Zweikampf gefallen u. wurden bis zur Unkenntlichkeit verstümmelt aufgefunden. A., die Schwester der feindl. Brüder u. Verlobte von Kreons Sohn Hämon, mißachtet das Gebot des Onkels – nicht aus polit. Bewußtsein, sondern aus eth. Kompromißlosigkeit u. Todessehnsucht. Um sie, die sich zu ihrer Tat bekennt, vor der von ihm selbst verhängten Todesstafe zu bewahren, wirbt Kreon um ihr Verständnis für die Zwangslage, in der er sich als Sachwalter der Ordnung befindet, u. appelliert an ihren Lebenswillen. Zudem betont er, daß nicht einmal sicher ist, welcher der beiden Brüder unbestattet blieb. In jedem Fall würde sie ihr Leben für e. Unwürdigen opfern, da sie sich bisher Illusionen über den Charakter ihrer Brüder machte. Doch A. steht unerschütterl. zu ihrer Tat. Als A. e. Wachsoldaten ihren Abschiedsbrief für Hämon diktiert, läßt sie das spontane Eingeständnis, sie habe Angst vor dem Sterben, weil es ihr ziellos erscheine, wieder tilgen. Aus e. Botenbericht erfährt der Zuschauer, daß sich Hämon an A.s Leiche erstach u. Eurydike, s. Mutter, sich die Kehle durchschnitten hat. Wie die Heldinnen in →*La sauvage* u. →*L'alouette* fürchtet A. e. Befleckung ihrer Existenz durch das ›Jasagen‹ zum ›Alltagsglück‹. Anouilh kompliziert die Konfrontation durch e. Häufung gezielter Anachronismen der Sprache wie des Rollenverhaltens u. der Kostümierung. Einerseits scheint er dadurch die Geschichte von A., zu der e. Prologsprecher anfangs eingeladen hat, als plausiblen Bestandteil der Gegenwart s. Publikums insinuieren zu wollen, während andererseits e. indirekte Entschärfung der Kollaboration als Form der Anpassung, der offensichtl. Dispens von Schuld u. Hoffnung, in keinem plausiblen Zusammenhang mit der manifesten Todessehnsucht der Protagonistin stehen. In A.s Verhalten findet nicht etwa die Résistance ihr ideales Bild. Die Vernichtung der Titelfigur wirkt nicht als Katharsis, da A. sich entschlossen hat, wider alle einleuchtenden, lebensnahen Argumente Kreons ihre trag. Rolle zu Ende zu spielen.

H. R. Jauß, Racines Andromaque u. Anouilhs A., NSp 1960; M. Sachs, Notes on the theatricality of J. Anouilh's A., FR 1962; G. Goebel, J. Anouilh, A. (Das mod. franz. Drama, hg. W. Pabst), 1971; M. Flügge, Verweigerung oder Neue Ordnung, A. im polit. u. ideolog. Kontext der Besatzungszeit 1940–44, II 1982.

Antiker Zyklus, stoffl. Gruppierung ma. Romane *(→Roman d' Alexandre, →Roman de Thèbes, →Roman d'Énéas, →Roman de Troie),* die e. Bild der antiken Welt den Lebensformen des 12. Jh. anverwandeln, dabei den Anachronismus zur Regel erheben. Sie entstanden im Reich der →Aliénor u. wurden für das höf. Epos stilbildend (vgl. die älteren Karls- u. Wilhelmszyklen sowie die Matière de Bretagne).

R. Mertes, Die Liebe in der antikisierenden Dichtung des 12. Jh., Diss. Wien 1971.

Anti-littérature, Bezeichnung Sartres (*Qu'est-ce que la littérature,* 1947) für den surrealist. Prozeß der Selbstzerstörung der Lit., der in Wirklichkeit hochgradig ›lit.‹, d. h. wirklichkeitsentrückt, ausgetragen wird; steht im Gegensatz zu →Alittérature.

Antimachiavel ou essai de critique sur Le Prince de Machiavel, polit. Essay von Friedrich II. von Preußen, in e. Bearbeitung von Voltaire 1740 anonym erschienen; Apologie der aufgeklärten Monarchie, der bes. Dienerfunktion des Fürsten aus der Perspektive des Kronprinzen Friedrich.

H. v. Treitschke, Das polit. Kg.tum des A., 1887; E. Madsack, Der A., 1920; H. Rheinfelder, Machiavelli u. der A., 1956; W. Hubatsch, Das Problem der Staatsräson bei Friedrich d. Gr., 1956.

Antipièce, Anti-Stück, Bezeichnung, die Ionesco s. ersten Drama →*La cantatrice chauve* gab; damit brachte er den Skandal der herkömml. geschriebenen Dramen auf den Begriff.

Anti-roman, Bezeichnung Sartres für ›negative Werke‹, wie die Romane Nabokovs, Evelyn Waughs, *Les faux-monnayeurs* von Gide u. *Portrait d'un inconnu* von Nathalie Sarraute; im Vorwort zu diesem Roman gebrauchte er 1948 den Terminus. Die Antiromane dekonstruieren Erzählweisen u. stellen die Romanfiktion durch sich selbst in Frage. Insoweit der A. als Parodie des Enthüllungsromans u. der Detektivgeschichte verfaßt ist, gilt die Kategorie auch für Werke →Robbe-Grillets u. →Butors sowie Texten aus dem →OuLiPo.

Anti-Romantique ou examen de quelques ouvrages nouveaux, Schrift des vicomte de Saint-Chamans, entstanden 1814, EA 1816. Gegen Schlegel, Sismondi u. Mme de Staël verabsolutiert der Autor die klass. Regeln; die Leistung der Klassiker liegt in der Entdeckung von Stoffen, nicht ihrer Erfindung. In der Romantik regieren Zufall u. Laune, ›les perles sont ensevelies dans le fumier‹. Die umfangreiche Schrift, e. verspätete Apologie der Klassik, wurde im *Journal des débats* von Féletz erwartungsgemäß positiv besprochen.

R. Bray, Chronologie du romantisme, 1932.

Antoine, André, 31. 1. 1858 Limoges – 19. 10. 1943 La Pouliguen, Angestellter der Gasgesellschaft in Paris, gründete mit Unterstützung Zolas u. A. Daudets das →Théâtre-Libre (1887–96), ohne auf dieser Bühne die naturalist. Ästhetik verbindl. zu machen. A. verlangte von den Schauspielern, häufig Amateuren, Dämpfung des theatral. Pathos u. dafür Ensembleleistung (*Mes sou-*

venirs sur le théâtre A. et sur l'Odéon, 1928). Stoffl. Tabus konnten dadurch umgangen werden, daß subskribierte Vorstellungen dem Zugriff der Zensur entzogen waren. A. brachte Stücke folgender Autoren heraus: Brieux, Courteline, Curel, É. Fabre, Lavedan, Porto-Riche, dramatisierte Romane von Zola u. den Goncourts. Er machte G. Hauptmann, Ibsen, Björnson, Tolstoi u. Verga in Paris bekannt. 1906–13 leitete A. das Odéon.

M. Roussou, A., 1954; F.-A. Pruner, Les luttes d'A., 1887–95, 1955.

Antoine de La Sale, 1385 bei Arles (?) – vor 1461, Südfranzose, Sohn e. Condottiere in der Provence, Page am Hof Ludwigs von Anjou, für den er Reisen in die Niederlande, nach Portugal u. Italien unternahm. Seit 1434 stand er im Dienst von René d'Anjou u. wurde mit der Erziehung des Jean de Calabre beauftragt. 1448 trat A. in die Dienste des Konnetable Ludwig von Luxemburg; zehn Jahre später kam er an den burgund. Hof. Neben kleineren pädagog. Schriften (*La salade,* 1444; *La sale,* 1451) schrieb A. den Entwicklungsroman *Le petit Jehan de Saintré* (1456–61) hg. J. Misrahi/Ch. A. Knudson, Genf 1967 u. Y. Otaka, Tokyo 1967); er handelt von der Enttäuschung e. Pagen, der durch Waffenruhm s. Angebeteten würdig werden will u. nach s. Heimkehr ihre Untreue entdeckt. A. entlarvt überkommene Ideale als tote Klischees; die Illusionslosigkeit der Fabliaux erreicht der Roman, wenn dargestellt wird, wie die Dame den jungen Ritter mit e. schlauen Kleriker betrügt. Ob A., der die Traumallegorie *La journée d'honneur et de prouesse* (1447), den Kreuzzugsbericht *Le réconfort de Madame de Fresne* (1457) u. e. Abhandlung über Waffenspiele sowie wahrscheinl. die →*Cent nouvelles nouvelles* verfaßt hat, auch der Autor der →*Quinze joyes de mariages* war, in denen das Ungemach der Ehe in 15 Bildern dargestellt wird (der Titel ist iron. gemeint), u. deren Frauenfeindlichkeit in der Tradition des →*Roman de la rose* steht, ist fragl. (*Œuvres complètes,* hg. F. Desonay 1935 ff.).

A. Coville, Le petit Jehan de Saintré, 1937; F. Desonay, A., aventureux et pédagogue, Lüttich 1940; J. Kristeva, Le texte du roman, [2]1976.

Antoine Thibault, Romangestalt in →*Les Thibault* von Martin du Gard, Kinderarzt mit wiss. Ambitionen; Typus des polit. ahnungslosen Besitzbürgers.

Antony, Drama in fünf Akten von →Dumas père, EA 1831, Uraufführung 3. 5. 1831 Théâtre de la Porte-Saint-Martin. Geschult an der Dramatik des dt. Sturm u. Drang, überhöhte Dumas die Figur des Liebhabers im Dreieckskonflikt e. Eifersuchtstrag. zum düsteren Außenseiter (vgl. auch Hugo u. Nerval). Antony, der das Luxusmilieu, in dem er die Damen bezaubert, haßt, weil es ihn als Fremden nicht integriert, ist in leidenschaftl. Liebe zu Adèle, der Frau des Obersten d'Hervey, entbrannt. Er bittet sie um e. Rendez-vous, dem sie sich zu entziehen weiß. Als sie zu ihrem Mann, der abwesend ist, reisen will, drohen die Pferde ihres Wagens auszubrechen; ausgerechnet Antony fällt ihnen in die Zügel. Adèle pflegt den Verletzten u. geht scheinbar auf s. Ansinnen ein, mit ihm zu fliehen. Als er sie in e. Falle lockt u. verführt, fällt sie in tiefste Verzweiflung u. sieht keinen Ausweg mehr aus ihrer kompromittierten Lage. Inzwischen hat der

Oberst durch anonyme Briefe Kenntnis von ihrer Untreue erhalten. Bei s. Rückkehr findet er s. Gattin ermordet vor; Antony erklärt ihm an der Leiche: ›Elle me résistait, je l'ai assassinée!‹ So rettet der fatale Held die Ehre s. Geliebten u. opfert sich für s. maßlose Leidenschaft. Das Stück war e. großer Publikumserfolg.

Apolin, Apolon, in der altfranz. Epik Prototyp des Götzen, vor allem bei den Sarazenen.

Apollinaire, Guillaume, 26. 8. 1880 Rom – 9. 11. 1918 Paris, Sohn e. Polin, deren Vater päpstl. Kämmerer war, u. e. ital. Offiziers; das Kind wurde unter dem falschen Namen Guillaume Albert Dulcigni im Standesregister eingetragen, im November 1880 ließ die Mutter e. Änderung beantragen: Guillaume Albert Wladimir Alexandre Apollinaire de Kostrowitzky. 1885 zog sie mit dem Knaben u. e. zweiten unehel. Sohn nach Monaco, wo A. die Schule besuchte, später in Cannes u. Nizza. Seit 1899 lebte s. Mutter in Paris. A. arbeitete 1900 als ›Neger‹ des Feuilletonschreibers Esnard u. in e. Maklerbüro. Die Vicomtesse de Milhau verpflichtete ihn als Hauslehrer ihrer Tochter (bis Sommer 1902). A. lernte das Rheinland, Berlin, Süddtl. u. die Donaumonarchie kennen. Nach der Rückkehr arbeitete er in Paris bei e. Bank; er schrieb Gedichte, Dramen, Romane, darunter erotische Geschichten wie *Les onze mille verges, Les exploits d'un jeune Don Juan,* signierte als G. A. 1903 gründete er die Zs. *Festin d'Ésope;* hier erschien 1904 eine Bearbeitung des Merlin-Stoffs, *L'enchanteur pourrissant* (Erzählung mit Gedichteinlagen, krA J. Burgos 1972). A. redigierte e. Finanzblatt u. verfaßte Kunstkritiken (*Chroniques d'art 1902–1918,* hg. L.-C. Breunig 1960). 1904 machte er die Bekanntschaft von Picasso; große Bewunderung brachte er Matisse entgegen, den er den ›fauve des fauves‹ nannte. Seit 1910 propagierte A. den Begriff Cubisme, der seit 1908 in der Diskussion war. 1912 druckte die Berliner Zs. *Der Sturm* A.s Apologie der kubist. Ästhetik ab; 1913 verarbeitete er s. Aufsätze in *Les peintres cubistes.* 1908 veranstaltete er e. Anthologie des Marquis de Sade u. schrieb e. Aufsatz über Jarry. 1910 erschien e. Slg. Erzählungen, *L'Hérésiarque et Cie.,* 1911 →*Le bestiaire ou cortège d'Orphée.* A. wurde für den Prix Goncourt vorgeschlagen, den dann Louis Pergaud bekam. Versch. Textauszüge des Romans *Le poète assassiné* (1916) erschienen 1911 in Zss. A., André Billy, A. Salmon u. a. gründeten die Zs. *Soirées de Paris.* 1913 kam der Lyrikzyklus →*Alcools* heraus. A. unterstützte den Futurismus mit e. eigenen Manifest, *L'antitradition futuriste,* worin er die Befreiung der Worte von den Regeln der traditionellen Syntax verlangte. 1914 veröffentlichte er Gedichte, die später in die Slg. →*Calligrammes* aufgenommen wurden. Bei Kriegsausbruch meldete sich A. freiwillig. 1915 verlobte er sich mit Madeleine Pagès. Im März 1916 wurde er an der rechten Schläfe schwer verwundet u. nach der Operation ins Val-de-Grâce nach Paris überführt; im Sommer verkehrte er wieder in s. Stammlokalen, u. a. im Café de Flore. Er schrieb weitere Gedichte und →*Les mamelles de Tirésias.* 1917 übernahm er e. Posten im Kolonialministerium u. heiratete im folgenden Jahr Jacqueline Kolb; Trauzeugen waren Ambroise Vollard u. Picasso. S. Unterhalt verdiente sich

A. vor allem durch Mitarbeit an Zss. Im November 1918 erkrankte er an der span. Grippe u. starb nach wenigen Tagen. Postum erschienen drei Essays (*L'esprit nouveau et les poètes,* 1918; *Anecdotiques,* 1926; *Contemporains pittoresques,* 1929), der Roman *La femme assise* (1920), die Erzählung *Les exploits d'un jeune Don Juan* (1923), sowie Gedichte (*Ombre de mon cœur,* 1947; *Poèmes secrets à Madeleine,* 1949; *Textes inédits,* 1952) u. Briefe (*Tendre comme le souvenir,* 1952; *Lettres à Lou,* 1969). E. vierbänd. Gesamtausgabe (hg. J. Lecat/A. Balland) enthält alle bis 1966 bekannt gewordenen Schriften; *OC en prose,* éd. M. Décaudin, III 1977–93. A. hatte 1917 den Begriff Surrealismus in Anlehnung an →Nerval kreiert u. damit der Bewegung, die den Dadaismus überwand, ihren Namen gegeben. A.s Kosmopolitismus, e. ungewöhnl. Belesenheit, die Verbundenheit mit avantgardist. Malern (Picasso, Braque, Derain, Matisse, Dufy, Albert Gleizes, Zöllner Rousseau) schärften seinen Blick für die Symbiose der Künste. Älteste Liedformen und Stilexperimente, Archaismen u. Neologismen verbindet er im Bewußtsein e. visionären Verfügungsgewalt zum synthet. Gedicht (der Begriff ›synthet.‹ kommt bei ihm auffallend häufig vor). André Breton sprach von A. als dem ›letzten Dichter‹, Cendrars feierte ihn als s. Meister; s. Stil wurde für Aragon, Cocteau, Éluard u. Supervielle beispielhaft. A. vermittelte als Theoretiker u. Dichter zwischen Rimbaud, Jarry, Marinetti, dem Dadaismus u. dem Surrealismus. Allerdings ahmte kein Späterer s. typ. futurist. Auswertung des Romanzentons kongenial nach. S. eher spieler. als konsequente Modernität konnte sich in produktiver Unruhe entfalten. Zwar scheint es, als billigte er zuletzt die Entfesselung der Kreativität nicht mehr rückhaltlos, wenn er die ›raison ardente‹ apostrophierte, aber er entschied sich durchaus nicht gegen die Entwicklung, die er initiiert hatte.

A. Billy, A., 1947; M. Adéma, A. le malaimé, 1952; P. Pia, A. par lui-même, 1954; G. Vergnes, La vie passionnée de G. A., 1958; C. Mackworth, A. and the cubist life, 1960; J. Hartwig, A., Warschau 1962; Sondernr. Revue des lettres modernes 85–89, 1963; F. J. Carmody, The evolution of A.'s poetics 1901–1914, Berkeley/Los Angeles 1963; M. Sanouillet, Dada à Paris, 1965; S. Bates, A., New York 1967; Ph. Renaud, Lecture d'A., Thèse Lausanne 1969; M. Poupon, A. et Cendrars, 1969; A. Saggi pres di M. Bonfantini, Turin 1970; P. M. Adéma/M. Décaudin, Album A., 1971; C. Tournadre, Les critiques de notre temps et A., 1971; M. Guiney, Cubisme et littérature, Genf 1973; Regards sur A. conteur, Colloque 1973, 1975; H. Meter, A. u. der Futurismus, 1977; E. Leube/A. Noyer-Weidner (Hg.), A., 1980; D. Berry, The creative vision of A., Saratoga 1982; T. Mathews, Reading A., Manchester 1987; A. Fongaro, A. poète, Toulouse 1988; M. Décaudin (ed.), A. et son temps, 1990; ders., Du paysage apollinairien, 1991.

L'Apollon de Bellac, Einakter von Jean →Giraudoux, entstanden 1942, EA 1947, Urauff. unter der Regie von Louis Jouvet in Rio de Janeiro 16. 6. 1942. Das heitere Spiel mit der Oberflächenstruktur von Komplimenten, der keine log. Tiefenstruktur entspricht, zeigt die weibl. Hauptfigur in der bei Giraudoux typ. Funktion: Agnès, der empfohlen wird, allen Männern in e. Patentamt zu schmeicheln u. sie mit dem imaginären Apollo von Bellac zu vergleichen, wird der Blick für absolute Schönheit geöffnet. Ihr Wesen lebt aus der Spannung zwischen der Trivialität, die allen zugängl. ist, u. der Vision, ohne daß diese Dichotomie von ihr als schmerzl. empfunden wird (vgl. *Judith, Sodome et Gomorrhe*).

L'après-midi d'un faune, Ekloge von Stéphane →Mallarmé, entstanden seit 1865 unter den Titeln *Improvisation d'un faune,* dann *Monologue d'un faune,* als szen. Gedicht geplant, das Th. de Banville der Com. frçe. empfehlen sollte; vielleicht schon 1866 vollendet, EA 1876. In Anlehnung an *La diane au bois* von Banville u. *Lou pastre* von Aubanel entstand e. bukol. Gedicht, das e. poetolog. Selbstverständigung des Lyrikers, der sich von den Einflüssen s. frühen Schaffensperiode befreit, leistet. Das Rollengedicht in 110 Alexandrinern beschwört e. gleißende sizilian. Landschaft, in deren sinnl. Valeurs die Liebesabenteuer des Fauns perpetuiert werden. Die im ersten Vers geforderte Verewigung der Nymphen ist von ihrer Verweisung ins Schattenreich abhängig: nicht der flüchtige sinnenhafte Eindruck, sondern das geistige Bild hat Bestand. Mallarmés Farbsymbolik (Blau, ›l'or glauque‹, Schwanenweiß) als Medium des ›absoluten Blicks‹ integriert naturhafte, idyll. Motive in e. Sprachgebäude, das sich selbst themat. wird; deskriptive Dichtung, wie sie der Parnasse kultivierte, wird verworfen. Kreativer Geist u. Natur vermählen sich auch nicht pantheist., Mallarmé verschmäht die romant. Kontamination von Intellektuellem u. Physischem. Der Faun verzichtet auf den vitalen Impetus u. erringt Heiterkeit. Er wirft s. Flöte weg u. verzichtet auf Kunstgenuß als Evasion. Er kann aber auch nicht darauf hoffen, die absolute Schönheit direkt zu umfassen.

A. R. Crisholm, Mallarmé's A., Cambridge 1959; A. Adam, A. Essai d'explication (Interpretationen franz. Ged., hg. K. Wais), 1970.

Aragon, Louis, 3. 10. 1897 Paris – 24. 12. 1982 ebda., Sohn des Anwalts u. Abgeordneten Louis Andrieux (1840–1931) u. der Pensionswirtin Marguerite Toucas-Massillion; erhielt den Namen A. durch Gerichtsbeschluß. Teilnahme am I. Weltkrieg, Medizinstudium. Das Auftreten der Kommunistin Clara Zetkin beim Kongreß der sozialist. Partei 1920 in Tours, die Begegnung mit André Breton, dem er 1917–32 freundschaftl. verbunden war, u. mit s. späteren Frau, Elsa Triolet, der Eintritt in die KPF (1927) u. die Auseinandersetzung mit dem sozialist. Realismus *(→Pour un réalisme socialiste),* der ihm die Fragwürdigkeit der surrealist. Ästhetik bewußt machte, waren entscheidende Etappen in der intellektuellen u. moral. Biographie A.s. Er nahm 1930 am Charkower Kongreß proletar. Schriftsteller teil, kämpfte im span. Bürgerkrieg u. engagierte sich als Journalist in der Auseinandersetzung mit dem Faschismus: 1932/33 Redakteur der *Littérature internationale,* 1933/34 Berichterstatter der *Humanité,* Mithg. der Zs. *Commune* (zusammen mit R. Rolland), Generalsekretär der Association des maisons de culture, Mitbegr. u. Chefredakteur der Zeitung *Ce Soir* (1937–39) u. der *Lettres françaises.* A., der in der Résistance e. leitende Funktion übernommen hatte, gehörte seit 1954 dem ZK der KPF an. Obwohl er in den 20er Jahren gleichzeitig Lyrik, Romane, Erzählungen u. Essays zu publizieren begann, galt er bei s. Zeitgenossen, etwa André Gide, vor allem als Lyriker u. Vorkämpfer des Surrealismus. S. Entwicklung verläuft von der hermet. Dichtung zum polit. Engagement u. weiter zum Antirealismus, den A. aus der Gebrochenheit der sozialen Wirklichkeit, die keine Abspiegelung wert ist, erklärt. A. gehörte 1924 zu den Mitunterzeichnern des surrealist. Manifests; in den 60er Jahren erklärte er auf die Frage nach dem Surrealismus, er habe nie etwas davon gehört. 1922 verfaßte er e. Pamphlet gegen die verkalkten Parteistrukturen der Sowjetunion; 1968 protestierte er gegen die Intervention in der CSSR. Bei der Mai-Revolte 68 fand A. oft nur höhn. Zuhörer. Nach s. Wahl in die →Ac. Goncourt, der er 1966 allerdings nur kurze Zeit angehörte, verfaßte e. Surrealistengruppe das Pamphlet *Le paysan de Tout-Paris.* Die polit. Entwicklung der 30er Jahre brachte Aragon zum vollen Bewußtsein s. dichter. Sendung; bisher waren die Lyrikbde. *Feu de joie* (1919), *Le mouvement perpétuel* (1926), *La grande gaîté* (1929), *Persécuté persécuteur* (1931) erschienen. A. beschloß, s. metr. durchgeformtes Lied an die Allgemeinheit zu richten (*Eclairez votre religion – aux enfants rouges* 1932; *Hourra l'Oural,* 1934). Nach längerem Schweigen entstand im September 1939 e. Modell der Résistance-Poesie (*Le crève-cœur,* 1941; später *Les yeux d'Elsa,* 1943; *Le musée Grévin,* 1943; *La Diane française,* 1944). Für A. verband sich der Kampf gegen den Faschismus mit dem Preis der geliebten Frau; s. Gedichte sprachen jeden Franzosen an; de Gaulle rezitierte über Radio Algier Auszüge aus *Plus belle que les larmes,* Georges Brassens sang *Il n'y a pas d'amour heureux.* Für den Lyriker A. sind Poesie u. Patriotismus nichts Unvereinbares: ›Que mes rimes aient le charme/Qu'ont les larmes sur les armes ... Mots mariés mots meurtris/Rimes où le crime crie‹. Metrik, Lautung u. Rhetorik s. Individualstils verraten e. enge Vertrautheit mit dem Petrarkismus, der Dichtkunst von Charles d'Orléans, Agrippa d'Aubigné u. Victor Hugo (von dem A. 1952 eine kommentierte Anthologie herausgab). Diese Kraft der Anverwandlung irritierte jene Kritiker, die es militanter Lyrik insgesamt verwehren wollen, Kunstformen aus der Geschichte der Poesie zu entnehmen u. die soziale Sprengkraft, die in ihnen gespeichert ist, einzusetzen u. verheißungsmächtig zu machen. In der polit. Lyrik A.s können hochgreifende Pastiches aber auch dazu dienen, das Absinken der Ideendichtung in platten Agitprop zu verhindern (spätere Lyrik: *Mes caravanes,* 1954; *Les yeux et la mémoire,* 1954; *Le roman inachevé,* 1956; *Elsa,* 1959; *Les poètes,* 1960; *Le fou d'Elsa,* 1963; *Il ne m'est Paris que d'Elsa,* 1964; *Le voyage de Hollande et autres poèmes,* 1965; *Élégie à Pablo Neruda,* 1966; *Document A.,* 1968; *Les chambres,* 1969). A.s frühe Prosa *Anicet ou le panorama* (1920) sah Odilon-Jean Périer als Erfüllung des Begriffs Surrealismus an, wie ihn Apollinaire eingeführt hatte. Das Thema der ›quête‹, die A. hier in der Begegnung des jungen Dichters Anicet mit Rimbaud darstellt, erscheint auch in *Les aventures de Télémaque* (1922), nach Aragons eigenem Kommentar e. Kreuzung von Fénelon u. Dada (*J'abats mon jeu,* 1959). Er beschrieb Orte des spätbürgerl. Paris als Stätten der Verwesung (*Le paysan de Paris,* 1926). Den erot. Roman *Irène* (1928) ließ er 1968 neu unter dem Pseudonym Albert de Routisie erscheinen. A. durchschaute den luxurierenden Terrorismus u. den Totalitarismus surrealist. Attitüden, vor allem seit Breton forderte, die Realität, falls sie sich hartnäckig der Imagination widersetzte, mit der Waffe in der Hand zu liquidieren. Er war jetzt zum Verrat an der modernist. Ästhetik u. an der Weltsicht s. Klasse bereit u. pries die Beschäftigung mit gesellschaftl. Fragen, die ihn vor dem ›Absturz in Wolken‹ bewahrte. In der Tetralogie →*Le monde réel* u. in *Les communistes* sieht er s. Aufgabe in der Umgestaltung der Welt, an der er sich bisher wundgestoßen hat. Die menschl. Gesellschaft stellt sich nicht als Verwirklichung e. Staatsidee dar, sie orientiert sich an materiellen Lebensverhältnissen. A. bekämpft das lit. Bild des abstrakten Citoyen, dem in scheinbarer Gespaltenheit der Privatmann gegenübertritt (→*La semaine sainte*). Die Kritik sah in A.s Romanen seit 1958 (*La mise à mort,* 1965; →*Blanche ou l'oubli,* →*Henri Matisse, roman*) e. Preisgabe der Prinzipien des sozialist. Realismus; darauf entgegnete A., er entwickle diesen mit imaginären Motiven weiter. Freil. gestand er die Unmöglichkeit ein, unter den herrschenden polit. u. wirtschaftl. Verhältnissen e. wegweisendes Werk zu schaffen. Der Roman bleibe solange die ›Wissenschaft der Anomalie‹, bis die Welt in Ordnung gekommen sei (*Blanche ou l'oubli*). A. war nie so arglos zu glauben, einzig die Ökonomie sei etwas Gegebenes, nicht weiter Zerlegbares u. Abstrahierbares, die letzte reale Dimension, somit Impuls u. Resultat in einem. Darum begriff er Wortkunst nicht als zwangsläufige Reproduktion der wirtschaftl. determinierten Welt; dies wäre e. starre Welt ohne dialekt. Kraft, wie er vor allem in den späteren Essays u. Unterhaltungen betont (*Une vague de rêves, Traité du style,* 1928; *Matisse-en-France,* 1943; *Saint-Pol-Roux ou l'espoir,* 1945; *Chroniques du bel canto,* 1947; *La culture et les hommes,* 1947; *La lumière et la paix,* 1950; *Hugo, poète réaliste,* 1952; *L'exemple de Courbet,* 1952; *L'homme communiste I–II,* 1953; *La lumière de Stendhal,* 1954; *Journal d'une poésie nationale,* 1954; *Entretiens avec F. Crémieux,* 1964; *Les collages,* 1965; *A. parle avec Dominique Arban,* 1968; *Je n'ai jamais appris à écrire ou les incipit,* 1969). In der zweiteiligen Geschichte der USA und UdSSR verfaßte A. den sowjet., Maurois den amerikan. Teil (*Histoire parallèle des États-Unis et de l'U.R.S.S.,* 1962). Der Schriftsteller A. verwirft primitive Identifikationen, wie sie die Einfühlungsästhetik inauguriert hat. Er zielt auf Veränderung der Bedingungen herrschender Zustände; s. Patriotismus, den er vor allem seit der Résistancelyrik u. *Les communistes* proklamiert, impliziert kein Plädoyer für den sozioökonom. Status quo in Frkr. 1964–74 erschienen in 42 Bden. die *Œuvres romanesques croisées* d'Elsa Triolet et d'A. Seit 1974 gab J. Ristat das poet. Werk A.s heraus. 1980 erschien der Novellenbd. *Le Mentir-Vrai* (Texte seit 1923) u. 1981 die Artikelslg. *Ecrits sur l'art moderne.*

Cl. Roy, A., 1945, ²1951; A. Gavillet, La littérature au défi. A. surréaliste, Neuchâtel 1957; P. de Lescure, A. romancier, 1960; H. Juin, A., 1960; R. Garaudy, L'itinéraire d'A., 1961; G. Raillard, A., 1964; C. Savage, Malraux, Sartre and A. as political novelists, Gainesville 1965; Y. Gindine, A. prosateur surréaliste, 1966; Ch. Haroche, L'idée de l'amour dans le Fou d'Elsa et l'œuvre d'A., 1966; G. Sadoul, A., 1967; Sondernr. Zs. Europe 454–55, 1967; H. Balz, A.-Malraux-Camus, 1970; M. A. Caws, The poetry of Dada and Surrealism. A., Breton, Tzara, Eluard and Desnos, Princeton 1970; A. Huraut, A. prisonnier politique, 1970; W. Babilas, A. (Franz. Lit. der Gegenwart, hg. W.-D. Lange), 1971; B. Lecherbonnier, A., 1971; Sondernr. L'Arc 53, 1975; P. Daix, A., 1975; B. Lecherbonnier, Les critiques de notre temps et A., 1976; Sondernr. Lendemains 9, 1978; C. Geoghegan, A., essai de bibl., London II 1979 ff.; P. Voigt-Langenberger, Antifaschist. Lyrik in Frkr., 1983; J. Bernard, La permanence du surréalisme dans le cycle du Monde réel, 1984; Y. Lavoinne, A. journaliste, Thèse Strasbourg 1984; R. Schober, A. Von der Suche der Dichtung nach Erkenntnis der Welt, 1985; S. Ravis-Françon/R. Jean (Hg.), Sur A. Le libertinage. Seize études, Aix-en-Provence 1986; D. Gallingani, Il testo a fronte. La ri-scrittura in Aragon, Bologna 1987; Recherches croisées A. – E. Triolet, 1988 ff.

L'Arbalète, Lit.zs. (Mai 1940–1948, 13 Nr.), gegr. vom Chemiefabrikanten Marc Barbézat, René Tavernier u. dem Philosophen Jean Wahl, veröffentlichte Texte u. a. von Sartre (*Les autres*, später →*Huis clos*), Genet (Auszüge aus dem Roman *Notre-Dame des Fleurs*), Camus (Essay über Kafka), Claudel, Mouloudji, Aragon, Artaud, Boris Vian, Violette Leduc, Olivier Larronde.

Arbaud, Joseph d', 1874 Meyrargues/Camargue – 2. 3. 1950 Aix-en-Provence, wurde durch s. Mutter mit dem →Félibrige vertraut gemacht; Mistral regte ihn zum Schreiben an (provenzal. u. französ. Gedichte *Li rampau d'aram,* 1912; *Lou lausié d'Arle,* 1913; *Li cant palustre,* 1919; *La vesioum de l'Uba,* 1920; Prosa *La Provence: types et coutumes,* 1939; *La coumba,* 1945; *Espelisoun de l'autunado,* 1952). Im Roman *La bèstio dou Vaccares* (1924) überschreitet A. wie Bosco u. Giono die Stil- u. Stoffgrenzen des Regionalismus; dem Hirten wird die Symphonie der Natur von e. Faun gedeutet. Hg. u. a. der Zs. *Le feu;* 1906 Preis der Jeux floraux, 1939 Prix Lasserre der Ac. frçe.

Ch. Maurras, Un poète de la Camargue, 1926.

L'archipel Lenoir ou il ne faut pas toucher aux choses immobiles, Kom. in zwei Akten von Armand →Salacrou, EA 1948, Urauff. 8. 11. 1947 Théâtre Montparnasse, Paris. Nutznießer e. Gesellschaftsskandals ist der Diener Joseph: Lesage *(Turcaret)* u. Beaumarchais *(Le mariage de Figaro)* haben Exposition u. Lösung dieses satirischen Modells vorbereitet. Paul-Albert Lenoir, Seniorchef einer Likörfabrik, hat die minderjährige Sekretärin Liliane verführt. Um den Skandal, der e. günstige Heirat der Marie-Blanche Lenoir vereiteln müßte, zu verhindern, drängt ihn der Familienclan zum Selbstmord. Daß der lebenslustige Alte s. Schwiegersohn anschießt, ist keine Lösung – die Verwechslung gibt nur Anlaß zu Geisterkomik, da die Hinterbliebenen nun Paul-Albert Lenoir für ein Gespenst halten. Joseph erst erlöst sie: er heiratet gegen e. Abfindung u. e. einträglichen Posten Liliane, rettet ihre u. der Familie Lenoir Ehre, indem er von der Unmoral bedenkenlos profitiert.

Arcos, René, 16. 11. 1881 Clichy-sur-Seine – 1959. Stud. École des Arts décoratifs Paris, Mitbegründer der →Abbaye, Gründer der Kulturzs. *Europe* (1922) mit Unterstützung s. Freundes R. Rolland, dessen humanitären Optimismus er teilte (Biographie 1950). Außer dem Drama *L'île perdue* (1913) umfaßt s. Werk vor allem Lyrik von postsymbolist. Charakter (*L'âme essentielle,* 1903; *La tragédie des espaces,* 1906; *Ce qui naît,* 1910; *Le sang des autres,* 1919) u. Erzählungen (*Le bien commun,* 1919; *Caserne,* 1921; *Médard de Paris,* 1929; *De source,* 1948; *R. Rolland,* 1950).

Ardèle ou la marguerite, Proseinakter von Jean →Anouilh, EA 1948; Urauff. 4. 11. 1949 Com. des Champs-Élysées. Anouilh hat s. erste ›pièce grinçante‹ als Satire auf e. Boulevardkom. konzipiert. Das Verhalten der Titelfigur, die unsichtbar in den Kulissen bleibt, löst e. Kettenreaktion von Aggressionen u. Verstellungen bei ihrer Umwelt aus. Weil die ältl. Schwester e. Generals, Ardèle, es wagte, ihre Liaison zum Hauslehrer in e. Ehe, die für ihr Milieu nur e. Mésalliance sein kann, zu legitimieren, wendet sich der groteske Unmut ihrer Familie, die insgeheim selbst in Erotomanie verfallen ist, gegen sie. Das Liebespaar zerbricht an den gnadenlosen Konventionen u. nimmt sich das Leben.

A rebours (1884), Roman von Joris-Karl →Huysmans, ediert von R. Fortassier 1981. Dieses Werk, in dem die charakterist. Merkmale des →Fin-de-siècle beschlossen sind, ist in zweifacher Weise ›gegen den Strich‹ geschrieben: als Abrechnung mit Zolas naturalist. Ideologie (verwissenschaftlichte Romanform) u. als Protest gegen den ›american way of life‹. Der Held, Des Esseintes, ist nur scheinbar, als letzter s. Geschlechts, e. romant. Figur. Denn anders als die Romantiker zieht er, dessen lit. Neigungen Baudelaire u. Mallarmé gelten, der Gustave Moreaus Darstellung der Salomé (*L'apparition,* 1876 ausgestellt) schätzt, das Artifizielle der Natur vor. Um s. Hypersensibilität zu pflegen u. alles Vulgäre fernzuhalten, richtet sich Des Esseintes in Fontenay bei Paris e. Haus nach s. Geschmack ein, das zu e. imaginären Museum der Dekadenz wird. Plastiken sind darin selten, da sie dem Realistischen zu sehr verhaftet bleiben. Durch den Genuß von Narkotika, in spleeniger Auseinandersetzung mit hermet. Dichtung u. den Kompositionen von Berlioz u. Wagner versenkt sich der Ästhet in e. schwüle Gestimmtheit, die s. Andersartigkeit bestätigt. Das Phantastische allein genügt nicht mehr. In Salome erkennt Des Esseintes das kongeniale menschl. Wesen: jungfräul. Monstrum, narzißhaft in s. körperl. Schönheit versunken, paradoxe Vereinigung von Unschuld, Eros, alexandrin. Raffinement u. Todessehnsucht. Aber der übersteigerte Spiritualismus befriedigt ihn schließl. nicht mehr; um sich von s. neurot. Belastungen zu befreien, flieht Des Esseintes in die Frömmigkeit (vgl. auch *Le disciple* von Bourget). Der Roman, von Mallarmé *(Prose pour Des Esseintes)* u. Valéry gefeiert, von Oscar Wilde im *Dorian Gray* 1890 nachgeahmt, besteht im wesentl. aus inneren Monologen, lyr. Stimmungsbildern u. preziösen Beschreibungen; gerade im Aussparen e. konkreten Fabel u. in der gewollten Auflösung der Gattungsgrenzen lag für Huysmans die Möglichkeit, Zola zu überwinden u. dem Geschmacksideal e. raffinierten Publikums gerecht zu werden.

R. P. Weinreb, Huysmans, A. A study of structure, metaphor and artifice, Diss. Columbia Univ. 1966; G. A. Cevasco, A. and Poe's reputation in France, Romance notes 1971; F. Livi, Huysmans, A. et l'esprit décadent, 1972; R. Hess, A., in: K. Heitmann (Hg.), Der franz. Roman II, 1975; F. Garber, The autonomy of self from Richardson to Huysmans, Princeton 1982.

Arène, Paul Auguste, 26. 6. 1843 Sisteron – 17. 12. 1896 Antibes, Handwerkerfamilie, Lehrer in Marseille u. Vanves b. Paris; Journalist, regionalist. Erzähler mit e. bes. Begabung für Kurzgeschichten u. Kom.dichter, der wie J. d'Arbaud von der Erneuerung des provenzal. Kulturstolzes durch die →Félibrige-Gruppe geprägt war (*Œuvres complètes,* 1900); Mitarbeit an Daudets *Lettres de mon moulin.*

L. Petry, A., 1910; M. Provence, Le roman d'amour de P. A., Avignon 1945; R. Duché, La langue et le style de P. A., 1949.

Argan, Hauptfigur im →*Malade imaginaire* von Molière, von grotesker Wiss.gläubigkeit.

Argens, Jean-Baptiste de Boyer, marquis d', 24. 6. 1704 Aix-en-Provence – Schloß La Garde bei Toulon 11. 1. 1771, Offizier, der sich nach e. Unfall der Schriftstellerei widmete (*Mémoires,* 1735; *Lettres juives,* 1736 ff; *Lettres chinoises,* 1739 ff., *Mémoires secrets de la république des lettres,* XX 1737 ff.; *La philosophie du bon sens,* 1737; *Lettres cabalistiques,* 1741). Als er im Dienst der Hzgin. von Württemberg stand, berief ihn Friedrich II. nach Berlin u. ernannte ihn zum Leiter der Lit.klasse s. Ak. Aus den Reaktionen der Zeitgenossen, etwa Voltaires oder Grimms, geht hervor, daß A. weniger durch Originalität als vielmehr durch aufklärer. Propaganda wirkte. S. Korrespondenz mit Friedrich II. erschien 1798.

E. Johnston, Le marquis d'A., Thèse Paris o. J.; N. R. Bush, The marquis d'A. and his philosophical correspondence, Ann Arbor 1953; W. Steinsiek, A., 1975.

Argenson, Antoine René d', marquis de Paulmy, 22. 11. 1722 Valenciennes – 13. 8. 1787 Paris, Sohn des Staatssekretärs René Louis d'A.; Diplomat u. Bibliograph, seit 1771 Gouverneur des Arsenals. S. Hg.tätigkeit verdanken wir die →*Bibliothèque universelle des romans, Mélanges tirés d'une grande bibliothèque* (LXX 1779–88) u. e. Novellenslg., *Choix de petits romans de différents genres* (II 1786).

L'argent (1891), Roman des Zyklus →*Les Rougon-Macquart* (Bd. 18) von Émile →Zola. Die handelnden Figuren, die in die Geschäfte e. Großbank hineingezogen werden, machen, je nach ihrer Vorbildung u. Kapitalstärke, den Widerspruch sichtbar zwischen falschen sittl. Etiketten, mit denen sich das Geldgeschäft umhüllen will, u. der Skrupellosigkeit e. kleinen Gruppe von Bankiers u. Spekulanten, zu denen Aristide Rougon, gen. Saccard, zählt.

A. de Zola, Quinze monographies, 1969.

L'argent (1913), Kampfschrift von Charles →Péguy gegen den Kapitalismus, die Sozialisten, die Sorbonne, die ENS als die Feinde des Patriotismus (›capitulards‹).

Ch. Guyot, Péguy pamphlétaire, Neuchâtel 1949.

Argot, Wort unbekannter etymolog. Herkunft, seit dem ersten Viertel des 17. Jh. Bezeichnung des Diebsgewerbes; seit 1690 meinte A. e. schichtspezif. Ausdrucksweise, vor allem Wortbildung u. Metaphorik von Asozialen, Soldaten, Schülern, Studenten u. Handwerkergruppen, die von der sprachl. Norm zwar diskriminiert, jedoch nicht eliminiert werden kann. Villon, Rabelais, Chansondichter des 19. Jh., Céline, Queneau, Brassens u. a. setzten das A. lit. ein.

R. Yve-Plessis, Bibliographie raisonnée de l'a. et de la langue verte en France, 1901; A. Dauzat. Les a.s, 1929; P. Guiraud, A., 1958; G. Esnault, Dictionnaire historique des a.s frç., 1965; J. Marcillac, Dictionnaire frç.-A., 1968; F. Caradec, Dictionnaire du frç. argotique et populaire, 1977.

Aricie, die Geliebte des Hippolyte in →*Phèdre* von Racine.

Aristippe ou de la cour (postum 1658), gesellschaftstheoretische Schrift von Guez de →Balzac, die Machiavellis Abhandlung über den Fürsten ergänzen sollte, in Wirklichkeit jedoch polit. irrelevant u. antiquiert blieb. Einzig s. sprachl. Reiz macht das Werk lesenswert.

J. Declareuil, Les idées politiques de Guez de Balzac, Revue du droit publique 1907.

Arland, Marcel, 5. 7. 1899 Varennes-sur-Amance / Haute-Marne – 1986, Schulbildung in Langres, Philologiestud. u. Lehrtätigkeit; Reisen in Europa u. Nordafrika, gründete die avantgardist. Zss. *Aventure* u. *Dés,* Mithg. u. Chefredakteur der *NRF.* Als Erzähler ging A. seit *Terres étrangères* (1923) von der amerikan. Novelle des späten 19. Jh. aus. Leitthema seines Schaffens ist e. menschl. Bemühen, das Selbst u. die Welt in Einklang zu bringen; vor allem in der Liebe erweist es sich als vergebl. Die Paare in *L'eau et le feu* (1956) oder *A perdre haleine* (1960) zerstören sich als Persönlichkeiten, je länger sie zusammen sind. 1929 wurde A. für s. gelungensten Roman →*L'ordre* mit dem Prix Goncourt ausgezeichnet (Romane: *Étienne,* 1924; *Monique,* 1926; *Édith,* 1929; *Carnets de Gilbert,* 1931; *La vigie,* 1935; *Terre natale,* 1938; *Zélie dans le désert,* 1944; *La consolation du voyageur,* 1952; *Les temps de Kerlo,* 1964; Novellen: *Les âmes en peine,* 1927; *Antarès,* 1932; *Les vivants,* 1934; *Les plus beaux de nos jours,* 1937; *La grâce,* 1941; *Il faut de tout pour faire un monde,* 1947; *Attendez l'aube,* 1970). Die franz. Kritik feierte A. als hervorragenden Stilisten u. verglich den Stil s. Psychogramme mit der lakon. Schreibweise von Benjamin Constant. 1952 wurde dem Autor der Lit.preis der Ac. frçe. zugesprochen. Von s. essayist. u. lit.krit. Arbeiten ragen vor allem e. Marivauxstudie (1950), *La prose française* (1951) u. *Le grand pardon* (1965), wo Geschichten u. Bekenntnisse miteinander abwechseln, hervor (außerdem *Essais critiques,* 1931; *Le promeneur,* 1944; *Avec Pascal,* 1944; *Chroniques de la peinture moderne,* 1949; *Lettres de France,* 1951; *La grâce d'écrire,* 1955; *Je vous écris,* II 1960–63; *Proche du silence,* 1973; 1977–83 weitere Teile der Autobiogr.: *Avons-nous vécu, Ce fut ainsi, Mais enfin qui êtes-vous, Lumière du soir*). Mitglied der Ac. frçe. 1968.

J. Duvignaud, A., 1962; A. Eustis, A., B. Crémieux, R. Fernandez. Trois critiques de la NRF, 1962; A. Bosquet, En compagnie de M. A., 1973; Cl. de Burine, A., Rodez 1980.

Arlequin (aus ital. ›arlecchino‹), Dienerfigur von meist derber Komik, die ital. Schauspieler zu Beginn des 17. Jh. mit der Commedia dell'arte in Frkr. bekannt gemacht haben; seit den 80er Jahren war die Rezeption der Rolle bereits in franz. Dramentiteln erkennbar (Anne Maudit de Fatouville, *A. Mercure galant,* 1681; *A. lingère,* 1682; *A. empereur de la lune,* 1684; *A. procureur,* 1684; Jean Palaprat, *A. Phaéton,* 1692; Regnard, Marivaux u. Florian räumen dem A. e. Platz in der Posse wie im ernsten psycholog. Drama ein).

A. Nicoll, The world of Harlequin, Cambridge 1963.

L'arlésienne, Kom. in drei Akten von Alphonse →Daudet, EA 1872, Urauff. mit Musik von Georges Bizet am 1. 0. 1872 Théâtre du Vaudeville. Der Autor dramatisiert e. Geschichte aus s. →*Lettres de mon moulin.* Die Mutter des Frédéri Mamaï hofft, ihren Sohn von s. unglückl. Liebe zu e. leichtsinnigen Mädchen aus Arles – die Titelheldin tritt im Stück nie auf – dadurch zu heilen, daß sie diese in ihr Haus aufnimmt. Bald erkennt Frédéri ihre Treulosigkeit; er versucht sie zu vergessen u. heiratet die moral. untadelige Vivette. Doch die Heirat löscht die Eifersucht nicht aus, Frédéri erfährt, daß die Arlesierin die Geliebte des Pferdeknechts Mitifio geblieben ist u. stürzt sich vom Dachboden. An s. Untergang ist e. Schicksalsspruch gebunden, der Frédéris jüngerem Bruder (mit dem sprechenden Namen) Innocent, e. einfältigen Kind, geistige Erweckung verspricht, wenn der Hoferbe in den Tod geht. Diese myth. Weltsicht relativiert die Schuld des einzelnen.

Armance ou quelques scènes d'un salon de Paris en 1827, Roman von →Stendhal; entstanden Ende Januar – 8. 2. u. 19. 9.–10. 10. 1826, anonyme EA in drei Bden. Sommer 1827, éd. Henri-François Imbert 1967. Stendhal hatte als

Untertitel vorgeschlagen: *Anecdote du XIXe siècle,* der Verleger Canel setzte jedoch s. Formulierung durch. Der Autor ließ sich durch Skandalromane von Mme de Duras (*Olivier ou le secret,* krA D. Virieux 1971) u. Hyacinthe Thabaud de Latouche (*Olivier,* 1825 oder 1826), die Liebesverhältnisse zwischen Menschen unterschiedl. Rassen- u. Klassenzugehörigkeit sowie Impotenz zum Thema hatten, u. deren Inhalte in der Pariser Gesellschaft kolportiert wurden, zu *A.* anregen. Die Umwelt beobachtet am Helden, Octave, daß ihn die Lebenspraxis beunruhigt; in Form erlebter Rede, die in e. Monolog übergeht, erfährt der Leser, daß Octave mit e. gleichgesinnten schönen Seele glückl. werden könnte, wenn ihn nicht e. rätselhaftes Geschick verfolgte. Neben der psycholog. wächst die äußere Spannung, als Octave durch e. Entschädigung von zwei Millionen (der Roman spielt in der Restaurationszeit) plötzl. e. reicher Mann wird. Die zunehmende Freundlichkeit in den Salons mißfällt ihm. S. Kusine Armance de Zohiloff zieht sich von ihm zurück, da sie in s. Augen nicht als berechnend gelten will. Octave stürzt sich in Abenteuer, riskiert e. Duell, tötet dabei s. Gegner u. wird selbst schwer verletzt. Im Glauben, s. Leben gehe zu Ende, schreibt er Armance e. Liebesbrief; sie heiraten. Ocatve deutet wohl e. ›secret affreux‹ an, doch offenbart er sich s. Frau nicht. Freiwillig meldet er sich zum griech. Befreiungskampf gegen den Sultan; während der Überfahrt diktiert er s. Testament u. verfügt, Armance müsse, um das gesamte Erbe anzutreten, 20 Monate nach s. Tod wieder heiraten. Octave vergiftet sich, s. Frau u. s. Mutter nehmen den Schleier. Das makabre Geheimnis, die Impotenz des Protagonisten, wird im Roman mit keinem Wort erwähnt; die Lit.kritik erfuhr es aus e. Brief des Erzählers an Mérimée (23. 12. 1826).

F. Michel, Armance de Zohiloff (Études stendhaliennes, hg. H. Martineau u. J. Fabre), 1958; F. Landry, Entre noblesse et bourgeoisie, Romantisme 17–18, 1977; J. J. Hamm, Stendhal. Concordances d'A., 1991.

Armand, François Huguet, gen., 1. 6. 1688 Richelieu/Indre-et-Loire – 26. 12. 1765 Paris, Autor von Kom. u. kom. Opern (u. a. *La falaise sauvée,* 1747, e. Parodie auf La Place, *Venise sauvée; Les étrennes d'Arlequin,* 1750; *Le petit maître raisonnable ou les coquettes dupées,* 1754).

Armand Duval, Liebhaber der Marguerite Gautier in →*La dame aux camélias* von Dumas fils.

Arnaud, François Thomas Marie de Baculard d', 8. 9. 1718 Paris – 8. 11. 1805 ebda., Romancier u. Dramatiker, lit. Korrespondent Friedrichs II. in Paris – e. Aufgabe, die er der freunschaftl. Vermittlung Voltaires verdankte, mit dem er später in Berlin (1750–1755) in Streit geriet. Dazu kamen in Paris Auseinandersetzungen mit Beaumarchais. Sowohl als Romandichter (*Les époux malheureux,* 1746; *Fanni ou l'heureux repentir,* 1764; *Zénothémis,* 1773; *Les épreuves du sentiment,* 1770–81; *Les délassements de l'homme sensible,* 1783–93) wie als Dramatiker bevorzugte A. düster-pathet. Stoffe; s. melodramat. Stil auf der Bühne (→*Coligny ou la Saint-Barthélemy,* 1740; *Les amans malheureux,* 1764; *Fayel,* 1770; *Mérinval,* 1774; *Robinson Crusoe dans son île,* 1787) verleugnet die klass. Regeln u. zeigt den Einfluß Shakespeares, von dem in der Vorrede zu *Les malheurs du comte de Comminge* (1764) gesagt wird, kein franz.

Dramatiker sei wie er Aischylos nahegekommen. Von Shakespeare lernte A., daß der dramat. Stil aus der Situation abgeleitet werden muß u. nicht vorweg festgelegt werden darf. Darin wirkte A. an der Entwicklung des ›drame‹ mit; mit s. Stoffwahl weist er auf die Schauerromantik voraus. Wie Palissot gehörte A. als Dramatiker nicht zur Gruppe der ›philosophes‹. S. dramat. Neuerungen sind kühner als diejenigen Voltaires, vor allem in der Aufhebung der Bienséance.

R. de La Villehervé, A., son théâtre et ses théories dramatiques, 1920; A. Martin, A., RhlF 1973.

Arnaud, Georges (eig. Henri Girard), geb. 16. 7. 1918 Montpellier, brach aus privaten Gründen nach der jurist. Promotion s. Vorbereitung für den Staatsdienst ab; naturalist. Erzähler (*Le voyage du mauvais larron,* 1946–48) u. Vf. des Bestsellers →*Le salaire de la peur,* dem kein ebenbürtiges Werk folgte (*Lumière de soufre,* 1952; *Les oreilles sur le dos,* 1953; Reportage *Schtiltibem,* 1953; Novellen *La plus grande pente,* 1961; Drama *Les aveux les plus doux,* 1954). Ihr Aktionsreichtum u. exot. Reiz machen A.s Romane zu e. beliebten Unterhaltungslektüre.

R. Martin, A., 1993.

Arnauld, Antoine, 9. 2. 1612 Paris – 8. 8. 1694 Brüssel, Bruder von Robert →A. u. der Äbtissin Angélique A. von →Port-Royal, Cartesianer, Theologe an der Sorbonne (1656 ausgeschlossen), verfaßte 1660 zusammen mit Lancelot (1615–95) die *Grammaire générale et raisonnée,* 1662 zusammen mit Pierre Nicole (1625–1695) *La logique ou l'art de penser* (1662, hg. B. v. Freytag-Löringhoff / E. Brekle, III 1965 ff., Faksimile u. Kommentar), die sog. Logik von Port-Royal, e. Kompendium der cartesian. Methodik. A. arbeitete als Jansenist an e. Versöhnung der Philos. des Augustinus mit der des Descartes (*Œuvres complètes,* XLII 1775–1783).

Arnauld d'Andilly, Robert, 1588 – 27. 9. 1674, Bruder der Äbtissin Angélique A. u. des Philosophen Antoine →A., Intendant bei Gaston d'Orléans, gehörte während der Vieille Fronde zur Partei des Condé, war Gast im Hôtel de Rambouillet. Aufgrund s. Vermittlung setzten sich nach 1640 namhafte Literaten für Port-Royal ein. In s. *Mémoire pour un souverain* entwickelte A. das polit. Programm der franz. Jansenisten: Steuergerechtigkeit, sozialer Ausgleich, moral. Kontrolle des Ämterkaufs (*Œuvres diverses,* III 1675).

Arnault, Antoine Vincent, 22. 1. 1766 Paris – 16. 9. 1834 Goderville, klassizist. Schauspieldichter; Emigrant, 1799 Aufnahme in die Ac. frçe., Günstling Napoleons, 1816–1819 verbannt. Außer epigonalen Fabeln (²1825) u. Dramen (u. a. *Lucrèce,* 1793; *Cincinnatus,* 1796; *Don Pèdre ou le roi et le laboureur,* 1802; *Scipion consul,* 1804) verfaßte er kulturgeschichtl. wertvolle Memoiren (*Souvenirs et regrets d'un vieil amateur dramatique,* 1829; *Souvenir d'un sexagénaire,* 1833; *Œuvres,* III 1817–19; VIII 1824).

Arnaut Daniel, um 1150–60 im Périgord – nach 1210, Trobador, von dem 18 Lieder (hg. G. Toja, Florenz 1960, hg. M. Eusebi, Mailand 1984) erhalten sind, während s. Autorschaft von Lancelotromanen nur vermutet werden kann. A. übertraf an sprachl. Virtuosität alle Zeitgenossen; Dante feierte ihn im *Purgatorio* (XXVI, 117) als ›miglior fabbro del parlar materno‹. Diese Wertschätzung für den ›besten Schmied in der Muttersprache‹ steigerte A.s Ruhm, dessen komplizierte Sextinenform sowohl Dante als Petrarca nachahmten.

L. M. Paterson, Troubadours and eloquence, Oxford 1975.

Arnaut de Mareuil, 2. Hälfte des 12. Jh., Trobador aus dem Périgord (ca. 30 Kompositionen); er führte das →Ensenhamen in die südfranz. Lyrik ein.

R. C. Johnston, Les poésies lyriques du troubadour A., 1935; G. E. Sansone, Gli insegnamenti di cortesia in lingua d'oc e d'oil, Bari 1953; P. Bec, Les saluts d'amour du troubadour A., Toulouse 1961.

Arnolphe, in der Kom. →*L'école des femmes* von Molière der Erzieher u. Widersacher der verliebten Agnès, die listenreich s. Heiratspläne durchkreuzt.

S. Doubrovsky, A. ou la chute du héros, Mercure de France 1961.

Arnoux, Mme, Frau des Kunsthändlers A. in →*L'éducation sentimentale* von Flaubert; die ideale, unerreichbare Liebe von Frédéric Moreau, die in der Schlußszene des Romans nur noch als ferne Bekanntschaft erinnert wird. Die zeitl. u. räuml. Distanz erledigt den Idealismus des Protagonisten. Die Figur trägt Züge von Elisa Schlésinger, der Flaubert zum erstenmal als 15jähriger begegnet war.

Arnoux, Paul Alexandre, 27. 11. 1884 Digne – 5. 1. 1973 Paris, Lyriker (*Voiture,* 1907; *Au grand vent,* 1909). Übs. (Goethe, Calderón), Dramatiker (*Huon de Bordeaux,* 1922; *L'amour des trois oranges,* 1947; *Les taureaux,* opéra-bouffe, 1949) u. Romancier, dem folklorist. Stoffe am besten gelangen (*La belle et la bête,* 1913; *Indice 33,* 1920; *Le chiffre,* 1926; *Le rossignol napolitain,* 1937; *Paris-sur-Seine,* 1939; *Rhône, mon fleuve,* 1944; *Algorithme,* 1948; *Les crimes innocents,* 1952; *Bilan provisoire,* 1955; *Roi d'un jour,* 1956; *Double chance,* 1959; *Zulma l'infidèle,* 1961; *Flamenca,* 1960; *La double Hélène,* 1967). Seit 1947 Mitgl. u. zuletzt Doyen der Ac. Goncourt. S. Werk zählt über 60 Titel.

Aron, Raymond, 14. 3. 1905 Paris – 17. 10. 1983 ebda., Gaullist seit 1940; Mitarbeiter de Gaulles in London, gründete mit Sartre die Zs. *Les Temps modernes,* 1955 Lehrstuhl für Soziologie an der Sorbonne, seit 1964 Mitgl. des Instituts. A. trat als Marxismuskritiker hervor u. beschäftigte sich insbes. mit Fragen der Industriegesellschaft (*La sociologie allemande contemporaine,* 1936; *Introduction à la philosophie de l'Histoire,* Thèse 1938; *L'homme contre les tyrans,* 1946; *L'opium des intellectuels,* 1955; *La tragédie algérienne,* 1957; *Immuable et changeante.* De la IVe à la Ve république, 1959; *La lutte des classes,* 1964, Gegenüberstellung Tocqueville – Marx; *Essai sur les limites de l'objectivité historique,* 1965; *D'une sainte famille à l'autre.* Essai sur les marxismes imaginaires, 1969, Polemik gegen Althusser; *Les désillusions du progrès,* 1969, über die Mairevolte von 1968; *Études politiques,* 1972; *Histoire dialectique de la violence,* 1973; *Penser la guerre* [Clausewitz], 1976; *Mémoires,* 1983). 1977 trennte sich A. vom *Figaro,* für den er 30 Jahre lang geschrieben hatte, und wurde Leitartikler in *L'Express.* 1979 Auszeichnung mit dem Goethe-Preis der Stadt Frankfurt.

G. Fessard, La philosophie historique de R. A., 1981.

Arouet →Voltaire.

Arp, Jean, 16. 9. 1887 Straßburg – 7. 6. 1966 Basel, Bildhauer, Maler, Dichter; Mitbegründer des Dadaismus, schrieb Lyrik in dt. u. franz. Sprache (*Poésies légères,* 1930; *Des taches dans le vide,* 1938; *Sciures de gammes,* 1939; *Ce que chantent les violons dans leur lit de lard,* 1941; *Poèmes sans prénoms,* 1944; *Rire de coquille,* 1946; *Le siège de l'air,* poèmes 1915–45, 1957; *Jours effeuillés,* poèmes, essais, souvenirs 1920–65, 1966).

W. Pabst, Franz. Lyrik des 20. Jh.s, Theorie u. Dichtung der Avantgarde, 1983.

Arrabal, Fernando, geb. 11. 8. 1932 Melilla/Spanisch-Marokko, 1936 wurde der Vater, u. U. nach e. Anzeige s. Frau, als Republikaner von den Faschisten verschleppt; Erziehung in e. Klosterschule; in den 50er Jahren begann er franz. zu schreiben u. wich vor der Zensur nach Frkr. aus (1955). Mit der Verfilmung s. Romans *Baal Babylone* (1959) 1971 begann A.s umfangreiche Kinoarbeit, gleichzeitig inszenierte er Stücke in Paris. Die beherrschende Mutterfigur *(→Les deux bourreaux),* der affektierte Sadismus (*Fando et Lis,* 1958; *Guernica,* 1960), die blasphem. Travestie der Passion *(→Le cimetière des voitures)* lassen sich als Projektionen der Psyche e. Autors verstehen, der unter dem Widerspruch zwischen Masochismus u. Geltungssucht leidet. Wie bei Jean →Genet ist das Zeremonielle nach *→Piquenique en campagne* für das ›panische‹ Theater A.s zum ständigen Bezugspunkt geworden. Konfusion, Terror, Blasphemie u. Trunkenheit lösen unerträgl. gewordene Harmonien auf; mit der Ritualisierung wächst bei A. die formale Entgrenzung des Stationendramas. S. Lästerungen, z. B. in *L'architecte et l'empereur d'Assyrie* (1966), die kumulierte Skatologie u. Obszönität wirken wie pervertierte Gläubigkeit. A. verabsolutiert das Individuum u. haßt es gleichzeitig. Darum spielt der Kaiser den Architekten u. umgekehrt, tauschen Herr u. Knecht die Rollen, sind sie Blinder u. Blindenhund. Alles u. jedes beginnt immer wieder von vorne, ohne daß sich etwas veränderte. A. bekannte sich als Bewunderer Samuel →Bekketts. Er übersetzte einige Stücke von Arthur →Adamov ins Span. Zur Erinnerung an Federico García Lorca schrieb A. das Drama … *Et ils passèrent des menottes aux fleurs* (Reprise 1972). Bisher umfaßt sein Werk acht Romane (zuletzt *La fille de King Kong)* und über 50 Dramen.

M. Esslin, Das Theater des Absurden, 1964; B. Gille, A. Textes, témoignages, chronologie, bibliographie, 1970; U. C. Bennholdt-Thomsen, A. (Franz. Lit. der Gegenwart in Einzeldarstellungen, hg. W.-D. Lange) 1971; F. Raymond-Mundschau, A., 1973; J. P. Berenguer, Bibliogr. d'A., Grenoble 1978; Th. J. Donahue, The theatre of A., New York 1980; P. Thévenin, A., ce désespéré qui vous parle, 1993.

Arras, Hauptstadt des Dép. Pas-de-Calais, im MA bedeutendes kulturelles Zentrum (Gautier d'A., Jean Bodel, Adam de la Halle, Eustache Mercadé, Autor des ersten großen Mysterienspiels), Geburtsort von Robespierre, der dem Dichterbund der Rosati (Anagramm von Artois) angehörte, Vidocq, dem ersten Chef der franz. Sicherheitspolizei, Paul Adam u. Jouve.

M. Ungureanu, Société et littérature bourgeoise d'A. au 12e et 13e siècles, Arras 1955.

Arsenal →Bibliothèque de l'Arsenal.

Arsène Lupin, Edelganove, lit. Erfindung des Kriminalautors Maurice →Leblanc.

L'art, Ode von Théophile →Gautier, ED 13. 9. 1857 *L'Artiste,* EA in →*Émaux et camées* ²1858. Gautier trägt s. Kunstidee in e. Gedicht (14 Str., Quatrains in metabol. Sechssilbern) vor, dessen Aufbau u. poet. Gestalt integrierender Bestandteil der Dichtungstheorie selbst ist. Er verfaßte es als Erwiderung auf e. Odelette, die ihm Th. de Banville 1856 gewidmet hatte; im Antwortgedicht wählte Gautier die gleiche Vers- u. Strophenart. Nachdem der Autor in der Vorrede zu *Mademoiselle de Maupin* (1835) die Zweckfreiheit der Kunst gegenüber der Forderung nach sozialkrit. engagierten Werken verteidigt hatte, behauptet er in s. Programmgedicht die Einheit der Kunst; das Wesen e. Statue u. e. Verses ist nicht in erster Linie an das Material gebunden, Techniken können sich entsprechen. Um die Schönheit zur Geltung zu bringen, ringt der Künstler mit dem Stoff, der ihm Widerstand entgegensetzt. Ist er hierbei erfolgreich, dann überdauert das Werk die geschichtl. Epochen. ›Tout passe. – L'art robuste/Seul a l'éternité./Le buste/ Survit à la cité‹ (Str. XI). Die präzise Sprache s. Ode wird zum Paradigma der Poetik Gautiers, dessen manifeste Abneigung gegen alles romantisch Diffuse sich vor allem in der Mineralsymbolik realisiert (Str. IV–VIII). Im themat. Aufbau der Ode kommt e. systemat. Grundintention zum Vorschein: Differenzierung der poetolog. Selbstbesinnung (Str. I–II) – künstler. Techniken (III–VIII) – angemessene Stoffe (IX–X) – Metaphysik der Kunst (XI–XIV). Gautier schließt sich an Horaz u. Ronsard an, wenn er abschließend das ästhet. Prinzip über relig. u. polit. Zielsetzungen stellt. S. Lehrgedicht, das die Formulierung des ›l'art pour l'art‹ vermeidet, wurde richtungweisend für die Lyrik des Parnasse u. forderte später Verlaine zum Gegenentwurf heraus.

R. Baehr, Die formale Verwirklichung von Th. Gautiers Kunstidee in s. Gedicht A. (Interpretationen franz. Ged., hg. K. Wais), 1970.

Artaud, Antonin, 4. 9. 1896 Marseille – 4. 3. 1948 Ivry, Schauspielstud. bei Charles Dullin, spielte im Ensemble von Louis Jouvet u. in Filmen der 20er u. 30er Jahre, auch eigene Regie. In den *Lettres à Genica Athanasiou* (1969) spricht A. von s. Liebe u. s. Existenzangst in den 20er Jahren. Nach ausgedehnten Reisen in Mexiko u. Irland (1936 ff.) wurde A. bis 1946 in e. Nervenklinik interniert; nach der Entlassung blieb er noch ein Jahr in Rodez. E. antisurrealist. Manifest (*A la grande nuit ou le bluff surréaliste,* 1927) sowie s. Briefwechsel mit Jacques Rivière (ED 1927) machten den Prosalyriker A. bekannt (*L'ombilic des limbes,* 1925; *Le pèse-nerfs,* 1927). Sein Thema ist der geistige Schmerz, den e. substantielle ›absence‹ dem lyr. Ich unablässig zufügt; immer heftiger wird es von der Zwangsvorstellung des sprachl. Versagens befallen. Es sucht nach ›e. Schrei, um dies einzusammeln, u. e. Zunge, um sich daran aufzuhängen‹ (*L'art et la mort,* 1929). Zusammen mit Henri Pichette verfaßte er *Xylophone contre la grande presse et son petit public* (1946). Wie Michaux u. a. sah A. im Drogengenuß ein Mittel der Bewußtseinserweiterung. Weniger s. Stücke (*Ventre brûlé ou la mère folle,* 1927; *La pierre philosophale,* 1933, e. Pantomime im Stil der Commedia dell'arte, in der die Figur des Harlekin den Stein der Weisen personifiziert; *Atrée et Thyeste,* 1934; *Les Cenci,* 1935, nach Stendhal u. Shelley) als die Theorien zum Theater, die A. polem. im Briefwechsel mit Gide u. Vitrac sowie im *Manifeste du théâtre de la cruauté* (1932) u. in der Schrift →*Le théâtre et son double* entwickelte, verschafften ihm einzelgänger. Berühmtheit (*Œuvres complètes,* XXV 1956–90). Aus dem chaot. Synkretismus, der Flut expressionist. Prophezeiungen u. Verdikte sind einige Leitlinien herauszulösen: Der Entwurf, die umfassendste Formulierung e. neuen Theaterkonzepts im Zeichen Alfred →Jarrys u. des Surrealismus (→*Les mamelles de Tirésias),* zielt auf e. entliterarisiertes Totaltheater. Opt. u. akust. Reize wirken wenigstens ebenso stark auf den Zuschauer ein wie das dichter. formulierte Wort. A., der dem abendländ. Theater vorwarf, daß es Wörter als abgeschlossene Gedankenprodukte u. nicht als aktiv wirkende Signale einsetzt, gründete 1926 e. Théâtre Alfred Jarry, ›pour rendre au théâtre cette liberté totale qui existe dans la musique, la poésie ou la peinture‹. Zwar berief sich die nächste Generation europ. Dramatiker wiederholt auf A., ohne jedoch mehr als nur Teile s. Theorien in Bühnenrealität umzusetzen.

A. et le théâtre de notre temps, 1958; A. Bonneton, Le naufrage prophétique d'A., 1962; O. Hahn, Portrait d'A., 1969; J. Marc-Vigier, A. et le théâtre grec. RSH 1970; G. Charbonnier, A., 1970; A. Virmaux, A. et le théâtre, 1970; D. Joski, A., 1970; J.-L. Brau, A., 1971; F. Tonelli, L'esthétique de la cruauté, 1973; H. Gouhier, A. et l'essence du théâtre, 1974; Th. Maeder, A., 1978; K. A. Blüher, A. u. das Nouveau Théâtre in Frkr., 1983; U. Hoßner, Erschaffen u. Sichtbarmachen (Jarry bei A.), 1983; H. Fock, A. u. der surrealist. Bluff, 1988; K. White, Le monde d'A., Brüssel 1989; M. Borie, A., 1989.

Artaud, Jean-Baptiste, 1732 Montpellier–1796 Paris, kgl. Zensor, Parodiker (*Taconnet ou mémoires historiques, Taconnet ressuscité,* 1775), u. erfolgloser Kom.dichter (*L'heureuse entrevue,* 1770; *L'échange raisonnable,* 1773). Allein s. *Centenaire de Molière* wurde 1773 in der Com. frçe. aufgeführt.

L'art du XVIIIe **siècle,** Schrift von Edmond u. Jules de →Goncourt, EA in 3 Bden. 1859–75, Darstellung des Schaffens von Watteau, Chardin, Boucher, La Tour, Greuze u. den Brüdern Saint-Aubin, trug maßgebend zur Neubewertung des 18. Jh. u. s. Kunstauffassung bei. Die ›écriture artiste‹ der Goncourts empfing vom Gegenstand ihrer eigenen Betrachtung ästhet. Impulse.

L'Artiste, Kulturzs., gegr. 1831 von Achille Ricourt; Mitarbeit romant. Autoren u. Maler. 1843 übernahm Arsène Houssaye die Leitung, die er vorübergehend niederlegte, als er Verwaltungsdirekter der Com. frçe. wurde. Er gewann Baudelaire, Champfleury, Murger, Théophile Gautier, der interimist. Chefredakteur wurde, Flaubert, die Goncourts, Léon Gozlan, Banville u. a. als Mitarbeiter. 1851 wurde die *Revue de Paris* angegliedert; die Zs., die nur noch von der *Revue des deux mondes* Konkurrenz zu erwarten hatte, war jetzt im gemeinsamen Besitz von Houssaye, Louis de Cormenin, Maxime Du Camp u. Gautier; Houssaye, Gautier u. Cormenin zogen sich jedoch bald aus der Leitung zurück, Louis Ulbach wurde Chefredakteur. In der Zs. erschien u. a. *Du réalisme* von Desnoyers, u. als Fortsetzungsserie *Madame Bovary;* die Anklage gegen Flaubert wegen Verletzung der relig. u. öffentl. Moral im Roman war schließl. der Vorwand zum Lizenzentzug im Januar 1858.

L'art poétique (1674), Versepistel in vier Gesängen (Alexandriner) von Nicolas →Boileau-Despréaux. Seit März 1672 trug der Autor Auszüge s. Poetik in den Salons vor, u. es gelang ihm, die Publikation s. Doktrin zu e. epochalen Ereignis zu machen. Tatsächl. führte Boileau die rationalist. Ästhetik Malherbes fort; auf dieser Basis kritisierte er die Preziosität, die Burleske u. den ital. gefärbten lyr. Manierismus (vgl. jedoch s. →*Satires* u. →*Le lutrin*). S. Kenntnis der Lit.entwicklung der Gattungen ist unvollständig. An die Spitze stellte er die Trag. im Stil s. Freundes Racine; von der Fabel u. dem Lehrgedicht ist bei ihm nicht die Rede. Die Definition des Epos in s. klass. Kanon entwickelte sich zur Diatribe gegen Chapelain, Desmarets de Saint-Sorlin, denn Boileau wollte allein die Nachahmung antiker Modelle u. nicht etwa der ital. Renaissance (Tasso) gelten lassen. Dadurch markierte er s. Position in der einsetzenden →Querelle des anciens et des modernes. Die Académie frçe. lehnte s. Theorie überwiegend ab. Desmarets de Saint-Sorlin antwortete fünf Wochen nach der Veröffentlichung mit der *Défense du poème héroïque* u. 1675 mit der *Défense de la poésie et de la langue française;* Charles Perrault u. Pierre Daniel Huet schlossen sich ihm an. Der Reiz der *A.* von Boileau liegt vor allem in der Lebhaftigkeit des Ausdrucks, die den Ernst des Themas aufhebt u. dem zeitgenöss. Konversationston nachgebildet war.

A. Albalat, A. de Boileau, 1929; M. Hervier, A. de Boileau, étude et analyse 1938; M. Bonfantini, A. di Boileau e i suoi problemi, Mailand 1957; Ausgabe mit Einführung von A. Buck, 1970; Critique et création littéraire en France au XVIIe siècle, Colloque 1974, 1977.

Art poétique, Gedicht aus dem Zyklus *Jadis et naguère* von Paul →Verlaine, entstanden April 1874 in Mons, ED *Paris moderne* 10. 11. 1882. Als Replik auf Dichtungstheorien von Banville u. vor allem Gautier (Ode →*L'art*) ist Verlaines Programmgedicht e. Paradigma s. Manier, melodiös zu dichten, hohe Texttemperaturen zu vermeiden u. den polyvalenten Ausdruck der epigrammat. Zuspitzung vorzuziehen. Dabei stimmt er mit Gautier im Verlangen nach sorgfältiger Wortwahl u. in der Ablehnung des Profanen als poet. Gegenstands überein. Mit der Forderung nach Musikalität, die vor allem durch den ›vers impair‹ gewährleistet sein kann, der Vorliebe für die Nuance, das Schwebende, u. der Ablehnung des Rhetorischen schafft Verlaine die Voraussetzung für e. neue Lautgestalt des Gedichts. Die ganze 3. Strophe von *A.* kann als metaphor. Auffächerung des 8. Verses verstanden werden. In s. Programmgedicht hatte Gautier Dichtung als Werk aus e. Guß verstanden u. dementsprechend mineral. Bilder gewählt; gerade das von ihm verpönte Aquarell aber bezeichnet Verlaines ästhet. Ideal. Gautier arbeitete an der Befreiung der franz. Poesie vom Engagement; hierin widerspricht ihm Verlaine nicht, aber er stimmt s. Intentionen auch nicht zu. Gautier setzte Schönheit als höchsten Weltsinn voraus, für Verlaine war Schönheit mit der Existenz verknüpft u. wurde mit Gefühlswerten erfüllt. Daher begriff er Poesie auch nicht primär als Produkt e. artist. Leistung, sondern als heißes Gebet oder Gesang des Verfemten. S. Gedicht diente der Selbstverständigung a posteriori; der Bruch mit dem Parnasse war bereits vollzogen, als es niedergeschrieben wurde. Der dichtungstheoret. Reaktion war die poet. Praxis vorangegangen. Während Gautier willige Nachahmer fand, war Verlaines Poetik, auch weil sie im gigant. Schatten von Rimbaud u. Mallarmé formuliert wurde, auf die eigene Situation ausgerichtet; sie erschien in ihrem hoffnungsvollen, sensualist. u. doch dem Metaphysischen gegenüber ahnungsvollen Schauer als einmaliges, unwiederholbares Experiment. Nur indirekt wirkte diese Theorie auf Laforgue, Corbière, H. de Régnier oder A. de Noailles.

Art poétique (1907, éd. G. Gadoffre 1984), weltanschaul. Essay von Paul →Claudel, der poetolog. Probleme von metaphys. ableitet. Dichtung beschwört die Kreatur u. erlöst sie im Akt der ›co-naissance‹; der Dichter bringt harmon. Ordnung in die Welt, dadurch wird s. Werk e. Abbild der jenseitigen Vollkommenheit. Worte, die nur abgespaltene Teile e. vormaligen Ganzheit sind, erhalten in der ästhet. Struktur wieder ihren Sinn.

P. Angers, Commentaire à l'A., 1949.

Art poëtique françoys pour l'instruction des jeunes studieus et encor peu avancez en la Poësie françoyse (1548), Poetik von Thomas →Sebillet, die die Lyrik von Marot u. den Marotiques zum Richtmaß nahm u. die Tätigkeit des Dichters mit platon. Argumenten aufwertete. Die Pléiade setzte hier an u. entwickelte Sebillets u. Peletiers ästhet. Theorien weiter (→*Deffence et illustration* von Du Bellay).

H. de Noo, Th. Sebillet et son A. rapproché de la Deffence et illustration de J. Du Bellay, Utrecht 1927; W. F. Patterson, Three centuries of French poetic theory, Ann Arbor 1935.

L'art pour l'art, ästhet. Doktrin des 19. Jh., die als einzigen Gegenstand der Kunst das Schöne anerkennt. Sie geht auf e. Formulierung von Victor Cousin von 1818 zurück u. wurde vor allem von Th. Gautier, der die Formel freil. vermied, in der Vorrede zu *Mademoiselle de Maupin* (verfaßt Mai 1834, EA 1835) und der Ode →*L'art* (*Émaux et camées,* [2]1858) ausgearbeitet. Gautier wandte sich gegen jedes lehrhafte Ansprechen durch e. Kunstwerk u. dekretierte 1835: ›Il n'y a de vraiment beau que ce qui ne peut servir à rien; tout ce qui est utile est laid‹. S. Maxime richtete sich vor allem gegen die engagierte Lit. der Romantiker, namentl. von Victor Hugo. Baudelaire, Flaubert – dieser mit Konzessionen – u. die Parnassiens vertraten den Standpunkt des A.

E. Hift, Th. Gautier et l'a., Diss. Wien 1951; A. Cassagne, La théorie de l'a. en France, [2]1959; K. Heisig, A. Über den Ursprung dieser Kunstauffassung, Zs. für Religions- u. Geistesgeschichte 1962.

Art social, saint-simonist. Kunstbegriff, der vor 1848 die lit. Umsetzung u. Vermittlung romant. Sozialtheorien legitimiert (vgl. e. Programmschrift von Emile Barrault, *Aux artistes, du passé et de l'avenir des beaux-arts,* 1830; das wechselnde Engagement in den Landromanen von Sand u. Balzac; P. J. Proudhon, *Du principe de l'art et de sa destination sociale,* 1865 [Reprint 1971]).

R. R. Grimm, Probleme engagierter Lit., in: F. Wolfzettel (Hg.), Der franz. Sozialroman des 19. Jh.s, 1981.

Artus, sagenhafte breton. Fürstengestalt, die seit dem 6. Jh. in kymr., lat. u. später altfranz. Texten erwähnt wurde u. bei →Geoffrey of Monmouth zum Nationalhelden stilisiert erschien. Demnach war A. der Sohn des breton. Kg.s Uterpendragon u. der Kgin. Ygerne; mit s. Zeugung u. Geburt waren die Motive des Rollentauschs u. der Obhut durch e. Zauberer, Merlin, verbunden. Der 15jähr. A.

wurde Kg. der Briten, er verheiratete sich mit Guenievre; s. Neffe Mordred, dem er s. Reich u. s. Frau anvertraut hatte, betrog ihn doppelt. A. brach s. aussichtsreichen Kampf um Rom ab, eilte zurück u. stellte den Verräter im Zweikampf: Mordred fällt, A. stirbt an den Verletzungen u. wird auf die Insel →Avalon entrückt. Der Sagenkreis der →Matière de Bretagne modifizierte das Schicksal des Helden, dessen Hof als Ideal allen Rittertums erschien; Ortsangaben lösten sich dabei in e. phantast. Landschaft auf (→Chrétien de Troyes, → Robert de Boron). A.s Residenz erscheint als Camaalot oder Cardoeil. In der späteren A.-Epik wurde die Gralssuche zur Pflicht der Ritter, die sich in der Tafelrunde des Kg.s versammelten. Ital. Dichter verschmolzen den →Karlszyklus mit dem A.-Stoff (Boiardo, Ariosto), das heroische Ideal mit der vollkommenen Minne, das Motiv der Suche mit der phantast. Reise; davon profitierte noch das Märchenstück →*Les chevaliers de la table ronde* von Cocteau.

Bulletin bibliographique de la société internationale arthurienne, 1948 ff.; Arthurian tradition and Chrétien de Troyes, hg. R. Sh. Loomis, New York 1949; ders., Arthurian literature in the middle ages, London 1959; M. J. Reid, The Arthurian legend. Comparison and treatment in modern and mediaeval literature, Edinburgh 1960; E. R. Harries, The legend of king Arthur, Hawarden 1963; J. Marx, Nouvelles recherches sur la littérature arthurienne, 1965; G. D. West, An index of proper names in French Arthurian verse romances, Toronto 1969; H. Newstead, Recent perspectives on Arthurian literature (Mélanges ... offerts à J. Frappier, Bd. 2), Genf 1970; D. D. R. Owen (Hg.), Arthurian romance, Edinburgh 1970; R. Barber, King Arthur in legend and history, Ipswich 1973; J. Markale, Le roi A. et la société celtique, 1976; P. B. Grout (Hg.), The legend of A. in the Middle Ages, London 1983; S. Knight, Arthurian literature and society, London 1983.

Asmodée, Drama in fünf Akten von François →Mauriac, EA 1938, Urauff. 22. 11. 1937 Com. frçe. Das Wirken der Hölle äußert sich bei Mauriac wiederholt in dämon. Sexualität (vgl. z. B. *Les anges noirs*). Durch Sinnlichkeit beherrscht der Hauslehrer Blaise Coutûre s. Schülerin Emmanuèle de Barthas, ihre Mutter u. s. Kollegin in solchem Maße, daß Mme de Barthas ihn bitten kann, e. Verhältnis zwischen ihrer Tochter u. e. engl. Feriengast, den sie selbst liebt, zu beenden. Aus ihrer Eifersucht ist pharisäischer Egoismus geworden. Coutûre hat die drei Frauen in s. Höllenkreis gezwungen.

Asmodée, in →*Le diable boiteux* von Lesage der Teufel aus der Flasche, der s. Befreier hinter die Kulissen der Madrider Gesellschaft blicken läßt.

Aspremont, Epos des →Karlszyklus in gereimten Zehnsilbern u. eingestreuten Alexandrinern, um 1188–1190 entstanden. In Kalabrien (Gebirgsstock Aspromonte) besiegt Karl den Heidenkg. Agolant, nachdem der Knabe Roland, der sich heiml. zum Frankenheer begeben hat, ihm das Leben gerettet hat. Die Niederlage des heidn. Heeres bewegt die Witwe Agolants zur Konversion.

R. Van Waard, Etudes sur l'origine et la formation de la chanson d'A., Diss. Groningen 1937; Ph.-A. Becker, A., RF 1947–48.

Un assassin est mon maître (1971), Roman von Henry de →Montherlant. Der psychoanalyt. Fall des Bibliotheksbeamten Edouard Exupère, in e. Figurenroman dargestellt, ist vom Autor als Gegenstück zu →*Les célibataires* konzipiert. Die Geschichte des Verfolgungswahns und der Minderwertigkeitskomplexe s. Helden, die sich auf den Ebenen der iron. kommentierten Erzählung u. des Tagebuchs ausfaltet, erhebt Anspruch auf Authentizität (der Autor trifft zum Schluß mit s. Helden 1928 in Paris zusammen). Exupères Verzweiflung in Algier rührt daher, daß er in e. Quartett – s. Vorgesetzter in der franz.-muselman. Bibliothek, Saint-Justin, Colle, der Parasit, u. der Bibliotheksdiener Livorno, der s. Autorität entrinnt – der einzige ist, der nichts ›arrangiert‹. Nachdem er im Alter von 29 Jahren Freud entdeckt hatte, begann er, s. Lebensweg nach vulgär-psychoanalyt. Leitsätzen einzurichten. Er ging nach Algerien, weil alles, was er über das Land wußte, ihn abstieß; so kultiviert er s. Masochismus. Er stilisiert als Projektion s. Selbsthasses den Direktor der Bibliothek zu s. potentiellen Mörder. Prof. Jean Delay, in der Ac. frçe. Montherlants Nachbar, hat den Roman mit e. umfangreichen Vorwort versehen, das die psychoanalyt. Verwicklungen des Werks glänzend auf den Begriff bringt.

Assemblée du Luxembourg, Literatengesellschaft (12 Mitgl., darunter Fontenelle u. Ch. Perrault), die sich von Januar bis April 1692 beim Abbé de Choisy zusammenfand, um Neuerscheinungen zu besprechen. Die Sitzungsprotokolle sind erhalten (Arsenal, Ms. 3186).

Association des écrivains et artistes révolutionnaires (AEAR), 1932–39, franz. Sektion des Internationalen revolutionären Schriftstellerverbands, gab die Zs. *Commune* heraus.

W. Klein, Commune, revue pour la défense de la culture (1933–39), 1988.

L'assommoir (1877), Roman des Zyklus →*Les Rougon-Macquart* (Bd. 7) von Émile →Zola. In diesem Werk, dessen großer Publikumserfolg auf die naturalist. Sprachbehandlung (Pariser Argot) zurückzuführen ist, will Zola zeigen, wie Handwerker u. Arbeiter im Lumpenproletariat verkommen, wenn durch Krankheit oder Unfall die soziale Sicherheit, die infolge des Lohnniveaus schon unzureichend ist, vollends in Frage gestellt wird. Auguste Lantier kehrt in das Haus s. früheren Geliebten Gervaise, die den Arbeiter Coupeau geheiratet hat, zurück, nachdem dieser durch e. Arbeitsunfall nervenkrank geworden u. infolgedessen der Trunksucht verfallen ist. Der Alkohol ruiniert auch Gervaise, die ihre Wäscherei finanziell nicht halten kann, u. den Schmarotzer Lantier. Gervaise ist die Hauptfigur des Romans, die trotz sozioökonom. Katastrophen in ihrer erbärml. Welt bis zuletzt versucht, Würde u. Freiheit zu bewahren. Gerade ihre Verzweiflung u. ihre Unwissenheit, mit der sie schlecht gerüstet in den Existenzkampf geht, rühren den Leser. Der groteske Schluß – der betrunkene Sargmacher Bazouge bemüht sich mit drolligen Reden um die Tote, die man nach Tagen erst entdeckt hat – soll jedoch verhindern, daß der Leser in Sentimentalität versinkt u. vergißt, daß Gervaise weder am Fieber noch an der Verkommenheit, sondern an den elenden Verhältnissen zugrunde gegangen ist.

C. Becker, A., 1976; J. Allard, Zola, le chiffre du texte, 1978.

Assonanz, vokal. Reim (im Unterschied zum konsonant. Vollreim); sie beruht gewöhnl. im Gleichklang der Vokale vom letzten Akzent der Verszeile an. In der franz. Dichtung wird die A., für die in der Eulaliasequenz bloße Übereinstimmung unbetonter Vokale genügte, im 13. Jh. verdrängt, bis das 19. Jh., z. B. Verlaine, sie neu entdeckte.

Assoucy, Charles Coipeau d', 16. 10. 1605 Paris – 29. 10. 1677 ebda., fahrender Sänger, Dichter u. Komponist. Nach dem Vorbild Scarrons begann er mit e. Burleske, *Le jugement de Pâris* (1684) s. dicht. Schaffen; zwei weitere Werke dieses Stils (*L'Ovide en belle hurneur,* 1650; *Le ravissement de Proserpine,* 1653) u. *Poésies* sowie *Lettres* (1653) folgten. 1655–56 lebte A. mit der Truppe Molières in Südfrkr. Die nächsten 15 Jahre verbrachte er in Italien, wo ihn der Hzg. von Mantua entmannen ließ. 1667 wurde er in Rom des Atheismus angeklagt u. von der Inquisition eingekerkert. Während s. letzten Lebensjahre in Paris versuchte wahrscheinl. Lulli, den Rivalen zu ruinieren. A., der große Erfolge erlebte, überschätzte s. Qualitäten als burlesker Dichter wie überhaupt das Prestige der Gattung.

Astérix, bekannteste franz. Comic-Figur, von René Goscinny (1926–77) u. Albert Uderzo; 1959 erstmals in der Zs. *Pilote,* seit 1961 in 23 Episodenfolgen, die 1964 Millionenauflagen (in Frkr. u. Dtld.) erreichten. A., der Typus des pfiffigen u. dabei häusl. Galliers, u. s. grobschlächtiger Freund Obélix gewinnen die Sympathie des Betrachters, für den der Sieg des kleinen Mannes über die Großmacht Rom (als Metapher sowohl für ›Staat‹ als für ›Besatzung‹) ein grundsätzl. optimist. Weltbild konnotiert. Seit 1976 produzierten Goscinny u. Uderzo mit dem Verleger Dargaud auch die erfolgreichen A.filme.

A. Stoll, A. Das Trivialepos Frkr.s, 1974.

L'Astrée, Schäferroman in sechs Teilen u. fünf Bänden von Honoré d' →Urfé, entstanden nach 1593, EA 1607–27, hg. H. Vaganay, Lyon V 1925–28, ²1966. Das Werk wurde wohl von d'Urfés Sekretär postum vollendet. Der außergewöhnl. erfolgreiche Roman, in dem der Erzähler ›les divers effets de l'honneste amitié‹ darstellt, verarbeitet ital. u. span. Vorlagen, verlegt jedoch den Schauplatz der Handlung, die im 5. Jh. spielt, vom klischeehaften Arkadien an den Lignon, e. Nebenfluß der Loire im heimatl. Forez. Die Figuren, – im Mittelpunkt steht das Paar A. u. Céladon, das zahlr. Proben s. Standhaftigkeit zu bestehen hat – sind zu Prinzipienträgern stilisiert, die im Zusammenspiel unterschiedl. Temperamente e. verfeinerte Lebensauffassung demonstrieren sollen. Im Vorwort läßt der Autor durchblicken, daß die handelnden Personen nur aus müßiggänger. Neigung als Schäfer auftreten, u. gibt danach zu erkennen, für welches Publikum er schreibt. In der Tat hielt der Erfolg der *A.* bis zum Ende des 17. Jh. in der aristokrat. Gesellschaft an; nach dem Abschluß der Religionskriege konnte der Tenor des Werks insofern die soziale Atmosphäre prägen, als der Mangel an Wirklichkeitsnähe in der Friedensära versöhnl. wirkte. Auf der Basis e. Neuplatonismus wirkte der Roman stärker als die meisten Lit.theorien der Klassik auf die Ausbildung empfindsamer Privatheitsmythen ein.

J. Ehrmann, Un paradis désespéré. L'amour et l'illusion dans A., 1963; G. Giorgi, A. tra barocco e classicismo, Florenz 1974; Le genre pastoral en Europe du XVe au XVIIe siècle, Colloque 1978, Saint-Etienne 1980; M. Y. Jehenson, The golden world of pastoral, Ravenna 1981; M. Bertaud, A. et Polexandre, Genf 1986; S. Kevorkian, Thématique de l'A., 1991.

Atala ou les amours de deux sauvages dans le désert, Roman von François-René de →Chateaubriand, versch. Fassungen 1801–05. Im ep. Stil gestaltet der Autor e. romant. Indianer- u. Liebesgeschichte aus dem frühen 18. Jh. Der Natchezindianer Chactas, jetzt e. blinder Greis, erzählt dem jungen Franzosen René, wie s. Geliebte Atala durch e. Gelübde der Mutter in e. Gewissenskonflikt gestürzt wurde, aus dem sie sich nur durch den Selbstmord befreien konnte. A.s Liebe zu Chactas, den sie vom Martertod rettet, triumphiert nicht über den letzten Wunsch der Mutter, die ihre Tochter dem Klosterleben geweiht hat. Daß dieser Konflikt sich aus den spezif. Voraussetzungen der Indianerkultur nicht hätte entwickeln können, wurde bereits von Zeitgenossen gerügt. Aber Chateaubriand verfaßte, obwohl er wie Voltaire *(L'ingénu),* Mercier *(L'homme sauvage),* Diderot *(Supplément au voyage de Bougainville)* u. Bernardin de Saint-Pierre *(Paul et Virginie)* auf die Faszination exot. Stoffe vertraute, kein ethnolog. Dokument, sondern e. weiteres Beweisstück (vgl. auch *René*) für *Le génie du christianisme,* für s. ästhet. begründeten Katholizismus, den er gegen die Voltairianer zu verteidigen glaubte. Mit dieser farbig umrahmten Liebesgeschichte leistete Chateaubriand darüber hinaus e. Beitrag zur Ästhetik der ›belle nature‹, die mit V. Hugos Lit.theorien kaum vereinbar war. Nur bedingt also bereitete *A.* die franz. Romantik vor, eher ist das Werk e. Replik auf aufklärer. Dichtungen des 18. Jh., die Chateaubriand für den Gegensatz zwischen Natur- u. Offenbarungsreligion verantwortl. machte.

J. O. Lowrie, Motifs of kingdom and exile in A., FR 1970.

Athalie, Trag. von Jean →Racine mit Chören in vers mêlés, EA 1691, Urauff. 5. 1. 1691 Saint-Cyr in Anwesenheit Ludwigs XIV. Den Stoff entnahm Racine wie früher schon für *Esther* dem AT. In der Auseinandersetzung zwischen der abgefallenen, aber mächtigen Kgin. A. u. ihrem Enkel, dem verborgenen u. machtlosen Joas, siegen unter dem Schutz der Vorsehung die gläubigen Juden. Das gleichnishafte Geschehen sollte Racines Freunde, die Jansenisten, mit Zuversicht erfüllen. Die Aufführung litt darunter, daß Mme de Maintenon diesmal schon den bescheidensten Aufwand für Kostüme u. Dekorationen untersagt hatte. Mit *A.* knüpfte Racine auch an bibl. Trag. des 16. Jh. an (z. B. J. de La Taille, Garnier).

J. Orcibal, Autour de Racine, Bd. 1: La genèse d'Esther et d'A., 1950.

Athénée →Lycée.

L'âtre périlleux, höf. Epos aus der Mitte des 13. Jh. in 6676 Versen; das Zentralmotiv bildet die Falschmeldung vom Tod des →Gauvain (vgl. auch *Enfances Gauvain, Le chevalier à l'épée, Mule sans frein, Vengeance Raguidel, Hunbaut*).

B. Woledge, A. Étude sur les manuscrits, la langue et l'importance du poème, 1930.

Aubanel, Théodore, 26. 3. 1829 Avignon – 31. 10. 1886 ebda, arbeitete in der väterl. Buchdruckerei; Freund von Mistral u. Roumanille (→Félibrige). S. provenzal. Gedichte u. Dramen, in denen sich ma. ritterl.-provenzal. Geist mit Realismus u. e. durch die Romantik geadelten Leidenschaftlichkeit verbindet, riefen kirchl. Proteste hervor (Lyrik *La Mióugrano entreduberto,* 1860; *Li fiho d'Avignoun,* G. 1885; *Lou reire-solèu,* G. 1899; Dramen *Lou pan dou pecat,* 1863; *Lou pastre,*

1880; *Lou robatori,* 1884). Als Dramatiker setzt A. den Widerstand gegen moral. Konventionen fort, den Dumas mit *Antony* initiiert hat.

Ch. Maurras, A., 1928; L. Larguier, A., Avignon 1946.

Aube, dialog. Tagelied, drei Texte aus dem 12.–13. Jh. sind erhalten; entstand, eventuell unter arab. Einfluß, in der Provence (Alba, 15 überlieferte Texte): Nach e. heiml. Zusammenkunft trennen sich die Liebenden im Morgengrauen. Als e. Sonderform des Minnesangs wurde die A. etwa seit 1170 in Dtl. nachgeahmt.

A. T. Hatto, Das Tagelied in der Weltlit., DVJS 1962.

Auberee, Fabliau in 670 paarweise gereimten Achtsilbern, entstanden um 1200 in der Ile-de-France, in 8 Hss. überliefert. Der einmal genannte Autor, Jehans, könnte aufgrund stilist. Kriterien →Jean Renart sein. Die Zentralgestalt der alten Kupplerin ist kennzeichnend für altfranz. Verserzählungen; hier ermöglicht sie es e. jungen Mann, der Liebhaber der frisch verheirateten Frau e. reichen u. ehrbaren Bürgers zu werden.

Zwei altfranz. Fablels (A. Du vilain mire), neu hg. H. H. Christmann 1963.

Aubert, Jean-Louis, 15. 2. 1731 Paris – 10. 11. 1814 ebda., Abbé, 1774 Leiter der *Gazette de France,* Prof. am Collège de France, Autor von *Contes moraux sur les tableaux de M. Greuze* (1761–63; vgl. auch Marmontel) u. Fabeln (1756–74), die Voltaire denjenigen La Fontaines gleichstellte; sie sind in Wirklichkeit von ebenso gefälliger Mittelmäßigkeit wie die Versfassung des Mythos von Psyche u. die Dramatisierung der *Mort d'Abel* (nach Gessner).

Aubignac, Abbé d' →Hédelin, François.

Aubigné, Théodore Agrippa d', 8. 2. 1552 St.-Maury bei Pons-en-Saintonge – 9. 5. 1630 Genf, im Geist des Calvinismus erzogen, kämpfte im Heer Heinrichs IV., der ihn 1589 zum Statthalter von Meillezais ernannte. 1610 verlor er s. Amt. Diane Salviati, der Nichte von Cassandre, die Ronsard besungen hatte (→*Les amours*), widmete A. die Sonette s. Liebeslyrik (*Le printemps,* 1570, krA H. Weber 1973), später parodierte er opportunist. Konversionen (*La confession catholique de Sancy,* postum 1660), verfaßte im Rabelaisstil den Dialog zwischen e. gascogn. u. e. poitevin. Edelmann (→*Les aventures du baron de Faeneste*) u. schrieb e. dreibänd. *Histoire universelle* (1616–20, öffentl. verbrannt, éd. A. Thierry 1981). Daraufhin ging A. nach Genf. Im relig.-polit. Epos →*Les tragiques* (1616), an dem er vier Jahrzehnte gearbeitet hatte, fand s. satir. Temperament den überzeugendsten Ausdruck; von der ma. Epik bewahrt er allegor. Gestalten, er mißachtete jede Bienséance, die den Abscheu, den er ausdrücken wollte, schmälern könnte. Zahlr. Digressionen sind jedoch der Qualität des Epos abträgl. Wenn A. das große relig. Thema insgesamt auch verfehlt hat, gehört s. lit. Schaffen mit den Werken von Bèze, Du Bartas u. Calvin zur Erneuerung der franz. Dichtung durch den Protestantismus. (*Œuvres complètes,* hg. E. Réaume u. a., VI 1877–92; (*Œuvres,* krA H. Weber u. a. 1969). Im 20. Jh. interessierte sich u. a. A. Camus wieder für A.

A. Garnier, A. et le parti protestant, III 1929; J. Plattard, Une figure de premier plan dans nos lettres de la Renaissance, A., 1931; H. A. Sauerwein, A.'s Les tragiques, Baltimore 1953; J. White, A. and French epic poetry, Cambridge

1957; R. B. Griffin, A.'s Le printemps, poetry between two wars, Yale 1962; J. Bailbé, A., Poète des Tragiques, Caen 1968.

Aubry, Octave, 1. 9. 1881 Paris – 27. 3. 1946 ebda. 1945 Mitgl. der Ac. frçe., Historiker u. Autor hist. Romane, bes. über die Revolution u. die beiden Kaiserreiche (*Napoléon III,* 1930; *Le roi de Rome,* 1932; *Sainte Hélène,* II 1935; *Le Second Empire,* 1938; *La Révolution Française,* 1942–45). Die seel. Verfassung s. Helden interessiert A. mehr als objektive Elemente der Nationalgeschichte.

Aucassin et Nicolette, anonyme →Chantefable (Vers u. Prosa) des frühen 13. Jh., krA M. Roques ²1962; J. Dufournet 1973. Die Romanze zwischen dem südfranz. Grafensohn Aucassin von Beaucaire u. der sarazen. Sklavin u. zunächst unerkannten Kg.stochter Nicolette ist stoffl. mit der Geschichte von Pyramus u. Thisbe verwandt. Das Heiratsverbot der Eltern Aucassins bewirkt Flucht u. abenteuerl. Reisen des Paares, erzwungene Trennung, Schiffbruch, Verkleidung und Anagnorisis. Als Nicolette nach dem Tod der Eltern des Freundes ihre Identität erfährt, ist das soziale Hindernis e. Ehe ausgeräumt. Der Autor der Novelle parodiert passagenweise bereits die romanzenhafte Motivreihe, die sich aus der unstandesgemäßen Liebe des Helden entwickelt; etymolog. verweist der Name des christl. Helden ins Arab., der Name des Mädchens ist franz. Die Bauform in assonierenden Laissen ist archaisierende Absicht. Die Fabel wurde in e. Fortsetzung des Huon de Bordeaux *(Clarisse et Florent)* einfallslos imitiert. 1752 lieferte La Curne de Sainte-Palaye e. neufranz. Übs., 1756 erschien *A.* u. d. T. *Amours du bon vieux temps.* Sedaines Dramatisierung (1779) propagierte den Stoff als Modell des ritterl. Goldenen Zeitalters.

G. Cohen, A., 1941; O. Jodogne, La parodie et le pastiche dans A., CAIEF 1960; R. Rohr, Zu den Laissen in A., RJb 1960; K.-H. Schroeder, Lit. des Übergangs, A., Festschr. R Rohr, 1979; B. Nelson Sargent-Baur / R. F. Cook, A., a critical bibl., London 1981.

Au château d'Argol (1938), Erzählung von Julien →Gracq. Das Geschehen spielt auf dem breton. Schloß Argol, das Albert erworben hat, ohne es vorher zu kennen. Als s. Freund Herminien mit e. Mädchen Heide monatelang bei ihm wohnt, kommt es zu Rivalitäten, die nicht klar artikuliert werden. Die Erzählung endet mit der Ermordung Herminiens u. dem Tod Heides. Beziehungen zum Gralsmythos, zu romant. Doppelgängermotiven bei E.T.A. Hoffmann u. Nerval komplizieren die Schauerromantik. Ein Drang zur Selbstzerstörung scheint Herminien u. Heide zum Schloß getrieben zu haben; sie suchen ihren Todbringer, Albert. 1942 feierte André Breton das Werk als ep. Verwirklichung surrealist. Ziele. Träume u. Visionen sind die spezif. Faktoren einer beziehungsreichen Erzählstruktur, in der Elemente e. lit. Tradition montiert werden; Anspielungen u. Zitate unterstreichen den archetyp. Rang der Handlung.

E. Leube, Julien Gracq: A. (Der moderne franz. Roman, hg. W. Pabst), 1968.

Au clair de la lune, Volkslied, Ende 18. Jh. zunächst in gebildeten Kreisen verbreitet.

Aude, in der →*Chanson de Roland* u. wieder bei Raynal, →*Le tombeau sous l'Arc de Triomphe,* die Braut der Helden.

Audefroy le Bastard, 13. Jh., Trouvère aus dem Artois, Autor von Kanzonen u. Chansons d'histoire.

A. Cullmann, Die Lieder u. Romanzen des A., 1914.

Audiberti, Jacques, 25. 3. 1899 Antibes – 10. 7. 1965 Paris, Sohn e. Maurerpoliers, 1918–24 Gerichtsschreiber in Antibes, 1925 Reporter beim *Petit Parisien,* schrieb u. a. in der *NRF;* Lyriker, der 1935 den Prix Mallarmé erhielt (*L'empire et la trappe,* 1930; *Race des hommes,* 1937; *Des tonnes de semence,* 1941; *La nouvelle origine,* 1942; *Toujours,* 1944; *Vive guitare,* 1946; Verserzählung *La beauté de l'amour,* 1955; *Poésie 1934–43,* 1976), Romancier (*Abraxas,* 1938; *Septième,* 1939; *Carnage,* 1942; *Cent jours,* 1950; *Le maître de Milan,* 1950; *Marie Dubois,* 1952; *Les jardins et les fleurs,* 1954; *La poupée,* 1956; *Infanticide préconisé,* 1958; *Tu m'auras renié trois fois,* 1963; *Les tombeaux ferment mal,* 1963; *Dimanche m'attend,* 1965); als Dramatiker mit e. Text erfolgreich, den er zunächst nicht für die Aufführung bestimmt hatte, →*Quoat-Quoat.* Der Rollentausch wurde zum Kennmotiv s. dramat. Schaffens, er stellt in s. poet., am Stil von Roussel inspirierten Dramen die Unerkennbarkeit e. Weltordnung dar. Die Peripetie der agnostizist. Stücke (vgl. auch Salacrou) entlarvt die freie Verwirklichung des Menschen als subjektivist. Illusion. Die Protagonisten agieren unter dem Zwang weltl. u. relig. Machtgier sowie ihrer Triebnatur (→*Le mal court,* →*La logeuse).* Autosuggestion befördert die Verwechslung von Wirklichkeit u. Wahn (→*L'ampelour).* Jeanne d'Arc ist in Joanine u. Jeannette aufgespalten, in e. verzückte Führerin u. in e. weltzugewandtes Bauernmädchen (*La pucelle,* 1951). Blaise Agrichant spielt den betrogenen Dr. Knock (→*L'effet Glapion).* Der heitere Spielcharakter in →*La fourmi dans le corps* u. →*Pomme … Pomme … Pomme* verdüstert sich wieder im Hörspiel *Les patients* u. in *La guillotine* (1964). Drei ›ci-devant nobles‹ bringen e. südfranz. Republikaner dazu, den Tyrannenmörder zu spielen, während e. von ihnen heiml. Robespierre ermordet. Das Spiel im Spiel wird zum Verzweiflungstanz der Marionetten, die sich ihrer Identität nicht mehr sicher sind. Die Mischung von Konversationsstil mit Manierismen, die sich gegenüber der dramat. Mimesis verselbständigen (Inversion, Hyperbaton, tote Klischees der Minnesprache), Einsatz der Rückblende u. Teichoskopie sind Eigenheiten dieser makabren Farcen, die vor allem von André Reybaz u. Georges Vitaly inszeniert wurden. A. schrieb den Essay *L'abhumaniste* (1955); e. Studie über *Molière dramaturge* (1955); 1965 erschien s. *Journal.* E. Großteil der ca. 20 Stücke A.s liegt gesammelt vor (*Théâtre* I–V, 1948-62). A. entdeckte den Dramatiker Romain Weingarten.

A. Deslandes, A., 1964; Hommage à A., 1965; M. Giroud, A., 1967; J. Guérin, Le théâtre d'A. et le baroque, 1976; A. le trouble-fête, Colloque 1976, 1979; C. Toloudis, A., Boston 1980; Sondernr. Europe, 684, 1986; G. D. Farcy, Les théâtres d'A., 1988.

Audigier, Parodie e. →Chanson de geste aus der zweiten Hälfte des 12. Jh. In 517 Versen voll skatolog. Komik wird die klägl. Existenz des Grafen Turgibus, dem e. Sohn, Audigier, geboren wurde, erzählt. (Ed. D. C. Conlon, Nottingham Medieval Studies 33, 1989).

Audisio, Gabriel, 27. 7. 1900 Marseille – 26. 1. 1978 Paris, Orientalistikstud. in Algier, 1918 Kriegsfreiwilliger, 1920–29 im öffentl. Dienst in Algier u. Paris; Teilnahme an der Résistance, Festnahme. A. schuf, ausgehend von der Kunstlehre des →Unanimismus, zur Verherrlichung der Mittelmeerwelt hymnische Lyrik (*Antée,* 1932; *Rapsodies de l'amour terrestre; L'hypocrite sacré,* 1955), Romane u. Erzählungen, (*Trois hommes et un minaret,* 1926; *Héliotrope,* 1928; *Les compagnons d'Ergador,* 1941, Archetypus der Odyssee; *Le colombier de Puyvert,* 1953; *Danger de vie,* 1955) sowie den Essay *Visages de l'Algérie* (1953), *L'Opéra fabuleux* (1970). Er teilt die Faszination durch den Lichtmythos mit A. Camus oder L. Bertrand.

Audoux, Marguerite, 7. 7. 1863 Saint-Coins/Cher – 1. 2. 1937 Saint-Raphaël/Var, aus e. Arbeiterfamilie, Näherin, Autodidaktin; von ihren sozialkrit. Romanen (*Le chaland de la reine,* 1910; *L'atelier de Marie-Claire,* 1920; *De la ville au moulin,* 1926; *La fiancée,* 1932; *Douce lumière,* 1937) erregte die Darstellung ihres eigenen Tagelöhnermilieus, *Marie-Claire* (1910, Vorrede von O. Mirbeau, Prix Fémina) Aufsehen; ihre Arbeiterdichtung steht zwischen dem Naturalismus u. dem Populismus von 1929.

G. Reyer, A., 1942.

Audry, Colette, 6. 7. 1906 Orange – 20. 10. 1990 Issy-les-Moulineaux, Agrégation, unterrichtete 1945–65 am Lycée Molière, erhielt 1962 für *Derrière la baignoire* den Prix Médicis; Schlüsselromane *La statue* (1983), *L'héritage* (1984), Briefslg. *Rien au-delà,* 1993; außerdem Lit.-kritik u. Drehbücher, e. Drama, *Soledad.* A. bekleidete seit 1971 e. hohe Funktion im Parti socialiste.

Aufklärung, europ. Geistesbewegung, die in Frkr. am Ausgang des 17. Jh. einsetzte (→Bayle, →Fontenelle, →Querelle des anciens et des modernes). Im Anschluß an Descartes erhob die A. den method. Zweifel, das Evidenzkriterium u. die mechanist. Welterklärung zu Prinzipien, die vom engl. Sensualismus teils korrigiert, teils bestätigt wurden. Rationalismus, Sensualismus, Empirismus u. Skepsis waren die tragenden Kräfte. Als Summe der Aufklärung u. Manifestation des bürgerl. Selbstbewußtseins im 18. Jh. können die →*Encyclopédie* (1751–64) u. Voltaires philosophisches Taschenlexikon (1764) angesehen werden. Zwar bekannten sich die meisten Aufklärer zum Deismus, seit dem Beginn des Siècle des lumières wurden jedoch auch atheist. Kosmologien u. Gesellschaftsutopien konzipiert (→Bayle, →Meslier, →La Mettrie, →Holbach, zeitweise →Diderot). E. der Konsequenzen des Deismus, der philosoph. Optimismus, den Voltaire mit begründet hatte, wurde nach zwei Jahrzehnten um 1759 als Verblendung durchschaut *(→ Candide).* Theorien des aufgeklärten Despotismus waren in der A. häufiger als republikan. Modelle (→Rousseau); eine durch Gewaltenteilung (→Montesquieu) kontrollierte Staatsmacht würde schließl. die Menschenrechte garantieren. Obwohl die aufklärer. Fortschrittsgläubigkeit wiederholt in Frage gestellt wurde, bekannten sich Philosophen bis ans Ende des 18. Jh. dazu (→Condorcet). Die Toleranzidee (Bayle, Voltaire), die Grundlegung der Phänomenologie (La Mettrie, Cabanis), der Empfindsamkeit (Rousseau →Du Bos, →Helvétius, →Condillac) und des utop. Sozialismus (Rousseau, →Morelly, →Babeuf) als e. Variante des Naturrechtsanspruchs wirkten über die Revolution von 1789 hinaus. Stendhal u. Victor Hugo stellten in den 20er Jahren des 19. Jh. fest, die polit. Umwälzung habe inzwischen stattgefunden, die kulturelle werde nach analogen Gesetzen folgen müssen. Im Zuge dieser Entwicklung wird für das aufgeklärte, mit polit. Energie geladene Publikum des 19. Jh. der Roman zur lit. Hauptgattung. Gegner der A. entlarvten eine falsch verstandene Kulturkritik (→Fréron, →Palissot, →Le Franc de Pompignan, →Chateaubriand), ohne damit die Humanisierung der Gesellschaft aufzuhalten. Zum Programm der franz. Aufklärung gehört das Bewußtsein von der notwendigen Beziehung zwischen Lit., Philos. u. Wissenschaft. Dadurch wurde es mögl., die Metaphysik (vgl. die Interventionen des Erzbischofs →Beaumont) wie das merkantilist. Wirtschaftssystem als Fesseln zu begreifen. Der Physiokratie (Quesnay, Dupont de Nemours, Gournay, Turgot) ist die Verlagerung des ökonom. Angelpunkts von der Zirkulation auf die Produktion der Waren zu verdanken; daß die A. hier mit sich selbst uneins wurde, geht aus Voltaires Roman *L'homme aux quarante écus* hervor. Wirksamer als die Reaktion des 19. Jh., die die A. mit ihrer analyt. Methode als Zersetzung durch Reflexion diskriminierte, wurde die A.skritik des 20. Jh. Sie besagt, daß A. totalitär auftritt wie nur irgendein System; für die A. sei der Prozeß von vorneherein entschieden. Damit kann der Modellwert der A. bestritten werden, jedoch nicht die Tatsache, daß A. als Oppositionslit. im 18. Jh. die herrschenden relig., philosoph. u. ökonom. Systeme zunächst aus der moral. Perspektive heraus wirkungsvoll in Frage stellte. Indem sie kirchl. u. staatl. Zwänge als unsittl. anzusehen lehrte, weckte sie das individuelle, später gesellschaftl. Bewußtsein für Zuständigkeiten. Die Begriffe ›lumière‹, ›origine‹, ›préjugé‹, ›nature‹ prägen die Diskussion, in der der Blick für Widersprüche geschärft wird, wenn auch auf dieser hist. Entwicklungsstufe noch nicht alle Lösungen zu finden waren. Der Licht-Topos hat s. metaphor. Ursprung im humanist. 16. Jh.; bei Molière (*Misanthrope,* IV.3) bezeichnet er den Verstand. Die Theorien von Babeuf, →Fourier, →Saint-Simon, →Proudhon u. →Blanqui setzen sich mit der A., insbes. ihrem rationalist. Komplex krit. auseinander. Als Ergebnis der A. verloren Staat, Wirtschaftsform, Recht, Religion u. Lit. des Ancien Régime ihre Selbstverständlichkeit, die Lebenspraxis wurde verwissenschaftlicht, Einsicht u. Belehrung wurden für hinreichend angesehen, um Fortschritt u. Glück zu gewährleisten.

E. Cassirer, Die Philosophie der A., [2]1932; M. M. Glotz, Salons du 18e siècle, 1949; P. Hazard, La crise de la conscience européenne, III. 1935; ders., La pensée européenne au 18e siècle, II 1946; W. Krauss, Studien zur dt. u. franz. A., 1963; ders., Perspektiven u. Probleme, Zur franz. u. dt. A., u. andere Aufsätze, 1965; V. P. Volgin, Die Gesellschaftstheorie der franz. A., 1965; F. Schalk, Stud. zur franz. A., 1964; Europäische A., 1967; The age of enlightenment. Studies presented to Th. Besterman, Edinburgh/London 1967; C. Kiernan, Science et lumières en France au XVIIIe siècle, Genf 1968; A. u. Materialismus im Frkr. des 18. Jh. La Mettrie – Helvétius – Diderot – Sade, hg. A. Baruzzi 1968; P. Whitmore, The enlightenment in France. An introduction, London 1969; P. M. Conlon, Prélude au siècle des lumières en France, Répertoire chronologique de 1680 à 1715, Bd. 1, Genf 1970; V. Saulnier, La littérature française du siècle philosophique, 1970; Au siècle des lumières, Sammelbd., Paris/Moskau 1970; Beiträge zur franz. A. Festgabe für W. Krauss zum 70. Geburtstag, 1971; G. Gusdorf, Les principes de la pensée au siècle des lumières, 1971; W. Krauss, Lit. der franz. A., 1972; J. Chouillet, L'esthétique des Lumières, 1974; Approches des Lumières, Festschr. J. Fabre, 1974; H. Dieckmann, Stud. zur europ. A., 1974; R. Grimsley, From Montesquieu to Laclos. Studies on the French Enlightenment, Genf 1974; R. Mortier/H. Hasquin (Hg.), Les préoccupations économiques et sociales des philosophes . . ., Brüssel 1976; P. Hoffmann, La femme dans la pensée des Lumières, 1977; J. Macary (Hg.), Essays on the age of Enlightenment, Festschr. I. O. Wade, Genf 1977; U. Ricken, Grammaire et philosophie au siècle des Lumières, Lille 1978; J. v. Stackelberg, Themen der A., 1979; Thèmes et figures du siècle des Lumières, Festschr. R. Mortier, Genf 1980; H. U. Gumbrecht u. a. (Hg.), Sozialgesch. der A. in Frkr., II 1981; U. Knoke, Das Siècle des Lumières u. s. geistig-ideolog. Wegbereitung, RZLG 3–4, 1982; J. Lough, Les philosophes et la France post-révolutionnaire, Oxford 1982; J. Schmidt (Hg.) A. u. Gegenaufklärung in der europ. Lit. . . ., 1989; H. Vyverberg, Human nature, cultural diversity, New York 1989; R. Mortier, Le coeur et la raison, Oxford 1990.

Auger, Louis-Simon, 29. 12. 1772 Paris – Mitte Januar 1829 (Selbstmord), Verwaltungsbeamter in der Armee u. im Innenministerium, Redakteur des *Journal de l'Empire,* 1816 Mitgl. der Ac. frçe., 1820 auch der bourbon. Zensurabteilung; 1826 Secrétaire perpétuel der Ac. frçe. Dramatiker (*Arlequin odalisque,* 1800) u. vor allem klassizist. Lit.kritiker (*Éloge de Boileau,* 1805; *Éloge de Corneille,* 1807; *Mélanges philosophiques et littéraires,* 1828).

Augier, Guillaume Victor Émile, 17. 9. 1820 Valence/Drôme – 25. 10. 1889 Croissy, Nachkomme von Pigault-Lebrun, Schulbildung Lycée Henri IV, Bibliothekar des Duc d'Aumale, verkehrte im Salon der Kaiserin Eugénie. Seit 1857 Mitgl. der Ac. frçe. A., der der ›Balzac des Theaters‹ werden wollte, verfaßte antiromant. Monumentaldramen, die e. mittelständ. Ideologie verkünden (*La cigüe,* 1844; →*L'aventurière; Gabrielle,* 1849; Opernlibretto *Sappho,* 1851; *Diane,* 1852; *Philiberte,* 1853; *Le mariage d'Olympe,* 1855; *Les lionnes pauvres,* 1858; *La jeunesse,* 1858; *Un beau mariage,* 1859; *Les effrontés,* 1861; *Le fils de Giboyer,* 1862; *Maître Guérin,* 1864; *La contagion,* 1866; *Paul Forestier,* 1868; *Lions et renards,* 1869; *Jean de Thommeray,* 1874; *Madame Caverlet,* 1876; *Les Fourchambault,* 1878; *Théâtre complet,* VII 1889, ²1901–12). J. Sandeau u. E. Foussier waren s. zeitweiligen Mitarbeiter. S. gelungenstes Drama ist die Neugestaltung des Bourgeois gentilhomme-Stoffs in *Le gendre de M. Poirier* (1854).

H. Gaillard de Champris, A. et la comédie sociale, 1910.

Aulnoy, Marie Catherine Le Jumel de Barneville, baronne d', 1650 Barneville bei Honfleur/Calvados – 13. 1. 1705 Paris; 1672–1685 wiederholte Reisen nach England u. Spanien, dann Mittelpunkt e. Pariser Salons. A. schrieb anmutige Märchen (*Contes de fées,* 1697 u. 1698, vgl. auch die mondänen Märchen Perraults), Reiseberichte, Memoiren (1690, 1695) u. hist. Erzählungen (*Hippolyte, comte de Douglas,* 1690; *Jean de Bourbon, prince de Carency,* 1691).

L. Jyl, A. ou la fée des contes, 1989.

Aurélia ou le rêve de la vie, Novelle von Gérard de →Nerval, entstanden 1854, ED *Revue de Paris* 1. 1. 1855 u. 15. 2. 1855, EA 1855 als *Le rêve et la vie,* hg. P.-G. Castex 1971. Nerval entwirft s. eigenes Psychogramm. Infolge e. psych. Abnormität, die Wachsein u. Träumen nicht mehr scheidet, erscheint dem Ich der Traum als wesentl. Daseinsform, in der sich der Übergang ins Jenseitige vollziehen kann. In den Visionen werden Ideen- u. Motivkomplexe verarbeitet, die aus früheren Nervaldichtungen bekannt sind: Alleinheit der Welt, Seelenwanderung, Idealität der Kindheit, das Ewigweibliche, die Sehnsucht nach Erlösung. Den Namen Aurélia übernahm Nerval 1845 von E.T.A. Hoffmann. Im Bild der geliebten Frau fallen nicht nur alle Erinnerungen an Personen aus der eigenen Biographie, sondern auch myth. Gestalten, Isis u. Kybele, synkretist. zusammen. Der Archetypus, der im Marienkult, in Dantes Beatricebild u. Fausts erlösender Geliebten lit. vorgeformt ist, übt jedoch hier nicht die Funktion e. trostspendenden Macht aus. Die Spuren zu Aurélias Grab haben sich verwischt, u. kein Dokument kann dem Suchenden Auskunft geben; da erscheint die Geliebte u. kündigt Nerval an, er habe von ihr keine Erlösung zu erwarten. Dies stürzt ihn in tiefe Depressionen, die später durch den Entwurf e. Theorie kosm. ›correspondances‹ (vgl. auch Baudelaire u. Rimbaud) relativiert werden. Das Privatschicksal zählt in der unermeßl. Bewegung des Alls u. im Angesicht der ewigen Isis nicht mehr.

P. Audiat, A. et G. de Nerval, 1925; H. Merz, Traum u. Wirklichkeit bei G. de Nerval, Diss. Zürich 1929; M. Jeanneret, Nerval et la biographie impossible, FS 1970; J. Richter, Les manuscrits d'A., 1972; W. Beauchamp, The style of Nerval's A., 1976.

Aurélie, Wortführerin der Partei der Guten in →*La folle de Chaillot* von Giraudoux, die das Komplott der Manager durchkreuzt.

Aurélien (1944), 4. Bd. des Romanzyklus *Le monde réel* von → Aragon. In der großbürgerl. Atmosphäre der Jahre nach dem I. Weltkrieg lernt der Snob A. die verheiratete Bérénice kennen, sie nimmt s. Galanterie ernst u. verläßt ihren Mann. Doch A. ist unfähig, mit Bérénice e. neues Leben zu beginnen; schon in der Stunde, da sie zu ihm eilt, ist er mit e. anderen zusammen. Bérénice versucht, ihre grenzenlose Enttäuschung mit e. flüchtigen Liaison zu kompensieren, kehrt nach einigen Monaten zu ihrem Mann zurück. Die Liebenden finden sich erst zwei Jahrzehnte später in der Finsternis der Niederlage vor den dt. Truppen, dabei wird Bérénice erschossen. Die Unmöglichkeit ihrer Liebe besiegelt ein polit. Schicksal; A., der den sozialen Verpflichtungen auswich, das Leben als Summe von Gelegenheiten begriff, die sich ihm anbieten sollten, versagt zwangsläufig auch in der Liebe, die ihn in s. Teilnahmslosigkeit irritierte.

S. Ravis (Hg.), A. ou l'écriture indirecte, 1988; Sondernr. RhlF, Jan.–Febr. 1990.

Autobiographie (franz., seit 1836 belegt), erzählende, nichtfiktionale Retrospektive zur Wiedergabe des Lebenslaufs. Selbstdarstellung als Lebensbeichte, Entwurf der geistigen Leistung u., unter der anthropolog. Voraussetzung des mögl. Selbstentwurfs, der Identität u. Vergegenwärtigung der privaten Existenz. Vgl. Werke von Abélard, Montaigne, Rousseau, Rétif de la Bretonne, Chateaubriand, Sand, Berlioz, Stendhal, Musset, Gide, Green, Jouhandeau, Beauvoir, Sartre, Leiris. Sonderformen sind die apokryphe A. (→Maintenon, → Yourcenar), confession, mémoire, journal, testament.

Formen der Selbstdarstellung, Festschr. F. Neubert, 1956; Ph. Lejeune, A. en France, 1971; ders., Le pacte autobiographique, 1975; ders., Je est un autre. A., de la littérature aux médias, 1980; Sondernr. RhlF 6, 1975; F. Nies, Genres mineurs, 1978; H. R. Picard, A. im zeitgenöss. Frkr., 1978; G. May, A., 1979; B. Didier, Stendhal autobiographe, 1983; A. Buck (Hg.), Biographie u. A. in der Renaissance, 1983; Ph. Lejeune, Moi aussi, 1990.

L'automne, Gedicht der Slg. *Méditations poétiques* (1820) von Alphonse de →Lamartine, entstanden 1819 in Milly, beispielhaft für die romant. Lyrik, die nach dem Vorbild von Rousseau Naturstimmungen mit der individuellen Seelenlage in Korrelation setzt. Der

Parallelismus der Strophe VIII – die Blüte verschwendet im Verwelken ihren vollen Duft, der sterbende Dichter haucht in e. melanchol. Melodie s. Seele aus – bereitet die Synästhesie als dichter. Verfahren e. monist. Weltsicht (Nerval, Baudelaire, Rimbaud) vor.

Autran, Joseph, 20.6. 1813 Marseille – 6.3. 1877 ebda., lange Buchhändler in s. Heimat, Bewunderer Lamartines (romant. Lyrik *La mer,* 1835; *Ludibria ventis,* 1838), später Annäherung an den Parnasse (*Epîtres rustiques,* 1861; *Le poème des beaux jours,* 1862; *Les paroles de Salomon,* 1867). S. Gedichte gestalten den Kampf des Menschen mit der Natur u. patriot. Auseinandersetzungen. Erfolgreich mit dem Schauspiel *La fille d'Éschyle* (1848); 1868 Aufnahme in die Ac. frçe.

G. Ancey/E. A. Eustache, A., 1906.

Autreau, Jacques, Ende Oktober 1657 Paris – 16.11. 1745 ebda., Maler u. Kom.dichter, dessen Behandlung der Liebesthematik Marivaux nahekommt (u.a. *L'amante romanesque ou la capricieuse,* 1718; *Panurge à marier,* 1720; *La fille inquiète,* 1724; *La magie de l'amour,* 1737; *Œuvres,* IV 1749), während *Le chevalier Bayard* (1731), die erste hist. Kom. des 18. Jh., von A. ›comédie héroïque‹ genannt, die Tugendkonzeption von Destouches aufnimmt.

H. S. Schwartz, A., PMLA 1931.

Aval(l)on, verzauberte Insel, auf die der tödl. verwundete →Artus entrückt wird (→Morgain, →*La mort le roi Artu*).

Avantgarde, Metapher aus dem Militärwesen (Stoßtrupp), seit dem 19. Jh. (Saint-Simonisten) zur Kategorisierung des polit. und extrem ästhet. Fortschritts sowie der Traditionsfeindlichkeit (Apollinaire, Futuristen, Dadaisten, Surrealisten) verwendet. Proust ironisiert den Begriff in *Contre Sainte-Beuve.*

P. Bürger, Theorie der A., 1974; R. Warning/W. Wehle (Hg.), Lyrik u. Malerei der A., 1982; K. Schoell (Hg.), A.theater u. Volkstheater, 1982; J. Grimm, Das avantgardistische Theater Frkr.s, 1982; W. Pabst, Franz. Lyrik des 20. Jh.s, Theorie und Dichtung der A., 1983.

L'avare, Prosakom. in fünf Akten von →Molière, EA 1669, Urauff. 9.9.1668 Palais Royal. Molière gestaltete das Problem, wie sich e. Gesellschaft mit e. reichen Alten verträgt, der s. Manie zu e. System ausgebaut hat, weil Geiz Reichtum u. Macht über andere verschafft, in e. Buffokom. mit falschen Namen, Verstellungen u. romanesken Wiedererkennungen (vgl. schon 1663 S. Chappuzeau, *L'avare dupé*). Cléante u. Élise, Harpagons Kinder, lieben vermeintl. arme Partner, die Geschwister Mariane u. Valère. Harpagon ist der Rivale s. Sohnes u. zugleich s. Gläubiger u. designiertes Opfer, denn der Geizige hat Geld mit der Auflage verliehen, daß der Schuldner, dessen Identität ihm unbekannt ist, nach e. halben Jahr bezahlen oder s. Vater – also ihn – ermorden muß. Cléante rettet sich durch e. fiktives Tauschgeschäft: er bringt dem aufgebrachten Harpagon e. scheinbar gestohlene Geldkassette wieder, unter der Bedingung, daß der Alte auf Mariane verzichtet u. Élise erlaubt, Valère zu heiraten. Paradoxerweise macht gerade s. krankhafter Geiz Harpagon für die Umwelt ungefährl., da s. Manie leicht zu manipulieren ist (zum Motiv des verliebten Alten, der s. Vorbild im Pantalone der ital. Commedia dell'arte hat, vgl. auch Jodelle, *Eugène;* Grévin, *Les esbahis*). Das Laster s. Geizes macht ihn als Vater, Wucherer u. Liebhaber zur kom. Figur, die das Glück der Jugend stört und deshalb ausgeschaltet werden muß. Ob dies lustig u. belachenswert ist, wird seit dem 17. Jh. diskutiert, denn der Kampf der Generationen entbehrt bei Molière der Pietät. Die Dramentheorie der Klassik sah manische Verstiegenheit als kom. Anlaß zur Heiterkeit im Theater an; diese Komik funktioniert solange, als das Publikum sich sittl. vom Protagonisten distanzieren kann.

M. Gutwirth, The unity of Molière's A., PMLA 1961; H. R. Jauß, Molière: A. (Das franz. Theater vom Barock bis zur Gegenwart Bd. 1. hg. J. v. Stackelberg), 1968.

Aveline, Claude (eig. Eugène Avtsine), 19. 7. 1901 Paris – 4. 11. 1992 ebda., Sohn russ. Juden, dessen Familie J. Maritain vergebens zur Konversion drängte; Vertrauter und Hg. von A. France, von Narcejac gerühmt für s. Kriminalroman *La double mort de Frédéric Belot* (1932). Essayist *(Les mots de la fin,* 1957; *Promenade égyptienne),* Autor von Liebesgeschichten und e. Gesellschaftsromans nach dem Muster von Th. Manns *Zauberberg, La vie de Philippe Denis* (1930–35).

F. Mouret, Les ouvrages de Cl. A., 1961.

Aventure, Abenteuer, in der ma. Lit. Ritterfahrt in e. mag. Welt (→Matière de Bretagne) sowie die Erzählung davon. Seit dem 13. Jh. (Jean Renart) Verzicht auf teleolog. Begründung der Konflikte, bei Antoine de La Sale stehen ›Abenteuer‹ u. ›Zufall‹ synonym. Seit dem 17. Jh. versteht die Lit.kritik (Huet u. a.) unter ›a.s amoureuses‹ e. spezif. Motivzusammenhang; Prévost erklärt durch die Setzung von ›a.‹ in Romantiteln die nicht mehr heroischen Peripetien aus der Retrospektive e. erzählten Lebenswegs.

M. Nerlich, Kritik der Abenteuer-Ideologie, II 1977.

Les aventures de Jérôme Bardini (1930), Roman von Jean →Giraudoux. Bardini bricht aus der banalen Welt s. Ehe aus u. vagabundiert durch Amerika. E. Kind rettet ihn auf myst. Weise aus s. Isolation; die Szene spielt auf das christl. Erlösungsmotiv an (dies umso deutlicher, als sie in den Winter verlegt ist). Nachdem er in ›Le Kid‹ e. wirkl. Vagabunden kennengelernt hat, kehrt Bardini schließl. wieder nach Frkr. zurück – ob auch zu s. Frau, läßt der Autor bewußt in der Schwebe. Der Sinn der Parabel – denn um e. solche handelt es sich offensichtl. – bleibt mehr im Unbestimmten als etwa in Gides *Le retour de l'enfant prodigue.*

Les aventures de Mademoiselle Mariette (1853), Roman von Jules →Champfleury. In dem Künstlerroman ist Marietta die Geliebte des Dichters Gérard, die durch Liebesdienste das Geld verdient, das die Literatur nicht einbringt. Als Gérard spät davon erfährt, trennt sich das Paar; Marietta kehrt auch nach der Aufführung s. Pantomime nicht zu ihm zurück. Die Schilderung der →Bohème ersetzt romant. Lokalkolorit durch realist. Mittel (vgl. auch Murger, Sue, Fernand Desnoyers u. E. Feydeau).

Les aventures de Télémaque, Prosaepos von François de Salignac de La Mothe →Fénelon, um 1694 entstanden, nicht autorisierter ED 1699, vom Autor gebilligte Ausgabe Paris 1717. Für den jungen Hzg. von Bourbon, den Enkel Ludwigs XIV., verfaßte Fénelon in wohlklingender Sprache als Lehrbuch e. pseudohomer. Epos. Telemach, der sich zusammen mit Mentor, der Verkörperung Minervas, auf die Suche nach s. Vater Odysseus macht, lernt in polit. u. moral. Konfliktsituationen Tyrannei, Eroberung, Verschwendung u. Ausschweifung zu verachten. Die zeitgenöss. Leser verstanden den Bildungsroman vor allem als oppositionelle Satire, allen voran Ludwig XIV. selbst, der sich in der Gestalt des Tyrannen Pygmalion von Tyros u. des prunkliebenden Idomeneus angegriffen sah u. wiederholte Anspielungen auf sein Privatleben vermutete. Bossuet u. der Kreis um Boileau' tadelten die Abweichungen vom klass. Epos (Prosa, lyr. Stil, unwahrscheinl. Peripetien der Stationenhandlung); während der Régence priesen Leser, darunter Montesquieu, A. als Utopie e. weisen, freiheitl. Welt. Die geschichtl. Leistung des Werks liegt jedoch nicht im didakt. Gehalt, sondern in der Abkehr von klassizist. Prunkstil u. in der Ausbildung e. poet. Prosa begründet (vgl. Rousseau, Bernardin de Saint-Pierre, Chateaubriand).

V. Kapp, Télémaque de Fénelon, 1982.

Les aventures du baron de Faeneste (1617–30), Diatribe von Th. A. d'→Aubigné. In der Satire der Hofgesellschaft steht dem großmäuligen Gascogner Faeneste der ehrenhafte Hugenotte Enay gegenüber; als Sprachrohr des Autors, der stellvertretend für alle Protestanten im Exil schreibt, ereifert er sich für Konfessionsprobleme des 16. Jh., die bei der Abfassung schon an Relevanz verloren hatten.

Les aventures du dernier Abencérage, Novelle von François-René de →Chateaubriand, 1809–10, nach e. Andalusienaufenthalt (Frühjahr 1807) entstanden, EA 1826. Die Romanze zwischen dem letzten Abencérage Aben-Hamet, u. Doña Blanca, der Spanierin aus dem Geschlecht s. persönl. Gegner, entbehrt des autobiograph. Kerns, der ihr lange zugesprochen wurde (Begegnung Chateaubriands mit Nathalie de Noailles auf der Alhambra). Der Romancier stützte sich vor allem auf span. Quellen, die in franz. Übs. vorlagen (bes. Pérez de Hita, *Guerras civiles de Granada*). Aben-Hamet, der zugunsten des franz. Ritters Lautrec auf s. Liebe zu Blanca verzichtet, ist weniger e. romant. Held als e. Gestalt von Corneilleschem Trag.maß; er hat Andalusien verloren, aber s. Ethos u. s. Galanterie unter Beweis gestellt.

A. M. Chaplyn, Le roman mauresque en France de Zayde au D., 1928; L. Stinglhamber, Chateaubriand à Grenade, Bulletin G. Budé Dez. 1952; J. Vier, L'orient d'une perle rare; A., RhlF 1969.

Les aventures prodigieuses de Tartarin de Tarascon, Roman von Alphonse →Daudet, entstanden 1862–69, TD *Figaro* 1862, EA 1872. Die dargestellte Prahlsucht des Südfranz. Tartarin, der s. Renommee mit e. Löwenjagd in Nordafrika krönen will, wird von Daudet mit übertriebener Nachsicht dargestellt. Der Romancier ironisiert e. nationales Ethos, ohne es wirkl. in Frage stellen zu wollen. Daß der Maulheld e. Esel für e. Löwen hält u. ihn erlegt, bleibt T.s Geheimnis; daß das Löwenfell, mit dem er zu den staunenden Kleinbürgern zurückkehrt, von e. alten u. blinden Zirkustier stammt, nicht minder. T. bestätigt die Erwartung, die die andern in s. Rolle setzen. Daudet erweiterte das Werk zur Trilogie: *Tartarin sur les Alpes* (1885) u. *Port-Tarascon* (1890) – damit sank es zur Klamotte herab.

J. Bergmann, Die Provence u. die Provenzalen in der Schilderung A. Daudets, Thèse Paris 1934; J.-M. Floret, La vérité sur T., Tarascon 1947; L. Michel, Les éléments méridionaux dans l'œuvre d'A. Daudet, 1959.

L'aventurière, Versdrama in fünf Akten von Émile →Augier, EA 1848, Urauff. 23. 3. 1848 Com. frçe., Paris; gekürzte Fassung in vier Akten 1860. Die romant. Handlung des im Padua des 16. Jh. spielenden Stückes dient der Desillusionierung des bes. Flairs einer romant. Ausnahmeexistenz. Fabrice Mucarade wird bei Clorinde, e. angebl. polit. Emigrantin aus Spanien, die in Begleitung des Betrügers Don Annibal reist, scheinbar zum Rivalen s. Vaters u. bewahrt so den Verblendeten vor der Ehe mit der Abenteurerin. Als Spielmacher des Dramas durchkreuzt er Clorindes und Annibals Pläne, indem er eine innerl. Erschütterung des sittenlosen Mädchens bewirkt u. den Gecken durch s. Unerschrockenheit mutlos macht. Die beiden ziehen weiter, die bürgerliche Familie hat die ›Ansteckung‹ überstanden.

W. Friedrich, Die Entwicklung E. Augiers bis zu s. Sittendrama, Diss. Leipzig 1931.

Les aveugles, Drama von Maurice →Maeterlinck, EA Brüssel 1890, Urauff. 7. 12. 1891 Théâtre d'Art, Paris. E. Priester führt zwölf Blinde in e. Wald u. stirbt; wohl findet der Hund des Hospitals die Gruppe u. führt sie zur Leiche, von der er jedoch nicht mehr weichen will. Die Nacht u. e. Schneesturm brechen herein, geheimnisvolle Schritte, die sich nähern, kündigen den Tod an. Die Zahlensymbolik erlaubt e. agnost. Deutung des Stücks; aus der Gottverlassenheit rettet auch enge Verbundenheit die Zwölf nicht (vgl. auch Salacrou).

Avignon, Hauptstadt des Dép. Vaucluse, 1348–1791 päpstl. Besitz. Heimat der Trobadors Bertrand d'A. u. Guilhem Figueira; in A. begegnete Petrarca in der Kirche Sainte-Claire am 6. 4. 1327 Laura. Mallarmé unterrichtete in A. von 1867–71. Autoren aus Avignon und der Umgebung schlossen sich zum →Félibrige zusammen.

J. Fornéry, Histoire du Comtat-Venaissin et de la ville d'A., Avignon III 1910.

A Villequier, Gedicht aus der Slg. →*Les contemplations* von Victor →Hugo, verfaßt am 4. 9. 1844, e. Jahr nach dem Tod von Léopoldine Hugo, die in der Seine bei V. ertrunken war. Der Wechsel von isometr. u. metabol. Strophenbau (vierzeilige Alexandriner) ist kennzeichnend für die Elegie. Hugo klagt den göttl. Willen als unbegreifl. an, weil er das Glück des Menschen durch e. Zufall vernichtet; er rechtet mit dem Himmel, der ihn, den Propheten u. Führer der Völker, bestraft. Für das poetolog. Selbstverständnis des Autors wie s. manichäisch getönte Weltsicht ist das Gedicht aufschlußreicher als für die seel. Erschütterung e. Vaters. Nur bedingt ist der Text als Bekenntnislyrik, wie sie gemeinhin in der Romantik vorausgesetzt wird, zu begreifen.

Avril, l'honneur et des bois et des mois, Frühlingsgedicht von R. →Belleau, das als Volkslied verbreitet war.

Axël, vierteiliges Dramenfragment von →Villiers de l'Isle-Adam, entstanden 1870–71, TD 1872–86, postume EA 1890, Urauff. 26. 2. 1894 Théâtre de la Gaîté, Paris. Die Exposition des Stücks, das mit Weihnachten 1828 einsetzt, spielt in e. Nonnenkloster in Flandern, Höhepunkt u. Entflechtung sind auf die Burg A.s von Auersperg in den Schwarzwald verlegt. Eve Sara Emmanuèle de Maupers, e. verwaiste reiche Erbin, verweigert die ihr unter Zwang abgeforderten Ordensgelübde u. flieht; sie hat Kenntnis von den Rosenkreuzer-Lehren, die dem Kloster vom Doktor Janus zugespielt worden sind. Janus führt auch A. in den Okkultismus ein, wobei freil. die höchste Stufe die Selbstinitiation sein soll, aber der junge Schloßherr will letztl. nicht *wissen,* sondern *leben*. In dieser Konfliktsituation begegnet er in den Verliesen bei der Schatzsuche Sara; im Kloster hatte sie Aufzeichnungen gelesen, die die Existenz e. während der napoleon. Kriege hier verborgenen Vermögens bezeugen. Als Axël das Mädchen vernichten will, verführt ihn Sara: ›Je suis la plus sombre des vierges ... Hélas! des fleurs et des enfants sont morts de mon ombre ... je suis cet exil, aux inconnues étoiles, que tu cherchais!‹ Weil ihre ideale Liebe ird. Verhältnisse sprengen müßte, geht das Paar verzückt in den Tod. Wie Des Esseintes bei →Huysmans sind die Figuren auf der Suche nach e. aristokrat. Ethos, das sich vom Besitzdenken befreien kann, wenn es schon keine Möglichkeit gibt, den Philister zur Strecke zu bringen.

H. Hinterhäuser, Villiers de l'Isle-Adam, A. (Das franz. Theater vom Barock bis zur Gegenwart Bd. 2, hg. J. v. Stackelberg), 1968.

Aymé, Marcel, 28. 3. 1902 Joigny/Burgund – 14. 10. 1967 Paris, Sohn e. Hufschmieds; abgebrochenes Medizinstud., war in versch. Bereichen als Arbeiter u. Angestellter tätig (u. a. Bank, Filmindustrie); Erzähler u. nach 1946 fast ausschließl. Dramatiker, der 1929 für den Roman *La table aux crevés* mit dem Prix Théophraste-Renaudot, 1939 mit dem Prix Chantecler ausgezeichnet wurde. Der Romancier A. mischte ins provenzal. Ländliche, das von Bosco, Giono u. den Félibrige-Dichtern in idyll. Licht getaucht worden war, gall. Humor in allen Spielarten, der dem Anspruch sittl. Normen auf Erfüllbarkeit Resignation entgegensetzt (→*La jument verte, Le vaurien,* 1931; *Maison basse,* 1935; *Le bœuf clandestin,* 1939; *Les contes du chat perché,* 1939; *La vouivre,* 1942; *Le chemin des écoliers,* 1946; *Romans de la province,* 1956; *Les tiroirs de l'inconnu,* 1960). A.s Neigung zum Phantast., die sich beispielhaft in der Erzählung *Le passe-muraille* (1943) ausdrückt, bestimmt auch s. Dramen. Menschen werden in Vögel verwandelt, bis die Welt e. Internats als Volière erscheint (*Les oiseaux de la lune,* 1956); das Wahrheitsserum in *Les quatre vérités* (1954) wirkt wie der mag. Ring in Diderots *Les bijoux indiscrets*: die Familie des Chemikers Olivier wird von einer Bekennerwut erfaßt, bis alle einsehen, daß die Lüge das Zusammenleben für alle erträglicher macht. Sexualität als beherrschendes Element der Welt A.s verbindet sich in →*Clérambard* mit Frivolität bei der Darstellung religiöser Motive (vgl. noch *La tête des autres,* 1952; *La mouche bleue,* 1957; *Le patron,* 1959; *Louisiana,* 1961; *Les maxibules,* 1962). Tabuverletzung bedeutet bei A. kein Einverständnis mit naturalistischen Darstellungsmitteln; prinzipiell verwendet er den Kontrast zur Darstellung einer grotesken und burlesken Welt. *Œuvres romanesques complètes,* éd. Y.-A. Favre, 1989 ff.; *Vagabondages,* 1992.

G. Robert, A. cet inconnu, 1956; J. Cathelin, A. ou le paysan de Paris, 1958; P. Vandromme, A., 1960; J.-L. Dumont, A. et le merveilleux, 1970; Cl. Dufresnoy, Écriture et dérision, Lille 1982.

Aziyadé (1879), Roman von Pierre →Loti. Im Helden des melanchol. Liebesromans, dem Marineoffizier, stellt sich der Autor, wie in

→*Le mariage de Loti,* selbst dar. Mit der jungen A., die für Stunden aus dem Harem, in dem sie e. alter Kaufmann festhält, entfliehen kann, erlebt er e. flüchtiges Glück.

R. Maurice, En marge d'A., 1945.

Babeuf, François-Noël, gen. Gracchus B., 24. 11. 1760 Saint-Quentin – 27. 5. 1797 Vendôme, kommunist. Revolutionstheoretiker; Sohn e. Angestellten der Steuerbehörde; seit 1785, drei Jahre nach s. Heirat mit Anne-Victoire Langlet, Feldvermesser u. Grundbuchverwalter in Roye, e. Tätigkeit, die kaum das Lebensnotwendigste einbrachte, jedoch genauen Einblick in die Ausbeutung der Landbevölkerung durch die Grundbesitzer gewährte. In e. Briefwechsel mit der Ac. von Arras suchte B. von 1785–88 nach Lösungen der sozialen Frage; 1786 konzipierte er die ersten kollektivist. Wirtschaftsmodelle (vgl. auch Morelly) im *Cadastre perpétuel* (1789) u. entwickelte die geometrische Grundlage einer Steuerreform. Rousseaus *Contrat social* war ihm bei der Ausarbeitung wahrscheinl. noch nicht bekannt, vermutl. aber Helvétius, der B.s materialist. u. atheist. Neigungen bestärkte. Nach Ausbruch der Revolution engagierte sich B. als Journalist für die ökonomische Gleichstellung u. die Republik; Marat u. a. verdankte er 1790 die Freilassung nach s. ersten Verhaftung unter der Beschuldigung des Anarchismus. Als Verwalter des Dép. Somme suchte er seit 1793 s. Verbündeten bei den Gegnern des Privateigentums u. trennte sich von der bürgerl. Aufklärung wie von der Politik der Jakobiner (*Le système de dépopulation ou les crimes de Carrier,* 1794; Zs. *Le tribun du peuple,* 1794–96, in Nr. 35, 1795, →*Manifeste des plébéiens;* Mithg. Zs. *L'éclaireur du peuple ou le défenseur de vingt-quatre millions d'opprimés,* 1796). Vom 9. Thermidor versprach sich B. die Verwirklichung des Egalitätsprinzips an der Massenbasis; als s. Hoffnungen sich nicht erfüllten, proklamierte er den Zusammenschluß der 24 Mill. ›ventres creux‹ gegen ›un million doré‹ u. gründete im März 1796 eine kommunistische Untergrundfraktion (Conspiration des Egaux), die die ›republikan. Tyrannen‹ verjagen sollte (Buonarroti, *Histoire de la conspiration pour l'égalité, dite de B.,* 1828). Am 10. 5. 1796 wurde er erneut verhaftet u. des Anarchismus angeklagt (mit ihm Buonarroti, Darthé, Drouet); zum Tode verurteilt, erdolchte er sich, wurde jedoch noch als Leichnam aufs Schafott gebracht. Der utop. Babouvismus, der 1830 in der polit. Diskussion wieder e. Rolle spielte, verfocht konsequenter als andere frühsozialist. Theorien die ökonom. Gleichstellung; 1842 entdeckte Marx bei B. Elemente s. Doktrin von der Diktatur des Proletariats.

J. Maitron, Histoire du mouvement anarchiste en France, 1955; V. M. Dalin, B.-Studien, hg. W. Markov, 1961; K. H. Bergmann, B., 1965; M. Dommanget, Sur B. et la conjuration des égaux, 1970; H.-U. Thamer, Linguet, Mably, B., 1973; R. B. Rose, B., 1978.

La bacchante, Prosagedicht von Maurice de →Guérin, entstanden wahrscheinl. 1836, EA 1862 in der Zweitauflage von *Journal, lettres et poèmes,* hg. G.-S. Trébutien. Angeregt von antiken Darstellungen, vor allem im Louvre, die Bacchantinnen zeigen, schrieb Guérin nach →*Le centaure* als weitere Rollendichtung e. Hymnus auf Bacchus, die Inkarnation ewiger Jugend. Im Text fallen von Anfang an Serien des Wortes ›sein‹ auf, das sowohl die innere Verfassung als auch die Geborgenheit im Schoß der Erdmutter meint. Wie der Kentaur wuchs die Bacchantin Aëllo abgeschirmt vom gesellschaftl. Leben auf, sie reicht ihre Lehren u. Erfahrungen jetzt an junge Gefährtinnen weiter. Erst der Biß e. Schlange beendet die Initiation; das Gift wirkt wie ein Elixier der Kybele, erfüllt mit abgeklärter Weisheit, dem Erwartungszustand vor den Mysterien.

Bacchus, Tragikom. in drei Akten von Jean →Cocteau, EA 1952, Urauff. 10. 10. 1951 Théâtre Marigny, Paris. Der Dramatiker verlegte die pirandelleske Tragikom. vom Eintagskg., die im Stoff vom träumenden Bauern vorgebildet ist, in die Reformationsepoche. Bei e. Winzerfest fällt 1523 die Wahl zum Bacchus auf den verspotteten Hans, der hinter der oktroyierten Maske des Gottes e. radikal-christl. Programm verkünden will. S. Gegenspieler, der Kardinal Zampi, gewinnt die Massen gegen den immer fanatischer agierenden neuen Messias, bewahrt ihn jedoch mitleidig, als sich e. Möglichkeit bietet, Hans mit e. Schuß zu töten, vor dem Scheiterhaufen. Der Rollenträger scheitert, da er die tödl. Antinomie von Wirklichkeit u. Scheinbild mißachtet. S. Irrtum ist um so folgenreicher, als ihm in Zampi der Repräsentant der hist. versicherten Amtskirche entgegentritt; zudem greift auch Hans zu Machtmitteln, um s. Heilslehre gegen den manifesten Willen der Mehrheit der Bevölkerung durchzusetzen. Nach s. Tod behauptet der Kardinal, der Häretiker sei versöhnt mit der Kirche gestorben. Diese Lüge rettet Hans vor der Verbrennung u. stärkt die Autorität der Kirche. Cocteau wählte diesen theolog. Konflikt jedoch vor allem, um durch die Konfrontation des Bauernjungen mit dem Würdenträger die Verlassenheit der kompromißlosen Jugend in Szene zu setzen.

Bachaumont, Louis Petit de, 2. 6. 1690 Paris – 29. 4. 1771 ebda., Sohn e. Beamten am Rechnungshof, Privatmann, Freund von Chapelle, u. Anhänger der Aufklärung; 1745 unterstützte er den schott. Thronprätendenten Karl Eduard Stuart. B. verkehrte im Salon der Mme Doublet u. war 1730–1768 Mittelpunkt dieses Zirkels, wo er mit Voltaires Freund Argental, mit Mirabaud u. Voisenon zusammenkam. Seit 1738 sorgte B. für e. regelmäßigen u. schriftl. fixierten Austausch Pariser Neuigkeiten u. Anekdoten, die seit 1762 in den →*Mémoires secrets* gedruckt wurden. Wahrscheinl. verfaßte B. nur die ersten 6 Bde., Pidansat de Mairobert u. Mouffle d'Angerville die umfangreichere Fortsetzung. 1775 erschien e. Ausgabe von s. u. Chapelles *Œuvres.*

Bachelard, Gaston, 27. 6. 1884 Bar-sur-Aube – 16. 10. 1962 Paris, Naturwissenschaftler, seit den 20er Jahren mit philosoph. Fragestellungen befaßt; 1955 Aufnahme in die Ac. des sciences morales et politiques. Lehrer u. Vorbilder waren Freud, C. G. Jung u. Lacan, jedoch machte B. von der Psychoanalyse stets e. heterodoxen Gebrauch. S. Domäne wurde die Wiss.sphilos., wobei ihn bes. die Theorie der Materie beschäftigte, u. von daher die psycholog. fundierte Lit.-kritik (*La psychanalyse du feu,* 1938; *Lautréamont,* 1939; *L'eau et les rêves;* 1943; *L'air et les songes,* 1943; *La terre et les* *rêveries de la volonté,* 1948; *La terre et les rêveries du repos,* 1948; *La poétique de l'espace,* 1957; *La poétique de la rêverie,* 1960).

Sondernr. Critique 200, 1964; P. Quillet, B., 1964; F. Pire, De l'imagination poétique dans l'œuvre de B., 1967; M. Mansuy, B. et les éléments, 1967; ders., Maintenir et prolonger le bachelardisme, RhlF 1970; Sondernr. L'Arc 42, 1972; M. de Gandillac u. a., B., 1974; J.-B. Roy, B. ou le concept contre l'image, Montréal 1977; J. Lescure, Un été avec B., 1983.

Le bachelier de Salamanque (II 1736–38), Roman von Alain-René →Lesage, wie die früheren erzählenden Werke Weiterentwicklung des span. pikaresken Romans. S. Stellung als Hauslehrer verschafft Don Chérubin de la Ronda einerseits hinreichend Prestige, um in bessere Kreise vorzudringen, andererseits beinhaltet sie auch völlige Rechtlosigkeit. Die Episoden s. Lebenswegs sind abwechslungsreich erzählt u. satir. durchleuchtet. Die abenteuerl. Existenz s. Schwester, die er wiederfindet, bestätigt die Verwilderung der Gesellschaft, wie er sie bereits kennengelernt hat. Daß der span. Rahmen nur der lit. Verfremdung diente, war dem Publikum geläufig.

Baculard d'Arnaud →Arnaud.

Bade, Josse, 1462 Gent – 1535 Paris, e. der bedeutendsten Buchdrucker der Renaissance, dessen Klassikerausgaben u. Kommentare zur Ausbreitung der humanist. Kultur beitrugen.

Badinage, ursprüngl. (16. Jh.) Bezeichnung für Torheit, im 18. u. 19. Jh. oberflächl. Spielerei, kann moral. u. ästhet. gemeint sein (Bertin, Augustin de Piis, Caylus, *Œuvres badines complètes,* 1786–87; Musset).

Les bagages de sable (Prix Goncourt 1962), Roman von Anna →Langfus. Die Romanheldin Maria hat – wie die Autorin – fast alle Angehörigen während der dt. Besetzung Polens verloren u. lebt allein in Paris. Ihr Freund, der alt genug ist, um als ihr Vater zu gelten, verläßt sie, als er erkrankt u. Geborgenheit bei s. Frau sucht. Marias Ausbruch aus der Welt der Erinnerungen u. Angstträume ist mißglückt.

Baïf, Jean-Antoine de, 19. 2. 1532 Venedig – Oktober 1589 Paris, Sohn von Lazare de →B. u. e. Venezianerin; zusammen mit Ronsard u. Du Bellay am Collège Coqueret; begann 1549 zu schreiben *(Poème sur la paix avec les Anglois),* Mitarbeit am *Tombeau de Marguerite de Navarre.* Nach dem Vorbild der *Amours de Cassandre* s. Freundes Ronsard fügte B. Oden, Odelettes, Chansons u. Sonette zu zwei Zyklen Liebeslyrik, *Amours de Méline* (1552) und *Amours de Francine* (1555), zusammen. 1554 vorübergehender Bruch mit Ronsard. Nach Plautus, *Miles gloriosus,* schrieb er die Maulheldenkom. *Le brave* (krA S. Maser 1979), für die Ronsard, Belleau u. Desportes enkomiast. Gesänge als Zwischenakte lieferten. 1570 gründete er die →Académie du Palais. B. setzte den Alexandriner durch, er trat – vergebl. – für e. phonet. Graphie des Franz. sowie die Anlehnung an die quantitierende lat. Metrik ein (Sammelausgabe *Œuvres en rime,* 1573). Später widmete er sich der Gedankenlyrik u. relig. Poesie (*Mimes, enseignemens,* 1576; *Prières,* 1587; *Œuvres complètes,* hg. Ch. Marty-Laveaux V 1881–90).

M. Augé-Chiquet, La vie, les idées et l'œuvre de B., 1909; H. Chamard, Histoire de la Pléiade, IV 1939–40; M. Quainton, Some sources and techniques ... in the poetry of B., Forum for modern language studies 1971.

Baïf, Lazare de, 1496 bei La Flèche – Herbst 1547 Paris, Vater von Jean-Antoine de →B., Humanist, Archäologe, Botschafter in Venedig u. Dtl., Prinzipal des Collège Coqueret; 1537 lieferte er die Versübs. der *Elektra* des Sophokles, die ihn zu e. der frühesten Trag.definitionen veranlaßte: ›une moralité composée de grandes calamités, meurtres et adversités survenues aux nobles et excellents personnages‹. 1552 folgte der Lyrikband *Les amours* (vorwiegend zehnsilbige Sonette; Chansons u. Epigramme). Er dichtete eleganter in lat. Sprache als in Franz.

Baillon, André, 27. 4. 1875 Antwerpen – 10. 4. 1932 Saint-Germain-en-Laye, Journalist in Brüssel, seit 1919 Romancier, der mit großer Präzision im Stil der Goncourts patholog. Verhalten darstellte (*Moi quelque part,* 1919; *Histoire d'une Marie,* 1921; *Zonzon Pépette,* 1923; *Par fil spécial,* 1924; *Un homme si simple,* 1925; *Chalet I,* 1926; *Délires,* 1927; *La vie est quotidienne,* 1929; *Le neveu de Mlle Autorité,* 1930).

Bainville, Jacques, 9. 2. 1879 Vincennes – 9. 2. 1936 Paris; Lycée Henri IV, Redaktionssekretär der *Action française* u. verantwortl. für die außenpolit. Chronik, Mitarbeiter von *Liberté, Candide* u. *Le Petit Parisien,* mit H. Massis Gründer u. Chefredakteur der *Revue universelle,* die er seit 1920 leitete, 1935 Mitgl. der Ac. frçe., als Nachfolger von Poincaré. Obwohl B. nach e. Dtl.reise – vgl. s. Studie über Ludwig II. von Bayern (1907) u. s. Darstellung der Politik Bismarcks aus der Perspektive von Maurras – e. nationalist. u. antirevolutionären Standpunkt bezogen hatte, der ihn parteiisch machte (*Histoire de deux peuples,* 1915; *La Russie en 1916,* 1917; *Histoire de trois générations,* 1918; *Les conséquences politiques de la paix,* 1920; *Histoire de France,* 1924; *Heur et malheur de France,* 1924; *La Russie et la barrière de l'est,* 1927; *Jaco et Loris,* 1927; *L'Allemagne romantique et réaliste,* 1927; *Napoléon,* 1931; *L'Angleterre et l'Empire britannique,* 1938; *L'Allemagne,* 1939; *Journal 1901–1935,* 1948 f.; *Journal inédit 1914,* 1953), warnte er 1935 *(Les dictateurs)* vor dem ital. u. dt. Faschismus. Beliebter Autor in dt. Lesebüchern, meist mit reaktionären Texten vertreten.

J. Reboul, B. contre l'histoire de France, 1925; L. De Gérin-Ricard, L'histoire de France de J. B., 1939; Vidal, La pensée de B. en matière économique et sociale, 1944.

Le baiser au lépreux (1922), Roman von François →Mauriac. Der verkrüppelte Jean Péloueyre heiratet die schöne Noémi, die vor ihm körperl. Abscheu empfindet, der sich noch verstärkt, als Jean unheilbar erkrankt. Die junge Frau muß ihren Ekel überwinden, indem sie ihn küßt, wie ma. Mönche Leprakranke berührten. Nach s. Tod verzichtet sie auf e. neue Ehe mit e. jungen Arzt. Mauriacs Puritanismus u. das Motiv der ›femme emmurée‹, die in gesellschaftl. Konventionen sowie e. überstarkes Sündebewußtsein eingeschlossen ist u. in ihrer ausweglosen Lage e. manische Haltung annimmt, lassen sich bereits in diesem Frühwerk, das ihn berühmt machte, aufweisen.

Balbec, fiktiver Badeort (Bretagne oder Normandie) in →*A la recherche du temps perdu* von Proust (*A l'ombre des jeunes filles en fleurs* u. *Sodome et Gomorrhe*), dem normann. Cabourg nachgebildet. Das Roman-Ich verbringt hier zweimal Badeferien in Gesellschaft von Mme Villeparisis, Familie Verdurin, Charlus, Saint-Loup, Mme Swann; er verkehrt im Atelier des Malers Elstir. In B. reift s. Plan, Albertine, obwohl er sie lesb. Neigungen verdächtigt, an sich zu binden.

Le balcon, Schauspiel in neun Bildern von Jean →Genet, entstanden 1956, EA 1956, Zweitfassung 1960; Urauff. 22. 4. 1957 London. E. Freudenhaus (›Le Grand Balcon‹) wird zum Schauplatz der Auseinandersetzung von Macht u. Sexualität in illusionären Auftritten inmitten e. von Spiegeln überzogenen Welt. Das 1. Tableau zeigt e. als Bischof Verkleideten, der von der ihm zugewiesenen Sünderin verlangt, daß sie die Vergehen, die sie beichtet, auch wirkl. begangen hat; denn der Teufel spielt, man erkennt ihn als großen Akteur. Darum verdammt die Kirche die Komödianten. Der ›Bischof‹ identifiziert sich soweit mit s. Rolle, daß er das Spiel zu hassen beginnt. Dennoch ist die Verkleidung für ihn Aufschwung zur Klarheit, Rückkehr in e. Dimension, aus der er verjagt wurde, so daß in dieser Bewußtseinslage Selbstmord denkbar wäre. Im 2. Bild zwingt e. Richter e. Diebin, die die ›voleuse modèle‹ spielen muß, für die er dann ›un juge modèle‹ sein kann, zu Geständnissen. Das Mädchen, das erst seit zwei Tagen im Bordell lebt, beherrscht das Repressionsritual erst unvollkommen. Wie der Bischof verlangt der Richter, daß die geoffenbarten Untaten auch tatsächl. verübt wurden. Spielfigur der nächsten Szene ist e. General, der mit e. Mädchen ›cavalier‹ u. ›jument‹ probt u. anschließend als toter Heros beklagt sein will. Im 5. Bild, nach dem pantomim. Auftritt e. Vogelfetischisten, kommentiert Irma, die Besitzerin des ›Grand Balcon‹, die Vorgänge. Die Kunden wünschen ernsthafte Zeremonien; inmitten von Spiegeln inszenieren sie geheimes Theater, sie bringen ihr ›scénario parfaitement réglé‹ bereits mit. Menschl. Einverständnis zwischen den Männern u. den Mädchen würde den Untergang der ›plus honnête maison d'illusions‹ bedeuten. E. Revolte, die in der Stadt ausgebrochen ist, dient als Anlaß zum neuen Spiel. Mit dem 6. Bild wechselt die Szene. Auf e. Platz werden Chantal u. Roger von Bewaffneten bewacht; Chantal war aus dem ›Grand Balcon‹ geflohen, die Revolutionäre sehen in ihr die neue Marianne der Barrikaden. Sie hat die Welt der Vor-Stellung verlassen, um bereits wieder zur Allegorie fixiert zu werden. ›Le bordel m'aura au moins servi, car c'est lui qui m'a enseigné l'art de feindre et de jouer‹. Das 7. Bild zeigt den zerstörten Salon funéraire im ›Grand Balcon‹; Irma wird die Kgin. spielen, die im Palast umgekommen ist; Chantal soll ihr im 8. Bild vorgestellt werden, als e. Schuß fällt u. das Mädchen tötet; der Bischof war der Anstifter. Bischof, Richter u. General treten im 9. Bild das Amt ihrer Verkleidung an; der Polizeichef nimmt die Rolle des toten Arthur, des phall. Symbols im Haus ein. Er glaubt sich als Mann der Aktion den Kostümträgern an Energie überlegen. Roger, Chantals Freund, spielt den Polizeichef u. drückt darin s. Todessehnsucht aus; daß er sich entmannen will, wird von den Zuschauern als Ritual gedeutet. Der wirkl. Polizeichef kann jetzt beruhigt sterben, da überall angstvoll s. Name genannt wird; Irma entläßt die Masken u. bereitet e. Neuverteilung der Rollen vor. Genet warnte davor, *B.* als Satire zu inszenieren. Das Stück sei ›la glorification de l'Image et du Reflet‹. Das dialekt. Verhältnis von Realität u. Projektion ist nicht symmetr. – in der Figurenperspektive erhält die letztere ein Übergewicht, denn die Rollenträger bewahren sich das Bewußtsein der Inszenierung; dies geht soweit, daß e. Minister für e. Totenszene keinen Leichnam, sondern e. Person, die sich totstellen kann, wünscht. Das Fest, das die Figuren bei Irma aufführen, bleibt unversehrt, das wirkl. Wesen e. sozialen Gestalt existiert nur im eingebildeten Ritual. Als sie mit den Illusionen ernst machen sollen, weil die Gesellschaft e. Bischofs, Richters u. Generals bedarf, werden die Spieler zu wirklichen Marionetten. Sie sind als konventionelle Würdenträger machtlos, Sieger ist der Polizeichef.

L. Goldmann, Genets Bühnenstücke, Alternative 49/50, 1966; M. Nerlich, Alice im Bordell ..., Lendemains 19, 1980.

Un balcon en forêt (1958), Roman von Julien →Gracq. Nach →*Les rivages des Syrtes* machte der Autor nochmals das Warten auf e. Kriegsausbruch zum Thema e. Romans. Während 1939/40 an der dt.-franz. Front noch Ruhe herrscht, nimmt die Waldlandschaft, in der die Truppen liegen, den Offizier Grange allmähl. gefangen. Die militär. Sicherungsmaßnahmen werden zur lästigen Routine, die den Einklang mit der Natur stört. Die ersten Kampfhandlungen zerstören das bukol. Lebensgefühl, das sich in der allgemeinen Lethargie entwickeln konnte. Diese Untätigkeit e. Gruppe wird von Gracq als einzigartige Chance dargestellt, um zu geheimen Kräften der Natur zurückzufinden u. sich von der Befleckung durch die Zivilisation zu reinigen.

Le bal des voleurs, Schauspiel in vier Aufzügen von Jean →Anouilh, EA 1942, Urauff. 16. 9. 1938 Théâtre des Arts, Paris. Der Dramatiker nennt das Kostümstück e. Ballett für Schauspieler. In Vichy verkleiden sich Taschendiebe in attraktive Spanier, um die reichen Nichten der Lady Hurf, Eva u. Juliette, auszurauben. Die alte Dame, die das Spiel durchschaut, zwingt die Maskenträger, sich mit ihrer Rolle zu identifizieren, bis sich Juliette in Gustav, der ihr als Sohn des Hzg.s von Miraflor vorgestellt wurde, verliebt u. ihn bei der Ausführung des geplanten Einbruchs in die Villa tatkräftig unterstützt. Nun gewinnt Lord Edgar, Lady Hurfs Liebhaber, Geschmack an dem Spiel, rehabilitiert den Ganoven, indem er ihn zu s. Sohn erklärt, u. beseitigt damit die Gefahr, daß die Verbindung zwischen den beiden jungen Menschen zur Mesalliance wird. Die Welt der Jugend verdankt ihr Glück noch den Erwachsenen, darin unterscheidet sich der *Ball der Diebe* von →*La sauvage* oder →*Antigone.*

Le bal du comte d'Orgel (1924), Roman von Raymond →Radiguet. Die verinnerlichte Liebestrag. – das Gegenstück zum ersten Roman →*Le diable au corps* – steht in der Tradition der →*Princesse de Clèves.* François und die Gattin des Grafen von Orgel lieben sich, sie bringen ihre Zuneigung dem Ehrgefühl zum Opfer, obwohl der Graf, e. oberflächl. Salonmensch, diese Geste nicht verdient hat.

C. M. Senninger-Book, B., une Princesse de Clèves du 20e siècle, Symposion 1963.

Baligant, Großkg. von Babilonie (= Kairo), Lehnsherr des →Marsilie. Die Baligantepisode, verschiedentl. schon als Interpolation angesehen, beginnt mit Vers 2616 der →*Chanson de Roland.*

Ballade (prov. ›balada‹, altfranz. ›ballete‹), Refraingedicht (vgl. Rondeau, Virelai) in acht- bis zwölfsilbigen Versen, dessen feste Form im 14. Jh. (→Guillaume de Machaut) ausgebildet wurde: drei Strophen u. e. verkürzte Geleitstrophe (→Envoi). Die Strophen sind isometr. u. haben gleiche Reime. Die Widmung ist an den Prince, den Vorsitzenden der Meistersingerzunft (→Puy), gerichtet. François →Villon durchbrach die ältere Stofferwartung der B. u. vollendete die Gattung; sie wurde durch die Pléiade verpönt. Seit dem 19. Jh. ist der Terminus doppeldeutig, bei Victor Hugo meint er e. ep.-lyr. Gedicht (engl. ›ballad‹, dt. ›Ballade‹). Der ursprüngl. Zusammenhang mit tänzer. Mimesis ist für die lit. Entwicklung ohne Einfluß geblieben.

F. J. A. Davidson, Über den Ursprung der franz. B., Diss. Halle/Saale 1900; J. Müller, Romanze u. B., GRM 1959; L. D'Hulst, B. en France, 1810–30, 1980.

Ballade des pendus, geläufiger Titel für →*L'épitaphe de Villon* u. Titel e. satir. Gedichts in der Kom. *Gringoire* (1866) von Banville, das der Held dem Kg. Ludwig XII. vorträgt: aus Galgen bestehe der Lustgarten des Monarchen.

Ballanche, Pierre-Simon, 1776–1847, Dramatiker (*Inès de Castro,* 1811; *Antigone,* 1814) u. Philosoph, der seit 1816 an e. Theorie des Mythos u. der Utopie arbeitete u. den Typus des romant. Seher-Dichters entwarf (*Essais de palingénésis sociale,* 1827; *Orphée,* 1829; Fragment *La ville des expiations; Œuvres,* 1830).

P. Bénichou, Le grand œuvre de B., RhlF 5, 1975.

Ballett, künstler. Bühnentanz, seit Ende des 16. Jh. als Hofb. unter ital. Einfluß in Frkr. entwickelt und im späten 17. Jh. zum Bühnenstück verselbständigt (vgl. auch Comédie-b. bei Molière). B.libretti verfaßten u. a. Cocteau, Cendrars (*La création du monde,* 1923), Ramuz (*L'histoire du soldat,* 1920), Claudel (*L'homme et son désir,* 1921). Die mod. Choreographie gestalteten vor allem Balanchine, Lifar u. Maurice Béjart.

S. Lifar, Traité de danse académique, 1949; K. Geitel, B.zentrum Paris, 1960.

Balletti, Elena Virginia, 1686 Ferrara – 30. 12. 1771 Paris, Schauspielerin (Künstlername: Flaminia) der Com. italienne, verheiratet mit L. →Riccoboni. Ihr Bruder u. ihre Schwägerin gehörten gleichfalls dem Ensemble an.

Balzac, Honoré de, 20. 5. 1799 Tours – 18. 8. 1850 Paris, s. Vater war bäuerl. Herkunft, bis 1776 schrieb sich die Familie Balssa, seit 1802 Balzac. 1803 wurde B.s Vater Leiter des Lazaretts in Tours. 1807–13 Schulbildung bei den Oratorianern in Vendôme, 1814–16 in Tours u. Paris, wohin s. Vater 1814 versetzt wurde. 1816–18 Jurastud. an der Sorbonne u. Tätigkeit bei e. Anwalt u. Notar. B. interessierte sich vor allem für Philos.; 1817/18 sammelte er Ideen zu e. nie vollendeten Werk über die Unsterblichkeit der Seele, die er teilweise in dem frühen Roman *Sténie ou les erreurs philosophiques* (postum 1936) integrierte; Auseinandersetzung mit Zufall u. Notwendigkeit, Vorahnung u. Schicksal *(Notes sur la philosophie).* 1819 Bachelier en droit; er weigerte sich, nach dem Willen der Familie Notar zu werden, fühlte sich zum Schriftsteller berufen. B. bezog e. Mansarde in der Nähe des Arsenal. Im Winter 1819/20 schrieb er eine Trag. *Cromwell* (Alexandriner, fünf Akte), die das Akademiemitgl. François →Andrieux negativ beurteilte. Durch Losentscheid wurde B. vom Militärdienst befreit. 1820–23 arbeitete er an dem Roman *Sténie* u. an der Erzählung *Falthurne.* 1821 machte er die Bekanntschaft s. Geliebten Laure de Berny (geb. 1777), für ihn Mätresse u. Mutter zugleich; 1825 liierte er sich mit der Hzgin. von Abrantès. In diesen Jahren schrieb B. unter Pseudonym zahlr. Erzählungen u. Kolportageromane, um sich s. Unterhalt zu sichern, u. versuchte als Verleger, später Drucker, in der Rue Visconti s. Einkommen zu vergrößern. In Wirklichkeit begann jetzt s. Verschuldung, die ihn bis ans Ende der 40er Jahre bedrücken sollte. Er arbeitete an der *Physiologie du mariage* u. →*Le dernier chouan ou la Bretagne en 1800* (1829), dem ersten Roman, den er mit s. Namen zeichnete. Der hist. Roman Walter Scotts interessierte ihn (vgl. Hugo, Vigny, Mérimée, Dumas), er träumte davon, in Frkr. denselben Rang als Erzähler zu erringen. Fortan orientierten sich B.s Geschichten nicht mehr an der Bauform des ›récit‹, sondern des ›drame‹. Seit 1830 schuf er den Kern der →*Comédie humaine;* zunächst entstanden zwei Bände der *Scènes de la vie privée* als Untergliederung der *Études des mœurs* (→*La maison du chat-qui-pelote; Le bal de Sceaux,* 1830; außerdem gehören zu den ›Szenen aus dem Privatleben‹: *La vendetta,* 1830; *Une double famille,* 1830; *La paix de ménage,* 1830; *Étude de femme,* 1830; *Gobseck,* 1830; →*La femme de trente ans,* →*Le colonel Chabert,* →*Le père Goriot,* →*Le contrat de mariage,* →*Béatrix, La fausse maîtresse,* 1841; *Mémoires de deux jeunes mariés,* 1841–42; *Un début dans la vie,* 1842; *Modeste Mignon,* 1844). In die *Études de mœurs* reihte Balzac weiter ein: *Scènes de la vie de province* (*Le curé de Tours,* 1832; →*Eugénie Grandet, La vieille fille,* 1837; →*Les illusions perdues, Pierrette,* 1840; *Ursule Mirouet,* 1841), *Scènes de la vie parisienne* (*Sarrasine,* 1831; *Histoire des treize,* 1833–35; *Histoire de la grandeur et de la décadence de César Birotteau,* 1837; *La maison Nucingen,* 1838; *Splendeurs et misères des courtisanes,* 1839–47; *Un homme d'affaires,* 1845; →*Les comédiens sans le savoir,* →*La cousine Bette,* →*Le cousin Pons, Les petits bourgeois,* 1854), *Scènes de la vie politique* (*Un épisode sous la terreur,* 1830; *Z. Marcas,* 1840; *Une ténébreuse affaire,* 1841), *Scènes de la vie de campagne* (→*Le médecin de campagne, Le lys dans la vallée,* 1835; →*Le curé de village;* vgl. auch →*Les paysans*). Seit dem Beginn der 30er Jahre schrieb B. neben den →*Contes drolatiques,* die außerhalb der *Comédie humaine* stehen, den zweiten Komplex des Romanzyklus, die *Études philosophiques* (*Adieu,* 1830; *El Verdugo,* 1830; *L'élixir de longue vie,* 1830; →*La peau de chagrin, Jésus-Christ en Flandre,* 1831; →*Le chef-d'œuvre inconnu, L'auberge rouge,* 1831; *L'enfant maudit,* 1831–36; *Louis Lambert,* 1832 f.; *La recherche de l'absolu,* 1835; *Séraphita,* 1835; →*Gambara*). Als dritter Komplex schlossen sich in der Gliederung, nicht der Entstehung nach, die *Études analytiques* an (*Physiologie du mariage,* 1829; *Petites misères de la vie conjugale,* 1830). Seit 1832 wuchs die innere Konzentration des Romanwerks; B. beabsichtigte, über das Schicksal von Individuen hinaus soziale Gruppen darzustellen. Die Romanfabeln spielen in den Jahrzehnten zwischen 1793 u. dem Ende der Julimonarchie; die Schauplätze der Handlung sind Paris, die Bretagne

u. Normandie, Burgund, die Touraine u. das Anjou, dagegen auffallend selten Südfrkr. Die soziale Gliederung umfaßt namentl. Politiker, Bankiers, Geschäftsleute, Künstler, Journalisten, Kriminelle u. Prostituierte als typ. Gruppen. Außer den 91 Romanen u. Novellen, die in der *Comédie humaine* zusammengefaßt sind, schrieb B. neun Dramen, ca. 90 Roman- u. Dramenfragmente sowie ca. 250 sonstige Texte (*Œuvres complètes,* XXVI 1956–62). In rastloser Arbeit, häufig im Wettlauf mit dem Drucker, da zahlr. Romane im Feuilleton von Zeitungen, z. B. *Le Constitutionnel,* erschienen, verfaßte der Autor s. Riesenwerk. B. liierte sich 1834 mit der Ukrainerin Eveline Hanska, die er im März 1850 heiratete. Er kandidierte dreimal erfolglos für e. Sitz in der Ac. frçe., zuletzt im Januar 1849. Bereits schwer krank unternahm er mit s. Frau e. Rußlandreise, nach der Rückkehr im Mai 1850 verschlechterte sich s. Gesundheitszustand rapide. 1853–55 erschien die erste Gesamtausgabe (20 Bde.), 1869–76 eine Ausgabe in 24 Bden. Seit 1876 wurde B.s Korrespondenz ediert (*Correspondance 1819–50,* II 1876; *Lettres à l'étrangère 1833–44,* II 1849–50, ²1925; *Correspondance avec Mme Zulma Carraud 1829–50,* 1935; *Lettres à Mme Hanska,* hg. R. Pierrot 1968 ff.). Die Kritik erkannte zwar seit 1830 s. Vermögen exakter Beschreibung an, sprach ihm jedoch die Fähigkeit zum philosoph. Denken wiederholt ab. Daß B. als Erzähler zugleich geschichtsphilosoph. Grundansichten demonstrieren wollte, wurde lange nicht akzeptiert. Behindert wurde die B.-Rezeption auch durch die weitverbreitete Abneigung gegen minutiöse Analysen moral. Verhaltens. Der Vorwurf der Formlosigkeit bezog sich auf die zahlr. Digressionen u. vor allem auf s. Behandlung der Konfliktlösung. Gegen B.s Hang zur Bildung von Neologismen polemisierten die meisten Rezensenten ebenso wie gegen den Kunstgriff, dieselben Gestalten in versch. Romanen auftreten zu lassen. Der positive Umschwung erfolgte nach 1846; in den letzten Lebensjahren galt B. als der ›Molière des 19. Jh.‹, währ. der polit. Gehalt s. Werkes erst von den Goncourts u. Zola gewürdigt wurde. Mit s. Romanwerk wollte B. auch beweisen, daß der Adel die Julirevolution hätte verhindern können; er kritisiert den Kapitalismus zunächst aus der feudal-romant. Perspektive, voller Haß gegen die Niedertracht der Welt, die sich unter das Gesetz des Geldes stellt. Die Bemühungen des Autors, das individuelle Verhalten mit Hilfe der Milieutheorie oder der Biologie zu erklären, ließen das Geheimnis, das über dem Schicksal der Individuen lag, oft unangetastet. Zwar erscheinen bei B. die gesellschaftl. Mächte nicht, wie später bei Zola, als phantast. Monsterwesen, der Ansatz zur Psychologisierung sozialer Spannungen, z. B. in Ehen, die Aristokraten mit Bürgerlichen geschlossen haben, mündet jedoch in die Schilderung menschl. Unglücks, das nur unvollständig aus dem gesellschaftl. u. wirtschaftl. Sein herzuleiten ist. Lukács' Hypothese, Grundlage des B.schen Realismus sei die ständige Aufdeckung der sozialen Lage als Basis jedes gesellschaftl. Bewußtseins, kann wohl nicht mit jedem Werk des Erzählers bewiesen werden. Da sich in der Handlung s. Romane immer nur wenige Figuren ausleben können, wurde für B. die Wiederkehr der Personen zur notwendigen Form, die im Zyklus Lebensfülle garantiert. Trotz zahlr. Einwände gegen s. Kompositionsschwächen war die europ. Wirkung B.s säkular. In England wurde er seit den 50er Jahren des 19. Jh. als verläßlichster Schilderer des franz. Lebens gewürdigt, wenngleich man die Darstellung sittl. Verderbnis als Gefährdung für den Leser ansah. Eine Konsequenz dessen war die von vielen Seiten geforderte purgierte Familienausgabe in den 90er Jahren. G. Moore, Wilde u. Swinburne, der B. e. ›Prosa-Shakespeare‹ nannte, rühmten s. ep. Leistung. In Dtl. las Goethe noch *La peau de chagrin* mit Interesse; Gutzkow hielt den Autor bereits in den 30er Jahren für e. Genie. Vor allem das Junge Dtl. förderte die B.begeisterung. 1840–46 erschienen 32 Bde. in Übs. Engels schrieb im April 1888 in e. Brief an Miss Harkness, der auch s. Realismuskonzeption enthielt, er halte B. für e. weit größeren Meister als ›alle Zolas‹, von dem er, auch in volkswirtschaftl. Details, mehr gelernt habe als von ›allen berufsmäßigen Historikern, Ökonomen u. Statistikern dieser Zeit zusammengenommen‹. B. blieb für die Entwicklung des krit. Realismus maßgebend, so daß er zwangsläufig zum Gegner werden mußte, an dem der Dingroman, insbes. →Robbe-Grillet in *Pour un nouveau roman,* per negationem die eigene Größe nachweist.

G. Schoch, Die Herausbildung der Erzähltechnik bei B., Diss. Kiel 1966; E. P. Dargan (Hg.), Studies on B.'s realism, New York 1967; J. Borel, Séraphita et le mysticisme balzacien, 1968; M. Fargeaud, B. et la recherche de l'absolu, 1968; R. Bolster, Stendhal, B. et le féminisme romantique, 1970; R. Barthes, S/Z, 1970; P. Barbéris, B. et le mal du siècle, II 1970; ders., B. Une mythologie réaliste, 1971; J. Borel, Médecine et psychiatrie balzaciennes. La science dans le roman, 1971; G. B. Raser, The heart of B.'s Paris, 1971; M. Berry, B., 1972; B. Vannier, L'inscription du corps, 1973; D. Bellos, B. criticism in France 1850–1900, London 1976; A. Michel, Le mariage et l'amour dans l'œuvre romanesque de B., III 1976; F. Wolfzettel, B.forschung 1967–77, RZLG 2–3, 1978; B. Brumm, Marxismus u. Realismus am Beispiel Balzac, Diss. Hannover 1979, 1982; J. Carl, Unters. zur immanenten Poetik B.s, 1979; W. Eitel, B. in Dtl., 1979; M. Laurencin, La vie quotidienne au temps de B., 1980; H.-U. Gumbrecht u. a. (Hg.), B., 1980; B., l'invention du roman, Colloque 1980, 1982; W. Jung, Theorie u. Praxis des Typischen bei B., 1983; J. Küpper, B. u. der Effet de réel, 1986; N. Mozet, B. au pluriel, 1990; J. Grange, B., 1990; P. Sipriot, B. sans masque, 1992.

Balzac, Jean-Louis Guez seigneur de, Mai oder Juni 1597 Schloß B. bei Angoulême – 18. 2. 1654 ebda., Jesuitenschüler in Poitiers u. in Paris am Collège de La Marche, Stud. Leyden; Sekretär des Hrzg.s von Éperon, als Sekretär des Erzbischofs von Toulouse 1620–22 in Rom. Nachdem s. hochgesteckten polit. Pläne gescheitert waren, zog er sich auf s. Besitz in die Charente zurück u. widmete sich der Lit. Der geschliffene Stil u. die interessante Thematik s. *Lettres,* die an Persönlichkeiten im polit. u. geistigen Leben gerichtet u. von vornherein zur Publikation bestimmt waren, brachten ihm 1624 den Ehrentitel ›Empereur des Esprits‹ ein. Die prakt. Staatslehre, die B. in Maximen faßte, verteidigt den Absolutismus; gleichzeitig spottete der Autor über die Kurie u. das Mönchstum. Iron. sprach er vom pedant. Humanismus u. fühlte sich als Rationalist der Sorbonne wiss. überlegen. Darin setzte B. die von Malherbe eingeleitete Neuorientierung fort. An s. Lehrbuch *Du prince* (1631) mißfiel Richelieu die pragmat. Herleitung des Absolutismus. Eine der beiden Ausgaben s. Gesamtwerkes (darin 27 Bücher *Lettres* u. zahlr. Traktate), die 1665 erschienen, wurde von Conrart besorgt. B. gehörte zu den frühesten Mitgl. der Ac. frçe. Das 18. Jh., namentl. Voltaire, schmähte s.

gezirkelten u. hyperbol. Stil, der, was vielfach verkannt wird, die Aufhebung der traditionellen Rhetorik einleitete. F. Ogier u. der Angegriffene selbst verfaßten 1627 e. *Apologie pour M. de B.* (éd. J. Jehasse 1977) als Erwiderung auf die Antikenkritik des Frère André u. zur Darlegung e. heroischen Klassikverständnisses, das damals noch polit. Ziele einschloß.

J. B. Sabrié, Les idées religieuses de B., 1913; G. Guillaumie, B. et la prose française, 1927; F. E. Sutcliffe, B. et son temps, 1959; R. Zuber, Les Belles infidèles et la formation du goût classique: P. d'Ablancourt et B., 1968; B. Beugnot, B., bibl. générale, supplément I, II, Saint-Etienne 1967–79; J. Jehasse, B. et le génie romain, 1977.

Banier, François-Marie, geb. 1948, Mitarbeiter des *Figaro,* befreundet mit Louis Aragon, Vf. der psycholog. Romane *Les résidences secondaires ou la vie distraite* (1969), →*Le passé composé* (1971) u. *La tête la première* (1972), die die Kritik dem Frühwerk Cocteaus u. dem Œuvre Radiguets gleichstellte; 1975 erschien *Hôtel du Lac,* 1990 *Balthazar sur un air de fête.*

Le Banquet, Lit.zs., 8 Nr. 1892, von F. Gregh und Proust mitbegründet.

Banville, Théodore de, 14. 3. 1823 Moulins/Allier – 13. 3. 1891 Paris, 1850–52 Theaterkritiker der Zeitung *Pouvoir;* Lyriker, von Sainte-Beuve entdeckt, hohes Formtalent, das diffuse Bekenntnislyrik vor allem mit deskriptiven Mitteln zu überwinden suchte. Dabei wählte er sowohl ma. wie klass. Gattungen (Epigramm, Rondeau, Triolet, Ballade, Dizain, Chant royal, Villanelle, Virelai, Sonett, Ode; *Les cariatides,* 1842; *Les stalactites,* 1846; *Odelettes,* 1857; *Les exilés,* 1857; *Le sang de la coupe,* 1857; *Odes funambulesques,* 1857; *Améthystes,* 1862; *Nouvelles odes funambulesques,* 1869; *Trente-six ballades joyeuses,* 1873; *Rondels,* 1875). Er setzte sich krit. mit der Metrik (→*Petit traité de poésie française,* 1871) u. der Lit.geschichte auseinander (*Histoire du romantisme,* 1874); die Kom. *Gringoire* (1866) gestaltet ein Kapitel der polit. und kulturellen Geschichte unter Ludwig XI. B.s Spätwerk enthält vor allem Erzählungen u. Kom. (*Déidamia,* 1876; *Hymnis,* 1879; *Contes pour les femmes,* 1881; *Contes féeriques,* 1882; *Mes souvenirs,* 1882; *Contes héroïques,* 1884; *Contes bourgeois,* 1885; *Socrate et sa femme,* 1885; *Le forgeron,* 1887; *Le baiser,* 1888; *Marcelle Rabbe,* 1891; *Ésope,* 1893). Mit Coppée, Sully-Prudhomme u. Heredia trat B. als Schüler von Th. Gautier u. Leconte de Lisle für e. nicht-engagierte Poesie u. das Schönheitsideal formaler Vollendung ein. Mytholog. Gestalten wie im späten Zyklus *Les princesses* (1874), geadelt durch die zeitl. u. soziale Distanz, entsprechen beispielhaft s. Stoff- u. Formerwartung. Die Arbeit an komplizierten metr. Formen führte bei B. häufig zur Sinnentleerung s. Verse, die offensichtl. allein um des Reims willen formuliert sind u. austauschbar werden; motiv. Erfindung bedeutete ihm wenig, B. stützt sich auf Themen u. Stoffe in ästhet. vorgeformtem Zustand, die er in Mythologien, bei Dichtern des 16. Jh. u. der Epoche Ludwigs XIII. fand, um sie neu zu dekorieren u. in prunkvollen Rhythmen zu zelebrieren.

M. Fuchs, B. 1823–1891, 1912; J. Charpentier, B., 1925; M. Françon, La pratique et la théorie du rondeau et du rondel chez B., Modern language notes 1937; E. Souffrin, B. et les Goncourt, RhlF 1949.

Baour-Lormian, Pierre Marie, 24. 3. 1770 Toulouse – 18. 12. 1854

Paris, Übs. (Tasso, Ossian, 1801), klassizist. Dramatiker (*Omasis,* 1806; *Mahomet II,* 1810), Autor panegyr. Verse auf Napoleon u. Marie-Luise; Feind, jedoch kein adäquater Gegner der Romantiker; Mitgl. der Ac. frçe. seit 1815.

L. Séché, Le cénacle de la Muse française, 1903.

Barbazan, Étienne de, 1696 Saint-Fargeau-en-Puisaye – 8. 10. 1770 Paris, Linguist u. Lit.-historiker, Autor versch. Lexika des Altfranz., Gaskogn. u. Breton. Hg. e. dreibänd. Ausgabe *Fabliaux et contes françois des XIIe, XIIIe, XIVe et XVe siècles* (1756). E. Teil s. Schriften liegt unveröffentlicht im Arsenal, darunter e. Proverbe-Slg., sowie Notizen zu e. Ausgabe des *Roman de la rose* u. *Roman de Brut.*

Barbe-bleue, Blaubart, Märchenstoff vom Mörderbräutigam, von →Perrault in den *Contes* gestaltet, erneut verarbeitet von A. France u. Meilhac/Halévy; Musiktheater u. a. J. Offenbach, B. Bartok.

R. Hagen, Der Einfluß der Perraultschen Contes auf das volkstüml. dt. Erzählgut, Diss. Göttingen 1954.

Barbentane, Familie im Roman →*Les beaux quartiers* von Aragon. Edmond, der karrieresüchtige Sohn des Bürgermeisters B., kehrt in *Aurélien* im Bekanntenkreis des Titelhelden wieder; Armand schließt sich der Arbeiterklasse an, wird Redakteur der *Humanité,* Leutnant bei e. Spezialeinheit, e. patriot. Kommunist *(Les communistes).*

Barbey d'Aurevilly, Jules-Amédée, 2. 11. 1808 Saint-Sauveur-le-Vicomte/Manche – 23. 4. 1889 Paris, normann. Aristokrat, der wie Balzac in der Revolution das nationale Unglück Frkr.s sah. Jurastud. Caen; lebte in Paris als exzentr. →Dandy, angeekelt von der Banalität der bürgerl. Wertskala. Seit 1837 bildete er das Paradoxe s. Denkens u. Auftretens zur Methode aus (*Du dandysme et de Georges Brummel,* 1845). B. verstand den Dandysmus als Pose e. Geistes, der von den zeittyp. Erfahrungen so sehr angewidert ist, daß er sich für keine Idee mehr erwärmen kann u. e. neuen Stoizismus kultiviert. Er verachtet, was ihn langweilt. Als Erzähler sucht B. Ereignisse darzustellen, die das Wirken Satans u. damit unausgesprochen die Existenz Gottes beweisen (Romane *Léa,* 1832; *L'amour impossible,* 1839; *La barque d'Annibal,* 1843; *Une vieille maîtresse,* 1851; *L'ensorcelée,* 1854; →*Le chevalier Des Touches, Un prêtre marié,* 1865; Novellen →*Les diaboliques,* Romane *Une histoire sans nom,* 1883; *Ce qui ne meurt pas,* 1884). Der ultramontane Lit.kritiker B. war gefürchtet; in s. Artikeln für *Le Pays, Le Réveil, Le Constitutionnel* u. *Le Gaulois* (zum großen Teil gesammelt in *Les œuvres et les hommes,* XXVI 1860–1909; *Le théâtre contemporain,* V 1887–96) griff er Cousin, Sainte-Beuve, Michelet, Hugo, Flaubert, Scribe, Dumas fils u. den jungen Zola an, während er Baudelaire aufgrund der ontolog. Duplizität, die den eigenen Zwiespalt sublimiert, feierte. B. begriff, daß der Dichter der *Fleurs du mal* keine romant. Bekenntnislyrik mehr intendierte. S. Katholizismus, der in Wirklichkeit e. verbrämter Manichäismus war, faszinierte Bloy, später Bernanos u. Mauriac (*Œuvres romanesques complètes,* éd. J. Petit II 1964 f.; *Correspondance,* éd. J. Petit 1980 ff.; *Sur l'histoire.* Textes réunis par Ph. Berthier 1987).

E. Grélé, B., Caen 1904; A. Zévaès, B., 1924; A. Marie, Le connétable des lettres, 1939; H.

Quéru, Le dernier grandseigneur: B., 1946; R. Dumesnil, Portrait de B., 1950; J. P. Séguin, Bibliographie de B., 1950; R. Bésus, B., 1958; P. J. Yarrow, La pensée politique et religieuse de B., Genf 1961; G. Corbière-Gille, B. critique littéraire, Genf 1962; O. Mann, Der Dandy, ²1962; J. Petit, B. critique, 1963; B. G. Rogers, The novels and stories of B., Genf 1967; B. Ouvrage collectif, 1969; Sur le dandysme, hg. R. Kempf, 1971; E. Carassus, Le mythe du dandy, 1971; H. Schwartz, Idéologie et art romanesque chez B., 1971; H. Hofer, B. romancier, 1974; B. cent ans après. Textes réunis par Ph. Berthier, Genf 1990; J. Bellemin-Noël, Les diaboliques au divan, Toulouse 1991.

Barbier, Henri Auguste, 20. 4. 1805 Paris – 13. 2. 1882 Nizza, Lycée Henri IV, Stud. der Rechte, 1833 u. 1860 Italienreisen, 1837 in London; 1860 Mitglied der Ac. frçe. B. wurde durch die Satire →*La curée* als polit. Dichter bekannt (*Les iambes,* 1831; *Il pianto,* 1833; *Lazare,* 1837; *Satires et poèmes,* 1837; *Rimes héroïques,* 1843; *Les nouvelles satires,* 1865); er beklagte den Untergang des Ancien Régime, die Dekadenz in Italien u. die Technisierung. S. größter Erfolg blieben die satir. Verse von 1830 u. 1831. 1880–83 erschien B.s Autobiographie, *Souvenirs personnels,* 1884 e. Slg. nachgelassener Gedichte *(Poésies posthumes).*

L. Séché, Le centenaire de B., 1905.

Barbier, Jules, 8. 3. 1822 Paris – 16. 1. 1901 ebda., Dramatiker u. bekannter Opernlibrettist (für Meyerbeer, Gounod, J. Offenbach u. a.), häufig in Zusammenarbeit mit Michel Carré (*L'ombre de Molière,* 1847; *Un poète,* 1847; *A. Chénier,* 1849; *Les contes d'Hoffmann,* 1851; *Galathée,* 1852; *Faust,* 1859; *La reine de Saba,* 1862; *Roméo et Juliette,* 1867; *Mignon,* 1867; *Théâtre en vers,* II 1874).

Le barbier de Séville →*La précaution inutile ou le b.*

Barbin, Claude, um 1629 Paris – 1698 ebda., berühmtester Buchdrucker u. vor allem Verleger des 17. Jh. Bei ihm erschienen 1660–97 Werke von Boileau, La Fontaine, La Rochefoucauld, Malherbe, Molière, Perrault, Racine sowie seit 1672 die Zs. →*Mercure galant.* Im *Recueil B.* (V 1692) schuf er e. Panorama der franz. Lit. seit Villon; diese Anthologie, die der ma. Dichtung breiten Raum einräumt, reicht bis Voiture, Scarron u. Conrart.

G. E. Reed, B., libraire à Paris, Genf 1974.

Barbusse, Henri, 17. 5. 1873 Asnières/Seine – 30. 8. 1935 Moskau, Schwiegersohn von C. Mendès; Verlagslektor, Journalist *(Le Banquet, Petit Parisien),* naturalist. Romancier (*L'enfer,* 1908; →*Le feu,* 1916; Prix Goncourt; →*Clarté,* 1919; *Élévation,* 1926). B. gründete 1917 den republikan. Frontkämpferverband, 1919 zusammen mit R. Rolland die Pazifistenbewegung ›Clarté‹, der sich Duhamel, A. France, J. Romains, H. Mann u. a. anschlossen, 1920 die Internationale ehemaliger Frontkämpfer, 1923 trat er der kommunist. Partei bei. Im Gedicht *Jésus* (1927) erklärte er Christus zum Stifter des Kommunismus; Autor e. Zola- (1931) sowie e. Stalinbiogr. (1934), die von Gorki vergebens erwartet worden war. Seit 1919 war B. im franz. Lit.leben weitgehend isoliert, da auch Autoren wie Gide ihn nur bedingt anerkannten, während die Action française ihn zum Gegner aufbaute. Die KPF selbst verdächtigte B.s Blatt →*Le monde* konterrevolutionärer Tendenzen, s. Stalinbuch wurde bald nach Erscheinen aufgrund angebl. Irrtümer indiziert.

J. Duclos/J. Fréville, B., 1946; A. Vidal, B., 1955.

Barclay, John (Ps. Euphormio), 28. 1. 1582 Pont-à-Mousson/Lothringen – 12. 8. 1621 Rom, Sohn e. Schotten der Stuartpartei, der nach Frkr. geflohen war, u. e. Französin; Diplomat, hielt sich in Frkr., England u. zuletzt an der Kurie auf. Als 20jähriger schuf B. nach dem Vorbild von Petronius u. Apuleius den ersten lat. geschriebenen Schelmenroman, *Satyricon* (1603–07); das Interesse an s. Werk fiel in Frkr. mit der Entdeckung des span. pikaresken Romans zusammen (vgl. auch Sorel, Scarron). 1621 stellte er im Roman *Argenis,* der als B.s Hauptwerk gilt, das Hofleben unter Heinrich III. u. Heinrich IV. dar; Richelieu begriff s. Sittenkritik als Bestätigung der eigenen Politik; Martin Opitz übersetzte das Werk 1644. Von geringerer Qualität waren die Gedichte B.s (*Sylvae,* 1606; *Poemata,* 1615).

J. Dukas, Étude bibliographique et littéraire sur le Satyricon de B., 1880; A. Collignon, Notes historiques, littéraires et bibliographiques sur l'Argenis de B., 1902; B. Kettelhoit, B., Diss. Münster 1934.

A. O. Barnabooth. Ses œuvres complètes, c'est-à-dire un conte, ses poésies et son journal intime, von Valery →Larbaud, entstanden 1903–13, TA 1908; endgültige Fassung 1913 (Vorabdruck *NRF* April–Juni u. Buchausgabe). Archibaldo Olson Barnabooth, südamerikan. Milliardär u. Kosmopolit, ist der fiktive Vf. dieser umfangreichen Rollendichtung, in der versch. Gattungen u. Stillagen kombiniert werden.

G. Blankenhorn, Der Kosmopolitismus bei Larbaud, 1958; S. Jeune, De F. T. Graindorge à B., 1964.

Barnave, Antoine, 22. 10. 1761 Grenoble – 18. 11. 1793 Paris (hingerichtet), Anwalt u. polit. Schriftsteller, 1789 Vertreter des III. Standes in der Assemblée nationale, dem die Beteiligung des Bürgertums an der Staatsführung entsprechend s. ökonom. Bedeutung wichtigster Programmpunkt war. Er trat für Dezentralisation u. Freihandel ein, in denen er die Garantie für die polit. u. ökonom. Vorherrschaft s. Standes sah. Die hervorragendste s. polit. Schriften, *Introduction à la Révolution frçe.*, entstanden 1791–92, liegt in e. unrevidierten Ms. vor (übs. u. hg. E. Schmitt 1972). B.s Geschichtsphilosophie räumt dem menschl. Willen gegenüber der ›Natur der Dinge‹ nur sekundären Rang ein.

Barock (franz. Baroque), Stoff- u. Stilrichtung in der franz. Lit. an der Wende vom 16. zum 17. Jh., die in der Tragikom., im Ballet, Schäferspiel u. hermet. Gedicht angemessene Ausdrucksformen zur Darstellung extremer Kontraste, Verwandlungen u. Illusionen fand. Rollentausch u. Maskierung liefern der B.dichtung opt. günstige Spannungsmotive (vgl. etwa Montchrestien, François Ogier, Rotrou, Hardy, Du Ryer, den frühen Corneille). Die Stiltrennungsregeln u. die klass. Einheiten stehen für den B.autor im Widerspruch sowohl zur Lebenswirklichkeit, die er durch Spannungen u. unerwartete Umschwünge gekennzeichnet sieht, als auch zum Erwartungshorizont des Publikums, das Antithesen u. e. metaphor. Stil genießen will. Die franz. Klassik verhinderte e. Ausweitung des B. wie in Spanien, England u. Dtl.

J. Rousset, La littérature de l'âge baroque en France, 1953; ders., La définition du terme baroque (Actes du IIIe congrès de l'association internationale de littérature comparative) 1961; I. Buffum, Studies in the Baroque from Montaigne to Rotrou, New Haven 1957; H. Hatzfeld, Der gegenwärtige Stand der romanist. B.forschung 1961; J. M. Cohen, The b. lyric, London 1963; Le b. au théâtre, Montauban 1967; A. Blanchard, Trésor de la poésie b. et précieuse (1500–1650), 1959; D. dalla Valle, La frattura. Studi sul barocco letterario francese, Ravenna 1970; F. Hallyn, Formes métaphoriques dans la poésie lyrique de l'âge baroque en France, Genf 1975; A. Baïche, La naissance du baroque frç., Toulouse 1976; R. Arbour, L'ère baroque en France, Répertoire ... III 1976–80; W. Floeck, Die Lit.ästhetik des B., 1979; A. Buck, Forschungen zur roman. B.lit., 1980; J. Kohls, Aspekte der Naturthematik ..., e. Beitrag zur ... B.lit., Bern 1981.

Baron (eig. Boyron), Michel, 8. 10. 1653 Paris – 22. 12. 1729 ebda., Schauspieler, von Molière entdeckt u. in s. Truppe aufgenommen, 1673 Eintritt in das Ensemble am Hôtel de Bourgogne. B. ließ neun Kom., darunter zwei Terenz-Bearbeitungen, unter s. Namen aufführen, die Autorschaft ist nicht durchweg gesichert (*Le rendez-vous de Tuileries,* 1685; *L'homme à bonne fortune,* 1687; *Les adelphes,* 1703; *Adrienne,* 1705). Seit 1720 spielte er wieder am Théâtre français.

B. E. Young, B., acteur et auteur dramatique, Thèse Grenoble 1905.

Barrault, Jean-Louis, geb. 8. 9. 1910 Le Vésinet/Seine-et-Oise, Bühnen- und Filmschauspieler, Regisseur und Theaterdirektor; 1931 Schüler von Charles Dullin am Théâtre de l'Atelier, filmte u. inszenierte seit 1935, wurde 1937 Mitgl. des Ensembles der Com. frçe. Mit seiner Frau Madeleine Renaud gründete er 1946 das Théâtre Marigny, später spielte er u. a. im Théâtre Sarah Bernhardt Anouilh. 1959 übertrug ihm Malraux die Direktion des Odéon (Théâtre de France); hier inszenierte B. Claudel, Genet, Beckett, Ionesco, Duras, Sarraute, Vauthier, Billetdoux, Schéhadé. Im August 1968, nachdem während der Maiereignisse das Odéon besetzt worden war, entließ Malraux B.; 1966 hatte B. auch die Organisation des Théâtre des nations übernommen. 1968 bearbeitete er Rabelais für die Bühne *(Jeu dramatique en deux parties tirées de cinq livres de F. Rabelais),* 1970 *Jarry sur la Butte.* 1980 wurde s. Ensemble aus dem Théâtre d'Orsay ausquartiert, u. es spielte seitdem im Eispalast auf den Champs-Elysées. In mehreren Schriften, darunter auch Tagebuchaufzeichnungen, *Souvenirs pour demain* (1972), stellte B. s. Hinwendung zum Schauspiel u. die Prinzipien s. Kunst dar, die in Dullins Spiel u. Artauds Dramaturgie gefeierte Vorbilder fand. B.s Inszenierungen von Claudel, den er bei der Redaktion einzelner Bühnenfassungen auch unterstützte, wurden beispielgebend.

A. Frank, B., 1957.

Barrès, Maurice, 22. 9. 1862 Charmes-sur-Moselle – 4. 12. 1923 Neuilly-sur-Seine, bürgerl. Herkunft; den Knaben soll der Krieg von 1870, vor allem die Festnahme von Vater u. Großvater, traumatisiert haben. In Wirklichkeit muß B.s Chauvinismus als Produkt e. zeitgebundenen Erziehung angesehen werden. Im Internat in Nancy lernte B. e. individualist. Ethik schätzen. Seit 1883 lebte er in Paris, lit. von Stendhal fasziniert. 1889 Wahl zum Abgeordneten von Nancy, antirepublikan. u. antisemit. Komplex, 1906 Deputierter von Paris u. Mitgl. der Ac. frçe. Bereits 1890 existierte e. B.parodie (H. Beauclair, *Une heure chez M. B., par un faux Renan*). 1891 gehörte B. zu den am häufigsten genannten Autoren in der Lit.enquête von Huret (37 Nennungen, Flaubert 28). Als Politiker wie als Schriftsteller setzte B. einen Determinismus voraus, demzufolge die Kräfte der nationalen Geschichte, des Blutes u. Heimatbodens das Verhalten des einzelnen bestimmen. Ostfrkr. wird zum symbol. Schauplatz völk. gesinnter Romane (→*Le culte du moi*, →*Les déracinés; L'appel au soldat*, 1900; *Leurs figures*, 1903; *Les bastions de l'est*, 1905–09; *La colline inspirée*, 1913; *Scènes et doctrines du nationalisme*, 1922; *Chronique de la grande guerre*, XIV 1920–24). *Les déracinés* spielt in Nancy, wo 1879 ein rassenfremder Humanismus u. Liberalismus, den der Gymnasiallehrer Bouteillier vertritt, sieben Schüler geistig entwurzelt u. sie in Dekadenz versinken läßt. *La colline inspirée* klagt relig. Schwarmgeisterei an, die e. Bündnis zwischen staatl. u. kirchl. Ordnungsträgern stört. Das Ideal e. rationalen, auf der Latinität der Franzosen aufbauenden Menschentums enthält in der Ausprägung, die es bei B. fand, alle Elemente e. restaurativen Ideologie. Daß sich dahinter e. Persönlichkeitskonflikt des Autors verbarg, ist nachgewiesen. Der junge Barrès, angezogen vom Anarchismus u. philosoph. Nihilismus, dessen polit. Implikationen ihm nie restlos klar wurden, zwang sich, das Banner e. exaltierten Patriotismus in jener Phase der III. Republik zu tragen. Hinzu kam, daß B. in der expansiven Kolonialpolitik eine Schwächung der nationalen Kraft gegenüber dem rechtsrhein. Nachbarstaat befürchtete. Die Entwurzelung, die er im polit. Roman u. im Essay darstellte, setzte e. festgefügtes Wertsystem voraus; es existierte nur ideell, da die sozioökonom. Entwicklung, deren Faktoren B. nicht erfaßte, die Gesellschaft nicht zur Ruhe kommen ließ. Durch die Anklage in der Dreyfus-Affäre sah er sich in s. Haltung bestätigt; er wollte fortan nicht mehr zu den ›intellectuels‹ gehören, die Frkr.s nationale Energie geringschätzten. (Essays u. polit. Reflexionen: *Du sang, de la volupté, de la mort*, 1894; *Greco ou le secret de Tolède*, 1912; *La grande pitié des églises de France*, 1914; *Le voyage de Sparte*, 1916; *Les diverses familles spirituelles de la France*, 1917; *Le génie du Rhin*, 1921; *Une enquête au pays du Levant*, 1923; *Pour la haute intelligence française*, 1925; *Le mystère en pleine lumière*, 1926; *Mes cahiers*, XIV 1929–57; *Œuvres complètes*, III 1965–69). B.s Einfluß zeigte sich im Werk des jungen Mauriac, bei Montherlant, Malraux, Drieu La Rochelle u. Camus, soweit sie den Mythos e. Lebensraumes voraussetzen, der eth. Kräfte spendet. Die Dadaisten inszenierten 1921 e. B.prozeß.

A. Thibaudet, La vie de B., 1921; E. R. Curtius, B. u. die geistigen Grundlagen des franz. Nationalismus, Bonn 1921; V. Giraud, B., 1922; H. Brémond, B., 1924; H. Gouhier, Notre ami B., 1928; H. L. Miéville, La pensée de B., 1934; B. R. Bauer, Versuch über Inhalt, Motive, Stil in Le culte du moi von B., Leipzig 1937; R. Fernandez, B., 1943; R. Lalou, B., 1950; I.-M. Frandon, L'orient de B., 1952; H. Mondor, B. avant le Quartier latin, 1956; J.-M. Domenach, B. par lui-même, [2]1960; B. Actes du colloque …, Nancy 1962; J. Godfrin, B. mystique, Neuchâtel 1962; P. Moreau, B., 1970; E. Carassus, B. et sa fortune littéraire, Bordeaux 1970; Ph. Ouston, The imagination of B., Toronto 1974; M. Davanture, La jeunesse de B., Lille 1975; T. Field, B., a selective critical bibl. 1948–79, London 1982; Y. Chiron, B., le prince de la jeunesse, 1986.

Barrière, Théodore, 12. 4. 1823 Paris – 15. 10. 1877 ebda., kleinbürgerl. Herkunft; zunächst Beamter, erfolgreicher Vaudevilleautor, der amüsantes Aktionstheater gelegentl. mit Kritik am scheinbar biederen Bürger verbindet (*Les trois femmes*, 1844; *La vie de bohème*, 1849; *Les filles de marbre*, 1853; *Les faux bonshommes*, 1856; *Le feu au couvent*, 1860; *Les Jocrisses de l'amour*, 1865; *Le papa du prix d'honneur*, 1868; *Théodoros*, 1869; *Les bêtises du cœur*, 1871; *Les scandales d'hier*, 1878; *Tête de linotte*, 1938). B. arbeitete auch mit Labiche, Murger, Gondinet, E.

Capendu u. Lambert-Thiboust zusammen.

E. C. Byam, B., Baltimore 1938.

Barthe, Nicolas-Thomas, 1734 Marseille – 15. 6. 1785 Paris, humanist. gebildet, gewann mit frühen Gedichten Preise in s. Heimat u. bei den Jeux floraux in Toulouse. In der Tradition des empfindsamen Schauspiels entstanden einige Charakterkom., die teils beifällig, teils krit. aufgenommen wurden (Einakter *Les fausses infidélités; L'amateur,* 1764; *La mère jalouse,* 1772; *L'homme personnel ou l'égoïste,* 1778). Nach 1778 wandte B. sich wieder der Lyrik, vor allem der Epistel, zu (*Épitres sur divers sujets,* 1762; *Choix de poésies,* 1810). E. geplante Ovidübs. entwickelte sich zu e. Nachahmung *(Art d'aimer).*

Barthélemy, Auguste, 1794 Marseille – 23. 8. 1867 ebda., Autor von Pamphleten gegen die Restauration (*La censure ou le congrès des ministres,* 1827), e. Hymne auf die Julirevolution von 1830, Epen (*La Villéliade,* 1826; *Les jésuites,* 1827; *La corbiéréide,* 1827), Gedichten zum Preis Napoleons (*N. en Égypte,* 1828) u. der Satire *Le fils de l'homme* (1829). Zusammen mit s. Freund Méry gründete B. 1831 die Zs. *Némésis* (bis 1832 52 Lieferungen).

Barthélemy, Jean-Jacques, 20. 1. 1716 Cassis – 30. 4. 1795 Paris, Stud. in versch. Ordenskollegien, s. Priesterweihe ist unbewiesen. Jedenfalls wurde B. des Jansenismus verdächtigt u. konnte auf kein kirchl. Amt hoffen. Er beschäftigte sich weiter mit Orientalistik, bis er 1744 im Pariser Münzkabinett e. Stellung erhielt; 1753 übernahm er dessen Leitung. In dieser Eigenschaft reiste er 1754 für drei Jahre nach Rom; das archäolog. fundierte Antikeerlebnis fand s. Niederschlag in →*Le voyage du jeune Anacharsis en Grèce* (1788). B. ist der Entdecker des phöniz. Alphabets. 1760 beteiligte er sich am Privilège des *Mercure de France,* zum Ärger der Aufklärer. Am 5. 3. 1789 wurde er in die Ac. frçe. gewählt, nachdem er der Ac. des inscriptions et belles lettres seit 1747 angehört hatte. Er schrieb noch den Roman *Amours de Carite et Polydore* (1760) u. e. ital. Reisebericht (1802; *Œuvres complètes,* IV 1821 f.).

M. Badolle, B. et l'hellénisme en France dans la seconde moitié du XVIIIe siècle, 1926; K. Wildstake, Wielands Agathon u. der franz. Reise- u. Bildungsroman von Fénelon bis B., Diss. München 1933.

Barthes, Roland, 12. 11. 1915 Cherbourg – 26. 3. 1980 Paris (Verkehrsunfall), kam 1925 nach Paris, Lit.stud. ebda., unterrichtete in Biarritz (1939), Paris (1940), Bukarest (1948–49) u. Alexandria (1950), unterbrochen durch Kuraufenthalte (Tbc). Von 1950–52 war B. Direktor der Relations culturelles; er gründete 1960 e. Forschungszentrum für Massenkommunikation u. gehörte der Redaktion der Zs. des Instituts, *Communications,* an, lehrte seit 1960 an der École pratique des hautes études in Paris, bis er 1976 am Collège de France den Lehrstuhl für Sémiologie littéraire erhielt. Zentrale Fragestellung: Antinomie von Zeichensystem u. aktualisiertem Einzeltext. B. verwirft die biograph. orientierte Lit.kritik ebenso wie die auf Brunetière rekurrierende Konzeption der Gattungen, die als Organismen vorgestellt werden, um damit den Kult des schöpfer. Subjekts zu treffen. Institutionelle, d. h. durch die Zeichensysteme u. folgl. durch soziale Konventionen gegebene Aktivitäten übersteigen den einzelnen Autor, der an ihnen partizipiert u. zu ihrer Veränderung beitragen will. Gegenstand der Lit.wiss. ist die Dichtung als gesellschaftl. Phänomen (*Le degré zéro de l'écriture,* 1953; *Michelet par lui-même,* 1954; *Mythologies,* 1957; *Sur Racine,* 1963; *Essais critiques,* 1964–84; *Éléments de sémiologie,* 1964; *Critique et vérité,* 1966; *L'empire des signes,* 1970; *S/Z* 1970). B., der Robbe-Grillet Formulierungshilfe bei der poetolog. Selbstverständigung des Dingromans geleistet hatte, wurde vor allem von Raymond Picard (*Nouvelle critique ou nouvelle imposture,* 1965) in e. Theorienstreit, dem es an Polemik nicht mangelte, verwickelt; Picard bestritt den hohen Stellenwert des kollektiven Unbewußten. B.s Interesse gilt in erster Linie dem Bezeichnenden, nicht dem Bezeichneten im Text, daher rührt s. Mißtrauen gegenüber dem institutionalisierten u. ideolog., d. h. stereotypen Text (*Sade, Fourier, Loyola,* 1971; *Le plaisir du texte,* 1973; *Fragments d'un discours amoureux,* 1977; *Sollers écrivain,* 1979; *La chambre claire,* 1980; *Le grain de la voix,* entretiens 1962–80, 1981; *L'aventure sémiologique,* 1985).

Tel Quel, Théorie d'ensemble, 1968; R.-E. Jones, Panorama de la nouvelle critique ..., 1968; G. de Mallac/M. Eberbach, B., 1971; S. Heath, Vertige du déplacement, lecture de B., 1974; Sondernr. L'Arc 56, 1974; M. A. Burnier/P. Rambaud, B. sans peine, 1978 (Pastiches s. Diskurses); S. N. Lund, L'aventure du signifiant, 1981; G. R. Wasserman, B., Boston 1981; L.-J. Calvet, B., 1990.

Bartholo, kom. Figur in den ersten beiden Hauptwerken von →Beaumarchais, Arzt in Sevilla, Vormund der Rosine, die Graf Almaviva mit Hilfe Figaros zur Frau gewinnt; s. Sohn Emmanuel, den Zigeuner verschleppten, ist in Wirklichkeit Figaro (*La folle journée* III, 16).

Bartholomäusnacht, Nacht vom 23. zum 24. 8. 1572, als auf Veranlassung der Königinmutter, Katharina von Medici, alle in Paris versammelten Hugenotten, die zur Vermählung Heinrichs von Navarra mit der Schwester Karls IX., Margarete von Valois, erschienen waren, aufgespürt u. ermordet werden sollten. Da am 22. 8. ein Attentat auf Admiral Coligny, den Führer der protestant. Partei, gescheitert war, befürchtete Katharina e. Gegenschlag, dem sie zuvorkommen wollte. Karl IX. ließ das Blutbad geschehen, die aufgehetzte Pariser Bevölkerung beteiligte sich am Gemetzel; Coligny wurde getötet, Heinrich von Navarra geschont. M.-J. Chénier färbte das Sujet der Bluthochzeit revolutionär ein (→*Charles IX ou l'école des rois*), während A. Dumas *(La reine Margot)* Karl IX. als trag. Figur zeichnete. Mérimées →*Chronique du règne de Charles IX* ironisierte mit dem Stoff die Struktur des Scottschen Geschichtsromans; Scribe u. Meyerbeer schufen danach die Oper *Die Hugenotten* (1836).

Ph. Erlanger, Le massacre de la Saint-Barthélemy, 1960; Sondernr. RhlF 5, 1973; I. Mieck, Die B. als sozialer Konflikt, in: K. Malettke (Hg.), Soziale u. polit. Konflikte im Frkr. des Ancien Régime, 1982.

Bas bleu, Blaustrumpf, franz. u. dt. Wortbildung nach dem engl. ›blue stockings‹ im Zusammenhang mit dem lit. Zirkel der Lady Montague in der Mitte des 18. Jh. Spottname für intellektuelle, meist schriftstellernde, dabei weltfremde Frauen, in Frkr. z. B. die Beauharnais.

A. Marquiset, Les b. du Premier Empire, 1914.

Basoche (15. Jh., von lat. ›basilica‹), ursprüngl. der Klerus e. Bischofskirche, später die Angehörigen eines Gerichtshofs (parlement), Basochiens (1480) genannt, die relig.

u. profanes Theater (vgl. Farce, Moralité, Mystère, Miracle, Sottie) aufführten. In Paris existierten die B. du Palais, nach ihrer Organisation Royaume de la B. genannt, die B. du Châtelet u. das Empire de Galilée. Sie führten an Fastnacht Narrenspiele auf, nach 1548 nur noch Karnevalsburlesken. Von Provinzstädten mit e. Parlement wie Bordeaux, Dijon, Grenoble u. Toulouse sind entsprechende Einrichtungen, die aus Berufsverbänden von Juristen entstanden sind, bekannt. Als Theatertruppen wurden die Pariser B.s 1582 aufgelöst.

H. G. Harvey, The theatre of the B., Cambridge/Mass. 1941.

Basselin (Bachelin), Olivier, 1. Hälfte 15. Jh. Normandie; nach s. Heimat, dem Vire-Tal, wurden ca. 60 s. Zechlieder, die postum 1616 gedruckt erschienen, Vaudevires genannt. Aus Vaudevire entwickelte sich mit Bedeutungsverschiebung →Vaudeville.

Bassompierre, François de, 1579–1646, 1622 von Ludwig XIII. zum Marschall von Frkr. ernannt, seit 1625 Sonderbotschafter. Richelieu ließ ihn 1631 unter dem Verdacht der Konspiration festnehmen; B. kam erst 1643 wieder frei (*Journal de ma vie,* II 1665; *Ambassade du maréchal de B. en Espagne,* 1668; die *Nouveaux mémoires* von 1802 sind wohl apokryph). E. Liebeserlebnis, das er in s. Memoiren berichtet – nach e. Liebesnacht in e. Bordell findet er beim zweiten Rendezvous an e. andern Ort nicht mehr die Frau, sondern zwei Pest-Tote vor –, wurde als Novellenstoff wiederholt bearbeitet (Chateaubriand, *Mémoires d'outre-tombe,* Goethe, Hofmannsthal).

P. M. Bondois, Le maréchal de B., 1925; E. Frenzel, Stoffe der Weltlit., 1962.

Bastide, François-Régis, geb. 1. 7. 1926 Biarritz, Stud. Lit. u. Musik, Kriegsteilnehmer, Nachrichtenattaché der Militärregierung im Saarland, 1946–47 Programmdirektor der Musikabteilung bei Radio Saarbrücken, in Paris Rundfunkredakteur und leitende Funktion bei den Éditions du Seuil; Romancier (*La troisième personne,* 1948; *La jeune fille et la mort,* 1949; *La lumière et le fouet,* 1951; *Les adieux,* Prix Fémina 1956; Novellen *Flora d'Amsterdam,* 1957; *Joachim quelque chose,* 1959; *La vie rêvée,* 1962; *L'enchanteur et nous,* 1981) u. Lit.kritiker (*Saint-Simon par lui-même,* 1953; *La vie et les songes de Gobineau,* 1964). Von der Kriegsthematik ausgehend, die bei B. eher an Giraudoux als an Vercors erinnert, stellte der Autor europ. Konflikte als polit. und moral. Problem dar; die Helden trauern e. Harmonie nach, die durch die Verhältnisse immer schwieriger zu realisieren ist.

G. Raillard, B. (Écrivains d'aujourd'hui 1940–1960, hg. B. Pingaud), 1960.

Bastille, Pariser Stadtfestung, 1368–82 erbaut, als Schloß, Schatzkammer u. seit Richelieu als Staatsgefängnis benutzt, unter Ludwig XIV. bereits Symbol des Absolutismus. Der Sturm auf die freil. fast leere B. vom 14. 7. 1789 leitet die Revolution ein. Mme Guyon, Voltaire, Marmontel, Morellet u. Sade, der einige Tage vor der Erstürmung nach Charenton gebracht worden war, wurden in der B. inhaftiert. Die *Mémoires sur la B.* (1783) des Häftlings Simon →Linguet verfälschen die Wirklichkeit.

Bataille, Georges, 10. 9. 1897 Billom/Auvergne – 9. 7. 1962 Orléans, Stud. École des chartes Paris,

1922–42 Bibliothekar der BN, zeitweiliger Anhänger des Surrealismus, 1929–30 leitete er die Zs. *Documents;* 1931–34 Mitgl. des Cercle communiste démocratique, 1935 Organisator antifaschist. Schriftstelleraktionen in der Gruppe Contre-Attaque, 1937 Mitbegründer (Roger Caillois, Michel Leiris) des Collège de sociologie. Die Zs. *Critique,* die er 1946 gründete, leitete er bis zu s. Tod; von 1951–62 war er Konservator der Bibliothek von Orléans. Die erzählte Psychomachie leitet sich bei B. vor allem von Rimbaud u. Lautréamont her (*Histoire de l'œil,* 1928; *Madame Edwarda,* 1937; *L'Orestie,* 1945; *L'alleluiah,* 1947; *Histoire de rats,* 1947; *Éponine,* 1949; *L'abbé C',* 1950; *Le bleu du ciel,* 1957; *La mort,* 1964; *Ma mère,* 1966). Im Gegensatz zu Autoren, die pikante Lit. verfassen, bestand B. auf dem tragischen Glanz der Erotik, der die Tabuverletzung, um die s. Denken kreist, zum moral. Akt macht. Sexuelle Verbote setzen die Möglichkeit der Emanzipation voraus, aber Libertinage trifft ins Leere. Erst im Verstoß gegen die Norm, indem das Individuum bis an die Grenzen der phys. und moral. Strukturen vordringt, hört es auf, Sklave oder Feind des Menschen zu sein (Essays: *L'anus solaire,* 1931; *L'expérience intérieure,* 1943; *Le coupable,* 1944; *Sur Nietzsche,* 1945; *Méthode de méditation,* 1947; *La part maudite,* 1949; *Manet,* 1955; *La littérature et le mal,* 1957; *L'érotisme,* 1957; *Les larmes d'Éros,* 1961; *Gilles de Rais,* 1965; *Œuvres complètes,* 1970 ff.). B. hat e. denkbar weiten Freiheitsbegriff entwickelt, der die Selbstvernichtung des Individuums vom Odium der Negativität befreien soll; daraus erklärt sich B.s Abstand zu ideolog. u. polit. Systemen, hinter denen er bei allen emanzipator. Versprechen neue Zwänge befürchtete. Im Sadismus wie im Hedonismus verwirklicht sich der einzelne.

J. Chatain, B., 1973; D. Hawley, Bibl. annotée de la critique sur B., Genf 1976; A. Arnaud, B., 1978; Sondernr. Magazine littéraire, 1987.

Bataille, Henry, 4. 4. 1872 Nîmes – 2. 3. 1922 Rueil/Seine-et-Oise, erfolgreicher Dramatiker, der s. Helden mit Vorliebe in Situationen versetzt, in denen Gefühlsbeziehungen durch instinktive Reaktionen empfindl. gestört werden. Die optimist. Lösung des Konflikts, die alle Verirrungen ungeschehen macht, ist meist psycholog. nicht schlüssig motiviert. S. im Zwischenbereich von Liebestrag. u. Lustspiel angesiedelten Stücke lassen eine konsequente Szenenverknüpfung ebenso vermissen wie ausgewogene Dialoge (*La belle au bois dormant,* 1894; *La lépreuse,* 1895; *Ton sang,* 1896; *Maman Colibri,* 1904; *La marche nuptiale,* 1905; *Résurrection,* 1905; *La femme nue,* 1908; *La vierge folle,* 1910; *L'enfant de l'amour,* 1911; *L'amazone,* 1916; *La tendresse,* 1921; *La possession,* 1921; *La chair humaine,* 1922; *Théâtre complet,* XII 1922–29; Lyrikslg. *Vers préférés,* 1923).

J. B. Besançon, Essai sur le théâtre de B., Diss. Amsterdam 1928.

Batailles dans la montagne (1937), Roman von Jean →Giono. Südfranz. Bergbewohner kämpfen gegen die Naturgewalten e. Überschwemmung; der reichste Bauer der Gegend, Boromé, und der Waldarbeiter Saint-Jean, der durch e. Sprengung die angestauten Wassermassen zum Abfließen bringt, berufen sich auf ›das Leben‹, wenn jeder Sarah für sich beansprucht.

Ihre vitalen Interessen haben nur Gültigkeit, wenn sie ›von Herzen‹ kommen. Denn alle Regungen der Natur müssen erfühlt werden; auf Katastrophen u. glückl. Wendungen reagieren Gionos Menschen in *B.* pathet.

Le bateau ivre, Gedicht von Arthur →Rimbaud (25 vierzeilige Str., Alexandriner), entstanden August 1871, ED *Lutèce* November 1883, EA 1884. Rimbaud wählte das Motiv e. Schiffs zum lyr. Ich des Rollengedichts. Es löst sich von s. Tauen u. treibt die reißenden Flüsse hinunter, zehn Nächte lang, bis es in ›das Gedicht des Meeres‹ (VI, 1–2) eintaucht. Daß das Schiff als Archetypus der ausgesetzten Existenz gelten soll, wird nirgends gesagt; die Landschaften, die vorübergleiten, spiegeln keine erfahrbare, immer nur imaginäre Wirklichkeit wider: schwarze Düfte, Haar der Buchten, lila Dünste, elektr. Monde, gestirnte Archipele. Thema des Gedichts ist die Entgrenzung u. Flucht aus der Enge Europas; noch unbestimmbarer als in Baudelaires Lyrik ist das Ziel der Reise, die enthusiast. begann. ›Je ne puis plus, baigné de vos langueurs, ô lames, / Enlever leur sillage aux porteurs de cotons, / Ni traverser l'orgueil des drapeaux et des flammes, / Ni nager sous les yeux horribles des pontons‹ (XXV). Die erhoffte Selbsterlösung bleibt aus, die Trunkenheit weicht e. gegenstandslosen Melancholie. Man kann das Auslaufen der Dynamik des Gedichts zu Selbstcharakteristiken des Dichters, wie dieser: ›Ma vie est usée‹ *(Une saison en enfer)* in Beziehung setzen.

B. Weinberg, B. or the limits of symbolism, PMLA 1957; W. M. Frohock, Rimbaud's poetic practice: Image and theme in the major poems, Cambridge/Mass. 1963; H. Friedrich, Die Struktur der modernen Lyrik, [2]1967.

Les bâtisseurs d'empire ou le Schmürz, dreiaktiges Drama von Boris →Vian, EA 1959, Urauff. 22.12.1959 Théâtre Récamier, Paris. Die Raumsymbolik verschafft dem Stück Gleichnischarakter: je höher das Stockwerk liegt, in dem sich e. Familie vor e. unausgesprochenen Gefahr einrichtet, desto näher ist sie ihrem Untergang, denn der Aufstieg bringt Verengung u. Beklemmung mit sich. E. lemur. Gestalt, das Schmürz – der Schmerz? die Angst? der Tod? e. Sündenbock? –, begleitet die Menschen; alle außer der Tochter Zenobia quälen es. Als das bresthafte Wesen verendet, stürzt sich der Vater aus der Dachluke. Durch das Haus verbreitet sich ein unheiml. Geräusch, in dem sich das Kommen e. bedrohl. Macht ankündigt. Dies unterscheidet Vians Tragigroteske von →*En attendant Godot:* die Figuren ersehnen nichts mehr, sie versagen, weil sie jedes Selbstverständnis verdrängt haben.

Batteux, Charles, 6.5. 1713 Allandhuy – 14.7. 1780 Paris, klass. Philologe, Autor des →*Traité sur les beaux-arts réduits à un même principe* (1746). In weiteren ästhet. u. rhetor. Abhandlungen modifizierte B. klassizistische Vorstellungen (*Parallèle de la Henriade et du Lutrin,* 1746; *Cours de belles-lettres,* 1750; *Nouvel examen du préjugé sur l'inversion,* 1767; *Les quatre poétiques d'Aristote, d'Horace, de Vida et de Despréaux,* 1771; *Chefs-d'œuvre d'éloquence poétique,* 1780). Das Kunstschaffen ist für B. ebenso e. menschl. Funktion wie das Fühlen, es ahmt Schönheit nach; ob dabei Regeln beachtet werden, die in e. bestimmten kulturgeschichtl. Situation Gültigkeit erlangten, ist zweitrangig. Der Schönheitsbegriff entspringt e. Geschmacksidealismus. B.' Theorien waren von Einfluß auf Gottsched u. J. E. Schlegel. Mitgl der Ac. frçe. seit 1761.

M. Schenker, B. u. seine Nachahmungstheorie in Dtl., 1909.

Baty, Gaston, 26. 5. 1885 Pélussin – 13. 10. 1952 ebda., Jura- und Philologiestud., u. a. auch in München. Schauspieldirektor, gehörte zum →Cartel des quatre. S. Inszenierungen (u. a. Salacrou, Goethe, *Faust;* Brecht, *Dreigroschenoper,* 1931) richten sich sowohl gegen das Boulevardtheater als den Stil des Konversationsdramas (*Sire le mot,* 1921; *Le masque et l'encensoir,* 1929; *Vie et art théâtral,* 1932). Er, Dullin u. Renoir leiteten nach 1940 zeitweilig die Association des directeurs de théâtre de Paris. B. wies nach, daß erst die Inszenierung e. Werk zur Wirkung bringt und demonstrierte es wiederholt an e. Szene des *Malade imaginaire,* die ohne Veränderung der Textvorlage als klass. Kom., Farce oder mod. Drama gespielt werden kann. Weil er die semantische Exklusivität auch klass. Texte antastete, griff ihn die Kollaboration heftig an.

S. Added, Le théâtre en France dans les années Vichy, Reims 1990.

Baudelaire, Charles, 9. 4. 1821 Paris – 31. 8. 1867 ebda., nach dem Tod s. Vaters (im Februar 1827), der 1785 Pfarrer in der Diözese Châlons-sur-Marne gewesen war und sich später den Jakobinern angeschlossen hatte, heiratete Caroline B. im November 1828 den Berufsoffizier Jacques Aupick, der 1832 nach Lyon versetzt wurde. B. fühlte sich durch den Stiefvater und den Zwang des Schulsystems in Lyon bzw. seit 1836 wieder in Paris (Lycée Louis-le-Grand, bis zum Schulverweis im Jahr 1839) tief gedemütigt. Die Zwangsvorstellung, s. Leben werde nie anders als trag. verlaufen, kam damals bereits auf. Seit 1839 schrieb er Gedichte. 1841 beschloß die Familie, um ihn von s. unsteten Lebensführung zu heilen, den 20jährigen auf e. Schiffsreise in die Tropen (Ind. Ozean) zu schicken; er brach die Fahrt auf La Réunion ab u. kehrte im Februar 1842 nach Frkr. zurück. Die Erinnerung verklärte in einigen Gedichten, die in →*Les fleurs du mal* aufgenommen wurden, das exot. Erleben. B. machte während e. Theaterabends in Paris die Bekanntschaft der Mulattin Jeanne Lemer (gen. Duval); die Liebe zu dieser Frau, mit der er bis zum Lebensende verbunden blieb, obwohl sie wenig Verständnis für s. dichter. Ingenium gehabt zu haben scheint, inspirierte ihn zu einigen der schönsten Gedichte s. Zyklus. Mit versch. Gelegenheitsarbeiten versuchte B., s. materielle Lage zu verbessern; 1842 konzipierte er den ersten Teil der →*Paradis artificiels.* Dagegen wollte er e. Anzahl lyr. Gedichte – Ende 1844 waren es ca. 15 – noch keinem Publikum unterbreiten, ehe nicht die Ordnungsstruktur, von der er träumte, erfüllt war. Auf Veranlassung s. Mutter wurde B. 1844 unter Vormundschaft gestellt, da er es ablehnte, ›un homme utile‹ in der bürgerl. Gesellschaft zu werden. Balzac nachempfunden war die Novelle *La Fanfarlo* (ED *Bulletin de la société des gens de lettres,* Januar 1847); B. plante weitere erzählende Werke, die er nie vollendete. 1847 liierte er sich mit der Schauspielerin Marie Daubrun. Im Februar 1848 nahm er an den Barrikadenkämpfen teil u. glaubte, die Revolution verschaffe ihm Gelegenheit, s. Stiefvater, der inzwischen General geworden war, umzubringen; im Dezember des gleichen Jahres wurde Aupick Botschafter in Konstantinopel. B. arbeitete an e. Poe-Übs. und an kunstkrit. Studien (→*Curiosités esthétiques).* 1855 erschienen in der *Revue des deux mondes* 18 Gedichte u. d. T. *Les fleurs du mal;* aus dieser Zeit stammt e. ästhet. Maxime B.s, wonach Poesie das Wirklichste sei, dasjenige, was erst in e. anderen Welt vollkommen wahr wird. Dichtung, notierte er 1857 zu Poe, hat nicht die prakt. Wahrheit zum Gegenstand der Nachahmung, sie gehorcht eigenen Gesetzen; Wagners Gesamtkunstwerk in s. kompositor. Dichte, die Zufall und spontane Inspiration ausschaltet, war ihm darin vorbildl., 1856 erschien die Poe-Übs. B. fand in A. Poulet-Malassis auch e. Verleger für s. Hauptwerk *Les fleurs du mal,* das im Sommer 1857 ausgeliefert und sofort wegen Verletzung der öffentl. Moral gerichtl. verfolgt wurde. Alfred de Vigny, dem der Autor e. Exemplar übersandte, als er sich um die Wahl in die Ac. frçe. bemühte (Dezember 1861), teilte er mit, das einzige Lob, das er für s. lyr. Werk erwarte, sei die Anerkennung, daß es sich um kein Gedichtalbum handle, sondern um ein durchkomponiertes Ganzes. Seit 1855 arbeitete B. an den →*Petits poèmes en prose,* die teilweise mit Versgedichten motivgleich sind und 1869 zusammen mit *Les paradis artificiels* herauskamen. 1861 erschien in der *Revue européenne* der Aufsatz *Richard Wagner et Tannhäuser à Paris.* 1862 zog B. auf Betreiben von Sainte-Beuve und Vigny s. Kandidatur für die Nachfolge Lacordaires in der Ac. frçe., die als anmaßend empfunden wurde, zurück. Im September 1862 begrüßte Swinburne in e. Artikel des *Spectator* die Veröffentlichung der *Fleurs du mal* als lit. Ereignis. B schrieb zum Tod von Delacroix 1863 e. Nekrolog für *L'Opinion nationale* u. stellte im *Figaro* den Maler Constantin Guys vor. Während e. Belgienreise erfuhr er 1864, daß der junge Paul Verlaine in *L'Art* e. Eulogie über s. Werk veröffentlicht hatte; er empfand mehr Unbehagen als Stolz über s. Wirkung auf Lyriker, die sich als s. Schüler ausgaben. 1866 erschienen in der Slg. *Épaves* unveröffentlichte und früher unterdrückte Gedichte B.s, darunter *Le coucher du soleil romantique.* Im ersten Band des *Parnasse contemporain* veröffentlichte B. auf Bitten von Catulle Mendès 16 Texte u. d. T. *Nouvelles fleurs du mal;* sie wurden in die postume Ausgabe s. Hauptwerks von 1868 aufgenommen. Schwere Gehirnstörungen, Sprachverlust und e. halbseitige Lähmung fesselten B. im März 1866 ans Lager; Banville, Leconte de Lisle u. Mérimée erwirkten e. Staatszuschuß für die notwendige klin. Behandlung. B. starb in der Klinik von Dr. Duval, rue du Dôme. 1869 erschien von Asselineau e. erste Studie, *B., sa vie, son œuvre* im Verlag Lemerre. 1887 besorgte Eugène Crépet für den Verlag Quantin e. Gesamtausgabe (*Œuvres posthumes et correspondances inédites,* darunter *Fusées, Mon cœur mis a nu*); 1908 erschien e. um neu entdeckte Texte erweiterte B.-Ausgabe (*OC,* krA Cl. Pichois, II 1975 f.). Die *Correspondance générale* in 7 Bden. (1906) ist um später gefundene Briefe an die Mutter (1918) und Jugendbriefe, die erst nach dem II. Weltkrieg gefunden wurden, zu ergänzen (*Correspondance,* éd. Cl. Pichois, II 1973; ders. Hg., *Lettres à B.*). In e. Vortrag über B. sagte Valéry 1924, der Dichter stehe auf dem Gipfel des Ruhmes; mit s. Werk habe die franz. Lyrik e. übernationale Bedeutung erlangt. Weil B. als Dichter auch e. Kritiker in sich trug – dies im Unterschied zu Hugo, nicht jedoch zu Gautier, dem die *Fleurs du mal* gewidmet sind –, vertraute er nicht auf Leidenschaft und Inspiration. Die poetolog. Selbstverständigung verbot ihm, den Weg der ›école bourgeoise‹ oder der ›école socialiste‹ einzuschlagen (*L'art romantique,* 1851); weder überschätzte er die individualist. Weltsicht noch den direkten sozialen Nutzen der Poesie. Er entzog sich der bürgerl. Welt, aus der er kam, enttäuscht über ihre Konsumverpflichtung u. den Ausgang der Februarrevolution, wählte in der Bohème die Position des Ästheten, die einzige Perspektive, die ihm Entpersönlichung u. Entromantisierung ermöglichte. Um s. ›ennui‹ auszudrücken, bezog er e. Position, die der bekenntnissüchtigen Haltung vieler Romantiker entgegengesetzt war. Er intendierte nicht lyr. Verströmen, sondern Artikulation e. beispielhaften Situation der Entfremdung angesichts e. trivialen Fortschritts, den er prophet. als Niedergang erkannte. Darum rühmte er auch den Vorteil der festen metr. Form: Sie ist weniger tyrann., als vermutet wird, verhindert dichter. Neuerungen keineswegs, sondern verhilft im Gegenteil zur ›éclosion de l'originalité‹ *(Salon 1859)*. Wiederholt proklamierte er, daß Kunst in ihrer Form sich selbst themat. werden kann. So entgeht sie empir. kontrollierbaren Realordnungen, Verlaine, Rimbaud u. Mallarmé haben die *Fleurs du mal* in e. Alter, als sie ästhet. Anleitung suchten, gelesen u. folgten B. in der Überzeugung, daß diese Welt ›e. Ausmaß an Vulgarität angenommen hat, das die Verachtung eines geistigen Menschen in den Rang der Heftigkeit, wie sie der Leidenschaft eignet, erhebt‹ (Vorwortentwurf 1859–60). Brecht und Sartre hielten B. s. Klassenverrat vor; als Kleinbürger habe er weder s. Situation noch diejenige anderer Gruppen begriffen. Sartre erklärte den Dandysmus, dessen gesellschaftskrit. Implikationen beispielhaft von Walter Benjamin erklärt worden sind, und den Satanismus B.s aus dem schockartigen Kindheitserlebnis bei der Wiederverheiratung der Mutter. Fortan wählte B. die Rolle des Verstoßenen und Ungeliebten; der damit begründete Vorwurf, er habe nicht an der Befreiung der Menschheit mitgewirkt, wie Hugo oder Sand, trifft das krit. Potential s. Lyrik nicht. Denn B.s Streben nach Vollkommenheit der Poesie und s. Einsicht in den Warencharakter der Kunst stehen in Korrelation.

E. Crépet, B., 1906, [3]1928; J. Pommier, La mystique de B., 1932; G. Blin, B., 1939; F. Kemp, B. und das Christentum, 1939; F. Porché, B. Histoire d'une âme, 1944; J.-P. Sartre, B., 1946; H. Peyre, Connaissance de B., 1952; M. Ruff, L'esprit du mal et l'esthétique baudelairienne, 1955; G. Hess, Die Landschaft in B.s Fleurs du mal, 1953; W. T. Bandy/Cl. Pichois, B. devant ses contemporains, 1957; P. Pia, B. par lui-même, 1957; N. Accaputo, L'estetica di B. e le sue fonti germaniche, Turin 1961; F. Nies, Poesie in prosaischer Welt, Untersuchungen zum Prosagedicht bei A. Bertrand und B., 1964; H. Friedrich, Die Struktur der modernen Lyrik, [2]1967; A. Kies, Études baudelairiennes, Louvain 1967; W. Benjamin, B. Ein Lyriker im Zeitalter des Hochkapitalismus, 1969; B. Actes du colloque de Nice, 1969; F. W. Leakey, B. and nature, Manchester 1969; P.-G. Castex, B. critique d'art, 1969; Cl. Pichois/R. Kopp, Les années B., Neuchâtel 1969 ff.; R. Galland, B. Poétiques et poésies, 1969; L. Cellier, B. et Hugo, 1970; S. Genovali, B. o della dissonanza, Florenz 1971; W. F. Aggeler, B. jugded by Spanish critics, 1857–1957, Athens 1971; P. Arnold, L'ésotérisme de B., 1972; B. Fondane, B. et l'expérience du gouffre, 1972; Cl. Pichois, Album B., 1974; A. Noyer-Weidner (Hg.), B., 1976; D. Oehler, Pariser Bilder I (1830–48). Antibourgeoise Ästhetik bei B., Daumier u. Heine, 1979; D. Hillery, Music and poetry in France from B. to Mallarmé, Bern 1980; H. Nöding, Verlorene Illusionen – Verlorene Erfahrung, 1980; O. Sahlberg, B. u. s. Muse, 1980; H. Stenzel, Der histor. Ort B.s, 1980; R. Lloyd, B.s literary criticism, Cambridge 1981; K. Barck, Überlegungen zum neuen B.bild, Lendemains, Februar 1981; F. W. J. Hemmings, B.

the damned, London 1982; E. Bange, An den Grenzen der Sprache, Stud. zu B., 1982; B. T. Fitch, Monde à l'envers/texte réversible. La fiction de B., 1982; R. Poggenburg, B., une micro-histoire, 1987; R. D. Burton, B. en 1859, Cambridge 1988; G. Robb, B. lecteur de Balzac, 1988; G. Froidevaux, B., 1989.

Baudouin de Condé, 13. Jh., nordfranz. Trouvère, Dienstmann aus dem Hennegau, verfaßte vor allem didakt. Gedichte (24 Dits zwischen 1240–80, darunter e. Darstellung des Totentanzes, *Le dit des trois morts et des trois vifs*) u. Allegorien *(La voie de paradis, Li contes dou pellican, Li contes de l'aver, Li contes d'envie).* Bekenntnishaft ist *Li prisons d'amour* (3131 Verse). B. verzichtete auf die geläufige Traumerzählung (vgl. *Roman de la rose*).

A. Scheler, Dits et contes de B. et de son fils Jean de Condé, Brüssel III 1866–67.

Baumann, Émile, 27. 9. 1868 Lyon – 24. 11. 1941 La Seyne, militant. Vertreter des →Renouveau catholique, dessen Romanwerk (*L'immolé,* 1908; *La fosse aux lions,* 1911; *Le baptême de Pauline Ardel,* 1913; *Le fer sur l'enclume,* 1920; *Job le prédestiné,* 1922; *Le signe sur les mains,* 1926; *Le miracle de la race,* 1926; *Les douze collines,* 1930; *Amour et sagesse,* 1934; *Shéhérazade,* 1943) u. Essays (*Saint-Saëns,* 1900; *La paix du septième jour,* 1917; *L'anneau d'or des grands mystiques,* 1924; *Saint-Paul,* 1925; *Bossuet,* 1929; außerdem *Mémoires,* 1943; *Les nourritures célestes,* 1943) Sünde, Bekehrung u. Gnade in den Mittelpunkt stellen.

G. Truc, Histoire de la littérature catholique contemporaine, Tournai 1961.

Bayard, Jean, 17. 3. 1796 Charolles – 19. 2. 1853 Paris, Dramatiker (am bekanntesten *Le gamin de Paris; Théâtre,* XII 1855–59), Mitarbeiter u. a. von Scribe.

Bayard, Pierre du Terrail, seigneur de, 1476 Schloß B. bei Grenoble – 30. 4. 1524 bei Gattinara, Page am Hof von Savoyen, erwarb sich in den Italienfeldzügen Karls VIII., Ludwigs XII. u. Franz' I. den Ruf, der tapferste franz. Ritter zu sein, ›chevalier sans peur et sans reproche‹. 1515 durfte B. Franz I. zum Ritter schlagen. Er wurde zur lit. Gestalt bei Autreau, Belloy u. Monvel.

L. Léon-Martin, La vie ardente de B., 1942.

Bayle, Pierre, 18. 11. 1647 Carla/Grafschaft Foix – 28. 12. 1706 Rotterdam, Sohn e. calvinist. Pfarrers, konvertierte 1669 zum Katholizismus, dem er 1670 wieder abschwor; wegen des Rückfalls verfolgt, floh B. nach Genf. Die Beschäftigung mit Descartes veranlaßte ihn, alles dem vernünftigen Denken u. dem Augenschein zu unterziehen u. keine Aussage der scholast. Orthodoxie ungeprüft hinzunehmen. Protestanten sorgten für s. Unterhalt; bis 1681 lehrte B. an der Akademie von Sedan Philosophie, nach ihrer Auflösung wurde er nach Rotterdam berufen. Hier gründete er 1684 die Zs. *Nouvelles de la République des Lettres,* die später Larroque u. Jacques Bernard herausgaben. Sie war weit verbreitet, diente der Information u. lieferte Denkanstöße als Organ der Heterodoxie. B. vertrat den Standpunkt (*Réflexions sur la tolérance des livres hérétiques,* 1685), die Rechtgläubigen müßten sich ihrer Sache so sicher sein, daß auch Dissidenten zu Wort kommen könnten. Als Verteidiger des Protestantismus gegen den franz. Staatskatholizismus u. als Apologet der Gewissensfreiheit gegenüber jedem konfessionellen Zwang, auch aus den eigenen Reihen, spielte B. e. einmalige Rolle in der Frühaufklärung (*Pensées diverses* *sur la comète,* 1682; *Commentaire philosophique,* 1686; *Réponse aux questions d'un provincial,* 1704). Als er das Gleichnis vom Festmahl im Lukasevangelium (Kap. XIV), wo der Herr s. Knecht auffordert, diejenigen, die an den Wegen u. Zäunen anzutreffen sind, zum Gastmahl zu nötigen, zum Anlaß nahm, gegen jede Gewalt in Gewissensdingen zu polemisieren, zerstörte er auch die theolog. Einheitsfront der Protestanten, denen er ebensowenig wie ihren Feinden e. Recht auf Gewissenszwang zugestehen konnte. Das Gewissen, auch wenn es irrt, duldet keinen äußeren Druck. Zugleich hält B. daran fest, daß alle Dogmen falsch sind, wenn sie im Licht der Vernunft nicht bestehen können. Die führenden Exiltheologen, namentl. Jurieu, vermerkten mit Befriedigung, daß B. sich nun dem Verdacht des Atheismus aussetzte. In der Tat hielt er e. Staat von Atheisten, die der Vernunft, also dem Gebot der Toleranz, folgen, für lebensfähig. Mit dieser Idee war er bereits progressiver als das Jahrhundert der Aufklärung. Wogegen er bis zuletzt, in den 90er Jahren mit der scharfen Waffe des →*Dictionnaire historique et critique,* kämpfte, war die Vermischung von Lebenspraxis, Weltsicht u. Glaubenshaltung. Glaube u. Beweis schließen sich aus; wer an die Offenbarung glaubt, besitzt die Wahrheit, die er sucht. Prekär sind dagegen Apologie u. Mission, denn sie übertragen Kriterien, die nur Geltung haben, solange das Individuum sie selbst einsieht u. auf sich anwendet. Dem Gläubigen kann man nicht mit vernünftigen Argumenten entgegentreten, absolute Maßstäbe existieren nicht. Mit B.s Relativismus, der entschieden schärfer formuliert wird, als später Montesquieus analoger Ansatz in polit. Dingen, war also dies gewonnen: Theologie wird zur hist. Wiss., Rationalismus u. Glauben fallen auseinander, Illusionen sind als solche erkannt u. gewertet. Systeme, die anerkannt werden wollen, müssen e. doppelten Prüfung standhalten: dem Evidenzbeweis ihrer Ideen u. der krit. Frage nach ihrem prakt. Nutzen (Artikel ›Manichéens‹ im *Dictionnaire historique et critique*). Rationalist. Operationen scheitern immer wieder, wie Bayle vor allem in der *Reponse aux questions d'un provincial* darlegt, an der Natur des Menschen; sie ist wie e. Klippe für alles Wahre u. alles Falsche. Das Temperament überwältigt die Vernunft, die sich freil. mit ihrer Niederlage solange nicht abfinden kann, als sie vom aufklärer. Ethos getragen wird. B. hatte Gelegenheit, in Theologendiskussionen e. quellenkrit. Verfahren kennenzulernen, das, aus den Spezialistendisputen extrapoliert, der Aufklärung e. begriffl. Schema lieferte, mit dem Vorurteile, Intoleranz u. falscher, auf e. methaphys. Vernunft begründeter Optimismus bloßgestellt werden konnten. B.s Toleranzidee vermochte selbst Voltaire nichts substantiell Neues hinzuzufügen. Auch Leibniz widerlegte ihn durch die im *Discours de la conformité de la foi avec la raison,* e. Teilstück s. Theodizee, entwickelten Überlegungen nicht. 1973 edierte E. Labrousse das Pamphlet *Ce que c'est que la France toute catholique.*

L. Feuerbach, B., [2]1848; E. Cassirer, Die Philosophie der Aufklärung, 1932; P. Hazard, La crise de la conscience européenne (1680–1715), 1935; L. Courtines, B.'s relations with England and the English, New York 1938; E. Haase, Einführung in die Lit. des Refuge, 1959; P. Dibon, B. le philosophe de Rotterdam, 1959; E. Labrousse, Inventaire critique de la correspondance de B., 1961; dies., B. Du pays de Foix à la cité d'Erasme, Den Haag 1963; dies., B. Hétérodoxie et rigorisme, Den Haag 1964; W. Rex, Essays on B. and religious controversy, Den Haag 1965; J. Solé, Religion, érudition et critique à la fin du XVIIe siècle et au début du XVIIIe, 1967; G. Cantelli, Teologia e ateismo, saggio sul pensiero filosofico e religioso di B., Florenz 1969; W. Krauss, Die Lit. der franz. Frühaufklärung, 1971; J. Solé, B. polémiste, 1972; G. Paganini, Analisi della fede ... B., Florenz 1980; R. Cortese, B., l'inquietudine della ragione, Neapel 1981.

Bazin, Hervé, geb. 17. 4. 1911 Angers, aus e. Grundbesitzerfamilie, Stud. Rechtswiss. u. Philol. Angers u. Paris; Bruch mit der Familie, Teilnahme an der Résistance; 1957 Lit.preis von Monaco, seit 1958 Mitgl. der Ac. Goncourt u. deren Vorsitzender. B., der seit 1933 Lyrik verfaßte (*Parcelles,* 1933; *Visages,* 1934; *A la poursuite d'Inès,* 1948; *Humeurs,* 1953), wurde durch s. ersten Roman, →*Vipère au poing,* bekannt, in dem die Ordnung der Bourgeoisie am Beispiel familiärer Auseinandersetzungen in Frage gestellt wird. Auch die Fortsetzung, *La mort du petit cheval* (1950), wurde vorwiegend als Chronik e. Familienzwistes verstanden; B. wahrt hier noch peinl. die Grenzen des psycholog. Romans, Konflikte werden statt auf gesellschaftl. Widersprüche auf Unausgeglichenheiten im Temperament der Familie Rezeau zurückgeführt. Im späteren Werk treten zahlr. manische, häufig sadist. Figuren auf (Novellen *Le bureau des mariages,* 1951; *Lève – toi et marche,* 1952; *L'huile sur le feu,* 1954; *Miracle privé,* 1956; *Qui j'ose aimer,* 1956; *Au nom du fils,* 1960; *Chapeau bas,* 1963; *Le matrimoine,* 1967; *Les bienheureux de la désolation,* 1970). Sexualkatastrophen führen die Protagonisten an den Rand e. Abgrunds, vor dem sie keine gesicherte und relig. fundierte Weltanschauung mehr rettet; sie vergelten Erniedrigung mit Aggression. *Un feu dévore un autre feu* (1978), e. Liebesroman, spielt in der Szenerie e. südamerikan. Konterrevolution. In *L'église verte* (1981) skizziert der Erzähler e. naturverbundene u. kirchenfeindl. Utopie. Roman *Qui est le principe* (1981), Essay *Abécédaire* (1984).

G. Raillard. B. (Écrivains d'aujourd'hui 1940–60, hg. B. Pingaud), 1960; J. Anglade, B., 1962.

Bazin, René, 26. 12. 1853 Angers – 20. 7. 1932 Paris, Juraprof., 1903 Mitgl. der Ac. frçe., Autor regionalist. Romane, die im Anjou, Elsaß, Poitou u. in der Vendée spielen, Darstellung e. falschen Gegensatzes zwischen Erdverbundenheit u. Industrialisierung (u. a. *La terre qui meurt,* 1899; *Les Oberlé,* 1901; *Récits de la plaine et de la montagne,* 1903; *Donatienne,* 1903; *L'isolée,* 1905; *Le blé qui lève,* 1907; *La barrière,* 1910; *Davidée Birot,* 1912; *Les nouveaux Oberlé,* 1919; *Baltus le lorrain,* 1926; *Magnificat*, 1932).

F. Mauriac, B., 1931; J. S. Wood, Un aspect du mouvement traditionaliste et social dans la littérature française contemporaine: B., sa vie et son œuvre, 1934.

Béatrix ou les amours forcés, dreiteiliger Roman von Honoré de →Balzac, 1839–45 entstanden u. veröffentlicht. Dieses als Chronik der mondänen Welt konzipierte Werk verarbeitet Elemente der Biographien von George Sand, die sich hinter der Gestalt der Félicité des Touches (Pseudonym Camille Maupin) verbirgt, u. Franz Liszt (Musiker Conti). Der junge Calyste du Guénic steht zwischen drei Frauen, der genial. Félicité, der tändelnden Marquise Béatrix de Rochefide, die sich mit Conti, dem früheren Freund Félicités liiert hat, u. Sabine de Grandlieu, s. Gattin, die ihm Félicité bestimmt hat; zuletzt entscheidet er sich für das ehel. Glück. Mit diesem Schlüsselroman scheint Balzac vor allem die Auseinandersetzung mit dem Rollenzwang romant. u. klassizist. Künstler s. Epoche gesucht zu haben.

B. Guyon, Adolphe, B. et la Muse du département, L'année balzacienne 1963.

Beauclair, Henri, 1860 Lisieux – 1919 Paris, Journalist bei der *Petite Presse, Patrie* u. beim *Petit Journal,* Lyriker (*L'éternelle chanson,* 1884; *Horizontales,* 1885), Prosaautor mit Sinn für Ironie u. Parodie (→*Les déliquescences d'Adoré Floupette, Une heure chez M. Barrès, par un faux Renan,* 1890).

C.-T. Féret, Étude sur B., 1903.

Beauharnais, Marie-Françoise Mouchard, comtesse de, 4. 10. 1737 Paris – 2. 7. 1813 ebda., Tochter e. Steuerbeamten; 1753 Heirat mit dem Grafen B., von dem sie sich 1762 trennte, als sie e. Salon eröffnete, in dem Mably, L.-S. Mercier u. Restif de la Bretonne verkehrten. Die Autorschaft ihrer Werke (*Mélanges de poésies fugitives,* 1772; *L'Abailard supposé ou le sentiment à l'épreuve,* 1780; *La fausse inconstance,* 5 Akte, Prosa, 1787) wurde wiederholt bezweifelt; La Harpe entschied, wegen ihrer wertlosen Süßlichkeit bestehe dazu kein Anlaß. Die B. galt als Typus des →Bas bleu.

A. Marquiset, Les bas-bleus du Premier Empire, 1914.

Beaulieu, Estorg de, 16. Jh. im Limousin – 8. 1. 1552 Basel, musikbegabter Kleriker, Anhänger der Reformation. Als Lyriker zählt B. zu den Marotiques (Balladen, Rondeaux, Chansons).

Beaumanoir, Philippe de Rémy, sire de, um 1250–1296 Senlis, Jurist im kgl. Dienst, Autor der *Coutumes de Beauvaisis,* des bekanntesten ma. Rechtsbuchs (hg. A. Salmon II 1899 f.); Erzähler *(La manekine, Jehan et Blonde, Le conte de fole larguece)* u. Lyriker (*Œuvres poétiques,* hg. H. Suchier II 1884–85).

Beaumarchais, Pierre Augustin Caron de, 24. 1. 1732 Paris – 17. 5. 1799 ebda., Sohn e. Uhrmachers, bei dem er erfolgreich in die Lehre ging; mit e. Uhr, die er der Pompadour schenkte, gewann er die Aufmerksamkeit des Hofes. 1760–64 unterrichtete er die Töchter Ludwigs XV. im Harfenspiel. 1756 heiratete B. s. erste Frau, die Witwe e. kleinen Hofbeamten, 1768 die Witwe des Oberverwalters der kgl. Garderobe; 1771 geriet er in Verdacht, s. Ehefrauen vergiftet zu haben. In geheimer diplomat. Mission u. aus geschäftl. Interesse reiste B. wiederholt ins Ausland, 1764 nach Spanien, wo er sich duellierte, um die Ehre s. Schwester zu rächen (Stoffbearbeitung durch Goethe, *Clavigo,* 1774; Dorat-Cubières, *Clavijo ou la jeunesse de B.,* 1806). Er verhinderte das Erscheinen von Pamphleten gegen die Du Barry u. Marie Antoinette, polemisierte gegen Rechtsbeugungen, beschaffte amerik. Aufständischen Waffen u. span. Kolonisten wahrscheinl. Negersklaven. S. Millionenvermögen ermöglichte ihm den Kauf des Adelsbriefs u. e. Amts als Generalleutnant der Jagd. Gegenüber Diderot, dessen Dramentheorie B. zum Richtmaß erklärte, bedeutete die Tragikom. in Prosa *Eugénie* (1767) zunächst e. Rückschritt. Obwohl B. beteuerte, das ›genre sérieux‹ bewirke die Auflösung des Theaterapparats u. verbiete die geringste Abweichung vom Lokalkolorit, häufte er romaneske Elemente (Verkleidung, Anagnorisis am Sterbebett) bis zur Unwahrscheinlichkeit an: Durch e. vorgebl. Hochzeitsfeier verführt e. Grandseigneur e. junges Mädchen, bereut jedoch u. verzichtet auf die reiche Erbin, die er tatsächl. heiraten wollte. Als B. sich konsequent an der älteren Intrigenkom. zu orientieren begann (*Les deux amis,* 1770; →*La précaution inutile ou le barbier de Séville;* →*La folle journée ou le mariage de Figaro; Théâtre,* éd. J.-P. de B. 1980), fand er das geeignete Instrument für s. polit. u. soziale Polemik; nun wurde der Witz s. tödl. Waffe. Nach der 71. Aufführung des *Figaro* wurde B. auf Veranlassung des Zensors Suard verhaftet, nach sechs Tagen bereits wieder freigelassen u. mit zwei Mill. für die Haft entschädigt. E. kgl. Pension lehnte er jedoch ab. Obwohl er gewiß kein polit. Revolutionär, eher schon e. Nutznießer des Ancien Régime war, artikulierte er die Kritik des leistungsorientierten III. Standes am Obrigkeitsstaat, der Parasiten privilegiert. B.s Talent war mit dem *Figaro* offensichtl. verbraucht, die zykl. Weiterführung (→*La mère coupable,* 1792) trug zu s. Ruhm nichts mehr bei. Von zeitgeschichtl. Wert sind B.s Memoiren u. *Notes et réflexions* (hg. G. Bauer, 1961; vgl. auch s. Korrespondenz, hg. B. M. Norton 1969 ff.; *Œuvres,* éd. P. Larthomas 1988). Wegen unerlaubten Waffenbesitzes im August 1792 angeklagt u. e. Woche in Haft genommen, verließ er Frkr., der Convent setzte ihn auf die Emigrantenliste. Der Kleinbürger wird von Seinesgleichen, sobald sie an die Macht gekommen sind, verfolgt, als er s. individuellen Vorteil durchsetzt.

H. Cordier, Bibliographie des œuvres de B., [2]1903; L. de Lomonénie, B. et son temps, II [4]1880; A. Bettelheim, B., [2]1911; R. Dalsème, La vie de B., 1928; R. Pomeau, B., l'homme et l'œuvre, 1956; Ph. Van Tieghem, B. par lui-même, 1960; J. B. Ratermanis/W. R. Irwin, The comic style of B., Seattle 1961; A. u. Cl. Manceron, B., Figaro vivant, 1968; B. Fay, B., ou la fredaine de Figaro, 1971; M. Descotes, Les grands rôles du théâtre de B., 1974; E. Klein, Kontinuität u. Diskontinuität in der sog. Trilogie von B., 1978; B. N. Morton/D. C. Spinelli, B., a bibl., Ann Arbor 1988.

Beaumont, Christophe de, 20. 7. 1703 Roque/Périgord – 12. 12. 1781 Paris, Erzbischof von Paris seit 1746; verhinderte die Verurteilung des *Esprit des lois* von Montesquieu durch die Sorbonne, während er gegen Helvétius u. vor allem Rousseau bei der Veröffentlichung des *Émile* krit. Stellung bezog. Rousseau antwortete (*Jean-Jacques Rousseau, citoyen de Genève, à B., archevêque de Paris).* Von nun an sind außer den Jansenisten und Galikanern die Aufklärer B.s entschiedene Gegner (Voltaire, *Lettre de l'archevêque de Cantorbéry à l'archevêque de Paris*); B. verhinderte die Aufführung von Voltaires *Les Guèbres* (1769), intervenierte 1771 gegen *L'éloge de Fénelon* von La Harpe, die Voltaire-Eulogie *Les muses rivales,* antiklerikale Stücke von Leblanc de Guillet u. Mercier. Aus takt. Gründen unterstützte er Palissots Satire gegen die Halbwelt, *Les courtisanes.* Beim Tode Voltaires verweigerte er ihm das christl. Begräbnis.

E. Regnault, B., archevêque de Paris, II 1882.

Beauvoir, Simone de, 9. 1. 1908 Paris – 14. 4. 1986 ebda., bürgerl. Herkunft, relig. Erziehung, seit 1913 Privatschule, 1925 Baccalauréat, Stud. Philos., 1928 Bekanntschaft mit Sartre an der ENS, 1929 Agrégation, damals jüngste Absolventin. 1932–38 in Rouen, bis 1943 in Paris (Lycée Pasteur), dann Beurlaubung. Zusammen mit Sartre unternahm B. zahlr. Reisen durch europ. Länder, nach Cuba, China u. Brasilien; sie wurde Mithg. der Zs. *Les Temps modernes.* In ihren autobiograph. Schriften (*Mémoires d'une jeune fille rangée,* 1958; *La force de l'âge,* 1960; *La force des choses,* 1963; vgl. auch die Erzählung vom Tod der Mutter, *Une mort très douce,* 1964), Erzählungen u. Romanen

(→*L'invitée*, →*Le sang des autres, Tous les hommes sont mortels*, →*Les mandarins, Les belles images*, 1966; *La femme rompue*, 1967, mit Illustrationen von Hélène de B.; Novellen *Quand prime le spirituel*, 1979, 1937 von Gallimard abgelehnt) u. zahlr. Essays (u. a. *Pour une morale de l'ambiguïté*, 1947; *L'existentialisme et la sagesse des nations*, 1948; →*Le deuxième sexe, Privilèges*, 1955; →*La vieillesse*, 1970; *Tout compte fait*, 1972, Memoiren der letzten Jahre, u. a. Darstellung des Verhältnisses von Sartre zu den Gauchistes seit Mai 1968, s. Eintreten für la Gauche prolétarienne u. *La Cause du peuple; La cérémonie des adieux*, 1981) handelt B. von der Beziehung zum Andern, von der Freiheit u. der Verantwortung, insbes. vom Prinzip der ›libre reconnaissance‹ u. der weibl. Gespaltenheit in ›être objet› u. ›être sujet‹. Nicht biolog. Faktoren determinieren den Menschen, sondern die Gesellschaft verfügt über s. Liebe, s. Engagement u. s. Altern. Wie bei Sartre wandelt sich die Konzeption des Andern vom feindl. Bewußtsein, das e. Risiko impliziert, zum Mitmenschen, der auf die Solidarität angewiesen ist. Als negatives Beispiel ist die Protagonistin in *Les belles images* konzipiert, die sich nicht zu emanzipieren vermag, da ihre Sekuritäts- u. Respektbedürfnisse stärker sind. B. erzählt in ihren Romanen von eigenen Erfahrungen; ihre Klassenlage, die sie reflektiert, u. die geistige Welt des franz. Existentialismus werden im Denken u. Handeln der Gestalten problematisiert. Soziale Syndrome sind so dargestellt, daß sie vom Leser als solche verstanden werden u. sich als Anstoß zur Kritik der eigenen Lebensverhältnisse erweisen. Dennoch bleibt der originellste Teil ihres Werkes die Autobiogr., durch die auch die Thematik von *Le deuxième sexe* variiert wird.

G. Gennari, B., 1958; D. Wasmund, Der Skandal der B., 1963; G. Hourdin, B. et la liberté, 1964; S. Julienne-Caffié, B., 1966; F. Jeanson, B. ou l'entreprise de vivre, 1966; Ch. L. van den Berghe, Dictionnaire des idées dans l'œuvre de B., Den Haag/Paris 1966; A. C. Jaccard, B., Zürich 1968; S. Lilar, Le malentendu du Deuxième sexe, 1969; A.-M. Lasocki, B. ou l'entreprise d'écrire, Den Haag 1971; Ch. Moubachir, B. ou le souci de différence, 1972; R. Cottrell, B., New York 1975; Sondernr. L'Arc 61, 1975; A. Ophir, Regards féminins, 1976; K. Bieber, B., Boston 1979; Cl. Francis/F. Gontier, Les écrits de B., 1979; C. Ascher, B., a life of freedom, Brighton 1981; A. Whitmarsh, B. and the limits of commitment, Cambridge 1981; T. Keefe, B. and Sartre on mauvaise foi, French Studies 34, 1981; J. J. Zéphir, Le néo-féminisme de B., 1982; E. Marks (Ed.), Critical essays on B., Boston 1987; R. Winegarten, B., Oxford 1988; E. Fallaize, The novels of B., London 1988; T. Moi, Feminist theory and B., Oxford 1990; D. Bair, B., 1991; B. Lamblin, Mémoires d'une jeune fille dérangée, 1993.

Les beaux quartiers (1936), 2. Bd. des Romanzyklus *Le monde réel* von →Aragon. Das Schicksal der Brüder Barbentane, Söhne des Bürgermeisters e. südfranz. Kleinstadt, illustriert die Haltung der Bourgeoisie vor dem I. Weltkrieg. Während Edmond das Medizinstud. in Paris nur unter dem Aspekt der eigenen Karriere sieht u. durch s. Mätresse Eingang in maßgebende Kreise der Industrie findet, bezweifelt Armand die Wertvorstellungen s. eigenen Klasse; er engagiert sich für den Sozialismus u. arbeitet in der Fabrik. S. Läuterung bewahrheitet die kommunist. These von der Annäherung der bürgerl. Intelligenz an die Arbeiterklasse. Im Nachwort rechnet A. mit der ›nebelhaften‹ Welt des Surrealismus ab u. nennt den Titel des Zyklus.

Beck, Béatrix, 30. 7. 1914 Villars-sur-Ollon/Vaud, Tochter e. Irin u. des belg. Schriftstellers Christian B., des Gründers der Zs. *Antée;* in Grenoble Jurastud., nach vierjähriger Ehe seit 1940 Witwe, Fabrik- u. Landarbeiterin, seit 1947 auch in England, wurde 1950 Gides Sekretärin. B. schrieb autobiograph. Romane (über ihre Ehe u. Konversion *Barny,* 1948; *Une mort irrégulière,* 1950; *Léon Morin, prêtre,* Prix Goncourt 1952; *Des accomodements avec le ciel,* 1954; *Le muet,* 1963; *Cou coupé court toujours,* 1967; Kinderbuch *Contes à l'enfant né coiffé,* 1953; Liebesroman *Noli,* 1978; *Don Juan des forêts,* 1983, Verarbeitung des Verführermotivs in der Weise, daß ›Valmont zugleich s. Merteuil‹ (vgl. *Les liaisons dangereuses*) spielt; *L'enfant chat,* 1984; *Vulgaires vies,* 1992).

Becket ou l'honneur de dieu, Schauspiel in vier Akten von Jean →Anouilh, EA 1959, Urauff. 1. 10. 1959 Théâtre Montparnasse, Reprise 1971 Com. frçe. mit Robert Hirsch in der Rolle des Kg.s. Der Kanzler von England, →Thomas à Becket, warnt Heinrich II. vor den Folgen s. geplanten Ernennung zum Erzbischof von Canterbury; ausgestattet mit der Würde des Primas von England, ist er von der Huld s. fürstl. Freundes unabhängig; der Repräsentant der Deklassierten im Normannenstaat wird s. Rolle als Bastard ablegen u. zur eigenen Identität finden. B. versteht sich als Verteidiger der Ehre Gottes, die über der Ehre des Kg.s steht u. ihm als Vertreter der Kirche Prestige verleiht. Der sozial Unterlegene triumphiert nun über den Kg., der die feudale Hierarchie bedroht sieht. Wenn B. von Parteigängern Heinrichs getötet wird, löst der Mord im Dom kein relig., sondern ein eth. Problem mit polit. Konsequenzen. Denn das gesellschaftl. Rollenspiel, vom Kg. unbedacht aus Überlegungen, die ihm die kurzsichtige Staatsräson eingab, inszeniert, verlieh dem Träger tatsächl. Charisma u. veränderte s. Charakter.

B. Coenen-Mennemeier, Untersuchungen zu Anouilhs Schauspiel B., 1964; E. Smyth, B., Glasgow 1989.

Beckett, Samuel, 13. 4. 1906 Foxrock/Dublin – 22. 12. 1989 Paris, aus protestant. Familie, Vater Baukalkulator; 1923–27 Stud. Franz. und Ital. Trinity College Dublin, 1928–30 Lektor für Engl. an der ENS, gehörte zum Kreis von James Joyce (beschäftigte sich mit der Übs. e. Kap. aus *Finnegan's Wake* ins Franz.); 1931/32 Assistent am Trinity College, damals entstand e. Essay über Proust. Engl. geschriebene Lyrik seit den 30er Jahren erschien 1961 in *Poems in English.* 1933–36 lebte B. in London; bei einem Aufenthalt in München erlebte er e. Auftritt von Karl Valentin. Seit 1937 wohnte er in Paris; er schloß sich der Résistance an u. mußte sich 1942–44 im Vaucluse vor der Gestapo verbergen; seit Kriegsende lebte er wieder in Paris. 1969 erhielt B. den Nobelpreis für Lit. S. Werk, auf das die franz. Kritik 1951 aufmerksam wurde, umfaßt Lyrik (*Poèmes 38–39,* 1946 u. ö.), Romane (engl. *Murphy,* 1938; →*Molloy, Malone meurt,* 1951; engl. *Watt,* 1953; *L'innommable,* 1953; →*Comment c'est, Mercier et Camier,* entstanden 1946, EA 1970) , Kurzprosa (*Nouvelles et textes pour rien,* 1955; *Imagination morte imaginez,* 1965; *Assez,* 1966; *Dans le cylindre,* 1967; *Sans,* 1969, *Le dépeupleur,* 1970; *Premier amour,* entstanden 1945, EA 1970) Essays (über Dante, Bruno, Vico, Joyce, 1929; *An imaginative work,* 1936; *La peinture de Van Velde,* 1945; *Three dialogues,* 1949; *Henri Hayden, homme-peintre,* 1952; *Hommage à J. B. Yeats,* 1954), Hörspiele, Drehbücher, Mimodramen (*Acte sans paroles* I–II, 1957–63; *Comédie* *et actes divers,* 1966; *Breath,* 1970) u. drei längere, franz. geschrieb. Dramen, von denen zwei als Marksteine der Entwicklung des absurden Theaters gelten (*Eleutheria,* unveröffentl.; →*En attendant Godot,* →*Fin de partie*), später entstanden engl. geschriebene Stücke (*Krapp's last tape,* 1958; *Happy days,* 1961; *Play,* 1963; *Cascando,* 1963; *Come and go,* 1966; *The collected works of B.,* New York XVI 1969-70; *Collected poems 1930–78,* London 1984). B. sah die Romane *Molloy, Malone meurt* u. *L'innommable* als Trilogie; ihre Einheit besteht im Thema der Kreativität, B.s Privatmythos. Die Antihelden schreiben Dinge auf und reflektieren den Aussagewert ihrer Berichte, die höhere Instanzen ihnen abverlangen. In den Dramen ist das Warten e. Grundsituation der Personen. Im Theater wie im erzähler. Werk treten Behinderte u. Krüppel auf, die erfahren, daß die Schlußphase des Spiels in Wahrheit Exposition, Peripetie u. Katastrophe in einem ist. Auf traditionelle Dramenstrukturen verweisende Handlungsbögen fingieren nur e. Veränderung, die tatsächl. ausbleibt. Die eigene Vergangenheit, teilweise gespeichert mit techn. Mitteln, wird zum unerbittl. Gegenspieler der Gestalten; das Ausmaß des einmal Erlebten ist an der Verkürzung und Leere, unter der sie jetzt leiden, abzulesen. E. absolute, nicht metaphor. Benutzung der Sprache, die also nichts Unausgeprochenes, sondern nur sich selbst meint, ist von höchstem darsteller. Wert. Die Verringerung der Sprache bis zu minimalen Hauchlauten verbindet sich in B.s Motivkatalog mit Gedächtnisschwund, Verlust der Sprech- und Bewegungsfähigkeit, Erblinden zur Bewältigung des Todesproblems. Die Sprache hat die Funktion, die Krise der Sprache u. ihre Auflösung darzustellen; sie hört auf, Objektsprache zu sein, wo e. begriffl. Schema zur Abbildung der rätselhaften Realität untaugl. wird.

L. Janvier, Pour B., 1966; P. Mélèse, B., 1966; K. Schoell, Das Theater B.s, 1967; J. Onimus, B., Brügge 1968; O. Bernal, Langage et fiction dans le roman de B., 1969; L. E. Harvey, B., poet and critic, Princeton 1970; M. Dreysse, Realität als Aufgabe. E. Untersuchung über Aufbaugesetze u. Gehalte des Romanwerks von B., 1970; M. Smuda, Becketts Prosa als Metasprache, 1970; G. Croussy, B., 1971; D. Nores, Les critiques de notre temps et B., 1971; R. J. Davis u. a., Essai de bibliographie des œuvres de B. (1929–66), 1971; M. Foucre, Le geste et la parole dans le théâtre de B., 1971; B. Rojtman, Forme et signification dans le théâtre de B., 1976; E. Morot-Sir u. a. (Hg.), B., the art of rhetoric, Chapel Hill 1976; D. Bair, B., 1979; E. P. Levy, B. and the voice of species, Dublin 1980; A. Simon, B., 1983; R. Breuer/H. Gundel/W. Huber, B. criticism in Germany, 1986; S. Connor, B., Oxford 1988; H. Schwalm, Dekonstruktion im Roman. Vladimir Nabokov u. B., 1991.

Becque, Henri, 9. 4. 1837 Paris – 12. 5. 1899 ebda., Journalist u. realist. Dramatiker (*L'enfant prodigue,* 1868; →*Michel Pauper, La navette,* 1878; *Les honnêtes femmes,* 1880; →*Les corbeaux,* →*La parisienne; Théâtre complet,* III 1899; *Œuvres complètes,* VII 1924–26). B. brachte vor allem Konflikte der Gründerzeit auf die Bühne, wobei er oft unentschlossen zwischen seel. u. gesellschaftl. Peripetien u. Lösungen schwankte; wirkl. Innovationen, wie die Herleitung moral. Polarität von der Klassenlage der Helden u. ihrem unterschiedlichen Wissensstand, der dem Proletarier e. Vorsprung gegenüber der rückständigen u. geistig trägen Bourgeoisie verschaffen kann, brechen oft vorschnell ab. Der Tenor s. Dramen ist gedämpft; in dieser Hinsicht wurde die Theaterpraxis den Intentionen des Autors nicht immer gerecht – so boten etwa die Schauspieler der Com. frçe. *La parisienne* viel zu theatral. dar.

E. Dawson, B., sa vie et son théâtre, 1923; A. Arnaoutovitch, B., III 1926; P. Blanchart, B., 1931; E. Sée, B., 1926; M. Descotes, B. et son théâtre, 1962; L. B. Hyslop, B., New York 1972.

Bedel, Maurice, 30. 12. 1883 Paris – 15. 10. 1954 Thuré/Vienne, schloß s. Medizinstud. mit Promotion ab, praktizierte jedoch nie als Arzt; schrieb seit 1913 Lyrik, später Essays (*Fascisme an VII,* 1929; *Géographie de mille hectares,* 1937; *Monsieur Hitler,* 1937; *Destin de la personne humaine,* 1948), Reiseberichte u. Romane in iron. Stil (*Jérôme 60° latitude nord,* Prix Goncourt 1927; *Molinoff, Indre-et-Loire,* 1928; *Philippine,* 1930; *Zulfu,* 1933; *Le laurier d'Apollon,* 1937; *Le mariage des couleurs,* 1951; *Voyage de Jérôme aux États-Unis,* 1953).

Bédier, Joseph, 28. 1. 1864 Paris – 30. 8. 1937 Château-de-Grand-Serre, seit 1903 Prof. am Collège de France, maßgebende Arbeiten über die ma. Lit. (*Les fabliaux,* 1893; *Le roman de Tristan,* 1902–05; *Les chansons des croisades,* 1909; *Les légendes épiques,* 1913; *La chanson de Roland,* 1927). B. entdeckte u. a. Zusammenhänge zwischen der Entstehung des altfranz. Heldengedichts u. dem Verlauf der Pilgerstraßen, vor allem nach NW-Spanien.

Béguin, Albert, 17. 7. 1901 La Chaux-de-Fonds – 3. 5. 1957 Rom, Lit.wissenschaftler; Stud. Genf u. Paris, 1929–34 Franz. Lektor Univ. Halle/Saale, Übs. (Achim von Arnim, Büchner, E.T.A. Hoffmann, Jean Paul, Mörike, Tieck); 1937 Extraordinarius für franz. Lit. Univ. Basel. B. gründete die *Cahiers du Rhône,* leitete seit 1950 die von E. Mounier gegr. Zs. *Esprit.* Seit 1946, als er s. Professur aufgegeben hatte, lebte er in Frkr., war lit. Berater der Éditions du Seuil u. freier Mitarbeiter von Presse u. Rundfunk. B. verfaßte Essays u. a. über Pascal (1951), Bloy (1944) u. Bernanos (1949); s. Hauptwerk blieb s. erstes Buch, *L'âme romantique et le rêve* (Marseille II 1937), das franz. Lesern e. neuen Zugang zur dt. Romantik vermittelte (vgl. im 19. Jh. Staël, Nerval). 1939 erschien in Paris e. einbänd. leicht gekürzte Fassung ([2]1946).

P. Grotzer (Ed.), B. et Marcel Raymond, 1979.

Béjart, Armande, Ende 1640/Anfang 1641–1700, Schauspielerin, verheiratet mit dem 20 Jahre älteren Molière (Eheschließung 23. 1. 1662), drei Kinder aus dieser Ehe (1664, 1665, 1672, von denen nur die Tochter Esprit-Madeleine das Säuglingsalter überlebte); B. spielte seit 1663 im Ensemble Molières, sie kreierte 1664 die Elmire im *Tartuffe,* 1666 die Célimène im *Misanthrope,* 1671 die Titelrolle in *Psyché.* Für ihre angebl. Untreue liegt kein glaubwürdiges Zeugnis vor.

J. Scherer, Réflexions sur B., RhlF 1969.

Bel ami, Roman von Guy de →Maupassant, entstanden 1883 – Februar 1885, ED *Le Gil Blas* 8. 4.–30. 5. 1885, EA 1885; krit. Ausg. G. Delaisement 1959; D. Leuwers 1988. Maupassant benutzt den Geschehnisroman, um die romanesken Ideen e. Gesellschaft, vor allem der Damen, mit deren Hilfe e. hübscher, aber unbedeutender Mann Karriere macht, bloßzustellen. Duroy, e. entlassener Kolonialsoldat, wird durch zufällige Vermittlung eines alten Freundes Journalist, versteht es, mit Informationen Druck auszuüben, hat Glück bei den Frauen, u. s. Illusionen werden nie enttäuscht. Wenn er Madeleine, die Witwe s. Freundes Forestier, die er geheiratet hat, in flagranti mit e. Minister ertappt, der deswegen s. Abschied nehmen wird, nützt dies s. polit. Aufstieg. Die Korruption der III. Republik lehrt ihn zu intrigieren, nur auf den persönl. Vorteil bedacht zu sein. So erklärt schließl. der Zeitungsverleger Walter, dessen Tochter Susanne Duroy mit erpresser. Mitteln zur Frau gewonnen hat, s. Schwiegersohn habe eine Zukunft. S. Weg führt ihn auf die Stufen der Madeleine-Kirche; mit e. herausfordernden Blick – e. Variation der Schlußszene von Balzacs Roman *Le père Goriot* – auf das Palais Bourbon macht sich Du Roy (wie er sich jetzt schreibt) die Reichweite s. Aufstiegs klar: Im Besitz der wirtschaftl. Macht wird er in der Politik e. Rolle spielen. Die ›chasse au bonheur‹ u. Rastignacs Herausforderung waren in e. sich immer mehr verengenden Welt naheliegende Reaktionen des Individuums, dem die sozioökonom. Grundlagen der Lebenspraxis als feindl. erscheinen mußten. Du Roy profitiert davon. *B.* ist kein iron. Roman wie *Felix Krull* von Thomas Mann – dort entwickelt sich die Handlung nach dem Schema des Schelmenromans, bei Maupassant ist das pikareske Prinzip gebrochen; das Mutter-Tochter-Motiv des Lissabonner Abenteurers bei Th. Mann wirkt kom., Du Roys Verführungskünste, mit denen er bei Mme Walter u. ihrer Tochter Erfolg hat, dienen der satir. Intention des Autors. Diese wird freil. nicht widerspruchsfrei durchgehalten, wiederholt haben die Abenteuer in e. dekadenten Welt nur Unterhaltungswert.

G. Delaisement, Genèse, originalité et destinée de B., Thèse Lille 1954; U. Weisstein, Maupassant's B. and H. Mann's Im Schlaraffenland, Romance notes November 1959.

Le bel inconnu, Roman der →Matière de Bretagne (1185–90) in 6266 Achtsilbern (einzige Hs. das Ms. 472 des Musée Condé/Chantilly). Der Autor Renaud de Beaujeu, der Chrétien de Troyes zum Vorbild nahm, konnte bisher nicht identifiziert werden; die Fabel ist ir. Provenienz (vor 1024). Für die verzauberte Prinzessin Esmeree sucht e. Edelfräulein am Artushof Hilfe. E. namenloser Ritter, der Sohn des →Gauvain u. e. Fee, erfüllt wider Erwarten die gestellten Aufgaben u. gewinnt auch die Befreite für sich. Iron. wird die ep. Entflechtung mit dem Liebesleid des Dichters selbst verknüpft.

A. Fierz-Monnier, Initiation u. Wandlung. Zur Gesch. des altfranz. Romans im 12. Jh. von Chrétien de Troyes zu Renaud de Beaujeu, Diss. Zürich 1951.

Belisar, um 500 Thrakien – 565 Konstantinopel, Feldherr Kaiser Justinians, bei dem er wiederholt in Ungnade fiel. Die Verwicklung in byzantin. Hofintrigen dramatisierte Jean Rotrou (*Le Bélissaire,* 1642, nach e. span. Vorlage), während Marmontel im Roman (*Bélisaire,* 1767) den geblendeten General im Gespräch mit Justinian, den er nicht erkennt, die Anliegen der Aufklärung, namentl. die Toleranzidee, vortragen läßt.

N. Lebermann, B. in der Lit. der roman. u. german. Nationen, Diss. Heidelberg 1899; K. Knauer, E. Künstler poet. Prosa in der franz. Vorromantik: Jean-François Marmontel, 1936.

Belleau, Remy, Ende 1527 oder Anfang 1528 Nogent-le-Rotrou – 5. 5. 1577 Paris, Kommilitone Ronsards u. Baïfs am Collège Coqueret, Mitgl. der →Pléiade. Im Gefolge des Hzg.s von Elbeuf lernte er Italien kennen. 1556 übersetzte er Anakreon; Pindar u. Petrarca waren für ihn kaum mehr vorbildhaft. B. kommentierte 1560 Ronsards *Amours de Marie.* S. eigene, stark deskriptive Lyrik verarbeitete auch idyll. Motive (*Petites inventions,* 1556; *Bergerie,* 1565). Die Kom. in Achtsilbern, *La reconnue* (um 1563, EA 1578), nach Plautus' *Casina* (allerdings im Stil der Plautusbearbeitung von Machiavelli), spielt 1562 in Poitiers (Motive wie der verliebte Greis, die verschleppte Nonne, Anagnorisis u. Liebesheirat). Im Jahr vor s. Tod veröffentlichte B. s. letzte Lyrikslg., *Les amours et nouveaux eschanges de pierres précieuses* (z. T. Bibelübertragungen). Von allen Dichtern der Pléiade war er wohl der am wenigsten lyr. begabte. Stärker noch als Jacques Grévin richtete B. die Humanistenkom. an ital. Vorbildern aus, insbes. an Konflikten, deren glückl. Lösung die Überlistung des Maulhelden u. Greises erfordert. Damit wurde auf der franz. Bühne e. Konfliktsituation durchgesetzt, die noch in der Verflachung durch das Vaudeville Publikumserwartungen erfüllte.

H. Wagner, B. u. s. Werke, Diss. Leipzig 1890; A. Eckhardt, B., sa vie, sa Bergerie, Budapest 1917; D. Delacourcelle, Le sentiment de l'art dans la Bergerie de B., Oxford 1945; M. Jeanneret, Les œuvres d'art dans la Bergerie de B., RhlF 1970.

La belle dame sans mercy (1424), Versdichtung von Alain →Chartier, hg. A. Piaget 1945. Das Werk (100 Achtzeilerstrophen) besteht aus einer Rahmenerzählung und einem Dialog zwischen dem Liebenden u. der Dame, die sich s. Werben verweigert; der Unglückl. stirbt vor Kummer. Chartier schuf den Typus der geistig unabhängigen u. skept. Frau, die das Werben ihres Liebhabers als gleißner. Spiel durchschaut u. mit außerordentl. Freimütigkeit ihr Leben danach ausrichtet. Bis ins 16. Jh. wurde das Motiv, teilweise in kasuist. Form, variiert, im 19. Jh. vermischte es sich mit dem der Femme fatale, u. a. bei Gautier.

M. Praz, La carne, la morte e il diavolo nella letteratura romantica, Florenz [3]1948.

Belle Epoque, im Selbstverständnis der Dritten Republik e. schöne Ära, ca. 1890–1914. Diese Beurteilung steht in krassem Gegensatz sowohl zur Krisenanfälligkeit des polit. Systems (Finanzskandale, Staatsstreichpläne des Militärs, Dreyfus-Affäre) als zur Weltsicht der Schriftsteller (Zola, Barrès, Maurras, Péguy, Gide, die Symbolisten, Jarry, Apollinaire).

J. Schultz, Lit. Manifeste der B., Frkr. 1886–1909, Versuch e. Gattungsbestimmung, Bern 1981.

Une belle journée (1881), Roman von Henry →Céard. Der Titel ironisiert die Wunschträume e. verheirateten Frau, Mme Duhamain, u. ihres Nachbarn, Trudon, die ihrem langweiligen u. vulgären Alltag entfliehen wollen. Aber die ersehnten Zärtlichkeiten u. die Verzauberung durch das geheime Rendezvous stellen sich nicht ein; als sich das Paar am Abend des ›schönen Tages‹ trennt, ohne sich geliebt zu haben, ist s. Resignation vollkommen u. unwiderrufl. Die Banalität des Pariser Vorstadtmilieus, der Verzicht auf e. komplizierte Intrige wurde von Zola (Figaro, 11. 4. 1881) als Erfüllung naturalist. Ziele gerühmt. Der Zweipersonenroman kommt freil. Flauberts *Éducation sentimentale* u. den Werken der Goncourts näher als Zolas Romanpraxis.

M. Sachs, The esthetics of naturalism. H. Céard's B., L'Esprit créateur IV, 1964.

Bellerose, eig. Pierre Le Messier, geb. um 1592, Schauspieler der →Comédiens français ordinaires du Roi, seit 1610 bei der Truppe u. 1613, nach Valleran Le Contes Tod, ihr Leiter bis 1646. S. bes. Begabung zeigte sich in Liebesszenen der Pastoraldichtung. 1630 heiratete er e. hervorragende Schauspielerin, Nicole Gassot, die bis 1660 am Hôtel de Bourgogne wirkte.

Belloy, Pierre Laurent Buirette, gen. Dormont de, 17. 11. 1727 Saint-Flour/Auvergne – 5. 3. 1775 Paris, Stud. Collège de France, wiederholte Rußlandaufenthalte als Schauspieler, dem 1758 in Frkr. die Ausübung dieser Tätigkeit verboten wurde. Seit 1755 schrieb B. Dramen (*Titus,* 1759; *Zelmire,* 1762, nach Metastasio; konstruiert-unwahrscheinl., jedoch erfolgreiche Trag.). Mit →*Le siège de Calais* löste er sich, als er der Publikumsgunst sicher war, von Vorlagen u. schuf nationale Geschichtsdramen. In *Gabrielle de Vergy* (1767; Dreipersonentrag.: die Heldin als Opfer der polit. Pläne des Vaters, der Eifersucht des Gatten u. der Unvorsichtigkeit des Liebhabers) verbindet B. e. Liebesgeschichte mit der Darstellung des franz.-engl. Gegensatzes zur Zeit des Kg.s Philippe-Auguste. Die Titelhelden von *Gaston et Bayard* (1770), zwei untadelige franz. Krieger, ordnen ihre Rivalität in der Liebe den Anforderungen des Patriotismus unter, als sie das abtrünnige Brescia zurückerobern (→Bayard). In s. letzten Theaterstück, *Pierre le cruel* (1775) stellt B. die span., engl. u. franz. Geschichte als Abfolge von Königsmord, Revolution u. militär. Intervention dar; das Stück fiel bei der Premiere durch. B., der 1771 in die Ac. frçe. aufgenommen wurde, hielt sich für e. Kenner der ma. europ. Geschichte, in der er das überragende Wirken franz. Helden (Gaston de Foix, Bayard, Du Guesclin) entdeckte. In patriot. u. lehrhafter Absicht gab er nach zwei Versuchen die klassizist. Trag. auf u. bereicherte das Drama mit nationalen Stoffen. S. letzten vier Trag. sind reich an Situationsspannung u. extremem Pathos; darin stand B. dem älteren Crébillon nahe, während er in s. stoffl. Innovationen auf Voltaire, Baculard d'Arnaud u. Gresset aufbaute.

E. Zimmermann, B., s. Leben u. s. Trag., Diss. Leipzig 1911.

Benda, Julien, 26. 12. 1867 Paris – 7. 6. 1956 ebda., aus jüd. Familie, kurze Zeit Stud. École centrale des arts et manufactures, danach Lit. B. betrieb Lit.kritik im Sinne von Ch. Maurras' rationalist. Ideologie; zu den Verderbern e. idealisierten mediterranen Klarheit rechnete er auch Bergson (*Le bergsonisme ou une philosophie de la mobilité,* 1912). Der Mehrzahl der zeitgenöss. Schriftsteller (darunter R. Rolland, P. Claudel, M. Barrès, G. Sorel) warf er Emotionalität u. Verrat am Intellekt vor. (*Le sentiment de Critias,* 1925; *La trahison des clercs,* 1927; *La fin de l'éternel,* 1929). ›Verrat‹ bedeutet Pathos, Verschwebendes anstatt Wahrheit und Kontur. Wenn B. den Rationalismus verteidigt (*Dialogues à Byzance,* 1900; *Dialogue d'Éleuthère,* 1911; *Une philosophie pathétique,* 1913; *Sur le succès du bergsonisme,* 1914; *Belphégor,* 1918; *Les amorandes,* 1922; *La croix des roses,* 1923; *Lettres à Mélisandre,* 1925; *Billets de Sirius,* 1925; *Esquisse d'une histoire des Français dans leur volonté d'être une nation,* 1932; *Discours à la nation européenne,* 1933; *La jeunesse d'un clerc,* 1936; *Précision,* 1937; *Un régulier dans le siècle,* 1938; *La grande épreuve des démocraties,* 1942; *La France byzantine,* 1945; *Du style d'idées,* 1948), dann nicht aus pragmat. Erwägungen, sondern in der Überzeugung, daß er allein der menschl. Würde angemessen ist. B.s antiromant. Denken blieb folgenlos, weil der Autor keine Anstrengungen machte, s. Prinzipien auf die lit. Praxis anzuwenden. Dabei legte er Normen fest, nach denen die Höhenkammlit. der Zeit zu bemessen sei (Avant-propos zu *La France byzantine*). Der Rang e. Schriftstellers ist an ›le mode d'expression‹, nicht an s. themat. Innovationen zu messen. Darum sind Mallarmé, Proust, Gide, Alain, die Surrealisten u. Giraudoux repräsentativer als Romains, Martin du Gard, Duhamel, Morand oder F. Mauriac. *La trahison des clercs* erlebte bis 1975 mehrere Neuauflagen.

E. Bourquin, Itinéraire de Sirius à Jérusalem ou la trahison de B., 1931; Cl. Mauriac, La trahison d'un clerc, 1945.

Benjamin, René, 20. 3. 1885 Paris – 4. 10. 1948 Tours, Stud. Sorbonne. 1915 Prix Goncourt, seit 1938 Mitgl. der Ac. Goncourt, Autor von Dramen, Romanen, Satiren, Biographien, polem. Schriften, darunter der Erfolgsroman *Gaspard* (1915): Darstellung des dt.-franz. Konflikts aus der Weltsicht des mutigen kleinen Mannes, der an Patriotismus hochgestellte Persönlichkeiten aller Kreise übertrifft. B. schrieb Biographien in unterhaltendem Stil (*Balzac,* 1925; *Joffre,* 1929; *Clémenceau,* 1930; *Molière,* 1931; *Marie-Antoinette,* 1940). Die reaktionäre Haltung B.s verstärkte sich im Verlauf s. Schaffens (*Madame Bonheur,* 1909; *La farce de la Sorbonne,* 1911; *Le pacha,* 1911; *Les justices de paix,* 1913; *Sous le ciel de France,* 1916; *Le major Pipe et son père,* 1918; *La pie borgne,* 1921; *Les plasirs du hasard,* 1922).

R. Cardinne-Petit, B., 1949; J. Tenant, B., 1949.

Ben Jelloun, Tahar, geb. 21. Dezember 1944 Fès (Marokko), Franz. Gymnasium Tanger; lebt seit 1971 meist in Paris, Promotion in Sozialpsychiatrie, 1973 Mitarbeiter von *Le Monde,* Lyriker (*Les amandiers sont morts de leurs blessures,* 1976; *A l'insu du souvenir,* 1983) u. Erzähler (*Harrouda,* 1973; *L'enfant de sable,* 1985; *La nuit sacrée,* Prix Goncourt 1987; *Les yeux baissés,* 1991). In allen Gattungen islam. Themen, die in der Konfrontation mit westl. Mentalität überdeutl. werden: Fatalität, Familienstrukturen, die Stimme der Frau, die Funktion des Erzählers subjektiv erinnerter u. mündl. überlieferter Lit. B. aktualisiert arab. Erzählmuster innerhalb der Stilvorgaben franz. Erzählweisen der Gegenwart.

F. Gaudin, Recherches sur l'œuvre romanesque de B., Thèse Tours 1983.

Benoît, Pierre, 16. 7. 1886 Albi/Tarn – 3. 3. 1962 Saint-Jean-de-Luz, Offizierssohn, Stud. Jura Algier, Lit. u. Gesch. Montpellier u. Paris; befreundet mit F. Carco, P. MacOrlan, R. Dorgelès; Bibliothekar, nach dem I. Weltkrieg Autor aktionsreicher Abenteuer- u. Unterhaltungsromane, oft mit kriminalist. Elementen. Mit dem utop. Roman *Atlantide* wurde B. 1919 weltberühmt (Motive: Femme fatale, Amazonenreich). Obwohl sich der Autor gegen den Vorwurf des Plagiats (Henry Rider Haggard, *She*) verteidigen mußte, wurde ihm der Akademiepreis verliehen; 1931 Aufnahme in die Ac. frçe. B. erzählte polit. u. fiktive Ereignisse (*Koenigsmark,* 1918; *Pour Don Carlos,* 1920; *Le lac salé,* 1921; *La chaussée des géants,* 1922; *L'oublié,* 1922; *Mlle de la Ferté,* 1923; *Le roman des quatre,* 1923 (m. P. Bourget, G. d'Houville, H. Duvernois); *La châtelaine du Liban,* 1924; *Le puits de Jacob,* 1925; *Alberte,* 1926; *Le roi lépreux,* 1927; *Axelle,* 1928; *Erromango,* 1929; *Le soleil de minuit,* 1930; *Le déjeuner de Sousceyrac,* 1931; *L'île* *verte,* 1932; *Fort de France,* 1933; *M. de la Ferté,* 1934; *Boissière,* 1935; *L'homme qui était trop grand,* 1936; *La dame de l'Ouest,* 1936; *Les environs d'Aden,* 1940; *Le désert de Gobi,* 1941; *Aino,* 1948; *Ville perdue,* 1954; *Fabrice,* 1956; *Montsalvat,* 1957; *Flamarens,* 1959). Auf Auslandsreisen hatte er 1923–29 in Asien u. vor allem Amerika exot. Stoffe gesammelt.

H. Martineau, B., 1922; L. Chaigne, B., [2]1940; Ch. v. d. Borren, B., 1943; P. u. B. Guimard, De Koenigsmarck à Montsalvat, 1958; J. Daisne, B. ou l'éloge du roman romanesque, 1964.

Benoit de Sainte-Maure (More), Romandichter u. Historiograph des 12. Jh., der →Aliénor das bedeutendste Werk des →antiken Zyklus s. →*Roman de Troie,* widmete u. als Hofdichter ihres Gemahls, Heinrichs II., im Anschluß an →Wace e. *Chronique des ducs de Normandie* in Angriff nahm, die trotz ihrer rund 43 000 Verse unvollendet blieb.

C. Fahlin, Étude sur le ms. de Tours de la Chronique ..., Uppsala 1937; I. Hansen, Zwischen Epos u. höf. Roman, 1971.

Benozzi, Zanetta Rosa, gen. Silvia, um 1701 Toulouse – 16. 9. 1758 Paris, beliebteste Schauspielerin am Théâtre des italiens, Tochter e. ital. Komödianten, seit 1721 Schwägerin von L. →Riccoboni, der das Ensemble leitete. Ihre Darstellungskunst trug seit 1722 entscheidend zum Erfolg Marivaux' bei, dessen Angélique- u. Silviafiguren sie kreierte. In e. Brief an den preuß. Hof bezeichnet D'Argens sie als beste Schauspielerin der franz. Bühne. Sie verfaßte selbst die Verskom. *L'amant jardinier* (1756).

Bens(s)erade, Isaac de, 5. 11. 1613 Paris – 20. 10. 1691 ebda., Günstling der Kardinäle Richelieu u. Mazarin, geschätzter Hofdichter, 1634 Rivale Voitures im →Hôtel de Rambouillet; schrieb später Texte für Hofballette, die u. a. Lulli vertonte, u. fünf Dramen, darunter die Trag. *Cléopâtre* (1636) u. *La mort d'Achille* (1637), die Tragikom. *Gustaphe* (1637) u. die Kom. *Iphis et Janthe* (1637). B. wurde Sekretär der La Vallière; 1674 Aufnahme in die Ac. frçe. (*Œuvres,* II 1697; *Poésies,* hg. O. Uzanne 1875; *Vers inédits,* hg. G. Mongrédien, RhlF 1923).

O. Silin, B. and his ballets de cour, 1940; L. Maurice-Amour, B., M. Lambert et Lulli, CAIEF 1957.

Béranger, Pierre-Jean de, 19. 8. 1780 Paris – 16. 7. 1857 ebda., Handwerkersohn, Kellner, Schriftsetzer, 1809–21 Sekretär an der Sorbonne. Als Liederdichter feierte er Napoleon u. verspottete während der Restauration Adel, Klerus und Politiker; 1821 u. 1828 wurde er inhaftiert. Unter dem Bürgerkg. lehnte er jedes Amt ab. 1848 wurde B. republikan. Abgeordneter (vgl. auch Lamennais, Lamartine). B., dem Napoleon III. ein Staatsbegräbnis gewährte, begründete den Mythos vom Volkskaiser Napoleon (vgl. auch Stendhal, Victor Hugo, Nerval). Er weckte in der Bourgeoisie die Abneigung gegen den Ständestaat (*Chansons morales et autres,* 1815, 1821; *Chansons nouvelles,* 1825; *Chansons inédites,* 1828; *Chansons nouvelles et dernières,* 1833; *Ma biographie,* 1857; *Dernières chansons de 1834–51,* 1858; *Œuvres complètes,* hg. Garnier IV 1868–75; *Œuvres inédites,* hg. H. Lecomte 1909; *Correspondance,* IV 1859 f.). A. v. Chamisso u. a. bearbeiteten B.s Lieder seit 1838.

P. Boiteau, Vie de B., 1861; J. Janin, B. et son temps, II 1866; J. Brivois, Bibliographie des œuvres de B., 1876; F. Nivelet, Souvenirs historiques et étude analytique sur B., 1891; A. Boulle, B., 1908; J. Lucas-Dubreton, B., la chanson, la politique, la société, 1934; J. Touchard, La gloire de B., II 1968.

Béraud, Henri, 21. 9. 1885 Lyon – 1958 Saint-Clément-des-Baleines/Ile de Ré, Lyriker (*Poèmes ambulants,* 1903) u. Erzähler, der vor allem s. Heimat u. die Dauphiné als Regionalist darstellte (*Les morts lyriques,* 1912; *Le vitriol de la lune,* 1921; *Le martyre de l'obèse,* 1922; Prix Goncourt; *Lazare,* 1924; *Au capucin gourmand,* 1925; *Le flaneur salarié,* 1927; *Les lurons de Sabolas,* 1931; *Ciel de suie,* 1934; *Sans haine et sans crainte,* 1942; *Quinze jours avec la mort,* 1951 u. *Les derniers beaux jours,* 1953). 1923/24 gehörte er zu den heftigsten Kritikern Gides. 1925 schrieb er den Bericht s. Reise in die UdSSR *(Ce que j'ai vu à Moscou).* Als Kollaborateur wurde B. nach der Libération zum Tode verurteilt, später jedoch begnadigt.

Bérenger, wiederkehrende Zentralfigur in Ionescos Stücken *(Tueur sans gages, Les rhinocéros, Le roi se meurt, Piéton de l'air).*

Bérénice, Trag. von Jean →Racine, EA 1671, Urauff. 21. 11. 1670 Hôtel de Bourgogne. Die Gründe für Racines u. Corneilles gleichzeitige Arbeit am Berenike-Stoff, den Sueton überliefert, sind ungeklärt (Corneille, *Tite et Bérénice,* Urauff. 28. 11. 1670, heroische Kom.; vgl. ergänzend Du Ryer, Tragikom. *B.* 1645; Th. Corneille, Trag. *B.,* 1659; Segrais, Roman *B.,* 1648–51). Racines gestalter. Überlegenheit ist unbestritten. Zwei Fürsten, der röm. Kaiser Titus u. der asiat. Kg. Antiochus, lieben B., die Kgin. von Palästina. Aus polit. Rücksichten verzichtet der Römer auf e. Verbindung mit B., Antiochus zieht sich als großmütiger Verlierer zurück. B., die zum Selbstmord entschlossen war, da sie glaubte, von Titus zurückgewiesen worden zu sein, fügt sich in den Verzicht. Racine widerlegte Corneilles Dramaturgie, indem er auf komplexe Intrigen u. äußere Impulse als auslösendes Moment seel. Verwicklungen verzichtete u. nicht willensstarke, sondern parteiische, zaudernde, eleg. Menschen, die sich dem Schicksal beugen, auf die Bühne brachte. Ihr sozialer Status u. das sublime Geschehen rechtfertigen die Bezeichnung Trag., wenn die phys. Vernichtung auch ausbleibt (vgl. die Vorrede). *B.* begeisterte das empfindsame jüngere Publikum.

G. Michaut, La B. de Racine, 1907; A. Ambroze, R. poète du sacrifice, 1970.

Berger extravagant, Untertitel des ›Antiromans‹ von Ch. Sorel (1627 ff.); Titel e. burlesken Schäferspiels von Th. Corneille (1653).

Bergier, Nicolas-Sylvestre, 31. 12. 1718 Darney – 9. 4. 1790 Versailles, Kleriker in der Franche-Comté u. in Paris, Mitarbeiter an der →Encyclopédie, jedoch entschiedener Gegner des aufklärer. Deismus (*Le déisme refuté par lui-même,* 1765; *Apologie de la religion chrétienne,* 1769; *Examen du matérialisme,* 1771; *Dictionnaire théologique,* III 1778; *Traité historique et dogmatique de la vraie religion,* 1780).

Bergotte, fiktiver Schriftsteller in →*A la recherche du temps perdu* von Proust, der Züge von Bergson u. A. France trägt. B. verkehrt im Salon der Odette Swann.

Bergson, Henri, 18. 10. 1859 Paris – 4. 1. 1941 ebda., Philosophieprof. am Collège de France, Theoretiker e. intuitiven Erkenntnislehre u. Begründer der Polarität von ›durée‹ u. naturwiss. meßbarer

Zeit. In der Dimension der ›durée‹ kommt der ›élan vital‹ zur Geltung, s. Schöpfungen sind zwangsläufig diskontinuierl. (*Essai sur les données immédiates de la conscience,* 1889; *Matière et mémoire,* 1896; *Le rire,* 1900; *Durée et simultanéité,* 1922; *La pensée et le mouvant,* 1934; *Mémoire et vie,* 1957; *Écrits et paroles,* III 1957–59; *Œuvres,* 1959). Der Einfluß der Theorien B.s auf Proust wurde lange überschätzt. 1927 erhielt der Philosoph den Nobelpreis für Lit.

A. Thibaudet, Le bergsonisme, II 1923; V. Jankélévitch, B., 1931; R. Arbour, B. et les lettres françaises, 1955; J. Guiton, La vocation de B., 1960; G. Mourélos, B. et les niveaux de la réalité, 1964; A. E. Pilkington, B. and his influence, Cambridge 1976.

Berl, Emmanuel, 2. 8. 1892 Le Vésinet – 22. 9. 1976 Cauvigny, Erzähler (*La route n⁰ 10,* 1927; *Sylvia, Rachel et autres grâces,* 1965) u. Gesellschaftskritiker, Gegner von Benda, der die bürgerl. Kultur als Barriere gegen die Arbeiterklasse sah (*Mort de la morale bourgeoise,* 1929). Wie Drieu La Rochelle setzte B. s. Hoffnung auf die Petits bourgeois (*Mort de la pensée bourgeoise,* 1931; *Discours aux français,* 1934; *Lignes de chances, Péril de la culture,* 1948; *La France irréelle,* 1957, u. a. Darstellung der III. Republik; *A contre-temps,* 1969; *Essais,* 1985). In *Le virage* (1972) bezweifelt B. die Aussichten e. revolutionären Umbruchs in Frkr. u. bekennt sich indirekt zum Agnostizismus, so auch in *Présence des morts* (1956). *Interrogatoire* par P. Modiano, suivi de *Il fait beau, allons au cimetière,* 1976.

Berlin, Hauptstadt Brandenburg-Preußens, in der am Ende des 17. Jh.s durch den Zuzug flüchtender Hugenotten (Revokation des →Edit de Nantes, Erlaß des Edikts von Potsdam, 29. 10. 1685) auf zwölftausend Berliner sechstausend Franzosen kamen. Diese erhalten e. eigene Kirchenordnung, e. Gotteshaus (1705 geweiht, 1785 vergrößert, Franz. Dom), e. franz. Gymnasium (1689, nach dem Vorbild der Akademie von Sedan, seit 1703 Collège Royal Français, heute Collège Français) u. eigene Zss., *Nouveau Journal des sçavants, Bibliothèque germanique.* Als →Friedrich II., der →Bayle u. →Voltaire schätzte, die Berliner Akademie gründete, schuf er franz. Aufklärern auch e. materielle Zufluchtsstätte. Lieblingsmaler des Kg.s, der in Paris Gemälde kaufen ließ, wurde Watteau. Während u. nach der Revolution waren Graf →Mirabeau, →Sieyès u. →Chateaubriand in B. politisch tätig; Mme de Staël u. Stendhal äußerten sich (teilweise abschätzig) über die Stadt, →Laforgue lebte hier als Vorleser der Kaiserin, Sartre als Stipendiat. Das Théâtre Français, das Pariser Erfolgsstücke aufführte, war noch in den Gründerjahren en vogue.

P.-P. Sagave, B. u. Frkr. 1685–1871, 1980.

Berlioz, Hector, 1803–1869, romant. Komponist (Opern, Symphonien, Kirchenmusik), der sich s. Unterhalt als Schriftsteller u. Bibliothekar sichern mußte (Abh. zur Instrumentierung; *Voyage musical en Allemagne et en Italie,* 1844; *Mémoires,* 1870; *Correspondance,* 1904).

J.-M. Bailbé, B. artiste et écrivain dans les Mémoires, 1972.

Bernanos, Georges, 20. 2. 1888 Paris – 5. 7. 1948 Neuilly-sur-Seine, Vater Handwerker; Jesuitenkolleg, seit 1906 Jura- u. Philologiestud. Sorbonne, bis 1932 Anhänger der →Action française, 1913/14 Redakteur e. monarchist. Provinzblatts, seit 1919 für e. Versicherungsgesellschaft tätig. 1934–37 lebte B. auf Mallorca, 1938 emigrierte er nach Brasilien, 1945 Rückkehr nach Frkr. Seit 1926 veröffentlichte B. Romane, die zum Stoffkreis des →Renouveau catholique gehören. Die eruptive u. visionäre Prosa erreicht Spannung durch e. metaphys. Paradox: ohne Gnade ist der Mensch ein Nichts, und er ist der Gnadenvermittlung am nächsten, wenn das Satanische ihn zu überwältigen droht. Für die Handlungskurve der Romane von B. bedeutet dies, daß der Konfliktträger, häufig e. Priester, an den Rand der Verzweiflung gebracht werden muß, um der Rettung teilhaftig zu werden. Die bodenlose Not des Abbé Donissan (*Sous le soleil de Satan,* 1926, ungekürzt erst 1982, Maritain zensierte die EA) in der Versuchung wird durch e. Pascal nachempfundene Metapher vom ›abîme sidéral‹ ausgedrückt. Kontrapunkt der Heiligkeit ist stets der Hochmut (*L'imposture,* 1927; →*La joie, Un crime,* 1935; →*Journal d'un curé de campagne,* →*Monsieur Ouine,* →*Dialogues des carmélites*). Zur Befriedigung von Publikumserwartungen verband B. in *Un crime* die Gnadenthematik mit der Bauform des Kriminalromans: ein falscher, wenngleich sympath. junger Landpfarrer ist in den Mord an e. reichen Dame verwickelt. Seit den 30er Jahren engagierte sich B. als Kulturkritiker im Kampf gegen Faschismus, falsche Fortschrittsgläubigkeit u. Kompromißbereitschaft der Vichy-Regierung (*La grande peur des bien-pensants,* 1931; *Les grands cimetières sous la lune,* 1938; *Nous autres français,* 1939; *Scandale de la vérité,* 1939; *Lettres aux anglais,* 1942; *Le chemin de la croix des âmes,* IV 1943–45; *La France contre les robots,* 1944; *Les enfants humiliés,* 1949; *Français, si vous saviez,* 1961; *Œuvres complètes,* III 1972; *Œuvres romanesques complètes,* 1962; *Combat pour la liberté.* Correspondance inédite, hg. J. Murray/J.-L. Bernanos II 1971). Zu Beginn der IV. Republik bemühte sich Charles de Gaulle, den B. 1943 telegraphisch s. rückhaltlosen Unterstützung versicherte, um s. Rückkehr nach Frkr., er bot dem Schriftsteller ein Ministerium an, das dieser ebenso zurückwies wie die Ehrenlegion und eine Kandidatur für die Ac. frçe. Nachweisbare Rezeption bei Bésus, Cesbron, Estang.

L. Estang, Présence de B., 1947; A. Béguin, B., Neuchâtel 1949; ders., B. par lui-même, 1954; L. Chaigne, B., 1955; G. Gaucher, Le thème de la mort dans les romans de B., 1955; M. Estève, Le sens de l'amour dans les romans des B., 1958; F. Kaufmann, B. et l'Allemagne, Thèse Paris 1958; Études bernanosiennes, 1962ff.; H. Debluë, Les romans de B. ou le défi du rêve, Neuchâtel 1965; G. Blumental, The poetic imagination of B., London 1965; W. Burkhard, La genèse de l'idée du mal dans l'œuvre de B., Zürich 1967; H. Giordan, État présent des études bernanosiennes, Information littéraire 22, 1970; C. N. Nettlebeck, Les personnages de B. romancier, 1970; T. Yucel, L'imaginaire de B., Instanbul 1971; J. Jurt, B., essai de bibl., 1976; Y. Rivard, L'imaginaire et le quotidien, essai sur les romans de B., 1978; Ph. Le Touzé, Le mystère du réel dans les romans de B., 1979; M. Estève, B. Un triple itinéraire, 1981; P. C. Hoy, B., critique 1976–81, 1987; P. Gille, M. Milner (Ed.), B., Nancy 1988; D. R. Morris, From heaven to hell, New York 1989; P. Renard, B. ou l'ombre lumineuse, Grenoble 1990.

Bernard, Catherine, 1663 Rouen – 6. 9. 1712 Paris, Romanautorin (Zyklus *Les malheurs de l'amour,* 1687–96) u. Bühnendichterin (Trag. *Léodamie,* Urauff. 16. 2. 1689; *Brutus,* Urauff. Ende 1690/Anfang 1691, von Voltaire 1730 in s. gleichnamigen Stück plagiiert). Möglicherweise arbeitete Fontenelle an den Werken der B. mit.

Sondernr. RhlF 4, 1985.

Bernard, Claude, 12. 7. 1813 Saint-Julien/Rhône – 10. 2. 1878 Paris, Mediziner, Prof. am Collège de France, Mitgl. der Ac. frçe., dessen →*Introduction à l'étude de la médecine expérimentale* (1865) von Émile Zola (*Le roman expérimental,* 1880) als method. Modell gewählt wurde.

R. Virtanen, B. and his place in the history of ideas, Lincoln 1960.

Bernard, Jean-Jacques, 30.7.1888 Enghien-les-Bains – 12.9.1972 Paris, Sohn von Tristan →B.; Dramatiker, der den Hintersinn s. eleg. Kammerspiele mit den Worten kommentiert: ›J'ai été frappé de la valeur dramatique des sentiments inexprimés‹. Entsprechend gestaltete er im ›Drama des Schweigens‹ empfindsame Helden, die hochgesteckte Wünsche u. Träume nicht verwirklichen können (*Voyage à deux,* 1917; *La maison épargnée,* 1919; *Le feu qui reprend mal,* 1921; *Martine,* 1922; *L'invitation au voyage,* 1924; *Le printemps des autres,* 1924; *Les tendresses menacées,* 1924; *L'âme en peine,* 1926; *Le secret d'Arvers,* 1926; *National 6,* 1935). Nach der Befreiung aus dem KZ Compiègne (*Le camp de la mort lente,* 1944) schrieb er überwiegend Romane (*Le pain rouge,* 1947; *L'Intouchable,* 1947; *Marie et le vagabond,* 1949; *Louise de la Vallière,* 1952) u. die Biogr. s. Vaters (1955). Originell sind B.s Dramenfiguren wie das Bauernmädchen Martine, das ohne sentimentale Klage auf s. große Liebe verzichtet, oder Denise (*D. Marette,* 1925), die der Nachwelt verschweigt, daß sie die Bilder ihres berühmt gewordenen Vaters gemalt hat, während er krank war. Nach s. Tod vernichtet sie alle Utensilien. B. hat zusammen mit Denys Amiel u. Charles Vildrac das psycholog. ›théâtre du silence‹ in der Frontstellung gegen das Boulevardstück u. die Paroxismen im Werk von Stève Passeur u.a. entwickelt.

Bernard, Jean-Marc, 4.12. 1881 Valence – 9.7.1915 Souchez/Pas-de-Calais, befreundet mit L. Le Cardonnel, Begründer u. Hg. der satir. Zs. *Les Guêpes;* neo-klassizist. Lyriker, der sich an Moréas orientierte (*Œuvres complètes,* 1923). Der Prolog des Zyklus *Sub tegmine fagi* (1913) hebt mit der Aufforderung an: ›Jetons les livres allemands, / Par les fenêtres, à brassées‹. So befreit sich die Poesie von pedant. Vorbildern, findet zu ›klaren Gedanken‹ u. der epikureischen Weltsicht zurück. Freil. ließ B. Heinrich Heine gelten. In die franz. Lit.gesch. ist er als Dichter der Zärtlichkeit u. der Freude eingegangen.

Bernard, Marc, geb. 6.9.1900 Nîmes, Arbeiter, schreibt seit 1929, als Lit.kritiker beim *Figaro,* Autor von Gesellschaftsromanen u. Erinnerungen (*Annie,* Prix Interallié 1934; *Les exilés,* 1937; *Pareils à des enfants,* Prix Goncourt 1942; *Une journée toute simple,* 1950; *La mort de la bien-aimée,* 1972; *Au-delà de l'absence,* 1976; *Les marionnettes,* 1977; *Tout est bien ainsi,* 1979).

Bernard, Pierre-Marie-Charles, de, 25.2. 1804 Besançon – 6.3. 1850 Sablonville, als Autor von Gesellschaftsromanen Schüler von Balzac, mit dem er befreundet war (*Le nœud gordien,* 1838; *Gerfaut,* 1838; *Le paravent,* 1839; *Les ailes d'Icarex,* 1840; *La peau du lion et la chasse aux amants,* 1841; *Un beau-père,* 1845; Zyklus *Le gentilhomme campagnard,* 1847; *Une aventure de magistrat,* 1861).

P. Moreau, L'énigme de B., RhlF 1950.

Bernard, Tristan (eig. Paul B.), 7.9. 1866 Besançon – 7.12. 1947 Paris, Vater Unternehmer; Jurastud., Anwalt, 1894 Chefredakteur des *Journal des vélocipédistes.* Seit

1895 errang B. als Dramatiker Publikumserfolge durch Wiederholung klischeehafter Konstellationen, etwa der Situationskomik e. Hahnreiintrige (*Le captif,* 1904; *Monsieur Codomat,* 1907; *Jules, Juliette et Julien,* 1930) oder Verwechslungen, wie sie das Zwillingsmotiv produziert (*Les jumeaux de Brighton,* 1907). B. galt als Humorist von spezif. franz. Prägung (Kom. *Les pieds nickelés,* 1895; *Allez messieurs,* 1897; *Le seul bandit du village,* 1898; *L'anglais tel qu'on le parle,* 1899; *L'affaire Mathieu,* 1901; *Daisy,* 1902; *Triplepatte,* 1905; *Le danseur inconnu,* 1909; *Le costaud des épinettes,* 1910; *Le petit café,* 1911; *L'accord parfait,* 1913; *Jeanne Doré,* 1914; *Les deux canards,* 1914; *La volonté de l'homme,* 1917; *Les petites curieuses,* 1920; *L'école des charlatans,* 1930; *Le sauvage,* 1931; *Théâtre,* VII 1908–39; Romane *Les mémoires d'un jeune homme rangé,* 1899; *Amants et voleurs,* 1900; *Un mari pacifique,* 1901; *Deux amateurs de femme,* 1907; *Mathilde et ses mitaines,* 1912; *Corinne et Corentin,* 1923; *Féerie bourgeoise,* 1924; *Le voyage imprévu,* 1928; *Hirondelles de plages,* 1933; *Paris secret,* 1933; *Visites nocturnes,* 1934; *Robin des bois,* 1935). So wenig wie das Werk von Alfred Capus oder Paul Géraldy hat die Boulevardkom. B.s die Belle Epoque überlebt.

Bernard, Valère, 10. 2. 1860 Marseille – 9. 10. 1936 ebda., Maler u. Schriftsteller, Anhänger der regionalist. Escolo de la mare (vgl. auch Félibrige). In s. Gedichten (*La poveraglia,* 1889) u. Romanen (*La pauriho,* 1889; *Bagatouni,* 1894; *Lei Bourmians,* 1910) befreite der provenzal. Autor das Bild der südl. Provence von idyll. Topik.

Bernard de Clairvaux, 1090 Schloß Fontaines bei Dijon – 20. 8. 1153 Clairvaux, aus burgund. Adel, 1113 Mitgl. der Ordensgemeinschaft von →Cîteaux, 1115 Abt von Clairvaux, e. von 300 Klöstern, die B. gründete. Er griff in die Kirchengeschichte ein, stand 1130–38 auf der Seite von Papst Innozenz II. u. predigte für den II. Kreuzzug. 1174 Heiligsprechung. Als Mystiker wurde B. zum Gegner des →Abélard (*Textes choisis,* hg. A. Béguin/P. Zumthor 1944).

Bibl. bernardine 1891–1957, hg. J. de La Croix-Bouton 1958.

Bernard Silvestre, Kleriker, Mitte 12. Jh., lehrte in Tours, Autor e. didakt. Werks, *De mundi universitate* (1145/53). B., der häufig mit Bernard de Chartres verwechselt wird, schrieb e. allegor. *Aeneis*-Kommentar u. e. *Ars dictaminis;* er vermittelte die spätantike →Allegorie an ma. Autoren.

A. Vernet, B. et sa Cosmographia, 1937.

Bernardin de Saint-Pierre, Jacques Henri, 19. 1. 1737 Le Havre – 21. 1. 1814 Eragny-sur-Oise, aus e. Familie mit adligen Prätentionen; B. unternahm bereits als Kind e. Schiffsreise bis Martinique. Während des 7jährigen Kriegs trat er als Ingenieur in die Armee ein, doch wurde er 1762 gezwungen, wegen Unfähigkeit u. Reformsucht s. Abschied zu nehmen. In den folgenden Jahren (bis 1765) unternahm B. e. Osteuropareise, gedachte, am Aralsee e. Idealstaat zu gründen, renommierte mit s. fürstl. Amouren in Warschau u. versuchte, in die preuß. Armee einzutreten. 1767 ernannte ihn Ludwig XV. zum Planungsingenieur für kolonisator. Fragen auf der Ile de France (Insel Mauritius), B. lebte hier bis 1770. Er fühlte sich zunächst zum Naturforscher, u. nicht etwa zum Dichter, berufen. 1773 veröffentlichte er den Reisebericht *Voyage à l'Isle de France, à l'Isle de Bourbon, au Cap de Bonne Espérance* ... Im Juni 1772 lernte er Rousseau kennen, unter dessen Einfluß die *Études de la nature* (IV 1784–88) entstanden; 1781 erschien *La vie et les ouvrages de J.-J. Rousseau.* Berühmt wurde B. erst durch →*Paul et Virginie* (bis 1800 erschienen 36 Ausgaben, außerdem Übs. sowie Dramatisierungen). Gleichzeitig veröffentlichte er die Erzählung *Arcadie* u. widmete 1789 Ludwig XVI. e. in der Tradition des Conte oriental stehendes Werk mit dem Titel *Vœux d'un solitaire.* B. war als künftiger Prinzenerzieher im Gespräch. 1792 heiratete er die Tochter s. Verlegers, Félicité Didot. Sie starb 1800; im selben Jahr verheiratete sich B. mit Marguerite Charlotte Désirée Lafite de Pelleporc. Bereits 1795 war B., der Erzähler von →*La chaumière indienne* u. *Le café de Surate* (1790), als Prof. für Moral an die École normale berufen worden. 1797 übernahm er die Leitung des Jardin des plantes. 1803 Aufnahme in die Ac. frçe. 1815 erschien s. dreibänd. Prosawerk *Harmonies de la nature,* dessen Niederschrift B. während der Schreckensherrschaft in ländl. Zurückgezogenheit begonnen hatte. S. zweite Frau heiratete Aimé-Martin, den Sekretär u. umstrittenen Nachlaßverwalter (noch Mss. in Le Havre) des Autors (*Œuvres complètes,* III 1826; *Correspondance,* IV 1826; *La correspondance de B., inventaire critique,* hg. D. Tahnan 1971).

M. Souriau, B. d'après ses manuscrits, 1905; A. Barine, B., [4]1922; J. Simon, B. ou le triomphe de Flore, 1967; D. Tahnan, B., Thèse Paris 1970.

Bernart de Ventadorn, um 1150 Schloß Ventadorn – um 1195 Zisterzienserkloster Dalon (→Cîteaux), Sohn einer Bäckerin(?), Schützling des Vizegrafen Eble von Ventadorn, der ihn zum Trobador erzog. B. weilte am franz. u. normann. Hof der →Aliénor. 41 Gedichte, sämtl. Minnelieder, sind ihm mit Sicherheit zuzuschreiben; ihr inniger Stil des trobar leu (= leichtes Dichten im Unterschied zum →trobar clus) durchbrach den Zwang der Stiltradition. Dante (*Paradiso* XX) inspirierte sich an der Kanzone ›Can vei la lauzeta mover‹; dieses Lerchenlied wurde B.s berühmteste Komposition. Der Trobador schuf keine Satiren, Klagelieder oder Pastorelas, s. Leitthema ist die innere Hochstimmung; wo naturhafte Motive auftreten, stehen sie dazu in Wechselbeziehung (*The songs of B.,* hg. St. G. Nichols u. a., Chapel Hill 1962).

M. D. Ghezzi, La personalità e la poesia di B., Genua 1948; J. Frappier, Variations sur le thème du miroir de B. à M. Scève, CAIEF 1959; M. Kaehne, Stud. zur Dichtung B.s, II 1983.

Bernart Marti, Trobador des 12. Jh., Schüler von →Marcabru; hinterließ einige Sirventese u. Kanzonen, die den sinnl. Aspekt der Liebe betonen, jedoch nicht frei von Misogynie sind.

E. Hoepffner, Les poésies de B., 1929.

Bernhardt, Sarah (eig. Henriette-Rosine Bernard), 22. 10. 1844 Paris – 26. 3. 1923 ebda., Schauspielerin, seit 1872 an der Com. frçe., gastierte seit 1880 in den USA u. europ. Ländern, leitete mehrere Theater. Ihr zu Ehren wurde das Théâtre des nations Théâtre B. genannt. Sie galt als die größte Tragödin ihrer Zeit, die auch in Hosenrollen brillierte. 1899 spielte sie den Hamlet. B. verfaßte Kom. u. Romane sowie autobiograph. Werke. Pierre Loti widmete ihr den Roman *Le mariage de Loti.*

M. Rostand, B., 1950; A. Castelot, B., 1961; F. Sagan, B., 1987.

Bernier, François, 25. 9. 1625 Joué-Etiau/Anjou – 1688 Paris, Gassendist und Mediziner, Mitschüler Molières, Vertrauter von Boileau, La Fontaine, Racine u. der Ninon de Lenclos. Von s. Reisen nach Palästina, Ägypten und Abessinien berichtete er Denkwürdiges in s. *Mémoires* (1670 f.).

Bernis, François Joachim de Pierres de, 22. 5. 1715 Saint-Marcel/Ardèche – 1. 11. 1794 Rom, Kleriker, Günstling der Pompadour. 1744 Wahl in die Ac. frçe. 1753–56 Botschafter in Venedig, 1756 Staatssekretär, 1757 Ernennung zum Außenminister, 1758 Kardinal, 1764 Erzbischof von Albi, 1769 Gesandter bei der Kurie. Wichtiger als s. Rokokolyrik (*Poésies diverses,* 1744; *Épithalame de Monseigneur le Dauphin,* 1745; *Les saisons et les jours,* 1764), die sich im Rahmen der bukol. Topoi hält, sind s. Korrespondenz, u. a. mit Voltaire (hg. 1799), u. s. Memoiren (hg. F. Masson 1878). Hier erscheint B. als Lit.kenner, der Shakespeares Originalität zu würdigen weiß. Mit Casanova rivalisierte die Eminenz um die Zuneigung e. Venezianerin. Durch s. gebrochenes Verhältnis zu den stilist. Normen der Selbstdarstellung, vor allem der klass. Regel der Bienséance, bereitete B. wie Rousseau, Chabanon u. Restif de la Bretonne die romant. Ichaussage vor. 1791 verweigerte B. den Eid auf die Verfassung u. blieb in Rom.

J. Lefèvre-Deumier, Célébrités d'autrefois, 1853; F. Masson, B., 1884; J. Gravigny, Abbés galants et libertins au XVIIe et XVIIIe siècles, 1911; P. Breillat, Esquisse du cardinal de B., Albi 1946; R. Vailland, Éloge du cardinal de B., 1956.

Bernstein, Henry, 20. 6. 1876 Paris – 27. 11. 1953 ebda., Jude, emigrierte 1940 in die USA, Rückkehr 1946; Dramatiker, außergewöhnl. sicherer Szenentechniker, der frenet. Ereignisse, auch aus der Erotik, auf die Bühne brachte. Mit größerer Meisterschaft als zeitgenöss. franz. Dramatiker zergliederte B. Perversionen der Liebe, verdrängte Herrschsucht, Minderwertigkeitskomplexe (*Le marché,* 1900; *Le détour,* 1902; *Joujou,* 1903; *La rafale,* 1905; *La griffe,* 1906; *Le voleur,* 1906; *Samson,* 1907; *L'assaut,* 1912; *Le secret,* 1913; *Judith,* 1922; *La galerie des glaces,* 1924; *Le venin,* 1927; *Mélo,* 1929; *Le jour,* 1930; *Le bonheur,* 1933; *Le messager,* 1933; *Espoir,* 1934; *Le cœur,* 1935; *Le voyage,* 1937; *La soif,* 1949; *Victor,* 1950; *Evangéline,* 1952).

P. Bathille, B., son œuvre, 1931.

Beroalde de Verville, (eig. Brouart), François Vatable, 28. 4. 1558 Paris – nach 1623 Tours, Protestant, konvertierte u. ließ sich 1583 zum Priester weihen. Zunächst an Problemen der Mathematik u. Mechanik interessiert u. mit Übs. befaßt (u. a. Lipsius, Montemayor), veröffentlichte er seit 1593 Romane (u. a. *La pucelle d'Orléans,* 1593; *Les aventures de Floride,* 1594; *Le cabinet de Minerve,* 1596; *Les amours d'Ælionne,* 1597; *Histoire d'Hérodias,* 1600; *Le voyage des princes fortunés,* 1610). In der anonym publizierten Slg. von z. T. erot. Erzählungen, *Le moyen de parvenir* (1610), imitierte er Rabelais.

E. Vordemann, Quellenstud. zu dem Roman Le voyage des princes fortunés von B., Diss. Göttingen 1933.

Bérol (Béroul), 12. Jh., Dichter e. normann. *Tristan* (nach 1191), der vom höf. zum volkstümlichen Stil überleitete. Im überlieferten Bruchstück (4485 Achtsilber) des einzigen Ms. fehlen Anfang u. Schluß des Romans. Zweimal (v.

1268 u. 1790) nennt sich der Autor beim Namen (hg. E. Muret, bearb. L. M. Defourques 1947).

P. Noble, B.'s Tristan and the D. Folie de Berne, London 1982.

Berquin, Arnaud, 1750 Bordeaux – 21. 12. 1791 Paris, Idylliker (*Idylles,* 1775; *Romances,* 1776) u. Autor von Kinderbüchern (*L'ami des enfants,* VI 1784; *Contes et historiettes,* 1787; *Lectures pour les enfants,* 1803; *Le livre des familles,* 1803; *Œuvres complètes,* XX 1803). Während B.s von epigonaler Empfindsamkeit gekennzeichnete Lyrik unbeachtet blieb, wurde s. erzähler. Werk bis in die Julimonarchie zu pädagog. Zwecken, teilweise in großem Satz, Generationen von Kindern vermittelt. Zur Zeit des II. Kaiserreichs wurden s. Geschichten wegen ihres penetrant moralisierenden Tons bereits abgelehnt.

Berry, André, geb. 1. 8. 1902 Bordeaux – 1960, Docteur ès lettres, gelehrter Lyriker, der die Wiederbelebung des Lai versuchte (*Les lais de Gascogne et d'Artois,* 1926; *La corbeille de Ghislaine; Esprits de Garonne,* 1941–43), Oden, Balladen u. Sonette dichtete (*Poèmes involontaires,* 1949; *Songe d'un paien moderne,* 1951; *Sonnets surréels,* 1957). S. Vorliebe für Archaismen führte ihn zum Schelmenroman (*Les aïeux empaillés,* 1938; *La fiancée de Saint-Omer,* 1942; *Les expériences amoureuses,* II 1946–50; *Le puceau vagabond,* 1947). B. arbeitete über die Trobadordichtung u. stellte e. *Florilège de la poésie amoureuse* zusammen. Auch Übs. (Theokrit, Vergil, Catull).

P. Labracherie, La vie inimitable d'A. B., 1945; R. Rabinaux, B., homme libre, poète vivant, 1956.

Bertaut, Jean, 1552 Donnay – 8. 6. 1611 Séez, Premier aumônier der Kgin. (1600), Bischof von Séez (1606), der s. geistlichen Gesänge u. Psalmenparaphrasen (*Œuvres poétiques,* 1605) höher als die anonym veröffentlichte petrarkisierende Lyrik (*Vers amoureux,* 1602) stellte. B. wies den lit. Paganismus der Pléiade aus der Perspektive der Gegenreformation zurück; dem Sonett zog er die Kanzone u. Stanze vor. S. Poesie entwickelte sich vom Gefühlsausdruck zur orator. Mitteilung raffinierter Ideen. Obwohl er e. Zeitgenosse von Malherbe war, orientierte er sich noch an den Themen u. am Stilwillen von Ronsard u. Desportes. B. hielt die Leichenpredigt auf Heinrich IV., an dessen Konversion er mitgewirkt hatte.

G. Grente, B., 1903.

Berthelot, Pierre, um 1580 Normandie – 3. 9. 1615 in Savoyen ermordet; stand im Dienst des Hzg.s von Nemours. Zeitgenosse von Sigogne, Motin u. M. Régnier, wie diese vor allem e. Satiriker.

Bertin, Antoine chevalier de, 10. 10. 1752 La Réuinion – Ende Juni 1790 Santo Domingo (zwei Wochen nach der Hochzeit), Kavallerieoffizier, schrieb seit 1772 für den *Almanach des muses* anakreont. Gedichte u. Elegien (*Les amours,* 1780), die sich von der Poesie s. Freundes u. Landsmanns →Parny durch Zurücktreten der Sinnlichkeit bei entsprechendem Mehraufwand an geistreichen Bagatellen u. allegor. Darstellungen unterscheiden (*Œuvres complètes,* hg. J.-F. Boissonnade 1824). E. echte Innovation war die exot. Bereicherung des Naturbilds, das bei B. den Rahmen der traditionellen Ideallandschaft sprengte; der Lyriker brachte die botan. Kenntnisse s. Heimat in das Gedicht ein, wenn auch immer noch mit schmückenden Beiwörtern des Klassizismus versehen. In *Le voyage de Bourgogne* (1777) wechseln Reisebericht u. Lieder ab; auch hier wird das hyperbol. Epitheton verschwender. eingesetzt. Lakonische Klagen über das Essen oder e. Geistererscheinung, Apostrophen u. Notizen garantieren e. vergnügl. Lektüre.

H. Potez, L'élégie en France avant le romantisme, 1898.

Bertran de Born, vicomte d'Hautefort, spätestens 1140 im Périgord – vor 1216 Kloster Dalon. Als Trobador schürte er durch pathet. →Sirventese die Konflikte unter den Söhnen Heinrichs II. Wie →Guiraut de Bornelh rief er im Gedicht zum III. Kreuzzug. Für s. vehemente Anteilnahme an großen Zeitereignissen (27 polit. Lieder, 1181–95) tadelte ihn Dante (*Inferno* XXVIII) als Friedensstörer. Von streitbarem Sinn, verfügte B. über e. persönl. Tonlage, die sich über stilist. Traditionen hinwegsetzen konnte. B. ist der bedeutendste Satiriker unter den Trobadors, er schürte den Aufstand der südfranz. Barone gegen Richard Löwenherz, dessen Verzeihung er nach dem Tod des ›jungen Kg.s‹ Heinrich erhielt. Fortan engagierte sich B. im Streit Richards mit s. Vater u. gewann die Freundschaft des Prinzen; Ludwig Uhland hat dies zum Gegenstand e. Ballade gemacht. Gesichert ist B.s Autorschaft für 40 Kompositionen (Sirventese, Klagelieder, Kanzonen).

C. Appel, Die Lieder des B., 1931.

Bertrand, Aloysius (eig. Jacques-Louis-Napoléon B.), 20. 4. 1807 Ceva (Piemont) – 29. 4. 1841 Paris, Sohn einer Italienerin u. e. lothring. Gendarmeriehauptmanns, der sich nach dem Zusammenbruch des Empire in Dijon niederließ, wo s. Sohn bis 1828 lebte. In Paris machte B. die Bekanntschaft des Kreises um Sainte-Beuve. Mit →*Gaspard de la nuit* schuf er das Poème en prose als lit. Gattung. Erst die Leser der Prosagedichte von Baudelaire, der Arsène Houssaye mitteilte, B. habe ihn auf die Idee gebracht, ›d'appliquer à la description de la vie moderne, ou plutôt d'*une* vie moderne et plus abstraite, le procédé qu'il avait appliqué à la peinture de la vie ancienne‹, würdigten B.s Innovationen (*Œuvres poétiques,* hg. R. Picard 1945).

S. Bernard, Le poème en prose de Baudelaire, jusqu'à nos jours, 1959; F. Rude, B., 1971; H. Corbat, Hantise et imagination chez B., 1975.

Bertrand, Louis, 20. 3. 1866 Spincourt/Meuse – 6. 12. 1941 Cap d'Antibes, Stud. ENS, bis 1900 Lehrer in Algier, seitdem in Paris. 1925 Mitgl. der Ac. frçe., Autor von Reiseberichten, Biographien, Essays u. Romanen, die Stimmungsbilder aus der Mittelmeerwelt, bes. Algerien, enthalten (*Le sang des races,* 1899; *La Cina,* 1900; *Pépète le bien-aimé,* 1904; *L'invasion,* 1907; *La Grèce du soleil et des paysages,* 1908; *Le mirage oriental,* 1909; *Le livre de la Méditerranée,* 1911; *Saint-Augustin,* 1913; *Mademoiselle de Jessincourt,* 1917; *L'infante,* 1920; *Le cycle africain,* 1921; *La vie amoureuse de Louis XIV,* 1924; *Ma Lorraine,* 1926; *Idées et portraits,* 1927; *Ste-Thérèse,* 1927; *Philippe II à L'Escorial,* 1929). Unter der Vichy-Regierung polemisierte er gegen die Kultur der Vorkriegszeit u. griff namentl. Bergson an.

J. Ricord, B. l'africain, 1947.

Beste, Fiere Beste, Beste Glatissant, Merveilleuse Beste, Fabeltier der Tristan- u. Gralsromane.

Bestiaire, lehrhafte ma. Tierdichtung; Legenden über Art u. Verhalten einzelner Tiergattungen boten ma. Autoren Anlaß zur Allegorese u. enzyklopäd. Kompilation. Nach lat. Vorbildern entstand 1210 das *B. divin* des Guillaume Le Clerc als Verflechtung nat.wiss. Erkenntisse mit didakt. Elementen. Gott, Christus u. der Teufel werden versch. Tiersymbolen zugeordnet – so ist der Löwe, der zunächst als Jagdtier vorgestellt wird, auch Symbol für die Vatergüte Gottes u. den Erlösertod Christi. Vor 1218 wurde das *B.* des Pierre de Beauvais verfaßt, das Richard de Fournival (1201–60) zum *B. d'amour* anregte. Wiederholt wurden *B.s* in enzyklopäd. Schriften eingelegt, dagegen sind die Tierdichtungen des Philippe de Thaon (verfaßt um 1121–35) u. Guillaume Le Clerc selbständige Werke. Im MA vollzog sich im B. e. Ausbildung des allegor. u. emblemat. Stils, der sowohl zur theolog. wie zur profanen Exegese verwendet wurde (→Tierdichtung).

J. Calvet/M. Cruppi. Le b. de la littérature frçe., 1954; H. R. Jauß, Untersuchungen zur ma. Tierdichtung 1959.

Le bestiaire ou cortège d'Orphée, (1911), Epigrammslg. von Guillaume →Apollinaire, illustriert von Râoul Dufy. In der Replik auf ma. Bestiarien fabuliert Apollinaire über Denkwürdigkeiten der Fauna, ohne zoolog. Belehrungen zu erteilen. Hier ist dieselbe Lust an altertüml. Traditionen wie in s. *L'enchanteur pourrissant* am Werk.

Les bestiaires, Roman von Henry de →Montherlant, entstanden 1911-25 in Burgos u. Sevilla, EA 1926, autobiograph. getönte Huldigung an den Mythos Spanien, den Mythos des Stierkampfs, dessen kult. Ursprung zelebriert wird, u. den Mythos e. Männerwelt, die sich in den eigenen Mut verlieben kann. Der junge Pariser Alban de Bricoule bekennt sich zu dieser Anschauung – daher verschmäht er den Preis für den Sieg in der Arena, das Mädchen Soledad. Im Epilog des Romans verkündet der Autor s. Zivilisationsfeindlichkeit: der Fortschritt gibt der Materie, was er der Seele genommen hat. Der Stier ist Emblem u. Sinnbild des mag. Zeitalters; die Nachricht vom Tod des großen Pan u. die Rechtfertigung von Stierzucht u. Tauromachie korrelieren miteinander.

Li bestiaires d'amours (13. Jh.), Tierfabel des pikard. Klerikers Richard de Fournival (1201–60), zur Liebeswerbung verfaßt. Gleichnishaft bezieht der Autor legendäres Tierverhalten auf die Situation des Liebenden. Die Replik der Dame auf dessen Galanterie ist witzig; vor allem entlarvt sie Klischees, die mit animal. Rollenverhalten verknüpft sind.

Bésus, Roger, geb. 18. 1. 1915 Bayeux, Ingenieur in Rouen, gestaltet als Romancier Themen der Psychomachie im Stil von Bernanos (*Un homme pour rien,* 1947; *Le refus,* 1952; *Cet homme qui vous aimait,* 1953; *Louis Brancourt,* 1955; *Le scandale,* 1955; *Un témoin,* 1962; *Tous ceux qui aiment,* 1962; *Paris-le-monde,* 1964; *France-Dernière,* 1971). E. formalen Christentum setzt B. Landpfarrer, die unter der Verkündigung der Frohen Botschaft leiden, u. Sünder, die unfehlbar von der Gnade getroffen werden, entgegen.

La bête humaine, (1890), Roman des Zyklus →*Les Rougon-Macquart* (Bd. 17) von Émile →Zola. Die Romanfabel besteht aus zwei Handlungssträngen, die zunächst zu kontrastieren scheinen: dem

Kriminalfall Grandmorin (Mord im fahrenden Zug), u. den ehebrecher. Beziehungen der Séverine Roubaud zum Lokomotivführer Jacques Lantier. Die Gleichstimmigkeit der Begebenheiten beginnt sich in der Mitte des Romans abzuzeichnen, als Séverine Jacques gesteht, sie u. ihr Mann hätten Grandmorin, dessen Erben sie waren, umgebracht u. erfolgreich die Untersuchungsrichter auf die falsche Fährte gelenkt. Die Mordgeschichte dient der erneuten Spannungserregung, das Liebespaar ist in das Verbrechen verstrickt, ohne bestraft zu werden, u. will s. eigenes Problem, die Beseitigung des Ehemanns, analog angehen. Séverine stiftet Jacques an, die Idee weckt s. kriminellen Neigungen. ›En lui l'inconnu se réveillait, une onde farouche montait des entrailles, envahissait la tête d'une vision rouge. Il était repris de la curiosité du meurtre.‹ Die Erbanlagen des Sohns der Gervaise (→*L'assommoir*) künden sich düster an. Doch zum vereinb. Zeitpunkt tötet er nicht Roubaud, sondern Séverine; Zola stellt dies als atavist. Handlung dar, bei der sich e. Liebhaber für alle Beleidigungen, die Männern je zugefügt wurden, stellvertretend rächt. Verhaftet wird e. Unschuldiger, Cabuche, da sich bei ihm auch die Uhr des Präsidenten Grandmorin fand. Jacques fühlt sich zu neuen Sexualverbrechen getrieben; ehe sich die nächste Gelegenheit bietet, gerät er, e. Vierteljahr nach der Verhandlung, mit s. Heizer, der ihn aus der Lokomotive zu stoßen versuchte, in e. Auseinandersetzung auf Leben u. Tod. Beide stürzen unter die Räder des Zugs. ›Et la machine, libre de toute direction, roulait, roulait toujours.‹ Der Geisterzug gewinnt Züge der Kriegsfurie, e. apokalypt. Monstrums, Bild des zusammenbrechenden Second Empire. Zur soziolog. u. erbtheoret. Grundidee des Romans trägt der schauerl. Schluß nichts mehr bei. Jean →Renoir verfilmte den Stoff.

A. Jagnetti, La B. d'É. Zola, Genf 1955; M. Kanes, Zola's B., a study in literary creation, Los Angeles 1962.

Beti, Mongo (eig. Alexandre Biyidi-Awala), geb. 30. 6. 1932 Mbalmayo (Kamerun), Stud. Lit.wiss. in Frkr. u. 1960 Exil, als Ahmadou Ahidjo Staatspräsident wurde (Schwarzbuch *Main basse sur le Cameroun,* 1972), 1966 Agrégation u. franz. Schuldienst (Rouen). 1978 Gründung der Zs. *Peuples noirs, Peuples africains.* Als Erzähler thematisiert B. weniger ethnolog. als polit. Fragen, auch der Missionierung (Tagebuchroman *Le pauvre Christ de Bomba,* 1956) u. distanziert sich durch die Systemkritik von der Ideologie der →Négritude (*Le roi miraculé,* 1958; *Remember Ruben,* 1974 u. 1979; *Les deux mères de Guillaume I. Dzewatama,* 1982; *La revanche de Guillaume I. Dzewatama,* 1984).

B. Mouralis, Comprendre l'œuvre de B., 1981.

Beylisme, Bezeichnung, die Henri Beyle (→Stendhal) s. Lebenslehre gab (›chasse au bonheur‹, ›égotisme‹, ›culte de l'énergie‹).

L. Blum, Stendhal et le b., 1914; B. Didier, Stendhal autobiographe, 1983.

Bèze, Théodore de, 24. 6. 1519 Vézelay – 13. 10. 1605 Genf, protestant. Theologe u. Dichter (lat. u. franz. Werke), nach 1648 in Lausanne, wo er als Prof. an der Akademie Griech. lehrte, u. in Genf (Rektor der Akademie nach Calvins Tod, bis 1600). Vor Jodelle verfaßte B. den Prototyp der klass. Trag., →*Abraham sacrifiant;* er führte mit geringerer sprachl. Kraft die Psalmenübersetzung von Cl. Marot fort (Genf 1553) u. schrieb e. Calvinbiogr. (insgesamt etwa 100 Schriften).

E. Choisy, L'état chrétien calvinisé à Genève au temps de B., Genf 1903; P. F. Geisendorf, B., Genf 1949.

Bianciotti, Hector, geb. 1930, piemontes. Familie; in Europa seit 1955, in Paris seit 1961. Übs. aus dem Span. Schreibt seit 1985 franz. Romane (*Sans la miséricorde du Christ,* Prix Fémina 1985, Rückblick auf die Jugend der Adélaide Marèse aus der Erzählperspektive e. Mannes; *Seules les larmes seront comptées,* 1988; *Ce que la nuit raconte au jour,* 1992, Memoirenroman). Seit 1962 in leitender Verlagsfunktion (Gallimard, Grasset).

Biancolelli, Pierre François, gen. Dominique, 20.9. 1680 Paris – 18.4. 1734 Paris, Schauspieler, Sohn des Arlequin der Comédie Italienne; nach Auftritten in der Provinz kam er 1717 an das Theater s. Vaters nach Paris zurück u. spielte die Rollen des Pierrot u. Trivelin; Mitarbeiter Riccobonis.

Bibliographie de la France, seit 1811 wöchentl. erscheinendes Verzeichnis der entsprechend dem Dépôt légal in der BN hinterlegten Werke.

Bibliothèque bleue, Romanreihe des Buchhändlers Costard, die erstmals wieder ma. Texte allgemein zugängl. machte *(Robert le diable, Richard sans peur, Pierre de Provence et la belle Maguelonne, Quatre fils Aymon, Les douze pairs de France u. a.).* Sie erschien 1769–1783 in Troyes; Raubdrucke kamen seit 1775 in Lüttich, Caen u. Rouen heraus. (Anthologie hg. G. Bollème 1971).

A. Morin, Catalogue descriptif de la B., Genf 1974; L. Andries, B., textes populaires et transcriptions lettrées, RhlF 1, 1981.

Bibliothèque de l'Arsenal, nach der →Bibliothèque nationale die bedeutendste Pariser Bibliothek, aus der Privatslg. von Antoine-René d'Argenson im 18. Jh. hervorgegangen, die 1786 in den Besitz des Grafen von Artois, des späteren Kg.s Karls X., überging. Charles Nodier war von 1824–44 Bibliothekar im Arsenal, wo er den ersten romant. Zirkel empfing (Hugo, Vigny, Sainte-Beuve, Musset, Dumas). Im Salon von Heredia, der seit 1901 Bibliothekar am Arsenal war, trafen sich bis 1905 die Symbolisten. Zur Bibliothek gehört mit dem Fonds Rondel die bedeutendste Slg. dramat. Lit. Der gegenwärtige Bestand umfaßt über eine Million Bücher.

Bibliothèque italique, Genf 1728–34, Kulturzs. (nach dem Vorbild des *Giornale de' letterati d'Italia*), in der u. a. Maffei u. Muratori vorgestellt wurden; vor allem von Hugenotten redigiert.

F. B. Crucitti-Ullrich, B., Mailand 1974.

Bibliothèque nationale (BN), Pariser Staatsbibliothek mit e. Bestand von ca. 6 Mill. Bden. u. 1,3 Mill. Hss., als kgl. Ms.slg. von Karl V. im Louvre eingerichtet, von Franz I. nach Fontainebleau verlegt u. durch Erwerb klass. Hss. wesentl. erweitert. Heinrich IV. richtete die Bibliothek im Pariser Kloster der Cordeliers ein; nach der Zwischenstation im Palais Mazarin wurde die B. von Colbert in e. Gebäude Ecke rue de Richelieu / rue Vivienne untergebracht, wo sie nach beträchtl. Umbauten u. Erweiterungen bis heute ihren Standort hat. Von 1692 an war sie dem Publikum zugängl. Seit dem Premier Empire sind franz. Verleger gesetzl. gebunden (dépôt légal), jede Neuerscheinung in der BN zu hinterlegen. Katalog 1897 ff.; geplante Neuorganisation (Grande Bibliothèque de France).

H. Marcel/H. Bouchot u. a., BN, II 1907; S. Balayé, BN. Des origines à 1800, 1988.

Bibliothèque Sainte-Geneviève, ehemalige Klosterbibliothek beim Panthéon, seit 1759 allgemein zugängl.

Bibliothèque universelle des romans, 1775–1803, achtteilige Reihe (antike Romane – Ritterromane – Geschichtsromane – Liebesromane – erbaul. Romane – kom. u. satir. Romane – Novellen u. Erzählungen – Märchen u. Utopien), die insgesamt 926 Titel in 224 Bänden umfaßt. Bis 1778 war Antoine René d' →Argenson Hg., danach erschien nur noch Triviallit. in der Slg.

R. Poirier, B., Genf 1976; ders., B., rédacteurs, textes, public, Genf 1977; A. Martin, B., Oxford 1985.

Bibliothèque universelle et historique, Exilzs., vor allem von J. Le Clerc redigiert (Amsterdam 1686–1693), von ihm als *Bibliothèque choisie* (Amsterdam 1703–1713) u. *Bibliothèque ancienne et moderne* (Amsterdam 1714–1727) fortgeführt; stärker polem. als die →*Nouvelles de la République des Lettres.*

Bienfaisance, Begriff, den der Abbé de →Saint-Pierre im Zusammenhang mit s. Projekt vom ewigen Weltfrieden prägte. Er verstand darunter die soziale Tat als Nachvollzug der Güte Gottes (›si tous les hommes d'une société étaient justes et bienfaisants, tous les citoyens en fussent incomparablement plus heureux‹). B. ist e. Fürsorge, die keine Ordnung, vor allem nicht die monarch., in Frage stellt. Damit war e. Begriff vorhanden, der es auch Kirchengegnern ermöglichte, tätige Humanität auszudrücken.

Bien public, Adelspartei (1464–1465), die sich gegen Ludwig XI. erhob u. dem König e. Bündnis mit dem Bürgertum nahelegte; Schlacht von Monthéry, Verträge von Conflans und Saint-Maur, 1465.

Bienséance, von der antiken Rhetorik erhobene Forderung nach angemessener Stilhöhe, die →Boileau auf die klass. Bühnendichtung bezog: ›Mais la scène demande une exacte raison;/L'étroite bienséance y veut être gardée‹ (*L'Art poétique* III, 122 f.).

H. Jenkins, Les b.s dans la tragédie frçe. de la Renaissance, Thèse Paris 1957.

Les bijoux indiscrets (1748), Roman von Denis →Diderot. Die Tochter des Romanciers, Mme de Vandeul, berichtet in ihren Memoiren, das nach dem Modell des ›conte licencieux‹ beim jüngeren Crébillon konzipierte Werk sei in zwei Wochen niedergeschrieben worden. Das Stoffmuster war im Fabliau *Le chevalier qui faisait parler les c... et les c...* vorgegeben. Hier fand Diderot die ›vergnügl. Idee‹ vom Zauberring, der e. Frau zwingen kann, ihre Affären zu berichten, wenn er auf ihr ›bijou‹ gerichtet wird. Diderot verlegt die Episodenhandlung an den Hof des kongoles. Sultans Mangogul, dem Cucufa e. mag. Ring schenkt, der die Damen des Serail zum Sprechen bringt, ›par la partie la plus franche qui soit en elles, et la mieux instruite‹. In die freizügigen Geschichten sind ideologiekrit. u. ästhet. Axiome eingelagert. Diderot persifliert die Staatsreligion, den falschen Cartesianismus wie Empirismus u. kündigt – vor der →*Encyclopédie* – die an den Naturwiss. orientierte Philosophie an. Das 37. u. 38. Kapitel enthält Angriffe auf die klass. Regeln; die Favoritin als Sprachrohr des Autors erklärt, allein das Wahre gefalle u. rühre. ›Je sais encore que la perfection d'un spectacle consiste dans l'imitation si exacte d'une action, que le spectateur, trompé sans interruption, s'imagine assister à l'action même‹ (Kap. 38). Dies erfordert e. Veränderung des Aufführungsstils wie der Dramenform, die Diderot selbst einleiten wird. S. Schauspielkritik in den *B.* hat Lessing zur *Hamburg. Dramaturgie* angeregt.

Billard, Claude, seigneur de Courgenay, 1550 Souvigny/Bourbonnais – 1618 Moulins, im Dienst der Marguerite de Valois, Dramatiker der →Garnier-Schule. Von s. deklamator. acht Trag. (1600–1611), die oft erst im 4. oder 5. Akt dramat. Dynamik entwickeln, war *Panthée* die gelungenste. B. brachte bereits 1610 die Ermordung Heinrichs IV. auf die Bühne *(La mort d'Henri IV).*

Th. L. Zamparelli, The theater of B., 1978.

Billetdoux, François, 27. 9. 1927 Paris – 26. 11. 1991 ebda., arbeitete als Vortragskünstler, Schauspieler (Schüler von Dullin), Regisseur und Rundfunkjournalist. B. schrieb Romane (*L'animal,* 1955; *Royal garden blues,* 1957) u. Dramen, die immer wieder das Scheitern menschlicher Beziehungen zeigen (*A la nuit la nuit,* 1955; *Tchin-tchin,* 1959; →*Le comportement des époux Bredburry, Va donc chez Törpe,* 1961; →*Comment va le monde, Môssieu? – Il tourne, Môssieu; Il faut passer par les nuages,* 1964; *Rintru pa trou tar hin,* 1971; *La nostalgie, camarade,* 1974; *Réveille-toi, Philadelphie,* 1989). Die Besitzerin von Chez Törpe macht es gescheiterten Existenzen leichter, Selbstmord zu begehen. Der Titel des Stücks von 1971, e. verstümmelte Transkription des Satzes ›Rentre pas trop tard, hein!‹, kontrastiert mit dem chaot. Geschehen: Als e. Mietshaus explodiert, werden die Abwesenden verdächtigt, Urheber des Anschlags zu sein; obwohl sie geistig kaum in der Lage wären, das Verbrechen zu planen, geraten sie vor den Mikrophonen u. Kameras der Massenmedien in Gefahr, für schuldig befunden zu werden. Das Theater von B. droht häufig, in Ideenkomplexe u. Spektakel auseinanderzufallen. Einzelne Stücke wurden in der Com. frçe. inszeniert. 1980 Mitgl. der franz. Unesco-Kommission.

Billy, André, 13. 12. 1882 Saint-Quentin/Aisne – 10. 4. 1971 Fontainebleau, Jesuitenschüler, Journalist. Lit.kritiker, der regelmäßig im *Figaro littéraire* schrieb (*Apollinaire vivant,* 1923; *La littérature française contemporaine,* 1927; *Diderot,* 1931; *Vie de Balzac,* 1944; *Max Jacob,* 1945, [2]1961; *Sainte-Beuve,* 1952; *Les frères Goncourt,* 1954; *Joubert énigmatique et délicieux,* 1969), u. Erzähler (zunächst erot. Thematik in *Bénoni,* 1907; *La trentaine,* 1925; *La femme maquillée,* 1932; *Princesse folle,* 1933; *L'approbaniste,* 1937; *Introibo,* 1939; *Le duc des Halles,* 1943; relig. Konflikte in *Le narthex,* 1950 u. *Madame,* 1954; Darstellung des Alters u. reifer Lebensweisheit in *L'allegretto de la septième,* 1960, u. *Sur les bords de la Veule,* 1965). 1944 Mitgl. der Ac. Goncourt. 1954 wurde B. mit dem Prix national des lettres ausgezeichnet.

Binet, Claude, um 1553 Beauvais – Jan. 1600 (?), Advokat am Parlement von Paris, schloß sich als Lyriker 1570 Ronsard an (*Diverses poésies*, 1573; *Epigrammata*, 1579; *Plaisirs de la vie rustique et solitaire*, 1583; *Discours de la vie de Ronsard* u. Mitarbeit am *Tombeau* für Ronsard).

Biographie romancée, romanhaft aufgebaute Lebensbeschreibung bei Maurois, Troyat, Sartre *(L'idiot de la famille)*, Zermatten, R. Benjamin.

Biondetta, dämon. Weib in →*Le diable amoureux* von Jacques Cazotte.

Biran →Maine de B.

Bisclavret, Lai der →Marie de France; Märchenstoff vom Ritter, der sich in e. Werwolf verwandelt, dabei von s. Frau treulos verraten wird. Der kelt. Name des Helden ist B., die normann. Entsprechung Garulf. Die Fabel wurde später im arthur. gefärbten *Lai de Melion* imitiert.

Bisson, Alexandre, 9. 4. 1848 Briouze/Orne – 27. 1. 1912 Paris, Opernlibrettist u. Autor musikwiss. Werke. Erfolgreicher Kom.autor; vor allem Vaudevilles über Verwicklungen im privaten (Liebe, Ehe u. Familie) sowie öffentl. Bereich (Staatsordnung). Bisson stellt keine soziale Institution in Frage, schließt aus moral. u. gesellschaftl. Defekten nicht auf die Fragwürdigkeit des Systems; er unterhält mit bewährter Situationskomik (Verwechslung, Verkleidung, Fesselung an die falsche Identität usw.). Einzelne Stücke entstanden in Zusammenarbeit u. a. mit M. Hennequin, A. Leclerq u. A. Sylvane (*Le chevalier Baptiste*, 1874; *Le vignoble de Mme Pictois*, 1875; *Un voyage d'agrément*, 1878; *Le fiancé de Margot*, 1881; *Un lycée de jeunes filles*, 1881; *115 rue Pigalle*, 1882; *Ninette*, 1883; *Le député de Bompignac*, 1884; *Le roi Koko*, 1887; *Ma gouvernante*, 1887; *Les surprises du divorce*, 1888; *Les joies de la paternité*, 1889; *Feu Toupinel*, 1891; *La famille Pont-Biquet*, 1894; *M. le directeur*, 1895; *Jalouse*, 1897; *Le contrôleur des wagons-lits*, 1898; *Le bon juge*, 1901; *Les apaches*, 1904; *La femme X*, 1909; *Les fiancés de Margot*, 1914).

Blanc, Jean Joseph Louis, 28. 10. 1811 Madrid – 6. 12. 1882 Cannes, franz. Sozialist, Sohn e. Royalisten und einer frommen Korsin. Nach dem Ruin der Familie durch die Julirevolution 1830 lernte B. die ungerechte Gesellschaftsordnung kennen, die den Besitzlosen diskriminiert. Während s. Tätigkeit als Hauslehrer bei e. Industriellen in Arras studierte er die franz. Revolution; wieder in Paris, schloß er sich Béranger an. Kurze Zeit leitete er den *Bon Sens*, bis er im Januar 1839 s. eigenes Blatt gründete, die *Revue du progrès politique, social et littéraire*. Mit der *Organisation du travail* (1840) erreichte B. ein Massenpublikum, dessen Verlangen nach Brüderlichkeit er idealist. zu befriedigen bemüht war. Anders als der ökonom. Liberalismus wollte er den Egoismus der einzelnen tabuieren, um dadurch die Lösung der sozialen Fragen zu erreichen. B. setzt alle Hoffnung auf den Staat, der die ideale Gesellschaft einrichten muß. Die *Histoire de dix ans, 1830–1840* (IV 1844) war als erstes Geschichtswerk aus der Perspektive der Klassenkämpfe geschrieben. Dabei identifizierte B. den Staat mit dem Volk, u. geriet, ohne sich dessen bewußt zu werden, in dieselbe Aporie wie der von ihm verehrte Rousseau. S. Staatssozialismus intendierte mit aufklärer.

Optimismus e. ideales Ziel, ohne danach zu fragen, wie optimale Gerechtigkeit als offensichtl. metaphys. Prinzip die fakt. gesellschaftl. u. ökonom. Ungleichheit aufheben kann (vgl. schon Babeuf u. Blanqui). B. plante jedoch auch selbständige genossenschaftl. Produktionen, die 1848 mit der Schaffung der karitativen Ateliers nationaux diskreditiert wurden. S. Prämisse, Harmonie u. Solidarität seien Konstituenten des menschl. Naturzustands u. es genüge, e. Organisation theoret. zu begründen, um ihre Verwirklichung einzuleiten, hielt ökonom. Struktur u. ökonom. Faktor noch nicht auseinander. 1848 wurde B. Mitgl. der provisor. Regierung; nach 23jähr. Exil (jetzt entstand der größte Teil der *Histoire de la Révolution frçe.*, XII 1847–62) Mitgl. der Nationalversammlung. Daß er die Ziele der Commune nicht anerkannte, versteht sich aus s. ganzen polit. Einstellung.

J. Vidalenc, B. 1811–1882, 1948; W. v. Wartburg, Revolutionäre Gestalten des 19. u. 20. Jh., Bern 1958.

Blancandrin, e. sarazen. Vasall des →Marsilie, der zusammen mit →Ganelon den Verrat organisiert, dem Roland zum Opfer fällt (→*Chanson de Roland,* insbes. v. 392 ff.).

Blanche ou l'oubli, (1967), Roman von Louis →Aragon. Die wiederholte Feststellung des Icherzählers, ›cette histoire n'est pas un roman d'anticipation‹ entkräftet die poetolog. Selbstbesinnung des Autors in diesem Literaturroman nicht. Wenn der Held Geoffroy Gaiffier vor allem Hölderlin, Flaubert u. Elsa Triolet liest u. über s. Lektüre meditiert, so versucht er dadurch zugleich über sich u. s. Verhältnis zu Blanche Klarheit zu gewinnen. Denn Dichtung schildert nicht, was war, sondern wie es hätte sein können; Aragon stimmt mit Gide darin überein, daß e. ästhet. Lösung die existentielle vorwegnehmen kann. Den Verlust der linearen Erzählform u. der Wahrscheinlichkeit der Fabel erklärt der Romancier mit s. Weltsicht: solange die Welt nicht in Ordnung ist, bleibt der Roman die ›Wissenschaft von der Anomalie‹.

Blanchot, Maurice, geb. 22. 9. 1907 in Quain/Saône-et-Loire, Journalist, Lit.kritiker (*Comment la littérature est-elle possible,* 1942; *Faux pas,* 1943; *Lautréamont et Sade,* 1949; *La part du feu,* 1949; *Thomas Mann – La rencontre avec le démon,* 1955; *L'espace littéraire,* 1955; *La solitude essentielle,* 1957; *Le livre à venir,* 1959; *L'entretien infini,* 1969; *L'écriture du désastre,* 1980; *De Kafka à Kafka,* 1981; *Après coup,* 1983; *La communauté inavouable,* 1983) u. Erzähler. *Thomas l'obscur* (1941, Überarbeitung 1950) ist die Darstellung e. enttäuschten Evasion, die den Helden zum ›Fisch s. eigenen Meeres‹, zum ›Prisma‹ in e. beschämenden Lage, die alles u. doch nichts erkennen läßt, gemacht hat; in der Zweitfassung trat an die Stelle entleerter Landschaften das Vakuum. Romanprosa ist für B. ›Gegenschöpfung‹ der Welt u. impliziert die Desintegration der realen Welt (*Aminadab,* 1942; *Le très-haut,* 1948; *L'arrêt de mort,* 1948; *Le ressassement éternel,* 1951; *Au moment voulu,* 1951; *Celui qui ne m'accompagnait pas,* 1953; *Le dernier homme,* 1957; *L'attente, l'oubli,* 1962). Der Anteil der allegor. Darstellung nimmt im Laufe s. Entwicklung zu; so steht in *Le très-haut* die Pestepidemie für den polit. Aufruhr. Zum Zentralthema der Werke B.s wird die ›absence‹, namentl. im Tod. Motive wie körperl. Gebrechlichkeit u. seel. Ermüdung konstituieren die Negativität. In *L'amitié* (1969 u. 1971) erörtert B. zwischenmenschl. Beziehungen innerhalb der République des Lettres u. die Funktion der Kunst gegenüber der allgemeinen Tendenz zur Simplifikation. *L'écriture du désastre* (1980) ist e. Meditation über die ›existence fragmentaire‹, die in B.s Verständnis durch keinen kohärenten Diskurs mehr mitzuteilen ist.

B. Pingaud/R. Mantero, B. (Écrivains d'aujourd'hui 1940–1960, hg. B. Pingaud), 1960; Critique, Sondernr. Juni 1966; L. Keller, B., Thomas l'obscur (Der mod. franz. Roman, hg. W. Pabst), 1968; F. Collin, B. et la question de l'écriture, 1971; E. Londyn, B. romancier, 1976; R. Stillers, B., Thomas l'obscur. Erst- u. Zweitfassung als Paradigmen des Gesamtwerks, 1979; G. Poppenberg, Ins Ungebundene – Unters. zum Lit.Konzept B.s, Diss. Berlin 1991.

Blanqui, Louis Auguste, 7. 2. 1805 Puget-Théniers – 1. 1. 1881 Paris, polit. aktiv 1830, 1848 u. 1870, sozialist. Theoretiker (*Critique sociale,* II 1885); Bruder des Saint-Simonisten Adolphe B. (1798–1854).

M. Dommanget, B., 1947; A. Marty, Quelques aspects de l'activité de B., 1951; A. B. Spitzer, The revolutionary theories of B., New York 1957.

Blason, deskriptives Gedicht des späten 15. u. 16. Jh., oft in ironisierender u. karikierender Absicht aus dem →Dit weiterentwickelt. Pierre Gringoire, Clément Marot (*Blason du beau tétin,* 1536), Maurice Scève verschafften dem anatom. B. e. im Publikumsinteresse an sinnl. Details begründeten Ruhm. Héroët, Ronsard, Maclou de la Haye, Belleau, Peletier du Mans schwächten den ›esprit gaulois‹ der litaneihaften Gattung im dekorativen Hymne-Blason u. in enkomiast. Vignetten ab. Die Stofferwartung des B. bildete e. Gegengewicht zum platon. Idealismus der Pléiadedichter, diese Tendenz steigerte sich in den Contre-Blasons bis zur Obszönität. Bereits Gringoire durchbrach die Stofferwartung mit dem religionspolit. *Blason des hérétiques* (1524).

A. Saunders, The 16th century b. poétique, Bern 1981.

Blaye (Dép. Gironde), galt im MA, entsprechend den Hinweisen in der →*Chanson de Roland,* als Ort, an dem Kaiser Karl s. tapferen Neffen bestattet hat (zu Saint-Romain). Jaufre Rudel, der für s. Fernliebe das Leben opferte, war Prinz von B.

Le blé en herbe (1923), Roman von Sidonie-Gabrielle →Colette. In ihrem ›Lieblingsroman‹ gestaltete die Schriftstellerin pubertäre Konflikte im Verhältnis von Phil u. Vinca, die sich als Kinder begegnet sind u. seitdem in der Bretagne gemeinsame Ferien verbringen. Jugendl. Sexualität u. moral. Komplexe werden von Colette aus ihrem traditionellen Nexus herausgehoben. Vinca gibt sich Phil, den die ›weiße Dame‹ verführt hat, ohne Reue hin.

Bloch, Jean Richard, 25. 5. 1884 Paris – 15. 3. 1947 ebda., Stud. Gesch. u. Geographie Paris, beeinflußt von R. Rolland, mit dem er e. umfangreiche Korrespondenz unterhielt (hg. 1964), bis 1914 Prof. in Florenz, gründete die Zs. *L'Effort libre,* 1925 mit Rolland *Europe,* 1937 mit Aragon *Ce Soir.* Der Antifaschist B. nahm 1936 am span. Bürgerkrieg teil; 1941 Emigration in die UdSSR. S. gesellschaftl. Engagement prägte die Romane (*Lévy,* 1912; *La nuit kurde,* 1925; *Sybilla,* 1932) ebenso wie die Dramen, die B. als Mittel der polit. Demonstration verstand (*Le dernier empereur,*

1926; *Naissance d'une cité*, 1937; *Toulon*, 1945). Gleich Barbusse verfaßte B. e. Stalinbiogr. (1949). Mit s. Essays u. Pamphleten verteidigte er Judentum u. Marxismus, vor allem bekannte er sich zur Ästhetik des sozialist. Realismus. In monatl. Beiträgen zur Zs. *Europe* wies B. immer wieder darauf hin, daß Kulturen nur aus dem Dialog der Massen entstehen, daß folgl. der Autor mit der Arbeiterklasse ins Gespräch kommen muß, wenn es e. Sinn haben soll, daß der eine schreibt u. die anderen lesen (*Essais pour mieux comprendre mon temps: Carnaval est mort*, 1920; *A la découverte du monde nouveau: Sur un cargo*, Prosa 1924; *Destin du théâtre*, 1930; *Destin du siècle*, 1931; *Offrande à la politique*, 1933; *Naissance d'une culture*, 1936; *Espagne! Espagne!*, 1936; *Moscou–Paris*, 1947). Aragon gab 1948 e. Anthologie s. Arbeiten heraus.

Blois, Schloß im Besitz des Grafen Charles d'Orléans, der um 1460 e. Dichterwettstreit zum Thema ›Je meurs de soif auprès de la fontaine‹, an dem Villon teilnahm, organisierte. Auf Schloß B. sah Ronsard 1545 Cassandra Salviati, die ihn zu s. frühen Liebeslyrik inspirierte. 1556 wurde hier die *Sophonisbe* von Mellin de Saint-Gelais uraufgeführt; Maria Stuart übernahm in dem Stück e. Rolle.

Blondel de Nesle, Mitte 12. Jh. Nesle/Dép. Somme – um 1210, pikard. Trouvère, Vorbild für →Gace Brulé u. →Conon de Béthune. Mit s. 20 Minneliedern (hg. L. Wiese 1904) in virtuoser Metrik eiferte er der Trobadordichtung nach. Nach e. legendären Überlieferung aus Reims soll er Richard Löwenherz, der auf dem Trifels/Pfalz gefangen gehalten wurde, befreit haben. (Oper von Grétry, 1784).

G. Lavis, Les chansons de B., traitement automatique, Lüttich 1971.

Blondin, Antoine, 11. 4. 1922 Paris – 6. 6. 1991 ebda., Lycée Louis-le-Grand, Stud. Philos. (Licence); übte zahlr. Berufe aus, u. a. Aufseher, Wagenführer in e. Fabrik, Journalist, Mitarbeiter an *Paris-Presse*, *Elle* u. *Arts*, gehört zur polit. Rechten. Als Romancier begann B. im Zeichen des pikaresken Kompositionsschemas; polit. u. moral. Konstellationen sind umkehrbar, Doppelspiel ist mögl., wenn das Leben die Traumtänzer, Alkoholiker enttäuscht (*Les enfants du bon dieu*, 1952; *L'humeur vagabonde*, 1955; *Un singe en hiver*, 1959; *Monsieur Jadis ou l'école du soir*, 1970; *Œuvres*, 1991). Zusammen mit Paul Guimard schrieb B. das Stück *Un garçon d'honneur* (1960). *Certificats d'études* (1977) u. *Ma vie entre les lignes* (1982) enthalten glänzende Pastiches zwischen polit. Pamphleten (gegen Maurice Schumann, ›un Tino Rossi de la Résistance‹, Mauriac, Prévert, Sartre). Postume Veröffentlichung von Tagebüchern: *Journal d'un poète* und *Un malin plaisir* (1993).

G. Raillard, P. (Écrivains d'aujourd'hui 1940–60, hg. B. Pingaud), 1960.

Bloy, Léon Marie, 11. 7. 1846 Fenestrau – 3. 11. 1917 Bourg-la-Reine, Sohn e. antiklerikalen Bahnbeamten, Mutter strenggläubig; Autodidakt B. wurde fünf Jahre nach s. Ankunft in Paris Sekretär von Barbey d'Aurevilly (1869) u. begann zu schreiben, nachdem er die Ausbildung zum Maler aufgegeben hatte. S. Einkommen als Bahnbeamter bewahrte ihn, der nach s. Verhältnis mit der Prostituierten A. Roulé die Dänin J. Molbeck heiratete, zeitlebens nicht vor drückender Armut. Nach relig. Krisen (1869, 1879–82) schrieb er

fanat. gegen den positivist. Zeitgeist u. gegen kirchl. Konformismus u. Liberalismus (*Propos d'un entrepreneur de démolitions,* 1884; *Le révélateur du globe,* 1884; myst. Darstellung des Colombus-Stoffes; autobiograph. Roman →*Le désespéré; Sueur de sang,* 1893; →*La femme pauvre; Exégèse des lieux communs,* 1898; *Les dernières colonnes de l'église,* 1903; *Méditations d'un solitaire,* 1917; seit 1898 unter wechselndem Titel Tagebücher; Korrespondenz mit Villiers de l'Isle-Adam, postum 1927; Gesamtausgabe, XX 1947–49). Durch B. erhielt die Lit. des →Renouveau catholique e. stark autobiograph. Orientierung. B. soll Tourniers Vorbild für den Tiffauges in →*Le roi des aulnes* sein.

J. Bollery, B., essai de biographie, III 1947–54; A. Béguin, B., mystique de la douleur, 1948; M.-J. Lory, La pensée religieuse de B., Brügge 1951; G. Cattaui, B., 1954; J. Steinmann, B., 1956; R. Barbeau, Un prophète luciférien: B., 1957; St. Fumet B., captif de l'absolu, 1967; R. E. Hager, B. et l'évolution du conte cruel: ses Histoires désobligeantes, 1967; G. Dotoli, Situation des études bloyennes, 1970; P. Glaudes (Hg.), B. au tournant du siècle, Toulouse 1992.

Blum, Léon, 9. 4. 1882 Paris – 30. 3. 1950 Jouy-en-Josas, Politiker u. Schriftsteller, Mitbegründer des Parti socialiste frç. (1902), Regierungsbeamter, Abgeordneter und nach 1920 Führer der Sozialisten; wiederholt Ministerpräsident. Zeitweilig befreundet mit Barrès, Renard und Gide, Theaterkritiker (*Au théâtre,* 1906–11); Abh. über Goethe (1901), Stendhal (*Stendhal et le beylisme,* 1914) u. zur Geschichtsphilosophie.

C. Audry, B. ou la politique de juste, 1955; J. Lacouture, B., 1977.

Bodard, Lucien, geb. 9. 2. 1914 in China, Diplomatensohn, wurde Journalist, vor allem Kriegsberichterstatter; Autor von Reportageromanen u. Erinnerungsbüchern aus Kinderperspektiven (*Monsieur le Consul,* Prix Interallié 1973; *Le fils du Consul,* 1977; *La vallée des roses,* 1977; *La duchesse,* 1979; *Anne-Marie,* Prix Goncourt 1981).

Bodel, Jean, 2. Hälfte 12. Jh. – 1210 Arras (Lepra), wahrscheinl. Stadtbeamter, Autor e. Chanson de geste, *Saisnes* (vor 1202, Thema: der Sachsenkrieg Karls d. Gr., krA A. Brasseur, II 1989), des Mirakelspiels *Le jeu de Saint-Nicolas* (um 1199–1201, krA A. Henry, Brüssel 1981), e. Congé sowie von Fabliaux u. Pastourellen.

Ch. Foulon, L'œuvre de B., 1957; H.-D. Merl. Unters. ... Fabliaux B.s, 1972; H. Rey-Flaud, Pour une dramaturgie du moyen âge, 1980; A. Brasseur, Etude linguistique et littéraire de la Chanson des Saisnes, Genf 1990.

Bodin, Jean, 1530 Angers – 1596 Laon, erörterte im ersten franz. staatsrechtl. Traktat *De la république* (1576) das Problem der Souveränität u. lehnte kategor. den im 16. Jahrh. diskutierten Tyrannenmord ab. Gegenüber Machiavelli vertrat B. die absolute Legalität; für ihn ist nicht das Individuum, sondern die Familie die Zelle des Staats. Vor Montesquieu (*De l'esprit des lois*) diskutierte B. die Abhängigkeit des Menschen von klimat. Bedingungen unter polit. Aspekt.

U. Lange, Unters. zu B.s Demonomanie, 1970.

Le Bœuf sur le toit, Pariser Künstlerlokal in der rue Boissy-d'Anglas (Nr. 28), wo Radiguet, Cocteau, Gide, Picasso, Maurice Sachs u. a. verkehrten.

Boëx →Rosny.

Bohème, gesellschaftl. Randgruppe, in Frkr. aus der Reaktion gegen die Ideologie der Julimonarchie entstanden (→Jeune-France), seit dem Second Empire Künstlerproletariat (→Baudelaire, →Murger, →Champfleury, →Verlaine, →Poètes maudits). Verzicht auf bürgerl. Existenzsicherung u. Ausschluß vom wachsenden Wohlstand bringen Kunst u. Lebenspraxis in e. scheinbar unüberbrückbaren Gegensatz.

A. Hauser, Sozialgesch. der Kunst u. Lit., Bd. 2, 1953; M. Easton, Artists and writers in Paris. The Bohemian idea, 1803–67, London 1964; P. Labracherie, La vie quotidienne de la b. littéraire au XIXe siècle, 1967; H. Kreuzer, Die B., 1968; W. Benjamin, Ch. Baudelaire. E. Lyriker im Zeitalter des Hochkapitalismus, 1969.

Boileau, Pierre Louis, 28. 4. 1906 Paris – Jan. 1989, Stud. Handelshochschule, Tätigkeit als Sozialarbeiter, schrieb zusammen mit Thomas Narcejac (geb. 3. 7. 1908 Rochefort-sur-Mer) seit den 50er Jahren Kriminalromane (*Celle qui n'était plus,* 1952; *Les visages de l'ombre,* 1953; *Les louves,* 1955; *Les victimes,* 1964; *A cœur perdu,* 1965; *La porte du large,* 1969). Verfilmungen durch Clouzot, Hitchcock.

Boileau-Despréaux, Nicolas, 1. 11. 1636 Paris – 13. 3. 1711 ebda.; 15. Kind e. vermögenden Gerichtsschreibers, Ausbildung am Collège Harcourt u. Beauvais, 1652–56 Jura-, danach Theologiestud. S. frühen galanten Verse sind verloren gegangen; Chapelain, über den B. 1665 satir. herzieht, war s. Mentor; im Kreis des Abbé Marolles u. Furetières bildete er sich zum Satiriker *(→Satires).* Ende 1663 schloß er Freundschaft mit Molière und wurde von Racine um s. Urteil über die Trag. *La Thébaïde* gebeten. Zusammen mit Racine, Furetière u. s. Bruder Gilles schrieb er die Parodien *Chapelain décoiffé* u. *Colbert enragé* mit Corneilleanspielungen (beide 1665). Im *Dialogue des héros de romans* (1666, ED 1688) äußerte sich B. krit. über romanesk-unwahrscheinl. Helden des galanten Romans (vgl. *Le roman bourgeois*). Nach 1668 verzichtete er allmähl. auf den diatrib. Tenor, er richtet enkomiast. Gedichte an den Kg., dem er vorgestellt zu werden wünschte (*Epîtres,* 1674–98); erst 1674 war er am Ziel s. Wünsche. 1677 ernannte ihn Ludwig XIV. zusammen mit s. Freund Racine zum Historiographen. Während der einsetzenden Diskussion um den Vorrang der antiken oder mod. Dichtung entwarf B. →*L'art poétique* (1674), im selben Jahr veröffentlichte er auch e. Longinus-Übs. *(Traité du sublime),* die wohl von s. Bruder Gilles (gest. 1669) begonnen worden war, sowie die Burleske →*Le lutrin.* Am 15. 4. 1683 wurde der Doktrinär der Klassik in die Ac. frçe. gewählt. 1696 entstand e. theol. Gedicht, *L'amour de Dieu* (1698), zwischen 1703 u. 1705 die Streitschrift gegen die Jesuiten, *L'équivoque* (Publ. untersagt); darin verarbeitete der Autor Ideen von Augustinus, Pascal u. Bossuet. 1706 stürzte B. schwer u. erholte sich von diesem Unfall nicht mehr. Zu s. ästhet. Dogma hatte er das Sublime erhoben, das ästhet. Normen von überzeitl. Geltung voraussetzt u. Stilgesetze verbindl. macht; damit geriet er zuletzt in Gegensatz zu Cartesianern wie Fontenelle (*Œuvres complètes,* hg. C. H. Boudhours VII 1934–43).

E. Magne, Bibl. générale des œuvres de B., II 1929; M. Hervier, L'art poétique de B., 1938; D. Mornet, B., 1941; R. Bray, B., 1942; R. Dumesnil, B., 1943; J. Brody, B. et Longinus, Genf 1958; H. Kortum, Die gesellschaftl. Hintergründe der Auseinandersetzung zwischen Ch. Perrault u. B. um die Vorbildgeltung der Antike, Diss. Leipzig 1962; D. Janik, Gesch. der Ode u. der ›Stances‹ von Ronsard bis B., 1968; B. Beugnot/R. Zuber, B., visages anciens, visages nouveaux, 1973; B. Rathmann, Der Einfluß B.s auf die Rezeption der Lyrik …, 1979;

M. Descotes, Le cas B., 1986; J. Pineau, L'univers satirique de B., Genf 1990.

Boisard, Jean-Jacques-François, 4. 6. 1744 Caen – 10. 10. 1833 ebda., Fabeldichter (Slgg. 1769 ff., Gesamtausgabe *Mille et une fables,* 1806), dessen Sarkasmus den Beifall Grimms u. Rivarols fand. B. ist nicht den zahlr. Epigonen La Fontaines zuzurechnen. Da nur in den wenigsten s. Texte e. explizite Lektion verkündet wird, ist die typolog. Grenze zwischen Fabel u. Verserzählung bei ihm fließend.

Boisrobert, François Le Metel, seigneur de, 1. 8. 1592 Caen – 30. 3. 1662 Paris, Jurist u. Kleriker, seit 1616 in Paris, mit Viau befreundet; 1630 Italienreise, Kanonikus in Rouen, Sekretär u. lit. Berater Richelieus, dem er 1634 von Conrarts Zirkel (→Académie française) berichtete; auf dem Sterbebett klagte er den Kardinal der Unmoral an. Wie Viau sprach B. ohne die obligate Verehrung von der Antike. Die Diktion s. Lyrik weist auf den preziösen Stil voraus. Im Roman (*L'histoire indienne d'Anaxandre et d'Orasie,* 1629) u. im Drama (*La belle plaideuse,* 1654) ließ er sich von span. Modellen leiten. S. Hauptwerk sind die *Épistres* (1646, 1659), Versepisteln in Acht- und Zehnsilbern.

E. Magne, Le plaisant abbé de B., 1909; J. Carcopino, B., 1963.

Boissy, Louis de, 26. 11. 1694 Vic – 19. 4. 1758, Satiriker u. Dramatiker (*Le français à Londres,* 1727; Trag. *La mort d'Alceste,* Urauff. 25. 1. 1727, EA Den Haag 1738, Paris erst 1758, wohl wegen der antiklerikalen Passagen; *La vie est un songe,* 1732, nach Calderón; *L'amant de sa femme,* 1735; *La+++*, 1737; *Œuvres dramatiques,* IX, 1788). B., der 1754 in die Ac. frçe. gewählt wurde, war Teilhaber an der *Gazette de France* u. am *Mercure de France.*

Bonald, Louis Gabriel Ambroise, vicomte de, 2. 10. 1754 Le Mouna/Guyenne – 23. 11. 1840 Paris, Staatstheoretiker und Philosoph; emigrierte während der Revolution nach Heidelberg. Im Exil entstand *Théorie du pouvoir politique et religieux dans la société civile* (1796); 1802 erschien *La législation primitive considérée dans les derniers temps par les seules lumières de la raison.* B. ist Traditionalist, er verteidigt die Religion gegen die Aufklärung u. die Monarchie gegen die Revolution durch e. theokrat. Rechtfertigung der Alleinherrschaft. Den Beweis führte er u. a. sprachphilosoph. Da man von der Annahme ausgehen muß, daß kein Mensch aus eigenem Vermögen die Sprache schaffen konnte, setzt ihr Vorhandensein e. Schöpfungsakt voraus. Von der Vorsehung wurden außerdem die Ideen u. jede soziale Ordnung gestiftet. Das Kg.tum ist das polit. Analogon zum Familienpatriarchat auf der sozialen Ebene u. zur Gottesherrschaft auf der metaphys. Thron und Altar gehen also kein zufälliges und histor. begrenztes Bündnis ein, sie konstituieren die ewige Ordnung. Die Restauration ist demnach e. heilsgeschichtl. Akt. (*Œuvres complètes,* XII 1817–30). H. de →Balzac ist B.s Ideologie verpflichtet.

R. Manduit, Les conceptions politiques et sociales de B., 1913; H. Moulinié, B., 1916; J. Gritti, B., études de notions …, Thèse Paris 1967.

La Bonifas, (1925), Roman von Jacques de →Lacretelle. Wieder analysiert der Autor die seel. Verfassung einer Randfigur (vgl. auch *Silbermann*): Marie B., die reizlose u. gehemmte Tochter e. Offiziers, klammert sich erst an das Dienstmädchen der Familie, dann an die Leiterin des Internats, schließlich an ihre kranke Freundin Claire. Als sie während des Krieges wegen ihres Organisationstalents u. ihrer Umsicht Anerkennung erfährt u. geehrt wird, ändert sich ihre Persönlichkeit dennoch nicht. Der Autor will offenbar deutl. machen, daß auch e. so weitgehende Veränderung der äußeren Lebensumstände u. Verbesserung der materiellen Verhältnisse die einmal ausgebildete Charakterstruktur e. Individuums nicht mehr aufzubrechen vermag.

Bonjour tristesse (1954), Roman von Françoise →Sagan. Im mondänen Milieu der Côte d'azur verhindert die 17jähr. Cécile e. bürgerl. Heirat ihres Vaters mit Anne Larsen, indem sie, als ›dame d'intrigue‹, ihren Freund zu e. Flirt mit Elsa, der früheren Geliebten ihres Vaters anstiftet. In s. Eitelkeit verletzt, trifft sich der Vater daraufhin wieder mit Elsa. In dieser Situation wird er von Anne überrascht, die sofort abreist. Ob der Autounfall, der ihr das Leben kostet, Selbstmord war, bleibt offen. Schale Trauer, aber keine Bestürzung befällt Cécile. Wo bei Françoise Sagan Unlustgefühle auftreten, entsprechen sie weder dem Weltschmerz der Romantiker, noch dem Dekadenzbewußtsein der Autoren des späten 19. Jh.; Frustration u. Langeweile entspringen naivem Nonkonformismus u. dem Kräftestau e. luxurierenden Existenzweise. Der Bestseller wurde 1957 verfilmt.

Bonnard, Abel 19. 12. 1883 Poitiers – 31. 5. 1968 Madrid, kors. Abkunft. 1942–44 Erziehungsminister der Vichy-Regierung, emigrierte nach Spanien. Als Lyriker wurde er bekannt durch das Tiergedicht *Les familiers* (1906), dem die Bde. *Les royautés* (1907) u. *Les histoires* (1908) folgten, die sich durch den klassizist. Stil von der frühen Vorlage (J. Renard, *Histoires naturelles*) abhoben. Außer dem psycholog. Roman *La vie et l'amour* verfaßte er Lebensbeschreibungen des hl. Franz v. Assisi u. von Stendhal sowie e. *Éloge de l'ignorance.* B. gehörte der Ac. frçe von 1932–45 an, s. polit. Haltung wurde wie im Falle Maurras mit dem Ausschluß bestraft.

Bonnard, Bernard, chevalier de, 22. 10. 1744 Semur – 1784 ebda., Artillerieoffizier, der durch die Freundschaft mit Buffon 1778 e. Erzieheramt beim Herzog von Chartres erhielt (seine Nachfolgerin war Mme de Genlis). In den *Poésies diverses* (postum 1791) herrscht e. melanchol. Tenor vor; möglicherweise aus enttäuschter Liebe übersteigerte B. den eleg. Dichtungsstil zur Manier. Selbst ital. Sonette vermag er imitierend in e. Elegie mit metabol. Strophenbau auszuweiten.

La bonne chanson, Lyrikslg. (21 Gedichte) von Paul →Verlaine, entstanden Winter 1869 – Frühjahr 1870, EA 1870. In den Gedichten, die Verlaine an s. Braut Mathilde Mauté de Fleurville richtete, besingt er, der sowohl die Abkehr vom parnass. Stil wie von s. früheren, ungeregelten Lebensführung im Sinn hat, die Liebe, von der er moral. Rettung erwartet. Der Dichter selbst, der sich wohl rühmte, ›un cœur purifié‹ in diesen Zyklus gelegt zu haben, zählte später *B.* jedoch zu s. schwächeren Werken.

G. Zayed, La formation littéraire de Verlaine, 1962.

Bonnefoy, Yves, geb. 24. 6. 1923 Tours, Licence in Philosophie; Lyriker, der sich von Valéry löste u. unter der geistigen Führung Gaston Bachelards u. Éluards zu e. originellen Stil gefunden hat. Kunst u. Vergänglichkeit werden für B. auf dialekt. Weise ident., da der Dichter die irrational gesteuerte Vernichtung des Abstrakten als des Abwesenden durch das Konkrete, Anwesende, jedoch auch Hinfällige intendiert (*Du mouvement et de l'immobilité de Douve,* 1953; [2]1970; *Hier régnant désert,* 1958; *Pierre écrite,* 1959; *Poèmes,* 1982). Baudelaire bleibt für den Dichtungstheoretiker B. der ›héros moderne de l'anticoncept‹ (Essays *Le traité du pianiste,* 1946; *L'improbable,* 1959; außerdem Studien über die got. Wandmalerei, 1954, Ravenna, 1953, u. Rimbaud, 1961; *Le nuage rouge,* 1977; *Entretiens sur la poésie,* 1981; *Leçon inaugurale,* 1982, Antrittsvorlesung Collège de France).

J.-E. Jackson, B., 1976; Sondernr. L'Arc 66, 1976; E. Wolfensberger-Meier, B., s. Poesie, s. Selbstverständnis . . ., 1979; J. Thélot, Poétique de B., Genf 1983; R. G. Giguère, Le concept de réalité dans la poésie de B., 1985; O. Himy, B., poèmes commentés, 1991.

Les bonnes, Einakter von Jean →Genet, EA 1948, Zweitfassung 1954, Urauff. 17. 4. 1947 Théâtre de l'Athénée, Paris. Die zwei Zofen Claire u. Solange sind Schwestern; nachdem sie den Herrn des Hauses durch Verdächtigungen ins Gefängnis gebracht haben, beschließen sie, Madame zu ermorden. Claire u. Solange sind in ihrem Verhalten durch den Haß gegen Madame definiert, aber ihr Haß ist wirkungslos, so vermögen sie die Tötung nur in ihrer Einbildung zu vollbringen. Claire spielt Madame u. Solange Claire, sie simulieren das Herrschaftsverhältnis im Ritual. Indem sie die Höhergestellten zur Marionette degradieren, erwehren sie sich ihrer. Während des Spiels erreicht sie ein Telephonanruf von Monsieur, der wieder in Freiheit ist; die Schwestern müssen befürchten, nach s. Rückkehr zur Rechenschaft gezogen zu werden. Claire zwingt Solange, ihr das Gift, das für Madame bestimmt war, zu geben; die Welt des Scheins findet e. trag. Ende, Solange erwartet ihren Richter. In *B.* ist die Ersatzhandlung zum Stück ausgeweitet – dies erlaubt den Schluß, daß sich der Autor e. kohärente Wirklichkeit allein in der Kunstwelt vorstellen kann.

L. Goldmann, Genets Bühnenstücke, Alternative 49/50, 1966.

Bonnetain, Paul, 1858 Nîmes – 1899 Không/Laos, Theaterkritiker Romancier (*Charlot s'amuse,* 1883; *Opium,* 1885), Unterzeichner des →*Manifeste des cinq* u. Sekretär des Supplément littéraire des *Figaro.* B. war mit Daudet u. Clémenceau befreundet; in polit. Mission reiste er in den Sudan u. nach Indochina, wo er Selbstmord beging.

A. A. Greaves, B. his attitudes to naturalism, Nottingham French studies Mai 1966.

Bonneville, Nicolas de, 1760 Évreux – 9. 11. 1828 Paris, maßgebender Vermittler der dt. Lit. (*Nouveau théâtre allemand,* 1782; *Choix de petits romans tirés de l'allemand,* 1786) vor Mme de Staël. In *L'année 1789 ou les tribuns du peuple* (1790) parodierte er mit allegor. Mitteln Racines Trag. *Esther;* s. Verhältnis zur klass. Poetik blieb jedoch ambivalent (*Poésies,* 1793). Wie Chassaignon nahm er e. messian. Haltung an, polit. Aufträge der Constituante bestärkten ihn in s. Wahn. Als e. der ersten verlangte er die Ausrufung der Republik in →*Bouche de fer,* das er zusammen mit Fauchet herausgab; da er Napoleon mit Cromwell verglich, wurde e. Teil s. Vermögens eingezogen u. s. Person streng überwacht. Nodier dedizierte ihm die *Essais d'un jeune barde.* Die kommunist. Ideale, die B. in *L'esprit des religions* (1792) vertrat, bereiteten den Sozialismus von Fourier vor.

Ph. Le Harivel, B. préromantique et révolutionnaire, 1923; A. Monglond, Le préromantisme français Bd. 2, 1966.

Bon sauvage, der ›gute, edle Wilde‹ der Reiselit., als moral. Idealfigur wohl erstmals bei Antoine Fabre (*Pierre martyr,* 1532). Natürl. Tugenden, die vor allem in Missionsberichten den Eingeborenen zugeschrieben wurden, galten seit Montaigne als Eigenschaften, die der zivilisierten Menschheit verloren gegangen waren. Diese Ansichten waren kennzeichnend für e. Epoche zunehmender Kultur- u. Europamüdigkeit (Lahontan, Rousseau, L.-S. Mercier, Bougainville, Bernardin de Saint-Pierre, Chateaubriand). Der Beginn des Historismus bedeutete das Ende des Mythos vom B.

N. van Wijngaarden, Les odyssées philosophiques en France entre 1616 et 1789, Diss. Amsterdam 1932; H. N. Fairchild, The noble savage, New York ^{2}1961.

Bon usage, Kriterium der Grammatiker L. Meigret u. Vaugelas, gewonnen aus dem Sprachgebrauch der Elite am Hof u. der vorbildlichsten Autoren.

Booz endormi, Gedicht von Victor →Hugo, datiert 1. 5. 1859, EA in *La légende des siècles.* Die biblische Geschichte von Boas und Ruth verlegt Victor Hugo in archaische Vorzeiten, um den mächtigen Landmann zum Patriarchen und Titanen, der im Traum s. Stammbaum bis an die Zeitenwende schauen darf, hochstilisieren zu können. Mit e. naturhaften Bild – ›Le cèdre ne sent pas une rose à sa base‹ – bezeichnet Hugo das ungleiche Paar, die männl. Majestät u. die weibl. Anmut. Solche Pathosformeln sind kennzeichnend für Hugos Denk- u. Schreibweise. ›Un roi chantait en bas, en haut mourait un Dieu‹: Booz sieht s. Nachkommen David u. Christus in der Perspektive des Heilsgeschehens.

H. Heiss, B.: Interpretation (Interpretationen franz. Gedichte, hg. K. Wais), 1970.

Bordeaux, Henry, 29. 1. 1870 Thonon-les-Bains – 29. 3. 1963 Paris, Anwalt, Lit.kritiker (Darstellungen über Barbey d'Aurevilly u. Barrès) u. erfolgreicher Romancier, der die sozialen Institutionen u. relig. Gebote als nicht zu hinterfragende Gegebenheiten ansieht (vgl. auch s. Zeitgenossen René Bazin). Daher gehören s. positiven Helden dem kathol. Bürgertum der franz. Provinz an (*Les Roquevillard,* 1906; *Les yeux qui s'ouvrent,* 1908; *La croisée des chemins,* 1909; *La robe de laine,* 1910; *La neige sur les pas,* 1912; *Les déclassés,* 1933; *L'ombre sur la maison,* 1942; *L'intruse,* 1947; *Les yeux accusateurs,* 1949; *Cette voix du cœur,* 1955; *Le flambeau renversé,* 1961; *Histoires d'une vie (Mémoires),* XIII 1951–73). 1920 Aufnahme in die Ac. frçe. Die Kriegsdarstellung *La chanson de Vaux-Douaumont* (1916–17) war e. Verkaufserfolg.

M. Ligot, Le sens de la vie et l'idée de l'ordre dans l'œuvre de B., 1924; J. Bertaut, B., 1930.

Borel, Pétrus, (eig. Joseph P. B. de Hauterive), 28. 6. 1809 Lyon – 14. 7. 1859 Mostaganem (Algerien), verkehrte seit 1830 im Kreis der Romantiker, Gründer der Zs. *Satan,* die in *Le Corsaire* aufging; zeitweilig franz. Beamter in Nordafrika. Die frenet. Lyrik der *Rhapsodies* (1831) weist auf den Schockcharakter der erzählenden Werke voraus. Auf dem Titelblatt der EA von →*Champavert* (1833), e. Slg. von sechs ›unmoral. Erzählungen‹, waren e. Guillotine, e. Totenschädel, e. unheiml. Schloß u. gemarterte Frauen abgebildet. Im Roman →*Madame Putiphar* (1838) nannte B. das Modell s. dandyhaften Horror-Romantik beim Namen: Marquis de Sade, ›Märtyrer u. Zierde Frkr.s‹. B. wollte Greuel anhäufen, das Laster über die Tugend siegen lassen, ›die Fäulnis mit Rosen bekränzen‹, er beklagte jede Erschütterung durch das Gute. So überspannte er die romant. Ästhetik, vor allem die Kunstidee des Grotesken, u. bereitete als makabrer Humorist die phantast. Geschichten von Barbey d'Aurevilly, Villiers de l'Isle-Adam u. Lautréamont vor (*Œuvres complètes,* hg. A. Marie II 1922).

E. Starkie, B., the lycanthrope. His life and times, London 1954.

Bornier, Henri, vicomte de, 24. 12. 1825 Lunel – 29. 1. 1901 Paris, Konservator, später Verwalter der Bibl. de l'Arsenal (wie zuvor Nodier u. Heredia), Mitarbeiter zahlr. Zeitungen u. Zss. Romancier u. Lyriker; als Dramatiker Epigone des romant. Versdramas, wie es von V. Hugo theoret. begründet worden war.

N. Stewart, La vie et l'œuvre de B., 1935.

Borodine, Romanfigur in →*Les conquérants* u. →*La condition humaine* von Malraux, deren polit. Rolle in der hist. Wirklichkeit unbedeutender war, wie Trotzki in *NRF* April 1931 monierte. Malraux macht den lett. Juden zum Typ des marxist. u. moskauhörigen Berufsrevolutionärs u. damit zum Gegenspieler von →Garine u. →Tcheng-Daï.

Bory, Jean-Louis, 1919 – 11. 6. 1979 Méréville (Selbstmord), Gymnasiallehrer (Haguenau, Paris), Lit.kritiker u. Erzähler (*Mon village à l'heure allemande,* Prix Goncourt 1945; *La peau des zèbres,* III 1969–74; *Les cinq girouettes,* 1979; Essays über Balzac, 1959, u. Sue, 1962). Sowohl Mitunterzeichner des Manifests der 121 als auch Verteidiger von Céline, Chardonne, Morand.

M.-C. Jardin, B., 1991.

Bosco, Henri, 16. 11. 1888 Avignon – 5. 5. 1976 Nizza, seit 1912 an mehreren franz. Kulturinstituten tätig, Autor von Eklogen (1928) u. bukol.-phantast. Romane nach dem Vorbild von Nodier, Alain-Fournier u. Giono. Die Provence ist darin Arkadien, verlorenes Paradies u. im Konflikt auch zerstörer. Urgewalt; der Zaubergarten Fleuriade in *L'âne culotte* (1937) besteht als Idylle nur solange, als der Knabe Constantin Gloriot die geheimen Riten nicht verletzt. Ortsmyth. Kräfte motivieren u. lösen in *Le mas Théotime* (1942) dramat. Konflikte. Kinder, wie die Waise Hyacinthe (*Hyacinthe,* 1940; *Le jardin d'Hyacinthe,* 1945), sind die Erwählten in B.s romant. Weltsicht (Lyrikslg. *Bucoliques de Provence,* 1944; Romane *L'enfant et la rivière,* 1945; *Monsieur Carré Benoît à la campagne,* 1947; *Antonin,* 1952; *Les Balesta,* 1955; *Un oubli moins profond,* 1961; *Le chemin de Mondar,* 1962; *Le jardin des Trinitaires.* Souvenirs, III 1966; *Mon compagnon de songes,* 1967; *Bargabot,* 1968; *Un rameau de la nuit,* 1970; *Sylvius,* 1970; *Le récif,* 1971; *Une ombre,* 1978; *Des nuages, des voix, des songes,* 1980; vgl. außer Giono auch Marcel Aymé u. Thyde Monnier).

J. Lambert, Un voyageur des deux mondes.

Essai sur l'œuvre d'H. B., 1951; J. Susini, B., explorateur de l'invisible, Alès 1960; J.-C. Godin, B. Une poétique du nystère, Montréal 1968; L. Poitras, B. et la participation au monde, Fribourg 1971; J.-P. Cauvin, B. et la poétique du sacré, 1974; Le réel et l'imaginaire dans l'œuvre de B., Colloque 1975, 1976; L'art de B., Colloque 1979, 1981.

Bosquet, Alain (eig. Anatole Bisk), geb. 28.3. 1919 Odessa, Exil in Bulgarien u. Belgien, Journalist in New York, 1945–51 in alliierter Mission Berlin. Als Lyriker vom Surrealimus geprägt (*La vie est clandestine,* 1945; *Langue morte,* 1952; *Premier testament,* 1957; *Deuxième testament,* 1959; *Le livre du doute et de la grâce,* 1977), 1968 mit dem Großen Lyrikpreis der Ac. frçe. ausgezeichnet; daneben iron. Erzählungen (*La confession mexicaine,* Prix Interallié 1966; *L'amour bourgeois,* 1974; *Les bonnes intentions,* 1975; Gedichte *Un jour après la vie,* 1984 u. 1988; Aphorismen *Le gardien des rosées,* 1990; Gedichte zu Bildern von Francis Bacon, *Effacez-moi ce visage,* 1990).

Ch. Le Quintrec, B., 1964; J. Le Brun, La spiritualité de B., 1972.

Bossuet, Jacques-Bénigne, 27. 9. 1627 Dijon – 12. 4. 1704 Meaux, 1644 Maître ès arts, 1652 Priesterweihe u. Promotion, Zugang zum Hôtel de Rambouillet; Erzdiakon in Metz, aktiver Hugenottengegner. Im Februar 1659 wurde B. wegen s. Predigtgabe nach Paris berufen, bis 1670 war er erster Kanzelredner, als ihn andere Pflichten beanspruchten, nahm →Bourdaloue s. Platz ein. Im kirchl. Auftrag führte er 1669 mit Jansenisten, darunter Nicole u. Arnauld, theol. Gespräche; daher versuchte der Nuntius in Paris s. Ernennung zum Bischof von Condom (2. 6. 1670) zu verhindern. Als Prälat hielt B. die Leichenpredigt u. a. auf Henriette d'Angleterre sowie den Condé (*Oraisons funèbres,* 1662–87; hg. B. Velat/Y. Champailler 1936). Er wurde zum Erzieher des Dauphin bestellt (Sept. 1670) u. in die Ac. frçe. aufgenommen (8. 6. 1671). B. gehörte zum Kreis von La Rochefoucauld, Racine, La Fontaine, Boileau u. Mme de Maintenon, seit 1670 sympathisierte er mit dem Cartesianismus, vor allem hinsichtl. der Konzeption der Universalvernunft. Als Ludwig XIV. 1676 mit Mme de Montespan brach, übermittelte ihr der sprachgewaltige Bischof B. die Entscheidung. 1682 formulierte er als Oberhirte der Diözese Meaux (seit Mai 1681) die Deklaration des Gallikanismus. Von s. Schriften wirkte am nachhaltigsten der dreiteilige *Discours sur l'histoire universelle* (1681), e. teleolog. Deutung der Weltgesch. (d. h. der Gesch. des Mittelmeerraums und Europas) von Adam bis Karl d. Gr., denn sie wurde zum negativen Modell für die Geschichtsschreibung der Aufklärer, namentl. Voltaires *(Essai sur les mœurs).*

A. Réaume, Histoire de B. et de ses œuvres, 1869–70; P. Souday, B., 1931; A.-G. Martimort, Le gallicanisme de B., 1954; Th. Goyet, L'humanisme de B., 1965; J. Calvet, B., ²1968; J. Le Brun, Les opuscules spirituels de B., Nancy 1970; P. D. Laude, Approches du quiétisme, 1991.

Bost, Pierre, 5. 9. 1901 Lasalle/Gard – 1975, Schulbildung in Le Havre u. Paris, Stud. Philos. Sorbonne, Autor von Novellen u. Gesellschaftsromanen, in denen der Generationskonflikt im Vordergrund steht (*Hercule et mademoiselle,* 1924; *Homicide par imprudence,* 1924; *Faillite,* 1928; *Le scandale,* Prix Théophraste-Renaudot 1931; *Monsieur Ladmiral va bientôt mourir,* 1945; mit C. A. Puget schrieb B. das Schauspiel *Un nommé Judas,* 1954); seit 1945 schrieb er Filmdrehbücher nach Gide, *Symphonie pastorale,*

Radiguet, *Le diable au corps,* Colette, *Le blé en herbe.*

Boubouroche (1893), Lustspiel in zwei Akten von Georges →Courteline. Als der Titelheld erfährt, daß Adèle, mit der er seit Jahren zusammenlebt, ihn betrügt u. er den Rivalen selbst im Kleiderschrank versteckt findet, gelingt es dem listenreichen Weib, ihn erneut u. scheinbar definitiv zu übertölpeln u. von ihrer Unschuld zu überzeugen. Der Kleinbürger klammert sich an ihre Lügen, um s. geregelte Existenz, die ihm das Gefühl der Geborgenheit vermittelt, nicht zu gefährden. Natürl. hat Courteline den Stoff in der Farcenlit. vorgefunden, die Motivtradition erklärt den Reiz des Stücks jedoch nur unzureichend. Das Verhalten des Protagonisten will schichtenspezifisch gedeutet werden: die Auseinandersetzung zwischen Boubouroche u. Adèle ist nicht der verallgemeinerte Geschlechterkrieg, sondern der Kampf um e. genormte Welt, die der Kleinbürger braucht. Er redet sich ein, daß die eth. Bindungen intakt sind, weil s. Lebensrhythmus auf Behäbigkeit fixiert ist.

A. Roussin, Farce et vaudeville: B., Cahiers de la compagnie M. Renaud – J.-L. Barrault XXXII, 1960.

Bouche de fer (Oktober 1789 – Juli 1791) kosmopolit.-freimaurer. Organ des Cercle social des amis de la vérité, hg. von Nicolas de →Bonneville u. Fauchet.

Bouchet, Jean, 30. 1. 1476 Poitiers – zwischen 1557–59 ebda., Jurist, Erzieher des Prinzen Talmont; befreundet mit Rabelais; später Anhänger der Rhétoriqueurs (*L'amoureux transy sans espoir,* 1507; *Opuscules du traverseur,* 1525). S. hist. Schriften verdienen mehr Beachtung (u. a. *Les annales d' Aquitaine,* 1524); s. Lobpreis der franz. Sprache u. ihrer Dichter (*Le temple de bonne renommée,* 1516) forderte Du Bellays Spott heraus.

A. Hamon, Un grand rhétoriqueur poitevin, B., 1901.

Bouchor, Maurice, 16. 11. 1855 Paris – 15. 1. 1929 ebda. Gegner des parnass. Formkults, schrieb volksliedhafte u. erbaul. Lyrik (*Les symboles,* 1888–95; *Chants populaires pour les écoles,* 1895). Ebenso waren s. Erzählungen (*Contes populaires,* 1904) u. Schauspiele im Stil der Puppenbühne u. des ma. relig. Theaters der Volkserziehung gewidmet (*Saynètes et farces,* 1913; *Mystères bibliques,* 1921). Zumindest in der theoret. Zielsetzung ist das ›théâtre du peuple‹ von R. Rolland polit. bewußter. B. war e. bedeutender Übs. (Shakespeare, buddhist. Dichtungen).

Boudard, Alphonse, geb. 17. 12. 1925 Paris, von Pflegeeltern aufgezogen, Widerstandskämpfer, 1944–62 häufig im Gefängnis oder Sanatorium, schreibt autobiograph. begründete Geschichten mit polit. Botschaften u. Drehbücher (Romane *Bleubite,* 1966; *Combattants du petit bonheur,* Prix Th. Renaudot 1977; *Le corbillard de Jules,* 1979; *Le café du pauvre,* 1983).

Boufflers, Stanislas, marquis de, bekannt als chevalier de B., 31. 5. 1738 Nancy – 18. 1. 1815 Paris, Jugend am Hof von Lunéville, Offizier bis 1784, 1785–88 Gouverneur im Senegal, 1786 Mitgl. der Ac. frçe. u. Abgeordneter in den Generalständen; Emigrant, 1800 Rückkehr nach Frkr. B. verfaßte Gelegenheitsgedichte (Episteln, Madrigale, Epigramme) und Erzählungen (darunter *Aline de Golconde; Poésies et pièces fugitives,* Den Haag 1780; *Œuvres complètes,* 1799; *Œuvres posthumes,* 1815) zum liebenswürd. Zeitvertreib.

P. de Croze, Le chevalier de B. et la comtesse de Sabran, 1894; F. Baldensperger, L'émigration du chevalier de B., Revue de Paris 1912.

Bougainville, Jean Louis Antoine de, 11. 11. 1729 Paris – 31. 8. 1811 ebda., unternahm 1766–69 von Saint-Malo aus als erster Franzose eine Weltumsegelung (*Voyage autour du monde,* 1771). S. Darstellung der Kultur von Tahiti regte Diderot zu e. Kommentar des Werks an *(Supplément au voyage de B.).*

Bouhours, Dominique, 15. 5. 1628 Paris – 27. 5. 1702 ebda., Jesuit, als purist. Sprach- u. Lit.theoretiker Vaugelas' Schüler; Racine bat ihn wahrscheinl. um s. Urteil über die *Phèdre.* In Ronsard, Malherbe u. Molière sah B. die Erneuerer ihrer Gattungen (*Les entretiens d'Ariste et d'Eugène,* 1671; *Doutes sur la langue françoise,* 1674; *Remarques nouvelles sur la langue françoise,* 1675; Dialoge *La manière de bien penser dans les ouvrages de l'esprit,* 1687). B. gilt als Theoretiker des ›bel esprit‹, als dessen Voraussetzung er den in der mondänen Welt geschulten ›bon sens‹ annahm. Soziale u. sittl. Kriterien werden ästhet. übergeordnet: e. allgemeines Kennzeichen der Kunstdiskussion des 17. Jh.

K. Friedrich, Die Polemik Orsi-B., Diss., Berlin 1959; P. Moreau, La critique littéraire en France, [2]1960; Th. A. Litman, Le sublime en France (1660–1714), 1971.

Bouilhet, Louis, 27. 5. 1822 Cany/Seine-Maritime – 18. 7. 1869 Rouen, Freund Flauberts, brach s. Medizinstud. ab, um sich der Lit. zu widmen. S. lyr., ep. (*Mélaenis,* 1851; *Festons et astragales,* 1859) u. dramat. Werk (*Madame de Montarcy,* 1856; *Hélène Peyron,* 1858; *L'oncle Million,* 1860; *Faustine,* 1864; *La conjuration d'Amboise,* 1867) ist vom Formkult des Parnasse geprägt. Mit dem Lehrgedicht *Les fossiles* (1851) nahm er die Darstellung der Erdgeschichte in V. Hugos *Légende des siècles* vorweg. S. Briefe an Louise Colet erschienen 1968 (hg. M.-Cl. Banquart).

L. Letellier, B., 1919; A. Albalat, G. Flaubert et ses amis, 1927.

Boulanger, Daniel, geb. 24. 1. 1922 Compiègne, Erzähler (*L'ombre,* 1959; *Le gouverneur polygame,* 1960; Erzählungen *Le jardin d'Armide,* 1969; Novellenslg. *Mémoires de la ville,* 1970). Bevorzugter Schauplatz s. Erzählwerke, in denen er ungewöhnl. Schicksale u. versteckte Konflikte, vor allem bei Mädchen an der Schwelle des Erwachsenseins, gestaltet, ist die tägl. Existenz, die ungewöhnl. Spannungen u. den Mythos des Labyrinths verbirgt (*Vessies et lanternes,* 1971; *Un arbre dans Babylone,* 1979; *Le chant du coq,* 1981; *Connaissez-vous Maronne,* 1981; *Table d'hôte,* 1982; *Hôtel de l'image,* 1982; *Les jeux du tour de ville,* 1984). Seit 1983 ist B. Mitgl. der Ac. Goncourt. Neuerdings auch mytholog. Theater (*C'est à quel sujet?* 1984).

Boulanger, Nicolas-Antoine, 1722–16. 9. 1759, Inspecteur des Ponts et Chaussées, Mitarbeiter an der →*Encyclopédie* (Art. ›Corvée‹ u. ›Déluge‹), hinterließ unveröffentlichte Arbeiten, die Holbach überarbeitete u. z. T. herausgab: *Recherches sur l'origine du despotisme oriental* (1761) u. *L'antiquité dévoilée par ses usages* (1766). Holbach ließ *Le christianisme dévoilé* unter s. Namen erscheinen. Buffon wurde beschuldigt, für s. *Époques de la nature* B.s

Anecdotes de la nature plagiiert zu haben; er entnahm B.s geolog. Abhandlung e. Genesis-Kommentar.

J. Roger, Un manuscrit inédit perdu et retrouvé: Les anecdotes de la nature de B., RSH 1953.

Boule de suif, Novelle von Guy de →Maupassant, ED als zweiter Beitrag in *Les soirées de Médan,* 1880, krA M.-Cl. Bancquart 1971. Der Erzähler parodiert in s. Frühwerk den Judith-Stoff, um die heuchler. Moral der Bourgeoisie bloßzustellen. 1870 fährt e. Postkutsche von Rouen in den unbesetzten Teil Frkr.s. Unter den zehn Fahrgästen – Geschäftsleuten, Aristokraten, Nonnen – ist B., e. stadtbekannte Prostituierte. Die Kutsche wird von den Preußen angehalten u. soll erst weiterfahren, wenn sich das Mädchen mit e. Offizier eingelassen hat. Ihre Mitreisenden bedrängen sie; in allen Schattierungen kommt ihr Opportunismus zum Vorschein. Die Comtesse tituliert B. mit ›ma chère enfant‹, die Herren werden vulgär. ›On aurait pu croire, à la fin, que le seul rôle de la femme, ici-bas, était un perpétuel sacrifice de sa personne, un abandon continu aux caprices des soldatesques.‹ Widerstrebend läßt sich B. in die Rolle der Liebenden, die ihr Volk erlöst, drängen. Am anderen Morgen geht die Reise weiter. ›Tout le monde semblait affairé, et l'on se tenait loin d'elle comme si elle eût apporté une infection dans ses jupes.‹ Ehe sie mit dem Offizier geschlafen hatte, waren alle froh, daß B. e. vollen Proviantkorb besorgt hatte. Jetzt, als sie in der Eile nichts eingepackt hat, teilt keiner s. Essen mit ihr. Die symmetr. Anordnung dieses Motivs drückt die Gewissenlosigkeit der bürgerlichen Welt aus, B. ist die einzige positive Gestalt in dieser Gesellschaft. Maupassant erzählt die Geschichte – deren authent. Kern für die Novellenform nicht ausschlaggebend sein konnte – pointiert u. iron. Im übrigen kann er sich als auktorialer Erzähler Zurückhaltung auferlegen, da die Figuren sich selbst charakterisieren: sie demaskieren sich, indem sie anders argumentieren als sie handeln u. ihr prakt. Verhalten Amoral verrät. Flaubert ließ Maupassant wissen, er halte die Novelle für e. Meisterwerk.

L. Deffoux, Le groupe de Médan, 1920; R. Dumesnil, La publications des Soirées de Médan, 1933.

Boulevard, Pariser Straßentypus der mod. Stadtplanung 19. Jh.; als Metonymie Bezeichnung für Bühne an e. B. (zuerst b. du Temple) u. als weitere semant. Spezifizierung seit dem Second Empire Bezeichnung der Merkmale des kommerziellen Unterhaltungstheaters (unterschieden vom Repertoire der klassikorientierten Staats- sowie avantgardist. Studiobühnen, →Théâtre-Libre): der B. als fiktionalisierter großstädt. Lebensraum, eingängige Handlungsstruktur ohne erhöhte Aufmerksamkeitsleistung, alltagssprachl. Nähe der Dialoge, realist. Inszenierung, modische Kostümierung, Starbesetzung (→Labiche, →Feydeau, →Guitry, →Deval, →Anouilh, →Roussin, →Dorin).

B. Wehinger, Paris – Crinoline, 1988.

Boulle, Pierre, geb. 20.2. 1912 Avignon, Ingenieur, bis 1944 japanische Kriegsgefangenschaft (Flucht), Autor von Abenteuerromanen u. phantast. Geschichten (*Contes de l'absurde,* 1953; *Le pont de la rivière Kwai,* 1953; *La face,* 1953; *Le bourreau,* 1954; *Les voies du salut,* 1955; *Un métier de seigneur,* 1960;

Histoires charitables, 1964; *Quia absurdum,* 1970; *Les jeux de l'esprit,* 1971; *Les oreilles de jungle,* 1972; *Le bon Léviathan,* 1977, Science-fiction mit ökolog. Botschaft; *L'énergie du désespoir,* 1981; *Miroitement,* 1981, Science-fiction, gigant. Ausbeutung der Sonnenenergie; *Pour l'amour de l'art,* 1985; e. Staatspräsident wird von e. Schauspieler gedoubelt.)

P. Roy, B. et son œuvre, 1970.

Bourdaloue, Louis, Ende August 1632 Bourges – 13. 5. 1704 Paris, Jesuit, trat 1669 erfolgreich als Prediger in Paris hervor, als →Bossuets Glanzzeit abgelaufen war. Diderot zählt ihn 1750 (Prospekt der *Encyclopédie*) zu den bedeutendsten Männern des 17. Jh. (*Œuvres,* XVII 1822-26).

E. Griselle, B. Histoire critique de sa prédication, II 1901; E. J. Henry, B. witness of the intellectual and moral crisis in the 17th century France, New York 1957.

Bourdet, Édouard, 26. 10. 1887 Saint-Germain-en-Laye – 17. 1. 1945 Paris, 1936–40 Leiter der Com. frçe.; als Dramatiker war er in der Stoffindung kühner als in der psycholog. Motivierung der Abartigkeit, die er in pikanten Situationskom. präsentierte (Homoerotik in →*La prisonnière,* 1926, u. *La fleur de pois,* 1932; männl. Prostitution in *Le sexe faible,* 1929; Inzest in *Margot,* 1935; Auswahl der Stücke II 1948 f.). S. Gesellschaftssatiren, die weder die Ursachen der dargestellten Verirrung noch e. Ausweg aufzeigen, wurden zu Unrecht mit dem Werk von Dancourt, Beaumarchais oder Becque verglichen. Der Erfolg der Konsumlit., die B. dem Publikum vorstellte, weist ihn als intimen Kenner des bürgerl. Geschmacks aus (*Œuvres complètes,* IV 1948–61). Fr. Mauriac ließ sich von B. beraten, als er für die Bühne schrieb.

D. Bourdet, B. et ses amis, 1946.

Bourdieu, Pierre Félix, geb. 1. 8. 1930 Denguin (Pyrénées-Atlantiques), Kultursoziologe, Direktor des Centre de Sociologie européenne, Paris. Erste Schriften seit 1958 zum unabhängigen Algerien, seit 1964 zum Universitätssystem, zur Photographie, Museumskultur, Soziologie der symbol. Formen, zu Heidegger (1975), Sartre (1980; *Homo academicus* (1984), *Les règles de l'art* (1992).

Le bourgeois gentilhomme, Comédie-ballet in Prosa, fünf Akte, von →Molière, Musik von Lulli, von Louis XIV angeregt, Urauff. 14. 10. 1670 Schloß Chambord. EA 1671. Molière verband das Thema vom mißglückten sozialen Aufstieg (vgl. *Les précieuses ridicules, George Dandin*) mit exot. Motiven, die gerade in Mode waren, u. entschärfte es dadurch. Herr Jourdain, Pariser Kaufmann, träumt vom Adelsbrief; Tanz-, Musik-, Fecht- u. Philosophielehrer bereiten ihn schon auf den aristokrat. Status vor. S. Tochter Lucile will er die Ehe mit dem bürgerl. Cléonte verbieten. Der einfallsreiche Liebhaber u. s. Diener Covielle gehen auf die Manie Jourdains ein. Sie erscheinen als Türken verkleidet in s. Haus u. werben für den Sohn des Großtürken um Lucile. Die schmeichelhafte Verbindung wird in aller Eile geschlossen, der Brautvater zum Mamamouchi geadelt, sein getrübter Wirklichkeitssinn ließ ihn in die Falle gehen, wider Willen bleibt s. Welt bürgerl.

D. Fricke, Molières B. als dialogue en musique, in: R. Baader (Hg.), Molière, 1980.

Bourges, Élémir, 26. 3. 1852 Manosque – 13. 11. 1925 Auteuil, finanziell unabhängig, Wagnerianer, lebte als Schriftsteller im Freundeskreis von Barbey d'Aurevilly, Bourget u. Mallarmé; 1902 Mitgl. der Ac. Goncourt. S. Romane (→*Le crépuscule des dieux, Sous la hache,* 1885; *Les oiseaux s'envolent et les feuilles tombent,* 1893, krit. Ausgabe G. Marie 1964; *L'enfant qui revient,* 1905) u. das Epos *La nef* (1904–22) sind gegen die naturalist. Ästhetik u. die materialist. Ethik geschrieben. Der Massengesellschaft, aus der B. sich zurückzog, setzt er den Übermenschen u. das Menetekel des Weltenbrandes entgegen. S. Mut zum Tragischen, s. Ehrfurcht vor dem Genius u. dem Titanen (Prometheus-Faust-Gestalt in *La nef*) bedarf des ästhet. Impulses. Als Autor des Fin-de-siècle findet B. in der Auseinandersetzung mit hoher Dichtung e. Art Existenzersatz.

R. Schwab, La vie d'É. B., 1948; A. Lebois, Les tendances du symbolisme à travers l'œuvre d'É. B., 1952; G. Marie, B. ou l'éloge de la grandeur. Correspondance inédite avec Armand Point, 1962.

Bourget, Paul, 2. 9. 1852 Amiens – 25. 12. 1935 Paris, Medizinstud., das er aufgab, um Journalist u. Schriftsteller zu werden. Als Romancier (*Cruelle énigme,* 1885; *Un crime d'amour,* 1886; →*André Cornélis; Mensonges,* 1887; →*Le disciple; Cosmopolis,* 1893; *Drames de famille,* 1900; *L'étape,* 1902; *Un divorce,* 1904; *L'émigré,* 1907; *Le démon de midi,* 1914; *Le sens de la mort,* 1915; dazu Erzählungen *Lazarine,* 1917; *Némésis,* 1918; *Laurence Albani,* 1919; *La geôle,* 1923) orientierte er sich an Benjamin Constant u. Stendhal, um dem physiolog. Roman der Zolaschule psycholog. Konflikte u. sittl. Lösungen entgegenzustellen; 1918 übersetzte B. erstmals S. Freuds Theorien in Fiktion. S. Werke interessieren vorrangig durch die Thematik u. als Beiträge zur nationalen Erneuerung Frkr.s (vgl. auch Maurras, Barrès). Der Autor selbst bekannte sich auch bald zum traditionellen Katholizismus, nachdem er 1894 in die Ac. frçe. gewählt worden war. Bedeutender ist wahrscheinl. der lit. krit. Beitrag B.s in den →*Essais de psychologie contemporaine,* die u. a. e. Stendhal-Renaissance einleiteten. Später erschienen *Quelques témoignages* (1928–34) u. *Au service de l'ordre* (1929–32). Den Interpreten fremder Dichtungen u. den Dichter bewegt die Sorge um das sittl. Leben der Nation. Kategorien wie Schuld u. Sühne, Befleckung u. Reinigung sind für B. maßgebend, da die Dekadenz Frkr.s nicht unter sozioökonom., sondern unter moral. Aspekt erörtert wird (Gesamtausgabe XXVIII 1920–28).

F. Hübner, B. als Psychologe, 1910; J. Sauer-acker, B. u. der Naturalismus, 1936; E. Seillière, B. psychologue et sociologue, 1937; R. Raffetto, L'évolution du roman de B., 1938; L.-J. Austin, B., sa vie et son œuvre jusqu'en 1889, 1940; M. Mansuy, Un moderne. B., 1961; E. Carassus, Le snobisme et les lettres françaises de B. à M. Proust, 1966; F. Schirosi, B., Bari 1976; D. Steel, Les débuts de la psychanalyse dans les Lettres frçes. 1914–22, RhlF 1979; J. P. d. Nola, B., 1981.

Boursault, Edme, 1638 Mussy-l'Évêque – 15. 9. 1701 Paris, kam 1651 nach Paris u. wurde 1660 Privatsekretär der Hzgin. von Angoulême, schrieb damals e. Art Briefzeitung, Gelegenheitsgedichte u. Romane (u. a. Briefroman *Lettres à Babet,* 1669, u. *Le prince de Condé,* 1675). E. Anstellung als ›Souspré-cepteur‹ des Dauphin wies er im Hinblick auf s. Bildungslücken zurück. Bewunderer von Corneille u. Gegner Molières (→*L'école des femmes*), Boileaus (Kom. *Satire des satires,* 1669) u. Racines. Von s. Bühnenwerk sind die Kom. →*Le Mercure galant* u. *Les mots à la mode*

(1694) originelle Satiren gegen Publizistik u. Preziosität. Montesquieu beachtete die Fabelkom. *Ésope à la ville* u. *Ésope à la cour* (1690–1701). Da B. weder Lat. noch Griech. konnte, war e. Kandidatur für die Ac. frçe. stets aussichtslos; z. T. erklärt sich s. Parteinahme für die ›Modernes‹ aus diesem Umstand.

A. Hoffmann, B. nach s. Leben u. in s. Werken, Diss. Straßburg 1902; A. Pizzoruso, B. et le roman par lettres, RhlF 1969; R. M. Piette, Les Comédies de B., Diss. Los Angeles 1971.

Bousingots →Jeune-France.

Bousquet, Joë, 10. 3. 1897 Narbonne – 30. 9. 1950 Carcassonne, seit dem I. Weltkrieg gelähmt, Lyriker u. Erzähler, der sich stilist. an die hermet. Poetik des 19. Jh., themat. an manichäisches Ideengut anschloß (*Il ne fait pas assez noir,* 1932; *Une passante bleue et blonde,* 1934; *Traduit du silence,* 1941; *Le médisant par bonté,* 1945; *Le meneur de lune,* 1946; *La tisane de Sarments,* 1946; *De minuit à minuit,* 1946; *Neige d'un autre âge,* 1952; *Les capitales,* 1955). Erzählung, lyr. Verinnerlichung u. Reflexionen über die Autonomie der Sprache sind in s. Werken verschmolzen; *La connaissance du soir* (1946) ist noch am reinsten Lyrik. B. schrieb e. Essay über Jean Paulhan u. Lit.kritiken vor allem für die *Cahiers du Sud*. Robbe-Grillet formulierte in der Auseinandersetzung mit dem Werk von B. einige Leitsätze s. Romantheorie. Paulhan schrieb die Vorrede zu den *Lettres à poisson d'or* (1967); 1969 erschien B.s *Correspondance* (hg. S. N. André); *Lettres à Marthe,* 1978; 1979 in 2 Bden. *Œuvre romanesque complète;* Korrespondenz mit Simone Weil, Lausanne 1982.

R. Nelli, B., 1975; B. dans les Cahiers du Sud, hg. A. Paire 1981.

Bout-du-banc →Quinault (Schauspielerin).

Bouts-rimés, Endreime, nach denen im 17.–19. Jh. bei Gesellschaftsspielen ganze Gedichte formuliert wurden. Gilles →Ménage brachte die B. in den Pariser Salons in Mode.

Bouvard et Pécuchet, Romanfragment von Gustave →Flaubert, 1872 begonnen, postume EA 1881; krA C. Haroche 1957; éd. Cl. Gothot-Mersch 1979. Zwei alleinstehende Angestellte in einem Ministerium und einer Handelsfirma glauben, sich den Traum vom Landleben erfüllen zu können, als Bouvard e. Erbschaft macht. Sie hoffen, aus Büchern alles zu lernen, was sie im neuen Milieu wissen müssen, doch ihr angelesenes Wissen stürzt sie fortgesetzt in Fehlentscheidungen. Die problemlose Geborgenheit im Schoß der Kirche währt nur solange, als Bouvard u. Pécuchet die theolog. Kasuistik nicht entdeckt haben. Sie planen e. Art Volkshochschule, wo jedes Phänomen vom Optimismus wie vom Pessimismus her beleuchtet werden soll. Nach dem staatl. Verbot des Unternehmens sammeln sie Material für e. *Dictionnaire des idées reçues* u. e. *Sottisier des livres,* dem Corpus der menschl. Dummheit, die vom vielwisser. Positivismus angesport wird (vgl. die Gestalt des Homais in *Mme Bovary*).

D. Demorest, A. travers les plans, manuscrits et dossiers de B., 1931; C. Neuenschwander-Naef, Vorstellungswelt und Realismus in B., Winterthur 1959; M. Hardt, Flauberts Spätwerk, 1970.

Bouville, Romanort in →*La nausée* von Sartre.

Bovarysme →Emma Bovary.

Bove, Emmanuel, 1898 – 13. 7. 1945 Paris, Sohn e. russ. Anarchisten u. e. Luxemburgerin, verfaßte zuerst anon. Groschenromane, dann mit den Motiven des Einzelgängers, Heimatlosen u. Scheiternden längere Geschichten u. Novellen, die Colette, B.s Förderin, schätzte (*Mes amis,* 1922; *Nuit de Noël; La coalition; Armand,* 1924; *Henri Duchemin et ses ombres; Journal écrit en hiver,* 1930; *Le pressentiment,* 1935; *Le piège; Non-lieu; Départ dans la nuit*), Übs. von Dickens u. Tolstoi. 1977 wurde B. zur Kultfigur der franz. u. dt. Lit.kritik.

Th. Laux, Kompensation u. Theatralik. E. Studie zu B. . . ., 1989.

Boyer, Claude, 1618 Albi – 22. 7. 1698, Priester im Bistum Albi, begann gleichzeitig mit s. Landsmann M. Le Clerc zu schreiben u. lebte als Dramatiker in Paris (26 Stücke seit 1645); 1667 Mitgl. der Ac. frçe. Chapelain überschätzte B., wenn er den Epigonen unmittelbar nach Corneille einstufte. Von s. Trag. erregte *Judith* (1695) das weibl. Publikum der Com. frçe. zu Tränen; am Hof fiel sie durch.

E. Göhlert, Abbé B., e. Rivale Racines, 1915.

Boylesve, René (eig. R. Tardiveau), 14. 4. 1867 La Haye-Descartes/Indre-et-Loire – 14. 1. 1926 Paris, aus e. Notariatsfamilie, Stud. der Rechte u. polit. Wiss. Paris, 1918 Aufnahme in die Ac. frçe. Gegenstand s. Gesellschaftsromane, die B. in die Provinz verlegt, ist die bürgerl. Existenz, die in geregelten Bahnen verläuft u. der exaltierte Empfindungen u. Selbstbespiegelung fremd bleiben. Der Topos von der Enge provinz. Lebensformen (vgl. u. a. Balzac, Mauriac, Jouhandeau) ist bei B. frei von relig. bedingten Seelenkämpfen. Wenn er die zwischenmenschl. Konflikte, Kompromißbereitschaft u. Einsamkeit ›avec le scrupule, l'information et l'esprit positif d'un historien‹ darstellt, ist sein Ziel jedoch nicht die Dokumentation gesellschaftl. Widersprüche. Der Roman spiegelt nicht Wirklichkeitszusammenhänge, sondern schafft mit poet. Mitteln e. schöne Natur, die theoret. nicht definierbar ist (*Le médecin des dames de Néans,* 1896; *Les bains de Bade,* 1896; *Le parfum des Iles Borromées,* 1898; *Mlle Cloque,* 1899; *La leçon d'amour dans un parc,* 1902; *L'enfant à la balustrade,* 1903; *Le bel avenir,* 1905; *La jeune fille bien élevée,* 1909; *Elise,* 1910; *Madeleine, jeune femme,* 1912). B. bevorzugte den Kurzroman, die Novelle oder die Tagebuchfiktion wie in *Mon amour* (1908); gerade in diesem Werk macht der Erzähler ohne auktorialen Kommentar durch die Liebesauffassung des Protagonisten deutlich, daß er die Zergliederung der Gefühle ablehnt. Die Ichform ist nicht analyt., sondern poet., wenn die Liebenden sich in Empfindungen versenken, sprechen sie in Vergleichen u. Metaphern. Daher ist es problemat., B. als Vorläufer von Proust vorzustellen. Zu s. Poetik paßt, daß er Gide 1905 wissen ließ, er denke an e. begrenzte Lesergemeinde von s. Mentalität.

P. Valéry, B., 1926; R. Dunan, La philosophie de B., 1933; E. Lefort, La Touraine de B., 1949; A. Bourgeois, B. et le problème de l'amour, Genf 1950; J. Ménard, L'œuvre de B., 1956.

Brach, Pierre de, sieur de la Motte-Montussan, 22. 9. 1547 Bordeaux – nach 1604, Jurastud. Toulouse, wo er für s. ersten Verse bei den Jeux floraux ausgezeichnet wurde. Er war mit Du Bartas befreundet. Wieder in Bordeaux, schrieb B. Sonette auf Anne de Perrat, die er gegen den Widerstand s. Familie nicht heiraten konnte.

Brantôme, Pierre de Bourdeille, seigneur de, um 1540 Périgord – 15. 7. 1614 Brantôme, Militär u. Höfling, 1582 Verbannung vom Hof, 1584 begrub ihn s. Pferd unter sich. Seitdem war B. jahrelang ans Lager gefesselt u. diktierte s. Erinnerungen, von ihm selbst als ›contes, histoires, discours et beaux mots‹ (Testament 1613) bezeichnet; s. Skandalchronik, →*Vies des dames galantes,* erschien lange nach s. Tod (*Œuvres complètes,* X 1666 f.; *Recueil des dames, poésies et tombeaux,* éd. E. Vaucheret 1991).

A. Marzi, The prose style of B., New York 1956; R. D. Cottrell, B., New Haven 1961; ders., The present state of studies on B., StFr 1970; A. Grimaldi, B. et le sens de l'histoire, 1971.

Brasillach, Robert, 31. 3. 1909 Perpignan – 6. 2. 1945 Paris (hingerichtet), Lycée Louis-le-Grand, ENS, angesehener Lit.kritiker (Essays *Virgile,* 1931; *Corneille,* 1938), Anhänger der Action française, Chefredakteur des deutschfreundl. Wochenblatts *Je suis partout* (1937–39, 41–43); trotz Bittschriften von Anouilh, Claudel, Mauriac, Valéry u. a. ließ de Gaulle den Kollaborateur B. erschießen (vgl. auch Drieu La Rochelle). S. Romane handeln vor allem von der Trauer e. jungen Generation über den Verlust der Kindheit (*Le vol d'étincelles,* 1932; *L'enfant de la nuit,* 1934; *Le marchand d'oiseaux,* 1936; *Comme le temps passe,* 1937; *La conquérante,* 1942; vgl. auch Alain-Fournier, Bosco u. Hellens). Zusammen mit s. Schwager Maurice Bardèche verfaßte B. e. *Histoire du cinéma* (1935). 1941 gab er u. d. T. *Notre avant-guerre* (vgl. auch Maurice Sachs, *Le sabbat,* 1960) s. Autobiographie heraus. Postum erschien e. Slg. polit. Artikel, *Une génération dans l'orage* (1968; *OC,* XII 1955–65).

P. Vandromme, B., 1956; J. Isorni, Le procès de B., 1956; J. Madiran, B., 1960; P. Sérant, Le romantisme fasciste, 1960; Hommage à B., Lausanne 1965; F. Garavini, Materiali e meccanismi dei romanzi di B., Florenz 1971; M. Zimmermann, Littérature et fascisme, le destin posthume de B., RZLG 2–3, 1981; L. Rasson, Littérature et fascisme. Les romans de B., 1991.

Brassens, Georges, 22. 10. 1921 Sète – 30. 10. 1982 ebda., Liedermacher (Text, Melodie u. Vortrag), seit 1940 in Paris, zuerst als Dreher bei Renault; gehörte damals zu anarchist. Kreisen. S. 1. Gedichtbd. erschien 1942 (*A la Venvole; La mauvaise réputation, poèmes,* 1954). B. wurde als Chansonsänger 1952 entdeckt, feierte gr. Erfolge im Olympia u. Bobino (letzter Auftritt Oktober 1976 – März 1977). 1967 Grand Prix de Poésie der Ac. frçe. In 30 Jahren komponierte und sang er zur Guitarre über 140 Chansons im Stil alter Volkslieder u. Balladen; er vertonte auch Texte von Villon u. Aragon (Album mit 135 Aufnahmen, Philips 1983). 1957 spielte er in René Clairs Film *Porte des Lilas* mit. In e. Umfrage der Zs. *L'Express* (19.–25. 9. 1977) erhielt B. auf die Frage ›Qui symbolise le bonheur‹, die meisten Stimmen.

R. Stellberg, Die Chansons von B. u. ihr Publikum, 1979.

Brasseur, Pierre (eig. P. Espinasse), 22. 12. 1905 Paris – 16. 8. 1972 Brunico bei Bozen, Bühnen- u. Filmschauspieler, erfolgreich zunächst in Boulevardstücken, später in Camus- u. Sartre-Inszenierungen u. epochalen Filmen (*Quai des brumes,* mit Gabin; *Les enfants du paradis,* mit Barrault). 1971 erschienen s. Memoiren, *Ma vie en vrac.*

Brébeuf, Georges de, um 1618 Thorigny/Manche – 1661 Venoix bei Caen, mit Gomberville u. der Familie Corneille befreundet, Autor e. von Boileau getadelten Versübs. der *Pharsalia des Lukian* (Rouen 1654), die neben Chapelains *Pucelle* und Saint-Amants *Moïse sauvé* erschien. B. parodierte auch antike Dichtungen (1650 das 7. Buch der *Aeneis,* 1656 das 1. Buch von Lukian). Den Gegnern der Preziosität galt s. Lyrik (*Poésies diverses,* 1658; *Éloges poétiques,* 1661) als Modell dieser Stilrichtung; durch s. Hang zu burlesken Dissonanzen innerhalb der galanten Tonlage unterscheidet sich B. jedoch sehr deutl. von Sarasin, Pellisson oder Ménage. Drei Jahre nach s. Tod erschien bereits e. *Dissertation sur les œuvres du sieur de Brébeuf* von G. du Hamel.

Breton, André, 18. 12. 1896 Tinchebray/Orne – 28. 9. 1966 Paris, Sohn e. Kaufmanns, 1914 Medizinstud., bes. Interesse für Psychiatrie, 1921 lernte er in Wien Sigmund Freud kennen, dessen Traumdeutung s. eigene Kunst- u. Lebenslehre maßgebend beeinflußte (→*Les champs magnétiques,* →*Manifeste du surréalisme,* →*Nadja*). B., Aragon u. Soupault gründeten die Zs. *Littérature,* die 1919 dem Dadaismus offenstand. 1924 formulierte B. die surrealist. Theorie u. wurde zum Sprecher e. Gruppe von Autoren (u. a. Aragon, Éluard, Péret), mit denen er 1924 die neue Zs. *La Révolution surréaliste* herausgab. 1927–35 gehörte er der KPF an. 1940 emigrierte B. in die USA, wo er mit Marcel Duchamp u. Max Ernst zusammenarbeitete (Zs. *VVV*). Nach Kriegsende organisierte er in Paris die zweite internationale Surrealismus-Ausstellung (die erste fand 1938 statt). Der Haupttheoretiker u. Wortführer des Surrealismus, über dessen Orthodoxie er ebenso eifersüchtig wachte wie Zola über die Lehren des Naturalismus, wirkte durch s. Manifeste u. Essays (*Poisson soluble,* 1924; *Le surréalisme et la peinture,* 1930; *Dictionnaire abrégé du surréalisme,* 1938; *Entretiens,* ²1969) sowie die *Anthologie de l'humour noir* (1940, erw. Fassung 1950), stärker als durch s. visionäre Lyrik (*Mont-de-piété,* 1919; *Les pas perdus,* 1924; *Ralentir travaux,* 1930; *L'immaculée conception,* 1932; *Le revolver à cheveux blancs,* 1932; *Les vases communicants,* 1932; *L'air et l'eau,* 1934; *L'amour fou,* 1937; *Fata Morgana,* 1940; *Arcane,* 1940; *Ode à Charles Fourier,* 1947; *Poèmes 1919–48,* 1948; *OC,* II 1988–92). Wiederholt schrieb B. s. Gedichte in Zusammenarbeit mit Soupault, Éluard, Char. Im Spätwerk *L'art magique* (1957) bezweifelte B. aus der Perspektive der Illuminatenlehre von den ›correspondances‹, die Nerval, Baudelaire u. Rimbaud praktiziert hatten, e. einseitig an der Tiefenpsychologie orientierte Form des Surrealismus.

J. Gracq, B., 1948; Cl. Mauriac, B., 1949; M. Carrouges, B., ²1967; Ch. Duits, B., 1969; M. Eigeldinger (Hg.), B., essais, Neuchâtel ²1970; E. Lenk, Der springende Narziß, 1971; P. Bürger, Der franz. Surrealismus, 1971; S. Alexandrian, B. par lui-même, 1971; A. Balakian, B., 1971; B. Avec des textes inédits, ²1971; M. Bonnet, Les critiques de notre temps et B., 1974; dies., B., la naissance de l'aventure surréaliste, 1975; S. Lamy, B., hermétisme et poésie dans Arcane 17, Montréal 1977; U. Vogt, Le point noir. Politik u. Mythos bei B., 1982; H. Béhar (Ed.), Les pensées d'A. B., Lausanne 1988; A. Balakian/R. E. Kuenzli (Hg.), B. today, New York 1989; G. Hoetter, Surrealismus u. Identität. B.s Theorie des Kryptogramms, 1990; Sondernr. Europe, März 1991.

Briefroman →Roman épistolaire.

Brieux, Eugène, 19. 1. 1858 Paris – 7. 12. 1932 Nizza. In s. erfolgreichen Thesenstücken über Probleme wie Unterprivilegierung, Karrierredenken, Ehescheidung, Geldheirat, Ehetauglichkeit, Kinderernährung, Mutterschutz u. Klassenjustiz spielt G. die Widersprüche der Rechtsprechung, Pädagogik u. Ehepraxis bis zum Paroxysmus aus, um so gegen e. Normensystem zu agitieren: Blanchette im gleichnamigen Stück (1892) wird gegen den Willen der Eltern, engstirnigen Wirtsleuten, Lehrerin u. scheitert moral.; Yanetta (→*La robe rouge)* ersticht ihren Peiniger, den ehrgeizigen Untersuchungsrichter Mouzon; die Katastrophe löst allgemeine Befriedigung aus. G. B. Shaw rühmte B. als den Balzac s. Epoche – e. in mehr als e. Beziehung unzutreffender Vergleich, denn B. agitiert, wenn auch oft in Schwarzweiß-Manier, für den Fortschritt (*Monsieur Réboval,* 1893; *La couvée,* 1893; *L'engrenage,* 1894; *La rose bleue,* 1895; *L'évasion,* 1896; *Les trois filles d. M. Dupont,* 1897; *Le résultat des courses,* 1898; *Le berceau,* 1898; *Les remplaçantes,* 1901; *Les avariés,* 1901; *La petite Amie,* 1902; *La Maternité,* 1903; *La déserteuse,* 1904; *Les hannetons,* 1906; *La Française,* 1907; *Simone,* 1908; *Suzette,* 1909; *La foi,* 1912; *La femme seule,* 1913; *Maternité,* 1913; *Les bourgeois aux champs,* 1914; *Américains chez nous,* 1920; *L'Enfant,* 1923; *Pierrette et Galaor,* 1923; *La régence,* 1927; *L'amour se venge,* 1936). 1910 Aufnahme in die Ac. frçe. B. erlebte es noch, daß sich das Publikum für s. Thematik nicht mehr interessierte (vgl. auch Curel, Hervieu, E. Fabre).

E. de Morsier, B. et le théâtre social, Revue bleue 1903; W. Schelfley, B. and contemporary French society, Putnam 1917.

Brigade, 1. →Pléiade; 2. nach dem Vorbild von 1. Selbstbezeichnung e. Dichtergruppe des 17. Jh. (Ablancourt, Benserade, Chapelain, Patru u. a.).

Brigitte Pierson, weibl. Hauptfigur in →*La confession d'un enfant du siècle* von Musset, trägt Züge der George Sand.

Brillon, Pierre-Jacques, 1617–1739, Epigone La Bruyères, publizierte 1700 e. *Théophraste moderne ou nouveaux caractères de mœurs* u. später jurist. Lexika.

Brise marine, Gedicht von Stéphane →Mallarmé, entstanden Mai 1865, ED *Parnasse contemporain* 12. 5. 1866, aufgenommen in *Poésies,* 1887. Das romant. Thema der Flucht aus der Banalität, bereits von Baudelaire s. Bekenntnischarakters wie s. Idealität weitgehend entkleidet, erhält bei Mallarmé durch subtile iron. Brechung e. neue Funktion. Das lyr. Ich evoziert e. ideale exot. Welt, in der Alltagssorgen des Schreibens u. der bürgerl. Existenz (I, 7–8) gegenstandslos werden, um sodann mit höchster Ironie den vorschnellen Glauben an die Möglichkeit e. Überwindung des ›Ennui‹ (II, 1) durch Flucht aus der Gesellschaft bloßzustellen. Paradoxale Rettung wäre allein der Schiffbruch. Alle Stimmungen des Gedichts sind, da es sich um das geistige Schicksal des Sprechers handelt, zerebral – die Trauer, die Trunkenheit des Herzens, der Verdruß u. die Lust am Untergang. Schönheit u. Vernichtung rücken zusammen, der Schiffbruch als Metapher der Ontologie u. Poetik meint die Bewegung zur ›absence‹, wie auch aus briefl. Äußerungen jener Zeit hervorgeht.

K. Wais, Das B.-Thema von Rousseau bis Mallarmé, ZfSL 1938; H. Petriconi, Das Meer u. der Tod in drei Gedichten von Mallarmé, Rimbaud u. Claudel (Interpretationen franz. Ged., hg. K. Wais), 1970.

Brissotins, ursprüngl. Bezeichnung der Girondisten-Fraktion (nach ihrem Sprecher Brissot).

C. Desmoulins, Histoire des B., 1793; Lamartine, →L'histoire des Girondins; R. Darnton, Bohème, littérature et Révolution, 1983.

Britannicus, Trag. von Jean →Racine, EA 1670, Urauff. 13. 12. 1669 Hôtel de Bourgogne. Racine forderte Corneille direkt heraus, indem er e. Stoff aus der röm. Geschichte wählte, freil. stellte er sich nicht auf die Erwartungen der Corneille-Anhänger ein. Bereits der Stil ist von Sentenzen, Maximen u. rhetor. Paradestücken gereinigt. Das Stück hat die Eifersucht Neros auf das Liebesglück s. Halbbruders B. mit Junie zum Inhalt; die Peripetien der Handlung werden nicht durch den integren Titelhelden ausgelöst, sondern durch Nero, den kaiserl. Ratgeber Narcissus u. Agrippina, die Mutter des Kaisers, die B. zu Tode quälen. Racine stellt dar, warum sich e. liebenswürdiger, aber schlecht beratener Prinz, der sich durch s. herrschsüchtige Mutter gehemmt sieht, zum Monstrum entwickeln muß. Publikum u. Kritik reagierten kühl auf das Stück, in dem Racine e. Intrigenspiel, das polit. Konflikte erwarten ließ, vom Staatsgedanken ablöste. Das Werk paßte auch nicht in das Schema der Trag., die durch das Schicksal ihres Protagonisten Mitleid u. Schrecken freisetzt. In e. trag. Zwiespalt befindet sich viel eher Agrippina, deren polit. Bewußtsein u. Mutterliebe impliziert sind, u. die Katastrophe trifft nicht nur B., der ermordet wird, sondern auch den Staat, den frenet. Kaiser u. Junie, die Vestalin wird, um sich Nero zu entziehen. Racines vom Jansenismus geprägter Pessimismus schuf hier e. düsteres Bild.

J. v. Stackelberg, Tacitus u. die Bühnendichtung der franz. Klassik, GRM 10, 1960.

Brizeux, Auguste, 12. 9. 1803 Lorient – 3. 5. 1858 Montpellier, Heimatdichter, der sowohl in s. lyr. Werk (Idyllen *Marie,* 1831; *La harpe d'Armorique,* 1844) wie im Epos *Les bretons* (1845; 24 Gesänge) Motive aus der Landschaft u. der Folklore der Bretagne verarbeitete u. dadurch e. gewisse Originalität errang. Die melanchol. Tonlage rückt ihn in die Nähe von Lamartine u. Sainte-Beuve. 1840 übersetzte er Dante (*Œuvres,* hg. A. Dorchain IV 1910–12).

C. Lecigne, B. sa vie, ses œuvres, 1898; L. Tiercelin, Bretons de lettres, 1903.

Broceliande, Brocheliande, Wald u. Schloß in der Bretagne (bei Ploërmel), wo der Sage nach →Merlin u. →Niniane lebten u. →Yvain an der kult. Quelle s. Abenteuer bestand; vgl. außerdem Huon de Méry, *Tournoiemenz Antecrist.*

J. Markale, B. ou l'énigme du Graal, 1989.

Broiefort, Pferd des widerspenstigen, jedoch tapferen Vasallen Ogier im Epos →*La chevalerie Ogier de Danemarche* (12. Jh.).

Brosses, Charles de, 7. 4. 1709 Dijon – 7. 5. 1777 Paris, Sohn e. Gerichtsrats, Mitschüler u. Freund Buffons; selbst Jurist u. Kammerpräsident in Dijon. Von s. Italienreise (Juni 1739 – April 1740) schrieb er s. Freunden; diese Briefe, erstmals während der Terreur veröffentlicht (*Le président de B. en Italie,* mit Vorwort von E. Pilon, 1928) überzeugen durch die Leichtigkeit des Stils u. die Genauigkeit der Darstellung, so daß das Werk von A. France geradezu als Reiseführer benutzt werden konnte. Stendhal feierte B. im *Henri Brulard.*

G. de Socio, Le président de B. et l'Italie, 1923; Y. Bézard, Le président de B. et ses amis de Genève, 1939; G. Natoli, B. et Stendhal, Mailand 1958.

La brouette du vinaigrier (1775, n. 1972), Drama von Louis-Sébastien →Mercier. Aus den Pathosformeln vom armen Reichen u. dem reichen Armen konstruiert der Diderotjünger Mercier e. Rührstück: Dominique ist beim Kaufmann Delomer beschäftigt, die Tochter des Prinzipals soll jedoch nicht den armen Schlucker, sondern standesgemäß Herrn Jullefort heiraten. Als Delomer in wirtschaftl. Schwierigkeiten gerät, zieht sich der feine Bewerber, da er sich um die Mitgift geprellt sieht, zurück. Dominiques Vater rettet die Situation, auf e. Schubkarren rollte er e. mit Geld gefülltes Essigfaß auf die Szene, saniert die Firma Delomer u. sichert s. Sohn die Hand der Angebeteten.

Bruant, Aristide, 6. 5. 1851 Courtenay/Loiret – 11. 2. 1925 Paris, Erzähler und vor allem Chansonnier, der im Chat Noir u. später im eigenen Kabarett Le Mirliton auftrat; e. Nebenprodukt s. intimen Milieukenntnisse (Romane *Les bas-fonds de Paris,* 1897; *La loupiote,* 1901; *Les amours de la pouliche,* 1911; *La princesse du trottoir,* 1925) ist e. Schrift über den Pariser Argot (1901).

A. Zévaès, B., 1943; F. Carco, La belle époque au temps de B., 1954.

Bruges la morte (1892), Roman von Georges →Rodenbach. In der traurigen Liebesgeschichte – Viane erwürgt s. Geliebte, als sie sich e. Haarflechte s. toten Frau um den Hals legt – spielt Brügge, die tote Stadt, die Hauptrolle. Rodenbach gestaltet den Ortsmythos (vgl. auch Zola, *La terre,* Hugo, *Notre-Dame de Paris,* Romains, *Les hommes de bonne volonté,* Butor, *La modification*), von dem das Romangeschehen bestimmt wird. Als Reich des Untergangs spielt Brügge die Verstorbene u. lockt die Lebenden zur gegenseitigen Zerstörung.

K. Glaser, G. Rodenbach, der Dichter des toten Brügge, 1917.

Brunet, Jacques Charles, 2. 11. 1780 Paris – 17. 11. 1867 ebda., Bibliograph, Autor e. *Manuel du libraire et de l'amateur de livres* (III 1810, VI [5]1860–65, später weitere Zusätze), bedeutendes Nachschlagewerk für Philologen u. Bibliophile.

Brunetière, Ferdinand, 19. 7. 1849 Toulon – 9. 12. 1906 Paris, Lit.historiker, 1893 Hg. der *Revue des deux mondes,* wo ihn 1875 Bourget eingeführt hatte; obwohl B. keine akadem. Grade erworben hatte, lehrte er 1886–1904 an der ENS. 1893 Mitgl. der Ac. frçe. Er vertrat die Evolutionstheorie in der Dichtungsgesch., die er vor allem als Prozeß der wechselseitigen Wirkung von Werken begriff. Die innere Gesch. der Lit. vollzieht sich durch Nachahmung u. Ablehnung, der Lit.historiker definiert die Punkte, von denen Veränderungen u. Innovationen ausgehen. Lit. Gattungen weisen e. Lebenskurve auf, werden geboren, reifen u. sterben ab; die Gattungen rivalisieren untereinander. Von Taines Konstanten blieb in seinem Schema praktisch nur ›le moment‹ übrig (*Études critiques,* IX 1880–1925; *Le roman naturaliste,* 1883; *L'évolution des genres dans l'histoire de la littérature,* 1890; *L'évolution de la poésie lyrique,* 1894; *Histoire de la littérature française classique,* IV 1904–17).

E. R. Curtius, B., Straßburg 1914; J. C. Clark, La pensée de B., Thèse 1954; R. Wellek, Grundbegriffe der Lit.kritik, 1965.

Brunetto Latini, um 1220–1294, Florentiner Notar, Kanzler der Stadtregierung u. Botschafter, vom jungen Dante bewundert, in der *Divina Commedia* jedoch verdammt. B. verfaßte nach latein. Aristoteleskommentaren in Franz. die erste Laienenzyklopädie, *Li livres dou tresor* (1262–66, hg. J. Carmody, Genf 1975).

P. A. Messelaar, Le vocabulaire des idées dans le Trésor de B., Assen 1963; J. Bolton Holloway, B., an analytic bibl., London 1986.

Bubu de Montparnasse, (1901), Roman von Charles-Louis →Philippe. Die Pariser Unterwelt verliert in diesem Werk viel von ihrem romant. Flair, in das Eugène Sue sie eingehüllt hat.

Buchanan, George, 1506 Killearn in Schottland – 28. 9. 1582 Edinburgh, begeisterte sich in Paris für die Renaissance u. die Reformation, war u. a. Prinzenerzieher am Hof James' V. u. in Bordeaux Lehrer von Montaigne. Der Humanist übersetzte Euripides *(Alkestis* u. *Medea)* ins Lat. u. verfaßte 1540–44 eigene lat. Trag. (hg. P. Burman 1725) nach bibl. Stoffvorlagen in griech. Aufbau (ohne Akteinteilung); dadurch bereiteten er u. →Muret die Entwicklung des franz. klass. Theaters vor (→Bèze, →Jodelle).

D. MacMillan, B., London 1906; I. D. McFarlane, B. and French humanism (Humanism in France, hg. A. H. T. Levi), Manchester 1970; Ph. J. Ford, B., 1982.

Buchdrucker, namhafte Hersteller u. Verleger franz. Lit. seit der Renaissance waren: Josse →Bade, Claude →Barbin, H. u. R. →Estienne, Simon de Colines, Geoffroy Tory (16. Jh.), →Elzevier, François →Didot, →Cazin, →Panckoucke, Baskerville, Teschener, 1640 wurde die Imprimerie royale gegründet.

J. Muller, Dictionnaire abrégé des imprimeurs éditeurs frç. du 16e siècle, 1970; F. Barbier, 300 ans de librairie et d'imprimerie, Genf 1979; Histoire de l'édition frçe. sous la direction de H.-J. Martin et R. Chartier I, 1983.

Buchon, Max, 8. 5. 1818 Salins/Franche-Comté – 14. 12. 1869 ebda., Vater ehemaliger Offizier in der Grande Armée; Schulbildung am Petit séminaire in Ornans, schloß hier Freundschaft mit dem Maler Courbet, der ihn auf dem Bild *L'atelier* später verewigte; 1834–37 Stud. Fribourg, Entdekkung der romant. dt. Dichtung u. der Heimatverbundenheit, die sie ausdrückt. Später übersetzte er u. a. Körner, Hebel u. Uhland. 1843 unternahm B. e. Reise nach Süddtl. Unter dem Einfluß von Victor Considérant, Fourier u. Proudhon entwickelte er sich zum engagierten Republikaner; nach dem Staatsstreich floh er in die Schweiz, fünf Jahre später kehrte er zurück u. verheiratete sich mit e. Beamtentochter aus Besançon; Mitarbeit an der Zeitung *Le Jura,* in der er regelmäßig s. *Lettres salinoises* veröffentlichte, u. an der *Revue littéraire de la Franche-Comté,* die 1864 gegründet worden war. Er hielt sich häufig in Paris auf, wo er sich außer mit Courbet mit Max Claudet u. Champfleury traf. B.s Werk umfaßt einige Lyrikslgen., e. ästhet. Schrift, *Le réalisme* (1856), u. vier Kurzromane (*Le val d'Héry, idylle salinoise,* 1848; *Le matachin,* 1854; *Le gouffre,* 1854, beide ED *Revue des deux mondes; Le fils de l'ex-maire,* 1955), die Einblick in die harte bäuerl. Existenz gewähren. Für den Romancier B. waren die realist. Theorien von Champfleury, Thulié u. Duranty seit 1854 maßgebend, er propagierte wie sie e. Lit. der Ehrlichkeit.

H. Frey, B. et son œuvre, 1940.

Budé, Guillaume, 1468 Paris – 1540, Jurist, der sich den humanist. Stud. zuwandte. B. war Sekretär in Fontainebleau u. Bibliothekar am Hof Franz' I. Neben e. pädagog. Schrift, *Institution du prince* (um 1522), begründeten numismat. u. philolog. Arbeiten s. Ruf als Hellenist u. Anreger der Renaissance. Auf s. Betreiben hin richtete Franz I. 1530 das Collège des lecteurs royaux ein, aus dem sich im 17. Jh. das Collège royal u. nach der Revolution das Collège de France entwickelte. Die Association Guillaume B. widmet sich wiss. Editionsarbeit.

M. de La Garanderie. Christianisme et Lettres profanes ..., B., Thèse 1976.

Bueil, Jean de, amiral de France, 1406–1477. Von 1461 bis 1466 schrieb er den dreigliedrigen Erziehungsroman *Jouvencel* als Einweisung ins Waffenhandwerk.

Bueve de Hanstone, Epos des 13. Jh., in e. anglonormann. u. drei festländ. Fassungen (gereimte Zehnsilber) überliefert. Die Thematik des →Empörerepos wird durch exot. Peripetien verschleppt: Bueve, Sohn des Grafen Gui de Hanstone, den der dt. Kaiser ermordet, wird an die Sarazenen verkauft. Er besteht im Morgenland heroische u. galante Abenteuer, kehrt mit e. armen Prinzessin in die Heimat zurück u. rächt den Vater. Schließl. wird B. zum Kg. von Jerusalem gekrönt. Durch zahlr. Übs. wurde der Stoff in der europ. Lit. verbreitet.

A. Wolf, Das gegenseitige Verhältnis der gereimten Fassungen des festländ. B., Diss. Göttingen 1912; Ph.-A. Becker, B., Ber. über die Verhandlungen der Sächs. Ak. der Wiss., phil.-hist. Klasse 93, 1941.

Buffon, Georges Louis Leclerc, comte de, 7. 9. 1707 Montbard/Burgund – 16. 4. 1788 Paris, Naturforscher (*Histoire naturelle, générale et particulière,* XLIV 1749–1804; *Les époques de la nature,* 1788, hg. J. Roger 1962). Er lieferte die erste kohärente Erdbeschreibung im 18. Jh., die überdies den pathet. Kontrast von uraltem Gestirn u. kurzem, gefährdetem Menschenleben als Motiv e. romant. Weltsicht aufbrachte. Die Landschaftsschilderungen von Bernardin de Saint-Pierre u. Chateaubriand wurden durch B. vorbereitet.

P. Gascar, B., 1983.

Buonarroti, Filippo Michele, 11. 11. 1761 Pisa – 16. 9. 1837 Paris, Nachfahre von Michelangelo B., Sohn e. toskan. Aristokraten, ging nach dem Ausbruch der Revolution im Oktober 1789 nach Korsika, Sardinien u. in die Provence, um für die polit. Umwälzung zu agitieren. Als begeisterter Rousseauist schloß er sich zunächst den Jakobinern, später →Babeuf an; mit ihm zusammen wurde er 1796 verhaftet, jedoch nur zu Deportation u. Verbannung verurteilt. In Italien geriet er über Taktik u. Ziele des Risorgimento in Gegensatz zu Mazzini; 1815–1830 lebte B. in Brüssel, dann kehrte er nach Paris zurück. Als Nestor der Revolution bewundert (*Histoire de la conspiration pour l'égalité, dite de Babeuf,* 1828), organisierte er die Charbonnerie démocratique universelle. 1834 benannten ihn die polit. Angeklagten in Lyon zum Verteidiger. Der Sozialist Blanqui, Michelet u. a. unterhielten Beziehungen zu B., der die Ideen Babeufs an die polit. Romantik von 1848 vermittelte.

P. Robiquet, B. et la secte des égaux, 1910; I. Kuypers, B. et les sociétés secrètes 1824–36, Brüssel 1960.

Les burgraves, Versdrama in drei Episoden von Victor →Hugo, konzipiert 1841–42, verfaßt 10. 9.–19. 10. 1842, EA 1843, Urauff. 7. 3. 1843 Com. frçe. Stoffl. verbunden mit dem Reisebericht *Le Rhin* (Jan. 1842), gestaltet das Werk den Niedergang stolzer Vasallen, die als

Raubritter enden. Die geschichtl. Ereignisse werden von myth. Kräften gesteuert: Barbarossa, der in Gestalt e. Bettlers auftritt, um die Anarchie zu beenden, ist der Bruder des greisen Burggrafen Job; in der Burg hält sich die Rächerin Guanhumara verborgen, die Jobs jüngeren Sohn zum Vatermord verleiten will, bis der Vasalleneid des selbstbewußten alten Mannes das Wirken dunkler Mächte vereitelt. Im Widerspruch zur Bühnentheorie von 1827 fehlt hier die Vermischung von Erhabenem u. Komischem; die Rache des legendären Kaisers ist ep. u. melodramat. in einem. Der Beifall e. Honoratiorenpublikums, auf den es Hugo kaum mehr ankam, u. d. Teilnahmslosigkeit der jungen Generation bewogen den Autor 1843, sich von der Bühne zurückzuziehen. Das Stück gilt als Abschluß des romant. Theaters; in Wirklichkeit griff Hugo hier auf populäre u. überzeitl. Dramenelemente zurück u. verstieß damit gegen die Prinzipien der *Cromwell*-Vorrede.

G. W. Russel, Étude historique et critique des B. de Hugo, Diss. Radcliff 1957.

Buridan, Jean, vor 1300 Béthune – nach 1358, Scholastiker, lehrte am Collège de Navarre, wurde Rektor der Universität von Paris; Autor der *Summae logicales.* B. wird die Parabel vom Esel, der zwischen zwei Heuhaufen verhungert, weil er sich nicht zu entscheiden vermag, zugeschrieben; damit ist die Problematik der Willensfreiheit des Menschen angesprochen. B. untersuchte auch physikal. Fragen, u. a. die Erdbewegung.

A. Maier, Die Vorläufer Galileis im 14. Jh., Rom 1949; E. Faral, B., maître ès arts de l'université de Paris, RhlF 1949; P. Boehner, Medieval logic, Chicago 1952.

Bussy, Roger de Rabutin, comte de, 13. 4. 1618 Épiry bei Autun – 9. 4. 1693 Autun, Heerführer (Lothringen, Flandern, Burgund, Katalonien), wartete vergebens auf den Marschallstab. S. zyn. *Histoire amoureuse des Gaules* (verfaßt 1660, nichtautorisierte Abschriften u. Editionen 1663 ff.) e. verschlüsseltes Erotikon, u. die →*Carte géographique de la cour,* die ihm zugeschrieben wurde, brachten ihm Kerker u. Verbannung ein. Im März 1665 war er noch in die Ac. frçe. gewählt worden. Weitere Schriften: Übs. der Briefe von Abélard u. Héloïse (1687), *Maximes d'amour* (1664), e. Geschichte Ludwigs XIV. (1699), die Schiller ins Dt. übertrug (1801), u. Memoiren (VI 1858 f.). Saint-Evremond u. Perrault rühmten B.s hellen Stil.

E. Gérard-Gailly, B., 1909; J. Orieux, B., le libertin galant homme, ²1969.

Butor, Michel, geb. 14. 9. 1926 Mons-en-Barœul/Nord, aus e. Beamtenfamilie, Kindheit und Schulbesuch in Paris, u. a. Lycée Louis-le-Grand, Stud. Philos. bei Jean Wahl u. Gaston Bachelard, Scheitern in der Agrégation. Seit 1950 unterrichtete B. an franz. Auslandsschulen (Ägypten, England, Griechenland, Schweiz), war 1951 Lektor in Manchester; ausgedehnte Stud.- und Vortragsreisen in Europa u. USA, Anstoß zu *Le génie du lieu* (1958), *Réseau aérien* (1962), *Mobile* (1962), *Description de San Marco* (1963) u. *6 810 000 litres d'eau par seconde* (1965). B. empfahl den Romanciers, sich an Baudelaire als ›poète critique‹ zu orientieren, um sowohl den Erwartungen der Konsumlit. wie denen des polit. Engagements zu entgehen. Das Verhältnis s. Romanfiguren zur Dingwelt schließt hohe Selbstbespiegelung mit ein, die Protagonisten überwachen sich bei ihrer Deutung der Umwelt, wenn sie den Kontakt mit d. Objektivität in zeitl. Dimensionen erleben. B.s Romanstruktur entmystifiziert den Unanimismus: *Passage de Milan* (1954) u. →*Degrés* legen durch Simultantechniken Lebensgemeinschaften in einem Mietshaus bzw. Lyzeum frei, ohne die vom Unanimismus vorausgesetzte Kristallisation der Gruppenseele zu entdekken. Das modifizierte Motiv des Romans im Roman, der als solcher fragwürdig wird, findet sich außer in *Degrés* auch in →*L'emploi du temps;* in →*La modification* wirkt es dem Sinnverlust der Lebenspraxis entgegen. In umfangreichen theoret. Erörterungen (*Répertoire I–V,* 1960–82; *Histoire extraordinaire, essai sur un rêve de Baudelaire,* 1961; *Essais sur les modernes,* 1964; *Les œuvres d'art imaginaires chez Proust,* 1964; *Illustrations I–III,* 1964–73; *Portrait de l'artiste en jeune singe,* 1967; *La rose des vents,* 1970; *Dialogue avec 33 variations de L. van Beethoven sur une valse de Diabelli,* 1971; Lyrik *Travaux d'approche,* 1972; *Exprès; Envois,* 1980; *Brassée d'avril,* 1982; *Envois,* II 1980–83; *Victor Hugo écartelé,* 1984; *Improvisations sur Flaubert,* 1984; *Matières de rêves,* V 1975–85; *Transit A Transit B,* 1993) setzt sich B. vorrangig mit der Psychologisierung des Romans im Stil von Balzac krit. auseinander. B. bestreitet auch den Anspruch des sozialist. Realismus; Bewußtsein der Dingwelt ist immer nur Bewußtsein von eingebildeten Gegenständen u. Reaktionen, der Roman spiegelt dieses Bewußtsein mit s. Interferenzen u. Aporien. Der Romancier ist ebenso wie die Figuren, deren Lebensweg er streckenweise erzählt, auf der Suche nach sich selbst u. holt weder die Geschöpfe s. Phantasie noch sich selbst ein. Bevorzugte Archetypen B.s sind darum Theseus, Sisyphos, Proteus u. Ikarus. Die Thematik des vergebl. Abenteuers kehrt im Roman *Intervalle* (1973) wieder. Die Aktion der Protagonisten entleert sich zum Ritual, wo die eingebildete Welt zur immensen Dekoration zerfällt. B.s Erzähltechnik der Einblenden führt die Simultantechnik von Jules →Romains fort. Wenn es Unterschiede in der Romankonzeption →Robbe-Grillets u. B.s gibt, so liegen sie im Verhältnis zum Symbol, das B. sucht, u. in s. Darstellung der Dinge als beziehungshaltiger Attribute des menschl. Bewußtseins, dessen Perzeptionsweise mit ihnen sichtbar gemacht wird. Die traditionelle Unterscheidung von objektivem u. subjektivem Roman versagt bei der Beschreibung dieser Erzählmanier, die dort dilemmatisch wird, wo der Autor den Spiegel zum Symbol des Romans in der Weise erklärt, daß das Werk dem Autor ermöglichen soll, sich darin zu erkennen: B. hypostasiert e. fragwürdiges Eigenleben der Romangattung, die dann auf die verstehende Mitwirkung des Lesers verzichten könnte. B.s Drama *Votre Faust* wurde von Henri Pousseur vertont. S. Werk umfaßt über 300 Titel.

J. Roudaut, B. ou le livre futur, 1964; R.-M. Albérès, B., 1964; L. S. Roudiez, B., New York/London 1965; E. Höhnisch, Das gefangene Ich. Stud. zum inneren Monolog in mod. franz. Romanen, 1967; G. Raillard, B., 1968; K. Wilhelm, Der Nouveau Roman, hg. W. Stolz 1969; J. Sturrock, The French new novel, London 1969; F. Wolfzettel, B. (Franz. Lit. der Gegenwart in Einzeldarstellungen, hg. W.-D. Lange), 1971; L. Dällenbach, Le livre et ses miroirs dans l'œuvre romanesque de B., 1972; G. Thiele, Die Romane B.s, 1975; A. Helbo, B. vers une littérature du signe, 1975; A. Pellegrino-Ceccarelli, Arte e artificio in B., Reggio Calabria 1978; B. Mason, B., a checklist, 1979; M. Lydon, Perpetuum mobile. A study of the novels and aesthetics of B., Alberta 1980; E. Jongeneel, B. et le pacte romanesque, 1988; B. Fürstenberger, B. lit. Träume, 1989.

Cabanis, José, geb. 22. 3. 1922 Toulouse, Jesuitenschüler, Stud. Philos. u. Jura, nach dem Krieg Anwalt. Nach ersten Romanen (*L'âge ingrat,* 1952 u. 1966; *L'auberge fameuse,* 1953; *Le fils,* 1956; *Les mariages de raison,* 1958) wurde C. durch den Künstlerroman *Le bonheur du jour* (1960), für den er den Prix des critiques 1961 erhielt, bekannt. Die Geschichte ist e. fiktive Biographie, die e. junger Autor anhand hinterlassener Dokumente s. Schriftsteller-Onkels schreibt. Bis *Les jardins en Espagne* (1969) gestaltete C. in weiteren Romanen die Gefühlswelt der Jugend u. das Problem der Vater-Sohn-Beziehungen (*Les cartes du temps,* 1962; *Les jeux de la nuit,* 1964). In *La bataille de Toulouse* (1966) wird der Roman im Roman zum psycholog. Testfall. C. schrieb außerdem e. Essay über Jouhandeau (1959), e. Proust-Pastiche (*Plaisir et lectures,* II 1964–68) u. Abhandlungen zum 19. Jh. (*Le sacre de Napoléon,* 1970; *Michelet, le prêtre et la femme,* 1978; *Lacordaire et quelques autres,* (1982) sowie über Saint-Simon (1974), *Goya* (1985), *Pour Sainte-Beuve* (1987, Replik auf Proust), Chateaubriand (1988). Mitgl. Ac. frçe. 1990.

J.-Cl. Joye, L'œuvre romanesque de C., Delémont 1978.

Cabanis, Pierre Jean Georges, 5. 6. 1757 Cosnac – 5. 5. 1808 Rueil, Mediziner u. Literat; C. versifizierte e. Übs. der *Ilias* u. übertrug Texte von Meißner, Goethe u. Gray (*Mélanges de littérature allemande ou choix de traductions de l'allemand,* 1797). Wahrscheinlich lieferte er s. Freund Mirabeau Unterlagen zur Erziehungsreform; der Positivismus von Comte bezog sich auf philosoph. Einsichten, die C. von der Physiologie herleitete (*Rapports du physique et du moral de l'homme,* II 1802; *Œuvres complètes,* V 1823–25). C. gehörte wie Fauriel, Tracy, Maine de Biran zur Gruppe der ›idéologues‹.

F. Picavet, Les idéologues, 1891; P. P. Vermeil de Conchard, Trois études sur C., Brive 1914.

Cabaret →Kabarett.

Cabaret Voltaire, gegr. durch Hugo Ball u. Emmy Hennings im Züricher Zunfthaus zur Waag 1916, bis 1919 Treffpunkt der Dadaisten (Huelsenbeck, Arp, Janco, →Tzara), die hier eigene provokative Texte u. Gedichte, u. a. der franz. Symbolisten, rezitierten, exotische Tänze u. Musikvorträge organisierten. 1916 erschien u. d. T. *C.* e. erste Veröffentlichung über ihre Aktivitäten. Bereits die Gründung der Galerie Corray im Dezember 1916 in der Züricher Bahnhofstr. 19 durch Ball und Tzara wurde als Ablösung der Kabarettidee verstanden.

Dada. Monographie e. Bewegung. Hg. W. Verkauf, M. Janco, H. Bolliger, Teufen 1958.

Cabet, Étienne, 1. 1. 1788 Dijon – 9. 11. 1856 St. Louis/USA, Advokat, republikan. Politiker während der Restauration u. der Julimonarchie, Gründer der Zeitung *Le Populaire* (1834); in der Emigration in London (1834–39) entwickelte sich C. zum utop. Frühsozialisten (vgl. auch Saint-Simon, Fourier, Proudhon, Blanqui). Angeregt von der *Utopia* des Thomas Morus u. den Lehren des Wirtschaftstheoretikers Robert Owen schrieb er 1838 den Roman *Le voyage d'Icarie* (1840); der Versuch, am Red River in Texas u. bei Mormonen s. kommunist. Ideale zu realisieren, scheiterte (*Œuvres,* 1971 ff.).

L. Prudhommeaux, Icarie et son fondateur C., [2]1926; P. Angrand, C. et la république de 1848, 1948.

Cabinet des fées, Slg. von Märchen (XLI 1785–89).

Cabinet de lecture, Vorform der Volksbücherei, 1762 vom Buchhändler Grangé erstmals eingerichtet, als Lesekabinett mit Ausleihe. Trotz Verbilligung des Buchdrucks seit den dreißiger Jahren u. Veröffentlichung von Fortsetzungsromanen wuchs das Interesse am C. im 19. Jh. sprunghaft an (von 86 Einrichtungen 1835 auf 145 e. Jahrzehnt später); Publikumsfavoriten: Dumas, Kock, Sue. Flaubert schildert Emma Bovary als Abonnentin e. C.

F. Parent-Lardeur, Les c. s., 1982.

Cabinet noir, geheime Postkontrolle, die Ludwig XIV. zur Überwachung der Korrespondenz polit. Verdächtiger einrichten ließ; von der Verfassunggebenden Versammlung während der Revolution aufgehoben, von der Restauration wieder eingeführt u. endgültig 1830 aufgelöst.

Cabourg, Badeort im Dép. Calvados, wiederholte Sommeraufenthalte Marcel Prousts ebda. zwischen 1907 u. 1914; im Roman *A l'ombre des jeunes filles en fleurs* trägt Balbec Züge von C.

Cacouacs, obszönes Schimpfwort für die Aufklärer, von J. N. Moreau aufgebracht (*Nouveau mémoire pour servir à l'histoire des c.,* Amsterdam 1747).

Cadou, René Guy, 15. 2. 1920 Sainte-Reine-de-Bretagne – 4. 3. 1951 Louisfert/Loire-Atlantique, wo er Lehrer war; Lyriker, der zur École de Rochefort gehörte (*Brancadiers de l'aube,* 1937; *Forges du vent,* 1938; *Retour de flamme,* 1940; *La vie rêvée,* 1944; *Pleine poitrine,* 1946; *Les biens de ce monde,* 1951; *Hélène ou le règne végétal,* 1953). Dichter von strengem Formgefühl, besang vor allem die Natur u. die menschl. Gemeinschaft (*OC,* II 1973; *Poésie de la vie intérieure,* 1977).

M. Manoll, C., 1954; Sondernr. Cahier de L'Herne 1961; Ch. Moncelet, Vie et passion de C., 1975.

Café, Kaffeehaus; seit dem 18. Jh. entwickelten sich zahlr. Pariser C.s zu Literatentreffpunkten, sowohl im Quartier latin als auch auf der Rive droite, bes. am boulevard des Italiens; z. T. heute noch Touristenattraktionen wie das →Procope oder das →Café de Flore.

J. Bertaut, La vie littéraire en France au XVIIIe siècle, 1954; H. M. de Langle, Le petit monde des c.s ..., 1990.

Café de Flore, am boulevard Saint-Germain, Treffpunkt der Begründer der Action française, später der Symbolisten u. nach dem II. Weltkrieg des modischen Existentialismus. Sartre verkehrte seit 1942 im C., hier traf er 1944 Genet.

Café de la Régence, Literatencafé, gegr. 1681, bis 1845 an der Place royale (hier spielt *Le neveu de Rameau* von Diderot), seitdem in der rue Saint-Honoré. Die Aufklärer, Musset, Nerval u. Baudelaire verkehrten im C.

Café Lainent, gegr. 1690, Ecke rue Christine/rue Dauphine, hier verkehrten Fontenelle, Houdar de la Motte, J.-B. Rousseau; Voltaire rühmt es als Literatentreffpunkt.

Café-théâtre, 1. Café, in dem, den räuml. Bedingungen entsprechend, Theater gespielt wird (erstmals 1963 im Vieille Grille). – 2. auf die Möglichkeiten u. Publikumsinteressen des Cafés ausgerichtete Stükke u. Inszenierungen (*La dispute* von Marivaux; Arrabel; erot. Darbietungen). Daraus entwickelten sich Tourneetheater für Ferienclubs, Maisons de la culture; Sprungbrett für Schauspieler wie Coluche, Patrick Dewaere, Gérard Depardieu.

B. Grosse, C. als kulturelles Zeitdokument, Diss. Berlin 1990.

Café Vachette, am boulevard Saint-Michel, Literatencafé, in dem Moréas u. Emile Faguet Stammgäste waren.

Les cahiers d'André Walter (1891), Tagebucherzählung von André →Gide. Die exaltierten C. gliedern sich in zwei Teile *(Cahier blanc, Cahier noir);* zunächst Darstellung der Liebe Walters zu s. Cousine Emmanuèle, dann der Reaktion auf ihren Tod. Fast erleichtert stellt André Walter fest, daß ihr Bild in der Erinnerung, die er besser bewältigt als die Realität, fortlebt. Gide wählte die Tagebuchform, weil darin die Beschäftigung des Helden mit äußeren Ereignissen hinter der Selbstbespiegelung – Egozentrik aus apperzeptivem und reproduktivem Unvermögen – zurücktritt. Das Ethos der dargestellten Person erfordert eine spezif. Ausdrucksform. Die Spiegelung eigener Lebensinhalte des Autors, e. allgemeines Kennzeichen des moralist. Romanwerks von Gide, setzt früh und zielstrebig ein.

J. Delay, La jeunesse d'A. Gide, II 1956 f.

Cahiers de doléances, Beschwerdehefte, in denen Pfarreien, Gemeinden u. größere kommunale Verbände 1789 u. a. Projekte vorschlagen konnten, die die Generalstände behandeln sollten. Das stilist. Niveau reicht vom gehobenen Stil (Choderlos de Laclos faßte e. Schrift ab) bis zur ungeschliffenen Alltagssprache, an der sich die sozial bedingten Schwierigkeiten einfacher Leute ›aus dem Volk‹, ihr Anliegen zu artikulieren, sehr deutl. ablesen lassen.

B. F. Hyslop, Répertoire critique des c. pour les états généraux de 1789, 1933; K. Zimmermann, Sprachl. Handlungen in den C., Zs. für Lit.wiss. u. Linguistik 41, 1981.

Cahiers de la Quinzaine, lit. Schriftenreihe, 1900 von Charles →Péguy gegr., erschien bis 1925 in 15 Serien mit 229 Nr., u. a. Titel vom Hg. selbst, von A. France, R. Rolland, A. Suarès.

F. Porché, Péguy et ses C., 1914; D. Halévy, Péguy et les C., ²1943.

Cahiers du Sud, Lit.zs., die 1913–1966 in Marseille erschien, vor allem Poesie publizierte u. Sondernr., u. a. über Éluard u. Kafka, herausbrachte.

Caillavet, Gaston Arman de, 13. 3. 1869 Paris – 14. 1. 1915 Essendiéras/Dordogne, Freundschaft mit Proust, schrieb mit 22 Jahren s. erste Kom., *Noblesse oblige;* seit 1900 verfaßte er meist in Zusammenarbeit mit Robert de Flers Burlesken u. Satiren (*P'tit Loulou,* 1900; *Le sire de Vergy,* 1903; *Les sentiers de la vertu,* 1904; *L'ange du foyer,* 1905; *La chance du mari,* 1906; *Miquette et sa mère,* 1906; *L'amour vieille,* 1908; *Le roi,* 1909; *L'âne de Buridan,* 1909; *Le bois sacré,* 1911; *Primerose,* 1912; *La belle aventure,* 1920; *M. Brotoneau,* 1923). Der Olymp (*Les travaux d'Hercule,* 1901), die Monarchie wie die Ac. frçe. (*L'habit vert,* 1913) werden der Lächerlichkeit preisgegeben. Die Satire bleibt jovial u. dient mehr dem Amüsement des Publikums als der Entmystifizierung der bürgerl. Ordnung.

Caillois, Roger, 3. 3. 1913 Reims – 21. 12. 1978 Paris, Agrégé u. Diplome der École pratique des hautes études, Chefredakteur der Zs. *Diogène* u. Kulturkritiker. 1971 Wahl in die Ac. frçe. (Aufnahme am 20. 12. 1972). Die inkohärente gesellschaftl. Verfassung deutet auf e. wesensmäßig kohärente Gemeinschaft im Idealfall hin (*Le mythe et l'homme,* 1938); in grausamer Form erzwingt der Krieg die bedingungslose Kohärenz der Völkergemeinschaft, deren kollektives Glücksstreben sonst erlahmt. Das ›Fest‹ u. die ›Schlacht‹ erscheinen in Homologie, beide leiten e. Phase der Sozialisation ein (*L'homme et le sacré,* 1939, erw. Ausgabe 1950). Viel beachtet wurden C.s ästhet. Darlegungen (*Le procès intellectuel de l'art,* 1935; *Les impostures de la poésie,* 1944; *Vocabulaire esthétique,* 1946; *Babel, orgueil, confusion et ruine de la littérature,* 1948; *Puissances du roman,* 1948; *Les jeux et les hommes,* 1958; *Esthétique généralisée,* 1962; *Au cœur du fantastique,* 1965). C. bekämpft das Nachleben romant. Entgrenzung, er beklagt den Zerfall ästhet. wie eth. Normen u. fordert die Autoren auf, dem Publikum Lebenshilfe zu leisten (vgl. auch Barrès, Maurras, Benda, Gides Klassikkonzeption). Er verfaßte außerdem eine Montesquieu-Monographie (1948), e. Studie *Poétique de Saint-John Perse* (^{3}1954) sowie e. Roman *Ponce-Pilate* (1961). *Cases d'un échiquier* (1970), die Summe s. philosoph. Thematik, zeigt beispielhaft, mit welchen log. Methoden C. das Alogische zu ergründen sucht; Positivist im Verfahren, Apologet des Unbegrenzten, den das Schachspiel lehrt, wie mit begrenzten Elementen unendl. Kombinationen möglich werden. In der scheinbaren Konfusion sieht er Übereinstimmungen zwischen ontolog. entlegenen Konstellationen. Für C. ist der Kosmos geordnet u. abgeschlossen (vgl. wieder *La dissymétrie,* 1973). Ästhet. Fragestellungen dominieren in s. letzten Schriften (*Le fleuve Alphée,* 1978; Kosmogonie u. Ästhetik; *Approches de la poésie,* 1978, Aufsätze 1944–58; *Rencontres,* 1978, Beiträge über Valéry, Saint-John Perse; *La nécessité de l'esprit* (1981), Essay aus den 30er Jahren, Diskussion des Surrealismus).

A. Bosquet, C., 1971; Sondernr. Sud, 1981.

Ça ira, franz. Revolutionslied von 1789, Titel von Gedichtszyklen Ferdinand Freiligraths (1846) u. Giosué Carduccis (1883) zur Verherrlichung der Revolution (vgl. auch *Carmagnole*).

Calas, Jean, 19.3. 1698 Lacabrède/Tarn – 10.3. 1762 Toulouse (gerädert), protestant. Tuchhändler, wurde nach dem Selbstmord s. ältesten Sohnes Marc-Antoine beschuldigt, diesen ermordet zu haben, um e. Konversion zu verhindern. Voltaire engagierte sich erfolgreich in der Affäre C. mit der Kampfschrift *Sur la tolérance* (1764) u. erreichte im Jahr ihres Erscheinens, daß das Todesurteil kassiert wurde. 1765 erschienen einzelne Heroiden (u. a. von Mercier u. Nogaret). Lemierre d'Argie (17. 12. 1790), C. Laya (18. 12. 1790) u. M.-J. Chénier (*Jean C. ou l'école des juges,* Urauff. 7.7. 1791) dramatisierten während der Revolution den Justizmord an C. u. stellten den Fall als absolutist. Untat dar.

M. Chassaigne, L'affaire C., 1929; D. D. Bien, The C. affair, Princeton 1960; W. D. Howarth, Tragedy into melodrama, the fortunes of the C. affair . . ., Studies on Voltaire . . ., 1978.

Calembour (Etymologie unsicher), Wortspiel (Kalauer); Meister im C. war Georges Mareschal, marquis de Bièvre, er schrieb den Artikel ›Kalembour‹ für die *Encyclopédie* u. trug e. *Almanach des c.s* (1771) zusammen. Später Interesse der Surrealisten am Sprichwort u. C. (Éluard, Péret).

Calendau (1867), provenzal. Epos in 12 Gesängen von →Mistral. Der Fischer C., der die Schloßdame Esterello liebt, erweist sich ihrer durch Mutproben u. Selbstdisziplin würdig, während Graf Severan, der Verlobte Esterellos, in Wahrheit e. Räuberhauptmann ist. Das ideale Paar, von gesellschaftl. Vorurteilen weniger betroffen als von Minnekonflikten, soll die provenzal. Kulturlandschaft versinnbildlichen. In s. Hauptwerk →*Mirèio* meisterte der Autor den ep. u. allegor. Stil überzeugender als in *C.*

D. Scheludko, Quellen u. Vorbilder von Mistrals C., Diss. Halle 1931.

Calet, Henri, 1903 Paris – 14. 7. 1956 Vence, Autor von Reisereportagen und zahlreichen Romanen im Stil des Populisme (darunter *La belle lurette,* 1935; *Le mérinos,* 1937; *Fièvre des polders,* 1940, *Les grandes largeurs,* 1954).

Calignon, Soffrey (oder Sofroi) de, geb. um 1550 Saint-Jean-de-Moirans/Dauphiné, Kanzler von Navarra u. engster Mitarbeiter Heinrichs IV.; an der Abfassung des Edikts von Nantes beteiligt. Außer Liebessonetten im Stil der Pléiade schrieb er die Satire *Le mépris des dames.*

Caligula, Schauspiel in vier Akten von Albert →Camus, entstanden 1938, EA 1942, krA J. Arnold 1984; Urauff. 27. 6. 1945 Genf, Pariser Premiere 26. 9. 1945, Théâtre Hébertot. Auf die Frage des Kaisers Caligula nach dem Sinn der Existenz, die unglückl. ist u. zwangsläufig im Tod erlischt, gibt es für ihn nach dem Verlust der geliebten Schwester Drusilla als Antwort nur das gewollte Delirium, die planvolle polit. u. moral. Raserei, deren Auswirkungen mit der Pest verglichen werden. C. verführt die Frau e. Patriziers, inszeniert e. Hungersnot, vergiftet e. Adligen (II). S. Hybris läßt ihn die traditionellen Götter gering erachten; er spielt die Venus u. verlangt von den republikan. gesinnten Römern Adoration (III). Über der Leiche der mütterl. Geliebten Caesonia wird ihm zum erstenmal bewußt, daß apokalypt. Rache an der Welt, die er als absolut schuldig ansieht, das existentielle Dilemma unberührt läßt. Doch die Einsicht, daß s. Cäsarenwahnsinn den Widerspruch von Absurdität u. Selbstverwirklichung nicht aufhebt, kommt C. zu spät – er verblutet unter den Dolchstößen der Verschwörer. Von der Stoffvorlage bei Sueton war dem Dramatiker Camus, als er s. Figuren zu Ideenträgern stilisierte, der Aktionsrahmen allein wesentl.; er wollte nicht die Biographie des Soldatenkaisers u. Tyrannen in Szene setzen, sondern e. existentiellen Lösungsversuch durchspielen. Dabei schlägt die Metapher vom ›theatrum mundi‹ auf das falsche Bewußtsein des Spielers C. zurück. Die Diktion des Stücks ist zwar stark sentenzenhaft, andererseits erreicht Camus in s. ersten Bühnenwerk bereits e. Präzision des Theorems, wie sie später allenfalls noch in →*Les justes* gelang. Bei der Pariser Inszenierung spielte Gérard Philipe mit großem Erfolg die Titelrolle.

A. F. W. Strauss, A. Camus, C., Comparative literature 1951; J. Onimus, D'Ubu à C. ou la tragédie de l'intelligence. Études 1958; E. Carassus, C. de Camus de 1937 à 1958; Annales publiées ... par l'université de Toulouse 1971.

Calligrammes. Poèmes de la paix et de la guerre von Guillaume →Apollinaire, entstanden Ende 1912–17, postume EA 1918. In Figurengedichten, deren graph. Anlage bereits den Gegenstand evoziert (Mandoline, Nelke, Geschütz, Brunnen) führte der Lyriker antike u. barocke Traditionen fort. Neben zwanzig Texten dieser Art enthält das Werk Kriegslyrik u. einige ›poèmes-conversations‹, die im Sprechstil verfaßt sind.

R. Warnier, A propos de C., RSH 1956; W. Bohn, Metaphor and metonymy in C., RoR 72, 1981; P. Sacks-Galey, C., 1988.

Calvin (latinisiert nach Cauvin), Jean, 10. 7. 1509 Noyon/Picardie – 27. 5. 1564 Genf, Sohn e. Juristen in kirchl. Dienst; 1523 nach Paris, Stud. Artes liberales Collège de la Marche u. Collège Montaigu. Zwischen 1528 u. 1530 näherte sich C. den Ideen der Reformation an, 1535 vollendete er die erste lat. Fassung der →*Institution de la religion chrétienne* (1541, 1566; Pierre Coton, *Institution catholique en quatre livres qui servent d'antidote aux quatre de l'institution de C.*, 1610), die er Franz I. widmete. Er brach mit der Kirche u. verließ Frkr.; nach e. Aufenthalt in Ferrara am Hof der →Renée de France zog er 1536 als Prediger nach Genf, das ihn zwar nach zwei Jahren wegen der Strenge s. Kirchenzucht auswies, nach 1541 jedoch s. endgültige Wirkungsstätte wurde. C., der das erste theolog. Werk in franz. Sprache vorlegte, schuf e. Modell dialekt. Prosa, die Präzision des Ausdrucks mit orator. Mitteln verbindet.

R. S. Wallace, C., Geneva and the Reformation, Edinburgh 1988; T. F. Torrance, The hermeneutics of C., Edinburgh 1988.

Camaalot, Camelot, Residenz des →Artus.

Camargue, provenzal. Landschaft, zwischen den Mündungsarmen der Rhône gelegen, die vor allem durch →*Mirèio* von Mistral als Lit.landschaft bekannt wurde. Die Wallfahrtslegenden von den hl. Marien u. der hl. Sarah, Motive der Pferdezucht u. Stierzucht konstituieren den dichter. Komplex, den Autoren in provenzal. (Joseph d'Arbaud) u. franz. Sprache (J. Aicard, A. Daudet, P. Bessot de Lamothe, *Le proscrit de la C.*, 1877; J. Carrère, *La dame du nord,* 1909) verarbeiteten.

H.-J. Unger, Die Lit. der C., 1969.

Camelots du roi, jugendl. Anhänger der →Action française.

Cami, Pierre Louis, 1884 Paris – 1958 ebda., Schauspieler, Erzähler u. Dramatiker (Grand Prix de l'humour international); Meister der Parodie u. des gespielten Witzes (*Pour lire sous la douche,* 1912; *L'homme à la tête d'épingle,* 1914; *La famille Rikiki; Vierge quand même; Le poilu aux mille trucs,* 1915; *Les mystères de la forêt noire; Les farfelus,* 1951).

Camisards (nach ›camiso‹, hemdartige Bekleidung), Protestanten in den Cevennen, die 1703 gegen die Revokation des Edikts von Nantes rebellierten u. von kgl. Truppen niedergeschlagen wurden. André →Chamson hat ihr Schicksal wiederholt erzähler. dargestellt, zuletzt in *La tour de Constance* (1971).

Ph. Joutard, La légende des C., 1977.

Campistron, Jean Galbert de, 1656? Toulouse – 11. 5. 1723 Bordeaux, kam als 17jähriger nach Paris u. wohnte zeitweilig beim Schauspieler J.-B. Raisin; 1701 wurde C. in die Ac. frçe. gewählt. Als Trag.dichter ahmte er – wie Pradon oder La Grange-Chancel –

Racine nach u. galt noch im 19. Jh. als der Racine-Epigone schlechthin (*Virginie,* 1683; *Arminius,* 1684; *Andronic,* 1685; *Alcibiade,* 1685; *Phocion,* 1688; *Tiridate,* 1691), seit 1686 verfaßte er auch mythol. Opernlibretti für Lulli (*Acis et Galatée,* 1686; *Achille et Polyxène,* 1687). Der eleg. Tenor s. Werke (*Œuvres,* 1690), in denen die Opferung des Helden unvermeidl. ist, wurde vom Publikum beifällig aufgenommen.

C. Hausding, C. in s. Bedeutung als Dramatiker, Diss. Leipzig 1903; D. F. Jones, The tragedies of C., Providence/Connecticut 1964; ders., C., 1979.

Camus, Albert, 7. 11. 1913 Mondovi/Dép. Constantine, Algerien – 4. 1. 1960 Petit-Villeblevin (Autounfall im Wagen von Michel Gallimard auf der Fahrt von Loumarin, wo C. e. Haus besaß, nach Paris), aus e. Arbeiterfamilie, die väterlicherseits aus dem Elsaß, mütterlicherseits aus Mallorca stammte. Der Vater fiel 1914 an der Marne, Catherine C. zog mit ihren beiden Kindern Lucien u. Albert nach Algier, wo C. 1918–23 zur Schule ging. Er erhielt e. Stipendium u. besuchte bis 1930 die höhere Schule; begeisterter Sportler. Im Winter 1930 oder im Frühjahr 1931 zeigten sich erste Symptome von Tbc, dadurch verzögerte sich der Schulabschluß um zwei Jahre. C.s Philosophielehrer war Jean Grenier in Algier (*Correspondance 1932–60,* notes M. Dobrenn 1980). 1932 erschienen Artikel u. lyr. Versuche in e. Schülerzs. (u. a. e. *Essai sur la musique*). 1933–35 erwarb C. die Licence de philosophie u. das Certificat d'études littéraires classiques an der philosoph. Fakultät in Algier. S. Ehe (1934) wurde nach 18 Monaten geschieden. 1934–37 war er Mitgl. der KPF. 1935, als er sich mit der Gründung e. polit. Bühne beschäftigte, entstanden Frühfassungen von Essays zu →*L'envers et l'endroit,* 1936 schrieb er mit Freunden *Révolte dans les Asturies* für ihr Théâtre du travail u. bearbeitete *Le temps du mépris* von Malraux für die Bühne. Bis 1937 gehörte C. als Schauspieler zum Ensemble von Radio-Alger; er schrieb an s. ersten Roman (→*La mort heureuse),* den er nicht veröffentlichte. Im Oktober 1937 gründete C. das Théâtre de l'Équipe, das von der KPF unabhängig war, schrieb Essays für den Band *Noces* (1939 u. 1950) u. entwarf das Drama →*Caligula.* Mitarbeit am neu gegründeten *Alger-Républicain* (Chefredakteur Pascal Pia); im September 1939 wurde C. Chefredakteur des *Soir Républicain.* Spätestens 1939 begann er mit der Niederschrift von →*Le mythe de Sisyphe.* Bei Kriegsausbruch meldete er sich freiwillig, wurde aufgrund s. labilen Gesundheit aber zurückgestellt. C. ging nach Paris, wo er in die Redaktion von *Paris-Soir* eintrat u. im Mai mit dem Stab nach Clermont-Ferrand auswich. In Lyon heiratete er im Dezember Francine Faure u. schied aus der Zeitung aus. Nach kurzem Aufenthalt in Algier gehörte er in Lyon e. Widerstandsorganisation an. 1943 entstand die *Lettre à un ami allemand.* C. schrieb →*Le malentendu* u. wurde Lektor bei Gallimard (bis 1960). 1944 Begegnung mit Sartre; nach der Veröffentlichung von →*L'homme révolté* (1951) kam es zum Bruch. Vom 21. 8. 1944–18. 1. 1945 schrieb C. regelmäßig im *Combat,* den er zusammen mit Pascal Pia leitete. 1947 erhielt er für s. Roman →*La peste* den Prix des critiques. Seit 1946 unternahm C. zahlr. Reisen nach den USA, Algerien, Südamerika, arbeitete an →*L'état de siège,* →*Les justes,* →*La chute* u. →*L'exil et le roy-*

aume. 1955/56 war er journalist. für *L'Express* tätig. S. Bühnenbearbeitung des *Requiem pour une nonne* (nach Faulkner) wurde 1956 e. Erfolg. 1957 inszenierte C. in Avignon *Le chevalier d'Olmedo* von Lope de Vega, am 17. Oktober wurde ihm der Nobelpreis für Lit. zuerkannt. C. setzte die Veröffentlichung von Aufsätzen in *Actuelles* fort (I–III, 1950–58). *Les possédés* (nach Dostoevskijs Roman *Die Dämonen*) wurde im Januar im Théâtre Antoine e. großer Publikumserfolg. C. schrieb 1960 am Roman *Le premier homme* (unveröffentlicht). Postum erschienen außer *La mort heureuse,* die *Carnets,* III 1989; *La postérité du soleil* (1965); *Essais,* 1965; *Ecrits de jeunesse,* 1973; *Fragments d'un combat 1938–40,* éd. J. Lévi-Valensi, II 1978; *Journaux de voyage,* éd. R. Quilliot 1978; *C. éditorialiste à l'Express,* 1987. Die Gesamtausgabe in sechs Bänden von 1962 u. die Pléiadeausgabe (1962–65) sind um spätere Veröffentlichungen zu ergänzen. Für C. galt, daß prakt. Wertsysteme e. Absolutes voraussetzen, ohne daß dieser Bezugspunkt genauer zu definieren ist. C. suchte mehr als nur das Glück, er strebte nach e. Heil, das diesseitiger Prägung ist, s. Idealismus verzichtet zwar auf Frömmigkeit, nicht aber auf metaphys. Begründung. In s. Werken stellte er nur bedingt sich selbst dar, da er das Bild e. humanen Essenz entwerfen wollte, die alle betraf – die Arbeiterklasse, aus der er selbst kam, den Araber wie den Algerienfranzosen u. alle, die für die Lichtwelt des Mittelmeers empfängl. sind. Kultur u. Solidarität gehören für ihn zusammen, selbstverständl. identifizierte C. s. Kulturbild mit der offiziellen, von der Schule im Mutterland wie in den Kolonien propagierten Konzeption. Der Sohn des Landarbeiters sah sich gegenüber s. Gruppe in e. emanzipator. Rolle, die für C. bereits mit der Aura des Missionarischen umgeben zu sein schien, vor allem, seit er, wie die *Carnets* ergeben, sich prakt. im Gegensatz zum Marxismus sah, den er sich wohl auch während s. Zugehörigkeit zur kommunist. Partei theoret. nie restlos anzueignen gewußt hatte. Einerseits wollte C. stets leicht faßl. schreiben, als Dichter wie als Journalist, weil er u. a. darauf baute, das Theater für die Massen attraktiver zu machen (vgl. auch Sartre), andererseits propagierte er als ›esthétique de la révolte‹ e. hohe formale Vollendung u. appellierte an e. qualifizierte Ausbildung. Sartre bemerkte 1960 nach C.' Tod, dem Machiavellisten u. dem goldenen Kalb des Realismus zum Trotz lege der Autor Zeugnis ab von der Existenz moral. Gesetze. ›Moraliste‹ u. ›français‹ setzte C. als synonyme Begriffe (*Carnets* II). Polit. Handeln stellte er skept. in Frage, er blieb der Cartesianer des Absurden, der sich weigerte, den sicheren Boden des Ethischen zu verlassen u. sich auf die riskanten Wege der Praxis zu begeben. S. Moral, für sich genommen, fordert die Revolte u. verdammt sie zugleich. Kennzeichnend ist die Zurückweisung geschichtl. Lösungsversuche, daraus leitete C. s. Kritik an Hegel, am Marxismus u. Existentialismus her. Bei der Entgegennahme des Nobelpreises hatte er erklärt, s. Reichtum bestehe in s. Zweifeln u. e. ›œuvre encore en chantier‹. Der wiederholte Rekurs auf den mediterranen Lichtmythos, der ihm, wie Sartre iron. bemerkte, ›radieuses évidences‹ bescherte, war eher künstler. als denker. begründet. C. verhielt sich vor der polit. Realität, bes. des Algerienkriegs, schließl.

hilflos, da er sie nicht als gesellschaftl. zu begreifen vermochte. S. Gerechtigkeitsprinzip basiert, u. damit kam es über aufklärer. Positionen des 18. Jh. noch nicht hinaus, auf allgemeinmenschl. u. zeitlosen Idealen. Dies relativiert auch s. Bekenntnis, e. Autor solle, damit er als Philosoph zur Wirkung gelange, Romane schreiben (*Carnets* I). Die neuere Forschung tendiert zur Systematisierung des Denkens von C. u. blendet dabei die histor. Ausformung e. tendenziell unsystemat., eher noch moralist. Philosophierens aus. Dem entspricht der Rang des Autors im franz. Schulprogramm, wo er seit den 70er Jahren jene Rolle, die zuvor Renan, Taine u. Alain zugewiesen war, ausfüllt.

R. de Luppé, C., 1951; J.-C. Brisville, C., 1959; G. Brée, C., New Brunswick 1959 (dt. Übs. 1960); S. Crépin, C., essai de bibl., Brüssel 1960; Ph. Thody, C. 1913–60, London 1961; R. Thieberger, C. seit s. Tode, ZfSL 1962; J. Majault, C. révolte et liberté, 1965; J. Onimus, C., Brügge 1965; K. Thoma, Der Stil der Frühwerke von C., Diss. München 1965; M. Lebesque, C. par lui-même, 1966; L. Pollmann, Sartre u. C. Lit. der Existenz, 1967; I. Coombes, C., homme de théâtre, 1968; J. Grenier, C., souvenirs, 1968; P. Kampits, Der Mythos vom Menschen zum Atheismus u. Humanismus von C., Salzburg 1968; R. F. Roeming, C.: a bibl., London 1968; J. Lévi-Valensi, Les critiques de notre temps et C. 1970; H. Balz, Aragon – Maulraux – C., 1970; A. J. Clayton, Étapes d'un itinéraire spirituel: C. de 1937 à 1944, 1971; U. Timm, Das Problem der Absurdität bei C., Diss. Hamburg 1971; P. Viallaneix, Le premier C. suivi des Écrits de jeunesse d'A. C., 1973; A. Costes, C. ou la parole manquante, 1973; L. Mailhot, A. C. ou l'imagination du désert, Montréal 1973; M. Crochet, Les mythes dans l'œuvre de C., 1973; L. Braun, Witness of decline, C., Rutherford 1974; H.-R. Schlette, Wege der dt. C.rezeption, 1975; ders., C., Welt u. Revolte, 1980; R. Gay-Crosier, C., 1976; M. Mélançon, C., Fribourg 1976; H. R. Lottman, C., 1978; F. Bartfeld, C., 1982; P. V. Zima, Der gleichgültige Held (C., Moravia, Sartre), 1983; R. Grenier, C., soleil et ombre, 1987; D. Sprintzen, C., 1988; M. Sprissler, C. Konkordanz …, 1988; E. Showalter, The stranger, Boston 1989; J. Hernet, A la rencontre d'A. C., 1990; P. F. Smets, Le pari européen dans les essais de C., Brüssel 1991; J. Lévi-Valensi (Ed.), C. et le théâtre, 1992.

Camus, Jean-Pierre, 3. 11. 1584 Paris – 26. 4. 1652 Arras, Page des Hzg.s Roger de Bellegarde, Student in Paris u. Orléans, 1608 Bischof von Belley. 1629 legte er s. Amt nieder u. ließ sich vom Kg. die Abtei Aunay in der Normandie zuweisen. 1650 wurde er Bischof von Arras. Um den verderbl. Einfluß der Liebesromane zurückzudämmen, schrieb C., zunächst Anhänger der Skepsis Montaignes, selbst 36 erbaul. Romane (u. a. *Aristandre,* 1624; *Palombe,* 1624; *La pieuse Julie,* 1625). S. umfangreiches geistl. u. lit. Werk zählt insgesamt fast 200 Titel, darunter 22 Novellenslgen. (*Agatonphile,* éd. P. Sage 1951; *Spectacles d'horreur,* éd. R. Godenne 1973; *Trente nouvelles,* éd. R. Favret 1977).

A. Bayer, C. S. Leben u. s. Romane, Diss. Leipzig 1906; H. Bremond, Histoire littéraire du sentiment religieux en France, Bd. 1, 1929; L. Lafuma, Les histoires dévotes de C., 1940; P. Sage, Agatonphile de C., Genf 1951; J. Descrains, Bibl. des œuvres de C., évêque de Belley, 1971.

Le Canard enchaîné. Journal satirique paraissant le mercredi, satir. Wochenblatt, von Maurice u. Jeanne Maréchal 1915 gegr. Gefürchteter Enthüllungsjournalismus, vor allem seit 1958. Fülle von Anspielungen, Parodien u. Sprachspielen (»Balladur se casse pas la dette!« Titel 25. 5. 93).

F. J. Hausmann, Stud. zu e. Linguistik des Wortspiels. Das Wortspiel im C., 1974.

Candide ou l'optimisme. Traduit de l'allemand de Mr. le docteur Ralph, Roman von →Voltaire, entstanden Juli 1758 in Schwetzingen, EA Genf Februar 1759, revidierter Text *Seconde suite des mélanges de littérature, d'histoire et de philosophie,* 1761, hg. R. Pomeau 1959. Voltaire versucht, wie in anderen Fällen auch, die Autorschaft dieser ›coïonnerie‹, die im März 1759 durch den Rat von Genf verdammt wurde u. in Paris in zahlr. Raubdrucken zirkulierte, zu leugnen. Seit er sich mit der Erklärung des →Erdbebens von Lissabon beschäftigte, galt ihm die prästabilierte Harmonie, wie sie Leibniz vertrat, als fragwürdige Konstruktion. Die Erfahrung, die der Held des Stationenromans macht, widerspricht der Behauptung von der besten aller Welten, die Candides Lehrer Pangloss optimist. wiederholt. Schon s. Liebe zu Cunégonde auf e. westfäl. Schloß (›le plus beau et le plus agréable des châteaux possibles‹) bringt ihm Unglück, die Vertreibung leitet seine Wanderschaft durch Europa (Bulgarien, Lissabon, Cadiz), Südamerika und wieder Europa (Frkr., England, Konstantinopel) ein. Die Motive des Barockromans – Falschmeldungen, Naturkatastrophen, Schiffbruch, Entführung, Verkennung und Anagnorisis, Trennung des Liebespaars und Wiederbegegnung, Konfrontation mit märchenhaften Völkern u. Staatsgebilden – werden in parallelen Ereignisketten, Rückblenden u. eingelegten Berichten so verflochten, daß Candide, dessen Lebens- u. Reiseweg sukzessiv dargestellt ist, die Lehre ziehen kann, Schicksalsschläge deuteten auf kein harmon. kosm. Prinzip hin. Die Erlebnisse des Pangloss selbst, der verfolgt, gequält u. in unverschuldeter Abhängigkeit gehalten wird, parodieren dessen eigene Doktrin: die wirkl. Welt lehrt ihn, an der eingebildeten Idealstruktur zu verzweifeln. Candide heiratet Cunégonde, die in Portugal e. Juden u. e. Großinquisitor in die Hände gefallen war, erst als sie ihre Schönheit verloren hat. In der Diskussion mit dem Manichäer Martin lernt Candide schließl. einzusehen, daß Spekulationen um Metaphysik u. Heroismus fruchtlos sind. Martin erklärt: arbeiten wir ohne zu räsonieren, als einziges Mittel macht die Arbeit das Dasein erträgl. Candide fällt Pangloss, der die Lehre aus s. Erfahrungen nicht gezogen hat u. hinter den grausamen Peripetien immer noch e. gütige Fügung am Werk sehen will, entschlossen ins Wort, als er zum Schluß wieder ins Spekulieren verfällt: Beispiele aus der Weltgeschichte u. metaphys. Konstrukte tragen zur Bewältigung der Existenzprobleme in e. gegebenen Situation nichts bei. Welches die Perspektive dieses neu gewonnenen Aktivismus sei, geht aus dem Roman nicht hervor. Die Romanform liefert durch Digressionen u. kontrastierende Schicksale zwar die Begründung der Skepsis, die angesichts der Harmonietheorie geboten ist, doch kann sie die Standhaftigkeit des Helden nicht plausibel machen, es sei denn als Parodie; die Rettung vor der Verzweiflung erscheint aus der Figurenperspektive nicht zwingend. Der Autor spricht s. Gestalten Mut zu, nachdem er sie an den Rand des Widersinns geführt hat.

P. B. Grove, The imaginary voyage in prose fiction, New York 1942; I. O. Wade, Voltaire and C., Princeton 1959; R. A. Brooks, V., Leibniz and the problem of theodicy, Diss. New York 1959; W. F. Bottiglia, C. A. study in the fusion of history, art and philosophy, Princeton/London 1959; W. H. Barber, C., London 1960; P.-G. Castex, Voltaire, Micromégas, C., L'ingénu, 1961; D. Hildebrandt, Voltaire, C., 1963; J. Sareil, Essai sur C., Genf 1967; G. Murray, C.: The protean gardener 1755–1762, Genf 1970.

Cansó (= franz. →Chanson), provenzal. höf. Minnelied des MA (ursprüngl. ›vers‹ genannt), meist fünf Strophen von sechs bis zwölf (selten mehr) Versen in freier Reimanordnung. Die C. setzt sich aus dem zweiteiligen Aufgesang und dem

Abgesang (provenzal. ›cauda‹) auf e. neue Melodie zusammen. Der Name der gefeierten Dame wurde nicht genannt, statt dessen stand e. Chiffre (provenzal. ›senhal‹).

H. van der Werf, The chansons ..., Utrecht 1972.

La cantatrice chauve, Einakter von Eugène →Ionesco, entstanden 1948, EA *Théâtre,* I 1954, n. 1984, Urauff. 11.5. 1950 Théâtre des Noctambules, Paris. Der Titel dieser ›antipièce‹ sollte ursprüngl. *L'anglais sans peine,* später *L'heure anglaise* lauten; den definitiven Titel erhielt das Stück nach e. Versprecher während der Proben (›c.‹ statt ›institutrice blonde‹). Ionesco wählte für die elf Szenen e. zykl. Struktur: der Einakter endet mit der Exposition. Zwei Ehepaare, die ihre Rollen wechseln, tauschen Konversationsklischees aus, wie sie aus albernen Fremdsprachenbüchern bekannt sind; der Feuerwehrhauptmann, der in der 8. Szene auftritt, erkundigt sich beiläufig nach der kahlen Sängerin u. erhält zur Antwort, daß sie immer noch die gleiche Frisur trägt. Gegenstand der Darstellung ist die Unmöglichkeit der sprachl. Verständigung, wie sich an Sprichwörtern, die sich sprachl. verselbständigt haben, an Floskeln u. unsinnigen Witzen erweist. Die Verpuppung der handelnden Personen wächst im Laufe des Gesprächs; ob sie nun Smith oder Martin heißen, wird belanglos. Ionesco verstand das Antistück als Karikatur der Salonkom.; das Lachen wird gnadenlos, nicht mehr befreiend.

Cantique, relig. Gesang, seit dem 18. Jh. auch Preis- u. Spottlied (Sammelbd. *C.s et pot-pourris,* London 1789), z. B. auf die Schwangerschaft der franz. Kgin; im 19. Jh. auch Synonym für Ode.

Capétiens →Kapetinger.

Capitaine Bada, Stück in drei Akten von Jean →Vauthier, entstanden 1947–50, EA 1952; Urauff. 12. 1. 1952 Théâtre de Poche, Paris. Einziger Schauplatz ist Badas Zimmer, das in s. Abgeschlossenheit zum Bild e. psych. Verfassung wird, in die sich der Held im Beisein s. Geliebten Alice versetzen will. Aus ihren Seelenzuständen ergibt sich – ohne Verknüpfung zur Intrige – der Handlungsablauf. Wie der Schriftsteller in →*Le personnage combattant* berauscht sich das Paar an e. Turnier ziselierter Wortschübe – die beiden imitieren u. analysieren sich selbst, nicht unähnl. Dürrenmatts *Play Strindberg.* Bada wird in drei signifikanten Augenblicken s. Lebens vorgestellt. Im 1. Akt wehrt er sich gegen die aggressive Liebe von Alice, im 2. Akt, der nach der Heirat spielt, ist Bada der aktive Partner, im 3. Akt, Jahre danach, hat Alice ihn unterworfen. Zum Schluß fährt er in e. Gondel zum Himmel auf. Der Geschlechterkampf zwischen den handelnden Personen wird in rhythm. Figuren ausgetragen, der Kontrast zwischen Text u. Geste drückt seel. Dissonanzen aus. Peripetien produziert vorrangig die Sprache, deren Klangfarbe, Tonhöhe und Tempo wechselt, Vauthier konzentrierte den Stoff noch weiter in *Badades-ques* (1965).

Le capitaine Fracasse, Roman von Théophile →Gautier, entstanden seit 1836, ED *Revue nationale* 25.12. 1861 – 18.6. 1863, EA 1863. Nach dem Modell des *Roman comique* von Scarron, des *Wilhelm Meister* von Goethe u. Szenen aus *The bride of Lammermoor* von Scott, mit romanesken Motiven (Räuberüberfälle, Mantel u. Degen,

Entführung, Anagnorisis) schrieb Gautier den poet. Roman e. Komödiantentruppe aus der Regierungszeit Ludwigs XIII. Der Landedelmann Baron von Sigognac, der Idealtypus des romant. Liebhabers, schließt sich dem fahrenden Volk an u. nennt sich C. Er verliebt sich in die Schauspielerin Isabelle, die junge Naive des Ensembles, die der düstere Hzg. Vallombreuse auf s. Schloß entführt, wo s. Vater das Mädchen als eigene Tochter identifiziert. Alle Hindernisse e. standesgemäßen Verbindung sind ausgeräumt, zu s. Glück erfährt Sigognac auch, daß er den Rivalen nicht, wie befürchtet, im Duell getötet hat. Die Romanfiguren gehören e. Geburts- oder Seelenadel an, selbst ihre Bosheit verrät noch Stil; sie lassen die banale Alltagswelt hinter sich u. verwirklichen e. poet. Lebensideal.

Capitale de la douleur (1926), Gedichtszyklus von Paul →Éluard (Vers- u. Prosagedichte, vereinzelte Verwendung des Reims). Die Slg. gliedert sich in vier Komplexe: ›Répétitions‹, ›Mourir de ne pas mourir‹, ›Les petits justes‹ u. ›Nouveaux poèmes‹. In vielen Gedichten strebt Éluard danach, die Banalität des Lebens verklärt durch die Liebe darzustellen. Dabei impliziert s. Poesie hohe stilist. Ansprüche; beispielhaft sind die zahlr. Körperteilmetaphern in den Liebesgedichten. Éluards Vorliebe für Max Ernst u. de Chirico, denen bildbeschreibende Gedichte gewidmet sind, entspricht s. Ästhetik der vergegenständlichten Akzidentien. Er verfährt nach e. genuinen Schema, in dem z. B. das Motiv des Auges u. des Vogels austauschbare Eckpositionen einnehmen (Gedichte *Suite, Au cœur de mon amour, Leurs yeux toujours purs, Georges Braque, La courbe de tes yeux, Le grand jour*). Mit dem Vogelmotiv entwirft Éluard Lineaturen des Aufschwungs, so in *L'ombre aux soupirs, A côté, Au cœur de mon amour.* Der Stil der Gedichte in C., der Lyrikslg., die Éluard zum bekanntesten Dichter s. Generation machte, ist stärker vom Conceptismus der Barocklyrik als von der surrealist. Poetik geprägt.

W. Engler, Éluard, Leurs yeux toujours purs, in: W. Pabst (Hg.), Die mod. franz. Lyrik, 1976.

Un caprice, Proverbe von Alfred de →Musset, EA *Revue des deux mondes* 15. 6. 1837, Urauff. 27. 11. 1847 Com. frçe. Das Dreipersonenstück handelt von e. Ehekrise: Mme de Léry bestellt, mit Wissen ihrer Freundin, deren leichtfüßigen Ehemann, M. de Chavigny, zu e. Rendez-vous, um ihm die Seitensprünge für immer zu verleiden. Mit dem Einakter, der im Konversationston e. im Grunde ernstes Problem vorbrachte, wurde Musset als Dramatiker bekannt.

Les caprices de Marianne, Drama in zwei Akten von Alfred de →Musset, EA 1834, Urauff. 14. 6. 1851 Com. frçe. Das Spiel von ehel. Treue u. spontaner Leidenschaft, den Spannungen zwischen Alter u. Jugend ist ins Neapel der Renaissance zurückverlegt; aus der Distanz wurde der Konflikt um so fesselnder. Marianne hat, kaum der Klosterschule entwachsen, den alten Richter Claudio geheiratet; sie weigert sich, den naiven Celio zu erhören, empfindet hingegen Sympathien für s. Freund, Octavio, der bei ihr stellvertretend wirbt. Als Marianne dem Flehen Celios nachgibt u. ihm e. nächtl. Treffen gewährt, erschlagen ihn Mörder, die der Richter gedungen hat. Octavio weist die Annäherungsversuche der Koketten zurück. Musset selbst hat darauf hingewiesen, daß er in den beiden männl. Hauptfiguren Facetten s. eigenen Psyche personifizieren wollte; Spontaneität, Empfindsamkeit, Zweifel u. Ironie. Schon Diderot hat dieses dualist. Darstellungsverfahren erprobt.

Capus, Alfred, 25. 11. 1858 Aix-en-Provence – 1. 11. 1922 Neuilly-sur-Seine. 1894 Redakteur u. seit 1914 Mithg. des *Figaro,* 1917 Aufnahme in die Ac. frçe. S. Kom. u. Romane spiegeln den bürgerl. Optimismus wider, der zwar Risiken nicht scheut, aber erwartet, daß sich zum Schluß alles arrangiert (vgl. u. a. auch Caillavet). Sie sind typ. für die Belle Epoque. C. schrieb u. a.: die Romane *Les honnêtes gens,* 1878; *Qui perd gagne,* 1890 (Übs. H. Mann); *Faux départ,* 1891; *Années d'aventure,* 1895; u. die Kom. *Brignol et sa fille;* 1895; *La bourse ou la vie,* 1900; *La veine,* 1901; *La petite fonctionnaire,* 1901; *Les deux écoles,* 1902; *Les maris de Léontine,* 1903; *Notre jeunesse,* 1904; *M. Piegeois,* 1905; *Les passagères,* 1906; *Les favorites,* 1911; *L'institut de beauté,* 1913; *La traversée,* 1920 (*Théâtre complet,* VIII 1910–23). Zahlr. dieser Stücke gehören zur Klasse der ›comédie de l'argent‹ u. Liebeskom., deren Konflikte C. im Sinn der freien Liebe entscheidet. Für gesellschaftl. nicht sanktionierte, aber doch sittl. Beweggründe empfindet er mehr Nachsicht als der rigorosere →Brieux.

J. Lemaître, Les contemporains, 7e série, o. J.; C. M. Noël, C., 1909.

Les caractères de Théophraste, traduits du grec, avec les caractères ou les mœurs de ce siècle, von Jean de →La Bruyère, entstanden 1677(?)–87, EA Paris 1688, erweiterte 4.–8. Auflage 1689–94, hg. P. Kuentz 1969. Der Autor, der an die eth. Typologie des Griechen Theophrastos (*Charaktere,* 4. Jh. v. Chr.) anknüpft, führt e. neue Perspektive in die Moralistik (vgl. früher Montaigne, Descartes, Pascal, La Rochefoucauld, Méré) ein. Er erforscht nicht mehr nur s. Ich, um entweder im Sinne e. christl. Anthropologie die menschl. Ohnmacht zu registrieren oder aber aufgrund rationalist. Prämissen e. abstraktes Bild vom Menschen überhaupt zu gewinnen, sondern analysiert vielmehr in krit. Einstellung Verhaltensweisen identifizierbarer Individuen, die ihm als repräsentativ erscheinen. Dies erhebt La Bruyère über die Satiriker. Der Hof von Versailles, der Status der Privilegierten, die ›Charaktermasken‹ von Kanzelrednern, Seelenführern, Literaten u. Mätressen: stehende Rollen der Kom. werden soziolog. auf Ursache u. Wirkung der Entartung untersucht. Der pessimist. Kritiker ist freil. konservativ genug, um die Monarchie nicht in Frage zu stellen. Wenn auch die Antithese, die rhetor. Kardinalfigur der Moralistik, ständig wiederkehrt, ist doch die Darbietungsform der *C.* – vor allem gemessen an La Rochefoucauld – weniger lapidar; Parabeln (so das Gleichnis vom prunkenden Hirten e. armseligen Herde), Dialoge, Traktate, Porträts, wirklichkeitsnahe Aperçus überwiegen. Neben dem transparenten ›style noble‹ schreibt La Bruyère e. bizarren, brüchigen Stil, der irritierende Metaphern setzt, um abrupt in Verdeutlichungen umzuschlagen. Mit dieser vielschichtigen Form der Sozialdiagnose bereitete er u. a. Montesquieus *Lettres persanes* vor; mit Montesquieu hat er gemeinsam, daß explosive Probleme nicht mit letzter Konsequenz zu Ende formuliert werden. Vor 1684 schrieb La Bruyère vor allem Reflexionen u. Porträts, danach systematisierte er Sozialkonflikte, durch die auch die Geldfrage gestellt ist, und nach 1688, nun mit der Selbstsicherheit des Erfolgsautors, polemisierte er generell gegen Verstellung u. Heuchelei. Die bürgerliche Moralistik hat das krit. Potential der Molière-Kom. eingeholt.

H. Klaus, J. de La Bruyère, Mensch u. Gesellschaft in s. C., Diss. Berlin 1935; F. Tavera, L'idéal moral et l'idée religieuse dans les C. de La Bruyère et ses C., Amiens 1946; L. van Delft, La Bruyère moraliste. Quatre études sur les C., Genf 1971; R. Garapon, C. de La Bruyère, 1978.

Carco, Francis (eig. François Marie Alexandre Carcopino-Tusoli), 3.7. 1886 Nouméa/Neukaledonien – 26.5.1958 Paris, Vater Gefängnisbeamter. 1895 kam C. nach Südfrkr., 1910 nach Paris; 1922 Großer Lit.preis der Ac. frçe., 1937 Mitgl. der Ac. Goncourt. Der Lyriker C. war Mittelpunkt der →École fantaisiste, die ihre Inspiration in der Welt von Montmartre fand (*La bohème et mon cœur,* 1912; *Chansons aigres-douces,* 1912; *Petits airs,* 1920; *Morte Fontaine,* 1946; *Poésies complètes,* 1955). Die Metaphorik s. Gedichte assimiliert wiederholt Verlaines Bilder in *Poèmes saturniens* u. *Romances sans paroles.* Als Romancier setzte C. den psycholog. Roman von Bourget fort (*L'homme traqué,* 1922; *Rien qu'une femme,* 1923); der Durchbruch zur Originalität gelang ihm mit Schilderungen der Künstler- u. Apachenwelt von Montmartre. In *Jésus la caille* (1914), *Les innocents* (1916), *Scènes de la vie de Montmartre* (1919), *Nuits de Paris* (1927), *Rue Pigalle* (1927) setzte der Erzähler e. Epoche u. ihrem Lebensstil e. Denkmal. C. stellte auch die Bemühungen der Kubisten dar. Die Biographien von Villon (1926) u. Utrillo (1927), Darstellungen von Verlaine (1939), Nerval (1953) u. Goya (1953) zeugen von derselben Vorliebe für das Pittoreske wie C.s Dichtungen. Mit s. autobiograph. Schriften (*De Montmartre au Quartier latin,* 1927; *Nostalgie de Paris,* 1941; *Compagnons de la mauvaise chance,* 1954; *Rendez-vous avec moi,* 1957) leistete C. e. wertvollen Beitrag zum Studium der École de Paris.

A. Négis, Mon ami C., 1953; C. vous parle, hg. M. Manoll, 1954; Ph. Chabeneix, C. Une étude, ^{2}1960.

Le cardinal d'Espagne, Drama in drei Akten von Henry de →Montherlant, EA 1960, Urauff. 15.12. 1960, Wien, Pariser Premiere 20.12. 1960, Com. frçe. Francisco Ximénez de Cisneros, Erzbischof von Toledo, Primas beider Spanien, Großkanzler von Kastilien, Großinquisitor von Kastilien u. León, über achtzig Jahre alt, nimmt zudem die Funktion des Regenten von Kastilien wahr. Von Historikern als e. Labyrinth der Widersprüche dargestellt, von Montherlant als e. ›Bestie der Tat‹ profiliert, wird der Kirchenfürst im Drama zum Stier in der Corrida in Beziehung gesetzt. Der greise Kirchenfürst, der s. Herrschsucht u. die mit s. kirchl. Rolle verbundene Neigung zur Kontemplation nicht mehr in Übereinstimmung bringen kann, erträgt die Verbannung durch den Thronfolger Karl nicht u. stirbt – das Opfer dieses ›Stierdramas‹, wie Montherlant den Konflikt selbst nannte. Weil Cisneros' Tod nicht Apotheose ist, sondern Vernichtung aus Verblendung, weicht in der Schlußszene alle Hoheit vom Protagonisten. Dies unterscheidet die Idee des Stücks von Anouilhs *Becket ou l'honneur de dieu.* Beckets Primasfunktion ist an s. individuelles Ethos gebunden, Cisneros hingegen ist Mönch, Gelehrter u. Caudillo aus polit. u. relig. Hybris.

P. Sipriot, Le C. et les constantes de l'œuvre, Annales du centre universitaire méditerranéen, 1960f.; A. Blanchet, Le C. ou le mystique spirituel manqué, Études 1961.

Cardoeil, Residenz des →Artus.

Carême, donner le, Fastenpredigten halten, berühmt durch die Kanzelredner Bossuet, Bourdaloue u. Massillon im 17. u. 18. Jh.

Carlemagne, Carlemaigne, Carles, Charlemaigne, Charles, Namensformen für Karl d. Gr. im altfranz. Epos u. Roman.

Carmagnole (nach ital. Carmagnola, Stadt in Piemont, in Paris durch die Kleidung ital. Arbeiter bekannt), ursprüngl. Bezeichnung der revolutionsgerechten Bekleidung: kurzer Kittel mit breitem Kragen u. Metallknöpfen, später Titel e. revolutionären Liedes (Autor unbekannt), 1792 entstanden; von Napoleon ebenso wie →*Ça ira* verboten. Die C. begann mit den Versen: ›Monsieur Véto avait promis / D'être fidèle à son pays‹. Mit M. Véto war Ludwig XVI. gemeint. Jede der ursprüngl. elf Strophen schloß mit dem Refrain: ›Dansons la C., / Vive le son du canon‹.

Carmen, Novelle von Prosper →Mérimée, ED *Revue des deux mondes* 1845, EA 1846. In der Rahmenerzählung berichtet Mérimée von s. Begegnung mit e. gesuchten Mörder, der ihm später im Gefängnis von Córdoba sein verhängnisvolles Schicksal schildert. José Lizzarrabengoa wurde in s. bask. Heimat bereits wegen Totschlags gesucht, er tauchte in der span. Armee unter u. erhielt den Posten e. Wachtmeisters in e. Tabakmanufaktur von Sevilla. S. Liebe zur Zigeunerin C., die hier arbeitet, bringt ihn um den Verstand; anstatt sie nach e. Messerstecherei zu verhaften, läßt er sie entfliehen u. gewährt ihren Kumpanen heiml. Einlaß in die Tabaklager. Ihnen schließt er sich bald darauf an u. wird Schmuggler. C. ist mit dem Bandenführer verheiratet. José ersticht ihn u. will mit s. Geliebten nach Amerika fliehen; je leidenschaftlicher er sich an sie bindet, desto mehr kokettiert C. mit ihrer Unabhängigkeit u. gibt sich als Freundin e. Picadors aus. José erträgt jetzt ihre Kapricen nicht mehr u. bringt sie um. Mérimée konzipierte die Novelle, die durch G. Bizets Opernfassung (1875) weltbekannt wurde, als völkerkundl. Studie über die Zigeuner, damit verknüpft er das Thema des gesellschaftl. u. daher auch moral. Außenseiters. Der Stoff ist romant., die Darstellungsform dagegen unpathetisch.

A. Dupony, C. de Mérimée, 1930; R. Leibowitz, C. ou l'opéra par excellence, Lettres nouvelles 1956.

Carmontelle (Carmontel), Louis Carrogis, gen., 15. 8. 1717 Paris – 26. 12. 1806 ebda., Sohn e. Schuhmachers, Lektor des Hzg.s von Orléans, für dessen Hof er Sprichwörter dramatisierte (*Proverbes dramatiques,* VIII 1768–1781; *Nouveaux proverbes dramatiques,* II 1811; *Proverbes et comédies posthumes,* III 1825); die neue Gattung fand im 19. Jh. Nachahmer (Leclercq, Musset).

Cl. D. Brenner, Le développement du proverbe dramatique en France et sa vogue au XVIIIe siècle, Berkeley 1937; J.-H. Donnard, Le théâtre de C., 1967; M. Herrmann, Das Gesellschaftstheater des C., 1968.

Carra, Jean-Louis, 9.3. 1742 Pont-de-Veyle/Ain – 31.10. 1793 Paris (hingerichtet), Enzyklopädist (*Le faux philosophe démasqué,* 1772; *Esprit de la morale et de la philosophie,* 1777; *Système de la raison ou le prophète philosophique,* 1782), Mitarbeiter L.-S. Merciers an den *Annales patriotiques.* Während der Franz. Revolution gehörte C. zunächst der Bergpartei an *(Opinion sur le jugement de Louis Capet);* als Girondist geriet er in e. Gegensatz zu Marat u. Robespierre.

Carrière, Jean, geb. 6.8.1928, Produzent bei Rundfunk und Fernsehen, schreibt seit 1956 Romane, deren Stil an Giono anschließt (*Retour à Uzès,* 1968; *L'épervier de Maheux,* Prix Goncourt 1972; *La caverne des pestiférés,* II 1978).

Cartaud de la Villatte, François, um 1700 Aubusson – 1737 Paris, Kleriker, als Anhänger Fontenelles, namentl. der Geschichtskritik in *De l'origine des fables,* Gegner jeder dogmat. Erstarrung (*Pensées critiques sur les mathématiques, Essai historique et philosophique sur le goût;* Schriften, hg. W. Krauss II 1960). C. schien der Gedanke an e. Rückkehr des Menschen in den idyllisierten Naturzustand unerträgl.; als Frühaufklärer bekannte er sich zur Fortschrittsidee. Die griech. Welt ist noch grausam u. unmenschl. Tertullian gilt ihm als Repräsentant des MA, der im nordafrikan. Klima zur Schwarmgeisterei neigte. Die Renaissance, beispielhaft Ronsard, entbehrte noch der bienséance. S. Verhältnis zur Klassik ist ebenso unkrit. wie ambivalent. C. hoffte, auf der Basis der klimat.-geograph. Determinierung von Geschmacksentscheidungen (vgl. Fontenelle, Montesquieu, Mme de Staël) e. Standpunkt zur Beschreibung u. Wertung von Lit. zu gewinnen, der den relativierenden Ansatz überflüssig macht. Entsprechend s. Abhängigkeit von Fontenelle stand er dem Rationalismus skept. gegenüber.

Carte de (du) Tendre, psycholog. Schema, allegor. Dokument der →Préciosité, im Februar 1654 aus e. Diskussion zwischen Madeleine de →Scudéry u. Paul →Pellisson vom November 1653 hervorgegangen, im Roman *Clélie, histoire romaine* (1654–60) veröffentlicht. Die psycholog. Dreigliederung der Liebe, wie sie im geograph. Schema des imaginären Royaume de Tendre veranschaulicht wird (Flüsse Inclination, Reconnaissance u. Estime, Stationen Tendre sur E., Tendre sur R. u. Tendre sur I.; See Indifférence, Mer dangereuse), scheint von der Scudéry weniger doktrinär gemeint gewesen zu sein als die Gegner der Preziosität (Molière, Boileau) wahrhaben wollten. Gabriel Guéret schrieb 1663 im Stil der C. den allegor. Roman *La carte de la cour.*

Carte géographique de la cour, auch *Carte du pays de Braquerie* (1688), Skandalchronik der galanten Welt, wahrscheinl. auf Veranlassung des Fürsten Conti von →Bussy verfaßt.

Cartel des quatre, Zusammenschluß der vier Schauspieler u. Bühnendirektoren →Baty, →Dullin, →Jouvet u. →Pitoëff zur Intensivierung der Ensembleleistung, Förderung des mod. Dramas; Ablehnung sowohl des Stils der Com. frçe. wie des frivolen Unterhaltungstheaters.

H. Hort, Les théâtres du C., Genf 1944; F. Anders, Jacques Copeau et le C., 1959.

Cartesianer, Anhänger der Erkenntnislehre, Ethik u. (oder) Wiss.theorie von René →Descartes.

Carton de Wiart, Henry Victor comte de, 31. 1. 1869 Brüssel – 6. 5. 1951 ebda., Jurist, seit 1896 kathol. Abgeordneter, 1911–50 wiederholt Minister e. belg. Regierung, 1920–21 Ministerpräsident; Autor von soziolog. Studien u. hist. Romanen (*La cité ardente,* 1905; *Les vertues bourgeoises;* 1910; *Terres de débats,* 1942; *Nény et la vie belge au 18ᵉ siècle,* 1943; *Souvenirs politiques 1878–1918,* 1948).

G. Hoyois, C. et le groupe de La Justice sociale, 1931.

Cartouche, Louis-Dominique Bourgignon, gen., 1693 Paris – 1721 ebda. (hingerichtet), legendäre Banditenfigur von geheimnisvoller Herkunft, 1721 in Paris das Tagesgespräch, wiederholt in Dramen dargestellt, u. a. – noch ehe man s. habhaft gworden war – von Legrand in *Les voleurs ou l'homme imprenable.*

Casanova, Giovanni Giacomo, chevalier de Seingalt (dies der selbstverliehene Nom de guerre), 2. 4. 1725 Venedig – 4. 6. 1798 Dux (Böhmen), Doktor beider Rechte, legendärer Abenteurer, der u. a. am engl., preuß. u. russ. Hof verkehrte; schrieb e. utop. Roman (*Icosameron,* V 1787) u. s. Autobiographie →*Histoire de ma vie* in franz. Sprache vermischt mit Italianismen. C. begann mit der Niederschrift nicht vor 1790, sie stützte sich auf Notizen u. Kopien s. Briefe, wobei die Personennamen verändert wurden. Für die Kulturgesch. des 18. Jh. sind diese Memoiren e. der lebendigsten Quellenwerke. C. stellte die Gesellschaftsordnung des Ancien Régime nicht in Frage. S. dichter. Werke trugen ihm die Aufnahme in die lit. Accademia dell'Arcadia ein. Zur lit. Figur wurde C. vor allem in der dt. Lit.

E. Maynial, C. et son temps, 1910; J. Rives Child, Casanoviana. An annoted world bibl. of C. and of works concerning him, Wien 1956; ders., C., London 1961; E. Loos, C. u. Voltaire (Europ. Aufklärung, hg. H. Friedrich/F. Schalk), 1967; F. Furlan, C. et sa fortune littéraire, Saint-Médard-en-Jalles 1971; F. Marceau, Une insolente liberté, les aventures de C., 1983.

Cassou, Jean, 9. 7. 1897 Deusto bei Bilbao – 16. 1. 1986 Paris, Mutter Spanierin; Stud. Hispanistik Sorbonne, wurde Kustos des Musée du Luxembourg, 1965 Professor für Soziologie. C. übersetzte u. a. Unamuno, Blasco Ibañez ins Franz., verfaßte Kunst- u. Lit.kritiken (*El Greco,* 1931; *Grandeur et infamie de Tolstoi,* 1932; *Cervantes,* 1936; *Picasso,* 1937; *Raoul Dufy,* 1946; *Auguste Rodin,* 1949; *Le nu dans la peinture,* 1952; *Les impressionistes et leur époque; Panorama des arts plastiques contemporains,* 1960), hist. Romane (*Les harmonies viennoises,* 1926; *Les massacres de Paris,* 1935, über den Aufstand der Commune; *Le centre du monde,* 1945; *Le voisinage des cavernes,* 1971) u. surrealist. Prosa (*La livre de Lazare,* 1955; *Le temps d'aimer,* 1959; *Dernières pensées d'un amoureux,* 1962). Der Essay *Pour la poésie* (1935) galt beim Erscheinen als glückl. Synthese von krit. u. schöpfer. Prinzipien. 1944 veröffentlichte C. s. ersten Lyrikband (*Trente-trois sonnets composés au secret*), der den Einfluß span. Dichtung deutl. erkennen läßt; 1952 u. 1956 folgten die Slgg. *La rose et le vin* u. *Ballades.* E. zweisprachige Gesamtausgabe s. lyr. Werkes besorgte H. Weder (*Œuvre lyrique,* 1971). Autobiogr. *Une vie pour la liberté* (1981).

P. Georgel, C., 1967.

Catéchisme de l'honnête homme, Dialog von →Voltaire, Genf 1763, Kritik der Offenbarungsreligion, die selbst Widersprüche zwischen dem AT u. NT unkrit. als Glaubenswahrheiten akzeptiert u. die sittl. Gebote der Naturreligion verfälscht. Voltaire knüpft an →Bayles Apologie der Toleranz an, wenn er analog argumentiert: ›Ah! si votre religion était de Dieu, la soutiendrez-vous par des bourreaux? Le géomètre a-t-il besoin de dire: Crois, ou je te tue?‹ Das Gespräch zwischen dem Honnête homme, der die Anschauungen des Autors vertritt, u. dem Mönch vom Kloster Athos schließt mit e. Bekenntnis zur Duldung Andersgläubiger.

Cathos, Nichte des biederen Gorgibus, betrogene Preziöse in den →*Précieuses ridicules* von Molière.

Cau, Jean, 8. 7. 1925 Bram/Aude – 18. 6. 1993 Paris, Sohn e. Landarbeiters, Stud. Paris, 1945–57 Sekretär von Sartre, Mitarbeit an *Les Temps modernes,* dann Redakteur bei *L'Express.* C. erhielt für den Roman *La pitié de dieu,* in dem das Schicksal der Gefangenschaft dargestellt wird, 1961 den Prix Goncourt (weitere Romane u. Erzählungen: *Les paroissiens,* 1958; *Mon village,* 1958; *Le meurtre d'un enfant,* 1965; Satire *Tropicanas,* 1970; *Les entrailles du taureau,* 1971). Umstritten waren die Stücke →*Les parachutistes* u. *Les yeux crevés* (1968) sowie die an Nietzsche inspirierte kulturpessimist. Schrift *Les écuries de l'occident* (1973). Spätere Werke: *Une nuit à Saint-Germain-des-Prés;* phantast. Romane *Le chevalier, la mort et le diable,* 1977; *Le grand soleil,* 1981; Entwicklungsroman *La conquête de Zanzibar,* 1980; *Nouvelles du paradis,* 1980; Roman *L'innocent,* 1982; *Proust, le chat et moi,* 1984; *Croquis de mémoire,* 1984.

Causeries du lundi, lit.krit. Artikelslg. von Charles-Augustin →Sainte-Beuve, ED 1. 10. 1849 – 29. 11. 1852 im *Constitutionnel,* 6. 12. 1852 – 26. 8. 1861 im *Moniteur,* EA 1851–62 (15 Bde., ergänzt 1863–72 durch 13 Bde. der *Nouveaux lundis; Œuvres I: Premiers lundis,* hg. M. Leroy 1950). Jeweils in der Montagsausgabe erschienen, stellen die Artikel in Form lit. Porträts zeitgenöss. u. ältere franz. Autoren dar; gelegentl. spürte Sainte-Beuve vergessene Schriftsteller auf u. empfahl sie dem Publikum dringender als große Namen wie Stendhal oder Balzac, die er mit sichtl. Rivalitätshaltung behandelte. Lit. erschien ihm als Angelegenheit der Epoche, die daher ebensoviel Interesse verdient wie die Person des Schriftstellers; Memoirenschreiber wie Retz schätzte er, wenn sie die gesellschaftl. Maskerade enthüllten. Chateaubriand veranlaßte Sainte-Beuves Lit.konzeption zur bissigen Bemerkung, von ihm beweint zu werden, sei entsetzl. Baudelaire bat ihn wiederholt um e. Würdigung, doch der bedeutendste Lyriker des 19. Jh. ist in den *C.* nicht angemessen vertreten. Mit allen ihren Schwächen beherrschte diese Slg. von Aufsätzen, Rezensionen u. Reflexionen über das angewandte Verfahren die Lit.kritik des 19. Jh. u. trug entscheidend zur Kanonisierung des method. Prinzips ›l'homme et l'œuvre‹ in Frkr. bei. Spätestens seit Proust haben sich maßgebende Autoren von Sainte-Beuve distanziert.

M. Allem, Les grands écrivains français. Études des Lundis et des Portraits de Sainte-Beuve, 1929; F. Baldensperger, La critique et l'histoire littéraire en France au 19e et au début de 20e siècle. New York 1945; P. Moreau, La critique selon Sainte-Beuve, 1964; R. Fayolle, La méthode critique de Sainte-Beuve dans les Lundis, thèse Paris 1971.

Causes grasses, im MA dramat. Karikaturen gerichtl. Prozesse, von der →Basoche während der Fastnacht aufgeführt.

Le cavalier bizarre, Einakter von Michel de →Ghelderode, EA Antwerpen 1938, Urauff. 10. 11. 1953 Paris. Die Thematik des grotesken Stücks ist e. Replik auf Baudelaires Gedicht *La mort des pauvres* (in →*Les fleurs du mal*): Arme können sich e. Tod, der sie in e. bessere Welt führt, nur einbilden, u. sie sind dieses Wunschtraums nicht einmal würdig. Während über den Blinden von Maeterlinck *(→Les aveugles)* e. Fluch lastet, sind die Bewohner dieses Spitals Toren.

Cavé, Edmond-Ludovic-Antoine, 1794 Caen – 1852, Leiter der École des Beaux-Arts, Mitarbeiter des *Globe,* Autor von Salonstücken mit liberaler Zielrichtung, die er in Zusammenarbeit mit Adolphe Dittmer (1795–1846) schrieb (*Soirées de Neuilly,* II 1827).

Les caves du Vatican (1914), Roman von André →Gide, von ihm selbst als Narrenspiel (Sottie) bezeichnet. Das gezielt ausgestreute Gerücht von der Gefangennahme des Papstes Leo XIII. in den Verliesen des Vatikan löst 1893 Rettungsaktionen zahlr. Gläubiger aus, die wiederum von Verbrechern ausgeplündert werden sollen. Anders als diese handelt Lafcadio Wluiki, die Zentralfigur der Kriminalposse, nicht aus Berechnung, wenn er auf der Strecke Rom-Neapel den Apotheker Amédée Fleurissoire aus dem fahrenden Zug stößt. Wie er einst als Aktion, die nichts einbringt (→›acte gratuit‹) unter Einsatz s. Lebens Kinder aus den Flammen gerettet hat, so tötet er jetzt spontan – gleichsam aus e. sportl. Anwandlung heraus – e. ihm gänzl. unbekannten u. im Grunde gleichgültigen Menschen. Der Zeitungsbericht über die unerklärl. Tat bringt Julius de Baraglioul auf die Idee, über den Vorgang e. Roman zu schreiben; im 5. Buch der *C.* wird die bereits entfaltete Fabel von der Schriftstellerfigur auf ihre Tragfähigkeit hin untersucht: der Roman als Projekt im erzählten Roman vollzieht Geschehenes in e. Spiegelung nach. Das Werk richtet sich provokativ gegen gedankenlos akzeptierte Moralvorstellungen u. die naturalist. Romanästhetik. Die wechselreiche Handlungsführung der Sottie erhält bei Gide vielfältige – teils iron., teils grotesk-satir. – Akzentuierungen. Gides Dramatisierung der *C.* wurde 1950 von der Com. frçe. herausgebracht.

W. W. Holdheim, Gide's C. and the illusionism of the novel, MLN 1962; K. O'Neill, A. Gide and the ›roman d'aventure‹: the history of a literary idea in France, Sydney 1969; A. Goulet, C. d'A. Gide, étude méthodologique, 1972.

Caylus, Anne-Claude-Philippe de Tubières ... comte de, 31. 10. 1692 Paris – 5. 9. 1765 ebda., Offizier, Archäologe u. Literat, der s. Rokokowerkchen (*Œuvres badines complètes,* XII 1786 f.) zusammen mit dem jüngeren Crébillon, Duclos u. Moncrif verfaßte. Außerdem beschäftigte sich C. mit vergleichender Kunstbetrachtung, womit er auf J. Winckelmann eingewirkt hat (*Recueil des antiquités égyptiennes, étrusques, romaines, gauloises,* VII 1752–65; *Nouveaux sujets de peinture et sculpture,* 1755; *Voyage d'Italie 1714–15,* hg. A. A. Pons 1914). Die

Brüder Goncourt gaben s. Watteaubiographie heraus.

Cayrol, Jean, geb. 6. 6. 1910 Bordeaux, jurist. u. philolog. Stud., Bibliothekar, Mitgl. des Geheimdienstes, seit 1941 in der Résistance, verhaftet u. ins KZ Mauthausen deportiert (1942–45); Berater der Éditions du Seuil, Autor von Drehbüchern (*Muriel,* 1963; *Le coup de grâce,* 1965). Der Lyriker C. inspirierte sich am AT, an Rimbaud, Claudel, Jacob u. Salmon (*Les poèmes du pasteur Grimm,* 1936; *Le hollandais volant,* 1936; *Le dernier homme,* 1939; *Les phénomènes célestes,* 1939; *Miroir de la rédemption,* 1944; *Poèmes de la nuit et du brouillard,* 1946; *Passetemps de l'homme et des oiseaux,* 1947; *La vie répond,* 1948; *Les mots sont aussi les demeures,* 1952; *Pour tous les temps,* 1955; *Poésie-Journal,* III 1969–80; *Œuvre poétique,* 1988). Oft bilden relig. akzentuierte Seelenkämpfe den Inhalt s. Romane, deren Helden verabsolutierte moral. Prinzipien sind, unbeschwert von gesellschaftl., berufl. u. materiellen Sorgen. Ihre Bewußtseinskrisen, ausgelöst etwa durch die phys. Bedrohung im KZ oder durch e. neue Umgebung, die e. latente Eheschwierigkeit manifest macht, lassen sie zu Bewohnern e. ›Lazarus-Welt‹ werden. Sie werden von e. Glut verzehrt, die sie nicht selbst entfacht haben. Wie einzelne Gestalten bei Giraudoux u. Anouilh leiden sie unter Gedächtnisversagen, so Gaspard in *Je vivrai l'amour des autres* (1947) u. *Les corps étrangers* (1959). Bernard in *Le froid du soleil* (1963), Martine in *Midi minuit* (1966), Géronimus in *Histoire d'un désert* (1972). C. tendiert mit seinen letzten Werken (vgl. noch *La noire,* 1949; *Le vent de la mémoire,* 1952; *L'espace d'une nuit,* 1954; *La gaffe,* 1957; *Je l'entends encore,* 1968) zum philosoph. Märchen. Der Held der *Histoire d'un désert* wird als Gefangener ›wie jedermann‹ charakterisiert; s. Flucht aus der Entfremdung des Polizeistaats in die Wüste führt in elys. Gefilde, wo Lebende u. Tote, sprechende Tiere, Stanley auf der Suche nach Livingston die Menschheitsgeschichte im Stil der Bilder von Dali u. Max Ernst inszenieren. Sie hinterlassen Gottes Spur in der Geschichte u. bezeugen die Notwendigkeit, umherzuirren. Dies ist der metaphys. Gegenstand des Romanciers C., den das weltanschaul. Anliegen des →Renouveau catholique zum stark gleichnishaften Stil geführt hat. Das Erlebnis der Mai-Revolte 1968 veranlaßte C., die Funktion der Sprache neu zu überdenken. Als Pastiche des sentimentalen Dutzendromans blieb *N'oubliez pas que nous nous aimons* (1971) wirkungslos. Im Spätwerk dominiert die Retrospektive, Romane wie Gedichte thematisieren vor allem die Welt der Kindheit (*Les enfants pillards,* 1977; *Histoire du ciel,* 1979; *Qui suis-je?* 1984).

D. Oster, C. et son œuvre, 1967.

Cazalis, Henry, (Pseudonym Jean Caselli, Jean Lahor), 9. 3. 1840 Cormeilles-en-Parisis / Seine-et-Oise – 1. 7. 1909 Florissant/ Schweiz, Mediziner, Orientalist (*Histoire de la littérature hindoue,* 1888), befreundet mit Mallarmé, der ihm die Grundzüge s. Poetik mitteilte. Als Lyriker orientierte sich C. jedoch noch an der Ideendichtung des Parnasse (*Vita tristis,* 1865; *Melancholia,* 1869; *Le livre du néant,* 1872; *L'illusion,* 1875; *Le cantique des cantiques,* 1885; *Poésies complètes,* 1888; *Les quatrains d'Al-Ghazali,* 1896). Ihm verdankt die Malersektion der Nabis (gebildet 1888, erste Ausstellung 1891) den kabbalist. Namen.

Noch stärker als Leconte de Lisle inspirierte der Buddhismus C., der hier Impulse für s. gedämpften Nihilismus und sein stoisches Ethos empfing.

J. Kiesow, Die philosoph. Lyrik von Guyau u. Lahor, 1916; R. Petitbon, L'influence de la pensée religieuse indienne dans le romantisme et le Parnasse. J. Lahor, 1962; ders., Les sources orientales de J. Lahor, 1962; L. A. Joseph, C., 1973.

Cazin, Hubert Martin, 22. 5. 1724 Reims – 5. 10. 1795 Paris, Buchhändler und Verleger, bis 1789 in Reims, dann in Paris. Zu den ca. 500 Titeln, die er herausbrachte, zählen vor allem Werke von Crébillon fils, Marivaux, Prévost u. Nachdrucke des 16. u. 17. Jh. (Amyot, Béroalde de Verville, Marguerite de Navarre, Marot, Montaigne, Rabelais u. a.). Als Verlagsort wird statt Paris häufig London, Amsterdam oder Reims angegeben.

Brissart-Binet, C., sa vie et ses éditions, 1863.

Cazotte, Jacques, 17. 10. 1719 Dijon – 25. 9. 1792 Paris (hingerichtet), Jesuitenschüler, im Kolleg Bekanntschaft mit Rameaus Neffen (vgl. Diderot, *Le neveu de Rameau*), protegiert von Maurepas; Jurastud., Tätigkeit in der Marineverwaltung 1743–64, u. a. Insel Martinique, wo er sich verheiratete. Er blieb während der Revolution Monarchist, erörterte briefl. mit s. Freund Ponteau Chancen einer Gegenrevolution, wurde nach der Veröffentlichung der *Correspondance mystique* (1792) verhaftet u. zum Tode verurteilt. In s. phantast. Erzählungen schlug sich die Beschäftigung mit Theorien der Illuminaten nieder (*La patte du chat,* 1741; *Les mille et une fadaises,* 1742; *Contes zinzinois,* 1742; *Olivier,* 1762; Prosaepos in zwölf Gesängen, Nähe zu Ariost; →*Le diable amoureux, Œuvres badines,* 1776; *OC,* VI 1798–1816; *Correspondance,* 87 Briefe, krA G. Décote 1982). C. parodiert die Mode oriental. Erzählungen, ironisiert den aufklärer. Eifer der Romanciers u. verzichtet auf psycholog. Motivationen als Erklärung für mysteriöse Intrigen. Das Schicksal, Dämonen lenken u. betrügen die Menschen. Darum erschien C. die Revolution als Ausgeburt des Unglaubens u. der Amoral. Nodier u. Nerval würdigten C.s Leistung für die phantast. Erzählung.

E. P. Shaw, C., Cambridge/Mass. 1942; R. Trintzius, C. ou le XVIIIe siècle inconnu, 1946; M. Milner, Le diable dans la littérature frçe. de C. à Baudelaire, II 1960; D. Rieger, C. E. Beitrag zur erzählenden Lit. des 18. Jh., 1969.

Céard, Henry, 19. 11. 1851 Bercy – 16. 8. 1924 Paris, Schulbildung in Paris, Tätigkeiten im Kriegsministerium (1873), in der Pariser Präfektur u. 1883–95 im Bibliothekswesen, 1898 endgültig pensioniert; 1918 Mitgl. der Ac. Goncourt. C. gehörte zu Zolas Kreis von Médan, s. erstes Werk, die Novelle *La saignée* (sie handelt von der Einschließung der Hauptstadt im franz.-preuß. Krieg, die der Autor miterlebt hat) erschien 1880 im Sammelband *Les soirées de Médan.* Während der Dreyfus-Affäre trennte sich C. von Zola. Als Naturalist (Romane →*Une belle journée, Terrains à vendre au bord de la mer,* 1906; Dramen *Tout pour l'honneur,* 1887; *Renée Mauperin,* 1888, nach dem gleichnamigen Goncourtroman; *Les résignés,* 1889; *La pêche,* 1890; *Laurent,* 1909; *Le mauvais livre et quelques autres comédies,* 1923) verstand C. vor allem die erzählende Dichtung als ›radiographie des âmes‹ (Brief vom 10. 6. 1918 an Maurice Verne). Die Kunst übernimmt die Funktion der Verlebendigung latenter Konflikte, denn wie C. betont, ›le chimiste transforme, le romancier reconstitue‹. So verstanden verbürgt das Kunstwerk, darin stimmen C. u. Zola überein, e. wissenschaftl. fundierte Wahrheit. 1958 erschienen unveröffentl. Briefe des Autors an Zola.

L. Deffoux/E. Zavie, Le groupe de Médan, 1920; C. A. Burns, E. de Goncourt et C., RhlF 1954; R. Frazee, C. idéaliste détrompé, Toronto 1963; J. B. Sanders, C.'s unpublished Breton poetry, French Review 44, 1971, C. A. Burns, C., Birmingham 1982.

Cécile, Romanfragment von Benjamin →Constant, entstanden zwischen 1805 u. 1811, postum veröffentlicht 1951. Stärker autobiograph. als der Roman →*Adolphe* zeichnet diese kühle Prosa das Bildnis e. Unentschlossenen, der keinen Ausweg aus der Liebe zu Mme de Malbée u. Cécile de Walterbourg weiß: Reflex von Constants Verhältnis zu Mme de Staël u. Charlotte v. Hardenberg (vgl. auch s. Tagebücher *Journaux intimes* u. *Cahier rouge*). Die Seelentrag. erstreckt sich über die Jahre 1793–1807. Mme de Malbée, die Frau ›mit den schönsten Augen der Welt‹, aber auch mit ›mehr Kraft als Anmut‹, der ›Tyrann, aber auch das Ziel‹ der Existenz des Liebenden, verdrängt immer wieder das Bild der engelgleichen, sanften Cécile. Aus Mitleid heiratete Cécile e. Grafen, u. aus Mitleid bleibt der Held bei Mme de Malbée; doch als Cécile ihn nach ihrer Scheidung heiraten will, hofft er auf das Mißlingen ihrer Pläne. S. Mischung von Empfindsamkeit u. Ichbezogenheit, die scheinbare Erlösung in e. epikureischen Lebensweise, die ihn von s. Suche nach dem Absoluten in der Liebe nicht heilt, trägt Züge der exaltierten Romantik (→*René*) u. der psycholog. Analyse des 18. Jh. (Memoirenlit., Choderlos de Laclos, →*Les liaisons dangereuses*). Im Stil dieses Figurenromans in Form e. Ich-Erzählung herrscht Parataxe vor. Ohne Selbstgefälligkeit – dies im Unterschied zum Journal – gestaltete Constant in *C.* die Geschichte e. Liebe, in der die Frau infolge der moral. Schwäche ihres Partners zum Opfer idealer Verheißungen wird.

W. Pabst, Die Stilisierung des lit. Selbstporträts in Constants C. (Formen der Selbstdarstellung), 1956; ders., C. de B. Constant, document autobiographique ou fiction littéraire? (B. Constant, Actes du congrès de Lausanne 1967), Genf 1968; A. R. Pugh, Adolphe et C., RhlF 1963; A. Oliver, Constant. Écriture et conquête du moi, 1970.

Cécile ou l'école des pères, Einakter von Jean →Anouilh, entstanden 1953, EA 1953, Urauff. 28. 10. 1954, Com. des Champs-Élysées, Paris. Die Komödie, Anouilhs Hochzeitsgeschenk für s. Tochter, die Schauspielerin Catherine A., ist e. Pastiche der →*École des maris*, →*École des femmes* von Molière sowie der →*École des mères* von Marivaux. Mit Hilfe ihrer Erzieherin Araminthe entlarvt Cécile ihren Vater, Orlas, als Lüstling, der s. Zustimmung zu ihrer Ehe mit dem armen Grafen nicht länger verweigern kann u. seinerseits um Araminthes Hand anhalten muß. In Szenenanweisungen verlangt Anouilh, die Kostüme, im Stil Louis XV oder Louis XVI, sollten so unecht wie irgend mögl. wirken; dies paßt zum Verständnis der Figuren von ihrem rollenhaften Verhalten. Araminthe beschleunigt die Entflechtung des dramat. Knotens mit der Bemerkung, diese kleine Kom. werde sonst zu lang. Theoret. nennt es Anouilh e. Scheinlösung menschl. Probleme, daß Personen sich vor der Notwendigkeit drükken, die psych. Identität in sich selbst zu suchen u. statt dessen Masken tragen u. ihren Auftritt ironisieren; in der Theaterpraxis wird

dies leicht zur Quelle reinen Vergnügens.

Cécile ou les passions, Briefroman von Victor →Jouy, nach 1823 entstanden, EA 1827. In 115 Briefen wird die Liebe e. älteren Mannes zu s. Nichte erzählt. Romangeschichtl. bedeutender als die Fabel ist die Vorrede zum Roman, an der Philarète Chasles mitarbeitete. Während Victor Hugo gleichzeitig in der *Préface de Cromwell* das Drama als Zielpunkt der lit. Entwicklung begriff, ist hier der Roman ›le résultat définitif de la civilisation‹. Lesage spielte bei der Vervollkommnung der Gattung e. hervorragende Rolle: ›Il créa le roman de mœurs‹. Ebenso weitreichend sind die Innovationen, die Richardson beigesteuert hat, da nun im Briefroman die Verschiedenheit der Perspektiven genutzt werden kann. Weder Rousseau noch Mme de Staël ist dies in Frkr. restlos gelungen, ihre Werke sind allzu philosoph. u. nicht dramat. genug strukturiert. Die Briefform ist der Verwicklung der gesellschaftl. Interessen u. dem Bedürfnis des Lesers, versch. Charaktere in der Selbstdarstellung zu beobachten, angemessen. ›Le roman est l'étude de l'homme social; c'est en l'écoutant parler, en le voyant agir, que cette étude peu devenir réelle et profonde‹.

Ceci n'est pas un conte, Erzählung von Denis →Diderot, wahrscheinl. 1772 verfaßt, Teilveröffentlichung April 1773 in der *Correspondance littéraire,* Veröffentlichung des vollständigen Textes 1798 durch Naigeon. Der Autor ersetzt die Gattungbezeichnung ›conte‹ durch ›récit‹, um d. Dialogsituation zwischen e. Erzähler u. s. Zuhörer, der ihn unterbricht, zu präzisieren. Zwei Fälle werden diskutiert, die Abhängigkeit des Herrn Tanié von Frau Reymer, der ihretwegen zweimal in die Neue Welt reist, um als reicher Mann vor ihr zu erscheinen, u. die Opfer, die Mlle de La Chaux dem Abenteurer Gardeil bringt. Tanié und La Chaux ruinieren sich seel. und sterben einsam. In der Schlußrede stellt Diderot das Verfahren, Personen nach e. Fehltritt aufgrund von Prinzipien zu beurteilen, in Frage; s. Kurzgeschichte gestaltet bestimmte Fälle in genau umrissenen Situationen, die Verallgemeinerungen verbieten.

L. L. Bongie, Diderot's femme savante, Oxford 1977.

Céladon, Held der →*Astrée* von d'Urfé; bezeichnet seitdem e. schwärmer. verliebte Haltung.

Les célibataires (1934), Roman von Henry de →Montherlant, Satire des Männlichkeitsmythos (vgl. *Les bestiaires*), denn das Elitebewußtsein u. die Misogynie der drei Figuren schlägt in das lebensuntüchtige Benehmen von Sonderlingen um.

Célimène, Alcestes kokette Geliebte im →*Misanthrope* von Molière.

Céline, Louis-Ferdinand (eig. Louis Destouches), 27. 5. 1894 Asnières – 2. 7. 1961 Meudon, s. Familie lebte in elenden Verhältnissen, C. besuchte die Abendschule, um sich auf das Baccalauréat vorzubereiten, meldete sich 1914 freiwillig zum Kriegsdienst; Medizinstud., Beauftragter der Hygienekommission des Völkerbunds, Schiffsarzt, 1928 ließ er sich in Clichy nieder. Seit 1932 schrieb C. Romane u. Pamphlete, die das Or-

dinäre zum Stilprinzip erhoben (*La vie et l'œuvre de Philippe-Ignace Semmelweis,* 1924; →*Voyage au bout de la nuit,* →*Mort à crédit, Guignol's band I,* 1944; *Entretiens avec le professeur Y.,* 1955; *Nord,* 1960; *Le pont de Londres. Guignol's band II,* 1964; *Rigodon,* 1969; *Casse-pipe,* ²1970; *Romans,* éd. H. Godard III 1981–88; *Lettres à la NRF,* 1991; *C. et les Editions Denoël, 1932–48,* 1991). S. Gesinnungswandel führte C. in den 30er Jahren von der extremen Linken nach e. enttäuschenden Reise durch die UdSSR (1936) zum Faschismus. Von der Schmähschrift *Bagatelles pour un massacre* (1937), die typ. für C.s Antisemitismus ist, wurden in e. Jahr mehr als 80000 Exemplare verkauft. Der Kollaborateur verließ 1944 Frkr. (Autobiographie →*D'un château l'autre*) u. zog auf Schloß Sigmaringen, später floh er nach Dänemark, wo er interniert blieb, bis die IV. Republik ihn 1952 amnestierte. Er praktizierte in Meudon als Armenarzt. Der hekt., mit phantasiereichen Neologismen, skatolog. Litaneien befrachtete Stil, der immer wieder an lyr. Eigenbewegung gewinnt, die Erneuerung der pikaresken Romansprache, die der ideellen Desillusionierung wie der Formulierung von Anarchismen angemessen ist, wirkte auf Genet, Queneau, Boris Vian, Bohringer u. Jean Douassot. C.s einziges Drama, *L'église* (entstanden 1926, Urauff. 1973 Théâtre de la plaine, Paris) stellt die Enttäuschungen des Tropen- u. Armenarztes Bardamu in expressionist. Stil dar. Der Titel deutet wohl auf die Erlöserrolle des Arztes in der Welt der Armen hin.

Cahiers C., 1976ff.; J.-P. Dauphin, Les critiques de notre temps et C., 1976; ders., C. essai de bibl.... 1914–44, 1977; ders. u. J. Boudillet, Album C., 1977; E. Förster, Romanstruktur u. Weltanschauung im Werk C.s, 1978; P. Monnier, Ferdinand furieux, avec 313 lettres inédites de C., 1979; Ph. Muray, C., 1981; M. Bardèche, C., 1986; W. Burns, Enfin C. vint, New York 1988; F. Vitoux, La vie de C., 1988; N. Wolf, Le peuple dans le roman frç. de Zola à C., 1990; A. Blank, Literarisierung u. Mündlichkeit, C. u. Queneau, 1991; Ph. Bonnefis, C., Lille 1992; M. Zimmermann, C. et les avatars du roman historique, RZLG 3/4, 1992.

Cénacle, Dichterkreis 1827–30; vorbereitet durch die Zusammenarbeit in der →*Muse française* u. den Zirkel Ch. Nodiers im Arsenal, gelang Victor Hugo der Zusammenschluß der romant. Schule u. die Ausarbeitung e. maßgebenden ästhet. Doktrin. Mit der Vorrede zu *Odes et ballades* (1826), nach der Verständigung zwischen Hugo u. der Zs. *Globe* sowie der Begründung e. Freundschaft zwischen Hugo u. Sainte-Beuve empfahl sich der junge Dichter u. nicht Nodier als Wortführer der Romantiker; dies geschah, als Hugo sich von der polit. Rechten entfernte u. erkannte, daß der Sieg der neuen Schule auf dem Theater errungen werden mußte. Er versammelte um sich Vigny, Émile Deschamps, Lamartine, Mitarbeiter der *Muse française,* Gäste aus Nodiers Salon, Frédéric Soulié, Delacroix, Balzac, Dumas, Musset, Mérimée, Pavie, Nerval. Der Kreis organisierte Lesungen u. Diskussionen, die über dichter. Gebiete hinausreichten u. bereitete die ›Bataille d' →Hernani‹ vor. Aus der Provinz drängten Literaten in den Kreis, der sich in der rue Notre-Dame-des-champs traf. Der C. übertrug die republikan. Freiheit auf die Kunst, die sich von klassizist. Fesseln befreite. Nach ihm wurde der Zusammenschluß der →Jeune-France Petit c. genannt.

L. Séché, Le c. de la Muse française, 1908.

Cendrars, Blaise (eig. Frédéric Louis Sauser, Ps. seit 1912), 1. 9. 1887 La Chaux-de-Fonds /

Schweizer Jura – 21. 1. 1961 Paris, Kaufmannssohn, Mutter Deutschschweizerin, Gymnasium in Basel, als Siebzehnjähriger vom Vater geschäftl. nach Rußland geschickt. Nach s. Rückkehr u. familiären Spannungen vagabundierte C. durch Europa u. die USA. Bestimmende Lektüre Walt Whitman. 1914 Fremdenlegion, Verletzung, 1915 franz. Staatsbürger. Im Zweiten Weltkrieg Kriegsberichterstatter auf engl. Seite. C. gehörte zu den ersten Entdeckern der Negerkunst (*Anthologie nègre,* 1921, ²1927, ³1947; *Petits contes nègres pour les enfants des blancs,* 1926). Der jazzartige Rhythmus s. lang flutenden Poesie (*La légende de Novgorod,* 1909; *Séquences,* 1912; *Pâques à New York,* 1912; *Prose du transibérien et de la petite Jeanne de France,* 1913; *Le Panama ou les aventures de mes sept oncles,* 1918; *Du monde entier,* 1919; *Poèmes élastiques,* 1957; *Du monde entier au cœur du monde,* 1957) u. ihre kosmopolit. Inhalte setzen sich analog in der erzählenden Prosa fort (*J'ai tué,* 1918; *J'ai soigné,* 1920; *L'or,* 1925; *L'éloge de la vie dangereuse,* 1926; *Moravagine,* 1926; *Le plan de l'aiguille,* 1929; *Les confessions de Dan Yack,* 1929; *Rhum,* 1930; *Histoires vraies,* 1937; *La main coupée,* 1946; *Bourlinguer,* 1948; *Le lotissement du ciel,* 1949; →*Emmène-moi au bout du monde, Trop c'est trop,* 1957; *L'aventure,* 1958; *Vol à voile,* 1960; *Œuvres complètes,* VIII 1960–65). C. versuchte, den lit. Stil zum angemessenen Ausdruck der technisierten Welt der Photographie, des Radios u. der Fliegerei zu verwandeln; seine Helden sind Abenteurer, sie fliehen jedoch nicht mehr aus Zivilisationsangst in e. exot. Welt, eher aus e. anarchist. Antrieb. In s. Haß gegen das Traditionelle u. Verbrauchte beruft sich C. auf →Sade u. →Lautréamont. S. Nonkonformismus trug ihm vor allem die Bewunderung von Henry Miller ein. Der Autor war mit den Malern Delaunay, Léger, Picabia u. Picasso befreundet. Der Sammelband *Inédits secrets* (1969) enthält Tagebuchaufzeichnungen sowie wichtige Briefe von 1907–17 aus dem Besitz s. Tochter Miriam C.

J. Rousselot, C., 1955; J. Buhler, C. homme libre, poète au cœur du monde, 1960; A. T'Serstevens, L'homme que fut C., 1972; J. Chadourne, C., poète du cosmos, 1973; J. C. Flückiger, Au cœur du texte, essai sur C., Neuchâtel 1977; M. Steins; C., bilans nègres, 1977; J. Bochner, C., discovery and recreation, Toronto 1978; M. Cendrars, C., 1984, ²1993; J.-P. Goldenstein, 19 poèmes élastiques de C., 1986; J. C. Flückiger (Hg.), L'encrier de C., 1989; F. Ferney, C., 1993.

Censure →Zensur.

Le centaure, Prosagedicht von Maurice de →Guérin, entstanden wahrscheinl. 1835, ED *Revue des deux mondes* 15. 5. 1840, besorgt von George Sand, EA *Reliquiae* 1861. Der Kentaur versinnbildlicht die Duplizität der menschl. Natur. Der alte Macarée gibt s. Zuhörer Mélampe e. Lebensbericht. Geboren im Innern der Erde, nach e. Kindheit, die für ihn Gottnähe bedeutete, erlebt der junge Kentaur die Welt als Seinsverlust und Beunruhigung. Allein der Aufenthalt in den Flüssen, wo e. Hälfte s. Natur wieder im Element versinkt, brachte ihm die Geborgenheit der frühen Jahre zurück. Wie die Menschen suchen die Kentauren nach dem Sinn des Daseins, die eifersüchtigen Götter haben das Geheimnis jedoch unter e. Stein verborgen, dessen Lage unentdeckt blieb. Macarée hat sich diese Weisheit s. Lehrers Chiron angeeignet, gelassen sieht er dem Alter entgegen, ›calme comme le coucher des constellations‹. Der Tod wird ihn zum Urgrund des Seins zurückführen, gleich ›treibendem Schnee auf den Wassern‹. Guérin bekennt sich zum Archetypus des Kreislaufs, der Geburt u. Tod in e. überzeitl. Zusammenhang erhebt u. die Tat des Prometheus, von dem Menschen u. Kentauren abstammen, eher als Verfehlung denn als Befreiung erscheinen läßt. *C.* gilt als e. der originellsten Prosagedichte der franz. Lit. Es zeichnet sich durch die kohärente Versinnbildlichung e. kosm. Gefühls, wie es in der Romantik nicht häufig war, aus. Das Wasser bedeutet über das Element hinaus die Situation, in der e. Einzelwesen in der Natur aufgehen kann, der Punkt der Identifikation mit dem Ewigen. Ebenso einfach u. erhaben ist die Raumsymbolik des Gedichts, die von →*La bacchante* nicht mehr erreicht wird. Für Guérin sind mytholog. Konstellationen mit eigener Dynamik begabt, sie präfigurieren die menschl. Existenz; er nannte das Universum ›flottant appareil de symboles‹.

Cent ballades, Balladenslg. des 14. Jahrh., herausg. G. Raynaud 1905. Während ihrer ägypt. Gefangenschaft 1388 befaßten sich vier franz. Ritter mit Minnekasuistik u. trugen die Streitfrage, ob Beständigkeit oder Untreue über Wesen u. Wert der Liebe entscheiden, auf e. Dichterturnier im November 1390 nach Avignon. Vierzehn adlige Dichter gestalteten das Thema, dessen breite zykl. Behandlung nicht immer das gleiche Niveau psycholog. u. eth. Spekulationen einhält.

Cent nouvelles nouvelles, anonym erschienene Novellenslg., nach 1456 in Burgund entstanden, EA 1462, herausg. P. Champion II 1928, wahrscheinl. Autor →Antoine de La Sale. Die älteste geschlossene franz. Novellenslg. spiegelt die Boccaccio-Rezeption (franz. Übs. 1412–14) in der Rahmenerzählung wie in der Hundertzahl wider. Allerdings treten hier 35 Erzähler auf. In der Widmung postuliert der Autor gegen Boccaccio, Novellen sollten dem Wortsinn entsprechend echte Neuigkeiten darbieten u. nur in Gegenden spielen, die dem Leser selbst vertraut sind; diese Wahrhaftigkeitsfiktion wird jedoch wiederholt (Novellen 32, 45, 100) durchbrochen. Originell ist das Fehlen e. didakt. Vorwands. Das Personal der Geschichten – Hahnrei, betrogener Betrüger, geiler Kleriker, mannstolle Weiber – verweist auf lat. Zoten, ma. Fabliaux u. das *Liber facetiarum* des ital. Humanisten Gian Francesco Poggio Bracciolini (1380–1459). La Fontaine schöpfte Motive aus den *C.*, Goethe bearbeitete die letzte Novelle in den *Unterhaltungen deutscher Ausgewanderter.*

W. Pabst, Novellentheorie u. Novellendichtung, [2]1967.

Ce qui n'est pas clair n'est pas français, in diesem Diktum kulminiert der →*Discours sur l'universalité de la langue française* von Rivarol.

Cercamon, gaskogn. Trobador, der um 1135–45 im Poitou u. Limousin dichtete (7 Lieder, darunter e. →Planh auf den Tod Wilhelms X. von Aquitanien, 1137). Wahrscheinl. war →Marcabru s. Schüler, umstritten ist s. Kenntnis des Tristan-Stoffs.

A. Jeanroy, Les poésises de C., 1922.

Un certain Plume, Romanfragment von Henri →Michaux, entstanden 1929; ED *Trois nuits, NRF* April 1930; *Un certain Plume, Commerce* Herbst 1930; EA Dezember

1930, erweiterte Fassung *Plume précédé de Lointain intérieur,* 1938. Die fast willkürl. Anordnung der 17 Kapitel erschwert das Verständnis der sinnbildl. Handlung; im ersten Kapitel wird der ahnungslose Plume (sprechender Name!) zum Tode verurteilt, später erscheint er als dän. Botschafter, stirbt dann zweimal. Für Michaux ist der Protagonist vorrangig Demonstrationsfigur der Isolierung u. Entfremdung des schwachen Individuums gegenüber e. anscheinend auf s. Vernichtung eingeschworenen Gemeinschaft. In e. Welt, die auf absurde Weise tätig wird, ist Plume, trotz des Versuchs zu blutiger Rache *(La nuit des bulgares, L'arrachage des têtes),* nicht Mitspieler, sondern Marionette; nie erkennt er, wer eigentl. s. Verfolger u. Gegner ist. Plumes Transzendenz ist das fratzenhafte Diesseits, wie auch bei Michaux' Vorbild Kafka, kein metaphys. Bereich. Auf ihm lastet der Fluch, mit der Lebenspraxis nicht fertigzuwerden.

Cerveri de Girona, katalan. Trobador, schrieb provenzal., zwischen 1260 u. 1280 Autor e. umfangreichen Werks (114 Kompositionen, darunter Sirventese, Pastourellen, e. allegor. u. polit. Gedicht, Sprichwörter). C. gehörte zur letzten Trobadorgeneration wie Guiraut Riquier u. Johan Esteve. F. A. Ugolini edierte 1936 *Il canzionero inedito,* Martin de Riquer das Gesamtwerk (Barcelona 1947).

I. Cluzel, Le troubadour catalan Guillem de Cervera, dit Cerveri de Girone, 1956.

Césaire, Aimé, geb. 25. 6. 1913 Basse-Pointe/Insel Martinique, Stud. ENS Paris, wo er Senghor kennenlernte, mit ihm u. a. die Zs. *L'Étudiant noir* hg., Agrégation, 1945 Bürgermeister von Fort-de-France/Martinique und Abgeordneter in der franz. Nationalversammlung. 1939 prägte C. im Gedicht *Cahier d'un retour au pays natal* das Wort ›négritude‹. 1941 entdeckte A. →Breton, der C., dessen Stil sich um e. Umsetzung der Bildhaftigkeit afrikan. Weltbilder bemüht, zum Kreis der Surrealisten zählt, den Lyriker. *Les armes miraculeuses* (1946) enthält Lyrik, in der die franz. Lit.sprache mit Afrikanismen kontaminiert wird, um die Abkehr von der europ. Welt sprachl. zu verdeutlichen. Mit *Cadastre* (1961) verstärkt sich die Politisierung von C.s Dichtung; der Band enthält u. a. überarbeitete Gedichte aus der Slg. *Soleil cou-coupé* (1948) u. die vollständig übernommene Slg. *Corps perdu* (1950). Dichtung wird zur Magie. Der Dramatiker C. engagierte sich im Kampf gegen den Kolonialismus (*Et les chiens se taisaient,* 1946; vgl. auch *Discours sur le colonialisme,* 1950). Aus geschichtl. Ereignissen der Unabhängigkeitsbewegung der Negersklaven auf den Antillen von 1807–20 komprimierte er die repräsentative und trag. Erscheinung der Négritude (*La tragédie du roi Christophe,* 1963, Neufassung 1970). Patrice Lumumba ist der Held von *Une saison au congo* (1966, ²1973). Durch die Agitation auf der Bühne bringt C. das farbige Publikum zum Bewußtsein s. polit. u. kulturellen Eigenständigkeit u. klagt das weiße Publikum an (vgl. auch Léopold Sédar Senghor). C. verfaßte e. *Lettre à Maurice Thorez* (1956), die Begründung s. Abwendung vom Kommunismus, wie ihn die KPF vertrat, u. die Biographie von Toussaint Louverture (1960); *Tropiques,* II 1978; *Moi,* 1982.

R. Piquion, Les trois grands de la négritude, Port-au-Prince 1964; H. Juin, C., poète noir, 1967; L. Kesteloot, C. ²1970; G. Ngal, Le théâtre d'A. C., RSH 1970; W. Pabst, C.: La tragédie du roi Christophe (Das mod. franz. Drama), 1971; F. T. Case, C., bibl., Toronto 1973; B. Cailler, Proposition poétique, une lecture de l'œuvre de C., Sherbrooke 1976; C. Klaffke, Kolonialismus im Drama, C., Diss. Berlin 1978; J. Leiner (Hg.), Le soleil caché, mélanges offerts à C., 1983; dies., C., 1993.

César, Schauspiel von Marcel Pagnol, →*Marius.*

Cesbron, Gilbert, 13. 1. 1913 Paris – 12. 8. 1979 ebda., Stud. an der jurist. Fak. u. der École libre des sciences politiques, Programmdirektor bei Radio Luxemburg, Autor des Erfolgsstücks *Il est minuit, docteur Schweitzer!* (1949) u. des hagiograph. Stücks *Briser la statue* (über Thérèse von Lisieux). Als Romancier wählt C. soziale Probleme zum Thema, die er jedoch emotional-pathetisch behandelt; Arbeiterpriester (*Les saints vont en enfer,* 1952). Kinder als Opfer der Erwachsenenwelt (→*Chiens perdus sans sollier, Il suffit d'aimer,* 1960). Das Engagement für Deklassierte u. Gestrauchelte überzeugt kaum, wenn es sich auf rousseauist. Prinzipien stützt u. Verwicklungen durch Wunder löst (*Vous verrez le ciel ouvert,* 1956). Erbaul. wie die Romane (vgl. noch *Les innocents de Paris,* 1944; *La tradition Fontquernie,* 1947; *Notre prison est un royaume,* 1948; *Il est plus tard que tu ne penses,* 1958; *Avoir été,* 1960; *Une abeille contre la vitre,* 1964; *C'est Mozart qu'on assassine,* 1966; *Des enfants au cheveux gris,* 1968; *Je suis mal dans ta peau,* 1969; *Voici le temps des imposteurs,* 1972) blieben auch die autobiograph. Schriften u. Essays (*Ce siècle appelle au secours,* 1955; *Libérez Barabbas,* 1957; *Journal,* III 1963–73; *Ce que je crois,* 1970; *Huit paroles pour l'éternité,* 1978; *Un vivier sans eau,* 1978; *Leur pesant d'écume,* 1980; *Passé un certain âge,* 1980; *La regarder en face,* 1982; *Un désespoir allègre,* 1982).

M. Barlow, C., témoin de la tendresse de dieu, 1965.

Césure épique, ep. Zäsur, Variante des →Zehnsilbers (Gliederung 4 + 6 mit Reihenschluß statt bloßer Zäsur): ›Bons fut li siecles al tens ancienor‹ *(Saint-Alexis).*

Chabanon, Michel-Paul, Guy de, 1730 Santo Domingo – 10. 6. 1792 Paris, Musiker, Übs. von Pindar u. Theokrit, dessen Bukolik er imitierte, epigonaler Trag.dichter (*Éponine,* 1752, Salonerfolg; *Eudoxie,* 1769). Voltaire unterstützte vergebens s. Kandidatur für die Ac. frçe. gegen d'Alembert, Ch. wurde erst 1780 als Nachfolger Foncemagnes gewählt. Das *Tableau de quelques circonstances de ma vie* (1795) entstand unter dem Einfluß von Rousseaus *Confessions;* es stellte vor allem Liebesprobleme mit weit höherer Genauigkeit dar (vgl. Choderlos de Laclos, *Les liaisons dangereuses;* Sainte-Beuve, *Volupté*).

A. Monglond, Le préromantisme français, Bd. 2, 1966.

Chabrol, Jean-Pierre, geb. 11. 6. 1925 Chamborigaud, Journalist, Karikaturist, Erzähler: *La dernière cartouche* (1953), *Fleurs d'épine* (1957), *Les innocents de mars* (1959), *La chatte rouge* (1963), Trilogie *Les rebelles* (1965–68), *Caminarem* (1978), Novellen *Contes à mi-voix* (1985). S. bevorzugte Thematik sind die Aufstände der Camisards, Commune, Résistance.

Chactas, Icherzähler des Romans →*Atala* von Chateaubriand, Typus des edlen u. weisen Wilden.

Chadourne, Louis, 1886 Brive/Corrèze – 1925 ebda., Lyriker (*Accords,* 1921), Autor von Abenteuer- (*Le maître du navire,* 1919; *Terre de Chanaan,* 1922; *Le pot au noir,* 1923) u. psycholog. Romanen (*L'inquiète adolescence,* 1920), älterer Bruder von Marc →Ch.

Chadourne, Marc, 23.5. 1895 Brive/Corrèze – 1975 Cagnes-sur-Mer, 1920–27 Beamter in der Kolonialverwaltung (Ozeanien, Afrika), 1940 Professor in den USA; Autor von Reportagen über China (1931) u. die UdSSR (1932) sowie von Romanen, die den Exotismus als Klischee entlarven (*Vasco,* 1927; *Cécile de la folie,* Prix Fémina 1930; *Absence,* 1933; *Dieu créa d'abord Lilith,* 1937; *La clé perdue,* 1947; *Gladys ou les artifices,* 1950; *Quand dieu se fit américain,* 1950). Ch. schrieb die Studie *Restif de la Bretonne ou le siècle prophétique* (1958).

La chair est triste, hélas! et j'ai lu tous les livres, sprichwörtl. gewordener Anfangsvers des Gedichts →*Brise marine* von Mallarmé.

La chair et le sang (1920), Roman von François →Mauriac. Claude Favereau, Sohn e. Landarbeiters, der zum Theologen bestimmt ist, befürchtet, zu e. jener schwindsüchtigen und romant. Abbés, e. →›René des Priesterberufs‹, ausgebildet zu werden, während e. mod. Vorstadtvikar sich besser mit der Betreuung von Jugendvereinen u. Gewerkschaften vertraut machen sollte. Im Verlauf des Militärdienstes ringt sich Claude zum Verzicht auf die höhere Berufung durch, er will die natürl. Sinnlichkeit nicht länger unterdrücken. Zwar bleibt ihm e. große Enttäuschung nicht erspart, als May, die Tochter des Gutsbesitzers in Lur, wo s. Vater beschäftigt ist, e. andern heiratet. Dennoch rettet ihn die Liebe, s. neues Credo, vor der Verzweiflung, der s. sozial höher gestellter Freund Edward im Selbstmord zum Opfer fällt. Edward glaubte, s. Freitod in e. schäbigen Hotel in Châlons-sur-Marne trage dazu bei, die Erinnerung der andern, die er so geliebt hat, an ihn wachzuhalten. Für Claude, der erfährt, daß s. Freund an e. Verhältnis zu Edith Gonzales zerbrochen war, gilt, daß allein der Glaube uns rettet. Mauriacs Affinität zum Jansenismus prägt also die Haltung des Protagonisten. Der gesellschaftl. Unterschied zwischen dem Bauernsohn Claude u. dem ›Bürgersöhnchen‹ Edward, wie der Freund ihn in Haßliebe nennt, wird durch die für Mauriac kennzeichnende Gnadenvermittlung *(→L'agneau)* gar nicht akut; Solidarität ist religiös gemeint. So ist es zu verstehen, wenn Edward in ›maßloser Blasphemie‹ gewünscht hat, Claude möge s. ›Sündenbock‹ werden. Entsprechend erfüllt sich der Heilsplan.

Les chaises, Farce in e. Akt von Eugène →Ionesco, entstanden 1951, EA *Théâtre I,* 1954, Urauff. 23. 4. 1952 Théâtre Lancry, Paris. E. altes Conciergepaar spielt e. herrschaftl. Empfang, bei dem auch s. eigenen Anliegen vorgetragen werden sollen, u. bringt sich vor Begeisterung, als nach unsichtbaren Gästen tatsächl. jemand den Saal betritt, buchstäbl. um. Der namenlose Greis u. Semiramis sehen in e. taubstummen Schwachkopf, der Sprachrohr ihrer Konflikte sein soll, ihren Retter. Wenn mit dem hilflosen Rhetoriker die Dichter gemeint sind, hat das Stück e. poetolog. Thematik. Als Opfer s. eigenen Illusion, Karikatur von Philemon u. Baucis, neigt das Paar dazu, sich bei der Bewältigung der Leere, die es umgibt, vertreten zu lassen. Diese Leere verdeutlicht der Dramatiker mit gehäufter Pantomimik u. Kulissengeräuschen. Der hohle, aller Logik entgleitende Dialog (vgl. auch →*La leçon*) definiert die Protagonisten, die sich im Unzusammenhängenden verirren u. auf die ›Abwesenheit‹ zwanghaft reagieren.

Challe (nicht Challes, Des Challes), Robert, 17. 8. 1659 Paris – 1720? Chartres, Sohn e. Offiziers im Dienst der Anne d'Autriche, nahm am Flandernfeldzug 1677 teil, ging 1682–84 nach Kanada, erneut 1685 u. 1687. Aus engl. Gefangenschaft kehrte er ruiniert zurück, wurde Schreiber auf e. franz. Kriegsschiff, 1713 erschienen anonym in Holland die →*Illustres françoises,* die in der Realismusdiskussion des 19. Jh. von →Champfleury als Modell e. verist. Stils entdeckt wurden. Ch. verfaßte zudem e. *Journal d'un voyage fait aux Indes Orientales* (krA F. Deloffre 1979) u. Memoiren, die 1931 von A. Augustin-Thierry ediert wurden. Hier kritisierte er auch die Regierung Ludwigs XIV.

H.-W. Nöckler, Stud. zu Ch. unter bes. Berücksichtigung der Eheauffassung, Diss. Berlin 1957; E.-M. Knapp-Tepperberg, Ch.s Illustres françoises, 1970; Sondernr. RhlF 6, 1979.

Chamfort, Sébastien Roch Nicolas, 6. 4. 1741 bei Clermont – 13. 4. 1794 Paris, Kind unbekannter Eltern, vom Gewürzhändler François Nicolas aufgezogen, glänzender Schüler, der wegen s. Respektlosigkeit das Pariser Collège des Grassins verlassen mußte; 1760 Hauslehrer. Seit 1764 s. erste Kom. *La jeune indienne* gespielt wurde, gehörte Ch. zur Literatengesellschaft. S. *Éloge de Molière* wird 1796, wie früher schon e. Gedicht über die Pädagogik von der Ac. frçe. ausgezeichnet. Bis zur Wahl in die Akademie (1781) schrieb Ch. d. Einakter *Le marchand de Smyrne* (1770), s. *Éloge de La Fontaine* (1774) u. die Trag. *Mustapha et Zeangür* (1777), die ihm e. kgl. Pension einbrachte. Als begeisterter Revolutionär formulierte er die Parole ›Krieg den Palästen, aber Frieden den Hütten‹ u. lieferte Sieyès plakative Formulierungen zur Selbstdarstellung des III. Standes. Ch. übernahm 1792 die Verwaltung der BN. Als er, obgleich Sekretär des Jakobinerclubs, während der Terreur verhaftet werden sollte, unternahm er e. ungeschickten Selbstmordversuch, an dessen Folgen er e. halbes Jahr später starb. S. Angriffe von 1791 gegen die Akademien des Ancien Régime werden 1795 bei der Gründung des Instituts beachtet. Vor allem die *Maximes et pensées, caractères et anecdotes* (1795; krA J. Dagen 1968) begründeten s. Ruhm als e. der letzten Aphoristiker in der Reihe der franz. Moralisten. Um den Verlockungen des Luxus in e. mondänen Gesellschaft zu entgehen, wählt das Individuum die Vereinsamung. Ch. leugnete wie Rousseau, von dessen Kulturpessimismus er abhängig war, die Möglichkeit e. Vervollkommnung des Menschen innerhalb der sozialen Struktur des Ständestaats. E. Teil des Nachlasses blieb verschollen (*Œuvres,* hg. P. L. Ginguené IV 1795; C. Roy 1960).

E. Dousset, Un moraliste au XVIIIe siècle, 1943; J. Teppe, Ch., 1950; P. J. Richard, Aspects de Ch., 1959; R. List-Marzolff, Ch. Ein Moralist im 18. Jh., 1966.

Chaminadour, fiktive Kleinstadt in Marcel →Jouhandeaus Erzählwerk, nach dem Vorbild s. Heimatstadt gestaltet.

Champavert. Contes immoraux (1833) von Pétrus →Borel. Die sechs Geschichten mobilisieren das motiv. Arsenal der Schauerromantik u. des Sadismus (Vergewaltigung, Kindesaussetzung in der Kloake, Vivisektion an Menschen, Mord aus Profitgier, Leichenschändung, Selbstmord auf dem Schindanger).

Champfleury (1529), Abhandlung des Buchdruckers Geoffroy Tory (1480–1533), der die neuen latein. Lettern an Maßen des menschlichen Körpers orientieren will.

Champfleury, Jules (eig. Jules Fleury-Husson), 10. 9. 1821 Laon – 5. 12. 1889 Sèvres, Buchhändler, Schriftsteller u. seit 1887 Direktor des Manufakturmuseums in Sèvres. Seit 1847 bereitete er durch s. Erzählpraxis sowie durch theoretische Ansätze, die sich an paradoxen Formulierungen Stendhals entzündeten, die Realismusdiskussion vor (→*Chien-Caillou, Les confessions de Sylvius,* 1849; *Les excentriques,* 1852; *Contes domestiques,* 1852; →*Les aventures de Mlle Mariette, Contes d'été, Les souffrances du professeur Delteil,* 1853; *Les bourgeois de Molinchart,* 1855; *La succession Le Camus,* 1857; Manifest *Le réalisme,* 1857; *Les amis de la nature,* 1859; *Les amoureux de Sainte-Périne; Claire Couturier,* 1892). Ch. schrieb s. Werke gegen das sublime Geschmacksideal. Als Realist ließ er nur e. Thema gelten: der Mensch in der mod. Zivilisation. Er verlangte vom Romantiker, die lit. Tradition zu vergessen, da sich s. Produktion an das Volk richtet, das von kulturellen Konventionen unbelastet ist. Der Niederschrift müßten eingehende Untersuchungen vorangehen. Auf Ch. konzentrierte sich die Realismusdiskussion der 50er Jahre, da die Kritik in ihm e. Antiromantiker sah. Baudelaire, der mit ihm befreundet war, erklärte: ›Voilà ce que Ch. osa pour ses débuts: se contenter de la nature et avoir en elle une confiance illimitée‹. Philarète Chasles verteidigte s. Wahl trivialer u. abstoßender Sujets (etwa die bedrückende Atmosphäre e. Altersheims in *Les amoureux de Sainte-Périne*), während der Traditionalist Sarcey ihm vorwarf, er könne kein Franz. Für Zola war Ch. e. Wegbereiter der objektiven Lit., dem es an Kraft u. Muße fehlte, um das Neue s. Ästhetik des volkstüml. Romans (von der Stoffbestimmung wie der Publikumserwartung her) ganz durchzusetzen. Ch. verfaßte außerdem kunsthist. Schriften (*Essai sur la vie et l'œuvre de Le Nain, peintre laonnais,* 1850; *Histoire de l'imagerie populaire,* 1869; *Vignettes romantiques,* 1883; *Musée secret de la caricature,* 1888).

P. Eudel, L'œuvre de Ch., 1891; J. Troubat, Sainte-Beuve et Ch., un coin de littérature sous le Second Empire, 1908; D. A. Flanary, Ch., Ann Arbor 1981.

Champmeslé, Marie Desmares de, 18. 2. 1642 Rouen – 15. 5. 1689 Paris, e. der großen Schauspielerinnen der klass. Epoche, zeitweilig Racines Geliebte; Auftritte 1669 am Théâtre du Marais, 1670–1679 am Hôtel de Bourgogne. Boileau hob rühmend hervor, das Spiel der Tragödien sei pathoshaltiger als die wirkl. Opferung der Iphigenie (*Épitre* VII).

J. Noury, Ch., Rouen 1892.

Les champs magnétiques (1920), Gemeinschaftsdichtung von André →Breton u. Philippe →Soupault, als psychoanalytisches Experiment (Traumdichtung, ›écriture automatique‹) Surrealismus avant la lettre.

A. Balakian, André Breton et l'hermétisme: Des Ch. à La clef des champs, CAIEF 1963.

Chamson, André, 6. 6. 1900 Nîmes – 1983, Familie aus den Cevennen, dem bevorzugten Schauplatz s. Romane; Schulbildung in Alès u. Montpellier, Stud. Sorbonne u. École des chartes, Bibliothekar an der BN u. 1933–35 Leiter des Nationalmuseums Versailles, 1934 Mitgl. des Kabinetts Daladier; Ch. agitierte seit 1930, u. a. durch s. Wochenblatt *Vendredi,* gegen den europ. Faschismus. Nach der militär. Niederlage (Ch. war Verbindungsoffizier von Delattre de Tassigny) ging er in den Untergrund u. kämpfte bei der Résistance. Seit 1945 war er Direktor des Petit Palais im Louvre, seit 1956 Mitgl. der Ac. frçe., seit 1959 Leiter des Staatsarchivs. Im Werk von Ch. gehen der regionalist. u. gesellschaftskrit. Roman e. Verbindung ein. In der Rahmenerzählung von *Roux le bandit* (1925) stellte er die Bevölkerung der Cevennen, die durch schwere Arbeit die Würde der Existenz errungen hat, als beispielhaft für den europ. Menschen dar. *Les hommes de la route* (1927), *Le crime des justes* (1928) u. →*L'année des vaincus* evozieren die sozialen Konflikte u. die Gefahren des wachsenden Nationalsozialismus. Die Unordnung der Geschichte, durch die Existenzen vernichtet werden, beschäftigte den Erzähler Ch. bis in s. letzten Romane (*Héritages,* 1932; *L'auberge de l'abîme,* 1933; *Les quatre éléments,* 1935; *Le puits des miracles,* 1945; *Le dernier village,* 1946; *La neige et la fleur,* 1951; *Adeline Vénician,* 1956; *Chiffre de nos jours,* 1954; *L'homme qui marchait devant moi,* ²1960; *Comme une pierre qui tombe,* 1964; *La superbe,* 1967; *La tour de Constance,* 1970; *Sans peur,* 1977, Revolutionsroman). Die Erschütterung der gesellschaftl. u. eth. Strukturen durch den II. Weltkrieg ist in der jüngeren Generation noch nicht verwunden. Am Beispiel der Camisards zeigt Ch. andererseits wiederholt die Entartung der bibl. Botschaft. Ch. schrieb außerdem polit. u. philos. Essays (*L'homme contre l'histoire,* 1927; *Tyrol en cordée avec la jeunesse allemande,* 1930; *Écrit en 1940,* 1944; *Fragments d'un Liber veritatis,* 1946) u. im Stil der Reiseerzählung in der Aufklärungslit. *La petite Odyssée* (1965), *Catinat, gardien de Camargue* (1982).

E. Bendz, Ch., un aspect récent de son œuvre, 1952; G. Castel, Ch. et l'histoire, Aix-en-Provence 1980.

Chanson, 1. Minnegedicht der ma. Lyrik (provenzal. →cansó), e. stroph. Gebilde mit zweiteiligem Aufgesang u. meist ungegliedertem Abgesang. Die Kanzonenstrophe kann isometr. oder heterometr. gebaut sein, sie besteht aus mindestens sechs Versen, bevorzugt sind Sieben-, Acht- u. Zehnsilber. Dem provenzal. Modell nachempfunden ist der Envoi. Als e. der ersten franz. Dichter hat Chrétien de Troyes die Kanzone gepflegt; seit dem beginnenden 14. Jh. wurde sie von der →Ballade verdrängt. Sonderformen waren der →Chant royal u. die →Sextine. – 2. Im mod. Sprachgebrauch bezeichnet Ch. e. Lied, das für den Einzelvortrag, nicht zur Chor-Darbietung bestimmt ist, u. vom Chansonnier (franz. ›chanteur‹) im Variété, Cabaret, Café, Café-Concert oder in e. Music-Hall vorgetragen wird. Der Ch.dichter u. der Interpret können, müssen aber nicht ident. sein. Der balladeske Charakter ist bei zahlr. Ch.s deutlich ausgeprägt. Der Rhythmus der Melodie u. die Instrumentierung, die von der Guitarre (→ Georges Brassens) bis zum großen Orchester (Edith Piaf, Yves

Montand, Juliette Greco) reicht, wird häufig zum Erkennungsbild des Sängers. Das Ch. kann der Kunstlyrik entnommen sein (Texte von Béranger, Festeau, Dupont, Gille, Aristide Bruant, Francis Jammes, Alphonse Allais, Apollinaire, Aragon, Éluard, Prévert), fließend ist andererseits, wenn das Gattungsmerkmal des Vortrags maßgebend sein soll, die Grenze zum Volkslied u. zum polit. Gesang, wie er im 19. Jh. ausgebildet wurde (*La voix du peuple ou les républicains de 1848,* 1848; *Le pamphlet du pauvre 1834–51,* Introduction par P. Brochon, 1957). Seit 1815 standen zahlr. Pariser Volksgesangsvereine in polit. Opposition.

F. Schmidt, Das Ch., Ahrensburg/Paris 1968; F. Vernillat/J. Charpentreau, Dictionnaire de la ch. frçe., 1968; H. Weinrich, E. Ch. u. s. Gattung (Lit. für Leser), 1971; H. Hindner, Zwischen Schlager und poésie absolue ... Das lit. Chanson in Frkr., ZfSL 1972; S. Dillaz, Ch. frçe. de contestation, 1973; Th. Vogel, Das Ch. des Auteur-Compositeur-Interprète, 1980; Ch. Brunschwig u. a., Cent ans de ch. frçe., 1981; L. Cantaloube-Ferrieu, Ch. et poésie des années 1930–60, 1981; D. Rieger (Hg.), Ch. frçe. et son histoire, 1988; R. Poupart, Aspects de la ch. poétique, 1988; H. Sarter (Hg.), Ch. u. Zeitgesch., 1989.

Chanson à personnages, lyr. Dialog zwischen e. Liebes- oder Ehepaar, in der Situation des Morgen- u. Abschiedslieds (→Aube).

Chanson d'automne, Gedicht des Zyklus *Poèmes saturniens* (1866) von Paul →Verlaine, drei Strophen in viersilbigen Sechszeilern. Von älteren Herbstgedichten (Lamartine, Hugo, Vigny, Baudelaire) unterscheidet sich das Gedicht durch den hohen Grad der Musikalität, der vor allem in der ersten Strophe durch die Häufung dunkler Vokale erreicht wird: ›Les sanglots longs/Des violons/De l'automne/Blessent mon cœur/D'une langeur/Monotone.‹

Chanson de croisade, Kreuzzugslied, ältestes Zeugnis der Trobadorlyrik (1146), Unterart des →Sirventes.

F. Gennrich, Altfranz. Lieder Bd. 1, 1953.

Chanson de geste, altfranz. Epos des 11. bis 13. Jh. in meist zehnsilbigen, vereinzelt acht- und zwölfsilbigen assonierenden, später auch reimenden Laissenversen. Wenngleich die exakte hist. Aufschlüsselung der Fabeln nur vereinzelt möglich ist (das Geschehen der →*Chanson de Roland* fällt in das Jahr 778, →*Gormond et Isembart* ist mit dem abgeschlagenen Normanneneinfall von 880/81 verbunden), spielen die Heldengedichte bei aller Sagen- u. Legendenhaftigkeit doch immer auf die geschichtl. Wirklichkeit des hochma. Feudalismus an. Ihre Entstehung konnte extrem ›traditionalist.‹ – demnach lebt das Epos in den Varianten, die ungebildete Spielleute vortragen, bis es relativ spät erst niedergeschrieben wird – oder im Gegenteil ›individualist.‹ gedeutet werden – dann ist e. Dichterpersönlichkeit, der die ep. Tradition vertraut ist, für das Gestalten sagenhafter Stoffe verantwortl. Sicher ist, daß zahlr. lokale Sagen u. Legenden nie zum Epos erhoben wurden. Neben dem eindeutigen relig. Konfliktschema (Krieg gegen den Islam in Spanien, Südfrkr., Italien u. im Heiligen Land) steht die vielfältigere nationale Thematik: Sarazenen, aber auch treulose Vasallen u. politische Rivalen fordern zum Kampf heraus (→Empörerepen). Das angeborene Kriegerethos definiert das Amt u. das Handeln des Ritters, dem Minnedienst fremd ist. Die einzelnen Epen, erhalten sind über 80, wurden häufig durch biogr. Ergänzungen (z. B. →Enfances) u. genealog. Verästelungen erweitert u. zu Zyklen verknüpft: →Karlszyklus, →Wilhelmszyklus, →Kreuzzugsepen. Der Dichter →Wace verwandte den Begriff Geste für Reimchroniken; aus dem 13. u. 14. Jh. stammen die *Gestes Chiprois,* Zeugnisse der franz. Herrschaft im Heiligen Land, die gleichfalls unter Geste e. chronikal. Darstellung verstehen. Die ep. Großkunst in Frkr., Spanien, Italien u. Dtl. ist von der *Chanson de Roland* abhängig. Frkr.s kulturelle Hegemonie im Hoch-MA spricht sich darin aus. Während der Vollendung im 12. Jh. entsteht aber auch schon die Kontrafaktur als geschichtslose Travestie der Heldendichtung im →*Roman de Renart* sowie die Parodie →*Audigier.*

J. Bédier, Les légendes épiques, IV ^{2}1914–21; I. Siciliano, Les origines des ch.s de geste. Théories et discussions, 1951; J. Rychner, L'art épique des jongleurs, 1955; R. Louis, L'épopée frçe. est carolingienne, Zaragoza 1956; Ch. u. höf. Roman. Heidelberger Kolloquium 1961, 1963; L. Gautier, Bibl. des ch.s de geste, ^{2}1966; F. Stefenelli-Fürst, Die Tempora der Vergangenheit in der Ch., Wien 1966; R. Hitze, Stud. zu Sprache u. Stil der Kampfschilderungen in den Ch.s de geste, Genf 1966; K. H. Bender, Kg. u. Vasall. Unters. zur Ch. des 12. Jh., 1967; P. Aebischer, Rolandiana et Oliveriana. Recueil d'études sur les ch.s de geste, Genf 1967; I. Siciliano, Les ch.s de geste et l'épopée. Mythes. histoires, poèmes, Turin 1968; P. Le Gentil, Les ch.s de geste. Le problème des origines, RhlF 1970; K. Klooke, J. Bédiers Theorie über den Ursprung der Ch., 1972; A. Adler, Ep. Spekulanten, Versuch e. synchronen Gesch. des altfranz. Epos, 1975; K. v. See, Europ. Heldendichtung, 1978; H. Krauß (Hg.), Altfranz. Epik, 1978; L. Struss, Ep. Idealität u. hist. Realität, 1980; Ch. et le mythe carolingien, Festschr. R. Louis, Saint-Père-sous-Vézelay, II 1982; N. Daniel, Heroes and Saracens. An interpretation of the chansons de geste, London 1984; D. Madelénat, L'épopée, 1986; A. Labbé, L'architecture des palais … dans les ch.s, 1987; A. Bomba, Ch.s u. franz. Nationalbewußtsein, 1987; M. Heintze, Kg., Held u. Sippe, 1991; R. Lafont, Le chevalier et son désir, 1992; D. Kullmann, Verwandtschaft in ep. Dichtung, 1992.

Chanson de Guillaume, Epos des späten 12. Jh. in 3554 assonierenden Zehnsilbern, von denen im einz. anglonormann. Ms. (Brit. Mus., hg. D. McMillan 1949/50) fast die Hälfte metr. Unregelmäßigkeiten aufweist. Nach dem Vorbild der Struktur der →*Chanson de Roland* – e. kleine Truppe stellt sich bei Arles e. Riesenheer der Heiden – entstand e. Gedicht, dessen Stillagen vom Erhabenen bis zum Grotesken reichen. Insbes. durch das Auftreten des bärenstarken Küchenjungen Rainouart (v. 2648 ff.) wird die heroische Gestimmtheit durchbrochen. Die *Ch.* schließt mit e. Wiedererkennungsszene (v. 3501 ff.), denn der ungeschlachte Rainouart ist der Schwager des Grafen Wilhelm.

J. Frappier, Les chansons de geste du cycle de Guillaume d'Orange, 1955; J. Wathelet-Willem, Recherche sur la Ch., II 1975.

Chanson de la mal mariée (12.–13. Jh.), Klage- u. Spottlied, teils in Wechselrede, in dem sich junge Frauen über eifersüchtige u. alte Ehemänner auslassen; darin könnten Natur- u. Fruchtbarkeitsmythen nachwirken. Apollinaire aktualisierte die Gattung wieder.

Chanson de Roland, Chanson de geste, entstanden um 1075–1110, 4002 assonierende Zehnsilber in der anglonormann. Handschrift aus dem 2. Viertel des 12. Jh., krA G. Rohlfs 1960, C. Segre, Genf ^{2}1989. Das Epos nimmt Bezug auf einen historischen Vorgang: 778 vernichteten Basken die Nachhut des Heers, mit dem Karl der Gr. in Spanien Krieg führte. Dieser geschichtl. Kern wurde entsprechend den Erfahrungen in der span. Reconquista, an der franz. Ritter teilnahmen, der Kreuzzugsidee angepaßt u. mit nationalist. Pathos versehen. Roland ist im Gedicht e. der zwölf Pairs Karls, s. kühnster Vasall u. s. Neffe. Die Basken verwandeln sich in Sarazenen, der Verrat →Ganelons motiviert die Niederlage bei Roncesvalles in den Pyrenäen, die Roland zu spät einsehen will. Roland u. sein – geschichtl. nicht verbürgter – Kampfgefährte →Olivier, der Bruder s. Braut →Alde, sind nicht einfach Personifikationen des Topos Tapferkeit-Weisheit. Roland ist der trag. Protagonist des Epos, Karl die – freil. mit den meisten top. Wendungen des ep. Stils versehene – Figur im Zentrum der Handlung. Karl verkörpert die Christenheit, während s. Gegner, Marsilie von Zaragoza u. vor allem →Baligant von Ägypten, den er im Zweikampf besiegt, die islam. Welt, der die ritterl. Anerkennung nicht versagt wird, repräsentieren. Das Vokabular des Heldengedichts besteht aus rund 1800 Wörtern, darunter etwa 100 militär. Begriffe. Schmückende Beiwörter, Doppelungen, Amplifikationen, polysyndet. Verbindungen, paratakt. Satzverknüpfungen bestimmen den Stil, der keinen german. Einfluß zeigt. German. Ursprungs sind jedoch Namen sarazen. Helden. Die *Ch.* setzte das Maß für die Tradition des altfranz. Heldenlieds. In der lebhaften Diskussion, vor allem im Hinblick auf Entstehungsfragen – mögl. ist e. provenz. Quelle –, nähern sich der traditionalist. Standpunkt, der das Epos quasi sich selbst dichten läßt, u. die Vorstellung, daß allein e. kultivierter Dichter dieses Werk komponieren konnte, ohne daß ihm e. Stofftradition bekannt zu sein brauchte, einander an. Denkbar ist, daß →Turoldus, der sich im Gedicht selbst nennt, die Autorschaft zukommt; demnach hätte er den Übergang von der mündlichen Roland-Tradition in Kantilenen, die durch Pilgerfahrten nach Santiago de Compostela über Roncesvalles genährt wurde, zum ep. Triptychon vom Verrat an Roland, s. Heldentod u. der Rache, die Karl nimmt, vollzogen. Die Sage von Roland wurde durch die *Ch.* in ganz Europa verbreitet. Der Stoff erhielt in der span. Lit. (Fragment *Roncesvalles,* 12. Jh., Bearbeitungen durch Juan de la Cueva, *Libertad de España por Bernardo del Carpio,* 1588; Lope de Vega, *El casamiento en la muerte,* 1600–03; Antonio de Eslava, *Los amores de Milon de Anglante con Berta y el nacimiento de Roldan y sus niñerías,* 1604) u. in Italien (Luigi Pulci, *Morgante,* 1483; Matteo Maria Boiardo, *Orlando innamorato,* 1487–95; Lodovico Ariosto, *Orlando furioso,* 1516; Lodovico Dolce, *Le prime imprese del conte Orlando,* 1527) durch Umdeutung u. Stoffkreuzung e. höheren lit. Rang. Als höf. Ritter im Stil der arthur. Epik, kämpft Roland nicht mehr für patriot. Ideale, sondern verzehrt sich in s. Liebe zur heidn. Prinzessin Angelica. Über diese romaneske Kontamination gewinnt der Gegenstand für die franz. Autoren des 17. Jh. an neuem Interesse; er gehört zum Repertoire von Oper u. Ballet (u. a. Quinault u. Th. Corneille). Die dt. Lit. des 19. Jh. entdeckte – wie Vigny (*La mort de Roland,* 1829) – romanzenhafte u. balladeske Aspekte des Stoffs (Fouqué, *Romanzen vom Tale Ronceval,* 1805; Strachwitz, *Rolands Schwanenlied,* 1842; L. Uhland, *Roland Schildträger,* 1841). K. Immermann (*Das Tal von Roncesvalles,* 1819) u. R. v. Kralik (*Rolands Tod,* 1898) brachten den trag. Untergang des Helden auf die Bühne.

Th. Eicke, Zur neueren Lit.geschichte der Rolandsage in Dtl. u. Frkr., Diss. Leipzig 1891; J. Bédier, La ch. Commentaires, 1927; R. Fawtier, Ch. Étude historique, 1933; E. Faral, Ch. Étude et analyse, 1934; R. Mortier, Ch. Essai d'interprétation du problème des origines, 1939; M. Wilmotte, L'épopée française, 1939; E. R. Curtius, Rolandslied u. ep. Stil, ZrP 1938; L. F. Benedetto, L'epopea di Roncisvalle, Florenz 1941; M. Delbouille, Sur la genèse de la Ch., Brüssel 1954; P. Le Gentil, Ch., 1955; H. Lausberg, Zur Metrik des altfranz. Rolandsliedes, RF 1956; H. W. Klein, Der Kreuzzugsgedanke im Rolandslied u. die neuere Rolandforschung, NSp 1956; R. Menéndez Pidal, Ch. y el neotradicionalismo: Orígines de la épica románica, Madrid 1959; M. Waltz, Rolandslied – Wilhelmslied – Alexiuslied, 1965; P. Aebischer, Rolandiana et Oliveriana, Genf 1967; E. Köhler, Conseil des barons u. Jugement des barons: Ep. Fatalität u. Feudalrecht im altfranz. Rolandslied, 1968; A. Noyer-Weidner, Farbrealität u. Farbsymbolik in der Heidengeographie des Rolandsliedes, RF 1969; J. J. Duggan, A. concordance of the Ch., Ohio 1969; R. Rütten, Symbol u. Mythus im altfranz. Rolandslied, 1970; P. Aebischer, Préhistoire et protohistoire du Roland d'Oxford, Bern 1972; C. Segre, La tradizione della Ch., Mailand 1975; J. J. Duggan, A guide to studies on the Ch., London 1976; A. Burger, Turold, poète de la fidélité, essai d'explication de la Ch., 1977; G. Robertson-Mellor (Hg.), The Franco-Italian Roland, Salford 1980; J. Horrent, Ch. et geste de Charlemagne, 1981; R. F. Cook, The sense of the Song of Roland, Ithaka 1987; H. E. Keller, Autour de Roland, 1989; R. Lafont, La geste de Roland, II 1991; J. Maurice, Ch., 1992.

Chanson d'histoire (auch Ch. de toile), Liebeslied, eher volkstüml. als gelehrter Herkunft, von Frauen bei der Handarbeit gesungen. Überliefert sind 20 nordfranz. Texte des 12.–13. Jh., davon sieben als Einlagen in Romanen. Ihre Assonanzenstrophe (drei bis fünf Verse) ist weniger von der Laisse der Chanson de geste als von lat. Metrik abzuleiten.

R. Joly, Les ch.s, RoJb 1961; H. Poulaille/R. Pernoud, Les chansons de toile, 1946; R. Faral, Les chansons de toile, Romania 1946; M. Zink, Belle. Essai sur les chansons de toile, 1978.

Chantal, die Gnadenvermittlerin im Roman →*La joie* von Bernanos.

Chant d'automne, zweiteiliges Gedicht (7 Str.) in →*Les fleurs du mal* von Baudelaire. Die herbstl. Gestimmtheit ist verinnerlicht u. steigert sich zur Zwangsvorstellung der Hinrichtung; Axthiebe der Waldarbeiter werden als Lärm beim Errichten e. Schafotts empfunden (III, 2) u. als Rammstöße, die e. Turm zertrümmern (III, 3–4). Das ›grünl. Licht‹ (V, 1), der ›gelbe u. weiche Lichtstrahl‹ (VII, 4) sind transparent: dahinter sieht das lyr. Ich e. ›gieriges‹ Grab (VII, 1). Der Eindruck von Vernichtung und von Verschüttung herrscht vor, gegenüber dem Schrecken kann sich die epikureische Haltung nicht mehr durchsetzen (VII, 3–4). Die Raumsymbolik (›nous plongerons‹, ›tomber‹, ›succombe‹), die Motive des Sarges (IV, 2) und des Grabes verbinden sich zu kohärenter Trostlosigkeit, die mit Lamartines Melancholie im *Chant d'automne* nicht mehr zu vergleichen ist. Da in Baudelaires Bildern Vergleichsgrund u. Vergleichsglied dazu neigen, sich zu verselbständigen (II, 3–4), läßt das Gedicht Ansprüche e. älteren deiktischen u. definitor. Poetik hinter sich.

A. Noyer-Weidner, Aspekte der Gedichtstruktur in den Fleurs du mal (Interpretationen franz. Gedichte, hg. K. Wais), 1970.

Chantecler, Versdrama von Edmond →Rostand, EA 1910, Urauff. 7. 2. 1910, Théâtre de la Porte-Saint-Martin, Paris. Der Autor dramatisiert alte Bezugsmuster der ma. Tierfabel, wobei der Pfau traditionsgemäß blendende, dabei substanzlose Schönheit u. die Hühner geistlosen Herdentrieb darstellen. Denn als ihr tapferer Hahn Ch. Hilfe braucht, folgen sie s. Rivalen. Die Liebe e. Fasanenhenne zu Ch. offenbart sich erst im Jagdtod der sich für ihn Aufopfernden. Problemat. an der Allegorisierung sittl. Gegensätze in burlesk-satir. Absicht bleibt die unkrit. Voraussetzung e. idealtyp. Ordnung.

Chantefable, ma. Erzählung, deren Prosateile vorgetragen u. deren Verseinlagen gesungen wurden.

Gattungsbezeichnung (›cantefable‹) für →*Aucassin et Nicolette.*

H. Heiss, Die Form der Cantefable, ZfSL 1914.

Chant royal, komplizierte u. feierl. Sonderform der →Chanson, bestehend aus fünf isometr. Strophen u. dem Geleit (→Envoi), trat erstmals als Liedeinlage im *Roman du Comte d'Anjou* (1316) auf. Die nordfranz. →Puys fixierten den stroph. Umfang noch vor Guillaume de Machaut. Zu Sonderformen wurden die Amoureuse u. der Serventois (→Sirventes). Th. Sebillet nennt in s. Poetik als häufigen Stoff des Ch. die Allegorie. Cl. Marot dichtete fünf Ch.s royaux; Du Bellay verdammte die Gattung zusammen mit Ballade u. Rondeau. Im 19. Jh. versuchte Banville e. Erneuerung des Ch.

L. Stewart, Ch., a study of the evolution of a genre, Romania 96, 1975.

Les chants de Maldoror, Prosagedicht in sechs Gesängen von →Lautréamont, Teilausgabe *(Chant I)* 1868, EA 1869 (wurde nicht ausgeliefert), erschien erst 1874; in *Œuvres complètes,* hg. H. Juin 1967; M. Bonnet 1969; P.-O. Walzer 1970. Aus e. unerhörten Orchestrierung des Abnormen u. Satanischen rührte die Faszination der *Ch.* auf die ersten Leser her, darunter L. Bloy, Gide, später vor allem die Surrealisten sowie Michaux. Gattungsmäßige Zuordnungen sind problemat., da das Werk stellenweise als hymn., dann wieder esoter. Prosagedicht, in s. Schlußteil jedoch als phantast. Erzählung abgefaßt ist. Die Titelfigur ist nicht minder schwierig zu charakterisieren. Offenbar dem Menschengeschlecht entstammend, steigert Maldoror s. Verzweiflung über e. unverdient trag. u. zur Einsamkeit verdammtes Schicksal zum kriminellen Haß auf den Menschen, diese Haltung macht ihn zum myth. Unheilbringer. Er berauscht sich an s. frenet. Revolte, bis er in der zweiten Phase s. Auflehnung gegen den Schöpfer anstürmt. Als apokalypt. Tier versucht Maldoror, Gott zu stürzen u. e. Kosmogonie des Bösen einzuleiten. Die Zerschlagung aller Tabus gipfelt im Pakt mit der Prostitution und der Verherrlichung des Päderasten. Doch Maldoror scheitert, als der Schöpfer u. die Kreatur sich unerwartet desselben Instruments bedienen wie er selbst, der Metamorphose. Die Metamorphose entspringt Maldorors Heimweh, das die Menschen nicht stillen u. das er im Tierreich gelindert glaubt, sie garantiert ihm e. dynam. Weltbild, das den Sündenfall rückgängig macht u. den Aufrührer in e. präadamit. Wesen verwandelt. In s. Theomachie mischen sich auch frühsozialist. Ideen von der Koppelung des Fortschritts an den Tod Gottes. Während der Mystiker der Schauerromantik davon träumte, sich mit Gott zu vereinigen, setzt sich der Frenetiker Maldoror Gott gleich u. verstößt ihn. Die Metamorphose wird sakrileg. Werkzeug, doch Maldorors Gott ist nicht der Gegner des Prometheus, sondern e. Gott der Apokalypse u. Rache.

J. Decottignies, Prélude à Maldoror, 1973; W. Engler, Ch., in: H. Hinterhäuser (Hg.), Die franz. Lyrik, 1975; L. Perrone-Moisés, Ch., 1975.

Le chaos et la nuit, Roman von Henry de →Montherlant, entstanden 1961/62, EA 1963. Das problemat. Spanienbild des Dramas →*Le cardinal d'Espagne,* dort bereits im Stierdrama metaphor. erschlossen, prägt mit Verzögerung auch das Romanwerk Montherlants. In

Anlehnung an Pío Barojas Exilroman *La ciudad de la niebla* erzählt der Autor die Selbstvernichtung e. Existenz. Celestino Marcilla, span. Anarchist, verließ im Bürgerkrieg s. Land u. wählte Paris als Exil. Außer mit s. Tochter Pascualita u. wenigen Landsleuten kommt er mit niemand mehr zusammen. Nach fast 30jähriger Abwesenheit wird er zur Regelung e. Erbangelegenheit nach Madrid gerufen, dem Ziel s. polit. Hasses. Vor s. Abreise sieht Celestino in e. Bergdorf unweit von Madrid am 15. 3. 1960 e. Stierkampf zu. Dies ist der Punkt der Epiphanie des Romans. Denn der Protagonist, der weiß, daß die Auseinandersetzung ja im voraus entschieden ist, identifiziert sich in e. myst. Verbindung mit dem gemarterten Tier, so wie er im Wahn Stalin mit Franco identifiziert. Er kehrt in s. Hotel zurück, wo er tot aufgefunden wird. Bewußt läßt der Autor offen, ob der Heimkehrer, an dessen Leiche man Stichwunden entdeckt, e. Opfer der Polizei, e. Unfalls oder e. Lungenentzündung wurde. Das Chaos des Lebens u. das der Imagination werden im Grauen des Endes irrelevant, übrig bleibt die Nacht. Darunter versteht Montherlant, entsprechend e. Notiz in *Va jouer avec cette poussière* (1966), die Nacht, die Intelligenz und Charakter gleichermaßen auslöscht. Celestinos Leben endet in der Indifferenz, nur darum kann er glauben, unbesiegt zu sterben.

Un chapeau de paille d'Italie (1851), Vaudeville von Eugène →Labiche in Zusammenarbeit mit Marc Michel. An s. Hochzeitstag muß Fadinard für e. Strohhut, den s. Pferd gefressen hat, Ersatz beschaffen, weil sonst die Ehre der Dame, der bei e. Rendez-vous mit e. Husaren dieses Mißgeschick widerfahren ist, kompromittiert wäre. Die Motivverbindung von Eheschließung u. Ehebruch, der Kontrast von Naiven u. Koketten bringen Verwechslungen u. Karikaturen hervor, wie sie zum Stil des Vaudeville gehören. Ebenso zufällig wie die fatale Ausgangssituation kommt die Entflechtung zustande: der passende Florentinerhut unter den Hochzeitsgeschenken rettet Anaïs Beauperthuis, nachdem e. vertraul. Gespräch zwischen Fadinard u. dem unerkannten Gatten der lebenslustigen Dame beinahe noch die Katastrophe herbeigeführt hätte. Liebe u. Jugend überlisten Konventionen u. Alter; die Konflikte entladen sich in kom. Situationen, ohne psycholog. Durchleuchtung.

Chapelain, Jean, 4. 12. 1595 Paris – 22. 2. 1674 ebda., nach den Intentionen seiner Mutter, die ihn erzog, hätte er zum Vollender der Pléiade werden sollen; Kenner der span. u. ital. Lit., im 17. Jh. wahrscheinlich der einzige franz. Kritiker, dem Dante vertraut war. Ch. nahm 1605 e. Hauslehrerstelle an, 1619 übersetzte er den *Guzmán de Alfarache* von Mateo Alemán. Die Ausarbeitung e. an Malherbe orientierten rationalist. Dichtungslehre begann mit der Vorrede zu Marinos *Adone* (1623), ihr folgten die →*Lettre sur la règle des vingt-quatre heures* (1630), der *Discours sur la poésie représentative* (Februar 1635) sowie die Erstfassung der *Sentiments de l'Académie française sur le* →*Cid* (Ms. BN, fonds français 15 045, hg. G. Collas, 1912). Ch. selbst sah im *Dialogue de la lecture des vieux romans* (1646, EA 1728, hg. F. Gégou 1971) eine seiner wichtigsten Schriften; wegen der ästhet. Regelverstöße unentschieden zwischen Anerkennung u. Ablehnung der ma. Romane, schwankend, begriff er sie doch als linguist. u. sozialgeschichtl. Dokumente. Zum ep. Gedicht *La pucelle d'Orléans* steuerte Richelieu, der Ch. als Berater u. Gründungsmitglied der Ac. frçe. schätzte, eigenhändige Zusätze bei; nur La Ménardière wagte es, das Opus, an dem Ch. von 1630–55, während er eine Rente des Hzg.s von Longueville bezog, geschrieben hatte, zu kritisieren. Ch. regte die Schaffung des Wörterbuchs der Ac. frçe. an. 1662 berief Colbert ihn, der als Verfechter der erhabenen Poesie galt, in seine geheime Petite Académie und bezeichnete ihn auf Gratifikationslisten als den ›größten Dichter aller Zeiten mit solidem Urteilsvermögen‹. Indessen entzog sich die jüngere Generation dem gefeierten Arbiter, Boileau u. Racine karikierten ihn bereits. Zum Schauspiel u. Epos, jedoch nicht zur Lyrik, formulierte Ch. rationalist. Normen, die Innovationen nur dann nicht als Regelverstoß inkriminieren, wenn ästhet. Grundprinzipien, die vom einzelnen Autor nicht weiter hinterfragt werden sollen, respektiert sind. E. zweibänd. Ausgabe s. Briefe (hg. Ph. Tamizey de Larroque) erschien 1880–83, 1966 folgten die Briefe an Heinsius.

J. Duchesne, Les poèmes épiques français au XVIIe siècle, 1870; G. Collas, Ch. 1595–1674, 1912; A. C. Hunter, Lexique de la langue de Ch., Genf 1967.

Chapelle, Claude Emmanuel Lhuillier, gen., 1626 La Chapelle-Saint-Denis – 12. 9. 1686 Paris, unehel. Sohn e. Juristen am Parlement, Gassendi-Schüler wie Bernier, galanter Epikureer (s. Lyrik umfaßt Stanzen, Sonette, Madrigale, Epigramme), der in e. Reiseepistel (*Voyage en Provence et en Languedoc,* 1663) die provinzler. Preziosität verspottete. An diesem Text wie an der späteren *Voyage d'Encausse* arbeitete Bachaumont mit; ihre *Œuvres* erschienen vermischt 1775.

Chappuzeau, Samuel, 1625 Paris – 1701 ebda., protestant. Amtsadel aus dem Poitou, Übs. des Erasmus, Vf. von Reisebeschreibungen (England, Niederlande, Schweiz, Dtl. u. Italien), Kom. u. Farcen (u. a. *L'académie des femmes,* 1661; *Le colin-maillard,* 1662; *Genève délivrée,* 1662, Einakter; *L'avare dupé,* 1663; *Les eaux de Pirmont,* 1671) sowie e. Kulturgesch. des Theaters (*Le théâtre français,* 1674).

F. Meinel, Ch. 1625–1701, Diss. Leipzig 1908.

Chaque homme dans sa nuit (1960), Roman von Julien → Green. Greens spezif. Gnaden- u. Todesthematik werden zur unwirkl. Welt verwoben, auf deren Nachtseite die Entscheidungen fallen. Ein unauslöschl. Gnadenmal u. wachsendes Sündebewußtsein, vor allem durch homosexuelle Verlokkungen, verursachen dem 24jährig. Wilfred Ingram heftige Gewissenskonflikte, die sich noch steigern, als er nach dem Tod s. Erbonkels Horace materieller Sorgen enthoben ist. Ehe er dazu kommt, die einzige lichte Gestalt des Romans, Phoebe Knight, zu verführen, erschießt ihn der Slawe Max, e. unheiml. Fremder, der im Verlauf der Handlung immer deutlicher Züge des Teufels angenommen hat. Die kerkerhafte Welt ist Abbild e. wüsten Seelenlandschaft, allein die Divergenz von Figuren- u. Autorenstandpunkt gibt e. kurzen Blick frei auf die Wirksamkeit der Gnade.

Char, René, 14. 6. 1907 L'Isle-sur-la-Sorgue/Vaucluse – 19. 2. 1988

Paris, schloß sich bis 1938 den Surrealisten an; der Kampf in d. Résistance inspirierte ihn zu den *Feuillets d'Hypnos* (1946). Der Agnostizismus s. Poesie verschließt sich in sibyllin. Sentenzenhaftigkeit (*Arsenal,* 1929; *Le tombeau des secrets,* 1930; *Artine,* 1930; *Marteau sans maître,* 1934; *Dehors la nuit est gouvernée,* 1938; *Le visage nuptial,* 1938; *Seuls demeurent,* 1945; *Le poème pulvérisé,* 1947; *Cinq parmi d'autres,* 1947; *Fêtes des arbres et du chasseur,* 1948; *Les matinaux,* 1950; *Art bref,* 1950; *A une sérénité crispée,* 1951; *Poèmes,* 1951, [2]1970; *A la santé du serpent,* 1954; *Poèmes des deux années,* 1955; *Chansons d'étages,* 1956; *A Braque,* 1956; *A une enfant,* 1956; *Jeanne qu'on brûla verte,* 1956; *En trente-trois morceaux,* 1956; *De moment en moment,* 1957; *Poèmes et prose choisis,* 1957; *Poèsies* I, 1959; *Choix de poèmes 1934–64,* 1964; *L'âge cassant,* 1965; *Retour amont,* 1966; *Poésies* II, 1969; *Le nu perdu,* 1971; *Recherche de la base et du sommet,* [2]1971; *Chants de la Balandrane,* 1977; deskriptive Naturlyrik u. Zivilisationssatire; *Fenêtres dormantes et porte sur le toit,* 1979; *OC,* 1983; *Cabane,* 1985; *Les voisinages de Van Gogh,* 1985; *Eloge d'une soupçonnée,* 1988). Ch.s Conceptismus wurde schon mit der dunklen Emblematik von Maurice Scève verglichen, doch verbindet den durchaus mod. Dichter mit dem spätpetrarkist. Manierismus so gut wie nichts. S. Werk steht seit den surrealist. geleiteten Einsätzen unter dem Denk- u. Stilzwang der ›fragmentation‹, der e. preziöser Beschreibungsmodus, in dem auch Synästhesien eine wichtige Funktion übernehmen, entspricht. Die Rivalität der Sonne u. der dunklen Welt, die sich verraten fühlt u. der Verwesung ausgeliefert ist, das Dasein als Exil beklagt, evoziert e. Dichotomie, die ebenso ontolog. wie ästhet. gemeint ist. Wo das Motiv des Phönix erscheint, spricht es die ewige Wiedergeburt der Fragmente aus *(Seuls demeurent).* Das Heraklit- u. Rimbaudverständnis bot Ch. solche Denkmodelle u. Konnotationen an. Vielsagend ist der Buchtitel *Poème pulvérisé:* das Gedicht entsteht aus dem Anruf des Werdens u. der ›Angst vor dem Einbehalten‹; s. Sprachmächte summieren nominal, was in der ›aufrührer.‹ u. einsamen Welt der Widersprüche existiert; ›l'ordre insurgé‹ datiert für das manichäische Denken seit dem Rückzug Gottes aus der Welt (vgl. auch Salacrou). Zurück bleibt ›le fruit contracté d'un grand prélude inachevé‹ *(A une sérénité crispée).* Die Lerche, die Turmschwalbe, die Schlange verkörpern für Ch. zentrifugale Kräfte (*La fontaine narrative,* 1948); wieder sind nicht Gefühlslagen angesprochen, sondern verformende Stilkräfte angesichts e. degradierten Wirklichkeit, die der Dichter in *La bibliothèque est en feu* (1956) die ›alte Wüste‹ nennt. In paradoxen Wendungen definierte Ch. (*Nous avons, NRF* August 1958) s. Dichtkunst. Sie ist der einzige Aufschwung, den die Totensonne im vollkommenen u. burlesken All nicht verdüstert; der Lyriker ist gehalten, s. Persönlichkeit zu tilgen, um so den Tod zu bannen u. e. neue Welt zu konstruieren, die im Wort Bestand hat. ›Dichtung ist die Welt an ihrem besseren Platz‹ (*Recherche de la base et du sommet,* [2]1971). Wiederholt wurde nachgewiesen, in welchem Umfang Ch. dem Denken Heraklits verpflichtet ist; Anwesenheit u. Tilgung werden vertauschbar wie Synonyme. Albert Camus entdeckte an Ch., der ihm die *Feuillets d'Hypnos* widmete, s. eigenen Existenzprobleme in hermet. Sprachgebung wieder u. äußerte sich voller Bewunderung über ihn. Paul Celan erfuhr den tiefgreifenden Einfluß s. Ästhetik. Ch.s Bühnenwerke (Sammelband *Trois coups sous les arbres,* 1967) wurden kaum beachtet.

K. Douglas, Ch., New Haven 1948; P. Berger, Ch., un essai, 1951; Ch.'s poetry. Studies by M. Blanchot, G. Mounin, G. Picon, R. Menard, Rom 1956; G. Rau, Ch. ou la poésie accrue, 1957; P. A. Benoit, Bibl. des œuvres de Ch. 1928–63, 1964; R. Étiemble, Poètes ou faiseurs, 1966; V. A. La Charité, The poetics and the poetry of Ch., Chapel Hill 1968; S. Wise, La notion de poésie chez A. Breton et Ch., Aix-en-Provence 1968; F. Mayer, Ch.s Dichtung u. Poetik, Diss. Salzburg 1969; ders., Ch., 1972; G. Mounin, La communication poétique, précédé de Avez-vous lu Ch., [2]1969; Sondernr. L'Herne 15, 1971; M. A. Caws, The presence of Ch., Princeton 1976; J. C. Mathieu, La poésie de Ch., II 1985; Ch. Dupouy, Ch., 1987; P. Veyne, Ch. en ses poèmes, 1990.

Chardonne, Jacques (eig. Jacques Boutelleau), 2. 1. 1884 Barbezieux/Charente – 30. 5. 1968 La Frette/Val d'Oise, Vater Franzose, Mutter Amerikanerin, 1910 Verlagsleiter bei Stock. Ch. hatte den Ehrgeiz, als Moralist zu gelten, u. versuchte, Stendhal u. Bourget Ebenbürtiges zu schreiben. Liebes- u. Eheprobleme bilden den Kern s. psycholog. Romane; der Frau fällt die Aufgabe zu, das Mysterium des Lebens zu erklären (*L'épithalame,* 1921, *Le chant du bienheureux,* 1927; *Les Varais,* 1929; *Eva ou le journal interrompu,* 1930; *Les destinées sentimentales,* III 1934–36, *Romanesques,* 1937; *Chimériques,* 1948; *Matinales,* 1956; *Catherine,* 1964; *Œuvres complètes,* VI 1952–55). André Gide griff Ch. wegen s. Resignation nach der militär. Niederlage (*Chronique privée,* 1941, *Voir la figure,* 1941) im April 1941 im *Figaro* an; s. Meinung nach irrte Ch., wenn er die innere Verfassung der Eroberer wie Romanfiguren zu analysieren u. zu verstehen meinte u. behauptete, die Geschichte werde die Ereignisse von 1940 sanktionieren. Aus s. umfangreichen Korrespondenz: Ch. – Nimier, 1984.

G. Guitard-Auviste, Ch., 1983.

Charlemagne →Karlszyklus.

Charles IX ou l'école des rois, klassizist. Trag. in fünf Akten u. Alexandrinern von Marie-Joseph →Chénier, EA 1789, Urauff. 4. 11. 1789 Com. frçe. Der Stoff der Bartholomäusnacht (vgl. Mercier, *Jean Hennuyer, évêque de Lisieux;* Mérimée, *Chronique du règne de Charles IX*), zu dessen Gestaltung der Autor Bauform und Personal der klass. Trag. umsetzt, diente im ersten Revolutionsjahr der Systemkritik. Der Gegenspieler Karls IX., Herrschers von Gottes Gnaden, den der Hzg. von Guise, e. der negativen Figuren des Stückes, durch e. ›ungeheuren Graben‹ vom Volk getrennt sieht (I, 4), ist der Volkskg. Heinrich von Navarra. Als Vertreter des unterprivilegierten III. Standes entwirft der Kanzler L'Hopital die Vision vom aufgeklärten Staatsvolk; die Vorrechte des I. und II. Standes, alle Konsequenzen aus dem Recht des Stärkeren, aber auch der fanat. Staatskatholizismus würden damit hinfällig. Der Monarch scheint sich den Argumenten s. Beamten nicht zu verschließen und will Gewissensfreiheit gewähren. Unter dem Einfluß des Kardinals von Lothringen – der ersten klerikalen Trag.rolle auf der frz. Bühne – und des Hzg.s von Guise wird er rückfällig, das Blutbad der Bartholomäusnacht findet doch statt. In e. traditionellen Wahnsinnsszene bezichtigt sich Karl IX. des Mordes an Coligny; s. schändl. Verhalten wird von ihm selbst zum mahnenden Beispiel erklärt. Danton proklamierte, wenn *Figaro* die Aristokratie vernichtet habe, werde dieses Thesenstück die Monarchie auslöschen. Jedenfalls spaltete sich das Ensemble der Com. frçe. nach der 32. Aufführung in e. reaktionäre und e. revolutionäre Fraktion, die Talma anführte. Chénier verstand s. Werk als ›tragédie nationale‹, die Corneille aus polit. Gründen noch nicht gelingen konnte. Die polit. Relevanz des Geschehens von 1572 sah er um so fragloser gegeben, als er mit aufklärer. Optimismus e. unwandelbares menschl. Bedürfnis nach Glück und Freiheit voraussetzte *(Discours préliminaire)*.

Charles d'Orléans, 24. 11. 1394 Paris – 5. 1. 1465 Amboise, 1406 mit der Witwe Richards II. verlobt, 1408 Heirat, geriet 1415 bei Azincourt in engl. Gefangenschaft, Rückkehr erst 1440. Das Schaffen des letzten ma. Minnesängers läßt zwei Perioden (1432–1440 und 1450–1458) erkennen. Der Einfluß von Guillaume de Machaut, Eustache Deschamps, Christine de Pisan, Alain Chartier und Grandson wurde ihm teilweise von →Garencières vermittelt. Ch. bevorzugte Kurzformen (Ballade, Chant royal, Rondeau), um Themen der Liebe u. des aristokrat. Lebens zu behandeln; der Refrain wurde zum themat. Angelpunkt vieler Gedichte. Im Laufe der Entwicklung nahm die Metapherndichte wie die Klagestimmung zu. Nur in wenigen Texten klingt der polit. Konflikt der Epoche an; das lyr. Ich, das sich im Zustand der Verliebtheit oder der philosoph. Reflexion darstellt, hebt sich von der Person des Dichters ab (*Poésies,* hg. P. Champion II 1923–27).

P. Champion, Vie de Ch., 1910; S. Cigada, L'opera poetica di Ch., Mailand 1960; D. Poirion, Le poète et le prince. L'évolution du lyrisme courtois de Guillaume de Machaut à Ch., 1965; N. L. Goodrich, Ch. A study of themes in his French and in his English poetry, Genf 1967; A. Planche, Ch. ou la recherche d'un langage, 1975; E. Yenal, Ch., a bibl., London 1984.

Charles-Roux, Edmonde, geb. 17. 4. 1920 Neuilly-sur-Seine, Tochter e. Botschafters, verheiratet mit Gaston Deferre; Chefredakteurin des Magazins *Vogue* (1950–66), Mitarbeiterin von Maurice Druon an den *Rois maudits.* Für ihren 1. Roman *Oublier Palerme* (1966, Gesch. sizilian. Emigranten in USA) erhielt Ch. den Prix Goncourt. *Elle, Adrienne* (1971) spielt im Marseille der 40er Jahre u. in der Pariser Modewelt der Coco Chanel. Ihr 3. Roman, *Une enfance sicilienne* (1981) wurde von der Lit.kritik in die stoffl. Nähe von Lampedusas *Gattopardo* gerückt.

Charlus, baron Palamède, Romangestalt in →*A la recherche du temps perdu* von Proust, der Bruder des Hzg.s von Guermantes, snobist. Homosexueller, z. T. e. Bekannten Prousts, dem Grafen Robert de →Montesquiou nachgebildet; Hauptfigur des Bandes *Sodome et Gomorrhe.* S. psych. u. phys. Niedergang trägt wie der Verfall weiterer Figuren (z. B. der Oriane) zum Zeiterlebnis des Erzählers bei.

Charmant, in der Formulierung →Boileaus die delectatio-Wirkung der trag. Handlung (*L'Art poétique* III, 19).

Charrière, Henri, 1906 im Ardèche – 29. 7. 1973 Madrid (Kehlkopfkrebs), Sohn e. Lehrers im Dép. Ardèche, spielte e. Rolle in der Pariser Unterwelt, wurde nach e. zweifelhaften Mordprozeß, in dem e. s. Spitznamen, ›Papillon‹, e. Rolle spielte, nach Cayenne deportiert, konnte jedoch entkommen, war seitdem u. a. Inhaber e. Luxusrestaurants in Caracas/Venezuela. Autor e. abenteuerl. Lebensbeichte, *Papillon* (1969, in Frkr. u. durch Übs. Millionenauflage) u. deren moralisierender Fortsetzung, *Banco* (1972). Dagegen blieb dem film. Selbstbildnis Ch.s, *Popsy-Pop,* der Publikumserfolg versagt.

Charrière, Isabelle Agnès Elisabeth de, 20. 10. 1740 Schloß Zuylen b. Utrecht – 27. 12. 1805 Colombier/Schweiz, 1761 Heirat mit Charles-Emmanuel de Ch. de Penthaz, befreundet mit Benjamin Constant u. Germaine de Staël, verfaßte in Briefform den Roman *Caliste ou lettres de Lausanne* (1787; vgl. zum Frauenroman des 18. Jh. auch Mme de Riccoboni u. Mme de Genlis) u. Dramen (*Œuvres,* V 1801; *Lettres à Constant d'Hermenches,* 1909; *OC,* éd. J.-D. Candaux, Amsterdam 1980 ff.). Wie Germaine de Staël u. Constant stellte sie im Werk die Frage nach dem Sinn e. individuellen Auflehnung gegen gesellschaftl. Konventionen u. Vorurteile.

P. Godet, Mme de Ch. et ses amis, Genf 1909; A. de Kerchove, Une amie de B. Constant: Belle de Zuylen, 1937; M. Fauchier-Delavigne, Belle et Benjamin, Genf 1964; R. Winiker, Mme de Ch. Essai d'un itinéraire spirituel, Lausanne 1971.

Charroi de Nîmes, Epos des →*Wilhelmszyklus* in 1486 assonierenden Zehnsilbern aus der 1. Hälfte des 12. Jh. Die *Wagenfahrt nach Nîmes* fügt sich sinngemäß an den →*Couronnement de Louis* an. Ludwig der Fromme willigt ein, daß Wilhelm, der bei der Lehensverteilung leer ausging, Nîmes für sich erobert. Der Graf bedient sich der homer. Kriegslist: als Kaufmann verkleidet führt er Fässer, in denen sich s. Männer verborgen halten, in die von Sarazenen besetzte Stadt hinein. Überwiegend in direkter Rede verfaßt.

Charron, Pierre, 1541 Paris – 16. 11. 1603 ebda., Jurist, seit 1576 Mönch, bekannter Kanzelredner in Südfrkr., u. a. am Hof von Navarra; Theologieprof. am Domstift zu Condom. Ch. war 1589 mit →Montaigne, dessen Skepsis für s. Denken maßgebend wurde, zusammengetroffen. Heinrich IV. protegierte Ch., der 1595 die Diözese Cahors in der Reichsversammlung des Klerus vertrat. Er verfaßte e. Apologie der kathol. Staatsreligion gegen die Freidenker (*Les trois vérités contre tous athées, idolatres, juifs* . . . 1593), später in direktem Widerspruch dazu die Schrift *De la sagesse* (1601), wo er betonte, daß wahre Frömmigkeit weder ethn. noch konfessionell zu fixieren ist. Die menschl. Handlungen sind durch die menschl. Natur bestimmt. Alle Gewißheit über das Dasein geht von der Natur des Menschen, die e. Teil der Welt ist, aus. Im Gegensatz zu Montaigne strebte der Skeptiker Ch. e. systemat. Darlegung u. die höchstmögliche Verallgemeinerung der Aussagen an. Aus Unkenntnis des gesamten Werks beriefen sich Libertins des 17. u. 18. Jh. auf Ch. als Vorbild; dabei hatte er 1593 die Freidenker mit pejorativen Attributen belegt.

R. Roye, Les sources de Ch., 1906; H. Busson, La pensée religieuse frçe. de Ch. à Pascal, 1935; G. Schneider, Der Libertin, 1970.

Chartier, Alain, um 1385 Bayeux – um 1435 Avignon? Das Werk des Sekretärs, Diplomaten Karls VI. wie Karls VII. u. Kanonikers zu Tours betonte die polit. Funktion der Poesie (Einfluß von Cicero, Seneca, Eustache Deschamps) u. übersteigerte diese bisweilen zum pathet. Plädoyer (*Le livre des quatre dames,* 1416; *Quadrilogue invectif,* 1422, Aufruf zum Widerstand gegen England). Chartier verband wohl erstmals in starken Antithesen Minnekonflikte u. patriot. Anliegen. In der höf. Verserzählung →*La belle dame sans mercy* tritt die Rhetorik hinter Melancholie zurück. Das konventionelle Motiv abgewiesener Liebe erschließt e. tiefes seel. Trauma. Ch.s Dichtung (*Œuvres,* hg. A. Du Chesne 1617) wirkte auf die engl. u. ital. Lit.; *The poetical work of Ch.,* krA J. C. Laidlaw 1974).

E. J. Hoffmann, Ch. His work and reputation, New York 1942; W. H. Rice, Pour la bibliographie d'A. Ch., Romania 1952; C. S. Shapley, Studies in French poetry of the 15th century, Den Haag 1970; R. Meyenberg, Ch., 1992.

La chartreuse de Parme, Roman von →Stendhal, entstanden Sept. 1838 – Dez. 1838, EA 1839; hg. H. Martineau 1961; M. Crouzet 1964; krA A. Adam 1973. 1833 und 1834 entdeckte Stendhal ital. Mss. des 16. u. 17. Jh., die ihm als Stoffvorlage für die →*Chroniques italiennes* u. die *Ch.* dienten. Die *Origine delle grandezze della famiglia Farnese* bot ihm das Handlungsgerüst des Romans: Alexander Farnese liefert die Züge von Fabrice del Dongo, die Vorbilder der Sanseverina u. des Grafen Mosca treten in s. Umkreis auf. Die Handlung wird in die Gegenwart verlegt, sie setzt mit Napoleons Einzug in Mailand am 15. 5. 1796 ein u. endet 1830. Für die Hzgin. von Sanseverina verkörpert ihr junger Neffe Fabrice del Dongo Liebe u. Glück; sie u. Clélia, die Tochter der Festungskommandanten, der Fabrice, das Opfer e. Intrige, gefangenhält, hoffen auf die Erwiderung ihrer Gefühle. Die kluge Sanseverina hatte Fabrice geraten, die geistl. Laufbahn einzuschlagen, da nach der Niederlage Napoleons – der Held wurde zum Augenzeugen der Schlacht von Waterloo – militärische Ehren völlig wertlos geworden sind (vgl. *Le rouge et le noir*). Fabrices glänzende Predigergabe wird zum neuen Mittel s. Werbung bei Clélia, die von ihm e. Sohn bekommt. Doch das Kind stirbt mit zwei Jahren; Clélia, die gelobte, ihrer Liebe zu Fabrice zu entsagen, sieht in dem Unglück e. Strafe des Himmels. Als sie stirbt, zieht sich ihr Geliebter in die Kartause von Parma zurück, die Sanseverina heiratet den Grafen Mosca. In diesem Roman vom verlorenen Glück sah Stendhal die ›chasse au bonheur‹ aus melanchol. Distanz; alles ist Abenteuer für Fabrice, das Hofleben von Parma, die Kerkerhaft nach dem tödl. Streit mit Giletti; er überläßt sich s. Schicksal, nimmt es hin, daß er geliebt u. gehaßt wird. Aus der Indifferenz, mit der er das Amt des bischöfl. Koadjutors antritt, spricht aristokrat. ›désinvolture‹. Vigny notierte 1839 im Tagebuch, der Roman entbehre zwar e. tieferen Gliederung, die Porträts der Personen seien jedoch subtil u. wahr. In der *Revue parisienne* (25. 9. 1840) bezeichnete Balzac das Werk als Vollendung der Ideendichtung in der Gegenwartslit. Bewegt antwortete Stendhal in e. Brief vom 16. 10. 1840 auf das Lob mit dem Hinweis, s. Werk sei gegen den Stil von Rousseau, Sand u. Chateaubriand geschrieben. Er wußte, daß er die Erwartungen des Publikums damit enttäuschte, u. prophezeite in dem Schreiben, er werde vor 1880 keine Leser finden.

P. Jourda, Les corrections de la Ch., RhlF 1935; K. Wais, Stendhals ital. Roman (in: An den Grenzen der Nationallit.), 1958; G. Durand, Le décor mythique de la Ch., 1961; S. Gilman, The Tower as Emblem, 1967; H. Morris, The masked citadel. The significance of the title of Stendhal's Ch., Berkeley 1968; B. Didier, Ch. ou l'ombre du père, Europe 1972; G. May, Stendhal and the age of Napoleon, New York 1977; M. Nerlich, Fabrice à Waterloo, Lendemains 31–32, 1983.

Chasse au bonheur, intensives Glücksverlangen, das dem Energiekult zahlr. Romangestalten →Stendhals entspringt.

Chassignet, Jean-Baptiste, 1578? Besançon – 1635?, Finanzbeamter in Gray, wiederholt mit Verhandlungen zwischen der Stadt u. Flandern beauftragt, schrieb relig. Lyrik (*Le mépris de la vie et consolation contre la mort,* 1594, über 400 Titel; *Recueil d'emblèmes*).

R. Ortali, Ch., Genf 1968; H. Wagner, Die Thematik u. der Stil im Mépris ..., 1972.

Chastelain de Coucy, Trouvère aus der Pikardie, Sohn des Jean de Thourotte, 30 Lieder werden ihm zugesprochen.

R. Baum, Der Kastellan von Couci. Bemerkungen zu e. neuen Edition u. zu den Problemen der Herausgabe ma. Texe, ZfSL 1970.

Chastelain de Coucy, Roman des XIII. Jhs. (Achtsilber) über den gleichnamigen Trouvère.

Chastelard, Pierre de Boscosel de, um 1540 Dauphiné – 1563 Holy Rood/Schottland, Nachahmer der Poesie Ronsards; s. Lyrik ist bis auf e. Text verlorengegangen. Er wurde zum Tode verurteilt, nachdem er im Gemach der Maria Stuart entdeckt worden war. Swinburne gestaltete 1865 s. Schicksal in e. Trag.

Chastel de joie, Periphrase für die Gralsburg im *Perlesvaus.*

Chastellain, Georges, um 1415 Aalst in Flandern – 13. 2. 1475 Valenciennes, seit 1434 im Dienst der Hzg.e von Burgund, Chronist Philipps d. Guten u. Karls d. Kühnen. Von bes. Wert ist s. Darstellung der westeurop. Gesch. 1420–74; als Dichter schreibt er im Stil der Rhétoriqueurs (*Œuvres complètes,* hg. K. de Lettenhove, Brüssel VIII 1863–66, [2]1971).

J.-C. Delclos, Le témoignage de Ch., historiographe ..., 1980.

Chat →Katze.

Chateaubriand, François-René, vicomte de, 4. 9. 1768 Saint-Malo – 4. 7. 1848 Paris, Schulbildung in Rennes, sollte nach dem Willen s. Vaters in die Marine eintreten, nach den Wünschen der Mutter Priester werden, bis er 1786 die Stelle e. Leutnants im Regiment Navarra erhielt. 1790 verließ er s. Division. Enttäuscht vom Verlauf der Revolution, entschloß er sich 1791 zur Emigration. ›A quoi bon émigrer de la France seulement? J'émigre du monde.‹ Er fuhr nach Nordamerika, versehen mit e. Empfehlungsschreiben an G. Washington. Wie weit Ch. in den USA nach Westen vorgedrungen war, ist seit 1827, als er die *Voyage en Amérique* veröffentlichte, e. vieldiskutierte Frage; für s. Bericht benutzte er jedenfalls auch Darstellungen von Missionaren u. →Bernardin de Saint-Pierre. Wichtiger als die Faktentreue ist der sprachl. Rang des Buchs, das mit lit. Elementen Landschaftsmalerei betreibt. Am 2. 2. 1792 war Ch. wieder in Le Havre. Er kämpfte im Emigrantenheer, ehe er sich nach Brüssel u. London zurückzog. 1784–90 waren die frühen Gedichte *Tableaux de la nature* (1828 in *Poésies*) entstanden, Versidyllen im Stil von Thomson, Gessner u. Segrais. 1797 erschien in London der *Essai historique, politique et moral sur les révolutions anciennes et modernes* (überarbeitete Fassung, mit e. erfundenen Begegnung mit Washington, 1826). Fénelon, Rousseau u. Bernardin de Saint-Pierre sind s. meistbewunderten Autoren. Im *Essai* sprach

Ch. noch iron. von der Kirche; 1798, zwei Jahre vor s. Rückkehr nach Frkr., bekehrte er sich zur Religion. Als Apologet u. Erzähler streitet er nun gegen e. Restbestand der Aufklärung *(→Le génie du christianisme, →Atala, →René, →Les Natchez, →Les martyrs)*. Napoleon setzte die Behandlung des *Génie du christianisme* am Institut durch. 1803 wurde Ch. s. Minister, im Jahr darauf, nach der Erschießung des Hzg.s von Enghien, brach er mit dem Kaiser. Er unternahm Reisen im Mittelmeerraum (*Itinéraire de Paris à Jérusalem,* 1811; *→Les aventures du dernier Abencérage; Voyage en Italie,* 1826). Während der Restauration wurde er erneut Minister sowie Gesandter in Berlin (1821), London (1822) u. Rom (1828), wo er 25 Jahre früher bereits Botschaftssekretär gewesen war. In dieser Zeit beschäftigte er sich mit s. Memoiren *(→Mémoires d'outre-tombe)* u. polit. Themen (*De Buonaparte et des Bourbon,* 1814; *La monarchie selon la Charte,* 1816; *La guerre d'Espagne,* 1824; *Mélanges politiques et polémiques,* 1826). Daß er in der Lit. keine Rolle mehr spielte, war ihm nach der Premiere des *Hernani* von Victor Hugo klargeworden, er schrieb dem jungen Dramatiker: ›Je m'en vais, Monsieur, et vous venez‹. Hugo, der ›Ch. oder nichts‹ werden wollte, wies der romant. Dichtung e. Weg. Wenn Ch. jetzt von Shakespeare sprach, dann in der Absicht, dessen Klassizität zu beweisen, er polemisiert gegen den hist. Roman, wie Scott ihn aufgefaßt hat (*Essai sur la littérature anglaise,* 1835). Als Historiker (*Études historiques,* 1831; *Vie de Rancé,* 1844) mangelte es Ch. am Sinn für die Vielfalt der Geschichte. Kultur hat sich für ihn nur im Gefolge des Christentums entwickeln können; mit dieser Idee war er von Mme de Staël *(De la littérature)* abhängig. Der Ausbruch der Revolution ist für ihn ein trag. Geschehen; den Historikern François Mignet u. Adolphe Thiers warf er, da sie die Geschehnisse von 1789 als notwendig darstellten, ihre falsche determinist. Geschichtsphilosophie vor. Tragik verstand er freil. ästhet. An Ch. bemängelte Stendhal im *New monthly magazine* (1. 6. 1825), seine Ideen wie seine Gefühle seien falsch, äußerte sich jedoch lobend über s. Stil; er notierte später in den Marginalien zu seinen *Promenades de Rome:* ›Au lieu de faire connaître le pays, il dit je et moi et fait de petites hardiesses de style‹. 1836 plante Vigny e. Ch.artikel, mit dem er nachweisen wollte, daß der selbstbewußte Botschafter-Dichter immer nur imitiert habe. Als niemand mehr von ihm sprach, griff Ch. die Romantiker an, die ihn immer rühmten, er verglich sich mit Luther, behauptete, Byron habe ihn nachgeahmt. Dessen ungeachtet bleibt s. Leistung, e. emotionale Religiosität, die Korrelation von Individuum u. Natur in suggestiver Prosa gestaltet zu haben, unbestritten. Wortführer der Romantiker wäre er schon deshalb nie geworden, weil er zur dramat. Erneuerung keinen Beitrag leistete u. den Roman zu dem Zeitpunkt aufgab, als diese Gattung das Schauspiel an Wirksamkeit überbot (*Œuvres complètes,* XXXI 1826–31; hg. Sainte-Beuve XII 1859–61; *Œuvres romanesques et voyages,* hg. M. Regard II 1969; *Correspondance générale,* hg. B. d'Andlau 1977 ff.; *Lettres et documents inédits de Ch.,* 1971; *Vie de Rancé,* hg. P. Clarac 1977; A. Berne-Joffroy 1986).

Ch.-A. Sainte Beuve, Ch. et son groupe littéraire, II 1860; V. Giraud, Le christianisme de Ch., II 1928; M. Rouff, La vie de Ch., 1929; A. Poirier, Les idées artistiques de Ch., 1930; M. J. Durry, La vieillesse de Ch., 1933; A. Maurois, Ch., 1938; M. Duchemin, Ch., 1938;

J. Evans, Ch., London 1939; L. Martin-Chauffier, Ch. et l'obsession de la pureté, 1944; M. Robida, Ch., 1948; M. Levaillant, Le véritable Ch., Oxford 1951; P. Moreau, Ch., l'homme et l'œuvre, 1956; J. Mourot, Études sur les premières œuvres de Ch., 1962; M. Lehtonen, L'expression imagée dans l'œuvre de Ch., Helsinki 1964; Sondernr. RhlF 1968, fasc. 6; Sondernr. RSH 1968, Nr. 132; J.-P. Richard, Paysage de Ch., 1967; P. Barbéris, Ch. et le préromantisme, RhlF 1969; L. Martin-Chauffier, Ch., 1969; Actes et travaux de 1969–70, Société Ch., 1970; Actes du congrès de Wisconsin pour le 200e anniversaire de Ch., hg. R. Switzer, Genf 1970; Bicentenaire de Ch., 1971; C. Belcroix, Le rêve républicain de Ch., 1971; Ch. Dédéyan, Ch. et Rousseau, 1973; P. Reboul, Ch. et le Conservateur, 1973; P. Barbéris, A la recherche d'une écriture, Ch., 1976; ders., Ch., une réaction au monde moderne, 1976; C. A. Porter, Ch., composition, imagination and poetry, Stanford 1978; G. D. Painter, Ch., 1979; J. d'Ormesson, Mon dernier rêve sera pour vous, 1982; H. P. Lund, Ch., 1986; P. H. Dubé, Bibl. de la critique sur Ch. 1801–1986, 1988; K. O'Flaherty, Pessimisme de Ch., 1989; W. Matzat, Diskursgesch. der Leidenschaft, 1990.

Châteaubriant, Alphonse de, 25. 3. 1877 Rennes – 2. 5. 1951 Kitzbühel, Landedelmann in der Vendée, als Romancier Regionalist; Kollaborateur u. Anhänger des faschist. Rassemythos, verbrachte die letzten Jahre im Exil. S. erster Roman, *Monsieur de Lourdines* (1911), wurde mit dem Prix Goncourt, s. nächster, *La Brière* (1923), mit d. Großen Romanpreis der Ac. frçe. ausgezeichnet. Die Würdigung fiel auf e. Landschaftsroman, dessen Weltsicht düster ist wie die Welt, in der die Figuren leben. Gleich Giono, Ramuz u. Bosco begründet Ch. die Seelenlage aus myst. Verbindungen des Menschen mit der Scholle. Diese Erdfrömmigkeit ist auch das Thema von *La réponse du seigneur* (1933). In Artikeln u. Tagebüchern (*La gerbe des forces,* 1937; *Les pas ont chanté,* 1938; *Lettre à la chrétienté mourante,* 1951; *Cahiers,* 1955; *L'un et l'autre.* Choix de lettres, 1983) propagierte Ch. den Widerstand gegen zivilisator. Fortschritt, der den großen Individuen ebenso Fesseln anlegt, wie er der Versenkung in das Übernatürliche im Sinne e. undogmat. Naturreligion abträgl. ist.

Sorella, Histoire d'une amitié: R. Rolland et A. de Ch., 1962.

Chateaubrun, Jean-Baptiste Vivien de, 1686 Angoulême – 1775 Paris, klassizist. Trag.dichter (*Mahomet II,* 1714, e. Vorlage für Voltaires *Zaïre;* Bearbeitung der *Troerinnen* des Euripides, 1756, unter Berücksichtigung Senecas; *Astyanax,* 1755; *Philoctète,* 1756), dessen Werke nach dem Verebben der Frühphase ästhet. Regelverstöße (vgl. Voltaire, La Motte, Baculard d'Arnaud, Gresset) Publikumserfolge wurden. Ch. war Mitgl. der Ac. frçe.

S. Pitou, The text and sources of Ch.'s Lost Ajax, 1968.

Château en Suède, Prosakom. in vier Akten von Françoise →Sagan, EA 1960, Urauff. 9. 3. 1960 Théâtre de l'Atelier, Paris. Über e. melodramat. Sujet hat die Autorin e. Märchenkom. geschrieben. Es ist zum Lachen, wenn in e. einsamen Schloß der Besitzer Hugo Falsen s. erste Frau einschließen läßt – während die Umwelt sie für verstorben hält –, um neue Ehefreuden mit Eléonore zu genießen, wenn der Verstand der Sequestrierten verwirrt ist wie der Sinn von Hamlets Geliebter, mit der die Ärmste den Namen gemeinsam hat, wenn sich die Schloßgesellschaft, nach dem Willen der schrulligen Agathe in Gewänder des 18. Jh. gehüllt, zum Mörderspiel Verwandte aufs Schloß lädt, die, zum Wahnsinn getrieben, in den Schneemassen umkommen. Hugos Bigamie, Eléonores inzestuöses Verhältnis zu Sébastien u. ihr Flirt mit dem ›Opfer‹ Frédéric, schließlich Sébastiens Verhältnis zu seiner Schwägerin Ophélie, die von ihm e. Kind erwartet, bleibt amüsante Sexualkomik. Die Figuren vergnügen sich mit Tabuverletzungen u. genießen es, Tollhäusler zu sein. Das Boulevardstück treibt mit dem Entsetzen Spott.

La Châtelaine de Vergy, Novelle (vor 1288, krA V. Stuip 1970). Um das Mißtrauen des Hzg.s von Burgund zu entkräften, verrät e. junger Ritter, auf welches Zeichen hin er sich mit der Dame de Vergy heiml. trifft. Die verschmähte Hzgin. erfährt dies u. stellt die Liebenden bloß. Die Châtelaine stirbt aus Schmerz über den Verrat, ihr Liebhaber bringt sich an ihrer Leiche um, der Hzg. entdeckt den Zusammenhang u. tötet s. Frau. Bis in die Neuzeit reizte der Stoff Bearbeiter, so schon Marguerite de Navarre zur 70. Erzählung des *Heptameron*.

Châtelet, Stadtfestung in Paris, bis 1789 Sitz der kgl. Verwaltung der Hauptstadt sowie Gefängnis; 1802–10 abgerissen (heute Place du Ch.).

Les châtiments, siebenteilige Lyrikslg. von Victor →Hugo, erschienen Nov. 1853 Brüssel (fingierte Druckorte Genf/New York). Teile der polit. Gedichte, die die Machtergreifung Napoleons ›des Kleinen‹ anklagen, waren bereits vor der Verbannung des Dichters aus Paris geschrieben worden (1852). Die Invektiven treffen die bonapartist. Nutznießer: Minister, Juristen u. Kleriker; mehrere Titel parodieren polit. Versprechungen des neuen Regimes: ›La société est sauvée‹, ›L'ordre est rétabli‹, ›La famille est restaurée‹, ›Les sauveurs se sauveront‹. Die Bezeichnung ›lyr. Satire‹ paßt nur unvollkommen auf die Intention u. den stoffl. Umfang des Zyklus; der gemeinsame Tenor ist durch die Heftigkeit der Stilgebärde gegeben; Agrippa d'Aubigné u. Hugos Zeitgenosse Béranger lieferten einzelne Impulse zum Schmähgedicht, das bei Hugo häufig, zum privaten Wutausbruch gesteigert, an Treffsicherheit verliert. Indem Hugo den verhaßten Napoleon des II. Kaiserreichs züchtigt u. ihn gegen den Titanen u. Giganten stellt *(L'expiation)*, begünstigt er die Ausbildung des Napoleonmythos.

H. Guillemin, Pour le centenaire des Ch., Europe 31, 1953.

Le Chat Noir, Kabarett auf Montmartre, seit 1881 in Mode (bis 1898), hier trugen u. a. Aristide Bruant u. Rictus ihre Chansons vor. Diese trugen dazu bei, den lit. Naturalismus in Frage zu stellen. Alphonse →Allais setzte im Ch. e. neue Komik durch, die sich mit burlesken Mitteln als ›vieille gaieté frçe.‹ ausgab.

J. Lemaitre, Les contemporains, 6ᵉ série, 1896; M. Donnay, Autor du Ch., 1926.

Les chats, Sonett von Charles →Baudelaire, entstanden 1840, ED 14. 11. 1847 *Le Corsaire,* aufgenommen in →*Les fleurs du mal* in der Gruppe ›Spleen et idéal‹. Das Katzenmotiv, grammat. Objekt in der ersten, grammat. Subjekt von der zweiten Strophe an, wird vierfach umschrieben, von der Haltung des Liebenden, des Gelehrten, vom nächtl. Freiheitstrieb u. vom Mysterium der Sphynx her. Das Lebewesen verwandelt sich in e. mag. Figur, die die Dunkelheit beherrscht. Zwei weitere Gedichte des Zyklus ›Spleen et idéal‹ mit dem Titel *Le chat* setzen die Katzenmetapher für die geliebte Frau; da sich bei Baudelaire Weiblichkeit u. Übermännlichkeit verbinden, anstatt sich auszuschließen, erscheinen in *Ch.* die Katzen als androgyne Wesen.

R. Jakobson / Cl. Lévi-Strauss, Ch. de Ch. Baudelaire (Interpretationen franz. Ged., hg. K. Wais), 1970; I.-M. Frandon, Le structuralisme et les caractères de l'œuvre littéraire, à propos des Ch. de Baudelaire, RhlF 1972; M. Delcroix / W. Geerts, Les ch. de Baudelaire, Namur 1980.

Chatterton, Prosadrama in drei Akten von Alfred de →Vigny, EA 1835, krit. A. L. Petroni, Bologna 1962, Urauff. 12. 2. 1835 Com. frçe. Der Dichter Thomas Chatterton (1752–70), um den sich in Frkr. e. Legende gebildet hat (vgl. auch Vignys *Stello*), wird beim franz. Romantiker zum Typus des Opfers in e. materialist. Gesellschaft. Als Protagonist e. Ideendramas erlebt Ch. den Widerspruch zwischen herzlosem Gewinnstreben, das der Kaufmann John Bell verkörpert, Unverständnis für künstler. Werte, wie es der Bürgermeister von London bezeugt, u. ungebrochener Empfindsamkeit der Frau des Unternehmers, Kitty Bell, die unter dem Zwang des Nützlichkeitsdenkens leidet (Marie →Dorval 1835 in d. Rolle). Ch. lebt im Hause Bell, u. so erfaßt die zarten Seelen e. reine Zuneigung. Doch da Ch. unter falschem Namen auftritt, wird er von Lord Talbot, e. Oxforder Studienfreund, ›entlarvt‹. Er wird verdächtigt, Kittys Entführung vorzubereiten. Als ihm auch e. Plagiat vorgeworfen wird, vernichtet er s. Werk u. tötet sich; Kitty stirbt den romant. Seelentod (vgl. Ellénore in →*Adolphe*). Die Verstoßung des Poeten aus e. profitorientierten Welt u. die Verachtung des Seelenadels spiegelt Erfahrungen wider, die Vigny in der Restaurationszeit u. unter der Julimonarchie gemacht hat (vgl. auch s. Roman *Cinq-Mars*). Das Drama wurde e. Theatererfolg, an dem polit. Gehalt u. der Gesellschaftssatire nahm das bürgerl. Publikum des ›juste milieu‹ keinen Anstoß, da es Ch.s Untergang als Fallgeschichte e. jugendl. Genies auffassen u. sich so aus der Verantwortung entlassen fühlen konnte.

C. W. Bird, Ch., Los Angeles 1941; H. Wolpe, Thomas Ch., the marvellous boy, RLC 1963; R. C. Dale, Ch. is the essential romantic drama, L'Esprit créateur 1965; D. Schlumbohm, Vigny; Ch. (Das franz. Theater vom Barock bis zur Gegenwart, Bd. 2, hg. J. v. Stackelberg), 1968.

Chaulieu, Guillaume Amfrye, abbé de, 1639 Fontenay-en-Vexin/Normandie – 27. 6. 1729 Paris, mit dem Hause La Rochefoucauld, Béthune u. Vendôme verbunden, verkehrte in schöngeistigen u. libertinist. Kreisen. 1699 mußte sich der Hzg. von Vendôme auf kgl. Geheiß von Ch., dem Veruntreuungen vorgeworfen wurden, trennen. Als Lyriker inspirierte sich der Epikureer an Marot, Voiture, Sarasin u. Chapelle. S. Salonpoesie, darunter zahlr. Liebesgedichte, besingt flüchtige Stimmungen des Gemüts u. der Natur; der Meister der tändelnden Poesie verachtet ausdrückl. jeden Tiefsinn als Bedrohung der Spielwelt, in der er prakt. u. ästhet. wirken will. Dabei erprobte Ch. fast alle Gattungen, bevorzugt jedoch das Madrigal, Rondeau, Epigramm sowie die Epistel (*Poésies,* 1724).

F. Lachèvre, Les derniers libertins, 1924; J.-C. Niel, L'ed. princeps des poésies de l'abbé de Ch., 1932; E. Rozenblum, A 17th century Epicurean poet, Diss. London 1955 f.

La chaumière indienne (1791), Prosafabel von Jacques Henri →Bernardin de Saint-Pierre. Die Erzählung von der Reise e. engl. Philosophen zu den Quellen östl. Weisheit, die er nicht beim Brahmanen als dem korrumpierten Vertreter e. Hochkultur, sondern beim Paria findet, reproduziert e. Anliegen des 18. Jh., das vor Rousseau schon in den Dialogen von Lahontan gestaltet u. häufig aufgegriffen wurde: die sittl. wie geistige Unterlegenheit der Zivilisation, versinnbildlicht durch Paläste u. Städte, gegenüber der ursprüngl. Natur, die in der Strohhütte ihr soziales Bild findet (vgl. auch Florian u. Mercier).

Le chef-d'œuvre inconnu (1831), Erzählung von Honoré de →Balzac, als überarbeitete Fassung 1845 Bd. 14 der *Com. humaine.* Ein Jahrzehnt opfert der Maler Frenhofer dem Bild der schönen Catherine Lescaut, reflektiert über die Malerei – Balzac verarbeitet hier Ideen Delacroix' u. Th. Gautiers zur Ästhetik – bis er in der Einsicht, daß s. Besessenheit von e. Idee die Kreativität ruinierte, s. Werk, das nur Linien u. e. Frauenfuß erkennen läßt, zerstört. S. Frenesie treibt ihn in den Tod (vgl. auch Zola, *L'œuvre*).

M. Gilman, Balzac and Diderot: Ch., PMLA 1950; P. Laubriet, Un catéchisme esthétique: Ch., 1961; A. R. Evans, The Ch., Balzac's myth of Pygmalion and modern painting, Romanic review 1962.

Les chemins de la liberté, unvollendete Romantetralogie von Jean-Paul →Sartre *(L'âge de raison, Le sursis, La mort dans l'âme, Drôle d'amitié),* EA der Bde. 1–3 1945–49, Teildruck des geplanten 4. Bdes. *La dernière chance* in *Les Temps modernes* Nov.–Dez. 1949. Der Zyklus umfaßt die Epoche der späten 30er Jahre bis zum Aufbau der Résistance. Vor allem am Verhalten des Mathieu Delarue werden die Irrwege der Freiheit kritisiert. Da er in jedem Entschluß e. Beschränkung s. Disponibilität vermutet, begreift er die Welt als endlose Reihe von Möglichkeiten, ohne eine von ihnen zu realisieren. Während er darauf wartet, daß e. Ereignis eintritt, das s. Existenz erfüllt, erreicht er das Alter der Vernunft. Mathieu war ›in Situation‹, ohne bisher die ›Wahl‹ getroffen zu haben. Im Unterschied zum kontaktschwachen Roquentin in →*La nausée* hat er sich arrangiert, er ist Philosophielehrer am Lycée Buffon, verheiratet, hat Freunde u. e. Geliebte. S. egozentr. Freiheitskult macht Marcelle, die von ihm e. Kind erwartet, unglückl. u. verbietet ihm, sich im span. Bürgerkrieg zu engagieren. Der Individualismus ist Teil der ›mauvaise foi‹, die er iron. ertragen lernt. Der Schock d. Volksfrontregierung, die verstärkte Aktivität d. →Action française, die Verständigung der franz. Regierung mit Hitlerdeutschland um jeden Preis kennzeichnen die Zwielichtigkeit des Spätjahrs 1938. – *Le sursis* umfaßt als Fabelzeit die Woche, die mit der Invasion des Sudetenlandes beginnt u. am 30. 9. 1938 mit dem Münchner Abkommen endet. Sartre wählte in Anlehnung an Jules Romains u. John Dos Passos eine Simultantechnik, die Hauptfiguren im Episodenroman überflüssig macht u. e. breiten Querschnitt der Gesellschaft ermöglicht. Mathieu erhält in Juan-les-Pins den Einberufungsbefehl. Die dargestellte Zeit ist in diesem Band die Zeit der ca. 50 auftretenden Figuren, aus ihrer schmalen u. getrübten Perspektive macht sich der Leser s. Bild. Sartres Philosophie generiert ein ästhet. Prinzip; da die Romangestalten ihr Verhalten nach Situationen, in die sie die polit. u. sozioökonom. Umstände bringen, ausrichten, ist es risikoreich. Während in Paris Mathieus Freund Daniel – er hat Marcelle geheiratet u. erhofft vom Krieg die Lösung dieser Bindung, die ihm als Homosexuellen e. Last sein muß – den Triumph des schlechten Gewissens feiert, inventarisiert Mathieu in e. lothring. Dorf den Schaden; das Vaterland, die polit. Ideale u. die Geltung Frkr.s sind dahin. Nun entdeckt er, daß sich der Mensch nicht allein aus eigener Kraft zu retten vermag (vgl. Aragon, *Les beaux quartiers*). Als die Offiziere im Juni 1940 ihre Truppe bereits verlassen, im Intervall zwischen Krieg u. Gefangenschaft, versucht Mathieu sich zu solidarisieren. Aber s. Auftreten, namentl. bei e. Trinkgelage, verunsichert die andern, als sei er, der die Sprache des gemeinen Soldaten nicht spricht, ihr Zeuge u. Richter. Verzweifelt schließt er sich e. Gruppe an, die zum letzten militär. Widerstand entschlossen ist. Vom Kirchturm e. kleinen Dorfs eröffnen sie das Feuer auf die anrückenden Deutschen. Im Terror gewinnt Mathieu e. neues Bewußtsein s. Freiheit. – E. Freund, der kommunist. Funktionär Brunet, gerät in dt. Gefangenschaft. Im Lager baut er mit e. Renegaten, der erst später entlarvt wird, e. Parteizelle auf. Brunet ist jedoch unfähig, die Leiden der anderen, die er mit dem ›Tod in der Seele‹ allein ließ, zu begreifen, er wird polit. entmachtet. Sartre plante, den Fluchtversuch des Funktionärs gelingen zu lassen, zusammen mit Mathieu sollte Brunet in der Résistance e. aktive Rolle übernehmen. Das Freiheitsdilemma, von dem Sartre wiederholt sprach, veranlaßte ihn, die Tetralogie unvollendet zu lassen. 1959 erklärte er, die Wahl zwischen Franzosen u. Deutschen als absolutem Gegensatz sei 1943 mögl. gewesen, während sie jetzt ausweglos erscheine. Das negative Erfolgserlebnis bestimmte Sartre, keinen neuen Roman mehr zu beginnen, er wählte das Theater, das nicht das lesende Individuum, sondern das Kollektiv anspricht. Das Scheitern Sartres an den *Ch.* hat in Frkr. zum Mißkredit des konventionell gebauten polit. engagierten Romans beigetragen. Denn wenn Sartre mit Stoff u. Form nicht fertig wurde, schien das Unzureichende nicht beim Autor, sondern bei den Möglichkeiten der Gattung zu liegen. Dieses Mißverständnis herrscht bei der Lit.kritik u. beim Publikum, das andererseits Aragon Anerkennung entgegenbrachte, noch immer vor.

R. Kuhn, J.-P. Sartre: Ch. (Der mod. franz. Roman, hg. W. Pabst), 1968.

Chênedollé, Charles-Julien Lioult de, 4. 11. 1769 Vire/Normandie – 2. 12. 1833 Schloß Le Coisel, 1791–1799 Emigrant in Holland u. Dtl., wo er Klopstock kennenlernte; Freund der Frau von Staël, Constants, Chateaubriands u. Geliebter s. Schwester Lucile (vgl. auch *René*); Autor bukol. u. didakt. Lit., die den vorromant. Umwandlungsprozeß erkennen läßt (*L'invention,* 1795; *Le génie de l'homme,* 1807; *L'esprit de Rivarol,* 1808; *Études poétiques,* 1820; *Œuvres complètes,* 1864; *Extraits du journal,* 1922).

A. Bovy, Le roman de Ch., Lüttich 1935.

Les chênes qu'on abat (1971), fragmentar. Fortsetzung der *Antimémoires* von André →Malraux, Berichte von Gesprächen mit Charles de Gaulle nach s. Demission in Colombey-les-deux-églises, die ursprüngl. für eine postume Veröffentlichung vorgesehen waren. Der Titel ist e. Gedicht von V. Hugo entnommen: die gefällten Eichen sind für den Scheiterhaufen des Herkules bestimmt.

Chénier, André Marie, Ende Oktober 1762 Galata bei Konstantinopel – 24. 7. 1794 Paris (hingerichtet), älterer Bruder des Dramatikers Marie-Joseph →Ch., Sohn e. franz. Kaufmanns, der 1765 nach Frkr. zurückkehrte, und e. levantin., jedoch nicht griech. Mutter, die aus ihrer angebl. hellen. Abstammung in Paris Prestigegewinn zog, als sie e. Zeitlang Mittelpunkt e. Salons war. Während s. Vater 17 Jahre allein in Marokko verbrachte, besuchte der Sohn Schulen in Carcassonne u. Paris (Collège de Navarre). 1782 kam Ch. als Cadetgentilhomme unter Vorspiegelung adliger Abkunft zum Infanterieregiment nach Straßburg, das er e. Jahr später, als er nicht zum Sous-Lieutenant avancierte, wieder verließ. Im Sommer 1784 reiste er mit den befreundeten Trudaines in die Schweiz, später nach Italien. 1787 nahm er e. Stelle als Privatsekretär des franz. Botschafters in London an; 1791 gab er den Posten auf u. gehörte nach der Heimkehr in Paris zu den Feuillants, e. gemäßigten revolutionären Gruppe. Auf eigene Kosten publizierte er im *Journal de Paris.* Die Jakobiner sahen in ihm einen Gegner und stellten ihn 1792 als ›aristocrate‹, ›courtisan‹, ›autrichien‹ u. ›ennemi du peuple‹ bloß. Nach e. Reise in die Normandie, die der Vorbereitung einer Flucht gleichkam, ließ sich Ch. 1793 in Versailles nieder; wahrscheinl. war er an der Pressekampagne, die Ludwig XVI. vor s. Verurteilung retten sollte, beteiligt. In jedem Fall galt er als Gegner der Republik, da er im Dienst e. reaktionären Diplomaten tätig gewesen war u. in e. als konterrevolutionär verschrieenen Blatt publizierte. Als bes. verdächtig galt, daß er weiterhin aus England Briefe bekam. Daß Ch. wenig polit. Sinn für die Revolution entwickelte, zeigte sich an s. problemat. Verhältnis zu Condorcet, der den jakobin. Totalitarismus kritisierte, als Ch. ihn noch nirgends wahrnahm. Nach s. Verhaftung am 7. 4. 1794 in Passy (beim Verlassen der Wohnung e. Aristokraten, der unter Beobachtung stand) wurde ihm Monate später der Prozeß gemacht u. die Hinrichtung verhängt. Zu Lebzeiten hatte Ch. zwei panegyr. Gedichte auf nationale Ereignisse veröffentlicht; ehe Latouche 1819 e. Ausgabe s. Lyrik veranstaltete, zirkulierten einzelne Texte bereits handschriftl. Chateaubriand u. Vigny hatten vor 1819 Kenntnis von Ch.s Leistung. Ein Großteil der Mss. wurde 1870 vernichtet oder ist verschollen. Bis heute liegt keine hist.-krit. Gesamtausgabe vor. Ch. inspirierte sich an der griech. u. röm. Lyrik, an Ronsard, Malherbe u. vor allem Le Brun, der antikisierende Stil war e. Akt des künstler. Wollens u. der Bildung u. nicht, wie man fälschlicherweise behauptet hat, griech. Erbe von der Mutter. Für Ch. als Dichter der *Bucoliques, Élégies, Épigrammes, Odes, Hymnes* und des Lehrgedichts *L'invention* hat die Antike den Symbolwert der schöneren Zeit: Himmel u. Erde sind noch durch keinen ›Fall‹ ontolog. voneinander geschieden. ›Antik‹ u. ›naiv‹ sind Schlüsselbegriffe s. Poetik, sie erklären freil. nicht das ganze Werk. Denn Ch. schwankt zwischen eleg. Rückschau in die aurea aetas der Vergangenheit u. aufklärer. Fortschrittsoptimismus. Er wollte zugleich der Theokrit, Vergil und Lukrez s. Epoche werden. Dem äußeren Torsocharakter der Dichtung Ch.s, der auch zahlr. Fragmente hinterlassen hat *(L'Amérique, L'art d'aimer, La Républiques des Lettres, La France libre),* entspricht der Kontrast von Arkadischem u. Utopischem, die Traumwelt spaltet sich am Widerstand der unbehagl. Gegenwart. Ch. artikulierte damit kein privates

Problem, er bezeugte die Krise der Aufklärung im ausgehenden 18. Jh. Daß ihn die Lit.geschichte als bedeutendsten Lyriker s. Zeit ansah, verdankt Ch. den Dichtern des 19. Jh., die ihn in widersprüchl. Formulierungen feierten; Chateaubriand stellte ihn im *Génie du christianisme* auf e. Stufe mit Theokrit, Hugo nannte ihn ›romantique parmi les classiques‹, Musset, Vigny u. die Dichter des Parnasse fanden bei ihm Formkult u. den musikal. Vers, Ideendichtung und Naturlyrik. Ch.s *Iambes,* während der Haft entstanden, 1839 von Sainte-Beuve veröffentlicht, streifen die gedämpfte Eleganz der übrigen Lyrik, auch der *Amours,* ab, das Gedicht wird zum Mittel der polit. Agitation; wenn die Motive des Schafes u. des Hirten aufgenommen werden, schlägt die Replik auf pastorale Strukturen im eigenen Werk zurück: Lamm u. Schlachthaus bilden jetzt die pathet. Formel. Diese Schmähverse sind der originellste Teil s. Werks, sie waren im 19. Jh., wenn man von Barbier absieht, zur Imitation kaum geeignet; entstanden in der Gefangenensituation von 1794, artikuliert ihr Wechsel von Anklage u. Frage das Ethos e. im Grunde Unpolitischen, der sich als Opfer der neuen Infamie sieht. In den Jamben verständigt sich Ch. sowohl über s. Sendungsbewußtsein in der Ära der Terreur wie über s. dichter. Aufgabe – sie bleiben eingespannt zwischen der Notwendigkeit, ausfällig zu werden gegen die Untaten der Montagnards, u. der hohen Formerwartung der Gattung, die nicht preisgegeben werden darf (*Œuvres complètes,* hg. G. Walter 1958).

P. Dimoff, La vie et l'œuvre d'A. Ch. jusqu'à la Révolution frçe., II 1936; G. Walter, Ch. son milieu et son temps, 1947; J. Fabre, Ch., l'homme et l'œuvre, 1955; G. Venzac, Jeux d'ombre et de lumière sur la jeunesse d'A. Ch., 1957; W. Engler, Das Prinzip der Aufhebung in Ch.s Traumwelt, Neophilologus Oktober 1963; A. Noyer-Weidner, Lit. Wollen u. lyr. Begabung bei Ch. (Europ. Aufklärung, hg. H. Friedrich/F. Schalk), 1967; L. Sozzi, Tradition néo-classique et renouvellement des images, dans la poésie de Ch., CAIEF 1968; G. d'Aubarède, Ch., 1970; Cahiers Roucher-Ch., 1980ff.; E. Guitton, Lire/éditer Ch., Œuvres et Critiques 5, 1981; J. Raymond, La dernière nuit d'A. Ch., 1989.

Chénier, Marie-Joseph, 11. 2. 1764 Konstantinopel – 10. 1. 1811 Paris, Bruder von André →Ch., Lyriker (*Le chant du départ,* 1794) u. Geschichtsdramatiker, der während der Revolution Stoffe auf die Bühne brachte, die pathet. das integre Volk e. korrupten Führungsspitze gegenüberstellten (→*Charles IX,* 1789; *Jean Calas,* 1791; *Henri VIII,* 1791; *Caius Gracchus,* 1792; *Fénelon,* 1793; *Timoléon,* 1794). In der Kampfschrift *De la liberté du théâtre* vom Juni 1789 erklärte Ch., als moral. Anstalt bessere Theater die Sitten u. bereitete die polit. Gleichstellung aufgeklärter Bürger vor. Auf der Bühne – das Lesedrama erachtete er als wenig effektiv – müssen Privilegien zerschlagen werden; daher dürfen Schauspiele erhabenen Stils nicht an die Liebesthematik der Racine-Epigonen gebunden bleiben. Ch. glaubte, daß der direkte Bezug auf die griech. Tragiker der Ausgestaltung von ›pièces nationales‹ diene. Er hoffte zu leisten, was Corneille aus polit. Gründen versagt blieb. Bereits 1794 strich die jakobin. Zensur die meisten s. Stücke von den Spielplänen u. zwang ihn, das Ms. von *Timoléon* vor Robespierre zu verbrennen. E. Jahr später nannten ihn Zwischenrufer im Théâtre des Arts ›Kain‹ u. verlangten Auskunft über s. Bruder – Anspielung auf die Hinrichtung André Ch.s, dessen dichter. Qualitäten Marie-Joseph offensichtl. nie zu würdigen wußte.

Noch 1793 hatte er in der Vorrede zu *Fénelon* die Terreur gegen moral. motivierte Angriffe in Schutz genommen. Bonaparte ließ ihn aus dem Staatsamt entfernen, als Ch. sich nach anfängl. Zustimmung gegen s. Regime wandte, gewährte ihm jedoch später e. Pension u. betraute ihn mit hist. Aufgaben. E. achtbänd. Ausgabe s. Werke erschien 1823–27 (darin auch *Tableau historique de l'état des progrès de la littérature française, depuis* 1789, 1816).

A. Liéby, Étude sur le théâtre de Ch., 1901; A. J. Bingham, Ch. early political life, New York 1939; ders., Napoléon et Ch., Studi francesi 1963.

Chérau, Gaston, 6. 11. 1872 Niort – 20. 4. 1937 Boston/USA, naturalist. Erzähler, stellt in Bauernromanen die provinzielle Enge dar (*Les grandes époques de M. Thébault,* 1901; *La saison balnéaire de M. Thébault,* 1902; *Champi-Tortu,* 1906; *La part du feu,* 1909; *La prison de verre,* 1911; *Le monstre,* 1913; *L'oiseau de proie,* 1913; *Le remous,* 1914; *Valentine Pacquault,* 1921; *Le despélouquéro,* 1923; *Le flambeau de Riffault,* 1923; *La maison de Patrice Perrier,* 1924; *Le vent du destin,* 1926; *L'ombre du maître,* 1928; *La volupté du mal,* 1929; *Celui du bois Jacqueline,* 1932; *L'enfant du pays,* 1932).

Cherbuliez, Victor (Ps. G. Valbert), 19. 7. 1829 Genf – 2. 7. 1899 Combs-la-Ville/Seine-et-Marne, Autor von handlungsreichen Gesellschaftsromanen, die soziale Konflikte psycholog. auflösen u. vor allem vom Kleinbürgertum gelesen werden (*Le comte Kostia,* 1863; *Paule Méré,* 1864; *Le roman d'une honnête femme,* 1866; *L'aventure de Ladislas Bolski,* 1869; *Miss Rovel,* 1875; *Le fiancé de Mlle de Saint Maur,* 1876; *L'idée de Jean Téterol,* 1878; *La ferme du Choquard,* 1883; *Jacquine Vanesse,* 1898). Ch., seit 1881 Mitgl. der Ac. frçe., schrieb außerdem *L'Allemagne politique depuis la guerre de Prague* (1870), *Hommes et choses d'Allemagne* (1877), *L'art et la nature* (1892).

A. Célières, Ch., romancier, publiciste, philosophe, Genf 1936; M. A. Istrati, Ch. et le cosmopolitisme, 1937; W. Hanhard, Ch., Diss. Zürich 1941.

Chérubin, Figur d. Pagen in →*La folle journée ou le mariage de Figaro* von Beaumarchais, der für die Gräfin Rosine schwärmt u. die Eifersucht des Grafen Almaviva auslöst.

Chesnaye Desbois, François-Alexandre Aubert de la, 1699 Ernée/Mayenne – 1784 Paris, Autor von Kulturberichten (*Correspondance historique, philosophique et critique,* 1737 f.; Pamphlet *Astrologue dans le puits,* 1740), Lit.kritiker (*Lettre amusante et critique sur les romans en général, anglais et français, tant anciens que modernes,* 1743; Kommentar der *Mérope* von Voltaire) u. Vf. e. Reihe überholter Kompilationen (*Dictionnaire militaire portatif,* 1745 f.; *Dictionnaire universel d'agriculture,* 1751; *Dictionnaire domestique portatif,* 1762 f.; *Dictionnaire des mœurs, usages et coutumes des français,* 1767; *Dictionnaire de la noblesse,* XV 1784–86).

Chessex, Jacques, geb. 1934 Payerne, Lit.stud., Gymnasiallehrer in Lausanne, Autor von Gesellschaftsromanen, Darstellung des Familienlebens, das durch den Tod des Vaters ebenso katastrophal verändert werden kann wie durch e. unglückl. endende Adoption. Wenn die unanimist. Perspektive zu Romains u. Butor intertextuelle Beziehungen herstellt, so ist die Parataxe, sowohl der Erzählung als der direkten Rede, dem durchgehenden Thema, der Angst vor dem Vater u. der Todesangst angemessen; der Mythos vom Däumling u. vom Menschenfresser wird als Traum immer wieder individuell erlebbar (*La tête ouverte,* 1962; *Le jeûne de huit jours,* 1966; *Reste avec nous,* 1967; *Carabas,* 1971; *L'ogre,* Prix Goncourt 1973; *L'ardent royaume,* 1975; *Les yeux jaunes,* 1979; Essay *Maupassant et les autres,* 1981; Roman *Judas le transparent,* 1982, *Le calviniste,* 1983).

Chevalerie →Chanson de geste, →Roman courtois, →Barbazan, →La Curne de Sainte-Palaye, →Voltaire, *Tancrède.*

La chevalerie Ogier de Danemarche, anonymes Heldenepos (über 12 000 Verse) des späten 12. Jh., hg. M. Eusebi, Mailand 1962; C. Cremonesi, Mailand 1977. Ogier, der am Hofe Karls d. Gr. weilt, gerät durch e. Loyalitätsverletzung s. Vaters u. den Jähzorn des Kaisersohns wiederholt in Gegensatz zum Lehnsherrn, der freil. den ›hervorragendsten Ritter der ganzen Christenheit‹ im Kampf gegen den Heidenkg. Brahier nicht entbehren kann.

R. Lejeune, Recherches sur le thème: les chansons de geste et l'histoire, Lüttich 1948; P. Le Gentil, Ogier le danois, héros épique, Romania 1957; A. Adler, Rückzug in ep. Parade, 1963; A. Viscardi, Ch. e la narrativa francese del secolo XIII, Mailand 1963; K. Togeby, O., 1969.

Le chevalier à la mode, Kom. in 5 Akten von Florent →Dancourt, EA 1688, Urauff. 1687. Weil der Chevalier de Villefontaine vier Damen, die er teils wegen ihres Vermögens, teils wegen ihrer Reize hofiert, dieselben galanten Verse geschickt hat, ohne mit der Eitelkeit der Verliebten, die sämtl. die empfangenen Billets in der Öffentlichkeit vorlesen, zu rechnen, wird er schließl. als Schwindler entlarvt. Als Satire trifft das Stück Mißstände des Absolutismus; aus wirtschaftl. Gründen verliert der Adel s. Haltung, dies bestärkt das Bürgertum in der Hoffnung auf gesellschaftl. Aufstieg, u. a. durch Heirat (krA R. H. Crawshaw 1980).

Le chevalier à l'épée, höf. Epos (vor 1210) in 1206 Versen, das Gauvains Liebesabenteuer dem frauenverächter. Ethos der ma. Fabliaux anpaßte.

Le chevalier au barrisel, anonyme Verserzählung (13. Jh.?). Zur Buße für s. Sünden – u. a. geht er am Karfreitag zur Jagd – soll e. Ritter e. Faß mit Wasser füllen; trotz e. langen Pilgerreise gelingt ihm dies nicht. Erst als er bußfertige Gesinnung beweist, ist – mit e. Träne der Reue – die Aufgabe gelöst. Der Erlöste stirbt u. wird der himml. Seligkeit teilhaftig. Die Geschichte von der Läuterung des verstockten Sünders integriert Elemente der Mirakeldichtung u. des Fabliau (hg. F. Lecoy 1955).

Le chevalier au cygne, anonymes Epos (1170–80). Während Kaiser Otto in Nimwegen e. Rechtsstreit zwischen der Witwe des Hzg.s von Bouillon u. ihrem sächs. Schwager schlichten soll, erscheint in e. Kahn, von e. Schwan (s. verzauberten Bruder) gezogen, Helias, der Sohn des Ungarnkg.s Lothar. Im Zweikampf, der als Gottesgericht gewertet wird, überwindet er den Feind der Fürstin u. gewinnt dafür ihre Tochter zur Frau. Sie vermag die Bedingung, nie nach s. Herkunft zu fragen, nicht einzuhalten; der Schwanenritter muß sie wieder verlassen.

Gottfried von Bouillon ist s. Enkel; durch diese Geschlechtersage wird dem Eroberer von Jerusalem e. wundersame Herkunft angedichtet. Wolfram von Eschenbach übertrug die Fabel mit dem Motiv des Frageverbots auf Loherangrin, Parzivals Sohn, u. motivierte es mit dem Gralsgeheimnis. R. Wagners Musikdrama *Lohengrin* (1847) profitierte von der romant. Wiederbelebung des Stoffs u. führte die Kontaminationen Wolframs u. des *Jüngeren Titurel* fort; Lohengrin erlöst den Schwan, der jetzt e. verzauberter Bruder der Elsa von Brabant ist; zurück nach Monsalvat geleitet ihn die Gralstaube.

M. Einstein, Beiträge zur Überlieferung des C. u. der Enfances Godefroy, Diss. Bern 1910; A. G. Krüger, Die Quellen der Schwanenritterdichtung, Gifhorn 1936; R. L. Schurfranz, The French swanknight legend, Diss. Univ. of North Carolina 1959.

Le chevalier Des Touches (1864), Roman von →Barbey d'Aurevilly aus der Zeit der Restauration. Der Bericht von e. Begegnung mit dem legendären Führer der Chouannerie, dem Ch., weckt in Aristokraten, die 1792 am Kampf der breton. u. normann. Bauern gegen die Revolution teilgenommen haben, melanchol. Erinnerungen an bravouröse Einzeltaten, vor allem den Versuch, den gefangenen Ritter aus den Händen der Revolutionsarmee zu befreien. Der Autor erzählt die Geschichte entsprechend s. konservativen Haltung (vgl. auch Balzac, *Le dernier Chouan,* u. V. Hugo, *Quatrevingt-treize*).

F. Sevestre, Les sources du Ch. 1912; H. Schwartz, Idéologie et art romanesque chez J. Barbey d'Aurevilly, 1971.

Chevalier sans peur et sans reproche, vgl. Pierre du Terrail, seigneur de →Bayard.

Les chevaliers de la table ronde, Prosaschauspiel in drei Akten von Jean →Cocteau, EA 1939, Urauff. 15. 10. 1937 Théâtre de l'Œuvre, Paris, Märchenstück aus arthur. Motiven, das der poetolog. Selbstverständigung des Autors dient. An der Rolle des Dichters Galaad demonstriert Cocteau die Kraft der Poesie, das Ungeordnete u. Illusionäre, das der Zauberer Merlin produziert, zu ordnen u. zu klären.

Chevallier, Gabriel, 3. 5. 1895 Lyon – 5. 4. 1969 Cannes, Zeichner, Journalist, Handelsvertreter u. Erzähler, der zunächst Stendhal zum Vorbild nahm (*La peur,* 1930; *Clarisse Vernon,* 1933) u. 1934 mit e. Satire der Provinzgesellschaft im Beaujolais, *Clochemerle,* berühmt wurde u. nach parallelen Darstellungen (*Sainte-Colline,* 1937; *Les héritiers Euffe,* 1946; *Ma petite amie Pomme,* 1946; *Le petit général,* 1951; *Brumerives,* 1968) die tolldreiste burgund. Welt zur skatolog. u. priap. ›geste‹ ausbreitete (*Clochemerle-Babylone,* 1954; *Clochemerle-les-Bains,* 1963). In *Durand, voyageur de commerce* (1934) u. *Carrefour des hasards* (1936) verarbeitete er s. Selbstporträt. 1959 erschien die umfassende Autobiographie *Souvenirs apaisés.*

Cheverny, Philippe Hurault, comte de, 1523–1599, Kanzler unter Heinrich III. u. Heinrich IV., Freund zeitgenöss. Literaten; nach 1586 verfaßte Ch. s. *Mémoires* (1528–99; ED 1634).

Chevreau, Urbain, 20. 4. 1613 Loudun – 1701 Paris, Jurastud. Poitiers, 1647 Licence ès droits, bis 1654 Reisen nach Holland u. Schweden. Nach e. Parisaufenthalt ging er 1661 wieder auf Reisen durch Skandinavien, Dtl. und Italien, 1665 ließ er sich vorübergehend in Heidelberg nieder. Zuletzt war Ch. Erzieher des Hzg.s von Maine. Er ist der Autor e. →*Cid*-Fortsetzung, von zwei heroisch-galanten Romanen, *Scanderberg* (1644) u. *Hermiogène* (1648), u. e. Lyrikbandes, *Recueil de poésies* (1656), in dem er Marinos Barockmanier nachahmte. Vor allem aber praktizierte er als Kritiker die vergleichende Lit.betrachtung u. stellte in einigen Briefen von 1655 die Lit.kritik unter e. umfassendes Prinzip: die Vernunft, die über der Einbildungskraft steht, wird von der Kunst geläutert.

G. Boissière, Ch., Niort 1909.

Chien-Caillou (1847), Roman von Jules →Champfleury. Der Autor gestaltet mit realist. Mitteln e. romant. Thema: Ch. ist der kleinbürgerl. Welt entflohen, um in der Pariser Bohème die moral. Freiheit, freil. auch die materielle Not zu finden. Nach dem Verlust s. Freundin Amourette, die wegen ihrer Mietschulden das Haus verlassen mußte, tötet Ch. s. weißes Kaninchen u. will selbst sterben, erblindet jedoch kurz darauf u. vegetiert fortan als anonymer Patient (›Nr. 13‹) in e. Klinik dahin. Als Milieustudie bleibt das künstler. fragwürdige Werk von Interesse.

Chiens perdus sans collier (1954), Roman von Gilbert →Cesbron. Die Episode vom herrenlosen Hund, der s. Artgenossen beschützt, wird zum pathoshaltigen Gleichnis für die Welt der Fürsorgezöglinge. Für Robert Alain, e. psycholog. Sonderfall, sind das Heim, das Prostituiertenmilieu u. e. vertrauensvolles Verhältnis zum Jugendrichter Lamy Situationen, die s. Verschlossenheit allmähl. aufbrechen (vgl. auch die Figur des Gavroche in *Les misérables* von Hugo).

Chimène →*Le Cid* von Pierre Corneille.

Les chimères (1854), Sonettzyklus von Gérard de →Nerval. Die zwölf Gedichte erschienen mit der Novellenslg. *Les filles du feu.* Der Sinngehalt ihrer Kosmogonie verweist auf Nervals Beschäftigung vor allem mit der dt. Romantik, auf s. Orienterlebnis u. ein spezif. Liebesempfinden. Der Titel für sieben der zwölf Gedichte, die 1853 in *Les petits châteaux de Bohème* erschienen waren, lautet *Mysticisme:* Verschränkung von erträumter u. empir. Wirklichkeit. Doch der Lyriker Nerval schreibt nicht wie später die Surrealisten, die sich auf s. Werk berufen, unter e. Traumdiktat. Alchimist. Rätsel, ägypt. u. griech. Fabeln, Motive der okkultist. Lit. u. der Mythologie werden neu kombiniert; der Synkretismus wie die Synästhesie der Texte bereiten den Symbolismus Baudelaires, Mallarmés u. Rimbauds vor *(→El desdichado, →Vers dorés).*

J. Moulin, G. de Nerval, Ch., exégèses, Genf 1949; K. H. Stierle, Dunkelheit u. Form in Nervals Ch., 1967; J. Geninasca, Analyse structurale des Ch. de Nerval, Neuchâtel 1971; K. Schärer, Pour une poétique des Ch., 1981; D. Vouga, Nerval et set Ch., 1981.

Choderlos de Laclos, Pierre Ambroise François, 19.10. 1741 Amiens – 5. 9. 1803 Taranto (Epidemie), Artillerieoffizier, seit 1786 mit Marie Du Perré verheiratet. Im gleichen Jahr verlor er wegen e. Kritik an Vaubans Festungsbauten s. militär. Stellung. Als Sekretär des revolutionär gesonnenen Hzg.s von Orléans, den er auch nach London begleitete, hoffte er, e. neue Karriere zu machen; er sah sich in dieser Hoffnung jedoch getäuscht, als nach Varennes die Régence s. Herrn nicht proklamiert wurde. Während der Schreckensherrschaft wurde

Ch. inhaftiert, nach dem 18. Brumaire erhob ihn Napoleon in den Generalsrang. Wenn man von postum veröffentlichten Essays u. Fragmenten absieht (*Lettre à MM. de l'Ac. frçe. sur l'éloge de M. le maréchal de Vauban; De l'éducation des femmes,* éd. Ch. Thomas 1991, rousseauist. Tendenzen; *Traité de la loi du divorce; Lettres inédites,* 1904; *Poésies,* 1909; *Œuvres complètes,* krA L. Versini 1979), ist Ch. Autor e. Werks, des Briefromans →*Les liaisons dangereuses,* von dem er sich e. lang anhaltende Schockwirkung versprach. Der beherrschte Stil des Romans, der in der Epoche der Romantik zunächst wenig Anklang fand, wurde von Stendhal als Mittel der erzähler. Entrousseauisierung fortgeführt. Ch., der bereits 1789 für den Hzg. von Orléans polit. Texte verfaßt zu haben scheint, war vom 31. 10. 1790 – 21. 7. 1791 Chefredakteur des jakobin. *Journal des amis de la constitution* u. verfaßte signierte sowie anonyme Beiträge, die auch dazu dienten, stoffl. Kühnheiten des eigenen Romans mit biograph. Dokumenten zu rechtfertigen.

E. Dard, Un acteur caché du drame révolutionnaire, le général Ch., [3]1936; J.-L. Seylaz, Les Liaisons dangereuses et la création romanesque chez Ch., Genf 1958; D. R. Thelander, Ch. and the epistolary novel, Genf 1963; R. Vailland, Ch. par lui-même, 1965; L. Versini, Ch. et la tradition, 1968; P.-E. Levayer, Les écrits politiques de Laclos, RhlF 1969; J. Belaval, Ch., 1972, R. Pomeau, Ch., 1975; Sondernr. RhlF 4, 1982; C. V. Michael, Ch., an annotated bibl., 1982; G. Poisson, Ch., 1985; R. Pomeau, Laclos ou le paradoxe, 1993.

Choiseul, Étienne François, duc de, 28. 6. 1719 Paris – 8. 5. 1785 ebda., Günstling der Pompadour, Botschafter, Außenminister (1758) u. Kriegsminister (1761), Anhänger der physiokrat. Ideen; befreundet mit Voltaire. Ch. betrieb das Verbot des Jesuitenordens, geriet daher in Gegensatz zur Du Barry. Postum erschienen s. *Mémoires* (1970, n. 1982).

P. Calmette, Ch. et Voltaire, 1902.

Choisy, François-Timoléon, abbé de, 16. 8. 1644 Paris – 2. 10. 1724 ebda., von s. Mutter zum Transvestiten erzogen; 1686 nach e. Asienreise (*Journal de voyage de Siam,* 1687) zum Priester geweiht (kirchl. Pfründe jedoch bereits seit 1663). Außer theolog. Schriften schrieb er hist. Abhandlungen (*Histoire de France sous les règnes de Saint-Louis, de Philippe de Valois …,* 1699), geistreiche *Lettres* u. *Mémoires* (III 1727).

J. Melia, L'étrange existence de l'abbé de Ch., 1921; L. M. J. Vinceneux, Les ambigus: l'abbé de Ch., 1930.

Cholodenko, Marc, geb. 11. 2. 1950 Paris, Lyriker, der sich an Hölderlin u. Rimbaud orientiert (*Dem folgt deutscher Gesang – Tombeau de Hölderlin,* 1979; *La tentation du trajet Rimbaud,* 1980) u. Autor hochstilisierter erzählender Prosa (*Le roi des fées,* 1974; *Les états du désert,* Prix Médicis 1976, Thema ist das Romanerzählen, passagenweise als Pastiche des Nouveau Roman; *Les pleurs d'Andréa Bajarsky,* 1979, wechselweise in der 1. u. 3. Person erzählter Desillusionsroman; *Meurtre,* 1982; Liebesgesch.; *Histoire de Vivant Lanon,* 1985).

Chouans, gegenrevolutionäre Bewegung in der Bretagne u. Vendée, die 1792–96 die Revolutionstruppen bekämpfte; letzte Aufstände waren 1799 u. 1815 während der Cent jours. Die Auseinandersetzungen mit der Chouannerie gestalteten Balzac *(Le dernier chouan),* Barbey d'Aurevilly *(Le chevalier Des Touches, L'ensorcelé)* Victor Hugo *(Quatrevingt-treize)* und Élémir Bourges *(Sous la hache).*

L. Dubreuil, Histoire des insurrections de l'Ouest, II 1929 f.; L. Madelin, La contre-révolution sous la révolution 1789–1815, 1935.

Les chouans ou la Bretagne en 1799 (1834), Titel der Neufassung von →*Le dernier chouan ou la Bretagne en 1800* (1829) von Balzac.

Chrestien, Florent, 1541 Orléans – 1596 Vendôme, Mediziner wie Jacques Grévin, Erzieher Heinrichs IV., e. der Autoren der →*Satire Ménipée,* schuf die franz. Versionen lat. geschriebener Stücke von →Buchanan; weitere Schriften: *Apologie ou deffense d'un homme chrestien pour imposer silence aux sottes reprehensions de M. Pierre Ronsard ...,* 1564; *Le jugement de Paris,* 1567; dazu Kommentare zu Euripides, Aristophanes, Catull, Tibull, Properz, Seneca.

Chrétien de Troyes, vor 1150 – vor 1190, fragl., ob in Troyes geb., ebenso, ob er England von Reisen her kannte. Um 1160 begann er zu schreiben, er genoß u. a. die Protektion der Gräfin Marie de Champagne. Versch. s. Werke sind verlorengegangen: *Li comandemanz Ovide, Art d'Amors, Li mors de l'Espaule, Li rois Marc et Iseut la Blonde,* während ihm fünf höf. Versromane mit Sicherheit zuzuschreiben sind: →*Érec et Énide,* →*Cligès,* →*Yvain,* →*Lancelot* u. der *Conte del Graal* (nach 1181, schließt mit Vers 9234, →Perceval). In allen Werken geht der Handlungsimpuls vom Artushof aus. Provenzal. Minne u. ep. Heroismus, Ehe- u. Ritterpflichten, das ›Sich-Verliegen‹ u. die stete Selbstprüfung der Helden markieren das Tugendsystem der Protagonisten. Aus versch. Quellen (→Geoffrey of Monmouth, →Wace) schöpfte Ch. die Motive zur Ausgestaltung des breton. Sagenkreises um →Artus; er verlieh dem arthur. Stoff sein hohes lit. Prestige. Auf der Suche nach dem Abenteuer (aventiure) lösen die Artusritter eth. und seel. Konflikte. Besondere Spannung ergibt sich daraus, daß der Protagonist zuweilen anonym eingeführt u. s. Identität erst spät gelüftet wird. Ch. handhabte die franz. Sprache mit großer Geschmeidigkeit; die Zeitgenossen anerkannten s. stilist. Meisterschaft im höf. Roman. Noch im 15. Jh. wurden *Érec et Énide* u. *Cligès* bearbeitet. Hartmann von Aue *(Erec, Iwein)* und Wolfram von Eschenbach *(Parzival)* bauten auf Chrétien auf.

W. Kellermann, Aufbaustil u. Weltbild Ch.s im Percevalroman, 1936; R. Bezzola, Le sens de l'aventure et de l'amour: Ch., 1947; G. Cohen, Un grand romancier d'amour et d'aventures au XIIe siècle, [2]1948; R. S. Loomis, Arthurian tradition and Ch., New York 1949; S. Hofer, Christian von Troyes, 1954; E. Köhler, Ideal u. Wirklichkeit in der höf. Epik, 1959; A. Micha, La tradition manuscrite des romans de Ch., Genf 1966; J. Frappier, Ch., [2]1968; P. Haidu, Aesthetic distance in Ch., Genf 1968; L. Maranini, Cavalleria e cavalieri nel mondo di Ch. (Mélanges Frappier), 1970; W. Völker, Märchenhafte Elemente bei Ch., Diss. Bonn 1972; W. Brand, Ch. Zur Dichtungstechnik s. Romane, 1972; J. Frappier, Ch. et le mythe du Graal, 1972; V. Roloff, Reden u. Schweigen. Zur Gestaltung e. ma. Themas in der franz. Lit., 1973; J. Bednar, La spiritualité et le symbolisme dans les œuvres de Ch., 1974; D. Kelly, Ch., an analytical bibl., London 1976; B. Schmolke-Hasselmann, Der arthur. Versroman von Ch. bis Froissart, 1980; L. T. Topsfield, Ch., a study of the Arthurian romances, 1981; Réception critique de l'œuvre de Ch., Œuvres et Critiques V, 2, 1981.

Christine de Pisan (Pizan), 1365 Venedig – nach 1429, Tochter des Astrologen Karls V., Tommaso aus Pizzano, seit 1390 Witwe, lebte vom Ertrag ihrer Schriften, die sie Gönnern widmete (Louis d'Orléans, Philippe le Hardi, Isabella von Bayern). Sie feierte Jeanne d'Arc u. verteidigte die Frauenehre gegen Jean de Meung *(Dit de la rose, Epître au Dieu d'Amour, Epîtres sur le* →*Roman de la rose).* Mit Eustache Deschamps, als dessen Schülerin sie sich bezeichnete, stand sie in Verbindung. Neben lyr. Gedichten (292 Balladen, 3 lais, 80 rondeaux, 23 virelais) entstand das gewichtigere didakt. Werk aus humanist. Impetus (*Le livre des trois jugemens, Le dit de la Pastoure, Enseignemens moraux, Le livre du chemin de long estude,* 1402/03, eine Traumallegorie nach Boethius u. Dante; *Epître d'Othea,* in Prosa, nach →*Ovide moralisé; Le livre de la cité des dames,* 1405: drei Tugenden empfehlen Ch. die Gründung e. Frauenstadt; mod. Ed. 1986; *L'avision, Livres des faits d'armes et de chevalerie,* 1410). Christine nahm auch zum 100jähr. Krieg, wie Jean le Bel u. Froissart, Stellung (*Lamentation sur les maux de la guerre civile,* 1410; *Le livre de la paix,* 1412). An Umfang übertraf das Werk der Ch. das Schaffen aller Zeitgenossen. Bei ihr löste sich die traditionelle Verklammerung von Stoff- u. Formerwartung bereits auf, Liebesdichtungen u. Moralistik sind weder streng an Vers noch an Prosa gebunden (*Œuvres poétiques,* hg. M. Roy III 1886–96; *Le livre de la paix,* hg. C. Cannon Wilard, Den Haag 1958; *Le livre de mutation de Fortune,* hg. S. Solente IV 1959–66; *Le livre du corps de policie,* hg. R. H. Lucas, Genf 1967; *Ditié de Jeanne,* krA A. J. Kennedy/K. Varty, II 1974 f.).

M. J. Pinet, Ch., Lyon 1927; M. W. L. Boldingh-Goemans, Ch., Rotterdam/Den Haag 1948; J. Moulin, Ch., 1962; S. Solente, Ch., 1969; E. McLeod, The order of the rose. The life and ideas of Ch., London 1976; R. Pernoud, Ch., 1982; C. C. Willard, Ch., New York 1984; A. J. Kennedy, Ch., a bibl. guide, London 1984; M. Brabant (Ed.), Politics, gender and genre. The political thought of Ch., San Francisco 1992.

Chronique des ducs de Normandie (44 540 Verse) von →Benoit de Sainte-Maure, entstanden um 1175, hg. C. Fahlin, Uppsala 1951–54. Geschichte der Hzg.e der Normandie u. Kg.e. von England, Parallelunternehmen zu Wace, *Roman de Rou.*

C. Fahlin, Étude sur le manuscrit de Tours de la Ch., Diss. Uppsala 1937.

La chronique des Pasquier, Romanzyklus in zehn Bden. von Georges →Duhamel, EA 1933–44. Die Sippe der P. hält zusammen, weil Veranlagung u. Interessen der Mitgl. immer wieder konvergieren. Duhamel schildert also nicht den Konflikt e. Epoche (1880–1930), sondern die Entwicklung von durch Familienbande miteinander verknüpften Individuen: des Laurent P., der in der wiss. Welt e. Rolle zu spielen lernt (*Le notaire du Havre,* 1933; *Vue de la terre promise,* 1934; *Les maîtres,* 1937), des Finanziers Joseph P. (*La passion de Joseph P.,* 1944) u. ihrer beiden Schwestern (*Cécile parmi nous,* 1938, *Suzanne et les jeunes hommes,* 1941). Das seel. Einvernehmen entspricht Duhamels Lebens- u. Dichtungslehre vom Unanimismus. Dem Familienideal kommt am nächsten, wer den Geist der Familie, der ontolog. Vorrang vor individuellen Intentionen hat, am besten verkörpert; daher ist Laurent die Zentralfigur der Romanhandlung. Die mittelständ. Ideologie, die zur Immobilität neigt, wird deutl., denn Duhamel behauptet den zeitlosen Wert e. Familienstruktur u. erklärt die Geschichte zur Pseudometaphysik.

Chronique du règne de Charles IX, Roman von Prosper →Mérimée, EA 1829. Das Thema dieses hist. Romans – der Fanatismus, konkretisiert in den Ereignissen der →Bartholomäusnacht von 1572 – war am Ende der bourbon. Restauration bes. sinnträchtig u. mußte alle liberalen Franzosen unmittelbar ansprechen. Mérimée bewältigt den hist. Vorgang, der ihm aus Brantôme, d'Aubigné, La Noue u. den *Chroniques nationales frçes.* bekannt war, durch e. panoram. Erzählweise, die von drei Motivkernen ausgeht: der Bartholomäusnacht als Kristallisationspunkt der konfessionellen Auseinandersetzung des 16. Jh., der Konversion von George de Mergy u. der Beziehung s. Bruders Bernard de Mergy zu Diane de Turgis. George wurde kathol. aus Haß gegen den Condé, der ihm die Mätresse streitig machte u. ihn auf dem Schlachtfeld e. Feigling nannte. Der Kg. bestimmt ihn zum Mörder Colignys; George entzieht sich jedoch dem Auftrag u. warnt das Opfer. Das Massaker kann er nicht mehr verhindern. Vergebl. versucht Diane de Turgis, ihren Geliebten zum Katholizismus zu bekehren; Bernard entkommt, als Mönch verkleidet, aus dem fanatisierten Paris u. schlägt sich nach La Rochelle durch. Als das Heer der Katholischen vor der Hugenottenfestung erscheint, tötet Bernard s. Bruder unerkannt in der Schlacht. Mérimée, der in der Vorrede zu *Ch.* darauf verweist, daß die Memoiren der Aspasia oder e. Sklaven des Perikles besser informieren könnten als das offizielle Bild des Thukydides, stellt in s. hist. Roman die Geschichte von der Unterseite her dar. Die Perspektive der Anekdote verbürgt e. höheren Wahrheitsgehalt als die der Heldenchronik. Das Liebespaar Bernard–Diane ist im Sinn der hist. Romane Walter Scotts nicht beispielgebend – s. Verhalten illustriert keine eth. Norm. Weder Bernard noch George verkörpern die von Scott geforderte durchschnittl. Tüchtigkeit, an der sich konkurrierende Parteien e. Beispiel nehmen sollten. Es ist nur folgerichtig, wenn Mérimée auch mit der Fiktionalität spielt, indem er etwa d. Leser entscheiden lassen will, wie Bernards Verhältnis zu Diane weitergehen soll. Die Teleologie Vignys in →*Cinq-Mars* ist ihm fremd. Die Frage nach Zufall oder Notwendigkeit des Hugenottenmords verliert an Interesse, da Mérimée den spekulativen Charakter jeder mögl. Antwort durchschaut.

La chronique rimée (13. Jh.). Die Reimchronik (31 256 Verse) des Philippe Mouskés aus Tournai behandelt ohne exakte Chronologie die Geschichte der franz. Krone bis ins Jahr 1243; für die karoling. Epoche schöpfte der Autor vor allem aus den Chansons de geste.

R. N. Walpole, Philippe Mouskés and the ›Pseudo-Turpin Chronicle‹, Berkeley 1947.

Chronique scandaleuse, Skandalchronik, Buchtitel von 1611 (Chronik des Sekretärs von Hzg. Johann II. von Bourbon, Jean de Roye, entstanden um 1488), seitdem Bezeichnung für Informationen über kriminelle u. intime Beziehungen der maßgebenden Kreise *(→Le Canard enchaîné).*

Les chroniques de France, Dramen- u. Hörspielslg. von Paul →Fort, erschienen 1922–36, Bearbeitungen ma. Chronikstoffe, die der nationalen Ertüchtigung dienen sollten.

Chroniques italiennes, Novellenslg. von →Stendhal, entstanden 1829–39, ED in Zss., EA *Œuvres complètes,* 1855. Aus den Handschriften, die Stendhal zu →*La chartreuse de Parme* anregten, schöpfte er auch die Stoffe der meisten Novellen (→*L'abbesse de Castro,* ED *Revue des deux mondes*

1.2. u. 1.3. 1839 unter dem Ps. F. de Lagenevais; *Vittoria Accoramboni; Les Cenci,* ED ebda. 1.7. 1837; *La duchesse de Palliano,* ED ebda. 15.8. 1838; *San Francesco a Ripa,* ED ebda. 1.7.1853; *Vanina Vanini,* ED *Revue de Paris* Dez. 1829, 1896 dramatisiert von Paul Heyse; *Trop de faveur tue,* ED ebda. 15.12. 1912 u. 1.1. 1913). Sie spielen in Stendhals Idealland Italien, wo die Individuen, wie er im Februar 1821 Walter Scott schrieb, um 1400 e. Grad der Energie erreichten, wie er seitdem nirgends mehr anzutreffen war. Ungezügelte Leidenschaft, die sich zum Verbrechen steigert, heftige Instinkte in wiederholt antiklerikaler Beleuchtung machen die ital. Abenteuer zu Gegenbildern der moral. Erzählungen, wie sie das 18. Jh. ausgebildet hatte (Marmontel, Florian, Bernardin de Saint-Pierre, Nachwirkung bei Nodier). Wenn Stendhal die Fabelzeit in *Vanina Vanini* an den Beginn des 19. Jh. verlegt, zeigt er an, daß das bewunderte Ethos nicht mit der Renaissance untergegangen ist; die amoral. Haltung der ital. Protagonisten hebt sie vorteilhaft von den Franzosen ab *(San Francesco a Ripa).*

Ch. Dédéyan, Stendhal et les Ch., 1956; J. Peytard, Voix et traces narratives chez Stendhal, 1980.

La chute (1956), Erzählung von Albert →Camus. Jean-Baptiste Clamence, ehemaliger Pariser Rechtsanwalt, erzählt in e. Bar in Amsterdam einer Zufallsbekanntschaft von s. früheren Existenz. Obwohl Camus das Werk als Récit bezeichnete, ist es e. komplizierte Variante der Icherzählung, denn aus Repliken der Zentralfigur sind Einwände, Antworten des Gesprächspartners heauszuhören; der Autor sprach von e. ›monologue dramatique et le dialogue implicite‹. Die Selbstgerechtigkeit des Advokaten wurde erschüttert, als er teilnahmslos an e. jungen Frau vorüberging, die sich kurz danach vom Pont-royal in die Seine stürzte. Ebenso systemat. wie s. früherer amoral. Egoismus wird nun die neue Haltung kultiviert. Clamence stilisiert sich zum ›juge-pénitent‹; s. beziehungsreicher Name prädestiniert ihn zum Bußprediger, zum ›faux prophète que crie dans le désert‹. Dazu trägt er den passenden abgewetzten Kamelhaarmantel, um die Parodie zu vervollständigen. Die Raumsymbolik des Textes zeigt ihn als den stets Erhabenen, der lieber im Bus als in der Métro, lieber in Kaleschen als in Taxis fährt. ›Jusque dans le détail de la vie, j'avais besoin d'être au-dessus.‹ Das Eingeständnis s. Versagens ermöglicht ihm, sich in Selbstvorwürfen zu gefallen u. Reuegefühle zu kultivieren; er operiert mit der Duplizität. ›Je règne enfin, mais pour toujours. J'ai encore trouvé un sommet, où je suis seul à grimper et d'où je peux juger tout le monde.‹ Clamence kokettiert mit der Vorstellung, wie weiland Elias im feurigen Wagen gegen Himmel zu fahren oder s. Mittäterschaft am Bilderraub der ›Juges intègres‹ glaubhaft zu machen, um hingerichtet zu werden. ›Au-dessus du peuple assemblé, vous élèveriez alors ma tête encore fraîche, pour qu'ils s'y reconnaissent et qu'à nouveau je les domine, exemplaire.‹ Meursault in *L'étranger* lehnte es ab, Rollenerwartungen zu erfüllen, Clamence spielt mehrere Rollen u. genießt das parod. Spiel. Es ist nicht auszuschließen, daß Camus, nach der Auseinandersetzung mit Sartre anläßl. des *Homme révolté,* s. eigene Lage in der Gestalt des fiktiven ›juge-pénitent‹ darstellen wollte. Die Verbindung zwischen dem Leben des Autors u. der Struktur des Werks ist dann keine inhaltl. – Erleben u. lit. Produkt stehen in Homologie, nicht in Analogie zueinander. Die moral. Erschütterung des Schriftstellers Camus wird in die Erschütterung des Ehrenmanns Clamence transponiert u. iron. aufgefächert. Anspielungen auf Dantes Höllenvision sind geeignet, den hochmütigen Glanz, mit dem Clamence sich schmückt, als Hybris e. Literaten zu kennzeichnen.

R. Theis, A. Camus' Rückkehr zu Sisyphus, RF 1958; A. King, Structure and meaning in Ch., PMLA 1962; K. Friedrich, A. Camus: Ch. (Der mod. franz. Roman, hg. W. Pabst), 1968; Sondernr. Revue des lettres modernes 238–44, 1970.

La chute d'un ange (1838), Versepos von Alphonse de →Lamartine, geplant 1823, begonnen Juni 1836, als Episode e. Menschheitsgedichts (vgl. Hugo, *La légende des siècles*), das nicht vollendet wurde, angelegt. Aus Liebe zu Daidha bittet der Engel Cédar um menschl. Gestalt; im Libanon u. in Palästina erwachsen dem Paar existentielle Gefahren, schließl. kommen s. Kinder in der Wüste um, Daidha gibt sich den Tod, Cédar stürzt sich bei der Leichenverbrennung in die Flammen. Bereits 1836 war mit →*Jocelyn* der Schlußteil des geplanten ep. Gesamtwerkes erschienen. Wenn auch der ›Chœur des cèdres du Liban‹ bis heute in Anthologien als Beispiel romant. Lyrik vorgestellt wird, so war doch die Reaktion der Kritik 1838 meist negativ; sie bemängelte vor allem Brüche in der Komposition u. Ausdrucksschwächen. Der Verleger Gosselin drängte daraufhin auf Schadensersatz. Lamartine nahm das Epos jedenfalls nicht in die Werkausgabe von 1849/50 auf; e. Jahrzehnt später war es bereits vergessen.

C. C. Kramer, Lamartine et A. Chénier – Ch., RhlF 1930; M. F. Guyard, Les influences étrangères dans Ch., Rlc 1947.

Le Cid, Tragikom. in fünf Akten und Alexandrinern von Pierre →Corneille, EA 1637, Urauff. Anfang Januar 1637 im Théâtre du Marais. Nach der Vorlage *Las mocedades del Cid* (1612) des span. Dramatikers Guillén de Castro y Bellvis brachte Corneille den kastil. Nationalhelden Rodrigo Díaz de Vivar (um 1043–1099), den s. maur. Gegner ›Herr‹ (arab. sayyid) nannten, als willensstarken u. ruhmsüchtigen Helden auf die Bühne. Die Fabel erwächst aus klass. Voraussetzungen: dem radikalen Konflikt zweier ebenbürtiger Prinzipien, Liebe u. Familienehre. Ort der Handlung ist Sevilla. Rodrigue wirbt um Chimène, die Tochter von Don Gomez. Dieser fühlt sich vom Kg. zurückgesetzt, weil Don Diègue, der greise Vater des Cid, mit dem Amt e. Prinzenerziehers betraut wurde; er beleidigt ihn (I, 4) u. ohrfeigt in der Erregung den alten Mann. Rodrigue soll den Vater im Duell rächen. In e. großen Konfliktmonolog (I, 6) äußert der Protagonist, daß jedes der beiden Prinzipien, wie immer er sich entscheidet, s. Ruin herbeiführen muß; Chimène würde ihn jedoch als ehrlos verachten, wenn er die Beleidigung nicht sühnte. Indem er s. Familienehre rettet, bleibt er ihrer Liebe würdig, auch wenn er ihren Vater tötet. Ihrerseits kann Chimène den Mörder ihres Vaters nicht rückhaltlos hassen, sie ist dabei, aus ihrer sozialen u. moral. Rolle zu fallen (II, 8; III, 4). E. plötzl. Maureneinfall, der Rodrigue in die Schlacht ruft, wirkt als retardierendes Moment. Nach e. doppelten Hamartia offenbart Chimène ihre echten Gefühle: auf die Falschmeldung vom Tod Rodrigues u. beim scheinbar tödl. Ausgang des Duells, das sie zwischen dem siegreichen Feldherrn u. Don Sanche veranlaßt hat. Rodrigue erscheint vor ihr, der Kg. verfügt, daß nach angemessener Frist die Hochzeit stattfinden soll. Die extremen sittl. Konflikte sind ausgestanden. Beide Figuren versuchten, einander in ihrem Ehrgefühl zu überbieten, wobei freil. die Liebe Chimène in tieferen Zwiespalt stürzte als Rodrigue, der s. Gefühlswelt mit den polit. Entscheidungen besser in Einklang zu bringen verstand. Die erfolgreiche Aufführung führte zu Intrigen u. Polemiken. Vier Monate nach der Premiere erschienen von Mairet e. anonymes Pamphlet, das Corneille des Plagiats an Castro y Bellvis beschuldigte, u. von Georges de Scudéry die *Observations sur le Cid,* die dem Stück Verstöße gegen klass. Normen vorwarfen. Corneille antwortete sarkast. *(Lettre apologétique),* Scudéry verlangte im Juni e. Urteil der Ac. frçe. Richelieu kam diese Wendung gelegen, sie wertete s. Institution auf. Indessen ging der Lit.streit weiter, pro u. contra erschienen etwa 30 Streitschriften. Ende Dezember 1637 lagen die *Sentiments de l'Académie française sur la tragicomédie du Cid* vor; sie bemängelten die Stoffwahl, das Dénouement u. manchen schlechten Vers, würdigten aber auch das einprägsame Bild der Leidenschaften. Weder Richelieu, noch Scudéry u. der Autor waren mit dem salomon. Urteil einverstanden. Doch Corneilles Rang war nicht in Frage gestellt. Der *C.* ist e. frühes Beispiel in der franz. Dramatik für die Kunst, den Konflikt aus versch. prinzipiellen Standpunkten u. Aktionsreihen entstehen zu lassen. Die Peripetien ergeben sich zwangsläufig u. wirken doch zugleich wahrscheinl.; die Sphäre des Politischen bleibt dabei eng mit der des Privaten verknüpft. Zumindest der Titelheld durchschaut s. Zwangslage jederzeit u. ist daher der Situation, auch wenn er sie erleiden muß, gewachsen. Rodrigue u. Chimène kennen die Wirkung ihrer Taten u. Worte auf den Partner, sie wissen, wie sie sich seiner würdig erweisen können. Nicht Gleichklang der Herzen, sondern Seelengröße, die Bewunderung abnötigt, stiftet die Harmonie der Liebe. Darin lag die Innovation des *C.* Urbain Chevreau (*La suite et le mariage du C.*, 1637) u. Nicolas-Marc Desfontaines (*La vraye suite du C.*, 1637) glaubten, die Fabel abschließen zu müssen. In mod. Aufführungen spielten Gérard Philipe (Inszenierung Jean Vilar) u. José-Marie Flotats (Inszenierung Denis Llorca 1972 Théâtre de la Ville, Paris) die Titelrolle.

G. Reynier, C. de Corneille, étude et analyse, 1929; O. Nadal, Le sentiment de l'amour dans l'œuvre de P. Corneille, 1948; G. Mony, La chanson de Rodrigue, Nizza 1957; M. Descotes, Les grands rôles du théâtre de Corneille, 1962; K. A. Ott, Corneille: C. (Das franz. Theater vom Barock bis zur Gegenwart, Bd. 1, hg. J. v. Stackelberg), 1968; M. de Epalza, C. personnage historique et littéraire, 1983; H. de Ley, Le jeu classique, 1988; G. Mony, La chanson de Rodrigue, Draguignan 1988; A. Couprie, Corneille, C., 1989.

Ci-devant noble, Bezeichnung für Aristokraten während der Franz. Revolution, z. B. für den Idylliker →Florian.

Le cimetière des voitures (1958), Schauspiel in zwei Akten von Fernando →Arrabal. Unter den Bewohnern abgewrackter Autos lebt der Trompeter Emanou, der wider polizeil. Anordnung Musik macht u. daher verfolgt u. festgenommen wird. Charakterist. Anspielungen u. die abschließende Folterung lassen das Stück als Travestie der Passion erkennen.

Le cimetière marin, Gedicht von Paul →Valéry, entstanden Oktober – November 1917–20 (Frühfassungen unter dem Titel *Mare nostrum*), ED (der 4. Fassung) *NRF* 1. 6. 1920, EA im Lyrikband *Charmes* 1922. Die Konfrontation des Dichters mit den kosm. Mächten Meer, Sonne, Himmel u. Erde bezeichnet e. geistiges Abenteuer; der Blick vom Friedhof über dem Meer im heimatl. Sète ist spekulativ, er ergötzt sich nicht am Schauspiel der Natur. Das geheimnisvolle Tempeldach des Meeres korreliert mit der geistigen Verfassung des lyr. Ichs, die myth. Identität bleibt bestehen, als die glatte Oberfläche des Wassers zerschlagen wird. Die Unbeweglichkeit der Sonne u. der Toten wirkt als Verlockung, doch sie zerreißt die Übereinstimmung des Geistes mit der Dynamik des Meeres nicht. Die Entscheidung fällt für das Leben u. die Aktivität. Dem Reichtum der Bewegungslinien entspricht die Ekstase der letzten Strophen. Rilke, Ernst Robert Curtius u. a. haben dieses Gedicht, das zu den umfangreichsten lyr. Kompositionen (24 Str. zehnsilbige Sechszeiler) Valérys gehört, übertragen.

R. Palgen, C. Versuch e. Deutung, 1931; G. Cohen, C. Essai d'une explication, [2]1946; O. Marcí, Il cimitero marino, Firenze 1947; A. Schmitz, Valéry et la tentation de l'absolu. Essai d'analyse du C., 1964; K. Wais, P. Valérys Gedicht Mare nostrum u. die Anfänge des C. (in: Interpretationen franz. Ged.), 1970; M. Parent, C., poème du dépassement, Travaux de linguistique et de littérature, 1970; P. Pieltain, C., Brüssel 1975.

Cimetière du Montparnasse, Pariser Friedhof mit den Gräbern von Baudelaire, Marie Dorval, Émile Faguet, Leconte de Lisle, Maupassant, Quinet, Sainte-Beuve u. Sartre.

Cimetière du Père-Lachaise, der bekannteste Pariser Friedhof, 1804 am Boulevard de Ménilmontant angelegt; Gedenkstätten für Abélard u. Héloïse, Molière, La Fontaine; Gräber von Cousin, Musset, Beaumarchais, Bernardin de Saint-Pierre, Talma, dem jüngeren Saint-Simon, Constant, Balzac, Nodier, Nerval, Thiers, Scribe, Vallès, Villiers de l'Isle-Adam, H. de Régnier, Apollinaire, O. Wilde, Barbusse, Courteline, Colette. Balzac verlegte die Schlußszene des →*Père Goriot* auf den C.; Rastignac blickt auf das abendl. Paris hinab u. fordert die Stadt zur Auseinandersetzung heraus: ›A nous deux, maintenant!‹

Cimourdain, e. der drei Hauptgestalten in →*Quatrevingt-treize* von V. Hugo, Kommissar des Comité de salut public für die Aktionen in der Vendée. ›C. avait, dans ces temps et dans ces groupes tragiques, la puissance des inexorables.‹ Er läßt den Revolutionsgeneral Gauvain hinrichten, den die sittl. Haltung des Royalisten Lantenac tief beeindruckt hat.

Ciné-roman, um 1905 in der Filmproduktion (Pathé) eingeführte Bezeichnung für sentimentale Streifen, wobei »romanesk« assoziiert wird. Die Emanzipation des Drehbuchs als veröffentlichtes »ciné-feuilleton« oder »roman-cinéma« (seit 1916) tendiert sowohl zur Literarisierung als auch zur Kommerzialisierung, insbesondere der Vorlagen für Filmserien, die mit amerikan. Produktionen konkurrierten (Guy de Téramond, *Comment on écrit un roman-cinéma, Ciné-Magazine,* 21. 1. 1921). 1922 Gründung e. Société des Cinéromans, in der Armand →Salacrou mitarbeitete. Texte wie Romane von Hugo wurden durch Reduktion auf e. Episodenstruktur verfilmbar gemacht, u. die Presse bot Filmtexte zur literar. Rezeption an, die in der Stummfilmära spezif. motiviert war. Aus der prakt. Beschäftigung von Literaten mit dem Filmgeschäft entwickelt sich im Medienwechsel die Bestimmung des Filmstils zum Parameter avantgardist. Poetik bei den Surrealisten u. Cendrars.

A. u. O. Virmaux, Le c. un genre nouveau, 1981; F.-J. Albersmeier, Theater, Film u. Lit. in Frkr., 1992.

Cingria, Charles-Albert, 10. 2. 1883–1954, Vater aus Dubrovnik, ließ sich in Genf nieder; Mutter Polin, die in der Schweiz lebte. C., als Autor zu e. barocken Prosastil neigend (*Œuvres complètes,* Lausanne XI 1970–78), war mit den Malern Modigliani u. Dubuffet befreundet; die Korrespondenz (1900–14) mit Ramuz erschien 1978 (éd. G. Guisan). E. Neuauflage von *Bois sec Bois vert* (1948) galt 1983 als Entdeckung.

J. Chessex, C., 1967.

Cinna ou la clémence d'Auguste, Trag. in fünf Akten u. Alexandrinern von Pierre →Corneille, zwischen März u. November 1640 verfaßt. EA 1643, Urauff. im Winter 1640/41, sicher im Théâtre du Marais. Bei Seneca u. Dion Cassius fand Corneille den Bericht von e. polit. Vorgang, der in die Jahre 28/27 v. Chr. fällt: aus e. Verschwörung gegen Octavian geht der takt. überlegene Tyrann als Princeps u. Pontifex Maximus hervor. Wie im →*Cid* u. →*Horace* stehen private Entscheidungen mit staatspolit. in wechselseitiger Abhängigkeit. Der Schock der entdeckten Verschwörung, deren ideolog. Mittelpunkt Cinna ist, veranlaßt Octavian nicht zur überstürzten Preisgabe der Staatsmacht. Zwar wandelt er sich in dieser Situation, auch unter dem Einfluß s. Gattin Livia, vom Tyrannen zum weisen Fürsten; die tatsächl. Herrschaftsverhältnisse ändern sich jedoch nicht. Als weiser Augustus beschämt er die Verschwörer u. Neider, vor allem auch Æmilie, die Cinnas republikan. Gesinnung, s. Mut u. s. Ergebenheit als Liebhaber erproben wollte. Die Einheitlichkeit der dramat. Handlung ist besser gelungen als in *Horace.* Das Publikum des 17. Jh., nicht erst der franz. Revolution, bezog s. unhistor. Bild von röm. Bürgertugend weitgehend aus Corneilles *C.* Napoleon wies auf die Taktik Octavians hin, der die Pflichtenkollision u. den Gegensatz von Pflicht u. Neigung zu s. Vorteil ausgleichen kann. Für die Handlungsfügung hat der Dramatiker Corneille aus der ›Querelle du Cid‹ fraglos gelernt; das Aktionszentrum ist nun klarer erkennbar, u. mit der Wahl des röm. Sujets kam der Autor dem Publikumsgeschmack mehr entgegen als mit der span. Fabel des früheren Stückes.

G. Bousqué, Corneille à travers C., 1964; kommentierte Ausgabe von D. A. Watts, London 1964; K. Heitmann, Corneille: C. (Das franz. Theater vom Barock bis zur Gegenwart, Bd. 1, hg. J. v. Stackelberg), 1968.

Cinq auteurs, Dramatikerkollektiv, das Richelieu organisierte: →Boisrobert, →Colletet, →Corneille, →L'Estoille u. →Rotrou. Die Autoren sollten nach s. u. Chapelains Stoffvorlagen klass. Schauspiele produzieren. Die fünf verfaßten in Zusammenarbeit, wobei Corneille offenbar wenig Eifer zeigte, drei Stücke: *Comédie des Tuileries* (Aufführung vor der Kgin. 4. 3. 1635), *La grande pastorale* (8. 1. 1637) u. *L'aveugle de Smyrne* (22. 2. 1637).

Cinq grandes odes, Gedichtzyklus von Paul →Claudel, entstanden 1900–08 in Frkr. u. China, EA 1910. Die Anrufung der Musen im 1. Gedicht *(Le muses)* steigert sich nach emblemat. Eingang zum Dithyrambus, dessen Dionysospreis in der pindarisch gebauten 4. Ode *(La muse qui est la grâce)* eifersüchtig widersprochen wird. Die Kosmogonie der 2. Ode *(L'esprit et l'eau)* kreist um das pneumatolog. Symbol des Meeres u. das Erlösungszeichen des Baumes, das kennzeichnend ist für Claudels Gesamtwerk. Sprachkünstler. am brüchigsten u. gleichzeitig von fiebrigem relig. Eifer erfüllt, sind die 3. u. 5. Ode *(Magnificat, La maison fermée).*

M.-Fr. Guyard, Recherches claudéliennes. Autour des C., 1963; P. Moreau, L'offrande lyrique de P. Claudel. L'époque des grandes odes et du processional, 1969; V. Kapp, Poesie u. Eros, Zum Dichtungsbegriff der Fünf Großen Oden von P. Claudel, 1972; A. Maurocordato, L'ode de P. Claudel, 1979.

Cinq-Mars ou une conjuration sous Louis XIII, Roman von Alfred de →Vigny, entstanden 1824–26, EA 1826. Dieses Werk war als erster Band e. Zyklus *Épopée de la noblesse,* der nie vollendet wurde, geplant. Die Fabel entwickelt sich in zwei Geschehnisketten, die auf Ereignisse im zweiten Viertel des 17. Jh. anspielen. Henri d'Effiat, marquis de Cinq-Mars, liebt die Hzgin. von Mantua; um ihr ebenbürtig zu werden, strebt er danach, Favorit Ludwigs XIII. zu werden. Richelieu hemmt den Ehrgeiz des jungen Adligen u. wird s. Gegner, C. ruft Spanien zu Hilfe, um den Kg. vom allmächtigen Kardinal-Minister zu befreien. Nach Vignys Absicht sollte Richelieu zur Personifikation der ›ambition froide et obstinée luttant, avec génie, contre la Royauté même‹ stilisiert werden. Die relativ umfangreiche Episode des Massakers von Loudun (→Grandier) dient dem Aufweis, daß der Kardinal mit letzter Konsequenz der ›böse Geist‹ am Hof ist. Vigny setzt wiederholt das ep. Mittel des Traums u. der Prophezeiung ein, um die Ereignisse von 1639–42 aus der Perspektive der Revolution von 1789 zu deuten. Geschichte ist in *C.* nicht allein Chronikexzerpt, sondern das Bild des Möglichen, insofern gewinnt auch die Zukunftsperspektive hist. Relevanz. In s. Thesenroman will Vigny beweisen, daß mit Richelieu begann, was unter der Schreckensherrschaft e. so blutiges Ende fand. Daher veränderte der Autor im Namen e. höheren Kunstwahrheit die hist. Fakten (*Réflexions sur la vérité dans l'art,* der 4. Auflage 1829 vorangestellt). Bei Vigny opfert Ludwig XIII. s. Favoriten nur widerwillig, nachdem Richelieu verlangt hatte: ›Choisissez entre lui et moi. Livrez l'enfant à l'homme ou l'homme à l'enfant, il n'y a pas de milieu.‹ Nach den Zeugnissen der Historiker war C. e. merkwürdiger Bösewicht, der als Grand-Écuyer durch s. hochmütiges Wesen bereits die Sympathie des Kg.s verscherzt hatte. Andererseits wird Richelieu in satir. Absicht vom Romancier stark karikiert; er hat den Glauben verloren, umgibt sich mit Katzen u. kann nicht einmal der Treue seines Zuträgers, des Père Joseph, sicher sein. *C.* ist der erste bedeutende Geschichtsroman der Romantik; inspiriert von Scott, kehrte er bereits dessen Erzählschema um, denn die handelnden Personen bei Vigny sind hist. nicht fiktive Gestalten. Als er erfuhr, daß Scott s. Roman gelesen u. daran auszusetzen gehabt habe, daß das Volk zuwenig aktiv in Erscheinung trete, erklärte Vigny 1829, das Publikum hätte dies nie gewünscht. In Wahrheit interessierte ihn vorrangig das Schicksal der Aristokratie, über das er soziolog. Spekulationen einflicht: Der entmachtete Hochadel mußte vom Volk als Parasit verachtet u. vernichtet werden; Schuld daran tragen die unentschlossenen Bourbonen. Der hist. Roman diente Vigny zur polit. Selbstverständigung, er suchte in der Vergangenheit die Erklärung für e. Katastrophe, deren Opfer s. Stand u. er selbst geworden war. Das Werk wurde e. großer Publikumserfolg, allerdings schrieb Sainte-Beuve in s. Rezension (*Globe* 8.7.1826), Vigny systematisiere die Vorgänge auf Kosten der Wahrheit. Der Romancier wollte nichts anderes, als die Innenseite e. Konflikts im Detail darstellen, während andererseits die Historiographie die Außenseite global abhandelt.

A. Schweitzer, Die Darstellungskunst in A. de Vignys C., Diss. Münster 1937; P. Erlanger, C. La passion ou la fatalité, 1962, engl. Ausgabe 1971.

Cioran, Émile M., geb 8. 4. 1911 Răsinari/Rumänien, Sohn e. orthodoxen Priesters, 1920–28 Gymnasium in Sibiu, 1928–31 Stud. Philos. Bukarest u. Berlin. Mit Promotionsabsichten (Nietzsches Ethik) kam C. als Stipendiat nach Paris u. blieb in Frkr., ohne sich naturalisieren zu lassen; er verlor die rumän. Staatsangehörigkeit. Seit 1949 schrieb er franz. Essays: *Précis de décomposition* (1949), *Syllogismes de l'amertume* (1952), *La tentation d'exister* (1956), *Histoire et utopie* (1960), *La chute dans le temps* (1964), *Le mauvais démiurge* (1969), *De l'inconvénient d'être né* (1973), *Ecartèlement* (1979), *Aveux et anathèmes* (1987). Skepsis ist kein Ausweg aus der Degradation des zivilisierten Menschen, der aufgehört hat, zu existieren, sie täuscht ihn über s. Lage nur hinweg. Der Verlust naiver Daseinsformen hat unheilbare Wunden geschlagen. Aber schon Adams Unschuld war fingiert, denn dem Menschen ist Verlangen nach Erkenntnis, auch wenn sie ihn unglückl. macht, eingeboren; ohne Schuld steht er zwischen dem ›dieu risible‹ u. dem ›animal démodé‹: blasphem. modifiziert C. Pascals Ontologie des ›ni bête ni ange‹. Das Tragische ist das Privileg des Menschen; mit Haßliebe blickt C. in *Histoire et utopie* auf Prometheus, der dem Menschen Gewissen u. Weltschmerz gebracht hat: die Bezwingung des Unbehagens durch Sagesse ist e. Zeichen, daß die Endphase der Zivilisation erreicht ist; Sagesse wird erforderl., wo die hochzivilisierte Lebensform dazu tendiert, theoret. Bezweiflung u. prakt. Zweifel gleichzusetzen. Die Dialektik von Illusion u. nüchterner Weltklugheit will C. dagegen durch e. frenet. Existenz aufheben; mit dem Anspruch auf Selbstverwirklichung macht allein die Revolte ernst, die alle Geborgenheit vernichtet. C., der sich als ›Denker der Dämmerung‹ bezeichnet, stellt seinen Menschen außerhalb der geschichtl. Prozesse, wenn er, wie festgestellt wurde, Schopenhauer fortsetzt, dann mit dem Konzept e. negativen Eschatologie, dem Prinzip Trostlosigkeit. Existenz in der Schlußphase ist sinnlos, u. dieses Fazit wird mit fortschreitender Geschichte, deren Sinnstiftung C. ebensowenig einzusehen vermag, da sie ihm als Serie von Katastrophen erscheint, immer deutlicher. Nicht allein der Skeptizismus, sondern auch C.s autobiograph. Philosophieren auf der Basis paradoxer Schritte machen s. Eigentümlichkeit aus.

S. Joudeau, C., 1990.

Citadelle, ideolog. Schrift von Antoine de →Saint-Exupéry, 1936 begonnen, 1948 als Notizenslg. erschienen, hg. C. Chevrier und L. Wencelius 1959. In Gleichnissen legt e. Wüstenkg. s. Weltsicht u. Staatsauffassung dar: Nicht die Nomaden-, sondern die Stadtkultur ermöglicht die größtmögliche Entfaltung menschl. Fähigkeiten. Das Reich der Zitadelle ist die Sphäre des Verinnerlichten; wo die schöne Seele mit sich in Einklang kommt, erübrigt sich die Frage nach der Verschiedenheit der Menschen im Gemeinwesen.

R. Zeller, La grande Quête de Saint-Exupéry dans le Petit Prince et C., 1961.

Cîteaux, Kloster in Burgund, Dép. Côte d'or, 1098 von Benediktinern der Abtei Molesme gegründete Ordensgemeinschaft der Zisterzienser, der von 1113 an auch der hlg. Bernhard angehörte, wurde durch die reichen Bibliotheken ihrer Tochterklöster (Clairvaux, Chaalis, Fontenay, Pontigny, Vaux-de-Cernay) zu e. hervorragenden Kulturträger. Die Teilnahme der Zisterzienser an dogmat. u. philosoph. Diskussionen schlug sich in Kommentaren, Glossen u. Streitschriften nieder. Einzelne Trobadors, wie Bernart de Ventadorn, Bertran de Born, Folquet de Marseille waren Zisterzienser; Helinand war Prior zu Froidmont; Alain de Lille trat in den 80er Jahren des 12. Jh. dem Orden bei, Guillaume de Digulleville 1316.

Citoyen, republikan. Ersatz für die Anrede Monsieur während der Franz. Revolution, mit Dekret der Commune de Paris vom 21. 8. 1792 auch für Bühnentexte vorgeschrieben (entsprechend citoyenne). Napoleon schaffte 1804 die revolutionäre Anrede ab, während der Februarrevolution von 1848 war sie vorübergehend wieder in Gebrauch.

Cixous, Hélène, geb. 1937 Oran (Algerien), Anglistin (Thèse über Joyce), Mitwirkung an Inszenierungen von →Mnouchkine. Stellt in Essays die Frage nach der weibl. Ästhetik; philos. Ansatz über die Psychoanalyse von Lacan. Feminist. Horizonte entstehen aus der écriture féminine. Dramen u. »fictions«, die C. zögernd als Romane klassifiziert (*Dedans,* Prix Médicis, 1969; *Le troisième corps,* 1970; *Les commencements,* 1970; *Neutre,* 1972; *Révolutions pour plus d'un Faust,* 1975; *Anankè,* 1979; *L'ange au secret,* 1991).

C. Guégan Fisher, La cosmogonie de C., Amsterdam 1988; F. van Rossum-Guyon/M. Diaz Diocaretz (Ed.), D., chemins d'une écriture, Amsterdam 1990; M. Shiach, C., London 1991.

Cladel, Léon, 13. 3. 1835 Montauban – 20. 7. 1892 Sèvres, Anwalt, entromantisierte in s. ersten Novellen *Les martyrs ridicules,* die Baudelaire einleitete, das Klischeebild von der Bohème. Als engagierter Republikaner stellte er die sozioökonom. Probleme der Landbevölkerung, die er kannte, dar (*Mes paysans,* II 1869–72; *Les va-nu-pieds,* 1873; *L'homme de la Croix-aux-Bœufs,* 1878; *Ompdrailles, le tombeau des lutteurs,* 1879; *Bonshommes,* 1879; *Raca,* 1888). C. kämpfte gegen Relikte des Feudalismus; das krit. Potential s. erzählenden Werke, das ihm Strafverfolgung einbrachte, ist virulenter als in Zolas →*La terre.* Daneben schrieb er das Drama *L'ancien* (1889) u. *Poésies* (1936).

J. Cladel, Vie de C., 1905; ders., Maître et disciple. Baudelaire et C., 1951; J. Day Ingersoll, Les romans régionaliste de C., Toulouse 1931; Les écrivains frç. devant la guerre de 1870 et la Commune. Colloque 7 novembre 1970, 1972.

Clairon, Claire Josephe Leris de la Tude, gen. Mlle C., 1723 bei Condé/Flandern – 18. 1. 1803 Paris, Schauspielerin, debütierte in den *Troyennes* von Chateaubrun, spielte Rollen Voltaires erstmals in hist. Kostüm. Nicht erst Marmontel, der ihr Liebhaber war, sondern bereits Voltaire veranlaßte die C. zur Abkehr vom universalen Stil der Trag.aufführung. Ihre Memoiren erschienen zunächst in dt. Übs. (1798), im Jahr darauf im Original.

E. de Goncourt, Mlle C. d'après ses correspondances, 1890, [2]1911; E. Feuillère, Moi la C., 1984.

Clancier, Georges Emmanuel, *3. 5. 1914 Limoges, Erzähler (*La couronne de vie,* 1946; *Le pain noir,* IV 1956–61; *Les arènes de Vérone,* 1964), Lyriker (*Le paysan céleste,* 1943; *Terre secrète,* 1951; *Vrai visage,* 1953; *Évidences,* 1960; *Terres de mémoire,* 1965) u. Lit.kritiker (*Panorama critique du surréalisme,* 1959; *La poésie française. Panorama critique,* 1963; *De Rimbaud au surréalisme,* 1964) leitende Funktion bei der Programmgestaltung der ORTF, 1976–79 Präsident des franz. PEN-Clubs.

Claque (Claqueurs), organisierte Gruppe von Theaterbesuchern, deren Beifallklatschen den Erfolg der Aufführung sichern soll.

Claris et Laris, e. der umfangreichsten arthur. Romane (entstanden nach 1268, 3070 Verse). Das Freundschaftsmotiv (vgl. auch *Amis et Amiles*) erzeugt langatmige Verwicklungen; auffällig ist die antiaristokrat. Komik.

Clarté (1919), Kriegsroman von Henri →Barbusse, Wiederaufnahme der Thematik von *Le feu* (1916): Streik, Schützengraben u. Lazarett wecken das polit. Bewußtsein des Angestellten Simon Paulin, der nach dem Ende des I. Weltkriegs gegen die Verdummung als Voraussetzung der Ausbeutung agitiert.

Classique, Qualitätsbezeichnung 1548 bei Th. Sebillet (*Art poétique,* Kap. 3) im Sinne von ›zeitgemäß vollkommen u. nachahmungswürdig‹ (›la lecture des bons et classiques poëtes comme, entre les vieux, Alain Chartier et Jan de Meun‹). Die Bezeichnung Klassiker wird Corneille, Molière, Racine, die den Titel nie für sich beanspruchten, da sie c. als Synonym für ›antique‹ setzten, von späteren Generationen, namentl. Voltaire, Marmontel u. La Harpe, bewundernd u. billigend verliehen. Damit bezeichnete c. e. Autor von höchstem Rang, der, an aristotel. Formkriterien orientiert, klass.-antike Gattungen und Stoffe nachahmt, u. definiert als Epochenbegriff die lit. Entwicklung der ausgehenden Regierungszeit Ludwigs XIII. u. während der ersten 25 Jahre Ludwigs XIV. Sie steht im Zeichen der Stiltrennungsregeln, der vraisemblance, bienséance u. raison u. wendet sich gegen das Preziöse u. Romaneske. Die Romanproduktion fällt nicht unter diese Kategorie. Bewunderung für die klass. Periode der Nationallit. wird den Franzosen seit dem Ende der Romantik anerzogen. Theoretiker e. klass. Ästhetik: →Deimier, →Malherbe, →Chapelain, →Corneille, →La Ménardière, →Ménage, →Nicole, →Hédelin, →Boileau, →Bouhours.

P. Van Tieghem, C., Revue de synthèse historique XLI, 238–41, 1931; H. Peyre, Qu'est-ce que le classicisme, [2]1942; E. Auerbach, Vier Untersuchungen zur Geschichte der franz. Bildung, Bern 1951; R. Bray, Formation de la doctrine classique, 1963; R. Schober, Die klass. Doktrin, Beiträge zur roman. Philologie 1, VI, 1967; R. Zuber, Les belles infidèles et la formation du goût classique, 1968; H. Heintze, Zur franz. u. dt. Klassik, Beiträge zur roman.

Philologie 1969; J. Cruickshank (Hg.), The 17th century in French literature and its background, Oxford 1969; M. Fumaroli, La querelle de la moralité du théâtre avant Nicole et Bossuet, RhlF 1970; A. Adam, Le théâtre c., 1970; Dictionnaire biographique des comédiens frç. du XVIIe siècle, 1971; J. Dubois/R. Lagane/A. Lerond, Dictionnaire du frç. c., 1971; Th. A. Litman, Le sublime en France 1660–1714, 1971; W. G. Moore, The classical drama of France, London 1971; R. Picard, De Racine au Parthénon, 1977; P. Nyoma, La formation de la notion de classicisme au XVIIIe siècle, Thèse 1980; W. Matzat, Dramenstruktur u. Zuschauerrolle. Theater in der franz. Klassik, 1982; E. Köhler, Vorlesungen zur Geschichte der franz. Lit. (hg. H. Krauß u. Dietmar Rieger), Vorklassik. Klassik I–III, 1983, J. Haight, The concept of reason in French classical literature, 1635–90, London 1983; F. Nies/K. Stierle (Hg.), Franz. Klassik, 1985.

Classiques français du moyen âge, Reihe ma. Textausgaben (Werke vor 1500) im Verlag Champion, betreut von Mario Roques.

Classiques Garnier, Reihe franz. Textausgaben (MA – 19. Jh.) im Verlag Garnier, in der Mehrzahl ausgezeichnet kommentierte krit. Editionen.

Claudel, Paul, 6. 8. 1868 Villeneuve-sur-Fère/Aisne – 23. 2. 1955 Paris, Sohn e. Verwaltungsjuristen; Weihnachten 1886 relig. Erwekkungserlebnis, nachdem die Rimbaudlektüre (*Les illuminations* in der Zs. *La Vogue* Mai–Juni 1886) ihm das Wirken übernatürl. Kräfte geoffenbart hatte. 1890 schlug C. nach dem Stud. der Rechts- u. Staatswiss. die Diplomatenlaufbahn ein u. verfaßte s. ersten dramat. Dichtungen (Einakter *L'endormie,* EA 1925, inspiriert von Mallarmés *L'après-midi d'un faune* u. Rimbauds *Tête de faune;* →*Tête d'or,* →*La ville, L'échange,* EA 1901 u. 1954, →*Connaissance de l'Est*). 1893 wurde C. Vizekonsul in New York, 1905 Konsul Erster Klasse im Fernen Osten, 1911 Generalkonsul in Frankfurt, 1917 Sonderbevollmächtigter in Brasilien u. Dänemark, 1921 Botschafter in Tokyo, dann Washington u. Brüssel bis 1935. Seit 1946 Mitgl. der Ac. frçe. S. dichter. Schaffen entwickelte sich in vier Abschnitten. Bis 1905 entstanden die frühen Dramen, wobei C. gleichzeitig Klarheit gewann über s. poetolog. Prinzipien. Bis 1924 schrieb er die lyr. u. dramat. Hauptwerke (→*Cinq grandes odes,* →*L'annonce faite à Marie,* →*Partage de midi,* →*L'otage;* die Farcen *Protée,* entstanden 1913; *L'ours et la lune* 1917; →*Le soulier de satin*). 1924–35 entstanden zahlr. Essays (*Conversations dans le Loir-et-Cher,* 1935; *Positions et propositions,* 1928–34; *Introduction à la peinture hollandaise,* 1935; *Figures et paraboles,* 1936). Die letzten zwei Jahrzehnte sind der Überarbeitung von Bühnendichtungen, teilweise unter Anleitung von Barrault, u. der Abfassung von Oratorien (→*Le livre de Christophe Colomb,* →*Jeanne d'Arc au bûcher; L'histoire de Tobie et de Sara,* 1939) sowie der Bibelkritik gewidmet (*Introduction au livre de Ruth,* 1938; *Le livre de Job,* 1946; *Introduction à l'apocalypse,* 1946; *J'aime la Bible,* 1955). C. organisierte jetzt e. Gesamtausgabe s. Werke (XXIX 1950–78). Seit den 20er Jahren erschien C.s Korrespondenz: mit Jacques Rivière (1926), mit Gide aus den Jahren 1899–1926 (1949), mit Suarès (1951), mit Jammes (1952) u. mit Darius Milhaud (1961), dem Komponisten der Musik zu *Le livre de Christophe Colomb.* Postum erschien auch s. Tagebuch (*Journal 1904–32, 1933–55,* hg. F. Varillon II 1968 f.) u. die *Mémoires improvisés* (41 entretiens avec J. Amrouche, hg. L. Fournier 1969). Bereits um 1890 hatte C., wie aus e. Brief an den Symbolisten Mockel hervorgeht, den reimlosen u. heterometr. gebrauchten Verset, der den Vers libre von Gustave Kahn, Laforgue u. Rimbaud weiterentwickelte, ausgebildet. Obwohl das Publikum C. an der Jh.wende breite Zustimmung noch versagte, erkannten Autoren wie Élémir Bourges 1901, daß s. Innovationen ihn ebenbürtig neben Victor Hugo stellen. Wie Péguy versteht C. Dichten als enthusiast. Vorgang in Analogie zur relig. Erfahrung der Selbsttranszendierung: Poesie erlöst die gebundene Kreatur, sie ist ›co-naissance‹ (*Le traité de la co-naissance au monde et de soi-même,* 1904); der Rhythmus des Lebens teilt sich in lyrischen Kadenzen mit. C. hielt Mallarmé, zu dessen Mardis er Zugang hatte, entgegen, Worte seien nur abgespaltene Teile e. vormaligen Ganzheit; in der Lyrik ertöne die »unendliche Oktav« der geschaffenen Welt. Neben dem Gedichtzyklus auf das Kirchenjahr, *Corona benignitatis anni Dei* (1887–1915), der allerdings gegenüber Alessandro Manzonis *Inni sacri* abfällt, entstand in Hoheliedstimmung *La cantate à troix voix* (1913). Das Zentralmotiv dieser aus dem Geist der Musik geborenen Poesie ist die Sommersonnwende; weibl. Solopartien u. dreistimmige Wechselgesänge alternieren in drängender poet. Prosa u. lassen, oft mit kult. Anklängen, e. Allharmonie erfahren. E. Theorem s. Dichtungstheorie (→*Art poétique,* 1907), die Einsicht, daß kein Ding für sich allein besteht, sondern nur in unendl. Bezogenheit auf alle anderen Dinge, hat in der dichter. Praxis die Entgrenzung des Stils, die Aufhebung jeder Stiltrennung u. die Episierung des Dramas zur Folge. C., nicht Hugo, der daran arbeitete, überwand die klass.-aristotel. Schaupielform, u. dies, noch ehe das ep. Theater auf den Begriff gebracht war. Er machte den Spielcharakter transparent, um dem Zuschauer die Metapher vom theatrum mundi darzustellen. Dabei blieb C.s bühnendichter. Originalität von s. Konversion eigentl. unberührt. E. überhöhte Eroberergestalt, die nach Erlösung durch e. neue Beatrice verlangt, schuf er bereits in *Tête d'or* mit paganist. Tenor. Die Darstellungsform des ep. Weihespiels war e. geniale Erneuerung ma. Dramatik, die auch ungläubigen Autoren offenstand. Als Künstler, nicht als Thomist, übertraf C. das geistl. Theater von Charles Grandmougins, Rodolphe Darzens, Edmond Haraucourt, Edmond Rostand oder Édouard Dujardin. Weder Henri Ghéon, noch Maurice Pottecher, Henry Brochet, Léon Chancerel oder Maurice Clavel, die sich von s. Werk anregen ließen, vermochten C.s vielfältige Ausdrucksmittel kongenial zu erfassen u. wie er mit universalgeschichtl. Empfinden Erlösungsdramen zu schaffen. C. zog die letzten Konsequenzen aus der romant. Dramentheorie, obgleich er vorgab, die Romantiker zu hassen. Er sah im Mysterienspiel e. dramat. Archetypus, der an keine Kulturhöhe gebunden ist; dies gestattete ihm jede Stilmischung u. Motivkreuzung.

F. Lefèvre, Les sources de C., 1927; H. Dieckmann, Die Kunstanschauung C.s, 1931; J. Madaule, Le génie de C., 1933; ders., Le drame de C., 1947, [4]1964; Cl. Chonez, Introduction à C., 1947; H. Guillemin, C. et son art d'écrire, 1955; St. Fumet, C., 1958; E. Roberto, Visions de C., Marsaille 1958; Cahiers C., 1959 ff.; P. A. Lesort, C., 1964; A. Vachon, Le temps et l'espace dans l'œuvre de C., 1965; A. Espiau de la Maëstre, Das göttl. Abenteuer – C. u. s. Werk, Salzburg 1968; A. Alter, C., 1968; J. Madaule, C. et le langage, 1968; M. Mersier-Campiche, Le théâtre de C. ou la puissance du grief et de la passion, 1968; G. Cattaui, C., 1968; J. Wilhelm, C. u. Dante, ZfSL 1969; I. Bouchard, L'expérience apostolique de C. d'après sa correspondance, Montreal 1969; C. zu s. 100. Geburtstag. Einführung J. Wilhelm, 1970; A. Blanc, Les critiques de notre temps et C., 1970; J. Petit, Le premier drame de C.: Une mort prématurée. Commentaire thématique, 1970; ders., C. et l'usurpateur, 1971; M. Lioure, L'esthétique dramatique de C., 1971; P.

Brunel, C. et Shakespeare, 1971; M. Autrand, Protée de C., 1977; A. Espiau de La Maëstre, Humanisme classique et syncrétisme mythique chez C. (1880–1892), II 1977; J.-B. Barrère, C., le destin et l'œuvre, 1979; A. Fuss, C., 1980; J. Petit, C. et la Bible, 1981.

Claudine, Heldin der frühen autobiograph. Romane (1900–20) der →Colette.

Clavel, Bernard Charles Henri, geb. 29. 5. 1923 Lons-le-Saulnier, Journalist, Maler u. Romancier (*L'ouvrier de la nuit,* 1956; *Pirates du Rhône,* 1957; *L'espagnol,* 1959; *Le temps de Chartres,* 1960; *La grande patience,* IV 1962–68. S. Kindheit in beengten Verhältnissen, das burgund. Milieu u. die polit. Lage im Frkr. der Zwischenkriegszeit liefern C. die hauptsächl. Motive s. im Stil der Gesellschaftsromane des 19. Jh. komponierten Werke. *Le seigneur du fleuve* (1972) spielt 1840 an der Rhône; Flußschiffer wehren sich gegen die Naturgewalten u. die drohende Technisierung. Bei C.s Wahl in die Ac. Goncourt protestierten im März 1971 Hériat, Queneau u. Salacrou. Nach dem histor. Roman *Les colonnes du ciel* (V 1976–81) erschien 1983 der kanad. Siedlerroman *Harricana,* 1991 *Meurtre sur le Grandvaux.*

M. Ragon, C., 1975.

Clavel, Maurice, 11. 11. 1920 Frontignan – 23.4. 1979 Asquins, Dramatiker (*La terrasse de midi,* 1949; *Pas d'amour,* 1949; *La Maguelonne,* 1951; *Les albigeois,* 1955; *La grande pitié du royaume de France,* 1966), der mit dem Einsatz von Versen u. Allegorik stilisierte Trauerspiele wie auch das Résistancestück *Les incendiaires* (1947) verfaßte u. von der konservativen Theaterkritik dafür in die Nähe Racines u. Montherlants gerückt wurde. Der Erzähler C. schrieb *Une fille pour l'été* (1957), *Le jardin de Djémila* (1958), *Le temps de Chartres* (1960) *La perte et le fracas* (1971) verarbeitet im Roman die Mai-Revolte 1968. Seitdem setzt sich C. polem. mit der Nachwirkung von Hegel, Marx, Freud und Lacan sowie der Position der Nouveaux Philosophes, speziell von Glucksmann, auseinander (*Ce que je crois,* 1975; *Deux siècles chez Lucifer,* 1977; *Critique de Kant,* 1980; *Le royaume du nord,* III 1983–85).

Cléopâtre, zwölfbänd. Roman von →La Calprenède, erschienen 1647–63. Die Galanterie des numid. Prinzen Juba, der um die Tochter der Kleopatra u. des Antonius, die den Namen ihrer Mutter trägt, wirbt, der Episodenreichtum u. die geograph. Entgrenzung der Romanfabel unterliegen dem Stilgesetz des heroischen Romans im 17. Jh.

Cléopâtre captive, Trag. in fünf Aufzügen von Étienne →Jodelle, EA 1574, Anfang 1553 im Pariser Palais der Erzbischöfe von Reims in Gegenwart Kg. Heinrichs II. u. danach im Collège Boncourt mit R. Belleau in der Titelrolle aufgeführt. Nach dem bibl. Schauspiel *Abraham sacrifiant* von Théodore de Bèze erscheint hiermit der zweite Prototyp der klass. franz. Trag. Die Unterwerfung u. der Untergang der Kleopatra nach der verlorenen Schlacht bei Actium wird von Jodelle eleg. gestaltet. An der Figur des Octavian problematisiert der Autor das Schicksal e. polit. u. militär. Siegers, der sich in e. Rollenkonflikt – Freiheit zur Großmut oder Zwang zur Vergeltung – gestellt sieht. Kleopatras Situation ist durch Todessehnsucht u. die Anforderungen ihres kgl. Status trag. bestimmt. Jodelles Schauspiel, das mit der Todesvision in der Exposition beginnt, beachtete die 24-Stunden-Regel, noch ehe sie theoret. fixiert war (krA K. M. Hall 1979).

Clérambard, Prosakom. in vier Akten von Marcel →Aymé, EA 1950, Urauff. 14. 3. 1950 Comédie des Champs-Élysées. Der Sohn des verarmten Grafen Clérambard, Octave, sollte die Tochter des neureichen Advokaten Galuchon heiraten, liebt jedoch die Dorfdirne Langouste; s. Vater bestärkt ihn darin u. wirbt um das Mädchen, seit ihm der hlg. Franz von Assisi erschienen ist u. ihm die Augen über s. Jagdfrevel u. Tierquälereien geöffnet hat. Denn diese Heirat wäre e. Zeichen der Nächstenliebe. Aber Octave verführt die Schwester s. ersten Braut, es kommt zu e. Verbindung zwischen den Familien Clérambard u. Galuchon. Franziskus u. zwei Engel schirren e. Bettlerwagen an, mit dem die Clérambards in e. neues Leben aufbrechen wollen. Die Peripetien rühren im wesentl. von e. relig. Psychose her, die Standesgegensätze sind blinde Motive im Stück, real bleiben die erot. Spannungen. Hector de C. ist die zentrale kom. Figur, weil er, der gerade mit e. Heiligenerscheinung ausgezeichnet wurde, die freil. keiner außer ihm bezeugen kann, im dritten Akt wieder durch ein Wunder davor bewahrt werden muß, Langouste selbst zu verfallen. Gehäufte Situationskomik kann jedoch nicht über die Schwächen der Intrige hinwegtäuschen.

Clérambault (1920), Roman von Romain →Rolland. Nach dem Tod s. Sohnes Maxime im I. Weltkrieg weigert sich der gefeierte Schriftsteller Agénor C., weiterhin die Rolle des nationalist. Hymnendichters zu spielen. Er bekennt sich zum Pazifismus; e. Fanatiker ermordet ihn. Trotz der Anklänge an das Schicksal des Sozialisten Jean Jaurès überzeugt die Darstellung nicht restlos.

Clermont, Émile, 15. 8. 1880 La Combelle/Puy-de-Dôme – 5. 3. 1916 Maisons-de-Champagne (gefallen), Stud. Philos. u. Geschichte ENS, Kommunalbeamter; Autor idealist. Romane (*Amour promis,* 1909; *Laure,* 1913; *Histoire d'Isabelle,* 1917).

L. Clermont/R. Gillouin/J. Giraudoux, Études et souvenirs sur C., 1927.

Les clés de Saint-Pierre (1955), Roman von Roger →Peyrefitte. Die Skandalgeschichte ist, gemessen am Lebensweg des Protagonisten, e. Gegenstück zu Zolas Rom-Roman: dort löst sich e. Priester vom Klerus, bei Peyrefitte kehrt Victor Mas, nach Einblicken in die Praktiken des Kirchenstaats u. e. Abenteuer mit der Nichte e. Hauskaplans, in das Priesterseminar von Versailles zurück. Der Autor wählt die Bauform des pikaresken Romans, um die röm. Korruption durch e. Augenzeugen u. Mittäter zu demaskieren.

Cligès, höf. Roman von →Chrétien de Troyes, entstanden um 1176, 6664 Achtsilber in Kreuzreimen, herausgegeben v. A. Micha 1957. Im ersten Drittel des Werks, dessen Liebeskasuistik sich gegen die Tristanbearbeitung des →Thomas d'Angleterre wandte, wird rückblickend erzählt, wie der Vater des Titelhelden, der byzantin. Kaiser Alexander, sich in Gauvains Schwester Soredamors verliebt u. ihre Hand gewinnt. Nach dem Tod des Herrschers regiert s. jüngerer Bruder, Alis, da C. für verschollen gehalten wird; trotz s. Versprechens, dem Neffen stets die Thronfolge zu garantieren, hat Alis die dt. Prinzessin Fénice geheiratet. Als C. am Hof erscheint, erkennt Fénice ihn als wahren Gatten, für den sie sich erfolgreich dem Vollzug der Ehe mit Alsis entzogen hat. Durch Scheintod gelingt ihr die Flucht. Fénice u. C. gelangen an den Hof des Artus. Inzwischen ist Alsis vor Schmerz gestorben; das Paar wird in s. Rechte eingesetzt. Merkmale des hellenist. Abenteuerromans u. der arthur. Epik (beispielhaft im Motiv des Zaubertranks) verschränken sich in Chrétiens Werk, von dem im 15. Jh. e. Prosaauflösung entstand.

G. Reichenkron, Chrétienstudien I (Saggi e ricerche in memoria E. Li Gotti, Bd. 3), Palermo 1962; H. P. Schwake, Der Wortschatz des C., 1979.

Climal, Verehrer der Titelheldin in →*La vie de Marianne* von Marivaux, der Marianne an s. Neffen Valville verliert.

Clindor, Liebhaber in der Kom. *L'illusion comique* (1636) von Pierre Corneille. Als Pridamant s. verlorenen Sohn sucht, gaukelt ihm der Magier Alcandre dessen Abenteuer an der Seite e. gaskogn. Maulhelden vor. Schließl. muß Pridamant erleben, wie C. erdolcht wird (V, 4), um hinterher zu erfahren, daß er naiv die Illusion e. Trag. innerhalb der Kom. für Realität genommen hat.

Clochemerle, Romanort im Beaujolais in einigen Werken von Gabriel →Chevallier.

Les cloches de Bâle (1934), 1. Bd. des Romanzyklus *Le monde réel* von Louis →Aragon. Drei gesellschaftl. Verhaltensformen von Frauen kontrastieren miteinander: die kaum verhüllte Prostitution der Diane de Nettencourt, deren einziges Ziel Luxus bleibt; die Emanzipation der Bürgerstochter Catherine Simonidse, die zögernd über den Anarchismus zum organisierten, wenngleich noch theoret. Sozialismus kommt; die Agitation der Sozialistin Clara Zetkin, die beim internationalen Kriegsgegnerkongreß von 1912 in Basel als Repräsentantin des werktätigen Dtl. auftritt. In e. auktorialen Kommentar wird Clara zum Frauentypus erklärt, mit dem e. neue Welt geschaffen werden muß; sie hat nichts mehr gemeinsam mit der ›Puppe‹ Diane, deren Versklavung, Prostitution u. Nichtstun bisher dichter. verbrämt wurden. Clara ist vielmehr das Vorbild der Frau, die dem Mann ebenbürtig wird, e. überholtes gesellschaftl. Dilemma aufhebt. Mit ihr ›beginnt das neue Lied. Hier endet der Ritterroman.‹ Aragon schließt mit dem Hinweis auf die Wechselbeziehungen von Form- u. Stofferwartung im Roman des sozialist. Realismus.

Cloots, Jean Baptiste Baron von, gen. Anacharsis C., 24. 6. 1755 bei Kleve – 24. 3. 1794 Paris (hingerichtet), befreundet mit Encyclopädisten; Kosmopolit u. Republikaner, der nach 1789 die ›Familie der Nationen‹ beschwor. Er trat als ›orateur du genre humain‹ auf, war Mitgl. des Jakobinerklubs u. des Convents; seit 1792 franz. Staatsbürger. Er wurde mit den Hébertisten verfolgt u. hingerichtet. C. verfaßte e. *Adresse d'un prussien à un anglais* (1790, an E. Burke), *L'orateur du genre humain ou dépêches du prussien C. au prussien Hertzberg* (1791), *La république universelle* (1792).

S. Stern, C., der Redner des Menschengeschlechts, 1914.

Closerie des lilas, Literatencafé am boulevard du Montparnasse, wo sich seit Baudelaire Autoren mit e. Neigung zur Bohème trafen (wie Jarry, Carco, Apollinaire, Jacob, Paul Fort u. die Mitarbeiter s. Zs. *Vers et prose*). In der C. wurde Fort 1912 als Nachfolger von Léon Dierx zum Dichterfürsten gewählt.

Cluny, Klostergründung (910) von Benediktinern bei Mâcon; die Cluniazenser pflegten bis ins 12. Jh. insbes. die Historie u. die Hagiographie. C. führte in Spanien die fränk. Liturgie ein u. kam bei der Reconquista mit der arab. Geisteswelt in Berührung. Entlang den Pilgerstraßen nach Santiago de Compostela prägte es die kirchl. Architektur mit. Die cluniazens. Reformbewegung bestritt den Herrschaftsanspruch von Bischöfen über Klöster, die direkt der päpstl. Gewalt unterstellt wurden, u. forderte die strenge Beobachtung der benediktin. Ordensregeln. Seit dem 11. Jh. wirkte C. durch die Gründung Hirsau auch auf das dt. Ordensleben.

Neue Forschungen über C. u. die Cluniazenser, hg. G. Tellenbach 1959.

Cobla, in der provenzal. Lyrik die ›Strophe‹, je nach dem Reimschema unterscheidet man coblas unisonans (der gleiche Endreim in allen Versen), coblas singulars (Wechsel des Endreims) u. coblas doblas bzw. ternas (Wiederholung des Reimschemas).

Cocagne, pays de, Schlaraffenland, lit. Motiv seit der ma. Fabliaudichtung.

Cocteau, Jean, 5. 7. 1889 Maisons-Laffitte/Seine-et-Oise – 11. 10. 1963 Milly-la-Forêt, aus dem Besitzbürgertum, Lycée Condorcet in Paris, zahlr. Künstlerfreundschaften (Proust, Gide, Apollinaire, Péguy, Rostand, Modigliani, Picasso, Milhaud, Satie, Poulenc, Stravinskij, Diaghilev, de Chirico, Jacques Maritain, der ihn zu bekehren versuchte), vor allem aber mit Raymond →Radiguet u. dem Schauspieler Jean →Marais, der mehrfach C.rollen kreierte. C. arbeitete als Journalist, Graphiker, Maler, Buchillustrator, Lyriker, Dramatiker, Romancier, Filmregisseur u. Choreograph. 1955 wurde er in die Ac. frçe. aufgenommen, er war Offizier der Ehrenlegion u. Inhaber der Ehrendoktorwürde von Oxford. Für s. Gesamtwerk wählte er die Bezeichnung *Poésie* mit Untergliederungen: *Poésie de roman* (*Le Potomak,* 1919; →*Thomas l'imposteur,* →*Les enfants terribles; Le grand écart,* 1923), *Poésie cinématographique* (darunter *La belle et la bête,* die Verfilmung des Dramas →*Orphée* mit verändertem Schluß), *Poésie de théâtre.* Neben stroph. Lyrik (darunter Oden u. Stanzen) schrieb C. unter dem Einfluß der Dichtungstheorien von Marinetti, Tzara, Apollinaire u. Breton vers libres; er nahm 1919 den Lettrismus in Gedichten vorweg, in denen stellenweise alle Spracharchitektur radikal preisgegeben wird um e. neuartigen synästhet. Ordnung willen (*Le Cap de Bonne-Espérance,* 1919; *Poésies,* 1920; *Vocabulaire,* 1922; *Plain-Chant,* 1923; *Allégories,* 1941; *La crucification,* 1946; *Le chiffre sept,* 1952; *Le requiem,* 1962). Der Dichter, von dem die Umwelt, vor allem Diaghilev, stets Verblüffung erwartete, erhob die Hektik, den method. Stilwechsel zum Qualitätserweis. Als C. 1953 Spanien kennenlernte, hatte er, teilweise durch Vermittlung Picassos, Luis de Góngora bereits entdeckt. Bedeutete der Gongorismus für ihn primär e. Bestätigung der eigenen gereiften u. durchdachten Esoterik (*Hommage à Góngora* in *Clair-Obscur,* 1954), so hispanisierte sich doch auch s. Stil (Artikellosigkeit des Substantivs, Inversion, Hyperbaton). Der Autor war sich dieser syntakt. Anverwandlung bewußt. Cocteau hat fünfzehn größere u. ca. e. Dutzend kleinere Dramen (*Théâtre de poche,* 1949) verfaßt, surrealist. Stücke wie *Parade* (1917, zusammen mit Picasso), *Le bœuf sur le toit* (1920), →*Les mariés de la tour Eiffel.* Gide beklagte C.s modernist. Bearbeitung der sophokleischen *Antigone* (Urauff. 20. 12. 1922), der →*Orphée, Œdipe-Roi* (1928) u. →*La machine infernale* folgten. Früher als Giraudoux, Anouilh u. Sartre nutzte C. das archetyp. Potential der griech. Mythologie für das Drama. Während im Monodrama →*La voix humaine* das Schicksal der verlassenen Geliebten rühren mußte, wurde das Tragische durch Übersteigerung in *Les parents terribles* (Urauff. 14.11. 1938) wieder grotesk: im Inzest ist die Mutter dem Sohn verbunden, der Sohn liebt die Mätresse des Vaters, dieser die Schwägerin. Es folgten Kostümstücke über ma. u. romant. Stoffe (→*Les chevaliers de la table ronde,* →*L'aigle à deux têtes,* Alexandrinertrag. *Renaud et Armide,* April 1943) u. →*La machine à écrire;* nach soviel zelebrierter Epigonalität gelang C. auf Anregung von Ramuz, der ihn auf den Stoff hinwies, mit →*Bacchus* s. bestes Theaterstück. Seit 1918 entstanden zahlr. krit. Schriften u. Essays (u. a. *Picasso,* 1923; *Lettre à J. Maritain,* 1926; *Opium,* 1930; *Essai de critique indirecte,* 1932; *Le Greco,* 1943; *La difficulté d'être,* 1947; *Modigliani,* 1950; *Gide vivant,* 1952; *Journal d'un inconnu,* 1953; *Colette,* 1955; *Le discours d'Oxford,* 1956; *Poésie critique,* II 1959 f.; *Le cordon ombilical,* 1962; *Œuvres complètes,* XI 1945–51; *Poèmes 1916–55,* 1956). 1972 führte das Ballett Maurice Béjarts in Brüssel *Cocteau et la danse* mit Jean Marais auf. 1983 publizierte Gallimard, früher (auf Betreiben Gides) an C.s Werk wenig interessiert, e. Tagebuch, *Le passé défini,* éd. P. Chanel 1983 ff.; *Lettres à Jean Marais,* 1987; *Lettres à sa mère,* 1989.

W. Fowlie, The history of a poet's age, London 1967; J.-J. Kihm/E. Sprigge/H. Béhar, C., l'homme et les miroirs, 1968; F. Brown, An impersonation of angels; a biography of C., London 1969; P. Chanel, Album C., 1970; J. Brosse, C., 1970; B. L. Knapp, C., New York 1970; F. Steegmuller, C.: a biography, London 1970; Cahiers C., 1970 ff; O. Wirtz, Das poetolog. Theater C.s, Genf 1972; Sondernr. Magazine littéraire, Oktober 1983; K. Rave, Orpheus bei C., 1984; R. Gilson, C. cinéaste, ²1988; Cl. Borgal, C., 1989; M. Lange, C., prince sans royaume, 1989; D. Chaperon, C., Lille 1991; F. Daurien, C. et Radiguet, 1992.

Le cocu magnifique, Kom. in drei Akten von Fernand →Crommelynck, EA 1921, Urauff. 18. 12. 1920 Théâtre de l'Œuvre, Paris. Der eingebildete Eifersüchtige, Bruno, zwingt die ihn zärtlich liebende Stella zu wiederholtem Ehebruch, weil nur absolute Gewißheit ihn von s. quälenden Zweifeln zu erlösen vermag, u. macht sich schließl. in Verkleidung selbst zum Hahnrei. In s. Wahn glaubt er jedoch auch jetzt noch, von Stella durchschaut u. damit erneut, wenn auch mit umgekehrten Vorzeichen, betrogen worden zu sein. Ähnl. farcenhaft ist der Schluß: Als Stella, entschlossen, all dem e. Ende zu machen, gegenüber dem ersten, der sich ihr nähert, handgreifl. wird, glaubt Bruno, den vermeintl. Rivalen vor sich zu haben u. will auf ihn schießen; in diesem Augenblick sucht Stella mit diesem das Weite. In Crommelyncks mit schwarzem Humor durchsetzten Stück wird der Dreieckskonflikt der Boulevardkom. zum Alptraum der bürgerl. Welt, die ihre Spielregeln bedroht sieht.

Code civil (auch *C. Napoléon*), franz. Zivilgesetzbuch, 1804 veröffentlicht, mit Ergänzungen noch heute gültig; für Stendhal Modell e. unpathet. Stils. Zu *Lucien Leuwen* schrieb er am 21. 12. 1834 an Sainte-Beuve: ›Cela est écrit comme le C. J'ai horreur de la phrase à la Chateaubriand‹.

Code de la nature ou le véritable esprit de ses lois, de tout temps négligé ou méconnu, Aufklärungsschrift von →Morelly, anonym publ. Amsterdam 1755, 1760, in Frkr. bis 1841 Diderot zugeschrieben (hg. V. P. Volguine 1953). Der Autor setzt sich das Ziel, im Modell e. Situation zu konstruieren, in der es dem Menschen fast unmögl. gemacht wird, entartet oder böse zu sein; s. rationalist. Ansatz trennt ihn von Rousseaus Diskussion des Naturrechts u. erklärt die Unterbewertung der geschichtl. Dynamik. Jede Staatsform, selbst die Monarchie, wird akzeptabel, wenn das Privateigentum aufgehoben ist; die Schädlichkeit des Privateigentums wird aus der Utopie vom Goldenen Zeitalter hergeleitet. Darin stimmen Morelly u. Rousseau überein; während Rousseau aber pessimist. in die Zukunft blickt, hofft Morelly auf e. gesellschaftl. Neuordnung, die sich an der primitiven Evolutionsphase e. Beispiel nimmt. E. dialekt. Entwicklung kennt s. Teleologie freil. noch nicht, ihm genügt die utop. Formulierung e. kommunist. Wirtschaftsordnung auf agrar. Basis (Tradition seit den Renaissance-Utopien). Recht auf Arbeit beinhaltet Pflicht zur Arbeit im Kollektiv.

Codet, Louis, 8. 10. 1876 Perpignan – 27. 12. 1914 Le Havre (gefallen), Romancier, am originellsten in Jugendgeschichten (*La petite Chiquette,* 1908; *César Capésan,* 1918; *Fortune de Bécot,* 1921; *Louis l'indulgent,* 1926; außerdem *Poèmes et chansons,* 1926).

Coëffeteau, Nicolas, 1574 Château-du-Loir? – 1623 Paris, Dominikaner, Aumônier der Kgin., 1608 Hofprediger Heinrichs IV., 1617 Weihbischof von Metz, 1621 zum Bischof von Marseille ernannt (er übernahm jedoch dieses Amt vor s. Tod nicht mehr). C., mit Malherbe, Du Vair u. Du Perron befreundet, schuf neben Amyot, Calvin u. a. ein Modell des klass. Prosastils. S. z. T. umstrittenen theolog. u. moralist. Werke (u. a. *Les merveilles de la sainte Eucharistie,* 1606; *Tableau des passions humaines,* 1620) empfahl Vaugelas zur Auswertung für das Wörterbuch der Ac. frçe. C. wirkte auf s. Zeit vor allem durch e. *Histoire romaine* (1621).

Ch. Urbain, C., 1893.

Un cœur simple (1877), Erzählung von Gustave →Flaubert, entstanden 1876. Der Autor entkleidet die Kalendergeschichte von der demutsvollen Magd, die in ihrem harten Dienst völlig aufgeht, ihrer Aura. Das Leben der Félicité bei Madame Aubain wird restlos verplant, mit Arbeiten im Haus u. der Sorge um Paul, Virginie u. Victor. Ihr Verhältnis zum Papagei Loulou, der ihr geschenkt wurde, entartet in dieser Situation zur Fetischverehrung; der Vogel nimmt die Leerstelle ein, die der Begriff des hl. Geistes in ihrem zur Abstraktion kaum fähigen Vorstellungsvermögen gelassen hat. George Sand veranlaßte Flaubert, die Geschichte zu gestalten; dieser schrieb sie freil. auch, um möglichst rasch s. materielle Not zu beheben. Félicité ist wie Emma Bovary – beiden Gestalten folgt der Erzähler bis in die Todesszene – von der repressiven Umwelt, die Vorurteile u. Aberglauben kultiviert, geprägt. Der Leser erkennt, daß ihr falsches Bewußtsein nicht auch ihr persönl. Verschulden ist.

B. Stoltzfus, Point of view in C., FR 1962; R. J. Sherrington, Three novels by Flaubert, London 1970; G. Bonaccorso, Corpus flaubertianum I, éd. diplomatique et génétique des ms. d'Un cœur simple, 1981.

Cohen, Albert, 1895 Korfu – 17. 10. 1981 Genf, 1900 nach Marseille, Jurastud. in der Schweiz. UNO-Beamter; Lyriker u. Erzähler (Satire, pikaresker Roman). Seit dem Poesiebd. *Paroles juives* (1921) erschienen *Solal* (1930), *Mangeclous* (1938), *Ézéchiel* (Drama, Com. frçe. 1933), *Belle du seigneur* (1968), *Les valeureux* (1969), *Carnets* (1979). Großer Romanpreis der Ac. frçe. 1968.

H. Nyssen, C., 1982; J. Blot, C., 1986; B. Cohen, Autour d'A. C., 1990.

Colardeau, Charles-Pierre, 12. 10. 1732 Janville bei Chartres – 7. 4. 1776 Paris, Jesuitenschüler, übte sich an Psalmenübs., schrieb Naturgedichte u. schuf die →Héroïde als lyr. Gattung; von Montesquieus *Le temple de Gnide* stellte er – wie auch Léonard – e. Versfassung her (*Œuvres, précédées de sa vie et de son éloge par La Harpe et Marmontel,* 1779). S. Nachfolger in der Ac. frçe., in die er kurz vor s. Tode gewählt worden war, ohne noch an e. Sitzung teilnehmen zu können, war La Harpe.

É. Faguet, C., Revue des cours et conférences, November–Dezember 1903.

Colas Breugnon, Roman von Romain →Rolland, entstanden April 1913 – April 1914, EA 1918. Von Rabelais inspiriert, schrieb Rolland e. Buch, auf das die Leser des *Jean Christophe,* wie der Autor im Vorwort vermutete, nicht gefaßt waren. Aus dem Bedürfnis nach gall. Fröhlichkeit heraus entstand die burgund. Geschichte des Holzschnitzers C. aus Clamecy als fiktives Tagebuch aus dem frühen 17. Jh. Die Lust zu fabulieren, die den Erzähler zwischen Tintenfaß u. Weinhumpen nicht verläßt, schafft e. Atmosphäre, in der Unvoreingenommenheit, Wißbegier u. Ironie gedeihen können. Rolland verständigt sich über die Funktion der Lit. im 13. Kap., als dem Helden e. Plutarch in der Amyotübs. in die Hand fällt: Colas pragmat., nicht histor. Umgang mit den illustren Viten, s. Begegnung mit der antiken Welt, die gutmütig als ›Fastnachtstreiben‹ qualifiziert wird, gerät ihm zur Bereicherung. Er begreift die alten Geschichten u. versteht s. Zeit u. s. Leben besser, vor allem steht er den Obrigkeiten kritischer gegenüber.

G. Schüler, Meister Breugnon, RF 1927.

Colbert, Jean-Baptiste, marquis de Seignelay, 29. 8. 1619 Reims – 6. 9. 1683 Paris, Minister Ludwigs XIV.; Sohn e. Tuchhändlers, Bankangestellter stieg zum Contrôleur général des finances (1665) u. Marineminister (Februar 1669) auf, der die überseeische Machtstellung Frkr.s, die Zolleinheit u. die zentralisierte Verwaltung des Landes begründete. Er veranlaßte die Einrichtung der Académie de peinture (1664), d'architecture (1671), →Ac. des inscriptions et des belles-lettres, →Ac. des sciences sowie des *Journal des savants* (Januar 1665 ff). 1663 legte ihm Chapelain e. Liste fördrungswürdiger Autoren mit abgestuften Vorschlägen zur Pensionierung vor (u. a. Bensserade, Conrart, Corneille, Cotin, Huet, Ménage, Molière, Racine, Sainte-Marthe). Der Minister, der seit 1661 die kgl.

Bibliothek leitete, vergrößerte ihren Bestand u. schuf sich selbst e. beachtl. Privatslg. von Drucken u. Mss., die er europ. Gelehrten zur Benutzung öffnete. Da C. die kontinentaleurop. Eroberungspolitik Ludwigs XIV. nicht billigte, verlor er s. Einfluß an den Kriegsminister. 1773 verfaßte J. Necker e. *Éloge de C.*

C. J. Gignoux, C., 1941.

Colet, Louise, 1810–1876, seit 1835 mit Hippolyte C., Prof. am Pariser Conservatorium, verheiratet; Liaison mit V. Cousin (1838), Flaubert, Musset, Vigny (1854) u. Champfleury. 1839 zeichnete die Ac. frçe. ihr Gedicht *Le musée de Versailles* aus, deswegen polem. Auseinandersetzungen. Außer Lyrik (*Fleurs du midi,* 1836; *Poésies,* 1842; *Ce qui est dans le cœur des femmes,* 1852) verfaßte C., die 1844–65 e. lit. Salon unterhielt, den autobiograph. Roman *Lui, roman contemporain* (1851) u. edierte B. Constants Briefe an Mme Récamier (1864, konfiszierte Ausgabe). Ihr selbst legte Flaubert in zahlreichen Briefen Prinzipien s. Ästhetik u. Romanpoetik dar.

J. de Mestral-Combremont, La belle madame C., 1913; R. Bellet (Hg.), Femmes de lettres au XIXe siècle, autour de C., Lyon 1982.

Colette, Sidonie-Gabrielle, 23. 1. 1873 Saint-Sauveur-en-Puisaye/ Yonne – 3. 8. 1954 Paris, Vater Offizier; ihre erste Ehe mit Henry Gauthier-Villars (›Willy‹), unter dessen Namen ihr Frühwerk *Claudine à l'école* (1900) erschien, wurde 1906 nach 13 Jahren geschieden. C., die u. a. als Chansonette, Tänzerin u. Theaterkritikerin arbeitete, heiratete in zweiter Ehe 1912 den Journalisten Henri de Jouvenel, in dritter Ehe 1935, elf Jahre nach der zweiten Scheidung, den Schriftsteller Maurice Goudeket. Sie wurde 1935 Mitgl. der belg. Akademie u. 1944 Mitgl. der Ac. Goncourt. In den Claudine-Romanen schilderte C. Ereignisse ihres eigenen Lebens, zarte Liebe, Schulgeschichten, das Verhältnis zum älteren Mann (Willy war 1868 geb.), Ehe u. Ehekrise, die Liebe zu e. Freundin (*Claudine à Paris,* 1901; *Claudine en ménage,* 1902; *Claudine s'en va,* 1903; *La retraite sentimentale,* 1907; *La maison de Claudine,* 1922). In *L'entrave* (1913, nach *L'ingénue libertine,* 1909; *La vagabonde,* 1910) führte C. e. Räsonneurrolle in die Liebesgeschichte ein; Renée verzichtet auf ihre weibl. Würde, um sich Jeans Zuneigung zu erhalten, obgleich sie weiß, daß sie als Paar zu wenig aufeinander angewiesen sind. *Mitsou* (1919) spielt im Milieu der Music-Halls. Der Titelheld in *Chéri* (1920) ist Frédéric Peloux, der Sohn e. Kokotte u. selbst Liebhaber e. Halbweltdame, der schließl. e. bürgerl. Mädchen heiratet. 1926 schilderte die Erzählerin in *La fin de Chéri,* wie Frédéric als 30jähriger, nachdem ihn s. Frau verlassen hat, den Selbstmord wählt. Krisen der Pupertät sind das Thema von →*Le blé en herbe.* In den kommenden Jahren entstanden *La naissance du jour* (1928), *La seconde* (1929), *Sido* (1930), *Ces plaisirs* (1932) u. *La chatte* (1933). C., die zahlr. Tierdarstellungen verfaßte (*Dialogues de bêtes,* 1904; *Sept dialogues de bêtes,* 1905; *La paix chez les bêtes,* 1916; *Bêtes libres et prisonnières,* 1958), verband in *La chatte* das Liebesmotiv mit dem Motiv der Katze: Alain wünscht sich, daß s. Camille die Eigenschaften der Katze Saha verkörpert; eifersüchtig wirft Camille das Tier aus dem siebenten Stock; es überlebt zwar, die Harmonie zwischen den Ehepartnern ist seit dem Vorgang jedoch zerbrochen. Vom späteren Werk (u.a. *Duo,* 1934; *Bellavista,* 1937; *Chambre d'hôtel,* 1940; *Le képi,* 1943; *Trois .. six .. neuf,* 1944) ist →*Gigi* der bedeutendste Roman. Das erzähler. Werk wie die autobiograph. Schriften (*Lettres à ses pairs,* 1973) der C. gründen auf method. Analyse des eigenen Verhaltens u. bekannter Regungen ihrer Umwelt, Gide sprach von e.›génie très particulièrement féminin et une grande intelligence‹ (*Journal* 1936). Das Erzähltalent versiegte, als die Schriftstellerin im Alter nichts mehr aus ihrer Intimität, die weit über erot. Pikanterie hinausreichte, mitzuteilen vermochte. (*Œuvres complètes,* XVI 1973; *Œuvres,* éd. Cl. Pichois, III 1984–91).

R. Barjavel, C. à la recherche de l'amour, 1934; P. Trahard, L'art de C., 1941; J. Larnac, C., sa vie, son œuvre, 1951; S. Bonmariage, Willy, C. et moi, 1954; M. Le Hardouin, C., 1956; M. Goudeket, Près de C., 1956; G. Beaumont/A. Parinaud, C. par elle-même, 1958; E. Marks, C., New Brunswick 1960; E. Raaphorst-Rousseau, C., 1964; A. A. Ketchum, C. ou la naissance du jour, 1968; C. Quilliot, C., La chatte et le métier d'écrivain, RSH 1968; J. Resch, Corps féminin – corps textuel, 1973; M. Sarde, C., 1978; Sondernr. Europe 631–32, 1981; J. Giry, C. et l'art du discours intérieur, 1981; Cl. Pichois, Album C., 1984; B. Bray (Ed.), C., Nouvelles. Approches critiques, 1986; H. R. Lottman, C., 1990; D. Holmes, C., 1991.

Coligny, Gaspard de, seigneur de Châtillon, 16. 2. 1519 Châtillon-sur-Loing – 24. 8. 1572 Paris, Admiral von Frkr., Calvinist seit 1559; Führer der Hugenotten in den Religionskriegen. S. Plan, Karl IX. für den Protestantismus zu gewinnen u. gemeinsam mit den Niederlanden Spaniens Hegemonie zu brechen, scheiterte am Widerstand der Regentin Katharina von Medici u. der Partei der Herzöge von Guise (vgl. auch Ligue). In der →Bartholomäusnacht wurde C. ermordet; im Zusammenhang mit der Gestaltung dieses Massakers wurde C. zur lit. Figur.

L.-J. Delaborde, C., III 1878–91; L. Romier, Catholiques et huguenots à la cour de Charles IX, 1924; K. Kupisch, C., [2]1951; C. et son temps, Colloque 1972, 1974.

Coligny ou la Saint-Barthélemy, hist. Drama in drei Akten von Baculard d' →Arnaud, EA Amsterdam Anfang 1740, Urauff. 1739 (?) in privatem Rahmen. Angeregt durch den zweiten Gesang in *La Henriade* von Voltaire, den Zeitgenossen als Autor des anonym erschienenen Werks vermuteten, schrieb Arnaud e. Schauspiel gegen den relig. Fanatismus, der zur Ermordung Andersgläubiger in der Bartholomäusnacht führte. Die Zentralrolle spielt nicht Heinrich von Navarra, sondern der Hugenottenführer Gaspard de →Coligny; er wird entgegen d. klass. Bienséance auf offener Bühne getötet. S. Tod erfüllt die Mörder mit Erschütterung u. Rührung, sie schließen sich der protestant. Sache an, bis das Erscheinen des Dämons Intoleranz den edlen Bann löst. Coligny verblutet, neben ihm s. Schwiegersohn Téligny. Sentimentale Verzögerung u. Verdoppelung extremer Motive vernichten die klass. Schauspielstruktur, sie dienen der antiklerikalen Tendenz des Stücks.

Colin, Jacques, zwischen 1485 u. 1495 Auxerre – 1547, kgl. Beamter u. Diplomat, mit d. Familie Du Bellay befreundet, zeitweilig Mäzen von Cl. Marot; Hg. der Übss. von Seyssel (1527), daneben eigene Übertragungen (Ovid; Castiglione, *Il cortegiano*).

Colin Muset, Lyriker des 12./13. Jh., von dessen Spielmannsgedichten, deren Tonlage vom epikur. zum gesellschafts-satir. Stil reicht, wahrscheinl. 20 Texte überliefert sind.

J. Bédier, De Nicolao Museto, 1893.

Collé, Charles, 14. 4. 1709 Paris – 3. 11. 1783 ebda., Sohn e. Kanzleibeamten beim Justizpalast, selbst lustloser Jurist, der als Chansonnier vom Hzg. von Orléans, dessen Vorleser er war, geschätzt wurde. C. schrieb vor allem Pastiches der zeitgenöss. Lyrik (*Chansons joyeuses par un âne onyme, onyssime,* 1765; *Chansons qui n'ont pu être imprimées,* 1784; *Recueil complet des chansons,* 1807). Für das Privattheater s. Gönners entstanden die freizügigen Kom. der Slg. *Théâtre de société* (1768 u. 1777). Am erfolgreichsten wurde →*La partie de chasse de Henri IV.* Das *Journal historique* (hg. Barbier 1805–7) ist e. wertvolles Dokument des lit. Lebens von 1748–72.

Collège de France, wiss. Institut, als *Institution des lecteurs royaux* von Franz. I. im März 1530 zur Pflege der klass. u. oriental. Sprachen sowie der Mathematik (Modell war u. a. die 1508 gegr. span. Humanistenuniv. Alcalá de Henares) eingerichtet, 1610 als Collège royal bezeichnet. Erste Mitgl.: namentl. Budé, J. Colin, Amyot, P. Ramus, Passerat, Dorat. Vorlesungen wurden öffentl. bekannt gemacht. Die Neugründung setzte dem Bildungsmonopol der Sorbonne e. fortschrittl., d. h. antischolast. Wissenschaftsverständnis entgegen. Zu den Vorrechten des C., an dem im 19. Jh. Michelet u. Renan lehrten, gehören freie Forschung, Entbindung von Lehr- u. Prüfungsverpflichtungen, Vergabe der Lehrstühle (diese sind unvereinbar mit Lehrstühlen an Fakultäten) nach Leistungsprinzipien, nicht Laufbahnprüfungen; berufen u. a. Barthes u. Bonnefoy.

A. J. M. Lefranc, Histoire du C., 1928.

Collèges, höhere Schulen; die spätma. C.gründungen sollten zunächst bedürftige Studenten der Universität von Paris als Stipendiaten aufnehmen (C. de Navarre, 1304; C. de Montaigu, 1314; C. de Boncourt, 1353; C. de Coqueret, 1463, wo Jean →Dorat als Direktor →Baïf, →Belleau, →Du Bellay u. →Jodelle zu s. Schülern zählte); 1460 wurde das C. Sainte-Barbe als Internat gegründet, 1562 als älteste Pariser Jesuitenschule das Collège de Clermont (seit 1682 Collège Louis-le-Grand), 1804 das Collège Stanislas. Heute bezeichnet Collège in Frkr. den vierjähr. Eingangszyklus des höheren Schulwesens u. allgemein die höhere Privatschule.

Colletet, Guillaume, 12. 3. 1598 Paris – 11. 2. 1659 ebda., Jurist, bezeichnete sich seit 1620 nicht ganz zu Recht als Malherbeschüler. C. organisierte 1625 die →Illustres bergers. Als Gelegenheitsdichter blieb er Ronsardepigone (*Épigrammes,* 1653); im Kollektiv der →Cinq auteurs arbeitete er an der *Comédie des Tuileries* u. an *L'aveugle de Smyrne* mit. S. eigene Tragikom. *Cyaminde ou les deux victimes* (1642) ahmte den Stil der →*Astrée* nach. C. war Mitgl. der Ac. frçe.; 1656 legte er s. *Poésies diverses* vor. Der *Traité de l'épigramme et traité du sonnet* von 1658 (hg. P. A. Jannini 1965) stützt sich maßgebend auf ital. Quellen.

B. Bray, C. et N. Heinsius, Neophilologus 1959.

Collin d'Harleville, Jean François Collin, gen., 30. 5. 1755 Mévoisins – 24. 2. 1806 Paris, Angestellter beim Pariser Parlement, Kom.autor (*L'inconstant,* Versailles 1784; *L'optimiste,* 1788; *Châteaux en Espagne,* 1789; *M. de Crac dans son petit castel ou les gascons,* Urauff. 4. 3. 1791; 1791; *Le vieux célibataire,*

Urauff. 24.2.1792; *Les mœurs du jour ou l'école des jeunes femmes,* 1800; *La querelle des deux frères ou la famille bretonne,* 1808). Wie La Noue war C. vor allem von Marivaux geprägt, s. Kom.-figuren gehören dem Mittelstand an; daß ihre Probleme moral. Natur sind, verkünden bereits die Titel, die in ihrer Formulierung traditionsgebunden sind. Daher kann C. den Aktionsrahmen s. Stücke einschränken. Er analysiert Gefühle u. Stimmungen, freil. mit befreiendem Humor. S. Freund François Andrieux gab 1805 C.s *Théâtre et poésies fugitives* heraus.

L. H. Skinner, C. dramatist, New York 1933; A. Tissier, C., l'homme et l'œuvre, 1956; ders., C., chantre de la vertu souriante, II 1965.

Colline (1929), Roman von Jean →Giono, Eröffnung der Pan-Trilogie. Die Landbevölkerung der Haute Provence u. ihre Erde kommunizieren auf myst. Weise, bis Zwietracht u. Mißtrauen zwischen den Bauern die allumfassende Harmonie unterbrechen. Dürre und Waldbrand bedrohen den Weiler, in dem der alte Janet, der offenbar über mag. Kräfte verfügt, im Sterben liegt. S. Tod, als Opfer empfunden, versöhnt die Natur. Giono verlangt vom Leser, daß er Erdmythen mehr als nur lit. Wert zumißt.

C. Michelfelder, J. Giono et les religions de la terre, 1938.

Collot d'Herbois, Jean-Marie, 19. 6. 1749 Paris – 8. 1. 1796 Sinamari/Guayana, Schauspieler u. Theaterdirektor, nacheinander Monarchist, Girondist, Jakobiner, Hébertist, Mitgl. des Wohlfahrtsausschusses und Conventsvorsitzender bei Robespierres Sturz. 1792 beantragte C. die Errichtung der Republik u. den Prozeß gegen Ludwig XVI. Er verfaßte Propagandastücke gegen das Ancien Régime (*Le paysan magistrat, Le vrai généreux, La fête Dauphine, Le procès de Socrate,* 1790). Das Direktorium schickte ihn in die Verbannung.

Colomba, Novelle von Prosper →Mérimée, ED *Revue des deux mondes* 1.7.1840, EA Brüssel 1840. Der Autor verarbeitet in s. Darstellung der Blutrache Erlebnisse u. Erfahrungen s. Korsikaaufenthaltes (1839) u. romant. Klischeebilder vom edlen Banditen. Orso della Rebbia soll nach dem Gesetz der Vendetta u. dem Willen s. Schwester C. den Vater rächen, während ihn s. Angebetete, die Engländerin Lydia Nevil, zum Traditionsbruch überredet. Mérimée löst den eth. Konflikt durch die Konstruktion e. Notwehrsituation; Orso tötet die Söhne des Barricini, als er aus dem Hinterhalt angegriffen wird. Originell ist bei Mérimée die Verbindung von Rache- u. Liebesmotiv vor dem Hintergrund folklorist. Bilder.

P. Trahard, P. Mérimée et l'art de la nouvelle, 1941.

Colombe, Schauspiel in vier Akten von Jean →Anouilh, EA 1951 (*Pièces brillantes),* Urauff. Februar 1951 Théâtre de l'Atelier, Paris. Für C., die in den Augen ihres Julien e. naives Blumenmädchen war, wird die Welt des Theaters zum adäquaten Lebensbereich, als ihr Mann sie während der Militärzeit s. Mutter, der Schauspielerin Alexandra, anvertraut. Wie später in *Ne réveillez pas Madame* paßt makellose Liebe nur auf die Bühne, das Theater hört auf, als Metapher die erlebte Wirklichkeit zu reflektieren (vgl. auch *La répétition ou l'amour puni*).

Colon, Marguerite, gen. Jenny, 1808–42, Schauspielerin, u.a.

Opéra-comique, e. der Geliebten von Gérard de Nerval, deren Namen er auch durch Anspielungen auf die ital. Dichterin Colonna mystifizierte.

Le colonel Chabert, Roman von Honoré de →Balzac, ED als *La transaction* in der Zs. *L'Artiste* 1832, 1835 in den *Scènes de la vie parisienne,* definitive Fassung 1844 u. den *Scènes de la vie privée* zugeordnet. Oberst Chabert wurde seit der Schlacht von Eylau 1807 für tot gehalten, s. Frau hat den Grafen Ferraud geheiratet u. durchkreuzt die Bemühungen des Heimkehrers, Identität u. Vermögen zurückzuerlangen. Die ehemalige Prostituierte klammert sich an den gesellschaftl. Rang, den sie sich mit Geld erkaufen konnte; ihrer Energie ist der namenlose Veteran nicht mehr gewachsen, er willigt in s. Toterklärung ein u. endet als Clochard in e. Spital. Balzac gestaltet nicht nur wie Vigny die Pariasituation e. Angehörigen der Grande armée Napoleons, er kritisiert am Aufstieg der Rose Chabert zur Comtesse die nachrevolutionäre Epoche, in der Besitz neue Privilegien verschafft. Das Bigamiemotiv wird sozialkrit. eingesetzt.

Combat avec l'ange (1934), Roman von Jean →Giraudoux. Die Liebe von Jacques u. Maléna, e. Südamerikanerin, bringt erst die Erfüllung, als sich die Frau mit der Wirklichkeit arrangiert. Maléna fühlt sich – wie die meisten Heldinnen des Autors – dazu berufen, das Alltägliche aufzuheben u. Ungewöhnliches z. B. auf karitativem Gebiet, zu leisten. Erst nach langen Spannungen, als Malénas Versuch, Jacques mit e. anderen Frau zum idealen Paar zu verbinden, gescheitert ist, harmoniert ihr Ethos mit demjenigen des Partners. Maléna hat den Kampf mit dem Engel verloren.

Combray, Romanort in Prousts Zyklus →*A la recherche du temps perdu;* hier verbringt ›Marcel‹ d. Ferien (Proust verarbeitet eigene Erlebnisse in Illiers/Beauce), als bloße, faszinierende Namen erschienen ihm in C. zunächst Swann u. Guermantes.

Comédie, von der →Tragédie durch mittlere u. niedere Stillage, alltägl. Stofferwartung u. glückl. Entflechtung des Konfliktes unterschiedene klass. Bühnendichtung; das Spektrum reicht – beispielhaft im Werk von →Molière – vom possenhaften Lustspiel (→Farce) bis zur Sittenkom. Nicht die Pléiade, die die regelmäßige Kom. zu schaffen beabsichtigte, sondern →Jodelle leitete 1552 mit →*Eugène* die Entwicklung zur Klassik ein; die Orientierung an Terenz, Plautus (z. B. Zwillingskomik), der ital. Prosakom. sowie ital. (Arlequin) u. span. (Don Juan) Sujets waren maßgebend. Die Einteilung in fünf Akte wird gefordert, jedoch nicht durchweg beachtet (vgl. Molière), ebensowenig wie die Versform; um der höheren Wahrscheinlichkeit willen geben seit dem 16. Jh. Autoren den Alexandriner für Prosa auf. Dabei wird die C. wiederholt als Spiegel der Realität definiert (z. B. La Taille, Prolog zu *Les Corrivaux,* 1562; Larivey, Vorrede zur Ausgabe von 1579). Die Stücke von Odet de Turnèbe (*Les contens,* 1579), François d'Amboise (*Les néapolitaines,* 1584) oder François Perrin (*Les escolliers,* 1589) folgten der klass. Poetik nur bedingt u. konservierten Farcenelemente. Seit den 70er Jahren des 16. Jh. wurden Kom. öffentl. aufgeführt. Bis ins 17. Jh. wird jedoch C. auch als allgemeine Bezeichnung für ›Schauspiel‹ verwendet (A. de Bourbon, prince de Conti, *Traité de la comédie et des spectacles selon la tradition de l'église,* 1627; P. Nicole, *Traité de la comédie,* in *Essais de morale,* Bd. 3, 1678). Im Zeitalter der Empfindsamkeit traten neben die klass. C. die →Comédie larmoyante u. das bürgerl. Trauerspiel, wie →Diderot es theoret. begründete.

F. Gaiffe, Le rire et la scène frçe., 1931; E. Winkler, Zur Geschichte des Begriffs ›c.‹ in Frkr., 1937; Ch. Mauron, Psychocritique du genre comique, 1964; P. Voltz, La c., 1964; R. Lebègue, Le théâtre comique en France de Pathelin à Mélite, 1972; R. Guichemerre, La c. avant Molière, 1640–60, 1972; N. Altenhofer, Kom. u. Gesellschaft. Kom.theorie des 19. Jh.s, 1973; R. Franzbecker, Die weibl. Bedienstete in der franz. Kom., 1973; J. Emélina, Les valets et les servantes dans le théâtre comique en France de 1610 à 1700, Cannes 1975; S. Tzonev, Le financier dans la c. frçe. sous l'Ancien Régime, 1977; E. J. H. Greene, Menander to Marivaux. The history of a comic structure, Edmonton 1977; W. Preisendanz/R. Warning (Hg.) Das Komische, 1976; Y. Moraud, Masques et jeux dans le théâtre comique en France entre 1685 et 1730, 1977; R. Guichemerre, C. classique en France, 1978; M. Lazard, La c. humaniste au XVIe siècle et ses personnages, 1978; K. Schoell, Die franz. Kom., 1983.

Comédie-ballet, Kom. mit Gesangs- u. Tanzeinlagen, die Molière, der zwölf C. verfaßte, zusammen mit dem Komponisten Lulli kreierte. 1661 als Hoftheater konzipiert, löste sich die Gattung von der panegyr. Intention u. wurde zu e. Sonderform des Lustspiels.

Comédie de chansons, Vorstufe der Oper, um 1640 aufgekommen (Pierre Perrin, *Pastorale d'Issi,* 1659; Molières Singspiele).

Comédie de conditions, nichttrag. Darstellung gesellschaftl. Konflikte bei Lesage *(Turcaret),* Sedaine *(Le philosophe sans le savoir)* u. Diderot.

Comédie de salon, Salontheater des 18. u. 19. Jh. (vor allem Carmontelle, Leclerq, Musset), für Privataufführungen konzipiert, bei denen der soziale Status von Bühnenfigur, Schauspieler u. Publikum weitgehend übereinstimmte.

V. Du Bled, La comédie de société au XVIIIe siècle, 1893.

Comédie de situation, Situations- u. Intrigenkom. im 18. u. 19. Jh. (z. B. Scribe).

Comédie d'observation, lit. wiss. Bezeichnung für Sittenkom. von Molière.

Comédie-Française, Pariser Staatstheater, dessen Name Molière um 1660 geprägt haben soll. Durch Ordonnanz von Colbert vom 23. 6. 1674 fusionierte das Ensemble Molières mit der Truppe vom Marais, am 21. 10. 1680 kamen auf kgl. Befehl noch die Schauspieler des Hôtel de Bourgogne hinzu. Seit dem Zusammenschluß suchte das Ensemble e. neue Bühne, die am 18. 4. 1689 mit *Phèdre* von Racine im Ballspielhaus in der rue neuve des fossés-St-Germain-des-prés eingeweiht wurde u. bis 1770 in Betrieb blieb. Anschließend zog die C. in die Tuilerien, 1782 in den Odéon-Bau, 1799 in das Palais royal. 1808 wurde die heutige Bühne (Salle Richelieu mit 1111 Plätzen) bezogen, 1812 verlieh Napoleon der C. ihre bes. Statuten, wonach die Sociétaires über Neuaufnahmen ins Ensemble entscheiden. Im 18. Jh. waren die meisten Stücke von Voltaire sowie *Inès de Castro* von Houdar de la Motte Kassenerfolge in der C., während 1749 e. Aufführung der *École des femmes* von Molière nur noch 39 Zuschauer zusammenbrachte. Die Preise im Parterre entsprachen schon damals dem Tagesverdienst e. Arbeiters. Von 1720–50 waren die Einnahmen insgesamt rückläufig. Das behauptete Klassikermonopol hat es für die C. nie gegeben, allerdings meinte Hugo 1830, die klass. Ästhetik am wirkungsvollsten auf der Bühne der C. überwinden zu können (→Hernani). In der Zeit nach 1945 gehörte Montherlant zu den am häufigsten gespielten Dramatikern. Am 1. 8. 1970 wurde Pierre Dux zum Direktor (Administrateur) der C. ernannt – ihr 26. Leiter seit 1847, als dieses Amt, das die Selbstverwaltung durch die Sociétaires ablöste, geschaffen wurde. S. Ensemble zählte 1972 29 Sociétaires, 39 Pensionnaires u. 250 Angestellte. 1973 beträgt die staatl. Subvention, die seit 1850 jährl. geleistet wird, ca. 20 Mill. Francs. Die Sociétaires sind in der Regel für zwanzig Jahre an die C. verpflichtet u. werden am Einspielgewinn beteiligt. Dennoch bleiben die Gagen wenig attraktiv. 1972 wurde die C., an der es im Zusammenhang mit Lohnforderungen, vor allem des techn. Personals, zu Streiks gekommen war, zweimal geschlossen. Am 7. 11. 1972 erklärten sämtliche Sociétaires, unter diesen Bedingungen könnten sie nicht weiter spielen; das Theater wich in e. Zirkuszelt aus, das zwischen der Orangerie u. dem großen Bassin der Tuilerien errichtet wurde. Um die einzigartige Funktion der C. zu erhalten, soll die Bühne stärker als bisher zeitgenöss. Autoren spielen – Pinget, Dubillard oder Weingarten wurden bereits aufgeführt – u. in den vier Sälen, die seit 1971 zur Verfügung stehen (Salle Richelieu, Grand Odéon, Petit Odéon, Théâtre des Champs-Élysées), das klass. Repertoire pflegen, ohne auf experimentelles Theater zu verzichten. Die Zahl der ausländ. Stücke hat sich von 1969–72 verzwanzigfacht; im Dezember 1972 wurde erstmals Brecht gespielt. Die C. tritt nach dem Willen ihrer Reformer an die Stelle des →Théâtre nationale populaire. Nachfolger von Dux wurde 1979 der damals 49jährige Schauspieler Jacques Toja, der dem Ensemble seit 1953 angehört. →Vieux-Colombier.

A. Joannides, C. de 1680 à 1900, 1901; H.-C. Lancaster, A history of French dramatic literature in the 17th century, Baltimore IX 1929–42; H. Kindermann, Theatergeschichte Europas, Bd. 4, 1961; C. Alasseur, C. au XVIIIe siècle. Étude économique, 1967; C. 1680–1980, catalogue rédigé par S. Chevalley …, 1980; P. Dux/S. Chevalley, C., 1980; J. Lorcey, C., 1980; A. Surgers, C. Un théâtre au-dessus de tout soupçon, 1982; N. Guibert/J. Razgonnikoff, Les comédiens frç. de A à Z., Comédie-Française, Oktober–November 1982 ff.

Comédie héroïque, Gattungsbezeichnung Corneilles für →*Don Sanche d'Aragon,* im 18. Jh. wiederholt von Marivaux, Autreau u. Leblanc de Guillet verwendet, um die Mitwirkung sozial hochgestellter Personen in der Kom.aktion zu rechtfertigen.

Comédie historique, Geschichtskom., von Lemercier eingeführter Begriff zur Bezeichnung des hist. Dramas, in dem Memoiren lit. aufgelöst werden; vgl. Autreau.

La comédie humaine, Titel des Romanzyklus, unter dem Honoré de →Balzac seit 1841 s. erzähler. Werk, das nach 1829 entstanden war, durch Wiederkehr von Romanfiguren verbinden u. als e. Weltbild aus restaurativer Perspektive vorlegen wollte, EA XVII 1842–48, XVIII 1853–55, Neuausgabe XII 1976–81. Die Publikationsdaten der einzelnen Bände folgen nicht immer der Chronologie der Romanzeit, die von 1793

(Un épisode sous la Terreur) bis in die 40er Jahre des 19. Jh. reicht. Bevorzugter Schauplatz der Romane ist Paris, daneben die Bretagne, Normandie u. Touraine, während nur wenige Episoden der C. weiter nach Süden verlegt sind *(→Les illusions perdues)*. Von mehr als 130 Titeln, die 1845 geplant waren, vollendete Balzac 92 Romane u. Novellen als Teile der C. Der beziehungsreiche Titel (die Leistung Dantes u. Molières) kann als Anspielung auf die Umwandlung ideeller in materielle Werte durch die bürgerl. nachrevolutionäre Gesellschaft, die der in s. polit. Haltung durchaus konservative Autor bloßstellen will, gedeutet werden. S. Ziele erläuterte Balzac ausführl. im *Avant-propos*. Da die Gesellschaft der Natur vergleichbar ist, differenziert sie sich in Arten u. Rassen. Diese soziolog. Aussonderung unterliegt jedoch, im Unterschied zu den Naturgesetzen, auch dem Zufall; daraus folgt u. a., daß in der menschl. Gesellschaft die Frau nicht immer notwendig nur das ›Weibchen‹ ihres Partners ist. Ferner durchbricht die individuelle Intelligenz e. standardisierte Differenzierung. Balzac setzt ›cœur‹ mit ›pensée‹ gleich u. bezeichnet s. Romanzyklus als ›Geschichte des menschl. Herzens‹. Anders als Richardson, Goethe, Mme de Staël, Chateaubriand u. Constant stellt er Einzelgestalten in der Bindung an ihre Generation dar. Dem entspricht formal, daß er Einzeltitel koordiniert u. damit die Geschichtlichkeit der Ereignisse prozeßhaft erscheinen läßt. ›La société française allait être l'historien, je ne devais être que le secrétaire.‹ Der Romanerzähler entdeckt den geheimen Sinn der Ereignisse, Leidenschaften u. Figurenkonstellationen; das Christentum ist e. hervorragender Faktor der sozialen Gliederung, Katholizismus u. Monarchie erscheinen wie ›Zwillingsprinzipien‹. Die Familie, nicht das Individuum bildet das soziale Grundelement. Wahlen sind kein ideales Mittel polit. Willensbildung. Der Wirklichkeitszusammenhang, den Balzac darstellen will, gilt ihm als ›drame social‹, zwangsläufig nimmt das Böse darin e. wichtigere Rolle ein als das Gute. Der Romancier schafft Typen, aus denen der Geist der Epoche spricht. Zola u. später die marxist. Lit.kritik wiesen darauf hin, daß Balzac theoret. für die Restauration gewirkt hat, daß auf s. Banner zwar Katholizismus u. Royalismus stehen, die Nachwelt dort jedoch das Wort Republik liest. Als Legitimist versuchte er das revolutionäre Egalitätsprinzip auf polit. u. ökonom. Gebiet zu diskreditieren u. beschrieb in Wahrheit den zwangsläufigen Verfall der Ordnung des Ancien régime u. der Restauration. Wenn die neue gesellschaftl. Mobilität immer wieder vom Autor wie von den Helden selbst auf das Wirken des Zufalls zurückgeführt wird, knüpfen sich daran sowohl Hoffnung als auch Bedrückung angesichts e. neuen Fatalität. Die Zufallschancen steigen im Sozialisationsbereich des Besitzbürgertums, während Adel u. Landbevölkerung davon kaum noch profitieren.

E. P. Dargan/B. Weinberg, The evolution of Balzac's C., Chicago 1942; G. Atkinson, Les idées de Balzac d'après la C., Genf V 1949 f.; F. Lotte, Dictionnaire biographique des personnages fictifs de la C., 1952, Supplement 1956; F. Marceau, Balzac et son monde, 1955; H. J. Hunt, Balzac's C., London 1959; P. Citron, Du nouveau sur le titre de la C., RhlF 1959; J.-H. Donnard, Les réalités économ. et sociales dans la C., 1961; F. Lotte, Armorial de la C., 1963; Ch. Bevernis, Das Weltbild Balzacs u. der Sieg des Realismus in der C., Wiss. Zs. der Humboldt-Univ. Berlin, 1963; A. Wurmser, La com. inhumaine, 1964, L. Frappier-Mazur, La métaphore théâtrale dans la C., RhlF 1970; P. Barbéris, Mythes balzaciens, 1972; R. Fortassier, Les mondains de la C., 1974; M. Kanes, Balzac's comedy of words, Princeton 1975; L. Frappier-Mazur, L'expression métaphorique dans la C., 1976; Saint-Paulien, Napoléon, Balzac et la C., 1980; N. Mozet, La ville de province dans l'œuvre de Balzac, 1982; M. Ménard, Balzac et le comique dans la C., 1983; B. Lichtenthaeler, Balzac als Jurist, 1988; B. Tappert, Balzac u. die Lyrik, 1989; P. Danger, L'Eros balzacien, 1989; R. Klein, Kostüme u. Karrieren, Diss. Tübingen 1990; J. Ygaunin, Paris à l'époque de Balzac et dans la C., 1992.

Comédie italienne, Truppe ital. Schauspieler, die Heinrich III. erstmals 1577 aus Venedig kommen ließ. Sie spielte seit 1680 in Paris im Hôtel de Bourgogne (u. a. Stücke von Régnard), bis Ludwig XIV. sie wegen Beleidigung der Mme de Maintenon 1697 ausweisen ließ. 1716 wurden erneut Italiener nach Paris gerufen, sie spielten bis 1783 wieder auf der Bühne des Hôtel de Bourgogne, seit 1718 auch franz. Stücke, darunter Werke von →Marivaux u. Voltaireparodien. Seit 1723 trugen sie den Titel Comédiens italiens ordinaires du roi u. bezogen e. jährl. Rente. →Riccoboni, →Elena Balletti u. ›Silvia‹ →Benozzi, die ohne Maske auftraten, gehörten der C. an. Sie verfeinerten das Spiel der Commedia dell'arte u. waren pantomim. den Akteuren der Com. frçe überlegen. 1762 vereinigte sich d. C. mit d. Opéra-Comique, 1769–80 spielte sie keine franz. Texte mehr. Publikum der C. war im 18. Jh. vor allem ›le petit peuple‹.

G. Attinger, L'esprit de la commedia dell'arte dans le théâtre français, 1950; C. D. Brenner, The théâtre italien. Its repertory 1716–1793, Berkeley/Los Angeles 1961.

Comédie larmoyante, Rührstück, dessen pathosreiche Handlung e. moral. Besserung bezweckt. Durch ihre Empfindsamkeit setzte sich die vor allem in der ersten Hälfte des 18. Jh. verbreitete C. von der Intrigenkom., der Farce u. Satire (vgl. Lesage, *Turcaret*) ab. Nach poetolog. Vorbereitung durch Fontenelle u. Houdar de la Motte sowie prakt. Ansätzen bei →Destouches setzte →Nivelle de La Chaussée die neue Kom.form mit *La fausse antipathie* (1733) u. *L'école des amis* (1737) durch. 1738 festigte →Riccoboni die Gattung, deren dramat. Personal keinen Anspruch auf die soziale Fallhöhe der klass. Trag. erhob, deren Thematik jedoch vom Lustspiel durch den vorgegebenen Ernst unterschieden blieb. *L'enfant prodigue* (1736) von Voltaire, der das Stück selbst ›comédie attendrissante‹ nannte, trug zum zeitweiligen Erfolg der Gattung bei, deren Merkmale vom bürgerl. Schauspiel Diderots weiterentwickelt wurden.

G. Chassiron, Réflexions sur le comique larmoyant, 1749; P. Trahard, Les maîtres de la sensibilité française au 18e siécle, Bd. 2, 1932.

Comédiens français ordinaires du Roi, Theatergruppe, vom Pikarden Valleran le Conte geleitet. Ihr Auftreten wird erstmals 1592 in Bordeaux, später in Frankfurt a. M., Rouen u. Straßburg, spätestens seit 1599 in Paris bezeugt. Von 1595 bis 1627 schrieb →Hardy für das Repertoire der C., die seit 1605 regelmäßig das Hôtel de Bourgogne (→Confrérie de la Passion) für die Winterspielzeit mieteten. 1613 übernahm der Schauspieler →Bellerose die Direktion. Vor 1630 wirkte sich die kgl. Protektion materiell kaum aus. Zum Ensemble der C., die vielfach aus dem Bürgertum stammten, gehörten seit 1610 auch Schauspielerinnen. In den Aufführungen folgte auf e. derb-kom. Prolog e. Trag. bzw. Tragikom., den Abschluß bildete e. Farce. Aus dieser Truppe ging der Schauspieler →Montdory hervor.

Les comédiens sans le savoir (1846), Erzählung von Honoré de →Balzac, die nach Art des pikaresken Romans Einblick in Schichten der Pariser Gesellschaft, namentl. auch der Halbwelt, verschafft. Dabei stellt Balzac e. groteskes Rollenverhalten der Stände u. Berufe dar.

Comédie rosse, Schauspiel amoral. u. zyn. Inhalts; am Ausgang des 19. Jh. wurde vor allem das Schaffen von Henry →Becque damit disqualifiziert.

Comité de salut public, zentralist. Wohlfahrtsausschuß, der am 6. 4. 1793 das Comité de défense ersetzte. Von den neun, vom Konvent bestellten Mitgliedern, gehören vorerst nur zwei, Danton und Delacroix, zur Bergpartei. Marat galt das C. in dieser Zusammensetzung als »comité de perte publique«. Danton weigerte sich im Herbst, s. Wiederwahl anzunehmen; inzwischen gehörten dem C. Barère (als Repräsentant der Mitte), Carnot, Robespierre und Saint-Just an. Saint-Just setzte die Vereinigung der Staatsgewalt im C. durch, da in e. Ausnahmesituation nur die sich selbst legitimierende Diktatur militär. und ökonom. Stabilität garantiert. Tatsächlich war die Terreur zum Normalfall erklärt worden. Mit dem Putsch vom 9. Thermidor verlor der Ausschuß s. Machtfülle. In der polit. Philosophie der Linken wie der Action frçe. wurde der nationale Einigungsdruck, den das C. bis zum Sturz Robespierres ausübte, als patriot. Leistung gefeiert. Die franz. Militärjunta in Algerien nahm 1958 den positiv besetzten Begriff für ihre Ziele in Anspruch; Charles de Gaulle soll ihn nie benutzt haben.

Denis Richet, C., in: F. Furet/M. Ozouf, Dictionnaire critique de la Révolution frçe., 1988.

Comment c'est (1961), Roman von Samuel →Beckett, vom Autor 1964 ins Engl. übersetzt *(How it is)*. Die nur schwach konturierte Romanfabel – aus der Perspektive e. namenlosen Gestalt, ›seul dans la boue‹, wird deren Leben, wie es vor der Bekanntschaft mit Pim, mit ihm zusammen u., nach dem Bruch, mit Bom war, vergegenwärtigt – beruht auf e. dreiteiligen Verhaltensstruktur mit den existentiellen Koordinaten Ich u. Nicht-Ich. Annäherung u. Verweigerung, Selbstverständigung u. Verwundung des Sprechers artikulieren sich in der Form e. interpunktionslosen Monologs, dessen insistierende Wiederholungen noch Sinnsegmente u. axiomat. Relikte erkennen lassen. Die opake Sprachform, die einen Leser, dem die negativen Bezugspunkte dieser Ästhetik geläufig sind, voraussetzt, entspricht der heillosen Lage der Mittelpunktfigur, deren letzte Gesten den Gekreuzigten parodieren.

Comment va le monde, Môssieu? – Il tourne, Môssieu, Tragikom. in vier Akten von François →Billetdoux, EA 1964, Urauff. 13. 3. 1964 Théâtre de l'Ambigu, Paris. In e. dt. KZ begegnen sich der Amerikaner Job u. der Franzose Hubert – Job das Gegenteil e. Dulders, Hubert e. Philanthrop aus Berechnung, der dem Freund zunächst zur Flucht verhilft u. ihn nach Kriegsende als Deserteur deckt, obwohl der Amerikaner ihn immer mehr demütigt. Hubert spielt den Kleinbürger, der an s. Idol hängt u. sich von s. falschen Größe willig blenden läßt; erst als Job – e. Figuration s. Über-Ich –, dem er in die USA gefolgt ist, weil er auch hier dem Selbstbetrug e. Siedlermythos nachhängt, in Ehrenhändeln getötet wird, besinnt sich Hubert auf s. ausweglose Situation, die er nun allein verantworten muß.

Commune de Paris, Pariser Kommune, klassenkämpfer. Reaktion auf die franz. Kapitulation u. preuß. Reparationsforderungen, republikan.-sozialistisches Modell 15.3.–28.5. 1871, von franz. Regierungstruppen blutig unterdrückt; lit. Stoff für Zola, Vallès, Adamov, Cassou.

G. Grützner, Die Pariser K., 1969; Sondernr. Europe November–Dezember 1970; M. Choury, Les poètes de la C., 1970; P. Gascar, Rimbaud et la Commune, 1971; M. Nerlich, Die Darstellung der Kommune in franz. Enzyklopädien bis 1900. Das Argument 1972; G. Fischer, The Paris C. on the stage (Vallès ... Adamov), Bern 1981.

Commynes, Philippe de, um 1447 Schloß Renescure bei Aire – 18.10. 1511 Schloß Argenton, Écuyer Karls des Kühnen, den er im August 1472 verließ, nachdem er bereits 1468 bei der Zusammenkunft zu Péronne s. Herrn verraten hatte; ging zu Ludwig XI. über. Unter Ludwig XII. u. Karl VIII. fiel der Diplomat jahrelang in Ungnade, 1491 wurde er Gesandter in Venedig. In s. *Mémoires* (1489–98, herausgegeben von J. Calmette, III 1924–25), die C. für den Erzbischof Angelo Cato verfaßte, erscheint der Verlauf der Geschichte vom Willen großer Persönlichkeiten und ihren sittl. Schwächen bestimmt; der Einfluß Machiavellis ist in C.' Erfolgsethos spürbar. Allerdings setzte er die Vorsehung über individuelle Akte. Die engl. Verfassung galt ihm, der die Generalstände gestärkt sehen wollte, als vorbildl. S. Ideen, insbes. von der Steuerhoheit u. dem europ. Gleichgewicht, fanden noch lange Beachtung (vgl. auch Joinville, Villehardouin, Jean le Bel, Froissart, Chastellain, Jouvenel des Ursins). Als erster Chronist begnügte sich C. nicht mit der Aufzeichnung von Begebenheiten, auf realist. Weise analysiert er die seel. Verfassung der handelnden polit. Figuren, Ludwigs XI. von Frkr. u. des burgund. Herzogs Karls des Kühnen u. erklärt ihr Verhalten aus niederen moral. Motiven. Er berichtet auch über s. Teilnahme an geschichtl. Ereignissen u. kommentiert sie aus der zeitl. Distanz bei der Niederschrift der Memoiren.

K. Bittmann, Ludwig XI. u. Karl der Kühne, Die Memoiren des C. als hist. Quelle, 1964; J. Dufournet, La vie de C., 1969; ders., Études sur C., 1975; J. Demers, C. mémorialiste, Montréal 1975.

Le compagnon du tour de France (1840), Roman von George →Sand, die hier die Liebe des Tischlers Pierre Huguenin zu e. Schloßdame mit polit. Einsichten des Frühsozialismus verbindet. Wer der ›Frkr.runde‹, e. Arbeitervereinigung nach dem Modell der Carbonari, angehört, kann sich während der Restauration nicht auf die Seite der Privilegierten stellen: Pierre verzichtet auf Yseult.

Complainte (auch Déploration, provenzal. Planh), Klagelied, seit dem 15. Jh. stoffl. stark an hochpolit. Trauerfälle gebunden (J. Molinet, J. Marot) oder zur Invektive umfunktioniert (H. Bouchet, *Déploration sur l'église militante,* 1510). Bereits bei Cl. Marot (fünf Texte) wird die Gattung durch die antikisierende Elegie abgelöst. Th. Sebillet – sonst kein Dichtungstheoretiker der Renaissance – behandelt die C., die bis ans Ende des 16. Jh. noch vereinzelt auftritt. Jules Laforgue verwendete C. wieder als Gedichttitel.

M. Wodsak, C., 1985.

Le comportement des époux Bredburry, Stück in vier Akten von François →Billetdoux, EA 1961, Urauff. 30.11.1960 Théâtre des Mathurins, Paris. Rebecca Bredburry bietet in e. Zeitungsannonce ihren kränkelnden Gatten zum Verkauf feil, u. Jonathan wird der meistbietenden Interessentin, e. drallen Bäuerin, zugeschlagen. In der Obhut von Mary mausert er sich bald zu e. atemberaubenden Supermann, den Rebecca gern zurückgewinnen möchte. Sie muß sich damit begnügen, in e. erweiterte Ehekonstellation aufgenommen zu werden.

Comte, Auguste, 19.1. 1798 Montpellier – 5.9. 1857 Paris, 1817–22 Sekretär Saint-Simons, Prüfer u. Repetent an der École polytechnique. C. begriff sich in s. *Cours de philosophie positive* (VI 1830–42) als Vertreter der soziolog. fundierten Philosophie, wie sie dem Zeitalter der Industrialisierung angemessen ist. Als ›Physik der Gesellschaft‹ begründet die Soziologie auch e. wiss. Form der Politik, die Prognosen u. vorbeugende Maßnahmen ermöglicht. Dennoch glaubt C., auf e. Menschheitsreligion, die er als Verehrung e. ›Grand Etre‹ umschreibt, nicht verzichten zu können (*Système de politique positive ou traité de sociologie,* 1851–54). S. positivist. Methode, die sich statist. mit den Lebensbedingungen der gesellschaftl. Schichten u. spekulativ mit den Gesetzen des Fortschritts befaßt, wirkte, durch Vermittlung des Physiologen Claude Bernard, auf den Determinismus von →Zola, 1970 erschienen C.s *Écrits de jeneusse* (hg. P. E. de Berredo-Carneiro/P. Arnaud).

R. Mauduit, C. et la science économique, 1920; J. Peter, C.s Bild vom Menschen 1936; P. Arbousse-Bastide, L'éducation universelle dans la philosophie d'A. C., 1957; O. Negt, Strukturbeziehungen zwischen den Gesellschaftslehren C.s u. Hegels, 1964; M. Steinhauer, Die polit. Soziologie C.s 1966; O. Massing, Fortschritt u. Gegenrevolution, 1966; F. Wolfzettel, C., in: W.-D. Lange (Hg.), Franz. Lit. des 19. Jh.s II, 1980; P. Macherey, C., la philosophie et les sciences, 1989.

Le comte de Monte-Cristo, Roman von Alexandre →Dumas père, entstanden (Mitarbeit von Fiorentino u. Maquet) 1844–45, ED *Journal des débats* 28.8. 1844 – 15.1.1845, EA 1845–46, Dramatisierung 1848–51, krA G. Sigaux 1981. Eifersucht, Justizirrtum u. Rache sind die Themen dieses Abenteuerromans. Von seinen Rivalen um die Gunst der Katalanin Mercedes wird der junge Kapitän Dantès aus Marseille als Bonapartist denunziert u. auf Château d'If interniert. Hier erfährt er von e. Schatz auf der Insel Monte-Cristo vor Korsika, läßt sich an Stelle e. Leiche ins Meer werfen u. bringt den versteckten Besitz an sich. S. Feinde spielen inzwischen maßgebende Rollen in der Gesellschaft, Danglars als geadelter Bankier, Villefort als Staatsanwalt u. Fernand, nunmehr Graf von Morcerf, hat Mercedes geheiratet. Dantès treibt Fernand in den Selbstmord, Villefort in den Wahnsinn u. ruiniert Danglars. Das Publikum schätzte die undurchdringl. Psyche des geheimnisvollen Rächers, der sich Graf von Monte-Cristo nennt u. s. Opfern, wenn alle Risiken ausgeräumt sind, s. wahre Identität zu erkennen gibt.

J. Emcke, Das hist.-ideolog. Weltbild im C., Diss. Leipzig 1964.

La comtesse de Tende, Novelle von Marie Madeleine de →La Fayette(?), verfaßt um 1664, postume EA 1724. Wie in →*La princesse de Clèves* ist das Liebesthema durch das Motiv des Geständnisses e. verheirateten Frau trag. verengt. Die Comtesse de Tende revanchiert sich, wenn auch zögernd, für die Untreue ihres Gatten; sie erwartet von ihrem Liebhaber, dem Chevalier de Navarre, e. Kind. Der Graf verschiebt die Entscheidung über den Fortbestand der Ehe, inzwischen stirbt s. Frau bei der Geburt.

J. W. Scott, Criticism and C., MLR 1955; ders., Quelques variantes de C., RhlF 1959.

Conchon, Georges, geb. 1925 Saint-Avit, Licencié ès Lettres, Protokollbeamter beim Senat, realist. Erzähler (*Les grandes lessives,* 1953; *Les chemins écartés,* 1954; *Les honneurs de la guerre,* 1955; *Tous comptes faits,* 1957; *La corrida de la victoire,* 1959; *L'état sauvage,* Prix Goncourt 1964, der gesellschaftl. u. rass. Konflikte darstellt, 1978 verfilmt mit Marie-Christine Barrault u. Piccoli). Der hist. Roman *Nous la gauche devant Louis-Napoléon* (1969) spielt auf die gegenwärtige polit. Situation in Frkr. an, *Le sucre* (1977) auf e. Wirtschaftsskandal, *Le bel avenir* (1983) auf Machenschaften hinter den Kulissen des Parlaments; *Mon beau-frère a tué ma sœur,* 1986.

Condé, Louis II de Bourbon, duc d'Enghien, 8. 9. 1621 Paris – 11. 12. 1686 Fontainebleau, aus e. Seitenlinie der Bourbonen. Der Sieger von Rocroi (1643) über die Spanier u. Eroberer von Dünkirchen (1646), der ›große C.‹, stellte sich in der →Fronde erst 1650 gegen Mazarin; Turenne schlug ihn 1652, C. übernahm e. span. Kommando in den Niederlanden. 1659 ermöglichte ihm der Pyrenäenfrieden die Rückkehr nach Paris, nach 1675 befehligte er zeitweilig die franz. Invasionstruppen im dt. Reich. In s. Haus verkehrten Boileau, La Fontaine, Molière u. Racine; Mlle de Scudéry idealisierte den Heerführer im Roman *Artamène ou le Grand Cyrus* (1649–1653), La Bruyère widmete ihm e. Porträt der →*Caractères*.

H. Malo, Le grand C., 1937.

Condillac, Étienne Bonnot, abbé de, 30. 9. 1715 Grenoble – 3. 8. 1780 Schloß Flux bei Lailly-en-Val, Bruder von →Mably, Sensualist (*Essai sur l'origine des connaissances humaines,* 1746; *Le traité des sensations,* 1754), der sich auf das System von J. Locke bezieht (Wirkung auf Maine de Biran, Destutt de Tracy, H. Taine). Theoretiker einer naturgerechten Pädagogik (*Cours d'études,* 16 Bde., für den Sohn des Hzg.s von Parma, dessen Erzieher C. 1758–67 war) u. Nationalökonom, der den Physiokraten nahestand (*Le commerce et le gouvernement considérés rélativement l'un à l'autre,* 1776). C. wurde 1768 in die Ac. frçe. gewählt (*Œuvres philosophiques,* hg. G. Le Roy III 1948–51).

G. Le Roy, La psychologie de C., 1937; P. Meyer, C., 1944; R. Bizzarri, C., Brescia 1945; I. Knight, The geometric spirit. The abbé de C. and French enlightenment, Newhaven/London 1968; N. Pastore, Selective history of theories of visual perception, 1650–1950, Oxford 1971.

La condition humaine (1933, Prix Goncourt), Roman von André →Malraux. Hintergrund des Romans ist die Revolution, in der die Grundlagen der Volksrepublik China geschaffen wurden, s. Thema die menschl. Würde als Ziel e. revolutionären Denkens u. Wirkens. Im Frühsommer 1927, als Tschiang Kaischek u. die kommunist. Revolutionäre noch in der Kuomintang vereint sind, bereitet e. sozialist. Geheimorganisation in Shanghai den Abfall u. die Ermordung des Generals vor. Sie sucht die Unterstützung der Bauern, denen sie e.

Agrarreform verspricht, u. der Gewerkschaften, denen sie die Macht in den Städten überlassen will. Die Internationale hält die Rebellion jedoch für aussichtslos; die Mitgl. geraten in Gefangenschaft, nehmen sich das Leben oder werden hingerichtet. Der siebenteilige Roman spielt in Shanghai, Hankau, Paris u. Kobe. Als Bürgerkriegsroman schildert *C.* die innenpolit. Auseinandersetzung, als eigentlich polit. Roman reflektiert das Werk die Abhängigkeit von Moskau; nationale Spontaneität u. übernationale Disziplinierung d. Revolution, die trotzkist. Konzeption der revolutionären Gemeinschaft u. das stalinist. Programm der global gesteuerten Revolution sind in Romanaktion umgesetzt. In diesem Zusammenhang wird d. philosoph. Problem des menschl. Herrschaftsethos diskutiert. Der Held der *C.* ist das Kollektiv, wenngleich die Geschichte von Kyo u. s. Liebe zur dt. Ärztin May einen breiten Raum einnimmt. Durch die Konfrontation dieses Paares mit den flüchtigen erot. Abenteuern des Franzosen Ferral zeigt Malraux – wie Aragon in →*Le monde réel* – daß Liebe für Sozialisten keine Flucht aus der polit. Verantwortung u. der Entfremdung bedeutet. Unter das zentrale Prinzip ›fraternité‹ in der *C.* fallen auch sexuelle Bindungen. Die Solidarität bis ins Stadium der existentiellen Bedrohung verleiht den Rebellen noch im Untergang Würde. Nur auf sich selbst gestellt, überwindet das Individuum das Grauen nicht. Ilya Ehrenburg u. andere sozialist. Kritiker bemängelten, daß Malraux aus der Revolution e. großen Landes die Geschichte e. kleinen Verschwörergruppe gemacht habe; in ihrer Isolierung von der Umwelt wirken s. Helden wie exaltierte Romantiker. Vor allem auf den Anarchisten Tschen treffe dies zu. Leiden u. Angst würden in der *C.* nicht von objektiven sozialen Faktoren ausgelöst, sondern erscheinen dem Leser als eingeborene Qualitäten. So sei *C.* in Wirklichkeit die Trag. des entfremdeten spätbürgerl. Menschen. Auf jeden Fall wurde das Werk zum typ. Roman der Epoche; die medias-in-res-Technik, jähe Brüche beim Perspektivenwechsel, die kinematograph. Darbietung galten als Innovationen. Beachtet wurde auch Malraux' Bestreben, die traditionelle Analyse psych. Motivationen, wobei jedem Effekt e. isoliert gesehener auslösender Faktor zugeordnet wird, fragwürdig zu machen. Thierry Maulnier schrieb e. Bühnenbearbeitung des Romans (Urauff. 16. 12. 1954 Théâtre Hébertot, Paris).

M. Engelbert, A. Malraux, C., in: K. Heitmann (Hg.), Der franz. Roman II, 1975.

Condorcet, Marie Jean Antoine Nicolas Caritat, marquis de, 17. 9. 1743 Ribemont/Pikardie – 29. 3. 1794 Bourg-la-Reine, Sohn e. verarmten Adligen u. einer Bürgerlichen, Jesuitenschüler (wie Helvétius u. Voltaire), Mathematiker, Mitgl. der Ac. des sciences u. versch. europ. Akademien (Berlin, Bologna, Sankt Petersburg, Turin). D'Alembert führte ihn in den Salon der Julie de Lespinasse u. bei Diderot ein; C. lieferte mathemat. Artikel für die *Encyclopédie* u. edierte 1776 Pascal (mit Voltaire-Kommentar). Den Minister Turgot, der ihn zum Inspecteur des monnaies ernannte, verteidigte er gegen feudalist. u. dirigist. Kritik; dabei erklärte er wirtschaftl. Katastrophen aus dem unaufgeklärten Zustand der Nation. Als Mitgl. der Société des amis des noirs, der auch Brissot,

La Fayette u. Mirabeau angehörten, engagierte er sich im Kampf gegen die Sklaverei, als polit. Aufklärer trat er für die Republik auch als ideale Verfassung großer Staaten ein (*L'influence de la révolution d'Amérique sur l'Europe,* 1786; *Essai sur la constitution et la fonction des assemblées provinciales,* 1788; *Sur la nécessité de faire appliquer la constitution par les citoyens,* 1789). Während der Revolution blieb C. der kompromißlose Theoretiker u. machte sich sowohl den liberalen Adel als die Jakobiner zu Feinden, daher wurden s. umfangreichen Pläne zur Reform des Erziehungssystems 1792 nicht verabschiedet (die Hauptforderungen lauteten: das Bildungswesen muß öffentl. u. allen Bürgern zugängl. sein; Berufsbildung u. intellektuelle Ausbildung sind verschiedenartig, jedoch gleichwertig; die neue Schule basiert auf der Koedukation). C., der im Februar 1792 zum Parlamentspräsidenten gewählt worden war, stimmte gegen die Hinrichtung des Kg.s; seitdem verfolgte ihn die Bergpartei mit wachsendem Mißtrauen. Er antwortete mit der Streitschrift *Aux citoyens français sur la nouvelle constitution* (1793) u. einer *Lettre à la convention,* als er sich bereits vor der drohenden Verhaftung in eine Pension am Luxembourg zurückgezogen hatte. Im Versteck arbeitete er an s. geistigen Testament, der →*Esquisse d'un tableau historique des progrès de l'esprit humain*. Ende März 1794 wechselte er wiederholt die Unterkunft, wurde entdeckt u. starb nach eintägiger Haft (wahrscheinl. durch Gift). C. war e. der frühesten Verfechter des republikan. Einheitsstaats; durch s. ›mathématique sociale‹ bereitete er die positivist. Soziologie vor (*Œuvres,* XII 1847 ff., Reprint 1968).

H. Bigot, Les idées de C. sur l'instruction publique, 1912; F. Lebrecht, Der Fortschrittsgedanke bis C., 1934; J. Bouissounouse, C., 1962; K. M. Baker, C., Chicago 1975.

La confession de Claude (1865), Romandebüt von Émile →Zola, Darstellung der Abhängigkeit e. jugendl. Dichters von e. Straßenmädchen; an s. Haßliebe zu ihr geht er zugrunde. Denk- u. Schreibweise dieses Werkes bedeuteten für Zola e. Sackgasse, freil. in der Weise, daß er die Unmöglichkeit s. Traums von der künstler. Entfaltung in bohèmehafter Umgebung einsah. Er fand e. neue Lebenseinstellung u. entwickelte e. neue Ästhetik, die nicht mehr ein Universales, sondern ein Konkretes, die menschl. Abhängigkeit von materiellen Faktoren, zum Gegenstand der Kunst erhob (→*Rougon-Macquart*).

La confession d'un enfant du siècle, Roman von Alfred de →Musset, entstanden 1835/36, EA II 1836, hg. M. Allem [2]1968, A. Bouvet 1962. Im Bemühen, den unglückl. Ausgang s. Verbindung mit George →Sand zu verwinden, gestaltet Musset die Liebesbeziehung des Dandys Octave zur älteren Brigitte Pierson, wobei er das Verhalten des Helden als typ. für die nachrevolutionäre Ära hinstellt; sie hat tatenlose und selbstquäler. Gestalten hervorgebracht, die sich narzißhaft in ihre Gespaltenheit versenken u. ihre Umwelt nach ihren eigenen Widersprüchen beurteilen. Als Brigitte sich dem unproblematischeren Henri zuwendet, genießt Octave auch noch diesen Verlust. Mussets Darstellung, deren Grundstruktur durch s. Autobiographie erhellt wird, gehört mit →*René* u. →*Adolphe* zu den wichtigsten Zeugnissen e. Lit. des ›mal du siècle‹, Musset bezeichnet damit das doppelte Trauma der Generation von 1836: ›Tout ce qui était n'est plus; tout ce qui sera n'est pas encore. Ne cherchez pas ailleurs le secret de nos maux‹. Während dem Helden die Ära vor 1830 noch histor. präsent ist, realiseren sich die Jahre danach nur noch in s. privaten Existenz.

Ch. Maurras, Le amants de Venise, 1902; E. Henriot, A. de Musset, l'enfant du siècle, 1953; J. Pommier, Autour du drame de Venise, 1958; W. Bahner, Mussets Werk. E. Verneinung der bürgerl. Lebensform s. Zeit, 1960; P. Barbéris, Le Prince et le Marchand, 1980; P. Bénichou, L'école du désenchantement, 1982.

Confessions, Autobiographie von Jean-Jacques →Rousseau, entstanden 1765–70, postume EA Genf 1782–89, krA J. Voisine ^{3}1972. Die *C.* sind vor allem die Apologie des glücklosen Rousseau, der im Verfolgungswahn selbst bei den Freunden Verrat sehen wollte; nach dem Willen des Vf. hätten die *C.* erst nach der Jh.wende erscheinen dürfen. Der erste Teil umfaßt den Lebensweg bis 1741, der zweite schildert das Leben in Paris, die Mitarbeit an der *Encyclopédie,* die staatl. u. kirchl. Reaktionen beim Erscheinen der großen Werke in den 60er Jahren. Rousseau stilisiert sich zum ›armen Jean-Jacques‹, der als Bußprediger inmitten des Luxus u. Lasters wandelt. S. Weltschmerz u. das Ausweichen in die tröstl. Natur trugen ihm die Sympathie der Romantiker ein, während sie 1782 zahlr. Rousseauverehrer irritiert hatten. Auch der in den *C.* dargestellte Eigenwert der Kindheit u. Jugend paßte nicht in den Erwartungshorizont des Publikums.

R. Buck, Rousseau u. die dt. Romantik 1939; W. Ritzel, Rousseaus Selbstverständnis in den C., 1958; M. B. Ellis, Rousseaus' venetian story, Baltimore 1966; F. Orlando; La découverte du souvenir d'enfance au premier livre des C., Annales de la société J.-J. Rousseau 1971.

Confessions du comte de *, écrites par lui-même à un ami,** Roman von Charles →Duclos, EA Amsterdam 1741, krA L. Versini 1969, n. 1993. Die *C.* sind das fiktive Selbstporträt – mit autobiograph. Anspielungen – e. Lebemanns, der während der Régence als ›jeune homme à la mode‹ in Europa zahlr. Abenteuer erlebt, bis ihn die Ehe mit der Comtesse de Selve zum erstenmal mit ruhigem Glück erfüllt. Von Duclos u. dem jüngeren →Crébillon entwickelte sich der psycholog. Roman zu →*Les liaisons dangereuses* weiter. Noch zu Lebzeiten des Autors erschienen elf Auflagen der *C.*

Les confidences d'une jolie femme, Amsterdam 1755, Liebesroman der Mlle d'Albert, deren Biographie kaum bekannt ist; Analyse des frivolen Verhaltens der Mlle de Tournemont u. der Unbeständigkeit ihrer zahlr. Liebhaber.

Confident, Figur des bzw. der Vertrauten (= c.e) im klass. Schauspiel, der häufig die Aufgabe zufällt, Informationslücken beim Publikum zu tilgen. Bereits die Dramentheorie des Abbé d'Aubignac problematisierte ihre unselbständige Funktion; im Anschluß an Bemühungen Fontenelles hielt Houdar de la Motte sie für entbehrl. Diderot u. Marmontel, der für die *Encyclopédie* den C.-Artikel verfaßte, stimmen mit ihm überein. Entgegen s. Behauptung hat also nicht erst M.-J. Chénier diese Reform durchgeführt.

Confrérie de la Passion et Résurrection de nostre Sauveur et Rédempteur Jésus-Christ, Pariser Theatergesellschaft, von Karl VI. im Dezember 1402 gegr., mit Sitz in der Kirche Ste-Trinité in der rue

St-Denis, der im November 1548 zwar (wie sämtl. Theatertruppen) die Aufführung relig. Stücke untersagt, zugleich jedoch das ausschl. Aufführungsrecht für profane Schauspiele vom Parlement zugesprochen wurde. Heinrich IV. erneuerte nach 1597 dieses Monopol, das die Ausbreitung des klass. Theaters verzögerte. 1548 baute die C. e. Theatersaal, der nach dem früheren Besitztum →Hôtel de Bourgogne hieß.

Congé, stoffl. definierte lyr. Gattung im MA: der Dichter verabschiedet sich, gelegentl. mit Invektiven, von s. Heimatstadt (→Jean Bodel, →Adam de la Halle, Baude Fastoul, *Congés,* 1256–68). Die C.-Dichtung ist als Urform des lit. Testaments (→Villon) anzusetzen.

Conjuration d'Amboise →Amboise.

Connaissance de l'Est, Zyklus von Prosagedichten von Paul →Claudel, entstanden 1894–1905, EA 1900–07, n. 1972. Auseinandersetzung des Positivismuskritikers mit der seel. u. relig. Welt Chinas u. Japans, die er als Diplomat kennengelernt hat; Gestaltung des Gegensatzes von extrovertierter u. introvertierter Weltsicht.

Conon de Béthune, um 1150–17. 12. 1219 oder 1220 Konstantinopel, stammte aus der Pikardie, Teilnahme am III. u. IV. Kreuzzug. Villehardouin stellte s. polit. Rolle in den Verhandlungen mit dem byzantin. Hof bes. heraus. C. wurde 1217 Seneschall, 1219 Reichsregent zu Konstantinopel. Von s. Lyrik, die unter dem Einfluß der provenzal. Poesie, namentl. Bertrans de Born, steht, sind nur noch wenige Liebes- u. Kreuzzugslieder erhalten. Als Dichter protegierte ihn die Gräfin Marie de Champagne, der er als s. Dame huldigte. Am Pariser Hof wurde er wegen s. Dialekts gerügt (*Chansons . . .,* krA A. Wallensköld 1921).

Ph. A. Becker, Die Kreuzzugslieder von C., ZfSL 1940.

La Conque, Lit.zs., gegr. 1890, geleitet von Pierre Louÿs, in der u. a. Gide u. Valéry erste Texte publizierten. Nach elf Nummern stellte sie ihr Erscheinen ein.

Les conquérants (1928) Roman von André →Malraux. Die Gestaltung e. Phase der chines. Revolution (1925 – Generalstreik in Kanton u. Belagerung der brit. Kolonie Hongkong) ist ausdrückl. nicht als Chronik, sondern als Enthüllung des Skandals der ›condition humaine‹ angelegt. Vor allem →Garine, →Borodine u. Tcheng Daï motivieren ihren Einsatz durch e. widersprüchl. Weltsicht; mit Garine gelang Malraux die Neuschöpfung e. Heldentypus, der hohes Kulturbewußtsein mit Aktionsbereitschaft, die vom anarchist. Alleingang fasziniert ist, verbindet. Die Icherzählung e. anonymen Teilnehmers der Ereignisse, die subjektive Erlebnisperspektive, wird durch objektive Dokumentationen ergänzt, wenn einzelnen Kapiteln Agenturmeldungen vorangestellt werden, die über die jeweils aktuellen polit. Vorgänge unterrichten. Das Werk zählt zu den ersten franz. Romanen, die e. proletar. Revolution zum Gegenstand haben; dennoch sind existentielle Probleme, namentl. die Todeserfahrung, polit. Fragen übergeordnet. Leo Trotzki setzte sich 1931 krit. mit dem Roman auseinander (*NRF,* April).

Sondernr. Revue des Lettres Modernes, 1985.

La conquête de Plassans (1874), Roman des Zyklus →*Les Rougon-Macquart* (Bd. 4) von Émile →Zola. Abbé Faujas erobert die Stadt Plassans für die Ideen des Bonapartismus; s. Wirken steht für das Einverständnis von Thron u. Altar im II. Kaiserreich u. illustriert jenen eth. Mißbrauch, den der Klerus mit s. Gläubigen treibt, insbes. wenn sie wie Marthe Mouret sexuell auf den Priester fixiert sind. Der ›Eroberer‹ wird in e. Furioso vernichtet – Faujas u. der Ehemann von Marthe Mouret, der im Wahnsinn s. Haus in Brand gesteckt hat, sterben in den Flammen.

J. Dubois, Mme Gervaisais et C., Cahiers naturalistes 1963.

Conrart, Valentin, 1603 Valenciennes – 23. 9. 1675 Paris, kgl. Finanzsekretär, eher linguist. als lit. interessiert, dabei nicht humanist. gebildet. C. versammelte seit 1629 acht geistesgeschichtl. interessierte Freunde regelmäßig in s. Haus, der Zirkel wurde von Richelieu protegiert u. als →Académie française staatl. organisiert, C. war seit März 1634 ihr erster ständiger Sekretär. S. dichter. Werk beschränkt sich auf satir. Verse; außerdem Beiträge zur Grammatik, Vorreden u. Überarbeitungen von Übs. S. Einfluß auf das purist. Selbstverständnis der Klassik war tiefgreifend. Als vorbildl. galt s. Briefstil. S. Memoiren wurden im 19. Jh. entdeckt u. 1825 von M. de Monmerque ediert.

R. Kerviler/E. de Barthélemy, C., premier secrétaire perpétuel de l'Ac. frçe., 1881; A. Mabille de Ponchéville, C., 1935.

Le Conservateur littéraire (Dezember 1819 – März 1821, krA Jules Marsan, IV 1922–38), Zs., die Victor →Hugo mit zwei Brüdern als Feuilleton zum *Conservateur,* den Chateaubriand redigierte, gründete; Organ der ultraroyalist. Romantik. Der Beitrag von Victor Hugo zum *C.* ist quantitativ nicht gesichert, da er s. Beiträge nicht einheitl. signierte. Mitarbeiter waren Alexandre Soumet, Vigny, möglicherweise Théodore Pavie u. a. Die Zs. vereinigte sich mit den →*Annales de la littérature et des arts.*

Ch.-M. Des Granges, La presse littéraire sous la Restauration 1815–30, 1907.

Considérant, Victor, 12. 10. 1808 Salins – 27. 12. 1893 Paris, Sozialist, Anhänger von Fourier, dessen Doktrin er verbreitete (*Destinée sociale,* III 1834–44) u. nach dem Scheitern der Februarrevolution in den USA prakt. zu verwirklichen suchte (*Théorie du droit de propriété et du travail,* 1847; *Principes du socialisme,* 1848; *La dernière guerre et la paix définitive de l'Europe,* 1850).

M. Dommanget, C., 1929; G. del Bo, Fourier e la scuola societaria, Mailand 1957; É. Poulat, Les cahiers manuscrits de F., 1957.

Conspiration des égaux, revolutionärer Kern der Réunion des amis de la République, 1795 gebildet, dem u. a. →Babeuf, →Buonarroti u. →Maréchal angehörten. Ihr Umsturzplan wurde dem Directoire verraten (1796) u. die Gruppe zerschlagen. Das Konzept der C. war antiparlamentar. u. plebiszitär, die Verschwörer planten als Diktatoren im Namen des Proletariats zu regieren.

J. L. Talmon, The origins of totalitarian democracy, London 1952.

Constant, Benjamin de Constant-Rebecque, 25. 10. 1767 Lausanne – 8. 12. 1830 Paris, verbrachte die Kindheit in der Schweiz, Belgien u. Holland. 1782, nach e. Englandreise mit s. Vater (1780), nahm er das Stud. in Erlangen auf, 1788 trat er als Edelmann in den Dienst des Hofs von Braunschweig, im Jahr darauf heiratete er Wilhelmine von Cramm, von der er 1795 geschieden wurde. Anhänger der Revolution u. seit 1794 franz. Bürger; C. kam jedoch erst 1796 nach Paris, wo er 1799 e. Sitz im Tribunat erhielt. 1802 verbannte ihn Napoleon, im Herbst 1803 verließ C. zusammen mit Mme de Staël, die er 1794 kennengelernt hatte, Paris u. reiste wieder nach Dtl., später nach Genf u. Coppet am Genfer See. Im Herbst 1807 verfaßte er *Wallstein* (1809), trennte sich von Mme de Staël u. heiratete 1808 heiml. Charlotte v. Hardenberg, der er jedoch nicht treu blieb. Von 1811–13 lebte C. in Dtl., 1814 in Belgien, London u. Paris, wo er Juliette Récamier begegnete. 1815 berief ihn Napoleon in den Staatsrat (Herrschaft der Hundert Tage), nach der Niederlage des Kaisers sollte C. verbannt werden; Ludwig XVIII. nahm den Erlaß persönl. zurück. C. verließ dennoch Paris u. reiste über Brüssel nach London, wo er →*Adolphe* 1816 in Druck gab. Nach s. Rückkehr wurde er 1819 liberaler Abgeordneter des Départements Sarthe, 1824 von Paris, 1830 Wiederwahl. Als Oppositionspolitiker trat er für Louis-Philippe ein, der ihn im August 1830 in den Staatsrat berief u. für C. im Dezember e. Staatsbegräbnis anordnete. Dichtung u. polit. Ideen sind bei C. deutl. geschieden: polit. vertrat er e. ökonom. Liberalismus (*Principes de politique applicables à tous les gouvernements,* 1815; *Mémoires sur les Cent-jours, en forme de lettres,* 1820–22), in s. Romanen *Adolphe* u. →*Cécile* gestaltete C. die Unhaltbarkeit e. individuellen Freiheitsanspruchs. Lit. verdankte er dem Voltairestil viel; wenn C. als Erzähler u. Tagebuchautor den Ichton anschlägt, fördert die Reflexion auch die Empfindsamkeit. Der präzise Ausdruck verdeckt nie die Ermattung u. Verfehlung, unter der C.s sich selbst bespiegelnde Protagonisten wie der Autor leiden. Die Behandlung des Liebesthemas knüpft an keine erkennbare Tradition an; C.s Helden, vor allem auch s. weibl. Figuren, blenden nicht durch Jugend u. Spontaneität. Darum leiden sie auch lautloser als etwa die Figuren im Werk von →Chateaubriand, die als typ. Repräsentanten der Epoche angesehen wurden. Auffällig ist in C.s ep. Werk der Verzicht auf jegl. Lokalkolorit. In *Adolphe* u. *Cécile* entkleidete er vertraute Briefromanthemen ihres sentimentalen Pathos. Wenn sich auch der Typus der ›femme victime‹ im 18. Jh. vorgezeichnet findet (z. B. bei Choderlos de Laclos), motiviert C. die Qualen u. den Seelentod der Heldin doch in neuartiger Weise. Für ihn gilt, daß die Menschen labile Kreaturen sind, die Gefühle heucheln können, bis sie diese schließl. zu empfinden meinen. S. fünfbänd. Lebenswerk *De la religion, considérée dans sa source, ses formes et ses développements* (1824–31; *Deux chapitres inédits* . . ., hg. P. Thompson, Genf 1971) begründete die vergleichende Religionsgeschichte in Frankreich; Stendhal rezensierte 1824 die Teilveröffentlichung im *London magazine.* Anschließend entstand noch *Du polythéisme romain* (II 1833). E. vollständige Ausgabe s. *Journaux intimes* erschien erst 1952 (*Œuvres complètes,* 1946 ff.; *Ecrits et discours,* hg C. Pozzo di Borgo II 1964; *Recueil d'articles 1795–1817,* éd. E. Harpaz, Genf 1978). Seit 1972 liegt e. vorzügl. Übs. der Werke C.s vor (hg. A. Blaeschke u. L. Gall, 4 Bde).

G. de Lauris, C. et les idées libérales, 1904; J. Ettlinger, C., 1909; G. Rudler, Bibliographie critique des œuvres de C., 1909; J. Declareuil, De l'esprit de conquête ou C., 1920; P. Mortier, C., 1930; F. Wagner, Der liberale C., 1932;

A. Fabre-Luce, C., 1939; Ch. Du Bos, Grandeur et misère de C., 1946; H. Guillemin, C. muscadin, 1958; ders., Mme de Staël, C. et Napoléon, 1959; W. W. Holdheim, C., London 1961; L. Gall, C. S. polit. Ideenwelt u. der dt. Vormärz, 1963; G. Poulet, C. par lui-même, 1968; Sondernr. Europe, März 1968; H. Wernli, Le thème de la liberté dans l'itinéraire spirituel de C., Zürich 1968; Actes du congrès C. (Lausanne 1967), Genf/Paris 1968; B. W. Jasinski, L'engagement de C. Amour et politique 1794–1796, 1971; A. Oliver, C. Écriture et conquête du moi, 1971; J. Cruickshank, C., New York 1974; E. Hofmann, Les Principes de politique de C., II 1980; ders., Bibl. analytique des écrits sur C. 1796–1900, 1980; K. Kloocke, Nihilist. Tendenzen in der franz. Lit. des 18. Jh.s bis C., DVJS Dezember 1982; C., Mme de Staël et le groupe de Coppet, Colloque 1980, Oxford/Lausanne 1982; C. P. Courtney, A bibl. of editions of the writings of C. to 1833, London 1982.

Le Constitutionnel, liberales Blatt, 1815–1914, entwickelte sich zur maßgebenden Oppositionszeitung während der Restauration. Im Feuilleton des *C.* erschienen Fortsetzungsromane von George Sand, Eugène Sue u. a. Das Blatt vertrat e. bonapartist. Linie, was 1851 dem Prinzen Napoleon zugute kam, u. unterstützte auch das Second Empire. Sainte-Beuve veröffentlichte hier s. *Causeries du lundi*.

Consuélo (1843), Roman von George →Sand, fiktive Künstlerbiographie, in der die Heldin – e. Idealbild der Sängerin Pauline Viardot – von der Opernsängerin in Venedig zum Mitgl. des Wiener Hoftheaters aufsteigt u. in trag. Verzicht ihre Liebe zum Grafen Rudolstadt der Kunst opfert. In der Fortsetzung *La comtesse de Rudolstadt* dringen frühsozialist. Anschauungen in die pathoshaltige Geschichte ein.

L. Cellier, Autour de C., RSH 1963.

Conte, Erzählung seit dem 12. Jh., zunächst Sammelbegriff für sämtl. ep. Gattungen, bevorzugt jedoch für Abenteuergeschichten (*Contes bleus,* 1664), seit dem 17. Jh. für erzählende Kurzformen in Vers u. Prosa, auch Kunstmärchen (Perrault, Pourrat); Diderot hebt C. nicht vom Roman ab. C. u. →Nouvelle sind idealtyp. nicht geschieden. Die Bezeichnung, häufig im Titel, verwenden u. a. Bonaventure Des Périers, La Fontaine, Voltaire, Diderot, Piron, Grécourt, Marmontel, Crébillon, Balzac, Paul Arène, Halévy, Flaubert, Maupassant, Villiers de l'Isle-Adam. A. Daudet, Coppée, Mendès, Gyp, Aymé, Borel.

D. M. McGhee, The cult of the conte moral, Menasha/Wisconsin 1960; The c. in the 17th century. Sondernr. L'Esprit créateur Herbst 1963; Franz. Feenmärchen des 18. Jh., hg. K. Hammer 1969; V. Propp, Morphologie du c., 1970; ders., Les racines historiques du c. merveilleux, 1983; J. Barchilon, Le c. merveilleux frç. de 1690 à 1790, 1975; J. Cuisenier (Hg.), Récits et contes populaires ..., 1978; R. J. Lüthje, Die franz. Verserzählung nach La Fontaine, 1979; G. Jacques, Recherches sur le c. merveilleux, 1981; M. Simonsen, Le conte populaire frç., 1981; J. Demers, Quand le c. se constitue en objet, Bibl. ..., Littérature, Februar 1982; R. Robert, Le c. de fées littéraire en France ..., Nancy 1982.

Les contemplations, Lyrikzyklus in sechs Büchern von Victor →Hugo, entstanden 1840–55, EA 1856, hg. L. Cellier 1969. Als ›miroir d'âme‹ konzipiert, unterscheiden sich die Gedichte dieser umfangreichen Sammlung in der lyr. Haltung wie im motiv. Horizont grundlegend von den polit. →*Châtiments.* Im Exil beschäftigt sich der Dichter, s. Rolle als Mahner überdrüssig, mit dem ›Einst‹ u. dem ›Heute‹; seit dem Tod s. Tochter Léopoldine *(→A Villequier)* ist s. Weltsicht stark von spiritist. Erfahrungen bestimmt. Hugo änderte im nachhinein die Datierung zahlr. Texte, um die philos. Architektur des Bandes kohärent zu gestalten; er kommentierte s. Dichten mit der selbstbewußten Bemerkung, ›je me sens sur le vrai sommet de la vie, et je vois les linéaments réels de tout ce que les hommes appellent faits, histoire, événements, succès, catastrophes, machinisme énorme de la Providence …‹ (9. 11. 1854 oder 1855). Die Themen der Kindheit, der Liebe, der Natur, des relig. Erlebens in der Natur, der Einsamkeit, des unerlösten Kosmos werden pathet., aber selten mit der gefürchteten Rhetorik ausgeführt. Hugo meditiert über die großen Sinnfragen des Daseins – die Rivalitätshaltung zu den *Méditations poétiques* von Lamartine könnte die Genese des Werkes mitbestimmt haben.

P. Lejeune, L'ombre et la lumière dans C., 1968; J. Gaudon, Le temps de la contemplation, 1969; S. Nash, C. of Hugo, Princeton 1976.

Contes cruels (1883) Erzählungen von Philippe-Auguste de →Villiers de l'Isle-Adam, hg. P.-G. Castex 1980. Satire auf die Wissenschaftsgläubigkeit, wie sie für den Naturalismus charakterist. war, Aufhebung der empir. in der phantast. Welt in Erzählungen, die Motive Nervals u. E. A. Poes fortführen. Erst der geträumte Tod besiegelt das Ableben *(Véra)*; das Interesse der Wissenschaft am Sterben produziert groteske Verfahren *(L'appareil pour l'analyse chimique du dernier soupir)*, die Rolle des Henkers übt e. morbide Attraktivität aus *(Le convive des dernières fêtes)*. 1888 erschienen als Fortsetzung *Nouveaux contes cruels.*

Les contes drolatiques, 30 Erzählungen von Honoré de →Balzac, Teilausgaben 1832, 1833, 1837, Gesamtausgabe 1837. Im Stil von Rabelais, der ihn zu immer neuen Archaismen inspirierte, u. mit dem Themenschatz der ma. u. humanist. Novellistik aus Italien u. Frkr. verfaßte Balzac amüsante Pastiches tolldreister Liebesgeschichten u. Schwänke.

J. W. Conner, The vocabulary of B.s C., Diss. Princeton 1949.

Les contes du lundi (1873) von Alphonse →Daudet. Die Slg. enthält vor allem sentimentale u. nationalist. Geschichten aus dem Krieg; die Motivkonstellationen Lehrer–Schüler, Mutter–Frontsoldat, Vater–Sohn als Kollaborateur teilen die Welt in Patrioten u. Feiglinge, Opferwillige u. Verräter auf. Die Burleske *La défense de Tarascon* verharmlost die gleiche Thematik in anderer Weise: die Mitbürger Tartarins geben sich dem Kriegsspiel mit solcher Begeisterung hin, daß ihnen e. imaginärer Gegner genügt.

Contes et nouvelles en vers, von Jean de →La Fontaine, entstanden 1663(?)–74, Teilausgaben 1665–96, krit. Ausgabe G. Couton 1961. Dem ästhet. Kanon s. Epoche folgend schuf La Fontaine 64 Verserzählungen (bevorzugt im Zehnsilber) als archaisierende Pastiches; namentl. der tändelnde Stil Clément Marots diente ihm als Modell. Aus den Werken ital. (Boccaccio, Aretino, Brusoni) u. franz. Erzähler (*Cent nouvelles nouvelles,* Rabelais, Marguerite de Navarre) schöpfte er die teilweise freizügigen u. antiklerikalen Stoffe. Der Autor beabsichtigt mit den *C.* weder die Erneuerung der Gattung (anders als in den →*Fables*) noch durchgängige Gesellschaftskritik; mit s. lit. Leistung bereitet er stellenweise den galanten, das Spiel von bienseánce u. Freizügigkeit auskostenden, raffiniert andeutenden Erzähltenor des 18. Jh. vor (Crébillon fils, Voltaire, Diderots

Les bijoux indiscrets). Ungeachtet des polizeil. Druck- u. Verkaufsverbots vom 5. 4. 1675 erfuhr dieses dem Unterhaltungsgenre zugehörige Werk im 17. Jh. keineswegs nur Ablehnung; so waren Chapelain oder Mme de Sévigné durchaus angetan von der Ästhetik der Lässigkeit. Noch im 19. Jh. imitierte der Comte de Chévigné (*Les contes rémois,* 71868) diese Erzählform.

J. Mousset, Der Stil La Fontaines in den C., 1936; F. L. S. Howard, Illusion and reality in the C. of La Fontaine, 1970; J. C. Lapp, The esthetics of negligence. La Fontaine's Contes, Cambridge 1971.

Contes moraux, Erzählungen von Jean-François →Marmontel, entstanden vor 1761, EA II 1761, erweiterte Ausgabe *Nouveaux c.* 1765. Mit aufklärer. Optimismus exemplifizieren diese Kalendergeschichten den Glauben an den Sieg des Guten u. Vernünftigen; dabei verzichtete Marmontel weitgehend auf die gattungsspezif. Gestaltung oriental. Stoffe (vgl. Voltaire). E. dt. Übs. der sentimentalen u. lehrhaften Erzählungen erschien bereits 1762–70.

M. Freund, Die Moral. Erzählungen Marmontels, Diss. Halle 1904; G.-O. Schmid, J.-F. Marmontel. S. Moral. Erzählungen u. die dt. Lit., Strasbourg 1935.

Conti, Armand de Bourbon, prince de, 11. 10. 1629 Paris – 21. 2. 1666 La Grande des Prés bei Pézenas, Gouverneur des Languedoc, Mäzen Molières, jedoch auch Autor e. Abhandlung gegen das Theater (*Traité de la comédie et des spectacles selon la tradition de l'Église,* 1657), in der er selbst Corneilles *Polyeucte* angriff.

Contrat social →*Du contrat social.*

Contrefaçon, (13. Jh., von ›contrefaire‹ u. altprovenzal. ›façon‹) im Buchwesen der Raubdruck (édition pirate), d. h. unrechtmäßige Verwendung e. Ms. oder unerlaubter Nachdruck, für den kein Honorar entrichtet wird. Belg. Raubdrucker betrogen insbesondere Balzac um hohe Summen. Endgültige Regelung des Urheberrechts erst 1886 durch die Berner Übereinkunft (seitdem wiederholte Revision).

H. Dopp, La c. des livres frç. en Belgique 1815–52, 1932.

Contre Sainte-Beuve, Essay von Marcel →Proust, konzipiert seit 1905, niedergeschrieben 1907 – Herbst 1909, postum hg. Bernard de Fallois 1954, krA P. Clarac 1971. Proust nannte den Titel selbst an zwei Stellen, meist sprach er von s. *Sainte-Beuve* oder der *Étude;* der Text steht in mehreren Heften sowie auf losen Blättern, die 1967 in der BN unter dem Titel *C. et fragments* (BN fonds Proust, n° 45) zusammengebunden wurden. Proust konzipierte den Essay ohne vorherigen Plan als Lit.theorie, die ›un roman extrêmement impudique en certaines parties‹ beschließen sollte. 1912 schrieb er in e. Brief, er habe den *Sainte-Beuve* zwar noch nicht aufgegeben, s. Romanzyklus nehme ihn jedoch ganz in Anspruch; so blieb der Essay unvollendet. Prousts Kritik richtete sich gegen Sainte-Beuves lit.krit. Methode, zur Interpretation lit. Werke alle erreichbaren biograph. Fakten u. zeitgeschichtl. Begleitumstände (z. B. aus Briefen, Memoiren, hist. Dokumenten, sogar Anekdoten) heranzuziehen. Die dichtungstheoret. Grundauffassung, die sich darin aussprach, hält Proust für verfehlt; für ihn sind die Person e. Schriftstellers u. s. kreatives Ich nicht ident. Die Fragwürdigkeit des Ansatzes von ›l'homme et l'œuvre‹ wird an Sainte-Beuves Fehleinschätzung von Nerval, Baudelaire, Balzac u. Flaubert nachgewiesen. Für Proust war Sainte-Beuves Methode e. ›botanique littéraire‹. Sie hatte um so negativere Auswirkungen, als der Kritiker Lit. u. Konversation auf e. Ebene stellte.

H. Bonnet, Marcel Proust de 1907 à 1914, 1959; R. de Chantal, La critique littéraire de Proust, Thèse Paris 1960; P. Clarac, La place de C. dans l'œuvre de M. Proust, RhlF 1971.

Copeau, Jacques, 4. 2. 1879 Paris – 20. 10. 1948 Beaune, Industrieller, Kunsthändler, Mitbegründer der *NRF,* 1912–14 ihr Direktor; Dramatiker (*Les frères Karamazov,* 1911, mit J. Croué; *La maison natale,* 1924), Bühnendirektor u. Regisseur. 1913–24 leitete C. das von ihm gegr. Théâtre du →Vieux-Colombier u. erprobte e. von der naturalist. Inszenierungsform (→ Théâtre-Libre) abweichenden Theaterstil; in s. Ensemble spielten u. a. Dullin u. Jouvet. Seit 1936 inszenierte C. mod. Stücke an der Com. frçe. 1940 übernahm er ihre Leitung (*Études d'art dramatique,* 1923; *Souvenirs du Vieux-Colombier,* 1931; *Notes sur le métier du comédien,* 1955; C.-Martin du Gard, *Correspondance,* II 1972; *Registres,* III 1979).

L. Levaux, C., Louvain 1934; N. H. Paul, Bibl. C., 1979.

Coppée, François, 12. 1. 1842 Paris – 23. 5. 1908 ebda., Bibliothekar am Luxembourg, später Archivar der Com. frçe., 1884 Aufnahme in die Ac. frçe., antisemit. Engagement in der Dreyfusaffäre. Während s. Geschichtsdramen u. Erzählungen wenig Beachtung fanden (Drama *Le passant,* 1869; Roman *Une idylle pendant le siège,* 1875; Dramen *Le Pater,* 1876; *Le luthier de Crémone,* 1877; *Le trésor,* 1878; *Madame de Maintenon,* 1881; *Les contes en vers,* 1881–87; *Contes de Noël,* 1893; *Théâtre complet,* 1892), wurde die Lyrik gefeiert. Von 1866–68 *(Le reliquiaire, Les intimités)* bekannte C. sich zur Ästhetik des Parnasse, die ihm namentl. durch Catulle Mendès vermittelt wurde; s. späteren Verse, Elegien, ›Pariser Idyllen‹, Lieder von napoleon. Feldzügen u. Arbeitskämpfen, die sich zur Verserzählung ausweiten, trugen C. den Ehrentitel ›poètes des humbles‹ ein. Während Zola ihn als naturalist. Lyriker feierte, distanzierten sich die Symbolisten von s. profanen Themen u. der volksnahen Sprache, in der sie gestaltet waren (*Poèmes modernes,* 1869; *La grève des forgerons,* 1869; *Les humbles,* 1872; *Promenades et intérieurs,* 1872; *Le cahier rouge,* 1874; *Olivier,* 1875; *Élégies,* 1876; *Arrière-saison,* 1887; *Les paroles sincères,* 1890; *Dans la prière et dans la lutte,* 1901; *Poèmes d'amour et de tendresse,* 1927; *Œuvres complètes,* XVII 1885–1909; *Poésies complètes,* III 1923–25). Die Gedichte fügen sich zu e. Zyklus, der das Leben der Kleinbürger u. Arbeiter in den Faubourgs u. der Banlieue von Paris darstellt. C. verzichtete zwar gelegentl. auf den Reim, doch führte ihn s. am Parnasse geschultes Formbewußtsein immer wieder zum Alexandriner zurück. Gerade die Disproportion von prestigereicher Form u. glanzlosem Inhalt bestimmt die Modernität C.s; er interessiert den gebildeten Leser für e. mittelmäßige u. ungebildete Welt, ohne sie, wie früher Victor Hugo, mit titan. Pathos zu umgeben. Bourget, Samain u. Pierre Louÿs wurden von C. gefördert.

A. de Lescure, C., l'homme, la vie, l'œuvre, 1889; L. Le Meur, La vie et l'œuvre de C., 1932.

Coppet, Stadt am Genfer See, Kanton Vaud, wo der Vater von

Mme de →Staël 1784 e. Schloß erwarb. In der Zeit ihres Exils versammelte sie hier Constant, die Brüder Schlegel, Mme Récamier, Sismondi; C. galt im ersten Jahrzehnt des 19. Jh. als e. der geistigen Zentren Europas.

Coq-à-l'âne, satir. Kurzgedicht, meist in Zehnsilbern, möglichst hermet. formuliert (Cl. Marot u. a., Theorie von Sebillet; von der Pléiade verworfen).

Ch. Rinch, La poésie satirique de Cl. Marot, 1940.

Coquillards (nach franz. ›coquille‹ = die Muschel, Zeichen der Wallfahrer), Söldnerbanden (→Armagnacs), die nach Beendigung des 100jähr. Kriegs vor allem durch Burgund zogen. Seit 1426 hieß ihre Sondersprache Jargon. Villon stand mit C. in Verbindung u. ahmte in Balladen ihre Ausdrucksweise nach.

P. Guiraud, Le jargon de Villon et le gai savoir de la Coquille, 1968.

Le cor, Gedicht von Alfred de →Vigny, entstanden Herbst 1824–25 während e. Pyrenäenreise, ED *Annales romantiques,* 1826. Diese lyr. Version des Roland-Stoffs entstand, als der Autor den 1823 ausgearbeiteten Plan e. Trag. wieder aufgegeben hatte. Der Text der →*Chanson de Roland* konnte ihm kaum bekannt gewesen sein, da erst 1837 e. der Hss. ediert wurde. Wahrscheinl. schöpfte Vigny aus trivial. Prosaauflösungen der *Bibliothèque bleue.* Das heroische Gedicht vom Tod Rolands bei der Rückkehr aus Spanien trug zunächst die Bezeichnung Ballade (1826), dann Conte (1829), später Poème. Nach sieben Strophen, die e. majestät. Berglandschaft entwerfen, durch die der Klang des Waldhorns zieht, lösen der opt. u. der akust. Eindruck die Meditation über das Heldenschicksal aus. Die Abendmelodie verwandelt sich ›als Melodie der menschl. Lebensdämmerung‹ (Spitzer) zum Kennmotiv e. trag. Schicksals. Den Hornruf des sterbenden Roland, der zum Sinnbild verzweifelter Heroen überhaupt wird, deutet die Umgebung Karls des Großen falsch, u. der Kaiser erkennt s. Irrtum zu spät. Vignys Pessimismus findet in dieser Konstellation ihre Bildlichkeit: Verlassen u. verraten geht Roland als Typus des Kämpfers zugrunde, die Welt versteht s. Appell nicht. Auf der einen Seite der einzelne, auf der anderen Seite die ausschlaggebende große Menge – diese Opposition hat für Vigny e. polit. u. e. eth. Sinn. Die Raumsymbolik unterstreicht dies noch – Fall u. Ruf von oben sind Schicksalsmotive, die Vigny in e. topische Landschaft verlegt, die nicht als exakte Beschreibung des legendären Schauplatzes verstanden werden kann.

Interpretationen von O. Schultz-Gora, L. Spitzer u. Th. Kalepky (Interpretationen franz. Ged., hg. K. Wais), 1970.

Les corbeaux, Drama in vier Akten von Henry →Becque, entstanden um 1875, EA 1882, Urauff. 14. 9. 1882 Com. frçe. Becques sozialkrit. Dramatisierung der finanziellen Bedrängnisse der Fabrikantenfamilie Vigneron nach d. Tod des Ernährers gilt zu Unrecht als Typus des naturalist. Theaters, wie schon Strindberg 1889 auffiel. Das Desinteresse des Autors an pseudosoziolog., genet. u. patholog. Theorien sowie am IV. Stand trennt das Stück von der dokumentierenden Lit.auffassung Zolas u. der Goncourts. Zuvor von sieben Bühnen abgelehnt, lösten die *C.* e. ›bataille‹ aus, die der ›*Hernani*-Schlacht‹ von

1830 zu vergleichen ist. Bei Molière, Lesage u. Balzac lernte Becque die Charakterisierung habgieriger u. verliebter alter Männer. Doch die harte Sprache der Geschäftemacher im 2. Akt wirkte auch auf das belesene Publikum als Schock. Der jähe Wechsel vom Glück zum Unglück im 1. Akt ist ebenso deutl. e. Element der Trag. wie die abschließende Überwältigung der hilflosen Anständigkeit durch die Beutegeier: den Notar, einen Architekten, Musiklehrer, Tapezierer und durch den ehemaligen Geschäftspartner Vignerons, Teissier. Dieser zwingt die Witwe u. ihre Töchter durch Kredite in s. Abhängigkeit, bis Marie ihn widerwillig heiratet u. alle Schulden tilgt. Die peinl. Lösung, den widerstandslosen, nicht weinerl. Opfergang des Mädchens, dessen Schwester Blanche den Verstand verliert, da ihr Liebhaber sie verraten hat, läßt Becque breit ausspielen, um den Skandal dieses rechtsgültig verübten Verbrechens zu verschärfen. Weder der jüngere Dumas noch Octave Mirbeau haben in den Jahrzehnten vor oder nach Becque e. ähnl. effektvolles Anklagestück auf die Bühne gebracht.

C. W. Wooten, The Vultures, Becque's realistic comedy of manners, Modern Drama 1961 f.

Corbière, Jean-Antoine-René-Édouard, 1. 4. 1793 Brest – 27. 9. 1875 Morlaix, Marineoffizier bei der Handelsflotte, Direktor e. Schiffsgesellschaft, Autor von Seeromanen (*Les pilotes d'Iroise,* 1832; *Le négrier,* 1832; *La mer et les marins,* 1833; *Contes de bord,* 1833; *Les aspirants de marine,* 1834; *Les trois pirates,* 1838; *Les folles brises,* 1838; *Tribord et bâbord,* 1840; *Cric-Crac,* 1846).

Corbière, Tristan (eig. Édouard-Joachim C.), 18. 7. 1845 Coat-Congar/Bretagne – 1. 3. 1875 Morlaix, Sohn des Seeoffiziers u. Marineschriftstellers Jean →C., unternahm 1869f. e. Mittelmeerreise (Palästina, Italien), lebte die letzten vier Jahre s. wilden Lebens in Paris, wohin er e. ital. Schauspielerin gefolgt war. Verlaine entdeckte den Lyriker C., den er unter die *Poètes maudits* (1884) rechnete, als Autor des Zyklus *Les amours jaunes* (1873, erweitert 1891, herausg. v. J.-L. Lalanne 1973), der das harte Leben breton. Seeleute u. mit sarkast. Wendungen Liebe u. Tod besingt. C. parodierte die romant. Elegie u. die engagierte Lit. Erst 1941 wurden die Prosastücke *Casino des trépassés* u. *L'américaine* zugängl. C.s Ästhetik des Grotesken wirkte auf die Lyrik des 20. Jh., vor allem die Surrealisten schätzten den Stil der aufgereihten Satztrümmer (*Œuvres complètes,* hg. P.-O. Walzer 1970).

R. Martineau, C., 1925; P. Quennell, Baudelaire et les symbolistes, London 1929; J. de Trignon, C., 1950; A. Sonnenfeld, L'œuvre poétique de C., 1960; M. Lindsay, The versification of C.'s Les amours jaunes, PMLA 1963; P. Newman-Gordon, C., Laforgue, Apollinaire, 1964; H. Thomas, Tristan le dépossédé, 1972; R. L. Mitchell, C., Boston 1979.

Corday, Charlotte de C. d'Armont, 27. 8. 1768 St. Saturnin-des-Ligneries/Orne – 17. 7. 1793 Paris (hingerichtet), Urenkelin von Corneille, Anhängerin Rousseaus, ermordete am 13. 7. 1793 Marat, um der Girondistenverfolgung e. Ende zu setzen. Der Vorgang wurde in Gedichten (A. Chénier, Klopstock u. a.) u. Dramen bereits 1793 u. 1795 bearbeitet. Die Dramenfassung von François Ponsard (1850), die wohl durch Lamartines *Histoire des Girondins* (1847) angeregt worden war, zeigt im Schlußbild e. zweifelnde Gesinnungstäterin; Charlotte hat erfahren, daß die

Schreckensherrschaft kein Ende gefunden hat. Die Selbstidentifikation mit Jeanne d'Arc stärkt sie auf dem Gang zum Schafott nicht mehr. C. tritt in e. Schauspiel von Drieu La Rochelle (1944) als Titelfigur u. in P. Weiss' *Die Verfolgung u. Ermordung Jean Paul Marats* ... (1964) auf.

E. Frenzel, Stoffe der Weltlit., ^{2}1963.

Corinne ou l'Italie (1807), Roman von Germaine de →Staël. Der auktorial erzählte Künstlerroman enthält Brief- u. Gesangseinlagen. Auf dem röm. Kapitol lernt Lord Osvald Nelvil die Dichterin C. kennen u. lieben, nach dem Willen s. Vaters heiratet er jedoch ihre Halbschwester Lucile. C. verwindet die Enttäuschung nicht u. stirbt den Seelentod der romant. Heldinnen (vgl. Ellénore in *Adolphe*). Frau von Staël brachte zwei neue Themen in den Roman ein: die Emanzipation, die im ital. Milieu realisierbar ist, während engl. Konventionen sie verbieten, u. mit dem intellektuellen Kosmopolitismus e. gewisse Vorurteilslosigkeit. Das Italienbild wechselt je nachdem, ob Lord Nelvil in Begleitung C.s oder Luciles ist; Symbole der Vitalität – die schwellende Vegetation, Brunnen, Vulkane u. das Licht – sind C. zugeordnet. Frühjahr u. Sommer werden mit der Liebe, Herbst u. Winter mit Abschied u. Sterben verbunden. Mit der Romanhandlung und ihren Stationen sind auch die Städte als Gefühlsträger ausgezeichnet – Rom steht für die Enthüllung der antiken Welt, Neapel ist der Ort der flammenden Leidenschaft, Venedig versinnbildlicht traditionell die Melancholie u. Florenz die Todesklage. Foscolo warf der Autorin vor, sie habe Gegenden beschreiben wollen, die sie nur flüchtig oder gar nicht kannte. Ursprüngl. plante Germaine de Staël *C.* als ital. Reiseroman, in dem die Liebeshandlung nur den Rahmen bilden sollte; als Künstlerroman, der eigene Erlebnisse der Erzählerin mit Pedro de Souza u. Prosper de Barante verarbeitet, weckte das Werk bei der ersten Lesergeneration heftigste Emotionen. Während Nodier die Überhöhung der Titelfigur bedauerte, nannte Sainte-Beuve *C.* ›un monument immortel‹. Benjamin Constant *(De Mme de Staël et de ses ouvrages)* erklärte die Seelengröße der Heldin aus der ital. Ausnahmeatmosphäre, ihr Enthusiasmus gilt dem Schönen u. Großen. Wo Lord Nelvil entzückt ist, ist sie hingerissen, wo er sich bezaubern läßt, unterwirft sie sich. Ihre sittl. u. ästhet. Haltung steht im Einklang mit sich selbst, jedoch nicht mit der Lebenspraxis ihrer Umgebung. Der Seelentod der Heldin – Modellfall für den psycholog. Roman des frühen 19. Jh. – weist über die individuelle Tragik hinaus; er ist beides: phys. Vernichtung u. Zerstörung e. künstlerischen Ideals u. wird zur Anklage gegen e. Welt, die mit edler Geniekonzeption unvereinbar ist. Germaine de Staël hoffte, mit diesem Werk Napoleon von ihrer Kunst zu überzeugen, er jedoch sah in *C.* einen Verrat an Frkr.s Gloire; am 28. 6. 1808 dekretierte er, die Schriftstellerin störe die Ruhe des Empire.

E. Gennari, Le premier voyage de Mme de Staël en Italie et la genèse de C., 1947; S. Balayé, C. et les amis de Staël, RhlF 1966.

Corneille, Pierre, 6. 6. 1606 Rouen – 1. 10. 1684 Paris, aus alter Juristenfamilie, Jesuitenschüler; 18. 6. 1624 Licence en droit; 1628 erwarb er zwei Chargen als kgl. Anwalt. C. begann 1629 zu dichten, um →Hardy e. vom ›bon sens‹ geleitete dramaturg. Konzeption entgegenzusetzen; dem Schauspieler →Montdory, der in Rouen gastierte, übergab er seine erste Kom., *Mélite* (Spielzeit 1629/30). Als Kom.dichter kam C. von der Pastorale her (vgl. Mairet, *Sylvie* u. *Silvanire*), den derben Plautus- u. Terenztypus der Renaissancekom. verwarf er ausdrückl.; als Publikum wünschte er sich die ›gens de condition‹ (Aristokratie u. gebildetes Besitzbürgertum). Unmittelbar nach der Aufführung von *Mélite* konzipierte C. e. Tragikom. *Clitandre ou l'innocence délivrée* (Spielzeit Nov. 1630 – März 1631), in der er widerstrebend die 24-Stundenregel beachtete, um dem Zeitgeschmack zu genügen. Der Erfolg des Stückes war mäßig, u. C. kehrte vorläufig zur Kom. zurück, wobei er sich bes. um die räuml. Konzentration der Handlung bemühte (*La veuve,* 1633; *La galerie du Palais ou l'amie rivale,* 1634); in →*La place royale* schuf er e. bizarre Liebhaberrolle. In s. Bearbeitung des Medea-Stoffs von Seneca (*Médée,* krA A. de Leyssac, 1978) geriet ihm Jason zur amoral. Gestalt; C. wurde sich an diesem Stoff bewußt, daß sittliche Auseinandersetzungen in der mythologischen Dimension ihre Unbedingtheit einbüßen. Wie auf die erste Tragikom. folgte auch auf die erste Trag. zunächst wiederum e. Kom.: *L'illusion comique* (1636) brachte im 5. Akt das Motiv des Theaters im Theater (→Clindor). Inzwischen berief Richelieu den Autor in s. Kollektiv der →Cinq auteurs, aus dem C. wohl 1638 wieder ausschied. In den ersten Januartagen 1637 führte Montdory die Tragikom. →*Le Cid* zu e. stürm. Erfolg, sie wurde das bekannteste u. umstrittenste Stück des Autors. Erst im März 1640 ließ C. s. nächstes Werk aufführen, die Trag. →*Horace;* im Winter 1640/41 folgte die Trag. →*Cinna* u. in der nächsten Winterspielzeit →*Polyeucte.* Damit stand der Autor auf dem Höhepunkt s. Schaffens. Die Produktion bis 1652, als sich C. für sieben Jahre von der Bühne zurückzog, brachte im Wechsel Kom. u. Trag. (→*Le menteur,* 1643; *La mort de Pompée,* 1643; →*Rodogune; Théodore vierge et martyre,* 1645; *Héraclius,* 1646; →*Don Sanche d'Aragon; Andromède,* 1650; *Nicomède,* 1651; *Pertharite,* 1652); themat. Selbstwiederholungen u. Schwierigkeiten mit romanesken Stoffen, nach denen das Publikum jetzt verlangte, führten zu einzelnen Mißerfolgen. Zu Beginn der zweiten Schaffensperiode, die 1659 mit *Œdipe* einsetzte, legte C. s. theoret. Überlegungen in drei Abhandlungen, die 1660 gedruckt wurden, sowie in ›Examens‹ der früheren Stücke nieder. Apologet. richtete sich s. Dramenästhetik u. a. gegen den Formalismus von Hédelin (*La pratique du théâtre,* 1657). C. formulierte, Wahrheit sei das Ziel des Dramas, daraus folge Wahrscheinlichkeit als Gesetz der Darstellung. Alle Regeln dienten dazu, die Aktion möglichst wahrscheinl. zu machen. E. wahrscheinl. Bühnenhandlung müsse hochgradig konzentriert u. einsträngig sein (vgl. dagegen *Horace*); der vernichtende Ausgang sei nicht konstitutiv für die Trag. Die zehn Trag., die C. vornehml. nach romanesken Motiven u. über die Liebesthematik bis 1674 noch verfaßte, trugen nichts Wesentliches mehr zur Weiterentwicklung des klass. Theaters bei (*Sertorius,* 1662; *Sophonisbe,* 1663; *Othon,* 1664; *Tite et Bérénice,* 1670; *Suréna,* 1674). Mit s. Schaffen zwischen 1636 u. 1643 befreite er das klass. Drama vom Zwang, griech. u. röm. Vorlagen formalist. nachzuahmen u. den ital. Aristoteleskommentatoren absolute Autorität zuzubilligen. Im Zusammenspiel relativ weniger Charaktere wird ein sittl. Problem bewußt gemacht, in Entscheidungssituationen als Lebensprinzip anerkannt oder verworfen, bis mit dem zwingenden Schluß klar ist, auf welche Figur der größte Ruhm fällt. Dieses hochstilisierte Theater, das neue Wertwelten darstellt, eliminiert die banale Wirklichkeit, es erweist sich letztl. als zeit- u. ortlos; die C.schen Helden treten mit e. moral. Absolutheitsanspruch auf – sie sind nicht bereit, sich dem Lauf der Welt anzupassen. E. unbewußt handelnder Mensch wie Ödipus ist für C. keine geeignete Dramenfigur. Die Helden orientieren sich in s. Werken an e. Skala sittl.-metaphys. Werte: individuelle Integrität, Familienehre, Patriotismus, Gottesdienst. Kein Bühnendichter des 17. Jh. stellte C.s lit. Leistung, die Verselbständigung des klass. Theaters, grundsätzl. in Frage; auch Molière u. Racine, die e. veränderte Auffassung von Seelengröße u. Kompromißbereitschaft vertraten, hoben sie nicht auf (*OC*, éd. G. Couton, III 1980–87).

E. Picot, Bibl. cornélienne, 1876; ergänzt 1908; G. Lanson, C., [5]1919; L. M. Riddle, The genesis and sources of C.'s tragedies from Médée to Pertharite, Baltimore/Paris 1926; V. Klemperer, C., 1933; W. Krauss, C. als polit. Dichter, 1936; J. Schlumberger, Plaisir à C., 1936; R. Brasillach, C., 1941; G. Couton, La vieillesse de C., 1949; ders., C. et la Fronde, 1951; B. Dort, C. dramaturge, 1956, [2]1972; P. Guiraud, Index du vocabulaire du théâtre classique, Bd. 2 u. 3: C., 1956; H. Poulaille, C. sous le masque du Molière, 1957; L. Emery, C., Lyon 1962; M. O. Sweetser, Les conceptions dramatiques de C., Genf 1962; S. Doubrovsky, C. et la dialectique du héros, 1963; J. Maurens, La tragédie sans tragique. Le néo-stoïcisme dans l'œuvre de C., 1966; Ch. Muller, Étude de statisque lexicale: Le vocabulaire du théâtre de C., 1967; A. Stegmann, L'héroïsme cornélien, genèse et signification, II 1968; P. Bürger, Die frühen Kom. C.s u. das franz. Theater um 1630, 1971; G. Mongrédien, Recueil des textes et documents du XVIIe siècle relatifs à C., 1972; M.-O. Sweetser, La dramaturgie de C., 1977; C. François, Raison et déraison dans le théâtre de C., 1979; C. B. Kerr, L'amour, l'amitié et la fourberie. Une étude des premières comédies de C., Stanford 1980; Th. A. Litman, Les comédies de C., 1981; Sh. Harwood-Gordon, The poetic style of C.'s tragedies, Lexington 1989; S. R. Baker, Dissonant harmonies, 1990; M. Fumaroli, Héros et orateurs. Rhétorique et dramaturgie cornéliennes, Genf 1990.

Corneille, Thomas, 20. 8. 1625 Rouen – 8. 10. 1709 Andelys, der jüngere Bruder von Pierre →C., Autor von 19 Kom. (u. a. *Les engagements du hasard,* 1649; *Dom Bertram de Cigarral,* 1651; *Les illustres ennemis,* 1655; *Le charme de la voix,* 1656) in span. Stil (vgl. D'Ouville, Rotrou, Scarron) u. 18 Trag. sowie Tragikom., z. T. nach Romanstoffen, so *Timocrate* (1656, nach La Calprenède, *Cléopâtre*) im Stil s. Bruders u. Racines (*Bérénice,* 1657; *Stilicon,* 1660; *Antiochus,* 1666; *La mort d'Annibal,* 1669; *Le comte d'Essex,* 1678). Die Liebesthematik ist ihm unwichtig. Zwischen 1678 u. 1686 schrieb C. Opernlibretti für Lulli (vgl. die Karriere von Quinault) u. beteiligte sich am *Mercure galant*. Seit 1684 Mitgl. der Akademie, widmete er sich linguist. Fragen (*Observations de l'Académie sur les Remarques de Vaugelas,* 1678; *Dictionnaire des termes d'arts et de sciences,* 1694; *Dictionnaire universel géographique et historique,* 1708). S. Epigonalität als Bühnendichter grenzte oft an das Plagiat, vor allem nach 1660 reproduzierte er Stoffe u. Motive s. Bruders, Quinaults u. Racines (Nachdruck s. Werke nach der Ausgabe von 1758, Genf 1972).

G. Régnier, C. sa vie et son théâtre, 1893; L. van Renynghe de Voxrie, Descendance de C., Bruges 1959; J. Cavalier, The role of love in the tragedies of C., 1972.

Correspondance littéraire adressée à Monseigneur le Grand-duc de Russie, Kulturberichte, die →La Harpe, 1774–89 redigierte (Druck 1801).

Correspondance littéraire, philosophique et critique adressée à un souverain d'Allemagne, Kulturbriefe an den Hzg. von Sachsen-Gotha, später in Kopien auch an den Hof von Hessen-Darmstadt, Braunschweig-Wolfenbüttel, Toscana, Polen und Rußland, hg. von Frédéric Melchior →Grimm (1753–73) u. Jakob Heinrich Meister (bis 1790), unter Mitarbeit von Raynal, Diderot u. Mme d'Épinay. Während die *C.* Versuche des Dramatikers L.-S. Mercier, die klass. Regeln aufzuheben, mit Polemik überhäufte u. e. restaurativen Standpunkt bezog, orientierte sie sich, unter der Leitung von Grimm, an der philos. Perspektive der Enzyklopädisten; Diderot, nicht Voltaire, galt als der führende Aufklärer, von ihm erschienen zahlr. Werke, u. a. *Jacques le fataliste,* in der *C.* In den frühen 60er Jahren berichtete Grimm ausführl. über die Wirkung der Schriften Rousseaus, die er nicht schätzte. Die maßgebende Ausgabe ist die 16bänd. von M. Tourneux, 1877–1882; die beste Hs. gehört der Landesbibliothek Gotha.

G. Rubensohn, Die C. unter F. M. Grimm u. H. Meister, Diss. Berlin 1917; A. Cazes, Grimm et les encyclopédistes, 1933; H. Dieckmann, Les contributions de Diderot à la C. et à L'histoire des deux Indes, RhlF 1951; B. Fitger, F. M. Grimm u. s. C., Diss. Köln 1955; W. Mönch, Grimm u. die C. Formen der Selbstdarstellung. Festschrift F. Neubert, 1956; C., Colloque 1974, 1976; U. Koelving/J. Carriat, Inventaire de la C., 1984; M. Moog-Grünewald, J. H. Meister u. die C., 1989.

Corrozet, Gilles, 4. 7. 1510 Paris – 4. 7. 1568 ebda., Buchhändler, Übs., Historiker (*Fleur des antiquités de Paris,* 1532; *Antiquités, histoires et singularités de Paris,* 1550; *Le parnasse des poëtes françois,* 1571). C. schrieb *Le conte du rossignol* u. e. Versfassung der Fabeln des Äsop.

B. Tiemann, Fabel u. Emblem, C., 1974.

Corydon. Quatre dialogues socratiques (1911) von André →Gide. Die anonym in Brügge publizierte Apologie der Homosexualität mit medizin. u. puritan. Argumenten erschien dem Autor bis zuletzt als bedeutendstes, wenn auch nicht befriedigendes Dokument s. ›sincérité‹.

Costar, Pierre, 1603 Paris – 13. 3. 1660 Le Mans, humanist. gebildeter u. weltgewandter Kleriker, der auch gegen Chapelain, dessen Lit.anschauungen er prinzipiell teilte, polemisierte u. keinen Zugang zum Salon des Hôtel de Rambouillet fand. In e. jahrelangen Polemik verteidigte er Voiture (*Entretiens de M. de Voiture et de M. C.,* 1653; *Lettres,* 1658).

Coster, Charles Théodore Henri de, 20. 8. 1827 München – 7. 5. 1879 Ixelles/Belgien, Jugend u. Stud. (Jura, Lit.) Brüssel, Mithg. der Zs. *Uylenspiegel,* nach 1870 Deutschlehrer; Erzähler, der in oft archaisierendem Franz. die flandr. Tradition fortsetzte (*Légendes flamandes,* 1858; *Contes brabançons,* 1861; →*La légende et les aventures ... d'Ulenspiegel, Le voyage de noce,* 1872; *Le mariage de Toulet,* 1880, mit M. Meurant; Drama *Stéphanie,* 1927; *Lettres à Elisa,* 1894; *Pages choisies,* 1942). C.s Werk leitete e. Erneuerung der belg. Lit. ein.

H. Liebrecht, La vie et le rêve de C., Brüssel 1927; J. Hanse, C. et son œuvre, Louvain 1928; M. Nerlich, Kunst, Politik u. Schelmerei. Die Rückkehr des Künstlers u. des Intellektuellen in die Gesellschaft ... dargestellt an C. ..., 1969.

Cotin, Charles, 1604 Paris – 1682 ebda., Kanzelredner, 1655 Mitgl. der Ac. frçe., Autor galanter u. moralisierender Schriften (*Œuvres mêlées,* 1659; *Œuvres galantes,* 1663–65). Boileau verspottete ihn in s.

Satiren, Molière karikierte ihn in der Rolle des Trissotin *(→Les femmes savantes)*.

C. Kunkel, C., Diss. Ffm. 1913.

Un coup de dés jamais n'abolira le hasard, Gedicht von Stéphane →Mallarmé, ED Mai 1897 in *Cosmopolis,* e. typograph. stark davon abweichende, von Mallarmés Schwiegersohn Edmond Bonniot besorgte Neuausgabe erschien 1914; e. Ausgabe mit Illustrationen v. Odilon Redon kam nicht zustande, der Verleger verkaufte die Korrekturbögen mit vier Lithographien. Der Text, dessen unkonventionelle Typographie Wortgruppen u. Einzelworte wie Zauberformeln zu isolieren scheint, ist e. Rollengedicht. Der ›Meister‹ – nur aus Chiffren (›prince amer de l'écueil‹) u. Andeutungen (Greis mit schwarzem Barett) im Umriß erkennbar – zögert, den Würfel in der Hand, die Entscheidung hinaus, bis e. sirenenhafte Gestalt ihn vernichtet. Die von Mallarmé als ›symphonisch‹ bezeichnete Struktur des Bildgedichts, das jeweils über verso u. recto hinwegzulesen ist, gestaltet das Scheitern vor dem Mysterium. Wenn e. glückl. Wurf dieses auch aufdeckte, wäre damit der Zufall in s. prinzipiellen Uneinsehbarkeit nicht aufgehoben, sondern nur erneut bestätigt.

C. Soula, La poésie et la pensée de S. Mallarmé: C., 1931; W. Naumann, C., RF 1938; R. G. Cohn, Mallarmé's C., New Haven 1949.

Couplet, in der ma. franz. u. provenzal. (→Cobla) Lyrik Bezeichnung für Strophe; im mod. Singspiel sowie beim Vortrag im Kabarett kleines Lied von amüsantem oder satir. Charakter; auch Refrain mit doppelsinniger Anspielung.

Courbet, Gustave, 1819–77, Maler (Autodidakt), der seit 1844 bekannt war und 1855 s. Darstellungen alltägl. Szenen in e. Baracke (›Le Pavillon du Réalisme‹) ausstellen mußte. 1871 galt C. als Schuldiger für die Zerstörung der Säule auf der Place Vendôme, er floh in die Schweiz, wo er bei Vevey starb. Champfleury feierte in e. Brief an Sand 1855 C. als Realisten, entsprechend Baudelaire u. Proudhon.

T. J. Clark, Image of the people, C. and the 1848 Revolution, London 1973; F. Gaillard, C. et le réalisme, RhlF 6, 1980.

Cour des miracles, Behausung von Bettlern u. Gaunern in mehreren Stadtvierteln von Paris, im 17. Jh. teilweise vor die Stadt verlegt. Victor Hugo beschrieb in →*Notre-Dame de Paris* e. C.

La cour et la ville, bezeichnet die lit.-gesellschaftl. Öffentlichkeit in der Mitte des 17. Jh., d. h. die Umgebung des Kg.s, die Amtsaristokratie u. das reiche Bürgertum; als Publikum, namentl. im Theater u. im Salon, Träger der klass. Ästhetik. La Harpe benutzte 1782 die Formel in *Molière à la nouvelle salle* noch zur Benennung der maßgebenden Kreise.

E. Auerbach, Vier Untersuchungen zur Geschichte der franz. Bildung, Bern 1951; N. Elias, Die höf. Gesellschaft, [2]1975.

Courier de Méré, Paul-Louis, 4. 1. 1772 Paris – 10. 4. 1825 Véretz (ermordet), Artillerieoffizier, lebte als Gegner der Restauration u. der Kirche zurückgezogen in der Touraine, engagierte sich in polit. Schriften für die Lebensfragen des Volkes u. übersetzte Herodot, Xenophon sowie Longos neu (1559 schon durch Amyot). S. Werke erschienen in 4 Bden. 1828, gleichzeitig die Memoiren u. kleinere Schriften einschl. der Korrespondenz; *OC,* éd. M. Allem 1951; *Correspondance générale,* éd. G. Viollet-le-Duc, III 1976ff.

R. Gaschet, La jeunesse de C., 1911; ders., C. et la Restauration, 1913; L. Desternes, C. et les Bourbons, 1962.

Couronnement de Louis, Epos des →Wilhelmszyklus in 2695 assonierenden Zehnsilbern aus der Mitte des 12. Jh. Kaum e. altfranz. Heldengedicht trägt e. ausgeprägteren polit. Akzent: Wilhelm krönt den Sohn Karls d. Gr. in Aachen u. in Rom, um das Ränkespiel der königsfeindl. Barone zu vereiteln (éd. Y. G. Lepage 1978).

D. P. Schenk, C.: A mythic approach to unity, Romanic Review 69, 1978.

Courouble, Léopold (Ps. Maître Chamaillac), 3. 2. 1861 Brüssel – 24. 3. 1937 ebda., Jurist u. a. Richter in Belg.-Kongo, Autor von Gesellschaftsromanen (*La famille Kaekebroek,* 1902; *Pauline Platbrood,* 1903; *Les noces d'or de M. et Mme van Poppel,* 1905; *L'étoile de Prosper Claes,* 1929).

Courrier Sud (1928), Roman von Antoine de →Saint-Exupéry, in dem er s. Erfahrungen als Pilot einbrachte. Der Stoff war in der Novelle *L'aviateur* (1926) vorgeformt. Der Autor führt e. Erzähler ein, der die Geschichte der Liebe des Piloten Jacques Bernis zu Geneviève kennt u. die innere Konfliktsituation des Fliegers, der in der Pionierzeit der Luftfahrt Post nach Afrika u. Argentinien bringt, mit Aufzeichnungen aus dem Bordbuch belegen kann. Die Pariserin Geneviève paßt nicht in Bernis' Welt, die vom Ethos heroischer Pflichterfüllung geprägt ist. Als sie endl. bereit ist, ihm doch zu folgen, ist es für die Kranke zu spät. Jacques muß bei e. Afrikaflug notlanden, er wird von rebellierenden Eingeborenen umgebracht. Der Leser erfährt noch, daß die Jacques anvertraute Post unversehrt geblieben ist.

Courteline, Georges, (eig. G. Moineaux), 15. 6. 1860 Tours – 25. 6. 1929 Paris, Sohn des Erzählers u. Mitarbeiters von J. Offenbach, Jules Moineaux, schreibt 1884 in den *Petites Nouvelles, Quotidiennes,* Autor von Erzählungen (*Les gaîtés de l'escadron,* 1886, hg. F. Pruner 1971; *Le train de 8 h. 47,* 1888; *Lidoire et la biscotte,* 1892; *Messieurs les ronds de cuir,* 1925) u. Schwänken (→*Boubouroche, La peur des coups,* 1894; *Hortense, couche-toi,* 1898; *Les Boulingrin, 1898; Un client sérieux,* 1898; *Le commissaire est bon enfant,* 1899; *Le gendarme est sans pitié,* 1899; *Les marionettes de la vie,* 1901; *L'article 330,* 1901; *La paix chez soi,* 1903; *Œuvres complètes,* XI 1947–49; *Œuvres,* 1990; *Théâtre,* 1955). C. gehörte auf Montmartre zum Kreis von C. Mendès, A. Allais, R. Ponchon.

F. Turpin, C., 1925; J. Portail, C. humouriste français, 1928; G. Pez, Das Komische bei C., Diss. Heidelberg 1945; A. Dubeux, La curieuse vie de C., [2]1958; P. Bornecque, Le théâtre de C., 1969; E. Haymann, C., 1990.

Courtilz, Gatien de, 1644 Paris – 8. 5. 1712 ebda., Offizier, 1693 u. 1701 wegen polit. Pamphlete u. Beziehungen zu Kolporteuren verbotener Bücher in der Bastille. Er inaugurierte mit romanhaften Memoiren u. Annalen e. neuen Zweig der Triviallit. (*Mémoires du Comte de Rochefort,* 1688; *Mémoires de d'Artagnan,* hg. G. Sigaux 1965; *La guerre d'Espagne ou les mémoires du Marquis***,* 1706). Unter s. 36 Titeln, die er teils offiziell, teils ohne Druckerlaubnis veröffentlichte, ist auch e. Colignybiogr.

B. M. Woodbridge, C., étude sur un précurseur du roman réaliste en France, 1926; W.

Füger, Die Entstehung des histor. Romans aus der fiktiven Biographie in Frkr. u. England. C. u. D. Defoe, Diss. München 1963; J. Lombard, C. et la crise du roman à la fin du Grand siècle, 1980.

Cousin, Victor, 28. 11. 1792 Paris – 14. 1. 1867 Cannes, Philosoph, wurde schon 1814 Prof. an der Sorbonne, später Direktor der ENS u. Erziehungsminister (1840). C. lehrte e. eklekt. Spiritualismus u. vermittelte zwischen Hume einerseits u. Schelling sowie Hegel, die er nach 1817 auf Reisen auch persönl. kennengelernt hatte. S. wesentl. Ideen enthält die Abhandlung *Du vrai, du beau et du bien* (1853). C.s Hauptwerk ist der achtbänd. *Cours d'histoire de la philosophie moderne* (1846 f.). Außerdem Arbeiten über die aristotel. Metaphysik (1835) u. Pascal (1842), sowie Monographien über Jacqueline Pascal, Mme de Sablé, Mlle de Scudéry seit 1853.

P. Janet, C. et son œuvre, 1885; J. Barthélemy Saint-Hilaire, C., sa vie et sa correspondance, III 1895; A. Cornelius, Die Geschichtslehre C.s, 1958.

La cousine Bette, Roman von Honoré de →Balzac, entstanden Sommer 1846, ED *Le Constitutionnel* 8. 10.–3. 12. 1846 (der Abdruck des Fortsetzungsromans *Martin l'enfant trouvé* von Sue wurde eigens für diesen Zweck unterbrochen), danach 1846 f. vier belg. Raubdrucke, EA 1847 f. (zusammen mit →*Le cousin Pons* unter dem Titel *Les parents pauvres*), krA M. Allem 1959. Die »arme Verwandte«, Lisbeth Fischer, die von der Familie des reichen Barons Hulot Bette genannt wird, rächt sich aus Eifersucht auf die Baronin an ihren Angehörigen. Während Adeline Hulot, ihre Kusine, als Fräulein von Männern umworben wurde u. schließlich eine ›phantast.‹ Heirat machte, blieb Lisbeth das kaum beachtete Bauernmädchen. Sie wird erneut enttäuscht, denn der Bildhauer Steinbock, den sie betreut u. insgeheim liebt, heiratet ihre Nichte Hortense Hulot. Da die amourösen Abenteuer des alten Barons das Familienvermögen aufgezehrt haben u. Hortense ohne Aussteuer ist, kann die Familie, obgleich ihr e. standesgemäße Verbindung angenehmer wäre, die Ehe nicht verhindern. Bette verbündet sich jetzt mit Hulots Mätresse, Valérie Marneffe, um die Familie des Barons zugrunde zu richten. Steinbock wird e. der zahlr. Liebhaber von Valérie u. zerstört damit s. Ehe. Der Parfümhändler Crevel, dessen Tochter mit Hulots Sohn verheiratet ist, rechnet sich selbst Chancen bei Adeline aus, heiratet dann allerdings Valérie. Der gesellschaftl. Abstieg u. moral. Niedergang Hulots erreicht s. Tiefpunkt in e. Unterschlagungsaffäre u. in vulgären Verstrickungen e. senilen Erotomanen, doch schließl. kehrt der alte Baron zu s. Familie zurück – für Bette die größte Enttäuschung. Sie überlebt diese Wendung des Geschehens nicht, bald nach ihr stirbt auch Adeline; Hulot heiratet e. Bedienstete. Mit diesem Roman übertrumpfte Balzac s. Rivalen Eugène Sue, der bereits damit begonnen hatte, Paris als ›monstre social‹ zu schildern. Durch e. Fülle intimer Details u. makabrer Charakterzeichnungen, wie sie erst wieder von Zola in *Nana* angehäuft wurden, erhob sich der Roman, dessen Fabel dem niedrigsten Publikumsgeschmack entsprach, zum Sittenbild, das Abschilderung u. Vision des Zusammenbruchs in einem ist. Unter dem Gesetz des Geldes pervertieren moral. Strukturen; um diese Wahrheit zu verkünden, spart Balzac im Detail auch nicht mit Unwahrscheinlichkeiten. Dämon.

Eifersucht u. dämon. Prostitution entspringen demselben Prinzip.

C. Sulger, C. Essai sur H. de Balzac, Diss. Zürich 1940; J. Hytier, Un chef-d'œuvre improvisé; C., RoR 1949; A. Lorant, Les parents pauvres d'H. de Balzac. C., le Cousin Pons, Genf II 1967; D. Bellos, C., London 1980; Balzac et les Parents pauvres, Colloque 1979, 1981.

Le cousin Pons ou les deux musiciens, Roman von Honoré de →Balzac, entstanden 1846, ED *Le Constitutionnel* 18. 3.–10. 5. 1847, EA 1847 f. (zusammen mit →*La cousine Bette*), krA M. Allem 1962. Balzac konzipierte die Geschichte unter dem Titel *Le bonhomme Pons* zunächst als Porträt e. einfachen u. ehrl. Mannes, dessen naive Ungeschicklichkeit ihm zum persönl. Schaden gerät. Im Entstehungsstadium von *Le vieux musicien* nahm die Zentralgestalt manische Züge an, mit *Le parasite* war außer e. moral. Haltung die Stationenform gegeben. Sylvain Pons, e. wenig begabter Musiker, der in e. kleinen Theater Orchesterchef geworden ist, vermag mit s. bescheidenen Einkommen weder s. Tafelgenüsse noch s. Interesse an Kunstgegenständen zu befriedigen. Wegen s. gefälligen Wesens wird er u. a. vom Gerichtspräsidenten Camusot de Marville, mit dem er verwandt ist, zu Tisch geladen, bis die Monotonie s. Galanterie langweilt. S. Gesellschaft wird schließl. weniger gesucht als mitleidig geduldet. Als er sich nach e. Periode der wiederbelebten Herzlichkeit in die Pläne zur Verheiratung von Fräulein Camusot einmischt, wird er, der in bester Absicht handelte, aus dem Haus gejagt, nachdem das Projekt geplatzt ist. Dieser erste Teil des Romans nimmt 25 der insgesamt 77 Kapitel ein. Daß seine zur Manie (›le plaisir passé à l'état d'idée‹) ausgewachsene Sammlerleidenschaft, die ihn immer wieder zu Kunsthändlern und Antiquaren führte, Pons zu e. reichen Mann gemacht hat, erfährt die interessierte Umwelt erst bei s. Tod. Das Drama beginnt, als e. Altwarenhändler den Wert der Kunstslg. von Pons entdeckt. Pons' Freundschaft mit dem Musiker Schmucke rettet ihn nicht vor der Intrige, die der betrüger. Händler, die Concierge, Mme Cibot, der Arzt u. e. Wucherer schmieden, um jeder für sich den größten Teil des Erbes zu ergattern, als es mit dem Sammler zu Ende geht. Der Kranke durchschaut ihre Absichten u. entdeckt schmerzvoll, daß er bereits bestohlen wird. Er verfaßt e. Testament, um falsche Hoffnungen zu erwecken, annulliert es insgeheim u. setzt Schmukke zum Alleinerben ein. Treuherzig überläßt dieser jedoch die reiche Hinterlassenschaft den Verwandten, der Familie Camusot. Der arme Vetter bereichert die angesehenen, aber sehr banaus. Camusots. Balzac nimmt auch hier das Leitthema der *Com. humaine* auf: das Gesetz des Geldes bleibt bis zuletzt in Kraft. Die Verlogenheit u. Habgier, die vor allem in der Schlußszene deutl. zum Ausdruck kommen, zeigen das Ausmaß der Korruption der Gesellschaft in den 40er Jahren. Die Mobilität, die mit der Bereicherung zusammenhängt, wirkt sich zuungunsten der naiven Toren aus.

D. Adamson, C. A critical study, Diss. Oxford 1961/62; ders., The genesis of C., Oxford 1966.

Crébillon, Claude-Prosper Jolyot de, 14. 2. 1707 Paris – 12. 4. 1777 ebda., Sohn des Dramatikers Prosper J. de →C., e. der ersten Romanciers, der vom Ertrag s. Feder lebte u. unter diesen Umständen von den erot. Freiheiten, die ihm die Gattung der oriental. Erzählung bot, reichl. Gebrauch machte, aber auch höchst scharfsinnige u. geistreiche Zergliederungen des menschl. Empfindens in iron. Erzählhaltung darbot. C., der sich polem. mit Marivaux auseinandersetzte u. im *Paysan parvenu* von diesem wieder wegen s. Laszivität angegriffen wurde, war der Auffassung, der Roman könnte sich als die nützlichste aller lit. Gattungen erweisen, wenn die Autoren ihre Aufgabe darin sehen würden, das Bild des menschl. Lebens zu zeichnen, s. Schwächen u. Lächerlichkeiten wie in der Kom. anzuprangern, anstatt nur durch düstere u. gekünstelte Situationen die Phantasie der Leser anzuregen u. ihr Herz zu rühren (Vorrede zu →*Les égarements du cœur et de l'esprit*). Daß der Autor, von dem Sade behauptete, s. Werke schmeichelten dem Laster u. entfernten sich von der Tugend, auf Betreiben der Pompadour 1759 als Nachfolger von Marin kgl. Zensor wurde, illustriert das gebrochene Selbstverständnis des Ancien Régime. In der Vorrede zum Roman *Mademoiselle de Maupin* erklärte Gautier 1834, die Régence habe C. hervorgebracht u. nicht umgekehrt. C.s relativ schmales Werk (Kurzromane in Memoiren- u. Briefform, Erzählungen, Dialoge) entstand 1730–40 u. erreichte erst mit Verzögerung bis 1763 s. Publikum (*L'écumoire,* 1733; *Le sopha,* 1742; *Les heureux orphelins,* 1754; *La nuit et le moment,* 1755; *Le hasard du coin du feu,* 1763; *Œuvres complètes,* VII 1772; *Œuvres,* 1992). Choderlos de Laclos, der Marquis d'Argens u. Louis-Sébastien Mercier würdigten im 18. Jh. die moralist. Leistung des Erzählers; Apollinaire plante, s. Werk neu herauszugeben.

A. Nöckler, C., Leben u. Werke, Diss. Leipzig 1911; H. Rubrecht, Sitte u. Sittlichkeit in dem Werke von C. fils, Diss. Heidelberg 1951; C. Cherpack, An essay on C., London/Cambridge 1962; B. Bray, C., the wayward head and heart, London 1963; R. Étiemble, Les plus belles pages de C., 1964; H.-G. Funke, C. fils als Moralist u. Gesellschaftskritiker, 1971; H. Wagner, C. fils. Die erzähler. Struktur s. Werkes, 1972; B. Fort, Le langage de l'ambiguïté dans l'œuvre de C., 1978.

Crébillon, Prosper Jolyot de, sieur de Crais-Billon, 13. 1. 1674 Dijon – 13. 6. 1762 Paris, Jesuitenschüler, Advokat in Paris, 1731 Wahl in die Akademie, seit 1733 Zensor; Vater des Erzählers Claude-P. J. de →C. S. neun Trag., davon fünf 1705–15 (u. a. *Atrée et Thyeste,* 1707; *Électre,* 1709, mit wichtiger Vorrede; *Rhadamiste et Zénobie,* 1711) u. vier 1717–54 (u. a. *Sémiramis*, 1717; *Catilina,* 1748, von Lessing 1749 übertragen; Fragm. *Cromwell*) sind als deklamator. Anhäufungen schauerl. Peripetien, unwahrscheinl. Mißverständnisse u. fatalist. verschleppter Erhellungen konzipiert. C. setzte sich über die klass. Bienséance, Vraisemblance u. die Stiltrennungsregel hinweg u. bereitete, wenn auch nicht zielbewußt, die romant. Ästhetik des Grotesken vor. C. hat nachträgl. bedauert, daß er genötigt gewesen sei, antike Intrigen durch Episoden anzureichern, um Stücke des herkömml. Umfangs daraus zu machen; dabei erkannte er, daß Galanterie die Trag. verdirbt. Voltaire mußte sich als Bühnendichter vor allem gegen C. durchsetzen.

M. Dutrait, Étude sur la vie et le théâtre de C., Bordeaux 1895.

Creezy (1969), Roman von Félicien →Marceau. Als Rückblick u. in der Ichform erzählt Jacques s. Verhältnis zum berühmten Fotomodell C., für die er s. Familie verläßt u. s. Karriere aufs Spiel setzt. Der Episodenroman, dessen Schauplätze Paris, Rom u. Sorrent bilden, endet trag., als Jacques die Untreue seiner Geliebten entdeckt hat u. C. Selbstmord begeht, weil er ihr Verhalten gleichgültig hinzunehmen scheint. In der entscheidenden Szene bleibt allerdings offen, ob C.s Freitod nicht perfekter Mord war. Für diese private Liebesaffäre ist es unerhebl., daß Jacques als Rechtsanwalt u. Abgeordneter eingeführt wird. Denn er ist e. austauschbares Mitglied des Pariser Jet Sets, der nach dem frivolen Prinzip lebt, ›tout ce que j'ai fait de bien, je l'ai fait dans la folie‹. Jacques suchte bei C. nicht nach tiefen Gefühlen, wie sie ihm s. Frau Betty u. s. Tochter entgegenbringen, sondern nach e. Möglichkeit zur Selbstbespiegelung u. zur prestigehaltigen Konfrontation. Folgerichtig findet er für s. Begegnung mit C. das treffende Bild vom ›Podium‹ u. ›Boxring‹. Der Beruf der Partnerin, sich in Pose zu setzen, hat latente Züge s. Mentalität zum Vorschein gebracht.

Crémazie, Octave, 16. 4. 1827 Québec – 16. 1. 1879 Le Havre, kanad. Buchhändler u. Schriftsteller (*Œuvres complètes,* 1885), patriot. Themen (*Chant du vieux soldat canadien,* 1855; *Le drapeau de Carillon,* 1858).

M. Dassonville, C., ²1969.

Crémieux, Benjamin, 1. 12. 1888 Narbonne – April 1944 (in e. KZ), Lit.kritiker (franz. u. ital. Dichtung) u. Pirandello-Übs. (*Le roman italien contemporain,* 1909; *XXᵉ siècle,* 1924; *Panorama de la littérature italienne,* 1928; *Inquiétude et reconstruction,* 1931); seit 1920 fester Mitarbeiter der NRF.

A. Eustis, M. Arland, C., R. Fernandez. Trois critiques de la NRF, 1962.

Crenne, Hélisenne de (eig. Marguerite de Briet), 16. Jh., Dichterin aus der Pikardie, verfaßte Episteln (1539), e. *Songe* (vgl. auch Rosenroman, F. Habert); ihr bedeutendstes Werk ist der sentimentale Roman *Les angoysses douloureuses qui procedent d'amours* (1538), mit dem sie nach dem Modell span. u. ital. Werke (vgl. Boccaccios *Fiammetta*) die Gattung des empfindsamen Romans in Frkr. begründet hat. C. verarbeitet darin persönl. Eheerlebnisse. 1550 besorgte Cl. Colet e. stilist. purgierte Ausgabe des Gesamtwerks der Autorin, die 1541 die ersten vier Bücher der *Aeneis* ins Franz. übertragen hatte.

H. Waldstein, C., a woman of the Renaissance, 1966.

Le crépuscule des dieux (1884), Roman von Élémir →Bourges. Richard Wagners *Götterdämmerung* ist Emblem e. untergehenden feudalen Welt: 1866 komponiert der berühmte Gast des Hzg.s Charles d'Este den Schlußteil der *Nibelungen;* zehn Jahre später, nachdem die Angehörigen des Emigranten durch Inzest, Selbstmord u. Mord gegen alle sittl. Normen verstoßen haben, nimmt der Fürst, nach Dtl. zurückgekehrt, an der Premiere in Bayreuth teil u. manifestiert bei diesem Anlaß s. Kritik am Kaiserreich. Wie im Dramenfragment →*Axël* von Villiers de l'Isle-Adam konstituiert sinnbildhafter Ästhetizismus e. dem Naturalismus feindl. Kunstwirklichkeit, die weniger polit. Ereignisse deutet, als vielmehr e. Instrument der Selbstverständigung des Fin-de-siècle ist.

A. Lebois, La genèse du C., 1954.

Crétin, Guillaume Dubois, um 1465 Paris – 1525 ebda., Kanonikus an der Sainte-Chapelle u. Prediger Ludwigs XII., schrieb zahlr. lit. Episteln u. Totenklagen; C. hinterließ e. fragmentar. Reimchronik (fünf von zwölf geplanten Büchern). Als Rhétoriqueur führt er →Lemaire de Belges in die Poesie ein. Rabelais porträtierte ihn im *Tiers livre* als Raminagrobis. S. Dichtungen erschienen 1526 u. in e. krit. Edition von K. Chesney 1933.

H. Guy, Un souverain poète français: C., RhlF 1903.

Creuzé de Lesser, Augustin-François baron de, 2. 10. 1771 Paris – August 1839 Magny-en-Vexin, Übs. u. a. von *Amadis de Gaule* (1813), *Le Cid* (1814), Schillers *Räubern* (1796), gehörte zum Kreis der Mme de Staël.

Crèvecœur, Michel-Guillaume Jean de (Ps. J. Hector St. John) 31. 1. 1735 Caen – 12. 11. 1813 Sarcelles bei Paris. Farmer in New Jersey, franz. Konsul in New York. Die franz. Version s. *Letters from an American farmer* (1782) von 1783 wurde e. Quelle des romant. Amerikabildes (vgl. Chateaubriand).

Crevel, René, 10. 8. 1900 Paris – 1. 7. 1935 ebda. (Selbstmord), surrealist. Lyriker (*Détours,* 1924; *Mon corps et mon moi,* 1925, n. 1966) u. Erzähler (*La mort difficile,* 1926, n. 1966; *Les pieds dans le plat,* 1933); Autor ästhet. u. kunstkrit. Studien (*Paul Klee,* 1930; *Renée Sintenis,* 1930; *Salvador Dali,* 1931; *Le clavecin de Diderot,* 1932; *L'esprit contre la raison,* 1969).

Cl. Courtot, C., 1969.

Le crime de Sylvestre Bonnard, membre de l'Institut (1881), Roman von Anatole →France. Die Peripetien des Episodenromans in Tagebuchform, dessen Schauplätze nach Frkr. u. Italien verlegt sind, beziehen sich auf e. wiederholte Anagnorisis. Die Witwe e. Bouquinisten, die der Bibliomane Bonnard unterstützte, u. die Fürstin Trepof sind ident. – von ihr, der er zu Weihnachten Gebäck schicken ließ, erhält er in e. Kuchenpaket die gesuchte Handschrift der *Legenda aurea*. Jeanne, die er in der Schloßbibliothek s. Heimatortes kennenlernt, ist die Nachfahrin seiner Jugendgeliebten; er rettet sie aus der Gewalt ihres Vormunds. Doch als er sie mit s. Schüler Gélis verheiratet u. s. Bibliothek verkauft, deren Erlös die Mitgift werden soll, begeht er das ›Verbrechen‹: Er schafft kostbare Bände beiseite; s. Bibliomanie verhinderte die Entfaltung aller humanitären Regungen.

Crispin, rival de son maître, Einakter von Alain-René →Lesage, EA 1707, Uraufl. 15. 3. 1707 Com. frçe. Nach Verwechslungs- u. Verkleidungsmotiven, wie sie beim Spanier Hurtado de Mendoza u. bei Molière (vgl. *Les précieuses ridicules*) vorkommen, verfaßte Lesage e. soziale Diatribe. Crispin will nicht länger Diener sein u. macht Angélique, der Angebeteten s. Herrn Valère unter der Maske des Damis, der das Mädchen eigentl. heiraten soll, den Hof u. spielt die Rolle überzeugend. S. Herrn bleibt es vorbehalten, kurz vor der Vermählung Crispins mit Angélique den Betrug aufzudecken u. dadurch die reiche Erbin für sich zu gewinnen. Wenngleich der schlaue Diener zuletzt daran gehindert wird, sich materiell u. gesellschaftl. zu verbessern, verliert die ständ. Hierarchie doch an Glaubwürdigkeit, da allein aus dem Informationsstand Valères heraus, der Crispin identifiziert, die Verletzung sozialer Normen aufgedeckt werden kann. Wie in →*Turcaret* wird die gesellschaftl. Verfassung des Ancien régime damit bereits der Kritik ausgesetzt.

Critique de la raison dialectique, Abhandlung von Jean-Paul →Sartre, entstanden seit 1957, EA 1960. Seit →*L'être et le néant* ist Sartres Philosophie gesellschaftsbezogener geworden, Praxis und Theorie stehen jedoch in e. dynamischeren Dialektik als es der orthodoxe Marxismus zuläßt. Wie in →*Qu'est-ce que la littérature* greift Sartre jeden ideolog. Monismus an, der in die Aporie von abstraktem Wissen und perspektivenlosem Empirismus führen muß. Daß Sartres Forderung nach e. marxist. Anthropologie gegen die marxist. Grundtheorie, wonach die Betrachtung des Menschen in der Geschichte einzig von s. Klassenlage auszugehen habe, verstößt, daß er die marxist. Doktrin durch Methoden anreichert, deren gesellschaftl. Standort der orthodoxen Position widerspricht, trug ihm die Kritik der Dogmatiker ein, die er herausforderte. Andererseits warf Lévi-Strauss (*La pensée sauvage,* 1962) Sartre vor, er schwanke zwischen zwei Auffassungen der dialekt. Vernunft, indem er einmal analyt. u. dialekt. Vernunft wie Irrtum u. Wahrheit konfrontiere u. dann wieder als Ergänzungen auffasse. Wenn Marx weiterentwickelt würde, sei der Gegensatz zwischen den beiden Arten der Vernunft relativ u. nicht absolut. Der Begriff der dialekt. Vernunft umfaßt Sartres bedeutendstem Kontrahenten zufolge die unablässigen Bemühungen, die die analyt. Vernunft unternehmen muß, um sich zu erneuern.

Croisset (Canteleu-C.) b. Rouen, hier wohnte Flaubert von 1846–80 (mit Unterbrechungen). Haus u. Grundstück, an der Seine gelegen, hatte s. Vater 1845 erworben.

Croisset, Francis de (eig. Frantz Wiener), 28. 1. 1877 Brüssel – 8. 11. 1937 Neuilly-sur-Seine, Autor von Boulevardstücken (z. T. in Versen), gelegentl. Zusammenarbeit mit E. Arène, M. Leblanc u. R. de Flers (*Chérubin,* 1901; *Le bonheur, mesdames,* 1906; *Paris–New York,* 1907; *Arsène Lupin,* 1909; *L'épervier,* 1914; *La bonne intention,* 1916; *D'un jour à l'autre,* 1917; *L'éphémère,* 1919; *Le retour,* 1921; *Le docteur Miracle,* 1929; *Pierre et Jack,* 1932; *Le vol nuptial,* 1932; *Théâtre,* VIII 1918–38), außerdem Romane (*Œuvres complètes,* V 1922–25).

Crommelynck, Fernand, 19. 11. 1888 Paris – 17. 3. 1970 Saint-Germain-en-Laye, aus e. Schauspielerfamilie, lebte in beengten Verhältnissen; seit 1902 spielte C. selbst, seit 1906 schrieb er satir. Stücke (*Nous n'irons plus au bois,* 1906; *Le sculpteur de masques,* 1908; *Le marchand de regrets,* 1913; →*Le cocu magnifique, Les amants puérils,* 1921; *Carine,* 1930; *Tripes d'or,* 1930; *Une femme qui a le cœur trop petit,* 1934; *Chaud et froid,* 1935; *Léona,* 1944, Bearbeitung des Falstaff, 1954). Vor allem die seit den 20er Jahren entstandenen Stücke leiden unter e. vergröbernden Stil (vgl. dagegen Ghelderode). 1947 veröffentlichte C. den Roman *Là est la question.* Der Wechsel von Lyrismus u. Trivialität kennzeichnet s. Dramatik; franz. Kritiker wollten den hyperbol. Stil als german. Element erklären (*Théâtre,* III 1967 ff.).

A. Berger, A la rencontre de C., Lüttich 1946; G. Feal, Le théâtre de C., 1976.

Cromwell, Versdrama in fünf Akten von Victor →Hugo, EA 1827, Urauff. 28. 7. 1956, Ehrenhof des

Louvre. Die hist. Aktion des Stücks – Cromwells Verlangen nach der Krone u.s.pathet., in Wahrheit takt. Verzicht am Krönungstag – setzt den theoret. Entwurf der →*Préface de C.* nur unvollständig in e. melodramat. Bühnenpraxis um.

Cros, Charles, 1. 10. 1842 Fabrezan/Aude – 9. 8. 1888 Paris, erfand das Prinzip der Farbphotographie u. des Phonographen; brach 1862 s. Medizinstud. ab, um sich ausschließl. der Lit. zu widmen. Er machte sich mit humorist. Gedichten e. Namen (*Le hareng saur,* 1867; *Le bilboquet*); wie Verlaine, der ihn schätzte, dichtete C. aus der Zerrissenheit zwischen Einsamkeit u. myst. Neigungen heraus (*Le fleuve,* 1875; *Le coffret de santal,* 1879; *Le collier de griffes,* 1908). Aber nachhaltiger wirkten s. Parodien auf die Epigonen des Parnasse, durch die er ihr Ansehen z.T. ruinierte (*Œuvres complètes, poèmes, contes, monologues et textes scientifiques* ... hg. L. Forestier/P. Pia 1964; L. Forestier/P.-O. Walzer 1970).

J. Brenner/J. Lockerbie, C., 1955; D. Kranz, Der Lyriker C. in s. Zeit, 1973; R. L. Mitchell, The poetic voice of C., 1976.

Cubisme →Apollinaire.

Le culte du moi, Romantrilogie von Maurice →Barrès, endgültige Fassung 1922 (*Sous l'œil des barbares,* 1888; *Un homme libre,* 1889; *Le jardin de Bérénice,* 1891). Der Romancier nennt die Teile s. Bildungsromans ›monographies‹, die e. dreifaches Ziel erfüllen. Sie sind präzise Formeln e. Seelenlage, gestalten e. Protagonisten, der für s. Generation typ. ist, u. beinhalten e. Lektion. Für Philippe sind die Philister die Barbaren, die die Entfaltung s. Ichs nach Stendhalschem Vorbild verhindern. Um diese eth. Auseinandersetzung für sich zu entscheiden, verläßt der Held Paris, auf Jersey versenkt er sich in die Lehre des Ignatius von Loyola, reist in s. Heimat Lothringen und nach Italien; Einsamkeit u. Bildungsreisen revidieren s. Ichkult, von der Selbstbespiegelung gelangt Philippe zum Bewußtsein s. individuellen Energie. Er wird Parteigänger von General Boulanger u. sucht durch die Liebe der Einsamkeit zu entgehen; s. Geliebte Bérénice wird für ihn zur Personifizierung der Volksseele, daher schmerzt ihn die Enttäuschung doppelt, als sie s. polit. Gegner heiratet – die Frau u. die Nation scheinen sich von ihm abzuwenden. Aber Philippe ist auf dem Weg zur Entdeckung der großen Harmonie, der ›Garten der Bérénice‹ enthüllt sich als gesellschaftl. Metapher: Wer polit. erweckt wurde, gelangt hier zur vollen Entfaltung s. Persönlichkeit.

E. R. Curtius, M. Barrès u. die geistigen Grundlagen des franz. Nationalismus, 1921; P. Moreau, Autour du C. de Barrès, 1957; J. Vier, Barrès et le C., 1958.

Le curé de village, scène de la vie de campagne, Roman von Honoré →de Balzac, ED *La Presse* Januar – August 1839 (mit Unterbrechungen), EA (revidierter Text) 1841, Neufassung 1845, herausg. K. Wist, Brüssel 1964. Die Romanhandlung weist drei Einschnitte auf, die mit Phasen im Leben der Protagonistin zusammenfallen: Véroniques Jugendzeit u. ihr ungewöhnl. Lesehunger, den sie mit relig. Schriften u. romant. Büchern, darunter *Paul et Virginie,* stillt – Véroniques Ehe mit dem reichen Graslin, ihre Existenz in provinziellen Kreisen des Limousin, die in romanesken Kategorien denken u. sich pathet. Lösungen e. Raubmordfalles vorstellen – Véroniques

Witwenschaft u. ihr Einsatz für ökonom. Strukturverbesserungen in Montégnac, wo sie dem Landpfarrer Bonnet begegnet. Für den Priester ist klar, daß Véronique e. verborgene Schuld büßen will; auf dem Sterbebett gesteht sie, daß der Raubmörder Tascheron der Vater ihres Kindes ist. In der Vorrede des Romans wies Balzac 1841 auf die Chancen mod. Erzählkunst hin, mehr als nur Liebesmotive u. die Verstrickung der Personen in sittl. Schuld darzustellen. Die Implikationen des Großgrundbesitzes, die soziale Verpflichtung der Besitzenden stehen zur Debatte. Das romant. Ehebruchsmotiv soll den Leser dazu veranlassen, sich über das fiktive Geschehen hinaus mit gesellschaftl. Konflikten s. eigenen Lebenspraxis auseinanderzusetzen.

M. Blanchard, La campagne et ses habitants dans l'œuvre de Balzac, 1931; B. Guyon, Les conditions de la renaissance de la vie rurale d'après Balzac, Année balzacienne 1964; H. Weinrich, Ein Roman in der Provinz. Zu Balzacs C. (Lit. für Leser), 1971.

La curée, Satire von Henri Auguste →Barbier, ED *Revue de Paris* August 1830; Angriff auf die Nutznießer des neuen Regimes der Julimonarchie.

La curée (1871), Roman des Zyklus *Les Rougon-Macquart* (Bd. 2) von Émile →Zola. Der Lebensstil des Emporkömmlings Aristide Rougon, gen. Saccard, u. das Verhältnis s. Frau Renée zu ihrem Stiefsohn Maxime versinnbildlichen in der abenteuerl. Welt des Second Empire Luxus u. Begierde. Mit den erzähler. Mitteln der Leitmotivtechnik u. in Echostruktur angeordneten Szenen, durch wiederkehrende Symbole u. lit. Anspielungen (z. B. auf das Verhältnis Phèdre-Hippolyte) legt Zola das Geschehen zykl. an. Zu Beginn des Romans kommt Renée, begleitet von Maxime, aus dem Bois de Boulogne in die Stadt, zum Schluß kehrt sie, als sie von Maximes Heirat erfahren hat, allein dorthin zurück. In der dazwischen liegenden Zeit erlebte sie Liebe, Lust, Enttäuschung u. die Degradierung der Frau zum Lockvogel. Als Renée zum erstenmal dem Kaiser vorgestellt wurde, bedeutete dieses Ereignis den Glanzpunkt ihrer gesellschaftl. Karriere; wenn sie ihm später wiederbegegnet, zeichnet sich an s. Gestalt der Zerfall des Kaiserreichs ab, den sie als Prophezeiung ihres eigenen Niedergangs verstehen muß. Das Prinzip Verderbtheit herrscht vor, die negativen Erbanlagen Saccards, Maximes, der aus e. Familie stammt, die ihre Dekadenz kultivierte, u. Renées, die den Absturz aus bürgerl. Sittsamkeit in die extravaganten Laster genießt, können sich voll entfalten. Zola dramatisierte die Geschichte, die mit der phys. Selbstzerstörung der Heldin endet, unter dem neuen Titel *Renée* (1887).

E. M. Grant, The composition of C., RoR 1954; F. Wolfzettel, Vertikale Symbolik in É. Zolas C., GRM 1969; R. Bourneuf, Retour et variation des formes dans la C., RhlF 1969.

Curel, François vicomte de, 10. 6. 1854 Metz – 25. 4. 1928 Paris, Jesuitenschüler, École des arts et manufactures Paris, von der dt. Besatzung an der Tätigkeit als Industrieller gehindert. C. verfaßte zunächst Romane (*L'été des fruits secs,* 1885; *Le sauvetage du Grand-Duc,* 1889), bis Maurras ihn ermunterte, für die Bühne zu schreiben. Nachdem zwei Mss. von Pariser Bühnen abgelehnt wurden, kam 1892 *L'envers d'une sainte* am Théâtre-Libre heraus, im gleichen Jahr fand auch die Premiere von *Les fossiles* statt. C. bevorzugte als Helden glückloseinsame Figuren mit ausgeprägtem Rassebewußtsein (vgl. den sozialreform. Industriellen in *Le repas du lion,* 1897, u. den Euthanasiearzt in *La nouvelle idole,* 1899). Nach 1901 wurden die Sujets noch abseitiger u. verquälter (*La fille sauvage,* 1902; *Le coup d'aile,* 1906; *La danse devant le miroir,* 1914; *La comédie du génie,* 1918; *L'âme en folie,* 1920; *Terre inhumaine,* 1922; *Ivresse du sage,* 1922; *Théâtre complet,* VI 1919–24; *La viveuse et le moribond,* 1925; *Orage mystique,* 1927) Auf die Nähe C.s zu Ibsen wurde wiederholt hingewiesen, doch bleibt C. pedant., wo Ibsen ins Abgründige führt. Letztl. interessieren ihn auch nicht Menschen, sondern der Mechanismus ihrer Empfindungen in e. gegebenen Ausnahmesituation. 1919 wurde C. in die Ac. frçe. aufgenommen.

K. Richter, C., Diss. Leipzig 1934; E. Braunstein, C. et le théâtre d'idées, Genf 1962.

Curiosités esthétiques, Artikelslg. von Charles →Baudelaire, entstanden seit 1845, EA *Œuvres complètes* Bd. 2, 1868. In Aufsätzen zu den Gemäldesalons von 1845, 1846 u. 1859, der Weltausstellung von 1855 u. Delacroix vor allem skizzierte Baudelaire Leitlinien s. ästhet. Ideals. Wenn er dabei axiomat. festlegt, das Schöne sei stets auch bizarr (1855), entwickelt er V. Hugos Theorie vom Grotesken (*→Préface de Cromwell)* weiter; indem er ferner die Zwangsläufigkeit des Fortschritts leugnet, bekennt er sich zu e. beispiellosen Modernitätsbegriff, der e. Endzeitbewußtsein involviert. ›La nature est laide, et je préfère les monstres de ma fantaisie à la trivialité positive.‹ Dabei ist ›positiv‹ e. Synonym für ›realist.‹. Der mod. Dichter bekennt sich zur Imagination, deren Verfahren von Baudelaire als zugleich analyt. u. synthet. charakterisiert wird: ›Elle décompose toute la création, et, avec les matériaux amassés et disposés suivant des règles dont on ne peut trouver l'origine que dans le plus profond de l'âme, elle crée un monde nouveau, elle produit la sensation du neuf.‹ Für Baudelaire involviert dies auch die Autonomie der Imagination. ›L'imagination est la reine du vrai, et le *possible* est une des provinces du vrai‹ *(Salon de 1859).*

E. Bernard, Baudelaire critique d'art. Brüssel 1943; M. Bonfantini, Baudelaire critico, Mailand 1962; N. Accaputo, L'estetica di Baudelaire e le sue fonti germaniche, Turin 1964.

Curtis, Jean-Louis (eig. Louis Lafitte), geb. 21. 5. 1917 Orthez/Basses-Pyrénées, Vater Möbelfabrikant; Stud. in Paris u. England, seit 1943 Gymnasiallehrer; Résistancekämpfer. Für die Darstellung der Okkupation in s. zweiten Roman *Les forêts de la nuit* (1947, nach *Les jeunes hommes,* 1946) erhielt C. den Prix Goncourt. *Les justes causes* (1954) rekapituliert die Befreiung von Paris, wobei der Autor vor allem die Wirkung polit. Ideologien auf die franz. Jugend herausarbeitet. Im späteren Werk (*L'échelle de soie,* 1956; *La parade,* 1960; *La quarantaine,* 1966; Novellenslg. *Le thé sous les cyprès,* 1969; *Le roseau pensant,* 1971) herrscht die Desillusionierung vor; thematisiert wird das Scheitern staatl. Politik. Im letztgenannten Roman polemisiert C. gegen die Mai-Revolte, die Hippie-Bewegung, die mondäne Intelligentsia. Seit 1961 schreibt C. für das Fernsehen, Novellen wurden verfilmt, u. a. mit Jeanne Moreau. S. Bearbeitung von Shakespeares *Richard III.* für die Com. frçe. fand im April 1972 beim Publikum großen Anklang. Außer als Autor von zeitkrit. Romanen (Trilogie *L'horizon dérobé,* 1979 ff.) wurde C. als Meister der Satire (*La Chine m'inquiète,* 1972; *Questions à la littérature,* 1973; *La France m'épuise,* 1982) sowie des Pastiche (Beiträge für *L'Express, Un rien m'agite,* 1985) bekannt. Im Briefroman *Le mauvais choix* (1983), e. polit. Fiktion, zieht er Parallelen zwischen der Spätantike u. dem heutigen Frkr. 1986 Wahl in die Ac. frçe.

P. Rey, C. romancier, 1971.

Curvers, Alexis, 24. 2. 1906 Lüttich – 7. 2. 1991 Paris, Erzähler, den Gallimard entdeckte (*Bourg-le-Rond,* 1937; *Printemps chez les ombres,* 1939, n. Brüssel 1988), dessen bekanntester Roman, *Tempo di Roma,* 1957 bei Laffont erschien. Polem. Essay zur Verteidigung des Papstes während des Krieges, *Pie XII, le pape outragé* (1964); C. schrieb seitdem für die Zs. der kathol. Integristen, *Itinéraires.*

Cyrano de Bergerac, heroische Verskom. in fünf Akten von Edmond →Rostand, EA 1897, Urauff. 28. 12. 1897 Théâtre de la Porte St-Martin, Paris. Das Schauspiel zeigt in pathoserfüllten u. grotesken Szenen, mit reichl. Situationskomik versetzt, den Dichter Savinien →Cyrano de Bergerac als romant. Liebhaber: er entwirft galante Billets für s. Rivalen Christian, stellt sich als lunares Fabelwesen ungebetenen Gästen bei der Vermählung Christians mit Cyranos Traumliebe Roxane in den Weg u. bringt unter Lebensgefahr Liebesbriefe durch die feindl. Linien vor Arras. 15 Jahre nach Christians Heldentod gesteht der Protagonist, nun selbst im Sterben liegend, Roxane s. Liebe. Das Groteske, bei Victor Hugo e. Instrument der Einsicht in die Welt, reduziert sich bei Rostand auf die ästhet. Komponente; geschichtsphilosoph. Interessen sind ihm fremd. Er schreibt e. virtuoses Pastiche der franz. Barocklit., daher ist das Ideal von selbstloser Liebe u. Heroismus auf keine Wirklichkeit zu beziehen u. muß als sinnentleert erscheinen. Verfilmung Jean-Paul Rappenau 1989 (mit G. Depardieu).

H. Platow, Die Personen von Rostands C. in der Geschichte u. in der Dichtung, 1902; U. Schulz-Buschhaus, E. de Rostand: C. (Das mod. franz. Drama, hg. W. Pabst), 1971.

Cyrano de Bergerac, Savinien (eig. Hector-Savinien C.), 6. 3. 1619 Paris – 28. 7. 1655 ebda., Soldat, der nach zwei Verwundungen 1640 die Armee verlassen mußte u. nun wahrscheinl. Gassendis, sicher aber La Mothe le Vayers Schüler wurde; befreundet mit Scarron, Tristan l'Hermite u. d'Assoucy. 1650 entwickelte C. s. Lit.auffassung: Dichtung ahmt nicht die alltägl. Wirklichkeit nach, die Zuspitzung der Aussage in Pointen verrät den Kunstcharakter der Poesie. Im Namen des Kosmopolitismus bekämpfte C. den Patriotismus der →Fronde. Er schrieb zwei Theaterstücke, die Trag. *La mort d'Agrippine* (1653), die wegen Blasphemie verboten wurde, u. die Buffokom. in Prosa *Le pédant joué* (1654). Aus dem freigeistigen Inhalt s. philos. Romane, die den Ideen Giordano Brunos u. Motiven Rabelais' verpflichtet sind (*L'autre monde ou les états et empires de la Lune,* 1657; *Histoire comique des états et empires du Soleil,* 1962) bezogen später Swift u. Voltaire Anregungen für ihre satir. Utopien. Edmond Rostand dramatisierte das Leben des Pantheisten in →*Cyrano de Bergerac (Œuvres comiques, galantes et littéraires,* hg. P. L. Jacob 1858; *Œuvres complètes,* II 1874; *Les œuvres libertines,* hg. F. Lachèvre II 1921; *Lettres d'amour et lettres satiriques,* 1924; *L'autre monde*

... krA M. Alcover 1977; die EA war e. verstümmelter Text; *OC,* éd. J. Prévot 1977).

F. Lachèvre, Le libertinage au 17e siècle, C., 1920; L. R. Lefèvre, C., 1927; R. Pintard, Le libertinage érudit dans la première moité du XVIIe siècle, II 1943; G. Mongrédien, C., 1964; E. Lanius, C. and the universe of imagination, Genf 1967; J. Goldin, C. et l'art de la pointe, Montréal 1973; J. Prévot, C. romancier, 1977; T. J. Reiss, The discourse of Modernism, Ithaca 1982.

Dabit, Eugène, 21. 9. 1898 Paris – 21. 8. 1936 Sevastopol. Arbeitersohn, selbst Schlosser, Autodidakt, Mitarbeit u. a. an *NRF* u. *Europe,* befreundet mit A. Gide, den er in die UdSSR begleitete, u. P. Nizan. Nach s. ersten Roman →*Hôtel du Nord,* der ihm breite Zustimmung einbrachte, verstärkte sich in *Villa Oasis ou les faux bourgeois* (1932) u. *Un mort tout neuf* (1934) die Kritik an der bürgerl. Wertwelt; vom krit. kam D. zum sozialist. Realismus (*Faubourgs de Paris,* 1934; *La zone verte,* 1935; Novellen *Train de vies,* 1936; *Le mal de vivre,* 1937; *Journal intime,* 1939). Der Romancier sah es als s. Aufgabe an, im Namen der Arbeiterklasse zu sprechen; dabei vermied er es, mit auktorialen Kommentaren in das Romangeschehen einzugreifen. Korrespondenz mit R. Martin du Gard, II 1986.

L. Le Sidaner, D., 1938; Hommage à D., 1939; M. Dubourg, D. et A. Gide, 1951.

Dacier, André, 6. 4. 1651 Castres – 18. 9. 1722 Paris, Sohn e. hugenott. Juristen, Stud. an der protestant. Ak. von Saumur u. in Paris (alte Sprachen u. Recht), Horazübs. (1681–89) u. Longinuskommentar, den Boileau schätzte. D. heiratete 1683 die Homerübersetzerin Anne Lefèvre. Nach 1691 erschienen Übertragungen u. weitere Kommentare (Marc Aurel, Aristoteles, Sophokles, Platon, Pythagoras u. Plutarch, *Lebensbilder,* 8 Bde., 1721 vollendet). 1695 Wahl in die Ac. frçe., seit 1713 ihr Secrétaire perpétuel. In der →Querelle des anciens et des modernes trat er kritiklos für die Antike ein.

Dacier, Mme, geb. Anne Lefèvre, März 1654 Saumur – 17. 8. 1720 Paris, Tochter des Humanisten Tanneguy Lefèvre, in dessen Vorlesungen sie ihren zweiten Mann, André →D. kennenlernte (Heirat 1683). Chapelain beschäftigte sie bei der Klassikerausgabe ad usum delphini. Von ihren Übs. wurde die Homerübertragung (*Iliade,* 1699; *Odyssée.* 1708) Markstein ihres Ruhms. Die →Querelle des anciens et des modernes entzündete sich erneut, als sie 1714 gegen ihren Freund La Motte die Unantastbarkeit Homers verteidigte *(Des causes de la corruption du goût).*

P. Mason, Mme D. et les traductions d'Homère en France, Oxford 1936.

Dadaismus, Protestbewegung der Gruppe Dada, die sich 1916–22 in Zürich zusammenfand u. im Cabaret Voltaire mit Rezitationen auftrat (Hugo Ball, Richard Huelsenbeck, Kurt Schwitters, Hans Arp, Tristan →Tzara, Marcel Janco, Emmy Hennings). Ob die Bezeichnung D. von franz. ›dada‹ (= Schaukelpferd) abgeleitet wurde, ist nicht gesichert, ebensowenig, wer auf die Idee gekommen war. Nach dem Selbstverständnis der Dadaisten negierte ihre Haltung alle Werte, die der bürgerl. Kultur als unantastbar galten; sie machen Vaterland, Religion, den Ehrenkodex u. die Moral lächerl. Der D. wurde keine neue Kunstrichtung, wenngleich s.

Vertreter u. a. symbolist. Lyrik schätzten, sondern e. Form des Widerspruchs von Dichtern, Komponisten, Bildhauern u. Malern gegen die herrschende Ästhetik. Dem D. nahestehende Gruppen bildeten sich in Berlin, Köln, Hannover u. New York; in Paris bereiteten Dadaisten seit 1920 die Kulturrevolution des Surrealismus vor *(→Manifeste du surréalisme).*

G. Ribemont-Dessaignes, Déjà jadis ou du mouvement: D. à l'espace abstrait, 1958; Dada, Monographie e. Bewegung, hg. W. Verkauf, M. Janco, H. Bolliger, Teufen/ Aargau 1958; Das war Dada, hg. P. Schifferli, 1963; Dada., hg. R. Huelsenbeck, 1964; H. Richter, Dada, Kunst u. Antikunst, 1964; M. Sanouillet, Dada à Paris, 1965, n. 1993; Cahiers Dada 1966 ff.; M. A. Caws, The poetry of Dada and surrealism, Princeton 1970; H. Béhar, Le théâtre Dada et surréaliste, [2]1979; M. Tison-Braun, Dada et surréalisme, 1973; R. Sheppard (Hg.), New studies on Dada, Hutton 1981; M. Giroud (Hg.), Dada: Zürich – Paris 1916–22, 1981; R. E. Kuenzli (Ed.), Dada and surrealist film, New York 1987; M. Dachy, Tzara dompteur des acrobates, 1993; Th. Van Doesburg, Qu'est-ce que Dada, 1993.

Dadié, Bernard Binlin, geb. 1916 Assinié/Elfenbeinküste, 1936–47 am Institut français d'Afrique noire in Dakar tätig, Autor von Novellen u. Gedichten, der bodenständige Motive aufgreift (u. a. *Légendes africaines,* 1954; *La ronde des jours,* 1956; *Les belles histoires de Kacou Ananzé,* 1963; Drama *Ile de tempête,* 1973; *Papassidi maître, Papassidi escroc,* 1975).

Dambreuse, Figur in *→L'éducation sentimentale* von Flaubert, eigentl. Graf d'Ambreuse, Industrieller, Bankier u. Politiker, Pair von Frkr., dessen polit. Protektion Frédéric Moreau sucht; Mme Dambreuse wird e. s. Geliebten.

La dame aux camélias (1848), Roman von Alexandre →Dumas fils, *Le roman, le drame, La Traviata,* hg. H.-J. Neuschäfer u. G. Sigaux 1981. Das Verhältnis zwischen Armand Duval u. der Kokotte Marguerite Gautier, das dem Romanerzähler vom Helden mitgeteilt wird, muß sanktionierten gesellschaftl. Institutionen geopfert werden; Armands Vater, der um die Verheiratung s. Tochter bangt, gelingt es, Marguerite zum Verzicht zu bewegen. Daß die Kameliendame aus Verzweiflung ihre schwache Gesundheit in neuen Ausschweifungen ruiniert hat, erfährt der tiefunglückl. Armand erst nach ihrem Tod. Dumas hat auf Bestellung den Stoff von der edlen Dirne für das Théâtre du Vaudeville dramatisiert (EA 1852, Urauff. 2. 2. 1852) u. alle Sentimentalität auf e. Versöhnungsszene des Liebespaares kurz vor dem Tod Marguerites zugespitzt. Verdi, der den Stoff auf die Opernbühne brachte (*La traviata,* 1853), änderte die Namen. Seit 1907 wurde die Geschichte wiederholt verfilmt, u. a. mit Isabelle Huppert. Sacha Guitry konstruierte in der Kom. *Debureau* (1918) e. kurze Verbindung zwischen Marguerite u. dem berühmten Mimen. Adressat der Geschichte ist in allen Versionen das Besitzbürgertum, dessen Ordnung von der Prostituierten respektiert wird; Dumas' Roman befriedigt sowohl das Unterhaltungsbedürfnis gehobener Schichten wie ihr Verlangen nach Selbstbestätigung.

R. Hörner, Die Erstlingsdramen des jungen Dumas, Diss. Tübingen 1910; M. d'Hartoy, Dumas fils inconnu ou le collier de la D., 1964; H.-J. Neuschäfer, Mit Rücksicht auf das Publikum …, Poetica IV, 4, 1971; Ch. Issartel, Les Dames aux camélias, 1981.

Dancourt, Florent (eig. F. Carton, sieur d'Ancourt), 1. 11. 1661 Fontainebleau – 6. 12. 1725 Courcelles-le-Roi / Loiret, Sohn e. Landedelmanns, entführte die Schauspielerin Thérèse Lenoir, die er

1680 heiratet; selbst Schauspieler (seit 1685 Com. frçe.) u. Theaterdirektor. Von 1683–1724 verfaßte D. etwa 90 Stücke (meist Prosakom. als Gesellschaftssatiren: →*Le chevalier à la mode; La maison de campagne,* 1688; *Les bourgeoises à la mode,* 1693; *La fête de village,* 1700; *Les bourgeoises de qualité,* 1700; *Le diable boiteux,* 1707; *Les trois cousines,* 1725). S. Werk, das von La Harpe als drittrangig disqualifiziert u. von Lintilhac als Vorschule des Vaudeville anerkannt wurde, löst die Sittenkom. Molières in dramatisierte Anekdoten u. Skandalgeschichten (etwa *Le retour des officiers,* 1697) u., unter dem Einfluß La Bruyères, in die Schaustellung konkreter gesellschaftl. Mißstände auf (etwa *Le moulin de Javelle,* 1696; vgl. auch Dufresny, Regnard, Lesage, Allainval, Beaumarchais). Die zwölfbänd. Ausgabe der Dramen von 1760 liegt in e. Nachdruck von 1968 vor.

Ch. Barthélemy, La bourgeoisie et les paysans sur le théâtre au XVIIIe siècle. La comédie de D., 1882; J. Lemaître, La comédie après Molière et le théâtre de D., 1882, ²1903; J. Brütting, Das Bauernfranz. in D.s Lustspielen, Diss. Erlangen 1911; N. Melani, Motivi tradizionali e fantasia del Divertissement nel teatro di D., Neapel 1970; M. R. Demers, Le valet et la soubrette de Molière à la Révolution 1971; S. Pitou, D.'s Regency plays, PMLA 1971; A. Blanc, D., 1983.

Dandin, Schiedsrichterrolle bei Rabelais *(Tiers livre),* Richterfigur in *Les plaideurs* von Racine u. den Fabeln (IX, 9) von La Fontaine; vgl. außerdem →*George Dandin* von Molière.

Dandy, Repräsentant e. verfeinerten Kultur, die zum einzigen Lebensinhalt wird, typ. für das England u. Frkr. des 19. Jh. Baudelaire definiert den D. in *Curiosités esthétiques* als blasierten Müßiggänger, für den Reichtum u. Eleganz selbstverständl. sind, der sich als Gegner jeder Trivialität versteht u. dadurch zur Verkörperung von Opposition u. Revolte wird. Merkmale e. D.tums finden sich außer bei Baudelaire selbst in der Lebenseinstellung und ästhet. Haltung von →Barbey d'Aurevilly, →Stendhal, →Musset, →Flaubert, →Huysmans, für die die Komposition Vorrang vor dem Thema des Textes gewinnt. Narziß, Salome, Orchidee und Pfau sind die ästhet. Motive, in denen der D. Eleganz u. Raffinesse verwirklicht sieht.

G. Köhler, Der Dandysmus im franz. Roman des 19. Jh., 1911; J. C. Prevost, Le dandysme en France (1817–39), Genf 1957; O. Mann, Der D. E. Kulturproblem der Moderne, ²1962; E. Carassus, Le mythe du d., 1971; S. Neumeister, Der Dichter als D., 1973; M. Lemaire, Le dandysme de Baudelaire à Mallarmé, 1978.

Daniel-Rops, (eig. J.-Ch. Henri Petiot), 19. 1. 1901 Épinal – 27. 7. 1965 Tresserve/Savoyen, Stud. Geschichte, Geographie, Jura, unterrichtete in Chambéry, Amiens u. bis 1944 am Lycée Pasteur in Neuilly-sur-Seine, 1955 Mitgl. der Ac. frçe. D. verfaßte hagiograph. Werke (u. a. *Histoire sainte,* 1943; *Jésus en son temps,* 1946) u. relig. Romane sowie Novellen im Stil des Renouveau catholique, wobei der Autor dem Nationalismus auf christl. Basis, wie Péguy ihn vertreten hatte, näher stand als der Weltsicht von Bernanos oder Jouhandeau (*L'âme obscure,* 1929; *Mort où est ta victoire,* 1934; *L'épée de feu,* 1939; Novellen *Deux hommes en moi,* 1930; *Le cœur complice,* 1935; *La maladie des sentiments,* 1938; *L'ombre de la douleur,* 1941). Er schrieb Essays über Péguy (1933), Rimbaud (1936), William Blake, Pascal u. das Theater von Lenormand; in der Gedichtslg. *Orphiques* (1950) wirkt die metaphys. Fragestellung weiter.

P. Dournes, D. ou le réalisme de l'esprit, 1949; D. Feuerwerker, D. et le peuple de dieu, 1951.

Daninos, Pierre, geb. 26. 5. 1913 Paris, Journalist, u. a. beim *Figaro,* Verbindungsoffizier der brit. Armee während des II. Weltkriegs, nahm sich für die *Carnets du major Thompson* (1954), e. lit. Frkr.bild aus engl. Sicht, die *Silences du colonel Bramble* von André Maurois, zum Modell. *Un certain Monsieur Blot* (1960) schildert die Erlebnisse e. Franzosen in engl. Verhältnissen. Vor allem diese beiden Romane mit ihrem scheinbaren Humor, haben D. in Dtl. zum beliebten Schulbuchautor werden lassen (weitere, meist satir. Werke: *Méridiens,* 1945; *Le carnet du bon dieu,* 1947; *Sonia, les autres et moi,* 1952; *Le secret du Major Thompson,* 1956; *Vacances à tout prix,* 1959; *Le jacassin,* 1962; *Daninoscope,* 1963; *Snobissimo,* 1964; *Le 36ᵉ dessous,* 1966; Autobiographie *Le pyjama,* 1972; satir. Porträts *La galerie des glaces,* 1983).

Dantès, der unschuldige Sträfling u. geheimnisvolle Rächer in →*Le comte de Monte-Cristo* von Dumas père.

Danton (D'Anton), Georges-Jacques, 26. 10. 1759 Arcis-sur-Aube – 5. 4. 1794 Paris (hingerichtet), Sohn e. Staatsanwalts, Anwalt im Conseil du Roi, Anhänger der Revolution von 1789 an; mitreißender Redner wie Mirabeau, im August 1792 auf dem Höhepunkt s. polit. Karriere, als er das Justizministerium übernahm. Im Konvent wurde D. e. der Führer der Bergpartei; 1793 setzte er, dem Madame →Roland s. Popularität neidete, die Schaffung e. Revolutionstribunals durch. Im →Comité de salut public versuchte er, das Leben der Kgin. zu retten; von November 1793 an sprach er sich gegen die Ideologie der Terreur aus. Als ›Komplize der Republikgegner‹ geriet er Ende März 1794 in Haft, die Montagnards gaben ihm vor der Hinrichtung keine Gelegenheit zur Rechtfertigung s. Haltung, deren Motive bei den Historikern immer noch umstritten sind. Zusammen mit 13 Anhängern wurde D. guillotiniert. Georg Büchner (*D.s Tod,* 1835, danach die Oper von G. v. Einem 1947) setzt den vitalen D. in Gegensatz zum eher fanat. Dogmatiker →Robespierre; R. Hamerling schrieb ein Drama *D. u. Robespierre* (1870), R. Rolland als Mittelstück des *Théâtre de la révolution* e. Stück *D.* (1899); Saint-Georges de Bouhélier enthistorisierte den Stoff im Schauspiel *Le sang de Danton* (1931).

A. Mathiez, Autour de D., 1926; K. A. v. Müller, D., 1949.

Darien, Georges (eig. G.-H. Adrien), 1862 Paris – 1921 ebda., löste mit s. Satire *Biribi, discipline militaire* (1890) e. Heeresreform aus. Wiederholt griff er die raffgierige u. heuchler. Bourgeoisie an (*Bas les cœurs,* 1889; *La belle France,* 1900; *L'épaulette,* 1905), der er die glorifizierte Gestalt des Gesetzlosen entgegenstellte (*Le voleur,* 1897). S. Drama *Les chapons* (in Zusammenarbeit mit Lucien Descaves), sowie die anarchist. Zeitung *Escarmouche* (1893) wurden Skandalerfolge. 1955–71 erschienen Neuausgaben s. Hauptwerke.

D'Artagnan, Protagonist des Romans →*Les trois mousquetaires* von Dumas père.

Daru, Pierre Antoine Bruno comte, 12. 1. 1767 Montpellier – 5. 9. 1829 Becheville bei Meulan, Generalintendant der Grande armée u. Minister Napoleons, Autor e. astronom. Lehrgedichts, e. *Histoire de la république de Venise* (1819) u. e.

Horazübs. D. war mit Stendhal verwandt.

Daudet, Alphonse, 13. 5. 1841 Nîmes – 16. 12. 1897 Paris, aus e. ruinierten Fabrikantenfamilie, seit 1857 in Paris, Sekretär des Hzg.s von Morny, nach dessen Tod 1865 lebte D. von s. lit. Arbeiten (Lyrik *Les amoureuses,* 1868; Prosa *Le Petit Chose,* 1868; →*Les lettres de mon moulin;* →*L'arlésienne;* →*Les aventures prodigieuses de Tartarin de Tarascon;* →*Les contes du lundi;* →*Fromont jeune et Risler aîné;* Romane *Jack,* 1876; →*Numa Roumestan; Les rois en exil,* 1879; *L'évangéliste,* 1883; *Sapho,* 1884; →*L'immortel; La petite paroisse,* 1895; *Soutien de famille,* 1898; *Œuvres complètes,* XVIII 1899–1901; XX 1929–31; Pléiadeausgabe éd. R. Ripoll 1986). Die realist. Ästhetik des 19. Jh. war in s. Werk beispielhaft ausgeprägt; D. versuchte, wenn mögl. nur Geschehnisse darzustellen, die er erlebt u. in *Carnets* festgehalten hatte (vgl. auch Zola): die Welt des südfranz. u. Pariser Bürgertums u. der Bauern s. Heimat. Vom Naturalismus unterscheidet sich s. Kunst durch die entschieden schwächer ausgebildete ideolog. Komponente u. das Fehlen e. Pessimismus. Wenn er Personen in der Verstrickung ihrer Leidenschaft u. in den Fesseln sozialer Institutionen darstellt, läßt er Mitleid, doch keine Verachtung durchblicken.

J. Lemaitre, Les contemporains, 7e série, o. J.; M. Burns. La langue d'A. D., London 1916; E. Mertens, Autobiographie in D.s Werken, 1935; E. Fricker, D. et la société du Second empire, 1938; J. H. Bornecque, Les années d'apprentissage d'A. D., 1951; M. Bruyère, La jeunesse d'A. D., 1955; M. Sachs, The carreer of D., Cambridge/Mass. 1965; G. E. Hare, D., bibl. London 1979.

Daudet, Ernest, 31. 5. 1837 Nîmes – 21. 8. 1921 Les Petites-Dalles/Seine-et-Marne, Bruder von Alphonse →D., Journalist, Historiker (*Histoire de l'émigration,* III 1886–89; *Les coulisses de la société parisienne,* 1893; *L'exil et la mort du général Moreau,* 1909) u. Erzähler (*Récits du temps révolutionnaire,* 1908).

Daudet, Léon (Ps. Rivarol), 16. 11. 1867 Paris – 30. 6. 1942 St. Rémy/Provence, Sohn von Alphonse →D., Medizinstud., 1891 Heirat mit e. Enkelin von V. Hugo, nach der Scheidung mit der Schriftstellerin Marthe Allard, 1900 Mitgl. der Ac. Goncourt, 1908–17 Chefredakteur, später Mitarbeiter des Blatts der Action française, 1919–24 Abgeordneter; Autor polit. Pamphlete, in denen er den Rechtsradikalismus von Maurras verfocht, kulturgeschichtl. Schriften u. Romane (*Les morticoles,* 1894; *Les deux étreintes,* 1909; *Fantômes et vivants,* 1914; *Souvenirs de milieux littéraires, politiques, artistiques et médicaux,* VI 1914–21; *Le stupide XIXe siècle,* 1922; *L'hécatombe,* 1923; *Écrivains et artistes,* VIII 1927–29; *Les nouveaux châtiments,* III 1930; *Panorama de la IIIe république,* 1936; *La vie orageuse de Clemenceau,* 1938; *Mes idées esthétiques,* 1939; *Souvenirs littéraires,* hg. Kléber Haedens 1968).

R. Guillou, D. 1918; J. Sauvenier, D., Brüssel 1933; P. Dresse, D. vivant, 1948; S. M. Osgood, French royalism under the third and forth republics, Den Haag 1960; J.-N. Marque, D., 1971.

Daudet, Lucien, 1883 Paris – 16. 11. 1946 ebda., Sohn von Alphonse →D., gehörte zum Kreis der Kaiserin Eugénie (Biographie, 1911), war mit Proust befreundet (*Autour de 60 lettres de M. Proust,* 1929), Autor psycholog. Romane (*Le chemin mort,* 1908; *La fourmilière,* 1909; *La dimension nouvelle,* 1919; *Les yeux neufs,* 1921; *L'âge de raison,* 1923).

Daumal, René, 16. 3. 1908 Boulzicourt/Ardennen – 21. 5. 1944 Paris, Lehrer, Bekanntschaft mit Surrealisten, Interesse für die Pataphysik der Jarry-Jünger. Während e. Amerikareise begegnete er Hemingway, er übersetzte *Death in the afternoon* (1932). In s. Lyrik (*Contre-ciel,* 1935; *La grande beuverie,* 1938, [2]1954; *Poésie noire, poésie blanche,* 1954) u. autobiograph. Werken (*Le mont analogue,* 1952; *Chaque fois que l'aube paraît,* 1953) suchte D. Erlösung aus der verwissenschaftlichten Welt; asiat. Doktrinen, Hypnose u. Drogengenuß verhießen ihm Überwindung der Kontingenz. 1958 u. 1992 erschienen frühe Briefe (1916–32) an s. Freunde, 1972 *Essais et notes* I–II u. *L'évidence absurde.*

Cahier de l'Herne 10, 1968; J. Biès, Connaissance, absolu et révélation chez D., Thèse 1968; M. Random, Le Grand Jeu, II 1970.

Dauphin, Titel des franz. Thronfolgers 1349–1830, seit durch den Verkauf des Dauphiné (Wappentier Delphin) an die Krone dieses Gebiet als s. Apanage ausgewiesen war (bis 1560). Ludwig XIV. ließ für den D. Klassikerausgaben →ad usum Delphini herstellen.

David Séchard, im Roman →*Illusions perdues* von Balzac der Freund des Lucien de Rubempré.

Davignon, Henri vicomte de, 23. 8. 1879 Saint-Josse-ten-Noode bei Brüssel – 14. 11. 1964 Woluwe-Saint-Pierre, Direktor der kathol. *Revue générale,* Autor konservativer Gesellschaftsromane (*Le courage d'aimer,* 1906; *Le prix de la vie,* 1909; *Un belge,* 1913; *Jan Swalne,* 1919; *Aimée Collinet,* 1922; *Un pénitent de Furnes,* 1925; *Vent du nord,* 1932; *Bérinzenne,* 1934; *Paelinc et Beauvau,* 1951) u. kulturgeschichtl. Essays, u. a. *La vie et les idées* (1925), *Tout le reste est littérature* (1938), *Souvenir d'un écrivain belge* (1954), *L'amitié de M. Elskamp et d'A. Mockel* (1955), *De la princesse de Clèves à Thérèse Desqueyroux* (1963).

M. F. Inial, D., Washington 1948; G. Sion, D., Brüssel 1961.

La débâcle (1892), vorletzter Roman des Zyklus →*Les Rougon-Macquart* von Émile →Zola. Die Familienchronik ist auf den polit. u. militär. Zusammenbruch Frkr.s von 1870/71 hin angelegt. Der Bauer Jean Macquart wird als Soldat Augenzeuge der Ereignisse im Feld u. hinter den Barrikaden während des Commune-Aufstands in Paris. Zum Schluß fesselt in e. visuellen Furioso die Riesenstadt den Blick: Paris brennt, u. das sinkende Licht verwandelt die Katastrophe in e. sinnbildl. Untergang. Das Motiv der brennenden Stadt, das den ganzen Zyklus durchzieht, erfüllt sich; der wiederkehrende Refrain ›Paris brûle‹ löst sich in e. apokalypt. Vision auf. Aber im Reich des Untergangs regen sich, wie schon in →*Germinal,* die Kräfte der Verjüngung der ›ewigen Menschheit‹. Zola hat sich mit dem in schwelger. Kolorit ausgemalten Schlußbild um den notwendigen polit. Abschluß gebracht.

H. Petriconi, Das Reich des Untergangs, 1958.

Le Débat (Gallimard), Monatszs., erscheint jedoch jährl. in 5 Heften, seit 1980 hg. vom Historiker Pierre Nora. Forum e. »démocratie intellectuelle« für polit. Philosophie, Anthropologie, Kultursoziologie, Geschichtsschreibung (Mentalitätsgeschichte, Revolutionsmythologie).

Debureau, Jean-Gaspard, 1796 Böhmen – 18. 6. 1846 Paris,

Schauspieler, Schöpfer der Pierrotgestalt. Nach e. Vorlage von Jules Janin (1832) schrieb Sacha Guitry die Kom. *D.* (1918), in der er e. Liebesgeschichte zwischen dem Schauspieler u. dem Modell der Kameliendame, Marie Duplessis, konstruierte.

Décadence, Kulturverfall; in Frkr. war das Dekadenzgefühl in der zweiten Hälfte des 19. Jh. bei Baudelaire, den Symbolisten u. Huysmans unter dem Einfluß von Wagner u. Schopenhauer als resignierende Haltung am deutlichsten ausgeprägt. In den 80er Jahren wurde es im Sprachgebrauch zum positiven Kriterium bei Bourget u. Laforgue; der Décadent, unfähig, sich gegen eingespielte soziale Systeme zu stellen, die er als kulturzerstörend ansieht, legt sich um so entschlossener mit den Mythen dieser Welt an. Emanzipation wird ihm zum ästhet. Lebensinhalt, da sie ihm kein prakt. mehr sein kann. Nietzsche bezeichnete Wagner als typ. Décadent.

A. E. Carter, The idea of d. in French literature 1830–1900, Toronto 1958; J. Lethève, Le thème de la d. dans les lettres françaises à la fin du XIXe siècle, RhlF 1963; N. Richard, Le mouvement décadent, 1968; L'esprit de d., Colloque 1976, 1980.

Le Décadent, lit. Wochenblatt (1886–89), Mitarbeiter u. a. Verlaine u. Renard.

La décade philosophique, littéraire et politique, Zs. 29. 4. 1794 – 2. 9. 1807, gegr. J.-B. Say, 1799 mit dem →*Mercure de France* zusammengelegt. Die D. enthielt Unveröffentlichtes von Rousseau, Voltaire u. Diderot; unter den Mitarbeitern waren Dupont de Nemours u. Andrieux.

A. Söderhjelm, Le régime de la presse pendant la Révolution, II 1900; J. Kitchin, Un journal ›philosophique‹: D. 1794–1807, 1965; M. Régaldo, Un milieu intellectuel, D., V 1976.

Decourcelle, Pierre, 25. 1. 1856 Paris – 10. 10. 1926 ebda., Schriftsteller wie s. Vater, der Dramatiker A. D. (1821–1892, ca. 50 Stücke seit 1845), erfolgreich vor allem mit Fortsetzungsromanen (u. a. *Le chapeau gris, Brune et Blonde,* 1893; *Gigolette,* 1895; *Les deux gosses,* 1896).

Deffence et illustration de la langue françoise, EA 1549, éd. H. Chamard 1948; L. Terreaux 1972; Konkordanz S. Hanon 1974. Manifest der →Pléiade von Joachim →Du Bellay, Verklärung der antiken Klassik als Modell, nicht ahist. Maßstab, die weniger Resultat eingehender u. krit. Lektüre als enthusiast. begründete, dabei oft treffsichere These ist. Der erste Teil verteidigt die franz. Sprache gegen die griech. u. lat. u. wendet sich gegen den Prestigeanspruch der neolat. Dichtung; der zweite Teil ist im wesentl. e. normative Poetik (→Sebillet), die die ma. Gattungen, wie sie von Marot, Mellin de Saint-Gelais, Scève teilweise noch gepflegt wurden, zugunsten antiker u. ital. Formen verwirft: Epigramm, Elegie, Ode, Epistel, Satire, Tragödie, Komödie u. Epos sowie das Sonett werden zur ausschließl. imitatio empfohlen, Barthélemy →Aneau widersprach 1550 der *D.* mit e. Apologie des lyr. Schaffens vom MA bis Marot.

P. Villey, Les sources italiennes de la D., 1908; E. Lücken, Du Bellays D. in ihrem Verhältnis zu Sebillets Art poétique, Diss. Kiel 1913; H. de Noo, T. Sebillet et son Art poétique françois rapproché de la D. de J. Du Bellay, Utrecht 1927; W. F. Patterson, Three centuries of French poetic theory. A critical history of the chief arts of poetry in France, 1327–1630, Univ. of Michigan Publ. in Language and Lit. 1935; F. Michel, Quatrième centenaire de la D., Bibliothèque d'Humanisme et Renaissance 1950.

Degrés (1960), Roman von Michel →Butor. Der Versuch des Studienrats an e. Pariser Lycée, Pierre Vernier, das ungeordnete Tatsachenmaterial von Eindrücken u. Erfahrungen im Alltag e. großen Schule zu strukturieren, scheitert; auch die Ergänzungen e. Schülers u. des Schwagers von Vernier stellen den erwarteten Zusammenhang nicht her. Der Bericht wird als ›Ruine‹ überliefert, ›damit die Dinge ringsherum in ihrem Zustand des Unvollendeten u. Ruinenhaften‹ den Vorübergehenden schmerzl. betreffen. Wie schon in *Passage de Milan* entmystifiziert Butor den →Unanimismus, den er nur als Formprinzip der auktorialen Ubiquität, nicht aber als Lebenslehre gelten lassen kann. Die Kollektivseele, falls es sie gibt, ist gestört.

F. Wolfzettel, M. Butor u. der Kollektivroman, 1969.

Deguy, Michel, geb. 1930 Paris, Agrégation in Philosophie; Lyriker u. Gründer der *Revue de poésie.* D. verfaßte (in der Tradition von Valérys Symbolismus) seit 1959 e. durch intertextuelle Verflechtungen u. intellektuelle Ansprüche gekennzeichnete Poesie; aus der Überzeugung heraus, daß einzig Lyriksprache das Unsagbare mitteilen kann (*Meurtrières,* 1959; *Fragments du cadastre,* 1960; *Poèmes de la presqu'île,* 1961; *Biefs,* 1964; *Actes,* 1966; *Ouï-dire,* 1966; *Jumelages,* 1978; *Donnant, Lonnant,* 1981; *Gisants,* 1985). Pamphlet gegen die Verlagspolitik von Gallimard: *Le comité* (1988).

P. Quignard, D., 1975; M. Loreau, La poésie hantée par l'essence de la poésie, 1980.

Deimier, Pierre de, 1570 Avignon – 1618, Mitgl. des Zirkels der Marguerite de Valois. D. ließ sich von ital. u. span. Poesie u. Bukolik inspirieren (*Premières œuvres,* 1600; zwei Epen, *Austriade,* 1601; *Néréide ou victoire navale,* 1605, Darstellung der Schlacht von Lepanto); er bereitete die klass. Ästhetik mit vor (*Académie de l'art poétique,* 1610).

De la démocratie en Amérique, polit. Abhandlung von Alexis de →Tocqueville, entstanden nach 1831/32, EA I 1835, II 1840, hg. A. Gain 1951. In s. sehr pragmat. gehaltenen Darstellung der Verfassungsstruktur der USA, die sich ohne Konflikte mit Adels- u. Bildungsprivilegien in e. hohen Niveau der Volkssouveränität aktualisiert, das für Europa vorbildl. ist, analysiert Tocqueville Voraussetzungen für die Großmachtstellung der Amerikaner. Die amerikan. Entwicklung zeigt, wie an die Stelle relig. Bindungen der Glaube an das Recht der Mehrheit u. der Öffentlichkeit u. damit die Faszination durch e. neue Staatsallmacht treten.

B. Fabian, Tocquevilles Amerikabild, 1957; K. G. Kiesinger, Die Prognosen des Grafen A. de Tocqueville am Beginn des industriellen Zeitalters, 1961; D. Freund, Tocqueville u. die polit. Kultur der Demokratie, Bern 1975.

De la littérature considérée dans ses rapports avec les institutions sociales, lit.soziolog. Schrift von Germaine de →Staël, verfaßt 1798 – Anfang 1800, EA April 1800, krA P. van Tieghem, Genf/Paris II 1959. In Anlehnung an Theorien von Montesquieu u. Condorcet weist Mme de Staël der Lit.soziologie ihre Aufgaben zu: die Erhellung der wechselseitigen Beeinflussung von Lit., Religion, moral. Verfassung u. Gesetzgebung. Das lit. Leben der maßgebenden Völker u. Epochen seit der griech. Antike hängt von außerlit. Faktoren ab, andererseits ist jeder Autor in der Geschichte engagiert. Die

Entwicklung kann nicht anders als zur ›perfectibilité‹ hinstreben, nicht weil die Moderne anthropolog. der Antike überlegen wäre, sondern aufgrund des angehäuften Wissens. Daß Mme de Staël nicht immer in der Lage war, ihre brillante These mit Faktenwissen zu belegen, nimmt der Perspektive der Schrift nichts von ihrer Innovation. Denn sie bestreitet das Kriterium des Nationalcharakters als e. nicht weiter hinterfragbaren Größe; er ist e. Funktion der sozioökonom. Lage, die z. B. im Absolutismus das gesellschaftl. Leben zum Rollenspiel machte. E. Poesie der Freiheit u. der Individualität entdeckt Mme de Staël in den ›Lit. des Nordens‹; die geograph.-klimat. Nord-Süd-achse steht für e. Qualitätsgefälle, denn für den mod. Autor werden die german. Dichtungen zu spezif. Vorbildern (→*Préface de Cromwell*); die antiken Dramen basierten auf Fatalismus, Shakespeare hingegen dokumentiert Mitleid mit dem Unglückl., daher übertrifft er eth. die Lit. früherer Jh.e. Seit der Revolution verlangt Frkr. nach e. Lit., die Fiktion u. Aufklärung vereint, formale Normen entlarvt u. das Phantast. als Fluchtpunkt aus der Poesie ausschließt. ›Une progression constante dans les idées, un but d'utilité doit se faire sentir dans tous les ouvrages d'imagination . . . Il faut analyser l'homme ou le perfectionner‹ (›De l'état actuel des lumières en France et de leurs progrès futurs‹). Die Mitarbeiter der Zs. *Globe,* Stendhal u. Hugo, sind in ihren poetolog. Reflexionen von der Einsicht der Mme de Staël abhängig, die auf e. Dialektik von polit. u. gesellschaftl. Überbau sowie lit. Produktion hingewiesen hat. Die Revolution im Staat u. die lit. Neubesinnung sind nun keine verselbständigten Prozesse mehr.

F. Baldensperger, La critique et l'histoire littéraires en France au 19ᵉ et au début du 20ᵉ siècle, New York 1945; M. E. Lein, Les sources des théories littéraires de Mme de Staël, Diss. Chicago 1949; W. Mönch, Mme de Staël u. ihr Buch D., ZfSL 1966; F. Simone, Un aspetto fondamentale del contributo di Staël alla storiografia letteraria, StFr 1968; R. de Luppé, Les idées littéraires de Mme de S. et l'héritage des lumières (1795–1800), 1969; S. Golin, Mme de Staël: Culture as social control, The Review of politics 1971; B. Steinwachs, Epochenbewußtsein u. Kunsterfahrung, 1986.

De l'Allemagne, kulturgeschichtl. Abhandlung von Germaine de →Staël, entstanden seit 1807, EA 1810, London 1813 (nach der Vernichtung der EA auf Anordnung Napoleons). In dieser subjektiven u. lückenhaften Darstellung der Kultur des zeitgenöss. Dtl. (Lit. seit Klopstock, Philosophie seit Leibniz) verteidigt Mme de Staël die bereits in früheren Schriften vorgestellte Nord-Süd-Antithese u. setzt e. als materialist. begriffenen napoleon. Frkr. das enthusiast. u. verinnerlichte dt. Wesen entgegen; s. Naturempfinden u. die spontane Religiosität können den Romanen als Vorbilder gelten. Lyr. Begabung, größere sittl. Tiefe u. gleichzeitig Sachlichkeit, freil. auch provinzler. Enge zeichnen das mod. Dtl. aus. Bis 1870 orientieren sich zahlr. Franzosen an diesen Klischees, entscheidender jedoch als der negative Einfluß ist die Neuorientierung des geistigen Frkr. an Dtl., der engl. Einfluß geht – bis auf den Shakespeares – zurück. Der Romantik war e. neues Modell erschlossen, das Chateaubriand nicht zu vermitteln wußte. Nodier u. Nerval profitieren neben den Dramatikern am meisten von der neuen Blickrichtung der franz. Kultur. Während Dussault im *Journal des débats* die Schrift heftig kritisierte u. der *Nain jaune* am 20. 12. 1814 gegen die ›obscurités des langues du Nord‹, die sich Mme de Staël zu eigen machte, polemisierte, verteidigte Alexandre Soumet das Werk u. forderte die Autorin auf, aus ihren Prämissen noch rückhaltlosere Konsequenzen gegen den Klassizismus zu ziehen.

J. de Pange, Mme de Staël et la découverte de l'Allemagne, 1929; A. Henning, L'Allemagne de Mme de Staël et la polémique romantique, 1930; W. Leiner, Das Dtld.bild in der franz. Lit., 1989.

De l'amour, Essay von →Stendhal, entstanden 1819/20, EA 1822 (2 Bde. in-18). Die Schrift, in der der Autor eigene Erlebnisse während s. Mailänder Aufenthalts mit Hilfe der sensualist. Philosophie zu zergliedern versuchte, konnte später als Romankommentar genutzt werden. Stendhal entwickelt die Theorie der ›Kristallisation‹ für die ›amour passion‹, deren sieben Phasen er mit naturwiss. Exaktheit beschreibt, während ihn die phys. Liebe, ›l'amour goût‹ u. ›l'amour de vanité‹ kaum interessieren. Wie e. Gegenstand, der Kristalle ansetzt – Stendhal überarbeitete die metaphor. Zentralstelle des Werks 1825 – u. dadurch e. völlig neue Gestalt gewinnt, reagieren die Liebenden aufeinander u. entdecken gegenseitig ihre Vollkommenheit. Stendhal sah in dieser Schrift stets s. bedeutendste Leistung – Balzac benutzte sie für die *Physiologie du mariage* –, jedoch der Verleger teilte ihm nach zwei Jahren mit, noch keine 40 Exemplare seien verkauft.

De la poésie dramatique (1758), dramentheoret. Abhandlung von Denis →Diderot, gleichzeitig mit →*Le père de famille* entstanden u. mit dem Text des Schauspiels veröffentlicht. Das Manifest ist Grimm gewidmet. Es handelt in 22 Abschnitten von den dramat. Gattungen der ›comédie sérieuse‹, dem ›drame moral‹, ›drame philosophique‹, versch. Bauformen u. Spielweisen, den Kulissen, Kostümen, der Pantomime sowie dem Verhältnis von Autor u. Kritiker. Im Anschluß an die →*Entretiens avec Dorval* vertiefte die Schrift produktions- u. rezeptionsästhet. Prinzipien des bürgerl. Schauspiels. Als angemessener Applaus gilt hier nicht das Beifallklatschen, sondern der Seufzer der Erleichterung; einzig im Theaterparkett werden der Tugendhafte wie der Böse gleichermaßen zu Tränen gerührt, weil Emotionen auf der Bühne mit denen des Alltags im Idealfall ident. sind. Je banaler der Stoff des Dramas, desto pathetischer ist s. Wirkung; je stärker die Empfindsamkeit des Publikums angerührt wird, desto wahrscheinlicher ist der gespielte Konflikt (zur emotionalisierten Ästhetik vgl. auch Du Bos, Destouches, Nivelle de la Chaussée). In der antiken Trag. waltet der Wille der Götter, der sich als Schicksal mitteilt, der Konflikt des zeitgenöss. Dramas hingegen wird durch die ›méchanceté‹ der Menschen motiviert. Diese Bosheit muß geschichtl. belegbar u. prakt. erfahrbar sein. Die geforderte Wahrheitsillusion wird durch realist. Inszenierungsprinzipien u. differenzierte Mimik der Schauspieler gesteigert. Fortan identifizierte die Reaktion (Fréron, Palissot u. a) das drame mit Aufklärung. Über die intendierte Theaterreform hinaus entwarf der Text bereits e. Ästhetik des Sturm u. Drang, wenn Diderot bewundernd erklärt: ›La poésie veut quelque chose d'énorme, de barbare et de sauvage‹ u. das Auftreten großer Dichter von polit. u. sozialen Katastrophen abhängig macht.

G. E. Lessing, Das Theater des Herrn Diderot, 1760.

Delarue-Mardrus, Lucie, 3. 11. 1880 Honfleur – 26. 4. 1945 Château-Gontier, Lyrikerin (*Occident,* 1901; *Horizons,* 1904; *La figure de proue,* 1908; *Par vents et marées,* 1910; *Souffles de tempête,* 1918; *A maman,* 1920), die mit Sully-Prudhomme u. Montesquiou bekannt war; Jurymitgl. des Prix Fémina, verheiratet mit dem Übs. von *1001 Nacht,* Mardrus. D. verfaßte außerdem Dramen (*Sapho désespérée,* 1906; *La prêtresse de Tanit,* 1909) u. Frauenromane (*Marie, fille-mère,* 1908; *Le roman de six petites filles,* 1909; *L'acharnée,* 1910; *Comme tout le monde,* 1910). 1938 erschienen ihre Memoiren.

S. de Villers, D., 1923; P. Leroy, Femmes d'aujourd'hui, Rouen 1936; M. Harry, Mon amie D., 1946.

Delavigne, Casimir, 4. 4. 1793 Le Havre – 11. 12. 1843 Lyon, Vater Kaufmann; D., befreundet mit Scribe, besang als polit. Lyriker enkomiast. die napoleon. Dynastie u. identifizierte Frkr.s Größe mit dem trag. Schicksal des Kaisers (*Dithyrambe sur la naissance du Roi de Rome,* 1811; *Messéniennes,* 1818–30). Er setzte das Schauspiel mit nationaler Thematik, wie es im 18. Jh. bereits gefordert wurde (u. a. M.-J. Chénier), auf der Bühne durch (*Les vêpres siciliennes,* 1819, deswegen von den Royalisten angegriffen; *La princesse Aurélie,* 1827; *Louis XI,* 1832; *Les enfants d'Édouard,* 1833; *Don Juan d'Autriche,* 1835; *Une famille au temps de Luther,* 1836; *La fille du Cid,* 1839; außerdem *Les comédiens,* 1820; *L'école des vieillards,* 1823; *Marino Faliero,* 1829; *La popularité,* 1838; *Œuvres complètes,* IV 1870). D.s Absicht, mit Tendenzstücken liberale Ideen durchzusetzen, wurde von der Kritik negativ aufgenommen. Daß er am Boulevard Versdramen aufführen ließ, wurde 1829 als Traditionsbruch verstanden. Um die Aufmerksamkeit des Publikums zu gewinnen, soll D. zufolge das Bühnengeschehen Verbindungen mit der polit. Praxis erkennen lassen; das Geschichtsdrama wird sowohl in die Nachfolge der klass. Trag. wie des beliebten Mélodrame eingesetzt. Von allen Dramatikern s. Epoche gelang D. die Kontamination der Form- u. Stofferwartung des klass. mit dem engl. u. dt. Theater in glatten Adaptationen am ehesten; das *Journal des débats* rügte ihn eben deswegen (21. 10. 1835). Er befriedigte Publikumserwartungen ohne riskante Innovationen; trag. Konflikte löste D. in Scheinkonflikte auf, heftige Erregungen in klassizist. Tiraden.

R. Wetzig, Studien über die Trag. D.s., Diss. Leipzig 1900.

Delavigne, Germain, 1. 2. 1790 Giverny/Eure – 30. 11. 1868 Montmorency, Autor von Kom., Vaudevilles u. Opernlibretti (in Zusammenarbeit mit E. Scribe für Auber, Meyerbeer u. a.: *La muette de Portici,* 1828; *Robert le diable,* 1831; *La nonne sanglante,* 1854).

Delay, Jean, geb. 14. 11. 1907 Bayonne, Prof. der Psychiatrie, Mitgl. der Ac. frçe., verfaßte außer fachwiss. Beiträgen auch *La jeunesse d'A. Gide* (II 1956 f.) u. die Einführung zu Montherlants Roman *Un assassin est mon maître* (1971).

Del Castillo, Michel, geb. 3. 8. 1933 Madrid, s. Mutter floh 1938 aus Spanien nach Frkr., Internierungslager, 1942 kam D. in das KZ Mauthausen; nach Kriegsende zurück nach Spanien, relig. Internate; seit 1953 wieder in Frkr., schreibt franz. Romane, in denen er bittere Erfahrungen s. Jugend (*Tanguy,*

1957) u. Ereignisse des span. Bürgerkriegs (*Le colleur d'affiches,* 1958) darstellt (außerdem: *La guitare,* 1957; *La mort de Tristan,* 1959; *Le manège espagnol,* 1960; *Tara,* 1962; *Les louves d'Escurial,* 1964; *Gerardo Lain,* 1967; *Les écrous de la haine,* 1970; Kriminalroman *La nuit du décret,* 1981; *La gloire de Dina,* 1984; *Une femme en soi,* 1991; *Le crime des pères,* 1992).

Delécluze, Étienne Jean, 20. 2. 1781 Paris – 12. 6. 1863 Versailles, Maler, Kunstkritiker, bei ihm verkehrte u. a. Stendhal. D. schrieb *Louis David, son école et son temps* (1855) u. *Souvenirs de soixante années* (1862).

R. Baschet, D., 1942.

De l'esprit (1758), Abhandlung von Claude-Adrien →Helvétius, hg. W. Krauss 1973 ff. Der Autor geht hinter den Ansatz von Montesquieu zurück; ehe der Geist der Gesetze untersucht werden kann, muß der menschl. Geist erforscht sein. So handelt s. Buch ›De l'esprit en lui-même‹, ›De l'esprit par rapport à la société‹, ›Si l'esprit doit être considéré comme un don de la nature, ou comme un effet de l'éducation‹ (vgl. auch das postum erschienene Werk *De l'homme*), ›Des différents noms donnés à l'esprit‹. Ideen hängen von sinnl. Eindrükken u. dem Erinnerungsvermögen ab, Beurteilen ist e. Funktion des Empfindens. Keine Ethik kann verabsolutiert werden, da individuelle Interessen die Wertmaßstäbe setzen; die polit. u. rechtl. Verfassung entscheidet über den Zugang des einzelnen zu Einsichten, die ihm u. dem Allgemeinwohl nützl. sind. Das Ziel der Erziehung ist ›l'art d'être heureux‹; dieses Ziel ist mit e. absolutist. Staatsstruktur unvereinbar. Sofort nach Erscheinen des Werks wurde die Druckerlaubnis zurückgenommen, der Verkauf verboten (August 1758), im Januar 1759 folgte die päpstl. Verurteilung, im Februar die öffentl. Verbrennung vor dem Pariser Justizpalast. Das Ancien Régime begriff, daß der Sensualismus das göttl. Recht durch e. Naturrecht ersetzte u. den Privilegienstaat in Frage stellte. Helvétius wurde von der Sorbonne zusammen mit La Mettrie, Montesquieu u. Morelly der Blasphemie u. Majestätsbeleidigung angeklagt. Der wiss. Sozialismus kritisierte den extremen Determinismus in D.

D. W. Smith, The publication of Helvétius' D., FS 1964.

De l'esprit des lois, Schrift von →Montesquieu, EA Genf 1748, hg. J. P. Mayer/A. F. Kerr, 1970; J. Ehrard 1970. Der Autor, der sich in diesem Spätwerk als ›écrivain politique‹ versteht, unternimmt die monist. Herleitung der Staatsverfassung. Dazu untersucht er nach empirischen Methoden die Herrschaftsfaktoren, grundsätzl. Maximen des Regierens, spezif. Gesetze, Religion, Sitten u. Lebensgebräuche, aber auch klimat. ökonom. u. andere Einflüsse. Gesetze sind ›les rapports nécessaires qui dérivent de la nature des choses‹, also lassen sich Regierungsformen kulturhist. u. ethnolog. begründen, ihre Übertragbarkeit, u. für relig. Systeme gilt dies analog, ist beschränkt. Gesetze können nicht absolutistisch dekretiert werden, wenn sie wirksam sein sollen. Montesquieu ist jedoch nicht frei von Widersprüchen. So postuliert er die Teilung der Gewalten mit pragmat. Argumentation, e. Stärkung des ›pouvoir intermédiaire‹ verhindert in s. Augen sowohl den Despotismus e. einzelnen wie die gefürchtete Herrschaft der vielen (II, 4). Während er dabei ist, den Geist der Gesetze materialist. u. funktionalist. zu begründen, gebricht es ihm an Konsequenz, als er die Entwicklung rationalist. auf e. Urprinzip der ›raison primitive‹ zurückführt. Nun stehen alle Gesetze im Glanz einer Gesetzesmetaphysik, sind sie notwendige Emanationen der Weltvernunft. Gegen den Vorwurf des Spinozismus mußte Montesquieu sich außerdem zur Wehr setzen. Die Abhandlung wurde im 18. Jh. heftig diskutiert; Voltaire u. Rousseau vor allem, der die Gewaltenteilung nicht anerkannte *(Du contrat social)*, lehnten die Theorie ab. Während der Revolution akzeptierten sie die Girondisten, während die Jakobiner direkt u. indirekt zu Rousseau fanden. Dagegen wurde Montesquieus Milieutheorie, die schon von Fontenelle u. dem Abbé de Saint-Pierre vertreten worden war, bei Mme de Staël u. in der Soziologie Auguste Comtes rezipiert u. weiterentwikkelt.

H. Barckhausen, Montesquieu, D. et les archives de la Brède, Bordeaux 1904; H. Kunst, Montesquieu u. die Verfassungen der Vereinigten Staaten, 1922; S. Cotta, Montesquieu e la scienza della società, Turin 1953; M. Imboden, Montesquieu u. die Lehre der Gewaltentrennung, 1959; C. O. Courtney, Montesquieu and Burke, Oxford 1963; M. H. Waddicor, Montesquieu and the philosophy of natural law, Den Haag 1970; E. de Mas, Montesquieu, Genovesi e l'edizione italiana dello Spirito delle leggi, 1971; P. Vernière, Montesquieu et D. ou la raison impure, 1977; L. Althusser, Montesquieu. La politique et l'histoire, 1981; Ch. J. Beyer, Nature et valeur dans la philosophie de Montesquieu, 1982; M. C. Iglesias, El pensamiento de Montesquieu, Madrid 1984.

De l'homme, de ses facultés intellectuelles et de son éducation (Den Haag 1773), staatstheoret. Konzept von Claude-Adrien →Helvétius. Aus der Verurteilung der kathol. Sittenlehre, die die menschl. Kreativität erstickt hat, folgt die Apologie der Gewissensfreiheit sowie die Forderung nach e. Trennung von Kirche u. Staat, Deismus u. ungehinderter Entfaltung der rationalen Kräfte, die das Glück der Mehrheit garantieren. Der schemat. Materialismus der Schrift forderte Diderot zu e. *Réfutation* heraus.

F. Mazzola, La pedagogia di H., Palermo 1920; I. Cumming, H., his life and place in the history of educational thought, New York 1955; D. G. Creighton, Man and mind in Diderot and Helvétius, PMLA 1956.

Délie, object de plus haulte vertu, Gedichtszyklus von Maurice →Scève, entstanden nach 1536, ED Lyon 1544. Geleitet von der themat. kohärenten Bauform des *Canzoniere* Petrarcas, besang Scève in 449 Dizains die Phasen e. heftigen u. unerwiderten Liebe, wobei es zum Stilprinzip gehört, daß traditionelle Themen der Gefühlslyrik in Objekte der Gedankenlyrik verwandelt werden. Daher erhellen Spekulationen darüber, ob Pernette →Du Guillet die Adressatin war, den artist. Wert dieser Poesie kaum. Leitmotive sind Diana, Apoll, der Mond, die Polarität Licht-Dunkel, Leben-Tod, Gesundheit-Krankheit; als Stilmittel dieser stark antithet. esoter. Dichtkunst dienen neben der Metapher in auffälliger Weise die Substantivierung von Verbformen u. das Hyperbaton. Petrarkist. sind die Formeln ›Blicke als Pfeile, Schlangen‹, ›Haare als Liebesketten‹; umfangreicher als Petrarca integrierte Scève jedoch mytholog. Anspielungen, während andererseits s. Übereinstimmung mit der platon. Liebeskonzeption auf ästhet. Stilisierung beruht. Das erlebende Ich tritt in dieser Lyrik stark zurück; fast willenlos ergibt es sich der Liebe, die himml. u. medusenhaft sein kann.

J. D. McFarlane, Notes on M. Scève's D., FS 1959; W. Pabst, Der Liebende im Akkusativ

(Interpret. franz. Ged., hg. K. Wais), 1970; J. Risset, L'anagramme du désir. Essai sur la D. de M. Scève, Rom 1971.

Delille, Jacques, 22. 6. 1738 Aigueperse/Auvergne – 1. 5. 1813 Paris, Stipendiat am Collège de Lisieux in Paris, Lehrer am Collège de Beauvais, Collège d'Amiens u. Collège de La Marche, als er an e. Übs. der *Georgica* von Vergil (1769) arbeitete, zu der ihn L. Racine ermutigte. 1774 wurde D. durch Unterstützung Voltaires in die Ac. frçe. gewählt. Bukolik vermischt mit lehrhaftem Gehalt bezeichnet die Eigenart s. weiteren Dichtungen: *Les jardins ou l'art d'embellir les paysages* (1782), *L'homme des champs ou les Géorgiques françaises* (1800). So wenig D. von s. Thema u. dem Gegenstand der Naturdichtung auch innerl. berührt schien – e. Vorwurf, der die künstler. Leistung nicht treffen kann –, so sicher wurde ihm die Formerwartung zum Problem, denn der ländl. Wirklichkeitszusammenhang verlangte die Aufhebung von Stiltrennungsregeln, die dem Dichter etwa das Wort ›cheval‹ verbieten u. ›coursier‹ gelten lassen. Dabei erkannte D., daß die Hierarchie von sublimem u. niederem Stil auf die Gesellschaft zurückschlägt u. soziale Barrieren konstruiert. Die Verwendung der Periphrase (auch in *La pitié,* 1803; *L'imagination,* 1806–13; *Les trois règnes de la nature,* 1808; *La conversation,* 1812; *Œuvres,* XVI 1824) folgt wohl e. vorgegebenen Stilgesetz, das aber bereits hinterfragt wird. Den Bewunderern am Hof scheint dies verborgen geblieben zu sein. D. entzog sich 1794 der Verhaftung durch den Convent u. floh nach England, 1802 kehrte er rehabilitiert zurück. Der stereotype Vorwurf, er habe es versäumt, Naturlandschaft zu gestalten, denn durch gedankl. Überschuß sei nur Kunstlandschaft in s. deskriptiven Dichtung entstanden, stellt s. Poesie unter e. ästhet. Gesetz, das sie nicht anerkannte. So galt denn auch D., u. nicht etwa Rousseau, neben Voltaire als der größte Schriftsteller s. Generation, weil er e. distanziertes Naturbild, das auf Harmonie u. Nützlichkeit angelegt war, ausdrückte. S. Erfolg erklärt sich aus der Übereinstimmung von klassizist. Ästhetik u. entsprechenden Geschmacksidealen, die die Jh.wende überdauerten.

L. Audiat, Un poète oublié: D., 1902; A.-M. de Poncheville, D. et les préludes de la sensibilité romantique, Revue critique des idées et des livres, Dezember 1913; V. Klemperer, D.s Gärten, 1954; D. est-il mort? 1967; E. Guitton, D. et le premier poème de la nature en France de 1750 à 1820, 1975.

Les déliquescences d'Adoré Floupette, Slg. von Parodien von Henri →Beauclair u. Gabriel →Vicaire, EA 1885, bringt gelungene Pastiches des romant., realist., naturalist. u. symbolist. Stils.

Delphine, Briefroman (220 Briefe und 7 Tagebuchauszüge) von Germaine de →Staël, entstanden nach 1799, EA Genf 1802. E. Intrige verhindert die Heirat des Halbspaniers Léonce de Mondoville u. der jungen Witwe Delphine d'Albémar. D. nimmt den Schleier; das Paar nutzt die Möglichkeit, die 1792 durch die Revolution geboten ist, zur Auflösung des Gelübdes nicht, als Léonce nach dem Tod s. ungeliebten Frau Mathilde wieder frei ist. Er schließt sich e. Emigrantenarmee an u. wird hingerichtet; D. nimmt das Gift, das er zurückgewiesen hat, u. bricht am Schafott zusammen. In der 3. Ausgabe (1809) änderte die Autorin den pathet. Schluß, nun stirbt D. im Kloster an gebrochenem Herzen (vgl. *Corinne,* Ellénore von B. Constant), Léonce fällt in der Vendée. Wie später in *Corinne* sahen die Zeitgenossen die Hauptfigur dieses Romans als idealisiertes Selbstporträt der Erzählerin an. Obwohl seel. Konflikte vorrangig sind, wurde das Werk als Kritik an der napoleon. Herrschaft verstanden; die negative Zeichnung des Katholizismus in der Gestalt der Mathilde de Vernon, die e. spontanes Glück zerstört hat, die These, daß Leidenschaft Liebe tugendhaft mache, das rousseauist. Bekenntnis der Helden zur ›religion du cœur‹ bedeuteten offenbar Gefahr für den Bestand der Gesellschaft; e. Rezension im *Mercure* (1. 1. 1803) artikulierte die Einwände Napoleons u. Talleyrands.

Delteil, Joseph, 20. 4. 1894 Villar-en-Val/Aude – 12. 4. 1978 Montpellier, Bauernsohn, kam 1920 nach Paris; befreundet mit den Surrealisten, verheiratet mit Caroline Dudley, der Gründerin der *Revue nègre.* Der Lyriker, Erzähler u. Essayist D. verfaßte s. bedeutendsten Werke 1920–30 (Romane *Sur le fleuve Amour,* 1922; *Les cinq sens,* 1924; Darstellungen *Jeanne d'Arc,* 1925; *La Fayette,* 1928; *Napoléon,* 1929; *Don Juan,* 1930; *Jésus,* II 1947, ungünstig aufgenommen), 1968 erschien die Autobiographie *La Delteillerie,* 1973 *Alphabet;* 1976 *Le sacré corps,* 1980 die Korrespondenz mit Henry Miller, 1990 *Museé de marine.*

A. de Richaud, Vie de saint D., 1928; D. Ouvrage collectif, Rodez 1969; D. est au ciel, ouvrage collectif, 1979; R. Briatte, D., 1988.

Le demi-monde, Prosakom. in fünf Akten von Alexandre →Dumas fils, EA 1855, Urauff. 20. 3. 1855 Théâtre du Gymnase. Dumas prägte das franz. Wort für ›Halbwelt‹. Suzanne verkörpert die ehrbar gewordene Kokotte, vor der Olivier s. Freund Raymond durch e. List rettet; auf die falsche Nachricht von dessen Tod im Duell hin ist Suzanne sogleich bereit, den Intriganten zu heiraten. Raymond weiß nun, wie wenig er ihr bedeutet. Suzanne ist das sittenlose Gegenbild zur empfindsamen Dirne in →*La dame aux camélias.* Jedoch sind beide Stücke vom gleichen Pathos getragen.

Demi-vierge, der paradoxe Begriff der ›Halbjungfrau‹ als e. typ. Produkts der Pariser Gesellschaft stammt vom Romancier Marcel Prévost, der in *Les demi-vierges* (1894) e. pikantes Sittenbild der 90er Jahre zeichnet, wo Damen aus besseren Kreisen mit halben Zugeständnissen reiche Ehemänner erobern u. Liebhaber nicht verärgern wollen, bis sie sich im Netz ihrer eigenen Intrigen heillos verfangen.

Les demoiselles de Saint-Cyr, Kom. in fünf Akten von Alexandre →Dumas père, EA 1843, Urauff. 25. 7. 1843 Com. frçe. Zur Strafe für e. verbotenen Aufenthalt im Mädcheninternat von Saint-Cyr müssen Roger u. s. Freund Bubouloy Charlotte u. Louise heiraten u. werden von ihren Frauen überlistet, als sie sich durch e. Reise nach Spanien der Ehe entziehen wollen; was Charlotte mit Eifersucht gelingt, meistert Louise mit e. Adelstitel. Der Reiz des Lustspiels liegt in s. Frivolität u. Situationskomik.

Demolder, Eugène, 16. 12. 1862 Molenbeek-Saint-Jean bei Brüssel – 9. 10. 1919 Essonnes, Jurist, Mitgl. der Jeune Belgique, Hg. der Zs. *Coq rouge;* realist. Erzähler u. Dramatiker (*Contes d'Yperdamme,* 1891; *Les récits de Nazareth,* 1893; *La lé-*

gende d'Yperdamme, 1897; *Quatuor,* 1897; *La route d'émeraude,* 1899, Darstellung der Rembrandtzeit, *Les patins de la reine d'Hollande,* 1901; *Le jardinier de la Pompadour,* 1904; *Contes de chez nous,* 1913; außerdem Essays *Impressions d'art,* 1889; *L'Espagne en auto,* 1906; Drama *La mort aux berceaux,* 1898).

H. Krains, Portraits d'écrivains belges, Lüttich 1930.

Demoustier, Charles-Albert de, 11. 3. 1760 Villers-Cotterets – 2. 3. 1801 Paris, unbefriedigt von s. Advokatenberuf wie so viele Zeitgenossen, zog sich ins Privatleben zurück u. widmete sich der Lit. S. Verse u. Prosa sammelte D. in den *Lettres à Émilie sur la mythologie* 1786–98; die didakt. Schriften zusammen mit Bühnenwerken erschienen postum 1804 *(Œuvres diverses).*

E. Faguet, D., Revue des cours et conférences, Mai 1905.

Denisot, Nicolas, 1515 Le Mans – 1559 Paris, Humanist, Maler u. Dichter, zeitweise Gefährte Ronsards, schrieb e. *Tombeau de Marguerite de Navarre* (1551) u. religiöse Oden (*Le livre des prières à Dieu; Cantiques du premier advenement de Jésus-Christ,* 1553).

C. Jugé, N. D. du Mans (1515–1589), 1907.

Denon, Dominique-Vivant baron de, 4. 1. 1747 Givry bei Chalon-sur-Saône – 27. 4. 1825 Paris, Diplomat, Erzähler (*Point de lendemain,* 1776), Maler, befreundet mit J. L. David, 1798/99 in der Umgebung Napoleons als Kriegszeichner (*Voyage dans la Haute et Basse Égypte,* 1802), seit 1804 Generalinspektor der Pariser Museen. Nach 1815 widmete sich D. kunstgeschichtl. Studien.

P. Lelièvre, D., Angers 1942.

Dénouement, die Lösung der ep., narrativen oder dramat. Intrige.

Déon, Michel, geb. 4. 8. 1919 Paris, Jurastud., bis 1942 Militärdienst, trat als Anhänger von Maurras in die Redaktion der *Action frçe.* ein. Nach 1944 schrieb er Reiseberichte (Italien, griech. Inseln) u. romaneske Geschichten, in deren Mittelpunkt immer wieder außergewöhnl. Helden stehen. D., am 8. 6. 1978 in die Ac. frçe. gewählt, gehört wie Blondin, Nimier, Laurent zum Kreis der Existentialismusgegner (*Adieux à Sheila,* 1944; *Amours perdus,* 1946; *Je ne veux jamais l'oublier,* 1950; *Corrida; Les gens de la nuit; Le dieu pâle; Les trompeuses espérances; Les poneys sauvages,* Prix Interallié 1970; *Un taxi mauve,* Gr. Romanpreis der Ac. frçe. 1973; *Un déjeuner de soleil,* 1981, als Roman im Roman auch Anlaß zu poetolog. Selbstverständigung; polit. Schriften *Lettre à un jeune Rastignac,* 1958; *Mes arches de Noé,* 1978, Apologie der polit. Rechten vor 1940; *Je vous écris d'Italie,* 1984; Roman im Stil Stendhals; Erzählungen *Pages grecques,* 1993).

Dépôt légal, Pflichtexemplarzwang, von Franz I. in der Ordonnanz von Montpellier 1537 eingeführt, vom I. Kaiserreich gesetzl. begründet; Eingang in den Bestand der BN.

Les déracinés (1897), Roman von Maurice →Barrès, erster Teil der Trilogie *Le roman de l'énergie nationale.* Der rassenfremde Humanismus u. Liberalismus, begründet durch die Philosophie Kants, den e. Gymnasiallehrer in Nancy s. Klassen vermittelt, leitet die geistige u. eth. Entwurzelung von sieben s. Schüler ein, die dem Taumel des Fin-de-siècle keine Prinzipien entgegenzusetzen vermögen. In den Roman ist e. fiktives Gespräch mit H. Taine eingebaut.

Derème, Tristan, (eig. Philippe Huc), 13. 2. 1889 Marmande/Lot-et-Garonne – 24. 10. 1941 Oloron-Sainte-Marie, Lyriker der Gruppe der Fantaisistes (*Le renard et le corbeau,* 1905; *Le tiroir sec,* 1906; *Petit cahier,* 1911; *Le poème de la pipe et de l'escargot,* 1912; *La verdure dorée,* 1922; *L'enlèvement sans clair de lune,* 1924; *Poèmes des colombes,* 1928; *Le poisson rouge,* 1934; *Le violon des muses,* 1935; *L'escargot bleu,* 1936; *La tortue indigne,* 1937; *Poème des griffons,* 1938; *Tourments, caprices et délices,* 1941).

H. Martineau, D., 1927.

Derennes, Charles, 4. 8. 1882 Villeneuve-sur-Lot – 28. 4. 1930 Paris, Autor von Tiergeschichten u. Lyriker, schrieb teilweise in Provenzal. (*L'enivrante angoisse,* 1904; *La tempête,* 1906; *L'amour fessé,* 1916; *Les caprices de Nouche,* 1909; *Le béguin des muses,* 1912; *La petite faunesse,* 1918; *Perséphone,* 1920; *Le renard bleu,* 1921; *La fontaine Jouvence,* 1923; *Émile et les autres,* 1924; *La fortune et le jeu,* 1926; *Amours basques,* 1928; *Le pauvre et son chien,* 1930).

Le dernier chouan ou la Bretagne en 1800 (1829), Roman von Honoré de →Balzac, Darstellung der Royalistenaufstände von 1799 in der Bretagne, wobei der Erzähler die polit. Auseinandersetzung zwischen der monarchist. u. republikan. Idee mit dem Liebeskonflikt zwischen dem königstreuen Marquis de Montauran u. der Spionin im Dienste Fouchés, Mlle de Verneuil, koppelt. Die Vernichtung der restaurativen Macht u. der Untergang des Paares fallen zusammen: Balzac, der sich auf die Romantechnik Scotts berief, modifizierte in Wirklichkeit dessen Darstellungsverfahren. 1834 erschien das Werk unter dem neuen Titel *Les chouans ou la Bretagne en 1799;* es blieb der beispielhafte Beitrag zur franz. Vendéelit.

R. Lebègue, Esquisse d'une étude sur Balzac et la Bretagne, RhlF 1950; S. Bérard, A propos des Ch., RhlF 1956.

Le dernier des justes (1959, Prix Goncourt), autobiograph. Roman von André →Schwarz-Bart, e. jüd. Familienchronik über acht Jh.e, gekennzeichnet durch e. lange Kette von Verfolgungen u. Pogromen, bis der letzte Levy, Erni, den Opfergang in die Gaskammer antritt. Im Selbstverständnis des Helden wie in der Charakteristik durch den Autor verkörpert Erni das geschundene Israel in der Erwartung e. Messias.

La dernière chance →*Les chemins de la liberté* von Sartre.

Les derniers jours de Pékin (1901), Kriegsbericht von Pierre →Loti von der Intervention der Alliierten im Gelben Meer im Herbst 1900 u. der Einnahme Pekings bis zur Niederwerfung des Boxeraufstands. Loti beschreibt Kampfhandlungen u. private Expeditionen zu Sehenswürdigkeiten; der Schluß berichtet von e. Galadiner im kaiserl. Palast, zu dem die Stäbe der Siegermächte u. hohe chines. Würdenträger erscheinen; Graf Waldersee an der Seite der Frau des franz. Gesandten, Bischöfe u. Generäle der sieben verbündeten Nationen, drei Mandarine. Loti nennt es e. seltsames ›alles auf den Kopf stellendes u. entweihendes Mahl‹. Ihm ist, als ob dieser Abend den Sturz Pekings unwiederbringl. besiegelt, denn s. Geheimnis ist nun, wenn auch der Kaiser zurückkehren sollte, ans Licht gebracht. Die Kaiserl. Stadt, e. der letzten Refugien des Wunderbaren, e. kaum verständl. Märchen für den Okzident, wurde profaniert.

Déroulède, Paul, 2. 9. 1846 Paris – 30. 1. 1914 Montboron, 1882 Gründer d. ›Ligue des patriotes‹, Parteigänger Boulangers, 1899 wegen Umsturzversuchen aus Frkr. verbannt, 1905 amnestiert, bekannt vor allem durch s. Soldatenlieder (*Chants du soldat,* 1872; *Nouveaux chants,* 1875; Stanzen *Pro patria,* 1879; *Refrains militaires,* 1888; *Poésies militaires,* 1896; daneben Dramen *Jean Strenner,* 1869; *L'Hetman,* 1877; *Messire du Guesclin,* 1896; *La mort de Hoche,* 1897; *La plus belle fille du monde,* 1898). D. predigte die Revanche, von der die Masse der Franzosen träumte. S. Gedichte erschienen in illustrierten Volksausgaben u. wurden in Lesebücher aufgenommen.

P. Marin, D., 1902; C. Ducray, D., 1914; J. et J. Tharaud, La vie et la mort de D., 1933.

Derrière la vitre (1970), Roman von Robert →Merle, erste Verarbeitung der Mai-Revolte 1968 zur Narrativik im Simultanstil von Dos Passos.

Désaugiers, Marc-Antoine-Madeleine, 17. 11. 1772 Fréjus – 9. 8. 1827 Paris, Liederdichter u. Autor von Vaudevilles, seit 1815 Direktor des Théâtre du Vaudeville (*Œuvres,* III 1808–16; *Chansons et poésies diverses,* IV 1827; *Théâtre,* 1887).

Des Autelz, Guillaume, 1529 Vernoble/Grafschaft Charolais – 1581 Cluny, Jurist, 1570 bis zu s. Tod an der Abtei Cluny; Mitgl. der Pléiade (*Le moy de may,* 1549; *Le repos de plus grand travail,* 1550; *L'amoureux repos,* 1553). Gleichzeitig beteiligte sich D. mit Louis Meigret an der Polemik um das Für u. Wider phonet. Reformen (*Traité touchant l'ancien orthographe françois,* 1548); später imitierte er unbeholfen Rabelais (*Préhistoire barragouyne de Fanfreluche et Gaudichon,* Lyon 1559, 1574) u. engagierte sich für die Politik der Guise (→Ligue). S. Lyrik, bes. Epigramme u. Sonette, erntete von Ronsard unverdient hohes Lob.

Desbordes-Valmore, Marceline (geb. Desbordes), 20. 6. 1786 Douai – 23. 7. 1859 Paris, Tochter e. Malers, Schneiderin, Sängerin u. Schauspielerin bis 1823, seit 1817 mit dem talentlosen jüngeren Schauspieler Valmore verheiratet. Ihre Lyrik (*Élégies, Marie et romances,* 1819; *Poésies,* 1820; *Élégies et poésies nouvelles,* 1825; *Poésies,* 1830; *Les pleurs,* 1833; *Pauvres fleurs,* 1839; *Bouquets et prières,* 1843; *Poésies inédites,* 1860; Gesamtausgaben 1886 f., 1973) vereinigt deskriptive Elemente des 18. Jh. mit empfindsamer Gestaltung der Liebesthematik; ob D. ihre Leidenschaft für den Dichter Henri de Latouche besingen wollte, ist nicht erwiesen. Sainte-Beuve, Émile Montégut, Verlaine, der die Dichterin unter die ›poètes maudits‹ zählte, feierten ihre Bekenntnislyrik. Im Spätwerk, beispielsweise dem Gedicht *La couronne effeuillée,* inspirierte D. sich auch an relig. Motiven.

L. Descaves, La vie douloureuse de M. D., 1911; S. Zweig, D., [2]1927; Bibl. G. Cavalucci, Neapel 1936; P. Grosclaude, Sainte-Beuve et D., 1948; J. Moulin, D., 1955; E. Jasenas, D. devant la critique, 1962; ders. D. et Nerval, 1975.

Descartes, René, 31. 3. 1596 La Haye/Touraine – 11. 2. 1650 Stockholm, erwarb 1616 in Poitiers die jurist. Licence, reiste in den folgenden Jahren durch die Niederlande, Dänemark u. Italien, war

Soldat im Heer Tillys. Seit 1619 verfolgte er wiss. Projekte, über deren Inhalt er nicht sprechen wollte. Nach kurzem Aufenthalt in Paris (1626–1629) lebte D. wiederholt in den Niederlanden, 1644 im Poitou, 1647 u. 1648 erneut in Paris. 1649 folgte er e. Einladung der Kgin. Christine an den schwed. Hof, wo er die veränderten Lebensgewohnheiten nicht ertrug. Die Beschäftigung mit den Naturwiss. u. die modernist. Traditionsbegriffe einzelner Literaten der Generation von 1620 (Viau, Saint-Amant, Balzac), die ihm vertraut waren, bestärkten D. in s. Ablehnung der Schulphilosophie. Aber anders als die Denker der →Académie putéane, namentl. Gassendi, verlangte er nach e. Methode, die über die Wahrscheinlichkeit hinaus zu absoluter Gewißheit führt. D. entdeckte den Menschen als denkende Substanz, der die Idee Gottes eingeboren ist. Von der Erkenntnis der Gottesidee schloß D. auf die Existenz Gottes (*Discours de la méthode,* 1637; *Meditationes de prima philosophia,* 1641; *Principia philosophiae,* 1644). S. Affektenlehre, die er im →*Traité des passions de l'âme* (1649) niederlegte, forderte den Primat des freien Willens. Der Cartesianismus wirkte modifiziert (wechselnde Betonung von Metaphysik, Physik, Rationalismus, Optimismus) bei Malebranche, Arnauld, Pascal, Poiret u. Huet sowie in der Aufklärungsphilosophie des 18. Jh. nach. Adrien Baillet veröffentlichte 1691 e. *Vie de M. D.* (Kurzfassung 1693), die die Basis der D.biogr. geblieben ist.

H. Friedrich, D. u. der franz. Geist, 1937; E. Cassirer, D., Stockholm 1939; E. Husserl, Méditations cartésiennes, 1941; L. Brunschvieg, D. et Pascal, Neuchâtel 1945; D. présenté par J.-P. Sartre, 1947; F. Alquié, D., ²1963; K. Löwith, Das Verhältnis von Gott, Mensch u. Welt in der Metaphysik von D. u. Kant, 1964; L. Petit, D. et la princesse Elisabeth, roman d'un amour vécu, 1969; H. Gouhier, La pensée métaphysique de D., 1969; E. Denisoff, D., premier théoricien de la physique mathématique, Louvain 1970; G. Rodis-Lewis, L'œuvre de D., II 1971; S. Romanowski, L'illusion chez D., 1974; J.-L. Marion, Sur l'ontologie grise de D., 1975; ders., Sur la théologie blanche de D., 1981; G. Rodis-Lewis, D. et la rationalisme, 1985; dies., L'anthropologie cartésienne, 1990; N. Grimaldi, Six études sur la volonté …, 1988.

Descaves, Lucien, 18. 3. 1861 Paris – 6. 9. 1949 ebda., Journalist, Bankangestellter, befreundet mit den naturalist. Romanciers, deren Stil ihn als Erzähler prägte (*Le calvaire d'Héloïse Pajadou,* 1882; *Une vieille rate,* 1883; *La Teigne,* 1886; *La caserne,* 1887). Bekannt wurde D. mit der Erzählung *Les misères du sabre* (1887), als Chauvinisten e. Anklage wegen Verletzung patriot. Gefühle durchsetzten; sie überschätzten das krit. Potential des Buchs. Später erschienen: *Sousoffs* (1889), *Les emmurés* (1894), *En villégiature* (1896) sowie einzelne Dramen, die in Zusammenarbeit mit M. Donnay, A. Capus u. F. Nozière entstanden. 1900 wurde D. Mitgl. der Ac. Goncourt, 1944 ihr Präsident.

L. Deffoux, D., 1940.

Deschamps, Antoine François Marie, gen. Antony D., 12. 3. 1800 Paris – 29. 10. 1869 Passy, jüngerer Bruder von Émile →D., seit 1840 geisteskrank. D. übersetzte die *Divina commedia* von Dante (1829) u. verfaßte pathosreiche Bekenntnislyrik (*Les italiennes,* 1831; *Satires,* 1834; *Dernières paroles,* 1835; *Résignation,* 1839).

Deschamps, Émile, 20. 2. 1791 Bourges – 22. 4. 1871 Versailles, befreundet mit Alfred de Vigny u. dem Verleger der Chénier-EA, Henri Latouche; zusammen mit ihm schrieb D. das Drama *Le tour de faveur* (1818, Théâtre Favart); der

Freundeskreis erweiterte sich um Alexandre Guiraud, Alexandre Soumet, Jules de Rességuier u. Victor Hugo. 1820 trat in der Wohnung von D. der erste romant. Cénacle zusammen (Lamartine kam nicht vor 1828 dazu). 1824 gründeten Hugo u. D. *La Muse française* als Zs. der Romantiker; D. engagierte sich in e. Manifest für die neue Ästhetik (Vorwort zu *Études françaises et étrangères,* 1828). 1854 veröffentlichte er die *Contes physiologiques;* auch Übs. aus dem Span. u. Dt. (Schiller, Goethes Lyrik, *Œuvres complètes,* VI 1874 ff.).

H. Girard, Un bourgeois dilettante à l'époque romantique, II 1921; R. Bray, Chronologie du romantisme, 1932.

Deschamps, Eustache Morel, gen., um 1346 Vertus/Marne – vor November 1407, absolvierte in Reims das Trivium u. studierte in Orléans Jurisprudenz. 1367 trat er in kgl. Dienste, denen er sich bis kurz vor s. Tode widmete. Der Autor von rund 1500 lyr. Titeln (Ballade, Chant royal, Rondeau, Virelai), von Übertragungen u. der ältesten franz. Poetik, *Art de dictier* (1393), sah in →Guillaume de Machaut s. Meister. Dabei lagen ihm Konfessionslyrik und Gelegenheitsdichtung näher, darin erinnert er an →Rutebeuf. Wie Machaut fand D. von der zunftmäßig betriebenen Poeterei zu neuer Hofdichtung (*Œuvres complètes,* hg. Queux de Saint-Hilaire/G. Raynaud, XI 1878–1904).

A. Dickmann, D. als Schilderer der Sitten s. Zeit, Diss. Münster 1936; D. Poirion, Le poète et le prince. L'évolution de lyrisme courtois de Guillaume de Machaut à Charles d'Orléans, 1965.

Deschamps, Jérôme, geb. 5. 10. 1947 Neuilly, bürgerl. erzogen; Neffe von Jacques Tati; am Lycée Louis-le-Grand Schülertheater zusammen mit Patrice Chéreau, Schauspielunterricht u. Engagement an der Com. frçe. sowie im Ensemble von Antoine Vitez, bis er e. eigene Truppe gründet. Seit 1977 Autor burlesker Stücke, darunter *Les blouses* (1982), *C'est dimanche* (1985), *Les petits pas* (1986, Festival d'automne, Paris), *Lapin-Chasseur* (1988), *Les frères Zénith* (1990). Operninszenierungen 1991 u. 1992.

Descort (lat. *discordare* = uneinig sein), unregelmäßig gebautes Minnelied (nach Versart, Verszahl u. Melodie versch. Strophen entsprechend dem freien Strophenbau lat. Kirchensequenzen), dessen Anlage die psych. Disharmonie des Liebenden versinnbildlicht. Erhalten sind aus der ma. Lit. ca. 30 Texte. E. D. des →Raimbaut de Vaqueiras wechselt mit jeder Strophe auch die Sprache: Provenzal., Ital., Franz., Gaskogn., Galic.-Portugies.; die Tornada des Gedichts versammelt wieder alle fünf Sprachen. In der altfranz. Lyrik erschien die Gattung erstmals bei Gautier de Dargies.

J. H. Marshall, D. in the poetry of the troubadours, Romance Philology 35, 1981.

El desdichado, Sonett des Zyklus →*Les chimères* von Nerval. Der span. Titel (›der Unglückliche‹) spielt auf e. Episode in *Ivanhoe* von Walter Scott an: e. engl. Ritter, dem Kg. Johann s. Land weggenommen hat, wählt die Devise ›El desdichado‹; wenn sich das lyr. Ich mit der Figur identifiziert, transponiert Nerval die polit. u. materielle Enteignung in einen romant. Verlassenheitskomplex. Die ›schwarze Sonne der Melancholie‹ (I, v. 4) u. die Grabesfinsternis (II, v. 1) als Sinnbilder der inneren Verfassung kontrastieren mit Nervals Italienmythos u. der idealen Traumwelt, in die das Liebeserlebnis mit Octavie einfließt. E. neuer Orpheus, Grenzgänger zwischen Totenreich u. äther. Sphären, behauptet das lyr. Ich s. spezif. Begnadung (IV). Die wiederholte Reise durch den Acheron (IV, 1) ist freil. an die Krankheit des Autors gebunden, nur artikuliert Nerval den klin. Wahnsinn als Manie der Seher u. zwingt die Entgrenzung in die strenge Form des Sonetts.

M. Richelle, D. de G. de Nerval, Analyse textuelle (Interpretationen franz. Ged., hg. K. Wais), 1970.

Le désert de l'amour (1925), Roman von François →Mauriac. In e. gnadenlosen Welt bieten Liebesverhältnisse u. Familienstrukturen keine Geborgenheit, wie der Arztsohn Raymond Courrèges im Rückblick auf das Verhalten s. Vaters, der s. Zuneigung gewinnen wollte, u. auf die unglückl. Bindung von Vater u. Sohn an Maria Cross erkennt. Allein für Maria werden die Verheerungen der Sinnlichkeit zum Heil, erschüttert öffnet sie sich der Gnade. Das Werk wurde 1926 mit dem Romanpreis der Ac. frçe. ausgezeichnet.

Le désespéré (1886), Roman von Léon →Bloy, e. autobiograph. u. damit speziell polem. Werk, das den Zwiespalt von Sexualität (das Verhältnis des Autors zu Anne-Marie Roulé) u. myst. Religiosität im Stil des Fin-de-siècle dämonisiert u. e. erbitterten Kampf gegen ›die Kinder dieser Welt‹ führt (zur Thematik vgl. auch Verlaine u. Huysmans). *D.* ist e. der frühen Zeugnisse des →Renouveau catholique.

J. Bollery, Le d. de L., Bloy, 1937; A. Béguin, L. Bloy, mystique de la douleur, 1948.

Des Essarts, Emmanuel, 1839 Paris – 1909 Lampdes, Lyriker (*Poésies parisiennes,* 1862) u. Univ.-prof. in Dijon u. Clermont-Ferrand; befreundet mit Mallarmé.

M. Lind, Un parnassien universitaire. D., 1928.

Des Esseintes, Protagonist des Romans →*A rebours* von Huysmans, der sich – darin z. T. Abbild des Dandys →Montesquiou-Fézensac – e. ästhetizist. Existenz aufbaut u. sie im Überdruß für relig. Erlebnisse hingibt. Diese Flucht aus attraktiver Dekadenz in den Irrationalismus des Katholizismus stellt spez. Widersprüche der Epoche dar.

B. A. Richardson, Mallarmé's Prose pour D., Romance notes 1970.

Desfontaines, Pierre-François Guyot, 1685 Rouen – 1745 Paris, Jesuit, der den Orden verlassen mußte, Weltgeistl. in der Normandie, schließl. mondäner Abbé u. Lit.kritiker in Paris, Redakteur des *Journal des savants;* Übs. (Swift, Vergil), bekannt vor allem aber durch Angriffe auf La Motte (*Paradoxes littéraires au sujet de la tragédie d'Inès de Castro,* 1723) u. Voltaire, der ihn vor der Galeere bewahrt hat (*Voltairomanie,* 1738; *Le médiateur,* 1739). 1741 schlug er für das unklass. Schauspiel die Bezeichnung ›drame‹ vor.

Ch. Nisard, Les ennemis de Voltaire, 1853; M. Spatzier, Der Abbé D., Diss. Leipzig 1904; Th. Morris, L'abbé D. et son rôle dans la littérature de son temps, Genf 1961.

Des Forêts, Louis-René, geb. 28.1.1918 Paris, Erzähler (1943–67: *Les mendiants, Le bavard,* 1946; Novellen *La chambre des enfants,* 1960; *Les mégères de la mer,* 1967); seit 1975 Arbeit an *Ostinato,* autobiogr. Text in der neuen Kombination von Präsens und 3. Person, bestehend aus e. Abfolge von Fragmenten ohne narrative Verknüpfung, TD 1984 und 1987 *(L'Ire des vents).*

Von der Allgegenwart des Traumes u. der Phantasie gestört u. zugleich bereichert, paßt sich der Autor dem traditionellen Diskurs der Autobiogr. nicht an. Die Suche nach der Wahrheit setzt bei ihm den Umweg über die Fiktion voraus (*Voies et détours de la fiction,* 1985).

J.-B. Puech/D. Rabaté, Cahier D., 1991.

Desforges-Maillart, Paul, 24. 4. 1699 Le Croisic – 10. 12. 1772 ebda., Jurist, fand unt. d. Pseudonym Mlle Malcrais de La Vigne Anerkennung für s. Verse, u. a. durch Voltaire u. den Direktor des *Mercure,* der s. Zs. D. verschließen wollte (*Poésies de Mlle Malcrais de La Vigne,* 1735; *Œuvres en vers et en prose,* 1759).

Des Grieux, Liebhaber der Titelheldin u. Erzähler im Roman →*Histoire du chevalier D. et de Manon Lescaut* des Abbé →Prévost d'Exiles.

Deshoulières, Antoinette, 31. 12. 1637 Paris – 17. 2. 1694 ebda., durch ihre Heirat (Juli 1651) mit dem Schicksal der Fronde verbunden, Flucht nach Brüssel. 1657 kehrte sie nach Frkr. zurück, befaßte sich mit Cartesianismus u. Gassendismus u. schrieb preziöse Liebeslyrik sowie Idyllen, die 1678 gesammelt herauskamen. Boileau verspottete die Melancholie der Mme D. in der 10. Satire. 1677 lenkte sie die Intrige gegen Racines →*Phèdre.* In der →Querelle des anciens et des modernes unterstützte sie Perrault (*Œuvres complètes,* II 1747).

Désirée, Eugénie Bernardine, Kgin. von Schweden, 8. 11. 1777 Marseille – 17. 12. 1860 Stockholm, Tochter e. Seidenhändlers, seit 1794 verschwägert mit der Familie Bonaparte, 1798 Heirat mit dem General Bernadotte, dem Kg. Karl XIV. Johann von Schweden. Ihr Schicksal ist Gegenstand e. Romans von A. Selinko (1951), der auch verfilmt wurde.

Desjardins, Marie-Catherine-Hortense →Villedieu.

Desjardins, Paul, 22. 11. 1859 Paris – 13. 3. 1940 Pontigny, antimaterialist. Philosoph, Gründer der Union pour l'action morale u. e. Schriftstellerbundes (Entretiens de Pontigny). D. verfaßte u. a. *Le devoir présent* (1892), *La méthode des classiques français* (1904) u. *Catholicisme et critique* (1905).

A. Heurgon-Desjardins, D. et les décades de Pontigny, 1964.

Des journées entières dans les arbres, Stück in vier Bildern von Marguerite →Duras, EA 1954, Urauff. 1. 12. 1965 Odéon, Paris. Für Madeleine Renaud schrieb die Autorin die Rolle der egoist., kritiklos in ihren lebensuntüchtigen Sohn vernarrten Mutter nach e. eigenen Novellenstoff. Gleichgültig, in melanchol. Erinnerung an ›ganze Tage in den Bäumen‹, d. h. an die sorglose Kindheit, verbringt der Sohn, Eintänzer in e. Lokal, liiert mit dem Barmädchen Marcelle, s. Tage. Aus Übersee kommt die 78jähr. Mutter zu Besuch, posiert als steinreiche u. vitale Frau (in der Berliner Aufführung 1969 von Tilla Durieux dargestellt) u. weidet sich am Versagen ihres Sohnes. Das Mutter-Sohn-Motiv wird zum Kristallisationspunkt seel. und sittl. Dissonanzen; die Mutter spielt vor ihrem Sohn die Rolle der Magnatin, in Wirklichkeit wird sie von ihrer Tochter Mimi – e. wichtigen Rolle, die als Autoritätsfigur nur in den Reaktionen der alten Frau sichtbar wird – unter Kuratel gestellt; der Sohn durchschaut das Mißverständnis nicht u. bringt s. Mutter diebisch um ihren letzten privaten Besitz.

Deslauriers, in →*L'éducation sentimentale* von Flaubert der ungleiche, machtgierige Freund von Frédéric Moreau; mit ihm zusammen gesteht er sich das Scheitern der Ideale ihrer Generation ein.

Desmahis, Joseph-François-Édouard de Corsembleu de, 3. 2. 1722 Sully-sur-Loire – 25. 2. 1761 Paris, Salondichter, von Voltaire geschätzt; Autor des Proverbe *L'impertinent ou le billet perdu* (1750) u. der Charakterkom. *Le triomphe du sentiment, La veuve coquette, L'inconséquent* u. *L'honnête homme* (unvollendet) sowie des Reisegedichts *Voyage à Saint-Germain* (*Œuvres,* hg. M. de Tresséol, II 1778).

Desmarets de Saint-Sorlin, Jean, 1595 Paris – 28. 10. 1676 ebda., verkehrte seit 1632 im Hôtel de Rambouillet. Der Günstling Richelieus u. exaltierte Jansenistengegner zählte zu den ersten Mitgl. der Ac. frçe. In s. dichter. Schaffen (Roman *Ariane,* 10 Bde., den er 1634 der Akademie vorlegte; Drama *Mirame,* 1640; Epos *Clovis,* 1675) fällt die Sittenkom. *Les visionnaires* (1637) auf, die Richelieu angeregt hätte; weder Farce noch klass. Charakterkom., setzt sich das Stück aus e. Reihe karikierender Porträtstudien zusammen. S. *Défence de la poésie et de la langue françoise* (1675), Perrault gewidmet, die sich gegen →Boileau richtete, bereitete die →Querelle des anciens et des modernes vor.

A. Reibetanz, D., Diss. Leipzig 1910; M.-A. Caillet, Un visionnaire du XVIIe siècle, D., 1938.

Des Marquets, Anne, Dichterin des 16. Jh. aus der Normandie, gest. 11. 5. 1588 Poissy, Dominikanerin, verfaßte relig. inspirierte Lyrik (Sonette, Hymnen).

Des Masures, Louis, um 1523 Tournai – 1574, Sekretär des Kardinals von Lothringen, protestant. Pfarrer in Metz u. Straßburg, Autor der ersten Versübs. der *Aeneis* u. e. relig. Trag.trilogie, *David combattant, David triomphant, David fugitif* (1563, vgl. auch bibl. Stoffe bei Bèze, La Taille u. Garnier) in Acht- (dramat. Szenen), Zehnsilbern (ep. Partien) u. Alexandrinern (Monologe u. Gebete) als Versuch, ma. u. klass. Traditionen zu kontaminieren. Zu s. lyr. Leistungen zählen Versfassungen von 20 Psalmen, Elegien u. Epigramme.

Desmoulins, Camille, 2. 3. 1760 Guise/Aisne – 5. 4. 1794 Paris (hingerichtet), 1785 Anwalt am Pariser Parlement, Revolutionär der ersten Stunde, forderte am 12. 7. 1789 die Bevölkerung auf, sich gegen den Kg., der den Minister Necker entlassen hatte, zu bewaffnen. D. übernahm vor allem die Rolle des Pamphletisten der Revolution (*Œuvres,* hg. J. Claretie, II 1874; Zss. *Révolutions de France et de Brabant,* 1789–91 u. →*Le Vieux Cordelier,* 5. 12. 1793–24. 1. 1794, hg. A. Mathiez 1936). S. *Histoire des Brissotins* propagierte die Vernichtung der Girondisten (vgl. auch Lamartine). Da D. sich von Robespierre lossagte u. Dantonanhänger wurde, starb er zusammen mit ihm. Er formulierte den Aphorismus ›Les dieux ont soif‹, den A. France zum Romantitel erhob.

V. Methley. D., 1914; K. Hilt. D. s. polit. Gesinnung, 1915; R. Arnaud, La vie turbulente de D., 1928; I. Matrat, D., 1956.

Desnos, Robert, 4. 7. 1900 Paris – 8. 6. 1945 KZ Theresienstadt, Lyriker, der anfangs zu den Surrealisten gehörte, 1930 sich mit einem Manifest von deren Ästhetik der Unverständlichkeit verabschiedete. 1928 hatte er mit Man Ray den Film *L'étoile de mer* produziert; 1937 Zusammenarbeit mit Darius Milhaud an *La cantate pour l'inauguration du Musée de l'Homme*. Résistancekämpfer, der 1944 in Gefangenschaft geriet u. aufgrund einer Denunziation nach Theresienstadt gebracht wurde, wo er an Typhus starb. Autor e. Romans, *Le vin est tiré* (1943), e. Traumerzählung in der Perspektive e. Flaneurs und Liebhabers in Paris, *La liberté ou l'amour* (1927) u. zahlreicher Gedichtslgen. (*Deuil pour deuil*, 1924; *Corps et biens*, 1930; *Les sans-cou*, 1934; *Fortunes*, 1942; *Etat de veille*, 1943; postum *Choix de poèmes*, 1946; *Œuvres posthumes*, 1947; *Domaine public*, 1953).

Sondernr. Europe, Mai–Juni 1972; A. Caws, The surrealist voice of D., 1977; R. Pohl, Die Metamorphosen des negativen Helden ... D., Diss. Hamburg 1977; M.-C. Dumas, D. ou l'exploitation des limites, 1980; ders., Moi qui suis D., 1987; Cahier de l'Herne, 1987; M. Murat, D., 1988.

Desnoyers, Fernand, 1828 Paris – 1889 ebda., Erzähler u. realist. Dichtungstheoretiker; am 9. 12. 1855 erschien in *L'Artiste* s. Manifest *Du réalisme*, die Verteidigung der Widerspiegelungsästhetik.

Des Périers, Bonaventure, um 1510 Arnay-le-Duc/Burgund – 1543/1544 SW-Frkr., Humanist u. Erzähler, 1536 Kammerdiener der Marguerite de Valois; er übersetzte Plato, Horaz, die Bibel (1535) u. war Autor der satir. Dialoge *Cymbalum mundi* (1537) gegen die christl. Konfessionen (vom Pariser Parlement verurteilt) u. der Sammlung unterhaltender Kurzprosa →*Les nouvelles récréations et joyeux devis* (postum Lyon 1558). In e. Anfall von Wahnsinn verübte er Selbstmord. S. Werke, mit Ausnahme des *Cymbalum mundi*, wurden postum von Antoine du Moulin, dem Kammerdiener der Marguerite de Navarre, herausgegeben (darunter auch enkomiast. Lyrik u. Liebesgedichte).

H. Just, La pensée secrète de D., Casablanca 1948; D. Neidhardt, Das Cymbalum mundi des D., Genf 1959; H. Weber, La facétie et le bon mot du Pogge à D., Humanism 1970.

Desportes, Philippe, 1546 Chartres – 5. 10. 1606 Abtei Bonport, Sekretär e. eifersüchtigen Staatsanwalts, dann des Bischofs von Le Puy (1564), den er nach Italien begleitete. Nach 1570 regelmäßiger Gast in den Salons u. bei Hof; D. empfahl sich mit Preisliedern Heinrich III., der ihn 1560 zu s. Sekretär sowie Hofpoeten machte u. mit Pfründen ausstattete. Der Epigone nahm →Ronsards Rang ein. An die Stelle des großen Stils der Pléiade von 1550 trat bei D. die Tendenz zur sprachl. Vereinfachung u. Anpassung an e. weichen Rhythmus (*Premières œuvres*, 1573; *Œuvres complètes*, hg. A. Michiels 1858); die Petrarkisten, deren Modellwert die Pléiade überwunden glaubte, nahm D. sich wieder zum Vorbild, außerdem imitierte er Ariost. 1594 vermittelte er zwischen Heinrich IV. u. der Ligue; dafür fiel ihm die Abtei Bonport bei Pont-de-l'Arche zu, wo er s. Lebensabend verbrachte. 1603 vollendete D. e. Übs. der Psalmen Davids. Malherbe erarbeitete die Prinzipien s. Poetik als D.kommentar (hg. V. E. Graham, Genf 1958–63; *Élégies*, hg. V. E. Graham 1961; *Diverses amours et autres œuvres mêlées*, hg. V. E. Graham, Genf 1963).

J. Lavaud, Un poète de cour au temps des derniers Valois, 1936; M. Th. Marchand-Roques,

La vie de D., 1949; P. Rappaport, D., New York 1964; D. Janik, Geschichte der Ode u. ›Stances‹ von Ronsard bis Boileau, 1968.

Desprès, Suzanne, 18. 12. 1874 Verdun – 1. 7. 1957 Paris, Schauspielerin, verheiratet mit →Lugné-Poe, Erfolge mit Rollen von Ibsen u. J. Renard.

Des Roches, Madeleine, um 1530 Poitiers – 1587, u. D., Catherine, Geburtsdatum unbekannt, zusammen mit der Mutter gestorben; sie schrieben Gelegenheitslyrik, u. a. den Zyklus *La puce des grands jours de Poitiers* (1583; Mitarbeit u. a. E. Pasquier).

Destouches, Philippe Néricault, 22. 8. 1680 Tours – 4. 7. 1754 Fortoiseau/Seine-et-Marne. Schauspieler, 1717–23 Diplomat in London, 1723 Mitgl. der Ac. frçe. Seit 1702 schrieb D. philanthrop. Bühnenstücke (24 Kom., 3 Divertissements, 4 Prologe), die das Laster anprangern u. die Tugend feiern sollten (Vorrede zu *Le curieux impertinent,* 1710). Das didakt. Schema zahlr. Dramen ist der Gegensatz der rechtschaffenen u. der sittenlosen, verblendeten Person, die bekehrt wird (u. a. *L'envieux,* 1727; *Le glorieux,* 1732). D. entnahm die Geschehnismuster u. Moralunterweisungen dem zeitgenöss. sentimentalen engl. Roman. Er tilgte in s. Kom. Geistreicheleien, Wortspiele u. Zweideutigkeiten, die sich mit der Welt des ehrbaren Bürgers auf der Bühne u. im Parkett s. Meinung nach nicht vertragen. Humor ersetzt Gelächter, der Patriarch den Haustyrannen; der Diener verliert s. Funktion als kom. Person. Darin weist D. auf →Nivelle de La Chaussée, →Diderot, →Sedaine u. →Mercier voraus. Die Mischung von Komischem u. Tragischem als neuer Wirklichkeitskonzeption veranlaßte ihn jedoch nicht zur ästhet. Aufhebung des klass. Schauspielideals (*Œuvres complètes,* VI 1822).

W. Wetz, Die Anfänge der ernsten bürgerl. Dichtung des 18. Jh., 1885; J. Hankiss, D.; Debrecen 1918; P. Janini, Tre espressioni del teatro francese del secolo XVIII, Mailand, II 1968; D. Jonas, D., 1969.

Destutt de Tracy, Antoine Louis Claude, comte, 20. 7. 1754 Paris – 10. 3. 1836 Paray-le-Frésil/Allier, Vertreter des Sensualismus nach Condillac, Adelsvertreter in den États généraux, verließ Frkr. mit Lafayette, kehrte zurück u. wurde vom Konvent verhaftet, nach Robespierres Sturz wieder freigelassen. Napoleon machte ihn zum Senator, 1814 stimmte D. für s. Sturz. Menschenkenntnis bedeutete für D. Analyse seel. Mechanismen, Philosophie ist ohne Psychologie kaum denkbar. Im Zentrum der Erkenntnistheorie steht das Widerstandserlebnis, als das die Begegnung des Subjekts mit der Außenwelt beschrieben wird. Auf der Basis e. Nat.wiss. des geistigen Verhaltens formulierte D. als Ideologie eine polit. Ökonomie, die polit. Reformen von sozioökonom. abhängig macht (*Éléments d'idéologie,* V 1805–15, Reprint IV 1977; *Commentaire sur l'esprit des lois de Montesquieu,* 1819). Stendhal sprach von D. als Autorität.

F. Picavet, Les idéologues, 1891; V. Stepanowa, D., Diss. Zürich 1908; B. W. Head, Ideology and social science, D. and French liberalism, 1985.

Deubel, Léon, 22. 3. 1879 Belfort – 12. 6. 1913 Maisons-Alfort (Freitod in der Marne), aus reicher Familie, verlor s. Posten als Lehrer in der Provinz, lebte dürftig von Gelegenheitsarbeiten in Paris, bis er freiwillig aus dem Leben schied.

Als Lyriker (*Régner,* 1913; *Œuvres,* 1929; *Poèmes 1898–1912,* 1939; *Lettres,* 1930), der s. ›révolte d'orgueilleux et d'artiste‹ zum Thema nimmt, verstand sich D. sowohl als Nachfahre Ronsards wie als Schicksalsgefährte Vignys. Hochfahrend besingt er die Apotheose des Dichters nach dem Tode, dem die Menge im Leben s. Recht nicht zuerkannte *(Tombeau du poète).* Weit selbstsüchtiger als Ronsard, auf den er sich dabei berief, gestaltet er das Vanitas-Thema, denn nicht die Kunst wird ewig dauern, sondern die Erinnerung an den Künstler. Er verfällt bei dem Gedanken in tönende Rhetorik, die die Bezeichnung des ›poète maudit‹ nicht mehr rechtfertigt.

L. Bocquet, D., 1930; G. Manutz, D., 1932; M. Favone, D., 1939.

Deutschland – Frankreich, Kulturbeziehungen, die vor allem seit dem 18. Jh. problemat. erschienen (*Bibliothèque germanique,* hg. Lenfant 1720 ff., *Journal littéraire de l'Allemagne,* hg. Formey; Louis-Théodore Hérissant, *Observations historiques sur la littérature allemande,* 1781; vgl. u. a. Mme de Staël, Soumet, Bonneville, Nodier, Nerval, Marmier, Barrès, Erckmann-Chatrian, Rolland, Giraudoux, Vialatte, Sartre, Tournier, Paris, Berlin).

J.-M. Carré, Les écrivains frç. et le mirage allemand, 1947; Dtl.-Frkr., Ludwigsburger Beiträge, 1954 ff.; C. Digeon, La crise allemande de la pensée frçe., 1959; Relations franco-allemandes 1933–39, Colloque 1975, 1976; La France et l'Allemagne 1932–36, Colloque 1977, 1980; P. Ory, La France allemande 1933–45, 1977: R. Poidevin / J. Bariéty, Les relations franco-allemandes 1815–1975, 1977; L. R. Furst, Counterparts. The dynamics of Franco-German literary relationships 1770–1895, London 1977; B. Trouillet, Das dt.-franz. Verhältnis im Spiegel von Kultur u. Sprache, 1981; M. Christadler (Hg.), Dtl.-Frkr. Alte Klischees – Neue Bilder, 1981; Emigrés frç.en Allemagne – Emigrés allemands en France, 1685–1945, 1983; L. Jordan (Hg.), Interferenzen Dtl.-Frkr., 1983.

Les deux bourreaux, Einakter von Fernando →Arrabal, EA 1958, Urauff. 13. 4. 1958 Théâtre de poche, Paris. Die Parodie der Familienharmonie gerät zum Mörderspiel. Françoise denunziert ihren Gatten, um die Doppelrolle der unglückl. Ehefrau u. der Megäre zu spielen – pathet. in der Lüge gegenüber ihren Söhnen, ekstat. in ihrem Sadismus, als sie von den beiden Henkern den Körper des Gemarterten ausgeliefert bekommt u. ihn weiter quält, bis er stirbt. Alle ihre Gesten verdecken kriminelle Gelüste; sie verlangt nach Ausschweifung, um die Langeweile zu überspielen.

Deux France, lit. Thema zur Darstellung der konfessionellen u. sozialen Gespaltenheit Frkr.s in Krisenperioden bei Agrippa d'Aubigné, Martin du Gard, Giraudoux u. Aragon u. wiederholt im histor. Roman.

Le deuxième sexe (1949), anthropolog. Essay zur Frauenemanzipation von Simone de →Beauvoir. Ziel der Autorin ist es, die Rolle der Frau aus der Determinierung durch die männl. Vorrangstellung, wie sie durch die Tradition verfestigt wurde, zu lösen u. nachzuweisen, daß die Frau als andersartiges, jedoch ebenbürtiges Subjekt in der mod. Gesellschaft akzeptiert werden muß. Ziele der Emanzipation sind berufl. Gleichberechtigung, die Entkriminalisierung der Geburtenkontrolle, des Schwangerschaftsabbruchs u. der außerehel. Beziehungen. Ideologiekrit. wendet sich Simone de Beauvoir gegen jene Erziehung, die die Frau im Hinblick auf ihre spätere intellektuelle u. ökonom. Situation system. benachteiligt. Die geläufige Rubrizierung – Ehefrau,

Mutter, Geliebte, Femme fatale – degradiert die Frau zum Wunschobjekt des Mannes u. liefert sie Risiken aus, die der Mann nicht zu teilen bereit ist.

C. Moeller, Beauvoir u. die Situation der Frau, 1959.

Deval, Jacques (eigentl. J. Boularan), 27. 6. 1894 Paris – 19. 12. 1972 ebda., Autor von Kom., die dem Stil von Becque u. Sacha Guitry nachempfunden sind. Nach Dreiecksstücken, in denen sich die Frau meist gegen den Verführer-Typ entscheidet (*Une faible femme,* 1920; *Une tant belle fille,* 1925), demaskierte D. mitleidslos die Lebensgewohnheiten des Großbürgertums (*Étienne,* 1930; *Dans sa candeur naïve,* 1931; *Mademoiselle,* 1932). Der Patriotismus in →*Tovaritch* ist operettenhaft. Mit späteren Stücken kehrte der im übrigen kompromißlose Autor zum Boulevardtheater zurück. Simone entscheidet sich gegen den großsprecher. Maurice für den kleinen Autohändler André, der mit dem Herzen dabei ist, wenn er den Troubadour spielt (*La manière forte,* 1946). Oriental. Motive, die Welt der Magie u. des Zirkus schmücken romaneske Abenteuer (*Ce soir à Samarcand,* 1950; *La prétentaine,* 1957).

Devaulx, Noël, geb. 9. 12. 1905 Brest, Jesuitenschüler, Univ. Rennes, Industrietätigkeit; längerer Kuraufenthalt in Südfrkr. bis 1947; Autor phantast. Erzählungen (*L'auberge Parpillon,* 1945; *Le pressoir mystique,* 1948; *Compère vous mentez,* 1948; *Sainte Barbegrise,* 1952; *Bal chez Alféoni,* 1956; *La dame de Murcie,* 1961; *Frontières,* 1966; *D'une mer à l'autre,* 1977; *La plume et la racine,* 1979; *Le manuscrit inachevé; Vase de Gurgan,* 1983; *Le visiteur insolite,* 1985; *Capricieuse Diane,* 1989).

Dhôtel, André, 1. 9. 1900 Attigny/Ardennen – 1991, Philologe, Lyriker (*Le petit livre clair,* 1928) und erfolgreicher Erzähler, der Traum- u. Märchenwelten nachbildet (*L'homme de la scierie,* 1943; *Le village pathétique,* 1943; *Rues dans l'aurore,* 1945; *Le plateau de Mazagran,* 1947; *David,* 1948; *Le pays où l'on n'arrive jamais,* Prix Fémina 1955; *Dans la vallée au chemin de fer,* 1957; *Le neveu de Parencloud,* 1960; *Idylles,* 1961; *Ma chère âme,* 1961; *La tribu Bécaille,* 1963; *Le mont Damion,* 1964; *Pays natal,* 1966; *Lumineux rentre chez lui,* 1967; *L'azur,* 1968; *La maison au bout du monde,* 1970; *Un jour viendra,* 1970; *L'honorable M. Jacques,* 1972; *Le soleil du désert,* 1973; *Un soir,* 1977; *Bonne nuit, Barbara,* 1978; *Des trottoirs et des fleurs,* 1981; *Je ne suis pas d'ici,* 1982). 1960 erhielt D. den Grand prix de littérature pour les jeunes. Er verfaßte den Essay *Rimbaud et la révolte moderne* (1952) u. neuerdings Stud. über den Lyriker J. Follain sowie die Romankunst Rousseaus. 1978 erschien der Lyrikbd. *La vie passagère,* 1983 die Meditation über die Natur, *Rhétorique fabuleuse;* Roman *Histoire d'un fonctionnaire* (1985). Mitgl. Ac. frçe. 1980.

G. Krause, M. Aymé – D., 1963; J. Cornuz, D., romancier du grand pays, 1981.

Le diable amoureux (1772), Roman von Jacques →Cazotte, éd. G. Décote 1981. Don Alvarez de Meravilla hat bei Neapel den Teufel beschworen u. erlebt, wie sich e. häßl. Tier, das zunächst aufgetaucht ist, in die hübsche Biondetta verwandelt. Mit ihr zieht er nach Venedig, weigert sich jedoch, sie zu lieben, obgleich sie davon die Erhaltung ihrer menschl. Gestalt abhängig macht. Ehe Don Alvarez Biondetta in Spanien heiraten kann, verschwindet sie spurlos. Sowohl der psych. als auch der eth.

Konflikt (Biondetta ist nicht mit H. Heines Mephistophela im *Doktor Faust,* 1851, zu vergleichen) der Geschichte haben etwas Konstruiertes, der Rang des Romans liegt in der realist. Erzählhaltung zu märchenhaften Vorgängen begründet. Das Unwirkl. wird sprachl. vom Empir. nicht abgesetzt, dadurch wirkt die diabol. Schönheit der Verführerin noch stärker auf den Teufelsbündner, der Biondetta schrittweise immer mehr verfallen ist. Als unerlöstes Wesen leidet er u. hofft schließl. willenlos auf himml. oder höll. Beistand.

Le diable au corps, Roman von Raymond →Radiquet, entstanden 1919–21, EA 1923. Der Stoff ist autobiograph., der Ort der Handlung Radiguets Heimat, die Pariser Banlieue während des I. Weltkriegs. Zunächst mehr aus grausamer, jugendl. Neugier als aus Leidenschaft macht der 16jähr. François s. Jugendfreundin Marthe, deren Verlobter an der Front ist, den Hof. Die gesellschaftl. u. eth. Katastrophe von 1914 treibt sie zusammen; obwohl Marthe inzwischen mit Jacques verheiratet ist, zieht sie François an sich. Ihr Liebhaber wird der pikanten Situation bald überdrüssig, er versucht, sie, die von ihm e. Kind erwartet, mit e. Schwedin zu betrügen; es gelingt ihm jedoch nicht, sich offen von Marthe zu lösen. Erschüttert stirbt sie nach der Geburt. Dieser Ichroman, der die Tristesse-Stimmung von Françoise Sagan vorbereitete, die Fabel e. gescheiterten Egoismus, der die Helden überfordert, rief bei s. Erscheinen zunächst e. Skandal hervor, fand aber in der Folgezeit als e. bedeutende lit. Leistung immer mehr Bewunderung.

B. Clerc, L'amour dans l'œuvre de R. Radiguet, Thèse Dijon 1954.

Le diable boiteux (1707), Roman von Alain-René →Lesage. Das Stoffgerüst war in e. span. Vorlage (Luiz Vélez de Guevara, *El diablo cojuelo,* 1641; Lesage kannte die Ausgabe von 1671) gegeben, u. dem Spanier, der freil. schon über 60 Jahre tot war, ist das Werk auch gewidmet. Bei der Flucht über die Dächer von Madrid versteckt sich der Student Cléophas aus Alcala im Kabinett e. Alchimisten, wo er den Teufel Asmodée – d. i. Amor – aus e. Flasche befreit. Zum Dank gewährt er ihm dafür Einblick in die Intimität der span. Stände. Hinter Dächern u. Wänden beobachtet Cléophas die Sitten u. Gebräuche, s. Perspektive entspricht der des Moralisten La Bruyère. Dadurch wächst das Werk über die pikareske Vorlage hinaus; e. Überarbeitung von 1726 verstärkt diese Intention noch, jetzt vermehren sich auch die Anspielungen auf zeitgenöss. Personen und Vorfälle. In den Episodenroman sind Porträts u. Erzählungen eingelegt. Die Modifikationen u. Erweiterungen der span. Stoffvorlage erklären sich bei Lesage vor allem aus der Einsicht in die moralist. Reichweite des Genres. Die Stationenform des Schelmenromans, dessen Zentralfigur mehr registriert als handelt, eignet sich bes. gut zur Aufdeckung u. Erklärung von Verhaltensweisen. Der Protagonist verknüpft die Episoden miteinander u. betrachtet sie wie e. Bildergalerie. Noch 1707 brachte Dancourt die Romanfabel unter demselben Titel als Gesellschaftssatire auf die Bühne.

U. Holtz, Der hinkende Teufel von Guevara u. Lesage, E. lit.- u. sozialkrit. Studie, 1970.

Le diable et le bon dieu, Drama in drei Akten von Jean-Paul →Sartre, EA 1951, Uraufführg. 7. 6. 1951 Théâtre Antoine, Paris, Inszenierung Louis Jouvet, Mitwirkung von Pierre Brasseur, Jean Vilar u. Maria Casarès. Während der Bauernkriege des 16. Jh. belagert der Bastard Goetz mit s. Söldnern das aufständ. Worms. Die rhetor. Herausforderung des Priesters Heinrich genügt, um den Stellvertreter des absolut Bösen, der Goetz sein will, in den naiv guten Pazifisten zu verwandeln. Er schwört dem Kriegshandwerk ab, verteilt s. Erbe unter die Bauern; aber das rückhaltlos Gute wie s. Schandtaten dienen derselben Befriedigung seiner Herrschsucht. Diese Radikalität beschert ihm schließl. nichts als Vereinsamung, denn die Unterprivilegierten erkennen, daß er s. Entmachtung nur spielt; Goetz täuscht sie erst, als er die Kom. der Stigmatisierung inszeniert. Der 3. Akt zeigt ihn als Patriarchen e. utop. Staates auf der Basis des Egalitätsprinzips. Fasziniert von diesem Experiment wagen die rebell. Bauern, an deren Spitze sich Goetz nicht mehr stellen will, den entscheidenden Schlag gegen den Adel u. verlieren e. Schlacht. Als Goetz sich jetzt mit ihnen solidarisiert, s. ›mauvaise foi‹ überwindet, begreift er sich als Summe s. Willensakte, die jedem Idealismus übergeordnet ist. Er entscheidet sich für die Gruppe, obwohl er weiß, daß er das absolut Gute so nicht verwirklichen wird. Weitreichender ist für ihn die Einsicht: ›Si Dieu existe, l'homme est néant; si l'homme existe …‹ (III, 4). S. proklamierte Herrschaft des allmächtigen Menschen beginnt mit der Ermordung des Priesters Heinrich, ihr folgt der Tod e. Bauernführers, der Goetz widerspricht.

Les diaboliques (1874), Novellenslg. von Jules →Barbey d'Aurevilly, der sich in der Vorrede zum Teufelsglauben u. Manichäismus bekennt. Die Helden der sechs Geschichten werden von teufl. Leidenschaften getrieben, mannstolle Frauen *(Le rideau cramoisi; La vengeance d'une femme),* abgefallene Priester, man. Eifersüchtige u. Mordlüsterne *(A un dîner d'athées).* Während das Diabol. bei Cazotte *(Le diable amoureux)* ästhetisiert war, polemisiert Barbey d'Aurevilly gegen e. positivist. Weltbild in der Lit.; die Präsenz des Teufels entlarvt in s. Novellen e. hybriden Fortschrittsglauben. Devot u. gottlos zugleich, wie Des Esseintes in →*A rebours* anläßl. dieser Texte feststellt, besteht der Autor auf dem Wirken e. Dämons, der sich aller Zivilisierung entzieht u. animal. Lüste freilegt.

A. Le Corbeiller, D. de Barbey d'Aurevilly, 1939.

Diafoirus, satir. gezeichnete Arztrolle in Molières →*Le malade imaginaire;* D. u. s. Sohn Thomas, den sich der eingebildete Kranke Argan zum Schwiegersohn wünscht, vertreten die aristotel. Medizin gegen die Neuerer; vor allem leugnen sie die Entdeckung des Blutkreislaufs.

Dialog, Wechselgespräch von zwei oder mehr Personen. Außer s. Funktion im Drama u. in Erzählpassagen direkter Rede selbständige Gattung, die seit der Antike der Erörterung philosoph. Fragen diente, auch in der Sonderform des Totengesprächs (vgl. Fontenelle, Voltaire, Diderot). In Comics u. Photoromanen verdeutlicht u. vervollständigt der D. (als Sprechblasen oder Bildunterschriften) die Bildbedeutung.

M. K. Bénouis, Le dialogue philosophique dans la littérature frçe. du 16e siècle, 1976.

Dialogues des carmélites, Lesedrama von Georges →Bernanos, entstanden 1947/48 nach der Novelle *Die Letzte am Schafott* von Gertrud von LeFort (1931), EA Neuchâtel u. Paris 1949, Urauff. 14. 6. 1951 Zürich. Furcht vor dem Martyrium veranlaßt in der Schreckenszeit der Franz. Revolution Blanche de la Force, die aus Existenzangst den Schleier genommen hat, sich aus dem Karmeliterkloster wieder in das Privatleben zurückzuziehen. Während ihre Mitschwestern nach e. Gelübde, die Verurteilung als Weiheakt zu vollziehen, im Sommer 1794 das Schafott besteigen, trifft sie die Gnade; sie bekennt sich zum Orden u. tritt als letzte unter die Guillotine. Die Peripetie, als Mysterium motiviert, artikuliert auch eine Wunschvorstellung des Autors, der zeitlebens mit bedrückenden Agonievorstellungen rang. Die Ölbergsituation, die Todesangst der lit. Gestalt u. das eigene Erleben des Dramatikers stehen in e. Sinnzusammenhang. D. wurde als Hörspiel u. Oper (F. Poulenc, 1957) bearbeitet.

P. Boly, D. Étude, analyse et commentaire, 1960; S. M. Murray, Le genèse de D., 1963; F. Rauhut, G. Bernanos: D. (Das moderne franz. Drama, hg. W. Pabst), 1971.

Dialogues des morts (1683) von →Fontenelle. In den Totengesprächen, die im Stil der antiken Modelle von Lukian burleske Dichtung sind, sah Fontenelle zudem e. geeignete Gattung zur Profilierung s. Lit.konzeption, mit der er in der Querelle auf der Seite der ›Modernen‹ stand. Nicht allein, daß hist. Persönlichkeiten Meinungen vertreten, die den Leser unvermutet treffen, daß Gestalten aus zeitl. u. räuml. entfernten Kulturkreisen miteinander ins witzige Gespräch kommen, Fontenelle zerstört mit der unantastbaren Ehrwürdigkeit der Antike auch den Nimbus der Werte der eigenen Welt. S. Skepsis will die Widersprüche e. Zivilisation, deren aktuelle Erscheinungsform er für verkehrt hält, aufdekken.

G. Hess, Fontenelles D. (Gesellschaft – Lit. – Wiss.), 1967; P. Bürger, Die aufklärer. Bedeutung der Form in Fontenelles D. (Studien zur franz. Frühaufklärung), 1972.

Dialogues divers entre les cardinaux Richelieu et Mazarin et autres, Totengespräche von →Fénelon, entstanden 1690–99, anonyme EA 1700. Um dem Dauphin, dessen Erziehung ihm übertragen ist, das Bild vom idealen Monarchen nahezubringen, konstruiert Fénelon didaktische Gesprächssituationen; legendäre Gestalten seit der griech. Antike bekennen sich zu Edelmut, Patriotismus u. Disziplin. Anachronismen sind dem Autor bei der Abfassung e. Fürstenspiegels unproblemat.

Diane de Poitiers, 3. 9. 1499–22. 4. 1566 Schloß Anet/Eure-et-Loir, Geliebte Heinrichs II., von großem polit. Einfluß auf den Kg., begünstigte die Partei der Guise. D. wurde 1559 vom Hof verwiesen. Ihre Briefe wurden 1866 von G. Guiffrey herausgegeben.

Ph. Erlanger, D., 1955.

Le dictateur, Drama in vier Akten von Jules →Romains, entstanden 1912, zunächst in Versfassung, EA 1926, Urauff. 5. 10. 1926, Com. des Champs-Élysées. Die polit. Auseinandersetzung der persönl. Freunde Briand u. Jaurès wird mit homologen Mitteln in e. Lehrstück umgesetzt. Nach dem Sturz der Regierung in e. konstitutionellen Monarchie sind sich Denis u. Féréol über den künftigen Kurs der Revolutionspartei nicht einig; der Pragmatiker Denis akzeptiert von

Kg. Charles e. Auftrag zur Regierungsbildung, der Programmatiker Féréol verlangt den Sturz des Regimes überhaupt, daher lehnt er jede Beteiligung an der Herrschaft ab. Um den Staat vor inneren Konflikten zu bewahren, setzt Denis die Auflösung des Parlaments u. die Verhaftung s. Mitstreiters durch. Als Diktator übernimmt er alle Verantwortung für das Volk. Daß Daladier die Aufführung des Stücks durchsetzte, sprach für den Einklang der Parabel mit dem Erwartungshorizont führender Kreise Frkr.s.

Dictionnaire (1539), Wörterbuch, Wortlisten (alphabet., mit Definition, Übs., Etymologie, Synonym, Antonym, je nach Zielgruppe der Benutzer; Terminologiewörterbuch, Reimwörterbuch, Konkordanz), seit →Bayle als Namen- und Sachlexikon angelegt, das durch Verweisungssysteme den Umfang wie den Zusammenhang des Wissens e. Epoche dokumentiert (vgl. *Encyclopédie, Trésor de la langue frçe.*, Abschnitt Lexika in der Bibl.).

Dictionnaire alphabétique et analogique de la langue française. Les mots et les associations d'idées, Sprachwörterbuch (VI 1966) von Paul Robert, Ergänzungsband von A. Rey/J. Rey-Debove 1970, Standardwerk; Kurzausgaben *Petit Robert* (I 1967) u. *Micro Robert* (I 1971).

Dictionnaire de l'Académie, Wörterbuch von der Ac. frçe. erstellt, Druckerlaubnis 1672 erteilt, EA 1694 (2 Bde.), weitere Ausgaben 1718, 1740, 1762, 1798, 1835, 1877, 1931–35. Das D. war ursprüngl. nach Wortfamilien u. erst seit 1718 alphabet. geordnet. Umstritten war von Anfang an s. Funktion als Spiegelbild des jeweils mod. Sprachstands bzw. des kultivierten Wortschatzes, der sowohl die Ausdrucksweise der niederen Stände wie die Fachsprachen, insbes. der Naturwiss., unberücksichtigt läßt. Seit 1740 bemühten sich die Autoren um modernisierte Orthographien (›beste‹/›bête‹, ›chasteau‹/›château‹) u. Tilgung von Parasitenkonsonanten wie in ›bienfaicteur‹.

Dictionnaire de la langue française, contenant la nomenclature la plus étendue, Lexikon von Émile →Littré, EA 1863–72 (4 Bde.), n. 1950, im 19. Jh. e. Spitzenleistung der Lexikographie.

Le dictionnaire des Halles ou extrait du Dictionnaire de l'Académie françoise (Brüssel 1696), Kompilation umgangssprachl. Wendungen, die die Ac. frçe. gebilligt hatte; Autor vielleicht ein Artaud.

Dictionnaire des ouvrages anonymes et pseudonymes composés, traduits ou publiés en français, avec les noms des auteurs, traducteurs et éditeurs, Bibl. von Antoine-Alexandre Barbier, EA 1806–09 (4 Bde.), gilt noch als Standardwerk.

Dictionnaire de Trévoux →*Dictionnaire universel françois et latin.*

Dictionnaire étymologique de l'ancien français (DEAF), etymolog. u. philolog. Wörterbuch zum Altfranz. (bis 14. Jh.), hg. K. Baldinger 1974 ff., erscheint in Faszikeln mit bibl. Beiheften.

Dictionnaire françois-latin (1539), zweisprachiges Lexikon von Robert Estienne, das älteste s. Art in Frkr.

Dictionnaire grammatical de la langue française (Avignon 1761), von Jean-François Féraud (1725–1807), dem Autor e. *Dictionnaire critique de la langue française* (Marseille III 1787–88). An der erweiterten Fassung von 1791 arbeitete Fabre d'Olivet mit.

Dictionnaire historique et critique (Rotterdam 1696, éd. A. Niderst 1974), Namenlexikon von Pierre →Bayle, seit 1692 als ›dictionnaire de fautes‹ angekündigt. Darunter verstand der Verf., der Autoren- und Werkartikel mit Hinweisen auf naturwiss. Gegenstände aufnahm, die Berichtigung vorliegender Lexika (Moréri u. a.). Durch e. geschicktes Verweisungssystem vervollständigte er Vorlagen u. unterzog die herrschende Lehre s. skept. Kritik, daher ist der Anmerkungsteil der Artikel meist umfangreicher als der Textteil. Zwar bereitete Bayle mit s. Werk die →*Encyclopédie* vor, indem er e. krit. Methode erprobte, s. Glaube an den eth. funktionsfähigen Atheistenstaat war aber so kühn, daß ihm das 18. Jh. darin kaum zu folgen wagte. S. Toleranzidee, die Bayle als Ausdruck gesellschaftl. Gerechtigkeit u. nicht mehr nur als Duldung häret. Minoritäten durch die mächtigen Staatsreligionen verstanden wissen wollte, griff Voltaire auf u. propagierte sie aus aktuellem Anlaß nach der Calas-Affäre. In vier Jahrzehnten nach dem Erscheinen wurde das *D.* achtmal aufgelegt, engl. Übs. erschienen seit 1709, dt. seit 1732, darunter als umfassendste die purgierte von Gottsched (IV 1741–44).

L. Nedergaard, La genèse du D., Orbis litterarum 1958; E. D. James, Scepticism and fideism in Bayle's D., FS 1962; P. Rétat, Le dictionnaire de Bayle et la lutte philosophique au XVIIIe siècle, 1971; J. F. Goetinck, Essai sur le rôle des allemands dans le D., 1981.

Dictionnaire philosophique portatif, philos. Wörterbuch von →Voltaire, konzipiert 1752, EA 1764, Quintessenz s. rationalist. Aufklärungskonzeption (Bekenntnis zu Gott als Schöpfer der Welt, zur Toleranz, zur Gedankenfreiheit, zum Rechtsstaat, Polemik gegen den Atheismus, die polit. Tyrannei u. Konfessionen). Er erweiterte das Taschenlexikon, das sowohl vom Pariser Parlement wie von Rom verdammt wurde, zum *Dictionnaire philosophique ou la raison par alphabet* (1770). Voltaires Interesse im *D.* galt bes. philos. u. theolog. Problemen; der Autor stellte Fakten richtig, relativierte Ereignisse u. ironisierte die falschen Schlüsse, die bisher daraus gezogen u. zu Lehrsätzen erhoben worden waren.

C. M. Crist, The D. and the early French deists, Brooklyn 1934; J. Cazeneuve, La philosophie de Voltaire d'après le D., Snythèses 1961; J. Monty, Étude sur le style polémique de V.: D., Genf 1966.

Dictionnaire universel (1690), dreibänd. Lexikon von Antoine →Furetière, Vorrede von Pierre Bayle, diente in der 2. Auflage (Den Haag 1701) als Grundlage für das →*Dictionnaire universel françois et latin.*

Dictionnaire universel françois et latin, zweisprachiges Lexikon, von Jesuiten erstellt, EA 1704 (3 Bde.), nach dem Druckort Trévoux (20 km nördl. von Lyon an der Saône) allgemein als *Dictionnaire de T.* bekannt. Auf der Grundlage des →*Dictionnaire universel* (2. Auflage) entstand e. Art Enzyklopädie, die von den Aufklärern später *(→Encyclopédie)* für einzelne Artikel plagiiert wurde. Das *D.* erschien bis 1771 in sechs Auflagen, zuletzt als achtbänd. Werk. Furetières Name wurde nicht genannt.

Diderot, Denis, 5.10. 1713 Langres – 30.7. 1784 Paris, Sohn e. Messerschmieds (Maître coutelier), 1723–28 bei den Jesuiten in Langres erzogen, 1728–32 möglicherweise Schüler des Pariser Lycée Louis-le-Grand; September 1732 Maître-ès-arts der Sorbonne, Interesse an Mathematik u. engl. Philosophie. Obwohl 1726 zum Theologen bestimmt, studierte D. Rechtswiss. 1736 ließ der besorgte Vater den ungezwungenen Lebenswandel s. Sohns in Paris von e. Verwandten aus dem Karmeliterorden überwachen. 1741 verfaßte D. e. Versepistel an Baculard d'Arnaud; er lernte Antoinette Champion, die er 1743 heiratet, kennen. 1742 begegnete er vielleicht erstmals Rousseau und übersetzte die Geschichte Griechenlands von Temple Stanyan aus dem Englischen (EA 1743), 1745 folgte die Übs. des *Essai sur le mérite et la vertu* von Shaftesbury. Seit 1746 beschäftigte sich D. mit dem Projekt der →*Encyclopédie,* die deist. *Pensées philosophiques* erschienen (krA R. Niklaus 1950), 1748 die →*Bijoux indiscrets,* 1749 seine *Lettre sur les aveugles,* die das Schöne zur empir. Kategorie erklärt. D. wurde des Atheismus u. Materialismus verdächtigt u. von Juli–Oktober 1749 in Vincennes inhaftiert. 1751, als die *Lettre sur les sourds et muets,* D.s Auseinandersetzung mit Batteux, erschien, wurde D. zusammen mit d'Alembert in die Berliner Akademie aufgenommen. 1753 erschienen die →*Pensées sur l'interprétation de la nature,* seit 1755 korrespondierte er mit Sophie Volland (hg. A. Babelon III 1930). 1757 veröffentlichte D. die Prosakom. →*Le fils naturel* u. →*Entretiens avec Dorval,* das Verhältnis mit Rousseau gestaltete sich kontrovers. Während D. s. Konzeption des bürgerl. Schauspiels vertiefte (→*Le père de famille,* →*De la poésie dramatique),* verurteilte das Parlement von Paris die →*Encyclopédie* (Januar 1759) u. erzwang die Revokation der Druckerlaubnis (März 1759). Seit 1759 verfaßte D. Kunstkritiken (*Salons, Essai sur la peinture,* 1765; *Sur l'origine et la nature du beau, Pensées détachées sur la peinture*), er entdeckte den Modellwert der Romane von S. Richardson, der die Koppelung von realist. Erzählhaltung u. unmoral. Thematik durchbrochen hatte (*Éloge de Richardson,* in *Journal étranger* Januar 1762); fortan galten Richardson u. D. für den dt. Sturm u. Drang als emphat. Vorbilder. Das Verbot des Jesuitenordens im August 1762 befreite D. von s. entschiedensten Gegner. Mit kgl. Erlaubnis verkaufte er s. Bibliothek 1765 für 15000 Pfund u. e. Jahresrente, die für 50 Jahre im voraus bezahlt wurde (1766 ff.), an die Zarin Katharina II. Seit 1767 Mitgl. der Akademie der Künste von Sankt Petersburg, reiste D. erst 1773/74 nach Rußland. 1769 übernahm er zusammen mit Mme d'Épinay die Herausgabe der →*Correspondance littéraire;* der Autor arbeitete an →*Le rêve de d'Alembert,* dem →*Paradoxe sur le comédien* u. den Erzählungen *Les deux amis de Bourbonne* (1773) u. →*Ceci n'est pas un conte,* er kommentierte den Reisebericht von Bougainville über Tahiti (*Supplément au voyage de Bougainville,* 1830). 1773 vertraute er Naigeon s. Mss. an (dieser veranstaltete 1798 die 15bändige D.-Sammelausgabe). Seit 1775 beschäftigte er sich vor allem mit Problemen des Sensualismus, Materialismus u. der angewandten Nat.wiss. sowie Bildungsplänen (*Plan d'une université pour la Russie,* 1775), er arbeitete an Raynals *Histoire des deux Indes* mit. 1777 entstand die Kom. →*Est-il bon, est-*

il méchant? Mehrere Werke erschienen postum: →*La religieuse,* →*Jacques le fataliste,* →*Le neveu de Rameau* (*Œuvres complètes,* hg. J. Assézat/M. Tourneux XX 1857–77; *OC,* krA A. M. Wilson u. a., 1975 ff.; *Œuvres romanesques,* éd. L. Pérol 1981; *Œuvres philosophiques,* hg. P. Vernière 1961; *Contes,* hg. H. Dieckmann 1963; *Œuvres politiques,* hg. P. Vernière 1963; *Œuvres esthétiques,* hg. P. Vernière 1965; *Salons,* hg. J. Seznec/J. Adhémar XII 1957–60; Neuausgabe der Korrespondenz in 15 Bden., hg. J. Varloot, abgeschlossen 1970). Nach D.s Tod verkaufte s. Tochter die hinterlassenen Mss. Katharina II. Auguste Jal dramatisierte die Biographie in *L'ombre de Diderot et le bossu du Marais* (1819). D. wirkte vor allem als Dramentheoretiker u. Aufklärungsphilosoph, der mit e. erweiterten Materiebegriff operierte u. sich folgl. nicht als Materialist in der Weise verstand, daß für ihn e. Antithese Materie – Form bestand; darin unterschied er sich von den Cartesianern im 18. Jh. Da er den Fortschritt der Wiss. nicht linear ansetzen konnte, versagte er sich e. Synthese s. Einsichten. Neue Erfahrungen setzen theoret. Ansätze außer Kraft, davon blieb freil. die durchgehende Ablehnung der christl. Dogmen unberührt. Seit den späten 40er Jahren hatte D. mit der Kirche u. ihren Doktrinen gebrochen, er vermochte sich auch dem Deismus Voltaires nicht dauernd anzuschließen, in den 70er Jahren bekannte er sich, so auch im Gespräch mit der Zarin, als Atheist. Aus dem Postulat des materialist. Monismus leitete sich die Absage an ältere Lehren von den zwei Substanzen her. Unzufrieden mit mechan. Erklärungen, z. B. bei Helvétius, betonte D. die Komplexität der physiolog. u. psych. Verfassung des Menschen, die die Unterscheidung in Charakterklassen erlaubt. So verstanden, ist Philosophieren ›exercice dramatique de la pensée.‹

H. Dieckmann, Stand u. Probleme der D.-Forschung, 1931; ders., Inventaire du fonds Vandeul et inédits de D., Genf 1951; ders., Cinq leçons sur S., Genf 1959; ders., D. u. Goldoni, 1961; ders., D. u. die Aufklärung, 1972; D. Mornet, D., 1941; H. Hinterhäuser, Utopie u. Wirklichkeit bei D., 1957; G. May; D. et Baudelaire critiques d'art, Genf 1957; Ch. Dédéyan, L'Angleterre dans la pensée de D., 1958; J. Mayer, D. homme de science, 1960; Diderot studies, 1960 ff.; R. Kempf, D. et le roman ou le démon de la présence, 1964; R. Mortier, D. in Dtl., 1966; D. Funt, D. and the esthetics of the enlightenment, Genf 1968; R. Desné, D. et Shakespeare, RLC 1968; M. Cartwright, D. critique d'art et le problème de l'expression, Genf 1969; Y. Bénot, D., de l'athéisme à l'anticolonialisme, 1970; J. Catrysse, D. et la mystification, 1971; D. O'Gorman, D. the satirist, Toronto 1971; U. Winter, Der Materialismus bei D., 1972; A. M. Wilson, D., New York II 1957–72; G. B. Rodgers, D. and the 18th century French press, 1973; J. Chouillet, La formation des idées esthétiques de D., 1973; J. Proust, Lectures de D., 1974; L. G. Crocker, D.'s chaotic order, Princeton 1974; F. A. Spear, Bibl. de D., Genf 1980; J. Ozdoba, Heuristik der Fiktion. Künstler u. philosoph. Interpretation der Wirklichkeit in D.s Contes, 1980; E. de Fontenay, D. ou le matérialisme enchanté, 1981; Sondernr. Europa, Mai 1984; K. Discherl, Der Roman der Philosophen, 1985; F. A. Spear, Bibl. de D., Genf 1988; M. Delon/W. Drost (Hg.), Le regard et l'objet, D. critique d'art, 1989; J. Floch, D., le bonheur en plus, 1991; J. Schlobach (Hg.), D., 1992.

Didot, François, 1689 Paris – 2. 11. 1757 ebda. Begründer e. der bedeutendsten Buchdruckerdynastien des 18. Jh., die u. a. die Romanreihe *Collection du comte d'Artois* (64 Bde.), die *Classiques françois* produzierte, u. der die Erfindung neuer Drucktypen u. der Papiersorte ›vélin‹, die Ludwig XVI. noch im Juni 1789 lobte, zu verdanken ist. Bernardin de Saint-Pierre heiratete eine D.

E. Werdet, Études bibliographiques sur la famille des D., 1864.

Diègue, Vater des Titelhelden im →*Cid* von Pierre Corneille. Don

D. wird von s. Rivalen Gomès beleidigt u. geohrfeigt (I, 3); diese Kränkung löst den Ehrkonflikt der Tragikom. aus.

Dierx, Léon, 20. 10. 1838 La Réunion – 11. 6. 1912 Paris, Lyriker, noch 1858 beeinflußt von Musset, Hugo u. Lamartine, gehörte seit 1864 zur Gruppe des Parnasse. 1867 erschien – nach *Aspirations poétiques* (1858) u. *Poèmes et poésies* (1864) – das Hauptwerk, *Lèvres closes,* in e. suggestiven Stil geschrieben. Seit 1870 hielt der Einfluß von Leconte de Lisle in den umfangreichen Gedichten an (*Les paroles d'un vaincu,* 1871; *Les amants,* 1879; *Œuvres complètes,* II 1894–96; *Poésies posthumes,* 1912). Nach Mallarmés Tod wurde D. zum Prince des poètes gewählt.

E. Noulet, D., 1925; M.-L. Camus-Clavier, Le poète D., Thèse Paris 1942.

Dieu est né en exil (1960), Roman von Vintila →Horia. Die Verbannung als persönl. Erfahrung des Autors wird in dem Roman, der in der Form e. fiktiven Tagebuchs von Ovid abgefaßt ist, durch e. lit. Modell, eben Ovids Exil am Schwarzen Meer, u. e. Vorgang aus der Religionsgeschichte, die Geburt Christi im fremden Bethlehem, sublimiert. Ovid, Christus, von dessen Existenz dem Römer e. griech. Arzt berichtet, u. der Romancier treten in archetyp. Beziehung. Den Prix Goncourt, der Horia für dieses Werk verliehen wurde, mußte er unter polit. Druck zurückgeben.

Les dieux ont soif (1912), Roman von Anatole →France. Die Maxime des Titels formulierte Camille Desmoulins in der letzten Ausgabe s. Zs. *Le Vieux cordelier* (24. 1. 1794). Sie ist vom Erzähler der Revolutionsgeschichte, Brottaux des Ilettes, iron. gemeint. Denn der Blutrausch, der Frkr. während der Terreur zu erfassen scheint, berührt ihn wenig; distanziert berichtet er von s. Bekannten, dem Maler Évariste Gamelin, der s. Liebe zu Élodie Blaise mit s. Tätigkeit im Revolutionstribunal vereinbaren kann, bis er zusammen mit Robespierre hingerichtet wird. Auf dem Weg zur Guillotine beschimpfen ihn dieselben Weiber, die schon Aristokraten u. Girondisten fanat. verfolgten; Gamelin akzeptiert s. Hinrichtung als Sühne für den Verrat an der Republik. S. Gegner proklamieren jedoch die Wiedergeburt der Revolution, die ›majestät. u. furchtbar‹ ihren Lauf nehmen muß. Gegen die Blindheit der Beteiligten an e. bedeutenden polit. Ereignis ist dieser Roman geschrieben, skept. hält France fest, daß Leser die Geschichte besser verstehen als die Geschichtsträger. Vor allem stellt er das Gerechtigkeitsideal Robespierres u. s. Satelliten Gamelin in Frage (vgl. auch Camus, *Les justes*). Wenn diese Figuren auch nicht restlos positiv gezeichnet sind, ist die erzähler. Profilierung der Opportunisten, beispielhaft Élodies Vater, doch eindeutig negativ.

Digression sur les anciens et les modernes (1688), kulturtheoret. Essay von →Fontenelle. Auf der Seite von Perrault, der im Januar 1687 mit dem Gedicht *Le siècle de Louis-le-Grand* in der Ac. frçe. die beispielhafte Überlegenheit der antiken Welt bestritten hatte, greift Fontenelle gegen Boileau u. La Fontaine in die →Querelle des anciens et des modernes ein. Da sich die menschl. Natur seit der Antike nicht änderte, sind die Modernen früheren Generationen durch Wissenszuwachs überlegen. Die Begriffe ›anciens‹ u. ›modernes‹ relativiert Fontenelle dahingehend, daß sie an Generationen gebunden sind, wenn auch widrige polit. Umstände den Aufstieg – wie im MA – verzögern können. Die romant. Hochschätzung gerade der nachantiken Epochen (durch Mme de Staël, Chateaubriand, Hugo) wird in der Frühaufklärung, die e. kontinuierl. Fortschrittskonzeption vertritt, begründet.

Le dîner du comte de Boulainvilliers (1767), Dialog von →Voltaire; Tischgespräch, das schärfer noch als der →*Catéchisme de l'honnête homme* die christliche Offenbarungsreligion angreift. Boulainvilliers (1658–1722, Autor einer *Vie de Mahomet,* 1731, u. e. *Histoire des arabes)* zitiert die Aufforderung aus dem Lukasevangelium, ›Contrains-les d'entrer‹, die bereits Bayle zum Ausgangspunkt s. Orthodoxiekritik genommen hatte. Mit bes. Heftigkeit formuliert Fréret, der im zweiten Teil des Dialogs zu Wort kommt, s. Diatribe, die sich ausdrückl. auch gegen Pascal richtet, der Märtyrer als Zeugen s. Glaubens anruft. E. Konfession könne nicht reformiert werden, wie die Verfassung e. Staates, das hätten die Religionskriege bewiesen. Der Graf schlägt daher vor, ›de rendre la religion absolument dépendante du souverain et des magistrats‹; Fréret stimmt unter der Bedingung zu ›que le souverain et les magistrats soient éclairés, pourvu qu'ils sachent tolérer également toute religion‹. Die abschließenden *Pensées détachées de M. l'abbé de Saint-Pierre* bestätigen aus der utilitarist. Perspektive den aufklärer. Ertrag des Gesprächs.

Directoire, franz. Revolutionsregierung 1794–18. Brumaire An VIII (9. 11. 1799), löste die Jakobinerherrschaft ab (→Robespierre, →Comité de salut public); Zweikammersystem (Conseil des cinq cents u. Conseil des anciens), die Exekutive, das Directoire exécutif de la république française, bestand aus fünf Mitgl., die der Conseil des anciens aus e. Zehnerliste des Conseil des cinq cents gewählt hatte; darunter Nicolas Barras u. Lazare Carnot. Der Staatsstreich Bonapartes beendete das D., dessen Stabilität durch innere Krisen u. Mißerfolge in der Kriegsführung erschüttert war.

A. Mathiez, D., 1943; G. Lefèbvre, D., 1946, [3]1958.

Le disciple (1889), Roman von Paul →Bourget. Robert Greslou, Schüler des Positivisten →Adrien Sixte, soll den Tod s. adligen Geliebten verschuldet haben, er wird des Mordes angeklagt. Robert, der Charlottes Verführung systemat. plante wie das lit. Modell dieser Figur, Julien Sorel in *Le rouge et le noir,* mißbrauchte die Liebe zu psycholog. Experimenten; diese Enthüllung trieb das Mädchen in den Selbstmord. Allein André, Charlottes Bruder, kennt die jurist. Unschuld des Angeklagten u. überzeugt in letzter Minute das Gericht von der Notwendigkeit, Robert Greslou freizusprechen. Er richtet ihn selbst, als er ihn nach dem Prozeß auf offener Straße erschießt; an der Leiche des Schülers bricht der Gelehrte Adrien Sixte zusammen. Diese Erschütterung impliziert Bourgets Kritik an Taines Philosophie u. am determinist. Naturalismus, Bourget setzt jedoch dem angebl. Animalismus im Werk von Zola e. ebenso extremen Voluntarismus entgegen, der in der Religion e. Stütze finden soll. Die metaphys. Begründung der Schuld, zu der Pascal bemüht wird, hebt die

Determinanten Rasse, Erbanlage u. Milieu auf. Bourget widmete s. Roman der jungen Generation, die ihn als Aufruf zur Verantwortung begreifen sollte.

A. Autin, D. de P. Bourget, 1930.

Discours, Gattungsbezeichnung zunächst für gereimte Abhandlungen in der Renaissance (Du Bellay, Ronsard, Des Périers), später Begriffserweiterung, D. Synonym für Essai, Traité wie z. B. Jean Masson, *Discours des choses qui se sont passées en la reception de la Royne et mariage du Roy* (1570); Tyard, *Discours philosophiques* (1587); bei Descartes, Bossuet, Rousseau, Voltaire, d'Alembert, Rivarol.

Discours en vers sur l'homme (1738), philosoph. Gedicht von →Voltaire zur Verteidigung der menschl. Freiheit gegenüber konfessioneller Repression, zum Lob des Luxus u. des Vergnügens als höchster Erfüllung existentieller Bedürfnisse, als Apologie der Leidenschaften.

Discours qui a remporté le prix à l'académie de Dijon en l'année de 1750, sur cette question proposée par la même académie: Si le rétablissement des sciences et des arts a contribué à épurer les mœurs, Abhandlung von Jean-Jacques →Rousseau, EA Genf 1750. Rousseau verneinte die gestellte Frage und leitete s. Schrift mit e. Angriff auf die Aufklärer, namentl. Voltaire ein, den er als Verfechter e. ›fausse délicatesse‹ apostrophierte. Er konstruiert Gegensätze wie Wissenschaft und Tapferkeit, Wissenschaft u. Sittlichkeit, darstellende Kunst u. Moral und schließt von e. Zuwachs der Wissenschaften und Künste auf menschl. Entartung, nicht Fortschritt. Ergebnis dieser Dekadenz ist die gesellschaftl. u. ökonom. Ungleichheit. ›On ne demande plus a un homme s'il a de la probité, mais s'il a des talents; ni d'un livre s'il est utile, mais s'il est bien écrit.‹ Da die Tugend e. seel. Qualität ist, bedarf es des wiss. u. ästhet. Aufwands nicht, um sie vorzustellen. Meditation in der Gesellschaftsferne ist der sicherste Weg zur sittl. Vervollkommung. Die breite Resonanz auf s. Kampfansage gegen den rationalist. fundierten Optimismus veranlaßte Rousseau 1753, erneut auf e. Preisfrage der Akademie von Dijon zu antworten *(→Discours sur l'origine et les fondements de l'inégalité parmi les hommes).*

G. R. Havens, Diderot and the composition of Rousseau's first discourse, RoR 1939; M. Bouchard, L'académie de Dijon et le premier discours de Rousseau, 1950.

Discours sur l'origine et les fondements de l'inégalité parmi les hommes, Abhandlung von Jean-Jacques →Rousseau als Antwort auf e. Preisfrage der Akademie von Dijon, EA Amsterdam 1755; hg. J.-L. Lecercle 1971. Rousseau setzt die Optimismus- u. Fortschrittskritik des 1. *Discours* (1750) fort. Entfernung der menschl. Gesellschaft vom Urzustand bedeutet zeitl. Abstand u. Entartung, dabei ist es gleichgültig, ob das verlorene Paradies nur den Wert e. Utopie hat. Die Kritik an den gegenwärtigen Verhältnissen verlangt als Bezugspunkt ›l'éloge de tes premiers aïeux‹. Der Mensch stellte sich gegen die Natur, als er s. Welt u. s. Wesen zu reflektieren begann; ›l'homme qui médite est un animal dépravé‹. Sowohl Denken als auch primitiver Besitztrieb, die e. Vorsprung verschafften, waren jedoch nicht durch Sozialisation bedingt, sondern Entfaltung menschl. Anlagen. Damit widersprach Rousseau der eigenen These, daß der naturverbundene Mensch, der edle Wilde, gut sei; denn die Erklärung der Dekadenz auch aus den ›changements survenus dans sa constitution‹ bestreitet ja deren Makellosigkeit. Die sittl. wie die gesellschaftl. Verwirrung der Menschheit hat e. anthropolog. Wurzel, Bildung von Privateigentum u. polit. Macht entspringen primitiven Unterschieden der Intelligenz. ›Il suit de cet exposé que l'inégalité, étant presque nulle dans l'état de nature, tire sa force et son accroissement du développement de nos facultés et des progrès de l'esprit humain, et devient enfin stable et légitime par l'établissement de la propriété et des lois.‹

J. Morel, Recherches sur les sources du D., Lausanne 1910; A. Schinz, Histoire de l'impression et de la publication du D. PMLA 1913; A. O. Lovejoy, The supposed primitivsm of Rousseau's discourse on inequality, Modern Philology 1923/24; I. Fetscher, Rousseaus polit. Philosophie, 1960; D. Beyerle, Rousseaus 2. Discours u. das Goldene Zeitalter, RJb, 1961; M. Einaudi, The early Rousseau, Ithaca 1967; G. Havens, The road to Rousseau's D., Yale French Studies 1968.

Discours sur l'universalité de la langue française, Abhandlung von →Rivarol, 1784 mit dem Preis der Berliner Akademie ausgezeichnet; Lob der beispielhaften Logik, die der franz. Sprache, namentl. der Syntax, innewohnt u. ihre spezif. ›clarté‹ konstituiert: ›ce qui n'est pas clair, n'est pas français, ce qui n'est pas clair est encore anglais, italien, grec ou latin‹. Die hybride Formulierung wurde von der Sprachwiss. zwar korrigiert, dessen ungeachtet gehören Auszüge aus dem *Discours* zu Standardtexten dt. Lesebücher für den franz. Sprachunterricht, die in Kommentaren immer noch versäumen, den polit. Kontext des Anspruchs von Rivarol zu klären.

Distanzklausel, Eigengesetzlichkeit der klass. Trag., verlangt hohes hist. Alter der Stoffvorlage u. damit angemessene Würde. Corneille *(Cid, Don Sanche d'Aragon)* u. Racine *(Bajazet)* problematisierten die Regel bereits, die im 18. Jh. sowohl von der →tragédie nationale als vom →drame getilgt wird (vgl. auch ›soziale Fallhöhe‹ u. Geschichtsdramatik).

Dit, deskriptives oder didakt. Versgedicht der ma. Lit., gelegentl. in Dialogform (Débat, Dispute) mit allegor. Mitteln, nach dem Vorbild lat. Exempla zwischen 1240 spätestens u. 1350 entstanden; zentrale Bedeutung kam der Parabel zu (Ringparabel *Dit dou vrai Aniel,* um 1285; *Dit des hérauts,* 14. Jh.). Rutebeuf verfaßte *Le dit des cordeliers* u. *Le dit de Guillaume de Saint-Amour,* Christine de Pisan *Le dit de la rose,* Guillaume de Machaut *Le dit de l'alérion* u. *Le dit dou lyon* (vgl. auch Blason).

Le divisement dou monde de messer March Pol de Venece, Reisebericht von Marco Polo (um 1254 Venedig – 8. 1. 1324 ebda.). Um Sachlichkeit u. Exaktheit bemühte Schilderungen der Verhältnisse in Zentralasien sowie China wechseln mit märchenhaften ›Geschichten‹ ab, die meist als solche gekennzeichnet sind. Mit s. Vater u. Onkel, die neue Märkte entdecken wollten, reiste Marco Polo 1271–95 durch den Fernen Osten. Er diktierte 1298/99 in genues. Gefangenschaft s. Darstellung dem Mitgefangenen Rusticello da Pisa, der sie in e. franz.-ital. Mischsprache festhielt. Der Bericht, auch unter dem Titel *Il milione* bekannt, wurde nach dieser Vorlage ins Ital. u. Franz. übersetzt.

J. Lartéguy, Marco Polo, espion de Venise, 1984; J. Heers, Marco Polo, 1984.

Dizain, Gedicht aus zehn Versen, meist Acht- u. Zehnsilber, seit dem MA bekannte Form, von Cl. Marot als Variante des Epigramms verstanden. Die Pléiade erhöhte die herkömml. Zahl der vier Reime auf fünf. Scève schrieb den Zyklus →*Délie* in D.s. Malherbe wählte die Zehnzeiler-Form als Odenstrophe, die bis in die Romantik gepflegt u. von Rollinat u. Paul Valéry erneut aufgenommen wurde.

Docteur-Noir, allegor. Gestalt in →*Stello* von Vigny, vertritt gegenüber dem Genie die skept. Vernunft u. formuliert die Leitsätze der ›Elfenbeinturm‹-Haltung Vignys: ›Séparer la vie poétique de la vie politique ...‹

Le docteur Pascal (1893), 20. (u. letzter) Band des Zyklus →*Les Rougon-Macquart* von Émile →Zola. Als Privatgelehrter vollzieht der Doktor Pascal Rougon auf wiss. Niveau nach, was Zola als Schöpfer e. Familienromans geleistet hat; der soziolog. orientierte Romancier sanktioniert durch e. Romangestalt s. eigenes Wirken, das der Verwissenschaftlichung der Fiktion galt. Pascal Rougon, Anhänger Darwins u. Haeckels, erforscht den Stammbaum s. Familie u. teilt s. Theorie der Nichte u. Geliebten Clotilde mit. Sie, die von ihm e. Kind erwartet, rettet nach s. Tod den wichtigsten Teil s. Aufzeichnungen vor der Zerstörung durch um die Familienehre besorgte Anverwandte. Der Mediziner wird zur Sinnfigur des Romanzyklus, in dem Vererbung u. Dekadenz e. Leitmotiv bilden, da er als Wissenschaftler für die Erklärung u. Beurteilung dieser Phänomene kompetent ist. (In der poetol. Begründung s. Erzählkunst hatte Zola die Tätigkeit des Mediziners u. des Romanciers daher in Analogie gesetzt.) Obwohl Clotilde ihr Kind durch die Anlagen zum Verbrechen, die im Stammbaum der Familie verzeichnet sind, belastet weiß, fühlt sie, daß das Leben, ›indifférente aux hypothèses‹, s. Schöpfungswerk weiterführen muß.

Doctrinaires, polit. Gruppierung von 1824–48, Anhänger des engl. Parlamentarismus u. des ›juste milieu‹; fortschrittsgläubige Idealisten, die im →*Globe* ihr Organ fanden (Royer-Collard, Guizot, Thiers, Jouffroy, Duvergier de Hauranne, u. a.). Sie haben als erste begriffen, in welchem Umfang die lit. Entwicklung im polit. Prozeß seit 1789 ihr Paradigma sehen mußte. Das Empire hatte die Entwicklung verzögert, die Charte bot e. Möglichkeit zum Fortschritt. Romantik erschien ihnen als Synonym für Freiheit, daher wurde kaum e. ihrer theoret. Entwürfe von der lit. Praxis eingelöst. Irritiert reagierten sie z. B. auf →*Henri III et sa cour* von Dumas père. Außer im *Globe* publizierten sie in den *Archives philosophiques, politiques et littéraire* (1817–18), *Les Tablettes universelles* (1820–24), *La Revue française* (1828–30).

Ch.-M. Des Granges, La presse littéraire sous la Restauration 1815–1830, 1907.

Dolbreuse ou l'homme du siècle ramené à la vérité par le sentiment et la raison, Roman von →Loaisel de Tréogate, EA 1783. In Ichform erzählt der Titelheld die Geschichte s. moral. Verfehlungen, die ihn nach kurzem Eheglück immer weiter in die mondänen Kreise hineinzogen. Der Zustand der Integrität war an das breton. Landleben, die frivolen

Vergnügungen sind an d. Stadtgesellschaft gebunden. Dolbreuse leitet das Böse nicht von e. anthropolog. Befund, sondern von den verderbl. Einwirkungen der Gesellschaft her.

A. Monglond, Le préromantisme français Bd. 1., 1965.

Dolet, Étienne, 3. 8. 1509 Orléans – 3. 8. 1546 Paris (auf der Place Maubert verbrannt), Stud. Philosophie, Philologie und Rechtswiss. in Paris, Padua, Venedig u. Toulouse. Von 1534 bis 1546 lebte er in Lyon, wo er 1538 e. Buchdruckerei eröffnete (Druck der Werke Marots, des *Gargantua* von Rabelais; Klassiker). D. übersetzte, kommentierte u. edierte antike Autoren, verfaßte die *Commentarii linguae latinae* (1536–38) u. hist. Schriften. D. galt als erster franz. Freidenker, er wurde wegen e. überspitzten Platoübs., die als Bekenntnis zum Nihilismus ausgelegt wurde, zum Tode verurteilt. In *La manière de bien traduire d'une langue en aultre* (1540) erörterte er Übs.probleme. C. Longeon edierte 1978 die im Stil Marots gehaltenen Bittschriften D.s, *Le second enfer,* und 1979 die Vorreden zu Werken aus s. Druckerei.

R. Copley Christie, D., le martyr de la Renaissance, 1886; O. Galtier, D., 1908; M. Chassaigne, D., 1930; E. Cary, Les grands traducteurs français, Genf 1963; C. Longeon, Documents d'archives sur D., 1977; ders., Bibl. des œuvres de D., écrivain, éditeur et imprimeur, Genf 1980.

Dominique, Roman von Eugène →Fromentin, entstanden Herbst 1859–Januar 1862, ED *Revue des deux mondes* 15. 4.–15. 5. 1862, EA 1863, revidierter Text 1876, hg. E. Henriot 1960. Fromentin erzählt eine Liebesgeschichte, die an eigene Erlebnisse 1834–42 – seine Geliebte heiratete einen andern u. starb bald danach – erinnern; doch diese Beziehung, die romant. erlebt wurde, ist in der sprachl. Form von *D.* entromantisiert. Der Erzähler fingiert in der Exposition s. Hg.- u. Vermittlerrolle: Er lernt durch e. Arzt den Landedelmann u. Dorfbürgermeister Dominique de Bray näher kennen (Kap. 1–2), der ihm s. Geschichte anvertraut. Der mit dem Titelhelden ident. Berichterstatter (zum Verfahren vgl. auch Prévost d'Exiles, Marivaux, Chateaubriand und Constant) dämpft hochgesteckte Erwartungen, wenn er vorweg auf das ›dénouement bourgeois‹ des Konflikts hinweist. D. liebte Madeleine, die Kusine s. Freundes Olivier d'Orsel; in Unkenntnis s. Gefühle heiratete diese den Grafen Nièvres. Als sie sich wiederbegegnen, D. als Student, Madeleine als unglückl. Ehefrau, scheitert die Erfüllung ihrer Zuneigung an D.s Unentschlossenheit u. s. Respekt vor sozialen Konventionen. Madeleine spielt für ihn die Rolle der Vertrauten u. Retterin; als er glaubt, sie kokettiere mit s. Gefühlen, bricht er mit ihr. S. Existenz geht in den geregelten Bahnen e. verheirateten Landjunkers auf; D. leitet die Resignation von der moral. Haltung s. Generation insgesamt her, denn Ermüdung u. Unsicherheit kennzeichnen die Epoche, nachdem sich der Ehrgeiz sichtl. zu oft an flüchtigen Anlässen entzündet hat. D. verzagt u. unterwirft sich lautloser als etwa die Helden der →*Éducation sentimentale* von Flaubert dem ›cercle étroit de cette existence active et cachée‹.

C. Reynaud, La genèse de D., Grenoble 1939; J. Vier, Pour l'étude de D., 1958; C. Dimic, D. dans la perspective du Biedermeier, RZLG 5, 1981.

Dom Juan ou le festin de pierre, Prosakom. in fünf Akten von →Molière, EA 1682, Urauff. 15.2. 1665 Palais Royal. Molière gab dem Don-Juan-Stoff (1630 in Spanien dramatisiert, durch die Commedia dell'arte nach 1650 in Frkr. bekannt gemacht) e. neue Ausdeutung, indem er die Verführerrolle nihilist. anlegte u. den Frauenhelden zur Verkörperung relig. Indifferenz u. egoist. Libertinage umstilisierte. Dabei behielt er die in der Stofftradition verankerte Höllenfahrt Don Juans bei. Der dramat. Knoten schürzt sich unvorbereitet im III. Akt, als Juan die Grabfigur eines von ihm ermordeten Komturs zum Festmahl einlädt; darauf folgt die Gegeneinladung, der Mörder erscheint an der Grabstätte u. wird vom steinernen Gastgeber in flammende Tiefe gestürzt. Molière rächte sich wieder an s. bigotten Gegnern (vgl. *Tartuffe*), indem er dem intelligenten Libertin Sganarelle zur Seite gibt u. diesen impertinenten u. abergläub. Diener zum Verteidiger relig. Prinzipien bestellte. Diese Rolle kreierte der Autor selbst. Sprachl. ist der Titelheld entsprechend s. komplizierten Charakter außerordentl. nuancenreich charakterisiert. In theatergemäßer Weise artikuliert sich s. negative Grundeinstellung zu Liebe, Ehre u. Religion als Verhöhnung, Kontrastszenen spielen Don Juans Libertinage, Eitelkeit u. Genußsucht aus. Den Untergang des Protagonisten führt s. Maßlosigkeit herbei. Die Herausforderung der Statue des Komturs ist widersinnig u. im Verständnis des 17. Jh. also kom. Dennoch löste die Aufführung Empörung aus, Molière ließ das Stück nach der 16. Vorstellung absetzen. Die von Molières Witwe veranlaßte Bearbeitung des Stückes von Thomas Corneille (1677, in Versen) verdrängte Molières Werk von der Bühne, bis um die Mitte des 19. Jh. die Originalfassung wieder zugängl. wurde.

J. Arnavon, D. de Molière, Kopenhagen 1947; J. Scherer, Sur le D. de Molière, 1967; H. Bihler, Molière: D. (Das franz. Theater vom Barock bis zur Gegenwart, Bd. 1, hg. J. v. Stackelberg), 1968; J.-M. Teyssier, Réflexions sur le D. de Molière, 1970; R. Horville, D. de Molière, 1972; J. Hösle, Molières D., 1978; M. Desportes u. a., Analyses et réflexions sur D., 1981; Sh. Felman, Le scandale du corps parlant, 1981.

Don Juan, Stoff vom Verführer u. Gotteslästerer, erstmals von Tirso de Molina (*El burlador de Sevilla y convidado de piedra,* Urauff. 1613? EA 1630) dramatisiert u. in Frkr. durch ital. Schauspieler bekannt gemacht. Franz. Bearbeitungen seit Molière (→*Dom Juan ou le festin de pierre*) tendieren dazu, D. nicht als verlorenen Sünder, Opfer s. Triebe, sondern als intelligenten Spötter darzustellen oder ihn altern zu lassen (Anouilh, *Ornifle;* Montherlant, →*Don Juan*).

B. Wittmann (Hg.), D. Darstellung u. Deutung, 1976.

Don Juan, Drama in drei Akten von Henry de →Montherlant, EA 1956, Urauff. 4.11. 1958 Théâtre de l'Athénée, Paris. In dieser Version gewinnt der Don Juan-Stoff groteske u. farcenhafte Züge, mit denen Montherlant die Stofferwartungen des gebildeten Publikums desillusionieren will. Der 70jähr. Don Juan versucht auf dem Marktplatz von Sevilla ohne Erfolg, e. 15jähr. Schöne zu verführen. Gleichfalls ohne Erfolg warnt ihn s. Sohn Algacer davor, s. Aufenthalt in e. Stadt, in der er so übel beleumdet ist, länger fortzusetzen (I). Don Juan begegnet dem Kommandeur de Ulloa, der ihm s. Leid klagt (vor Jahresfrist ist seine Tochter von einem Unbekannten verführt worden). Spontan bekennt sich Don Juan als Täter und findet e. gewisses Verständnis; der Vater bittet ihn sogar um Beistand bei der Befriedigung s. eigenen Gelüste. E. intimes Zusammentreffen mit Damen wird arrangiert. Erst als der Kommandeur Don Juan s. eigenen Frau als Anas Verführer vorstellt, wird er von dieser in die Rachehaltung hineingetrieben. Beim fingierten Duell stürzt er versehentl. in den Degen s. Gegners (II). In der Friedhofsszene treten drei als Grabstatuen verkleidete ›carnavaliers‹ auf, um dem Erotomanen e. heilsamen Schrecken einzujagen. Unter dem Schutz s. Maske, die das Aussehen e. Totenkopfes annimmt, als er sie aufsetzt, will der Frauenjäger jedoch auch weiterhin in Sevilla s. liebloses Spiel treiben (III). Don Juans Lustobjekte werden als mittelmäßige u. unintelligente Wesen dargestellt.

Donnay, Maurice, 12. 10. 1859 Paris – 1. 4. 1945 ebda., Ingenieurstud., schrieb Sketchs für das Chat Noir auf Montmartre (1890 ff.). D. errang s. ersten Erfolg mit der Kom. in fünf Akten *Amants* (EA 1897, Urauff. 6. 11. 1895 Théâtre de la Renaissance); Alter u. Skepsis führen zum Verzicht auf die ›ideale Liebe‹. Die späteren Stücke behandeln wiederholt gesellschaftl. Probleme (*La douloureuse,* 1897; *Le torrent,* 1898; *L'affranchie,* 1898; *Éducation de prince,* 1900; *La clairière,* 1900, mit Descaves; *Oiseaux de passage,* 1904, ebenfalls mit Descaves; *Le mariage de Télémaque,* 1910; mit J. Lemaître; *Les éclaireuses,* 1913; *La chasse à l'homme,* 1920; *Le roi Candaule,* 1920; *La belle angevine,* 1922, mit A. Rivoire; *Le geste,* 1924, mit H. Duvernois; *Œuvres complètes,* VIII 1908–27). Mitgl. der Ac. frçe. seit 1907; Autor e. Musset-Biographie (1926) u. autobiograph. Werke (*Pendant qu'ils sont à Noyon,* 1917; *Autour du Chat Noir,* 1926; *Mes débuts à Paris,* 1937; *Le lycée Louis-le-Grand,* 1939; *J'ai vécu 1900,* 1950; *Mon journal,* 1953).

P. Bathille, D., son œuvre, 1931.

Donneau de Visé, Jean, 3. 12. 1638 Paris – 6. 7. 1710 ebda., Journalist, Gründer der *Nouvelles nouvelles* u. des →*Mercure de France,* 1691 kgl. Historiograph. Als Dramatiker rivalisiert D. mit Molière (*Zélinde ou la véritable critique de l'école des femmes,* 1663; *Réponse à l'impromptu de Versailles,* 1663; in Zusammenarbeit mit Thomas Corneille *La devineresse,* 1679), als Novellendichter steht er an der Schwelle zum Sittenroman, der zwar noch romaneske Heldennamen bewahrt, dem Stoff u. der Handlungsführung nach jedoch Rabelais näher kommt (*Les soirées des auberges,* 1663; *Nouvelles galantes et comiques,* III 1669).

M. Vincent, D. et le Mercure galant, Lille II 1987.

Don Sanche d'Aragon, ›comédie héroïque‹ von Pierre →Corneille, im Februar 1648 begonnen, Urauff. Ende 1649, EA 1650. Thema ist die Auseinandersetzung zwischen zwei gegensätzl. Auffassungen des Adelsbegriffs: Adel als aristokrat. Status u. Adel als individuelle eth. Haltung. Don Carlos, siegreicher Feldherr, von zwei Prinzessinnen begehrt, glaubt, er sei der Sohn e. Fischers. Er rühmt sich s. niederen Herkunft u. hebt hervor, daß er s. Erfolge nur sich selbst verdanke. Am Ende des Rittermärchens löst sich der soziale Konflikt in Wohlgefallen auf: Carlos ist der Sohn u. Nachfolger des Kg.s von Aragón. Zwar siegt damit das dynast. Prinzip, bemerkenswert ist jedoch, daß es durch e. voluntarist. Ethik überhaupt in Frage gestellt werden konnte. Im Widmungsschreiben erklärte der Autor die Benennung ›heroische Kom.‹: die Ständeklausel sei für die klass. Stofftrennung von Trag. u. Kom. nur e. willkürl. Setzung; das Personal der Kom. dürfe hochadlig sein, da nicht die Figuren, sondern die Aktionen die dramat. Gattungen definierten. Das Epitheton ›héroïque‹ sollte das traditionsbewußte Publikum jedoch wieder beruhigen.

Doña Sol, weibl. Hauptfigur im Drama →*Hernani* von Hugo, deren Liebe zum Titelhelden am Ehrenkodex zerbricht.

Doon de Mayence →Empörerepen.

Dorante →*Le menteur* von Pierre Corneille.

Dorat, Claude-Joseph, 31. 12. 1734 Paris – 29. 4. 1780 ebda., aus e. Beamtenfamilie, die mit Ronsards Lehrer D. verwandt war. Anstatt wie s. Vater Jurist zu werden, träumte der junge D. von militär. Ruhm; 1757–58 kgl. Musketier; auf Betreiben e. jansenist. Verwandten mußte er die Armee verlassen u. begann zu schreiben, vor allem Heroïden, Episteln, Verserzählungen, Fabeln, Kom. u. Trag. (*Régulus,* 1765, nach Metastasio u. Pradon; *Adélaïde de Hongrie,* 1771), die dort originell werden, wo der Dichter persifliert. D. überwarf sich mit Voltaire u. galt als Anhänger Frérons; daher waren s. zahlr. Kandidaturen für die Ac. frçe. aussichtslos. 1777 übernahm er aus materieller Not die Leitung des *Journal des dames.* Bei s. Tod umfaßten die *Œuvres complètes* (seit 1764 erschienen) 20 Bde.

G. Desnoiresterres, Le chevalier D. et les poètes légers du XVIIIe siècle, 1887; E. Faguet, D., Revue des cours et conférences, Dezember 1903 – Januar 1904.

Dorat, Jean, 1508 Limoges – 1. 11. 1588 Paris, Hellenist, von 1544–49 Lehrer Ronsards am Collège de Coqueret, 1547 als Nachfolger von Lazare de Baïf Prinzipal der Anstalt, 1555 Prinzenerzieher u. mit dem Amt des ›Interprète et poète du Roi‹ betraut, 1556 ›Lecteur de grec‹ (vgl. Collège de France). 1586 publizierte D. e. Slg. s. griech., lat. u. franz. Lyrik *(Poematia).* 1582 rechnete ihn Ronsard zur Pléiade.

H. Chamard, Histoire de la Pléiade, IV 1939–40; G. Demerson, D. en son temps, Clermont-Ferrand 1983.

Dorat-Cubières, Michel chevalier de C., gen., 27. 12. 1752 Roquemaure/Gard – 23. 8. 1820 Paris, außerordentlich produktiver Schriftsteller (150 Bde.): galante Lyrik (*Opuscules poétiques,* 1786–91), Lit.kritik (*Lettre à Ximenès sur l'influence de Boileau en littérature,* 1787) u. Dramatiker (*Théâtre moral,* II 1786; hist. Stück *La mort de Molière,* 4 Akte in Versen, 1802; *Hippolyte,* 1805, nach Racines *Phèdre*). D. wurde Generalsekretär der Kommune Paris u. nannte sich ›poète de la Révolution‹ (*Le calendrier républicain,* 1796). Er edierte e. Werk s. Freundes Restif de la Bretonne (*Histoire des compagnes de Maria,* III 1811). Unter der Restauration erhielt D. e. Stelle bei der Postverwaltung. Zu s. Spätwerk gehören der *Essai sur l'art poétique et en particulier sur la versification française* (1812) u. *L'art du quatrain, essai didactique en quatre chants* (1815). D. nahm polem. gegen Boileau u. für Shakespeare Partei, s. Ausfälle wurden jedoch ebensowenig ernst genommen wie die Satiren Merciers.

Dorgelès, Roland (eig. R. Lécavelé), 15. 6. 1886 Amiens – 18. 3.

1973 Paris, Stud. an der École des arts décoratifs, Journalist, verkehrte in Künstlerkreisen auf Montmartre, seit 1929 Mitgl. der Ac. Goncourt (Nachfolger von Courteline), seit 1955 ihr Vorsitzender; Romancier, der vor allem durch den Episodenroman aus dem Weltkrieg *Les croix de bois* (1919; vgl. auch Barbusse) bekannt wurde. Skeptischer als Barbusse sah D. die Entwicklung nach 1918; in *Le réveil des morts* (1923) zeigte er mit den Stilmitteln der Phantasmagorie die welttheaterhafte Abrechnung auferstandener Kriegstoter mit den Gewinnlern; *Carte d'identité* (1945) ist e. schwacher Aufguß der Kriegsthematik. Die meisten Werke von D. sind Reise- u. Bohèmeromane (*Le cabaret de la Belle femme,* 1919; *Saint Magloire l'africain,* 1922; *Sur la route mandarine,* 1925; *La caravane sans chameaux,* 1928; *Le château des brouillards,* 1932; *Si c'était vrai,* 1934; *Quand j'étais Montmartrois,* 1936; *Retour au front,* 1940; *Bouquet de bohème,* 1947; *Bleu horizon,* 1949; *La drôle de guerre,* 1957; *A bas l'argent,* 1965; *Le marquis de la Dèche,* 1971).

A. Dubeux, D., 1930.

Dorin, Françoise, geb. 23.1. 1928 Paris, Tochter des Chansonniers René D., Schauspielerin, seit 1967 erfolgreiche Dramatikerin am Boulevard (*Comme au théâtre,* 1967; *La facture,* 1968; *Un sale égoïste,* 1970; *Le tournant,* 1973; *Le tube,* 1974; *Le tout pour le tout,* 1978; mit Daniel Gélin; *L'intoxe,* 1980, mit Jeanne Moreau u. Jacques Dufilho); außerdem die Romane *Va voir maman, papa travaille,* 1976; *Les lits à une place,* 1980; *Les jupes-culottes,* 1984.

Dorval, Marie Delaunay, gen., 1798 Lorient – 1849 Paris, aus e. Komödiantenfam., wurde selbst Schauspielerin, heiratete 1812 den Schauspieler D. (dies s. Theatername); Tourneen bis Rußland, spielte später in Paris, kreierte Rollen von Dumas père und Hugo, triumphierte als Kitty Bell in Vignys *Chatterton*. D. galt in den 30er Jahren als einzige fähige Interpretin des romant. Schauspiels; als sie die Com. frçe. verließ, um am Gymnase zu spielen, bedeutete dies für das Staatstheater den Rückfall in den klassizist. Stil. 1832 wurde sie die Geliebte von Alfred de Vigny; sie war eng mit George Sand verbunden (*Correspondance,* 1953).

F. Moser, D., 1947; M. Descotes, Le drama romantique et ses grands créateurs, o. J., P. Hagenauer, La vie douloureuse de D., 1972.

La double inconstance, Prosakom. in drei Akten von →Marivaux, Urauff. 6. 4. 1723 Hôtel de Bourgogne, EA 1724. Silvia, ein Bauernmädchen, liebt Arlequin. Das Paar wird durch Intrigen des Prinzen, der Silvia entführen läßt und umwirbt, sowie seiner Komplizin Flaminia, der Dame d'intrigue des Stücks, zur Untreue verführt und bindet sich an den neuen Partner. Bei der Darstellung der doppelten Unbeständigkeit bedient sich Marivaux vorrangig der psycholog. Analyse, verzichtet jedoch nicht auf romaneske Motive, vor allem der Maskierung und Verkleidung. In die Liebeskom. ist Kritik am Hofleben, an der Sittenlosigkeit der Privilegierten und am falschen Widerstreit von Ehre und Moral eingelassen, wobei es Marivaux noch gelingt, den Prinzen seiner Kom. als ehrbares Individuum erscheinen zu lassen. Als Arlequin freil. geadelt wird, um zum ebenbürtigen Rivalen und Liebhaber zu werden (III, 4), verspottet er den aristokrat. Ehrenkodex, der den Widerspruch von Großmut und

Rachsucht nicht löst. Anouilh hat *D.* mit der Intention des Spiels im Spiel in →*La répétition ou l'amour puni* eingelassen und damit eine Voraussetzung für die Liebenden geschaffen, sich über ihre Rollenerwartung im Leben zu verständigen.

La double méprise (1833), Novelle von Prosper →Mérimée. Die Fabel setzt sich aus e. Kette von Mißverständnissen zusammen. Hätte Julie den vulgären Charakter des Herrn Chaverny erkannt, wäre sie vor sechs Jahren nicht s. Frau geworden. Damals war sie sich über ihre eigenen Empfindungen und die Gefühle des Herrn Darcy nicht im klaren, sonst hätte sie ihn geheiratet. Als sie Darcy, nun Diplomat, wiederbegegnet, wird sie s. Geliebte, aber sie begreift zu spät, daß er nur e. Gelegenheit ausnutzte. Julie fühlt sich schuldig, sie will ihren zurückhaltenden Verehrer, Herrn Châteaufort, nicht mehr sehen; der glaubt sich verraten, da er nicht mehr vorgelassen wird. Dabei erwartete Julie nur, daß er energischer darauf bestand. Sie reist verzweifelt an die Côte d'azur u. stirbt, ehe sie dort ankommt, an e. Erkältung. Mérimées Ironisierungskunst zeigt sich in dieser Novelle auf ihrem Höhepunkt, denn sie macht den Leser, der dadurch e. höheren Informationsstand einnimmt, auf die trag. Einseitigkeit des Selbstverständnisses und der Fremdcharakteristik der Personen aufmerksam. Außer der Distanz zwischen den Helden wird die Distanz zwischen der Denk- und Sprechweise der Helden und dem Stil des Erzählers betont. Chaverny dringt unter e. Vorwand in Julies Boudoir ein. ›Chaverny contemplait sa femme dans ce demi-désordre si favorable à la beauté. Il la trouvait *piquante,* pour me servir d'une de ces expressions que je déteste.‹ Julie und Darcy sind verwandte Seelen, ihre Médisance, ihr Hang zu den Happy few (vgl. Stendhal) bringen sie zusammen und hindern sie gleichzeitig, sich aneinander zu verlieren. Châteaufort ist redl. und galant, aber hilflos in der Hellhörigkeit der Salons. Chaverny ist weder redl. noch galant, er ist berechnend wie Julie und Darcy, jedoch unintelligent und kein ›homme à femmes‹. Die nachgeholte Exposition erklärt nicht nur, warum es zu Julies unglückl. Ehe gekommen ist, in der Rückwendung erscheint das Vergangene auch als das Unwiederholbare und Unwiederbringliche.

E. Jaloux, Introduction à la D., 1922.

Doucet, Charles-Camille, 16. 3. 1812 Paris – 31. 3. 1895 ebda., Theaterdirektor, Autor zahlr. Verskom. (u. a. *Léonce,* 1838; *Versailles,* 1839; *L'avocat de sa cause,* 1842; *Antonio,* 1849; *Le fruit défendu,* 1857; *La considération,* 1860); seit 1876 Secrétaire perpétuel der Ac. frçe.

Douzain, Gedicht aus zwölf Versen, im MA häufig auf zwei Reime; noch von Marot verwendet, dann von der Pléiade abgewertet (vgl. auch Huitain, Dizain).

Douze pairs, Gefolgschaft Karls d. Gr. im altfranz. Epos *(Anseïs, Chanson de Roland),* analog die Umgebung Alexanders *(Roman d'Alexandre);* im allegor. *Court d'amour* des Mahieu le Poirier das Gefolge des ›grand bailli‹ Amor.

Le doyen de Killerine (1735–39), Roman von Antoine-François →Prévost. Die Auseinandersetzung versch. Weltanschauungen, wie Molière sie schon in *Le misanthrope* in Szene gesetzt hatte, wird erneut aufgegriffen und e. anderen Lösung zugeführt. Der untadelige Idealist ist kompromißbereiter, nachdem er zahlr. moral. Anfechtungen bestehen mußte und die natürl. Sittlichkeit s. Bruders anerkennt. Den polit. Hintergrund bilden die Versuche ir. Katholiken, Kg. Jakob II. wieder an die Macht zu bringen, so entwickelt sich die Handlung räuml. zwischen Irland und Paris; wenngleich weniger episodenreich als frühere Romane, enthält die Geschichte immer noch e. Fülle überraschender und kaum wahrscheinl. Geschehnisse.

Dramaturge, Autor bürgerl. Schauspiele, Neologismus von Louis-Sébastien Mercier. Dorat-Cubières verfaßte die Parodie *Le d.* (1776, 1777 neuer Titel: *La manie des drames sombres*).

Drame, unklass. Schauspielform des 18. Jh., von Diderot und Beaumarchais als ›genre sérieux‹ zur Darstellung der sozialen und seel. Wirklichkeit vor allem des III. Standes gegen die untaugl. Stoff- und Stiltrennungsregeln der Tragédie und Comédie theoret. konzipiert, allerdings nur unvollkommen praktiziert. Durch die Aufwertung s. Konfliktlage soll der bürgerl. Protagonist dem Adligen moral. überlegen werden. Noch 1804 lehnte das *Journal des débats* vom klassizist. Standpunkt aus dramat. Mischformen bei Nivelle de La Chaussée, Destouches, Sedaine, Landois und Mercier, die ›comédie sérieuse‹, ›tragédie bourgeoise‹, ›comédie larmoyante‹, das ›drame honnête‹ entschieden ab. Victor Hugos Konzeption des romant. Dramas setzte Errungenschaften des 18. Jahrh. voraus. D. als weitergreifende Gattungsbezeichnung meint Schauspiel schlechthin, so schon bei Voltaire (an Mme Du Deffand 27. 10. 1760).

G. v. Proschwitz, Le mot d. et ses changements de valeur du Diable boiteux à la Comédie humaine, CAIEF 1964; M. Lioure, D., [3]1968; H. A. Glaser, Das bürgerl. Rührstück, 1969; F. Gaiffe, Le d. en France, [2]1971; P. Szondi, Die Theorie des bürgerl. Trauerspiels im 18. Jh., 1973; M. Lioure, Le d. de Diderot à Ionesco, 1973; Ch. Dédéyan, Le d. romantique en Europe, 1982.

Drame surréaliste, Terminus bei Guillaume →Apollinaire (1918) zur Unterscheidung s. poetolog. Absichten von denjenigen des symbolist. Theaters. Das surrealist. Drama als ›univers complet‹ spiegelt keinen Teilausschnitt der erfahrbaren Wirklichkeit und ist nicht sinnbildl. auf außerlit. Vorgänge bezogen. Dadurch ist es selbst autonome ›Natur‹. Die Kriterien Fiktion und Illusion werden dem D. nicht mehr gerecht *(→Les mamelles de Tirésias)*.

Dramomane (von ›drame‹ und ›Manie‹), disqualifizierende Benennung der kämpfer. Theoretiker und Schöpfer des →Drames im 18. Jh., namentl. des Bühnendichters Mercier, durch Klassizisten, aber auch Aufklärer, z. B. Melchior Grimm.

Dreyfus-Affäre, Spionage- u. Justizskandal 1894–1906. Der jüd. Hauptmann Alfred D. (1859–1935) wurde seit Anfang Oktober 1894 der Spionage verdächtigt und am 15. 10. verhaftet. Unter Ausschluß der Öffentlichkeit wurde Ende Dezember vor dem Kriegsgericht in Paris der Prozeß eröffnet, D. zu lebenslängl. Verbannung verurteilt und die Möglichkeit der Berufung ausgeschlossen. Nachdem er bereits e. Jahr auf der Insel Cayenne/Franz. Guayana verbracht hatte, entdeckten militär. Kreise, daß das Beweismittel, e. Liste, die D. dem dt. Militärattaché überreicht haben sollte, in Wirklichkeit vom Major Marie-Charles-Ferdinand Walsin-Esterhazy geschrieben war. Doch der wirkl. Schuldige wird in e. Verfahren 1898 freigesprochen. Zwei Tage später, am 13. 1. erschien in *L'Aurore* e. offener Brief Zolas an den Präsidenten der Republik, Félix Faure, in dem Zola den Prozeß gegen D. als Komplott parteiischer Richter darstellte. Der Text stand auf der Titelseite und trug in großen Lettern die Überschrift →›J'accuse ...!‹ Zola wurde für s. Engagement zu e. Jahr Gefängnis und 3000 Francs Strafe verurteilt; er floh nach England. 1899 begann in Rennes e. Revisionsprozeß, da ein weiteres, D. belastendes Schriftstück als Fälschung entlarvt worden war; das Urteil lautete jetzt auf zehn Jahre Festungshaft. D. wurde begnadigt, er verzichtete auf Berufung. Am 27. 12. 1900 trat e. Amnestiegesetz in Kraft, das alle Beteiligten an der Affäre außer Verfolgung setzte. Rehabilitiert war D. erst 1906, als das Urteil kassiert wurde und er im Majorsrang, ausgezeichnet mit der Ehrenlegion, wieder in die franz. Armee eintrat. Bis zu s. Tode avancierte er zum Oberstleutnant. Die Affäre, die Frkr. in e. schwere innenpolit. Krise stürzte, war das Ergebnis des heftigsten Antisemitismus, der nicht so sehr e. Justizirrtum, als vielmehr e. zielsichere Verschwörung hoher Militärs mögl. machte. Die Affäre löste weitreichende polit. u. lit. Kontroversen aus *(→L'île des pingouins; →Jean Barois,* Proust; *→Les vingt et un jours d'un neurasthénique),* Zola verarbeitete sie, mit veränderten Namen und Motiven, in s. letzten Roman, *Vérité (Quatre évangiles),* er abstrahierte die Prinzipien der Auseinandersetzung, Reaktion und Fortschritt, in der Rivalität von geistl. und laizist. Unterricht. *L'affaire Dreyfus, la clé du mystère* (1972) von Michel de Lombarès vereinigt Qualitäten des Kriminalromans mit der psycholog. Analyse.

C. Delhorbe, L'affaire D. et les écrivains français, Neuchâtel 1932; P. Boussel, L'affaire D. et la presse, 1960; R. Laubert, Die hist. Grundlagen in Jean Barois von R. Martin du Gard, Diss. Tübingen 1969; E. Carassus, L'affaire D. et l'espace romanesque: De Jean Santeuil à la Recherche du temps perdu, RhlF 1971; J.-D. Bredin, L'affaire, 1983; A. Pagès, Zola dans l'Affaire D., 1991.

Drieu la Rochelle, Pierre, 3. 1. 1893 Paris – 16. 3. 1945 (Selbstmord) ebda., stammte aus dem kathol. Kleinbürgertum, 1917 Heirat mit reicher Jüdin, 1920 lukrative Scheidung; 2. Ehe 1927–33 mit Bankierstochter. Stud. Staatswiss., ohne Abschluß. Polit. Entwicklung von der Linken, Freundschaft mit Aragon bis 1925, zur Action frce.; D. empfing entscheidende ideolog. und ästhet. Impulse auch von Barrès und Claudel. Seit dem Ende der 20er Jahre bezeichnete ihn die dt. Romanistik fast rühmend als ›Faschisten der Poesie‹ (*Interrogation, 1917; Fond de cantine,* 1920). S. Bourgeoisiekritik vom Faschismus her (Romane *Le feu follet,* 1931; *Rêveuse bourgeoisie,* 1937; *→Gilles; Les chiens de paille,* 1964; *Mémoires de Dirk Raspe,* 1966), in der D. method. mit Stilbrüchen arbeitete, wurde auch von der polit. Linken beachtet. Nizan ließ 1935 keinen Zweifel daran, daß D. sich durch die Essays *Socialisme fasciste* (1934) und das *Journal d'un homme trompé* (1934) als e. der glänzendsten franz. Essayisten erwiesen hatte. Für D. ist e. Führerpersönlichkeit Belohnung der Kühnheit und Willensstärke e. Volkes, darum hat nach s. Überzeugung die franz. Nation noch keinen Führer verdient. Am Faschismus bewundert er die großen Zeremonien, dies erleichtert ihm die Gleichstellung der Regimes von Hitler, Mussolini und Stalin. Stolz darauf, e. Kleinbürger zu sein, überspielte er jahrelang fakt. Frustration mit dem Selbstbetrug, jede polit. Veränderung bringe zwangsläufig s. Klasse Nutzen. Da das Kleinbürgertum s. Auffassung nach die Vorzüge des Adels und der Bourgeoisie vereint, ist er davon überzeugt, daß sich der Sozialismus nur mit Hilfe des ›petit bourgeois‹ oder überhaupt nicht realisieren läßt. Gleichzeitig zählte sich D. aber auch zu den über den Klassen stehenden freien Menschen (›hors classes, les hommes libres‹). Polit. Fragen behandelte er vorrangig im Pamphlet und Essay (*Mesure de la France,* 1922; *Genève ou Moscou,* 1928; *L'Europe contre les patries,* 1931; *Avec Doriot,* 1937; *Les français d'Europe,* 1944), gesellschaftl. Krisen und Sinnfragen des Lebens wie Liebe und Tod im Roman (*État-Civil,* 1921; *L'homme couvert de femmes,* 1925; *Blèche,* 1928; *Une femme à sa fenêtre,* 1930; *Drôle de voyage,* 1933; *L'homme à cheval,* 1934; *Beloukia,* 1936) und im Drama (*Le chef,* 1944; *Charlotte Corday,* 1944). Der Romancier D. nannte die Untergangsstimmung das Leitthema s. Schaffens, für das sich als angemessene Form der Rechenschaftsbericht anbot. Die Zwangsvorstellung der allgegenwärtigen Sterilität, für die das polit. Egalitätsprinzip verantwortl. gemacht wird, verfolgt D.s Protagonisten (vgl. auch Nimier und Vailland). Desanti erklärt die Kollaboration aus e. Komplex von Masochismus, Homosexualität und Vaterbindung. Aufschlußreich ist auf jeden Fall die intensive Erforschung von D. seit den siebziger Jahren (Neuausgaben, auch als Taschenbücher, Publikation des *Fragment de mémoires* (1940–41, 1943 diktiert, Reflexionen über Vichy, ›ce Coblentz intérieur‹ und die Funktion einer franz. Einheitspartei nach nationalsozialist. Muster, 1982; *Textes retrouvés,* 1992; *Journal 1939–45,* 1992). Sie kann als Symptom der Bewältigung der Vichyvergangenheit u. -lüge gedeutet werden.

J.-M. Pérusat, D. ou le goût du malentendu, 1977; J. Hervier, Deux individus contre l'Histoire, D., E. Jünger, 1978; D. Desanti, D., le séducteur mystique, 1978; P. Andreu/F. Grover, D., 1979; M. Zimmermann, Die Lit. des franz. Faschismus. Unters. zum Werk von D., 1979; J. Lansard, D. Bibl. générale, 1991.

Drogenliteratur, Darstellung halluzinator. Zustände, die durch Rauschmittel hervorgerufen werden, und Reflexion der Bewußtseinserweiterung u. a. bei Gautier, Baudelaire, Retté, Cocteau, Artaud, Daumal, Michaux.

Droit, Michel, geb. 23. 1. 1923 Vincennes, Reporter, Fernsehproduzent, 1961–71 Chefredakteur des *Figaro littéraire,* 1980 Wahl in die Ac. frçe. Als Romancier (seit 1954) bekannt durch *Le temps des hommes* (IV 1966–76; Lettre ouverte ..., 1985).

Drôle d'amitié →*Les chemins de la liberté* von Sartre.

Drôle de guerre, Abschnitt des II. Weltkriegs, von der franz. Kriegserklärung im September 1939 bis zum dt. Angriff im Mai 1940, lit. Darstellung u. a. bei Aragon *(Les communistes),* Gracq *(Un balcon en forêt)* u. M. Tournier *(Roi des aulnes).*

Drôle de jeu, (1945), Roman von Roger →Vailland, Geschichte e. Résistancegruppe im Frühjahr 1944, deren Aktionen aus erot. Beweggründen an die Besatzung verraten werden.

Drouet, Minou (Marie-Noelle), geb. 1947 bei Saint-Malo, wurde 1956 als frühreife Dichterin bestaunt *(Arbre, mon ami, Poèmes, 17 poèmes inédits).*

A. Parinaud, L'affaire D., 1956.

Druon, Maurice, geb. 23. 4. 1918 Paris, Stud. Philol. und Politikwiss., Teilnahme am II. Weltkrieg als Offiziersanwärter und Reporter, seit 1942 Mitarbeiter de Gaulles in London, Tätigkeit für BBC; 1966 Mitgl. der Ac. frçe. u. Prix de Monaco für s. lit. Gesamtwerk. D., Ritter der Ehrenlegion, wurde, obgleich nicht Mitgl. des Parlaments, 1973 Minister für kulturelle Angelegenheiten im zweiten Kabinett Messmer. Als Autor von Gesellschafts- und Geschichtsromanen Epigone der Naturalisten. *Les grandes familles* (1948) aus dem Zyklus *La fin des hommes* (1948–1951) wurde mit dem Prix Goncourt ausgezeichnet. Aufbauend auf dem Zweifamilien-Motiv (vgl. Zola und Martin du Gard) stellte D. die herrschenden Kreise in monoman. Gestalten dar. In Zusammenarbeit mit anderen Autoren entstand das siebenbdge. Fresko *Les rois maudits* (1955–1977) über das Frkr. Philipps IV. und s. unglückseligen Söhne, mit denen das Haus Capet erlosch. Als Einzeltitel erschien *La dernière brigade* (1946, Kriegsroman), *La volupté d'être* (1954, dramatisiert u. d. T. *La contessa*), *L'hôtel de Mondez* (1956), *Les mémoires de Zeus* (1967) sowie die Biographie Alexanders d. Gr. (1958). Als Minister vertrat D. sogleich e. restauratives Kulturbild, das zu Demonstrationen herausforderte.

Du Barry (eig. Bécu), Marie Jeanne, 19. 8. 1743 Vaucouleurs – 8. 12. 1793 Paris (hingerichtet), Modistin, verheiratet mit dem Grafen D., seit 1769 die Mätresse Ludwigs XV., 1774 (Regierungsantritt Ludwigs XVI.) vom Hof verbannt; 1792 Emigration nach England, 1793 Rückkehr und Verurteilung zum Tode. Die Autorschaft der ihr zugeschriebenen Memoiren ist nicht gesichert. Um D. sammelten sich vor allem die durch den Minister Choiseul bekämpften u. erniedrigten polit. und relig. Gruppen, Anhänger der engen Verflechtung von Thron und Altar, Jesuiten, Feinde der Aufklärung und des wiss. Materialismus. Ihr Leben ist Stoff des Romans von →Reboux, *Madame D.* (1932).

E. und J. de Goncourt, Les maîtresses de Louis XV, II 1860; Ch. Vatel, Histoire de Madame D., III 1882–84; Duc de Castries, D., 1967.

Du Bartas, Guillaume de Salluste, seigneur, 1544 Montfort bei Auch/Gascogne – Juli 1590 Paris, als Soldat und Diplomat im Dienst Heinrichs IV. Den Hugenotten interessierten von den Leistungen der →Pléiade Ronsards Hymnen, er selbst pflegte vor allem die relig. bibl. Dichtung (Lyrikslg. *La muse chrestienne,* 1574; Epos *Judit,* 1573, krA A. Baïche, Toulouse 1970; →*La sepmaine*), die er über den lit. Paganismus stellte. Ronsard reagierte mit gelassenem Selbstbewußtsein, als D. ihm als Rivale entgegengestellt werden sollte. Jedenfalls errang D. e. bedeutenden Übs.erfolg, der zweifellos konfessionell begründet war. Dem Epiker mangelte es nicht an dichter. Phantasie, eher schon an Präzision des Ausducks und Kompositionsstrenge (*The works,* hg. U. T. Holmes u. a., III 1935–40).

M. Braspart, D. poète chrétien, Neuchâtel 1947; K. Reichenberger, D. und s. Schöpfungsepos, 1962; D. Seidmann, Montchrestien et D., RSH 1970; J. Dauphiné (Ed.), D., Lyon 1988.

Du Bellay, Jean, 1492–1560 Rom, Onkel des Joachim →D., Kardinal

(Mai 1535) und Diplomat; er protegierte Rabelais und nahm den Neffen Joachim im April 1553 mit nach Rom.

Du Bellay, Joachim 1522 b. Liré/Anjou – 1. 1. 1560 Paris, aus altem Adel, am Collège de Coqueret befreundet mit Ronsard und Baïf, Jurastud., 1553–57 Sekretär s. Onkels, des Kardinals Jean D., Romaufenthalt, neben Ronsard Hofdichter. Wahrscheinl. zusammen mit Ronsard entwarf er das Manifest der Pléiade, die →*Deffence et illustration* (1549), im selben Jahr veröffentlichte er die erste franz. Sonettfolge, *L'Olive* (115 petrarkisierende Sonette). Mit der Romreise begann 1553 der zweite Abschnitt s. Schaffens, der weniger an Theorien als an Erlebnisse gebunden war (*Jeux rustiques,* 1558). In *Les antiquitez de Rome* und *Les regrets* (1558) beklagte D. den Untergang Roms, stellte s. Aufenthalt jedoch als Exil dar, das ihm die Heimat in idyll. Licht erscheinen ließ. In s. letzten Lebensjahr erschien die Satire *Le poète courtisan* (1559), postum wurden noch e. *Discours* und →*Les amours* (1568) und *Xenia* (1569) publiziert. Nach Ronsard nimmt D. den zweiten Rang in der Pléiade ein (*Œuvres,* hg. F. Morel, 1568; *Poésies,* hg. M. Hervier, 1954; *Œuvres poétiques* I, krA H. Chamard/Y. Bellenger 1982).

J. Vianey, Les regrets de D. 1930; V.-L. Saulnier, D., l'homme et l'œuvre, 1951; F. M. Boyer, D., 1958; G. Dickinson, D. in Rome, Leiden 1960; A. W. Satterthwaite, Spenser, Ronsard and D., Princeton 1960; G. Saba, La poesia di D., Florenz 1962; R. Griffin, Coronation of the poet. D.'s debt to the Trivium, Univ. of California 1969; F. Joukovsky, Orphée et ses disciples dans la poésie française et néo-latine du XVIe siècle, Genf 1970; M. Brady Wells, D., a bibl., London 1974; Y. Bellenger, D. Ses Regrets qu'il fit dans Rome, 1975; G. Gadoffre, D. et le sacré, 1977; D. Coleman, The chaste Muse, a study of D.'s poetry, Leyden 1981; R. A. Katz, The ordered text, Bern 1985; K. Meerhoff, Rhétorique et poétique au 16e siècle en France. D., Ramus et les autres, Leiden 1986; K. Cameron, Concordance des œuvres poétiques de D., Genf 1988.

Dubillard, Roland, geb. 1923 Paris, Philosophiestud., Schauspieler u. Dramatiker (auch Hörspiele), kennzeichnend burleske Konflikte (*Si Camille me voyait,* 1953; *Naïves hirondelles,* 1961; *Les crabes,* 1970; *Où boivent les vaches,* 1972; Roman *Olga ma vache,* 1974; Drama *Les dialogues . . .,* 1976; *La boîte à outils,* 1985).

Du Bos, Charles, 27. 10. 1882 Paris – 5. 8. 1939 La Celle-Saint – Cloud, Übs. und Lit.kritiker, befreundet mit Gide und Ernst Robert Curtius. D. war seit 1899 durch Bergsons Philosophie auf e. empfindsamen Ästhetizismus hin orientiert worden, der von der Innerlichkeit des Dichters ausgehend Entstehen und Situation des Kunstwerks zu begreifen sucht. Daraus folgte die ›Versenkung‹ in den Dichter, über den er schrieb (u. a. Jacques Rivière, Benjamin Constant, Joubert, Mérimée, Byron, Gide, Mauriac, Bernanos, Anne de Noailles, Goethe), um durch Identifikation auf dem ›élan vital‹, der e. Werk hervorbrachte, auch zur krit. Einsicht getragen zu werden. Die intuitive Kritik erhebt sich somit auf die Höhe e. Neuschöpfung (*Approximations,* VII 1922–37; *Qu'est-ce que la littérature,* 1938; *Commentaires,* 1946; *Journal,* 1946–57; *Lettres de D. et réponses d'A. Gide,* 1950).

M. A Gouhier, D., 1951; J. Mouton, D., sa relation avec la vie et avec la mort, 1955; M. Savouret, Nietzsche et D., 1960; B. Halda, D., 1966; J. Bossière, Perception critique et sentiment de vivre chez D., 1969; B. Halda, Bergson et D., 1970; Ch. Dédéyan, Cosmopolitisme littéraire de D., III 1971; B. Didier, Un dialogue à distance, Gide et D., 1976.

Dubos (Abbé), Jean-Baptiste, 1670 Beauvais – 1742 Paris, nach mehrjähriger Tätigkeit im diplomat. Dienst mit e. Pfarrei ausgestattet, die ihm Muße zu geisteswiss. Tätigkeit ließ (*Histoire de la ligue de Cambrai,* 1709; *Histoire critique de l'établissement de la monarchie française dans les Gaules,* III 1734). E. Jahr vor der Aufnahme in die Ac. frçe. (1720, seit 1722 Secrétaire perpétuel) erschienen s. →*Réflexions critiques sur la poésie et la peinture.* Als Neuerung verlangte D. von der Kunst, daß sie das Publikum anrührt; dies setzt voraus, daß sie die Natur u. nicht nur anerkannte Werke nachahmt. Dadurch wies D. e. Ausweg aus der →Querelle des anciens et des modernes.

M. Braunschvig, L'abbé Dubos, rénovateur de la critique au XVIIIe siècle, Toulouse 1904; A. Lombard, L'abbé D., un initiateur de la pensée moderne, 1913.

Du Bouchet, André, geb. 7.3. 1924 Paris, Prof. in USA (1948 Harvard), Übs. (Shakespeare, Joyce, Hölderlin, Celan; auch aus dem Russ.). Lyrik, die Poesie und Metapoesie hermet. ineins setzt (*Le moteur blanc,* 1956; *Dans la chaleur vacante,* 1961; *L'incohérence,* 1979; *Air,* 1986; *Le surcroît,* 1990).

M. Collot (Hg.), Autour d'A. D. B., 1986; J. Depreux, D., 1988.

Dubreuilh, e. der beiden Hauptfiguren in →*Les mandarins* von Simone de Beauvoir, Schriftsteller und ehemaliger Sorbonneprof., trägt Züge von Sartre; s. Frau Anne, Neurologin, ist teilweise e. Selbstporträt der Autorin.

Ducamp, Maxime, 8.2. 1822 Paris – 8.2. 1894 Baden-Baden, Vater Chirurg; D. unternahm bereits 1844 e. Reise nach Griechenland, der Türkei und Algerien (*Souvenirs et paysages d'Orient,* 1848), 1849 reiste er im Regierungsauftrag erneut nach Nordafrika, Nubien, Palästina und Syrien (Bericht 1852), teilweise zusammen mit s. Freund Flaubert, dessen →*Madame Bovary* D. in der *Revue de Paris* veröffentlichte, die er seit 1851 mit A. Houssaye und L. de Cormenin herausgab. 1853 erschien die Autobiographie *Le livre posthume,* 1855 die Lyrikslg. *Les chants modernes;* im iron. Vorwort distanzierte sich D. vom L'art pour l'art-Standpunkt und verkündete die Themen der mod. Poesie: Elektrizität, Lokomotive, Industrieprodukte. S. Gedichte sollten nützl. und utop. sein, hochfahrend beschwor D. die zivilisator. Rolle Frkr.s. Außer Reiseberichten, Erinnerungen an die Februarrevolution und die Pariser Commune (1877), Darstellungen der Großstadt Paris (1869–75 und 1878 ff.) schrieb D. vor allem Erinnerungen an Flaubert, Baudelaire, Nerval, Gautier (*Souvenirs littéraires,* II 1882 f., *Th. Gautier,* 1890).

Th. Tilcher, D., 1985.

Ducancel, Charles-Pierre, 1766 Beauvais – 1835 Paris, Dramatiker, u. a. →*L'intérieur des comités révolutionnaires ou les Aristides modernes, Le tribunal révolutionnaire* (1796), *Le thé à la mode* (1796). D., 1791 Jakobiner, später erbitterter Kritiker der Republik, Anhänger der napoleon. Herrschaft, übernahm während der Restauration e. Regierungsamt.

M. Carlson, The theatre of the French Revolution, Cornell University 1966.

Du Cange, Charles Du Fresne, sieur, 18.12.1610 Amiens – 23.10. 1688 Paris, Philologe und Historiker (Joinville-Ausgabe, 1668), Autor des immer noch benutzten *Glossarium ad scriptores mediae et infimae latinitatis* (III 1678 u. ö.) sowie zahlr., z. T. ungedruckter hist. Werke (*Histoire de l'empire de Constantinople sous les empereurs françois,* 1657;

Glossarium ad scriptores mediae et infimae graecitatis, Lyon 1688).

H. Hardouin, Essai sur la vie et les ouvrages de D., 1849; L. Feugère, Études sur la vie et les ouvrages de D., 1852.

Ducasse →Lautréamont.

Du Cerceau, Jean Antoine, 12. 11. 1670 Paris – 4. 7. 1730 Véretz, Jesuit, Autor von Schuldramen und lyr. Gedichten, in denen er Clément Marot nachahmt, sowie von Erzählungen und Fabeln. Wenig originell sind auch die *Réflexions sur la poésie française* (*Œuvres,* Amsterdam 1751). D. starb durch e. Unfall: s. Schüler, Louis-François de Bourbon, erschoß ihn, als er mit e. Gewehr hantierte.

Du Châtelet, Gabrielle-Émilie Le Tonnelier de Breteuil, marquise, 17. 12. 1706 Paris – 10. 9. 1749 Lunéville, Geliebte Voltaires, der 1743–48 auf ihrem Schloß Cirey in der Champagne in Verbannung lebte; sie hatte weitreichende nat.wiss. Interessen, übersetzte Newtons *Philosophiae naturalis principia mathematica* (EA 1756). Ihre Briefe wurden von Th. Besterman neu ediert (II 1958).

A. Maurel, La marquise D., 1930; R. Vaillot, Mme D., 1978; E. Badinter, Emilie, Emilie. L'ambition féminine au 18e siècle, 1983.

Ducis, Jean-François, 22. 8. 1733 Versailles – 31. 3. 1816 ebda., Sekretär des Marschalls von Belle-Isle, wurde nach der Ernennung s. Vorgesetzten zum Kriegsminister bei voller Gewährung der Bezüge von jeder Tätigkeit freigestellt. Nach vorliegenden Übs. schuf er Bühnenbearbeitungen von sechs Shakespearedramen (*Hamlet,* 1769; *Roméo et Juliette,* 1772; *Le roi Lear,* 1783; *Macbeth,* 1784; *Othello,* 1792; *Œuvres,* IV 1819–26; *Œuvres posthumes,* 1827). D., der auf franz. Übs. angewiesen blieb, glich sie sowohl der klassizist. Ästhetik wie der Empfindsamkeit der Epoche an. Das Drama *Abufar ou la famille arabe* (1795), auch stoffl. s. Erfindung, zeigt die Schwächen D.s. Die Kunst des Schauspielers Talma vor allem, der D. persönl. verbunden war, sicherte den Erfolg s. Bühnenstücke. D. war in der Ac. frçe. 1779 Nachfolger Voltaires.

S. Chevalley, D., Shakespeare et les comédiens français, Revue d'histoire du théâtre 1964 f.

Duclos, Charles, Pinot, 12. 2. 1704 Dinan – 26. 3. 1772 Paris, Sohn e. Hutfabrikanten, Stammgast im Café Procope; Libertin, der im Stil des jüngeren Crébillon Erfolgsromane schreibt (→*Confessions du comte de***; Histoire de Madame de Luz,* 1741, krit. Ausgabe J. Brengues 1971, préface J. Dizien, 1993; Erzählung *Acajou et Zirphile,* 1744) vor allem aber in kulturgeschichtl. Abhandlungen (*Histoire de Louis XI,* 1745 f.; *Considérations sur les mœurs de ce siècle,* 1751; *Considérations sur l'Italie,* postum 1791) und Memoiren (postum 1791), in denen er sich an Saint-Simon orientierte, polit. Fassaden aufhebt. Seit 1747 auf Betreiben der Pompadour Mitgl. der Ac. frçe., wurde D. 1755 ihr Secrétaire perpétuel u. erhielt das Einkommen e. Historiographe du Roi. Die memorialist. Lit. von D. zählt zu den am besten informierten Zeugnissen der Epoche; Stendhal benutzte s. Italienbuch. Seit 1806 lag e. 10bänd. Gesamtausgabe der Werke D.s vor.

E. Heilmann, D. Ein Literat des 18. Jh. 1935; E. Loos, D. als Moralist des 18. Jh. und s. Bedeutung für den Stand der ›gens de lettres‹, Diss. Köln 1949; P. Meister, D., Genf 1956; J. Brengues, D. ou l'obsession de la vertu, Saint-Brieuc 1971.

Du contrat social ou principes du droit politique, Abhandlung von Jean-Jacques →Rousseau, entstanden 1754, EA Amsterdam 1762, als Fragment e. Staatstheorie vorgestellt (hg. R. Grimsley, Oxford 1972). Der Staatsvertrag, von dem Rousseau als dem ›pacte fondamental de tout gouvernement‹ und ›vrai contrat entre le peuple et les chefs qu'il se choisit‹ im 2. *Discours* sprach, kommt durch Verzicht der einzelnen auf Individualrechte zustande. Der geschaffene Organismus artikuliert sich durch die ›volonté générale‹; Rousseau vermag dabei nicht zu definieren, ob sie auf polit., ökonom. oder soziale Ziele gerichtet ist. Jedenfalls ist sie als konstante Größe auch ›inaltérable et pure‹ und somit nichts weniger als e. metaphys. Wert. Sie wird zum Standard, den die Majorität sich zu eigen macht und ihrem privaten Standard überordnet. Rousseau erklärt nicht, wie im Konfliktfall entschieden werden soll, daß ›volonté générale‹ mehr ist als die Summe der Einzelwillen. Wenn der Gesellschaftsvertrag erst einmal geschlossen ist, verharrt der Staat in polit. Unbeweglichkeit, die Situation ist konfliktfrei geworden. Der Gruppenbeschluß transzendiert zwar die individuell begrenzte Einsicht, dennoch bedarf es des großen Gesetzgebers, der dem Volk das Scheinbewußtsein s. Freiheit erhält. Rousseau täuscht sich auch, wenn er die Exekutive zum bloßen Ausführungsorgan ohne polit. Eigeninitiative degradieren will. Die Schrift ist nur verständl., wenn sie als Denkanstoß, nicht als Staatsmodell genommen wird, dann bleibt dem Autor auch der Vorwurf des Totalitarismus und der Vorbereitung faschist. Diktaturen, den vor allem die angelsächs. Kritik erhoben hat, erspart. Der Entwurf wäre allenfalls im Stadtstaat, kaum im Flächenstaat realisierbar. S. Einfluß auf die Revolution von 1789 war weit geringer als allgemein angenommen wird. Das Werk wurde 1772 neu aufgelegt, die nächste Auflage kam erst 1790 auf den Markt. Die Schrift stand vor allem in den Bibliotheken des Adels u. Großbürgertums. Ihrer direkten Wirkung auf e. Massenbewegung waren Grenzen gesetzt, wie die schwache öffentl. Diskussion der Thesen Rousseaus bezeugt; sie galten als abstrakt u. schwer verständl. Brissot las den *C.* erst nach 1789, wenn überhaupt, Sieyès erwähnt ihn nirgends. Abbé Claude Fauchet hielt vom Oktober 1790 bis April 1791 im Cercle social des amis de la vérité Vorträge über das Werk, Condorcet, Mme Roland u. Camille Desmoulins waren unter den Zuhörern. Der Rousseaukult während der Revolution (vgl. ferner Babeuf) bezog sich weitgehend auf die Romane und den Mythos vom polit. Verfolgten. Rousseaus Definition der Abgeordneten als ›commissaires‹, nicht ›représentants‹ widersprach sowohl der Theorie von Sieyès als auch den Grundanschauungen Robespierres. Daß der Begriff ›volonté générale‹ häufig im Revolutionsvokabular vorkommt, rührt von der Verbreitung des Terminus her, den auch Montesquieu, Holbach und Diderot gebrauchten; er bedeutete nach 1789 verallgemeinert ›Wille der Nation‹, ›Wille der Mehrheit‹, ›Wille im Einklang mit den Interessen des revolutionären Volksteils‹.

A. Schinz, La question du C., 1913; F. Pösl, Der Einfluß der Staatstheorie des T. Hobbes auf J.-J. Rousseau, Diss. München 1949; I. Fetscher, Rousseaus polit. Philosophie, 1960; O. Vossler, Rousseaus Freiheitslehre, 1963; Études sur le C. de J.-J. Rousseau, 1964; J. McDonald, Rousseau and the French Revolution, London 1965; L. G. Crocker, Rousseau's social contract, Cleveland 1968; J. McManners, The social contract and Rousseau's revolt against society, Leicester 1968; J. Roels, Le concept de représentation politique au XVIIIe siècle français, 1969; B. Baczko, R. Einsamkeit und Gesellschaft, Wien 1970; J. B. Noone, Rousseau's Social contract, Athens (Georgia) 1981.

Ducray-Duminil, François Guillaume, 1761 Paris – 1819 Ville d'Avray, e. der ersten Romanciers mit Massenerfolg, durch e. Mischung von →Roman noir, Melodramatik und Empfindsamkeit (*Victor ou l'enfant de la forêt,* 1796; *Coelina ou l'enfant du mystère,* 1798; *Paul ou la ferme abandonnée,* 1800; *Le petit carillonneur,* 1809; *Contes de fées,* 1819).

Du Deffand, Marie marquise, 25. 12. 1697 Schloß Chamrond/Saône-et-Loire – 23. 9. 1780 Paris, in ihrem Pariser Salon verkehrten Mitgl. des Hochadels, Fontenelle, Montesquieu, Marivaux, Marmontel, Sedaine, Hénault, d'Alembert, Voltaire, Condorcet, Gibbon, Hume, Horace Walpole, mit dem Mme D. e. ausgedehnte Korrespondenz unterhielt. Dieser Zirkel war bis 1758, als mit d'Alembert die meisten Aufklärer ausblieben, jedenfalls das Gegenteil e. preziösen Salons; die Marquise neigte eher zur Misanthropie u. zum Pessimismus, ihre lit. Urteile, die sie in Briefen an die Hzgin. Choiseul, Maupertuis oder Voltaire fällte, waren sicher. Sie parodierte La Mottes Trag. *Inès de Castro* in *D'Inès en mirliton* (1770 Horace Walpole zugesandt).

A. Bellesort, XVIIIe siècle et romantisme, 1941; L. Duisit, D. épistolière, Genf 1963; G. Doscot, D., Lausanne 1967; B. Craveri, D. et son monde, 1986.

Du Fail, Noël, um 1520 Château-Letard bei Rennes – 7. 7. 1591 Rennes. D. unterbrach s. Jurastud. in Paris, um 1544 am Piemontfeldzug teilzunehmen; 1548 begann er als Licencié ès lois s. Karriere in Rennes (Advokat oder Staatsanwalt). Im Jahr zuvor hatte er in Lyon unter dem Einfluß Rabelais' die *Propos rustiques,* die ersten franz. Bauerngeschichten, veröffentlicht (herausg. L.-R. Lefèvre 1928); 1548 folgten die *Baliverneries ou contes nouveaux d'Eutrapel,* 1585 die *Contes et discours d'Eutrapel.* Der Realist D. durchbrach die Stilerwartung bukol. Motive, die bislang als wirklichkeitsferne Pastorale oder Ekloge gestaltet wurden.

R. Förster, Die sog. facetiösen Werke D., Diss. Leipzig 1912; L. Preiss, Die kulturhist. Eigenheiten der Bretagne im 16. Jh. ..., Diss. Innsbruck 1950.

Dufresny, Charles, sieur de La Rivière, 1648 Paris – 6. 10. 1724 ebda., soll e. Urenkel Heinrichs IV. gewesen sein; Kammerherr Ludwigs XIV., der ihm Pensionen u. Privilegien verschaffte u. ihn 1700 zum Gartenarchitekten ernannte. 1710–14 leitete D. erfolgreich den *Mercure galant.* S. Hochzeit mit e. Wäscherin wurde von Lesage im 10. Kap. des *Diable boiteux* erzählt u. 1798 dramatisiert (Vaudeville *D. ou le mariage impromptu* von Jean-Marie Deschamps). D. selbst kam erst spät zum Theater, 1690–96 arbeitete er mit dem Kom.dichter →Régnard zusammen *(Les chinois, La baguette de Vulcain, Les momies d'Égypte),* bis er ihm anläßl. *Le joueur* e. Plagiat vorwarf u. s. Stücke fortan allein schrieb; dabei traten Farcenelemente zugunsten des Vaudeville zurück (u. a. *Le malade sans maladie,* 1699; *L'esprit de contradiction,* 1700; *Le double veuvage,* 1701; *Le faux honnête homme,* 1703; *La coquette du village,* 1715; *La joueuse,* 1716; *Le mariage fait et rompu,* 1721; erst 1917 Einakter *Les dominos*). Die Erzählung *Les amusements sérieux et comiques d'un siamois à Paris* (1699) schuf e. sozialkrit. Modell u. a. für die *Lettres persanes* Montesquieus.

W. Domann, D.s Lustspiele, Diss. Leipzig 1903; G. Jamati, La querelle du joueur, Régnard et

D., 1937; W. L. King. The treatment of Commedia dell'arte characters in the dramatic works of Régnard, D. and Marivaux, Diss. Chapel Hill 1968.

Du Guillet, Pernette, um 1520 Lyon – 17. 7. 1545 ebda., Lyrikerin der →Lyoner Dichterschule, seit 1536 Liebesverhältnis mit Maurice Scève. Ihre Poesie (*Petite œuvre d'Amour,* 1538, zusammen mit Scève; *Rymes,* 1545, Epigramme, Elegien, Episteln) kennt e. originellen intellektualisierten Liebesbegriff (vgl. Scève, *Délie*), sie ist dem Schaffen der L. Labé ebenbürtig.

Du Haillan, Bernard de Girard, seigneur, um 1535 Bordeaux – 23. 11. 1610 Paris, Historiograph Heinrichs III., der das Prinzip der geschichtl. Kontinuität vertrat und die Darstellungsmittel und -ziele der Chronik problematisierte (Hauptwerk *Histoire générale des rois de France,* 1576).

Duhamel, Georges, 30. 6. 1884 Paris – 13. 4. 1966 Valmondois, Mediziner wie s. Vater, gehörte zur Dichtergruppe der →Abbaye, schrieb 1910 mit Vildrac die *Notes sur la technique poétique* und vertrat als Lyriker die Ästhetik des →Unanimismus (*Des légendes, des batailles,* 1907; *Compagnons,* 1912; *Élégies,* 1920). Als Romancier (→*Vie et aventures de Salavin, Les hommes abandonnés,* 1921; *La pierre de Horeb,* 1926; *La nuit d'orage,* 1928; →*Chronique des Pasquier, Le voyage de Patrice Périot,* 1950; *Cri des profondeurs,* 1951; *L'archange de l'aventure,* 1955; *Le complexe de Théophile,* 1958) vertrat D. die Auffassung *(→Essai sur le roman),* Aufgabe des Erzählers sei die Schilderung zeitgenöss. Verhältnisse. Den Anhänger unanimist. Theorien traf die Erschütterung durch den Weltkrieg besonders empfindl., er stellte sich in die Reihen der Neuhumanisten u. Verteidiger individueller Werte. D., der 1935 in die Ac. frçe. aufgenommen wurde u. bis 1946 das Amt des Secrétaire perpétuel bekleidete, wurde weniger als Epiker u. Dramatiker (*La lumière,* 1911; *Dans l'ombre des statues,* 1912; *Le combat,* 1913; *L'œuvre des athlètes,* 1920), denn als Kulturkritiker zum offiziellen Schriftsteller der III. und IV. Republik (*Entretiens sur l'esprit européen,* 1928; *Scènes de la vie future,* 1930; *Géographie cordiale de l'Europe,* 1931; *L'humaniste et l'automate,* 1933; *Positions françaises,* 1940; *Confessions sans pénitence,* 1941; *Livre du bonheur,* 1951; *Refuges de la lecture,* 1954; *Travail, ô mon seul repos,* 1959). Als D. das Postulat der Romantheorie von 1925, zeitbezogen zu schreiben, aufgab u. allgemein menschl. Kategorien aufbrachte, vom moral. u. immer weniger vom geschichtl. Menschen sprach, verwandelte sich der Fortschrittspessimismus der frühesten Geschichten (*Vie des martyrs,* 1917; *Civilisation,* 1918) in Spiritualismus.

L. Wehrli, Mensch und Stil im Werke D.s, Diss. Zürich 1937; G. Santelli, D., 1947; P.-H. Simon, D. ou le bourgeois sauvé, 1947; H. Gmelin, Der franz. Zyklenroman der Gegenwart, 1900–45, 1950; M. Saurin, Les écrits de D. Essai de bibliographie générale, 1951; R. Beyerlein, Kulturauffassung u. Kulturkritik im Werk von D., Diss. Tübingen 1957; L. C. Keating, Critic of civilization. D. and his writings, Kentucky 1965; D. (1884–1966), 1967 (Sammelbd.); J. J. Zephir, Bibl. duhamélienne, 1972; R. Jouanny/A. Lafay, D., témoin du siècle, 1984.

Dujardin, Édouard, 10. 11. 1861 Saint-Gervais/Loir-et-Cher – 31. 10. 1949 Paris, Stud. an der ENS u. am Conservatoire in Paris, wo er mit Debussy zusammentraf; unter dem Einfluß des Symbolismus, vor allem Mallarmés, widmete sich D. der Lit. (1937 gründete er e. Ac. Mallarmé), gründete u. leitete

1885–88 die *Revue wagnérienne,* die es sich zur Aufgabe machte, Wagners Theorie des Gesamtkunstwerks zu propagieren. 1886 übernahm D. die *Revue indépendante,* 1904–13 die *Revue des idées,* 1917 die *Cahiers idéalistes.* D.s lit. Schaffen setzte 1886 mit der Novellenslg. *Les hantises* im Stil von E. T. A. Hoffmann u. E. A. Poe ein, 1888 folgte der Roman →*Les lauriers sont coupés,* wo erstmals der Monologue intérieur als hauptsächl. Darbietungsform in e. Prosadichtung eingesetzt wurde. Der nächste Roman, *L'initiation au péché et à l'amour* (1898), fand vorläufig mehr Resonanz. In den 90er Jahren leistete D. e. Beitrag zum symbolist. Drama (*Théâtre,* 1899–1924). Er dichtete im Vers libre (*Poésies,* 1913) u. theoretisierte über diese Innovation (*Les premiers poètes du vers libre,* 1922). Im nachhinein rechtfertigte er, nachdem er Joyce gelesen hatte, die eigene Kühnheit bei der Verwendung des inneren Monologs, deren Reichweite ihm 1888 noch nicht bewußt wurde (*Le monologue intérieur,* 1931). Zu s. lit.krit. Œuvre zählen auch zwei Studien über den verehrten Mallarmé (*De St. Mallarmé au prophète Ezéchiel,* 1919; *Mallarmé par un des siens,* 1936). 1913–22 lehrte D. an der École des hautes études Religionsgeschichte. S. Germanophilie veranlaßte ihn in den 40er Jahren, für die Kollaboration einzutreten, aus dieser Epoche stammen *De l'ancêtre mythique au chef moderne* (1943) u. *Rencontres avec Houston Stewart Chamberlain* (1943).

P. Morisse, D., 1919; K. Jäckel, R. Wagner in der franz. Lit., II 1931 f.; E. Höhnisch, Das gefangene Ich. Stud. zum inneren Monolog im mod. franz. Roman, 1967; K. M. McKilligan, D., Hull 1977.

Dulaurens, Henri-Joseph Laurens, gen., 1719 Douai – August 1793 geistl. Hospital Marienborn, aus e. begüterten Familie, Vater Militärarzt; Theologiestud., 1737 Ordensprofeß abgelegt, verfaßte seit 1743 Satiren gegen Aberglauben u. übertriebenen Traditionalismus im Ordensleben, Hauptwerke erschienen in den 60er Jahren (*Le balai, poème héroï-comique,* Amsterdam 1761; *Les jésuitiques,* Amsterdam 1762; *L'Arétin,* Amsterdam 1763; *La vérité,* 1767; *La chandelle d'Arras,* Lüttich 1765; *Imirce ou la fille de la nature,* Den Haag 1765; *Compère Mathieu ou les bigarrures de l'esprit humain,* London [fingierter Drukkort] 1766). 1744 Priesterweihe, Prior der Trinitarier in Douai, deren Kloster als liederl. galt; 1752 brannte D. mit e. Nonne durch, zog durch Frkr., begeisterte sich für →Meslier u. Voltaire, der ihm *L'ingénu* zuschreiben wollte. 1761–63 war er Korrektor e. Verlegers in Amsterdam, später in Frankfurt a. M., wo er als streitbarer Aufklärer verhaftet, als Kleriker jedoch von e. kurmainz. Gericht zu lebenslängl. Kirchenhaft abgeurteilt wurde. Er starb in geistiger Umnachtung.

K. Schnelle, Aufklärung u. klerikale Reaktion. Der Prozeß gegen den Abbé H.-J. Laurens, 1963.

Dullin, Charles, 12. 5. 1885 Yenne/Savoyen – 11. 12. 1949 Paris, Schauspieler am Vieux-Colombier, gründete 1921 die Theaterschule École nouvelle du comédien, leitete 1922–40 das Théâtre Montmartre, dem er den Namen Théâtre de l'Atelier gab. D. war der Lehrer von →Barrault, Jean →Marais u. →Vilar; Mitgl. des →Cartel des quartre (*Ce sont les dieux qu'il nous faut,* hg. Ch. Charras 1969).

Dumas, Alexandre Davy de la Pailleterie (gen. D. père), 24. 7. 1802 Villers-Cotterets – 5. 12. 1870 Puys bei Dieppe, Sohn e. Mulatten, der in der Revolutionsarmee General wurde, seit 1823 in Paris, zunächst als Schreiber des Hzg.s von Orléans, erster erfolgreicher romant. Dramatiker (*La chasse et l'amour,* 1825; *La noce et l'enterrement,* 1826; →*Henri III et sa cour; Napoléon Bonaparte,* 1831; *Christine,* 1830; →*Antony; La Tour de Nesle,* 1832; →*Kean; Caligula,* 1837; →*Les demoiselles de Saint-Cyr; Richard Darlington; La reine Margot,* 1847; *Le collier de la reine,* 1849). Neben e. turbulenten Handlung in Kostümstücken gelang D., was für die Entwicklung des mod. Schauspiels folgenreicher wurde, die Darstellung widersprüchl. Charaktere, in denen sich Leidenschaft, Misanthropie u. Gesellschaftshaß mischen. Poetolog. Selbstverständigung, die Hugo zum Wortführer der romant. Bewegung machte, blieb D. fremd. Er schrieb Memoiren (X 1865–70), keine theoret. Schriften. Als Erzähler hatte der populäre Autor von Abenteuerromanen zunächst kein Glück. Der 1826 veröffentlichte Band *Nouvelles contemporaines* wurde in 4 Exemplaren verkauft. Resonanz fand D. mit ca. 300 Romanen (u. a. *Les crimes célèbres,* 1839 ff.; →*Les trois mousquetaires;* →*Le comte de Monte-Cristo; Joseph Balsano,* 1846; *Isabel de Bavière, Le chevalier de Maison-Rouge,* 1847; *Les mohicans de Paris,* 1854), die in der Manier von Walter Scott historische Stoffe behandelten. Eugène de Mirecourt griff D. 1845 im Pamphlet *Fabrique de romans maison Alexandre D. et compagnie* als ›écumeur sur l'océan littéraire‹ an u. nannte zahlr. anonyme Mitarbeiter, darunter auch Nerval u. Vacquerie. D. blieb dabei, daß er – was nicht der Wahrheit entsprach – außer dem Historiker Auguste →Macquet keine Lohnschreiber engagiert habe. Als Roman-feuilleton wurden die Geschichten von D. e. Massenpublikum bekannt, dessen Geschmacksideal Kraftnaturen als Helden u. bunter Episodenreichtum in der Erzählweise entsprachen. Wiedergabe innerseel. Zustände oder abstrakten Ideenguts gehörten nicht zu s. Werktypus. Konsequenter als die übrigen Romanciers dieser Generation folgte D. Walter Scott im geschehnisreichen Erzählen. Mit s. Romanen verdiente D. e. Vermögen, das er bald durchbrachte, 1851 floh er vor den Gläubigern nach Brüssel, wo s. Autobiographie entstand, 1860 kämpfte er in Italien für die Unabhängigkeit der Nation. Als er starb, war s. glanzvoller Name fast in Vergessenheit geraten (*Œuvres complètes,* 301 Bde., 1846–76).

R. Gaillard, D., père, 1953; H. Clouard, D., 1955; A. Maurois, Les trois D., 1957; F. Bassan, D. père et le drame romantique, L'Esprit créateur, 1965; M. Bouvier-Ajam, D. ou cent ans après, 1973; I. Jan, D. romancier, 1973; R. S. Stowe, D., Boston 1976; H.-J. Neuschäfer, Populärromane im 19. Jh. von D. bis Zola, 1976; W. Hirdt, D., in: W.-D. Lange (Hg.), Franz. Lit. des 19. Jh.s II, 1980; D. Munro, D., a bibl. of works published in French, 1825–1900, New York 1981; J.-Y. Tadié, Le roman d'aventures, 1982; Cl. Schopp, D., 1985.

Dumas, Alexandre (gen. D. fils), 27. 7. 1824 Paris – 27. 11. 1895 Marly-le-Roi, unehel. Sohn von A. →D. père, der ihn sorgfältig erziehen ließ u. in die lit. Kreise einführte. Die berühmte Geschichte der edlen Dirne, e. Nachahmung der *Marion Delorme* von Hugo, →*La dame aux camélias,* ist nicht typ. für D., der im Roman wie im Drama Gesellschaftskritik übt, die sich von romant. Fatalität entfernt (*Le roman d'une femme,* 1849; *La vie à vingt ans,* 1850; *La dame aux perles,* 1854; *L'affaire Clémenceau,* 1866; Schauspiele *Diane de Lys,* 1854; →*Le demi-monde; Le fils naturel,* 1858; *Les idées de Madame Aubray,* 1867; *Une visite de* *noces,* 1871; *La princesse Georges,* 1871; *Monsieur Alphonse,* 1875; *La princesse de Bagdad,* 1883; *Denise,* 1885; →*Francillon; Théâtre complet,* VII 1868–92). Die prekäre soziale Lage veranlaßte D., gegen die bürgerl. Normen für Randfiguren, die unverschuldet diskriminiert werden, wie die unverheiratete Mutter, das unehel. Kind, die Frau, deren Emanzipation verhindert wird, zu plädieren. Roman u. Schauspiele wirken als moral.-gesellschaftskrit. Institution u. dokumentieren die Reformbedürftigkeit e. Gesellschaftsordnung. Somit setzte D. die Kampagne von Émile Augier fort. Um beim lehrhaften Ansprechen s. Publikums unmißverständlich Thesen proklamieren zu können, bediente sich D. häufig der Rolle des Raisonneurs. Mit Unterstützung des Bischofs von Orléans wurde D. 1874 in die Ac. frçe. gewählt. S. gesellschaftskrit. Theater bereitete dem Engagement von →Hervieu u. →Brieux den Weg.

C. M. Noël, Les idées sociales dans le théâtre de D. fils, 1912; P. Lamy, Le théâtre de D. fils, 1928; O. Gheorgiu, Le théâtre de D. fils et la société contemporaine, Nancy 1931; ders., Les romans de D., 1935; E. Saunders, La dame aux camélias et les D., 1954; A. Maurois, Les trois D., 1957.

Dumesnil, Marie-Françoise Marchand, gen., 2. 1. 1713 Paris – 20. 2. 1803 ebda., Schauspielerin, deren pathet. Rollenverständnis (Athalie, Medea, Clythemnestra) hoch gelobt, doch auch – von Collé etwa – als würdelos getadelt wurde. Diderot wies darauf hin, daß sie glänzend zu improvisieren verstand. 1762 bereits behauptete Bachaumont, ihre Kunst überzeuge nicht mehr; 1776 erst verließ sie die Bühne, seit 1779 wurde ihr e. Pension von 3500 F. gewährt (vgl. auch Clairon, Le Couvreur). Ihre Memoiren erschienen 1823.

Dumitriu, Petru, 8. 5. 1924 Bazias/Rumänien, Philologiestud., offizieller Schriftsteller, Direktor des Staatsverlags, verließ 1960 Rumänien, lebte in Paris u. als Lektor des S. Fischer Verlags in Frankfurt. D. schrieb seit 1961 franz. Romane (u. a. *Incognito,* 1962; *Extrême-Occident,* 1964; *Les initiés,* 1966; *Le sourire sarde,* 1967; *L'homme aux yeux gris,* 1968; *Le retour de Milo,* 1969; *Le beau voyage,* 1969) u. den Essay *Die Transmoderne* (1965). D. rechnet bis 1962 vor allem mit dem Kommunismus ab u. kritisiert seitdem die geistige Ziellosigkeit der westl. Kultur (Essay *Au dieu inconnu,* 1979; Roman *La femme au miroir,* 1988).

D'un château l'autre (1957), Autobiographie von Louis-Ferdinand →Céline, Darstellung der Flucht mit der Vichyregierung nach Sigmaringen, der Internierung in Dänemark u. Rückkehr nach Meudon; wie gewohnt, diffamiert Céline s. Gegner, u. die er dafür hält, wortgewaltiger u. schamloser als jeder s. Zeitgenossen dies vermöchte, häufig jedoch unter Verwendung von Pseudonymen.

Du Parc, Thérèse de Gorle, Mlle, 1633 Lyon – 11. 12. 1668 Paris, berühmte Schauspielerin der klass. Epoche (vgl. auch die Champmeslé), trat 1653 in die Truppe Molières, der ihr Mann angehörte, ein. 1664 verwitwet, mit Racine liiert, verließ sie seinetwegen Molière u. spielte seit 1667 am Hôtel de Bourgogne, wo sie in trag. Rollen wie der Andromaque glänzte. Elf Jahre nach ihrem Tod wurde Racine verdächtigt, sie vergiftet zu haben.

G. Mongrédien, Les grands comédiens du XVIIe siècle, 1927.

Du Perron, Jacques Davy, 25. 11. 1556 Vorbe/Vaud – 5. 9. 1618 Paris, Konvertit (1583), Bischof von Évreux, Erzbischof von Sens u. Kardinal, erwirkte 1594 in Rom die Absolution Heinrichs IV. D. verfaßte nach 1585 zahlr. Gelegenheitsdichtungen, Stanzen, enkomiast. Gedichte zu Taufen, Jahrtagen u. Hochzeitsfeiern sowie Nekrologe (*Œuvres,* 1633). S. Predigergabe (u. a. hielt er die Leichenrede auf Ronsard) war gewaltiger als s. dichter. Talent, das er, wie Bertaut u. Desportes, in den Dienst der Gegenreformation stellte.

P. Féret, Le cardinal D., 1877.

Dupin, Jean, um 1302 im Bourbonnais – 1374, vielleicht Kluniazensermönch, Autor e. Traumallegorie, *Livre de Mandevie* (verfaßt 1336–40, krA L. Lindgren, 1965).

M. R. Jung, D., Le livre de Mandevie et les Mélancolies, ZrP 1968.

Du Plessys, Maurice, 14. 10. 1864 Paris – 22. 1. 1924 ebda., Lyriker der École romane, strebte nach formaler Perfektion (*Dédicace à Apollodore,* 1891; *Premier livre pastoral,* 1892; *Pallace occidentale,* 1909; *Odes olympiques,* 1912; *Le feu sacré,* 1924).

Dupont, Pierre-Antoine, 23. 4. 1821 La Rochetaillée bei Lyon – 25. 7. 1870 Saint-Étienne, Textilarbeiter, Bankangestellter, Chansondichter, berühmt wie nur Béranger (der nach 1848 s. proletar. Ader verleugnete). D., der 1851 zu sieben Jahren Deportation verurteilt wurde, schrieb die Slgg. *Des ruines de Provins* (1842), *Les deux anges* (1844), *Le chant des ouvriers* (1848), *Le chant des paysans* (1849), *Muse populaire* (1851), *Chants et poésies* (1851), *Chants et chansons* (III 1852–54). S. Poesie wurde von Gautier u. Baudelaire *(L'art romantique)* beachtet.

Duprey, Jean-Pierre, 1. 1. 1930 Rouen – 2. 10. 1959 Paris (Selbstmord), Lyriker, den Breton entdeckte u. förderte (Veröffentlichungen in der Zs. *En marge,* 1948, Bretons *Anthologie de l'humour noir; La fin et la manière,* 1959).

Durant, Gilles, 1550 Clérmont – 1605 Paris, Stud. in Bourges, Anwalt in Paris, schrieb zwei Bände Liebesgedichte (vor allem Sonette, außerdem Stanzen, Elegien, Idyllen u. Oden) u. den Zyklus *Les mélancholies poétiques.* D. arbeitete an der →*Satire Ménipée* mit, er steuerte die Epistel *A mademoiselle ma commère sur le trépas de son âne* bei.

Duranty, Louis-Émile, 5. 6. 1833 Paris – 10. 4. 1880 ebda., 1853–57 in der Forstverwaltung tätig, bis er sich der Lit. widmete, befreundet mit den Malern Courbet, Manet, Degas, wie Champfleury Theoretiker des Realismus, Hg. der Zs. →*Réalisme,* Romancier (*Le malheur d'Henriette Gérard,* 1860, n. 1982; *La cause du beau Guillaume,* 1862; *Les combats de Françoise du Quesnoy,* 1873), Dramatiker (*Théâtre des marionnettes du Jardin des Tuileries,* 1863) u. Essayist (Beiträge in der *Gazette des Beaux-Arts* 1870–83, *La nouvelle peinture,* 1876). Flaubert will *Madame Bovary* verfaßt haben, um D.s Stil zu widerlegen: ›J'ai voulu montrer que les tristesses bourgeoises et les sentiments médiocres peuvent supporter la belle langue.‹ Zola erkannte D. als Wegbereiter des Naturalismus an.

L.-E. Tabary, D., 1954; M. Crouzet, Un méconnu du réalisme: D., 1964.

Duras, Marguerite (eig. M. Donadieu), geb. 4. 4. 1914 Saigon, seit 1932 in Frkr., Jurastud., Teilnahme an der Résistance, 1944 Mitgl. der KPF, 1950 Parteiausschluß, Journalistin beim *Observateur.* Seit 1942 Autorin von Romanen, Dramen (u. a. →*Les viaducs de la Seine-et-Oise,* →*Des journées entières dans les arbres*) u. Filmdrehbüchern, von denen *Hiroshima mon amour* (1959, Regie Alain Resnais) weltberühmt wurde. Die frühe Schaffensperiode reichte bis 1953 (Romane *Les impudents,* 1943; *La vie tranquille,* 1944; *Un barrage contre le Pacifique,* 1950; *Le marin de Gibraltar,* 1952; *Les petits chevaux de Tarquinia,* 1953), die nächste bis 1962 (*Le square,* 1955; *Moderato cantabile,* 1958; *Dix heures et demie du soir en été,* 1960; *L'après-midi de M. Andesmas,* 1962) u. die dritte brachte *Le ravissement de Lol V. Stein* (1964), *Le vice-consul* (1965), *L'amante anglaise* (1967), *Détruire dit-elle* (1969), *Abahn, Sabana, David* (1971), *Amour* (1971; *India song,* 1973, verfilmt mit Delphine Seyrig, 1975; *Les parleuses,* 1974; *Le camion,* 1977; *Agatha,* 1981, Dialogroman e. Inzestkonflikts; Drama *Savannah Bay,* 1983, mit Madeleine Renaud u. Bulle Ogier). Während die meisten Romane um die Probleme der Identitätssuche, der Liebe u. des Mords, in denen sich das Individuum verwirklicht, kreisen, entwickelte sich die Schreibweise vom Realismus der amerikan. u. ital. Nachkriegserzähler zum Nouveau roman, namentl. als Dialogroman. Die Erzählspr. der D. integriert spezielle Filmtechniken, wie stehendes Bild, Zeitlupe, um die ›sous-conversation‹, in der die tatsächl. Sinnfragen verborgen sind, zu formulieren. 1984 Prix Goncourt für die Autobiogr. *L'amant*; Zweitfassung (über e. Drehbuch) *L'amant de la Chine du Nord* (1990); erfolgreiche erot. Frauenlit.

J.-L. Seylaz, Les romans de D. Essai sur une thématique, 1963; K. Wilhelm, Die Romane der D., ZfSL 1966; H. Steinmetz-Schünemann, D. (Franz. Lit. der Gegenwart in Einzeldarstellungen, hg. W.-D. Lange), 1971; A. Cismaru, D., New York 1971; A. Vircondelet, D., 1972; D. par D., 1976; D. Coward, D., Moderato cantabile, London 1981; M.-C. Ropars-Wuilleumier, Le texte divisé, essai sur l'écriture filmique, 1981; M. Borgomano, L'écriture filmique de D., 1985; T. Selous, The other woman, New Haven 1988; A. Armiel, D. et l'autobiographie, 1990.

Durendal, Rolands Schwert (*Chanson de Roland,* v. 1055, 1065, 1079), Kaiser Karls Geschenk zum Dank dafür, daß der junge Ritter ihm in Kalabrien (→*Aspremont)* das Leben gerettet hatte.

Duroy, (alias Du Roy), die Zentralfigur des Romans →*Bel ami* von Maupassant, dessen Karriere aus den wirtschaftl. u. moral. Umständen der III. Repulik erklärt wird.

Durtain, Luc (eig. André Nepveu), 10. 3. 1881 Paris – 29. 1. 1959 ebda., Sohn e. Bakteriologen, selbst Mediziner, gehörte der Gruppe des →Unanimismus an (Lyrik *Pégase,* 1908; *King Harald,* 1914; *Lise,* 1918; *Le retour des hommes,* 1920; *Quatre continents,* 1935; Prosa *L'étape nécessaire,* 1907; *Douze cent mille,* 1922; *La source rouge,* 1924; *Ma Kimbell,* 1925; *Quarantième étage,* 1927; *Hollywood dépassé,* 1928; *L'autre Europe,* 1928; *Le donneur de sang,* 1929; *Dieux blancs hommes jaunes,* 1930; *Captain O. K.,* 1931; *D'homme à homme,* 1932; *Mémoires de votre vie,* IV 1946–50).

Y. Chatelain, D., 1933; T. Wessely, Ein Europäer, D., 1933.

Du Ryer, Pierre, sieur de Paracy, 1605 Paris – 1658 La Rapée, Enkel

Heinrichs IV. u. der Gabrielle D'Estrées, Jurist der kgl. Finanzen, 1627 geadelt, 1633–41 Sekretär des Hzg.s von Vendôme, 1646 Mitgl. der Ac. frçe. Seit 1628 schrieb er polit. Dramen (*Arétaphile,* 1628; Tragikom. *Clitophon,* 1629; Tragikom. *Lisandre et Caliste,* 1630; Tragikom. *Cléomédon,* 1634; *Vendanges de Suresnes,* 1634), als er nach 1634 die klass. Doktrin annahm u. sich der regelmäßigen Trag. zuwandte, ahmte er Mairet u. Rotrou nach (*Lucrèce,* 1636; *Saül,* 1639; *Esther,* 1642). Später kehrte er zur Tragikom., die der Galanterie der Epoche angepaßt war, zurück.

H. C. Lancaster, D., dramatist, Washington 1912.

Du théâtre ou nouvel essai sur l'art dramatique (1773), theoret. Abhandlung von Louis-Sébastien →Mercier. Nach Diderot ist Mercier der kühnste Verfechter des bürgerl. Schauspiels (→drame), der bereits geläufige Einsichten verschärft formuliert, wobei s. Shakespearekenntnisse noch vage bleiben. Die neue Prosagattung als konkretes Bild des Alltags gestaltet das, was er ›vérité humaine‹, ›émotion du cœur‹ u. ›leçon morale‹ nennt; diese Prinzipien sind bei Mercier gesellschaftl. u. geschichtl. relativiert. Wenn sich die vom Alexandriner befreiten Bühnenfiguren nicht mehr wie Götter, sondern wie Menschen des Alltags äußern, wird die Schauspielillusion vollkommen (Mercier lehnt daher in Kap. 25 das Lesedrama ab). Das Theater stellt das Leben der Nation dar, es verbreitet keine Heldenlegende mehr. Bisher glichen die Dramatiker Astronomen, die man warnen mußte: Was macht ihr im höchsten Himmel, die Unglücklichen sind auf der Erde. Der Bühnendichter soll keine Gelegenheit zu pathet. Szenen auslassen. Anders als Diderot begriff Mercier das ›drame‹ als Mischgattung, nicht als mittlere Theaterform zwischen Trag. u. Kom.

Dutourd, Jean, geb. 14. 1. 1920 Paris, floh aus Kriegsgefangenschaft u. erneut nach der Festnahme als Résistancekämpfer durch die Miliz, Teilnahme an der Befreiung von Paris, Leiter der Tageszeitung *Libération.* D. war 1947–50 Mitarbeiter des Frkr.dienstes von BBC. Nur unvollkommen genügt der Roman s. analyt. u. didakt. Absichten (*Le déjeuner du lundi,* 1947; *Une tête de chien,* 1950; *Au bon beurre,* 1952; *Doucin,* 1955; *Les horreurs de l'amour,* 1963; *Les horreurs de la paix,* 1964; *La fin des peaux-rouges,* 1964; *Le demi-solde,* 1965; *Le printemps de la vie,* 1972; utop. Roman *2024,* 1975, Anspielung auf Mercier; *Œuvres romanesques,* 1979, Satire auf den Akademiebetrieb, im Stil des späten Flaubert; *Un ami qui vous veut du bien,* 1981; Roman der verlogenen 68er Generation, *Henri ou l'éducation nationale,* 1983; am originellsten, weil besonders aggressiv sind die Memoiren u. Essays, *Les matinées de Chaillot,* 1978; *Le choses comme elles sont,* 1978; *Le bonheur et autres idées,* 1980; 1984 u. 1985 verschiedene Pamphlete gegen die regierende Linke). S. Denk- u. Schreibweise, die bei La Rochefoucauld u. Stendhal ihre Modelle fand, führte D. zum Essay u. Traktat (*Le complexe de César,* 1946; *Le petit Don Juan,* 1950; *Le fond et la forme,* 1958–65; *Rivarol,* 1961; *Papa Hemingway,* 1961). D. übersetzte Hemingway u. Capote; er ist e. beliebter Autor bei der franz. Bourgeoisie. Aufnahme in die Ac. frçe. 10. 1. 1980.

G. Raillard, D. (Ecrivains d'aujourd'hui 1940–60, hg. B. Pingaud) 1960.

Du Vair, Guillaume, 1556 Paris – 1621 Tonneins, Jurist, als Diplomat hochbegabt (Versöhnung Heinrichs III. mit der Ligue, des Parlements von Paris mit Heinrich IV., Heinrichs IV. mit dem Staatskatholizismus); Gouverneur u. Parlementspräsident der Provence; 1603 lehnte D. das Bistum Marseille ab, 1617 übernahm er die Diözese Lisieux. Als Moralist verfocht er den Stoizismus (*Philosophie morale des stoïques,* 1585; *Traité de la constance et consolation ès calamités publiques,* 1593, in Dialogform) u. verselbständigte die Ethik gegenüber der Religion (vgl. auch Montaigne).

Du vent dans les branches de Sassafras, Stück in zwei Akten (Vers u. Prosa) von René de → Obaldia, Urauff. 17. 2. 1965 Théâtre de Poche, Brüssel, Zweitfassung 29. 11. 1965 Théâtre Gramont, Paris. Der Autor montiert Klischees des Western (das allgewaltige Familienoberhaupt, das leichte Mädchen aus dem Saloon mit dem goldenen Herzen, der geheimnisvolle Fremde mit der kriminellen Vergangenheit, die barbar. Indianer, der Verbrecher aus Edelmut) zur Parodie e. Genres, das noch in dieser penetrant überzogenen Form zur Identifikation verleitet.

Duvernois, Henri (eig. Henri-Simon Schwabacher), 4. 3. 1875 Paris – 30. 1. 1937 ebda., Journalist, wie Maupassant Kenner der ›petite bourgeoisie‹, die er in Romanen darstellte (*Le roseau de fer,* 1902; *Nane ou le lit conjugal,* 1904; *Crapotte,* 1908; *Le veau gras,* 1912; *Faubourg Montmartre,* 1914; *Gisèle,* 1920; *Maxime,* 1927; *Les sœurs Hortensia,* 1931; *A l'ombre d'une femme,* 1933; außerdem seit 1909 Novellenslgg.); erfolgreicher Autor von Boulevardstücken (*Comédies en un acte,* 1928; *Jeanne,* 1932).

A. Taffel, D., New York 1951.

Dux, Pierre (eig. Pierre Alex Martin), 21. 10. 1908 Paris – 1992, Sohn e. Schauspielerin, debütierte selbst 1929 an der Com. frçe., war 1944–45 u. wurde wieder 1970–79 ihr Administrateur (Direktor). D. inszenierte Stücke, spielte auf der Bühne u. wiederholt in Filmen.

Eaubonne, Françoise d', geb. 12. 5. 1920 Paris, Lehrerin, Journalistin, schrieb vor allem hist. Romane (*Comme un vol de gerfauts,* 1947; *Indomptable Murcie,* 1948; *La vie passionnée d' A. Rimbaud,* 1958; *Les tricheurs,* 1959; *Jusqu'à la gauche,* 1963).

École de Rochefort, Zusammenschluß von Lyrikern 1941 in Rochefort-sur-Loire / Maine-et-Loire, auf Initiative von Jean Bouhier u. René Guy →Cadou; weitere Teilnehmer, u. a. auch Maler, Architekten u. Städteplaner, waren Follain, Guillevic, Fombeure. Die É. übernahm vom Surrealismus e. phantast. Konzeption banaler Ereignisse, ihr Programm sah keine Résistance-Dichtung vor; ihr Organ waren die *Feuillets de Rochefort.*

J.-Y. Debreuille, É., Lyon 1987.

L'école des bourgeois (1728, Reprise 1787 u. Com. frçe. 1932; krA J. Curtis, Genf 1976). Sittenkom. in drei Akten von →Allainval, nach dem sozialen Schema des →*Bourgeois gentilhomme* von Molière. Die Bankierswitwe Abraham wäre stolz auf die Vermählung ihrer

Tochter Benjamine mit dem Marquis de Moncade, den allein das Vermögen des Mädchens interessiert. Bei der Hochzeit sollen sich s. adl. Freunde auf Kosten der neuen Verwandtschaft amüsieren, umgekehrt glaubt die törichte Braut, ihre bürgerl. Kusinen würden sie um ihr Glück beneiden, als in letzter Minute das Einladungsschreiben des Bräutigams an e. Hzg. versehentl. ihr zugestellt wird (›Enfin, mon cher duc, c'est ce soir que je m'encanaille‹). Nun rächt sich der Dritte Stand: die Aristokraten müssen zusehen, wie Benjamine ihrem treuen Damis angetraut wird. Der betrogene Betrüger zieht sich mit Arroganz zurück.

École des chartes, staatl. Institut zur Ausbildung von Archivaren u. Bibliothekaren, vergibt das Diplom e. Archiviste-Paléographe; besteht seit 1821. R. Martin du Gard studierte an der É.

L'école des femmes, Verskom. in fünf Akten von →Molière, EA 1663, Urauff. 26. 12. 1662 Palais Royal. Mit →*L'école des maris* schien Molière das Problem Mädchenerziehung u. gesellschaftl. Anerkennung weibl. Individualität noch nicht ausgeschöpft. Der alte Arnolphe erzieht Agnès in Unwissenheit u. Unselbständigkeit, um e. gefügige Frau zu bekommen; während s. Abwesenheit begegnet das Mädchen Horace u. verliebt sich in ihn. Im irrtüml. Glauben, mit e. Unbeteiligten zu sprechen, entdeckt der verliebte Jüngling dem Vormund s. Fluchtplan mit Agnès. In dieser Situation entwickelt das Mädchen ungeahnte Lebensklugheit u. durchkreuzt Arnolphes Gegenzüge. Der Knoten löst sich durch romaneske Anagnorisis: Horaces Vater erkennt Agnès als Tochter e. verschollenen Freundes wieder u. bestimmt sie s. Sohn zur Frau. Der verschlagene Arnolphe ist der Betrogene u. die eigentl. kom. Figur. Agnès verdankt ihr Glück nicht zuletzt ihrem ›unverbildeten‹ gesunden Menschenverstand. Molière wurde vorgeworfen, s. Liberalität verherrliche den hemmungslosen Instinkt. Der Autor antwortete mit der Satire *La critique de l'école des femmes* (1. 6. 1663), in der er Preziöse u. ehrsüchtige Marquis attackierte u., wohl auf Drängen Ludwigs XIV., mit dem *Impromptu de Versailles* (Oktober 1663), nachdem Boursault im Hôtel de Bourgogne Molières unglückl. Privatleben auf die Bühne gezerrt hatte *(Portrait du peintre)*. Unter dem Eindruck dieser sachfremden Auseinandersetzungen entstand der →*Tartuffe*. Rousseau nahm den Titelbegriff auf u. bezeichnete Molières Theater als ›une école de vices et de mauvaises mœurs‹.

H. Becque, Molière et É., 1886; G. Michaut, Les luttes de Molière, 1925; J. Arnavon, É., essai d'interprétation dramatique, 1936; M. Descotes, Les grands rôles du théâtre de Molière, 1960; G. Mongrédien, La querelle de l'É. Comédies de J. Donneau de Visé, E. Boursault ..., 1971.

L'école des femmes, Erzählung von André →Gide, entstanden 1927 – November 1928, EA 1929. Das Werk wird durch e. Brief von Geneviève D ... vom 1. 8. 1928 eingeleitet, der als Begleitschreiben mit den Aufzeichnungen ihrer Mutter, die 1916 verstorben ist, an den Autor gerichtet ist. Diese fiktive Herausgeberschaft als erzähler. Mittel dient seit dem 18. Jh. zur Begründung e. Wahrheitsanspruchs. Eveline führt e. detailliertes Tagebuch, um Ordnung in ihre Gedanken zu bringen, ihre Liebe zu Robert abzuwägen u. sich selbst zu beobachten, ›wie die Æmilie von Corneille‹. Sie bewahrt sich durch ihre Aufzeichnungen e. Eigenleben, das Robert, seit er sie geheiratet hat, bei Eveline nicht mehr vermutet. Er betrachtet sie vielmehr als ›e. Ableger von sich‹. ›Ich bin e. Teil s. Bequemlichkeit.‹ Doch s. Großsprecherei hat sie immer wieder beeindruckt, so genau sie s. Masken auch zu durchschauen glaubte. Für Robert existiert nichts außerhalb s. Erscheinungsform; Gemütsbewegungen, wie die Liebe, erschöpfen sich für ihn im sprachl. Ausdruck, da sie in der Mitteilung erst Wirklichkeit werden. Die schönen Gefühle, die er formuliert, sind deswegen wahr, weil es ihm gelingt, sie auf e. Begriff zu bringen. Während des I. Weltkriegs verläßt Eveline ihren Mann, dessen Verständnis von Aufrichtigkeit sie als unvereinbar mit ihrer Gefühlslage ansieht, um in e. Lazarett Todkranke zu pflegen. Gide erweiterte das Werk mit *Robert* (1930) u. *Geneviève* (1936), die Evelines Mann u. Tochter in den Mittelpunkt stellen, zur Trilogie.

L'école des maris, Verskom. in drei Akten von →Molière, EA August 1661, Urauff. 24. 6. 1661 Palais Royal. Nach e. span. Vorlage (Mendoza, *El marido hace mujer*) entstand e. Farce, die wie die älteren →*Précieuses ridicules* e. Lebensphilosophie mitteilt. Zwei Brüder, Sganarelle u. Ariste, haben Waisen, Isabelle u. Léonor, adoptiert u. erziehen sie auf verschiedene Art – Ariste in individueller Freizügigkeit, Sganarelle in strenger Abhängigkeit. Während Léonor dem älteren Ariste vertraut u. ihn liebt, gelingt es Isabelle, Sganarelle zu täuschen u. heiml. Valère zu heiraten. In diesem Konflikt pädagog. Prinzipien entschied sich der Autor für liberalen Optimismus u. implizit auch für die Emanzipationsidee der preziösen Salons.

L'école des mères, Einakter von Pierre de →Marivaux, EA 1732, Urauff. 25. 7. 1732 Com. italienne. Angélique liebt nicht den alten Damis, den sie nach dem Willen der Mutter heiraten soll, sondern heiml. dessen Sohn Éraste, der die Diener auf s. Seite hat und in Verkleidung zu ihr kommt. Madame Argante u. Damis kapitulieren schließl. vor den Plänen der Jugend.

C. Morhange, Les jeunes filles dans les comédies de Marivaux, Aix-en-Provence 1960.

L'école des rois, Untertitel der ›tragédie nationale‹ →*Charles IX* von Chénier.

École fantaisiste, Gruppe spätsymbolist. Lyriker (→Carco, →Derème, Jean-Marc →Bernard, →Toulet), deren eleg. Dichtungen sich am Stil von Verlaine, Maeterlinck u. Rodenbach orientierten.

M. Décaudin, Les poètes fantaisistes, 1982.

École romane (1891) →Moréas.

Écoles normales supérieures (Abk. ENS), Hochschulen (Natur- u. Geisteswiss.) zur Ausbildung von Professeurs; strenge Concours, lukrative Stipendien. Bes. die Absolventen der École normale supérieure in der Pariser rue d'Ulm (›Normaliens‹) rücken bevorzugt in Führungspositionen auf.

M. Rat, 45, rue d'Ulm, Revue des deux mondes, Februar 1969.

École symboliste (1886) →Moréas.

L'écornifleur, Roman von Jules →Renard, EA 1892, unter dem Titel *Monsieur Vernet* dramatisiert, Urauff. 1903. Zwei Lebensformen treffen aufeinander – bohèmehafte Allüren, die der Schriftsteller Henri angenommen hat, u. bürgerl. Biedersinn der Familie Vernet, in der Henri einige Zeit lebt. Das Staunen weicht dem Unbehagen u. der Ablehnung, als er die Rolle des Verführers zu spielen beginnt, denn die Vernets nehmen romanesken Leichtsinn ernst. Henri bleibt schließl. nur der fluchtartige Rückzug. Renard stellt e. Klischeefigur bloß, der in der Unterhaltungslit. meist die bürgerl. Wertwelt geopfert wird. Durch keine Leistung rechtfertigt sich der Parasit. Renard, der den naturalist. Romanstil als überholt ansah, da er ihm zu wenig Knotenpunkte, keine Beschleunigungen u. Verkürzungen der Erzählmanier gestattete, bewahrt zwar noch die lineare Darstellung der Ereignisse in *É.,* löst die ep. Großform jedoch in kurze Kapitel u. den Erzählfluß in Anweisungen, Anspielungen u. Dialoge auf; die Selbstsicherheit der Nachahmung e. verbürgten Wirklichkeit wird preisgegeben.

Écrasez l'infâme! Voltaires Bannspruch gegen den Aberglauben der kathol. Kirche, häufiger Briefschluß seit 1759.

Écriture automatique, surrealist. Diskurs, meint die unkontrollierte Niederschrift der Traumbilder (vgl. Breton).

Th. M. Scheerer, Textanalyt. Stud. zur é., 1974.

Édit de Nantes, Toleranzedikt, von Heinrich IV. am 13. 4. 1598 in Nantes erlassen, gewährte den franz. Protestanten gewisse Kulturfreiheiten, wobei die kathol. Konfession jedoch als Staatsreligion bestätigt wurde. Den Hugenotten sollten von nun an der Zugang zu öffentl. Ämtern nicht weiter versagt werden; sie erhielten für ihre Sicherheit befestigte Plätze, darunter La Rochelle, die ihnen Richelieu 1628 wieder streitig machte. Die Aufhebung des É. durch Ludwig XIV. am 18. 10. 1685 entzog den Hugenotten die bürgerl. u. relig. Rechte; in großer Zahl verließen sie Frkr. u. ließen sich u. a. in Brandenburg nieder (→Berlin).

J. Faurey, É. et la question de tolérance, 1929.

Édition originale, EA e. Werks.

Éditions de minuit, franz. Verlag, 1942 von Vercors gegr., von ihm u. P. de Lescure geleitet; als erster Titel erschien →*Le silence de la mer.* Die É. veröffentlichten vor allem Werke mod. Autoren, darunter Beckett, Butor u. Robbe-Grillet.

J. Debû-Bridel, É., 1945.

Édouard, Zentralfigur in →*Les faux-monnayeurs* von Gide, die der Fiktionsironie dient. É.s Reflexionen, die den ästhet. Wert über den Anspruch empir. Genauigkeit stellen, u. s. Plan, e. Roman *Les faux-monnayeurs* zu schreiben, der frei von ›événements extérieurs‹ bleiben soll, als ›roman pur‹ die Mitwirkung der Einbildungskraft beim Leser voraussetzt u. in dieser idealtyp. Ausformung nicht realisiert werden kann, ermöglichen es Gide, Kritik zu üben am Roman, wie ihn e. allwissender Dichter verfaßt hätte – Kritik an den Epigonen des 19. Jh. u. ihrer auktorialen Erzählform.

Édouard III, Trag. in fünf Akten von Jean-Baptiste-Louis →Gresset, EA 1740, Urauff. 22. 1. 1740 Com. frçe. Der Kg. von England, É., soll

Alzonde, Thronerbin von Schottland, die unter dem Namen Aglaé als Gefangene an s. Hof lebt, heiraten u. nicht Eugénie, die Witwe des Grafen Salisbury, die er liebt. Als er die schott. Prinzessin ins Vertrauen zieht, intrigiert sie gegen Eugénie u. vergiftet sie, noch ehe ihre Identität u. ihre Rolle entdeckt sind. Daß sie sich selbst erdolcht hat, ist bereits bekannt, als die sterbende Eugénie die Szene betritt. Aufsehenerregend war bei der Premiere, daß in die Nebenhandlung e. Mord eingefügt ist, der auf offener Bühne vollzogen wird (IV, 8). Voltaire hat dies in e. Brief vom 28. 3. 1740 ausdrückl. gebilligt; Gresset selbst berief sich im Avertissement zur Druckfassung auf Corneille, der bestreitet, daß e. Verletzung der Bienséance-Regel vorliegt, wenn die Bluttat sich nicht gegen die Menschlichkeit u. Gerechtigkeit richtet. *É.* als romaneske Trag. steht unter dem Stilgesetz Crébillons u. der Geschichtsdramatik, die auf die Distanzklausel verzichten kann (vgl. auch Belloy, La Harpe).

L'éducation sentimentale, Roman von Gustave →Flaubert, entstanden 1843–45 (vom Autor nicht publizierte 1. Fassung), 1864 – Mai 1869, EA November 1869, éd. A. Raitt 1979, krA E. Maynial 1958, krA P. Castex ²1989. Flaubert beabsichtigte, die Geschichte des moral. Versagens seiner Generation zu schreiben; zumal in der neuartigen Gestalt, die er dem Werk in der 2. Fassung gegeben hat, enthüllt es die Gesellschaft vor u. nach der Februarrevolution von 1848. Flaubert wählt wohl e. Zentralhelden, den Jurastudenten Frédéric Moreau, dessen Beziehungen zu Frauen verschied. Kreise – zu Rosanette, die sich aushalten läßt, zu Louise Roque, zur Frau des Bankiers Dambreuse, vor allem zur Gattin des Kunsthändlers Arnoux, die ihn wiederholt zurückweist – e. Kette mittelmäßiger u. enttäuschender Erlebnisse sind. Doch entwickelt sich die Handlung nicht mehr als psycholog. oder kausal zwingende Verkettung der Geschehnisse, der ganze Roman besteht vielmehr aus e. bloßen Situationsfolge, die vom Autor mit wechselnden Erzähltempi aufgerollt wird. Eine Welt entfaltet sich aus der opaken Perspektive der Gestalten. Die Realität ist für Frédéric, der s. Idealvorstellungen aus der Lit. bezieht (vgl. auch *Madame Bovary*) um so demütigender, als er sich willenlos den Ereignissen überläßt. An der Februarrevolution nimmt er bereits nicht mehr teil, er erlebt sie nur noch am Rande als innerl. unbeteiligter Zuschauer. Flauberts Leistung in diesem Roman besteht vor allem darin, die Geschichte des privaten Scheiterns, die er bereits vor der Februarrevolution entworfen hatte, zwanzig Jahre danach zu den Ereignissen von 1848 in Beziehung gesetzt zu haben, so daß der Leser Frédéric Moreaus Abhängigkeit von e. sozioökonom. Infrastruktur immer deutlicher erkennt, je stärker der Protagonist im falschen Bewußtsein s. individuelle Unabhängigkeit betont. Der Romancier notiert bei der Abfassung der Version von 1869: ›Montrer que le Sentimentalisme (son développement depuis 1830) suit la Politique et en reproduit les phases‹. E. Homologie der fiktiven Geschehnisse u. des geschichtl. Hintergrunds war beabsichtigt; wiederholt äußerte sich Flaubert besorgt über das Übergewicht der polit. Dimension. Er benutzte s. Einsicht, die sich als implizite Kritik am traditionellen Geschichtsroman deutl. an der Bauform s. Werkes ablesen läßt, um s.

Helden selbst negativ zu charakterisieren: Frédéric träumt davon, der ›Walter Scott Frkr.s‹ zu werden, während s. Freund Deslauriers unmittelbar zur Macht strebt. Beide verfehlen ihr Ziel u. gestehen es sich desillusioniert ein, als sie nach Jahren ihre Jugend ›exhumieren‹. Frédéric hat zwei Drittel seiner Erbschaft aufgezehrt und lebt als Kleinbürger, der Advocat Deslauriers hat der Politik weitgehend abgeschworen. Sie machen die Zeit für den Verlust ihrer Ideale verantwortl. Inwieweit Flaubert dies ideologiekrit. meinen konnte, bleibt dahingestellt. Proust erschien die *É.* als ›un long rapport de toute une vie, sans que les personnages prennent pour ainsi dire une part active à l'action‹. Die Zeit selbst wird zum Gegenstand des Romans, damit hängt e. wichtiger struktureller Grundzug, der Verzicht auf ep. Distanzierung u. Zielgerichtetheit der Handlung, zusammen. Entsprechend leistet ›et‹ im Roman keine Anknüpfung, sondern besagt syntakt. Unterordnung. Daß dieser Stil auf die Kritik befremdend wirkte, war bei der Formung des Geschmacksideals durch Werke von Stendhal u. Balzac, die aus dem seel. Innenraum Erklärungen für das Verhalten der Gestalten ablesen ließen, zu erwarten. Flaubert sieht in der *É.* Menschen Situationen ausgeliefert, die sie nicht verursacht haben u. in denen sie weniger agieren als reagieren.

H. R. Jauß, Die beiden Fassungen von Flauberts É., Heidelberger Jahrbücher 1958; P.-G. Castex, É., 1961; L. Maranini, La tragedia del '48 nella struttura dell'É., Pisa 1963; P. Cortland, The sentimental adventure: An examination of Flaubert's É., Den Haag 1967; R. J. Sherrington, L'élaboration des plans de l'É., RhlF 1970; J.-P. Duquette, Flaubert ou l'architecture du vide. Une lecture de l'É., Montréal 1972; P. Cogny, E. de Flaubert, le monde en creux, 1975; W. Moser, L'é. de 1869 ..., 1980; J. Rousset, Leurs yeux se rencontrent. La scène de la première vue dans le roman, 1981; W. Hollender, G. Flaubert, E. Erziehung des Herzens, 1983; I. Wild, Das Experiment der première É., 1985; D. A. Williams, The hidden life at its source. A study of É., Hull 1987; D. Rincé, É. Résumé analytique, 1990.

Eekhoud, Georges, 27. 5. 1854 Antwerpen – 28. 5. 1927 Brüssel, Gutsherr u. Offizier, der als Anhänger des Naturalismus die Ideologie s. eigenen Klasse zu hassen begann. *Kees Doorik, scènes du polder* (1883) glorifiziert das Landleben, *Le cycle patibulaire* (1892) die Gesetzlosigkeit (vgl. gleichzeitig Darien). E. gehörte 1881–93 zur Jeune-Belgique-Bewegung u. gründete die avantgardist. Zs. *Coq rouge.* S. Erzählstil ist mit Neologismen überladen (Erzählungen *Kermesses,* 1884; *Nouvelles kermesses,* 1887; *Dernières kermesses,* 1919; *Mes communions,* 1895). Die elisabethan. Epoche (*Au siècle de Shakespeare,* 1893), belg. Tiermalerei (*Peintres animaliers belges,* 1911) u. das Werk Verhaerens (1919) waren Gegenstände s. Studien.

M. Bladel, L'œuvre de G. E., Brüssel 1922; G.-B. Black, Bibl. de G. E., Boston 1931; G. Rency, E. L'homme, l'œuvre, Brüssel 1942; G. Vanwelkenhuyzen, Les débuts littéraires de G. E., Brüssel 1942.

Effel, Jean (eig. François Lejeune), 12. 2. 1908 Paris – 11. 10. 1982 ebda., Karikaturist, Autor von Bildgeschichten (am bekanntesten die Erschaffung der Welt).

L'effet Glapion, Drama in zwei Akten von Jacques →Audiberti, EA 1959, Urauff. 9. 9. 1959, Théâtre La Bruyère, Paris. Unter Berufung auf e. wiss. Entdeckung, den ›Glapion-Effekt‹, spielen sich der Doktor Blaise Agrichant, s. junge Frau Monique u. der Polizeihauptmann am Jahrestag der Hochzeit vor, wie das ganze Leben aus Illusionen besteht. Von diesen nehmen einige Gestalt an u. konstituieren so die Wirklichkeit. Auch die Metapher vom theatrum mundi wird bemüht: Der Arzt, den die listenreiche Monique geheiratet hat, gibt zu bedenken, wie sich e. handelnde Person zurechtfinden soll, wenn sie Autor u. Spielplan gar nicht genau kennt, wenn die allgemeine Komödie von jedem anders interpretiert wird.

Les égarements du cœur et de l'esprit ou mémoires de Monsieur de Meilcour, Roman von Claude-Prosper Jolyot de →Crébillon, EA 1736–38, hg. R. Étiemble 1961. Im Widerstreit zwischen zunächst ungenau erkannten erot. Neigungen u. der Unterwerfung unter gesellschaftl. Konventionen entdeckt der 17jährige Icherzähler den schwer durchschaubaren Wert der Liebe. Sinnlichkeit, Seelengröße u. Ehrgeiz fixieren ihn auf kontroverse Ziele u. Frauen versch. Alters u. Standes. Daraus resultieren Enttäuschungen u. Schuldgefühle, die ihn des schließl. erreichten Liebeserfolges nicht froh werden lassen; in diesem Stadium bricht der Roman ab. Crébillon erfüllte daher das Programm, das er sich im Vorwort gesetzt hatte, nur teilweise. Denn der Leser sollte e. typ. jungen Mann kennenlernen, der aus anfängl. Unerfahrenheit u. Fremdbestimmtheit schließl. zu sich selbst findet. Die Ereignisse sind weder außergewöhnl. noch trag., anders als im heroisch-galanten Roman des 17. Jh., gegen den Crébillon polemisiert. Naheliegende Parallelen zu →*L'éducation sentimentale* (Frédéric Moreau ist im 1. Kap. 18 Jahre alt u. liebt wie Meilcour e. reife Frau) können nicht darüber hinwegtäuschen, daß zwischen der Erzählabsicht Crébillons u. Flauberts entscheidende Unterschiede bestehen.

M. Kruse, É. von Crébillon d. J. als ›Éducation sentimentale‹ des 18. Jh. (Aufsätze zur Themen- u. Motivgeschichte. Festschrift für H. Petriconi zum 70. Geb.tag), 1965.

Égotisme, hybride Ichbezogenheit, als Haltung von J.-J. Rousseau zum lit. Gegenstand erhoben, als Begriff (engl. Lehnwort) von Stendhal propagiert, dennoch bis 1878 vom Wörterbuch der Ac. frçe. verworfen. 1817 gebrauchte Stendhal ›égotiste‹ *(Rome, Naples et Florence),* 1826 (Vorrede zu *De l'amour*) ›é.‹; Chateaubriand nannte er in der *Vie de Henri Brulard* ›ce roi des égotistes‹. Die Titelheldin des Romans *Indiana* von George Sand verteidigt É. als Naturrecht. Das Wort ›égoïsme‹ wurde von der Ac. frçe. seit 1762 registriert.

A. Monglond, Le préromantisme français, II 1966; D. Moutote, É. frç. moderne (Stendhal-Gide), 1980.

Ekloge, bukol. Gedicht außerhalb der Tradition der →Pastourelle, im 16. Jh. unter dem Einfluß Vergils, Theokrits, Petrarcas u. namentl. Sannazaros (*Arcadia,* 1501) von Clément →Marot in die franz. Lyrik eingeführt (*Églogue au Roy soubs les noms de Pan et de Robin,* 1539; *Complaincte d'un pastoureau chrestien, faicte en forme d'églogue rustique,* 1543); Eklogen dichteten später Baïf, bei dem der Vergileinfluß bes. spürbar war, Ronsard, Belleau, J. R. de Segrais, G. Ménage, Fontenelle, Houdar de La Motte, A. Chénier, Lamartine.

Électre, Prosaschauspiel in zwei Akten (Pièce) von Jean →Giraudoux, ED *Revue de Paris* 15. 5.–1. 6. 1937, *La Petite Illustration* 19. 6. 1937, EA 1937 (leicht gekürzte Version), Urauff. 13. 5. 1937 Théâtre de l'Athénée, Paris (Regie Louis Jouvet). Orest vereitelt den Plan Ägisths, s. Schwester Elektra, um sie an die betäubenden Freuden des Daseins zu binden u. ihre hybride moral. Verfassung zu brechen, mit e. Gärtner zu verheiraten. Ihr Rachebedürfnis läßt Elektra jedoch für die schonungslose Wahrheit optieren, sie stiftet Orest zum Mord an ihrer Mutter Klytemnästra u. deren Liebhaber an. Der Doppelmord an Agamemnon u. s. Mördern wird von e. allwissenden Bettler, der e. verkleideter Gott sein soll, wie seit dem ersten Akt vermutet wird, u. der sich im Königspalast von Argos niedergelassen hat, berichtet. Giraudoux setzt beim Publikum weitgehende Vertrautheit mit der Mythologie voraus, zudem verweist die ep. Distanzierung durch die Erzählung des Bettlers im Präteritum darauf, daß damit nicht nur Bühnenhandlung aufgefüllt, sondern e. neue Version e. alten Trag. präsentiert wird, bei der der antike Stoff im nachhinein den Verständnisschlüssel liefert. Weder die Dekoration noch die Sprache der Personen, besonders des Gärtners u. des Gerichtspräsidenten, sind Faktoren e. herkömml. Trauerspiels; Giraudoux scheint das Tragische allein noch aus iron. Distanz darstellen zu können.

L. Gauvin, Giraudoux et le thème d'É., 1970; G. Goebel, J. Giraudoux: É. (Das mod. franz. Drama, hg. W. Pabst), 1971; P. Brunel, Le mythe d'Électre, 1971.

Élégie (erstmals 1500), Klagegedicht, das in Frkr. die ma. Tradition der Complainte ablöste, obgleich Clément Marots frühe Elegien (20 Kompositionen) der *Suite de l'adolescence clémentine* (1534) bis auf zwei Texte noch reine Liebesepisteln waren u. für Saint-Gelais u. Ronsard 1553–60 ein Gleiches galt. Seitdem wurde für die É. der wehmütige Tenor immer stärker bestimmend; als Metrum herrschten Zehnsilber u. Alexandriner vor. Der Gattung, deren Aufbau Malherbe um 1612 regelte, widmeten sich u. a. O. de Magny, Pontus de Tyard, Passerat, Desportes, Parny, A. Chénier, Delavigne, die romant. Generation, Alibert, Duhamel, Y. Goll, P. Emmanuel. Die Vermischung der Todes- u. Liebesthematik ist seit dem 19. Jh. wieder geläufig.

H. Potez, É. en France avant le romantisme, 1897; E. Forster, Die franz. E. im 16. Jh., Diss. Köln 1959; Critical essays on Roman literature: Elegy and lyric, hg. J. P. Sullivan, Cambridge/Mass. 1962; Ch. M. Scollen, The birth of elegy in France 1500–50, Genf 1967; J. E. Clark, E. ... in the 16th century France, Den Haag 1975; K. W. Kirchmeir, Romant. Lyrik u. neoklassizist. Elegie, 1976; G. S. Hanisch, Love elegies of the Renaissance, Stanford 1979.

Éliade, Mircea, 25. 2. 1907 Bukarest – Mai 1986 Chicago, Philosophiestud. Bukarest u. Kalkutta, Orientalistik; 1935–37 Prof. in Bukarest, 1938 aus polit. Gründen inhaftiert, 1940–45 rumän. Kulturattaché in London u. Lissabon, seitdem lebte É. im Exil, vor allem in Frkr. u. USA; Mithg. der Zs. *Antaios* (1960–71), Romancier (*La forêt interdite,* 1955), Religionswissenschaftler u. Kulturkritiker, der rumän. u. franz. schreibt. E. untersucht die Bewältigung der Zeitlichkeit und Räumlichkeit als ›déconditionnement‹ der menschl. Stellung im Kosmos (*Le Yoga – Immortalité et liberté,* 1954). Er unterscheidet zwischen der archetyp., antihist. u. der nachhegelianischen hist. Konzeption, die die Widersprüche der menschl. Verfassung erklären. É. leugnet den geschichtl. Linearismus zugunsten e. vorhersehbaren Periodizität; allein mit eschatolog. Geschichtsphilosophien sind geschichtl. Zwänge zu ertragen. Durch myth. Paradigmata können Kosmos u. Gesellschaft erneuert werden; Anamnesis hält die

Formen archaischer Existenz lebendig (*Traité d'histoire des réligions,* 1948; *Le mythe de l'éternel retour,* 1949; *Le chamanisme et les techniques archaiques de l'extase,* 1951; *Images et symboles,* 1952; *Mythes, rêves et mystères,* 1957; *Aspects du mythe,* 1963; *La nostalgie des origines,* 1971; *Journal,* 1973 ff.; *Le temps d'un centenaire,* 1981); bis 1990 bei Gallimard Übs. rumän. u. engl. verfaßter Texte.

Elisabeth Charlotte (Liselotte), 27.5. 1652 Heidelberg – 8.12. 1722 Saint-Cloud, Tochter des Kurfürsten Karl Ludwig von der Pfalz, seit 1671 Hzgin. von Orléans, Schwägerin Ludwigs XIV., Mutter des Regenten, Hzg. Philipp II. von Orléans. Die lebhafte Korrespondenz der Liselotte von der Pfalz (Fragmente 1788, dreibänd. Ausgabe 1844 u. ö.) ergänzt die Memoiren von Saint-Simon. Massillon hielt E. die Trauerrede.

M. Knoop, Mme Liselotte von der Pfalz, 1956; D. van der Cruysse, Madame Palatine, 1988.

Ellénore, Heldin des Romans →*Adolphe* von Constant, neuer Typus der Liebhaberin, der die mädchenhaften Gestalten der älteren Lit. durch die ›Frau von 30 Jahren‹ ablöst.

Éloa ou la sœur des anges, Gedicht des Zyklus *Poèmes antiques et modernes* von Alfred de →Vigny, entstanden 1823, ED 1824. Nach dem Vorbild des *Paradise lost* von Milton, vermittelt durch *Le génie du christianisme* von Chateaubriand, schuf Vigny in drei Gesängen (›Naissance‹, ›Séduction‹, ›Chute‹) e. apokryphes Mysterium. Der Plan Éloas, e. himmlischen Wesens, das aus e. Träne Christi geboren wurde, einen gefallenen Erzengel zu erlösen, scheitert; Satan überlistet Éloa und zieht sie in s. Reich hinab. Durch s. Verwendung der Lichtsymbolik gibt Vigny den relig. Ansatz z. T. wieder preis, Himmel u. Hölle kontrastieren vor allem in ästhet. Hinsicht miteinander.

Éloge, Lobrede, panegyr. Gedicht, im 18. Jh. seit Fontenelle gepflegt, u. a. von A.-L. Thomas, der auch e. *Essai sur les é.s* (1773) verfaßte; Diderot nannte s. Abhandlung über die Innovationen des Erzählers Samuel Richardson, dem er die Ausbildung des dramat. Romans zuschrieb, *É. de Richardson.*

Éloges, Gedichtzyklus von → Saint-John Perse, entstanden seit 1904, ED *Images à Crusoe, NRF* August 1909 (Signatur Saint-Léger Léger); *Écrit sur la porte, NRF* April 1910; *Pour fêter une enfance, NRF* April 1910; *Éloges, NRF* Juni 1910; EA 1911, revidierter u. erweiterter Text 1925 *(Amitié du prince, Chanson du présomptif)* u. 1948 *(Berceuse),* Übs. R. M. Rilke 1925, R. Kassner 1938. Unter dem Eindruck der pindar. Hymnik, die der Autor übertragen hatte, entstand die frühe Lyrik Saint-John Perses zum Preis des heimatl. Antillenparadieses u. der intakten Welt der Kindheit. Wohl ist in diesen ›Eulogien des Staunens‹ (Wais) die Invokation noch durch breite deskriptive Einschübe gedämpft, aber viele Elemente des individuellen Sprachsystems, wobei noch die Orientierung an Rimbaud hervorsticht, u. des Privatmythos sind bereits ausgebildet: Sinnbilder des Aufbruchs (Wind, die Weite des Meeres, Schiff, Segel), synästhet. Überkreuzungen, die Kennfarben Grün u. Kupferrot, manierist. Sprachkleinodien aus Furcht vor dem Trivialen sowie Fruchtbarkeitsembleme. Die Rückkehr Robinsons in die Zivilisation, s. Aussetzung in den

›Schlachthofgerüchen‹ der Stadt, s. Verlangen nach dem ›Salz der Einsamkeit‹ überhöht ein privates Schicksal des Dichters. Am 12. 3. 1910 schrieb Gide an Claudel, im nächsten Heft der *NRF* würden rhythm. Prosatexte von Saint-Léger veröffentlicht, ›sie sind im übrigen stark von Ihnen beeinflußt‹. Dies galt allenfalls für den Langvers, den neben Claudel auch Jammes ausgebildet hatte.

K. Wais, Die lyr. Jugendwerke von Saint-John Perse (Franz. Marksteine), 1958; L. S. Senghor, Saint-John Perse ou poésie du royaume d'enfance, La Table ronde Mai 1962.

Elskamp, Max, 5. 5. 1862 Antwerpen – 10. 12. 1931 ebda., von großbürgerl. Herkunft, einzelgängerische u. unkonventionelle Lebensführung; Entdecker u. Förderer von Folklore, gründete in s. Heimat das Museum für Volkskunst. Die Schwermut s. Lyrik, die den Glauben u. das Leben des einfachen Volkes, unter dem er die Erlösung vom Stigma s. Klasse suchte, besingt, verbindet privates Schicksal mit Dekadenzbewußtsein, das eine Erklärung liefert für das individuelle Unbehagen (*Dominicales,* 1892; *Six chansons de pauvre homme,* 1895; *Enluminures,* 1898; *La louange de la vie,* 1898; *Sous les tentes de l'exodus,* 1921; *Les chansons désabusées,* 1922; *Les chansons d'armures,* 1923; *Aegri somnia,* 1924; *Œuvres complètes,* 1967). Claudel, Apollinaire u. Péguy waren vom Mystizismus der frühen Werke beeindruckt.

J. de Bosschère, E. Essai, 1914; M. Schiltz, La vie tourmentée de M. E., Antwerpen 1937; R. Guiette, E. Une étude, 1955; Ch. Berg, E., 1969.

Elstir (›Monsieur Biche‹), Maler in →*A la recherche du temps perdu* von Proust, der ›Marcel‹ u. Albertine miteinander bekannt macht. Das Roman-Ich ist von s. Ästhetik (Darstellung der Dinge in der Reihenfolge ihrer Wahrnehmung, nicht Erklärung aus ihren denkbaren Ursachen; Umsetzen chaot. Tatsächlichkeit in die Ordnung der Kunst) beeindruckt *(A l'ombre des jeunes filles en fleurs).*

Éluard, Paul (eig. Eugène Grindel), 14. 12. 1895 Saint-Denis – 18. 11. 1952 Charenton-le-Pont, lebte seit 1908 in e. Vorort von Paris, Lycée Colbert; 1912 lungenkrank, 1914 eingezogen. É. veröffentlichte 1917 s. ersten Verse *(Le devoir et l'inquiétude),* beeindruckt vom →Unanimismus. Mit →Breton, →Soupault u. →Aragon gründete er die surrealist. Bewegung. 1924 unternahm er e. ausgedehnte Ostasienreise, im selben Jahr erschien (nach *Poèmes pour la paix,* 1918; *Les nécessités de la vie et les conséquences des rêves,* 1921; *Répétitions,* 1922; *Les malheurs des immortels,* 1922, mit Max Ernst) der erste Zyklus im surrealist. Stil, *Mourir de ne pas mourir,* und 1926 →*Capitale de la douleur.* É. galt jetzt als hervorragendster Lyriker s. Generation. S. schönsten Gedichte, bis 1936 vor allem inspiriert durch Liebesmotive (*Les dessous d'une vie,* 1926; *L'amour, la poésie,* 1929; *La vie immédiate,* 1932; *La rose publique,* 1934; *Facile,* 1935; *Les yeux fertiles,* 1936), sind von epigrammat. Knappheit; Reime u. Assonanzen stellen sich nur vorübergehend ein. Ihr vornehmlicher lyr. Gestus ist das Ansprechen. Kaum verformte Namen aus der Gefühls- u. Sachwelt reihen sich mit Körperteilmetaphern zu bildl. Bewegungsabläufen. Für die Grundstimmung des Flüchtigen sind Flügel, Feder, Vogel, Fächer, Morgenröte präsprachl. Kennmarken; opt. u. taktile Sinnesreize herrschen vor, dies bestimmt noch den Stil d. späten É.gedichte. Unter d.

Eindruck des Span. Bürgerkriegs – É. lernte Garcia Lorca kurz vor dessen Ermordung kennen – u. der Besetzung Frkr.s stellte d. Dichter s. Werk in den Dienst d. antibourgeoisen u. antifaschist. Kampfes (*Le livre ouvert* I–II, 1940–42; *Poésie et vérité,* 1942; *Poésie involontaire et poésie intentionelle,* 1942; *Au rendez-vous allemand,* 1944; *Dignes de vivre,* 1944; *Doubles d'ombre,* 1945). Nur die Résistancedichtung von Aragon in ihrer liedhaften Gelöstheit übertraf die Leistung É.s. während der 40er Jahre. Im Frühjahr 1942 trat É., der 1927 bereits Kontakt zu franz. Kommunisten gesucht hatte, endgültig der KPF bei. Die polit u. die Liebesthematik sind für ihn aufeinander bezogen. Populär wurde É. nach dem II. Weltkrieg durch polit. Lyrik, die e. sozialist. Engagement verkündete, ohne in allen Stücken mit der Parteilinie übereinzustimmen (*Poésie ininterrompue,* 1946 u. 1953; *Poèmes politiques,* 1948; Anthologie *Poèmes pour tous,* 1952; *Choix de poèmes,* 1960; *Derniers poèmes d'amour,* 1962; *Œuvres complètes* hg. M. Dumas/L. Scheler II 1968; *Poésies 1913–26,* 1971). É. war Mallarmé u., durch Vermittlung Apollinaires, Rimbaud stärker verpflichtet als dem Aufruf zur Alogik in den surrealist. Manifesten. Er träumte von e. Buch des Unsichtbaren, das absolute Oppositionen in Analogien transformiert. Auf einströmendes Glück und Glücksverlust reagierte É. als Dichter allenfalls indirekt; daß drei versch. Frauen, Gala, Nusch, Dominique, ihm in Liebe verbunden waren, ist für das Verständnis der Texte unwesentl. É.s kreative Phantasie, die alle Mühe des Lesers vereitelt, durch Einfühlung e. Sinn zu entdecken, entpersönlicht die Poesie, in der Wirklichkeit nicht wiedergegeben, sondern mit d. Mitteln hermet. Stils produziert wird. Von allen Lyrikern, die aus der surrealist. Bewegung hervorgegangen sind, hat É. die Poesie der Zwischenkriegszeit am stärksten bereichert.

M. Carrouges, É. et Claudel, 1945; L. Perche, É., 1963; L. Decaunes, É., 1965; H. Eglin, Liebe und Inspiration im Werk von É., Bern 1965; M. Meuraud, L'image végétale dans la poésie d'É., 1966; R. D. Valette, É. Livre d'identité, 1968; R. Jean, É. par lui-même, 1968; A. Kittang, D'amour de poésie; essai sur l'univers des métamorphoses dans l'œuvre surréaliste de P. É., 1969; D. Blum, Dichtung als Lobgesang. Die Liebeslyrik É.s, 1970; R. Vernier, Poésie ininterrompue et la poétique de P. É., Den Haag 1971; M.-R. Guyard, Le vocabulaire politique de P. É., 1974; L. Decaunes, É., 1982; J.-Ch. Gateau, É. et la peinture surréaliste, Genf 1982; ders., É., 1988; L. Parrot, L'intelligence en guerre, 1990; G. Mounin, Sept poètes et le langage, 1992.

Elzevier (Elsevier), niederländ. Drucker- und Verlegerfamilie des 17. Jh., mit Niederlassungen in Leyden, Den Haag, Amsterdam, Utrecht und Kopenhagen; u.a. druckte Ludwig E. (1604–1670) Werke von Descartes.

A. Willems, Les E., Brüssel 1880; D. W. Davies, The world of the E.s 1580–1712, Den Haag 1954; S. L. Hartz, The E.s and the contemporaries, Amsterdam 1955.

Émaux et camées, Gedichtzyklus von Théophile →Gautier, EA 1852, erweiterte Ausgaben bis 1884 (48 Texte), hg. M. Cottin 1968. Die Idee von der Eigengesetzlichkeit der Kunst drückt sich in diesen Texten durch die intendierte (Gedicht →*L'art*) und verwirklichte Formvollendung aus. Der Titel evoziert schwierige Techniken der Porträtkunst; Schönheit wird der amorphen Materie abgerungen, je hartnäckiger die Auseinandersetzung zwischen dem Künstler und s. Gegenstand verläuft, desto aussichtsreicher ist der Ewigkeitswert des Werks. Gautier realisierte in *É.* s. Auffassung, daß das Kunsterlebnis hohe geistige Anforderungen stellt und sich darum nicht im Gefühlsakt erschöpft. E. Idealzustand der Welt sieht er erst als gegeben an, wenn die in der Kunst wirksamen Gesetze des Schönen allgemeine Gültigkeit erlangt haben.

L'émigré de Brisbane, Stück in neun Bildern von Georges →Schéhadé, entstanden 1961, Urauff. 12.1. 1965 Residenztheater München. Schéhadé parodiert d. Enthüllungstrag. und mit ihr den Glauben an die vernünftige Ordnung der Welt. Die Hinterlassenschaft e. Sizilianers, der reich aus Australien heimgekehrt ist, bringt Unruhe in das Dorf Belvento, da der Tote s. unehel. Sohn als Erben bestimmt hat. Rosa, Laura und Maria werden verdächtigt, Mutter dieses Kindes, dessen Identität nicht gesichert ist, zu sein und ihre Männer darüber im unklaren gelassen zu haben. Während Laura, ohne e. Fehltritt gestanden zu haben, mit Schlägen davonkommt, der Mann von Rosa auf die Untadeligkeit s. Frau vertraut, weil er selbst im Dorf als der Gerechte gilt, drängt Barbi s. Maria, sich als Mutter des Erben zu bekennen, um in den Genuß des Nachlasses zu kommen. Als Maria dazu nicht bereit ist, wird sie von ihrem Mann im Affekt getötet. S. Tat gilt als ›delitto d'onore‹ und die Dorfgemeinschaft gönnt ihm den Reichtum. Freil. stammte, wie sich zum Schluß ergibt, der Heimkehrer gar nicht aus Belvento, er hatte e. anderes Ziel; er war an e. Kutscher geraten, der alle Fremden nach Belvento bringt. E. grotesker Zufall genügte, um e. Enthüllungsaktion in Gang zu setzen, die, in sich geschlossen, absurd mit dem auslösenden und reinigenden Element der Spannungskurve kontrastiert.

Émile ou de l'éducation, Roman von Jean-Jacques →Rousseau, EA Den Haag, IV 1762, hg. F. et P. Richard 1964. Nach d. Selbstverständnis d. Autors hat in diesem Werk die lehrhafte Komponente bei weitem Vorrang vor d. Fiktion, als ›Slg. von Reflexionen und Beobachtungen‹ ist *É.* aus e. pädagog. Anleitung von zunächst wenigen Seiten entstanden. Thema ist die Kindheit, von der im 18. Jh. falsche Vorstellungen tradiert werden. Ausdrückl. läßt Rousseau die Frage, ob s. pädagog. Entwurf auch praktikabel sei, offen, denn die Verwirklichung ändert sich mit den sozioökonom. Bedingungen. S. Prinzipien sind die Freiheit des Individuums, die die Erziehung nicht einschränken soll, die Würdigung des Kindes als Kind und nicht als kleiner Erwachsener, die schrittweise Entfaltung der kindl. u. jugendl. Interessen, um so von gefühlsmäßiger zu intellektueller Motivation zu gelangen. Der junge Mensch bildet sich an der Natur, ehe er mit Handwerk, Industrie und Handel vertraut gemacht wird. Dann erst beschäftigt er sich sinnvoll mit Geschichte, Politik und Religion. Rousseaus negative Pädagogik forderte den Widerspruch des Jahrhunderts heraus, denn bis zuletzt schirmt sie den Zögling gegen den Einfluß der Kirche ab, die als Vertreterin des Offenbarungsglaubens kritisiert wird. Bis zum fünften Lebensjahr dient die Erziehung der Entwicklung körperl. Kräfte. Dann lernt der Zögling durch Erfahrung, nicht Lektionen, das Leben kennen u. entdeckt s. Sinne. Zwischen zwölf und fünfzehn Jahren interessiert er sich für die Erscheinungen der Natur, er spielt und stellt einfache Instrumente her. Außer *Robinson Crusoe* interessieren ihn kaum andere Bücher; er lernt e. Handwerk und entdeckt das Ethos der Solidarität. Der vierte Ausbildungsabschnitt beginnt, wenn É. fünfzehn Jahre alt ist. Er wird durch Plutarch mit der Geschichte vertraut u. begreift sie als moral. Prozeß. Die ›Profession de foi du vicaire savoyard‹ im 4. Buch des Romans macht ihn mit Artikeln der Naturreligion bekannt. Der Vikar proklamiert den kosm. Willen, der das Universum bewegt u. die Natur belebt. Ob diese Welt seit Ewigkeit besteht od. geschaffen wurde, stellt sich ihm nicht als Problem. Er räsoniert nicht über die Natur Gottes, kein Kult diktiert ihm das Verhalten vor der Gottheit, sondern die Natur. Das Böse in der Welt ist e. anthropolog. u. soziales Prinzip. ›Otez nos funestes progrès, ôtez nos erreurs et nos vices, ôtez l'ouvrage de l'homme, et tout est bien.‹ Rousseau stellte der Exposition des Bildungsromans die These voran, im Ursprung sei alles gut u. unter dem Einfluß der Menschen entarte es. Dies waren Hypothesen von extremer Reichweite. Am 3. 6. 1762, zehn Tage nach der Auslieferung in Paris, wurde das Buch bereits konfisziert, am 9. des Monats die öffentl. Verbrennung und die Verhaftung des Autors angeordnet. Am 11. fand die Vernichtung vor dem Justizpalast statt; Rousseau, der in Montmorency verhaftet werden sollte, konnte mit Wissen u. offensichtl. Billigung der Polizei in die Schweiz fliehen. Am 19. Juni wurde der Roman freil. auch in Genf verbrannt. Papst Clemens XIII. verdammte ihn 1763. E. Flut von Pamphleten, vor allem aus klerikalen Federn, überschüttete den Verfasser mit schlimmsten Anschuldigungen; die Enzyklopädisten beklagten die verheerende Wirkung des ›galimatias‹ vor allem in der ›Profession de foi du vicaire savoyard‹. Dennoch war die Faszination des Romans nicht zu mindern. Bernardin de Saint-Pierre, Louis-Sébastien Mercier, Marie-Joseph Chénier, Condorcet bekannten sich zu dieser Pädagogik der Regeneration, die Theoretiker im 19. Jh. kamen immer wieder auf Rousseaus Entwurf von 1762 zurück. Im Zusatz *Émile et Sophie,* den Rousseau u. a. Bernardin de Saint-Pierre mit der Bitte, den Text zu vollenden, überließ, stellte der Autor s. Optimismus, mit dem er die naturverbundene, auf dem Gefühl basierende Erziehung vorgetragen hatte, in Frage. Denn die Ehe zwischen É. und S. scheitert an der Zivilisation.

P. D. Jimack, La genèse et la rédaction de l'É. de J.-J. Rousseau, Genf 1960; G. Bretonneaux, La théorie de l'éducation d'après Rousseau, 1961; R. Tobiassen, Nature et nature humaine dans l'É. de J.-J. Rousseau, Oslo 1961; J. Château, J.-J. Rousseau, sa philosophie de l'éducation, 1962; L. Clayton, Rousseau on education, London 1969; T. Davidson, Rousseau and education according to nature, Michigan 1970; J. de Viguerie, L'institution des enfants ... XVIe–XVIIIe siècle, 1978; M. Lemaître, É. Repertoire analytique, 1978; A. Horowitz, Rousseau, nature and history, Toronto 1987; T. L'Aminot, Bibl., tome 1: É., 1989.

Éminence grise, Beiname des Kapuzinerpaters Joseph de Tremblay (1577–1638), des Schatten der (roten) Eminenz Richelieu. Der Kardinal betraute den Père Joseph mit diplomat. Missionen, u. a. in Regensburg, u. polit. sowie konfessioneller Propagandaarbeit. Die Darstellung der É. in Vignys Roman →*Cinq-Mars* ist eine Karikatur.

Emma Bovary, Zentralfigur des Romans →*Madame Bovary* von Gustave Flaubert, Typus der nach Ansehen strebenden Frau aus der Provinz, die Trugbildern ihrer Erziehung erliegt, sich in Abenteuer, finanzielle Abhängigkeit stürzt u. Selbstmord begeht. Nicht mitgemeint in dem negativen Begriff ›Bovarysme‹, der für das unberechenbare Verhalten unausgefüllter Frauen steht, ist das ganze, falsch begründete Emanzipationsbedürfnis der Heldin Flauberts, das daraus hervorgeht, daß E. erklärtermaßen davon träumt, e. Mann zu sein u. im Verhältnis zu e. ihrer Liebhaber, Léon Dupuis, auch e. entsprechend aktive Rolle spielt.

Emmanuel, Pierre (eig. Noël Mathieu), 3. 5. 1916 Gan bei Pau – 22. 9. 1984 Paris, Mathematiklehrer, Journalist, Kulturfunktionär, 1979 Direktor der Pariser Videothek; Auszeichnung mit zahlr. Lit.preisen. Lyriker, begann unter dem Einfluß von →Jouve zu dichten (*Élégies,* 1940; *Tombeau d'Orphée,* 1941; *XX Cantos,* 1942; *Combats avec tes défenseurs,* 1942; *Jour de colère,* 1942; *Sodome,* 1944; *Le poète fou,* 1944; *Mémento des vivants,* 1944; *La liberté guide nos pas,* 1945; *Babel,* 1951; *Visage nuage,* 1955; *Versant de l'âge,* 1958; *Evangéliaire,* 1961; *La nouvelle naissance,* 1963; *Notre père,* 1969; *Jacob,* 1970; *Sophia,* 1972; *Una ou la mort la vie,* 1978; *Duel,* 1979). Während E. bis 1941 wieder seit *Babel* e. gewissen orator. Trockenheit, in der franz. Kritiker schon e. Nachhall der Rhetorik Victor Hugos erkennen wollten, nicht Herr wird u. in den Bibelglossen seit 1961 lexikal. u. syntakt. Archaismen zelebriert, wie Claudel u. Péguy sie früher ausgiebig verwandt hatten, sind die Résistancegedichte der 40er Jahre originell durch ihre Variation archetyp. Konstellationen, vor allem im Gegensatz von Henker u. Opfer. Autor e. Romans, *Car enfin je vous aime* (1949), u. mehrerer Essays, in denen er außer lit. Aufgaben s. Abkehr vom Marxismus u. s. gaullist. Engagement begründete (*Poésie raison ardente,* 1947; *Qui est cet homme,* 1947; *L'ouvrier de la onzième heure,* 1953; *Le goût de l'un,* 1963; *La face humaine,* 1965; *Baudelaire,* 1967; *Le monde est intérieur,* 1967; *Autobiographies,* 1970; *La révolution parallèle,* 1975). Aus Protest gegen die Wahl F. →Marceaus verließ E. 1976 die Ac. frçe.

S. E. Siegrist, Pour ou contre Dieu, E. ou la poésie de l'approche, Neuchâtel 1971; A. Marissel, E., 1974; H. Gillessen, E.: Jacob, 1979.

Emmène-moi au bout du monde (1956), Roman von Blaise →Cendrars, die Geschichte vom letzten Erfolg der Schauspielerin Thérèse Églantine in der grotesken Operette *Madame Canaille* u. ihrer Liebe zum Fremdenlegionär Jean-Jean, der sie ausplündert, nimmt als Pandämonium noch einmal alle Motive der früheren Werke auf: Sinnlichkeit, Lebensgier, Todessehnsucht, Grausamkeit u. Freude an der Schockwirkung.

L'empereur Constant, byzantin. Erzählung (Vers- u. Prosaversion, 13. Jh.) e. unbekannten Autors, im pikard. Dialekt, von der gefahrenvollen Jugend des Constantius Chlorus, des Vaters Konstantins d. Gr. (krA J. Coveney 1955).

Empire, Kaiserreich; Premier Empire 1804–15 (Napoléon Ier) u. Second Empire 1852–70 (Napoléon III). *Les Rougon-Macquart* von Zola sind als ›histoire naturelle‹ e. Familie während des II. Kaiserreichs konzipiert.

L'emploi du temps (1957), Roman von Michel →Butor. Ort der Handlung ist e. imaginäre engl. Industriestadt, Bleston, die für den Icherzähler, den Franzosen Jacques Revel, der ein einjähriges Praktikum bei der Firma Mathews & Son ableistet, chaot. Merkmale aufweist. Er hat e. Kriminalroman über e. Mord in Blestons Kathedrale gelesen u. hofft, in der anonymen Menge Spuren zu entdecken, die für ihn den Fall faßbarer machen. Über s. Unternehmungen führt er Tagebuch – das ist der Roman, der dem Leser vorliegt – u. holt darin die Exposition nach, so daß die Erzählung lange auf zwei zeitl. Ebenen parallel verläuft. Durch Romanlektüre wird der Held zu Abenteuern veranlaßt, die er niederschreiben will; der gescheiterte Roman im Roman zielt über die ästhet. Resignation hinaus auf die Übermacht u. Ferne der Dingwelt. Revels besessene Arbeit am Planquadrat, s. Begierde, die realen Schauplätze der Kriminalgeschichte zu verifizieren, auch das Nebenbei zu durchschauen, offenbart ihm den Archetypus des kret. Labyrinths. Der Protagonist identifiziert sich mit Theseus, in s. Freundinnen Ann u. Rose sieht er Ariadne u. Phädra. Aber Theseus' Zuversicht fehlt ihm, er fürchtet, daß am Ende des Irrgangs der Moloch, s. Tod, wartet. Denn er verfolgt ja e. – imaginären oder lebenden – Mörder. Revel gibt den Kampf gegen Bleston auf u. reist erleichtert ab; der Ortsmythos gibt s. Geheimnis nicht preis. Butor schrieb in *E.* e. figurenreiche, durch hypotakt. Langsätze gekennzeichnete Prosa, die als Replik auf Proust gelten kann.

J. L. Seylaz, La tentative romanesque de Butor de l'e. à Degrés, Études de lettres März 1960; P. Bürger, Zeit als Struktur u. Schicksal. Versuch über e. Roman von M. Butor, NSp 1963.

Empörerepen, ma. Chansons de geste, Darstellung von Feudalkonflikten. Unter dem Einfluß der Struktur der →*Chanson de Roland* entstanden seit dem 11. Jh. Vasallengesten von unterschiedl. lit. Wert, die nicht die Auseinandersetzung mit dem nationalen Gegner, sondern soziale Konflikte, die meist durch ›desmesure‹ hervorgerufen werden, gestalten. Dabei faßte kein Dichter diese ep. Motive als eigentl. trag. auf; nicht der Vergeltungs- u. Versöhnungsmechanismus, sondern die episod. Ausfüllung verrät poet. Kraft. Empörerepen sind →*Gormond et Isembart, Raoul de Cambrai* (12. Jh., Reime u. Assonanzen), →*Renaud de Montauban, Girard de Roussillon* (12. Jh.), *Doon de Mayence* (13. Jh.). Im →*Huon de Bordeaux* u. →*Bueve de Hanstone* herrscht der Stil der Abenteuerromane bereits vor. In diesen Umkreis gehört das fragmentar. überlieferte, provenzal. Epos *Daurel et Beton* (2200 Zehnsilber).

W. C. Calin, The old French epic of revolt, Genf 1962.

En attendant Godot, Stück in zwei Akten von Samuel →Beckett, entstanden 1952, EA 1952, Urauff. 5. 1. 1953 Théâtre Babylone, Paris (Inszenierung Roger Blin). An e. Landstraße, bei e. Baum, warten Vladimir u. Estragon auf Herrn Godot, den sie persönl. nicht kennen, u. ohne sich darüber im klaren zu sein, was sie genau von ihm wollen. E. zweites Paar, Herr Pozzo u. s. Sklave Lucky, an der Leine geführt, tritt auf. Später bestellt e. Junge, der bei Herrn Godot beschäftigt ist, daß die Ankunft auf morgen verschoben sei. Die Echofunktion des 2. Akts macht endgültig klar, daß das Stück keine herkömml. dramat. Spannungskurve kennt. Zwar ist der kahle Baum über Nacht voll ins Laub geschossen, ist Pozzo blind u. Lucky stumm geworden, aber Herr Godot vertröstet die Wartenden aus der Ferne wieder auf den nächsten Tag. Beckett parodiert die relig. Deutbarkeit der Fabel, wenn der Bote erzählt, Godot habe e. weißen Bart, wenn Vladimir und Estragon das menschl. Schicksal mit dem der beiden Schächer sowie Abels u. Kains vergleichen. Denn das Warten auf Godot ist keine eschatolog. Krise, sondern eher Darstellung des Lebens als inhaltloser Spannung in e. strukturlosen Zeit. Vladimir u. Estragon sind Karikaturen des Menschen, der s. sinnloses Warten nicht abzubrechen vermag. Sie sind Clowns, da der Mensch, der sich gegen den Skandal des Daseins nicht mehr empört, wider Willen zum Narren wird. Die Spannung erwächst aus der Bewußtseinstrübung der Figuren, die als Bittsteller vergessen haben, was sie von Godot erlangen wollten. Für sie wird fragl., ob Erkenntniskategorien mit Seinskategorien gleichzusetzen sind; wenn sie reden u. spielen, geben sie sich den Anschein, zu existieren. Darum brauchen sie einander, um sich abzulenken, um sich ihr falsches Bewußtsein zu bewahren. Aus der Apathie, Aphasie u. Athambie Godots ziehen sie keinen voluntarist. Schluß. In der ›ungeheuren Konfusion‹ ist ihnen nur eines klar, daß sie darauf warten, daß Godot endl. kommt. Wenn auch nicht deutl. wird, wie man sich Godot vorzustellen hat, stellt er doch e. Macht dar, er kann retten u. bestrafen, vor ihm stehen, mit dem Ausruf ›miséricorde‹ auf d. Lippen, Vladimir u. Estragon als ›suppliants‹. Auch der Agnostizismus des Stücks hebt die hypothet. relig. Deutbarkeit auf. Vladimir u. s. Gefährte spielen nicht adventist. die Menschheitsgeschichte, viel eher inkarnieren sie den verstörten Wirklichkeitssinn, den Sartre als ›mauvaise foi‹ denunziert. Dies erklärt, warum das Stück über die ständig wiederkehrende Exposition nicht hinauskommt, warum die Handlung vorantreibenden Motive sich als retardierende Momente entpuppen. Es bleibt bei schwachen Ansätzen zur Anamnesis; auf die beängstigende Frage, warum sie in diese Lage geraten sind u. sich nicht zu emanzipieren vermögen, ob Vorgänge in ihrer Geschichte als Person Aufschluß über Bestrafung u. Erlösung liefern, geben sich Vladimir u. Estragon statt Antworten falsche Entschuldigungen und Ausflüchte. Für die Krankheit des imposanten Pozzo u. seines Abhängigen Lucky, den er an immer kürzerer Leine führt, gibt es keine Erklärung, Qualitäten zergehen in Quantitäten.

K. Schoell, Beckett, E. (Das franz. Theater vom Barock bis zur Gegenwart, Bd. 2, hg. J. v. Stackelberg), 1968; V. Dreysse, Materialien zu S. Becketts Warten auf Godot, 1973.

Encyclopédie, ou dictionnaire raisonné des sciences, des arts et des métiers, par une société de gens de lettres, mis en ordre & publié par M. →Diderot ... & par M. D'→Alembert ... EA 1751–1780 (17 Foliobände, 11 Bände Kupferstiche, 5 Supplementbände, 2 Bände Register), Faksimileausgabe Stuttgart 1966 ff. Von verschied. Seiten war dem Pariser Verleger André François →Le Breton die franz. Ausgabe der zweiv band. engl. *Cyclopaedia* von Ephraim Chambers vorgeschlagen worden. Er erwarb die Rechte u. investierte bereits große Summen in Material u. Übs., bevor er im März 1745 das Druckprivileg für e. *Dictionnaire universel des arts et des sciences* erlangte, das im Januar 1746 in e. Druckerlaubnis für e. *Encyclopédie, ou Dictionnaire universel des arts et des sciences, traduits des Dictionnaires anglais de Chambers et de Harris, avec des additions* umgewandelt wurde. E. Mitgl. der Ac. des sciences, Abbé de Gua de Malves, Professor am Collège de France, wurde mit der Herausgabe betraut (Vertrag vom 27. 6. 1746). Diderot u. d'Alembert übernahmen die Revision einzelner Übs. Am 3. 8. 1747 schied Gua de Malves, wohl aufgrund persönl. Auseinandersetzungen mit dem Verlag, aus; d'Alembert u. Diderot nahmen s. Funktion wahr. Bis 1750 besorgten sie die Übs. der Artikel (eigene u. fremde Übertragungen) u. brachten sie auf den neuesten Kenntnisstand. Sie ließen neue Illustrationen anfertigen, u. Diderot informierte sich in Manufakturen über Sachzusammenhänge, die Laien bisher fremd gewesen waren. 102 Tage Haft in Vincennes verzögerten 1749 zwar Diderots Tätigkeit, andererseits nötigte der Zwischenfall offizielle Kreise, hier d'Argenson u. Malesherbes, das Unternehmen nicht nur zu tolerieren, sondern auch indirekt zu fördern. Im November des folgenden Jahres wurde der Prospekt in 8000 Exemplaren verteilt. Was als Übs. konzipiert war, entwickelte sich im Verlauf der Ausarbeitung zur originellen Enzyklopädie, die von e. Kollektiv erstellt wurde. Am 28. 6. 1751 lieferte Le Breton den 1. Bd. aus, er enthielt auch den *Discours préliminaire* von d'Alembert. Dieser forderte die Unterwerfung des Denkens unter die Vernunft; daraus resultiert die Aufhebung der Vorurteile u. des Aberglaubens. Die *E.* ist nicht allein e. Instrument der Aufklärung, sondern in ihrer Anlage auch e. Paradigma des ›esprit systématique‹. Die später verbreitete These, damit sei im geistigen Bereich die Revolution von 1789 vorweggenommen worden, verkennt die relative Wirkungslosigkeit der Rationalisten u. Empiristen auf die polit. Entwicklung. D'Alembert behandelte zwei Komplexe, die Genealogie der Kenntnisse u. die geschichtsphilosoph. Erklärung des Fortschritts. Geschichte, Philosophie u. Kunst haben ihren Ursprung in sinnl. Eindrücken, nicht in vorgegebenen Ideen oder Substanzen, die nicht weiter hinterfragbar sind. Namentl. die Naturwiss. lösen die von Aberglauben durchsetzte ma. Weltsicht auf. Unter Vorurteilen leidet auch die Technik, denn mechanische Fertigkeiten gelten gegenüber künstler. u. intellektuellen als minderwertig. Gerade die umfassende Berücksichtigung der Naturgesetze und solcher Tätigkeiten, die sich ihrer bedienen, war noch von keinem Lexikon in dieser Breite angestrebt worden. Im Februar 1752 wurde die weitere Verbreitung der ersten beiden Bände verboten, dennoch bereiteten die Herausgeber die Drucklegung des 3. mit e. Auflagenstärke von über 3000 Exemplaren vor. Die Pompadour u. Voltaire stellten sich auf die Seite der Enzyklopädisten. In Fastenpredigten von 1754 griffen Jesuiten von Lyon die *E.* als verderbl. an. Als der 5. Bd. erschien, war d'Alembert bereits Mitgl. der Ac. frçe. Bd. 7 enthielt den Art. ›Genève‹ von d'Alembert, gegen den Rousseau, der selbst Musikbeiträge zur *E.* verfaßte, polemisierte; d'Alembert zog sich nach den Auseinandersetzungen aus dem Unternehmen zurück. Die Revokation der Druckerlaubnis im März 1759, als die röm. Kurie, Jesuiten u. Jansenisten gemeinsam zur Vernichtung der *E.* antraten, hätte den vorzeitigen Abbruch der Publikation zur Folge gehabt, wenn nicht Malesherbes auf der Rechtsgrundlage der ›permission tacite‹ den Fortgang gewährleistet hätte. Fréron versuchte in s. Zs. *Année littéraire* nun Diderot des Plagiats anzuklagen, Palissot verspottete 1760 die Enzyklopädisten in s. Kom. *Les philosophes.* Diderot u. d'Alembert gewannen mehr als 140 Mitarbeiter für die *E.* Darunter waren zahlr. Handwerker, Kleriker (→Bergier), die vor allem philosoph. Beiträge lieferten (Abbé de Prades u. a.) u. bekannte Autoren: Voltaire, der u. a. die Geschichte darstellte, Buffon, Montesquieu, Rousseau, Condillac, Holbach, Morellet, Dumarsais, Marmontel, Duclos. Die *E.* ist die bedeutendste Publikation der Aufklärung, u. sie setzte Maßstäbe für die mod. Lexikographie. Im Art. ›Encyclopédie‹ schrieb Diderot, e. solches Projekt könne allein von e. Autorenkollektiv verwirklicht werden. Ihr Interesse am Menschengeschlecht u. gegenseitiges Wohlwollen verbinden die Mitarbeiter. Durch ein Verweisungssystem, das →Bayle bereits erfolgreich praktiziert hatte, wurde es mögl., in der *E.* die Wirkung einzelner Artikel zu verstärken oder abzuschwächen. Freil. retuschierte der Verleger Le Breton immer wieder Texte, die ihm zu gewagt erschienen. Grundsätzl. stellte die *E.* die traditionelle Metaphysik in Frage, weil sie auf dem Weg zur Humanisierung des Daseins in ihr das größte Hindernis erkannte. Optimistisch verkündete Diderot, man wisse den erhabenen Geist der Religion von den Einflüsterungen ihrer Vertreter zu unterscheiden. Von älteren Wörterbüchern, Weltbeschreibungen u. Kompendien unterschied sich die *E.* durch die krit. Auswahl der Stichwörter u. die theoret. Begründung, wenngleich Autoren versch. ideolog. Ausrichtung mitarbeiteten. Gegenstand ist der Mensch, der sich selbst reflektiert u. bestimmt, sind s. Tätigkeiten, mit denen er s. Welt erschafft. Damit ist die Perspektive gegeben. Was sich der Mensch intellektuell, gemüthaft u. techn. aneignete, um s. Los zu durchschauen u. zu verbessern, wird analysiert. Daß das Selbstbewußtsein des III. Standes sich in Artikeln wie ›Eigentum‹, ›Volksvertreter‹, ›Theokratie‹, ›Gesetzgeber‹ zu artikulieren wußte u. so von der Plattform der *E.* eine Agitationswirkung entfaltete, ist unbestreitbar. Im Artikel ›Économie politique‹ gibt Rousseau zu erkennen, daß Diderots Auffassung von ›autorité politique‹ noch zu wenig an demokrat. Idealen ausgerichtet bleibt. Mehr oder minder unverhüllt leugnen alle einschlägigen Artikel der *E.* die Begründung der Monarchie durch göttl. Recht; sie stellten dadurch die Allianz von Thron u. Altar in Frage u. setzten e. neue Form der Souveränität, die allein dem Volk zukommt, voraus (Rousseau, →*Du contrat social*).

J. Rocafort, Les doctrines littéraires de l'E., Thèse 1890; R. Hubert, Les sciences sociales dans l'E., 1923; J. Legras, Diderot et l'E., Amiens 1928; A. Cazes, Grimm et les encyclopédistes, 1933; R. Naves, Voltaire et l'E., 1938; P. Grosclaude, Un audacieux message, L'E., 1951; Sammelbd. L'E. et le progrès des sciences et des techniques, 1952; W. Weis, Geschichtsschreibung u. Staatsauffassung in der franz. E., 1956; J. Proust, Diderot et l'E., 1962; F. Venturini, Le origini dell'E., Turin 1963; J. Proust, L'E., 1965; P. Casini, D'Alembert e Diderot. La filosofia dell'E., Bari 1966; J. Lough, Essays on the E. of Diderot and d'Alembert, Oxford 1968; R. N. Schwab, Inventory of Diderot's E., Genf 1971; J. Proust, Questions sur L'E., RhlF 1972; R. Darnton, L'aventure de L'E., 1982; F. A. u. S. L. Kafker, The encyclopedists as individuals. A biographical dictionnary, Oxford 1988.

L'enfance d'un chef, Erzählung von Jean-Paul →Sartre, EA →*Le mur,* 1939. Der skizzierte Entwicklungsroman gestaltet den Widerspruch des ›être en soi‹ u. ›être pour soi‹. Lucien Fleurier, Sohn e. Unternehmers, sieht s. Dasein durch die Rolle, die das Milieu von ihm erwartet, unumstößl. determiniert. Zwar bringt ihm die Schule das ›höll.‹ Erlebnis der anderen (vgl. *Huis clos*), erschüttern ihn vorübergehend pupertäre Krisen, aber dies vermag ihn nicht vor der Unfreiheit zu bewahren, die im ›Gerinnen‹ s. Existenzweise zum ›en soi‹ besteht. Er entwickelt die größte Untugend, die Sartres Wertskala kennt, ›la mauvaise foi‹, die Voraussetzung für noch dumpfere Unlauterkeit u. Unschärfe des Denkens, die sich gerade in rationalist. Hybris äußert. Lucien entdeckt s. Wirkung auf die anderen, ihr furchtsamer Gehorsam bestätigt ihn in s. fremdbestimmten Lebensart als Chef. ›Er war immer, er würde immer die ungeheure Erwartung der anderen sein.‹ Der Anschluß an die Action française, s. Bekenntnis zu formaler ›honnêteté‹ und zum Klassenbewußtsein der Bourgeoisie nehmen ihm die letzten Zweifel, daß er zum Chef berufen ist u. nur noch das Ableben s. Vaters abwarten muß.

C. Elmquist, Lucien, Jean-Paul et la mauvaise foi, Orbis litterarum 1971.

Enfances, stoffliche Bezeichnung altfranz. ep. Dichtungen. Der zykl. Ausbau altfranz. Gesten u. Romane erforderte auch die Darstellung der Taten des jungen Helden: →*Enfances Gauvain* (Versroman in Achtsilbern), *Enfances Guillaume* (13. Jh., →Wilhelmszyklus), *Enfances Ogier* (am Ende des 13. Jh. von →Adenet le Roi überarbeitet), *Enfances Renier* (Mitte 13. Jh.), →*Enfances Vivien*.

Enfances Gauvain, höf. Epos aus dem 13. Jh., von dem zwei Fragmente von zusammen 712 Achtsilbern überliefert sind, hg. P. Meyer, Romania 1910. Im Stil der Enfances u. unter Einbeziehung des inzestuösen Gregorius-Stoffs werden Kindheit u. erste Rittertaten des →Gauvain dargestellt. Der →*Perlesvaus* schließt an die Ereignisreihe an (vgl. auch *L'âtre périlleux, Mule sans frein, Le chevalier à l'épée, Hunbaut*).

Enfances Vivien, Epos aus dem Stoffkreis des *Wilhelmszyklus,* nach →*Aliscans,* wenngleich als Vorgeschichte dieses Teils der Geste, u. nach der *Chevalerie Vivien* (12./13. Jh.) entstanden. Vivien ist der opferbereite Neffe Wilhelms von Orange, s. Untergang evoziert die Passion Christi.

Enfantines, (1918) Novellenslg. von Valery →Larbaud, wehmütige Kindheitsminiaturen aus der Distanz des erwachsenen Autors u. Lesers; evoziert die hilflosen Reaktionen der Kinder im Spielalter u. in der Pubertät auf das Verhalten der Erwachsenen, die keine Schwärmerei verstehen u. unfähig sind, von ihren eigenen Wertvorstellungen freizukommen.

Les enfants du paradis (1943–45), Tonfilm (schwarzweiß) von Marcel Carné, Drehbuch Jacques →Prévert. Zeit der Handlung 1827–47, die Epoche des romant. Theaters, der Staatsbühne u. des →Boulevard, der Theatergeschichte u. der Geschichte als Welttheater; harte Realität u. Traum verklammert von e. Liebesgeschichte; mit Arletty, Jean-Louis Barrault, Pierre Brasseur.

G. Vaugeois (Ed.), E. (Bibl. des Classiques du cinéma, 4), 1974.

Enfants sans souci (Enfans sans soucy), Ensemble von Laienschauspielern (vgl. Basoche), die vor allem im 15. u. 16. Jh. Satiren u. Sotties aufführten; stehende Rollen waren der Prince des sots u. die Mère sotte. Mitgl. der E. waren u. a. Jean du Pont-Allais u. Pierre → Gringoire, der selbst die Rolle der Mère sotte übernahm.

Les enfants terribles, Roman von Jean →Cocteau, entstanden 1929, EA 1929. Elisabeth dirigiert das Spiel der Geschwisterliebe, mit dem sie u. Paul sich der Banalität entziehen. Die gemeinsamen Freunde, Gérard u. Agathe, u. der amerikan. Verlobte von Elisabeth, der e. Tag nach der Hochzeit verunglückt, sind nur Bewunderer ihrer Capricen, in die sich ihr Ekel vor der Realität kleidet. Elisabeth verwandelt das Leben in e. Ritual, das ihr die Rolle der Vestalin zuweist; wo die andern nach Vermählung streben, kennt sie nur e. Erwählten, den Bruder. Er faßt den Entschluß zum Selbstmord, sie erschießt sich beim Verlust des Ebenbürtigen. J.-P. Melville verfilmte 1949 den Stoff.

Enghien, Louis Antoine Henri de Bourbon, duc d', 2. 8. 1772 Chantilly – 21. 3. 1804 Vincennes (hingerichtet), kämpfte im franz. Emigrantenheer, Napoleon ließ ihn als Monarchisten erschießen; der Scheinprozeß machte e. tiefen Eindruck u. a. auf Chateaubriand u. L. Hennique.

Enjambement, Versüberschreitung, Zeilensprung; Stilmittel seit der Renaissancedichtung, bis Malherbe im *Commentaire sur Desportes* 1606 e. Verbot aussprach u. die Verwendung des E. im 17. u. 18. Jh. diskriminierte, wenn auch nicht zu unterbinden vermochte. André Chénier rehabilitierte die syntakt. Überspielung des Versendes als Ausdrucksmittel wieder, die Romantiker begriffen sie als Sinnbild der unklass. Entgrenzung u. belebten das E. neu.

R. Baehr, Einführung in die franz. Verslehre, 1970.

Ennui, Variante der Melancholie u. des Weltschmerzes, zwischen den späten 30er Jahren des 19. Jh., als Barbey d'Aurevilly wiederholt s. dandyhafte Haltung mit E. charakterisierte, u. den 80er Jahren; Schlüsselbegriff e. entromanisierten Lit. Flaubert (seit 1844), Baudelaire, Mallarmé u. die Symbolisten bezeichnen damit ihre dilemmat. Weltsicht. Krit. merkte Barbey d'Aurevilly 1867 an, der E. sei die typ. Haltung ›exzessiver Kulturen‹, die jenen Grad der Erschöpfung erreicht haben, an dem nur noch Worte wiederholt werden können *(Les ridicules du temps)*. Das Gegenteil ist Spontaneität, aber auch Vertrauen in verstandesmäßige Kräfte zur Überwindung e. schwierig gewordenen gesellschaftlichen u. kulturellen Lage. Wenn E. u. → Spleen unterschieden werden, meint der E. eher die innere Haltung u. Spleen die zur Schau getragene Empfindung. Der E. kann als Grundlage der Existenz an provinzielle Lebensverengung gebunden sein (Balzac, Flaubert, Fromentin), die Gestalt der ›femme emmurée‹ bei Mauriac erklärt sich z. T. daraus. Im weiteren Sinne ist E. das psych. Korrelat für e. Leben in erzwungener Passivität: ›L'e., c'est se sentir durer sans vivre‹ (Sully Prudhomme, *Journal intime*). Zwar kann in diesem Stadium ein negativer Zustand noch diagnostiziert werden, das betroffene Individuum ändert s. Verfassung aber nicht mehr oder nur noch in e. verzweifelten Akt der Selbstvernichtung. Es ahnt die mögl. Erfüllung s. geistigen u. prakt. Lebens u. leidet daher unter den Mängeln noch stärker, wobei, wie Baudelaire u. Mallarmé bezeugen, auch s. Sensibilität u. das Vermögen, ästhet. Formen zu schaffen, in Mitleidenschaft gezogen werden.

V. Jankélévitch, L'aventure, l'e., le sérieux, 1963; G. Sagnes, L'e. dans la littérature frçe. de Flaubert à Laforgue (1848–84), 1969.

Enquête sur l'évolution littéraire (1891), Slg. von Interviews, die Jules →Huret für das *Echo de Paris* u. den *Figaro* führte. Von 64 Autoren äußern sich die meisten negativ über den Naturalismus; Moréas disqualifiziert Zola (›Il n'a aucun style, comme Eugène Sue‹), Maurice Barrès beklagt die formelhafte Erstarrung des Naturalismus, Rémy de Gourmont feiert die antinaturalist. junge Autorengeneration.

J.-A. Bédé, Une heure avec J. Huret, L'Esprit créateur IV, 1964.

Ensenhamen (provenzal. = Zeichen, Belehrung), provenzal. Zeitgedicht (12.–13. Jh.) zur Bildung der Adligen, Trobadors u. Spielleute (Guilhem de Marsan, *Qui comte vol aprendre*). Der Trobador Arnaut de Mareuil führte dieses didakt. Genre in die südfranz. Lyrik ein.

J. Bathe, Die moral. E. im Altprovenzal., 1906; D. A. Monson, Les e.s occitans, 1981.

Entre la vie et la mort (1968), Roman von Nathalie →Sarraute. Thema dieses stark abstrakten Erzählwerkes ist die künstler. Produktion. *E.* ergänzt mit dem Motiv des entstehenden Romans im Roman →*Les fruits d'or,* wo das Verhalten von Lit.konsumenten in Szene gesetzt worden ist; schrieb Sarraute damals e. Roman des Lesers, so verfaßt sie hier e. Roman des Autors. Sie verständigt sich über die Bedingungen, unter denen Empfindungen, die vor den sprachl. Zeichen existent u. dabei stets von vorzeitiger Auslöschung bedroht sind, gebannt werden können – e. Problem, das in ihrem Schaffen radikaler thematisiert wird als bei →Butor oder →Robbe-Grillet. Ursache des Dilemmas ist das Auseinanderklaffen von Bewußtseinsinhalt und Ausdrucksfähigkeit sowie die Tendenz e. jeden Stils, s. Elemente zu verselbständigen.

N. Sarraute et les secrets de la création, La Quinzaine littéraire 1.–15. 5. 1968.

Entretiens avec Dorval, Dramentheorie in Dialogform von Denis →Diderot, EA (zusammen mit →*Le fils naturel*) Amsterdam 1757. Das Manifest, in das ältere Reflexionen aus →*Les bijoux indiscrets* (Kap. 37–38) aufgenommen wurden, stellt klassizist. Epigonentum das Ideal der ›tragédie domestique et bourgeoise‹ in Prosa gegenüber; Diderot begreift dieses ›genre sérieux‹ als zwischen den Extremen Trag. u. Kom. angesiedelte Gattung, die e. Darstellung von Charakteren durch das Bild der gesellschaftl. Bedingungen, unter denen die dramat. Personen handeln, ablöst u. über die Mittel des Sprechtheaters hinaus pantomim. Mittel funktionell einsetzt (vgl. auch Lesage, *Turcaret*). Diderot führt das Gespräch mit e. Partner, der Rousseau nachgebildet erscheint; er sieht s. Dramenästhetik im Prosaeinakter *Sylvie* (1741) von Paul Landois im Ansatz verwirklicht. Die Schrift, von Lessing in Dtl. bekannt gemacht, sammelt und systematisiert dramaturg. Überlegungen seit Destouches u. Nivelle de La Chaussée. Sie begründet die ›mittlere‹ Theaterform, in die Freude u. Trauer einfließen, mit der Erfahrungstatsache, daß im Leben die Mischung von Lachen und Weinen am wahrscheinlichsten sei. Damit wird die dramat.

Kunst e. Spiegelbild der Wirklichkeit. Bei aller Betonung der ›conditions‹ löste Diderot das Drama doch aus der gesellschaftl. u. geschichtl. Bestimmung der Produktions- u. Rezeptionsästhetik, wenn er global die Menschheit als ideales Publikum solcher ernsthafter u. zugleich humorvoller Stücke voraussetzt.

F. Gaiffe, Étude sur le drame en France au XVIIIe siècle, 1910; R. Mortier, Diderot en Allemagne, 1954.

L'envers et l'endroit (1937), Essayslg. von Albert →Camus, Meditationen zum Kontrast von Licht u. Schatten, Schönheit u. Häßlichkeit, Leben u. Tod als den entgegengesetzten Facetten der Existenz in der mittelmeer. Welt. Das Dasein, gleichgültig ob es begeistert oder beschämt, übersteigt die Individuen, die Widersprüche fraglos hinnehmen.

Envoi, Widmungsstrophe (als Geleitstrophe meist nachgestellt) in Gedichten fester Form: Ballade, Chanson, Chant royal, Sestine.

Enzyklopädisten, Encyclopédistes, Aufklärer des 18. Jh., die für die →*Encyclopédie* Beiträge verfaßten bzw. in der 2. Jh.hälfte die in der Enzyklopädie →Diderots u. D'→Alemberts vertretenen philosoph., polit. u. gesellschaftl. Anschauungen propagierten (vgl. vor allem Voltaire, Montesquieu, Helvétius, Rousseau, Condillac, Condorcet).

L. Ducros, E., 1900.

Epigramm, Kurzgedicht (bevorzugt acht bis zwölf Verse) nach griech. u. röm. Modell, von Cl. Marot 1532 in die franz. Lyrik eingeführt (der Terminus E. ist erst seit 1538 belegt); stofflich als Gelegenheitslyrik ausgewiesen (Liebesbotschaft, Badinage, Glückwunsch), formal durch die sog. epigrammat. Zuspitzung. Marot inspirierte u. a. Salel, Des Périers, Saint-Gelais; Sebillet widmete dem E. ein Kapitel s. Poetik (maximaler Umfang zwölf Verse, Schlußpointe), Du Bellay stellte in der *Deffense et illustration* Martial, dessen Werk ihm fraglos nicht genau bekannt war, als Meister des E.s über Marot. Ronsard begriff das E. im griech. Wortsinn wieder als Inschrift bzw. Aufschrift (*Bocage,* 1554). Danach füllte sich in der Geschichte der Gattung das E. zunehmend mit satir. Gehalt (H. Estienne, *Les prémices ou le I livre des proverbes epigrammatisez,* 1594; E. Tabourot). Im 18. Jh. verfaßten J.-B. Rousseau u. Piron E.e, im 20. Jh. u. a. Alibert.

R. Raiser, Über das E., 1950.

Épinay, Louise-Florence-Pétronille Tardieu d'Esclavelles d', 11. 3. 1726 Valenciennes – 15. 4. 1783 Paris, nach ihrer Trennung von Denis de La Live d'E. führte Duclos sie in Pariser Literatenkreise ein, wo sie Diderot, Holbach, Grimm u. Rousseau kennenlernte. In ihrem Haus entstand Rousseaus *Du contrat social* u. reiften Pläne für die *Nouvelle Héloïse;* Rousseau vermutete im Dezember 1757 auch hier e. gegen ihn gerichtete Verschwörung u. verließ É. Seit 1760 zählte zu ihrem Freundeskreis, in dem Diderot bald die erste Rolle spielte, auch der Abbé Galiani, mit dem sie nach s. Rückkehr nach Neapel e. umfangreiche Korrespondenz unterhielt (*Correspondance,* II 1881). Sie arbeitete an der *Correspondance littéraire* mit; als Rousseau sie seit 1770 in den Pariser Salons bloßstellte (Lesungen der *Confessions*), reagierte sie mit dem Schlüsselroman *Histoire de Mme de Montbrillant,* in dem sie

Rousseau René nennt u. als Heuchler darstellt (hg. G. Roth III 1951).

H. Valentino, Une femme d'esprit sous Louis XV, É., 1952.

L'épitaphe de Villon, Ballade von François →Villon, entstanden 1463, als V. straffällig wurde u. gehängt werden sollte (Datierung durch Clément Marot, 1533), ED zusammen mit *Le grant testament Villon et le petit (→Le testament),* 1489, krA in *Œuvres,* hg. André Mary 1962. Als Rollenlyrik – Hingerichtete verkünden ihr eigenes Leiden – knüpft dieses Gedicht an die Thematik des Großen Testaments an. Die Gehängten richten ein flehendes Wort an die Nachwelt, die sich durch Mitleid mit den armen Sündern Gottes Gnade erwerben kann. Villon löst auch hier die konventionelle Apostrophe ›Prince‹, die aus der Hinwendung zum Vorsitzenden der Dichterzunft entstanden ist, in die Gebetshaltung auf: ›Prince Jésus, qui sur tous a maîtrie,/Garde qu'Enfer n'ait de nous seigneurie‹.

Épître, Versbrief, lyr. Gattung nach röm. Vorbild (Horaz, Ovid), von den Rhétoriqueurs (Einteilung in é. naturelle, é. amoureuse, é. artificielle; Lemaire de Belges, *Epistres de l'amant vert;* J. Bouchet, *Epistres morales et familières,* 1545) u. Cl. Marot, der den intimen Tenor herausarbeitete, gepflegt; er u. s. Nachahmer (Marguerite de Navarre, Des Périers, Fontaine, Salel, Saint-Gelais, Dolet) setzen den paarweise gereimten Zehnsilber durch. Die Pléiade bemüht sich kaum um e. Gattung, die an Marots Kunst erinnerte. Voltaires Episteln brachten die Gattung wieder in Mode (vgl. im 18. Jh. auch Heroïde).

W. Leiner, Der Widmungsbrief in der franz. Lit. (1580–1715), 1965.

Épopée, Epos, als klass. Gattung in Frkr. von Sebillet (*Poétique* II/XIV) umrissen. Den ep. Stil kennzeichnen ausladende Breite, Sinnbildhaftigkeit, leitmotivische Wiederholung von Appositionen u. Attributen, episod. Einschübe sowie die Ausstattung des Geschehens mit phantast. u. allegor. Szenen. Er ist bereits in der ma. →Chanson de geste ausgebildet. Seit dem Humanismus verfaßten Epen: Ronsard, Du Bartas, Agrippa d'Aubigné, Desmarets de Saint-Sorlin, Schélandre, Fénelon, Voltaire, Chateaubriand, Bourges, Brizeux. Der Prosaroman entsprach e. veränderten Geschmacksideal u. löste die E. ab.

M. Wilmotte, É. française, 1939; J. Crosland, Old French epic, London 1951; K. Wais, Frühe Epik Westeuropas I, 1953; L. Cellier, L'é. romantique, 1954; ders., L'é. humanitaire et les grands mythes romantiques, 1971; R. A. Sayce, French biblical epic in the 17th century, Oxford 1955; L. Pollmann, Das Epos in den roman. Lit., 1966; R. Krüger, Zwischen Wunder u. Wahrscheinlichkeit. Die Krise des franz. Versepos im 17. Jh., 1986; D. Madelénat, É., 1986; S. Himmelsbach, É. ou la case vide, 1988; J. Victorio/J.-Ch. Payen (Ed.), É., Turnhout 1988; K. Werner, Die Gattung des Epos ... 16. Jh., 1989.

L'épreuve, Prosaeinakter von →Marivaux, EA 1740, Urauff. 19. 11. 1740 Théâtre des italiens, Paris. In dieser Kom. wird e. Schlüsselmotiv Marivaux', die Liebesprobe (vgl. auch *Le jeu de l'amour et du hasard*), zur seel. Folterung der Geliebten abgewandelt. Der vornehme Pariser Lucidor hat e. Landschloß erworben, in das er einzieht, um bald darauf zu erkranken. Die naive, auf dem Lande aufgewachsene Angélique pflegt ihn u. verliebt sich in den jungen Herrn, der das Mädchen auf die Probe stellt, indem er ihm zwei Freier präsentiert, inkognito s. eigenen Diener Frontin, den Angéliques Zofe Lisette freil. identifiziert, und den reichen Bauern Blaise, e. kom.

Figur schon deswegen, weil dieser Bewerber Patois spricht. Lucidor will noch 20000 Franken dazulegen, wenn Angélique Blaise nimmt, nachdem Frontin ihr sichtl. unsympath. war; Lisette wundert sich: ›Ce M. Lucidor est un grand marieur de filles‹ (I, 19). Als Angélique auf dem Höhepunkt der Verzweiflung ist, erklärt Lucidor sich ihr endlich.

H. Walker, É. Comic test and truth, L'Esprit créateur Januar 1961.

Erckmann – Chatrian, Sammelnahme der Erzähler Émile Erckmann, 20. 5. 1822 Phalsbourg – 14. 3. 1899 Lunéville, u. Alexandre Chatrian, 18. 12. 1826 Alberschweiler – 3. 9. 1890 Villemomble bei Paris; sie verfaßten bis 1889 gemeinsam erfolgreiche Gesellschaftsromane, von denen sie einige auch auf die Bühne brachten: →*Histoire d'un conscrit de 1813; Maître Daniel Rock* (1861); *Contes des bords du Rhin* (1862); *Madame Thérèse ou les volontaires de 1792* (1863); *L'ami Fritz* (1864); *Waterloo* (1865); *Le blocus* (1867); *Romans nationaux* (1867); *Histoire d'un paysan* (1868–70); *Nouveaux romans nationaux* (1873); *Les deux frères* (1873); *Le brigadier Frédéric* (1874); *Maître Gaspard Fux* (1876). Erckmann schrieb in der Regel e. Rohfassung der Romane, die Chatrian redigierte; er regelte auch die Verlagsprobleme. 1889 trennten sich die beiden Schriftsteller, deren Schaffen die Anerkennung Lamartines gefunden hatte, wegen finanzieller Auseinandersetzungen. Wenn sie krieger. Aktionen darstellen, wie etwa in *Madame Thérèse* die napoleon. Feldzüge, dann entkleiden sie den unbekannten Soldaten jeder falschen Glorie. Ihre republikan. Gesinnung diktierte ihnen ergreifende Plädoyers gegen den Krieg (*Œuvres,* XIV 1964).

E. Hinzelin, E., 1922; L. Schoumacker, E.-Ch., 1933; G. Benoît-Guyod, La vie et l'œuvre d'E.-Ch. Témoignages et documents, 1963; Sondernr. Europe, Jan.–Februar 1975; J.-P. Rioux, E. et Ch. ou le trait d'union, 1989.

Erdbeben von Lissabon, Naturkatastrophe, die Portugal am 1. 11. 1755 verwüstete u. allein in der Hauptstadt zwischen 10000 u. 60000 Menschenleben forderte. Voltaire ließ sich von dem Ereignis zum *Poème sur le désastre de Lisbonne* (verfaßt Ende November 1755) anregen, darin prüfte er die deist. Maxime von der optimalen Ordnung der Schöpfung. 1756 erschien der Text in ca. 20 Ausgaben, das Ideal der besten aller Welten (→*Candide)* war in Frage gestellt. Rousseau nahm in e. Brief an den Autor des Gedichts Stellung u. verlagerte die Schuld an der Katastrophe vom grausamen Gott auf die entartete Gesellschaft, die Massenansammlungen von Wohnungen produziert. Lebrun in s. Oden, Charles André in e. Trag. (*Le tremblement de terre de Lisbonne,* 1755), Mercier (*Le tableau de Paris,* 1781–88), Kleist u. B. Brecht nahmen die Katastrophe zum Ausgangspunkt der Erörterung vermeidbarer bzw. unvermeidbarer Heimsuchungen.

H. Weinrich, Lit.geschichte e. Weltereignisses: E. (Lit. für Leser), 1971.

Érec, Ritter des Artus, Sohn des Kg.s Lac; Gestalt, die außer in → *Érec et Énide* in ca. 40 altfranz. Romanen auftritt; vgl. auch die Stoffbearbeitung von Hartmann von Aue (1185).

K.-O. Brogsitter, Artusepik, 1965.

Érec et Énide, Versroman von →Chrétien de Troyes, 6878 Achtsilber, entstanden um 1170, in sieben Hss. überliefert, krit. Ausgaben W. Foerster [2]1965; M. Roques 1953–61; M. Boni, Bologna 1963.

Die Handlung ist durch zwei Knotenpunkte strukturiert, den Konflikt zwischen der Ritterehre des Kg.sohns u. Artusritters Érec u. s. Liebe zur armen Énide u. die Erprobung ihrer Zuneigung durch Demütigungen u. Gefahren. Érec hat nach der Hochzeit s. Ritterpflichten vernachlässigt (vgl. auch *Yvain*); Énide beklagt es in e. Selbstgespräch, das er mit anhört. Zutiefst gekränkt bricht er, begleitet von Énide, die schweigend vorausreiten muß, ins unbekannte Abenteuer (aventure) auf. Obwohl Érec ihr den Tod angedroht hat, falls sie das Schweigegebot übertritt, warnt sie ihren Gemahl wiederholt vor Gefahren. Nach e. Reihe glückl. überstandener Bewährungsproben erlöst Érec bei der letzten Werterprobung (Episode ›La joie de la cour‹, 5319 ff.) den verwunschenen roten Ritter Maboagrin aus dem Zaubergarten. Nun können Érec und Énide, die die höchsten Eigenschaften der höfischen Welt, Ritterehre (chevalerie) u. vollkommene Liebe, unter Beweis gestellt haben, in Nantes als Herrscherpaar gekrönt werden. Minne u. Tapferkeit erhalten erst ihren Sinn, wenn sie Bestandteil e. gesellschaftl. Ordnung werden. Érec erteilt dem einzelgänger. Maboagrin – u. dem Publikum – e. Lektion über die Zuordnung der privaten zur öffentl. Sphäre (vgl. auch *Yvain*).

E. Hoepffner, Matière et sens dans le roman d'É., Archivum romanicum 1934; A. Adler, Sovereignty as the principle of unity in Chrétien's É., PMLA 1945; R. R. Bezzola, Le sens de l'aventure et de l'amour, 1947; D. Kelly, La forme et le sens de la quête dans l'É., Romania 1971; G. S. Burgess, E., London 1984.

L'ère du soupçon, Essayslg. von Nathalie →Sarraute, entstanden 1947–56, EA 1956. Da der mod. Mensch von der konventionellen Anthropologie nicht mehr in s. Eigenschaften zu erfassen ist, sucht auch der Roman seit Dostoevskij und Proust nach Stilmitteln, die dem Individuum als Schnittpunkt rätselhafter Intentionen eher gerecht werden. Die bisherige Romanfiktionalität hat das Vertrauen des Autors wie des Lesers verloren. ›Ähnl. wie in der bildenden Kunst das maler. Element, so befreite sich im Roman das psycholog. Element unmerkl. vom Gegenstand, mit dem es einst eine Einheit bildete.‹ Nun konzentriert der Romancier sein Interesse darauf, dieses psycholog. Element zu erforschen. Mit dieser These ist in *È.* keinesfalls die gesamte Literaturentwicklung der 40er und 50er Jahre beschrieben, vor allem nicht die Leistung des krit. und sozialist. Realismus. Sarraute begnügt sich mit der Feststellung, der Argwohn, der im Begriff sei, die Romanfigur samt dem veralteten Apparat, der sie in Szene gesetzt hat, zu zerstören, sei ›e. der krankhaften Reaktionen, mit denen der Organismus sich zur Wehr setzt, um wieder ins Gleichgewicht zu finden‹.

Ermenonville, bei Senlis, letzter Aufenthaltsort von J.-J. Rousseau, der als Gast des Marquis de Girardin nahe dem Schloß wohnte (Mai – 3. 7. 1778) und auf der Pappelninsel begraben wurde. Bereits 1780, schreibt e. Besucher hyperbol., war halb Frkr. nach E. gepilgert; um die Wirkung zu steigern, kam Bernardin de Saint-Pierre bei Mondschein. Ludwig XVI. und Marie-Antoinette erschienen am 14. 6. 1780.

Escalibor, Schwert des Artus (kelt. ›Caledbolg‹ = Schwert des Llenvlauc, e. Gefährten des Artus), das Gauvain trägt.

Esclados le Roux, Schloßherr von Broceliande, Gemahl der Laudine, den →Yvain tödl. verwundet.

Escoufle, Roman von →Jean Renart, 9102 Achtsilber, entstanden vor 1202, krA F. Sweetser 1974. Die Fülle von Peripetien der abenteuerl. Liebesgeschichte sind an das Titelmotiv (E. = Milan) gebunden. Obwohl Guillaume, der Sohn e. normann. Ritters und Aélis, die Kaisertochter, als Kinder verlobt wurden, verhindern schlechte Ratgeber nach dem Tode von Guillaumes Vater die Heirat. Das Paar flieht und wird durch e. Irrtum getrennt: e. Gabelweih entreißt Guillaume e. Tasche mit e. Liebespfand; während er den Vogel verfolgt, erwacht das Mädchen, glaubt an e. Unglück und zieht allein nach Toul. Als Falkner im Dienst e. Grafen jagt Guillaume e. Raubvogel und reißt ihm das Herz aus; wegen s. Grausamkeit zur Rede gestellt, erzählt er die Vorgeschichte. Aélis ist unter den Zuhörern und erkennt ihren Geliebten wieder.

A. Kaufmann, Sprache und Metrik des altfranz. Abenteuerromans E., Diss. Göttingen 1913.

Esménard, Joseph-Alphonse, 7. 11. 1769 Pélissanne/Bouches-du-Rhône – 25. 6. 1811 Fondi bei Neapel, Journalist, Sekretär von General Leclerc, franz. Konsul in Westindien, kaiserl. Zensor. E. verfaßte das didakt. Gedicht *La navigation* (1805), die Trag. *Le triomphe de Trajan* (1807), das enkomiast. Gedicht *La couronne de Napoléon* (1807) und das Opernlibretto *Fernand Cortez* (1809, Musik von Spontini).

Esmeralda, Hauptfigur in →*Notre-Dame de Paris* von Hugo. Die schöne Zigeunerin wird des Mordes an Phoebus angeklagt.

Espinay, Charles d', 1531 Champeaux – 12. 9. 1591 Dol, 1560 Bischof von Dol/Bretagne, seit 1557 Bewunderer und Epigone der Pléiade, veröffentlichte 1559 e. Band *Sonnets amoureux*. E. ließ in Dol Trag. von Jodelle aufführen und wirkte an der postumen Ausgabe s. Werke mit.

L'espoir, Roman von André →Malraux, entstanden 1936/37, EA 1937. Malraux stellt die erste Phase des span. Bürgerkriegs dar, an dem er aktiv auf der Seite der Republikaner teilgenommen hatte: die Aufstände in Barcelona und Madrid, den Kampf um die Sierra, die Belagerung von Toledo und Verteidigung von Madrid, die Schlacht von Guadalajara. Die polit. Ereignisse bieten Anlaß zu ausgedehnten Reflexionen und Diskussionen zwischen Kommunisten, Anarchisten, unpolit. Idealisten und Patrioten. Malraux trennt zwar geschichtl. Lösungen von moral., doch realisiert ihm zufolge das Individuum s. sittl. Kodex allein im prakt. Handeln. Daher konnte Nizan beim Erscheinen von *E.* mit Recht schreiben, durch die Klarheit der Idee sei dies das Buch e. franz. Moralisten, während André Rousseaux es als kommunist. Propagandaschrift tadelte. In Wirklichkeit diskutiert Malraux nirgends die Grundfragen des dialekt. Materialismus; die Verteidiger der Republik argumentieren von keiner ökonom. Basis, sondern von ihrem Ehrbegriff aus, der Klassenkampf hat in erster Linie die Wiederherstellung der menschl. Würde, und nicht die Machtergreifung zum Ziel: Malraux verfilmte den Stoff selbst (*Sierra de Teruel,* 1938).

Les critiques de notre temps et Malraux, 1970; P. Gaillard, E., 1970; Cl. Pichois, Histoire et poésie dans E., Travaux de linguistique et de littérature 1971.

Esprit, psycholog. Begriff, verallgemeinernd häufig zur Bezeichnung der franz. Geistigkeit gebraucht. Neben ›Hauch‹, ›Atem‹, ›körperlose Substanz‹, ›Geistwesen‹, ›Leben‹ kommt seit dem 16. Jh. die individualisierte Bedeutungskomponente auf: E. als das übergreifende Ingenium einer Persönlichkeit (→Descartes, →Méré), von →Pascal und →Vauvenargues als der sterilen Rationalität zugehörig abgewertet. Im 17. Jh. erweitert sich das semant. Spektrum um die Bedeutungskomponenten ›Wendigkeit‹, ›Finesse‹, ›Brillanz‹, die →Rousseau von der Empfindsamkeit her angriff. Die *Encyclopédie* definierte den schillernden Begriff E. mit ›raison ingénieuse‹. Daß sich der franz. Esprit nicht in intellektuellen Errungenschaften erschöpfte, macht schon die Bezeichnung ›e. gaulois‹ deutl., mit der die Freude an sinnl. Genüssen und derbem Spaß gemeint ist.

L'esprit pur, Gedicht der Slg. *Destinées* von Alfred de →Vigny, entstanden 1863. Der Geniebegriff (vgl. *Moïse, La maison du berger*) wird poetolog. reflektiert. Für den Dichter gilt keine Genealogie, durch s. Werk verschafft er der Geschichte Unsterblichkeit. Die Erinnerung an ihn lebt nicht in Memoiren weiter, sondern in den Werken des Geistes, die auf dem ›pur tableau‹ verzeichnet sind. Daher kommt s. Adel auch nur in der Herrschaft des ›PUR ESPRIT‹ zur Geltung. Dies schließt nicht aus, daß s. Dichtung auf ständig neues Verstehen hinzielt; Deutungen s. Werke durch e. jüngere Generation verhelfen ihm zum besseren Selbstverständnis.

Les esprits, Prosakom. von Pierre de →Larivey, EA *Les six premières comédies,* 1579. Mit der Behauptung, s. Haus sei verhext, gelingt es, den Geizhals Séverin an dessen Betreten zu hindern, während e. s. Söhne die Geliebte empfängt. Da Séverin Geld bei sich trägt, versteckt er es im Garten, er wird dabei vom Liebhaber s. Tochter beobachtet u. bestohlen. Der Betrogene wird obendrein noch mit der Andeutung erpreßt, die Summe werde sich wiederfinden, falls er der Liebesheirat s. Kinder zustimme. Die Kom. schließt mit dem traditionellen Sieg der Jugend über das Alter. Molière ließ sich von der Renaissancekom., die auf die *Aulularia* des Plautus zurückgeht, zum *Avare* anregen; Camus bearbeitete 1953 den Text für e. Aufführung in Angers.

K. V. Meurer, E. als Quelle zu Molières Avare, Diss. Jena 1873.

Esquisse d'un tableau historique des progrès de l'esprit humain, Hauptwerk von →Condorcet, entstanden 1793/94, postume Ausgabe 1795, herausgeg. von M. u. F. Hincker 1966; O. H. Prior 1971. Der Autor unterscheidet als Geschichtsphilosoph, der sich an Voltaire orientiert, zehn Entwicklungsstufen von der primitiven über die Hirtenwelt zur Moderne; das Vervollkommnungsprinzip schlägt sich in stetigem wiss. Fortschritt nieder, das MA ist in diese Höherentwicklung einbezogen. Die Geschichte der Menschheit wird gleichgesetzt mit der Geschichte des Kampfes gegen die Natur; gesellschaftl. und wirtschaftl. Faktoren sind an den intellektuellen Aufstieg gebunden und nicht umgekehrt. Aus wiss. Irrtümern entstanden philos., aus diesen polit. und eth. Vorurteile, Despotismus und Aberglaube. 1793 ist die Vorgeschichte der Menschheit als Periode der Entfremdung abgeschlossen, dem Fortschritt sind keine Grenzen mehr gesetzt. Dieser kohärente, wennschon naive Optimismus Condorcets wirkte auf Mme de Staël und den Positivismus des 19. Jh.

A. Cento, Condorcet e l'idea di progresso, Florenz 1956.

Essai, Essay, nichtfiktionale Prosa, die sich durch heterogene Stofferwartung, offene Form und assoziativen Diskurs auszeichnet. Montaigne schuf s. →*Essais* gegen die pedant. Stilerwartung von Fachgelehrten. Damit wurde s. Werk vorbildl. für die späteren Moralisten (Pascal, Méré, La Rochefoucauld, La Bruyère, Vauvenargues, Chamfort, Rivarol, Joubert, Alain, Camus, Drieu La Rochelle). Sainte-Beuve, Valéry, Proust und Gide diente der E. zur poetolog. Selbstverständigung und zur lit. Fremdkritik, die e. breites Publikum erreichen soll.

R. Berger, Der Essay, Bern/München 1964; R. Champigny, Pour une esthétique de l'e.: Analyses critiques, 1967.

Essais von Michel de →Montaigne, entstanden 1572–92, Ausgabe der Bde. 1–2 Bordeaux 1580, der Bde. 1–3 Paris 1588, Ausgabe letzter Hand 1595, besorgt von Marie de Gournay; krA P. Villey 1922f. Der Individualismus der Renaissance trat mit den *E.* in s. krit. Phase. Kenntnis des antiken Denkens (Platon, Seneca, Epikur, Pyrrhon in fast gleichem Rang) u. der Kulturen der Neuen Welt, die ital. Konzeption vom ›uomo universale‹, e. eigentüml. Mischung von Wissenspathos und dem Eingeständnis, daß offensichtl. Zufall und Nichtigkeit den Lauf der Welt bestimmen, formen in Montaignes ›science morale‹ (II, 10) e. neues Menschenbild ohne Anspruch auf eth. Unbedingtheit. Die sprachl. Form der *E.* ist Paradigma der Denkweise des Autors, der sprunghafte Argumentation der Systematik vorziehen muß, wenn er nicht die Universalien des Seins, sondern die ständige Umformung alles dessen, was ist, darstellen will. Montaigne lehnte es ab, sich Prinzipien der klass. Philosophie anzueignen, während er die Analogie von Erfahrungen gelten läßt. Nachdem er die ›Wahrheitsohnmacht des menschlichen Geistes‹ (H. Friedrich) dargestellt hat, zieht s. Skepsis aus dieser Einsicht die Basis e. Sagesse als weltweiter Aufnahmebereitschaft des Geistes; sie impliziert Mißbilligung pedant. Wissenschaften. Reisen wird zum Sinnbild der Lebensführung, die den freien Geist bereichert; konfessionelle Auseinandersetzungen engen s. Reichweite ein. Namentl. in den Kapiteln ›Du repentir‹ (III, 2) und ›De la vanité‹ (III, 9) reflektiert Montaigne den mögl. Umfang der Selbstverwirklichung, die von der Natur und dem Tod abhängt. Darum ist die Lehre vom Sterben für den Essayisten gleichzusetzen mit der Lektion, die den Lebenden erteilt werden muß. Montaigne setzt voraus, daß der Mensch als ein ›subject divers et ondoyant‹ mit allen individuellen Merkmalen zum Gegenstand der Anthropologie genommen werden muß; die sichersten Auskünfte kann der Moralist durch Selbstbeobachtung erteilen. Doch er zieht nicht aus registrierten Teilwahrheiten die Summe, da übereinstimmende Gemütsäußerungen nicht auch schon auf ident. Motivation schließen lassen, sondern entdeckt im Einmaligen die eigentl. menschl. Qualität. Wenn dies in den *E.* mit aller Skepsis geschieht, zielt Montaignes intellektuelles Verhalten nicht auf Negation, sondern auf Darstellung eines stetigen Wandels. Sein Ich wird ihm rätselhaft, da seine Regungen keinem Plan zu folgen scheinen, und es wird ihm kostbar, da er hier die verläßlichsten Urteile, wennschon nur von Fall zu Fall, gewinnen kann. Seinem Wesen nach eher konservativ, erholt sich der moral. Mensch, als der Montaigne sich zu sehen gelernt hat, in der behagl. Einrichtung seines seel. Innern von jeder Unbill, die die Ereignisse der Religionskriege dem Weisen, aber auch dem Stadtbeamten zufügen. Dies kann geschehen, weil Montaigne derjenigen sozialen Schicht angehört, die über ausreichend wirtschaftl. Mittel verfügt, um sich ihr Privatleben angenehm zu gestalten, während sich gleichzeitig bei den Massen e. andere Innerlichkeit herausbildet, die zum Gegenteil solcher Erholsamkeit ausschlägt. In seiner gesellschaftspolit. Inaktivität bewies Montaigne hist. Vernunft gegenüber e. religiös geschürten Fanatismus, der am Ende der Renaissance den Nationalstaat zu sprengen drohte. Montaignes Verzicht auf die Gelehrtensprache bei der Darlegung e. philosoph. Sachverhalts sicherte den *E.* unter gebildeten Laien Verbreitung und Resonanz.

W. E. Traeger, Aufbau und Gedankenführung in Montaignes E., 1961; H. Friedrich, Montaigne, Bern/München [2]1967; M. Butor, Essai sur les E. de Montaigne, 1968; E. Lablénie, Montaigne, auteur de maximes, 1968; M. Baraz, L'être et la connaissance chez Montaigne, 1968; E. V. Telle, A propos du mot ›essai‹ chez Montaigne, Bibliothèque d'humanisme et de renaissance 1968; L. Pertile, Su alcune nuove fonti degli E. di Montaigne, Bibliothèque d'humanisme et de renaissance 1969; J.-Y. Pouilloux, Lire les E. de Montaigne, 1969; A. Wilden, Montaigne's E. in the context of communication, MLN 1970; M. Papic, L'expression et la place du sujet dans les E. de Montaigne, 1970; J.-P. Boon, M., gentilhomme et essayiste, 1971; L. D. Kritzman, Destruction / découverte. Le fonctionnement de la rhétorique dans les E., Lexington 1980; J. Brody, Lectures de Montaigne, Lexington 1982; W. Mueller-Pelzer, Leib und Leben. Unters. zur Selbsterfahrung in Montaignes E., 1983; M. L. Demonet, E., 1985; D. Coleman, Montaigne's E., London 1987; D. Caroll, Paraesthetics, London 1987; R. Aulotte, E., 1988.

Essais de psychologie contemporaine von Paul →Bourget, EA II 1883–85, Neuausgabe 1899. Die Aufsatzslg. enthält Arbeiten über Baudelaire, *Adolphe* von Constant, Renan, Flaubert, Taine, Stendhal, Dumas fils, Leconte de Lisle, die Brüder Goncourt, Turgenev und Amiel. Bourget definiert s. Methode der ›points de vue‹ als Abfolge von Bemerkungen zu e. Autor, die um e. zentrale Idee gruppiert sind. Lit. Werke tradieren psycholog. Einsichten. ›Il y a donc lieu d'étudier ces œuvres en tant qu'éducatrices des esprits et des cœurs.‹ Das Neue an s. Lit.kritik, gemessen an derjenigen Nisards und Taines, ist der Anteil der Selbstverständigung des Interpreten bei der Formulierung der Fremdkritik. Denn er muß sich die seel. Verfassung, in der bestimmte Werke verfaßt wurden, vergegenwärtigen, um sie mitteilen zu können, also ist er nicht in der Rolle des distanzierten Betrachters. Vielmehr bringt er sich, mit der Erfahrung von 1870/71, selbst mit ins Spiel, um den zeitgenöss. Pessimismus aus der älteren Melancholie und Passivität zu erklären. Vor allem Baudelaire und Stendhal repräsentieren für Bourget den Widerspruch zw. Traum und Wirklichkeit. Im Fall von Stendhal werden die Dichotomien s. Werks um so deutlicher, je stärker der Epigone und Leser selbst von ihnen in s. Lebenspraxis betroffen wird.

Essai sur le roman (1925), theoret. Schrift von Georges →Duhamel, Apologie des Gesellschaftsromans, der die zeitgenöss. Wirklichkeit gestaltet und – wie schon die Goncourts forderten – die kathart. Funktion der Trag. annektiert.

Essai sur les fictions von Germaine de →Staël, 1793 in England begonnen, EA 1795. Das dreiteilige Entwicklungsschema bezeichnet in Anlehnung an Diderot mit ›fictions merveilleuses et allégoriques‹ das antike sowie das humanist. Epos und Ritterromane, mit ›fictions historiques‹ die klass. Trag. sowie pseudohist. Romane und mit der dritten Kategorie, den ›fictions où tout est à la fois inventé et limité‹, die auch ›fiction naturelle‹ genannt wird, Kom., drame im Sinne des bürgerl. Schauspiels und Romane der Richardsonschule. Liebe als vorrangiges Thema wird durch interessantere seel. Konfliktlagen abgelöst; die Bauform des neuen Romans bezieht dramat. Strukturen ein. Die erzählende Dichtung ist die bedeutendste Gattung, da sie mit philosoph. Anspruch auftritt und sittenbildend wirkt. Der *E.*, in dem Autobiographie und Poetik verwoben sind, bereitet die Schrift →*De la littérature considérée dans ses rapports avec les institutions sociales* vor.

Essai sur les mœurs et l'esprit des nations et sur les principaux faits de l'histoire depuis Charlemagne jusqu'à Louis XIII, Abhandlung von →Voltaire, ED einzelner Kapitel *Mercure de France* 1745 bis 1751, EA 1756, hg. R. Pomeau II 1963. Widerlegung des teleolog. Prinzips, das vor allem Bossuet in der Weltgeschichte walten sah, mit dem neuen Schwerpunkt auf der Kultur- und Sozialgeschichte und der Religionskritik.

F. Diaz, Voltaire storico, Turin 1958; J. H. Brumfitt, Voltaire historian, New York 1958.

Essai sur l'inégalité des races humaines, geschichtsphilosophisches Werk von Joseph Arthur de →Gobineau, EA Bde. 1–2 1853, Bde. 3–4 1855. Gobineau leitet die menschl. Leistung aller Bereiche von rass. Kraft her. Leistungsabfall hängt vom Grad der Vermischung ab, den der Autor bei den german. Völkern, die noch ausgeprägt die arische Energie bewahren, in nur geringem Maße feststellen kann. Er unterscheidet zwischen Herren- und Bastardnaturen, deren weitere Vermählung unterbleiben muß (Roman →*Les Pléiades*). Gobineaus Rassenideologie wurde, obgleich s. Geschichtskonstruktion eher eth. als polit. begründet war, als Grundlage von Rassenressentiments und -verfolgungen im 20. Jh. gefeiert.

A. Cambris, La philosophie des races du comte de Gobineau et sa portée actuelle, 1937; L. Thomas, A. de Gobineau, inventeur du racisme, 1941; Études gobiniennes, 1970.

Estang, Luc (eig. Lucien Bastard), 12. 11. 1911 Paris – Juli 1992 ebda., Bretone, Erziehung in kath. Internaten im Artois und in Belgien, 1934–51 Lit.kritiker der kath. Tageszeitung *La Croix;* relig. Lyriker (*Au delà de moi-même,* 1938; *Les béatitudes,* 1945; *Les quatre éléments* 1956; *D'une nuit noire et blanche,* 1962; *La laisse du temps,* 1977, Wortspiel mit ›laisse‹; *Corps à cœur,* 1982, Liebesdichtung als Komposition e. Blason) und Erzähler (*Temps d'amour,* 1947; *L'interrogatoire,* 1957; *L'horloger du cherchemidi,* 1959; *Le bonheur et le salut,* 1961; *Que ces mots répondent,* 1964; *L'apostat,* 1968; *La fille à l'oursin,* 1971). Die Trilogie *Charges d'âmes* (1949–1954) versucht als Gesellschaftsroman das moral. Versagen Erwachsener aus ihren Kindheitssünden zu erklären; die Romanzeit reicht vom Beginn des 20. Jh. bis in die späten 30er

Jahre. Die Auseinandersetzung zwischen Gut und Böse setzt sich für E. im polit. Kampf zwischen abendländ. und kommunist. Weltsicht fort. Die Psychomachie s. Vorbilds Bernanons verflacht bei ihm zur Apologetik (vgl. auch Cesbron). E. reflektierte s. Glaubensbekenntnis in *Le passage du Seigneur* (1945) und *Ce que je crois* (1956); ferner publizierte er *Saint-Exupéry par lui-même* (1956). In den 70er Jahren entstanden Liebesdichtungen, e. Essay über Zola u. der zweibdge. Roman *Il était un p'tit homme; Le loup meurt en silence* (1984).

G. Wiesen, Das Weltbild in den Romanen E.s, 1955.

Estaunié, Édouard, 4. 2. 1862 Dijon – 3. 4. 1942 Paris, Jesuitenschüler, École polytechnique, hoher Beamter in der Postverwaltung, Autor e. *Traité de télécommunication électrique* (1904) und von fünfzehn Romanen, die zu Anfang antiklerikal (*L'empreinte,* 1895) und sozialist. engagiert (*Le ferment,* 1899), später von Spiritualismus erfüllt sind, der dem Leiden der Helden s. tieferen relig. Sinn gibt (u. a. *La vie secrète,* 1908; *Les choses voient,* 1913; *Solitudes,* 1917; *L'ascension de M. Baslèvre,* 1920; *L'appel de la route,* 1921; *L'infirme aux mains de lumière,* 1924; *Madame Clapain,* 1932). S. Werk bildet ein Gegenstück zu Mauriacs Romanen: E.s Frauengestalten lassen sich unter dem Druck provinzieller Enge nicht zu Verzweiflungstaten hinreißen, entsagen vielmehr dem idealen Glück und bieten ihren Partnern, die solchen Großmut nicht verdienen, Seelenfreundschaft an. E., Mitgl. der Ac. frçe. seit 1923, reflektierte diese moral. Thematik in *Roman et province* (1943).

A. Zublin, E., le penseur et l'artiste, Diss. Zürich 1930; Daniel-Rops, E., 1931; C. Ré, Regards sur l'œuvre d'E., 1935; Ch. Schlötke, Die eigenartige lit. Technik E.s, 1938; R. C. Hoc, E., New York 1949; G. Cesbron, La quête romanesque d'E., 1970; R. Tullio de Rosa, E., Neapel 1973; G. Cesbron, E. romancier de l'être, Genf 1977.

Estelle, Schäferroman von →Florian, entstanden 1786–87, EA Dezember 1787. Inspiriert von *Los siete libros de la Diana* des Jorge de Montemayor, mit dem Blick auch auf *Daphnis* von Geßner, dessen unkomplizierte Freuden an der Liebe er ins Prüde verkehrte, schrieb Florian die Geschichte von E. u. Némorin aus e. Dorf im Languedoc als erbaul. Heimatroman. Das Werk gliedert sich in sechs Bücher; die Exposition ist wenig originell. Der Waisenknabe Némorin verliebt sich in das Hirtenmädchen E. u. wird wieder geliebt, s. Freundin ist jedoch bereits Méril, dessen Vater E.s Familie in der Not beistand, versprochen. E. sucht Némorin, der resigniert u. das Dorf verlassen hat, jenseits des Gardon auf u. bewegt Méril, den Hochzeitstag noch hinauszuschieben. Er gibt s. Braut frei, nachdem ihr Vater allem Anschein nach von katalan. Piraten umgebracht wurde; in Wahrheit ist er jedoch in Gefangenschaft geraten u. wird ausgerechnet von Méril entdeckt u. freigekauft. Unverzügl. soll E. nun den Retter heiraten. Florian erweitert hier die regionalist. Idylle zum okzitan. Epos (Zeit: Regierung Ludwigs XII.), als sich Némorin Gaston de Foix im Kampf gegen Aragón zur Verfügung stellt u. vor Nîmes verwundet wird; s. Freundin findet er am Grab Mérils, der bei der Belagerung ums Leben gekommen ist. Gaston de Foix wirbt für Némorin um Estelle, das nationale u. das persönl. Schicksal sind im glückl. Ausgang in Einklang gebracht.

W. Engler, J. P. Claris de Florian, E., ZfSL 1968.

Esternod, Claude, 1592 Salins/Franche-Comté – um 1640, Satiriker, der den Stil von Sigogne *(Paranymphe de la vieille qui fit un bon office)* u. Mathurin Régnier *(L'ambition de certains courtisans nouveaux, L'hypocrisie d'une femme)* nachahmte.

Esther, Trag. in drei Akten von Jean →Racine, EA 1689, Urauff. 26. 1. 1689 Saint-Cyr in Anwesenheit Ludwigs XIV. u. des Hofs, darunter Bossuet. Auf Bitten der Mme de Maintenon, jedoch nur zögernd, bearbeitete Racine, der seit *Phèdre* nichts mehr für die Bühne geschrieben hatte, den Stoff aus dem AT für eine prunkvolle Aufführung. Esther, die jüd. Gemahlin des Perserkg.s, vereitelt die Ausrottung ihres Volkes; in ihrer glänzenden Tat offenbart sich das Walten Gottes. Das Weihespiel, von den Zöglingen mit hohem emotionalem Einsatz aufgeführt, reicht nicht an die zwei Jahre später entstandene →*Athalie* heran.

K. Loukovitch, L'évolution de la tragédie religieuse classique en France, 1933; J. Lichtenstein, R. poète biblique, 1934; J. Orcibal, La genèse d'E. et d'Athalie, 1950; J. Pommier, La genèse d'E. et d'Athalie, RhlF 1951; H. Mayer, Die Esther-Dramen ..., Diss. Wien 1958.

Estienne, Henri, 1531 Paris – 1598 Lyon, Hugenotte, Buchdrucker u. Hellenist (*Thesaurus graecae linguae,* V 1572); Vf. e. gegen die röm. Kurie gerichteten Pamphlets, *Apologie pour Hérodote* (1566), u. zweier Schriften gegen das erneute Vordringen der Italianismen (*Deux dialogues du nouveau langage françois italianisé,* 1578; *Précellence du langage françois,* 1579). E. vertritt die Auffassung, das Franz. komme von allen mod. Sprachen dem Griech. am nächsten u. sei ihnen an Schönheit überlegen.

H. Dieterle, E., Strasbourg 1895; L. Clément, E. et son œuvre française, 1899.

Est-il bon? Est-il méchant? Kom. von Denis →Diderot, entstanden 1777–81, EA 1834; Urauff. 7. 1. 1904 Odéon. Thema des Lustspiels ist die Schwierigkeit, e. Salonkom. zu schreiben – Hardouin, den Madame de Chépy darum bat, gab den Auftrag an den Diener Surmont weiter – u. die Lust an der Kabale, durch die Hardouin die Nöte s. Freunde entwirren will: Er spielt den falschen Liebhaber, produziert apokryphe Briefe, bittet um e. Protektion, die dann allerdings dem falschen Bewerber zuteil wird. Zum Dank sitzen die Freunde über ihren Menschenfreund zu Gericht u. vermögen den Fall nicht zu lösen: ist Hardouin gut oder böse? Die aufgeschobene Lösung ist kennzeichnend für Diderots Denkweise, die absolut erscheinende Alternativen in Alternanzen auflöst.

Estoire del Saint Graal, Prosaroman des →Gral-Lancelot-Zyklus. Joseph, der das Blut des Erlösers in e. ›escuele‹ vom Letzten Abendmahl sammelte, findet mit der Reliquie nach langer Irrfahrt auf die brit. Inseln. Ob das Werk den *Joseph d'Arimathie* von →Robert de Boron amplifizierte oder ob beide Dichtungen auf e. gemeinsame Quelle zurückgehen (vgl. *Joseph d'Arimathie,* v. 932 ff.), ist umstritten.

Estrées, Gabrielle d', marquise de Monceaux, duchesse de Beaufort, um 1571 Schloß Cœuvres – 10. 4. 1599 Paris, Geliebte →Heinrichs IV., gebar ihm sieben Kinder (Bastardlinie Bourbon-Vendôme). Die Autorschaft ihrer Memoiren ist umstritten (hg. E. Moret 1875).

Sauvigny dramatisierte ihre Biographie (Urauff. Versailles 1778, sowie Com. italienne 1783), später F. E. Albrecht (*Die schöne Gabrielle,* 1795). H. Mann stellte in *Die Vollendung des Königs Henri Quatre* (1938) ihre Liaison dar; →Reboux schrieb den pittoresken hist. Roman *La belle Gabrielle* (1957).

E. de Lanouvelle, E. et les Bourbon-Vendôme, 1936.

L'état de siège, Schauspiel in drei Aufzügen von Albert →Camus, EA 1948, Urauff. 27. 10. 1948 Théâtre Marigny, Paris. Der Autor versuchte, wohl auf Anraten Barraults, der Camus zur Abfassung bewogen hatte, Claudels Technik des ep. Theaters nachzuempfinden. Der einfache Sühnemechanismus – ein einzelner, der Arzt Diego, rettet stellvertretend die Gemeinschaft – u. die aufwendige allegor. Darstellung der Okkupation als Pest, der Einsatz des lyr. Monologs, der Pantomime, von Chorszenen u. Auftritten im Stil ma. Fastnachtsspiele lagen Camus nicht. Ihm war der Stilwille der Moralität ebenso fremd, wie er dem Wesen Claudels entsprach.

États généraux, Generalstände des Adels, Klerus u. III. Standes in den franz. Provinzen, vom Kg. im Reich unregelmäßig einberufen, vor allem zur Bewilligung erhöhter Steuern. Den É. stand das Recht zu, Beschwerden vorzutragen (Cahiers de doléances). Nachdem die É. seit 1614 nicht mehr zusammengetreten waren, wurden sie im 18. Jh. als polit. Korporation idealisiert (Henri de Boulainvilliers, *Histoire de l'ancien gouvernement de France,* Den Haag 1727); als Ludwig XVI. sie 1788 wieder zur Beratung einberief, erklärte sich der unterrepräsentierte Tiers état zum maßgebenden Vertreter der gesamten Nation, die Revolution brach aus (→Sieyès).

Etcherelli, Claire, geb. 1. 11. 1934 Bordeaux, Vater Hafenarbeiter, der 1942 in Dtld. hingerichtet wurde; Fabrikarbeit u. Bürotätigkeiten. Schreibt seit den 50er Jahren Lyrik und autobiogr. Romane, gefördert von M. Nadeau u. S. de Beauvoir (*Elise ou la vraie vie,* Prix Fémina 1967; *A propos de Clémence,* 1971; *Un arbre voyageur,* 1978).

M. Giraud/F. Ploquin, Elise ou la vraie vie de C. E., 1976; A. Ophir, Regards féminins, 1976.

Étiemble, René, geb. 25. 1. 1909 Mayenne, Stud. ENS, 1938–43 USA, Lehrtätigkeit in Ägypten u. als Lehrstuhlinhaber an der Sorbonne (Komparatistik), Romancier (*L'enfant de chœur,* 1937, Skandalerfolg; *Peaux de coleuvre,* 1948; *Blason d'un corps,* 1961), Lit.- u. Sprachkritiker (*Rimbaud,* 1936; *Proust et la crise de l'intelligence,* 1945; *Hygiène des lettres,* V 1952–67; *Le mythe de Rimbaud,* 1952–54; *L'orient philosophique,* III 1957–59; *Parlez-vous franglais,* 1964, ^{2}1973; *L'écriture,* 1973; *Essais de littérature (vraiment) générale,* 1974; *Quelques essais de littérature universelle,* 1983). Ziel s. Kritik sind alle Arten von Mythen, mit denen sich das Kulturverständnis behilft. É. war Supervielle freundschaftl. verbunden (*Correspondance 1936–39,* hg. J. Étiemble 1969).

A. Marino, É. ou le comparatisme militant, 1982.

Étienne, Charles-Guillaume, 6. 7. 1778 Chamouilley/Haute-Marne – 13. 3. 1845 Paris, Günstling Napoleons, Zensor des *Journal des débats* u. Generalzensor der franz. Presse; Dramatiker (gelegentl. Zusammenarbeit mit Gaugiran de Nanteuil), der sich den Vorwurf des

Plagiats gefallen lassen mußte (*Les deux gendres,* 1810, nach Lebrun-Tossa, *Conaxa*), Autor e. Theatergeschichte (*Histoire du Théâtre-Français depuis la Révolution jusqu'à la réunion générale,* IV 1802; *Œuvres,* hg. A. François V 1846–53). Nachfolger auf s. Fauteuil in der Ac. frçe. (seit 1811) wurde Vigny.

C. Le Senne, É. et le théâtre sous l'Empire, 1913.

Étienne de Fougères, gest. 1178 als Bischof von Rennes. In achtsilbigen Vierzeilern beklagte er die Nichtigkeit der Welt u. mahnte vor allem die Hochgeborenen zur Einkehr (*Le livre des manières,* krA R.A. Lodge, Genf 1979).

L'étranger, Erzählung von Albert →Camus, entstanden 1938–40, EA 1942. Aus e. gewandelten gesellschaftl. Bewußtsein u. in veränderter Schreibweise gestaltete Camus in *É.* die Fabel s. Frühwerks →*La mort heureuse* um. Der Algerienfranzose Meursault erzählt vom Tod s. Mutter im Altenasyl, der ihn nicht wirkl. erschüttert, von s. lakon. Liebe zu Marie, die ihn heiraten will, vom Abschiedsbrief s. Freundes Raymond an e. Arabermädchen, den in Wahrheit er verfaßt hat, u. vom folgenschweren Spaziergang am Strand, als Raymond u. er dem Bruder der Algerierin u. s. Begleitern begegnen. Nach e. tätl. Auseinandersetzung kehrt Meursault an die Stelle zurück u. erschießt den Araber, der mit gezücktem, funkelndem Messer vor ihm steht. Die Plädoyers des Staatsanwalts u. s. Verteidigers läßt er über sich ergehen, er wehrt aber den Bekehrungsversuch des Gefängnisgeistlichen ab. Meursault, der deutl. sieht, daß etwas Fatales alle Existenzen einebnet, klammert sich vor der Hinrichtung an die ›tendre indifférence du monde‹. Ohne Absicht, denn er erfuhr erst später, daß Raymonds Freundin keine Französin war, trug Meursault zur Verfestigung der sozialen Hierarchie bei; die Araber verfolgten ihn u. s. Freund mit Blicken, auf Schritt u. Tritt, waren im Grunde jedoch wehrlos. Meursault spielt s. Rolle in dieser Hierarchie effektiv, wenn auch unreflektiert. Er nimmt das Verhalten der Gegner wahr, aber es gelingt ihm nicht, ihre Reaktionen in e. Kausalzusammenhang zu bringen. Daher erzählt er von sich u. s. Erlebnissen in isolierten Bemerkungen. Daß er den Araber erschießt, ist ein Faktum – ebenso, daß er die Tat nicht geplant hat. Camus hat in der definitiven Textfassung die latent gewaltgeladene Konfrontation, die sich in Kriminalität entlädt, wenn Europäer u. Araber, Herren u. Unterdrückte, Privilegierte u. Rechtlose in eine prekäre Auseinandersetzung verwickelt sind, durch auffallende Metapherndichte überdeckt. Die gesellschaftskrit. Dimension sollte demnach als nachgeordnet erscheinen. Wesentlicher erschien es dem Autor, e. verkümmerte, vereitelte Existenz – Meursault wurde aus materiellen Gründen zur Aufgabe s. Studiums gezwungen – in e. als nicht zusammenhängend empfundenen Wirklichkeit darzustellen. Meursault ist der Fremde vor allem gegenüber e. standardisierten Existenz. Darum versteht er das Gericht nicht, das versucht, den amorphen Fluß erlebter Wirklichkeit durch Vernunft auf den Begriff zu bringen; mit Begriffen korrelieren Spielregeln, die Meursault sich nicht aneignet. Er heuchelte, da er beim Tod der Mutter nichts Erschütterndes empfand, keine Trauer; er kann nicht mit Gefühlswerten spielen wie der Held in →*La* *chute,* seel. Gespaltenheit ist ihm fremd. Das Tribunal besteht jedoch auf dem Einklang von Gefühlen u. Gefühlsäußerungen, die spezif. sind für Stationen im menschl. Leben; demgegenüber besteht Meursault auf Ehrlichkeit, auch wo sie als Indifferenz ausgelegt wird u. die Normen verletzt. Der Staatsanwalt klagt ihn an, da sonst die bürgerl. Wertwelt über der Leere, die Meursault repräsentiert, einbrechen müßte. Meursault könnte mit Gnade rechnen, wenn er den Mord bereuen und die herrschenden Riten akzeptieren würde. Er verweigert das Alibi, das ihm zugespielt werden soll, da ihn die Verdinglichung von Emotionen abstößt. Dadurch wird er sich der dumpfen Entfremdung endlich bewußt u. gewinnt im Angesicht des Todes Überlegenheit. Dies macht ihn zum Schluß glückl.; deswegen erhofft er sich bei der Hinrichtung ein großes Publikum.

J.-P. Sartre, A. Camus, É. (Situations I), 1947; J. Gabel, Die Verdinglichung in Camus' É., Jb. für Psychologie u. Psychotherapie 1957; R. Champigny, Sur un héros païen, 1960; B. T. Fitch, Narrateur et narration dans l'É. de Camus, 1960; [2]1968; M.-G. Barriere, L'art du récit dans l'É. de Camus, 1962; I. Feuerlicht, Camus' É. reconsidered, PMLA 1963; J. de Bazin, Index du vocabulaire de l'É. d'A. Camus, 1969; R. Quinn, Le thème racial dans l'É., RhlF 1969; H. Krauß, Zur Struktur des É., ZfSL 1970; G. Pomet, La structure de l'espace dans l'É., Etudes françaises 1971.

L'être et le néant. Essai d'ontologie phénoménologique, Abhandlung von Jean-Paul →Sartre, EA 1943. Für das Verständnis der Roman- und Dramengestalten Sartres wichtig ist s. Unterscheidung zwischen zwei Seinsweisen, dem ›être en soi‹, das nicht weiter begründet werden kann u. dem reflektierenden Individuum Ekel verursacht (vgl. Roquentins Verhalten in →*La nausée,* aber auch *L'enfance d'un chef*), u. dem ›être pour soi‹ worunter Sartre die Freiheit versteht, die Kontingenz u. Faktizität im Denken zu überspringen u. zu vernichten. In der ›néantisation‹ wird sich das Individuum s. Rangs inne. Das Bewußtsein führt also das Nichts in das Sein ein, es kann sich selbst aufheben, s. eigene Vergangenheit vernichten u. sich auf die Zukunft hin orientieren. E. Definition des bewußt existierenden Menschen lautet daher: er ist, was er nicht ist u. ist gleichzeitig nicht, was er ist. Im Stadium der Unwahrhaftigkeit sich selbst gegenüber, das Sartre als ›mauvaise foi‹ bezeichnet, schreibt das Individuum der Welt dagegen mehr Realität zu als sich selbst, es faßt nicht einmal mehr die Möglichkeit ins Auge, aus der gegebenen Welt herauszutreten. Es spekuliert auf Aufgaben, die wie Objekte an s. Lebensweg warten, stumme Forderungen an ihn richten, so daß passiver Gehorsam die einzig mögliche Reaktion zu sein scheint. Dieses Individuum erspart sich in jeder Situation von neuem die ›Wahl‹. Im Zustand der ›mauvaise foi‹ ist kein Engagement mögl., weil dies implizierte, daß sich der Mensch mit der Welt überhaupt befaßt u. Veränderungen anstrebt. Andererseits ist die Gestaltung der menschl. Beziehungen auf der Basis des ›être pour soi‹ nicht konfliktfrei, da das Individuum dazu tendiert, den andern, wenn es ihn anblickt, zum Objekt zu verfremden.

R. Troisfontaines, Le choix de J.-P. Sartre, 1945; H. H. Holz, J.-P. Sartre. Darstellung u. Kritik s. Philos., 1951; J. Möller, Absurdes Sein? E. Auseinandersetzung mit der Ontologie J.-P. Sartres, 1959; K. Hartmann, Grundzüge der Ontologie Sartres in ihrem Verhältnis zu Hegels Logik, 1963; G. A. Zehm, Hist. Vernunft u. direkte Aktion. Zur Politik u. Philos. J.-P. Sartres, 1964; H. Marcuse, Kultur u. Gesellschaft, Bd. 2, 1965; F. Krosigk, Philos. u. polit. Aktion bei J.-P. Sartre, 1969; J. Presscault, L'être-pour-autrui dans la philosophie de J.-P. Sartre, 1970; Ch. M. Fry, Sartre and Hegel, 1988.

Eugène, Kom. in fünf Akten von Étienne →Jodelle, EA 1574, Urauff. 1552. Die älteste franz. Renaissancekom. ist noch in paarweise gereimten Achtsilbern abgefaßt. Um die Freuden der Liebe mit Alix weiter genießen zu können, verheiratet der Kleriker E. sie mit dem Bauern Guillaume u. gibt sich als Verwandten der jungen Frau aus. S. Intrige trifft den Krieger Florimond, e. ehemaligen Liebhaber der Alix, bes. hart. Nur die Zuneigung von E.s Schwester vermag diesen zu besänftigen. Der Bauer will gern den Hahnrei spielen, wenn E. auch für s. übrigen Verpflichtungen als Ehemann aufkommt. Als Priestersatire setzt das Lustspiel die Stofftradition der ma. Farce fort (inwieweit der Autor tatsächl. Mißstände der Epoche geißeln wollte, muß dahingestellt bleiben). Jodelle versucht die Einheit des Orts zu realisieren, indem er die meisten Szenen in derselben Straße spielen läßt. Formal stellt das Stück e. am antiken Theater orientierten Neuansatz dar, mit dem Jodelle (vgl. auch *Cléopâtre captive*) die Tradition des ›regelmäßigen‹ Bühnenstücks der franz. Klassik mitbegründet hat.

T. Sankovitch, Jodelle et la création du masque ..., E., New York 1979.

Eugénie Grandet, Roman von Honoré de →Balzac, entstanden 10. 8. – November 1833, EA 1834, éd. P.-G. Castex 1965. Die Titelfigur beansprucht unmittelbar das Mitleid des Lesers, ihr Vater, der alte Grandet, das Interesse, das e. ans Pathologische grenzende menschl. Deformation gerade dann verdient, wenn sie nicht nur individualpsycholog. begründet ist. Grandet, der während der Revolution s. Glück gemacht hat (vgl. auch *Le père Goriot, Les illusions perdues*) u. dessen Reichtum in Saumur Aufsehen erregt, ruiniert das Glück s. Tochter. In ihrer Liebe zum eleganten Vetter Charles sieht er nichts als e. Gefahr für s. Vermögen, u. er zwingt Eugénie s. Willen auf. Als nach langen Jahren des Wartens Charles, dem E. mit ihren heiml. Ersparnissen die Reise nach Indien ermöglicht hat, zurückkehrt u. sich über s. früheres Treueversprechen hinwegsetzt, schlägt das Mädchen den Lebensweg ihres verhaßten Vaters ein, der ihr nach s. Tod Millionen hinterlassen hat. E. heiratet in kalter Berechnung den alten Cruchot, der bald stirbt, u. führt, abgeriegelt von der wirkl. Welt, das Leben e. steinreichen Witwe. Grandet ist nicht mit Harpagon, Molières Geizkragen, zu verwechseln; s. Monomanie wird als Produkt der Gesellschaftsordnung begriffen u. färbt auf s. ganzen Lebensbereich ab. S. Familienregiment u. s. Haus spiegeln s. moral. Verfassung.

H. Wild, H. de Balzacs Ringen um die symbol. Existenz s. Gestalten. Ein Deutungsversuch zu den Romanen La peau de chagrin, E. u. Le père Goriot, Diss. Tübingen 1949; P.-G. Castex, Aux sources d'E., légende et réalité, RhlF 1964; R. Bolster, Stendhal, Balzac et le féminisme romantique, 1970; R. Le Huenen/P. Perron, Balzac, sémiotique du personnage romanesque, L'exemple d'E., 1980.

Eulaliasequenz, hagiographische Dichtung, ältestes französ. Lit.-denkmal, 881 od. kurz danach in Wallonien oder in der Pikardie niedergeschrieben, Hoffmann v. Fallersleben entdeckte 1837 e. Hs. in der Abtei Saint-Amand bei Valenciennes. Das Kirchenlied setzt die Tradition der Hymnik (darunter e. Preislied des Prudentius auf Eulalia) u. der Sequenzen (e. *Cantica virginis Eulaliae)* voraus, ohne die Stillage der Quellen voll zu treffen. In 14 assonierenden Verspaaren wird das Martyrium der Jungfrau Eulalia, deren schöne Seele ihre körperl. Anmut noch übertrifft, gefeiert; sinnbildl. meint ihre standhafte Jungfräulichkeit den reinen Glauben überhaupt. Von transparenter Symbolik ist der Schluß, als die Seele der Märtyrerin in Gestalt e. Taube zum Himmel fliegt. Die Melodie ist nicht überliefert; Parallelismen in der Sequenz entsprechen der Eigengesetzlichkeit der Gattung. In dem Ms. aus dem späten 9. Jh. finden sich Latinismen, dialektale Färbungen u. Archaismen in bunter Mischung.

A. Henry, Chrestomathie de la littérature en ancien français, Bern 1953; M. Delbouille, A propos des deux Séquences d'Eulalie et du Ludwigslied (Interlinguistica. Festschrift ... M. Wandruszka, hg. K.-R. Bausch/H.-M. Gauger) 1971.

Europe, Kulturzs., 1923 von René Arcos unter Mitwirkung v. Romain Rolland gegr., Forum der sozialist. Lit.kritik. *E.* veröffentlichte in den letzten Jahrzehnten bemerkenswerte Sondernr., vor allem zu Autoren u. Problemkreisen des 19. u. 20. Jh.

Eurydice, Prosaschauspiel in vier Akten von Jean →Anouilh, EA *Pièces noires* 1942, Urauff. 8. 12. 1942 Théâtre de l'Atelier, Paris. Orpheus, in Gestalt e. abgerissenen Stehgeigers, macht sich von Eurydike e. idealisiertes Bild, vor dem sie mit ihrer freizügigen Vergangenheit bei e. Wandertheater nicht bestehen kann. Sie flieht zu ihrem früheren Liebhaber, dem Direktor der Truppe zurück u. wird unterwegs bei e. Verkehrsunfall getötet. Unter der Bedingung, daß Orpheus die Geliebte bis zum Morgen nicht anblickt, soll sie in das Leben zurückversetzt werden. Orpheus besteht die Probe nicht, da er ihren Lebensweg erforschen will. Vor der Befleckung durch das Dasein rettet nicht Liebe, sondern einzig der Tod.

E. Kushner, Le mythe d'Orphée dans la littérature française contemporaine, 1961.

Exercices de style, Stilübungen von Raymond →Queneau, EA 1947, überarbeiteter Text 1963; 98 Variationen der Oberflächenstruktur desselben Sachverhalts, dessen Formerwartung scheinbar unendl. Möglichkeiten der stilist. Verwandlung zuläßt.

C. Simmonet, R. Queneau: E., Critique 1947; F. Marceau, Queneau ou le triomphe de la grammaire, La Table ronde 1952.

L'exil et le royaume, Novellenslg. von Albert →Camus, EA 1957 *(La femme adultère, Le renégat, Les muets, L'hôte, Jonas, La pierre qui pousse).* Vorausgesetzt, der Titel des Bandes nenne das Thema u. meine mit der chiliast. Formulierung Ichbezogenheit u. Gemeinschaftsbewußtsein, dann lösen die Texte die Antinomie nicht restlos auf. Das Verhalten des Malers Jonas, der zwischen der Einsamkeit des Ästheten u. dem Engagement hin- u. herschwankt, wird iron. beleuchtet. Die Brüderlichkeit des Lehrers, der dem ihm von der Polizei zur Aufsicht übergebenen alger. Gefangenen die Freiheit läßt, sich der Justiz zu entziehen, bleibt unentdeckt u. rettet ihn nicht vor der Rache arab. Patrioten *(L'hôte).* Der Gleichnischarakter der Geschichten ist absichtl. gebrochen; die Kluft zwischen Erscheinung u. Tat wird wie im früheren Werk von Camus als Weltprinzip anerkannt.

A. Noyer-Weidner, Camus im Stadium der Novelle, ZfSL 1960.

Existentialismus, Existenzphilosophie (Heidegger u. Jaspers seit 1927, franz. E. von →Sartre, →Marcel, →Camus, →Beauvoir, →Merleau-Ponty), die vom individuellen Dasein ausgeht u. bei Sartre die Freiheit ihrer Realisierung problematisiert. In e. Situation, die prinzipiell als absurd angenommen wird u. sich dem systemat. u. abstrakten Denken verschließt, entwirft der Mensch s. Leben. In der Subkultur von Saint-Germain-des-Prés verkam der E. während der 50er Jahre zur Mode.

J. Wahl, A short story of existentialism, New York 1943; O. F. Bollnow, Franz E., 1965; M. A. Burnier, Les existentialistes et la politique 1966; E. Werner, De la violence au totalitarisme, essai sur la pensée de Camus et de Sartre, 1972; H. Krauß, Franz. Lit. 1940–50, 1983.

Explication de textes, Interpretationsmethode der franz. Schule u. Hochschule (G. Rudler, *L'explication frçe.,* 1902; M. Roustan, *Précis d'e.,* 1911), method. streng gegliedert (Erarbeitung des Kontextes, des Inhalts, der als solcher verselbständigt wird, der Struktur, der Semantik u. des Stils, mit e. abschließenden Conclusion). Der Beitrag zur Formalbildung des Schülers, den die E. leisten soll, wird in Frkr. u. noch stärker in Dtl., wo sie als bewundernswürdiges Resultat der franz. Klarheit häufig nachgeahmt wird, überschätzt.

W. Blechmann, Probleme der E., GRM 1957; S. Delesalle, E., fonctionnement et fonction, Langue française 1970.

Fabeln, lehrhafte Vers- bzw. Prosaerzählungen, Hauptvertreter der Gattung ist die Tierfabel; in der franz. Lit. bedienten sich dieser Form La Fontaine, Dorat, Florian, Nivernais, Boisard, Antoine-François Le Bailly (*Fables nouvelles,* 1784), Charles François Calvière (*Recueil de fables diverses,* 1792), Saint-Lambert, Ginguené, Aubert, Lachambeaudie, B. Imbert, Supervielle, Franc-Nohain u. a.

D. Ewald, Die mod. franz. F., 1977; G. Mombello, Le raccolte francesi di favole esopiane dal 1480 alla fine del secolo XVI, Genf 1981.

Fables choisies mises en vers, von Jean de →La Fontaine, entstanden seit 1667(?), Teilausgabe 1668 (6 Bücher), vollständig 1678–94 (insgesamt 12 Bücher), dem Dauphin und der Marquise de Montespan gewidmet, kritische Ausgabe G. Couton 1962, éd. J.-P. Collinet, II 1974. In der frühesten Entstehungsphase noch als Übertragung (Aisopos, Phaedrus, ital. u. möglicherweise span. Fabeldichter des Humanismus) u. Imitation antiker Lehrstoffe (Horaz, Seneca u. a.) angelegt, implizieren die *F.* e. Apologie der im 17. Jh. verachteten Gattung u. verwirklichen die Erneuerung durch Verlebendigung der Tiergestalten u. Verschmelzung des Beispielfalls mit der eth. Lektion. Das moral. Konzept stützt sich zunächst auf antike, vor allem attische Maximen, die Aisopos zur Illustration der zwangsläufigen Unterlegenheit der sozial Schwachen u. der ausgleichenden Gerechtigkeit verwandt hatte (›Le villageois et le serpent‹); La Fontaine erweiterte den Wirkungskreis durch burleske Anspielungen auf zeitgenöss. Ereignisse der Außen- u. Innenpolitik (›Le dragon à plusieurs têtes‹, ›Les voleurs et l'âne‹), er verteidigte die Monarchie (›Les membres et l'estomac‹) gegen Aristokratie (›Le renard et le buste‹) u. Klerus (›Le rat qui s'est retiré‹). Nach 1678 wuchs der Anteil der Gesellschaftssatire. Hauptanliegen bleibt jedoch die moralist. Warnung vor eitler Anpassung an herrschende Systeme; La Fontaine empfiehlt dem Weisen, da er den Lauf der Dinge schon nicht mitzubestimmen vermag, polit. Engagement zu verweigern; s. Lebenslehre geriet nach 1670 unter den Einfluß Gassendis (vgl. auch Molière, bes. *Misanthrope*). Die F. lösen sich von der klass. Metrik durch Heterometrie, Wechsel der Reimschemata (Vers mêlés), u. von der traditionellen Stofferwartung durch Dialogeinschübe u. pittoreske Attribute der Tiere. Einzelne Fabeln näherte der Autor bewußt regelwidrig dem Conte, Epigramm u. der polit. Satire an. Trotz ihrer motiv. u. stilist. Entgrenzung werden die F. schon sehr bald vorbildl. für teils plagiierende Fabelslgen. anderer Autoren (Commire, P. de Saint-Glas, Mme de Villedieu, Furetière, Boursault), jedoch auch für kleinere erzählende Gattungen, so die Episteln Voltaires.

H. Taine, La Fontaine et ses f., 1853; K. Voßler, La Fontaine u. s. Fabelwerk, 1919; R. Bray, Les f. de La Fontaine, 1929; F. Gohin, L'art de La Fontaine dans ses f., 1929; A. Raasch, Die Entwicklung des La Fontaine-Bildes in Frkr. La Fontaines Fabeln in der lit. Kritik von der Klassik bis zur Gegenwart, Diss. Kiel 1957; A. Lebois, Sources négligées des F. de La Fontaine, 1959; S. Blavier-Paquot, La Fontaine. Vues sur l'art du moraliste dans les f. de 1668, 1961; R. Jasinski, La Fontaine et le premier recueil des F. II 1965 f.; J. D. Biard, The style of La Fontaine's F., Oxford 1966; franz. Übs. 1970. J. Shea, Studies in the verse fable from La Fontaine to Gray, University of Minnesota 1967; H. Lindner, Didakt. Gattungsstruktur u. narratives Spiel. Stud. zur Erzähltechnik in La Fontaines F., 1975; P. Malandain, La fable et l'intertexte, 1981; A. Stefenelli, Die lexikal. Archaismen in den Fabeln von La Fontaine, 1987; P. Dandrey, La fabrique des fables, 1991; M. Bideaux (Ed.), Fables et fabulistes, 1992.

Fabliau, ma. Verserzählung (durchschnittl. 300 Verse), gewöhnl. in paarweise gereimtem Achtsilber. Den franz., vornehml. pikard. F.dichtungen (Blütezeit um 1175 – um 1350) fehlt e. idealtyp. themat. Abgrenzung, zudem sind von ca. 150 Texten nur etwa 60 von den Dichtern selbst (darunter Jean Bodel, Rutebeuf) als F. oder Fablel bezeichnet worden. Zwar herrscht Unterhaltungsintention in niederem Stil vor u. wird in einzelnen Texten auch e. explizite moral. Nutzanwendung gegeben, jedoch sind die F.x weder eindeutig bürgerl. realist. Reaktion gegen Spiritualismus noch Selbstparodie höf. Dichter. Zum Personal der häufig satir. u. gelegentl. obszönen Geschichten gehören, darin vergleichbar der →Farce u. →Sottie, der Hahnrei, die liebestolle Frau, die Dirne (so im ältesten F., *Richeut*), der geprellte Betrüger, geile Kleriker u. abgefeimte Bauern *(→Auberee, →Le vilain mire).* Fabeln, auch die der Marie de France, Anekdoten, mittellat. Comoediae, eingelegte Erzählungen (z. B. *La matrone d'Éphèse,* nach Petronius), Exempelslgg. formten die F.stoffe vor. Die Schwänke wirkten auf Erzählformen der Renaissance u. wieder des 18. Jh. (Nouvelle, Conte), 1756 erschien e. Ausgabe, 1788 e. Versbearbeitung durch B. Imbert. Der Schwank als dichter. Gattung fand mit dem F. s. ausgeprägte Gestalt, u. als Gattung hat der Schwank das F. in der franz. Lit. nicht überdauert (Beyer). Wenn Novellen u. Farcen s. Motive tradieren, dann geprägt von ihren spezif. Gattungsstrukturen. (→Facétie). W. Noomen/N. van den Boogaard (Hg.), *Nouveau recueil complet des f.x,* Assen 1983 ff.; A. Gier (Hg.), *F.x,* altfranz./deutsch, 1985.

P. Nykrog, Les f.x., Kopenhagen [2]1973; J. Rychner, Contribution à l'étude des f.x., Neuchâtel/Genf II 1960; J. Bédier, Les f.x., [6]1964; J. Beyer, Schwank u. Moral. Untersuchungen zum altfranz. F. u. verwandten Formen, 1969; O. Jodogne, F., 1975; H.-D. Merl, Unters. zur Struktur, Stilistik u. Syntax in den F.x Rutebeufs ..., 1976; O. Roth, Vom Lai zum F. u. zur Novelle, in: W. Erzgräber (Hg.), Europ. SpätMA, 1978; D. Boutet, F.x, 1985.

Fabre, Émile, 24. 3. 1869 Metz – 1955, Dramatiker, dessen Stücke u. a. am Théâtre-Libre seit 1892 inszeniert wurden (*L'argent,* 1892; *La vie publique,* 1901; *Les ventres dorés,*

1905; *Les sauterelles,* 1911; *La maison sous l'orage,* 1921). Von Balzac übernahm F. das Zentralthema, die Geldfrage.

Fabre, Ferdinand, 19. 6. 1827 Bédarieux/Hérault – 11. 2. 1898 Paris, Bauernsohn, der das Theologiestud. aufgab u. als erster Romancier Priesterfiguren in seel. u. moral. Konfliktsituationen darstellte (*Les Courbezon,* 1862; *L'abbé Tigrane,* 1873; *Mon oncle Célestin,* 1881; *Lucifer,* 1884; *Mgr. Formose,* 1929). Die zeitgenöss. Lit.kritik sah in F. e. Schüler Balzacs, der die *Szenen aus der Provinz* auffüllte. Naivität und rückhaltlose Nächstenliebe kennzeichnen häufig d. Verhalten der Landpfarrer unter den Bergbauern der Cevennen; durch ihre Güte bringen sie ihre Angehörigen u. sich selbst in Not u. setzen sich schwerem Verdacht aus, wie der Abbé Célestin, der beschuldigt wird, der Vater des Kindes zu sein, das e. vergewaltigte Hirtin, die er aufgenommen hat, zur Welt bringt. In *Lucifer* gelang F. mit dem Abbé Jourfier, der innerl. zerrissen ist zwischen der offiziell geforderten theolog. u. der humanist. Weltsicht, s. interessanteste Figur.

J. Lemaitre, Les contemporains, 1ère série, 1886; F. Duviard, F., Cahors 1928; A. Eichhorn, F. S. Leben u. s. Werke, Diss. Wien 1949.

Fabre, Lucien, 14. 2. 1889 Pampelonne/Tarn – 26. 11. 1952 Paris, Ingenieur, Autor von Gesellschaftromanen (*Connaissance de la déesse,* 1920; *Rabevel ou le mal des ardents,* III 1923, Prix Goncourt; *Le Tarramagnou,* 1925; *Le paradis des amants,* 1931; *Jeanne d'Arc,* 1947; *Mahaut,* 1950) u. lit.krit. Essays, u. a. über Valéry (1925).

Fabre d'Églantine, Philippe-François-Nazaire, 28. 12. 1755 Limoux – 5. 4. 1794 Paris (zusammen mit Danton u. Desmoulins hingerichtet), nannte sich F. d'Églantine, seit er bei den Jeux floraux in Toulouse den Preis (églantine d'or) gewonnen hatte. Nach dem Mißerfolg der Kom. *Les gens de lettres* u. der Trag. *Augusta* (beide Herbst 1787) u. e. weiteren Lustspiels, *Le présomptueux* (1789), mit dem er den erfolgreichen Collin d'Harleville zu kopieren suchte, wurde am 22. 2. 1790 die Verskom. in fünf Akten *Le Philinte de Molière ou l'égoïste* e. außerordentl. Erfolg. Der Rousseauist F. macht den Raisonneur u. Gassendisten Philinte zur negativen Figur des Stückes; Alceste leidet unter s. Nähe u. gewinnt die Sympathien des Publikums. Beifällig aufgenommen wurden auch *Le convalescent de qualité,* mit dem er 1791 →*Le réveil d'Épiménide à Paris* nachahmte, u. e. Neufassung des *Présomptueux* (1791) sowie postum *Les précepteurs* (1799). Der Dichter des Volkslieds *Il pleut, il pleut bergère* ... war Mitgl. des Comité de salut public u. Sekretär Dantons; rücksichtslos verfolgte er die Girondisten. F. wurde nicht so sehr als polit. Abweichler, sondern wegen finanzieller Vergehen zum Tode verurteilt (*Œuvres mêlées et posthumes,* 1802; *Chefs-d'œuvre dramatiques,* 1822; *Œuvres politiques,* hg. C. Vellay 1914).

L. Jacob, F., 1946.

Fabrice del Dongo, Protagonist des Romans →*La chartreuse de Parme* von Stendhal.

Facétie, erzählter bzw. gespielter Schwank, Produkt der Renaissancekultur; von der Thematik der →Farce u. des →Fabliau nicht eindeutig geschieden. Im 19. Jh. bedeutete F. die Inszenierung e. satir. Einfalls in den Jahresrevuen (→Revue).

F. et littérature facétienne à l'époque de la Renaissance, Colloque 1977, Saint-Etienne 1978.

Faguet, Auguste Émile, 17. 12. 1847 La Roche-sur-Yon – 7. 6. 1916 Paris, Philologe, 1883 Thèse über die Trag. des 16. Jh., Lehrstuhl an der Sorbonne seit 1890; machte sich als Lit.historiker vor allem mit Darstellungen des 17. u. 18. Jh. e. Namen. F. schrieb seit 1896 Theaterrezensionen für das *Journal des débats* u. leitete die *Revue latine.* Er veröffentlichte u. a.: *Dix-septième siècle* (1885), *Corneille* (1886), *Dix-huitème siècle* (1890), *Voltaire* (1895), *Drame ancien, drame moderne* (1898), *Histoire de la littérature française* (1900), *L'œuvre sociale de la Révolution française* (1901), *Propos littéraires* (1902–10), *André Chénier* (1902), *Propos de théâtre* (1902–07), *L'art de lire* (1912), *Rousseau penseur* (V 1912), *En lisant Corneille* (1913), *La jeunesse de Sainte-Beuve* (1914), *En lisant Molière* (1914). F.s Methode war stark psycholog. fundiert. Seit 1901 war der Gelehrte Mitgl. der Ac. frçe.

M. Duval, F., le critique, le moraliste, le sociologue, 1911; E. Seillière, F., historien des idées, 1938.

Fagus, (eig. Georges Faillet), 22. 1. 1872 Brüssel – 8. 2. 1933 Paris, symbolist. Lyriker (*Colloque sentimental entre Emile Zola et F.,* 1898; *F.: Testament de sa vie première,* 1898; *Ixion,* 1903; *Jeunes fleurs,* 1906; *Frère Tranquille,* 1918; *La danse macabre,* 1920; *La guirlande à l'épouse,* 1921; *Rythmes,* 1926; *Le sacre des innocents,* 1927; *Frère Tranquille à Elseneur,* 1931; *Vers et prose,* 1946) u. Lit.kritiker.

Fallet, René, 4. 12. 1927 Villeneuve-Saint-Georges – Juli 1983 Paris, Journalist, 1952–55 beim *Canard enchaîné;* Erzähler (*Paris au mois d'août,* Prix Interallié 1964) u. Autor von Drehbüchern (zusammen mit René Wheeler, *Fanfan la tulipe, L'amour d'une femme*). F.s eigenen Roman *La grande ceinture* verfilmte René Clair unter dem Titel *Porte des Lilas* (1956).

Fallhöhe →Soziale F.

Fanny. Étude, Roman von Ernest-Aimé →Feydeau, entstanden 1857 f., EA 1858. Der Liebesroman erregte Aufsehen, weil Feydeau die traditionellen Verhaltensmuster im Dreiecksverhältnis mißachtete. Den Liebhaber von F. erfaßt quälende Eifersucht, seit er sicher ist, daß sich s. Freundin ihrem Ehemann nicht, wie erwartet, entzieht. Er vergißt, daß er der Eindringling in e. legales Verhältnis ist u. haßt Fannys Mann als Rivalen, der ihm um so gefährlicher erscheint, als er ihn an Vitalität weit übertrifft. Eifersucht steigert sich zur Frenesie, Roger sieht sich in der Rolle des Betrogenen u. stürzt sich, nachdem er vom Balkon des Nachbarhauses aus die Intimität des Ehepaares beobachtet hat, in e. Fluß. Er wird gerettet u. kompensiert nun s. grenzenlose Enttäuschung durch Zynismus u. Haß gegenüber F. Sainte-Beuve nannte die Fabel des Romans ›une situation vraie, poignante, saisie sur le vif‹, er lobte das Werk rückhaltloser als *Madame Bovary* von Flaubert (e. Jahr eher erschienen u. in der öffentl. Meinung nicht minder umstritten). *F.* erreichte binnen Jahresfrist 13 Auflagen, der Autor verdankte sie dem Interesse des Publikums am Stoff, nicht der bekenntnishaft-lyr. Form, die den Ehebruch poet. verklärt u. Wunschvorstellungen des bürgerlichen Lesers artikuliert.

E. Montégut, Le roman intime de la littérature réaliste, Revue des deux mondes 1858; M. A.

Springer, Feydeau. Sa vie, son temps, son œuvre, Diss. Chicago 1961.

Fanny →Marius.

Fantaisie, Odelette von Gérard de →Nerval, EA *Annales romantiques,* 1832, aufgenommen in *Petits châteaux de Bohème,* 1853, u. *La Bohème galante,* 1855. Die Gattung der Odelette, für Nerval von ebenso hohem Rang wie das Sonett, sah der Lyriker bei Ronsard vorgebildet. Das Gedicht gestaltet das Liebesthema in e. für Nerval typ. Weise. Das Erlebnis e. melanchol. Melodie versetzt s. Seele in Ekstase; das lyr. Ich erkennt sich durch Anamnesis in der Epoche Ludwigs XIII. wieder u. begegnet der idealen Geliebten. Ihr Reiz ist unzerstörbar, da die Gestalt archetyp. der Seelenwanderung des Liebenden folgt.

Fantasio, Kom. in zwei Akten von Alfred de →Musset, entstanden 1833, ED *Revue des deux mondes* 1. 1. 1834, EA *Un spectacle dans un fauteuil,* 1834, Urauff. 18. 8. 1866 Com. frçe. Im Titelhelden mit dem sprechenden Namen schuf Musset, mit veränderten Proportionen, jedoch klaren Konturen s. Ebenbild. F., der selbst in die Maske des toten Hofnarren des bayer. Kg.s schlüpft, bewahrt die Prinzessin vor der Ehe mit dem philisterhaften Prinzen von Mantua, der in den Kleidern s. Domestiken auftritt. Er besiegt damit auch s. weltschmerzler. Neigungen, mit der selbst gestellten Aufgabe wächst s. jugendl. Enthusiasmus.

M. Shaw, A propos du F. d'A. de Musset, RhlF 1955.

Fantine, Romangestalt in →*Les misérables* von V. Hugo, Prostituierte, Mutter der Cosette; wie Valjean, der ihr Kind aufnimmt, e. Opfer der korrupten Gesellschaft.

Fantômas, Kriminalroman von Pierre Souvestre (1874–1914) u. Marcel Allain (1885–1969), EA 1911, Neuauflage in 32 Bden. 1933. Bei der Aufklärung geheimnisvoller Morde u. Einbrüche ist der Polizist Juve der ebenbürtige Gegner des unbekannten u. genialen Kriminellen, dessen Identität im Dunkeln bleibt. Juves Einsatz, wenn er auch aus takt. Gründen selbst geg. die Rechtsstaatlichkeit verstößt, gilt dem Schutz der bürgerl. Ordnung. Durch die Verarbeitung romant. Motive – Tod aus verletzter Ehre, Verkleidung, Rollenwechsel, Wiedererscheinen e. Totgeglaubten, Drogenmißbrauch – u. die Verlegung der aktionsreichen Handlung in e. mysteriösen Rahmen, dessen Pariser Schauplätze jedoch genau bezeichnet sind, verhilft *F.* als Konsum- u. Propagandaliteratur zur Flucht aus der banalen Wirklichkeit. Der Polizist u. der Abenteurer sind als zwei menschl. Typen gezeichnet; sie illustrieren die bürgerl. Moral der Repression u. Risikobereitschaft des einzelnen.

P. Nizan, F. par P. Souvestre et M. Allain, L'Humanité 24. 3. 1933; J.-P. Colin, Le roman policier frç. archaïque, Bern 1984; J.-L. Angot, F. revient, 1989; J.-Cl. Vareille, L'homme masqué, le justicier, le détective, Lyon 1989.

Farce (von lat. farcire = füllen), Kurzdrama, entstanden als kom. Einlage in e. →Miracle, verselbständigte sich das Zwischenspiel (300 bis 400 Verse) zur Posse (→Sottie). Der Terminus F. wird in Frkr. seit dem Ende des 14. Jh. gebraucht. Das Personal blieb gattungstyp. beschränkt (Ehepaar, Liebhaber, Diener, kom. Figur), ideell erschien die F. frauenfeindl., die Peripetie war häufig an die Figur des betrogenen Betrügers gebunden *(Le meunier, Le cuvier, Le pâté et la tarte)*. Am berühmtesten ist der →*Maistre Pierre Pathelin*. Die besten Farcen stammen aus der zweiten Hälfte des 15. Jh., sie wurden im 16. Jh. durch den Buchdruck bekannt gemacht u. nun von den Renaissancedichtern gegenüber dem klass. Kom.ideal abgewertet. Dennoch werden während des ganzen Jahrhunderts F.en aufgeführt; Jodelle u. noch Chappuzeau u. Molière verzichten nicht auf ihre mim. Eigenart. Mod. Dramatiker (Courteline, Jarry, Apollinaire, Claudel, Ionesco, Beckett, Arrabal) beleben die F. im Kampf gegen Illusion, vraisemblance, bienséance u. sublime Psychologie.

A. Beneke, Das Repertoire u. die Quellen der franz. F., Diss. Jena 1910; L. R. Busquet, Les f.s du moyen âge, 1942; L. C. Porter, La f. et la sottie, ZrP 1959; B. Cannings, Toward a definition of f. as a literary genre, MLR 1961; J. Frappier, Le théâtre profane en France au moyen âge, 1961; B. C. Bowen, Les caractéristiques essentielles de la f. frçe. et leur survivance dans les années 1550–1620, Urbana 1964; P. Conroy, Old and new in French medieval F., Romance notes 1971; H. Lewicka, Études sur l'ancienne f. frçe., 1974; A. Tissier, La f. en France de 1450 à 1550, ²1981; B. Rey-Flaud, F. ou la machine à rire. 1450–1550, Genf 1984.

Faret, Nicolas, um 1596 Bourg-en-Bresse – September 1646 Paris, in s. Heimat Jurist, in Paris zunächst mit Vaugelas u. Coëffeteau bekannt, wurde durch Vermittlung von Boisrobert Sekretär des Grafen Harcourt, traf mit Saint-Amant zusammen. Da Richelieu den Grafen als jüngeren Sproß des Hauses Lothringen für s. Politik zu gewinnen suchte, fielen F. auch wichtige Posten zu (Sekretär der Marine der Italienarmee, kgl. Conseiller-Secrétaire). Er fand Zugang zum Kreis, der sich bei →Conrart versammelte u. gehörte zu den Gründungsmitgl. der →Ac. frçe. Den Anstoß zu s. Handbuch der Gesittung, *L'honnête homme ou l'art de plaire à la cour* (1630), verdankte F. Castiglione (vgl. auch Méré); das Handbuch begründete die →Honnêteté-Diskussion des 17. Jh. (éd. M. Magendie 1925, Reprint 1970).

M. Magendie, La politesse mondaine et les théories de l'honnêteté en France au XVIIe siècle de 1600 à 1660, 1925.

Fargue, Léon-Paul, 5. 3. 1876 Paris – 24. 11. 1947 ebda., Vater Industrieller; F. war Schüler des Gymnasiallehrers Mallarmé u. s. Jünger. Diese Begegnung erzog ihn als Lyriker zu strenger Sprachzucht (*Tancrède*, 1911; *Poèmes*, 1912; *Pour la musique*, 1914; *Espaces*, 1920; *Suite familière*, 1928; *Banalité*, 1928; *Vulturne*, 1928; *Épaisseurs*, 1929; *Sous la lampe*, 1930; *Ludions*, 1930; *D'après Paris*, 1931; *Le piéton de Paris*, 1939; *Haute Solitude*, 1941; *Refuges*, 1942; *Lanterne magique*, 1944; *Méandres*, 1946; *Dîners de lune*, 1952; *Pour la peinture*, 1955; *Poésies*, 1963). Resultat häufigen Umdichtens sind Synästhesien u. überdimensionierte Körperteilmetaphern (vgl. auch Éluard); doch nach allen Transformationen, die die Texttemperatur steigerten, blieben in F.s Vers libres u. den zahlr. Prosagedichten der Molltenor u. e. unruhige Skepsis dominant. Bei Baudelaire, Laforgue u. Corbière war s. Schwermut, die den meist großstädt. Alltag ins Unvertraute wendet, vorgebildet; die häufig gebrauchte Lampenmetaphorik erinnert an e. mildes Paradies der Kindheit, über das kosm. Störungen hinwegziehen. Die Denaturierung der Realität durch lyr. Montagen beeindruckte vor allem die Surrealisten. F.s Briefwechsel mit V. Larbaud erschien 1971 (hg. Th. Alajouanine).

C. Chonez, F., 1950; A. Beucler, Vingt ans avec F., 1955; E. de La Rochefoucauld, F., 1958; H. D. F. Ashton, F., poète-célibataire, Diss. Manchester 1961; J.-Cl. Walter, F. ou l'homme en proie de la ville, 1973; L.-P. Rypko-Schub, F., Genf 1973; H. Thomas, A la rencontre de F., 1992.

Farrère, Claude (eig. Frédéric-Charles-Pierre-Edouard Bargone), 27. 4. 1876 Lyon – 21. 6. 1957 Paris, Marineoffizier, Erzähler, 1935 Aufnahme in die Ac. frçe., Nachahmer des Exotismus bei Pierre →Loti, Autor abenteurl. Romane (*Fumée d'opium,* 1904; *Les civilisés,* 1906, F.s bedeutendster Erfolg; *L'homme qui assassina,* 1907; *La bataille,* 1909, russ.-japan. Krieg von 1905; *La maison des hommes vivants,* 1911; *Les condamnés à mort,* 1920; *Le dernier dieu,* 1926; *L'homme seul,* 1942; *La seconde porte,* 1945; *Job, siècle XX,* 1949; *La sonate tragique,* 1950; *Le juge assassin,* 1954). F. verfaßte Essays über Loti (1929), Colbert (1954) und Lyautey (1955), e. franz. Marinegeschichte (1934), kulturgeschichtl. Abhandlungen über den Fernen Osten (1921 und 1937) sowie Reiseerinnerungen (1924–26 und 1953).

M. Revon, F., 1924; A. Quella-Villéger, Le cas F., 1989.

Fatras, zweiteilige Gedichtform, die im 14. Jh. vor allem in der Pikardie als Parodie zersungener Lieder entstand (Distichon und elfzeilige Strophe, deren erster und letzter Vers das Distichon wiederholt), wahrscheinl. auf der Grundlage älterer Nonsens-Dichtung (›fatrasie‹ des 13. Jh.) als Gesellschaftsspiel entstanden.

L. C. Porter, La fatrasie et le f., Genf 1960; W. Kellermann, Über die altfranz. Gedichte des uneingeschränkten Unsinns, ANS 1968; F. Nies, Fatrasies u. Verwandtes, ZrP 92, 1976.

Fauchet, Claude, 3. 7. 1530 Paris – 10. 1. 1602 ebda, Jurist, 1586 Präsident der Cour des monnaies, Renaissancegelehrter wie H. Estienne oder E. Pasquier (*Origine de la langue et poésie françoyse, ryme et romans* 1581), untersuchte u. a. das Schaffen von über 100 Trouvères des 13. Jh. und definierte die franz. Sprache von der lat. Muttersprache her (*Les antiquitez gauloises et françoises,* 1599; *Traité des libertez de l'Eglise gallicane; Origine des dignitez et magistrats de France – Origine des chevaliers, armoiries et hérauts ...,* 1600). Er übersetzte Tacitus und widmete sich nationalhist. Fragen.

J. Girvan Epiner-Scott, F., sa vie, son œuvre, 1938.

Fauconnier, Henri, 1879 Barbezieux/Charente – 7. 4. 1973 ebda., Essayist u. Erzähler (Novellenslg. *Visions,* 1938, autobiograph. Tenor), der 1930 für s. einzigen Roman, *Malaisie* (Darstellung der Welt der Kautschukplantagen, Fortsetzung *Malaisie II*) den Prix Goncourt erhielt. S. Schwester Geneviève F. wurde für ihren Roman *Claude* (1933) der Prix Fémina zugesprochen.

Fauriel, Charles-Claude, 21. 10. 1772 Saint-Étienne – 1844 Paris, Zögling der Oratorianer in Tournon und Lyon, Anhänger der Revolution, militär. Posten, kam 1794 nach Paris, später Privatsekretär von Fouché. F. verkehrte im Salon von Mme Helvétius, Mme de Staël und Mme de Condorcet; Kenner der ital. Lit., übersetzte u. a. Manzoni und lieferte der romant. Schauspieltheorie Argumente. F. gilt in Frkr. als Begründer der vergleichenden Lit.betrachtung. 1830 war er Inhaber des ersten Lehrstuhls an der Sorbonne für fremde Literaturen. Er schrieb: *Chants populaires de la Grèce moderne* (II 1824 f.), *Histoire de la Gaule méridionale sous la domination des conquérants germains* (IV 1836), *Histoire de la poésie provençale* (III 1846), *Dante* *et les origines de la poésie provençale* (1854).

J. B. Galley, F., membre de l'Institut, Saint-Étienne 1909; M. Ibrovac, F. et la fortune européenne des poésies populaires grecque et serbe, 1966.

Les fausses confidences, Kom. in drei Akten von →Marivaux, EA 1738, Urauff. 16. 3. 1737 Théâtre des italiens, Paris. Dorante wagt es nicht, Araminte, die ihn als Majordomus beschäftigt, s. Empfindungen zu offenbaren, denn die gesellschaftl. Kluft – Araminte, die Witwe e. Finanzbeamten, verfügt über fünfzigtausend Francs Rente – erscheint ihm als Bedrohung wahrer Liebe. Erst nachdem s. Verwandtschaft, namentl. e. Onkel, ihn mit der Gesellschafterin Aramintes verheiraten will und die Mutter Araminte mit dem Partner ihrer Wahl, e. Grafen, zusammenbringen möchte, löst das Liebesgeständnis e. Geflecht von Vermutungen und Falschmeldungen auf. Das Paar erklärt sich und wird s. Empfindungen Herr, Araminte umso leichter, als ihr Verstand sie nie im Stich gelassen hat. Überlegen reagierte sie sowohl auf das Bemühen von Dubois, Dorantes Diener, für s. Herrn zu intrigieren, wie auf den Verdruß ihrer Mutter, die sich e. vermögenden Schwiegersohn gewünscht hat. Wie in *La surprise de l'amour* u. *Le jeu de l'amour et du hasard* stellen die Verliebten durch ihr Zögern und die Gefährdung durch ihr eigenes Temperament selbst die Erfüllung ihrer Wünsche in Frage, ehe sie zur Einsicht in die seelische Verfassung des Partners gelangen u. damit ihrem Glück nichts mehr im Wege steht.

Ch. Dédéyan, Vérité et réalité dans les F. (Mélanges d'histoire littéraire offerts à Daniel Mornet), 1951; A. Tissier, F., 1976.

La Faustin, Roman von Edmond de →Goncourt, entstanden 1880–1881, ED *Voltaire* November 1881, EA 1882. Juliette Faustin – nach dem Vorbild der Schauspielerin Rachel geschaffen – gibt zwar für ihren Liebhaber, Lord Annandale, die Bühnentätigkeit auf, analysiert das Verhalten ihrer Umwelt jedoch auch in der Zurückgezogenheit ihres Hauses am Bodensee auf theatral. Verwendbarkeit hin. Als der sterbende Engländer entdeckt, daß sie s. Todeskampf studiert und imitiert, läßt er sie vom Totenbett entfernen. Der Romanschluß kann als Selbstkritik e. bürgerl. Naturalisten an der Besessenheit, alle realitätshaltigen Szenen genauestens dokumentieren zu müssen (die für die Brüder Goncourt sprichwörtlich war), verstanden werden.

La faute de l'abbé Mouret (1875), Roman des Zyklus →*Les Rougon-Macquart* (Bd. 5) von Émile →Zola, Pfarrer Serge Mouret begleitet s. Onkel, den Arzt Pascal Rougon, an das Krankenlager des alten Jeanbernat, der in der Gegend als Aufklärer verschrien ist. Hier begegnet er dessen Nichte, der 16jähr. Albine. Das Mädchen, das wie e. Wilde im verwunschenen Park Paradou lebt, fordert ihn heraus. Albine verkörpert für Mouret die schwellende Natur und bedroht s. asket. Lebensführung. Ein Fieber überfällt ihn, wie er es früher schon gekannt hat, als ihm auf e. Bauernhof der ›Pesthauch‹ der Fortpflanzung entgegenschlug. Ausgerechnet Albine pflegt ihn gesund und bringt ihn zur Erholung in den Paradou, wo Serge ihr ekstat. s. Liebe gesteht. Sie leben wie d. erste Menschenpaar im Garten Eden, bis der Mönch Archangias Serge an s. Pflichten als Pfarrer erinnert. Serge bricht s. Beziehungen zu Albine ab, als ihm klar wird, daß er s. klerikale Rolle schon zu lange gespielt hat, um noch ausbrechen zu können; er vergleicht sich mit Heiligenfiguren, die den Weihrauch durch alle Poren absorbiert haben. ›J'ai de l'encens jusque dans le dernier pli de mes organes. C'est cet embaumement qui fait ma sérénité, la mort tranquille de ma chair, la paix que je goûte à ne pas vivre.‹ Albine überlebt die Trennung nicht. Ihr Onkel rächt sich mit e. grotesken Geste, als er am offenen Grab dem Mönch Archangias das rechte Ohr abschneidet und auf den Sarg wirft; Mouret wird gleichzeitig zugerufen, im Pfarrhof sei e. Kalb geboren worden. Der traurige Ernst der Zeremonie löst sich in der Schlußszene des Romans in Komik auf.

P. Franche, Le prêtre dans le roman français, 1902; F. W. J. Hemmings, The secret sources of F., FS 1959.

Les faux-monnayeurs, Roman von André →Gide, EA 1926. S. einziges erzähler. Werk, das Gide Roman nannte, ist R. Martin du Gard, dem die komplizierte Bauform gerade fremd sein mußte, gewidmet. Gide stellt Ereignisse dar, die in das Blickfeld der Zentralfigur, des Schriftstellers Édouard, geraten. Édouard, 38 Jahre alt, steht zwischen den beiden Generationsgruppen des Romans, den Eltern und den Leuten unter 30 Jahren, die sich in der bürgerl. Gesellschaft nicht heimisch fühlen. Gegen die etablierte Ordnung formieren sich Cliquen und schließl. e. Falschmünzerbande. Während die Gesellschaft dazu tendiert, dem Individuum stereotype moral. und seel. Verhaltensweisen zu diktieren, entdekken die Jugendlichen Kräfte im Individuum, die ungeahnte authent. Empfindungen freisetzen. Der Versuch, diese Konflikte lit. darzustellen, wirft ästhet. Probleme auf, die in F. prakt. und theoret. gelöst werden sollen. ›Falschmünzer‹ ist im Roman wörtl. und übertragen gemeint, wenn damit falsche Gefühle und falsche Dichtung, d. h. Lit. ohne den notwendigen Argwohn gegenüber den ästhet. Mitteln, denunziert werden. Nichtauthent. ist Dichtung, die aus der Perspektive e. allwissenden Autors verfaßt wird; Édouard bleibt vieles von dem, was Gegenstand s. Darstellung werden soll, fremd. In s. Roman, dem Gegenteil des traditionellen Bildungs- und Entwicklungsromans, soll das Verhalten der Figuren nicht von der Exposition bis zur Entflechtung verplant werden, vielmehr muß, vergleichbar der Bewegung von Billardkugeln, e. Motiv den ›Anstoß‹ geben für das nächste. Gegenstand der Fiktion ist also kein klar umrissener Wirklichkeitszusammenhang in e. konzentrierten Fabel, sondern der Versuch, aus Teilbildern der Realität e. wahrscheinl. Fabel zu abstrahieren. Gides Werk spielt auf drei Ebenen, im Rahmen der Personenschicksale, vor allem der Familie Profitendieu, im Bereich des fiktiven Autors Édouard und in der Perspektive Gides selbst, der das Scheitern von Édouards Romanprojekt feststellt. Weil Édouard als Erzähler mit dem Geschehen verbunden ist, kann er nichts vorweg entscheiden, wartet er auf das Diktat der Wirklichkeit, spielt er den ›auteur imprévoyant‹. Gegenstand des Romans im Roman ist die Diskrepanz von Wirklichkeit und ihrer Erzählbarkeit. Das disponible Individuum (vgl. auch Gides Vorbild Montaigne) in e. erstarrten Gesellschaft und der Autor inmitten unvorhersehbarer Peripetien erleiden e. homologes Dilemma.

Ph. Thody, F.: The theme of responsability, MLR 1960; J. Greshoff, La structure des F., Neophilologus 1963; F. C. Maatje, Der Doppelroman, Groningen 1964; W. W. Holdheim, Theory and practice of the novel: A study on A. Gide, Genf 1968; A. Labuda, Les thèmes de l'adolescence dans l'œuvre d'A. Gide, 1968; D. S. Rieder, F. Gide's essay on a bad faith. RoR 1971.

Favart, Charles Simon, 13. 11. 1710 Paris – 18. 5. 1792 Belleville, Direktor der Opéra comique, verfaßte unter Mitarbeit des Abbé Voisenon und s. Frau, der Schauspielerin Ronceray, Farcen und Schwänke (u. a. *La chercheuse d'esprit,* 1741; *Isabelle et Gertrude, La fée Urgèle, L'anglais à Bordeaux,* 1763; *Œuvres,* hg. L. Gozlan 1853). In s. insgesamt 150 Lustspielen spricht sich e. rokokohaftes Gefallen am Landleben aus. F. war 1759–70 Theaterkorrespondent des Wiener Hofes und Mitgl. der Société de la table ronde (wie Fragonard, Collé, Parné und Sylvain Maréchal).

A. Font, F., 1894; A. Iacuzzi, The european vogue of F., New York 1932.

Faye, Jean-Pierre, geb. 19. 7. 1925 Paris, Stud. Jura und Philos., 1951–60 Lehrtätigkeit, seitdem im Centre national de la recherche scientifique; avantgardist. Lyriker (*Fleuve renversé,* 1959; *Couleurs pliées,* 1965), Übersetzer (Hölderlin, 1965) u. Dramatiker (*Théâtre,* 1964; experimentelle Stücke *Iskra* und *Cirque,* 1972); auch Romancier mit Vorliebe für detektiv. Auflösung, namentl. im Berlinroman *L'écluse* (1964; außerdem *Entre les rues,* 1958; *Battement,* 1962; *Les troyens,* 1970). F.s Beschäftigung mit der Linguistik von Jakobson und Chomsky führte ihn zur Analyse polit. Texte und ihrer Wirkung (*Langages totalitaires,* 1972; *Théorie du récit,* 1972; *Livres communicants,* 1975; *Les portes des villes du monde,* avec: *Manifeste raconté de la narration nouvelle,* 1977; *Commencement d'une figure en mouvement,* 1980; *Dictionnaire politique portatif en cinq mots,* 1982).

M. Partouche, F., 1980.

Februarrevolution, Revolution vom 24. 2. 1848 in Paris, vgl. Leben und Werk von Blanc, Dupont, Baudelaire, Sand, Hugo, Lamartine, Flaubert.

Sondernr. Lendemains 28, 1982.

Félibrige, südfranz. Dichterbund, (Félibres), zu dem sich 1854 in Font-Ségugne b. Avignon Frédéric →Mistral, Joseph Roumanille, der Hg. der Anthologie *Li prouvençalo* (1852), Théodore →Aubanel, Jean Brunet, Rémy Marcellin, Paul Giéra und Anselme Mathieu zusammenschlossen, um e. Renaissance der provenzal. Kultur einzuleiten (→Raynouard). Die polit. Absichten (südfranz. Autonomie) scheiterten, während die regionalist. Erweckung weitere Bewegungen ins Leben rief. Mistral verhalf vor allem mit s. ep. Werk dem F. zum Durchbruch; das 1855 gegr. Organ des Dichterbundes, *Armana prouvençau,* erscheint heute noch als Almanach. Der Versuch des F., den Dialekt von Saint-Rémy zur verbindl. Lit.sprache des Südens zu erklären, scheiterte an partikularist. Tendenzen. Es scheint, daß zumindest die lit. Blüte des F. mit der Jh.wende beendet war (→Riéu).

F. Mistral, Lou trésor dou F., III 1870 ff.; E. Ripert, La renaissance provençale, [2]1924; R. Jouveau, Histoire du F. (1876–1914), Nîmes 1971.

Félicité des Touches, Romangestalt nach dem Vorbild der George Sand in Honoré de Balzac, →*Béatrix ou les amours forcés.*

La femme de trente ans, Roman von Honoré de →Balzac, Teilveröffentlichungen *Revue des deux mondes* und *Revue de Paris* 1831–32, EA *Scènes de la vie privée* 1834–35 (Titel *Même histoire*), endgültige Fassung 1842. Der Episodenroman wurde vom Autor aus sechs lit. ungleichwertigen Erzählungen zusammengefügt, in denen die Motive der ›mal-mariée‹ und des Ehebruchs im Mittelpunkt standen. Wie Ellénore in →*Adolphe* von B. Constant ist Julie d'Aiglemont e. neuer Frauentypus im Liebesroman; e. durch ihr Alter bedingte größere Lebenserfahrung und ihre seel. Reife machen sie interessanter als die verliebten jungen Mädchen älterer Romane. Neuartig ist aber auch, daß e. Frau mit dreißig Jahren, die Mutter ist, ihr Recht auf Leidenschaft fordert. In der Konfrontation mit ihrer Tochter Moïna, die verständnislos reagiert, als sie über Konflikte und Krisen im Leben e. Frau aufgeklärt werden soll, kommt Julies Überlegenheit und gleichzeitig die Unfähigkeit e. Mutter, mit dem Egoismus der Jugend fertig zu werden, zum Ausdruck. Balzac kündigt den trag. Ausgang mit der Bemerkung an, daß e. Mutter, ehe sie ihrem Kind gegenüber gleichgültig wird, entweder stirbt oder sich auf e. der großen Mächte, Liebe oder Religion stützt.

R. Winkler, F. Der Aufbau e. Romans bei H. de Balzac, Zürich 1949; K. Wais, Erlebnisnovelle und trag. Epik (Franz. Marksteine), 1958; K. Maurer, Erlebnis und Dichtung in Balzacs F., RJb. 1959.

Femme fatale, die Verführeringestalt in der Lit. seit der →Manon Lescaut.

C. Hilmes, F. E. Weiblichkeitstypus in der nachromant. Lit., 1990; Cl. Bork, F. u. Don Juan, 1992.

La femme pauvre (1897), Roman von Léon →Bloy, autobiograph. Werk wie schon *Le désespéré;* die Geschichte e. Bekehrung in der Atmosphäre von materieller Armut und myst. Verzückung. Bloy übt darin Kritik sowohl am Positivismus als auch an bürgerl. Formen der Frömmigkeit.

A. Béguin, L. Bloy, mystique de la douleur, 1948; J. Bollery, Genèse et composition de la F., 1969.

Les femmes savantes, Verskom. in fünf Akten von →Molière, entstanden 1669–72, EA 1672, Urauff. 11. 3. 1672 Palais Royal. Die Polarität von praxisferner Idealität und kompromißbereitem Wirklichkeitssinn, Thema zahlr. Molièrestücke, entwickelte der Autor im Alter erneut als Kritik an der verfälschten Salonkultur. Die *F.* schließen ohne Selbstwiederholung an den Stoff der →*Précieuses ridicules* an. Molière entlarvt das tyrann. Gehabe scheingebildeter Damen im Haus des Bürgers Chrysale als widernatürl.; e. Schöngeist, der ihr Apostel geworden ist, Trissotin (e. Karikatur des Abbé →Cotin), entpuppt sich als Mitgiftjäger, den e. Falschmeldung vom Ruin der Familie aus dem Hause treibt. Molière bezweifelt nicht die Emanzipation der Frau schlechthin, als Skeptiker, der La Mothe Le Vayer und Gassendi folgt, stellt er Prunkwissen jedoch als Basis der Bildung in Frage.

J. Arnavon, La mise en scène des F. de Molière, 1912; G. Reynier, Les F. de M., étude et analyse, 1936; Les F., monographie, hg. S. Chevalley 1962.

Fénelon, François de Pons de Salignac de La Motthe, 6. 8. 1651 wahrscheinlich Schloß F. / Sainte-Mondane / Périgord – 7. 1. 1715 Cambrai, Pädagoge u. Theologe, seit 1683 in der Umgebung und unter dem Einfluß von →Bossuet, der ihn mit der Widerlegung der Philos. Malebranches beauftragte, sowie der Mme de Maintenon. 1688 wurde er mit der schwärmer. Mme Guyon bekannt, seitdem näherte er sich dem Quietismus an. 1689 ernannte ihn Ludwig XIV. zum Erzieher des Thronerben, für den er s. Hauptwerk, →*Les aventures de Télémaque,* schrieb, nachdem er 1687 e. *Traité de l'éducation des filles* verfaßt hatte. Nach der Aufnahme in die Ac. frçe. (1693) wurde er 1695 Erzbischof von Cambrai – offenbar waren dem Kg. s. Beziehungen zum Quietismus noch unbekannt. Der Theologenstreit wurde 1697 öffentl. ausgetragen, als sich Bossuet gegen F.s *Explication des maximes des saints* aussprach und den Autor mit Luther verglich; durch e. Breve verdammte die Kurie zwei Jahre später 23 Thesen dieser Schrift. Im *Traité de l'existence de Dieu* (1713) faßte F. seinen cartesian. orientierten Idealismus zusammen, mit dem er sich von den sensualist. Intentionen Bossuets ebenso abhob wie vom Jansenismus und Spinozismus. E. philos. Optimismus bestimmte s. pädagog. Haltung, der Pedanterie, Zwang und Strafe wesensfremd waren, ebenso wie s. polit. Vorstellungen (→*Dialogues divers entre les cardinaux Richelieu et Mazarin et autres,* vgl. auch Fontenelle; seit 1820 erschienen drei Gesamtausgaben, XXIII 1820–30, X 1848–52, Nachdruck 1969, sowie s. Korrespondenz, XI 1827–29; *Œuvres, krA J. Le Brun, II 1983f.; Correspondance,* éd. J. Orcibal, III 1972). In der →Querelle des anciens et des modernes nahm F. e. vermittelnde Haltung ein; im Gegensatz zur Poetik von →Boileau forderte F. e. auf Intuition und Spontaneität begründete Ästhetik, die Nachahmung der einfachen Natur und Musikalität des Ausdrucks. Er polemisierte gegen Racine, den er für die komplizierte Liebesthematik in der franz. Trag. verantwortl. machte; Unwahrscheinlichkeiten, Geistreicheleien und Periphrasen sollten im Schauspiel getilgt werden, der Konversationston müßte die Dialoge prägen (*Lettre sur les occupations de l'Académie,* gerichtet an den Secrétaire perpétuel, Dacier, 1716). Marie-Joseph Chénier brachte den Erzbischof F. auf die Bühne (*F. ou les religieuses de Cambrai,* Trag., Urauff. 9. 2. 1793 Théâtre de la République): Im Konflikt zwischen formalen Anforderungen s. Amts u. Geboten der Menschlichkeit, die sich stellen, als F. von erzwungenen Gelübden in e. Nonnenkloster erfährt, entscheidet er sich für den Bruch mit der entleerten Tradition, befreit die Frau und Tochter s. Freundes d'Elmance aus dem Kloster und gibt ein Beispiel aufgeklärter Toleranz.

H. Bremond, Apologie pour F., 1910; A. Chérel, F. au XVIIIe siècle en France, 1917; E. Jovy, F. inédit d'après les documents de Pistoia, Vitry-le-François 1917; E. Caracassonne, État présent des travaux sur F., 1939; ders., F., l'homme et l'œuvre, 1946; M. Barbano, F., Turin 1950; R. Schmittlein, L'aspect du différend Bossuet – F., 1955; J.-L. Goré, L'itinéraire de F., 1957; H. Hillenaar, F. et les jésuites, Den Haag 1967; F. Ribadeau Dumas, F. et les saintes folies de Mme Guyon, Genf 1968; F. et la prédication, 1969.

Fénéon, Félix, 1861 Turin – 1944 Châtenay-Malabry, Besucher der Mardis von Mallarmé, während dieser Zeit Anarchist, Hg. der *Illuminations* von Rimbaud, Erzähler; Entdecker von Seurat, russ. Autoren sowie Ibsen; verfocht e. von ihm als notwendig erachtete Verwissenschaftlichung der Lit.kritik. F. war Sekretär der *Libre Revue* und später der *Revue blanche.* 1948 schrieb Jean Paulhan die Einleitung zu s. *Œuvres,* postum erschienen auch *Œuvres plus que complètes* (hg. J. U. Halperin, Genf II 1970).

Au-delà de l'impressionisme, F., hg. F. Cachin 1966; J. U. Halperin, F. and the language of art criticism, Ann Arbor 1980; dies., F., 1991.

Fenouillot de Falbaire de Quincey, Charles Georges, 16. 7. 1727 Salins – 28. 10. 1800 Ste. Menehould, Autor von Thesenstücken (*L'honnête criminel ou l'innocence reconnue,* fünfaktige Trag., 1767, über das Schicksal e. Hugenotten aus Nîmes; *Le fabricant de Londres,* fünfaktiges Prosadrama 1771; *L'école des mœurs ou les suites du libertinage,* fünfaktige Trag., 1776; *Les Jammabos ou les moines japonais,* fünfaktige Trag., gegen den Jesuitenorden).

Feraoun, Mouloud, 8. 3. 1913 Tizi-Hibel – 15. 3. 1962 Algier, Bauernsohn, aus der Kabylei, wurde Lehrer, schloß sich der FLN an u. wurde v. der OAS ermordet. In s. Romanen stellt F. das Elend der alger. Landbevölkerung und die soziokulturellen Konflikte der Auswanderer in Frkr. dar (*Le fils du pauvre;* 1950; *La terre et le sang,* 1953; *Les chemins qui montent,* 1957). Im Tagebuch, das er seit November 1955 führte (*Journal,* 1963), e. beispielhaften Dokument zum Algerienkrieg, reflektiert F. die polit. und humane Krise. Das Fragment s. vierten Romans, *L'anniversaire,* erschien 1972.

F. Colonna, F., Algier 1967; A. O. Aoudia, L'inspiration algérienne et influence frçe. dans l'œuvre de F., 1968; J. Adam, Les débuts littéraires de F., RhlF 6, 1981.

Fergus, Roman (1. Drittel des 13. Jh.) von Guillaume le Clerc, aus dem arthur. Stoffkreis, in 6894 Versen. Der Hirte Fergus, dessen Mutter freil. adlig war, sieht das Jagdgefolge des Artus, fühlt sich zum Ritter berufen und stellt s. aristokrat. Geblüt unter Beweis. Das Werk ist stark von Chrétien de Troyes abhängig.

B. Schmolke-Hasselmann, F., Mélanges L. Thorpe, Glasgow 1981.

Fermina Marquez, Roman von Valery →Larbaud, ED *NRF* März–Juni 1910, EA 1911. Schauplatz ist e. feudales Pariser Internat, in dem Schüler aus vielen Ländern ihre Ausbildung absolvieren; unter diesen sind die Spanier und Lateinamerikaner tonangebend. F. besucht regelmäßig ihren Bruder, den Sohn e. kolumb. Bankiers; sie wird zum Idol, das die älteren Schüler umschwärmen. Joanny Léniot, Klassenbester, macht ihr den Hof, um s. Selbstbewußtsein zu befriedigen. F. bleibt für ihn unnahbar, sie wird die Freundin des Spaniers Santos Iturria. Außer der Darstellung pubertärer Konflikte ist vor allem der kosmopolit. Hintergrund originell, Larbaud verarbeitete darin eigene Jugenderinnerungen.

Fernandez, Dominique, geb. 25. 8. 1929 Neuilly-sur-Seine, Sohn des Lit.kritikers Ramon F., seit 1966 Prof. Italianistik Université de Haute Bretagne. Schauplatz u. Mythos s. psycholog. Romane u. Essays ist häufig Italien (*L'écorce des pierres,* 1959: *L'aube,* 1962; *L'echo de Pavese,* 1967; *L'arbre jusqu'aux racines,* 1972; *Porporino,* Prix Médicis 1974, Gesch. e. Kastraten, die Welt der Oper; *L'étoile rose,* 1978; *Promeneur amoureux,* 1980; *Dans la main de l'ange,* Prix Goncourt 1982, apokryphe Autobiogr. Pier Paolo Pasolinis, Thematisierung der Homosexualität in den letzten Titeln, rückhaltloser als Gide im *Corydon*). Die Lit.kritik begrüßte die Auszeichnung 1982, da dieses Werk alle früheren Ideen zusammenfasse; Roman *L'amour* (1985).

Ferney, Ort an der franz.-schweizer. Grenze bei Genf, Dép. Ain,

1758–78 im Besitz Voltaires, seit 1760 s. Wohnort bis zur letzten Parisreise (Febr. 1778). Aus Genf ließ er Handwerker, vor allem Uhrmacher, Strumpfwirker u. Töpfer nach F. kommen; in Tausenden von Briefen machte der ›Patriarch von F.‹ Reklame für die Produkte s. Dorfes. Von hier aus dirigierte er, in polit. Sicherheit, die Aufklärung, vor allem die Toleranzkampagne der 60er Jahre. Der Ort (heute ca. 7000 Einwohner) heißt jetzt F.-Voltaire.

Ferral, Romanfigur in →*La condition humaine* von Malraux, Leiter e. Industriekonsortiums in Shanghai, Prototyp des Eroberers und Ausbeuters.

Festeau, Louis, 1798 Paris – 1869 ebda., Schmuckhändler, nannte sich ›le chansonnier du peuple‹ (*Les éphémères,* 1834; *Chansons et musique,* 1838; *Chansons nouvelles,* 1848; *Les roturières,* 1859).

Fêtes galantes, Gedichtslg. von Paul →Verlaine, entstanden 1866–69, EA 1869. In s. zweiten Lyrikzyklus (vgl. *Poèmes saturniens,* 1866) evoziert Verlaine Szenen der Rokokomalerei, namentl. von Watteau. Dabei scheitert das Bemühen des Dichters, sich mit der galanten u. frivolen Welt der verkleideten Schäfer, mondänen Abbés, eleganten Damen, die mit Negerjungen u. Affen ihre Gesellschaftsspiele treiben, zu identifizieren (vgl. u. a. die Gedichte *Pantomime, Sur l'herbe, Cortège*). Gerade der Spielcharakter der maskierten schönen Welt, zu dem Verlaine sich hingezogen fühlt, löst Skepsis u. Melancholie aus; die Metapher der Maskerade meint sowohl Illusion wie Enttäuschung. Denn auch die Seelenlage der Traumgestalten ist von Masken bevölkert, die nicht mehr an ihr Glück zu glauben scheinen (*Clair de lune,* II, 3). Am Ende des galanten Festes steht der Dialog zweier Schemen, die der verlorenen Liebe nachtrauern: ›Qu'il était bleu, le ciel, et grand, l'espoir!/L'espoir a fui, vers le ciel noir‹ (*Colloque sentimental,* VII, 1–2).

J.-H. Bornecque, Lumière sur les F. de Verlaine, 1959.

Le feu. Journal d'une escouade, Roman von Henri →Barbusse, entstanden 1915, EA 1916, Prix Goncourt 1917. Barbusse vervollständigt in e. Roman ohne Intrige den Naturalismus von Zola *(La débâcle),* indem er den Erzählstil s. Kriegstagebuchs zum Vulgären hin entgrenzt, u. er bereitet den sozialist. Realismus durch die Erklärung des I. Weltkrieges als Klassenkampf vor (vgl. Aragon, *Le monde réel*). Der Landser ist kein Chauvinist, er assoziiert Krieg nicht mit heroischer Schönheit, sondern mit Leid u. Dreck. Kein Arbeiter u. Bauer zog kampflüstern in diesen Krieg; s. wahrer Gegner ist nicht der Soldat im andern Schützengraben, sondern der Privilegierte, der Kriegsgewinnler, der Klerus.

A. Vidal, Henri Barbusse, soldat de la paix, 1953; J. Relinger, F. de Barbusse, La Pensée, Februar 1963.

Feuillère, Edwige, geb. 29. 10. 1907 in Vesoul/Haute-Saône, Schauspielerin, 1931 Engagement an der Com. frçe., Filmrollen. F. spielte u. a. in *La parisienne* von Becque, *L'aigle à deux têtes* von Cocteau, *Le partage de midi* von Claudel.

Feuillet, Octave (Ps. Désiré Hazard), 11. 8. 1821 Saint-Lô – 29. 12. 1890 Paris, Autor von Trivialromanen (*Le roman d'un jeune homme pauvre,* 1857; *L'histoire de Sibylle,*

1862; *Monsieur de Camors,* 1867; *Un mariage dans le monde,* 1875; *Histoire d'une parisienne,* 1881; *Honneur d'artiste,* 1890) u. Unterhaltungsdramen, die sowohl den tändelnden Stil Mussets als auch Pixérécourts Melodramatik aufnahmen (*La crise,* 1848; *Le pour et le contre,* 1853; *Péril en la demeure,* 1855; *Dalila,* 1857; *Montjoie,* 1863; *Chamillac,* 1886; *Théâtre complet,* V 1892 ff.). Während des Second Empire galt F., den Kaiserin Eugénie 1868 zum Bibliothekar von Fontainebleau ernannte, als Modeautor des Bürgertums (vgl. auch Paul de Kock, Georges Ohnet). Er setzte die Tradition des heroisch-galanten Romans für ein gesellschaftl. verändertes Publikum fort, das in der romanesken Darstellung von Liebe u. Tugend e. ideale Welt genießt.

L. Deries, F., 1902; H. Bordeaux, La jeunesse d'O. F., 1922; A. Borresen, Le théâtre d'O. F., 1929; A. Grewe, Die Lit. der Krinoline, 1974.

Feuilleton, Bezeichnung für Kulturkritik in Tageszeitungen (zuerst →*Journal des débats politiques et littéraires*), seit 1836 für den Fortsetzungsroman (→Roman-feuilleton).

H.-J. Neuschäfer/D. Fritz-Al Ahmad/K.-P. Walter, Der franz. F.roman, 1986; R. Jakoby, Das F. des Journal des Débats von 1814–30, 1988.

Feuilleton télévisé, Fernsehserie.

Feutry, Aimé-Ambroise-Joseph, 1720 Lille – 28. 3. 1789 Douai (Selbstmord), Advokat wie viele Zeitgenossen, die ihren Beruf aufgaben, um sich der Dichtung zu widmen. S. Vorbilder fand F. in der mod. engl. Lit. (Thomson, Pope, Young). Außer vorromant. Nacht- u. Gräberpoesie interessierten ihn philolog. Probleme *(Traité de l'origine de la poésie castillane, Recherches historiques sur la poésie toscane)* u. techn. Erfindungen (*Recueil de poésies fugitives,* Rennes 1760; *Opuscules poétiques et philologiques,* Den Haag 1771; *Nouveaux opuscules,* Dijon 1779).

Féval, Paul Henri Corentin, 28. 11. 1817 Rennes – 8. 3. 1887 Paris, Anwalt, Redakteur von *Le Nouvelliste* in Paris, Autor von Abenteuer- u. Detektivromanen, die zunächst in Fortsetzungen erschienen *(Revue de Paris, La Quotidienne, Courrier français, La Mode),* rivalisierte mit Eugène →Sue (*Le club des Phoques,* 1841; *Les mystères de Londres,* 1844, Gegenstück zu Sues *Mystères de Paris; Le fils du diable,* 1847; *Les couteaux d'or,* 1856; *Le bossu,* 1858, später verfilmt; *Le capitaine Fantôme,* 1862; *Œuvres,* XXXVIII 1895). Nach der Konversion im Alter purgierte er s. Werke, die e. breites Publikum erreichten.

Ch. Buet, F., souvenirs d'un ami, 1887.

Feydeau, Ernest-Aimé, 16. 3. 1821 Paris – 21. 10. 1873 ebda., Romancier, dessen psycholog. Talent, das er in →*Fanny* an den Tag legte, von Sainte-Beuve gelobt wurde; der Erfolg veranlaßte ihn, in *Daniel* (1859) u. *Catherine d'Overmeire* (1860) immer gewagtere Liebeskonflikte zu schildern. Später erschienen *Sylvie* (1861), *Monsieur de Saint-Bernard* (1863), *Le mari de la danseuse* (1863), *Le secret du bonheur* (1867), *La comtesse de Chalis* (1867). F. griff mit der Vorrede zu *Un début à l'Opéra* (1863) in die Realismusdiskussion ein; er trennte Realismus von der Voraussetzung grober u. widerwärtiger Sujets u. dem Stilideal der totalen Kopie, der Photographie, die ausdrückl. als negatives Modell genannt wird.

M. A. Springer, F. Sa vie, son temps, son œuvre, Diss. Chicago 1961.

Feydeau, Georges, 8. 12. 1862 Paris – 5. 6. 1921 Rueil, Sohn des Romanciers Ernest-Aimé →F., erfolgr. Lustspielautor. F. konstruierte s. personenreiches Vaudeville nach dem Schema der Situationskomik (*L'hôtel du Libre-Echange,* 1894; *On purge bébé,* 1910; *Mais ne te promène donc pas toute nue,* 1912). Soziale u. sittl. Fallhöhe werden quantifiziert, sie sind theatral. Mittel, um unwahrscheinl. Verwicklungen zu produzieren, deren Lösung routinemäßig erfolgt: Die halbseidene Mätresse e. Arztes gilt in der Gesellschaft versehentl. als s. Gattin, dann als Nichte e. Generals, endl. in der Provinz als Anstandsdame (*La dame de chez Maxim,* 1899; weitere Titel: *La lycéenne,* 1887; *Chat en poche,* 1888; *Les fiancés de Loches,* 1888; *L'affaire Édouard,* 1889; *Le mariage de Barillon,* 1890; *Monsieur Chasse,* 1892; *Le système Ribadier,* 1892; *Le ruban,* 1894; *Occupe-toi d'Amélie,* 1908; *Feu la mère de Madame,* 1908; *Théâtre complet,* éd. H. Gidel IV 1988 ff.).

L. Treich, L'esprit de F., 1928; J. Lorcey, G. F., 1972; H. Gidel, La dramaturgie de F., II 1978; ders., Le théâtre de F., 1979.

Fierabras, Alexandrinerepos des späten 12. Jh. aus dem Stoffkreis des →Karlszyklus, Fortsetzung einer verlorengegangenen Dichtung, *Balan.* Die Plünderung Roms durch Sarazenen (846) wird mit Karls Spanienzug u. der Überführung der Passionsreliquien nach Saint-Denis in Zusammenhang gebracht. Prosaauflösung 14. Jh., Übs. u. Nachahmungen in fast allen europ. Sprachen. Don Quijote bewundert das Epos.

A. de Mandach, La geste de F., Genf 1987.

Fiévée, Joseph, 9. 4. 1767 Paris – 7. 5. 1839 ebda., Typograph, Journalist mit monarchist. Neigungen, später im Dienst Napoleons, an den er die *Lettres sur l'Angleterre* (1802) richtete. F. redigierte während des Empire u. der Restauration die *Correspondance politique et administrative,* auf die 1837 die *Correspondance et relations avec Bonaparte* folgte; er war Präfekt in Nevers. Während der Restauration gehörte er zur Partei der Ultras, er war befreundet mit Théodore Leclercq. Von s. dichter. Schaffen ist der Roman *La dot de Suzette* (1798, n. 1964) zu nennen.

La fille Élisa, Roman von Edmond de →Goncourt, entstanden 1871–76, EA 1877. Das Material zu dieser Dirnengeschichte, in die der klin. Bericht über e. wachsende Hysterie eingelassen ist, sammelten die Brüder Goncourt seit 1862. Der Roman zeigt Élisa im Zuchthaus u. im Stadium der geistigen Umnachtung vor ihrem Tode. Der Erzähler legitimiert sich als Kenner der Ereignisse durch s. Anwesenheit beim Tod der Heldin. Dreimal unterbrechen Rückblenden die Handlungsebene; der Blick in die Vergangenheit begründet Élisas Verbrechen u. Krankheit: Vor der herrschsüchtigen Mutter floh sie in e. Kleinstadtbordell. Schon ihre erste Bekanntschaft – mit e. Handlungsreisenden – erfüllt sie mit Haß auf die Männer, als sie entdeckt, daß er für die Polizei arbeitet. E. Nervenleiden, das seit ihrer Kindheit in schwachen Symptomen auftrat, kommt stärker zum Ausbruch. An die Begegnung mit dem Soldaten Tanchon in e. anderen Bordell knüpft sie die Hoffnung auf Rettung aus dem Milieu, bis der scheinbar zartfühlende Verehrer ihr mit derselben Brutalität entgegentritt wie die übrigen Kunden. Élisa ersticht ihn in e. Anwandlung grenzenloser Enttäuschung.

R. Ricatte, La genèse de F., 1960.

Les filles du feu, Novellen, dramat. Erzählungen, Dialoge u. Gedichte von Gérard de →Nerval, EA 1854, enthält u. a. den Sonettzyklus →*Les chimères,* hg. H. Lemaître in *Œuvres,* I 1958. Der Italien- u. Orientkomplex Nervals sowie der Bezug des Liebesmotivs zu myst. Sinnbildern des Lichts u. des Feuers sind stoffl. Merkmale dieser formal heterogenen Slg. Im Stadium der ›rêverie super-naturaliste‹ niedergeschrieben, erlangen die Visionen Nervals durch das Verlangen nach e. ›flüchtigen Stern‹ ihren Sinn *(→Aurélia).* Der Dichter schöpft dabei aus Kindheitserinnerungen, Reiseerlebnissen u. Lesefrüchten, namentl. des Schrifttums der Illuminaten. Erfüllung in der Liebe (Novellen *Octavie, Sylvie*) drückt sich im gleichen Symbol aus wie relig. Errettung. Für die synkretist. Sehweise ist die Gestalt der Urmutter, der großen Geliebten u. der Mater dolorosa demselben Archetypus zugeordnet; myst. Identität u. Anagnorisis sind Merkmale der lit. Struktur der *F.*

M.-J. Durry, G. de Nerval et le mythe, 1956; R. Chambers, Nerval et la poétique du voyage, 1969; N. di Girolamo, Nerval e la tematica delle Figlie del fuoco, 1971.

Film-Autoren, Schriftsteller, die auch filmen, wahrscheinl. als 1. Cendrars, der mit Abel Gance zusammenarbeitete, Delluc, später Pagnol, Malraux, Guitry, Cocteau, Achard, Anouilh, Laurent, Prévert, Gary, Duras, Beckett (*Film,* mit Buster Keaton), Perec, Robbe-Grillet, Conchon; →Ciné-roman.

Le fils naturel, Prosakom. in fünf Akten von Denis →Diderot, entstanden 1755–57, EA Amsterdam 1757; Urauff. 1771. Nach Nivelle de La Chaussée *(Mélanide)* u. Goldoni (*Il vero amico,* 1750) schrieb Diderot d. Rührstück von Freundestreue und Liebesverzicht. Dorval und Clairville sind in Rosalie verliebt; Clairville ahnt nicht, daß der Freund s. Rivale ist, u. bestellt ihn zum Fürsprecher. Dorval will Clairville nicht enttäuschen u. erfährt, daß Rosalie in ihn selbst verliebt ist. Als er sich großmütig zurückziehen will u. Clairville s. Verzicht moral. noch zu überbieten trachtet, löst die Heimkehr von Rosalies Vater Lysimonde aus Amerika die heillose Verwicklung: Dorval ist in Wirklichkeit Rosalies Halbbruder. Ihn wird Constance, Clairvilles Schwester heiraten; Rosalie u. ihr Geliebter werden das andere Paar. Die gleichzeitig verfaßte u. veröffentlichte Dramentheorie →*Entretiens avec Dorval* wurde für die Auflösung des klass. Schauspielideals in Frkr. wirksamer als Diderots Bühnenpraxis (vgl. auch *Le père de famille, Est-il bon? Est-il méchant?*), während ihr in Dtl. Lessing alle Aufmerksamkeit u. Bewunderung schenkte.

J. Proust, Le paradoxe du F., Diderot Studies 1963.

La fin de la nuit (1935), Roman von François →Mauriac, Fortsetzung von →*Thérèse Desqueyroux.* Thérèse lebt allein in Paris u. gelangt allmähl. zur Einsicht in ihre Schuld; den Freund ihrer Tochter Marie, der sich in sie verliebt, weist sie entschieden zurück, um das Glück des Kindes nicht zu gefährden. Sie kehrt in ihr Dorf im franz. SW zurück u. erwartet den Tod; mit ihrer Agonie schließt die Romanhandlung. Mauriac teilte mit, er habe sich e. erbaul. Romanschluß, der e. Priester am Sterbebett der Verbrecherin zeigt, versagt. Poet. Überlegungen des Romanciers verdrängen e. theolog. Lösung: im Werk dieses Autors fällt gerade diese Entscheidung selten.

Fin de partie, Einakter von Samuel →Beckett, EA 1957, Urauff. 1. 4. 1957 Royal Court Theatre, London (Regie Roger Blin), Pariser Premiere April 1957 Studio des Champs-Élysées. Die Bedeutung des Titels – Endphase des Schachspiels – steht im gewollten Widerspruch zum Kernsatz der Exposition, der e. Behauptung (›Fini, c'est fini‹), kaum, daß sie ausgesprochen ist, zurücknimmt (›ça va peut-être finir‹), und zur Situation der Schlußszene. Seit e. nicht näher bezeichneten Katastrophe leben der blinde u. gelähmte Hamm (nach Becketts Hinweis ein sprechender Name, abgeleitet von dt. Hammer) u. s. Diener Clov (nach franz. clou) in e. Raum mit zwei Fenstern, durch die der Blick auf die Außenwelt, ›l'autre enfer‹, geht. Hamms Eltern, Nagg u. Nell, seit einem Tandemunfall beinamputiert, vegetieren in Mülleimern. Herr u. Diener kennen ihre Rollen u. spielen sie bewußt, in ihre Dialoge fließen auch Reflexionen über den Stil des Gesagten mit ein. Dadurch parodieren sie bereits das Herrschaftsspiel, in dem sie agieren. Clov nützt s. Beweglichkeit zu pantomim. Szenen, wenn er vor dem Fenster e. Veränderung zu entdecken glaubt u. wenn er sich reisefertig präsentiert. Tatsächl. verläßt er aber Hamm nicht. In ihrem Elend reden u. gestikulieren die Personen um ihr Leben, vor allem für Hamm erweckt Sprechen als Kommunikations- u. Reflexionskompetenz, wenngleich s. Gedächtnis ihn immer wieder im Stich läßt, den Anschein der Existenz. Zwar wird zum Schluß der König nicht matt gesetzt, u. Hamm macht sich im Selbstgespräch Mut, das Spiel, dessen Regeln ihm geläufig zu sein scheinen, fortzusetzen, doch die fortgeführten Abhängigkeitsstrukturen bedeuten über die Worte u. Gesten hinaus, in denen sie sich äußern, nichts. Darin sind sich Anfang u. Ende gleich.

Th. W. Adorno, Versuch, das Endspiel zu verstehen (Noten zur Lit. II), 1961; K. Heitmann, Die Welt als Wüste: Becketts Endspiel, NSp 1970; A. Cohn-Blum, S. Beckett: F. (Das mod. franz. Drama, hg. W. Pabst, 1971).

Fin-de-siècle, Bezeichnung für Dekadenzstimmung als Existenzgefühl u. ästhet. Verhalten am Ende des 19. Jh., Schlagwort nach dem gleichnamigen Stück von Micard, Jouvenot u. Cohen (Urauff. 17. 4. 1888 Théâtre du Château d'Eau, Paris). Bereits 1886 definierte e. Text der Zs. *Voltaire* als F. die passive Unterwerfung unter verhaßte gesellschaftl. Verhältnisse, Verzicht auf individuelle Verantwortung, Anschluß an die allgemeine Korruption. Der Hang zur Morbidezza, e. Hellhörigkeit für das Krisenhafte, die durch Schopenhauers Pessimismus bestärkt wurde, u. die Hingabe an ungewöhnl. Reize *(→A rebours)* verstärkten sich seit dem verlorenen Krieg, dem Schock der Commune vom Mai 1871, der Dreyfus-Affäre u. den inneren Krisen der III. Republik (vgl. Rimbaud, Mallarmé, Laforgue, Loti, Villiers de l'Isle-Adam, Lautréamont, Bloy).

A. Baillot, L'influence de Schopenhauer en France 1860–1900, 1927; A. Billy, L'époque 1900, 1951; Ph. Jullian, Mythen u. Phantasmen in der Kunst des F., 1972; E. Koppen, Dekadenter Wagnerismus, 1973; H. Hinterhäuser, F. Gestalten u. Mythen, 1977; R. Bauer u. a. (Hg.), F., 1977; J. Pierrot, L'imaginaire décadent 1880–1900, 1978; M.-Cl. Bancquart, Images littéraires du Paris F., 1979; A. Corbineau-Hoffmann / A. Gier, Aspekte der Lit. des F. in der Romania, 1983; P. Citti (Ed.), Fins de siècle, Bordeaux 1990.

Fischerkönig →Pescheor.

Flamenca, anonymer provenzal. Versroman in 8095 Achtsilbern, entstanden vermutl. zwischen 1240 u. 1272, EA 1865 nach e. Hs. des 13. Jh., éd. J.-C. Huchet 1989. Die Liebesgeschichte spielt 1234. Die e. Adligen unwürdige Eifersucht Archimbauts wird bestraft, der Erzähler ironisiert ehel. Konventionen. Als Ritter Wilhelm von Nevers erfährt, daß Archimbaut s. Frau F. wie e. Gefangene hält, nähert er sich ihr in der Verkleidung e. Ministranten, der den Friedenskuß an die Gläubigen weitergibt u., über Wochen verteilt, in lakon. Fragen u. Antworten aufgelöst, mit F. e. Liebesdialog führt. In der Rolle e. Badeknechts kommt er ihr noch näher; vier Monate lang genießt das Paar die Freuden der Liebe. Guilhem kehrt in s. Heimat zurück u. erwirbt sich ritterl. Ruhm, Archimbaut lädt ihn zum Turnier ein. Der Autor muß mit der artur. Epik u. dem *Roman de la rose* vertraut gewesen sein.

R. Nelli, Un art d'aimer occitanien au XIIIe siècle: F., Toulouse 1966; L. Cocito, Il romanzo di F., 1988.

Flaubert, Gustave, 12. 12. 1821 Rouen – 8. 5. 1880 Croisset, Sohn e. Chirurgen, 1831 Eintritt ins Collège royal von Rouen, seit 1835 lit. Versuche (u. a. Zs. *Art et progrès*), 1836 hoffnungslose Liebe zur Frau des Musikverlegers Schlésinger, e. Episode, die er später in der →*Éducation sentimentale* verarbeiten wird. 1837 entstanden *Rêve d'enfer* u. *Passion et vertu,* e. Novelle, die Szenenentwürfe zu →*Madame Bovary* enthielt, wahrscheinl. 1838 *Mémoires d'un fou,* 1839 der erste Entwurf zu →*La tentation de Saint-Antoine.* Nach bestandenem Baccalauréat unternahm F. e. Reise in die Pyrenäen, die Provence u. nach Korsika (1840), im Jahr darauf bezog er die jurist. Fakultät in Paris. In Paris begann er im Februar 1843 mit der Arbeit an der *Éducation sentimentale,* gleichzeitig befreundete er sich mit Maxime Ducamp. Nach dem Mißerfolg im zweiten Jahresexamen kehrte er nach Rouen zurück. In Begleitung s. Schwester Caroline u. ihres Mannes entdeckt F. im Mai 1845 in Genua Breughels Darstellung des hl. Antonius. 1846 zog er sich nach dem Tod s. Vaters auf den Familienbesitz in Croisset zurück; er knüpft Beziehungen zur Schriftstellerin Louise Colet an, mit der er bis 1855 e. ausführl. Korrespondenz unterhielt. F. erlebte die Februarrevolution 1848 in Paris. Zusammen mit Ducamp reiste er im November 1849, nachdem s. Freunde *La tentation de Saint-Antoine* negativ beurteilt hatten, nach Ägypten, Palästina, Syrien, Rhodos, die Türkei u. Griechenland (Rückkehr Juni 1851). Am 19. 9. 1851 begann er mit der Niederschrift von *Madame Bovary,* er vollendete 1856 den Roman in Paris; e. verstümmelte Fassung erscheint vom 1. 10. 1856 an in sechs Heften der *Revue de Paris.* Noch ehe die Buchausgabe im April 1857 herauskam, wurde F. wegen Verletzung der öffentl. Moral angeklagt, am 7. 2. 1857 freigesprochen. Er verschob die Veröffentlichung der *Tentation de Saint-Antoine* u. konzentrierte sich auf →*Salammbô* (ursprüngl. Titel *Carthage*); nach e. Karthagoreise 1858 schrieb er bereits vorliegende Kapitel um. Im November 1862 brachte Lévy das Buch heraus (er datierte s. Erscheinen auf 1863). F. wurde zum Ritter der Ehrenlegion ernannt, er dinierte regelmäßig bei der Prinzessin Mathilde; ihr u. George Sand, mit der er seit 1863 korrespondierte, hat er aus unveröffentlichten Werken vorgelesen. Zu Anfang der 70er Jahre wurden seine Beziehungen zu Maupassant enger. Wegen finanzieller Schwierigkeiten mußte F. 1875 e. Besitz in Deauville verkaufen. 1876 schrieb er *Saint-Julien l'hospitalier,* →*Un cœur simple* u. *Hérodias;* diese *Trois contes* erscheinen im kommenden Jahr bei Charpentier; s. Verleger und der russ. Dichter Turgenev, der sich bei Zss. u. der Bibliothèque Mazarine für F. einsetzte, versuchten, ihn aus materieller Not zu retten. Bei s. Tod, der durch Gehirnblutung eintrat, hinterließ F. unvollendet →*Bouvard et Pécuchet.* Wahrscheinl. starb er an den Folgen der Syphilis, die er sich im Orient zugezogen hatte, u. nicht an Epilepsie, die bei ihm seit 1844 beobachtet wurde. Über der Welt der F.schen Romangestalten liegt das Gefühl der Nichtigkeit u. Uneigentlichkeit, vor allem der bürgerl. Ordnung. Romant. wie die Schmerzen, die F. s. Gestalten in den Frühwerken leiden ließ, waren auch die lit. Gattungen, in denen er sie präsentierte: hist. Roman u. phantast. Erzählung, Konfession. Liebe u. Kunst erscheinen als Lebenswerte. Dann entwickelte der Autor in *Madame Bovary* u. der zweiten Fassung der *Éducation sentimentale* e. antiromant. Programm; er thematisiert nicht mehr das eigene Ich, sondern die Desillusionierung der bürgerl. Welt. In der Zurückgezogenheit von Croisset kam es F. zum Bewußtsein, daß sich die Geschichte als Abfolge nicht prozeßhafter Ereignisse verselbständigt hat; die Menschen beschwören e. Fatum, um ihrem Scheitern Rang zu verleihen (vgl. die Schlußszenen in *Madame Bovary* u. *L'éducation sentimentale*). F.s Äußerungen zur Romantheorie, nirgends systemat. entwickelt, sind formelhaft u. nicht ohne gelegentl. Selbstwiderspruch in die zahlr. Briefe, namentl. an George Sand u. Louise Colet, eingestreut. Die poetolog. Auskünfte sind auch öfter bildhaft als begriffl. fixiert; meist reflektierte F. ästhet. Probleme, während er an e. Werk arbeitete. Im März 1853 teilte er Louise Colet mit, er gedenke die ›Absurdität‹ wahrzumachen, daß das ›gewöhnl. Leben‹, ohne daß der Gegenstand verzerrt würde, wie d. Geschichte oder e. Epos dargeboten werden könne. Diese programmat. Absicht implizierte für ihn e. weitreichende Forderung, die er wenige Tage später (6. 4. 1853) festhielt: ›la littérature prendra de plus en plus les allures de la science; elle sera surtout *exposante,* ce qui ne veut pas dire didactique.‹ Unter diesen Voraussetzungen wird für den Erzähler e. Gebot unausweichl.: ›ne pas mettre sa personnalité en scène‹ (an G. Sand 15./16. 12. 1866). Vor allem unter dem Eindruck von Théophile Gautier konzentrierte sich F. auf Fragen wie die ›impersonnalité‹ u. ›objectivité‹ des Schriftstellers, das ›mot juste‹, die Untrennbarkeit von Sinn u. Form u. die Fragwürdigkeit des sozialkrit. Engagements. Dabei glaubte er, das Schöne sei an sich schon moral. u. bedürfe keiner weiteren Begründung. F. haßte die banale Alltagssprache, er fürchtete Gemeinplätze der Diktion als Merkmal bürgerl. Weltsicht; s. Sprachpriestertum wandte sich in schroffer Form gegen die Klischees, die er vor allem in *Bouvard et Pécuchet* u. im *Dictionnaire des idées reçues* (1911) bloßstellte. Es war gegen die epigonale romant. Sprachverwilderung gerichtet. Gelegentl. verwandte F. acht Tage auf die Redaktion einer einzigen Seite, manche Kapitel in *Salammbô* wurden ein dutzendmal umgeschrieben. Die Wirkung s. Kunst war bes. stark auf →Maupassant, Turgenev, Fontane und Henry James. An den Realisten der 50er Jahre mißfiel ihm der Versuch e. präetablierten Poetik u. die Vorliebe für abstoßende Sujets. 1921 leitete Proust mit e. Analyse des Stils von F., den er gegen Angriffe Albert Thibaudets in Schutz nahm, das eigentl. Verständnis für die Innovationen des Autors ein. Proust entdeckte, daß F. meisterhaft den Eindruck der verrinnenden Zeit zu vermitteln verstand; er befreite den Zeitwechsel im Erzählfluß von der Zutat des Anekdotischen u. setzte ihn um in ›Musik‹. Den Nouveau Roman interessierte an F., daß erstmals in der Gattungsgeschichte e. Erzähler das Romanschreiben problemat. wurde, nicht die Bewältigung e. Geschichte, sondern der Komposition; diese disponiert bei F. immer weniger zur referentiellen Leseart. (*Œuvres complètes,* hg. R. Dumesnil XXII 1910–24; *Correspondance-Supplément,* hg. R. Dumesnil/J. Pommier/C. Digeon, XIII 1961; *Lettres d'Égypte,* hg. A. Naaman 1965; *Correspondance,* hg. J. Bruneau, II 1973–80, reicht bis Dezember 1858).

H. Friedrich, Drei Klassiker des franz. Romans. Stendhal, Balzac, F., [5]1966; A. Fairlie, F. and the authors of the French Renaissance, 1968; C. B. West, Ten years of F. studies, Modern languages 1968; C. Carlut, La correspondance de F. Étude et répertoire critique, 1968; Cl. Digeon, F., 1970; R. J. Sherrington, Three novels by F. A. study of techniques, London 1970; M. Hardt, F.s Spätwerk, Analecta Romancia 27, 1970; J.-L. Douchin, Le sentiment de l'absurde chez F., 1970; V. Brombert, F. par lui-même, 1971; R. K. Cross, F. and Joyce. The rite of fiction, Princeton 1971; E. L. Gans, The discovery of illusion. F.'s early works 1835–37, Berkeley 1971; J.-P. Sartre, L'idiot de la famille, 1971 ff. (bis 1972 3 Bde. erschienen); B. Wagner, Innenbereich u. Äußerung. F.sche Formen indirekter Darstellung u. Grundtypen der Erlebten Rede, 1972; G. W. Frey, Die ästhet. Begriffswelt F.s. Stud. zu der ästhet. Terminologie der Briefe F.s, 1972; P. Danger, Sensations et objets dans le roman de F., 1973; La production du sens chez F., Colloque, 1975; Langages de F., Colloque 1973, 1976; J. Bem, Désir et savoir dans l'œuvre de F., Neuchâtel 1979; Essais sur F., Festschr. D. Demorest, 1979; F. et Maupassant écrivains normands, Colloque 1980, 1981; Sondernr. RhlF 4–5, 1981; M. Robert, En haine du roman, étude sur F., 1982; H. Pfeiffer, Roman u. histor. Kontext. Strukturen u. Funktionen des franz. Romans um 1857, 1983; H. Troyat, F., 1988; R. Debray-Genette, Métamorphose du récit. Autour de F., 1988; H. Lottman, F., 1989; F. Leinen, F. u. der Gemeinplatz, 1990; T. Unwin, Art et infini. L'œuvre de jeunesse de F., Amsterdam 1991; P. Bourdieu, Les règles de l'art, 1992.

Fléchier, Valentin-Esprit, 10. 6. 1632 Pernes/Vaucluse – 16. 2. 1710 Montpellier, Prälat u. berühmter Kanzelredner; seit 1659 in Paris, gehörte zum Kreis des Hôtel de Rambouillet, wurde Vorleser d. Dauphin, 1673 Mitglied der Ac. frçe., 1685 Bischof von Lavaur, 1687 von Nîmes. F. verfaßte außer polit. Schriften eine Biographie Theodosius des Gr. (1679) u. d. span. Kardinals Jiménez (1693). S. Korrespondenz mit Mlle de La Vigne erschien 1833 (*Œuvres choisies,* hg. H. Bremond 1911).

G. Grente, F., 1934.

Fleur-de-Marie, die reine Dirne in →*Les mystères de Paris* von Sue, in Wirklichkeit die Tochter des Hzg.s von Gerolstein, der sie höchstpersönlich rettet.

La fleur des pois, Roman von Honoré de →Balzac, entstanden 1834, EA 1835, 1842 unter dem neuen Titel *Le contrat de mariage* in die *Comédie humaine* eingegliedert (Bd. 3), die Geschichte der Verblendung u. des wirtschaftl. Ruins des arglosen Paul de Manerville (Spitzname F.), den auch die Wahrheit über s. leichtsinnige Frau nicht retten kann. Daß ihre Mutter, Frau Évangélista, s. Ausbeutung von Anfang an geplant hat, entdeckt er nie.

Les fleurs de Tarbes ou la terreur dans les lettres, Essay von Jean →Paulhan, EA 1941. Paulhan bezeichnet e. Krisenzustand der mod. Lit. beziehungsreich als ›terreur‹ u. plädiert für e. veränderte Einstellung zur Rhetorik. Jede Idee, selbst die subtilste, verlangt nach dem sprachl. Ausdruck, mag uns dieser unter bestimmten Voraussetzungen auch als trüger. u. falsch erscheinen. Denn alle psych. Regungen artikulieren sich bereits in sprachl. Form. Also muß der Mensch der Sprache u. ihrem System der Bezeichnung vertrauen. Zwar kann sich das Wort früher als die Idee abnutzen, können die sprachl. Regeln zu Fesseln des Denkens werden, das Kommunikationsmodell als solches wird damit aber nicht hinfällig. Kompetenter als der Schriftsteller ist der Leser, auf dessen Verstehen hin Texte formuliert werden, bei der Entscheidung, ob einem Zeichen noch ein Bezeichnetes zugeordnet ist, welchen Umfang Bedeutungsverschiebungen angenommen haben, ob schließl. nur noch Leerformeln produziert werden. Paulhan denunziert den Zwang zur Innovation, die das Publikum sprachl. überflutet, ebenso wie das unhaltbare Ideal dokumentarischer Wirklichkeitstreue, das die Kreativität des Autors aufhebt. Beide Haltungen verraten e. gestörtes Verhältnis zur Sprache.

Les fleurs du mal, Lyrikzyklus von Charles →Baudelaire, entstanden seit 1840, EA 1857, weitere Fassungen 1861 u. 1868, krA J. Crépet/G. Blin [2]1950; A. Adam 1959. Baudelaire plante u. verwarf versch. Titel *(Lesbiennes, Les limbes),* bis er sich 1855 nach dem Rat von H. Babou für *F.* entschloß. Er widmete den Gedichtband Th. Gautier, dem ›untadeligen Dichter‹ u. ›vollkommenen Magier des Worts‹. In e. Periode der Vulgarität, notierte Baudelaire zum Plan e. Vorrede, trenne der Lyriker die ›guten Taten‹ von der ›schönen Sprache‹, nichts zwinge ihn, ›à confondre l'encre avec la vertu‹. Die themat. Anlage des Zyklus wurde sogleich gewürdigt, um so mehr als die Lyrikveröffentlichungen etwa von Hugo als kaum durchkomponiert galten. Die *F.* gliederten sich in folgende Komplexe: ›Spleen et idéal‹ mit den Gedichten *L'albatros, Correspondances* (Theorie der Synästhesie), *La beauté, L'idéal, Parfum exotique, La chevelure, Le chat, Chant d'automne, Spleen, Obsession* u. a., ›Tableaux parisiens‹, ›Le vin‹, ›Fleurs du mal‹, ›Révolte‹ und ›La mort‹. Das einleitende Gedicht *Au lecteur* (10 vierzeilige Alexandrinerstrophen) stellt Duplizität als menschl. Schicksal dar, ohne in den Ton e. Beichtgedichts zu verfallen. Baudelaire, der von Gott u. Satan spricht, begreift sich als Exponent e. universalen Schicksals, das auf das Faszinosum des Bösen ausgerichtet ist u. das Gute im Gewissensbiß erfahren muß. In der Schlußstrophe wird das Schlüsselwort der *F.* in einer Personifikation genannt, ›l'Ennui‹, diejenige Gefühlslage, zu der der mod. Mensch verdammt ist, die sich selbst zerstört u. neu erschafft. Aus dieser Lage, in der das Individuum Sphinx u. zur Untätigkeit verurteilter König ist, vergreister Knabe, den die groteske Ballade s. Narren nicht mehr erheitert, während sein Volk dahinstirbt *(Spleen III),* bieten die Künstlichkeit der Großstadt, der Rausch, die Blasphemie nur scheinbare Fluchtpunkte. Erst wenn sich Eros u. Tod vermählen, scheint die Sinnerfüllung nähergerückt *(La mort des amants).* In Baudelaires Denken war die Todesidee allgegenwärtig, sie wandelte sich jedoch zum Düsteren in den Jahren 1857–61. Die

Metapher vom Leben als der Reise in den Tod, der die Erfüllung der Wunschträume bringt, wird zurückgedrängt, das inhaltl. Vage nun vom inhaltl. Leeren ersetzt. 1859 entstand *Le voyage,* das Schlußgedicht der Ausgabe von 1861, mit dem themat. Kontrast zwischen den Schönheiten der Schöpfung und ›le spectacle ennuyeux de l'immortel péché‹ (XXII, 4). Aus dieser Spannung befreit der Tod als höchste ›évasion‹, zwar verheißt er noch ›du nouveau‹, doch das Neue ist nur negativ zu bestimmen als das Nicht-Bekannte. Mit dem Tod endet die permanente Katastrophe des ungelösten Dualismus, er weist aber einen Weg zur Offenbarung e. wirkl. höheren Welt. Baudelaires Agnostizismus stellt die bürgerl. Begründung der Lebenspraxis ebenso in Frage wie die christl. Heilslehre. Unter der Mitwirkung e. Juristen, der bereits gegen den Roman *Madame Bovary* von Flaubert ermittelt hatte, verurteilte e. Pariser Gericht Baudelaire u. s. Verleger wegen Verletzung der öffentl. Moral u. der guten Sitten zu Geldstrafen von 300 bzw. 200 Francs mit der Auflage, sechs Gedichte, die u. a. Anspielungen auf lesb. Liebe enthielten, zu entfernen. Für die Zweitfassung von 1861 schrieb Baudelaire 35 neue Texte, die nahtlos in die Architektur des Zyklus eingelegt wurden. Die Reichweite der *F.,* von der sich die mod. europ. Lyrik herleitet, erwuchs gerade aus dem unerhörten Formwillen Baudelaires, s. produktiven Kraft in der Entfremdung, die mit stilist. Treffsicherheit die Öde u. den Niedergang potenziert.

G. Brossuet/C. Schmidt, Le procès des F. ou l'affaire Ch. Baudelaire, Genf 1947; R.-B. Chérix, Essai d'une critique générale. Commentaires des F., Genf 1949; A. Kabell, F., Kopenhagen 1950; J. D. Hubert, L'esthétique des F., Genf 1953; J. Vier, Histoire, substance et poésie des F., 1959; [2]1968; A. Fairlie, Baudelaire, F., London 1960; D. J. Mossop, Baudelaire's tragic hero, London 1963; L. Bopp, Psychologie des F., Genf IV 1964–69; J. Pommier, Autour de l'édition originale des F., Genf 1968 (Reprint); Les années Baudelaire, 1969 ff.; W. Benjamin, Baudelaire. Ein Lyriker im Zeitalter des Hochkapitalismus, Nachwort R. Tiedemann, 1969; R. Galand, Poétiques et poésie, 1969; F. W. Leakey, Baudelaire and nature, 1969; E. J. Mickel jr., The artifical paradises in French literature I: The influence of opium and hashish on the literature of French romanticism and F., Chapel Hill 1969; J. Rouger, Baudelaire et la vérité littéraire de F., 1970; K. Dirscherl, Zur Typologie der poet. Sprechweisen bei Baudelaire, 1975; P. Mathias, La beauté dans les F., Grenoble 1977; M.-A. Barbéris, F., 1980; J. P. Giusto, Baudelaire, F., 1984; M. Quesnel, Baudelaire solaire et clandestin, 1987; A. Fongaro, Quelques images dans les F., Toulouse 1988; J. Mourot, Baudelaire, F., Nancy 1989; Cl. Zissmann, Des F. aux Illuminations, 1991.

Flins des Oliviers, Claude Marie Louis Emmanuel Carbon de, 1757 Reims – 1806 Vervins, Autor von Eulogien (*Ode sur le sacre de Louis XVI,* 1775; *Voltaire,* 1779; *Les amours,* 1780; *Poèmes et discours en vers,* 1784) u. Dramatiker (→*Le réveil d'Épiménide à Paris,* 1790; Klosterburleske *Le mari directeur,* 1791, nach e. Erzählung von La Fontaine; *La jeune hôtesse,* 1792, nach Goldoni, *La locandiera*). Nachdem F. s. Stellung in der Cour des monnaies durch die Revolution verloren hatte, erhielt er unter Napoleon, durch Vermittlung von Fontanes, e. Charge am Gericht von Vervins. F. gab die *Œuvres* von Antoine de Bertin heraus.

Floire et Blancheflor, anonymer Versroman in paarweise gereimten Achtsilbern, entstanden vor 1170 (Ms. verloren), Hss. des 12.–15. Jh., krA M. Pelan 1957–75; J.-L. Leclanche 1980. Die hellenist. Sage von der Liebe e. heidn. Prinzen zu e. Christenmädchen (umgekehrt in →*Aucassin et Nicolette*), das auf den Tag genau gleich alt ist (wie das Liebespaar im Roman →*Escoufle*), ist in e. aristokrat. u. e. volkstüml. Version überliefert, wobei sich die populäre Fassung von der höf. durch die Häufung romanesker Motive unterscheidet. Beidesmal wünscht Floires Vater die Verbindung mit der Christin nicht; während Blancheflor in der e. Geschichte als Sklavin nach Babylon verkauft wird, soll sie in der anderen des Mordes überführt u. verbrannt werden. Jedesmal überwindet das Liebespaar Bedrohung, Trennung, Gefangenschaft, bleibt auch angesichts des Todes standhaft u. rührt dadurch s. Feinde. Nach der höf. Version wird Blancheflor, die endlich ihren Geliebten heiratet, die Großmutter Karls des Großen. Boccaccio kannte den Stoff der Abfassung von *Il filocolo* (begonnen 1340).

Flon, Suzanne, geb. 28. 1. 1923 Kremlin-Bicêtre/Seine, Schauspielerin, kreierte vor allem Rollen von Anouilh u. Audiberti.

Florian, Jean Pierre Claris de, 6. 3. 1755 wahrscheinl. Sauve/Gard – 13. 9. 1794 Sceaux, Mutter Spanierin, väterlicherseits weitläufig mit Voltaire verwandt, Besuch in Ferney, 1768 Page des Hzg.s von Penthièvre in Versailles, 1771 Militärakademie, 1772 Sous-lieutenant im Kavallerieregiment des Hzg.s. Wahrscheinl. regte Penthièvre Florian zur Abfassung s. *Fables* (1792) an, die außer an La Fontaine an Iriarte orientiert waren. F.s erste lit. Versuche – Harlekinaden, Novellen, Pastourellen – fallen in die späten 70er Jahre, danach entstanden vor allem Kom. (*Arlequin roi, dame et valet,* 1778, nach Metastasio, *Il rè pastore; Les jumeaux de Bergame,* 1782; *Le bon ménage,* 1782; *Le bon père,* 1783; *Théâtre italien,* II 1784; *La bonne mère,* 1785; *Le bon fils,* 1785) sowie empfindsame Romane (*Galatée, roman pastoral,* 1783; *Numa Pompilius,* 1786; →*Estelle, Gonzalve de Cordoue,* 1791; Briefroman *Les lettres anglaises, Œuvres posthumes* 1838). Am 6. 3. 1788 wurde F. in die Ac. frçe. gewählt, auf s. Antrittsrede am 14. Mai antwortete der Dramatiker Sedaine. Von August 1789 – September 1792 war er Kommandant der Nationalgarde in Sceaux, wo ihm Penthièvre ein Haus geschenkt hatte; mit e. geplanten Geschichtswerk wollte er sich bei den Jakobinern beliebt machen, besuchte in Paris Versammlungen der Sansculotten, arbeitete an e. Übs. des *Don Quijote.* Als er e. Antrag auf Freizügigkeit zwischen Sceaux u. Paris stellte, entdeckte der Wohlfahrtsausschuß e. emphat. Widmung von *Numa Pompilius* an Marie Antoinette, F. wurde verhaftet u. bis zum 9. Thermidor im Port-Libre festgehalten; in aller Eile begann er hier mit der Arbeit an e. *Guillaume Tell.* Als er im August 1794 freikam, war er gesundheitl. ruiniert. L.-S. Mercier bemühte sich um s. Grabstein. F.s Fernliebe zu s. in verklärtem Licht gesehenen Mutterland Spanien, das er nie betreten hat, schlug sich in Übs., Bearbeitungen nieder, durch die der Rousseauist spezif. Stilmerkmale zu assimilieren hoffte (*Œuvres complètes,* XVI 1810; *Œuvres inédites,* IV 1824; *Nouvelles,* krA R. Godenne 1974).

L. Clarétie, F., 1888; G. Saillard, F. Sa vie, son œuvre, Toulouse 1912; F. Rühfel, F.s Bearbeitung der Galatea des Cervantes, Diss. München 1928; R. André, F. y España, Insula 1955; R. Godenne, F. nouvelliste, RhlF 1969.

Floriant et Florete, Versroman (1250–75; e. Prosaauflösung im 15. Jh.) Die Fee →Morgain erzieht Floriant auf dem Aetna (Entsprechung zu →Avalon) u. lockt ihn, nachdem er große Abenteuer bestanden hat, wieder in ihr Zauberreich.

Floridor, Josias de Soulas, sieur de Primefosse, gen., 1608 oder 1613 – August 1671, Schauspieler am Théâtre du Marais, seit 1646 Direktor des Hôtel de Bourgogne. F. kreierte Rollen von Corneille u. Racine. Es scheint, daß s. subtile Darstellungskunst Molières Beifall fand.

G. Mongrédien, Les grands comédiens du XVIIe siècle, 1927; S. W. Deierkauf-Holsboer, Le théâtre du Marais, 1954.

Foigny, Gabriel de, um 1630 Foigny/Champagne – 1692 Savoyen, Mönch, 1666 in Lausanne zum Protestantismus übergetreten, lebte seitdem als Lateinlehrer, 1684 Rekonversion zum Katholizismus; von da an verliert sich s. Lebensweg im Dunkel. Fast gleichzeitig mit Veiras schrieb F. e. utop. Roman, *Les aventures de Jacques Sadeur dans la découverte et le voïage de la Terre australe* (1676); gegen den orthodoxen Protestantismus proklamiert F. als höchste Prinzipien Rationalismus, Freiheit u. Gleichheit, die Idee e. verborgenen Gottes (vgl. auch Pascal, Bayle, Voltaire, Meslier).

Folie Tristan, Episode des Tristanstoffs. Zwei Mss. (Bern u. Oxford) überliefern in knappen Texten (572 bzw. 998 Achtsilber) e. Episode, die den Helden als Narr verkleidet bei Isolde zeigt. Die ältere Berner *Folie* schließt stilist. an →Bérols Bearbeitung an.

Follain, Jean, 29. 8. 1903 Canisy/Manche – 10. 3. 1971 Paris (Autounfall), Jurist, Verwaltungsbeamter. Als Lyriker bevorzugte F. wie Francis →Ponge das Stilleben ohne konnotatives Beiwerk; häufig sind in s. Gedichten alle Verse Teile e. Langsatzes, der jedoch nicht, wie bei Saint-John Perse, melodiös skandiert ist. Verinnerlichung kommt wohl nur im Zyklus *Territoires* (1953) als wehmütige Beschwörung der Welt der Kindheit auf. In der Regel herrscht das Gefühl der Teilnahmslosigkeit angesichts e. frostigen Dingwelt vor. Wo F. vom Tod spricht, nennt er Tierskelette, verwitternde Statuen, Schneelasten, Risse im verbrannten Boden, ohne explizite Metaphern u. Vergleiche zu bilden. Dieser Stilwille hat s. Entsprechung im Dingroman von →Robbe-Grillet gefunden. Bis zu s. Tod verfaßte F. e. Dutzend Lyrik- u. Prosabände (*Usage du temps,* 1933; *La main chaude,* 1933; *Chants terrestres,* 1937; *L'épicerie d'enfance,* 1938; *Ici-bas,* 1941; *Exister,* 1947; *Chef-lieu,* 1950; *Les choses données,* 1952; *Tout instant,* 1957; *Des heures,* 1960; *Appareil de la terre,* 1965; *Espaces d'instants,* 1971; *Agendas 1926–71,* éd. Cl. Paulhan 1993). F. schrieb e. Buch über Peru sowie das *Petit glossaire de l'argot ecclésiastique* u. übersetzte Malcolm Lowry.

A. Dhôtel, F., 1972; Sondernr. Sud 1979; S. Gaubert (Ed.), Lire F., Lyon 1981; J.-Y. Debreuille, L'école de Rochefort, Lyon 1987.

La folle de Chaillot, Drama in zwei Akten von Jean →Giraudoux, entstanden 1943, EA 1945, Urauff. 19. 12. 1945 Théâtre de l'Athénée, Paris. In dieser Feenkom. wird die verrückte ›Gräfin‹ Aurélie zur listenreichen Gegnerin skrupelloser Geschäftemacher, die ganz Paris opfern würden, um ihre Ölbohrungen gewinnbringend durchzuführen. Das Konsortium vertritt die Profitgier, Aurélie das Streben nach Glück u. Schönheit. Die Weisheit der Närrin, die alle Spekulanten in die Kloaken lockt u. sie dort einschließt, rettet die Welt. Giraudoux vertraut auf die Überzeugungskraft der Sottie; das dramat. Schema der verkehrten Welt bereinigt alle Entartung. Die Deklassierten vertreten das Gute u. Schöne, die Mächtigen das Böse u. Unpoetische. Giraudoux verspielt diese Idee, weil er den Konflikt in stilist. Antithesen auflöst.

R. Kemp, Vie du théâtre, 1956; G. Marcel, L'heure théâtrale, 1959; K. Schoell, Das franz. Drama seit dem II. Weltkrieg, Bd. 1, 1970.

La folle journée ou le mariage de Figaro, Prosakom. in fünf Akten von Pierre Augustin Caron de →Beaumarchais, entstanden 1775–1781, EA 1785, Urauff. 27. 9. 1783 Schloß Vaudreuil in Gennevilliers, öffentl. Premiere 27. 4. 1784 Com. frçe., Aufführung bei Hof 19. 8. 1785 (hg. J. Ratermanis 1968). Die Hauptfiguren von →*La précaution inutile ou le barbier de Séville* stehen wieder im Mittelpunkt des dramat. Geschehens, drei Jahre liegen zwischen den Ereignissen. Figaro, Findelkind, jetzt Kammerherr des Grafen Almaviva, will Suzanne, die Zofe der Gräfin Rosine, heiraten. Aber auch die Dame Marceline hofft auf e. Ehe mit Figaro u. ist fest entschlossen, die Erfüllung e. angebl. Eheversprechens einzuklagen. Almaviva will für den Fall, daß Figaro u. Suzanne trotz s. Intrige ein Paar werden, wieder auf dem ius primae noctis bestehen, obgleich er es gerade abgeschafft hat. Die gekränkte Gräfin verbündet sich mit ihrem Kammermädchen, beide kämpfen um den geliebten Mann. Freilich läßt sich Rosine auch die Schwärmerei des Pagen Cherubim gern gefallen (→*La mère coupable* dramatisiert das ehebrecher. Verhältnis zwischen der Gräfin u. dem Pagen u. verlegt die Aktion nach Frkr.). Beide Aktionsstränge deuten auf e. Liebeskom. hin, der Liebeskonflikt wird jedoch zum Anlaß heftiger Gesellschaftskritik. Dem Grafen, dessen Verhalten sich nach unkontrollierbaren Rechten u. Privilegien richtet, steht Figaro als Repräsentant des III. Standes gegenüber. Daß er als Kind entführt wurde, für s. Existenzkampf mehr Energie aufwandte, als ›zur Regierung von ganz Spanien‹ benötigt würde, verschärft noch das Bewußtsein s. polit. u. sozialen Abhängigkeit. Im Schlußakt des Stücks (vor allem Szenen 2–3) üben Figaro u. der Doktor Bartholo, der als s. Vater identifiziert wurde, heftige Kritik an den Herrschenden, ›die vermöge ihrer Geburt immer auch drei Matadore in der Vorhand haben‹, u. an der Scheinfreiheit für die Presse. Diese Verfremdung wurde vom Publikum begriffen: obgleich von Spanien die Rede ist, wird das vorrevolutionäre Frkr. getroffen. Im Ms. Lintilhac ist die Diatribe (V, 3) direkt auf Frkr. bezogen, die Bastille wird als Schandmal apostrophiert. Figaro entlarvt als Volkstribun die unmoral. Interessen des Schürzenjägers Almaviva, indem er sie als Eingriffe in die Menschenrechte denunziert. Um die sozialpolit. Dialektik in Szene zu setzen, griff Beaumarchais zu Stilelementen der Farce, Commedia dell'arte u. Parodie, beispielsweise dort, wo Figaro dazu verurteilt werden soll, Marceline zu heiraten, die s. Mutter ist (III, 15), oder wo mit der Theatermetapher das Imbroglio im IV. Akt als Abbild der Lebenspraxis erklärt u. der glückl. Ausgang prophezeit wird. Almavivas Intrige wird vereitelt, freil. steht Figaro zuletzt wieder in s. Huld u. Abhängigkeit. In e. Frühfassung des Bühnentexts applaudierten die andalus. Bauern der Entlarvung der gräfl. Schurkerei. Daß der Witz des Stücks e. virulente polit. Wirkung entfalten konnte, ist bezeugt. Ludwig XVI. verbot im Juni 1783 die öffentl. Aufführung zunächst mit dem Hinweis, man sollte dann eher die Bastille einreißen. Für Napoleon war die Mischung aus Kostümstück, Verwicklungskom., Liebeskom. u. polit. Satire ›bereits die Revolution in Aktion‹. Die Figur des Figaro, die im Monolog des V. Akts die Weltsicht des Parvenus Beaumarchais artikuliert, politisiert die traditionelle Dienerrolle der ital. Stegreifkom., der Stücke Marivaux' u. Lesages *(→Turcaret)*. Figaro begreift s. Deklassierung als typ. für e. Privilegienstaat. Beaumarchais erhob noch nicht die Forderung nach gesellschaftl. Egalität, forderte jedoch mit e. für das Ancien Régime beunruhigenden Nachdruck die Respektierung der Menschenwürde. S. Argumentation knüpft an den moral. Ansatz der aufklärer. Naturrechtsdiskussion an. Die Weiterführung der Fabel durch Ödön von Horváth (*Figaro läßt sich scheiden*, 1934) verkennt Beaumarchais' Problem.

F. Gaiffe, Le mariage de Figaro, Amiens 1928; R. Jasinski, Le mariage de Figaro, 1948; J. Vier, Le mariage de Figaro, 1957; A. Ubersfeld, Le mariage de Figaro, 1957 (Ausg. m. Komm.); J. Petersen, Die Hochzeit des Figaro, Dichtung und Wirklichkeit, (Ausg. u. Dok.) 1965; J. Scherer, Beaumarchais, Le mariage de Figaro, (Ausg. m. Komm.) 1966; H. L. Scheel, Beaumarchais, F. (Das franz. Theater vom Barock bis zur Gegenwart Bd. 2, hg. J. v. Stackelberg), 1968; A. Pugh, Beaumarchais, Le mariage de Figaro, London 1968; B. Fay, Beaumarchais ou la fredaine de Figaro, 1971; F. Levy, Le mariage de Figaro, essai d'interprétation, Oxford 1978; Y. Moraud, La conquête de la liberté de Scapin à Figaro, 1981; W. Engler, Le mariage de Figaro, in: Mélanges M. Descotes, Pau 1988.

Folquet de Marselha, um 1160 wohl Marseille – 25. 12. 1231 Toulouse, aus e. Kaufmannsfamilie, F. war Richard Löwenherz, Alfons II. von Aragon u. den Herren von Aix, Marseille, Montpellier u. Nîmes verbunden. Beim Tode des Vizegrafen Raimon Gaufridi Barral von Marseille verfaßte er den bedeutsamen Planh *Si cum cel q'es tan greujatz*. S. letzte Dichtung entstand 1195 (insgesamt 14 Liebeslieder, 1 Tenzone, 1 Planh, 1 Cobla); 1200 wurde er Zisterzienser, später Bischof von Toulouse u. Vorkämpfer gegen die Albigenser. Dante versetzte ihn in den Venushimmel (*Paradiso* IX).

C. Locher, F. and the structure of the cansó, Neophilologus 64, 1980.

Fontainas, André, 5. 2. 1865 Brüssel – 9. 12. 1948 Paris, Schüler des Pariser Lycée Condorcet; 1889–96 verfaßte er Lyrik im Stil des zeitgenöss. Symbolismus (*Le sang des fleurs;* 1889; *Les verges illusoires,* 1892; *Nuits d'épiphanie,* 1894; *Les estuaires d'ombre,* 1895). *Idylles et élégies* und *L'eau du fleuve* (beide 1896) ordnen die Motive, Natur und menschl. Beziehungen, weniger entschlossen dem komplizierten Stilbemühen unter. Erst spät fand F. zum Roman (*L'ornement de la solitude,* 1899; *L'indécis,* 1903; *Les étangs noirs,* 1912) und zur Lit.kritik (seit 1896 Mitarbeit beim *Mercure de France, La vie d'E. Poe,* 1919; *Mes souvenirs du symbolisme,* 1928; *Dans la lignée de Baudelaire,* 1930). Er übersetzte Milton, de Quincey, Keats und Swinburne u. verfaßte e. *Histoire de la peinture française au XIX*[e] *siècle* (1906).

R. Kerdyk, F., 1927; M. Bervoets, L'œuvre d'A. F., Brüssel 1949.

Fontaine, Charles, 13. 7. 1513 Paris – 1588 Lyon, Lyriker aus dem Kreis der Renée de France. F. gehörte, trotz s. Verbundenheit mit Mitgl. der Pléiade, stets zu den →Marotiques (*La contr'amye de court,* 1543; *La fontaine d'amour,* 1546; *Les ruisseaux de fontaine,* 1555; *Odes, énigmes et épigrammes* ...,

1557). Er trat sowohl gegenüber den relig. Mächten, die Marot verfolgten, als auch gegenüber Du Bellay für s. Freund ein, der ihm als Dichter Vorbild war. Wie Héroët antwortete er 1543 auf →*L'amie de court* von La Borderie mit e. Bekenntnis zur platon. Liebesauffassung.

R. L. Hawkins, Maistre F. parisien, Cambridge 1916; R. Scalamandrè, Un poeta della preriforma, F., o. O. 1970.

Fontainebleau, Renaissanceschloß im Dép. Seine-et-Marne, kgl. Residenz, auf deren Bühne u. a. *Tancrède* von Voltaire 1768 uraufgeführt wurde.

Fontanes, Louis marquis de, 6. 3. 1757 Niort – 17. 3. 1821 Paris, Klassizist, der anläßl. e. kurzen Englandaufenthalts 1785 von der zeittyp. Anglomanie geheilt wurde. Vor allem distanzierte er sich von der Sturm-und-Drang-Dichtung L. S. Merciers. F. war mit Chateaubriand befreundet (wie dieser emigrierte er) und unterhielt mit Joubert e. ausgedehnte Korrespondenz (hg. R. Tessonneau 1943). Der Autor didakt. Lit. (*Œuvres,* hg. Sainte-Beuve II 1839) wurde im Empire und in der Restauration Großmeister der Universität, Pair von Frkr., 1817 Marquis und später kgl. Minister.

A. Wilson, F., 1928; A. Monglond, Le préromantisme français, [2]1965 f.

Fontenelle, Bernard le Bovier de, 11. 2. 1657 Rouen – 9. 1. 1757 Paris, aus e. Juristenfamilie, verwandt mit den Brüdern Corneille, seit 1699 Secrétaire perpétuel der Ac. des sciences. F. wandte sich nach lit. Arbeiten (Opern *Psyché,* 1678; *Bellérophon,* 1679, beide in Zusammenarbeit mit Thomas Corneille; Trag. *Aspar,* 1680 und →*Dialogues des morts*) Problemen der Geschichtsphilos. und der Poetik zu: *Entretiens sur la pluralité des mondes* (1686), *Histoire des oracles* (1687), →*Digression sur les anciens et les modernes, De l'origine des fables* (1689). Wiederholt kritisierte F. den Hang der Menschen zum Mysteriösen, der den Zugang zu den einfachen Naturgesetzen verbaut; bei den meisten werde das Weltverständnis nicht von vernunftgemäßen Einsichten, sondern von Orakeln und legendär verbrämten Geschichten bestimmt. Gegenstand e. reformierten Geschichtsschreibung sollte die Darstellung der Denk- und Lebensgewohnheiten sein; dann würde deutl., wie Vorurteile entstehen und unter welchen Umständen sie sich auflösen. ›Une des plus agréables histoires, et sans doute la plus philosophique, est celle des progrès de l'esprit humain‹ (*Éloge de Gallois,* 1707). Erst die Befreiung vom ›faux merveilleux‹, von der Geringschätzung der Wirklichkeit, die die Abhängigkeit der Intelligenz von der Imagination zur Folge hat, stiftet die geistige und eth. Würde des Menschen. Nach weiteren Opern u. lyr. Gedichten (*Thétis et Pélée,* 1689; *Poésies pastorales,* 1689; *Énée et Lavinie,* 1690) unterzog F. die Regeln von den klass. Einheiten e. Prüfung im Lichte des cartesian. Rationalismus (*Réflexions sur la poétique,* entstanden 1691–1699, EA 1742); er erkannte ihre Vernunftwidrigkeit. Einleuchtender als die Spanne von 24 Stunden (vgl. Chapelain, *Lettre sur la règle des vingt-quatre heures,* 1630) wäre die Kongruenz von Fabelzeit und Aufführungsdauer. Die Illusionsfähigkeit des Publikums sei genügend entwickelt, um e. Ortsveränderung am Dekorationswechsel zu erkennen; die Oper ital. Stils verzichte ohnehin auf die Einheit des Orts. Darauf hatte auch La

Bruyère in den *Caractères* hingewiesen. Ehre und Liebe sollten den Protagonisten stärker beanspruchen als vitale Interessen. Die Vernunft zeigt nach F. dem Zuschauer an, daß er e. ästhet. Produktion beiwohnt; s. Empfinden reagiert auf die Konfliktsituation der Dichtung um so subtiler, je geringer die fatalist. Komponente der Fabel ist. F.s Nachwirkung auf das 18. Jh. ist derjenigen Bayles zu vergleichen. Einerseits vermittelte er Marivaux u. Montesquieu e. Form der Preziosität, die man überwunden glaubte, andererseits war er der große Vulgarisator neuer wiss. Erkenntnisse, die er in die Sprache der Salons zu transponieren vermochte. Er begründete die Notwendigkeit des wiss. Experiments mit der Eigenart der Natur, die ursprüngl. und elementaren Tatsachen sorgfältig vor dem oberflächl. Blick des Menschen zu verbergen. Als Akademiesekretär, der zahlr. Eulogien verfaßte, stand er in stetem Kontakt mit den Koryphäen der versch. Wissensgebiete. In s. aufklärer. Ansatz mischen sich Optimismus und Skepsis (*Œuvres complètes,* VIII 1790). Dem Philosophen F. zollte Grimm in der *Correspondance littéraire* (1. 2. 1757) hohe Anerkennung.

L. Maigron, F. l'homme, l'œuvre, l'influence, 1906; J.-R. Carré, La philosophie de F. ou le sourire de la raison, Thèse 1932; S. Delorme, Tableau chronologique de la vie et des œuvres de F., RSH 1957; L. M. Marsak, F., Diss. Cornell 1957; Catalogue de l'exposition F. de la BN., 1957; W. Krauss, F. und die Aufklärung, 1969; Ch. Schmidt, F.s ›Nouveaux dialogues des morts‹ als moralist. Werk zwischen Preziosität und Aufklärung, 1971; A. Niderst, F. à la recherche de lui-même (1657–1702), 1972; ders. (Ed.), F., 1989; F. Bott, L'entremetteur F., 1990.

Forestier, Jacques, Protagonist des Dramas →*Siegfried* von Giraudoux, der e. dt.-franz. Doppelexistenz führt.

Forget, François, Seigneur de Molière et d'Essertine, um 1600–1624 ermordet, Libertin, Schüler von Viau, Freund von Saint-Amant, im Dienst des Marquis Vauvert. F. übersetzte 1621 Antonio Guevara *(Menosprecio de corte y alabanza de aldea)* und schrieb den antikisierenden Roman *Polyxène.*

Fort, Paul, 1. 2. 1872 Reims – 22. 4. 1960 Montlhéry, schloß sich als Lyriker 1890 den Symbolisten an u. gründete die Experimentierbühne Théâtre d'Art, war 1905–14 Direktor der Zs. *Vers et prose,* deren Mitarbeiter sich im Literatencafé Closerie des lilas trafen. F. wurde 1912 aufgrund e. Umfrage der Zs. *Gil Blas* als Nachfolger von Léon Dierx zum ›prince des poètes‹ erhoben; Mistral feierte ihn dabei als ›la cigale du Nord‹. Unter der Bezeichnung Balladen schrieb der Autor deskriptive, balladeske u. epigrammat. Gedichte (*Ballades françaises,* XXXIX 1897–1938, Anthologien 1927, 1946), die über die Ile-de-France hinaus Frkr.s Provinzen in ein stimmungsvolles lit. Licht tauchten. Die Lesedramen und Hörspiele erschienen u. d. T. *Les chroniques de France.* Forts Beitrag zum franz. Prosagedicht ist problemat.; Rhetorik ebenso wie Trivialität beeinträchtigen immer wieder komplizierte symbolist. Innovationen, die u. a. von Pierre Louÿs anerkannt wurden.

G. A. Masson, P. F., son œuvre, 1922; R. Clauzel, P. F., 1929; Hommage à P. F., 1954; P. Béarn, F., 1960; M.-Th. Donnay, P. F. que j'ai connu, 1961.

Fort comme la mort, Roman von Guy de →Maupassant, entstanden Anfang 1888 – Anfang 1889, ED *Revue illustrée* 15. 2.–15. 5. 1889, EA 1889. Der Maler Olivier Bertin hat sich unter dem

Einfluß s. Geliebten, der Gräfin Anne de Guilleroy, zum Modeporträtisten von Paris entwickelt, die Kühnheiten s. Stils verwandeln sich in elegante Manier, die ihn nicht mehr befriedigt (als Bertin im *Figaro* jedoch als ›démodé‹ kritisiert wird, ist er in s. Eitelkeit tief getroffen). S. Sterilität als Künstler kommt ihm verschärft zum Bewußtein, als er sich in Annette, die Tochter s. Mätresse, verliebt und die Aussichtslosigkeit der Verbindung erkennt. Er sieht s. Schicksal in der Faust-Geschichte gespiegelt u. versinkt nach e. Opernabend in noch tiefere Depression; kein Mythos und kein lit. vorgeformter Stoff vermögen s. Absturz auszudrücken und sinnstiftend auf s. Lebenspraxis einzuwirken. Bertin denkt an Sisyphos, Tantalos und Prometheus, Ausgeburten der ›puérilité des poètes‹. Bertin verliert sich an kein Trugbild ewiger Jugend, er dämonisiert im Gegenteil die Mädchengestalt, da sie ihm als engelgleiches Wesen unerreichbar erscheint. Weil die Pathosformel vom Knaben-Greis (puer senex) in der Selbstanalyse Bertins, der sich als Sklave s. ›désir stérile‹ begreift, versagt, wächst bei ihm die Todessehnsucht. An dem Tag, als der ablehnende Artikel über den Künstler im *Figaro* erscheint, stürzt er unter die Straßenbahn und verletzt sich tödl. Maupassant sprach von s. Projekt (Brief 2.5. 1888 an die Mutter) als e. ›vision de la vie terrible, tendre et désespérée‹. Fürchterl. für Bertin ist die späte Liebe, verheerend die Anpassung an das herrschende Geschmacksideal; sie verändern s. Denk- und Sprechweise. Beim Verlust s. Identität verwechselt er Ursache und Wirkung, um sich s. Verantwortung zu entziehen. Dies macht den melanchol. Tenor des Romans aus. E. Protagonist romantisiert s. Empfindungen, während s. objektive Lage und die Umwelt, in der sich s. Schicksal vollzieht, damit immer stärker kontrastieren. Entsetzt erlebt die Gräfin Guilleroy am Sterbelager des Künstlers, wie der Lebenswille Bertins erlischt.

P. Pijls, Image et symbole dans F. de G. de Maupassant, Neophilologus 1969.

La fortune des Rougon (1870), Roman des Zyklus →*Les Rougon-Macquart* (Bd. 1) von Émile →Zola. Pierre Rougon, Sohn der reichen Bäuerin Adélaïde Fouque und des Gärtners Rougon, macht 1851 nach dem gelungenen Staatsstreich Napoleons III. als Wortführer der Bonapartisten in Plassans s. Glück. Er beherrscht s. alte Mutter und hat deren unehel. Kinder mit dem Säufer Macquart, Antoine und Ursule, um ihren Erbanteil gebracht. Weniger aus polit. Überzeugung als aus Neid ist Antoine Macquart Republikaner, während der Sohn Ursules, Silvère, sich für die revolutionären Ideale begeistert und dafür in Plassans erschossen wird.

M. Kanes, F. and the thirty-third cousin, l'Esprit créateur 4, 1971.

Foucault, Michel, 15.10. 1926 Poitiers – 25.6. 1984 Paris, Philosoph; lehrte 1960–68 an der Univ. Clermont-Ferrand, danach in Vincennes, erhielt 1970 den Lehrstuhl für Gesch. der Ideensysteme am Collège de France. Wie →Lacan u. →Lévi-Strauss untersuchte F. das Entstehen u. Funktionieren mentaler u. sozialer Strukturen. Er veröffentlichte u.a.: *Folie et déraison* (1961), *La naissance de la clinique* (1963), *La pensée du dehors* (1966), *Les mots et les choses* (1966), *Histoire de la sexualité: Volonté de savoir* (1976), *L'usage des plaisirs* (1984) u. *Le souci de soi* (1984).

M. Clark, F., an annotated bibl., New York 1983; G. Deleuze, F., 1988.

Fouchet, Max-Pol, 1.5. 1913 Saint-Vaast-La Hougue – 22.8. 1980 Avallon, Hg. der Résistancezs. *Fontaine* in Algier, seit 1953 Lit.- u. Musikkritiker beim Fernsehen; zahlreiche Einleitungen u. Kommentare zu Anthologien, Klassikerausgaben, Bildbd.en u. Dokumentarfilmen. F. schrieb seit 1936 Lyrik (*Simples sans vertu,* 1937, *Vent profond,* 1938; *Les limites de l'amour,* 1942; *Demeure le secret,* 1961) u. Erzählungen (*La rencontre de Santa-Cruz,* 1976; *La relevée des herbes,* 1980).

J. Queval, F., 1969.

Fourier, Charles, 7.4. 1772 Besançon – 10.10.1837 Paris, Gesellschaftstheoretiker (*Théorie des quatre mouvements et des destinées générales,* 1808; *Le nouveau monde industriel et sociétaire,* 1829, 1973 m. e. Vorrede v. M. Butor; *La fausse industrie morcelée,* II 1835 f.; *Œuvres complètes,* VI 1841–46, n. XIV 1967). S. sozialist. Konzept sieht Gemeinschaften von ca. 1500 Selbstversorgern vor, die e. landwirtschaftl. und gewerbl. Tätigkeit nachgehen. In diesen Genossenschaften soll das Individuum e. höheren Freiheitsspielraum genießen als er im Konkurrenzkampf der Großgesellschaften konzediert wird. Die Emanzipation der Frau wird zum Gradmesser gesellschaftl. Vervollkommnung. Zu F.s Schülern zählten Leconte de Lisle, Victor Considérant und Édouard de Pompéry. André Breton verfaßte e. Ode auf F., Michel Butor inspirierte sich an F.s Kosmologie zu *La rose des vents* (32 rhumbs pour F.).

A. Bebel, F., s. Leben und s. Theorien, [3]1907; W. Wessels, F. als Vorkämpfer der mod. Genossenschaftsbewegung, 1929; E. Lehouck, F. aujourd'hui, 1966; R. Schérer, F. ou la contestation globale, 1970; R. Barthes, Sade, F., Loyola 1970; M. C. Spencer, F., Boston 1981.

La fourmi dans le corps, Schauspiel in zwei Akten von Jacques →Audiberti, entstanden 1961, EA *Théâtre,* IV 1961, Urauff. 14.10. 1961 Landestheater Darmstadt. Jeanne-Marie tritt in e. Damenstift ein, dessen Insassen in e. bußfertiges (die ›Ameisen‹) und e. lebenslustiges (›die Bienen‹) Lager gespalten sind, und stört in frommem Eifer die tolerierte Unordnung. Als Turenne den Leichtsinn zweier Damen der Kongregation mit der Zerstörung des Stiftes beantworten will, bricht Jeanne-Marie ins Heerlager auf, rettet das Kloster und zwingt den Adjutanten des Feldherrn, Roger du Marquet, beim Anblick e. Kindes, das sich in ihr Bett verirrt hat, sie in der Liebe zu unterweisen: der Judith-Stoff wird trivialisiert.

Fracasse, ›nom de guerre‹ des Barons von Sigognac, e. verarmten gaskogn. Landedelmanns in →*Le capitaine F.* von Théophile Gautier.

Fra Diavolo ou l'hôtellerie de Terracine, kom. Oper von Eugène →Scribe, Musik von D. F. E. Auber, entstanden 1829/30, EA 1830, Urauff. 28.1. 1830, Théâtre Feydeau, Paris. Scribe erweiterte e. Episode aus *Gil Blas* von Lesage zur Karikatur der romant. Italiensehnsucht und der verklärten Räubergestalt.

Fragments d'un journal intime, Tagebuch von Henri Frédéric →Amiel, postume EA 1884. Die Aufzeichnungen e. Willenskranken, der die Atmosphäre der Genfer Gesellschaft für s. Mangel an Kreativität und s. seel. Niedergeschlagenheit verantwortlich macht, dokumentieren für die Jahre 1847–81 e. wachsendes Interesse an Schelling und Hegel. Für den denkenden Geist ist allein das Ewige und Absolute von Interesse, hier findet er Frieden und s. Identität. S. Abscheu vor der Kontingenz, vor e. positiven Wirklichkeitszusammenhang als Objekt s. Analyse, entfremdet Amiel der realen Welt, und diese Entfremdung ist gewollt (hg. B. Gagnebin/Ph. M. Monnier, Lausanne 1976 ff.).

P. Bourget, Essais de psychologie contemporaine, Bd. 2, 1926; G. Poulet, Les métamorphoses du cercle, 1961.

Français fondamental →Franz. Sprache.

La France, zweibänd. Werk der Lady Morgan, 1817 ins Franz. übersetzt, fachte die Auseinandersetzung zwischen Klassizisten und Romantikern erneut an, vor allem lebte die Polemik um den Modellwert nationaler Dramatiker auf, als Ch. Dupin e. *Lettre à milady Morgan sur Racine et Shakespeare* (1818) richtete (vgl. Stendhals Essay *Racine et Shakespeare*).

France, Anatole (eig. Jacques-François-Anatole Thibault), 16. 4. 1844 Paris – 12. 10. 1924 La Béchellerie /Touraine, Vater Buchhändler; Schulbildung am Collège Stanislas. Lektor beim Verlag Lemerre, wo er Mallarmés Werke mit wenig Verständnis beurteilte; später Bibliothekar beim Senat u. Lit.kritiker für *Le Temps*. 1896 Wahl in die Ac. frçe.; 1921 Verleihung des Nobelpreises für Lit. F. war e. der offiziellen Autoren der III. Republik, die ihm e. Staatsbegräbnis gewährte. Er begann m. Lyrikslgg. u. poet. Dramen im parnass. Stil (*Les poèmes dorés,* 1873; *Les noces corinthiennes,* 1876). In den Romanen verteidigte F. relig. Toleranz, Rechtsstaatlichkeit u. demokrat. Sozialismus gegenüber dem ultramontanen Fanatismus, Rassismus – er engagierte sich in der Dreyfus-Affäre – u. aufkommenden Royalismus am Ausgang des 19. Jh. Rabelais u. Voltaire liefern ihm die Stilmittel der Satire, des Dialogs u. der phantast. Erzählung, mit der Legenden karikiert werden (→*Le crime de Sylvestre Bonnard, Les désirs de Jean Servien,* 1882; *Marguerite,* 1886; *Balthasar,* 1889; *Thaïs,* 1891; *L'étui de nacre,* 1892; *Le procurateur de Judée,* 1892; →*La rôtisserie de la Reine Pédauque, Le lys rouge,* 1894; *Le puits de Sainte-Claire,* 1895; *Histoire contemporaine,* IV 1896–1901; *Pierre Nozier,* 1899; →*L'affaire Crainquebille, Histoire comique,* 1903; *Sur la pierre blanche,* 1905; →*L'île des pingouins, Les contes de Jacques Tournebroche,* 1908; *Les sept femmes de Barbe-Bleue,* 1909; →*Les dieux ont soif,* →*La révolte des anges; Œuvres,* XXX 1925 ff., n. 1969 ff., darin die Biographie der Jeanne d'Arc, 1908; Essays, u. a. über Vigny, 1868; Aphorismen u. die beiden Dramen *Au petit bonheur,* 1894, u. *Crainquebille,* 1902). Die außerordentl. Belesenheit des Autors u. s. Vorliebe für Dichter u. Aufklärer des 16. u. 18. Jh. brachten ihn in polem. Gegensatz zum Mystizismus u. allen Formen der polit. Verschleierung. Wenn die Freiheit als höchstes Gut anzusehen ist, bleibt ihre Verwirklichung solange bruchstückhaft, als im Staat e. Klasse die andere unterdrücken kann. F. konzipierte e. polit. Ideal, das dem Bürger e. Höchstmaß an Entfaltungsmöglichkeiten zugesteht; ohne Umverteilung des Besitzes kann er sich die Verwirklichung dieses Zieles jedoch nicht vorstellen. S. Ironie, von der er glaubte, daß sie das Leben liebenswert macht, verstellte ihm nicht den Blick auf existentielle Bedrängnisse, unter denen Mitmenschen leiden, die materiell benachteiligt sind. Mitleid hinderte ihn auch daran, sich so rückhaltlos zum Epikureismus zu bekennen, wie es s. Temperament entsprochen hätte. Bei s. Tod verfaßten die Surrealisten e. Pamphlet, *Un cadavre;* Breton schrieb, mit F. träten Unterwürfigkeit, Opportunismus, Skeptizismus u. Gefühllosigkeit ab. Im Prinzip blieb das lit. Urteil über F. bis heute vom Vorwurf des Zynismus u. Pyrrhonismus geprägt.

G. Michaut, F., étude psychologique, 1913; Ch. Maurras, F., politique et poète, 1924; G. Girard, La jeunesse de F., 1926; A. Antonin, F., critique littéraire, 1929; A. Thomas, Les conceptions sociales d'A. F., 1930; A. Bönsch, F. u. das 18. Jh., 1938; A. Vandegans, F. Les années de formation, 1954; J. Sareil, F. et Voltaire, Genf 1961; J. Marvaud, F. écrivain français, 1962; M.-Cl. Bancart, F. polémiste, 1962; J. Levaillant, Les aventures du scepticisme. Essai sur l'évolution intellectuelle d'A. F., 1965; D. Tylden Wright, F., London 1967; R. Virtanen, F., New York 1968; D. Bresky, The art of F., Den Haag 1969; P. Stolz, Transformationen der Lebenswelt – Metamorphosen der Romanwelt. F.s frühes Romanwerk, 1992.

La Franciade, unvollendetes Epos (4 Gesänge, Zehnsilber) von Pierre de →Ronsard, geplant seit 1550, TA September 1572, krA in *OC* XX 1966–75. Nach dem Vorbild antiker u. ma. Heldengedichte formulierte Ronsard die Legende von der troyan. Abstammung der franz. Kge., wobei er Anweisungen Karls IX., die dem ästhet. Rang des Renaissanceepos widersprachen (vorab Verzicht auf den Alexandriner), ausführen mußte. Das ursprüngl. Konzept, die dt. Reichsidee durch e. ruhmreichen Mythos herauszufordern, vertrug sich seit 1571 mit der polit. Entwicklung nicht mehr. Außerdem wurde die ideelle Linie des Gedichts dadurch aufgehoben, daß Ronsard, wie in s. Lyrik, das Vergänglichkeitsprinzip thematisierte und somit das Schicksal der gefeierten Dynastie deutl. relativierte. Damit erübrigte sich auch die Nennung der →Bartholomäusnacht.

D. Ménager, Ronsard, le Roi, le Poète et les Hommes, Genf 1979.

Francillon, Prosaschauspiel in drei Akten von Alexandre →Dumas fils, EA 1887, Urauff. 17. 1. 1887 Com. frçe. Ort der Handlung ist das Haus von Lucien de Riverolles in Paris, gesellschaftl. Hintergrund des Konflikts die brüchig gewordene soziale Hierarchie in der III. Republik: ›l'argent voulant acheter la noblesse, la noblesse voulant retrouver l'argent, un arrivage quotidien de mœurs exotiques ... la publicité donnée à tous les scandales, la fusion et la communion de toutes les classes aristocratiques, bourgeoises et interlopes sous les espèces du plaisir quand même ...‹ (I, 4). Francine de Riverolles, gen. Francillon, erregt durch einen scheinbaren Ehebruch die Eifersucht ihres Mannes; sie nutzt die Situation, um sich erneut s. Aufmerksamkeit u. Liebe zu versichern. Durch e. Zufall erfahren ihre Freundin, die Baronin Smith, u. Graf de Riverolles, daß Francine mit dem Notariatsgehilfen Pinguet im anrüchigen Maison d'or war u. das gemeinsame Souper bezahlt hat. Mit der Bemerkung, ihr Begleiter behaupte jetzt, sie sei s. Mätresse geworden, stellen sie Francine auf die Probe; empört weist sie die Anschuldigung als Lüge zurück (III, 6). Ihre Umgebung deutet die spontane Reaktion als ›cri de la conscience‹. Doch auch das happy end des Stücks verbirgt nicht die Labilität der in den einflußreichen Kreisen herrschenden Moralvorstellungen: e. fingierter Ehebruch der Protagonistin ist folgenschwerer als die bekannte Liaison des Grafen mit s. langjährigen Geliebten Rosalie.

E. Seillière, L'évolution passionnelle dans le théâtre de Dumas fils, 1921; F. A. Taylor, The theatre of Dumas fils, New York 1937.

Franc-Nohain (eig. Maurice-Étienne Legrand), 1873 Corbigny/Nièvre – 18. 10. 1938 Paris, Jurist, verfaßte Gedichte (*Flûtes,* 1898; *Chansons des rues et des gares,* 1900), Dramen (*L'heure espagnole,* 1904), Romane u. Fabeln (1920, *Nouvelles fables,* 1927); außerdem Lit.kritiker.

François le Champi, Roman von George →Sand, entstanden 1847, ED *Journal des débats* 1848, EA 1848. Die Titelfigur ist e. Findelkind, das die Müllerin Madeleine Blanchet gegen den Willen ihres Mannes mit ihrem Sohn zusammen aufzieht. Durch seine Trunksucht ruiniert Blanchet s. Mühle u. zwingt François, auf den er eifersüchtig wird, das Haus zu verlassen. Dieser kehrt erst zurück, als Madeleine Witwe geworden ist; das Paar verliebt sich, überwindet die Widerstände der intriganten Umgebung u. wird glücklich. Die Geschichte spielt im Berry; für die Peripetien der Ereigniskette ist jedoch weniger die bäuerl. Umgebung als vielmehr das ideolog. Konzept der Erzählerin maßgebend: Rousseaus Theorie vom unverdorbenen Naturkind u. der spezif. Optimismus der Saint-Simonisten. François erweist sich der Liebe würdig, weil er tätiges Mitleid mit der ruinierten Mühlenbesitzerin manifestiert. Seine Güte wird belohnt, u. sie soll als beispielgebend verstanden werden.

Franglais →Etiemble, →franz. Sprache.

Frank, Bernard, geb. 11. 10. 1929 Neuilly-sur-Seine, aus jüd. Familie, Schulbildung in Paris u. in der Provinz, Stud. Russ. u. Chines. am Institut des langues orientales; 1949 Bekanntschaft mit Sartre. In s. Romanen schildert F. die franz. Gesellschaft der 50er Jahre, die sich in als mechanist. denunzierten moral. Alternativen verstrickt hat u. ihre Umgebung zu begreifen versucht, indem sie diese zu lit. u. film. Bildern e. fiktiven Realität in Beziehung setzt. Sie inszeniert Auftritte, auch in der Liebe, u. spielt die Kom. großer Empfindungen (*Les rats,* 1953; *L'illusion comique,* 1955; Essays *Géographie universelle,* 1953; *Israël,* 1955; *Le dernier des mohicans,* 1956; *La panoplie littéraire,* 1958). In *Un siècle débordé* (1970) setzt sich F. mit der Nahostpolitik u. dem Verhältnis linksgerichteter Franzosen zum Judentum auseinander; *Solde* (1980); *Grognards et hussards* (1984).

Y. Berger, F. (Écrivains d'aujourd'hui 1940–1960, hg. B. Pingaud), 1960; S. Jay, F., 1980.

Franz I., 12. 9. 1494 Cognac – 31. 3. 1547 Rambouillet, der erste franz. Renaissancekönig. Durch e. verfehlte Außenpolitik, die Karl VIII. eingeleitet hatte, kam F. mit ital. Lebensformen u. Kunstrichtungen der Renaissance in Berührung u. verpflanzte sie nach Frkr. Lionardo da Vinci, Benvenuto Cellini u. Luigi Alamanni standen in s. Gunst, er veranlaßte Castiglione zur Abfassung des *Cortegiano* (Venedig 1528). Clément Marot war s. Kammerherr; Hugues Salel regte er zur Homer-, Amyot zur Plutarchübs. an, Herberay des Essarts zur Übertragung des →*Amadisromans,* den er in span. Gefangenschaft (nach der Niederlage bei Pavia, 1525) gelesen hatte. Durch die Ordonnanz von →Villers-Cotterets, setzte er im gesamten Königreich – also auch im provenzal. Sprachraum – Franz. als obligator. Gerichtssprache ein. In Kastilien beeindruckte ihn die humanist. Universitätsgründung von Alcalá de Henares (damals 42 Lehrstühle, 1100 Studenten); Guillaume Budé bestärkte ihn in der Absicht, e. von der Sorbonne unabhängige Forschungsstätte, das Collège des lecteurs royaux (→Collège de France), 1530 einzurichten. Der Kg. verhalf dem Humanismus in Frkr. damit zum wiss. Sieg. Bis zur →Affaire des placards (1534) begünstigte er die Reformierten, noch 1536 widmete ihm Calvin die *Institution ... chrétienne.* François Ier förderte freizügig, wie selten e. Monarch, die wiss. u. lit. Produktion, um die geistige Suprematie Frkr.s zu erweisen. Victor Hugo verzeichnet F. im Drama *Le roi s'amuse* (1832) als zyn. Intriganten.

Ch. Terrasse, François Ier, III 1970; R. J. Knecht, Francis I, Cambridge 1982; A. Castelot, François Ier, 1983.

Franz Gerlach, Hauptfigur des Dramas →*Les séquestrés d'Altona* von Sartre.

Französische Sprache, westroman. Sprache, Landessprache in Frkr., Amts- u. Heimsprache in Belgien (neben Fläm.), in der Schweiz (neben Dt., Italien. u. Rätoroman.), in Luxemburg u. Monaco, Amts- u. Kultursprache in ehemals franz. Kolonialgebieten Afrikas, Indochinas, Nordamerikas u. der Antillen. Von 1714, als der Vertrag von Rastatt in Franz. abgefaßt wurde, bis zum 1. Weltkrieg Diplomatensprache, außerdem im 18. Jh. europ. Hof- u. teilweise Gelehrtensprache; die Memoiren der Akademie von Berlin wurden auf franz. abgefaßt, Friedrich II. erklärte Franz. 1763 zum Schulfach in Preußen. Franz. gehört zu den offiziellen EG-Sprachen. Frequenzuntersuchungen des Institut pédagogique national erbrachten nach Tonbandprotokollen für das Français fondamental (Ier degré u. 2e degré) ca. 3000 Wörter (vgl. auch G. Gougenheim, *Dictionnaire fondamental de la langue frçe.,* 1958). E. Gesetz (Loi Bas, 1975), die staatl. Reaktion auf →Etiemble, *Parlez-vous franglais* (1964), regelt, daß Produktwerbung, Gebrauchsanweisung, Arbeitsplatzbeschreibung in Franz. (u. nicht, wie häufig der Fall, in Engl.) zu publizieren sind.

F. Brunot, Histoire de la langue frçe. des origines à nos jours, XXI ²1966–68; W. v. Wartburg, Évolution et structure de la langue frçe., Bern ⁸1967; P. Guiraud, L'ancien frç., ⁴1971; H. Berschin u. a., Franz. Sprachgesch., 1978; L. Wolf / W. Hupka, Altfranz., 1981; W. Heckenbach / F. G. Hirschmann, Weltsprache Französisch, Kommentierte Bibl., 1981; B. Müller, Le frç. d'aujourd'hui, 1985; H. J. Wolf, Franz. Sprachgesch., ²1991.

Frapié, Léon, 27. 1. 1863 Paris – 29. 9. 1949 ebda., Autor realist. Romane z. T. über das Pariser Vorstadtmilieu (u. a. *L'institutrice de province,* 1897; *La maternelle,* 1904; Prix Goncourt; *L'écolière,* 1905; Novellenslg. *La boîte aux gosses,* 1907; *Les contes de la maternelle,* 1910; *Les contes de la guerre,* 1915; *La vedette à l'école,* 1946).

Frédéric Moreau, Zentralfigur des Romans →*L'éducation sentimentale* von Flaubert, Repräsentant e. inaktiven Generation.

Frénaud, André, 26. 7. 1907 in Montceau-le-Mines/Saône-et-Loire – 21. 6. 1993 Paris, Philologe, Lektor in Polen, Teilnahme an der Résistance. Themen des Lyrikers F. sind vor allem Kindheit, Liebe u. Tod (Sammelbd. *Il n'y a pas de paradis,* 1962; *L'étape dans la clairière,* 1966; *La sainte face,* 1968; *Depuis* *toujours déjà,* 1970, *La sorcière de Rome,* 1973; *Les rois mages 1938–43,* 1977; *Haeres,* 1982).

M. Wiedmer, F., Diss. Zürich 1969.

Les frères Zemganno, Roman von Edmond de →Goncourt, entstanden 1878/79, EA 1879. Gianni u. Nello Z. haben Aussichten auf Erfolg im Pariser Winterzirkus; durch die Intrige e. Dressurkünstlerin verletzt sich Nello am Tag der Premiere schwer, die Sprungnummer der Z. fällt für immer aus. Der Roman ist e. Huldigung des Bruders an Jules Goncourt u. die harmon. schriftsteller. Zusammenarbeit. Im Vorwort zum Roman definiert Edmond Realismus unabhängig von e. spezif. Stofferwartung als Stilbegriff. Das schriftsteller. Verfahren (›écriture artiste‹), nicht e. modisches Sujet, entscheide über den Rang des Werkes. Allerdings neigt Edmond zu der Auffassung, daß die Darstellung der bürgerl. Welt an den Autor höhere Anforderungen stelle als die Schilderung der ›canaille‹, denn die Personen aus dem Volk seien unkompliziert, ›plus rapprochés de la nature et de la sauvagerie‹.

Fréret, Nicolas, 15. 12. 1688 Paris – 8. 3. 1749 ebda., Sohn e. Juristen, erfolgreiche religions- u. kulturgeschichtl. Stud., als Élève 1714 in die Ac. des inscriptions et belles lettres aufgenommen, im selben Jahr mehrere Monate Haft in der Bastille, offenbar wegen des Vorwurfs der Verbindung zu jansenist. Kreisen. F. trat später vorübergehend als Pädagoge in den Dienst des Maréchal de Noailles. Er verfaßte e. umfangreiches wiss. u. aufklärer. Werk (*Œuvres complètes,* hg. Leclerc de Septchênes XX 1796) im Dienst der Ac. des inscriptions et belles lettres. In der *Lettre de Thrasibule à Leucippe* argumentiert F. rationalist. gegen die Dogmatik u. den polit. Absolutismus (vgl. auch Montesquieu, *Lettres persanes*), die Schrift bereitete den Atheismus u. monist. Materialismus vor. Bei Voltaire tritt F. im →*Dîner du comte de Boulainvilliers* (1767) auf.

M. Niepage, F., e. Vorläufer der europ. Sinologie (Grundpositionen der franz. Aufklärung, Bd. 1), 1955; R. Brummer, F. u. die Lettre de Thrasibule à Leucippe, Wiss. Zs. der Univ. Rostock/Gesellschafts- u. sprachwiss. Reihe 1956 f.; R. Simon, F. académicien, Genf 1961; D. Eliséeff-Poisle, F., 1979.

Fréron, Élie-Catherine, Anfang 1718 Quimper – 10. 3. 1776 Montrouge, Jesuitenschüler, zeitweilig selbst Lehrer am Louis-le-Grand in Paris; Journalist, der als Mitarbeiter von Desfontaines, in den *Lettres de Madame la comtesse de**** (1747), den *Lettres sur les écrits du temps* (XIII 1749 f., in Zusammenarbeit mit dem Abbé de La Porte) u. vor allem in →*L'Année littéraire* seit 1754 die klassizist. Schauspieltheorie mit psycholog. Argumenten verteidigte: der Stoff der ›tragédies bourgeoises‹ sei von geringerem Interesse als derjenige e. klass. Trag. Da er die Aufklärung u. namentl. Voltaire als Gegner wählte, löste F. e. Polemik aus, der er nicht gewachsen war; Voltaire verhöhnte ihn in der *Écossaise* u. in den *Anecdotes sur F.* (1761), Piron überschüttete ihn mit den Epigrammen der *Fréronnade.* In der Auseinandersetzung zwischen ›Anciens‹ u. ›Modernes‹ verteidigte er e. ahistor. Wert der antiken Ästhetik, als diese längst in ihrer Relativität anerkannt war (*Confessions,* Nizza 1962). Andererseits berichtete er in s. Zs. ausführl. über die ital. u. engl. Lit. u. rühmte Goldonis sowie Fieldings lit. Leistung.

F. Cornou, Trente années de lutte contre Voltaire et les philosophes: F., Quimper 1921; J. Balcou, F. contre les philosophes, Genf 1975.

Friedrich II., Kg. von Preußen, gen. Friedrich d. Gr., 24. 1. 1712 Berlin – 17. 8. 1786 Potsdam (Schloß Sans-Souci), erwählte seit 1736 in überschwengl. Briefen →Voltaire zum Lehrmeister, 1750–53 lud er ihn als Gast nach Berlin. F. holte Maupertuis, d'Argens u. La Mettrie an die Berliner Akademie, wo er 1780 s. Abhandlung *De la littérature allemande* vortragen ließ. Er verfaßte u. a. *Anti-Machiavel* (1740), *Histoire de mon temps* (1775), *Examen critique du système de la nature* (1770), *Essai sur les formes de gouvernement* (1777; *Œuvres de Frédéric le Grand,* XXXI 1846–57). In Preußen führte er Franz. als Schulfach ein.

C. Denina, La Prusse littéraire sous Frédéric II, Berlin III 1790 f.; E. Allard, F. in der Lit. Frkr.s, Diss. Halle 1913; S. Skalweit, Frkr. u. F., 1952; G. Ritter, F., [2]1954; W. Hubatsch, Das Problem der Staatsräson bei F., 1956.

Froissart, Jean, um 1337 Valenciennes – um 1404 Chimay, Kleriker, der wahrscheinl. die niederen Weihen empfangen hatte, weilte von 1361 bis 1369 am engl. Hof Eduards III., später in Namur, Luxemburg, Blois und Orthez. Um 1360 begann er zu dichten, vor allem pflegte er das →Rondeau (über 100 Titel; außerdem Pastourellen, Balladen, Virelais, Lais u. Chants royaux). S. Lyrik, die von Guillaume de Machaut abhängig ist, trägt vorwiegend enkomiast. Charakter. Nach 1365 verfaßte er den langatmigen Artusroman *Méliador* (über 30 000 Achtsilber), um 1370, unter dem Eindruck Ovids u. des →*Roman de la rose,* die Liebesromane *L'espinette amoureuse* (4198 Verse, zahlr. Liedeinlagen) u. *Le joli buisson de jonece* (krA A. Fourrier 1975) sowie einzelne Dits *(Le dit dou bleu chevalier, Le dit dou florin)*. Nach dem Vorbild der Chronik des Jean Le Bel u. persönl. Eindrücken schrieb F. nach 1370 in mehreren Fassungen seine *Chroniques de France, d'Engleterre et des païs voisins,* ohne geschichtskritische Absicht. Erst anglophil, in den 90er Jahren frankophil, schließl. Parteigänger des burgund. Hofs, entwarf F. e. oberflächl. jedoch farbenreiches Bild vom Herbst des MA. S. umfangreiches Werk, das Enguerrand de Monstrelet (1390–1453) fortsetzte, liegt in versch. Ausgaben vor, zuletzt in TLF 194, 407, 415, Genf 1972–92.

F. Wolfzettel, La poésie lyrique ..., Mél. C. Foulon, Rennes 1980; G. Jäger, Aspekte des Krieges ... Unters. zu F.s Chroniques, 1981.

Frollo, Claude, Erzdiakon der Kathedrale →*Notre-Dame de Paris.* Hugo zeichnet ihn als fiebrigen Asketen, der sich heillos in Esmeralda verliebt, e. Nebenbuhler erdolcht u. das Mädchen, als es ihn abweist, dem Henker überantwortet.

Fromentin, Eugène, 24. 10. 1820 La Rochelle – 27. 8. 1876 Saint-Maurice bei La Rochelle, Autor u. Maler, unglückl. Liebe zu e. Kreolin, die 1834 e. anderen heiratete, aber weiterhin Beziehungen zu F. unterhielt u. früh starb (1844). Der Autor verarbeitete das erschütternde Erlebnis in s. einzigen Roman →*Dominique.* Nach e. Orientreise (1842) arbeitete F. bis 1843 im Atelier des Malers Cabat; Delacroix u. Corot waren s. großen Vorbilder. 1846–53 unternahm er drei Reisen nach Algerien (*Un été dans le Sahara,* 1857; *Une année dans le Sahel,* 1859). *Les maîtres d'autrefois* (1876, krA P. Moisy 1972) ist e. auch in Fachkreisen anerkannte Studie über die niederländ. Malerei (*Œuvres complètes,* II 1938; krA G. Sagnes 1984).

A. Thibaudet, Intérieurs, 1924; M. Revon, F., 1937; V. Giraud, F., 1945; J. Monge, Un précurseur de Proust: F. et la méthode affective, RhlF

1961; A. R. Evans, The literary art of F., Baltimore 1964; M.-A. Eckstein, Le rôle du souvenir dans l'œuvre de F., Zürich 1970; B. Wright/P. Moisy, G. Moreau et F.; La Rochelle 1972; F. Marcos, F. et l'Afrique, Montréal 1973; E. J. Mickel, F., Boston 1981.

Fromont jeune et Risler aîné, Roman von Alphonse →Daudet, entstanden 1873, ED *Le Bien public* 1874, EA 1874, Dramatisierung in Zusammenarbeit mit A. Belot, Urauff. 16. 9. 1876 Théâtre du Vaudeville, Paris. Sidonie Chèbe, die Tochter e. Lebensmittelhändlers, heiratet Risler, den Sozius der Pariser Firma Fromont u. Risler; sie betrügt ihren älteren Ehemann u. ruiniert das Unternehmen. Wie der Held in Maupassants *Bel ami* u. Nana im gleichnamigen Roman von Zola nutzt Sidonie den moral. Verfall ihrer Zeit aus, Daudet erklärt ihn aus der zunehmenden Gottlosigkeit. Noch ehe Risler, erschüttert durch die Untreue s. Frau u. noch mehr durch den Betrug s. Bruders, der mit ihr Beziehungen unterhielt, sich erhängt, kommentiert der Autor den Selbstmord als bezeichnendes Verhalten der Pariser, die das Beten verlernt haben u. jederzeit bereit sind, ›sich allen Leiden durch den befreienden u. tröstenden Tod freiwillig zu entziehen‹. Der Roman *F.* weist zweifellos Mängel auf, wie namentl. die kontrastierende Zeichnung der Charaktere zeigt, aber anders als Bourget entwickelt Daudet die eth. Entscheidung der Personen nicht aus individuellen Impulsen. Redlichkeit u. Verderbtheit sind von den Pariser Verhältnissen, insbes. im zerfallenden Marais-Viertel, geprägt. So erklärt es sich, daß in der Schlußszene, als der gute Kassierer Planus in der Pose des Raisonneurs mit geballter Faust ausruft: ›Du Dirne ...‹, weder er noch der Leser sich darüber im klaren sind, ob er damit das Weib oder die Stadt apostrophiert.

Fronde, die letzte ständische Revolte d. Ancien Régime, von der Finanzpolitik des Kardinals →Mazarin ausgelöst. Die Vieille F. (1648/49) war vom Parlement u. von →Retz, dessen Memoiren e. Hauptquelle bilden, gelenkt; der Hof floh nach Saint-Germain. Während der zweiten Phase, der Jeune F. oder F. des princes (1649–53), stand mit span. Unterstützung vor allem der Condé den kgl. Truppen unter Turenne gegenüber. Die zentralist. Partei blieb schließl. erfolgreich. Sowohl der Kardinal Retz wie der ›große‹ Condé wurden nach der Niederlage nur vorübergehend verfolgt (vgl. auch Adam Billaut, *Claquet de la Fronde; Élégie aux dames frondeuses,* 1651). Die polit. Ideale der F. wirkten im 18. Jh. nach (Montesquieu; revolutionäre Aristokraten).

H. Courteault, F. à Paris, 1930; H. Kossmann, F., Leiden 1954; H. Carrier, Le mot f.: sens et implications, Cahiers de lexicologie 1968; A. de Wicquefort, Chronique discontinue de la F., 1978.

Frou-Frou, Kom. in fünf Akten von Ludovic →Halévy u. Henri Meilhac, entstanden 1869, EA 1869, Urauff. 30. 10. 1869 Théâtre de la Porte-Saint-Martin, Paris. Gilberte Brigard, in d. Familie F. genannt, verzichtet auf die Liebesheirat mit dem Grafen Valréas u. wird in der Ehe mit dem biederen Sartorys unglückl. Sie flieht mit Valréas nach Venedig, der Ehemann folgt ihnen u. tötet den Liebhaber im Duell. S. Tod löst bei der lebenslustigen jungen Frau die moral. Läuterung aus; sie widmet sich nur noch der Karitas u. opfert dabei ihre Gesundheit auf. Im Sterben bestimmt sie ihre Schwester Louise, die Sartorys immer schon heiml. liebte, zur Mutter ihres Kindes, das sie vernachlässigt hat. Die Autoren gehen dem Kernproblem der unverstandenen Frau, als die Gilberte sich fühlt, nicht auf den Grund; sie hätten ihr Stammpublikum, das sich bereitwillig von e. pathet. Privatschicksal rühren ließ, damit nur verunsichert u. sich um den Erfolg gebracht.

Les fruits d'or, Roman von Nathalie →Sarraute, EA 1963. Im Mittelpunkt des Romans steht keine Intrige u. kein Protagonist, sondern der Roman *Die Goldfrüchte* des fiktiven Autors Bréhier, der Anlaß zu Reflexionen u. Diskussionen in e. Gesellschaft bietet, für die das Erscheinen e. lit. Werks noch e. Ereignis ist. Als Satire auf den Lit.betrieb u. s. prätentiöses Gebaren, die gegenseitige Bewunderung der Eingeweihten, erschließt sich das Werk zuerst. In e. tieferen Schicht erscheint es als Paradigma des Kommunikationsprozesses, die Botschaft e. Kunstwerks kristallisiert e. geschlossene Welt des Publikums heraus, auf dessen Verstehen hin es geschrieben wurde. Interesse für den gleichen geistigen Gegenstand bringt versch. Individuen zusammen, das erlahmende Interesse an der Neuheit löst auch den Zirkel auf. Selbstgespräch, Apostrophe sowie Dialog, der häufig zum Aneinander-Vorbei-Sprechen entartet, sind die angemessenen sprachl. Mittel zur Darstellung von Impuls u. Antwort, Einfall und Anpassung, Widerstand gegen u. Unterwerfung unter herrschende Meinungen.

Funambulesque →Ode f.

Furetière, Antoine, 28. 12. 1619 Paris – 14. 3. 1688 ebda., Jurist, der wegen Bestechlichkeit s. Amt verlor u. von mehreren Pfründen lebte. Er machte sich seit 1649 mit Travestien u. Satiren (*Énéide travestie,* 1649; *Le voyage de Mercure,* 1653; *Poésies diverses,* 1655; *Nouvelle allégorique,* 1658) sowie mit s. Konkurrenzunternehmen gegen das Wörterbuch der Ac. frçe. (Mitgl. seit 1662) e. Namen. Am 24. 8. 1684 wurde ihm das Privileg für e. ›dictionnaire général de la langue‹ zugesprochen; auf Einspruch der Akademie, die ihn am 22. 1. 1685 ausschloß, widerrief die kgl. Kanzlei die Genehmigung am 9. 3. 1685 (postume Publikation Den Haag 1690 u. d. T. →*Dictionnaire universel*). F. gehörte der antipreziösen Académie allégorique an, s. lit. Abneigung gegen falsche Veredelung belegt überaus deutl. s. →*Roman bourgeois,* der entstand, als der Autor mit Molière, Racine u. Boileau befreundet war.

F. Gégou, F., 1962; M. Vialet, Triomphe de l'iconoclaste, 1989.

Fustel de Coulanges, Numa Denis, 18. 3. 1830 Paris – 12. 9. 1889 Massy, Stud. ENS, Historiker, lehrte an der Univ. Strasbourg, 1875–80 an der Sorbonne, leitete 1880–83 die ENS. F. wies röm. Elemente in der frühma. Verfassung nach (*La cité antique,* 1864; *Histoire des institutions de l'ancienne France,* VI 1888–92).

E. Champion, Les idées politiques et religieuses de F., 1903; Tourneur-Aumont, F., l'homme et l'œuvre, 1931.

Futurismus, erste Avantgardebewegung des 20. Jhs., die Filippo Tommaso →Marinetti mit der Veröffentlichung von *Fondazione e Manifesto del Futurismo* (*Figaro,* 20. 2. 1909; franz. Version *Poesia,* 1.–2. Februar–März 1909) als radikale Absage an die Verpflichtung gegenüber kultureller Tradition (vor dem →Dadaismus) eröffnete. Da sich die Geschichte auch in der Grammatik festgeschrieben hat, ist Zertrümmerung der Sprachstrukturen e. Akt der Emanzipation. Neue Objekte der Lautmalerei sind von der Technik verursachte, disharmon. Geräusche. Die Gleichsetzung von Avantgarde u. freiem, d. h. nicht mehr codifiziertem Ausdruck, fortgesetztem Experiment anstelle jeder Normierung, trennt den F. vom sinnbild. Hermetismus der Jahrhundertwende, der in der Mallarmédebatte fortgeschrieben wird.

Ch. Baumgarth, Gesch. des F., 1966; E. Leube, Das Freiheitskonzept des italien. F., in: W. Hempel (Hg.), Die Idee der Freiheit in den Lit. der roman. Völker, 1980; R. Warning / W. Wehle (Hg.), Lyrik u. Malerei der Avantgarde, 1982; W. Pabst, Franz. Lyrik des 20. Jhs. Theorie u. Dichtung der Avantgarde, 1983; Zs. Avantgarde 1988 ff.

Fuzelier, Louis, 1672–1752, Journalist, Theatermann und selbst erfolgreicher Dramatiker (mehr als 200 Libretti, Kom., Vaudevilles, Farcen, z. T. in Zusammenarbeit mit Dorneval u. Lesage; bisher keine Werkausgabe). S. Stücke kamen sowohl an der Com. frçe. als auf Jahrmarktbühnen heraus.

D. Trott, F. et le théâtre, RhlF 4, 1983.

Gaboriau, Émile, 9. 11. 1835 Saujon/Charente – 28. 9. 1873 Paris, Sekretär von Paul Féval, schrieb seit 1866 Kriminalromane (→*L'affaire Lerouge,* 1866, 1872 dramatisiert; *Le dossier n⁰ 113,* 1867; *Le crime d'Orcival,* 1867; *M. Lecoq,* 1869; *La vie infernale,* 1870; *Clique dorée,* 1871; *L'argent des autres,* 1874).

Gace Brulé, um 1159 – nach 1213, trat 1189 am Hof der Marie de Champagne auf. Er galt lange als bedeutendster Trouvère; von 108 ihm zugeschriebenen Gedichten stammen wohl nur 69, in der Überzahl Minnelieder, aus s. Feder. G. unterwarf sich dem Stilzwang u. der paradigmat. Spannung der Kanzone, dagegen brach er mit der herkömml. Metrik u. Melodik (*Les chansons,* éd. G. Lavis/M. Stasse 1979).

J. Frappier, La poésie lyrique en France au XIIe et XIIIe siècles, [2]1966.

Gadenne, Paul, 4. 4. 1907 Armantières/Nord – 1. 5. 1956 Bayonne, Philologe, Romancier mit der Neigung, Konflikte zu verinnerlichen (*Siloé,* 1941; *Le vent noir,* 1947; *La rue profonde,* 1948; *L'avenue,* 1949; *La plage de Scheveningen,* 1952; *L'invitation chez les Stirl,* 1955).

Gaharié, Sohn der Schwägerin des →Artus u. Bruder des →Gauvain.

Gaillard, Augié, um 1530 Rabastens – um 1594, südfranz. Protestant, Teilnehmer an den Religionskämpfen in Guyenne u. im Languedoc; als Freund des Du Bartas hatte er Zugang zum Hof von Navarra. Der Ronsardschüler G. dichtete in franz. u. provenzal. Sprache (*Las obros,* Bordeaux 1579; *Lou banquet,* 1583; *Poésies languedociennes et françaises,* hg. G. de Clausade, Albi 1843).

L. Belot, G., Albi 1911; P. Jourda, Glanes ronsardiennes: G. et la Pléiade, RhlF 1929.

Galaad, Sohn des Joseph von Arimathia, Kg. von Wales, Großvater des →Ivain. G. ist außerdem der Taufname von Lancelot du Lac, der s. Sohn wiederum so nennt (→*Lancelot du Lac,* →*La Queste del Saint Graal,* →*Roman de Tristan de Léonois).*

Galehot, Freund des →Lancelot, Kg. der Fernen Inseln.

Galeran de Bretagne, Versroman des 13. Jh. Der unbekannte Autor, e. Trouvère namens Renaut, der schon mit →Jean Renart identifiziert wurde, verknüpfte ep. Motive eben dieses Dichters, der →Marie de France u. des →antiken Zyklus zum höf. Roman über e. scheinbare Mesalliance.

Galiani, Ferdinando, 2. 12. 1728 Chieti – 30. 10. 1787 Neapel, seit 1736 in Neapel, zuerst von s. erzbischöfl. Onkel, 1740–42 von Cölestinermönchen in Philos., Gesch., Nationalökonomie u. Nat.wiss. unterrichtet; 1744 Mitgl. der Accademia degli emuli, 1755 Mitbegründer der Accademia ercolanense, 1749 fiel er durch e. Persiflage auf den Präsidenten e. rivalisierenden Akademie auf, im selben Jahr erschien anonym die Schrift *Della moneta,* die e. starke Abhängigkeit von Vicos Werttheorien in der *Scienza nuova* verrät. Nunmehr wurde G. vom neapolitan. Hof reich mit Pfründen ausgestattet u. bald darauf in die berühmte Florentiner Accademia della crusca aufgenommen. 1759 ging er als Gesandtschaftssekretär nach Paris. Bis 1769 setzte sich G. mit Staatstheorien des 18. Jh. auseinander, die ihm alle im luftleeren Raum konzipiert schienen. In engeren Kontakt trat er zu D'Alembert, Diderot, Grimm u. Mme d'Épinay, mit der er e. ausführl. Korrespondenz unterhielt (*La signora d'Épinay et l'abate G., lettere inedite,* hg. F. Nicolini, Bari 1929; *Gli ultimi anni della signora D'Épinay, lettere inedite,* Bari 1933). Sie u. Diderot besorgten die Drucklegung s. *Dialogues sur le commerce des blés* (1770): Drei Personen diskutieren darin die Ursachen des Zerfalls der franz. Landwirtschaft; Galiani wählt den eleganten Dialog, um bereits durch die sprachl. Form den Kontrast zu s. Gegenstand, den abstrakten ökonom. Systemen der Enzyklopädisten u. Physiokraten, herzustellen. In Neapel entstanden nach 1769 die Oper *Il Socrate immaginario* (1775) u. Schriften über Horaz sowie den Dialekt s. Heimatstadt samt e. Wörterbuch (1787). Der Hof bestellte die Abhandlung *Dei doveri di principi neutrali verso i principi guerreggianti e di questi verso i neutrali.* Marx wertete G.s Schrift *Della moneta* aus.

F. Schalk, Franz. Moralisten, Neue Folge, 1940; W. Weigand, Der abbé G. [2]1948.

Gallikanismus, Doktrin von der Unabhängigkeit des franz. Kg.s vom Papst sowie von der nationalkirchl. Selbständigkeit in der Jurisdiktion, erstmals 1438 in der Pragmat. Sanktion von Bourges fixiert. Auch nach ihrer Aufhebung durch das Konkordat von 1516 hielt Frkr. an den gallikan. Freiheiten fest, die von zahlr. Autoren vertreten wurden (Jean Du Tillet, Pierre Pithou, Pierre Dupuy, Guillaume Barclay, *Traité de la puissance du pape sur les princes séculiers,* Paris 1611 u. Köln 1628; Isaac Habert, →Bossuet, Claude Fleury). Im Widerstand e. Teils des franz. Episkopats gegen das Primatsdogma (1870) u. in der Apologie der konziliaren Idee während des II. Vatikan. Konzils (1964) wirkten Ideen des G. nach, obwohl er mit dem Niedergang des Ancien Régime als polit. Problem erledigt war.

J. Wilhelm, Das Fortleben des G. in der franz. Lit. der Gegenwart, 1933; A.-G. Martimort, Le gallicanisme de Bossuet, 1953.

Gallimard, bedeutendster franz. Lit.verlag des 20. Jhs. Auf Initiative von Gide, Jean Schlumberger u.

Gaston G. 1911 als »comptoir d'édition« für die Autoren der →*NRF* gegr. Firmenname zunächst Editions de la NRF, seit 1919 Librairie G. u. Editions G. Erste Titel waren Werke von Gide, Claudel u. Saint-John Perse, Markterfolge Roger Martin du Gard, Morand, Malraux *(La condition humaine)*; Proust wurde auf Anraten Gides zunächst abgelehnt. Der Gesamtkatalog von 1990 umfaßt über 4000 Autorennamen u. 130 Reihen sowie Zss., darunter die Bibliothèque de la Pléiade, Bibliothèque des idées, Folio (seit 1972), Idées, Imaginaire, Poésie/Gallimard (seit 1966), →*Le Débat* (seit 1980), *L'Infini* (seit 1987).

Gallo, Max, geb. 7. 1. 1932 Nizza, Agrégé d'histoire 1960, Doctorat ès Lettres; Mitglied der Sozialist. Partei seit 1978, bis Mai 1981 Leitartikler *L'Express,* im selben Jahr Abgeordneter u. Regierungssprecher (Staatssekretär). G. verfaßte mehrere Romanzyklen von histor. u. gesellschaftskrit. Thematik, Schauplatz wiederholt S-Frkr. (*Le cortège des vainqueurs,* 1972; *La baie des anges,* 1975; *Les hommes naissent tous le même jour,* 1978 f.; Kriminalroman *Une affaire intime,* 1979; *Un crime très ordinaire,* 1981; *La demeure des puissants,* 1983).

Gambara, Erzählung von Honoré de →Balzac, entstanden 1837, ED *Revue et gazette musicale de Paris* 1837, EA 1839, 1846 unter die *Études philosophiques* der *Comédie humaine* aufgenommen. Graf Andrea Marcosini, der in Paris im Exil lebt, folgt am 31. 12. 1830 in der Nähe des Palais royal e. Frau in e. verrufene Straße u. erfährt dort, daß sie mit dem Komponisten Paolo G. verheiratet ist; Marianna führt mit ihrem Mann e. Leben in Armut u. Verlassenheit. Marcosini sucht die Dankbarkeit der Frau zu erringen; er erfährt, daß G. e. Mohammed-Oper komponiert, die die traditionelle Instrumentierung sprengt. Der Graf will neue Instrumente beschaffen, darunter e. ›Panharmonicon‹. Es gelingt ihm nicht, den Komponisten von s. Wahn, e. unerhörte, allumfassende Musik zu kreieren, zu heilen, obwohl er ihm vorhält, daß sich s. Ziel allein in der Dichtung erreichen ließe. Marcosini verläßt mit Marianna Paris; nach einigen Jahren schickt er die Frau wieder in die Armseligkeit des Emigrantenmilieus zurück u. liiert sich mit e. Tänzerin. Die Erzählung ist weniger e. moral. Satire als e. krit. Auseinandersetzung mit dem romant. Streben nach den Urgründen der Künste (vgl. auch *Le chef-d'œuvre inconnu*). Balzac selbst nannte den Titelhelden e. Figur, die e. E. T. A. Hoffmann würdig wäre.

M. Eigeldinger, La philosophie de l'art chez Balzac, Genf 1957; M. Regard, Histoire d'une collaboration. Le G. de Balzac, Revue de la méditerranée, 1960; R. Mortier, Le destin de l'artiste dans la Comédie balzacienne, StFr 1962.

Gamelin, Hauptfigur des Romans →*Les dieux ont soif* von Anatole France, Schüler von Jacques-Louis David, Mitgl. des jakobin. Revolutionstribunals, der mit dem ›incorruptible‹ Robespierre in den Tod geht. Er wird das Opfer der eigenen polit. Maxime ›Vaincre et mourir‹.

Gamon, Christophe, 1576 Annonay/Vivarais – ebda. um 1621, Autor konventioneller, an Antithesen reicher Gedichte, darunter auch e. Replik auf Du Bartas Schöpfungsepos, *La sepmaine ou Création du monde.*

Ganelon, Stiefvater Rolands, der zusammen mit →Blancandrin den Verrat ins Werk setzt, wie bereits in der 12. Laisse der →*Chanson de Roland* prophezeit wird.

Garaudy, Roger, geb. 17. 7. 1913 Marseille, marxist. Philosoph. Prof. in Poitiers, lange Zeit Mitgl. des ZK der KPF, schrieb u. a. über Hegel u. Aragon (1961), ferner *Pour un modèle français du socialisme* (1968), *Le grand tournant du socialisme* (1969), *L'alternative* (1972), *Parole d'homme* (1975, Harmonisierung d. christl. Transzendenzidee u. marxist. Theorien), *Clefs pour le marxisme* (1977), *Qui dites-vous que je suis* (1978, polit. Roman); *Pour l'avènement de la femme* (1981).

K. Chun-Ho, Die soziale Konzeption von G., Diss. Mainz 1978.

Garcin, männl. Figur in →*Huis clos* von Sartre, sollte zunächst von Albert Camus gespielt werden.

La garçonne, Roman von Victor →Margueritte, EA 1921, Dramatisierung EA 1927, Urauff. 9. 7. 1926 Com. frçe. Der sozialkrit. Roman nimmt bei veränderten Bedingungen d. Thema d. Emanzipation der Frau auf (vgl. Mme de Staël, G. Sand, Dumas fils im 19. Jh.). Unter den Auswirkungen der in der bürgerl. Gesellschaft herrschenden doppelten Moral leidet immer die Frau, hier Monique Lerbier, die kurz vor der Hochzeit entdeckt, daß ihr Verlobter sie betrügt, u. die sich für den Betrug rächt. Als ihre Eltern sie zur Ehe zwingen wollen, bricht sie mit der Familie, um in der Halbwelt e. ungebundene Existenz zu verwirklichen. Auf die Phase schrankenloser Freiheit folgt die Einsicht in die Gleichberechtigung, die die Frau zur Gefährtin des Mannes erhebt (Fortsetzung *Le compagnon,* 1924, u. *Le couple,* 1925).

Garencières, Jean de, um 1371 bei Évreux – 25. 10. 1415 Azincourt. Der Ritter stand im Dienst von Louis d'Orléans, des Vaters von →Charles d'Orléans, dem er die lyr. Tradition seit →Guillaume de Machaut vermittelte. G. pflegte die Ballade u. das Rondeau; von s. Werk sind in e. einzigen Ms. (BN fr. 19 139) ca. 50 Titel erhalten, éd. Y. A. Neal 1953.

Y. A. Neal, Recherches sur la vie du chevalier poète G. et son cercle littéraire. Thèse Paris 1953.

Gargamelle, die Riesenmutter Gargantuas in Rabelais' Roman (→*Gargantua. Pantagruel),* die ihren Sohn wegen e. Verdauungsstörung durch das linke Ohr gebären muß.

Gargantua. Pantagruel, Roman von François →Rabelais in vier Bänden, entstanden 1532 – um 1552, ED 1532–1552; die Autorschaft des postumen 5. Bandes (1564) ist umstritten. Nach der Vorlage e. Volksbuches aus dem Jahre 1532 berichtet Rabelais in der Form e. Parodie der →Chansons de geste von Abstammung, Kindheit, Jugend u. den Abenteuern zweier Riesen. Zuerst erschien 1532 die Geschichte des Pantagruel, 1534 holte der Autor die Geschichte von dessen Vater Gargantua nach. Vom Stoff u. vielleicht auch vom Stil her (Neologismen, skatolog. sowie priap. Komik, chaot. Enumeration) ist das Werk durchaus noch der ma. Tradition der Misogynie, Mönchs-, Gelehrten- u. Heldenparodie (vgl. den Spott über die Table ronde) verpflichtet, doch werden andererseits die unwahrscheinlichsten Episoden u. Geschehnisketten wiederholt in den Dienst e. humanist. Didaxis gestellt. Bei der Gründung der Abtei →Thélème am Schluß des *Gargantua* ersetzen die humanist. Prinzipien der Individualität, Daseinsfreude u. Universalbildung die klass. Klosterregeln; Gargantuas u. Pantagruels Erziehungs- u. Studienprogramm hebt das scholast. Wissenschaftsverständnis u. die Methoden ma. Indoktrination auf. Das Problem des 3. u. 4. Buchs – wen Pantagruels Gefährte Panurge heiraten soll u. ob ihn s. Frau voraussichtl. betrügen würde –, treibt die Wissenschaftssatire auf die Spitze u. weitet sie zugleich aus: die Antwort der Sibylle von Panzoult, die eines Narren, des alten Dichters Raminagrobis (Porträt des Rhétoriqueurs Guillaume Crétin) u. einzelner Gelehrter schaffen nur Konfusion; Pantagruel u. Panurge unternehmen daraufhin e. Reise zum Orakel von der Göttl. Flasche. Rabelais kann sich am Phantastischen ebenso berauschen wie am Obszönen u. an humanist. Bildungsgläubigkeit. S. Roman liegt kein kohärentes Gedankensystem zugrunde, der Autor popularisiert vielmehr Wissensgehalte u. entwickelt aus der Figurenperspektive, insbes. in den ersten beiden Büchern, beispielhaft das Lebensgefühl der frühen franz. Renaissance. Rabelais' Werk gehört weder zur gelehrten noch zur durchgängig satir. Lit.; offenkundig nimmt die spieler. Phantasie in dem Grade ab, wie e. gehässige Entrüstung wächst. Buch 1 u. 2 unterscheiden sich durch die höhere Dichte der Romanhandlung vom späteren Teil, der eher als Anekdotenslg. zu begreifen ist. Hier löst sich die Romankurve in Einzelgeschichten auf, wenn auch der Blick auf die Haupthandlung nicht völlig verstellt ist. Mündl. Erzähltradition wird bei der Entstehung des Werks e. Rolle gespielt haben. In den Riesen-Chroniken, die Rabelais bekannt waren, hatte sich bereits e. parodist. Tradition keimhaft entwickeln können; sie arbeitete vor allem mit der Präzisierung peripherer Motive. Rabelais setzte dieses Mittel method. zur Darstellung der Wirklichkeit ein: Gargantua tötet 100210 Männer, die Feder s. Mütze wiegt 103 Pfund u. e. Viertel, er verzehrt Kutteln von 200 Ochsen, vier Männer müssen ihm Senf in den Mund schaufeln. Das Komische hat bei Rabelais Vorrang vor dem humanist. Engagement, es ist nicht einfach die attraktive Garnierung, die das Publikum an die Renaissancedoktrinen heranführen soll – Rabelais strebt den Phantasiecharakter an. Des Autelz u. Habert schrieben im 16. Jh., Balzac im 19. Jh. Rabelais-Pastiches, ab 1565 erschienen anonym die *Songes drolatiques de Pantagruel*. Jarry entnahm dem G. burleske Motive. Das 17. u. 18. Jh. hatten für diese Erzählform, der Wahrscheinlichkeit, lineare Zielgerichtetheit sowie Schicklichkeit fremd waren, wenig Verständnis. Auch Voltaire, der wiederholt auf die Sexualkomik rekurrierte, beurteilte die Romane Rabelais' distanziert.

P. Jourda, Le G. de Rabelais, 1948; A. Lefranc, Rabelais. Études sur G., 1953; L. Schrader, Panurge u. Hermes, 1958; A. C. Keller, The telling of tales in Rabelais, 1963; L. Spitzer, Ancora sul prologo al primo libro del G. di Rabelais, StFr 1965; W. Raible, Der Prolog zu G., RF 1966; F. Rigolot, Les langages de Rabelais, Genf 1972; J. Larmat, Le Moyen Age dans le G., 1973; W. Engler, Wissenschaften u. Waffen. Der Erziehungsbrief ..., Festschr. W. Heistermann, 1978.

Garine, Romanfigur in →*Les conquérants* von Malraux, Sohn e. Schweizers u. e. Russin, organisiert 1925 die chines. Revolution aus der Perspektive des polit. Legionärs, der s. Leben u. der Existenz deklassierter Massen Würde u. Gewicht verleihen will. Der Berufsrevolutionär →Borodine ist s. Gegenspieler. G. geht schließl. nach England, die Macht des brit. Empire wirkt auf den Anarchisten als neue Herausforderung.

Garin le lorrain, Epos des 12. Jh., Autor unbekannt (Jean de Flagy?). Nach dem Tod des Hervis von Metz im Kampf gegen die Araber sorgt Pippin für dessen Söhne G. u. Begue; G. ist mit der Prinzessin Blanchefleur von Savoyen verlobt, der Sohn des Pfalzgrafen Hardré, Fromont, macht ihm jedoch die Braut streitig. Als der Kg. den Zwist schlichten soll, verliebt er sich selbst in das Mädchen u. verheiratet G. mit s. Kusine. Damit ist die Familienfehde noch nicht beigelegt; als G. die verfeindeten Sippen endl. aussöhnen will, wird er erschlagen. Dieser Konflikt zwischen Verpflichtungen, die sich aus der Feudalstruktur ergeben, u. persönl. Leidenschaft wurde zum Zyklus erweitert *(Gerbert de Metz, Hervis de Metz, Anseïs de Metz, Yon).*

R. K. Bowman, The connections of the Geste des loherains with other French epics and medieval genres, New York 1940; A. Adler, Rückzug in ep. Parade, 1963; J. Grisward, Essai sur G., Romania 1967.

Garnier, Robert, 1545 La Ferté-Bernard/Maine – 20. 9. 1590 Le Mans, Jurist, Lieutenant criminel s. Heimatprovinz; Dramatiker, dessen Werk e. lyr. (→Jodelle) sowie e. dramat. Trag.konzeption (→La Taille) verpflichtet war. Überwiegend lyr.-orator. ausgerichtet sind die Römerdramen (*Porcie,* 1568; *Cornélie,* 1574; *Marc-Antoine,* 1578) u. das bibl. Spätwerk *Les juifves* (1583), wo auch Zeitpolitik in poet. Manier durchleuchtet wird, überwiegend dramat. u. damit zu Corneille hinführend die Griechendramen *Hippolyte* (1573), *La Troade* (1579) u. *Antigone* (1580), wo die Konflikte auf der Bühne ausgetragen werden. Mit der Tragikom. *Bradamante* (verfaßt 1571–73, ED 1582) nach Ariosts *Orlando furioso* durchbrach G. die geltende Stiltrennung u. inaugurierte im Wechsel von trag., romanesken u. kom. Szenen e. zukunftsreiche Zwischengattung (vgl. z. B. Corneilles *Cid*). Insgesamt dominiert aber bei G. der eleg. Oberton, der die Weiterentwicklung des klass. Schauspiels am Ende des 16. Jh. behinderte. Für s. schmales lyr. Werk (Elegien, Episteln, Sonette) erhielt er in Toulouse einmal die Rose bei den Jeux floraux. 1585 dichtete er die *Élégie à Desportes,* in der er Ronsards Tod beklagt u. ihn gleichzeitig um die ewige Ruhe beneidet, denn die polit. Situation Frkr.s lasse die Musen dort nicht heimisch werden (*Œuvres complètes,* hg. W. Förster IV 1882–84; *Hippolyte, Marc Antoine,* éd. Ch. M. Hill/M. Morrison, London 1975).

D. Frick, G. als barocker Dichter, Diss. Zürich 1951; G. Jondorf, G. and the themes of political tragedy in the 16th century, 1969; L. Wierenga, La Troade de G. Cosmologie et imagination poétique, Assen 1970.

Gary, Romain (eig. Roman Kacev), 8. 5. 1914 Wilno – 2. 12. 1980 Paris. Sohn e. russ. Jüdin, die am franz. Theater in Moskau spielte, lebte seit 1918 in Frkr., Jurastud. Aix-en-Provence, Kampfflieger bei der RAF, Konsul in Los Angeles; heiratete die Filmschauspielerin Jean Seberg; 1967 f. Beauftragter des Informationsministeriums. André Malraux ermutigte G. zum Schreiben: 1945 erschien als Erstling *Éducation européenne,* e. pathet. Roman über die poln. Résistance. *Les racines du ciel* (Prix Goncourt 1956; nach *Tulipe,* 1946, definitiver

Text 1970; *Le grand vestiaire,* 1948; *Les couleurs du jour,* 1952) richtet sich gegen Hemingways afrikan. Kurzgeschichten; mit viel Tierliebe werden Großwildjagden erzählt, Idealisten versuchen Elefanten vor ihren Jägern zu retten. G. beabsichtigte, in e. Welt des allgemeinen Massakers die Tierschutzidee zu e. Botschaft der universalen Nächstenliebe zu stilisieren. *La promesse de l'aube* (1960), e. moral. Selbstporträt, zeigt, wie der Kosmopolit aus dem Gedanken an s. Mutter Energie im Einsatz für die Gemeinschaft geschöpft hat. Seitdem erschienen die Romane *Lady L.* (1959), *Johnnie Cœur* (1961), *Gloire à nos illustres pionniers* (1962), *Les mangeurs d'étoiles* (1966), *La danse de Gengis Cohn* (1967), *Adieu Gary Cooper* (1969), *Europa* (1972) u. der Essay *Pour Sganarelle* (1965). Der Kolportageroman *Chien blanc* (1970) handelt vom amerikan. Rassismus, der dem Autor u. s. Freunden in Hollywood auf makabre Weise zum Problem wurde, als sich herausstellte, daß e. zugelaufener Schäferhund auf Neger abgerichtet war. *Les enchanteurs* (1973) schildert die Abenteuer venezian. Komödianten im Rußland der Zarin Katharina d. Gr. Seit 1974 publizierte G. weiterhin bei Gallimard (*Les clowns lyriques,* 1979, hintersinnige Gesch. e. Stendhalverfilmung im Nizza der 50er Jahre; Zweiakter *La bonne moitié,* 1979, Résistancethema; *Les cerfs-volants,* 1980, patriot. Roman 1930–45) und als →Ajar beim Mercure de France; dadurch erhielt er (entgegen den Statuten) zum 2. Mal den Prix Goncourt.

Gascar, Pierre (eig. Pierre Fournier), geb. 13.3. 1916 Paris, aus e. Familie bäuerl. Herkunft. G. verbrachte den größten Teil s. Kindheit u. Jugend im franz. SW, geriet 1941 in Gefangenschaft, nach mehreren Fluchtversuchen in e. Straflager in Polen, wo ihn die Rote Armee befreite. 1945 arbeitete er als Journalist u. begann, Romane u. Essays zu schreiben; 1953 wurde er mit dem Prix Goncourt ausgezeichnet. Mit s. ersten Geschichten ist G. noch Maupassants Realismus verpflichtet (*Les meubles,* 1949; *Le visage clos,* 1951), in den folgenden Werken wird e. mitleidslose Henkerswelt dargestellt, wobei der Autor das Absurde nicht als Bewußtseinsinhalt, sondern als Situation zu fixieren sucht (*Le temps des morts,* 1953; *La graine,* 1955). In dem erschütternden Buch *Les bêtes* (1953) stellte G. das spätromant. Tierbild von R. Kipling in Frage, wenn er Tiere im Bombenhagel oder im Schlachthof als leidende Kreaturen schildert, an denen sich die KZ-Konstellation von Privilegierten u. Geschundenen wiederholt. Das Drama *Les pas perdus* (1958) gestaltet die Verflechtungen zwischen gesellschaftl. Autorität u. scheinheiliger Moral, wie Maupassant sie in *Boule de suif* satir. dargestellt hat; e. bürgerl. Familie bringt das Vermögen e. Prostituierten an sich u. ächtet die Betrogene. Mit *La barre de corail* (1958) schrieb G. e. epigonalen Liebesroman exot. Färbung, während *Les moutons de feu* (1963), nach *Soleils* (1960) u. *Le fugitif* (1961) dem mag. Realismus von Julien Gracq in →*Le rivage des Syrtes* nachempfunden sind. Erzählung u. Meditation verbinden sich in den späteren Romanen G.s (*Le sable vif,* 1964; *Les charmes,* 1965; *Les chimères,* 1969; *L'arche,* 1971). Zwei Pole, die ma. Abtei, in der Intellektuelle ihren Vergangenheitskult zelebrieren u. e. Grotte, die die Landbevölkerung des Jura am Sonntag besucht, markieren in *L'arche* zwei Weltsichten; in beiden bestimmt Angst vor der Zukunft – Verarmung des Bauernstands, Atomkrieg – die Fluchthaltung. Das Thema der Entwurzelung erinnert an Barrès. Die Schrecken der Gegenwart reflektiert der Autor auch in Reiseberichten u. Essays (*Chine ouverte,* 1955; *Voyage chez les vivants,* 1958; *Le château de Chambord,* 1962; *Vertiges du présent,* 1962; *Le meilleur de la vie,* 1964; *Histoire de la captivité des français en Allemagne,* 1967; *Rimbaud et la Commune,* 1970; *La France,* 1971, in Zusammenarbeit mit Raymond Chevallier u. François Gali; *Le présage,* 1972). Seit 1977 verfaßte G. vor allem Biographien (*Charles VI,* 1977; *L'ombre de Robespierre,* 1979; *Les secrets de maître Bernard,* 1980; *G. de Nerval et son temps,* 1981; *Buffon,* 1983) sowie polit. (*Le fortin,* 1983) u. mythisierende Erzählungen (*Un jardin de curé,* 1979; *Le règne végétal,* 1981; *Le diable à Paris,* 1984).

Gascogner, Bewohner der Gascogne, deren provenzal. Dialekt unter Heinrich IV. die Hofsprache beeinflußte (Gegenreaktion durch Desportes u. die Preziosität). Als lit. Figuren verkörpern G. in der Regel lebenslustige Maulhelden (vgl. Agrippe d'Aubigné, *Les aventures du baron de Faeneste,* Corneille, *L'illusion comique,* Collin d'Harleville, *M. de Crac,* Gautier, *Le capitaine Fracasse,* A. Dumas père, *Les trois mousquetaires,* A. France, *La rôtisserie de la reine Pédauque*).

Gaspard de la nuit, Prosagedichte von Aloysius →Bertrand, entstanden 1826–36, postume EA 1842, besorgt von Victor Pavie; hg. M. Milner 1980; Teilvertonung durch Maurice Ravel, 1909. Der Lyriker wählt romant. Motive (lit. vorgeformt bei Chateaubriand, E. T. A. Hoffmann, Nodier, V. Hugo) u. bringt sie in e. der romant. Schule nicht geläufige Form, die Prosaballade. Der Vergleich versch. Textfassungen, z. B. von *Le clair de lune,* ergibt, daß deskriptive u. groteske Elemente in der Schlußversion gehäuft auftreten u. daß B. method. die Anspielungen auf s. Leben eliminiert hat. Die strophenähnl. Gliederung der rhythm. Prosa kontrastiert mit den Synkopen der Phrasierung, die mit dem harmon. Periodenstil älterer Autoren nicht mehr zu vergleichen ist. Systematisch arbeitet Bertrand mit der Alliteration, sie bewirkt jedoch das Gegenteil e. rhetor. Effekts. Sinn u. Klang des Worts u. syntagmat. Zusammenhänge werden genauer überprüft, als es in der romant. Poesie üblich war; der konzisen Struktur fallen vor allem schmükkende Beiwörter zum Opfer. Der Dichter schränkt die Reichweite s. Ästhetik jedoch ein durch formale Tabus, die vor allem den Umfang der einzelnen Tableaux u. die Gliederung des Textes betreffen. Gerade darin folgte ihm Baudelaire, der s. Werk bekannt gemacht hat, nicht nach. Entscheidend war jedoch, daß durch Bertrands *G.* die lyr. Verinnerlichung von metr. Formerwartungen befreit wurde, so daß poetolog. Reflexionen über Lyrik fortan von e. Haltung des Dichters u. nicht mehr von vorgegebenen Gattungsregeln auszugehen hatten.

S. Bernard, Le poème en prose de Baudelaire jusqu'à nos jours, 1959; F. Nies, Poesie in prosaischer Welt, 1964.

Gaspard Hauser chante, Gedicht (4 Str., achtsilbige Vierzeiler) des Zyklus →*Sagesse* von Paul →Verlaine, entstanden August 1873 in Brüssel. Das Rollengedicht dient, indem es den legendären Einzelgänger als Opfer des Schicksals darstellt, der Selbstverständigung des gestrauchelten Verlaine, der die Wirkung s. Konversion implizit in Frage stellt.

Gassendi, Pierre, 22. 1. 1592 Champtercier bei Digne – 24. 10. 1655 Paris, Bauernsohn, 1614 Weihe zum Subdiakon, 1615 zum Diakon und Priester, bis 1623 Rhetoriklehrer in Aix-en-Provence. 1628 ging G. nach Paris und verkehrte in der →Académie putéane. Von 1645 an war er am Collège royal als Mathematikprof. tätig. G., ein Bewunderer Galileis, leugnete die Geltung der Metaphysik und aller nicht durch Vernunft begründeten Gewißheiten; als Epikureer entwickelte er die relativist. Ethik Montaignes und Charrons weiter, zwangsläufig geriet er dabei in Gegensatz zu Descartes (*Epistolica exercitatio,* 1629; *Syntagma philosophiae Epicuri,* 1648; *Syntagma philosophicum,* 1658; *Opera,* Lyon 1658), Molière brachte s. Ideengut auf die Bühne (vgl. die Figur des Philinte im *Misanthrope*); Cyrano de Bergerac und Bayle beriefen sich auf ihn. François Bernier (1625–1688) veröffentlichte 1674 e. *Abrégé de la philosophie de G.* (7 Bde.).

B. Rochot, Les travaux de G. sur Épicure et l'atomisme, 1944; Centre international de synthèse: G. 1592–1655. Sa vie et son œuvre, 1955; O.-R. Bloch, La philosophie de G., 1971; R. Tack, Unters. zum Philosophie- u. Wiss.begriff bei G., 1974; H. Jones, G. Nieuwkoop 1981.

Gaston III, gen. G. Phoebus, 1331–1391, Graf von Foix, Autor e. Abhandlung über die Jagd, *Des deduiz de la chasse des bestes sauvages et des oyseaux de proye* (1387–91, Facsimile 1976).

Gatti, Armand, geb. 26. 1. 1924 Monaco, Eltern ital.-russ. Herkunft, Vater Straßenkehrer, der bei e. Streik der Müllarbeiter ums Leben kam. G. wuchs in e. Elendsquartier bei Monaco auf, schloß sich nach dem Baccalauréat 1942 der Résistance an, wurde gefangengenommen, zum Tode verurteilt, begnadigt und in e. KZ eingeliefert (verarbeitet in den Stücken *L'enfant-rat,* 1960; *La deuxième existence du camp de Tatenberg,* 1962). G. entkam nach England, engagierte sich in der RAF als Fallschirmspringer. Nach dem Krieg arbeitete er als Journalist, Dompteur, drehte zusammen mit Chris Marker und Bonnardot Filme. In Guatemala nahm er 1954/55 am Bürgerkrieg teil; er reiste wiederholt nach China, Sibirien und Korea (Reportagen *Envoyé spécial dans la cage aux fauves,* 1954; *La vie de Churchill,* 1954; *Chine,* 1955; *Sibérie moins zéro plus l'infini,* 1956). S. erstes Stück, *Le poisson noir* (1957), erregte bereits Aufsehen. Der Kampf für die Befreiung des Proletariats als Thema e. imaginären Biographie *(→La vie imaginaire de l'éboueur Auguste Geai)* erforderte e. neue Form der Simultanbühne. G.s Dramen sind nicht chronikal. angelegt; Rückblende und Zukunftsvision, Dialog des Protagonisten mit sich selbst, Konstitution geschichtl. Prozesse durch Reaktionen e. Publikums auf der Bühne, Spiel im Spiel (z. T. mit film. Mitteln), Aus-der-Rolle-Fallen der Schauspieler setzen voraus, daß der Autor im Imaginären keine Flucht aus der Wirklichkeit, sondern Erfüllung der Realität sieht (vgl. auch Genet). Damit hebt er die distanzierte Haltung zu geschichtl. Vorgängen auf und macht sie in solcher Weise prozeßhaft, daß die Handelnden und die Schriftsteller keine Antagonisten mehr sind (*Le crapaud-buffle,* 1959; *Le Quetzal,* 1960; *Chroniques d'une planète provisoire,* 1962; *Chant public devant deux chaises électriques,* 1964; *V comme Vietnam,* 1967; *Les 13 soleils* *de la rue Saint-Blaise,* 1968; *La passion du général Franco,* 1968; *La naissance,* 1968; →*Un homme seul, Petit manuel de la guerilla urbaine,* 1970; *Rosa Spartacus prend le pouvoir,* 1971). G. stellt die Geschichtlichkeit des Menschen pragmat. dar: der Zuschauer wird sich s. Rolle im Prozeß bewußt und sieht sich zur Entscheidung herausgefordert. Ihrer Mythen und Legenden entkleidet, wird die hist. Entwicklung einsehbar, ihre Peripetien sind hinterfragbar und erteilen e. Lektion. In *Rosa Spartacus prend le pouvoir* (Urauff. der früheren Fassung *Rosa-Kollektiv* März 1971 Kassel) versammeln sich Altkommunisten, ferner die mutmaßl. Mörder von Rosa Luxemburg und Vertreter der jungen Linken in e. Fernsehstudio, um ihr notwendigerweise kontroverses Bild von der Sozialistin zu entwerfen; auf versch. Zeitstufen und mit unterschiedl. mimet. Mitteln gelingt die Rekonstruktion nur fragmentar. Der Zuschauer erkennt bei diesem Verfahren, daß nicht hagiograph. Verehrung, sondern Aneignung der Idee des polit. Kampfes gefordert ist. G. hat ausdrückl. an die junge Generation appelliert, auch wo sie polit. besiegt wurde, in der Revolte zu beharren (*Journal d'un guérillero,* 1969).

G. Guillot, G., 1969; K. Schoell, Das franz. Drama seit dem II. Weltkrieg, Bd. 2, 1970; R. Rütten, G. (Franz. Lit der Gegenwart, hg. W.-D. Lange), 1971.

Gaucelm Faidit, 12.–13. Jh., Trobador bürgerlicher Herkunft aus Uzerche/Corrèze(?), Protégé des Grafen Bonifaz II. von Monferrat und Richard Löwenherz, dessen Tod er 1199 beklagte. Etwa 70 Lieder aus der Zeit von 1180 bis 1215 sind überliefert (hg. J. Mouzat 1965).

J. Mouzat, Le troubadour G., étude biographique et critique, 1964.

Gaulle, Charles de, 22. 11. 1890 Lille – 9. 11. 1970 Colombey-les-Deux-Eglises, Militär (1937 Oberst, 1940, Brigadegeneral) u. Politiker, der am 18. 6. 1940 (Radiobotschaft aus London) mit der Vichyregierung brach u. zur Résistance aufforderte; 1944 Einzug im befreiten Paris, bis 1946 führende polit. Rolle in der IV. Republik, 1959–69 1. Präsident der V. Republik (→Malraux). G. ist Autor kriegstheoret. Schriften u. Memoiren, deren rhetor. Qualität stets betont wurde (*Le fil de l'épée,* 1932; *Vers l'armée de métier,* 1934; *La France et son armée,* 1938; *Mémoires de guerre,* III 1954–60; *Mémoires d'espoir,* II 1970 f.; *Discours et messages,* V 1970; *Lettres, notes et carnets,* VII 1980–85).

Gaultier de Chatillon, Philippe, um 1135 Nordfrkr. – 1201 Amiens, Lehrer und Kanzlist Heinrichs II., mit dem er 1166 nach England ging, später im Dienst des Erzbischofs von Reims; Autor von Satiren, e. antisemit. Polemik und des Epos *Alexandreis* (verfaßt 1178–1182).

H. Harich, Alexander epicus, Graz 1987.

Gautier, Jean-Jacques, 4. 11. 1908 Essômes-sur-Marne – 21. 4. 1986 Paris, Stud. Philos. Paris, Journalist beim *Écho de Paris,* später bei *L'Époque,* Theater- und Filmkritiker beim *Figaro;* 1944–46 Generalsekretär der Com. frçe. Berühmt als Bühnenkritiker, begann G. erst nach dem Krieg Romane zu schreiben, die alltägl. Ereignisse im realist. Stil des 19. Jh. darstellen (*L'oreille,* 1945; *Histoire d'un fait divers,* Prix Goncourt 1946; *La fin des hommes,* 1948; *Le puits aux trois vérités,* 1949; *La demoiselle du Pont aux âmes,* 1950; *Nativité,* 1952; *M'auriez-vous condamné?,* 1952; *Deux* *fauteuils d'orchestre,* 1962; *C'est pas d'jeu,* 1964; *Un homme fait,* 1965; *La chambre du fond,* 1970). 1972 Ac. frçe.

Gautier, Judith (Ps. J. Walter), 25. 8. 1846 Paris – 26. 12. 1917 Saint-Enoyat, Tochter von Théophile →Gautier, 1868 verheiratet mit Catulle →Mendès, seit 1910 Mitgl. der Ac. Goncourt, Kenntnisse oriental. Sprachen, übersetzte chines., japan., pers. und ägypt. Texte, Wagneranhängerin, Übertragung des *Parsifal* (1893), Neigung zum Exotismus in Gedichten (*Le livre de jade,* 1867; *Poésies,* 1911) und Erzählungen (*Le dragon impérial,* 1869; *L'usurpateur,* 1875; *Lucienne,* 1877; *Isoline,* 1882; *La femme du Putiphar,* 1884; *La conquête du paradis,* 1884; *Fleurs d'Orient,* 1893; *Le paravent de soie et d'or,* 1904; *En Chine,* 1911; außerdem Dramen, darunter in Zusammenarbeit mit Pierre →Loti *La fille du ciel,* 1911; kulturgeschichtl. Schriften und Memoiren *Le collier des jours,* III 1902–09).
M. D. Camacho, G., 1939.

Gautier, Théophile, 30. 8. 1811 Tarbes – 23. 10. 1872 Neuilly, arbeitete 1829 im Atelier des Pariser Malers Rioult, nahm 1830 an der ›Bataille d'*Hernani*‹ als begeisterter Romantiker teil. S. erster Lyrikband, *Poésies* (1830), mit Motti von A. Chénier und Malherbe, enthielt vor allem Balladen und Elegien, die von Sainte-Beuve und Lamartine beeinflußt waren; daneben stehen bereits originelle deskriptive Gedichte in nuanciertem Stil. S. ziselierende Schreibweise unterschied den Dichter schon hier vom orator. Überschwang, wie er in Hugos Cénacle gepflegt wurde. In der erweiterten Ausgabe der *Poésies* von 1833 (mit dem großen Gedicht *Albertus ou l'âme et le péché*) bestritt G. den Nutzen der Dichtung, wie er von den Saint-Simonisten gefordert wurde. Er bekannte sich zur Maxime, daß etwas aufhört, schön zu sein, wenn es nützl. wird. Nachdem er im Roman *Les Jeune-France* exzentr. Verhalten junger Poeten karikiert und damit e. Strich unter die eigene Vergangenheit gezogen hatte, arbeitete G. in der Vorrede zum Roman →*Mademoiselle de Maupin* und in der Ode →*L'art,* die in den Zyklus →*Émaux et camées* aufgenommen wurde, s. Kunstlehre des →L'art pour l'art weiter aus. Der Rang e. Kunstwerks erweist sich für G. daran, daß es sich dem leichten Zugang verschließt. Darum stuft er das Drama, das e. Massenpublikum überzeugen muß, als mindere Gattung ein (*Histoire de l'art dramatique en France depuis vingt-cinq ans,* 1858 f.). Von 1840 an – G. arbeitete seit vier Jahren auch als Journalist – fand der unpersönl. Stil s. auf Formvollendung ausgerichteten Poesie (Slgg. *La comédie de la mort,* 1838; *Poésies complètes,* 1845; →*Émaux et camées)* Nachahmer in Banville, Charles Coran, Siméon, Chaumier, E. Bercioux. Der Vorwurf, s. Werk sei gekennzeichnet durch Reichtum der Form und Mangel an Gehalt, wird G.s Leistung nicht gerecht. Denn für ihn wurde diese scheinbare Dichotomie im Schönheitsideal aufgehoben. Nach der Spanienreise von 1840 (Bericht *Tras los montes,* 1843) schuf G. vor allem erzählende Dichtungen (*Le roi Candaule,* 1847; *Romans et contes,* 1857; →*Le roman de la momie,* →*Le capitaine Fracasse*), Reiseberichte (*Voyage en Italie,* 1852; *Constantinople,* 1853; *Voyage en Russie,* 1867), Kultur- und Kunstkritik (*Les grotesques,* 1844; *Les beaux-arts en Europe,* 1855 f.; *Rapport sur les progrès de la poésie en France,* 1868; *Histoire du romantisme,*

1874; *Guide de l'amateur au musée du Louvre,* 1892; *Œuvres,* XXXIV 1883; *Poésies complètes,* hg. R. Jasinski 1932, [2]1970). Dabei befreite er sich durch Ironie auch vom Phantastischen (*La pipe d'opium, Le club des Hachichins; Spirite,* 1866). Das Pittoreske, nicht das Visionäre ist der angemessene Gegenstand der Wortkunst G.s. S. Anstrengungen, die Poesie von Geständnissen und Propaganda zu reinigen und den Formkult zu ihrem Thema zu erklären, den Sieg über das Formlose zu erringen, wurde zum Anstoß für die Entromantisierung der Dichtung. Aus der romant. Ästhetik übernahm G. die Idee von der Eigengesetzlichkeit der Kunst, für ihn erschöpfte sich das lit. Schaffen jedoch nicht im Gefühlsakt. S. Ideal sah er im Klass.-Griechischen am reinsten verkörpert, er strebte danach, s. Epoche diese Schönheit durch vollkommene Formkunst nahezubringen. Seine ausdrucksfähige Sinnlichkeit transponiert geschaute Wirklichkeit durch das Mitwirken intellektueller Kräfte in plast. Anschaulichkeit. Während die Romantiker, u. a. Sainte-Beuve, Bereiche auch der banalen Wirklichkeit als lyr. Motiv zuließen, ist G.s Stoffhorizont stets an das Idealschöne gebunden. Das Kunstschöne ist zweckfrei, darum entfaltet es sich im Spiel, wirkt es als Luxus und wird es nur von e. Elite genossen. Indem Baudelaire G. als den ›poète impeccable‹ apostrophierte und ihm die *Fleurs du mal* widmete, bekannte er sich zu Prinzipien s. Kunstlehre.

R. Jasinski, Les années romantiques de G., 1929; H. van der Tuin, L'évolution psychologique, esthétique et littéraire de G., Amsterdam 1934; M. Koch, Die Bedeutung von Antike und Christentum in der ästhet. Weltanschauung von G., Diss. Tübingen 1955; J. Richardson, G., his life and times, London 1958; B. Delvaille, G., 1968; A. B. Smith, Ideal and reality in the fictional narratives of G., Univ. of Lorida 1969; Sondernr. RhlF Juli–August 1972; C. Pasi, Il sogno della materia. Saggio su G., Rom 1972; C. Book-Senninger, G., auteur dramatique, 1972; A. B. Smith, G. and the fantastic, 1977; M. Voisin, Le soleil et la nuit. L'imaginaire dans l'œuvre de G., Brüssel 1981; J. Richer, Études et recherches sur G. prosateur, 1981; M. Starke, Th. G.s Ermahnung der reinen Kunst zur Nützlichkeit, RZLG 3/4, 1991; A. Ubersfeld, G., 1992.

Gautier d'Arras, 1135–89, Ritter und Beamter des Grafen von Flandern, lebte später am Hof Thibauts V. von Blois, des Gemahls e. der Töchter von →Aliénor, Alix. Für Thibaut schrieb er s. ersten Versroman, *Eracle* (1164); den folgenden widmete er Beatrix, der zweiten Frau Friedrich Barbarossas (*Ille et Galeron,* um 1167). Die lit. Entwicklung G.s führt vom Stil des Heldenepos zur höf. Liebeskasuistik.

W. Hüppe, G., Diss. Münster 1937; L. Renzi, Tradizione cortese e realismo in G., Padua 1964.

Gautier de Coinci, 1177 oder 1178 Coinci/Aisne (?) – 25. 9. 1236 Soissons. Der Mönch und spätere Großprior von St. Médard bei Soissons, verdankt s. Ruhm der umfangreichen Mirakelsammlung *Les Miracles narratifs de Notre-Dame* (1218–27; hg. F. V. Koenig IV 1955–70; →Miracle). Die 58 Wundertaten, zur Verherrlichung der hl. Jungfrau überliefert, basieren nach G.s eigenen Worten auf lat. Werken des Hugo Farsitus. Außerdem übertrug er das apokryphe *Evangelium infantiae* ins Altfranz. und verfaßte hagiograph. Werke *(Vies de Ste. Léocadie, Ste. Christine, St. Hildefons).* G.s Marienlob, das sich auch gegen die pastorale Minne ausspricht (→Pastourelle), schließt scharfe Kritik vor allem am unfähigen Klerus nicht aus.

A. Ducrot-Granderye, Étude sur les miracles Notre-Dame de G., Helsinki 1932; J. Chailley, Les chansons de G., 1952; M. Reip, Bilder und

Anrufungen Marias in den Chansons des G., Diss. Innsbruck 1964.

Gautier de Dargies, um 1220 – nach 1236, pikard. Trouvère, Gace Brulé verbunden. Er führte den →Descort in die altfranz. Lyrik ein.

Gautier de Metz, 13. Jh., Autor der enzyklopäd. *Image du monde* (1245, nach dem Modell der *Imago mundi* des Honorius von Autun), in der auch die Astrologie breit abgehandelt wird.

Gauvain, Gauwain, Sohn des Kg.s Loth von Orcanie, Neffe des →Artus und Onkel des →Cligès, e. der am häufigsten wiederkehrenden Gestalten des höf. Epos *(→Enfances G., →Mule sans frein).*

Gauvain, Revolutionsgeneral in →*Quatrevingt-treize* von V. Hugo, der vom moral. Standpunkt aus argumentiert.

Gavroche, Pariser Gassenjunge in →*Les misérables* von Hugo, e. Modell für den Helden von →*Chiens perdus sans collier* von Cesbron.

Gay, Delphine (Ps. Vicomte de Launay), 26. 1. 1804 Aachen – 29. 6. 1855 Paris, Lyrikerin, 1827 auf dem röm. Kapitol ausgezeichnet (vgl. Mme de Staël, *Corinne*), während der Regierung Karls X. nahm sie die Stellung e. offiziellen Dichterin ein. 1831 heiratete sie den Journalisten Émile de Girardin, seitdem verfaßte sie außer Poesie auch Romane und Dramen (*Œuvres complètes,* VI 1860 f.). In ihrem Salon verkehrten Hugo, Lamartine, Musset, Latouche, Vigny, Dumas, Sue, Balzac, G. Sand.

H. Malo, Une muse et sa mère, G., 1924.

Gazette de France →Renaudot.

Gazette française, royalist. Zs. 1789 – April 1792, von Barnabé Farmian de Rosoi, gen. Durosoi (1745–1792) gegr. und geleitet.

Geffroy, Gustave, 1. 6. 1855 Paris – 4. 4. 1926 ebda., Journalist, den Clemenceau förderte (*La vie artistique,* VIII 1892–1903; *Les musées d'Europe,* XII 1904–13), Autor kunstkrit. Studien, e. Biographie von Blanqui, *L'enfermé* (1896), und Romancier (*Pays d'ouest,* 1897; *Les minutes parisiennes,* II 1899–1903; *L'apprentie,* 1904; *La Bretagne,* 1905; *L'idylle de Marie Biré,* 1908; *Cécile Pommier,* II 1923). G. setzte die naturalist. Ästhetik fort. S. Helden leben als Arbeiter und Handwerker; anders als bei Zola oder den Goncourts gelingt ihnen jedoch der soziale Aufstieg.

Genest, Charles-Claude, 17. 10. 1639 Paris – 19. 11. 1719 ebda., Abbé, Cartesianer (*Principes de la philosophie,* 1716), Erzieher von Mlle de Blois (1684), schuf mit *Pénélope* (1684) e. Trag. ohne Liebeskonflikt; 1698 Aufnahme in die Ac. frçe.

Genet, Jean, 19. 12. 1910 Paris – 15. 4. 1986 ebda., unehel. Kind, von der Mutter der staatl. Fürsorge übergeben, von Bauern (Morvan) aufgezogen, kam als 15jähriger wegen e. Diebstahls in e. Besserungsanstalt. Da ihn die Gesellschaft für e. Kriminellen hielt, beschloß er die Negativität zu wählen, wie Sartre in *Saint Genet, comédien et martyr* (1952) s. Verhalten darstellte. G. floh in die Fremdenlegion, wurde wiederholt, auch nachdem er 1942 in Paris als Buchhändler zu arbeiten begonnen hatte, straffällig u. verbrachte Jahre in Gefängnissen, wo s. frühe Lyrik (*Le condamné à mort,*

1942; *La galère,* 1944; *Un chant d'amour,* 1946; später erschienen noch *Le pêcheur du Suquet,* 1953; *Le funambule,* 1966) und autobiograph. Romane entstanden, die das Problem der Homosexualität darstellen (*Notre-Dame-des-Fleurs,* 1942, EA 1944; *Le miracle de la rose,* 1946; *Pompes funèbres,* 1947; *Querelle de Brest, Journal du voleur,* 1949; *L'enfant criminel,* 1949). Als G. 1947 wegen vielfachen Diebstahls im Rückfall zu lebensslängl. Haft verurteilt werden sollte, sandten Cocteau, Sartre, Mauriac u. a. e. Gnadengesuch an den Staatspräsidenten. Die erste Inszenierung e. Dramas, →*Les bonnes,* durch Louis Jouvet wurde e. Mißerfolg (seitdem wagte sich der Hausherr des Athénée an kein avantgardist. Stück mehr). S. Theaterdichtung vor allem machte G. berühmt: →*Haute surveillance,* →*Le balcon,* →*Les nègres,* →*Les paravents* (*OC,* V 1952–79, postum *L'ennemi déclaré,* 1991, Slg. Artikel u. Interviews). Vor das Problem gestellt, die Realität zu verformen, ohne sie preiszugeben, brachte G. e. transponierte Wirklichkeit auf die Bühne; die Korrelation von Amt und Ornat, Unterwerfung und Beherrschung, Vorbild und Nachfolge macht dabei die Kritik an e. bürgerl. Eliteideologie sinnfällig. Wer im Werk G.s e. Trennungslinie zwischen der Darstellung privater Probleme und der Agitation für polit. Fragen ziehen will (mit der zeitl. Zäsur etwa nach *Les bonnes*), verkennt, daß die perverse soziale Situation G. zu s. Verhalten herausgefordert hat. Er schuf ein zeremonielles Theater, das Riten vollzieht und Handlungen durch Gesten ersetzt; wie im Spiegelkabinett begegnet das Publikum sich selbst und wird dazu gebracht, sich s. verborgenen Antriebe inne zu werden. Darin setzt G. →Jarry und →Artaud fort. Er schafft unter der Voraussetzung e. neuen Einfühlungsästhetik, da er den Zuschauer in Trance versetzt, jene hypnot. Felder im Theater, die Brecht verdammt hat. Aus dem Lumpenproletariat kommend, stolz auf s. Existenz außerhalb der bürgerl. Normen, wählte G. die Negativität, d. h. er entlarvte diejenigen Kräfte, die durch die Verfestigung hierarch. Strukturen e. authent. Existenz unmögl. machen. G. schreibt, wie Armand →Gatti, kein Theater mit dem Anspruch realist. Abspiegelung; allein in der Imagination – der Figuren wie des Autors – vermag der Dramatiker dem durchorganisierten mod. Industriekapitalismus, den er erlebt und unter dem er stellvertretend leidet, humane Werte entgegenzusetzen. Daß Ansätze zur prakt. Veränderung, wie z. B. in *Les nègres,* nur vereinzelt als Alternativen in den Blick kommen, zeugt, angesichts der allgemeinen Unwahrhaftigkeit und des Kulturverfalls, vom Pessimismus des Autors. G.s imaginäres Theater bietet e. Möglichkeit, polit. und soziale Krisen von der Lit. her genauer begreifen zu lernen. Die meisten Stücke G.s sind bei Marc Barbézat, Chemieproduzent und Hg. der Kulturzs. *L'Arbalète,* verlegt worden (*Lettres à Olga et Marc B.,* 1988). Als G. 1968 in Chicago lebte, solidarisierte er sich mit der Black-Panther-Bewegung. In *Le Monde* (2. 9. 1977) rief er zum Verständnis für die Rote Armee Fraktion auf.

J.-P. Sartre, Saint G., comédien et martyr, 1952 (in Bd. 1 der EA der Œuvres complètes von G.); B. L. Knapp, G., New York 1968; R. Coe, The vision of G., London 1968; revid. dt. Ausgabe 1970; W. Ziegler, Metaphern der Vergeblichkeit ... G., 1981; R. Webb, G. and his critics. Bibl. 1943–80, New York 1982; K. Hoffmann, G., 1984; G. A. Bickel, G., Saratoga 1988; L. Oswald, G. and the semiotics of performance, Bloomington 1989; Magazine littéraire 313, 1993.

Genevoix, Maurice, 29. 11. 1890 Decize/Nièvre – 8. 9. 1980 Javea (Spanien), schloß 1911 s. Stud. an der ENS als Jahrgangsbester ab, 1915 schwere Kriegsverletzung (Kriegsberichte *Ceux de quatorze: Sous Verdun,* 1916; *Nuits de guerre,* 1917; *Au seuil des guitounes,* 1918; *La boue,* 1921), schrieb seit den 20er Jahren vor allem regionalist. Romane, Bauern-, Banditen- u. Jagdgeschichten (*Rémi des Rauches,* 1922; *La joie,* 1924; *Raboliot,* Prix Goncourt 1925; *La boîte à pêche,* 1926; *Les mains vides,* 1928; *Cyrille,* 1929; *Rroû,* 1931; *Forêt voisine,* 1931; *Gai l'amour,* 1932; *Bernard,* 1938; *L'hirondelle qui fit le printemps,* 1941; *Eva Charlebois,* 1944, spielt in Kanada; *Sanglar,* 1946; *L'écureuil du Bois-Bourru,* 1947; *Chevalet de campagne,* 1950; *L'aventure est en nous,* 1952; *Mon ami l'écureuil,* 1957; *Le petit chat,* 1957; *Le roman de renard,* 1958; *Derrière les collines,* 1963; *Beau-François,* 1965; *La forêt perdue,* 1967). Die Tierwelt verkörpert für G. e. harmon. Bezirk, der immer mehr bedroht ist. (*Bestiaire sans oubli,* 1971). Die zwei Romane u. drei Novellen in *Je verrai, si tu veux, les pays de la neige* (1980) rühmen die kanad. Landschaft (*Œuvres romanesques complètes,* 1984).

Le génie du christianisme ou beauté de la religion chrétienne, apologet. Schrift von François-René de →Chateaubriand, EA 1802 (5 Bde.). Gegen die Voltairianer verteidigte Chateaubriand die kulturschaffenden Prinzipien des Christentums, gegen Rousseau u. Goethe s. moral. Kraft (→*René*). Für die Anfänge der Romantik wurde die Schrift aus zwei Gründen richtungsweisend. Sie erkannte relig. Themen Literaturwürdigkeit zu, u. sie erschien den Romantikern als ›Bibel‹ wegen der unerhörten lyr. Färbung der Prosa. Die Kirche setzte das Werk auf den Index der verbotenen Bücher; für die lit. Wirkung war dies irrelevant, da die Auseinandersetzung mit Dogmen, Liturgien u. Normen die wenigsten Leser interessierte (Pléiadeausgabe von M. Regard 1978).

V. Giraud, Le christianisme de Chateaubriand, II 1925–28; M. Dempsey, A contribution to the study of the sources of G., 1928; Y. Le Febvre, G., 1929; R. M. Chadbourne, The G. revisited. RoR 1957.

Genlis, Stéphanie-Félicité Ducrest de Saint-Aubin, marquise de Sillery, comtesse de, 25. 1. 1746 Schloß Champcéry bei Autun – 31. 12. 1830 Paris, aus verarmtem Adel, seit 1777 Erzieherin der Kinder des Hzg.s von Chartres, 1793–1802 in der Emigration, von Napoleon mit der Schulaufsicht über das Enseignement primaire beauftragt; verfaßte Traktate über die Etikette, didakt. Bühnenstücke, darunter *Théâtre d'éducation à l'usage des jeunes personnes* (IV 1779 f.), u. moralisierende Erzählungen; am bedeutendsten sind ihre Memoiren (X 1825).

J. Harmand, G., 1912; J. Bertaut, G., 1943; A. M. Laborde, L'œuvre de G., 1968.

Genre sérieux, Diderots Bezeichnung für das unklass. Schauspiel, das mit Ernst u. Anteilnahme bürgerliche Konflikte darstellt (→*Entretiens avec Dorval).*

Gentil-Bernard, Pierre-Joseph-Justin Bernard, von Voltaire G. gen., 26. 8. 1710 Grenoble – 1. 11. 1775 Choisy-le-Roi, Jesuitenschüler, 1734 Teilnahme am Italienfeldzug, dank der Protektion des Hzg.s von Coigny zum Generalsekretär der Dragoner befördert, dadurch materiell unabhängig. S. ersten galanten Verse wurden von Voltaire gelobt, die Pompadour, der G. die Oper *Castor et Pollux* (1737, nach Quinault, Musik von Rameau) gewidmet hatte, erwirkte s. Ernennung zum kgl. Bibliothekar von Choisy. Als Salondichter lehnte er jede Empfindsamkeit nach engl. Muster ab (Episteln, Oden, Madrigale, Epigramme; *L'art d'aimer,* begonnen 1740, EA 1775), freil. so entschieden, daß La Harpe feststellte, in G.s Liebeslyrik komme alles vor, außer Liebe. S. Stilideal schloß Spontaneität aus, die galanten Verse, für die ihn Zeitgenossen schmeichelhaft den ›Anacréon de la France‹ nannten, verraten Zeile um Zeile artist. Bemühen; Marmontel nannte den Autor u. das Werk ›froidement poli‹. G. starb in geistiger Umnachtung.

Geoffrey of Monmouth, (Galfridus Monemutensis), um 1100–1155, war wohl Benediktinermönch, der in Oxford (das damals jedoch noch keine Universität besaß) studierte u. auch lehrte; 1152 wurde er zum Bischof von St. Asaph geweiht. Neben den →*Prophetiae Merlini* u. der *Vita Merlini* (ca. 1149) in Hexametern erlangte das zwölfbd. Hauptwerk, *Historia Regum Britanniae* (1130–38), breite Beachtung, vor allem durch die Erzählung von →Artus, die von den Zeitgenossen als Höhepunkt angesehen wurde. Mehr als 200 erhaltene Hss. bezeugen das Interesse an G.s sagenhafter Darstellung.

E. Faral, La légende arthurienne, III 1929.

Geoffrin, Marie Thérèse, 1699 Paris – 6. 10. 1777 ebda., Tochter e. Kammerdieners der Kgin.; in ihrem bürgerl. Salon haben bis 1776 Montesquieu, Marivaux, Morellet, Fontenelle, Helvétius, Saint-Lambert, Marmontel u. d'Alembert verkehrt. Sie stand in Briefwechsel mit der Zarin Katharina II. Sainte-Beuve spricht in den *Causeries du lundi* ausführl. von Mme G. u. der Funktion ihres Salons, obgleich sie selbst nichts geschrieben hat.

George Dandin ou le mari confondu, Prosakom. in drei Akten von →Molière, EA 1669, Urauff. 18. 7. 1668 Versailles. Die Eifersuchtskom., die sich u. a. auf Aristophanes *(Die Wolken),* ma. Farcen, die *Disciplina clericalis,* Boccaccio, Aretino u. Machiavelli *(Mandragola)* berufen konnte, ist eher e. ätzende Groteske (vgl. z. B. Courteline) als e. Lustspiel. Obschon formal im Recht, wird George Dandin von s. skrupellosen adligen Frau Angélique u. ihrer Familie ständig übertölpelt u. dem Schein nach ins Unrecht gesetzt. Lebensmüde sieht der Held schließl. die Aussichtslosigkeit des Versuches ein, die Begrenztheit s. niederen sozialen Status durch die Verbindung mit der Aristokratie zu durchbrechen. ›Vous l'avez voulu, George Dandin‹, diese leitmotiv. wiederholte Selbstbeschuldigung des Protagonisten drückt die Hilflosigkeit aus, die auf seinen Hochmut folgte. Der Triumph der ehebrecher. Angélique konnte als Bekenntnis zur stând. Ordnung, aber auch als Kritik an der Moral der Privilegierten aufgefaßt werden. Die beifällige Aufnahme des Stückes in Versailles legt die Vermutung nahe, daß bei den Zeitgenossen Molières die erstgenannte Deutung vorherrschend war.

Géraldy, Paul (eig. P. Lefèvre), 6. 3. 1885 – 1974 Paris, Autor erfolgreicher Liebeskom. u. Boulevardstücke (u. a. *Tragédies légères,* II 1949–52; *Trois comédies sentimentales,* 1961).

Gerbert de Montreuil, 13. Jh., setzte den *Conte del graal* des Chrétien de Troyes fort (krA M. Oswald III 1974) u. verfaßte unter dem Einfluß von Jean Renart *(Guillaume de Dole)* den →*Roman de la violette.*

C. François, Étude sur le style de G., Lüttich 1932; A. Stanton, G. as a writer of Grail romance, Chicago 1942.

Géricault, Théodore, 26. 9. 1791 Rouen – 26. 1. 1824 Paris, Maler, überwand den Klassizismus; Hauptgestalt in Aragons Roman →*La semaine sainte* (1958). G. verkörperte für den Historiker →Michelet das nachrevolutionäre Frkr.

P. Malandin, Michelet et G. L'histoire d'un mythe, RhlF 1969.

Germinal (1885), Roman des Zyklus →*Les Rougon-Macquart* (Bd. 13) von Émile →Zola, entstanden 1884, ED *Le Gil Blas* 1884–85, krA C. Becker 1979. Im Kohlenrevier von Montsou agitiert Étienne Lantier, der unehel. Sohn der Gervaise *(→L'assommoir),* für den Bergarbeiterstreik, als die Grubengesellschaft mit e. Schmälerung des Lohns droht. Die erhoffte Unterstützung des Arbeitskampfes bleibt aus, belg. Arbeiter werden als Streikbrecher über die Grenze geholt u. unter dem Schutz des Militärs bis an die Schächte gebracht. Nach e. blutigen Zusammenstoß beendet die Direktion den Lohnkampf, die Streikenden fahren wieder ein. Durch e. Sabotageakt des Anarchisten Souvarine werden Stollen unter Wasser gesetzt; Lantier, zusammen mit s. Geliebten Catherine Maheu u. s. Rivalen eingeschlossen, tötet den Nebenbuhler Chaval; Catherine stirbt in s. Armen. Er wird schließl. von e. Rettungsmannschaft herausgeholt u. verläßt Montsou. Die Schlußszene vollendet die Farbsymbolik der Darstellung. Im Morgenrot e. neuen Tages schaut Lantier den Brand der proletar. Revolution, die das Blut der ›bourgeoisie épuisée de jouissance‹ opfern muß. Die Vision des polit. bewußten Arbeiters, der die syndikalist. Lösung wählt, ist ident. mit dem Alptraum der Familie des Grubendirektors Hennebeau. ›C'était la vision rouge de la révolution qui les emporterait tous, fatalement, par une soirée sanglante de cette fin de siècle. Oui, un soir le peuple lâché, débridé, galoperait ainsi sur les chemins; et il ruissellerait du sang des bourgeois …‹ Die gesellschaftskrit. Intention des Romans hindert Zola nicht, dem Geschehen myth. Größe zu verleihen. Das Bergwerk ist mehr als nur der gefahrbringende Arbeitsplatz, es bedroht die Menschen als labyrinth. Monstrum. ›Le puits dévorateur avait avalé sa ration quotidienne d'hommes …‹ Die Klassenlage der Arbeiter wird sich erst nach dem Sieg über das ›Ungeheuer‹ bessern. Die Apotheose des Romans ist zwar in den Frühlingsmythos gehüllt, in der Aprilsonne wächst e. ›schwarze Armee‹ heran, die die alte Welt erschüttert, doch dient diese Darstellungsweise nur der ästhet. Illustration u. hypostasiert kein ahist.-zykl. Weltbild. Daneben nennt Zola zugleich durchaus pragmat. die Voraussetzungen des ›grand coup‹: Organisation in gewerkschaftl. Formen, soweit die staatl. Gesetze es gestatten, u. dann die Machtergreifung des Proletariats. Lantier ist für ihn, trotz der katastrophalen Auswirkungen des Streiks, der ideolog. Sieger, u. nicht der Anarchist Souvarine, wenn er diesen auch nicht nur negativ zeichnet. Dazu paßt, daß Lantiers Verhältnis zu Catherine das idealisierte Gegenteil der Beziehungen Hennebeaus zu s. verdorbenen

Frau bildet. Mit solcher Kontrasttechnik arbeitet später auch Malraux in *La condition humaine.* Die Schlußszene, aus Lantiers Perspektive erzählt, faßt Grundelemente von Zolas Naturalismus zusammen. Falls der Darwinismus auch als Sozialtheorie gültig ist, verschlingt mit histor. Notwendigkeit das Proletariat die Bourgeoisie. ›Du sang nouveau ferait la société nouvelle.‹ Für Lantier in der Theseus-Rolle endet die myth. Reise durch das Labyrinth mit dem Tod des bürgerl. Idols; e. positiv verstandener Zusammenhang von Arbeit, Volk u. Sexualität fundiert die neue Weltsicht. Sarkast. bemerkte denn auch e. Kritiker des *Figaro, G.* sei ein ›abstoßender sozialist. Roman‹; der Minister Goblet verbot e. Dramatisierung des Stoffs. Camille Lemonnier widmete 1886 s. Bergwerksroman *Happe-chair* dem Autor von *G.* Zolas Gerechtigkeitsliebe, die ihn später veranlassen wird, in der →Dreyfus-Affäre für e. Unschuldigen Partei zu ergreifen, schuf in *G.* e. Mahnmal u. zugleich e. Zeugnis für das epochenspezif. Unvermögen, die Leistung von Proudhon u. Marx abzugrenzen.

A. Zévaès, Le cinquantenaire de G., Nouvelle revue 1935; F. Loquet, La documentation géographique dans G., RSH 1955; I.-M. Frandon, Autour de G., Genf/Lille 1955; Ph. D. Walker, The structure of G., Diss. Southampton 1956/57; P. Hambly, La pensée socialiste dans les Rougon-Macquart, 1960; E. M. Grant, Zola's G., a critical and historical study, Leicester 1962; R. H. Zakarian, Zola's G., Genf 1972; C. Smethurst, G., London 1974; A. M. Vial, G. et le ›socialisme‹ de Zola, 1975; P. Lejeune, G., un roman antipeuple, 1978; D. Bertrand, G., 1980; Sondernr. RhlF 3, 1985; A. Pagès, La bataille littéraire (G.), 1989.

Germinie Lacerteux, Roman von Edmond u. Jules de →Goncourt, entstanden 1863–64, EA 1864. G. ist ein patholog. Fall. Das Mädchen kam jung aus der Provinz nach Paris, um hier bei Mlle de Varandeuil e. Stellung als Dienstmagd zu finden. Ihrer Herrschaft bleibt das Doppelleben, das sie führt, seit sie an den Sohn der Milchhändlerin Jupillon geraten ist, bis nach ihrem Tod verborgen. G. bekommt e. Kind, das sie in der Verborgenheit zur Welt bringt; ihre Tochter stirbt noch als Säugling. Sie bringt e. ungeheure Summe auf, um den jungen Jupillon, den sie tyrann. liebt, wenngleich er sie verachtet u. betrügt, vom Militärdienst freizukaufen. Allmähl. verfällt G. der Trunksucht u. Prostitution. Sie trennt sich zögernd vom Arbeiter Gautruche, der sie heiraten würde. Die Romanfabel hat e. authent. Kern: die Brüder Goncourt machten bei ihrer Bediensteten Rose dieselbe Entdeckung wie Mlle de Varandeuil bei G. Die Autoren waren sich der kühnen Innovation bewußt, als sie diese abstoßenden Ereignisse zu e. Roman verarbeiteten, denn ihre Darstellung sollte auf exakter Beobachtung basieren u. stilist. anspruchsvoll dargeboten werden. Trotz motiv. Analogien hatte Hugos Roman *Les misérables* das Publikum darauf nicht vorbereitet: ›Les personnages sont en bronze, en albâtre, en tout sauf en chair et en os. Le manque d'observation éclate et blesse partout‹ (*Journal* 1862). In e. programmat. Vorrede umreißen d. Autoren ihre künstler. Zielsetzung: ›Le public aime les romans faux; ce roman est un roman vrai.‹ Die Aufwertung des Häßl. u. Krankhaften zum interessanten lit. Stoff wurde heftig angegriffen. Zola stimmte den Goncourts darin zu, daß für den Erzähler kein motiv. Tabu gelten könne (*Mes haines,* 1866; *Les romanciers naturalistes,* 1881); Sue habe das Vulgäre noch nicht mit solcher Akribie darzustellen gewagt: ›G. est une date, le livre fait entrer le peuple dans le roman; pour la première fois, le héros en casquette et l'héroïne en bonnet de linge y sont étudiés par des écrivains d'observation et de style‹ (1881). *G.* veranlaßte Zola, seine Naturalismustheorie zu konzipieren.

P. Sabatier, G. des Goncourt, 1948; R. Ricatte, La création romanesque chez les Goncourt, 1953.

Gerson, Jean, 14. 12. 1363 Gerson-les-Barby – 12. 7. 1429 Lyon, Humanist, Lektor u. Kanzler (1396) der Universität von Paris, Hofprediger (74 erhaltene Predigten), Teilnahme am Konzil von Konstanz 1415–18. G. gehörte zu den Kritikern des →*Roman de la rose.*

L. Mourin, G. prédicateur français, Brügge 1952; M. Liebermann, Chronologie gersonienne, Romania 1952–60.

Gervaise Coupeau, Zentralfigur des Romans →*L'assommoir* von Zola, Typus der Arbeiterin, die durch das Milieu u. unglückl. Umstände zugrunde gerichtet wird; Mutter von Nana u. der Brüder Lantier *(→Nana, →Germinal, →La bête humaine).*

Gestes et opinions du docteur Faustroll, pataphysicien. Roman néo-scientifique, suivi de spéculations, von Alfred →Jarry, Teilveröffentlichungen 1898–1903, postume EA 1911. Jarry karikiert das Motiv der Bildungsreise, wenn er s. Gelehrten, der in s. Art von ebenso multipler Scheußlichkeit ist wie →*Ubu roi,* in e. gefirnißten Sieb auf die Landreise, ›von Paris nach Paris übers Meer‹, schickt, um Raum zu schaffen für e. neue Wissenschaft, die Physik der Anomalien u. die Kosmogonie der Phantasie. Faustrolls neue Erkenntnisse stützen sich auf lit. Innovationen; als Leser von Rabelais, Rimbaud, Lautréamont, Mallarmé und Grabbe, deren Werke in s. Bibliothek gepfändet werden, ist er mit der Eigengesetzlichkeit der Imagination vertraut.

H. Bouché u. F. Lachenai, Was ist Pataphysik? Elementare Prolegomena zu e. Einführung in die Pataphysik, 1959.

Ghelderode, Michel de, 3. 4. 1898 Elsene – 1. 4. 1962 Brüssel, aus e. fläm. Beamtenfamilie, relig. erzogen, wurde Seemann, Soldat, Journalist u. Archivar, schrieb seit 1916 Erzählungen (*La halte catholique,* 1922; *Sortilèges,* 1941), Abhandlungen über die belg. Geschichte u. Folklore u. über 50 Stücke, zum größten Teil für das Vlaamse Volkstoneel (*Théâtre complet,* VI 1950–82). Gh. erhob e. Dissonanz der Stillagen zum Prinzip; Jarry, so gestand er, habe ihn gelehrt, daß es e. Lachen ohne Erbarmen gebe. Neu ist Gh.s Todesfetischismus u. die makabre Vermischung von Menschlichem u. Animalischem, Vitalem u. Mechanischem. Dargestellte Sprachstörungen u. e. Übergewicht der Mimik drücken Entfremdung aus. Der Autor kam 1918 mit e. Einakter im Stil von E. A. Poe, *La mort regarde à la fenêtre,* zum Brüsseler Theater. Faust (*La mort du docteur Faust,* 1926), Colombus (*Christophe Colomb,* 1929) u. Barrabas im gleichnamigen Dreiakter (Urauff. 1929) erleben sich als Marionetten in der Hand e. Transzendenz, die sie mit gespenst. Ennui schlägt. Kg. u. Hofnarr spielen im Einakter *Escurial* (1927) die Doppelgängerposse Hofnarr u. Kg., während die Kgin. im Sterben liegt. Das Motiv des Doppelgängers, das seit Nerval Todesnähe ankündigen kann, kehrt in *Don Juan ou les amants chimériques* (1929) wieder. Buffotrag. sind *La ballade du grand macabre* (1935), wo e. trunkener Tod s. Auftritt verpaßt, →*Pantagleize*, →*Le cavalier bizarre, Hop, Signor* (1942), *Fastes d'enfer* (1943), e. Höllenspektakel, in dem Kleriker mit skatolog. Komik die Hauptrollen spielen, *Un soir de pitié* (1955) u. *Le club des menteurs* (1955). Das Personal der Dramen Gh.s ist letztl. in zwei Gruppen aufgeteilt, die der Narren u. die der Henker, deren Rollen u. Funktionen jedoch vertauschbar sind u. die die Unmöglichkeit, e. ird. Existenz durchzuhalten, demonstrieren. Gh. wurde in den 40er Jahren von den Pariser Vertretern des absurden Theaters entdeckt.

J. Francis, Gh. dramaturge, 1949; P. Vandromme, Gh., 1963; J. Francis, L'éternel aujourd'hui de Gh., 1969; R. Bayen, Gh., 1974; Th. Malachy, La mort en situation dans le théâtre contemporain: G. ..., 1982.

Ghéon, Henri (eig. Henri-Léon Vangeon), 15. 3. 1875 Bray-sur-Seine – 13. 6. 1944 Paris, Arzt, Dramatiker, Erzähler u. Lit.kritiker, Mitbegründer der *NRF*, Konversion zum Katholizismus während des I. Weltkriegs. Gh. schrieb nach e. naturalist. Experiment (*Le fils de M. Sage,* 1899) zahlr. relig. Stücke, die sich an ma. Mirakel- u. Mysterienspielen orientierten (u.a. *La farce du pendu dépendu,* 1911; *Le pauvre sous l'escalier,* 1911; *L'impromptu du charcutier,* 1920; *Saint Maurice ou l'obéissance,* 1923; *Sainte Claire d'Assise,* 1924; *La parade du pont au diable,* 1925; *La mort de Lazare,* 1931; *Sainte Thérèse de Lisieux,* 1934; *Judith,* 1952). Synkretist. faßte der Autor Ödipus als Christusvorläufer auf (*Œdipe ou le crépuscule des dieux,* 1938). Von relig. Themen handeln auch die Romane (*Le consolateur,* 1903; *Le saint curé d'Ars,* 1925; *Les jeux de l'enfer et du ciel,* III 1929; *La jambe noire,* 1941). In allen Gattungen setzte Gh. allegor. Stilmittel zur Verdeutlichung der spiritualist. Konflikte ein. S. Verse sammelte er 1937 in *Les chants de la vie et de la foi.* Korresp. mit Gide, 1976.

M. Raymond, Gh., sa vie, son œuvre, 1939; H. Brochet, Gh., 1946; M. Deléglise, Le théâtre de Gh., Diss. Fribourg 1947.

Ghil, René (eig. René Guilbert), 27. 9. 1862 Tourcoing – 15. 9. 1925 Niort, Lycée Condorcet in Paris; wurde 1884 durch e. Rezitation von Catulle Mendès mit Mallarmés *Après-midi d'un faune* bekannt, ein Jahr später war Gh. bereits Gast bei den Mardis des Meisters. Mallarmé u. Huysmans beachteten bes. die melod. Wortführung (melod. im Wagnerschen Sinn) s. Gedichte im ersten Zyklus, *Légende d'âmes et de sang* (1885). In *Le traité du verbe* (1886–88, krit. Ausgabe von T. Goruppi 1979) reflektierte er im Anschluß an Rimbauds Synästhesien u. materialist. Theorien die poet. Versinnbildlichung. 1888 löste sich der Lyriker von Mallarmé, dem er vorwarf, er sei nicht Monist genug, um ein Großwerk (›œuvre-une‹) zu wagen, wie er selbst es unter dem Eindruck der Evolutionslehren Spencers u. Darwins anspruchsvoll plante u. niederschrieb (*En méthode à l'Œuvre,* 1891; *Dire du mieux,* 1889–94; *Œuvre,* 1889–1912). Der Symbolist Gh. verwandelte sich in e. ›poète scientifique‹, der davon überzeugt war, daß s. Gedicht ausdrückte, was die menschl. Gemeinschaft empfand. Bei der Aneignung des malaiischen Pantoun (*Le pantoun des pantouns,* 1902) wollte er Hugo u. die Parnassiens, die diese exot. Gedichtform bereits kannten, durch Einschübe in javan. Sprache übertreffen. Gh. trug zur Weiterentwicklung des Symbolismus kaum noch etwas bei, wohl aber beeinflußte er die Ausformung des →Unanimismus; Duhamel u. Arcos beriefen sich ausdrückl. auf s. globale Wissenschaftskonzeption u. s. dynam. Lebensbegriff. Da Gh. die ontolog. Überlegenheit der poet. Kreation über den Gegenstand der Dichtung zu leugnen schien, näherten sich s. Programm auch Saint-Georges de Bouhélier, Eugène Monfort, Albert Fleury oder Michel Abadie an. Als sich Dada u. Surrealismus bereits ankündigten, verlangte Gh. wieder strenge Mallarménachfolge in *Les dates et les œuvres* (1923; *Œuvres complètes,* III 1938).

R. Montal, Gh. Du symbolisme à la pensée cosmique, Brüssel 1962; W. Theile, Gh. E. Analyse s. Dichtungen u. theoret. Schriften, Diss. Tübingen 1965.

Gide, André, 22. 11. 1869 Paris – 19. 2. 1951 ebda., Sohn e. Juraprof.; puritan. Erziehung, zeitweilig Privatlehrer. Für G., der wie Proust finanziell unabhängig war, stand seit 1889 fest, daß alles, was er schreiben werde, Bestandteil s. *Œuvres complètes* sein sollte, daß Einzelwerke wie Bauelemente das Gesamtwerk konstituieren u. von daher letzte Sinngebung erhalten sollten. Ebenso stand der Gegenstand s. Darstellung fest, die Konflikte s. Persönlichkeit u. ihre Lösungsversuche. 1890 lernte G. durch Vermittlung von Pierre Louÿs in Montpellier Valéry kennen (Korrespondenz 462 Briefe bis 1942, hg. R. Mallet 1955), 1895 machte er die Bekanntschaft von Claudel (Korrespondenz 167 Briefe bis 1926, hg. R. Mallet 1949); wiederholt äußerte G., vor Claudel, der die Rolle des Bekehrers zum Katholizismus spielte, empfinde er s. Unvollkommenheit. Weitere Briefpartner G.s: Jammes (*Correspondance 1893–1938,* hg. R. Mallet 1948), Suarès (*Correspondance 1908–20,* hg. S. D. Braun 1963), Rilke (1909–26, hg. R. Lang 1952), dessen *Malte Laurids Brigge* G. zusammen mit Aline Mayrisch auszugsweise übersetzte, Martin du Gard (1968), F. Mauriac (1971), Ghéon (1976). 1894, nach e. Nordafrikareise, die s. Nonkonformismus weckte, erklärte G., er werde keine Ethik mehr akzeptieren, die ihm nicht den schönsten, größten u. freiesten Gebrauch s. Kräfte u. ihre entsprechende Entfaltung verheiße. Dieses Ideal wird aber nicht bloß bekenntnishaft vorgelegt – dazu dient das umfangreiche *Journal,* das G. seit 1889 führte –, sondern in Erzählungen, Satiren, Dramen u. Romanen als Alternativen entwickelt (→*Les cahiers d'André Walter, Le traité du Narcisse,* 1891; *Les poésies d'André Walter,* 1892; *La tentative amoureuse,* 1893; *Le voyage d'Urien,* 1894; →*Paludes, Les nourritures terrestres,* 1897; →*Le Prométhée mal enchaîné,* →*L'immoraliste;* Dramen *Le roi Candaule,* 1901; *Saül,* 1903). G. verteidigte wiederholt die Ichform der erzähler. Werke; die personale Erzählform sei für ihn die am höchsten objektive Darstellung, da sie aus der Perspektive der handelnden u. erleidenden Gestalt werkimmanent wahr ist. Roman- u. Dramenfiguren sind mehr als Versuche der Selbstdarstellung, sie gestatten Übertreibungen u. Eingrenzung erlebter Möglichkeiten; durch die ›folie‹ der fiktiven Personen ereignet sich, was der ›bon sens‹ dem Autor in der Lebenspraxis verboten hat. Die Personen, die der Schriftsteller darstellt, hätte er auch verkörpern können. Konsequent stellt Gide deswegen Stendhals Romantheorie, die auf der Spiegelmetapher aufgebaut war, in Frage, Stoff e. Romans ist nicht die abgebildete Außenwelt, sondern Emotion u. Intellekt der Gestalt. Der Roman wirkt selbst als Theorem. Objekt der Kunst ist für

G. nicht das Objekt, das sie gestaltet, sondern das von ihr produzierte Gebilde; der Außenwelt kommt nicht Vormachtstellung, sondern Vorzeitigkeit zu. So ist s. Ablehnung der Verwurzelungsideologie von Barrès u. s. Anlehnung an die ›disponibilité‹ Montaignes u. Goethes zu würdigen. In der Epoche des wiedererwachenden Nationalismus u. der Disziplinierung bekannte sich G. zum Kosmopolitismus; bei Mallarmé, an dessen Mardis er teilnahm, begegnete er Stefan George, Merrill, Georg Brandes; er gehört in Frkr. zu den Entdeckern Dostoevskijs. An Goethe rühmte er, daß er sich nie an s. Frankfurter Vergangenheit gebunden fühlte, sondern den Aufbruch wagte. G. zählt zu den Gründern der →*Nouvelle Revue française*. Seit dieser Zeit erschienen: →*Le retour de l'enfant prodigue*, →*La porte étroite*, *Isabelle* (1911), →*Les caves du Vatican*, →*La symphonie pastorale*, →*Corydon*, →*Les faux-monnayeurs*, Reiseberichte aus dem Kongo u. dem Tschad, →*L'école des femmes*, →*Œdipe*, →*Retour de l'URSS*, →*Thésée*, autobiograph. Schriften neben dem Tagebuch u. e. Bühnenbearbeitung des *Prozeß* von Kafka (1947, Mitarbeit von J.-L. Barrault). Einflüsse der dt. Romantik u. des franz. Symbolismus sind in G.s Werk allmähl. erloschen; method. erarbeitete er e. neue Ethik u. neue Erzählformen, jedoch keinen Standard. Als Aufklärer erhebt G. die Neugier zur Passion. S. Freiheitsbegriff, unvereinbar mit dem Katholizismus, den Claudel repräsentierte, wandelte sich von der Freiheit des Ästheten zur Weltunklugheit, lebenstrunkenen Ichsucht des Nonkonformisten, heiteren Entfaltung des Individuums u. stellvertretenden Aufhebung inhumaner Verkettungen in *Thésée* (*Œuvres complètes*, XV 1932–39; *Romans, récits et soties*, hg. M. Nadeau/Y. Davet/J.-J. Thierry 1958; *Correspondance G. – J.-E. Blanche, 1892–1939*, 1979, Ergänzung 1982; *Correspondance G.-D. Bussy 1937–1951*, 1982; *Gide-Schlumberger, 1901–50*, 1993).

V. Rossi, G. The evolution of an aesthetic, New Brunswick 1967; H. Watson-Williams, G. and the Greek myth, Oxford 1967; W. W. Holdheim, Theory and practice of the novel. A study on G., Genf 1968; D. Moutote, Le journal de G. et les problèmes du moi (1889–1935), 1969; K. O'Neil, G. and the roman d'aventure, Sydney 1969; Études gidiennes 1970 ff.; E. D. Cancalon, Techniques et personnages dans les récits de G., 1970; Sondernr. RhlF März–April 1970; A. Gersbach-Bäschlin, Reflektor, Stil u. Erzählstruktur. Studie zu den Formen der Rede- u. Gedankenwiedergabe in der erzählenden Prosa von R. Rolland u. G., Bern 1970; P. de Boisdeffre, Vie d'A. G. I, 1970; M. Raimond, Les critiques de notre temps et G., 1971; C. Martin, Répertoire des lettres publiées d'A. G., 1971 f.; ders., La maturité d'A. G., 1977; J. Cotnam, Bibl. chronologique de l'œuvre d'A. G., Boston 1974; ders., Inventaire ... de la correspondance ..., Boston 1975; R. Theis, G., 1974; C. D. E. Tolton, G. and the art of autobiography, Toronto 1975; M.-Th. Veyrenc, Genèse d'un style, la phrase d'A. G. dans les Nourritures terrestres, 1976; A. Anglès, G. et le premier groupe de la NRF; 1978; Perspectives contemporaines, Colloque G. 1 1975, 1979; A. E. Babcock, Portraits of artists. Reflexivity in Gidean fiction, York 1982; Cl. Martin, Bibl. 1918–86, Lyon 1987; P. Schnyder, Pré-Textes: G. et la tentation de la critique, 1988; E. Deschodt, G., 1991; D. Moutote, G., l'engagement 1926–39, 1991; J. Claude, G. et le théâtre, 1992; H. T. Siepe/R. Theis, G. u. Dtld., 1992.

Gigi (1944), Roman von Sidonie-Gabrielle →Colette. Gilberte (›G.‹), die unehel. Tochter e. unbedeutenden Sängerin, wächst unter der Obhut ihrer Großmutter, Mme Alvarez, die sich nach ihrem verstorbenen span. Liebhaber diesen Namen zugelegt hat, u. ihrer Tante Alicia auf. Beide unterweisen sie im Stil der Halbwelt u. dressieren sie auf Männer. Nach dem Willen der Alten soll die 16jährige die Mätresse des reichen Gaston Lachaille werden, aber G. spielt nicht mit u. bringt Gaston ohne jede Berechnung durch ihre spontan natürl. Reaktionen so weit, daß er in aller Form um ihre Hand anhält. Nicht nur durch s. Happy end – die früheren Liebesgeschichten der Colette endeten meist problemat. u. traurig –, sondern vor allem wegen der feinsinnigen Ironie der sprachl. äußerst disziplinierten Darstellung kommt diesem Roman e. Sonderstellung im Schaffen der Autorin zu.

Gilbert, Gabriel, um 1610 Paris – um 1680 ebda., Sekretär des Hzg.s von Rohan, dann der Kgin. von Schweden, die ihn auch zum Botschafter in Frkr. ernannte; Lyriker u. Dramatiker, schrieb vor Corneille e. *Rodogune* (1644) u. bearbeitete vor Racine den Phädra-Stoff (*Hippolyte ou le garçon insensible,* 1646; außerdem *Sémiramis,* 1647; *Héro et Léandre,* 1667; Libretto *Les peines et les plaisirs de l'amour,* 1672).

Gilbert, Nicolas-Joseph-Laurent, 15. 12. 1751 Fontenay-le-Château bei Remiremont – 12. 11. 1780 Paris, Bauernsohn, jedoch Ausbildung am Collège in Dôle. Als die Ac. frçe. wiederholt Gedichte, die er zu Wettbewerben einreichte, nicht beachtete, schrieb G. zwei Satiren gegen die verhaßte Gesellschaft, *Le XVIII*e *siècle* u. *Mon apologie* (1775–78); die erste ist Fréron gewidmet, der wie er die Aufklärung bekämpfte. G. träumte davon, der Boileau s. Epoche zu werden, s. satir. Stil ist virulenter u. kommt dem Agrippa d'Aubignés näher, er reicht von versteckter Ironie bis zum offenen Sarkasmus. Der Erzbischof von Paris erwirkte G. e. kleine Pension, die s. Lebensunterhalt sicherte. Er starb an den Folgen e. Sturzes vom Pferd. Das 19. Jh. rankte e. Legende um s. Gestalt; daß er e. Opfer des Regimes war, weiß man nur aus s. eigenen Klagen (*Le génie aux prises avec la fortune ou le poète malheureux,* 1772). Nodier u. Vigny nahmen ihn zum Modell des unglückl. u. verkannten Dichters. Die kathol. Reaktion des Empire u. der Restauration idealisierte den strengen Kritiker der gottlosen Aufklärung; 1806–26 erlebte s. Werk ca. zehn Neuauflagen.

J.-A. Schmidt, Notice bio-bibliographique et iconographique sur le poète G., 1890; E. Laffay, Le poète G., étude biographique et littéraire, 1898.

Gilbert-Lecomte, Roger, 1907 Reims – 1943 Paris, Lyriker, der wie René Daumal u. Vailland zur Gruppe um die Zs. *Le Grand Jeu* (1928–32) gehörte. G. träumte von e. neuen Ontologie, die sich von Hegel u. Marx abwenden u. am Solipsismus ausrichten sollte (*OC,* éd. M. Thivolet II 1974–77).

Gilbert Villars, Protagonist des Romans →*L'ordre* von Arland, dessen amoral. Eskapaden vom Schicksal bestraft werden.

Gil Blas →*Histoire de Gil Blas de Santillane.*

Gille, Charles, 1820 – 24. 4. 1856 Paris, Korsettschneider, Fabrikarbeiter u. Laufbote, gefeierter Chansonnier, der in ca. 150 Texten vor allem revolutionäre Ereignisse besang, während er sich, als Anhänger Babeufs, von der allgemeinen Napoleonbegeisterung distanzierte. Von 1841–46 gehörte er e. Geheimbund militanter Chansondichter, ›La ménagerie‹, an, er büßte die Zugehörigkeit mit sechs Monaten Haft. Den Zusammenbruch der II. Republik beklagte G. mehr als die meisten anderen polit. engagierten Lyriker. Im Second Empire lehrte er Arbeiterkinder Lesen u.

Schreiben. Er selbst geriet dabei in größte materielle Not u. erhängte sich. S. Lieder wurden bis ans Ende des 19. Jh. in Pariser Cabarets vorgetragen (*Chansons,* Préface-notice d'Eugène Baillet, 1893).

Gilles (1939 u. 1942), Roman von Pierre →Drieu la Rochelle. Ursprüngl. programmat. Titel *La mort et l'argent,* um die Geschichte des Gilles Gambier sowohl von sozialen Gesetzmäßigkeiten der Zwischenkriegszeit als vom Mythos her zu erläutern. Den Reichtum e. Endzeit repräsentiert die wohlhabende und sterile jüd. Frau von G. Dabei kontaminiert der Romancier zwei ideolog. Systeme: Christ contra Jude sowie Arier contra Jude, von der Focusfigur G. her. Die Sachverhaltsdaten der Erzählung werden umso vieldeutiger, als die anfängl. Systemreferenz auf den Ritterroman zusammenbricht, sobald der Protagonist idealisierte Frauenbilder durch Varianten der Misogynie, die schon für typ. faschistisch gehalten wurde, ersetzt. Im Romanschluß von 1942 bekennt sich G., den die franz. Politik der 30er Jahre gegenüber jeder ideolog. Begeisterung mißtrauisch gemacht hat, zu den Zielen der span. Falangisten, für deren Staatsstreich er 1936 begeistert die Waffe ergreift.

P. Sérant, Le romantisme fasciste, 1959; M. Zimmermann, Die Lit. des franz. Faschismus. Unters. zum Werk von Drieu la Rochelle, 1979.

Gilson, Etienne, 13. 6. 1884 Paris – 19. 9. 1978 Cravant (Yonne), Philosoph, seit 1931 Sorbonne, nach Kriegsende Senateur (M. R. P.), 1946 Ac. frçe.; Historiker der Philosophie des MA, Standardwerke über Abélard u. Dante; seit s. 1. Veröffentlichung 1919 Vertreter des Neothomismus, in diesem Zusammenhang auch Erforschung der Abhängigkeit des Cartesianismus von Systemen des MA.

Ginguené, Pierre-Louis, 23. 4. 1748 Rennes – 16. 11. 1816 Paris, Jesuitenschüler wie Parny in Rennes, Salonlyriker u. Fabeldichter, bekleidete 1798–1802 öffentl. Ämter (Aufsicht über das Erziehungswesen u. Botschafter in Turin). G. kommentierte die *Confessions* von Rousseau (1791) u. Chateaubriands *Genie du christianisme* (1802), letzteres mit betont krit. Einstellung. Er wurde Mitarbeiter der *Histoire littéraire de la France* u. verfaßte e. *Histoire littéraire de l'Italie* (hg. Daunou 1824).

Giono, Jean, 30. 3. 1895 Manosque/Basses-Alpes – 9. 10. 1970 ebda., Vater piemontes. Schuster, Mutter Büglerin, G. konnte s. Schulbildung nicht abschließen, wurde Laufbursche der Bank von Manosque, später freilich ihr Direktor. Er lebte, abgesehen von den Kriegsjahren 1914–18, stets in s. Heimat, e. Parisaufenthalt 1929 wirkte abschreckend auf ihn. 1939 wurde er als Kommunist, 1944 als Kollaborateur verdächtigt u. mit Publikationsverbot belegt. 1953 erhielt er den Lit.preis von Monaco, 1954 wurde er Mitgl. der Ac. Goncourt. G., der außer Lyrik (*Accompagnés de la flûte,* 1924), u. Dramen (*Le lanceur de graines,* 1932; *Le bout de la route,* 1942; *La femme du boulanger,* 1942) vor allem Romane u. Erzählungen schrieb, divinisierte die Natur der Provence; die Helden wollen mit der Landschaft, die häufig zur Ideallandschaft erhoben wird (vgl. auch Bosco) eins werden. Die Beziehung des Menschen zur Natur versöhnt das Individuum mit der Existenz, von ihrer Funktion hängt Glück oder Katastrophe ab. Mit dieser themat. Prämisse korreliert die poet. u. myth. Ausrichtung des Romans bei G. In *La naissance de l'Odyssée* (1927) war noch deutl. der Einfluß von →Ramuz zu erkennen. Die Pan-Trilogie (→*Colline, Un de Baumugnes,* 1929; →*Regain*) zeigt das Bemühen des Autors, den realist. Bauernroman (vgl. Sand, Maupassant, Zola) durch Naturhymnen zum Epos zu sublimieren. Diese Restauration erinnert an paganistische Intentionen des Parnasse im 19. Jh., doch G. sucht nicht die Antike in einer Vorzeit, sondern ihre Ausstrahlungen in der Heimaterde, die durch die Zivilisation u. Christianisierung nicht ausgelöscht werden konnten. Noch in Weihnachtsspielen von Hirten sieht G. die Allgegenwart Pans (*Présentation de Pan,* 1930; *Le serpent d'étoiles,* 1933). In *Le chant du monde* (1934, nach *Le grand troupeau,* 1931; *Jean le bleu,* 1932) erleben Antonio, gen. Goldmund, u. e. alter Matrose in e. mythendurchzogenen Tal Geburt, Liebe u. Tod, als der Sohn des Matrosen die Tochter des Gutsbesitzers Maudru entführte. G.s Regionalismus bleibt dithyramb. u. entwirklichend zugleich (→*Que ma joie demeure;* →*Batailles dans la montagne).* Seit den 40er Jahren richtete der Erzähler s. Dichtung, wohl unter der polit. Belastung, stärker an der Erfahrbarkeit der Welt aus. Er verfaßte, zunächst Stendhal folgend, hist. Romane (*Un roi sans divertissement,* 1947; *Le hussard sur le toit,* 1951; *Les grands chemins,* 1951; *Le moulin de Pologne,* 1953; *Le bonheur fou,* 1957; *Angelo,* 1958; *Noé,* 1961; *Le désastre de Pavie,* 1963; *Deux cavaliers de l'orage,* 1965; *L'iris de Suse,* 1970; *Les récits de la demibrigade,* 1972, sechs unveröffentlichte Novellen; *Œuvres romanesques complètes,* hg. R. Ricatte/P. Citron VI 1971–83). G.s essayist. Prosa behandelt sowohl polit. Fragen, vor allem die des Pazifismus (*Refus d'obéissance,* 1937; *Précisions,* 1939), wie kulturgeschichtl. Themen (*Les vraies richesses,* 1936; *Pour saluer Melville,* 1941; *Triomphe de la vie,* 1941; *Voyage en Italie,* 1953; *Notes sur l'affaire Dominici,* 1955; Korrespondenz mit Lucien Jacques, hg. P. Citron 1981 ff.; *Romans et essais,* éd. H. Godard 1992).

The private world of G., Durham 1967; Sondernr. NRF 218, 1971; C. Chonez, G., 1973; A. J. Clayton, Pour une poétique de la parole chez G., 1978; H. Godard, Album G., 1980; Cahiers G., 1981 ff.; J. Ferdinand, Gionisme et panthéisme, Sherbrooke 1987; J. Sabiani, G. et la terre, 1988; P. Citron, G., 1990.

Girardin, Delphine de, 1804 Aachen – 1855 Paris, Tochter von Sophie Gay, die die junge Lyrikerin in die Salons einführte; nach der Heirat mit Emile de G. (1806–1881), dem Verleger der 1. Massenzeitung, *La Presse* (1836 ff.), stand sie selbst im Mittelpunkt kultureller Begegnungen (*Essais poétiques,* 1824; *Nouveaux essais poétiques,* 1825; *Lettres parisiennes,* unter Ps. Vicomte de Launay; *La canne de M. de Balzac,* 1836).

H. Malo, Une muse et sa mère: Delphine Gay de G., 1924.

Giraudoux, Jean, 29.10. 1882 Bellac – 31.1.1944 Paris, Vater Ingenieur, höhere Schule in Châteauroux, 1903/04 Stud. Germanistik ENS u. Sorbonne; Agrégation. Stipendiat in Dtl., 1905 Hauslehrer beim Hzg. von Sachsen-Meiningen, 1906 Lektor in Harvard, Feuilletonist des Pariser *Matin.* 1910 trat G. in den diplomat. Dienst ein; Missionen in Dtl., Rußland u. der Türkei; Pressechef des Außenministeriums, Generalinspekteur des diplomat. u. konsular. Dienstes, 1939/40 Propagandaminister. Der

Schriftsteller G. begann als Erzähler (*Provinciales,* 1909; *L'école des indifférents,* 1911; *Elpénor,* 1919; *Simon le pathétique,* 1918; *Suzanne et le pacifique,* 1921; *Siegfried et le Limousin,* 1922; *Juliette au pays des hommes,* 1924; *Bella,* 1925; →*Les aventures de Jérôme Bardini,* →*Combat avec l'ange, Églantine,* 1927; 1936 entstand *La menteuse,* 1969; *Choix des élues,* 1938). G.s Figuren, vor allem die Frauengestalten, sind auf der Suche nach der Idealität verlorener Paradiese u. opfern sich für die Erhaltung e. intakten Seinszustandes, der in der Banalität der gefallenen Welt verloren zu gehen droht. G. stellt es als Stigma der Frau dar, daß ihr Selbstbewußtsein das Absolute erst in der Vereinzelung zu finden meint. Juliette (im gleichnamigen Roman) und Maléna *(Combat avec l'ange)* hoffen zuletzt nur noch auf den Tod, Edmée *(Choix des élues)* büßt ihren Drang nach der Gegenwart des Göttlichen in e. menschenleeren Reich der schönen Fauna u. leidet unter ihrer inhumanen Sonderart. Während im erzähler. Werk die Beziehungen der Geschlechter mythisiert werden, wird in den meisten Dramen e. bekannter Mythos auf Menschenmaß zurückgeführt. Nach dem Erfolg des →*Siegfried* (1928) wandte sich G., dem das Feenspiel u. die Form der Shakespearekom. wohl wesensgemäßer waren als die Trag., vor allem räuml. u. zeitl. abgelegenen Stoffen zu oder stattete, wie in →*La folle de Chaillot,* die erkennbare Realität mit märchenhaften Elementen aus (→*Amphitryon 38; Intermezzo,* 1933; →*Judith,* →*La guerre de Troie n'aura pas lieu,* →*Électre,* →*Ondine,* →*Sodome et Gomorrhe,* →*L'Apollon de Bellac,* →*Pour Lucrèce; Théâtre complet,* XVI 1945–53). In der Eingangsszene des *Impromptu de Paris* (1937) verspottet G. den Naturalismus, wie ihn →Antoine auf die Bühne des Théâtre-Libre gebracht hatte u. den das Ideen- u. Psychodrama sowie das Lustspiel nachahmten: Jemand sagt, es ist fünf Uhr, u. e. richtige Standuhr schlägt die volle Stunde. ›Si la pendule sonne 102 heures, ça commence à être du théâtre.‹ Im Essay *Bellac et la tragédie* löst G. die Definition der Trag. von jeder idealtyp. Norm der Klassik: Ein unbegreifl. Schicksal führt den Menschen ›an der Leine‹, es hält ihn aufrecht, aber tyrann. u. ohne s. Absichten zu erkennen zu geben. So muß alle Existenz in Schwermut enden. Um dies zu zeigen, verband G. die Liebestrag. mit dem Schicksalsdrama zum neuen Genre. Der geschliffene, am wortspieler. Scherzo, Pastiche u. auch Manierismus orientierte Prosastil, der freil. dazu tendiert, menschl. Kontroversen in stilist. Antithesen aufzulösen, hüllt das bittere Paradox in ästhet. Leichtigkeit. In mehreren Essays äußerte sich G. zu lit.krit. u. polit. Problemen (*Lectures pour une ombre,* 1917; *Amica America,* 1919; *Littérature,* 1941; *De pleins pouvoirs à sans pouvoirs,* 1950; *Portugal,* 1958; *Or dans la nuit,* 1969). Der auffallend preziöse Stil im Werk G.' macht das Ethos des Autors sinnfällig; poet. ist nicht allein die Schreibweise, sondern auch die Denkweise des Autors u. s. Gestalten, die das Außergewöhnliche dem Praktischen, die Eskapade der Norm vorziehen. Das einzig lohnende Abenteuer ist die Suche nach dem verlorenen Paradies u. dem Absoluten; diese Auffassung wurde G. vor allem durch die Lektüre Jean Pauls vermittelt. Das Abenteuer erhält e. metaphys. Valenz (*Œuvres complètes* 1958 ff.; *Théâtre complet,* éd. J. Body 1982).

H. Sørensen, Le théâtre de G., 1950; F. W. Müller, G., 1956; R.-M. Albérès, Esthétique et morale chez G., 1957; D. Inskip, G. The making of a dramatist, London 1958; L. Lesage, G. His life and works, 1959; O. F. Best, Der Dualismus im Welt- u. Menschenbild G.', Diss. München 1964; Ch. Mauron, Le théâtre de G., 1971; P. A. Mankin, Precious irony. The theater of G., Den Haag 1971; M. M. Cellier, G. et la métaphore, Den Haag 1974; J. Robichez, Le théâtre de G., 1976; M. Raimond, Sur trois pièces de G., 1982; Sondernr. RhlF 5–6, 1983; J. Body, G., 1986; P. Guimard, G.? Tiens, 1988; R. Cheval, Anstöße u. Rückwirkungen, 1990.

Girondisten, franz. Girondins, Revolutionspartei, benannt nach dem Dép. Gironde, aus dem maßgebende Parteigänger stammten (Vergniaud, Gensonné, Guadet), sie hießen nach ihrem Wortführer Brissot auch Brissotins. Die G. vertraten den bürgerl. Liberalismus u. Regionalismus gegenüber dem planwirtschaftl. u. zentralist. Konzept der Jakobiner; die polit. Auseinandersetzungen endeten 1793 mit der Liquidierung der G. In →*L'histoire des Girondins* stellte Lamartine ihre Geschichte dar.

A. Mathiez, Girondins et montagnards, [5]1930; M. J. Sydenham, The Girondins, London 1961.

Giroud, Françoise, geb. 21. 9. 1916 Genf, seit 1932 Scriptgirl bei den Regisseuren Marc Allégret u. Jean →Renoir; Journalistin (*Elle,* 1945–53, 1953 Mitbegründerin von *L'Express*), 1974–77 Staatssekretär. G. verfaßte außer Filmdialogen Essays (u. a. *La comédie du pouvoir,* 1978), e. Biogr. von Marie Curie, *Une femme honorable* (1981), sowie den Schlüsselroman *Le bon plaisir* (1982, Satire der Macht im Elysées-Palast; auslösendes Motiv e. gestohlener Brief, der die verheimlichte Vaterschaft des Präsidenten der Republik dokumentiert; 1983 verfilmt mit Trintignant und C. Deneuve). Gemeinsam mit B.-H. →Lévy den Essay *Les hommes et les femmes* (1993).

Glatigny, Joseph-Albert-Alexandre, 21. 5. 1839 Lillebonne – 16. 4. 1873 Sèvres, Arbeitersohn, Druckerlehre, Schauspieler; Lyriker, der unter dem Eindruck von →Banville (Briefwechsel, hg. G. Castel 1923) zu dichten begann (*Les vignes folles,* 1860; *Les flèches d'or,* 1864; *Le fer rouge,* 1871; *Gilles et Pasquins,* 1872; *Poésies complètes,* 1879). Catulle Mendès dramatisierte s. Biographie (1906).

J. Raymond, G., 1936.

Gliglois, Versroman aus der ersten Hälfte des 13. Jh. Der Aufenthalt des Titelhelden am Hof des Kg.s →Artus wird in diesem Erziehungsroman ohne das märchenhafte Beiwerk der Artus-Epik erzählt.

Glissant, Édouard, geb. 21. 9. 1928 Ste. Marie/Martinique, Lit.stud. Paris, Stud.-rat; Mitarbeit am Centre national de la recherche scientifique. Dichter der Négritude, sowohl in s. Gedichten (*Un champ d'îles,* 1953; *La terre inquiète,* 1954; *Les Indes,* 1955; *Le sel noir,* 1960) wie im Roman (*La lézarde,* 1958) u. im Drama (*Monsieur Toussaint,* 1961); *La case du commandeur,* 1981; *Pays rêvé, pays réel,* 1985.

Le Globe, Journal littéraire, Kulturzs., gegr. von Paul Dubois u. Pierre →Leroux; erschien 15. 9. 1824–20. 4. 1832; spätere Untertitel: Recueil philosophique et littéraire; Recueil politique, philosophique et littéraire. Mitarbeiter waren u. a.: Guizot, Jouffroy, Magnin, Ampère, Cousin, Duvergier de Hauranne, Rémusat, Sainte-Beuve, Thiers, Vitet – in der Mehrzahl Anhänger der →Doctrinaires. Das Publikationsorgan trat für die Versöhnung von polit. Liberalismus u. Romantik ein u. wandte sich gegen anglophile wie germanophile Tendenzen (vgl. auch *La Muse française*). Während der Julimonarchie war der G. das Organ der Saint-Simonisten. Die Zs. feierte das Theater von Manzoni u. Mérimée, sie griff Lamartine an, dem vorgeworfen wurde, er verbreite Entmutigung u. Passivität.

P. Trahard, Le romantisme défini par le G., 1925.

Gobineau, Joseph-Arthur, comte de, 14. 7. 1816 Ville-d'Avray – 13. 10. 1882 Turin, Diplomat, Wagneranhänger; Vertreter e. elitären Rassekults (*Adelaïde*, →*Essai sur l'inégalité des races humaines*, →*Les Pléiades*, *La Renaissance, scènes historiques*, 1877; *Histoire d'Ottar Jarl, pirate norvégien*, 1879; außerdem Novellen, Alexanderdrama, 1901; Reiseberichte *Œuvres*, éd. J. Gaulmier, III 1983 f.).

R. Streichl, G. in der franz. Kritik, 1935; J. Gaulmier, Le spectre de G., 1965; P. Berselli Ambri, Poemi inediti di G., Bari 1965; Études gobiniennes, 1966 ff.; R. M. Valette, G. and the short story, Chapel Hill 1969; M. D. Biddis, Father of racist ideology. The social and political thought of count G., London 1970; J. Boissel, G., l'Orient et l'Iran, 1974; ders., G., un Don Quichotte tragique, 1981; P.-L. Rey, L'univers romanesque de G., 1981; R. Béziau, Les débuts littéraires de G. à Paris, Lille III 1982.

Godeau, Antoine, 24. 9. 1605 Dreux – 1672, Lyriker aus der Gruppe der →Illustres bergers, verkehrte im Hôtel de Rambouillet (*Discours sur les œuvres de Malherbe*, 1629). Gegen s. Einwände formulierte Chapelain im November 1630 die →*Lettre sur la règle des vingt-quatre heures.* Mit den *Œuvres chrestiennes* (1633) schmeichelte G. Richelieu, der ihm, als er bereits Mitgl. der Ac. frçe. war, die Bistümer Grasse u. Vence verschaffte. G. billigte das Verhalten der Akademie gegenüber Corneilles *Cid.* Als Bischof verfaßte er vor allem hagiograph. Werke.

G. De la galanterie à la sainteté, Colloque 1972, 1975.

Goemans, Camille, 1900–1960; Erzähler u. Lyriker, der vor allem in Zss. surrealist. Gedichte veröffentlichte. Bei s. Tod lag erst e. Sammelband, *Périples* (1924), vor (*Œuvres 1922–1957*, Brüssel 1971).

Gohorry, Jacques, Dichter des 16. Jh., gest. 15. 3. 1576 Paris, aus e. Florentiner Familie, Naturwissenschaftler, Übs. (Amadisroman, Machiavellis *Il principe*) u. Lyriker in der Marotnachfolge (Slg. 1572), den Sainte-Beuve schätzte (*Tableau de la poésie française au XVIe siècle*).

Goldmann, Lucien, 20. 7. 1913 Bukarest – 3. 10. 1970 Paris, lehrte Lit.soziologie an der École pratique des hautes études in Paris. G. ging von der kategorialen Entsprechung von Kunstwerk u. Gesellschaft aus. Die Gruppe, der e. Autor angehört, ist das ästhet. formkonstituierende Moment; zwischen der Form des Sprachkunstwerks u. den wesentl. Strukturelementen des sozialen Lebens besteht e. Homologie. Das Verhältnis von gesellschaftl. Praxis u. Lit. läßt sich prinzipiell nicht an deren Inhalten ablesen, sondern nur von e. kategorialen Struktur her begreifen. Das wirkl. Bewußtsein der Gruppe u. die vom Autor geschaffene fiktive Welt gehen in dieser Struktur auf; über wirkl. Bewußtsein verfügt der Autor nur als Teil der Gruppe, nicht als Individuum. Individuelle Erfahrungen sind zu kurz u. zu beschränkt, um sinnvolle Strukturen zu konstituieren. Weil die lit. Relevanz e. Werkes nicht von aufweisbaren Beziehungen zwischen Leben u. Werk – ›l'homme et l'œuvre‹ im Sinne von Sainte-Beuve – abhängt, kann auch die nicht-realist.

Lit. sinnerfüllt sein. Durch Interpretationen von Pascal, Racine, Genet, Malraux, Robbe-Grillet u. a. wies G., auf der Basis linguist. Strukturanalysen, die gesellschaftl. Implikate der Dichtung nach, wobei ihm der Spiegelungs- u. Aktionscharakter der Lit. nicht vorrangig zu sein schien (*Sciences humaines et philosophie,* 1952; *Le dieu caché,* 1956; *Recherches dialectiques,* 1959; *Pour une sociologie du roman,* 1964; *Marxisme et sciences humaines,* 1970; *Structures mentales et création culturelle,* 1971; *La création culturelle dans la société moderne,* 1971; *Lukács et Heidegger,* 1973).

Alternative 71, 1970; Lit.soziologie II, G.s Methode zur Diskussion gestellt; Hommage à G., Quinzaine littéraire 112, 1971; P. V. Zima, G., dialectique de l'immanence, 1973; W. Bader, Grundprobleme der Lit.theorie G.s, 1979.

Goll, Yvan, 29. 3. 1891 Saint Dié – 14. 3. 1950 Paris, Vater Elsässer, Mutter aus Lothringen; Gymnasium Metz, Stud. Straßburg u. Paris, 1912 Promotion (Dr. phil.). G., mit der Lyrikerin Claire Studer verheiratet, lebte vor 1939 in der Schweiz, Berlin u. Paris; 1947 kehrte er aus der amerikan. Emigration nach Frkr. zurück; 1948 erkrankte er an Leukämie. Die Revolte des Expressionismus, die kubist. Kunsttheorien Apollinaires u. Cézannes u. der Auftrag des Symbolismus, metaphor. die Wirklichkeit zu tilgen, gingen in G.s Poetik e. Verbindung ein. Er war u. a. mit Breton u. Éluard bekannt. Seit 1915 veröffentlichte er neben dt. u. engl. auch franz. Texte *(Élégies internationales),* seit 1925 nahm der Anteil der in franz. Sprache geschriebenen Dichtungen zu. Zweisprachige Fassungen lassen e. Abkühlung des dithyramb. Stils sowie die Verkürzung des Vergleichs zur absoluten Metapher im jüngeren franz. Text erkennen. In G.s lyr. Œuvre bildeten sich drei Themengruppen heraus: Liebesgedichte (*Poèmes d'amour,* 1925; *Poèmes de jalousie,* 1926, mit Claire G.; *Chansons malaises,* 1932; *Multiple femme,* 1947), Gedichte zu dem Themenkomplex der Hinfälligkeit u. Entmythologisierung (*Métro de la mort,* 1934; Balladenzyklus *Jean sans Terre,* 1944) u. kabbalist. ›poésie scientifique‹ (*Le mythe de la roche percée,* 1947; *Les cercles magiques,* 1951; *Le char triomphal de l'antimoine,* 1949). In der Rollenlyrik der erot. Poesie spricht sich die Aufhebung der Außenwelt in trunkenem Verlust der Identität aus, das Ungegenständliche wird in Bilder gefaßt. Namentl. an großstädt. Motiven (vgl. auch Laforgue, Corbière, Fargue) entdeckt G. die Spuren unabwendbaren Zerfalls, die von der kreativen Phantasie zu ätzender Schattenhaftigkeit gesteigert werden. S. Werk vermittelte an Paul Celan, Hans Magnus Enzensberger u. Karl Krolow die Errungenschaften e. in Frkr. ausgebildeten esoter. Tradition.

F. J. Carmody, The poetry of G., 1956; D. Schaefer, Die frühe Lyrik G.s, II 1965; W. Hauck, Die Bildwelt bei G., Diss. München 1965; K. Rieser-Spriegel, Untersuchungen zum dramat. Werk G.s, 1972.

Golon, Anne (eig. Simone Golonbinoff), geb. 19. 12. 1927 Toulon, Autorin (Mitarbeit ihres Mannes Serge G., 1903–12. 7. 1972) der Bestseller-Serie von *Angélique*-Romanen (1956 ff.), hist. dokumentierter Kolportagen der glanzvollen Zeit Ludwigs XIV., vorrangig als Stationenroman konzipiert, der die schöne Titelheldin in immer neue Liebesabenteuer führt. Übs. in 25 Sprachen, auch erfolgreich verfilmt.

Gombauld, Jean Ogier de, um 1570 oder 1580 Saint-Just de Lussac/Charente-Maritime – 1666 Paris, kam nach s. Ausbildung in Bordeaux wohl 1610 nach Paris u. war während der Régence Günstling der Kgin. In der Querelle du →*Cid* nahm der Malherbeschüler in der Ac. frçe. für Corneille Partei. G. veröffentlichte den Schlüsselroman *Endymion*, zwei Theaterstücke, e. Band *Poésies* (1646) u. e. Band *Épigrammes* (1657), Lyrik im Stil Jean Bertauts. G. beklagte die mondän-frivole Auffassung von der Dichtung in s. Epoche. Er gehörte zu den letzten Freunden der Marquise de Rambouillet.

Gomberville, Marin Le Roy du Parc et de, 1600 Paris (?) – 14. 6. 1674 ebda., Mitgl. der Ac. frçe., ahmte als Lyriker Viau nach. Seit 1619 schrieb er umfangreiche Romane, in denen er hist., galante u. exot. phantast. Motive vermischte (*Exil de Polexandre et d'Ericlée,* 1619; *Carithée,* 1621; *Polexandre,* V 1637; *Cythérée,* 1639; *La jeune Alcidiane,* 1651), um die ital. u. span. Vorbilder *(Amadis)* durch Episodenreichtum u. psychol. Verfeinerung zu überbieten. S. Romangestalten nehmen in mancher Hinsicht die Preziosität der 50er Jahre vorweg.

S. Kévorkian, Le thème de l'amour dans l'œuvre romanesque de G., 1972.

Les gommes (1953), Roman von Alain →Robbe-Grillet. Auf Professor Daniel Dupont wird von e. staatsfeindl. Organisation e. Anschlag vorbereitet; Garinati verübt das Attentat, bei dem das Opfer jedoch nur leicht verletzt wird. Da Dupont Geheimnisträger ist, läßt er sich vom Hausarzt für tot erklären. Der Detektiv Wallas sucht den Mörder, den er in Duponts Wohnung erwartet. Aber der Professor selbst kehrt zurück, um wichtige Dokumente sicherzustellen; Wallas hält ihn für den Kriminellen u. erschießt ihn. Anspielungen, wonach Wallas der Stiefsohn des Toten ist, die Entzifferung e. Aufschrift als ›Œdipe‹ u. die Erzählung des Sphinxrätsels parodieren die spontane Intuition der Kriminalkommissare im Unterhaltungsroman. Das pathet. Motiv der Falschmeldung bereinigt nichts, sondern löst erst die Verwirrung aus, die in e. Katastrophe endet. Allwissend ist nicht der Detektiv, der in s. Verblendung Ödipus gleicht, aber auch nicht der Leser, obgleich er gehalten ist, gegen Garinati u. Wallas die Ermittlung zu führen.

Goncourt, Edmond Huot de, 26. 5. 1822 Nancy – 16. 7. 1896 Champrosay, u. Jules Alfred Huot de, 17. 12. 1830 Paris – 20. 6. 1870 Auteuil, finanziell unabhängig, Historiker (*Histoire de la société française pendant la Révolution,* 1854; *Histoire de la société française pendant le Directoire,* 1855; *Portraits intimes du XVIIIe siècle,* 1857 f.; *Histoire de Marie-Antoinette,* 1858; *Les maîtresses de Louis XV,* 1860; *La femme au XVIIIe siècle,* 1862; *L'amour au XVIIIe siècle,* 1878; *Mlle Clairon,* 1890; *La Guimard,* 1893), Kunst- u. Kulturkritiker (→*L'art du XVIIIe siècle,* III 1859–75; *Les hommes de lettres,* 1860; *Gavarni, l'homme et l'œuvre,* 1868; *Préfaces et manifestes littéraires,* 1888; *Outamaro,* 1891; *L'art japonais,* 1893) u. Romanciers. Ihr erster bedeutender gemeinsamer Roman, *Charles Demailly* (1860), nach *En 18 . . .,* wurde wie 1839 Balzacs *Un grand homme de province à Paris* (→*Les illusions perdues)* von der Kritik negativ beurteilt, da die G.s den Lit.betrieb u. die Presse satir. zeichneten. Als skandalös wurde 1861 die Darstellung des Krankenhauses u. medizin. Details in *Sœur Philomène* empfunden; einzig der

Kritiker Jules Levallois scheint den Wirklichkeitsfanatismus der Autoren als künstler. Absicht begriffen zu haben. Dagegen wurde →*Renée Mauperin* günstig aufgenommen, während →*Germinie Lacerteux,* der als erster franz. naturalist. Roman gilt, u. →*Manette Salomon* wieder weniger Beachtung fanden. Gerade *Manette Salomon* irritierte die Rezensenten, die das Werk als Künstlerroman interpretierten u. die Fabel mit dem romant. Geniebegriff nicht in Einklang bringen konnten. *Madame Gervaisais* (1869, éd. M. Fumaroli 1982), das letzte gemeinsame Werk handelt von der Konversion e. künstler. Seele, die in Rom den ästhet. Reizen des Christentums verfällt (vgl. schon Chateaubriand). In den Romanen, die Edmond de G. allein verfaßte, manifestiert sich sowohl die schockierende Ästhetik des Häßlichen *(La fille Élisa,* →*La Faustin)* als auch e. Tendenz zur Sublimierung der Wirklichkeit *(*→*Les frères Zemganno).* Die G.s sahen in Balzac den bedeutendsten Romancier der ersten Jh.hälfte; dies überrascht, da ihr eigenes Stilideal der ›écriture artiste‹ als Kritik an der Sprachform der *Comédie humaine* verstanden werden kann. Andererseits lehnten sie die Milieutheorie von Taine mit dem Verweis auf Chateaubriands Exotismus ab. Damit legitimierten sie zugleich auch ihr Verständnis für e. Klasse, der sie nicht angehörten, u. ihr Interesse für patholog. psych. Zustände, die sie wissenschaftl. analysierten, ehe sie lit. Motive daraus formten. 1861 meldeten sie im *Journal,* dem wichtigsten lit. Tagebuch des 19. Jh. (XXII 1956–58), den Anspruch an, ihre Romane würden als die geschichtlichsten dieser Epoche gelten, ›les romans qui fourniront le plus de faits et de vérités vraies à l'histoire morale de ce siècle‹. Der Auffassung Scotts u. s. franz. Schüler halten sie ihr Bild von der Geschichtlichkeit entgegen, es entspricht demjenigen Maupassants darin, daß nicht auf den Prozeßcharakter der Geschichte reflektiert wird. Neurosen u. pathol. Fälle werden als Fakten registriert, ohne ihre Verursachung zu problematisieren. Die G.s enttabuieren psycho-phys. Determinanten, sie entmythologisieren die gesellschaftl. Zwänge jedoch nicht. Denn sie streben zwar nach formaler Entpoetisierung des Romans, aber nur, um ihn gleichzeitig in den Rang der authent. Trag. der Moderne einzusetzen. Sie stellen die Milieutheorie in Frage u. schenken doch zugleich der Deskription der Lebensräume ihrer Protagonisten angespannte Aufmerksamkeit. Von der Notwendigkeit e. stoffl. Entgrenzung der Lit. bis hin zum Unschönen überzeugt, leugnen sie dennoch die Form-Inhalt-Dialektik u. treten jedem Wirklichkeitszusammenhang als Ästheten gegenüber. E. Passage in *Germinie Lacerteux,* in der e. Kaiserschnitt dargestellt werden sollte, streichen sie wieder, er ist ›zu wahr‹ (*Journal,* 23. 10. 1864). Der Mensch, dessen einzigartige Sensibilität in Krankheit umschlägt, überhaupt soziolog. u. patholog. Erscheinungsformen der bürgerl. Dekadenz, interessieren sie; sozialpolit. Probleme – daher unter dem Blickwinkel von Edmond auch die Tage der Commune – sind ihnen gleichgültig. Dabei suchen sie die Vorbilder für ihre Romanfiguren im wirkl. Leben, einzelne haben sie gekannt, von anderen wurde ihnen berichtet. Ihre wiss. Romankonzeption entfernt sich von der älteren Vorstellung, wonach das Interesse am Menschen auf isoliert gesehene innere Konflikte bezogen ist, so daß Details des äußeren Lebens unberücksichtigt bleiben können. Wo die Krankheit vollendet, was soziale Zwänge einleiteten, beschränken sie sich freil. nicht auf die genaue Abschilderung von Gesten u. opt. Attributen, sondern in den Reaktionen werden indirekt die Rollenerwartungen u. Normen sichtbar, gegen die sich die Protagonisten hilflos zur Wehr setzen. Andererseits verstellt ihnen die Einsicht in die Abhängigkeiten des Menschen nicht den Blick für die individuelle u. einmalige Ausprägung, die diese im Einzelfall finden können. Denn nicht jeder Schriftsteller verfällt wie Charles Demailly dem Wahnsinn, nicht alle Mägde führen e. Doppelleben wie Germinie, Renées Denunziation ist e. spontaner u. einzigartiger Akt. Realist. wäre demnach nicht der typ. Held als Träger e. typ. Konflikts, auch wenn die Erzähler dies theoret. intendieren, sondern Exaktheit bei der Schilderung von Verfallssymptomen; nicht der Umfang, sondern Qualität u. Funktion der Deskription. Daß es dabei zu Exzessen an Virtuosität, namentl. bei der ›impressionist.‹ Darstellung atmosphär. Valeurs, kommt, wurde bereits von Zeitgenossen beanstandet. Da die Zeitbedingtheit ihrer stoffl. Orientierung klar zutage liegt, wird man die Leistung der G.s vor allem in der Romanform erblicken. Von ihrem nuancenreichen Erzählstil sollten →Huysmans u. →Proust profitieren. Ihre vielkritisierte Schwäche also, daß die Lebenspraxis sie nie davon abbringen konnte, Ästheten zu bleiben, ist gleichzeitig ihr Adelsbrief. Zu Recht waren die G.s davon überzeugt, ›la recherche du *vrai* dans la littérature, la résurrection de l'art du XVIIIe siècle, la victoire du japonisme‹ gefördert u. besiegelt zu haben (Vorrede zu *Chérie*). Seit dem 1. 2. 1885 lud Edmond regelmäßig zum ›Dimanche littéraire‹ ein; Zola, Daudet, Bourget, Taine, Maupassant, Céard, Hennique, Heredia, Banville u. Catulle Mendès waren vom ersten Treffen an dabei; Régnier, Hermant, Mirbeau u. Bonnetain kamen später hinzu. Edmond verfügte im Testament die Gründung der →Ac. G., die 1903 erstmals zusammentrat. Die G.s wirkten durch ihre Seelenstudien auf Thomas Mann, Schnitzler, Sternheim u. Zweig. Heute gehören sie in Frkr. wie in Dtl. zu den Schriftstellern, die zwar allgemein bekannt sind, aber kaum gelesen werden (*Œuvres,* XXVII 1926–37; *Letters de jeunesse inédites,* éd. A. Nicolas 1981).

E. Caramaschi, Le réalisme romanesque des G., Pisa 1964; M. Sauvage, G. précurseurs, 1970; E. Caramaschi, Réalisme et impressionisme dans l'œuvre des frères G., Pisa 1971; R. B. Grant, The G. brothers, New York 1972; F. Caradec, G. en verve, 1973; L. Prajs, La facilité dans l'œuvre des G., 1974; D. Hoeges, G., in: W.-D. Lange (Hg.), Franz. Lit. des 19. Jh.s III, 1980; W. Bannour, E. et J. de G., 1985; D. Thaler, La clinique de l'amour selon les G., Sherbrooke 1986; M. Beurdeley/M. Maubeuge, E. de G. chez lui, Nancy 1991.

Gormond et Isembart, Eposfragment (661 assonierende Achtsilber), entstanden zwischen 1080 u. 1130. Die Beziehungen der Fabel zum Sieg Ludwigs III. über die Normannen – im Gedicht als Sarazenen bezeichnet – bei Saucourt (3. 8. 881) sind offenkundig. In der →Ganelon-Gestalt des Renegaten I., der den Heidenkönig G. zur Invasion auf das franz. Festland bewegt, um sich an s. Lehnsherrn zu rächen, wurde e. Vorbild für die Protagonisten späterer →Empörerepen geschaffen. *G.*, die *Chanson de Roland* u. die *Chanson de Guillaume* sind die ältesten franz. Epen.

J. B. Ashford, Etat présent des recherches sur G., Olifant X, 1984–85.

Gornemant, bei →Chrétien de Troyes e. Artusritter *(→Erec)* u. der Tutor des Perceval (→*Conte del Graal,* →Perceval-Stoff).

Gougenheim, Georges, 1900–29. 7. 1972 Sables-d'Olonne/Vendée, Linguist, 1957–68 Inhaber d. Lehrstuhls f. Gesch. der franz. Sprache a. d. Sorbonne, bekannt vor allem durch s. Forschungen zum ›Français fondamental‹.

Gouges, Olympe de, 1748–3. 11. 1793 Paris (hingerichtet), ›femme auteur‹ (laut Gerichtsakte), die sich in polit. Nähe zu den Girondisten mit Kampfschriften, Romanen u. Thesenstücken in die revolutionäre Gesetzgebung einmischte u. gegen jede Form der Versklavung kämpfte. In der *Déclaration des droits de la femme et de la citoyenne* (1791) verlangte sie (vergebens) den Status der vollwertigen Staatsbürgerin (*Œuvres de Madame de Gouges,* IV 1788–90; spätere Dramen *L'entrée de Dumouriez à Bruxelles,* 1793; *Le prélat d'autrefois,* 1794).

B. Groult, G. – Œuvres, 1986; G. Thiele-Knobloch, G. Théâtre politique II 1991–93.

Gourmont, Rémy de, 4. 4. 1858 Schloß La Motte/Orne – 27. 9. 1915 Paris, Jurastud. in Caen, 1881–1891 Angestellter der BN, Entlassung wegen e. deutschfreundl. Artikels. S. erster Roman, *Merlette* (1886), war noch dem Realismus verpflichtet, seit 1889 eignete er sich die symbolist. Weltsicht u. Ästhetik an (Roman *Sixtine,* 1890; Dramen *Lilith,* 1892; *Théodat,* 1893; Gedichte *Hiéroglyphes,* 1894; Novellen *Histoires magiques,* 1894; *Le pélerin du silence,* 1896; *D'un pays lointain,* 1897). G. gehörte zu d. Gründern d. *Mercure de France,* für den er zahlr. Beiträge schrieb. In s. Werk nimmt der essayist. Teil den bedeutendsten Rang ein, Ideologiekritik u. Untersuchungen über die Reichweite der Nat.wiss. führten ihn zur skept. Frage nach dem Gegenstand u. dem Sinn des Wissens u. ließen ihm verstandesmäßig wie intuitiv gewonnene Einsichten gleichermaßen nichtig erscheinen (*Le livre des masques,* 1896; *La culture des idées,* 1900; *Épilogues,* 1903–13; *Promenades philosophiques,* 1905–09; *Dissociations,* 1925). Das Freiheitsproblem, vom Moralisten Alain optimist. gelöst, wird von G. als Freiheit zur Geistesohnmacht erklärt. Als Lit.kritiker folgte er eher s. Geschmack als e. formalisierbaren Modell (*Le problème du style,* 1902; *Promenades littéraires,* VII 1904–28; *Œuvres,* VI 1925–32). G. wurde in Frkr. weniger beachtet als in angelsächs. Ländern, wo T. S. Eliot, Ezra Pound u. Huxley sich auf ihn beriefen.

N. Clifford Barney, Aventures de l'esprit, 1929 (an N. C. B., die ›Amazone‹, richtete G. e. umfangreiche Korrespondenz: Lettres à l'amazone, 1917; Letters intimes à l'amazone, 1927); E. Bencze, La doctrine esthétique de G., Toulouse 1928; G. Rees, G. Essai de biographie intellectuelle, 1940; K. D. Uitti, La passion littéraire de G., 1962 (mit Bibl.); Ch. Dantzig, G., 1990.

Gournay, Marie Le Jars, Mlle de, um 1566 Paris – 1645 ebda., Bewunderin Montaignes; sie betreute mehrere Neuauflagen s. *Essais.* Zu hochpolit. Anlässen schrieb sie Gelegenheitslyrik, die Ac. frçe. tagte wiederholt bei ihr. G. behauptete den formalen Modellwert des Meisters Montaigne u. bekannte sich zu Ronsard, Du Vair u. Du Perron, als Malherbe längst tonangebend war; Ménage, Saint-Évremond u. Sorel griffen ihre Auffassungen an, die sie in autobiograph. Schriften verteidigte (*L'ombre de la demoiselle de G.,* 1626; *Advis ou les présents de la demoiselle de G.,* 1641).

Gracq, Julien (eig. Louis Poirier), geb. 27. 6. 1910 Saint-Florent-le-Vieil / Maine-et-Loire, Vater Kaufmann, Stud. ENS, 1934 Agrégation in Gesch., unterrichtete Gesch. u. Geographie am Pariser Lycée Claude Bernard, lehnte 1951 den Prix Goncourt für s. bekanntesten Roman, →*Le rivage des Syrtes,* ab. In wirkungsvoller Feierlichkeit, die schon den Spott der Kritik herausgefordert hat, stellt G. in s. Erzählungen u. Romanen (→*Au château d'Argol, Un beau ténébreux,* 1945; →*Un balcon en forêt*) u. im Drama →*Le roi pêcheur* alltagsferne u. archetyp. Ereignisse dar. Refrainartige Wiederholungen und Anaphern, langflutende Vergleiche, dann wieder als Steigerungsprinzip Stilkürze folgen weniger psycholog. als myth. Anforderungen. Der Tenor e. mag. Realismus erhebt die Gefühle der handelnden Personen über ihre banale Umgebung, vor allem die Frauengestalten umgibt e. Aura von Geheimnissen, die ihre Partner zu Großtaten stimuliert, ohne daß sie dem Rätsel auf den Grund kommen. 1954 hat G. die *Penthesilea* von Kleist bearbeitet; Erlösung u. Verdammung der Helden hängen von Frauen ab, die die Katastrophe in sich tragen. In e. Vortrag (*Pourquoi la littérature respire mal,* 1960, im Sammelband *Préférences,* 1961) berief sich G. auf Tolstoj, Novalis, Hölderlin, Nerval u. E. Jünger u. erhob zum Axiom, daß der Mensch allein in der Erdverbundenheit sich s. Totalität versichern könne (vgl. außerdem *A. Breton,* 1948; *Liberté grande,* 1958; *Lettrines,* 1967–74; Erzählung *La presqu'île,* 1970; *Les eaux étroites,* 1976; *En lisant, en écrivant,* 1980; *La forme d'une ville,* 1985; *OC,* éd. B. Boie 1989 ff.).

R. Riese Hubert, G. et la solution poétique, CAIEF 1962; B. Boie, Hauptmotive im Werk G.s, 1966; J.-L. Leutrat, G., 1967; H.-J. Lope, G. (Franz. Lit. der Gegenwart, hg. W.-D. Lange), 1971; A.-Cl. Dobbs, Dramaturgie et liturgie dans l'œuvre de G., 1972; Sondernr. RhlF 2, 1983; O. Roth, Hermes u. Herminien, 1992.

Graffigny, Françoise d'Issembourg d'Happoncourt de, 13. 2. 1695 Nancy – 12. 12. 1758 Paris, Mittelpunkt e. bedeutenden Salons; behandelt das Thema vom Edlen Wilden im Briefroman *Lettres d'une péruvienne* (1747), auch Kom. und aufschlußreiche Korrespondenz (*Œuvres complètes,* IV 1788).

G. Noël, Une primitive oubliée de l'école des cœurs sensibles, Mme de G., ²1913.

Graindor de Douai →Kreuzzugsepen.

Grainville, Patrick, geb. 1. 6. 1947 Villers-sur-Mer, Agrégé des Lettres, unterrichtet am Lycée von Sartrouville; Erzähler mit Vorliebe für phantast. Themen u. Motive (u. a. *La toison,* 1972; *L'abîme,* 1974; *Les flamboyants,* Prix Goncourt 1976; *La Diane rousse,* 1978; *Le dernier viking,* 1980; *L'ombre de la bête,* 1981; *Les forteresses noires,* 1982; *La caverne céleste,* 1984; *Colère,* 1992).

Gral, altfranz. graal, greal, provenzal. grazal, sakraler Gegenstand, entweder der Kelch oder e. Schüssel vom Letzten Abendmahl mit dem Blut Christi; lit. Motiv seit dem 12. Jh. Joseph von Arimathia brachte den G. auf die brit. Inseln (→Robert de Boron, →Chrétien de Troyes, →Gral-Lancelot-Zyklus). Suche nach dem G. bedeutet Heilsstreben im relig. u. eth. Sinne, nur der Auserwählte findet Zugang. Gracq aktualisierte die G.ssage in →*Le roi pêcheur.*

L. Pollmann, Chrétien de Troyes u. der Conte del graal, 1965; F. Bogdanow, The romance of the grail, New York 1966; L. Oschki, The Grail castle and its mysteries, Manchester

1966; H. Bayer, G., II 1983; A. Strubel, La rose, Renart et le Graal, 1989.

Gral-Lancelot-Zyklus (13. Jh), Gestaltungen der Gralssage; sie gliedern sich in den sog. Vulgata-Zyklus, der im MA am weitesten verbreitet war u. dessen Autorschaft wohl zu Unrecht dem Engländer Walter Map zugeschrieben wurde (→*Estoire del Saint Graal,* →*Lancelot du Lac,* →*La queste del Saint Graal,* →*La mort le roi Artu)* sowie den jüngeren →Pseudo-Robert-Zyklus. Entstanden durch Kontamination verschiedenartiger Stoffkreise (Artus- u. Gralsepik), verherrlicht die Romanfolge mit stark symbol. Mitteln die kämpfende Kirche zwischen Sündhaftigkeit u. Verklärung. Der Zyklus ist in ca. 100 Mss. überliefert, er drang auch in die provenzal. Lit. ein (Prosaroman *Merlin,* vor 1250).

A. Micha, Essais sur le cycle du Lancelot-Graal, Genf 1987.

Le grand dictionnaire historique ou le mélange curieux de l'histoire sainte et profane (Lyon 1674), Nachschlagewerk von Louis →Moréri (1643–80), auf das sich Pierre →Bayle polem. bezog, als er s. geistesgeschichtl. weit bedeutenderes Werk als ›dictionnaire de fautes‹ ankündigte.

Grande Mademoiselle →Montpensier.

La grande peur dans la montagne, Roman von Charles-Ferdinand →Ramuz, ED *La Revue hebdomadaire* 27.6.–1.8. 1925, EA 1926. Die unterschiedliche Einschätzung der Naturgewalten u. ihrer Ursachen hat. e. Dorf in feindl. Parteien gespalten. Nach Jahrzehnten überwinden die Bewohner ihre Scheu vor der Alm am Fuß e. Gletschers in den Walliser Alpen, doch die Warner scheinen recht zu behalten: wieder erkrankt das Vieh an e. Seuche. Die Hirten werden aus der Dorfgemeinschaft, die e. Ansteckung befürchtet, ausgeschlossen. Josephs heiml. Abstieg führt an e. Totenbett, denn Victorine, die ihn gleichfalls aufsuchen wollte, war in e. Bach gestürzt. Als er entsetzt vor der Leiche s. Geliebten zurück in die Berge flieht, sieht er e. Schemen, feuert auf ihn, bringt in Wirklichkeit aber e. Gletscherwand zum Einsturz u. löst e. Lawine aus. Im Dorf werden die pan. fliehenden Hirten mit Gewehrsalven empfangen. Durch den Kunstgriff des Autors, wesentl. Ereignisse in der 1. Person Plural zu erzählen, erreicht die Darstellung e. hohen Grad von Unmittelbarkeit.

Grandier, Urbain, Theologe 17. Jh., am 18.8.1634 in Loudun hingerichtet, nachdem er als Teufelsbündner verurteilt worden war. Vigny stellte die Episode in →*Cinq-Mars* dar; sie wurde auch verfilmt.

Aubin, Histoires des diables de Loudun, Amsterdam 1693; M. de Certeau, La possession de Loudun, 1971.

Le grand Meaulnes, Roman von Henri →Alain-Fournier, entstanden 1910–13, ED *NRF* Juli–November 1913, EA 1913. Der idyll. Roman breitet in zarten Stimmungsbildern die Geschichte e. Jugendkameradschaft u. -liebe aus; die Handlung spielt 1890 im Dép. Cher u. Yonne. Der große Augustin Meaulnes taucht eines Tages als Kostgänger in der Lehrerfamilie Seurel auf. Er verkörpert die trag. Figur der Jugend, die im Verlust der Kindheit den Verlust e. menschl. Paradieses erleidet. Bei e. Irrfahrt entdeckt er auf e. Waldschloß e.

Gruppe Gleichaltriger, darunter Yvonne de Galais, mit der er den idealisierten Zustand zu retten meint. Aber der Hochzeitstag beendet schon ihr Glück; Franz, Yvonnes Bruder, fordert Augustin Meaulnes auf, ihm bei der Suche nach s. verschollenen Braut zu begleiten. Als Meaulnes später zurückkehrt, ist Yvonne vor Gram gestorben; mit s. Kind zieht er fort. Wie Nodier sah Alain-Fournier im Erwachsenwerden keine positive Entfaltung, sondern Seinsverlust, mit der Reife zerbricht e. intakte, trunkene Welt, in der sich Traum und Lebenspraxis noch nicht widersprochen haben. In *G.* mystifiziert der Autor aufgrund e. bürgerl. Denkweise Kindheit u. Jugend als Sinnbilder der Reinheit, um dadurch e. Ausdruck für Verinnerlichung von Triebregungen zu gewinnen u. sich gegenüber sozialen Kulturforderungen gefügig zu zeigen. Analog wie bei Bosco u. Hellens lenkt die erzählte Tugendschönheit des Kindes u. Jugendl. als Paradigma von Postulaten der Lebenspraxis ab.

J.-M. Delettrez, Alain-Fournier et le G., 1954; L. Cellier, G. ou l'initiation manquée, 1963; J. Loize, Alain-Fournier, sa vie et le G., 1968; M. Maclean, Le jeu suprême. Structures et thèmes dans G., 1973; E. D. Cancalon, Fairy tale structures and motifs in G., Bern 1975.

Grand Prix de Littérature de l'Académie française, Lit.preis, der u. a. an Montherlant (1934), Derème (1938), Schlumberger (1942), Jean Prévost (1943), A. Billy (1944), Paulhan (1945), G. Marcel (1948), Arland (1952), Supervielle (1955), J. Roy (1958), Maritain (1961), Estang (1962), Vildrac (1963), Guilloux (1973), Laurent (1981) vergeben wurde.

Grand Prix du Roman de l'Académie française, Lit.preis, der u. a. an Antoine de Saint-Exupéry (1939), Philippe Hériat (1947), Henry Castillou (1952), Michel de Saint-Pierre (1955), Henri Queffelec (1958), Christian Murciaux (1960), bis 1983 an Michel Déon, Pierre Moinot u. Michel Mohrt verliehen wurde.

Grand Prix National des lettres, Lit.preis, verliehen u. a. an Alain (1951), Larbaud (1952), Schlumberger (1955), Saint-John Perse (1959), Arland (1960), Bachelard (1961), Jouve (1962), Sarraute (1982).

Le grant testament →Le testament.

Graziella, Erzählung von Alphonse de →Lamartine, ED *La Presse* 1848, EA in *Les confidences* 1849. Die Handlung spielt während der napoleon. Ära am Golf von Neapel. Zwei junge Franzosen unternehmen e. Bildungsreise nach Italien; in Neapel lernen sie das naturverbundene einfache Leben von Fischern kennen u. schätzen. Als der eine vorzeitig abreisen muß, spinnt sich zwischen s. Kameraden u. dem Fischermädchen G. e. Romanze an, die für das Mädchen zur großen Leidenschaft wird, daher überlebt es die unvermeidl. Trennung nicht. Lamartine idealisiert e. persönl. Erlebnis von 1811; daß die Heldin an gebrochenem Herzen stirbt, entspricht guter romant. Tradition (vgl. auch *Corinne* von G. de Staël, *Adolphe* von B. Constant, das Ende von *Le rouge et le noir* von Stendhal).

A. Verdier, Les amours italiennes de Lamartine: G. et Léna, 1963.

Gréban, Arnoul, 1420 Le Mans (?) – 1471 ebda., Magister der Künste u. Kleriker, 1450–55 Organist an

Notre-Dame de Paris, Kanonikus an Saint-Julien zu Le Mans. S. Beitrag zu den →Osterspielen, die umfangreiche *Passion de nostre saulveur Jhesu Crist* (sog. ›Passion de Paris‹, 1448; krA O. Jodogne, Brüssel 1965), mit der diese Gattung ihren Höhepunkt erreicht, führte an vier Tagen dem Massenpublikum als ›Spiegel‹ die Leidensgeschichte Christi vor: die Spiegelung der menschl. Gebresten sollte zur Besserung aufrufen. Unter den personae dramatis finden sich Vertreter sämtl. sozialer Bereiche; dahinter steht die Absicht, die Zahl der ›unguten‹ u. damit lächerl. Figuren zu vergrößern: dem Publikum wird durch die Komik veranschaulicht, daß das Böse dem Guten unterlegen ist. G.s Bruder Simon verfaßte e. der umfangreichsten Mysterienspiele des MA, →*Le triumphant mystère des actes des apôtres,* an dessen Aufführung Arnoul mitwirkte.

L. Lebègue, La passion d'A. G., 1934.

Gréco, Juliette, geb. 10.6. 1926 Montpellier, Filmschauspielerin (u. a. *Orphée,* 1949; *Bonjour tristesse,* 1957) u. Interpretin des lit. Chansons (seit 1951, Kompositionen von Aznavour, Desnos, Gainsbourg, MacOrlan, Moustaki, Prévert; von Sartre stammen die verschollenen Titel ›Ne faites pas suer le marin‹ u. ›La perle de Passy‹; Autobiogr. *Jujube,* 1982).

Grécourt, Jean-Baptiste-Joseph Willart de, 1683 Tours – 2.4.1743 ebda., aus verarmten schott. Adel, bereits 1697 Kanoniker von Saint-Martin in Tours, der die Pariser Gesellschaft des Marschalls von Estrées und anderen Libertins klerikalen Lebensformen vorzog. G. verfaßte zahlr. galante u. burleske Gedichte; im eigenen Epitaph apostrophierte er Rabelais als Vorbild für s. Lebensführung. 1796 erschien e. vierbänd. Gesamtausgabe mit unveröffentlichten Werken (*Œuvres,* Brüssel 1881).

Green, Julien, geb. 6.9.1900 Paris, aus e. amerikan. Familie; G. wurde zweisprachig u. puritan. erzogen, 1916 Konversion, 1917 meldete er sich freiwillig an die Front, 1919–22 Philologiestud. Univ. of Virginia, danach wieder in Paris; 1939 zweite Konversion. 1940 emigrierte G. nach den USA, arbeitete in Baltimore als Lehrer, Übs. u. Rundfunkkommentator; im Juni 1971 Wahl in die Ac. frçe. G. lernte in frühen Jahren sich als ethn. vielschichtiges Individuum zu empfinden; dieses Erlebnis der Komplexität übertrug er auf s. psych. zwiespältigen Romangestalten. Versuche in der Malerei schärften den visuellen Sinn. 1924 veröffentlichte G. e. *Pamphlet contre les catholiques de France,* denen er vorwarf, sie nähmen den Seelenkampf zwischen Gut u. Böse sowie die Realität des Teuflischen in der Welt nicht mehr ernst. S. erster Roman, *Mont-Cinère* (1926), spielt im ausgehenden 19. Jh. im Bundesstaat Virginia; das düstere Bild monoman. Leidenschaften ist mit Motiven der Schauerromantik vermischt. Der Archetypus der ›femme emmurée‹ u. e. Affinität zur jansenist. Weltsicht sind G. u. François →Mauriac gemeinsam; doch die Beklemmung ist bei G. drückender. Der Versuch s. Protagonisten, sich zu befreien, schlägt in Raserei um, da die Kontingenz der Welt ausweglos ist. Brandstiftung in *Mont-Cinère,* Mord (→*Adrienne Mesurat,* →*Léviathan, Varouna,* 1940; *Moïra,* 1950; →*Chaque homme dans sa nuit,* 1960) sind heftige Reaktionen auf unverschuldetes Leid; aus der Perspektive des Lesers, nicht des verblendeten Helden, verheißen sie per negationem e. bessere Überwelt. Der Paroxysmus bestimmt die Fallhöhe. Aus G.s Autobiographie (*Journal,* 1938 ff., *Partir avant le jour,* 1963; *Mille chemins ouverts,* 1964; *Terre lointaine,* 1966; *Les années faciles,* 1970) geht hervor, daß der Autor in der puritan. Heftigkeit u. dem Selbsthaß, mit dem s. sinnl. veranlagten Gestalten gegen den leisesten Anschein des Sündhaften reagieren, auch eigene Erlebnisspuren verarbeitet hat. Vor seel. Zwängen, die in Neurosen ausarten können, flüchtet sich das Individuum in die Gemeinschaft e. anderen, der nicht der Nächste, sondern Kain ist (*Le visionnaire,* 1934; *Minuit,* 1936; *Le malfaiteur,* 1955; *L'autre,* 1971). Die Originalität liegt bei G. im metaphys. Dilemma, die vielsagende Farblosigkeit des Stils und die Kompositionsprinzipien sind Errungenschaften des 19. Jh. Mit den klischeehaften Bildern des einsamen Hauses, der Vergewaltigung, des unheiml. Halbdunkels stellt G. kerkerhafte Welten dar, die stets Reflex entsprechender Seelenlandschaften sind. Im Drama *Sud* (1953) kann allein der Tod eine unlösbare homoerot. Bindung beenden; der Eintritt e. fremden faszinierenden Person in e. geschlossene Gesellschaft löst auch in den Stücken *L'ennemi* (1954) und *L'ombre* (1956) heftige moral. Erschütterungen aus, die unweigerlich zur Vernichtung des Protagonisten führen (*Œuvres complètes,* X 1954–65; Pléiadeausgabe, VI 1972–90; Roman *Le mauvais lieu,* 1977, Bildnis von Manien, dem Widerstreit von Geiz, Gier u. weibl. Unberührtheit; *Dans la gueule du temps,* 1978, Auszüge aus den Bden. I–X des Tagebuchs; *Frère François,* 1983, Biogr. des Franz von Assisi; *La lumière du monde,* journal 1978–81, 1983, zum erstenmal Auseinandersetzungen mit der polit. Aktualität; *Demain n'existe pas,* 1985; *Le langage et son double,* 1985).

H. Lauresne, Deux romanciers de la solitude morale; George Eliot et G., 1928; M. Eigeldinger, G. ou la tentation de l'irréel, 1947; A. Fongaro, L'existence dans les romans de G., Rom 1954; P. Brodin, G., 1956; S. Stokes, G. and the thorn of puritanism, 1955; M. Gorkine, G., 1956; J. Sémoulé, G. ou l'obsession du mal, 1964; B. T. Fitch (Hg.), G., 1966; J. Carrel, G., 1967; P. Hoy, Essai de bibliographie des études en langue frçe. consacrées à G., 1970; M. G. Rose, G., Gallic-American novelist, Bern 1971; A. Mor, G., témoin de l'invisible, 1973; S. Toulet, Le tourment de Dieu dans l'œuvre autobiographique de G., Sherbrooke 1982.

Gregh, Fernand, 14. 10. 1873 Paris – 1960 ebda., Lyriker, der V. Hugo u. P. Verlaine imitierte (*La maison d'enfance,* 1896; *La beauté de vivre,* 1900; *Les clartés humaines,* 1904; *L'or des minutes,* 1905; *Prélude féerique,* 1908; *La chaîne éternelle,* 1910; *La couronne douloureuse,* 1917; *Couleur de la vie,* 1923; *La gloire du cœur,* 1932; *La couronne perdue et retrouvée,* 1945; *Sonnets d'hier et d'aujourd'hui,* 1949; vgl. auch die Msp. *La belle au bois dormant* u. *Le petit poucet,* 1950). Zusammen mit Proust u. a. gehörte G. zu den Gründern der Zs. *Banquet,* von ihm wurde er in den Salon der Mme Caillavet eingeführt. Henri de Régnier u. François Coppée zählten zu den ersten Bewunderern s. Verskunst; als er am 12. 12. 1902 in e. manifestartigen Brief im *Figaro* auf e. Artikel von A. Claveau vom 29. 11. antwortete, wurde s. Apologie des Humanismus *(Manifeste humaniste)* eingehend diskutiert. 1906 gründete G. e. der wichtigsten Zss. der Belle Époque, *Les lettres;* erst sechs Jahre vor s. Tod wurde er in die Ac. frçe. gewählt.

A. Figueras, G., 1946.

Grenier, Édouard, 20. 6. 1819 Baume-les-dames – 5. 12. 1901 ebda., Botschaftssekretär in Bern während der II. Republik, Prinzenerzieher in Rumänien, Goetheübersetzer, Beziehungen zu Sully Prudhomme. Der epigonale romant. Lyriker G. empfand sich als Wahlverwandter der Generation von Lamartine (*Petits poèmes,* 1859; *Poèmes dramatiques,* 1861; *Poèmes épars,* 1889; Geschichtstrag. *Jacqueline*).

Ch. Baille, Le poète G., Besançon 1906.

Grenier, Roger, geb. 19.9. 1919 Caen, Journalist, seit 1964 bei Gallimard tätig, Camusbiograph, verfaßte Essays, Novellen und Gesellschaftsromane (Atmosphäre e. Badeorts, Krankheit zum Tode, vgl. Mohrt, Remy; bisher mehr als ein Dutzend Titel, darunter *Les monstres,* 1953; *Les embuscades,* 1958; *La voie romaine,* 1960; *Ciné-Roman,* Prix Fémina 1972; *Un air de famille,* 1979; *La follia,* 1980; *La fiancée de Fragonard,* 1982; *Il te faudra quitter Florence,* 1985; *Le pierrot noir,* 1986; Erzählungen *La mare d'Auteuil,* 1988).

Gresset, Jean-Baptiste-Louis, 29.8. 1709 Amiens – 16.6. 1777 ebda., Jesuit, der den Orden nach kurzer Lehrtätigkeit in der Provinz verließ, als s. lit. Intentionen (→*Ver-Vert*) ihn in moral. Konflikte stürzten; 1735 schrieb er in e. Epistel, s. Entscheidung für die individuelle Freiheit impliziere keine Verurteilung der Gesellschaft. Daher verlegte er wohl auch Symptome der Frustration u. Bigotterie in Frauenklöster; in der Epistel *La chartreuse* entwarf er, in Fortsetzung von Rabelais' Plan für die Abtei →Thélème, e. humanist. Orden, dessen Regeln Freundschaft, Freimütigkeit u. Spiel sein sollten. ›Badinage‹ bestimmt hier die sittl. u. künstler. Haltung; dies wird in *Le lutrin vivant* (1743) ausdrückl. wiederholt. Außer Episteln schrieb G. mehrere Oden u. Eklogen, darunter das Programmgedicht *Le siècle pastoral,* zu dem J.-J. Rousseau e. *Suite* verfaßte. In den 30er Jahren erwarb sich G. e. hohes Prestige bei der Kritik, die ihn zusammen mit Voltaire u. J.-B. Rousseau unter die drei bedeutendsten Dichter der Gegenwart zählte. S. Salonpoesie erfüllte breite Erwartungen, während die Trag. →*Édouard III* (22.1. 1740), die in der Mordszene (IV, 8) die Bienséance verletzt, u. die Charakterkom. *Le méchant* (1747), *Le bourgeois* (1747), *Les parvenus* (1748), *L'école de l'amour-propre* (1751) u. *Le parvenu magnifique* (1757) weniger Interesse weckten. Als Lyriker u. Epiker war Gresset kaum kontrovers, als Dramatiker, der mit dem empfindsamen Drama nach engl. Muster in Verbindung gebracht werden mußte (vgl. schon Nivelle de La Chaussée, Destouches, Diderot), wurde er es zwangsläufig. Während Desfontaines ihm Maßlosigkeit vorwarf, bescheinigte ihm der *Mercure de France* Kühnheit. 1748 wurde G. in die Ac. frçe. aufgenommen, drei Jahre später gründete er e. eigene Akademie. Als er aus relig. Bedenken s. dichter. Schaffen desavouierte, griff Voltaire ihn heftig an. 1774 erschien G. wieder in der Ac. frçe., um die Einführungsrede für Suard zu halten; ihre Geschmacklosigkeit fand allgemeine Mißbilligung. Dennoch folgten weitere Ehrungen: Ludwig XVI. erhob ihn in den Adelsstand u. s. Bruder ernannte ihn zum Historiographen des Lazarusordens. Robespierre schrieb 1786 e. *Éloge de G.*

A.-L. de Demiun, G., sa vie et ses œuvres, Lille o. J.; J. Wogue, G. sa vie et ses œuvres, 1894.

Grévin, Jacques, 1538 Clermont-en-Beauvaisis – 5.11. 1570 Turin, Schüler von Muret, bekannter Mediziner, Hugenotte, im engl. u. holländ. Exil, dann Arzt der Hzgin. von Savoyen; vor 1560 Ronsard freunschaftl. verbunden (Lyrikslg. *L'Olimpe*, 1560), allerdings auch Vf. e. Satire gegen ihn (*Le temple de Ronsard*, als Reaktion auf dessen Angriff wegen G.s Bekehrung zum Protestantismus); Bewunderer Jodelles. Seine Schauspiele (Kom. *La trésorière*, 1559, ursprüngl. Titel *La Maubertine; Les esbahis*, 1561, beide in Achtsilbern; Trag. *César*, 1561, krA E. S. Ginsberg, Genf 1970, die 1. franz. Trag., die gedruckt vorlag; *Théâtre complet et poésies choisies*, hg. L. Pinvert 1922) verfaßte er nach eigener Darstellung für e. humanist. gebildetes Elitepublikum, das der Katharsis fähig ist. Damit bricht das Renaissancedrama mit dem ma. Theater, das diese Selbstbeschränkung nicht kannte (vgl. auch die Intentionen von Muret, Bèze, La Péruse, La Taille). Bei G. zeigen sich die frühesten Einflüsse der ital. Kom., die Figur des lächerl. Alten fand er bei ital. Renaissanceautoren vorgebildet.

L. Pinvert, G., 1899; D. R. Bienaimé, G. poeta satirico ..., Pisa 1967.

Grignan, Françoise comtesse de, Tochter u. Briefpartnerin der Mme de →Sévigné.

Grimm, Frédéric (Friedrich) Melchior, Baron von, 26. 12. 1723 Regensburg – 19. 12. 1807 Gotha, seit 1748 Paris, Sekretär adliger Herren, Bekanntschaft mit Rousseau, Diderot u. den Enzyklopädisten, Liebhaber der Mme d'Épinay. Im Stil der Bibelparodie griff G. 1753 die franz. Oper an; 1753–73 gab er die →*Correspondance littéraire, philosophique et critique* heraus, die der Züricher Jakob Heinrich Meister weiterführte (*Correspondance inédite*, hg. J. Schlobach 1972).

G. Rubensohn, Die Correspondance littéraire unter G. u. Meister, Diss. Berlin 1917; A. C. Jones, G. as a critic of 18th century French drama, Bryn Mawr 1926.

Gringoire (Gringore), Pierre, um 1475 Caen – nach April 1538 Lothringen, Günstling Ludwigs XII. u. des Hzg.s Antoine von Lothringen. Für die Pariser Confréries (→Enfants sans souci, →Basoche) schrieb der bürgerl. Rhétoriqueur Satiren u. Farcen (vgl. auch Sottie), darunter die 27 moralisierend angelegten *Fantaisies de la mère sotte* (hg. R. L. Frautschi, Chapel Hill 1962) nach Stoffen der *Gesta Romanorum*. Als lit. Figur erscheint G. in Hugos Roman *Notre-Dame de Paris* u. Th. de Banvilles Drama *G.* (1866), die ihn als Romantiker verkannten. Trotz s. Karikatur Papst Julius II. bezeugte G. strikte Rechtgläubigkeit (*Blason des hérétiques*, 1524; *Œuvres complètes*, hg. P. A. Jannini 1957).

Ch. Oulmont, Études sur la langue de G., 1911; W. Dittmann, G. als Dramatiker, 1923; Ch. R. Baskervill, G.'s pageants ..., Chicago 1935.

Gros-Guillaume, Robert Guérin, gen., 1554–1633, seit 1610 ständiges Mitgl. der →Comédiens français ordinaires du Roi, dessen Diener- u. Trunkenboldrollen dank s. pantomim. Glanzleistungen berühmt wurden.

Grosjean, Jean, geb. 21. 12. 1912 Paris, Priesterweihe 1939, 1950 Trennung von der Kirche, Generalsekretär der *NRF.* Metrik u. Stil s. Gedichte orientieren sich vor allem an der hymn. Dichtung Claudels (*Terre du temps*, 1946; *Hypostases*, 1950; *Le livre du juste*, 1952; *Majestés et passants*, 1956; *Hiver*, 1964; *Élégies*, 1967; *Poésie*, 1968). In *Clausewitz* (1972) diskutiert der Titelheld mit Gneisenau u. preuß. Generälen über die polit. Ziele der Alliierten nach Waterloo. Die Erzählung *Pilate* (1983), e. Bibelparaphrase, deutet die Rolle des Prokurators im Licht der morgenländ. Theologie; *Jonas* (1985), *Kleist* (1985), *La reine de Saba* (1987), *Samson* (1989); *La lueur des jours* (1991).

La grotte, Drama in zwei Akten von Jean →Anouilh, EA 1961, Urauff. 4. 10. 1961 Théâtre Montparnasse, Paris. Im Stil des ep. Theaters, mit Rückblenden, Vorwegnahmen des weiteren Geschehens u. Kommentaren, übernimmt der Autor selbst die Rolle des Spielleiters, der s. eigene Fabel gegenüber dem Leben als unwahrscheinl. disqualifiziert und damit e. Kriminalfall löst. Die gräfl. Köchin Marie-Jeanne, Repräsentantin der Unterprivilegierten, die in der ›Höhle‹ der Küche vegetieren, Aggressionen anstauen u. ihre Probleme nicht zu rationalisieren vermögen, ist einer Eifersuchtstat zum Opfer gefallen. Das vermittelnde Eingreifen der Gräfin wird von den Untergebenen nicht als edle u. spontane Tat begriffen, sondern als Heuchelei empfunden u. empört zurückgewiesen. Verzweifelt über die Unüberbrückbarkeit der sozialen Interessengegensätze, die e. wirkl. Aufklärung verhindern, kapituliert Anouilh vor dem, was er das ›echte Leben‹ nennt.

Guéhenno, Jean, 25. 3. 1890 Fougères – 22. 9. 1978 Paris, Arbeitersohn, selbst Fabrikarbeiter, Autodidakt, der die Aufnahme in die ENS schaffte, Agrégation de Lettres; wurde Inspecteur général honoraire de l'éducation nationale. Seit 1963 Mitgl. der Ac. frçe. Der Rousseau- und Micheletverehrer G. versteht Kultur als revolutionär vollzogene Glücksvermittlung; so erklärte er paradoxerweise Montaigne zum Revolutionär (*Jeunesse de la France,* 1936). Doch er schlug sich auf die Seite der Aufklärung, wenn er bürgerl. verfestigte Zivilisationsformen, die Herrschaft von Menschen über Menschen implizieren, ebenso ablehnte wie e. mögl. proletar. Anarchie. G. schwankt zwischen Rationalismus u. Irrationalismus, zwischen dem Bild e. gesellschaftl. u. e. moral. Aristokratie, die staatstragend sein sollte (*L'évangile éternel,* 1927; *Caliban parle,* 1928; *Conversion à l'humain,* 1931; *Journal d'un homme de quarante ans,* 1934; *Journal des années noires,* 1947; *Jean-Jacques en marge des Confessions,* 1948; *Jean-Jacques, roman et vérité,* 1950; *Ce que je crois,* 1964; *Caliban et Prospero,* 1969; *Carnets du vieil écrivain,* 1971; *Dernières lumières, derniers plaisirs,* 1977; *Entre le passé et l'avenir,* 1979).

Guenievre, die ehebrecher. Gemahlin des →Artus im höf. Epos →Lancelot).

Guérin, Charles, 29. 12. 1873 Lunéville – 17. 3. 1907 ebda., Licence d'allemand in Nancy; finanziell unabhängig, als Lyriker in der Nachfolge von Verlaine u. Jammes (*Fleurs de neige, Le sang des crépuscules,* 1895; *Sonnets et un poème,* 1897; *Le cœur solitaire,* 1898; *L'éros funèbre,* 1900; *Le semeur de cendres,* 1901; *L'homme intérieur,* 1905; *Premiers et derniers vers,* 1923). In Muße dichtete G. über die Lebensuntauglichkeit, die Harmonie in der Natur u. zuletzt, darin bestärkt durch das Werk von Moréas, über den Stoizismus. Gerade weil im Zentrum s. Schaffens der moral. Mensch steht, weil lyr. Verinnerlichung für G. die Verallgemeinerung privater Empfindungen impliziert, wies ihm die franz.

Lit.gesch. zwischen den Weltkriegen e. hervorragenden Rang zu (*Œuvres,* III 1926–29).

J. Viollis, G., 1909; F. Baldensperger, G. et son œuvre lyrique, 1920; J.-B. Hanson, Le poète G., 1935; P. Quinche, Les thèmes principaux de l'œuvre poétique de G., Diss. Basel 1945.

Guérin, Maurice de, 5.8. 1810 Schloß Le Cayla/Tarn – 19.7. 1839 ebda., von s. fünf Jahre älteren, schwärmer. Schwester erzogen; 1821–23 Petit séminaire in Toulouse, 1924–29 Collège Stanislas, unter dem Einfluß von →Lamennais u. Barbey d'Aurevilly. G. schrieb an e. Tagebuch (*Journal, lettres et poèmes,* 1842; *Cahier vert,* 1921; *Journal,* hg. E. Barthès, 1934) u. verfaßte die beiden pantheist. Prosagedichte →*La bacchante* u. →*Le centaure (Œuvres complètes,* hg. B. d'Harcourt II 1947; *Les plus belles pages de M. et d'Eugénie de Guerin,* hg. P. Moreau 1965).

E. Decahors, G., 1932; B. d'Harcourt, G. et le poème en prose, 1932; Zs. L'Amitié guérinienne; M. Schärer-Nussberger, G., l'errance et la demeure, 1965; W. Bannour, Eugénie de G. ou une chasteté ardente, 1983.

Guérin, Raymond, 2. 9. 1905 Paris – 1955 Bordeaux, Autor von autobiograph. unterlegten Gesellschaftsromanen, der im Stil von Céline das Animalische der menschl. Existenz hervorkehrt. Vor allem die sexuelle Thematik von *L'apprenti* (1946) verschaffte G. e. Skandalerfolg (*Zobain,* 1936; *Quand vient la fin,* 1941; *Après la fin,* 1945; *La confession de Diogène,* 1947; *La main passe ou si les mots sont usés,* 1947; *Parmi tant d'autres feux,* 1949; *La peau dure,* 1949; *La tête vide,* 1952; *Les poulpes,* 1953). S. Sarkasmus u. die Entschlossenheit, mit der er soziale u. moral. Tabus verletzte, wurden von der Kritik anerkannt.

Guermantes, Herzogshaus in Prousts →*A la recherche du temps perdu.* ›Marcel‹, für den sich zunächst mit dem hochherrschaftl. Namen legendäre Idealbilder verbinden (die Familie führt ihren Stammbaum auf Genoveva von Brabant zurück), lernt in Combray, Balbec u. Paris Mitgl. der Familie – die Hzgin., Baron Charlus, Mme de Villeparisis u. Robert de Saint-Loup kennen; Erinnerungsbilder lösen sich ab u. werden von realen Begegnungen erneut in Frage gestellt.

›Guerre aux châteaux, mais paix aux chaumières‹, Revolutionsparole, die Chamfort prägte. Der Volkssänger Ch. Gille modifizierte sie 1847: ›Guerre aux châteaux! Le pain manque aux chaumières.‹

La guerre civile, Schauspiel in drei Akten von Henry de →Montherlant, entstanden 1961, EA 1965, Urauff. 26. 1. 1965 Théâtre de l'Œuvre, Paris. Das röm. Imperium ist im Jahr 48 v. Chr. von Bürgerkriegen erschüttert; Pompejus u. Caesar treten im Namen e. diktator. Freiheit gegeneinander an; Cato trägt durch e. flammende Rede zum Sieg des Pompejus bei u. wird dafür in die Verbannung geschickt, da s. rückhaltloses Bekenntnis zum Rechtsstaat als altmod. u. zugleich brisant nicht mehr in die polit. Landschaft paßt. Das Drama wurde 1965 als Lehrstück gegen den Parlamentarismus der V. Republik aufgenommen.

La guerre de Troie n'aura pas lieu, Prosaschauspiel in zwei Akten von Jean →Giraudoux, entstanden 1935, ED *Revue de Paris* Dezember 1935, EA 1935, Urauff. 21.11. 1935 Théâtre de l'Athénée, Paris. Der paradoxe Titel, mit dem der scheinbar noch offene Horizont der polit. Situation Europas in den 30er Jahren iron. reflektiert wird, bereitet auf Giraudoux' Umdeutung der traditionellen Version von der Entstehung des trojan. Konflikts vor. Als die Kriegspforten des Palastes von Troja geschlossen werden, scheint sich Hektors Besonnenheit durchgesetzt zu haben, zumal auch Odysseus, der Helena zurückholen will, sich im vertraul. Gespräch gegen die militär. Auseinandersetzung ausspricht. Aber die Götter haben es anders beschlossen. Odysseus weiß, daß Helena e. der seltenen Geschöpfe ist, die das Schicksal als s. Instrument in Umlauf bringt, sie ist ›die Geißel des Himmels‹ (II, 13); er wirft Hektor vor, daß er dafür blind ist. Auf diese Prophezeiung, die Kassandras stereotyp wiederholten Urteilsspruch zu bestätigen scheint, folgt die Peripetie. Als Odysseus versucht, unbemerkt mit Helena abzureisen, hetzt der Dichter Demokos zum Aufstand in Troja. Hektor tötet ihn, aber der sterbende Kriegstreiber bezichtigt den Griechen Ajax der Tat. Vergebl. versucht Hektor die Lüge zu entlarven u. Rachemaßnahmen zu verhindern; der Krieg bricht aus, die Kriegspforten öffnen sich wieder, dahinter aber erscheinen in zärtl. Umarmung Helena u. ihr neuer Liebhaber, Troilus. Kassandra verkündet den Tod des trojan. Dichters Demokos u. gibt das Wort an den griech. Dichter – Homer – weiter. Zum Schluß erweist es sich, daß die Götter das Instinkthafte u. Vernunftlose in die Welt geworfen haben. Kassandra durchschaut das Verhängnis u. akzeptiert es; die Heerführer wollen es durch männl. Selbstverwirklichung entschärfen, u. sie scheitern. Demokos endlich, der törichte Vollstrecker des Fatums, glaubt verblendet an s. individuelle Entscheidungsfreiheit. Er ist vom fanatisierten Geschlecht der Elektra (→*Électre*). Bei der Urauff. kreierte Jouvet die Rolle des Hektor, Madeleine Ozeray spielte die Helena.

R. Frenzel, G., NSp 1959.

Guerres de Vendée →Vendée.

Guesde, Jules Bazile, 1845 Paris – 1922 ebda., Journalist, gründete 1870 in Montpellier die Zeitung *Les Droits de l'homme,* mußte 1871 in die Schweiz fliehen; sozialist. Theoretiker unter dem Einfluß des Anarchisten Bakunin, 1893–98 Abgeordneter von Roubaix; Auseinandersetzungen mit Jaurès. G. gründete den Parti socialiste unifié. Émile Zola kannte bei der Abfassung von →*Germinal* u. *L'argent* s. Schriften: *Essai de catéchisme socialiste* (1875), *Collectivisme et révolution* (1879).

Guichard, Jean-François, 5.5. 1731 Chartrette – 23.2.1811 Paris, Angestellter der Marine- u. Finanzverwaltung, schrieb anakreont. Verse u. freizügige Erzählungen, einige Dramen u. Fabeln (*Poésies fugitives,* 1769; *Contes et autres poésies,* 1802; *Épigrammes faites dans un bon dessein,* 1809).

Guilbert, Yvette, 20. 1. 1867 Paris – 3. 2. 1944 Aix-en-Provence, Chansonsängerin, Erfolge an der Jh.wende, trat im Moulin-Rouge, in den Folies-Bergères auf, sang auch in Brechts *Dreigroschenoper.*

Guilhem de Cabestanh, um 1190–1212, Trobador (7 Liebeslieder), den Graf Raimon von Roussillon aus Eifersucht erschlagen u. dessen Herz er s. Gemahlin zum Mahl vorsetzen ließ (Stoff vom

Herzmäre, →*Lai d'Ignaure,* →Guy de Thourotte).

A. Långfors, Les chansons de G., [2]1924.

Guilhem de Peitieu, 22. 10. 1071 Poitiers – 10. 2. 1127 ebda., als Wilhelm VII. Graf von Poitiers u. als Wilhelm IX. Hzg. der Guyenne. 1098 annektierte er die Grafschaft Toulouse, die er 1113 wieder verlor; 1101 führte er e. Kreuzfahrerheer in den Untergang. S. Beutezüge in Ländereien, deren Herrn im Heiligen Land kämpften, u. s. antiklerikalen Ausfälle zogen wiederholt die Exkommunikation nach sich. G. gilt als ältester in der Reihe der Trobadors; elf Kompositionen in poitevin. Dialekt sind überliefert, darunter sechs freizügig-derbe, vier höf. Lieder u. e. Bußgedicht aus der Altersperiode (hg. A. Jeanroy 1913; *Gesammelte Lieder,* hg. u. übertragen von W. Dürrson, Zürich 1969). S. Enkelin →Aliénor vermittelte die provenzal. Lyrik nach Nordfrkr. u. England.

R. Bezzola, Guillaume IX et les origines de l'amour courtois, Romania 1940 f.; L. Pollmann, Dichtung u. Liebe bei Wilhelm von Aquitanien, ZrP 1962.

Guilhem de Tudela, aus Navarra gebürtiger Autor der ersten 2772 Verse der *Cansó de la Crozada* (→Kreuzzugsepen).

Guilhem Figueira, um 1195 – um 1250, Trobador aus Toulouse, der vor der Inquisition nach Italien floh. Von G. sind zehn Gedichte überliefert, darunter e. gegen den Papst gerichtetes Sirventes in 23 Strophen.

Guillaume, gest. 28. 5. 812, 790 Graf von Toulouse, Berater Ludwigs d. Frommen. Er siegte 793 bei Carcassonne über e. arab. Heer u. beteiligte sich 801 oder 803 an der Rückeroberung Kataloniens. 806 wurde er in der Benediktinerabtei Aniane/Hérault Mönch. Der →Wilhelmszyklus gestaltet s. Biographie.

Guillaume de Digulleville, um 1295 – nach 1358, vielleicht normann. Abkunft, seit 1316 Zisterziensermönch in Châalis. Er ahmte in der didakt. Verstrilogie *Pèlerinage de la vie humaine* (1330), *Pèlerinage de l'âme* (1355–58) u. *Pèlerinage de Jésus-Christ* (1358) die Traumfiktion des →*Roman de la rose* nach. Die Allegorie *Roman de la fleur de lis* (1338) verteidigte das Königtum Philipps VI. gegenüber den Ansprüchen Eduards III. von England.

E. Faral, G., moine de Châalis (Histoire littéraire de la France) XXXIX, 1952.

Guillaume de Lorris, geb. um 1210 Lorris (Gâtinais) oder Lorry bei Metz. Der Dichter der ersten 4058 Verse des →*Roman de la rose* verfaßte die Traumallegorie wohl 1229–36, →Jean de Meung schrieb e. Generation später die weit umfangreichere u. im Tenor grundverschiedene Fortsetzung.

Guillaume de Machaut, um 1300–1305 Machaut/Ardennen – April 1377 Reims, Kaplan u. Sekretär Johanns von Luxemburg, des Kg.s von Böhmen, mit dem er 1327–29 durch Osteuropa zog; später Kanonikus zu Reims (seit 1337), Günstling des Hofs von Frkr. u. Navarra. G. komponierte 23 Motetten, e. vierstimmige Krönungsmesse, wohl für Karl V., u. zudem zahlr. Melodien zu eigenen lyr. Texten (Balladen, Chants royaux, Lais, Rondeaux, Virelais). An Adam d'Arras hatte er s. Gedankenlyrik geschult, er strebte nach höchst komplizierter Reimvollendung (›rime équivoque‹, ›rime léonine‹, ›rime rétrograde‹, ›rime serpentine‹). Neben *Le jugement dou roy de Behaigne* (1346) u. *La fontaine amoureuse* (1360) schrieb G. zahlr. Dits, deren exemplar. Stil dem Vorbild des →*Roman de la rose* verpflichtet ist (*Dit dou vergier, Dit dou lyon,* 1342; *Livre dou voir dit,* 1364). Hier treffen sich Erlebtes u. als ideal Erdachtes; im *Livre dou voir dit* stellt G. in e. Liebesgeschichte die Genesis des Werkes selbst dar. S. Reimchronik *La prise d'Alexandrie* (nach 1396, 8887 Achtsilber), das letzte große Werk, feierte Peter I. von Lusignan, den Kg. von Zypern u. Jerusalem. Bei G., der ins. Gedichtslgen. keine zufällige Reihenfolge der Texte duldete, sie als Zyklen strukturierte, auch mehrere Motive wiederholt bearbeitete, äußert sich intensives Formbewußtsein, das schulbildend wurde (→Deschamps, →Christine de Pisan, →Oton de Grandson, →Chartier, →Charles d'Orléans). Bereits 1350 rühmte Gilles li Muisit G. als vorbildl. Dichter, denn er brachte traditionelle Gattungen auf e. bisher unerreichtes formales Niveau u. wurde somit auch zum Wegbereiter der →Rhétoriqueurs. Seit 1362 etwa unterschied G., dessen Umgestaltung der Polyphonie s. Ruhm als Komponist festigte, klar zwischen Gedichten, die zum musikal. Vortrag bestimmt sind u. Texten ep. u. diskursiver Art, wie die *Dits,* in denen der Lyriker e. Apologie der Liebeskonventionen intendiert. Diese Trennung kristallisierte sich in formalen Kriterien u. blieb lange maßgebend (*Les œuvres de G.,* hg. E. Hoepffner III 1908–21; *Poésies lyriques.* Édition complète, hg. V. Chichmaref II 1909; *Œuvres complètes,* hg. E. F. Desonay 1935 ff.).

A. Machabey, G. La vie et l'œuvre musicale, II 1955; W. Calin, The poet at the fountain, Lexington 1974; R. B. Palmer (Ed.), G., New York 1988.

Guilleragues →*Lettres portugaises.*

Guillevic, Eugène (Ps. Serpières), geb. 5. 8. 1907 Carnac/Bretagne, Beamter im Finanzministerium, Lyriker unter dem Einfluß der Surrealisten (*Terraqué,* 1942; *Élégies,* 1946; *Fractures,* 1947; *Exécutoire,* 1947; *Coordonnées,* 1949; *Gagner,* n. 1981; *Le goût de la paix,* 1951; *Terre à bonheur,* 1952; *31 sonnets,* 1954; *Ville,* 1969; *Encoches,* 1971; *Paroi,* 1971; *Inclus,* 1973; *Du domaine,* 1977; *Etier,* 1979; *Autres,* 1980; Quatrains, Sizains, Dialoggedichte; *Trouées,* 1981; Liebes- u. Naturlyrik; *Requis,* 1983; *Creusements,* 1987). G. verfaßte auch Michaux-Pastiches u. Chansons, u. a. für Jeanne Moreau.

J. Tortel, G., 1954; S. Gaubert (Ed.), Lire G., Lyon 1983; J. Pierrot, G. ou la sérénité gagnée, 1984.

Guilloux, Louis, 15. 1. 1899 Saint-Brieuc – 14. 10. 1980 Paris, Arbeitersohn, überzeugter Sozialist; Journalist, begleitete 1936 Gide in die UdSSR; Autor sozialkrit. Romane, die das Schicksal der unterprivilegierten Schichten, zu denen G. auch die Intellektuellen zählt, darstellen (*La maison du peuple,* 1927; *Dossier confidentiel,* 1930; *Compagnons,* 1931; *Hymenée,* 1932; *Le lecteur écrit,* 1932; *Angélina,* 1934; *Le sang noir,* 1935, dramatisiert 1960, gilt als s. gelungenstes Werk; *Histoires de brigands,* 1936; *Le pain des rêves,* 1942; *Le jeu de patience,* 1949; *Absent de Paris,* 1952; *Parpagnacco ou la conjuration,* 1954; *Les batailles perdues,* 1960; *Cripure,* 1962; *Coco perdu,* 1978, Erzählung als Selbstgespräch; *Carnets 1921–44,* II 1978–82). G. gestaltet Verhältnisse, wie sie Vallès und Renard mit entsprechender Bitterkeit erlebt und verarbeitet haben. In *La confrontation* (1968) stellt G. mit den Mitteln des Kriminalromans die Verläßlichkeit einer Biographie in Frage.

Y. Pelletier, Thèmes et symboles dans l'œuvre romanesque de G., 1979; M. J. M. Green, G., an artisan of language, York 1980.

Guiot de Provins, 2. Hälfte des 12. Jh. Provins/Champagne – Anfang des 13. Jh. S. bekanntestes Werk ist e. Sittenspiegel, die *Bible Guiot,* in der der Trouvère (von ihm sind fünf höf. Lieder überliefert) die Klage über den Verfall der Zeit mit satir. Invektiven gegen Adel u. Klerus verbindet, aber auch von s. Reisen an europ. Höfe u. nach Palästina berichtet. G. war am Ende s. Lebens Mönch in Cîteaux u. Cluny (*Œuvres,* hg. J. Orr, Manchester 1915).

Ph. A. Becker, Von den Erzählern neben u. nach Chrétien de Troyes, 1936.

Guiraut de Bornelh, vor 1140 – nach 1199, offenbar von niederer Herkunft. Er rief zum III. Kreuzzug auf u. nahm an der Eroberung von Akka teil (12. 7. 1191). Mit →Raimbaut d'Aurenga wechselte er 1168 die älteste Tenzone (→Tenson). S. Liebesdichtungen (Kanzonen, e. Alba), Pastourellen u. Sirventese sind in gelehrtem Stil verfaßt. G. galt zu s. Zeit als angesehenster Trobador u. wurde auch von Dante bewundert (*Sämtl. Lieder des Trobadors G.* Mit Übs., Kommentar u. Glossar hg. A. Kolsen, 1935).

R. V. Sharman, G., Medium Aevum LII, 1983.

Guiraut Riquier, 1230/35 Narbonne – 1292, der letzte höf. Sänger (27 Minnelieder, 6 Pastourellen, 19 Diskussionsgedichte). Nach dem Tod s. Gönners, des Vizegrafen Amalric IV. von Narbonne (1270), zog G. an den Hof Alfons' des Weisen nach Kastilien, 1279 nach Rodez, Foix u. Comminges. In s. späten Kanzonen (krA U. Mölk 1962) tritt die Gottesmutter an die Stelle der ird. Dame. G. versuchte noch um 1275 den Trobador (doctor de trobar) als Verfasser u. Interpreten von Kanzonen u. Rügeliedern (→sirventes) vom Spruchdichter, Spielmann u. Spaßmacher abzuheben.

J. Anglade, Le troubadour G., 1905; M. Pfister, Sprachl. u. Lexikal. zu G., ZrP CIV, 1988.

Guise, *Guisiade* →Ligue.

Guitry, Sacha, 21. 2. 1885 St. Petersburg – 24. 7. 1957 Paris, Sohn des Schauspielers Lucien G., für den er Rollen schrieb, trat auch selbst auf; fünf Ehen. G. verfaßte neben dem Roman →*Mémoires d'un tricheur,* den er selbst verfilmte, ca. 130 Stücke, meist im Stil des Vaudeville. Nach *Le scandale de Monte-Carlo* (1908) u. *La prise de Berg-op-Zoom* (1912) pflegte er die Dreieckskom. als dramat. Kurzform mit Argot u. langen Telephonmonologen. Das Imbroglio falscher u. unterbrochener Verbindungen gestaltete er zur techn. Clownerie. Spritzige Repliken u. viel Situationskomik wirkten, ebenso wie Filmburlesken (u. a. *Napoléon,* 1955), durch ihre Respektlosigkeit (*Œuvres,* XII 1950; *Théâtre,* II 1934–48; *Théâtre complet illustré,* XII 1973).

R. Benjamin, G., roi du théâtre, 1933; A. Madis, Sacha, 1950; F. Choisel, G. intime, 1957; H. Lauwick, G. et les femmes, 1965; J. Lorcey, G., 1971; D. Desanti, G., 50 ans de spectacle, 1982.

Guitton, Jean, 1887 – 8. 4. 1973 Juan-les-Pins / Alpes-maritimes, Autor von Boulevardkom. und Operetten, die in den ersten Jahrzehnten des 20. Jh. erfolgreich gespielt wurden (u. a. *Six filles à marier*).

Guizot, François, 4. 10. 1787 Nîmes – 12. 9. 1874 Val-Richer, Historiker, 1816–21 verschiedene Posten in Ministerien, vorübergehend als Prof. entlassen, war 1830–37 Erziehungs- u. Innenminister, verantwortete wichtige Schulgesetze u. förderte →Michelet; 1840–48 Außenminister u. vor der Februarrevolution kurzfristig Premierminister. Gleichzeitig wirkte G. als Lit.- u. Kunstkritiker, übersetzte Jean Paul u. Gibbon, edierte u. komm. Shakespeare, veranlaßte Quellenslg.en zur franz. Gesch. Grundsätzl. bezog der Geschichtsphilosoph G. die Veränderung e. Gesellschafts- u. die abbildende Funktion e. Lit.systems aufeinander (vgl. Mme de Staël, Stendhal, Hugo).

D. Hoeges, G. u. die Franz. Revolution, Diss. Bonn 1973; ders., G., in: W.-D. Lange (Hg.), Franz. Lit. des 19. Jh.s II, 1980.

Guyon, Jeanne Marie Bouvier de la Mothe-, 13. 4. 1648 Montargis/Loiret – 9. 6. 1717 Blois, 1676 Witwe, wegen ihres aktiven Einsatzes für den Quietismus (in Savoyen, Piemont, der Provence) 1688 in Paris verhaftet, nach ihrer Freilassung lernte sie durch die Maintenon →Fénelon kennen, der sie gegen Bossuet verteidigte. Sie wurde 1695 erneut festgenommen u. verbrachte mehrere Jahre in Vincennes u. in der Bastille (bis 1703); schrieb *Moyen court et très facile de faire oraison* (1688) u. *La vie de Mme G., écrite par elle-même* (postum 1720; *Œuvres complètes,* hg. H. Poret XXXIX 1713–32, hg. Du Toit Marmerini XL 1790).

P.-M. Masson, Fénelon et G., 1907; E. Seillière, G. et Fénelon, 1918; E. Aegerter, G., 1941; F. Mallet-Joris, G., 1978.

Gyp (eig. Marie Antoinette de Riquetti de Mirabeau, Comtesse de Martel de Joinville), 15. 8. 1850 Schloß Koëtsal/Morbihan – 30. 6. 1932 Neuilly-sur-Seine, polit.-nationalistische Aktivität; schrieb satir. Romane, in denen ein emanzipierter Mädchentyp wiederholt dargestellt wird (u. a. *Petit Bob,* 1882; *Autour du mariage,* 1883; *Une passionnette,* 1891; *Le mariage de Chiffon,* 1894; *Souvenirs d'une petite fille,* 1928); außerdem Memoiren (*Du temps des cheveux et des chevaux,* 1929; *La joyeuse enfance de la IIIe République,* 1932).

Habert, François, um 1508 Issoudun/Berry – nach 1516, Jurastud. Toulouse; unter Heinrich II. ›poëte du roy‹. H. veröffentlichte 1529–61 zahlr. Gelegenheitsdichtungen zu hochoffiziellen Geburten u. Sterbefällen, übersetzte aus dem Lat. u. schrieb Lyrik mit stark allegor.-didakt. Einschlag (*Combat de Cupido et de la Mort,* 1541; *Le songe de Pantagruel,* 1542; *Le voyage de l'homme riche,* 1543), in der Themenstellung den Rhétoriqueurs nahestehend, formal unter dem Einfluß Cl. Marots (Ballade, Rondeau, Epigramm, Epistel).

Hagiographie, Darstellung von Heiligenlegenden. Zum Katalog der ma. H. gehören außer der →*Eulaliasequenz,* →*Saint Alexis,* →*Saint Léger* u. a. *Le voyage de Saint Brendan* (1101/06) in Achtsilbern; *Saint-Gilles* (um 1170); e. Vita des Erzbischofs →Thomas à Becket von dem königsfeindl. Kleriker Guernes de Pont Sainte-Maxence (1174); von Marie de France das *Espurgatoire Seint Patrize* (nach 1189); mehrere Vers- u. Prosafassungen der *Vie de Saint Eustache;* zwei anglonormann. Reimbiographien des hl. Gregorius (13. u. 14.

Jh.); 14 Vers- u. 18 Prosalegenden (12.–16. Jh.) der hl. Margarita; e. lit. bedeutende Lebensgeschichte der hl. Thaïs, nach dem Vorbild des *Saint Alexis,* in Achtsilbern u. zweimal in Alexandrinern (vgl. Anatole France, *Thaïs*). Zwischen 1060 u. 1080 entstand in der Guyenne die gereimte *Chanson de Sainte Foy* in 593 Achtsilbern; aus dem 13. Jh. stammt der *Planh de Sant Esteve,* von 1300 die *Vida de Sant Honorat.* Von franziskan. Geist erfüllt ist die Prosalegende *Vida de la benaurada sancta Doucelina* (14. Jh.).

Halévy, Ludovic, 1. 1. 1834 Paris – 8. 5. 1908 ebda., Sohn e. Lit.prof., 1884 Mitgl. der Ac. frçe., Autor von Libretti (*La belle Hélène,* 1855; *La vie parisienne,* 1866; *Barbe-Bleue,* 1866; *La Grand-Duchesse de Gérolstein,* 1867, Musik von Jacques Offenbach; *Carmen,* nach P. Mérimée, Musik Georges Bizet, 1875), Kom. u. Vaudevilles (in Zusammenarbeit mit H. Meilhac u. a.): →*Frou-Frou; Le réveillon,* 1875 (*Le théâtre de Meilhac et H.,* VIII 1900–02); Roman *L'abbé Constantin* (1882). Das Publikum schätzte H.s Werke, vor allem s. Stücke, als spritzig; es applaudierte e. Respektlosigkeit, mit der mytholog. u. hist. Leitbilder verkleinert wurden. 1889 erschienen von H. *Notes et souvenirs,* 1937 *Cahiers intimes.*

F. Gaiffe, Le rire et la scène frçe., 1931.

Hallier, Jean-Edern, geb. 1. 3. 1936 Saint-Germain-en-Laye, Verleger u. Hg. von *Tel Quel* (bis 1963), der *Cahiers de l'Herne,* 1976 Anteil am Verlag Maspéro, seit 1980 Conseiller littéraire bei Albin Michel; Autor von Reportagen u. Erzählungen (u. a. *Chagrin d'amour,* 1973; *Le premier qui dort réveille l'autre,* 1977; Essay *Bréviaire pour une jeunesse déracinée,* 1982; zusammen mit Jean Dutourd *Le mauvais esprit,* 1985). H. ist der Typus des Pariser Intellokraten.

Halsbandaffäre, Betrugsaffäre, in die Königin Marie-Antoinette 1785/86 verwickelt wurde. Jeanne Gräfin von La Motte-Valois fingierte im Park von Versailles e. nächtl. Begegnung zwischen dem Kardinal Rohan, Erzbischof von Straßburg, u. der Kgin.; auf Betreiben der La Motte-Valois kaufte Rohan, bestärkt durch gefälschte kgl. Dokumente, e. Halsband, das ursprüngl. für die Du Barry hergestellt worden war. Die Gräfin von La Motte-Valois unterschlug den Schmuck u. wurde dafür eingekerkert, während Rohan und sein Günstling, der Mystagoge Cagliostro, freikamen. Obwohl die Kgin. ohne Schuld war, lastete ihr das Volk den Skandal an. Goethe (*Großkophta,* 1791) dramatisierte den Stoff als Intrigenstück, das die Dekadenz des Ancien Régime präsentiert. A. Dumas schrieb über die H. den neunbänd. Roman, *Le collier de la reine* (1849 f.); das gleichnamige Melodrama von J. Mary/P. Decourcelle (1894) lehnte sich an den Roman an.

W. Schäfer, Die H., ^{2}1911; L. Hastier, La vérité sur l'affaire du collier, 1955.

Halteclere, das Schwert des Olivier (*Chanson de Roland,* v. 1363).

Hamilton, Antoine, Graf, 1646 Roscrea/Irland – 21. 4. 1720 Saint-Germain-en-Laye, ging 1660 u. erneut mit James II. ins franz. Exil, diente hier in der Armee, verfaßte die *Mémoires du chevalier de Grammont* (1713, krA C.-E. Engel, Monaco 1958; hg. Ph. Daudy 1965), s. Schwagers, u. Erzählungen im Stil des Conte oriental (*Contes de féerie,* 1715; *Œuvres complètes,* III 1812).

R. E. Clark, Antony Hamilton, his life, works and family, London 1921; A. Clerval, Du frondeur au libertin, essai sur H., 1978.

Han d'Islande, Roman von Victor →Hugo, entstanden 1821, EA 1823. Hugos erster Roman ahmt die Kompositionsprinzipien von Walter Scott nach; die Motive stammen aus dem Arsenal der engl. Schauerromantik. In e. geheimnisvollen skandinav. Bergwelt wütet e. Monstrum, H., gegen die Menschheit, um den Tod s. Kindes zu rächen. In der Vorrede zur Zweitausgabe im April 1823 distanziert sich Hugo z. T. von s. Werk: ›Dans le roman en particulier, pour qu'il soit bon, il faut qu'il y ait beaucoup de choses senties, beaucoup de choses observées, et que les choses devinées dérivent logiquement et simplement et sans solution de continuité des choses observées et des choses senties.‹ Das Programm dieses Widerrufs, der die motivische Erfindung der Nachahmung eines erfahrbaren Wirklichkeitszusammenhangs unterordnete, löste Hugo frühestens in *Le dernier jour d'un condamné* (1829) ein. Von e. lobenden Kritik Nodiers (*La Quotidienne* 11.3. 1823) abgesehen, war die Reaktion auf *H.* negativ, die Frenesie der Aktion wurde wiederholt parodiert.

R. Bray, Chronologie du romantisme, 1932.

Happy few, Elite, die Stendhal sich als Publikum wünschte, nicht älter als 35 Jahre u. ohne materielle Sorgen (Idee bereits in der Korrespondenz vom Febr. 1804 u. 28. 9. 1816).

Hardellet, André, 13.2.1911 Vincennes – 24.7. 1974 Paris, Lyriker und Erzähler der Nostalgie (postume Gesamtausgabe 1990ff.), der davon träumt, im Buch der Welt zu blättern und mit geraubten Bildern e. verborgenes Museum einzurichten. Hinter der Banalität des Jardin des Plantes entdeckt er phantast. Nachtwelten *(La belle lurette)*, alltägl. Begegnungen lassen ihn an Seelenwanderung und Wiedergeburt glauben *(La promenade imaginaire)*.

Hardy, Alexandre, um 1570 Paris – nach September 1631, Dramatiker, der seit 1595 wahrscheinlich als Schauspieler u. Stückeschreiber zugleich die Comédiens français ordinaires du Roi begleitete u. bis 1627 für ihr Repertoire produzierte. Bis 1628 soll er 600 Stücke verfaßt haben, von denen er bis zum gleichen Zeitpunkt 34, darunter 14 Tragikom., 12 Trag. u. fünf Schäferspiele (vgl. *Astrée* u. Mairet, *Sylvie*), drucken ließ. S. Trag. – überwiegend nach antiken Stoffen – betonen, abweichend von Garniers eleg.-orator. Modell, stärker die dramat. Aktion, ohne die Regel der Einheiten rigoros zu befolgen. Für die Tragikom., die dem Publikumsgeschmack bes. entsprachen, bevorzugte H. romaneske, nicht hist. Stoffe, wobei er die Einheiten noch souveräner außer acht ließ (*Théâtre,* V 1884f.; *Coriolan,* krA T. Allot 1978).

H. R. Kranzfelder, Die Hirtendichtung u. die dramat. Pastoralen H.s, Diss. München 1937; K. Garscha, H. als Barockdramatiker, 1971; A. Howe, H.'s critical bibl., ZfSL XCVIII, 1988.

Harpagon, Hauptrolle des → *Avare* von Molière.

Haute surveillance, Einakter von Jean →Genet, entstanden 1946, EA 1949, Urauff. 26. 2. 1949 Théâtre des Mathurins, Paris. Die drei Häftlinge Lefranc, Maurice u. Yeux-verts kämpfen um moral. Anerkennung; während Grünauge, der e. Mädchen ermordet hat, e.

farbigen Gewaltverbrecher, Boule-de-neige, der in irgendeiner Zelle desselben Gefängnisses eingesperrt ist, als Autorität anerkennt, buhlen Maurice u. Lefranc um s. Zuneigung. Lefranc will sich seiner würdig erweisen, indem er Maurice erwürgt. Yeux-verts würdigt die Tat nicht, da sie als Demonstration geplant war. Das Unglück, das Verbrechen hätte Lefranc erwählen u. ihm das Kainsmal verleihen müssen. Genet kehrt die bürgerl. Eliteideologie um u. kritisiert sie durch das Verhalten des Lumpenproletariats.

L. Goldmann, Genets Theaterstücke, Alternative 49/50, 1966.

Hédelin, François, 4. 8. 1604 Paris – 1676 Nemours, weitgehend Autodidakt, Advokat wie s. Vater. Wahrscheinl. Ende der 20er Jahre wurde er Kleriker u. nannte sich nach s. Pfründe in der Diözese Bourges Abbé d'Aubignac. Er verkehrte mit Literaten, polemisierte gegen Corneille, Ménage u. die Scudéry u. gründete s. eigenen Zirkel, die →Académie allegorique; Richelieu betraute ihn mit Umarbeitungen seiner Dramenversuche. 1640 wurde bekannt, daß H., der selbst um 1640 drei Trag., darunter die Prosatrag. *La pucelle d' Orléans,* verfaßte, an e. Dramendoktrin arbeitete, zu der ihn Richelieu angeregt hatte. Sie erschien erst 1657 u. d. T. *Pratique du théâtre* (hg. H.-J. Neuschäfer 1971). H. nimmt darin formalist. klass. Kriterien, wie Chapelain sie 1630 *(→Lettre sur la règle des vingt-quatre heures)* niedergelegt hatte (Idealfall von Identität der Spielzeit u. der Fabelzeit), wieder auf u. definiert wie Aristoteles die Trag. von der Aktion, nicht von den handelnden Personen her.

L. Lacour, Richelieu dramaturge et ses collaborateurs, 1926; R. Bray, La formation de la doctrine classique en France, [2]1957.

Heinrich IV., 1533 Pau – 14. 5. 1610 Paris. Der hugenott. Kg. von Navarra aus dem Hause Bourbon, der die →Bartholomäusnacht überlebte, mußte sich als legitimer Thronfolger nach dem Tod Heinrichs III. (1589), des letzten Valois, s. Reich mit militär. (Schlachten bei Coutras, Arques, Ivry, Fontaine-Française) u. takt. (Konversion zum Katholizismus) Mitteln erobern. 1598 erließ er das Toleranzedikt von Nantes (vgl. später Bayle, Voltaire) zugunsten des Hugenottentums. S. Pläne zur nationalen Befriedung, wirtschaftl. Entwicklung u. europ. Aufwertung Frkr.s. waren erst z. T. realisiert, als ihn e. Fanatiker ermordete. 1605 bereits nannte ihn Malherbe ›Henri le Grand‹. Der tote Kg. wurde legendär als Held, Bonvivant u. Liebhaber (→Estrées). Die Nachrufe der Theologen porträtierten den Ermordeten als Typus des siegreichen Feldherrn, des Herrschers von bibl. Größe, des Volkskg.s, des Mittlers zwischen Himmel u. Erde. Das Spektrum der Legende ist 1610 bereits umrissen. 1662 erschien von Péréfixe e. *Histoire du roy Henry le Grand,* dem Leser mußte H. darin als polit. Rivale des Sonnenkg.s erscheinen. Auch unter Ludwig XV. wurde der Volkskg. gepriesen, um damit indirekt den regierenden Monarchen herabzusetzen; dies wiederholte sich in der Restauration des 19. Jh. Im ersten H.-Drama (Cl. Billard, *La mort d'Henri IV,* 1610) plant Satan selbst die Vernichtung des Helden. Voltaire festigte das Bild des Volkskg.s durch die →*Henriade* u. *Charlot ou la comtesse de Givry* (1767), ebenso Ch. Collé in →*La partie de chasse de Henri IV.* Spätere Stoffbearbeitungen: Valigny, *Henri IV ou la réduction de Paris* (1768), Boutellier, *Laboureur devenu gentilhomme* (1771), F.

de Rosoi, Singspiel *Henri IV* (1774), Du Coudray, *Le roi et le ministre* (1775), L.-S. Mercier, *La destruction de la ligue* (1782), J.-B. Legouvé, *La mort d'Henri IV* (1806), A. Dumas, *La reine Margot* (1845), H. Mann *Die Jugend des Kg.s Henri Quatre* (1935), *Die Vollendung des Kg.s Henri Quatre* (1938), R. Merle, *La violente amour* (1983).

C. D. Brenner, Henri IV on the French stage in the 18th century, PMLA 1931; K. v. Raumer, H., 1947; M. Reinhard, Henri IV, ²1958; Ph. Erlanger, La vie quotidienne sous Henri IV, 1958; R. Mousnier, L'assassinat de Henri IV, 1965; J. Hennequin, Henri IV dans ses oraisons funèbres ou la naissance d'une légende, 1977; J. Garrisson, Henri IV, 1984.

Helinand de Froidemont, Zisterziensermönch des 12. Jh., der neben e. Chronik, lat. Predigten u. Episteln um 1195 in achtsilbigen Zwölfzeilern das von relig. Indifferenz geprägte Gedicht *Vers de la mort* verfaßte.

Hellens, Franz (eig. Frédéric van Ermenghens), 8. 9. 1881 Brüssel – 20. 1. 1972 ebda., Sohn e. Prof., verbrachte s. Jugend in Wetteren bei Gent, Jesuitenschüler, Jurastud. Univ. Gent, Licence en droit ebda. H. wurde 1906 Bibliotheksbeamter in Brüssel, lebte als freier Schriftsteller in Belgien u. Frkr., zuletzt in La Celle-St-Cloud. Hg. der Zs. *Disque vert;* Entdecker von Henri Michaux; befreundet mit Gorkij, Ehrenburg, Esenin, St. Zweig u. Ungaretti. S. dichter. Werk umfaßte bei s. Tod 118 Titel, in der Mehrzahl sinnbildhafte Lyrik u. erzählende Prosa. H. entwickelte sich vom Surrealisten avant la lettre in *Mélusine* (1920) u. *Réalités fantastiques* (1923) zum Psychologen u. Mystiker, der die Welt s. Kindheit in von Zerfall bedrohten belg. Städten, unter denen Brügge e. bes. Rolle spielt, in poet. Romanen evoziert. Mehr als einmal erscheint H. die Jugend als das verlorene Paradies. Der Entwicklungsroman bietet ihm Gelegenheit zur sehnsuchtsvollen Rückwendung – beispielhaft in den *Mémoires d'Elséneur* (1954), wo die Autobiographie durch d. Parzival- u. Hamletstoff sublimiert ist. H.' Äußerungen über die fläm. Kultur (autobiograph. u. krit. Werke *Documents secrets,* 1931, ²1958; *Éléments pour un portrait de l'écrivain par lui-même,* 1962; *Essais de critique intuitive,* 1968), erweisen ihn als e. wähler. u. kultivierten Kunstkenner. Als Romancier besteht er auf Respekt vor dem Objekt u. verbindet damit die Tendenz zum Universellen. Er trennt ›fantastique‹ von ›merveilleux‹, das Phantast. meint Erweiterung von Naturgesetzen, das Wunderbare ihre Aufhebung (*Le fantastique réel,* 1967). Das bloß Wirkl. ist unvollkommen u. darum unerträgl., die Gegenstände der realen Außenwelt wecken das Interesse des Dichters, weil sie auf e. ontolog. Mysterium verweisen (*Objets,* 1966). Substantielle Wahrheiten manifestieren sich optimal in Archetypen (*Miroirs conjugués,* 1950; *Poétique des éléments et des mythes,* 1966). In Erzählungen u. Gedichten, namentl. mit Tiermotiven, hat H. das Reich der Nacht u. des Traums den chimär. Teilaspekten des Tags übergeordnet; wahr ist für H. nicht die Faktizität, sondern der nichtfakt. Zusammenhang.

Le dernier Disque vert. Hommage à H., 1957; A. Lebois, H., 1963; H. Recueil d'études. Offert ... à l'occasion de son 90ᵉ anniversaire, publié sous la direction de R. de Smedt, Brüssel 1971 (mit Bibl.); R. de Smedt, La collaboration de H. aux périodiques de 1899 à 1972, Brüssel 1978.

Hello, Ernest, 4. 11. 1828 Lorient – 15. 4. 1885 ebda., Sohn e. Staatsanwalts in Rennes, Advokat, 1861

Mitbegründer der *Revue du monde catholique,* engagierter Katholik, polemisierte gegen Liberalismus u. Determinismus (u. a. *M. Renan, l'Allemagne et l'athéisme du XIXe siècle,* 1859; *M. Renan et sa vie de Jésus,* 1863; *Paroles de Dieu,* 1877, n. 1991; *Prières et méditations,* 1911; *Du néant à dieu,* 1921). H. schrieb die *Contes extraordinaires* (1879) u. übersetzte Schriften der Mystiker Foligno u. Ruysbroek.

J. Serge, H: L'homme – Le penseur – L'écrivain, 1903; Abbé Cauwes. H. Vie – œuvre – mission, Tournai/Paris 1937; St. Fumet, H. ou le drame de la lumière, ^{2}1945.

Héloïse →Abélard.

Helvétius, Claude-Adrien, Januar 1715 Paris – 26. 12. 1771 ebda., aus e. großbürgerl. Familie, die wie der Baron →Holbach aus der Pfalz stammte u. über die Niederlande nach Frkr. gekommen war. Am Collège Louis-le-Grand weckte der Pater Porée, der schon den jungen Voltaire geformt hatte, s. lit. Interessen. Die Entdeckung der Philos. von Locke orientierte H. bald zum Sensualismus hin; das Amt e. Fermier général, das er 1738 kaufte, gab er 1751 auf; s. Reichtum erlaubte es ihm, Marivaux e. Pension von 20 000 Francs auszusetzen. In der Auseinandersetzung mit Fontenelle, Voltaire u. Montesquieu klärte u. festigte er s. eigene philos. Position; e. neue Charge als Maître d'hôtel der Kgin. Maria Leszinska ließ ihm alle Freiheiten. Epikur, Lukrez u. Locke sind die Leitsterne s. Anthropologie u. Gesellschaftstheorie, die H. in →*De l'esprit,* dem einzigen Werk, das zu s. Lebzeiten erschien, niederlegte; Diderot widmete ihm ausführl. Reflexionen. Im postum erschienenen Werk, →*De l'homme, de ses facultés intellectuelles et de son éducation* legte H. ohne Rücksicht auf polit. u. relig. Autoritäten s. Konzeption von der Korrelation psych., phys., eth. u. sozialer Dimensionen dar. Eine tolerante Gesetzgebung u. e. entsprechende Pädagogik können diese Wechselbeziehungen fördern, anstatt sie, wie bisher übl., zu stören. Mitarbeit an der *Encyclopédie.* Stendhal feierte H. als e. der bedeutendsten franz. Philosophen, Andrieux dramatisierte 1802 s. Biographie (*Œuvres,* IV 1774, III 1818).

A. Keim, H., sa vie et son œuvre, 1907; J. L. Horowitz, H., philosopher of democracy and enlightment, New York 1954; Ch. N. Momdzjan, H. e. streitbarer Atheist des 18. Jh., 1959; D. W. Smith, H., a study in persenition, Oxford 1965.

Hémon, Louis, 12. 10. 1880 Brest – 8. 7. 1913 Chapleau/Kanada, Sohn e. Prof., emigrierte 1911 nach Kanada, lebte unter Holzfällern; regionalist. Erzähler, am erfolgreichsten mit →*Maria Chapdelaine* (außerdem *Lizzie Blakestone,* 1908; *La belle que voilà,* 1923; *Colin-Maillard,* 1924; *Battling Malone, pugiliste,* 1925; *M. Ripois et la Némésis,* 1926).

A. McAndrew, H. sa vie et son œuvre, 1936; A. Ayotte/ U. Tremblay, L'aventure H., Montréal 1974.

Hemsterhuis, Franz, 27. 12. 1721 Groningen – 7. 7. 1790 Den Haag, Sohn des Philosophen Tiberius H., Naturwissenschaftler u. Vertreter des Neuplatonismus (→*Alexis ou l'âge d'or, Œuvres philosophiques,* II 1792).

F. Bulle, H., Diss. Jena 1911; A. Funder, Die Ästhetik des H., Diss. Bonn 1913; L. Brummel, H., Haarlem 1925; J. E. Poritzky, H., 1926; K. Hammacher, Unmittelbarkeit u. Kritik bei H., 1972.

Hénault, Charles-Jean-François, 8. 2. 1685 Paris – 24. 11. 1770 ebda., Sohn e. Fermier général, Präsident der Ersten Rechnungskammer beim Pariser Parlement; 1723 Mitgl. der Ac. frçe., 1726–68 Intendant der Maria Leszinska. Nach erfolglosen Versuchen in der trag. (*Marius à Cirthe; Cornélie Vestale,* 1713) u. kom. Gattung *(La petite maison; Le jaloux de lui-même)* überwand er die Epigonalität u. schuf, angeregt von Shakespeare (Kenntnis der Übertragung des La Place), als Lesedrama *François II* (1747). H. lehnte die Bezeichnung ›tragédie‹ ausdrückl. ab, da er auf neue Weise Fakten darstellen wollte (Préface). Die Funktion der klass. Einheiten soll nach den Intentionen des Autors das ›intérêt général‹ an der Intrige, näml. der geplanten Machtergreifung der Guise, übernehmen. Die hist. Interessen des Autors (*Abrégé chronologique de l'histoire de France jusqu'à la mort de Louis XIV,* 1744) wirken auf die Ästhetik s. Geschichtsdramen (vgl. auch Ramond de Carbonnières). Seine Memoiren wurden erst 1854 veröffentlicht.

L. Perey, H. et Madame Du Deffand, 1893; H. Lion, Un magistrat homme de lettres au XVIIIe siècle: Le président H ..., 1903.

Hennequin, Emile, 1859 Palermo – 1888 Samois, Poe-Übs., kunsttheoret. Schriften (*La critique scientifique,* 1880, hg. D. Hoeges 1982; *Études de critique scientifique,* 1889 f.). H., dessen Ästhetik Taine u. Carlyle verpflichtet war, interpretierte mit s. Methode, die er ›esthopsychologie‹ nannte, e. Werk als Zeichensystem, das psych. u. soziale Merkmale manifestiert. Der Einsicht in dichter. Qualitäten übergeordnet ist bei H. die Würdigung des schöpfer. Individiuums, das er als Typus auffaßt, u. des rezipierenden Publikums, das sich um den Dichter versammelt.

Hennique, Léon, 4. 11. 1851 Guadeloupe – 25. 12. 1935 Paris, naturalist. Erzähler u. Dramatiker, Beitrag in den *Soirées de Médan* (1880), Gründungsmitgl. der Ac. Goncourt. Mit Huysmans verfaßte er die Kom. *Pierrot sceptique* (1881). *L'accident de Monsieur Hébert* (1884) entromantisiert wie schon *Madame Bovary* das Motiv des Ehebruchs: zufällig erfährt Hébert von den Beziehungen s. Frau zum Hauptmann Ventujol, er reagiert ledigl. mit e. Wohnungswechsel. S. bürgerl. Rücksichten machen ihn auch nachsichtig. Zola schrieb H. dazu: ›Votre adultère est d'une imbecillité vraie à donner des frissons.‹ Später erschienen die Romane *Pœuf* (1887), *Un caractère* (1889), *Minnie Prandon* (1899) u. *Chronique du temps qui fut la Jacquerie* (1903) u. die Dramen *La mort du duc d'Enghien* (1886), *Jacques Damour* (1887), *Esther Brandès* (1887), *L'argent d'autrui* (1893), *La menteuse* (in Zusammenarbeit mit A. Daudet, 1895), *Deux patries* (1895); *Le songe d'une nuit d'hiver* (1903), *Reines de rois* (1909). Von 1907–12 war H. Präsident der Ac. Goncourt.

N. Hennique-Valentin, Mon père, H., 1959; O. R. Morgan, H. and the desintegration of naturalism, Nottingham French studies Oktober 1962.

La Henriade, Epos in zehn Gesängen von →Voltaire, entstanden 1713–18, EA Genf/Rouen 1723 als *La ligue ou Henri le Grand* (9 Gesänge), vollständiger Text Amsterdam 1724, hg. O. R. Taylor III 1965, I 1970. Die *H.* von Voltaire ist nach dem unveröffentlicht gebliebenen Werk von Charles de Navières (1544 Sedan – 1616 Paris; verf. 1616, ca. 30 000 Verse) das zweite ep. Gedicht dieses Titels. Obschon von bestreitbarem dichter. Wert – Voltaire selbst stellte die ›tête épique‹ der Franzosen in Frage – begründete die *H.* den europ. Ruhm des Autors; noch L.-S. Mercier bezeugte dies am Ende des Jh. Die Auseinandersetzung zwischen →Heinrich IV. u. der kathol. Liga wird, entsprechend den Anforderungen des ep. Stils, durch allegor. Konfrontationen verdeutlicht; Zwietracht, Politik, Fanatismus u. Wahrheit greifen in die hist. Entscheidungen ein. In e. prophet. Szene im VII. Gesang werden Ludwig IX. u. Ludwig XIV. zum Ruhm Frkr.s zusammengebracht: von s. Vorgänger wird Heinrich im Schlaf ins Jenseits versetzt u. mit der hohen Zivilisation Frkr.s im 17. Jh. bekannt gemacht. Voltaire rechtfertigte die Wahl des unklass., wenngleich prestigereichen Stoffs mit veränderten themat. Interessen. ›Il faut peindre avec des couleurs vraies comme les anciens, mais il ne faut pas peindre les mêmes choses‹ *(Essai sur la poésie épique)*. Heinrich IV., dem es weniger um den eigenen Ruhm als um das Glück des Volkes geht, wird bei Voltaire zum Inbegriff der Sorge für den Staat u. der Toleranz. Die Einnahmen aus e. Subskription, die der engl. Adel auf die in Frkr. verbotene *H.* aufgelegt hatte, bildeten den Grundstock für Voltaires Vermögen. 1758 veröffentlichte Fougeret de Mouthron in Berlin *La H. travestie en vers burlesques.*

F. Auer, Voltaire als Dichter, Diss. München 1957.

Henri d'Andeli, 13. Jh., gebürtiger Normanne, schrieb das Lehrgedicht *La bataille des vins* (nach 1223), die parodist. *Bataille des Sept Arts* u. den →*Lai d'Aristote.*

Henri Matisse, roman (1971), Prosa von Louis →Aragon, Amalgam aus Artikeln, Reflexionen, Gedichten u. Briefstellen aus der Korrespondenz zwischen Aragon u. M. Aragon schreibt den Roman e. Werks, in dem nicht die Künstlerpersönlichkeit, sondern s. Kreationen die Hauptrolle spielen. Der Autor lernte M. in Cimiez (Nizza) kennen, wo er 1938 wohnte.

Henri III et sa cour, Schauspiel von Alexandre →Dumas père, Urauff. 11. 2. 1829 Com. frçe., das erste franz. Geschichtsdrama, in dem durch e. Liebesintrige – die Liaison der Hzgin. von Guise mit Saint-Mégrin – hist. Tableaux aufgereiht werden. Ch. Magnin feierte im *Globe* die Premiere: das Publikum genoß die Innovation, da nicht jede Peripetie der sentimentalen Aktion vorhersehbar war. Insgesamt war die Beurteilung des Schauspiels jedoch geteilt. Einerseits wurde versucht, zwischen den Autor u. den Kreis um Hugo (→Cénacle) e. Keil zu treiben u. das Stück in die Nähe des Klassizismus zu rücken, andererseits tadelten Rezensenten wieder die romant. Prosa, zu deren Beschreibung traditionelle Kategorien nicht ausreichten. Stendhal bemerkte, dies sei ›Henri III à la Marivaux‹.

Henri IV →Heinrich IV.

Henriot, Émile (eig. E. Maigrot), 3. 3. 1889 Paris – 17. 4. 1961 ebda., Journalist, Romancier (*Carnet d'un dragon dans les tranchées,* 1918; *Le diable à l'hôtel,* 1919; *Les temps innocents,* 1921; *Aricie Brun,* 1924; *Les occasions perdues,* 1931; *Tout va finir,* 1936; *La rose de Bratislava,* 1948), Lyriker (*Poésies,* 1928; *Les jours raccourcissent,* 1954) u. Kritiker (*Livres et portraits,* III 1923–27; *Alfred de Musset,* 1928; *Romanesques et romantiques,* II 1930; *Vue générale du XVIIe siècle,* 1954; *On n'est pas perdu sur la terre,* 1960). 1945 Aufnahme in die Ac. frçe.

L'heptaméron des nouvelles, Novellenslg. der →Marguerite de Navarre, entstanden 1540–49. E. verfälschte Teilausgabe von 67 Novellen erschien 1558 u. d. T. *Histoires des amans fortunez;* 1559 gab Claude Gruget 72 Geschichten u. d. T. *L'heptaméron des nouvelles de tresillustre et tresexcellente princesse Marguerite de Valois, royne de Navarre reunis en son vray ordre* in e. authentischeren Fassung heraus. Mod. Ausgaben wie der von M. François (1964) liegen die in der BN aufbewahrten Mss. zugrunde. Ob der Zyklus unvollendet geblieben ist oder ob Mss. verlorengegangen sind, konnte bisher nicht eindeutig geklärt werden. In Boccaccios *Decamerone,* das ihr Protégé Antoine le Maçon 1544 ins Franz. übertragen hatte, fand Marguerite das Strukturmodell für ihren Novellenzyklus, dessen Rahmenhandlung in e. Abtei in den Pyrenäen spielt: fünf Damen u. fünf Herren verkürzen sich die Zeit e. erzwungenen Reiseunterbrechung, indem sie sich zu e. tägl. neu festgelegten, wenn auch nicht streng verbindl. Thema je e. Geschichte erzählen. Im Gegensatz zum *Decamerone* werden diese Geschichten mit dem Anspruch auf Wahrheit vorgetragen (entweder selbst erlebt oder von vertrauenswürdigen Gewährsleuten berichtet). Hinter dem Pseudonym der zehn Erzähler verbergen sich die Autorin (Parlamente), ihr Gatte (Hircan) u. bekannte Personen ihrer Umgebung, von denen einzelne die ma. Misogynie hochhalten, während namentl. der Standpunkt der Prinzessin mit dem höf. Minneideal u. dem neuentdeckten platon. Idealismus, der als Erfüllung bibl. Verheißungen begriffen wird, zusammenfällt. Inhaltlich reicht die Spannweite der Novellen von Fabliaumotiven (Cocu, unsittl. Cordeliers, betrogene Betrüger) bis zu Themen wie der sozialen Stellung der Frau u. der humanist. Emanzipation. In den Diskussionen, die sich an den Erzählteil jeweils anschließen u. als Überleitung dienen können, werden die unterschiedl. moralischen Positionen kontrollierbar, ohne daß sich diese Novellistik in die Exempellit. einreihen ließe. Der gesellschaftspädagog. Zweck des Zyklus liegt jedoch klar zutage. Marguerite diktierte, wie Brantôme berichtet, ihre Novellen auf Reisen, daher rührt die Spontaneität, aber auch die Lässigkeit des Stils. Die Originalität ihres Werkes ist darin zu sehen, daß das Handlungsschema häufig hinter der Individualität der Figuren, ihren unverwechselbaren Regungen, zurücktritt, daß der Figurenpsychologie mehr Aufmerksamkeit geschenkt wird als der Fabel u. ihrer novellist. zugespitzten Verlaufsform. Daher bereitet das *H.* den psycholog. Roman des 17. Jh. vor (→*La princesse de Clèves).*

L. Febvre, Autour de l'H. Amour sacré, amour profane, 1944, ^{2}1971; K. H. Hartley, Bandello and the H., Melbourne 1960; P. Jourda, H. livre préclassique (Studi in onore di C. Pellegrini), Turin 1963; P. Sage, Le platonisme de Marguerite de Navarre, Travaux de linguistique et de littérature 1969; J. Palermo, L'historicité des devisants de l'H., RhlF 1969; M. Tetel, Marguerite de Navarra's H., 1973; N. Cazauran, L'H. de Marguerite de N. 1977; W. Wehle, Novellenerzählen. Franz. Renaissancenovellistik als Diskurs, 1981; M. Cuenin, L'idéologie amoureuse en France 1540–1627, 1987; M. Bideaux, H. De l'enquête au débat, 1992.

L'herbe (1958), Roman von Claude →Simon. Die Geschichte spielt in der franz. Provinz. Zwei Schwestern, von denen die eine, Marie, im Sterben liegt, haben ihre Sozialchancen der Karriere ihres Bruders Pierre geopfert. Er ist als Prof. während des Krieges wieder ins Dorf zurückgekehrt, damit begann s. phys. u. psych. Verfall. Die Schönheit s. reichen Frau ist ebenfalls e. allumfassenden Zerstörung unterworfen. In ihrem uneigentl. Leben, das sie zu Marionetten degradiert, werden sich die Figuren nur undeutl. ihrer Rollen bewußt, der Zeitfluß relativiert aber gleichzeitig ihren Status, an den sie u. ihre Umwelt sich klammern. Von zeitloser Dauer sind offenbar nur Produkte der Architektur. Simon gestaltet das Thema der Dekadenz in komplizierter Prosa, mit e. sprachl. Aufwand, der wirkungsvoll mit dem hinfälligen Gegenstand des Romans kontrastiert.

Heredia, José-Maria de, 22. 11. 1842 Fortuna-Cafayère/Kuba – 2. 10. 1905 Bourdonnet/Seine-et-Oise, span. Vater, franz. Mutter, ab 1859 in Paris, Stud. École des chartes ebda.; seit 1901 Bibliothekar am Arsenal. S. Ruhm als Parnaßdichter verdankt H. dem Zyklus →*Les trophées,* mit dem er den ausgefeilten Stil Th. Gautiers u. s. Lehrers und Freundes Leconte de Lisle fortbildete. H. läßt sich von bereits künstler. vorgeformten Motiven (Bild oder Text) zu s. Lyrik inspirieren. Henri de Régnier, H.s Schwiegersohn, bezeichnete die *Trophées* als Bindeglied zwischen der Parnaßlyrik und dem Symbolismus. Die techn. Perfektion – H. galt vor allem als unübertroffener Meister des Sonetts – wird zum Selbstzweck. Um die Jh.wende war H.s Haus e. beliebter Treffpunkt der Pariser Literaten. 1894 Aufnahme in die Ac. frçe. (*Poésies complètes avec notes et variantes,* 1924).

M. Ibrovac, H., II 1923; E. Maussat, Expliquez-moi les sonnets de H., 1949; J. Richardson, H., an unpublished correspondance, MLR 1970.

Hériat, Philippe (eig. Raymond Payelle), 15. 11. 1898 Paris – 10. 10. 1971 ebda., Schauspieler, Regieassistent, Erzähler, der für den Roman *L'innocent* 1931 mit dem Prix Théophraste-Renaudot, für *Les enfants gâtés* 1939 mit dem Prix Goncourt ausgezeichnet wurde, 1947 den Großen Romanpreis der Ac. frçe. erhielt. In s. Hauptwerk, dem Romanzyklus *Les Boussardel* (1939 ff., n. 1971) stellte H. das franz. Großbügertum seit 1715 dar. Der Autor schrieb Dramen (*Théâtre,* III 1950–69) und Theaterkritiken, seit 1949 war er Mitglied der Ac. Goncourt, nahm seit März 1971, als Bernard Clavel aufgenommen wurde, nicht mehr an den Sitzungen teil. Postum *Duel* (1974), präsentiert von P. Gascar.

Hermant, Abel, 3. 2. 1862 Paris – 29. 9. 1950 Chantilly, Stud. ENS, anerkannt als Sprachpurist, 1927 Aufnahme in die Ac. frçe., 1945 Ausschluß unter der Anschuldigung der Kollaboration. H., Autor von Gesellschaftsromanen und Kom., schrieb s. ersten Werke unter dem Eindruck der naturalist. Ästhetik (*Monsieur Rabosson,* 1884); in *Le cavalier Miserey* (1887) übte er heftige Kritik am Kasernenbetrieb und an der gesellschaftl. Hierarchie innerhalb der Kavallerie der III. Republik, wo der Hochadel noch immer tonangebend war. Das Buch wurde von der Kritik wie vom Publikum überwiegend als Befleckung der nationalen Ehre verschrieen. Danach entstanden die 20bänd. *Mémoires pour servir à l'histoire de la société* (1895–1937), die Trilogie *D'une guerre à l'autre* (1919–21) und die Tetralogie *Le cycle de Lord Chelsea* (1923), in den 30er Jahren vor allem Abhandlungen zur Grammatik u. e. Biographie der Mme Krüdener.

A. Thérive, H., 1926.

Hermione, die Gegenspielerin der Titelheldin in Racines →*Andromaque* (1667); die erste Rolle im Dramenwerk des Autors, die die vernichtende Schicksalhaftigkeit der Liebesleidenschaft vorführte.

Hernani ou l'honneur castillan, Versdrama in fünf Akten von Victor →Hugo, entstanden August–Ende September 1829, am 5. 10. von der Com. frçe. zur Aufführung akzeptiert, von der Zensur nur mit Auflagen, die Hugo erfüllte, freigegeben, Urauff. 25. 2. 1830, EA 1830, hg. H. F. Collins, London 1968. E. alter Hzg., Ruy Gomez, der span. Kg. und e. Aufrührer namens Hernani, dessen Identität rätselhaft ist, werben um Doña Sol. Die Handlung verbindet hist. und moral. Peripetien. Im Spanien des 16. Jh. vollzieht sich die Entwicklung zum Zentralstaat, der Kg. und Ruy Gomez sind Rivalen in der Liebe und polit. Gegner bei der Bewertung der feudalen Ordnung. Hernani und Ruy Gomez verbünden sich gegen den Thron. Als Gegenleistung für die Rettung vor der kgl. Justiz läßt sich der Hzg. von Hernani das Ehrenwort geben, daß dieser sich, wann immer er es verlangt, auf e. vereinbartes Zeichen hin das Leben nehmen wird. Gomez fordert die Einlösung des Versprechens, als Hernani und Doña Sol glückl. vereint sind. Erdrückt von soviel Fatalität tötet sich das ideale Paar durch Gift; Ruy Gomez, der nur s. Rivalen beseitigen wollte, ersticht sich. Die von Hugo in der →*Préface de Cromwell* geforderte Vermischung von Tragik und Komik ist in *H.* kaum spürbar, eher gewinnt der Konflikt durch lyr. Überschwang, der dem span. Sujet angemessen schien, an poet. Schönheit, wenngleich er damit an Wahrscheinlichkeit einbüßt. Unklass. ist die Ausdehnung der Aktion, die unverbundene Reihung von Tableaux, die romaneske Situation von Verkleidung und Bluthochzeit, die Schauerszene in der Krypta zu Aachen, wo Carlos s. Wahl zum Kaiser (Karl V.) erfährt. In Paris wurde gegen die Premiere von Anhängern des klassizist. Theaters erfolgreich agitiert, der Text verstümmelt kolportiert; Parodien kursierten, die Schauspieler, vor allem Mlle Mars, die die Doña Sol kreierte, hatten Schwierigkeiten mit Hugos Satzbau. Jedes Mitgl. des Cénacle bemühte sich, die Claque zu stärken; die Gegner kauften Billets u. wollten Plätze demonstrativ leer lassen: Opposition und Anhänger der Romantik waren für die ›bataille d'*H.*‹ gut gerüstet. Dabei verlief die 4. Aufführung stürmischer als die Premiere. Der Autor des *H.*, nicht Dumas oder Vigny, galt von nun an als Wortführer der neuen Lit.; Chateaubriand schrieb ihm jetzt: ›Je m'en vais, Monsieur, et vous venez‹. Die Bedeutung der Auseinandersetzung mit dem klass. Theater auf der Bühne der Com. frçe., von Hugo selbst in den Rang der ›Querelle du →Cid‹ erhoben, wurde 1830 und später überschätzt. Denn Hugo errang über Epigonen e. Sieg und dies zu e. Zeit, da das Drama bereits vom Roman verdrängt wurde (vgl. Stendhal, Balzac).

G. Lote, En préface à H., 1930; E. Schneider, V. Hugos H. in der Kritik eines Jh., Diss. Ffm 1931; J. Goudon, H., 1955; K. Wren, Hugo, H. and Ruy Blas, London 1982; Sondernr. Europe 671, 1985; A. Ubersfeld, Le roman d'H., 1985.

Héroët, Antoine, 1492? Paris – 1568 Digne, wo er seit 1552 Bischof war; mit Marot befreundet, stand H., den Marguerite de Navarre und Franz I. protegierten, später der Pléiade nahe. Sebillet und Du Bellay rühmten ihn als vorbildl. Dichter. *L'androgyne* (1542) und *La parfaicte amye* (1542 krA Ch. M. Hill 1981) sind lyr. Zeugnisse des Platonismus, der das Frauenbild gegen die Misogynie etwa Rabelais' oder La Borderies (→*L'amie de court)* in Schutz nimmt. *La parfaicte amye* enthält den Codex der platon. Liebe, die in der moral. Schönheit wurzelt, ihren Ursprung u. ihre Zielsetzung in Gott hat. H. verwirft die leidenschaftl. Liebe, da sie das göttl. Gesetz des idealen Paars in Frage stellt.

Heroïde, Heldenbrief, meist eleg. Tenor, Ursprung in der lat. Lit., durch Vermittlung engl. Autoren, vor allem Pope, in Frkr. eingeführt, hier 1751 durch Feutry und später durch Colardeau zur Gattung erhoben. Das Thema der H. kann legendär oder hist. sein, antik oder modern, entscheidend ist s. Pathoshaltigkeit; die Regeln verlangen, daß das dargestellte Problem welterschütternd ist. H.n. verfaßten u. a. L.-S. Mercier, La Harpe und Jean-Baptiste Legouvé.

Hérold, André-Ferdinand, 24. 2. 1865 Paris – 23. 10. 1940 ebda., Stud. École pratique des hautes études, École des chartes, Übs. ind. Lit., Lyriker (*Intermède pastoral,* 1896; *Au hasard des chemins,* 1900; *La route fleurie,* 1911), verkehrte noch im Kreis von Mallarmé; 1891–1936 Mitarbeiter u. Theaterkritiker des *Mercure de France,* Dramatiker (*L'exil de Harini,* 1888; *Le victorieux,* 1895; *Prométhée,* 1900; *Maison seule,* 1910; *Le jeune dieu,* 1911; *Cléopâtre,* 1921; *Œnone,* 1936; *Zadig,* 1936).

Herviant, Claude, 1937 Paris – 14. 2. 1989 Columbien (Autounfall), wo er an e. Film arbeitete. Im Mai 1958 Teilnahme an e. Soldatenmeuterei gegen die Rückkehr Ch. de Gaulles an die Macht. Rebellischer Erzähler *(Le soleil des taupes)* u. Lyriker im Stil des Surrealisten Péret *(Atlantide City, Gemmes, Demeure parée, Au ventre de l'infante).* Produzierte für Antenne 2 (u. a. zusammen mit Werner Herzog) die Serie *Chroniques nomades.*

Hervieu, Paul-Ernest, 2. 9. 1857 Neuilly-sur-Seine – 25. 9. 1915 Paris, Jurist, Diplomat, seit 1880 ausschließl. Roman- u. Bühnenschriftsteller (Romane *Les yeux verts et les yeux bleus,* 1886; *L'Alpe homicide,* 1886; *Flirt,* 1890; *Peints par eux-mêmes,* 1893; *L'armature,* 1895; Dramen *Les tenailles,* 1895; *La loi de l'homme,* 1897; *La course du flambeau,* 1901; *L'énigme,* 1901; *Le Dédale,* 1903; *Le réveil,* 1905; *Connais-toi,* 1909; *Bagatelle,* 1912). Um 1900 vollzog sich e. Neuorientierung in s. Schaffen; waren s. Stücke früher dem Melodrama verpflichtet, so tritt nun die Darstellung sittl. Normenkonflikte in den Vordergrund. Funktion des 1. Aktes wird die Proklamation e. Theorems. H. glaubte, mit s. Bühnenwerken den Typus des mod. Enthüllungsdramas zu schaffen, für den er die Bezeichnung ›tragique moderne‹ in Anspruch nahm.

E. Estève, H., conteur, moraliste, dramaturge, 1917; S. Fanny, H. Sa vie et son œuvre, Marseille 1942.

Hetzel, Pierre-Jules, 1814 Chartres – 1886 Monte-Carlo, Verleger, der sich 1843 selbständig machte, Balzac, G. Sand, die Ausgabe letzter Hand von Hugo, Jules Verne u. a. herausbrachte. 1848 betraute ihn Lamartine mit e. hohen Posten im Außenministerium, er wurde Sekretär des Generals Cavaignac und mußte 1851 ins Exil nach Belgien gehen, Rückkehr 1859. Er schrieb selbst Essays, Reiseberichte und Erzählungen u. benutzte des Ps. P.-J. Stahl. S. Korrespondenz mit V. Hugo (1852 ff.) erscheint seit 1979 (éd. Sh. Gaudon).

A. Parménie/C. Bonnier de la Chapelle, Histoire d'un éditeur et de ses auteurs, H., 1953; De Balzac à J. Verne, un grand éditeur du XIXe siècle, H. Catalogue de l'exposition à la BN, 1966.

Hircan, Erzähler im →*Heptaméron* der Marguerite de Navarre.

Histoire ancienne jusqu'à Cesar, Kompilation des 13. Jh., unvollendete Weltgeschichte (Genesis bis 57 v. Chr.) e. anonymen Klerikers, schöpft aus den Romanen des →antiken Zyklus, insbes. dem →*Roman de Thèbes.*

Histoire de Charles XII, roi de Suède, Geschichtswerk von →Voltaire, entstanden seit 1727, EA 1731, erweiterter Text Genf 1775. Voltaire verfaßte das Porträt des schwed. Kg.s Karl XII. (Regierungszeit 1697–1718), um die Fürsten s. eigenen Zeit von militär. Eroberungssucht zu heilen: Karl verspielte s. Chance, Nordeuropa zu hoher Kultur zu führen, als er sich durch die Stellung des Zaren und des dt. Kaisers herausgefordert fühlte und in den krieger. Auseinandersetzungen, trotz verblüffender Teilsiege, schließl. unterlag und vor dem norweg. Frederikshald fiel.

Histoire de Gil Blas de Santillane, Roman von Alain-René →Lesage, EA (12 Bücher in 4 Teilen) 1715, 1724 u. 1735, anon. Forts. 1754, éd. M. Bardon, II 1962. Ort der Handlung ist Spanien, in ihrem Verhalten sind die Personen jedoch als Franzosen charakterisiert. Die Behauptung, die im 18. Jh. u. a. von Voltaire vorgebracht wurde, Lesage habe ledigl. *Marcos de Obregón* aus dem Span. übertragen (was e. patriot. Kastilier tatsächl. zur Rück-Übersetzung veranlaßte), erwies sich als haltlos. Der Autor läßt den Schelm s. Romans Karriere machen, aus ländl. Enge in Asturien steigt er zum Gutsverwalter, Sekretär e. Ministers u., nach Haft u. vorübergehender Resignation, zum Günstling e. weiteren Ministers auf, dessen Sturz ihn erneut um s. Position bringt u. endgültig dazu veranlaßt, sich von der Gesellschaft zurückzuziehen. Merkmal des pikaresken Romans ist außer s. Episodenstruktur die Desillusionierung des Helden, die s. Konformismus bestärkt. Neu ist bei Lesage der Bildungsgrad des Gil Blas, der in der Lage ist, in e. hist. fixierten Situation (Ministerium des Hzg.s von Lerma 1598–1618) politische Pamphlete von ästhet. Reiz zu verfassen; hier kreuzen sich die Bauform des Schelmen- u. des Memoirenromans. Lesage zeigt s. Helden zum erbaul. Schluß als Tugendgestalt, die Schicksalsschläge haben s. Tugend gefestigt. Wohlstand blendet ihn nicht mehr. Zuvor hatte er danach gestrebt, sich der Mentalität der Privilegierten anzupassen – ein Widerspruch, den der Romancier nicht lösen konnte. Davon abgesehen, blieb die *H.* der wesentl. franz. Beitrag zum Schelmenroman.

G. Haack, Zur Quellenkunde von Lesages Gil Blas, Diss. Kiel 1896; H. Heinz, Gil Blas u. das zeitgen. Leben in Frkr., Diss. München 1914; F. Brun, Strukturwandlungen des Schelmenromans, Lesage u. s. span. Vorgänger, Diss. Zürich 1962; J. v. Stackelberg, Die ›Moral‹ des Gil Blas, Romanische Forschungen 1962; C. Dédéyan, Lesage et H., 1965; W. Wehle, Zufall u. ep. Integration, RJb 1972; H. Klüppelholz, La technique des emprunts dans Gil Blas, 1981.

Histoire de la Révolution française, Geschichtswerk von Jules

→Michelet, entstanden im Anschluß an die Vorlesung über die franz. Nationalität im Collège de France 1845, EA VII 1847–53, éd. G. Walter II 1939. Michelet stellt die Entwicklung der republikan. Idee von der Konstituierung der Generalstände bis zum Sturz Robespierres dar, um das Geschichtsbild sowohl der Royalisten als von Louis →Blanc, der gleichfalls 1847 mit der Publikation s. Revolutionsgeschichte begann, zu widerlegen. Da die Revolution e. nationale Bewegung ist, vermögen polit. Führer den Prozeß nur vorübergehend zu beeinflussen, bis er ihnen entgleitet. 1793 ist nicht der Gegenpol von 1789, wenngleich Robespierre als Eiferer negativ gezeichnet ist; die Volkssouveränität, die die Revolution an die Stelle der Souveränität des absoluten Herrschers gesetzt hat, wird durch kein Ereignis, auch nicht die Terreur, in Frage gestellt. Vgl. auch *L'histoire des Girondins* von Lamartine.

W. Alff, Michelets Ideen, Genf 1966; P. Viallaneix, La voie royale. Essai sur l'idée du peuple dans l'œuvre de Michelet, 1971.

Histoire de ma vie, Memoiren von G. G. →Casanova, niedergeschrieben nach 1790, EA als stark bearbeitete dt. Übs. XII 1822–28, franz. Ausgabe, teilweise von J. Laforgue purgiert u. entstellt, Leipzig/Paris/Brüssel 1826–38 (Grundlage der Pléiadeausgabe), im Originaltext erstmals 1960–62 Wiesbaden/Paris; danach neue Übs. ins Dt. (E. Loos 1964 ff.) sowie ins Ital. (P. Chiara, Milano 1965). In s. legendären Autobiographie, die bis 1774 (geplant war bis 1797) ausgeführt wurde, stellt der polit. konservative Venezianer mehr als nur s. interessantes Privatleben dar (u. a. Flucht aus den Bleikammern des Dogenpalastes, erot. Libertinage); das Werk spiegelt die europ. Ereignisse e. Epoche, die vom franz. Geist der Renaissance u. der Aufklärung geprägt war.

E. Loos, Casanova u. Voltaire zum lit. Geschmack im 18. Jh. (Europ. Aufklärung, hg. H. Friedrich/F. Schalk), 1967.

L'histoire des Girondins, Propagandaschrift von Alphonse de →Lamartine, entstanden seit 1843, EA 1847. Durch e. idealisierte Darstellung der →Girondisten hoffte Lamartine, der Bourgeoisie u. der Landbevölkerung, für die Revolution u. Terreur ident. waren, die Furcht vor der Wiederherstellung der Republik in Frkr. zu nehmen. Daher stellt er die Politik der Gruppe um Brissot in positiven Gegensatz zu den jakobin. Maßnahmen; sich selbst empfahl er am Vorabend der Februarrevolution als zugleich entschlossenen u. besonnenen Demokraten.

Histoire de Vasco, Stück in sechs Bildern von Georges →Schéhadé, entstanden 1956, EA 1956, Urauff. 15. 10. 1956 Schauspielhaus Zürich (Compagnie Madeleine Renaud – Jean-Louis Barrault). Weil der Dorfbarbier V. Pazifist ist, wird er von den Patrioten u. Militärs angefeindet u. ruiniert. Erst durch e. List gewinnen sie ihn für das Kriegsgeschäft; V. glaubt, man schicke ihn als Coiffeur zu e. vornehmen Dame, während er in Wirklichkeit e. Geheimbefehl durch die gegner. Linien befördert. Arglos wandert V. an Vorposten vorbei, die sich als Frauen verkleidet haben, bis er gefangengenommen u. verhört wird. Er erkennt die Rolle, die man ihm zu spielen aufgab, u. akzeptiert sie, jetzt die Karikatur seiner selbst, wenn er als Held posiert u. dafür erschossen wird. S. Tod verhilft dennoch der Armee zum Sieg, da man s. phantast. Geschichte über deren Stellungen auf der gegner. Seite Glauben schenkt. V. geriet zwischen zwei Lager, die Feinde, die s. Auftrag vereiteln mußten, u. die Freunde, darunter Marguerite, die ihn aus der unerkannten Gefahr retten wollten. Marguerite, die von der Hochzeit mit V. träumte, verlor den Wettlauf mit dem Tod. Als sie ihren Geliebten eingeholt hatte, erkannte sie ihn nicht. Ihre Weltblindheit wurde V. u. dem Mädchen zum Verhängnis, schuldhaft war sie nicht. Wie sollten freundl. Menschen auch die Intrigen der Gewalttätigen u. Ruhmsüchtigen durchschauen? Wie für →*Monsieur Bob'le,* Argengeorge in →*La soirée des proverbes* u. den Heimkehrer in →*L'émigré de Brisbane* endet die Suche im absurden Tod.

Histoire du chevalier Des Grieux et de Manon Lescaut, Roman von Antoine-François →Prévost d'Exiles, EA Amsterdam 1731 als 7. Teil der *Mémoires et aventures d'un homme de qualité,* darin die 16. in einer Serie von Liebesgeschichten, Einzelausgabe 1731, Paris 1733 (beschlagnahmt), krA F. Deloffre 1965; éd. R. Mauzi 1980. In dem mit e. Rahmenerzählung als Konfession strukturierten Roman enthüllt der Titelheld, in der Doppelfunktion von Erzähler und Erzähltem, s. Verhältnis zu Manon Lescaut. Es ist die Gesch. e. in der Romanlit. unerhörten ›amour-passion‹. Robert Des Grieux verfiel der liebenswürdigen u. zugleich schamlosen Manon; die ihm durch s. Herkunft u. Erziehung vermittelten moral. u. sozialen Prinzipien hielten den Anforderungen des sinnl. Glücks nicht stand. Mehr aus Schwäche als in böser Absicht wird der Chevalier zum Spieler u. Betrüger. S. Empfindungen u. s. Verhalten sind auf die Geliebte fixiert, Manon setzt die neuen Normen, denen sich der Partner willenlos unterwirft. Er kann sich von Manon auch nicht lösen, als sie ihn hintergeht, u. folgt der Deportierten nach Amerika. Im Augenblick der sittl. Läuterung wird Manon vernichtet. Prévost wollte sichtl. keine neue Beatrice schaffen. Was wird nach Manons Tod aus dem Chevalier? In e. Epoche, da Aufstieg u. Fall von Zufällen abhängen, die e. Mädchen von gemeinem Stand ausnutzen kann, da Empfindungen käufl. u. vertauschbar werden, findet er s. Frieden im christl. Glauben, für den zufälliger Reichtum u. zufällige Armut irrelevant sind. Die Verbindung mit Manon entfremdet ihn der geordneten Welt von Amiens u. Saint-Sulpice, doch sie zerstört den Kern s. moral. Persönlichkeit nicht. Fast erlöst er sich schon selbst durch die Beichte gegenüber dem Erzähler. Neu, verglichen etwa mit dem Erzählwerk der Mme de La Fayette, ist die Darstellung der sinnl. Leidenschaft u. der Fatalität in der *H.,* Innovationen, die später der romant. Roman wieder verspielte. Die Fabel wurde wiederholt dramatisiert, u. a. von Sternheim (Urauff. 15. 10. 1921 Hebbeltheater, Berlin).

P. Hazard, Études critiques sur Manon Lescaut, Chicago 1929; E. Lasserre, Manon Lescaut, 1930; E. Köhler, Zum Verständnis des Werkes (Gesch. des Chevalier des Grieux u. der Manon Lescaut), 1961; K. Maurer, Der récit des Chevalier des Grieux (Wort u. Text: Festschr. für F. Schalk), 1963; H. Harrisse, Bibl. de Manon Lescaut et notes, Nachdruck 1968; G. C. Jones, Manon Lescaut. La structure du roman et le rôle du chevalier Des Grieux, RhlF 1971; P. Bürger, Die Attitüde des Erzählers in Prévosts Manon Lescaut (Stud. zur franz. Frühaufklärung), 1972; J. L. Jaccard, Manon Lescaut. Le personnage-romancier, 1975; F. Piva, Sulla genesi di Manon Lescaut, Mailand 1971.

Histoire d'un conscrit de 1813 (1864), Roman von →Erckmann-Chatrian. Nach dem Erzählmuster des pikaresken Romans entstand diese ›Ilias der Angst‹ (Sainte-Beuve). Der Lothringer Joseph Berta erlebt Napoleons Schlachten bei Groß-Görschen u. Leipzig. Die auffällige Sanftmut des Helden, der trotz e. Beinleidens eingezogen wird, s. tränenreiche Liebe zur ebenso sensiblen Catherin – also die Empfindsamkeit des moral. Menschen, wie ihn die Lit. des 18. Jh. gesehen hatte –, kontrastiert lehrreich mit dem Cäsarenwahnsinn Napoleons. Nicht mit den Mitteln der polit. Diatribe, sondern in gewollt biederer Erzählhaltung stellen die Autoren den Bonaparte-Mythos in Frage. Der russ. Schlachtbericht beklagt, daß Pferde zu Tausenden umkommen. ›Von den Menschen sagt er nichts‹. Von s. Mentor Gulden, e. Uhrmacher in Pfalzburg, muß sich Joseph sagen lassen, daß der Soldat in dieser Situation nicht mehr zum Ruhm des Kaisers der Franzosen, sondern zur Verteidigung s. Vaterlandes kämpfen soll, ›denn wir werden wie 1793 ganz Europa gegen uns haben‹. Der Patriotismus wird dem Napoleonkult übergeordnet.

Histoire d'une grecque moderne, Roman von →Prévost d'Exiles, EA 1740, hg. R. Mauzi 1965. Aus e. türk. Serail befreit e. franz. Diplomat die Griechin Théophé u. versucht, ihr die westl. Zivilisation u. deren Begriff der Menschenwürde nahezubringen. Trotz s. ursprüngl. Misogynie fühlt er sich von dem Mädchen bezaubert, doch Théophé vermag s. Empfindungen nicht unbefangen zu erwidern, weil ihr bewußt ist, daß dem Franzosen ihre Lebensgeschichte bekannt ist. Sie verzichtet auf soziale Sicherung in e. Ehe, ohne daß der Verzicht vom Partner begriffen würde.

Histoires naturelles, Tiergeschichten von Jules →Renard, entstanden 1895, EA 1896 mit Illustrationen von Toulouse-Lautrec, erweiterter Text 1904, Darstellung der Tierwelt in freier Natur u. im Zoo ohne lehrhafte Absicht (vgl. auch die ma. Bestiaires, La Fontaine, Rostand, Gary, Gascar).

Histoires tragiques, im 17. Jh. Generaltitel triviallit. Reportagen.

Les historiettes, Erzählungen von Gédéon →Tallemant des Réaux, entstanden um 1657–59, verstümmelte Ausgabe Paris 1834 f., krA A. Adam/G. Delassault II 1960 f. Der Berichterstatter entwirft e. höchst unkonventionelles Bild der Regierungsepochen von Heinrich IV. bis Ludwig XIV., was sich vor allem darin zeigt, daß er neben dem privilegierten Status dem materiellen Besitz entscheidenden Wert für die Erringung u. Erhaltung von Ruhm u. Macht zuerkennt. Im Gegensatz zum Drama u. Roman des 17. Jh. spricht Tallemant des Réaux auch weniger vom Eros als von der Sexualität u. der Körperlichkeit überhaupt. Das lit. Vorbild für die unfeierl. u. dabei nicht durchweg satir. Erzählform s. ›kleinen Merkwürdigkeiten‹, deren spieler. Chaos als Ausdruck e. Skepsis gegenüber e. theolog. u. didakt. Geschichtsbegriff (vgl. Bossuet) gewertet werden kann, fand der Autor im 16. Jh. ausgebildet (Brantôme, Du Fail, Des Périers, Rabelais, Marguerite de Navarre); sie impliziert Digressionen, iron. Spiel mit dem eigenen Informationsstand u. der Vergeßlichkeit, einfaches Aneinanderreihen von Witzen

(z. B. im Kapitel über den Komödianten →Jodelet), aber auch unvornehme Worte für hochadliges Personal (so über Ludwig XIII., s. Geiz u. s. homoerot. Neigungen). Die *H.* ergänzen Dokumente wie die Memoiren von →Retz u. →Saint-Simon.

E. Goss, Tallemant des Réaux or the art of miniature biography, Oxford 1925.

Historischer Roman, im engeren Sinn der am Anfang des 19. Jh. vor allem durch Walter Scott ausgebildete Romantyp, der zum Vorbild wurde für →Hugo, →Vigny, →Dumas, →Mérimée, →Balzac, →Flaubert. Während die Romane des 17. u. 18. Jh. mit geschichtl. Thematik (→La Calprenède, →Scudéry, →Segrais, →*La princesse de Clèves,* →Courtilz, →Boursault, →Lesage) das Spezifische im Personenverhalten nur unvollkommen aus der hist. Eigenart e. Epoche ableiteten, entstand der eigentl. H., nachdem die europ. Völker vor allem in den napoleon. Kriegen ›ihre eigene Existenz als etwas geschichtlich Bedingtes‹ erfahren mußten (Lukács), er setzte Errungenschaften realist. Erzählweisen, wie sie bes. in der engl. Lit. ausgebildet worden waren, voraus. E. bedeutende Innovation Scotts wurde in Frkr. von Vigny in Frage gestellt: die große hist. Gestalt als Nebenfigur, die so in den Handlungsstrang eingebaut ist, daß sie nur in geschichtl. relevanten Situationen als Akteur in Erscheinung tritt.

G. Lukács, H. (Probleme des Realismus III), 1965; G. Nélod, Panorama du roman historique, Brüssel 1969; N. Chiaromonte, The paradox of history, London 1971; K. Massmann, Die Rezeption der histor. Romane Sir W. Scotts in Frkr. (1816–32), 1972; R. Koselleck/W.-D. Stempel (Hg.), Geschichte – Ereignis u. Erzählung, 1973; Sondernr. RhlF 2–3, 1975; H. Vilmar Geppert, Der ›andere‹ histor. Roman, 1976; M. Tanguy Baum, H. im Frkr. der Julimonarchie, 1981.

Hoederer, Vertreter e. pragmat. Politik in →*Les mains sales* von Sartre, wegen s. Koalitionsstrategie auf Anweisung Moskaus liquidiert u. postum rehabilitiert.

Höfisches Epos →Roman courtois.

Holbach, Paul Henri Thiry, baron d', 8. 12. 1723 Edesheim/Pfalz – 21. 6. 1789 Paris, von e. Onkel seit 1735 in Paris erzogen, Stud. Nat.-wiss. Leyden (bis 1749). Seitdem galt H. Diderot u. Rousseau bei entgegengesetzter Wertschätzung als Prototyp des Atheisten. S. bedeutendes Vermögen machte ihn unabhängig, nie mußte er sich wie andere Aufklärer mit s. Feder den Lebensunterhalt verdienen. Diderot gewann H. als Mitarbeiter für die →*Encyclopédie* (in 15 Jahren 376 Artikel, namentl. zu den Sachgebieten Metallurgie, Mineralogie und Physik) u. sicherte dem Unternehmen auch s. moral. wie materielle Unterstützung während der Auseinandersetzungen mit der Zensur. Von 1753–66 übersetzte H. e. umfangreiche technolog. Lit. ins Franz. (Henckel, Wallerius, G. E. Gellert, Orschall, G. E. Stahl), von 1761–70 gab er aufklärer. Schriften von Boulanger, Dumarsais u. Fréret heraus. In s. eigenen Werken, die er teilweise unter falschem Namen erscheinen ließ, arbeitete H. als einziger Denker des 18. Jh. e. kohärenten Materialismus (vgl. auch Helvétius, La Mettrie, Diderot) aus (*Le christianisme dévoilé,* 1761; *La théologie portative,* 1768; *La contagion sacrée ou Histoire naturelle de la superstition,* 1768; *L'esprit du judaïsme,* 1769; *Histoire critique de Jésus-Christ,* 1770; *Système de la nature ou des lois du monde physique et du monde moral,* entstanden 1765–66, ED 1770). Antiker u. engl. Materialismus sowie franz. Freiden-

kertum wirken hier zusammen. Geist u. Materie bilden für H. nur e. Scheingegensatz, allein die Gesetze der Erfahrung u. der Physik führen zur Wahrheit in allen Dingen; daher kann es keine Wunder geben, höchstens Phänomene, die wir noch nicht zu begreifen gelernt haben. Dem Deismus hielt er entgegen, daß Religion im Staat nicht der einzige Garant der Moral ist (*La politique naturelle; Le système social,* 1773; *L'éthocratie ou le gouvernement fondé sur la morale,* 1776; *Die gesamte erhaltene Korrespondenz,* hg. E. Loos/H. Sauter, 1986). Voltaire, d'Alembert u. Friedrich II. griffen ihn deswegen an. Optimist. glaubte H. im Kampf gegen die Abhängigkeit der Massen von Geboten u. Verboten der Dogmen die aufgeklärten Fürsten an s. Seite. S. Auffassung von der Ethik u. Politik, die in e. aufgeklärten Gesellschaft zu funktionalen Größen werden sollten, entwickelte den Ansatz →Bayles vom Atheistenstaat weiter; individuelles Glück steht in Übereinklang mit dem allgemeinen Glück. H. erlebte das Scheitern s. Gesellschaftslehre während der Revolution nicht mehr.

M. P. Cushing, H., a study of 18th century radicalism in France, New York 1914; P. Naville, H. et la philosophie scientifique au 18e siècle, 1943, [2]1968; R. Besthorn, Zeitgen. Zeugnisse für das Werk H.s, Neue Beiträge zur Lit. der Aufklärung, 1964; ders., Textkrit. Studien zum Werk H.s, 1969; J. Vercruysse, Bibl. descriptive des écrits du baron d'H., 1971; A. Ch. Kors, D'H.s coterie, Princeton 1976.

Homais, Apotheker in →*Madame Bovary* von Flaubert, Prototyp des blind fortschrittsgläubigen Bourgeois. Der Roman schließt mit der lakon. Charakteristik: ›Il fait une clientèle d'enfer; l'autorité le ménage et l'opinion publique le protège. Il vient de recevoir la croix d'honneur.‹

U. Schulz-Buschhaus, H. oder die Norm des fortschrittl. Berufsbürgers, RJb 1978.

L'homme aux quarante écus (1768), Roman von →Voltaire, gesellschaftskrit. Geschichte mit wiederholten Selbstzitaten, in der am Beispiel des Helden die ungerechte Besteuerung des Grundbesitzes durch das physiokrat. Programm angegriffen wird u. die Gegner der Aufklärung der Lächerlichkeit ausgesetzt werden. In *H.* mischen sich Erzählung, Bericht u. Dialog.

N. Kotta, H., a study of voltairian themes, Den Haag 1966.

L'homme et l'œuvre, Formel für e. lit.krit. Methode, die sich auf →Sainte-Beuve bezieht u. heute noch in franz. Darstellungen bis in die Titelgebung hinein vorherrscht. Da der Kritiker die Entfaltung der Individualität e. Künstlers, wie sie in s. Lebensgeschichte faßbar wird, mit der Entfaltung s. Kreativität gleichsetzt, erhofft er sich von der Detailerkenntnis seines Lebenswegs (einschließl. zeitgeschichtl. Begleitumstände) Aufschluß über Beschaffenheit und Grad des künstler. Genies, der ihn in die Lage versetzen soll, e. ›histoire naturelle des esprits‹ (*Causeries du lundi*) zu schreiben. Dem Interesse am Text ist in Wahrheit das Interesse am Textproduzenten übergeordnet, so daß das Gegenteil dessen, was Sainte-Beuve im Sinn hatte, näml. intuitives Erfassen, eintrat; Lit.kritik entwickelt sich auf der Ebene e. scheinbar objektiven Methodik (→Taine). Polem. wandte sich Marcel Proust gegen dieses Deutungsprinzip (*Contre Sainte-Beuve,* postum 1954).

J. Grimm u. a., Einführung in die franz. Lit.wiss., 1976.

Un homme libre →*Le culte du moi.*

L'homme révolté, Essays von Albert →Camus, entstanden 1945–51, EA Oktober 1951. Camus verficht die These, daß der Mensch – das einzige Wesen, das sich weigert, das zu sein, was es ist – die geschichtliche Faktizität übersteigt. Die Auflehnung gegen die Zwänge der Metaphysik wie des Geschichtsdeterminismus kann einzig in der Solidarität eine aussichtsreiche Kampfform finden. In e. umfangreichen geschichtsphilos. Exkurs geht Camus auf die Ursachen u. Konsequenzen der Empörung vor allem seit dem 18. Jh. ausführlich ein. Er postuliert aufgrund s. Erfahrung mit dem Faschismus u. Stalinismus, daß die Revolte sich selbst ihr Maß setzen muß, um e. entfesselten Freiheit den Prozeß zu machen. Die Auflehnung impliziert das Bewußtsein, recht zu haben u. das Humane zu wollen (vgl. s. Drama *Les justes*). Vollkommener als in der Lebenspraxis konkretisiert sie sich in der Kunst, dem Ort der dargestellten und überwundenen Widersprüche. Camus' Theorie geht davon aus, daß der menschl. Geist e. Wertwelt konstituiert, die sich in den Ereignissen niederschlägt, nicht aber von diesen abgeleitet werden kann. Damit kritisiert der Autor indirekt den Marxismus, von dem er, trotz s. Zugehörigkeit zur KPF, nie entscheidend geprägt war. Wegen dieser von Kritikern als ›neuem Idealismus‹ gewerteten Grundüberzeugung, die Camus in *H.* gegen den Vorrang geschichtl. Prozesse ausspielte, kam es zum Bruch mit Sartre.

O. F. Bollnow, Von der absurden Welt zum mittelmeer. Gedanken. Bemerkungen zu Camus' neuem Buch ›Der Mensch in der Revolte‹, Antares 1954; G. Stuby, Recht u Solidarität im Denken von A. Camus, 1965.

L'homme sauvage (1767), Roman von Louis-Sébastien →Mercier, passagenweise genaue Übertragung der Erzählung *Der Wilde* (1757) von Johann Gottlob Benjamin Pfeil (1732–1800). Der Roman gliedert sich in e. Rahmen- u. Haupthandlung. Der Gewährsmann, überzeugter Rousseauist, begegnet dem zivilisierten Indianer Zidzem, der ihm den Bericht s. trag. Existenz übermittelt. Zidzem stammt aus e. südamerikan. Indianervolk, das unter den Conquistadoren schwer zu leiden hatte, der Rest des Stamms flieht in e. einsames Hochtal. E. Missionar verführt die Mutter des Helden, der Häuptling läßt ihn hinrichten; Zidzem u. seine Schwester Zaka fliehen weiter in die Einsamkeit der Berge; aus geschwisterl. Zärtlichkeit wird hier Inzest, vom Autor mit antichristl. Affekt als paradies. Liebe dargestellt (vgl. auch Graffigny, Voltaires *L'ingénu*). Das innere Gesetz der Idylle erfordert in der Lit. des 18. Jh. jedoch deren Zerstörung. Die Geschwister begegnen e. verunglückten Engländer, Lodevon, u. pflegen ihn gesund; er überredet sie zur Rückkehr in das Tal, während der Bootsfahrt stürzt er Zidzem und s. kleine Tochter in den Fluß, um Zaka für sich zu gewinnen. Zidzem rettet sich zwar, tötet jedoch s. eigenes Kind. Als er nach langer Zeit erfährt, daß Zaka in e. Kloster in San Salvador lebt, sucht er sie auf, wird von ihr als Blutschänder zurückgewiesen. Obwohl Zidzem u. Zaka bis zum vollzogenen Inzest auf das bibl. Menschenpaar ausgerichtet erscheinen, ist das Bild ihrer moral. Entwicklung im ganzen eher chaot. als ausgeglichen. Mercier zeigt zum Schluß e. apath. gewordenen Indianer, der sich in die Wildnis zurücksehnt, das Leben der ›bons sauvages‹ jedoch als Irrweg beklagt. Aus e. Triebwesen wurde in e.

schmerzhaften Läuterungsprozeß zuletzt der Theist, der e. einzelgänger. Leben führen will, sich vor naiver Unschuld fürchtet.

W. Engler, Merciers Abhängigkeit von Pfeil u. Wieland, Arcadia 1968.

Les hommes de bonne volonté, Romanzyklus in 27 Bden. von Jules →Romains, konzipiert seit 1923, Niederschrift ab 1930, EA 1932 (Bde. 1–4) – 46 mit wechselndem Druckort Paris (Bde. 1–18, 25–27) u. New York (Bde. 19–24). Als Epochenroman umfaßt das Werk den Zeitraum vom Morgen des 6. 10. 1908, als in Paris die habsburg. Annexion von Bosnien-Herzegowina bekannt wurde, bis zum Abend des 7. 10. 1933. Von früheren Zyklenromanen (vgl. Balzac, Hugo, Zola) unterscheidet es sich durch die Aufhebung e. unilinearen Logik der Romanfabel. Romains übertrug den Unanimismus, d. h. die Lebens- und Kunstlehre von der Gruppenseele, der ursprüngl. lyr. erprobt worden war, auf die Bauform des Zyklenromans. Wenn die Protagonisten hier keine Individuen im herkömml. Verständnis mehr sein können, bleibt ihr Auftreten u. die Anwesenheit von ca. 600 Figuren, die e. Querschnitt durch alle sozialen Gruppen des franz. Volkes der Kriegs- und Zwischenkriegszeit geben, bewußt episodisch. Auch die Vordergrundgestalten Jallez u. Jerphanion, erfolgreiche Absolventen der ENS, deren Freundschaft u. Karriere Kristallisationspunkte der Elite werden könnten, bewirken letztl. nichts. Und so erhält der Erzählstil s. Rechtfertigung durch Romains' Geschichtstheorie, wonach der erhoffte Zusammenschluß der Gleichgesinnten in Europa ausgeblieben ist. Ebensowenig wie maßgebende Sozialisten, die zusammen mit dem Erzbischof v. Tours nach einer ›bonne nouvelle‹ für alle, die noch nicht zur Partei der ›méchants et imbéciles‹ gehören, suchen, bewirken sie eine Wende. Als Replik auf die – möglicherweise iron. – Anspielung des Klerikers, auch die Apokalypse gehöre zu den bibl. Berichten, formuliert die polit. Linke ihren Optimismus: das Evangelium der Revolution verlangt nicht nach der Ausrottung der bösen Städte, sondern nach europ. Einigung. Mussolini u. Hitler können den Internationalismus nur aufhalten, nicht auslöschen. Damit versucht Romains das Scheitern s. optimist. an Hegel orientierten Geschichtskonzeption zu verbergen. Die filmgerechte Einblendungstechnik, die e. universale Simultaneität von Ereignissen herstellen u. e. sozial vieldimensionale Welt gestalten soll (vgl. später Sartre), verwirrt im Großroman dort, wo Minimalszenen über größere erzähler. Strekken hinweg aufeinander bezogen werden müssen. Romains' rivalisierende Abhängigkeit von Balzac, dessen Wirklichkeitszusammenhänge noch Haßliebe gegenüber der Realität u. faszinierende Einzelkämpfe mit der objektiven Welt zuzulassen schienen, inspirierte ihn, bei aller bewundernswürdigen enzyklopäd. Entgrenzung des Romansujets, zu keiner fundierten Erzählhaltung, die die Rolle des entfremdeten Einzelnen im polit.-wirtschaftl. Prozeß der Industriegesellschaft bewältigt.

H. Gmelin, Der franz. Zyklusroman der Gegenwart 1900–1945, 1950; A. Cuisenier, J. Romains et les H., 1954; R. Pfeiffer, H. von Romains, Winterthur 1958; Ph. Jolivet, H.: technique et style, Nottingham French Studies Mai 1962; F. W. Müller, J. Romains: Le 6 octobre (Der mod. franz. Roman, hg. W. Pabst), 1968; A. Cuisenier, J. Romains, l'unanimisme et H., 1969.

Un homme seul, Schauspiel (Vers u. Prosa) in acht Teilen von Armand →Gatti, Urauff. 11.5. 1966 Comédie Saint-Étienne, EA 1969. Li Tche-Liu opfert Familie u. Freunde der Revolution, bis er schließl., als versprengter Partisanenführer, nur von e. chines. Genossen begleitet, in e. Höhle Zuflucht sucht u. von s. enttäuschten Gefährten erschossen wird. In wiederholten visionären Szenen verantwortet er sich vor dem imaginären Gerichtshof der Geschichte, ledig aller glorifizierenden Attribute, die die Taten chines. Revolutionäre zur Übergröße verfälschen u. kommerzialisieren. In die Satire einbezogen ist s. eigener Tod, denn die messian. Aura, die das Opfer e. verräter. Anschlags umgibt, vermag nichts Entscheidendes zum Aufbau e. Volksrepublik beizutragen. Am Fall Rosa Luxemburg *(Rosa Spartacus prend le pouvoir)* illustriert Gatti dieselbe Problematik.

Honnêteté, Bildungsideal, in der zweiten Hälfte des 17. Jh. unter d. Einfluß des Hoflebens, der humanist. Universalidee u. speziell der Sagesse Montaignes *(→Essais)* formuliert. Faret u. der Chevalier de Méré sind die franz. Lehrmeister, die den renaissancehaften Ansatz auf die polit. Entwicklung in Frkr., die durch italien. Theorien nicht mehr erfaßbar war, übertragen. ›Honnête‹ sind sittl. Integrität, spieler. Beachtung der Etikette, Vermeidung jegl. Pedanterie (›nonchalance‹), die sich in e. Beruf auszahlen würde. Vornehmste Aufgabe ist e. mondäne ›art de plaire‹, dazu disponiert der ›esprit de finesse‹. Das Problem des ›plaisir‹ verliert beim Epikureer Méré s. durch die Renaissance postulierte metaphys. Rechtfertigung (vgl. dagegen die Haltung s. zeitweiligen Freundes Pascal in →*Pensées*). In der sprachl. Kommunikation drückt sich das Verhalten des ›honnête homme‹ beispielhaft aus, die Salonkultur fixiert soziolog. Voraussetzungen für dieses Menschenbild. H., von Erfahrung u. Übung abhängig, ist keine spezif. aristokrat. Kategorie, Méré legt sie kosmopolit. an. S. Schriften, die im letzten Viertel des 17. Jh. erscheinen, sind ebensooft Zusammenfassungen bereits praktizierter Lebensformen als programmat. Darlegungen. Freilich ist wirtschaftl. Sorglosigkeit Voraussetzung bei der Verwirklichung der H. Im 18. Jh., namentl. bei Voltaire, bedeutet H. darüber hinaus e. aufgeklärte intellektuelle u. eth. Verfassung, e. Gesittungsideal, das sich positiv von der Verfassung des Ancien Régime abhebt.

Q. M. Hope, The honnête homme as critic, Bloomington 1962; Ch. Strosetzki, Konversation, 1978; D. C. Stanton, The aristocrat as art, New York 1980; J. P. Dens, L'honnête homme et la critique du goût, 1981; O. Roth, Die Gesellschaft der honnêtes gens, 1981.

Horace, Trag. in fünf Akten von Pierre →Corneille, EA 1641, Urauff. 1640 Hôtel de Bourgogne, in Anwesenheit von Richelieu, dem *H.* gewidmet ist. Der Stoff des ersten Römerdramas von Corneille war bei drei Geschichtsschreibern, darunter Titus Livius, überliefert. Die Rivalität der Städte Rom u. Alba soll nicht, wie ursprüngl. geplant, durch e. Völkerschlacht, sondern durch den Kampf von drei röm. Horatiern gegen drei alban. Curiatier entschieden werden. Diese Konzentration der Handlung macht das Geschehen zu e. geeigneten Gegenstand für das klass. Schauspiel. Zwei Römer u. drei Albaner fallen; dies kann entsprechend der Bienséance-Klausel nicht auf die Bühne gebracht werden, Berichte informieren die Personen des Dramas u. das Publikum. Die Trag. ist in Wirklichkeit daraufhin angelegt, die krieger. Rivalität der beiden Städte in einen Zwiespalt zwischen Patriotismus u. Liebe zu verwandeln. Denn Horace war mit Sabine, der Schwester der drei getöteten Albaner, verheiratet, u. s. Schwester Camille mit e. der Gefallenen verlobt. Während Sabine, der Ehre mehr gilt als Liebesleidenschaft, den Tod herbeiwünscht u. damit die aufgebrochenen Gegensätze noch verschärft, in ihrer Raserei jedoch die Tat ihres Gatten nicht in Frage stellt, machen die Argumente von Camille, die sich weigert, die Tötung des Geliebten staatspolit. zu rechtfertigen, mit ihrem Moralbegriff den Helden unsicher (IV, 5). Als Camille in e. Schmährede das gefühllose Rom verflucht, sieht Horace den Sieg über Alba besudelt u. tötet s. Schwester. Dieser Mord, zweiter Höhepunkt der trag. Aktion, wird ihm im Namen der Staatsräson vergeben: Der röm. Kg. erklärt, Helden wie Horace bildeten die Pfeiler des Staatswesens u. stünden über den Gesetzen. Diese Begründung war indirekt an Richelieu adressiert; Pascal nannte die Ideologie des Stücks zurecht ›unmenschl‹. *H.* wurde das Modell der Römertrag. im 17. u. 18. Jh., da sie das Pflichtbewußtsein u. die Ergebenheit des Helden gegenüber dem Staat über private Empfindungen siegen ließ u. diesen Konflikt in prunkenden Stil faßte. Im *Examen* der Trag. hat Corneille die fragwürdige Größe des Konflikts, dessen Verlauf nicht dem vorgeschriebenen klass. Handlungsbogen entspricht, und die doppelte Gefahr, in die der Protagonist gebracht wird, später selbst getadelt. Fragwürdig erschien dem Autor vor allem, daß Horace siegreich aus dem ›péril public‹ hervorgeht, um sich in e. ›péril particulier‹ zu begeben, wo ihm sittl. Befleckung droht. Bei den Zeitgenossen galt *H.* jedoch als Beispiel e. regelmäßigen Trag.

L. Herland, H. ou la naissance de l'homme, 1952; S. Doubrovsky, Corneille et la dialectique du héros, 1963; G. Mony, La promesse des dieux. Explication et commentaire de la pièce d'H. de P. Corneille, Nice 1964; A. Stegmann, L'héroïsme cornélien: Genèse et signification, II 1968; R. C. Knight, H., Valencia 1981.

Horia, Vintila, geb. 18. 12. 1915 Segarcea Dolj (Rumänien), Publizist, Diplomat, lebt seit 1945 im Exil in Argentinien, Spanien und Frkr. u. schreibt u. a. franz. (*Le chevalier de la résignation,* 1961, hist. Roman von der Osmanenherrschaft über Rumänien; *Les impossibles,* 1962). Den Prix Goncourt für →*Dieu est né en exil* mußte er unter polit. Druck zurückgeben. In *La septième lettre* (1964) wählte er als Romanstoff erneut e. antikes Schicksal; 1968 folgte der Liebesroman *Une femme pour l'apocalypse.*

Hôtel de Bourgogne, Pariser Bühne, im 16. Jh. Theater der →Confrérie de la passion, im 17. Jh. an Tourneegruppen vermietet, im 18. Jh. Sitz der Comédie italienne.

S. W. Deierkauf-Holsboer, Théâtre de l'H., II 1968–70; R. Lebègue, L'ancien répertoire de l'H., RhlF 1, 1981.

Hôtel de Rambouillet, 1604 erbautes Pariser Stadthaus der Catherine de Rambouillet (1588–1665), die von 1613 bis 1650 ihren Salon, der im Sommer auch nach Schloß R. verlegt wurde, zum mondänen Mittelpunkt der Frühklassik und →Préciosité machte. Malherbe, Richelieu, Chapelain, Conrart, Vaugelas, Corneille, Balzac, Segrais, Tallemant des Réaux, Méré, Georges de Scudéry, Mairet (dessen *Sophonisbe* in diesem Zirkel 1636 gespielt wurde), Ménage, Godeau verkehrten hier, wie die Freundinnen der Marquise, Mme Du Vigean, Mme de Clermont, die hochgebildete und leidenschaftl. Marquise de Sablé, späer auch Mme de La Fayette u. Mme de Sévigné. Seit 1638 bestimmte der Kreis um den Condé und s. Frau den Ton im H.; Voiture, zuletzt die Hauptfigur des Zirkels, richtete Gedichte und Briefe an sie; die hochgeistige Atmosphäre löste sich auf in Tändelei und haarspalter. Diskussionen – etwa darüber, ob ›pour ce que‹ ›car‹ vorzuziehen sei. Während der Fronde verlor der Salon s. Anziehungskraft.

A. Delplanque, La marquise de Rambouillet et Malherbe, 1925; G. Reynier, La femme au 17e siècle, 1929; E. Magne, Voiture et H., II 1929 f.; M. Rat, Grammairiens et amateurs du beau langage, 1963.

Hôtel du Nord (1929), Roman von Eugène →Dabit, 1930 mit dem Prix populiste ausgezeichnet. Mit der Schilderung banaler Ereignisse, die an e. schäbiges Hotel in e. Arbeiterviertel von Paris gebunden sind, erfüllt Dabit e. Grundprinzip des Realismus; die Resignation vor unerfüllbarer Liebe, Unempfindlichkeit gegenüber der Verletzung bürgerl. Moralnormen, schließl. die Abhängigkeit der Individuen von wirtschaftl. Verhältnissen, die sie nicht ändern können, setzen den lit. Pessimismus des 19. Jh. fort. Selbst der Abriß des Hotels, das e. Fabrik weichen muß, bedeutet für die Gestalten, die ihr Schicksal mit dem Haus identifiziert hatten, keinen entscheidenden Einschnitt: ›Es ist, als hätte das Hôtel du Nord nie existiert.‹ Marcel Carné verfilmte den Stoff 1938 mit L. Jouvet u. a.

Houdar de la Motte →La Motte.

Houssaye, Arsène Housset, gen., 26. 3. 1815 Bruyères/Aisne – 1896 Paris, Komödiant; befreundet mit Nerval, Théophile Gautier und Baudelaire, der ihm die →*Petits poèmes en prose* widmete; Verwalter der Com. frçe. H. schrieb zahlr. Liebesgedichte (*Poésies complètes,* 1849; Essays und Porträts (*Galerie de portraits du XVIII*e *siècle,* IV 1845, ⁵1891; *Histoire du 41*e *fauteuil de l'Ac. frçe.,* 1855; *Les grandes dames,* 1868–70; *Les mille et une nuits parisiennes,* 1875; *Contes pour les femmes,* IV 1885; *Confessions,* VI 1885–91; *Souvenirs de jeunesse,* II 1896.

Houtteville, Alexandre Claude François, 1686 Paris – 8. 11. 1742 ebda., Kleriker, Sekretär des Kardinals Dubois, 1723 Mitglied der Ac. frçe. Die Methodenunsicherheit H.s in s. apologet. Schriften (*La vérité de la religion prouvée par les faits,* 1722; *Essai philosophique sur la providence,* 1728) erleichterte zum Bedauern kirchl. Kreise Angriffe der Aufklärer.

Huet, Pierre Daniel, 8. 2. 1630 Caen – 27. 1. 1721 Paris, Cartesianer, 1652 am schwed. Hof der Kgin. Christine, zwischen 1653 u. 1670 Gelehrtendasein in Caen u. Paris, dann zusammen mit Bossuet zum Erzieher des Kronprinzen bestellt, 1674 Aufnahme in die Ac. frçe., danach mit versch. Abteien u. dem Bistum Avranches ausgestattet. H. folgte der skept. Tradition, als er den Rationalismus dem Empirismus unterordnete (*Traité philosophique de la faiblesse de l'esprit humain,* 1723). Unter s. lit. Leistungen (Übs., e. Schäferroman im *Astrée*-Stil sowie lat. *Carmina*) gebührt dem *Traité de l'origine des romans* (1670) bes. Beachtung. Als erster franz. Autor widmet H. der Geschichte und dem Wesen der verachteten Romangattung e. Darstellung und versucht, den Roman von der klassizist. Ästhetik her zu beschreiben und zu normieren.

A. Dupront, H. et l'exégèse comparatiste au XVIIe siècle, 1930; F. Gégou, Lettre-traité de P.-D. H. sur l'origine des romans, 1971.

Hugenotte →Huguenot.

Hugo, Abel, 15. 11. 1798 Paris – 1855 ebda., älterer Bruder von Victor →H., mit dem zusammen er die Zs. →*Le Conservateur littéraire* herausgab; Autor e. *Traité du mélodrame* (1817), militärgeschichtl. Werke, darunter *La France militaire* (V 1834), und e. Darstellung der franz. Architektur (*La France historique et monumentale,* V 1836–43). Auch Übs. span. Poesie.

Hugo, Victor, 26. 2. 1802 Besançon – 22. 5. 1885 Paris, Sohn des Obersten und späteren Generals Joseph Hugo, der sich 1793 in der Vendée Brutus H. genannt hatte. Mit s. Vater kam Victor nach Neapel und Madrid (1811/12). 1815 legte er ein *Cahier de vers français* an, 1816 erklärte er: ›Je veux être Chateaubriand ou rien.‹ 1819 wurde H. für royalist. Oden bei den Jeux floraux in Toulouse ausgezeichnet; im selben Jahr gründete er zusammen mit s. Brüdern die Zs. →*Le Conservateur littéraire,* die er redigierte. Noch war H. Legitimist. 1822, im Jahr der Heirat mit Adèle Foucher, empfing er von Ludwig XVIII. e. Pension für s. Gedichtslg. *Odes et poésies diverses.* Wenn auch von wechselnden polit. Positionen her, bekannte sich H. stets zur Gesellschaftsbezogenheit der Lit. 1822 erklärte er in der Vorrede zu den Oden, mit ihrer Veröffentlichung verfolge er zwei Ziele, e. polit. und e. lit.; für ihn ergebe sich das eine aus dem anderen, ›car l'histoire des hommes ne présente de poésie que jugée du haut des idées monarchiques et des croyances religieuses‹. 1823 gründeten er und Émile Deschamps die Zs. →*La Muse française,* 1824 verkehrte er im lit. Salon von Charles Nodier. Vor der Gründung des →Cénacle schrieb H. außer Lyrik (*Odes et ballades,* 1826) frenet. Romane (→*Han d'Islande, Bug Jargal,* 1826, nach e. Frühfassung von 1818). Obwohl H., der Romantik damals immer noch mit Monarchie und Religion in Einklang sah, die extreme Nacht- und Gräberdichtung verwarf, blieb er dem melodramat. Genre vorläufig treu. Sujet von *Bug Jargal* ist e. Sklavenaufstand auf den Antillen; e. edler Neger stirbt für s. Liebe zu einer Weißen. Inzwischen hatte H. die Romanform Walter Scotts (→Hist. Roman) entdeckt und verteidigte die Vorzüge des dramat. strukturierten Romans. Da das Leben e. ›drame bizarre‹ sei, wo Gut und Böse, Schön und Häßlich, Hoch und Niedrig vermischt vorkommen, und die Kunst nicht trennen darf, was die Schöpfung vereint hat, ergeben sich für die Ästhetik wichtige, gegen die klass. Stiltrennungsregeln gerichtete neue Formbestimmungen, die H. 1827 in der →*Préface de Cromwell* von der Weltgeschichte her zu erhärten sucht. In der *Ode à la colonne de la place Vendôme* (Febr. 1827) spricht sich e. Patriotismus aus, dessen Leitbild nicht mehr die Dynastie der Bourbonen, sondern Napoleon ist. Dies führte zum Bruch mit der →Société des Bonnes-Lettres. Der Erfolg des Zyklus →*Les orientales* (im selben Jahr 1829 entstand auch der Roman *Le dernier jour d'un condamné*) festigte H.s Position als Wortführer der romant. Schule; der Zensurbeschluß, →*Marion Delorme* vorläufig nicht zur Aufführung freizugeben, kam H. eher gelegen. Er schlug jetzt e. kgl. Pension aus. Der spektakuläre Erfolg von →*Hernani* veranlaßte ihn zu e. neuen Definition der Romantik, die er mit Liberalismus in der Lit. gleichsetzte. Obwohl H. mit s. erzähler. Werk e. breites Publikum erreichen u. d. h. nicht nur unterhalten, sondern auch ideolog. indoktrinieren wollte (→*Notre Dame de Paris,* →*Les misérables,* →*Les travailleurs de la mer,* →*Quatrevingt-treize),* hat er doch den Roman als spezif. mod. Gattung nie theoret. sanktioniert. Dafür glaubte H. gute Gründe zu haben: Er wollte den Roman nicht als Gattung begründen, um nicht in Schemata der klass. Typologie zu verfallen, zugleich erwartete er – anders als Stendhal und Balzac – vom Drama, was allein noch der Roman zu leisten vermochte: die Darstellung der gesellschaftl. Wirklichkeit. Dies ist der hauptsächl. Grund s. Scheiterns als Bühnendichter, das spätestens 1843 feststand (→*Le roi s'amuse,* →*Lucrèce Borgia,* →*Ruy Blas,* →*Les burgraves;* dazwischen entstanden *Marie Tudor,* 1833; *Angelo,* 1835). In den Vorreden der Dramen seit 1832 diskutierte H. anstelle poetolog. Probleme die soziale Funktion des Künstlers, der die Bühne als moral. und sozialkrit. Anstalt organisiert. ›Le théâtre est une tribune!‹ Einige Träume erfüllten sich nicht, so auch der Wunsch, 1831 zusammen mit A. Dumas père die Com. frçe. zu leiten; 1833 hätte sich H. schon mit dem Odéon begnügt. 1834 kam es zum Bruch mit Sainte-Beuve (→*Volupté);* der sozialkrit. Roman *Claude Gueux* erschien. Von 1833 bis 1883 blieb Hugo mit Juliette Drouet liiert. Er setzte die lyr. Produktion mit philos. Gedichten (*Les chants du crépuscule,* 1835; *Les rayons et les ombres,* 1840; *Le Rhin,* 1842; →*Les contemplations;* →*La légende des siècles; Chansons des rues et des bois,* 1865) und Satiren (→*Les châtiments)* fort. 1841 wurde er in die Ac. frçe. gewählt (Nachfolge von N. Lemercier). Der trag. Tod s. Tochter Léopoldine (→*A Villequier)* und der eklatante Mißerfolg der *Burgraves* lähmten 1843 s. Schaffenskraft. 1845 ernannte ihn Louis-Philippe zum Pair von Frkr. 1847 setzte er sich für die Rückkehr des Prinzen Louis Napoléon ein, bei dessen Staatsstreich er 1851 als Abgeordneter zur linken Fraktion gehörte, die vergebens das Volk auf die Barrikaden rief. H. mußte aus Frkr. fliehen, erst nach Belgien, dann auf die Kanalinseln Jersey und Guernesey. 1859 lehnte er e. Amnestie ab u. kehrte erst 1870 nach Paris zurück. 1876 wurde er zum Senator gewählt; er setzte sich für die Begnadigung der Kommunarden ein. Seitdem erschienen die Gedichte *Le pape* (1878), *La pitié suprême* (1879), *Religions et religion* (1880), *Les quatre vents de l'esprit* (1881) und das Drama *Torquemada* (entstanden 1869, EA 1882, Urauff. Mai 1936, Reprise Juli 1971 Théâtre du Midi, Carcassonne), Melodrama der Renaissance-Epoche. H. wurde im Panthéon beigesetzt. S. umfangreiches Werk (Ausgabe letzter Hand 1880 ff., krA XVI 1967–70) schließt alle lit. Gattungen ein. In Manifesten und Vorreden festigte H. s. Führermission, die allerdings Vigny, Lamartine und Musset nie akzeptieren. Als ›écho sonore‹ s. Jahrhunderts registrierte er genauer als die meisten Zeitgenossen die veränderten Lesererwartungen. Er bemühte sich, zeitgemäß zu schreiben, d. h. im Einklang mit der sozialen Struktur s. Umwelt, von der er sich anregen ließ und die er wiederum zu prägen meinte. Dabei blieb der Widerspruch zwischen dem Anspruch auf Allgemeingültigkeit und s. persönl. Wunsch nach dem kleinen Zirkel eingeweihter Leser, wie er ihn in der Scottrezension (*La Muse française,* Juli 1823) geäußert hatte, ungelöst. Auch s. Geniebegriff, der die Fähigkeit zu meditieren, aber auch die Unmöglichkeit, die eigene Inspiration zu steuern, als gegeben voraussetzte (*La muse française,* Mai 1824), war im Grunde unvereinbar mit den Erwartungen, die H. an die Wirkung s. Dichtungen knüpfte, und mit s. Selbstverständnis als polit. Dichter. Wie Voltaire konnte H. e. Kampagne inszenieren, wenn er die Ansprüche des Dichters oder Bürgerrechte bedroht sah (wie seit den späten 20er Jahren). Ein Hang zur Rhetorik und wiederholte Unentschlossenheit bei der Lösung pragmat. Konflikte, die er nie von ihren moral. Implikationen gelöst sehen konnte, schließl. die gefährl. Neigung, vorschnell in kosm. Dimensionen zu denken, verstellten ihm zuweilen den Blick auf die gesellschaftl. Praxis und e. praktikable Strategie. E. myst. Erlösungsthematik blieb Leitthema s. schriftsteller. Wirkens, bis zuletzt schwankte H. zwischen e. metaphys. Lösung, die ihm Größe verhieß, und der sozioökonom., die s. Pathos widerstrebte.

Cl. Gély, H. et sa fortune littéraire, 1970; S. Chahine, La dramaturgie de H. (1816–1843), 1971; M. Lebreton-Savigny, H. et les américains (1825–85), 1971; C. Affron, A stage for poets. Studies in the theatre of H. and Musset, Princeton 1971; H. Peyre, H., 1972; F. P. Kirsch, Probleme der Romanstruktur bei H., 1973; A. Ubersfeld, Le Roi et le Bouffon, 1974; H. Meschonnic, Ecrire H., II 1977; W. Engler, H., in: W.-D. Lange (Hg.), Franz. Lit. des 19. Jh.s I, 1979; H. Juin, H., 1980; R. Lestha Doyle, H.'s drama, an annotated bibl. 1900–1980, London 1981; V. Brombert, H. and the visionary novel, Cambridge (Mass.) 1984; G. Piroué, Lui, H., 1985; A. Decaux, H., 1985; A. Ubersfeld, Paroles de V. H., 1985; J. Gaudon, V. H. et le théâtre, 1985; M. Calle-Gruber/A. Rothe (Ed.), Lectures de H., 1986; E. Brunnet, Le vocabulaire de V. H., 1988; J. Seebacher, H. ou le calcul des profondeurs, 1993.

Huguenot, Hugenotte, bezeichnete zunächst in Genf um 1532 den Protestanten; aus e. Verballhornung des Namens Hugues Besançon, des Anführers der gegen die Annexionspolitik Savoyens kämpfenden Eidgenossen. Seit 1550 ist H. der franz. Name für e. Reformierten (→Franz I., →Calvin, →Coligny, →Heinrich IV., →Bartholomäusnacht, →Edit de Nantes, →Camisards, →Berlin).

Hugues de Berzé, 1150 ? – um 1220, Schloßherr von Berzé-le-Châtel bei Mâcon. Er setzte den Sittenspiegel *Bible Guiot* (→Guiot de Provins) als *Bible au Seigneur de Berzé* (1215–20; hg. F. Lecoy 1939) fort und verschärfte den satir. Ton. Daneben sind von dem burgund. Trouvère fünf Minnelieder und e. Kreuzzugsgedicht überliefert.

F. Lecoy, Pour une chronologie d'H., Romania 1942 f.

Huis clos, Einakter von Jean-Paul →Sartre, entstanden 1944, ED *L'Arbalète* April 1944, Titel *Les autres,* EA 1945, Urauff. 27.5. 1944 Théâtre du Vieux-Colombier, Paris. Das Drama spielt in e. nach Art gutbürgerl. Salons im Stil des Second Empire möblierten, dabei jedoch fenster- u. spiegellosen Raum. Drei Personen, Inès, Estelle u. Garcin, werden nacheinander von e. Diener hereingeleitet u. eingeschlossen; sie sind tot u. befinden sich in der Hölle. Die unverbindl. Kulisse, wie sie uns aus dem Unterhaltungstheater vertraut ist, steigert zum einen die hypnotisierende Ausweglosigkeit des Geschehens u. läßt zum andern den Spielort als Reflex der Zuschauerwelt erscheinen. In der Situation der absoluten

Eingeschlossenheit, nicht der freiwilligen Absonderung wie in →*Les séquestrés d'Altona,* gebunden an Haßobjekte, entwickeln die drei Gestalten heftige Aggressivität. Über den Tod hinaus bleiben sie sich ihrer ird. Schuld – Sadismus, Mord, Desertion – bewußt u. hoffen auf Läuterung oder Bestrafung durch e. übergeordnete Instanz, die aber nicht in Erscheinung tritt. Der Versuch, die Anwesenheit der anderen zu vergessen und alle Konflikte zu verschweigen, scheitert nach kurzer Zeit; Dialoge werden zum geistigen Turnier, die Figuren lassen sich zu Geständnissen hinreißen und wechseln die Partner. Da Inès als Lesbierin charakterisiert wird, sind mehrere Konstellationen mögl. Die Auseinandersetzung kreist um die Rechtfertigung von Wahl, Existenz u. Akt, die Inès mit der Maxime ›Tu n'es rien d'autre que ta vie‹ zu entscheiden meint, während Garcin Pascals berühmtes Motiv der Wette zu profanieren sucht u. den Willen zur Tat über das Resultat setzt, bis er sich in die Ausrede der Vorherbestimmung flüchtet. Er formuliert jetzt die neue Höllendefinition: ›Pas besoin de gril: l'enfer c'est les Autres.‹ Damit gesteht er die Sinnlosigkeit der Mordtaten ein: Der Andere als Substanzbedrohung und Störung der Individualität ist unvergängl. Garcin argumentiert in diesem Augenblick weder polit. noch soziolog., sondern ontolog. Mit schrillem Lachen schicken sich die Eingeschlossenen in die ausweglose Situation (›Fini, l'affaire est classée‹), die weder Sühne noch Höherentwicklung impliziert (vgl. analog dazu *Les jeux sont faits*). An dieser Stelle muß der Zuschauer erkennen, daß ihm jedoch die Möglichkeit der Umkehr u. Veränderung bleibt, der die Toten im Stück vergebl. nachtrauern; er wird erschüttert, nicht entmutigt. Sartre übernahm von →Curel u. →Salacrou die Technik der Rückblende, um sie in *H.* innerhalb der Spielebene zum Sinnträger e. fruchtlosen Apologie zu verwandeln.

M. Beyerle, Die Modernisierung der Hölle in Sartres H. (Festschrift für H. Petriconi), 1965.

Huitain, Gedicht von acht Versen, in Acht- u. Zehnsilbern, von Villon, den Rhétoriqueurs, Marot, Saint-Gelais u. der Pléiade gepflegt (vgl. auch Dizain, Douzain, Epigramm).

Hulot, erotoman. Romangestalt in →*La cousine Bette* von Balzac, möglicherweise e. Karikatur von Victor Hugo.

Humour noir, schwarzer (= makabrer) Humor; Begriff von André Breton (*De l'h.*, 1937; *Anthologie de l'h.,* 1940, ²1950, ³1966), meint bei ihm nicht allein e. kom. Effekt grausiger Konstellationen, sondern wirklichkeitsentbundenen Humor überhaupt, der vom Kalauer bis zur Blasphemie reicht.

Hunbaut, höf. Epos, entstanden 1250–75, überliefert sind die ersten 3618 Verse; e. treuloser Liebhaber wird von →Gauvain zur Eheschließung gezwungen.

Huon de Bordeaux, anonymes Versepos (10553 assonierende Zehnsilber), enstanden in der ersten Hälfte des 13. Jh., hg. J. Audiau 1964. Auf dem Weg zum karoling. Hof wird Baron Huon mit s. Brüdern aus e. Hinterhalt überfallen; unwissentl. tötet er im Streit Charlot, den Sohn des Kaisers. Dem Täter wird e. Bußfahrt nach Babylon auferlegt, die gestellten Aufgaben – Ermordung e. Tischgenossen des Emirs Gaudisse, Umarmung s.

Tochter u. Raub von Barthaaren sowie Zähnen des oriental. Herrschers – vermag Huon nur mit Hilfe des Elfenkg.s Auberon (d.i. Alberich im Nibelungenlied) zu lösen. Auberon verhilft ihm nach der Rückkehr auch zur Wiedergewinnung s. Lehens. Chr. M. Wieland griff für s. Versepos *Oberon* (1780) auf den altfranz. Stoff zurück, in dem sich Märchenmotive mit Feudalkonflikten verbinden.

A. Adler, Rückzug in ep. Parade, 1963.

Huon de Méry, 1. Hälfte des 13. Jh., Benediktinermönch, Autor der Allegorie *Li tournoiemenz Antecrist* (um 1234, hg. G. Wimmer 1888), deren Gegenstand die Auseinandersetzung der Tugenden mit dem Laster bildet.

Huon d'Oisy, 12. Jh., gest. 1190, Vizegraf von Meaux, Schloßherr in Cambrai, einer der ältesten Trouvères; von H. sind e. Kreuzzugslied u. e. Lai in 216 Versen, der e. fiktives Damenturnier darstellt, überliefert. Zu H.s Schülern zählt →Conon de Béthune.

Huret, Jules, 1864 Boulogne-sur-Mer – 1915 Paris, Journalist, der vor allem durch die →*Enquête sur l'évolution littéraire* zur poetolog. Selbstverständigung des Fin-de-siècle beigetragen hat. Autodidakt, Kommunalangestellter, Mitarbeiter des *Echo de Paris* u. später des *Figaro,* veröffentlichte H. Reportagen über Sarah Bernhardt, Dtl., die USA u. die soziale Frage; dies brachte ihn mit Octave Mirbeau, Alexandre Millerand u. Jean Jaurès zusammen.

A. Beaunier, Visages d'hier et d'aujourd'hui, 1911.

L'Hurluberlu ou le réactionnaire amoureux, Kom. in vier Akten von Jean →Anouilh, entstanden 1958, EA 1959, Urauff. 5.2. 1959 Comédie des Champs-Élysées, Paris. Der H., e. Mischung aus Misanthrop, Don Quijote u. Miles gloriosus, ist e. vorzeitig pensionierter General, der bei der Niederschrift s. Memoiren über den Titel nicht hinauskam; er beschließt, Frkr. vor dem Niedergang zu bewahren u. die Republik zu stürzen. Für die Konspiration gewinnt er die Honoratioren des Provinznestes, in dem er lebt; ihre Triebfeder ist opportunist. Gewinnstreben, während der General starrköpfig an s. Ideale von der Volksgemeinschaft, die keine Gedankenfaulheit u. Eitelkeiten dulden kann, glaubt.

Huysmans, Joris-Karl (eigentl. Charles-Marie-Georges), 5.2. 1848 Paris – 12.5. 1907 ebda., Sohn e. holländ. Malers u. e. franz. Lehrerin, die seit 1856 als Verkäuferin arbeitete; 1866–98 Angestellter des franz. Innenministeriums, 1892 Bekehrung zum Katholizismus. S. lit. Werk spiegelt die hekt. Jagd des Fin-de-siècle nach dem Ausgefallenen u. Raffinierten, erlittene u. gesuchte Dekadenz wider. H. wurde zunächst nur e. kleinen Kreis von Freunden u. Kennern, zu denen auch impressionist. Maler gehörten, mit den Prosagedichten *Le drageoir à épices* (1874), dessen Druckkosten er noch selbst trug, als Nachahmer Baudelaires und Flauberts bekannt. Als 1876 s. zweites Werk, der Roman *Marthe, histoire d'une fille* erschien, lobte Zola die naturalist. Problematik u. rügte gleichzeitig den wuchernden Stil. Diese Kritik wiederholte Flaubert beim Erscheinen der *Sœurs Vatard* (1879); H.' Beitrag zu den *Soirées de Médan,* die Novelle *Sac au dos,* wurde die deprimierendste Geschichte des Bandes. Bedrückend waren schon die Romane seit 1876, in denen der Autor auf e. zielgerichtete Fabel ebenso verzichtete wie auf die Darstellung dramat. Auseinandersetzungen, um statt dessen Episoden, isolierbare u. daher, für sich genommen, unwichtige Erlebnisse und Vorgänge ohne kausale Verkettung aneinanderzureihen. Diese Erzählweise legt den Schluß nahe, daß das Interesse des Autors weniger der Häßlichkeit der darzustellenden Wirklichkeit als dem sprachl. Reflex e. unschönen Realitätszusammenhangs galt. In den Romanen *En ménage* (1881), *A vau-l'eau* (1882) u. *En rade* (1884) forcierte H. die naturalist. Erzähltechnik, vor allem die Deskription, um die Wahrheit e. irrealen Welt zu erweisen; in s. Briefwechsel mit Zola bezweifelte er freil. die Zweckmäßigkeit des Verfahrens. In →*A rebours* führte er jedoch den Naturalismus u. e. esoter. Ästhetentum ad absurdum; der Weg zum Glauben führte über die Beschäftigung mit dem MA u. dem Monstrum Blaubart (→*Là-bas*). Barbey d'Aurevilly hatte die Bedeutung des Satanismus bereits dargetan. *En route* exaltiert e. seligen Mystizismus, der im Hymnus auf die Kathedrale von Chartres (*La cathédrale,* 1898) u. in der Antwort auf Zolas Lourdesroman (*Les foules de Lourdes,* 1906) gesteigert wurde. H. lernte das Klosterleben kennen. In der Neuausgabe von *A rebours* (1903) warf er Zola vor, bei der Analyse der menschl. Seele versagt zu haben, da er nicht einsehen konnte, daß das Unwahrscheinl. ebenso objektiv wahr sein kann wie das empir. Verbürgte. H.' Ziel war es, ›de briser les limites du roman, d'y faire entrer l'art, la science, l'histoire‹. Die stilist. Verfeinerung, namentl. in *A rebours,* entzückte die Anhänger des Symbolismus; Valéry erklärte das Werk nach wiederholter Lektüre zu seiner ›Bibel‹ u. zu s. ›livre de chevet‹. Wie der Protagonist Des Esseintes näherte sich H. dem Katholizismus über das ästhet. Erleben des Kults (vgl. auch Chateaubriand). S. Korrespondenz mit Zola (hg. P. Lambert, Genf/Lille 1953) u. Edmond de Goncourt (hg. u. komm. L. Lambert/P. Cogny 1956) dokumentieren e. Ringen mit dem materialist. Anspruch des Naturalismus, den er bis etwa 1887 theoret. nicht zu widerlegen vermochte (*Œuvres complètes,* hg. L. Descaves, XXIII 1928–34).

A. Thérive, H., son œuvre, 1924; H. Bachelin, H. Du naturalisme littéraire au naturalisme mystique, 1925; Bulletin de la société H., 1928 ff.; H. Trudgian, L'esthétique de H., 1934; P. Cogny, H. à la recherche de l'unité, 1953; J. Laver, The first decadent: H., London 1954; H. M. Gaillot, Explication de H., 1954; R. Baldick, The life of H., Oxford 1955; G. Chastel, H. et ses amis, 1957; H. R. T. Brandreth, H., London 1963; P. Duployé, H., 1968; M. Belval, Étapes de la pensée mystique de H., 1968; M. Issacharoff, H. devant la critique en France, 1970; F. Livi, H. à rebours et l'esprit décadent, 1972; F. Zayed, H. peintre de son époque, 1973; Mélanges P. Lambert, consacrés à H., réunis par P. Cogny, 1975; Ch. Maingon, L'univers artistique de H., 1977; J. Sänger, Aspekte dekadenter Sensibilität, H.' Werk ..., 1978; H. Hinterhäuser, H., in: W.-D. Lange (Hg.), Franz. Lit. des 19. Jh.s III, 1980; M. Y. Ortoleva, H., romancier du salut, Sherbrooke 1981; F. Garber, The autonomy of self from Richardson to H., Princeton 1982; J. Borie, H., 1991.

Hydropathes, Gruppe von Lyrikern (Goudeau, Charles Cros, Allais, Ponchon, Rollinat), die 1878–80 in e. Cabaret in der Pariser rue Jussieu auftraten u. Texte rezitierten. Sie produzierten e. Blatt mit dem Titel *L'Hydropathe.*

J. Lévy, H., 1928; R. de Castéras, H., 1945; N. Richard, A l'aube du symbolisme, 1961.

Ici ou ailleurs, Stück in drei Akten von Robert →Pinget, nach dem Roman *Clope au dossier,* 1961; EA 1961; Urauff. 5.12. 1963 Schauspielhaus Zürich. Die Reisighütte, die Clope aus Protest gegen den Selbstbetrug des Reisens in e. Bahnhofshalle aufgeschlagen hat, um anhand e. franz. Grammatik durch Sprachstudien zur untrügl. Gewißheit der ›Struktur‹ (die gleichbedeutend ist mit Unabänderlichkeit u. Stillstand) vorzudringen, ist das paradigmat. Gegenstück zum Zeitungsstand von Mme Flan, die Illusionen verkauft – Dialektik von Resignation u. Evasion. Pierrot, der sich nach s. Ausbruch aus der Monotonie des Büroalltags zunächst von Clope zum Nihilismus der Grammatik bekehren läßt, sieht schließl. in den Verlockungen der Ferne den einzigen Ausweg aus s. Verzweiflung u. macht sich auf die Reise.

Idéologues, Gruppe von Philosophen, die zu Beginn des 19. Jh. die Feinde der Aufklärung bekämpften; sie beriefen sich auf Locke, Helvétius u. Condillac: →Cabanis, Fauriel, →Destutt de Tracy, →Maine de Biran. Sie schrieben vor allem im *Journal d'instruction* u. in *La Décade.* Im Denken von →Stendhal u. →Taine wird ihr Einfluß sichtbar.

S. Moravia, Il pensiero degli i., Florenz 1974; ders., Filosofia e scienze umane nell'età dei Lumi, Florenz 1982; G. Hassler, Sprachtheorien der Aufklärung, 1984; W. Busse/J. Trabant, I., Amsterdam 1986; A. Criscenti Grassi, Gli i., Rom 1990.

L'idiot de la famille. Gustave Flaubert de 1821 à 1857, von Jean-Paul →Sartre. Diese Flaubert-Biographie ist auf vier Bände angelegt, von denen ledigl. 3 (1971 f.) erschienen sind. Der Fall Flaubert dient Sartre, der dabei immer wieder auf Thesen in s. poetolog. Schrift *Qu'est-ce que la littérature* rekurriert, zur method. Erörterung der Frage, wie sich das Bild e. geschichtl. Individuums konstituieren kann. Bereits die Einzelperson erweist sich als soziolog. Konstrukt, das besser durch dasjenige des ›univers singulier‹ zu ersetzen ist. Flaubert wird durch s. Epoche geprägt, u. er totalisiert sie wieder, indem er sich als Einzelwesen in ihr reproduziert. Dem Interpreten ist demnach e. doppelter Ansatz vorgegeben, von der Sozialgeschichte u. von den Projekten Flauberts her. Flaubert bot sich Sartre deswegen als beispielhaft an, weil er sich in s. Büchern objektiviert u. weil er als Romancier im Schnittpunkt der mod. Ästhetik steht. Die Schwierigkeit des jungen Flaubert, sich gesellschaftl. u. sprachl. Strukturen anzupassen u. s. lebenslange Suche nach der Identität bilden Sartres Ausgangspunkt. Als Flaubert um 1840 den Entschluß faßte, Schriftsteller zu werden, um s. Familie u. der bürgerl. Lebensweise zu entrinnen, begriff er Dichtung als autonome, ausdrückl. von jeder Nützlichkeit gereinigte Möglichkeit zur Evasion; an e. Allianz mit den Ausgebeuteten ist noch nicht gedacht. Flaubert hat die Wahl zwischen der Anpassung an sanktionierte Lit., in der sich die schreibende Klasse selbst bestätigt fühlt, u. der Begeisterung für das Imaginäre, die sich zur ›neurot. Verneinung‹ weiterentwickelt. In diesem Stadium spielt er bewußt s. Rolle; Sartre folgert daraus auch, daß die Schriftsteller das ideale Publikum ihrer Werke sind. Zum Verständnis seiner Flaubert-Biographie verlangt Sartre, die Darstellung solle wie e. Roman gelesen werden (*Le Monde* 14.5. 1971), denn die Fremdkritik muß auch für Hypothesen, die von e. undialekt. Lit.kritik abgelehnt werden, offen bleiben.

A. Müller-Lissner, Sartre als Biograph Flauberts, 1977; H. E. Barnes, Sartre and Flaubert, Chicago 1981.

Ikor, Roger, 28.5. 1912 Paris – 17.11.1986 ebda., Sohn russ. Emigranten, Gymnasiallehrer. Er nahm im Familienroman *Les fils d'Avrom* (Prix Goncourt 1955) das Thema von Lacretelles →*Silbermann* auf u. gestaltete in ep. Breite die Konflikte, die sich aus dem Gegensatz zwischen Judentum als kultureller Macht u. der franz. Lebensart ergeben, bis beide sich zu e. europ. Haltung vereinigen. Außerdem schrieb er die Existenzromane *A travers nos déserts* (1950), *Les grands moyens* (1951); *Ciel ouvert* (1959, Novellen); *Si le temps* ... (6 Bde., 1960–69; *Frères humains,* VI 1969); Abenteuerroman *La Kahina,* 1979; *L'éternité derrière,* 1980; *Les fleurs du soir,* 1985.

G. Krause, Tendenzen im Romanschaffen des 20. Jh., 1962.

L'île de la raison ou les petits hommes, Kom. in drei Akten von →Marivaux, EA 1727, Urauff. 11.9. 1727 Com. frçe. Die Utopie verarbeitet e. Motiv aus *Gullivers Reisen* von Swift. Vor dem Gouverneur der Vernunft-Insel erscheinen acht Europäer als winzige Wesen; sie sollen in der neuen Welt unter Anleitung des Belctrue, der sie durch Gewissenserforschung und Schuldbekenntnis zu vernünftigen, d. h. wirkl. Menschen erzieht, sinnbildlich wachsen. Als erster bekehrt sich der Bauer Blaise, Poet u. Philosoph sind unheilbar, der Arzt ist e. schwieriger Fall. Ein Teilerfolg der neuen Geistigkeit ist die Aufforderung emanzipierter Frauen an Männer, sie zu heiraten.

L'île des esclaves, Einakter von →Marivaux, EA 1725, Urauff. 5. 3. 1725 Com. italienne. Im Rahmen e. griech. Utopie behandelt das Thesenstück mit dramat. Elementen der Commedia dell'arte gesellschaftl. Konflikte des frühen 18. Jh. Iphicrate u. sein Diener Arlequin werden auf e. fremde Insel verschlagen; hier haben entflohene Sklaven e. Republik errichtet. Gleichzeitig betreten Euphrosine u. ihre Dienerin Cléanthis das Eiland, auf dem Herrschaftsträger entmachtet u. durch Versklavung geläutert werden sollen. Tatsächl. genügt die profanierte Bußübung, um soziale Spannungen mit moral., u. nicht wie zu erwarten, polit. Mitteln zu beseitigen. Gerührt bekennen die Knechtsfiguren, daß alle Stände aus ihrer jeweiligen Situation heraus gut u. böse reagieren können, daß also zum fakt. Rollentausch in der Lebenspraxis keine Veranlassung besteht. Der Adel der Tugend macht alle Menschen gleich.

L'île des pingouins (1907), Roman von Anatole →France. Der greise Mönch Maël tauft Pinguine, die er für Heiden hält, daraufhin beschließt e. himml. Rat, die Tiere müßten in Menschen verwandelt werden. France, der diese Szene bereits als Parodie eines Konzils gestaltet, schreibt nun die Geschichte der vermenschlichten Vögel als Spottgesang auf die franz. Kultur, ihre ma. Mythen, ihre bürgerl. Gewinnsucht u. die →Dreyfus-Affäre: Hauptmann Pyrot wird vorgeworfen, Tausende von Heubündeln, die für das Militär von Pinguinien bestimmt waren, gestohlen u. verschoben zu haben. Die Einwohner, ›conçus et enfantés dans le respect de l'argent‹, glauben die Anschuldigung, da alle wünschten, daß der

Offizier schuldig sei, u. die Gabe des method. Zweifels bei ihnen kaum verbreitet ist. Zum Schluß entwirft der Autor e. apokalypt. Zukunftsvision: Detonationen erschüttern das kapitalist. System, Epidemien vernichten das Volk, das zuvor schon vom großen Eroberer – e. Anspielung auf Napoleon – ausgebeutet worden war. Die Satire endet pessimist., denn auf den Untergang des entarteten Systems folgt e. Ordnung, die aus den Fehlern der Vergangenheit nichts lernen will. Wenn es richtig ist, daß France stilist. dem 18. Jh. verbunden ist, gilt in *I.* ebenso, daß er der Aufklärungsideologie widerspricht.

M.-C. Bancquart, A. France, polémiste, 1962; C. Jefferson, A. France. The politics of scepticism, New Brunswick 1965.

Les illuminations, Lyrikzyklus von Arthur →Rimbaud, entstanden Anfang 1872, ED *La Vogue* Mai–Juni 1886, EA 1886, der Text war vom Dichter offensichtl. noch nicht zum Druck vorbereitet worden; krA A. Raybaud 1958; J.-L. Steinmetz, III 1989. Verlaine veröffentlichte in *Les poètes maudits* einige dieser Gedichte u. kommentierte sie; da er annahm, s. Freund Rimbaud sei bereits tot, publizierte er alle ihm zugängl. Titel als Nachlaß Rimbauds; wahrscheinl. hatte der Autor das Ms. 1875 in Stuttgart dem Halbbruder s. Frau, Charles de Sivry, übergeben. Es enthält Vers- u. Prosagedichte, die teilweise datiert sind. Die Titel geben nur bedingt Aufschluß über die halluzinator. Inhalte von teils myst., teils misanthrop. Ausrichtung; Rimbaud gestand, daß er den Leser absichtl. nicht ins Vertrauen ziehen wollte u. deshalb den ›Schlüssel zu diesem eigenartigen Spiel‹ nicht aus der Hand gab. Oft ist der Gedichtstil deskriptiv, er entzündet sich jedoch an Motiven, die unbeschreibl. u. imaginär sind, ›opéra fabuleux‹. Wenn immer wieder Riesenfiguren vorkommen, bezeichnen sie die Entgrenzung, von der Rimbaud in der Erinnerung an die verklärte Kindheit u. in der Überzeugung, daß e. neue Sintflut die brüchige Welt umgestalten müsse, fiebrig träumt. Es sind schaumgeborene Monstren, erstarrte Cherubime, uneingeschränkte Wesen. Claudel erklärt, die Lektüre der ersten Texte im Mai 1886 brachten ihm die gewaltige Offenbarung, daß das Übernatürliche überall um uns gegenwärtig ist. Die Surrealisten beriefen sich auf den Autor der *I.* als Vorbild e. von ihnen noch verschärften Entgrenzung, die Rimbauds Deformationsästhetik weiterentwickelt.

H. de Bouillane de Lacoste, R. et le problème des I., 1949; A. Adam, L'énigme des I., RSH 1950; E. Delahaye, I. et une saison en enfer, 1950; P. Guiraud, Index du vocabulaire du symbolisme, Bd. 4; Index des mots des I. d'A. Rimbaud, 1954; H. Friedrich, Die Struktur der mod. Lyrik, Hamburg 1956; P. Caddau, Dans le sillage du capitaine Cook ou Rimbaud le tahitien, 1968; L. S. Nielson, L'Anti-conte chez Rimbaud à travers quelques-unes de ses I., Revue romane 1969; R. Little, R.: I., London 1983.

Illusions perdues, Roman von Honoré de →Balzac, TA 1837, 1839; 1843, EA 1843 (*Scènes de la vie de province,* Bd. 8 der *Comédie humaine* in der Ausgabe 1842–48; krit. Ausgabe S. Jean Bérard 1959). Die Geldfrage, das Streben nach Liebe u. Ruhm markieren die Fabel des Romans, die autobiograph. Elemente einschließt. Wie Lucien Chardon, der aus Angoulême nach Paris kommt, um hier s. Glück zu machen, siedelte auch Balzac in die Metropole über in der Absicht, sie zu erobern. Der Romanheld legt sich den klangvollen Namen Lucien de Rubempré zu, liiert sich mit adligen Damen: entsprechend erhoffte sich der Romancier selbst Erleichterungen für s. sozialen Aufstieg von der Freundschaft mit der Hzgin. von Castries. Als Dichter erfolglos, stürzt sich Lucien de Rubempré in die Intrigen des Journalismus, reüssiert für einige Zeit, gewinnt die Liebe der Schauspielerin Coralie, die sich bald jedoch gegen ihre Rivalinnen am Theater nicht mehr durchsetzen kann u. daran phys. zerbricht. Lucien hat s. schnell gewonnenes Vermögen verspielt u. vertan, besitzlos, wie er gekommen ist, verläßt er Paris. Durch s. Schuld wird s. Freund David Séchard vorübergehend um die Früchte s. Erfindung, die e. rationellere Papierproduktion einleiten sollte, gebracht; Lucien will sich verzweifelt das Leben nehmen, als er dem falschen Priester Carlos Herrera, in Wirklichkeit Vautrin (vgl. *Le père Goriot*), begegnet, der ihm e. Teufelspakt vorschlägt u. s. Ehrgeiz mit amoral. Argumenten erneut anstachelt. Er beweist ihm den Unterschied zwischen der ›histoire officielle, menteuse qu'on enseigne‹ u. der ›histoire honteuse‹, die die tatsächl. Begründung der Lebenspraxis durch den Besitz liefert. Um die Welt zu beherrschen, bedarf es nicht des Studiums von Büchern, sondern der Analyse des menschl. Verhaltens; Carlos Herrera rühmt sich, Ideen Voltaires in die Tat umzusetzen, dafür sucht er e. Komplizen. Er plant e. ›apologie de la Révolte‹, e. ›Iliade de la corruption‹, wehrlos unterwirft sich Lucien s. Wertwelt. Balzac schuf mit *I.* den Typus des mod. Desillusionsromans, der durch die soziale Entwicklung während der Restauration u. des Bürgerkönigtums inspiriert war. Die Kapitalisierung des Geistes, die Verwandlung von Lit. u. Ideologie in Ware kennzeichnen die Lage, in der e. Individuum, das alles gewinnen will, auch alles wagen muß. So lautet die Maxime des Verführers, der Lucien nach Paris zurückbringt. Wer sich an den Spieltisch setzt, hat die Regeln akzeptiert: Lucien wird durch s. Erfahrungen in der Gesellschaft zu dieser bitteren Einsicht geführt. Ein Schatten s. selbst, kehrt er in *Splendeurs et misères des courtisanes* wieder. Balzac wollte mit dem Desillusionsroman zeigen, daß d. Eroberung des ›verzauberten Schlosses‹ Paris allein Herkulesnaturen, die in der ›riesigen Arena‹ der ›capitale du hasard‹ bestehen können, gelingt. Luciens Abkehr von der Familie brachte ihm schließl. nur Kräfteverlust (Vorrede des 3. Romanteils, verfaßt im März 1844).

G. Picon, I. ou l'espérance retrouvée, Mercure de France 1958; S. Jean Bérard, La genèse d'I., 1961; E. Köhler, Balzac u. der Realismus (I.) (Esprit u. arkad. Freiheit. Aufsätze aus der Welt der Romania), 1966; W. Engler, Der Poet u. Balzacs wirkliche Welt, ZfSL, Beiheft 5, 1977; L. Lévy-Delpla, I., 1983; F. van Rossum-Guyon (Ed.), I., 1988.

Illustres bergers, Gruppe junger, kath. Literaten, die seit 1625 nach dem Vorbild der Schäferwelt in d'Urfés *Astrée* ihr Leben idyllisieren (→Colletet, →Godeau, →Malleville, François Ogier, Philippe Habert u. a.). Als Lyriker waren einige Ronsardepigonen.

Illustres françoises (1713), siebenteiliger Roman von Robert →Challe. Das einzige künstler. Werk des Autors wurde bis 1780 wiederholt aufgelegt (krA F. Deloffre II 1959). Challe meint mit ›illustre‹ das beispielhafte Verhalten individueller Heldinnen, die aus emanzipator. Antrieb handeln; sowohl der Sprachform wie der

Handlungsführung nach unterscheidet sich s. Darstellung vom klass. Porträt, der Autor entlarvt die künstl. Peripetien des heroisch-galanten Romans, er kombiniert die Mehrsträngigkeit der Liebeshandlungen mit e. Technik der Unterbrechung u. unmittelbaren Exposition. Die Polyperspektivik u. der Detailreichtum der Geschichten weisen auf Stendhal voraus.

E.-M. Knapp-Tepperberg, R. Challes I., 1970.

L'illustre théâtre, von Molière am 30. 6. 1643 mitbegründete Schauspieltruppe, in der drei Angehörige der Familie Béjart (Madeleine, Geneviève u. Joseph) wirkten. Nach e. Tournee in die Normandie spielte das I. seit 1. 1. 1644 in zwei Pariser Ballspielsälen u. a. Trag. von Du Ryer u. Tristan L'Hermite. Wegen unzureichender Einspielergebnisse seit September 1644 löste sich die Gruppe am 4. 8. 1645 wieder auf, Molière wurde wegen der Verschuldung vorübergehend verhaftet, die Ensemblemitglieder gingen in die Provinz (vgl. auch Théâtre du →Marais u. →Comédiens français ordinaires du Roi).

Il pleure dans mon cœur ..., Gedicht aus dem Zyklus *Romances sans paroles* von Paul →Verlaine, Darstellung der Melancholie mit lautmaler. Effekten wie früher schon in der *Chanson d'automne.*

Il pleut, il pleut, bergère (1780), Volkslied von Fabre d'Églantine mit der Musik von Simon.

Imbert, Barthélemy, 1747 Nîmes – 23. 8. 1790 Paris, Fabeldichter (*Fables nouvelles,* 1773), Epigrammatiker, bearbeitete ma. Fabliaux (*Choix d'anciens fabliaux mis en vers,* 1788).

L'immoraliste, Erzählung von André →Gide, entstanden nach 1901, EA 1902. Aus der doppelten Perspektive e. Rahmenerzählung u. der Selbstanalyse des Helden, Michel, erlebt der Leser e. Schicksal, das durch Neugier aus geistiger Passion u. nonkonformist. Abenteuerlust ins Unglück führt. Michel, der zusammen mit s. jungen Frau Marceline in Tunesien Genesung sucht, entdeckt fern von der Zivilisation den Widerspruch von Intellekt u. Existenz, gesellschaftl. Zwängen u. Individualismus, Kultur u. Leben, Phrasen u. Taten. Er begreift sich als Doppelwesen, das ›authent.‹ sein will, u. daher die Prägung durch ›sekundäre‹ Werte als Belastung abstreifen muß; die Heilung in der mittelmeer. Welt, der s. latente Homosexualität zum Vorschein bringende Umgang mit Araberjungen, die die Vitalität vertreten, ist daher mehr als e. Genesungsprozeß im medizin. Sinn, es ist Lebenszuwachs. Wieder in Frkr., entfernt sich Michel, der oriental. Frühgeschichte studierte u. am Collège de France e. Lehrstuhl vertritt, bald von der traditionellen Geisteswiss.; die epikureische Lektion s. Freundes Ménalque bestätigt seinen Kulturpessimismus. Während er s. unter e. Schwangerschaft (die mit e. Totgeburt endet) leidende Frau vernachlässigt, sucht er unter Wilderern s. Kumpane, verschleudert Hab u. Gut. Der vermögende Mann, der die Rolle des Gutsherrn in der Normandie deswegen nicht spielen kann, weil er in der Planlosigkeit e. Voraussetzung des erfüllten Lebens sieht u. deswegen gegen wirtschaftl. Konventionen rebelliert, der gegen die ›actes intéressés‹ s. ›actes gratuits‹ setzt, ruiniert s. Ehe. E. zweite Tunesienreise bringt Marceline nicht die erhoffte Erholung; während

Michels arab. Freund Moktir für Zeitvertreib sorgt, stirbt die Frau verlassen. Michels Entwicklung von puritan. Askese zum weitreichenden Hedonismus war von Gide, der freil. nicht auktorial in die Erzählung eingreift, als Warnung vor humanist. Optimismus angelegt. Michels Geschichte löst Gides Problem, ob das Ziel des Menschen der Mensch sein soll, nicht; in →*La porte étroite* versuchte der Romancier e. alternative Lösung; 1914 bekannte Gide, er habe *I.* nur schreiben können, weil er auch das Gegenbild, kristallisiert im Verhalten der →Alissa, zu schaffen vermochte.

G. P. Bermbach, Die Gestaltung persönl. Erlebnisse in Gides autobiograph. Schriften u. in s. Erzählungen La porte étroite u. L., Diss. Hamburg 1958; A. Labuda, Les thèmes de l'adolescence dans l'œuvre de Gide, I: L'œuvre juvénile, Poznan 1968.

L'immortel (1888), Roman von Alphonse →Daudet, Satire auf die Ac. frçe. Zwei Handlungsstränge, die Erschütterung des Historikers Astier-Réhu, der erfährt, daß s. Frau an s. Wahl in die Akademie nicht unbeteiligt war, u. die Geschichte der Kandidatur von Abel de Freydet beziehen sich direkt auf die Institution der Ac. frçe. Als Kontrasthandlung kommt das Bemühen des jungen Astier, sich durch e. Geldheirat abzusichern, hinzu. Die Respektlosigkeit, mit der Daudet der traditionsreichen Versammlung der 40 Unsterblichen begegnet, ist in s. realist. Ästhetik mit begründet. Er leitet das Verhalten s. Romangestalten nicht aus ihrer Lebensgeschichte her, sondern löst die Geschehnisreihen in Einzelepisoden auf, die in der Gegenwart des Erzählens spielen. Dem korrespondiert auf der Stilebene der häufige Gebrauch von Ellipse, Anakoluth u. Synkope.

Les immortels, die Unsterbl., d. h. die Mitgl. der →Ac. frçe.

Impromptu, improvisiertes Gedicht, auf der Bühne Kurzdrama, dient häufig der poetolog. Selbstverständigung des Autors (Dancourt, Montfleury, Molière, Giraudoux, Anouilh, Ionesco, Vauthier).

L'inconnue d'Arras, Drama in drei Akten von Armand →Salacrou, Urauff. 22. 11. 1935 Com. des Champs-Élysées, EA 1936. D. Dramatiker verknüpft in d. Stück die Filmtechnik der Rückblende mit dem Zeitlupeneffekt, um e. Selbstmörder aus Eifersucht, Ulysse, in der Sekunde s. Todes zu traumhafter Einsicht in die ›irréversibilité des actes‹ zu bringen (vgl. auch Sartre, *Les jeux sont faits*). Auf der blitzartigen letzten Reise in die Vergangenheit lernt er die Generation der Väter als verlogen verachten. Allein e. unbekanntes Mädchen aus Arras, dem er einmal freundl. geholfen hat, bürgt für s. guten Taten im Leben. E. Teil der Kritik u. des Publikums reagierte irritiert auf die Innovation des Stücks.

Indiana (1832), Roman von George →Sand. *I.* ist e. Liebesroman, in dem das Recht der Frau auf Selbstverwirklichung postuliert wird. Die Erzählerin schrieb ihn während ihrer Entfremdung von Casimir Dudevant, der im Werk als Oberst Delmare erscheint. Für diesen bedarf die naturgegebene geistige Überlegenheit des Mannes keines besonderen Beweises. Der Roman umschließt e. Lebensphilosophie, er ist mehr als das Tagebuch e. erlebten Ehekrise. Er schildert die Liebe in ihren wesentl. Varianten – der instinktiven Zuneigung der kreol. Magd Noun, der diskreten u. beständigen Liebe von Sir

Ralph, der enthusiast. u. sinnl. Liebe von Raymon de Ramière, dessen in der Jeunesse dorée ausgebildete Egozentrik bereits Kritik an der absoluten Individualität impliziert. Die liebeshungrige I., die mit dem alten Oberst Delmare verheiratet ist, sieht sich der Erfüllung ihrer Sehnsüchte nahe, seit sie die Bekanntschaft Raymons gemacht hat, der versehentl. im Schloßpark von Lagny angeschossen worden war, als er Noun, I.s Milchschwester, besuchte. Da erfährt sie, daß Noun von ihm e. Kind erwartet, u. weist ihn zurück. Aus Rache täuscht er ihr die gewünschte Seelenfreundschaft vor u. veranlaßt sie, sich vom Oberst zu trennen; als I. bei ihm ankommt, ist Raymon bereits verheiratet, s. Frau demütigt sie. In dieser Lage entdeckt I. in ihrem Vetter Sir Ralph e. herzensguten Menschen, mit ihm versucht die Mal-mariée e. neues, einfaches Leben zu führen. Der erbaul. Schluß paßt zur Mentalität der Rousseauleserin Indiana.

Inès de Castro, Trag. von Antoine Houdar de →La Motte, EA u. Urauff. 1723 Com. frçe., im Repertoire bis 1801. Das Motiv von der unstandesgemäßen Liebe war mit dem Ines-Stoff in der portug. u. span. Lit. weit verbreitet, als La Motte s. pathoshaltige Trag.version verfaßte. Die Kastilierin I. lebt als Hofdame der Gattin des Infanten Dom Pedro in Portugal; als sich der Prinz in sie verliebt und s. Leidenschaft auch nach Jahren nicht abkühlt, ist der Hof besorgt, daß ihre Kinder Ansprüche auf die Krone anmelden werden. I. wird der Staatsräson geopfert u. in Anwesenheit ihres inhaftierten Geliebten hingerichtet. Zum erstenmal erschienen in *I.* Kinder als handelnde Figuren auf der Bühne, dies steigerte das Mitgefühl des Publikums mit dem unschuldigen Opfer. Der Stoff wurde im Anschluß an das Stück von La Motte im 18. Jh. wiederholt parodiert. Montherlants Dramatisierung *(La reine morte)* stellte die polit. Konflikte heraus.

H. Th. Heinemann, Inez de Castro, die dramat. Behandlungen der Sage in den roman. Lit., Diss. Münster 1915; S. Cornil, I., contribution à l'étude du développement littéraire du thème dans les littératures romanes, Brüssel 1952; E. Kohler/M.-A. Crusem, L'extraordinaire fortune d'un thème littéraire: I. ou la reine morte, Strasbourg 1956 f.

L'ingénu. Histoire véritable tirée des manuscrits du Père Quesnel, Roman von →Voltaire, EA Utrecht (in Wirklichkeit Genf) 1767. Die Geschichte setzt 1689 ein, als der Prior von Notre-Dame de la Montagne u. s. Schwester in der Bucht von Saint-Malo e. jungen Indianer, der franz. spricht, begegnen. Nach dem Erzählmuster der Werke von Montesquieu, Graffigny u. L.-S. Mercier wird der naive Wilde mit der Zivilisation während der Regierung Ludwigs XIV. konfrontiert, er lernt die Verfolgung der Jansenisten u. Hugenotten sowie das Hofleben kennen, seit er getauft ist u. Hercule de Kerkabon heißt. Nun entdeckt er auch die Lit. u. Geschichtsschreibung, dabei kritisiert er die märchenhafte u. mytholog. Begründung histor. Entwicklungen, die e. wahrscheinl. Auslegung bedürfen. In Gesellschaft des Jansenisten Gordon, mit dem er die Zelle in der Bastille teilt, nachdem s. Benehmen in Versailles als ungehörig aufgefallen war, wird er sich über die Machtansprüche der offiziellen Staatsreligion klar. Er erschrickt bes. über die These, daß der Flammenschein von Scheiterhaufen die Geister von der Richtigkeit der Dogmen überzeugen müsse, da die Wahrheit nicht von selbst an den Tag komme. S. Geliebte, Mlle de Saint-Yves, erreicht durch intime Zugeständnisse gegenüber einflußreichen Wüstlingen zwar die Freilassung des Indianers und s. Leidensgenossen, überlebt die Schande jedoch nicht lange. Nach ihrem Tod tritt der Wilde in die Armee ein u. verbringt s. Leben in der Gemeinschaft des weisen Gordon. Voltaire schließt mit der Bemerkung, während sich das Unglück der Romanfiguren schließlich zum Guten wende, gelte für die Lebenspraxis häufiger, daß Herkunft u. Zweck des Unglücks unverständl. bleiben.

P.-G. Castex, Voltaire: Micromégas, Candide, I., 1960; F. Pruner, Recherches sur la création romanesque dans l'I., Archive des lettres modernes 1960.

Institut (de France), Palais am linken Seineufer. Mazarin ließ hier e. Stiftung, das Collège des Quatre-Nations (für Stipendiaten aus den vier Provinzen, die während s. Ministerzeit der Krone zugefallen waren), einrichten, es bestand bis zur Revolution. 1805 verlegte Napoleon das I. national (seit 1795 im Louvre), das die traditionellen Akademien ablösen sollte, hierher. Es enthält auch die Bibliothek des Kardinals (350 000 von insgesamt 2 Mill. Bden.), Sainte-Beuve war hier Bibliothekar. Proust wurde e. Posten angeboten, den er nie antrat. Als nationale Körperschaft der Wiss. u. Künste umfaßt das I., das 1795 mit drei Klassen eingerichtet wurde, nach verschiedenen Statusänderungen (1803, 1816, 1832) folgende fünf Akademien: →Ac. frçe., →Ac. des inscriptions et belles-lettres, →Ac. des sciences, Ac. des beaux-arts u. Ac. des sciences morales et politiques. Das I. gibt das *Journal des savants* heraus.

C. de Franqueville, Le premier siècle de l'I., II 1895.

Institution de la religion chrétienne, theolog. Schrift von Jean →Calvin, zuerst in Lat. verfaßt (Basel 1536, überarbeitet 1559, franz. EA 1541, n. 1560, hg. J. Pannier IV 1936–39), Zusammenschau bibelexeget. Verfahren u. Darstellung der reformator. Prädestinationslehre. Die *I.,* Franz I. gewidmet, ist auch e. Markstein der franz. Renaissanceprosa (vgl. zudem Amyot, Montaigne, Rabelais).

L'intérieur des comités révolutionnaires ou les Aristides modernes, Prosakom. in drei Akten von Charles-Pierre →Ducancel, Urauff. 27. 4. 1795. Paris. Das Revolutionskomitee von Dijon protestiert als einziges gegen die Ereignisse des 9. Thermidor (Entmachtung der Robespierregruppe). S. Mitgl. sind Dummköpfe, Spitzbuben u. Analphabeten, die sich lat. Namen zugelegt haben. Sie wollen Dufour, den einzig Vernünftigen, ausschalten. Überhaupt müßten ihrer Ansicht nach in Frkr. polit. Säuberungen Lebensraum schaffen; daß in Dijon mit s. 30 000 Einwohnern nur 3000 inhaftiert sind, wird als schändl. empfunden. Dienstpersonal soll für Denunziation mit 500 Livres belohnt werden (II, 6). Als im Hause Dufour span. u. ungar. Wein gefunden wird, nehmen die Jakobiner Mme Dufour fest, das Dienstmädchen Fanchette bittet darum, gleichfalls eingesperrt zu werden (III, 4). Dufour père tritt wirkungsvoll als Ankläger auf, ehe auch er hinter Gittern verschwindet, u. bezichtigt das Komitee der Unterschlagung von 20 000 Assignaten (III, 7); Stadtoffiziere ermuntern ihn, in der Jagd auf ›vampires‹ fortzufahren. Das Stück ist e. Replik auf Molières *Tartuffe,* alles Geschehen illustriert die These, wonach es in Frkr. nur noch

Lämmer u. Wölfe gibt (I, 11) u. die Wölfe zudem im Schafspelz auftreten. Auf vier Pariser Bühnen erlebte das Stück 100 Aufführungen. Der Titel machte e. Änderung des diskreditierten Begriffs Comité révolutionnaire in Comité de surveillance notwendig.

Introduction à l'étude de la médecine expérimentale (1865), physiolog. Werk von Claude →Bernard, methodolog. Darlegung von hohem Wert auf der Grundlage positivist. Experimente, mit denen nach Meinung des Vf. intuitive Einsichten bewiesen werden müssen. É. →Zola konzipierte, angeregt von der *I.,* die Theorie des experimentellen Romans, wobei der Erzähler den Rang des Wissenschaftlers einnimmt. Die Anlage des Zyklus →*Les Rougon-Macquart* rekuriert auf Bernards Auffassung vom Determinismus u. Kausalnexus der Phänomene.

L'intruse, Einakter von Maurice →Maeterlinck, EA Gent 1890; Urauff. 21. 5. 1891 Théâtre d'Art, Paris. Die Dämonie des Todes verbreitet sich auf der Bühne; ohne aufzubegehren, meist blind für s. Erscheinen u. doch verängstigt, ertragen die Personen die Katastrophe. Wie in →*Les aveugles* setzt Maeterlinck das agnostizist. Motiv der Blindheit zur Darstellung e. zwanghaften Situation ein. Folgte dort aus der medizin. Blindheit Verlassenheit u. Tod, so gewährt in *L.* Blindheit das Erkennen des Eindringlings, des Todes. Während die Familie einer Sterbenden gebannt u. starr das Ende erwartet, sieht ein blinder Greis, daß der Tod bereits das Sterbezimmer betreten hat. Im Garten fliegen Schwäne auf, obwohl es dunkel ist, schneidet jemand mit der Sichel das Gras. Maeterlinck kumulierte Symbole u. Allegorien, da er offenbar der Verständnisfähigkeit s. Publikums noch mißtraute.

J. Hanse, La genèse de l'I., Bulletin de l'Ac. royale de Belgique 1962.

L'invasion, Prosaschauspiel in vier Akten von Arthur →Adamov, entstanden 1949, EA 1950, Urauff. 16. 11. 1950 Théâtre des Champs-Élysées. Der Stoff eines existentiellen Konflikts, wie Sartre ihn etwa in →*Huis clos* gestaltet hat, wird von Adamov strukturalist. aufgelöst. Die bedrückende Anwesenheit des andern, s. ›Invasion‹, wird am Fall einer Hg.tätigkeit illustriert. Pierre u. Agnès bearbeiten hinterlassene Mss. ihres Schwagers; diese Beschäftigung bedeutet für Pierre eine Lebensaufgabe, der weder Agnès noch s. Mitarbeiter Tradel gewachsen sind. Daher drängt er sie aus dem Projekt. In ihrer Frustration gibt sich Agnès dem ersten besten hin. Der betrogene Pierre begeht Selbstmord, als er verzweifelt erkennt, daß er alles, was s. Persönlichkeit u. ihre Verwirklichung sowie den Rang der gestellten Aufgabe betrifft, überschätzt hat. Die Invasion, die er abgewehrt hat, war in Wahrheit das Leben.

L'invitation au château, Kom. in vier Akten von Jean →Anouilh, EA 1948, Urauff. 5. 11. 1947 Théâtre de l'Atelier, Paris. Unter Rückgriff auf versch. gängige Lustspielmotive (verwechselte Zwillinge, reicher Freier und armes Mädchen u. ä.) konstruiert Anouilh e. Intrigenkom., in der er die Problemstellung von *La sauvage* mit den Mitteln des Spiels im Spiel weiterführt. Horace, e. Zyniker u. Frédéric, ein Melancholiker, sind Zwillinge. Frédéric ist mit

Diana Messerschman verlobt; um s. Bruder von s. hoffnungslosen Liebe zur koketten Diana zu heilen, lädt Horace ein Ballettmädchen namens Isabelle aufs Schloß seiner Tante ein. Die unbekannte Schöne, die inkognito eingeführt wird, soll Frédéric während e. Ballnacht bezaubern. Isabelle widersetzt sich den Anweisungen des Spielmachers Horace immer heftiger, bis dieser s. Kabale enthüllt. Nachdem der Versuch des alten Messerschman, Isabelle mit Geld zur Abreise zu bewegen, fehlgeschlagen ist, versucht der reiche Financier, durch wahnwitzige Spekulationen die ideale Armut zu erlangen; doch statt sich zu ruinieren, verdoppelt er dabei s. Vermögen. Die Spielleitung geht jetzt auf die Tante der Zwillinge, Mme Desmermortes, über, die die passenden Paare zusammenbringt, die sensible Isabelle mit Frédéric, den ichbezogenen Horace mit Diana. Anouilh unterstreicht den Spielcharakter des Doppelgängermotivs, indem er die ungleichen Brüder von e. Schauspieler darstellen läßt.

L'invitée, Roman von Simone de →Beauvoir, entstanden 1938–41, EA 1943. Das Motto des Romans zitiert Hegel: ›Chaque conscience poursuit la mort de l'autre‹. Françoise u. Pierre haben Xavière von Rouen in die Künstlerwelt von Paris geholt, um ihr e. adäquate Sozialchance zu bieten. Sie werden von ihrem Gast, dessen Anwesenheit zugleich extreme psych. Belastung u. existentielle Erfüllung bedeutet, abhängig. Ohne Xavières Zuneigung u. Zustimmung, die beide eifersüchtig suchen, obwohl das Mädchen sie fortgesetzt brüskiert, erscheint ihnen die Existenz leer u. sinnlos. Bes. für Françoise bedeutet die Anwesenheit der Bezugsperson, auf die sich ihre Hoffnung konzentriert, ›un éclatement de pureté et de liberté ... et maintenant, sur cette terre délivrée, mille merveilles allaient naître par la grâce de ce jeune ange exigeant‹. Doch sie erträgt nicht, daß Xavière unabhängig vom Bewußtsein e. andern leben kann. Aus dieser Situation der einseitigen Abhängigkeit erlöst, wie das Motto vorausschauend angibt, nur der Tod. Françoise vergiftet Xavière, als es ihr unmögl. erscheint, sie zum Objekt zu fixieren (ohne freiwillige Zustimmung wird niemand Objekt, nur wer zustimmt, für e. Person, die sich als essentiell begreift, inessentiell zu werden). Das agonale Prinzip des Romans ist also nicht wie bei Mauriac oder Green aus der Psychomachie hervorgegangen, es ist vielmehr existentielle Aggressivität u. Selbstschutz angesichts e. ›présence ennemie qui depuis si longtemps l'écrasait de son ombre aveugle‹. Françoise erlöst sich mit e. Verzweiflungsakt aus dieser Beklemmung. ›Elle avait enfin choisi. Elle s'était choisie.‹ Sartre analysierte diese Problematik gleichzeitig in →*L'être et le néant*.

Ionesco, Eugène, geb. 26. 11. 1912 Slatiwa/Rumänien, Vater Rechtsanwalt, verbrachte 1913–24 mit s. franz. Mutter die Kindheit in Paris u. der franz. Provinz, studierte in Bukarest u. Paris Romanistik (unvollendete Diss. über Sünde u. Tod seit Baudelaire), wurde Gymnasiallehrer für Franz. u. Rumän. u. Kulturattaché. Seit 1945 lebte I. in Paris. Er schrieb in Rumän. u. a. die *Elegii pentru fiintele mici* (1931) u. die Artikelslg. *Nu* (1934), die ihn als gewaltigen Polemiker auswies sowie 1938 die vier Szenen der *Hu-*

goliade, die er 1982 franz. hg. I. bekämpfte e. dem Gongorismus verwandte preziöse Stilrichtung in der rumän. Lyrik u. proklamierte e. prakt. Regellosigkeit, die die Unordnung des Alltags reflektiert. Theorie u. Bühnenpraxis der rumänischen Dramatiker Ion Luca Caragiale (1852–1912) u. Ion Hurmuz (1885–1922) sowie die poetolog. Innovationen von →Jarry, →Apollinaire, →Artaud u. →Queneau wurden für I. maßgebend: Kontamination von Tragischem u. Komischem, Verformung der Sprache, die nicht mehr handlungstragend ist, Verzicht auf Illusionswirkung zugunsten des autonomen Spiels, Mimik, Mimikry der Objekte, Karikatur der Banalität. E. aufs äußerste getriebene Parodie produziert das Unerträgliche, das den Zuschauer peinlich berühren u. beschämen soll. Der Schauspieler ist aufgerufen, auch gegen den Text zu spielen; das Wort ist ledigl. e. Element theatral. Erschütterung unter weiteren. I. hat seit 1948 ca. 30 Stücke, darunter zahlr. Einakter, geschrieben. Mit der Bezeichnung ›antipièce‹ für →*La cantatrice chauve,* s. erstes Bühnenwerk, das außer bei Salacrou, Queneau u. Lemarchand kaum Verständnis u. Zustimmung zu finden schien, bezeichnete I. seine Gegenposition zum kausal verknüpften, in sinnvoll verflochtenen Dialogen geschriebenen Schauspiel, das freil. seit Jarry schon wiederholt in Frage gestellt worden war. Er parodiert den Schicksalsbegriff, die befreiende Wiedererkennung und die Erlösungsidee (*La leçon,* →*Les chaises, Victimes du devoir,* 1953; *Jacques ou la soumission,* 1953; →*Amédée ou comment s'en débarasser,* →*Le nouveau locataire, L'avenir est dans les œufs,* 1957). In →*Tueur sans gages* führte er die Gestalt des heroischen Kleinbürgers Bérenger ein und beendete die Schaffensperiode der identitätslosen und austauschbaren Rollenträger (→*Les rhinocéros,* →*Le roi se meurt, Le piéton de l'air,* 1962; *La soif et la faim,* 1964; *Jeux de massacre,* 1970; *Théâtre* VII 1954–81; *Théâtre complet,* 1990; außerdem Fernsehspiele u. Drehbücher). Im Lauf s. Entwicklung ist I.s Auflehnung gegen das Ideendrama schwächer geworden, die Grundkonflikte zwischen Mann u. Frau, dem Künstler u. s. Gesellschaft, der Macht u. der Schwäche, die zum Tod führt, nehmen Jedermann-Charakter an. Explizit lehnte I. u. a. im *L'impromptu de l'Alma* (1956) jedes soziale u. polit. Engagement ab (vgl. ergänzend *Notes et contre-notes,* 1962; *Journal en miettes,* 1967; *Présent passé passé présent,* 1968). 1956 definierte er das Theater als Formung s. Träume, die jedoch nicht private Regungen, sondern Teilhabe an kollektiven Empfindungen sind. Dies erklärt er mit dem Archetypus von C. G. Jung, mit dem es ihm gelingt, zeitgenöss. gesellschaftl. Konflikte als nachgeordnet abzutun. Mit ›la propre mythologie de l'œuvre‹ meint er dessen Zeitlosigkeit; dazu paßt, daß I. Shakespeare u. Kleist als beispielhafte Dramatiker feierte. In den späten Stücken ist nicht mehr sicher, ob I. die existentialist. Ontologie Sartres noch für diskussions- u. damit auch parodiewürdig hält, denn der in mehreren Stücken wiederkehrende Bérenger handelt aus Antrieben s. Persönlichkeit u. s. Charakters heraus. Bereits 1955 war I. der am meisten gespielte Autor in Paris, während s. Stücke seit 1958 häufig in Dtl. (Darmstadt, Düsseldorf) uraufgeführt wurden. Das winzige Théâtre de la Huchette im Quartier latin errang mit *La cantatrice chauve* u. *La leçon* e. Dauererfolg, als I. in *Journal en miettes,* wo er C. G. Jung über Freud stellt, essentialist. Theorien vertrat, die gerade diese Stücke in Frage stellten. 1970 wurde der Autor in die Ac. frçe. aufgenommen. S. Shakespearebearbeitung mit dem verfremdeten Titel *Macbett* wurde 1972 als schlechte Parodie im Stil Jarrys angegriffen. I.s erster Roman, *Le solitaire* (1973), gestaltet die Monotonie e. scheinbar behagl. Existenz. Seitdem erschienen weitere Prosatexte, in denen I., trotz der polit. Polemik nach allen Seiten, die Sinnfrage nach dem Leben angesichts des Todes beharrl. stellt (*Antidotes,* 1977; *Entre la vie et le rêve,* 1977; *Un homme en question,* 1979; *Thèmes et variations,* 1981; *Le blanc et le noir,* 1985; *Non,* 1986; *La quête intermittente,* 1987).

Das Abenteuer I. Beiträge zum Theater von heute, Zürich 1958; R. N. Coe, I., Edinburgh 1961; H. Seipel, Untersuchungen zum experimentellen Theater von Beckett u. I., Diss. Bonn 1963; Ph. Sénart, I., 1964; S. Benmussa, I., 1966; J.-H. Donnard, I. dramaturge ou l'artisan et le démon, 1966; P. Ronge, Polemik, Parodie u. Satire bei I., 1967; E. Wendt, I., 1967; G. Büttner, Absurdes Theater u. Bewußtseinswandel. Über den seel. Realismus bei Beckett u. I., 1968; H. Junker, Drama u. Pseudodrama. Stud. zur theatertheoret. Reflexion in I.s Victimes du devoir, 1977; M. Krüger, I. (Franz. Lit. der Gegenwart in Einzeldarstellungen, hg. W.-D. Lange), 1971; H. Hanstein, Stud. zur Entwicklung von I.s Theater, 1971; P. Vernois, La dynamique théâtrale d'E. I., 1972; A. W. Tobi, I. ou à la recherche du temps perdu, 1973; G. R. Hughes/R.Bury, I. A. bibl., Cardiff 1974; R. Frickx, I., 1976; I. situation et perspectives, Colloque 1978, 1980; W. Leiner u. a., Bibl. et index thématique des études sur I., 1980; N. Satijn, Le labyrinthe de la cité radieuse, Amsterdam 1982; W. Floeck, I., in: W.-D. Lange (Hg.), Franz. Lit. des 20. Jhs., 1986; E. Egerding, Absurde Transzendenz, 1989.

Iphigénie, Trag. von Jean →Racine, Urauff. 18. 8. 1674 Versailles, EA 1675. Der Euripides-Stoff war in Frkr. bekannt, Sebillet hatte 1549 *Iphigenie auf Aulis* übertragen, Rotrou 1640 e. Bearbeitung aufführen lassen. Die griech. Flotte liegt wegen e. anhaltenden Windstille in Aulis fest. Den Orakelspruch, zur Besänftigung der Götter müsse ›e. Tochter aus dem Geschlecht Helenas‹ geopfert werden, beziehen alle auf I., Tochter des Kg.s Agamemnon u. die Verlobte Achills. Erst Odysseus' Bericht (V, 6) liefert die unerwartete Erhellung: nicht I., vielmehr ihre Halbschwester Eriphile war zum Opfer bestimmt. Racine verwarf Euripides' rituelle Lösung, die e. Hirschkuh an die Stelle der Prinzessin treten läßt, mit dem Hinweis auf ihren geringen Wahrscheinlichkeitsgrad; er stützte sich auf e. andere Quelle (Pausanias). Sie erlaubt ihm, Eriphile als eifersüchtige Gegenspielerin der Titelheldin aufzubauen u. ihre Vernichtung psychologisch glaubhaft zu machen (vgl. Hermione in *Andromaque,* Roxane in *Bajazet,* Phaedra in *Phèdre*).

E. Oberländer, Die Iphigenie. Dramen der franz. Lit., Diss. Wien 1950.

Iraílh, Augustin-Simon, 16. 6. 1719 Le Puy – März 1794, Abbé, Autor e. Geschichte der Weltlit., *Querelles littéraires* (IV 1761), und des Geschichtswerks *Histoire de la réunion de la Bretagne à la France* (II 1764); die Autorschaft für *Henri IV et la marquise de Verneuil* (1778) ist umstritten.

Iseut aux Blanches Mains, Tristans Frau *(→Roman de Tristan de Léonois).*

Iseut la Bloie (oder la Blonde), Tochter des Kg.s Anguin von Irland, Gemahlin des Kg.s →Marc von Cornwall, die Geliebte des →Tristan.

Isopets (auch Ysopets, nach Aesop, der im MA als Erfinder der Fabeln galt), lat. Vorlagen nachgebildete

Sammlungen von Fabeln der →Marie de France und von Autoren des 13.–14. Jh. in Vers und Prosa, die vom Verhalten der Tiere moral. Theoreme herleiteten.

K. Grubmüller, Meister Esopus, 1977.

Istrati, Panait, 11.8.1884 Baldovinesti bei Brăila – 16.4.1935 Bukarest, Sohn e. Griechen u. e. Rumänin, Arbeiter, engagierte sich gewerkschaftl., redigierte 1904 eine Arbeiterzeitung, zog 1913–31 durch die Mittelmeerländer u. den Nahen Osten. R. Rolland entdeckte 1921 I., als er in Nizza e. Selbstmordversuch unternommen hatte, und feierte ihn als den ›Gorkij des Balkans‹, der Ereignisse des rumän. Bauernaufstands von 1907 und eigene Erlebnisse in maler. Lokalkolorit schildert. Nach e. Reise in die UdSSR verlor I. 1929 s. Begeisterung für den Bolschewismus und wurde militanter Antikommunist (*La Russie nue,* 1929; *Vers l'autre flamme,* 1929). Er wurde der im Westen bekannteste rumän. Erzähler (*Les récits d'Adrien Zograffi,* III 1924f.; *Isaac le tresseur de fil de fer,* 1927; *La famille Perlmutter,* 1927; *Les chardons du Baragan,* 1928; *Le pêcheur d'éponges,* 1930; *La maison Thuringer,* 1933; *Le bureau de placement,* 1934; *Méditerranée,* 1935; *Ma croisade ou notre croisade,* 1941; *Œuvres,* IV 1971).

M. Jutrin, I., un chardon déraciné, 1970; E. Raydon, I., vagabond de génie, 1971.

Italianismen, lexikal. Entlehnungen, vor allem zwischen 1533 und 1560 infolge der polit. u. kulturellen Orientierung Frkr.s an Italien (über 60 Ausdrücke des Kriegswesens und der Seefahrt, wie ›cavalerie‹, ›casematte‹, ›colonel‹, ›infanterie‹, ›boussole‹, ›frégate‹, ›gondole‹; zudem Termini der Lit., wie ›sonnet‹, Architektur, wie ›arcade‹, ›balcon‹, ›façade‹, des Bankwesens, der Bekleidung und des Gesellschaftslebens). Die Heirat Heinrichs II. mit Katharina Medici italianisierte den Pariser Hof; der Italienhandel, der über Lyon abgewickelt wurde, festigte auf der prakt. Ebene den Spracheinfluß noch. Vor allem B. Aneau und Henri Estienne polemisierten gegen diese Überfremdung, die durch Desportes lit. gefestigt wurde.

L'italianisme en France au 17e siècle, Colloque 1966, Turin 1968.

Italien – Frankreich, fruchtbare kulturelle Korrelation; während im MA die ital. Lit. motiv. und stilist. stark von franz. Dichtungen abhängig war, wurde die ital. Lit. seit der Renaissance für franz. Autoren vorbildl. (→Pléiade), bis das klass. Schauspiel auf Italien zurückwirkte. Boileaus Angriffe gegen ital. Dichtung wurden von P. Bouhours noch verschärft. Das Interesse franz. Autoren des 18. Jh. an Italien (Duclos, Brosses) wurde durch die napoleon. Kriegszüge nicht gemindert. Italien bleibt hervorragendes Ziel aller Bildungsreisen und liefert lit. Stoffe für Mme de Staël, Chateaubriand, Fauriel, Stendhal, Lamartine, Nerval, Maistre, Bourget, A. France, Taine, Barrès, Giono, Vailland, Coccioli, Butor, Fernandez, Marceau. Der Futurist Marinetti verfaßte s. frühen Werke in Franz.

U. Mengin, L'Italie et les romantiques, 1902; I. Kupka, Italienreise in der franz. Lit. des 19. Jh., 1936; W. Th. Elwert, Das Italienbild der Franzosen im 19. Jh. (Ital. Dichtung u. europ. Lit.), 1969; A. Farinelli, Dante e la Francia, 1908, Reprint 1971; France et Italie dans la culture européenne, Gedenkschrift F. Simone, Turin 1981.

Ivain, Evain, Yvain, ›le chevalier au lion‹, walis. Ritter der Tafelrunde des →Artus (Chrétien de Troyes, →*Yvain*). S. Halbbruder ist ›I. l'avoutre‹.

Jabès, Edmond, 16. 4. 1912 Kairo – 2. 1. 1991 Paris, jüd. Familie mit italien. Paß; franz. Erziehung, nach dem Suezkrieg Emigration nach Frkr. Seit den dreißiger Jahren Beziehungen zu Max Jacob (*Lettres de M. Jacob à J.,* 1945), Eluard (Monographie 1953), Char. Religionsphilosoph u. Lyriker (*Le livre des questions,* 1963; *Le livre des ressemblances,* 1976–80, n. 1991; *Le livre des limites,* 1982–87; *Le livre des marges,* 1975–84; *Le seuil, le sable, poésies complètes 1943–1988,* 1990). S. Thema ist die Frage nach dem Sinn e. Judentums ohne Gott u. dem Vertrauen in schriftl. Erinnerung.

G. Bounoure, J., la demeure et le livre, 1985; M. A. Caws, J., Amsterdam 1988; dies. u. R. Stamelman (Ed.), Écrire le livre, 1989.

Jaccottet, Philippe, geb. 30. 6. 1925 Moudon (Vaud), Griech.lehrer in Lausanne, zog 1946 nach Paris und 1953 nach Grignan. Übersetzer dt. und ital. Lit. (Hölderlin, Rilke, Th. Mann, Musil, Bachmann, Muschg, Leopardi, Montale, Ungaretti; Staatspreis für Übersetzer 1987, Petrarca-Preis 1988), Lit.kritiker (*NRF* und Schweizer Zeitungen). Seit 1954 Lyrik im Stil von Supervielle u. Ponge (*A la lumière d'hiver,* 1977; *Pensées sous les nuages,* 1983; *Poésies 1946–1969,* 1985).

Y.-A. Favre (Hg.), J. poète et traducteur, Pau 1983; J. P. Vidal, J., Lausanne 1989.

J'accuse . . .! Offener Brief von Émile →Zola an den Präsidenten der Republik, erschienen in *L'Aurore* 13. 1. 1898, EA *La vérité en marche,* 1901. Zola denunziert das Verfahren gegen den Hauptmann Dreyfus (→Dreyfus-Affäre) als Justizskandal, den der Generalstab und die zuständigen Gerichte zu verantworten hatten; obwohl ihnen die Unschuld des Angeklagten bekannt sein mußte, unterdrückten sie die erforderl. Beweise. Um des polit. Effekts willen begingen sie e. Verbrechen an der ›Humanität und Gerechtigkeit‹, das endl. nach Sühne verlange. Von der Tageszeitung mit dem Aufruf wurden 300 000 Exemplare verkauft, Zola wurde der Prozeß gemacht, er floh nach England, bis der Schuldspruch annulliert wurde. In der innenpolit. Krise, die die Dreyfus-Affäre heraufbeschworen hatte, artikulierte diese öffentl. Anklage die Haltung e. sozialist. Minderheit, doch sie veränderte das Bewußtsein der Masse der Prozeßbeobachter.

A. Zévaès, Le cinquantenaire de J., 1948; H. Mitterand, Zola journaliste, 1962.

Jacob, Max, 11. 7. 1876 Quimper – 5. 3. 1944 KZ Drancy, Jude, 1915 Konversion zum Katholizismus; beschäftigte sich mit Malerei, war mit Picasso und Apollinaire befreundet und schrieb Gedichte, Verserzählungen, Essays u. Kom. S. Freunde nahmen die Bekehrung, die J. aufgrund von zwei Visionen vollzogen hatte, nicht richtig ernst, bis er sich 1921 in das roman. Kloster Saint-Benoît-sur-Loire zurückzog und hier die Funktion des Türhüters übernahm. Die dt. Besatzungsmacht entdeckte ihn u. deportierte ihn nach Drancy, wo er ums Leben kam. J. fand nach dem Vorbild von Aloysius Betrand zum Prosagedicht, in dem er unter traumhaftem Zwang sachl. Kontaktloses agglutinierend verband, wobei poet. Furor u. Ironie nicht immer auseinanderzuhalten sind. Seine sprachl. Querschläger klingen oft humorist., da nach J.s Auffassung die hohle Faktizität nur in ihrer Lächerlichkeit erträgl. erscheint (*Les œuvres mystiques et burlesques de frère Matorel,* 1911; *La côte,* 1911; *Le siège de Jérusalem, drame céleste,* 1914; *La défense de Tartuffe,*

1919; *Le laboratoire central,* 1921; *Visions infernales,* 1924; *Les pénitents en maillots roses,* 1925; *Le sacrifice impérial,* 1925; *Ballades,* 1938; *Derniers poèmes,* 1945; *Méditations religieuses,* 1945; *L'homme de cristal,* 1946). *Le cornet à dés* (1917, zweiter Teil hg. A. Salmon 1955) gilt als das Hauptwerk J.s. Der Titel der Prosagedichtslg. spielt auf Mallarmé an *(Un coup de dés jamais n'abolira le hasard);* die Texte sind esoter. und anekdotenhaft zugleich. J. widersprach der symbolist. Poetik, wo er Dichtung als Verwandlung von Gedanken in Empfindungen definierte (*Conseils à un jeune poète,* 1945; bereits 1922 *Art poétique*). J. achtete darauf, daß s. Mystizismus nicht feierl. wurde; da Dichtung die einzige Antwort auf die Existenz ist, gleicht der Dichter mehr dem Gaukler als dem Magier. Die Stoffe s. Romane, unter denen *Saint Matorel* beispielhaft ist (1909; außerdem *Le Phanérogame,* 1918; *Le terrain Bouchaballe,* 1923; *Filibuth ou la montre en or,* 1923), sind der Hagiographie entnommen und bekunden e. naiven Glauben (vgl. im Gegensatz dazu France, *L'île des Pingouins*). Postum erschien seine Korrespondenz mit Cocteau (1949), Salacrou (1957) und Béalu (1959). R. Plantier gab 1973 die *Méditations,* philosoph.-relig. Texte der 30er und 40er Jahre, heraus.

A. Salmon, J. poète, peintre mystique et homme de qualité, 1927; Cahiers J., 1951 ff.; J. Rousselot, J. au sérieux, 1955; R.-G. Cadou, Esthétique de J., 1956; A. Billy, J., ^{2}1960; R. Plantier, L'univers poétique de J., 1976; J. M. Schneider, Clown at the altar, the religious poetry of J., Chapel Hill 1978; P. Andreu, Vie et mort de J., 1981; L. Lachgar, J., 1981.

Jacquemont, Victor, 8. 8. 1801 Paris – 7. 12. 1832 Bombay, Naturwissenschaftler (Geologe und Botaniker), befreundet mit Stendhal (Mitarbeit an *De l'amour*), dessen Stil er wiederholt kritisierte, 1828 unternahm er eine Forschungsreise nach Indien, von der er nicht mehr zurückkehrte (*Lettres à Stendhal,* hg. P. Maes, 1933; *Découverte de l'Inde éternelle,* hg. A. Lebois 1961).

J. Éd. Muséum d'histoire naturelle (Les grands naturalistes français), 1959.

Jacques le fataliste et son maître, Roman v. Denis →Diderot, entstanden 1771–74, ED in Auszügen *Correspondance littéraire* 1778–80, EA 1796; 1785 war von F. Schiller e. Teilübs., 1792 die vollständige dt. Übs. von W. Ch. S. Mylius erschienen. Angeregt von e. eingelegten Erzählung in Sternes *Tristram Shandy* (VIII, Kap. 263–272) weitete Diderot die Episode von der durch Zwischenfragen unterbrochenen Geschichte zum umfangreichen Zwiegespräch zwischen Herr und Diener über den Fatalismus aus. Jacques' Liebesabenteuer dienen als Vorwand für Einwände und Digressionen, Unterhaltungen der beiden während der Reise, Anekdoten, psycholog. Erzählungen und derbe Geschichten, weltanschaul. u. ästhet. Reflexionen. Damit persifliert Diderot herkömml. Romanklischees, vor allem die Struktur des älteren heroisch-galanten Romans. Der Leser, daran gewohnt, daß ihm die Protagonisten im Romaneingang vorgestellt werden und der Ort der Handlung umrissen wird, so daß er mit ep. Einmaligkeit rechnen konnte, wurde in *J.* planmäßig enttäuscht. Diderot setzt voraus: ›Il est bien évident que je ne fais pas un roman, puisque je néglige ce qu'un romancier ne manquerait pas d'employer. Celui qui prendrait ce que j'écris pour la vérité, serait peut-être moins dans l'erreur que celui qui le prendrait pour une fable.‹ Durch e. polem. gemeinten Dualismus von ›roman‹ und ›histoire‹ in *J.*

entfernt sich D. von der Konzeption, wonach Abenteuer als Realität, unabhängig vom Erzähltwerden existieren. Wenn Jacques u. s. adliger Herr durch Frkr. reisen, von Naturgewalten u. Räubern bedroht, sind die Reisefabel und die Bauform des Romans iron. aufeinander bezogen. Geheimnisvolle Begebenheiten werden nicht mehr wie im älteren Stationenroman nach retardierenden Geschehnissen mit Gewißheit enträtselt, Diderot spielt im Gegenteil mit der Hoffnung auf Wiedererkennung u. Identifizierung. ›Die Reise hat weder e. ‚Anfang' im Sinne e. Ereignisses, das nicht notwendigerweise auf e. anderes folgt, aus dem aber e. anderes notwendigermaßen hervorgeht, noch e. ‚Mitte' im Sinne e. ‚zentralen Abenteuers', noch e. ‚Ende' im Sinne e. Ereignisses, aus dem nicht mit Notwendigkeit etwas weiteres mehr entsteht‹ (Warning). Die beiden Figuren repräsentieren philosoph. Prinzipien, wie Individualismus und Determinismus, an anderer Stelle wieder den sozialen Konflikt der vorrevolutionären Epoche, aber auch ganz vordergründig zwei Gesprächspartner.

R. Warning, Tristram Shandy und J., 1965; J. Fabre, Allégorie et symbolisme dans J. (Europ. Aufklärung. H. Dieckmann zum 60. Geb.Tag), 1967; F. Pruner, L'unité secrète de J., 1970; E. Walter, J., 1975; J. Geffriand Rosso, J., Pisa 1981.

Jacques Vingtras, Romantrilogie *(L'enfant, Le bachelier, L'insurgé)* von Jules →Vallès, entstanden während des Londoner Exils, ursprüngl. geplant als Chronik *Histoire de vingt ans* oder *Histoire d'une génération,* EA 1879–85. Der Autor widmete den Entwicklungsroman ›allen, die auf der Penne zu Tode gelangweilt, am häusl. Herd zu Tränen getrieben, endlose Kinderjahre von Bildungspaukern gefoltert und von den Eltern lieblos verprügelt wurden‹. In der Ichform erzählt J. die Geschichte s. Frustrationen und s. Auflehnung in der Provinz, die als Inferno geschildert wird (vgl. später Mauriac, Jouhandeau, Green). Demgegenüber ist die Metropole das fruchtbare, aufnahmefähige Agitationsfeld, hier erkennt die sozialpolit. Rebellion im Anschluß an die Kommune ihr Ziel. Vallès biograph. Präsenz im Werk ist deutl. u. gewollt, s. Klassenlage soll als beispielhaft gesehen werden (vgl. auch s. Drama *La commune de Paris*). Er weiß, wie er s. Helden räsonnieren läßt, daß der Zorn der Massen die Verbrechen der Ehrlichen sind. Das Werk schließt mit der geläufigen naturalist. Farbsymbolik (vgl. Zola, *Germinal*): Über Paris sieht J. den stahlblauen Himmel mit roten Wolken: ›ein Arbeiterkittel vom Blut überströmt‹.

M. L. Hirsch, L'insurgé, 1948.

Jal, Auguste, 1795 Lyon – 1873 Vernon, Marinehistoriker u. Autor des *Dictionnaire de biographie et d'histoire* (1864) und der *Souvenirs d'un homme de lettres* (1877).

Jallez, Pierre, Vordergrundfigur in →*Les hommes de bonne volonté* von J. Romains, mit →Jerphanion seit der Studienzeit an der ENS befreundet; Beobachter beim Völkerbund, e. weitgereister Skeptiker, der auch s. Verhältnis zu Françoise nach dem Grundsatz gestaltet, mehr zu halten als zu versprechen.

La jalousie (1957), Roman von Alain →Robbe-Grillet. Schauplatz ist das Herrenhaus e. Bananenplantage. Aus wechselnder Perspektive – dem Blickwinkel e. neutralen Erzählers und des Eifersüchtigen – werden drei Personen und ihr Verhalten beobachtet, ein Ehepaar, die Frau heißt A. ..., und Frank, der Freund und Rivale. Der Eifersüchtige muß aus der Partitur der Dinge und Gesten die Motive wie an e. Diagramm ablesen. Dabei reduziert sich für ihn, den Komparsen des Spiels, die Welt auf e. Kette von Indizien: eng zusammenstehende Stühle, Blicke, e. Brief, der aus e. Rocktasche sieht. Die Allwissenheit des Autors wird strategisch aufgehoben. In der trivialen Dreiecksgeschichte, mit der Robbe-Grillet gefühlsbetonte Dutzendromane von exot. Einschlag parodiert, wird die Eifersucht zum Koeffizienten der Sachwelt. Aber das objektive Drama, das Anteilnahme zu verbieten scheint, ist an wenigstens zwei Punkten durchbrochen. Die Außenwelt wird zur Ausdruckswelt, wenn der Eifersüchtige den Blick nicht von e. zerquetschten Tausendfüßler an der Wand, den der Rivale getötet hat, wenden kann und s. Verfassung mit der Tierleiche in sinnbildhafte Analogie bringt. Die Zwangsvorstellung der Ohnmacht stellt sich auch ein, wenn der Ehemann Plantagenarbeiter immer wieder dasselbe Lied singen hört und sich die Melodie nicht merken kann; sie gerinnt zum bloßen akust. Phänomen, das dem Zuhörer s. Wahrnehmungsschwäche bewußt macht. Die Romansprache ist sowohl Objekt- wie Metasprache, etwa, wenn in der Unterhaltung des Boys mit e. Boten die Verwendung bestimmter Adjektive, die freil. semant. ausufern können, reflektiert wird. Mit diesem Stilmittel entzieht der Romancier jeder Einfühlungsästhetik den Boden. Das hochpathet. Thema der Eifersucht kontrastiert mit der unterkühlten geometr. Schreibweise. Im Erscheinungsjahr wurden 746 Ex., bis 1968 ca. 30 Tausend verkauft.

J. Leenhardt, Lecture politique du roman J. d'A. Robbe-Grillet, 1973.

Jaloux, Edmond, 19. 6. 1878 Marseille – 22. 8. 1949 Lutry/Schweiz, Beamter im franz. Außenministerium 1917–23, 1936 Aufnahme in die Ac. frçe., lebte seit 1940 in der Schweiz. Kritiker der *Nouvelles littéraires* (seit 1922), Autor e. Essays über Rilke (1927) u. e. Goethebiographie (1933), u. Romancier (*L'agonie de l'amour,* 1898; *L'éventail de crêpe,* 1911; *Fumées dans la campagne,* 1918; *Les profondeurs de la mer,* 1922; *L'alcyone,* 1925; *La fugitive,* 1926; *Le pays des fantômes,* 1948; *Le dernier acte* und *La constellation,* postum 1950). J. gestaltete vor allem seel. Spannungen, in e. unglückl. Familie aus der Perspektive e. Kindes (*Le reste est silence,* 1909, Prix Fémina), zwischen Geschwistern, als die krankhaft eifersüchtige Berthe Viverol, die bereits ihren Vater ermordet hat, von der Liebe ihres Bruders zu e. Engländerin erfährt und sie tötet (*La balance faussée,* 1932). Auf J.' Romanwelt lastet eine tiefe Schwermut; weder Liebende noch Mitgl. e. Familie können auf die Dauer miteinander glücklich werden. Erst der Blick in die Vergangenheit evoziert harmon. Augenblicke im Leben der Protagonisten. Die geplante fünfbänd. Geschichte der franz. Lit. kam über den zweiten Band (*XVI*[e] *siècle,* 1947) nicht hinaus; J.' Lit.kritik erschien in postumen Sammelbänden (*Les saisons littéraires,* 1950; *Avec Marcel Proust,* 1953; *Visages français,* 1954).

Y. Delétang-Tardif, J., 1947; J. Kolbert, J., 1962; M. Rosenfeld, J., the evolution of a novelist, New York 1972.

Jammes, Francis, 2. 12. 1868 Tournay-en-Bigorre / Hautes-Pyrénées – 1. 11. 1938 Hasparren / Basses-Pyrénées, Schulbildung in

Pau u. Bordeaux, lebte 1888–1921 vor allem in Orthez, erhielt 1921 den Großen Lit.-Preis der Ac. frçe. Während vom Erzähler J. nur →*Le roman du lièvre* als eigenständige Leistung bestehen kann (weitere Titel: *Clara d'Ellébeuse,* 1899; *Almaïde d'Etremont,* 1901; *Pomme d'anis,* 1904; *Ma fille Bernadette,* 1909; *Le rosaire au soleil,* 1916; *M. le curé d'Ozeron,* 1918; *Le poète rustique,* 1920; *Cloches pour deux mariages,* 1924; *Les Robinson basques,* 1925; *Le bon dieu chez les enfants,* 1921; *Pipe chien,* 1933) u. die Satire auf den früheren Freund André Gide, *Antigyde ou Élie de Nacre* (1932), geschmacklos war, spielte J.s Lyrik im Auflösungsprozeß der symbolist. Tradition e. Rolle. Durch Hinwendung zum Erzähllied u. Spruchgedicht, häufige Verwandlung der Reime in Assonanzen entfernte sich der Dichter vom esoter. Stil. Mallarmé hatte noch *De l'angélus de l'aube à l'angélus du soir* (1898) zum Druck empfohlen; bereits in diesen frühen Versen durchbrach didakt. Verweilen bei einzelnen Motiven den angestrebten dunklen Stil. J.s gewollte Unmodernität, die sich im Laufe s. Entwicklung zu e. altmod. u. städtefeindl. Weltsicht verfestigte, was bereits Gide fassungslos registrierte, wurde von vielen Zeitgenossen als ›jammisme‹ verhöhnt u. von Tristan Klingsor in *Humouresques* (1921) maßgerecht parodiert. Mit der Naturliebe u. Huldigung an das einfache Leben, dem Hang zu Idyllen in Gottes Hand, wie er vor allem seit der Konversion 1905 unter Claudels Einfluß vorherrschend wurde, ging e. exoter. u. naive Schreibweise einher (*Le deuil des primevères,* 1901; *Le triomphe de la vie,* 1902; *Clairières dans le ciel,* 1905; *L'église habillée de feuilles,* 1906; *Les géorgiques chrétiennes,* 1911 f.; *Livres des quatrains,* IV 1923–25; *Ma France poétique,* 1926; *De tout temps à jamais,* 1935; *Sources,* 1936; *Variations sur un air français,* 1941). J. wollte e. Provinzdichter werden wie Mistral, daher suchte er, der sich nur im freizügigen symbolist. Klima entfalten konnte, nach Stilmitteln, die nicht an die Stofferwartung der Großstadtpoesie von Baudelaire bis Laforgue u. Fargue gebunden waren, u. fand immer wieder zum Archaismus. S. Memoiren (III 1921–23), die postum veröffentlichte Korrespondenz mit Colette (1945), Samain (1946), Gide (1948), Claudel (1952) sowie A. Fontaine (1959) u. Essays (*Trente-six femmes,* 1926; *Champêtreries et méditations,* 1930; *Leçons poétiques,* 1930; *Œuvres,* V 1913–26) offenbaren die weltanschaul. Beweggründe, vor allem die persönl. Frömmigkeit des Dichters.

P. Claudel, J., 1949; M. Parent, Rythme et versification dans la poésie de J., 1956; R.-M. Dyson, Les sensations et la sensibilité chez J., Genf 1954; R. u. L. van der Burght, J., Brüssel 1961; R. Mallet, J. Sa vie, son œuvre 1868–1938, 1961.

Janin, Jules, 4. 12. 1804 Saint-Étienne-en-Forez – 19. 2. 1874 Passy, Jurastud., Journalist beim *Figaro, Journal des débats,* in der Ac. frçe. Nachfolger von Sainte-Beuve (1870), Lit.kritiker u. Romancier. J. kreierte e. lebhaften, mit phantast. Einfällen durchsetzten Stil (*Histoire de la littérature dramatique,* 1835–38; *Béranger et son temps,* 1866). *L'âne mort et la femme guillotinée* (1829) parodiert den Roman-charogne u. s. obligaten Motivvorrat (Bordell, Mord, Operation, Sektion, Guillotine, Leichenschändung). Mit paradoxen Argumenten verteidigte J. 1831 in *Honestus* die Pflege des Lasters (*Contes fantastiques,* 1832; *Contes nouveaux,* 1833; *Œuvres diverses,* hg. A. de la Fizelière, 1876–78; *Œuvres de jeunesse,* 1881–83; *L'âne* *mort, La femme guillotinée, La confession,* éd. J.-M. Bailbé 1973; *735 lettres à sa femme,* III 1973–79). 1872 widmete Arsène Houssaye J. den Roman *Le chien perdu et la femme fusillée,* der offensichtl. von *L'âne mort et la femme guillotinée* angeregt wurde.

M. Praz, La carne, la morte e il diavolo nella letteratura romantica, Florenz [3]1948; Mergier-Bourdeix, Les amours de J. et Le mariage du critique, 1968; J.-M. Bailbé, J., 1974; J. et son temps, Colloque, Rouen 1974; J. Landrin, J. conteur et romancier, 1978.

Jansenismus →Pascal, →Port-Royal.

Le jardin de Bérénice →*Le culte du moi.*

Jargon →Coquillards.

Jarry, Alfred, 8. 9. 1873 Laval – 1. 11. 1907 Paris, Schulbildung in Rennes u. seit Herbst 1891 Lycée Henri IV., Paris. Lit.kritiker, Mitarbeit am *Mercure de France;* 1896 Secrétaire-Régisseur von Aurélien Lugné-Poe am Théâtre de l'Œuvre, wo →*Ubu roi* herauskam. Das früher entstandene blasphem. Stück *César-Antéchrist* (1895) enthielt das Mittelstück der Ubu-Fabel, die J. später zum Dramenzyklus erweiterte: *Ubu enchaîné,* 1900; *Ubu sur la Butte,* 1906; *Ubu cocu,* postum 1944. Die phantast. Romane (*L'amour absolu,* 1899; *Messaline,* 1900; *Le surmâle,* 1902; *La papesse Jeanne,* 1908; →*Gestes et opinions du docteur Faustroll, pataphysicien*) wählen bevorzugt erot. Mythen u. Legenden, die in bestechenden sprachl. Ornamenten dargeboten werden, Lüsternheit ist hier e. ästhet., kein eth. Kriterium. Als Dramatiker hat J. den Weg in die Marionettenposse gewiesen; Apollinaire, Vitrac, Artaud u. Ionesco sind von s. Bühnenpraxis sowie den theoret. Darlegungen abhängig *(Questions de théâtre; De l'inutilité du théâtre au théâtre, Douze fragments sur le théâtre).* Gemäß der postulierten Ästhetik des Mißfallens im Schauspiel hält J. dem Publikum e. Zerrspiegel vor, der mit den parodist. Impulsen der Farce, Sottie u. Burleske Fratzen ins Parterre zurückwirft. Die gewollte Alogik, e. chaot. montierte Kunstwirklichkeit, die mit Gesten-, Situations- u. Wortkomik schwarzen Humor produziert, wirkte bis heute schulbildend (*OC,* III 1972–88).

M. Arrivé, Les langages de Jarry, 1972; ders., Lire J., 1976; H. Béhar, J., le monstre et la marionnette, 1973; F. Caradec, A la recherche d'A. J., 1974; Sondernr. Europe März–April 1981; Cl. Schumacher, J. and Apollinaire, 1984; K. Beaumont, J., Leichester 1984; H. Béhar, Les cultures de J., 1988; P. Besnier, J., 1990.

Jasmin, Jacques (eig. J. Boé), 6. 3. 1798 Agen – 4. 10. 1864 ebda., arme Verhältnisse, wurde Friseur u. Perückenmacher, begann unter dem Eindruck von Florian in gaskogn. Sprache zu dichten: Idyllen, Burlesken, polit. Gedichte, die Charles Nodier 1835 u. Sainte-Beuve 1837 e. größeren Publikum bekannt machten (*Œuvres complètes,* IV 1890; *Las papillotos,* hg. Boyer d'Agen, IV 1889).

J. J. Rabain, J., sa vie et ses œuvres, 1867; P. Marieton, J., 1898.

Jaucourt, chevalier Louis de, 27. 9. 1704 Paris – 3. 2. 1779 Compiègne, Stud. Theologie, Mathematik u. Medizin, seit 1736 gehörte er zum Kreis der Aufklärer. J. arbeitete an der *Encyclopédie* mit und verfaßte e. *Histoire de la vie et des œuvres de Leibniz.* Für die letzten 10 Bde. der *Encyclopédie* war J. Diderots wichtigster Mitarbeiter.

S. Rapp, Das Werk des Enzyklopädisten J., Diss. Tübingen 1965; M. F. Morris, Le chevalier de J., Genf 1979.

Jaufré, anonymer Versroman in 10 956 Achtsilbern, der einzige provenzal. Artusroman, entstanden zwischen 1180 u. 1225 (hg. R. Lavaud/R. Nelli 1960). Bei der Abfassung (denkbar sind zwei Dichter) war der Einfluß des Chrétien de Troyes bereits wirksam. J., Sohn e. Artusritters, bekämpft Riesen, Aussätzige, selbst Teufel u. erwidert die spontane Liebe der Dame Brunesentz; in die märchenhafte Gestimmtheit ist stellenweise schokkierender Realismus eingelassen. Auffällig ist in *J.* die Problematisierung der ritterl. Abenteuer, zu deren höherer Sinnstiftung relig. Bindungen notwendig werden.

H. R. Jauß, Die Defigurierung des Wunderbaren u. der Sinn der Aventüre im J., RJb 1953/54; M. R. Jung, J., Mél. P. Bec, Poitiers 1991.

Jaufré Rudel, Fürst von Blaye, lebte in der Mitte des 12. Jh., Trobador, dessen Dichtungen mit s. Legende übereinstimmen (→Amor de lonh). Er erkor die Gräfin von Tripolis, ohne sie gesehen zu haben, zur Geliebten; als der Drang, ihr zu begegnen, übermächtig wurde, machte er sich auf die Reise in die ferne Stadt, in der er todkrank eintraf. Die Gräfin erfuhr von s. Schicksal, u. J. starb in ihren Armen. Die sechs sehnsüchtigen Kanzonen des Trobadors sublimierten den Stil →Guilhems de Peitieu. Als lit. Stoff wurde das Leben J.s von Uhland, Heine, Swinburne, Carducci u. Rostand gestaltet (*The Songs of J.*, hg. R. T. Pickens 1978).

S. Battaglia, J. e B. de Ventadorn, Canzoni, Neapel 1949; S. Pellegrini, Appunti … su J. Studi mediolatini e volgari 1971.

Jaurès, Jean, 3. 9. 1859 Castres/Tarn – 31. 7. 1914 Paris (ermordet), ENS, Agrégation, Philosophieprof., sozialist. Politiker, seit 1885 Abgeordneter, Gründer der heutigen kommunist. Zeitung *L'Humanité* (1902). Der Pazifist J., Verfechter der dt.-franz. Aussöhnung, wurde von e. nationalist. Fanatiker ermordet, er ist im Panthéon beigesetzt. Er schrieb außer zahlr. Aufsätzen u. Abhandlungen zur Gesch. der Philosophie e. 13bänd. *Histoire socialiste de la République française* (1901–08; *Œuvres,* IX 1931–39).

B. Werwie, J. Wesensbetrachtung publizist. Aktion u. Persönlichkeit, Diss. Berlin 1957; M. Auclair, J., 1959; V. Auriol, G. Bastide u. a., J., 1962.

Jay, Antoine, 20. 10. 1770 Guitres/Gironde – 9. 4. 1854 Chaberville/Gironde, Jurist, Erzieher der Kinder von Fouché, Gründer des *Constitutionnel* (1815), Hg. (zusammen mit Jouy u. a.) der *Biographie nouvelle des contemporains* (1823) u. hist. Werke, darunter e. Darstellung der Ära Richelieus (II 1815). J. wurde 1832 in die Ac. frçe. gewählt.

Jean-Baptiste Clamence, Held der Erzählung →*La chute* von Camus, verkörpert egozentr. Individualismus im Genuß u. in der Reue.

Jean Barois, Roman von Roger →Martin du Gard, entstanden 1910–13, EA 1913. Das Geschehen des dreiteiligen Romans, der die relig. Emanzipation, das Engagement in der →Dreyfus-Affäre u. die Rückkehr des Titelhelden zur Kirche u. zu s. Familie zum Inhalt hat, setzt 1878 ein. Der Autor plante das Werk als ›travail de longue haleine sur l'attitude religieuse d'un homme moyen (moyen, mais tout de même supérieur à la moyenne …)‹ unter dem Arbeitstitel *S'affranchir.* Jean Barois gründet 1895, als s. relig. Zweifel unumstößl. zu sein scheinen, die pazifist. Zs. *Le Semeur,* e. Organ der Aufklärung, das sich für Hauptmann Dreyfus einsetzt u. deswegen in s. Fortbestand bedroht erscheint. Martin du Gards Darstellung der Affäre stützt sich auf die 1913 noch vorherrschende Meinung vom Justizirrtum als einzig plausibler Erklärung der Vorgänge, während spätere Forschungen stichhaltige Argumente für die Maximalschuld des franz. Generalstabs erbracht haben. Durch die Revision des Prozesses wird J. u. s. Blatt die Grundlage der Aktivität entzogen; Resignation erfaßt ihn, Krankheiten schwächen ihn weiter. Der Eintritt s. Tochter in e. Kloster erschüttert den Freidenker. Durch e. Abbé, der den Glauben verliert, findet J. auf dem Sterbebett zur Religion zurück. S. Frau Cécile vernichtet s. Testament, in dem er e. mögl. Rückkehr zum Glauben aus Altersmüdigkeit u. Angst vor der Agonie im voraus für ungültig erklärt hatte. Martin du Gard versuchte e. Höchstgrad an Objektivität zu gewinnen, wenn er weite Passagen der Erzählung in Dialoge auflöste, e. Technik, die seit 1894 von A. Hermant u. J. Schlumberger erprobt wurde; die dramat. Form erwächst aus der personalen Erzählhaltung u. hat nichts gemein mit dem dramat. Roman, den Hugo u. Balzac gefordert haben. Der Romancier erkannte später, daß der Zwang zum Präsens die Mittel des Schriftstellers auf die Dauer beschneidet u. den Leser ermüdet. Der Verleger Grasset, der *J.* ablehnte (Gide setzte die Veröffentlichung bei Gallimard durch), nannte das Werk einfach ›dossier‹, Camus sprach von e. ›roman-dossier‹. Tatsächl. sind die Konflikte des Titelhelden u. das Schicksal der franz. Bourgeois an der Jahrhundertwende nur schwach verflochten; als Geschichtsroman füllt *J.* nicht die Lücken, die die Historiographie gelassen hat. Martin du Gard ist nicht der Archivar der Geschichte, als der er sich ausgab u. als den ihn die Forschung lange würdigte. Dennoch stellt das Werk die Krise e. Epoche u. Generation dar, die Wiss. u. Religiosität als welterschütternden Gegensatz annahm u. gleichzeitig die Ausbreitung des wissenschaftl. Denkens mit Unbehagen verfolgte.

E. Höhnisch, R. Martin du Gard: J. (Der mod. franz. Roman, hg. W. Pabst), 1968; R. Laubert, Die hist. Grundlagen in J. von R. Martin du Gard, Diss. Tübingen 1969; K. Wilhelm, R. Martin du Gards Dialogroman J., ZfSL 1969; M. Taylor, J. de R. Martin du Gard, London 1974; E. Swedenborg, J., étude des manuscrits et des techniques narratives, Lund 1979.

Jean-Christophe, Romanzyklus in zehn Bden. von Romain →Rolland, Teildrucke *Cahiers de la quinzaine* 1904–12, EA 1905–12. Der Autor plante, den Bildungsroman romant. Ursprungs mit dem Künstler- u. Gesellschaftsroman zu verschmelzen. Dabei trägt die Titelgestalt Züge von Beethoven u. Rolland selbst. Johann Christof Krafft, der aus e. rhein. Musikerfamilie stammt, durchläuft einschneidende Phasen in der Schule des Lebens u. des Künstlertums: er leidet unter dem wirtschaftl. Ruin s. Familie u. dem Banausentum der Gesellschaft, die ihn als mod. Komponisten ablehnt, u. er wird zum Verfolgten, nachdem er in e. Schlägerei mit Soldaten e. Offizier getötet hat. Bei s. Emigration nach Paris vermißt er in der franz. Kunst zunächst die moral. Akzentsetzung, bis ihm Olivier Jeannin das andere Frkr. des Heroismus u. der Opferbereitschaft unter der frivolen Maske des Wohllebens u. intellektuellen Tändelns entdecken hilft.

Die Freunde schließen sich nach Oliviers gescheiterter Ehe der Arbeiterbewegung an; obgleich sie der sozialen Frage keinen absoluten Vorrang zuerkennen, engagieren sie sich dabei doch so weitgehend, daß Olivier bei e. Straßenschlacht den Tod findet u. Jean-Christophe, der e. Polizisten getötet hat, in die Schweiz fliehen muß. In der Einsamkeit der Bergwelt u. in Rom, wo er einige Zeit lebt, klingen s. inneren Kämpfe allmähl. ab. Als er nach Jahren des Wanderns u. der kompositor. Suche in der Schweiz stirbt, klingt zum letztenmal das Leitmotiv des Zyklus an: der Vater Rhein als Schicksalsstrom, der die europ. Einigung bewirken soll, u. als Verkörperung e. metaphys. Symbols. Denn nach der Weltanschauung von Rolland ist das Individuum ein Punkt, an dem sich allumfassende Lebensströme aktualisieren: Teilhabe an der Existenz hat Vorrang vor Veränderung der Lebensverhältnisse.

M. Schierer, R. Rolland, J. et l'Allemagne dans la crise de la révolte, RLC 1948; E. R. Curtius, Franz. Geist im 20. Jh., Bern 1952; G. Watson, R. Rolland et le sens de l'humanité d'après J., Thèse Paris 1960; E. E. Kobi, Die Erziehung des einzelnen. E. Skizze zum Problem existenzieller Erziehung, ausgehend von J., 1966; D. Sices, Music and the musician in J., New Haven/London 1968; B. Duchatelet, Les débuts de J., Thèse 1975.

Jean d'Arras, Erzähler des 14. Jh., Bearbeiter der Melusinensage zur genealog. Ehre des Hauses Lusignan (*L'histoire de la belle Mélusine,* nach 1387; EA Dijon 1478; krA L. Stouff, Dijon 1932).

A. Lebey, Le roman de la Mélusine, 1925; L. Stouff, Essai sur Mélusine, roman du 14e siècle par J., 1930.

Jean de Meung, gen. Clopinel (oder Chopinel), gest. vor November 1305 Paris. Vom Vollender des →*Roman de la rose* ist nur bekannt, daß er aus Meung-sur-Loire stammte, an der Artistenfakultät der Sorbonne den Magistergrad erwarb u. im Faubourg Saint-Jacques e. Haus besaß. Er übersetzte lat. Autoren u. bereicherte nach 1275 den unvollendeten Rosenroman um 17722 Achtsilber.

H. Hatzfeld, La mystique naturiste de J., Wiss. Zs. der Univ. Jena 1955–56.

Jean de Thuin (nach Thuin im Hennegau), schuf um die Mitte des 13. Jh. nach dem Vorbild der *Pharsalia* in Prosa e. *Roman de Julius Cesar,* ergänzte das unvollendete Epos des Lucanus jedoch nach anderen Quellen, wobei er vor allem Caesar u. Cleopatra in sympath. Figuren verwandelte.

P. Hess, Li roumanz de Julius Cesar, Winterthur 1956.

Jean des Entommeurs, Gefährte des Titelhelden in →*Gargantua* von Rabelais, bei aller Trunksucht u. Bildungsarmut doch e. typ. Gestalt der lebensvollen Geschichte. Als Gargantua J. zum Abt versch. Klöster machen lassen will, lehnt er mit der Bemerkung ab, wie solle er andere regieren, wenn er sich selbst nicht beherrschen könne. Nun wird e. Abtei nach s. eigenen Sinn gestiftet: →Thélème.

Jean Hennuyer, évêque de Lisieux (1772), Drama von Louis-Sébastien →Mercier, e. Gedenkstück auf die Bartholomäusnacht. Als am 27. 8. 1572 in Lisieux die Pariser Massaker bekannt werden, stürmen Protestanten das bischöfl. Palais; Bischof J. widersetzt sich jedoch dem Befehl des Lieutenant du Roi, die Aufrührer vernichten zu lassen. Gegenüber dem Vertreter absolutist. Intoleranz verteidigt der Kirchenfürst die Gewissensfreiheit. Auf die Vorhaltung des Offiziers, der Religion, die zu allen Zeiten gelehrt habe, dem Monarchen untertan zu sein, schulde jeder Gehorsam, erwidert der Bischof: Der Wille des Königs könne deswegen nicht Gesetz sein, weil ihm die allgemeine Zustimmung der Nation als Bedingung s. Gültigkeit fehle; ›u. wann hätten sich die Völker je freiwillig e. despot., willkürl. u. unumschränkten König gegeben?‹ Mit revolutionärem Pathos erschließt Mercier die Relevanz der Ereignisse von 1572 für die aufgeklärte Nation von 1772.

Jean le Bel, um 1290 Lüttich – 15. 2. 1370. Zwischen 1352 u. 1361 schrieb der Kanonikus die Chronik *Histoire vraye et notable des nouvelles Guerres et Choses avenues depuis l'An 1326 jusques à l'An 1361 en France, en Angleterre, en Escoce, en Bretaigne et ailleurs* aus der Erinnerung u. nach Augenzeugenberichten, wobei die Sympathien des Autors offensichtl. den Engländern gelten. →Froissart benutzte s. Darstellung.

Jean (Jehan) Renart, Erzähler der ersten Hälfte des 13. Jh., lebte am Hof des Grafen von Boulogne u. verfaßte vor 1202, vielleicht auch erst um 1227, den an Abenteuern, aber auch farbigen Beschreibungen reichen Schicksalsroman →*Escoufle,* dessen Ausgang nicht mehr die endlose Bewährung nach dem Muster der Artus-Epik, sondern Fortuna bestimmt. J. pilgerte ins Heilige Land u. nach Santiago de Compostela. 1228 vollendete er unter dem Eindruck des *Roman de Troie* s. nächstes Werk, *Le roman de la rose ou de Guillaume de Dole* (5635 Achtsilber), mit der Neuerung von 48 Liedeinlagen: Die unstandesgemäße Braut Kaiser Konrads, Liénor, muß in e. Scheinprozeß gegen ihre Verleumder die Haltlosigkeit manipulierter Gerüchte erweisen. Alles fügt sich zuletzt auch im *Lai de l'ombre* (962 Achtsilber) zum Guten dank e. unüberbietbar galanten Einfalls des werbenden Ritters. J. zählt zu den feinsinnigsten Dichtern s. Zeit; s. Autorschaft des Fabliau →*Auberee* u. des Romans *Galeran de Bretagne* ist umstritten.

P. H. Beekmann, R. and his writings, 1935; R. Lejeune-Dehousse, L'œuvre de R., 1935; C. Cremonesi, R. romanziere del XIII secolo, Mailand 1950; M. Stasse, J., le Lai de l'ombre, Lüttich 1979; M. Zink, Roman rose et rose rouge, 1979; F. Lecoy, A propos de Guillaume de Dole, Travaux de Linguistique et de Littérature 18,2,1980.

Jean Santeuil, Roman von Marcel →Proust, entstanden 1895–1899, EA 1952, besorgt von B. de Fallois. Obwohl das Werk als nachgelassener Roman e. fiktiven Romanciers C. ausgegeben wird, ist der autobiograph. Anteil nicht zu übersehen – die labile Gestimmtheit des Protagonisten aus großbürgerl. Hause, e. anfällige Gesundheit u. starke Mutterbindung. Das Motiv der Erinnerung tritt wohl schon gehäuft auf, jedoch noch ohne die sinnstiftende Funktion wie in →*A la recherche du temps perdu.* Die durchschnittl. Bildhäufigkeit ist noch höher als im späteren Romanzyklus.

H. R. Jauß, Proust auf der Suche nach s. Konzeption des Romans, RF 1955; E. Zeblewski, Prousts Bildersprache in J., Diss Marburg 1957; M. Marc-Lipanski, La naissance du roman proustien dans J., 1974; A. Saraydar, Proust disciple de Stendhal, 1980.

Jeanne d'Albret, 7. 1. 1528 Saint-Germain-en-Laye – 9. 6. 1572 Paris, Kgin. von Navarra, Mutter →Heinrichs IV.

Jeanne d'Arc, zwischen 1410–12 Domrémy/Vosges – 30. 5. 1431 Rouen (hingerichtet), Tochter wohlhabender Bauern, begab sich

16- oder 19jährig nach Chinon, um den Dauphin Karl während e. für Frkr. glücklosen Phase des 100jähr. Kriegs gegen England für ihre kühnen militär. Pläne zu gewinnen. Dazu berief sie sich auf ›Stimmen‹, Eingebungen versch. Heiliger. Tatsächl. wurde unter ihrem Kommando Orléans zurückerobert u. Karl VII. in Reims zum franz. Kg. gesalbt; die Entsetzung von Paris scheiterte jedoch. J. wurde im Mai 1430 von Burgundern gefangengenommen u. gegen e. hohe Summe an die Engländer ausgeliefert, die ihr den Inquisitionsprozeß wegen Hexerei machten; Bischof Pierre Cauchon von Beauvais leitete das Verfahren. Zwar widerrief J. ihren relig. Auftrag, zog den Widerruf aber zurück, als sie statt zum Tode zu lebensläng l. Haft verurteilt werden sollte. Sie starb als rückfällige Ketzerin auf dem Scheiterhaufen. Am 7. 7. 1456 erfolgte ihre Rehabilitation, am 16. 5. 1920 die Kanonisation. Das enkomiast. Gedicht der →Christine de Pisan, *Ditié de J.*, *Le champion des dames* von →Martin le Franc, →Villons *Ballade des dames du temps jadis* sowie das *Mystère du siège d'Orléans* bearbeiteten zuerst den hochpathet. Nationalstoff. Dieses Stück zeichnete schon geschichtl. Genauigkeit aus, wahrscheinl. wurde es bereits 1429 verfaßt u. 1434 in verkürzter Version aufgeführt. Die *Histoire tragique de la pucelle* von Fronton du Duc wurde 1580 in Plombières aufgeführt, 1603 folgte V. Des Graviers' *Tragédie de Jeanne d'Arques,* 1641 die Prosatrag. *La pucelle d'Orléans* von →Hédelin, 1656 das Epos von →Chapelain, *La pucelle,* dessen glorifizierenden Tenor →Voltaire (*La pucelle d'Orléans;* bereits 1593 e. Roman dieses Titels von →Beroalde de Verville) travestierte. Ein Stück *J.* (1789) von L.-S. →Mercier wurde nie gedruckt u. ist offenbar verlorengegangen. Im 19. u. 20. Jh. dienten die Taten der Jungfrau von Orléans u. ihr nationaler Rang wiederholt als Vorwurf zu Erzählungen u. romanhaften Biographien (→A. Dumas, →A. France, →Péguy, →Delteil, Bernanos, *Jeanne relapse et sainte,* 1934; L. Fabre, *J.*, 1948). Der konfliktreiche Stoff eignete sich besser für die dramat. Bearbeitung, d. sowohl Heroisierung wie Ironisierung zuließ (A. Soumet, *J.*, 1846; F. Porché, *La vierge au grand cœur,* 1925; Claudel, →*J. au bûcher,* Th. Maulnier, *J. et les juges,* 1949; Maeterlinck, *J.*, 1948; J. Audiberti, *La pucelle,* 1950; J. Anouilh, →*L'alouette*). Im dt. Drama verband G. Kaiser den Stoff mit der Geschichte von Gilles Rais (*Gilles und Jeanne,* 1923).

E. v. Jan, Das lit. Bild der J., 1928; ders., RJb 1954 u. 1962; H. M. O'Connor, J. dans le théâtre contemporain français, anglais et américain, Thèse Laval 1956; G. Storz, J. in der europ. Dichtung, Jb. der dt. Schillergesellschaft 1962; A. Powers, The image of J. in 17th century France, Cincinnati 1967; H. Guillemin, Jeanne dite J., 1970; R. Pernoud, J. devant les Cauchons, 1971; L. Fabre, J., 1978; J., une époque, un rayonnement, Colloque 1979, 1982; H. Hudde, J. zwischen Voltaire u. Schiller, ZfSL 91, 1981; A. M. Gérard, J., la mal jugée, 1981; T. Heidenreich/P. Blumenthal (Hg.), Glaubensprozesse, Prozesse des Glaubens, 1989.

Jeanne d'Arc au bûcher, dramat. Oratorium (Vers u. Prosa, Musik A. Honegger) von Paul →Claudel, entstanden 1935, EA 1938, konzertante Urauff. 12. 5. 1938 Basel, szen. Urauff. 6. 5. 1939 Stadttheater Orléans, Pariser Premiere 18. 12. 1950 Opéra. Die Wahl der Simultanbühne, die nachgeholte Exposition (vgl. auch Anouilh, *L'alouette*), die Metamorphose des Gerichtshofs nach dem Modell der Tierfabel, liefern in einem ma. verfremdeten Rahmen die Reinheit Johannas der Befleckung durch die

Mächte des Positivismus aus; Bischof Cauchon von Beauvais tritt als Cochon auf. Die Geste der Rückerstattung ihrer Existenz, die Violaine in *L'annonce faite à Marie* myst. vollzog, wird Johanna auf dem Scheiterhaufen abverlangt.

Jehan de Paris, Prosaroman, von unbekanntem Autor nach 1494 in Lyon verfaßt, erzählt das Leben des kgl. Protagonisten vom dritten Lebensjahr bis zu s. Tod. Der junge franz. Kg. Jean ist mit e. kastil. Prinzessin verlobt; als er erfährt, daß der Kg. von England s. Braut heiraten will, zieht er als Kaufmann verkleidet im engl. Gefolge nach Burgos u. überlistet den Rivalen. Die Vermählung der Anne de Bretagne mit Karl VIII. von Frkr. statt mit Erzhzg. Maximilian, dem sie versprochen war, sowie der glänzende Einzug Karls in Florenz bilden die hist. Motivation der graziösen Fabel, die geistvoll erzählt wird.

Je meurs de soif auprès de la fontaine, Thema eines Dichterwettstreits, den Ch. d'Orléans ausrichtete; Teilnahme von Villon.

Jerphanion, Jean, Vordergrundfigur in →*Les hommes de bonne volonté* von J. Romains, Freund des →Jallez; radikalsozialist. Politiker, wird Außenminister.

Le jeu d'Adam, ältestes relig. Drama (Mitte 12. Jh., normann. Mundart, 943 Acht- u. Zehnsilber), als Fragment überliefert; war nicht für die Darbietung im Kirchenraum, sondern für die Aufführung im Freien konzipiert; der Text des anonymen Autors ist mit lat. Regieanweisungen versehen. Die bibl. Geschichte von der Genesis bis zur Prophezeiung der Erlösung zerfällt in drei Teile (Paradies u. Sündenfall, Ermordung Abels, Auftritt von elf Inkarnations-Propheten). Adam erscheint als typolog. Gestalt, die auf Christus vorausweist, u. als Prophet im eigentl. Sinne, denn er kündigt die Erlösung u. die Kirche an (Ed. P. Aebischer 1963).

Le jeu de l'amour et de la mort (1925), Prosaeinakter in zwölf Szenen von Romain →Rolland. Das Stück spielt Ende März 1794 im Haus des Konventsabgeordneten Jérôme de Courvoisier. E. kleine Gesellschaft erwartet die Rückkehr des Hausherrn aus dem Parlament, während man den Karren vorbeifahren hört, der Verurteilte zur Guillotine bringt. Sophie de Courvoisier gesteht, daß sie den Girondisten Claude Vallée, der jetzt hingerichtet werden soll, geliebt hat. In der 2. Szene tritt der Totgeglaubte auf; alle ziehen sich zurück außer Sophie, der Vallée e. gemeinsame Flucht vorschlägt. Als Courvoisier erscheint (3. Szene), verbirgt sich der Girondist in e. Zimmer; Courvoisier berichtet von der Verurteilung Dantons, gegen die allein er gestimmt hat. Er erfährt, daß Vallée sich in s. Haus versteckt hält. Die Begegnung der beiden (Szene 4) ist spannungsgeladen, polit. Gegner erkennen sich als Rivalen in der Liebe. Als die Schergen in das Haus eindringen, richtet es der großmütige Courvoisier so ein, daß bei der Durchsuchung Papiere gefunden werden, die ihn, nicht den andern, kompromittieren (Szene 7). Lazare Carnot, Mitgl. des Wohlfahrtsausschusses, will Courvoisier retten (Szene 8); er überreicht ihm zwei Pässe, da Robespierre Courvoisiers Flucht wünscht. Jérôme lehnt es ab, sich durch die Flucht zu retten, u. Sophie vernichtet e. der beiden Pässe, weil sie sich nicht von ihrem Mann trennen will. Das Paar verhilft Vallée zur Flucht u. erwartet in e. pathet. Zwiegespräch, das auf melanchol. Volkslieder u. Bibelverse anspielt, den Tod. Der Schluß zeigt, das *J.* aus der Reihe der Revolutionsdramen Rollands nicht als polit. Stück zu verstehen ist. Konkurrierende Prinzipien sind der Großmut des 60jähr. Courvoisier, der s. jungen Frau e. neues Leben an der Seite ihres 30jähr. Geliebten wünscht, u. die Opferbereitschaft Sophies, durch die sie ihrem Gatten ebenbürtig wird.

Le jeu de l'amour et du hasard, Prosakom. in drei Akten von →Marivaux, EA 1730, Urauff. 23. 1. 1730 Théâtre des italiens, Paris, hg. R. Shackleton, London 1954. Marivaux bringt die Handlung durch das romaneske Motiv der Verkleidung in Gang, um durch die äußerl. unwahrscheinl. Konstellation des symmetr. Rollentauschs e. Maximum an Kapricen, aber auch unverstellter seel. Mechanismen zu szen. Glaubwürdigkeit erheben zu können. Silvia u. Dorante, die von ihren Vätern füreinander bestimmt sind, verleugnen voreinander ihre Identität u. treten sich beim ersten Kennenlernen im Gewand ihrer Bediensteten Lisette u. Arlequin gegenüber. Spontan hatten beide ihre Verkleidung beschlossen, um den Partner e. eth. Probe zu unterwerfen. Silvia entdeckt bald, daß weder Dorante noch Arlequin den passenden gesellschaftl. Rang einnehmen. Als falscher Lisette wird es für sie auch immer schwieriger, gegenüber dem falschen Arlequin den richtigen Ton zu finden. Die Freude ist groß, als sich ihr das Spiel enthüllt, doch sie läßt ihre Maske erst fallen, nachdem Dorante persönl. Verdienst u. Seelenadel über angeborene Vorzüge, auf die sich im Ancien régime die Privilegierten zu berufen pflegen, gestellt hat. Letztl. verändert der Rollentausch jedoch ebensowenig wie der Zufall der doppelten Maskierung die bestehende soziale Hierarchie. Silvias emanzipator. Bestreben, ihre Kritik namentl. an der konventionell geführten Ehe, in der für Liebesleidenschaft kein Platz mehr sein soll, wird indirekt Erfolg beschieden, da sowohl sie als ihr Partner zu sittl. Größe fähig sind. Die dramat. sehr effektvolle Dichotomie von subjektiv mögl. Emanzipation u. der Unzerstörbarkeit e. gesellschaftl. Gefälles bleibt aber folgenlos, denn was die Helden gegen starre soziale Normen erreichen wollten, fällt ihnen nun im Rahmen ihres Milieus zu; Silvia u. Dorante, Lisette u. Arlequin bilden zum Schluß die standesgemäßen Paare. In Paris wurde das Stück, dessen Reichtum an stilist. Antithesen u. subtilen, wenngleich planmäßigen Abweichungen vom semant. Standard e. Muster origineller ›marivaudage‹ darstellt, seit der Premiere über tausend Mal gespielt.

K. Heitmann, Marivaux: J. (Das franz. Theater vom Barock bis zur Gegenwart, Bd. 2, hg. J. v. Stackelberg), 1968.

Jeune-France, Gruppe von Romantikern mit unterschiedl. ästhet. Zielsetzung, die sich nach der gescheiterten Julirevolution zusammenfanden: Gautier, Nerval, O'Neddy, Borel, Célestin Nanteuil, der Maler Napoléon Thomas. Gautier, der sie im Erzählband *Les J.* (1833) bereits satir. darstellte, nannte sie in der *Histoire du romantisme* (postum 1874) ›le petit cénacle‹, im Unterschied zum Zusammenschluß um Victor →Hugo. Die Bezeichnung war bereits seit 1829, als im Sommer e. Zs. unter diesem Titel erschien (10. 6.–5. 9., 18 Hefte), geläufig. Die J. feierten Voltaire als Vorbild; Hugo, der bei der ›Bataille d' →Hernani‹ ihre Unterstützung erfahren hatte, widmete der Bewegung das Gedicht *A la J.* vom August 1830, das in die *Chants du crépuscule* aufgenommen wurde. Der *Figaro* vom 31. 8. 1831 setzte J. erstmals als Substantiv u. Adjektiv (›un J.‹, ›dames Jeunes-Frances‹) u. bezeichnete damit e. frenet. u. mondäne Spätform romant. Verhaltens. Der *Figaro* verbreitete auch die Bezeichnung ›bousingots‹, die seit 1831 synonym verwendet wurde, wenngleich damit zunächst e. abenteuerl. Kleidung gemeint war (*La France frénétique de 1830.* Choix de textes par J.-L. Steinmetz, 1978).

P. Moreau, Amours romantiques, 1963; P. Bénichou, J. et bousingots, Essai de mise au point, RhlF 1971.

La jeune parque, Alexandrinermonolog in 16 Strophen (512 Verse) von Paul →Valéry, entstanden 1913–17, ED *NRF* April 1917, EA 1921, Ausgabe letzter Hand 1942 in *Poésies,* krA O. Nadal 1957. Ein junges Mädchen, lyr. Ich dieser Rollendichtung, entdeckt den Biß e. Schlange als Grund e. intellektuellen u. moral. Zwiespalts. In der Krise des erwachenden Selbstbewußtseins – symbolisiert durch ihr nächtl. Erwachen am Meeresstrand – setzt es nach dem Verlust s. ungespaltenen Einheit auf die Macht des Geistes gegen die Verlockung durch Sinnlichkeit, ehe es sich aus der Körperfeindlichkeit emanzipiert. Das Gedicht, in das poetolog. Reflexionen eingelegt sind, gilt insbes. bei der franz. Kritik als extrem dunkler Text im symbolist. Stil.

Alain, J., poème de P. Valéry, 1936 ^{2}1953; J. Duchesne-Guillemin, Essai sur la J., de P. Valéry, Brüssel 1947; L. Schroeder, Valérys J. Versuch e. Interpretation, 1955; M. Bémol, La parque et le serpent, 1955; H. Köhler, Poésie et profondeur sémantique dans la J. de P. Valéry, Nancy 1965; C. G. Whiting, Sexual imagery in J. and Charmes, PMLA 1971; F. de Lussy, La genèse de J., 1975; B. Pratt, Rompre le silence. Les premiers états de la J., 1976.

Jeu-parti, Form des Streitgedichts (vgl. auch Tenson), in dem zwei gleichrangige Auflösungen e. Liebesdilemmas meist Anlaß zu geistreichem Argumentieren bieten; in Metrik u. Strophenbau dem Minnelied (→Chanson) verwandt, Problemlösung gelegentl. im Envoi.

Jeux floraux, Blumenspiele, in Toulouse seit 1324 organisierter Dichterwettstreit, so genannt, weil als Preise goldene u. silberne Rosen sowie Veilchen vergeben wurden. Die älteste lit. Gesellschaft Europas, das Consistori de la subregaya companhia del gay saber, veranstaltete den öffentl. ausgetragenen Wettstreit, dessen Regeln in den →*Leys d'amors* fixiert waren. Du Bellay griff sie in der →*Deffence et illustration* heftig an. Dennoch blieben die J. erhalten, u. zahlr. Lyriker stellten sich noch im 18. u. 19. Jh. vor, darunter V. Hugo, Jasmin, Mistral. Seit 1894 war Provenzal. wieder als Lit.sprache in den J. zugelassen, dies begünstigte seitdem okzitan. Dichter.

A. Praviel, Histoire anecdotique des j., Toulouse 1924; F. Ségu, L'académie des J. et le romantisme de 1818 à 1824, II 1936.

Les jeux sont faits, Drehbuch von Jean-Paul →Sartre, EA 1947 (verfilmt von Jean Delannoy), Bühnenauff. 30. 10. 1958 Städt. Bühnen Münster. Wenn den Eingeschlossenen im Totenreich *(→Huis clos)* die Chance e. zweiten Existenz u. der ›ratures‹, die auch Salacrous Helden ersehnen, gewährt wird, erfahren sie schmerzl. daß die Summe der Akte, die das Leben konstituieren, nicht umgestoßen, nur erneut bestätigt werden kann (vgl. auch Cocteau, *Orphée;* Anouilh, *Eurydice*). Als Pierre u. Eve, die sich als Tote liebten, die Rückkehr in die Wirklichkeit erlaubt wird, hindern ihre Bindungen an den Klassenkampf bzw. die bürgerl. Individualethik sie daran, sich rückhaltlos aneinander zu binden. Vor den Anforderungen der Realität resignieren sie u. kehren hoffnungslos in die Unterwelt zurück.

H. Lausberg, Einführung in Sartres J., ANS 1960.

Jocelyn (1836), Versepos von Alphonse de →Lamartine, verfaßt seit 1831, wie →*La chute d'un ange* Episode e. unvollendeten Menschheitsgedichts. Der Autor gibt *J.* als ›journal trouvé chez un curé de campagne‹ aus. Auf der Flucht vor der Revolution begegnet der junge Seminarist J. in e. Berghöhle Laurence, in die er sich verliebt. Nachdem er die Priesterweihe empfangen hat, verzichtet er auf die große Leidenschaft s. Lebens; als alter Landpfarrer begegnet er Laurence wieder, er wird an ihr Sterbebett gerufen, versieht sie mit den Tröstungen der Kirche u. bestattet sie in ihrer Höhle. Lamartine verstand diese weinerl. Idylle als Parabel des banalen Heroismus u. der Pflichterfüllung; trotz hist. Fehler bei der Darstellung der Revolution u. zahlr. unebener Verse wurde *J.* e. der größten Verkaufserfolge der Epoche: in e. Monat waren 24 000 Exemplare abgesetzt.

H. Guillemin, J. de Lamartine, étude historique et critique, Thèse 1936, [2]1967.

Jodelet, Julien Bedeau, gen., spätes 16. Jh. – 26. 3. 1660 Paris, berühmter Farceur, 1634 Mitgl. der Truppe des Hôtel de Bourgogne, seit 1640 des Théâtre du Marais, schloß sich 1659 Molière an. Thomas Corneille, D'Ouville, Scarron u. Molière nannten Figuren ihrer Stücke nach J., Tallement des Réaux widmete ihm e. Kapitel der *Historiettes.* Er kreierte die Titelrolle des *Menteur* von Corneille.

G. Mongrédien, Les grands comédiens du XVIIe siècle, 1927.

Jodelle, Étienne, 1532 Paris – Juli 1573 ebda., Lyriker u. Dramatiker, dessen Werke z. T. verloren sind. Durch Herkunft u. Bildung war J. Pariser Bürger, s. Mutter arbeitete als Geldleiherin; er strebte nach dem Adelsbrief, der ihm mehr bedeutete als lit. Ruhm. Nach e. umfangreichen lyr. Produktion um 1549 u. e. Schweizaufenthalt (1551), wo er mit →Bèze zusammentraf, widmete er sich, Mitte 1552 nach Paris zurückgekehrt, der Bühnendichtung (→*Eugène,* erste regelmäßige franz. Kom., Trag. →*Cléopâtre captive,* 1553, Zehnsilber u. Alexandriner; Trag. *Didon se sacrifiant,* 1555?, Alexandriner; verloren ging die Kom. *La rencontre,* 1553?, die E. Pasquier erwähnt; *Œuvres complètes,* hg. E. Balmas, II 1965–68). J. wurde 1556 aus unbekannten Gründen zum Tode verurteilt, begnadigt u. später zum Hofdichter Karls IX. berufen. Ronsard, der Jean-Antoine de →Baïf die Rolle des dramat. Erneuerers zugedacht hatte, nahm J. nach dem Erfolg der *Cléopâtre* in die →Pléiade auf; 1573 verfaßte die Pléiade bezeichnenderweise keinen Nekrolog. Mit seinem Werk hat J. die Stil- u. Stofftrennung von Trag. u. Kom. in der klass. Lit. initiiert. Bischof Ch. d'Espinay, der an der Herausgabe s. Werke (1574) mitarbeitete, ließ Trag. von J. in Dol aufführen.

K. A. Horvath, J., Budapest 1932; E. Balmas, Un poeta del Rinascimento francese, J., Florenz 1962; F. Charpentier, Pour une lecture de la tragédie humaniste: J. …, 1979.

Johan Esteve, 2. Hälfte des 13. Jh., bürgerl. Trobador aus Béziers, der zwischen 1270 u. 1289 Kanzonen, Sirventese, Klagelieder u. Pastorelas verfaßte; 11 erhaltene Texte.

La joie, Roman von Georges →Bernanos, entstanden 1927–28 EA 1929. Chantal verkörpert in e. von Haß u. naturwiss. Hochmut erfüllten Familie die Prinzipien des Glaubens u. der Liebe, sie wird für den hochmütigen Pfarrer Cénabre, der sich der Religionswiss. zugewandt u. die innere Bindung an die Religion verloren hat, zum Spiegel der Heiligkeit. Freil. erkennt er die Funktion der Gnadenvermittlung erst, als Chantal vom Russen Fiodor, dem Chauffeur des Hauses, in e. Anfall von Raserei ermordet worden ist. Ihr Tod ist das myst. Sühnopfer für Cénabres Abfall vom Glauben. Chantal bringt die Frohbotschaft des Evangeliums, nach der sie ihr Leben einrichtete, auch auf den Begriff. Sie strebt nicht nach außergewöhnl. Veränderungen, ihr Ziel sind die gegenwärtigen, kleinen Aufgaben, vor allem baut sie die Verachtung ab, die Menschen gegeneinander hegen, u. verkündet die Freude als Ausdruck des Einvernehmens der Welt mit Gott. An ihrer Leiche trifft Cénabre der Strahl der Gnade; bald darauf verfällt er in Wahnsinn u. stirbt in e. Klinik.

Joinville, Jean de, 1224 oder 1225 Schloß Joinville/Champagne – 24. 12. 1317, Sénéchal de Champagne, nahm 1245 das Kreuz u. focht mit Ludwig IX. in Ägypten, geriet mit dem Kg. in Gefangenschaft. Fortan gehörte er zu s. Umgebung. Auf Bitten der Jeanne de Navarre schrieb er die durch bunte Details angereicherte Lebensgesch. s. kgl. Herrn, *Des saintes paroles et bons faits de Saint Louis* (1305–09), u. damit die erste franz. Biographie überhaupt; sie steht noch zwischen Hagiographie u. hist. Dokument (éd. J. Monfrin 1993).

H. P. Delaborde, J., 1894; A. Pauphilet, Historiens et chroniqueurs, 1938; M. Zink, J. ne pleure pas mais il rêve, Poétique 33, 1978.

Joiuse, Kampfschwert Karls d. Gr. (*Chanson de Roland* v. 2501 ff.), das Wilhelm von Orange vom Kaiser empfängt (→*Chanson de Guillaume*).

Joli tambour revenant de la guerre, in Versailles beliebtes Refrainlied vom engl. Kg.ssohn, der um e. franz. Prinzessin freit.

Jongleur (altfranz. ›jogleor‹ von lat. ›ioculator‹ = Spaßmacher; Wortkreuzung mit ›jangler‹ = klatschen). Mit der mündl. Überlieferung der →*Chansons de geste* fällt das Auftreten von Spielleuten zusammen, die im MA Epen u. Legenden zur Fiedel oder Harfe vortragen, →Lais u. höf. Versromane (→Roman courtois) vor adligem Publikum rezitieren, →Fabliaux pantomim. darbieten. Der Spielmann an e. Hof nannte sich im ausgehenden 12. Jh. Ménestrel (= Dienstmann), diese Benennung wurde im 13. Jh. verallgemeinert. Einzelne J.s waren selbst Dichter, u. a. →Adenet le Roi, →Jean Bodel, →Graindor de Douai, →Rutebeuf. Die ausdrucksvolle Technik des Erzählens der Spielleute wurde zur Grundlage e. reichen mim. Repertoires; in den →Mystères, insbes. in den kom. Szenen, in →Farcen u. →Sotties traten Spielleute als Schauspieler auf. Die Komödianten des 15. Jh. sind ihre Nachfahren. Im mod. Sprachgebrauch bezeichnet J. e. Variété- u. Zirkuskünstler, zu dessen Repertoire Kunststücke mit Bällen, Keulen u. dgl. sowie Balanceakte gehören.

E. Faral, Les j.s en France au moyen âge, 1910.

Joubert, Joseph, 7. 5. 1754 Montignac/Corrèze – 4. 5. 1824 Villeneuve-sur-Yonne, Novize bei den Pères de la doctrine chrétienne in Toulouse, Schuldienst für den Orden bis 1776. 1778 zog er nach Paris, wurde mit Diderot, Fontanes u. Restif de la Bretonne bekannt. Nach e. Intermezzo als Friedensrichter in s. Heimat kehrte er wieder nach Paris zurück, im Salon der Mme de Beaumont begegnete er u. a. Chateaubriand u. Mme de Vintimille, der er e. Jahrzehnt lang eng verbunden war. 1808 wurde er durch Vermittlung Fontanes' Inspecteur der Universität. Als er starb, hatte er nichts veröffentlicht; aus den ca. 20 000 Ms.seiten, die er hinterließ, gab Chateaubriand 1838 e. Auszug u. d. T. →*Recueil et pensées* heraus, der vollständige Text wurde erst 1938 von Beaunier ediert. Fraglos zählt J. zu den reaktionären Geistern s. Epoche; die relig. Lösung aller polit., sozialen u. ästhet. Aufgaben, die sich seit 1792 bei ihm anbahnte, fand in der poetolog. Reflexion ihre Entsprechung: Einbildung u. dichter. Illusion sind himmlische Gaben *(Carnets)*. 1943 erschien s. Briefwechsel mit Fontanes, 1954 e. Auswahl s. Maximen u. Korrespondenz (hg. R. Dumay/M. Andrieux), 1983 die krA von R. Tessonneau der *Essais* (1779–1821).

G. Pailhès, Du nouveau sur J., Chateaubriand, Fontanes . . ., 1900; F. Schalk, Franz. Moralisten. Neue Folge, 1940; A. Monglond, Le préromantisme français Bd. 2, 1966; A. Billy, J. énigmatique délicieux, 1969; P. A. Ward, J. and the critical traditon, Genf 1980.

Jouffroy, Alain, geb. 11. 9. 1928 Paris, Lit.kritiker *(L'Express)*, Essayist, Lyriker, vor allem Autor autobiograph. Prosa (*Le roman vécu*, 1978; *L'indiscrétion faite à Charlotte*, *La vie réinventée*, 1982), die interessante Bilder aus dem Pariser Leben nach 1968 liefern.

Jouhandeau, Marcel, 26. 7. 1888 Guéret/Creuse – 7. 4. 1979 Rueil, aus dem Kleinbürgertum, 1912–49 Lehrer am Collège de Saint-Jean in Passy, seit 1928 mit der Tänzerin Caryathis verheiratet, die in zahlr. Erzählungen als Typus der unbezähmbaren Frau geschildert wird (*Chroniques maritales*, 1938; *Nouvelles chroniques maritales*, 1943). J. ist der Chronist e. unkonventionellen Ehe u. der Provinzgesellschaft von Chaminadour (d. i. Guéret), wobei er realist. u. phantast. Motive nicht trennt. Denn die Entlarvung der Kleinbürger verschafft Einblick in teufl. Begierden der Menschen; dafür bietet sich bes. die Novelle u. der Récit an (*Chaminadour*, III 1934–41; *Contes d'enfer*, 1955). Die Duplizität von ›höll. Aufforderung‹ u. ›himml. Verkündigung‹ (*Essai sur moi-même*, 1947) will beim Schreiben eingehalten werden, das Christliche u. das Satanische lokken mit analogen Reizen (*Monsieur Godeau intime*, 1926; *Monsieur Godeau marié*, 1933). J.s Frau erscheint weiter als weibl. Figur an der Nahtstelle von Himmels- u. Höllenkreis (*Ménage domestique*, 1948; *L'imposteur ou Élise iconoclaste*, 1950; *Jaunisse, suivi de Eliseana*, 1956; *L'éternel procès*, 1959; *L'école des filles*, *Journaliers*, 1961 ff.; *Entretiens avec Élise et Marcel J.* mit J. Danon, 1966; *Une adolescence*, 1971). J.s exhibitionist. Drang, die Neigung zu luzifer. Ritualen e. Seele, die sich verzückt über ihre eigene Verworfenheit beugt u. nur durch e. Liebe erlöst werden kann, die schmerzt – sowohl Walter Benjamin als Ernst Jünger schätzen diese Bloßlegung – ermüden auf die Dauer. Affinität zum Dritten Reich. S. Werk umfaßt ca. 130 Titel; von der Tagebuchserie *Journaliers* erschienen bis 1983 28 Bde. sowie e. *Journal sous l'Occupation* (1980, Rechtfertigung s. Kontakte zum III. Reich; 1937 hatte J. *Le péril juif* veröffentlicht; postum *Écrits secrets,* III 1988).

Cl. Mauriac, Introduction à une mystique de l'enfer, 1938; H. Rode, J. et ses personnages, 1950; J. Gaulmier, L'univers de J., 1959; E. Jouhandeau, Le lieu de ronces, 1964; H. Rode, J., 1972; J. Ruffie, J., 1977.

Jourdain, Hauptrolle in Molières →*Le bourgeois gentilhomme,* der Typus des ehrsüchtigen u. formal gebildeten Besitzbürgers. S. Vorliebe für die adlige Welt wird ihm zum Verhängnis.

Jourdain de Blaye, Chanson de geste des 13. Jh. in Zehnsilbern u. Alexandrinern, gehört zum Stoffkreis von →*Amis et Amiles;* bemerkenswerte Verwendung hellenist. Motive u. Stileigenarten.

Journal, 1. Tagebuch (J. intime), dessen Autor u. Leser (vor e. eventuellen Publikation) ident. sind; fragmentar. im Stil, aktuell durch die fortgesetzte Niederschrift, e. mögl. Instrument der Selbsterkenntnis aber auch der umfassenden Information wie das *J. d'un bourgeois de Paris* (1405–49). Seit dem 18. Jh. spielt das J. als lit. Gattung e. Rolle (→Autobiographie). – 2. Tageszeitung seit dem 17. Jh. (auch Gazette, erstmals Théophraste Renaudot).

B. Didier, Le j. intime, 1976; V. del Litto (Hg.), J. intime et ses formes littéraires, Genf 1978; V. Raoul, The French fictional j., Toronto 1980.

Journal de Paris, erste franz. Tageszeitung, 1777 gegr., zu den Mitarbeitern zählten Condorcet u. A. Chénier; stellte 1840 das Erscheinen ein.

Journal des débats politiques et littéraires, franz. Tageszeitung, gegr. August 1789 als *Journal des débats et décrets* zur Berichterstattung aus der Nationalversammlung u. der Commune de Paris, seit 1799 im Besitz der Brüder Bertin, maßgebendes kulturelles Organ. Durch Geoffroy, Dussault, Féletz, Hoffmann u. Auger wurde das *J.* zum Sprachrohr des Klassizismus, wenngleich Ch. Nodier als Mitarbeiter 1809 u. später e. abweichende Meinung äußern konnte. Dussault griff in mehreren Artikeln *De l'Allemagne* von Mme de Staël an; zwar stimmte er mit ihrer Ablehnung des napoleon. Absolutismus überein, konnte jedoch ihre Öffnung der franz. Dichtung für german. Einflüsse nicht gutheißen. Nach dem Sturz Napoleons wandelte sich das Blatt von der ultraroyalist. zur liberalen Haltung, s. Eintreten für Pressefreiheit im Sommer 1830 begünstigte den Ausbruch der Julirevolution. Als Fortsetzungsroman erschienen im *J.* die erfolgreichen *Mystères de Paris* von Sue. Jules Janin übernahm in den 30er Jahren die Lit.kritik, Berlioz die Musikkritik. Spätere Mitarbeiter waren Silvestre de Sacy, J.-J. Weis, Taine u. Renan. Nach dem I. Weltkrieg vertrat das *J.* e. konservative Haltung; seit 1940 erschien es in Clermont-Ferrand, 1944 wurde s. Erscheinen eingestellt.

A. Nettement, Histoire politique, anecdotique et littéraire du J., II 1838.

Journal des savants, Gelehrtenzs., 1665 gegr., seit 1701 staatl., wird seit 1903 vom Institut herausgegeben.

Journal de Trévoux →*Mémoires pour servir à l'histoire des sciences et des beaux-arts.*

Journal d'un curé de campagne, Roman in Tagebuchform von Georges →Bernanos, entstanden 1934–36, EA 1936. Die Pfarrei in Ambricourt, die e. junger Priester übernimmt, ist Schauplatz e. von diesem in s. Selbstreflexionen als Psychomachie gedeuteten Kampfes, den die Gnade u. der ›ennui‹ um die Seelen der Gemeindemitgl. austragen. Namentl. die Grafenfamilie bereitet dem Landpfarrer Sorgen; zwar gelingt es, e. seel. Verhärtung der Gräfin, die den Tod ihres Sohnes nicht verwinden kann, aufzubrechen, doch wird ihm ihr plötzl. Tod als unglückselige Folge s. missionar. Eifers zur Last gelegt. Selbst schwer erkrankt, legt er s. Amt nieder u. stirbt, von der Amtskirche verlassen, bei e. Freund. Wie bei Chantal, der weibl. Hauptfigur in →*La joie,* ist die myst. Katharsis durch die Mimesis des Opferrituals an gewisse Voraussetzungen gebunden: in der Welt einfach u. unbedeutend zu sein u. den Kampf gegen die Gleichgültigkeit, d. h. den Seelentod, aufzunehmen.

H. Aaraas, A propos de J. Essai sur l'écrivain et le prêtre dans l'œuvre romanesque de Bernanos, 1966; D. W. Chao, Le Style du J., 1981.

Le journal d'une femme de chambre (1900), Roman von Octave →Mirbeau. Im Stil des pikaresken Romans stellt Mirbeau, der sich im Vorwort als Hg. ausgibt, Erfahrungen von Mlle Célestine R ... dar, die, des Pariser Lebens überdrüssig, e. Stellung als Zofe in der Normandie angenommen hat. Ihr Tagebuch führt die aufgrund ihrer Erlebnisse zur Zynikerin gewordene Kammerzofe mit aller Offenheit ›et quand il faudra, toute la brutalité qui est dans la vie‹. Sie schildert, wie die Lasterhaftigkeit u. der Geiz der Hochgestellten in den Domestiken, die wie Célestine fürchten, immer hereingelegt zu werden, dumpfe Rachsucht wekken. Wenn sie sich mit dem Judenhasser u. Sexualmörder Joseph liiert u. schließl. mit ihm das kleine Café ›A l'armée française‹ betreibt, genießt sie diese Abhängigkeit wie die Bindung an e. Dämon. Der Kriminelle ermöglicht ihr den Ausbruch aus e. erstickenden Atmosphäre, die das Bürgertum um sich verbreitet. Die Erinnerung an ihre versch. Herrschaften erfüllt Célestine mit Verachtung, denn die wohlangesehenen, ›ehrbaren‹ Personen, mit denen sie es zu tun bekam, waren allein von ihren Lastern getrieben. Diese Satire, die ihre Wirkung auch aus der Frische umgangssprachl. Wendungen, im Selbstgespräch der Protagonistin vor allem, zieht, wurde 1945 von Jean Renoir u. 1963 von Luis Buñuel mit Jeanne Moreau in der Hauptrolle verfilmt.

Jours d'épreuves (1889), Roman von Paul →Margueritte. Aus Liebe hatte André de Mercy, e. kleiner Angestellter in e. Pariser Ministerium, Toinette geheiratet. S. uneigennützigen Gefühle werden e. schweren Belastungsprobe unterworfen, als das Paar im Augenblick der äußersten Entbehrung u. Verzweiflung Frkr. verlassen muß, um in Algerien e. Stück ererbten Landes zu bebauen. Der Roman schließt optimist., der Autor evoziert e. neues Bild der Nation: ›Il sortirait d'eux toute une race, et c'était la vraie vie, naturelle, la vie simple et grande. Ils le voyaient à l'évidence, comme ils voyaient cette mer bleue qui les entourait‹. Mit dieser Schlußvision, e. gezielten Replik auf →*Germinal* von Zola, u. durch die Motivierung e. Ethik, die gegen die Herkunft u. das Milieu der Protagonisten errungen wird, bestreitet der Autor den Anspruch des naturalist. Determinismus auf gesellschaftskrit. Gültigkeit.

Jouve, Pierre Jean, 11. 10. 1887 Arras – 9. 1. 1976 Paris, Schule in Arras u. Lille, Stud. Philosophie Paris u. Poitiers, gab 1906–08 die Zs. *Bandeaux d'or* heraus; 1924 Konversion zum Katholizismus u. seitdem Lösung von der Kunst- u. Lebenslehre des →Unanimismus, durch die er auf die Entdeckung Freuds vorbereitet wurde. Apokalypt. Ahnungen u. Besessenheit von sexuellen Bildern erschlossen ihm die kongeniale Welt von Baudelaire u. Nerval, diese Annäherung hemmte die Enttabuisierung der Mysterien (*Vous êtes des hommes,* 1915; *Poèmes contre le grand crime,* 1916; *Danse des morts,* 1917; *Heures, livre de la nuit,* 1919; *Heures, livre de la grâce,* 1920; *Tragiques,* 1922; *Prières,* 1924; *Les mystérieuses noces,* 1925; *Les paradis perdus,* 1929; *Sueur de sang,* 1933; *Matière céleste,* 1937, *Kyrie,* 1938; *Porche à la nuit des saints,* 1941; *La vierge de Paris,* 1944; *Hymne,* 1947; *Diadème,* 1949; *Ode,* 1950; *En miroir,* 1951; *Langue,* 1952; *Lyrique,* 1956; *Mélodrame,* 1957; *Inventions,* 1958; *Ténèbre,* 1965; *Diadème, suivi de Mélodrame,* 1970; *Œuvres poétiques,* IV 1964–67; *Poésies choisies,* 1956). Seit den 40er Jahren entwickelte sich J.s Poesie von der Frenesie schwarzer Mystik zur hymn. Haltung; neben Psalmversen, wie Claudel u. Saint-John Perse sie ästhetisiert haben, stehen nun auch Alexandriner, neben stichischer Lyrik pindar. Oden, Stanzen u. Sonette. J. hält die geistige Unbedingtheit des dichter. Akts der phys. Unvollkommenheit entgegen; häufig arbeitet er mit mineral. Metaphern u. erlesenen Farbkombinationen. Der Phönix wird zum Zeichen der Entkörperlichung, die die gefallene Welt in ästhet. verfügbare Wirklichkeit verwandelt. Das Instinkthafte reizte J. stets zum Widerstand; als Wedekindleser kam er Baudelaire mit sechs Gedichten *Sur Lulu* (1961) bes. nahe. J., der Hölderlin übersetzte u. e. Essay über den *Don Giovanni* von Mozart verfaßte (1942), übernahm s. Leitthemen, Liebe u. Faszination, in den Roman (→*Paulina 1880, Le monde désert,* 1927; *Hécate,* 1928; *Vagadu,* 1931; *Histoires sanglantes,* 1932; *La scène capitale,* 1935; *Aventure de Catherine Crachat,* 1947; *Œuvre romanesque,* V 1959–63). Diese Themen ermöglichten dramat. Erzählstrukturen, die s. Weltbild entsprechen; eingestandene u. verborgene Zuneigung bringen Konflikte hervor, deren myth. Wurzeln J. nachspürt.

J. Starobinski u. a., J., poète et romancier, Neuchâtel 1972; M. Broda, J., Lausanne 1981; K. Schärer, Thématique du mal dans l'œuvre de J., 1984; D. Leuwers, J. avant J., 1986; G. Bounoure, J., 1989.

Jouvenel des Ursins, Jean, 1388 Paris – 1473 Reims, Sohn e. Generalanwalts am Parlement von Poitiers, Bischof von Beauvais u. Laon; als Erzbischof von Reims krönte er s. späteren polit. Gegner Ludwig XI. S. Chronik ist ein aufschlußreiches Dokument für die Jahre 1380–1422 (*Histoire de Charles,* VI, éd. T. Godefroy, 1614 u. 1653; *Ecrits politiques,* éd. P. S. Lewis, II 1978–85).

Jouvet, Louis, 24. 12. 1887 Crozon/Finistère – 16. 8. 1951 Paris, Schauspieler, Theaterdirektor u.

Regisseur, Schüler von →Copeau, Mitgl. des →Cartel des quatre, seit 1922 Leiter e. eigenen Ensembles, das vor allem die Werke von →Giraudoux herausbrachte. 1934 bezog J. das Théâtre de l'Athénée, 1934–40 war er Lehrer am Konservatorium für darstellende Kunst. Er spielte in zahlr. Filmen, u. a. als Dr. Knock (→Romains). Nach 1945 widmete er sich vor allem der Inszenierung klass. Kom. Er schrieb: *Prestige et perspectives du théâtre français* (1945), *Réflexions sur le comédien* (1951), *Écoute, mon ami* (1951), *Le comédien désincarné* (1954; e. Auseinandersetzung mit Diderots →*Paradoxe sur le comédien*), *Molière et la comédie classique* (1965); Auszüge s. Lehrveranstaltungen am Konservatorium (1939–40) erschienen u. d. T. *Tragédie classique et théâtre du XIX*e *siècle* (1968).

C. Cézan, J. et le théâtre d'aujourd'hui, 1948; B. L. Knapp, J., New York 1957; F. Boury, J., Bourges 1963; W. Kerien, J., notre patron, 1963.

Jouy, Victor (eig. Joseph Étienne-Jouy), 19. 10. 1764 Versailles – 4. 9. 1846 Saint-Germain-en-Laye, 1780–90 Offizier (Kolonien u. Mutterland); obwohl J. als Republikaner galt, wurde er wiederholt verhaftet. 1797 nahm er s. Abschied. 1800 trat er wieder in die Armee ein. 1830 war er vorübergehend Bürgermeister von Paris; Louis-Philippe ernannte ihn zum Bibliothekar des Louvre. Seit den 90er Jahren war J. lit. tätig (Wahl in die Ac. frçe. 1815), er schrieb Libretti (*La vestale,* 1807; *Fernand Cortez,* 1809; *Les bayadères,* 1810; *Les Abencérages,* 1813; *Guillaume Tell,* 1829) Vaudevilles, Novellen, teilweise in Zusammenarbeit mit Jay, Trag. (*Bélisaire,* 1818; *Sylla,* 1824; *Tippô-Saëb,* 1813) u. die Romane →*Cécile ou les passions* u. *Le centenaire* (1833). Er arbeitete an der *Biographie universelle des contemporains* mit. S. Gesamtwerk umfaßt 27 Bde.

Cl. Pichois, Pour une biographie d'É. J., RSH 1965.

Judith, Trag. in drei Akten von Jean →Giraudoux, EA 1931, Urauff. 4. 11. 1931, Théâtre Pigalle, Paris. Giraudoux, dem 16 Bearbeitungen des Stoffs bekannt waren – die Trag. *J.* von Friedrich Hebbel (1840) schätzte er bes. –, motivierte das Verhältnis zwischen der Protagonistin u. Holofernes neu. J. ermordet den Feldherrn nicht aus e. problemfreien Bewußtsein ihrer göttl. Berufung heraus, ihr Antrieb kommt aus dem ›orgueil‹; die humanist. Haltung ringt mit der heroisch-relig. In Holofernes begegnet sie Prometheus u. dem vollkommenen Liebhaber zugleich, s. Gegner sind die Götter, die ›unser armes Universum verpesten‹. Weder paßt die Figur in die bibl. Vorstellungswelt noch in das Bösewichtklischee, das J.s Auftrag zugrunde lag. Ihre Liebe macht jedoch die Tötungsabsicht nicht gegenstandslos, der Mord wird von ihr gerade aus der Zuneigung begründet. War Giraudoux' J.-Version bis hierher bereits deutlich gegen die traditionelle Stofferwartung geschrieben, so parodiert die letzte Peripetie, die J. unter das Gesetz der Heiligkeit stellt, vollends die Hagiographie. Denn der Gott, der zu ihr aus dem Mund e. ›garde ivre-mort‹ spricht, rückt das konventionelle Bild der Mordtat zurecht u. begründet J.s Drang in die Freiheit der Existenzgestaltung als Gehorsam gegenüber Gottes Willen. Die Apotheose der Retterin ist zugleich der Punkt der Epiphanie dieser Trag.; ihre Antwort auf e. Herausforderung durch das Schicksal, ihr Ethos werden als eitel entlarvt, die Prädestination zwingt sie aber auch, mit ihrer Lüge zu leben. Der himml. Bote in Säufergestalt erfüllt keine burleske, sondern e. blasphem. Funktion: e. solches Opfer wie den Tod des Übermenschen Holofernes ist die Überwelt nicht wert.

M. Kruse, Giraudoux: J. (Das franz. Theater vom Barock bis zur Gegenwart, Bd. 2, hg. J. v. Stackelberg), 1968.

Le juif errant, Roman von Eugène →Sue, ED *Le Constitutionnel* 1844/45, EA 1845. Der Jesuitenorden verhindert, daß sechs von sieben Erben e. hugenott. Hinterlassenschaft zum festgesetzten Zeitpunkt, am 13. 2. 1832, in Paris zusammenkommen, und bringt sich selbst in den Besitz des Vermögens von Marius de Rennepont. Obwohl zwei myth. Gestalten, der Ewige Jude u. s. Gefährtin Herodias, die Nachkommen der Familie Rennepont, die von Ahasverus abstammen soll, in der Auseinandersetzung mit dem machtgierigen Orden unterstützen, überleben diese den Kampf nicht. Als einzig noch der junge Jesuit, der nominell als 7. Erbe auftritt, in den Genuß der Reichtümer kommt, veranlaßt er, erschüttert über den mörder. Betrug, die Vernichtung der umstrittenen Kassette. Die Thematik der verfolgten Unschuld gehört zu den erfolgreichen Motiven des Schauerromans, speziell sprach sie e. breite antiklerikale Strömung im Frkr. der 40er Jahre an. Neu im Roman war die Gestalt des Ewigen Juden, durch s. Erscheinen wird der Kampf gegen konfessionelle Repression allerdings zur geschichtslosen Auseinandersetzung, die auf das unwahrscheinl. Eingreifen e. Phantoms angewiesen bleibt. Durch den romanesken Stil u. den außerordentl. Publikumserfolg solcher Feuilletonromane sah sich Balzac zu e. plausibleren Erklärung der Geldfrage herausgefordert. Vgl. auch D'Ormesson.

L. Bergstraesser, Die Entstehung von E. Sues J., ANS 1941; J. Jurt, Der Mythos des Juden in der franz. Lit. u. Publizistik des 19. Jh.s, in: S. Lauer (Hg.), Kritik u. Gegenkritik in Christentum u. Judentum, 1981.

Julie d'Aiglemont, die sensible Zentralfigur in Balzacs Roman →*La femme de trente ans.*

Julien Sorel, Protagonist des Romans →*Le rouge et le noir* von Stendhal.

E.-M. Knapp-Tepperberg, J.s Familienroman, Poetica 1972.

Julie ou la Nouvelle Héloïse, Briefroman von Jean-Jacques →Rousseau, entstanden seit Herbst 1756, EA Amsterdam 1761 unter dem Titel *Lettres de deux amants habitants d'une petite ville au pied des Alpes,* 1764 endgültiger Titel mit Anspielung auf die Liebe zwischen →Abélard u. Héloïse (krA R. Pomeau 1960). E. Publikum, das durch die Übs. engl. Romane (→Diderot) u. Werke von →Prévost d'Exiles sowie →Marivaux mit dem Konflikt von Leidenschaft, Empfindsamkeit u. Tugend vertraut war, begeisterte sich für die Geschichte e. Mädchens, das denjenigen Bewerber, den ihm die Familie bestimmt, u. nicht den, welchen es liebt, der jedoch nicht standesgemäß ist, heiratet. Rousseau verlegte das Geschehen in Landschaften, die er kannte, die Kantone Vaud u. Valais, sowie nach Paris. Dieser Kontrast von Land- u. Stadtleben ermöglicht ihm, den in s. früheren Schriften theoret. begründeten Kulturpessimismus mit erzähler. Mitteln zu illustrieren. Wie Abélard verliebt sich Saint-Preux in s. Schülerin, Julie d'Etange; da soziale Vorurteile e. Heirat verhindern, verläßt der Liebhaber die ländl. Idylle am Genfer See, e. Ort, wo er s. Gefühle im Einklang mit der reinen u. erhabenen Natur wußte. Um so mehr leidet er unter der mondänen Atmosphäre der Großstadt Paris. ›C'est le premier inconvénient des grandes villes que les hommes y deviennent autres que ce qu'ils sont, et que la société leur donne pour ainsi dire un être différent du leur‹ (II, 21). E. Preisgabe des eigenen Wesens wird auch von Julie gefordert, die den humanist. gesinnten, areligiösen M. de Wolmar heiratet, um den Anforderungen ihrer ständ. Rolle zu genügen. Im zweiten Teil des Romans tritt der Dialog zwischen Saint-Preux u. Julie, u. damit die Liebes- bzw. Leidenschaftsthematik, in den Hintergrund; der Kreis der Briefpartner erweitert sich in demselben Maße wie die angeschnittenen Probleme vielfältiger werden. Als Saint-Preux erneut in ihr Leben tritt – er wird als Erzieher ihrer Kinder engagiert – scheint das unter patriarchal. Zwang gefügte System wieder in Frage gestellt, die Pflichten der Ehefrau u. Mutter u. Julies erot. Sehnsüchte geraten in Widerstreit. Dabei war von Wolmar geplant, Saint-Preux durch den Kontakt mit e. harmon. Mikrokosmos, eben s. Familie, von jeder Leidenschaft zu heilen. Julie, die in Gefahr gerät, ihrem Gatten untreu zu werden, wird durch e. Katastrophe vor dem moral. Fall bewahrt. Als sie e. ihrer Kinder, Marcellin, aus dem See rettet, holt sie sich den Tod. Besorgt schrieb sie im letzten Brief: ›J'ose m'honorer du passé; mais qui m'eût pu répondre de l'avenir? Un jour de plus peut-être, et j'étais coupable‹! Mit *J.* hat Rousseau, der die Möglichkeit der Epistolarlit. (stoffl. Entgrenzung u. Wechsel der Perspektive) nutzte, dem umfangreichen Roman gegenüber den geläufigen, quantitativ schmäleren Erzählformen Anerkennung verschafft. Dieses Werk begründete s. Popularität, *J.* erlebte bisher ca. 40 Auflagen. Für Mme de Staël galt 1788 der Roman als Modell e. ›grande idée morale mise en action et rendue dramatique‹. Mit der ernsthaften Darstellung der Lebensauffassung von Individuen in der Provinz, die bisher als nicht lit.würdig galt, sicherte *J.* der Romangattung neue stoffl. Bezirke u. entkräftete den Einwand der romanesken Unglaubwürdigkeit.

D. Mornet, La Nouvelle Héloïse, 1928; P. van Tieghem, La Nouvelle Héloïse, 1929; M. Ellis, J., Toronto 1949; W. C. Mead, Rousseau's Nouvelle Héloïse as an epistolary novel, Diss. Yale 1958; F. van Laere, Une lecture du temps dans la Nouvelle Héloïse, Neuchâtel 1968; H. Coulet, La Nouvelle Héloïse et la tradition romanesque frçe., Annales de la société J.-J. Rousseau 1971; C. Vance, La Nouvelle Héloïse, the language of Paris, Yale French studies 1971; J. M. Jones, Rousseau and Utopia, Genf 1978.

Julius de Baraglioul, Romanschriftsteller in →*Les caves du Vatican* von André Gide, der im 5. Buch des Werks die ep. Tragfähigkeit des bereits Erzählten prüft.

La jument verte (1933), burlesker Roman von Marcel →Aymé, der formal die Kalendergeschichte, s. Inhalt nach die Legende vom einfachen, eth. intakten Landleben, persifliert. Die grüne Stute u. ihr Bildnis, das im Schlafzimmer der Familie Haudouin hängt, werden zu Zeugen der polternden Sinnlichkeit, mit der zwei verfeindete Familien, die Malorets u. die Haudouins, während drei Generationen einander zu übertrumpfen suchen.

Junie, in der Trag. →*Britannicus* von Racine die Geliebte des Protagonisten, die sich dem eifersüchtigen Nero durch den Entschluß, Vestalin zu werden, entziehen kann.

Jurieu, Pierre, 24. 12. 1637 – 11. 1. 1713 Rotterdam, protestant. Theologe, lehrte 1674–82 in Sedan Theologie u. Hebräisch. Im holländ. Exil griff er u. a. →Bayle an, dessen Skepsis u. Toleranz ihm mit der Rechtgläubigkeit unvereinbar schienen (*Le philosophe de Rotterdam accusé, atteint et convaincu,* 1717). Mit Intransigenz verhinderte er früher schon jede Annäherung der Konfessionen, um die sich z. B. Bossuet bemühte (*Préservatif contre le changement de religion,* 1677).

E. Haase, Einführung in die Lit. des Refuge, 1959; R. J. Howells, J., Durham 1983.

Juste-Milieu (1831), Bezeichnung e. Politik des Ausgleichs, die während der Julimonarchie (1830–48) den Zielen der Bourgeoisie entgegenkam; verallgemeinernd Schlagwort für e. konservative Gesinnung, z. B. Carl Sternheim, *Berlin oder J.* (1920).

Les justes, Schauspiel in fünf Akten von Albert →Camus, EA 1950, Urauff. 15. 12. 1949 Théâtre Hébertot, Paris. Die Ereignisse sind hist., als Quelle dienten dem Dramatiker die *Souvenirs d'un terroriste* (1931) von Boris Sawinkow. Die Taten der Mörder des Großfürsten Sergej (1905) galten Camus als Aktion e. blutigen Apostolats; vor allem die Einstellung des Iwan Kaliajew befriedigte s. eth. Sinn. Obwohl Mörder, sind die russ. Terroristen doch keine Henker, denn sie werden von Skrupeln gequält. Kaliajew, in vielem das Sprachrohr des Autors, weil er s. Ehrgefühl nicht preisgeben will, hofft, daß ihn beim Anblick des polit. Gegners Haß überkommen u. ihn für die humane Implikation der Tat blind machen wird. Im entscheidenden Moment unterläßt er jedoch das Bombenattentat, weil sich in der Kutsche des Großfürsten auch Kinder befinden. S. Zögern muß er vor Stepan rechtfertigen. Dieser kehrt s. moral. Argumentation um: menschl. Rücksichten vernebeln die Ziele der Revolution, sie privatisieren die Leiden der Menschen mit der Konsequenz, daß diese nur noch von Fall zu Fall geheilt werden können. Dabei begeht Stepan selbst den Fehler, die revolutionären Zielobjekte schon wieder in metaphys. Glanz zu sehen. Kaliajew beharrt darauf, daß der Attentäter auf e. anderen ideolog. Basis tätig wird als der Mörder, er begreift sich als ›justicier‹ u. will bei allem revolutionären Elan zugleich verhindern, daß e. ›tote‹, weil abstrakte Gerechtigkeit die bestehende Ungerechtigkeit ersetzt. Kaliajew wird in s. Auffassung von Dora unterstützt, die erklärt, selbst in der Zerstörung gebe es Grenzen u. Gradunterschiede. Wie Camus kommentierend feststellt, besitzen Kaliajew u. Dora darum s. ungeteilte Sympathie, weil sie voraussetzen, daß Streben nach Gerechtigkeit kein Alibi für Mord bedeutet, sondern die Einwilligung in den eigenen Tod schon involviert. S. Ehre sei der letzte Reichtum des Armen. Darum schlägt Kaliajew, als das Attentat beim zweiten Versuch gelingt, er jedoch verhaftet wird, die angebotene Begnadigung aus u. akzeptiert s. Tod als extreme Möglichkeit der eigenen Entscheidungsfreiheit (vgl. auch *L'homme révolté* sowie Sarte, *Les mains sales*). Indem Camus die Liebesgeschichte von Kaliajew u. Dora in s. Stück hereinnahm, ihre Klagen über e. unmögl. gewordenes Glück ausspielen ließ, machte er das Paar zu den eigentl. trag. Gestalten der *J.* Dora ringt den überlebenden Genossen das Versprechen ab, daß sie beim nächsten Attentat die Bombe werfen wird; wie ihr Geliebter will sie nach dem polit. motivierten Mord ihre Todessehnsucht, mit der alle Schuld getilgt wird, befriedigen. Formal ist das fünfaktige Drama mit s. Konzentration der Geschehnisreihe auf e. folgenschweres Ereignis als Replik auf das klass. Schauspiel zu verstehen.

F. N. Mennemeier, J. (Das franz. Theater vom Barock bis zur Gegenwart, Bd. 2, hg. J. v. Stackelberg), 1968.

Kabarett, kleine Bühne zum Vortrag von Chansons, Sketchs, Songs, Tänzen, die häufig von e. Conférencier vorgestellt werden; als Cabarets chantants in den 80er Jahren des 19. Jh. in Paris entstanden (→Chat Noir, Mirliton, →Hydropathes, →Café Voltaire). Der Stil der Gesangsdarbietungen der Diseuse Yvette →Guilbert (Serie von 16 Lithographien von Toulouse-Lautrec), Edith Piaf, Maurice Chevalier, Juliette Gréco oder Yves Montand verbindet kabarettist. Spiel mit Erwartungen der Music-hall.

J. Henninghausen, Theorie des K., 1967.

Kahn, Gustave, 21. 12. 1859 Metz – 5. 9. 1936 Paris, Familie optierte für Frkr., École des chartes, Interesse für Zola u. Baudelaire, befreundet mit Laforgue; Leiter der *Vogue* (1886) u. der *Revue indépendante,* Förderer des Symbolismus, dem er durch eigene Dichtungen wenig (*Les palais nomades,* 1887; *Chansons d'amant,* 1891; *Domaine de fée,* 1896; *Poèmes 1921–35,* 1939), durch poetolog. u. verstheoret. Arbeiten entscheidende Impulse gab (*Premiers poèmes, avec une préface sur le vers libre,* 1897; *Symbolistes et décadent,* 1902; *Le vers libre,* 1912; *Charles Baudelaire, son œuvre,* 1925). Als Kunstkritiker schrieb K. seit 1901 regelmäßig im *Mercure de France* u. *Le Quotidien;* in versch. Werken verteidigte er das Judentum (*Contes juifs,* 1926; *Images bibliques,* 1929; *Terre d'Israël,* 1933).

P. Mansell Jones, The first theory of the vers libre, Modern language review 1947; J.-C. Ireson, L'œuvre poétique de K., 1962; F. Carmody, La doctrine du vers libre de K., CAIEF 1969.

Kanzelredner, bedeutende franz. Prediger seit dem MA: →Gerson, →Massillon, →Bossuet, →Bourdaloue, →Fléchier, →Lambert, →Lacordaire.

Kanzone →Chanson.

Kapetinger, franz. Kg.sgeschlecht, Dynastie, die in direkter Linie von 987 (Hugues Capet) bis 1328 (Karl IV.) regierte u. im Haus Valois bis 1589 (Heinrich III.) sowie als Nebenlinie Bourbon mit Unterbrechungen bis 1848 (zuletzt der Bürgerkg. Louis-Philippe) weiterherrschte.

R. Fawtier, Les capétiens et la France, 1942; A. Bailly, Les grands capétiens, 1952; J. F. Lemarignier, Le gouvernement royal aux premiers temps capétiens 987–1108, 1965; L. Theis, L'avènement d'Hugues Capet, 1984.

Karlszyklus, ep. Ausschmückung der Herrschaft Karls d. Gr. u. s. Vasallen. Nachdem in der Baligantepisode der →*Chanson de Roland* e. frühe lit. Formung der legendären Weltherrschaft Karls gelungen war, konnte spätere Heldenepik das ganze Leben des Kaisers aufnehmen u. auch stoffremde Motive einbeziehen, die den Protagonisten im Alter in die Rolle des Anregers u. Zuschauers verweisen. Die künstler. wertvollste der etwa 20 Fassungen der Berta-Sage, die e. hist. Lücke im biograph. Bericht füllte, schuf um 1275 →Adenet le Roi (*Berte aus grans pies,* 3486 Alexandriner): Karls Mutter, die ungar. Prinzessin Berta, wird von e. falschen Braut verdrängt u. erst nach neun Jahren von Pippin wiedererkannt (Nähe zum *Märchen von der Gänsemagd* u. zu *Schneewittchen*). *Mainet* (12. Jh.) erzählt die Bedrohung des jungen Prinzen durch die Halbbrüder, s. Flucht nach Toledo u. die Errettung Roms vor den Sarazenen; e. andere Sarazenenschlacht in Unteritalien ist das Hauptmotiv von →*Aspremont*. *Saisnes* (8079 Alexandriner) von Jean Bodel gestaltet die Sachsenkriege; Baudouin, Rolands Bruder, heiratet die Witwe Widukinds. Legendäre Realisierung e. Wunsches Karls, dem die Fahrt ins Heilige Land versagt blieb, ist das Kurzepos →*Pèlerinage de Charlemagne.* Außer der *Chanson de Roland* wenden die *Entrée de Spagne, Prise de Pampelune* sowie *Anseïs de Carthage* Karls Spanienpolitik, das Kernstück der Karlsgeste, mit kreuzfahrer. Elan zum relig. Erfolg. Girard d'Amiens verknüpfte zu Beginn des 14. Jh. die Karlssagen zur ersten vollständigen Lebensgeschichte des Frankenkaisers (23 000 Alexandriner). In Italien schlossen Lieder in franko-ital. Sprache unmittelbar an die franz. Geste an; die span. Bühnendichtung brachte rund 30 Dramen mit Stoffen der Karlssage hervor (davon Lope de Vega elf, Calderón drei, Cervantes eins). Die franz. Karlssagen u. die Darstellung s. Paladine wurden in Frkr. seit dem 14. Jh. zu Zyklen vereinigt.

J. Horrent, Chanson de Roland et geste de Charlemagne, Grundriß der roman. Lit. des MA III, 1981.

Karolinger, fränk. Adelsgeschlecht, benannt nach Karl d. Gr. (→Karlszyklus), zunächst Hausmeier, von 751 (Pippin d. J.) – 987 (Ludwig V.) Königswürde (→Kapetinger).

L. Halphen, Charlemagne et l'empire carolingien, 1947.

Karr, Alphonse, 24. 11. 1808 Paris – 29. 9. 1890 Saint-Raphaël, Journalist, Hg. des *Figaro* u. der Zs. *Les Guêpes* (1839–55), engagierte sich 1848 u. mußte nach dem Staatsstreich des Prinzen Napoleon Paris verlassen; K. zog nach Nizza. Er war e. erfolgreicher Unterhaltungsschriftsteller, dessen zahlr. Romane außerlit. Lesehunger befriedigten (u. a. *Sous les tilleuls,* II 1832; *Une heure trop tard,* 1833; *Ce qu'il y a dans une bouteille d'encre,* IV 1839–42; *Voyage autour de mon jardin,* II 1845; *Grains de bon sens,* 1880; *Le pot aux roses*, 1887; *Hélène,* 1891).

D. P. Scales, K. Sa vie et son œuvre, 1959.

Kateb Yacine →Yacine.

Katechismus, im 18. u. 19. Jh. profanierte Bezeichnung aufklärer. u. polit. Schulungstexte, die an die Stelle des kathol. Katechismus von Trient treten sollen. Noch während der Regierungszeit Ludwigs XIV. erschien e. *Catéchisme des partisans,* der fragte: ›Qu'est-ce qu'un prince?‹ u. als Antwort gab: ›Un crime que l'on n'ose punir‹. Aus derselben Zeit stammt e. *Catéchisme des courtisans.* Voltaire benutzte den Begriff wiederholt. Während der Revolutionsära erschienen u. a. e. *Catéchisme du tiers état, Catéchisme patriotique, Catéchisme de l'honnête homme ou la religion sans prêtres.*

Mme de Genlis verfaßte den *Catéchisme critique et moral.*

Katharina II. von Rußland, 2. 5. 1729 Stettin – 17. 11. 1796 Zarskoje Selo, Korrespondenzpartnerin u. Gönnerin franz. Literaten, u. a. von Grimm, Voltaire u. Diderot, dessen Bibliothek sie erwarb, nachdem er sieben Monate Gast der ›Semiramis des Nordens‹ gewesen war. A. Savoir schrieb e. Kom. über K., *La petite Catherine* (1930).

Katharina von Medici, 13. 4. 1519 Florenz – 5. 1. 1589 Blois, Tochter Lorenzos II. von Medici, Gattin des franz. Kg.s Heinrich II., führte die Regentschaft für Karl IX., war verantwortl. für die →Bartholomäusnacht, da sie vom hugenott. Admiral Coligny die Zerschlagung der von ihr initiierten franz.-habsburg. Verständigung befürchtete.

P. van Dyke, Catherine de Médicis, II New York 1922; J. Héritier, Catherine de Médicis, [2]1959; N. Cazauran, Catherine de Médicis et son temps dans la Comédie humaine, Lille 1977; L. Cloulas, Catherine de Médicis, 1979.

Katze, geschätztes Haustier franz. Autoren u. Intellektueller und seit der Lit. des MA (Guilhem de Peitieu, die rote K. in ›Farai un vers, pos mi sonelh …‹, [IX.3] ›nostre gat ros‹, deren Kratzen e. angebl. stummen Liebhaber zum Reden bringen soll) häufiges Motiv (Kater Tibert im *Roman de Renart*, Ronsard, Moncrif, wiederholt Baudelaire; Champfleury, *Les chats,* in der Zweitauflage mit 52 Zeichnungen von Manet; Gautier, *Le capitaine Fracasse;* Kater Hamilkar in *Le crime de Sylvestre Bonnard;* Maeterlinck, *L'oiseau bleu;* Zola, *Thérèse Raquin* u. *La joie de vivre;* (Loti druckte Visitenkarten für s. K.n), Giono, Aymé, *Les contes du chat perché;* R. Crottet, *Negri,* 1954, Tagebuch e. K.; Colette, Audiberti, Gatti, G. Serreau; Weingarten, *Akara,* 1948, u. *L'été,* 1965; Léonor Fini, *Histoire de Vibrissa,* 1973; Renée Massip, *Le chat de Briarres,* 1977; Troyat, *La dérison,* 1983, Kater Romeo als Symbol der Heiterkeit in e. Welt des Untergangs; Simenon, *Le chat,* 1967, verfilmt mit J. Gabin u. S. Signoret, die *Hortense*-Trilogie von J. Roubaud).

M. Delcroix/W. Geerts, Les Chats de Baudelaire. Une confrontation de méthodes, Namur 1980; J.-L. Hue, Ch. dans tous ses états, 1982; B. Ferrand, Le chat dans la littérature frçe. du XIXe siècle, Doctorat 3e cycle Rennes 1983.

Kean, ou désordre et génie, Prosadrama in fünf Akten von Alexandre →Dumas père, entstanden 1836, EA 1836, Urauff. 31. 8. 1836 Théâtre des Variétés, Paris. Protagonist des Künstlerdramas ist der engl. Schauspieler Edmund K. (London 1787 – Richmond 1833), der seit 1814 als Shakespearedarsteller große Erfolge, auch auf Tournee in Paris, errang. Dumas zeichnet K. als genialen Mimen, dessen Individualismus u. Sozialkritik ihn mit der Gesellschaft, deren Applaus ihm zur Selbstbestätigung dient, in Konflikt bringt. Als er aus der Rolle fällt, wird er als wahnsinnig angesehen. Er emigriert nach Amerika. Auf e. Anregung von Brasseur hin bearbeitete Sartre das Kostümstück (Urauff. 14. 11. 1953 Théâtre Sarah Bernhardt, Paris) u. hob die Selbsttäuschung des Schauspielers hervor, der zwischen Rolle u. Lebenspraxis nicht mehr zu unterscheiden weiß. In der Rolle des Othello – bei Dumas des Romeo – entdeckt K. s. Geliebte Elena in der Loge des Prinzen von Wales. Wenn er jetzt zu rasen beginnt, bleibt das Publikum im Glauben, Desdemona sei die Person, die ihn provoziere. K. beherrscht das Theater durch romant. Überschwang; s. Erfolg verleitet ihn dazu, persönl. Motivationen auf der Bühne auszuleben.

Kern, Alfred, geb. 1919 Hattingen a. d. Ruhr, aus elsäss. Familie, Kindheit in e. Vorort von Straßburg, Privatschule, abgebrochenes Theologiestud., konnte e. Philosophiestud. nach dem Krieg abschließen u. wurde Gymnasiallehrer. S. Romanwerk stellt die Frage nach dem ontolog. Wert der Phänomene, die den Menschen s. Individualität entfremden, namentl. in der Rolle des Clowns oder kirchl. Amtsträgers. Dies wird bei K. zum Privatmythos: je intensiver der Protagonist sich müht, zu entdecken, wer er ist, desto gnadenloser wird er darauf verwiesen, daß er einzig in der Maske, die er für die Welt trägt, existiert. Das Nichtauthentische ist das einzig Versicherte (*Le jardin perdu,* 1950; *Les voleurs de cendres,* 1951; *Le clown, L'amour profane,* 1959; *Le bonheur fragile,* 1960; *Le viol,* 1964).

J. Duvignaud, K. (Écrivains d'aujourd'hui 1940–1960, hg. B. Pingaud), 1960.

Kessel, Joseph, 10. 2. 1898 Clara – 23. 7. 1979 Avernes (Val d'Oise), russ. Abstammung, Mediziner, franz. Fliegeroffizier im I. Weltkrieg; Journalist. Autor von Reportagen (*La steppe rouge,* 1922; *Terre d'amour et de feu,* 1948; *Avec les alcooliques anonymes,* 1960; *Tous n'étaient pas des anges,* 1963; Autobiographie *Témoin parmi les hommes,* VI 1956–69; *Des hommes,* 1972; *Les temps sauvages,* 1976) sowie Abenteuer- u. Kriegs-, speziell Fliegerromanen (*L'équipage,* 1923, revidierter Text 1969; *Les rois aveugles,* 1925; *Mary de Cork,* 1925; *Les captifs,* 1926; *Nuits de princes,* 1927; *Les cœurs purs,* 1927; *Belle de jour,* 1928, verfilmt von Buñuel mit Catherine Deneuve; *Vent de sable,* 1929; *La passante du Sanssouci,* 1936, verfilmt mit Romy Schneider; *Mermoz,* 1938; *Le bataillon du ciel,* 1947; Tetralogie *Le tour du malheur,* 1950, n. 1974; *Les amants du Tage,* 1954; *Le lion,* 1958; *Les mains du miracle,* 1960; *Fortune carré,* 1964; *Les cavaliers,* 1967; *Les enfants de la chance,* 1968. Mitgl. der Ac. frçe. seit 1964.

Y. Courrière, K., 1985.

Kitty Bell, weibl. Hauptfigur des romant. Dramas →*Chatterton* von Vigny, verkörpert zarte Empfindsamkeit, die der Protagonist in e. verständnislosen Profitwelt sucht.

Klassisch →Classique.

Klossowski, Pierre, geb. 9. 8. 1905 Paris, Sohn von Baladine Klossowska, die mit Rilke, der als Vater vermutet wurde, befreundet war; Essayist (*Sade mon prochain,* 1947; *Le bain de Diane,* 1956; *Un si funeste désir,* 1963; *Nietzsche et le cercle vicieux,* 1969) u. Autor hist. u. erot. Romane (*La vocation suspendue,* 1950; *Roberte ce soir,* 1953; *La révocation de l'édit de Nantes,* 1959; *Le souffleur,* 1960, diese drei Titel erschienen 1965 als *Les lois de l'hospitalité,* 1965; *Le Baphomet,* 1965; *La monnaie vivante,* 1971). Die Echostruktur als Kompositionsprinzip der Erzählung macht individuelle Vergehen fragwürdig, Eros u. Tod vollziehen sich im Ritual. K., 1948–50 Mitarbeiter von *Les Temps modernes,* übersetzte u. a. Hölderlin, Nietzsche u. Kafka.

D. Wilhelm. K., 1979.

Knock ou le triomphe de la médecine, Kom. von Jules →Romains, entstanden 1923, Urauff. 15. 12. 1923 Com. des Champs-Élysées, Paris, EA 1924. Dem Dr. Knock, der e. neue, wenig rentable

Praxis übernommen hat, gelingt es durch Massensuggestion, s. Wartezimmer mit eingebildeten Kranken zu füllen u. jenen Gewinn zu erzielen, der s. ehrl. Vorgänger versagt geblieben ist. Knock, der über das Thema der vermeintl. Gesundheit promoviert hat, gibt als Aufklärung im Dienst des allgemeinen Wohlergehens aus, was in Wahrheit Scharlatanerie ist, die er freil. in solchem Grade beherrscht, daß ihr auch e. Kollege zum Opfer fällt. Der Doktor tritt in der Pose des Erlösers auf u. triumphiert so über gesunden Menschenverstand u. den Geiz der Bergbauern, die s. Kunst preisen. Mit diesem Stück, das sich als sehr theaterwirksam erwiesen hat, ironisierte der Autor Hypothesen des →Unanimismus, an dessen Ausbildung er selbst beteiligt war.

P. J. Norrish, Drama of the group: A study of unanismism in the plays of J. Romains, Cambridge 1958; H.-J. Wolf, J. Romains: K. (Das mod. franz. Drama, hg. W. Pabst), 1971.

Kock, Charles-Paul de, 21. 5. 1793 Passy – 29. 8. 1871 Paris, Sohn e. holländ. Bankiers, selbst Banklehre, ehe er Vaudevilles u. Romane zu schreiben begann (*L'enfant de ma femme,* 1812; *Gustave le mauvais sujet,* 1821; *Mon voisin Raymond,* 1822; *Monsieur Dupont,* 1824; *La laitière de Montfermeil,* 1827; *La pucelle de Belleville,* 1834; *Mœurs parisiennes,* 1837; *Un jeune homme charmant,* 1839; *L'homme aux trois culottes,* 1841; *Un homme à marier,* 1843; *Un bal dans le grand monde,* 1845; *La fille aux trois jupons,* 1861; *Œuvres illustrées,* 299 Bde. 1902–05). K. ist der beispielhafte Vertreter des Kleinbürgertums, das sich in s. Geschichten wiedererkennt; Rührseligkeit u. Grobheit, die in kom. Situationen aufeinanderstoßen, kehren in allen Romanfabeln schemat. wieder. Der Autor traf den Geschmack s. Publikums, das, nach e. Bemerkung von Th. Gautier *(Portraits littéraires),* von der lit. Form ebensowenig verstand wie K. selbst. Für K., u. nach 1830 allein noch für ihn, blieb der Bourgeois im Roman u. Vaudeville e. humorerfüllter Typus, der auch über das Mißgeschick e. Mésalliance vergnügt hinweggeht. Explizit negatives Vorbild für Flaubert.

L. Lespès, La vie de K., 1873; S. Wegener, Das Romanwerk K.s, Diss. Berlin 1980.

Kolportageroman, triviales Produkt der Massenpresse, als Unterhaltungs- u. Erbauungsschrift, teilweise in Serien, seit dem 18. Jh. in immer größeren Auflagen verbreitet, zunächst von Hausierern, später auch vom Zeitungs- u. Versandbuchhandel.

Ch. Nisard, Histoire des livres populaires, ^{2}1864.

Koltès, Bernard-Marie, 9. 4. 1948 Metz – 15. 4. 1989, Offizierssohn, Journalismusstud. u. Regieausbildung in Straßburg, Dramatiker. 1970 Bühnenfassung von Gorkis Roman *Meine Kindheit* u. 1971 von Dostojewskis *Schuld u. Sühne;* 1972 Hörspiel *L'héritage* in France-Culture, 1973 *Récits morts.* Erfolgreich mit *La nuit juste avant les forêts* (1977 Avignon, 1980 Petit Odéon). Patrice Chéreau eröffnet 1983 s. Spielzeit am Théâtre des amandiers mit *Combat de nègre et de chiens;* 1986 *Quai Ouest,* 1987 *Dans la solitude des champs de coton,* 1988 *Le retour au désert;* 1990 Urauff. des letzten Werks, *Roberto Zucco,* an der Berliner Schaubühne (Regie Peter Stein). K. dramatisiert dämonische Existenzformen, die den Gestalten jede Ichgewißheit rauben. Antirealist. Ablauf der Sequenzen, Wechsel von prosaischer u. poet. Diskurs, die Thematisierung des Sprechens in Zitaten als Ersatz oder Verbrämung des miserablen Lebens sind Merkmale von K.

P. Duquenet-Krämer, Das poet. Theater von K., in: K. Schoell (Hg.), Lit. u. Theater in Frkr., 1991.

Kreuzzugsepen, ma. heroische Dichtungen. Der I. Kreuzzug (1096–1099) wurde bis 1180 in wenigstens zwei franz. Bearbeitungen (Richard le Pèlerin u. Graindor de Douai, *La chanson d'Antioche*) u. in e. provenzal. Epos (Gregori Bechada, *Cansó d'Antiocha*) besungen; die →*Cansó de la crozada* (Kreuzzug gegen die Albigenser) orientierte sich ausdrückl. an dessen Stil. Während die *Chanson d'Antioche* die hist. Grundlage nicht entstellte, vermittelten fragmentar. Fortsetzungen, *La chanson des chétifs* u. *La chanson de Jerusalem,* die gleichfalls Graindor de Douai in Alexandriner brachte, e. phantasievoll aufgelokkertes, mit romanesken u. burlesken Motiven durchsetztes Bild von der sozialen Wirklichkeit der Eroberer im Heiligen Land. *Le chevalier au cygne* (1355/56) entfernte sich noch weiter von den hist. Fakten; Anspielungen in dieser Dichtung wurden im *Baudouin de Sebourc* (zwischen 1360 u. 1370) zykl. weiterentwickelt u. dabei von der eigentl. Kreuzfahrerthematik abgetrennt.

P. Alphandéry/A. Dupront, La chrétienté et l'idée de croisade, II 1954–59.

Kriegsliteratur, Darstellung militär. Ereignisse, vor allem seit den napoleon. Feldzügen, bes. durch Balzac, Vigny, Erckmann-Chatrian, Zola, O. Mirbeau (*Le calvaire,* 1886), Courteline, A. Hermant, Descaves, E. Guillaumin (*Albert Manceau, adjudant,* 1906), Psichari, Barbusse, die Brüder Margueritte, Dorgelès, Déroulède, Lemonnier, Darien, Daudet, Mendès *(Odelettes guerrières),* Radiguet, Gracq, Vercors, Vailland, Saint-Exupéry, Aragon, Cl. Roy, J. Roy, Nimier, Roblès, Sartre, Malraux, Lartéguy, Langfus, Curtis, Yacine, Cl. Simon, Del Castillo, Gary, Merle, vgl. auch die Anthologie →*La patrie se fait tous les jours* (1947).

H. Grimrath, Der Weltkrieg im franz. Roman, 1935; H. L. Simpson, Antimilitarism in the French naturalistic novel, L'Esprit créateur 1964.

Kriminalroman →Roman policier.

Kristallisationstheorie →*De l'amour* von Stendhal.

Krüdener, Barbara Juliane Baronin von, 22. 11. 1764 Riga – 25. 12. 1824 Krim, verheiratet mit e. russ. Diplomaten, seit 1801 Beziehungen zu Mme de Staël, befreundet mit Zar Alexander I., Pietistin, die wiederholt ausgewiesen wurde, lebte seit 1817 vor allem in Livland. Nach dem Vorbild des *Werther* schrieb sie den Liebesroman *Valérie ou lettres de Gustave de Linar à Ernest de G.* (1804, éd. M. Mercier 1974, e. Bestseller wie sonst →*Delphine* u. →*Atala*). Ihr Briefwechsel mit Jean Paul wurde 1957 von D. Berger herausgegeben.

A. Hermant, Mme de K., 1934; E. J. Knapton, The lady of the Holy Alliance, New York 1942; F. Ley, Mme de K. et son temps, 1962.

Künstlerroman, Darstellung ästhet. Schaffensprozesse u. der sozialen Konflikte des Künstlerlebens, u. a. durch Balzac *(La maison-du-chat-qui-pelote, Le chef d'œuvre inconnu),* Zola, die Goncourt *(Manette Salomon),* Maupassant *(Fort comme la mort),* Zola *(L'œuvre),* Rolland *(Jean-Christophe),* Aragon *(Henri Matisse, roman).* Im Unterschied zur ›biographie romancée‹ (z. B. A.

Maurois) ist der K. durchweg fiktionale Prosa.

Kyo (Abk. Kyoshi Gisors), Hauptfigur in →*La condition humaine* von Malraux, Kommunistenführer in Shanghai, der den Aufstand gegen die Truppen des Generals Tschiang Kai Tschek plant, von der Internationale zum Stillhalten gezwungen wird u. sich nach dem Zusammenbruch der Revolte im Gefängnis vergiftet.

Là-bas (1891), Roman von Joris-Karl →Huysmans, Auseinandersetzung mit Satanismus u. Sadismus (der Romanheld Durtal verfaßt e. Studie über Gilles de Rais); die Schwarze Messe wird zum Geschmacksmuster e. Welt, die ihrer Dekadenz neue, ungewöhnl. Lebensreize abgewinnt (vgl. auch Barbey d'Aurevilly) u. in der die Kunst die Aufgabe zugewiesen erhält, den naturalist. Determinismus auf e. ›naturalisme spiritualiste‹ hin zu überschreiten.

Labé, Louise, gen. ›la belle cordière‹ (nach dem Seilerhandwerk ihres Vaters oder ihres Mannes), 1525 oder 1526 Parcieux en Dombes bei Lyon – 24. 4. 1566 ebda., aus wohlhabender Familie, die ihr e. ausgezeichnete Erziehung gewähren konnte. Ihr lyr. Werk besteht aus drei Elegien u. 24 Sonetten *(→Sonnets)*. Im Dialog *Débat de folie et d'amour* (1555) wird die Torheit zur Führerin des blinden Amor bestellt (*OC,* krA E. Giudici, Genf 1981). Die erlebnisstarke Poesie der L. ragt über manierist. wie rationalist. Strömungen der Epoche hinaus. Im Haus der Dichterin verkehrten Maurice Scève, Charles Fontaine, Pontus de Tyard u. Olivier de Magny (→Lyoner Dichterschule).

D. O'Connor, L., sa vie et son œuvre, 1926; G. vom Steeg, L. Ihr Leben u. Werk, Diss. Marburg 1940; G. Guillot, Un tableau synoptique de la vie et des œuvres de L., 1962; L. Dunand, L. dans l'esprit de son époque, Lyon 1962; Luc van Brabant, L. et ses aventures amoureuses avec Cl. Marot et le dauphin Henry, 1967; F. Zamaron, L. dame de franchise, 1968; E. Schulze-Witzenrath, Die Originalität der L., 1974; E. Giudici, L., 1981.

La Beaumelle, Laurent Angliviel de, 1726–73, aus e. südfranz. Hugenottenfamilie; Stud. Genf, Privatlehrer in Dänemark, regte die Errichtung e. Professur für franz. Lit. in Kopenhagen an, die jedoch an e. anderen vergeben wurde; Anhänger Montesquieus (*L'asiatique tolérant,* entstanden 1748; *Suite de la défense de l'Esprit des lois,* 1751; *Mes pensées,* Kopenhagen 1751); trat in preuß. Dienst, polemisierte gegen Voltaire.

W. Krauss, Die Lit. der franz. Frühaufklärung, 1971.

Labiche, Eugène, 5. 5. 1815 Paris – 23. 1. 1888 ebda., Autor von ca. 170 Lustspielen (vielfach in Zusammenarbeit mit Gondinet, Lefranc, Martin u. Marc Michel), die vor allem durch ihre Situationskomik unterhalten. S. Vaudeville, →*Un chapeau de paille d'Italie,* wurde e. Dauererfolg (*Théâtre complet,* X 1878 f., darunter *Le misanthrope et l'auvergnat,* 1853; *Les vivacités du capitaine Tic,* 1861; *La cagnotte,* 1864; *La grammaire,* 1867; *Le prix Martin,* 1876; *La clé,* 1877; *Œuvres complètes,* VIII 1966–68). Seit der Februarrevolution 1848 stark reaktionäres Weltbild; 1880 trotz Protesten Wahl in die Ac. frçe. Zola kritisierte an L., daß er s. Anteilnahme am Menschen soweit reduzierte, bis menschl. Laster als bloß kom. Abweichungen von der Norm zu sehen sind. Er läßt s. Figuren wie Puppen über Abgründen tanzen, um sich u. den Bourgeois über ihre Grimassen zu amüsieren. Dem Publikum soll bewußt sein, daß das Bühnengeschehen auf Distanz konsumiert wird.

D. Falter, Technik der Kom. von L., Diss. Würzb. 1908; E. Gschladt, Gesellschaft u. Charaktere in den Lustspielen von L., Diss. Wien 1949; J. Autrusseau, L. et son théâtre, 1971; L. C. Pronko, L. and G. Feydeau, London 1982; E. Haymann, L., 1988.

La Boétie, Étienne de, 1. 11. 1530 Sarlat – 18. 8. 1563 Germignan, Hellenist, 1553 Jurist in Bordeaux, seit 1557 mit Montaigne befreundet, der postum s. petrarkisierenden Sonette veröffentlichte (1580). L. verfaßte die Denkschrift der vefolgten Hugenotten, *Le discours de la servitude volontaire* (1576), ohne jedoch zwischen Tyrannei u. legaler Autorität zu unterscheiden. Im *Mémoire sur l'édit de janvier 1562* (1917 entdeckt) empfiehlt er Reformen, die zur kirchl. Wiedervereinigung im kathol. Glauben führen sollen. S. Toleranzbegriff ist noch nicht naturrechtl. fundiert (*Œuvres,* hg. L. Feugère 1846).

P. Mesnard, L'essor de la philosophie politique au 16e siècle, 1936.

La Borderie, Bertrand de, um 1507 – ?, Freund von Clément Marot, über dessen Lebensweg fast nichts bekannt ist; s. antiplatonist. Gedicht →*L'amie de court* löste im Kreis der Marotschüler e. lebhafte Diskussion in Form von Lehrgedichten aus.

La Bruyère, Jean de, 17. 8. 1645 Paris – 11. 5. 1696 Versailles, Licence ès droits in Orléans, 1665 Zulassung als Advokat, 1673 Kauf e. Amts als Schatzmeister im Finanzbezirk Caen, ohne deswegen Paris zu verlassen. Im August 1684 übernahm er auf Empfehlung Bossuets hin die Ausbildung des jungen Hzg.s Louis de Bourbon (mod. Geschichte, Genealogie, Geographie, cartesian. Philosophie). 1686 betraute ihn sein Zögling, der inzwischen geheiratet hatte, mit der Leitung der Bibliothek zu Chantilly. Die Ac. frçe. folgte 1693 dem Drängen s. Gönner u. nahm ihn auf; in s. Antrittsrede erregte L. mit e. Vergleich Racines u. Corneilles skandalöses Aufsehen. Während der Auseinandersetzung um den Quietismus (Mme →Guyon, → Fénelon) stellte er sich auf die Seite Bossuets (*Dialogues sur le quiétisme,* 1698). Ihr gemäßes Thema fand die bürgerl. Intelligenz des Autors in der Gesellschaftskritik, L. erweiterte den moralist. Komplex um e. soziale Komponente in →*Les caractères de Théophraste* (*Œuvres complètes,* hg. G. Servois VI ³1920–22, J. Benda 1951).

H. Klaus, L. im Verhältnis zu s. Zeit, Diss. Berlin 1935; G. Michaut, L., 1936; R. Jasinski, Deux accès à L., 1971.

La Calprenède, Gautier de Coste, sieur de, um 1610 Schloß Toulgou bei Cahors – 20. 10. 1663 Le Grand-Andély, nach Stud. in Toulouse Gardeoffizier, der 1635–41 neun Trag. und Tragikom. aufführen ließ (darunter *La mort de Mithridate,* 1636; *Le comte d'Essex,* 1638; *La mort des enfants d'Hérode,* 1639; *Édouard, roi d'Angeleterre*). Seit 1642 schrieb er heroisch-galante Romane, die Madeleine de →Scudéry teilweise nachahmte (*Cassandre,* X 1642–60; →*Cléopâtre,* XII 1647–58; *Faramond ou l'histoire de France,* XII 1661–70).

E. Seillière, Le romancier du Grand Condé, L., 1921.

Lacan, Jacques, 13. 4. 1901 Paris – 1981, Mediziner, Tätigkeit als Psychiater; Forschungen über das Medium Sprache u. s. Beziehungen zum Unbewußten, dabei Auseinandersetzung mit →Lévi-Strauss.

E. Roudinesco, L., esquisse d'une vie, histoire d'un système de pensée, 1993.

La Ceppède, Jean de, seigneur d'Aigalades, um 1550 Marseille – 1622 Avignon, Jurist in Aix-en-Provence, relig. Lyriker, den Malherbe hoch schätzte (*Théorèmes sur les mystères de la rédemption,* Toulouse 1613–21).

L. K. Donaldson-Evans, Poésie et méditation chez L., Genf 1969; P. A. Chilton, The poetry of L., Oxford 1977.

Lachambeaudie, Pierre, 16. 12. 1806 Montignac-sur-Vézère – 8. 7. 1872 Brunoy, Saint-Simonist, Autor von *Essais poétiques* (1829), Fabeln (1839) u. Lyrik (*Fleurs de Villemomble,* 1861; *Hors d'œuvre,* 1867).

Laclos →Choderlos de Laclos.

Lacordaire, Henri, 12. 5. 1802 Recey-sur-Ource / Côte d'or – 2. 11. 1861 Sorèze/Tarn, Jurist, Theologe, 1827 Priesterweihe, Verbündeter von →Lamennais bis 1834, seitdem Verteidiger der Kirche gegen die Dissidenten. L. wurde 1840 Dominikaner u. predigte bis 1851 in Notre-Dame von Paris; 1861 Mitgl. der Ac. frçe. S. Predigten erschienen gesammelt (1835–51; *Œuvres complètes,* IX 1872 f.).

J. Peyrade, L. ou le baptême du romantisme, 1967; J. Cabanis, L. et quelques autres, 1982; G. Bedouelle, L., 1991.

Lacretelle, Jacques de, 14. 7. 1888 Cormatin/Saône-et-Loire – 2. 1. 1985 Paris, 1936 Mitgl. der Ac. frçe., Autor psycholog. Romane (→*Silbermann,* →*La Bonifas, La belle journée,* 1925; *Amour nuptial,* 1929; *Le pour et le contre,* 1946; *Deux cœurs simples,* 1952) u. e. Lesedramas, *Une visite en été* (1953). In der Tetralogie *Les Hauts-Ponts* (1932–35) erfüllt L. e. doppelte Erwartung, die das bürgerliche Leserpublikum der Epoche an den Roman herantrug, indem er einerseits Einblick in wirtschaftl. Transaktionen (hier in Form von Grundstückshandel) gewährt, zum anderen durch wirklichkeitsfremde Motive und Peripetien, wie die Liebschaft zwischen Arm und Reich und die Figur des natürl. Sohns, dem Reichtum zufällt, obschon er zum Träumer geboren ist, zu verzaubern sucht.

D. W. Alden, L. An intellectual itinerary, New York/London 1958.

La Curne de Sainte-Palaye, Jean Baptiste de, 6. 6. 1697 Auxerre – 1. 3. 1781 Paris, Historiker, der mit e. umfangreichen Materialslg. die wiss. Voraussetzungen für Millots *Histoire littéraire des troubadours* schuf (außerdem Biographie Karls des Gr.); Autor e. histor. Wörterbuchs Altfranz. sowie e. *Dictionnaire des antiquités françaises* (40 Bde. Ms.). S. Version von *Aucassin et Nicolette* (1756) befruchtete das ›genre troubadour‹ in der neueren franz. Lit. Die dreibänd. *Mémoires sur l'ancienne chevalerie* (1759), die erste Darstellung der ma. Sozialgeschichte, wurden von Nodier 1826 neu herausgegeben. Seit 1758 gehörte der Gelehrte der Ac. frçe. an.

L. Gossmann, Medievalism and the ideologies of the enlightenment. The world and work of L., Baltimore 1968.

La Fare, Charles Auguste, marquis de, 1644 Valgorge/Vivarais – 29. 5. 1712 Paris, befreundet mit Mme de La Sablière u. Chaulieu, Autor rokokohafter Lyrik (*Poésies,* 1724) und aufschlußreicher Memoiren (*Mémoires et réflexions sur les principaux événements du règne de Louis XIV,* postum 1716; *Œuvres,* 1733).

Sainte-Beuve sprach von L. wiederholt in den *Portraits littéraires.*

F. Schwarzkopf, Coulanges, Chaulieu u. L., Diss. Leipzig 1908; F. Lachèvre, Le libertinage au 17e siècle, 1924; ders., Disciples et successeurs de Th. de Viau, 1922.

Lafayette, Marie-Madeleine comtesse de, 18. 1. 1634 Paris – 25. 5. 1692 ebda., als junges Mädchen Zugang zum Hôtel de Rambouillet, Bekanntschaft mit Ménage, Retz, Scarron. Sie galt als Prototyp e. Preziösen. 1655 Heirat, 1658 Trennung von ihrem Ehemann, nachdem sie diesem zwei Söhne geboren hatte; allerdings besuchte sie Graf L. wiederholt in Paris. Seit 1665 standen ihr La Rochefoucauld, Segrais, unter dessen Namen sie bis 1671 publizierte, Huet, Mme de Sévigné u. Bossuet nahe, sie wurde die Vertraute der Hzgin. von Orléans. Hofgesellschaften trafen sich bis etwa 1680 in ihrem Haus in der Rue de Vaugirard; nach dem Tode La Rochefoucaulds lebte sie zurückgezogen. Bereits in ihrem ersten erzählenden Werk bricht Mme de L. mit dem romanesken Erbe (Novelle *La princesse de Montpensier,* 1662; mögl. Mitarbeit von La Rochefoucauld u. Ménage), das Pathos entspringt e. trag. Konflikt von Leidenschaft u. gesellschaftl. Verpflichtung (vgl. Corneilles Thematik); so kann die Geschehnisreihe auf äußere Motivationen verzichten. Seit 1668 schrieb sie an *Zaïde* (1671), e. Maurenroman (vgl. G. de Scudéry, *Almahide;* Chateaubriand, *Les aventures du dernier Abencérage*) im Stil der *Astrée* des H. d'Urfé. Mit →*La princesse de Clèves* verfaßte sie ihr hervorragendstes Werk, das gleichzeitig für die Erneuerung des Romans im Sinne e. psycholog. Vertiefung der Darstellung maßgebend wurde. Nicht restlos gesichert ist ihre Autorschaft für die Novelle →*La comtesse de Tende* (postumer ED *Mercure galant* Juni 1724) sowie für die *Mémoires sur la cour d'Henriette d'Angleterre* u. die *Mémoires de la cour de France pour les années 1688 et 1689* (Amsterdam 1731; *Œuvres,* hg. R. Lejeune III 1925–30; *Correspondance,* hg. A. Beaunier II 1942; *Romans et nouvelles,* hg. E. Magne 1958, ²1970; *Histoire de la princesse de Montpensier. Histoire de la comtesse de Tende,* krA M. Cuénin 1979).

J. W. Scott, L., a selective critical bibl., London 1974; G. Violato, La principessa giansenista, Rom 1981; O. Virmaux, Les héroïnes romanesques de L., 1981; B. Didier, L'écriture – femme 1981; D. Steland, Moralistik u. Erzählkunst, 1984; R. Duchêne, L., la romancière aux 100 bras, 1988; R. Redhead, Themes and images in the fictional works of L., New York 1990.

Lafcadio Wluiki, Zentralfigur der Sottie →*Les caves du Vatican* von Gide, Bastard, durch s. Vater, den Grafen Baraglioul, mit dem Erzähler der Romanfabel, Julius, verwandt; er realisiert s. nonkonformist. Existenz im ›acte gratuit‹ – etwa der Rettung eines andern vor dem Tod oder dem Mord an einem Unschuldigen, worin sich beidesmal s. Verachtung des Kausalnexus ausdrückt.

Laffont, Verlag, 1941 Gründung in Marseille, seit 1945 Paris; Erfolge mit Cesbron, Clavel, Charrière, François Revel, Gallo; Graham Greene, Buzzati.

La Fontaine, Jean de, 8. 7. 1621 Château-Thierry/Ile-de-France – 14. 4. 1695 Paris, von 1641–42 Vorbereitung auf das Ordensleben, Jurastud., Kauf e. Amts als Maître des eaux, das er bis 1671 bekleidet hat. 1647 Heirat mit Marie Héricart, von der er sich im gleichen Jahr wieder trennt. Seit 1658 lebte L. als Günstling u. a. der Hzgin. von

Bouillon, der Marquise de Montespan u. 1672–93, als es ihm nicht mehr mögl. war, s. Amt, das erneut zum Verkauf stand, zu erwerben, der Marquise de Sablière in Paris. 1683 wurde er als Nachfolger Colberts in die Ac. frçe. gewählt. S. frühe Lyrik (u. a. Balladen, Dizains, Oden) entstand unter dem Eindruck Malherbes, in der heroischen Idylle *Adonis* (1657, ED 1669) richtete er sich nach dem Formideal der Préciosité. Im Umgang mit Furetière u. Tallemant des Réaux bildete L. s. Skepsis u. s. satir. Talent aus. Nacheinander gehörte er zum Kreis von Molière u. Racine; obgleich Boileau-Despréaux zwischen 1666 u. 1667 mit ihm wiederholt zusammentraf, erwähnte er. s. Schaffen, namentlich die Fabelproduktion, in s. Poetik nicht. Neben dem allegor., vom *Roman de la rose* inspirierten Fragment *Songe de Vaux* (TD 1665–1729) u. der mytholog. Erzählung nach Apuleius, *Les amours de Psyché et de Cupidon* (1669), sowie Kom.versuchen (1684–1688) sind die →*Contes et nouvelles en vers* sowie die →*Fables choisies mises en vers* s. Hauptwerke. L. wird gewöhnl. in e. Reihe mit Corneille, Molière u. Racine als beispielhafter Vertreter der Klassik genannt, dabei entfernte er sich bereits seit den 60er Jahren vom klass. Erwartungshorizont. Rabelais, Marot, d'Urfé u. Voiture inspirierten ihn ebenso wie die antiken Autoren; Gelehrsamkeit u. Badinage sind gleichermaßen charakterist. für s. Werk (*Œuvres complètes,* hg. A. Regnier XI 1883–92).

G. Michaut, L., II 1912–14; K. Vossler, L. u. s. Fabelwerk, 1919; A. Bailly, L., 1937; J. Giraudoux, Les cinq tentations de L., 1938; P. Clarac, L., 1947; M. Sutherland, L., London 1953; G. Couton, La poétique de L., 1957; R. Kohn, Le goût de L., 1962; M. Rat, Le bonhomme L., 1964; J.-P. Collinet, Le monde littéraire de L., 1970; J. C. Lapp, The esthetics of negligence: L.'s contes, Cambridge 1971; G. Mongrédien, Recueil des textes ... relatifs à L., 1973; J. A. Tyler, A concordance to fables and tales of L., Cornell 1974; J. Grimm, L.s Fabeln, 1976; P. Malandain, La fable et l'intertexte, 1981.

Laforgue, Jules, 16. 8. 1860 Montevideo – 20. 8. 1887 Paris, s. Vater (aus Tarbes gebürtig) war Lehrer, später Bankier; 1866 Reise nach Bordeaux u. Tarbes, dort Lycée impérial bis 1876, seitdem Lycée Fontanes in Paris; L. scheitert dreimal im Baccalauréat (1878). 1879, als er Leconte de Lisle, Sully Prudhomme u. Heinrich Heine entdeckte, plante er e. Zyklus philosoph. Gedichte (erschien postum als *Le sanglot de la terre,* 1903; *La guêpe,* hg. J.-L. Debauve 1970). 1880 machte er die Bekanntschaft von Gustave Kahn, 1881 die von Bourget; er hörte Taine an der École des Beaux-Arts. Bourget, der Verleger u. Kunsthistoriker Charles Ephrussi, bei dem er zeitweilig arbeitete, verschafften ihm die Stelle e. Vorlesers der Kaiserin Augusta; L. traf im November 1881 in Koblenz ein u. reiste im Dezember mit dem Hof nach Berlin. Während s. fünfjähr. Tätigkeit in Dtl. entstanden die Gedichtzyklen *Les complaintes* (1885), *L'imitation de Notre-Dame la Lune* (1886, éd. P. Reboul 1981), die Dramen *Pierrot fumiste* u. *Le concile féerique* (*La Vogue* 1886), die →*Moralités légendaires* u. e. Whitmanübs. Im Dezember 1886, drei Monate, nachdem er den Hof verlassen hatte, heiratete er in Kensington Leah Lee, die in Berlin s. Englischlehrerin gewesen war. In Paris bereitete er 1887 die *Moralités légendaires* zum Druck vor u. überarbeitete *Berlin, la cour et la ville* (postum 1922). L., der seit längerem über Symptome e. mögl. Bronchitis klagte, starb, ebenso wie 1888 s. Frau, an Lungenschwindsucht. 1887 erschienen *Derniers vers.* u. *Des fleurs de bonne volonté,* 1888 *Vers* *inédits,* 1903 *Mélanges posthumes,* 1921 *Chroniques parisiennes.* L.s Freund Dujardin brachte 1894 *Poésies complètes* heraus, G. Jean Aubry 1922–30 e. sechsbänd., S. Cigada 1966 e. zweibänd. Gesamtausgabe. Die Kenntnis Schopenhauers u. der Philosophie des Unbewußten von E. v. Hartmann (franz. Übs. 1877) sowie buddhist. Ideen, die ihm Cazalis vermittelte, bestärken L.s Pessimismus. S. stark mit Neologismen durchsetzte Dichtung wird zum Ausdruck der widerstrebend wahrgenommenen Häßlichkeiten der Welt, die zur Parodierung herausfordert. Wie Baudelaire ist L. vor allem e. Dichter der Großstadt, gerade angelsächs. Lyriker (T. S. Eliot, Ezra Pound u. a.) assilimieren s. Poesie, die e. Ausweg aus der Idyllik verspricht. L. ist e. Dichter mit ungewöhnlich starkem Traditionsbewußtsein, der die Welt nicht unbefangen betrachten kann, da hinter Erlebnisspuren lit. Bezugsmuster zum sprachl. Ausdruck drängen. Zwar schließt er Kompromisse mit eingespielten Systemen, doch nur, um sich desto entschlossener mit ihren Kulturgütern, vor allem den zu toten Klischees erstarrten Mythen, auseinanderzusetzen. Bei allen Widersprüchen – s. Poesie erscheint bald als Psychogramm, bald als Kosmogonie konzipiert – bekennt sich L. insistierend zum Trauminhalt der Dichtung, ohne damit e. falschen Gegensatz von enttäuschender Lebenspraxis u. ästhet. Gelingen zu konstruieren. Wahrscheinl. ist L.s Gesamtwerk noch nicht vollständig veröffentlicht; die *Poésies complètes,* die Pascal Pia 1970 herausgab, enthalten 66 unbekannte Texte.

C. Mauclair, Essai sur L., 1896; F. Ruchon, L., sa vie, son œuvre, Genf 1924; J. Cuisinier, L., 1925; L. Guichard, L. et ses poésies, 1950; M.-J. Durry, L., 1952; W. Ramsey, L. and the ironic inheritance, New York 1953; M. Brunfaut, L., les Ysaye et leur temps, Brüssel 1961; P. Newman-Gordon, Corbière, L., Apollinaire, 1963; H. Ph. Bailey, Hamlet in France from Voltaire to L., Genf 1964; L., hg. W. Ramsey, London/Amsterdam 1969; J.-L. Debauve, L. en son temps, 1972; M. Collie, L., London 1977; J. A. Hiddleston, Essai sur L., 1980; L. J. Watson, L. poet of his age, New Jersey 1980.

La Grange, Charles Varlet, gen., um 1639 Amiens – 1. 3. 1692 Paris, Schauspieler in der Truppe Molières (seit 1659, Liebhaberrollen), nach 1680 Administrator der Comédie française. 1682 gab er Molières Gesamtwerk heraus. L. führte e. Verzeichnis der im Palais Royal aufgeführten Werke (B. E. u. G. Ph. Young, *Le registre de L.,* 1947).

La Grange-Chancel, Joseph de Chancel, gen., 1. 1. 1677 Schloß Antoniac/Périgord – 26. 12. 1758 ebda., fiel mit 14 Jahren als Dramatiker auf, wurde von der Hzgin. Conti protegiert u. von Racine angeleitet (*Jugurtha,* 8. 1. 1694; *Oreste et Pylade,* 1697; *Anthénais,* 1699; *Alceste,* 1703; *Mélicerte,* 1713; *Sophonisbe,* 1716; *Orphée*). L. war der psycholog. Trag. jedoch nicht gewachsen, er suchte bei La Calprenède, Corneille u. Pradon Motive u. rhetor. Muster. Nach s. Zerwürfnis mit dem Hzg. von La Force griff er mit äußerster Heftigkeit nicht nur den ehemaligen Freund, sondern auch den Regenten in den *Philippiques* (1723) an; er steigerte die Diatribe bis zur Anklage des versuchten Giftmordes an Ludwig XV. L. wurde verhaftet, konnte jedoch entfliehen. Erst 1729 kehrte er, nach Aufenthalten auf Sardinien u. in den Niederlanden, wieder nach Frkr. zurück. 1758 gab er e. Ausgabe letzter Hand s. Werke in 5 Bden. heraus.

O. Nietzelt, L. als Tragiker, 1908.

La Harpe, Jean François de, 20. 11. 1739 Paris – 11. 2. 1803 ebda., Stud. am Collège d'Harcourt (seit 1756 Waise), schrieb zunächst Heroiden (1759) u. *Poésies fugitives* (1762), ehe er zwischen 1763 u. 1786 zehn klassizist. Trag. verfaßte, die wie auch das Dramenwerk s. Freundes Voltaire nicht nur antike hist. Stoffe gestalteten (u. a. *Warwick,* 1763; *Timoléon,* 1764; *Gustave Wasa,* 1766; *Les brames,* 1781; *Coriolan,* 1784). S. wirkl. Stärke war die Lit.kritik; L. schrieb für den *Mercure* u. las am Lycée des arts 1786–98 über Weltlit. *(Cours de littérature ancienne et moderne)* im Sinne e. ›histoire raisonnée‹. Während der Revolution, die er zunächst begeistert unterstützt hatte, z. B. mit der Klöstersatire *Mélanie* (entstanden 1770, Erstauff. 7. 12. 1791, vgl. schon Flins des Oliviers, Monvel u. Diderots *La religieuse*), entsagte er der aufklärer. Ideologie u. kehrte zum Katholizismus zurück. 1801 veröffentlichte er s. an den Zaren Paul I. gerichtete →*Correspondance littéraire* (*Œuvres littéraires,* hg. Saint Surin XVI 1821; *Correspondance inédite,* hg. A. Jovicevich 1965).

W. Gasch, L. als Tragiker, Diss. Leipzig 1913; W. Hoffmann, Ästhetik u. Poetik von L., Diss. Heidelberg 1922; D. A. Bonneville, L. as judge of his contemporaries, Diss. Ohio 1961; C. Todd, Two lost plays by L., Studies on Voltaire and the 18th century, 1968; A. Jovicevich, L., adepte et renégat des Lumières, New Jersey 1973; Ch. Todd, Bibl. des œuvres de L., Oxford 1979.

La Hontan, Louis Armand, baron de, um 1666 bei Mont-de-Marsan – um 1715, Marineoffizier, Erkundungsreisen durch Kanada (1683–89). In s. Reiseberichten mischt sich Beobachtung mit Utopie (*Nouveaux voyages dans l'Amérique septentrionale,* Den Haag 1703). Für die Aufklärungsdialoge liefern s. *Dialogues curieux entre l'auteur et un sauvage de bon sens qui a voyagé* (1704, hg. G. Chinard, Baltimore 1931) e. wirkungsvolles Schema. Der Autor stattete den Indianer als Gesprächspartner mit frappierendem Zynismus aus, zerstörte sexuelle Tabus u. formulierte e. striktes Eigentumsverdikt. Der edle Wilde lebt aus e. makellosen Wesensfülle, der Europäer ist denaturiert.

G. Chinard, L'Amérique et le rêve exotique dans la littérature française au XVIIIe siècle, 1913; A. d'Haudricourt, Le bon sauvage à l'aube du siècle des lumières, La Pensée 1961.

Lahor, Jean →Cazalis, Henry.

Lai (altir. ›lôid‹, ›laid‹ = Vers, Lied, Gedicht), 1. e. Instrumentalkomposition; 2. e. Lied, das mit der Sequenz verbunden ist u. seit 1175 zum Bestand der franz. Lyrik gehört; 3. e. Kurzerzählung in meist achtsilbigen Versen, die im 12. u. 13. Jh. ihren Höhepunkt erreicht (→Marie de France, →Jean Renart, →*Lai d'Aristote,* →*Lai d'Ignaure*). Der ep. L. als sinnbildl. Abenteuergeschichte ist von der Stofferwartung u. dem moral. Tenor her nicht eindeutig zu umreißen; das idealtyp. Gegenstück zum →Fabliau ist er jedenfalls nicht. Häufig ist das kelt. Sujet, gleichwohl wurde es nicht obligat. Aus Unkenntnis der chronolog. Abfolge der erhaltenen Texte (der Großteil wurde nicht überliefert) kann das Aufkommen märchenhafter, die wohl die älteren sind, u. kasuist. L.s, die bereits zur Novelle tendieren, nicht datiert werden. Durchgängig ist Andeutung oder Prophezeiung als Kompositionsprinzip.

H. Baader, Die L.s, 1966; M. J. Donovan, The Breton lay. A guide to varieties, Notre-Dame/Indiana 1969; J.-C. Payen, Le l. narratif, Turnhout 1975; L. Harf-Lancner, Les fées au Moyen Age, 1984.

Lai d'Aristote, Verserzählung des 13. Jh. von →Henri d'Andeli. Die ind. Mätresse Alexanders rächt sich an Aristoteles, der s. Schüler zur

Mäßigung in der Liebe ermahnen will: sie bringt den Philosophen dazu, sich von ihr satteln u. reiten zu lassen. Das Werk wird trotz des Titels häufig unter die →Fabliaux gezählt. Zugrunde lag dem *L.* wohl e. oriental. Quelle, nicht die Erzählung von Alexander u. Phyllis; in der didakt. Lit. des MA wurde die Verserzählung zum warnenden Beispiel für die Verführbarkeit, auch Bildhauer haben sie in franz. Kirchen verarbeitet.

J. Storost, Zur Aristoteles-Sage im MA (Monumentum bambergense. Festgabe für B. Kraft), 1955.

Lai d'Ignauré, burlesker Lai aus der Epoche der Zersetzung dieser Gattung (13. Jh.), dessen Autor vielleicht Renaut de Beaujeu war; der Stoff vom Herzmäre – der Ehebrecherin wird das Herz ihres Liebhabers als Speise gereicht – ist parodist. zerdehnt. Ignauré liebt zwölf Damen u. beherrscht sie noch, als sie s. vielfache Treulosigkeit entdecken. Zufällig erfahren jedoch die Ehemänner davon, sie töten den Rivalen u. setzen s. Herz den Frauen vor, die zu ihrer Erpressung fasteten (krA R. Lejeune, 1938).

Lainé, Pascal, geb. 10. 5. 1942 Anet, Agrégation Philosophie, lehrt seit 1974 am Institut universitaire de technologie in Villetaneuse, zeitweilig erfolgreicher Erzähler (Prix Médicis 1971, Goncourt 1974). Themen s. Romane sind der Zwiespalt von Ideal u. Banalität (*L'irrévolution,* 1971), gestörte Mutter-Kindbeziehungen, der labile Status der Figuren (*La dentellière,* 1974, verfilmt von Claude Goretta 1977), den die Erotik nicht auffängt (*Tendres cousines,* 1979; *L'eau du miroir,* 1980; *Terre des ombres,* 1982, hist. Roman aus der Zeit Ludwigs XV.; *Jeanne du bon plaisir,* 1984; *Elena,* 1989; *L'incertaine,* 1993).

Lais, Versnovellen der →Marie de France u. Vermächtnisgedichte von François →Villon.

Laisse, Zusammenschluß e. beliebigen Anzahl isometr. Verse durch Assonanz, später auch durch Reim in der ma. →Chanson de geste u. in →*Aucassin et Nicolette.* Prinzipiell bestimmt die Sinneinheit den Umfang der L. In der →*Chanson de Roland* schwanken die L.n zwischen 5 u. 35 Versen; belegt sind in der Chanson de geste L.n mit über 1000 Versen. Ursprüngl. wurde die L. in psalmodierender Weise gesungen; sie ist an keine bestimmte Versart gebunden.

A. Monteverdi, La l. épique (Colloque international de Liège), 1959; R. Baehr, Einführung in die franz. Verslehre, 1970.

La Marche, Olivier de, um 1426 – 1. 2. 1502 Brüssel, im Dienst der burgund. Hzg.e, Autor moralisierender Allegorien (*Le chevalier délibéré,* 1486, hg. E. Morgan, Washington 1946; *Le parement et triomphe des dames,* 1492) u. von Chroniken (*Œuvres complètes,* hg. H. Beaune/ J. d'Arbaumont IV 1883–89).

Lamartine, Alphonse-Marie Louis Prat de, 21. 10. 1790 Mâcon – 1. 3. 1869 Passy, Kindheit auf dem Besitztum Milly bei Mâcon, 1803–07 Jesuitenkolleg Belley. Die Familie gehörte zum royalist. Landadel, der in Napoleon den Usurpator sah. 1811–12 unternahm L. e. Reise in die Schweiz u. nach Italien (→*Graziella*). 1816, nach kurzem Militärdienst, den er aus gesundheitl. Gründen quittiert hatte, begegnete er in Aix-les-Bains Mme Julie Charles, die im Dezember 1817 an Tbc starb. Das Liebeserleben inspirierte L. zu den →*Méditations poétiques.* 1820, im Jahr des Erscheinens, heiratete er die Engländerin Ann Eliza Birch. L. trat in den diplomat. Dienst der Bourbonen ein, den er nach der Julirevolution wieder verlassen mußte. Er reiste 1832 durch den Nahen Osten (*Souvenirs d'un voyage en Orient,* 1835; →*Jocelyn,* →*La chute d'un ange*). 1833 ließ er sich in die Abgeordnetenkammer wählen. Er stellte sich weder auf die Seite des Besitzbürgertums noch der Arbeiterklasse u. genoß e. kurze Zeit das Vertrauen der Antagonisten. Seit 1831 war s. polit. Einstellung kein Geheimnis mehr *(Sur la politique rationelle);* er beurteilte die Politik aus der Perspektive d. Menschheitsentwicklung mit eth. Kategorien: Staat u. Sittlichkeit dürfen nicht isoliert gesehen werden. Für L. ersetzt der Begriff der ›politique rationnelle‹ den Terminus Demokratie, den er durch die Terreur besudelt sah; ›rationell‹ bedeutete in diesem Kontext soviel wie ›praktikabel‹, ›menschenwürdig‹. L. war seit 1830 Mitgl. der Ac. frçe., jedoch nicht der Wortführer der romant. Dichtung, s. Dramen (*Saül,* 1818; *La mort de Socrate*) standen wirkungslos neben Hugos Werk. Dafür gelang es jetzt L., sich zum Sprachrohr der Volksseele zu erheben; um sich der sozialen Aufgabe ganz zu widmen, beschloß er 1839 mit dem Lyrikzyklus *Recueillements poétiques* s. poet. Schaffen; zuvor waren die *Nouvelles méditations poétiques* (1823) u. die *Harmonies politiques et poétiques* (1830) erschienen, deren Motive vor allem e. relig. Orientierung erkennen lassen. So sind für L. Utopien nicht anders als aus dem Geist des Evangeliums denkbar. Der Deputierte L. hielt 1833 dem Parlament vor, daß die Julirevolution nur von restaurativen polit. Ideen zehre. Mit der →*Histoire des Girondins* empfahl sich der Tribun als Staatsmann. Durch diese Schrift u. die Entschlossenheit, mit der er sich im günstigen Augenblick für die Banquets, die von der Monarchie als regierungsfeindlich verfolgt wurden, engagierte, trug L. zum Ausbruch der Februarrevolution 1848 bei. Nach der Flucht des Bürgerkg.s am 24. Februar proklamiert er e. provisor. Regierung, um der Fraktion, die e. Régence forderte, zuvorzukommen. Der Sozialist Louis Blanc wurde nachträgl. in die Ministerliste aufgenommen. S. größten Triumph feierte L., als er die Pariser Bevölkerung davon überzeugen konnte, daß die Republik auf Gerechtigkeit und Nachsicht gegenüber polit. Andersdenkenden errichtet werden müsse. Nach der Wahl zur Nationalversammlung, als Kommunistenangst die polit. Auseinandersetzung lähmte, sank auch L.s Popularität; als Gegenkandidat des Prinzen Louis Napoléon erhielt er bei der Präsidentschaftswahl am 19. 12. 1848 nur einige Prozent der abgegebenen Stimmen. Die bürgerl. Schichten u. die Bauern vertrauten nicht mehr darauf, daß er mit der nötigen Entschlossenheit für die bestehenden Besitzverhältnisse eintreten würde. Die ungeheure Schuldenlast, die sich L. während der Kampagne zugemutet hatte, trug er nun als Schriftsteller ab (*Histoire de la révolution de 1848,* 1849; Autobiographie *Les confidences,* 1849; *Raphaël, pages de la vingtième année,* 1849; *Geneviève,* 1850; *Le tailleur de pierres de Saint-Point,* 1851; *Nouvelles confidences,* 1851; *Histoire de la Restauration,* 1851–53; *Histoire des constituants,* 1853; *Cours familiers de littérature,* 1856–69; *Mémoires politiques,* 1863; *La France parlementaire,* 1864; *Œuvres oratoires et écrits po-*

litiques, 1864; *Souvenirs et portraits,* 1872; *Œuvres complètes,* 1860–66; *Correspondance,* 1873–75; *Lettres des années sombres,* hg. H. Guillemin 1942; *Lettres inédites,* hg. H. Guillemin 1944). Die Einnahmen aus dieser umfangreichen, lit. wenig bedeutenden Produktion bewahrten den Autor nicht vor materieller Not. Er mußte den väterl. Besitz Milly verkaufen; Napoleon III. setzte ihm 1867 e. Rente aus. L. wurde als Lyriker bewundert, da er die großen Sinnfragen nach der Liebe, dem Tod, der Religion u. der Abhängigkeit des moral. Menschen von der Natur mit unerhörter Empfindsamkeit aussprach; rousseauist. Gemeinplätze erhielten durch s. bekenntnishaften Stilwillen den Wert der Neuheit zurück.

W. Hirdt, Stud. zur Metaphorik L.s 1967; J. C. Ireson, L. A. revaluation, Hull 1969; Sondernr. Europe 483–84, 1969; M. Toesca, L. ou l'amour de la vie, 1969; Ausstellungskatalog BN L. Le poète et l'homme d'état, 1969; J. Bloncourt-Herselin, L. et l'Italie, 1970; L. Fam, L. prosateur, d'après le Voyage en Orient, 1971; P. Viallaneix (Hg.), L., 1971; M. Hamlet-Metz, La critique littéraire de L., Den Haag 1974; Ch. Dédéyan, L. et la Toscane, 1981; A. Kablitz, L., Méditations poétiques, 1985; A. Court, L'auteur des Girondins, Lyon 1990; A. Vandegans, L., critique de Chateaubriand, 1990.

Lambert, Anne-Thérèse, marquise de, 1647 Paris – 12. 7. 1733 ebda.; in ihrem Salon versammelten sich 1710–33 vor allem dienstags die Parteigänger der Anciens im Lit.streit (→Querelle des anciens et des modernes), außerdem wurden pädagog. Probleme erörtert, an denen die Gastgeberin interessiert war (*Avis d'une mère à son fils,* 1726; *Avis d'une mère à sa fille,* 1727; *Réflexions nouvelles sur les femmes,* 1727). Nach ihrem Tod verkehrte ein Teil der Freunde im Salon der Mme de →Tencin.

R. Dauvergne, La marquise L. à l'hôtel de Nevers, 1947.

Lambert, Claude François, um 1705 Dole – 17. 4. 1765 Paris, Jesuit, später Pfarrer in Rouen (*Sermons,* VIII 1744) u. mondäner Abbé in Paris; Autor mittelmäßiger Romane (*La nouvelle Marianne,* III 1740, nach Marivaux; *Le nouveau Protée,* 1740; *L'infortunée sicilienne,* 1742; *La vertueuse sicilienne,* 1759; *Mémoires et aventures de don Inigo de Pascarilla,* 1764) sowie von Kompendien.

Lambert le Tort, 12. Jh., Kleriker aus Châteaudun, Verfasser der dritten Branche des →*Roman d'Alexandre* (Dareios' Niederlage, Indienzug, Verschwörung) in Alexandrinern.

La Ménardière, Hippolyte-Jules Pilet de, 1610 Loroux-Bottereau bei Nantes – 4. 6. 1663 Paris, gehörte zum Kreis Richelieus, der Marquise de Sablé u. des Gaston d'Orléans; 1655 Mitgl. der Ac. frçe. In s. *Poétique* (1639), die Ronsards Stellung anerkannte, rügte L. die Tendenz zur tändelnden Galanterie im 17. Jh. Weitere Werke: *Poésies françaises et latines* (1656), *Traité de la mélancolie* (1635) sowie medizin. Abhandlungen.

Lamennais, Hugues Félicité Robert de, 19. 6. 1782 Saint-Malo – 27. 2. 1854 Paris, 1816 Priesterweihe, hob im *Essai sur l'indifférence en matière de religion* (1817–23) wie →Chateaubriand die Kulturleistungen des Christentums hervor u. verstand ästhet. Kreativität als Offenbarung e. göttl. Plans. Später bekannte sich L. zum polit. Liberalismus, 1830 gründete er die Zeitung *L'Avenir,* die bis 1831 erschien. Zu s. Kreis zählten Montalembert, Lacordaire u. Maurice de Guérin. L. verteidigte den evangeliengleichen Rang der These von der gesellschaftl. Gleichstellung u. forderte die Trennung von Kirche u. Staat. 1832 verdammte die Kurie s. Ideen u. belegte ihn 1834 für die *Paroles d'un croyant* mit dem Kirchenbann. L. proklamierte republikan. Staatsauffassungen (*De la religion considérée dans ses rapports avec l'ordre politique et civil,* 1825 f.; *Le livre du peuple,* 1838; *Questions politiques et philosophiques,* 1840; *De l'esclavage moderne,* 1840; *Le pays et le gouvernement,* 1840). In der *Esquisse d'une philosophie* (IV 1840–46) entwickelte er auf der Grundlage e. ›philosophie de Dieu‹ e. deist. System. Der Bruch mit der kirchl. Lehre, die Verurteilung des Papsttums als e. der reaktionären Mächte der Epoche führte zur allgemeinen Autoritätskritik. L. bekannte sich zum Sozialismus u. wurde 1848 republikan. Abgeordneter. S. Soziallehre nahm Entwicklungen in der Kirche vorweg (*Œuvres complètes,* XII 1836 f., n. 1967; *Œuvres posthumes,* III 1856–59; *Œuvres inédites,* II 1866; *Œuvres complètes,* 1968; *Correspondance générale* 1805–54, éd. L. Le Guillou, IX 1971–81).

C. Carcopino, Les doctrines sociales de L., 1942; R. Remond, L. et la démocratie, 1948; Y. Le Hir, L. écrivain, 1948; F. Tuloup, L. et son époque, Dinan 1961; J.-R. Derré, L. 1824–34, 1962; L. Le Guillou, L'évolution de la pensée religieuse de L., Thèse 1966; F. Brousse, L. et le christianisme universel, 1963; L'Avenir 1830–1831, introduzione e note di G. Verucci, Rom 1967; L. Le Guillou, L., 1969; J. Lebrun, L., ou l'inquiétude de la liberté, 1981.

La Mettrie, Julien Offray de, 25. 12. 1709 Saint-Malo – 11. 11. 1751 Berlin, Jansenistenzögling, 1725 abgebrochenes Theologiestud., Mediziner (Ausbildung in Reims u. Leyden), Vf. e. Abhandlung über vener. Krankheiten u. a., Militärarzt. Seit 1745 spielte er e. Rolle in der franz. Aufklärung *(Histoire naturelle de l'âme);* s. Ansatz, der psych. Regungen physiolog. erklärt, war weniger materialist. als phänomenolog. ausgerichtet. Sarkast. griff er 1747 in der Kom. *La fortune vengée* die reaktionäre Pariser Medizinwiss. an. Im Leydener Exil entstand *L'homme machine* (1747): Menschen sind zum spontanen Glück geboren, Gewissensbisse hemmen die organ. Entfaltung, Mediziner wären die besten Richter. Friedrich II., der e. *Éloge de L.* verfaßte (1751), ließ ihm durch Maupertuis 1748, als sich die Angriffe von kirchl. wie aufklärer. Seite mehrten, e. Stelle als Vorleser anbieten. In Potsdam veröffentlichte L. 1748 *L'homme plante,* e. Theorie kontinuierl. biolog. Entwicklung, sowie epikureische Abhandlungen (*L'Anti-Sénèque,* 1748; *L'art de jouir,* 1751). An der Tafel des franz. Botschafters, dem er das Leben gerettet hatte, zog er sich e. Speisevergiftung zu, an der er starb. S. Wissenschaftstheorie fand im 19. Jh. größeres Interesse (*Œuvres philosophiques,* II 1751, n. III 1796; *Discours sur le bonheur,* krA J. Falvey 1975).

J. E. Poritzky, L., 1900; R. Boissier, L. médecin, pamphlétaire et philosophe, 1931; J. A. Perkins, Diderot et L., Genf 1959; H. Kirkinen, Les origines de la conception moderne de l'homme-machine, Helsinki 1960; E. Callot, La scandaleuse originalité de L., Annecy 1963; L. Mendel, L. Arzt, Philosoph u. Schriftsteller, 1965; A. Vartanian, Le philosophe selon L., Dixhuitième siècle 1969; A. Thomson, Materialism and Society … L., Genf 1981.

La Morlière, Jacques de La Rochette, gen. chevalier de, 22. 4. 1719 – 9. 2. 1785 Paris, Musketier, manipulierte fremde Theatererfolge, Autor freizügiger Romane, von denen allein *Angola, histoire indienne* (1746) Aufsehen erregte (außerdem *Milord de Stanley ou le criminel vertueux,* 1747; *Mirza-Nadir,* 1749).

Ch. Monselet, Oubliés et dédaignés de l'autre siècle, 1857.

Le Mothe le Vayer, François de, 1588 Paris – 1672 ebda., Libertin; Jurist, Mitgl. der Académie putéane u. der Ac. frçe. (1639). 1630 griff er als Skeptiker den optimist. Rationalismus an *(Quatre dialogues),* 1631 folgten fünf weitere Dialoge, die Ungereimtheiten der Vernunft verschärft darstellten. Während der kommenden zehn Jahre, die er im Dienst Richelieus verbrachte, verfaßte L. u. a. den Entwurf einer hist. Grammatik (*Considérations sur l'éloquence françoise de ce tems,* 1637) u. auf Veranlassung des Kardinals e. Pamphlet gegen die Jansenisten (*La vertu des payens,* 1641), um sich nach Richelieus Tod wieder zum Skeptizismus zu bekennen (*Opuscules,* 1643). Von 1652 bis 1660 wurde er zum Erzieher Ludwigs XIV. bestellt.

La Motte, Antoine Houdar, gen. de, 17. 1. 1672 Paris – 26. 12. 1731 ebda., seit 1692 Autor von Oden, Eklogen, Fabeln, Farcen, Singspielen mit bukol. Elementen, comédies-ballets, sechs Kom. u. 1722–26 vier Trag., von denen →*Inès de Castro* am erfolgreichsten war. In der zweiten Phase der →Querelle des anciens et des modernes griff L. (Mitgl. der Ac. frçe. seit 1710) Mme Dacier als Verfechterin der Anciens an (*Réflexions sur la critique,* 1716; *Suite de réflexions sur la tragédie,* 1730). Die Verflechtung der Liebesintrige mit relig. u. polit. Konflikten gelang ihm selten überzeugend. S. theoret. Modernität blieb bis auf die ma. Stoffwahl ohne tiefgreifende Konsequenz für s. Bühnenpraxis; in *Romulus* (1722) begriff er die Zeitregel als annähernde Übereinstimmung von Fabel- u. Spielzeit. Er polemisierte gegen die Alexandrinertrag. und verfaßte selbst Schauspiele in schlechten Versen. Im Anschluß an Voltaire u. den älteren Crébillon (wie sie umging er die rigorose Distanzklausel), aber auch von engl. Vorbildern angeregt, suchte er das Dialogtheater in ein Aktionstheater umzuwandeln (*Œuvres complètes,* X 1754).

P. Dupont, Un poète philosophe au commencement du XVIIIe siècle, L., Thèse Paris 1898.

Lamourette, Adrien, 1742 Frédent/Artois – 1794 Paris, Arbeitersohn, 1769 Priesterweihe, Theologieprofessor in Toul, 1778–83 Pfarrer von Outremécourt. S. *Pensées sur la philosophie de la foi ou le système du christianisme entrevu dans son analogie avec les idées naturelles de l'entendement humain* (1789) sind der ernsthafte Versuch, Rousseaus Anthropologie u. Staatsphilosophie mit dem Christentum zu versöhnen. L. sieht in den urchristl. Gemeinden die Verwirklichung des wirtschaftl. Gleichheitsprinzips, sie kannten, wie er hervorhebt, keine Armut. Diesen Geist der Verbrüderung trug er wenigstens für kurze Zeit in die Nationalversammlung hinein. Am 27. 3. 1791 wurde er zum verfassungstreuen Bischof von Lyon ernannt. Als Abgeordneter der Legislative fuhr er in s. Bemühen, Revolution u. Christentum zu versöhnen, ohne e. geeignetes polit. System zu benennen, fort (*Prônes civiques ou le pasteur patriote,* 1791). Fouquier-Tinville klagte ihn der Verleumdung des Konvents an u. brachte L. auf die Guillotine. Unter veränderten Bedingungen greift →Lamennais s. Problemstellung erneut auf.

A. Monglond, La préromantisme français, Bd. 2, 1966.

Lamy, Dom François, 1636–1711, Benediktiner, Malebranche-Schüler, Autor erkenntniskrit. u. apologet. Werke (*De la connaissance de soi-*

même, 1694–98; *Le nouvel athéisme renversé ou refutation du système de Spinoza,* 1696; *La rhétorique ou l'art de parler,* 1699, hg. E. Ruhe 1980; *Les premiers éléments des sciences,* 1706; *De la connaissance et de l'amour de Dieu,* 1712). L. griff in die ideolog. Kontroversen s. Zeit ein (Streit um Jansenismus, Quietismus, Spinozismus).

Lancelot, Ritter aus der Tafelrunde des Kg.s →Artus, Sohn des Jonaan. S. Enkel L. du lac verliebt sich in Guenievre.

Lancelot (Le chevalier de la charrete), unvollendeter Roman von →Chrétien de Troyes in 7112 Achtsilbern, entstanden zwischen 1170 u. 1180, krA M. Roques 1958. Chrétiens Gönnerin Marie de Champagne regte die an Motivdoppelungen u. Parallelhandlungen reiche Darstellung an. Lancelot du lac u. →Gauvain ziehen aus, um die von Méléagant geraubte Kgin. →Guenievre zu befreien. L. nimmt es nach dem Verlust s. Pferdes auf sich, zur Fortsetzung der ›queste‹ e. von e. Zwerg gelenkten Karren zu besteigen (›chevalier de la charrete‹, v. 24). Die Stufenfolge der Abenteuer erweist den Wert des Karrenritters; er gewinnt die Kgin., die ihm jedoch weitere Proben auferlegt, bis ihn Besessenheit überkommt. Nicht Lancelot, der sich infolge s. leidenschaftl. Liebe zu Guenievre der feudalen Gesellschaft entfremdet, sondern Gauvain erscheint als der vollendete Ritter. Die letzten 966 Verse des Romans verfaßte Godefroi de Lagny.

T. P. Cross/W. A. Nitze, Lancelot and Guenevere, Chicago 1930; F. D. Kelly, Sens and Conjointure in the Chevalier de la Charrette, Den Haag 1966.

Lancelot, Claude, 1616 Paris – 15. 4. 1695 Quimperlé, Jansenist; Theologe, Naturwissenschaftler u. Linguist, Autor pädagog. Grammatiken für Griech., Lat., Span. u. Ital., Mitarbeiter an der von A. Arnauld u. P. Nicole verfaßten *Grammaire générale et raisonnée de Port-Royal* (1660).

L. Cognet, L., 1950.

Lancelot du lac, anonymer Prosaroman, entstanden 1221–25, Teil des →Gral-Lancelot-Zyklus (krA A. Micha, IX 1978–83). Nach der Bearbeitung durch Chrétien de Troyes *(→Lancelot)* gelangte der Stoff durch diesen Prosaroman, der in zahlr. Hss. verbreitet war, zu noch größerer Beachtung. Die Handlung reicht von der Geburt des Helden über s. ersten Rittertaten, die Aufnahme in →Camaalot, s. Liebe zu →Guenievre, Freundschaft zu →Galehot bis zur Gralssuche s. Sohnes →Galaad *(→La queste del saint Graal).* Die kürzere der erhaltenen Versionen, die sich durch psycholog. Feinheit auszeichnet, scheint älter zu sein.

F. Lot, Étude sur le Lancelot en prose, 1918, [2]1954; A. Micha, La tradition manuscrite du Lancelot en prose, Romania 1964–66; L., hg. D. Büschinger 1984; E. Kennedy, L. and the Grail, Oxford 1986.

Langfus, Anna, 1. 1. 1920 Lublin/Polen – 12. 5. 1966 Gonesse bei Paris, Romanautorin (*Le sel et le soufre,* 1960; *Saute, Barbara,* 1965), die für ihren autobiograph. Roman →*Les bagages de sable* 1962 mit dem Prix Goncourt ausgezeichnet wurde. Der II. Weltkrieg, Vertreibung u. KZ, persönl. Erlebnisse in Paris seit 1946 lieferten ihr die Themen.

Langue d'oc, die provenzal. Sprache, deren Verbreitungsgebiet weit über die im späten 13. Jh. nach ihr benannte Provinz Languedoc

(Hauptstadt Toulouse) hinausreicht. Als die Galloromania sprachl. aufgespalten wurde, bewahrte das Provenzal. die sonorisierten Verschlußlaute, die im Franz. abgeschwächt bzw. eliminiert wurden, u. es erhielt die betonten Vokale unverändert, gleichgültig, ob in gedeckter o. freier Stellung. So stehen provenzal. ›cantar‹, ›madur‹, dem franz. ›chanter‹, ›mûr‹ gegenüber. Der provenzal. Sprachraum grenzt im SW an den bask. u. katalan., im SO an den ital. Die Sprachgrenze zwischen Provenzal. u. Franz. hat sich während des MA stark nach Süden verschoben. Im Westen verläuft sie jetzt parallel zur Gironde, umschließt in e. weiten Bogen, nach Norden ausgreifend, das Zentralmassiv, schneidet nördl. der Isèremündung die Rhône u. verläuft von hier nach Osten. Poitou u. Saintonge gehörten ursprüngl. zum provenzal. Sprachraum, während die Dialekte um Genf u. Lyon e. Zwischenstellung (Frankoprovenzal.) einnehmen. Die Sprachgrenzen folgen westgot., burgund. u. fränk. Siedlungslinien. Heute geläufiges Synonym für ›Provenzal.‹ ist ›Okzitanisch‹.

W. v. Wartburg, Die Ausgliederung der roman. Sprachräume, Bern 1950; R. Lafont/Ch. Anatole, Nouvelle histoire de la littérature occitane, II 1971; K. Baldinger, Dictionnaire onomasiologique de l'ancien occitan, 1975 ff.; F. Pic, Bibl. ... occitan, Béziers 1977; Histoire d'Occitanie, ouvrage collectif, 1979; A. Dupuy, Histoire chronologique de la civilisation occitane. Des origines à 1599, 1980; G. Kremnitz, Das Okzitanische, 1981.

Lannel, Jean de, sieur de Chanteau, 17. Jh., Jesuitenschüler, Jurist, trat in den Dienst des Marschalls Brissac. L. verfaßte, geleitet von Barclay u. unter dem Eindruck von →*La vraie histoire comique de Francion* e. episod. gesellschaftskrit. Werk, den *Roman satyrique* (1624), das stellenweise dokumentar. Wert besitzt. Weitere Titel: *La deffaite des envieux,* 1621; *Histoire de D. Jean, deuxiesme roy de Castille,* 1622; *La vie de Godefroy de Bouillon,* 1625.

La Noue, Jean-Baptiste Sauvé, gen., 20. 10. 1701 Meaux – 15. 11. 1761 Paris, Schauspieler in Lyon, Rouen, Berlin, seit 1742 Paris, u. Dramatiker (Verseinakter *Les deux bals,* 1734; klass. Trag. *Mahomet second,* 1739; Verskom. *La coquette corrigée,* 1757; *Œuvres de théâtre,* II 1765).

Lanoux, Armand, 24. 10. 1913 Paris – 23. 3. 1983 ebda., Erzähler seit 1943 *(La canadienne assassinée),* erhielt für s. Lyrik (*La tulipe orageuse,* 1959) den Prix Apollinaire. L. schrieb Studien über die Lit. u. Kultur vor allem der Jh.wende (*Bonjour, M. Zola,* 1954; *Physiologie de Paris,* 1955 f.; *Maupassant, le Bel-Ami,* 1967), orientierte sich als Romancier am Stil Zolas, Poulailles u. Dabits (*La nef des fous,* 1947, Prix populiste; *Les lézards dans L'horloge,* 1952; *Le rendez-vous de Bruges,* 1958; Kriegsromane *Le commandant Watrin,* 1956, Prix interallié, u. →*Quand la mer se retire*). Seit 1963 ist s. Erzählweise perspektivenreicher geworden (*Adieu la vie, adieu l'amour,* 1977; *L'or et la neige,* 1978; *Les châteaux de sable,* 1979, Novellen). 1969 wurde L. Mitgl. der Ac. Goncourt, 1972 Vizepräsident des franz. PEN-Zentrums.

Lanson, Gustave, 5. 8. 1857 Orléans – 15. 12. 1934 Paris, Lit.wissenschaftler, Direktor der ENS 1917–27, Lehrstuhl an der Sorbonne, maßgebend für die Entwicklung der Lit.geschichte u. Lit.wiss. um die Jh.wende. S. 1894 erschienene *Histoire de la littérature française* war bis in die 50er Jahre des 20. Jh. ein vielbenutztes Handbuch, während die interessanteren Spezialuntersuchungen *L'art de la prose* (1908), *Esquisse d'une histoire de la tragédie française* (New York 1920) u. die von H. Peyre neu edierten *Essais de méthode, de critique et d'histoire littéraire* (1965) zu diesem Zeitpunkt bereits nur noch die Wissenschaftsgesch. beschäftigten.

Lantenac, im Roman →*Quatre-vingt-treize* von V. Hugo der Repräsentant der Gegenrevolution von 1793, dessen sittl. Integrität den Revolutionsgeneral Gauvain, s. Neffen, in e. unlösbaren Konflikt stürzt.

Lantier, Auguste, Liebhaber der →Gervaise Coupeau in →*L'assommoir* von Zola, Vater von drei Söhnen: Claude L., dem Protagonisten des Künstlerromans →*L'œuvre,* Jacques L., dem Triebmörder, der durch s. Geliebte Séverine nicht geheilt werden kann *(→La bête humaine),* u. Étienne L., dem Arbeiterführer u. Vertreter e. syndikalist. Lösung in →*Germinal*. Étiennes Schlußvision erklärt den Romantitel: Im Frühling der Revolution wachsen die Kräfte, die den Minotaurus Ausbeutung erschlagen werden. Das Kind des Malers Claude L., Jacques-Louis L., stirbt im Alter von neun Jahren im Schwachsinn.

Lantier, Gilles, Hauptfigur des Romans →*Un peu de soleil dans l'eau froide* von Sagan, den die Liaison mit Nathalie langweilt; s. Geliebte begeht daraufhin Selbstmord.

Lanval, Lai der →Marie de France. Diese Erzählung von der Liebe e. Fee zu e. armen Ritter gehört bereits zum Stoffkreis der →Matière de Bretagne; Kg. Artus tritt selbst als Figur auf.

Lanzmann, Jacques, geb. 4. 5. 1927 Bois-Colombes, Journalist, Verleger u. Autor erfolgreicher Liebes- u. Abenteuergesch., teilweise aus Kinderperspektive (u. a. *Le têtard,* 1976; *Les transsibériennes,* 1978; *Tous les chemins mènent à soi,* 1979; *Rue des Mamours,* 1981; *La baleine blanche,* 1982; *Le septième ciel,* 1984; *Le Jacquiot,* 1986).

La Péruse, Jean Bastier, 1529 La Péruse/Vendômois – 1554 ebda., Stud. in Paris am Collège de Boncourt, schloß sich der neuen Ästhetik der →*Deffence et illustration* an, 1553–55 Mitgl. der →Pléiade (vgl. Ronsards programmat. *Élégie à L.*). Bekannt wurde L. vor allem durch die Trag. *Médée* (EA Poitiers 1553), die die Seneca-Renaissance in Frkr. einleitete (vgl. ergänzend Bèze, Jodelle, Grévin), jedoch nur z. T. von ihm verfaßt ist; Sainte-Marthe schrieb sie zuende. S. postum veröffentlichte Lyrik weist L. als hervorragendes Formtalent aus.

La Place, Pierre Antoine de, 1. 3. 1707 Calais – Mai 1793, Dramatiker und Übs. (vgl. auch Le Tourneur), dessen *Théâtre anglois* (VIII 1745–48) in Übertragungen, die das klassizist. Geschmacksideal verletzende Stellen tilgten, Shakespeare, Ben Jonson, Dryden, Congreve, Addison, Otway u. Steele zugängl. machte u. theoret. Erörterungen sowie dramatische Praktiken Voltaires, Baculard d'Arnauds, Gressets und Hénaults unterstützte bzw. noch im nachhinein sanktionierte. S. eigene Leistung (Verstrag. häufig nach engl. Vorbildern, Prosakom. u. Anekdotenslgg.) tritt hinter der Vermittlertätigkeit zurück. *Adèle de Ponthieu* (1758) orientierte sich am Religionskonflikt in →*Zaïre*.

P. Haak, Die ersten franz. Shakespeare-Übs. von L. u. Le Tourneur, Diss. Berlin 1922; L. Cobb, L. Sa vie et son œuvre, Thèse 1928.

Laprade, Victor de, 13. 1. 1812 Montbrison/Loire – 13. 12. 1883 Lyon, Jurastud., Prof. für franz. Lit. ebda. Mitgl. der Ac. frçe. u. der Nationalversammlung von 1871. Lyriker, der im Stil Lamartines u. des →Parnasse dichtete (*Les parfums de Madeleine,* 1839; *La colère de Jésus,* 1840; *Psyché,* 1841; *Poèmes évangéliques,* 1852; *Symphonies,* 1855; *Poèmes civiques,* 1873; *Œuvres poétiques,* VI 1878–81).

P. Séchaud, L., Thèse Lyon 1934.

Larbaud, Valery, 29. 8. 1881 Vichy – 2. 2. 1957 ebda., aus wohlhabender Familie; wegen s. schwachen Gesundheit unregelmäßiger Schulbesuch u. jahrelanger Privatunterricht, Abschluß Lycée Louis-le-Grand, Stud. Germanistik u. Anglistik Sorbonne, 1907 Licence. Damals kannte L. von ausgedehnten Reisen bereits Spanien, Italien, Dtl., Rußland u. den Balkan; er war Mitarbeiter der Zss. *La Phalange* u. *NRF,* 1924–32 gab er mit Valéry u. Fargue die Zs. *Commerce* heraus. S. kosmopolit. Haltung schlug sich in →*A. O. Barnabooth,* u. →*Fermina Marquez* nieder; sie verband sich mit e. verfeinerten Beobachtungsgabe. S. psycholog. Feinsinn kommt bes. bei der Darstellung der kindl. Psyche (→*Enfantines)* u. von Liebeskonflikten (→*Amants, heureux amants)* zur Geltung. L. war von Joyce auf Édouard →Dujardin aufmerksam gemacht worden, er verhalf 1925 dem Entdecker des Monologue intérieur (Vorwort zu →*Les lauriers sont coupés*) zu neuem Ansehen. Er stellte in Übs. dem franz. Publikum Coleridge, Landor, Whitman, Coventry Patmore, Samuel Butler, James Joyce, Ramón Gómez de la Serna, Alfonso Reyes u. Eugenio d'Ors vor u. weckte Interesse für Maurice →Scève u. →Lautréamont. S. Weltoffenheit äußerte sich in zahlr. Essays u. Reisebildern (*Ce vice impuni, la lecture,* 1925–41; *Jaune, bleu, blanc,* 1927; *Aux couleurs de Rome,* 1938; *Le vaisseau de Thésée,* 1946; *Sous l'invocation de Saint-Jérôme,* 1946; *OC,* X 1950; *Œuvres,* éd. G. Jean-Aubry/R. Mallet 1957). Das Tagebuch der Jahre 1912–35 erschien 1955; seit 1935 war L. infolge e. Gehirnschlags an den Rollstuhl gefesselt u. litt zeitweise unter Sprach- und Gedächtnisverlust. 1971 besorgte Jacques Nathan die krit. Ausgabe von *Beauté, mon beau souci,* gleichzeitig erschien die Korrespondenz mit Fargue u. G. Jean-Aubry sowie e. nachgelassener Reisebericht mit e. Romanfragment (*Le cœur de l'Angleterre suivi de Luis Losada,* 1971), 1980 die Korrespondenz (1899–1937) mit L.-M. Ray, 1992 mit Adrienne Monnier u. Sylvia Beach.

J. Pastureau, Enfance et adolescence dans l'œuvre de L., 1964; P. MacCarthy, The L.-Marcel Ray correspondence 1899–1908, RLC 1968; Cahiers des amis de L., 1968 ff.; L. et la littérature de son temps, Colloque 1977, 1978; J. L. Brown, L., Boston 1981; D. Lückoff, L.s Vorstellung von ›élite lettrée‹, Diss. Berlin 1993.

Larguier, Léo, 6. 12. 1878 La Grand'Combe/Gard – 31. 10. 1950 Paris, Journalist, romant. Lyriker u. Erzähler (Gedichtslgg.: *La maison du poète,* 1903; *Les isolements,* 1905; *Orchestres,* 1914; *Les ombres,* 1935; *Quatrains d'automne,* 1953; Romane: *La poupée,* 1925; *Sabine,* 1926; *L'an mille,* 1937; *Le portrait de Francine,* 1945; Essay *Th. Gautier,* 1911).

Larivey, Pierre de, 1536 oder 1540 Troyes – 12. 2. 1619 ebda., florentin. Abstammung (wahrscheinl. Druckerfamilie Giunto, die 1539 ihren Namen franzósisierte), Übs., Kanoniker zu St. Étienne in Troyes, bearbeitete neun ital. Prosakom. (Streichungen, leichte Umstellungen, idiomat. Bereicherung), davon wurden sechs 1579 u. drei 1611 unter s. Namen gedruckt. S. Stücke, namentl. →*Les esprits,* das die Überlistung e. geizigen Alten durch e. fingierte Geistererscheinung zum Thema hat u. von dem sich Molière zum *Avare* anregen ließ, verbinden die Handlungsdynamik der ma. Farce mit e. regelmäßigen Bauform. Ob die Lustspiele aufgeführt wurden, ist ungewiß, jedenfalls wirkten sie bis Régnard als Lesedramen. Wie Grévin u. Belleau strebt L. in der Praxis die Versöhnung des Farcenstils mit dem Stil der ital. Renaissancekom. an – e. Kontamination, die von den Theoretikern später verworfen wird.

M. Amato, La comédie italienne dans le théâtre de L., Lyon 1900; L. Morin, Les trois L., 1937.

La Rochefoucauld, François VI, duc de, prince de Marcillac, 15. 9. 1613 Paris – 17. 3. 1680 ebda., aus südwestfranz. Schwertadel, Teilnahme an Feldzügen in Italien u. Flandern, in galante Abenteuer verwickelt, nicht dagegen in die hochpolit. Adelsverschwörungen gegen Richelieu (z. B. des Cinq-Mars). An der →Fronde beteiligte er sich 1648, weil Mazarin ihn brüskiert hatte. 1649 schloß er sich auf Betreiben s. Mätresse deren Bruder, dem Condé, an; 1650 kämpfte er in der Guyenne gegen kgl. Truppen. 1652 wurde er im Faubourg Saint-Antoine im Gesicht schwer verwundet. Bis 1656 Zwangsaufenthalt in der Provinz, nach der Generalamnestie für die Frondeurs verkehrte er in den Pariser Kreisen der Damen Montpensier, Sablé, Sévigné u. La Fayette; e. Sitz in der Ac. frçe. wies er zurück. Schwerkrank, seit 1669 impotent, blieb L. im letzten Jahrzehnt an den Lehnstuhl gefesselt. S. lit. Werk setzt sich aus seinen *Mémoires* (eine gefälschte Brüsseler Ausgabe brachte ihn in polit. Schwierigkeiten) u. der moralist. Hauptschrift →*Réflexions ou sentences et maximes morales* zusammen (*Œuvres complètes,* hg. L. Martin-Chauffier 1935); er führte den Aphorismus in die franz. Moralistik ein. Präziser als ältere Moralisten (Montaigne, Charron, Pascal, Descartes) umriß L. die Funktion der ›politesse‹ in der Gesellschaft; eben weil intelligente Menschen sich gegenseitig durchschauen, ist Höflichkeit die einzige Garantie e. störungsfreien Zusammenlebens. Formale ›politesse‹ ist notwendig, bis einmal alle Masken überflüssig geworden sind, bis die ›honnêteté‹ als allgemeines Prinzip die Lebenspraxis bestimmt. Zwar widerspricht diese Form der Höflichkeit der besseren Einsicht, doch erst unter ihrem Schutz kann Selbsterkenntnis u. Analyse sozialer Verflechtungen erfolgen. Schärfe der Beobachtung, die mitunter bis zur Mitleidlosigkeit geht, und eine hohe Formulierungskunst zeichnen den Moralisten L. aus u. geben s. Maximen ihre vielgerühmte Treffsicherheit. L. konnte – im Unterschied zu Montaigne u. Pascal – mit e. interessierten zeitgenöss. Leserschaft rechnen, der tonangebenden Gesellschaft der 60er und 70er Jahre, die an anthropolog. Problemen interessiert war, wenn sie die Tragweite s. Reflexionen auch nicht immer zu würdigen wußte. Freil. hat L. nie den Anspruch erhoben, e. neue Lehre vom Menschen zu verkünden, vielmehr wollte er die

Leitthemen der Moralistik neu stilisieren.

J. Marchand, Bibl. générale raisonnée de L., 1948; A. Fabre-Luce/C. Dulong, Un amour déchiffré, L. et Mme de Lafayette, 1951; W. G. Moore, L., his mind and art, Oxford 1969; J. Lafond, L., augustinisme et littérature, 1977; O. de Mourgues, L. et La Bruyère, Cambridge 1978; S. Read Baker, Collaboration et originalité chez L., 1980; O. Roth, Die Gesellschaft der honnêtes gens ... L., 1981.

La Rochelle, Hauptstadt des Dép. Charente-Maritime, im 16. Jh. e. der Sicherheitsplätze der Hugenotten, Belagerung durch die kathol. Partei u. Richelieu 1573 u. 1627/28 (Darstellungen bei Mérimée, →*Chronique du règne de Charles IX,* u. Dumas père, →*Les trois mousquetaires*).

Larousse, Pariser Verlag u. Buchhandlung, 1852 gegr., veröffentlicht die maßgebenden Enzyklopädien, u. a. *Petit L. illustré, Grand L. encyclopédique* (X 1960–64).

A. Rétif, L. et son œuvre (1817–75), 1975.

Larronde, Olivier, 1927 La Ciotat – 1965 Paris, Lyriker (*Les barricades mystérieuses,* 1948; *Rien voilà l'ordre,* 1959; *L'arbre à lettres,* 1966), der sich an Mallarmés Hermetismus orientierte; mit Cocteau befreundet.

Lartéguy, Jean (eig. Pierre Lucien Jean Osty), geb. 5. 9. 1920 Maisons-Alfort/Seine, aus bask. Familie, Stud. Gesch. Toulouse, 1939 Kriegsfreiwilliger, Teilnahme am Palästina- u. Koreakrieg, wo er verwundet wurde, sowie am Kolonialkrieg in Indochina u. Algerien, den er in *Les centurions* (1960) verherrlichte, indem er die Rettung überseeischer Gebiete zur patriot. Aufgabe erklärte. Der Roman wurde e. Bestseller, da er offensichtl. die Empfindungen der Massen artikulierte. L. schrieb weitere Reportageromane über die polit. Auseinandersetzungen im Fernen Osten u. am Kongo, die er als heroische Bewährung mißverstand (*Les prétoriens,* 1961; *Les mercenaires, Le mal jaune,* 1962; *Les chimères noires,* 1963; *Les tambours de bronze,* 1965; *Enquête sur un crucifié,* 1973). In den Reportagen (*Les jeunes du monde devant la guerre,* 1955; *Sahara, an I,* 1958; *La grande aventure de Lacq,* 1961; *Visa pour l'Iran,* 1962; *Voyage au bout de la guerre,* 1971; *Lettre ouverte aux bonnes femmes,* 1972) erweist sich deutl. das Unvermögen des Autors, polit. u. ökonom. Prozesse zu analysieren. Thema der Trilogie *Les naufragés du soleil* (1978–81) sind die Indochinakriege seit 1976; *Liban. Huit jours pour mourir* (1984), *L'or de Baal* (1985).

La Sablière, Marguerite, marquise, 1640–1693, ihr Salon gehörte zu den bedeutendsten von Paris (vgl. auch Hôtel de Rambouillet, Sévigné, Scudéry); hier verkehrten außer La Fontaine u. anderen Literaten auch Wissenschaftler.

La Sale →Antoine de la Sale.

La Tailhède, Raymond de, 14. 10. 1867 Moissac – 24. 4. 1938 Montpellier, Lyriker, schloß sich der École romane von Moréas an (*Odes,* 1895; *Triomphes,* 1905; patriot. *Hymnes pour la France,* 1917; *Poésies,* 1926). In zahlr. Sonetten, die 1893–1910 entstanden, wirkt s. Klassizismus weniger epigonenhaft.

G. Cazals de Fabel, Le poète L., 1938.

La Taille, Jean de, um 1535 Bondaroy – um 1617, Jurist, Teilnehmer an den Religionskriegen in beiden Lagern; kam durch Ronsard zur Lit. (Lyrikslg.) u. wandte sich dem von der Pléiade vernachlässigten Schauspiel zu. Er verstand die Trag. wie Scaliger als pathoshaltiges Bild großer hist. Unglücksfälle; für den Protagonisten forderte er nach aristotel. Anweisung die sittl. Mittellage u. hob die dramat. Funktion der Peripetie u. die dramaturg. Notwendigkeit der Einheit von Ort u. Zeit hervor. Die Einheit der Handlung war ihm ohnehin selbstverständl. Damit stellte er die Tradition der eleg. Trag. (→Jodelle, →Garnier) in Frage; s. *Saül le furieux* (um 1562, ED 1572), in dessen Vorrede er s. Konzeption niederlegte, ist die dramatischste Trag. des 16. Jh. (vgl. bibl. Stoffe bei Bèze u. Des Masures). Nach ital. Schauspielpraxis schrieb L. die Kom. *Les corrivaux* (1562, krA D. L. Drysdall 1974; hg. G. Macri 1974) in Prosa; dieses Stück nach e. Stoff von Boccaccio war den in achtsilbigen Versen verfaßten älteren Humanistenkom. von Jodelle, Grévin u. Belleau an Bühnenwirksamkeit überlegen (*Dramatic works,* krA K. M. Hall/C. N. Smith, London 1972). S. jüngerer Bruder Jacques schrieb sechs Trag. (antike Stoffe) von geringerer Qualität.

T. A. Daley, L., Genf [2]1980; H. Ingman, Machiavelli in 16th century French fiction, 1988.

Latouche, Henri de (eig. Hyacinthe-Joseph-Alexandre Thabaud de L.), 3. 2. 1785 La Châtre – 3. 3. 1851 Aulnay, Jurastud., mit Chateaubriand befreundet, 1807 Heirat mit Mlle de Comberousse, der Tochter des Präsidenten im Conseil des anciens. 1818 beschäftigte ihn die Edierung der hinterlassenen Werke André Chéniers, wobei er dunkle u. anstößige Textstellen glättete u. teilweise verstümmelte (EA 1819). Ob L. der Vater e. Tochter der Dichterin Desbordes-Valmore war, ist nicht gesichert. Zu s. Werk zählen: Dramen *Le tour de faveur,* 1818 (mit Émile Deschamps); *La reine d'Espagne,* 1831; Roman *Olivier Brusson,* 1823; Erzählungen *Fragoletta,* 1829; *Grangeneuve,* 1835; u. Gedichte *La vallée aux loups,* 1833; *Adieux,* 1843; *Les agrestes,* 1845. L. übersetzte Schillers *Maria Stuart* (1820) u. gab seit 1825 den *Mercure de France au XIX*e *siècle* heraus.

F. Ségu, L., Thèse 1931.

La Tour du Pin, Patrice de, 16. 3. 1911 Paris – 29. 10. 1975 Le Bignon-Mirabeau, im II. Weltkrieg Offizier, 1939–42 in dt. Gefangenschaft. L. schuf, inspiriert von Vergil u. Dante, wohl auch Nerval u. Rilke, Gedichte, deren metaphor. Geäder Ansätze zu durchkomponierter Großlyrik erkennen läßt (*La quête de joie,* 1933; *D'un aventurier,* 1934; *L'enfer,* 1935; *Le lucernaire,* 1936; *Le don de la passion,* 1937; *Psaumes,* 1938; *Les anges,* 1939; *Deux chroniques intérieures,* 1945; *La genèse,* 1945; *Le jeu du seul,* 1945; *Une somme de poésie,* 1946; *Les concerts sur la terre,* 1946; *Les contes de soi,* 1946; *La contemplation errante,* 1948; *Le second jeu,* 1959; *Petit théâtre crépusculaire,* 1963; *La quête de joie, suivi de Petite somme de poésie,* 1967; *Concert eucharistique,* 1972; *Psaumes de tous mes temps,* 1974). Die Struktur dieser Texte läßt keinen surrealist. Einfluß erkennen. Wo in den weiten, von Ozeanen durchfluteten Räumen der Poesie die kosm. Spaltung als erstorbene Narzißhaftigkeit auftritt, hat sie ihren existentiellen Schrecken verloren. Zur Grundsymbolik L.s gehören ›wilde‹ oder ›schwarze Engel‹, sie meinen Lieblosigkeit u. sich selbst verzehrende Sterilität. In der erstarrten Künstlichkeit e. Paradiesgartens erscheint Eva als hermet. Sinnfigur der Ichbezogenheit. In *Une lutte pour la vie* (1970) sammelte L. relig.

Gedichte u. Briefe; 1971 Auszeichnung mit dem Grand prix de la littérature catholique.

E. Kushner, L., 1961.

Lattaignant, Charles-Gabriel de, 1697 Paris – 10. 1. 1779 ebda., Abbé, 1743–50 Kanoniker in Reims, der im Alter s. anakreont. Lyrik desavouierte (*Poésies,* London 1757; *Œuvres,* London V 1779). In den *Réflexions sérieuses* meditierte L. über Teleologie u. Gnade.

Laudine, Gemahlin von →Esclados le Roux u. später →Yvain bei Chrétien de Troyes.

Laurens →Dulaurens.

Laurent, Jacques (Ps. Saint-Laurent), geb. 5. 1. 1919 Paris, veröffentlichte unter s. Namen Gesellschaftssatiren (*Les corps tranquilles,* 1948, n. 1990; *Les bêtises,* Prix Goncourt 1971; *Les sous-ensembles flous,* 1981; *Les dimanches de Mlle Beaunon,* 1982, in pikaresker Erzählweise) u. pseudonym Triviallit. (Bestseller *Caroline Chérie*). 1986 Ac. frçe.

Laurent d'Orléans, 13. Jh., Beichtvater Philipps III., schrieb 1279 auf Veranlassung des Kg.s den Traktat *Somme le Roi,* der noch im 15. Jh. Beachtung fand, als Kompilation älterer didakt. Werke (→Miroirs).

Les lauriers sont coupés, Roman von Édouard →Dujardin, entstanden April 1886 – April 1887, ED *Revue indépendante* Mai – August 1887, EA mit einzelnen Veränderungen März 1888, verbesserte Ausgabe 1897. Dujardin widmete das Werk dem ›suprême romancier d'âmes, Racine‹. Mit der hier erstmals method. eingesetzten Technik des →Monologue intérieur stellt der Autor die Empfindungen e. durchschnittl. jungen Mannes, Daniel Prince, der vor dem Abschluß s. Jurastud. steht, an e. Aprilabend des Jahres 1887 dar. S. Geliebte, Léa d'Arsay, hat eingewilligt, mit ihm e. gemeinsamen Abend zu verbringen; ehe Daniel sie abholt, besucht er e. Freund, liest frühere Tagebuchnotizen durch. Mit Léa fährt er in der Kutsche über die Boulevards, bis die Abendkühle das Paar zur Rückkehr zwingt; Léa gelingt es zwar, ihren Verehrer um s. letztes Geld zu bringen, sie weigert sich jedoch, ihn diese Nacht bei sich zu behalten. Während der gesamten Dauer der Icherzählung hat der Leser an dem Bewußtsein des Protagonisten teil. James Joyce wurde 1903 mit der neuen Erzähltechnik vertraut u. machte 1922 Valery Larbaud auf Dujardins Errungenschaft aufmerksam; Larbaud schrieb die Vorrede zur Neuauflage der *L.* von 1925.

E. Höhnisch, Das gefangene Ich. Stud. zum inneren Monolog im mod. franz. Roman, 1967.

Lautréamont, Isidore-Lucien Ducasse, gen., 4. 4. 1846 Montevideo – 24. 11. 1870 Paris, Sohn des Kanzlers am franz. Konsulat in Montevideo; seit 1859 Schulbesuch in Tarbes u. Pau, legte wahrscheinl. das Baccalauréat nicht ab. Seit 1867 lebte L. in Paris, wo er anonym 1868 den ersten Gesang der →*Chants de Maldoror* veröffentlichte. 1869 übergab er s. Verleger das Ms. der gesamten Gesänge; dieser verweigerte die Auslieferung der EA. Mit e. veränderten Umschlag erschienen die *Chants de Maldoror* 1874 wieder. 1870 (April oder Juni) veröffentlichte L. zwei Teile der *Poésies,* s. Poetik, die s. frühere ästhet. Position teilweise polem. in Frage stellte; sie wurde 1919 vollständig von André Breton in der Zs. *Littérature* veröffentlicht, 1920 erschien e. Buchausgabe mit dem Vorwort von Philippe Soupault. Er leitete auch die Gesamtausgabe von 1927 ein, während Breton e. Edition im Verlag Guy L. Mano besorgte. Jaloux, Caillois, Gracq u. Cocteau kommentierten weitere L.ausgaben (*Œuvres complètes,* eingeleitet u. komm. von P.-O. Walzer 1970). In L.s Werk setzt sich die Theomanie Nervals fort, die verständnislos von einzelnen Kritikern aus e. Charakterneurose bzw. zunehmenden Schizophrenie erklärt wurde. Die Thematik des Schmerzes bei L. antwortet auf e. romant. Traditionszwang; der schmerzempfängl., gleichzeitig sadist. u. masochist. Held der *Chants de Maldoror* ist e. Replikfigur des übergroßen Individuums wie des ›poeta vates‹. L. parodiert den romant. Sadismus, kombiniert dessen Motive – der düstere Held der Nacht, s. Verlangen nach Erlösung, s. Rastlosigkeit – u. schafft ein dichter. Gebilde, das vom bürgerl. Leser nicht mehr als ästhet. gelungen konsumiert werden kann. Dies ist e. wesentl. Grund für die Tatsache, daß die Surrealisten in L. einen Vorläufer ihrer Kulturrevolution entdeckten.

M. Blanchot, L. et Sade, 1949, ²1967; P.-J. Carpetz, Quelques sources de L., Thèse Paris 1950; S. Bütler, Untersuchungen über den franz. Prosarhythmus an Texten von L., Diss. Zürich 1956; V. Larbaud, Isidore Ducasse, comte de L., Lüttich 1957; J.-P. Soulier, L., Génie ou maladie mentale, Genf 1964; M.-F. Guyard, Lamartine et L., Strasbourg 1965; P. Zweig, L. ou les violences du Narcisse, 1967; M. Pleynet, L. par lui-même, 1967; P. W. Nesselroth, L.'s imagery. A stylistic approach, Genf 1969; F. Caradec, Isidore Ducasse, comte de L., ²1975. E. Peyrouzet, Vie de L., 1970; F. de Haes, Images de L., Gembloux 1970; M. Chaleil, L., 1971; L. Rochon, L. et le style homérique, 1971; M. Philip, Lectures de L., 1971; R. Faurisson, A-t-on lu L.?, 1972; Sondernr. RhlF 3, 1974; J. Kristeva, La révolution du langage poétique …, 1974; D. Rieger, Der Esel u. die Feige, L.s lit. Quellen …, RF 1976; Th. M. Scheerer, L., in: W.-D. Lange (Hg.), Franz. Lit. des 19. Jh.s III, 1980; Sondernr. Europe, Aug.–Sept. 1987; R. Pickering, L., 1988.

La Vallière, Françoise-Louise de La Baume Le Blanc, Hzgin. von, 6. 8. 1644 Tours – 6. 6. 1710 Paris, Mätresse Ludwigs XIV., Mutter von vier Kindern des Kg.s; zog sich, nachdem sich der Monarch seit 1667 Mme de Montespan zugewandt hatte, vom Hof zurück u. trat 1674 in den Orden der Karmeliterinnen ein. Sie schrieb die *Réflexions sur la miséricorde de dieu* (1680).

J.-B. Eriau, La Madeleine française, L., 1961.

La Varende, Jean-Balthasar-Marie Mallard vicomte de, 22. 5. 1887 Schloß Bonneville/Le Chamblac – 8. 6. 1959 Paris. Als Erzähler Regionalist, der die heimatl. Normandie zum Schauplatz wählt, u. Herold adliger Sonderart (*Pays d'Ouche,* 1936; *Nez-de-cuir, gentilhomme d'amour,* 1936; *Le centaure de dieu,* 1938; *L'homme aux gants de toile,* 1943; *Indulgence plénière,* 1951; *La sorcière,* 1954; *Le cavalier seul,* 1956; *Cœur pensif,* 1957; *Monsieur le duc,* 1958; *Contes fervents, Contes sauvages, Contes amers,* III 1958; *L'amour sacré et l'amour profane,* 1959; *La partisane,* 1960). L. schrieb Essays über Saint-Simon (1955) u. den Pfarrer von Ars (1957).

P. Coulomb, L., 1952; J. Datain, L. et les valeurs normandes, 1953; Ph. Brunetière, L. le visionnaire, 1959; A. Bourin, A la recherche de L., Lüttich 1960; M. Herbert, Bibl. de l'œuvre de L., III 1971.

Lavedan, Henri, 9. 4. 1859 Orléans – 4. 9. 1940 Paris, Journalist wie s. Vater, Romancier u. Lustspielautor, 1898 Aufnahme in die Ac. frçe. Vokabular, Phraseologie u. Gestik der Pariser Gesellschaft s.

Zeit, die Kontamination schichtspezif. Ausdrucksweisen, Rituale der Mode u. Kapricen der Lebewelt werden von L. mit hoher Genauigkeit dargestellt. Groteske Formen der Annäherung des alten Adels an die Neureichen, die pathet. Konfrontation d'Aureuc – Salomon, reizen ihn zum Spott. Aber das Vergnügen über Aristokratinnen, die in die Mansarden hinaufsteigen, u. alte Lebemänner, die sich im Sterben am Flitterglanz ihrer Garderobe berauschen, ist schließl. kein harmloses Lachen. Existenzen, die allein im Salon ihre Erfüllung zu finden meinen, sind mit sich selbst uneins (Romane *Mam'zelle Vertu,* 1886; *Reine Janvier,* 1886; *Lydie,* 1887; *Inconsolables,* 1888; *Sire,* 1888; *Le chemin du salut,* VII 1920–25; *Irène, Olette,* 1922; *Monsieur Gastère,* 1927; *Monsieur Vincent,* 1928; *De la coupole aux lèvres,* 1930; *Bonne étoile,* 1932; Dramen *Une famille,* 1891; *Le prince d'Aurec,* 1894; *Les deux noblesses,* 1894; *Les viveurs,* 1895; *Le vieux marcheur,* 1895; *Le nouveau jeu,* 1898; *Les beaux dimanches,* 1898; *Le marquis de Priola,* 1902, Kontamination des Vater-Sohn-Motivs mit dem Don Juan-Stoff; *Varennes,* 1904; *Viveurs,* 1904; *Le duel,* 1905; *Sire,* 1909; *Le goût du vice,* 1911; *Servir,* 1913; *Pétard,* 1931).

J. Lemaitre, Les contemporains, 7e série, o. J.

La Vigne, André de, 1457 La Rochelle – vor 1527, Hofdichter Karls VIII., schrieb e. Chronik des Italienfeldzugs von 1494, Lyrik, Farcen, Moralités u. Mystères; L. war Mitgl. der Pariser Basoche (*Le voyage de Naples,* krA A. Slerca, Mailand 1981).

E. L. de Kerdaniel, Un rhétoriqueur, L., 1919; ders., Un auteur dramatique du XVe siècle, L., 1923; Ph. A. Becker, L., 1928.

Léautaud, Paul Firmin Valentin (Ps. Maurice Boissard), 18. 1. 1872 Paris – 22. 2. 1956 La Vallée-aux-loups, Vater Souffleur an der Com. frçe., die Mutter verließ die Familie; nach s. eigenen Darstellung wurde L. von e. Prostituierten u. e. Hund aufgezogen. Er wurde Handlungsgehilfe u. Schreiber in e. Anwaltsbüro, 1908–40 Sekretär des *Mercure de France,* seit 1949 durch e. Rundfunkinterview mit Robert Mallet weiteren Kreisen bekannt. L.s Haus glich e. Tierasyl, für seine zahlr. Katzen u. Hunde schränkte er s. Lebensführung bis aufs äußerste ein. Er verfaßte Kurzromane u. Erzählungen (*Le petit ami,* 1903, wurde zum Prix Goncourt vorgeschlagen; *Madame Cantili,* 1925) u. bedeutende Lit.kritiken. Nach anfängl. Beeinflussung durch den Symbolismus (Essay *Henri de Régnier,* 1904) ließ er nur noch das 18. Jh. u. Stendhal, von dem er 1908 e. Anthologie zusammenstellte, gelten. Die 19 Bde. s. *Journal littéraire* (1893–1956, erschienen 1954–66; weitere Teile durften erst 1986 veröffentlicht werden) speichern u. variieren die apodikt. Reaktionen des Autodidakten. Mißtrauisch gegenüber gefeierter Größe, veröffentlichte L. zusammen mit Adolphe Van Bever die Anthologie mit bio-bibliograph. Notizen, *Poètes d'aujourd'hui* (1900, ²1947), die jungen Talenten offen stand. Der Stil s. Theaterkritiken (*Le théâtre de Maurice Boissard,* 1907–23, II 1926 u. 1945, *Chronique dramatique* in der *NRF* 1921 u. 1941) war unakadem., polem. u. reich an Digressionen, wenn der behandelte Autor Bernard, Bernstein, Capus oder Donnay hieß. Aber auch Michaux' Theomaniedichtung fiel unter das Verdikt ›Gummizellenlit.‹. Montherlant, Mauriac u. Giraudoux wurden zu ›Nullen‹ erklärt. Um so mehr schätzte L. Jouhandeau u. Céline. Der kleinste Einfall, den ein unbekannter Autor aus sich selbst schöpfte, war L. wertvoller als die Bearbeitung e. noch so erhabenen Stoffs; Mittelmäßigkeit erschien ihm als Feind der Qualität, dies bezeugen auch s. Briefe (*Correspondance générale,* 1971).

M. Dormoy, L., 1958; dieselbe, La vie secrète de L., 1971; R. Mahieu, L., la recherche de l'identité, 1872–1914, 1974.

Leblanc, Maurice, 1864 Rouen – 6. 11. 1941 Perpignan, Autor von Kriminalromanen, Schöpfer des Edelganoven Arsène Lupin, dessen Taten er 1907–35 in zahlr. Büchern schilderte (*A. L., gentleman cambrioleur,* 1907; *A. L. contre Sherlock Holmes,* 1908; *Les confidences d'A. L.,* 1914; *Les trois crimes d'A. L.,* 1917). Lupin ist der geniale Einzelgänger, gewandt in jedem Kostüm, Frauenheld u. Feind der Reichen. Die Romane wurden nach 1952 wiederholt neu aufgelegt u. verfilmt. Bühnenfassungen brachte L. (in Zusammenarbeit mit F. de Croisset u. V. Darley) 1908 u. 1910 heraus.

F. Marill Albérès, Le dernier des dandies, Arsène Lupin 1979; J. Derouard, L., 1989.

Leblanc de Guillet, Antoine Blanc, gen., 2. 3. 1730 Marseille – Juli 1799 Paris, Oratorianer, nach dem Austritt aus dem Orden Altphilologe; Übs. von Lukrez, Dichtungstheoretiker (*Discours en vers sur la nécessité du dramatique et du pathétique en tout genre de poésie,* 1783), Romancier (*Mémoires du comte de Guines,* 1765) u. Dramatiker (*Les druides,* fünfaktige Verstrag., 1772, ED 1783; *Albert Ier ou Adeline,* dreiaktige ›comédie héroïque‹ in Zehnsilbern, 1775; *Manco Capac, premier Inca du Pérou,* fünfaktige Verstrag., 1782; *Le clergé dévoilé ou les États généraux de 1303,* fünfaktige Verstrag. 1791). S. Tendenzen sind republikan. u. antiklerikal. L. wirkte durch stoffl. Innovation u. nicht durch die Verwirklichung geschichtsdramat. Konzeptionen. Vor allem *Albert Ier ou Adeline* (ursprüngl. Titel *Adeline*) erregte Aufsehen, als die Zensur u. Marie-Antoinette das Stück billigten u. der Hof, der in der Klage e. Mutter u. ihrer Tochter in den Straßen von Wien gegenüber dem unerkannten Kaiser Kritik an der franz. Monarchie sah, die Aufführung verbot.

Le Braz, Anatole (eig. Jean François Marie Lebras), 2. 4. 1859 Saint-Servais/Côtes du Nord – 20. 3. 1926 Menton, Prof. für Philos. u. Lit., regionalist. Lyriker u. Erzähler, der breton. Folklore sammelte (erzählende Werke: *Le gardien de feu,* 1890; *Pâques d'Islande,* 1897; *L'Ilienne,* 1904; *Contes du soleil et de la brume,* 1905; lyr. u. balladeske Dichtungen: *La chanson de la Bretagne,* 1892; *Les légendes de la mort en Basse-Bretagne,* 1893).

Le Breton, André François, August 1708 Paris – 5. 10. 1779 ebda., Buchdrucker, der die →*Encyclopédie* herausbrachte u. Textveränderungen vornahm, um die zu erwartenden Schwierigkeiten mit der Zensur zu verringern.

Lebrun, Pierre Antoine, 29. 11. 1785 Paris – 27. 5. 1873 ebda., Anhänger der napoleon. Kaiser, Aufnahme in die Ac. frçe. während der Restauration, 1839 Pair von Frkr., 1853 Senator, Autor klassizist. Lyrik u. Bühnendichtung (*Ulysse,* 1815; *Marie Stuart,* 1820, nach F. Schiller; *Cid d'Andalousie,* 1825; *Œuvres,* V 1844–63).

H. Swarc, Un précurseur du romantisme, L., 1928.

Le Brun, Ponce Denis Écouchard, gen. L.-Pindare, 11. 8. 1729 Paris – 31. 8. 1807 ebda., protegiert vom Fürsten Conti, von L. Racine in die Dichtkunst eingewiesen; Lyriker, der sich 1755 mit Oden auf das →Erdbeben von Lissabon e. Namen machte. Die Themen s. Lyrik (Oden, Elegien, Episteln u. am gelungensten wohl Epigramme; *Œuvres,* IV 1811) waren konventionell: Liebe, Vaterland, Natur. Als Wortkunst befreit sie sich kaum von klischeehaften Gespreiztheiten des Rokoko. Fleißarbeit ersetzt bei L. den großen Einfall, darin ist er s. Schüler A. →Chénier weit unterlegen. Obwohl L. die tonangebende brillante, dabei sterile Poesie, mit der er Fontenelle in Verbindung brachte, wenig goutierte, vermochte er die Bindung der normativen Poetik Boileaus an e. hist. entwikkeltes u. auch hist. wieder aufgelöstes Geschmacksideal nicht zu durchschauen. L. wehrte sich gegen dichter. Entgrenzung, hinter der er e. schädl. Einfluß der engl. Lit. vermutete. S. Auseinandersetzung mit Fréron (Pamphlet *L'âne littéraire,* möglicherweise von s. Bruder konzipiert), hatte darauf allerdings keinen Bezug. Der Hg. der *Année littéraire* griff L. an, als er 1760 e. Nichte Corneilles dem Wohlwollen Voltaires empfahl. Beim Ausbruch der Revolution lebte L. seit sechs Jahren in drückender Armut, begeistert schloß er sich den neuen Parolen an; nach dem 18. Brumaire war er ebenso emphat. Bonapartist. 1803 wurde er Mitgl. der Ac. frçe.

É. Faguet, Écouchard-Lebrun, Revue des cours et conférences April–Juni 1904.

Le Cardonnel, abbé Louis, 27. 2. 1862 Valence – 28. 5. 1936 Avignon, befreundet mit Mallarmé, Huysmans u. den Brüdern Margueritte, die ihn unterstützten; Wagner, die Symbolisten u. die engl. Präraffaeliten inspirierten s. relig. Lyrik (*Poèmes,* 1904; *Carmina sacra,* 1912; *Chants d'Ombrie et de Toscane,* 1912; *De l'une et l'autre aurore,* 1924; *Œuvres,* II 1929). Der myst. Erlebnisausdruck in Verlaines Zyklus *Sagesse* sprach den zartsinnigen Elegien- u. Hymnendichter, der nach anfängl. Vers libres zu metr. Formen (Elf- u. Zwölfsilber) zurückfand, nachhaltig an.

R. Christoflour, L. pèlerin de l'absolu, 1937; N. Richard, L., 1946; A. Mabille de Poncheville, Vie de L., 1947.

Le Caron, Louis, 1534–1613, Advokat, schrieb petrarkist. Poesie u. Dialoge, darunter *Ronsard ou de la poësie* (1556), e. Art Kommentar zu den Intentionen der →Pléiade. Der Dialog zeigt Ronsard im Gespräch mit Jodelle, Pasquier u. Fauchet.

Lechat, Industrieller u. Zeitungsverleger, Hauptfigur des Dramas →*Les affaires sont les affaires* von Mirbeau.

Le Clerc, Michel, 1622 Albi – 8. 12. 1691 Paris, Jurist, Intendant des Hzg.s von Richelieu, Dramatiker, der wie s. Landsmann Cl. Boyer um 1645 zu schreiben begann (*Virginie romaine, Iphigénie, Oreste,* 1681). Er nahm 1674 an der Kampagne gegen Racine teil.

Leclercq, Théodore, 1. 4. 1777 Paris – 15. 2. 1851 ebda., aus vermögender Familie, L.s Vater betrieb e. Papiermanufaktur, war während des Directoire Bürgermeister im IIe arrondissement. Unabhängig von s. Vermögen wurde L. Receveur principal des Fiskus für Paris (1810–19); Freundschaft mit dem Journalisten →Fiévée, dem L. wohl die ersten Anregungen zum Salonproverbe, dem s. eigenes dramat. Schaffen galt, verdankte. Bei Mme de Genlis hat er u. U. noch →Carmontelle kennengelernt. L. spielte selbst in Salonkom. mit, ehe er 80 Stücke gestaltete (*Proverbes dramatiques,* IV 1823–26, n. 1827 u. 1828; Einzelveröffentlichungen seit Juli 1829 in der *Revue de Paris* u. in *L'Artiste, Nouveaux proverbes dramatiques,* 1830–33; Ausgabe letzter Hand *Proverbes dramatiques,* VIII 1835 f.). Die Proverbes behandeln familiäre Probleme, spezif. Ereignisse der Salonkultur u. tagespolit. Auseinandersetzungen, wobei L.s Opposition gegen die Restauration faßbar wird; in einzelnen Stücken ist sich die Gattung der Salonkom. bereits selbst themat.

U. Schmidt-Klausen, L. u. das Proverbe dramatique der Restauration, 1971.

Le Clézio, Jean-Marie Gustave, 13. 4. 1940 Nizza, Vater Bretone mit engl. Staatsangehörigkeit, Mutter Französin, Stud. Bristol, London u. Aix-en-Provence, war Franz.lehrer in Bangkok; verheiratet seit 1960, lebt in Nizza. Von der Kritik viel beachtet, publizierte L. seit 1963 die Romane →*Le procès-verbal, Le déluge* (1966), *Terra amata* (1967), *Le livre des fuites* (1969), *La guerre* (1970), *Les géants* (1973), die Novellenslg. *La fièvre* (1965) u. den Essay *L'extase matérielle* (1971). S. Werk inspiriert sich an den Alpträumen Michaux', der unromant. Naturdarstellung in Camus' *Étranger* u. Ionescos schwarzem Humor; L. persifliert bereits die Kompositionsschemata des Dingromans von Robbe-Grillet. Wie bei anderen Vertretern der absurden Lit. bringt das Reisemotiv existentiell Ungereimtes ins Bewußtsein. Der städt. Alltag entfremdet immer hilfloser werdende Protagonisten, in der Regel junge Männer, sich selbst; ihr chaplinesker sozialer Abstieg symbolisiert die Unterwerfung unter den Alptraum des Lebens. Der Protagonist in *Le déluge* glaubt, langsam im Leib e. Leviathans zu ersticken; doch das würgende Monstrum ist nicht mehr, wie bei Julien Green, in e. tröstl. metaphys. System eingegliedert. Die Stadt als höll. Szenerie trägt alle Katastrophen in sich: Adam Pollo u. François Besson, die Protagonisten der beiden ersten Romane, sind dem gnadenlosen Abenteuer der Stadt ausgeliefert (vgl. Butor, *L'emploi du temps*); was sie sehen, ist vom Todeskeim vergiftet, verwest u. erstarrt, das gilt selbst für die Geliebte Bessons (›das einbalsamierte, von Kränzen aus Orangenblüten gerahmte, völlig blutleere Gesicht der Heiligen ... die auf dem zerdrückten u. rauhen Laken zur Ruhe gekommen war‹). Die Verdinglichung des Lebens produziert sowohl Aggressivität wie e. negative Mystik, die den Helden zur Hingabe an die Überwelt treibt. Besson läßt sich durch die Sonne blenden, Adam Pollo folgt willenlos e. Hund durch den Irrgarten der Straßen. Fasziniert von der Denaturierung der Welt, verschieben sie den Eingriff in den Lauf der Dinge, um sich schließl. in e. letzten ›absurden‹ Aktivismus selbst der Vernichtung zu überantworten. Dieser Akt verbirgt nicht die Sehnsucht des Protagonisten nach dem Einklang mit e. kreatürl. Dasein. Oft zersplittert die Neon- u. Betonwelt nur noch in kindl. Abenteuern (*Mondo et autres histoires,* 1978; *Désert,* 1980; *Trois villes saintes,* 1980; *La Ronde et autres faits divers,* 1982; *Le chercheur d'or,* 1985; *Onitsha,* 1991; *Étoile errante,* 1992).

I. Schwamborn, L. (Franz. Lit. der Gegenwart in Einzeldarstellungen, hg. W.-D. Lange), 1971; T. di Scanno, L., 1983.

La leçon, Einakter von Eugène →Ionesco, entstanden 1950, EA 1954, Urauff. 20.2. 1951 Théâtre de Poche, Paris. Die lit. Gestalt des Privatlehrers wird auf groteske Art dämonisiert. S. Verstrickung in Selbstgespräche u. Tiraden reißt e. Professor zum Mord an s. Schülerin hin, zum 40. Mal bereits in s. Karriere. Die beklemmende Eigenbewegung seiner paralog. Kasuistik setzt eine Höllenmaschine der Assoziationen u. toten Klischees in Gang. Zum Schluß wird das Eintreffen des nächsten Opfers gemeldet.

Leconte, Sébastien-Charles, 22. 9. 1860 Arras – 1934 Paris, 1902 Präsident des Zivilgerichtshofs in Dole; als Lyriker e. Epigone des →Parnasse (*L'esprit qui passe,* 1897; *Les bijoux de Marguerite,* 1899; *La tentation de l'homme,* 1903; *Le sang de Méduse,* 1905; *Le masque de fer,* 1911; *L'holocauste,* 1926).

Leconte de Lisle, Charles-Marie-René, 22. 10. 1818 Saint-Paul auf La Réunion – 18. 7. 1894 Voisins, Sohn e. Militärarztes, der sich als Pflanzer auf der Insel niedergelassen hatte. 1837 kam L. zum Jurastud. nach Frkr., seit 1845 lebte er endgültig in Paris. Er engagierte sich begeistert für das Ideal e. sozialist. Republik, Fourier war s. polit. Idol. Die Politik Napoleons III. veranlaßte ihn, sich aus der Politik zurückzuziehen, wenn er auch e. kaiserl. Pension nicht ausschlug. Durch Vermittlung s. Freundes Louis Ménard wurde er intensiver mit der griech. u. ind. Welt vertraut, er übersetzte Theokrit sowie die *Ilias* u. die *Odyssee* u. schuf Ideendichtungen (→*Poèmes antiques, Poésies barbares,* 1862; *Poèmes tragiques,* 1884; *Derniers poèmes,* 1895), deren Anspruch auf abgeklärte, objektive Schönheit schulbildend wurde (→Parnasse). L. forderte die Verwissenschaftlichung der ›poésie objective‹ als Ablösung der romant. Bekenntnisdichtung; erst aus der Schwierigkeit des Gegenstands erwächst für ihn der formale Rang e. lyr. Textes. Darin stimmte L. mit der Kunstlehre Théophile →Gautiers überein. Mit der Gestaltung räuml. u. zeitl. entfernter Motive verknüpft L. den Anspruch auf Vermittlung geschichtsphilosoph. Wahrheiten. In diesem Sinn konnte er als Nachfolger Hugos in der Ac. frçe. 1886 erklären, Dichtung sei die ›histoire sacrée de la pensée humaine‹. Behaftet mit e. elitären Komplex, der im Widerspruch zur früheren polit. Haltung steht, sucht sich der Dichter zwischen Mythen, Kosmogonien u. Dogmen des Okzidents u. Orients zu orientieren, ohne s. schweren Pessimismus überwinden zu können. L.'s überaus kontrollierte Diktion mit ihrer souveränen Handhabung bzw. Abwandlung konventioneller Gattungsformen u. metr. Konventionen u. s. Vorliebe für das Kolossale in der Kunstwelt bestätigen zwar das Vorrecht ästhet. Prinzipien, bannen aber nicht die Verbitterung des lyr. Ich, das sich als Opfer e. Fluchs beklagt u. die Totenmesse der Menschheit anstimmt (*Le vent froid de la nuit, Fiat nox, Anathème* in *Derniers poèmes*).

E. Estève, L. l'homme et l'œuvre, 1923; P. Martino, Parnasse et symbolisme, 1925; J. Vianey, Les poèmes barbares, 1934; P. Jobit, L. et le mirage de l'île natale, 1951; A. Peyre, L., 1937; P. Flottes, L., 1954; R. Carloni Valentini, Un poète presque oublié. Des origines aux Poèmes antiques, Vimodrone 1958; I. Putter, The pessimism of L., the work and the time, Berkeley/Los Angeles 1961; L. Lelleik, Der Parnassier L. als Theoretiker u. Dichter, Diss. Bonn 1961; I. Putter, La dernière illusion de L., Genf 1968; E. Pich, L. et sa création poétique, 1975; H. L. Scheel, L., in: W.-D. Lange (Hg.), Franz. Lit. des 19. Jh.s II, 1980.

Lecouvreur, Adrienne, 5. 4. 1692 Damery bei Épernay – 20. 3. 1730 Paris, Schauspielerin an der Com. frçe., die e. realist. Darstellung bis in die Kostümierung hinein durchsetzte; sie kreierte Rollen von Crébillon u. Voltaire, mit dem sie befreundet war. Im Stil des Schauerdramas gestalteten Ernest Legouvé u. Eugène Scribe die Liebesbeziehungen der Schauspielerin zu Moritz von Sachsen (*L.*, Urauff. 14. 4. 1849 Com. frçe.). Ihre Rivalin, die Hzgin. von Bouillon, identifiziert Adrienne als Komödiantin u. ermordet sie mit dem Bühnenrequisit e. vergifteten Buketts.

R. L. Voyer de Paulmy, L. et Maurice de Saxe. Leurs lettres d'amour, 1926; J. Richtman, L. Actress and woman under the Ancien régime, Diss. Columbia Univ. 1969.

Leduc, Violette, 8. 4. 1907 Arras – Mai 1972 Faucon, wuchs unter schwierigen Bedingungen in Valenciennes und Paris auf, verfaßte autobiographische Romane, die von S. de Beauvoir, Sartre und Jouhandeau beachtet wurden, vor allem das Selbstporträt der gesellschaftl. geächteten Lesbierin, *La bâtarde* (1964, Vorrede von S. de Beauvoir; außerdem *Ma mère ne m'a jamais donné la main,* 1945; *L'asphyxie,* 1946; *L'affamée,* 1948; *Ravages,* 1955; *La vieille fille et la mort,* 1958; *Trésors à prendre,* 1960; *La femme au petit renard,* 1965; *Thérèse et Isabelle,* 1966; *Le taxi,* 1971). In *La folie en tête* (1970) reflektiert L. in existentialist. Dimensionen die Schwierigkeiten zu leben u. zu schreiben u. die Bedeutung, die das Werk von Simone de Beauvoir u. Genet für sie angenommen hat.

I. de Courtivron, L., London 1985.

Lefèvre, Jean, seigneur de Saint Rémy, 1395 (?) Abbeville – 16. 6. 1468 Bruges, im Dienst der burgund. Hzg.e, Autor e. Prosachronik für 1408–36, möglicherweise auch der Abhandlungen *Traité des hérauts d'armes* u. *Traité des brisures.*

Lefèvre d'Étaples, Jacques, um 1450 Étaples/Picardie – 1536 Nérac, erwarb nach dem Stud. der Theologie u. Artes liberales in Paris den Magistergrad u. unternahm 1491 u. 1499 Bildungsreisen nach Italien, wo er Ficino u. Pico della Mirandola begegnete. S. Schüler Guillaume Briçonnet wurde 1516 reformfreudiger Bischof von Meaux u. berief L. zum Generalvikar s. Diözese. Der Humanist edierte klass. u. ma. Autoren (darunter Ramon Llull), schrieb von Luther u. Erasmus beeinflußte Bibelkommentare und arbeitete ein Jahrzehnt an e. Bibelübs. (*La saincte Bible en françoys translatee selon la pure et entière traduction de Sainct Hierosme,* Antwerpen 1530; *Le Nouveau Testament,* hg. M. A. Screech 1971), die 1546 auf den Index gesetzt, 1550 jedoch wieder freigegeben wurde. Franz I. ernannte L. zum Prinzenerzieher u. Bibliothekar in Blois; als der Kg. ihm keinen Schutz vor kathol. Angriffen bieten konnte, zog sich L. an den Hof der →Marguerite de Navarre zurück, wo er starb. Er u. →Budé schufen die geisteswiss. Grundlagen der franz. Renaissance u. des Protestantismus (*Epistres et évangiles* ... krA G. Bedouelle/F. Giacone 1976).

J. Dagens, Humanisme et évangélisme chez L., 1959; G. Bedouelle, L. et l'intelligence des Ecritures, Genf 1976.

Le Franc, Martin, um 1410 Grafschaft Aumale – 1461, im Dienst der Kurie (Felix V. von Savoyen u. Nikolaus V.), Probst des Kapitels von Lausanne; Autor e. Frauenspiegels, *Le champion des Dames* (1440–42; EA Lyon um 1488) u. des allegor. Streitgesprächs, *L'Estrif de Fortune et Vertu* (1447 oder 1448, beide Philipp von Burgund gewidmet). Daneben Lyrik im Stil der Rhétoriqueurs.

O. Roth, Stud. zum Estrif de Fortune et Vertu des L., Bern 1970; L. Barbey, Maître L., Fribourg 1985.

Lefranc de Pompignan, Jean-Jacques, marquis de, 10. 8. 1709 Montauban – 1. 11. 1784 Schloß Pompignan / Tarn-et-Garonne, Präsident der Cour des Aides in s. Heimat, Literat in Paris. Voltaire gelang es, die Aufführung s. Trag. *Zoraïde* zu verhindern, als er *Alzire* aufführen ließ. Voltaire warf ihm auch vor, in der Trag. *Didon* (Urauff. 21.6. 1734) Metastasio plagiiert zu haben (vgl. schon die Stoffbearbeitungen von Jodelle, Hardy u. G. de Scudéry). Die Darstellung der Liebe Didos zu Aeneas war von achtbarer Mittelmäßigkeit, wie La Harpe später bemerkte. Da L. 1760 bei der Aufnahme in die Ac. frçe. (inzwischen waren Übs. u. relig. Gedichte entstanden; *Œuvres complètes,* IV 1784) die Aufklärung angriff, bot er sich Voltaire als erwünschte Zielscheibe sarkast. Pamphlete dar, die ihm den Aufenthalt in Paris verleideten.

E. Vaisse, L., poète et magistrat, Toulouse 1863; M. Duffo, L., Toulouse 1913; Th. E. D. Braun, L., Diss. Berkeley 1965.

La légende des siècles, Gedichtzyklus von Victor →Hugo, EA 1. Folge 1859, 2. Folge 1877, 3. Folge 1883; hg. J. Gaudon 1974. Der Dichter erweiterte die Perspektive des unter dem Arbeitstitel *Petites épopées* konzipierten Werkes im Laufe der Ausarbeitung zur Weltgeschichte. ›Exprimer l'humanité dans une espèce d'œuvre cyclique; la peindre successivement et simultanément sous tous ses aspects, histoire, fable, philosophie, religion, science, lesquels se résument en un seul et immense mouvement d'ascension vers la lumière.‹ Aufklärer. Fortschrittsgedanke u. christl. Erlösungsbewußtsein wirken in Hugos Eschatologie zusammen. Große Persönlichkeiten (einschl. bibl. Gestalten) u. Ereignisse von welthist. Reichweite interessieren den Epiker, der e. gottähnl. Standpunkt einnimmt (→*Booz endormi*). In der Art, wie er Konfliktsituationen anlegt u. deren Lösung akzentuiert, spricht sich s. Überzeugung aus, daß die Prinzipien der höheren Sittlichkeit u. des Wissenszuwachses sich auf lange Sicht in der Geschichte durchsetzen müssen. Die Neigung zum abstrakten Stil in den philosoph. Gedichten nahm seit 1877 zu.

M. Saint-René, V. Hugo et la L., 1931; J. Heugel, Chevauchée à travers la L., 1960.

La légende d'Ulenspiegel (1867), Roman von Charles de →Coster, hg. J. Hanse ²1966, erschien 1869 u. d. T. *La légende et les aventures héroïques, joyeuses et glorieuses d'Ulenspiegel et de Lamme Goedzak au pays de Flandres et ailleurs.* Der erste Teil des Romans schöpft aus dem Volksbuch von Till Eulenspiegel, in den weiteren vier Abschnitten erfindet Coster e. neue Fabel. Der große Schalk Ulenspiegel wird im Freiheitskampf der Flamen gegen die Spanier zum Herold s. Volkes, dessen Wollen er inkarniert. Damit erweiterte der Autor den Konflikt um polit. Motive, die der Bindungslosigkeit, mit der in älteren Darstellungen der fahrende Handwerksbursche charakterisiert wurde, e. Ende machten. Gerade die patriot. Komponente wurde von späteren Bearbeitern beibehalten.

J. Hanse, Coster et sa première légende flamande, Les Lettres romanes 1959.

Le Goffic, Charles (Ps. Jean Capékerne), 14. 7. 1863 Lannion/Bretagne – 12. 2. 1932 ebda., Stud. Philol. Paris, unterrichtete in Le Havre u. Gap, war befreundet mit A. France u. M. Barrès; mit Barrès u. La Tailhède gründete er die Zs. *Les Chroniques.* In s. Versen verherrlichte L. die heimatl. Bretagne im Stil der Parnassedichtung (*Amour breton*, 1889; *Le bois dormant*, 1900; *Le pardon de la reine Anne*, 1902; *Poésies complètes*, 1913 u. 1932), regionalist. waren auch die Romane (*Le crucifié de Kéraliès*, 1892; *Passé l'amour*, 1894; *Sur la côte*, 1897; *La payse*, 1897; *Morgane*, 1898; *Ventôse*, 1910; *Le pirate de l'île de Lern*, 1913; *L'abbesse de Guérande*, 1921). L. schrieb Abhandlungen über Racine u. die Prosodie, mehrere Kriegsberichte sowie ethnolog. Studien (*La Bretagne et les pays celtiques*, IV 1902–24).

G. Audiat, L., [2]1922; L. Frazer, La Bretagne de L., 1935.

Legouvé, Ernest-Wilfried, 15. 2. 1807 Paris – 14. 3. 1903 ebda., Sohn des Jean-Baptiste →L., als Dramatiker Mitarbeiter von Scribe u. Labiche; Essays zur Frauenemanzipation u. Familienfrage (*Nos filles et nos fils*, 1875; *La question des femmes*, 1881). Er dramatisierte in Zusammenarbeit mit Scribe die Biographie der Schauspielerin Adrienne →Lecouvreur. In s. ersten Roman, *Max* (1833), der gleichzeitig mit dem Lyrikbd. *Morts bizarres* erschienen war, stellte L. das Schicksal e. ›homme-drame‹ dar, der die Wirklichkeit nur im Hinblick auf ihre ästhet. Genießbarkeit hin gelten läßt; Inzest u. Mord verlocken, wo sie Kunstgenuß verheißen. Die *Revue de Paris* feierte das Werk als ›le Don Quichotte des romans frénétiques‹ (*Théâtre complet*, 1873).

Legouvé, Jean-Baptiste, 23. 1. 1764 Paris – 1. 9. 1812 ebda., Sohn e. Juristen, befreundet mit dem Dramatiker Laya. Seit L. mit der Heroide *La mort des fils de Brutus* hervorgetreten war, gestaltete er bevorzugt griech. u. röm. Stoffe (Trag. *Épicharis et Néron*, 1794; *Quintus Fabius*, 1795; *Étéocle et Polynice*, 1799). Origineller als die klassizist. Nachahmungen, die zahlr. antikisierende Machwerke der Revolutionsära noch überbieten (A. V. Arnault, Guillard, Raynouard; C. J. Trouvé), sind das Pastoraldrama *La mort d'Abel* (1792, nach Gessner) u. *La mort d'Henri IV* (1806), dessen Aufführung Napoleon anordnete. L.s Name blieb jedoch mit dem panegyr. Gedicht, *Le mérite des femmes* (1801, in wenigen Jahrzehnten 40 Auflagen), e. lit. belanglosen Huldigung an große Frauen während der Zeit der Schreckensherrschaft, verbunden. 1807 übernahm L., der bereits seit 1798 dem Institut angehörte, die Leitung des *Mercure de France* sowie den Lehrstuhl für lat. Dichtung am Collège de France (*Œuvres complètes*, III 1826).

E. Barts, L., ein vergessener Dichter der Revolutionszeit, 1939.

Legrand, Marc-Antoine, 1673 Paris – 7. 1. 1728 ebda., Schauspieler, seit 1702 an der Com. frçe., Lehrer der Adrienne →Lecouvreur; erfolgreich in Lustspielen, verfaßte selbst Farcen, von denen sich Marivaux anregen ließ.

Leiris, Michel, 20. 4. 1901 Paris – 30. 9. 1990 ebda., Ethnologiestud., gehörte 1924–29 zur Gruppe der Surrealisten, 1931–33 Teilnahme an e. Expedition durch Äquatorialafrika und Abessinien (vgl. s. Tagebuchaufzeichnungen *L'Afrique fantôme*, 1934), 1948–52 Aufenthalt auf den Antillen; L. gründete mit Caillois u. Bataille das Collège de sociologie. In den 20er Jahren schrieb er s. erste Lyrik (*Simulacre,* 1925; *Le point cardinal,* 1927). S. alptraumhafte Welt wird bis in die dingl. Motivfelder – sie ordnen sich zu dem Kontrast von Eiszonen u. heißen Einöden – von der Zwangsvorstellung der Sterilität beherrscht; Frauengestalten, die auftreten, sind in der Regel unfruchtbar oder prostituieren sich. L. wählte für die Exponiertheit der existentiellen Ernstsituation, in deren Rang er auch den dichter. Prozeß zu erheben suchte, die Schlüsselmetapher der Corrida (*Tauromachies,* 1937; *Glossaire, j'y serre mes gloses,* 1940; *Haut mal,* 1943, n. 1969; *Toro,* 1951; *Bagatelles végétales,* 1956; *Vivant cendres, innommées,* 1961; *Mots sans mémoires,* 1969). Später verlor der Dichter das Interesse am mag. Besprechen u. erklärte die Inspiration zum Objekt allein sprachpsycholog. Ergründungen (autobiograph. u. ästhet. Schriften: *La règle du jeu,* IV 1948–76, n. 1991; *Balzacs en bas de casse et Picassos sans majuscule,* 1957; *Grands fruits de neige,* 1964). *Le ruban au cou d'Olympia* (1981) gilt als s. poet. Testament; aufschlußreiche intertextuelle Linien, auch im Hinblick auf die Ästhetik des Fragments. Triviale u. kulturgeschichtl. Notizen in *Journal 1922–89,* éd. J. Jamin 1992.

M. Nadeau, L. et la quadrature du cercle, 1963; Ph. Lejeune, Lire L., 1975; Y. Peyré (Hg.), Autour de L., Châteauroux 1981; R. H. Simon, Orphée médusé. Autobiographies de L., Lausanne 1984; A. Clavel, L., 1984.

Le Jars, Louis, 16. Jh., Dramatiker, dessen *Lucelle* (1576) als irreguläre Prosakom. (→Rouillet, vgl. auch Garnier, *Bradamante*) die Stiltrennung deutl. durchbricht. In das Lustspiel von der unstandesgemäßen Liebe e. Bankierstochter sind entgegen aller Wahrscheinlichkeit Motive von trag. bis buffoneskem Charakter eingelassen.

Le Kain, Henri Louis Cain, gen., 14. 4. 1728 Paris – 8. 2. 1778 ebda., e. der hervorragenden Schauspieler der Epoche, der seit 1750 an der Com. frçe. u. a. trag. Figuren Voltaires kreierte. S. Memoiren wurden 1801 von s. Sohn ediert, Talma leitete 1825 e. Neuauflage mit *Réflexions sur L. et sur l'art théâtral* ein.

J. J. Olivier, L. de la Com. frçe., 1907.

Lélia (1833), Roman von George →Sand. Lélias Verhalten, die sich in e. Kloster zurückzieht, irritiert Sténio, der den begeisterungsfähigen romant. Dichter repräsentiert. Als er zu spät erfährt, daß Lélia ihm ihre Leidenschaft verheimlichte, um in Gott Seelenfrieden zu finden, begeht er Selbstmord. Lélia wird verdächtigt, ihn getötet zu haben. In der Abgeschlossenheit e. Kartause beschließt sie ihr entsagungsreiches Leben; Trenmor, der ehemalige Sträfling, der im Roman die Lebenserfahrung des Verfolgten verkörpert, bestattet sie in der Nähe des Grabes ihres Geliebten.

Lemaire de Belges, Jean, 1473 Bavai/Hennegau – um 1524, vielseitigster der franz. →Rhétoriqueurs, wurde 1498, als er im Dienst des Hzg.s Pierre von Burgund stand, von Guillaume →Crétin in die Dichtung eingewiesen. Beim Tod s. Herrn verfaßte er die allegor. Klage *Temple d'honneur et de vertu* (1503, hg. H. Hornik 1958); noch im selben Jahr verlor er s. zweiten Gönner, den Grafen von Ligny *(Plainte du désiré).* Danach protegierte ihn Margarete, Hzgin. von Savoyen u. Regentin der Niederlande, an die er die panegyr. Allegorie *Couronne Margaritique* u.

zwei *Épîtres de l'amant vert* (1505, hg. J. Frappier 1948) richtete. Der grüne Liebhaber dieser verspielten Tiererzählung ist der tote Papagei der Fürstin, der s. Jenseitsreise erzählt. Nach zwei Romreisen (1506 u. 1509), die ihm die Kunst Dantes, der Petrarkisten u. Lionardo da Vincis nahebrachten, wandte sich L. kulturgeschichtl. Problemen zu. In *Illustrations de Gaule et singularités de Troie* (1511–1513), aus denen Ronsard für die *Franciade* schöpfen wird, behandelte er in enzyklopäd. Breite die Legende von der trojan. Herkunft der Franken (vgl. Benoit de Sainte-More, *Roman de Troie*). In e. weiteren Allegorie (*Concorde des deux langages,* 1511, hg. J. Frappier 1947; hg. M. Françon, Cambridge/Mass. 1964) forderte L. e. wechselseitige Befruchtung des Franz. u. Toskan. 1512 wurde er Historiograph der Anne de Bretagne. Clément Marot u. die Dichter der Pléiade, insbes. Du Bellay, Peletier Du Mans u. Ronsard fühlten sich s. Wirken, das die Renaissance ankündigte, verbunden. E. Pasquier (*Recherches de la France,* 1621) räumte ihm in der Geschichte der franz. Poesie e. Spitzenstellung ein (*Œuvres,* hg. J. Stecher IV 1882–91).

Ph. A. Becker, L., Straßburg 1893; G. Doutrepont, L. et la Renaissance, Brüssel 1934; P. Jodogne, L. et Boccace (Il Boccaccio nella cultura francese), Florenz 1971; U. Bergweiler, Die Allegorie im Werk von L., Genf 1976; M. F. O. Jenkins, Artful eloquence, L. and the rhetorical tradition, Chapel Hill 1980.

Lemaître, Frédérick, 21. 7. 1800 Le Havre – 26. 1. 1876 Paris, der bedeutendste romant. Schauspieler, gehörte nie dem Ensemble der Com. frçe. an; er kreierte Rollen von Shakespeare, Hugo (Ruy Blas), Dumas père (u. a. Kean), Vigny.

L. H. Lecomte, Un comédien au XIXe siècle, L., 1876; R. Baldick, The life and times of L., London 1961.

Lemaître, Jules, 27. 4. 1853 Vennecy/Loiret – 5. 8. 1914 Tavers/Loiret, Stud. ENS, unterrichtete in Algier, Besançon, Le Havre u. Grenoble; Lit.kritiker seit 1884, wurde durch e. Aufsatz über Renan in der *Revue bleue* (1885) bekannt. L. sagt in s. Feuilletons s. Meinung, er will offensichtlich keine Meinung machen; s. spontane Charakteristik ist oft nicht begründbar, sie muß darum noch nicht falsch sein. Zur Methode der *Contemporains* (VII 1886–1918) erklärte er: ›Dans les portraits que j'esquisse, je ne cherche qu'à reproduire l'image que je me forme involontairement de chaque écrivain en négligeant ce qui, dans son œuvre, ne se rapporte pas à cette vision.‹ Seit 1885 schrieb L. als Theaterkritiker für das *Journal des débats* (*Impressions de théâtre,* X 1888–1898). Er verfaßte Studien über das franz. Drama bis Dancourt (1882), Corneille (1888), Rousseau (1907), Racine (1908), Fénelon (1910) u. Chateaubriand (1912). S. philosoph. Erzählungen (*Sérénus, conte d'un martyr,* 1886; *Dix contes,* 1889; *Contes blancs,* 1900) u. Dramen (*Le député Leveau,* 1890; *L'âge difficile,* 1895; *L'aînée,* 1898; *La Massière,* 1905) zeigen Schwächen in der Komposition. Seit der Dreyfusaffäre schloß L. sich der Rechten an u. setzte sich für die Action française ein (*Opinions à répandre,* 1901; *Discours royalistes,* 1911). 1895 wurde er in die Ac. frçe. gewählt.

P. Martino, L. à Alger, 1919; H. Bordeaux, L., 1920; H. Morice, L., 1924; A. Bélis, La critique française à la fin du XIXe siècle, 1926; A. Knopf, L. als Dramatiker, 1926; L. Grimm, L. als Kritiker des franz. Theaters, 1927; G. Durrière, L. et le théâtre, 1934; M. Harry, La vie de L., 1946; R. Joseph, Pour les fidèles de L., Orléans 1969.

Lemarchand, Jacques, geb. 12. 6. 1908 Bordeaux, Journalist u. Autor psycholog. Romane (*R. N.* 234,

1934; *Conte de Noël,* 1937; *Geneviève,* 1944; *Parenthèse,* 1944); Theaterkritiker beim *Combat* (1944–50) und *Figaro littéraire* (1950–70), Lektor bei der Com. frçe. (1959 ff.) und Directeur des services littéraires (1961 ff.) im Verlag Gallimard.

Lemay, Léon Pamphile, 5. 1. 1837 Lotbinière/Québec – 11. 6. 1918 Saint Jean Deschaillons/Québec, Bibliothekar, romant. Lyriker (*Essais poétiques,* 1865; *Deux poèmes couronnés,* 1870; *Les vengeances,* 1875; *Petits poèmes,* 1883; *Les gouttelettes,* 1904), der sich Lamartine zum Vorbild nahm, u. Erzähler (*Le pèlerin de Sainte-Anne,* 1877; *Picounoe le maudit,* 1878; *L'affaire Sougraine,* 1884; *Bataille d'âmes,* 1899; *Contes vrais,* 1900; *Reflets d'antan,* 1916; *Textes choisis,* hg. R. Legaré 1970).

Lemercier, Louis-Jean-Népomucène, 21. 4. 1771 Paris – 7. 6. 1840 ebda., Autor erfolgreicher Melodramen u. spätklass. Schauspiele (*Méléagre,* 1788; *Le lévite d'Ephraïm,* 1795; *Le Tartuffe révolutionnaire,* 1796; →*Agamemnon, Pinto* (1800, krA N. Perry 1976), *Frédégonde et Brunehaut,* 1821; *Clovis,* 1821). In *Christophe Colomb* (mit dem Untertitel ›Comédie shakespearienne‹; Urauff. 7. 3. 1809 Odéon) verletzte L. die Regel der drei Einheiten u. kontaminierte versch. Gattungsstile; nach e. stürm. Premiere gewannen bei der zweiten Aufführung die Klassizisten die Oberhand u. gingen mit Stöcken auf ihre lit. Gegner im Parkett los; bei der Saalschlacht gab es e. Toten. L. resignierte, er wurde 1810 Prof. am Athénée. 1824 durchbrach er die Formerwartungen mit *Jane Shore* erneut. S. Epen (*La Panhypocrisiade,* 1819–32) fanden wenig Resonanz.

M. Souriau, L., 1908.

Le Mierre, Antoine-Marin, 12. 1. 1723 Paris – 4. 7. 1793 Saint-Germain-en-Laye, Sohn e. Handwerkers, Jesuitenschüler im Louis-le-Grand, verfaßte als Hilfssakristan Predigten u. begann bei Wettbewerben Gedichte, darunter Heroiden, einzureichen, die von der Akademie in Pau u. der Ac. frçe. wiederholt ausgezeichnet wurden. Verhältnismäßig spät wandte er sich der Trag. zu (*Hypermnestre,* 1758; *Artaxerce,* 1766; *Guillaume Tell,* 1767; *La veuve de Malabar,* 1770; *Berneveldt,* 1790), ihr moral. Pathos wurde erst am Vorabend der Revolution u. nach 1789, als sich die theatral. Botschaft mit dem Willen zur polit. Verbrüderung deckte, voll begriffen u. applaudiert. Die Vorliebe des Autors für emphat. Ausdruck, dessen Höhenlage er nicht durchhält, charakterisiert auch die Lehrgedichte *La peinture* (1769) u. *Les fastes ou les usages de l'année* (1779).

E. Faguet, L., Revue des cours et conférences, November 1904; W. Engler, Untersuchungen zur Trag. Guillaume Tell von L., ZfSL 1966.

Lemonnier, Camille, 24. 3. 1844 Ixelles – 13. 6. 1913 Brüssel, naturalist. Erzähler, Vorbild der Jeune-Belgique (*Sedan,* 1871; *Un mâle,* 1880, Skandalerfolg; *Le mort,* 1882; *Thérèse Monique,* 1882; *L'hystérique,* 1885; *Happe-chair,* 1886; *Madame Lupar,* 1888; *Le possédé,* 1890; *L'homme qui tue les femmes,* 1892; *La fin des bourgeois,* 1892), um 1893 wandte er sich dem psycholog. Roman zu (*Claudine Lamour,* 1893; *La faute de Madame Charvet,* 1895; *L'homme en amour,* 1897; *L'île vierge,* 1897; *Adam et Ève,* 1899; *Le bon amour,* 1900; *Le vent dans les moulins,* 1901; *La chanson du carillon,* 1911). L. neigt bei der Darstellung der Arbeitswelt zu pantheist. Schwärmerei u. überlebensgroßer, simplifizierender Zeichnung der Helden. Postum erschien 1945 die Autobiographie *Une vie d'écrivain.*

L. Bazalgette, L., 1904; A. Kiepert, L. u. s. Romane, Diss. Greifswald 1924; F. R. Pope, Nature in the work of L., New York 1933; H. Landau, L. Essai d'une interprétation de l'œuvre, 1936; C. Hanlet, L., le Zola belge, Lüttich 1944; G. Vanwelkenhuysen, L. et Zola, Brüssel 1955.

Lenclos, Anne, gen. Ninon de L., 10. 11. 1620 Paris – 17. 10. 1705 ebda., hielt e. berühmten Salon in Paris; bekannt für ihre zahlr. u. namhaften Liebhaber, darunter Saint-Évremond. Die Autorschaft mehrerer Memoiren u. Briefslgg. des 18. Jh., die ihr zugeschrieben wurde, ist umstritten. L. vermachte e. Jahr vor ihrem Tod Voltaire 1000 Franken für Bücherkäufe. S. Kom. *Le dépositaire* (1767) spielt in der Wohnung der 40jähr. L. Olympe de Gouges feiert L. als Idol der gebildeten Frau im Lehrstück *Molière chez Ninon* (1787).

A. Bret, Mémoires sur la vie de Mlle de L., 1770; E. Magne, L., ^{2}1927; A. C. Keys, The vicissitudes of the Mémoires of L., Studies on Voltaire and the 18th century, 1961; A. Brierre, L., courtisane et grande dame de Paris, Lausanne 1967; E. H. Cohen, Mademoiselle Libertine. A portrait of L., Boston 1970; R. Duchêne, Ninon de L., 1984.

Lenéru, Marie (Ps. Antoine Morsain), 2. 6. 1875 Brest – 23. 9. 1918 Lorient, Vater Marineoffizier, das Mädchen war seit 1889 taub u. fast blind. L. schrieb für den *Mercure de France* u. verfaßte Lesedramen, von denen drei zu ihren Lebzeiten (*Les affranchis,* 1910; *Le redoutable,* 1912; *La triomphante,* 1918) u. vier postum herauskamen (*La paix,* 1921; *Le bonheur des autres,* 1925; *La maison sur le roc,* 1927; *Les lutteurs,* 1928; *Pièces de théâtre,* 1928); Einfluß des psycholog. Theaters von →Curel.

S. Lavaud, L., sa vie, son journal, son théâtre, 1932.

Leni Gerlach, Schwester der Zentralfigur im Drama →*Les séquestrés d'Altona* von Sartre, sie wählt die Unfreiheit u. spielt nach dem Tod des Bruders Franz, dem sie in Geschwisterliebe verbunden war, s. Rolle als ›séquestrée‹ weiter.

Lenormand, Henri-René, 3. 5. 1882 Paris – 16. 2. 1951 ebda., Sohn e. Komponisten, machte 1919 die Bekanntschaft des Schauspielers u. Regisseurs Pitoëff, war verheiratet mit der holländ. Schauspielerin Marie Kalff. L. verfaßte einige Romane u. Erzählungen (*A l'écart,* 1926; *Une fille est une fille,* 1949; *Troubles,* 1951), s. Ruhm verdankte er jedoch psychoanalyt. Dramen. Neben →Vildrac hat L. für die Erneuerung des Seelendramas den kühnsten Beitrag geleistet. Noch ehe er 1917 mit Freuds Theorien bekannt geworden war, stellte er die Autonomie des Menschen in Frage; das Individuum erscheint als ›Spielzeug naturhafter Kräfte‹, klimat. Überreizung vor allem öffnet die Pforten des Unbewußten, weckt Inzestgelüste u. Sadismus (*La folie blanche,* 1905; *Le réveil de l'instinct,* 1908; *Terres chaudes,* 1913; *Le simoun,* 1921; *A l'ombre du mal,* 1924; *La terre de Satan,* 1943). Neben diesen Stücken, die auf Tennessee Williams vorausweisen, schrieb L. e. Reihe von Künstlerdramen (*Les possédés,* 1909; *Les ratés,* 1920; *Le lâche,* 1924; *Une vie secrète, Les trois chambres,* 1931), die den Untergang des ›vates‹, der sein indifferentes Traumreich verläßt, gestalten. Daneben stehen die Verurteilung der Psychiatrie (*Le mangeur de rêves,* 1922), Ibsens *Wildente* nachempfunden, u. e. Neuinterpretation des Don Juan-Stoffs von der Homosexualität her (*L'homme et ses fantômes,* 1924). Firmin Gémier, Gaston Baty u. Georges Pitoëff haben L.s Bühnenwerk zum Erfolg verholfen.

H. Daniel-Rops, Sur le théâtre de L., 1926; S. Radine, Anouilh, L., Salacrou. Trois dramaturges à la recherche de leur vérité, 1951; R. Emmet Jones, L., 1984.

Leodegarleben, Leodegarlied →*Saint Léger.*

Léonard, Nicolas-Germain, 16. 3. 1744 La Basse-Terre/Guadeloupe – 26. 1. 1793 Nantes, Autor von Erlebnislyrik, die über ihre bukol. Modelle hinausragt (*Idylles morales,* 1766; *Idylles et poésies champêtres,* 1782), der Trag. *Œdipe* u. von empfindsamen Romanen im Stil Richardsons (*La nouvelle Clémentine,* 1774; *Lettres de deux amants de Lyon,* 1783; vgl. auch Berquin, Florian, Parny). Die letzten neun Jahre s. Lebens reiste L. wiederholt zwischen Frkr. u. den Antillen, wo er einen Verwaltungsposten übernommen hatte, hin u. her, Sainte-Beuve zufolge unschlüssig, welches Land er als s. Heimat wählen sollte. Im Oktober 1792 war er zum letztenmal in Frkr., jetzt entstand die umfangreiche Elegie *Au bois de Romainville.* D. bukol. u. anakreont. Stimmung ist dem Bewußtsein der Vergänglichkeit gewichen, das lyr. Ich empfindet Trauer u. ›effroi‹.

W. M. Kerby, The life, diplomatic career and literary activities of L., 1925; R. Barquisseau, Les poètes créoles du XVIIIe siècle, 1949.

Léon Delmont, handelnde, beobachtende u. erzählende Zentralfigur in →*La modification* von Butor.

Léon Dupuis, Liebhaber der Emma in →*Madame Bovary* von Flaubert. ›Emma retrouvait dans l'adultère toutes les platitudes du mariage.‹

Léonois, →Tristans Heimat, zunächst in Großbritannien gedacht, später wird L. mit dem Pays de Léon in der Bretagne identifiziert.

Lerberghe, Charles van, 21. 10. 1861 Ledeberg bei Gent – 26. 10. 1907 Brüssel, 1894 Promotion (Dr. phil.); symbolist. Lyriker (*Solyane,* 1887; *Entrevisions,* 1898; *La chanson d'Ève,* 1904). Mit Naturmythen und ma. Allegorik (Venus als sinnl. Liebe im Gedicht *La tentation*) evozierte L. ein goldfarbenes verlorenes Paradies sinnenhafter Unbeschwertheit, wo die Personifizierungskunst des franziskan. Sonnengesangs ebenso Spuren hinterlassen hat wie das Frauenideal Sandro Botticellis. Das Drama *Les flaireurs* (1890), bedrückende Schicksalstragik wie Maeterlincks Werke aus der gleichen Epoche, kontrastiert mit dem Epikureismus der Kom. *Pan* (1906).

A. Mockel, L., 1904; F. Séverin, L. Essai d'une biographie, Brüssel 1921; J. Guillaume, Le mot-thème dans l'exégèse de L., 1959; ders., La poésie de L., 1962; H. Juin, L., 1969.

Le Rouge, Gustave, 22. 7. 1867 Valognes – 25. 2. 1938 Paris, Autor von Unterhaltungsromanen (*Le mystérieux docteur Cornélius,* V 1918 f.; *Le mystère de Blocqueval,* 1929; *Un drame sous-marin,* 1931; *Les écumeurs de la Pampa,* 1933); Essay *Verlainiens et décadents* (1928).

Leroux, Gaston, 6. 5. 1868 Paris – 15. 7. 1927 Nizza, Anwalt, Journalist, erfolgreicher Autor von Kriminalromanen (u. a. *Le mystère de la chambre jaune,* 1908; *Le parfum de la dame en noir,* 1909; *Le fantôme de l'Opéra,* 1910; *Rouletabille chez le Tsar,* 1913; *Le château noir,* 1916; *Les étranges noces de Rouletabille,* 1916). L. schuf die Figur des Amateurdetektivs Joseph Rouletabille.

Leroux, Pierre, 17. 4. 1797 Bercy bei Paris – 11. 4. 1871 Paris, Saint-Simonist, Gründer mehrerer Zss.: →*Le Globe, Revue encyclopédique* (1831–35), *Encyclopédie nouvelle* (1836–43), *Revue indépendante* (mit G. Sand, 1841–44), *Revue sociale* (1845–48). Von L. stammt das Wort ›socialisme‹. Er schrieb zur Verteidigung des Gleichheitsgrundsatzes, den er durch Mehrheitsbeschlüsse in Demokratien gefährdet sah, u. der Solidarität, die Barmherzigkeit ersetzt, *De l'égalité* (1838), außerdem *De l'humanité* (1840), *Réfutation de l'éclecticisme* (1841), *D'une religion nationale* (1846), *Discours sur la situation actuelle de la société et de l'esprit humain* (1847), *De la ploutocratie* (1848), *Du christianisme et de son origine démocratique* (1848), *La grève de Samarez* (1863, éd. J.-P. Lacassagne, II 1979), *Job* (1866). Bei G. →Sand bewirkte s. Einfluß die Abwendung vom Individualroman; Einfluß auf Hugo und Lamennais.

D. O. Evans, Le socialisme romantique, L. et ses contemporains, 1948; S. Conre, L., sa vie et sa pensée, 1961; J.-J. Goblot, Aux origines du socialisme frç. L. et ses premiers écrits, Lyon 1977.

Lesage, Alain-René, 8. 5. 1668 Sarzeau/Bretagne – 17. 11. 1747 Boulogne-sur-mer, Jesuitenschüler, Jurastud., 1694 Heirat, lernte durch s. Mäzen J. de Lyonne die span. Lit. kennen, übersetzte span. Comedias und schrieb nach ihrem Muster Stücke für Jahrmarktsbühnen in Paris (*Le théâtre de la foire,* X 1737; noch unveröffentlichte Mss. in der BN), er war auf s. schriftsteller. Einnahmen angewiesen. Am originellsten waren die Satiren →*Crispin rival de son maître* und →*Turcaret,* die stärker als die Dramen von Molière u. Régnard Konflikte e. Gesellschaft im Umbruch zur Geltung brachten. Der Romancier L. (→*Le diable boiteux,* →*Histoire de Gil Blas de Santillane, Les aventures de M. Robert Chevalier,* 1732; →*Le bachelier de Salamanque; Œuvres complètes,* XII 1935; *Théâtre,* hg. M. Bardon 1948) führte die Errungenschaften des span. pikaresken Romans weiter; er vermittelte Erzählweisen u. satir. Perspektiven sowohl an die Romanlit. des 19. Jh. als an engl. Erzähler des 18. Jh. Dabei war der Realismus von L. wie derjenige des 17. Jh. an den Darstellungsstil der Komik gebunden, er wollte nicht ernst genommen werden u. eröffnete keine trag. Dimension (vgl. früher Scarron, Furetière, Sorel). Ästhet. Erfahrungen, die der Autor bei der Abfassung von über 100 Lustspielen gesammelt hat, kommen dem flüssigen Stil der Romane zugute. Verborgene Laster und geheuchelte Tugend erscheinen im Werk von L. als typ. für e. Epoche, die Selbstwertgefühle u. das Streben nach Anpassung in Einklang zu bringen sucht.

H. Cordier, Essai bibliographique sur les œuvres de L., 1910; S. Tzoneff, L'homme d'argent français jusqu'à la révolution, 1934; M. Spaziani, Il teatro minore di L., Rom 1957; F. Brun, Strukturwandlungen des Schelmenromans. L. und s. span. Vorgänger, Diss. Zürich 1962; J. v. Stackelberg, Von Rabelais bis Voltaire. Zur Gesch. des franz. Romans, 1970; R. Laufer, L. ou le métier de romancier, 1971; J. Proust, L. ou le regard intérieur (Beiträge zur franz. Aufklärung. Festgabe für W. Krauss zum 70. Geburtstag), 1971; Ch. Wentzlaff-Eggebert, Beispielreihung und geschlossene Form, Stud. zum Roman bei L., 1975; F. Assaf, L. et le picaresque, 1984; G. Evans, L., London 1987; A. Grewe, Monde renversé, Diss. Münster 1987 (1989).

Lespinasse, Julie de, 9. 11. 1732 Lyon – 23. 5. 1776 Paris, unehel. Kind der Gräfin Albon und Gaspards III. von Vichy, des Bruders der Mme Du Deffand, die L. 1754 in ihren Salon aufnahm. Bis 1764, als es zwischen den Damen zu Eifersüchteleien kam u. L. ihren eigenen Salon eröffnete, verkehrten in diesem Kreis die Aufklärer; hier lernte L. D'Alembert kennen und lieben. 1772 war der Graf Guibert ihre letzte große Leidenschaft, die sie an e. Leichtsinnigen verschwendete. Ihre zugleich empfindsame u. lehrhafte Korrespondenz wurde, vermischt mit apokryphen Texten, zum erstenmal 1809 ediert.

E. Asse, L. et la marquise Du Deffand, 1877; A. Beaunier, La vie amoureuse de L., 1925; G. Truc, L., 1942; G. Ehmer, Die sensible Selbstdarstellung bei L., Diss. Berlin 1957; J. Bouissounouse, L. Ses amitiés, sa passion, 1958.

L'Estoille, Claude de, September 1597 – 4. 2. 1652, der Page der Mlle de Montpensier mußte sich nach e. Unfall, der ihm das Gesicht entstellte, aus dem öffentl. Leben zurückziehen. L. zählte zu den →Illustres bergers; mit 25 Jahren hatte er sich als Anhänger Malherbes und Schüler Gombaulds e. Namen als Klassizist gemacht. Mit Colletet, Corneille u. a. gehörte er zum Dramatikerkollektiv der →Cinq auteurs; s. Freundschaft mit Conrart führte ihn in die Ac. frçe. Er schrieb Ballette, Tragikom. (*La belle esclave,* 1643) und Verskom. (*L'intrigue des filoux,* 1648).

Letourneur, Pierre, 1736–1788, Übs. Richardsons, Youngs u. vor allem Shakespeares (XX 1776–82). S. Leistung übertrifft diejenige von →La Place, wenngleich auch L. die Texte des engl. Dramatikers noch glättete u. sublimierte. Voltaire widersprach s. These, Shakespeare sei das einzige Vorbild der echten Trag. Guizot revidierte L.s Shakespeare-Übs. 1821–24. L. gebrauchte bereits den Begriff ›romantisme‹.

P. Haak, Die ersten franz. Shakespeare-Übs. von La Place und L., Diss. Berlin 1922; A. Genuist, Le théâtre de Shakespeare dans l'œuvre de L., 1971.

Lettre de cachet (1636), kgl. Verhaftungs- oder Ausweisungsbefehl, galt im Ancien Régime als Sinnbild absolutist. Willkür.

A. Farge/M. Foucault, Le désordre des familles, 1982.

Lettre morte, Stück in zwei Akten von Robert →Pinget nach dem Roman *Le fiston,* 1959, entstanden 1959, EA 1959, Urauff. 29. 3. 1960 Théâtre Récamier, Paris. In s. Parabelstück von der Sinnlosigkeit des Lebens unter mod. Existenzbedingungen, das sich immer mehr zur Ohnmacht tatenlosen Wartens verurteilt sieht, setzte Pinget in parodist. Absicht die Technik des Spiels im Spiel ein. Vor dem hilflosen Levert, der s. seit Jahren verschollenen Sohn zahlr. Briefe geschrieben hat, die alle als unzustellbar zurückgekommen sind, spielen in e. Bar Fred und Lilli Szenen aus e. Vaudeville von der Heimkehr des verlorenen Sohns. Das klischeehafte Happy end bestärkt den alten Mann in s. Selbstbetrug, und am nächsten Tag findet er sich in Erwartung e. glückl. Nachricht wieder auf dem Postamt ein.

Lettres, Titel lit. und philosoph. Korrespondenzen bzw. von Briefromanen, bes. des 17.–19. Jh. (vgl. Voiture, G. de Balzac, Sévigné, Pascal, Malleville, Voltaire, d'Argens, Montesquieu, Graffigny, Rousseau, Diderot, Daudet).

Lettres de deux amants habitants d'une petite ville au pied des alpes →*Julie ou la Nouvelle Héloïse.*

Lettres de mon moulin, Erzählungen von Alphonse →Daudet, EA 1869, Ausgabe letzter Hand 1887. Der Autor schildert Begebenheiten aus dem Umkreis s. Mühle wie die Geschichte, die den Kern der →*Arlésienne* bildet.

G. Beaume, L., 1946; W. Blechmann, Die Kunstform e. Daudetschen Novelle, La chèvre de M. Seguin, GRM 1962.

Lettres persanes, Briefroman von →Montesquieu, konzipiert 1716/17 (?), verfaßt 1720 (?), anonyme EA Köln 1721, erweiterte Fassung 1754, krA P. Vernière 1960; J.-F. Revel 1971. Mit der Konfrontation zweier Kulturen als erzähler. Fiktion konnte Montesquieu bereits an eine lit. Tradition anknüpfen: Jean Paul Marana, *L'espion du grand seigneur* (1684), Dufresny, *Amusements sérieux et comiques* (1699, ²1707), Ch. Cotolendi, *Lettre écrite par un sicilien à un de ses amis* (1700), J.-F. Bernard, *Réflexions morales, satiriques et comiques sur les mœurs de notre siècle* (1711) und J. Bonnet, *Lettre écrite à Musala, sur les mœurs et la religion des français* (1716). In den *L.* reist e. pers. Edelmann, Usbek, mit s. Vertrauten, Rica, von Isphahan nach Europa; sie berichten über die letzten Regierungsjahre und den Tod Ludwigs XIV. sowie die nachfolgende Régence, bis e. Haremskonflikt sie zur Heimreise zwingt. Diese Haremsgeschichte ist mehr als nur e. erzähler. Klammer, die das Publikum anlocken soll, sie involviert die Frage nach der Stellung der Frau, die durch den Kontrast der europ. zur oriental. Kultur an bes. Interesse gewinnt. In der Aufbereitung des Stoffs der *L.*, der von der philosoph. Reflexion bis zur Mitteilung banaler Ereignisse reicht, überragt Montesquieu s. mögl. Vorbilder, denn er bereichert den Briefroman durch den Stil des Reisejournals, der polit. Chronik, Erzählung, Abhandlung und des dramat. Dialogs. Dabei bleibt die Chronologie der Ereignisse klar überschaubar (März 1711 – November 1720). Die Briefe Usbeks informieren eher über philosoph. und staatspolit. Probleme, diejenigen Ricas befassen sich intensiver mit Sittenschilderung. Beide stellen e. Gesellschaft im Auflösungsprozeß dar. Aber trotz respektloser Beschreibung e. Welt, die sich selbst nicht mehr achten kann, wird in den *L.* Europa zu e. eth. Begriff; der Satiriker inkriminiert, um durch die Diatribe zu zeigen, wo Humanität und Klarheit der Daseinsgestaltung mögl. wären. Gerechtigkeit und Natur werden zu Angelpunkten des Weltbildes, Despotismus und Harem sind widernatürl., ebenso das Papsttum, der Zölibat, die Dreifaltigkeit. Die eingeborene Idee der ›équité‹ soll den Mächtigen davor bewahren, Schwache zu überfallen (Lettre 83), doch unnatürl. Gesetze bewirken gerade das Gegenteil (Lettre 90). Montesquieu intendiert die Entmythologisierung s. Welt, die Kritik an ideologischen Rechtfertigungsversuchen sowohl des Absolutismus als auch der Anarchie. Dafür erschien ihm die Form des Briefromans, wie er 1754 mitteilte, bes. geeignet, sie macht den räsonierenden Protagonisten wahrscheinl. Da die Handlung keinem kausalen Plan folgen muß, gestattet diese Form e. maximale stoffl. Entgrenzung; das Publikum hat die Freiheit, die Weltsicht der Figuren für den Standpunkt des Autors zu halten, während der Romancier alle Kühnheiten aus dem jeweiligen Informationsgrad der Figurenperspektive entschuldigen kann. Die *L.* markieren e. Höhepunkt der Frühaufklärung.

P. Martino, L'orient dans la la littérature frçe., 1906; G. van Roosbroek, Persian letters before Montesquieu, New York 1932; V. Chatelain, Montesquieu moraliste dans les L., 1931; M.-L. Durfrénoy, L'orient romanesque en France, Montreal 1946; R. Grimsley, The idea of the nature in the L., French studies 1951; A. Boase, The interpretation of the L. (The French mind. Mélanges Rudler), Oxford 1952; P. Testud, L., roman épistolaire, RhlF 1966; R. O'Reilly, The structure and meaning of the L., Studies on Voltaire and the 18th century, 1969; C. Luporini, Voltaire e le L., Turin 1977; E. Mass, Lit. u. Zensur in der frühen Aufklärung. Produktion, Distribution u. Rezeption der L., 1981; Ch. J. Betts, Early deism ..., Den Haag 1984; E. E. John, L'esprit des L., 1987.

Lettres philosophiques, Abhandlung von →Voltaire, entstanden 1726–30, EA 1734, zuvor engl. Ausgabe 1733; krA R. Naves 1964. Themen der *L.* sind die Quäker, die anglikan. Konfession, Sekten, die engl. Verfassung und Philosophie, ein Vergleich Descartes' mit Newton, die Trag. und Kom., Akademien, die *Pensées* von Pascal. Voltaire bekennt sich zum kulturgeschichtl. Relativismus, Empirismus u. Deismus. Er stellt e. satir. gezeichneten Bild der franz. Verhältnisse s. Auffassung Englands entgegen, ohne das Nachbarland unkrit. zu idealisieren. Ein Vorzug der engl. Philosophie sei ihr Eingeständnis e. lückenhaften Wissens, vor allem im Bereich der Metaphysik, wo vermeintl. Erkenntnis häufig nur Selbstbetrug ist; sie verwechsle Sachkenntnis nicht mit dem Vermögen, den Kosmos zu erklären. Die Schrift wurde nach ihrem Erscheinen öffentl. verbrannt, das Parlement von Paris warf ihr vor, die gefährlichste Freidenkerei zu begünstigen und die relig. wie die staatl. Ordnung in Frage zu stellen. Die *L.* gelten als Grundlegung des aufklärer. Programms von Voltaire.

Lettres portugaises (1669), Briefroman, von Gabriel Joseph de La Vergne, vicomte de Guilleragues (1628–85), der lange als Übs. der *L.* aus dem Portug. galt (krA F. Deloffre/J. Rougeot 1962). Die fünf an e. franz. Offizier gerichteten *L.* sind wohl nicht als authent. Briefe e. ihren treulosen Verführer leidenschaftlich liebenden Nonne, der Schwester Mariana Alcoforado (1640–1723), anzusehen, wie La Bruyère, Choderlos de Laclos, Stendhal, Rilke u. noch Claude Aveline (*Et tout le reste n'est rien,* 1947) meinten; sie tragen zwar durch ihre zurecht berühmt gewordene Ausdrucksintensität den Stempel der Echtheit, gehören jedoch zur Epistolarlit., die Liebesempfindungen darstellt und analysiert. Wichtigstes ästhet. Modell waren die Briefe der Héloïse, der Geliebten Abélards.

A. Cioranescu, La religieuse portugaise et tout le reste est littérature, RSH 1963; W. Leiner, Vers une nouvelle interprétation des L., RF 1965; J. Chupeau, Remarques sur la genèse des L., RhlF 1969; ders., A propos de quelques éd. oubliées des L., RhlF 1972; H. Kröll, Zur Frage der Echtheit der L., Aufs. zur portug. Kulturgesch., Bd. 10, 1970; J.-M. Pelous, Une héroïne romanesque ..., RhlF 3–4, 1977; G. Malquori Fondi, L., Neapel 1980 (Ed. u. Kommentar).

Lettres sur les écrits et le caractère de J.-J. Rousseau (1788, [2]1814) von Germaine de →Staël, Auseinandersetzung mit dem Rousseauismus, durch den hindurch sie das Wirken ihres Vaters würdigen kann; indem sie die Romankunst Rousseaus krit. analysiert, verschafft sie sich Klarheit über die Funktion des didakt. Erzählens (vgl. auch *Essai sur les fictions* u. die Vorrede zu *Delphine*).

Lettres sur quelques écrits de ce temps, Literaturblatt des Gegenaufklärers Fréron, Paris und Nancy 1749–1754; vgl. auch *Année littéraire* u. *Observations sur les écrits modernes.*

Lettre sur la règle des vingt-quatre heures (Nov. 1630), theoret. Begründung des klass. Schauspielideals von Jean →Chapelain (*Opuscules critiques,* hg. A. C. Hunter 1936). In der Auseinandersetzung mit Godeau – er bezeichnete die Regel der 24 Stunden als der Antike unbekannt, eng, überflüssig, da nicht illusionsstiftend, beliebig, da schon besser durch die Identität von Fabel- und Spielzeit zu ersetzen, u. widersprüchl., weil sie mit Ansprüchen der Wahrscheinlichkeit begründet wird, während dem Theater Unwahrscheinlichkeiten wie die gebundene Sprache und der Monolog zugestanden werden – verteidigte Chapelain e. intellektualisierte Bühnenkunst: Sie wirkt nur auf das Publikum, wenn sie als wahrscheinl. erscheint; darüber entscheidet nicht der sinnl. Eindruck, sondern der Verstand, für den feststeht, daß sich während der Aufführungszeit von drei Stunden nicht zehn Jahre darstellen lassen. Aus Gründen der Wahrscheinlichkeit kann das trag. Schauspiel auch nur e. Handlungsstrang aufweisen. Die Regel bezeichnet für Chapelain e. Grenzwert: 24 Stunden sind das Äußerste bei der zeitl. Ausdehnung der Aktion. Dem Theater müsse verwehrt bleiben, was dem Epos offenstehe. Die Erneuerung des Schauspiels vollzieht sich nach Meinung des Autors im Rahmen e. allgemeinen kulturellen Umwälzung. ›Chacun renonce au gothisme après l'avoir reconnu.‹ Für die klass. Schauspieldoktrin sicherte die *L.* bereits Elemente des regelmäßigen Schauspiels, noch ehe die Bühnenpraxis (vgl. vor allem Corneille) ihre Ansprüche anmelden konnte.

Lettrismus, Buchstabenkunst, die den Bestandteilen des Alphabets Aussagen unterlegen will, von Isidore Isou (*Bilan lettriste,* 1947) begründet.

J. P. Curtay, La poésie lettriste, 1974.

Levet, Henry Jean-Marie Étienne, 13. 1. 1874 Montbrison/Loire – 15. 12. 1906 Menton, symbolist. Lyriker, von Verlaine und Laforgue beeinflußt; exot. Motive (*Poèmes,* 1921).

Léviathan, Roman von Julien →Green, entstanden 1928–29, EA 1929. Die Wirkmächtigkeit des Bösen in der Welt, die der Autor fünf Jahre vor der Veröffentlichung von *L.* im *Pamphlet gegen die Katholiken Frkr.s* betont hat, wird durch sadist. Elemente in der Psychomachiedichtung Greens illustriert. Guéret, der Protagonist, unterwirft sich traumwandler. dem Schicksal, das ihm machthungrige oder seel. verhärtete Frauen bereiten, und er genießt s. Haßliebe zum Waisenmädchen Angèle als apokalypt. Gefühlszwang, der zum Mord treibt; in *Moïra* psychologisiert Green später dieses Leitthema s. Schaffens. Er, der wie Mauriac u. Jouhandeau im Provinzleben die Inkarnation der Hölle darstellt, kam Dostoevskij nie näher als eben mit *L.* Einsamkeit u. dumpfe Sinnlichkeit drükken allen Figuren, die häufig dem Paradies ihrer kindl. Reinheit nachtrauern, das Stigma der allgemeinen Verdammnis auf. Die Gnade kann zwar indirekt aus dem ›Fall‹ erschlossen werden, sie greift jedoch nicht in das Geschehen ein. Darin liegt e. Unterschied zu Bernanos.

Lévi-Strauss, Claude, geb. 28. 11. 1908 Brüssel, Stud. Philos. (Abschluß 1931), Lehrer in Mont-de-Marsan und Laon, 1934–38 Prof. für Soziologie in Brasilien, mehrere Forschungsreisen zu Indianerstämmen im Innern Brasiliens. 1948 Thèse in Philos. Anschließend wurde L. Generalsekretär des ethnolog. Instituts in Paris und 1949/50 Vizedirektor des Musée de l'homme. 1950–59 arbeitete er an der École pratique des hautes études, seit 1959 ist er Prof. am Collège de France. L. begründete die strukturale Anthropologie, die Forschungsergebnisse des linguist. Strukturalismus, der Soziologie und des ethnolog. Funktionalismus aufnahm. Er wies nach, daß wesentl. kollektive Ereignisse als sprachähnl., ›kommunikative‹ Gesten erfaßt werden können; e. latente log. Struktur wirkt sich im Gütertausch wie in kulturellen Botschaften aus. Der Übergang vom Natur- zum Kulturstadium setzt nach L. die Annahme symbol. Regeln voraus, deren Geltung und Funktionsweise um so leichter übersehen werden, als sie der Selbstreflexion des Individuums unzugängl. sind: sie haben e. überindividuellen Charakter und sind im Unbewußten verankert. E. angemessene Methode zu ihrer wiss. Erkenntnis sieht L. in der Erarbeitung von Strukturmodellen anhand von empir. Material (*Les structures élémentaires de la parenté,* 1949; *Anthropologie structurale,* 1958). In *Race et histoire* (1952) u. *Tristes tropiques* (1955) konfrontiert L. primitive Gesellschaften, deren ganzes Bemühen darauf gerichtet scheint, die Rückwirkungen des demograph. Wandels oder anderer Ereignisse auf ihr eingespieltes, gleichsam ›kristallines‹ Gemeinschaftssystem zu neutralisieren (L. nennt sie daher in Anlehnung an thermodynam. Vorstellungen ›kalte‹ Gesellschaften), mit mod. Sozialstrukturen, in denen die Menschen geschichtsbewußt sind und ihr Heil von der hist. Dynamik erwarten, die sie infolgedessen nach Kräften zu fördern suchen (sog. ›heiße‹ Gesellschaften). Im Schlußkapitel von *La pensée sauvage* (1962) setzt sich der Autor mit der Philosophie Sartres auseinander (vgl. *Critique de la raison dialectique*). L. wirft Sartre vor, er formuliere auf der Grundlage sekundärer Vorfälle des Lebens fundamentale Prinzipien; s. Lektionen hätten prakt., nicht theoret. Charakter. Gleichzeitig erschien, vor allem von Fachkollegen beifällig aufgenommen, *Le totémisme aujourd'hui.* Seitdem arbeitet L. an s. Hauptwerk *Mythologiques* (bisher erschienen I: *Le cru et le cuit,* 1964; II: *Du miel aux cendres,* 1966; III: *L'origine des manières de table,* 1968; IV: *L'homme nu,* 1971), in dem er sich die weitreichende Aufgabe gestellt hat, auf der Grundlage des gesamten Corpus der ethnograph. erfaßbaren südamerikan. Indianermythen unbewußte ideolog. Strukturen aufzudecken, nach denen sich das gesellschaftl. Verhalten des Menschen richtet. Die Artikelserie *Le regard éloigné* (1983) faßt die Gesamtthematik zusammen (Ethik, Strukturalismus, Soziobiologie).

En hommage à L., 1968; G. Schiwy, Der franz. Strukturalismus, 1969; Y. Simonis, L. ou la passion de l'inceste. Introduction au structuralisme, 1968; E. Leach, L., 1971; R. Gasché, Die hybride Wissenschaft, Untersuchungen zu É. Durkheim und L., 1972; M. Marc-Lipiansky, Le structuralisme de L., 1973.

Lévy, Bernard-Henri, geb. 5. 11. 1948 Beni Saf (Algerien), Lycées Pasteur u. Louis-le-Grand, ENS, Agrégé de philosophie, Journalist, Berater im Verlag Grasset. Zahlreiche Essyas, u. a. *L'ideologie frçe.* (1981), *Eloge des intellectuels* (1987), Romanbiographien (Baudelaire, Mondrian, Piero della Francesca), Roman *Le diable en tête* (Prix Médicis 1984). Gemeinsam mit Françoise Giroud *Les hommes et les femmes* (1993).

Lévy, Michel, 1821 Pfalzburg/Lothringen – 1875 Paris, Verleger seit 1836, 1845 Firma Calmann-L., brachte u.a. Werke Flauberts heraus.

J.-Y. Mollier, L., 1984.

Leys d'amors, Apologie der Dichtung von Bartholemieu Marc und Guilhem Molinier, entstanden nach 1323; provenzal. Codex des korrekten ›trobar‹, verfaßt während des Niedergangs der südfranz. Poesie. Die Wirkung war in Katalonien stärker als in Frkr.

Les liaisons dangereuses (1782), Briefroman (175 Briefe) von →Choderlos de Laclos, hg. R. Pomeau 1981. Um sich am Grafen Gercourt, ihrem früheren Liebhaber zu rächen, veranlaßt Mme de Merteuil ihren Komplizen Valmont, Cécile, die Braut ihres Opfers, zu verführen. Valmont verletzt die negative Ethik insofern, als er gleichzeitig der naiven Klosterschülerin sowie der empfindsamen Mme de Tourvel den Hof macht, und dadurch e. Teil s. Selbstbeherrschung einbüßt. Die entehrte Cécile flieht, als sie das Komplott entdeckt, hinter Klostermauern, Mme de Tourvel stirbt in geistiger Verwirrung den Seelentod romant. Heldinnen. Durch e. Kabale der eifersüchtig gewordenen Mme de Merteuil wird Valmont in ein tödl. Duell verwickelt. Die Intrigantin selbst erkrankt an Blattern, die ihre Schönheit entstellen. Die beiden Hauptfiguren, deren von zyn. Eleganz geprägter Briefstil sich deutl. vom Pathos der Rousseau-Ära abhebt, handeln vorrangig aus Ehrgeiz, Liebesprobleme bleiben für sie nachgeordnet. Selbst das Gefühl der Verliebtheit beeinträchtigt nicht die subtile Strategie der Herrschaft über die Psyche des anderen. Sie genießen es, mit kalkulierten Peripetien die moral. Katastrophe zu verschleppen. Mme de Merteuil realisiert diese Haltung restlos; darum gelingt es ihr auch, aufkommende echte Gefühle Valmonts für die Präsidentin mit Sarkasmus zu zerstören und s. Interesse auf den Plan e. Verführung zu lenken. Sie belehrt den Komplizen, daß e. Verführer nie Geliebter oder Freund, sondern nur Tyrann oder Sklave sein kann. Stendhal, der die *L.*, e. der Skandalerfolge der vorrevolutionären Ära, studierte hatte, entdeckte e. Idealbild des 18. Jh.s, das vom Geist der Geometrie, nicht der rousseauist. Sentimentalität beherrscht war. Roger Vadim verfilmte 1959 den Stoff mit Jeanne Moreau und Gérard Philipe in den Hauptrollen, dabei verlegte er den Konflikt in die Gegenwart.

H. Knufmann, Das Böse in den L. des Choderlos de Laclos, 1965; J. Preston, L., epistolary narrative and moral discovery, FS 1970; M. Gosselin, Bonheur et plaisir dans L., RSH 1970; Ch. Belcikowski, Poétique des L., 1972; M. Delon, L., 1986; P. W. Byrne, L., Glasgow 1989; M. Moravetz, Formen der Rezeptionslenkung im Briefroman des 18. Jh.s, 1990.

Libertin, Freigeist, krit. Bezeichnung seit den 40er Jahren des 16. Jh., mit denen die Reformatoren Feinde der Orthodoxie belegen, denen außer Sektierertum auch unmoral. Lebenswandel vorgeworfen wird. Seitdem meint L. unreflektierte wie beabsichtigte sittl. u. relig. Freizügigkeit, Atheismus ebenso wie Skeptizismus u. Epikureismus. Der Terminus wurde u.a. auf Montaigne, Charron, Viau, Maynard, La Mothe le Vayer, Saint-Évremond, Fontenelle, Bayle, Crébillon, Chaulieu, Choderlos de Laclos, Restif de la Bretonne, Sade angewendet.

F. Lachèvre, Le libertinage au 17e siècle, 1924; R. Pintard, Le libertinage érudit dans la première moitié du XVIIe siècle, 1945; R. Vailland, Esquisse pour le portrait du vrai l., 1946; G. Schneider, Der L. Zur Geistes- u. Sozialgesch. des Bürgertums im 16. u. 17. Jh., 1970; Aspects du libertinisme au XVIe siècle, Colloque, 1974; Ph. Laroch, Petits-maîtres et roués, 1979; D. Bosco, Metamorfosi del libertinage, Mailand 1981; Laclos et le libertinage, Colloque, 1983.

Ligne, Charles Joseph, prince de, 23. 5. 1735 Brüssel – 13. 12. 1814 Wien, Adelsfamilie aus dem Hennegau, Feldmarschall in habsburg. Dienst seit 1808 (s. Vater war bereits Feldmarschall unter dem Prinzen Eugen gewesen). Seit 1760 verbrachte er immer wieder die Friedensjahre in Paris, wo er Zugang zur Salonkultur fand (Mme Geoffrin, vor allem Mme Du Deffand); s. Kom. und Singspiele sind dem anerkannten Gesellschaftstheater nachempfunden. Eigenständig ist dagegen der Stil s. Korrespondenz, u. a. mit Friedrich II., Katharina von Rußland, Goethe, Wieland, Rousseau, Mme de Staël und der Marquise de Coigny. Seit 1794 erschienen in Dresden s. gesammelten Werke u. d. T. *Mélanges littéraires, militaires et sentimentaires* (34 Bde. bis 1811): in leichtem Konversationston werden Selbstbildnisse, Gesellschaftskritik, Porträts berühmter Zeitgenossen, Anekdoten, die unter dem Stilgesetz der Digression stehen, dargeboten (*Œuvres posthumes,* hg. M. F. Leuridant, V 1919–22; *Lettres à Voltaire,* 1962).

M. Oulié, Le prince de L., 1926; dies., Le cosmopolitisme du prince de L., Thèse 1929; E. Chapuisat, Le prince chéri, L., 1944; H. Wahlbröhl, Der Fürst von L., Genf 1965

Ligue, kathol. Fraktion, die das Haus Guise 1576 zusammenbrachte, angebl. um den Protestantismus zu bekämpfen, tatsächl. aber in dem vergebl. Bemühen, Heinrich III. und Heinrich IV. den Thron streitig zu machen (→Heinrich IV., →*Satyre Ménipée,* Pierre Matthieu, Trag. *La Guisiade,* Lyon 1589). Ihre Machtgelüste analysierten Baculard →d'Arnaud und →Hénault.

Limbour, Georges, 1900 Courbevoie – Pfingsten 1970 Spanien, Philos.lehrer in Ägypten, Polen, auf dem Balkan, in Paris u. Le Havre, befreundet mit dem Maler Dubuffet, den u. a. er bekannt gemacht hat; wurde aus der Gruppe d. Surrealisten, der er von der ersten Stunde an angehörte, 1929 ausgeschlossen; Lyriker (*Soleils bas,* 1924) u. phantast. Erzähler (Novelle *L'illustre cheval blanc,* 1930; *Les vanilliers,* 1938; *La pie voleuse,* 1939; *Le bridge de Madame Lyane,* 1948; *La chasse au mérou,* 1963; *Élocoquente,* 1967; *Contes et récits,* 1973).

Linguet, Nicolas Simon, 14. 7. 1736 Reims – 27. 6. 1794 Paris (hingerichtet), Advokat u. Historiker (*Histoire universelle du XVI*e *siècle,* II 1769), Dramatiker (Parodie *Les femmes-filles,* 1758; Trag. *Socrate*), Jurist, der wegen s. Polemik gegen das röm. Recht nach London fliehen mußte, wo er als Journalist und Drucker arbeitete (*Œuvres,* London VI 1774). Nach Paris zurückgekehrt, wurde er wegen s. Zs. *Annales politiques, civiles et littéraires du dix-huitième* (London 1777 ff.) in die Bastille gebracht (*Mémoires sur la Bastille,* 1783). Beaumarchais schöpfte aus s. *Théorie du libelle ou l'art de calomnier avec fruit* (1775).

J. Cruppi, Un avocat journaliste au 18e siècle, L., 1895; A. Philipp, L., ein Nationalökonom des 18. Jh., 1896; D. Baruch, L., 1991.

Liselotte von der Pfalz →Elisabeth Charlotte.

Lisette, häufige Soubrettenrolle in der franz. Kom., allein 17mal im Werk von Marivaux, auch bei Boursault, Voltaire (*Le dépositaire,* 1767).

Literaturpreise, über 1000 Auszeichnungen, die an frankophone Autoren vergeben werden, darunter die wichtigsten: →Prix Goncourt, →Prix Fémina, →Prix Théophraste-Renaudot, →Prix Interallié, →Prix des critiques, →Grand Prix du Roman de l'Ac. frçe., →Grand Prix de Littérature de l'Ac. frçe.; →Grand Prix National des lettres. Den Nobelpreis für Lit. erhielten 1901 Sully Prudhomme, 1904 Mistral, 1915 Rolland, 1921 A. France, 1927 Bergson, 1937 Martin du Gard, 1947 Gide, 1952 Mauriac, 1957 Camus, 1960 Saint-John Perse, 1964 Sartre (der ihn nicht annahm), 1969 Beckett, 1985 Claude Simon.

Guide des prix littéraires, [3]1958; J. Clapp, International dictionary of literary awards, New York 1963; M. Dansel, Les Nobel frç. de littérature, 1967.

Littérature engagée, Lit., die das Bewußtsein e. Situation voraussetzt und ihre Veränderung anstrebt. Jean-Paul →Sartre definierte u. propagierte seit *L'être et le néant* den Begriff der L. und leitete davon e. eth. Verantwortungsbewußtsein ab. Der Autor ist für die Wahl s. Themen verantwortl., da er sozioökonom. Veränderungen anstrebt, muß er sich auch über den Erwartungshorizont s. Publikums verständigen. L. ist nicht gattungsgebunden, das Drama entspricht ihren Intentionen jedoch am besten, da es die Vereinzelung der Lit.rezeption aufheben kann.

K. Kohut, Was ist Lit.? Die Theorie der l. bei J.-P. Sartre, Diss. Marburg 1965; H. Krauß, Die Praxis der l. im Werk J.-P. Sartres 1938–1948, 1970; L'écrivain et la politique. Les problèmes de l'engagement, Colloque 1977, Genf 1978; D. L. Schalk, The spectrum of political engagement, Princeton 1979.

Littré, Émile, 1.2. 1801 Paris – 2.6. 1881 ebda., Medizinstud., das L. abbrach, um mit journalist. Arbeiten s. Unterhalt zu verdienen, Anhänger des Positivismus von Auguste Comte, Gründer der Zs. *Revue de philosophie positive* (1867). Berühmt wurde L. durch linguist., vor allem lexikograph. Arbeiten *(Histoire de la langue française,* II 1862; →*Dictionnaire de la langue française, contenant la nomenclature la plus étendue)*. Bei s. Aufnahme in die Ac. frçe. 1873 verzichtete der Bischof von Orléans auf s. Sitz.

S. R. A. Aquarone, The life and works of L., 1958.

Le livre de Christophe Colomb, Schauspiel von Paul →Claudel, entstanden 1927, EA 1935, Urauff. als szen. Oratorium (Musik D. Milhaud) 5.5. 1930 Staatsoper Berlin, als Drama (Mitwirkung von J.-L. Barrault an der Bühnenfassung wie schon bei *Le soulier de satin*) 21.5. 1935 Théâtre municipal, Bordeaux. Durch den Einsatz e. ›explicateur‹, der das Selbstverständnis des Protagonisten beurteilt u. darüber hinaus dessen Selbstverständigung lenkt, und e. den Standpunkt der Nachwelt einnehmenden Chors, vor allem aber mit Hilfe der Doppelung der Titelrolle, die den Eroberer Columbus in die Lage versetzt, s. eigenes Werk rückblickend zu kommentieren, schafft Claudel konsequenter als in den früheren Stücken ep. Theater. Als kommentiertes Spiel im Spiel entzündet sich die Aktion an Namenssymbolik, Columbus bricht als ›Taube‹ und Christusträger (Christophorus) auf, um die Neue Welt zu erobern und zu missionieren. Der alleinige dramat. Beweger, Gott, bestimmt den weltsüchtigen Seefahrer zu s. Sendboten, denn wie im *Seidenen Schuh* steht das Heil der ganzen Welt auf dem Spiel. Die Echostruktur der dramat. Ebenen, Ansager- und Chorrollen sowie der Einsatz von Filmprojektionen, die seel. Konflikte nach außen transponieren, sind auf konstante Illusionsdurchbrechung hin angelegt. Die Erobererhandlung soll nicht als Abenteuer, sondern als bildl. Entsprechung der Erlösungsproblematik verstanden werden.

T. Heydenreich, P. Claudel: L. (Das mod. franz. Drama, hg. W. Pabst), 1971; J. de Labriolle, Les Christophe Colomb de Claudel, 1972.

Lizzie, Protagonistin in →*La putain respectueuse* von Sartre, Zeugin e. Mordes, die den Täter aus rassist. Solidarität deckt.

Loaisel de Tréogate, Joseph Marie, 18. 8. 1752 Schloß Beauvel/Morbihan oder Saint-Guyomard – 11. 10. 1812 Paris, Gendarm in der kgl. Garde, Autor, dessen Name 1795 auf e. Pensionsliste genannt wurde, rousseauist. Erzähler (*Florello, histoire méridionale; Valmore, anecdote frçe.*, beide 1776; →*Dolbreuse ou l'homme du siècle ramené à la vérité par le sentiment et la raison; La comtesse d'Alibre ou le cri du sentiment,* 1779) und Dramatiker (*La bizarrerie de la fortune ou le jeune philosophe,* 1793; *Le château du diable; La forêt périlleuse ou les brigands de Calabre,* 1797; *Adelaïde de Bavière,* 1801; *Le grand chasseur,* 1804). Stoff- u. Gattungswahl (Vers- u. Prosastücke, Geschichtsdramatik, Schaueromantik, Melodrama) reichen bei L. vom lehrhaften bürgerl. Trauerspiel bis zum romant. Kostümstück).

E. Henriot, Romanesques et romantiques, 1930; A. Monglond, Le préromantisme français, Bd. 1, 1965; Th. W. Bowling, The life, works and literary career of L., Oxford 1981.

La logeuse, Schauspiel in drei Akten von Jacques →Audiberti, entstanden 1954, EA *Théâtre,* III 1956, Urauff. 7. 7. 1960 Städt. Bühnen Köln. Audiberti bekräftigt in der Travestie die Wahrheit des Mythos von Circe. Denn der Polizist Tienne, der sich gegenüber der Pensionswirtin Mme Cirqué als Lehrer ausgibt, um unauffällig die verdächtigen Vorgänge im Haus – Totschlag, Selbstmord, Fälle von Wahnsinn – untersuchen zu können, verfällt wie alle anderen Männer ihrem Charme. Nur vorübergehend gelingt es ihm, Mme Cirqué den Überlegenen vorzuspielen; er ist schwächl. und willenlos wie ihr früherer Mann, der Minister war und jetzt als Putzmacher arbeitet. Tienne gibt s. Beruf auf, wird Lehrer und übernimmt die Rolle des Bediensteten. Die Metapher von der Herrin, der in Liebe gehuldigt wird, wird für die Sklaven banale Wirklichkeit.

La loi (Prix Goncourt 1957), Roman von Roger →Vailland. Schauplatz des Abenteuerromans ist der Monte Gargano in Süditalien, dort hat Vailland das Buch von November 1956 bis Frühjahr 1957 auch verfaßt. Die Geschichte hätte, wie von der Kritik angemerkt wurde, Stendhal begeistert, sie spielt nicht nur in Stendhals Idealland, Konflikt und Peripetien sind überdies in Stendhals Ethos begründet. *L.* ist ein Roman der äußersten Mitleidslosigkeit, denn das ›Gesetz‹ ist das Recht des Stärkeren in e. spätfeudalen Welt. Die Intrige ist geknüpft, als e. Schweizer Touristenpaar e. größere Summe gestohlen wird. Nun beginnen die Machtstrukturen zu spielen. Matteo Brigante, der – gleichermaßen Gesetz und Verbrechen manipulierend – das Leben von Porto Manacore kontrolliert, erfährt, daß Marietta, die Tochter des ›uomo universale‹ Don Cesare, den Raub begangen hat, ohne ihn in die Aktion einzuweihen. Das Romangeschehen kapriziert sich nun auf den Versuch Mariettas, das Kräftefeld nach ihren eigenen Interessen auszurichten. Was für sie und die Nebenfiguren an Abenteuern daraus resultiert – heidn. Liebesfeste, blutige Auseinandersetzungen, Flucht und familiäre Repression – sind Voraussetzungen und Folgen dieses rückhaltlosen Alleingangs. An Gewicht treten dahinter sowohl die Bedrohung durch die Malaria wie die gesellschaftl. Implikationen des Großgrundbesitzes zurück. Sowenig wie Stendhal will Vailland e. Gesellschaftsroman verfassen; *L.* entstand, als sich der Autor vom Kommunismus abwandte. Die amoral. Intrige entwickelt sich nach personenimmanenten Triebkräften, die Landschaft ist als metaphor. Ausdruck der Charaktere integriert.

Longueville, Anne-Geneviève de Bourbon, duchesse de, 1619–79, Schwester des Grand Condé, zeitweilige Geliebte von La Rochefoucauld, der sich ihretwegen an der Fronde beteiligte; Annäherung an den Jansenismus.

Lorenzaccio, Prosadrama in fünf Akten von Alfred de →Musset, entstanden in der zweiten Hälfte des Jahres 1833, EA August 1834, Urauff. 3. 12. 1896 Théâtre de la Renaissance, Paris, mit Sarah Bernhardt in der Titelrolle (noch 1945 wurde die Hauptfigur als Hosenrolle gespielt); hg. B. Masson 1978. Nach der *Storia fiorentina* des Benedetto Varchi und als Replik auf den dialogisierten Auszug von George Sand *(Une conspiration en 1537),* den diese nicht mehr veröffentlichen konnte, dramatisierte Musset den Mordanschlag des Lorenzo de'Medici, gen. Lorenzaccio, dem s. Vetter Alessandro zum Opfer fiel. Die Melancholie des Dramas ist romant. Epochenstil, nicht Selbstdarstellung Mussets; erst nach Abfassung des Textes kam es – im Anschluß an die Venedigreise mit G. Sand – zur persönl. Krise im Leben des Autors. L. paßt nicht in das Klischee vom edlen Verschwörer und Tyrannenmörder, was bereits für Varchis Chronik und die Version von G. Sand gilt. Er ist nicht minder korrumpiert als s. Opfer, gibt sich zyn. und schamlos und zeigt Anzeichen von Feigheit, als der päpstl. Legat wegen e. Statuenfrevels s. Auslieferung verlangt. Die negativen Züge sind jedoch nicht eindeutig; wie sie gebündelt sind, wecken sie eher Interesse als Abscheu. Den Mord bereitet L. intelligent vor, er versteckt Alessandros Kettenhemd, lenkt ihn ab mit der Vorfreude auf e. Liebesnacht, die er für ihn arrangieren will. Nachdem die Tat vorbereitet ist, erfährt der Zuschauer die Begründung. Fasziniert von der Idee des Tyrannenmords, hatte der junge L., der damals noch hingebungsvoll das Studium antiker Autoren betrieb, sich die Rolle e. mod. Brutus zugedacht; weil er wegen s. Verbannung aus dem Kirchenstaat Papst Clemens VII. nicht töten konnte, wählte er als Opfer den Hzg. von Florenz. Das goldene Ethos der Jugend ist zwar vertan – aus fingierter Kumpanei wurde tatsächl. Unmoral. Wenn er nun zusammen mit dem Komplizen Scoronconcolo zum Tyrannenmörder wird, geschieht dies weniger aus den ursprüngl. idealist. Antrieben als aus Verzweiflung, das polit. Verbrechen ist zu s. Lebensziel geworden: für ihn die letzte Möglichkeit, s. Identität wiederzugewinnen. Nach der Flucht wird er selbst in Venedig erschlagen und s. Leiche in die Lagune geworfen. Polit. hat s. Tat in Florenz nichts bewirkt; desillusioniert durch s. Erfahrungen mit Florentiner Bürgern als agent provocateur des Bösen, hat L. die Republik selbst nicht mehr entschlossen herbeigewünscht, und das Volk, nun von Cosimo de'Medici regiert, hat sie, wie s. passives Verhalten zeigt, auch nicht verdient. In dem Stück spricht sich die Enttäuschung Mussets über den Verlauf der Juli-Revolution von 1830 u. über die Korrumpierung polit. Ideale nach Erringung der Macht aus. Daß *L.* mehr als e. halbes Jahrhundert lang nur als Lesedrama wirken konnte, bestätigt diese Deutung.

P. Dimoff, La genèse de L., 1936; B. Masson, L. ou la difficulté d'être, [3]1976; J. v. Stackelberg, Musset: L. (in: Das franz. Theater vom Barock bis zur Gegenwart, Bd. 2), 1968; E. L. Gans, Musset et le drame tragique, 1974.

Lorrain, Jean (eig. Paul Duval), 9. 8. 1855 Fécamp – 1. 7. 1906 Paris, Lyriker, der Leconte de Lisle und Verlaine nahekam (*Le sang des dieux,* 1882), sich der Neuorientierung der Poesie durch Moréas anschloß (*Modernités,* 1885) und dem die Entdeckung des russ. Romans viel bedeutete (*Très russe,* 1886). L. schrieb weiter frenet. Romane (*Monsieur de Bougrelon,* 1897; *Monsieur de Phocas,* 1899, n. 1966) u. Einakter für das Grand Guignol (*Théâtre,* 1906). Er spielte in der Gesellschaft den Sadisten u. suchte die Morbidezza, die er in s. Werken kultivierte u. zu der er von slaw., engl. u. ital. lit. Vorbildern angeregt wurde, als Erlebnisstoff auszugeben (vgl. auch Barbey d'Aurevilly, Borel, Villiers de l'Isle-Adam). Als schonungsloser Lit.kritiker war L. gefürchtet (postume Ausgabe Dijon 1935).

G. Normandy, L. Son enfance, sa vie, son œuvre, 1907; P.-L. Gauthier, L. La vie, l'œuvre et l'art d'un pessimiste à la fin du XIXe siècle, 1935; P. Mourousy, L., 1937; P. Kyria, L., 1973.

Loti, Pierre (eig. Julien Viaud), 14. 1. 1850 Rochefort – 10. 6. 1923 Hendaye, Vater Schiffsarzt, selbst Marineoffizier, Teilnahme an e. Tongkingexpedition 1883 u. 1900 als Adjutant des franz. Vizeadmirals Pottier an der Niederwerfung des Boxeraufstands (→*Les derniers jours de Pékin),* Kapitän bis 1910. L., dessen erster Roman 1879 erschien (→*Aziyadé),* wurde 1892 Mitgl. der Ac. frçe., erhielt e. Staatsbegräbnis. Die pessimist. Weltsicht s. Romane wird wiederholt neutralisiert durch publikumsgefällige Darstellungen; dabei beruhte der Exotismus (→*Le mariage de Loti)* auf e. schweren inneren Krise, die kennzeichnend ist für das Dekadenzbewußtsein im Fin-de-siècle. Todesfurcht u. Todessehnsucht, Lebensgier und Ekel vor der Banalität, Sinn für das Beständige und Hellhörigkeit für das Flüchtige bedingen sich bei L., ohne in falscher Harmonie aufzugehen. S. Melancholie entfaltet sich auch in e. Wirklichkeitszusammenhang, der frei von exot. Motiven bleibt (→*Pêcheurs d'Islande).* Gerade dieser Exotismus aber fand Nachahmer (Farrère, Louis Bertrand, Gilbert de Voisins). Im späteren Werk bevorzugte L. das Kompositionsschema des Kriegs- u. Reiseberichts (*Le Maroc,* 1879; *Le roman d'un Spahi,* 1881; *Mon frère Yves,* 1883; *Fleurs d'ennui,* 1883; *Madame Chrysanthème,* 1887; *Japoneries d'automne,* 1889; *Fantôme d'Orient,* 1892; *Matelot,* 1893; *Jérusalem,* 1895; *Le désert,* 1895; *Ramuntcho,* 1897; *L'Inde sans les anglais,* 1903; *Vers Ispahan,* 1904; *La troisième jeunesse de Mme Prune,* 1905; *Les désenchantés,* 1906; *L'horreur allemande,* 1918; *La mort de notre chère France en Orient,* 1920; *Suprêmes visions d'Orient,* 1921; *Journal intime,* II 1925–29; *Lettres à Mme Adam,*

1924; *Correspondance inédite,* 1929; *Œuvres complètes,* XI 1893–1911).

N. Serban, L., 1920; P. Flottes, Le drame intérieur de L., 1937; G. Hirschmann-Gunzel, Der Todesgedanke bei L., 1930; E. Schweikert, L. und A. Gide, 1932; M.-J. Hublard, L'attitude religieuse de L., Fribourg 1945; P. E. Briguet, L. et L'Orient, 1946; Cahiers L., Mai 1952 ff.; K. G. Milward, L'œuvre de L. et l'esprit fin de siècle, 1955; R. de Praz, L., 1958; Cl. Wake, The novels of L., Den Haag 1974; L. Blanch, L., portrait of an escapist, London 1983, franz. 1986.

Louvet de Couvray, Jean-Baptiste, 12. 6. 1760 Paris – 25. 8. 1797 ebda., Autor des sittenkrit. Romans →*Les amours du chevalier de Faublas* u. e. Streitschrift in erzähler. Form für Scheidung u. Priesterehe (*Émilie de Varmont,* 1791). L. vertrat das Dép. Loiret in der Convention, er wurde als Girondist zwar verfolgt, jedoch nicht liquidiert. Er gehörte im Directoire dem Conseil des Cinq Cents an und wurde vor s. Tod noch zum Konsul in Palermo ernannt. Fragmente s. Memoiren veröffentlichte er in s. Zs. *La sentinelle* 1795.

J. Rivers, L., revolutionist, London 1910.

Louÿs, Pierre (eig. Pierre-Félix Louis), 10. 12. 1870 Gent – 4. 6. 1925 Paris, mit Mallarmé, Valéry u. Gide befreundet, Schwiegersohn von Heredia (seit 1899), gründete die Zs. *La Conque,* übersetzte Meleager (1893) und Lucanus (1894). Die hellenist. Welt inspirierte ihn zu Pastiches (*Astarté,* 1891; *Les chansons de Bilitis,* 1894; *Le crépuscule des nymphes,* 1925), die er z. T. als apokryphe antike Poesie aus dem Umkreis der Sappho ausgab. Die Entdeckung e. vom Sündebewußtsein freien Welt prägte auch s. rauschhaft sinnl. Romane (*Aphrodite,* 1896; *Sanguines,* 1903; *Psyché,* 1927), wobei zumindest in *Les aventures du roi Pausole* (1901), e. galanten Roman voller Sexualkomik, antikes und rokokohaftes Lebensgefühl nicht zu trennen sind. Der Überschwang wird in *La femme et le pantin* (1898) durch den Mythos von Pandora pessimist. unterbrochen. Gide zeichnete 1928 ein zwiespältiges Bild ihrer Beziehungen, obwohl er sich in s. ersten Tagebucheintragungen 1889 noch hoffnungsvoll über ihr gemeinsames Leben in Paris geäußert hatte. Einerseits sammelte L. in langwierigen Studien Details für das antike Lokalkolorit s. Werke, andererseits vermochte er das romant. Schema von der Liebe, die erst in Todesnähe ihren vollen Reiz entfaltet, nicht zu überwinden. So wirkt auch die Darstellung des Bacchanals bei L. weniger kraftvoll als bei Cendrars oder Céline (*Œuvres complètes,* XIII 1929–31; *Poèmes 1887–1924,* hg. Y. Le Dantec 1945; *Correspondance de Cl. Debussy et L.,* hg. H. Bourgeaud 1945).

E. Gaubert, L., 1904; P. Iseler, Les débuts d'A. Gide vu par L., 1937; R. Cardinne-Petit, L. intime, 1942; ders., L. inconnu. Documents et textes inédits, 1948; Cl. Farrère, Mon ami L., 1954; H. P. Clive, L. 1870–1925, a biogr., Oxford 1978; D. J. Niederauer, L., 1981.

Lucien de Rubempré (eig. Lucien Chardon), Zentralfigur des Romans →*Illusions perdues* von Balzac, schwacher Charakter, den Sozialchancen, die sich ihm zufällig bieten, in Paris nicht gewachsen.

Lucien Fleurier, Held der Erzählung →*L'enfance d'un chef* von Sartre, Typus des fremdbestimmten Bourgeois, der nach Seriosität strebt.

Lucien Leuwen, Romanfragment von →Stendhal, entstanden 1832–1836, TD *Les nouvelles inédites* 1855 u. d. T. *Le chasseur vert,* EA 1894, besorgt von Jean de Mitty, vollständiger Text 1926 f. u. 1929, éd. H. Debray 1982; A.-M. Meininger II 1982. 1834 teilte Stendhal Sainte-Beuve mit, er habe e. Roman verfaßt mit dem Titel *L'orange de Malte,* Protagonist sei der Sohn e. reichen Bankiers, er lebe als Sous-lieutenant in Nancy, später als Sekretär e. Ministers in Paris. ›Cela est écrit comme le code civil. J'ai horreur de la phrase à la Chateaubriand.‹ Tatsächl. überarbeitete der Romancier den Text noch wiederholt; 1835 verfügte er, daß im Falle s. vorzeitigen Ablebens nicht Jules Janin oder Balzac, sondern Philarète Chasle den Roman zur Drucklegung revidieren sollte. Gewidmet ist L. den ›happy few‹. Lucien wird in den 30er Jahren von der École polytechnique relegiert, da er für den Sturz des Bürgerkönigtums eintrat. S. Vater besorgt ihm e. Offiziersstelle; doch das Garnisonsleben in Lothringen bedrückt ihn. Er tritt zu e. jungen Witwe, Mme de Chasteller, die in Nancy nicht beliebt ist, in nähere Beziehung. Beide verhalten sich ungeschickt, Lucien kann sie nicht erobern, sie vernachlässigt die Gesellschaft, die über sie zu reden beginnt. Der Klerus verbreitet das Gerücht, der junge Pariser sei e. Spion des Kriegsministeriums. Lucien ist vollends wehrlos, als e. betrüger. Arzt e. Entbindung inszeniert; er merkt nicht, daß das Neugeborene, dessen Vater er sein soll, in Wirklichkeit bereits einige Monate alt ist. Er flieht nach Paris, durch Vermittlung s. Vaters erhält er e. Posten im Innenministerium und wird damit beauftragt, in der Normandie die Gründe für unerwünschte Kandidatennominierungen herauszufinden. S. Auftrag wird entdeckt, die Menge empfängt Lucien mit Schmähungen. In dieser Situation verändert sich s. Wesen, er lernt, Verachtung und Kaltblütigkeit zu zeigen; dem Präfekten in Caen ist er als Kontrahent bereits gewachsen. Zum Schluß rückt er zum Zweiten Botschaftssekretär in Rom auf. Lucien entwickelt in dieser Umgebung Verständnis für die fortgesetzte Klage s. Vaters, der wünschte, um 1710 geboren zu sein, um sorglos von 50000 Pfund Rente leben zu können. Er lernt auch die Rolle der Armee in Friedenszeiten begreifen – sie wird zum Instrument der sozialen Unterdrückung. Raffgier und Politik erscheinen ihm wie Ursache und Wirkung aufeinander bezogen. Damit kommt der Roman der Thematik Balzacs nahe, die Vielzahl der handelnden Figuren und Episoden kann als Replik auf Balzacs Stil angesehen werden.

L. Maranini, Il L. di Stendhal, Belfagor 1956; D. Porter, Stendhal and the limits of liberalism, MLR 1971; M. Crouzet, Quatre études sur L., 1985; Ch. Rauseo, Morales de L., Diss. Berlin 1988.

Lucky, Sklave des Pozzo, der ihn an der Leine führt, in →*En attendant Godot* von Beckett.

Lucrèce, Trag. von François →Ponsard, EA 1843, Urauff. 22. 4. 1843 Odéon, Paris. E. antiromant. Presse u. das Parkett, das sich gerade von Hugo abzuwenden begann (→*Les burgraves),* bereiten Ponsard e. triumphalen Erfolg. Obwohl er die klass. Einheiten mißachtete, erschien s. Bearbeitung e. traditionsreichen Stoffs in fünf Akten und Alexandrinern als Symptom der Beruhigung, die das bürgerl. Publikum der Julimonarchie forderte. Lucretia inkarniert die häusl. Sittsamkeit und ist bereit, als sie von Sextus Tarquinius geschändet wurde, sich aus Scham selbst den Tod zu geben. Nicht so sehr die Untat an sich, sondern die gesellschaftl. Bewertung der Vergewaltigung erschrecken sie. ›Je n'ai pas craint la mort, j'ai craint l'ignominie‹ (V, 3).

Ponsard füllte das Handlungsschema der Trag. mit der Mentalität des Juste milieu.

Lucrèce Borgia, Prosadrama von Victor →Hugo, entstanden 1832, EA 1833, Urauff. 2. 2. 1833 Théâtre de la Porte-St-Martin, Paris. Gennaro ermordet Lucrezia Borgia, ohne zu wissen, daß sie s. eigene Mutter ist, weil er sich für den Tod s. Freunde, den sie verschuldet hat, rächen will.

Ludwig IX., gen. Ludwig der Heilige, 25. 4. 1214 Poissy – 25. 8. 1270 vor Tunis, Kg. von Frkr., organisierte das franz. Gerichtswesen u. die staatl. Verwaltung; Heinrich III. von England leistete ihm für die Besitzungen im franz. SW den Lehenseid. L. nahm an zwei Kreuzzügen teil, wurde 1297 kanonisiert. Jean de →Joinville, s. Mitstreiter 1248 in Ägypten, schrieb die Biographie des Kg.s, R. Rolland dramatisierte 1897 den Stoff.

L. Buisson, Kg. L. und das Recht, 1954; N. L. Corbett, La vie de Saint Louis de Joinville, 1977; J. Richard, Saint Louis, 1983; G. Sivéry, Saint Louis et son siècle, 1983.

Ludwig XI., 3. 7. 1423 – 30. 8. 1483 Plessis-les-Tours, Kg. von Frkr., Gegner des Hzg.s Karls des Kühnen von Burgund, dessen polit. Pläne e. Zwischenreichs er zunichte machte. Er brachte die Bourgogne, Picardie und das Roussillon an die Krone, Anjou, Maine u. die Provence vergab er nicht länger als Lehen. In der Lit. wurde L. im Anschluß an →Commynes gewöhnl. als Gewaltherrscher dargestellt (Mély-Janin, *Louis XI à Péronne,* 1827; L.-S. Mercier, *La mort de Louis XI,* 1827; V. Hugo, *Notre-Dame de Paris,* 1831; C. Delavigne, *Louis XI,* 1832; G. Flaubert, Drama *Loys XI,* 1838; R. Neumann, *Der Teufel,* 1927; R. Schneider, *Der Tod des Mächtigen,* 1953).

W. Dehne, Die Darstellung der Persönlichkeit L.s von Frkr. in der Lit., 1929; K. Bittmann, L. und Karl der Kühne, 1964; P. Champion, Louis XI, 1978.

Ludwig XIII., 17. 9. 1601 Fontainebleau – 14. 5. 1643 Saint-Germain-en-Laye, Kg. von Frkr., Sohn Heinrichs IV., berief Richelieu 1624 zum Minister, 1642 Mazarin zu dessen Nachfolger. In s. Regierungszeit, die der Konsolidierung des Absolutismus diente, fällt die Ausbildung der klass. Lit.doktrin (→Ac. frçe., →Chapelain, →Corneille). Romanfigur in *L'enfant-roi* von R. →Merle (1993).

V. L. Tapié, La France de Louis XIII et de Richelieu, [2]1967; L. Godard de Donville, Signification de la mode sous Louis XIII, 1978.

Ludwig XIV., gen. ›Roi Soleil‹, 5. 9. 1638 Saint-Germain-en-Laye – 1. 9. 1715 Versailles, Prototyp des absolutist. Herrschers, der während der Regentschaft s. Mutter und der Ministerzeit von Mazarin den letzten Aufstand der Parlements und des Adels gegen die monarch. Autorität erlebte (→Fronde); Begründer der franz. Hegemonie in Europa, darin unterstützt von hervorragenden Ministern wie →Colbert. Der Stil des Schlosses von Versailles wurde zum Geschmacksmuster e. Epoche, die Revokation des →Édit de Nantes zum Schlußpunkt bei der Schaffung des Einheitsstaats (→Querelle des anciens et des modernes, →Voltaire). Von s. langjährigen Mätresse, der Hzgin. von →La Vallière, hatte L. vier, von deren Nachfolgerin, der Marquise de Montespan, acht Kinder; s. nächste Geliebte, Mme de →Maintenon, heiratete er heiml. Er protegierte Molière, wurde 1664 Pate s. Kindes; der →*Tartuffe* wurde zunächst vor dem Kg. aufgeführt. 1676, als Racine bereits die Bühne beherrschte, ordnete L. Corneille-Aufführungen in Versailles an. François Porché dramatisierte das Verhältnis des Kg.s zur Montespan u. Maintenon (*Un roi, deux dames et un valet,* 1939). Roberto Rossellini drehte 1966 *La prise du pouvoir,* e. bemerkenswert instruktiven Film, Roger Planchon 1993 die Episode der Fronde, *Louis, enfant roi,* als Prolog zu Rossellinis Werk.

A. Adam u. a., La France au temps de Louis XIV, 1965; P. Goubert, Louis XIV et vingt millions de français, 1966; M. Stearns, Louis XIV, New York 1971; K. Malettke, Opposition u. Konspiration unter L., 1976; R. Mandrou, Louis XIV en son temps, [2]1978; E. Lavisse, Louis XIV, n. II 1978; N. R. Johnson, Louis XIV and the age of Enlightenment, Oxford 1978; N. Ferrier-Caverivière, L'image de Louis XIV dans la littérature . . ., 1981; J.-M. Apostolidés, Le Roi-Machine, 1981; P. Goubert, La vie quotidienne des paysans frç. au XVIIe siècle, 1982.

Lugné-Poe, Aurélien-François-Marie, 27. 12. 1869 Paris – 19. 6. 1940 Villeneuve bei Avignon, Schauspieler u. Regisseur, leitete 1893–1929 das Théâtre de l'Œuvre, wo er u. a. →Jarry beschäftigte und →*Ubu roi* herausbrachte, Ibsen, Strindberg, Maeterlinck, Rolland und Claudel inszenierte. Er schrieb *Le sot du tremplin* (1931), *Acrobaties* (1931), *Sous les étoiles* (1933), *Ibsen* (1937), *Dernières pirouettes* (1946).

J. Robichez, L., 1955; ders., Romain Rolland et L.: Correspondance 1894–1901, 1957.

Lulli (Lully), Jean-Baptiste, 28. 11. 1632 Florenz – 22. 3. 1687 Paris, kam als Küchenjunge an den Hof und stieg zum Hofkomponisten und Direktor der Oper auf. Er komponierte die Musik zu Libretti von Quinault, zu Corneilles *Toison d'or* (1660), zu *Psyché* (1671) von Corneille, Molière und Quinault sowie Einlagen zu Molières Stükken bis *Le bourgeois gentilhomme;* außerdem Zusammenarbeit mit Bensserade.

F. Böttger, Die Comédie-Ballet von Molière, Diss. Berlin 1931; H. Prunières, L., la vita e le opere, Mailand 1950; Ph. Beaussant, L. ou le musicien du Soleil, 1992.

Lusignan, franz. Adelsgeschlecht, das sich in den Kreuzzügen auszeichnete; Hugo III. wurde im 13. Jh. Kg. von Zypern und Kg. von Jerusalem. Seine Genealogie verbrämte →Jean d'Arras durch die Melusine-Sage.

Le lutrin, Parodie in sechs Gesängen von Nicolas →Boileau-Despréaux, entstanden seit 1669, TA 1674 u. 1683. Der Autor nahm den grotesken Streit zwischen dem Trésorier der Pariser Sainte-Chapelle und e. Kantor, den ihm der Präsident Lamoignon beiläufig erzählt hatte, zum Thema e. Eposparodie. Er verband die klerikale Bagatelle mit der prunkhaften Stilkonvention des großen Epos (Musenanrufung, Allegorien Discorde, Mollesse, Chicane, Piété, prophet. Traum, homer. Vergleiche, Kampfszenen als Bücherschlacht). Daß die burleske Darstellung der Epostheorie in der eigenen →*Art poétique* widerspricht, schmälert den Kunstgenuß nicht.

P. Emard/S. Fournier, La Sainte-Chapelle du L., Genf 1963.

Lycée, Pariser Kulturinstitut 1786–1848, hieß seit 1803 Athénée, veranstaltete Vortragsreihen, um sie anschließend zu publizieren. La Harpe, Marmontel, Condorcet, Constant, Comte u. a. traten hier auf. Napoleon setzte die Behandlung des *Génie du christianisme* durch, da sich das L. nur widerstrebend auf die Seite der Frühromantik, die relig. Stoffe aufbrachte, stellen wollte.

Lyon, zweitgrößte Stadt Frkr.s, Hauptstadt des Dép. Rhône, infolge ihrer geograph. Lage und traditionellen Handelsverbindungen im 16. Jh. ein Zentrum des Humanismus nach ital. Vorbild (→Lyoner Dichterschule) und des Buchdrucks. Rabelais veröffentlichte in L. *Pantagruel* u. *Gargantua,* die auch Motive aus der Stadt enthalten. Die kulturelle Blüte endete mit dem Aufkommen des Absolutismus, bis sich nach 1945 L. wieder zum bedeutenden geistigen Zentrum entwickelte.

Lyoner Dichterschule, Bezeichnung für e. heterogene Gruppe Lyoner Renaissancedichter: Maurice →Scève als ihr Haupt, seine Schüler Pontus de Tyard sowie Louise →Labé, Pernette →Du Guillet und Antoine →Héroët. Insbes. Scève weckte nach 1534 das franz. Interesse an Petrarca und an den Petrarkisten Chariteo, Serafino sowie Tebaldeo. Z. T. steht die L. bereits unter dem Einfluß der →Pléiade.

Mably, Gabriel Bonnot de, 14. 3. 1709 Grenoble – 23. 4. 1785 Paris, Bruder von →Condillac, Stud. am Jesuitenkolleg in Lyon und am Pariser Seminar von Saint-Sulpice (Weihe zum Subdiakon); bis 1746 Sekretär des Kardinals Tencin. Im Gegensatz zu den meisten Aufklärern pessimist. Staatstheoretiker, der Freiheit u. Gleichheit nur im spartan. u. röm. Staat verwirklicht sah. E. Monarchie mit demokrat. Elementen könnte Entsprechendes erst bei schrittweiser Einführung der Gütergemeinschaft leisten (vgl. Morelly, *Code de la nature*). M.s Doktrin war den Jakobinern geläufig (*Parallèle des romains et des français par rapport au gouvernement,* 1740; *Observations sur les grecs,* Genf 1749; *Observation sur l'histoire de France,* 1765; *De la législation ou principes des lois,* 1776; *Du gouvernement de Pologne,* 1783; *Des droits et des devoirs du citoyen,* postum 1789; *Œuvres complètes,* XV 1794f.). M. rechtfertigt den Bürgerkrieg als legales Mittel zur Durchsetzung der polit. Freiheit.

P. Teyssendier de la Serve, M. et les physiocrates, Poitiers 1911; E. A. Whitfield, M., London 1930; G. Müller, Die Gesellschafts- und Staatslehren des Abbé M. und ihr Einfluß auf das Werk der Constituante, 1932; D. Mornet, Les origines intellectuelles de la Révolution frçe., 1933; W. Bahner, Der hist.-gesellschaftl. Standort der Ideen M.s (Lit.gesch. als geschichtl. Auftrag), 1961; J. L. Lecercle, Utopie et réalisme politique chez M., Studies on Voltaire and the 18th century XXVI, 1963; A. Maffey, Il pensiero politico del Mably, Torino 1968; C. Rihs, Les philosophes utopistes. Le mythe de la cité communautaire en France au XVIIIe siècle, 1970.

Macarée, lyr. Sprecher im Prosagedicht →*Le centaure* von Guérin, Sinnbild der menschl. Duplizität, die durch abgeklärte Weisheit erträgl. wird.

Machaut →Guillaume de Machaut.

La machine à écrire, Prosaschauspiel in drei Akten von Jean →Cocteau, EA 1941, Urauff. 29. 4. 1941 Théâtre Hébertot, Paris. Die Auflösung des Kriminalfalls, in dem ein Unbekannter gesucht wird, der in anonymen Briefen Anschuldigungen gegen Mitbürger vorbringt und so schon Menschen in den Tod getrieben hat, wird immer wieder durch falsche Selbstbezichtigungen retardiert. Margot bezichtigt sich der Tat, um Maxime, den Zwillingsbruder ihres Verlobten Pascal, zu entlasten, der in Wirklichkeit unschuldig ist. Maxime versucht vergebens, sich zu denunzieren, da s. Verhältnis zu Solange zum Anlaß e. Erpressung genommen wird. Aber auch der Kommisar verdächtigt Monique, e. Postbedienstete, zu Unrecht, wie sich herausstellt, als Solange die Untaten eingesteht, die sie in e. Zustand seel. und gesellschaftsl. Frustration begangen hat; sie erschießt sich nach dem Geständnis. In der höll. Enge der Provinz (vgl. auch Mauriac, Jouhandeau, Bernanos, Green) kämpfte sie aussichtslos gegen Heuchelei und Lasterhaftigkeit: Cocteau vermochte diese Figurencharakteristik jedoch nur unvollständig in bühnengerechte Sozialkritik umzusetzen.

La machine infernale, Prosadrama in vier Akten von Jean →Cocteau, EA 1934, Urauff. 10. 4. 1934 Comédie des Champs-Élysées (Regie Louis Jouvet). E. Stimme erzählt das Schicksal des Ödipus, ehe das Drama beginnt, u. verweist das Publikum auf ›une des plus parfaites machines construites par les dieux infernaux pour l'anéantissement mathématique d'un mortel‹. Für das Verhalten des Ödipus reichten anthropolog. Erklärungen, wie die Mutterbindung, die der Protagonist in der Ehe erfüllt sehen möchte, aus. Die himml. Mächte in Cocteaus Göttersatire halten jedoch ihre ›Höllenmaschine‹ in Bewegung. In der schweren Prüfung wird aus dem ›Spielkartenkg.‹ in der Hand grausamer Mächte schließl. e. Mensch, der s. ›unglückl. Neigung‹, wie Teiresias es nennt, stets nachgibt u. alles erfragen, wissen u. verstehen möchte. Als sich die grausigen Prophezeiungen erfüllen, warnt der Seher die Umstehenden davor, die Fabel anzutasten u. in das Geschehen nach eigenem Verständnis einzugreifen. Dazu wären Kreon und Teiresias noch imstande gewesen, als sich ihnen der Sinn des Orakels enthüllt hatte, ehe die Identität des jungen Kg.s bekannt war. Sie hielten das Opfer in ›fausses ténèbres‹. Dem geblendeten Ödipus manifestiert sich der wahre Zusammenhang des trag. Verlaufs, als s. tote Mutter und Gemahlin Jokaste vor ihn tritt. Er entzieht sich dem Hoheitsbereich Kreons; auf die Frage, wem Ödipus und Antigone, die ihn geleitet, künftig unterstehen werden, erwidert Teiresias: ›Dem Volk, den Dichtern, den reinen Herzen«. Die Höllenmaschine der Götter hat den Hochmut des Helden gebrochen, s. Menschlichkeit jedoch zum Vorbild erhoben (vgl. auch →*Œdipe* von Gide).

Mac Orlan, Pierre (eig. Pierre Dumarchey), 26. 2. 1882 Péronne/Somme – 28.6. 1970 Saint-Cyr-sur-Morin, Abbruch der höheren Schulbildung aus materiellen Gründen, vagabundierte durch Dtl., England und Marokko, trat in die Fremdenlegion ein, war, als er zur Bohème von Montmartre gehörte, mit Apollinaire, Carco, Dorgelès und Jacob befreundet. Diese Kontakte inspirierten s. Lyrik (*Simone de Montmartre, Œuvres poétiques complètes,* 1929, n. 1946; *Chansons pour accordéon,* 1953; *Poésies documentaires complètes,* 1954) und die sich durch stoffl. bedingte Spannung (exot. Motive, Pariser Halbwelt) auszeichnenden Abenteuerromane, von denen →*Le quai des brumes* auch durch die Verfilmung am bekanntesten wurde (außerdem *Le rire jaune,* 1914; *La bête conquérante,* 1914; *Les poissons morts,* 1917; *Le chant de l'équipage,* 1918; *La clique du café Brebis,* 1919; *Au bord* *de l'Étoile Matutine,* 1920; *Petit manuel du parfait aventurier,* 1920; *Le nègre Léonard et Maître Jean Mullin,* 1920; *La cavalière Elsa,* 1921; *La Vénus internationale,* 1923; *Malice,* 1923; *Aux lumières de Paris,* 1925; *Les pirates de l'avenue du Rhum,* 1925; *Marguerite de la nuit,* 1925; *Sous la lumière froide,* 1926; *Rue des charrettes,* 1927; *Chronique des temps désespérés,* 1927; *Dinah Miami,* 1928; *La tradition de minuit,* 1930; *La bandera,* 1930; *Le printemps,* 1931; *La légion étrangère,* 1932; *L'ancre de miséricorde,* 1941; *Quartier réservé,* 1956; *La pension de Mary Stuart,* 1959; *La petite cloche de Sorbonne,* 1959; *Picardie,* 1964; *Œuvres complètes,* 1969 ff.). M.s Werk weist Übereinstimmungen mit der Prosa von Francis →Carco u. Roland →Dorgelès auf. Die Welt der Bars von Montmartre, der Fremdenlegion und des Schmuggels ist burlesk und mitleiderregend zugleich geschildert. M. war seit 1950 Mitgl. der Ac. Goncourt.

P. Berger, M., 1951; B. Baritaud, M., 1971.

Macquart →*Les Rougon-M.* von Zola.

Madame Bovary, mœurs de province, Roman von Gustave →Flaubert, entstanden September 1851 – April 1856, ED (e. von der Redaktion verstümmelten Textes) *Revue de Paris* 1. 10.–15. 12. 1856, EA in zwei Bden. 1857, hg. Cl. Gothot-Mersch 1971. Flaubert erfuhr durch s. Freund Maxime Ducamp wahrscheinl. 1851, und nicht schon 1849, von der Affäre Delamare. Der Sanitätsoffizier Delamare, e. Bekannter der Familie Flaubert und ehemaliger Schüler des Dr. Flaubert, heiratete in zweiter Ehe e. junge Frau, die ihn betrog und s. Vermögen durchbrachte; sie starb möglicherweise durch Selbstmord. Flaubert wählte die Geschichte als Gegenstand e. Romans, wobei ihm im Verlauf der Abfassung weniger der Stoff als das eigene Stilideal Mühe bereitete. Die Textentwürfe umfassen ca. 1800 doppelseitig beschriebene Blätter. Schon in den ersten Entwürfen skizziert der Erzähler die Personen als mittelmäßig, willensschwach und abhängig von ihrem beschränkten Milieu. Wenn die Handlung einsetzt, sind die Protagonisten durch ihre Herkunft und Erziehung bereits festgelegt. Emma, die Tochter e. vermögenden Bauern in der Normandie, im klösterl. Internat zur Schwärmerei erzogen, wird die zweite Frau e. Officier de santé. Sie, die als Schülerin Zugang zu romant. Lit. gefunden hat u. e. romant. Individualmythos kultivieren lernte, hält die Sehnsucht nach e. romanesken, d. h. außergewöhnl. Existenz im unromant. Alltagsleben wach. Die Kluft zwischen der lit. Fiktion, an deren Wahrheits- und Realitätsgehalt sie nicht zweifelt, und der Lebenspraxis in e. monotonen Ehe, in provinzieller Einfachheit u. Ideenlosigkeit, treibt sie in den Ehebruch, daraus folgt e. aufwendiger Lebensstil, die finanzielle Verschuldung, Ausweglosigkeit und Selbstmord. Zunächst gab Emma dem Werben des Anwaltsgehilfen Léon Dupuis nicht nach, enttäuscht ging dieser nach Paris. Nachdem sie die Geliebte des Gutsbesitzers Rodolphe Boulanger geworden war und erschüttert erleben mußte, daß e. geplante gemeinsame Flucht nur ihrem Wunschdenken entsprach, erkrankt Emma schwer; als sie nach der Genesung Léon Dupuis in Rouen wieder begegnet, wird sie nach geringem Zögern s. Mätresse. Unter dem Vorwand, Klavierstunden zu nehmen, besucht sie ihn jeden Donnerstag. Ihre Schuld besteht darin, daß sie sich mit der Mittelmäßigkeit e. kleinbürgerl. Lebensform nicht abfindet, sie wird das Opfer ihrer Sehnsüchte, die sie weder zu organisieren noch zu unterdrücken weiß. Die Geldfrage bedingt die Katastrophe; Rodolphe weigert sich, s. früheren Geliebten 3000 Francs, die sie dringend benötigt, zu leihen. In der Apotheke Homais' besorgt sie sich daraufhin Arsen. Von allen Personen in der Umgebung der Heldin ist Homais, bei dem Léon Dupuis ursprüngl. wohnte, der abstoßendste Bourgeois. S. vulgärer Fortschrittsglaube, der den Dr. Bovary zu e. aussichtslosen Operation treibt, äußert sich in e. Flut von Klischees. Homais ist der Typ des Erfolgreichen, ostentativ wird ihm zum Schluß das Kreuz der Ehrenlegion verliehen; er vertritt die öffentl. Meinung u. genießt das Wohlwollen der Regierung. Dieser vom Erzähler vermerkte Umstand beleuchtet die reale Beschaffenheit der Verhältnisse, unter denen Emma zu leiden hatte. Die Betroffenen reagierten prompt: Flaubert wurde der Verletzung der öffentl. Moral angeklagt; er verleugne Ideale, auf denen das Second Empire gegründet sei. Die Anklage hob hervor, daß der Romancier es versäumt habe, e. Figur zu erfinden, die dem Publikum die Verurteilung des unmoral. Verhaltens der Heldin erleichtere. Während Stendhal den Leser noch an s. Selbstkommentaren teilhaben ließ, versagt ihm Flaubert diese Hilfe. Theodor Fontane inspirierte sich an der Fabel von *M.* für s. Roman *Effi Briest* (1895).

L. Bopp, Commentaire sur M., 1951; R. Dumesnil, M. de G. Flaubert, 1958; Cl. Gothot-Mersch, La genèse de M., 1966; M. Naumann, Flaubert, M. und der Realismus, Sinn und Form 21, 1969; M. Beyerle, M. als Roman der Versuchung, 1975; M. Vargas Llosa, L'orgie perpétuelle, Flaubert et M., 1978; D. Siler, Du nouveau sur la genèse de M., RhlF 1, 1979; M. Hardt, Struktur u. Vermittlung, ZfSL 1980; T. Tanner, Adultery in the novel, 1980; A. de Lattre, La bêtise d'Emma Bovary, 1980.

Madame de Chanpaigne Anrede, die Chrétien de Troyes (*Lancelot*, v. 1) für die Gräfin Marie de Champagne, die Tochter der →Aliénor und Gemahlin Heinrichs von der Champagne gebrauchte. Marie regte Chrétien de Troyes zur Abfassung des Romans vom Karrenritter an.

Madame Putiphar (1838), Roman von Pétrus →Borel, lit. Darstellung der Frenesie und des Sadismus; Amplifikation der Motive der sechs Erzählungen →*Champavert* (1833). Der Marquis de Sade wird als lit. Gestalt in die Handlung eingeführt und als ›Zierde Frkr.s‹ gefeiert. Der bizarre Stil des Werkes, das der Rezensent Janin, auf Betreiben des Autors, mit den Schriften Sades verglich, wurde von Baudelaire gerühmt.

Madame Sans-Gêne, Prosakom. in drei Akten u. einem Prolog von Victorien →Sardou, Mitarbeit von É. Moreau, EA 1893, Urauff. 27.10.1893 Théâtre du Vaudeville, Paris. Die Hzgin. von Danzig, verheiratet mit dem Marschall Lefebvre, verhält sich in krit. Situationen gegenüber Napoleon immer noch ebenso ungeniert wie die kleine Wäscherin, die während der Revolution für die Soldaten des Generals Bonaparte gearbeitet hat. Als Arbeiterin u. wieder als Hzgin. rettet Cathérine Hubscher dem Grafen von Neipperg das Leben u. bewahrt den Kaiser davor, s. eigenen Ruf u. den der Kaiserin aufs Spiel zu setzen. Das Publikum soll sich dabei im guten Glauben wiegen, der gesunde Menschenverstand einfacher Leute lenke die Geschicke der Nation. Die Rolle der M. wurde u.a. von der Mistinguett u. Madeleine Renaud mit stürm. Temperament gespielt.

Mademoiselle de Maupin, Roman von Théophile →Gautier, entstanden 1834, EA 1835, hg. G. Matoré, Genf 1946; Liebesroman, teilweise Verwendung der Briefform; sensualist. Lektionen über die ideale Schönheit, die Rosalinde de Maupin für den Chevalier d'Albert u. Rosette verkörpert. Im Vorwort zu *M.* vertritt Gautier gegen die romant. Ästhetik das Prinzip des →L'art pour l'art.

F. Ambrière, Histoire des grands livres, M., 1935.

Madrigal (ital. madrigale), lyr. Gattungsbezeichnung, in Frkr. seit der Mitte des 16. Jh. belegt, sowohl für e. dem Epigramm verwandtes Kurzgedicht mit häufiger Liebesthematik (Cl. Marot) als auch für das unregelmäßige Sonett (Ronsard, *Amours de Marie*).

U. Schulz-Buschhaus, M., 1969.

Maeterlinck, Maurice, 29. 8. 1862 Gent – 6. 5. 1949 Orlamonde bei Nizza, aus fläm. Familie, Jesuitenschüler, Jurastud., kam 1886 nach Paris und schrieb seit 1889 symbolist. Verse und Dramen. Früh berühmt durch s. erstes dramat. Werk *La princesse Maleine* (1889), über das Octave Mirbeau e. begeisterte Kritik schrieb (*Le Figaro,* 24. 8. 1890). 1911 erhielt er den Nobelpreis für Lit., 1940–46 emigrierte M. in die USA. Seit 1947 war er Präsident des Internationalen PEN-Clubs. Der Lyriker M. gab den exquisiten Dekadentismus von *Serres chaudes* (1889, ^{2}1900) bald auf u. wählte im zweiten Zyklus, *Douze chansons* (1897, ^{2}1923), e. oft affektierten, von Refrains durchsetzten Volksliedton in Kurzversen. S. philosoph. Essays über Sittlichkeit und Schicksal (*Le trésor des humbles,* 1896; *La sagesse et la destinée,* 1898; *La mort,* 1913; *Le grand secret,* 1921; *Avant le grand silence,* 1934; *Devant dieu,* 1937; *La grande porte,* 1939) erreichten e. größeres Publikum als s. Dramen, die wesentl. zur Erneuerung des trag. Schauspiels beitrugen (→*L'intruse,* →*Les aveugles, Les sept princesses,* 1891; →*Pelléas et Mélisande, Intérieur,* 1894; *La mort de Tintagiles,* 1894; *Ariane et Barbe-Bleue,* 1901; *Sœur Béatrice,* 1901; *Monna Vanna,* 1902; →*L'oiseau bleu, Marie Magdaleine,* 1913; *Le bourgmestre de Stilmonde,* 1919; *Les fiançailles,* 1922; *Le malheur passe,* 1925; *La puissance des morts,* 1926; *Marie Victoire,* 1927; *Juda de Kérioth,* 1929; *Jeanne d'Arc,* 1948; *Théâtre,* III 1901 f.; ^{2}1918 f.; *Théâtre inédit,* I 1959). M. bevorzugte vor 1900, solange s. Schaffen von schwerem Pessimismus gekennzeichnet war, den Einakter. Die Sprechweise der Figuren ist indirekt und bedeutungsschwer. Seit *Ariane et Barbe-Bleue* schrieb M. bevorzugt Psychodramen und gab den Marionettencharakter, der e. fatalist. Weltsicht implizierte, auf. In der naturkundl. Prosa bekannte sich M. zu e. myst. Pantheismus (*La vie des abeilles,* 1901; *L'intelligence des fleurs,* 1907; *La vie des termites,* 1926; *La vie de l'espace,* 1928; *La grande féerie,* 1929; *La vie des fourmis,* 1930). Ruysbroek, Novalis und Emerson sowie der röm. Stoizismus haben s. Denken beeinflußt (Autobiographie *Bulles bleues, souvenirs heureux,* 1948).

M. 1862–1962. Sous la direction de J. Hanse et de R. Vivier, Brüssel 1962; A. Pasquier, M., 1963; P. J. Maenner, M., 1965; G. Hermans, Les premières armes de M., 1967; M. Postic, M. et le symbolisme, 1970; R. Brucher, M., l'œuvre et son audience. Essai de bibl., Brüssel 1972; B.

L. Knapp, M., Boston 1975; P. Gorceix, Les affinités allemandes dans l'œuvre de M., 1976; B. Vedder, Das symbolist. Theater M.s, 1978; L. B. Konrad, Modern drama as crisis, New York 1980; S. Gross, M., 1985; G. Compère, M., Lyon 1990.

Mätressen franz. Kg.e →Estrées, →La Vallière, →Maintenon, →Du Barry, →Pompadour; franz. Präsidenten: *Le bon plaisir* von F. →Giroud.

Magazine littéraire, Lit.zs., 1966 gegr., 1967 von Jean-Jacques Brochier als monatl. Ausgabe mit jeweils einem Schwerpunkt (Autor, Thema oder Gattung) sowie dem Rezensionsteil konzipiert. Auflage 1992: 95 000 Ex.

Magdelon, Tochter des biederen Gorgibus, betrogene Preziöse in den →*Précieuses ridicules* von Molière.

Magny, Olivier de, 1529 (?) Cahors – 1561 Paris, Sekretär von Hugues →Salel, dessen Nachlaß er 1553 herausgab; seit 1553 preziöser Nachahmer der Pléiade-Dichtung (*Amours,* 1553; *Gayetés,* 1554; *Odes,* 1559). 1555 reiste er als Sekretär e. Diplomaten nach Rom, das ihn so wenig fesselte wie J. →Du Bellay (176 Sonette der Slg. *Soupirs,* 1557). Als Louise →Labé ihm nicht mehr die geforderte Liebe entgegenbrachte – der Charakter ihrer Verbindung ist nie geklärt worden –, rächte er sich mit e. Ode, die er an den Gatten der Dichterin in Lyon richtete. Am meisten überzeugen M.s Oden, unter denen sich Preisgedichte auf Bacchus und Merkur finden (*Œuvres complètes,* hg. E. Courbet VI 1871–80; *Les odes amoureuses,* hg. M. S. Whitney 1964; *Les gayetez,* hg. A. R. MacKay 1968; *Les deux cents sonnets des Amours de 1553,* hg. M. S. Whitney, Genf 1971).

J. Favre, M., étude biographique et littéraire, 1885.

Magre, Maurice, 26. 8. 1871 Villefranche – 19. 1. 1941 Toulouse, Autor gesellschaftl. engagierter Lyrik (*La chanson des hommes,* 1898), später freundl. Gelegenheitsgedichte (*Le poème de la jeunesse,* 1902; *La montée aux enfers,* 1918; *La porte du mystère,* 1924), feenhafter Kom. (*Le tocsin,* 1900; *La fille du soleil,* 1909; *Le sortilège,* 1911; *Sin,* 1911; *Arlequin,* 1921) und hist. Romane (*Lucifer,* 1929; *Le sang de Toulouse,* 1931; *La beauté invisible,* 1937; *Le parc des rossignols,* 1940). M. bekannte sich am Ende s. Heilssuche zum Buddhismus.

Maheu, Bergarbeiterfamilie im Mittelpunkt des Romans →*Germinal* von Zola, deren Schicksal mit dem des Arbeiterführers Étienne →Lantier verbunden wird.

Mahom, Mahun (= Mohammed), wird im Epos und Roman des MA als Götze aufgefaßt.

Mahomet, Verstrag. in fünf Akten von →Voltaire, begonnen 1738, EA Brüssel 1742, Urauff. 10. 4. 1741 Lille (Truppe von La Noue), Pariser Premiere 9. 8. 1742 Com. frçe. Die Trag. gestaltet das hist. Ereignis der Verbannung des Propheten aus Mekka u. erweitert den authent. Kern durch fiktive Figuren. Zopire, der Scheich von Mekka, hält Palmire, Mohammeds Geliebte, aus Rachsucht gefangen. In Wirklichkeit ist die schöne Sklavin s. eigene Tochter, und Séide, der Palmire ebenfalls liebt, ihr Bruder. Nachdem Mohammed erfolglos versucht hat, Zopire mit dieser Enthüllung zu erpressen, stiftet er den von ihm fanatisierten Séide zum Mord an s. unbekannten Vater an. Erst der sterbende Scheich erfährt, daß Palmire und Séide s. Kinder sind. Obgleich sie den verbrecher. Mohammed durchschaut haben, gelingt es ihnen nicht, das Volk gegen den Propheten zu mobilisieren; Séide wird vergiftet, s. Untergang als Gottesurteil propagandist. ausgewertet, Palmire gibt sich selbst den Tod. Mohammed ist der neue Tartuffe, dessen Charakterzüge bei Voltaire ins Politisch-Kriminelle überhöht sind; er verkörpert Intoleranz und Fanatismus, der zudem noch egoist. Antrieben dient. Nachdem die Trag. in Paris nur drei Auff. erlebte und auf Betreiben des Kardinals Fleury abgesetzt werden mußte, dedizierte Voltaire *M.* Papst Benedikt XIV., der die ›bellissima tragedia‹ gütigst entgegennahm. Goethe übersetzte das Werk.

R. E. Mitchell, The genesis, sources, composition and reception of Voltaire's M., Diss. Ohio 1961.

Maigret, Kriminalkommissar, Held zahlr. Romane von Georges →Simenon.

Maillet, Benoît de, 12.4. 1656 Saint-Mihiel – 30.1.1738 Marseille, Diplomat und aufklärer. Staatstheoretiker (*Telliamed ou entretiens d'un philosophe indien avec un missionnaire français* ..., postum Amsterdam II 1748).

Maine de Biran (eig. Marie François Pierre Gonthier de Biran), 29.11.1766 Bergerac – 16.7.1824 Paris, bekleidete polit. Ämter während des Directoire, Empire und der Restauration. Als Denker setzte M. sich vom Sensualismus Condillacs und Destutt de Tracys ab u. verkündete e. voluntarist. Psychologie, die sich naturwiss. Erklärungsversuchen entzieht. Victor Cousin gab s. *Œuvres philosophiques* heraus (IV 1834–41; krA 1988 ff.).

G. Funke, M. Philos. und polit. Denken zwischen Ancien Régime und Bürgerkönigtum, 1947; H. Gouhier, M. et ses histoires, 1949; J. C. Alciatore, Stendhal et M., Genf 1954; A. Cresson, M., sa vie, son œuvre, 1959; M. Henry, M., 1965.

Les mains sales, Drama in sieben Bildern von Jean-Paul →Sartre, EA 1948, Urauff. 2.4. 1948 Théâtre Antoine mit François Périer in der Rolle des Hugo. Sartre bearbeitete den polit. Stoff zunächst im Drehbuch *L'engrenage* (1946, Bühnenauff. 1969 Paris); Anspielungen auf das Schicksal Trotzkis, die man heraushören wollte, erklären den existentialist. Sinn des Geschehens kaum. Schauplatz der Handlung ist Illyrien, e. imaginärer Balkanstaat, wo während des II. Weltkriegs auf Weisung Moskaus die kommunist. Parteilinie revidiert werden muß. Der bürgerl. Journalist Hugo, verheiratet mit Jessica, die sich ihm intellektuell restlos unterordnet, entschließt sich zum Eintritt in die KP, deren Ziele er jedoch aus s. individualist. Perspektive heraus nie zu begreifen lernt. Ausgerechnet er stellt sich zur Verfügung, als der Parteisekretär Hoederer, dessen Kompromißbereitschaft gegenüber dem Liberalismus u. dem Fürsten des Landes in Moskau Verdacht erregt hat, beseitigt werden soll. In e. umfangreichen Rückblende werden die Ereignisse nach der Haftentlassung Hugos – er war wegen Mordes aus Eifersucht verurteilt worden – dargestellt. Hugo, der selbst die Freundschaft der Proletarierin Olga gewinnen wollte, tötete Hoederer, als er entdeckte, daß Jessica s. Geliebte geworden war. Später kann er nicht mehr entscheiden, ob er die Tat im Affekt oder aus polit. Überzeugung begangen hat; sicher ist nur, daß er nach der postumen Rehabilitierung Hoederers für die Partei untragbar geworden ist. S. große Apologie vor Olga verfängt nicht, Hugo erwartet s. Liquidierung. Er ist nicht ›verwendungsfähig‹, weil er als Idealist dazu neigt, polit. Einrichtungen verdinglicht zu sehen – nach Hoederers Worten die Weltsicht von Mönchen. Nur Intellektuelle und bürgerl. Anarchisten klammern sich an Ideen als Alibi für ihre Untätigkeit. Hoederer macht sich durch s. Kompromißbereitschaft im übertragenen Sinn die Hände schmutzig, weil er davon überzeugt ist, daß polit. Handeln und die von Hugo geforderte Reinheit der Idee sich ausschließen. Kompromisse sind aber takt. notwendig; diese Position vertritt Hoederer, während Hugos Haß auf die eigene Klasse und s. apodikt. formulierter Materialismus nur die Grundlage e. undialekt. Ideologie bilden.

H. Krauß, Die Praxis der ›littérature engagée‹ im Werk J.-P. Sartres 1938–48, 1970.

Maintenon, Françoise d'Aubigné marquise de, 1635–1719, heiratete 1652 Scarron, erzog als Witwe 1660 die Kinder Ludwigs XIV., der s. Mätresse 1684 heiml. in zweiter Ehe heiratete. 1686 gründete sie das Institut von Saint-Cyr zur Erziehung adliger Töchter (vgl. das Spätwerk Racines). Ihr Einfluß auf die Politik (etwa die Revokation des →Édit de Nantes, 1685) wurde überschätzt, wenn es der M. auch gelang, die relig. Praxis des Kg.s zu vertiefen. Laurent Angliviel de la Beaumelle verfaßte *Mémoires pour servir à l'histoire de M.* (1756), Coppée dramatisierte die Biographie der M. (1881). Die apokryphe Autobiogr. *L'allée du Roi* (1981), von Françoise Chandernagor, wurde ein großer Markterfolg.

M. Daniélou, M. éducatrice, 1946; K. Kyyrö, Mme de M. et J. Racine, Diss. Helsinki 1949; J. Cordelier, M., 1955; G. Mauguin, La jeunesse mystérieuse de M., 1959.

Mairet, Jean, 10. 5. 1604 Besançon – 31. 1. 1686, seit 1614 verwaist, Ausbildung in Paris, Freundschaft mit Viau; M. wurde vom Hzg. von Montmorency und von Richelieu gefördert, fungierte als Résident der Franche-Comté in Paris. 1636 trat er als Gegner Corneilles auf, dem er e. Plagiat vorwarf *(→Cid)*. Von s. Bühnendichtungen spielen drei e. bedeutende Rolle in der Entwicklung zum klass. Theater: die ›tragicomédie pastorale‹ *Sylvie* (1626) beachtete zwar die Regeln noch nicht, hob jedoch bukol. Klischees auf u. bereitete mit der psycholog. Durchdringung der Konflikte die Sittenkom. vor; die Tragikom. *Silvanire* (1629), e. Bearbeitung des gleichnam. Lesedramas von Honoré d'Urfé (1625), entsprach bereits weitgehend der klass. Forderung nach Einheitlichkeit der Handlung, der 24-Stundenregel u. der Einheit des Orts; *Sophonisbe* (1634; krA Ch. Dédéyan ²1969) ist die erste regelmäßige franz. Trag. Bis 1640 wandte sich M., mit sinkendem Erfolg, der Tragikom. zu (*Athénaïs,* 1637; *L'illustre corsaire,* 1637; *Sidonie,* 1640; *Les galanteries du duc d'Ossone,* hg. G. Dotoli 1972), dann gab er die Lit. auf, als s. Rivale Corneille neue Maßstäbe zu setzen begann.

E. Dannheiser, Stud. zu M.s Leben und Werken, 1888; W. Blandfort Kay, The theatre of M., Diss. Los Angeles 1965; B. Kay, The theatre of M., 1975; G. Dotoli, Matière et dramaturgie du théâtre de M., 1976; ders., Il cerchio aperto, la drammaturgia di M., Bari 1977.

La maison de rendez-vous (1965), Roman von Alain →Robbe-Grillet. Der Autor nimmt die

Struktur der Detektivgeschichte auf (→*Les gommes,* →*Le voyeur,* →*La jalousie,* vgl. zudem M. Butor, *L'emploi du temps*), um durch Verlegung der Handlung nach Hongkong den Bilderbuchexotismus e. bestimmten Art von Triviallit. zu parodieren. Aus Klischees von Agenten- u. Dirnenromanen formt Robbe-Grillet e. Collage, die nicht Wirklichkeit widerspiegelt, sondern e. Abfolge von Bildern markiert. Die Chronologie wird dabei außer acht gelassen: nachdem die letzten Worte der Lady Ava, der Besitzerin der geheimnisumwitterten Blauen Villa, mitgeteilt wurden, wiederholt sich später dieselbe Szene mit anderen Personen. Diese fingierte Unsicherheit des Erzählers, der Szenendoppelungen durchspielt und Rückverweise einlegt, soll e. aprior. Unvertrautheit mit dem Geschehen ausdrücken (vgl. Gide, *Les faux-monnayeurs*). Die Verklammerung der Episoden über die reale Distanz hinweg zu Kriminalfällen (Mord am Rauschgifthändler Manneret u. am Kaufmann Marchat) persifliert auch die Selbstsicherheit detektiv. Intuition im Unterhaltungsroman, beispielsweise von G. Simenon.

La maison du berger, Gedicht der Slg. *Destinées* von Alfred de →Vigny, ED 1844 *Revue des deux mondes.* Die Rolle des Dichters entspricht der Existenz des Schäfers; Einsamkeit und Zivilisationsferne garantieren s. moral. u. kulturellen Rang. Er distanziert sich überdies von der ›froide Nature‹, da sie ewig neu ersteht, während s. Leben flüchtig ist. Die Leiden der Menschheit beschäftigen ihn stärker als die Fülle der botan. u. animal. Welt; nicht empir. Erfahrung, sondern Visionen, die ›un Esprit pur‹ dem Dichter vermittelt, leiten ihn (vgl. auch das Gedicht *L'esprit pur*).

La maison du chat-qui-pelote, Roman von Honoré de →Balzac, entstanden 1829, EA 1830, u. d. T. *Gloire et malheur,* unter dem endgültigen Titel 1842 in die *Scènes de la vie privée* der *Comédie humaine* aufgenommen. Die Mesalliance zwischen Augustine Guillaume, der Tochter e. Tuchhändlers, u. dem romant. Maler Théodore de Sommervieux endet trag. durch wechselseitiges Mißverständnis; bürgerl. Rechtschaffenheit u. Genie vertragen sich nicht. Der Künstler, der sich in den mondänen Kreisen, zu denen Augustine keinen Zugang findet, gewandt zu bewegen weiß, betrügt s. 21jähr. Frau mit einer 36jähr. Adligen. Augustine versucht vergebens, die nötige Bildung zu erwerben, um in der Salonkonversation bestehen zu können; Balzac kommentiert das Scheitern ihrer Bemühungen mit dem Vermerk, geistreicher Lebensstil sei entweder angeboren oder werde von frühester Kindheit an durch Erziehung erworben. Zu spät erhält Augustine von ihrer Mutter den Hinweis, daß talentierte Individuen nicht für die Ehe taugen; e. Mätresse ihres Mannes erklärt ihr, Frauen müßten die Genies bewundern, sie wie e. Schauspiel genießen, jedoch niemals mit ihnen leben wollen. Dies wäre, als blickt man in der Oper hinter die Maschinerie, die die Bühnenillusion produziert. Augustine stirbt im Alter von 27 Jahren aus Kummer.

La maison Tellier (1881). Novellenslg. von Guy de →Maupassant. Beispielhaft mischen sich in der Titelnovelle Sarkasmus, Ironie u. naive Rührung, wie dies schon aus →*Boule de suif* geläufig ist. Die fünf

Mädchen e. Bordells in Fécamp, wo sowohl Matrosen als auch Honoratioren verkehren, ohne sich begegnen zu müssen, reisen mit der Inhaberin des Etablissements aufs Land, um mit deren Patenkind, Constance Rivet, Erstkommunion zu feiern. Gerührt von der Andacht der schluchzenden Prostituierten, deren Identität ihm natürl. unbekannt ist, preist der Pfarrer die Mädchen als ›Erbauung‹ s. Gemeinde. Trotz des Versuchs von Vater Rivet, sich mit e. von ihnen kostenlos zu vergnügen, verläuft der Tag, der im Freudenhaus mit e. ausgelassenen Feier endet, harmon. Ohne Rücksicht auf moral. Tabus, die die bessere Gesellschaft ohnehin nicht respektiert, schildert Maupassant in den Novellen die Getretenen u. Minderheiten mit Sympathie, dagegen meist mit sardon. Witz die satten Geprellten. Das soziale Milieu der Novellen (darunter *En famille, Histoire d'une femme de ferme, Confessions d'une femme, Farce normande, Une passion, Une partie de campagne, La femme de Paul*) reicht von der Welt der Dirnen bis zu der des Landadels.

H. Kessler, Maupassants Novellen, Typen und Themen, 1966.

Maistre, Joseph Marie comte de, 1.4.1753 Chambéry – 26.2.1821 Turin, älterer Bruder des Erzählers Xavier de →M., Diplomat u. Minister in sardin. Diensten, entschiedener Konterrevolutionär (vgl. auch Rivarol, Bonald) mit kleinstaatler. Horizont (*Considérations sur la France,* 1795; *Du pape,* 1819; *Les soirées de Saint-Pétersbourg,* 1821; *Examen de la philosophie de Bacon,* 1836; *Œuvres,* IV 1864; *Œuvres complètes,* Lyon XV 1884–87).

P. R. Rohden, M. als polit. Theoretiker, 1929; F. Bayle, Les idées politiques de M., Thèse 1945; E. Dermenghem, M., 1946; M. Huber. Die Staatsphilosophie von M. im Lichte des Thomismus, 1958; M. Hackenbroch, Zeitl. Herrschaft der göttl. Vorsehung. Gesellschaft und Recht bei M., 1964; M, Ravera, M., 1986.

Maistre, Xavier comte de, 8.11. 1763 Chambéry – 12.6.1852 St. Petersburg, jüngerer Bruder von Joseph de →M., diente im sardin., später russ. Heer, als Erzähler bekannt durch →*Voyage autour de ma chambre* (außerdem: *Le lépreux de la cité d'Aoste,* 1811; *Les prisonniers du Caucase,* 1815; *Brascovie ou la jeune sibérienne,* 1815; *Œuvres complètes,* III 1828; *Œuvres inédites,* 1877).

M. de La Fuye, M. gentilhomme européen, 1934.

Maistre Pierre Pathelin, Farce in 1600 Versen, entstanden 1461–69, EA 1485 oder 1486, hg. R. T. Holbrook [2]1937, J. Dufournet 1986; der Autor ist nicht mit Sicherheit zu identifizieren (Guillaume Alecis?). Der Advokat Pathelin u. s. Frau prellen den Tuchhändler Joceaulme um den Preis von sechs Ellen Tuch, indem sie ihn glauben machen, der Teufel in Pathelins Gestalt habe die Ware in Empfang genommen. Aber der schlaue Betrüger wird von e. noch schlaueren Hirten, Thibault l'Aignelet, den er gegen den Kaufmann verteidigt, selbst um s. Honorar geprellt. Das zweiteilige Werk, dessen Episoden in Echostruktur einander zugeordnet sind, da sowohl der Jurist wie der Hirte – der eine mit e. Wortschwall, der andere mit stereotypen Wiederholungen, die tier. Laute imitieren – den Kontrahenten außer Gefecht setzen, wurde vom Humanisten Reuchlin 1497, von Hans Sachs 1531 bearbeitet; im Schwank *Le nouveau Pathelin* (16. Jh.) kontaminiert e. Bearbeiter die Intrige des *M.* mit der Villonbiographie. Die Neubearbeitung durch David Augustin de Brueys, *L'avocat Pathelin* (1706), war e. Erfolgsstück an der Com. frçe; 1922 wurde im Vieux-Colombier e. Dramatisierung der Farce durch E. Allard aufgeführt.

J. Schumacher, Stud. zur Farce Pathelin, Diss. Berlin 1911; L. Cons, L'auteur de la farce de Pathelin, 1926; R. T. Holbrook, G. Alecis et Pathelin, Berkeley 1928; F. Rauhut, Die Kunst des Dialogs in der Exposition des Pathelin, ZrP 1965; O. Jodogne, M., 1975; F. Rauhut, Erklärungsbedürftige Stellen im M., ZrP 97, 1981; J. Dufournet/M. Rousse, Farce du M., 1986.

Le maître de Santiago, Schauspiel in drei Akten von Henry de →Montherlant, entstanden 1940–42, EA 1947, Urauff. 26. 1. 1948 Théâtre Hébertot, Paris; seit 1958 im Repertoire der Com. frçe., bei den Premieren spielte Henri Rollan die Hauptrolle. Don Alvaro Dabo, der letzte Großmeister des während der Reconquista zu legendärem Ruhm gelangten Ritterordens vom Hl. Jacob (Santiago), widersetzt sich 1519 dem fingierten Willen s. Kg.s und den vorrangig materiellen Absichten s. ehemaligen Freunde; er optiert gegen das Unrecht e. südamerikan. Expedition und damit gegen die Möglichkeit, s. Tochter Mariana standesgemäß auszustatten und zu verheiraten. Er, der von sich und s. Umwelt moral. Vollkommenheit fordert, beklagt, daß er nicht bei der Belagerung von Granada 1492 gefallen sei: vorher war Spanien nur durch die Ungläubigen besudelt worden, seitdem beschmutzt sich die machtgierige Nation jedoch selbst (I, 4). Der weiße Ordensmantel, in den er sich und Mariana hüllt (III, 5), wird zum Sinnbild der Reinheit und des völligen Verzichts auf die Welt. Don Alvaro will das Mönchsgelübde ablegen, Mariana weist den Gedanken an e. Ehe zurück. Hochfahrend begreifen sich Vater u. Tochter als die letzten Glieder e. in myst. Sinn elitären Generation. Dieser Mythos der Letztgeborenen ist sichtl. von der Romantik inspiriert (vgl. Chateaubriand, Nerval, Stendhal).

Le maître de son cœur, Kom. in drei Akten von Paul →Raynal, entstanden August–Oktober 1909, EA 1920, Urauff. 25. 6. 1920 Odéon, Paris. Die Inkongruenz der Stillagen in diesem Entfaltungsdrama, vom Autor als ›comédie‹ bezeichnet, ist die auffälligste Schwäche des Frühwerks. Aline ist e. Figur aus der Charakterkom., Henry aus dem Ideendrama, Simon aus der romant. Liebestrag. Die farblose vierte Rolle der Blanche wird nur mechan. in die Exposition eingefügt (I, 2), um Henrys Enttäuschung durch die Liebe zu demonstrieren u. s. Verwandlung um so spannender zu machen. Henry u. Simon sind das ideale Freundespaar. Aber Simon liebt auch überschwengl. Aline, die iron. mit s. Gefühlen spielt (I, 4). Aus Eifersucht auf die Freundschaft, die ihren Verehrer an Henry bindet, wendet sie sich verführer. diesem zu. Der Antagonismus der Geschlechter bricht auf: Henrys anfängl. galante Haltung verwandelt sich in Sarkasmus, als er Aline e. Lüge überführt; er zwingt sie, Simon zu erhören und verlangt dieses Opfer, um den Freund vor e. Demütigung zu retten. Da Aline entdeckt, daß Henry durch diesen Vorgang für die Liebe aufgeschlossen wurde, verweigert sie sich in e. weiteren Peripetie Simon und erklärt Henry ihre Leidenschaft; Simon erschießt sich. Das Psychodrama schließt nicht als Kom., was wie e. Vaudeville anhob, endet trag.

Le malade imaginaire, Comédie-ballet von →Molière, EA

1682; Urauff. 10. 2. 1673 Palais Royal, krA C. Borgal 1965. Molières letztes Stück, dessen Hauptrolle er wiederum selbst kreierte, steht in der bis zur ma. Farce zurückreichenden Tradition der Ärztesatire, die durch die Polemik der Buchgelehrten gegen die Chirurgen 1660 an Aktualität gewonnen hatte (vgl. früher schon *Le médecin volant,* 1651; *L'amour médecin,* 1665; *Le médecin malgré lui,* 1666; *Monsieur de Pourceaugnac,* 1669). Der dramat. Knoten ist auf die für Molière kennzeichnende einfache Weise geknüpft: e. eigensinniger u. verblendeter Vater, Argan, will die Tochter, Angélique, an e. Schwiegersohn s. Wahl verheiraten (vgl. auch *L'avare, Tartuffe, Le bourgeois gentilhomme, Les femmes savantes*). E. Arzt, Purgon, und e. Apotheker, Fleurant, kommen durch die eingebildete und suggerierte Krankheit Argans zu Reichtum; deswegen lebt der Patient im Glauben, alle Mediziner seien tüchtig u. vermögend. S. Tochter soll also nicht Cléante, den sie liebt, sondern den orthodoxen Aristoteliker Diafoirus, der das Vorhandensein des Blutkreislaufs hartnäckig leugnet, heiraten. In s. Verblendung fällt Argan auch auf die Dienerin Toinette herein, die ihn, als Doktor verkleidet, mit e. neuen Diät verunsichert. Als Argan auf Anraten der listenreichen Toinette den Toten spielt, erkennt er die Habsucht s. Frau Béline, an deren selbstlose Liebe er bisher geglaubt hat. Nun zeigt er sich dem Herzenswunsch s. aufrichtigen Angélique geneigt, unter der Bedingung freil., daß Cléante Arzt wird. Noch praktischer wäre, so gibt Argans Bruder, der Räsonneur des Stücks, zu bedenken, wenn der eingebildete Kranke selbst promovierte. Im Stil der burlesken Einlagen der Comédie-ballet wird Argan das Recht verliehen, ›ungestraft zu purgieren, zu stechen, zu schneiden und zu Tode zu bringen‹. Der Tanz der Mediziner, Chirurgen und Apotheker um den dekorierten Argan beschließt das Stück. Seit längerem schon schwer krank, erlitt Molière bei der vierten Vorstellung e. Schwächeanfall; kurz nachdem er in s. Wohnung gebracht worden war, starb er – noch im Kostüm s. Rolle. Auch der Schauspieler Rosimonde starb am 31. 10. 1686, nachdem er den Argan dargestellt hatte.

J. Arnavon, M., 1945; G. Attinger, L'esprit de la Commedia dell'arte dans le théâtre frç., Neuchâtel 1950; J. v. Stackelberg, M. (in: Das franz. Theater vom Barock bis zur Gegenwart, Bd. 1), 1968.

Malatesta, Schauspiel in vier Akten von Henry de →Montherlant, entstanden 1946, EA Lausanne 1946, Urauff. 19. 12. 1950 Théâtre Marigny, Paris (Ensemble der Compagnie Madeleine Renaud – Jean-Louis Barrault). Der Dramatiker stellt die letzten Monate im Leben des Condottiere u. Mythomanen M. als Tragödie e. zweifachen Verblendung dar. Im Streit um die Herrschaft über die Stadt Rimini 1468 unterschätzt M. die Weltklugheit Papst Pauls II. Denn als er e. Giftmord am Oberhaupt der Kirche plant, demütigt Paul ihn vor dem Kardinalskollegium, rührt ihn zu Tränen der Buße und entmachtet ihn schließl. sogar. Als Isotta de Rimini die Rückkehr ihres Gatten erwirkt, indem sie dem Papst an s. eigenen Person den zweifelhaften Wert von Intrigen und Gerüchten nachweist, ist M.s Ruhmsucht ungebrochen. Aber nun demütigt er s. Panegyriker, Porcellio Pandone, bis dieser ihn mit dem Gift, das, in e. Plutarchband versteckt, einst Paul den Tod bringen sollte, umbringt.

Zu spät erkennt der sterbende Held s. Verblendung. Die Geister berühmter Männer sind Chimären: Porcellio verbrennt das Ms. der begonnenen Vita, das Ende ist trostlos. Originell an dem pathosreichen Schauspiel ist die Bezweifelung des Renaissancemythos von der Verewigung großer Taten durch die Lit.

J. Datain, Montherlant et le mystère M., Alençon 1954.

Malborough s'en va-t-en guerre, Volkslied, das anläßlich der Schlacht von Malplaquet (1709) entstanden sein soll; Beaumarchais unterlegte die Melodie der Romanze des Chérubin in *Le mariage de Figaro* und machte sie dadurch erst volkstüml.

Le mal court, Drama in drei Akten von Jacques →Audiberti, EA 1947, Urauff. 25. 6. 1947 Théâtre de Poche, Paris. Zwei märchenhafte Länder, Okzidentalien und Duodezien repräsentieren die Großmacht und den Zwergstaat, wie sie im Europa des 18. Jh. typ. sind. Prinzessin Alarica hält e. Unbekannten, Ferdinand, für ihren Verlobten, Kg. Parfait von Okzidentalien, und will ihn in der Nacht vor der Hochzeit in ihr Gemach lassen; auf Veranlassung der Gouvernante stellt die Schloßgarde den Eindringling, wobei dieser verletzt wird. Vor Kg. Parfait, der sich von der Prinzessin aus Duodezien trennen will, kann Ferdinand den Vorgang aufklären: Kardinal de la Rosette, der s. Kg. von der Verbindung mit Alarica abgeraten hatte, da er auf e. Verbindung Parfaits mit der span. Krone hinarbeitet, hat auch diese kompromittierende Kom. inszeniert. Alarica, die sich von allen verraten sieht, entschließt sich nun zum Pakt mit dem Bösen, das ›umgeht‹. Sie gibt sich Ferdinand hin, läßt ihren Vater vom Thron stürzen und plant die Überwindung des Bösen durch das ausgeklügelt Böse. Anspielungen auf das Kostümdrama des Boulevardtheaters dienen dem Zweck, gerade die scheinbare Liebenswürdigkeit von Operettenfiguren zu demaskieren.

Malcrais de la Vigne, Mlle, Pseudonym, mit dem →Desforges-Maillart die lit. Welt täuschte, Anerkennung und Liebesbezeugungen erntete.

Malebranche, Nicole, 6. 8. 1638 Paris – 13. 10. 1715 ebda., Cartesianer, Vertreter des Okkasionalismus, für den Erkenntnis nur durch Mitwirkung Gottes und Teilhabe an Ideen, die göttl. Natur sind, mögl. ist, da Geist und Materie in keine unmittelbare Beziehung treten können (*Méditations chrétiennes,* 1683; *Entretiens sur la métaphysique et sur la religion,* 1688; *Œuvres complètes,* hg. D. Roustan / P. Schrecker 1938, *Œuvres,* éd. G. Rodis-Lewis, II 1979–92).

H. Gouhier, La philosophie de M. et son expérience religieuse, 1926; ders., La vocation de M., 1926; Ch. Orth, M. u. Augustinus, 1940; G. Rodis-Lewis, M., 1963; A. de Maria, Anthropologia e teodicea di M., Turin 1970; A. Robinet, M. de l'Ac. des Sciences. L'œuvre scientifique 1674–1715, 1970.

Malègue, Joseph, 8. 12. 1876 Latour d'Auvergne – 30. 12. 1940 Nantes, Lehrer, gestaltete als Erzähler relig. Konflikte (*Augustin ou le maître est là,* 1929; *Pierres noires,* 1948) u. thematisierte sie in den Essays *De l'annonciation à la nativité* (1935), *Petite suite liturgique* (1938), *Pénombres* (1939), *Sous la meule de dieu* (1948).

L. Emery, M., Lyon o. J.

Le malentendu, Prosaschauspiel in drei Akten von Albert →Camus, entstanden 1941 im besetzten Frkr., EA 1944, Urauff. 24. 6. 1944 Théâtre des Mathurins, Paris. Die Fabel des Stücks wurde von Camus in →*L'étranger* als Zeitungsmeldung mitgeteilt. Zacharias Werner hatte den Stoff auf Anraten Goethes bereits 1815 gestaltet *(Der vierundzwanzigste Februar)*. Aus zwei Motivkomplexen entsteht e. doppeltes Mißverständnis: Jan kehrt nach zwanzigjähriger Abwesenheit inkognito zu Mutter und Schwester nach Böhmen zurück, will von ihnen erkannt werden, ohne s. Namen nennen zu müssen – u. s. Schwester sehnt sich nach e. unwirkl. mediterranen Idealwelt, ermordet mit Hilfe ihrer Mutter Reisende, plündert sie aus, um Mittel für die Flucht aus der fahlen Einöde in die Hand zu bekommen. Ihr letztes Opfer ist Jan. Nachdem es zu spät ist, wird s. Paß entdeckt; Maria, Jans Frau, die auftritt, als Jans Leiche bereits auf dem Grund des Flusses liegt, erhält auf die Frage, wie diese Katastrophe mögl. war, die Antwort: ›Wenn Sie es durchaus wissen wollen: es war e. Mißverständnis. Und wenn Sie die Welt nur ein bißchen kennen, wird Sie das nicht verwundern.‹ Mit dem Stück wollte Camus nach eigener Darstellung die verheerende Wirkung der Unaufrichtigkeit in e. indifferenten Welt zeigen. Die Erkenntnisohnmacht der Frauen, die den Tod suchen, nachdem sie gemordet haben, entschuldigt sie zum Teil. Camus hatte in *M.* die erklärte Absicht, Gestalten, die in der heutigen Zeit denkbar sind, die Sprache der Trag. sprechen zu lassen; er glaubte dies zu erreichen, indem er dem Dialog etwas Vieldeutiges verlieh. ›Der Zuschauer sollte sich also gleichzeitig heimisch und fremd fühlen.‹

C. Gadourek, Les innocents et les coupables. Essai d'exégèse de l'œuvre de Camus, Den Haag 1963; M. Frauenrath, Le fils assassiné, 1974.

Malesherbes, Chrétien Guillaume de Lamoigon de, 6. 12. 1721 Paris – 22. 4. 1794 ebda. (hingerichtet), Erster Vorsitzender der Cour des Aides und 1752 bis 1763 oberster Zensurbeamter, der die Verbreitung der Aufklärung eher – durch Untätigkeit – begünstigte als verhinderte, wie es im Sinne der Krone und Kirche gewesen wäre. (*Mémoire sur la librairie et sur la liberté de la presse,* hg. G. E. Rodmell, Chapel Hill 1979). S. Verhalten verdankte die →*Encyclopédie* ihr komplettes Erscheinen u. Rousseau die Flucht aus Frkr. S. Nachfolger Marin reagierte entschieden strenger. M., Anhänger Turgots, wiederholt selbst Minister, gehörte der Ac. des sciences (1750), Ac. des Belles-Lettres (1759) und Ac. frçe. (1775) an. Er verurteilte die republikan. Entwicklung der Revolution und verteidigte Ludwig XVI. vor dem Konvent; er wurde selbst angeklagt und zum Tode verurteilt.

J. Allison, M., defender and reformer of the French monarchy, New Haven 1938; P. Grosclaude, M., 1961.

Malfilâtre, Jacques-Charles-Louis de Clinchamp de, 8. 10. 1733 Caen – 6. 3. 1767 Paris, Lyriker u. Übs. (*Les métamorphoses d'Ovide,* 1799; *Psalmes*), der bei Dichterwettstreiten in der Normandie Erfolge errang: Marmontel wurde bei e. solchen Gelegenheit auf s. Oden aufmerksam u. führte ihn 1758 in die Pariser Lit.kreise ein. In der Hauptstadt war er nach s. Zerwürfnis mit dem Grafen Brancas Lauraguais, der ihn eine Zeitlang als Sekretär beschäftigte, gezwungen, von Gelegenheitsgedichten und Auftragsarbeit (auch Theaterstücke) s. Existenz zu bestreiten. In dieser Phase entstand s. bedeutendstes deskriptives Gedicht, *Narcisse dans l'île de Vénus* (ED 1769; *Œuvres complètes* mit Anm. von Auger, 1805; *Le génie de Virgile,* hg. M. A. Miger 1810). Zu s. Tod im Elend dichtete Gilbert: ›La faim mit au tombeau M. ignoré; S'il n'eût été qu'un sot, il aurait prospéré.‹

A. Séché, Les poètes-misère (M., Gilbert), 1908.

Malherbe, François de, 1555 Caen – 16. 10. 1628 Paris, Konvertit aus protestant.-normann. Juristenfamilie, Stud. u. a. in Basel und Heidelberg, 1576–86 Sekretär des Hzg.s Henri von Angoulême (Gouverneur der Provence). 1601 empfahl Du Perron Heinrich IV. den Autor der *Ode de bienvenue à Marie de Médicis* als besten Lyriker Frkr.s; 1605 wurde M., der sich seit zwei Jahrzehnten um die Gunst Heinrichs bemüht hatte, an den Hof berufen. Er verkehrte im Hôtel de Rambouillet, begrüßte die polit. Ziele u. Methoden Richelieus. Als Dichtungstheoretiker leitete er mit der Forderung nach Verständlichkeit, log. Zusammenhang und handwerkl. Vollendung der Poesie die Klassik ein. M. lehnte Petrarca, Ronsard u. Desportes (*Commentaire sur Desportes,* 1606; hg. F. Brunot 1891) ab, Jean Bertaut dagegen ließ er gelten. Maynard, Racan und Deimier unterwarfen sich s. Ästhetik, durch die der freiere Sprachgebrauch der →Pléiade eingeschränkt wurde (Verbot von Hiatus, Enjambement, Ellipse, Archaismen, Fremd-, Dialekt- und Flickwörtern; strenge Einhaltung der Zäsur). M. verwarf Doppelsinnigkeit in poet. Texten ebenso wie die Allegorie oder allzu kühne Bilder. Er fixierte um 1612 das metr. Schema von Stanze und Elegie. Mit s. Lehre, deren Grundlagen er bereits in Südfrkr. durchdacht hatte, wandte sich M. an den Hof und das gebildete Pariser Publikum, wo Dichtung als diszipliniertes Spiel verstanden wurde. Unter den Zeitgenossen rief s. poet. Verfahren seit 1606 Kritik hervor. M.s Dichtung, Liebeslyrik, Psalmenparaphrasen, enkomiast. und eleg. Verse, in langwieriger Ausfeilung entstanden, stehen den autoritären theoret. Formulierungen an Innovationswert nach (*Ode au roi Henri le Grand,* 1600; *Consolation à Du Périer,* 1601?; *Prière pour le roi Henri le Grand allant en Limousin,* 1605). S. bedeutendster Schüler, den er jedoch nicht uneingeschränkt anerkannte, war François →Maynard. Urbain Chevreau schrieb *Remarques sur les œuvres poétiques de F. de M.* (Saumur 1660, hg. G. Boissière 1909). Die Poetik von →Boileau setzte M.s Purismus voraus. Erst die Romantik stellte s. Normen grundsätzl. in Frage; Baudelaire und Francis Ponge feierten s. Rationalität erneut (*Œuvres complètes,* hg. D. Roustan, 1938 ff.; *Œuvres poétiques,* 1630, hg. R. Fromilhague/R. Lebègue II 1968; *Œuvres,* hg. A. Adam 1971; *Poésies*, 1982).

F. Brunot, La doctrine de M., d'après son commentaire de Desportes, 1891, [2]1969; M. Souriau, La versification de M., 1912; R. Bray, La formation de la doctrine classique, [2]1963; R. Fromilhague, La vie de M., 1954; ders., M., technique et création poétique, 1954; F. Ponge, Pour un M., 1965; M. Boulgakow, Higher, hidden order: design and meaning in the odes of M., Chapel Hill 1972; N. Ruwet, M. Poétique 11, 1980.

Mallarmé, Stéphane, 18. 3. 1842 Paris – 19. 9. 1898 Valvins, Vater Beamter der Grundstücksverwaltung; 1852 kirchl. Pension in Passy, 1854 exklusives Internat, erste lit. Versuche. 1856 trat M. in das Lycée von Sens ein, 1860 scheiterte er im Baccalauréat. Die Lektüre der →*Fleurs du mal* wirkte auf ihn im Februar 1861 wie e. Offenbarung; seit 1862 erschienen s. Gedichte in Zss. M. lernte Cazalis kennen. Im November 1862 reiste er zusammen mit der Deutschen Maria Gerhard nach London; sie heirateten im August des nächsten Jahres. Im September 1864 wurde M. die Lehrbefähigung für Engl. erteilt, im November erhielt er e. Position am Lycée in Tournon. Im gleichen Jahr machte er die Bekanntschaft von Mistral und Théodore Aubanel; er arbeitete am Gedicht *Hérodiade,* seit 1865 an →*L'après-midi d'un faune.* Der *Parnasse contemporain* enthielt 1866 zehn M.gedichte, die später mit anderen Texten in den Band →*Poésies* (1887) aufgenommen wurden. Im Oktober wurde M. nach Besançon, e. Jahr später nach Avignon versetzt. Im Oktober 1871 nahm er s. Tätigkeit am Lycée Fontanes in Paris auf; 1872 wurde er mit Rimbaud, 1873 mit dem Maler Manet, 1874 bei diesem mit Zola bekannt. Die Ekloge *L'après-midi d'un faune* wird vom Verlag Lemerre als Beitrag zum *Parnasse contemporain* abgelehnt. M. gründete die Zs. *La Dernière mode,* die nach vier Monaten im Januar 1875 ihr Erscheinen einstellte. M. übersetzte Poe und arbeitete am Band *Les mots anglais.* 1884 zählte ihn Verlaine unter die *Poètes maudits;* der Held des Romans *A rebours* von Huysmans, Des Esseintes, rühmt M.s Dichtungen, wodurch der Lyriker e. breiteres Publikum erreichte. 1884 wurde M. Englischlehrer am Lycée Janson-de-Sailly, 1885 am Collège Rollin. 1887 erschienen im Verlag der *Revue indépendante* die *Poésies;* die Dienstagsempfänge (Mardis) des Dichters sind zu dieser Zeit bereits e. bekannter Treffpunkt symbolist. Autoren und ihrer Verehrer. Nachdem er 1889 e. Aktion zur materiellen Unterstützung für Villiers de l'Isle-Adam angeregt hatte, hielt er 1890 in Belgien Vorträge über das Werk s. Freundes; Paul Valéry und Gide stellten sich ihm briefl. vor u. erschienen 1892 bzw. 1893 zu den Mardis. 1894 unternahm M. e. Vortragsreise nach England. 1897 legten s. Schüler Henri de Régnier, Albert Mockel, Pierre Louÿs, Paul Claudel, Édouard Dujardin, Verhaeren, Rodenbach, Vielé-Griffin und Valéry dem Meister e. Album mit Gedichten zu s. Ehren vor. Der Prosaband *Divagations* und →*Un coup de dés jamais n'abolira le hasard* erschienen in diesem Jahr, während *Madrigaux* (1920), *Vers de circonstances* (1920) und *Contes indiens* (1927) erst veröffentlicht wurden, als M. die Entwicklung der franz. Poesie nicht mehr beeinflußte. Er hatte im Zeichen Baudelaires und des Parnasse zu dichten begonnen, u. er trieb die Abkehr von jeder Bekenntnislyrik noch weiter (→*Le tombeau de Charles Baudelaire*). Das genaue Verarbeiten der Worte, die Tilgung der Person des Autors, der sie formuliert, gilt e. ontolog. Ziel: Erzeugung des sprachl. Äquivalents für e. Ding, das nicht existiert. Kennzeichnend ist, daß seit 1865 der Begriff ›Nichts‹ für Mallarmé zum Synonym von ›Traum‹, ›Ideal‹, ›Azur‹ wurde (Prosatext *Igitur,* 1869, u. a.). Funktion des Stils ist ›abolition‹, M.s Farbsymbolik, in der Weiß e. hervorragenden Rang einnimmt, stimmt damit überein. M. ist sich jedoch der Vergeblichkeit s. Bemühens bewußt; die Dichotomie Sprache – absolutes Nichts wird damit zum eigentl. Thema s. reifen Lyrik, die als ›poésie pure‹ allenfalls intertextuelle Sinnbezüge zuläßt, jedenfalls dem Gedicht keine Referenzpunkte in der Lebenswelt zuweist. M.s Fächertexte können als Deutung der Ästhetik aus dem Geist der Mode gelesen werden. (*Œuvres complètes,* hg. H. Mondor/G. Jean-Aubry ²1951; *Correspondance,* hg. H. Mondor u. a. XI 1959–85; *Documents* M., éd. C. P. Barbier, V 1968–76).

H. Mondor, Vie de M., II 1941; K. Wais, M. ²1951; E. A. Bird, L'univers poétique de M. 1962; P.-O. Walzer, Essai sur M., 1963; Ch. Mauron, M. par lui-même, 1964; D. Steland, Dialekt. Gedanken in M.s ›Divagations‹, 1965; R. G. Cohn, Toward the poems of M., Berkeley 1965; ders., M.'s Masterwork, Den Haag 1966; N. Paxton, The development of M.'s prose style, Genf 1968; H. P. Lund, L'itinéraire de M., Kopenhagen 1969; S. Agosti, Il cigno di M., Rom 1970; D. Haas, Flucht aus der Wirklichkeit. Thematik u. sprachl. Gestaltung im Werk M.s, 1970; Documents M., III 1971; A. Vial, M., 1976; G. Regn, Konflikte der Interpretationen, 1978; M. Hardt, M., in: W.-D. Lange (Hg.), Franz. Lit. des 19. Jh.s III, 1980; R. Greer Cohn, Toward the poems of M., 1980; ders., M.: Igitur, 1981; L. Bersani, The death of M., Cambridge 1982; B. Marchal, Lecture de M., 1985; R. Bellet, M., 1987; M. L. Assad, La fiction et la mort dans l'œuvre de M., 1987; R. Dragonetti, Un fantôme dans le kiosque, 1992.

Mallet-Joris, Françoise, geb. 6. 7. 1930 Antwerpen, Schulbildung u. Stud. seit 1945 teilweise in den USA und in Paris, Autorin von Gesellschafts- und insbes. Familienromanen, in denen durch Heirat und alle Spielarten der Erotik Verbindungen zwischen Menschen geschaffen oder zerrissen werden. Ständig arbeitet die Erzählerin mit Rückblenden, um das Geflecht sozialer Strukturen detailliert nachzuweisen, darin dem Stil von Eugène Sue näher als ihrem erklärten Vorbild Balzac (*Le rempart des béguines,* 1951; *La chambre rouge,* 1951; *Les mensonges,* 1956; *L'empire céleste,* 1958; *Les personnages,* 1961; *Les signes et les prodiges,* 1966; Erzählungen *Cordélia* 1956; *Trois âges de la nuit,* 1968; Essays *Lettre à moi-même,* 1963; *Portrait de Marie Mancini,* 1965; Familienchroniken *La maison de papier,* 1971, und *Le jeu du souterrain,* 1973); 1960–65 Tätigkeit im Verlag Julliard, seitdem Mitgl. des Comité de lecture bei Grasset, 1971 Wahl in die Ac. Goncourt. 1978 erschien die Biogr. der Jeanne Guyon als Beispiel e. ›femme-victime‹, 1981 als Romanversion desselben Themas *Un chagrin d'amour et d'ailleurs,* 1983 die Slg. psycholog. Novellen, *Le clin d'oeil de l'ange,* 1985 *Le rire de Laura.*

Y. Berger, M. (Écrivains d'aujourd'hui 1940–1960, hg. B. Pingaud), 1960; M. Detry, M., 1976.

Malleville, Claude de, vor 1597 Paris – 1647 ebda., 1625 bis 1631 mit Unterbrechung im Dienst des Marschalls Bassompierre, Mitgl. der →Illustres Bergers u. durch s. Beziehungen zu Conrart von Anfang an Mitgl. der Ac. frçe. M. schrieb zahlr. Rondeaux, Madrigale, übersetzte aus dem Ital. u. ließ 1641 e. Bd. *Lettres d'amour* drucken. S. *Poésies* erschienen postum 1659, zahlr. Gedichte sind noch unveröffentlicht (Mss. Bibl. Arsenal). Bertaut und Du Perron blieben s. Vorbilder, bei ihnen entdeckte er die Intellektualisierung der Lyrik; daneben imitierte er den ital. Barockstil, z. B. Marinos. Als Epigrammdichter war M. Maynard überlegen.

Malot, Hector Henri, 20. 5. 1830 La Bouille/Seine-maritime – 17. 7. 1907 Fontenay-sous-bois, Jurastud., Journalist, Autor gefühlvoller Unterhaltungsromane und Kinderbücher (*Sans famille,* 1878; *En famille,* 1893; *Œuvres complètes,* 1892–98).

Malraux, André, 3. 11. 1901 Paris – 23. 11. 1976 Créteil, angebl. aus

Bankiersfamilie, Schulbildung vorzeitig abgebrochen; Autodidakt, verkehrte seit 1920 mit Literaten, Verlegern u. Galeriebesitzern der Avantgarde; Indochinareisen als Kunstsammler (Prozeß wegen Diebstahls) u. Journalist im Kampf gegen den Kolonialismus; fingierte Teilnahme an der chines. Revolution. Arbeit an narrativen u. theoret. Texten (Erzählungen *Lunes en papier,* 1921; →*La tentation de l'Occident,* →*Les conquérants, Royaume Farfelu,* 1928, →*La voie royale,* →*La condition humaine*). 1936–38 Propaganda für die span. Republik, Teilnahme am Bürgerkrieg als Kampfflieger u. Kommandeur des Geschwaders España *(→L'espoir, →Le temps du mépris).* 1939 brach M. mit dem Kommunismus (er war nie Mitgl. der KPF gewesen), nahm als Freiwilliger am II. Weltkrieg teil (Panzertruppe), floh aus dt. Gefangenschaft, wurde nach einigem Zögern 1944 Mitgl. der Résistance, Kommandeur der Brigade Alsace-Lorraine, die er aufbaute. M. wurde im ersten Kabinett De Gaulle 1945–46 Conseiller technique u. als Nachfolger von Jacques Soustelle Informationsminister; 1947–53 Generalsekretär u. Verfechter des gaullist. Rassemblement du peuple français. Während der V. Republik berief ihn De Gaulle wieder zum Informationsminister, Juni 1958–69 Minister für kulturelle Angelegenheiten. S. Memoiren enthalten Zeugnisse u. a. über s. Chinareisen, zuletzt 1965, u. über das polit. Denken De Gaulles nach der Amtsniederlegung (*Antimémoires,* 1967; →*Les chênes qu'on abat;* Essay *Le triangle noir,* 1970; *Oraisons funèbres,* 1971). Seit dem Weltkrieg beschäftigte M. sich bevorzugt mit ästhet. u. philosoph. Problemen (*Esquisse d'une psychologie du cinéma,* 1947; *Psychologie de l'art,* III 1947–50; *Essai sur Goya,* 1948; *Le musée imaginaire de la sculpture mondiale,* 1952–55; *La métamorphose des dieux,* 1957; Ausstellung der Fondation Maeght in Saint-Paul-de-Vence Sommer 1973 zu M.' Ehren). Unvollendet blieb der Romanzyklus *La lutte avec l'ange,* von dem als erster Teil *Les noyers de l'Altenburg* (1945) erschien; 1947 erschien e. Teilslg. s. Romane, 1970 e. vierbänd. Ausgabe s. Werke. Die M.kritik reicht vom Vorwurf des erot. Egoismus, der Anarchie, der kommunist. Vergiftung des Lesers bis zu Einwänden kommunist. Rezensenten, die Wirklichkeit sei stets anders gewesen, als sie sich in den Romanen, vor allem *Les conquérants, La voie royale* u. *La condition humaine,* darstelle. Dies ändert nichts an der Tatsache, daß die Übereinstimmung von heroischem Engagement des Autors und lit. Heroismus ein breites Publikum faszinierte. Ihm erschien M. als Schriftsteller, der e. Welt, die in beziehungslose Teile auseinanderzufallen schien, wieder auf ein Ordnungsprinzip hin ausrichtete, der die Antinomie von Gesellschaft und einzelnem aufhob, bei dem das Individuum, indem es sich von der sozialen Lage her versteht, s. Identität findet. Andererseits bedeutete für M., dessen Eintreten für De Gaulle wohl aus der Abneigung gegen Stalin erwachsen war, Gaullismus den polit. Ausdruck von Freiheit, Brüderlichkeit und Autorität im Nationalstaat; Revolution war für ihn, seit er →*Quatrevingt-treize* von Hugo gelesen hatte, verbunden mit dem nationalen Mythos. Die Kommunisten, damals vor allem ihr Sprecher Roger Garaudy, warfen M. deswegen vor, er sehe in der Revolution weniger e. Mittel zur Lösung von Widersprüchen als den Vorwand zu eigenen lyr. Gebärden; M. sei der Maurras der Unordnung, s. geistiger Vorfahre, Trotzki; Geschichte höre auf, s. Darstellungsgegenstand zu sein u. entarte zur Kulisse für e. an sich sozial u. hist. indifferente philosoph.-anthropolog. Problematik. Die tiefere Einheit des Romanwerks vor allem stellt sich heute so dar: die Helden, vom Typus des intellektuellen Empörers, versuchen die Condition humaine zu beherrschen, anstatt ihr ausgeliefert zu sein. Ihre Würde gründet gerade auf dem Nichts, dem sie ausgesetzt sind, sie wehren sich dagegen, von gesellschaftl. wie universalen Zwängen erdrückt zu werden. Kunst allein rettet den Menschen vor der Faszination des Nichts, daher impliziert die Kunsttheorie der späteren Periode keinen Bruch mit dem Erzählwerk, sie antwortet vielmehr auf die Schicksalsfrage. Postum erschien *L'homme précaire et la littérature* (1977, Darlegung e. Kulturtheorie aus der Haltung des Staunens). F. J. Grover publizierte 1979 *Six entretiens avec M.* (1959–75, zu Drieu la Rochelle, Barrès, Céline, Paulhan . . .; *OC,* éd. P. Brunel 1989 ff.).

G. Picon, M., 1946; ders., M. par lui-même, 1953; Cl. Mauriac, M. ou le mal des héros, 1946; P. de Boisdeffre, M., 1952; G. Sigaux, M., 1959; J. Hoffmann, L'humanisme de M., 1963; A. Vandegans, La jeunesse d'A. M., 1964; R. W. B. Lewis (Hg.), A collection of critical essays, Englewood Cliffs 1964; W. G. Langlois, L'aventure indochinoise de M., 1967; D. Wilkinson, M., Cambridge/Mass. 1967; D. Boak, M., Oxford 1968; I. Juilland, Dictionnaire des idées dans l'œuvre de M., Den Haag 1968; J. Mossuz, M. et le gaullisme, 1970; P. Gaillard, Les critiques de notre temps et M., 1970; H. Balz, Aragon-M.-Camus, 1970; D. Marion, M., 1970; P. Galante, M. Quel roman que sa vie, 1971; P. Sabourin, La réflexion sur l'art d'A. M. Origines et évolutions, 1972; R. Payne, M., 1973; F. J. Albersmeier, M. u. der Film 1973; J. Lacouture, M., une vie dans le siècle, [2]1975; A. Madsen, M., New York 1976; G. Suarès, M., celui qui vient, 1979; Ph. et F. de Saint-Chéron, Notre M., 1979; R. Tarica, Imagery in the novels of M., London/Toronto 1980; Sondernr. RhlF 2, 1981; M. Cazenave (Ed.), M., 1982; W. Engler, M., in: W.-D. Lange (Hg.), Franz. Lit. des 20. Jh.s, 1986.

Malraux, Clara (geb. Goldschmidt), 1897 – 1982 Moulin d'Ande (Eure), 1. Frau von André →M., die ihm Kenntnisse der dt. Lit. u. Philosophie vermittelte. Sie verfaßte Memoiren (*Le bruit de nos pas,* VI 1963–79) u. die Biogr. *Rahel, ma grande soeur, un salon littéraire à Berlin au temps du romantisme* (1980).

Mamamouchi, fiktiver türk. Adelstitel, den Cléante s. Schwiegervater Jourdain im →*Bourgeois gentilhomme* von Molière verleiht.

Les mamelles de Tirésias, Drame surréaliste en deux actes et un prologue, von Guillaume →Apollinaire, EA 1918, Urauff. 24. 6. 1917 Théâtre Maubel, Paris. Die Posse vom Geschlechterwechsel mit mechan. Zutaten – Thérèse schleudert ihre Luftballonbrüste ins Publikum u. wendet sich als Teiresias gesellschaftspolit. Aufgaben zu – u. von der androgynen Kinderzeugung – ihr verlassener Ehemann bringt, um der drohenden Entvölkerung Sansibars zu steuern, an einem Tag 40 049 Kinder zur Welt – war vom Dramatiker als ernsthafter Beitrag zur Bevölkerungspolitik vorgestellt worden. Sie steht unter dem Stilzwang des alog. Theaters von Jarry *(→Ubu roi)* und der dadaist. Ästhetik. Im Prolog rühmt Apollinaire die gehäufte Inkohärenz, den vorsätzl. Stilbruch u. bedauert, daß e. angemessene Bühnenkonstruktion, die den Zuschauer in der Mitte plaziert (vgl. Antonin Artauds Konzeption von 1938), vorläufig nur in der Theorie existiert. Den Neologismus ›surrealiste‹ interpretiert Apollinaire als Absage an das mimet. Prinzip, Verzicht auf didakt. Gehalt, auf stringente Motivierung der Handlung und auf das Lokalkolorit (der Schauplatz Sansibar hat in *M.* lediglich die Funktion, den Zuschauer zu irritieren). Der Autor läßt in s. ›drame surrealiste‹ unbeseelte Objekte sprechen u. betraut den im übrigen stummen Chorsprecher mit der kakophon. Untermalung. F. Poulenc schrieb nach der Vorlage e. Opera buffa (1947).

T. Heydenreich, G. Apollinaire: M. (Das mod. franz. Drama, hg. W. Pabst), 1971.

Mancini-Mazarini, Louis-Jules, Hzg. von Nivernais, 16. 12. 1716 Paris – 25. 2. 1798 ebda., Nachfahre von Mazarin, Botschafter in Rom, Berlin u. London, Nachfolger Massillons in der Ac. frçe., fiel mit dem Hzg. von Choiseul in Ungnade, überlebte die Zeit der Schreckensherrschaft. 1796 gab er s. *Œuvres complètes* heraus (mehrere hundert Fabeln, Elegien, Episteln, Epigramme, Übs. u. Nachdichtungen; *Œuvres posthumes,* hg. François de Neufchâteau II 1802). Poesie war sichtl. nicht die Stärke des Höflings u. angenehmen Gesellschafters, den Chateaubriand u. der Prince de Ligne schätzten.

Blampignon, Un grand seigneur au XVIIIe siècle: Le duc de Nivernais, 1888; L. Perey, Le duc de Nivernais, 1889–91.

Les mandarins, Roman von Simone de →Beauvoir, entstanden 1950–54, EA 1954. Personale u. neutrale Erzählhaltung sowie Reflexionen werden in *M.* kombiniert. Der frühere Sorbonneprof. Robert Dubreuilh, verheiratet mit der Neurologin Anne, plant die Gründung e. von der KPF unabhängigen Linkspartei u. gewinnt Henri Perron, den Direktor der Zeitung *L'Espoir,* für s. Pläne. Perron täuscht sich über die Situation des Blattes, wenn er behauptet, die Redaktion könne auch in Zukunft ohne e. a priori formuliertes polit. Programm arbeiten. Bereits durch den Anschluß an Dubreuilh verliert *L'Espoir* Leser u. ist auf das Kapital des Industriellen Trarieux angewiesen. Perron beginnt an der Aufrichtigkeit s. Freundes Dubreuilh zu zweifeln; vorläufig gelingt es ihm, durch die Anwesenheit von Lambert in der Zeitung e. Mehrheit für s. ideolog. Linie zu sichern. Jetzt stellt sich Dubreuilh gegen die Publikation e. Reportage über Arbeitslager in der Sowjetunion, da er befürchtet, in der polit. Konstellation der IV. Republik schade die Veröffentlichung den Zielen des Klassenkampfs. Dies führt zum Bruch zwischen den Partnern, das Komitee des SRL schließt Perron aus u. bricht s. Beziehungen zu *L'Espoir* ab. Dubreuilh, dem Kommunisten vorgeworfen haben, bei der Durchsetzung der Volksfront sei er Literat geblieben, anstatt sich im Klassenkampf zu engagieren, widmet sich wieder der Dichtung; auch Perron zieht sich auf s. schriftsteller. Tätigkeit zurück, nachdem er von Lambert wegen e. Meineids erpreßt wurde u. die Leitung s. Zeitung niederlegen mußte. Lambert u. Trarieux gelingt es, die Zeitung ins gaullist. Lager zu ziehen. Währenddessen reiste Anne Dubreuilh zu e. Kongreß in die USA u. lernte in Chicago Lewis kennen u. lieben, stolz darauf, daß er sie u. sie ihn bewußt, wenn auch ohne den Anspruch auf Dauer, zum Partner erwählt hat. Freizügigkeit, nicht Frivolität regelt alle Beziehungen in *M.* Perron, der mit Paule u. Josette liiert war, heiratet Nadine Dubreuilh. Anne bindet sich an Robert, Lewis u. e. Renegaten aus dem Ostblock. Bis zuletzt glauben die ›Mandarine‹, d. h. die fortschrittl. Intellektuellen, an die Macht des geschriebenen Worts – die Sartre spätestens seit *Les mots* in Frage stellt – u. verzweifeln nicht, als sie stets von neuem s. Ohnmacht erfahren. Perron gibt Dubreuilh recht, wenn er fordert, bei der Aufhebung e. Alternative gelte es, das Wertvolle zu wählen, die Geschichte nicht an Mythen, sondern an der mögl. Verbesserung der Lebensbedingungen zu messen. Anne bringt ihre Haltung auf die Formel: ›ou on sombre dans l'indifférence, ou la terre se repeuple‹. Der Roman, dessen Ethos mit der Formulierung existentialist. Positionen verbunden ist, wurde bei s. Erscheinen von Eingeweihten als Schlüsselgeschichte begriffen: Robert trägt Züge von Sartre, Henri von Camus, u. in Anne idealisierte sich die Autorin selbst. *M.,* dessen dokumentar. Wert leicht überschätzt wird, erhielt den Prix Goncourt.

Manette Salomon, (1867), Roman von Edmond u. Jules de →Goncourt. In diesem Künstlerroman spielen rass. Auseinandersetzungen, physiolog. u. materielle Entwicklungen die entscheidende Rolle. Die Kunst des Malers Coriolis, die 1855 noch als revolutionär galt, gleitet ins Kunsthandwerk ab, als sich s. Verhältnis zur schönen M., die von ihm schwanger ist, in e. ›arisch-semit. Auseinandersetzung‹ pervertiert; Coriolis ist dem anhaltenden Streit nicht gewachsen, s. künstler. Genie versiegt. S. Freund Anatole vermag das neuartige Kunstwerk, das ihm vorschwebt, gleichfalls nicht zu verwirklichen, er resigniert und nimmt e. Stelle im Botan. Garten von Paris an. Indessen entwickelt sich ihr unbegabter Freund Garnotelle zum Modeporträtisten u. heiratet e. Adlige, während Chassagnol, den sie ebenfalls seit ihrer Studentenzeit kennen, unbekümmert um die Sorgen des tägl. Lebens, Theorien über Theorien formuliert u. sich von seiner Frau aushalten läßt. Die Goncourts entkleiden das Künstlerleben aller operettenhaften Romantik u. illustrieren die Abhängigkeit des schöpfer. Individuums von Umwelteinflüssen. Dieser heute zu Unrecht vergessene Künstlerroman wurde bald zum Glaubensbekenntnis für die impressionist. u. nachimpressionist. Künstler von Monet über Degas zu Cézanne, Seurat u. van Gogh, denn die Goncourts propagierten darin bereits 1867 die Freilichtmalerei, den Japonismus u. den städt. Modernismus; überdies brachte der Roman e. subtile psycholog. u. soziolog. Studie der Künstlertypen und Künstlerkreise in Paris von 1840 bis 1860.

K. v. Maur, Französ. Künstler des 19. Jh. in den Schriften der Brüder Goncourt, Diss. Tübingen 1966.

Mangogul, kongoles. Sultan, Zentralfigur in Diderots Roman →*Les bijoux indiscrets,* e. verschlüsseltes Porträt Ludwigs XV.

Manifeste des 121. Déclaration sur le droit à l'insoumission dans la guerre d'Algérie, Vérité-Liberté Nr. 4, Sept.–Okt. 1960. Stellungnahme gegen die damalige Algerienpolitik, militärische Aktionen und namentl. die Anwendung der Folter. Unter den mehr als 121 Unterschriften diejenige von Beauvoir, Sartre, Blanchot, Jean-François Revel, Adamov, Breton, Louis-René Des Forêts, Duras, Robbe-Grillet, Sarraute, Claude Simon, Pierre Boulez, Simone Signoret, Alain Resnais.

Manifeste des cinq, Pamphlet von Paul Bonnetain, J.-H. Rosny, Lucien Descaves, Paul Margueritte u. Gustave Guiches, veröffentlicht im *Figaro* 18. 8. 1887, offener Brief von Zolaschülern, die die krasse Darstellung des bäuerl. Lebens in →*La terre* verurteilten. Rosny redigierte den Text.

Manifeste des plébéiens, kommunist. Manifest von →Babeuf, ED in s. Zs. *Le Tribun du peuple* (Nr. 35, 1795). Die staatl. Einrichtungen müßten ›le bonheur commun‹ u. ›l'égalité parfaite‹ garantieren, tatsächl. begünstigen sie die Ausbeutung der vielen durch die wenigen. Uneingeschränktes Recht auf Privateigentum bedeutet das Recht des Stärkeren; zu den Voraussetzungen jeder Republik gehört daher s. Begrenzung. Das *M.* fordert die ›égalité de fait‹, wie Rousseau (dessen Gesellschaftsfeindlichkeit B. freil. tadelt) u. Morelly sie prophezeit haben. Erst die wirtschaftl. Umwälzung (›la révolution dans les choses‹) vollendet die polit. Revolution (›la révolution dans les esprits‹), die dem III. Stand die Anerkennung s. ökonom. Errungenschaften brachte, während sie die Armut der Kleinbauern u. Lohnabhängigen nicht beseitigte.

Manifeste du surréalisme (1924), Lebens- u. Kunstlehre von André →Breton. In dieser grundlegenden Programmschrift geht der Haupttheoretiker der surrealist. Bewegung davon aus, daß allein die Imagination Rechenschaft ablegt von dem, was mögl. ist: mit log. Verfahren lassen sich allenfalls nachgeordnete Lebensfragen lösen. Der Empirismus hat die Methode der Wahrheitssuche in verhängnisvoller Weise eingeengt. In dieser Hinsicht bedeuten die tiefenpsycholog. Entdeckungen von S. Freud e. Wende. Den Traumzustand zeichnet e. Universalität aus, die nach Bretons Auffassung dem Wachzustand nicht eignet – bei diesem wird das relative Gleichgewicht durch Interferenz- u. Ausfallerscheinungen sowie durch Mißverständnisse gestört. Der Träumende dagegen ist mit sich im Einklang, da er die Frage nach der Wahrscheinlichkeit s. Bewußtseinsinhalte nicht beantworten muß. Saint-Pol-Roux ließ, wenn er sich niederlegte, an s. Tür e. Schild anbringen: ›Le poète travaille‹. Da die Geschwindigkeit der Denkprozesse nicht höher ist als diejenige e. Niederschrift, können von psych. Prozessen Protokolle angelegt werden; Philippe Soupault u. Breton selbst haben diese ›écriture de la pensée‹ trainiert. Sie nannten die neue Ausdrucksform zu Ehren von Guillaume Apollinaire ›surréalisme‹ *(→Les mamelles de Tirésias),* sie hätten auch den Terminus ›supernaturalisme‹ von Gérard de Nerval übernehmen können. Im Stil e. Lexikonartikels definiert Breton Surrealismus als reinen psych. Automatismus, durch den schriftl., mündl. oder in e. anderen Medium das wirkl. Funktionieren des Denkens auszudrücken ist. ›Dictée de la pensée, en l'absence de tout contrôle exercé par la raison, en dehors de toute préoccupation esthétique ou morale‹. Der Surrealismus gründet auf dem Glauben an die Überlegenheit bestimmter Assoziationen, die bisher vernachlässigt wurden; er setzt die Allmacht des Traums u. das beliebige Spiel psych. Mechanismen voraus. Dem ›absoluten Surrealismus‹ hängen nach Bretons Kanon folgende Autoren an: Aragon, Baron, Boiffard, Breton, Carrive, Crevel, Delteil, Desnos, Éluard, Gérard, Limbour, Malkine, Morise, Naville, Noll, Péret, Picon, Soupault, Vitrac. Ihre Vorläufer sieht Breton in Swift, Sade, Young, Chateaubriand, Constant (›surréaliste en politique‹), Hugo, Desbordes-Valmore, Bertrand, Rabbe, Poe, Baudelaire, Rimbaud, Mallarmé, Lautréamont, Jarry (›surréaliste dans l'absinthe‹), Nouveau, Saint-Pol-Roux, Fargue, Vaché, Reverdy, Saint-John Perse, Roussel. Die Aufzählung ist chaot. – Breton wollte damit nur auf Schriftsteller aufmerksam machen, deren Ästhetik die Dissonanz einbezieht. Demnach sind die schönsten surrealist. Bilder diejenigen, die ein Höchstmaß an Beliebigkeit ausdrücken: ›le rubis de champagne‹ (Lautréamont), ›une église se dressait éclatante comme une cloche‹ (Soupault). Versenkung in den Surrealismus garantiert e. der kindl. Mentalität vergleichbaren Zustand, den die ›écriture automatique‹ fixiert. Als absoluter Nonkonformismus ist der Surrealismus über die ästhet. Innovation hinaus e. Existenzprogramm. Dem Manifest von 1924 ließ Breton 1930 e. zweites u. 1942 Prolegomena zu e. dritten folgen. Für s. Lehre brauchte Breton das Gegenbild e. Realismus, der mittelmäßig u. selbstzufrieden das Nichtssagende kumuliert u. sich vor allem im Roman ausdrückt. Der Roman trivialisiere die großen Sinnfragen – Kunst, die aus dem Surrealismus hervorgehen soll, sei dagegen universal u. authent. Hier zeichnet sich die Gefahr ab, daß ein moral. Prinzip – die Ehrlichkeit – zum Maßstab künstler. Qualität gemacht werden könnte. Sie korreliert mit der Forderung Bretons u. s. Freunde, Dichtung nicht nur als Mimesis der Lebenspraxis, sondern als Teil der Lebenspraxis selbst anzusehen; Zerschlagung sprachl. Konventionen ist ein Teil des Kampfes gegen gesellschaftl. Zwänge, ästhet. u. zugleich polit. Subversion.

P. Bürger (Hg.), Surrealismus, 1982.

Manon Lescaut →*Histoire du chevalier Des Grieux et de Manon Lescaut.*

Maquet, Auguste, 1813 Paris – 1888 Saint-Mesme, Geschichtslehrer am Lycée Charlemagne, Literat (Dramen u. Romane), den Nerval 1838 Alexandre →Dumas père vorstellte. Bis 1851 arbeitete M. an Dumas' Roman- u. Dramenwerk mit u. lieferte in der Regel den 1. Entwurf. 1848 kaufte Dumas ihm s. Anteil an den bisher gemeinsam verfaßten Titeln für 145 000 Francs, zahlbar bis 1859, ab, wurde jedoch 1850 vertragsbrüchig. M. verklagte ihn, ohne Erfolg. Seit 1853 veröffentlichte er hist. Romane unter s. Namen.

G. Simon, Histoire d'une collaboration, documents inédits, 1919.

Marais, Jean (eig. M.-Villain), geb. 11. 12. 1913 Cherbourg, Bühnen- u. Filmschauspieler, kreierte zahlr. Rollen s. Freundes Cocteau (u. a. in der Verfilmung von *Les parents terribles* u. *Orphée,* der Bühnenfassung von *La machine à écrire* u. *L'aigle à deux têtes*), gefeiert in Mantel- und Degenrollen (Verfilmungen *Le comte de Monte-Cristo,* 1953; *Capitaine Fracasse,* 1961), Autor von *Contes* (1978), mit eigenen Illustrationen.

J. Cocteau, M., 1951.

Maran, René, 1887–1960, Erzähler, der die Kolonien zum Thema u. Schauplatz s. Romane machte (*Batouala, véritable roman nègre,* Prix

Goncourt 1921; *Djouma chien de brousse,* 1927; *M'bala l'éléphant,* 1943).

Marat, Jean-Paul Mara, gen., 24. 5. 1744 Boudry/Neuchâtel (Schweiz) – 13. 7. 1793 Paris (von Charlotte de →Corday ermordet), Sohn e. sard. Einwanderers, 1759–62 Hauslehrer in Bordeaux, anschließend bis 1775 in Paris und England vor allem Medizinstud. Bereits in den 70er Jahren schrieb M. den Briefroman *Aventures du jeune comte Potowsky* (postum 1848), die materialist. Schrift *De l'homme* (engl. Fassung 1773, franz. EA 1776) sowie e. Essay über den Parlamentarismus, *Les chaînes de l'esclavage* (1774). Während s. Tätigkeit als Militärarzt beim Grafen von Artois (1777–84) gewann er zwar e. brillante Kundschaft, die Ac. des sciences versagte s. physikal. Experimenten jedoch die erhoffte Anerkennung. Beim Ausbruch der Revolution gehörte M. nicht zu den gesellschaftl. maßgebenden Kreisen; der gebildete Kleinbürger antizipierte durch s. republikan. Ideologie bereits die polit. Massenmeinung, die durch →*L'Ami du peuple* von 1789–93 erhellt werden sollte. Nach der Wahl des Visionärs zum Deputierten bekannte er, den die Girondisten zusammen mit Robespierre und Danton des Führungsanspruchs anklagten, sich als einziger zur Notwendigkeit e. revolutionären Diktatur u. plädierte 1793 für die Vergesellschaftung des adligen Grundbesitzes. Als e. Parteigängerin der Girondisten M. im Bad erdolchte, war der populäre Republikaner durch schwere Krankheit bereits an der Mitwirkung bei der polit. Willensbildung gehindert. In s. Revolutionstheorie entsprachen die Mittel den Zielen; darunter verstand er die Volkserhebung und Säuberung von allen Elementen, die die ›Kristallisation‹ der Revolution trüben. Die Apotheose und der Untergang des ›Volksfreundes‹ beschäftigte neben den Historikern zahlr. Dichter. Für die klassizist. Marat-Trag. von J. B. Salles (1794) ebenso wie für das *Marat/Sade*-Stück von Peter Weiss (1966) ist das Gestaltungsprinzip der Entheroisierung bei gleichzeitiger intensiver Politisierung des Vorgangs kennzeichend, während vor allem romant. Bearbeitungen den Konflikt individualisieren (V. Ducange / A. Bourgeois, *Sept heures,* 1829; R. Destourbet, 1831; L. Colet, 1842; Dumanoir / Clarville 1847).

J. Massu, M., 1960; J.-C. Bonnet, La mort de M., 1986.

Marc, König von Cornwall, Onkel des →Tristan, des Geliebten s. Gemahlin →Iseut la Bloie.

Marcabru, um 1129–1150, gaskogn. Trobador von einfacher Herkunft. Er lebte an franz. und span. Höfen. S. 42 Lieder (bevorzugt Sirventese) verraten satir. Engagement u. Dekadenzbewußtsein; iron. spielt M. mit Stilprinzipien des →Trobar clus, das er mitgeschaffen hat. S. Pastourelle *L'autrier jost' une sebissa* ist der älteste Beleg der Gattung (*Poésies complètes,* hg. J. M. L. Dejeanne, Toulouse 1909, n. 1971).

K. Vossler, Der Trobador M. u. die Anfänge des gekünstelten Stils, 1913; G. Errante, M. e le fonti sacre dell' antica lirica romanza, Florenz 1948; R. Harvey, M., London 1989.

Marceau, Félicien (eig. Louis Carette), geb. 16. 9. 1913 Kortenberg bei Brüssel, Schulbildung in Internaten, Stud. Brüssel und Löwen, 1935–42 Journalist beim belg. Rundfunk, wegen Kollaboration 1945–52 im Exil (Dtl., Italien,

Frkr.), lebt seitdem in Paris; Lit.kritiker (*Casanova ou l'Anti-Don-Juan,* 1949; *Balzac et son monde,* 1955; Anthologie von Restif de la Bretonne, 1964), Autor von Gesellschaftsromanen (*Chasseneuil,* 1948; *Chair et cuir,* 1951; *Capri, petite île,* 1951; *L'homme du roi,* 1952; *Bergère légère,* 1953; *Les élans du cœur,* 1955; *Les diamants de Mlle Antoinette,* 1959; →*Creezy, Les ingenus,* 1992; *La terrasse de Lucrezia,* 1993) u. Kom.dichter (*L'école des moroses,* 1951; *Caterina,* 1954; →*L'œuf, La bonne soupe ou le vison,* 1958; *L'étouffe-chrétien,* 1960; *Les cailloux,* 1962; *La preuve par quatre,* 1964; *Madame princesse,* 1965; *Un jour j'ai rencontré la vérité,* 1967; *Le babour,* 1969; *L'ouvre-boîte,* Urauff. 25.9. 1972 Théâtre de l'Œuvre). In e. Welt, die von Toren bevölkert ist, flüchten sich die handelnden Personen in e. Rollenspiel, um ihren latenten Agnostizismus zu verdrängen. 1968 erschien die Autobiographie *Les années courtes,* 1983 die Casanova-Biogr. *Une insolente liberté,* 1984 der Abenteuerroman *Appelez-moi Mademoiselle* (Schmuggel zwischen Tanger u. Italien). Bei s. Wahl 1975 verließ Pierre Emmanuel die Ac. frçe. unter Protest.

K. Netzer, M., (Franz. Lit. der Gegenwart in Einzeldarstellung, hg. W.-D. Lange), 1971.

Marcel, Gabriel, 7. 12. 1889 Paris – 8. 10. 1973 Paris, 1919 Philosophielehrer, konvertierte 1929; schrieb seit 1911 Dramen und seit 1927 philosophische Abhandlungen, in denen er sich als Existentialist christl. Prägung, ›homo viator‹ u. Denker ›au carrefour‹ auswies (*Journal métaphysique,* 1927; *Être et avoir,* 1935; *Homo viator,* 1945; *Le mystère de l'être,* 1951; *Fragments philosophiques,* 1961; *Foi et réalité,* 1967). Der Bühnendichter M. ging von Ibsen, Curel und Lenéru aus und schuf hochstilisierte, personen- und handlungsarme Lesedramen von oft klass. Aufbau; die Aufführungserfolge blieben meist bescheiden. Die Stücke, die die existentielle Maieutik im Traktat um Jahrzehnte vorwegnahmen, handeln von der Verlassenheit der menschlichen Seele, die dem Geheimnis des Seins noch fremd gegenübersteht. Drei Schaffensperioden zeichnen sich ab: 1911–18 (*La grâce, Le palais de sable, Le quattuor en fa dièze*), 1919–33 (*Le regard neuf, La chapelle ardente,* →*Un homme de dieu, Le monde cassé*), seit 1936 (*Le dard, L'émissaire, Le signe de la croix,* →*Rome n'est plus dans Rome, Croissez et multipliez, La dimension Florestan*). Der Dramatiker selbst charakterisiert die frühe Schaffensperiode als Phase der ›Verwirrung‹, die mittlere als Ära des Übergangs zum Theater, dessen stilist. Strenge e. Garantie für themat. Unbestechlichkeit bieten soll, bis nach dieser Zwischenperiode die Orientierung M.s an der Phänomenologie auch s. Bühnenkonflikte prägte. E. Trias in s. Ideensystem entspricht dem Entwicklungsbogen: Das Unbehagen des Individuums an s. uneigentl. Existenzweise muß durch Selbstverwirklichung überwunden werden; erfüllte Existenz ist Hingabe des als Geschenk empfundenen Lebens. Über dieser Struktur entstand e. philosoph. Theater, in dessen Peripetien die verborgene Seite der Dinge aufleuchtet. In *La mort de demain* (1931) u. *L'horizon* stellt M. dar, wie sich das Individuum kleinmütig vor dem Einbruch des Unberechenbaren schützen will u. daran existentiell zerbricht.

P. Ricœur, M. et K. Jaspers, 1947; R. Troisfontaines, De l'existence à l'être. La philosophie de M., II 1954; E. Sottiaux, M. philosophe et dramaturge, 1956; M.-M. Davy, M., un philosophe itinérant, 1959; K. T. Gallagher, The philosophy of M., New York 1962; V. O. Miceli, Ascent to being, New York 1965; J. Parain-Vial, M., 1966.

Marceline, Figaros Mutter in →*La folle journée ou le mariage de Figaro* von Beaumarchais, deren Identität erst offenbar wird, als sie von ihrem eigenen Sohn die Erfüllung e. Eheversprechens einzuklagen versucht. Als Figur ist M. kom. u. rührend zugleich.

La mare au diable, Roman von George →Sand, entstanden September 1844–45, EA 1846; hg. P. Salomon/J. Mallion 1960. Der Witwer Germain sucht e. reiche Bäuerin auf, die er heiraten soll; auf dem Weg trifft er die arme Marie, die ihre neue Stellung antritt. Das Teufelsmoor, in dem sich Germain, s. kleiner Sohn u. das Mädchen verirren, wird in der Geschichte zum Punkt der Epiphanie; die Ankunft des Bauern am geplanten Ziel verzögert sich, aus der zufälligen Begegnung wird Liebe. Germain verzichtet auf Reichtum u. gewinnt e. charmante Frau. In der Vorrede zu ihrem ersten Bauernroman bekannte sich Sand zur idealisierenden Ästhetik, wie Vigny sie 1826 verkündet hatte. Der Roman übernimmt die Funktion des Gleichnisses, er ist keine ›étude de la réalité positive; c'est une recherche de la vérité idéale‹. Romanfiguren werden zu Prinzipienträgern *(→François le Champi)*. Die Kräfte, die sie verkörpern, gewinnen sie nicht allein aus dem intensiven Erleben ihrer heimatl. Verhältnisse; ihr Schicksal illustriert auch die These von der natürl. Güte des Menschen im Sinne Rousseaus.

Maréchal, Pierre-Sylvain, 15. 8. 1750 Paris – 18. 1. 1803 Montrouge, Jurist u. Bibliothekar am Collège Mazarin; revolutionärer Atheist (*Fragment d'un poème sur Dieu ou le Lucrèce moderne,* 1781; *L'âge d'or,* 1782; *Recueil d'hymnes en l'honneur de la déesse Raison,* 1795; *Code d'une société sans Dieu,* 1797; *Dictionnaire des athées,* 1800). Nach Voltaire, Holbach u. vor Naigeon edierte er 1789 →Mesliers Testament. 1790 organisierte er die Sammlung für e. Rousseaustatue. Der Prosaeinakter *Le jugement dernier des rois* (Urauff. 18. 10. 1793 Théâtre de la République) gestaltet mit den Stilmitteln der Jahrmarktsposse die Abschaffung der Monarchie. Der Papst, die Zarin u. europ. Fürsten werden von Sansculotten auf e. Insel gebracht, wo sie unter polit. Verbannten des Ancien Régime u. Wilden leben u. sich bessern sollen. Die geplante Katharsis stellt sich nicht ein, da e. Vulkan ausbricht u. die Gesellschaft gekrönter Häupter vernichtet (vgl. Marivaux, *L'île des esclaves*). Aus jakobin. Perspektive soll e. Kapitel Weltgesch. vorweggenommen werden. M. unterhielt Beziehungen zu Collé, Favart u. Babeuf, gehörte der →Conspiration des égaux an.

M. Carlson, Le théâtre de la Révolution frçe., 1966.

Margot →Marguerite de Valois.

Marguerite d'Angoulême → Marguerite de Navarre.

Marguerite de Navarre, (oder d'Angoulême), 11. 4. 1492 Angoulême – 21. 12. 1549 Schloß Odos bei Tarbes, Schwester Franz' I., 1509 Heirat mit dem Hzg. von Alençon u. 1527 mit Kg. Henri von Navarra; Großmutter →Heinrichs IV. Sie korrespondierte mit dem reformentschlossenen Bischof Guillaume Briçonnet (→Lefèvre d'Étaples); nachdem M. bereits 1525 über die Freilassung Franz' I.

mit Karl V. verhandelt hatte, war sie 1529 in Cambrai am Abschluß des sog. Damenfriedens beteiligt. Um 1540 lernte sie den platon. Idealismus kennen, für den sie fortan eintreten wird; die epochalen Veröffentlichungen zu diesem Thema kamen aus dem Kreis ihrer Freunde. M. sah auch in d. neuen Philosophie die Lösung ihrer relig.-mystizist. Probleme, die sie seit 1525 bedrängten (*Dialogue en forme de vision nocturne,* 1525; *Miroir de l'âme pécheresse,* 1531, von der Sorbonne als häret. verbrannt; *Prisons de la Reine de Navarre,* postum) u. die auch in M.s Lyrik (*Les marguerites de la Marguerite des princesses,* 1547, hg. R. Thomas II 1970) u. Mysterienspielen ihren Niederschlag fanden. Nach franz. u. ital. Vorbild entstand seit 1540 das →*Heptaméron* (postum als Fragment), e. Novellenslg. von außergewöhnl. psycholog. Reiz, dagegen von stilist. Mittelmaß. Indem die Autorin durch die erzähler. Fiktion Idealvorstellungen als realisierte Lebensart präsentierte, hoffte sie der platon. Renaissance zum Sieg zu verhelfen. Zu ihrer Umgebung am Hof von Nérac gehörten Cl. Marot, Calvin, Des Périers, der Philosoph Jean Alary, die Erzähler Vital d'Audiguier u. Jacques Corbin, der Dramatiker Claude Billard, der Oden- u. Sonettdichter Claude Garnier. M. protegierte zwar protestant. Reformer, verließ jedoch die kathol. Kirche nicht; 1545 distanzierte sie sich von Calvin. Sie vereinigte Sinnlichkeit, Mystizismus u. den humanist. Geist der Renaissance u. wurde eine der gebildetsten Damen der Epoche (*Les poésies,* hg. F. Franck IV, 1880; *Les dernières poésies,* hg. A. Lefranc 1895; *Chansons spirituelles,* hg. G. Dottin 1971; *Théâtre profane,* hg. V.-L. Saulnier 1946; *Œuvres choisies,* hg. H. P. Clive, New York II 1968; *La coche,* hg. R. Marichal, Genf 1971; *Les prisons,* krA S. Glasson 1978, Spätwerk, wahrscheinl. nach 1541, religiöses Gedicht mit platonist. Konnotationen).

P. Jourda, M. II 1930; ders. Une princesse de la Renaissance, 1932; H. Sckommodau, Die relig. Dichtungen M.s, 1955; ders., M., Petit œuvre dévot et contemplatif, 1960; P. Sage, Le platonisme de M., Travaux de linguistique et de littérature 1969; P. Brockmeier, Lust u. Herrschaft. Stud. über gesellschaftl. Aspekte der Novellistik (Boccaccio, Sacchetti, M., Cervantes), 1972; H. P. Clive, M. An annotated bibl., London 1983; J. L. Déjean, M., 1987.

Marguerite de Valois, 14. 5. 1553 Saint-Germain-en-Laye – 27. 3. 1615 Paris, Tochter Heinrichs II., Gemahlin →Heinrichs IV. (1572, →Bartholomäusnacht), 1599 Trennung von ihrem kgl. Gemahl. Die letzte Valois, zu deren Kreis P. Deimier, Des Périers u. Maynard zählten, widmete ihre *Mémoires* (ED 1628, u. a. vom engl. Romancier Richardson als Stoffquelle benutzt) →Brantôme. Als Reine Margot wurde sie bei A. Dumas (1845) zur volkstüml. Romanfigur.

C. Merki, La reine Margot et la fin des Valois, 1905; A. Savine, La vraie reine Margot, 1908; M. Donnay, La reine Margot, 1954; Ph. Erlanger, La reine Margot, 1972.

Marguerite Gautier, Protagonistin der →*Dame aux camélias.*

Margueritte, Paul, 1. 2. 1860 Lagh'-Ouat/Algerien – 30. 12. 1918 Houssegor/Landes, Sohn e. Generals, gehörte bis 1881 selbst der Armee an; Erzähler, der sich vom Determinismus Zolas löste (→*Jours d'épreuves,* →*Le manifeste des cinq; La force des choses,* 1891). Zusammen mit s. Bruder Victor (1. 12. 1866 Blida – 23. 3. 1942 Monestier) verfaßte er Romane über den preuß.-franz. Krieg (*Une époque,* 1898–1904; *Histoire de la* *guerre de 1870,* 1903), Kindergeschichten und Manifeste für die Emanzipation der Frau (*Poum, aventures d'un petit garçon,* 1897; *Femmes nouvelles,* 1899; *Les deux vies,* 1902; *Zette,* 1903; *Le prisme,* 1905). Victor M. verfaßte selbständig →*La garçonne, Le compagnon* (1924, Skandalerfolg) u. *Le couple* (1925).

J. Guirec, V. M., 1927, ^{2}1929.

Maria Chapdelaine. Récit du Canada français, Roman von Louis →Hémon, ED *Le Temps* 27. 1–19. 2. 1914, EA Montreal 1916, Paris 1921; Verherrlichung des Siedlerethos im Gegensatz zum städt. Wohlleben; die Titelheldin widersteht beim Tod ihres Verlobten François Paradis, der in den kanad. Wäldern umkommt, der Versuchung, Surprenant in e. der betriebsarmen amerikan. Städte zu folgen, u. heiratet den Bauern Gagnon.

A. Descoqs, Propos sur M., Mortain 1936.

Le mariage de Figaro →*La folle journée ou le mariage de Figaro.*

Le mariage de Loti, Roman von Pierre →Loti, entstanden 1872–79 nach Aufzeichnungen des *Journal intime,* EA 1880. Wahrheit u. Fiktion verbinden sich hier: authent. sind die Deskriptionen u. Details von Tahiti, erfunden bzw. modifiziert die Motive der Romanfabel. Sich selbst stellt Loti als engl. Offizier dar (vgl. schon *Aziyadé*), die weibl. Hauptfigur ist fiktiv. Die Atmosphäre der paradies. Insel verwandelt abgeklärte Männer, die hier an Land gehen, in jugendl. Liebhaber. Durch diese Thematik wurde das Werk zum Modell des exot. Romans. Die eingeborene Rarahu verkörpert die geheimnisvolle Geliebte, die schwelger. Natur ist mit ihr verbündet; daher zählt sie nicht als Individuum, sondern als Repräsentantin ihrer Rasse u. versinnbildlicht alle Liebesfreuden u. -leiden. Die Trennung von ihrem Freund, dessen Schiff wieder ablegt, überlebt sie nicht (vgl. analog Lamartine, *Graziella*). Der Roman kann auf e. Intrige verzichten, so sehr ist er darin befangen, das Fremdartige zu ästhetisieren; die Handlungskurve löst sich in Bilder auf. Die Kritik hob vor allem die Mischform des Werkes hervor, das Roman, Reisebericht, intimes Tagebuch in einem ist; in der Regel waren die Rezensionen positiv. Ihre Einstellung implizierte bereits e. Kritik am Kompositionsschema des naturalist. Romans. 1898 schrieb Reynaldo Hahn die Musik zur Oper *L'île du rêve, idylle polynésienne en trois actes,* deren Libretto Loti, André Alexandre u. Georges Hartmann nach dem Roman *M.* verfaßt hatten.

R. Lefèvre, M., 1935.

Marianne, Protagonistin in →*La vie de M.* von Marivaux u. in →*Les caprices de M.* von Musset.

Maria Stuart, 8. 12. 1542 Linlithgow –8. 2. 1587 Fotheringhay, seit 1552 am franz. Hof erzogen, Heirat mit Franz II. von Frkr., 1560 Witwe, Rückkehr nach Schottland; umstritten ist ihre Autorschaft einiger franz. geschriebener Klagelieder. Das Schicksal der leidenschaftl. Kgin., die in der polit. Auseinandersetzung mit Elisabeth von England unterlag u. als Verschwörerin hingerichtet wurde, war Gegenstand franz. Trag. (Montchrestien, *L'écossaise ou le désastre,* 1601; Regnault, *Marie Stuart, reine d'Écosse,* 1639).

K. Kipka, M. im Drama der Weltlit., 1907; P. Henry-Bordeaux, M., II 1938; G. Doublier, M., 1959.

Marie-Antoinette, 2.11. 1755 Wien – 16.10.1793 (hingerichtet), Kgin. von Frkr., verheiratet mit Ludwig XVI.; bestärkte vor der Revolution die reaktionären Kräfte, wenngleich sie Autoren wie Beaumarchais zu fördern versuchte; seit der →Halsbandaffäre immer unbeliebter. 1792 stellte sie sich auf die Seite der militär. Konterrevolution, 1793 verurteilte das Revolutionstribunal sie, wie zuvor schon ihren Gemahl, zum Tode.

J. Mazé, M. et Louis XVI, III ²1951 f.

Marie de Champagne, 12. Jh., Tochter Ludwigs VII. u. der → Aliénor, verheiratet mit Henri, comte de Champagne; sie protegierte die Lyriker Richart de Berbezilh, Conon de Béthune u. regte Chrétien de Troyes zum Roman vom Karrenritter an. Im *Lancelot* apostrophiert Chrétien sie als ›Ma dame de Chanpaigne‹.

Marie de France, um 1130 – um 1200, die erste franz. Dichterin. Über ihre Biographie herrscht völlige Unklarheit, sie identifiziert sich selbst mit ›Marie ai num, si sui de France‹ (Epilog zu den Fabeln). Sicher ist nur soviel, daß M., obwohl auf dem Festland geb., im normann. England lebte, u. U. als Äbtissin des Klosters Shaftesbury. Wahrscheinl. war sie die natürl. Tochter Gottfrieds IV. von Anjou u. die Halbschwester Heinrichs II. Plantagenet, des →Nobles reis. Von den lat. Klassikern war ihr jedenfalls Ovid vertraut. Die Datierung ihrer Werke bleibt wohl für immer hypothet.: nach 1180 übertrug sie e. angelsächs. Fabelslg. ins Altfranz. *(Ysopet);* wohl zwischen 1160 u. 1170 entstanden in paarweise gereimten Achtsilbern 12 *Lais* (hg. J. Rychner 1965, U. Gumbrecht 1972; zweisprach.), die ihr zugeschrieben werden; nach 1189 schrieb sie anhand e. lat. Vorlage das *Espurgatoire Seint Patriz.* Hauptmerkmale ihres Stils sind der, gemessen am Sprachstand auf dem Kontinent, archaischere Vokalismus (noch ›mei‹ statt ›moi‹) u. die kompliziertere Konjugation. Vorlagen der *Lais,* des Höhepunkts ihres Schaffens, waren Volksmärchen, die der Dichterin in Prosa mitgeteilt wurden, oder ein Kasus *(Equitan).* Bis auf diesen e. Lai sind die Verserzählungen der M. aber nicht exempelhaft *(→Bisclavret, →Lanval).* Wohl zog sie systemat. den *Roman d'Enéas* u. den *→Roman de Thèbes* zu Rate, um einzelne ihrer Lais *(Guingamor, Lanval, Milun)* psycholog. anzureichern, ihr Grundanliegen blieb es jedoch, u. darin kam ihr kein Nachahmer im 13. Jh. gleich, Kunstmärchen zu verfassen. Nicht aus hist. Interesse interessierte sie sich für breton. Stoffe, sondern um Vorgeformtes zu bearbeiten. Durch sinnbildhaftes Erschließen der Fabel (Geißblatt, Nachtigall) schuf M. e. Vorform der Symbolnovelle.

H. Baader, Die Lais, Ffm 1966; R. Baum, Recherches sur les œuvres attribuées à M., 1968; K. Ringger, Die Lais. Zur Struktur der dichter. Einbildungskraft der M., 1973; K. W. Le Mée, A metrical study of five L., Den Haag 1974; J. R. Rothschild, Narrative technique in the Lais of M., Chapel Hill 1974; G. S. Burgess, M., an analytical bibl., London 1977, Ergänzung 1987; P. Ménard, Les Lais de M., 1979; J.-C. Huchet, Nom de femme et écriture féminine ... M., Poétique 48, 1981; G. S. Burgess, The lais of M., Manchester 1988.

Les mariés de la tour Eiffel, Einakter von Jean →Cocteau, Urauff. 1921, EA 1923. Auf der unteren Plattform des Eiffelturms soll e. Hochzeitsgesellschaft photographiert werden; statt dem sprichwörtl. Vögelchen aus dem schwarzen Kasten erscheinen e. Mädchen, e. Straßenjunge, e. Löwe. Als der

Apparat wieder in Ordnung zu sein scheint, absorbiert er die Figuren. Die Personen des Stücks agieren pantomim. während der Text von zwei Sprechern, die als Grammophone vor den Kulissen stehen, skandiert wird; sie kommentieren auch das Geschehen. Apollinaire hat in →*Les mamelles de Tirésias* diese Verlebendigung materieller Gegenstände bühnenwirksam eingesetzt. Wenn Cocteau die Delectatio-Intention s. Dramas eigens unterstreicht, bekennt er sich zur Tradition e. Antitheaters niederen Stils, in dem seit der Antike der Mimus dominiert.

K. Schoell, J. Cocteau: M. (Das mod. franz. Drama, hg. W. Pabst), 1971.

Marietta, die amazonenhafte Tochter von Don Cesare im Roman →*La loi* von Vailland, begabt mit Tatkraft, die sich über die Schranken bürgerl. Normen hinwegsetzt.

Marinetti, Emilio Filippo Tommaso, 22. 12. 1876 Alexandrien/Ägypten – 2. 12. 1944 Bellagio/Lago di Como; in Frkr. erzogen, Bindung an die Pariser Avantgarde der Jh.wende. M. schrieb s. frühe Lyrik (bis 1912) in franz. Sprache (*La conquête des étoiles,* 1902; *Destruction,* 1904), veröffentlichte am 20. 2. 1909 im *Figaro* das futurist. Manifest, mit dem er dem Dadaismus u. Surrealismus den Weg bereitete. Mit dem Drama *Le roi Bombance* (1905) u. der Erzählung *La ville charnelle* (1908) versuchte er, die Lit.revolution, die er theoret. begründet hatte, konkret zu realisieren. Später legte der Lyriker e. umfangreiches futurist. Œuvre in s. Muttersprache vor. M. begeisterte sich für die mod. Technik, von der er sich in sprachl. u. stoffl. Hinsicht anregen ließ; er schrieb weitere Dramen u. übersetzte Mallarmé. Aus nationalist. Gesinnung schloß er sich Mussolini an.

A. Viviani, Il poeta M. e il futurismo, Turin 1940.

Marion Delorme, Versdrama in fünf Akten von Victor →Hugo, entstanden Juni 1829, EA 1831; Urauff. 11. 8. 1831 Théâtre de la Porte-Saint-Martin, Paris. Marion hat sich nach e. bewegten Leben als Kurtisane nach Blois zurückgezogen u. liebt nur noch den Offizier Didier, der ihre Vergangenheit nicht kennt. Der Marquis de Saverny, e. früherer Liebhaber, versucht Marions Zuneigung zurückzugewinnen; Didier duelliert sich, trotz e. Verbots Richelieus, mit dem Rivalen. In ihrer Verkleidung werden sie nach dem Waffengang entdeckt. Marion wird angeboten, ihren Freund durch e. Liebesnacht mit dem Polizeileutnant auszulösen. Didier rast vor Enttäuschung, als er endgültig Marions Geheimnis durchschaut; schließl. erfährt er jedoch, daß diese Liebe die Kokotte geläutert hat. Er verzeiht ihr u. besteigt das Schafott. Das Motiv der edlen Dirne gehörte zum Repertoire des Boulevardtheaters, während die Erlösungsidee u. die Konfrontation von extremer Tragik u. Buffokomik – so, als sich die Duellanten unter e. Schauspieltruppe mischen – kennzeichnend sind für Hugos Denk- und Schreibweise. Er bot dem Theaterpublikum, was es in dieser Epoche vom unklass. Schauspiel erwartete: e. Kostümstück in Shakespearemanier mit Verkennungs-, Wiedererkennungs- u. Verkleidungsszenen, reich an Lokalkolorit u. voller Kontrastwirkungen.

G. Simon, A propos de M., Revue de Paris 1907; M. Dormoy, La vraie M., 1934.

Maritain, Jacques, 18. 11. 1882 Paris – 28. 4. 1973 Toulouse (Kloster der Petits frères de Charles Foucauld), 1906 Konversion, 1914 Philos.prof. am Institut catholique in Paris, 1933 Ruf nach Toronto, dann Columbia University u. Princeton, 1945–48 franz. Botschafter beim Vatikan, seitdem wieder Princeton; hervorragendster Thomist der Gegenwart, der sich von s. Lehrer Bergson abwandte; zeitweise Interesse für die Action française, bis sie von Rom verurteilt wurde; Gegner der Vichy-Regierung, schrieb u. a. *La philosophie bergsonienne* (1913), *L'antimoderne* (1922), *Une opinion sur Maurras et le devoir des catholiques* (1926), *Réponse à Jean Cocteau* (1926), *Religion et culture* (1930), *De la philosophie chrétienne* (1933), *Sept leçons sur l'être* (1934), *Humanisme intégral* (1936), *A travers la victoire* (1945), *Les droits de l'homme et la loi naturelle* (1948), *On the philosophy of history* (1957), *The responsibility of the artist* (1960), *Situation de la poésie* (1964, zusammen mit Raïssa M.), *Le paysan de la Garonne* (mit dem Untertitel: Un vieux laïc s'interroge à propos du temps présent, 1966). Paul VI. beabsichtigte, den Laien M. in den Kardinalsrang zu erheben. Postum erschien die Korrespondenz mit Julien →Green 1979; Korrespondenz mit J. Cocteau 1993).

E. Rossi, Il pensiero di M., Mailand 1956; H. Bars, La politique selon M., 1961; Th. D. Rover, The poetics of M., Washington 1965; H. L. Bauer, Schöpfer. Erkenntnis. Die Ästhetik M.s, 1968; J. Dunaway, M., Boston 1978.

Marius, Schauspiel in vier Akten von Marcel →Pagnol, Urauff. 9. 3. 1928 Théâtre de Paris, EA 1931; *Fanny,* Schauspiel in vier Akten, Urauff. 3. 12. 1931 Théâtre de Paris, EA 1932; *César,* Schauspiel in drei Akten, EA 1937, Urauff. 14. 12. 1946 Théâtre des Variétés. Die drei Stücke bilden e. Trilogie mit durchlaufender Handlung. Zentrum des Geschehens ist der Vieux Port von Marseille, sozialer Ort der Alltag kleiner Leute in e. folklorist. bunten Rahmen. Fanny erwartet e. Kind von M., dem Sohn des Marseiller Hafenwirts César; M., dem Fanny ihren Zustand nicht erklärt, kann s. Fernweh aber nicht bezähmen u. zieht in die Welt. Indessen soll die Muschelverkäuferin an den wohlsituierten Witwer Panisse, der Fanny immer schon verehrte, verkuppelt werden. Sie will keine Ehe mit e. Betrug beginnen und beichtet ihr Geheimnis, steigert dadurch jedoch nur s. Verliebtheit. Die Hochzeit wird trotz des Einspruchs von César gefeiert. M. kehrt heim u. verlangt von Panisse, Fanny u. s. Kind wieder freizugeben. Der 3. Teil spielt zwei Jahrzehnte später, Panisse stirbt, umgeben von s. Kumpanen, u. für M., über den freil. s. Sohn Césariot von e. mitteilsamen Freund beunruhigende Geschichten erfahren hat, ist nach wortreichen Auseinandersetzungen der Weg zu Fanny frei. Das Verhalten der Personen dieser Trilogie mußte gerade beim Pariser Publikum klischeehafte Rollenerwartungen bestätigen, da Pagnol das Volksstück in sentimentale Theatralik taucht. Am besten geraten ihm die Szenen, die weniger an die unmittelbare Handlung gebunden sind, dafür echtes Lokalkolorit vermitteln. Verfilmungen des Stoffs seit 1931 u. a. mit Pierre Fresnay u. Emil Jannings.

Marivauder, Neologismus von Diderot (an Sophie Volland, 26. 10. 1760), s. Kennzeichnung der Figurensprache bei →Marivaux: »Quand le cœur et l'esprit sont muets, et qu'il n'y a que les lèvres qui remuent et qui font du bruit.«

Krit. ist damit angemerkt, daß bei Marivaux Liebesnöte in Ausdruckskonflikte umkategorisiert erscheinen. Das abgeleitete Substantiv marivaudage wird von Voltaire und späteren Lit.kritikern, namentlich Sainte-Beuve (»badinage à froid«), pejorativ gesetzt u. unter Ausklammerung hist. Faktoren in e. Reihe mit preziösen Diskursen des 17. Jhs. gestellt.

Marivaux, Pierre Carlet de Chamblain de, 4. 2. 1688 Paris – 12. 2. 1763 ebda., Sohn e. Beamten der Münze in Riom, 1710–13 Jurastud. u. erste dramat. Werke (insgesamt 34 überlieferte Prosakom. u. die Trag. *Annibal,* 1720; Ausgaben letzter Hand 1758, Gesamtausgabe XII 1781; *Théâtre complet,* hg. B. Dort/J. Schérer 1964, F. Deloffre II 1968, *Théâtre complet* I, éd. H. Coulet/M. Gilot 1993 ff.) u. Romane (*La voiture embourbée,* 1714; später →*La vie de Marianne,* →*Le paysan parvenu; Romans, récits, contes et nouvelles,* hg. M. Arland 1949) sowie Travestien (*Télémaque travesti,* 1714 Druckerlaubnis, ED Amsterdam 1735–36, vom Autor desavouiert; *L'Iliade travestie,* 1717). Seit 1717 signierte der Autor mit M. Er heiratete die reiche Colombe Boulogne u. verkehrte in tonangebenden Salons der Epoche. 1720 ruinierte ihn der Law-Bankrott, seitdem lebte M. von s. schriftsteller. Tätigkeit. Im Juni oder Juli 1721 erhielt er die Genehmigung für die Zs. *Le Spectateur français* (bis 1723), im September legte er die Licence en droit ab. Am 10. 11. 1742 wurde M. in die Ac. frçe. gewählt, am 4. 2. 1743 aufgenommen. 1747 erschien in Hannover die Übs. e. Auswahlslg. s. Bühnendichtungen. Die Akademievorträge *Réflexions sur l'esprit humain à l'occasion de Corneille et Racine* (1749 f.) wurden 1755 vom *Mercure* gedruckt. M.' Kom., in denen Figuren der ital. Stegreifkom. mit Typen der franz. Tradition (vgl. Molière, Régnard, Lesage, Dancourt) zusammentreffen, können nach folgenden stilist. u. stoffl. Kategorien gegliedert werden: Allegorien (Einakter *L'amour et la vérité,* 1720; *Le triomphe de Plutus,* 1728; *La réunion des amours,* 1731), romaneske Kom. (*Le prince travesti,* 1724; *Le triomphe de l'amour,* 1732), Sittenkom. (→*L'école des mères, Le petit-maître corrigé,* 1734; *La mère confidente,* 1735; *Le préjugé vaincu,* 1746; *La commère,* Ms. erst 1966 entdeckt), sozialkrit. Stücke (→*L'île des esclaves,* →*L'île de la raison, La nouvelle colonie,* 1729), Liebeskom. (*Arlequin poli par l'amour,* 1720; →*La surprise de l'amour,* →*La double inconstance,* →*Le jeu de l'amour et du hasard, La méprise,* 1734; →*Les fausses confidences,* →*L'épreuve*). D'Alembert berichtet (*L'éloge de M.,* 1755), der Dramatiker habe zu s. Unglück kein Hehl daraus gemacht, daß er Molière nicht bewunderte. Er verzichtete für die Intrige auf e. Laster oder monoman. Verstiegenheit als auslösendes Motiv. In s. Werken sind häufig die Verliebten die kom. Eigensinnigen u. Uneinsichtigen. Die Kom.aktion ist der Weg der Liebespaare aus Verwirrung, Betroffenheit u. falschem Stolz ans Licht der erkannten Zuneigung, damit zur psycholog. Selbstidentifizierung. Der Wille der Eltern, brüchige, soziale Konventionen, jurist. Hindernisse, tatsächl. oder vermutete Untreue verzögern die Befreiung, die zu ihrer Bestätigung häufig der Liebesprobe durch Verkleidung oder verbaler Maskierung bedarf. Indem man die Kokotte, den Indifferenten spielt, wird die Sprache zur Substanz der Handlung selbst. Die Verstellung als handlungstakt. Ironie eignet vor allem den selbstbewußten weibl. Rollen. Dies ist gemeint, wenn M. als Schöpfer der neuen Liebeskom. vorgestellt wird. Die Truppe der Com. italienne war besser als das Ensemble der Com. frçe. in der subtilen Wiedergabe solcher Konflikte geübt. M. war für lange der letzte Kom.autor, der Geschehnisse nicht auf äußeren Peripetien, sondern auf psycholog. Spannungen aufbaute und mit diesen Mitteln doch die soziale Verfassung fragwürdig erscheinen ließ; Zeitgenossen, die die Aufwertung niederer Schichten bei M. beanstandeten, hatten also s. Intention verstanden (*Journaux et œuvres diverses,* hg. F. Deloffre/M. Gilot 1969).

J. B. Ratermanis, Étude sur le comique dans le théâtre de M., 1961; E. J. H. Greene, M., Toronto 1965; B. Alsleben, M.' Lustspiel auf der dt. Bühne des 18. Jh., Diss. Göttingen 1966; V. Brady, Love in theatre of M., Genf 1970; L. Desvignes-Parent, M. et l'Angleterre, 1971; S. Mühlemann, Ombres et lumières dans l'œuvre de M., Bern 1971; M. Descotes, Les grand rôles du théâtre de M., 1972; O. A. Haac, M., New York 1973; H. Coulet/M. Gilot, M., un humanisme expérimental, 1973; R. C. Rosbottom, M.'s novels, London 1974; N. Bonhôte, M. ou les machines de l'opéra, 1974; J. Lacant, M. en Allemagne, 1975; H. Coulet, M. romancier, 1975; M. Gilot, Les journaux de M., Thèse II 1975; Ch. Miething, M.' Theater, 1975; ders., M., 1979; R. Baader, Wider den Zufall der Geburt, M.' große Romane ..., 1976; J. W. Pierre, La persuasion de la charité ... Journaux et Œuvres diverses de M., Amsterdam 1976; B. Alsleben, M. u. die dt. Bühne des 18. Jh.s, 1977; H. Kars, Le portrait chez M., Amsterdam 1981; R. Tomlinson, La fête galante, Watteau et M., 1981; M. Deguy, La machine matrimoniale ou M., 1982; D. Steland, Moralistik u. Erzählkunst, 1984; P. Pavis, M. à l'épreuve de la scène, 1986; J. K. Sanaker, Le discours mal apprivoisé, Oslo 1987; H. Coulet/J. Ehrard (Ed.), M. d'hier, M. d'aujourd'hui, 1991.

Marmier, Xavier, 24.6. 1809 Pontarlier/Doubs – 11.10. 1892 Paris, Philologe, 1839 in Rennes Prof. für ausländ. Lit., später Bibliothekar in Paris, übersetzte Goethe, Schiller, E. Th. A. Hoffmann, Autor von *Études sur Goethe* (1835), *Histoire de la littérature au Danemark et en Suède* (1839), *Lettres sur le Nord* (1840), *Lettres sur l'Amérique* (1852).

C. Aymonier, M., Besançon 1928; U. E. W. Willers, M. och Sverige, Stockholm 1949; J. Menard, M. et le Canada, Québec 1967.

Marmontel, Jean-François, 11.7. 1723 Bort/Corrèze – 31.12. 1799 Abbeville, Philos.lehrer im Jesuitenkolleg von Toulouse; 1745 lud ihn Voltaire nach Paris ein, wo er s. frühen klassizist. Trag. aufführen ließ (*Denys le tyran,* 1748; *Aristomène,* 1749; *Cléopâtre,* 1750; *Egyptus,* 1753). S. gesammelten Artikel erschienen 1787 u. d. T. *Éléments de littérature* im *Mercure,* dessen Privilège ihm die Pompadour verschaffte. Mitarbeiter an der *Encyclopédie;* Erzählungen, die später als →*Contes moraux* herauskamen (1761). Berühmt wurde M., als die Zensur s. philosoph. Roman *Bélisaire* (1767), mit dem der Autor für Toleranz plädiert, angriff; der Zensor Antoine Bret, der das Werk schließl. passieren ließ, verlor daraufhin s. Posten (vgl. auch das Gedicht *Les Incas,* 1778). Seit 1769 ließ M.s moral. Erzählungen von Grétry vertonen u. als Singspiele aufführen. Er wurde 1763 in die Ac. frçe. gewählt u. übernahm als Nachfolger D'Alemberts 1783 den Posten des Secrétaire perpétuel; als kgl. Historiograph (seit 1771) verfaßte er die *Mémoires sur la régence du duc d'Orléans* (1789) nach handschriftl. Zeugnissen von Saint-Simon. E. früher entstandene *Poétique française* nahm er 1787 in die *Éléments de littérature* auf. Erst 1807 erschienen s. *Mémoires d'un père pour servir à l'instruction de ses enfants* (krA J. Renwick 1972), die ein vollständiges und empfindsames Bild der polit. u. kulturellen Gesellschaft s. Epoche vermitteln (*Œuvres complètes,* XIX 1818–20).

M. Freund, Die moral. Erzählungen M.s Diss. Leipzig 1902; E. Pick, M.s Bühnenwerke, 1910; G. O. Schmidt, M., Diss. Fribourg 1935; H. Bauer, M. als Lit.kritiker, 1937; Cl. D. Brenner, The dramatizations of French short stories in the XVIIIth century, with special reference to ... M ..., Berkeley 1947; J. Renwick, La destinée posthume de M. Bibl. critique, Clermont-Ferrand 1972; ders., M., Voltaire and the Bélisaire affair; Banbury 1974; J. Wagner, M. journaliste et le Mercure de France, Grenoble 1975.

Marot, Clément, 23. 11. 1496 Cahors – 12. 9. 1544 Turin, Sohn des Rhétoriqueurs Jean →M., seit 1506 am Hof der Anne de Bretagne erzogen. Im Alter von 18 Jahren übersetzte M. Gedichte von Vergil, 1515 überreichte er als Page Franz I. s. Rosenroman en miniature, *Le temple de cupido.* Zwischen 1515 und 1518 entstanden zahlr. Versepisteln, bis dahin war M. wahrscheinl. auch Mitgl. der →Basoche. 1519–24 Kammerherr und Sekretär der Marguerite de Navarre, 1534, nach der →Affaire des placards verfolgt, floh er nach Nérac und an den Hof der Renée de France nach Ferrara. S. lyr. Modelle fand M. bei lat. Dichtern (Ovid, Catull, Martial vor allem), die er in Italien las, den Petrarkisten, den →Rhétoriqueurs, namentl. Jean Molinet und Lemaire des Belges, sowie Villon. 1532 ließ er s. Jugendwerke drucken, *L'adolescence clémentine* (Episteln, Rondeaux, Complaintes, Balladen), u. besorgte e. Villonausgabe. 1536 verfaßte er wahrscheinl. das erste franz. Sonett, als enkomiast. Gedicht auf Renée de France. Neben den ma. Gattungen pflegte er seit den 30er Jahren auch ital. (Sonett, Strambotto) und antike (Epigramm, Ekloge), 1539 entstand die *Eclogue au Roy soubs les noms de Pan et de Robin* als Huldigung an Franz I., der ihm freil. 1543, als der Kg. mit allen Strömungen der Reformation brach, s. Schutz entzog. M. ging nach Genf ins Exil u. führte hier s. 1540 begonnenen Psalmenübs. fort (als älteste volkssprachl. überhaupt fand sie 1562 Eingang in den reformierten Psalter). Später zog er nach Savoyen und Turin, wo er vereinsamt starb. Kennzeichend für s. Dichten ist, daß der Autor sich selbst zum lyr. Thema nimmt, extreme Gesten als höf. Pirouetten vorspielt und die Liebe aus galanter Perspektive betrachtet. Solche Leichtigkeit wurde, wiewohl sie unnachahml. war, stilbildend (→Marotiques). Durch s. – zwar oberflächl. – Interesse für humanist. Erneuerung, wurde M. zum Wegbereiter der →Pléiade, die ihn wieder verdrängte (*Œuvres,* 1539; *Œuvres complètes,* hg. G. Guiffrey u. a. V 1875–1937, A. Grenier, II 1951; *Œuvres,* hg. C. A. Mayer, London IV 1958–66; *Œuvres lyriques,* hg. C. A. Mayer, London 1964; *Pseaumes,* hg. S. J. Lenselink, Van Gorcum 1969. *Les épigrammes,* hg. C. A. Mayer, London 1970).

J. Plattard, M., 1939; P. Jourda, M., 1950; V.-L. Saulnier, Les élégies de M., 1952; C. A. Mayer, Bibl. des œuvres de M., Genf II 1954; ders., La religion de M., 1960; P. Leblanc, La poésie religieuse de M., 1955; P. Neuhofer, Das Adjektiv als Stilelement bei M., Wien 1963; P. M. Smith, M. Poet of the French renaissance, London 1970; J. McClelland, Sonnet ou quatorzain? M. et le choix d'une forme poétique, RhlF 1973.

Marot, Jean, um 1450 Caen – 1526, Kaufmann, begleitete als Hofdichter Ludwig XII. 1507 u. 1509 nach Italien, ohne den Geist der Renaissance in sich aufzunehmen (*Recueil des œuvres de J. M.,* 1536). 1514 trat der Rhétoriqueur in den Dienst Franz' I.; s. Sohn →Clément überragt ihn als Lyriker bei weitem.

Marot, Michel, Sohn von Clément →M.; über s. Leben ist kaum etwas bekannt. Als Page der Marguerite de Navarre richtete er e.

Ode an s. Herrin, außerdem schrieb er Dizains.

Marotiques, epigonale Lyriker, die Clément →Marot zum Vorbild nahmen und die komplizierte Reimtechnik der →Rhétoriqueurs ablehnten: Gilles Corrozet (1510–1568), Charles de Sainte-Marthe, Victor Brodeau, Thomas →Sebillet, Hugues →Salel, Mellin de →Saint-Gelais, Estorg de Beaulieu, Charles →Fontaine, Jean Boiceau de La Borderie, Jacques →Gohorry.

Marquis, franz. Adelsprädikat, dessen Inhaber als kom. Figur von Scarron (*M. ridicule,* 1655) noch vor Molière (*L'impromptu de Versailles,* 1663) in das klass. Lustspiel eingeführt wurde; Ersatz für den ›valet bouffon‹. Rapin und Donneau de Visé empörten sich über die Rolle, die sie als Kritik am Feudalsystem ansahen. Die tatsächl. polit. Entmachtung u. wirtschaftl. Abhängigkeit der franz. M. spiegelt sich im Drama des 18. Jh. und der Restauration wider, wo der Adlige außer s. Arroganz und dem Bemühen um e. Geldheirat kaum Meriten vorzuweisen hat.

Mars, Anne-Françoise-Hippolyte Boutet Monvel, gen. Mlle, 5. 2. 1779 Paris – 20. 3. 1847 ebda., Schauspielerin aus e. Schauspielerfamilie, Debüt am Theater Montansier, von der Jh.wende bis 1841 Erfolge an der Com. frçe., spielte in →*Hernani* von Hugo die Rolle der Doña Sol.

M. Boudet, M. l'inimitable, 1986.

Marseillaise (aus ›hymne des Marseillais‹), Nationalhymne der franz. Republik, von Claude Joseph Rouget de Lisle in der Nacht 25./26. 4. 1792 auf Bitten des Bürgermeisters von Straßburg als patriot. Hymne für die Rheinarmee verfaßt, durch Marseiller am 30. Juli in Paris bekannt gemacht. Edmond Rostands Gedicht *Le vol de la M.* (postum 1919) personifiziert die Hymne als Geschichtsträger: Entstehung in Straßburg u. Rückkehr an den Rhein ergeben e. teleolog. Perspektive auf die Franz. Revolution, den franz.-preuß. Krieg u. die Revanche im I. Weltkrieg.

F. Robert, M., 1989; H. Hudde, M.: Mythos der Revolution, in: W. Engler (Hg.), Die Franz. Revolution, 1992.

Marsilie, Sarazenenkönig, Herr von Sarraguce (= Zaragoza) in der →*Chanson de Roland*.

Martereau (1953), Roman von Nathalie →Sarraute. Mit den Erzählmitteln der erlebten und direkten Rede sowie des auktorialen Kommentars, unter hauptsächl. Verwendung des Präsens als Tempus der monotonen Dauer, werden in diesem Roman ›drames souterrains‹ dargestellt. Die kryptopsycholog. Begründung des Gegensatzes von Erzähler-Ich und ›ihnen‹, den als andersgeartet empfundenen anderen, verlagert das Interesse von der Persönlichkeit der Figuren auf die Dynamik ihrer Beziehungen. Die Empfindsamen, primär der Erzähler selbst, rivalisieren mit den Starken. Von M., der einzigen Gestalt, die inmitten der Namenlosen namentl. eingeführt wird, erhofft sich der sensible Erzähler Stärkung und Befreiung; die Integration der Erlöserfigur in s. zerbrechl. Welt mißlingt – dieses Scheitern wird nicht durch e. eth. Versagen bedingt, sondern durch ungelöste Probleme der Erzählbarkeit des ungenau Wahrgenommenen.

P. Bürger, N. Sarraute: M. (Der mod. franz. Roman, hg. W. Pabst), 1968.

Martial d'Auvergne (auch Martial de Paris), zwischen 1430 u. 1435 Paris – 13. 5. 1508 ebda., Jurist, Autor allegor. Mariengedichte, e. umfangreichen enkomiast. Gedichts auf Karl VII. (*Vigiles de Charles VII,* 1494) u. der Liebeskasuistik *Arrêts d'amours* (hg. J. Rychner 1951), die La Fontaine bekannt war u. bis ins 18. Jh. gelesen wurde.

V. Puttonen, Études sur M., Helsinki 1943.

Martin du Gard, Roger, 23. 3. 1881 Neuilly – 23. 8. 1958 Bellême/Orne, aus dem kathol. Großbürgertum, Schulbildung u. Stud. Archäologie Paris, École des chartes ebda.; M. wurde Archivar. Die ersten beiden Romane, *Devenir* (1909) u. *L'une de nous* (1910), veröffentlichte er auf eigene Kosten (das Romanfragment *Maumort* erschien erst 1971, e. umfangreichere Version, *Le lieutenant-colonel de Maumort,* entstanden 1941–58, gab A. Daspre 1983 heraus; Fresko vom Marokkokrieg bis zur Résistance u. Problematik der Homosexualität). 1913 empfahl s. Freund Gide das Ms. von →*Jean Barois* dringend dem Verleger Gallimard, der den Roman u. die späteren Werke herausbrachte. Während M. seit Mai 1920 den Romanzyklus →*Les Thibault* vorbereitete, schrieb er außerdem die Farcen *Le testament du père Leleu* (1920), *La gonfle, farce paysanne fort facétieuse* (1928), das Psychodrama *Un taciturne* (Urauff. 23. 10. 1931 durch Louis Jouvets Ensemble, EA 1932), die Novelle *Confidence africaine* (1931) u. den Roman *Vieille France* (1933). S. auf 9 Bde. angelegtes Hauptwerk *Les Thibault* beschäftigte ihn bis 1939. 1937 wurde ihm der Nobelpreis für Lit. u. der Lit.preis der Stadt Paris zugesprochen. 1951 veröffentlichte M. s. *Notes sur André Gide,* 1968 erschien die Korrespondenz der Freunde, 1972 der Briefwechsel mit Jacques →Copeau. Für M. galt die im 19. Jh. entwickelte Anschauung, daß der Romancier der bessere Historiker sei; daraus folgerte er für s. Arbeit die Notwendigkeit, vorrangig gesellschaftl. Sollvorstellungen u. Verhaltensnormen von Klassen zu entwickeln, wobei er es versäumte, den Klassencharakter der Antagonisten faßbar zu machen, u. statt dessen Konflikte von Charakteren u. Temperamenten in den Mittelpunkt rückte. Dies führt zwangsläufig dazu, daß Held u. Welt zu zwei Wesenheiten verselbständigt werden; das Bewußtsein der Figuren zieht sich auf sich selbst zurück, wobei sie ihre Umwelt oft nicht einmal als entfremdet empfinden können. In der am 31. 12. 1951 formulierten *Pensée testamentaire* (veröffentlicht *Quinzaine littéraire* 16.–31. 7. 1970) beklagte M. es, daß er als Romancier nichts Neues geschaffen habe, er habe die Domäne kultiviert, die Romanautoren des 19. Jh., Franzosen, Russen u. Engländer angelegt hätten. Er war e. Epigone, wenn auch e. der brillantesten (*OC* in der Pléiade 1955, unvollständig; *Correspondance générale* VI 1980–90).

C. Sicard, M., les années d'apprentissage littéraire, 1976; G. Neumes, Religiosität – Agnostizismus – Objektivität, Stud. zu Werk u. Ästhetik M.s, 1981; Sondernr. RhlF 5–6, 1982; A. Daspre/J. Schlobach (Hg.), M., 1984; R. F. Wehrmann, L'art de M. dans les Thibault, Birmingham 1986; B. Alluin, M. romancier, 1989; Cahiers M. 1989 ff.

Martinistes, doppelsinniger Begriff, da er sowohl die Anhänger des Martinès de Pasqually wie diejenigen des Theosophen →Saint-Martin bezeichnet.

Les martyrs ou le triomphe de la religion chrétienne, Prosaepos von François-René de →Chateaubriand, entstanden seit 1803, EA 1809; hg. B. d'Andlau 1951. Der Autor schöpfte zwar Fakten aus Gibbons wiss. Darstellung der spätantiken Welt, schuf aber doch e. ungeschichtl., von Anachronismen durchsetzte Fiktion. Zu deutl. ist mit Diokletian Napoleon, mit dem Präfekten Publius Fouché, sind mit den Christenverfolgungen die Phasen der Schreckensherrschaft gemeint. Allenfalls wird Historie zu Lokalkolorit ästhetisiert (vgl. auch Barthélemy, *Le voyage du jeune Anacharsis en Grèce*). Durch die Theorie von der kulturschaffenden Kraft des Christentums wurde dem Romantiker die Spätantike interessant – sie erscheint als Epoche e. moral. u. ästhet. Antagonismus.

J. V. N. Smead, Chateaubriand et la bible, Baltimore 1924; P. Stadler, Geschichtsschreibung u. hist. Denken in Frkr. 1789–1871, Zürich 1958.

Mascarille, schlaue Dienerfigur in *L'étourdi ou le contre-temps* (1653?), *Le dépit amoureux* und →*Les précieuses ridicules* von Molière. Die Rolle war dem Habitus des ital. Komödianten Scaramouche nachempfunden.

Maspero, François, geb. 19.1. 1932 Paris, Sohn des Sinologen Henri M., seit 1959 Generaldirektor der Éditions François M., e. Verlags, dessen linkes, wenngleich nicht doktrinäres Programm (u. a. Louis Althusser) wiederholt staatl. Eingriffe (Zensur, Beschlagnahme) auf sich zog.

Massillon, Jean-Baptiste, 24. 6. 1663 Hyères – 18. 9. 1742 Beauregard, Oratorianer, berühmter Kanzelredner seit 1693 (Leichenpredigt auf den Erzbischof Villars in Vienne); seit 1698 hielt er Advents- u. Fastenpredigten in Versailles u. Paris. 1718 wurde er Bischof von Clermont u. Mitgl. der Ac. frçe. Die Form s. Predigten war eher apologet. als didakt., eher gefühlsgebunden als rational, folgte häufig rhetor. Eigengesetzlichkeiten, die vom Kern der Dogmatik wegführten. Freilich waren s. Zuhörer vom Publikum →Bossuets u. →Bourdaloues verschieden; M. verstand es, für sie relig. Probleme in psycholog. u. ästhet. aufzulösen. So nannte ihn Voltaire ohne Spott den ›Racine der Kanzel‹. S. Predigtslgg. erschienen seit 1705.

J. Champomier, M., 1942; A. Chérel, M., 1943.

Massis, Henri, 21. 3. 1886 Paris – 17. 4. 1970 ebda., Schüler von Alain u. Bergson, befreundet mit Péguy, Anhänger von Maurras, schrieb u. a. *Les jeunes gens d'aujourd'hui* (1913), *Jugements* (III 1923–29), *Défense de l'occident* (1927), *Débats* (1934, enthält Angriffe auf Gide), *Maurras et notre temps* (II 1951 f.), *L'occident et son destin* (1956), *Barrès et nous* (1962). Der konservative Humanist leitete 1920–44 die *Revue universelle* u. wurde 1960 Mitgl. der Ac. frçe.

Masson, Loys, 1915 Insel Mauritius – 24. 10. 1969 Paris, versuchte sich in mehreren Berufen, kam im Sommer 1939 nach Marseille, wurde Fremdenlegionär, erkrankte, erhielt s. Entlassung. Von Oktober 1941 – Mai 1943 gab er *Poésie 41* heraus. S. erster Lyrikbd., *Délivrez-nous du mal* (1942), wurde in Paris verboten, später erschienen *Poèmes d'ici, Chronique de la grande nuit, Les vignes de septembre* (1945), engagierte polit. Gedichte in Vers libres. Weiter schrieb M. Theaterstücke, darunter *Résurrection des corps,* u. neun Romane (u. a. *Tout ce que vous demanderez, Les tortues,* 1956; *La douve,* 1957; *Les sexes foudroyés,* 1958). Aus nachgelassenen Novellen wurde 1970 *Des bouteilles dans les yeux* veröffentlicht.

Ch. Moulin, M., 1962.

Matamore, Bramarbasfigur der Kom. u. des Romans, aus der span. Comedia (wörtl. ›Maurentöter‹) übernommen in *L'illusion comique* von Corneille, *Le véritable capitaine M.* (1640) von Mareschal u. *Le capitaine Fracasse* von Gautier.

Mathilde, Prinzessin, 1820–1904, Tochter des Kg.s Jérôme Bonaparte, Nichte Napoleons I., war verlobt mit dem Prinzen Louis Napoléon, dem späteren Kaiser Napoleon III., der jedoch die span. Gräfin Montijo heiratete. Von ihrem Ehemann, dem russ. Fürsten Demidow, trennte sich M., als sie s. Brutalität nicht länger ertragen konnte. In ihrem Salon, dem bedeutendsten in der zweiten Hälfte des 19. Jh., verkehrten Flaubert, die Goncourts, Mérimée, Heredia, Sainte-Beuve, Renan; Flaubert und Dumas fils verhalfen ihr am 4. 9. 1870 zur Flucht nach Brüssel.

J. Kuhn, La princesse M., 1935.

Mathilde de la Mole, Geliebte von Julien Sorel im Roman →*Le rouge et le noir* von Stendhal, ein Ausnahmewesen wie der Protagonist.

Matière de Bretagne, breton. Sagenkreis um Kg. →Artus u. die Ritter s. Tafelrunde →Chrétien de Troyes erhob die M. (→Geoffrey of Monmouth, →Wace) zum prestigereichen Romanstoff. In der altfranz. Epik verband sich die ursprüngl. rein militär. Artusepik mit den Motivkreisen der →Gralssuche u. der Liebe →Tristans.

K. O. Brogsitter, Artusepik, 1965; K. Wais, Der arthur. Roman, 1970; D. D. R. Owen (Hg.), Arthurian romance, Edinburgh II 1970; G. D. West, French Arthurian prose romances, Toronto 1977; Ch. u. R. Moorman, An Arthurian dictionary, London 1978; R. W. Last, The Arthurian bibl., Woodbridge II 1981 f.; N. J. Lacy/G. Ashe, The arthurian handbook, New York 1988; P. Walter, Le mémoire du temps, Genf 1989.

Mauclair, Camille, 29. 11. 1872 Paris – 1945 ebda., Mitbegründer des Théâtre de l'Œuvre, Kunst- u. Lit.kritiker, Autor der ersten wichtigen Studie über Laforgue (außerdem *De Watteau à Whistler,* 1905; *Greuze,* 1905; *Schumann,* 1906; *Histoire de la musique européenne,* 1914; *Essai sur l'émotion musicale,* 1919; *Mallarmé chez lui,* 1935). Vom Symbolismus sind s. Gedichte (*Sonatines d'automne,* 1894) u. Romane (*L'orient vierge,* 1897; *Le soleil des morts,* 1898; Schlüsselroman um Mallarmé; *L'ennemie des rêves,* 1899) geprägt.

G. J. Aubry, M., 1905.

Maulnier, Thierry (eig. Jacques Talagrand), 1. 10. 1909 Alès/Gard – 9. 1. 1988 Marnes-la-Coquette, Stud. ENS, Anhänger der Action française, befreundet mit Brasillach, seit 1964 Mitgl. der Ac. frçe. Der Essayist M. diskutiert Probleme des Individualismus u. Humanismus (*La crise est dans l'homme,* 1932; *Nietzsche,* 1935; *Mythes socialistes,* 1936; *Au-delà du nationalisme,* 1938; *Lecture de Phèdre,* 1943, ²1967; *Violence et conscience,* 1945; *Langages,* 1947, gesammelte Aufsätze; *Cette Grèce où nous sommes nés,* 1965; *L'honneur d'être juif,* 1970). Das Résistance-Ethos leitet den Dramatiker M. bei der Wahl der Stoffe (*La course des rois,* 1947; *Jeanne et les juges,* 1949; *Le profanateur,* 1950; *La maison de la nuit,* 1951; Kom. *Le sexe et* *le néant,* 1960; *La défaite d'Annibal,* 1968). Er schrieb Bühnenbearbeitungen u. a. von Malraux' *La condition humaine* u. Zuckmayers *Der Gesang im Feuerofen.*

Maupassant, Guy de, 5. 8. 1850 Fécamp(?) – 6. 7. 1893 Paris, aus ostfranz. Adelsgeschlecht, Schulbildung in Yvetot u. Rouen, nach abgebrochenem Jurastud. und Kriegsdienst 1871–78 Beamter im Marine-, später Unterrichtsministerium. Louis Bouilhet u. Gustave Flaubert führten M. in die Dichtung ein. Nach lyr. (*Des vers,* 1880) u. dramat. Versuchen (*Histoire du vieux temps.* 1880) wurde M. durch die Novelle →*Boule de suif* berühmt. Bis 1891 schrieb er sechs Romane (→*Une vie,* →*Bel ami; Mont-Oriol,* 1887; →*Pierre et Jean,* →*Fort comme la mort; Notre cœur,* 1890) u. ca. 260 Novellen (Slgg. →*La maison Tellier, Mademoiselle Fifi,* 1883; *Contes de la bécasse,* 1883; *Yvette,* 1884; *Les sœurs Rondoli,* 1884; *Miss Harriett,* 1884; *Monsieur Parent,* 1884; *Contes du jour et de la nuit,* 1885; *La petite Roque,* 1886; *Contes et nouvelles,* 1886; *Le Horla,* 1887; *Le rosier de Madame Husson,* 1888; *La main gauche,* 1889; *L'inutile beauté,* 1890; *Qui sait?,* 1890), zuletzt noch die Dramen *Musotte* (1891) u. *La paix du ménage* (1893). Bereits seit 1876 war M.s Gesundheit angegriffen (Herzleiden, chron. Migräne); 1891 verfiel er in geistige Umnachtung, nachdem er zuvor s. Bruder Hervé, der unter Tobsuchtsanfällen litt, betreut hatte. M. starb nach e. mißglückten Selbstmordversuch in der Klinik von Dr. Blanche. Zu Unrecht wurden s. Romane u. Reiseberichte (*Au soleil,* 1884; *Sur l'eau,* 1888 u. *La vie errante,* 1890) als Nebenprodukte der umfangreicheren Novellistik angesehen. Sowohl in s. theoret. Reflexionen als auch durch die Darstellung der Wechselbeziehung zwischen Milieu u. geistiger Verfassung der Helden stellte sich M. gegen die Prätentionen der Realisten (Champfleury, Duranty) wie des physiolog. begründeten Naturalismus, er trennte die Dokumentation vom sprachl. Kunstwerk; lit. würdig sind allein solche Details, die im Kontext sinnstiftend werden. Spätestens seit der Vorrede zu *Pierre et Jean* stimmte M. mit →Bourgets Romanästhetik in höherem Maße überein als mit derjenigen →Zolas. Wenn e. nennenswerte Entwicklung sowohl der Komposition wie der Thematik in M.s Schaffen immer wieder geleugnet wird, dann kann sich diese Hypothese allenfalls auf die Novellen beziehen. M. verzichtete für die Slgg. auf Titel, die Hinweise auf Stoffgebiet, soziales Panorama oder geograph. Fixierung (Paris, an u. auf der Seine, Provinz, Meer, Italien) geben könnten; meist nannte er sie nach demjenigen Text, der ihm am gelungensten erschien. Seit der Mitte der 80er Jahre nahmen phantast. Motive zu (*La morte,* 1887; *La nuit*); Alpträume als persönl. Erfahrung, aber auch als dichter. Form, in der sich die Ausweglosigkeit des Positivismus artikuliert, waren durch die Tradition der Schauergeschichte sanktioniert u. lassen sich bei M. seit 1883 nachweisen. Dem Umfang wie der themat. Streuung nach ist M.s erzähler. Werk ebenso gewiß e. Geschichte der ›espèces sociales‹ wie die *Comédie humaine* von Balzac. Ihr Gegenstand ist jedoch die adlige u. bürgerl. Gesellschaft, in der sich der Citoyen endgültig in den Bourgeois verwandelt hat u. zu keinem Widerstand mehr fähig ist, da er s. eigene Geschichte nicht als e. Prozeß sehen kann. Die Helden reagieren auf Einzelerlebnisse, deren mögl. gemeinsamer Ursache sie nicht mehr nachspüren. Der Aufstieg Du Roys *(Bel ami)* impliziert für den Helden keine Gesetzmäßigkeit, günstige Zufälle wirken zusammen; Jeanne *(Une vie)* vermeint nicht unter e. Katastrophe zu leiden, die sie zwangsläufig träfe, ihre Träume, Enttäuschungen, Nachgiebigkeiten u. letzten Hoffnungen sind Bestandteile e. Weltsicht, die an den ausgleichenden Zufall glaubt. Das Leben löst sich in Anekdoten u. Zufälle auf, die Novelle, nicht der Zyklenroman, ist die ideale Form ihrer Darstellung. Der Verlust der Struktur ist typ. für das Denken u. Schreiben M.s, der wie Flaubert von der Banalität des Lebens, die seit 1848 immer häufiger durch Besitzgier u. erot. Befriedigung kompensiert wurde, angewidert war. In Croisset wurde zum 100. Geburtstag von Maupassant das Impromptu *M. chez Flaubert* von Gabriel Arout aufgeführt (*Œuvres complètes.* hg. L. Conard XXIX 1907–10, R. Dumesnil XV 1934ff., P. Pia XVII 1972; *Lettres inédites à G. Flaubert,* hg. P. Borel [2]1941; *Lettres à M.* hg. G. Normandy 1942; *Correspondance inédite,* hg. A. Artinian 1951; *Contes et nouvelles,* éd. L. Forestier, II 1974–79; ders. Hg., *Romans,* 1987).

J. Halperin, M., der Romancier, Zürich 1961; A.-M. Schmidt, M. par lui-même, 1962; H. Keßler, M.s Novellen, Typen u. Themen, 1966; P. Ignotus, The paradox of M., London 1967; A. Lanoux, M., le Bel-Ami, 1967; P. Cogny, M. l'homme sans dieu, Brüssel 1968; Sondernr. Europe 1969; C. L. Jennings, La dualité de M. Son attitude envers la femme, RSH 1970; D. Schurig-Geick, Stud. zum mod. conte fantastique M.s u. ausgewählter Autoren des 20. Jh., 1970; Ch. Castella, Structures romanesques et vision sociale chez M., Lausanne 1973; J. R. Dugan, Illusion and reality ... M., 1973; A.-J. Greimas, M. La sémiotique du texte, 1976; M. G. Lerner, M., London 1976; G. Schüler, M., in W.-D. Lange (Hg.), Franz. Lit. des 19. Jh.s III, 1980; J. Chessex, M. et les autres, 1981; Ph. Bonnefis, Comme M., Lille 1981; J.-M. Bailbé u. a., Flaubert et M. Ecrivains normands, 1981; R. W. Artinian, M. criticism. Bibl. 1880–1979, 1982; M. MacNamarra, Style and vision in M.'s Nouvelles, Bern 1986; H. Troyat, M., 1989; T. A. Harris, M. in the hall of mirrors, Basingstoke 1990; T. Lehmann, Transitions savantes et dissimulées, Helsinki 1990.

Maupertuis, Pierre-Louis Moreau de, 17.7. 1698 Saint-Malo – 27.7. 1759 Basel, Deist u. Mathematiker, Aufenthalt am Hof Friedrichs II. 1740 u. 1744, diesmal zur Neuorganisation der Berliner Akademie, deren Präsident er bis 1756 war. S. Aufnahme in die Ac. frçe. (1743) führte zu e. Eklat, da er die These vertrat, mathemat. u. schöngeistige Forschungsprinzipien seien ident. Voltaire stellte M. wegen s. verwegenen Gottesbeweise in *Micromégas* u. Pamphleten bloß (*Œuvres de M.,* IV 1752–68, n. 1964).

P. Brunet, M., II 1939.

Mauriac, Claude, geb. 25.4. 1914 Paris, Sohn von François →M., promovierter Jurist, 1944–49 Privatsekretär von de Gaulle (*Un autre de Gaulle 1944–54,* 1971), Film- u. Lit.kritiker (Essays über Cocteau, 1945; Balzac, 1945; Malraux, 1946; Breton, 1949; *Conversations avec A. Gide,* 1951; *M. Proust par lui-même,* 1953; *L'amour du cinéma,* 1954; *Petite littérature du cinéma,* 1957; *L'alittérature contemporaine,* 1958, [2]1969; *De la littérature à l'alittérature,* 1969). Dramatiker (*La conversation,* 1964; *Théâtre,* 1968) u. Romancier (*Toutes les femmes sont fatales,* 1957; *Le dîner en ville,* 1959; *La marquise sortit à cinq heures,* 1961; *L'agrandissement,* 1963; *L'oubli,* 1966). M. sah s. Romane von 1957–63 als Einheit unter dem Generaltitel *Le dialogue intérieur,* der die Enthüllungsthematik ausdrückt. In der mondänen Betriebsamkeit der Badeorte u. im Gesellschaftsleben der Privilegierten u. Kosmopoliten findet M. die äußeren Anlässe zur Selbstverständigung des Protagonisten, der s. eigener Autor u. Kommentator ist; darin steht M. Proust u. Nathalie Sarraute näher als dem Kompositionsschema des berühmten Vaters.

R. Theis, M. (Franz. Lit. der Gegenwart, hg. W.-D. Lange), 1971.

Mauriac, François, 11.10. 1885 Bordeaux – 1.9. 1970 Paris, Sohn e. wohlhabenden Weinhändlers, wuchs unter dem Einfluß der frommen Mutter auf (die Mutterbindung als Romanthema ist für M. bis 1969 symptomat.). Stud. Bordeaux u. Paris (École des chartes). Barrès wies auf die ersten Verse M.s hin *(Les mains jointes);* seit 1912, als M. die kathol. Zs. *Cahiers* gründete, erschienen s. Romane, die den Kampf um die sündige Seele in den Mittelpunkt regionalist. Romane stellten u. e. originelle Variante des →Renouveau catholique erbrachten. M.s Landschaft ist vor allem der heimatl. SW, s. typ. Gestalt die ›femme emmurée‹ der großbürgerl. Welt, der s. Selbsthaß gilt. 1926 erhielt er den Romanpreis der Ac. frçe., 1933 wurde er ihr Mitgl., 1952 wurde ihm der Nobelpreis für Lit. zuerkannt. M. war für die Résistance tätig, gründete 1948 die Zs. *La Table ronde* u. veröffentlichte zunächst in *L'Express,* später im konservativen *Figaro* bis 1960 s. wöchentl. Glossen *(Bloc-notes)*. Spätestens seit Mai 1958 war er überzeugter Gaullist (*De Gaulle,* 1964; *Nouveaux mémoires intérieurs,* 1965; *Mémoires politiques,* 1967). M.s polit. Weg führte von der Kritik an der Kirche, die sich mit dem Kapital verbündet, zur Stellungnahme gegen Franco und zur Kritik am Parlamentarismus der IV. Republik. Der Widerstreit von Sinnlichkeit u. Tugendhaftigkeit im Roman (*L'enfant chargé de chaînes,* 1912; *La robe prétexte,* 1914; →*La chair et le sang, Génitrix,* 1923; →*Le baiser au lépreux,* →*Le désert de l'amour,* →*Thérèse Desqueyroux,* →*La fin de la nuit*) wird am Verhalten frustrierter Frauen illustriert, die monoman. den Sohn vor der Schwiegertochter, die sie als Nebenbuhlerin begreifen, retten wollen oder mitmörder. Haß den eigenen Mann verfolgen. Das Mordmotiv als Versuch zur Selbsterlösung kehrt in →*Les anges noirs* wieder. Dabei zeigte *Génitrix* und wieder →*Le nœud de vipères,* daß M.s Talent weniger in der Ausgestaltung sexueller Verirrungen als in der Darstellung fehlgeleiteter Leidenschaften wie der Herrschsucht u. Habgier lag. Doch der Hauptteil s. Romane ebenso wie die Dramen (→*Asmodée, Passage du malin,* 1947; *Le feu sur la terre ou le pays sans chemin,* 1950; *Le pain vivant,* 1955) gestalten Gewissenskonflikte, die auf verdrängter Sexualität, Inzest und Eheproblemen beruhen (*Le mystère Frontenac,* 1933; *Le chemins de la mer,* 1939; *La pharisienne,* 1941; *Le sagouin,* 1951; *Galigaï,* 1952 →*L'agneau,* →*Un adolescent d'autrefois*). Die angemessene Form zur Darstellung der Psychomachie ist die Ichform im Roman, der Auszug aus Tagebüchern und Briefen. M. versuchte Proust (1926 und 1947) gerecht zu werden, obwohl die ästhet. Lösung, die dieser vorschlug, s. Gnadenbewußtsein widersprach, und fand in Pascal (1926), Henry Bordeaux (1926) u. Racine (1928) genuine Studienobjekte; weitere Essays: *De quelques cœurs inquiets* (1920), *Le tourment de J. Rivière* (1926), *Le roman* (1928), *Supplément au traité de la concupiscence, de Bossuet* (1928), *Souffrances du chrétien* (1928), *Dieu et mammon* (1929), *Trois grands hommes devant dieu: Molière, Rousseau, Flaubert* (1930), *Le romancier et ses person-*

nages (1933), *Mes grands hommes* (1949), *Le fils de l'homme* (1958), *Mémoires intérieurs* (1959). Der Apologet M. bemühte sich im Essay wie im Roman, die Botschaft des Christentums von der vor allem durch ökonom. Rücksichten bedingten Verfälschung in den relig. Institutionen zu trennen. Er glaubte, daß die Religiosität in ihm seit s. Kindheit das Bedürfnis nach dem ›wahren Traum‹ erweckte *(Mémoires intérieurs).* Zola stieß ihn deshalb ab, weil er das Unsichtbare leugnete; einzig Dostoevskij und Bernanos hätten im Roman das wahre Wesen jener Raserei ahnen lassen, in der e. Mensch gegen sich selbst wütet. Diese Autoren bestätigen M.s eigenen Weg, der durch die Hölle des Diesseits führte. Der postum veröffentlichte Roman *Maltaverne* (1972) exemplifiziert an der Gestalt des Schriftstellers Gajac, was M. selbst nie geworden ist, gottverlassen und dem Beifall der tonangebenden Gesellschaft ausgeliefert (*Œuvres complètes,* 1950 ff.; reichen bis *L'agneau;* Korrespondenz (1916–42) mit dem Maler Jacques-Emile Blanche, hg. G.-P. Collet 1976; *Œuvres romanesques et théâtrales complètes,* éd. J. Petit, IV 1978–85; *Souvenirs retrouvés. Entretiens avec Jean Amrouche,* 1981; *Lettres d'une vie, recueillies par Caroline M., 1981).*

Ch. Du Bos, M. et le problème du romancier catholique, 1933; A. Fillon, M., 1936; G. Hourdin, M., 1945; P.-H. Simon, M. par lui-même, 1953; J. Robichon, M., 1953; T. Hitchen, Le problème du mal dans les romans de M., Bernanos et Green, Liverpool 1959; X. Grall, M. journaliste, 1960; M. Alyn, M., 1960; B. Roussel, M., 1965; K. Goesch, M. Essai de bibl. chronologique (1908–1960), 1965; J. H. Donnard, Trois écrivains devant dieu – Claudel, M., Bernanos, 1966; E. Glénisson, L'amour dans les romans de M., 1970; J. de Fabrègues, M., 1971; A. Séailles, M., Montréal 1972; M. Suffran, M., 1973; M. Scott, M., the politics of a novelist, Edinburgh 1980; M. et son temps, Colloque 1979, 1980; J. Lacouture, M., 1980; F. Durand, M., indépendance et fidélité, Thèse Lille III 1980; M. Bonte, Images et spiritualité dans l'œuvre romanesque de M., 1981; S. Prou, M. et la jeune fille, 1982.

Maurois, André (eig. Émile Salomon Wilhelm Herzog), 26. 7. 1885 Elbeuf/Normandie – 9. 10. 1967 Neuilly-sur-Seine, aus e. Elsässer Industriellenfamilie, die sich 1871 in der Normandie etablierte, wo Alain M.' Lehrer war, der ihn, wie er bekannte, vor Gide bewahrte und ihm den Weg zu Saint-Simon und Stendhal wies. M. war selbst in der Textilindustrie tätig, wurde Franz.lehrer Edwards VII. von England, Dolmetscher im brit. Hauptquartier. Seit 1926 widmete er sich ausschließl. der Schriftstellerei (Kriegsreportagen, Romane, Erzählungen, hist. Studien, Biographien u.a. über Shelley, 1923; Disraeli, 1927; Byron, 1930; Lyautey, 1931; Edward VII., 1933; Voltaire, 1935; Chateaubriand, 1937; Proust, 1949; George Sand, 1952; Victor Hugo, 1952; Mme de La Fayette, 1961; Napoleon, 1964; Balzac, 1965; Tagebücher und lit.krit. Studien, darunter *De Proust à Camus,* 1963). S. Œuvre umfaßt ca. 150 Buchtitel (Gesamtausgabe 1950 ff.). 1938 Wahl in die Ac. frçe. M. macht keinen Hehl aus s. Abneigung gegen gesellschaftspolit. Doktrinen; im Roman *Bernard Quesnay* (1926) entwickelt der Autor e. individualist. Modell für die Lösung von Konflikten in der Arbeitswelt, das den sozialen durch den moral. Imperativ ersetzt. Der Liebesroman *Climats* (1928, Auflage in e. Jahr 280.000 Ex.) problematisiert die Harmonie der Geschlechter: Der einzelne bleibt monadenhaft in s. individuellen Atmosphäre befangen (vgl. die analoge Thematik bei Giraudoux). In *Le cercle de famille* (1932) kämpft Denise mit seel. Schwierigkeiten, bis sie begreift, daß e. eth. Substanz Voraussetzung für die Selbstverwirklichung der menschl. Persönlichkeit ist. M. war ein wenig selbständiger Denker, der sich zugleich den Dualismus von Pascal und die relativierenden Kategorien Voltaires anzueignen versuchte. In s. Essays wird Angelesenes teils direkt, teils in der Form lit. Anspielungen verarbeitet; M. stellt oft irrelevante Fragen u. beantwortet sie mit Zitaten u. Kompilationen. In der Vortragsserie *Sentiments et coûtumes* (1934) behandelt er die sozialen Institutionen der Ehe, Familie und Freundschaft, die er jedoch unter moral., nicht unter soziolog. Aspekt sieht, wobei er zur Apologie des Mittelstands sich die in der Zeit des engl. Frühkapitalismus gängigen Argumentationen zu eigen macht. Dies befähigte ihn auch, wesentl. Züge der engl. Mentalität besser zu begreifen als die meisten seiner Landsleute. Postum erschienen *La conquête de l'Angleterre par les normands* (1968) und *Mémoires* (1970), die Aufschluß geben über M.' Beziehungen zu Alain, Gide, Valéry, Martin du Gard u. a.

D. G. Larg, M., 1931; A. Fillon, M. romancier, 1937; F. Auriant, Un écrivain original, 1941; L. Chaigne, Aspects d' A. M. et de son œuvre, Strasbourg 1949; M. Droit, M., 1953; J. Suffel, M., 1963.

Maurras, Charles, 20. 4. 1868 Martigues/Bouches-du-Rhône – 16. 11. 1952 Tours, Schulbildung in Aix-en-Provence, Stud. Philos. u. Soziol. Paris, Anschluß an Moréas, den Gründer der École romane. Er unterstützte auch die Ziele des →Felibrige. M. wurde der Wortführer der →Action française und gründete die gleichnamige Wochenschrift, die seit 1908 als Tageszeitung erschien. S. Atheismus veranlaßte die röm. Kurie, die Action frçe. in den 20er Jahren zu bekämpfen. 1938 Aufnahme in die Ac. frçe.; Ausschluß 1945, da M. die Vichy-Regierung unterstützt hatte. Er wurde wegen Kollaboration zu lebenslängl. Haft verurteilt, nach einigen Jahren jedoch begnadigt. M. wirkte nicht durch s. Lyrik (*Inscriptions,* 1921; *Le mystère D'Ulysse,* 1923; *La musique intérieure,* 1925; *La balance interieure,* 1952) u. erzählende Prosa (*Le chemin du paradis,* 1895; *Contes philosophiques,* 1928), sondern als Kulturkritiker. S. Angriffe gegen die Romantik (→*Les amants de Venise, Un débat sur le romantisme,* 1928) und die Demokratie fanden wegen ihrer polem. Zuspitzung und apodikt. Schärfe auch die Zustimmung unpolit. Leser. M. erklärte sarkast., e. Gesellschaft könne zum Egalitätsprinzip streben, während es in der Biologie nur die Gleichheit des Friedhofs gebe (*Mes idées politiques,* 1937). Ohne den Kapitalismus u. Sozialismus begriffen zu haben, entwickelte M. gemäß der Antithese ›ordre‹ (für ihn gleichbedeutend mit Katholizismus, Klassizismus u. Gegenrevolution) – ›désordre‹ (= Reformation, Revolution und Romantik) die Idee e. girondist. Traumstaats, der auf den ererbten Positionen der sozialen Elite aufbauen sollte u. dessen metaphys. Dimension durch den jeweiligen Volksgeist gewährleistet sein würde. E. ›monarchie scientifique‹ erscheint ihm als der beste Garant des Nationalismus (*Trois idées politiques: Chateaubriand Michelet, Sainte-Beuve,* 1898; *Anthinéa,* 1901; *L'avenir de l'intelligence,* 1905; *Enquête sur la monarchie,* 1909; *Les conditions de la victoire,* VIII 1915–20; *Principes,* 1931; *Devant l'Allemagne éternelle,* 1937; *La seule France,* 1941; *Pascal puni,* 1954; *Lettres de prison,* 1958; *Soliloque du prisonnier,* 1963). Von s. Haß auf die Moderne, die er als Wiederkehr der Barbarei ansah, zehrten Henri

Massis, Jacques Bainville, Brasillach und Michel Mourre; die Gestalt, die Sartre in →*L'enfance d'un chef* zeichnet, findet die Bestätigung ihrer unreflektierten Existenz in der Ideologie von M.

J. Maritain, Une opinion sur M., 1926; W. C. Buthmann, The rise of integral nationalism in France, Diss. New York 1939; M. Garçon, Le procès de M., 1946; H. Massis, M. et notre temps, II 1951 f.; M. Mourre, M., [2]1958; I. P. Barko, L'esthétique littéraire de M., Genf 1961; R. Joseph, M., 1962; The French right from De Maistre to M., hg. J. S. McClelland, London II 1970.

Maxime, ursprüngl. Urteilsspruch in letzter Instanz, als lit. Gattung der Moralistik Denkspruch, seit →La Rochefoucauld stilist. Maßstäbe setzte u. →Vauvenargues, →Rivarol, →Chamfort u. →Joubert die Gattung pflegten.

H. H. Finck, M. u. Fragment, Grenzmöglichkeiten e. Kunstform, 1934; M. Kruse, Die M. in der franz. Lit., 1960; C. Rosso, La ›m.‹ Saggi per una tipologia critica, Neapel 1968.

Maynard, François, 1582 Toulouse – 28. 12. 1646 Saint-Céré, Libertin, Sekretär der Marguerite de Valois, Schüler Malherbes seit 1607, 1611–28 Gerichtspräsident in Aurillac. Neben s. konventionellen Oden, Stanzen u. Sonetten stehen Epigramme, in denen er auf originelle Weise, wenn auch nicht mit der Kraft Mallevilles, Martial nacheiferte (*Œuvres poétiques,* 1646, hg. G. Garisson III 1885–88; *Poésies,* hg. F. Gohin 1927).

Ch. Drouhet, Le poète M., 1910.

Mazarin, Giulio Mazarini, gen., 1602 Pescina/Abruzzen – 9. 3. 1661 Paris, 1634–36 Nuntius, seit 1639 naturalisierter Franzose, 1642 Erster Minister unter Ludwig XIII. u. dem minderjährigen Sonnenkönig. M. beendete den 30jähr. Krieg, zerschlug die →Fronde, schloß mit Spanien den Pyrenäenfrieden (1659), der der franz. Krone das Artois u. Roussillon einbrachte, vermittelte 1660 den Frieden von Oliva. In der Entwicklung der klass. Lit. spielte M., anders als Richelieu, keine Rolle. S. persönl. Notizen u. Briefe verfaßte er in Ital., Span. u. Franz., letzteres in stark phonet. Schreibung. Nachdem Jean Racine bereits 1659 e. Sonett auf M. gedichtet hatte, erschien 1666 e. Sammelband enkomiast. Lyrik zu Ehren des Toten, zu dem u. a. Bensserade, Brébeuf, Chapelain, Corneille, Desmarets de Saint-Sorlin, Maynard, Ménage, Racan, Racine, Segrais u. Voiture Beiträge lieferten. S. reiche Privatbibliothek ging zum Teil in die Bibliothèque Mazarine des →Institut ein.

P. Goubert, M., 1990.

Mazarinades, Pamphlete, Burlesken, Invektiven u. Satiren (ca. 5000), die während der →Fronde die Person des Ministers →Mazarin angriffen u. vor allem s. Finanzpolitik kritisierten (*Bibliothèque des M.,* hg. C. Moreau III 1850). Etwa 800 bis 1000 Händler vertrieben die in der Regel zwischen vier u. zwölf Druckseiten umfassenden M. u. a. öffentl. am Pont-Neuf u. vor dem Palais de Justice in Paris.

H. Carrier, La Fronde ..., 52 m., II 1982; Ch. Jouhaud, M., 1985.

Meaux, Dép. Seine-et-Marne, 44 km östl. von Paris, Zentrum des Humanismus durch Bischof Guillaume Briçonnet u. →Lefèvre d'Étaples (nach 1515); →Bossuet war 1682–1704 Bischof von M., die Stadtbibliothek u. das Priesterseminar bewahren s. Mss.

Médan, Ort 35 km nordwestl. von Paris, wo Zola von 1877–1902 meist acht Monate im Jahr wohnte.

In s. Haus versammelten sich die Autoren, die mit ihm zusammen den Sammelbd. *Les soirées de M.* veröffentlichten: Alexis, Céard, Hennique, Huysmans u. Maupassant. Der Erfolg s. Romane u. die Großzügigkeit des Verlegers Charpentier erlaubten es Zola, den Besitz, nach s. Worten 1879 noch ›une cabane à lapins‹ (Brief an Flaubert), auszubauen.

L. Deffoux/E. Zavie, Le groupe de M., suivi de deux essais sur le naturalisme, 1920.

Le médecin de campagne, Roman von Honoré de →Balzac, entstanden September 1832, EA 1833, hg. M. Allem 1965, A. Ducourneau 1966. Der Roman wurde vom Autor in e. Zustand sentimentaler Überreiztheit niedergeschrieben. Balzac verwertete persönl. Erlebnisse, Lesefrüchte, u. a. aus *Julie ou la Nouvelle Héloïse* von Rousseau u. *The vicar of Wakefield* von Goldsmith sowie die Lebensgeschichte des Pastors Jean-Frédéric Oberlin aus der Umgebung von Straßburg. Mit s. losen Verknüpfung vielfältiger Stoffe u. Themen – das Werk umfaßt Szenen aus dem Landleben, militär. Episoden, Gespräche über polit. u. soziale Fragen u. die Schilderung von Liebesenttäuschungen – ist der Roman darauf angelegt, den Leser zu rühren u. zu erbauen. Ein Offizier aus der ehemaligen Grande Armée hat von den zivilisator. Leistungen des Landarztes Dr. Benassis gehört u. sucht ihn 1829 mit e. kranken Kind auf. Nach langen Gesprächen, auch während ausgedehnter Gänge durch die Natur, erfährt Major Genestas schließl., warum der Arzt ausgerechnet in dieses Alpendorf gezogen ist: Er wollte in s. Jugend begangene Verfehlungen durch sozialpolit. Leistungen sühnen. Der Arzt stirbt nach Empfang e. mysteriösen Briefes; s. kleiner Patient wird gesund. Balzac thematisiert in diesem Roman Doktrinen des Saint-Simonismus, namentl. die polit. Funkton der Religion, die Unterwerfung der Arbeitenden unter die Autorität der Denkenden, die Gemeinschaftsbezogenheit der Produktivität.

B. Guyon, La création littéraire chez Balzac. La genèse du M., [2]1969; P. Barbéris, Mythes balzaciens, 1972.

Le médecin malgré lui, Prosakom. in drei Akten von →Molière, entstanden nach 1664, EA 1667, Urauff. 6. 8. 1666 Palais Royal. Nach dem ma. Fabliau →*Le vilain mire* und span. Quellen schuf Molière e. s. besten Farcen. Der Holzfäller Sganarelle wird von s. rachsüchtigen Weib Martine als Arzt bezeichnet, als Diener des Géronte Hilfe für die stumme Tochter ihres Herrn suchen. Lucinde stellt sich nur krank, um sich e. verhaßten Heirat zu entziehen, Sganarelle stiftet bauernschlau die Liebesehe mit Léandre, dem er als Apotheker Zutritt verschafft hat. Die franz. Molièrekritik betont die nationalen Eigenarten dieser großsprecher., habgierigen u. weinseligen Figur, mit der die Dienerrolle sich von ihren ital. und span. Vorbildern löst.

K. Schoell, M. u. die Farcenkomik, Lit. in Wiss. u. Unterricht 1972.

Méditations poétiques, Lyrikslg. von Alphonse de →Lamartine, entstanden 1814–19, EA 1820, krA F. Letessier 1968. Die 24 Gedichte (Oden, Hymnen, Episteln u. Elegien), die Lamartine ohne bes. Plan zu e. Poesieband zusammenstellte, machten den jungen Diplomaten unerwartet berühmt. Dabei kann man nicht einmal sagen, daß der Autor den Bruch mit der lyr. Tradition

(Voltaire, Parny) gewagt hätte; sowohl themat. wie formal waren die *M.* dem 18.Jh. stärker verbunden als etwa André Chéniers Lyrik, die gerade zu jener Zeit in e. Erstausgabe bekannt geworden war. Mit der Behandlung naturhafter Motive (→*L'automne)* lehnt sich Lamartine an Rousseau an. E. neue Empfindsamkeit der Verse fand beim Adel u. dem Großbürgertum der Restauration, die im lyr. Ich die Selbstdarstellung des Autors genießen wollten, begeisterte Zustimmung. Die Intimität der Gedichte *Le lac, L'immortalité, L'isolement, Le soir, La foi, Le chrétien mourant* u. der schwärmer. Deismus, der in s. Unbestimmtheit mit dem Katholizismus nicht im Widerspruch stand, bestätigte das individualist. Selbstverständnis der führenden Gesellschaftsschicht. Wenn die Slg., die den Wechsel von Weltschmerz u. Mystik zum Leitthema erhob, auch wie e. ›Offenbarung‹ (Sainte-Beuve) wirkte, so können doch die veränderten Erwartungen, die das Publikum nach 1830 an die romant. Poesie stellte, nicht mit dem Erfolg der *M.* erklärt werden. Lamartine verdankte ihn 1820 noch der royalist. Presse, die es gerade vermied, s. Lyrik mit den Werken der Romantiker in Verbindung zu bringen u. die systemkonforme relig. Thematik einzelner Gedichte bes. hervorhob. Trotz dieses Mißverständnisses wirkte der Zyklus auf die Entwicklung der romant. Lyrik. Bis 1856 erweiterte Lamartine den Umfang der Slg.

G. Fréjaville, M. de Lamartine, 1931; G. Assolant, Lamartine. Les premières M., 1932; Y. Le Hir, Lamartine et Chateaubriand, A propos des M., RSH 1971; A. Kablitz, A. de Lamartines M. im Kontext zeitgenöss. Sinnsysteme, Diss. Berlin 1983.

Meersch, Maxence van der (eig. Josef Cardijn), 4. 5. 1907 Roubaix – 14. 1. 1951 Le Touquet, Flame, Journalist u. Anwalt in Lille, Autor teils naturalist. Romane (*La maison dans la dune,* 1932; *Quand les sirènes se taisent,* 1933; *Invasion 14,* 1935), teils naiv erbaul. Geschichten (*L'empreinte de dieu,* 1936; *L'élu,* 1937; *Les pêcheurs d'hommes,* 1940; *Le péché du monde,* 1941; *Vie du curé d'Ars,* 1946; *La petite Sainte-Thérèse,* 1947; *La fille pauvre,* 1948; *Le cœur pur,* 1948; *La compagne,* 1955; *Masque de chair,* 1958). Die Ärztesatire *Corps et âmes* (1943) wurde e. bes. Verkaufserfolg.

A. Jans, M. romancier de la pitié et de l'amour, Brüssel 1946, R. Reus, Portrait morpho-psychologique de M., 1952; E. Mourgues, Corps et âmes vu par un médecin, Le Puy 1953.

Meigret, Louis, um 1510 Lyon – nach 1557, Grammatiker, der im *Traité de l'escriture françoise* (1542) für die phonet. Schreibung eintrat u. damit e. Polemik auslöste (Des Autelz, *Traité touchant l'ancien orthographe françois,* 1548, u. *Réplique,* 1551; Peletier du Mans, *Apologie à M.,* 1550). 1550 folgte der *Traité de la grammere françoeze,* die erste franz. geschriebene Grammatik. M. übersetzte antike Autoren u. Schriften Albrecht Dürers.

F. Brunot, Histoire de la langue frçe., Bd. 2, 1960; F. J. Hausmann, M., 1980.

Meilhac, Henri, 23. 2. 1831 Paris – 6. 7. 1897 ebda., Autor von Vaudevilles, die er jahrzehntelang zusammen mit →Halévy verfaßte; mit A. Delavigne u. Ph. Gilles schrieb M. Kom.

Meister, Jakob Heinrich, 1744–1826, Schweizer, lebte 1770–89 in Paris, befreundet mit Diderot u. Holbach, leitete 1773–90 die →*Correspondance littéraire, philosophique et critique.*

Mélanges tirés d'une grande bibliothèque, 70 Bde., 1779–88,

Kompilation aus ma. Geschichtswerken, Lyrik u. erzählender Lit., zusammengestellt von A.-G. Contant d'Orville u. dem Marquis de Paulmy, außerdem mit zeitgenöss. Lektürekanon versehen; e. der wichtigen Stoffquellen für die Romantik.

Mélodrame, unklass. Schauspielform, 1788 aus der Verbindung von Pantomime u. Singspiel im Pariser Boulevardtheater entstanden. Als später Sprechszenen die musikal. Komponente ersetzten, blieb die Bezeichnung M. sinnwidrig erhalten. Die spektakulären, sich überschlagenden Handlungsabläufe u. das stereotype Figurenverhalten waren an den Erwartungshorizont des nichtgebildeten Zuschauers gebunden; darin unterscheidet sich das M. von den Unwahrscheinlichkeiten der Trag. etwa Crébillons. Durch Prestigegewinn beim Publikum der späten 90er Jahre, dem hier die Motive der Schauerromantik engl. Stils mit moral. Didaxis vermischt dargeboten wurden, fand es Eingang in das Repertoire der großen Theater. S. kompensator. Effekt wurde von Napoleon wie von der Restauration gewürdigt. Im ersten Viertel des 19. Jh. galt Guilbert →Pixérécourt als ›roi du m.‹, er inszenierte s. Stücke selbst nach aufwendigen illusionist. Prinzipien (u. a. gemalte Komparserie in *La fille de l'exilé,* III, 22; die Oper kannte dieses Verfahren seit 1777). Er brachte den ersten Hund auf die Bühne *(Le chien de Montargis).* Speziell für Aufführungen des M. wurde im 19. Jh. das Theater an der Porte-St-Martin eingerichtet (›le théâtre des mieux machiné‹). Hier kam 1829 Goethes *Faust* als Ausstattungsstück heraus; der melodramat. Stil, der u. a. in den napoleon. Feldzügen genuine Stoffe vorfand (vor allem für die Bühne des Cirque-Olympique), wirkte bei Soulié u. noch J. Verne nach (Bühnenfassung *Le tour du monde en 24 jours,* 1874). Seit sich Ch. Nodier (*Journal des débats,* Oktober 1815) gegen die Unwahrscheinlichkeit des M. als Schauerdrama aussprach, reinigte die romant. Theorie u. Praxis (vgl. Hugo, Vigny, Dumas, Musset) die Gattung teilweise von phantast. Einlagen. Das M. büßte s. Beliebtheit ein u. wurde in der Gunst des Publikums vom →Vaudeville abgelöst.

P. Brooks, The melodramatic imagination, New Haven 1976; J.-M. Thomasseau, M., 1984; Sondernr. Europe, Nov.–Dez. 1987.

Melusine-Stoff, Sage von der Meerfee u. ihren Beziehungen zur Menschenwelt, vgl. in der franz. Lit. Jean d'Arras u. Franz Hellens, die den M. bearbeiteten.

L. Hoffrichter, Die ältesten franz. Bearbeitungen der Melusinensage, 1928.

Mémoire, 1. Bezeichnung für subjektive Darstellung denkwürdiger hist. u. kultureller Begebenheiten, in der Regel nicht sukzessiv wie e. Tagebuch notiert, wenngleich das *Journal* der →Goncourt bereits den Grenzfall darstellt, sondern rückblickend, gegebenenfalls zur Selbstverteidigung, jedenfalls von der Chronik weder durch die Stofferwartung noch durch den Stil u. die Intention idealtyp. getrennt (vgl. Joinville, Froissart, Commynes, Villehardouin, Jean le Bel, Jouvenel des Ursins, Mathieu d'Escouchy, Jean Molinet, Chastellain, Olivier de la Marche, Marguerite de Valois, Bassompierre, Brantôme, Du Fail, Monluc, Tallement des Réaux, Bussy-Rabutin, Kardinal Richelieu, Duc de Rohan, Turenne, Retz, Montpensier, Saint-Simon, La Fare, Hénault, Choisy,

Duclos, Marmontel, Linguet, Bachaumont, Dumas, Genlis, Mauriac, A. Monnier, Malraux; *Collection des m.s relatifs à l'histoire de France,* hg. Petitot/Mommerqué 1819 ff.; *Nouvelle collection des m.s pour servir à l'histoire de France,* hg. Michaud/Poujoulat 1836 ff.) – 2. Zs.titel. – 3. Ersatzbegriff für ›Roman‹, zur Bekräftigung des Wahrheitsanspruchs der Geschichte u. zur Abwehr der Zensur (Vorbilder Gatien de →Courtilz u. →Prévost d'Exiles, →Marivaux, rein ästhet. Funktion noch bei Flaubert u. Yourcenar) – 4. In der Schulsprache e. schriftl. Aufgabe.

Ph. Stewart, Imitation and illusion in the French memoir-novel 1700–50, New Haven 1969; M.-Th. Hipp, Mythes et réalités. Enquête sur le roman et les mémoires 1660–1700, 1976.

Mémoire involontaire, Schlüsselbegriff für ›Marcels‹ Weltbild in →*A la recherche du temps perdu* von Proust, nach der Definition des Autors im Gespräch mit Élie-Joseph Bois (*Biblio* 120/1913) das kreative Erinnerungsvermögen, das nicht willentl. (›mémoire volontaire‹, ›mémoire de l'intelligence‹), sondern durch Sinnesreize ausgelöst wird. Die M. wirkt spontan in analogen Situationen u. liefert die Dinge ›dans un exakt dosage de mémoire et d'oubli‹; diese streifen dadurch ihre Kontingenz ab u. geben die überzeitl. Essenz frei. Auch Swann erinnert sich, als er e. Sonate neu hört, an die Zeit der Liebe; die ›petite phrase‹ ruft Zustände des Glücks in die Erinnerung zurück, rettet Swann jedoch nicht vor moral. Desillusion.

G. Goebel, Die ›m.‹, die fünf Sinne und das verlorene Paradies in Prousts A la recherche du temps perdu, RJb 1969; K. Hölz, Das Thema der Erinnerung bei M. Proust. Strukturelle Analyse der m. in A la recherche du temps perdu, 1972.

Mémoires, Erinnerungen von Louis de Rouvroy, duc de →Saint-Simon, entstanden 1694 bis 1701, 1739–55, EA 1829, éd. Y. Coirault 1982. Eindeutig ermutigt durch den Erfolg der Memoiren des Kardinals de →Retz vertiefte sich Saint-Simon in die Geschichte der Jahre seit 1691, als er an den Hof gekommen war. Aus persönl. Anschauung u. zeitgenöss. Darstellungen – so waren ihm z. B. die Memoiren der Montpensier u. Philippes de Courcillon handschriftl. zugängl. – formte er, gestützt auf s. Tagebuch, e. Zeitgeschichte aus der Perspektive des Feudaladels, die der polit. Realität nicht mehr entsprach. Ähnl. restaurativ verhielten sich auch Retz u. →Montesquieu. Die *M.* handeln von Versailles, Aristokraten, hohen Klerikern, Heerführern, den Mätressen Ludwigs XIV., der Ninon de Lenclos, der Aufhebung des Edikts von Nantes u. Zerstörung des Klosters Port-Royal sowie wiederholt vom Tod hochgestellter Persönlichkeiten, die der Autor näher gekannt hat. Bei aller dezidiert antiabsolutist. Argumentation sind die *M.* e. hervorragendes Dokument der polit. Geschichte u. e. bedeutendes Lit.denkmal, weil der Autor nicht mehr der an hist. Darstellungen gebundenen pedant. Stilerwartung entspricht. S. soziale Überlegenheit drückt sich, wie beim intellektuell freil. souveräneren Retz, in e. vorwiegend unbefangenen u. iron. Diktion aus, die allerdings unter syntakt. Weitschweifigkeit leidet. Dennoch empfahl Stendhal die *M.* zur formalen Schulung.

Y. Coirault, L'optique de Saint-Simon, Essai sur les formes de son imagination et de sa sensibilité d'après les M., 1965; ders., Les manuscrits du duc de Saint-Simon, 1970; D. v. d. Cruysse, Le portrait dans les M. du duc de Saint-Simon, 1971; ders., La mort dans les M., 1981; F. Formel, Bibl. des éditions des M., 1982.

Mémoires d'Hadrien, Roman von Marguerite →Yourcenar, EA 1951, n. 1971. Die apokryphen Memoiren des röm. Kaisers, für die die Romanautorin ca. vier Jahre lang Dokumente sammelte, sind zur Belehrung des jungen Freundes u. Nachfolgers, Marc Aurel, bestimmt. Hadrian, dessen humaner Stoizismus den Geist des Imperiums prägte, erkennt die Gefahren, die Rom drohen, wenn sich die urbane Mentalität nicht über die ganze Erde ausbreitet.

Mémoires d'outre-tombe, Autobiographie von François-René de →Chateaubriand, entstanden 1803–41, überarbeitet bis 1847, ED *La Presse* 21. 10. 1848–5. 7. 1850, EA 1849, krA M. Levaillant IV 1948, ^{2}1964. Als Botschaftssekretär in Rom plante Chateaubriand, die *Mémoires de ma vie* nicht als Konfession im Stil Rousseaus anzulegen, sondern nach dem Grundsatz: ›Il ne faut présenter au monde que ce qui est beau . . .‹. S. Sekretär Pilorge stellte das Werk in die Nähe der *Essais* von Montaigne: die Themen wie der Stil variieren u. wechseln oft sprunghaft, vor allem erzählt Chateaubriand s. Leben nicht memorialist. Gegen Schluß erst setzt sich die spontane Schreibweise, wie sie dem Tagebuch eignet, durch. Wenn der Autor von der Zeit, die er miterlebt u. als Diplomat u. Politiker z. T. mitgestaltet hat, spricht, sieht er sie als Sektor e. monumentalen geschichtl. Panoramas. Er wandelt bei allen s. Reisen auf den Spuren der napoleon. Gloire – sie suggeriert ihm zahlr. Anspielungen u. Analogien. Wenn er e. Ort, etwa Venedig, zum zweitenmal besucht, so vergleicht er s. jeweiligen Eindrücke. Im Verlauf der Redaktion der *M.* wurde der Stil komplizierter, vor allem im ersten der vier Teile ersetzt Chateaubriand nachträgl. oft e. spontane Formulierung durch weithergeholte Synonyme u. Periphrasen. Die formalen Korrekturen leiten sich konsequent vom außergewöhnl. Selbstbewußtsein des Autors her. Den Streichungen fielen auch zahlr. krit. Beurteilungen Napoleons zum Opfer, die vor einigen Jahren entdeckt wurden (*Figaro littéraire* 20./26. 8. 1964). Getilgt wurde u. a. folgende Notiz: ›Bonaparte savait fort mal le français, ignorait les premières règles de la langue, commettait des fautes les plus grossières, conservait l'accent de son pays. Trivial dans ses locutions, Bonaparte parlait comme l'homme de la rue. Il avait du peuple, et c'étailt là sa vraie grandeur. Mais vouloir en faire un écrivain c'est une bouffonnerie‹.

A. Vial, Chateaubriand et le temps perdu, 1963; M. Grevlund, Paysage intérieur et paysage extérieur dans les M., 1968.

Mémoires d'un tricheur (1935), Roman von Sacha →Guitry. Das Tagebuch e. Schwindlers setzt die Tradition des Schelmenromans fort. Seit er wegen e. Diebstahls als Kind von e. Pilzessen ausgeschlossen wurde, das allen beteiligten Familienangehörigen das Leben kostete, glaubt der Titelheld nicht mehr an e. providentielle Gestaltung, sondern an die zufallsabhängige Verwirklichung der Menschheitsgeschichte.

Mémoires historiques, politiques et littéraires sur l'état présent de l'Europe, Zs., 1783 von Jacques Mallet du Pan gegr., 1788 mit dem *Mercure de France* vereinigt.

Mémoires pour servir à l'histoire des sciences et des beaux-arts, auf Initiative der Jesuiten 1701 begründetes Gelehrtenblatt (nach dem ersten Druckort Trévoux auch *Journal de T.* genannt; später in Lyon u. zuletzt, bis 1767 in Paris erschienen), namentl. als Gegengewicht zu Publikationen des fortschrittl. Exiljournalismus *(→Nouvelles de la République des lettres)* gedacht.

Les mémoires secrets pour servir à l'histoire de la république des lettres en France, London 1777–89, Kulturberichte in 36 Bden., von →Bachaumont 1762–71 (Bde. 1–6), Pidansat de Mairobert u. Mouffle d'Angerville redigiert. Während sie von den Goncourts noch als Dokumente hochgeschätzt wurden, erkannte man in der Folgezeit, daß viel Salonklatsch in die *M.* eingeflossen war.

Ménage, Gilles, 24. 8. 1613 Angers – 23. 7. 1692 Paris, Jurist, zunächst Anwalt in s. Heimat. 1639 wurde er in den Salon des Hôtel de Rambouillet eingeführt. Von Oktober 1643 bis 1652 gehörte er zur Umgebung von Retz, 1648 ließ er sich zum Subdiakon weihen. M. blieb als Kleriker e. großer Frauenverehrer. S. lyr. Werk, im wesentl. Liebespoesie, enkomiast. und Streitgedichte, setzt sich aus Madrigalen, Epigrammen, Episteln u. Eklogen in franz., ital. u. lat. Sprache zusammen. M. brachte die Bouts-rimés in Mode. Wie Pellisson wurde er von Molière u. Boileau als Repräsentant der Preziosität angegriffen (*Origines de la langue française,* 1650; *Poemata,* 1656; *Observations sur les poésies de Malherbe,* 1666; *Observations sur la langue française,* 1672). S. Ästhetik wirkte auf die Romankonzeption s. Vertrauten, der Gräfin La Fayette; s. Etymologien wurden von der Linguistik z. T. bestätigt.

E. Samfiresco, M., 1903.

Ménalque, Romanfigur in *Les nourritures terrestres* u. *→L'immoraliste* von Gide; er lehrt Michel e. moral. Agoraphobie, den rigorosen Individualismus, der sich vom method. Vergessen des Gestern ständig neue Genußmöglichkeiten verspricht.

Ménard, Louis, 19. 10. 1822 Paris – 12. 2. 1901 ebda., Religionswissenschaftler u. Historiker, 1889 Geschichtsprofessur; 1848 Teilnahme an der Februarrevolution, bis 1852 im Exil. M. schrieb das Gedicht *Prométhée délivré* (1844; *Poèmes,* 1855). S. synkretist. Tendenzen finden beispielhaften Ausdruck in den *Rêveries d'un païen mystique* (1876). Durch M.s Vermittlung wurde Leconte de Lisle mit der hellen. u. ind. Welt vertraut (*Histoire des grecs,* 1884; *Études sur les origines du christianisme,* 1894; *Lettres d'un mort, opinions d'un païen sur la société moderne,* 1895; *Symbolique des religions anciennes et modernes,* 1897; *La religion et philosophie en Égypte,* 1899).

H. Peyre, M. 1822–1901, New Haven 1932.

Mendès, Catulle, 22. 5. 1841 Bordeaux – 7. 2. 1909 Saint-Germain-en-Laye (Eisenbahnunglück), Sohn e. Bankiers, Schwiegersohn von Th. Gautier (1868), Parnasse-Lyriker (*Philoméla,* 1864; *Hesperus,* 1869; *Odelettes guerrières,* 1871; *La légende du Parnasse contemporain,* 1884; *Poésies,* 1892; *Poésies nouvelles,* 1893; *Rapport sur le mouvement poétique français 1867–1900,* 1902); Romane mit freizügigen Schilderungen (*Le roi vierge,* 1881; *L'homme tout nu,* 1881; *Monstres parisiens,* 1882; *Folies amoureuses,* 1883; *La première maîtresse,* 1887; *Verger fleuri,* 1894), symbolist. Versdramen nach teilweise antiken und ma. Stoffvorlagen und Biographien (*Médée,* 1898; *Briséis,* unter Mitwirkung von E. Mikhaël, 1899; *La reine Fiammette,* 1899; *Scarron,* 1905; *Glatigny,* 1906; *La vierge d'Avilla,* 1906). M. schrieb 1871 *Les 73 jours de la Commune;* er trat für Wagner ein u. fand bis in die symbolist. Ära Beachtung (*Œuvres complètes,* IX 1900–08).

A. Bertrand, M., 1908; J. F. Herlihy, M. critique dramatique et musical, 1936; L. Guichard, La musique et les lettres en France au temps du wagnérisme, 1963.

Ménestrel →Jongleur.

Le menteur, Verskom. in fünf Akten von Pierre →Corneille, EA 1644, Urauff. Sommer 1642 Théâtre du Marais, Paris; hg. M. Rat, in: *Œuvres complètes,* 1960. Das Stück, wohl die erste franz. Charakterkom., ist z. T. e. Übertragung, z. T. e. weiterführende Ausgestaltung der Intrige von *La verdad sospechosa* (um 1620) des Juan Ruiz de Alarcón. Das Vergnügen des Publikums besteht darin, die lügner. Prahlereien des Protagonisten, der selbst e. Namensverwechslung zum Opfer fällt, zu durchschauen. Mit s. Diener Cliton kommt Dorante nach Paris in der Hoffnung, hier s. Scholarenstatus verleugnen u. den Kavalier spielen zu können. Nachdem er Clarice u. Lucrèce, zwei Freundinnen, kennengelernt hat, verwechselt der Verliebte zunächst ihre Namen, wird zum Duell gefordert u. bindet sich zu guter Letzt an die wirkl. Lucrèce, obwohl s. Vater ihn eigentl. mit Clarice verheiraten wollte. Dem Zuschauer ist der Widerspruch zwischen den redl. Absichten des mit überschäumender Phantasie begabten, in der Wahl des Ausdrucks aber ungeschickten Dorante u. s. Selbstdarstellung stets gegenwärtig – die Mitspieler dagegen müssen ihn mißverstehen. Schauplatz der Kom. sind die Tuilerien u. die nahgelegene Place royale; damit glaubte Corneille, die Einheit des Orts genügend respektiert zu haben. Ende 1643 verfaßte der Dramatiker nach e. Vorlage von Lope de Vega *(Amar sin saber a quién)* e. weitere ›Lügner-‹Kom., *La suite du m.* (EA 1644), in der er Dorantes Charakter veredelte.

J. B. Segall, Corneille and the Spanish drama, New York 1902.

Méprise, Verkennung, auch als Selbstverkennung des Protagonisten, romaneskes Mittel der narrativen u. dramat. Exposition im heroisch-galanten Roman des 17. Jh. u. im Schauerroman, in der Trag. Crébillons u. in der Comédie larmoyante des 18. Jh.; noch der Dramatiker Diderot machte Gebrauch von der unwahrscheinl. M., die allerdings alle Voraussetzungen für e. pathoshaltigen Schluß bietet.

Mercier, Louis, 6. 4. 1870 Coutsouvre/Loire – 27. 11. 1951 Saint-Flour, Lyriker, der sich nach ersten Versuchen (*L'enchantée,* 1897) von der symbolist. Ästhetik abwandte u. naive Verse über das Landleben u. die Frömmigkeit verfaßte (*Voix de la terre et du temps,* 1903; *Le poème de la maison,* 1907; *Lazare le ressuscité,* 1909; *Poèmes de la tranchée,* 1916; *Les pierres sacrées,* 1920; *Les petites géorgiques,* 1923); Naturverbundenheit zeichnet auch die Romane *Hélène Sorbiers* (1923) u. *Les demoiselles Valéry* (1925) aus.

E. Rombach, Die Mariendichtungen von M., 1959.

Mercier, Louis-Sébastien, 6. (?) 6. 1740 Paris – 24. 4. 1814 ebda., konnte als Sohn e. Handwerkers dennoch das Collège des Quatre-

Nations besuchen. 1759 lernte M. den Abbé Prévost d'Exiles u. vermutl. 1762 den jüngeren Crébillon kennen. Er verfaßte in diesen Jahren Heroiden, enkomiast. Gelegenheitsgedichte u. Pastiches, u. a. inspiriert von *Julie ou la Nouvelle Héloïse,* 1763 Lehrer am Collège royal in Bordeaux, 1764 Rückkehr nach Paris; schrieb gegen Entgelt e. Pfarrer Fastenpredigten. Seit der Mitte der 60er Jahre widmete sich M. ganz der Lit., s. bes. Interesse galt der engl. u. dt. Dichtung. Goethe u. a. wurden auf s. Schriften →*Du théâtre ou nouvel essai sur l'art dramatique* u. *De la littérature et des littérateurs* aufmerksam. M. propagierte die Ästhetik des bürgerl. Schauspiels von Diderot u. versuchte, sie in die Bühnenpraxis umzusetzen (*Jenneval,* 1768; →*La brouette du vinaigrier, Molière,* 1776; →*Jean Hennuyer, évêque de Lisieux, Théâtre complet,* IV 1778–84). Zwei s. Romane, →*L'homme sauvage* u. *Jezennemours* (1776), sind nach erzählenden Dichtungen von Pfeil u. Wieland geschrieben. 1771 erschien der utop. Roman *L'an 2440* (hg. R. Trousson, Bordeaux 1971), Wieland empfahl das Werk Lenz u. Jakobi; in diese Zeit fällt die persönl. Begegnung M.s mit Rousseau. In den letzten Jahren des Ancien régime wandte sich M. der Historiographie zu (→*Tableau de Paris, Portraits des rois de France,* IV 1783). M. bezog e. Pension von Marie-Antoinette, doch zwang ihn s. Kritik am Absolutismus zur Flucht in die Schweiz; in Zürich traf er mit Lavater, Dalberg u. Iffland zusammen. Nach der Rückkehr wählten ihn zwei Départements 1792 in den Nationalkonvent, M. schloß sich den Girondisten an u. stimmte gegen die Verurteilung Ludwigs XVI.; 1793–94 in Haft, 1795–97 gehörte er zum Rat der 500, er schrieb s. eigene Replik, *Le nouveau Paris* (VI 1799), war Mitgl. der Ac. des sciences morales et politiques; 1797–1813 Kassenkontrolleur der Nationallotterie. Kurz vor s. Tod heiratete er die Mutter s. drei erwachsenen Töchter. Alle Äußerungen der Nachwelt betonen M.s Widerspruchsgeist, s. Lust am Paradoxen u. s. Begeisterung für die Revolution, deren Ideologie er von Rousseau herleitete (*De Jean-Jacques Rousseau considéré comme l'un des premiers auteurs de la Révolution,* 1791). M. wirkte auf den dt. Sturm u. Drang durch s. Dramentheorie, von der auch Victor Hugo 1827 (→*Préface de Cromwell*) profitierte. Seit den 70er Jahren liegen außer von *L'an 2440* auch Neuausgaben von *La brouette du vinaigrier* (1972), *Le déserteuer* (1974) sowie eine Neuentdeckung, *Parallèles de Paris et de Londres* (éd. C. Bruneteau/B. Cottret 1982) vor.

O. Zollinger, M., Dramatiker u. Dramaturg, Diss. Zürich 1899; L. Béclard, M., 1903; R. Barroux, M., le promeneur qui ne sait où il va, Mercure de France 1960; H. T. Patterson; Poetic genesis; M. into V. Hugo, Studies on Voltaire and the 18th century, 1960; H. F. Majewski, The preromantic imagination of M., New York 1971; H. Hofer, M. précurseur et sa fortune, 1977.

Mercure de France, 1. Lit.- u. Kulturzs., gegr. von →Donneau de Visé als *Mercure galant,* erschien 1672–1825 unter wechselndem Titel: *Mercure, Nouveau Mercure galant, Mercure françois* (1724–97), seitdem *M.;* Redakteure im 18. Jh. waren u. a. Raynal, Marmontel, La Harpe, L.-S. Mercier, Morellet. Der Verleger Panckoucke vereinigte den *M.* mit folgenden Zss., die ihm gehörten: *Le Journal politique de Bruxelles, Le Journal français* von Palissot, *Le Journal des dames, Le Journal des spectacles, La Gazette littéraire;* Mitarbeiter u. a. Voltaire, Chamfort, Chateaubriand, Bonald, Constant.

– 2. 1890 gründete Vallette zusammen mit J. Renard u. a. e. Lit.zs *M.*, die dem Symbolismus offen stand, sie erschien (mit Unterbrechung 1940–46) bis August 1965; 1908–40 war Paul Léautaud Sekretär des *M.*, Mitarbeiter Gide, Claudel, Duhamel, Renard, Apollinaire, Jouve, Bonnefoy. 1893 wurde e. Verlag M. de France gegründet (vgl. *Nouvelle Revue française* u. Gallimard).

H. Mattauch, Die lit. Kritik der frühen franz. Zss. (1665–1748), 1968; Ch. Todd, La rédaction du M., 1721–44, RhlF 3, 1983.

Le Mercure galant, Verskom. von Edme →Boursault, EA als *La comédie sans titre* unter dem Namen des Schauspielers Poisson 1683, überarbeitet 1694, Urauff. 1683. Ort der Handlung ist die Redaktion der Zs. M. *(→Mercure de France).* Die Begeisterung des Herrn de Boisluisant für das Blatt u. s. Hg. will in dessen Abwesenheit s. Vetter, der den gleichen Familiennamen trägt, für s. Liebesabsichten nutzen. Die Liebesintrige ist jedoch nur Anlaß zur Gesellschaftssatire; die Versuche von Bürgerlichen, durch den *M.* Ansehen u. selbst Adelstitel zu gewinnen, von Soldaten, die als Helden gefeiert, Juristen, die rehabilitiert werden wollen, geben dem Episodenstück Farbe und Schwung.

H. J. Niederehe, Boursault: M. (Das franz. Theater vom Barock bis zur Gegenwart, Bd. 1, hg. J. v. Stackelberg), 1968.

Merdre, verfremdetes Initial- u. Losungswort in →*Ubu roi* von Jarry, das u. a. den Theaterskandal vom 10. 12. 1896 verursachte. Das 18. Jh. kannte von Jahrmarktsbühnen her bereits e. ›tragédie héroïmerdifique‹ mit dem Kg.reich ›Merdenchine‹ als Schauplatz, dem Botschafter ›Merdencœur‹ als stehender Figur. Skatolog. Komik gehört generell zum Stil der Farce und Sottie bis Ionesco u. Beckett.

Méré, Antoine Gombaud, chevalier de, 1607 bei Angoulême (?) – 1684 Schloß Beaussais/Poitou, wahrscheinl. Malteserritter, versuchte 1628 vergebens, in Richelieus Dienst zu treten; verkehrte in Literatenkreisen (Chapelain, Conrart, G. de Balzac, Voiture, wahrscheinl. La Rochefoucauld). Pascal begegnete ihm wohl 1653 u. wieder 1655. Später zog ihn Mme de Maintenon in ihren Kreis. Das Denken des Chevalier kreist um die Frage der →Honnêteté (*Conversations,* 1668 f.; *De la justice,* 1671; *Des agrémens,* 1676; *De l'esprit,* 1677; *De la conversation,* 1677; *Lettres,* 1682; *Œuvres,* II 1692; *Œuvres complètes,* hg. Ch.-H. Boudhors III 1930). M.s eleganter Skeptizismus war zeitweilig für Pascal um so attraktiver, als er sich mit der Kritik am cartesian. Rationalismus verband. Richtschnur s. Reflexionen ist weitgehend Montaigne, vor allem bei der Bestimmung unserer einzigen Gewißheit, der Existenz. Die Theorie vom in sich selbst gegründeten gesellschaftl. Dasein spiegelt die Soziologie der Salonkultur, angereichert mit Idealvorstellungen des Autors. Dabei erhob M. unhaltbare Ansprüche, so wenn er die Lebenspraxis des ›Honnête homme‹ als unabhängig von Milieu u. Stand definierte. Entscheidend war jedoch die Umschmelzung eth. in soziale Werte u. die gesellschaftl. Rechtfertigung des sittl. Verhaltens. Dies, wie die Vermenschlichung der Glaubenswelt, forderte Pascals Widerspruch heraus; die Frühaufklärung dagegen konnte darin e. Bestätigung ihres eigenen Anliegens sehen.

E. Chamaillard, Le chevalier de M., Nion 1921; P. Viguié, L'honnêteté au 17e siècle, le chevalier de M., 1922; H. Steiner, Der Chevalier de M., Diss. Zürich 1930; K. Wilhelm, Der Chevalier de M. u. s. Verhältnis zu Pascal, 1936, n. 1967; P. M. Harry, A 17th century honnête homme: A. G. chevalier de M., Diss. Manchester 1958; G. Hess, Wege des Humanismus im Frkr. des 17. Jh.: Saint-Évremond, M. (Gesellschaft-Lit.-Wiss.), 1967.

La mère coupable, Schauspiel in fünf Akten von →Beaumarchais, EA 1794, Urauff. 26. 6. 1792 Théâtre du Marais, Paris. Fortsetzung der Fabel von →*La folle journée ou le mariage de Figaro:* Die außerehel. Kinder des Grafen Almaviva u. s. Frau Rosine, Florestine u. Léon, sind e. inzestuösen Verbindung nahe, als e. neuer Tartuffe, der Ire Bégears, das Geheimnis aufdeckt u. daraus Profit schlagen will; Figaro legt ihm das Handwerk.

J. S. Spink, A propos des drames de Beaumarchais, Tragédie bourgeoise, drame frç., RLC 1963.

Mère sotte, typ. Figur der →Sottie.

Mérimée, Prosper, 28. 9. 1803 Paris – 23. 9. 1870 Cannes, aus e. wohlhabenden Künstlerfamilie mit voltairian. Neigungen, Stud. Archäologie, 1831 Sekretär des Grafen d'Argout, 1834 Inspecteur des monuments historiques, 1844 Mitgl. der Ac. frçe., 1853 Senator; häufiger Gast am Kaiserhof. Zu M.s lit. Freunden zählten Stendhal, Paul-Louis Courier, Jean-Jacques Ampère, Fauriel, Victor Jacquemont, lauter Gegner e. falschen rousseauist. Empfindsamkeit u. Anhänger der Ethik von →Helvétius. Ihre ästhet. Prinzipien waren Logik und Klarheit, die auf Beobachtung der Wirklichkeit beruhten. 1825 veröffentlichte M. s. ersten Werke, fingierte illyr. Balladen (*La Guzla,* Goethe erkannte die Fälschung) u. Dramen nach span. Vorbild (*Théâtre de Clara Gazul,* erweiterte Ausgabe 1830), denen die Stücke *La Jacquerie* (1828), *La famille de Carvajal* (1828) u. *Le carrosse du Saint-Sacrement* (1829) folgten, ehe M. im Roman u. vor allem in der Novelle die ihm gemäße lit. Form fand (→*Chronique du règne de Charles IX,* →*Le vase étrusque,* →*La double méprise,* →*La Vénus d'Ille,* →*Colomba,* →*Carmen*). 1825 begrüßte Ampère s. Werk im *Globe* als Produkt e. ›auteur moderne le plus éminemment vrai‹. Kennzeichnend für M. ist s. Bestreben, s. Figuren mit großen Gefühlen auszustatten (*Mateo Falcone,* 1829; *L'enlèvement de la route,* 1829; *Les âmes du purgatoire,* 1834) u. in phantast. Erzählungen (*Lokis,* 1868; *Djoumâne,* ED *Revue des deux mondes* 15. 9. 1869) das Wunderbare als Realität auszuweisen; gerade in *Lokis* ist das Motiv der Bluthochzeit mit der Werwolfsage plausibel verbunden. M. suchte in Spanien, Korsika, Litauen u. im exot. Niemandsland die Kompensation der alltägl. Banalität. Vor Vogüé entdeckte er den russ. Roman und übersetzte Puschkin, Gogol und Turgenev. Spätestens 1859 war M. Scotts Manier unerträgl. geworden, er kritisierte auch die *Salammbô* von Flaubert als ›un mauvais pastiche de V. Hugo orné de l'archéologie la plus suspecte‹ (10. 12. 1862). Er selbst galt in der zeitgenöss. Kritik als Realist, der im Unterschied zu Flaubert der Schönheit in der Wirklichkeit Raum gebe u., anders als Vigny u. Balzac, die Philosophie nicht zur Lenkerin der Geschichte erhebe. M. entromantisierte hochromant. Stoffe, vor allem Leidenschaftsdramen, indem er die traditionelle Formerwartung enttäuschte; die Kurzprosa, in iron. Stil gehalten, dient bei M. nie der Selbstdarstellung (*Œuvres complètes,* hg. P. Trahard/E. Champion XII 1927–33; *Correspondance générale,* XVII 1941–64; *Romans et nouvelles,* hg. M. Parturier II 1967; ders. Hg., *Correspondance 1822–40;* II ²1972; *Théâtre de Clara Gazul, romans et nouvelles,* krA J. Mallion/P. Salomon 1979; *Nouvelles,* éd. M. Crouzet, II 1988).

R. C. Dale, The poetics of M., Den Haag 1966; A. Naaman, Mateo Falcone de M., 1967; B. Reizov, La collaboration littéraire de Stendhal et de M.: Le drame du remords RhlF 1969; A. W. Raitt, M., London 1970; Sondernr. RhlF 1, 1971; Sondernr. Europe 53, 1975; G. Thieltges, Bürgerl. Klassizismus u. romant. Theater, Unters. zu den frühen Dramen M.s, Genf 1975; P. Jeoffroy-Faggianelli, L'image de la Corse dans la littérature romantique frçe., 1979; J. Freustié, M. 1803–1870, 1982; J. Antin, M., 1983; M. San Miguel, M., Salamanca 1984.

Merle, Robert, geb. 29. 8. 1908 Tébessa/Algerien, Stud. Philol. Frkr. u. USA, Promotion über Oscar Wilde, Prof. für engl. Lit. in Toulouse, Caen, Algier u. Nanterre. M. erhielt 1949 für den Dünkirchenroman *Weekend à Zuydcoote,* der Rekonstruktion e. krit. Phase der alliierten Kriegsführung in stenogrammartiger Wiedergabe, den Prix Goncourt. *La mort est mon métier* (1952) stellt das Verhalten e. KZ-Kommandanten dar; der Science-Fiction-Roman *Un animal doué de raison* (1967) zeigt die Verwendungsfähigkeit von Delphinen für amerikan. Spionagepläne, dem gleichen Genre ist *Malevil* (1972) zuzurechnen. Unter dem Eindruck der Mai-Revolte 1968 beschrieb M., wie der Anarchismus die geschlossene Welt von Nanterre, die sich wie hinter Aquarienscheiben mit sich selbst beschäftigte, in Frage stellte *(→Derrière la vitre).* M. verfaßte außerdem Dramen (*Théâtre,* I–II, 1950–57), e. Kubareportage (*Moncada, premier combat de Fidel Castro,* 1965) sowie Übs. von Webster, Swift u. Caldwell. Bis in die Mitte der 70er Jahre orientierte sich M. vor allem am Kriegsroman, der Reportage u. Science-fiction, seitdem stärker an Motiven u. Erzähltechniken des histor. Romans (*Fortune de France,* 1975 ff., bisher mehrere Episoden aus den Religionskriegen des 16. Jh.s).

Merleau-Ponty, Maurice, 14. 3. 1908 Rochefort-sur-Mer – 3. 5. 1961 Paris, lebte seit 1918 in Paris, 1926–30 Stud. Philos. ENS; unterrichtete in Beauvais u. Chartres, wurde 1935–39 Studienmeister an der ENS; später Lehrer am Lycée Carnot u. Lycée Condorcet; 1945 Thèse, Berufung an die Universität Lyon, 1949 an die Sorbonne und 1952 an das Collège de France. Wie Sartre, mit dem er freundschaftl. verbunden war (u. a. gründeten sie gemeinsam die Zs. *Les Temps modernes*), ging M. von der Phänomenologie Husserls aus, um die Verwurzelung der Vernunft in der präreflexiven Gegebenheitsweise der Dinge selbst nachzuweisen. Weder Subjektivismus noch Empirismus sind in der Lage, den Daseinsgrund u. Sinn der Welt aufzuzeigen; Philosophie ist kein bestimmtes Wissen, sondern e. Form der Aufmerksamkeit. Der Mensch als ein ›erzeugendes Erzeugnis, weder unbedingtes Produkt s. Verhältnisse noch ihr absoluter Beherrscher, ist der Ort, wo die Notwendigkeit in konkreter Freiheit existieren kann‹ (*La structure du comportement,* 1941; *Phénoménologie de la perception,* 1945; *Humanisme et terreur,* 1947; *Sens et non-sens,* 1948; *Éloge de la philosophie,* 1953; *Les aventures de la dialectique,* 1955; *La philosophie et son ombre,* 1960; *Signes,* 1960; *Le visible et l'invisible,* 1964; *Résumés de cours,* Vorlesungen am Collège de France 1952–60, 1968; *La prose du monde,* hg. Cl. Lefort 1969).

G. Brent Madison, La phénoménologie de M.,

1973; C. u. E. Lapointe, M. and his critics, New York 1976.

Merlin, Zauberer, Figur der →Matière de Bretagne, e. Schöpfung des Geoffrey of Monmouth. M. bewahrt mit s. Zögling →Artus die christl. Gralswelt vor der Vernichtung u. betreibt als Initiator der Table ronde die Wiedergewinnung des →Grals, die später als →Percevals Idee angesehen wurde (→ Robert de Boron, →Gral-Lancelot-Zyklus). M.s Weissagungskraft war im MA hoch gerühmt (*Verba Merlini,* 1251–54; →*Les prophecies de M.*). Noch Quinet, Apollinaire, Cocteau u. Aragon adaptierten die geheimnisvolle Gestalt.

P. Zumthor, M. le prophète, Diss. Genf 1943; J. Markale, M. l'enchanteur, 1981; C. A. Harding, M. and legendary romance, New York 1988.

Merrill, Stuart, 1. 8. 1863 Hempstead/Long Island – 1. 12. 1915 Versailles, Erziehung in Paris, Freundschaft mit Fontainas und Ghil, Bewunderer Wagners; militanter Sozialist. Die Vorbilder des Lyrikers M. sind Poe, Nerval, Verlaine u. Villiers de l'Isle-Adam sowie Swinburne, Yeats, Whitman u. Wilde, die er in Frkr. bekannt machte. In der Dreyfus-Affäre stellte sich M. auf die Seite Zolas. Mit s. franz. verfaßten Lyrik versuchte er durch Einführung angelsächs. Metrik die Prosodie aufzulockern (*Les gammes,* 1887; *Pastels en prose,* 1890, darin Übs. franz. Texte ins Engl.; *Les fastes,* 1891; *Proses et vers,* 1892; *Petits poèmes d'automne,* 1895; *Les quatre saisons,* 1900; *Une voix dans la foule,* 1909).

M. L. Henry, La contribution d'un américain au symbolisme français: M., 1927.

Mersault, Protagonist in →*La mort heureuse* von Camus; in einigen Zügen nimmt er die Gestalt des Meursault in →*L'étranger* vorweg.

Mersenne, Marin, 8. 9. 1588 Oizé/Sarthe – 1. 9. 1648 Paris, 1611 Eintritt in den Minoritenorden; Mathematiker u. Musiktheoretiker, mit Descartes und Gassendi befreundet. M. beabsichtigte, die mechanist. Welterklärung mit der idealist. Metaphysik zu versöhnen u. dabei den Wert empir. Forschungen zu bekräftigen (*La vérité des sciences contre les sceptiques,* 1625; *Harmonicorum libri XII,* 1635; *Harmonie universelle,* 1636 f.; *Les nouvelles pensées de Galilée,* 1639; *Correspondance,* éd. C. de Ward, IV 1944–55).

R. Lenoble, M. ou la naissance du mécanisme, 1943.

Merteuil, marquise de, die intrigante Zentralgestalt im Roman →*Les liaisons dangereuses* von Choderlos de Laclos.

Mésalliance, nicht standesgemäße Heirat, lit. Motiv, dem seit →*Aucassin et Nicolette,* dem Roman des 13. Jh.s u., wieder akut, im Roman des 18. Jh.s, beispielhaft in →*Manon Lescaut,* →*La vie de Marianne* u. →*Julie ou la Nouvelle Héloïse* e. wichtiger Stellenwert zukommt. Die Empfindlichkeit, mit der die Gesellschaft des Ancien Régime u. späterer polit. Systeme auf die gesellschaftl. tabuierte Verbindung Angehöriger versch. Stände reagierte, beweist nur, wie lange in Frkr. Stände u. Klassen als hierarch. Schichten begriffen wurden (Hugo, →*Ruy Blas*). Empfindungen, die sich darüber hinwegsetzten, sind systemwidrige Störungen, dies gilt auch für die Verbindung von Bürger u. Künstler (Balzac, →*La maison-du-chat-qui-pelote*). Als totes Klischee in den Romanen von Georges →Ohnet enthüllt die M. das mangelhaft ausgebildete Selbstbewußtsein der Bourgeoisie, die nach wie vor im Adelsbrief die Erfüllung ihrer Sozialchancen sieht. Musset stattete das Motiv mit neuer Aktualität aus, als er das soziale Gefälle auf die Grisette bezog (*Frédéric et Bernerette,* 1838; *Mimi Pinson,* 1846; →Dumas fils, vgl. auch Soulié, *La lionne* u. häufig →Kock). Anouilh kehrt das Schema in s. Gegenteil um (→*La sauvage, Léocadia,* →*L'invitation au château, Ardèle ou la marguerite*), wenn arme Mädchen sich dem Reichtum verweigern.

Meschonnic, Henri, geb. 18. 12. 1932 Paris, Linguist Univ. Paris-VIII, Lyriker (*Les cinq rouleaux,* 1970; *Dédicaces proverbes,* 1972; *Jamais et un jour,* 1986) u., ausgehend von der Sprachtheorie von E. Benveniste, Entwurf e. neuen Poetik (*Pour la poétique,* V 1970–78; *Le signe et le poème,* 1975; *Critique du rythme,* 1982; *Les états de la poétique,* 1985; *La rime et la vie,* 1989). M. bestreitet die prinzipielle Trennung von Alltagsrede und lit. Ausdruck, von Geschriebenem und Gesprochenem, argumentiert statt dessen von e. zentralen Rhythmus her. Dichtung verweist nicht auf Erfahrungen, sondern stellt sie her.

J. Trabant, Rhythmus versus Zeichn. Zur Poetik von M., ZfSL C, 1990.

Meslier, Jean, Mitte Juni 1664 Mazerny – 28. oder 29.6. 1729 Étrépigny, Sohn e. Kaufmanns, Landpfarrer in der Champagne seit 1689; predigte gegen den Schloßherrn als Bauernschinder, wurde deswegen 1716 vom Erzbischof in Reims gerügt. Nach 1721 behelligten ihn die kirchl. Behörden nicht mehr, da der neue Erzbischof nicht in s. Diözese residierte. 1716–29 schrieb M. an e. umfangreichen Ms., *Mon testament,* das über die persönliche Rechtfertigung hinauswuchs. M. warf dem Christentum Betrug vor, da es der Minderheit gestatte, die Mehrheit zu unterdrücken; das AT, aber auch das NT, enthalte abstoßende, lächerl. oder unglaubl. Geschichten. M. bekannte sich zu e. Materialismus, den er aus Spinoza entwickelte. Voltaire erhielt 1735 Kenntnis von dem Text, setzte sich seit 1762 für e. Publikation ein, da ihm das Dokument im Kampf gegen die Kirche willkommen war; M.s Auffassung vom Klassenkampf entsprach freil. nicht s. Weltanschauung. Voltaire kürzte u. glättete den Stil des Testaments u. publizierte es mit zurückdatierter Jahreszahl (1742), Holbach, Naigeon u. Maréchal besorgten Nachdrucke (*Œuvres complètes,* hg. J. Deprun, R. Desné, A. Soboul, III 1972).

B. F. Porchnev, Sur la continuité de l'idee communiste: de M. à Babeuf, Beiträge zur roman. Philologie 1968; A. R. Morehouse, Voltaire and M., New Haven 1936; C. Rihs, Les philosophes utopistes. Le mythe de la cité communautaire en France au XVIIIe siècle, 1970; M. et la vie intellectuelle, religieuse et sociale, Colloque 1974, Reims 1980.

Meudon, Stadt 9 km südwestl. von Paris; Rabelais hatte hier e. Pfründe. Choderlos de Laclos, Wagner u. Céline, der in M. als Armenarzt praktizierte, wohnten in M.

Meursault, Icherzähler in →*L'étranger* von Camus.

Meynestrel, Romanfigur in →*Les Thibault* von Roger Martin du Gard, der Pilot, dem Jacques die in Berlin entwendeten Geheimpapiere, aus denen die Mitschuld des dt. Generalstabs an der Kriegsvorbereitung hervorgeht, in Brüssel übergeben hat u. der sie aus takt. Erwägungen nicht dem sozialdemokrat. *Vorwärts* zuspielen will; in M.s Maschine stürzt Jacques Thibault ab.

Mézeray, François Eudes de, um 1610 Ri bei Argentan – 10. 7. 1683 Paris, 1648 Mitgl. der Ac. frçe., während der Krankheit Conrarts mit der Funktion des Secrétaire perpétuel betraut, Mitarbeit am Plan zum Wörterbuch der Akademie. Bedeutendster Historiker des Jh. (*Histoire de France depuis Pharamond,* 1643; *Abrégé chronologique ou extrait de l'histoire de France,* 1666–68; vgl. auch Bossuet, Varillas).

Michaux, Henri Eugène Marie Ghislain, 24. 5. 1899 Namur/Belgien – 19. 10. 1984 Paris, Sohn e. Huthändlers, 1901 Umzug in die Nähe von Brüssel; 1906 wurde M. wegen Anämie in ein Pensionat in die Campine geschickt, 1912–18 Jesuitenkolleg Saint-Michel in Brüssel; begeistert sich für die Hl.geschichten von Hello, Pascal, den Mystiker Ruysbroek, die Jeune-Belgique, den russ. Roman. Als M. Benediktiner oder Arzt werden wollte, entschied sich der Vater für das Medizinstud.; s. Sohn bereitete sich auf die medizin. Vorprüfung vor, legte sie jedoch nicht ab. Mit dem Interesse für Lao-Tse u. Milaraspa begann um 1920 die Abwendung vom Christentum, die M. in den 50er Jahren als endgültig ansah, u. die Versenkung in fernöstl. Philosophien. 1920 heuerte er auf zwei Schiffen an, fuhr bis Brasilien; 1921 Rückkehr zur Familie, bewarb sich um e. Verwaltungsposten im belg. Parlament, um e. Stelle in e. Offiziersschule, versagte im Examen für den höheren Lehrdienst; vorübergehend Hilfslehrer in Privatschulen (Dinant, Cimay, Arlon). Durch die Lektüre der *Chants de Maldoror* von Lautréamont u. des phantast. Romans *Mélusine* von Franz Hellens fand M. zur Dichtung; Hellens veröffentlichte s. ersten Texte, Essays u. Prosagedichte, in der Zs. *Le Disque vert* u. brachte sie bei Verlagen unter (*Les rêves et les jambes,* 1923; *Fables des origines,* 1924); Selbstdarstellung des ›enfant solitaire‹, Klage über ›the rotten life‹, Evasion in den Kosmopolitismus. 1923 brach M. mit s. Eltern u. fuhr mittellos nach Paris; Jean Paulhan, an den er empfohlen war, verwies ihn an Jules Supervielle, der M. als Hauslehrer s. Tochter Denise beschäftigte u. wohl auch 1927 bei Gallimard die Publikation von *Qui je fus* durchsetzte. M. brachte der surrealist. Malerei stärkeres Interesse entgegen als der surrealist. Lit., etwa den Texten Bretons; seit 1927 malte u. zeichnete er auch selbst. Das Reisejournal *Écuador* (1929, n. 1984) u. *Un barbare en Asie* (1933, n. 1982), Zeugnisse der Europamüdigkeit u. Faszination durch mag. Praktiken, schlossen den Prozeß der Selbstverständigung M.' vorläufig ab; Gegenwehr u. Deformation, ontolog. wie ästhet. verstanden, retten das Individuum vor Vereinzelung u. Depression; →*Un certain Plume* bezeugt die Orientierung an Kafka. Nach der Rückkehr von e. Südamerikareise verfaßte M. den Einakter *Le drame des constructeurs,* phantast. Prosa u. imaginäre Reiseerzählungen (*La nuit remue,* 1935; *Voyage en Grande Garabagne,* 1936; *Entre centre et absence,* 1936; *Sifflets dans le temple,* 1936; *La ralentie,* 1937; *Peintures,* 1939; *Au pays de la magie,* 1941; *Arbres des tropiques,* 1942; *Je vous écris d'un pays lointain,* 1942); seit 1937 veranstaltete er in Pariser Galerien Ausstellungen. Im Juli 1940 floh er nach Südfrkr., lebte in Le Lavandou, wo er Marie-Louise Termet, s. spätere Frau, u. Gide kennenlernte, der 1941 mit *Découvrons Henri M.,* e. flüchtigen

Skizze, M. e. breiten Publikum vorstellte. Rückkehr nach Paris u. Heirat. S. Frau starb 1948 an den Folgen e. Verbrennung; auf ihren Tod dichtete M. die Nänie *Nous deux encore.* Während der Kriegsjahre waren *Exorcismes* (1943), *Labyrinthes* (1944), *Le lobe des monstres* (1944), *L'espace du dedans* (1945), *Liberté d'action* (1945) entstanden, Gedichte von teilweise apokalpyt. Grundcharakter. Der Dichter sieht sich zwischen das Gestaltlose u. die Welt gestellt, orph. schlägt er zwischen dem Unsagbaren u. der Menschheit Brücken. Das Prosagedicht läßt die Verslyrik qualitativ hinter sich (*Ailleurs,* 1948; *Meidosems,* 1948; *Poésie pour pouvoir,* 1949; *La vie dans les plis,* 1949; *Passages,* 1950; *Tranches de savoir,* 1950; *Mouvements,* 1951; *Veille,* 1951; *Nouvelles de l'étranger,* 1954; *Quatre cent hommes en croix,* 1956). Seit der Mitte der 50er Jahre schrieb M. immer weniger u. widmete sich stärker der Malerei; so realisierte er in Gouachen u. Zeichnungen, die er kommentierte, ›écriture automatique‹. Angeregt von Publikationen A. Huxleys u. Artauds, begann M. seit 1956 mit Drogen, vor allem Meskalin, zu experimentieren (*Misérable miracle,* 1956; *L'infini turbulent,* 1957; *Vigies sur les cibles,* 1959; *Paix dans les brisements,* 1959; *Connaissance par les gouffres,* 1961; *Les grandes épreuves de l'esprit et les innombrables petites,* 1966; *Façons d'endormi, façons d'éveillé,* 1969, Traumdichtung, die über S. Freuds Konzept hinausreicht, da M. den Traum nicht nur als Wirkungsfeld des Unterbewußten annimmt, ihm vielmehr produktive Kräfte zuschreibt; *Poteaux d'angle,* 1971, gnom. Dichtungen; *Emergences-Résurgences,* 1972; *Moments,* 1973; *Chemins cherchés. Chemins perdus. Transgression,* 1982; *Déplacements dégagements,* 1985; *Affrontements,* 1986). M. erklärt, er male und zeichne, da er von einer verbalen Kultur, die es zu überwinden gelte, konditioniert wurde, und erhebt s. Piktogramme zur eigentl. Nachbildung der Existenz. Sie sind nicht auf Wiedergabe, sondern auf Selbstdarstellung ausgerichtet. Die Introspektion bleibt bei M. Basis imaginärer Reisen, Mantras, Exorzismen u. Konfessionen; mit Verzögerung schließt sich s. Werk der Kunst- u. Lebenslehre des Surrealismus an. Ausstellung im Centre G. Pompidou 1978 (250 Stücke, vor allem Tuschzeichnungen u. Aquarelle).

R. Bréchon, M., 1959; W. Engler, M. Das Michauxbild 1922–1959, Diss. Tübingen (1960) 1964; R. Bellour, M. ou une mesure de l'être, 1965; O. Loras, Rencontre avec M. au plus profond des gouffres, 1967; M. Beguelin, M., Lausanne 1974; R. Dadoun, Ruptures de M., 1976; P. Broome, M., London 1977; S. A. Kippur, M., a study of mind and sensibility, Albany 1981; E. Geisler, M. Studien zum lit. Werk, 1993.

Michel, Romanheld in →*L'immoraliste* von Gide, der aus der Bekenntnisperspektive der Icherzählung Freunden die Geschichte s. unglückl. Ehe mit Marceline, s. Begegnung mit dem Epikureer →Ménalque, der s. Nonkonformismus bestärkte, erzählt. M.s radikaler Humanismus ist ebenso ›folie‹ wie →Alissas kalter Mystizismus in →*La porte étroite.*

Michel, Jean, 2. Hälfte 15. Jh., Regens der Universität Angers, Hofarzt Karls VIII., bearbeitete e. *Passion* von A. →Gréban (*Le mystère de la passion de notre sauveur Jésus-Christ,* 1489), mögl. ist die Autorschaft e. *Résurrection* (1491; →Osterspiele).

K. Kruse, M. u. s. Verhältnis zu A. Gréban, 1907.

Michelet, Jules, 21. 8. 1798 Paris – 9. 2. 1874 Hyères, Sohn e. Handwerkers, brillanter Schüler am Lycée Charlemagne, 1821 Agrégation, Geschichtslehrer, übersetzt Vico, 1827 Maître de conférence an der ENS mit Lehrauftrag für alte Geschichte. 1828 entstand s. erstes größeres Werk, *L'histoire romaine* (EA 1831). 1831 wude er zum Leiter der hist. Abteilung im Staatsarchiv ernannt; an der ENS las er jetzt über ma. u. neuzeitl. Geschichte; 1834 Prof. an der Sorbonne, 1838 am Collège de France. Während dieser Zeit entstand s. Hauptwerk, *Histoire de France* (XVII 1833–67); gleichzeitig kämpfte M. für die demokrat. Prinzipien (*Le peuple,* 1846), ermahnte 1847 die Studenten, als das polit. Gewissen der Nation zu handeln (*L'étudiant précédé de La parole historienne,* hg. G. Picon 1970), polemisierte gegen die Orden *(Les jésuites)* u. stellte den Verlauf der Revolution dar *(→Histoire de la Révolution française)*. Nach dem Staatsstreich des Prinzen Napoleon verlor M. s. Professur. Die Wiederbelebung der geschichtl. Vergangenheit war für ihn vom prakt. polit. Verhalten nicht mehr zu trennen; s. eigenes Schicksal ist im Spiel, wenn er die Entwicklung des Herrschaftsstaats darstellt. Eine *Histoire du XIXe siècle* blieb unvollendet. M. schrieb e. bilderreiche Prosa, die ihn beim breiten Publikum populär machte. Die Fachwelt bemängelte s. Hang zum Subjektivismus; in der Tat schloß M.s gegenwartsbezogene Auffassung von der Geschichte ein ›archäolog.‹ Fachverständis aus (*Ma jeunesse,* 1884; *Mon journal,* 1820–23, 1888; *Œuvres complètes,* XXXXVII 1893, ²1897–1903, hg. P. Viallaneix XXI 1971 ff.).

G. Monod, La vie et la pensée de M., 1923; J. M. Carré, M. et son temps, 1926; A. Chabaud, M., son œuvre, 1929; O. A. Haag, Les principes inspirateurs de M., 1951; R. Barthes, M. par lui-même, 1954; W. Alff, M.s Ideen, 1966; P. Malandin, M. et Géricault, L'histoire d'un mythe, RhlF 1969; M. cent ans après, Études . . . recueillies par P. Viallaneix, Grenoble 1975; G. Tournis, M., 1975; U. Lange, M., in: W.-D. Lange (Hg.), Franz. Lit. des 19. Jh.s II, 1980; T. Moreau, Le sang de l'histoire: M. . ., 1982.

Michel Pauper, Prosaschauspiel in fünf Akten u. sieben Bildern von Henri →Becque, EA 1870, Urauff. 17. 6. 1870 Théâtre de la Porte-Saint-Martin, Paris, Reprise 15. 12. 1886 Odéon. In e. für die Gründerzeit typ. Konflikt treffen soziale Typen e. versinkenden Ära u. des mod. Industriezeitalters aufeinander: Graf Rivailles, der untüchtige Aristokrat, M. de La Roseraye, der gerissene Fabrikant, u. M., e. Chemieingenieur von plebej. Herkunft. Dieser, der von M. de La Roseraye ausgebeutet wird, schlägt s. Patron e. Handel vor: Er will ihm s. Erfindung (Herstellung von Diamanten aus Kohle) überlassen, wenn er s. Tochter Hélène zur Frau bekommt. Diese liebt exaltiert den Grafen, der ihrer romant. Schwärmerei jedoch sarkast. begegnet. Im 3. Akt endet die aktive Rolle des Kapitalisten, der Fabrikant ist ruiniert u. erschießt sich. Mit dem folgenden Schauplatzwechsel überspringt die Handlung e. größeren Zeitraum. M. hat e. Arbeitskolonie nach Modellen der franz. Frühsozialisten gegründet u. heiratet schließl. doch Hélène, in der Hoffnung, e. unbescholtenes Mädchen zur Frau zu bekommen. Als er vom Gegenteil überzeugt wird u. Hélène als Mätresse des Grafen alle Launen ihres Liebhabers erträgt, verläßt er s. Haus. Im Schlußbild kehrt M. betrunken zurück u. bricht auf der Schwelle zusammen; an ihm vorbei gehen s. Frau u. Rivailles achtlos zur Tür. Becque konnte sich offensichtl. nicht entschließen, den gesellschaftskrit. Ansatz konsequent durchzuführen; daher ist *M.* weder durchgängig als Sozialdrama noch als Liebestrag. anzusprechen.

Micromégas, Erzählung von →Voltaire, entstanden nach 1739, EA London 1752, hg. R. Pomeau 1966. M., Bewohner des Sirius, lernt e. Bewohner des kleineren Planeten Saturn kennen; auf ihrer Reise durch das Universum kommen der Riese u. der Zwerg zur Erde, die ihnen unendl. winzig erscheint. Sie entdecken auf der Ostsee e. Schiff u. untersuchen vorsichtig die Besatzung, darunter Philosophen verschiedener Schulen. ›Quel plaisir sentit M. en voyant remuer ces petites machines, en examinant tous leurs tours, en les suivant dans toutes leurs opérations.‹ Trotz der Begegnung mit extraterrestr. Wesen ist e. hochmütiger Thomist auf dem Schiff der Überzeugung, daß der gesamte Kosmos auf den Menschen ausgerichtet ist. M. u. s. Begleiter brechen dabei in e. homer. Gelächter aus. Der Riese verspricht den Menschen, ihnen e. ›beau livre de philosophie‹ zu überlassen, darin sollen sie Antworten auf die letzten Sinnfragen finden. Die Menschen bringen den Band zur Akademie der Wiss.; als ihn der Sekretär aufschlägt, entdeckt er nur leere Seiten. Die utop. Geschichte parodiert das pseudowiss. Verhalten Fontenelles u. vor allem des Präsidenten der Berliner Akademie, →Maupertuis.

I. O. Wade, Voltaire's M., Princeton 1950; P.-G. Castex, Voltaire, M., Candide, L'ingénu, 1961; U. Schick, Die Veröffentlichungsgesch. von Voltaires M., ZfSL 1971.

Miélot, Jean, geb. Anfang 15. Jh. Gueschard bei Crécy, stand im Dienst Philipps des Guten (seit 1448) u. später Karls des Kühnen, endl. der Grafen von Luxemburg, wurde Kanonikus in Lille. Er übersetzte klass. u. humanist. Schriften ins Franz. u. bearbeitete ältere Mirakelstoffe. Dadurch sicherte er ma. Texten e. breite Nachwirkung.

G. Doutrepont, La littérature frçe. à la cour des ducs de Bourgogne, 1909.

Mignonne, allons voir si la rose, Liebesgedicht von →Ronsard, das als Volkslied Verbreitung fand. Die Vergänglichkeit der Rose mahnt, die Jugend zu genießen.

Mikhaël, Ephraïm, 26. 6. 1866 Toulouse – 5. 5. 1890 Paris, Licencié ès lettres der Sorbonne, studierte an der École des chartes; Lyriker am Übergang vom Parnasse zum Symbolismus (*Poésies.* Poèmes en prose, 1890). S. Schauspiel *Le cor fleuri* (in Zusammenarbeit mit A.-F. Hérold) kam 1888 am Théâtre-Libre heraus. Mit Mendès schrieb er *Briséis* (1899).

L. de Nardis, Simbolismo minore: M. (Studi in onore di P. P. Trompeo), Neapel 1959.

Milhaud, Darius, 4. 9. 1892 Aix-en-Provence – 22. 6. 1974 Genf, Komponist, Vorbilder Debussy u. Strawinsky, schrieb u. a. die Musik für Libretti u. Stücke von Cocteau u. Claudel, dessen Sekretär er 1916–18 in Rio de Janeiro war. 1972 Mitgl. des Institut.

Mille, Pierre, 27. 11. 1864 Choisy-le-Roi – 13. 1. 1941 Paris, Jurastud., weitgereister Reporter beim *Temps,* stellte in Erzählungen u. Romanen das Leben in den franz. Kolonien dar (*Barnavaux et quelques femmes,* 1908; *Louise et Barnavaux,* 1912; *Le monarque,* 1913; *Nasr'Eddine et son épouse,* 1918; *Les aventuriers,* 1937), verfaßte e. Abhandlung *Le roman français* (1930) u. autobiograph.

Werke (*Mes trônes et mes dominations,* 1930; *Mémoires d'un vagabond en retraite,* 1932).

W. J. Everts, The life and works of M., Diss. New York 1938; V. Goedorp, Figures du Temps, 1943.

Millet (Milet), Jacques, um 1425 Paris – 1466 ebda., Autor des Versdramas *L'istoire de la destruction de Troye la grant* (hg. E. Stengel 1883) u. der Allegorie *La forest de tristesse.*

E. T. Oliver, M.'s drama, 1899.

Millevoye, Charles-Hubert, 24. 12. 1782 Abbeville – 26. 8. 1816 Paris, Angestellter in e. Anwaltsbüro, dann Buchhändler, schrieb Elegien (1814), ein ep. Gedicht, *Charlemagne à Pavie,* u. übersetzte die *Bucolica* von Vergil (*Œuvres* 1814–16, Neuausgabe mit e. Vorwort von Sainte-Beuve, 1865). In s. *Satire des romans du jour* (1802, in Versen) polemisiert er gegen die morbide Phantasie u. die grellen Stilmitel Sades u. des engl. Schauerromans, der in Frkr. Nachahmer fand.

P. Ladoué, Un précurseur du romantisme, 1912.

Millot, Claude François Xavier, 5. 3. 1726 Ornans/Franche-Comté – 21. 3. 1785 Paris, Jesuit, der wegen e. Montesquieu-Eulogie den Orden verlassen mußte; Geschichtslehrer in Parma, Erzieher des Hzg.s von Enghien, Nachfolger Gressets in der Ac. frçe. (1777). Von stoffgeschichtl. Interesse ist s. *Histoire littéraire des troubadours* (III 1774; vgl. auch die Neuentdekkung von *Aucassin et Nicolette* →La Curne de Sainte-Palaye).

Milosz, Oscar (eig. Oscar Venceslas de Lubicz-M.), 28. 5. 1877 Čeréja/Litauen – 2. 3. 1939 Fontainebleau, litau. Aristokrat, Mutter Jüdin, seit 1889 mit der Familie in Paris, Stud. Orientalistik, 1919–26 litau. Gesandter bei der franz. Regierung, 1931 franz. Staatsangehörigkeit. Esoteriker in s. spätsymbolist. Lyrik (*Le poème des décadences,* 1899; *Les sept solitudes,* 1904; *Les éléments,* 1910; *La confession de Lemuel,* 1922; *Le poème des Arcanes,* 1927; *Cantique de la connaissance,* 1927; *Poèmes 1895–1927,* 1930) u. in s. Dramen (*Scènes de Don Juan,* 1906; *Miguel Maraña,* 1912). M., der sich unter dem Einfluß von Claudel zum Christentum bekannte, verfaßte außerdem den Roman *L'amoureuse initiation* (1910), die Essays *Ars magna* (1925) u. *La clef de l'Apocalypse* (1938), übertrug Folklore s. Heimat ins Franz. (*Contes et fabliaux de la vieille Lithuanie,* 1930; *Contes lithuaniens de ma mère l'Oye,* 1934; *Œuvres complètes,* VIII 1945–48 u. X 1957–68; frühe Texte *Le cahier déchiré,* 1969).

M. Hommages et documents inédits, 1941; A. Godoy, M., 1944; G.-I. Zidonis, M., Thèse Paris, 1949; J. Rousselot, M., 1949; J. Buge, M., poète divin, 1963; A. Richter, M., 1965.

Mimi Pinson, die typ. Grisette in der lit. Darstellung der Bohème (Musset; Murger, *Scènes de la vie de bohème*).

Mimodrama, Schauspiel ohne Worte, in dem die Aktion nur pantomim. realisiert wird; streckenweise sind Stücke von Artaud, Cocteau, Ionesco, Beckett, Arrabal u. Dubillard M.n.

La Minerve française (1818–20), liberale Zs., gegr. von den Redakteuren des →*Mercure de France,* als dieser wegen e. Artikels über das Konkordat verboten wurde (Aignan, Benjamin Constant, Évariste Dumoulin, A. Jay u. a.). Von der *M.* erschienen in unregelmäßiger Folge 52 Lieferungen, sie brachte lit.,

lit. krit. und in wachsendem Maße polit. Beiträge.

P. D. S. Petric, Le groupe littéraire de la M., 1818–20, 1927.

Miomandre, Francis de (eig. François Durand), 22. 5. 1880 Tours – 2. 8. 1959 Saint Quay-Portrieux/Côtes-du-Nord, Autor träumer. Gedichte (*Les reflets et les souvenirs,* 1904) u. heiter-phantasievoller Erzähler (*Écrit sur l'eau,* Prix Goncourt 1908; *L'aventure de Thérèse Beauchamps,* 1914; *Jeux de glaces,* 1930; *Samsara,* 1931; *Otarie,* 1933; *Le cabinet chinois,* 1936; *Direction Étoile,* 1937; *Rencontres dans la nuit,* 1954; *Caprices,* 1960). M. übersetzte span. und südamerikan. Werke, u. a. von Góngora, Unamuno, Gabriela Mistral, Asturias.

Mirabaud, Jean-Baptiste de, 1675 Paris – 24. 6. 1760 ebda., Oratorianer, Erzieher der Prinzessinnen von Orléans, lieferte Übs. aus dem Ital. (*Jérusalem délivrée,* 1724; *Roland furieux,* 1741) u. frühaufklärer. Reflexionen (*Sentiments des philosophes sur la nature de l'âme,* 1743, 1770 von Naigeon in *Recueil philosophique* veröffentlicht; *Réflexions sur l'évangile,* die auch als *Examen critique du Nouveau Testament* unter dem Namen Frérets gedruckt wurden).

Mirabeau, Honoré-Gabriel Riquetti, comte de, 9. 3. 1749 Bignon bei Nemours – 2. 4. 1791 Paris, Kavallerieoffizier, lebte seit 1771 in Paris, bis ihn der Kg. wegen Verschwendungssucht auf s. Besitzungen verbannte; hier entstand 1774 der *Essai sur le despotisme.* 1777–80 wegen e. Entführung 42 Monate in Haft, 1784 Flucht nach London mit Mme de Nehra, später in Berlin; 1788 erschien *La monarchie prussienne.* Im Mai 1789 ließ sich M. vom Tiers État in Aix-en-Provence in die Generalstände wählen, s. Standesgenossen desavouierten ihn. Mit blendenden orator. Mitteln verfocht er e. legale Revolution, in der Kg. und Nationalversammlung keine Antagonisten sein sollten; bereits im August 1789 wurde er des Orléanismus verdächtigt. Im November 1789 beschloß die Assemblée, daß kein Deputierter Minister werden könne, dies zielte gegen M. Im Februar 1791 machte ihn die Rechte zum Parlamentspräsidenten. Daß er Beziehungen zum Hof unterhielt, die der Revolution schadeten, wurde erst nach s. Tode bekannt. M. denunzierte 1789 Klerus, Feudaladel und die Parlements als Feinde der nationalen Freiheit; er bestritt, daß der Kg. kraft göttl. Rechts herrsche, vielmehr regiere er für das Volk, das ihn einsetzt. Demagog. stellte M. die Gewaltenteilung (→Montesquieu, →*Du contrat social*) in Frage, noch ehe sie institutionalisiert war. Bereits am 15. 4. 1791 ließ Olympe de Gouges e. panegyr. Einakter, *M. aux Champs-Élysées,* aufführen. Wenn der liberale Adlige als Volkstribun auftrat, so weit mehr im Sinne e. philanthrop. als e. eigentl. polit. Engagements; wie utop. s. Konzept von der ›démocratie royale‹ war, mit dem er die Interessenkongruenz des Kg.s u. des Volkes im Konflikt mit der neuen Aristokratie der Abgeordneten behauptete, stellte sich bald nach 1791 heraus.

Les M. et leur temps. Actes du colloque d'Aix-en-Provence 1966, 1968; G. Chaussinand-Nogaret, M., 1982, deutsch 1988.

Miracle, Darstellung des wundertätigen Eingreifens der Muttergottes bzw. e. Heiligen (Martin, Benedikt, Germanus) in erzählender oder dramat. Form, der hagiograph. Lit. zuzurechnen. Nach lat. Marienmirakeln in England (11.

Jh.) u. Frkr. (12. Jh.), die vielfach an Kultorte gebunden waren (Coutances, Laon, Soissons, Rocamadour, Chartres) und teils in Versen (frühes 12. Jh.), teils in Prosa verfaßt waren (12.–14. Jh.), entstanden seit der zweiten Hälfte des 12. Jh. volkssprachl. Wunderlegenden, bis 1200 in Versen, danach setzte die Prosaauflösung ein *(→Quarante m.s de Notre-Dame)*. 1206 schrieb Jehan de Marchant die *Miracles de Notre-Dame de Chartres,* später griff →Gautier de Coinci die Gattung auf, während →Jean Bodel und →Rutebeuf Mirakelstoffe dramatisierten. Jean →Miélots Prosabearbeitungen (beispielsweise Ringmirakel) intendierten die sittl. Verwarnung. Den Übergang vom Mirakel zur Novelle ermöglichte die Einmaligkeit des Geschehens; Stofferwartung und spezif. Peripetie der Fabel verlockten auch zur novellist. Parodie, weniger in Frkr. als bei Boccaccio, der mit der Mirakelfiktion spielte (*Il decamerone* I, 1; II, 1, 2; III, 8; VII, 1, 10). Kein namhafter Autor schrieb nach 1550 mehr in Frkr. e. M.

U. Ebel, Das altroman. Mirakel, 1965; A. Gier, Der Sünder als Beispiel, 1977; P. Bétérous, Les collections de m. de la Vierge ..., Dayton (Ohio) 1984.

Mirbeau, Octave Marie Henri, 16. 2. 1848 Trévières/Calvados – 16. 2. 1917 Paris, Sohn e. Arztes; Jesuitenschule in Vannes 1859–63, 1866 Jurastud. Paris (im Januar 1868 abgebrochen). Seit 1872 arbeitete M. als Journalist; er entwickelte sich vom Bonapartisten zum Sozialisten mit anarchist. Neigungen, vom Judenhasser zum Parteigänger von Dreyfus; mit Zola war M. bereits vor der →Dreyfus-Affäre befreundet. Von Mai–Dezember 1877 Chef du cabinet des Präfekten in Ariège. 1882 erschien s. erste Erzählung, die sich an den Stil von E. A. Poe anlehnte, im selben Jahr gründete er mit Hervieu und Capus das satir. Wochenblatt *Les Grimaces* (1. Nr. jedoch erst Juli 1883). 1886 erschien der Erzählbd. *Les contes de la chaumière,* 1887 der Bildungsroman *Le calvaire. L'abbé Jules* (1888) behandelte pädagog. Konflikte im Sinne Rousseaus; Edmond de Goncourt beglückwünschte M. zu diesem Werk. Im November 1888 konzipierte M. *Sébastien Roch* (1890), den Roman, der am ausgeprägtesten s. Kindheitserlebnisse verarbeitete. Am Ende des 19. Jh. zählte M. zu den berühmtesten franz. Schriftstellern, das Publikum entdeckte bei ihm sowohl romant. als auch naturalist. Elemente. Der typ. Konflikt der früheren Romane, in denen dem individuellen Glücksverlangen die gesellschaftl. Tabuisierung der Instinkte entgegensteht, setzt sich in *Le jardin des supplices* (1899) fort, doch schreibt der Autor nun sozialkritischer, tendiert zum Pamphlet und zur Satire (*Dans le ciel,* ED *L'Echo de Paris,* Sept. 1892–Mai 1893, krA P. Michel/J. F. Nivet 1990; dies. Hg., *Combat esthétique,* 1993, *→Le journal d'une femme de chambre, →Les vingt et un jours d'un neurasthénique, La 628–E 8,* 1908; *Un gentilhomme,* 1920 Fragment). In *Dingo* (1913), der Geschichte e. Hundes von der Geburt bis zum Tod, profitiert der Gesellschaftskritiker wieder von der Stationenform des pikaresken Romans. Der Dramatiker M. verfaßte 1896–1908 neun Stücke. *L'épidémie* (Urauff. 29. 4. 1898 Théâtre-Libre) karikiert e. Stadtratssitzung, bei der die Honoratioren erst dann Geld zur Behebung sanitärer Mängel in e. Kaserne bewilligen, als bekannt wird, daß unter den verstorbenen Soldaten auch Bürgersöhne sind.

Die prätentiöse Stilhöhe der bourgeoisen Selbstdarstellung paßt nicht zur eklatanten Menschenverachtung. 1898 erschienen auch *Les mauvais bergers,* 1901 zwei Einakter, *Amants* u. *Vieux ménage,* denen 1902 *Le portefeuille* u. *Scrupules* sowie im Jahr darauf M.s bekannteste Satire, →*Les affaires sont les affaires,* folgten. Der Sammelbd. *Farces et moralités* (1904) enthielt sechs Dramen. *Le foyer* (1908), das letzte Drama, das M. in Zusammenarbeit mit Thadée Natanson schrieb, enthüllte die Machenschaften in sogen. Wohltätigkeitszentren. Die Com. frçe. lehnte die Erstfassung aufgrund des krassen Stils im 2. Akt ab; Sacha Guitry, dem die verkürzte dreiaktige Version angeboten wurde, verlor das Interesse, bis Jules Clarétie das Stück doch an der Com. frçe. herausbringen wollte; allerdings verlangte er nach 17 Proben wieder Änderungen, und M. setzte gerichtl. die Aufführung durch. M., den die inneren Krisen der III. Republik von der allgemeinen Ungerechtigkeit und den Vorurteilen der Besitzenden überzeugten, trat auch für Jean Graves, den Autor von *La société mourante et l'anarchie* (1891), ein. Heftiger als Becque oder Jules Renard attakkierte M. das bürgerl. Profitstreben; in dieser Zielsetzung stimmte er mit Jules Vallès und G. Hauptmann überein (*Œuvres complètes,* X 1934–36; *Correspondance avec Cl. Monet et C. Pissarro,* II 1990).

M. Revon, M., son œuvre, 1934; M. Schwarz, M. Vie et œuvre, Den Haag/Paris 1966; ders. Une amitié ignorée: E. de Goncourt – M., FR 1971; R. P. Carr, Anarchism in France, the case of M., Manchester 1977.

Mirecourt, Eugène de (eig. Charles-Jean-Baptiste Jacquot, gen.), 19. 11. 1812 Mirecourt – 13. 2. 1880 Ploërmel, Journalist u. Romancier, Gegner von A. Dumas père, dem er die Ausbeutung von Schriftstellern vorwarf (*Fabrique de romans, maison Alexandre Dumas et compagnie,* 1845). Wegen Verleumdung wurde er sechs Monate im Sainte-Pélagie eingesperrt. Nach dem erfolgreichen Drama, *Madame de Tencin* (in Zusammenarbeit mit Marc Fournier), kam er zur Polemik und zum Pamphlet zurück, seit 1854 erschien die Reihe *Les contemporains, hommes de lettres, publicistes,* die zum Abonnement aufgelegt wurde. Im Bd. 49 griff er Dumas erneut an und zeichnete ihn als hemmungslosen Parasiten; s. Sohn bescheinigte er: ›Il n'a point à ses ordres une foule de collaborateurs‹. Seit 6. 1. 1857 gab er e. Zs. mit dem Titel *Les contemporains* heraus, um s. Enthüllungen noch mehr Aktualität zu verleihen. Obwohl er in drei Schriften der Fälschung angeklagt wurde, legte er e. neue Serie auf: *Histoire contemporaine, portraits et silhouettes du XIX*[e] *siècle* (1867 ff.). Im Alter wurde er Mönch und als solcher nach Haiti entsandt.

Mirèio, provenzal. Epos in 12 Gesängen von Frédéric →Mistral, entstanden 1851–58, EA Avignon 1859. Die Eltern der reichen M. (franz. Mireille) versuchen die Verbindung ihrer Tochter, um die drei Freier, e. Viehzüchter, e. Pferde- u. e. Stierkenner, vergebens werben, mit dem Korbflechter Vincèn zu verhindern. Als M. nach Les Saintes-Maries-de-la-mer eilt, um den Segen des Himmels für ihre Liebe zu erflehen, stirbt sie vor Erschöpfung in der Gluthitze der Camargue, jedoch im Angesicht der Himmelskgin. Mit dem Epos, das klassizist. Formbewußtsein und die provenzal. Ideologie vom →Félibrige vereinte, gelang der neuprovenzal. Dichtung der Durchbruch zur Weltlit.

E. Ripert, Notes et commentaires pour le poème de M., chant I, 1935; E. Jenatton, Étude sur M., poème religieux et théologique, Aix-en-Provence 1959.

Le Mirliton, Pariser Kabarett im Besitz des Chansondichters und Erzählers Aristide →Bruant.

Miroirs (›Spiegel‹), locker komponierte didakt. Werke, Spruchweisheiten, bes. zum Thema ›memento mori‹ (*Miroir de vie et de mort,* 1266; *Miroir des pêcheurs,* 15. Jh.) u. der weltl. Eitelkeiten (Jean Castel, *Mirouer des dames et damoyselles et de tout le sexe feminin,* Mitte 15. Jh.), teils Versifizierung antiker Lebensphilos., teils originelle Ansätze (Pierre Habert, *Le miroir de vertu et chemin de bien vivre,* 1569, Mischform aus Quatrains, Distiques u. Prosa; vgl. auch A. de Baïf, *Enseignements et proverbes,* 1576; Pibrac, *Quatrains moraux,* ^{3}1576, sowie →Adages). Zur frühen Ablösung von eth. Inhalten vgl. Ambrosio de Salazar, *Miroir général de la grammaire en dialogues pour scavoir la naturelle et parfaite prononciation de la langue espagnole* (1614).

Mirzoza, Favoritin des kongoles. Sultans Mangogul in Diderots Roman →*Les bijoux indiscrets,* e. verschlüsselte Darstellung der Pompadour, deren Liaison mit Ludwig XV. 1745 offiziell wurde.

Le Misanthrope, Verskom. in fünf Akten von →Molière, EA 1667, Urauff. 4. 6. 1666 Palais Royal; hg. E. Lop/A. Sauvage 1964. Molières rätselvollste Kom. läßt sich in Struktur u. Gehalt auf keine Stoffvorlage zurückführen, wiewohl das moralist. Thema der Misanthropie seit dem 4. Jh. v. Chr. (Kom. *Der Menschenfeind* des Menandros) gestaltet worden war. Alceste, e. verliebter junger Mann von Welt, wird aus extremer Redlichkeit zum Menschenverächter. Er tadelt s. Umgebung, weil sie Sitten u. Gebräuche als Leerformeln konserviert, versucht s. geliebte Célimène von ihrer Koketterie zu heilen, bringt es nicht über sich, e. Verseschmied, der ihm e. Sonett zur Beurteilung vorlegt, aus Höflichkeit zu schmeicheln. ›Je veux qu'on soit sincère ...‹. Von s. Freund Philinte, dem gassendistisch argumentierenden Raisonneur des Stücks, muß sich Alceste sagen lassen, daß die intendierte rigorose Weltverbesserung Narrheit ist. Alceste, den schreckl. Haß auf die menschl. Natur ergriffen hat, zerbricht nicht an der hochgesteckten Kompromißlosigkeit, bessert freil. auch nicht s. Umwelt; Célimène lehnt es ab, ihm zuliebe diese Welt des nichtigen Scheins aufzugeben. Zurück bleibt e. einsamer Idealist, der zum Gespött geworden ist. S. Unfähigkeit, sich gefällig zu zeigen, trennt ihn von den ›honnêtes gens‹, denen Philinte am nächsten kommt; dieser vertritt das Maß, das pragmat. definiert wird, Alceste hingegen idealist. Prinzipien – daher reagiert er heftig u. verachtet jegl. Kompromißbereitschaft. Weil er angesichts der Defekte s. Umwelt, deren aristokrat. u. großbürgerl. Form für ihn kein gesellschaftl. Problem darstellt, allzu leicht die Geduld verliert, begibt er sich auch aller Chancen, auf die Menschen einzuwirken u. sie sittl. zu läutern. Das Paradox s. Misanthropie wird deutl.: Die Gesellschaftskritik ist durch die angenommene rigorose Haltung disfunktional geworden u. muß somit kom. wirken. Sie bringt Alceste, selbst wo er vernünftige Verbesserungen plant, um den ›Verstand‹, er vermag nur noch im Affekt zu reagieren.

R. Jasinski, Molière et le M., 1951; H. Bihler,

Molière: M. (Das franz. Theater vom Barock bis zur Gegenwart, Bd. 1, hg. J. v. Stackelberg), 1968; G.-A. Goldschmidt, Molière ou la liberté mise à nu, 1973; K. Stierle, Formen des Komischen u. Formen der Kom., in: R. Baader (Hg.), Molière, 1980.

Mise en abyme, Kunstprinzip, das André →Gide 1893 im *Journal* erörtert (›cette rétroaction du sujet sur lui-même‹). Wie auf Gemälden von Memling oder Velázquez e. Spiegel in der Hand e. Gestalt die gemalte Szene aus anderer Perspektive verdoppelt u. somit ihren Kunstcharakter betont, können Dramatik u. Narrativik ihren Gegenstand gleichzeitig mitteilen u. relativieren. Gide selbst praktizierte das Verfahren am deutlichsten in den →*Faux-monnayeurs;* die Autoren des Nouveau Roman u. Aragon im Spätwerk griffen es auf. Noch virtuoser handhaben es italien. Erzähler (Calvino, Eco), → OuLiPo.

Onze études sur la m., présentées par F. Hallyn, Gent 1980.

Les misérables, Roman in fünf Teilen von Victor →Hugo, entstanden mit Unterbrechungen 1845–61, EA Paris/Brüssel 1862, hg. M.-F. Guyard 1957, É. Tersen 1962. Thema des umfangreichsten Romans von Hugo ist die sittl. Wiedergeburt e. Verbrechers, daher rivalisiert der Autor nur indirekt mit den Memoiren von Vidocq (1828) u. den Unterweltromanen von Eugène →Sue. Er stellt aus s. spiritualist. Weltsicht dar, wie moral. Konflikte zu verstehen u. zu lösen sind. Erzählt wird die Geschichte des entlassenen Sträflings Jean Valjean, der nach 19 Jahren Haft unter der Ächtung der anständigen Gesellschaft leidet, sich dennoch als ›Beamter Gottes‹ begreift u. das Evangelium der Liebe verkünden will. Die fünf Teile entsprechen entscheidenden menschl. Begegnungen mit Höherstehenden wie Deklassierten u. bezeichnen, unter immer neuen Tarnungen, Stufen der Läuterung. Nachdem Valjean dem Bischof von Digne, von dem er nach s. Entlassung freundl. aufgenommen wurde, wertvolles Tafelgeschirr, u. einem Kind 40 Sous gestohlen hat, gelangt er erschüttert zur Einsicht s. sittl. Schuld, für die er zur Sühne bereit ist. Er verbirgt sich vor der Polizei, da er die verrohende Wirkung der Gefängnisse kennengelernt hat, u. lebt unter falschem Namen. S. Großmut rettet die Prostituierte Fantine, deren Tochter Cosette er aufnimmt u. erzieht, vor dem Gefängnis u. bewahrt selbst s. Verfolger, den Polizisten Javert, vor dem Tod. Vergebens versucht Valjean, Cosette vom Anwalt Marius Pontmercy, der sich vom Royalisten zum Republikaner wandelt, fernzuhalten, solange s. Vergangenheit nicht bekannt u. verziehen ist. 1833 endet die Handlung, die 1815 eingesetzt hat, mit dem Tod des Helden. Hugo benutzte in *M.* zwar Klischees des Trivialromans (Motive aus der Verbrecher- und Dirnenwelt; der unheiml. Verfolger, Verkleidung, Verwechslung von Unschuldigen u. a.), doch ordnet er e. mit romanesken Effekten operierenden Erzählweise unerwartete Inhalte zu. Da der ›misérable‹ ident. ist mit dem ›pauvre‹, ›malheureux‹, ›méprisable‹, stellt sich die Frage nach s. Sozialchancen. Kann Valjean in e. korrupten Welt die Selbsterlösung leisten? Die Antwort ist negativ. Denn welche Voraussetzungen ihm fehlen, zeigt die Entwicklung der Cosette, die durch Erziehung auf e. höhere moral. u. gesellschaftl. Stufe gelangt als ihre Mutter. Schuld an der Prostitution trägt nicht das Individuum, sondern das Milieu. Den Elenden hilft allein die Revolution oder Gottes Güte, wie e. Kommentar des Autors beim Tod Valjeans besagt. Hugo kämpft für e. gerechten, dem Sozialprodukt angemessenen Lohn, die polit. u. sozioökonom. Gleichstellung. ›La première égalité, c'est l'équité‹. In die Erzählung eingebettet sind umfangreiche Abhandlungen über sozial- und justizreformer. Tagesprobleme, Dogmen, relig. Normen, über Argot, aber auch über hist. Ereignisse wie die Schlacht von Waterloo. Als Plädoyer für die Menschenrechte sollte das Werk primär nicht auf die Masse der Deklassierten, sondern auf Politiker u. Juristen Eindruck machen. Die Thematik des Romans verwickelte den Autor aber offensichtl. in Widersprüche. Einerseits soll das Leid polit. nicht zu überwinden, andererseits soll es auch nicht als naturgegeben hinzunehmen sein. Da Hugo der Vorsehung bei der Herbeiführung der Katharsis solche Macht zuspricht, daß die Perspektive e. von Menschen eingeleiteten Umwälzung der Verhältnisse wieder überflüssig erscheinen kann, kommt Valjean zuweilen →Candides naivem Glauben an e. prästabilierte Harmonie gefährl. nahe. Wie sollte sonst s. Definition als ›fonctionnaire de Dieu‹ zu verstehen sein. Der sozialkrit. Impetus wird in Mystik abgebogen; die Kategorie ›apostol. Roman‹ trifft die unpolit. Grundtendenz des Werkes besser. Keines der Werke Hugos wurde so heftig diskutiert wie *M.* Die um die hist.-soziolog. Reflexionen Hugos gekürzten Übs. ins Dt. (z. B. W. Thiemer, 1969) reduzieren das Werk auf das Maß der Triviallit., mit deren Versatzstücken der Autor in satir. Absicht operieren konnte. Der Roman gehört nach der Bibel, den Werken von Marx u. Lenin zu den Weltbestsellern, er wurde zwischen 1911 u. 1972 wenigstens 18mal verfilmt (u. a. mit Harry Bauer, Jean Gabin, Bernard Blier u. Georges Géret).

Ch. Swinburne, A study of V. Hugo's M., London [2]1914; K. Niedermeyer, Zur Komposition des Romans M., Diss. Würzburg 1922; E. Benoît-Lévy, M., 1947; P. Angrand, Genèse et fortune des M., RhlF 1960; Sondernr. Europe 1962; R. Journet/G. Robert, Le manuscrit des M., 1963; dies., Le mythe du peuple dans les M., 1964; M. Reboussin, Vautrin, Vidocq et Valjean, FR 1969; B. Leuilliot, V. Hugo publie les M., correspondance avec A. Lacroix août 1861 – juillet 1862, 1970.

Mistinguett (eig. Jeanne-Marie Bourgeois), 5. 4. 1873 Enghien-les-bains – 5. 1. 1956 Bougival/Seine-et-Oise, Varietékünstlerin, trat 1890 am Casino de Paris als Sängerin unter dem Künstlernamen Miss Tinguett auf, große Erfolge am Moulin-Rouge (zeitweilig Eigentümerin) u. an den Folies-Bergères, spielte in →*Madame Sans-Gène* von Sardou u. in Filmen; ihre Memoiren: *Toute ma vie* (1954).

Mistral, Frédéric, 8. 9. 1830 Maillane/Bouches-du-Rhône – 25. 3. 1914 ebda., Jurastud. bis 1851, seit dieser Zeit datieren s. Bemühungen um e. zweite Blüte der provenzal. Lit., zu deren Anerkennung M. vor allem durch die beiden Epen →*Mirèio,* das die Ac. frçe. auszeichnete, u. →*Calendau* sowie als Förderer der →Felibrige-Bewegung beitrug (Lyrik *Lis isclo d'or,* 1875, hg. J. Boutière 1970; *La raço latino,* 1879; *Lis oulivados,* 1912; Lexikon *Trésor du felibrige,* 1878–86; Autobiographie *Moun espelido, memori et raconte,* 1906; *Correspondance avec P. Meyer et G. Paris,* 1978; *Œuvres poétiques,* éd. J. Laffitte 1980, zweisprachig). 1904 wurde M. der Nobelpreis für Lit. verliehen.

B. Gavalda, Lamartine et M., 1972; J. de Caluwé, Le moyen âge littéraire occitan dans l'œuvre de M., 1974; J. H. Bornecque, A. Daudet – M., histoire d'une amitié, 1979; J.-P. Clébert, M. ou l'empire du soleil, 1983; J. Rivière,

Sens et poésie, Nantes 1985; Cl. Mauron, M., 1993.

Mithridate, klass. Trag. von Jean →Racine, EA März 1673, Urauff. 6. oder 13. 1. 1673 Hôtel de Bourgogne, Paris. Erneut forderte Racine mit e. Stoff der röm. Geschichte (vgl. schon *Britannicus*) Corneille heraus. Gestützt auf Plutarch u. a. sowie die Trag. *La mort de M.* (1637) von La Calprenède, *Nicomède* (1650) von P. Corneille, *Stratonice* (1657) von Quinault u. *Antiochus* (1666) von Th. Corneille zeichnete er die Figur des Kg.s von Pontos als alternden Tyrannen, der mit s. Söhnen Pharnace u. Xipharès um die gefangene griech. Prinzessin Monime, die eigentl. Hauptfigur des Stücks, rivalisiert. Zudem muß M. sich mit e. s. Söhne, der für die Aussöhnung mit Rom eintritt, polit.-militär. auseinandersetzen. Monime weist den verschlagenen Barbaren zurück, Pharnace erschüttert s. Selbstbewußtsein u. s. Macht. Monime beklagt (V, 4), daß sie nicht nur Zeugin e. trag. Geschehens, sondern schuldlos s. Verursacherin war. Im Sterben gewinnt M. an moral. Größe; von Monime, die er eben noch vergiften lassen wollte, verlangt der tödl. verwundete Kg. nicht Tränen, die s. Ehre besudeln, sondern Bewunderung. Das Leidenschaftsdrama endet, verglichen mit *Bajazet,* überraschend dezent. An der Leiche des M. verkörpern Monime u. Xipharès die ideale Schönheit der verliebten Jugend.

R. W. Hartle, M., 1965.

Mnouchkine, Ariane, geb. 3. 3. 1939, engl. Mutter, russ. Vater, gründete 1959 e. Pariser Studententheater, 1964 das kollektiv geführte Théâtre du Soleil, nach dem Regieprinzip der »création collective«; seit 1970 in der Cartoucherie von Vincennes. Großer Erfolg mit dem Revolutionsstück *1789* (1971, 1974 verfilmt), spätere Inszenierungen auch in Zusammenarbeit mit Hélène →Cixous u. weitere Filme (*Molière,* 1976; *L'Indiade ou l'Inde de leurs rêves,* 1988).

A. Neuschäfer, Das Théâtre du Soleil, 1983.

Mockel, Albert, 27. 12. 1866 Ougrée bei Lüttich – 30. 1. 1945 Ixelles, Stud. Philol., Gründer der Zs. *La Wallonie* (1886–92), lebte 1890–1937 in Paris, symbolist. Lyriker (*Chantefable un peu naïve,* 1891; *Clartés,* 1901; *La flamme immortelle,* 1924), Reflexionen über die Symbiose der Künste (*Propos de littérature,* 1894) u. Monographien über die befreundeten Lyriker Mallarmé (1899) u. Verhaeren (1918). M. war in Belgien der maßgebende Symbolist; 1938 wurde er Präsident der kgl. Akademie. 1962 gab Michel Otten die wesentl. theoret. Beiträge M.s heraus (*Esthétique du symbolisme,* Brüssel).

P. Champagne, Essai sur M., 1922; H. Davignon, L'amitié de M. Elskamp et d'A. M., Brüssel 1951; Ch. Conrardy, M., Brüssel 1953; M. Le centenaire de sa naissance, Brüssel 1966.

Modiano, Patrick, geb. 30. 7. 1945 Boulogne-Billancourt, fläm. u. jüd. Vorfahren, Lycée Henri IV. Gefeierter Romancier (Prix R. Nimier u. Prix Fénéon 1968, Grand prix du roman de l'Ac. frçe. 1972, Prix Goncourt 1978). Thema s. Drehbuchs für *Lacombe, Lucien* (1974) von Louis Malle und mehrerer Romane (*La place de l'Etoile,* 1968; *Les boulevards de ceinture,* 1972; *Rue des boutiques obscures,* 1978; *Une jeunesse,* 1981; *Remise de peine,* 1987; *Voyage de noces,* 1990; *Fleurs de ruine,* 1991; *Un cirque passe,* 1992) ist die Verarbeitung von Schicksalen, für die 1940 e. Schwelle bildet. Die Generation der Söhne versucht verdeckte Stellen im Lebenslauf der Väter zu enträtseln u. stößt oft auf e. geheime Komplizenschaft zwischen Tätern u. Opfern.

La modification (1957), Roman von Michel →Butor. Dieser Roman – die Geschichte e. Reise von Paris nach Rom, die Delmont in der Absicht unternimmt, s. röm. Geliebte zur Übersiedlung nach Paris aufzufordern – ist zykl. angelegt: Das Reisemotiv löst, als räuml. wie als psych. Bewegung, stets auch die Gegenbewegung aus; der Weg nach Rom zu Cécile verschränkt sich mit der Heimkehr nach Paris zu Henriette, Delmonts Ehefrau. Je näher das Reiseziel rückt, desto faszinierender schiebt sich Paris ins Bild. Der Roman Butors setzt ein, als Delmont in Paris das Zugabteil betritt, u. endet, als er es in Rom verläßt u., an die Heimreise denkend, beschließt, das Liebesgeschehen, das sich ihm zu entziehen beginnt, in e. Roman einzuholen. Die Leserperspektive fällt zusammen mit dem Bewußtsein des Protagonisten als Handelndem, Beobachtendem u. Berichtendem. Dabei wechselt die Benennung des ›Protagonisten‹ vom fast durchgängig verwendeten ›vous‹ zum ›il‹, das vor allem der Traumidentifikation dient. Paris u. Rom werden zu myth. Rang erhoben, u. damit verlagert sich auch die Attraktivität von den beiden Frauen, zwischen denen der Held steht, auf den Genius loci, von den Personen auf die Konstellation der Dinge, in denen die Kultur beschlossen liegt. Auf dieser Sinnebene fiel schon in →*L'emploi du temps* die Entscheidung. Da der Mythos an den Ort u. nicht an die Person gebunden ist, scheitert Delmonts Plan, Cécile von Rom nach Paris zu verpflanzen, entscheidet sich das Schicksal gegen die Person. Delmont erlebt dies als ›fissure béante en ma personne‹, als Desillusionierung, die von e. ›immense fissure historique‹ herrührt.

E. Höhnisch, Das gefangene Ich. Stud. zum inneren Monolog im mod. franz. Roman, 1967; K. Wais, Erstarrung u. Bewegung. Die erzähler. Antithese Paris–Rom bei Gogol, Zola u. Butor (Studi in onore di Italo Siciliano), Florenz 1966; L. Pollmann, M. Butor: M. (Der mod. franz. Roman, hg. W. Pabst), 1968; F. van Rossum-Guyon, Critique du roman, Essai sur la M., 1970.

Mönch von Montaudon, 1180–1213, namentl. nicht bekannter geistl. Trobador aus Vic-sur-Cère (bei Aurillac), dessen Sirventes *Pois Peire d'Alvernh' a chantat* (wohl 1199) die Trobadorsatire →Peires d'Alvernha *(Chantarai d'aquestz trobadors)* imitierte u. der Forschung chronolog. Aufschlüsse vermittelte.

Mohammed, Begründer des Islams, 570–632, Gegenstand lit. Gestaltungen in der franz. Dichtung seit dem MA, wo er meist noch als Götze aufgefaßt wurde (Mahom, Mahun; *Romain de Mahomet,* um 1258; Voltaire →*Mahomet,* von Goethe 1800 ins Dt. übersetzt; H. de Bornier, *Mahomet,* 1890). Chateaubrun schrieb 1714 die klassizist. Trag. *Mahomet II,* La Noue griff 1739 den Stoff auf.

Mohrt, Michel, geb. 28. 4. 1914 Morlaix, Anwalt, dann Verlagslektor; Autor von Gesellschaftsromanen, deren Schauplatz häufig die Bretagne ist (*Le serviteur fidèle, La prison maritime,* 1961; *Les moyens du bord,* 1975, Agonie e. spätbürgerl. Welt vor Kriegsausbruch, vgl. auch P.-J. Remy; *La maison du père,* 1979; *La guerre civile,* 1986; *Benjamin ou lettres sur l'inconstance,* 1989). Grand

Prix du Roman de l'Ac. frçe. 1983; Mitgl. Ac. frçe. 1985.

Moinot, Pierre, geb. 1920 Fressines, 1940 Kriegsgefangenschaft, Flucht nach Marokko; Beamter des Rechnungshofes, Kultusministeriums Malraux, im Verwaltungsrat O.R.T.F., stellt in s. Romanen u. Erzählungen im Stil von Reportagen persönl. Erlebnisse dar (*Armes et bagages,* 1951; *La chasse royale,* 1953; *La blessure,* 1956; *Le sable vif,* 1963), Auszeichnung mit dem Prix Sainte-Beuve u. dem Grand Prix du Roman de l'Ac. frçe. Er schrieb ein zeremonielles Stück, *Héliogabal* (Urauff. 1971 Maison de la culture, Créteil); Prix Fémina 1979 für *Le guetteur d'ombre* (Märchenroman, Motiv der Jagd auf den myth. Hirsch). 1982 Ac. frçe. (Nachfolge René Clair).

Moïse, Gedicht der Slg. *Poèmes antiques et modernes* von Alfred de →Vigny, verfaßt 1822, ED 1826. Die Einsamkeit als soziales u. moral. Problem ist Thema des Gedichts, das e. archetyp. Gestalt präsentiert: das Genie, das, s. Sonderstellung überdrüssig, nach dem Tod verlangt. Als Erwählter ist Moses für s. Umwelt ein Fremder geworden, den Träger e. Zaubers fliehen alle. Als s. Bitte, die refrainartig wiederholt wird (›Laissez-moi m'endormir du sommeil de la terre!‹), erfüllt wird, bringt ihm die Apotheose Erlösung u. s. Nachfolger Josue e. erschreckende Bürde. Der Text gilt als Schlüsselgedicht der pessimist. Poesie Vignys.

F. Bartfeld, Vigny et la figure de M., 1968.

Moissy, Alexandre Guillaume Mouslier de, 1712 Paris – November 1777 ebda., diente in der kgl. Garde, war Hauslehrer in Rußland; Autor moralisierender Theaterstücke (*La nouvelle école des femmes,* 1758; *Les amis éprouvés,* 1768; *Bélisaire,* comédie héroïque, 1769; Proverbes-Slg. *Les jeux de la petite Italie,* 1769; *La vraie mère,* 1771).

Molé, François-René, 24. 11. 1734 Paris – 11. 12. 1802 ebda., Schauspieler an der Com. frçe. seit 1761, kom. Fach (*Mémoires,* 1825).

Molière (eig. Jean-Baptiste Poquelin, nannte sich seit August 1644 M.), 13. oder 14. 1. 1622 Paris – 17. 2. 1673 ebda., Sohn e. Tapissier ordinaire du Roi, der im Dezember 1637 s. Charge auf den Sohn übertragen ließ; umstritten ist, ob sie der junge Poquelin je ausübte (u. U. 1642). Jedenfalls besuchte M. das Jesuitenkolleg Clermont in Paris (1639–41?) u. studierte dann in Orléans (?) Rechtswiss. Als Anwalt scheint er kaum aufgetreten zu sein. Er schloß sich in Paris der Familie Béjart an u. gründete 1643 mit drei ihrer Angehörigen das →Illustre théâtre. Nach dem Scheitern des Unternehmens zog er als Schauspieler bis 1658 durch die Provinz, namentl. das Languedoc, das Rhônetal u. die Normandie, protegiert vom Hzg. von Épernon u. dem Prinzen Conti. Damals entstanden die ersten Kom. und Divertissements als mündl. (im Stil der Commedia dell'arte) u. schriftl. fixiertes Repertoire. Im Sommer 1658 mietete Madeleine Béjart den Saal des Théâtre du Marais für die Zeit vom 29. 9. 1658 bis 28. 3. 1660; der Bruder des Kg.s versprach dem Ensemble, das über die Normandie nach Paris zurückzog, s. Protektion. Am 24. 10. 1658 spielte es im Louvre *Nicomède* u. das eigene Divertissement *Le docteur amoureux;* Ludwig XIV. war entzückt und wies der Truppe für drei Wochentage den Saal im Palais du Petit-Bourbon, wo die Italiener auftraten, 1661 das Palais Royal an. Zwei klass. Kom. im ital. Stil, die M. in der Provinz verfaßt und gespielt hatte (*L'étourdi ou les contre-temps*, Lyon 1653?; *Le dépit amoureux*, Béziers 1656), kamen auch in Paris erfolgreich heraus. Der Durchbruch gelang jedoch erst 1659 mit →*Les précieuses ridicules.* Im Mai 1660 folgte der Einakter *Sganarelle ou le cocu imaginaire;* die Tragikom. *Dom Garcie de Navarre* (Februar 1661) war kein Erfolg. Für →*L'école des maris* u. →*L'école des femmes* erntete der Autor den Beifall des Kg.s, zugleich aber trugen ihm die Stücke die ablehnende Kritik Corneilles, der Preziösen u. Klerikalen ein. 1662 heiratete M. Armande, die Tochter seiner langjährigen Geliebten Madeleine Béjart. Die allgemein behauptete Untreue s. jungen Frau (u. a. Pamphlet *La fameuse comédienne,* Frankfurt 1688) u. verleumder. Gerüchte, wonach M. ihr Vater sein sollte, kosteten ihm zum Glück nicht das Vertrauen Ludwigs XIV., der die Truppe nun persönl. protegierte (Troupe du Roi); der Kg. übernahm 1664 die Patenschaft e. der drei Kinder M.s. Auch die erklärten Feinde Molières bestritten s. außergewöhnl. schauspieler. Leistung nicht. M. hatte sich zunächst die nuancenreiche Mimik des Neapolitaners Scaramouche zum Leitbild gewählt; bis etwa 1664 entwickelte sich auch s. Werk weitgehend nach den Bühnengesetzen der Farce u. Commedia dell'arte. Im fruchtbaren Schaffen der letzten neun Jahre (1664–73) steht die fünfaktige ›comédie d'observation‹ (A. Adam), d. h. das Charakter- u. Sittendrama in Vers u. Prosa *(→Tartuffe, →Dom Juan, →Le Misanthrope, →L'avare, →Les femmes savantes),* neben der ›petite comédie‹, wie M. die unregelmäßige Form (Ein- u. Dreiakter) u. die Farce umschrieb (→*George Dandin, →Le médecin malgré lui, →Amphytrion, Les fourberies de Scapin,* 1671). Der Autor sah die an Pantomimik reiche Comédie-ballet, die Ludwig XIV. wiederholt verlangte, im Einklang mit der klass. Dramentheorie (→*Le bourgeois gentilhomme, Monsieur de Pourceaugnac,* 1669; →*Le malade imaginaire*). Das Schauspiel in Alexandrinern war eben nur eine, wenn auch die im 17. Jh. am höchsten bewertete, unter mehreren mögl. Bauformen. Individuelle Gestalten der Zeitgeschichte (der Roi-Soleil u. s. Mätressen, neid. Schauspieler des Hôtel de Bourgogne, Preziöse, der Abbé Cotin, Ménage) u. moral. Typen (der Geizige, der Menschenfeind, der Libertin, der Heuchler, der Scharlatan, die Prüde) bilden das Personal s. Stücke. Ein Jahr vor s. Tod verlor M. die bes. Gunst des Kgs. an Lulli, dem das Privileg für das Musiktheater in Frkr. erteilt wurde, davon war M.s Comédie-ballet betroffen. Vergebens appellierte er an das Pariser Parlement, das Patent nicht zu registrieren. Vor die Wahl gestellt, den originellsten Kom.dichter s. Zeit oder Lulli zu unterstützen, entschied sich Ludwig XIV. für die leichte Unterhaltung. Dennoch verdankte es M.s Familie allein der Intervention des Monarchen, daß der Komödiant schließl. christl. beerdigt wurde (Abend des 21. 2. 1673). Molière richtete in vielen s. 30 Schauspiele die Psychologie nach Prinzipien s. antivoluntarist. Moralistik aus; er zeigte Triebfedern der Wirklichkeitsentfremdung auf, wobei er auch e. Anhäufung unwahrscheinl. Geschehnisse nicht scheute (vgl. *L'avare*). Unbeirrbarkeit, die oft genug niederen

Motiven zum Deckmantel dient, u. kompromißloses Verhalten, das der ›honnêteté‹ entgegensteht, reizten ihn zu satir. Gestaltung. Die Komik s. Stils resultierte sowohl aus der Karikatur des Alltagsvokabulars wie aus e. statusfremden Sprechniveau (vgl. *Les précieuses ridicules, Le bourgeois gentilhomme, Les femmes savantes, Le malade imaginaire*). M.s ›comédie d'observation‹ wertete die Liebesthematik der galanten Kom. span. Ursprungs (Th. Corneille, Quinault, Boisrobert) ab; sie belebte in der Folgezeit den Einakter. Endgültig verzichtet von nun an die franz. Kom. auf rigorose Reinheit der Form- u. Stilerwartung. Baron, Montfleury oder Régnard ahmten M. nach, während Marivaux offen bekannte, daß Laster u. manische Verstiegenheit ihm als Konfliktmotive für die Kom. als zu grob erschienen. Mit moral. Argumenten griff J.-J. Rousseau M.s Theater an; die im Mai 1794 neu eingerichtete Zensur verbot aus polit. Gründen fast das gesamte Bühnenwerk. 1773 schrieb Jean-Baptiste Artaud das Stück *Le centenaire de M.*, in dem Thalia u. Momus von Zeus auf die Erde entsandt werden, um den Nachruhm des Dichters auszukundschaften; M. als Bühnenfigur bei Dorat-Cubières (1802), Roussin *(Jean-Baptiste le mal-aimé)*, Anouilh *(La petite M.)*. Erstmals gab der Schauspieler La Grange 1682 e. Gesamtausgabe mit Biographie u. Spielplänen heraus, (weitere *Œuvres complètes*, hg. Auger IX 1819–25, hg. Despois/Mesnard XIII 1873–93, n. 1968, B. Guégan VII 1925–29, M. Rat II ³1959, G. Couton II 1972; *Théâtre choisi*, hg. M. Rat 1962). Trotz der Kraft einzelner Sequenzen war der Film *M. ou la vie d'un honnête homme* (1978) von Ariane Mnouchkine keine durchweg verläßl. Informationsquelle über die Epoche.

M. Descotes, M. et sa fortune littéraire, 1970; B. Masters, A student's guide to M., London 1970; M. R. Demers, Le valet et la soubrette de M. à la Révolution, 1971; Sondernr. RhlF 5–6, 1972; L. Romero, M. traditions in criticism, 1900–1970, Valence 1971; A.-J. Guibert, Bibl. des œuvres de M., supplément 1965, 1973; J.-P. Collinet, Lectures de M., 1974; K. Waterson, M. et l'autorité, Lexington 1976; R. Garapon, Le dernier M., 1977; R. Ikor, M. double, 1977; Ph. A. Wadsworth, M. and the Italian theatrical tradition, 1977; R. McBride, The sceptical vision of M., London 1977; R. Baader (Hg.), M., 1980; G. Defaux, M. ou les métamorphoses du comique, Lexington 1980; R. W. Herzel, The original casting of M.'s plays, Michigan 1981; W. D. Howarth, M., a playwright and his audience, Cambridge 1982; Visages de M., Œuvres et Critiques Sommer 1981 (1982); J. Grimm, M., 1984; A. Simon, M., une vie, 1987; H. Stenzel, M. u. der Funktionswandel der Kom., 1987; M. Vernet, M. Côté jardin, Côté cour, 1991.

Moliériste, Vertreter e. an Molière orientierten Publikumsgeschmacks, der im 18. Jh. die Fortsetzung der Charakterkom. fordert, vgl. den Prolog in Dufresny, *Le négligent;* im mod. Sprachgebrauch e. Molièreforscher.

Molinet, Jean, 1435 Desvres-en-Boulonnais – 1507 Valenciennes, Stud. Paris, Schüler u. Nachfolger des burgund. Historiographen Chastellain (Zeitraum 1475–1506); als Dichter Anhänger der Rhétoriqueurs *(L'art de rhétorique vulgaire; Roman de la rose moralisé)*. S. poet. Werk umfaßt Gelegenheitsdichtung panegyr. Art (militär. Erfolge des Hauses Burgund, Hochzeit, Krönung) u. Burlesken.

N. Dupire, M., la vie, les œuvres, 1932.

Molloy (1951), Roman von Samuel →Beckett (bildet mit *Malone meurt*, 1951, u. *L'innommable*, 1953, e. Trilogie). Der Titelheld spricht über s. Suche nach der Mutter, der er in Haßliebe verbunden ist. Auf Krücken u. mit dem Fahrrad macht er sich auf den Weg; als er e. kleinen Hund überfährt, wird er genötigt, im Haus der Sophie Lousse die Rolle des Tieres zu spielen. Zwar gelingt ihm die Flucht, s. phys. Verfall hindert ihn aber bald am Gehen, so daß er sich kriechend weiterbewegt. Der Icherzähler des zweiten Teils heißt Jacques Moran; er wird beauftragt, Molloy ausfindig zu machen. Moran leidet unter Anfällen von Gedächtnisschwäche u. Schmerzen im Bein, schließl. schleppt er sich wie der Krüppel Molloy weiter, er ist ihm wesensgleich geworden. Das groteske Reisemotiv der Parallelhandlung garantiert weder Bildung noch Abenteuer, die Gestalten werden sich selbst immer fremder, anstatt zum Bewußtsein ihrer Identität zu gelangen. Der Bericht, den M. u. Moran über ihre Tätigkeit verfassen sollen, wird zum Zeugnis der Konfusion. ›Von der kaum bewußten, energielosen Suche Molloys ist es nur e. kleiner Schritt zum ebenso gleichgültigen Warten Malones auf den Tod‹ und zum ›Forschen nach der eigenen Identität‹ in *L'innommable* (Schoell). Im Selbstgespräch verständigen sich Molloy u. Moran über ihre Rolle als fiktive Autoren, das Schreiben selbst wird themat. Ontolog. u. ästhet. Defekte korrelieren, der Roman samt der Romanpoetik entstehen im Roman (vgl. Gide, *Paludes;* Butor, *L'emploi du temps*). E. Formulierung im Werk erlaubt es, die Molloy-Geschichte als Erfindung Morans zu begreifen, der als fiktiver Autor e. weiteren fiktiven Autor bei der Arbeit darstellt.

E. Franzen, Einführung zu S. Becketts M., Merkur 1954; B. Pingaud, M. douze ans après, Les Temps modernes 1963; D. Haymann, M. à la recherche de l'absurde, Revue des lettres modernes 1964; K. Schoell, S. Beckett: M. (Der mod. franz. Roman, hg. W. Pabst), 1968; XXth century interpretation of M., hg. J. D. O'Hara, Englewood Cliffs 1970.

Moncey, Jean de, Romanfigur in →*Le monde réel: Les Communistes* von Louis Aragon, Sohn e. Bankiers, Medizinstudent, dessen amouröse Abenteuer, vor allem mit Cécile Wisner, ihn als leichtfertigen Bourgeois zeigen. Erst als im Zusammenhang mit dem Tod der Prostituierten Sylviane, die in e. s. Wohnungen lebte, e. kommunist. Flugblatt gefunden u. M. gezwungen wird, sich freiwillig an die Front zu melden, entwickelt er sich vom unpolit. Bürgersöhnchen zum gesellschaftl. interessierten Patrioten. Wie Armand →Barbentane illustriert er die Idee vom notwendigen Verrat an der eigenen, sozial nicht mehr relevanten Klasse.

Moncrif, François Augustin de Paradis de, 1687 Paris – 19. 11. 1770 ebda., Schauspieler, Musiker, Sekretär beim Grafen Argenson, dem Hzg. von Orléans, kgl. Zensor, Vorleser der Maria Leczinska; Mitgl. der Akademien von Berlin u. Nancy sowie der Ac. frçe. (1733); Autor von Schäferspielen, relig. Lyrik, Erzählungen, e. Romans *(Les âmes rivales)* u. e. köstl. Gelehrtensatire *(Histoire des chats),* die ihm als kgl. Historiographen den Beinamen ›historiogriffe‹ eintrug (*Œuvres,* III 1751; *Contes,* hg. O. Uzanne 1879).

A. Augustin-Thierry, Trois amuseurs d'autrefois: M., Carmontelle, Collé, 1924.

Le Monde, Zs., die →Barbusse 1928 mit Unterstützung der KPF gründete, 1930 bereits als rechtsabweichlerisch vom Internat. Kongreß revolutionärer Schriftsteller in Charkow verurteilt. Nizan, der 1932 das Organ noch als sozialdemokrat. angriff, veröffentlichte darin selbst seit 1935.

Le Monde, Pariser Tageszeitung mit internationaler Verbreitung, 1944 gegründet u. geleitet von H. Beuve-Méry bis 1969, J. Fauvet (1969–82), A. Laurens (1982–85), A. Fontaine (1985–91), seitdem durch e. Comité de direction.

L. Greilsamer, H. Beuve-Méry, 1990.

Le monde où l'on s'ennuie (1881), Kom. von Édouard →Pailleron das einzige Stück des Autors, das heute noch gespielt wird. Ein Salon der III. Republik wird zur Drehscheibe für polit. u. kulturelle Entscheidungen; die alte Hzgin. verkörpert allein gesunden Menschenverstand in diesem Jahrmarkt der Eitelkeiten.

Le monde réel, Romanzyklus von Louis →Aragon, →*Les cloches de Bâle,* →*Les beaux quartiers, Les voyageurs de l'impériale,* →*Aurélien, Les communistes* (1949–51, ^{2}1967), umfaßt die Epoche 1889 – Juni 1940. Die Wirklichkeit ist im Sinne des sozialist. Realismus für Aragon die Welt der menschl. Praxis, in der Gegenstände u. eth. Bindungen als Produkte des gesellschaftl., nicht privaten Menschen erscheinen; sie realisiert sich prozeßhaft u. kristallisiert sich in keiner Utopie. Der Autor war sich darüber im klaren, daß das Präsens s. Erzählform, in *Les communistes* bes. ausgeprägt, das Präsens der Chanson de geste ist, da sich Kunst nicht damit begnügen soll, zu zeigen, was auch ohne sie faßbar wäre. Im Zusammenhang mit der Arbeit am Zyklus definiert Aragon den Begriff des sozialist. Realismus neu; wenn er ihn ›réalisme expérimental‹ nennt, impliziert dies sowohl die Wandelbarkeit des Sozialismus als auch die stilist. Erneuerung. ›Un réalisme *socialiste* ne peut être un réalisme de routine‹ (*La fin du M.* Postface).

Monime, griech. Gefangene am Hof des Mithridates, von ihm u. s. Söhnen Pharnace u Xipharès umworben, schließl. mit X. verbunden; die eigentliche Hauptfigur in Racines Trag. →*Mithridate,* Exponentin e. verfeinerten Kultur.

Monique Lerbier, Typus der emanzipierten Frau in →*La garçonne* von V. Margueritte.

Monluc, Blaise de, 1499(?) Gascogne – 1577, Heerführer, 1574 Marschall von Frkr., zog sich nach e. schweren Verwundung aus dem Kriegsdienst zurück u. schrieb die ›Bible du soldat‹, s. Memoiren, deren Titel an Caesar erinnern sollte: *Commentaires* über die Jahre 1521–76 (postum erschienen 1592, hg. P. Courteault 1964).

Monnier, Adrienne, 26. 4. 1892 Paris – 19. 6. 1955 ebda., Inhaberin e. Verlagsbuchhandlung, in der sich zahlr. Autoren trafen (u. a. Valéry, Gide, Joyce, Larbaud, Breton); sie schrieb Gedichte (*La figure,* 1922; *Les vertus,* 1926; *Les poésies d'A. M.*, 1962) u. kulturgeschichtl. wichtige Memoiren (*La maison des amis des livres,* 1920; *Les gazettes d'A. M.*, 1925–45; *Rue de l'Odeon,* 1960; *Trois agendas,* 1960; *Lettres des déserts,* 1962).

Sondernr. Mercure de France Januar 1956.

Monnier, Henri Bonaventure, 6. 6. 1799 Paris – 3. 1. 1877 ebda., Angestellter bei e. Notar, später im Justizministerium, bis er als Zeichner in versch. Ateliers zu arbeiten begann u. durch s. Buchillustrationen bekannt wurde. Als Autor (Dialoge, Essays, Dramen u. Romane) entwickelte er die Beachtung des Lokalkolorits zum krit. Realismus weiter. Die Leitfigur des Spießbürgers Joseph Prudhomme personifiziert den typ. Untertanen der Julimonarchie, der nach Tafelgenüssen u. Wohlstand strebt u. nicht müde wird, in jedem Kreis s. banalen Ansichten zu verkünden. Indem M. darstellt, wie Prudhomme unentwegt s. eigenen Wunschvorstellungen sanktioniert, als routinierter Bonvivant den Gegensatz von Sein u. Schein, Freiheit u. Konvention überspielt, wird das krit. Potential der Stil- u. Inhaltsmerkmale s. Werke wirksam; im →*Ubu roi* hat Jarry diese satir. Intention radikalisiert. Zwischen 1830 u. 1862 veröffentlichte M.: Dialoge *Scènes populaires dessinées à la plume,* (1830), *Nouvelles scènes populaires* (1835–39), *Scènes de la ville et de la campagne* (II 1841); *Physiologie du bourgeois* (1841); Dramen *Les compatriotes* (1849), *Grandeur et décadence de M. Joseph Prudhomme* (1852), *Les bourgeois de Paris* (1854), *Les diseurs de riens* (1855), *Le roman de la portière* (1855), *Peintres et bourgeois* (1855), *Les mémoires de M. Joseph Prudhomme,* (1857), *La religion des imbéciles* (1862).

J. G. Marsh, M., London 1950; E. Melcher, Life and times of M., Cambridge/Mass., 1951.

Monnier, Jean Pierre, geb. 20.12. 1921 Saint-Imier/Schweiz, Gymnasiallehrer in Neuchâtel, Romancier (*L'amour difficile,* 1953; *La clarté de la nuit,* 1956; *Les algues du fond,* 1960; *La terre première,* 1965).

Monnier, Marc, 7.12. 1829 Florenz – 18.4. 1855 Genf, Lit.-prof., Engagement für die ital. Einigungsbemühungen, übersetzte Goethes *Faust* (1875), schrieb lit.- u. kulturgeschichtl. Abhandlungen (*Garibaldi,* 1861; *Histoire du brigandage dans l'Italie méridionale,* 1862; *Histoire de la littérature moderne,* 1884) und Dichtungen (Poesie, Novellen, Dramen), u.a. nach dem Vorbild von Carlo Gozzi.

S. Baridon, M. e l'Italia, Turin 1942.

Monnier, Philippe, 2.11. 1864 Genf – 21.7. 1911 ebda., regionalist. Erzähler (*Nouvelles,* 1911) u. Kulturkritiker (*Le quattrocento,* 1901; *Venise au XVIIIe siècle,* 1908; *Le Genève de Töpffer,* 1914).

Monnier, Thyde (eig. Mathilde M.), 23.6. 1887 Marseille – 18.1. 1967 Nizza, Autorin regionalist. Romane aus der Provence (u.a. *Petites destinées,* 1937 ff., *Le pain des pauvres,* 1937; *Annonciata,* 1939; *Nans le berger,* 1942; *La demoiselle,* 1944; *Le figuier stérile,* 1947; *Franches-Montagnes,* 1949–53, *Le déjeuner sur l'herbe,* 1953; *La Désirade,* 1956; *Le jour vert,* 1960); *La combe* (1950) schildert den Kampf e. Waldensergemeinde in der zweiten Hälfte des 16. Jh. in Südfrkr. im Stil des Familienromans *Les Desmichels* (VII 1937 ff.), der M. als Unterhaltungsschriftstellerin bekannt gemacht hat. Aus ihrer Autobiographie *Moi* (1949 ff.) geht hervor, daß die Autorin die elementare Welt der Romane aufgrund eigener Erfahrung, vor allem in der Liebe, gestaltet hat. Mit Recht hat die Kritik M. mit Ganghofer auf e. Stufe gestellt u. der Triviallit. zugeordnet.

Monodrama, Schauspiel mit e. einzigen handelnden Figur, mit evtl. stummen Nebenfiguren, bei Cocteau *(La voix humaine)* und Beckett *(Krapp's last tape)*. E. Variante des M. ist der →Monologue dramatique.

Monologue dramatique, Form des →Monodramas, wobei sich

(nach dem Vorbild des Dit) ein fest umrissener Charakter selbst charakterisiert (*Monologue de la botte de foin,* 1460; *Maistre Hambrelin, Le franc archier de Bagnolet,* 1468, vielleicht von →Villon verfaßt).

Monologue intérieur, innerer Monolog im Roman, entsteht durch die Eliminierung des mitteilenden u. distanzierenden Erzählers und den Einbezug von dem Unbewußten naheliegenden Schichten. Nach Édouard →Dujardin, der den M. erstmals in →*Les lauriers sont coupés* (1888) einsetzte, war die Technik e. Errungenschaft der symbolist. Poetik mit ihrer Abwendung von der Außenwelt, wobei auch auf e. traditionelle Trennung von Prosa u. Poesie verzichtet wird. Der →Style indirect libre, der vor allem in der Romantechnik Flauberts e. wichtige Rolle spielte, erfuhr durch Dujardin s. konsequente Weiterentwicklung; stärker noch als die erlebte Rede reduziert der M. die Erzähldistanz auf e. fiktives Miterleben. Die wechselnde, kreisende Perspektive des Protagonisten u. des Lesers sind ident. Der M. wirkte bei V. Larbaud u. M. Butor nach.

É. Dujardin, M., 1931; E. Höhnisch, Das gefangene Ich. Stud. zum inneren Monolog im mod. fanz. Roman, 1967: E. Lämmert, Bauformen des Erzählens, [4]1970.

Monsieur Bob'le, Stück in drei Akten von Georges →Schéhadé, EA 1951, Urauff. 30. 1. 1951 Théâtre de la Huchette, Paris. Herr Bob'le verläßt die Geborgenheit des Dorfs Paola Scala, wo er wie e. Patriarch herrschte; s. Volk, das ihn wie e. Heiligen verehrt, hinterläßt er e. Slg. von Sinnsprüchen u. Kalenderweisheiten. Aber die Menschen verzehren sich nach ihm, sie werden unfähig, eigene Entscheidungen zu treffen. Der Metropolit Nikolaus, e. Kirchenfürst ohne Dom, kann Bob'le nicht ersetzen. Als er endl. zurückkehren will, erreicht er das Ziel s. Reise nicht mehr, er stirbt in einem Hafenkrankenhaus; die Passagiere des Schiffs haben s. Strahlkraft erfahren, der Krankenpfleger Alexandre macht sich auf die Suche nach der Bob'le-Bibel. Mit dieser charismat. Gestalt kann Schéhadé ebenso Gott, nach dessen Wiederkehr sich die von der Amtskirche enttäuschten Menschen sehnen, wie den Dichter-Seher gemeint haben.

Monsieur Ouine, Roman von Georges →Bernanos, entstanden 1931–40, EA Rio de Janeiro 1943. Der letzte Roman von Bernanos ist zugleich s. unzugänglichster; im kumulierenden Stil u. in der scheinbar zufälligen Bündelung der Geschehnisreihen wird das Ethos des Werkes sinnfällig, denn e. Welt, die auf alles, auch das Eingreifen Satans gefaßt sein muß, kann nicht in glatten Zusammenhängen wiedergegeben werden. Ouine, dessen sprechender Name – ›oui‹ u. ›ne‹ – auf die Inkarnation e. Prinzips verweist, lebt als alter Hauslehrer auf Schloß Fenouille in Nordfrkr. Inmitten e. ›toten Gemeinde‹ (Arbeitstitel des Romans: *La paroisse morte*) fordert Ouine, der von sich sagen kann, er lebe ohne moral. Widerspruch (darin wurde schon e. Karikatur von Gide vermutet), den Dorfpfarrer zum spiritualist. Turnier heraus; nur die beiden interessieren sich für die Seelen ihrer Mitmenschen. Ouines Einfluß ist verheerend, da er allen an Wissen überlegen ist u. dadurch interessant wird; er lockt die Unerfahrenen an und leugnet jegl. ›drame moral‹. S. hochmütigen Luziditát ist die Gesellschaft, die den Lehrer mit dem Mord an e. Hirten in Verbindung bringt, nicht gewachsen. Als Jambe-de-Laine nach der Beerdigung des Ermordeten verkündet, sie werde den Schuldigen finden, u. mit ihrem Wagen e. Unfall verursacht, fällt die Menge gerade über sie her. Wenn Ouine sich selbst zum Sterben bereit macht, erkennt er, daß der Tod die Lösung e. Dramas ist, das er nicht richtig zu spielen verstand.

Bernanos – Autour de M. Ouvrage collectif sous la direction de M. Estève, 1970; P.-R. Leclercq, Introduction à M., 1978.

Monsieur Teste, Prosazyklus von Paul →Valéry, entstanden seit 1894, TD *La soirée avec Monsieur Teste,* 1896; *Madame Émilie Teste, lettre à un ami,* 1925; *La soirée avec Monsieur Teste, avec préface et suivie d'extraits de son logbook,* 1926; EA 1926; erweiterte Ausgabe 1946 (mit *La promenade avec Monsieur Teste, Dialogue ou nouveau fragment relatif à Monsieur Teste, Pour un portrait de Monsieur Teste, Quelques pensées de Monsieur Teste, Fin de Monsieur Teste).* Das Werk ist in e. Schaffensperiode exzessiven Selbstbewußtseins u. fieberhafter Suche nach Präzision u. Konzentration entstanden. Valéry bezeichnet s. cartesian. Helden – dessen sprechender Name auf ›Haupt‹ u. ›Zunge‹ hindeutet – als ›démon même de la possibilité‹ – die Inkarnation des privaten Mythos des Autors. Der etwa 40jährige T., der von Börsengeschäften lebt u. regelmäßig in e. Restaurant der rue Vivienne speist, absolviert e. strenges intellektuelles Training. ›Er hat den konventionellen bürgerl. Drill zugunsten e. Trainings der Erkenntnisfähigkeiten, was leicht fällt zugunsten des ‚difficile', die Imagination zugunsten der Methode, den Reichtum der Sprache zugunsten e. langsam zunehmenden Schatzes von Begriffen, das Meinen zugunsten des Erkennens überwunden‹ (Pabst). In der Oper beobachtet er die Reaktionen des Publikums; um nicht selbst von der Illusion der Aufführung gebannt zu werden, registriert er das Ausmaß der Faszination beim Zuschauer. Für T. gilt: ›Je suis étant, et me voyant; me voyant me voir, et ainsi de suite ...‹. Dies ist das Thema des Romans ohne Intrige, als den Valéry s. Zyklus konzipierte. Vor allem in den Auszügen aus dem *Log-book* des Herrn T. wird die Intellektualisierung auf e. Höhepunkt getrieben. Gleichzeitig mit subtiler Ideendichtung entsteht e. ›roman pur‹ in der Absicht, die traditionellen Möglichkeiten des Erzählens, die dem Symbolisten wenig gelten, zu bezweifeln.

M. A. Lecuyer, Étude de la prose de Valéry dans la Soirée avec M., 1964; C. A. Hackett, Texte and La soirée avec M., FS April 1967; W. Pabst, P. Valéry, M. (in: Der mod. franz. Roman), 1968; J. Levaillant, Genèse et signification de la Soirée avec M., 1971.

Montagnards, Mitgl. der revolutionären Fraktion der Montagne, so genannt wegen ihrer oberen Sitzplätze im Konvent, im Gegensatz zum Marais (auch Plaine): →Robespierre, →Marat, →Danton. Die M. entwickelten sich aus e. polit. Minderheit zur führenden Machtgruppe in der Republik, sie liquidierten die Girondisten u. waren für die Terreur verantwortl.; sie wurden ihrerseits Opfer des Directoire.

Montaigne, Michel Eyquem seigneur de, 28. 2. 1533 Schloß M. (im Grenzgebiet von Guyenne u. Périgord) – 13. 9. 1592 ebda., ältestes von sieben Kindern aus e. geadelten Kaufmannsfamilie (Handel mit Wein u. Fisch), nach humanist. Prinzipien in Lat. als Umgangssprache erzogen, Jurastud. Toulouse u. Bordeaux. S. Vater kaufte M. 1554 e. Stelle als Conseiller an der Cour des Aides in Périgueux; 1557–70 Conseiller am Parlement von Bordeaux, befreundet mit La Boétie u. später Charron. 1565 heiratete M., 1568 übersetzte er die *Theologia naturalis* des Katalanen Raymundus Sebundus ins Franz. 1571 zog er sich aus dem Justizdienst zurück, schrieb die beiden ersten Bücher der →*Essais,* reiste durch Frkr., Dtl., die Schweiz u. Italien und wurde in Abwesenheit zum Bürgermeister von Bordeaux (1582–85) gewählt. Ende 1585 verfaßte er das dritte Buch der *Essais,* dann machte er in Paris s. Einfluß für die Konversion Heinrichs IV. geltend; e. Stellung als Höfling lehnte er jedoch später ab. 1588 lernte er Marie de →Gournay, s. ›fille d'alliance‹ u. Hg.in der Zweitfassung der *Essais* kennen. Nach s. Tod wurde M. in Bordeaux beigesetzt. Das Hauptwerk der *Essais* leitet die franz. Moralistik (vgl. Du Vair, Descartes, Pascal, La Rochefoucauld, La Bruyère, Saint-Évremond, Vauvenargues, Chamfort, Rivarol, Joubert) ein. Die Form dieser Prosa ist sowohl von der Kasuistik wie vom Konversationsstil geprägt, dem Grad ihrer gewollten Unregelmäßigkeit nach steht sie zwischen der formalen Leistung Rabelais' u. derjenigen Calvins. Pascal u. maßgebl. Vertreter von Port-Royal tadelten M. wegen der Selbstgefälligkeit s. Skepsis; von 1670 bis etwas 1724 fand das Werk wenig Beachtung (Fontenelle, Bayle), bis Voltaire und Rousseau s. lit. Rang neu entdeckten. Sainte-Beuve u. Gide rühmten später M.s denker. u. gestalter. Leistung (*Œuvres complètes,* hg. A. Armaingaud XII 1924–41, A. Thibaudet/M. Rat 1962, A. Maurois/R. Barral/P. Michel 1967).

A. Gide, Essai sur M., 1929; J. Plattard, M. et son temps, 1933; P. Villey, M. devant la postérité, 1935; F. Strowski, M., [3]1938; Ch. Dédéyan, M. et ses amis anglosaxons, II 1943; P. Barrière, M., 1949; H. Friedrich, M., Bern 1949, [2]1967; F. Gray, Le style de M., 1958; P. Moreau, M., [3]1963; J. Chateau, M. psychologue et pédagogue, 1964; A. Müller, M., 1965; M. Baraz, L'être et la connaissance selon M., 1968; P. Michel, M., 1970; R. Trinquet, La jeunesse de M ..., 1972; F. Joukovsky, M. et le problème du temps, 1972; O. Naudeau, La pensée de M., Genf 1972; M. Kölsch, Recht u. Macht bei M., 1974; M. Tetel, M., Boston 1974; B. Croquette, De M. à Pascal, Genf 1974; I. J. Winter, M.'s self-portrait and its influence in France, 1580–1630, Lexington 1976; B. Winklehner, Die Tugenden der antiken Philosophenschulen bei M., Salzburg 1980; G. Defaux (Hg.), Montaigne, Yale French Studies 64, 1982; J. Starobinski, M. en mouvement, 1982; P. Bonnet, Bibl. méthodique et analytique, Genf 1983; Y. Bellenger, M., 1988; H. P. Clive, Bibl. annotée, 1990; M. Lazard, M., 1992.

Montalembert, Charles Forbes de Tyron, comte de, 15. 4. 1810 London – 13. 3. 1870 Paris, Publizist, beeinflußt von →Lamennais u. →Lacordaire, Vertreter e. liberalen polit. Katholizismus; seit 1851 Mitgl. der Ac. frçe. (*Œuvres,* IX 1861–68; *Discours,* 1861; *Lettres à Lamennais,* hg. G. Goyau 1933).

P. de Lallemand, M. et ses amis dans le romantisme, 1927; A. Trannoy, Le romantisme politique de M. avant 1848, 1942.

Montalte, Louis de, Ps., unter dem Blaise Pascal die →*Provinciales ou lettres écrites par M. à un provincial* 1656/57 publizierte.

Montand, Yves (eig. Ivo Livi), 13. 10. 1921 Monsummanno bei Florenz – 9. 11. 1991 Paris, Chansonsänger u. Filmschauspieler (u. a. *Le salaire de la peur,* 1952; *Paris brûle-t-il,* 1965; *La guerre est finie,* 1965; *Z,* 1969). M., wie zahlreiche andere Sänger e. Entdeckung der →Piaf, trat seit 1945 in Einmannshows auf, sang mit weicher Stimme u. a. Lieder von Aragon, Desnos, Eluard; große Erfolge im Olympia. Zeitweilig Anhänger des PCF, seit 1983 heftiger Kritiker des Linksbündnisses.

Ch. Mégret, M., 1953; R. Cannavo / H. Quiqueré, M., 1981; J. Semprun, M., La vie continue, 1982.

Montchrestien, Antoine de, sieur de Vasteville, um 1575 Falaise/Calvados – 7. 10. 1621 Tourailles/Basse Normandie, Sohn e. Apothekers, früh verwaist, bekannter Raufbold, der Frkr. verlassen mußte u. nach England floh, Günstling Kg. James I. Nach der Heimkehr Unternehmer u. hugenott. Agitator, gefangengenommen u. erschossen. M. verfaßte sechs Trag. in eleg. Tenor (→Jodelle, →Garnier), darunter 1596 eine →*Sophonisbe,* die er nach der stilist. Anleitung Malherbes revidierte, u. e. Darstellung des Untergangs der Maria Stuart (*L'écossaise,* 1601, krA J. D. Crivelli 1975; *Tragédies,* hg. L. Petit de Julleville 1891). S. sentenziöser Stil, in dem Inversionen, Archaismen u. Enjambements weitgehend getilgt sind, entfernt sich vom Lyrismus des Renaissancetheaters. Bedeutender als s. lit. Werk ist der *Traité de l'économie politique* (Rouen 1615), der von den Manufakturen, dem Handel, der Schiffahrt u. den Pflichten des Kg.s. handelt u. in dem M. für e. protektionist. Volkswirtschaft eintritt.

R. Griffiths, The dramatic technique of M., Oxford 1970.

Montdory, Guillaume des Gilberts, gen., 13. 3. 1594 Thiers/Auvergne – 10. 11. 1653 ebda., seit 1612 Schauspieler in der Truppe der Comédiens frç. ordinaires du Roi, seit 1622 Mitgl. der Comédiens du Prince d'Orange, seit 1630 Kollege von Le Noir (Marais). Richelieu protegierte ihn. M. war gebildet u. verkehrte in Literatenkreisen. Er verstand es, Protagonisten der klass. Trag. würdevoll darzustellen; Liebhaberrollen entsprachen seinem Temperament offenbar weniger (→Bellerose). Dementsprechend kreierte er 1636 den Rodrigue in Corneilles *Cid.* Bereits 1637 mußte er sich aus Gesundheitsgründen von der Bühne zurückziehen.

Montenay, Georgette de, 1540 Toulouse – um 1581 im Béarn, als Waise von Jeanne d'Albret, der Kgin. von Navarra, erzogen. 1558 schrieb sie ihre ersten Gedichte, erst 1571 erschien in Lyon die Slg. *Emblèmes ou devises chrestiennes* (Achtzeiler, Episteln u. acht Sonette; die Druckerlaubnis datiert von 1566). In ihrer Gedankenlyrik behandelt M. vor allem theolog. Fragen der Reformation, mit der sie am Hof von Navarra vertraut wurde: freie Auslegung der Schrift, Willensfreiheit, Gnadenlehre. 1571 oder 1572 heiratete sie Guyon de Goth aus dem Languedoc; nach der →Bartholomäusnacht wurde ihr Werk vernichtet, ihr Drucker mußte nach Genf fliehen. 1584 erschien in Zürich e. lat.-franz. Ausgabe ihrer Gedichte, deren Einfluß bei Du Bartas, Jean de Sponde, Théodore de Bèze und Laurent Drelincourt nachgewiesen ist. Zwischen 1602 u. 1620 wurde der Band viermal aufgelegt. M. hat in ihrer Poesie Emblematik u. Theologie verbunden.

J. Zelula/R. J. Clements, La troisième lyonnaise: M., L'Esprit créateur, 1965.

Montépin, Xavier-Aymon, comte de, 18. 3. 1824 Apremont – 1. 5. 1902 Paris, Freund von Barbey d'Aurevilly, Autor zahlr. Gesellschaftsromane, die meist in Fortsetzungen erschienen; z. T. dramatisiert (u. a. *Les chevaliers du lansquenet,* 1847; *Les viveurs de province,*

1860; *Les drames de l'adultère,* 1873; *La porteuse de pain,* 1884, dramatisiert 1889; *Chanteuse de rues,* 1902). Seine Darstellung der ungesicherten Künstlerexistenz kommt der Wahrheit näher als das Bild der Bohème bei →Murger.

Montesquieu, Charles-Louis de Secondat, baron de La Brède et de M., 18. 1. 1689 Schloß La Brède bei Bordeaux – 10. 2. 1755 Paris, aus e. Familie, d. nicht dem Feudaladel angehörte, für dessen Interessen M. später eintrat; Erziehung bei den Oratorianern von Juilly. Nach jurist. Stud. 1714 Rat, 1716 Vizepräsident am Gerichtshof der Guyenne; 1726 verkaufte er das Amt wieder. Als Mitgl. der Ac. des sciences von Bordeaux war M. zeitweise an nat.wiss. Problemen stark interessiert. Wahrscheinl. ist die *Histoire véritable* (1902 in La Brède entdeckt), e. Erzählung im Stil der oriental. Märchen (vgl. auch Voltaire), vor den →*Lettres persanes* entstanden. Der große Erfolg dieses satir. Briefromans veranlaßte M., nach Paris zu gehen, wo er Zugang zur ›Société de l'entresol‹ fand; 1728 Aufnahme in die Ac. frçe. 1728–31 reiste er durch Europa, u. a. nach England, dessen polit. Verfassung ihn – wie etwa gleichzeitig auch den Abbé Prévost u. Voltaire – anzog. Bereits in den *Considérations sur les causes de la grandeur des Romains et de leur décadence* (1734) verzichtete M. auf die teleolog. Geschichtsdeutung, die zuletzt Bossuet sanktioniert hatte, u. hob den Einfluß materieller Umstände auf das Schicksal e. Nation hervor; dieser Ansatz wird in →*De l'esprit des lois* weiterentwikkelt, aber auch fragwürdig gemacht. Der Moralist u. Staatsphilosoph M. hat e. epochale Bedeutung erlangt – als Autor des Romans *Temple de Gnide* (1725) wäre er wie andere Autoren e. späten Preziosität heute vergessen. In den *Pensées et fragments,* die erst 1899–1901, und den *Cahiers,* die schließl. 1941 veröffentlicht wurden, nahm er die Thematik s. Hauptwerke wieder auf, wobei er sich nun weniger Rücksichten aufzuerlegen brauchte: Der Absolutismus Ludwigs XIV. sei sowohl polit. wie takt. falsch angelegt gewesen; Voltaire verfügte über e. ›imagination plagiaire‹, er werde nie e. guter Geschichtsschreiber sein. Die Republik ist nach M.s Überzeugung e. schwierige Staatsform, darum wird sie theoret. bejaht, aber selten prakt. verwirklicht. ›Dans une monarchie bien réglée, les sujets sont comme des poissons dans un grand filet: il se croient libres, et pourtant ils sont pris‹. M. orientierte sich am engl. Modell der konstitutionellen Monarchie. In der Religion wie in der Ästhetik kann es ebenfalls keine absoluten Wertmaßstäbe geben, da Qualitätsurteile vom jeweiligen Erwartungshorizont u. den Möglichkeiten des individuellen Verständnisses abhängen; wo dies nicht beachtet wird, wuchern Vorurteile. M.s Traditionsbewußtsein hinderte ihn daran, aus s. Einsicht in die Fragwürdigkeit etablierter Strukturen immer die naheliegenden Konsequenzen zu ziehen. S. Lehre von der Gewaltenteilung wirkte auf d. revolut. Ideologie ein, solange die Montagnards nicht die Macht an sich gebracht u. die polit. Theorien M.s durch Rousseaus Konzept von der unteilbaren u. nicht übertragbaren Volkssouveränität *(Du contrat social)* ersetzt hatten. Dagegen wurde die relativist. Auffassung, mit der M. der Eigengesetzlichkeit kultureller Errungenschaften Rechnung zu tragen suchte, für die Lit.theorie über die

Jh.wende hinaus (vgl. Mme de Staël) bestimmend u. löste die älteren Anschauungen von der teleolog. bestimmten Universalgeschichte ab (*Œuvres complètes,* hg. E. de Laboulay VII 1875–79, R. Caillois II 1950, G. Vedel/D. Oster 1964).

V. Klemperer, M., II 1914f.; J. Dedieu, M., l'homme et l'œuvre, 1943; P. Barrière, Un grand provincial: Ch.-L. de Secondat de M., baron de La Brède, Bordeaux 1946; J. Starobinski, M. par lui-même, 1953; R. Shackleton, M. A critical biography, Oxford 1961; J. R. Loy, M., New York 1968; G. Benrekessa, M., 1968; Études sur M. Ouvrage collectif, 1970; M. H. Waddicor, M. and the philosophy of natural law, Den Haag 1970; R. Wolff, Die Ästhetisierung aufklärer. Tabukritik bei M. u. Rousseau, 1971; J.-J. Granpré Molière, La théorie de la constitution anglaise chez M., Leyden 1972; L. Althusser, M., la politique et l'histoire, 1974; Sondernr. RhlF 2, 1982; J. N. Shklar, M., Oxford 1987; L. Desgraves, Répertoire des ouvrages et des articles sur M., Genf 1988; P. Gascar, M., 1989; J. Starobinski, M., 1989.

Montesquiou-Fézensac, Robert, comte de 19. 3. 1855 Paris – 11. 12. 1921 Menton, Dandy, Autor raffinierter Lyrik im Stil des Symbolismus (*Les chauves-souris,* 1893; *Le chef des odeurs suaves,* 1893; *Les hortensias bleues,* 1896; *Les perles rouges,* 1899; *Les paons,* 1901) auch Essays (*Autels privilégiés,* 1898; *Têtes couronnées,* 1916; *Les délices de Capharnaüm,* 1921). Mit Mallarmé befreundet, lit. Vorbild für Huysmans (Des Esseintes) u. Proust (Baron Charlus), der M.s Memoiren (*Les pas effacés,* III 1922) nicht mehr auswerten konnte.

E. de Clermont-Tonnerre, M. et M. Proust, 1925; L. Thomas, L'esprit de M., 1943; Ph. Jullian, M., un prince 1900, 1965; P. de Montera / G. Tosi, D'Annunzio, M., M. Serao (Documents inédits), Rom 1972; J. Pierrot, M. critique d'art, RhlF 6, 1980.

Montfleury (eig. Jacob d'Antoine), 1640 Paris – 11. 10. 1685 Aix-en-Provence, aus e. Schauspielerfamilie; 1660 Anwalt. Als Dramatiker imitierte M. Molièrekom. (*Le mariage de rien,* 1660; *L'école des filles,* 1666; *Crispin gentilhomme,* 1667; *La femme juge et parti,* 1669). 1678 versuchte er vergebens, das romaneske Lustspiel nach span. Vorbild zu beleben *(La dame médecin).*

Montherlant, Henry de, 21. 4. 1896 Neuilly-sur-Seine – 21. 9. 1972 Paris (Selbstmord), väterlicherseits von katalan. Herkunft; unbändiger Schüler des kathol. Collège de Sainte-Croix in Neuilly, Kriegsfreiwilliger im I. Weltkrieg. M. ließ sich im Stierkampf ausbilden, 1925 bei e. Corrida schwer verletzt. 1925–33 wiederholte Reisen im Mittelmeerraum. 1915 hatte Grasset s. erstes Stück, *L'exil,* 1917 die Erzählung La *relève du matin* (1920) abgelehnt, 1922 den Roman *Le songe* auf Veranlassung von Edmond Jaloux veröffentlicht. 1922 erschien der Roman *Les olympiques* in e. Reihe, die Daniel Halévy bei Grasset herausgab, 1924 folgten die Erzählung *Le paradis à l'ombre des épées* u. *Chant funèbre pour les morts de Verdun,* dann →*Les bestiaires.* 1934 erhielt M. den Grand prix de littérature de l'Ac. frçe., 1960 wurde er in die Ac. frçe. gewählt. Stendhal, Gobineau, Barrès u. vor allem Nietzsche lehrten M. das Mißtrauen gegen emotionale Ergriffenheit (so hat sich M. zurecht wiederholt dagegen verwahrt, daß Kritiker die Denk- u. Reaktionsweise e. bestimmten lit. Gestalt mit dem persönl. Ethos des Autors selbst verwechselten). In *La petite infante de Castille* (1929) entwickelte er s. Ideal der ›alternance‹, das kontroverse Arten der Lusterfüllung kumuliert, nicht ausschließt. Während das erste, von Curel u. Brasillach als vielversprechender Auftakt gewürdigte Theaterstück *L'exil* (entstanden 1914,

EA 1929) noch als autobiograph. Dokument anzusehen ist, vollendet das erhaltene Bruchstück der Trag. *Les crétois, Pasiphaé* (EA 1936, Urauff. 6. 12. 1938) die Romanwelt von *Les olympiques* u. *Les bestiaires.* Nicht Vollzug der Hierogamie, sondern der Konflikte e. kgl. Frau, die dem Tierdämon verfällt und sich schuldig fühlt, ist die Botschaft des kret. Mythos. Der Männlichkeitsmythos in →*Les célibataires* u. in der Tetralogie *Les jeunes filles* (1935–40) setzt das Weibliche als das Schmerzempfängliche u. Sichverströmende, das antiromant. Figuren zur Demütigung reizt, voraus. In den späteren Romanen →*Le chaos et la nuit, Les garçons* (1969) und →*Un assassin est mon maître* verlor die Egoistik von ihrem positiven Impetus. In den 40er und 50er Jahren entstanden neben umfangreichen Tagebüchern (*Carnets* aus d. Jahren 1930–44, 1957; →*Va jouer avec cette poussière)* die bekannten Dramen →*La reine morte, Fils de personne* (1943) u. die Fortsetzung *Demain il fera jour* (1949), →*Le maître de Santiago,* →*Malatesta, Celles qu'on prend dans ses bras* (1950), →*La ville dont le prince est un enfant,* →*Port-Royal, Brocéliande* (1956), →*Don Juan*. Mit diesen Schöpfungen wurde M. für Louis Jouvet 1958 zum markantesten Schriftsteller des franz. Theaters, ›das augenblickl. keinen eigentl. Autor hat‹. Im Spätwerk setzte sich die hist. Thematik durch *(*→*Le cardinal d'Espagne,* →*La guerre civile).* Nicht allein wegen der immer deutl. erkennbaren stoffl. Filiationen, die für s. klassizist. Nachahmungssinn sprechen, sondern vor allem weil der formale Innovationswert s. Theaterstücke verglichen mit denen Claudels, Giraudoux' oder Anouilhs gering ist, muß man dem Dramatiker M. – entgegen Jouvets Äußerung, die schlicht als Fehlurteil zu werten ist – die Erstrangigkeit absprechen; auch das hohe Prestige, das M. in der Com. frçe. genießt, ändert daran nichts. Das rigorose Ethos der meisten Zentralfiguren s. Bühnenstücke atmet Weltfremdheit, diese ist bei M. vorsätzl.: Der historisierende Rückgriff auf Stoffe u. Problemlagen vergangener Zeiten (vor allem der Renaissance) war vom Unbehagen des Dramatikers an der unheroischen Gegenwart und ebenso vom Wunsch, klass. Maß zu genügen, bestimmt (vgl. auch die Prosaschriften *Les onze devant la porte dorée,* 1924; *Aux fontaines du désir,* 1927; *Mors et vita,* 1932; *L'equinoxe de septembre,* 1939; *Le solstice de juin,* 1941). M. wurde sich allerdings selber des zunehmenden Risikos s. ästhet. u. eth. Tendenzen bewußt, wenn er 1963 im Tagebuch notierte, die heroischen Gesten verlören ihren Sinn, wenn die Menschen, die für sie Verständnis aufbrächten, e. allzu geringfügige Minderheit geworden seien. Nur lastet er das mangelnde Verständnis für denjenigen, der für sich selber ein Held ist, wenn ihm der Sinn danach steht, der ›entehrten Generation‹ an. M. glaubte, es genüge, sich von der Aktualität nicht hypnotisieren zu lassen, um die blinde Fortschrittsgläubigkeit u. andere problemat. Erscheinungsformen des Zeitgeistes hinreichend denunzieren zu können. Indem er sozioökonom. Bedingungen ausdrückl. für irrelevant erachtet, hebt er die Annullierung des Individuums durch die wirtschaftl. Mächte nicht auf. M. setzt in *Va jouer avec cette poussière* voraus, daß die Mehrheit so empfindet, wie es von ihrer verächtl. Klassenlage her zu erwarten ist, während e. qualifizierte Minorität die intellektuelle Erwartung enttäuscht. Er braucht dieses Modell, um durch die Negation e. hypostasierten Majoritätsverhaltens die eigene Ideologie bestätigt zu sehen. S. Kampf um den einzelnen, den er von gesellschaftl. u. materiellen Zwängen bedroht sieht, nimmt so letzten Endes, weil er sich in reflexionslose Selbstbehauptung verwandelt hat, selber zwanghafte Züge an. M. bringt sich um das positive Resultat s. Individualismus, da er den Heros keinem entarteten Kollektiv, sondern der überindividuellen Struktur schlechthin entgegenstellt. Die Tagebücher der Jahre 1968–71 (*La marée du soir,* 1972), die Notizen *La tragédie sans masque* (1972) u. die letzte Erzählung, *Mais aimons-nous ceux que nous aimons* (1973), zeugen von e. verbitterten Selbstbespiegelung; die Essayslg. *Le treizième César* (1970) klagt d. mod. Cäsarismus an u. verherrlicht d. Selbstmord, durch den sich die überlegenen Geister dem grotesken Niedergang entziehen können. M.s Geschmack an der röm. Welt, deren beste Qualitäten er in Seneca u. Cato verkörpert sieht, erleichterte ihm seit den Maiereignissen 1968 die innere Emigration (*Romans et œuvres de fiction non théâtrales,* Ausgabe letzter Hand, 1960; *Essais,* 1963). Als M. zu erblinden drohte, erschoß er sich in s. Wohnung am Quai Voltaire. Michel Raimond besorgte die Pléiadeausgabe der Romane (II 1982), Pierre Sipriot die Edition der Korrespondenz M.-Roger Peyrefitte (1983).

A. Marissel, M., 1966; R. B. Johnson, M., New York 1967; A. Weiss, Héroïnes du théâtre de M., – Mariana, Inès de Castro et l'Infante, Geneviève, Sœur Angélique, Pasiphaé, 1968; J. Batchelor, Existence et imagination, Essai sur le théâtre de M., 1970; L. Becker, M., a critical biography, Carbondale/ London 1970; F. Bianchini, Le théâtre de M., Rom 1971; G. Place, M., 1974; B.-O. Simon-Schaeffer, Die Romane M.s, Genf 1975; J. Michel, L'aventure janséniste dans l'œuvre de M., 1976; M. Raimond, Les romans de M., 1982; P. Sipriot, M. sans masque, II 1982–83; ders., M. et le suicide, 1988; M. Serra, L'esteta armato, il poeta-condottiere . . ., Bologna 1990.

Montpensier, Anne Marie Louise d'Orleans, duchesse de, gen. la Grande Mademoiselle, 29. 5. 1627 Paris – 5. 4. 1693 ebda., Teilnahme an der Fronde, haßte Ludwig XIV., der ihre Heirat mit dem Hzg. de Lauzun bis 1681 verhindern konnte. Saint-Simon bezog aus ihren Memoiren Informationen (hg. A. Chéruel IV 1858 f.); sie verfaßte die *Réflexions sur les huit béatitudes du sermon de Jésus-Christ sur la montagne* (hg. E. Rodocanachi 1903).

Ph. Amiguet, La Grande Mademoiselle et son siècle, 1957.

Montserrat, Schauspiel in drei Akten von Emmanuel →Roblès, EA 1949, Urauff. 23. 4. 1948 Théâtre Montparnasse, Paris. Das Stück spielt 1812 in Venezuela, mit s. polit. Aussage bezieht es sich jedoch auf die Résistance. Der Freiheitsheld Simon Bolivar wird mit Hilfe des Leutnants M. aus dem span. Kerker befreit; um Bolivars Versteck nicht verraten zu müssen, läßt er zu, daß sechs Geiseln, mit denen er selbst zusammengesperrt wurde, erschossen werden. M. stellt die Rettung des polit. Führers über sechs Menschenleben, für deren Schicksal er zufällig verantwortl. wird (vgl. auch *Le mur* u. *Morts sans sépulture* von Sartre).

Montupet, Janine, geb. 1920 Oran, Autorin des dreibänd. Siedlerromans *La fontaine rouge* (1953–55) u. weiterer Gesellschaftsbilder (*Sonadora devant la ville; Fiora,* 1961; *La traversée de Flora Valencourt; La reinerie,* 1964; *La rose amère, Comme une soie byzantine,* 1980).

Monvel, Jacques-Marie Boutet, gen., März 1745 Lunéville – Februar 1811 (?) Paris, Schauspieler des fortschrittl. Ensembleteils der Com. frçe., die 1791 ins Palais Royal umzog (vgl. auch Talma); Autor bühnenwirksamer Lustspiele (u. a. *L'amant bourru,* 1777 in Freiversen; *Sargines ou l'élève de l'amour,* 1789; *Ambroïse ou voilà ma journée,* 1796; *Raoul, sire de Créqui,* 1798, *La jeunesse du duc de Richelieu ou le Lovelace français,* 1796, in Zusammenarbeit mit A. Duval) u. bürgerl. Schauspiele (*Clémentine et Desormes,* Prosa, fünf Akte, 1781; *Les victimes cloîtrées,* Prosa, vier Akte, Urauff. 29. 3. 1791, Thesenstück gegen unaufgeklärte Gelübdegläubigkeit; *Mathilde,* Prosa, fünf Akte, 1799).

M. Carlson, Le théâtre de la révolution frçe., 1970.

Moraliste, seit dem 16. Jh. Bezeichnung für e. Autor, der von den ›mœurs‹ (= Lebensformen, Sitten u. Gebräuche jeder Art, Charakter, Zeitverhältnisse) deskriptiv und normativ handelt. Nietzsche übersetzte den Begriff mit ›Menschenprüfer‹. In der franz. Lit.gesch. gelten als M. vor allem die Autoren Montaigne, Du Vair, Charron, Pascal, Descartes, Méré, La Rochefoucauld, La Bruyère, Saint-Évremond, Vauvenargues, Chamfort, Rivarol, Joubert, Gide in s. Tagebüchern u. Camus in s. Essays, die in der Regel nicht mit intergralen ep., sondern offenen, beschreibenden Formen (Essay, Maxime, Aphorismus, Reflexion, Traktat, Betrachtung, Meditation) das Dasein des Menschen analysieren u. problematisieren.

L. A. Prévost-Paradol, Études sur les m.s. frç., 1890; F. Schalk, Die franz. Moralisten, II 1952; G. Bauër, Les m.s frç., 1962; A. Levi, French moralists, Oxford 1964; L. K. Horowitz, Love and language, a study of the classical French moralist writers, Columbus 1977; L. Van Delft, La spécificité du m. classique, RhlF 4, 1980; ders., Le m. classique, Genf 1982; J. v. Stackelberg, Franz. Moralistik im europ. Kontext, 1982; H. Wentzlaff-Eggebert, Lesen als Dialog. Franz. Moralistik ..., 1986.

Moralité, ursprüngl. erbaul. Bühnendichtung, als themat. Ergänzung zu →Mystère u. →Miracle konzipiert. Die M. belehrt durch Allegorisierung relig. u. moral. Prinzipien; entsprechend die Teufelskomik. Während im MA bibl. u. kirchl. Stoffe charakterist. waren, wurden seit dem 14. Jh. auch vulgärphilosoph. Stoffe *(Condamnation de banquet)* einbezogen. Satir. stellten die Basochiens (→Basoche) darin ihre Einsicht in zeitgenöss. Sitten u. Gebräuche dar (*M. des sept péchés mortels et des sept vertus,* 14./15. Jh.; *La m. de l'aveugle et du boiteux, La vie et l'histoire du mauvais riche, L'homme juste et l'homme mondain,* 1476; *Nativités et m.s liégeoises du moyen âge,* hg. G. Cohen ^{2}1953).

J. Frappier, Le théâtre profane en France au moyen âge, XIIIe et XIVe siècle, 1961; J. Bayer, Schwank u. Moral, 1969; S. D. Feldman, The Morality, Amsterdam 1971; K. Schoell, Das kom. Theater des franz. MA., 1975; W. Helmich, Die Allegorie im franz. Theater des 15. u. 16. Jhs., 1976.

Moralités légendaires, Prosaparodien von Jules →Laforgue, entstanden 1883–87, ED *La Vogue* 21. 6.–12. 1886 und *Revue indépendante* 6. 4. 1887, EA November 1887. In diesem meisterl. Spätwerk, Huysmans schwellendem Stil nachempfunden, holt Laforgue, für den Clownerie zur angemessenen ästhet. Haltung des Einsamen geworden ist, zu e. parodist. Schlag aus, der auch das Teuerste, die Unbewußtheitsphilosophie Eduard v. Hartmanns, die Hamletgestalt, die ihn stets faszinierte, Flaubert, Mallarmé und Wagner nicht schont. Der gewählte Titel zeigt die doppelte Zielrichtung des Spotts an: E. feste Gattung, die Moralité mit ihrer genuinen Didaxis, und e. Klassikerkanon sollen getroffen werden. Spleen kennzeichnet Hamlets und Salomes Verhalten, und sie gehen beide daran zugrunde. Laforgues Misogynie drückt sich als Parodie des Weiblichkeitsmythos jeder Schattierung – vom engelgleichen, erlösenden Wesen bis zur Femme fatale – aus. Die mänadenhaften Weiber träumen von Monstren und Massakern, deren Opfer sie erschauernd werden wollen. Die Entheroisierung großer Stoffe ist Stilprinzip der *M.* (Hamlet, der sich als Komödiant der Dekadenz begreift, nennt die inszenierte Entlarvung, selbst ›moralité‹). Lohengrin flieht frauenverächter. vor Elsa, Andromeda zieht den Drachen e. Operettenhelden vor, Salome verkündet das Neue Gesetz des Lebens gegen den kategor. Imperativ. Die Parodie des Kurbetriebs von Baden-Baden mit s. Preziosität u. Hysterie paßt nahtlos in den Rahmen, über dem das Leitmotiv des Mondes als fahles Symbol des Verzichts steht.

H. Ph. Bailey, Hamlet in France from Voltaire to Laforgue, Genf 1964; A. Sonnenfeld, Hamlet the German and Laforgue, Yale French studies 1964; P. Moreau, M. de Laforgue, Égotisme et symbolisme (Studi in onore die I. Siciliano, Bd. 2). Florenz 1966; W. Engler, J. Laforgue – Locutions des Pierrots, in: H. Hinterhäuser (Hg.), Die franz. Lyrik II, 1975.

Morand, Paul, 13. 3. 1888 Paris – 23. 7. 1976 ebda., Vater Maler, trat in den diplomat. Dienst ein, wurde 1943 Gesandter der Vichy-Regierung in Bukarest und Bern, emigrierte 1945; seit 1969 Mitgl. der Ac. frçe., M., der 1919 u. 1920 die Lyrikbde. *Lampes à arc* u. *Feuilles de température* in der Nachfolge von Cendrars und Jacob schrieb, wurde e. Meister des kosmopolit. Kolportageromans. 1921 leitete Proust s. Novellenslg. *Tendres stocks* ein. Seit 1922 erschienen u. a. *Ouvert la nuit* (1922), *Fermé la nuit* (1923), *Lewis et Irène* (1924); *L'Europe galante* (1925), *Bouddha vivant* (1927); *Magie noire* (1928), *Paris–Tombouctou* (1928), *New York* (1930), *Champions du monde* (1930), *Flèche d'Orient* (1932), *Air indien* (1932), *France-la-doulce* (1934), *Milady* (1936); *L'homme pressé* (1941), *Journal d'un attaché d'ambassade* (1948), *Le flagellant de Séville* (1951), *Fin de siècle* (1957), *Le lion écarlate* (1959), *Montociel* (1960), *La folle amoureuse* (1963), *Nouvelles du cœur* (1965), *Nouvelles des yeux* (1965), *Mon Plaisir en littérature* (1968), *Un lésineur bienfaisant* (1972). Bis in die 30er Jahre stellte M. mit Vorliebe Figuren dar, die sich von moral. u. sozialen Zwängen befreien u. ihre gewonnene Freiheit im Taumel der Zwischenkriegszeit nicht voll genießen können. Blondin u. Nimier imitierten s. gedämpften Zynismus. Der Erinnerung an s. frühen Förderer sind *Première visite de M. Proust* (1948) u. *M. Proust, souvenirs* (1949) gewidmet. M.s Lyrik (*Poèmes,* 1973) erschien mit e. Einleitung von M. Décaudin, die postume TA *Œuvres* (1981) enthält Texte von 1928–53.

G. Guitard-Auviste, M., 1956; B. Delvaille, M., 1966; S. Sarkany, M. et le cosmopolitisme littéraire, 1968; M. Schneider, M., 1971; G. Place, M., 1977.

Mordret, in Romanen der Matière de Bretagne der Sohn des Kg.s Artus, der gegen s. Vater rebelliert, so in Waces *Roman de Brut,* im *Lancelot du Lac* u. in *La mort le roi Artu*.

Moréas, Jean (eig. Johannes Papadiamantopulos), 15. 4. 1856 Athen – 30. 3. 1910 Saint-Mandé, franz.

erzogen, wiederholte Aufenthalte in Frkr., Italien u. Dtl., bis er sich 1880 endgültig in Paris niederließ. S. frühe Lyrik ist Baudelaire u. Verlaine nachempfunden (*Tourterelles et vipères,* 1878; *Les Syrtes,* 1884). 1886 gründete M. die École symboliste, deren Manifest er im *Figaro* vorlegte; Gustave Kahn, Stuart Merrill, Viélé-Griffin und Réné Ghil zählen zu dieser Künstlergruppe, die, im Anschluß an Baudelaire, in der Poesie e. transzendente Wirklichkeit erschaffen will. Die empir. Welt ist für sie nur Reflex e. geistigen Kosmos, von dem die symbolist. Lyrik in Sinnbildern spricht. M.' Beitrag zum Symbolismus war der Zyklus *Les cantilènes.* Dann brach er mit der esoter. Ästhetik u. proklamierte stilist. Disziplin u. Klarheit, wie Ronsard sie vertreten hat, zu Voraussetzungen der Poesie (*Pèlerin passionné,* 1891; *Énone au clair visage,* 1893; *Ériphyle,* 1894; *Sylve et sylves nouvelles,* 1894–95; →*Stances*). 1891 veröffentlichte M. das Manifest der École romane, mit dem er die symbolist. Position preisgibt. Licht, Kraft, männl. Anmut prägen echte Dichtung; unter den Anhängern der neuen Richtung ist Charles →Maurras. M. versuchte auch die Wiederbelebung des klassizist. Schauspiels (*Iphigénie,* 1903), schrieb die Romane *Le thé chez Miranda* (1886), *Les demoiselles Gaubert* (1887, zusammen mit P. Adam), sowie die *Contes de la vieille France* (1904) u. d. Essays *Esquisses et souvenirs* (1908), *Variations sur la vie et sur les livres* (1910), *Réflexions sur quelques poètes* (1912; *173 lettres de M. à R. de la Tailhède,* hg. R. Jouanny 1868; *Œuvres,* II 1923–27).

M. Barrès, Adieu à M., 1910; L. Roussel, L'hellénisme de M., 1932; J. Weber, M. u. die franz. Tradition, Diss. Erlangen 1944; R. Niklaus, M., poète lyrique, 1935; L. Thomas, Souvenirs sur M., 1941; A. Embiricos, Les étapes de M., Lausanne 1948; J. D. Butler, M. A critique of his poetry and philosophy, Den Haag 1967; R. Jouanny, M., écrivain frç. suivi de Vers retrouvés de M., II 1969; ders., M., écrivain grec, 1975.

Moreau, Gustave, 6. 4. 1826 Paris – 18. 4. 1898 ebda., Maler, dessen Gestaltung mytholog. und bibl. Sujets das Dekadenzbewußtsein, beispielsweise von Des Esseintes in →*A rebours* von Huysmans, ansprach.

R. van Holten. L'art fantastique de M., 1960; J. Selz, M., 1978.

Moreau, Hégésippe (eig. Pierre Jacques Roullet), 9. 4. 1810 Paris – 20. 12. 1838 ebda., unehel. Kind, Druckerlehre, seit 1829 bei Firmin-Didot, engagierte sich im Juli 1830 als Republikaner; Autor eleg. Liebeslyrik (*Poésies,* 1833; *Myosotis,* 1838) und sozialkrit. Pamphlete (*Œuvres complètes,* II 1890).

B. Benoît-Guyot, La vie maudite d'H. M., 1945.

Moreau, Jacob Nicolas, 20. 12. 1717 Saint-Florent – 29. 6. 1803 Chambourcy/Seine-et-Oise, Bibliothekar der Marie-Antoinette u. kgl. Historiograph, der sich erfolgreich um die Einrichtung e. Cabinet des chartes (Slg. nationaler Dokumente) bemühte. Als Gegner der Aufklärung wie Fréron stellte er s. Feinde mit diatrib. Verfremdung dar (*Premier mémoire sur les cacouacs; Nouveau mémoire pour servir à l'histoire des cacouacs,* beide 1757; *Variétés morales et littéraires,* 1785).

Moreau, Jeanne, geb. 23. 1. 1928 Paris, Filmschauspielerin, u. a. in *Moderato cantabile* (1960, nach M. Duras), *Jules et Jim* (1961), →*Le journal d'une femme de chambre* (1963, nach O. Mirbeau).

Morellet, André, 7. 3. 1727 Lyon – 12. 1. 1819 Paris, Abbé, Prof. für polit. Ökonomie u. Staatsrecht, verkehrte im Salon der Mme Geoffrin. M. verfaßte u. a. Artikel für die *Encyclopédie* u. e. *Dictionnaire universel de géographie* (1800), außerdem Übs. aus dem Engl. (Ann Radcliffe, Lewis); vor allem aber vermittelte er s. Epoche die Ideen Beccarias (*Traité sur les délits et les peines,* 1765; *Recherches sur le style, Mélanges de littérature et de philosophie au XVIIIe siècle,* IV 1818; *Lettres,* 1991 ff.). Ein geplantes Wirtschaftslexikon konnte M. nicht mehr zu Ende führen. Seit 1803 gehörte er dem Institut an.

A. Mazure, Les idées de l'abbé M., 1910; D., Delafarge, L'affaire de l'abbé M. en 1760, 1912.

Morelly, um 1715 in Südfrkr. – ?, Lehrer in Vitry-le-François, suchte (vergebens) das Interesse und die Protektion Friedrichs II. zu gewinnen. Vorläufer von →Babeuf und Fourier. In *Essais sur le Cœur humain* (1745) verkündet er die gesellschaftl. Vervollkommnung, nach der die menschl. Natur notwendig strebt. Der ideale Monarch wird von M. an der Verbreitung aufklärer. Prinzipien gemessen (*Le prince, les délices du cœur ou traité des qualités d'un grand roi,* 1751). Allegor. Elemente enthält der utop. Roman *Naufrage des îles flottantes ou la Basiliade du célèbre Pilpai,* (1753): Zerstörung der treibenden Inseln bedeutet Sieg über Vorurteile. Als Erwiderung auf die Polemik gegen dieses Werk verfaßte M. den →*Code de la nature,* der u. a. Diderot zugeschrieben u. noch 1773 in die Amsterdamer Diderot-Gesamtausgabe (Bd. 2) aufgenommen wurde. M. ist vor Babeuf der entschlossenste Vertreter des rationalist. Sozialismus in der zweiten Hälfte des 18. Jh., er propagiert kommunist. Ideen, weil sie vernünftiger erscheinen als die Verfassung des Ancien régime, in der die Ignoranz regiert.

A. Lichtenberger, Le socialisme au XVIIIe siècle, 1895; G. A. Kateb, Meslier and M., Diss. Columbia 1953; R. N. Coe, A la recherche de M., RhlF 1957; ders., M., 1961; C. Rihs, Les philosophes utopistes. Le mythe de la cité communautaire en France au XVIIIe siècle, 1970; N. Wagner, M. le méconnu des Lumières, 1978.

Moréri, Louis, 25. 3. 1643 Bargemont – 10. 7. 1680 Paris, Theologe, Autor galanter Dichtungen (*Le pays d'amour, nouvelle allégorique,* 1661; *Doux plaisirs de la poésie,* 1666), vor allem aber des →*Grand dictionnaire historique,* das →Bayle zum ideologiekrit. u. method. Neuansatz reizte.

Morgain, Morgan, Morgue, ir.-wallis. Feengestalt (Morrigan, Modron), Gestalt der Matière de Bretagne, Hüterin des Schicksals u. Bewahrerin ewiger Jugend (vgl. Geoffrey of Monmouth, *Vita Merlini,* ca. 1149; *Roman de Troie,* ca. 1165; Hektor verschmäht M.; *Erec u. Yvain* von Chrétien de Troyes: M. ist die Schwester von Kg. Artus; *La mort le roi Artu*). Ihr Palast wurde auf die Insel der Glückseligen (Avalon), aber auch an den Ätna verlegt. M. ist die Mutter des Elfenkg.s Auberon *(Huon de Bordeaux),* die Erzieherin Floriants (*Floriant et Florete,* 13. Jh.). Sie verfolgt mit Mißgunst u. Eifersucht Guenievre; im *Jeu de la feuillée* von Adam d'Arras stellt ihr Kg. Hellekin nach.

Morhault, der riesenhafte Onkel von →Iseut la Bloie, den Tristan besiegt, so im *Erec* von Chrétien de Troyes, dem *Roman de Tristan de Léonois* u. in der *Folie Tristan.*

Morice, Charles, 1860 Saint-Étienne – 1919 Menton, Lit.kritiker, Vorkämpfer des Symbolismus, Freund von Mallarmé und Gauguin, nach dessen Notizen er *Noa-Noa* (1901) schrieb; 1908 Sekretär von Rodin. Der Roman *L'esprit seul* blieb unvollendet, *Il est ressuscité* (1911) entstand nach M.s Konversion. In *La littérature de toute à l'heure* (1889) lieferte er e. Panorama der Dichtung des Fin-de-siècle; er zählte zu den Entdeckern von Alain-Fournier u. Giraudoux. S. Lyrik erschien im Sammelbd. *Le rideau pourpre.*

L.Lefebvre, Une grande figure du symbolisme, M. Le poète et l'homme d'après des documents inédits, 1926; P. Delsemme, Un théoricien du symbolisme M., 1958.

Mort à crédit, Roman von Louis-Ferdinand →Céline, entstanden 1933–36, EA 1936, endgültige Fassung 1951. Der Icherzähler, Ferdinand Bardamu, bereits Protagonist von Célines Drama *L'église* u. s. Romans →*Voyage au bout de la nuit,* kann als autobiograph. angelegte Gestalt begriffen werden. Er relativiert den Bericht über s. armselige Kindheit u. Jugend durch den Hinweis, daß er als Geschichtenerzähler bekannt sei, und hält dadurch den Leser sarkast. auf Distanz. Seit Bardamus Eltern mit e. Modegeschäft Bankrott gemacht haben, wächst er in beengten Verhältnissen auf; s. Familie nimmt e. großes Risiko auf sich, als sie ihn nach England ins Internat schickt. Der Aufenthalt bleibt nutzlos; wieder in der Heimat, fürchtet sich Ferdinand vor dem Eintritt in die Armee. Damit bricht die Reihe der im Rückblick geschilderten Episoden ab. Verzweifelt hat der Held versucht, ›der Welt den Mut zu nehmen, sich mit einem zu befassen‹. Célines schwarzer Humor in *M.* wie im übrigen Werk integriert ausgefallene skatolog. u. priap. Motive. In stakkatohaft abgerissenen Selbstgesprächen u. Dialogen artikulieren die Personen ihr Bewußtsein von einer turbulenten Welt, der sie ausgeliefert sind. Diese Stilmittel belegen, daß Céline weniger von Rabelais, sondern, wie auch e. s. Vorbilder, Jarry, von Rimbauds Deformationsästhetik her zu deuten ist.

R. Denoël, Apologie de M., 1936.

La mort dans l'âme →*Les chemins de la liberté* von Sartre.

La mort heureuse, unvollendeter Roman von Albert →Camus, entstanden 1936–38, EA *Cahiers A. Camus,* I 1971. Der Erzähler hat s. erstes Werk aufgegeben, als er in →*L'étranger* e. homologen Konflikt in verändertem Stil und aus e. neu gewonnenen Weltsicht heraus gestaltete. Patrice Mersault, Angestellter in Algerien, tötet den zum Selbstmord bereiten, schwerkranken Roland Zagreus u. bringt s. Vermögen an sich. Erst in Rückblenden werden die Beziehungen des Helden zu Marthe u. s. Bekanntschaft mit dem Ermordeten erzählt. Nunmehr reich, aber selber krank, geht Mersault auf Reisen nach Mitteleuropa, wo er unter dem Mangel an Licht, dem atmosphär. Gegensatz zur mittelmeer. Welt, u. unter der Einsamkeit leidet. Er kehrt zu Freunden nach Nordafrika zurück und stirbt im Einklang mit der grandiosen Natur. Er hatte sich zu e. Eroberung hinreißen lassen u. war bestraft worden; nicht die Kriminalität s. Tat – die unentdeckt blieb –, sondern die Ohnmacht als Daseinsprinzip erschüttert Mersault. Als Camus *M.* schrieb, war er vor allem noch von Malraux' Erobererfiguren fasziniert.

La mort le roi Artu, anonymer Prosaroman des →Gral-Lancelot-Zyklus, entstanden um 1235, hg. J. Frappier ²1956. Kg. Artus erfährt von der Liebe Lancelots zu s. Gemahlin Guenievre durch Wandbilder, die der Ritter während s. Gefangenschaft angefertigt hat. Die Verfolgung des Ehestörers unterbrechen ein Feldzug gegen die Römer u. die Strafaktion gegen den rebell. Bastard Mordret. Schwer verwundet wird Artus von der Fee Morgain auf die Insel Avalon entrückt; Lancelot beschließt s. Leben als bußfertiger Eremit. In s. dramat. Aufbau, der durch Verzögerungen u. tragische Prophezeiungen akzentuiert wird, unterscheidet sich *M.* von den übrigen, höher stilisierten Teilen des Zyklus. Mit Artus zerbricht e. Welt, die der Gnade nicht teilhaftig geworden ist; wenn der sterbende Herrscher s. Schwert Escalibour in den See wirft, ergibt er sich mit dieser Geste e. übermächtigen Schicksal.

J. Frappier, Étude sur la M., roman du XIIIe siècle, dernière partie du Lancelot en prose, ²1961; P. Kunstmann/M. Dubé, Concordance analytique de la M., Ottawa 1982.

Morts sans sépulture, Drama in vier Akten von Jean-Paul →Sartre, EA Lausanne 1946, Urauff. 8. 11. 1946 Théâtre Antoine, Paris. Während der Landung der Alliierten wird e. Gruppe von fünf Widerstandskämpfern bei e. aussichtslosen Aktion von der Pétain-Miliz gefangen genommen; dt. Soldaten treten nicht auf. Franz. Maquisards in der Hand von Kollaborateuren – e. pathet. Konfrontation, die Sartre 1946, als die ehemaligen Parteigänger der Dt. sich wieder an die Öffentlichkeit wagten, wie Simone de Beauvoir in *La force des choses* notiert, zur polit. Lektion aufbaut. Jean, der Anführer der Gruppe, wird als Gefangener inkognito zu s. Kameraden gebracht, die von der Miliz gefoltert werden, um s. Versteck preiszugeben. In dieser Ausnahmesituation müssen sie befürchten, daß François, der Jüngste, nachdem er zum erstenmal auf s. Eigenverantwortlichkeit gestellt ist, das Geheimnis verraten wird. Die anderen vertrauen darauf, die Verhöre und Folterungen durchzustehen. Die Tortur, der Henri ausgesetzt ist, wird als Horrorszene ausgespielt. Sorbier springt aus dem Fenster, um der Qual e. Ende zu machen. Henri erwürgt, wie er glaubt mit allgemeinem Einverständnis, François; tatsächl. hat er ihn aus Hochmut getötet, wie ihm Jean vorwirft (vgl. auch *Les mains sales;* Roblès, *Montserrat*). Als sich den Überlebenden unverhofft die Möglichkeit bietet, durch e. List ihr Leben zu retten, setzen sie die Soldaten auf e. falsche Spur; sie werden jedoch, noch ehe die Täuschung aufgekommen ist, liquidiert. Die Vertreter der Gegenseite setzen sich mit diesem Wortbruch erneut ins Unrecht.

H. Krauß, Die Praxis der ›littérature engagée ‹ im Werk J.-P. Sartres 1938–48, 1970.

Motin, Pierre, 1566 Bourges – nach 1613, kam in den 90er Jahren nach Paris, befreundet mit Régnier; M. schrieb Elegien und bekannte obszöne Verse, die sich außer an Rabelais an ital. Autoren wie Aretino orientieren, Veröffentlichung in Sammelbänden (u. a. *Parnasse satirique, Cabinet satirique*). Boileau griff M. in s. *Art poétique* an.

Les mots (1964), Autobiographie von Jean-Paul →Sartre. In s. intellektuellen Selbstportrait legt Sartre die Gründe auseinander, warum die Erziehung, die ihm in s. durch e. christl. Kulturauffassung geprägten Familie zuteil wurde, nicht verhindert hat, daß ihm in der persönl. Krise der ›Mann der Feder‹ als Ersatz jenes Christen erschien, der er nicht sein konnte. Er glaubte, sich der Lit. zu weihen, ohne fürs erste zu erkennen, daß er in e. Art Orden eingetreten war. Er meinte, durch s. Werke sich u. andere vom Schweigen des Seins zu erlösen. Noch als er →*La nausée* schrieb, hoffte er, gegen das Unglück der menschl. Existenz etwas ausrichten zu können, indem er es zum Gegenstand der Lit. machte. ›Lange hielt ich die Feder für e. Degen, nun kenne ich unsere Ohnmacht.‹ Diese für s. künftiges Schaffen u. polit. Verhalten maßgebende Einsicht begründet er damit, daß die Kultur als e. Produkt der Menschen keinen u. nichts zu erretten oder auch nur zu rechtfertigen vermag, sie trägt nicht einmal zur Veränderung des Überbaus bei.

Motteville, Françoise Bertaut, dame Langlois de, um 1621 – 29. 12. 1689 Paris, Hofdame der Anne d'Autriche (*Mémoires pour servir à l'histoire d'Anne d'Autriche,* Amsterdam V 1723).

Les mouches, Drama von Jean-Paul →Sartre, entstanden 1942, EA 1943, Urauff. 3. 6. 1943 Théâtre Sarah Bernhardt, Paris. Orest, der nach Argos zurückgekehrt ist, erklärt s. Gegenspieler Jupiter, der mit den Mördern Agamemnons durch e. Pakt verbunden ist, s. zaudernden Schwester Elektra (vgl. dagegen J. Giraudoux, →*Électre*) u. dem kompromißbereiten, religiös manipulierten Volk s. Freiheitskonzeption. Die Fliegen, Figurationen der Erinnyen, stimulieren unablässig Reue u. beschämte Abhängigkeit. Während Elektra sich dem Gott unterwirft, demonstriert Orest, daß die Freiheit der Menschen von den Göttern wohl zu ihrer Verdammnis pervertiert werden kann, er hingegen noch in dieser Situation s. Selbstbewußtsein bewahrt. Nicht der Gott, sondern der Mensch ist das Maß des freien Handelns: Orest bestätigt sich s. Unabhängigkeit, indem er den Vatermörder Ägisth tötet. Elektra hält diese Freiheit nicht aus, sie spielt die Rolle der ›petite poupée‹, die die Erinnyen ›notre enfant‹ nennen. Orest verzichtet jedoch auf die Stadtherrschaft, verläßt Argos wieder, da er Kg. ohne Land und Untertanen sein will; mit ihm verschwinden auch die Fliegen. *M.* ist höchstens beiläufig, wenn Sartre auch 1948 s. Stück explizit als Allegorie der Résistance interpretierte u. es v. Publikum seit 1943 so verstanden worden war, e. polit. Parabel. Vielmehr verdeutlicht Orests Verhalten die Hingabe e. unverbindl. Freiheit des Denkens für die ungeborgene Freiheit in der individuellen Tat. Der Protagonist rächt Agamemnon, um s. Ethos zu retten. Er wendet sich sowohl von s. Lehrer ab, der ihn vor jedem Engagement warnt, wie von Jupiter, der ihm Bewegungsspielraum innerhalb s. Systems gewähren wollte. Auf den Tod des Usurpators folgt kein Gesellschaftsvertrag zwischen Orest u. dem Volk von Argos, es bleibt dabei, daß Orests Ungehorsam e. Akt der individuellen Selbsterlösung ist, der – wiederum für einzelne - beispielhaft wirken kann.

Th. Stenström, J.-P. Sartre's first play, Orbis litterarum 1967; H. Krauß, Die Praxis der ›littérature engagée‹ im Werk J.-P. Sartres 1938–

48, 1970; K. Kohut, J.-P. Sartre: M. (Das mod. franz. Drama, hg. W. Pabst), 1971.

Mounier, Emmanuel, 1. 4. 1905 Grenoble – 23. 3. 1950 Châtenay-Malabry, an der Univ. Grenoble Schüler des Philosophen Jacques Chevalier, Agrégation, Freundschaft mit Maritain; 1932 Gründung der Zs. *Esprit*. Wie Alain widersetzte sich M. dem Zwang der hist. Dialektik, doch s. personalist. Menschenbild optierte für e. spiritualist. u. materialist. Totalität (*Révolution personnaliste et communautaire,* 1935; *Manifeste au service du personnalisme,* 1936; *De la propriété capitaliste à la propriété humaine,* 1936; *Introduction aux existentialismes,* 1947; *Qu'est-ce que le personnalisme,* 1947; *La petite peur du XX*e *siècle,* 1948; *Carnets de route,* III 1950 ff.; *Œuvres complètes,* IV 1961 ff.). Das Transzendieren ist, wie im Existentialismus von Sartre, die Auszeichnung der menschl. Haltung; M. entwarf die Utopie e. ›Welt aus Personen‹, um dem revolutionären wie dem faschist. Herrschaftsanspruch entgegenzutreten.

J. Charpentreau/L. Rocher, L'esthétique personnalisée d'E. M. 1966; J.-M. Domenach, M., 1972; M. Collot-Guyer, La cité personnaliste d'E. M., Nancy 1983.

Moussy, Marcel, geb. 7. 5. 1924 Algier, Anglistikstud. Paris und Harvard, Literat u. Filmemacher. M. schrieb Romane über die Kolonisation Algeriens u. die alger. Geschichte seit den 40er Jahren (*Le sang chaud,* 1952; *Arcole ou la terre promise,* 1953; *Les mauvais sentiments,* 1955; *Les 400 coups,* 1959; *Babylonia,* 1960; außerdem Dramen *Le dernier métro pour Cythère,* 1946; *Mississippi,* 1955; *Le scieur de long,* 1955).

Mule sans frein, kurzer Versroman (1136 Achtsilber, frühes 13. Jh.) aus dem Stoffkreis der Artusromane, das →Gauvain als vollkommenen Ritter zeigt.

Munjoie, Schlachtruf der Franken in der →*Chanson de Roland,* meint wohl das Paradies.

Le mur, Novellenslg. von Jean-Paul →Sartre, entstanden 1937–39, EA 1939. Die Titelnovelle handelt von e. Episode aus dem Span. Bürgerkrieg: Pablo Ibbieta, e. Gefangenen der Francotruppen, wird Gelegenheit geboten, s. Leben zu retten, wenn er das Versteck e. gesuchten Republikaners verrät (vgl. die analoge Situation in *Morts sans sépulture*). Er schickt die Häscher auf e. falsche Fährte u. liefert ihnen ohne Absicht den Kameraden aus, der sich durch e. absurden Zufall im bezeichneten Friedhof verborgen hielt. Thema der Geschichte *La chambre* ist die Geisteskrankheit, *Érostrate* handelt von e. totalen Freiheit in der Travestie e. ›acte gratuit‹. *L'intimité* transponiert das existentialist. Problem des ›de trop‹ in homoerot. Dimensionen. Die Schlußnovelle der Slg., →*L'enfance d'un chef,* schildert die Wahl e. ›existence inauthentique‹. Das Dingsymbol der Titelgeschichte, die Mauer, ist auf die versch. Aspekte der mangelnden Authentizität, Zeitlichkeit und Kontingenz in den Novellen zu beziehen.

H. Krauß, Die Praxis der ›littérature engagée‹ im Werk J.-P. Sartres 1938–48, 1970.

Muralt, Béat-Louis de, 1665–1749, Berner Patrizierfamilie, Offizier in der franz. Armee; Kritiker des Absolutismus u. der vom Versailler Hof bestimmten franz. Kultur, der er die engl. Mentalität als vorbildl. gegenüberstellte (*Lettres sur les anglais et les français,* entstanden 1695, EA 1725; *Lettres fanatiques*).

W. Krauss, Die Lit. der franz. Frühaufklärung 1971; J. Riesz, M.s Lettres . . ., 1979.

Murciaux, Christian (eig. Ch. Muracciole), geb. 1915 Constantine/Algerien, Stud. Rechtswiss. u. Sciences politiques, seit 1944 im diplomat. Dienst, schrieb melodiöse Lyrik (*La pêche aux sirènes, Le fil du labyrinthe, Le dormeur aux yeux ouverts,* 1946; *L'arbre de Jessé,* 1948), das Drama *Didon* (1949), nationalpsycholog. Romane u. Novellen aus dem afrikan. Lebensraum (*La fontaine de vie, Les paradis perdus, Les fruits de Canaan,* 1949; *La porte des gahons* 1950; *Le douzième Iman,* 1954, Preis für die beste Novelle; *Le gros lot,* 1955; *La saeta pour Ponce-Pilate, Pedro de Luna,* 1963). Nach dem Schema der Scottromane verfaßte er e. Buch über den Span. Bürgerkrieg, *Notre-Dame des désemparés* (Grand prix du roman de l'Ac. frçe., 1960).

Muret, Marc-Antoine, 12. 4. 1526 Muret bei Limoges – 4. 6. 1585 Rom, Humanist, wie der Schotte →Buchanan Montaignes Lehrer in Bordeaux (1547). Autor lat. Trag., darunter 1545 das erste Römerdrama u. erste profane Drama überhaupt nach Seneca-Vorbild, *Julius Caesar* (ED 1553). M. unterrichtete außer in Bordeaux u. a. in Toulouse, Venedig u. Paris (1551–53), wo er Dorat, Baïf u. Ronsard, dessen Gedichtszyklus *Les amours* er kommentierte, freundschaftlich verbunden war. Seit 1563 lehrte er in Rom Moralphilosophie. Als Dramatiker bereitete er den klass. Neuansatz von →Jodelle u. →Grévin vor.

C. Dejob, M., 1881.

Murger, Henri, 24. 3. 1822 Paris – 28. 1. 1861 ebda., Sohn e. Concierge, Stud. der Malerei, Sekretär des russ. Botschafters Graf Tolstoj, Journalist u. Schriftsteller, der ein entbehrungsreiches Leben führte, wie er es in den →*Scènes de la vie de bohème* aus Publikumsrücksichten nicht darstellen wollte. Er blieb im Bewußtsein der Nachwelt der Autor dieses e. Werks, obwohl er neben Dramen (*Claude et Marianne,* 1851; *Le bonhomme Jadis,* 1852) u. Versen (*Poésies,* 1855) weitere Erzählungen und Romane verfaßte (*Scènes de la vie de jeunesse,* 1851; *Le pays latin,* 1852; *Adeline Protat,* 1853; *Scènes de campagne,* 1854; *Le roman de toutes les femmes,* 1854; *Les buveurs d'eau,* 1855; *Le sabot rouge,* 1860; *Le roman d'un capucin,* 1868; *Le souper des funérailles,* 1873; *Donna Sirène,* 1874; *Les roueries d'une ingénue,* 1874). M.s Bild der Pariser Künstlerwelt galt lange als maßgebend für das bürgerl. Geschmacksideal.

R. Baldick, The first bohemian. The life of M., London 1960.

La Muse française, Kulturzs., erschien in monatl. Folge von Juli 1823 bis Juni 1824, brachte Poesie, Lit.kritik sowie kultur- u. gesellschaftskrit. Beiträge. Gegr. von Émile Deschamps u. Victor Hugo, hg. von Boulland u. Ambroise Tardieu, wurde *M.* zum offiziellen Organ der romant. Bewegung. Zu den Mitarbeitern zählten Soumet, Vigny, Nodier, Chênedollé, Desbordes-Valmore; ausdrückl. nicht zugelassen war Henri de Latouche, Lamartines Mitwirkung ging über e. stille Einlage von 1000 Francs nicht hinaus. In der 7. Lieferung formulierte Alexandre Guiraud in e. umfangreichen Aufsatz die ästhet. Prinzipien der Gruppe, er verteidigte gegen den Klassizismus die ›vérité relative‹ der Dichtung u.

verwarf das Prinzip der Imitation. Die Zs. war gezwungen, ihr Erscheinen einzustellen, als sich Soumet im Sommer 1824 zur Wahl in die Ac. frçe. stellte (hg. J. Marsan II 1907–09).

L. Séché, Le cénacle de la M., 1909.

Muselli, Vincent, 22. 5. 1879 Argentan – 28. 6. 1956 Clichy, Lyriker von untadeliger Formkunst, pflegte das Sonett, die Ode, Stanze u. das Madrigal (*Les travaux et les jeux,* 1914; *Les masques,* 1919; *Moscou,* 1919; *Les sonnets à Philis,* 1930; *Les sonnets moraux,* 1934; *Les épigrammes,* 1943; *Les douze pas des muses,* 1952; Anthologie *L'œuvre poétique de M.,* 1957).

Y. Le Dantec, M., 1944; Présence de M., 1957; J. Loisy, M., 1961; H. Desmaroux, M., 1968.

Musette, 1. Variante der Sackpfeife, Anfang 17. Jh. konstruiert; 2. ländl. Tanz, der auf diesem Instrument gespielt wurde, entwickelte sich im späten 17. Jh. zum Gesellschaftstanz u. weiter zum M.-Walzer.

Music-hall (engl., 1862), 1. Varietétheater, 2. Gattungsbezeichnung dafür spezif. Darbietungen mit ihrem Starkult.

Musset, Alfred de, 11. 12. 1810 Paris – 2. 5. 1857 ebda., Schulbildung am Lycée Henri IV, Freundschaft mit dem Hzg. von Orléans u. 1826 mit Victor Hugo. Während das früheste Drama, *La nuit vénitienne,* Ende 1830 im Odéon durchfiel, wurde die Lyrikslg. *Contes d'Espagne et d'Italie* im selben Jahr günstig aufgenommen. M. verarbeitete darin lit. Motive (er kannte weder Italien noch Spanien) zum konventionellen Bild von verletzl. Ehre u. maskiertem Abenteuer; wie Hugo löste er die metr. Gesetze des Alexandriners auf. Der Sammelbd. *Un spectacle dans un fauteuil* (1832) – wie der Titel erkennen läßt, hat der Autor nach dem Mißerfolg des ersten dramat. Werkes s. weiteren Stücke als Lesedramen konzipiert – enthielt das fünfaktige Schauspiel *La coupe et les lèvres* (mit e. Widmung an s. Freund A. Tattet, in der M. s. dichtungstheoret. Credo entwickelte), die zweiaktige Kom. *A quoi rêvent les jeunes filles* und die Verserzählung *Namouna.* M. entfernte sich jetzt von Hugo, dessen Auffassung vom sozialen Engagement der neuen Lit. er nicht mehr teilte. 1833–35 war er mit George →Sand liiert, deren Leichtlebigkeit bereits während e. gemeinsamen Italienreise (1833 – März 1834) s. Ideal der leidenschaftl. Liebe erschütterte; während der 30er Jahre entstanden →*Les caprices de Marianne,* →*Rolla,* der Zweiakter *André del Sarto* (Odéon 21. 10. 1850), →*Fantasio,* →*On ne badine pas avec l'amour,* →*Lorenzaccio,* →*Les nuits* u. →*La confession d'un enfant du siècle.* Die Auffassung der Gestalten im dreiaktigen Drama *Il ne faut jurer de rien* (ED *Revue des deux mondes* Juli 1834) von der Liebe als Gesellschaftsspiel, das Strategie u. distanzierte Überlegenheit voraussetzt, bezeichnet eher e. an Marivaux orientiertes, konfliktfreies Ideal als die Darstellung eigener Erfahrungen. M. erhielt 1836 e. Pension des Hzg.s von Orléans, wurde Bibliothekar des Innenministeriums. Erst 1852 gewann er die Wahl in die Ac. frçe. Wiederholt gestaltete er in Erzählungen das Motiv des ungleichen Paars u. der Mésalliance (*Contes et nouvelles,* 1838; *Margot,* 1838; *Histoire d'un merle blanc,* 1842; →*Mimi Pinson, Pierre Camille,* 1844; *La mouche,* 1853). Das Sinnbild der weißen Amsel, die sich aus Enttäuschung über die übermalte Partnerin von der Welt zurückzieht, drückt e. seel. u. gesellschaftl. Sonderart des romant. Dichters aus. S. Einsamkeitskomplex, ausgestaltet in Motiven der Frustration (Drama *Tristesse,* 1840) u. des Liebesverzichts (→*Un caprice,* dreiaktige Kom. *Carmosine,* Urauff. Nov. 1865), ist frei von Korrelationen zwischen Stimmungen des Ichs u. der Natur. Die Lebensskepsis erwächst aus der Haßliebe zur mondänen Welt. Pläsir, Verzicht u. Erlösungssehnsucht bestimmen den exzentr. Themenwechsel vor allem in den Dramen, die M. 1853 als *Comédies et proverbes* sammelte. Die pointierte Gattung des →Proverbe ermöglichte sowohl das Konversationsstück (*Il faut qu'une porte soit ouverte ou fermée,* 1845) wie die trag. Parabel. Regellosigkeit des romant. Gefühlsüberschwangs, abgesehen vielleicht von *Rolla,* entsprach M.s Temperament u. s. dichter. Absicht ebensowenig wie dies bei Vigny der Fall war. Die Widersacher s. reinen Herzen sind wiederholt unwürdige Greise, groteske Larven, deren Auftritt e. heroische Auseinandersetzung verhindert. Resignation u. Weltschmerz e. Generation, die deprimiert den geschichtl. Prozeß der Revolution u. des Kaiserreichs verfolgt, reduzieren bei M., wie später etwa bei Verlaine u. wieder bei Sartre, das Vertrauen in die Dichtung überhaupt (*Œuvres complètes,* hg. P. de Musset XI 1866–83, M. Allem III 1933–38, ^{2}1954; *Correspondance,* hg. L. Séché 1907; *Correspondance entre M. et G. Sand,* 1930; *Lettres d'amour,* hg. H. Frichet 1932; *Poésies complètes,* krA M. Allem 1957; *OC,* krA Ph. Van Tieghem 1963; *Théâtre complet*, hg. S. Jeune 1990).

L. Lafoscade, Le théâtre d'A. de M., 1902; Ch. Maurras, Les amants de Venise, 1902, ^{2}1926; P. Gastinel, Le romantisme de M., 1933; M. Allem, M., Grenoble 1941, ^{2}1948; E. Frey, Der lit. Charakter M.s u. das Problem s. Beeinflussung, 1933; A. Villiers, La vie privée d'A. de M., 1939; A. Adam, Le secret de l'aventure vénitienne. La vérité sur S. et M., 1938; Ph. van Tieghem, M., L'homme et l'œuvre, 1945, ^{2}1969; J. Pommier, Variétés sur M. et son théâtre, 1947, ^{2}1967; ders., M. Oxford, 1957; W. Bahner, M.s Werk. E. Verneinung der bürgerl. Lebensform s. Zeit, Halle/Saale 1960; A. Lebois, Vues sur le théâtre de M., Avignon 1966; H. S. Gochberg, The dramatic art of M., Genf 1967; G. Ganne, M. Sa jeunesse et la nôtre, 1970; M. Toeska, Vie d'A. de M. ou l'amour de la mort, 1970; S. Jeune, M. et sa fortune littéraire, Bordeaux 1970; J. Lietz, Stud. zu den Novellen M.s: Mimi Pinson, Frédéric et Bernerette, Margot ..., Diss. Hamburg 1971; C. Affron, A stage for poets, Studies in the theater of Hugo and M., Princeton 1971; H. Guillemin, La liaison M.-Sand, 1972; B. Guthmüller, Die Rezeption M.s im Second Empire, 1973; D. Sices, Theater of solitude, Hanover 1974; P. Odoul, Le drame intérieur de M., 1976; Sondernr. RhlF 2, 1976; Y. Lainey, M. ou la difficulté d'aimer, 1978; G. Roellenbleck, M., in: W.-D. Lange (Hg.), Franz. Lit. des 19. Jh.s I, 1979; P. J. Siegel, M., a reference guide, Boston 1982.

Mystère (Wortkreuzung von lat. ›ministerium‹ = Gottesdienst u. ›mysterium‹ = Geheimnis), geistl. Drama, aus liturg. Formen weiterentwickelt, Blütezeit 13.–16. Jh. Stoffquellen sind AT, NT, hagiograph. Lit. u. Legenden, vor allem Darstellungen des Weihnachts- u. Auferstehungsgeschehens (→Osterspiele). Weihnachtszyklen bezogen auch alttestamentar. Prophezeiungen u. apokryphe Schriften, etwa des Augustinus, in die Fabel ein. Nach dem didakt. Schema (häufig unterstrichen durch sprechende Namen) der bibl. Stücke konnten auch Heiligenviten dramatisiert werden (*M. de Saint Quentin* von Molinet, *Mystère de Saint Adrien,* 1485; *Mystère des trois doms;* Barlaam- u. Josaphat-Stoff: *Mystère du roi Avenir* von Jehan du Prieur, 1445; →Miracle). Das M. wurde auf e. Simultanbühne inszeniert, die Aufführungen oblagen bis 1548 den →Confréries. In der realist. Ausgestaltung, etwa der Bethlehemszene, mit Hebammen u.

Mägden, Auszahlung des Lohns an den Verräter Judas Ischariot, breit ausgespielten Marienklagen auf dem Ölberg, Soldatenspäßen während der Kreuzigung u. vor dem Grab äußert sich nicht unangemessene Verweltlichung u. kein Stilbruch, der Kontrast ist dem lehrhaften Spielgedanken untergeordnet (→Gréban, Jean →Michel). Das franz. M. wurde maßgebend für Mysterienspiele in der Romania. Im 15. u. 16. Jh. waren die Ausstattungen der M.s oft prunkvoll, e. ganze Stadt trug dann materiell zur Inszenierung bei u. ermöglichte den Einsatz e. umfangreichen Maschinerie, mit der Seefahrten, Brände, Plünderungen ganzer Viertel nachgeahmt werden konnten. E. Aufführungsverbot durch das Pariser Parlement (17. 11. 1548) sollte in Wirklichkeit den religiösen Fanatismus treffen.

G. Cohen, Le théâtre religieux, 1928; M. Peitz, Das ma. Mysterienspiel in Frkr., Diss. München 1957; R. Hess, Das roman. geistl. Schauspiel als profane u. relig. Kom., 1965; J.-P. Bordier, Recherches sur le message théâtral des M.s ..., Thèse Paris 1990.

Les mystères de Paris, Roman von Eugène →Sue, ED *Journal des débats* 19. 6. 1842 – 25. 10. 1843, EA 1843 hg. J.-L. Bory 1963. Die Geschichten aus der Pariser Unterwelt waren an die gehobene Gesellschaft (›le beau monde‹) der Salons, in denen der elegante Autor verkehrte, adressiert; Sue stellte die Leiden und Bedürfnisse der unteren Schichten dar u. entdeckte im nachhinein s. eigene demokrat. Ader. Großhzg. Rudolf von Gerolstein lebt inkognito in Paris als Apostel der Gerechtigkeit im Elendsviertel. Fleur-de-Marie, die er dem Sumpf der Unterwelt entreißen kann, wobei s. kriminellen Gegner erschüttert zur Einsicht in moral. Gebote gelangen, ist, wie sich zuguterletzt herausstellt, s. eigene Tochter. Sie tritt in e. Kloster ein, wo sie bald darauf stirbt. Mit dem Fortsetzungsroman wurde Sue zum legendären Freund des Volkes, den Béranger u. Sand feierten. In Wirklichkeit bezog er s. ›Informationen‹ primär aus Romanen, Melodramen u. Darstellungen wie Fréguiers *Les classes dangereuses;* s. Haltung ist weniger polit. als philanthrop. begründet. Er kombinierte romantische Klischeevorstellungen, gruppierte pittoreske Gestalten, den verkleideten Fürsten, die Ganoven, die Femme fatale, die Unschuld inmitten der Sittenlosigkeit in pathoshaltigen Konstellationen. Sowohl Hugo wie Balzac mußten sich beim Publikum gegen die Suebegeisterung der 40er Jahre durchsetzen. Die einzige Romananalyse, die Karl Marx verfaßt hat, ist dem Bestseller *M.* gewidmet, sie sollte die hegelian. Interpretation des Franz Zychlin v. Zychlinski widerlegen, wies auf lit. Konventionen im Werk u. auf Verkörperungen sozialer Widersprüche hin. In den Jahren 1912–62 wurde der Stoff fünfmal verfilmt.

G. Jarbinet, M. de Sue, 1932; E. Wodnanska, Sues Einstellung zu den sozialen Problemen s. Zeit. Diss. Wien 1964; P. Demetz, Marx, Engels u. die Dichter, 1969; H. Grubitzsch, Materialien zur Kritik des Feuilleton-Romans. Die Geheimnisse von Paris von E. Sue, 1977.

Le mythe de Sisyphe, Essays von Albert →Camus, entstanden 1939 – Februar 1941, EA 1942. Entfremdung u. Verdinglichung fordern zum ›raisonnement absurde‹ heraus. ›Ce divorce entre l'homme et sa vie, l'acteur et son décor, c'est proprement le sentiment de l'absurdité‹. Vernunftgerechte Argumentation u. das Evidenzkriterium führen aus dem Dilemma nicht heraus. Der Fall des Sisyphos zeigt jedoch, daß die negative Bilanz kein Grund zu trostloser Resignation ist, denn das Schicksal stellt sich als ›une affaire d'homme qui doit être réglée entre les hommes‹ dar. Sisyphos empfindet e. ›wortlose Freude‹, man muß ihn sich ›glückl. vorstellen‹. Stärker als das Schicksal ist s. Verachtung der Götter. Lektion des Mythos bei Camus ist gerade die Aufhebung des myth. Weltbildes, sein Sisyphos handelt gegen die antike Indoktrination, er argumentiert mit e. Luzidität, die Caligula, Meursault u. den Verdammten in *Le malentendu* fehlt. Nirgends wird gesagt, daß Sisyphos durch e. Kartharsis gerettet würde, es heißt nur, daß er nicht verzweifelt. Für den Schriftsteller, der aus dem Bewußtsein der Absurdität heraus wirken will, gilt, daß er e. Modellfall beschreibt: ›Pour qu'une pensée change le monde, il faut d'abord qu'elle change la vie de celui qui la porte. Il faut qu'elle se change en exemple‹ (*Carnets. Janvier 1942 – Mars 1951,* 1964). Weil das Opfer erkannt hat, daß s. Bestrafung absurd ist, wird s. Lage auch zum Grund e. – freil. völlig unsentimentalen – Glücksgefühls: Sisyphos entgeht der Verzweiflung u. dem Selbstmord, als er sich keine Illusionen über s. Verdammung mehr macht. In der entsprechenden Situation wird der Arzt → Rieux *(La peste)* für die Mitmenschen tätig.

R. Theiss, A. Camus' Rückkehr zu Sisyphos, RF 1958; P. Kampits, Der Mythos vom Menschen. Zum Atheismus u. Humanismus von A. Camus, Salzburg 1968.

Nadar (eig. Gaspard-Félix Tournachon), 5. 4. 1820 Paris – 21. 3. 1910 ebda., Medizinstud., Tätigkeit als Karikaturist, Journalist, Ballonfahrer u. seit 1851 als Photograph, der einzigartige Porträts geschaffen hat (Baudelaire, Nerval, Hugo, Sand, Mallarmé, Zola). *Photographies . . . Dessins et écrits,* éd. J.-F. Bory, II 1979.

R. Greaves, N. ou le paradoxe vital, 1980; E. Straub, Der Porträtist N., Lendemains 23, 1981.

Nadja, Erzählung von André →Breton, EA 1928, revidierter Text 1964. Zahlr. Photographien im Text ersetzen die sprachl. Deskription, die der Surrealismus als kraftlos verworfen hatte. Der Autor praktiziert in s. myth. Bericht e. Stil, der im Pastiche den Tenor medizin. Abhandlungen trifft; s. Ausdrucksideal ist in der Sprache der Neuropsychiatrie vorgegeben. Als Dokument, das entsprechend der surrealist. Poetik spontan fixiert wurde, stellt *N.* das Porträt e. geheimnisvollen Frau dar, der der Erzähler zufällig begegnete. Vom ersten bis zum letzten Tag bedeutete sie für ihn ›un génie libre‹, ein Geistwesen, das durch mag. Praktiken vorübergehend gebannt werden kann. Breton wehrt sich dagegen, N. in der von Nerval her bekannten Manier zu idealisieren; N. ist einerseits e. Frau, die außer ihm andere gekannt haben, inkarniert jedoch auch Ekstase u. visionäre Kraft. Sie fingiert Ereignisse und lebt sie, der Partner mißt sich an ihren Fähigkeiten u. registriert s. Unterlegenheit. N. versinkt in geistiger Umnachtung – oder Anomalien werden jetzt erst wahrgenommen. Breton schließt mit dem Lehrsatz: ›La beauté sera CONVULSIVE ou ne sera pas‹.

G. Steinwachs, Mythologie des Surrealismus oder die Rückverwandlung von Kultur in Natur. E. strukturale Analyse von N. 1971; Cl.

Martin, N. et le mieux-dire, RhlF 1972; M. Richter, N., ZfSL 1986.

Naigeon, Jacques André, 15. 7. 1738 Paris – 28. 10. 1810 ebda., Aufklärer u. Atheist, Freund Holbachs u. Bewunderer (nach La Harpe: der ›Affe‹) Diderots, dessen Werke er 1798 in e. Sammelausgabe (15 Bde.) publizierte.

R. Brummer, Stud. zur Aufklärungslit. im Anschluß an N., Breslau 1932.

Naimes li dux, Ratgeber Karls, der an 20 Stellen in der *Chanson de Roland* auftritt.

Le Nain jaune, satirische Zs. der Restaurationsära, Neugründung 1863–70.

Nana, Roman des Zyklus →*Les Rougon-Macquart* (Bd. 9) von Émile →Zola, ED *Le Voltaire* 16. 10. 1879 – 5. 2. 1880, EA 1880. Erbanlagen disponieren Nana, die Tochter der Gervaise Macquart u. des Trinkers Coupeau *(→L'assommoir),* nach der Auffassung Zolas zur Prostitution. Die Verhältnisse des Second Empire machen das attraktive Mädchen aus der Gosse zur Kokotte, dem sozialen Frauentyp der Epoche, der die Drapierung der Operette, den Lustgewinn mit schnell verdientem Geld, die Sentimentalität u. Gewissenlosigkeit der Dekadenz verkörpert u. wieder stimuliert. In die ständ. Ordnung bricht N. mit zerstörender Sexualität ein. Zola stellt zunächst nicht die Verstrickung des Luxusgeschöpfs, sondern die oberflächl. glänzende, inwendig aber brüchige Gesellschaft von Exzellenzen, Aristokraten, Journalisten u. Beamten dar. Dann reiht er Fälle auf, in denen das Mädchen den Liebhabern moral. u. wirtschaftl. Unglück gebracht hat. Weil N. wohl kostbar ausstaffiert wird, ohne indes jemals salonfähig zu werden, ist sie der Welt, auf deren Kosten sie lebt, in Haßliebe verbunden. Sie spielt die Rolle e. Fetischs, dessen Verehrung sich die maßgebende Männerwelt des Second Empire als Gebot auferlegt. Die Episode e. sentimentalen Bindung an den bürgerl. Georges Hugon rettet N. nicht mehr, umso weniger als sie von der doppelten Moral, deren Opfer sie ist, auch profitieren will, um sich gesellschaftl. zu etablieren. Als dies mißlingt, ist auch die Rache der ›blonden Venus‹ (wie sie nach e. Operettenrolle genannt wird) an der Gesellschaft kein langanhaltender Triumph; bald zerstören die Pocken N.s Schönheit, und ihre Krankheit bricht den Bann. Zola fand für den Romanschluß e. Pointe, die den ideolog. Hintergrund grell beleuchtet. Während N.s Leichnam im Stadium rascher Verwesung beschrieben wird, schreien die Chauvinisten auf dem Boulevard: ›Nach Berlin‹! N.s Untergang ist das myth. Analogon zum Ende des Second Empire. Zola hat das Gemälde *N.* (1877), zu dem Édouard Manet wohl durch die Darstellung der frühreifen Tochter der Gervaise in *L'assommoir* angeregt worden war, sicher gekannt u. auch die Toilettenszene als Motiv verwertet. Seit 1912 wurde der Stoff wiederholt verfilmt, u. a. 1926 von J. Renoir.

L. Auriant, La véritable histoire de N., 1943; W. Hofmann, N.-Mythos u. Wirklichkeit, 1972.

Napoleon I. (eig. Napolione Bounaparte), 15. 8. 1769 Ajaccio/Korsika – 5. 5. 1821 Longwood/Insel St. Helena, Kaiser der Franzosen, 1785 Autor der rokokohaften Novelle *Clisson et Eugénie* (zweisprachige Ausgabe 1969); zeichnete sich im Dezember 1793 als Brigadegeneral bei der Rückeroberung von Toulon aus, dokumentierte s. Übereinstimmung mit den Jakobinern im selben Jahr in der Schrift *Le souper de Beaucaire;* 1796 Oberbefehlshaber der Italienarmee u. Heirat mit Joséphine de Beauharnais (*Lettres d'amour à J.*, éd J. Tulard 1981). 1797 Oberbefehl über die Englandarmee. N. brach 1799 e. vom Directoire befohlene Ägyptenexpedition ab u. stürzte am 18. Brumaire des Jahres VII (9. 11. 1799) die Regierung; Erster Konsul, 1801 Konkordat mit der röm. Kurie; 1802, nachdem N. in Friedensschlüssen außenpolit. Erfolge errungen hatte, ließ er sich zum Konsul auf Lebenszeit ernennen. 1804 Code civil, Modell des bürgerl. Rechts in Frkr. u. amerikan. Gebieten bis heute. Am 2. 12. 1804 krönte er sich in Notre-Dame von Paris in Anwesenheit des Papstes zum Kaiser; der außenpolit. Konflikt mit England war wieder aufgebrochen u. bestimmte die napoleon. Politik des nächsten Jahrzehnts; die Sicherung des Imperiums auf dem Kontinent (Siege über Österreich, Spanien, illyr. Provinzen, Niederlande) scheiterte an der Unterwerfung Rußlands: 1812 zog N. mit der Grande Armée gegen Moskau u. verlor gegen den hartnäckigen Widerstand der Russen u. Preußen. Nachdem der Senat, im Einverständnis mit der zunehmend ablehnenden Haltung der Nation, N. am 2. 4. 1814 abgesetzt hatte, trat der Kaiser vier Tage später, geschlagen u. von s. Offizieren, deren Karriere er gesichert hatte, verraten, zurück. N. behielt s. Titel u. ging nach Elba ins Exil. S. überraschende Rückkehr Anfang März 1815 veranlaßte Ludwig XVIII., aus Paris nach Norden zu fliehen; die endgültige Niederlage in der Auseinandersetzung mit den Alliierten mußte N. am 18. 6. 1815 bei Waterloo hinnehmen. N. starb sechs Jahre später in der Verbannung; 1840 ließ der Bürgerkg. s. Überreste in den Pariser Invalidendom überführen. Zahlr. franz. Autoren galt N., dem Lamartine, Hugo u. Nerval in den 20er Jahren ergriffene Gedichte widmeten, als Tyrann, so dem Kreis um Mme de →Staël, Chateaubriand *(→Mémoires d'outre-tombe),* →Nodier, L.-S. Mercier, während ihn Panegyriker wie →Esménard, →Béranger zum Volkskaiser verklärten. Die Ausbildung der N.legende wurde gefördert durch die wachsende Abneigung gegen die Restauration u. die Julimonarchie. An den Kaiser knüpfte →Stendhal (vgl. auch s. Romanheld Julien Sorel in →*Le rouge et le noir*) Hoffnungen auf Sozialchancen, die nach 1815 wieder illusor. geworden waren. V. →Hugo kehrte N.s Ruhm in satir. Absicht gegen dessen Neffen Napoleon III. Erckmann-Chatrian bemühten sich, zwischen Nationalstolz u. Heroismus zu unterscheiden *(→Histoire d'un conscrit de 1813)* – ein Dilemma, das sich A. Dumas (*N. Bonaparte,* 1844) oder Sardou *(→Madame Sans-Gêne)* bei der Suche nach effektvollen Konfrontationen, die sich aus der kors. Herkunft des Protagonisten ergeben, nicht stellte. Während Audiberti *(→Ampelour)* u. Anouilh (Schauspiel *La foire d'Empoigne,* 1960) die Herrschaft der Hundert Tage ironisieren, nimmt sie Aragon *(→La semaine sainte)* zum Anlaß, um sozialpolit. Konstellationen aus der Perspektive e. Patrioten, des Malers Géricault, zu bewerten.

F. Wencker, Dichter um N., 1913; J. Deschamps, Sur la légende napoléonienne, 1931; E. Kreihanzl, N. im franz. Drama des 19. Jh., Diss. Wien 1953; J. Lucas-Debreton, Le culte de N. 1818–48, 1960; M. Descotes, La légende de N. et les écrivains frç. du XIXe siècle, 1967;

Sondernr. Europe: N. et la littérature, April–Mai 1969; P. Barbéris, N. Structures et signification d'un mythe littéraire, RhlF 1970; J. Tulard, Le mythe de N., 1971; G. Dufour (Ed.), Les espagnols et N., 1983; E. Eggs/H. Fischer (Hg.), Die Kehrseite der Medaille, N. Karikaturen ... 1985.

Napoleon III. (eig. Charles Louis N. Buonaparte), 20. 4. 1808 Paris – 9. 1. 1873 Chislehurst bei London, Kaiser der Franzosen, Neffe von →N. I., putschte wiederholt gegen den Bürgerkg., errang bei den Präsidentschaftswahlen im Dezember 1848 (→Lamartine) drei Viertel der Stimmen. Durch den Staatsstreich vom 2. 12. 1851 riß N. Vollmachten an sich und ließ sich auf den Tag ein Jahr danach durch Plebiszit zum Kaiser bestätigen. Das Second Empire zerbrach 18 Jahre später im franz.-dt. Krieg (Schlacht u. Kapitulation von Sedan 2. 9 1870). Nach der Freilassung aus Kriegsgefangenschaft (Schloß Wilhelmshöhe vor Kassel) ging N. nach England. V. →Hugo bekämpfte das persönl. Regiment des ›kleinen Napoléon‹ aus dem Exil. É. Zola konzipierte den Romanzyklus →*Les Rougon-Macquart* als Familienchronik des Zweiten Kaiserreichs u. beschloß ihn mit dem moral. u. militär. Zusammenbruch der napoleon. Herrschaft.

A. Dansette, Histoire du Second Empire, 1961; N. III et l'Europe, hg. J. de Launay, Brüssel 1965; M. Descotes, Le personnage de N. dans les Rougon-Macquart, 1970; W. H. C. Smith, N., 1982.

Narcejac, Thomas →Boileau, Pierre Louis.

Nasty, Sektierer in →*Le diable et le bon dieu* von Sartre, der unerschütterl. die Rolle des Fanatikers ausfüllt u. dadurch den Wandel der Hauptfigur, des Söldnerführers Goetz, sichtbar macht.

Les Natchez, Prosaepos von François-René de →Chateaubriand, entstanden vor 1798 u. 1826, EA 1826. Während s. Londonaufenthalts verfaßte Chateaubriand e. umfangreiches Ms. von ca. 2300 Seiten, aus dem er zwei größere Einzelteile herauslöste u. als selbständige Erzählungen veröffentlichte: →*Atala*, →*René*. Die *N.* waren zunächst als exot. Roman konzipiert u. sollten die Geschichte e. Indianerstamms im frühen 18. Jh. darstellen, den der Franzose René im Kampf gegen die Irokesen unterstützt. Die Umarbeitung zum Epos orientierte sich am Stil des Abbé →Delille; Chateaubriand wählte e. klassizist. ›style noble‹ u. archaisierende Periphrasen für mod. Gegenstände: e. Stiefel wird zum ›cuir noir, dépouille du buffle sauvage‹.

R. Lebègue, Réalités et résultats du voyage de Chateaubriand en Amérique, RhlF 1968.

Naturalisme, Kunststil, der dem Genauigkeitsideal des experimentierenden Naturforschers entspricht. 1769 verwandte Nougaret ›naturaliste‹ zur Charakterisierung von Stücken, die den banalen Alltag darstellen, Sainte-Beuve strebte nach Anerkennung als ›naturaliste des esprits‹. Baudelaire bezeichnete den Maler Hunt 1859 als ›naturaliste‹. Erst Émile →Zola sicherte die naturalist. Ästhetik für erzählende u. dramat. Dichtung in Anlehnung an Auguste →Comte, Claude →Bernard, Hippolyte →Taine u. die →Goncourts u. realisierte sie speziell im Gesellschaftsroman (Zyklus →*Les Rougon-Macquart*). Bereits in der Vorrede zur Zweitausgabe von →*Thérèse Raquin* (1868) erklärte Zola s. hybride Zielsetzung; jedes Kapitel des Romans ist als physiolog. Studie geplant u. macht moral. Konventionen hinfällig. Erbmasse, rass. Bedingtheit u. das Milieu als sozialgeschichtl. Faktor determinieren menschl. Verhalten (Vorrede zu *Les Rougon-Macquart, Le roman expérimental*). Vom Realismus unterscheidet sich der N. durch die Verstärkung des wiss. Anspruchs, der zudem bei der Konzeption des Romans als e. ›histoire naturelle‹ materialist. Argumentation folgt, durch das Interesse für die Arbeiterklasse (auch bei Jules →Vallès) u. Psychopathologie sowie durch die Aufhebung erot. Tabus, namentl. bei den Goncourts. Die naturalist. Romansprache sichert die Illusion durch fachsprachl. Vokabular, Wendungen der Umgangssprache u. das Argot, das nicht mehr, wie beispielsweise in d. klass. u. klassizist. Kom., mit kom. Effekt eingesetzt wird. Blütezeit des N. als Errungenschaft Zolas u. s. Médan-Kreises sowie der Goncourts waren die Jahre 1865–1887 *(→Manifeste des cinq)*; er wurde schulbildend für die europ. u. amerikan. Lit. Seit 1880 freil. wurden theoret. Einwände gegen den franz. N. erhoben, so von Camille Berriat u. Albert Hermann im *Petit traité de littérature naturaliste;* →Maupassant hatte sich dem N. nie bedingungslos unterworfen, A. France u., seit *→A rebours,* auch der frühere Naturalist Huysmans wahrten die Tradition des iron. Märchens und des dekadenten Mystizismus.

É. Zola, Le roman expérimental, 1880; F. Brunetière, Le roman naturaliste, 1883; P. Martino, Le n. frç., 1923; [6]1966; A. Fejes, Le théâtre naturaliste en France, Lausanne 1925; L. Fischer, Kampf um den Naturalismus, Diss. Rostock 1930; R. König, Die naturalist. Ästhetik in Frkr., 1931; L. Deffoux, N., 1939; Ch. Beuchat, Histoire du n. frç., II 1949; P. Cogny, N., 1953; R. Dumesnil, Réalisme et n., [2]1955; Cahiers naturalistes, 1955 ff.; C. Burns, Nouvelles perspectives sur le n., StFr 1965; E. Knight, A theory of the classical novel, London 1969; Le n., Colloque 1976, 1978; Ch. Bürger u. a. (Hg.), Naturalismus/Ästhetizismus, 1979; Ch. Charle, La crise littéraire à l'époque du n., 1979; R.-P. Colin, Schopenhauer en France, un mythe naturaliste, Lyon 1979; J. Borie, Mythologies de l'hérédité au XIXe siècle, 1981; Y. Chevrel, Le n., 1982; H. Mitterand, Le regard et le signe, 1987; A. Pagès, N., 1989; A. F. Luc, N. belge, Brüssel 1990; B. Nelson, Naturalism in the European novel, New York 1992.

Le naturalisme au théâtre (1881), Dramentheorie von Émile →Zola, der das naturalist. Theater in der Tradition der klass. Trag. ansiedelt, da die romant. Dramen als ›opéras à grand spectacle‹ die Charakteranalyse vernachlässigt haben. Zola glaubt, Stoff- u. Formerwartung des klass. Schauspiels verselbständigen zu können, um ein Modell für einfache Handlungsstränge und Seelenzergliederung zu gewinnen, das auf unklass. Personal u. banale Wirklichkeit anwendbar wird. Dadurch müßte es gelingen, die traditionelle Wahrscheinlichkeitskonzeption in e. Wirklichkeitsillusion zu transponieren. Die herkömml. Bauformen (Exposition, Schürzung des Knotens, Peripetie, Katastrophe u. Entflechtung) werden als lit. Zwänge jedoch verworfen; Drama u. Roman sind verwandte Gattungen, freil. nicht im Sinn der Theoretiker der ersten Jh.hälfte, die den dramat. Roman von Walter Scott herleiteten. Der Dramatiker protokolliert vielmehr, im absichtl. Verzicht auf e. a priori konstruierte Intrige e. Wirklichkeitszusammenhang, dessen Konflikthaltigkeit nicht primär von der seel., sondern der materiellen Verfassung ausgeht. Zolas eigene Bühnenpraxis illustrierte die Brauchbarkeit der Thesen nur unvollständig (vgl. auch Becque, O. Mirbeau).

Nau, John-Antoine (eig. Antoine Torquet), 1860 San Francisco – 1918, seit 1863 in Frkr., Matrose, Autor exot. Romane u. Erzählungen (*Cristobal le poète,* 1912; *Thérèse*

Donati, 1921), Lyriker (*Au seuil de l'espoir,* 1897; *Vers la fée Viviane,* 1908; *En suivant les goélands,* 1914), erster Träger des Prix Goncourt (1901).

Naudé, Gabriel, 3.2.1600 Paris – 30.7.1653 Abbeville, Mediziner, Aristoteliker, seit 1628 mit Gassendi bekannt; 1630 bis 1640 als Begleiter e. Nuntius in Italien, Bibliothekar von Richelieu u. Mazarin. In Anlehnung an Machiavelli entwikkelte N. e. geschichtsphilosophische Methode (*Considérations politiques sur les coups d'état,* Rom 1639; im 18. Jh. plagiiert) u. setzte vor Bayle u. Fontenelle zur Legendenkritik an. Von N. stammen mod. Richtlinien der Bibliotheksorganisation.

D. E. Curtis, Progress and eternal recurrence in the work of N., Hull 1967.

Naudé, Philippe, 28.12.1654 Metz – 7.3.1729 Berlin, protestant. Theologe u. Mathematiker, seit 1687 in Preußen, wo er an der Gründung der Berliner Akademie mitwirkte; Gegner von →Bayle in *La souveraine perfection de dieu* (II 1708), *Réfutation du commentaire philosophique* (II 1718).

La nausée, Roman von Jean-Paul →Sartre, entstanden 1934 Berlin (Arbeitstitel: *Melancholia*), EA 1938. *N.* ist das fiktive Tagebuch des Antoine Roquentin, der nach Reisen in Europa, Afrika u. dem Fernen Osten seit drei Jahren in Bouville lebt, um s. Stud. über den Marquis de Rollebon abzuschließen. Die Doppelstruktur des Werkes wird in dem ›Feuillet sans date‹, das *N.* eröffnet, vorgezeichnet: Die Entdeckung der feuchten Unterseite e. scheinbar glatten u. trockenen Kiesels ruft in Roquentin Ekel hervor, da er sich das Phänomen nicht vernünftig erklären kann. ›Si je savais seulement de quoi j'ai eu peur, j'aurais déjà fait un grand pas.‹ Er findet sich mit der Unbegreiflichkeit ab, als er sich s. bürgerl. Wohlbehagens versichert hat: ›Ce soir, je suis bien à l'aise, bien bourgeoisement dans le monde.‹ S. wiss. Tätigkeit ist für das ontolog. Anliegen nicht unerhebl. Roquentin, der sich mit s. Ekel auseinandersetzen muß, ist ganz auf die Gegenwart fixiert, darum bezweifelt er schließl. den Wert der Historiographie, die sich nicht mit Realem, sondern Imaginärem befaßt. S. Haß auf die Bürger von Bouville (›Eux aussi, pour exister, il faut qu'ils se mettent à plusieurs‹) ist Teil s. Selbsthasses. Die phys. Person, das Leibl. als das Unbegründbare, Undurchschaubare widert ihn an. Aber der Haß auf die Existenz ist schon e. Form des Daseins; wenn z.B. Roquentin mit Françoise, der Chefin d. Stammcafés intim wird, redet er fast nichts. ›A quoi bon? Chacun pour soi ...‹ Auch menschl. Kommunikation heilt ihn nicht. Weil das Körperl. als das Nichtableitbare u. Unlog. Ekel hervorruft, kann das Nichtdingl., die Kunst, Rettung verheißen. Dabei übertrifft die Musik noch die Malerei. Während Roquentin im Café auf Françoise wartet, läßt er die Platte mit dem Song *Some of these days,* den er 1917 in La Rochelle von amerikan. Soldaten gehört hat, auflegen. Mit e. Schlag ist s. Ekel verschwunden; dem Vagen, Schlaffen u. Feuchten tritt das Klare, Harte mit ›metall. Transparenz‹ entgegen. Die Melodie ist nicht an die phys. Beschaffenheit der Platte gebunden. ›Elle est au-delà – toujours au-delà de quelque chose, d'une voix, d'une notion de violon‹. Sie existiert nicht, sie ist. Hier liegt der Schlüssel zum Verständnis der existentiellen

Haltung. Roquentin vertraut darauf, daß die Schaffung e. Kunstwerks den Versuch, sich von der Existenz reinzuwaschen, bedeutet. Ohne Kontingenz, ohne das Merkmal des ›de trop‹, ohne geheimes Komplizentum mit der erlebten zufälligen Wirklichkeit, sind ästhet. Leistungen sinnstiftende Kommunikation. Roquentin nimmt sich vor, e. Roman zu schreiben (vgl. auch Proust; Butor, *La modification*). In e. Interview (*Le Monde* 18.4. 1964) bemerkte Sartre krit. zu s. Einstellung von 1938, ihr mangelte es am Sinn für die Wirklichkeit, den er seitdem erworben habe. Damals wurde der Roman als Innovation begrüßt, die Kritik würdigte die Auflösung traditioneller Intrigen zugunsten ontolog. Reflexionen *(→L'être et le néant)*. Die Substanz des Protagonisten liegt in dem beschlossen, was mit ihm geschieht u. was er aus s. Situation macht. Der im herkömml. Bekenntnisroman problemat. Gegensatz von Innen u. Außen ist in *N.* irrelevant geworden; die Person, die nicht mehr von der Welt zu trennen ist, erkennt sich in der Welt. Es entspricht der sozialen Stellung Roquentins u. des von Sartre gewählten Publikums, daß e. sinnvolle menschl. Praxis mit der Schaffung e. Kunstwerks, hier e. Romans, gleichgesetzt wird. Der Held wählt die Lit. gegen die Existenz, damit aber auch das Imaginäre gegen die Entfremdung; wie er sich die Melodie, die er passiv genossen hat, ›hinter‹ den ›épaisseurs d'existence‹ dachte, hofft er, daß der Roman einmal ›hinter‹ s. Existenz liegen wird. Dadurch würde er von der Fixierung auf die Gegenwart, die der Ekel erzwungen hat, befreit werden. ›Et j'arriverais – au passé, rien qu'au passé – à m'accepter‹. Später, als Sartre *Les mots* verfaßte, war er von der Reichweite dieser Entscheidung nicht mehr überzeugt.

H. Krauß, Die Praxis der ›littérature engagée‹ im Werk J.-P. Sartres 1938–48, 1970; H.-W. Funke, Die geschichtslose Welt des Antoine Roquentin, Beitr. zur roman. Philologie 2, 1970 (1971); P. Reed, N., London 1987.

Navarre, Yves, 24.9. 1940 Condom, Redakteur in Nachrichten- u. Werbeagenturen; Romancier seit 1971; u. a. *Lady Black,* 1971; *Les loukoums,* 1973; *Le cœur qui cogne,* 1974; *Killer,* 1975; *Les jardins d'acclimatation,* Prix Goncourt, 1980; *Biographie,* 1981; *L'espérance de beaux voyages,* 1984). S. Leitthema ist die Rekonstruktion e. Vorgeschichte ohne Nostalgie.

Necker, Jacques, 30.9. 1732 Genf – 9.4. 1805 Coppet/Vaud, Vater der G. de →Staël, Diplomat, Bankier, zeichnete in *L'éloge de Colbert* (Preisausgabe der Ac. frçe. 1773) das Idealbild e. Ministers aus eigenem Karriereverständnis. Nach der Veröffentlichung der Schrift *Essai sur la législation et le commerce des grains* (1775) wurde der Gegner der Physiokraten 1777–81 u. wieder 1788-90 zum Finanzminister berufen. S. Entlassung am 11.7.1789, die wieder rückgängig gemacht wurde, war mit ein Anlaß zum Sturm auf die Bastille (*Œuvres complètes,* XV 1820 f.).

E. Chapuisat, N., 1935; P. Jolly, N., ²1951.

Necker, Suzanne, 2.6. 1737 Crassier/Vaud – 6.5. 1794 Lausanne, seit 1765 verheiratet mit Jacques →N., Mutter der G. de →Staël. In ihrem Pariser Salon trafen sich zunächst Bernardin de Saint-Pierre, Buffon, D'Alembert, Diderot, Galiani, Grimm, Marmontel, Morellet, Raynal, später kamen Diplomaten u. Politiker hinzu.

Nègre (1757), Metapher für e. Lohnschreiber im Auftrag e. Autors, der auf dem Markt bereits e. zugkräftigen Namen hat; in der Regel bleibt der N. ungenannt (→Apollinaire). Sprichwörtlich wurden die ›n.s d'A. Dumas‹ (→Maquet). Durch das wachsende Publikumsinteresse an sog. dokumentar. Lit. (Essays, Memoiren von Politikern, Stars, aber auch der Stimme aus dem Volk) ist der N. im 20. Jh. zur unmoral. Gestalt (›écrivain public‹) in der Medienlandschaft geworden. Von dieser Praxis abweichend nennt z. B. →Druon s. Mitarbeiter.

Les nègres, Einakter von Jean →Genet, entstanden 1957–58, EA 1958, Urauff. 28. 10. 1958 Théâtre de Lutèce, Paris. Neger sind Komödianten, u. Unterdrückte zugleich. Vor e. Gruppe, die die Masken u. Kostüme ihrer Unterdrükker tragen, führen andere Schwarze Rassenkampf u. Ritualmord im Tanz um die Leiche e. weißen Frau vor. Die Gerichtssituation (vgl. auch Artaud u. Arrabal) gibt dem Spiel im Spiel neue Impulse, rückt alles Bühnengeschehen jedoch auch in die Nähe des Totenreichs. Genet versteht die Handlung als ›Zeremonie‹, nicht als ›Maskerade‹, sie soll Emotionen freisetzen angesichts des Umstands, daß Rollenträger u. Zuschauer das sind, was man von ihnen verlangt. Die Neger müssen ihren Haß gegen die Weißen bewußt spielen, aber sie siegen nur in e. imaginären Dimension, da sie noch in der Mentalität u. Phraseologie ihrer Feinde befangen sind. Die Entdeckung ihrer Kulturlosigkeit, e. Folge der Sklavenherrschaft, als negatives Ereignis wird ihre Befreiung einleiten.

K. P. Steiger, J. Genet: N. (Das mod. franz. Drama, hg. W. Pabst), 1971.

Négritude, kultureller und polit. Begriff, den Aimé →Césaire 1939 prägte; Ausdruck des afrokarib. Selbstbewußtseins, das die europ. Hegemonie im intellektuellen u. ästhet. Bereich leugnet. Erst später wird N. in den franz. Kolonien der Antillen u. Afrikas explizit zum polit. Kampfbegriff, auch bei →Senghor.

J. Jahn, Muntu, 1958; L. V. Thomas, Actes du colloque sur la littérature africaine d'expression frçe., Dakar 1965; H. Rogmann, Die Thematik der Negerdichtung in span., franz. u. portug. Sprache, Diss. München 1966; I. L. Markovitz, L. S. Senghor and the politics of negritude, New York 1969; B. Mouralis, Individu et collectivité dans le roman négro-africain d'expression frçe., Abidjan II 1969; S. Adotevi, N. et négrologues, 1972; J.-G. Prosper, Histoire de la littérature mauricienne de langue frçe., 1979; J. Leiner, Imaginaire ... négritude, 1980; E. Glissant, Le discours antillais, 1981.

Némirovsky, Irène, 24. 2. 1903 Kiew – 1944 in e. KZ, russ. Abstammung, bekannt durch ihren zweiten Roman, *David Golder* (1929), der Geschichte e. jüd. Bankiers; später erschienen *Le vin de solitude* (1931), *Le bal, L'affaire Gouriloff, Le pion sur l'échiquier* (1934), *Jézabel* (1937), breite Fresken der Gesellschaft in der Zwischenkriegszeit.

Neolateinische Dichtung, Lit. in lat. Sprache, entwickelte sich während der Renaissance in den drei Zentren Lyon (Maurice und Guillaume Scève, Nicolas Bourbon, Guilbert Ducher, Antoine Du Moulin), Bordeaux (Dramatiker Buchanan u. Muret), Poitiers (Salmon Macrin, Pierre Fauveau) sowie in Paris, Bourges und Toulouse. Insbes. die Jesuitenkollegs pflegten lat. Schuldramen (seit 1525 etwa) zur rhetor. Schulung u. gegenreformator. Propaganda.

Nérac/Lot-et-Garonne, e. Zentrum der Renaissancekultur, als

→Marguerite von Navarra auf Schloß N. Calvin, Marot u. Lefèvre d'Étaples um sich versammelte.

Nerval, Gérard de (eig. Gérard Labrunie), 22. 5. 1808 Paris – 25. oder 26. 1. 1855 ebda. (erhängt aufgefunden), Sohn e. Mediziners, der im Dezember 1808 Militärarzt bei der Rheinarmee wurde. 1810 starb N.s Mutter in Schlesien; im Pariser Lycée Charlemagne schloß er Freundschaft mit Théophile Gautier. 1826 übersetzte er *Faust I* u. veröffentlichte erste Gedichte *(Napoléon ou la France guerrière, élégies nationales)*. Seit 1828 stand er in Verbindung mit Victor Hugo u. dem Cénacle; er dramatisierte Szenen der Faust-Geschichte u. Hugos Schauerroman *Han d'Islande* (1829, hg. Gisèle Marie 1939), schrieb die *Études sur les poètes allemands* (1830) u. gründete die Zs. *Monde dramatique* (1835/36), u. a. auch zur Verherrlichung der Schauspielerin Jenny →Colon, s. unglückl. Liebe bis 1838. N. reiste 1834 nach Italien, 1836 mit Gautier nach Belgien, 1838 mit Dumas nach Dtl., wo er Unterlagen für das Drama *Léo Burckart* (1839) sammelte. 1839 hielt er sich in Wien auf, lernte Marie Pleyel kennen. 1840 übersetzte er *Faust II.* Ende Februar 1841 zeigten sich die ersten Symptome e. Nervenkrankheit; N. unterzog sich e. Behandlung bei Dr. Blanche auf Montmartre. Von Jan.–Dez. 1843 reiste er über Malta nach Ägypten, Syrien, Zypern, Konstantinopel u. Neapel (*Voyage en Orient,* 1852). Nach weiteren Reisen (Belgien, Niederlande, England) übersetzte N. Gedichte von Heine (*Revue des deux mondes,* Juli 1848) u. schloß mit dem Autor Freundschaft. 1849 zwangen ihn Anfälle, sich erneut in Behandlung zu begeben. 1850, 1851, 1853 u. 1854 verstärkten sich die Krisen. Aus der bevorzugten Beschäftigung mit dt. Lit. entstand *Lorely, souvenirs d'Allemagne* (1852). Seit 1853 wechseln Perioden geistiger Umnachtung mit Phasen der Einsicht in die Möglichkeiten des Übergangs vom Phys. ins Metaphys. ab; auf der Grundlage der Selbstbeobachtung rekonstruiert der Dichter e. myst. Kosmogonie (*Les illuminés,* 1852; →*Les filles du feu,* →*Les chimères,* →*Aurélia ou le rêve de la vie; Les petits châteaux de Bohême, Contes et facéties,* 1854). Am 19. 10. 1854 wurde N. aus der Klinik des Dr. Blanche entlassen; die letzten Monate s. Lebens vagabundierte er durch Paris (*Correspondance,* hg. J. Marsan 1911; *OC* éd. J. Guillaume et Cl. Pichois, III 1984–93; *Œuvres,* hg. A. Béguin/J. Richer II 1952–56, H. Lemaître II 1958; *Œuvres complémentaires,* IV 1959–81; *Ébauches dramatiques,* hg. J. Senelier 1969). Baudelaire u. Barrès haben N.s künstler. Rang entdeckt. Vor allem durch die hermet. Lyrik der *Chimères* mit ihrer poet. Alchimie u. ihrem stark synkretist. Charakter bereitete N. den symbolist. Stilwillen in der zweiten Hälfte des 19. Jh. vor. Er bewältigte die Situation e. unpoet. Realität, indem er der Dichtung die Aufgabe zuwies, e. mag. Harmonie hervorzubringen. Der Mythos des Ewigweibl., myst. begründete Unendlichkeitssehnsucht u. Trauer um das verlorene Paradies der Kindheit sind Merkmale der Dichtung N.s. Er setzt e. Alleinheit der Empfindungen u. Mythen voraus, Poesie stiftet Reinkarnation. Riten u. Folklore beinhalten die Botschaft von der göttergleichen Frau in versch. Gestalt, vom Doppelgänger (*L'histoire du calife Hakem,* 1847), von Rettung und Verdammung. In den Traumlandschaften, die er festhielt, suchte N. nach der eigenen

Identität, da die banale Wirklichkeit keine Antwort auf die letzten Sinnfragen erteilte. Damit wirkte er nachhaltig auf →Rimbaud u. die Surrealisten um →Breton.

J. Richer, N. et les doctrines ésotériques, 1947; ders., N., 1963; ders., Nouveaux documents sur les Monténégrins, 1968; ders., N. par les témoins de sa vie, 1970; R. Jean, N. par lui-même, 1964; M. Krüger, N. Darstellung u. Deutung des Todes, 1966; G. Poulet, Trois essais de mythologie romantique, 1966; J. Senelier, Bibl. nervalienne 1960–67 et compléments antérieurs, 1968; J. Villas, N., a critical bibl. 1900 to 1967, Columbia 1968; N. di Girolamo, Miti e simboli napoletani nell'opera di N., Turin 1968; K. Schärer, Thématique de N., 1968; R. Chambers, N. et la poétique du voyage, 1969; G. R. Humphrey, L'esthétique de la poésie de N., 1970; P.-G. Castex, Sylvie de N., 1970; P. Bénichou, N. et la chanson folklorique, 1971; R. Chambers, L'ange et l'automate, variations sur le mythe de l'actrice, de N. à Proust, 1971; A. Lebois, Fabuleux N., 1972; A. Grossvogel, Le pouvoir du nom. Essai sur N., 1972; J.-M. Bailbé N., 1976; G. Schaeffer, Une double lecture de N., Neuchâtel 1977; R. Faurisson, La clé des Chimères et autres chimères de N., 1977; Ch. Bomboir, Les lettres d'amour de N., 1978; M. Jeanneret, La lettre perdue, écriture et folie dans l'œuvre de N., 1978; E. Leube, N., in: W.-D. Lange (Hg.), Franz. Lit. des 19. Jh.s II, 1980; P. Gascar, N. et son temps, 1981; J. Senelier, Bibl. nervalienne 1968–1980, 1982.

Nesson, Pierre de, 1383 Aigueperse/Puy-de-Dôme – Mitte 15. Jh., Hofdichter des Hzg.s von Berry, rivalisierte mit Alain Chartier *(Le lai de guerre),* Autor der bedrükkenden *Vigiles des morts,* e. Auslegung des Buches Hiob unter dem Eindruck der Verwüstungen des 100jähr. Krieges.

A. Piaget/E. Droz, N. et ses œuvres, 1925.

Le neveu de Rameau, Satire in Dialogform von Denis →Diderot, entstanden nach 1761, EA 1821 als Rückübs. der dt. Version von Goethe 1805, nach e. Hs. des Autors 1823 verbesserte Ausgaben 1875, 1884, 1891, hg. J. Fabre 1950. Der Neffe des Komponisten Rameau, Jean-François R., Organist u. Musiklehrer, von unstetem u. streitsüchtigem, dabei elementarem Wesen, war e. Produkt der Caféhäuser, in denen er als Stammgast verkehrte, nicht der Salons, zu denen ihm der Zutritt verwehrt war. Während L.-S. Mercier ihn als sympath. schilderte, verkörperte er für Diderot den Feind der Aufklärung, Parteigänger von →Fréron u. →Palissot, u. den Zyniker, dessen Ansichten u. Auftreten ihn jedoch zum intelligenten Gesprächspartner machen. S. provozierende Amoral u. s. bohèmehaftes Einzelgängertum erwecken Bewunderung, hinter s. Pantomimik steht e. konsequente Lebensphilosophie: ›Il n'y a dans tout un royaume qu'un homme qui marche c'est le souverain; tout le reste prend des positions.‹ Tiermetaphern bezwekken die Entmystifizierung sozialer Tugenden. Diderot gesteht, daß er aus den Unterhaltungen mit Rameaus Neffen soviel gelernt habe wie aus den Erzählungen Rabelais' u. Galianis, Einsicht in Gründe u. Funktionen der Maske bei seriösen Personen; dabei ist keiner der beiden Gesprächspartner e. wirkl. getreues Ebenbild des Autors bzw. Rameaus. Es ist Diderots Absicht, im Spiel von Frage u. Antwort Hypothesen zu konfrontieren, ohne daß der Leser gleich gezwungen würde, sich für e. Meinung zu entscheiden. Offenkundig nahm der Autor den Begriff Satire in *N.* in s. Ursinn, d. h. als stoffl. Vermischung.

R. Schlösser, Rameaus Neffe, Stud. u. Untersuchung zur Einführung in Goethes Übs. des Diderotschen Dialogs, 1900; J. Doolittle, Rameau's nephew. A Study of Diderot's second satire, Genf 1960; J. Leutrat, Autour de la genèse du N., RhlF 1968; D. O'Gorman, Diderot the satirist. N. and related works, an analysis, Toronto 1971.

Neveux, Georges, 25. 8. 1900 Poltava/Rußland – 1983, Vater Franzose, Mutter Russin. N. verlebte s. Kindheit u. Jugend in Rußland, Frkr. u. Nordafrika, studierte Rechtswiss. u. Medizin, arbeitete als Anwalt u. Journalist in Südfrkr., ehe er 1927 in Paris Sekretär von Louis Jouvet wurde. Im surrealist. Stil schrieb N. Gedichte (*La beauté du diable,* 1929; *Proverbiales,* 1950), während s. Theater, vor allem an Giraudoux u. Salacrou inspiriert, bürgerl. Anpassung bloßstellte (*Contrebande,* 1928; *Juliette ou la clef des songes,* 1930; *Le bureau central de mes rêves,* 1930; *Ma chance et ma chanson,* 1932; *Le voyage de Thésée,* 1943; →*Plainte contre inconnu, Le fils de Rochelle,* 1953; *Zamore,* 1953; *Le chien du jardinier,* 1955; *Le système deux,* 1956; *La voleuse de Londres,* 1960; *La roulette et le souterrain,* 1967). N. schrieb Filmdrehbücher, übersetzte Shakespeare u. Huxley u. bearbeitete Dostoevskji; erfolgreiche Fernsehbearbeitung der Biographie des anrüchigen Chefs der Pariser Sûreté, Vidocq.

Nicole, Pierre, 19. 10. 1625 Chartres – 16. 11. 1695 Paris, Theologiestud., jedoch Tätigkeit als Lit.lehrer (*Traité de la vraie et de la fausse beauté dans les ouvrages d'esprit,* 1659); seit s. Jugend mit →Port-Royal verbunden, nach 1654 Beteiligung an den Kontroversen um das Kloster, Mitarbeit an Pascals *Provinciales.* Zusammen mit Antoine Arnauld gab N. die *Logik* von Port-Royal heraus. Wiederholt polemisierte er gegen die Hugenotten (*Perpétuité de la foi,* 1664; *Préjugés légitimes contre les calvinistes,* 1671). Aus dem niederländ. Exil, das er 1679 zusammen mit Arnauld wählte, kehrte er im Mai 1683 nach Chartres u. später nach Paris zurück. S. *Essais de morale* (IV 1671–78) erklären wie La Rochefoucaulds Maximen das sittl. Verhalten aus der Eigenliebe, freil. um das Bild des ›honnête homme‹ als Zerrbild e. Christen zu denunzieren. In den dritten Band ist der *Traité de la comédie* aufgenommen.

E. Thouverez, N., 1926; J. Leclercq, Jansénisme et doctrine de la prière chez N., Louvain 1951.

Nimier, Roger, 31. 10. 1925 Paris – 8. 9. 1962 bei Paris (Verkehrsunfall), aus breton. Familie; Lycée Pasteur in Paris, Stud. Philos.; seit 1942 wirtschaftl. von s. Eltern unabhängig, nach dem Krieg Journalist u. Mitarbeiter des Verlags Gallimard. N., der sich Stendhal, das sardon. Dandytum bei Barbey d'Aurevilly u. Radiguet zum Vorbild nahm, orientierte sich in s. Romanwerk jedoch auch kompromißbereit am Erwartungshorizont einer Leserschaft, die durch romaneske und erot. Abenteuer unterhalten sein will. Condottieri-Figuren, Salonlöwen u. Künstlernaturen romant. Art entsprechen diesem Geschmacksideal (*Les épées,* 1948; *Perfide,* 1950; *Le hussard bleu,* 1950; *Les enfants tristes,* 1951; *Histoire d'un amour,* 1953; *D'Artagnan amoureux ou cinq ans avant,* 1962). Im Essay *Le grand d'Espagne* (1950) klagte N. die Gegenwart an, die der Jugend noch Kultur vermittle, während ihre Voraussetzung, die kulturtragende Gesellschaft, bereits untergegangen sei. Im Zeitalter der Verachtung trägt die Jugend Masken u. stilisiert ihre ›désinvolture‹. Postum erschienen der Sammelbd. *Journées de lecture* (1965, mit e. Einleitung vom M. Jouhandeau) u. e. Frühwerk N.s., *L'étrangère* (1968, mit e. Vorwort von P. Morand) sowie 1981 e. Aufsatzbd., *L'élève d'Aristote;* Korrespondenz mit J. Chadourne, 1984.

Y. Berger, N. (Écrivains d'aujourd'hui 1940–1960, hg. B. Pingaud), 1960; M. Dambre, N., 1989.

Niniane (auch Viviane), ›la Damoiselle Chasseresse‹ oder ›la Damoiselle du Lac‹, e. Fee, die Merlin erzieht; sie ist die Adoptivmutter von Lancelot du Lac.

Nisard, Désiré, 20. 3. 1806 Châtillon-sur-Seine – 25. 3. 1888 San Remo, Redakteur des *Journal des débats,* 1835 Lit.prof. an der ENS; Gegner der Romantik (*Manifeste contre la littérature facile,* 1833). Als Lit.historiker definiert er nach e. ersten Überblick den Genius e. Epoche, um dann Einzelwerke daraufhin zu untersuchen, ob sie dem aprior. gewonnenen u. nicht weiter revidierten Maßstab entsprechen. Entscheidend für N. ist, ob e. Autor das Herrschende lit. Ideal anerkennt oder es verrät; s. Verhältnis zu anderen Schriftstellern sowie die Abhängigkeit des Dichters von Produktions- u. Wirkungsbedingungen ist unerhebl. Der Geist der franz. Lit. garantiert für N. die Einheit der Lit.betrachtung (*Histoire de la littérature française,* 1844–49). 1850 wurde N. in der Ac. frçe. Nachfolger des Abbé de Féletz.

E. Equey, N. et son œuvre, Bern 1903.

Nithard, gest. 844, fränk. Historiograph, Enkel Karls des Gr. Er konzipierte nach 841 auf Betreiben Karls des Kahlen zur Rechtfertigung von dessen polit. Verhalten die *Historiarum libri quattuor.* Karl schloß nach dem Sieg über Lothar bei Fontenoy (24. 4. 841) mit s. Halbbruder Ludwig dem Deutschen e. Beistandspakt *(→Serments de Strasbourg).* Nithards Geschichtswerk endet bei den Vorverhandlungen zum Vertrag von Verdun (843).

Nivelle de La Chaussée, Pierre Claude, 1691 oder 1692 Paris – 14. 3. 1754 ebda., aus großbürgerl. Haus, begann in den 30er Jahren zu schreiben u. setzte in Frkr. die pathoshaltige →Comédie larmoyante durch (vgl. auch Dancourt, Destouches): *La fausse antipathie,* 1733; *Le préjugé à la mode,* Urauff. 3. 2. 1732; *L'école des amis,* 1737; *Mélanide,* 1741; *Paméla,* 1743; *L'école des mères,* 1744; *La gouvernante,* Urauff. 18. 1. 1747; *L'école de la jeunesse,* 1749, u. *L'homme de fortune,* 1751. Der starke romaneske Einschlag stellt den vom Autor erhobenen didakt. Anspruch wieder in Frage; in jedes Stück ist e. Rolle eingebaut, deren Träger entweder sich selbst nicht kennt bzw. dessen Identität e. Person s. Umgebung verborgen ist (vgl. zur Méprise u. Reconnaissance Molière, Crébillon u. später Diderot, *Le fils naturel*). Die Enthüllung wird, etwa in *Mélanide,* pathet. retardiert, bis der Held, auf den sich das Mitleid des Publikums richtet, erfährt, wer s. unglückl. Mutter ist u. warum s. Vater dasselbe Mädchen liebt wie er. Der Abbé Desfontaines schlug 1741 für solche Werke, die weder trag. noch kom. im klass. Sinn u. dennoch theatral. sind, die Bezeichnung →›drame‹ vor. Neben diesen Stücken, die nur vom Titel her, gelegentl. jedoch in krit. Absicht, auf Molière anspielen, entstanden traditionelle Lustspiele (*Amour pour amour,* 1742; *Le rival de lui-même,* 1746; *L'amour castillan,* 1747; *Le retour imprévu,* 1756) u. die Trag. *Maximien* (1738, nach Th. Corneilles *Maximian*) sowie *Palmire, reine d'Assyrie* (1739).

G. Lanson, N. et la comédie larmoyante, [2]1903.

Nivernais, Louis-Jules Barbon Mancini-Mazarin, duc de, 11. 12. 1716 Paris – 25. 2. 1798 ebda., Botschafter, Mitgl. des Kabinetts Necker 1789, Mitgl. der Ac. des inscriptions et belles-lettres und

Nachfolger Massillons in der Ac. frçe. Von s. Werken (galante Lyrik, Salonkom.) wurden die Fabeln (II 1796) als klass. Leistung gerühmt (vgl. auch Florian). N. übersetzte aus dem Lat. (Tacitus, Ovid), Engl. (Pope) u. Ital. (Ariosto, Marino), schrieb vier Totendialoge (vgl. auch Fénelon, Fontenelle) u. die *Réflexions sur le génie d'Horace, de Despréaux et de Jean-Baptiste Rousseau* (*Œuvres,* VIII 1796). Die umfangreiche Korrespondenz wurde postum 1807 von François de Neufchâteau herausgegeben.

Nizan, Paul, 7. 2. 1905 Tours – 23. 5. 1940 Audruicq/Pas-de-Calais, Stud. ENS, Agrégation in Philos., 1926–39 Mitgl. des PCF, fiel als Soldat; stellte in s. Romanen die Strategie der Volksfrontbündnisse während der III. Republik dar (*Antoine Bloyé,* 1933; *Le cheval de Troie,* 1935; *La conspiration,* Prix Interallié 1938). Die Pamphlete *Aden Arabie* (1932) u. *Les chiens de garde* (1932) gegen den Kolonialismus bzw. die Verfestigung der bürgerl. Ideologie durch das franz. Hochschulsystem wurden bei der Neuausgabe 1960, zumal Sartre *Aden Arabie* mit e. Vorwort versah, stark beachtet. Zwei Sammelbde., *N., intellectuel communiste* (1967) u. *N., Pour une nouvelle culture* (1971), vereinigten Briefe u. Aufsätze. Sie enthüllten e. kohärente Lit.theorie des Autors. Für N. war Dichtung gleichbedeutend mit Propaganda; die bürgerl. Propaganda ist idealist. u. spielt mit verdeckten Karten. Ihre fingierte Interessenlosigkeit zu entlarven, wurde N. nicht müde. Maurois galt ihm als Sprachrohr der Salons, Malraux als Repräsentant der Revolution, die d. Geschick der Menschheit nicht ergeben hinnimmt. N.s Einsatz für die Massen gegen ihre Unterdrücker, für die Demokratie gegen den Faschismus in den 30er Jahren stand unter dem Leitbild der Aufklärung: Lit., wie er sie begriff, sollte entmystifizieren; daher versagte er es sich, Utopien zu schreiben. Wenn die polit. Leidenschaft N. auch dazu verleitet hat, sich an hyperbol. Wendungen zu berauschen, ist s. ästhet. Urteil meist treffsicher; er hat die Ungleichheit der Chancen in Mauriacs Romankonflikten ebenso gesehen wie den konstruierten Sprechstil Célines. N. verfaßte e. Abhandlung über die antiken Materialisten u. 1939 e. *Chronique de septembre* (vgl. auch das Werk von Aragon).

J. Leiner, Le destin littéraire de N. et ses étapes successives, 1970, W. D. Redfern, N., Princeton 1972; A. King, N. écrivain, 1976; P. Ory, N. destin d'un révolté, 1980; A. Cohen-Solal, N., communiste impossible, 1980.

Noailles, Anna-Elisabeth, comtesse Mathieu de, 15. 11. 1876 Paris – 30. 4. 1933 ebda., Tochter des rumän. Prinzen Bibesco de Brancovan u. e. Kreterin, 1897 Heirat mit dem Grafen Mathieu de N., gefeierte Lyrikerin. 1921 mit dem Lit.preis der Ac. frçe. ausgezeichnet u. 1922 in die kgl. belg. Akademie aufgenommen. Bei N. rief das Erlebnis der ird. Hinfälligkeit immer neue, dithyramb. Hingabe an die Natur hervor. Die Formung ihrer poet. Texte, abgesehen von einzelnen Gedichten in der Slg. *Les éblouissements* (1907), wo sie deskriptive Formvaleurs durch Apostrophen beschwingter machte, entwickelte sich substantiell nicht über den Stil von →Verlaine und →Jammes hinaus. Da ihr Pantheismus u. s. ästhet. Sprachform offensichtl. immer weniger Resonanz fanden, wandte sich N. mit moral. Argumenten schließl. gegen das Leistungsvermögen der kreativen Phantasie überhaupt u. feierte die

Vernunft als Lebenshilfe. Ihr bevorzugtes Metrum blieb stets der Alexandriner (*Le cœur innombrable,* 1901; *L'ombre des jours,* 1902; *Les vivants et les morts,* 1913; *Les forces éternelles,* 1920; *L'honneur de souffrir,* 1927; *Poèmes d'enfance,* 1928; *Derniers vers,* 1934). Sie schrieb außerdem die Romane *La nouvelle espérance* (1903), *La domination* (1905), *Les innocents* (1923) u. *Exactitudes* (1930). In ihrem Salon verkehrten Barrès, Proust, Jammes, Colette u. Cocteau.

Ch. Du Bos, La comtesse de N. et le climat du génie, 1949; C. Fournet, Un grand poète frç. moderne, Genf 1950; E. de La Rochefoucauld, N., 1956; L. Perche, N., 1964.

Nobelpreis für Literatur, franz. u. belg. Preisträger: 1901 Sully Prudhomme, 1904 Mistral, 1911 Maeterlinck, 1915 Rolland, 1921 France, 1927 Bergson, 1937 Martin du Gard, 1947 Gide, 1952 Mauriac, 1957 Camus, 1960 Saint-John Perse, 1969 Beckett; 1985 Claude Simon. Sartre lehnte den N. 1964 ab.

Nobles reis, nicht identifizierte Persönlichkeit, der →Marie de France ihre *Lais* widmete (Prolog, v. 43); Heinrich II Plantagenet (1133–1189) oder s. ältester Sohn Heinrich (1155–1183) könnten gemeint sein.

Nodier, Charles, 29. 4. 1780 Besançon – 27. 1. 1844 Paris, s. Vater legitimierte ihn 1791, als er Präsident des Strafgerichtshofs im Dép. Doubs geworden war. 1790 u. erneut 1791 trat N. mit e. patriot. Rede an die Öffentlichkeit, er wurde zur Erziehung dem ehemaligen Kölner Kapuziner Euloge Schneider, der im Elsaß die Terreur organisierte, anvertraut. 1796 Stud. École centrale Besançon, begeisterte Lektüre des *Werther;* Freundschaftsbund mit Charles Weiss, Joseph Deis u. Charles Pertusier, Frühwerke: *Le berger arcadien ou premiers accents d'une flûte champêtre* (1799), *Moi-même* (1800), Entwurf des Romans *Les proscrits, Pensées de Shakespeare* (1801), Romane *Le peintre de Saltzbourg* (1803) u. *Dernier chapitre de mon roman* (1803), außerdem entomolog. Stud. Nach e. Selbstanzeige wurde er 1803 in Paris wegen s. Satire von 1802, *La Napoléone,* verhaftet u., nachdem er ein enkomiast. Gedicht auf den Ersten Konsul verfaßt hatte, in die Franche-Comté abgeschoben. 1806 wies N. in der Vorrede zu *Les tristes* auf den Rang Senancours hin. 1808 Plan e. Emigration nach New Orleans. 1809 wurde N. Privatsekretär von Sir Herbert Croft u. Lady Mary Hamilton, 1811 begann er e. umfangreiche Hg.tätigkeit; 1812 kaiserl. Bibliothekar in Dalmatien, 1814 Mitarbeiter mit festem Vertrag beim *Journal des débats,* von Ludwig XVIII. noch 1814 mit dem Großkreuz des Hl. Ludwig ausgezeichnet. Seit 1817 schrieb N., der sich der Restauration anpaßte, weitere romant. Romane, *Thérèse Aubert, Jean Sbogar* (1818), mit letzterem brachte er sich um die Chance e. Lehrtätigkeit in Charkov, wo der Verfasser e. Banditenromans unerwünscht war. Bei e. Schottlandreise 1821 verfehlte er die persönl. Begegnung mit Scott, anschließend schrieb er die phantast. Erzählungen *Smarra* (1821) u. *Trilby* (1822). V. Hugo lernte durch N. das Dramenwerk L.-S. Merciers kennen; 1824 Ernennung zum Bibliothekar im Arsenal, wo N. e. romant. Zirkel um sich versammelte; Hugo kündigte ihm feierl. die Freundschaft auf, als N. s. Gedichtbd. *Les orientales* 1829 in e. Besprechung indirekt kritisierte. N. beschäftigte sich wieder mit lexikograph. Fragen, veröffentlichte in der *Revue de Paris* s. *Souvenirs et portraits de la Révolution,* schrieb moral. u. phantast. Erzählungen (*Contes,* hg. P.-G. Castex 1961; *Infernalia,* hg. H. Juin 1966), seit 1832 erschien e. Ausgabe letzter Hand bei Renduel (XIII 1832–37). Die Ac. frçe. wählte N. am 17. 10. 1833 zum Mitgl. (Fauteuil 25), 1834 gründete er das *Bulletin du bibliophile;* engere Beziehungen zu Balzac, den er als Nachfolger in der Ac. frçe. gewünscht hätte, tatsächl. wurde Mérimée, der bei der Aufnahme kein Hehl aus s. Kritik an der Lit.konzeption des Vorgängers machte, gewählt. Nach Mme de Staël u. vor Nerval war N. e. der bedeutendsten Vermittler dt. Dichtung an Frkr.; Motive der Schauerromantik u. der Feengeschichte finden sich in s. Romanen u. Erzählungen, die wiederholt e. verlorenes Paradies der Kindheit entwerfen.

M. Menessier-Nodier, N. Épisodes et souvenirs de sa vie, 1867; O. Wiese, Krit. Beiträge zur Gesch. der Jugend u. Jugendwerke N.s 1780–1812, Diss. Kiel 1912; L. Pingaud, La jeunesse de N., 1914; J. Larat, La tradition et l'exotisme dans l'œuvre de N., 1923, ders., Bibl. des œuvres de N., 1923; W. Mönch, N. u. die dt. u. engl. Lit., 1931; M. Held, N. et le romantisme, Biel 1949; E. Duban, N. Les années de jeunesse et de formation, 1951; R. Maixner, N. et l'Illyrie, 1960; A. R. Oliver, N., pilot of romanticism, Syracuse 1964; J. Schulze, Enttäuschung u. Wahnwelt. Stud. zu N.s Erzählungen, 1968; E. J. Bender, Bibl. des œuvres, des lettres et des manuscrits de N., Lafayette/Indiana 1969; H. Juin, N., 1970; W. Engler, Zur Biographie von N., GRM 1970; ders., Die romanästhet. Bedeutung von N.s Frühwerk Moi-même, ZfSL 1971; S. F. Bell, N. His life and works, Chapel Hill 1971; M. S. Hamenachem, N. Essai sur l'imagination mythique, 1972; R. Setbon, N. critique littéraire, Thèse Lille 1973; ders., Libertés d'une écriture critique: N., Genf 1979; Sondernr. Lendemains 25–26, 1982; M. Wachs, Die poet. Verwirklichung von N.s Konzept …, 1987; D. Barrière, N. l'homme du livre, 1989.

Noël, Marie Rouget, gen. Marie, 16. 2. 1883 Auxerre – 23. 12. 1967 ebda., schrieb empfindsame Lyrik, die regionalist. Stofferwartungen entsprach (*Les chansons et les heures,* 1922; *Les chants de la merci,* 1930; *Le rosaire des joies,* 1930; *Chansons populaires,* 1940; *Chants et psaumes d'automne,* 1947; *Petit jour,* 1951; *L'œuvre poétique,* 1956; *La rose rouge,* 1960; *Chants d'arrière saison,* 1961), Kalendergeschichten (*Le voyage de Noël et autres contes,* 1962; *Le cru d'Auxerre,* 1967), das Drama *Le jugement de Don Juan* (1955) u. *Notes intimes* (1959), Zeugnisse e. relig. Krise, die sie auf Anraten ihres Beichtvaters seit 1920 festhielt.

M. Manoll, N., 1962; Schwester Marie-Tharcisius, L'expérience poétique de N., 1962.

Le nœud de vipères (1932), Roman von François →Mauriac. Der Erzähler gestaltet die Lebensbeichte des alten Anwalts Louis als Tagebuchroman; der Protagonist rechtfertigt sich vor s. Frau Isa für s. Verhalten während der gemeinsamen 45 Jahre. Isa wurde ihm fremd, seit er erfuhr, daß sie bereits einmal verlobt war – alle ihre Gefühle erschienen ihm geheuchelt – aber auch weil sie s. berufl. Erfolge nicht zu würdigen verstand. Er provoziert die Familie, spielt sich als atheist. Tyrann auf u. wird aus Habgier am Tod s. Tochter schuldig. Zuerst war er noch stolz auf s. Unverträglichkeit, im Stadium der ›affreuse lucidité‹ versucht er dann, s. Angehörigen zu enterben. Das Vermögen soll an Robert, s. unehel. Sohn in Paris, fallen. Louis glaubt, damit die amoral. Rolle konsequent zu Ende zu spielen, die von ihm erwartet wird; tatsächl. halten ihn s. Angehörigen gerade dazu nicht für fähig. In e. Mischung von Hochmut u. Entsetzen vergleicht Louis s. Herz mit e. Schlangennest. Er weiß nun auch, daß die Veränderung s. Verhaltens e. seel. Katharsis voraussetzt. ›Je cherche celui-là qui accomplirait cette victoire; et il faudrait que lui-même fût le Cœur des cœurs, le centre brûlant de tout amour.‹ Der Tod Isas bestürzt ihn zunächst, vor allem bedauert er, daß sie sich damit s. Rache entzogen hat. Dann erst empfindet er Reue u. wird für den Einbruch der Gnade empfängl. Von deren Wirksamkeit ist Mauriac so tief überzeugt, daß er die Peripetie nur andeutet. Louis trennt sich von s. Vermögen u. unterstützt die Enkelin Janine, die in e. abschließenden Brief die Bekehrung des Großvaters, dessen Journal mitten im Wort ›ador (ation)‹ abbrach, kommentiert. Sie glaubt die Wurzel s. jahrzehntelangen Härte zu entdecken; ›Mais ce fut notre malheur à tous qu'il nous a pris pour des chrétiens exemplaires ... De toutes nos forces nous étions tournés vers les biens matériels ...‹ Der Sünder, der der Gnade bedarf, wird über die Gerechten erhöht: Mauriac hat darin s. Leitthema gefunden.

J. Flower, N., London 1970; B. Chochon, Structures du N., 1984.

Noirs, Parteigänger der Aristokratie u. des Klerus in der Nationalversammlung von 1789; entsprechend die reaktionären Ensemblemitgl. in der Com. frçe. (an der Spitze der Schauspieler Naudet), die sich gegen M.-J. Chénier (→*Charles IX*) u. ihren Kollegen Talma stellten.

Nolhac, Pierre de, 15. 12. 1859 Ambert/Auvergne – 31. 1. 1936 Paris, Bibliothekar u. Museumsdirektor, Entdecker e. Petrarcahs. (*Le canzoniere autographe de Petrarque,* 1886; *Pétrarque et l'humanisme,* 1892), Autor von Stud. über Erasmus (1888), Marie-Antoinette, Ludwig XV. u. die Pompadour (1904) sowie den Bau des Schlosses von Versailles, wo er 1887–1920 Konservator war. Seine Lyrik (*Paysages de France et d'Italie,* 1894; *Sonnets,* 1907; *Le rameau d'or,* 1933) nahm die Sonettkunst Ronsards u. die Formvollendung der Parnassedichter zum Vorbild.

P. de Bouchaud, N., 1896; M. Levaillant, N., 1928; I. O. Karracker, N., Urbana 1940; A. Mabille de Poncheville, N. 1944.

Nomophage, wahrscheinl. Karikatur Robespierres im Drama →*L'ami des lois* von Laya.

Notes sur la technique poétique, Schrift von Georges →Duhamel u. Charles →Vildrac, EA 1910, Neuauflage 1925, Apologie metr. Entgrenzung, ohne die traditionelle Definition der Poesie als Dichtung in gebundener Sprache preiszugeben.

Notre-Dame de Paris, got. Kathedrale von Paris, auf der Île de la cité gelegen; nach dem Erfolg des gleichnamigen Romans von Victor Hugo wurde das Bauwerk für die Julimonarchie interessant, so daß die Regierung notwendige Restaurationen einleitete. Weihnachten 1886 hatte Paul Claudel in N. e. entscheidendes Glaubenserlebnis.

Notre-Dame de Paris, Roman von Victor →Hugo, konzipiert 1828, niedergeschrieben 25. 7. 1830 – 15. 1. 1831, EA 1831, Zweitfassung 1832 (erweitert um drei Kap.), hg. J. Seebacher 1975. Hugo, der den hist. Roman Walter Scotts zu übertreffen trachtete u. durch e. unerhörte Verschmelzung der Bauformen des Epos mit denen des ›Drame‹ Wirklichkeitsnähe der Fabel bei gleichzeitiger Idealität, Wahrheit bei gleichzeitiger Größe der Geschehnisreihen verhieß, plädiert in *N.* für die Rückbesinnung auf ästhet. Errungenschaften des got. MA, die in der Baukunst, ›cet art-roi‹, ihren Höhepunkt gefunden haben, u. gleichzeitig für e. romant. Lebensgefühl, das Tragik u. groteske Komik *(→Préface de Cromwell)*, etwa bei der Darstellung e. Eifersuchtskonflikts, in glaubhafter Wechselbeziehung akzeptiert. Im Mittelpunkt des Geschehens, das sich im Paris des Jahres 1482 entfaltet, steht die 16jähr. Zigeunerin Esmeralda als Verkörperung naiver Reinheit. Sie verliebt sich in den schönen Offizier Phoebus de Châteaupers, den der Erzdiakon von Notre-Dame, der zyn. Claude Frollo, aus Eifersucht erdolcht. Esmeralda wird des Mordes verdächtigt; als sie die Hilfe des Klerikers, der sie um den Preis ihrer Hingabe retten wollte, zurückweist, liefert Frollo sie dem Henker aus u. genießt unverhohlen s. Triumph. S. Ziehkind, der mißgestaltete Glöckner von Notre-Dame, Quasimodo, dem einzig Esmeralda freundl. begegnet war, rächt ihren Tod u. stürzt den schlechten Priester vom Turm der Kathedrale in die Tiefe. Quasimodos Leichnam findet sich später auf unerklärl. Weise in Esmeraldas Grab. Diese melodramat. Aktion ist in e. breit angelegten kulturgeschichtl. Rahmen eingebettet. Die Exposition stellte e. Fête des fous, Theateraufführungen, die Krönung e. Narrenpapstes – Quasimodo –, die Welt des Argots, der Asozialen u. Zigeuner dar. Der Leser folgt dem Dichter Gringoire, der Esmeralda auf der Place de Grève tanzen sah u. ihr fasziniert nachgeht, zur nächtl. ›Cour des Miracles‹, ›un cabaret de brigands, tout aussi rouge de sang que de vin‹. Hier hausen d. Straßendiebe und Bettler. Esmeraldas Eingreifen rettet Gringoire vor der Exekution durch die Unterwelt, deren Tabus er verletzt hat. Im 3. u. 5. Buch beschreibt Hugo die Kathedrale u. erklärt den Ortsmythos. Die Handlung kommt in Gang, als Frollo den Glöckner beauftragt, Esmeralda zu entführen, u. dieser dafür ausgepeitscht wird. Anders als in *→Cinq-Mars* (1826) von Vigny sind die Hauptpersonen bei Hugo fiktive Gestalten, hist. sind Gringoire u. Ludwig XI. Die negative Zeichnung der Kg.srolle sollte post festum Karl X. treffen. Wie Vigny arbeitet Hugo auch mit Prophezeiungen, in denen z.B. mit der Erstürmung der Bastille durch das souveräne Volk von Paris gedroht wird. Der Autor bewältigt s. eigene monarchist. Vergangenheit u. die ästhet. Konflikte des frühen 19. Jh., wenn er iron. den Dichter Gringoire zum Zeitgenossen erklärt; ›quel beau milieu il tiendrait entre le classique et le romantique‹. Doch ist, wie der Titel es will, die Kathedrale Zentrum des Geschehens: Quasimodo bietet sie Lebensraum, der verfolgten Esmeralda Asyl; sie dominiert Frollos Karriere u. Untergang. Hugos Darstellung ist daraufhin angelegt, dem Leser Notre-Dame als beseeltes Wesen vorzustellen. Der unvergleichl. Aufwand an Details, die den Kirchenbau mit Leben füllen sollen, führt dazu, daß das Pittoreske im Roman die psycholog. Motivation der Personen absorbiert; Hugo hat dies später selbst bedauert. Weder Vigny noch Mérimée *(→Chronique du règne de Charles IX)* waren für e. solche Ausweitung ortsmyth. Motive disponiert. Wie kein anderer Autor, der hist. Romane verfaßte, erkannte Hugo in der ma. Architektur aber auch die gesellschaftl. Kunst schlechthin. Hier entstand e. ›bible de pierre‹, mit der ›bible de papier‹ als dem genuinen Ausdrucksmittel der Moderne gibt er jetzt, in angemessen kolossalem Stil, die Stein gewordene Geschichte weiter. Der allgemeine Zerfall bedroht Denkmäler der Architektur wie der Dichtung in gleicher Weise; daran erinnerte Hugo s. Publikum im Vorwort von 1831. Der Romanstoff wurde seit 1905 wiederholt verfilmt.

A. Hurtret, N. et V. Hugo, 1952; J.-A. Bour, La Belle et la Bête et N., Romance notes 1971; J. Seebacher. Le système du vide dans N., Littérature, Februar 1972.

Notre-Dame de Thermidor →Tallien.

Nourissier, François, geb. 18.5. 1927 Paris, Essayist u. Erzähler in der Nachfolge von Jouhandeau u. Drieu la Rochelle, Mitarbeiter der *NRF* u. *Nouvelles littéraires,* Gegner von Louis Aragon (Pamphlet *Les chiens à fouetter,* 1956); behandelt in s. Romanen u. Konfessionen wiederholt das Thema der Desillusionierung als e. typ. bürgerl. Erfahrung (*L'eau grise,* 1951; *La vie parfaite,* 1953; *Les orphelins d'Auteuil,* 1956; *Le corps de Diane,* 1957; *Bleu comme la nuit,* 1958; *Un petit bourgeois,* 1964; *Une histoire française,* 1966; *Le maître de maison,* 1968; *La crève,* 1970; *Allemande,* 1973, Roman aus dem Paris des Jahres 1943; *Les gardiens des ruines,* 1992); Studie über García Lorca (1955); Mitwirkung bei der O.R.T.F.; Autobiographie (*Le musée de l'homme,* 1978) u. Künstlerroman (*L'empire des nuages,* 1981, Satire des Kunstmarkts, Trag. der Einsamkeit des Malers).

Nouveau, Germain, 31.7. 1851 Pourrières/Var – 4.4. 1920 ebda., Bauernsohn, Kindheit in Paris, wo s. Vater vorübergehend e. Nugatfabrik betrieb, 1870 Philologiestudium Aix-en-Provence; Lyriker u. Maler. Freundschaft mit Raoul Ponchon, Maurice Bouchor, Jean Richepin; begleitete 1874 Rimbaud nach London, wo er 1875 Verlaine begegnete. N. richtete zwei Sonette an Mallarmé. Aufenthalte im Var u. in Paris, kurze Tätigkeit als Surveillant in e. Internat u. bei e. Zeitung, schloß sich Charles Cros an, Mitarbeit an den polem. *Dizains réalistes.* 1878 übernahm er e. Posten in der Finanzabteilung des Unterrichtsministeriums. 1879 arbeitete N. an Gedichten der Slg. *La doctrine de l'amour* (1904). 1883 verzichtete er auf s. Anstellung im Ministerium, übernahm e. Posten als Franz.- u. Zeichenlehrer in Beirut, wahrscheinl. nach kurzer Zeit gekündigt (Sommer 1884). 1885 Rückkehr nach Paris; lebte in der Bohème von Montparnasse und im Quartier latin, häufig in Begleitung Verlaines. 1886 zum Zeichenlehrer in Bourgoin/Isère ernannt, fiel bei der Zweiten Dienstprüfung durch; Versetzung nach Remiremont u. Paris. 1891 Anzeichen geistiger Umnachtung, Internierung in Bicêtre bis Oktober; erneute Reisen nach Belgien, London u. Rom, wurde aus Italien ausgewiesen, 1894 Algier. Beim Tod von Verlaine galt er als dessen würdiger Nachfolger, obgleich von s. Gedichten erst die wenigsten Texte in Zss. u. Anthologien gedruckt waren. Seit 1911 lebte er zurückgezogen in Pourrières, häufig angewiesen auf die Wohltätigkeit seiner Bekannten. 1912 erschien in Aix-en-Provence *Ave Maria stella, paraphrase rimée;* postume Ausgaben: *Valentines et autres vers* (1922), *Poésies d'Humilis et vers inédits* (1924, Vorrede E. Delahaye), *Le maron travesti ou la* *quatrième églogue de Virgile mis en vers burlesque* (1936?), *Œuvres poétiques* (hg. J. Brenner/J. Mouquet II 1953–55; *Œuvres complètes*, hg. P.-O. Walzer 1970, zusammen mit d. Gesamtwerk von Lautréamont in 1 Bd.). Die Lyrik von N. (häufig vierzeilige Strophen, Chansons, Balladen, Liebesgedichte, Mariengedichte) war gegen die Ästhetik des Parnasse geschrieben, ihre motiv. u. formale Entgrenzung entsprach Innovationen bei Hugo, Charles Cros, Verlaine, aber auch Rimbaud. Krisen verlangten bei N. nach myst.-relig., nicht ästhet. Lösung; wenn Schönheit göttl. Ursprungs ist, wird Schwelgen in opt. Eindrücken zum Glaubensakt.

E. Delahaye, Souvenirs familiers à propos de Rimbaud, Verlaine et N., 1925; A. Lopez, La vie étrange d'Humilis, Brügge 1928; L. Vérane, Humilis poète errant, 1929; M. Saillet, Sur la route de Narcisse, 1958; N. Sous la direction de M.-A. Ruff, présenté par L. Forestier, 1967; G. P. Sozzi, N., Urbino 1969; L. Forestier, N., 1971; J. Lovichi/P.-O. Walzer, Dossier N., 1972.

Le nouveau locataire, Einakter von Eugène →Ionesco, entstanden 1953, EA (*Théâtre* II) 1958, Urauff. in schwed. Übs. 1955 Finnland, Pariser Premiere 10. 9. 1957 Théâtre d'aujourd'hui. In diesem Vierpersonenstück bezieht e. Herr mittl. Alters e. kahles Zimmer, macht sich mit der wortreichen Concierge bekannt u. läßt s. ganze Habe hereintragen. Der Raum, u. nach Auskunft der Möbelträger die Straße samt der Seine, füllen sich allmähl. mit Hausrat, die letzten Stücke werden durch die Zimmerdecke hineinbefördert. Zufrieden sitzt der neue Mieter inmitten s. Besitzes, ›bien à l'abri‹. Ehe die beiden Arbeiter ihn verlassen, überreichen sie ihm zum Einstand Blumen u. löschen das Licht. Der groteske Wucherungsprozeß der Dinge endet mit der Sequestrierung der Titelfigur, die buchstäbl. im Zentrum des Schauplatzes freiwillig fixiert ist. E. Trauma kann der Möbelberg, wie wiederholt interpretiert wurde, beim neuen Mieter nicht verursacht haben, denn dem Publikum präsentiert sich e. selbstsicheres u. glückl. Individuum; also ist der Bezug auf Kafka keine Deutungshilfe. Der Protagonist ist mit der Proliferation der Möbel offensichtl. einverstanden, Klaustrophobie wird nirgends sichtbar. E. Kleinbürger kommt in s. Eigentum, es ist s. Welt, weil es s. geistige Leere verdeckt; auf Zuhandenheit verzichtet er, die Fülle entschädigt ihn vollauf. Darum ist das Stück vor allem e. soziale Satire. Die scheinbare Alogik des Geschehens beunruhigt den Mieter nicht, da es nach dem Prinzip des Zuwachses verläuft, er glaubt zu gewinnen, wo der Zuschauer s. Erdrückung beiwohnt.

K. A. Blüher, E. Ionesco: N. (Das mod. franz. Drama, hg. W. Pabst), 1971.

Nouveau Roman, gängige Bezeichnung für den Dingroman von →Robbe-Grillet, →Butor, Claude →Simon, Claude →Ollier, Robert →Pinget, Claude →Mauriac. Der N. setzt keinen sinn- u. bedeutungsmächtigen Wirklichkeitszusammenhang voraus, der in e. Fiktion restlos nachgebildet werden könnte, vielmehr erschafft er eigene, dem Werk immanente Bedeutungen. Das Gefüge der Dinge u. ihre ästhet. Bezeichnung können auseinanderfallen (vgl. schon Flaubert, Gide), der Oberflächenstruktur ist keine eindeutig verifizierbare Tiefenstruktur zugeordnet. Objekte existieren im N. als Phänomene, diese sind nicht hinterfragbar auf dahinter verborgene Wesenheiten, doch wird von den Autoren u. Kritikern vielfach die hist. Implikation der Dinge übersehen. Das Motiv des Buchs im Buch ist für den N. kennzeichnend, darin wird sich der unvollendete u. unvollendbare Roman selbst themat.

A. Robbe-Grillet, Pour un nouveau roman, 1963; G. Zeltner-Neukomm, Die eigenmächtige Sprache. Zur Poetik der N., Olten 1965; K. Wilhelm, N., 1969; J. Sturrock, The French New novel, London 1969; K. Netzer, Der Leser des N., 1970; J. Ricardou, Pour une théorie du N., 1971; R. Ouellet, Les critiques de notre temps et N., 1972; P. Bürger (Hg.), Vom Ästhetizismus zum N., 1973; K. W. Hempfer, Poststrukturale Texttheorie u. narrative Praxis, 1976; W. Wehle (Hg.), N., 1980; A. Jefferson, N. and the poetics of fiction, London 1980; W. Hollerbach, Ich, Welt, Bewußtsein u. Lit. ..., N., ZfSL 90, 1980; B. Burmeister, Streit um den N., 1983; J. Ricardou, Le N., ²1990.

Nouvelle, Novelle (nach ital. ›novella‹), Gattungsbezeichnung in Frkr. seit den →*Cent nouvelles n.s* für e. erzähler. Kurzform mit meist einsträngiger Haupthandlung, die jedoch von der Stoff- u. Formerwartung her idealtyp. nicht fest umrissen ist. Im warnenden Prolog des *Livre du chevalier de la Tour Landry pour l'enseignement* (1371–72) meint N. die spezif. Form e. wahren oder erfundenen erot. Geschichte. Novellen verfaßten in Frkr. vor allem Marguerite de Navarre *(→Heptaméron),* →Des Périers, →La Fontaine, →Sorel, das 18. Jh., das die Gattungsbezeichnung →Conte vorzog (→Voltaire, →Diderot, →Marmontel), →Barbey d'Aurevilly, →Toepffer, →Maupassant, A. →Daudet, →Mérimée, →Sartre, →Arland, →Camus. Zwar verlor die franz. Novellistik nie ganz das Interesse an erot. Pikanterie, wesentlicher als Merkmal erscheint in der Gegenwart jedoch die konzise Darstellung u. Analyse e. psycholog. u. philosoph. Falls.

H. Tiemann, Die Entstehung der ma. Novelle in Frkr., 1961; W. Pabst, Novellentheorie u. Novellendichtung. Zur Gesch. ihrer Antinomie in der roman. Lit., ²1967; F. Deloffre, La n. en France à l'âge classique, 1968; B. v. Wiese, Novelle, ⁴1969; R. Godenne, Histoire de la n. frçe. aux XVIIe et XVIIIe siècles, 1970; E. Auerbach, Zur Technik der Frührenaissancenovelle in Italien u. Frkr. Mit e. Vorwort von F. Schalk, ²1971; W. Krömer, Die franz. Novelle im 19. Jh., 1972; R. Godenne, N. frçe. 1974; H. H. Wetzel, Märchen in den franz. Novellenslg.en der Renaissance, 1974; ders., Die roman. Novelle bis Cervantes, 1977; G. A. Pérouse, N.s frçes. du 16e siècle, Genf 1977; W. Eitel (Hg.), Die roman. Novelle, 1977; J.-B. Blin, L'art du conte et de la n. en France, 1938–75, Thèse 1980; W. Wehle, Novellenerzählen, 1981; L. Sozzi, La n. frçe. à la Renaissance, Turin 1981; A. Blüher, Die franz. N., 1985.

Nouvelle critique, Bezeichnung für lit.krit. Ansätze der 60er Jahre, die sowohl thematolog. als psychoanalyt. u. semiolog. Methodenvielfalt gegen e. konventionelle Textarbeit (vgl. *L'homme et l'œuvre*) durchsetzen (*Tel Quel,* Barthes, Sollers).

G. Benelli, La N., Bologna 1981; J.-Y. Tadié, La critique littéraire au XXe siècle, 1987.

Nouvelle Héloïse →Julie ou ...

Nouvelle Revue française, *(NRF),* Lit.zs., Heft 1 Nov. 1908 im Verlag Gallimard, neu organisiert Februar 1909 von Jean Schlumberger, Jacques Copeau u. André Ruyters; Gide blieb im Hintergrund, Startauflage 550 Ex., seit 1911 war Jacques Rivière Generalsekretär. Von 1925–40 u. nach der Neugründung *(Nouvelle NRF)* 1953–68 leitete Jean Paulhan die Zs., während der Okkupation Drieu la Rochelle. In der *N.* schrieben u. a. Claudel, Valéry, Giraudoux, Larbaud, Alain, Ramuz, Aragon, Jouhandeau, Michaux, Étiemble, Supervielle, Chamson, Blanchot, Hellens, Saint-John Perse, Céline, Cioran, Thibaudet, Mircea Éliade, Emilie Noulet, Jean Richer – Dichter, Kritiker u. Lit.wissenschaftler. Bis 1940 war die Zs. maßgebend für die Entwicklung e.

Lit.konzeption, die vom Autor u. Interpreten Geist u. Empfindsamkeit verlangt u. gesellschaftl. Nützlichkeit der Dichtung nur bedingt anerkannte. Nachfolger des NRF-Verlags, der Bücher der Autoren dieser Zs. herausgab, wurde 1919 die Verlagsbuchhandlung Gallimard.

I. Bernatzik, La NRF, Diss. Wien 1954; Anthologie des poètes de la NRF, Préface P. Valéry, [6]1958 (Texte von 132 Autoren); P. de Boisdeffre, A. Gide et la fondation de la NRF, Revue des deux mondes Oktober–Dezember 1970; A. Anglès, Gide et le premier groupe de la N., 1978; Cl. Martin, N. de 1919 à 1925, Lyon 1975; ders., N. de 1908 à 1943, index des collaborateurs, Lyon 1981; P. Hebey (Ed.), L'esprit NRF, 1990; ders., La NRF des années noires 1940–41, 1992.

Nouvelles de la République des Lettres, von P. →Bayle begründete Zs., Amsterdam 1684–1689, 1699–1710, 1716–1718, bis 1710 monatl., später zweimonatl. Erscheinungsweise; Redakteure außer Bayle (bis 1687): D. de Larroque, J. Bernard, J. Le Clerc; im Gegensatz zum Salonblatt des →*Mercure de France* populärwiss. Periodikum, das polit. Schriften republikan. Tendenz, protestant. Werke, bibelkrit. Untersuchungen u. frühaufklärer. Entwürfe wie Fontenelles *Histoire des oracles,* die in Frkr. nicht rezensiert werden konnten, registrierte. Zur Verteidigung der kathol. Position wurde das *Journal de Trévoux (→Mémoires pour servir à l'histoire des sciences et des beaux-arts)* gegründet.

E. Haase, Einführung in die Lit. des Refuge, 1959; H. Mattauch, Die lit. Kritik der frühen franz. Zss. (1665–1748), 1968.

Les nouvelles récréations et joyeux devis (1558). Anekdoten u. Novellen von Bonaventure →Des Périers, hg. V. J. Siriot 1961. Zwar sind wenigstens drei dieser Texte (Novellen 17, 27, 66) Interpolationen, dennoch ist nicht erwiesen, daß e. anderer als Des Périers die übrigen 87 Stücke geschaffen hat. Der Autor erzählt erklärtermaßen zum Vergnügen s. Publikums von gefräßigen Mönchen, ungebildeten Pfarrern, von Gaunern u. Dummköpfen – Personal der ma. Farcen u. Fabliaux –, ohne wie in s. Satire *Cymbalum mundi,* den sozialen u. ideellen Hintergrund krit. zu analysieren. Die Hinführung zur Peripetie ist straff, Pointen werden wohl vorbereitet: Des Périers erzählt gekonnter als →Marguerite de Navarre, die freil. wieder höheren psycholog. Ansprüchen genügt. Da Des Périers mit s. Geschichten die seel. Entspannung des Lesers intendiert, verzichtet er auf den übl. fiktiven Rahmen (statt dessen einleitendes u. abschließendes Sonett) u. betont sogar die Nichtverbürgtheit der erzählten Geschehnisse. Nicht im Regreß auf e. banale Wirklichkeit, sondern aus der Wirkung des Texts auf den Leser entspringt dichter. Wahrheit. La Fontaine bearbeitete einzelne dieser Texte.

J. W. Hassel jr., Sources and analogues of the N. of B. Des Périers, Athens II 1957–69.

Novas (spätes 12.–13. Jh.), erzählende Versdichtung der Trobadors (Raimon Vidal de Besalu, Arnaut de Carcassés), die sich durch Einsträngigkeit der Handlung auszeichnet u. vom Epos u. Roman unterscheidet (→Nouvelle), später Prosaauflösungen.

J. Zanders, Die altprovenzal. Prosanovelle, 1913.

Novelle →Nouvelle.

Nucingen, baron de, wiederkehrende Romangestalt in der *Comédie humaine* von Balzac, verheiratet mit e. Tochter Goriots *(→Le père Goriot),* jüd. Bankier aus dem Elsaß, dem die polit. Entwicklung seit 1815 Reichtum gebracht hat.

Les nuits, *(La nuit de mai, La nuit de décembre, La nuit d'août, La nuit d'octobre).* Gedichte von Alfred de →Musset, ED *Revue des deux mondes* 15.6. 1835, 1.12. 1835, 15.8. 1836, 15.10. 1837, EA *Poésies nouvelles,* 1840, hg. L. Conard 1905. Sie gelten als Mussets Meisterwerk. In der Dialogsituation mit der Muse reflektiert der Lyriker s. persönl. Enttäuschung in der Liebe (Bruch des Verhältnisses mit G. Sand 1835) u. s. Fähigkeit, Erlebnis in Dichtung zu transponieren. Getröstet entläßt die Muse den Dichter, der in *La nuit d'octobre,* als Replik auf Ronsards Liebespoesie, die epikureische Haltung wählt.

M. Prella-Role, N., Vercelli 1940.

Les nuits de la colère, Drama von Armand →Salacrou, entstanden 1946, EA 1947, Urauff. 12.12. 1946 Théâtre Marigny, Paris. Die Thematik von der Entscheidungsfreiheit des Menschen in Ausnahmesituationen, die Salacrou 1944/45 in Rundfunksendungen anhand von Porträts einzelner Résistancehelden verarbeitet hat, wird im Drama als polit. Konflikt gestaltet. Jean Cordeau flüchtet sich nach e. Sabotageakt schwer verwundet zu s. Jugendfreund Bernard Bazire; dieser duldet stillschweigend, daß s. um das Wohl der Familie besorgte Frau den Verfolgten an e. Kollaborateur denunziert. Während der Résistancekämpfer zu Tode gefoltert wird, liquidieren s. Kameraden die Verräter. Formal ist das Stück als nachgeholte Exposition u. Peripetie e. Katastrophe, die dem Zuschauer von Beginn an bekannt ist, angelegt; mit Einblendungen u. Rückblenden durchbricht der Autor die lineare Geschehnisreihe, um Heroismus u. Feigheit genauer zu motivieren. Stärker als Sartre in →*Morts sans sépulture* sieht Salacrou den Konflikt aus der psych. Perspektive.

J. D. Hosbach, A. Salacrou: N. (Das mod. franz. Drama, hg. W. Pabst), 1971.

Les nuits de Paris, (1790–93), Kulturgeschichte von →Restif de la Bretonne, die vor allem wegen der Schilderung der Revolution e. wertvolles Dokument ist. Der Autor berichtet von den entscheidenden Vorgängen aus der Perspektive des Flaneurs u. Stammgastes in Cafés. Wenn er zunächst an e. Verständigung zwischen dem Monarchen u. der Constituante glaubte u. den Tag der Sansculotten (20.6. 1792) entsprechend interpretierte, wie ihn überhaupt jedes Blutbad erschreckt, ist er im Prinzip doch Republikaner u. sieht in Marat den geeigneten Politiker, der das Ancien régime überwinden könnte.

Numa Roumestan, Roman von Alphonse →Daudet, EA 1881, Dramatisierung vom Vf., Urauff. 15.2. 1887 Odéon, Paris. Die Karriere des Südfranzosen N., die ihn bis zum Ministeramt führt, u. das Scheitern s. Ehe illustrieren e. sittl. Versagen, für das der Autor neben dem Temperament u. persönl. Schwächen des Protagonisten vor allem die Verhältnisse der III. Republik verantwortl. macht. Rosalie flieht vor der Wortseligkeit ihres Mannes, s. Wähler begeistert er gerade damit; sie bringen ihm die Ovationen dar, die ihm s. familiäre Umgebung versagt. N. ist keineswegs nur der typ. Méridional, die Zeitgenossen sahen in ihm den satir. gezeichneten Politiker der 70er u. 80er Jahre.

J. Lemaitre, Les contemporains, 7e série, o. J.

Obaldia, René de, geb. 22. 10. 1918 Hongkong, Vater Panamese, Mutter Französin; Lyriker, der Michaux nahesteht (*Midi,* 1949; *Les richesses naturelles,* 1952; *Innocentines,* 1969). Romancier u. Dramatiker mit parodist. Impetus. In *Tamerlan des cœurs* (1955), *Fugue à Waterloo* (1956) u. *Le centenaire* (1959) erzählt O. apokalypt. Phantasmagorien, die vor allem auf Schauermotive bei Lautréamont anspielen. In der Kom. *Genousie* (1960) schrieb er über e. Sujet nach Art e. Salonstücks – die Gäste e. Schloßherrin kostümieren sich zum Amateurtheater – e. Groteske. Der Kammerwestern →*Du vent dans les branches de Sassafras* spielt mit der Unwahrscheinlichkeit von Trivialkonstrukten (*Théâtre,* VII 1966–81).

Oberman, Lettres publiées par ... Briefroman von Étienne Pivert de →Senancour, verfaßt 1803 während e. Schweizaufenthalts, EA 1804, hg. A. Monglond 1947 (berücksichtigt Textveränderungen von 1833 u. 1840). *O.* ist das umfangreichste u. gedankl. am stärksten differenzierte Bruchstück e. unvollendet gebliebenen großen Werkes. Die Reiseroute des Romans entspricht z. T. Senancours Fahrten u. Wanderungen von Genf über Saint-Maurice nach Fribourg, e. gescheiterte Überquerung des Großen St. Bernhard klingt als romant. Winterreise an. In ihrer Einleitung zur Fassung letzter Hand (1840) bemerkte George Sand, der Titelheld sei ohne lit. Vorbild, Werther komme er in einigen Zügen nahe, ebenso Hamlet, doch die Gestalt verkörpere unverwechselbar ›le sentiment des facultés incomplètes clair, évident, irrécusable, assidu, avoué‹. In 91 Briefen berichtet O. e. Freund Erlebnisse u. Reflexionen, stellt die Sinnfragen der Existenz. Die dunkle, spekulative Tönung der Prosa sollte sich nach dem Willen des Autors Adepten, nicht Fremden erschließen. Mitten in der Natur lebt der Icherzähler doch nicht mit der Natur in rousseauist. Einklang, sondern tritt ihr als Beobachter gegenüber. Einsicht in die Gefallenheit des Daseins löst beim Titelhelden das im Aufbau des Werkes jedoch nicht linear entfaltete Bemühen aus, durch e. zykl. gedachte Kosmogonie die düstere Gegenwart in e. größeren Zusammenhang einzugliedern u. somit erträglicher zu machen. Von Saint-Martin bezog Senancour dafür die Begriffe ›dégradation‹ u. ›régéneration‹. Der Protagonist empfängt die idealisierte Weltenharmonie in e. Wachtraum als ›mélodie primitive‹ (vgl. auch M. de Guérin, *Le centaure*). Die Welt erscheint O. als ein ›essai du monde‹, der auf e. ideales Modell verweist. Deswegen leidet er unter romant. Zerrissenheit, wenn er sie auch weniger eklatant äußert als René im gleichnamigen Roman Chateaubriands s. ›ennui‹.

I. Schärer, O. Versuch e. Analyse, Diss. Zürich 1955.

Obey, André, 8. 5. 1892 Douai – 12. 4. 1975 Montsoreau, Romancier (*Le joueur de triangle,* 1928) u. Dramatiker, teilweise in Zusammenarbeit mit Denys Amiel, der unter dem Einfluß von Claudel u. Ghéon für die Bühne im lyr. u. allegor. Stil schrieb (*La souriante Madame Beudet,* 1921; *Le viol de Lucrèce,* 1931; *Noé,* 1931; *La bataille de la Marne,* 1932; *Loire,* 1932; *Le trompeur de Séville,* 1937; *Maria,* 1946; *L'homme de cendre,* 1950; *Lazare,* 1950; *Une fille comme du vent,* 1952; Übertragung der *Orestie* des Äschylos, 1955; *Les trois coups de mi-*

nuit, 1958; *La fenêtre,* 1961). O. war 1946/47 Verwalter der Com. frçe.

Cl. Clüver, Th. Wilder u. O., 1978.

Observations sur les écrits modernes, Pariser Wochenzs. 1735–1743, u. a. von Desfontaines u. Fréron redigiert. Beide arbeiteten auch 1744–46 an den *Jugements sur quelques ouvrages nouveaux* mit.

Octave, romant. Heldentypus in →*La confession d'un enfant du siècle* von Musset, trägt z. T. autobiograph. Züge.

Ode, nach Vermittlung durch ital. Lyriker (z. B. Luigi Alamanni) von der Pléiade nachgeahmte dreigliedrige griech. Gedichtform. Die Gattungsbezeichnung läßt sich bereits vor dem Jahr 1550, in dem →Ronsard sie als persönl. Entdekkung vorstellte, bei Lemaire de Belges, Aneau u. Rabelais belegen. Erst Boileau erhob die Forderung nach spezif. Erhabenheit der O. Du Bellays Anweisungen blieben 1549 noch vage; seit →Malherbe u. s. Schüler Maynard wurde die zehnzeilige Strophe aus meist achtsilbigen Versen (Reimschema z. B. ababccdeed) bevorzugt. Die O. pflegten später L. Racine, Piron, J.-B. Rousseau, Santeuil, A. Chénier, Hugo, Musset, Lamartine, Gautier, Valéry, Romains, Soupault, Claudel, Muselli, Alibert, Jouve. Die Bezeichnung ›odelette‹, von Ronsard vor allem für anakreont. Lieder gewählt (1554 f.), griff Henri de Régnier in *Les jeux rustiques et divins* (1897) auf.

D. Janik, Gesch. der O. u. der ›Stances‹ von Ronsard bis Boileau, 1968; G. Otto, O., Ekloge u. Elegie im 18. Jh., 1973.

Ode funambulesque, nach der Definition von Théodore de → Banville (*Odes funambulesques,* 1857) Gedicht in Odenform, das e. Buffoelement einschließt; es wirkt durch die Anordnung der Worte u. den Reim, nicht durch e. Idee komisch. ›Funambulesque‹ ist hier prakt. e. Synonym für ›burlesk‹. Aus der Disproportion von Sinn u. Form entspringt die Komik *(Véron le baigneur, La pauvreté de Rothschild, Molière chez Sardou).*

Odéon →Théâtre national de l'Odéon.

Odes, Gedichtzyklus von Pierre de →Ronsard, entstanden nach 1543, EA 1550. Die Dichtungstheorien der →*Deffence et illustration* werden in diesem Werk beispielhaft realisiert: die Ode nach pindar. (Ronsard weniger zugängl.) u. horaz. (ihm kongenialerem) Modell löst die ma. Chanson ab. Die lyr. Haltung wechselt zwischen Preisung, Klage u. Aufforderung zur Daseinsfreude; der Dichter versteht sich als Seher, er ist vom Ewigkeitswert s. Gedichte überzeugt (Oden *De l'élection de son sépulcre, A sa muse*).

H. Weber, Structure des O. chez Ronsard, CAIEF 1970.

Odette de Crécy, Halbweltdame in →*A la recherche du temps perdu* von Proust, tritt entsprechend dem Perspektivismus des Erzählers unter versch. Bezeichnungen (›dame en rose‹) u. Namen im Zyklus auf. Charles Swanns Geliebte (Episode *Un amour de Swann* in *Du côté de chez Swann*) u. schließlich s. Ehefrau. Sie macht ihren Pariser Salon zeitweise zum interessanten Treffpunkt *(Sodome et Gomorrhe);* hier verkehrt u. a. der Schriftsteller Bergotte. Ihre Tochter Gilberte heiratet Robert de Saint-Loup aus dem Hause Guermantes, O. selbst wird nach Swanns Tod Mme de

Forcheville u. die Geliebte des alten Hzg.s von Guermantes.

Œdipe, Prosadrama in drei Akten von André →Gide, entstanden 1. 1.–9. 11. 1930, EA 1931, Urauff. 10. 12. 1931 Antwerpen (Ensemble Pitoëff), Pariser Premiere 18. 2. 1932 Théâtre de l'Avenue (wieder Pitoëff), Reprise Juli 1949 Avignon (Vilar). Den Ödipus-Stoff begriff Gide, der mit *Œ.* die zweite Phase s. Dramenschaffens einleitete, als Konstellation, in der e. Individuum die Wurzeln der allgemeinen Entfremdung freilegt, geistige Trägheit tadelt u. s. Hoffnungen auf die Zukunft setzt: Der besiegte Ödipus des antiken Mythos verblaßt hinter dem intellektuell-siegreichen Helden bei Gide. Die Umwelt des Protagonisten zieht myst. Interpretationen vernunftgerechten vor u. verharrt in e. selbstverschuldeten Unmündigkeit. Mit Teiresias tritt dem Kg. das Prinzip der inhumanen geistigen Fesselung entgegen; der Seher, nicht Ödipus, ist der wirkl. Blinde, da er sich Autoritäten u. Riten unterwirft, ohne sie zu prüfen (vgl. auch →*La machine infernale* von Cocteau). Der Held, der die in der Sphinx verkörperten Dämonen überwunden hat, der den Terror der Transzendenz denunziert, übernimmt e. soziale Verantwortung, indem er Menschen aus ihren Ängsten herausführt, sie vor geistiger Trägheit warnt u. immer von neuem zum Aufbruch anspornt. Dafür ist Ödipus bereit, sich selbst zu opfern: ›Au prix de ma souffrance, il m'est doux de leur apporter du bonheur‹. S. Ziel ist es, die Idee Gottes durch e. ›vertu de l'homme‹ zu ersetzen u. dem Individuum die ihm gemäße Würde zurückzugeben. Mit Œ. kehrte Gide zum optimist. Ethos der Aufklärungstrag. zurück; die ersten Reaktionen des Publikums u. der Kritik waren enttäuschend, erst nach 1951 fand das Stück e. aufgeschlosseneres Publikum.

E. Balmas, A propos d'Œ. Notes sur le théâtre de Gide, RhlF 1970.

Ödipus, Zentralgestalt des theban. Sagenkreises. Kg. Laios setzt s. Sohn Ö. aus, da ihm geweissagt wurde, der Prinz werde s. Vater töten u. s. Mutter zur Frau nehmen. Das Kind wird von Hirten gerettet u. dem korinth. Kg. übergeben, der es adoptiert. Als Ö. der Orakelspruch bekannt wird, flieht er aus Korinth. In e. Hohlweg erschlägt er Laios, von dem er nicht wissen kann, daß er s. Vater ist, löst das Rätsel der Sphinx und befreit Theben von dem Monstrum. Dafür erhält er die Hand Iokastes, s. Mutter, die ihm zwei Söhne u. zwei Töchter, darunter Antigone, gebärt. Der Seher Teiresias enthüllt das furchtbare Geheimnis, als in Theben die Pest ausbricht u. das delph. Orakel die Verbannung des Fluchträgers fordert. Iokaste erhängt sich, Ö. blendet sich selbst u. verläßt mit Antigone Theben. Der Stoff wurde im MA in Frkr. bearbeitet (→*Roman de Thèbes),* seit der Renaissance orientierten sich vor allem Dramatiker an den Darstellungen von Sophokles, Aischylos u. Seneca, darunter P. Corneille, der mit *Œdipe* 1659 s. zweite Schaffensperiode einleitete. Das Ö.-Drama Voltaires (1718) wurde maßgebend für La Motte (1726) u. Lauragais (*Jocaste,* 1781). Autoren des 20. Jh. erprobten an diesem Sujet e. neues Traditionsverhältnis in typolog. Auslegungen (J. Péladan, *Œdipe et le Sphinx,* 1903; Saint-Georges de Bouhélier, *Œdipe, roi de Thèbes,* 1919; Gide, →*Œdipe,* Cocteau, →*La machine* *infernale,* H. Ghéon, *Œdipe ou le crépuscule des dieux,* 1938, Robbe-Grillet, →*Les gommes*). Sartre nahm den Ödipuskomplex als Konfliktmotiv in →*Les séquestrés d'Altona auf.*

W. Jördens, Die franz. Ö.dramen, Diss. Bonn, 1933; W. Asenbaum, Die griech. Mythologie im mod. franz. Drama: Labdakidensage, Diss. Wien 1956; R. Derche, Quatre mythes poétiques (Œdipe, Narcisse, Psyché, Lorelei), 1962; E. Frenzel, Stoffe der Weltlit., 1962.

Œnone, Amme u. Vertraute der →Phèdre im gleichnamigen Stück von Racine; sie klagt Hippolyte bei s. Vater des Inzests an.

L'œuf, Prosadrama in zwei Akten von Félicien →Marceau, entstanden 1956, EA 1957, Urauff. 13. 10. 1956 Théâtre de l'Atelier, Paris. Das Ei, rund u. glatt, ist die Welt, der Émile Magis in dem Figurendrama entgegentritt. Seitdem er gelernt hat, hinter die abweisende Oberfläche zu blicken, gesellschaftl. Mechanismen, die ihm bisher feindl. erschienen, nachzuahmen, manipuliert er das System zu s. Vorteil. Erfolgreich lastet Magis den Mord an s. Frau Hortense deren Liebhaber Victor an. Das Stück ist ep. Theater in der Ichform; Rückblende (vgl. auch Salacrou, Sartre, Audiberti, Anouilh), Selbstkommentar des Protagonisten und Verfremdung als darsteller. Elemente heben Œ. über anspruchsloseres Boulevardtheater hinaus.

L'œuvre (1886), Roman des Zyklus →*Les Rougon-Macquart* (Bd. 14) von Émile →Zola. Der Maler Claude Lantier, erkennbar Cézanne in s. depressiven Phase nachgebildet u. Anlaß für den Romancier, die impressionist. Ästhetik darzustellen, gelangt an die Grenzen s. Kunst, als er erfahren muß, wie wenig s. hochfliegender Traum von der idealen Schönheit im Bild verwirklicht werden kann. Er erträgt den Widerspruch nicht u. begeht Selbstmord. Die Labilität als Folge der Macquartschen Erbmasse, durch die Claude, Sohn der →Gervaise u. Nanas Halbbruder, belastet ist, schlägt unter günstigen Bedingungen in Sensibilität um. Im Unterschied zum Maler Frenhofer in Balzacs Erzählung *Le chef d'œuvre inconnu* (1831) scheitert der Künstler Lantier jedoch nicht nur an ästhet. begründeten Realisationsproblemen, sondern auch an s. sozialen Isolierung, die s. Hang zur Labilität potenziert. Das Schicksal des Freundes bestärkt den Schriftsteller Sandoz in der Überzeugung, daß es zu s. Aufgabe gehört, mit s. Kunst zur Lösung der sozialen Frage beizutragen. In dieser Gestalt hat der Naturalist Zola sich selbst gezeichnet.

B. Revel, Œ. d'É. Z., 1957; P. Brady. Œ. de Zola, roman sur les arts, manifeste, autobiographie, roman à clef, Genf, 1968; R. Y. Niess, Zola, Cézanne and Manet. A study of Œ., Ann Arbor 1968.

Ohnet, Georges, 3. 4. 1848 Paris – 5. 5. 1918 ebda., Journalist am *Pays* u. *Constitutionnel* (Chefredakteur), erfolgreicher Romancier (Zyklus *Les batailles de la vie,* 1881–1901, z. T. für die Bühne bearbeitet). Die Triviallit. von O. nimmt tote Klischees, vor allem die Mésalliance in allen ihren Schattierungen, auf u. arrangiert sie für e. bürgerl. Publikum zur Unterhaltung (*Le maître de Forges,* 1882; *La grande Marnière,* 1885). Der nichtadlige Held überwindet aristokrat. Vorurteile, s. Arbeit wird durch glänzenden Reichtum belohnt; andererseits ist die Welt des Adels mit Sympathie geschildert, da sie das geheime Ziel der Sozialbemühungen ist. O. arbeitet mit konventionellen Romangestalten: dem intelligenten

Bourgeois, versehen mit ausgezeichneten Zeugnissen, der schönen, meist blonden Adligen, die schließl. denjenigen erhört, den sie zu hassen meint, dem dekadenten Adligen u. der Femme fatale. Er unterhält mit stereotypen Konflikten u. läßt dem Leser das Bewußtsein, doch an der Lit. teilzuhaben. S. Romane gehörten in den 80er Jahren zu den Bestsellern, einzelne Titel wurden in wenigen Jahren über hundert Mal neu aufgelegt. Über den Weltkrieg berichtete O. in e. dreibänd. *Journal d'un bourgeois de Paris* (1914–18).

J. Lemaitre, Les contemporains, 1ère série, 1886.

L'oiseau bleu, Märchenstück in sechs Akten von Maurice →Maeterlinck, EA 1909, Urauff. 30. 9. 1908 Künstlertheater, Moskau. Das Werk entstand zu e. Zeit, als Maeterlinck sich dem Psychodrama zuzuwenden begann. Mit bekannten Märchenmotiven (Tarnkappe, mag. Edelstein, sprechende Tiere, Katze als Herrscherin der Nacht, Zaubergarten, Traumvögel, die im Tageslicht ihre Farbe wechseln) gestaltete der Autor den Kampf zwischen Licht und Dunkelheit, Leben u. Tod, Glück u. Unglück. Der blaue Vogel, den Tyltyl u. Myltyl suchen, da er allein der kranken Tochter der Fee Bérylune – sie erweist sich als ident. mit ihrer alten Nachbarin Berlingot – Genesung bringen kann, ist Emblem sittl. Integrität. Nach abenteuerl. Suche finden die Kinder des Waldarbeiters zu sich selbst u. zur Bejahung des Alltags. Die Auseinandersetzung um das Leben der kleinen Berlingot wird gewonnen, weil die imaginäre Reise in die Bezirke der Erinnerung nicht der Befriedigung der Selbstsucht dient. Durch diese Katharsis soll die Ichbezogenheit des Publikums aufgebrochen werden.

F. G. Fiedler, The bird that is blue, London 1928.

Oldenbourg, Zoé, geb. 31. 3. 1916 in St. Petersburg, Tochter e. Historikers, lebte seit 1925 mit ihrer Familie in Frkr., behandelte in ihren Geschichtsromanen ma. Konflikte, u. a. die Vernichtung der Katharer (*Argile et cendre,* 1946, ²1968; *La pierre angulaire,* 1953; *Réveillés de la vie,* 1956; *Les irréductibles,* 1958; *Le bûcher de Montségur,* 1959; *Les brûlés,* 1960; Essays *Les croisades,* 1965; *Catherine de Russie,* 1966; *La joie des pauvres,* 1970; *La joie-souffrance,* 1980, Liebesroman im russ. Emigrantenmilieu; Memoiren *Le procès du rêve,* 1982; Drama *L'évêque ou la vieille dame,* 1983). O. erhielt 1980 den Großen Literaturpreis der Stadt Paris.

Olifant, Rolands Signalhorn aus Elfenbein, mit dem er Karl u. das Frankenheer zu spät zurückruft; er fürchtete, sonst s. Ehre zu verlieren (*Chanson de Roland*, v. 1053 f.).

Olivet, Pierre-Joseph Thoulier d', 1. 4. 1682 Salins – 8. 10. 1768 Paris, Jesuit, Anhänger der Anciens in der →Querelle des anciens et des modernes, bekannt als Historiograph der Ac. frçe., der er seit 1723 angehörte (*Histoire de l'Ac. frçe.,* 1729, Fortsetzung des Werks von Pellisson, das 1693 abbricht) u. Stud. zur Grammatik (*Essais de grammaire,* 1732; *Traité des participes,* 1729).

Olivier, Bruder der Alde u. Waffengefährte Rolands (→*Chanson de Roland,* v. 104–2025). Er vertritt die besonnenere Auffassung von den Pflichten und der Ehre e. Vasallen.

Olivier Bertin, Held des Romans →*Fort comme la mort* von Maupassant, den im Alter das Bewußtsein s. Sterilität als Künstler u. Mann bedrückt u. vorzeitig in den Tod treibt.

Olivier Jeannin, der franz. Freund u. Gesinnungsgenosse des dt. Komponisten Krafft in →*Jean-Christophe* von Rolland.

Ollier, Claude, geb. 17. 12. 1922 Paris, Jurastud., 1945–55 Tätigkeiten in der Wirtschaft, Literat, Filmkritiker *(NRF, Mercure de France)* u. Hörspielautor. Erzähler im Stil des Nouveau Roman (*le jeu d'enfant: la mise en scène,* Prix Médicis 1958; *le maintien de l'ordre,* 1961; *été indien,* 1963; *l'échec de Nolan,* 1967; *navettes,* 1967; themat. Zäsur seit der Utopie *la vie sur Epsilon,* 1972; *énigma,* 1973; *mon double à Malacca,* 1982; *fables sans rêves 1960–70,* 1985.

G. Mies, Die Darstellung der gegenständl. Welt in den Romanen A. Robbe-Grillets u. O.s, Diss. Bonn 1981; C. G. Pfeiffer, O., 1991.

Ondine, Prosadrama in drei Akten von Jean →Giraudoux, ED *Revue de Paris* Mai 1939, EA 1939; Urauff. 27.4. 1939 Théâtre de l'Athénée, Paris. Giraudoux, der sich als Student 1909 mit Friedrich de la Motte-Fouqués naturphilosoph. Kunstmärchen *Undine* (1811) befaßt hatte, gestaltete mit den Trag.motiven der Vorahnung, Verfluchung u. Enthüllung die Liebesbeziehungen zwischen dem reinen Elfenwesen u. dem Menschen, dessen gefallene Natur ihn dazu verleitet, die Treue zu brechen u. sich mit der bequemen Banalität zu arrangieren. Ritter Hans von Wittenstein verrät s. Geliebte, die bei Fischern als Findelkind erzogen wurde, an die konventionelle Gesellschaft, da Undine nichts Überkommenes fraglos gelten läßt. Er beschuldigt sie zu Unrecht des Treuebruchs; kein Urteilsspruch verletzt ihr Wesen, sie kehrt ins Naturreich zurück. Hans büßt s. Verrat mit dem Tod. Mehr als nur e. Mißverständnis trennt die Geschlechter; ontolog. Verschiedenheit kann auch durch die Liebe nicht nivelliert werden (vgl. auch *Sodome et Gomorrhe, Pour Lucrèce*).

R. Beilharz, O. dans l'œuvre de Giraudoux et de La Motte-Fouqué, ZfSL 1970.

On ne badine pas avec l'amour, Prosaschauspiel in drei Akten von Alfred de →Musset, entstanden Herbst 1833 – Frühjahr 1834, ED *Revue des deux mondes* 1. 7. 1834; EA 1834, hg. M. Autrand 1965; Bühnenbearbeitung von Mussets Bruder Paul, Urauff. 18. 11. 1861 Com. frçe. Der Titel ist kennzeichnend für ein →Proverbe. Der Baron will s. Sohn Perdican mit Camille, dessen Nichte, verheiraten; diesen Plan entwickelt er vor dem Dorfpfarrer und dem Schulmeister. Aber Camille bringt Perdican, der in Paris das Leben freizügig genossen hat, keine Zuneigung entgegen, der in sie verliebte Perdican hingegen heuchelt Gleichgültigkeit. Zum Souper bringt er das Bauernmädchen Rosette aufs Schloß, um Camille in ihrer Eitelkeit empfindl. zu treffen; der Baron mißbilligt s. mangelndes Standesbewußtsein. Camille, zur Abreise entschlossen, bittet Perdican um e. letztes Rendez-vous, um ihm ihre prinzipiell skept. Haltung gegenüber Männern, die auf ihre strenge Klostererziehung zurückzuführen ist, auseinanderzulegen. Um Perdicans Leichtfertigkeit zu entlarven, geht sie noch weiter u. stellt ihm e. Falle: Rosette ist in dem Raum versteckt, wo Camille von Perdican e. Liebesgeständnis erreicht. Als das Bauernmädchen, dem er die Heirat versprochen hat, dabei ohnmächtig wird, erklärt sich der empfindsame Aristokrat zur Ehe mit Rosette bereit. Dies verletzt die intrigante Camille, die unter den Augen Rosettes Perdican erneut verführt. Das betrogene Mädchen überlebt die Enttäuschung nicht u. stirbt den Seelentod romant. Heldinnen (vgl. Staël, Constant, Balzac, Sand). Camille Saint-Saëns (1917) u. Arthur Honegger (1951) schrieben Szenenmusik zu *O.* Die Grausamkeit der Liebesprobe übersteigt vergleichbare Experimente bei →Marivaux, das tändelnde Spiel mit der Liebe schlägt in Tortur um. Persönl. Erfahrungen des Dramatikers sind in die Konstellation u. Peripetie des bittersüßen Dramas eingegangen.

A. Vial, A propos d'O., RSH 1961.

Opéra-Comique, kom. Oper, spezieller Terminus des 18. Jh., mit dem Kom., die Gesangs- u. Tanzeinlagen enthielten u. in der Regel nicht an den privilegierten Theatern (Com. frçe., Opéra) herauskamen, belegt wurden (vgl. Lesage, Sedaine, Piron, Favart). Das Haus der kom. Oper (ehemals Salle Favart) gehört heute zu den subventionierten Pariser Bühnen.

L'ordre (Prix Goncourt 1929), Roman von Marcel →Arland. Als Gilbert Villars im Jahr 1919 vor dem Abschluß s. schul. Ausbildung steht, formuliert er ein hochfahrendes Lebensprogramm. Da er die menschl. Existenz als Drama begreift, beschließt er – darin den Helden Stendhals u. Radiguets wesensverwandt –, energ. s. Selbstverwirklichung zu leben u. sich allenfalls durch äußere Gewalt von diesem Ziel abbringen zu lassen. Um Mitternacht konzipiert er s. ›Mémorial‹; wo bei Pascal myst. Verzückung vorherrscht, sind es bei Gilbert pubertäre Krisen. Die geliebte Renée erscheint ihm einmal als ›une nature d'élite‹, die sich wie Julien Sorels Geliebte über Vorurteile hinwegsetzen sollte, dann wieder als Lustobjekt s. unruhigen Sexualität. Gilbert verläßt Clermont u. schließt sich in Paris der Linkspresse an, die ihm die Möglichkeit bietet, s. Halbbruder, den konservativen Abgeordneten Justin, der mit Renée verheiratet ist, zu bekämpfen. Es gelingt ihm, die Schwägerin zu verführen; aber ihre Liebe verwandelt sich bald in tiefe Abneigung, die durch Gilberts Untreue noch gesteigert wird. E. vorübergehender Indochina-Aufenthalt Gilberts hat e. Aussöhnung des Ehepaars zur Folge, doch stellt s. plötzl. Rückkehr die geordnete Lebenspraxis wieder in Frage. Vom aufstrebenden Schüler hat sich Gilbert zum Outlaw u. diabol. Störenfried entwickelt. Erst s. Krankheit u. s. Tod erlösen die bürgerl. Welt von ihm; e. Bemerkung von Justin, der inzwischen Bürgermeister s. Heimatstadt geworden ist, erklärt den Titel: ›Comme si tout ne devait pas fatalement rentrer dans l'ordre.‹ Arland blickt nicht mit Genugtuung auf s. Helden wie Stendhal auf Julien Sorel, sondern will an der Gestalt des Gilbert demonstrieren, daß die Verletzung moral. Regeln, auch wo diese zu Leerformeln entartet sind, nur dazu führt, daß das Individuum zum Fremdkörper in der Gesellschaft wird.

Orgon, das leichtgläubige Opfer des Betrügers im →*Tartuffe* von Molière.

Oriane, Hzgin. von Guermantes, Romanfigur in →*A la recherche du temps perdu* von Proust.

Les orientales, Gedichtzyklus von Victor →Hugo, entstanden 1825–28, EA 1829; hg. E. Barineau II 1952–54. Um den Hellenismus in der Lyrik (vgl. vor allem A. Chénier) abzulösen, bearbeitet Hugo, wie er in der Vorrede mitteilt, oriental. Stoffe, die der Aufklärungslit. längst bekannt waren. Der Freiheitskampf der Griechen u. Byrons Tod in Missolunghi weckten das Interesse des Publikums für die morgenländ. Welt, die auch der Maler Delacroix in *Les massacres de Scio* 1824 evoziert hatte. Hugo besang die fremden Sphären in schwelger. Bildern, deren Lokalkolorit, angereichert durch exot. Vokabular, u. deren melodiöser Rhythmus, virtuos abgewandelt, die zeitgenöss. Leser u. noch André Gide begeisterten. Sainte-Beuve nannte den Zyklus e. Monument der reinen Kunst.

L. Guimbaud, O., 1928; M. Berveiller, Les ›T‹ et les ›G‹ des O., RhlF 1968.

Orphée, Prosaeinakter von Jean →Cocteau, entstanden 1925, EA 1927, Urauff. 17. 6. 1926 Théâtre des Arts, Paris; Filmfassung 1950. Bis hinein in Orpheus' Faszination durch die Prinzessin Tod bewußt anachronist. Gestaltung des Mythos, der in beziehungsvoller Weise abgewandelt wird (vgl. auch Anouilh, *Eurydice*). Wenn sich das Orpheusdenkmal zum Schluß als der Dichter Jean Cocteau zu erkennen gibt, wird in der hybriden Geste das pragmat. Verhältnis des Autors zum Mythos deutl.

E. Kushner, Le mythe d'O. dans la littérature frçe. contemporaine, 1961.

L'orphelin de la Chine, Trag. in fünf Akten von →Voltaire, EA 1755, Urauff. 20. 8. 1755 Com. frçe. Als Tschingis Khan China erobert, begegnet er s. Geliebten Idamé wieder, deren Familie sich e. Verbindung mit dem Barbaren einst widersetzt hat. Sie u. der Mandarin Zamti, den sie geheiratet hat, verbergen jetzt den letzten kaiserl. Prinzen. Vor die unerträgl. Wahl gestellt, sich von ihrem Mann zu trennen u. den Knaben zu retten, was Zamti billigen würde, oder zu sterben, will Idamé den Selbstmord wählen. Gerührt u. geläutert schenkt der Eroberer ihr Leben u. Freiheit. Dieser lehrhaft gemeinte Schluß an die Adresse absolutist. Herrscher war lit. in früheren Trag. Voltaires vorbereitet *(Adelaïde du Guesclin, Alzire)*; freilich räsoniert Tschingis Khan zu oft u. zu weitschweifig. Vorsichtige Ansätze zu Lokalkolorit beeindruckten das Publikum, das s. eigene moral. Natur im Spiegel e. fremdartigen Geschehens wiedererkannte.

A.-K. Holland, Le pathétique dans les tragédies de Voltaire, Thèse Paris 1963.

Orso della Rebbia, in der Novelle →*Colomba* von Mérimée der Bruder der Titelheldin, durch das Verlangen s. Schwester nach Vendetta u. die Bitte s. Angebeteten Lydia Nevil um Menschlichkeit in e. unlösbaren Konflikt gestürzt, den nur e. einfallsreicher Erzähler in e. äußeren Peripetie lösen kann.

Osterspiele, Subgattung des Mystère. Die ältesten O. sind nur bruchstückhaft überliefert: *Les trois Maries* (Anfang 13. Jh.), zwei *Résurrections* derselben Epoche (371 bzw. 522 von ursprüngl. wohl über 2000 Versen), e. Spiel aus Sion/Wallis, das in den Ausgang des 13. Jh. fällt. Die ersten *Passions* entstanden durch Stofferweiterung aus O. zu Beginn des 14. Jh.; nach dem Vorbild lat. Dialoge u. Meditationen ergänzen sie den lakon. Stil der Evangelien. Die *Passion palatine*

(Ms. Palatinus latinus der vatikan. Bibl., 1916 entdeckt) umfaßt 1996 Verse, fast durchweg Achtsilber. Von der *Passion d'Autun* (15. Jh.) sind zwei ungleich lange Fassungen (2117 bzw. 937 Verse) überliefert. Im übrigen nahmen die Stücke im 15. Jh. e. gewaltigen Umfang an: die *Passion d'Arras* umfaßt 24945, zwei Osterspiele aus Valenciennes umfassen über 40000 Verse. Die *Passion* von Arnoul →Gréban (34425 Verse; vielfach als *Passion de Paris* bezeichnet), die außer auf den Evangelienbericht auch auf die thomist. Philosophie zurückgriff, wurde vom Regens der Universität Angers, Jean →Michel, überarbeitet (29926 Verse). Jean Michel, dessen Bearbeitung häufig gespielt u. oft gedruckt wurde, integrierte auch apokryphe Quellen.

H. Niedner, Die dt. u. franz. O., bis zum 15. Jh., 1967; D. Dolan, Le drame liturgique de Pâques ..., 1976.

L'otage, Drama in drei Akten von Paul →Claudel, entstanden 1908–10, EA 1911, Urauff. 5. 6. 1914 Théâtre de l'Œuvre, Paris. Zusammen mit *Le pain dur* u. *Le père humilié* bildet O. e. Geschichtstrilogie, die als Invektive gegen den Laizismus der III. Republik gedacht war. Das Drama spielt in den letzten Jahren des napoleon. Kaiserreichs, als der Papst in Frkr. festgehalten wurde. Sygne de Coûfontaine, die Repräsentantin des Ancien régime, heiratet den arrivierten Plebejer Turelure, der Präfekt von Paris geworden ist, um das Leben Pius' VII., den ihr Bruder Georges aus der Haft befreit hat, zu retten. Sie vollzieht das zweite Opfer ihres Lebens, als sie ihren ungeliebten Mann, der stets ihr moral. Gegenspieler gewesen ist, vor e. Mordanschlag Georges' bewahrt und statt seiner stirbt. Claudels zwiespältiges Verhältnis zum Adel, dessen Repräsentanten Georges er einmal unter myth. Blutszwang, dann wieder aus unverstelltem Rachebedürfnis heraus handeln läßt, ist dem Verständnis der Epoche von 1793–1870 abträgl.

E. G. Wolff, Dogma, Gesch. u. Mythos im neuzeitl. Drama (O.), Zürich 1956; G. Cattaui, Claudel, Le cycle des Coûfontaine et le mystère d'Israël, 1968; J.-P. Kempf / J. Petit, O., 1977.

Oton de Grandson, 1340/50 Savoyen – 7. 8. 1397 Bourg-en-Bresse, Aufenthalte in Spanien u. England. Die höf. Gedichte (ca. 80 überlieferte Titel) O.s, der 1393 verdächtigt wurde, den Grafen von Savoyen vergiftet zu haben, u. nach e. Gottesgericht starb, ahmen den Stil Guillaume de →Machauts u. des →*Roman de la rose* nach. Sie wirkten auf →Charles d'Orléans.

F. Igly, O., Sierre 1969.

OuLiPo, (Ouvroir de Littérature Potentielle), seit 1960 bestehende Arbeitsgruppe von Literaten u. Naturwissenschaftlern (u. a. Queneau, Roubaud, François Le Lionnais, Paul Braffort, Jacques Jouet, Italo Calvino, Harry Mathews), die nach Gesetzen der Mathematik kalkulierbare Texte produzieren u. analysieren, mit spektakulärem Erfolg Georges →Perec.

Ovide moralisé (vor 1328), ma. Paraphrase. In 72000 Achtsilbern übertrug, interpretierte u. amplifizierte (→Pyramus und Thisbe) e. anonymer burgund. Autor Ovids *Metamorphosen*. Das hohe Prestige des antiken Dichters u. die Vorliebe des Spätmittelalters für die Allegorie manifestieren sich in dieser Leistung.

Ozanam, Antoine-Frédéric, 23. 4. 1813 Mailand – 8. 9. 1853 Marseille, seit 1831 in Paris, Prof. für

Lit.gesch. mit religionsgeschichtl. Neigungen an der Sorbonne, schrieb u. a. *Les poètes franciscains en Italie au XIIIe siècle* (1852; *Œuvres complètes,* XI 1862–65; *Lettres,* hg. L. Cellier u. a. 1960 ff.). O. gründete die Vinzenzvereine.

L. Cellier, O., 1956; J. Caron, Correspondance de F. O. au début de sa carrière universitaire (1841–42), Thèse Paris 1967.

Pädagogische Schriften, prakt. Anweisungen u. theoret. Begründungen der Erziehungsmaßnahmen (vgl. auch →Ensenhamen, →Miroir), von Geoffrey chevalier de La Tour Landry (*Pour l'éducation des filles,* 1371 f., im 16. Jh. ins Engl. u. Dt. übersetzt, hg. A. de Montaiglon 1854), Charles Démia (*Remontrances à Messieurs les échevins ... touchant la nécessité des écoles pour l'instruction des enfants pauvres,* Lyon 1666), →Fénelon, →Rousseau, →Choderlos de Laclos, →Condorcet, →Ségur.

Pagnol, Marcel, 28. 2. 1895 Aubagne bei Marseille – 1974, Vater Lehrer; Stud. Anglistik, unterrichtete in der Provinz u. seit 1922 am Lycée Condorcet in Paris, gründete e. Filmzs., arbeitete seit 1934 auch als Filmregisseur, schrieb teils satir., teils gemütvolle Stücke (*Catulle,* 1922; *Ulysse chez les phéniciens,* 1925; *Les marchands de gloire,* 1925; *Jazz,* 1927; →*Topaze,* →*Marius, Le Schpountz,* 1938; *La fille du puisatier,* 1940; *La femme du boulanger,* 1946; *Judas,* 1955), Romane (*Pirouettes,* 1932; *La petite fille aux yeux sombres,* 1933; *L'eau des collines,* II 1963; *Le masque de fer,* 1965; Autobiographien seit 1957, *Œuvres complètes,* XII 1964–77). Während P. in *Topaze* noch als Nachfolger von Becque u. Mirbeau gelten konnte, verdankte er den Erfolg der Marseiller Liebespaartrilogie *Marius-Fanny-César* weitgehend der schauspieler. Leistung u. a. von Pierre Fresnay. 1946 wurde P. in die Ac. frçe. aufgenommen.

L. Combaluzier, Le jardin de P., 1937; P. Castans, P., 1987.

Pailleron, Édouard, 17. 9. 1834 Paris – 20. 4. 1899 ebda., Miteigentümer der *Revue des deux mondes,* 1882 Mitgl. der Ac. frçe., Lustspielautor (*Le parasite,* 1860; *Le mur mitoyen,* 1861; *Le dernier quartier,* 1864; *Le second mouvement,* 1865; *Le monde où l'on s'amuse,* 1868; *Les faux ménages,* 1869; *Hélène,* 1872; *Petite pluie,* 1875; *L'âge ingrat,* 1878; *L'étincelle,* 1879; *Pendant le bal,* 1881; →*Le monde où l'on s'ennuie, La souris,* 1887; *Les cabotins,* 1894; *Théâtre complet,* IV 1909–12).

A. Lalia-Paternostro, P., 1931.

Le pain quotidien (1934), Roman von Henri →Poulaille, Dos Passos gewidmet. Der Anarchist Magneux, dessen Frau e. Kind erwartet, stürzt vom Baugerüst u. verletzt sich so schwer, daß er e. halbes Jahr bettlägrig bleibt. Da ihm die Unfallversicherung Schwierigkeiten macht, versorgt die Nachbarin Nini Radegond Magneux u. s. Sohn. Höhepunkt des Romans, der Motive aus Zolas Romanen *L'assommoir* und *Germinal* kontaminiert, ist ein Streik, in dem die Arbeiter zwar unterliegen, der Sozialismus jedoch Anhänger gewinnt.

Palamades, Prosaroman (13. Jh.), der nachträgl. als abenteuerreiche Vorgeschichte des →*Roman de Tristan de Léonois* verfaßt wurde.

Palaprat, Jean, Mai 1650 Toulouse – 14. 10. 1721 Paris, aus protestant. Amtsadel, schrieb 1671–91, als er mit Molière und ital. Theatertruppen in Verbindung stand, für die Bühne – seit 1686 in Zusammenarbeit mit David Augustin de Brueys (1640–1723) – Farcen u. Kom. (*Le concert ridicule,* 1689; *Le grondeur,* 1691; *Arlequin Phaéton,* 1692; *La fille de bon-sens,* 1692).

Palissot de Montenoy, Charles, 3. 1. 1730 Nancy – 15. 6. 1814 Paris, erfolgloser klassizist. Trag.dichter (*Zarès,* 1749; *Ninus II,* 1749), während die rousseaufeindl. Tendenz einzelner Kom., die an Molières *Femmes savantes* u. Saint-Évremonds *Les académistes* anknüpften, Beifall fand (*Le cercle ou les originaux,* Urauff. 26. 11. 1755 Lunéville; →*Les philosophes*). S. restaurative Gesinnung diktierte ihm auch das satir. Gedicht in zehn Gesängen, *La Dunciade* (London 1771; vgl. außerdem *Les nouveaux ménechmes,* Verskom. 1762; *L'homme dangereux,* Verskom. 1770; *Les courtisans ou l'école des mœurs,* Verskom. 1775; *Le génie de Voltaire,* 1806; *Œuvres,* VI 1809). Während der Revolution gab P. Voltaires ausgewählte Werke (LV 1792–98) heraus.

D. Delafarge, La vie et l'œuvre de P., 1912; E. Jovy, P. et Gobet, 1928.

Palmes académiques, Auszeichnung (violett) für bes. Leistungen im Unterrichtswesen, auch an Ausländer verliehen; 1808 von Napoleon geschaffen, 1955 Umwandlung in Dreiklassen-Orden (Ritter, Offizier, Kommandeur).

Paludes, Satire von André →Gide, EA 1895, revidierte Fassung 1921. In e. vorangestellten Tagebuchkommentar bezeichnet der Erzähler den Roman *P.,* an dem er schreibt, als Geschichte des Tityre – e. Figur aus Vergils *Aeneis* –, der die armselige Gegend, in der er lebt, nicht verlassen will: ›P., c'est l'histoire d'un homme qui, possédant le champ de Tityre, ne s'efforce pas d'en sortir, mais au contraire, s'en contente; voilà ...‹. Er genießt die komplizierte Seelenspannung e. äußerl. ereignislosen Existenz, die Gide während der Arbeit an Tityres Geschichte als Reflex s. Ichs erkennen lernt. Fabel u. Reflexion über Poetik und Ethik korrelieren in *P.* Die Literatengesellschaft nimmt grotesken Anteil an der Geschichte, über die sie global urteilt, wenn sie sie auch erst fragmentar. kennt. Im Kreis dieser Leute, die sich bei s. Freundin Angèle versammeln, erkennt der fiktive Erzähler, daß es ihm wie s. Romanhelden an der notwendigen Energie fehlt, Ideen in Lebenspraxis umzusetzen. Während er davon träumt, nach Biskra zu fahren, macht sich s. Freund Hubert tatsächl. auf die Reise. Der Erzähler leidet unter der ›maladie de la rétrospection‹, deren Symptome das selbstgefällige Beharren auf vergangenen Leistungen sind. Claudel nannte *P.* das vollständigste Dokument e. intellektuellen Stagnation, die 1885–90 zahlr. Autoren in Depressionen stürzte. Gide selbst befreite sich während s. Nordafrikareisen von der Beengung, die in *P.* abschließend mit Bildern des Cauchemar wiedergegeben wird.

Panard, Charles-François, 1694 Courville / Eure-et-Loir – 13. 6. 1765 Paris, Autor von Kom. und kom. Opern: Marmontel nannte ihn deswegen den ›La Fontaine des Vaudevilles‹. Ebenso gefällig u. farblos ist s. lyr. Werk (*Théâtre et œuvres diverses,* IV 1764).

Panckoucke, Charles Joseph, 26. 11. 1737 Lille – 19. 12. 1798 Paris, Buchdrucker (*Encyclopédie méthodique;* Werke von Buffon, Voltaire) u. Zs.verleger (*Mercure de France, Moniteur,* das Regierungsblatt des Empire). Er übersetzte Lukrez, Ariosto und Tasso u. verfaßte e. *Grammaire élémentaire et mécanique* (1795, 1799) für Schulkinder.

L. Trenard, La famille P., Cahiers de Clio 1967.

Pangloss, der Mentor des Helden in →*Candide ou l'optimisme* von Voltaire, Vertreter e. optimist. Lebensphilosophie als Ausdruck der prästabilierten Harmonie.

Pantagleize, Drama von Michel de →Ghelderode, EA Brüssel 1934, Urauff. 1929 Vlaamse Volkstoneel. Für den Menschen als Marionette wird der Galgen zum makabren Punkt der Sinnerfüllung. Wider Willen löst P. e. Revolte aus, erobert den Staatsschatz u. wird wegen e. operettenhaften Requisits, e. Schirms, hingerichtet. Die Verpuppung des Tragischen, die Jarry in →*Ubu roi* eingeleitet hat, ist bei Ghelderode zum Stilprinzip geworden.

Pantagruel, die Verkörperung des guten u. aufgeklärten Monarchen bei Rabelais *(→Gargantua, Pantagruel).*

R. C. La Charité, Récréation ..., Rabelais' P. Lexington 1980.

Panthéon, ursprüngl. Genovevakirche in Paris, die Ludwig XV. nach Plänen Soufflots errichten ließ. Zwei Jahre nach der Vollendung beschloß die Constituante 1791 beim Tod Mirabeaus, hier ein Denkmal des nationalen Ruhms (P. français) einzurichten. Mirabeau, Voltaire, Rousseau, Marat, Hugo u. Zola wurden in der Krypta des P.s beigesetzt.

Pantoun, malaiische Gedichtform (vierzeilige Strophe, alternierende Achtsilber, der 2. u. 4. Vers e. Strophe wird als 1. u. 3. Vers der nächsten Strophe wiederholt, bis zum Gedichtschluß die letzte und erste Zeile ident. sind). Die Stofferwartung des P. ist durch die Wechselbeziehung von zwei Motivketten (häufig Naturstimmung – seel. Verfassung) gekennzeichnet. Das P. war Victor Hugo bekannt, wurde von Th. Gautier unvollkommen nachgeahmt *(Les papillons)* u. von Charles Asselineau, Banville, Louisa Siefert, Leconte de Lisle u. Ghil weiter gepflegt.

R. Baehr, Einführung in die franz. Verslehre, 1970.

Panturle, Jäger, dessen Landnahme die stammesgeschichtl. Umwandlung des Nomaden in den Siedler versinnbildlicht, im Roman →*Regain* von Giono.

Panurge, Gefährte des Pantagruel (Rabelais, →*Gargantua, Pantagruel),* e. Eulenspiegelfigur; humanist. gebildet, dabei von schelm. Amoral. Das 3. u. 4. Buch des Romanzyklus befassen sich mit P.s Heiratsproblemen. Autreau schrieb 1720 die Kom. *P. à marier.*

L. Schrader, P. u. Hermes, Diss. Bonn 1958; J. Paris, Hamlet et P., 1971.

Paolo Paoli, Prosaschauspiel in 12 Bildern von Arthur →Adamov, EA 1957, Urauff. 29. 5. 1957 Lyon. Der Schmetterlingshändler P. P., der den Gegensatz von Kapital u. Ausgebeuteten lange zu s. Gunsten manipulierte u. den Arbeiter Marpeaux, den der Fabrikant Hulot u. der Abbé Saulnier als Sozialisten ins Gefängnis bringen, ebenfalls für s.

Geschäft ausnutzte, solidarisiert sich zum Schluß mit der Frau des Häftlings u. ihrer Klasse. Mit Mitteln des ep. Theaters wird die Geschichte des Betrugs u. s. Entlarvung zum sozialkrit. Panorama der Jahre 1900–14 ausgeweitet. Polit. Rhetorik, Zitate aus Zeitungen u. der Fachlit., in Projektionen vorgeführt, zeigen den Widerspruch zwischen der Propaganda der Besitzenden, die Freiheit sagen, wo sie den Profit meinen, und den tatsächl. polit. Verhältnissen auf.

Papillon, Marc de, 1555–1599, kämpfte bis zum Tode Heinrichs III. mit der kathol. Partei, schloß sich 1589 Heinrich IV. an, ohne die erhoffte Pension zu erhalten. Der Elan u. das sinnl. Feuer s. Liebeslyrik sichern ihm e. bedeutenden Rang, auch wenn die Ausformung passagenweise flüchtig geblieben ist. (*Premières œuvres poétiques,* 1597 u. 1599; *Poésies,* 1600).

Le paquebot Tenacity, Schauspiel in drei Akten von Charles →Vildrac, EA Genf 1919, Urauff. 6. 3. 1920 Théâtre du Vieux-Colombier, Paris. Zwei ungleiche Freunde, Bastien u. Ségard, die zur Emigration nach Kanada bereit sind, warten auf ihr Schiff, das nach e. Havarie überholt werden muß, und verlieben sich im Hafen in die Serviererin Thérèse. Der Empfindsamere, Ségard, den Bastien zum Auswandern überredet hat, wird schließl. allein reisen. Ihm wird die Unvorhersehbarkeit der Existenz vollends bewußt, wenn er resignierend feststellt: Wo auch immer ich mich befinde, ich habe nicht beschlossen, dahin zu gelangen. Dem entschlußfreudigeren Bastien, der Thérèses Liebhaber geworden ist, fällt es leicht, neue Pläne zu schmieden. Das Stück gilt als Modell e. ›théâtre de l'intimité‹ in Frkr.

Les parachutistes, Stück in sieben Szenen von Jean →Cau, EA 1963, Urauff. 24. 3. 1963 Studio des Champs-Élysées, Paris. Fallschirmjäger u. alger. Freiheitskämpfer sind in Haßliebe aufeinander fixiert; die Henker u. ihre Opfer, zwei gefangene Araber, die von den Leuten des Korporal Gros Bébé zu Geständnissen gezwungen werden sollen, übernehmen festgelegte Rollen im blutigen Zeremoniell. Für Cau ist die kolonialist. Unterdrückung ebenso sinnlos wie der Aufstand der Entrechteten.

Parade, dramat. Kurzform 17.–18. Jh., entstanden aus Jahrmarktspossen u. Elementen der Commedia dell'arte, wurde als Stegreifkom. in aristokrat. Kreisen entschärft u. von Collé, Gueulette, Moncrif, Beaumarchais u. Piron literarisiert; Weiterentwicklung im Salontheater zum →Proverbe.

Les paradis artificiels. Opium et haschisch, Prosatexte von Charles →Baudelaire, ED 1858 f., EA 1860, hg. Cl. Pichois 1961. Aus der Perspektive des für ihn typ. ›promeneur sombre et solitaire‹ verfaßte Baudelaire e. ›tableau de voluptés artificielles‹, wie er es dem Drogengenuß verdankte. Haschisch wirkt wie ›un miroir grossissant, mais un pur miroir‹. Baudelaire interessiert, wie sich die banale Form der Originalität, die die Bourgeoisie einigen Exzentrikern konzediert, unter der Wirkung von Haschisch entwickelt u. konstatiert e. ›accroissement anormal et tyrannique‹ aller Empfindungen, auch der Philanthropie. In dieser Verfassung beginnt das Individuum, s. Gewissensbisse zu bewundern u. verliert doch gerade durch diese extrem narzißhafte Haltung unversehens s. Freiheit als Person. ›Ajouterai-je que le haschisch, comme toutes les joies solitaires, rend l'individu inutile aux hommes et la société superflue pour l'individu‹. Der Autor referiert im Anschluß das epochale Werk von Th. de Quincey, *Confessions of an English opium-eater,* u. a. e. Anlaß für Baudelaire, Bilder der Theomanie aufzureihen u. die immanente Haltung de Quinceys, der für selbstzufriedene Opiumesser schreibt, zu kritisieren.

E. J. Mickel, The artificial paradises in French literature, Bd. 1, Chapel Hill 1969.

Paradou, provenzalischer Ortsname, als Motiv Park in →*La faute de l'abbé Mouret* von Zola, das Reich der Geliebten des Priesters, Albine; Bild e. sündefreien Ideallandschaft.

Paradoxe sur le comédien, Dialog von Denis →Diderot, entstanden Nov. 1769, von Naigeon, der das Ms. besaß, 1798 in der Sammelausgabe nicht publiziert, EA 1830, hg. P. Vernière in *Œuvres esthétiques,* 1965. Diderots Abhandlung über die Schauspielkunst verweist auf das übergreifende Problem von der Vereinbarkeit der biolog. Verfassung des Menschen u. der Ausdrucksmöglichkeiten s. Empfindsamkeit. Der Schauspieler imitiert Bewegungen u. Gefühle, die ihm der Dramatiker vorgeschrieben hat, er erlebt sie nicht; übertriebenes Mitempfinden schafft mittelmäßige Schauspieler. Diderot unterscheidet zwischen der Person des Schauspielers selbst, der fiktiven Person in der Dichtung u. der dargestellten Person auf der Bühne. E. großer Komödiant spielt nicht sich selbst, sondern kreiert Rollen. Maskentragen ist s. Kunst, s. Talent, e. große Konzeption auch entsprechend zu reproduzieren. Er erarbeitet sich den Tenor s. jeweiligen Rollen. Der Dramatiker hält die Fäden dieser ›Marionette‹ in der Hand. ›Les comédiens font impression sur le public, non lorsqu'ils sont furieux, mais lorsqu'ils jouent bien la fureur.‹ Für s. Leistung sollte der Schauspieler in der Gesellschaft, die ihn bisher diffamierte, auch respektiert werden. 1983 Neuinszenierung von Patrice Chéreau, mit Maria Casarès.

J. Copeau, Réflexions d'un comédien sur le P. de Diderot, Revue universelle 1928; L. Jouvet, Le comédien désincarné, 1954.

Les paravents, Stück in 17 Bildern von Jean →Genet, entstanden 1959, EA 1961, Urauff. 19. 5. 1961 Schloßparktheater, Berlin, Pariser Premiere 1966 (Inszenierung Roger Blin). Das Drama spielt in Algerien. Said, der ärmste Araber der Provinz, verheiratet mit dem häßlichsten Mädchen, Leila, wird als Dieb von der Gesellschaft geächtet; als sich die Dorfgemeinschaft im Bewußtsein ihrer Unterdrückung gegen die Kolonialherrschaft auflehnt, schlägt sich Said auf die Seite der Franzosen u. sabotiert die Aktionen s. Landsleute. Als der Aufstand dennoch zum Sieg geführt wird, schlagen ihm die neuen Herren e. Kompromiß vor, dem er beinahe zustimmt. Beim Verlassen des Dorfes wird Said erschossen; im Totenreich, wo er erwartet wird, kommt er nie an. Der Anarchist Said gehört zu keiner Klassengesellschaft, weder der kolonialist. geprägten noch der im Revolutionsstaat sich neu etablierenden. Er verwirklicht e. einzelgänger. Ethos außerhalb von Ritualen *(→Les bonnes, →Le balcon, →Les nègres),* in e. Lebenspraxis, die das Böse wählt u. dafür einsteht; Machtstrukturen faszinieren ihn nicht mehr. Was

Ideologiekritik auf den Begriff der Korruption durch Anpassung gebracht hat, wird von Genet dramatisch umfunktioniert. Said hält an s. Negativität, in die die andern ihn einmal gedrängt haben, trotzig fest.

L. Goldmann, Genets Bühnenstücke, Alternative 49/50, 1966.

Parfaict, François, 10. 5. 1698 Paris – 25. 10. 1753 ebda., und Claude, um 1705 Paris – 26. oder 27. 6. 1777 ebda., Dramatiker (François als Mitarbeiter von Marivaux) u. vor allem Theaterhistoriker (*Histoire du théâtre français depuis son origine jusqu'à présent,* 1721; *Histoire générale du théâtre français,* XV 1735–49; *Dictionnaire des théâtres de Paris,* VII 1767), die durch Archivstud. u. direkten Kontakt mit den Autoren, u. a. auch Voltaire, viel informatives Material zusammentrugen.

H. Finke, Les frères P., Diss. Leipzig 1936.

Paris, Zentrum des fränk. Reiches seit 508 u. wieder seit der kapeting. Herrschaft im späten 10. Jh.; seit dem 12. Jh. Trennung in 3 Stadtteile (Rive gauche – Universität, Cité – Palast u. Bischofssitz, Rive droite – Handel), die Philippe II. August bis 1220 mit e. Stadtmauer umschloß. Nach dem Hundertjährigen Krieg war P. Residenz erst wieder unter Franz I. Seit dem Ausbruch der Revolution, durch den auch e. Opposition von P. u. Provinz Bestandteil der polit. Mentalität wurde, erhielt die Metropole e. neue Funktion als Hauptstadt des bürgerlichen Zeitalters. Spätestens seit Villon in die *Ballade des femmes de P.* den sprichwörtl. Refrain, ›Il n'est bon bec que de P.‹, aufnahm, blieb P. ein signifikantes lit. Motiv, das den zentralen Bezugspunkt für nationale, kulturelle u. polit. Konflikte bildet, sowohl in der Lyrik (Baudelaire, Hugo, Prévert, Chansons des 19. u. 20. Jh.s) als im Roman (Rabelais, Sorel, Furetière, Prévost, Marivaux, das negative P.bild in der *Nouvelle Héloïse,* Mercier, Rétif de la Bretonne, Choderlos de Laclos, bei praktisch sämtl. großen Erzählern des 19. Jh.s, Proust, Romains, Duhamel, Martin du Gard, Aragon ...). Molières Kom. ebenso wie das Boulevardtheater (Kock, Feydeau, Labiche, teilweise noch Anouilh) übersetzten Pariser Denkweisen und Moden.

L. Chevalier, Les Parisiens, 1967; R. Franc, Le scandale de P., 1971; P.-P. Sagave, Berlin – P. 1871, 1971; M. Cornu, La conquête de P., 1972; J. Hillairet, Dictionnaire historique des rues de P., III 1973; J. Follain, P., 1979; J. Meral, P. dans la littérature américaine, Thèse 1980; M.-Cl. Bancquart, Images littéraires du P. Fin-de-siècle, 1980; W. Benjamin, P., die Hauptstadt des XIX. Jh.s (1935), Das Passagen-Werk, Ges. Schriften V, 1–2, 1982; Colloque Paris-Sorbonne, P. et le phénomène des capitales littéraires, 1984; P. G. Castex et alii, Ecrire Paris, 1990; A. Farge, La vie fragile ... P. au 18e siècle, 1992; P. Deyon, P. et ses provinces, 1993.

La parisienne, Prosaschauspiel in drei Akten von Henri →Becque, entstanden 1882–84, EA 1885, Urauff. 7. 2. 1885 Théâtre de la Renaissance, Paris. Für dieses Konversationsstück, das nach dem Skandal der →*Corbeaux* von der Com. frçe. abgelehnt wurde, wählte der Autor das traditionelle Dreiecksverhältnis der Liebeskom.; Vorbilder im engeren Sinne waren Dancourts *Parisienne* (1691) u. vor allem Labiches *Le plus heureux des trois* (1870) – e. Frau liebt ihren Gatten wie ihren Freund, u. der Ehemann klammert sich an die Hausfreundschaft des unerkannten Rivalen. Die Erlebnisse des Ehepaars Du Mesnil u. des Vertrauten Lafont streben bei Becque über das Niveau des Vaudeville hinaus u. fordern die entromantisierte Studie e. Ehe zu dritt. Durch diesen äußerl. handlungsarmen Salonkonflikt, der alle Gesellschaftskritik umgeht u. nur die Rätselhaftigkeit entstehender u. erkaltender Liebe analysiert, deren Regungen er sentenzenhaft zu fassen sucht, offenbarte Becque e. subtiles psycholog. Talent.

Parlamente, Erzählerin im →*Heptaméron* der Marguerite de Navarre, vermutetes Selbstporträt der Autorin oder Bild der Katharina Medici.

Parlements, kgl. Gerichtshöfe, bis 1791 insgesamt 13 in Paris u. in den Provinzen (Toulouse, 1442; Bordeaux, 1462; Rouen, 1505; Metz, 1633; Nancy, 1775). Das Parlement von Paris (drei Kammern: Grand-Chambre, Ch. des requêtes, Ch. des enquêtes), hatte legislative und polit. Kompetenzen, da Edikte erst durch s. Eintragung Gesetzeskraft gewannen. Im 18. Jh. kam es nach der Machtprobe der →Fronde wieder zu Konflikten zwischen Thron u. Parlement; →Montesquieu politisierte die P. zu Zwischeninstanzen, die den Alleinherrscher wirkungsvoll kontrollieren.

P. C. Hartmann, Franz. Verfassungsgesch. der Neuzeit, 1985.

Parler Phébus, Neigung zu periphrast. Stil bei den Preziösen des 17. Jh. u. im heroisch-galanten Roman (La Calprenède, Scudéry).

Parnasse, Gruppe gleichgesinnter Lyriker, die 1860–80 den Stil der franz. Poesie bestimmten (Parnassiens). Nach dem Vorbild von Leconte de Lisle und Heredia verfaßten Catulle Mendès, Léon Dierx, André Lemoyne, Albert Mérat, Georges Lafenestre, Léon Valade, Armand Silvestre, Louis-Xavier de Ricard, Jean Lahor u. Sully Prudhomme formal perfekte Gedichte in unbeteiligter Sprachhaltung. Mallarmé u. Verlaine wurden 1876 von der Mitarbeit am →*P. contemporain* ausgeschlossen. Ob Mendès, wie er seit der Mitte der 70er Jahre behauptete, den Zusammenschluß der Gruppe herbeigeführt hatte, bleibt umstritten. François Coppée gehörte mit s. Frühwerk noch dem P. an; die regionalist. Lyriker Gabriel Vicaire, Jean Aicard oder François Fabié lernten beim P. stilist. Sorgfalt u. den Ansatz zur Überwindung der Bekenntnislyrik im Tenor von Lamartine u. Musset.

P. Martino, Parnasse et symbolisme, 1925, [2]1967; M. Souriau, Histoire du P., 1929; A. Schaffer, The genres in Parnassian poetry, Baltimore 1944; H. Mondor, L'affaire du P., 1950; F. Petralia, Il Parnasso, Bari 1967; A. Racot, Les parnassiens, 1968; K. W. Hempfer, Konstituenten parnass. Lyrik, Festschr. W. Pabst, 1993.

Le Parnasse contemporain. Recueil de vers nouveaux, Lyrikanthologie im Verlag Lemerre, 1. Serie 1866, 2. Serie 1869 (erschienen 1871), 3. Serie 1876, brachte Gedichte von →Parnasse-Dichtern, Banville, Baudelaire, Coppée, Mallarmé, Ménard, Verlaine.

Le Parnasse des poëtes françois (1571), Anthologie von Gilles →Corrozet.

Le Parnasse satyrique (1622), Sammelbd. freizügiger Verse, u. a. von Théophile de Viau, der wegen der Veröffentlichung verfolgt wurde.

Parny, Évariste Désiré de Forges, chevalier, später vicomte de, 6. 2. 1753 Saint-Paul auf La Réunion – 5. 12. 1814 Paris, Stud. Rennes, Gardesoldat in Versailles bis 1773, als er auf die Insel zurückgerufen wurde (Reisejournal). Erneut in Frkr., verfaßte P. e. Epistel *Aux insurgés de Boston* (1777) u. besang e. 13jähr. Kreolin, die er auf Betreiben s. Vaters nicht heiraten konnte, in eleg. *Poésies érotiques* (1778; *Œuvres complètes,* V 1805; neu hg. 1862, m. Vorwort von Sainte-Beuve). 1799 schrieb der Voltairianer die Blasphemie *La guerre des dieux anciens et modernes* (Anspielung auf die Querelle des anciens et des modernes), die in Miltonparodien fortgesetzt wurde (*Le portefeuille volé,* 1805). Dadurch forderte P. die kathol. Vorromantiker, bes. Chateaubriand, heraus. Der Kaiser setzte dem Mitgl. der Ac. frçe. (1803) 1813 e. Pension aus. Das idyll. Schema s. Gedichte bleibt konventionell, wenngleich aus individueller Anschauung neue Motive verarbeitet werden; ein romant. Tenor wird bereits dort angeschlagen, wo die zerklüftete Natur zur seel. Projektion wird. P. lyrisiert die zerstörende Leidenschaft wie sie bisher nur im Roman, etwa von Prévost, dargestellt wurde. Bei s. Tod beklagte die lit. Welt e. großen Verlust; daß P. von Voltaire als neuer Tibull apostrophiert worden war, hatte nichts an Gültigkeit eingebüßt.

H. Potez, L'élégie en France avant le romantisme, 1897; R. Barquisseau, Les poètes créoles du XVIIIe siècle, 1949.

Partage de midi, Versdrama in drei Akten von Paul →Claudel, entstanden 1905, EA 1906, überarbeitete Versionen 1949, 1957, Urauff. von Einzelszenen 12. 11. 1916 Paris, 16. 12. 1948 Théâtre Marigny, Paris (Inszenierung Barrault). Persönl. Verfehlungen (e. Verhältnis während der Rückkehr auf den Diplomatenposten 1905) sollen im Psychodrama durch die Verknüpfung mit dem Tristan-Stoff sublimiert werden u. Claudels Krisenstimmung bannen. Auf Anraten des Beichtvaters hielt Claudel das Stück lange von der Bühne fern. Die drei Männer, denen Ysé zugehört, verkörpern drei Arten der erot. Bindung: durch das Sakrament (De Ciz), durch Leidenschaft (Amalric) u. durch seel. Übereinstimmung (Mésa). Gelingt es ihnen, ihr Begehren nach der Frau zu läutern, so gewinnen sie e. Mitwirkerin an der Erlösung. Ysé befreit sich aus der Gewalt Amalrics, um gemeinsam mit Mésa in den Tod zu gehen. Der ursprüngl. wenig bühnengerechte dritte Akt wurde 1948 um eindrucksvolle lyr. Passagen verkürzt.

A. Czaschke, Der Cantique de Mésa in P. Claudels Drama P., 1964.

Parterre, im 17.–18. Jh. Zuschauerraum vor der Bühne mit Stehplätzen (im Unterschied zu Sitzplätzen auf der Bühne selbst, die Ostern 1759 abgeschafft wurden, im Amphitheater u. in den Logen); im 17. Jh. in der Regel männl. Publikum, Mittelstand, selten Aristokraten. Das Publikum des Parterre wurde von Régnard als geschmacksbildend gelobt. Grimm schrieb in der *Correspondance littéraire,* wenn der Hof die Funktion des →Châtelet wahrnehme, sei das P. in Paris dem →Parlement zu vergleichen, das häufig die Erlasse wieder annulliere. Demnach setzte sich die ästhet. Erwartung des III. Standes, der wirtschaftl. im 18. Jh. bereits den Bestand des Staates garantierte, durch, ehe s. Rang polit. sanktioniert war. P. ist im mod. Theater gleichbedeutend mit Parkett, im Gegensatz zu den Rängen.

La partie de chasse de Henri IV, Drama von Charles →Collé, 1760 als Kontamination e. engl. Legende vom Kg. u. dem Müller von Mansfield mit dem Heinrich-Stoff zum Zweiakter *Le roi et le meunier* gestaltet u. 1762 u. 1763 beim Hzg.

von Orléans, e. Nachkommen Heinrichs IV., der die Titelrolle spielte, uraufgeführt; EA der endgültigen dreiaktigen Fassung 1764. Collé stellt die Intrigen der Italiener, die mit den Medici nach Frkr. gekommen sind, gegen Sully dar, um dann den leutseligen Monarchen inkognito am Tisch e. Müllers, der den Herrn u. s. Gefolge während e. Jagdpartie bewirtet, vorzuführen. Die Konstellation ist als dramat. Schema zur direkten Charakterisierung des Volkskg.s, den der Untertan lobt, ohne ihn persönl. zu kennen, notwendig. Ludwig XV. untersagte 1766 die Aufführung an der Com. frçe., die Premiere fand erst im November 1774 statt. In der Provinz war das Stück längst erfolgreich aufgeführt worden, u. a. auch in Ferney (Voltaire schrieb als Entsprechung *Charlot ou la comtesse de Givry*, 1767; 1769 nahm Audinot das Werk zur Vorlage e. Pantomime; 1775 u. 1776 erscheinen weitere Pantomimen). Der Hof u. die Zensur beanstandeten, daß ein Vorfahre des regierenden Monarchen zur Bühnenfigur gemacht wurde, daß dabei die Distanzklausel des klass. Theaters ebenso wie die Ständeklausel, da das Stück nicht im Stil der Trag. verfaßt war, verletzt wurden. Zudem war die polit. Implikation nicht zu übersehen: das Idealbild des empfindsamen u. volksverbundenen Herrschers mußte von Ludwig XV. als Vorwurf u. Kränkung verstanden werden. Die *Jagdpartie* trug zu e. Neuorientierung der franz. Geschichtsdramatik bei (vgl. auch *Inès de Castro* von La Motte, die Dramen von Belloy, L.-S. Mercier u. M.-J. Chénier).

N.-M. Bernardin, Le théâtre de Collé – P., Revue des cours et conférences 1902 f.

Partimen, altprovenzal. Diskussionsgedicht wie →Tenson; gegenteilige Vorstellungen, meist über die Liebe, werden konfrontiert u. zum Schluß bewertet.

S. Neumeister, Das Spiel mit der höf. Liebe. Das altprovenzal. P., 1969; R. Schnell, Zur Entstehung des altprovenzal. dilemmat. Streitgedichts, GRM 33, 1983.

Pascal, Blaise, 19. 6. 1623 Clermont-Ferrand – 19. 8. 1662 Paris, Sohn e. Präsidenten der Cour des Aides, der, seit 1625 verwitwet, 1631 s. Amt aufgab, um sich in Paris allein der Erziehung s. Kinder (Gilberte, Blaise u. Jacqueline) zu widmen. Der frühreife u. kränkl. Knabe war mathemat u. techn. hochbegabt (u. a. mit zwölf Jahren e. Arbeit über die Töne, mit 16 über Kegelschnitte, Entdeckung des Prinzips der kommunizierenden Röhren, später Konstruktion e. Rechenmaschine), er fand Zugang zum Kreis des Cartesianers →Mersenne. 1639 sandte Richelieu den Vater als kgl. Steuereinnehmer für acht Jahre nach Rouen; hier schloß sich im Januar 1646 die ganze Familie dem Jansenismus an, ohne daß der relig. Eifer vorläufig die wiss. Intentionen von P. unterband. 1647 begegnete er bei Mersenne Descartes, später hatte er Umgang mit →Méré (gemeinsames Interesse an Montaigne) u. mit La Rochefoucauld. Nach e. Unfall in e. Kutsche bei Neuilly änderte P. 1654 seine Lebensgewohnheiten. Er formulierte in der Nacht des 23. 11. 1654 e. myst. Bekenntnis zum Evangelium *(Mémorial)* u. trat im Januar 1655 in die Gemeinschaft von →Port-Royal ein, ohne jedoch alle Beziehungen zur Gesellschaft, z. B. zu Mme de Sablé u. Méré, sofort abzubrechen. Als Parteigänger der Jansenisten engagierte er sich mit 18 öffentl. Briefen im Sakramentestreit Antoine Arnaulds mit den Jesuiten (→*Les provinciales* *ou lettres écrites par Louis de Montalte à un provincial de ses amis,* Januar 1656 – Mai 1657). Das 17. Jh. sah in dieser Streitschrift P.s hervorragendste lit. Leistung. Die Briefe waren orator., ohne der Schulrhetorik zu folgen; als leidenschaftl. Bekenntnisprosa fanden sie vor allem beim gebildeten Bürgertum günstige Aufnahme. Die Fragment gebliebenen Aufzeichnungen der →*Pensées sur la religion* führten die Metaphysik aus der Dimension der Philosophie in die des Glaubens zurück und erwiesen die spezif. Eignung der franz. Sprache für aphorist. Lit. Das Milieu der Noblesse de robe spielte für die Verbreitung jansenist. Ideen in Frkr. e. entscheidende Rolle; durch den Kampf der Jansenisten, den P. glänzend unterstützte, gegen den Allmachtsanspruch von Rom u. Versailles wurde im 17. Jh. ein wesentl. voraufklärer. Beitrag zur bürgerl. Emanzipation geleistet. Darüber hinaus lehnte P. im Unterschied zu Port-Royal den deduktiven Rationalismus von Descartes ab, weil dieser philos. Verallgemeinerungen nicht gelten lassen will, wenn sie in experimenteller Praxis nicht Punkt für Punkt bewiesen werden können. Sinngebung war für ihn allein in der Transzendenz mögl. Widersprüche im Diesseits weckten kein Bedürfnis, sie zu überwinden. Das menschl. Zusammenleben sah P. von den Prinzipien Macht, Besitz u. Prestige bestimmt; sie führen notwendigerweise zur Ungleichheit (*Pensée* 380), die jedoch nur aus der christl. Perspektive der Eigentumskritik, nicht polit. in Frage gestellt werden kann. P. erkannte, daß im Absolutismus keine jurist. oder eth. Regel die tatsächl. Gerechtigkeit verbürgt; alle menschl. Gesetze sind ungenügend. Einzig das Vertrauen auf den ›verborgenen Gott‹ (dieu caché) nimmt den Fluch vom Menschen, der aus Selbstanalyse u. falscher Zerstreuung herrührt u. die Existenz wie das Denken zur Plage macht. Dem 17. Jh. erschien P. als Spiritualist u. Dulder, dem 18. vor allem als Misanthrop, dem 19. als melanchol. Genie. Erst die Wiss. des 20. Jh. entdeckte den paradoxen P., das Erkenntnis- u. Glaubensparadox in s. Bindung an die Vorstellungswelt des kultivierten Besitzbürgertums (Parabeln vom Erben u. Spieler). Durch Formeln wie ›ni ange ni bête‹, ›roi dépossédé‹, ›vous êtes embarqués‹, ›monstre incompréhensible‹, ›roseau pensant‹ bezeichnete P. die Widersprüche in der Lebenspraxis e. aristokrat. u. großbürgerl. Gesellschaft, für die theolog. Anliegen zu ästhetisierbaren Tagesfragen geworden sind u. die er aufrütteln will (*Œuvres complètes,* hg. L. Brunschvicg/E. Boutroux XIV 1908–25, n. 1966, J. Mesnard, 1964 ff.; ders., *Textes inédits,* III 1962).

M. Kruse, Das P.-Bild in der franz. Lit., 1955; A. Béguin, P. par lui-même, 1960; J. Guitton, Génie de P., 1962; F. Mauriac (Ed.), P. Textes du tricentenaire, 1963; H. Gouhier, P. Commentaires, 1966; P. Ernst, La trajectoire pascalienne de l'Apologie, 1967; Z. Klein, La notion de dignité humaine dans la pensée de Kant et de P., 1968; M. Le Guern, L'image dans l'œuvre de P., 1969; P. Ernst, Approches pascaliennes, 1970; B. Croquette, P. et Montaigne, Genf 1974; J.-E. Kummer, P., 1978; Méthodes chez P., Colloque 1976, 1979; P. A. Cahné, P. ou le risque de l'espérance, 1981; J. Mesnard, Edition et classification, la datation réciproque des fragments dans les œuvres inachevées de P., CAIEF 33, 1981; Th. M. Harrington, P. philosophe, 1982; H. Schmitz du Moulin, P., Assen 1982.

Paschal, Pierre de, 1522–1565, aus der Gegend von Toulouse, Stud. Carpentras, namhafter Humanist; Italienaufenthalt, 1554 kgl. Historiograph, den die Dichter der Pléiade in der trüger. Hoffnung, von ihm in den Annalen verewigt zu werden, hofierten; Ronsard widmete ihm zuerst die ›Hymne à la mort‹, um ihn später enttäuscht in e. lat. Pamphlet anzugreifen.

P. Bennefen, P., historiographe du roi, 1883.

Pasquier, Étienne, 7. 6. 1529 Paris – 30. 8. 1615 ebda., Jurist, vorübergehend von der Pléiade beeinflußt (Liebestraktat *Monophile,* 1554), Gegner der Jesuiten u. der Ligue. S. Hauptwerk sind die *Recherches de la France* (EA 1560–1643), e. Kompendium der Renaissancebildung u. Spiegel der neuen Wissenschaftsmethoden; so wird z. B. der Prozeß der Jeanne d'Arc anhand von Dokumenten objektiviert. Im Autorenkatalog räumte P. Ronsard u. Montaigne Spitzenstellungen unter den Zeitgenossen ein. *Le pourparler du prince* (1560), e. antikisierender Dialog, stellt die Frage nach der besten Regierungsform (Notwendigkeit der Generalstände). S. Rang als Lyriker (Slg. *La jeunesse de P.* u. *Jeux poétiques*) stellte Sainte-Beuve in Frage.

M. J. Moore, P., historien de la poésie et de la langue frçe., Poitiers 1934; R. Butler, Nation u. univers. Denken im Werke P.s, Basel 1948.

Le passé composé (1971), Roman von François-Marie →Banier. Nach dem Tod ihres geliebten Bruders Olivier sucht Cécile e. Verlagerung der intensiven inzestuösen Liebe in e. neuen Verhältnis mit François, den sie schließl. heiratet. Das Scheitern ihrer Ehe bedeutet für Cécile den Zusammenbruch der idealen Beziehung, sie hat Olivier endgültig verloren u. versinkt in geistiger Umnachtung. Anklänge an *René* von Chateaubriand u. Radiguet betreffen die Handlungskurve, der Stil entwickelt Errungenschaften des traditionellen psycholog. Romans weiter.

Passerat, Jean, 18. 10. 1534 Troyes – 14. 9. 1602 Paris, Humanist, unterrichtete am Collège du Plessis in Paris, wo Baïf u. Ronsard s. Schüler waren. Als Nachfolger von Ramus zog er in das Collège de France ein. P. verfaßte Elegien, Oden, polit. Epigramme u. arbeitete an der →*Satire Ménipée* mit. S. Neffe, Jean de Rougevalet, gab postum P.s Werke heraus (*Œuvres poétiques,* 1602–06, hg. P. Blanchemain II 1880).

Passeur, Étienne Morin, gen. Steve, 24. 9. 1899 Sedan – 1966 Paris, Bankangestellter, Journalist von *L'Aurore* u. *Crapouille,* überbot als Dramatiker die traditionellen Liebesdramen an Zynismus u. Heftigkeit u. stellte in Krisensituationen, die meist von überraschenden Peripetien vorbereitet werden, Eltern, die ihre Kinder, Ehemänner, die ihre Frauen fürchten, sowie pervertierte Liebhaberinnen dar (*Un bout de fil coupé en deux,* 1925; *La maison ouverte,* 1925; *La traversée de Paris à la nage,* 1927; *Pas encore,* 1927; *A quoi penses-tu?, Suzanne,* 1929; *L'acheteuse,* 1930; *Les tricheurs,* 1932; *Je vivrai un grand amour,* 1935; *Le château de cartes,* 1937; *Marché noir,* 1941; *La traîtresse,* 1946; *107,* 1948; *N'importe quoi pour elle,* 1954). Der Paroxysmus klang in den späteren Stücken ab.

La Passion du Christ, Bibelparaphrase des späten 10. Jh. aus 516 assonierenden, gelegentl. durch Vollreim verbundenen Achtsilbern in vierzeiligen Strophen (die erste mit Neumenbegleitung), die besondere linguist. Probleme aufwirft: der hybride Text (Ms. Clermont-Ferrand, Anfang 11. Jh.) entstand wahrscheinl. durch Substitutionen des südfranz. Schreibers.

Passions, Passionsspiele, Résurrections, →Mystère, →Osterspiele.

Pastiche (ital. ›pasticcio‹ = Pastete mit vielfältiger Füllung), Nachahmung versch. Stilelemente u. Motive e. Malers mit der Absicht der Fälschung, dann auch Imitation in der Flickoper, seit dem 18. Jh. auf lit. Produkte übertragen. Nach Hempel kann Vorbild e. P. nicht *ein* Werk, sondern nur *der* Diskurs e. Autors sein. Das P. strebt nach erkennbarer Ähnlichkeit mit dem Modell, dies nennt Proust ›P. volontaire‹ im Gegensatz zur sklav. Nachahmung (›P. involontaire‹; →*P.s et mélanges*). P.s verfaßten u. a. Montesquieu (*Télémaque*-P. in *Lettres persanes*), Charles Nodier (*Moimême,* verfaßt 1799 f.), Flaubert (das Haremstableau im Stil Delacroix' in *Souvenirs, notes et pensées intimes,* 1965, außerdem *Matteo Falcone ou deux cercueils pour un proscrit, Premières œuvres 183. . .–42,* 1932), Reboux, Louÿs, Butor (als Pasticheur von Chateaubriand in *6 810 000 litres d'eau par seconde*), Jean-Louis Curtis, Roubaud.

W. Hempel, Parodie, Travestie u. P. Zur Gesch. von Wort u. Sache, GRM 1965; F. Caradec, Trésors du p., 1971; W. Karrer, Parodie, Travestie, P., 1977; J.-M. Royer, A la manière de . . ., 1978; W.-D. Lange, Poetik des P. Zu Balzacs Contes drolatiques, in: H.-U. Gumbrecht u. a. (Hg.), H. de Balzac, 1980; M.-A. Burnier/P. Rambaud, La farce des choses, 1982.

Pastiches et mélanges, Prosatexte von Marcel →Proust, entstanden 1900–08, ED *Figaro* 1908; EA 1919, hg. J. Milly 1970; P. Clarac/Y. Sandre, *Contre Sainte-Beuve précédé de P.,* 1971. Der Sammelband, den Proust auf Anraten des Verlegers Gallimard zusammenstellte, enthält Pastiches, *Sentiments filiaux d'un parricide,* den Bericht über e. Autofahrt u. Stud. über John Ruskin, mit dem sich Proust auch als Übs. beschäftigte. Dem Autor war die ungenügende stoffl. u. stilist. Kohärenz der Ausgabe bewußt. Pastiche bedeutet für Proust ›amusement de faire de la critique littéraire en action‹. Die Prosa von Saint-Simon, Chateaubriand, Balzac, Michelet, Flaubert, Renan, den Goncourts, Faguet, Sainte-Beuve, H. de Régnier u. Ruskin regte Proust zu Nachbildungen ihrer Manier an. Bewußt eignet er sich ihre lit. Strukturen an, teilweise, um sich dadurch von den Autoren als Vorbildern zu befreien. Daß er in *P.* insgesamt kaum mehr als e. Stilübung sah, erhellt aus e. Brief von 1908 oder 1909 an die Fürstin Bibesco: ›Je suis l'ennemi de tout pastiche, excepté quand il est voulu, et encore.‹ Indem Proust e. wahre Begebenheit, die 1907 bekannt gewordene Affaire Lemoine, den aufsehenerregenden Fall e. vorgebl. synthet. Diamantenproduktion, scheinbar von Autoren des 18. u. 19. Jh. darstellen ließ, verschob sich für den Leser das Interesse von der Skandalaffaire auf deren ästhetische Nachahmung.

W. Pabst/L. Schrader, L'affaire Lemoine von M. Proust. Kommentare und Interpretationen, 1972.

Pastorale, 1. Schäferspiel, 1560 bis 1630, meist nach italien. Vorbildern, namentl. bei A. Hardy, Mairet; – 2. Lied idyll. Motivik im 18. Jh.

F. Nies, Genres mineurs, 1978.

Pastourelle, Schäferlied, in der altprovenzal. u. altfranz. Lit. durch spezif. Topik (locus amoenus) u. Personal (bergère, berger, chevalier) gekennzeichnet. Die älteste P. stammt vom Trobador →Marcabru, später schrieben u. a. Adam d'Arras, Jean Bodel, Froissart P.s; durch mariolog. Umdeutung (→Gautier de Coinci), Dramatisierung (Adam d'Arras) u. Didaktisierung (Cl. →Marot) erwies sich die Gattungsungebundenheit der idyll. Thematik. Insgesamt sind ca. 30 provenzal. u. 130 franz. Texte erhalten (J.-C. Rivière, Genf III 1974–76).

A. Pillet, Stud. zur P., 1902; E. Faral, P., Romania 1923; W. P. Jones, The p., Cambridge/Mass. 1931; W. Engler, Beitrag zur P.-Forschung, ZfSL 1964; M. Zink, P., 1972.

Patate (1956), Kom. von Marcel →Achard. Léon Rollo (Spitzname ›Patate‹) neidet s. Schulfreund Noël Carradine Karriere u. Erfolg bei den Frauen, vor allem, seit dieser s. Künste bei Patates Ehefrau erfolglos u. bei der Adoptivtochter Alexa erfolgreich zur Geltung gebracht hat. Dabei ist Carradines Frau die frühere Freundin Léons. Aber der Erfolgstyp wird nicht nachhaltig verunsichert, der Habenichts nicht dauerhaft aufgewertet, nach dem Wirbel kehren die Figuren auf ihre Ausgangsposition zurück. Achards Boulevardtheater amüsiert mit e. gesellschaftl. Imbroglio, es stellt die soziale Struktur nicht in Frage.

Pathelin →*Maistre Pierre P.*

La patrie se fait tous les jours. Textes français 1939–45, (1947) Anthologie, hg. von Jean Paulhan u. Dominique Aury, die umfassendste Bestandsaufnahme dichter. Reaktionen auf den II. Weltkrieg, die Besetzung, Résistance u. Befreiung, enthält u. a. Texte von Jean Amrouche, Aragon, Gabriel Audisio, Claude Aveline, Julien Benda, Bernanos, Camus, Cassou, Chamson, Duhamel, Éluard, Pierre Emmanuel, Gide, Giraudoux, Guéhenno, Guillevic, Jacob, Jouve, Malraux, Jacques Maritain, Mauriac, Michaux, Paulhan, Ponge, Jean Prévost, Ramuz, Jules Roy, Saint-John Perse, Sartre, Schlumberger, Pierre Seghers, Suarès, Supervielle, Tardieu, Elsa Triolet, Vercors, Vildrac, Jean Wahl.

Patru, Olivier, 13. 8. 1604 Paris – 16. 1. 1681 ebda., Advokat, Bewunderer von Honoré d'Urfé, dem er in Turin begegnete; seit 1640 Mitgl. der Ac. frçe., Parteigänger der Fronde. In materieller Not verkaufte er Boileau s. Bibliothek. S. Schaffen beschränkt sich auf Mitarbeit am Wörterbuch der Akademie, Übs., Schriften zur Rhetorik u. Kommentare (*Plaidoyers et œuvres diverses,* II 1732; *Remarques sur la langue française,* 1738). 1677 faßte er den Plan, e. eigenes Lexikon, in Zusammenarbeit mit Pierre Richelet (1632 – 23. 11. 1698), Bouhours u. Rapin, zu erarbeiten; es erschien 1680 in Genf unter dem Namen Richelets.

Paul et Virginie, Roman von Jacques Henri →Bernardin de Saint-Pierre, entstanden nach 1773 (?), EA 1788 als Bd. 4 der *Études de la nature,* hg. P. Trahard 1958; Dramatisierungen seit 1789, häufig als Singspiel, Verarbeitung zu Opern u. Ballett-Pantomimen u. a. durch K. Kreutzer 1806, V. Massé 1876, krA Frühfassung M.-Th. Veyrenc 1975. Als moralisierender Kasus ist dieser idyll. Roman wohl gegen Werke von Restif de la Bretonne u. Choderlos de Laclos gerichtet. Der Erzähler hat wesentl. Motive der Fabel e. Begebenheit von 1774 entnommen, als vor der Insel Mauritius e. Mädchen ertrank u. seinen Retter mit in den Tod riß, weil es sich weigerte, die Kleider abzulegen, um die Rettungsmaßnahmen auf dem gekenterten Schiff zu erleichtern. Der Roman spielt auf der Ile de France, die Bernardin de Saint-Pierre kannte; einzige hist. Figur ist die Randgestalt des Gouverneurs La Bourdonnais, den der Autor wiederum nie gesehen hat. Dafür lagen für den Zentralkonflikt lit. Modelle vor, vor allem *Daphnis u. Chloë* von Longos. Auch in dem hellenist. Roman bildet e. Insel den Schauplatz des Geschehens, in beiden Werken wird die Exposition durch e. breiten Natureingang eröffnet; Longos' Helden sind Findelkinder, Paul u. Virginie Halbwaisen, die bei ihren Müttern leben. Während Longos nach e. kunstreich verschlungenen Handlungsablauf mit der Heirat des idealen Paars schließt, gehorcht Bernardin de Saint-Pierre dem inneren Gesetz der Idylle im 18. Jh., das die Vernichtung der Naiven verlangt. Der Autor wählte den sprechenden Namen Virginie, der aus der Figurenperspektive noch kommentiert wird, um den im 18. Jh. vorrangigen Topos des Seelenadels (vgl. schon Marivaux, *La vie de Marianne*) so anlegen zu können, daß das pathoshaltige Subjekt durch spiegelnde Vermittlung beim Leser Pathoserregung bewirkt u. s. Sittlichkeit läutert. Die Naturkinder Paul u. Virginie werden betont geschichtsfeindl. u. weltabgewandt erzogen, der innere Inselcharakter der Idylle sollte nicht durch Wissenszuwachs gesprengt werden. Leitbild dieser Pädagogik ist ein ungenau verstandener Rousseau. Das Unbehagen am Europa der verderbten Städte wächst noch, als Virginie zu ihrer Tante reist; ihr Schicksal scheint beschlossen, noch ehe sie das Inselparadies wirkl. verlassen hat. Die Faszination der Zivilisation verursacht die Katastrophe. Diese unselige Reise nach Frkr., die nur flüchtig skizziert wird, liefert das Motiv des Schiffbruchs, wobei e. hist. Unglücksfall zum notwendigen Abschluß e. Kinder- u. Naturtrag. wird, die symbol. noch auf den 24. Dezember verlegt ist. Unschuldig stirbt die Erwählte am Tag ihrer Rückkehr, im Anblick des Paradieses, in dem sie, wie der Autor kommentiert, dem Ersten Menschenpaar gleich mit ihrem Gespielen gelebt hat. Paul überlebt Virginies Tod nicht; ihr Sterben soll die Hinterbliebenen u. damit auch den Leser zum tugendhaften Leben verpflichten, es ist also Katastrophe u. Sühne zugleich. Mit e. im ganzen unwahrscheinl. Fabel u. idealisierenden Detailschilderungen verbindet Bernardin de Saint-Pierre, der als Romancier dem Nützlichkeitskriterium genügen will, s. Kritik am Luxus der Städte, an aristokratischen Vorrechten, denen Seelenadel entgegengehalten wird, und an entarteten Moralvorstellungen.

H. d'Alméras, P., 1937; G. Michaut, P., 1942; P. Toinet, P., 1963; W. Engler, Beitrag zur Entstehungsgesch. von P., GRM 1968; H. Hudde, B. de Saint-Pierre, P., 1975.

Paulhan, Jean, 2. 12. 1884 Nîmes – 10. 10. 1968 Boissise-la-Bertrand, Stud. Philos. Sorbonne, Lehrer und Goldsucher auf Madagaskar, Beschäftigung mit madegass. Spruchdichtung (*Les Hain-teny merinas,* 1913) wirkte an der École des langues orientales in Paris; Erzähler (*Jacob Cow le pirate,* 1921; *Le pont traversé,* 1921; *La guérison sévère,* 1925). Seit 1920 bereits Sekretär der *NRF,* leitete er (u. a. zusammen mit Arland) 1925–40 und wieder seit 1953 die Zs. 1941 wurde er Mitbegründer der *Lettres françaises clandestines;* 1945 erhielt er den Großen Lit.preis der Ac. frçe.; 1963 Wahl in die Ac. frçe. Polit. eher zur Rechten als zur Linken neigend, wirkte P. als graue Eminenz bei den wesentl. lit. Entscheidungen in Paris mit. S. Lit.kritik erhob sich in die Dimension der Lit.philos. (vor allem *Entretiens sur des faits divers,* 1930; →*Les fleurs de Tarbes, Clef de la poésie,* 1944; *Petite préface à toute critique,* 1951; *Lettre aux directeurs de la Résistance,* 1952; *L'art informel. Eloge,* 1962; *Progrès en amour assez lents, suivi de Lalie,* 1968; *Les incertitudes du langage,* 1970; *Œuvres complètes,* hg. P. Oster u. a. V 1966–70. S. Spekulationen gehen von der kommunikativen Praxis aus; Lit. u. Geist sind ontolog. nicht verschieden: Sprache als Artikulation des Bewußtseins bedeutet für P. soviel wie Freisetzung von Ideen. Vom sublimen Stil ist Alltagssprache allein durch das Niveau der Kohärenz geschieden, stilist. Dichte korreliert wiederum mit e. höheren Maß an Bewußtsein. Die lit. Kreativität hält die metasprachliche Potenz wach. 1971 wurden Tagebücher des jungen P. entdeckt, 1982 erschienen teilweise autobiograph. Frühwerke (1914–17), *Le guerrier appliqué,* Korrespondenz u. a. mit Grenier (1984), Ponge (1986), Suarès (1987), Ungaretti (1989), *Choix de lettres,* II 1992.

M. Toesca, P. l'écrivain appliqué, 1948; M. J. Lefebvre, P. Une philosophie et une pratique de l'expression de la réflexion, 1949; R. Judrin, La vocation transparente de P., 1961; J. Bousquet, Les capitales ou de J. Duns Scot à P., 1955; Sondernr. NRF Mai 1969; Cahiers P., 1980 ff.

Paulina 1880, Roman von Pierre Jean →Jouve, EA 1925, überarbeiteter Text 1959. Der Roman ist die Kontrafaktur e. Hl.vita; die Episoden, wie sie in 119 Kapiteln dargestellt werden, sollen beispielhaft wirken. In e. Atmosphäre starrer Traditionen u. Frömmigkeitsformeln kultiviert die Heldin ihre Innerlichkeit. Der großbürgerl. nordital. Rahmen der zweiten Hälfte des 19. Jh. verleiht den Männern Majestät u. den Frauen die Freiheit, ihre Reize zu entfalten, während ihre Existenz im übrigen verplant u. vertan wird. Als Paulina die Rolle nicht mehr spielt, die den Frauen zudiktiert wird, beschwören ihre Intentionen Katastrophen herauf. Sie martert u. tötet, zuerst ihr Zicklein, das für sie den Gefühlswert des Gotteslammes angenommen hat, und dann den Liebhaber, Graf Cantarini, den sie 1880 erschießt. Der Schuß, mit dem sie ihrem eigenen Leben e. Ende setzen will, geht daneben. Sie wird verurteilt, aber bereits 1891 begnadigt. Unter der Landbevölkerung, bei der sie Zuflucht findet, lebt sie selbst wie e. Bäuerin, schuldbewußt, doch nicht süchtig nach exaltierten Empfindungen u. Bestrafung. E. verwandelte Paulina erwartet den Tod.

Pauline, weibl. Hauptfigur der Trag. →*Polyeucte* von Corneille.

Pauvre Bitos ou le dîner de têtes, Prosadrama in drei Akten von Jean →Anouilh, entstanden 1956, EA *Pièces grinçantes* 1956; Urauff. 10. 10. 1956 Théâtre Montparnasse, Paris. Bei e. Kostümdîner, zu dem Maxime de Jaucourt in den Saal des Revolutionstribunals von 1793 eingeladen hat, stellen André Bitos Robespierre, der Gastgeber selbst Saint-Just, reiche Freunde des Hausherrn u. Klassenkameraden der Titelfigur Danton, Tallien, Desmoulins u. Mirabeau dar. Bitos erweist sich in s. Rolle als rachsüchtig u. gnadenlos u. bestätigt das negative Bild s. Bekannten vom Sohn e. Wäscherin, der es zum stellvertretenden Staatsanwalt gebracht hat. Unter der wachsenden Aggressivität der Mitspieler, denen s. Aufstieg unheiml. ist u. die sich an Bitos' Verfolgungen von Kollaborateuren nach dem II. Weltkrieg erinnern, identifiziert sich der Protagonist soweit mit der Robespierremaske, daß er – dies als Traumspiel im 2. Akt – die Verfolgung Dantons u. s. Anhänger aktualisiert. Die Anwesenheit von Victoire, um deren Hand Bitos am Nachmittag desselben Tages vergebens angehalten hat, steigert noch seine Gereiztheit. Ausgelöst wird die Potenzierung der Theaterillusion durch den überraschenden Auftritt von Franz Delanoue, den Bitos wegen e. Jugendstraftat unbarmherzig verfolgt hatte, da er der Sohn e. Kollaborateurs war. Delanoue spielt den Gendarmen Merda, der Robespierre nach s. Sturz durch e. Pistolenschuß im Gesicht verletzte. Die Rollen von Richter u. Opfer sind vertauscht. Anstatt für die inszenierte Verhöhnung durch den Gastgeber Genugtuung zu verlangen, gibt sich Bitos nach der Demaskierung jovial u. verteidigt mit eitlen Phrasen s. polit. Haltung seit der Libération. Diese Vorgänge sind dem Publikum durch die Exposition in anderer Perspektive bereits vermittelt worden, es durchschaut jede Beschönigung. Victoire warnt vor der falschen Freundlichkeit der Reichen, die ihn zu demütigen u. als Staatsbeamten zu ruinieren suchen. Gerade diese Fürsorge verletzt Bitos am tiefsten; mit der Drohung, sich bei Gelegenheit an allen, zuerst jedoch an Victoire, die ihn verschmäht hat, zu rächen, geht er ab. Für Anouilh haben die Schreckensherrschaft von 1793 u. die Säuberungen nach 1944 analoge Ursachen in traumat. Verletzungen u. Beleidigungen, die die Besitzlosen erfahren müssen. Aus e. polit. Dilemma zieht der Dramatiker, wobei er geschichtl. Prozesse mißachtet, scheinbar allgemeingültige psycholog. u. moral. Schlüsse. Er zeichnet Robespierre u. Bitos als sittl. fragwürdige Gestalten, deren angebl. Streben nach ›Reinheit‹ nur e. Vorwand für ihre Neidgefühle ist, die als Zeichen persönl. Frustration u. des Niedergangs ihrer Epoche gewertet werden. Als e. Referenzpunkt des Dramas konnte die Exekution des Kollaborateurs Robert →Brasillach gelten.

Le paysan parvenu, Romanfragment in fünf Teilen von →Marivaux, entstanden 1734 – Anfang 1735, EA Mai 1734 – April 1735, anonyme Fortsetzungen (Teile VI–VIII), krA F. Deloffre ³1965. Held des Romans, der s. eigenen ›mémoires‹ erzählt in der Hoffnung, damit den Leser vor Widrigkeiten im Leben bewahren zu können, ist e. Bauernsohn aus der Champagne. Jacob kommt mit e. Fuhre Wein nach Paris, das Großstadtleben behagt ihm, u. er versucht, hier s. Glück zu machen. Er wird Diener, verliebt sich in e. Zofe, die allerdings von e. andern verführt wird, verliert nach dem plötzl. Tod s. Herrn die Stellung, begegnet e. älteren Fräulein, das den Bauernburschen heiratet. Deutl. regiert bei der Verkettung der Ereignisse der Zufall, er führt Jacob in die Gesellschaft vermögender Leute, läßt ihn Dieben u. Dirnen in die Hände fallen u. konfrontiert ihn mit s. Braut. Zwar fehlen ihm, der jetzt La Vallée heißt, der Grad der Bildung u. die Kühnheit, die notwendig sind, um sich in glänzender Gesellschaft selbstsicher zu bewegen, da sich s. Karriere zu rasch vollzogen hat, doch hat er alle Sozialchancen zu nutzen gewußt u. kennt s. Gefährdung. Marivaux setzte für *P.* ein Publikum voraus, das sich durch die Romanlektüre von der Lebenspraxis distanzieren will; darum tadelte er an Crébillon, daß er fiktive Gestalten u. Leser identifizierte; Einfühlungsästhetik soll vermieden werden. Die dargestellte Wirklichkeit im *P.* ist Gegenstand e. reflektierenden Bewußtseins. Der Romancier schildert in der Exposition kein Bild der bäuerl. Not des 18. Jh., dies wäre ohnehin nur als Burleske akzeptiert worden. Mögl. war die Gestaltung gesellschaftl. Aufstiegs auf der Grundlage der seel. Egalität; darum können sozioökonom. Konflikte im Roman *P.* als peripher u. polit. ungefährl. stehen bleiben. Marivaux wählt für dieses Thema die Bauform des Stationenromans (vgl. schon Lesage), doch im Unterschied zum Schelmenroman span. Manier beherrscht weniger Fatalismus als Epikureismus die Beurteilung der Ereignisse. Der ideolog. Kern der Retro- u. Introspektive, die Herleitung des individuellen Rangs aus dem Zufall der Geburt, ist Thema auch der Kom. Marivaux' u. wiederholt sich in der Lit.geschichte immer zynischer (vgl. Beaumarchais, Stendhal, Balzac, Maupassant). Die bürgerl. Aufsteiger können nur werden, was sie u. ihre Familien immer schon waren. Insofern ist der erzählte Aufstieg kein Spiegelbild der fakt. sozialen Mobilität vor u. nach 1789.

J. v. Stackelberg, Von Rabelais bis Voltaire. Zur Gesch. des franz. Romans, 1970; P. Bürger, Marivaux' P. Zur Entstehung des bürgerl. Romans (Stud. zur franz. Frühaufklärung), 1972; R. Baader, Wider den Zufall der Geburt. Marivaux' große Romane ..., 1976.

Le paysan perverti ou les dangers de la ville (1776), Briefroman von →Rétif de la Bretonne. Im Anschluß an Marivaux u. Rousseau schrieb Rétif e. Stationenroman, der das gesellschaftl. u. sittl. Problem der Integration von Landbewohnern, hier des Geschwisterpaars Edmond u. Ursule, in großstädt. Zivilisationsformen zum Gegenstand hat. Der Lebensweg der Bauernkinder führt von Burgund nach Paris u. von dort auf die Galeeren bzw. in den Untergang; er bringt Begegnungen mit der Libertinage, dem Laster u. Verbrechen, verkörpert durch liederl. Künstler, sittenlose Aristokraten u. kokette Damen. Die Verderbnis erreicht ihren Höhepunkt, als Edmond des Giftmords an s. reichen Frau beschuldigt u. verurteilt wird, während Ursule, die mit e. Arbeiter u. später mit ihrem Liebhaber, e. Marquis, verheiratet war, vom Bruder ermordet wird. Angehörige der Gescheiterten veranlassen die Gründung e. Genossenschaft, die künftig die Anziehungskraft der Städte für Bauern mindern soll.

W. Koneffke, Fiktion u. Moral, P., 1992.

Les paysans, Roman von Honoré de →Balzac, entstanden seit 1834, ED *La Presse* Dezember 1844 (Teil I) u. *La Revue de Paris* (II), EA 1855 (veröffentlichte u. nachgelassene Mss.), hg. J.-H. Donnard 1964, P. Barbéris 1970. Schauplatz des Geschehens ist Burgund, Zeit der Handlung 1823 bis 1837. Mit s. Reichtum, den Montcornet, e. ehemaliger, geadelter General in der napoleon. Armee, durch Plünderungen zusammengerafft hat, erwirbt er sich e. Landgut, das ihm als Alterssitz dienen soll. In der Auseinandersetzung von Feudaladel, Geldgeber u. bäuerl. Proletariat, das Landverteilung fordert u. dessen Verhalten Balzac kriminalisiert, unterliegt Montcornet ökonom. u. moral.; s. Scheitern ist umso pathoshaltiger, als Balzac ihn als Herkules gezeichnet hat. Die Ermordung e. der Jagdhüter Montcornets als Akt der kollektiven Rache u. die direkte Konfrontation mit e. bewaffneten Bauern veranlassen den General zum Nachgeben. Er tritt wieder in die Armee ein, stirbt jedoch nach kurzer Zeit. Die Witwe heiratet den Journalisten Blondet, e. Widersacher des Toten, der es inzwischen zum Präfekten gebracht hat. Der ehemalige Großgrundbesitz wird parzelliert: ›Le paysan avait pris possession de la terre en vainqueur et en conquérant‹. Nach den sozioökonom. Utopien in →*Le médecin de campagne* u. →*Le curé de village* übt der Romancier in diesem bedeutenden Werk der späten Schaffensperiode, das ursprüngl. *Qui terre a, guerre a* heißen sollte, auch auf indirekte Weise Selbstkritik. In der Auseinandersetzung zwischen traditionellem Großgrundbesitz, der vom Adel an das Besitzbürgertum übergeht, städt. Wucherkapitalismus u. Bedürfnissen der Bauern, die sich auf die Seite der Aristokratie schlagen, dient die Landbevölkerung in *P.* nicht mehr wie früher als Experimentierobjekt für paternalist. Modelle. Wider Willen schildert Balzac das Scheitern des alten u. neuen Adels in e. veränderten wirtschaftl. Konstellation u. die Auflösung der alten Kultur. Die Geldfrage, Balzacs Kardinalthema, dominiert auch in diesem Roman: Montcornet ist den Wucherern nicht gewachsen, die Bauern werden ihren Kleinbesitz nicht lange vor ihnen retten können.

F. Simone, Un romanzo esemplare di Balzac, P. (Studi in onore di I. Siciliano), Florenz 1966; R. R. Grimm, Natürl. Gesellschaft – gesellschaftl. Natur. Zur Auflösung des Idyllischen in den Landromanen Balzacs, in: H.-U. Gumbrecht u. a. (Hg.), H. de Balzac, 1980.

La peau de chagrin, Roman von Honoré de →Balzac, EA 1831. In e. schweren Existenzkrise, als er kurz vor dem Selbstmord steht, gelangt Raphaël de Valentin in den Besitz e. Talismans, durch den der Zwiespalt zwischen Wollen u. Können in ihm aufgehoben wird, da nunmehr jeder s. Wünsche in Erfüllung geht. Allerdings schrumpft das Chagrin-Leder mit jedem erfüllten Wunsch etwas zusammen u. bringt ihn daher dem Tod näher (vgl. dagegen das Märchenmotiv des Wunschrings in →*Les bijoux indiscrets* von Diderot). Raphaëls ›Leben zum Tode‹ vollzieht sich in drei Phasen: der unglückl., unerfüllten Liebe zur mondänen Feodora, der Erfüllung aller s. sinnl. Begierden bei Kurtisanen u. der empfindsamen Liebe zu Pauline. Der Wunsch, Pauline zu erobern, erschöpft das Potential des Talismans. Entsprechend der Energielehre Balzacs verzehrt sich die Existenz in geistigen Intentionen. *P.* wirkte u. a. mit s. phantast. Motiven auf O. Wilde.

E. Schön, Franz. Einflüsse in O. Wildes Werken, Diss. Hamburg 1948; F. Bilodeau, Espace et temps romanesques dans P., L'Année balzacienne 1969; ders., Balzac et le jeu des mots, Montréal 1971; P. Bayard, Balzac et le troc de l'imaginaire, 1978; A. Guglielmetti, Feu et lumière dans P., 1978.

Pêcheurs d'Islande (1886), Roman von Pierre →Loti. Der Fatalismus der früheren Romane →*Aziyadé* u. →*Le mariage de Loti* waltet auch über e. Romangeschehen, das frei von exot. Motiven ist. Am Schicksal von breton. Fischern, Yann Gaos u. Sylvestre Moan, die bis in isländ. Gewässer fahren, schildert der Romancier die Wirkungslosigkeit menschl. Planens.

Péguy, Charles (Ps. Pierre Deloire, Pierre Baudouin), 7. 1. 1873 Orléans – 5. 9. 1914 Plessis-l'Évêque bei Villeroy, aus e. Handwerkerfamilie; Stipendiat am Lycée in Orléans sowie an höheren Schulen in Paris u. der ENS, wo ihn s. Lehrer Rolland u. vor allem Bergson beeindruckten. P. brach das Stud. ab, wurde Buchhändler u. polit. engagierter Schriftsteller, schloß sich in der Dreyfus-Affäre der Linken an, gründete die →*Cahiers de la quinzaine*. Seit 1908 bekannte er sich wieder zum Katholizismus u. s. myst. Tradition, jedoch nicht zu allen Dogmen u. Entscheidungen der Amtskirche. P. fiel als Soldat in der Marneschlacht. In mehreren dramat. Bearbeitungen des Jeanne d'Arc-Stoffs (1897–1919), auf der Grundlage der Prozeßakten, deutete P. den Untergang Johannas als Prophezeiung der Entchristlichung Frkr.s. Die gedrängte Entwicklung s. Poesie führte von der Anverwandlung der Gebetssprache Verlaines u. freirhythm. Verse zum Alexandriner (vgl. auch Louis Le Cardonnel). Neben dem parnass. Stil der Sonette (1912) trat im Fragment der *Quatrains* (1912), in *La tapisserie de Sainte Geneviève et de Jeanne d'Arc* (1912), in *La tapisserie de Notre-Dame* (1913) u. im Versepos *Ève* (1913, Alexandriner) zunehmend der litaneiartige Tenor e. Kultdichtung in rollenden Rhythmen hervor. Hymn. Ansprachen, Topoi der Mariologie (›Meerstern‹ u. ›Morgenstern‹), naut. Allegorien, Personifikationen u. Archaismen lasten auf der Struktur dieser Menschheitsdichtungen, mit denen der Autor, der häufig Reimlexika konsultierte, Homer u. Dante Vergleichbares hervorzubringen gedachte. Die zeitgenöss. Kritik nahm keine Notiz von seiner lyr. Produktion (*Œuvres poétiques complètes,* 1939), während s. Gesellschaftskritik (→*L'argent*) u. Geschichtsphilosophie, die Argumente gegen die Kirche als Sachwalterin bourgeoiser Interessen lieferte, allgemein beachtet wurden (*Œuvres complètes,* XX 1916–55; *Œuvres en prose,* II 1957–59; *Les œuvres posthumes,* hg. J. Viard 1969; *Correspondance A. Gide – P.,* 1958; *La ballade du cœur,* hg. J. Sabiani 1972; *Œuvres en prose complètes,* éd. R. Burac, II 1986–88).

A. Robinet, P. entre Jaurès, Bergson et l'église, métaphysique et politique, 1968; H. Louette, P. lecteur de Dante, 1968; P. Duployé, Die relig. Botschaft P.s, 1969; J. Bonenfant, L'imagination du mouvement dans l'œuvre de P., 1969; S. Fraisse, P. et la Sorbonne, RhlF 1970; L. Prajs, P. et Israel, 1970; E. Cahm, P. et le nationalisme français, 1972; Sondernr. RhlF 2–3, 1973; R. Wingling, P. et Renan, Thèse 1975; P. écrivain, Colloque 1973, 1978; P. vivant, Colloque 1977, 1978; S. Fraisse, P., 1979; G. Leroy, P. entre l'ordre et la révolution, 1981; P. I. Vergine, Studi su P., Lecce 1982; F. Laichter, L'amitié P., 1985; H. Tiedemann-Bartels, Verwaltete Tradition, 1986; A. Finkielkraut, Le mécontemporain P., 1992.

Peire Cardenal, um 1180 – um 1278 Montpellier, nach der Biographie des Miquel de la Tor aus Le Puy-en-Velay; 1204 wird P. als Schreiber des Grafen Raimon VI. von Toulouse erwähnt, 1216 erstmals auch als Dichter. Von ihm sind rd. 100 Lieder erhalten, in der Mehrzahl Sirventese und Spruchdichtungen (*Poésies complètes,* hg. R. Lavaud, Toulouse 1957), in denen Gesellschaftskritik überwiegt; die Formerwartung der Kanzone wird von P. bissig parodiert.

L. Cocito, Aspetti e motivi della poesia di C., Genua 1958; J. H. Marshall, Imitation of metrical form in P., Romance Philology XXII, 1978–79.

Peire D'Alvernhe, 1138–1180, Trobador, beeinflußt von Marcabru, möglicherweise Kanoniker, der nach dem Bruch s. Gelübde an südfranz. u. span. Höfen wirkte. Er verwandelte in ca. zwei Dutzend Liedern das →Trobar clus älterer Trobadors in elegantes Trobar ric (→Raimbaut d'Aurenga, →Arnaut Daniel). Dante sah in P. den Meister der provenzal. Dichtkunst. Das Sirventes *Chantarai d'aquestz trobadors* (1170) ist s. originellste Komposition (→Mönch von Montaudon).

A. del Monte, P., Liriche, Turin 1955.

Peiresc, Claude-Nicolas Fabry de, 1. 12. 1580 Belgentier/Provence – 24. 6. 1637, universalgebildeter Jurist im Mittelpunkt geistes- u. nat. wiss. Diskussionen (*Abrégé de l'histoire de Provence et autres textes inédits,* krA J. Ferrier/M. Feuillas, Avignon 1982).

Peire Vidal, um 1175 – um 1210, Trobador, Sohn e. Kürschners (?) aus Toulouse. Durch wiederholte Selbstinterpretationen u. autobiograph. Verweise in s. 45 Gedichten (Kanzonen, Sirventese, Tenzonen) wurde s. abenteuerl. Leben bekannt. Er bot s. Trobadordienste zahlr. europ. Höfen an (Barcelona, Marseille, Monferrat, Genua). Aus Liebe zu e. Dame namens Loba lebte er als Wolf verkleidet u. ließ sich von Hirten jagen; 1190 heiratete er e. Griechin, die er als Prinzessin ausgab, u. legte sich verwegen den oström. Kaisertitel zu. P. begriff Dichtkunst als Verewigung krieger. u. höf. Qualitäten, ohne nach manierierter Virtuosität zu streben (*Poésies,* hg. J. Anglade 1923).

E. Hoepffner, Le troubadour P., 1961.

Peisson, Édouard, 7. 3. 1896 Marseille – 5. 9. 1963 Ventabren/Provence, Autor von Seefahrerromanen (*Hans le marin,* 1930; *Parti de Liverpool,* 1932; *Passage de la ligne,* 1935; *Mer baltique,* 1936; *Le pilote,* 1937; *L'aigle de mer,* 1941; *Jacques Cartier navigateur,* 1942; *Les démons de la haute mer,* 1948; *Les rescapés du Nevada,* 1949; *Gens de mer,* 1951; *Capitaines de la route de New York,* 1953; *Grampus,* 1962; *Le cavalier nu,* 1963); erhielt 1940 den Grand prix du roman de l'Ac. frçe.

Péladan, Joseph, gen. Joséphin, 28. 3. 1859 Lyon – 27. 1. 1918 Neuilly, reaktionär erzogen u. in den Okkultismus eingeweiht; Mitglied der Rosenkreuzer und Großmeister des Ordens, bewunderte Barbey d'Aurevilly u. Villiers de l'Isle-Adam. S. didakt. Romane, vor allem die 21bänd. ›éthopée‹ *La décadence latine* (1884–1922), polemisierten gegen das Egalitätsprinzip u. die Vermischung der Rassen (vgl. auch Gobineau); die Dramen des Wagneranhängers P. im Stil von Weihespielen kamen in Aufführungen des röm. Theaters von Orange bes. zur Geltung (*Œdipe et le sphinx,* 1897; Urauff. 1903; *Sémiramis,* 1897; *Cagliostro,* 1900). Die meisten Zeitgenossen lehnten die schwülstige Denk- u. Schreibweise P.s, der die Haltung der Illuminaten mit dogmat. Katholizismus u. Elitebewußtsein verbinden wollte, ab (*Amphithéâtre des sciences morales,* 1892–98; *La décadence esthétique,* 1888–89; *La dernière leçon de Léonard de Vinci,* 1904; *De Parsifal à Don Quichotte,* 1906; 1979 Neuausgabe des Frühwerks *Le vice suprême,* 1884).

R.-L. Doyon, La douloureuse aventure de P., 1946; E. Dantinne, La pensée et l'œuvre de P., Brüssel 1948; E. Bertholet, La pensée et les secrets du Sâr P., 1951.

Pèlerinage de Charlemagne, Kurzepos des →Karlszyklus in 870 Alexandrinerversen, wohl während der Regierungszeit Ludwigs VII. (1137–1180), der tatsächl. nach Jerusalem gezogen war, entstanden, hg. P. Aebischer, Genf 1965. Das einzige, anglonormann. Ms. des British Museum ist seit 1879 verschollen. Seit dem 10. Jh. hielt sich die Legende von e. Pilgerfahrt Karls, zu der ihn der durch Ehrsucht motivierte Vorwurf s. Gattin, der Kaiser von Konstantinopel genieße höheres Ansehen als er, angestachelt haben soll. Bezeichnend ist, wie die Figur des Herrschers kom.

überhöht wird: e. Jude sieht in ihm u. s. Pairs Christus u. die Apostel. Die Rivalität mit dem Ostkaisertum sinkt zur Eifersuchtsgeschichte herab, das Selbstbewußtsein der zu prahler. Eigenlob (›gabs‹) neigenden Franken erscheint verzeichnet.

J. Coulet, Études sur l'ancien poème français du Voyage de Charlemagne en Orient, Montpellier 1907; J. Horrent, P., essai d'explication littéraire, 1961.

Peletier du Mans, Jacques, 25. 7. 1517 Le Mans – Juli 1582 Paris, Buchanans Schüler am Collège de Navarre, Advokat, Mathematiker, Mediziner, Übs. u. Lyriker (*Œuvres poétiques,* 1547) u. vor allem Lit.kritiker (*Art poétique,* Lyon 1555, hg. A. Boulanger, 1930). P. verbindet den Kult der Nationalsprache mit dem Kult der Antike (→Sebillet, →*Deffence et illustration*). Mit platon. Argumenten behauptet P. wie zuvor schon Sebillet den göttl. Ursprung der Dichtung, die in e. normierten Form-Inhalt-Dialektik Natur abspiegeln kann. Du Bellay erklärte 1550 in der zweiten Vorrede zu *Olive,* durch P. sei er dazu veranlaßt worden, Oden u. Sonette zu schreiben; wahrscheinl. kannten die Autoren sich seit e. Begegnung in Poitiers (1546). P. schuf mit Du Bellay u. Ronsard die poetolog. Grundlagen der →Pléiade.

H. Staub, Le curieux désir. Scève et P. poètes de la connaissance, Genf 1967.

Pelléas et Mélisande, Drama in fünf Akten von Maurice →Maeterlinck, EA Brüssel 1892; Urauff. 16. 5. 1893 Bouffes Parisiens, Paris; Oper von C. Debussy 1902. Während e. Jagd findet Prinz Golaud an e. Waldbrunnen e. verlassenes Mädchen namens Mélisande; er nimmt die geheimnisvolle Fremde mit auf s. Schloß u. heiratet sie. S. jüngerer, zum Träumen neigender Halbbruder Pelléas verliebt sich in Mélisande u. wird in aller Unschuld wiedergeliebt. Doch belastet die Eifersucht des Prinzen das schwärmer. Verhältnis so sehr, daß Todesbereitschaft zum Signum ihrer Liebessehnsucht wird. Pelléas stirbt von Golauds Hand, Mélisande folgt ihm freiwillig in den Tod. Ihre myst. Vereinigung im Tode erschüttert Golaud, der zu spät s. Irrtum erkennt, doch keinen Zugang zu dem Geheimnis ihrer Bindung findet. Thema des Stückes ist vorrangig nicht die Liebe, sondern das Schicksal, da die Figuren eth. nicht für ihre Empfindungen verantwortl. sind.

Pellisson-Fontanier, Paul, 30. 10. 1624 Béziers – 7. 2. 1693 Versailles, lebte nach dem Jurastud. in Toulouse, seit 1645 mit e. Unterbrechung (1648–50) in Paris; Protestant bis 1670. P. erwarb 1652 die Charge e. kgl. Sekretärs u. gewann d. Freundsch. der Madeleine de Scudéry. 1657 nahm ihn Fouquet in s. Dienst, mit ihm wurde er von 1661–66 in der Bastille gefangen gehalten. S. Stellung als kgl. Historiograph verlor P. nach 10jähr. Tätigkeit 1677 an Jean Racine. In rund e. Jahrzehnt, zwischen 1645 u. 1657, schuf er im Stil der Préciosité s. lyr. Werk (*Recueil de pièces galantes en prose et en vers,* 1664), den ersten Entwurf e. Geschichte der Ac. frçe. (1652) u. die programmat. Vorrede zur Sarasin-Ausgabe von 1656. (*Lettres historiques et opuscules,* 1779).

A. Niderst, M. de Scudéry, P. et leur monde, 1976.

Pensées sur la religion, Fragmente e. seit 1647 geplanten Apologie von Blaise →Pascal, seit 1658 formuliert, EA 1670, hg. L. Lafuma III 1952, Ph. Sellier 1976, F. Kaplan 1982. Pascal konzipierte die Verteidigung der christl. Dogmatik, vor allem der Gnadenlehre, in der er dem Jansenismus zuneigt, als Dialog. Die Ablehnung des cartesian.-rationalist. Gottesbeweises, der skeptischen Anthropologie Montaignes (→*Essais*) u. der epikureischen →Honnêteté s. Freundes Méré schafft die Voraussetzungen für gläubigen Seelenfrieden. In e. dialekt. Prozeß irritiert Pascal den fiktiven Dialogpartner, suggeriert ihm die Ohnmacht der Vernunft, die für die von Giordano Bruno beispielhaft vorformulierten maximalen u. minimalen Unendlichkeiten des Kosmos keine Erklärung findet. Allein das Herz kennt Argumente, die dem Verstand unzugängl. sind, es setzt intuitiv auf Gott, läßt sich auf e. Wette ein. Das Motiv der Wette in Pascals Argumentation war nicht originell, wohl aber s. sprachl. Form. Da die Vernunft den Kosmos nicht definieren u. Gottes Wesen nicht begrenzen kann, muß das Problem anders gelöst werden: ›Il se joue un jeu.‹ Alle Beteiligten sind zur Wette aufgefordert. ›Cela n'est pas volontaire: vous êtes embarqués.‹ Der Mensch kann nur entweder das Wahre u. Gute überhaupt verlieren oder die selige Vereinigung mit dem verborgenen Gott gewinnen; Einsatz ist die unbedingte Gläubigkeit. Pascals anschließende wiss. Herleitung der Heilslehren des AT u. NT war z. Z. der Abfassung bereits hist. unhaltbar. Durch die angestrebte Aufhebung des Primats der krit. Vernunft u. die Leugnung e. Erfolgs- und Belohnungsethik im relig. Raum wirkten die *P.* weiter auf Rousseau u. Kant. Die Formulierung teilweise wortspieler. Aphorismen befruchtete zusammen mit →La Rochefoucaulds gleichzeitiger Maximenlit. die spätere Moralistik. Voltaire kommentierte 1734 in den *Lettres philosophiques* Pascals Anthropologie u. lehnte sie als menschenverächter. sowie weltfremd ab; wie Fontenelle bestand Voltaire auf dem lebenssprakt. Wert der Illusionen.

Les P. des Pascal ont trois cents ans. Ouvrage collectif, 1971; M. u. M.-R. Le Guern, P. de Pascal, 1972; Th. M. Harrington, Vérité et méthode dans P. de Pascal, 1972; L. Marin, La critique du discours. Sur la Logique de Port-Royal et les P., 1975; D. Descotes, La première critique des P.... Villars (1671), Lyon 1980; D. Wetsel, L'Écriture et le reste, the P. of Pascal ..., Columbus 1981; J. Cruickshank, Pascal, P., London 1983; S. F. Melzer, Discourses of the Fall, Berkeley 1986; L. M. Heller/J. MacKenzie Richmond, Pascal, thématique des P., 1988.

Pensées sur l'interpretation de la nature, methodolog. Schrift von Denis →Diderot, EA 1753, überarbeiteter Text 1754. Gestützt auf Einzeldarstellungen in der →*Encyclopédie* u. im Rekurs auf Theorien von Maupertuis, Buffon u. Bacon bestreitet Diderot die cartesian. Aufspaltung der Natur in zwei grundversch. Komponenten. Die Darstellung schließt mit e. Fragenkatalog zur Konstitution der Materie, zur Einheit der Natur u. zur Evolution. Durch die uneinheitl. Darstellungsweise – experimenteller Bericht, theoret. Lösungsversuch, Reflexion über die Methoden – blieb der revolutionäre Inhalt der Schrift weitgehend verborgen. Wenngleich Fréron (*Année littéraire,* 1754) Diderot heftig angriff, wurde das Werk kaum gelesen, bis August Comte s. Wert für den Positivismus entdeckte. In der revidierten Fassung von 1754 orientierte sich Diderot bei der Darstellung s. Materialismus-Auffassung stärker an chem. als an mechan. Prozessen (vgl. auch Helvétius, *De l'homme,* u. Diderots *Réfutation*).

Y. Belaval, Sur le matérialisme de Diderot (Europ. Aufklärung hg. H. Friedrich/F. Schalk), 1967.

Perceval, Artusritter; P. als Gralssucher dürfte im wesentl. die Erfindung des →Chrétien de Troyes *(Conte del Graal)* sein. Zuvor hatte →Robert de Boron den weltl. Artus-Stoff mit dem ritualen Gralsmotiv verbunden. Trotz der entgegengesetzten Erziehung fühlt sich P. zum Ritter berufen, zieht an den Hof des Kg.s →Artus u. zeichnet sich im Kampf mit dem Roten Ritter (Ither), den er erschlägt, aus. Gornemant führt ihn in höf. Lebensart ein, warnt ihn vor Redseligkeit u. taktloser Neugierde. Dies hindert P. daran, auf der Gralsburg nach dem Sinn der Erscheinungen zu fragen, den →Fischerkönig zu erlösen u. die Gralsherrschaft anzutreten. Er setzt s. Suche fort, bis er nach Jahren an e. Karfreitag von e. Einsiedler, s. Onkel, über die Gralsmysterien aufgeklärt wird. Die ebenso allegor. wie abenteuerl. Dimension der Gralssuche konnte in e. Zeitalter der fließenden Grenzen zwischen Rechtgläubigkeit u. Häresie leicht mit heterodoxen Ideen aufgefüllt werden (→Gral-Lancelot-Zyklus, →*Perlesvaus*).

F. J. Carmody, P. le Gallois, Berkeley 1970; L. D. Wolfgang, Bliocadran, a prologue to the P. of Chrétien de Troyes, 1976; R. T. Pickens, The Welsh knight, Lexington 1977.

Perdican, Liebhaber in →*On ne badine pas avec l'amour* von Musset, der Camille u. Rosette eifersüchtig macht, mit der Liebe tändelt.

Perec, Georges, 7. 3. 1936 Paris – 4. 3. 1982 ebda., jüd. Familie; Dramatiker (*Théâtre,* I 1981), Filmemacher (*Les lieux d'une fugue,* 1976) u. seit 1965 beachteter Erzähler des →OuLiPo (*Les choses,* Prix Théophraste-Renaudot 1965; *La disparition,* 1969; *La vie mode d'emploi,* Prix Médicis 1978; *Un cabinet d'amateur,* 1979).

Cl. Burgelin, P., 1988; M. Ribière (Hg.), Parcours P., Lyon 1990; Ph. Lejeune, La mémoire et l'oblique, 1991.

Le père de famille, Prosakom. von Denis →Diderot, entstanden 1757–58, EA Amsterdam 1758, Urauff. November 1760 Marseille. Diderot selbst siedelte s. zweites Drama zwischen dem ›genre sérieux‹ des *Fils naturel* u. dem Lustspiel an. Saint-Albin soll nach dem Willen s. Vaters D'Orbesson die mittellose Sophie nicht heiraten, bis sie zuguterletzt als Tochter des Kommandeurs, e. Freundes des Familienvaters, identifiziert wird. Die abschließende Anagnorisis ist so unwahrscheinl. wie in *Le fils naturel* u. der Kom. *Mélanide* von Nivelle de La Chaussée, die Diderot als Modell diente. Die Konfliktlösung entspricht dem verbreiteten aufklärer. Optimismus, wonach trotz gständ. Schranken der moral. intakte Kern jedes Individuums, s. unzerstörbare Natur, ans Licht kommen müsse. Während der Arbeit am *P.* verständigte sich Diderot über die Funktion des Dramas und legte s. Thesen in →*De la poésie dramatique* nieder.

Le père Goriot, Roman von Honoré de →Balzac, entstanden September 1834 – Januar 1835, ED *Revue de Paris* Dezember 1834 – Februar 1835, EA 1835, hg. P.-G. Castex 1960, P. Citron 1966. Balzac formulierte in e. Notiz das Thema s. Geschichte: ›Un brave homme – pension bourgeoise – 600 fr. de rente – s'étant dépouillé pour ses filles qui toutes deux ont 50.000 fr. de rente – mourant comme un chien.‹ In der Pension der Mme Vauquer lebt 1819 Jean-Joachim Goriot, früher Teigwarenfabrikant, der während der Revolution reich geworden ist. S. Tochter Anastasie ist mit dem Grafen Restaud, Delphine mit dem Bankier de Nucingen verheiratet. Während sie e. verschwender. Leben führen, hat ihr Vater zur Sicherung ihrer Sozialchancen s. Vermögen allmähl. geopfert; anstatt es ihm zu danken, schämen sie sich s. Gegenwart. In Mme Vauquers Pension wohnen u. a. auch Rastignac und Vautrin. Rastignac, der in Paris Jura studieren wollte, entdeckt, wie hinderl. ehrl. Gefühle s. Karriere sind. Er entschließt sich zur strateg. Heuchelei, um s. Aufstieg zu sichern, u. wird in diesem Entschluß bestärkt durch das Schicksal des vertrauensseligen Goriot, dessen moral. und wirtschaftl. Niedergang er miterlebt. Für die Bauform u. Stoffbreite des Romans ist die Figur Rastignacs in zweifacher Weise wichtig. Er hat Zugang zur eleganten Welt, aus der Goriot verdrängt wird, u. er vergleicht die beengte Atmosphäre der Pension mit den Perspektiven, die die Weltsicht des Verbrechers Vautrin ihm eröffnet: Gewalttätigkeit allein regiert die Gesellschaft, während moral. Normen die Wahrheit verdunkeln. Vautrin lehrt Rastignac, daß Reichtum alle Skrupel beseitigt. Die Monomanie Goriots, der sich wie Kg. Lear für s. beiden Töchter opfert, wirkt auf Rastignac als Warnung. Als Vertrauter des alten Mannes, Schüler Vautrins u. Liebhaber der leichtlebigen Delphine plant er die Eroberung der Pariser Gesellschaft. ›Il avait vu les trois grandes expressions de la société: L'Obéissance, la Lutte et la Révolte; la Famille, le Monde et Vautrin.‹ Nach der jämmerl. Beisetzung Goriots, für die die Pensionsgäste aufkommen mußten, blickt Rastignac vom Friedhof Père Lachaise auf die Seine u. die Stadt hinunter u. spricht die ›grandiosen Worte‹: ›A nous deux maintenant!‹ Desillusioniert fordert er die Gesellschaft der Restauration heraus; der ›Dschungelkampf‹ um die Existenz im Wohlstand, den Vautrin vorhergesagt hat, beginnt. Er entzündet sich, wie meist bei Balzac, an der Geldfrage: sie besiegelte das Geschick Goriots, der sich die Zuneigung s. Kinder erkaufen wollte, sie trieb Vautrin zum Verbrechen. Weder das überströmende Gefühl des einen noch der anarchist. Alleingang des andern machen Goriot u. Vautrin zu wirkl. Mentorgestalten für Rastignac. Er lernt aus ihrem Versagen, schleicht sich in die Gesellschaft ein, um sie von innen heraus zu sprengen.

H. Schrott, Die Dinge in Balzacs Roman P., Diss. Erlangen 1949; O. Bonnard, La peinture dans la création balzacienne: Invention et vision picturale de La maison du chat qui pelote au P., Genf 1969.

Père Joseph →Éminence grise.

Père noble, vom jakobin. Wohlfahrtsausschuß vorgeschriebene Bezeichnung für die Rolle des empfindsamen ›père sérieux‹ im bürgerl. Schauspiel (vgl. Diderot, Sedaine, L.-S. Mercier).

Péret, Benjamin, 4.7. 1899 Rezé/Loire-Atlantique – 18.9. 1959 Paris, Mitbegründer des Surrealismus, befreundet mit Breton, Spanienkämpfer, Mitgl. der KPF, 1941 Emigration nach Mexico. M. Jacob hatte P. bei den Dadaisten eingeführt. S. beißende Lyrik (Vers- u. Prosagedichte) war nach 1946 im Tenor gedämpfter; in der Zwischenkriegszeit verfaßte P. auch Erzählungen u. Farcen (*Les rouilles encagées,* entstanden 1928, EA 1943, ^{2}1970). P. schrieb die Poesiebände *Passager du transatlantique* (1921), *Au 125 du boulevard Saint-Germain* (1923), *Immortelle maladie* (1924), *Il était une boulangère* (1925), *Dormir,*

dormir dans les pierres (1927), *De derrière les fagots* (1934, ²1970); *Je ne mange pas de ce pain-là* (1936), *Au paradis des fantômes* (1938); *La parole est à P.* (1943), *Le déshonneur des poètes* (1945), *Main forte* (1946), *Feu central* (1947); *Air mexicain* (1952); *Mort aux vaches et au champ d'honneur* (1953); *Des cris étouffés* (1957); *Le gigot, sa vie et son œuvre* (1957); außerdem *Anthologie de l'amour sublime* (1956) u. *Anthologie des mythes, légendes et contes populaires* (1957); *OC* (IV 1969–87).

J. L. Bédouin, P., 1962; M. Spada, P., Cahiers Dada 1968; J. H. Mathews, P., Boston 1975.

Pergaud, Louis, 21. 1. 1882 Belmont/Doubs – 8. 4. 1915 Marcheville (gefallen), Volksschullehrer in der Provinz u. in Paris, befreundet mit L. Deubel. P. wurde vor allem durch s. Tiergeschichten bekannt (*De Goupil à Margot*, 1910; *La revanche du corbeau*, 1911; *Le roman de Miraut, chien de chasse*, 1913; *La vie des bêtes*, 1923; außerdem *Poèmes*, 1930; *Œuvres*, IV 1948; *Correspondance 1901–15*, 1955). 1910 erhielt er den Prix Goncourt.

Ch. Léger, P., sa vie, son œuvre, 1933; G. B. MacBeath, La vie et l'œuvre de P., Thèse Paris 1955.

Périer, François (eig. François-Gabriel Pilu), geb. 10. 11. 1919 Paris, Schauspieler (Kom. und zahlreiche Filme), erfolgreich in Rollen von Roussin u. Anouilh (*Ne réveillez pas Madame*), übernahm 1952 zusammen mit Fresnay die Direktion des Pariser Théâtre de la Michodière.

Périer, Odilon-Jean, 9. 3. 1901 Brüssel – 22. 2. 1928 ebda., Lyriker, der in s. Versen jede Sentimentalität tilgte, war mit Rilkes Symbolismus vertraut (*La vertu par le chant*, 1920; *Notre mère la ville*, 1922; *Le citadin ou l'éloge de Bruxelles*, 1924; *Le promeneur*, 1927; *Poèmes*, 1938, ²1952). Außerdem Vf. der Kom. *Les indifférents* (1925) u. des Romans *Le passage des anges* (1926).

M. Defrenne, P., 1957.

Perlesvaus (Nebenform von →Perceval), Prosaroman, entstanden vor 1206, hg. W. A. Nitze/T. A. Jenkins II 1932–37. Trotz themat. Nähe zum Werk des →Robert de Boron ist dieser früheste altfranz. Prosaroman kein Teil s. Zyklus. Der anonyme Autor – er lebte vermutl. im anglonormann. England – führt drei Helden, Perceval, Gauvain u. Lancelot ein, die den Gral suchen; wohl unter cluniazens. Einfluß verstärkte sich die Symbolik des Geschehens. Möglicherweise ist der in sieben Hss. überlieferte P. die Überarbeitung eines Ur-Perceval, den auch Chrétien de Troyes schon benutzt haben könnte.

P. Gallais, Le P. et l'interdit de 1171 (Mélanges offerts à R. Crozet), Poitiers 1966; T. E. Kelly, Le haut livre du Graal: P., Genf 1984.

Permission tacite, offiziöse Druckerlaubnis, im Unterschied zum Rechtsschutz durch das →Privilège, seit 1717 von der →Zensur praktiziert. Dadurch wurden franz. Publikationen wie nachgedruckte ausländ. Titel behandelt, näml. relativ liberal.

Pérochon, Ernest, 24. 2. 1885 Vouillé/Deux-Sèvres – 10. 2. 1942 Niort, Bauernsohn, Volkschullehrer, Autor regionalist. Romane, die im Poitou u. in der Vendée spielen, erhielt 1920 den Prix Goncourt (*Nêne*, 1920; *Les creux-de-maisons*, 1921; *La parcelle 32*, 1922; *Les gardiennes*, 1924; *L'instituteur*, 1927; *L'eau courante*, 1932; *Barberine des Genêts*, 1933; *Milon*, 1937; *Babette et* *ses deux frères,* 1939; *Le chanteur de Villanelle,* 1943).

M. Demouray, Hommage à P., Niort 1942.

Perrault, Charles, 12. 1. 1628 Paris – 16. 5. 1703 ebda., Sohn e. Anwalts; arbeitete im Dienst s. Bruders Pierre, der seit 1654 Steuereinnehmer von Paris war, dann für Colbert, überwachte Medaillen, Inschriften, enkomiast. Lit. Seit 1651 als Advokat zugelassen, wurde er 1671 Mitglied der Ac. frçe. u. gehörte der Gründungskommission der Ac. des inscriptions et belles lettres an. Mit dem panegyr. *Poème sur le siècle de Louis le grand,* das P. am 26. 1. 1687 anläßl. der Genesung Ludwigs XIV. in der Ac. frçe. vortrug, löste er die →Querelle des anciens et des modernes aus, in die er später erneut eingriff. Da er den Fortschritt als Folge des Absolutismus deutete, lieferte er e. vom Gottesgnadentum abrückende Begründung der Monarchie u. feierte die techn. Errungenschaften s. Zeitalters (Dialog *Parallèles des anciens et des modernes,* 1688–97, photomechan. Nachdruck, hg. H. R. Jauß 1964; *Les hommes illustres qui ont paru en France pendant le 17e siècle,* II 1697–1701; *Mémoires de ma vie,* 1755). In s. ästhet. Darlegungen setzte P. das Schöne als metaphys. Wert voraus; zwar verändert sich der Grad der künstler. Genialität bezogen auf den hist. Entwicklungsstand nicht, wohl aber der Spielraum der techn. Möglichkeiten. Darin sind die zeitgenöss. Künstler denen der Antike überlegen, sie kennen verfeinerte Mittel zur Darstellung des Schönen. Diese Verselbständigung der ästhet. Idee u. der ästhet. Praxis schließt jedoch die geschichtl. Weiterentwicklung nicht aus, wie P. bereits in der Vorrede zum Epos *Saint Paulin* (1687) andeutete. S. Erzählungen (*Griselidis,* 1691; *Les souhaits ridicules,* 1694; *Peau d'âne,* 1694), vor allem die *Contes* (unter dem Namen s. dritten Sohns P. Darmancour, der damals 19 Jahre alt war, 1697 erschienen, *Contes,* éd. R. Zuber 1987), in denen P. Märchenstoffe bearbeitet, sprechen durch ihre Galanterie u. Ironie nicht kindl. sondern lit.verständige Leser an (u. a. *La belle au bois dormant, Barbe-Bleue, Petit poucet, La marquise de Saluces*). Die Häufigkeit des Zwillingsmotivs in den Kunstmärchen P.s kann daraus erklärt werden, daß der Zwillingsbruder des Autors ein halbes Jahr nach der Geburt gestorben war und der Erzähler ein seel. Trauma bewältigen will.

T. Pletscher, Die Märchen P.s, Diss. Zürich 1906; P. Saintyves, Les contes de P. et les récits parallèles, 1923; A. Hallays, Les P., 1926; A. Nordick, Der Stil der Märchen P.s, Diss. Münster 1934; H. Kortum, P. u. N. Boileau, Berlin 1966; M. Soriano, Les contes de P., [2]1977; J. Roche-Mazon, Autour des contes de fées, 1968; P. Albouy, Mythes et mythologies dans la littérature frçe., 1970; M. Soriano, Le dossier P., 1972.

Perret, Jacques, geb. 8. 9. 1901 Trappes, Seine-et-Oise, 1940 Kriegsgefangenschaft, Ausbruch. Beteiligung an der Résistance, gehört zur polit. Rechten; schrieb Episodenromane, teilweise im pikaresken Stil. Wie s. Vorbild M. Aymé konzentriert sich P. auf sprachl. Turbulenzen u. Gauloiserien, er wiederholt sich dadurch leicht (*Roucou,* 1936; *Ernest le rebelle,* 1937; *Histoires sous le vent,* 1944; *Le caporal épinglé,* 1947; *Le vent dans les voiles,* 1948; *Objets perdus,* 1949; *Bande à part,* Prix interallié 1951; *Cheveux sur la soupe,* 1954; *Le machin,* 1955; *Rôle de plaisance,* 1957; *L'oiseau rare,* 1959; *Les biffins de Gonesse,* 1961; Essays *Bâtons dans les roues,* 1953; *Salades de saison,* 1957; *Mutinerie à bord,* 1953; *Souvenirs,* III 1975–82; *Trafic de chevaux,* 1989).

Perrin Dandin, kom. Richterfigur im →*Pantagruel* von Rabelais u. in *Les plaideurs* von Racine; in La Fontaines Fabel *L'huître et les plaideurs* Nutznießer des Streits um die Auster, den er durch Verzehr des Streitobjekts beilegt.

Perros, Georges, 1923 – 24. 1. 1978 Paris, Moralist u. Lyriker, der sowohl dem Spätsymbolismus als dem Lettrismus nahestand u. angesichts e. allgemeinen weltanschaul. Bankrotts sarkast. Aphorismen formulierte (*Papiers collés,* III 1978; Korrespondenz mit Paulhan u. Lorand Gaspar, 1989; Übs. Brecht, Strindberg).

Persiflage (1735 in →*Le Pour et Contre*), Verspottung durch Nachahmung. Im 18. Jh. Kriterium der Amoral von Freigeistern u. Zynikern (→*Liaisons dangereuses;* →Sade).

W. Krauss, Zur Wortgesch. von P. in: Perspektiven u. Probleme, 1965.

Le personnage combattant, Stück von Jean →Vauthier, entstanden 1952, EA 1955, Urauff. 1. 2. 1956 Théâtre Marigny, Paris, mit J.-L. Barrault in der Hauptrolle, Reprise dieser Inszenierung 1971 Théâtre Récamier. In e. Hotelzimmer, in das die Stimmen e. zerstrittenen Ehepaars, e. Professors, der mit e. Prostituierten zusammen ist, u. eines Kellners dringen, das erfüllt ist vom Lärm vorbeifahrender Züge, zerfällt die Euphorie e. Schriftstellers, der e. Manuskript am Ort, wo es entstanden ist, überarbeiten will. Er erkennt, daß er sich u. das Publikum belogen hat, u. er irrt sich, wenn er glaubt, gerade in diesem Raum einmal schöpfer. tätig gewesen zu sein. Denn das Hotel ist jünger als s. Werk. S. Frustration u. das Bewußtsein, e. Selbsttäuschung erlegen zu sein, versetzen ihn in Raserei, er zerschlägt die Schreibmaschine als Instrument der Unwahrheit, berauscht sich wieder an e. Wortmagma, s. eigener Angeklagter u. Richter. Als er aus dem Zimmer getragen wird, weiß er nur, daß e. erträumtes Kunstwerk durch die Realisierung befleckt wird.

Pescheor, ›le riche roi Pêcheur‹, Fischerkg. des arthur. Sagenkreises (→Matière de Bretagne); Julien Gracq griff den P.-Stoff in →*Le roi pêcheur* erneut auf.

La peste, Roman von Albert →Camus, EA Juni 1947 (Prix des critiques). In der alger. Stadt Oran bricht in den 40er Jahren die Pest aus. Während die Stadt von der Außenwelt abgeschnitten ist u. die materiellen Lebensbedingungen immer komplizierter werden, steht die Existenz jedes Einwohners u. Fremden in Oran unter der wachsenden Bedrohung durch den sinnlosen Tod. Im Mittelpunkt der Ereignisse steht Rieux, helfender Arzt u. fiktiver Chronist der Epidemie. Er diagnostiziert beim massenhaften Auftreten der Ratten in den Häusern die Pest u. fordert Hygienemaßnahmen der Behörden; s. Frau, die er vor der Katastrophe in e. Sanatorium außerhalb der Stadt gebracht hat, stirbt dort, während er, trotz ständigen Kontakts mit den Kranken, überlebt. Als Atheist, der sich keinen Gott denken kann, der das Leid in die Kreatur hineinlegt, vertritt er e. Standpunkt der Aufklärung u. des individuellen Engagements. Er distanziert sich von der Weltsicht des Sisyphos (→*Le mythe de Sisyphe*) ebenso wie von jedem Heroismus u. den Idealen der Heiligkeit. Wenn er in der gegebenen Situation Außerordentl. leistet, dann als ›héros insignifiant et effacé‹. E. Pariser Journalist, Rambert, wird durch die Pest in Oran festgehalten, er arbeitet, ebenso wie der erfolglose Amateurliterat Gand, in der Sanitätstruppe mit. Tarrou, der aus Protest gegen die Todesstrafe, die s. Vater, e. Staatsanwalt, über andere verhängen läßt, nach Oran geflohen war, stirbt als e. der letzten, ehe die Seuche abklingt. Die handelnden Personen legen dar, wie die Erscheinungen der Pest zu ertragen u. zu bekämpfen sind. Der Leser kann die Krise von Oran als Bild, vielleicht sogar als Allegorie e. existentiellen Spannungsbogens begreifen. Wenn die oberste Dimension der Erzählbedeutung die Pest als medizin. Aufgabe meint, bedeutet das Unheil in e. verschlüsselteren Sinn aus gegebenem Anlaß den Krieg – darauf spielt schon e. Bemerkung in den *Carnets* an: ›drôle de peste‹ – u. endl. bezeichnet es e. universalen Sachverhalt. Im Gespräch mit Tarrou u. Rambert einigen sich Rieux' Partner auf die Definition, daß der Mensch s. Glück keiner Idee, sondern der Solidarität verdankt; Solidarität mit den Opfern bedeutet für den Arzt, ›faire mon métier‹. Er hilft, wo andere, vor allem der Pater Paneloux, die Fatalität beschwören. Konsequent lehnt Rieux dessen Deutung der Pest als Geißel Gottes ab. Nachdem Paneloux u. Tarrou der Pest zum Opfer gefallen sind u. das Verklingen der Epidemie mit Ausgelassenheit gefeiert wird, steht Rieux abseits, da er weiß, daß der ›Bazillus‹ niemals ausstirbt. Eindeutig bekennt er sich zur Weltsicht der Aufklärer, die an e. unveränderl. Natur des Menschen glauben, wenn er sich zum Schluß die Meinung der Alten aneignet: Zu allen Zeiten waren die Menschen dieselben. Rieux solidarisiert sich mit ihrer Kraft, ihrer Unschuld u. ihrem Leiden (vgl. auch *Les justes*). Aus Hinweisen in den *Carnets* zu schließen, beschäftigte sich Camus seit Kriegsbeginn mit dem existentiellen Problem der Pest; im Roman gelang Camus, was in den Aufzeichnungen geplant war, eine erzähler. Darstellung des ›étouffement‹, der ›atmosphère de menace et d'exil‹ u. darüber hinaus der Erfahrung der 40er Jahre ganz allgemein. Die Tagebuchnotizen nehmen auch e. Grundwiderspruch der *P.* vorweg: Rieux wie s. Gegenspieler Paneloux, dem er die metaphys. Lösung vorwirft, verdinglichen ›existence‹ u. ›vie‹, wenn auch mit unterschiedl. Wertung. Die Dramatisierung des *P.*-Stoffs in →*L'état de siège* überzeugte wenig.

A. Noyer-Weidner, Das Formproblem der P., GRM 1958; J. Grimm, Die lit. Darstellung der Pest in der Antike u. in der Romania, 1965.

La petite Fadette, Roman von George →Sand, entstanden 1848, EA 1849. Es ist wie im Märchen: Fadette, die bei der Großmutter die Ziegen hütet, hilft dem niedergeschlagenen Landry bei der Suche nach s. Zwillingsbruder Sylvinet. Das unscheinbare Mädchen wird immer schöner, intelligenter u. schließlich auch noch reich. Landry heiratet sie u. ist mit ihr glücklich. Der sensible Sylvinet dagegen, der sich gleichfalls in Fadette verliebt hat, sieht keinen anderen Ausweg vor dem drohenden Konflikt als den Eintritt in die Armee. Wie früher in →*La mare au diable* u. →*François le Champi* ist die Romanintrige auf keinen Wirklichkeitszusammenhang hin ausgerichtet. Sand konstruiert als Idylle e. freundliche Welt ohne Macht- oder Gewinnstreben. Wo soziale Spannungen auftreten, werden sie moral. überwunden.

La petite hutte, Prosakom. in drei Akten von André →Roussin, EA Monaco 1948, Urauff. 28. 10. 1947 Théâtre des Galeries, Brüssel. Drei Überlebende e. Schiffskatastrophe, die schwärmerische Suzanne, ihr Ehemann Philippe u. ihr Liebhaber Henri, leben auf e. Insel u. ordnen ihr Dreiecksverhältnis. Keiner der beiden Männer soll sich benachteiligt fühlen. Der Auftritt e. Wilden, den Suzanne für e. Negerfürsten hält – in Wirklichkeit ist es der Schiffskoch – weckt neue Sehnsüchte. Suzanne ist bereit, Philippe u. Henri aufzugeben, bis die Entlarvung u. Überwältigung des Rivalen durch die beiden Franzosen die ursprüngl. Idylle wiederherstellt. Die Schiffbrüchigen werden bald entdeckt u. reisen heim. In der Zivilisation wird es nicht zwei Cocus, sondern wiederum nur den konventionellen Hahnrei geben.

Petit poucet, Däumling, Märchenfigur bei Perrault.
G. Paris, P., 1875.

Le petit prince (1943), Märchen von Antoine de →Saint-Exupéry. Der Erzähler setzt die Gestalt des kleinen Prinzen als Symbol für edles Streben nach e. humanen u. harmon. Lebensinhalt; er benutzt in der Exposition das Motiv der techn. Panne, die in der philosoph.-utop. Erzählung dazu dient, den Menschen mit e. unbekannten Welt zu konfrontieren. Die Spezialisten u. von ihrer Manie verzehrten Gegenspieler des kleinen Prinzen verwirklichen auf absonderl. Weise ihr Selbst u. verkörpern beispielhaft groteske Weltsichten. Der Kg. ist froh, als er e. Untertanen entdeckt (›tout fier d'être roi pour quelqu'un‹), der Eitle freut sich über den Besuch e. Bewunderers, der Geschäftemacher (›je suis sérieux moi, je ne m'amuse pas à des balivernes‹) ärgert sich über jede Störung durch andere, was selten genug geschieht, der Laternenanzünder führt seine Tätigkeit nur noch mechan. aus, der Geograph kennt die Welt ledigl. aus s. Büchern u. bringt keine Muße auf, die nächste Umgebung in Augenschein zu nehmen. Alle bewohnen sie allein ihre mehr oder minder großen Planeten. Für Saint-Exupéry schließen sich Vereinzelung u. Verwirklichung der humanen Substanz jedoch aus, der kleine Prinz hat dies auf s. Bildungsreise durch den Kosmos gelernt, also sucht er Gemeinschaft; e. Fuchs erklärt ihm die Bedeutung von ›apprivoiser‹: d. h. Bindungen schaffen. Diese entstehen eher durch Gesten als durch Worte, denn ›die Sprache ist e. Quelle von Mißverständnissen‹.

Petits poèmes en prose, Prosagedichte von Charles →Baudelaire, postum u. d. T. *Le spleen de Paris* als Bd. 4 der *Œuvres complètes* 1869 erschienen, hg. M. Zimmermann, Manchester 1968, R. Kopp 1969. Außer 50 vollendeten Prosagedichten, über deren Anordnung Baudelaire sich seit 1862 weitgehend klar geworden war, hinterließ er Texte im Stadium des Fragments u. zahlr. Titelprojekte. Die *P.* variieren Themen der →*Fleurs du mal,* sie sind nicht, wie schon vermutet wurde, Skizzen der Verslyrik; in der Mehrzahl sind sie später entstanden. Baudelaire inspirierte sich am →*Gaspard de la nuit* von Bertrand, im Widmungsschreiben für Arsène Houssaye bekannte er, daß es s. Absicht war, das stilist. Verfahren des Vorgängers auf die ›description de la vie moderne, ou plutôt d'*une* vie moderne et plus abstraite‹ anzuwenden; Leitbild u. Impuls seiner Ästhetik sind die ›villes énormes‹. Der

Dichter, der die Masse in der Großstadt darstellt *(Les foules)*, erleidet ihr Schicksal, weil er, selbst e. Randfigur der Gesellschaft, sich der Einsamkeit des Menschen unter den Bedingungen der mod. Zivilisation bewußt wird. ›Le poète jouit de cet incomparable privilège, qu'il peut à sa guise être lui-même et autrui‹ (vgl. Rimbauds Ästhetik). Wenn Baudelaire über den Gaukler, die Karrenhunde oder die Armen dichtet, verfolgt ihn das Bild der Metropole. Im Epilog – als Versgedicht geschrieben – beschwört Baudelaire das Pandämonium Paris (›hôpital, lupanar, purgatoire, enfer, bagne‹), er personifiziert die Metropole zur ›enormen Hure‹, ›dont le charme infernal me rajeunit sans cesse‹. Das monströse Sujet verbietet in den *P.* feierl. Rhetorik.

S. Bernard, Le poème en prose de Baudelaire jusqu'à nos jours, 1959; F. Nies, Poesie in prosaischer Welt, Unters. zum Prosagedicht bei A. Bertrand u. Baudelaire, 1964; R. T. Cargo, Concordance to Baudelaire's P., Alabama 1971.

Petit traité de poésie française, Schrift von Théodore de →Banville, EA 1872, n. 1922. Unter Poesie versteht Banville metr. strukturierte Lyrik, das Poème en prose scheidet für ihn von vornherein aus der poet. Domäne aus. Silbenzahl, Reim u. stroph. Aufbau sind entscheidende Kriterien, die allein das Gedicht konstituieren. ›In der franz. Sprache gibt es ohne Reim keine dichter. Kraft.‹ Die Dogmatik dieser normativen Poetik wird nicht nur der lit. Situation des Erscheinungsjahrs nicht gerecht, sie erscheint paradox, da Banville in Boileau *(→L'art poétique)* den entscheidenden Rivalen s. Konzeption erkennen will u. Hugo als genialen Versdichter feiert, der den Klassizismus überwunden hat. Darum erscheint ihm metabol. Strophenbau bei Musset bereits als äußerste Konzession. Der reaktionäre Charakter der Poetik Banvilles kann z. T. aus dem Umstand erklärt werden, daß die Schrift als Lehrbuch für Töchterschulen bestimmt war; folgenreicher war die ungeschichtl. Auffassung von Klassik u. Revolution, so etwa wenn Banville die dichter. Innovation einzig vom Einfall des Genies her sieht. In diesem Sinne ist auch s. Überzeugung zu verstehen, wonach Hugos Leistung u. Versagen von keinem Nachgeborenen mehr auszugleichen sei (vgl. die gleichzeitige *Art poétique* von Verlaine).

Petit traité de versification (1923), Schrift von Jules →Romains in Zusammenarbeit mit G. Chennevière. Da die franz. Verskunst bis Banville *(→Petit traité de poésie française)* an →Malherbe orientiert bleibe u. Poesie vom formalen Kriterium des Reims her definiere, versuchen die Theoretiker des *P.* e. Neuansatz vom ›rapport de sonorités plus inédit, plus frais, plus approprié aux circonstances métriques‹ her. Sie betrachten die Symbolisten als Autoritäten, kritisieren sie jedoch dort, wo Klang u. Rhythmus ihrer Gedichte funktionslos werden. Den Verfechtern traditioneller Verspoesie halten sie vor, Reime, namentl. wenn sie als reine Augenreime angelegt sind, könnten die innere Zerstörung des Verses überdauern, ohne den lyr. Gehalt zu bewahren. Romains u. Chennevière lassen nur solche Reime gelten, die über die Homophonie hinausführen; auch Heterophonie der Vokale ermöglicht Akkorde, falls Konsonanten zusammenklingen: ›bonheur‹ / ›mort‹ oder ›sentinelle‹ / ›nulle‹.

V. Klemperer, Die mod. franz. Lyrik von 1870 bis zur Gegenwart, 1929.

Un peu de soleil dans l'eau froide (1969), Roman von Françoise →Sagan. Der poet. Titel ist e. Vers von Éluard entnommen (›Je subis ma douleur, comme un peu de soleil dans l'eau froide‹). Der Journalist Gilles Lantier, krank, deprimiert, von vagem Weltschmerz ergriffen, verläßt Paris u. reist ins Limousin. Hier begegnet er Nathalie Silvener, die ihm mit weniger Raffinement als s. Pariser Bekannten begegnet u. ihm die Freude am Dasein zurückgibt. Nathalie verläßt ihren Mann u. reist Gilles nach; bald durchschaut sie in der Pariser Umgebung s. oberflächl., auf äußeren Eindruck berechnetes Wesen. Da sie ihn nicht verachten kann, will sie ihn in e. reifen Menschen umwandeln. Ihr Erziehungsversuch wird aber von Gilles als Zumutung empfunden; Nathalie hört, wie ihr Geliebter s. Freund Jean gesteht, er leide unter der Überlegenheit s. Partnerin; sie begeht Selbstmord.

Peyrefitte, Roger, geb. 17. 8. 1907 in Castres, konfessionelle Privatschulen, Gymnasium Foix, Landwirtschaftsschule Montpellier; Stud. Philos. Toulouse u. Staatswiss. Paris, 1931 Beginn der Diplomatenkarriere am Quai d'Orsay, 1933–38 Gesandtschaftssekretär in Athen; bis Oktober 1940 Kulturabteilung des Auswärtigen Amts, Rücktritt aus persönl. Motiven. P. war 1943 im Dienst der Vichy-Regierung in Paris tätig, wurde 1960 rehabilitiert. Außer zwei Dramen (*Le prince des neiges,* 1947; *Le spectateur nocturne,* 1960) u. dem Reisebericht *Du Vésuve à l'Etna* (1952) hat P. vor allem Enthüllungs- u. Sensationsromane geschrieben. Bereits in *Les amitiés particulières* (1943) wird die Pikanterie der Darstellung pubertärer Krisen in e. Jesuiteninternat zum Selbstzweck. Krit. Züge zeigen vor allem die Werke seit 1951 (zuvor waren noch erschienen: *Mademoiselle de Murville,* 1947; *L'oracle,* 1948; *Les amours singulières,* 1949; *La mort d'une mère,* 1950), in denen P. nicht mehr Träume der schönen Liebe, sondern die Verderbnis sozialer Gruppen u. mächtiger Institutionen darstellt (*Les ambassades,* 1951; *La fin des ambassades,* 1953; *Les amours de Lucien de Samosate,* 1954; →*Les clés de Saint-Pierre, Jeunes proies,* 1956; *Chevaliers de Malte,* 1957; *L'exilé de Capri,* 1959; *Les fils de la lumière,* 1961; *La nature du prince,* 1963; *Les secrets des conclaves,* 1964; *Les juifs,* 1965; *Les américains,* 1968; *L'enfant amour,* 1969; *Des français,* 1970; *La coloquinte,* 1971; *Manouche,* 1972). S. Skandalchroniken lesen sich wie Abrechnungen mit Institutionen, die den Autor persönl. gekränkt haben, u. insgesamt mit den Frauen – vielleicht mit Ausnahme von *Jeunes proies* –, die s. Egotismus beeinträchtigen. *La fin des ambassades* zog e. gerichtl. Auseinandersetzung mit dem früheren Ministerpräsidenten Bidault nach sich, da die Figur der Mlle Crapote allzu deutl. Züge von Mme Bidault trug. Obwohl P. keinen Zweifel daran läßt, daß s. Geschichten wie die contes philosophiques des 18. Jh. systemkrit. wirken sollen, verfehlen sie, von der amüsanten Unterhaltung abgesehen, ihre Wirkung, denn der Autor karikiert wohl Individuen, nicht aber die gesellschaftl. Einrichtungen u. die sozialen Zustände, von denen sie bestimmt werden. In Wirklichkeit sind s. angebl. Satiren viel eher Burlesken. Das Dreiecksverhältnis in *La coloquinte* ist weniger e. Bild der Wirklichkeit als die Übernahme e. bereits literarisierten Konstellation des Vaudeville in den Sensationsroman. Die respektlose Haltung P.s gegenüber der Welt trägt alle Zeichen e. privaten Konflikts, der seit den Jugendjahren des Autors nicht bereinigt wurde (*Propos secrets,* II 1977–80). Wer P.s Romane als Übersetzung von Ereignissen in der wirkl. Welt lesen wollte, müßte zum Schluß kommen, daß alle Männer, namtl. die Geschichts- u. Konfliktträger, Homosexuelle sind (*La jeunesse d'Alexandre,* 1977; *Les conquêtes d'Alexandre,* 1979; *L'illustre écrivain,* 1982, Schlüsselroman, der offenbar F. Mauriac bloßstellen soll; *La soutane rouge,* 1983, Satire der vatikan. Geheimdiplomatie, *Voltaire,* II 1985).

P.-X. Giannoli, P. ou les clés du scandale, 1970; R. Müller, P. (Franz. Lit. der Gegenwart in Einzeldarstellungen, hg. W.-D. Lange), 1971.

Peyrehorade, in der Novelle →*La Vénus d'Ille* von Mérimée das trag. Opfer der ›Statuenhochzeit‹.

Pézenas, Stadt im Languedoc, wo Molières Ensemble seit 1650 wiederholt spielte, bis ihm Auseinandersetzungen mit s. Gönner, dem Fürsten Conti, 1657 die Stadt verleideten.

Phèdre (Titel bis 1687: *Ph. et Hippolyte*), Alexandrinertrag. in fünf Akten von Jean →Racine, EA 1677, Urauff. 1. 1. 1677 Hôtel de Bourgogne, Paris; hg. R. Picard in *Œuvres complètes,* [2]1964. Vor Racine haben R. Garnier (*Hippolyte,* 1567), G. de La Pinelière (*Hippolyte,* 1635), G. Gilbert (*Hippolyte ou le garçon insensible,* 1647) u. M. Bidar (*Hippolyte,* 1675) den antiken Stoff (Sophokles, Euripides, Seneca), nachdem ital. Dramatiker ihn bereits seit 1558 bearbeitet hatten, auf der franz. Bühne eingeführt. Gestützt auf e. Kampagne der Corneille-Anhänger u. Boileau-Gegner brachte der Epigone J. Pradon mit dem konkurrierenden Stück *Hippolyte* (Urauff. 3. 1. 1677) Racine vorläufig um den Publikumserfolg. In *Ph.* beherrscht die Titelheldin, nicht Hippolyte die Szene. Die verbotene Liebe Ph.s zum Stiefsohn, als unverschuldete Qual e. hilflosen Natur, soll das Publikum rühren. Die Gemahlin des Theseus wird von der Leidenschaft, die sie zu Hippolyte hinzieht, verzehrt; zuerst gesteht sie ihrer Amme u. Vertrauten Œnone (I, 3) ihre Gefühle, nach e. (Falsch)meldung vom Tod des Kgs. dem entsetzten Hippolyte selbst. Sie liebt ihn, weil er ihr die Jugend ihres Gatten zurückbringt. Aus höchster Verzweiflung will sich Ph. in e. Schwert stürzen (II, 5). In der Mitte des trag. Spiels (III, 3) klärt sich der Irrtum der Todesbotschaft auf. Nun läßt Ph. zu, daß Œnone Hippolyte beim Vater des Inzests beschuldigt (IV, 1). Œnone suggeriert Ph. die Notwendigkeit dieser Verleumdung, deren Folgen sie mit dem Hinweis auf die Vatergefühle des Kg.s verharmlost, um gleich wieder für die Befleckung der Ehre s. Gattin e. exemplar. Opfer zu fordern. Die klass. Ständeklausel wie die damit korrelierende Bienséance verbieten, daß Ph. selbst den Stiefsohn durch gemeine Anspielungen ins Verderben stürzt: diese Rolle kann nur die Vertraute spielen. Zu spät begreift der aufgebrachte Theseus, daß er s. Sohn vorschnell verflucht hat (IV, 2), e. Meeresungeheuer hat Hippolyte zerfleischt (umfangreicher Botenbericht des Erziehers Théramène V, 6; im 18. Jh. als zu breit angelegt kritisiert). Von ihrem Gemahl hört Ph., daß Hippolyte in Wahrheit Aricie geliebt hat. Diese Enthüllung verletzt nicht allein ihr Selbstbewußtsein (Monolog IV, 5);

da Aricie der letzte Sproß jenes Pallantiden-Geschlechts ist, das Theseus entmachtet hat, nährte Hippolyte also ›im Hinblick auf s. Vater e. verbotene Liebe wie Ph. hinsichtl. ihres Gatten‹ (W.-H. Friedrich). Œnone, die Anstifterin, stürzt sich ins Meer, Ph. vergiftet sich mit e. Mittel, das einst Medea nach Athen gebracht hat. Racine bemerkte in der Vorrede, Ph. sei weder ganz schuldig noch ganz unschuldig. Sie leidet unter dem Fluch der Götter (›Le ciel mit dans mon sein une flamme funeste‹) u. läßt die Verleumdung des Stiefsohns zu, weil sie meint, die Konsequenzen abwenden zu können. E. grausames Schicksal stattete sie mit e. extremen Gemütsverfassung aus u. lockte sie in die Falle der Falschmeldung. Ph. ist mit Unfreiheit geschlagen, ein böses Weltprinzip quält sie u. durch sie ihre Umwelt. Ihre durch keine Reflexion zu zügelnde Leidenschaft endet in Zerstörung u. Selbstzerstörung. In rasender Eifersucht verschweigt sie das erlösende Wort, das sie samt Hippolyte gerettet hätte, zu lange. Antiker und renaissancemäßiger Schicksalsglaube, aber auch das jansenist. Bewußtsein von der Gefallenheit der Kreatur, die sich selbst nicht zu erlösen vermag, wirken in *Ph.* zusammen. Theseus, der legendäre Sieger u. Gesetzgeber, muß die Katastrophe überleben, um von e. wesenhaft chaot. Welt Zeugnis abzulegen. Als die Truppe des Hôtel de Bourgogne mit dem früheren Ensemble Molières die Com. frçe. formierte, eröffnete sie das Repertoire mit Racines Meisterwerk *Ph.* (25. 8. 1680). Fast alle großen Schauspielerinnen Frkr.s bis hin zu Maria Casarès haben die Titelrolle gestaltet.

Ch. Dédéyan, Racine et sa Ph., 1965, ³1978; Ch. Mauron, Ph., 1968; W.-H. Friedrich u. K. A. Ott, Racine: Ph. (Das franz. Theater vom Barock bis zur Gegenwart, Bd. 1, hg. J. v. Stackelberg), 1968; A. M. Laborde, Le sacré dans les tragédies profanes de Racine, 1970; Ch. Delmas, La mythologie dans la Ph. de Racine, Revue d'histoire du théâtre, 1971; R. Caillois, Ph. et la mythologie, NRF Juni 1972; D. Kaisergrüber/J. Lempert, Ph. Pour une sémiotique de la représentation classique, 1972; H. G. Hall, A propos de Ph., in: Mythologie au XVIIe siècle, 1982.

Philhellenismus, polit. Sympathie für den griech. Unabhängigkeitskrieg (1821–30), europ. Bewegung, die in Frkr. meist liberal motiviert war u. sich auf Reiseberichte des 18. Jh.s berufen konnte, daher auch nicht frei von exotist. Motiven; thematisiert in Gemälden von E. Delacroix u. zahlreichen, überwiegend lyr. Texten (Béranger, Hugo, *Orientales,* Vigny, Dumas, Delavigne, Stendhal, *Armance*). Die spätere Idealisierung der griech. Welt durch Renan setzte dieses Weltbild voraus.

K.-H. Schroeder, Die Albaner als Thema des dt. u. franz. Ph., Zs. für Balkanologie VII, 1969–70.

Philinte, der Raisonneur in Molières →*Misanthrope,* Sprachrohr e. gassendist. Lebensphilosophie, die →Alcestes Menschenfeindlichkeit in Frage stellt. Unter dem Eindruck der Molièrekritik J.-J. Rousseaus kehrte Fabre d'Églantine in *Le Philinte de Molière* (1790) das Schema um, gestaltete den unter s. Umwelt zu Recht leidenden Alceste zur sympath. Person, während Ph. feige u. egoist. ist, so daß ihm selbst die Menschenrechte versagt werden müßten.

Philipe, Gérard, 4. 12. 1922 Cannes – 25. 11. 1959 Paris, Schauspieler (Theater u. Film), erfolgreich als Caligula (von Camus), Rodrigue im *Cid,* Lorenzaccio, Ruy Blas, Prinz von Homburg; gehörte seit 1951 zum Ensemble des TNP. Der Lyriker Henri Pichette verfaßte ein *Tombeau de Ph.* (1962).

G. Sadoul, Ph., 1968.

Philippe, Charles-Louis, 4. 8. 1874 Cérilly/Bourbonnais – 21. 12. 1909 Paris, Vater Holzschuhmacher, dennoch Lycée Moulins; allerdings scheiterte Ph. bei der Aufnahme in die École polytechnique. 1896 wurde er in Paris zum Piqueur bestellt: er kontrollierte den Umfang der Auslagen vor den Läden. Ph. begann intensiv zu lesen (Rousseau, Michelet, Leconte de Lisle, H. Heine, Jammes) u. mischte sich unter die Bohème. In s. Novellen u. Romanen rekapituliert er s. eigenen Lebensweg (*Quatre histoires du pauvre amour,* 1897; *La bonne Madeleine et la pauvre Marie,* 1897; *La mère et l'enfant,* 1900; →*Bubu de Montparnasse, Le père Perdrix,* 1903; *Marie Donadieu,* 1904; *Croquignole,* 1906; *Dans la petite ville,* 1910; *Charles Blanchard,* 1913; *Lettres de jeunesse,* 1911; *Lettres à sa mère,* 1928); bis 1900 stellte Ph. das Leben in der Provinz, seitdem vor allem Pariser Erfahrungen dar. Der Autor, der lit. Qualität mit stilist. Spontaneität gleichsetzte u. sich 1903, als der Prix Goncourt zum erstenmal verliehen wurde, falsche Hoffnungen machte, war mit Gide u. Fargue enger befreundet. Kurzprosa gelang Ph. am besten, da sie s. Neigung, sich pathet. zu verströmen, Einhalt gebot.

L. Lanoizelée, Ph., 1953.

Philippe de Novare, um 1195 Lombardei – nach 1264. Als Pastiche des →*Roman de Renart* bot der anerkannte Jurist die Auseinandersetzung der ghibellin. u. guelf. Parteien in Italien dar; daneben verfaßte er e. Autobiographie, Gelegenheitsgedichte, höf. Lyrik, ein forens. Lehrbuch (*Livre à un sien ami en forme de plait,* 1225/27) sowie den moral. Traktat *Des quatre tems d'aage d'ome* (um 1265), s. originellstes Werk.

K.W. Hempfer, Ernst und Spiel, RF 1987.

Philippe de Thaon (Thaun), 11./12. Jh., verfaßte e. Kalenderkommentar (*Li Compuz,* hg. E. Mall 1873), ein *Bestiaire* (hg. E. Walberg, Lund 1900) und ein Edelsteinbuch (*Lapidaire,* hg. P. Meyer, Romania 1909), die frühesten anglonormann. Dokumente.

R. T. Pickens, The literary activities of Ph., Romance Notes 1970.

Philippe Mouskés →*La chronique rimée.*

Philosophe, im Selbstverständnis der Aufklärung (Voltaire, →*Lettres philosophiques,* →*Encyclopédie*) das Individuum, das, soweit es in s. intellektuellen Kräften steht, Ursachen erkennt, ihnen daher zuvorkommen bzw. sie fördern kann. Für den Ph. bedeutet Vernunft dasselbe wie für den Christen Gnade: sie orientiert s. Handeln. Er sucht den Weg in der Nacht, s. Licht ist die Vernunft *(Encyclopédie).* S. Prinzipien bildet er sich auf der Grundlage zahlr. Einzelbeobachtungen, er übernimmt kein Prinzip, ohne die Beobachtungen zu bedenken, die zu ihm geführt haben *(→Micromégas, →Jacques le fataliste).* Die Überlegenheit des Aufklärers besteht darin, die Dinge auch unentschieden zu lassen, wo ihm ausschlaggebende Argumente fehlen (*Encyclopédie,* Bd. 12, 1765). Wenn der Ph. sich auf Descartes beruft, dann weil er bei ihm e. Verfahren entdeckt, die Tradition e. Prüfung im Licht der Vernunft zu unterziehen u. keine andere Autorität zu dulden; wenn er, wie Voltaire, die engl. Denker als beispielhaft vorstellt, so geschieht dies in der Absicht, die Hybris der metaphys. begründeten Vernunftideologie zu korrigieren (vgl. auch Gassendi, Bayle, Fontenelle), induktive neben deduktiven philos. Verfahren zu erproben (→Condillac). Während Destouches, Marivaux, Antoine Chamberlain (*Le ph. malgré-lui,* 1760) den Aufklärer als vorbildl. Gestalt des III. Standes in ihr dramat. Personal einführten u. M.-J. Chénier in der Vorrede zu →*Fénelon ou les religieuses de Cambrai* s. Protagonisten als Ph. am Hof des Tyrannen glorifizierte, verwendete Palissot den Terminus *(→Les ph.s)* vor allem als Schimpfwort.

A. Adam, Le mouvement philosophique dans la première moitié du XVIIIe siècle, 1967; R. White, The Anti-Philosophers, London 1970.

Les philosophes, Kom. von Charles →Palissot de Montenoy, EA 1760, Urauff. 2. 5. 1760 Com. frçe., krA T. J. Barling 1975. Ein Schwarm von Aufklärern bemüht sich um Cidalise, darunter der Mitgiftjäger Valère, der es auf ihre Tochter Rosalie abgesehen hat (Motive aus Molières →*Les femmes savantes*). Damis, ihr wirkl. Freund, entdeckt e. Brief, der das Komplott der betrüger. ›philosophes‹ aufdeckt. Mit s. Satire wollte Palissot Diderot (als Dortidius), Rousseau (als Frontin, der auf allen Vieren, mit Grünzeug zwischen den Zähnen, gewissermaßen auf dem Weg ›zurück zur Natur‹ die Bühne betritt), Duclos (als Théophraste) u. Helvétius (als Valère) treffen. Er wollte ihren Kosmopolitismus, ihre Familienfeindlichkeit u. Cliquenbildung anprangern. Die Aufführung löste e. heftige Polemik aus, mehrere Parodien wurden gespielt (A. C. Cailleau, *Les philosophes manqués,* Urauff. 15. 5. 1760; ders., *Les originaux ou les fourbes punis,* Urauff. 17. 7. 1760; Cadet de Beaupré, *Les philosophes de bois,* Urauff. 20. 7. 1760). Voltaire griff mit *L'écossaise* am 26. 7. 1760 in die Auseinandersetzung ein.

H. H. Freud, Palissot and Ph., Genf 1967.

Le philosophe sans le savoir, Prosakom. in fünf Akten von Michel-Jean →Sedaine, EA 1766, Urauff. 2. 11. 1765 Com. frçe., hg. Th. E. Oliver, Illinois 1913. Das Stück entstand als Replik auf Palissots →*Les philosophes* u. propagiert das Aufklärungskonzept Diderots vom vernunftgeleiteten, ständisch unabhängigen Individuum, das nach moral., gesellschaftl. und polit. Vervollkommnung strebt. Während der Kaufmann Vanderk in s. Haus letzte Vorbereitungen zur Hochzeit s. Tochter trifft, wird bekannt, daß der Sohn seinetwegen in Ehrenhändel verwickelt wurde. Der Junior erfährt, daß s. Vater adlig ist, nach e. Duell jedoch das Land verlassen mußte u. in den Niederlanden im Handel e. Vermögen verdiente; Vorurteile verbieten ihm, sich als Aristokrat zu erkennen zu geben, obgleich der Kaufmann mächtiger ist als der Angehörige des II. Standes, denn s. Unterschrift ist gleichbedeutend mit Kapital u. verschafft ihm über die Staatsgrenzen hinaus Einfluß (II, 4). Hier artikuliert die Hauptfigur des Dramas e. ökonom. Umwandlung: mobiles Vermögen ist im 18. Jh. souveräner als Grundbesitz, von dem sich traditionsgemäß das Ansehen e. Kaste herleitet; Privilegien des Adels werden wirtschaftlich funktionslos (vgl. auch Abbé Coyer, *La noblesse commerçante,* 1756). Der junge Vanderk schlägt sich also für die Ehre e. Geschäftsmanns, der wegen s. Selbstbeherrschung u. Vorurteilslosigkeit in doppeltem

Wortsinn ein Edelmann ist, mit dem arroganten Desparville, der im Café Kaufleute als Spitzbuben beschimpft hat. Indessen honoriert der alte Vanderk dem Vater Desparvilles e. Kreditbrief. Das Duell verläuft unblutig, der glückl. Ausgang vereinigt beide Familien mit dem Bräutigam aus der Noblesse de robe an der Hochzeitstafel. Das Stück, das nicht nur den verbreiteten Minderwertigkeitskomplex des erfolgreichen bürgerl. Geschäftsmanns gegenüber der Aristokratie aufhob, sondern auch Diderots Dramentheorie (→*Entretiens avec Dorval* u. →*De la poésie dramatique*) realisierte, wurde e. der wirklichen Bühnenerfolge der 60er Jahre des 18. Jh.

G. Lerminier, Sedaine, Ph. ou le précurseur malgré lui, 1970.

Phoebus de Châteaupers, der schöne Offizier in →*Notre-Dame de Paris* von Hugo, die Traumliebe der schönen Zigeunerin Esmeralda.

Piaf, Edith (eig. E. Giovanna Gassien), 19. 12. 1915 Belleville/Paris – 11. 10. 1963 ebda., Sängerin, die ihre Chansons teilweise selbst schrieb; außerordentl. Erfolge in Music-Halls u. durch Schallplattenverkauf. P. entdeckte u. förderte u. a. Aznavour, Bécaud, Constantine, Montand; sie schrieb zwei autobiograph. Werke (*Au bal de la chance,* 1954; *Ma vie,* 1964).

S. Berteaut, P., 1969.

Pibrac, Guy Du Faur, seigneur de, 1529 Schloß P. bei Toulouse – Mai 1584 Paris, kgl. Botschafter beim Konzil von Trient, Verteidiger des Gallikanismus (vgl. später Bossuet), aber auch der Massaker der Bartholomäusnacht; Mitgl. der Ac. du Palais, Autor des bukol. Gedichts *Les plaisirs de la vie rustique* (Lyon 1574) u. der didakt. Slg. *Quatrains moraux* (1574, ^{3}1576, 126 Quatrains), e. der am stärksten beachteten Spruchdichtungen der Epoche.

Picabia, Francis, 22. 1. 1879 Paris – 30. 11. 1953 ebda., Maler, Graphiker u. Schriftsteller; Dadaist (*Pensées sans langage,* 1919; *Poésie ron-ron,* 1919; *Explorations,* 1947; *Dits,* 1960; *Écrits,* II 1978, Texte 1921–53).

M. de La Hire, P., 1920; M. Sanouillet, P., 1964; W. A. Cornfield, P., Princeton 1979.

Picard, Edmond, 15. 12. 1836 Brüssel – 19. 2. 1924 Dave-sur-Meuse, Jurist, sozialist. Abgeordneter, Vertreter e. gesellschaftsbezogenen u. engagierten Lit. (Romane, Dramen; *Les meilleures pages,* 1954).

Picasso, Pablo, 25. 10. 1881 Málaga – 8. 4. 1973 Mougins, Maler u. bildender Künstler, dessen Werk in s. unvergleichl. Vielfalt auch Beziehungen zur Lit. aufweist; Verbindungen zu Apollinaire u. Cocteau, Mitarbeit an Ballettinszenierungen; verfaßte selbst das dadaist. Stück *Le désir attrapé par la queue* (entstanden 1941, EA 1945) u. das Spiel in sechs Akten *Les quatre petites filles* (entstanden 1948; EA 1968).

G. Cooper, P. et le théâtre, 1967; J. Perry, Yo, P., 1982.

Pichette, Henri, geb. 26. 1. 1924 Châteauroux, Sohn e. Amerikaners, Kriegsberichterstatter in Dtl. u. Österreich, surrealist. Lyriker, orientierte sich an Aragon u. Cendrars (*Apoèmes,* 1947, n. 1979; *Lettres arc-en-ciel,* 1950; *Le point vélique,* 1950; *Les revendications,* 1958; *Odes à chacun,* 1961; *Le tombeau de Gérard Philipe,* 1962; *Dents de lait, dents de loup,* 1962); zusammen mit A. Artaud verfaßte P. *Xylophone contre la* *grande presse et son petit public* (1946), er würdigte in dem *Poème offert par delà le temps à Antonin Artaud* die Verse des Freundes, die aus dem Schmerz geboren waren. Als Dramatiker (*Les épiphanies,* 1948; *Nucléa,* 1952) lyrisierte er das Antidrama, teilweise durch Experimente mit dem Alexandriner.

Pièce à spectacle, im 19. Jh. Bezeichnung für das →Mélodrame.

Pièce à thèse, Drama, dessen ideolog. Intention diskursiv hervorgehoben wird, z. B. beim jüngeren Dumas.

Pièce à tiroirs, Bezeichnung des 18. Jh. für das Episodenstück, dessen Fabel in selbständige Konflikte zu zerfallen droht.

Pierre de Craon, Dombaumeister in →*L'annonce faite à Marie* von Claudel; für s. Liebe zu Violaine wird er mit dem Aussatz bestraft, den er wieder auf das Mädchen überträgt, das daran erblindet. Die Figur steht darüber hinaus in Beziehung zur nationalen Dimension des Stücks: Jeanne d'Arc reitet in der Heiligen Nacht mit dem Kg. nach Reims, P. hat die Kathedrale erbaut.

Pierre et Jean, Roman von Guy de →Maupassant, ED Dezember 1887 – Januar 1888 *Nouvelle Revue,* EA 1888; hg. G. Hainsworth, London 1967. Pierre u. Jean, Arzt u. Jurist, dunkelhaarig der eine, blond der andere, sind Söhne e. Juweliers aus Le Havre. Als Jean das Vermögen e. Bekannten der Familie erbt, erwacht die Eifersucht des Bruders, der detektiv. Nachforschungen anstellt u. entdeckt, daß der Hausfreund s. leibl. Sohn bedacht hat. Pierre verläßt die Familie u. wird Schiffsarzt; der Vater erfährt nichts. Maupassant versah die Buchausgabe mit e. Vorrede (›Le roman‹), die als ED vom *Figaro* (7. 1. 1888) gebracht wurde. Darin verteidigt er den psycholog. Roman, der alltägl. Geschehnisse gestaltet, ohne daß die Fabel gleich e. philosoph. System beweisen muß. Maupassant kritisiert außer der naturalist. Ideologie auch die verbreitete Flüchtigkeit des Erzählstils. Der Verzicht auf e. pointierte Intrige (vgl. dagegen die Novellen, z. B. →*Boule de suif*) stellt an den Romancier hohe Anforderungen. Er gestaltet scheinbar banale Ereignisse, die im Kontext sinnstiftend sind. Die Anstrengung des Lesers ist den Bemühungen Pierres um e. Ergründung der Wahrheit vergleichbar. A. Cayatte verfilmte den Stoff 1943.

Pierrot, Figur der Pantomime, die der Schauspieler →Debureau nach ital. Vorbild für das franz. Dreigroschentheater schuf; Typus des zaghaften u. melanchol. Dieners (im Unterschied zu Arlequin, Crispin u. Figaro). Huysmans, Hennique (*P. sceptique,* 1881) u. Laforgue (*P. fumiste,* 1882) verwandeln die Gestalt zur Farcenrolle; als ›Dandys de la Lune‹ erscheinen P.s in Laforgues Lyrik.

L. Dupont-Jones, P.-Watteau, 1983.

Pieyre de Mandiargues, André, 14. 3. 1909 Paris – 13. 12. 1991 ebda., stammt aus kulturbewußtem Besitzbürgertum, abgebrochenes Stud., Interesse für Archäologie, Reisen in den Nahen Osten u. nach Mexiko. P. begann in Monaco, wo er sich nach dem Waffenstillstand niedergelassen hatte, zu schreiben (Erzählungen *Dans les années sordides,* 1943, erweiterte Ausgabe 1949). Nach der Rückkehr in die Hauptstadt nahm er Beziehungen zu Breton auf. Der Erzähler gestaltet vor allem erot. Abenteuer, die sich als schicksalhaft erweisen (*Le lis de mer,* 1956; *Feu de braise,* 1959; *La motocyclette,* 1963; *Beylamour,* 1965; *La marge,* Prix Goncourt 1967). Die Metapher vom Welttheater soll der Feierlichkeit, mit der die Wechselbeziehungen zwischen der handelnden Person u. ihrer dekorativ gesehenen Umwelt ausgemalt sind, e. höhere Bedeutung verleihen. P. ästhetisiert, wo immer sich die Möglichkeit bietet, den Auftritt s. Protagonisten, die schönen Statuen gleich agieren u. sich zu lebenden Bildern arrangieren lassen. Indem er method. jede sublime Harmonie durch Kontrastmotive – schöne Frauen im Umgang mit Zwergen, Sektionen, Hinrichtungen, Einkerkerungen – zerstört, setzt er die frenet. Tradition von Petrus Borel u. Jules Janin fort (Romane u. Erzählungen *Le musée noir,* 1946; *Soleil des loups,* 1951; *Marbre,* 1953; *Le cadran lunaire,* 1957, ^{2}1973; *Astyanax,* 1958; Essays *Le Belvédère,* 1958; *Deuxième Belvédère,* 1962; *Troisième Belvédère,* 1971; Erzählungen *Mascarets,* 1971; Lyrik *L'âge de craie,* 1963; *L'ivre œil,* 1979; Novellen *Le deuil des roses,* 1983; Interview mit Y. Caroutch, *Un saturne gai,* 1982; *Tout disparaîtra,* 1987).

Y. Berger, P. (Écrivains d'aujourd'hui 1940–1960, hg. B. Pingaud), 1960; S. Stetie, P., 1978; D. J. Boud, La fiction d'A. P., New York 1982.

Pigault-Lebrun, Charles-Antoine-Guillaume Pigault de l'Épinoy, gen. P., 8. 4. 1753 Calais – 24. 7. 1835 Saint-Germain-en-Laye; Regisseur an der Com. frçe., Dramatiker (*Charles et Caroline,* 1790; *Les mœurs ou le divorce,* Urauff. 20. 9. 1794) u. Autor von Unterhaltungsromanen, die Balzac aus stoffl. Gründen interessierten (*L'enfant du carnaval,* 1792; *Les barons de Felsheim,* 1798; *Angélique et Jeanneton,* 1799; *Monsieur Botte,* 1802; *La famille Luceval,* 1806; *L'homme à projets,* 1819; *Œuvres,* XX 1822–24).

I.-N. Barba, Vie et aventures de P., 1836; E.-F. Grimaloi, A la mémoire de P., 1850.

Piis, Augustin de, 17. 9. 1755 Paris – 22. 5. 1832 ebda., Dramatiker, der für die Com. italienne u. Vaudevillebühnen schrieb; gehörte zu den Verächtern der romant. Poesie nach engl. Vorbild (Epistel *Aux détracteurs de la poésie badine*). Vor der Revolution u. nach dem Sturz Napoleons stand er im Dienst des Grafen von Artois, während des Empire war er Generalsekretär der Préfecture de police (*Œuvres choisis,* IV 1810).

Pinget, Robert, geb. 19. 7. 1919 Genf, Rechtsanwalt, ging 1946 nach Paris, war Maler, ehe er zu schreiben begann (Romane, Hörspiele, Dramen, Mitwirkung an Beckett-Übs.), 1965 erhielt er den Prix Fémina. Das erzähler. Werk setzte 1951 ein und blieb quantitativ umfangreicher als die Bühnendichtung (*Entre Fantoine et Agapa,* 1951; *Mahu ou le matériau,* 1952; *Le renard et la boussole,* 1953, ^{2}1971; *Graal Flibuste,* 1956; *Baga,* 1958; *Le fiston,* 1959; *La manivelle,* 1959; *Clope au dossier,* 1961; *L'inquisitoire,* 1962; *Quelqu'un,* 1965; *Le libera,* 1968; *Passacaille,* 1969; *Fable,* 1971). In den Reiseromanen von 1955 und 1956 wird Ortsveränderung zu e. Vorstellungsinhalt, der an Wirklichkeitsgehalt vor anderen eingebildeten Vorgängen nichts voraus hat. Die Gralssuche ist zum Scheitern verurteilt, wenn die Fiktionalität der Reise den Protagonisten immer wieder auf die Realität s. Innenwelt als der einzigen verweist. Ebenso verbinden Levert (*Le* *fiston)* und Clope Eindrücke zu keinem geordneten Weltbild; bei der Befragung kommen dem alten Diener *(L'inquisitoire)* Erinnerungsschwächen zum Bewußtsein (vgl. Butor, Robbe-Grillet). Kein Protagonist vermag sich als Erzähler s. Lebens selbst einzuholen, das Vergangene restlos zu rekonstruieren. P.s Dramen gestalten Episoden aus den Romanen (→*Lettre morte: Le fiston,* →*Ici ou ailleurs, Clope au dossier; Architruc,* 1961: *Baga;* Hörspiel *Autour de Mortin,* 1965: *L'inquisitoire*). Für P. wie Butor oder Robbe-Grillet ist die Krise des Erzählens vorrangig, mit ihnen stimmt er in der überindividuellen Erfahrung der Horizontverengung und -trübung überein; kennzeichnend für s. Werk sind s. kleinstädt. u. ländl. Motive sowie die Darstellung menschl. Verschrobenheiten. Novellen *Monsieur songe* (1982); *Un testament bizarre et autres pièces* (1985).

J. Thomas, P. (Franz. Lit. der Gegenwart, hg. W.-D. Lange), 1971; M. Kraft, Schreiben in entfremdeter Wirklichkeit. P.s Romane, 1975.

Le ping-pong, Prosadrama in zwei Teilen von Arthur →Adamov, EA 1955 (*Théâtre* II), Urauff. 27. 2. 1955 Théâtre des Noctambules, Paris. Besessen vom Spiel am Flipper suchen Victor und Arthur nach e. gewinnbringenden Methode. Arthur erfindet e. Verbesserung, die er dem Magnaten des Spielmaschinenkonzerns jedoch erst vortragen kann, als e. Flaute das Geschäft bedroht. Die Automaten werden staatl. Kontrolle unterstellt. Das Schlußbild – von Adamov zuerst geschrieben – zeigt die Freunde beim Tischtennisspiel, das sie, von den Regeln und Varianten fanatisiert, so stürm. betreiben, daß Victor beim Ping-Pong tot zusammenbricht. Adamovs Theater wird mit diesem Stück sozialkrit., der Flipper löst soziale Regungen und Gegenregungen aus, bindet als Fetisch Individuen an sich – so die Inhaberin der Kneipe ›L'Espérance‹, Mme Duranty, die Serviererin Annette, Arthurs Geliebte, den Stutzer Roger.

Pique-nique en campagne, Prosaeinakter von Fernando →Arrabal, EA 1961 (*Théâtre* II), Urauff. 23. 4. 1959 Théâtre de Lutèce, Paris. In dieser Parodie des Heldenmythos treffen zwei Gegner aufeinander, deren Nöte ident. sind. Zapo hat Zépo gefangen genommen; für die beiden Landser ist der Krieg nicht, wie Zapos Eltern, die mit Eßkörben anrücken, meinen, mannhafter Zweikampf oder heroisches Spiel. Allein schon die potentielle Austauschbarkeit der Soldaten, die mit analogen Propagandasprüchen konditioniert wurden, räumt mit allen Idealen auf. Das gestörte Verhältnis der Sanitäter zur Kriegsmaschinerie – sie freuen sich über Verwundungen aller Art – verstärkt den grotesken Tenor. Zwar gelingt es der munteren Gesellschaft, die auf dem Schlachtfeld zu schmausen und zu tanzen beginnt, einzelne Bomben mit dem Regenschirm abzufangen, gegen den Heldentod ist sie jedoch nicht gefeit. Im Maschinengewehrfeuer gehen sie gemeinsam zugrunde. Arrabal verzichtet in *P.* auf den Demonstrationscharakter des ep. Theaters u. operiert mit der Einfühlungsästhetik von →Artaud.

Piron, Alexis, 9. 7. 1689 Dijon – 21. 1. 1773 Paris, Sohn e. Apothekers, der u. a. in burgund. Dialekt satir. Gedichte schrieb. Vom Vater erbte P. offenbar den schlagfertigen Witz, durch den er im Pariser Café Procope, in der Gesellschaft von

Lesage und Diderot, auffiel. Er hatte sich geweigert, Priester zu werden und studierte statt Theologie Jura; 1718 kostete ihn die obszöne *Ode à Priape* s. Amt als Advokat. Er nahm e. Beschäftigung als Kopist an. S. ersten Stücke wurden von Jahrmarktsbühnen gespielt (u. a. *Arlequin-Deucalion,* 1722). P. machte die Bekanntschaft Voltaires, der s. scharfe Zunge respektierte; er heiratete e. Zofe der Mme de Mimeure, Mlle de Bar, die 1751 starb. Obwohl s. Stücke jetzt an der Com. frçe. herauskamen, kämpfte P. um s. Existenz, bis ihm e. Unbekannter e. Rente von 600 Pfund aussetzte. Die Verskom. *La métromanie* (Urauff. 10. 1. 1738) wurde nach der zwiespältig aufgenommenen Trag. *Gustave Wasa* (Urauff. 3. 2. 1733) s. größter Erfolg: Mit den Motiven des Spiels im Spiel, potenzierter Verwechslungskomik u. satir. Zeichnung der Typen (der Kunstjünger Damis, der bürgerl. Francaleu, der sich im Alter in e. Schwärmer für die Poesie verwandelt, die Diener mit gesundem Menschenverstand) konnte sich das Stück in der Flut der nachklass. Kom. behaupten. Eine spätere Trag., *Fernand Cortez ou Montézume* (1744), fand wegen der Unwahrscheinlichkeit der Handlungsführung kaum Anerkennung. Neben diesen Stücken und einigen langatmigen Erzählungen entstanden zahlr. Epigramme, in denen P.s Angriffslust die angemessene gedankenlyr. Form fand. Gegen Fréron richtete er *La Fréronnade,* Desfontaines überreichte er 50 Tage lang je ein Epigramm. 1750, als er zum erstenmal für die Ac. frçe. kandidierte, zog er s. Bewerbung selbst zurück; 1753 verhinderte das Veto Ludwigs XV. s. Wahl – e. Bischof hatte den Hof an die Priapus-Ode erinnert. Jetzt setzte die Pompadour für P. e. Pension von 1000 Pfund durch (*Œuvres complètes,* X 1928–31; *Œuvres badines,* 1949).

P. Chaponnière, P., sa vie et ses œuvres, 1910; ders., La vie joyeuse le P., 1935; A. Frescaroli, Introduzione al teatro di P., Convivium 1967.

Pisan (Pizan) →Christine de P.

Pitoëff, Georges, 4. 9. 1884 Tiflis – 17. 9. 1939 Genf, Schauspieler u. Bühnendirektor, spielte seit 1922 in Paris, inszenierte Claudel, Cocteau, Anouilh, Shaw, Pirandello, Schnitzler; durch Auswahl und Stil maßgebende Aufführungen in der Zwischenkriegsära. P. gehörte dem →Cartel des quatre an.

H. Lenormand, Les P., 1943; A. Franck, P., 1958; J. Jomaron, P. metteur en scène, Lausanne 1979.

Pixérécourt, René-Charles Guilbert de, 22. 1. 1773 Nancy – 27. 7. 1844 ebda., Dramatiker, der nach eigenen Angaben 120 Stücke verfaßt hat, die 1797–1835 in Paris u. der Provinz in 30 000 Aufführungen herausgekommen sind. Zeitgenossen wie Charles Nodier sahen im ›König des Mélodrame‹ den Schöpfer e. ›tragédie populaire‹. Dem romantischen Publikumsgeschmack entsprachen s. Schauerdramen, die triviale Romanstoffe auf die Bühne brachten (*Le château des Appenins,* 1798; *Victor ou l'enfant de la forêt,* 1801; *Les mines de Pologne,* 1803; *Robinson Crusoe,* 1805; *Le chien de Montargis ou la forêt de Bondy,* 1816; *Théâtre choisi,* VI 1841–43). Durch realist. Dramaturgie – häufiger Kulissenwechsel, ein lebender Hund, Indianersprache in *Christophe Colomb* (III, 3–4) – vergröberte er die Dramenkonzeption Diderots.

W. G. Hartog, P., sa vie, son mélodrame, 1913; E.-C. Van Bellen, Les origines du mélodrame, 1927; A. Lacey, P. and the French romantic drama, Toronto 1928.

Place des Vosges, von Renaissancebauten umgebener, rechteckiger Platz in Paris, den Heinrich IV. 1605 anlegen ließ u. der unter Ludwig XIII. ein mondänes und lit. Zentrum wurde. Von 1832–48 bewohnte Victor Hugo das Haus Nr. 6 (seit 1903 Musée V. H.).

La place royale ou l'amoureux extravagant, Kom. in fünf Akten von Pierre →Corneille, im Juni 1633 begonnen, EA 1637, Urauff. Winter 1633/34; hg. J.-C. Brunon 1962. Im Liebhaber Alidor gelang Corneille die Zeichnung e. Prototyps, der s. Verhalten voluntarist. begründet. Um nicht der Tyrannei unreflektierter Empfindungen zu unterliegen, versucht Alidor, s. Verhältnis mit der naiv-leidenschaftl. Angélique zu beenden. Ohne Skrupel spielt er den Treulosen u. arrangiert e. Rollentausch. Im Schutz der Nacht soll s. Freund Angélique entführen, verwechselt sie jedoch – zu s. Glück – mit ihrer Freundin Phylis. Angélique ist zu tief enttäuscht, um Alidors Beteuerungen jetzt noch zu glauben, sie geht in e. Kloster. Ihre Entscheidung trifft Alidor nicht allzu tief, da s. bizarre Liebesstrategie ihm die erwünschte Ungebundenheit zurückgebracht hat.

M. Larroutis, Corneille et Montaigne. L'égotisme dans la P., RhlF 1962; C. J. Mertens, Alidor, bon ami, mauvais amant, RhlF 1972.

Plainte contre inconnu, Drama in zwei Akten von Georges →Neveux, EA 1946, Urauff. 25. 12. 1946 Théâtre Gramont, Paris. N. konfrontiert e. Repräsentanten existentieller Selbstzufriedenheit mit e. Gruppe, die aus ihrem Agnostizismus heraus Klage gegen Unbekannt erheben u. damit die Weltordnung bloßstellen will. Im Glück – der Klavierlehrer, der das große Los gezogen hat – und im Leid – das Studentenpaar, das sich nach Jahren der Trennung fremd geworden ist – fragen sie nach der Ursache dieser Peripetien, für die das Individuum nicht verantwortl. ist (vgl. auch Salacrou). Während sie auf ihren planmäßigen Zweifel an der Notwendigkeit der Prüfungen e. Antwort erhalten u. in der Geburt e. Kindes ein Emblem der Neuordnung sehen, wird die Kompromißbereitschaft des Staatsanwalts, der ihre Klage zunächst als unangemessene Auflehnung zurückzuweisen versuchte, so tief erschüttert, daß er sich das Leben nimmt.

Les plaisirs et les jours, Erzählungen und Prosaskizzen von Marcel →Proust, entstanden 1891–95, EA 1896, Vorwort von Anatole France. Prousts Frühwerk enthält, bei aller Nähe zu A. France und Bourget, wie sie insbes. in der Darstellung der Liebe zutage tritt, bereits keimhaft Kennmotive u. Denkweisen des Zyklus →*A la recherche du temps perdu,* so die Stufenleiter von Halluzination, Traum, unbewußter und bewußter Erinnerung.

L. Du Maire, M. Prousts Novellen P. als Vorläufer s. Romans, Diss. Hamburg 1954; L. Fasciati, Gegenwart, Zukunft und Vergangenheit im Jugendwerk M. Prousts, ZfSL 1970.

Planchon, Roger, geb. 12. 9. 1931 Saint-Chamond/Loire, Dramatiker (*Ma remise,* 1964; *Bleu, blanc, rouge ou les libertins,* 1967; *Dans le vent ... grr!* 1968; *L'infâme,* 1969) und Regisseur (u. a. e. Bearbeitung des *Cid,* 1969), der im Raum Lyon (Villeurbanne) seit 1950 mod. Theater für die Massen inszeniert (u. a. Brecht, Adamov, Gatti). P., Marxist, ist e. der hervorragendsten Regisseure s. Generation. 1972, nach Auflösung des →Théâtre nationale populaire, wurde er mit der Leitung e. nationalen Volksbühne beauftragt.

Y. Daoust, P., director and playwright, Cambridge 1981.

Le planétarium (1959), Roman von Nathalie →Sarraute. Alain Guimiez, e. junger Schriftsteller, bemüht sich um die Gunst von Germaine Lemaire, e. bekannten Autorin; er u. s. Frau Gisèle versuchen, ihrer reichen Tante Berthe die geräumige Wohnung mit der passenden Möblierung abzujagen, um im mondänen Rahmen Freunde empfangen zu können. In Selbstgesprächen u. Dialogen, die banale Motive, wie die Vorliebe Alains für Karottensalat, im Frage-Antwort- u. Andeutungsspiel variieren, werden soziale Konstellationen arrangiert; die Helden haben keine Geschichte, der Roman entwickelt sich ohne kohärenten Geschehnisablauf in e. Reihe psych. Mechanismen, die aus keinem Charakterkern herzuleiten sind. Der Leser muß sich die jeweilige Bewußtseinsperspektive der Gestalten aneignen, um in stets von neuem korrigierten Bildern das Geschehen u. die Figuren zu identifizieren. Dies wird ihm dadurch erschwert, daß sich die handelnden, d.h. hier vor allem sprechenden Personen selbst distanziert charakterisieren u. durch Fremdcharakteristik in e. ganz anderes Licht gerückt werden können.

E. Leube, Aspekte der lit. Tradition im Nouveau Roman. N. Sarraute u. P. (Interpretation u. Vergleich. Festschrift für W. Pabst), 1972.

Planh, provenzal. Klagegedicht (= franz. →Complainte), Spielart des →Sirventes, in ca. 40 Texten der Trobadors überliefert. Der P. kann sich auf Liebestrauer wie auf staatl. Katastrophen beziehen (Gaucelm Faidit, Bertran de Born, Sordel).

La Pléiade, 1931 gegr. Reihe im Programm des Verlags Gallimard, inzwischen über 300 Titel (Bibel bis Yourcenar), oft Gesamtwerke als kommentierte oder krA. Gelegentl. schließt der Verlag Kompromisse mit der Marktsituation (z.B. die 12bdge. Ausgabe der *Comédie humaine*).

Pléiade, Siebengestirn, Bezeichnung der bedeutendsten Dichterschule der franz. Renaissance, in Erinnerung an e. Gruppe alexandrin. Trag.autoren (3. Jh. v. Chr.). Die P., entstanden durch Verschmelzung lit. Zirkel am Collège Boncourt u. Coqueret, löste die →Rhétoriqueurs u. →Marotiques ab. Ronsard, der 1552 versch. Gesinnungsgenossen noch ›Brigade‹ nannte (Gedicht *Folatrissime voyage*), beschränkte im August 1553 ihre Zahl auf sechs (→Du Bellay, →Tyard, →Baïf, →Des Autelz, →Jodelle, →La Péruse); 1555 *(Hymne de Henri II)* wechselte die Gruppierung: Du Bellay, Jodelle, Baïf, →Peletier du Mans, Belleau, Tyard. 1556 gebrauchte Ronsard erstmals die Bezeichnung P., die der Humanist Muret 1553 aufgebracht hatte, 1563 wiederholte er sie. 1582 tritt Dorat an die Stelle von Peletier du Mans. Gemeinsam ist den P.dichtern die Bewunderung für die als modellhaft empfundene antike u. ital. Poesie, die idealist. Konzeption der Inspiration sowie der Verewigung flüchtiger Lebenspraxis durch die ästhet. Leistung. Als Theoretiker setzte Du Bellay Maßstäbe, während Ronsards Stoffwahl u. Ausformung für vorbildl. galten. Bewunderer u. Epigonen der P. sind u.a. Binet, Denisot, Espinay, Héroët, Le

Caron, Magny, Papillon, Paschal, Sainte-Marthe, Tahureau.

H. Chamard, Histoire de la P., IV 1939–40; D. Ungerer, Das Dichterideal der P., Diss. Tübingen 1960; G. Castor, P. poetics. A study in 16th century thought and terminology, Cambridge 1964; Lumières de la P., 1966; H. W. Wittschier, Die Lyrik der P., 1971; G. Demerson, La mythologie classique dans l'œuvre lyrique de la P., Genf 1972; I. B. Wipper, La poésie de la P., Moskau 1976; Y. Bellenger, P., 1978; La notion de genre à la Renaissance. Sous la direction de G. Demerson, Genf 1984.

Les Pléiades, Roman von Joseph-Arthur de →Gobineau, EA 1874. Der Autor des →*Essai sur l'inégalité des races humaines* setzt s. Rassenmythologie in Fiktion um. Distinguierte Europäer entdecken sich als ebenbürtige Nachkommen german. Völker; noch als Spätgeborene verkörpern sie inmitten der Masse der Bastarde ein edles Daseinsprinzip. Das Pathos des Thesenromans verflacht, als im Verlauf der Geschichte das Schicksal der Kg.skinder mit Liebesintrigen e. rechtsrhein. Duodezfürstentums verflochten wird.

M. Riffaterre, Style des P. de Gobineau, New York 1957.

Plisnier, Charles, 13. 12. 1896 Ghlin-les-Mons – 12. 7. 1952 Brüssel, Rechtsanwalt, Parteikommunist seit 1919, Gründer des Wochenblatts *Le Communisme,* aktive Teilnahme an innenpolit. Auseinandersetzungen in Dtl. u. auf dem Balkan, 1928 als Trotzkist aus der Partei ausgeschlossen, 1939 Konversion zum Katholizismus. Kämpfernatur wie Léon Bloy oder Bernanos, in der frühen Lyrik Revolte gegen bürgerl. Normen (*Voix entendues,* 1913; *L'enfant qui fut déçu,* 1913; *La guerre des hommes,* 1920; *Ève au sept visages,* 1920; *Élégies sans les anges,* 1922; *Prière aux mains coupées,* 1931; *Déluge,* 1933; *L'enfant aux stigmates,* 1933; *Ode pour retrouver les hommes,* 1934; *Sacre,* 1938; *Ave génitrix,* 1943; [2]1963; Anthologie *Brûler vif,* 1958). Der Autor von Gesellschaftsromanen, die sowohl die Welt der Hochfinanz wie diejenige der Bergarbeiter darstellen, wurde 1937 als erster Ausländer mit dem Prix Goncort (für die Novellen *Faux passeports*) ausgezeichnet. Vor allem in den Familienfresken *Mariages* (1936), *Meurtres* (V 1939–41) u. *Mères* (III 1946–49) demaskiert er die Weltsicht der Neureichen. Bei alledem sind s. Romane von mittelmäßiger lit. Qualität, die im späten Werk, *Beauté des laides* (1951), noch weiter absank (vgl. auch *Le roman,* Papiers d'un romancier, 1954). P. war seit 1937 Mitgl. der kgl. belg. Akademie. Postum erschien die Essayslg. *L'homme et les hommes* (1953).

P. Bay, P., 1952; R. Bodart, P., 1954; J. Roussel, La vie et l'œuvre ferventes de P., Rodez 1957.

Plume, Konfliktträger existentieller Depressionen in →*Un certain Plume* von Michaux.

La Plume, Lit.zs., gegr. von Léon Deschamps, erschien 15. 4. 1889–1904, stand den Symbolisten u. Décadents offen; veranstaltete zahlr. Sondernummern.

Poème, Poem, ep.-lyr. Gedicht meist philosoph. Thematik, kennzeichnend für Vignys Schaffen; als Gattung aus dem Kurzepos weiterentwickelt.

Poème en prose, lyr. Gedicht in nicht gebundener Form. Der Prozeß der ›déversification‹ setzte im 18. Jh. mit Prosaübertragungen horaz. Oden, Texten von Tasso, Geßner u. a. ein; erste Versuche im P. werden als Pseudoübs. vorgestellt, ihre maßgebende Inspiration erhielten sie von der Ballade (A. Bertrand, →*Gaspard de la nuit*). Die poet. Prosa von →Chateaubriand u. Lamennais *(Paroles d'un croyant)* fördert die Grenzverwischung zwischen Verinnerlichung u. Bericht. Dennoch bleibt die formale Innovation, die von den Romantikern zu erwarten war, gering. Nach Bertrand u. Alphonse Rabbe wäre der Niedergang der erst prototyp. ausgebildeten Gattung plausibel gewesen, da Hugo, Lamartine, Vigny u. Musset die Verspoesie neu belebten. Die Gesangssprache des an Vergleichen reichen →*Centaure* von Guérin erfüllte nicht die breiten Erwartungen des Leserpublikums, das zeitgenöss. Lyrik verlangte. Erst Baudelaires Bertrand-Rezeption u. der eigene Beitrag zur neuen poet. Gattung *(→Petits poèmes en prose)*, die zum genuinen Instrument s. krit. Lyrik geformt wird, verschafften dem Prosagedicht das Prestige, das Rimbaud, Mallarmé, Lautréamont, Char, Ponge, Michaux, Saint-John Perse zu Verfechtern der Ästhetik rhythm. Prosa machte. Unumstritten war die hybride Gattung bis ans Ende des 19. Jh. nie: Banvilles Poetik verweigert ihr die Anerkennung, Mallarmés Interesse am symphon. Prosagedicht verdrängte doch nicht den Willen, e. Lyriker der durchdachtesten festen Formen (Sonett, Terzine, Rondeau) zu werden. Das P. wird nur unvollkommen beschrieben, wenn die Typologie einzig an der Syntax als dem Träger des Rhythmus orientiert bleibt. Entscheidender sind Stilfiguren, welche die lyr. Verinnerlichung vollziehen, insbes. Metapher, Vergleich u. Apostrophe. Da das Prosagedicht in s. Anfängen gegen die normative Poetik geschrieben wurde, ist die Theorienkomponente, von der Wiederholung negativer, der Abgrenzung dienender Kategorien einmal abgesehen, in s. Geschichte minimal; aus der Entgrenzung entstanden, bleibt es stets offen zu jener Lyrik hin, die in ›vers libres‹ geschrieben wird.

F. Rauhut, Das franz. Prosagedicht, 1929; J. Simon, The prose poem. Cambridge/Mass. 1959; S. Bernard, Le p. de Baudelaire jusqu'à nos jours, 1959; M. Chapelain, Anthologie du p., 1959; M. A. Caws, The prose poem in France, 1983.

Poème moral, anonymes didakt. Gedicht, vor 1215 in Wallonien entstanden, konfrontiert das Leben des Moses u. der hlg. Thais mit dem zeitgenöss. Luxus der Klöster u. spricht mit Weltklugheit, ähnlich e. Miroir oder Ensenhamen, den Laien an.

Poèmes antiques, Gedichtszyklus von Charles-Marie-René →Leconte de Lisle, entstanden 1845–62, EA 1852, erweitert 1874. Der lit. Paganismus s. Freundes Louis →Ménard u. e. eigenständig entwickelte Affinität zum ind. Nihilismus inspirierten Leconte de Lisle nach der Enttäuschung s. republikan. Hoffnungen zu dieser gegenwartsflüchtigen Gedankendichtung, die dem Stilideal der ›impassibilité‹ entspricht. Vier größere ep. Texte *(Bhagavat, Hélène, Niobé* u. *Khirôn)* verdichten die Grundideen des Autors: erlösendes Eingehen in die Gottheit, zerstörer. Macht des Eros, Auflehnung gegen die Götter, überwirkl. Macht der Poesie. Anders als Hugo in der →*Légende des siècles* will Leconte de Lisle den Leser in antike Religionsauffassungen, die zu ihrer Zeit wahr waren, einführen. Das heitere Hellas – die meisten Gedichte gelten griech. Mythen – wird durch das Auftreten des ›elenden Galiläers‹ verdüstert; seit der Zeitenwende ist der ›Weg nach Paros‹ verschüttet *(Hypathie)*. Das verlorene Paradies der antiken

Schönheit kann im Gedicht evoziert und festgehalten werden. Lyrik setzt Bildung voraus, doch sie schenkt nicht Erlösung aus der unpoet. gewordenen Gegenwart. *Dies irae* bringt die resignierende Schlußgebärde; aus der Befleckung des Daseins führt allein der ›göttl. Tod, in den alles zur Auslöschung zurückkehrt‹, in die leere Idealität.

Poèmes saturniens, Gedichtslg. von Paul →Verlaine, entstanden seit 1860, EA 1866, enthält 40 frühe Gedichte, in denen der Autor, wiewohl noch dem Parnasse verpflichtet, bereits Zeugnis von s. Originalität ablegt. S. rhythm. Syntax überwindet die feierl. Strenge von Leconte de Lisle, der akust. Wert der Worte erhält, beispielhaft in der *Chanson d'automne,* e. lyr. Funktion. Frei von romant. Rhetorik, wie sie vor allem von V. Hugo gepflegt wurde, gestaltet Verlaine hochromant. Themen: Sterben der Natur *(Nevermore),* verlorene Liebe *(Après trois ans),* existentielle Verzweiflung.

Poésie pure, Dichtung, die sich selbst themat. wird; die Bezeichnung wurde bereits von Heredia in der Widmung der →*Trophées* gebraucht u. von Valéry diskutiert, der allerdings ›poésie absolue‹ vorzog.

H. Bremond, La p., 1926; A. J. Arnold, La querelle de la p., RhlF 1970.

Poésies, Lyrikslg. von Stéphane →Mallarmé, entstanden seit 1862, EA 1887, erweiterte Ausgabe 1899, gliedert sich in: *Premiers poèmes, Du Parnasse satyrique, Du Parnasse contemporain, Autres Poèmes,* (darunter *Hérodiade,* →*L'après-midi d'un faune, Prose pour Des Esseintes*), *Feuillets d'album, Chansons bas,* Sonette, *Hommages et Tombeaux* (darunter →*Le tombeau de Charles Baudelaire*). Mallarmé lebte in der – platonist. begründeten – Überzeugung von der Wesenlosigkeit des Dinglichen, wie Baudelaire u. Rimbaud litt er unter e. Entfremdung, die einzig in den hohen Ansprüchen e. Kunstgewissens überwunden wird. Dichten u. poetolog. Selbstverständigung werden ranggleich; der Lyriker verformt die Wirklichkeit u. beobachtet sich bei s. Operation. Indem er sich die Aufgabe der Schöpfungsdeutung u. der Metalinguistik stellt, begreift er sich als Orakelträger des Nichts, der weiß, daß er für solche Leser dunkel spricht, die s. Poesie mit e. Zeitung verwechseln (Äußerung von 1893). Auf Mallarmés Weg von der metaphys. Verneinung zur ästhet. Bejahung, der sich etwa zwischen Winter 1868 u. Sommer 1885 vollzog (im gleichen Zeitraum entstand e. Großteil der *P.*), verlor das Nichts s. deprimierende Wirkung; es offenbarte Mallarmé e. genuine Schönheit, der Bogen spannt sich von →*Brise marine* zu den Fächergedichten, an denen Hugo Friedrich die Entwicklung zur ›Dichtung der Negativitäten‹ nachweist. Der hermet. Stil sagt faktisch Abwesendes aus u. vergegenwärtigt das Negative bei gleichzeitiger Wahrung komplizierter metr. Formen; schon Baudelaire hatte auf diese Dialektik als Chance des dichter. Kalküls verwiesen.

J. Royère, La poésie de Mallarmé, 1920; A. Thibaudet, La poésie de St. Mallarmé [3]1930; E. Noulet, L'œuvre poétique de Mallarmé, 1940; G. Davies, Les tombeaux de Mallarmé, 1950; H. Friedrich, Die Struktur der mod. Lyrik, [2]1967.

Poètes maudits, geächtete Dichter, nach der Auffassung von Vigny (*Stello,* Erzählung des Docteur Noir) Gilbert, Chatterton u. A. Chénier. Verlaine rechnete 1884 in s. Artikelslg. *P.* dazu: Corbière, Rimbaud, Mallarmé, Desbordes-Valmore, Villiers de l'Isle-Adam u. sich selbst.

P. Seghers, P. d'aujourd'hui, 1972.

Poil de carotte, Roman von Jules →Renard, EA 1894, dramatisiert 1900; hg. P. Cogny, Rom 1959. Die Darstellung der Leiden des kleinen Lepic, der wegen s. Haarfarbe P. gerufen wird, soll den Leser desillusionieren, der noch an das Paradies der lit. verklärten, sanften Kindheit glaubt (vgl. den ersten Band von Vallès' Zyklus →*Jacques Vingtras*). Gegenüber der Rabenmutter rettet sich der Knabe in s. Unarten, um sich gegen die Umwelt durchzusetzen. Renard erzählt, wie Frustrationen u. Agressivität entstehen, daß Neurosen milieubedingt u. nicht Auswüchse e. individuellen moral. Anlage sind. P. lehnt sich auf, wo s. Schwester Ernestine zur strebsamen Denunziantin u. s. Bruder Félix zum schadenfrohen, angepaßten Lügner geworden sind (vgl. auch Larbaud, Alain-Fournier, Hellens).

F. Golfouse, P., 1976.

Poinsinet, Antoine Alexandre Henri, 11. 11. 1735 Fontainebleau – 7. 6. 1769 Córdoba, Dramatiker mit bes. Begabung zur Parodie (*Totinet,* 1753; *Gilles, garçon peintre z'amoureux-t-et rival,* 1758; *Le petit philosophe,* 1760).

Poiret, Pierre, 15. 4. 1646 Metz – 21. 5. 1719 Holland, protestant. Cartesianer, der später den Rationalismus zugunsten e. Illuminatentums dt. (Jakob Böhme) u. span. Provenienz aufgab (*La théologie du cœur contenant le berger illuminé,* 1696).

Poissard, pöbelhaft, im Argot als Substantiv mit der Bedeutung ›Dieb‹; die Femininform bedeutete ›Fischweib‹, ›Marktweib‹. Im 17. u. 18. Jh. entstanden als Genre p. farcenhaftes u. burleskes Theater u. Satiren, u. a. gegen Mazarin. Fehlerhafter Gebrauch der Muttersprache, z. B. in ›j'avons‹, u. Rückgriff auf den Wortschatz der Händler in den Markthallen, der Lastenträger, Kneipenwirte u. Lohnkutscher bewirkt, auch als gezielte Parodie der preziösen Sprechweise, Defektenkomik im Revolutionsdrama (z. B. →Ducanel), in →*Ubu roi* von Jarry sowie im Erzählwerk von →Céline.

A. P. Moore, The genre p. and the French stage of the 18th century, New York 1935; P. Larthomas, Le théâtre en France au 18e siècle, 1980.

Polignac, Melchior de, 11. 10. 1661 Le Puy – 20. 11. 1741 Paris, 1704 Nachfolger Bossuets in der Ac. frçe., seit 1712 Botschafter, 1726 jedoch erst Erzbischof von Auch, Diplomat (Missionen bei der Kurie u. in Polen), Teilnahme an der Friedenskonferenz von Utrecht. Er verfaßte ein umfangreiches didakt. Gedicht, *Anti-Lucretius sive de deo et natura* (1745), Streitschrift gegen →Bayle; Bougainville übersetzte das Werk 1749 ins Franz., François-Joseph Bérardier de Bataot verfertigte 1786 e. Versübertragung.

P. Paul, Le cardinal de P., 1922.

Polo, Marco →*Le divisement dou monde de messer March Pol de Venece.*

Polyeucte martyr, trag. chrétienne von Pierre →Corneille, EA 1643, Urauff. im Winter 1641/42, möglicherweise im Hôtel de Bourgogne. Stoffl. in der Tradition des ma. Mirakels stehend, formal eindeutig als klass. Trag. gekennzeichnet, sublimiert dieses Märtyrerdrama (vgl. auch Rotrou, *Le véritable Saint-Genest*) e. Entwicklung, die um 1610 mit relig. Propagandastücken eingesetzt hatte u. in den 50er Jahren des 17. Jh. ausklingen wird. Corneille folgte e. Darstellung des dt. Historikers Surius sowie zwei erbaul. Geschichten des Bischofs Camus, *Agathophile* (1621) u. *Alexis* (1622). Der Bekennermut des Armeniers P., der röm. Opferbilder umstürzt, um das Martyrium zu erlangen, bewirkt die Bekehrung s. Frau Pauline, Tochter des Statthalters Félix, u. beeindruckt Sévère, den früheren Liebhaber der Pauline u. jetzigen Günstling des Kaisers Decius. Die weltl. Kontrahenten des Heiligen agieren von e. hohen eth. Standpunkt aus, vergeben sich also nichts, wenn P. in ihrer Wertschätzung steigt. Die Lesung der Trag. im Hôtel de Rambouillet weckte Befremden – die Zuhörer vermißten die tragende Frauenrolle. Dagegen war der Bühnenerfolg groß; aus der Perspektive der →Fronde konnte *P.* als Widerstandsdichtung aufgefaßt werden. Vor allem aber gewann der Widerstreit von weltl. u. himmelwärts gerichteter Liebe e. dramat. Funktion, da in Corneilles Werteskala das Irdische s. eigenen, wenn auch nachgeordneten Wert zugebilligt erhält. Dadurch wird die göttl. Berufung zum Problem; daß die Unbedingtheit des Glaubens gerade in der Form der Trag. gebrochen wird, bedeutet e. weitere Innovation.

W. Krauss, Das Ende des christl. Märtyrers in der klass. Trag. der Franzosen (Stud. u. Aufsätze), 1959; W. Blechmann, Göttl. u. menschl. Motivierung in Corneilles P., ZfSL 1965; H.-J. Neuschäfer, Corneille: P. (Das franz. Theater vom Barock bis zur Gegenwart Bd. 1, hg. J. v. Stackelberg), 1968.

Pomme ... Pomme ... Pomme ..., Prosakom. in zwei Akten von Jacques →Audiberti, EA 1962, Urauff. 7. 9. 1962 Théâtre La Bruyère, Paris. Der Gaukler Zozo wird mit s. Assistentin P. engagiert, um den verträumten Dadou, der Vévette liebt, nach dem Willen ihres Vaters in die Wirklichkeit zurückzuholen. Zum Verdruß s. Freundin äußert sich Dadous neugewonnene Lebenstüchtigkeit in der Gründung e. ›ménage à trois‹, in den die geheimnisvolle P. einbezogen wird. Die Fabel, die auf die Konstellation des Vaudevilles bezogen ist, wird bei Audiberti jedoch so gestaltet, daß der Spielcharakter vorrangig bleibt.

Pompadour, Jeanne Antoinette Poisson, marquise de P., 29. 12. 1721 Paris – 15. 4. 1764 Versailles, Mätresse Ludwigs XV. seit 1745, polit. einflußreich, unterstützte Literaten, u. a. Piron, u. schützte die Aufklärer. Sie unterhielt e. Privattheater für adlige Amateure. Diderot porträtierte sie als Mirzoza in den →*Bijoux indiscrets.* Ihre verschwender. Haltung wird durch die ihr zugeschriebene Maxime ›Après nous le déluge‹ treffend charakterisiert. Die *Mémoires* u. *Lettres,* die 1768 unter ihrem Namen erschienen, sind nicht authent., wohl dagegen die *Correspondance de Mme de P.* (hg. A. P. Malassis 1878).

N. Mitford, P., 1954; A. Thierry, La marquise de P., 1960; A. Leroy, Madame de P., 1964.

Ponchon, Raoul, 30. 12. 1848 Roche-sur-Yon – 2. 12. 1937 Paris, Lyriker u. Chansonnier (*La muse au cabaret,* 1920; *Fantaisies et moralités,* 1937; *La muse gaillarde,* 1937; *La muse vagabonde,* 1947; *Gazettes rimées,* 1947), der im Lied wie in den Versepisteln, die er wöchentl. für den *Courrier français* u. das *Journal* verfaßte, aktuelle Themen aufgriff u. mit banalen, gelegentl. aber auch mit ernsten Ereignissen s. Scherz trieb.

M. Coulon, P., 1927, ders., La muse de P., 1938.

Ponge, Francis, 27. 3. 1899 Montpellier – 6. 8. 1988 Bar-sur-Loup, protestant. Familie, glänzender Schüler, scheitert jedoch beim Concours d'entrée ENS. 1919 Mitglied der sozialist., 1937–47 der kommunist. Partei, 1942 Résistance. 1966 Visiting Professor Columbia Univ. N.Y. S. Bewunderung für Malherbe (*Pour un Malherbe,* 1965), Rameau, Braque, Cézanne u. Paulhan entsprang der Abneigung gegen Dichterpropheten, gegen jegl. lyr. Erguß u. alle symbolist. Tendenzen, die e. Metaphysik fingieren. P.s lyr. Strukturalismus erprobte in freien Versen u. Prosagedichten e. Universalismus, von dem Ghil u. Mallarmé einmal träumten. Die Bezeichnung ›deskriptive Dichtung‹ ist für P. nicht angebracht. Die Gliederung s. dichter. und dichtungstheoret. Schriften läßt in der Slg. *Le grand recueil* (III 1961) Systematik erkennen: *Lyres, Pièces, Méthodes* (vgl. auch *Le parti pris des choses précédé de Douze petits écrits et suivi de Proêmes,* 1966; *Le savon,* 1967; *Nouveau recueil,* 1967; *Nioque de l'avant-printemps,* 1983). Angelpunkt der dichter. Produktion ist die Auflehnung der Dinge gegen die sprachl. Bilder, die ihnen zugeordnet werden; gleich e. Tänzer dreht sich der Dichter um den gewählten Gegenstand (Sonne, Wolke, Tiere, Platane, Magnolie, Orange, Flieder als Leitmotive), erprobt u. korrigiert Vergleiche, verzerrt den opt. Eindruck, hält figurale Konstanten fest, um vom ›intentionalen Gegenstand‹ her das Bewußtsein des Beschauers zu zergliedern (*Réponse à une enquête radiophonique sur la diction poétique,* 1953; *Entretiens avec Ph. Sollers,* 1970). Erst seit den 50er Jahren vermehren sich die Metaphern in P.s Stil. Wiederholt sprach der Autor vom Dichter als dem Handwerker, der mit banalen Worten den Glauben an Ideen desillusioniert, den Kosmos erschließt u. die Dinge sprachl. heilen kann. Schulbildend wurde diese Ästhetik kaum, allenfalls Follain oder Guillevic konnten sich daran messen. Sartre setzte sich 1946 mit P.s Texten auseinander u. weckte das Interesse e. größeren Leserkreises, der P.s Gedichte in fast allen wichtigen Zss. Frkr.s finden konnte. Über ihre Einordnung besteht bei der Kritik höchste Unentschiedenheit, sie wurden mit allen gängigen Etiketten vom Existentialismus bis zum Realismus versehen. Gesichert scheint nur soviel, daß P. e. Gegenposition zur Ästhetik Bergsons einnimmt, da er die Bedeutung der Intuition leugnet u. statt dessen method. Konstruktion fordert, wobei Objekt- u. Metasprache kontaminiert werden (*La fabrique du pré,* 1971; *Pratique d'écriture,* 1984). Grand Prix National de Poésie 1982.

Hommage à P., NRF 45, 1956; Ph. Sollers (Hg.), P., 1963; E. Walther, P. E. ästhet. Analyse, 1965; J. Thibaudeau, P., 1967; I. Vohwinkel, P. Poesie u. Poetik, Diss. Freiburg 1967; H. Maldiney, Le legs des choses dans l'œuvre de P., Lausanne 1974; G. Butters, P., 1976; I. Higgins, P., London 1979; D. Bolte, P., 1989.

Ponsard, François, 1. 6. 1814 Vienne/Isère – 7. 7. 1876 Paris, Advokat, 1843 gelangte er durch →*Lucrèce* zu Ruhm, während s. späteren Dramen kaum Beachtung fanden (*Agnès de Méranie,* 1847; *Charlotte Corday,* 1850; *Horace et Lydie,* 1850; *Ulysse,* 1852; *L'honneur et l'argent,* 1853; *La bourse,* 1856; *Le lion amoureux,* 1866; *Galilée,* 1867; *Œuvres complètes,* III 1866 f.). P. for-

mulierte s. antiromant. Intentionen 1847 als ›souveraineté du bon sens‹ für Sinn u. Form der Stücke, die e. bürgerl. Publikum den Wert der Ordnung im Leben wie in der Kunst vorführen. Die Gesellschaft integriert das Individuum, die Familie das Abenteuertum, die Ehe die Leidenschaft.

C. Latreille, La fin du théâtre romantique et P., 1900; H. Schrenker, P. als Dramatiker u. Lyriker, Diss. Erlangen 1913; J. Vier, La comtesse d'Agoult et P. d'après une correspondance inédite, 1960; S. Himmelsbach, Un fidèle reflet de son époque. Le théâtre de P., 1980.

Ponson du Terrail, Pierre-Alexis, vicomte de, 8. 7. 1829 Montmaur – 20. 6. 1871 Bordeaux, Autor handlungsreicher Fortsetzungsromane mit geschichtl. Kolorit, schrieb oft an mehreren Werken gleichzeitig u. beging wiederholt grobe Schnitzer (Anachronismen, fakt. unmögl. Ereignisse s. Figuren, die er bereits hatte sterben lassen, etc.), ohne dadurch s. Leserkreis zu verärgern, der noch nach 1871 zwanzig postume Werke aufnahm (u. a. *Les escholiers de Paris; La jeunesse du roi Henri; Les coulisses du monde,* 1853; *Les exploits de Rocambole,* 1859; *Les chevaliers du clair de lune,* VIII 1860; *Le forgeron de la cour-dieu,* 1869).

K.-F. Walter, P., 1986.

Pont-Alais, Jean de l'Espine du, Dichter unbekannter Herkunft, 16. Jh., war Prince des sots bei den Pariser Enfants sans souci, als Pierre →Gringoire die Rolle der Mère sotte bekleidete; Autor von Farcen u. satir. Gedichten, *Contredits,* die er unter dem Pseudonym Songecreux veröffentlichte.

Le pont Mirabeau, Gedicht von Guillaume →Apollinaire, ED *Soirées de Paris* 1. 2. 1912, EA in *Alcools* 1913, durch den Refrain stark liedhafter Text, Klage über die Vergänglichkeit der Liebe, die der Autor mit Marie Laurencin erlebt hat. Apollinaires berühmtestes Gedicht ist untyp. für s. Leistung als Anreger e. stark dissonant. mod. Lyrik.

Populisme, lit. Bewegung, die im Anschluß an die russ. Narodniki in der Arbeiterklasse u. ihren Konflikten den vorrangigen Stoff, bes. für den Roman, sieht (Léon Lemonnier, *Manifeste du p.,* 1929). Den Beweis des Theorems, daß der Roman geschaffen wird, um e. konkretes Bild der Existenz vorzustellen, nicht um alle Fragen, die das Leben aufwirft, zu lösen, fand Lemonnier eher bei Maupassant als bei Zola, dessen Determinismus er als e. Irrweg wertete. Vorgänger des P. waren die Autoren pikaresker Romane, namentl. Lesage. P. ist für Lemonnier die Antithese zum mod. Snobismus in der Lit., er reagiert gegen esoter. Stil u. den Vorrang des Ausdrucks vor der Thematik in der Dichtung. Zu Verfechtern des P. wurden →Thérive, den Lemonnier bereits bewundernd zitiert, Jean →Prévost, →Dabit, →Poulaille. Der P. ist keine lit. Schule, vielmehr der Versuch, einige Autoren auf e. gemeinsame Thematik u. Mimesiskonzeption zu einigen – nach marxist. Auffassung ein neuer Exotismus, der bürgerl. Leser beruhigen soll, indem er ihnen die Überzeugung vermittelt, daß der Proletarier auch e. Mensch ist, für den sie, da er im Elend dargestellt wird, Mitgefühl aufbringen müssen. Der P. stellte zumindest im theoret. Ansatz e. Alternative dar zum Bemühen der Bourgeoise, dem Proletariat als Konsumliteratur Kriminalromane, sentimentale Erzählungen u. Abenteuergeschichten aus den Kolonien vorzusetzen. Seit 1931 wird ein Prix po-

puliste vergeben, u.a. erhielt ihn Christiane Rochefort (1961).

Poquelin →Molière.

Porché, François, 21. 11. 1877 Cognac – 20.4. 1944 Vichy, Rechtsanwalt, symbolist. Lyriker (*Au loin ... peut-être,* 1909; *Humus et poussière,* 1911; *Sonates,* 1923) u. Autor hist. Versdramen (*Les butors et la Finette,* 1918; *La jeune fille aux joues roses,* 1919; *Le chevalier de Colomb,* 1922; Prosaschauspiele: *Le tsar Lénine,* 1932; *La race errante,* 1932; *Un roi, deux dames et un valet,* 1939; *Le lever du soleil,* 1947). P. verfaßte eine Biographie Verlaines (1933) u. Porträts von Tolstoj (1935) sowie Baudelaire (1945), außerdem Essays über Péguy.

Porée, Charles, 14. 9. 1676 Vendes bei Caen – 11. 1. 1742 Paris, Jesuit, am Lycée Louis-le-Grand Lehrer von Diderot, Malesherbes u. Voltaire, der ihm die Trag. *Œdipe* u. *Mérope* widmete; P. schrieb aus didakt. Anlaß lat. u. franz. Stücke für s. Schüler, z.B. e. lat. Trag. *Brutus* (Urauff. 1. 8. 1708; vgl. auch Voltaires Stoffbearbeitung) u. 1736 e. Romandiatribe.

J. de la Servière, Un professeur d'ancien régime, P., 1899; P. Delattre, Les établissements des jésuites en France, V 1949–57.

La porte étroite, Erzählung von André →Gide, entstanden seit 1894 unter wechselnden Titeln (*Essai de bien mourir,* 1891; *La mort de Mlle Claire,* 1894; *La route étroite*), ED *NRF* Februar – April 1909, EA 1909. Der Tod Anna Shackletons (gest. 1887), e. Freundin s. Mutter, die die Erfüllung ihres weltabgewandten Daseins von Gott erhoffte, bewog Gide, das bibl. Symbol vom schmalen Weg u. der ›engen Pforte‹ als Leitbild e. fragwürdigen, weil die Vergeblichkeit implizierenden Ethik zu entlarven u. dadurch s. eigene puritan. Erziehung zu bewältigen. Wenn Alissa aus relig. Motiven zugunsten ihrer Schwester Juliette auf Jérôme verzichtet, ist ihre Tat e. Akt von ›héroïsme gratuit‹, wie sich zeigt, als Juliette die Geste nicht honoriert u. e. anderen heiratet: Alissa ändert ihren weltflüchtigen Entschluß nicht mehr. Sie stirbt schließl. einsam u. gottverlassen. Die Echostruktur des Werkes – der Erzählung aus der Perspektive Jérômes stehen Alissas Tagebuchaufzeichnungen gegenüber – ermöglicht es dem Autor zu verdeutlichen, daß der junge Mann die Psyche s. Freundin nicht begriffen hat, ferner, daß Alissa mit sich selbst im Widerstreit liegt: daß sie Stolz meint, wenn sie Demut sagt, daß sie nach myst. Verzückung sucht u. doch gehemmt bleibt.

P. Trahard, P. d'A. Gide, 1968.

Porto-Riche, Georges de, 20. 5. 1849 Bordeaux – 5. 9. 1930 Paris, ital. Herkunft, naturalisierter Franzose seit 1892; 1923 Mitgl. der Ac. frçe. Durch s. Freundschaft mit Maupassant wurde P. darin bestärkt, sich vom romant. Geschichtsdrama (*Un drame sous Philippe II,* 1878) abzuwenden; Antoine brachte nach einigem Zögern am Théâtre-Libre *La chance de Françoise* (Urauff. 11. 12. 1888) heraus. Drei Jahre später wurde *L'amoureuse,* mit der Réjane am Odéon aufgeführt, zum großen Erfolg der Saison u. leitete e. neue Phase der Seelenzergliederung auf der Bühne ein. Fast sadist. Vergnügen der Liebenden, sich zu quälen, das Porto-Riche als Thema entdeckte, ein Bild der Liebe als physiolog. bedingter Vitalfunktion, wobei die Frau häufig das Opfer polygam veranlagter Partner wird (*Le passé,* 1897; *Le vieil homme,* 1911; *Le marchand d'estampes,* 1917), eine aus Wehmut u. Brutalität gemischte ›anatomie sentimentale‹ sind Charakteristika s. Dramen, die es verbieten, P. einen neuen Racine zu nennen. Das Crescendo u. Ritardando s. Dialoge sowie die Durchleuchtung der zwiespältigen männl. Charaktere, welche in der Liebe Badinage suchen u. aus Schwäche Katastrophen der Eifersucht nicht aufhalten können, setzen die Errungenschaften von Marivaux und Musset voraus (*Théâtre complet*, II 1925–26, *Théâtre d'amour*, IV 1926–28).

E. Sée, P., 1932; H. Brugmans, P., sa vie, son œuvre, Genf 1934; W. Müller, P. 1849–1930. L'homme, le poète, le dramaturge, 1934.

Port-Royal, Zisterzienserinnenabtei bei Chevreuse/Seine-et-Oise, 1204 gegr., von der jungen Äbtissin Angélique Arnauld (1591–1661), die 1602 die Leitung übernommen hatte, im Geist des François de Sales reformiert. Auf Anraten des nächsten Beraters, des Bischofs Sébastien Zamet von Langres, gründete die Kongregation 1625 e. Niederlassung im Pariser Faubourg St-Jacques, P. de Paris. Zamet empfahl auch Jean Duvergier de Hauranne, den Abt von St-Cyran-en-Brenne/Touraine als Prediger; dieser war seit längerem mit dem fläm. Bischof Cornelius Jansen (1585–1638), dem Begründer des Jansenismus, befreundet. Das Hauptwerk des Jansen, *Augustinus* (1640), erschien 1641 in e. Neuausgabe in Paris. Das Schicksal von P. war seit dem Anfang der 40er Jahre eng mit dem der Familie →Arnauld verbunden. Gegen Ende der →Fronde äußerte Mazarin die Überzeugung, daß die Parteigänger der Arnaulds Anhänger des Kardinals von Retz u. Gegner des Absolutismus seien. Rom griff wiederholt (1642, 1653, 1656) in die theolog. Auseinandersetzungen ein u. stärkte die Position der Antijansenisten, namentl. der Jesuiten. Auf dem Höhepunkt der Krise, 1655, trat →Pascal in den Kreis von P. ein (→Nicole), 1655–58 wurde Jean →Racine hier ausgebildet. Zu Beginn des 18. Jh. hob Ludwig XIV. P. als Zentrum des Jansenismus auf u. ließ die Gebäude schließl. 1710–12 zerstören. Mathieu Feydeau (1616–1694) schrieb um 1680 die *Vies intéressantes des religieuses de P.*, Nicolas Fontaine (1625–1709) am Ende des Jh. die *Mémoires pour servir à l'histoire de P.* (postum 1736). 1837/38 hielt Sainte-Beuve in Lausanne e. Vorlesung über P., die er zur maßgebenden *Histoire de P.* (V 1840, ³1867) erweiterte. Montherlant dramatisierte e. Episode von 1664 (Einakter →*Port-Royal*).

H. Bremond, Histoire littéraire du sentiment religieux en France, IV 1920; J. Laporte, La doctrine de P., 1923; A. Hallays, Les solitaires des P., 1927; L. Cognet, La réforme de P., 1950; ders., La mère Angélique et son temps, II 1950–52; J. Orcibal, P. entre le miracle et l'obéissance, 1957; M. Catel (Hg.), Les écrivains de P., 1962; R. Taveneaux, Jansénisme et politique, 1965; A. Adam, Du mysticisme à la révolte, Les jansénistes du XVIIe siècle, 1968.

Port-Royal, Einakter von Henry de →Montherlant, entstanden 1940–42, 1953, EA 1954, Urauff. 8. 12. 1954 Com. frçe., krit. Ausgabe R. Griffiths 1976. Der Dramatiker bezeichnet *P.* als Abschluß der ›kathol. Trilogie‹, zu der er →*Le maître de Santiago* u. →*La ville dont le prince est un enfant* rechnet. Die Nonnen des angesehenen Klosters P. weigerten sich 1664, fünf jansenist. Thesen zu widerrufen. Die zwangsläufig daraus resultierende Auseinandersetzung der Ordensgemeinschaft mit dem Erzbischof von Paris ist bei Montherlant so angelegt, daß Schwester Angélique de Saint-Jean die Rolle der Antigone, Monsignore de Beaumont de

Péréfixe diejenige Kreons übernimmt. Dabei war der stat. Charakter des Konflikts beabsichtigt u. sollte nach der Intention des Autors den Geist der antiken Trag. evozieren. Darum konzentriert er die Ereignisse e. Woche auf 24 Stunden; Freiheiten gegenüber der Geschichte erlaubte sich Montherlant, als er 1953 die Frühfassung überarbeitete. Der pathet. Charakter von Schwester Angélique ermöglichte es ihm, die Glaubenskrise, die sie in Wirklichkeit erst viel später durchgemacht hat, in das Jahr 1664 zu verlegen. Sie, die selbst unter Zweifeln leidet, bestärkt die Nonnen im Glauben u. im Widerstand gegen die Feinde des Jansenismus. Das Eingreifen e. Polizeitruppe kann sie freil. nicht verhindern. Schwester Flavie, die nach der Macht im Kloster strebt, hat dem Erzbischof zwölf Namen genannt; diese Nonnen werden Jesuiten, den entschlossensten Gegnern von P., übergeben.

B. Mondini, Du côté de P., 1962; F. Schalk, H. de Montherlant, P. (Das mod. franz. Drama, hg. W. Pabst), 1971.

Poulaille, Henri, 5. 12. 1896 Paris – 2. 4. 1980 ebda., aus e. Arbeiterfamilie, schloß sich als Schriftsteller dem →Populisme an. In der theoret. Schrift *Nouvel âge littéraire* (1930) begründete P. den sozialkrit. Realismus s. Romane; er versuchte, e. spezif. Proletarierroman zu schaffen. Unter dem Eindruck von C.-F. Ramuz schrieb er 1925 den Kriegsroman *Ils étaient quatre,* um dann in der Tetralogie →*Le pain quotidien, Les damnés de la terre, Pain de soldat* u. *Les rescapés* (1934–38) die Kämpfe der Gruben- u. Bauarbeiter um gesicherte Arbeitsplätze u. angemessene Löhne pathet. darzustellen. *Le pain quotidien* war J. Dos Passos gewidmet, dessen simultaner Romantechnik P. Anregungen verdankte. Kommunisten wie Paul Nizan warfen P. in den 30er Jahren vor, anstatt mit s. Lit. e. revolutionäres Bewußtsein zu schaffen, beschreibe er die Welt des Proletariats aus humanist. Perspektive u. nehme e. Haltung vorweg, die für die Masse des Volkes erst nach der sozioökonom. Umwälzung in Aussicht gestellt werden könnte. P., der auch Kinderbücher verfaßte, veröffentlichte zuletzt *Ahasvérus dans l'anonymat glorieux* (1973), *Seul dans la vie à quatorze ans* (1980).

M. Ragon, Les écrivains du peuple, 1947; H. Chambert-Loir, P. et son œuvre, Études de lettres 1971.

Une poule au pot, Heinrich IV. soll versprochen haben, ›wenn Gott mir dazu Zeit schenkt, werde ich Sorge tragen, daß jeder Bauer in meinem Reich ein Huhn im Topf haben kann‹. Ob dies, wie gewöhnl. zit. wird, nur für den Sonntagstisch gelten soll, ist nicht verbürgt. Beim Regierungsantritt Ludwigs XVI. sang das Volk: ›La poule au pot/Depuis longtemps était promise,/La poule au pot/Attendait dès longtemps Turgot.‹

M. Reinhard, La légende de Henri IV, 1935.

Poulet, Georges, 29. 11. 1902 Chênée/Belgien – 31. 12. 1991, Stud. Rechtswiss. u. Philos. Lüttich, 1927–51 Lektor Univ. Edinburgh, 1952–57 Lit.prof. John Hopkins University in Baltimore, danach Zürich u. Nizza, phänomenolog. Methode deckt das jeweilige metaphys. Selbstverständnis der Epochen auf. Dichtung bedeutet für P. die Wirklichkeit e. individuellen Denkens; nur die Subjektivität des Lesers kann e. anderen Subjektivität, derjenigen des Dichters, auf die Spur kommen. Die Seinsweise e.

Werkes wird mißdeutet, wenn es als Glied in e. Kette der Ideengeschichte begriffen wird. P. führt in s. Untersuchungen, die dem Zeit- u. Raumerlebnis gewidmet sind (*Études sur le temps humain,* IV 1949 ff., *La distance intérieure,* 1952; *Les métamorphoses du cercle,* 1961; *L'espace proustien,* 1963), Forschungsergebnisse von Albert Béguin fort; von der anfängl. Ablehnung des Epochebegriffs entfernte er sich, als er zu erkennen glaubte, daß die individuellen Welten der Autoren, namentl. der Romantiker, mit e. universalen Zeitgeist kommunizieren. P. schrieb ferner über Constant (1968) u. Baudelaire (1969; *La poésie éclatée,* 1980; *La pensée indéterminée.* De la Renaissance au Romantisme, 1985).

R. Wellek, Grundbegriffe der Lit.kritik, 1965; L. Pollmann, Lit.wiss. u. Methode, Bd. 2, 1971; D. Fricke, P., in: W.-D. Lange (Hg.), Franz. Lit.Kritik der Gegenwart, 1975.

Le Pour et Contre, Zs. des Abbé →Prévost, deren Hg. u. einziger Autor er 1733–40 war. Er gestaltete das Wochenblatt vor allem nach dem Vorbild des *Spectator* von Addison. Es sollte über den Stand der Künste u. Wissenschaften berichten; vor allem vermittelte es Kenntnisse engl. Lit. u. Geistigkeit an Frkr. (vgl. auch Voltaire u. Montesquieu) u. propagierte das Bild des empfindsamen Menschen. Prévost leitete die sentimentale Revolution, die der polit. voranging, ein, wenn er die Reichen u. Mächtigen in der Mehrzahl als gefühllos anprangerte. Gerade der Vorwurf der seel. Härte ist e. wirksame Waffe im Arsenal der Lit. des 18. Jh.

K. Hoppmann, Die moral. Wochenschrift P. von Abbé Prévost unter bes. Berücksichtigung von Prévosts lit. Kritik, Diss. Bonn 1923; H. Mattauch, Die lit. Kritik der frühen franz. Zss. (1665–1748), 1968.

Le pour et le contre (1722), Lehrgedicht von →Voltaire, Diskussion der christl. Doktrin aus der Sicht des Deismus.

Pour Lucrèce, Prosatrag. in drei Akten von Jean →Giraudoux, EA 1939, Urauff. 4. 11. 1953 Théâtre Marigny, Paris. In Giraudoux' letztem Schauspiel, das er nach der Lucretia-Episode bei Livius gestaltet hat, kulminiert die moral. Hybris der Frauenfiguren s. Bühnenwerks. Lucile Blanchard, verheiratet mit e. Procureur impérial in Aix-en-Provence, wird um 1868 durch e. Intrige ihrer sittenlosen Freundin Paola das Opfer ihres eigenen strengen Tugendideals, durch das sich ihre Umwelt irritiert fühlte. Lucile soll während e. Ohnmacht von e. Fremden berührt worden sein. Der vermeintl. Verführer, e. Graf, wird im Zweikampf von Paolas Mann getötet. Jetzt erst enthüllt sich Lucile die Täuschung, doch lehnt sie es ab, vor allem seit sie bei diesem Anlaß den Egoismus ihres Mannes durchschaut hat, sich mit ihrem Milieu zu arrangieren. Der Widerspruch zwischen der Fehlbarkeit im Bereich des menschl. Zusammenlebens u. Luciles eth. Voluntarismus, der Unfehlbarkeit voraussetzt, ist unüberbrückbar. Die Protagonistin wählt in ihrem Hochmut den Tod. Zu ihrem Absolutheitsanspruch paßt die Haltung ihrer Kreise nicht mehr, die wohl eth. Wunschbilder tradieren, sich ihnen aber nicht rigoros unterwerfen wollen.

Pourrat, Henri, 7. 5. 1887 Ambert/Puy-de-Dôme – 12. 7. 1959 ebda., Autor folklorist. Romane, Erzählungen nach Geschichten aus der Auvergne, Auszeichnung mit dem Grand prix du roman de l'Ac. frçe. (1931) u. dem Prix Goncourt

(1941). Weniger darauf bedacht, innere Regungen s. Gestalten durch das naturhafte Milieu zu explizieren oder zu intensivieren (vgl. Bosco, Giono, Ramuz) feiert P. die Natur als myth. Urkraft; mit geheimnisvollen Tag- und Nachtbildern tritt sie in den Vordergrund des Geschehens (*Sur la colline ronde,* 1912, mit J. Angeli; *Les montagnards,* 1919; *Les vaillances, farces et gentillesses de Gaspard des montagnes,* IV 1922–31, s. bestes Werk; *Le meneur de loups,* 1930; *Les sorciers du canton,* 1933; *Monts et merveilles,* 1934; *Le secret des compagnons,* 1937; *L'homme à la bêche,* 1939–41; *Vent de mars,* 1941; *Le chemin des chèvres,* 1947; *Le trésor des contes,* XIII 1948–62; *Le chasseur de la nuit,* 1951; *Le temps qu'il fait,* 1960).

J. Tenant, Notre voisin P., 1937; G. Roger, Maîtres du roman de terroir, 1959.

Pourtalès, Guy de, 4. 8. 1881 Genf – 12. 6. 1941 Lausanne, Autor von Romanen, Erzählungen u. Musikerbiographien, entnahm s. Stoffe der Welt des Genfer Patriziertums (*La pêche miraculeuse,* 1937), wobei er Krisen stets als geistige Konflikte darstellte (*Marins d'eau douce,* 1919; *Les contes du milieu du monde,* 1941; *Saints de pierre,* 1941; *De Hamlet à Swann,* 1924; *Liszt,* 1925; *Chopin,* 1927; *Louis II de Bavière ou Hamlet-Roi,* 1928; *Nietzsche en Italie,* 1929; *Wagner,* 1932; *Berlioz et l'Europe romantique,* 1939).

Pour un réalisme socialiste (1935), Manifest von Louis →Aragon. Als kommunist. Intellektueller u. Schriftsteller verständigte sich Aragon seit der Gründung der Zs. *Commune* (1933) eingehend über s. Rolle. Entgegen den Intentionen s. surrealist. Freunde stellte er sich ganz auf den Boden der gesellschaftl. Praxis, zumal er bei Majakovskij gelernt hatte, daß das Sprachkunstwerk ›e. Waffe‹ sein kann. Optimist., ohne die Form-Inhalt-Dialektik genauer zu reflektieren, begreift Aragon den sozialist. Realismus (Begriff 1932, 1934 von Gorki propagiert), entsprechend dem Kenntnisstand dieser Frühphase der Diskussion, von der stoffl. Neuorientierung her. Er setzt einfach voraus, daß der Dichter durch s. Metier im Formulieren geschult sei u. daher über die Worte verfüge. Unter dieser Voraussetzung genügt Klassenbewußtsein u. die Beschäftigung mit der objektiven Realität, um Lit. wieder relevant zu machen. *P.* ist der erste franz. Beitrag zur Diskussion des sozialist. Realismus, die vom Moskauer Schriftstellerkongreß 1934 initiiert wurde; Aragon lieferte damit auch die begriffl. Begründung für s. Optimismus im Roman →*Les cloches de Bâle.* Bei der Revision des Romans *Les communistes (→Le monde réel)* definierte Aragon 1967 den sozialist. Realismus in Anlehnung an e. Begriff von Roger Garaudy, ›réalisme sans rivages‹, als das Gegenteil e. dogmat. u. eingeschränkten Stils. ›Un réalisme socialiste ne peut être un réalisme de routine. Il doit, comme le socialisme, avoir constamment le caractère expérimental, il doit être un art de perpétuel dépassement.‹ Er garantiere die Lit.revolution u. bewahre vor falschem Klassikerbewußtsein. So bleibt nach Aragons Auffassung die notwendige Verwissenschaftlichung der Dichtung, die stets nach Neuem sucht, gewährleistet. Die Prinzipien Entgrenzung u. Verfügbarkeit entwickeln im experimentellen, sozialist. Realismus die Kraft der Antizipation; da der Schriftsteller sich nicht mit der Feststellung u. Nomenklatur des Bestehenden begnügt, macht er sichtbar, was ohne ihn übersehen wird, erobert er, was der traditionellen Ästhetik als unzugängl. galt.

J. O. Fischer, La conception du réalisme chez. Aragon, Beiträge zur roman. Philologie 1965.

Pozzo, in →*En attendant Godot* von Beckett der Sklavenhalter von Lucky; in zweiten Akt kehrt er erblindet wieder.

Prades, Jean-Martin de, um 1720 Castel-Sarrasin – 1782 Glogau (Schlesien), aufgeklärter Theologe, der in s. Doktorthese die Auffassung vertrat, bibl. Wunder u. Heilungsberichte des Aeskulap seien parallele Ereignisse (1751); Anstoß erregte auch s. Artikel ›Certitude‹ für die *Encyclopédie.* Voltaire empfahl P. als Vorleser nach Berlin; Friedrich II. schrieb die Vorrede zu s. *Abrégé de l'histoire ecclésiastique* (1767). Dem Bischof von Breslau gelang die Wiedereingliederung des Häretikers in den dogmat. Raum.

R. Shackleton, The Encyclopédie and the clerics, Oxford 1970.

Pradon, Jacques, 20. oder 21.1. 1644 Rouen – 14.1. 1698 Paris, Trag.dichter (*Pyrame et Thisbé,* 1632; *Tamerlan,* 1676; *Troade,* 1679; *Régulus,* 1688; *Scipion l'africain,* 1697), der mit Racine wetteiferte u. als dessen Rivale von der Hzgin. von Bouillon u. dem Hzg. von Nevers protegiert wurde (*Hippolyte,* Urauff. 3.1. 1677, gegen →*Phèdre* gerichtet). Indem P. Phädra zur Verlobten des Theseus erklärt, entschärfte er den Konflikt u. zerstörte s. spezif. Pathos. Er polemisierte wiederholt gegen Boileau, der s. Mittelmäßigkeit erkannt hatte. Später nahm ihn La Grange-Chancel zum Vorbild.

T. W. Bossom, A rival of Racine: P., his life and dramatic works, 1923.

Prassinos, Gisèle, geb. 26.2. 1920 Konstantinopel, griech. Abstammung, als Lyrikerin von André Breton entdeckt (*La sauterelle arthritique,* 1935; *Quand le bruit travaille,* 1936; *La lutte double,* 1938; *Les mots endormis,* 1967; *Pour l'arrière-saison,* 1979), Prassinos schrieb seit 1958 auch Romane von teils psycholog. (*La voyageuse,* 1959; *Le cavalier,* 1961), teils phantast. Gehalt (*Le visage effleuré de peine,* 1964).

La précaution inutile ou le barbier de Séville, vieraktige Kom. von →Beaumarchais, entstanden 1772, EA 1775, Urauff. (die seit 1773 zweimal verschoben wurde) 23.2. 1775 Com. frçe.; hg. J. Dutourd 1970. Der alte Doktor Bartholo will s. reiches Mündel, Rosine, heiraten; er hält sie in s. Haus eingesperrt. Der junge Graf Almaviva hat das Mädchen in Madrid gesehen, er folgt ihr nach Sevilla, wo ihm der intrigante Barbier Figaro Zugang in Bartholos Wohnung verschafft. Der Notar, den sich der Doktor für s. eigene Eheschließung bestellt hat, vermählt das junge Paar. Beaumarchais hat s. Kom., mit der er an die ältere Lustspieltradition, vor allem der ital. Bühne, anknüpft, von vornherein als Opernlibretto konzipiert (Vertonung u.a. G. Rossini, 1816). Das harmlose Spiel um Alter und Jugend, Bigotterie und Lebenslust, Vermögen und intrigante Einfälle präludiert die Gesellschaftspolemik in →*La folle journée ou le mariage de Figaro* mit in dem späteren Stück wiederkehrenden Personen.

E.J. Arnold, Le barbier de Séville et la critique, FS 1962; R. Niklaus, Beaumarchais, Barbier de Séville, 1968.

Les précieuses ridicules, einaktige Prosakom. von →Molière, EA 1660, Urauff. 18.11. 1659 Palais

Royal; hg. M. Rat 1956. Molière setzte konventionelle Farcenmotive (Prügelszenen, Kauderwelsch, Verkleidungen) in satir. Absicht ein, um die im Kreis der Madeleine de Scudéry kultivierte falsche →Préciosité zu entlarven. Zwei Mädchen aus der Provinz, Cathos und Magdelon, weisen ihre Pariser Verehrer La Grange und Du Croisy ab, da sie ihnen nicht elegant und feinsinnig genug erscheinen. Die Verschmähten schicken ihre verkleideten Diener Mascarille (den Molière spielte) und Jodelet, als extravagante Adlige herausstaffiert, zu den Damen; ihre Karikatur der preziösen Mentalität u. Diktion wird von den beiden als Zeichen echter Bildung gewertet u. höchst beifällig aufgenommen. Am Ende des Racheakts werden äußere Statussymbole u. nachgeäffte Sprachklischees ironisiert u. gesunder Menschenverstand als Kriterium empfohlen. Die Herren prügeln in e. gestellten Szene die Lakaien von der Bühne und verschmähen ihrerseits die beiden Provinzgänse.

H. Weinrich, Zur Szene 9 der P., RF 1967.

Préciosité, Gekünsteltheit, soziale u. lit. Modeerscheinung von 1650 bis etwa 1660, in der Umgebung von Gaston d'Orléans aufgekommen, im Salon des →Hôtel de Rambouillet kultiviert. Der preziöse Frauentyp (Madeleine de → Scudéry) suchte e. Ausgleich zwischen Koketterie u. Prüderie. Die Verallgemeinerung des Begriffs nach 1650 implizierte weibl. Emanzipation, Ehefeindlichkeit, Ablehnung vulgärer wie naiver Empfindungen u. Mitteilungen, Hang zu raffinierter Eleganz (→Carte du Tendre; Charles Sorel, *Discours pour et contre l'amitié tendre hors le mariage;* Baudeau de Somaize, *Grand dictionnaire des précieuses,* 1660). Wenn man von einzelnen lächerl. Übertreibungen der Attitüden u. preziös-affektierten Diktion absieht, die Molière (→*Précieuses ridicules)* karikierte, leistete die P. als Weiterentwicklung der Galanterie ihren geschichtl. Beitrag zur Reinigung des Stils von ambivalenten wie archaischen u. pedant. Ausdrucksformen; sie unterstützte aber auch die Bemühungen um e. intellektualisierte Metaphorik u. förderte das Kurzgedicht (Porträt, Epigramm, Rondeau). Darin führte sie implizit →Malherbe fort. →Sarasin, →Pellisson u. →Ménage sind preziöse Lyriker. Über den Epochebegriff hinaus gilt P. bis Giraudoux als franz. Stilkonstante überhaupt (vgl. auch den Schlüsselroman *La prétieuse* von Michel de Pure).

Cl. E. Magny, Précieux Giraudoux, 1945; R. Bray, P. et les précieux de Thibaut de Champagne à Jean Giraudoux, 1948; G. Mongrédien, Les précieux et les précieuses, 1963; Y. Fukui, Raffinement précieux dans la poésie frçe. du 17e siècle, 1964; R. Lathuilière, P. Étude historique et linguistique, Genf 1966; L. Rosmarin, The précieux et epicureans as honnêtes gens, Yale 1967; A. Blanchard (Hg.), Trésor de la poésie baroque et précieuse 1550–1650, 1969; W. Zimmer, Die lit. Kritik am Preziösentum, 1978; R. Büff, Ruelle u. Realität, 1979; J.-M. Pelous, Amour précieux, amour galant (1654–75), 1980; E. Avigdor, Coquettes et précieuses, 1982; C. François, Précieuses et autres indociles, Birmingham 1987; Ch. Wentzlaff-Eggebert (Hg.), Le langage littéraire au XVIIe siècle, 1991.

Preciuse, das Schwert des →Baligant (*Chanson de Roland,* v. 3471, 3564).

Préface de Cromwell, romant. Manifest von Victor →Hugo, entstanden zwischen Ende September u. Dezember 1827, EA 1827 zusammen mit dem Lesedrama →*Cromwell*. Hugo sieht die Entwicklung der Menschheit u. die Geschichte der Lit. in Dreischritten: Primitive Ära / Lyrik, Buch Genesis, das Sublime – Antike Ära

/ Epos, Homer, das Schöne – Moderne Ära / Drama, Shakespeare, das Groteske verbindet sich mit dem Sublimen. Shakespeare schuf das Drama, das die von klass. Regeln geforderte Trennung von Trag. u. Kom. als lebensfremd erwies, es bezieht sich auf die Totalität der geschaffenen Welt. Wirkl. ist gerade das Unvereinbare, darum konnten die Stiltrennungskriterien nichts Authentisches hervorbringen. Das mod. Drama bietet keinen Ausschnitt aus e. Lebenspraxis, es wirkt wie e. ›miroir de concentration‹, der nicht das Schöne, sondern das Charakteristische wiedergibt. Charakterist. sind jedoch Dissonanzen zwischen der ›partie idéale‹ und der ›partie terrestre et positive‹. Hugo hält den kühnen Entwurf weder theoret. noch prakt. durch. Das Versdrama bleibt für ihn dem Prosatheater überlegen; es genügte, d. klass. Metrik von ihrer Strenge zu befreien. Möglicherweise diktierte e. Rivalitätshaltung gegenüber Stendhal (→*Racine et Shakespeare*) diese Apologie der gebundenen Rede, die mit der Wahrscheinlichkeitsforderung kollidiert. Wenn es Hugo, aber auch Vigny und Musset, die s. Programm nur bedingt folgten, nicht gelang, das Drama gegen den Roman durchzusetzen (vgl. gleichzeitig die Vorrede zu →*Cécile ou les passions* von Jouy) und erst Jarry u. Claudel s. Theorie zuendedenken u. in Bühnengeschehen transponieren, so ist dafür neben der Behinderung durch die Zensur der Restauration wie der Julimonarchie vor allem der Widerstreit von Theorie u. Praxis in den 20er u. 30er Jahren des 19. Jh. verantwortl. zu machen.

M. Treille, Le conflit dramatique en France de 1823 à 1830, 1929; J. Gaudon, Hugo dramaturge, 1955.

Préromantisme, Epochenbezeichnung, mit der vor allem die franz. Lit.wiss. die nationale Verwurzelung der Romantik nachzuweisen sucht. Demnach setzt der P. nach der Publikation der *Rêveries* u. *Confessions* von Rousseau ein; →Senancour gilt als beispielhafter Vorromantiker.

A. Monglond, Le préromantisme français, II [2]1965 f.

Prévert, Jacques, 4. 2. 1900 Neuilly – 11. 4. 1977 Omonville-la-Petite, Lyriker, Autor von Bilderbüchern, Collagen u. Drehbüchern (→*Les enfants du paradis, Les visiteurs du soir, Le jour se lève, Les portes de la nuit)*. P.s Bänkelsang reicht vom satir. Ton der sozialen Schmähung in *Tentation d'une description d'un dîner de têtes à Paris-France* (1931) über Blasphemien in *Paroles* (1946) zu anakreont. Versen in *Histoires* (1946), *La pluie et le beau temps* (1955) u. *Grand bal du printemps* (1976). Gemeinsame Stilmerkmale sind verschachtelnde Aufzählung, Anapher, Zeugma, flüssiger Kehrreim. Sicher liegt P.s Originalität nicht im Stofferfinden, er verwertet volkstüml. Klischees – die Liebe als e. Himmelsmacht, der Sänger in den Ketten der Liebe, Liebesnot, Tafelgenüsse, spießiger Patriotismus, klerikale Unmoral u. polit. Unterdrückung. Doch mit der Vehemenz s. asyndet. gereihten Kurzverse, mit s. witzigen Metaphorik, s. frivolen Wendungen verspottet u. überbietet er herkömml. Darbietungen (*Des bêtes,* 1950; *Spectacle,* 1951; *Fatras,* 1966; *Imaginaires,* 1970; *Choses et autres,* 1972, darin e. Huldigung an Angela Davis; *Arbres,* mit Radierungen von G. Ribemont-Dessaignes, 1976; postum *Soleil de nuit,* 1980, Texte 1936–77; *OC,* 1992 ff.).

J. Queval, P., 1955; G. Guillot, Les P., 1966; A.

H. Greet, P.'s word games, Berkeley/Los Angeles 1968; J. Sadeler, A travers P., 1975; V. Weber, Form u. Funktion von Sprachspielen, 1980; Sondernr. Europe Aug.–Sept. 1991; Album P., éd. A. Heinrich, 1992.

Prévost, Jean, 16. 6. 1901 Saint-Pierre-les-Nemours / Seine-et-Marne – 1. 7. 1944 als Résistancekämpfer im Vercors gefallen; anfangs als Essayist u. Romancier Verkünder e. virilen Sportethos, seit 1930 Annäherung an den →Populisme (Essays *Tentative de solitude,* 1925; *Plaisirs des sports,* 1926; *Brûleurs de la prière,* 1926; *Dix-huitième année,* 1929; *La terre est aux hommes,* 1936; *Apprendre seul,* 1939; *La création chez Stendhal,* 1942; *Baudelaire,* 1953; Romane *Les frères Bouquinquant,* 1930; *Rachel,* 1932; *Le sel sur la plaie,* 1934; *La chasse du matin,* 1937). S. Sohn Alain P. (1930–1971) schrieb unter dem Ps. Hugues Varnac Jugendbücher.

M. Bertrand, L'œuvre de P., Berkeley/Los Angeles 1968; O. Yelmik, P., 1979.

Prévost, Marcel, 1. 5. 1862 Paris – 8. 4. 1941 Vianne/Lot-et-Garonne, Ingenieur in der Tabakindustrie, Journalist beim *Figaro,* 1908 Mitgl. der Ac. frçe., Autor von Liebes- u. Gesellschaftsromanen, von denen bes. *Les demi-vierges* (1894) e. Skandalerfolg wurde. Später erschienen u. a. *Le jardin secret* (1897), *Les vierges fortes* (1900), *Léa* (1900), *L'heureux ménage* (1900), *La princesse d'Ermingue* (1905), *M. et Mme Moloch* (1906), *Les Don Juanes* (1922), *Sa maîtresse et moi* (1925), *L'homme vierge* (1929), *Marie-des-angoisses* (1932), *La mort des ormeaux* (1938). P. setzte sich vom Naturalismus ab und schrieb romaneske Geschichten, in denen sich unkomplizierte Gestalten dem Leben aus Sensationslust hingeben.

G. Jansen, Frauenpsychologie u. Frauenpädagogik bei P., Diss. Würzburg 1927; P. et ses contemporains, 1943.

Prévost d'Exiles, Antoine-François (gen. Abbé Prévost), 1. 4. 1697 Hesdin/Artois – 23. 11. 1763 Courteuil, aus bürgerl. Familie, 1713–1720 abwechselnd Novize bei den Jesuiten, Soldat und Benediktinermönch (Priesterweihe erst 1726), 1728 Flucht aus dem Kloster; da ihn der Orden mit e. Haftbefehl verfolgte, ging P. nach England u. Holland u. begann Romane zu schreiben, in denen er die Frage nach dem metaphys. Sinn der Leidenschaften stellt (*Mémoires et aventures d'un homme de qualité,* 7 Teile, 1728–31, enthält →*L'histoire du chevalier Des Grieux et de Manon Lescaut; Le philosophe anglais ou Histoire de M. Cleveland,* VII 1731–39; →*Histoire d'une grecque moderne*). Daneben gab er die Zs. →*Le Pour et Contre* heraus. P. erwirkte e. Amnestie, kehrte 1734 nach Frkr. zurück. Einige Monate der Buße verbrachte er in e. Kloster, dann wurde er Almosenier des Fürsten Conti. Umfangr. weitere Romane entstanden jetzt: →*Le doyen de Killerine, Campagnes philosophiques* (1741), *Le monde moral* (1760–64). P. übertrug *Clarissa* u. *Grandison* von Samuel Richardson ins Franz. u. vermittelte dem psycholog. Roman damit neue Maßstäbe, die von Voltaire u. Rousseau vorläufig bestritten, von Diderot jedoch anerkannt u. propagiert wurden. Bei der Übertragung strich P. Passagen, wie z. B. Reflexionen der Protagonisten, die er für irrelevant ansah, u. reduzierte den Textumfang wesentl. Die Helden s. eigenen Romane sind durch ihre Empfänglichkeit für Mitleid u. Nachsicht gegenüber den andern wie sich selbst gekennzeichnet. Da sie in ihrer Empfindsamkeit leicht zu treffen sind, sind sie auch rasch umzustimmen u. wirken dadurch sympath. auf ihre Umwelt wie auf den Leser. Vom sentimentalen engl. Roman unterscheidet sie wohl das Prinzip, daß Vernunft u. Gnade nicht restlos aufheben können, was Leidenschaft inspiriert hat. Liebe erleben die Romangestalten vorrangig als sinnl. Verbundenheit; gegenüber der Romanlit. des 17. Jh. ist dies e. wesentl. Akzentverlagerung. Individualität bestätigt sich nicht mehr in Erfolgserlebnissen, sondern im – meist unverschuldeten – Unglück. Dies verhindert, daß Personen von Rang durch rationale Bewältigung ihrer seel. Konflikte glücklicher werden als gemeine Leute (*Œuvres choisies,* LV 1811–16, *Œuvres,* texte établi par P. Berthiaume, J.Sgard, Ph. Stewart, V 1978–1981. Von P. ist kein Ms. erhalten).

J. Sgard, P. romancier, 1968; J. v. Stackelberg, Von Voltaire bis Rabelais, 1970; J. R. Monty, Les romans de l'abbé P., Genf 1970; R. Smernoff, P., Boston 1985; A. J. Singerman, P., Genf 1987; C. M. Lazzaro-Weis, Confused epiphanies. P. and the romance tradition, 1991.

Priesterroman, Darstellung, in deren Mittelpunkt Existenz u. berufsspezif. Konflikte e. Pfarrers stehen, vgl. u. a. Zola *(Lourdes, Rome, Paris),* F. Fabre, Bernanos, Mauriac, Queffélec.

P. Franche, Le prêtre dans le roman frç., 1902; J. L. Prévost, Le prêtre, ce héros de roman, 1953; E. Trautner, Das Bild des Priesters in der franz. Lit. des 19. u. 20. Jh., 1955.

Prince →Puy.

Prince des sots, stehende Figur der →Sottie.

La princesse de Clèves, Roman von Marie-Madeleine de →La Fayette, entstanden nach 1675, anonyme EA März 1678, hg. R. Guichemerre 1966. Segrais u. La Rouchefoucauld wurden zunächst als Autoren dieses psycholog. Romans vermutet, der e. Tradition, die bis ins 19. Jh. wirkte, einleitete. Angeregt durch die Neuerscheinung verschied. Geschichtswerke u. u. U. auch durch zeitgenöss. Romane (→Villedieu), wählte die Erzählerin die Epoche Heinrichs II. als Folie u. verlegte die Fabel in die Jahre 1558/59. Wenn der hist. verbürgte Rahmen auch auf e. zurückliegende Zeit verweist, so hat das Menschenbild des Romans doch s. Wurzeln in anthropolog. Auseinandersetzungen des 17. Jh. Die Titelheldin verliebt sich in den ritterl. Hzg. von Nemours u. erlebt zum erstenmal die Liebe, die sie ihrem Gatten nicht entgegenbringen kann. Obgleich sie in der Gesellschaft Nemours' Werben widersteht, empfindet sie für ihn wachsende Zuneigung, die sie vor ihrer Umgebung nur unvollkommen verbergen kann. Um ihre Sicherheit zurückzugewinnen, vertraut die Prinzessin ihren Konflikt dem Gatten an; beide ahnen nicht, daß der Hzg. diese Szene belauscht u. die Gewißheit, geliebt zu werden, andern anvertraut. Gerüchte entstehen, für die die Eheleute sich gegenseitig verantwortl. machen. Eifersüchtig glaubt der Prinz an e. heiml. Treffen des Liebespaars, er verwindet die psych. Belastung nicht und stirbt. Die Witwe fühlt sich jetzt keineswegs frei; zwar gesteht sie Nemours ihre Liebe, doch nur, um ihm gleichzeitig ihren unwiderrufl. Entschluß, ihn und die Gesellschaft für immer zu fliehen, mitzuteilen. Gegen e. Ehe mit dem Hzg. spricht außer ihrem Schuldkomplex der begründete Verdacht, ihr Geliebter könnte in s. alte Unbeständigkeit zurückfallen. Resigniert wählt die Protagonistin den Seelenfrieden der Abgeschiedenheit, um in dieser Situation ihrem Tod entgegenzusehen. Die Kunst der Zergliederung innerer Konflikte verrät die Schule der →Préciosité; der Leser hat, was die psycholog. Voraussetzungen ihres Verhaltens betrifft, e. Wissensvorsprung vor der Heldin. Den einzigen Ausweg vor drohender Unehrenhaftigkeit und dem Verlust ihres Ideals sieht sie in der Flucht vor dem Geliebten. Wie in der Trag. geht von derjenigen Person, zu der sie sich am heftigsten hingezogen fühlt, die größte Bedrohung aus. Sinnl. Liebe bedeutet gerade die Zerstörung des Liebesideals. Weder die Maskierung noch die Offenheit im Gespräch mit dem Gatten verbessern die Lage der Heldin. Daran zeigt sich, daß Mme de La Fayette keine Geschichte im Stil des heroisch-galanten Romans schreiben, vielmehr mögl. Modelle der *P.* mit deren spezif. Stofferwartung schlagen wollte. Die vier eingelegten Episoden haben teilweise kommentierende Funktion, sie wurden noch als Konzession an ältere Erzählformen verstanden. Die zeitgenöss. Leser beschäftigten sich vor allem mit der romantechn. u. psycholog. Funktion des ›aveu‹; das Geständnis sollte der Heldin die innere Ruhe bringen u. vergrößerte doch nur die Unruhe des Prinzen u. ihre eigene.

R. Burckart, Die Kunst des Maßes in Mme de Lafayettes P., Diss. Köln 1932; E. Köhler, Mme de Lafayettes P., 1959; D. Beyerle, P. als Roman des Verzichts, 1967; C. Delhez-Sarlett, P., roman ou nouvelle? RF 1968; J. Fabre, L'art de l'analyse dans P., Strasbourg 1970; J. v. Stackelberg, Von Rabelais bis Voltaire. Zur Gesch. des franz. Romans, 1970; J. de Bazin, Qui a écrit la P.? 1971; J. Raitt, Mme de Lafayette et la P., London 1971; M.-O. Sweetser, P. et son unité, PMLA, Mai 1972; B. R. Woshinsky, P., Den Haag 1973; S. W. Tiefenbrun, A structural stylistic analysis of P., Den Haag 1976; A. Niderst, P., [3]1977; G. Violato, La principessa giansenista, Rom 1981; M. Calle-Gruber, L'effet-fiction de l'illusion romanesque, 1989; J. Delacomptée, La P.: La mère et le courtisan, 1990.

Le printemps 71 (1961), Prosadrama in drei Akten von Arthur →Adamov. In der Dimension von Marionetten- u. Personenspiel, verbunden durch Überleitungen, die polit. Meldungen bringen, stellt Adamov die Tage der Pariser →Commune dar. Wie bei Brecht (1948/49) ist Gegenstand des Dramas der Klassenkampf, aber anders als bei diesem stehen im Mittelpunkt des Geschehens nicht die Anführer – sie werden als ›guignols‹ karikiert – sondern die Vielzahl der Begeisterten. Der Autor verzichtete auf Stilisierung ihrer Gruppenmerkmale u. schuf so, im Gegensatz zu Brecht, ein menschlicheres Stück. Adamov hatte Brecht vorgeworfen (*Ici et maintenant,* 1964), die *Tage der Commune* seien mißlungen, weil Brecht zugunsten des historisierenden Bildes die individuellen Konflikte vernachlässigt habe.

Prise d'Orange, heroisch-kom. Gedicht aus dem Stoffkreis des →Wilhelmszyklus, in 1888 assonierenden Zehnsilbern, Ende 12. Jh. wohl in Saint-Denis entstanden (krA C. Régnier 1986). Mit Hilfe der sarazen. Kgin. von Orange erobert Wilhelm die Stadt; die Prinzessin läßt sich taufen u. heiratet den Helden. Die P. bildet mit dem →*Charroi de Nîmes,* dem →*Couronnement de Louis* u. der *Moniage Guillaume* e. poet. Biographie des Helden Wilhelm von Orange.

C. Lachet, P. ou la parodie courtoise d'une épopée, 1986.

La prisonnière, Schauspiel in drei Akten von Édouard →Bourdet, EA 1926; Urauff. 6. 3. 1926 Théâtre Fémina, Paris. Das Scheitern der Ehe von Jacques Virieu mit der Lesbierin Irène de Montcel, die den Jugendfreund aus Trotz gegen den Vater geheiratet hat, überfordert vom Gegenstand her Bourdet, der moral. und gesellschaftl. Tabus im Stil der Situationskom. auf die Bühne bringt. Daß dieses Stück s. größter Bühnenerfolg wurde, zeigt, wie bruchlos er es an die Bauform des Vaudeville anzuschließen verstand.

Privilège (12. Jh.), individueller Rechtstitel, im speziellen Sinn offizielle Druckerlaubnis im Ancien Régime (P. du Roi; vgl. auch Permission tacite, Zensur).

Prix des critiques, Lit.preis, mit 5000 Francs dotiert, der Jury gehörte u. a. Paulhan an, s. Nachfolger wurde G. Picon. Der P. wurde u. a. verliehen an Gary (1945), Camus (1947), Gascar (1953), Sagan (1954), Robbe-Grillet (1955), Pinget (1963).

Prix Fémina, Lit.preis, 1904 gestiftet als Prix Fémina-Vie heureuse, der Jury gehören nur Schriftstellerinnen an; der P. wird eine Woche nach dem Prix Goncourt vergeben; Preisträger waren u. a. Vialar (1939), Roblès (1948), Oldenbourg (1953), Dhôtel (1955), Florence Delay (1983).

Prix Goncourt, bedeutendster franz. Lit.preis, den die →Ac. Goncourt verleiht. Ausgezeichnet wurden u. a. Nau, Barbusse, Fauconnier, Proust, Malraux, Genevoix, Pergaud, Pérochon, Plisnier, Pourrat, Hériat, Frapié, Triolet, Curtis, Druon, Merle, Gracq, B. Beck, Gascar, Beauvoir, Ikor, Gary, Vailland, Schwarzbart, Cau, Horia, Langfus, Lanoux, Tournier, Chessex, Lainé, Decoin, Ajar (Ps. für Gary), Grainville, Modiano, Maillet, Navarre, Bodard, Fernandez, Y. Queffélec, Orsenna, Ben Jelloun, Vautrin, Rouaud, Combescot, Chamoiseau.

R. Gouze, Les bêtes à Goncourt, un demi-siècle de batailles littéraires, 1973; J. Carrière, Le prix d'un Goncourt, 1987.

Prix Interallié, Lit.preis, eingerichtet 1930, der Jury gehören Journalisten an; u. a. vergeben an Malraux (1930), Nizan (1938), Vailland (1945), Daninos (1947), Marceau (1955), Lanoux (1956), Blondin (1959).

Prix littéraires →Lit.preise.

Prix Stendhal, Lit.preis, den Stendhal 1810 in e. Brief für Werke vorsah, die die Verantwortung des Individuums vor sich selbst u. vor der Gesellschaft darstellen. Die Jury setzt sich aus Franzosen u. Engländern zusammen, der Preisträger erhält die Werke Shakespeares im Original. 1968 wurde Charles Paron für *Les vagues peuvent mourir* ausgezeichnet.

Prix Théophraste → Renaudot, Lit.preis, begründet 1926, die Jury besteht aus Journalisten u. vergibt den Preis gleichzeitig mit dem Prix Goncourt. Mit dem P. wurden u. a. ausgezeichnet: Aymé (1929), Céline (1932), Aragon (1936), Peyrefitte (1944), Butor (1957), Kern (1960), Le Clézio (1963), Roberts (1979), R. Billetdoux (1985), F. Weyergans (1992).

Le procès-verbal (1963, Prix Théophraste-Renaudot), Roman von Jean-Marie-Gustave →Le Clézio. Mit s. Romandebüt erregte Le Clézio internationale Aufmerksamkeit. S. Held, Adam Pollo, der nicht weiß, ob er vom Militär oder aus dem Irrenhaus kommt, jedenfalls e. von sozialen Schäden betroffenes Individuum, hat sich einsiedler. in e. Haus über dem Meer, das ihm nicht gehört, zurückgezogen. S. Kontakte mit der Stadtgesellschaft verlaufen tragikom. u. phantast., vor allem da Adam die Kraft der Metamorphose besitzt u. Tiergestalt anzunehmen vermag. Er, der von der Menge für e. Schwätzer gehalten wird, muß sich in die Psychiatrie einweisen lassen, wo er s. Geschichte u. s. Lebensphilosophie zu Protokoll gibt; von daher erklärt sich der Titel. Den Gesunden wirft Adam vor, sie verwechselten Existenz als gelebte Realität mit der ›Existenz als cogito, als Ausgangspunkt u. Endpunkt des Denkens‹. Le Clézio, der s. Werk als ›Spielroman‹ bezeichnete, schrieb *P.* in e. Stil der Errungenschaften des Nouveau roman, namentl. von →Robbe-Grillet, mit traditioneller iron. Erzählhaltung u. märchengerechter Diktion vermischt.

Procope, Pariser Café u. Restaurant in der Rue de l'Ancienne-Comédie, Nr. 13, 1686 vom Sizilianer Francesco Procopio di Coltelli eröffnet. Im P. verkehrten die Enzyklopädisten u. ihre Gegner, später die maßgebenden Jakobiner u. zahlr. Autoren des 19. Jh. (Musset, Sand, Gautier, Balzac, Zola, Maupassant, Verlaine, Huysmans, O. Wilde). Im gut besuchten Lokal finden immer noch Literatentreffen statt. Gegenüber liegt das Haus, in dem von 1689–1770 die Com. frçe. spielte.

J. Moura/P. Louvet, Le café P., 1929.

Les prodiges, Stück in zwei Teilen von Jean →Vauthier, EA 1958, Urauff. 10. 1. 1959 Staatstheater Kassel, Pariser Premiere 1971 Salle Gémier (mit Judith Magre u. Georges Wilson). Der Geschlechterkampf aus →*Capitaine Bada* wiederholt sich zwischen Marc u. s. Mätresse Gilly; der Liebhaber leidet unter der Entfremdung, die Gillys Wesensverschiedenheit, ihre mänadenhafte Natur, hervorruft. Auch wenn Rede u. Gegenrede sich zum Paroxysmus steigern, reden die beiden aneinander vorbei. Marc beklagt das Leben als e. Serie von Fehlschlägen, Gilly leidet unter ihrer Herrschsucht, ringt mit Erinnerungen u. Halluzinationen. Im Bemühen, ihre Verlorenheit inmitten von Chimären zu kompensieren, werden Marc und Gilly in der stummen u. bedrohl. Gegenwart der Amme des Mädchens zu ihren eigenen Schauspielern u. Zuhörern. Sie gefallen sich in e. deformator. Lyrismus, der oft nur noch Pose ist. Das franz. Publikum sah hierin e. grundsätzl. Unterschied zum Bühnenstil von →Audiberti.

Projet pour une révolution à New York (1970), Roman von Alain →Robbe-Grillet. Stereotype Ereignisse, Kriminalfälle u. wiederkehrende Eindrücke, wie Plakate sie vermitteln, bewahren für Robbe-Grillet e. bes. Appellcharakter. Der Mythos der Großstadt, insofern er e. unverwechselbaren Paroxysmus ausdrückt, bleibt in den Zwangsvorstellungen ihrer Bewohner u. Besucher, die vor extremer Kriminalität gewarnt werden, lebendig. Diese Phantome sind in Comic strips bereits auf triviale Art ästhetisiert, sie sind Bilder mit dem Wert von Spielkarten, die e. Einvernehmen der Spieler voraussetzen. Liebe u. Revolution werden gespielt, jedoch im Vexierbild. Robbe-Grillet, der seit jeher schon mit vorfabrizierten Fabelmodellen arbeitete, bevorzugt hier sadist. Motive. Denn das Projekt einer idealen Revolution für New York wäre e. ausgesuchte Vergewaltigung. Ob die geplanten Horrorszenen tatsächl. stattfinden, das Mädchen Laura in ihrer Wohnung von einem Unbekannten überfallen und im Verlauf einer spiritist. Sitzung e. Sekretärin gekreuzigt wird – ob diese Motive reale oder gedachte Konstellationen sind, ist nicht zu entscheiden. Wie in früheren Romanen fließen auf der stilist. Ebene Objekt- u. Metasprache zusammen; der Erzähler fordert sich selbst auf, über s. hyperbol. Ausdrucksweise Rechenschaft abzulegen. Unentwegt setzt sich Robbe-Grillet mit Erkenntnisproblemen auseinander; wie trüger. Botschaften, wie problemat. Zeichen sein können, zeigt die Szene, in der Laura e. Spion ›un livre codé‹ zuspielt, dessen Seiten zerrissen, befleckt u. unvollständig sind, in dieser Spionagekonstellation jedoch Mitteilungen von höchster Wichtigkeit darstellen.

Le Prométhée mal enchaîné (1899), Sottie von André →Gide. Die Persiflage bringt den Prometheusmythos in den ›boulevard qui mène de la Madeleine à l'Opéra‹. E. fremder Herr verpaßt Coclès e. Ohrfeige u. übergibt ihm e. Kuvert mit 500 Francs, die er weiterbefördern soll, als Belohnung für den Fund s. Taschentuchs. In e. Café treffen sich Coclès, Damoclès u. Prometheus, dem s. Adler in die Freiheit gefolgt ist, um sich weiterhin von s. Leber zu ernähren. Wie Zeus in der Gestalt des Fremden s. Auszeichnungen u. Strafen verteilt, wie der Unschuldige, Coclès, leidet u. Damoclès ohne Dazutun in den Genuß des Geldes kommt, das gibt dem gleichnishaften Geschehen e. relig. Gehalt, den Gide nicht bestätigen, sondern ironisieren will. Die 500 Francs belasten Damoclès ebenso sehr wie Prometheus die Verfolgung durch den Adler. Während Zeus frei handeln kann, sind die Menschen abhängig und schuldbewußt. Erst der Tod Gottes u. s. Symbole führt in die Freiheit des Individuums.

M. Gutwirth, P. de Gide, Revue des sciences humaines 1964; W. W. Holdheim, The dual structure of the P., Modern Language notes 1959; L. Prémont, Le mythe de Prométhée dans la littérature frçe. contemporaine 1900–1961, Québec 1964; A. Pizzorusso, P. et le secret du rire, RhlF 1966; K. Weinberg, A. Gide: P. (Der mod. franz. Roman, hg. W. Pabst), 1968; ders., On Gide's P., Princeton 1972; R. Trousson, Le thème de Prométhée dans la littérature européenne, Genf II 1964–76.

Les prophécies de Merlin, fünfteiliges Pamphlet (1272–79), dessen Reformprogramm, in anekdot. Stil vorgetragen, die Kurie des 13. Jh. betraf. Wahrscheinlich das Werk e. venezian. Franziskaners u. Parteigängers der Guelfen.

P. Zumthor, Merlin le Prophète, Lausanne 1943.

Prou, Suzanne, geb. 11. 7. 1920 Grimaud, Offiziersfamilie; P. schrieb seit den 50er Jahren Romane im Stil Flauberts, die abgelehnt wurden, erfolgreich mit *Les Pataphans* (1966), 1973 Prix Renaudot für *La terrasse des Bernardini* (Bild der Anachronismen, die das Provinzbürgertum kultiviert); *Les femmes de la pluie* (1978, Abenteuer e. Ingenieurs in den Kolonien), *Le voyage aux Seychelles* (1981, Frauenroman, *Le temps des innocents,* 1988).

Proudhon, Pierre-Joseph, 15. 1. 1809 Besançon – 19. 1. 1865 Paris, Sohn e. Küfers, wurde Schriftsetzer, später Korrektor, proletar. Gesellschaftstheoretiker, Widersprüche zu Marx. P. diskutierte Gruppen- u. Organisationsprozesse (*De la création de l'ordre dans l'humanité ou principes d'organisation politique,*

1843; *Système des contradictions économiques ou philosophie de la misère,* II 1846, von Marx in *Das Elend der Philosophie* 1847 abgelehnt; *Le droit au travail et le droit de propriété,* 1848; *Les confessions d'un révolutionnaire,* 1849; *Du principe fédératif,* 1863–76; *Œuvres complètes,* hg. C. Bouglé / H. Moysset XIII 1923–26; *Correspondance,* 1875; *Carnets,* hg. P. Haubtmann II 1960; *Œuvres choisies,* hg. J. Bancal 1967). In *Du principe de l'art et de sa destination sociale* (1865), e. der frühen Zeugnisse sozialist. Lit.kritik, verteidigte P. den Realismus von Courbet und Max Buchon gegen spätromant. Ichkult u. die Metaphysik der Erotik. Der Proudhonismus lieferte sowohl der anarchist. wie der föderalist. Diskussion im 19. Jh. Argumente; einerseits plante P., den Kapitalismus zu entschärfen, indem er Privatbesitz als Diebstahl denunzierte (›la propriété c'est le vol‹) und Arbeiter, Organisatoren u. Besitzer gleichstellte, andererseits führte er im Spätwerk wieder die, wenn auch nicht zentralist. fundierte Staatsgewalt ein. Der Deputierte von 1848 lebte nach 1852 zehn Jahre im belg. Exil.

D. Halévy, La vie de P., 1948; M. Dommanget, P., 1951; R. Brandwajn, La langue et l'esthétique de P., Wroclaw 1952; G. Gurvitch, P., Sa vie, son œuvre avec un exposé de sa philosophie, [2]1965; E. V. Zenker, Der Anarchismus, 1966; P. Ansard, Sociologie de P., 1967; A. Ritter, The political thought of P., Princeton 1969; J. Bancal, P., II 1970; P. Bécat, L'anarchiste P., apôtre du progrès social, 1971; P. Haubtmann, P., Marx et la pensée allemande, Grenoble 1981.

Prouhèze, im Schauspiel →*Le soulier de satin* von Claudel die weibl. Hauptfigur. P., mit Don Pélage u. Don Camille verheiratet, liebt Don Rodrigue mit der verbotenen Liebe der Katholikin; nicht die Ehe als gesellschaftl. Institution, sondern als Sakrament stürzt sie in trag. Zerrissenheit. Bevor sie zur Hingabe an den Geliebten bereit ist, legt sie ihren seidenen Schuh beim Bild der Madonna nieder.

Proust, Marcel, 10. 7. 1871 Paris – 18. 11. 1922 ebda., Sohn des Prof. der Medizin Adrien P.; 1882–89 bereits asthmaleidend, Schüler des Lycée Condorcet, Licence de Lettres, 1890 Eintritt in die École de sciences politiques. Erste lit. Arbeiten erschienen seit 1892 (Essays, Erzählungen). 1893 machte P., der die Zs. *Le Banquet* mitbegründete, die Bekanntschaft von Robert de →Montesquiou; 1895 erhielt er e. Posten im Erziehungsministerium. 1896–99 schrieb er den größten Teil des Romans → *Jean Santeuil* u. engagierte sich in der →Dreyfus-Affäre für den Angeklagten. Mit e. Vorwort von A. France erschien 1896 →*Les plaisirs et les jours.* Einsichten des Engländers Ruskin, dessen Werke P. übersetzte (*La bible d'Amiens,* 1904; *Sésame et les lys,* 1906), haben s. Ästhetik beeinflußt. 1908 konzipierte P. wahrscheinl. den ersten Plan s. Hauptwerks, des siebenteiligen Romanzyklus →*A la recherche du temps perdu* (1913–1927) u. gab die Arbeit an →*Contre Sainte-Beuve* auf. 1919, nachdem zwei Bände der *Recherche* (*Le côté de chez Swann* u. *A l'ombre des jeunes filles en fleurs*) gedruckt vorlagen, erschien →*Pastiches et mélanges.* Am 10. 10. des gleichen Jahres wurde P. der Prix Goncourt zugesprochen, der ihn e. breiteren Publikum bekannt machte. Bis zu s. Tode erschienen noch *Le côté de Guermantes I–II* u. *Sodome et Gomorrhe I–II;* Proust hatte seit 1918 die Drucküberwachung bereits weitgehend dem Verlag Gallimard überlassen. Isoliert von der mondänen Welt, in der er früher als brillanter Causeur viel umworben war, lebte P. nach 1914 zurückgezogen am Boulevard Hausmann u. zuletzt in e. fast schalldichten Zimmer in der Rue Hamelin. Paradoxerweise ist das Werk, das s. letzten u. expliziten Intention nach die Überwindung der Zeitverfallenheit des Menschen darstellt, im Wettlauf gegen die Zeit entstanden. P. hat nachgewiesen, daß e. Individuum s. Eigenstes nicht vital, sondern nur ästhet. verwirklichen kann. Wenn der Künstler Lebensprobleme verarbeitet, dann indem er ihnen sprachl. Ausdruck verleiht, sie erinnert. Allein wirtschaftl. Unabhängigkeit ermöglichte P. e. solche Entfaltung s. Talents; dem entspricht, daß die Geldfrage in s. Werk kaum e. Rolle spielt. Soziolog. wurzelt s. Kunst im Besitzbürgertum, das für das Verständnis der Erinnerung an Vergangenes als Hindeutung auf e. überzeitl. Existenz auch aufgeschlossen war (*Œuvres complètes,* XVIII 1929–36; *Correspondance générale,* VI 1936; *Correspondance,* 1970 ff.; *Lettres à Gide,* 1949; *Lettres à Bibesco,* Lausanne 1949; *Lettres à Reynaldo Hahn,* 1956; *Textes retrouvés,* hg. P. Kolb / L. B. Price, Illinois 1968; *Correspondance P. – J. Rivière,* éd. Ph. Kolb [2]1976).

G. Deleuze, P. et les signes [5]1979; J. Milly, P. et le style, 1970; J.-Y. Tadié, P. et le roman, 1971; P. Abraham, P. Recherches sur la création intellectuelle, 1971; M. Bardèche, P. romancier, 1971; Y. Louria, La convergence stylistique chez P., 1971; J. Bersani, Les critiques de notre temps et P., 1971; B. Spillner, Symmetr. u. asymmetr. Prinzip in der Syntax P.s, 1971; J. Huas, Les femmes chez P., 1971; G. Pitroué, Comment lire P., 1971; M. Duplay, Mon ami P., 1972; J. Borel, P. Tableau synoptique de la vie et des œuvres . . ., 1972; Études proustiennes, 1973 ff.; H.-P. Richard, P. et le monde sensible, 1974; J. Borel, P. et Balzac, 1975; A. Winton, P.s additions, Cambridge II 1977; A. de Lattre, La doctrine de la réalité chez P., 1979; A. Saraydar, P. disciple de Stendhal, 1980; S. Gaubert, P. ou le roman de la différence, 1981; M. Maurois, L'encre dans le sang, 1982; C. Francis/F. Gontier, P. et les siens, 1982; A. Henry, P. romancier, 1983; A. Corbineau-Hoffmann, P., 1983; P. A. Ifri, P. et son narrataire, Genf 1983; E. Brunet, Le vocabulaire de P., Genf 1983; D. Ellison, The reading of P., Oxford 1984; M. Raimond, P. romancier, 1984; E. Mass (Hg.), P. Motiv u. Verfahren, 1985; W. Engler, Contre Balzac oder die Suche nach dem Romandiskurs, Œuvres et critiques XI, 1986; V. Descombes, P. Philosophie du roman, 1987; J. Fontanille, Le savoir partagé, 1987; M. Bowie, Freud, P. et Lacan, Cambridge 1987; L. Fraisse, Le processus de la création chez P., 1988; U. Link-Heer, P.s »A la recherche . . .« u. die Form der Autobiogr., 1988; D. Jullien, P. et ses modèles, 1989; V. Kapp (Hg.), P. Geschmack u. Neigung, 1989; G. Macchia, P. e dintorni, Mailand 1990; G. de Diesbach, P., 1991.

Provenzalisch →Langue d'oc.

Proverbe dramatique, dramat. Sprichwort als Lesedrama u. Gesellschaftsspiel (Comédie-proverbe, Proverbe-comédie) im 16.–19. Jh., anfangs als Charade oder Parade bei Landaufenthalten u. am Hof beliebt, Ersatz der verpönten Kom., daher stärker erbaul. (Comtesse de Murat, *Voyage de campagne,* 1699; Aufführungen in Saint-Cyr); später neben Salondarbietungen öffentl. Aufführungen (Simon-Joseph Pellegrin, *Proverbes de Salomon, mis en cantiques,* 1725; →Collé, →Desmahis). Das P. dient der Illustrierung e. Sprichworts; Anlage der dramat. Verlaufsform auf e. Pointe hin. Fréron u. später Sainte-Beuve nannten d. P. ›petite comédie‹ (→Carmontelle); seit den 70er Jahren des 18. Jh. erreicht die Gattung am Boulevardtheater e. breiteres Publikum. Die ›manie des p.s‹ ist im 19. Jh. für alle Bevölkerungsschichten belegt, sie wird von →Leclercq bereits zum Thema neuer P.s gewählt u. dient ihm als Anlaß für poetolog. Reflexionen. Dem Besitzbürgertum wird das P. zum ästhet. Mittel der Identifikation mit s. sozialen Wirklichkeit;

→Musset akzentuiert im P. psycholog. Konflikte. Scribe, Bourget, H. Bordeaux u. noch A. Maurois (*Aux innocents les mains pleines,* Urauff. 2. 3. 1955 Com. frçe.) verfaßten einzelne P.s.

R. Werner, Zur Gesch. der P., 1887; C. D. Brenner, Le développement du p. en France, Berkeley 1937; M. Shaw, Les p.s de Carmontelle, Leclercq et A. de Musset, RSH 1959; A. Taylor, The proverb, n. Kopenhagen 1962.

Les provinciales ou les lettres écrites par Louis de Montalte à un provincial de ses amis et . . ., polem. Schrift von Blaise →Pascal in 18 Folgen, erschienen Januar 1656 – Mai 1657; herausgeg. von L. Cognet 1965. Nachdem die Sorbonne fünf Kernsätze der Augustinus-Monographie des Bischofs Jansen isoliert als ketzer. Meinungen angeprangert hatte u. der Gegenbeweis von Antoine Arnauld propagandist. wirkungsschwach geblieben war, griff Pascal in den Disput ein. Er schrieb die *P.* anonym bzw. unter e. Pseudonym. Gemessen an ihrem schriftsteller. Rang stehen s. Pamphlete weit über vergleichbaren satir. Äußerungen aus der Epoche der Religionskriege. Pascal verzichtet, im Unterschied zu den Jesuiten, s. direkten Gegnern, auf Verbalinjurien, er polemisiert, ohne zu lärmen u. zwingt den Leser, nach Lage der vorgetragenen Argumente selbst die Entscheidung gegen die offizielle Doktrin, die ihren Standpunkt mit langatmiger Kasuistik verteidigt, zu treffen. Das Publikum, vor allem wenn es mit dem ›honnête homme‹ ident. ist, begreift die Ironie im Text u. durchschaut die Lächerlichkeit der Rolle, die die Sorbonnetheologie u. der Jesuitenorden dabei spielen. Ohne zu agitieren, gewinnt Pascal so dem Jansenismus Anhänger. Voltaire hat den Modellcharakter der *P.,* deren sachl. Konflikt ihm gleichgültig sein mußte, erkannt u. bewundert.

H. Weinrich, Polemik u. Kunst der Prosa in Pascals Lettres provinciales (Lit. für Leser), 1971; P. Kuentz, Un discours nommé Montalte, RhlF 1971.

Prudhomme, Leitfigur des Werks von Henri →Monnier zwischen 1830 u. 1857, Typus des bornierten Bourgeois, der in e. Seriosität lebt, die Sartre später als typ. Erscheinungsform der ›mauvaise foi‹ denunzieren wird.

Psalmenparaphrasen, seit der Mitte des 12. Jh. werden Psalmen ins Altfranz. übertragen, zunächst im anglonormann. Bereich; seit der Reformation sind die versch. Versionen theolog. begründet (→Marot).

Pseudo-Robert-Zyklus, Romanreihe, in den Hss. als Werk des →Robert de Boron ausgegeben, die in verkürzenden Bearbeitungen (fragmentar. erhalten, aus span. u. portug. Versionen rekonstruierbar) überkommen ist. Sie verkannte die eucharist. Symbolik u. führte in profanierender Absicht die Merlingeschichte (→Merlin) an den →Tristan-Stoff heran (→Gral-Lancelot-Zyklus).

R. Brummer, Die erzählende Prosadichtung in den roman. Lit. des 13. Jh., 1948.

Pseudo-Turpin, Geschichte Karls des Gr. u. Rolands, die e. unbekannter Kleriker um 1150 Erzbischof Turpin von Reims zuschrieb; zahlr. Bearbeitungen, darunter auch Versfassungen, sind überliefert.

Psichari, Ernest, 27. 9. 1883 Paris – 22. 8. 1914 Saint-Vincent-Rossignol (gefallen), Enkel von Renan, Sohn des griech. Schriftstellers Jannis Psycharis; Offizier, befreundet mit Péguy. P. meldete sich 1903 freiwillig zum Heer, 1906 kam er in den Kongo, später nach Mauretanien. Im Roman *L'appel des armes* (1913) beschreibt er die harte militär. Ausbildung; im Tagebuch *Le voyage du centurion* (1916) entwikkelte er e. neuen Aktivismus, der sich sowohl auf Massis, Barrès als auch auf Péguy stützt; P. stilisiert den Soldaten zum Kreuzritter (*Œuvres complètes,* III 1948). Vor s. Tod plante er den Eintritt in e. Orden.

W. Becherer, P. in s. psycholog. Entwicklung, Diss. Jena 1932; H. Massis, Notre ami P., 1936; H. Daniel-Rops, P., 1942; F.-L. Charmont, P., l'homme et l'œuvre, Thèse Paris 1944; J. Peyrade, P., maître de grandeur, 1947; A. M. Goichon, P. d'après ses documents inédits, 1953; A. G. Hargreaves, The colonial experience in French fiction, London 1981.

Puget, Claude-André, 22. 6. 1905 Nizza – 1975, Schüler von J. Romains, Philologie- u. Jurastud., Journalist, Anwalt, Lyriker (*Pente sur la mer, Matin aux oliviers,* 1925; *Miracle du dormeur,* 1927), u. seit 1930 erfolgreicher Autor von Boulevardstücken (u. a. *Les jours heureux,* 1938; *Échec à Don Juan,* 1941; *Théâtre,* III 1943–46); außerdem gelungene Shakespeare- u. Shawbearbeitungen.

Pure, Michel de, 18.(?) 11. 1620 Lyon – 1680 Paris, Theologe, Promotion 1674, Aumônier du Roi, 1653 kgl. Historiograph. Neben Übs. aus dem Lat. u. Ital., hist. Schriften u. dem allegor. Roman *Épigone* (1659) schilderte P. in e. Schlüsselroman, *La prétieuse* (1656 ff., éd. E. Magne 1938), die Salons s. Epoche, den prüden, koketten, bigotten sowie preziösen Frauentyp (1656 auch als Kom. in ital. Sprache, Text verloren). Boileau griff ihn in den Satiren an.

La putain respectueuse, Drama in zwei Akten von Jean-Paul → Sartre, EA 1946, Urauff. 8. 11. 1946 Théâtre Antoine, Paris. In e. Stadt im Süden der USA verbreitet sich das Gerücht, e. Neger sei erschossen worden, als er in der Bahn die Prostituierte Lizzie belästigt habe. Diese Version, die ihr Fred, der Sohn des Senators Clarke berichtet, korrigiert Lizzie selbst: Zwei Neger saßen in ihrem Abteil u. unterhielten sich, als betrunkene Weiße zustiegen u. die Farbigen anpöbelten. Dabei kam es zu Handgreiflichkeiten, als die Weißen versuchten, die Neger aus der Tür zu stoßen; e. Weißer erschoß s. Gegner, der andere Neger sprang vom Zug ab, als er in den Bahnhof einlief. Fred u. s. Vater versuchen dem Mädchen einzureden, es dürfe nicht zulassen, daß ein Angehöriger ihrer Rasse verurteilt wird. Denn der Täter, Thomas, ist Freds Vetter. Mit Drohungen u. Versprechungen bringt die Clique Lizzie dazu, Thomas als Unbeteiligten zu bezeichnen. Während sich der gesuchte Farbige bei ihr versteckt, lyncht der Mob e. andern. Lizzie hat resigniert, sie wird sich von Fred aushalten lassen. Wie Lucien Fleurier in →*L'enfance d'un chef* optiert sie für die zeremonielle Seriosität der ›mauvaise foi‹, für e. Rassismus, der paradigmat. der Action frçe. zuzuordnen ist. ›Der Senator hat Lizzie e. Rassensolidarität aufgedrängt, durch die die ihr eigentl. gemäße Klassensolidarität mit dem Neger unmögl. wurde‹ (Krauß). Zum erstenmal spielen in Sartres Werk Angehörige unterdrückter Minderheiten die Hauptrollen. In der Filmfassung des Stoffs veränderte Sartre den Schluß, Lizzie stellt sich auf die Seite der verfolgten Neger.

H. Krauß, Die Praxis der ›littérature engagée‹ im Werk J.-P. Sartres 1938–48, 1970.

Puy, Anhöhe (lat. ›podium‹), Erhöhung, Bezeichnung lokaler Dichterzünfte seit dem 13. Jh., bürgerl.-pedant. Epigonen des höf. Minnesangs, die auch Theaterspiele (→Mystère) organisierten. Ihr Vorsitzender wird im →Envoi von Balladen als Prince apostrophiert; aus derartigen Vereinigungen, die besonders in Amiens, Arras, Douai, Valenciennes u. Rouen Bedeutung erlangten, gingen die Trouvères →Adam d'Arras u. →Jean Bodel hervor. Im allgemeinen verhinderte die konservative Tradition der P.s, daß es unter veränderten sozialen Voraussetzungen (wirtschaftl. Erstarken der Bürgerkultur vor allem in nordfranz. Städten) zu Innovationen in der Lyrik kam.

Pyramus u. Thisbe, trag. Liebesgeschichte (Ovid, *Metamorphosen,* Buch IV); da sich die Eltern des Paars s. Verbindung widersetzen, wollen sich P. u. Th. nachts vor den Stadttoren bei e. Brunnen treffen. Das Mädchen kommt zuerst u. muß vor e. Löwen fliehen; ihr Freund, der e. blutigen Schleier entdeckt, glaubt irrtümlicherweise, das Tier habe Th. getötet u. ersticht sich. Th. tötet sich an s. Leiche. E. anonymer Dichter bearbeitete den Stoff gegen Ende des 13. Jh. im Stil des höf. Romans; aus dem 14. Jh. ist e. Moralité überliefert. Die Stoffentwicklung durch Théophile de →Viau (Trag. *Pyrame et Thisbé,* 1617), der die Liebesintrige ausbaute, orientierte sich am Geschmacksideal der Préciosité; →Pradon (1632) entlehnte Viaus Bauform (vgl. auch *Aucassin et Nicolette*).

Le quai des brumes (1927), Roman von Pierre →MacOrlan. Gegenüber der Künstler- u. Apachenwelt von Montmartre, die der Erzähler in burlesken u. mitleiderregenden Episoden darstellt, hat die Prostituierte – ›une force de la nature‹ – zwangsläufig das ›letzte Wort der Geschichte‹: Nelly überlebt den Dt. Kraus, der sich umbringt, den Gelegenheitsarbeiter Jean Rabe, der im Manöver erschossen wird, als er im Wahnsinn auf e. Vorgesetzten anlegt, den Fleischer Zabel, der e. Mordes verdächtigt u. überführt wird. Nelly ist davon überzeugt, daß sie durch e. myst. Kommunikation ihren phys. Überschuß der Vernichtung dieser Männer verdankt – anders als Nana in Zolas gleichnamigem Roman, die gleichzeitig mit der Gesellschaft, deren Opfer u. Parasit sie war, untergeht. Der Roman wurde mit M. Morgan, P. Brasseur u. J. Gabin verfilmt.

Quai Voltaire, Pariser Straße am linken Seineufer, wo Baudelaire 1856–58, Musset, Oscar Wilde u. Richard Wagner 1861–62, als er an den *Meistersingern* arbeitete, wohnten. Voltaire starb im Haus des Marquis de Villette (Nr. 27).

Quand la mer se retire (1963, Prix Goncourt), Roman von Armand →Lanoux. Er verlegt die Fabel auf drei Erzählebenen: erinnerter Kriegsbericht von der alliierten Invasion in der Normandie – e. Liebesgeschichte, die in der Gegenwart des Erzählens spielt – erinnernder Detektivroman. E. Kanadierin fährt zusammen mit dem Freund ihres gefallenen Verlobten nach Frkr., um s. Grab aufzusuchen u. die Umstände s. – fiktiven – Heldentods an Ort u. Stelle zu erfahren. Ichroman, Chronik, Bericht, innerer Monolog u. Rückblenden vergegenwärtigen das militär. Ereignis u. verstellen der Soldatenbraut den Blick auf die unheroische Wahrheit. Lanoux, der sich früher vor allem an der Darstellungsform Zolas, Poulailles u. Dabits geschult hatte, ironisiert jetzt den Wahrheitsgehalt der Fiktion; mehrpersonenhafte Bewußtseinsdarstellung, Standortwechsel u. Zeitenschichtung aktualisieren ep. Errungenschaften von Proust, Gide u. Aragon.

Quarante miracles de Notre-Dame, Mariendichtungen e. Hs. des 14. Jh. Im Gegensatz zum Titel eilt die hl. Jungfrau nur 17mal einem Gläubigen in Not zur Hilfe u. rettet ihn durch e. Wunder (u. a. *L'enfant voué au diable, L'évêque à qui Notre-Dame apparut*).

Quartier latin, seit dem 12. Jh. geistiges Zentrum von Paris (Sorbonne, Collège de France, École normale supérieure, École polytechnique, Lycée Louis-le-Grand, Lycée Henri-IV).

Quasimodo, der Glöckner im Roman →*Notre-Dame de Paris* von Hugo.

Quatrain, Vierzeiler, Strophenmaß oder Gattungsbegriff, zuerst in Zehnsilbern, später gewöhnl. in Alexandrinern, bes. geeignet für Epigramm u. Sentenz. Q.s dichteten u. a. Cl. Marot, Pibrac, Pierre Mathieu (*Q.s de la vanité du monde,* 1610), L. Larguier, Dorat-Cubières, Péguy.

Les quatre fils Aymon →*Renaud de Montauban,* →Empörerepos.

Quatrevingt-treize, Roman von Victor →Hugo, entstanden Dezember 1872 – Juni 1873, EA 1874. Drei Politiker verkörpern den Konflikt von 1793, ohne ihn zu individualisieren: der Marquis de Lantenac, Royalist u. Gegenrevolutionär; der Vicomte Gauvain, s. Neffe, der ihn mit e. Revolutionsarmee verfolgt; Cimourdain, ehemals Priester u. nun vom Comité du salut public beauftragt, die militär. Aktionen in der Vendée zu überwachen. Lantenac vertritt die Legitimität, Gauvain die ›équité‹ u. Cimourdain die ›justice‹. Die Romanhandlung bewegt sich räuml. im Kreis: Lantenac, auf dessen Vernichtung die Aktion hinzielt, kann s. Verfolgern entkommen; er kehrt freiwillig zurück, um drei Kinder aus e. brennenden Schloß zu retten, wobei er in Gefangenschaft gerät. Der polit. Konflikt schlägt in e. moral. um: Unter diesen Umständen ist Gauvain nicht mehr bereit, den Auftrag der Revolution durchzuführen, u. läßt den Marquis entkommen. Cimourdain, Gauvains ehemal. Lehrer, läßt ihn standrechtl. liquidieren; kurz danach erschießt er sich selbst. Hugo verbindet in s. Darstellung Revolutionsgeschichte u. Mythos (Prometheus, der Erlöser, die Titanen). Schuld, Sühne u. sittl. Läuterung, die zentralen Themen aller Romane Hugos seit *Le dernier jour d'un condamné,* werden auch in diesem scheinbar politischsten aller Erzählwerke des Dichters nicht restlos aufgearbeitet. Gauvain orientiert s. Verhalten am humanist. Ethos, Cimourdain an der Staatsräson. Im letzten Gespräch vor der Hinrichtung entwickelt Gauvain e. soziales Programm u. plädiert für die Abschaffung von Klerus, Justiz u. Militär. Durch Landzuteilungen könnte das Sozialprodukt verhundertfacht werden, u. durch die techn. Nutzung der Gezeiten sowie der Bodenschätze ließe sich der Wohlstand steigern, dessen Konstituenten der gerechte Lohn u. die gesellschaftl. Emanzipation der Frau sind. Hugo wollte mit der Geschichte, die deutl. zur Parabel tendiert, e. Apologie der Commune formulieren. Gauvain, dessen Ideen der Konzeption der Kommunarden am nächsten kommen, ist als Handelnder unpolit. Cimourdain dagegen, der ›impeccable qui se croit infaillible‹, bringt nicht nur alle Voraussetzungen zum polit. Handeln mit, sondern überragt Gauvain auch durch s. Intelligenz; er scheitert jedoch daran, daß er die Eigengesetzlichkeit der Gefühle nicht berücksichtigt. S. ganzen Anlage nach ist *Qu.* e. grandioser hist. Roman, der nur noch entfernt an das Schema Walter Scotts für e. Mimesis hist. Konflikte erinnert. Hugo verzichtet auf die obligate Liebesintrige (vgl. dagegen Vigny, Mérimée, Dumas père u. Hugos früheres Werk *Notre-Dame de Paris*) u. führt im Finale die Protagonisten zur trag. Lösung zusammen. Zwei Tote auf derselben Richtstätte, zwei Seelen, ›cœurs tragiques‹, vereinigen sich in e. myst. Sphäre. Die Katastrophe paßt zu Hugos Auffasssung von der gefallenen Natur, aus der die bereits mit Schuld beladene Menschheit hervorgeht, ohne daß berechtigte Hoffnung auf Aufarbeitung der allgemeinen, somit auch polit. u. sozialen Verderbnis besteht.

O. H. Moore, The sources of V. Hugo's Q., PMLA 1924; P. Georgel, Vision et imagination dans Q., Les Langues romanes 1965; W. Engler, Q.-Revolution, Teleologie u. Menschheitsgeschichte, Lendemains, Mai 1978.

Queffélec, Henri, geb. 29. 1. 1910 Brest, Stud. ENS, 1935–39 Lektor in Uppsala, Agrégé de Lettres; seit 1942 freier Schriftsteller, dessen Romane im Milieu breton. Fischer u. Landpfarrer spielen (*Le journal d'un salaud,* 1944; *La fin d'un manoir,* 1944; *Un recteur de l'île de Sein,* 1945, verfilmt; *Les chemins de terre,* 1948; *Le bout du monde,* 1949; *Un homme d'Ouessant,* 1953; *Un feu s'allume sur la mer,* 1956; *Un royaume sous la mer,* 1957; *Frères de la brume,* 1960; *Solitudes,* 1963; *Quand la terre fait naufrage,* 1965; *La voile tendue,* 1967; *La mouette et la croix,* 1969; *La faute de Monseigneur,* 1970; *Le sursis n'est pas pour les chiens,* 1972; *Ce sont voiliers que vent emporte,* 1984). S. Essays reflektieren die Romankonflikte (*Le jours se lève sur la banlieue,* 1954; *La technique contre la foi,* 1962; *La mer,* 1966).

Que ma joie demeure (1935), Roman von Jean →Giono. In e. provenzal. Bauerndorf taucht der Akrobat Bobi auf, der die Bevölkerung lehrt, Dinge unabhängig von ihrem Tauschwert u. Gefühle ohne Absicht u. Hintergedanken zu genießen. Er bereichert damit ihre Gefühlswelt u. versetzt sie in den Stand, ihr Zusammenleben als Gemeinschaft (›commune‹) zu begreifen. Aber als primitiver Agrarkommunismus scheitert die gesellschaftl. Neuordnung. Bobi verläßt die Hochebene u. kommt bei e. Gewitter ums Leben. Die großräumige Lösung, die nicht allein die Erwählten im abgesonderten Kreis betrifft, wird als Vision mitgeteilt; der Bauer vernichtet sich als bukol. Archetypus selbst u. bezieht den Arbeiter in s. Solidarität mit ein. Mit e. Verheißung, die derjenigen in Zolas →*Germinal* vergleichbar ist, schließt der Roman: ›C'est à devenir fou quand on pense que nous sommes des millions. Et avec des bras terribles. Une force!‹

Queneau, Raymond, 21. 2. 1903 Le Havre – 25. 10. 1976 Neuilly,

Gymnasium Le Havre, 1920 bis 1925 Stud. Philos. Sorbonne, mit der Licence abgeschlossen; Bankbeamter u. Handelsvertreter. 1924–33 gehörte er der surrealist. Gruppe an, bis er aus privaten Gründen mit Breton brach. 1938 Lektor bei Gallimard, 1941 Generalsekretär des Vlgs.; er leitete die *Encyclopédie de la Pléiade* (1955 ff.). Seit 1951 Mitgl. der Ac. Goncourt u. des Collège de Pataphysique der Jarry-Adepten; Mitbegründer des →OuLiPo. Q. veröffentlichte auch nach dem Bruch mit dem offiziellen Surrealismus Lyrik, die auf Inkohärenz angelegt ist, mit Querschlägern aufkommende Stimmungen zerstört u. Argoteinschübe nicht verschmäht (*Tour d'ivoire,* 1927; *Les ziaux,* 1943; *Bucoliques,* 1947; *Petite cosmogonie portative,* 1948; *Si tu t'imagines,* ²1968; *Cent mille milliards de poèmes,* 1961; *Le chien à la mandoline,* 1965; *Courir les rues,* 1967; *Battre la campagne,* 1968; *Fendre les flots,* 1969; *Chêne et chien,* 1969). In s. Romanen bevorzugt Q. Schauplätze, an denen sich massenhaft Kleinbürger, Arbeiter u. Ganoven in zufälligen Konstellationen zusammenfinden, wo Naivität u. Schlauheit unvorhergesehen aufeinandertreffen (*Le chiendent,* 1933; *Pierrot mon ami,* 1942; *Loin de Rueil,* 1944; *Saint Glinglin,* 1948; *Le dimanche de la vie,* 1952; →*Zazie dans le métro, Les œuvres complètes de Sally Mara,* 1962; *Les fleurs bleues,* 1965, e. Abfolge von Episoden aus der chines. Geschichte, dem MA, der Revolution u. dem Jahr 1964, deren Zitatcharakter Ansätze zu archetyp. u. zykl. Verständnis ironisiert; *Le vol d'Icare,* 1968; spielt am Ende des 19. Jh. in Paris; *On est toujours trop bon avec les femmes,* ²1971). Der Autor, dem der Wert von Stilübungen (→*Exercices de style)* bewußt ist, stellt in erster Linie redende, nicht agierende Gestalten dar; was sie in Worte fassen, u. Q. konstruiert wie →Céline das lit. Bild e. Jargons, ereignet sich in ihrer Perspektive; der allwissende Romancier spielt hingegen mit der Fiktionalität ihrer Geschichten, deren Wahrheitsgehalt auf andere Sprachwerke verweist. Q. schrieb außerdem Drehbücher, Rundfunksendungen, visuelle Texte (*Pictogrammes,* 1946) u. Übs. aus dem Engl. (u. a. M. O'Sullivan, S. Lewis); Artikelslg. (1930–40) *Le voyage en Grèce* (1973; postum *Contes et propos,* 1981, Texte im Stil des schwarzen Humors).

J. Queval, Essai sur Q., 1960; C. Simmonet, Q. déchiffré, 1962; J. Bens, Q., 1962; A. Bergens, Q., 1963; J. Guicharnaud, Q., New York 1965; P. Gayot, Q., 1967; E. Gülich, Q., (Franz. Lit. der Gegenwart, hg. W.-D. Lange), 1971; Sondernr. Cahier de l'Herne 1976; V. Kogan, The flowers of fiction ... Les fleurs bleues, Lexington 1982; A. Blank, Literarisierung von Mündlichkeit. Céline u. Q., 1991.

Quérard, Joseph-Marie, 1797–1865, Bibliograph, der auch apokryphe u. pseudonyme Titel entschlüsselte (*La France littéraire ou dictionnaire bibliographique des savants, historiens et gens de lettres de la France ... plus particulièrement pendant les XVIII*ᵉ *et XIX*ᵉ *siècles,* X 1827–39, Supplementbände II 1854–64; *Les supercheries littéraires dévoilées,* 1845–56, n. Hildesheim VII 1963–65).

La querelle des anciens et des modernes, emanzipator. Lit.debatte, die Charles →Perrault 1687, nachdem 1671 Gabriel Guérot *La guerre des auteurs anciens et modernes* veröffentlicht hatte, in der Ac. frçe. mit dem Vortrag s. *Poème sur le siècle de Louis le Grand* auslöste, als er den Vorrang der Gegenwartskunst vor ihren Modellen aus der Antike behauptete u. wenig später der Abbé Lavau in e. gleichfalls enkomiast. Gedicht dieselbe Auffassung vertrat. Dagegen behaupteten Boileau,

La Bruyère, Bossuet, Fénelon, Huet u. Racine den klass. Rang der antiken Lit., während Perrault, der s. Theorie noch tiefer begründete (*Parallèle des anciens et des modernes*, 1688), die Unterstützung des jungen →Fontenelle erhielt. 1711 entzündete sich die Auseinandersetzung erneut an der Homerübs. der Mme →Dacier (vgl. auch →La Motte), um erst nach fünf Jahren wieder abzuklingen. In beiden Parteien war das Bürgertum vertreten. Die Q. wurde zum Ausgangspunkt e. entwicklungsgeschichtl. Denkens, das mit der sowohl klass. wie modernist. Auffassung von der ewiggleichen menschl. Natur letztl. unvereinbar war. Diesen Bruch vollzog vor allem →Saint-Évremond mit dem Hinweis auf die Abhängigkeit der Mentalität u. Kunstproduktion wie des Geschmacksideals beim Publikum von der jeweiligen Epoche.

H. Gilliot, Q. en France, Nancy 1914; W. H. Luschke, Die Rolle des Fortschrittsgedankens in der Politik u. lit. Kritik der Franzosen im Zeitalter der Aufklärung, 1926; H. R. Jauß, Ursprung u. Bedeutung der Fortschrittsidee in der Q. (Die Philos. u. die Frage nach dem Fortschritt, hg. H. Kuhn/F. Wiedmann), 1964; W. Krauss, Die Lit. der franz. Frühaufklärung, 1971; B. Magné, Crise de la littérature frçe. sous Louis XIV, 1976; J. Schlobach, Zyklentheorie u. Epochenmetaphorik, 1980.

La querelle de Shakespeare, Auseinandersetzung des 18. u. 19. Jh. (ca. 1730–1830) mit dem Werk des engl. Dramatikers (Teilübs. 1745–48, Bearbeitungen durch Ducis 1769–1792, vollständige Übs. 1821), das klass. Normen in Frage stellte. Auf Sh. konzentrierte sich die reaktionäre Kritik, die ihn als Barbaren aus e. barbar. Säkulum abstempelte, der Corneille, Racine u. Voltaire nicht ersetzen könne (La Harpe); sie konnte sich auf den früheren Sh.bewunderer Voltaire berufen, der 1761 erklärt hatte, der engl. Bühnendichter sei den franz. Klassikern deswegen nicht vorzuziehen, weil in Europa das franz. Geschmacksideal dominiere. Kritik an Sh. implizierte Kritik an der Mischgattung des →›drame‹ (vgl. Destouches, Nivelle de La Chaussée, Diderot, Mercier, Sedaine, Lemercier, Cubières de Palmézeaux). Stendhals Konfrontation Racine – Sh., die spätestens seit 1820 *(→La France)* in der Diskussion war, erklärt 1823 das Werk des Engländers zum Muster der romant., d. h. zeitgenöss. Prosatrag., nicht zum übergeschichtl. Modell. Hugo stilisiert ihn in der *Préface de Cromwell* u. 1864 in *W. Sh.* zum Exponenten der ›temps modernes‹, dem Zeitalter der dramat. Lit. Wesentl. Anteil an der Shakespearerezeption hatten auch Guizots histor.-philolog. Arbeiten. Balzac, der sich als ›Molière‹ der Romanära vorstellte, wurde 1858 von Taine als neuer Shakespeare apostrophiert; damit war e. Schlußpunkt unter die Rivalität von Roman u. Schauspiel gesetzt.

M. Treille, Le conflit dramatique en France de 1823 à 1830 d'après les journaux et les revues du temps, 1929; M. Monaco, Shakespeare and the French stage in the 18th century, 1974; M. Willems, La genèse du mythe shakespearien, 1660–1780, 1979; K. W. Hempfer, Das Shakespeare-Bild in Europa zwischen Aufklärung u. Romantik, Jb. für internationale Germanistik 1988.

Que sais-je? Titel e. Taschenbuchreihe im Verlag Presses Universitaires de France (PUF).

Qu'est-ce que la littérature, Schrift von Jean-Paul →Sartre, ED *Les Temps modernes* 1947; EA 1948 *(Situations II)*. Für Sartre haben ›poésie‹ u. ›littérature‹ versch. Stilqualitäten u. folgl. versch. Funktionen. Der ›poète‹ sieht in den Wörtern keine bloßen Zeichen, sondern das Bild eines Aspekts der Welt, während der ›prosateur‹ sich der Wörter nur als Instrumente zu e. bestimmten Zweck bedient. Mit ihrer Hilfe klärt er über die Welt auf. Der Akt des Schreibens verlangt dialekt. nach der Lektüre, da e. kreativer Vorgang immer nur momentan u. daher s. Wesen nach unvollständig bleibt: ›Il n'y a d'art que pour et par autrui‹. Zu Unrecht meinen die Vertreter des Realismus, ihre ästhet. Ziele ohne Mitwirkung des Lesers erreichen zu können. Stiltypen u. Gattungen sind an e. soziale Dimension gebunden, also keine zeitlosen Wesenheiten. Der polit. Sieg der Bourgeoisie bedeutete für den Schriftsteller den Verlust s. privilegierten Stellung, die durch ständ. Kontroversen im 18. Jh. gegeben war. Das 19. Jh. fordert den Autor auf, das göttl. Recht des Bourgeois nachzuweisen; der Autor, im 18. Jh. das schlechte Gewissen der Privilegierten, riskiert im 19. Jh., das gute Gewissen e. repressiven Klasse zu werden. Erwartet werden von ihm Bekenntnisse zum Idealismus, Psychologismus, Determinismus, Utilitarismus, kurz ›esprit de sérieux‹. Daher schreibt der selbstbewußte Dichter nach 1848 gegen s. Publikum u. verachtet den Käufer s. Werke. Es genügt jedoch nicht, den Bruch mit der Ideologie der gerade herrschenden Klasse zu vollziehen, wenn der Autor gleichzeitig die Deklassierung scheut – e. Vorwurf, mit dem Stendhal u. Baudelaire getroffen werden sollen. Sartre wird dem Surrealismus nicht gerecht, wenn er dessen Antilit. bereits wieder als ausschließl. lit. Produkt kritisiert. In der klassenlosen Gesellschaft sollen lit. Stoffe u. Probleme des Lesers endl. ident. werden. Dann hören ›parole‹ u. ›action‹ auf, Antinomien zu bezeichnen, an die Stelle e. Dichtung der Existenz tritt die Dichtung der Praxis. Von der KPF darf der Schriftsteller keine Hilfe bei dieser Entwicklung erwarten. Gegenstand der Lit. bleibt stets ›l'homme dans le monde‹. Daß das bürgerl. Schauspiel des 18. Jh. diesem Ideal bereits nahe gekommen ist, verschweigt Sartre, der freil. in Q. nicht systemat. argumentieren will. Die ideale Lit. entsteht aus dem dialekt. Prozeß von ›négativité‹ u. ›construction‹, da sie das Bestehende ständig unterminiert. Ihre Leitbilder entnimmt sie besser dem 18. als dem 19. Jh.

G. H. Bauer, Sartre and the artist, Chicago 1969.

La queste del Saint Graal, Prosaroman des →Gral-Lancelot-Zyklus, wahrscheinl. in der Champagne entstanden (erstes Drittel des 13. Jh.). 454 Jahre nach der Passion Christi kommt Galaad, →Lancelots Sohn, nach →Camaalot u. zeichnet sich vor →Artus als hervorragender Ritter aus. Der Tafelrunde erscheint das Bild des hl. Grals, u. die Artusritter beschließen, sich auf die Suche nach dem Mysterium zu begeben. Während Lancelot u. Gauvain für unwürdig befunden werden, die Reliquie zu gewinnen, wird Galaad als Repräsentant der ›chevalerie célestine‹ erwählt, sich dem Gral zu nähern. Er stirbt in relig. Verzückung. In dieser Gestalt ist die Vermischung von Rittertum u. Gottesminne auf ihren Höhepunkt geführt; den Gnadenbegriff des Romans prägte die zisterziens. Mystik.

A. Pauphilet, Études sur la Q., 1921; E. Baumgartner, L'arbre et le pain, 1981.

Quietismus, relig. Strömung im 17.–18. Jh., die von Spanien ausging u. die Unterwerfung des Menschen unter das Walten der Gnade u. Vorsehung forderte. Anhänger des Q. in Frkr. waren Mme

→Guyon u. →Fénelon, ihr Gegner →Bossuet.

H. Bremond, Histoire littéraire du sentiment religieux en France, Bd. 11, 1933; P. Zovatto, Fénelon e il quietismo, Udine 1968.

Quinault, Jeanne Françoise, 1699 Paris – 1783 ebda., Schauspielerin u. Gastgeberin e. Salons, der sog. Société du Bout-du-banc (darunter Duclos, d'Alembert, Piron, Voltaire).

J. Bertaut, Égéries du XVIIIe siècle, 1928.

Quinault, Philippe, 3. oder 4. 6. 1635 Paris – 26. 11. 1688 ebda., Sohn e. Bäckers, Diener von Tristan L'Hermite, der ihn bei den Guise einführte. Als 20jähriger schrieb er s. ersten Kom., in denen er Rotrou nachahmte u. Corneilles Theaterfiktion in *L'illusion comique* aufgriff (*La comédie sans comédie,* 1656). Wie Thomas Corneille schöpfte Q. Dramenstoffe (*Le Grand Cyrus,* 1656; *Amalasonte,* 1658) aus dem zeitgenöss. galanten Roman. Anläßl. des Pyrenäenfriedens (1659) beauftragte ihn der Hof, e. allegor. Pastorale zu verfassen. Als er 1670 in die Ac. frçe. aufgenommen wurde, deutete er s. Verzicht auf die Bühne an; 1671 erschien s. letzte Trag., *Bellérophon (Théâtre,* V ^{2}1778). Seitdem verfaßte er nur noch Libretti für Lulli u. zog sich aus relig. Gründen zwei Jahre vor s. Tod ganz vom Schauspiel zurück. S. Schaffen setzte die vor allem von Corneille aufgehobene eleg. Trag.form der Renaissance fort. Bereits die Zeitgenossen führten gewisse künstler. Schwächen s. Bühnenwerke darauf zurück, daß der Autor auf die Forderung des Komponisten hin einzelne Szenen bis zu 20mal umschreiben mußte.

E. Gros, Q., Thèse Paris 1926, n. 1970; J. B. A. Bujtendorp, Q., Amsterdam 1928; J. Jacquiot, Q., membre de la Petite Ac. (Mélanges R. Lebègue), 1969.

Quinet, Edgar, 17. 2. 1803 Bourg-en-Bresse – 27. 3. 1875 Versailles, Philosoph, Historiker, befreundet mit →Michelet u. mit ihm im Kampf gegen Restauration u. Klerikalismus verbunden, seit 1842 angefeindeter Prof. am Collège de France (Lehrstuhl für südeurop. Sprachen u. Lit.), 1848 republikan. Abgeordneter, bis zum Sturz des Second Empire im Exil (Belgien, Schweiz), 1871 wieder in die Kammer gewählt. Beeinflußt von Herder, dessen *Philosophie der Geschichte* er 1827 übersetzte, schrieb er geschichtsphilosoph. und sozialgeschichtl. Werke, in denen die Religionen von der gesellschaftl. Entwicklung her begriffen wurden (*L'Allemagne et la révolution,* 1831; *Le génie des religions,* 1842; *Le christianisme et la Révolution française,* 1845; *Les révolutions d'Italie,* 1848–52; *Philosophie de l'histoire de France,* 1855; *La révolution religieuse au XIXe siècle,* 1857; *Histoire de mes idées,* 1858; *L'esprit nouveau,* 1874; *La République,* 1881; *Œuvres complètes,* XXVI 1857–81; *Lettres d'exil,* IV 1884–88). Q. schrieb außerdem Ideenlyrik (*Ahasvérus,* 1833; *Napoléon,* 1836; *Prométhée,* 1838; *Le Rhin,* 1841; *Les esclaves,* 1853; *Merlin l'enchanteur,* 1860).

F. Furet, La Gauche et la Révolution frçe. Q., 1986.

La Quinzaine littéraire, Kulturzs., seit 15. 3. 1966 hg. von Maurice Nadeau u. François Erval, der wieder ausschied; Mitarbeiter u. a. Anne Fabre-Luce, Georges Piroué, Pierre Bourgeade, Jean Pierre Faye. Die *Q.* bringt Feuilletons, Rezensionen, Theater-, Kunst- u. Filmkritik sowie e. aktuelle Bibliographie.

Les quinze joyes de mariage (um 1400), EA Lyon 1480–90, satir.

Episoden, Autorschaft von →Antoine de La Sale umstritten, krA J. Rychner, Genf 1967; J. Crow, Oxford 1969. Hinter dem iron. Titel, der sich auf das Gebet von den 15 Freuden der hl. Jungfrau bezieht, verbirgt sich e. Ehesatire, in der mit Motiven des Ehealltags Konflikte zwischen modischen Bedürfnissen der Frau u. der wirtschaftl. Not der Familie, Schwierigkeiten der Kindererziehung, Enttäuschung des heimgekehrten Soldaten, Betrugsmanöver schwangerer Frauen dargestellt werden. Die Freuden d. Ehe sind in Wirklichkeit Qualen, die der Mann, der, e. Jagdtier vergleichbar, zur Strecke gebracht wird, lebenslang erleidet. Damit setzten die Q. die Frauenfeindlichkeit der ma. Fabliaux u. des *Roman de la rose* fort. Goethe übersetzte e. der Geschichten *(Der Prokurator)* in den *Unterhaltungen deutscher Ausgewanderten*.

M. Cressot, Le vocabulaire des Q., 1940.

Quoat-Quoat, Stück in zwei Bildern von Jacques →Audiberti, entstanden 1945, EA 1948 (*Théâtre* I), Urauff. 28. 1. 1946 Théâtre de la Gaîté-Montparnasse, Paris. Die dramat. Parabel ist in das Second Empire verlegt. Während e. Schiffsreise nach Vera Cruz/Mexico geht der Archäologe →Amédée in e. tödl. Falle. Mit der geheimen polit. Mission beauftragt, den Maximiliansschatz zu bergen, u. selbst daran interessiert, das Geheimnis des Gottes Q. zu lüften, übertritt er das Verbot, mit weibl. Passagieren Beziehungen anzuknüpfen, u. wird von Clarisse, der Tochter des Kapitäns, mit der er sich an exot. Visionen berauschte, an den Schiffsführer verraten. Während Amédée s. Hinrichtung erwartet, gibt sich e. Mitreisende, Frau Batrilant, als die wahre Geheimnisträgerin zu erkennen; der Archäologe sollte durch s. Verhalten die Aufmerksamkeit von ihr ablenken. Amédée besteht jedoch auf s. Rolle u. läßt sich erschießen: Er sucht im Tod die Erfüllung s. Wunschträume. Gemäß e. prestigereichen lit. Tradition ist das Schiff die Metapher für die menschl. Existenz; das Bild des Kapitäns, der zum Schluß Fahrzeug u. Insassen dem Untergang weiht, fällt mit dem mexikan. Götzen in Amédées Theomanie zusammen. Die Liebesfalle als Peripetie der Groteske macht also nur e. systemat. Betrug sinnfällig. Audiberti steht mit diesem Stück Kafka näher als dem Surrealismus, mit dem er als Autor von Q. häufig in Verbindung gebracht wird.

G. E. Wellwarth, The drama of the savage god, Texas studies in literature and language, Herbst 1962; W. Pabst, J. Audiberti, Q. (in: Das mod. franz. Drama), 1971.

Rabbe, Alphonse, 18. 7. 1784 Riez – 1. 1. 1830 Paris, Journalist, Redakteur in Marseille bis 1820, 1823–24 Mithg. der →*Tablettes universelles,* während der Restauration auf der Seite der polit. Opposition. Der Sammelbd. *Album d'un pessimiste* (1835, hg. J. Marsan 1924) enthält Essays u. Pastiches in Form von Prosagedichten.

S. Bernard, Le poème en prose de Baudelaire jusqu'à nos jours, 1959; L. Lançon de Wieclawik, R. dans la mêlée politique et littéraire de la Restauration, Thèse Paris 1963.

Rabelais, François, 1494 La Devinière/Indre-et-Loire – 9. 4. 1553 Paris. Der Schöpfer des Romanzyklus von Gargantua u. Pantagruel *(→Gargantua),* der als erster das Lebensgefühl der Renaissance lit. artikulierte, war Mönch, Weltpriester u. Mediziner. Der Sohn e. Advokaten trat 1511 bei den Franziskanern ein, gehörte 1520 im Kloster Fontenay-le-Comte zum Humanistenzirkel, der mit Budé in Verbindung stand. 1524 wurde er Benediktiner, 1527 Weltgeistlicher. Seit 1530 studierte R. in Paris u. Montpellier Medizin; 1532 praktizierte er in Lyon, nach s. Promotion (1537) ließ er sich bis 1540 in Montpellier nieder. In den 30er und 40er Jahren reiste er wiederholt nach Italien, so als Leibarzt des Kardinals Du Bellay nach Rom u. als Begleiter von dessen Bruder Guillaume Du Bellay nach Turin. 1551 verschaffte ihm der Kardinal die Pfründe e. Kanonikus in Meudon, daneben bezog er aus e. Pfarrstelle in der Diözese Le Mans Einkünfte. Bei s. Tode häuften sich von allen Seiten, namentl. auch von Calvin, die Angriffe. R.' Ruhm gründete sich auf vier Bände e. Romanzyklus: *Les horribles et espouvantables aventures de Pantagruel, roy des Dipsodes* (1532), *Vie inestimable du Grand Gargantua, père de Pantagruel* (1534), *Le tiers livre* (1546), *Le quart livre* (1552); s. Autorschaft des *Cinquième livre* (1564) ist umstritten. Der humanist. wie satir. Anteil nahm seit 1546 im Werk merkl. zu, ohne daß das an Nebenhandlungen reiche Geschehen dadurch wahrscheinlicher würde. Die Untaten, Ruhmesgeschichten u. Reisen von Riesen, ihre körperl. u. intellektuellen Sorgen sind in e. imaginären Dimension angesiedelt; geograph. Fakten – im Languedoc, dem Loiretal oder der Ile-de-France – dienen nicht der Steigerung der Glaubhaftigkeit, sondern e. krit. Intention. Die phantast. ep. Welt entlarvt e. überalterte Gegenwart scholast. Intransigenz u. konfessioneller Erstarrung in zwei feindl. Lagern, der R. humanist. Erziehungs-, Studien- u. Existenzmodelle entgegensetzt. Wie der Lyriker Clément →Marot verbindet R.s ›esprit gaulois‹ die ma. mit der Welt der Renaissance. Diese Verschmelzung bringt e. originelle Erzählform hervor, bestimmt von Wortlawinen, phantast. Digressionen u. chaot. Deskriptionen von unvergleichl. Ausmaß. R. erzählt Geschichten u. trägt in ihnen, untrennbar von der Dynamik der Fabel, Ideen der Renaissance vor. Dazu wählt er drei Formen der Satire – direkte Satire nach Art des Erasmus, indirekte durch Personifizierung, vor allem im III. Buch, u. Satire mit allegor. Mitteln (J. v. Stakkelberg). Je nach dem Gewicht, das die Kritik auf Einzelszenen oder den Tenor des Gesamtwerks legt, wird R. insgesamt bald als mehr realist., bald als mehr phantast. Erzähler beurteilt. S. Satire entlarvt e. Wirklichkeit, die in der Lebenspraxis des 16. Jh. auch sprachl. disparat geworden ist; lexikal. Deformationen, stilist. Akkumulationen von hoher kom. Wirkung akzentuieren im Werk diesen Verfall (*Œuvres complètes,* hg. J. Boulenger ^{2}1959, J. Plattard V 1949–59, P. Jourda II 1962). 1611 erschien von Nicolas Horry *R. ressuscité* (n. 1867, hg. N. Goodley, Exeter 1976); im 18. Jh. wurden R.texte modernisiert (III 1741, V 1752).

H. Lefebvre, R., 1955; M. A. Screech, L'évangélisme de R., Genf 1959; L. Schrader, Die R.forschung der Jahre 1950–1960, RJb 1960; M. de Grève, L'interprétation de R. au 16e siècle, Genf 1961; M. Tetel, Étude sur le comique de R., Florenz 1964; J. Plattard, L'œuvre de R., 1967; L. Thuasne, Étude sur R., 1969; J. Paris, R. au futur, 1970; Th. M. Greene, R., Englewood 1970; D. G. Coleman, R., A critical study in prose fiction, Cambridge 1971; F. Rigolot, Les languages de R., Genf 1972; A. Buck (Hg.), R., 1973; C. Mettra, R. secret, 1973; Spezialzss.: Revue des études rabelaisiennes, 1903–12; Humanisme et Renaissance, 1934–40; Études rabelaisiennes, 1956 ff.; J.

Larmat, R., 1973; A. Glauser, Le faux R., 1975; M. Lazard, R. et la Renaissance, 1979; A. Berry, R. homo logos, Chapel Hill 1979; M. Huchon, R. grammairien, Genf 1981; Sondernr. L'Esprit créateur 21, 1981; F. Moreau, Les images dans l'œuvre de R., 1982; V. L. Saulnier, R., 1983; G. Henry, R., 1988; M. A. Screech, Looking at R., Oxford 1988; W. Stephen, Giants in those days, Lincoln 1989.

Racan, Honorat de Bueil, Seigneur de, 5. 2. 1589 Champmarin bei Le Mans – 21. 1. 1670 Paris, e. von →Malherbes bevorzugten Schülern (bis 1608 s. ›Page‹ genannt) u. mit ihm lebenslang befreundet *(Mémoires pour la vie de M.)*. R. schuf die bukol. Dialoge *Les bergeries* (1619), Oden, Epigramme, Sonette, Gelegenheitsgedichte, u. nach 1628 Psalmenübs. als *Odes sacrées.*

L. Arnould, R., II 1896, n. 1970; L. Perceau, F. de Malherbe et ses escholiers, 1932.

Rachel, Elisabeth-Rachel Félix, gen., 28. 2. 1821 Mumpf/Kanton Aargau – 3. 1. 1858 Cannet bei Cannes, Tochter e. jüd. Kaufmanns, Straßensängerin, wurde e. gefeierte Schauspielerin, 1838–55 Com. frçe., trotz unvollständiger Ausbildung am Conservatoire. In wenigen Monaten nach ihrem Debüt stiegen die Einnahmen aus Klassikeraufführungen um das 20fache; durch ihre Kunst blockierte R. die Wirkung des romant. Schauspiels; zudem verließ die →Dorval die Com. frçe. Berühmt war ihre Gestaltung der Titelrolle in *Phèdre* (1843).

J. Janin, R. et la tragédie, 1859; G. d'Heylli, R. d'après sa correspondance, 1882; P. Hagenauer, R., princesse de théâtre et cœur passionné, 1958.

Rachilde (eig. Marguerite Vallette, Ps. Jean de Childra), 11. 2. 1860 Château-l'Évêque / Dordogne – 4. 4. 1953 Paris, verheiratet mit dem Verleger des *Mercure de France,* Vallette, war mit Moréas, Barrès, Samain u. Jarry, über den sie 1928 e. Studie verfaßte, befreundet. R. schrieb Dramen (u. a. *La voix du sang,* 1890; *Mme la Mort,* 1891; *Les accords perdus,* 1937) u. erot. Romane (*M. de la Nouveauté,* 1880; *M. Vénus,* 1884, n. 1977; *Nono,* 1885; *La virginité de Diane,* 1887; *Mme Adonis,* 1888; *Le démon de l'absurde,* 1894; *Les hors-nature,* 1897; *L'heure sexuelle,* 1898; *La jongleuse,* 1900; *La tour d'amour,* 1904; *Le meneur de louves,* 1905; *La haine amoureuse,* 1924; *Mon étrange plaisir,* 1934; *Face à la peur,* 1942; *Œuvres,* 1929). 1948 erschien ihre Autobiographie *Quand j'étais jeune.*

E. Gaubert, R., biographie critique, 1907; A. David, R., homme de lettres, son œuvre, 1924.

Racine, Jean Baptiste, 21. 12. 1639 La Ferté-Milon / Champagne – 21. oder 26. 4. 1699 Paris, 1643 Vollwaise, 1649–56 mit zweijähriger Unterbrechung (1653–55) Schüler in →Port-Royal, entscheidende Prägung durch den Jansenismus, dann am Collège d'Harcourt in Paris; seit 1659 Freundschaft mit La Fontaine. 1659 verfaßte R. e. Sonett auf Mazarin, 1660 e. Ode auf die Vermählung Ludwigs XIV.; 1661–63 Aufenthalt in Uzès bei s. Onkel Antoine Sconin, Rückkehr nach Paris, als sich die Hoffnungen, die ihm Sconin auf e. geistl. Pfründe gemacht hatte, nicht erfüllten; in Paris wartete R. 1663 vergebens auf e. versprochene kgl. Pension. 1664 führte Molière s. erste Trag., *La Thébaïde,* auf; der noch spürbare Corneille-Einfluß nahm in der zweiten Trag., →*Alexandre le Grand* (Urauff. 4. 12. 1665), bereits ab. Die Herrlichkeit Alexanders beruht bei R. weniger auf dem Heroismus als auf der außerordentl. Galanterie des Protagonisten; das Stück geriet zur Huldigung an Ludwig XIV. Nach kurzer Spielzeit entzog Racine Molière die Aufführungsrechte u. übergab sie dem Ensemble des Hôtel de Bourgogne. Im Jahrzehnt 1667–77 erreicht R. den Höhepunkt s. dramat. Schaffens mit →*Andromaque,* der Kom. *Les plaideurs* (1668, nach Aristophanes, *Die Wespen;* Politikersatire u. Berufskomik der Juristen), →*Britannicus,* →*Bérénice,* der Tragédie-ballet *Psyché* (1671, unter Mitarbeit von Molière, Corneille, Quinault), *Bajazet* (1672; türk. Palastintrige nach e. Ereignis aus den 30er Jahren des 17. Jh., vgl. Gabriel Bounin, *La soltane,* 1561), →*Mithridate,* →*Iphigénie* u. →*Phèdre.* R. war mit zwei der bedeutendsten Schauspielerinnen s. Zeit liiert, Thérèse Du Parc (1679 verbreiteten sich Gerüchte, sie sei 1668 von ihm vergiftet worden) u. der Champmeslé, deren ›amant en titre‹ er bis 1674 blieb. Auf Vorschlag von Colbert wählte ihn die Ac. frçe. im Dez. 1672 zu ihrem Mitgl.; 1674 wurde R. zum Rentmeister für Moulins ernannt. Nach der Kabale gegen *Phèdre* (→Pradon) zog er sich 12 Jahre vom Schauspiel zurück. Auf Veranlassung der Maintenon verfaßte er 1689 u. 1691 zwei bibl. Trag., →*Esther* und →*Athalie.* Inzwischen hatte er sich 1677 verheiratet u. war zusammen mit s. Freund Boileau zum kgl. Historiographen ernannt worden; 1690 Beförderung zum kgl. Kammerherrn. Nach 1695 bemühte sich R. um e. Verbesserung der Situation von Port-Royal, 1697 schrieb er an e. →*Abrégé de l'histoire de Port-Royal;* 1698 wurde er des Jansenismus beschuldigt, er rechtfertigte sich gegenüber der Maintenon. Nach längerem Leberleiden starb R. in Paris, Ludwig XIV. gestattete die Beisetzung in Port-Royal. R.s Originalität wurde wiederholt aus der Rivalität zu Corneille (so La Bruyère in s. Antrittsrede vor der Akademie 1693) u. zu Shakespeare (so Stendhal 1823) abgeleitet. Der Unterschied zwischen Racine u. Corneille ist aber nur gradueller, nicht prinzipieller Art: beide bevorzugen in ihren Trag. die motiv. Verbindung von Politik u. Liebe, wobei R. den psycholog. Aspekt stärker betont. Liebe u. Ehre stürzen die Protagonisten in e. heillosen Zwiespalt (vgl. anders Corneilles Voluntarismus). Racines Leitthema ist der schwache Wille, der den Leidenschaften nicht zu widerstehen vermag; äußere Intrigen werden daher überflüssig, der Held kann s. eigenes Unglück herbeiführen, ohne in gefahrvolle Situationen zu geraten. Hauptrollen werden seit *Andromaque* absichtsvoll Frauenfiguren übertragen, weil dies der geistigen Situation der Salonkultur entsprach u. die Entpolitisierung der Fabel förderte. Mit den weibl. Rollen verbunden bleibt die Liebesthematik in allen Nuancen von der scheuen Zärtlichkeit der Aricie oder Monime bis zu den Rasereien der Hermione, Roxane u. Phèdre; die Epigonen waren dieser Tendenz, alles Geschehen mit Regungen der Liebe zu motivieren, nicht gewachsen. R. hat die Schauspielstruktur Corneilles nicht aufgehoben: die 5 Akte (Ausnahme: *Esther*), der Alexandriner, die Distanz-(Ausnahme: *Bajazet*), u. Ständeklausel sowie der Style noble bleiben prinzipiell unangefochten. Die Einheiten störten ihn, der auf äußere Handlungsteile verzichten konnte, kaum; R. reduziert den Wortschatz noch weiter als es Corneille schon getan hatte, er tilgt rigoroser Vergleiche, Metaphern, rhetor. Paraden. Innere Zerrissenheit u. Auflösung der Grammatik entsprechen sich in s. Stil noch nicht. Aus dem festen Glauben an die Vollendbarkeit des Sprachkunstwerks bleibt die dramat. Rede auch dort noch verstandesmäßig klar, wo die Figuren längst aufgehört haben, sich selbst zu rationalisieren. Am Werk R.s glaubten Epigonen handwerkl. Regeln ablesen zu können: Verflechtung von Staatsaktion u. Liebesgeschehen; der Held muß von e. Person, die ihn liebt, in Gefahr gebracht werden (Phèdre – Hippolyte); Spannung entsteht aus der trag. Unwissenheit, wer wessen Feind ist. Mit R. war der Gipfelpunkt in der Entwicklung des klass. Theaters erreicht, die Epoche zwischen s. Werk u. den Erneuerungsversuchen Diderots, Merciers u. V. Hugos ist von Epigonalität gekennzeichnet (*Œuvres complètes,* hg. P. Mesnard IX 1865–73, [2]1912–32, n. 1969 ff.; E. Pilon / R. Picard II 1951 f.; *Théâtre complet,* hg. M. Rat [2]1960; éd. J. Morel / A. Viala 1980).

L. Goldmann, Le dieu caché, 1956; R. Barthes, Sur R., 1960; H. G. Coenen, Elemente der R.schen Dialogtechnik, 1961; M. Blum, Le thème symbolique dans le théâtre de R., II 1962–65; B. Weinberg, The art of R., Chicago/London 1963; J. A. Stone, Sophokles and R., Genf 1964; E. van der Starre, R. et le théâtre de l'ambiguité, Leiden 1966; O. de Mourgues, R. or the triumph of relevance, Cambridge 1967; B. C. Freeman, Concordance du théâtre et des poésies de R., Ithaca II 1968; A.-J. Guibert, Bibl. des œuvres de R. publiées au XVIIe siècle et œuvres posthumes, 1969; K. Biermann, Selbstentfremdung u. Mißverständnis in den Trag. von R., 1969; M. Descotes, R., Bordeaux 1969; M. Eigeldinger, La mythologie solaire dans l'œuvre de R., Genf 1969; M. Delcroix, Le sacré dans les tragédies profanes de R., 1970; M. Gutwirth, R., Montréal 1971; A. Bonzon, La nouvelle critique et R., 1971; L. Goldmann, Situation de la critique racinienne, 1971; J.-J. Roubine, Lectures de R., 1971; M. Turnell, R. dramatist, London 1972; Spezialzs. Cahiers raciniens 1957 ff.; M. Edwards, La tragédie racinienne, 1972; A. Niderst, Les tragédies de R., 1975; W. Theile (Hg.), R., 1976; J.-L. Backès, R., 1981; J. Prophète, Les para-personnages dans les tragédies de R., 1981; M. F. Bruneau, R. Le jansénisme et la modernité, 1986; D. Maskell, R., Oxford 1991; Ch. Surber, Parole, personnage et référence dans le théâtre de R., Genf 1992.

Racine, Louis, 6. 11. 1692 Paris – 29. 1. 1763 ebda., jüngster Sohn von Jean →R., Jurist, Inspecteur général des fermes in der Provence, 1750 Aufnahme in die Ac. frçe. Autor relig. Lyrik (*La grâce,* 1720; *La religion,* 1742), klassizist. Dichtungstheorien (*Traité de la poésie, Réflexions sur la poésie,* 1747) u. der *Mémoires sur la vie et les ouvrages de Jean R.* (1747 u. 1752), die sowohl kulturgeschichtl. wie als Kommentar wertvoll sind (*Œuvres complètes,* VI 1808; *Lettres inédites,* 1862).

Racine et Shakespeare, Essay von →Stendhal, entstanden 1822–25, ED März 1823, Zweitfassung 1826; hg. P. Martino II 1925, R. Fayolle 1970. Stendhals Perspektive ist der hist. Relativismus. Die polit. Revolution hat stattgefunden, die lit. steht erst bevor. Da die tonangebenden Marquis durch das Volk, das ›la soif des actions énergiques‹ entwickelte, verdrängt wurden, kann kein zeitgenöss. Dramatiker mehr so schreiben, wie man im Grand siècle schrieb. Das mod. Publikum verabscheut das Verstheater; der mod. Autor orientiert sich an Shakespeare u. nicht an Racine, obgleich dieser 1823 anders schreiben würde als 1675. Es gibt kein absolutes ›beau idéal‹, daher lautet die Definition des ›romanticisme‹: zeitgenöss. Kunst. Der Begriff Romantik verliert s. Fixierung an e. Periode. ›A bien le prendre, tous les grands écrivains ont été romantiques de leur temps.‹ So auch Racine. Shakespeare ersetzt nicht als neues überzeitl. Modell Racine, s. Werk liefert dem Autor des 19. Jh. Waffen im Kampf gegen klass. Regeln. Duvergier de Hauranne griff in fünf Artikeln des *Globe* (Dez. 1825 – Juni 1826) Stendhals Kriterien auf; Victor Hugo *(→Préface de Cromwell)* forderte weniger Innovationen als Stendhal, der in den 30er Jahren bereits einsah, daß es ›Wahrheit nur noch im Roman geben‹ kann.

Radiguet, Raymond, 18. 6. 1903 Saint-Maur-des-Fossés – 12. 12. 1923 Paris, befreundet mit Cocteau, Satie u. Jacob; Lyriker (*Les joues en feu,* 1920), Autor e. Stücks, *Les pelicans* (1921), berühmt durch die beiden Romane →*Le diable au corps* u. →*Le bal du comte d'Orgel* (*Œuvres complètes,* II 1959); Wirkung auf Françoise →Sagan. Im Nachlaß wurden u. a. ein Libretto *Paul et Virginie* (in Zusammenarbeit mit J. Cocteau, Musik E. Satie) u. Vers libres, deren Autorschaft bisher umstritten ist, gefunden. (*Gli inediti,* hg. L. Garuti delli Ponti, Parma 1967).

H. Massis, R., 1929; K. Goesch, R., étude biographique, 1955; D. Noakes, R., 1968; Cl. Borgal, R., 1969; G. Boillat, Un maître de 17 ans, R., Neuchâtel 1973.

Raimbaut d'Aurenga, Trobador, um 1140/50 – um 1173, Graf von Orange. S. 40 Lieder gelten als frühestes Beispiel kunstvoll-exklusiven Dichtens (Trobar ric; →Trobar clus), sie bereiten die Virtuosität e. →Arnaut Daniel vor. Raimbaut vermied emotionale Verrätselung; mit iron. Spieltrieb stellte er dem herkömml. Natureingang in Maistimmung fünfmal Winterschilderungen entgegen.

W. T. Pattison, The life and works of the troubadour R., Minneapolis 1952.

Raimbaut de Vaqueiras, um 1155 Vacqueyras/Vaucluse – um 1205, Sohn e. verarmten u. viell. geisteskr. Ritters, Ausbildung zum Sänger, hielt sich am Hof von Monferrat auf, auch Verbindung zu den Grafen von Les Baux u. Malaspina, Teilnahme am Sizilienfeldzug Heinrichs VI., danach zum Ritter geschlagen. R. gilt als Autor von 33 Liedern, wobei in sieben Fällen die Autorschaft umstritten ist (hg. J. Linskill, Den Haag 1964), u. e. dreiteiligen ep. Versdichtung, die autobiograph. Aufschlüsse gewährt. Er richtete s. Liebesgedichte vor allem an Beatritz von Monferrat, die Tochter s. Gönners Bonifaz' II. In dem Descort *Eras quan vey verdeyar* sind die Strophen nacheinander in provenzal., ital., franz., gaskogn. u. galiz. Sprache gedichtet, die Tornada vereinigt die fünf Sprachen. Von allen Trobadors wirkte R. durch die Anmut s. Stils am nachhaltigsten auf die Ausformung der älteren ital. Dichtung (Ed. J. Linskill, Den Haag 1964).

Die Trobadors, hg. H. G. Tuchel ²1966.

Raimon de Miraval, 1180 Miraval – nach 1229, Trobador, war mit e. Gauklerin verheiratet, verbrachte die letzten Jahre vielleicht in e. Kloster in Katalonien; überliefert sind 37 Kompositionen, darunter bekenntnishafte Liebesgedichte.

M. Switten, The cansos of R., Cambridge (Mass.) 1985.

Raisonneur, Figur des Kommentators innerhalb e. Schauspiels, vertritt häufig die Auffassung des Autors selbst: Béralde in Molières *Malade imaginaire,* →Philinte in →*Le misanthrope;* didakt. Funktion beim jüngeren Dumas u. Ionesco. In jedem Fall relativiert die R.perspektive die ideellen Konflikte des Dramas.

Raminagrobis, Porträt des Rhétoriqueurs G. →Crétin in →Rabelais' *Tiers livre.*

Ramond de Carbonnières, Louis François, 4. 2. 1755 Straßburg – 14. Mai 1827 Paris, Sekretär des Kardinals Rohan, Naturwissenschaftler, Mitgl. des Institut, Baron u. Mitgl. des Staatsrats (1815–22), schrieb – vielleicht unter dem Einfluß von Goethes *Werther* – den Bekenntnisroman *Aventures du jeune d'Olban* (1777; auch hier endet der Held durch Selbstmord), den Nodier 1829 neu edierte. Die *Élégies* (Yverdon 1778) weisen bereits auf das Naturgefühl der Generation von Lamartine voraus.

H. Béraldi, R. le cardinal de Rohan, ..., II 1919f.; A. Monglond, Jeunesses, 1933; C. Girdlestone, Poésie, politique, pyrénées. R., sa vie, son œuvre littéraire et politique, 1968.

Ramus, Petrus, Pierre de la Ramée, gen., 1515 Cuth/Pikardie – 24. 8. 1572 Paris (Opfer der →Bartholomäusnacht), Stud. am Collège de Navarre, Anhänger des Platonismus, entwickelte gegen die an der Sorbonne herrschende aristotel.-scholast. Lehre e. ›natürl. Logik‹; seit 1551 lehrte R. am Collège de France. Nach s. Übertritt zum Calvinismus 1562 war er Verfolgungen ausgesetzt, mußte Paris verlassen u. las zeitweise an der Univ. Heidelberg über Cicero. S. *Dialectique* (1555), das erste philosoph. Werk in franz. Sprache, bereitete den *Discours de la méthode* von →Descartes vor. Nach R. sollten sich die Wiss. des Franz. bedienen, um aufklärend auf e. breiteres Publikum zu wirken; er plante e. Reform der franz. Grammatik u. der lat. Aussprache u. verlangte überdies die universitäre Berücksichtigung der Nat.wiss. S. Methodenlehre wurde von Bacon beachtet (vgl. auch A. Turnèbe).

R. Hooykaas, Humanisme, science et réforme: Pierre de la Ramée, Leiden 1958.

Ramuz, Charles-Ferdinand, 24. 9. 1878 Lausanne – 23. 5. 1947 ebda., Vater Inhaber e. Kolonialwarengeschäfts, das er 1894 aufgab, um ein Landgut bei Cheseaux zu erwerben; Vorfahren Bauern u. Winzer im Vaud. Als 14- oder 15jähriger schrieb R. erste Versdramen nach romant. Muster; Collège, Pensionat u. Stud. seit 1896 in Lausanne, erst Jura, dann Philologie, Licence de Lettres. Zur Vorbereitung e. Thèse über Maurice de Guérin ging R. nach Paris, statt der geplanten sechs Monate blieb er dort fast zwölf Jahre (1902–14). R. entschied sich gegen die Lit.wiss. für die Dichtung. Seit 1903 erschienen Gedichte, Erzählungen u. Romane (deskriptive Lyrik *Le petit village,* Genf 1903, das Leben in Cully; Romane *Aline,* 1905; *Les circonstances de la vie,* 1907; *Jean-Luc persécuté,* 1909; *Aimé Pache, peintre vaudois,* 1911). In dieser frühen Schaffensperiode stellt R. vor allem Einzelschicksale in traditionellen Romanformen dar. Seit der Rückkehr an den Genfer See bemüht sich der Erzähler, den die Freundschaft mit Strawinsky u. die Lektion von Cézanne zu neuen ästhet. Einsichten brachte, um Darstellung von Natur- und Menschheitskatastrophen (*Le règne de l'esprit malin,* 1914; *La guérison des maladies,* 1917; *Les signes parmi nous,* 1919; *Présence de la mort,* 1925; *L'amour du monde,* 1925). Die Künstlichkeit dieser Werke rührt wohl daher, daß R. metaphys. Probleme darstellte, die ihm persönl. fremd waren; er vermochte nicht plausibel zu machen, warum der Mensch vor der unverwandelbaren Natur stets e. Ausgestoßener bleibt. Seit den 20er Jahren gelang R. jedoch e. Erneuerung der Erzählform, er wählte konzentr. Kompositionen u. e. oft litaneihaft schwerflüssige Sprache (*La séparation des races,* 1922; →*La grande peur dans la montagne, Farinet ou la fausse monnaie,* 1932; *Adam et Ève,* 1932; *Le garçon savoyard,* 1936; *Si le soleil ne se levait pas,* 1937; *Œuvres complètes,*

XXIII 1940–54; *Lettres 1900–18,* 1956; *Lettres 1919–47,* 1959). Im lyr. Manifest *Passage du poète* (1923) u. Briefen an die Verleger Grasset u. Mermod entwickelte R. die Gründe für s. Verzicht auf globale Mythen u. s. Hinwendung zur konkreten Lebenspraxis s. engeren Heimat. Seit 1914 lebte R. mit kurzen Unterbrechungen am Genfer See, seit 1930 in Pully, von s. Landsleuten u. offiziell geehrt (*Journal 1896–1942,* 1943; *Journal 1942–47,* 1949). R. war der erste Schriftsteller der franz. Schweiz, der dichter. Eigenständigkeit errang, dabei das roman. Erbe, wie es im Titel der von R. mitbegründeten Zs. *La Voile latine* (1904 ff.) programmat. ausgedrückt ist, nicht verleugnete. Doch allein in der Ursprünglichkeit e. erdverbundenen Lebens liegt für R. die Grundlage dichter. Schaffens. Damit erhob er sich über den folklorist. Roman, der nur e. pittoresken Rahmen abbildet.

Th. Bringolf, Bibl. de l'œuvre de R., Lausanne 1942; D. de Rougemont, Vues sur R., Neuchâtel 1945; Ch. Guyot, Comment lire R., 1946; W. Günther, Gotthelf u. R., Lausanne 1946; M. Zermatten, Connaissance de R., 1947; S. F. Baridon, Orientamenti sull'arte di R., Mailand 1948; A. Béguin, Patience de R., Neuchâtel 1950; R. Marclay, R. et le Valais, Diss. Lausanne 1950; V. Cuenod, Les années d'apprentissage de R. à Paris, Thèse Paris 1953; G. Guisan, R. ou le génie de la patience, Lausanne 1958; E.-M. Nagel, Die Dichtungstheorie von R. u. ihre Darstellung im Werk, Diss. Tübingen 1960; C. R. Parsons, Vision plastique de R., Québec 1964; M. Nicod, Du réalisme à la réalité. Evolution artistique et itinéraire spirituel de R., Genf 1966; Y. Guers-Villate, R., 1966; R., ses amis et son temps, Lausanne VI 1967–70; M. Dentan, R., l'espace le la création, Neuchâtel 1974, G. Froidevaux, L'art et la vie: l'esthétique de R., Lausanne 1982.

Raoul de Cambrai →Empörerepen.

Raoul de Houdenc, Ende 12. Jh. – 1. Hälfte 13. Jh., ahmte in e. arthur. Roman, *Meraugis de Portlesguez* (5938 Verse), sowie zwei allegor. Dichtungen, *Songe d'enfer* (682 Verse) u. *Le roman des ailes* (660 Verse, krA K. Busby, London 1983), →Chrétien de Troyes u. ältere Darstellungen der Jenseitsreise (→Bernard Silvestre, →Alain de Lille) nach. Neu sind Traumbeschreibungen in der ersten Person u. die personifizierten Laster als Stationen der Traumreise. S. *Songe d'enfer* (krA M. Timmel Mihm 1984) war e. bedeutendes Beispiel der Verweltlichung der religiösen Allegorie.

V. Jundert-Forrer, R., e. franz. Erzähler des XIII. Jhs., Bern 1960; D.D.R. Owen, The vision of hell, 1970.

Rapin, Nicolas, um 1535 Fontenay-le-Comte – 13. 2. 1608 Poitiers, Jurist, Bürgermeister s. Heimatorts, 1573 Vizeseneschall des Bas-Poitou, 1584 Grand Prévôt der Connétablie von Frankreich, kämpfte im Heer Heinrichs IV.; Übs. (lat. Dichtung sowie Ariost), Lyriker (*Ode de la paix,* 1563; *Les plaisirs du gentilhomme champestre,* 1583) u. Mitautor der →*Satire Ménipée.* Für s. bukol. Dichtung nahm R. vor allem Horaz zum Vorbild (*Œuvres* I, krA J. Brunel 1982).

Rastignac, Eugène de, Romanfigur der *Comédie humaine* von Balzac, spielt u. a. e. Rolle in →*Le père Goriot* u. →*Les illusions perdues,* wo er, e. gewandter Dandy, Lucien de Rubempré der Lächerlichkeit aussetzt. R. wird zum mod. Typus im Pamphlet *Lettre à un jeune R.* (1958) von M. Déon.

Ravaillac, François, 1578 Angoulême – 27. 5. 1610 Paris (hingerichtet), Laienbruder im Orden der Feuillants, fanatisierter Mörder →Heinrichs IV. Er wurde dafür zum Tode verurteilt u. von Pferden in Stücke gerissen. Im anonym erschienenen Dialog *R.* (1771) ver-

teidigt der Beichtvater R.s gegenüber e. jungen Hugenotten, dem Pagen von Sully, das Verbrechen u. argumentiert mit rigoroser Theologie gegen aufklärer. Moralvorstellungen.
R. Mousnier, Ein Königsmord in Frkr., 1970.

Raynal, Guillaume Thomas, 1711 Saint-Geniez/Rouergue – 1796 Paris, Jesuit, später Weltgeistlicher, Anhänger der Aufklärung seit 1746, Korrespondent der Hzgin. Luise-Dorothea von Sachsen-Gotha 1747–51 u. 1754–55; Autor der *Histoire philosophique et politique des établissements et du commerce des européens dans les deux Indes* (IV 1770, bis 1789 ca. 30 Auflagen, anonyme Mitarbeit Diderots u. wahrscheinl. weiterer Enzyklopädisten), derentwegen er verfolgt u. 1775 aus Frkr. vertrieben wurde. R.s Kritik an der jakobin. Intoleranz führte 1791 zu s. Enteignung, er starb im Elend.

Raynal, Paul, 25. 7. 1885 Narbonne – 20. 8. 1971 Paris, Jurastudium, Dramatiker, der durch patriotischen Tenor dem tragischen Schauspiel Breitenwirkung verschaffte (→*Le maître de son cœur,* →*Le tombeau sous l'Arc de Triomphe; La Francerie,* 1933; *Le matériel humain* , 1935, Urauff. 1947; *Napoléon unique,* 1937; *A souffert sous Ponce Pilate,* 1941; *Tous les saints du paradis,* 1946). Allerdings war s. Rhetorik nicht geeignet, die Souveränität des Worttheaters zu sichern.

Raynouard, François-Juste-Marie, 18. 9. 1761 Brignoles / Var – 27. 10. 1836 Passy, Jurist, Girondist, Autor hist. Dramen (*Caton d'Utique,* 1794; *Les templiers,* 1807) u. bahnbrechender philolog. Stud., namentl. über das Provenzal., in dem er irrtümlicherweise das hist. Bindeglied zwischen dem Lat. u. den übrigen roman. Sprachen sah (*Grammaire romane,* 1816; *Choix de poésies originales des troubadours,* VI 1816–21, n. VII 1966; *Lexique roman ou dictionnaire de la langue des troubadours,* VI 1836–44, Fortsetzung von E. Lévy, VIII 1894–1924).

Réage, Pauline, offenbar Ps. von Dominique Aury (geb. 1907), Generalsekretär *NRF,* Autor von *Poètes précieux et baroques* (1942), unter dem die erot. Romane *L'histoire d'O* (1964) u. *Retour à Roissy* (1969) erschienen sind.

Réalisme, programmat. Zs., die Louis →Duranty von Juli 1856 – Mai 1857 herausgab. Prinzipiell wurde von Duranty der Vorwurf erhoben, die Romantik habe in der Kunst nur die Form revolutioniert, ohne sich um den Sinn zu bemühen. Die Diskussion in *R.* beschäftigte sich mit zwei Gattungen, mit dem Roman u., weniger engagiert, mit dem Drama. Als Erzähler soll der Realist nützl., nicht nur unterhaltsam sein; *Madame Bovary* wurde kritisiert, da der Aufbau der Handlung allzu arithmet. geblieben u. die Fabel mit den Lebensbedingungen der Massen nicht konform sei. Außer dem Theorem, ›étudier non seulement l'homme, mais son état social‹ (vgl. schon Jouy, Balzac) gilt zweierlei: Die Lebenspraxis des Volkes wird literaturwürdig, u. das Volk kann realist. Lit. begreifen. Duranty u. Max Buchon transponieren das polit. Demokratieideal in die ästhet. Reflexion. Da das Volk in Politik, Ethik u. Religion als kompetent angesehen wird, wäre es nicht log., ihm die Befähigung zur Beurteilung ästhet. Fragen abzusprechen. Die nachgeholte Geschmacksrevolution, von der schon Vitet sprach, wäre also vollzogen.

Hist. Stoffe verlieren für diese Leserschicht an Wert. Der Realismus, wie er in der Zs. *R.* von Duranty u. s. Mitarbeitern, u.a. auch Thulié, vertreten wurde, modifizierte den positivist. Ansatz. Zur Debatte steht nicht nur, wie sich e. Wirklichkeitszusammenhang auf Objekte u. Objektbezüge reduziert, so daß das erkennende Subjekt darin aufgeht, wenn das empir. Faktum die Idee ersetzt, hypostasiert wird vielmehr, daß e. Außenwelt existiert, gleichgültig, nach welchem Verfahren wir sie prakt. u. ästhet. realisieren. Da das Konkrete aber vorgegeben ist, wird dem Autor Genauigkeit bei der Recherche u. der stilist. Bewältigung abverlangt.

E. Bouvier, La bataille réaliste (1844–57), 1914; H. U. Forest, R. journal de Duranty, Modern Philology 1927; B. Weinberg, French realism: The critical reaction 1830–70, Chicago 1937; M. Crouzet, Le journal R., Thèse Paris 1965; Ch. Bruneau, L'époque réaliste, (in: F. Brunot, Histoire de la langue frçe., Bd. 13), 1972.

Realismus, Stil- u. Epochenbegriff (Mitte 19. Jh.), der Wirklichkeitsnähe, Interesse für die Lebenspraxis aller Klassen u. zeitgenöss. Konflikte meint. Idealtyp. ist R. weder theoret. faßbar noch in e. dichter. Praxis verwirklicht. Seit den 20er Jahren bezeichnet er in Frkr. die Abkehr von idealist. Personen- u. Verhaltensbezeichnung. Th. Gautier definierte R. 1841 als ›imitation de la nature telle qu'elle est‹ (*Revue de Paris,* April), für A. Houssaye waren bereits 1846 R. u. Naturalismus Synonyme *(Histoire de la peinture flamande et hollandaise).* Dem Dilemma der Autoren angesichts ihres Wirklichkeitsbegriffs u. der angemessenen Form s. künstler. Gestaltung (→Duranty, →Réalisme, →Murger, →Buchon, →About, →Monnier, →Desnoyers, →Champfleury; weder Flaubert noch die Goncourts identifizierten sich mit ihren Zielen) entspricht ein Pluralismus der wiss. R.definition. Diese reicht von der Bezeichnung für Mimesis über die Nähe zur niederen Wirklichkeit im Sinne der Stiltrennungsregeln, die Darstellung von Banalem in ernster Form bis zur dogmat. soziolog. Lit.motivation u. Wiedergabe typ. Entscheidungen in typ. Situationen (Aragon, →*Pour un réalisme socialiste,* →*Le monde réel*). Gegenstand der Nachahmung in Roman u. Drama ist in Frkr. von den 20er bis in die 80er Jahre des 19. Jh. (→Naturalismus, →Goncourt, →Zola) immer seltener e. bereits lit. vorgebildete Welt; spätestens seit der →*Comédie humaine* von Balzac wird die Verwissenschaftlichung der Mimesis immer dringlicher gefordert. So trennt auch die Kritik, wo sie sich mit dem R. auseinandersetzt, in den 50er Jahren die Darstellungsmethode als entscheidendes Merkmal realist. Lit. von der Wahl des Gegenstandes. Damit wurde Flaubert, der mit Champfleury u. Desnoyers keine Gemeinsamkeit gelten lassen wollte, als Realist charakterisierbar. Im Widerspruch dazu stehen andere Artikel u. Rezensionen um 1860, die den Terminus R. krit. akzentuieren u. darunter e. Mangel an stilist. Kraft verstehen. Doch war die Umkehrung e. Hierarchie, die bisher das Gefühl über die phys. Empfindung, das lit.würdige Sujet über e. tabuiertes gestellt hatte, unwiderrufl. eingeleitet.

P. Martino, Le roman réaliste sous le Second Empire, 1913; B. Weinberg, French realism: The critical reaction 1830–70, Chicago 1937; G. Robert, Le réalisme devant la critique littéraire 1851–61, RSH 1953; R. Dumesnil, Le réalisme et le naturalisme, 1965; R. Wellek, Der R.begriff in der Lit.wiss. (in: Grundbegriffe der Lit.kritik), 1965; E. Auerbach, Mimesis, [4]1967; J. Kleinstück, Wirklichkeit u. Realität. Kritik e. mod. Sprachgebrauchs, 1971; W. Engler, Die Vorbereitung der franz. R.diskussion im 19. Jh., ZfSL 1971; St. Kohl, R. Theorie u. Geschichte, 1977; P. Barbéris, Aux sources du réalisme, 1978; K. Heitmann, Der franz. Roman von Stendhal bis Flaubert, 1979.

Reboux, Paul (eig. Paul-Henri Amillet), 21. 5. 1877 Paris – 14. 2. 1963 Nizza, Journalist, Autor gastronom. u. pädagog. Bücher, hist. Romane (*Madame Du Barry,* 1932; *Liszt ou les amours romantiques,* 1939; *Les deux amours de Cléopâtre,* 1940; *Lady Hamilton,* 1948; *Marie Stuart,* 1948; *La belle Gabrielle,* 1957), schrieb zusammen mit Ch. Muller Serien oft platter Pastiches, *A la manière de ...* (1908–51). 1956 erschienen *Mes mémoires.*

Récamier, Jeanne-Françoise-Julie-Adelaïde, 4. 12. 1777 Lyon – 11. 5. 1849 Paris, verheiratet mit e. Bankier, Beziehungen zu Mme de Staël, Constant u. Chateaubriand, in ihrem Salon traf sich die Opposition gegen Napoleon; 1811 wurde R. verbannt, Rückkehr erst nach Napoleons Sturz (1814). Ihr Salon wurde in den folgenden Jahren zum Treffpunkt der Anhänger der Restauration (*Souvenirs et correspondances tirés des papiers de R.,* II 1859; *Lettres de B. Constant à R.; Lettres de Mme de Staël à R.,* 1952). M. Rostand machte sie zur Hauptfigur e. Dramas (*Madame R.,* 1949). Vom Briefwechsel (1807–30) mit B. Constant, den L. Colet 1864 hg. hatte, liegt e. krA von E. Harpaz (1977) vor.

J. Bertaut, R., 1947; M. Levaillant, Une amitié amoureuse: Mme de Staël et R., 1956; Duc de Castries, R., 1971.

Récits d'un ménestrel de Reims (1260), Anekdoten e. unbekannten Autors, meist hist. Begebenheiten (Kreuzzüge, Friedrich II., Geschichte Flanderns u. Englands), außerdem Tierfabeln.

Reconnaissance, Wiedererkennung, auch als Selbstidentifikation des Helden, franz. Bezeichnung für Anagnorisis; die R. ist ein romaneskes Darstellungsmittel vor allem der Barocklit.; während Jean Racine nie damit arbeitete, Corneille nur in →*Don Sanche d'Aragon* u. *Héraclius,* löste der ältere Crébillon in fünf s. neun Trag. den Konflikt mit melodramat. Effekt durch R. Sie bleibt im 18. u. 19. Jh. (Voltaire, *Adelaïde du Guesclin* II, 1–3; La Motte, *Œdipe,* 1726; Gresset, →*Édouard III,* Dumas, *La tour de Nesle,* Labiche, *Le chapeau de paille*) ein beliebtes Mittel zur Herstellung äußerl. Spannung (→Méprise).

Recueil et pensées, Titel, den Chateaubriand als Hg. den nachgelassenen Texten von Joseph →Joubert gab, TA 1838; vollständige EA u. d. T. *Pensées,* besorgt von A. Beaunier 1938. Der Moralist Joubert wählte die diskontinuierl. aphorist. Darstellung, da sie ihm als Abbild der wechselvollen Unordnung des Daseins galt; die Gedanken folgen dem Fluß des Erlebens. Grundsätzl. löst Joubert dabei polit. Kategorien in moral. u. ästhet. auf und leugnet den aufklärer. Fortschritt. Die platon. Ideenlehre dient ihm zur Begründung s. relig. Haltung, in der er endl. s. Identität findet. ›L'homme est un animal religieux‹ bedeutet für ihn, daß Religion zur Poesie des Herzens werden soll (vgl. Chateaubriand, *Génie du christianisme*). Da er die relig. Idee akzeptiert, bekennt er sich auch zur bestehenden Form der Kirche, die s. Bedürfnis nach Schönheitsgenuß entsprach. Im Prinzip des ›beau céleste‹ kulminiert für ihn der Sinn der Welt – es bestätigt ihm die Essenz hinter den Erscheinungen.

F. Schalk, Franz. Moralisten, Neue Folge, 1940.

Réflexions critiques sur la poésie et la peinture, ästhet. Schrift des Abbé →Dubos, zweibänd. EA 1719, erweiterte dreibänd. Fassung 1770. Versuch e. auf der Empfindung gegründeten u. stellenweise bereits determinist. Ästhetik; verarbeitete Theorien von Saint-Évremond, Fontenelle u. Fénelon. Dubos kritisiert die Ungeschichtlichkeit der klass. Bühnenhelden sowie die Erklärung gewaltiger polit. Vorgänge aus Liebeskonflikten in der Dichtung des 17. Jh. Er löst den anthropolog. Universalismus auf, wenn er Kreativität u. Imagination auch unter den Einfluß der Klimazonen stellt (vgl. später Montesquieu, Mme de Staël). Entsprechend relativ sind Geschmacksnormen; diese Theorie wird im 18. Jh. u. a. von Condillac weiter diskutiert. Dichter. Genialität ist e. individuelle Eigenschaft, die beim Autor schon früh erkannt werden kann, Kompositionsfehler u. Regelverstöße verdecken keine Innovation. Für ihre richtige Bewertung gewinnt die spontane Reaktion des Publikums als Kriterium an Gewicht.

E. Teuber, Die Kunstphilos. des Abbé Dubos, Zs. f. Ästhetik u. allgemeine Kunstwiss., 1924; P. Bürger, Stud. zur franz. Frühaufklärung 1972.

Réflexions et maximes, Aphorismen von →Vauvenargues, EA im Anhang zur *Introduction à la connaissance de l'esprit humain* 1746, krA J. Charbonnel 1934. Die *R.* handeln von den schon traditionellen Themen der Moralistik: der Kapazität des menschl. Geistes, dem Verhältnis von Tugend u. Ruhm, e. pragmat. Religiosität, der Dichotomie von Vernunft u. leidenschaftl. Gefühl. Nachdrücklicher als s. Vorgänger (→Montaigne, Descartes, →Pascal, →La Rochefoucauld, →La Bruyère) bekennt sich Vauvenargues zu e. Definition des Menschen als emotionalem Wesen. In Sinn und Form – Vauvenargues spricht bald in Gleichnissen u. Allegorien, bald formuliert er s. Ideen mit lakon. Direktheit u. iron. Pointierung – konkurriert der Autor der *R.* vor allem mit La Rochefoucauld, den er zunächst als rigorosen Pessimisten mißverstanden hat. Gefühle u. Leidenschaften sind die Impulse der prakt. Aktivität u. des Denkens. Daher gilt: ›Das Gefühl unserer Kräfte steigert sie.‹ ›Wir verdanken den Leidenschaften vielleicht die größten Vorzüge des Verstandes.‹ ›Große Gedanken entspringen dem Herzen.‹ Vauvenargues weiß, daß die Reichweite eines Axioms von s. Stimmigkeit abhängt. ›Eine Maxime, die erst bewiesen werden muß, ist schlecht formuliert.‹ Die geforderte Selbstverständlichkeit setzt die Kenntnis des Adressaten voraus; für Vauvenargues, der das Profane wie die Masse haßt, ist es die geistige Elite s. Zeit.

F. Schalk, Franz. Moralisten, o. J.; F. Hinrichs, Maximenformen bei La Rochefoucauld u. Vauvenargues, Diss. Hamburg 1960.

Réflexions ou sentences et maximes morales, von François de →La Rochefoucauld, Aphorismenslg., Ende 1658 begonnen, anonyme TA Den Haag 1664 u. d. T. *Sentences et maximes de morale,* vom Autor selbst publizierte Ausgaben unter dem erweiterten endgültigen Titel Dez. 1664 (Titelblatt trägt jedoch 1665); 1666, 1671 u. 1678 überarbeitete u. erweiterte Fassungen, wobei sich schließl. die Zahl der Maximen fast verdoppelt hat (rd. 500); hg. D. Secretan, Genf 1967, J. Truchet ^{2}1972. Im preziösen Kreis der Mme de Sablé wurde der Autor mit lit. Gesellschaftsspielen (Liebeskasuistik, Porträts, Sprichwörter, Sentenzen) vertraut; ursprüngl. liebenswürdige Bagatellen wecken s. moralist. Interesse: Sinnfragen der Theologie, Didaktik u. Ethik beschäftigen den ›honnête homme‹. La Rochefoucaulds Maximen verarbeiten außer Verhaltensanalysen u. Lebensregeln aus der ital. u. span. Lit. (Castiglione, Gracián) e. augustin. getönten Skeptizismus angesichts der Liebe; abweichend von s. Freunden leitet der Autor jedoch auch die Freundschaft aus egoist. Interessen ab. Tapferkeit, Güte, Milde folgen nicht minder heuchler. Antrieb; alle sogen. angeborenen Tugenden sind an Laster gebunden, dies nach dem Motto der Aphorismenslg.: ›Nos vertus ne sont le plus souvent que des vices déguisés‹. La Rochefoucaulds bittere Einsicht in den moral. Niedergang wurde sowohl von Autoritäten (Jansenismus) wie durch eigene Erfahrungen während der Fronde bestätigt. Als Moralist teilt er nicht Descartes' stringenten Voluntarismus, wenn er bemerkt: ›Nous avons plus de force que de volonté, et c'est souvent pour nous excuser à nous-mêmes que nous nous imaginons que les choses sont impossibles‹ u. ›Nous promettons selon nos espérances et nous tenons selon nos craintes‹. In solchen Selbsttäuschungen enthüllt sich das Wesen des Menschen; La Rochefoucauld sieht s. Aufgabe nicht im Entwurf e. idealist. Anthropologie, sondern in der Demaskierung psych. Motivation. Er thematisiert die Verheimlichung u. Verdrängung individueller Neigungen, wo sie im Widerspruch zu sozialen u. moral. Tabus stehen. Die meisten Zeitgenossen folgten dem Autor der *R.* in s. pragmat. Pessimismus, den sie für programmat. hielten, nicht; tatsächl. weisen aber s. antiidealist. Analysen auf den ›philosophe ignorant‹ Voltaire voraus, was die Aufdeckung scheinbar absoluter Prinzipien betrifft. Nun lag die Innovation der Aphorismen des Hzg.s nicht in e. von der spezif. Sprachform ablösbaren Ideologie, sondern im schriftsteller. Vermögen, einen Gedanken auf e. konzise Formel zu bringen. In solchen Fällen, wo die Entstehungsgeschichte einzelner Maximen verfolgt werden kann, läßt sich nachweisen, daß die Frühfassung meist sehr viel weniger spontan u. einfallsreich erscheint als die endgültige Formulierung; was als Eingebung des Augenblicks, als Notiz aus e. Salongespräch erscheinen mag, ist in Wirklichkeit das Ergebnis konzentrierter stilist. Bemühungen (M. Kruse). Die *R.* waren darum zur Lektüre bestimmt; der kompetente Chevalier de →Méré warnt 1677 vor der Verwendung von Maximen in der Unterhaltung, es sei denn in parodierender Absicht. Die Salonkultur war Voraussetzung der Aphorismen La Rochefoucaulds in dem Sinn, daß die Texte erkennen lassen, für welches Publikum sie primär verfaßt wurden: gebildete Adlige u. Bürger, die an psycholog. Fragen interessiert sind. Zwar bemängelte später Vauvenargues, der Hzg. sei im Unterschied zu →La Bruyère als Moralist wohl e. Denker, jedoch kein großer ›Maler‹ gewesen, Voltaire stellte dagegen lapidar fest, für die Geschmacksbildung während der Ära des Roi-Soleil sei kein Werk maßgebender geworden als die *R.*

J. Marchand, Les manuscrits originaux des Maximes, 1935; G. Hess, Zur Entstehung der Maximen La Rochefoucaulds, 1957; M. Kruse, Die Maxime in der franz. Lit., 1960; G. MacNeill, French criticism of La Rochefoucauld and his Maximes up to 1925, Diss. Univ. of Columbia 1967; J. de Bazin, Le vocabulaire des Maximes de La Rochefoucauld, 1967; A. Bruzzi, La formazione delle Maximes di La

Rochefoucauld attraverso le edizioni originali, Bologna 1968; Ph. Sellier, La Rochefoucauld, Pascal, Saint Augustin, RhlF 1969; L. Ansmann, Die Maximen von La Rochefoucauld, 1972.

Réflexions sur la poétique von →Fontenelle, rationalist. Analyse der scheinbar vernunftbegründeten klass. Poetik.

Refrain, Kehrreim in stroph. Dichtung, meist am Strophenschluß; obligat in der Ballade, dem Rondeau u. Triolet, gelegentl. von sprichwörtl. Prägnanz (›Il n'est bon bec que de Paris‹, Villon).

Refuge, Auswanderung franz. Protestanten nach der Revokation des Edikts von Nantes (→Heinrich IV.) am 18. 10. 1685, der bereits jahrzehntelange Beschränkungen der Kultfreiheit vorangegangen waren. Bis 1715 verließen ca. 500 000 Hugenotten Frkr. u. siedelten sich vor allem in London, den Niederlanden, Hessen, Hannover, der Schweiz (bes. in Genf) u. Preußen an. Für Frkr. bedeutete die Emigration – im Unterschied zur späteren Flucht der Aristokraten u. Kleriker vor der Revolution – e. empfindl. Verlust an ökonom. Wissen u. an Kapital. Die Auseinandersetzung der Hugenotten im Exil mit dem Absolutismus führte zu theolog. Kontroversen innerhalb der reformierten Lehre u. zur Ausbildung frühaufklärer. Leitbilder, namentl. durch →Bayle.

E. Haase, Einführung in die Lit. des R., 1959; M. Magdelaine/R. v. Thadden, R. huguenot, 1985.

Regain (1931), Roman von Jean →Giono, letzter Band der Pan-Trilogie, vgl. auch →*La colline.* Die Landnahme des Jägers Panturle in Aubignane u. s. archaische Familiengründung versinnbildlichen die Metamorphose des Nomaden in den provenzal. Siedler. Als die Piemontesierin ›zia‹ (Tante) Mamèche, die in e. der verlassenen Hütten wohnte, das Hochland verläßt, wird Panturle sich s. Einsamkeit bewußt. Er findet in Arsule, der ehemaligen Jahrmarktstänzerin e. neue Gefährtin. G.s Stil erreicht in *R.* mit Anaphern, Dreiklängen u. paratakt. Satzverknüpfung e. kunstvolle Urtümlichkeit des Ausdrucks.

Régence, 1715–1723, Regentschaft des Hzg.s von Orléans vom Tod Ludwigs XIV. bis zur Volljährigkeit Ludwigs XV., Epoche der polit., philosoph., eth. und ästhet. Krise (vgl. Destouches, Lesage, Duclos, Marivaux, Prévost, Voltaire, Montesquieu, Saint-Simon, Fréret, L. Racine). Bis ins 19. Jh. galt der freizügige Erzähler →Crébillon als typ. Autor der R.; dazu stellte Th. Gautier in der Vorrede zu *Mademoiselle de Maupin* fest, Crébillon sei ebenso sehr das Produkt der Unmoral während der R., wie er durch die Libertinage s. Werke zur Lockerung der Sitten beigetragen habe.

R. Centre aixois d'études et de recherches sur le 18e siècle, 1970.

Régnard, Jean-François, 7. 2. 1655 Paris – 4. 9. 1709 Dourdain/Essonne, Kaufmannsfamilie, Reisen nach Skandinavien u. Italien, dabei 1678 von alger. Korsaren gefangengenommen u. bis 1679 festgehalten (unverläßl., z. T. romanhafte Reiseberichte). R. schrieb 1688–94 Schwänke für die Com. italienne, z. T. in Zusammenarbeit mit →Dufresny (*Le divorce joué,* 1688; *Arlequin homme à bonnes fortunes,* 1690; *La coquette ou l'académie des dames,* 1691), bis 1697, als er sich zum Molière s. Epoche berufen glaubte, mittelmäßige Charakter- u. Sittenkom.

für die Com. frçe. (*Le joueur*, Urauff. 19. 12. 1696, Plagiatstreit mit Dufresny; *Le distrait*, 1697), nach 1700 kehrte er zum Lustspiel zurück (*Le retour imprévu*, 1700; *Les folies amoureuses*, 1704; *Les ménechmes*, 1705; *Le légataire universel*, 1708). R.s Begabung zeigte sich in szen. Details, Situations- und Wortkomik (Nähe zur Commedia dell'arte), während er der Struktur der Intrige weniger Aufmerksamkeit schenkte (*Œuvres complètes*, II 1874; A. Calame [Hg.], *Comédies du Théâtre italien*, 1981).

P. Toldo, Études sur le théâtre de R., RhlF 1903–1905; A. Calame, R. Sa vie et son œuvre, 1961; D. Moser Medlin, The verbal art of R., New Orleans 1966; W. L. King, The treatment of Commedia dell'arte characters in the dramatic works of R., Dufresny and Marivaux, Diss. Chapel Hill 1968.

Régnier, Henri de, 28. 12. 1864 Honfleur – 23. 5. 1936 Paris, heiratete 1896 Marie, die Tochter des Dichters →Heredia; 1911 Wahl in die Ac. frçe. S. Verhältnis zum Symbolismus blieb distanziert, vor allem die metr. Innovationen von →Corbière, →Kahn u. →Rimbaud lockten ihn nicht; bei R. festigten sich im Laufe der Entwicklung die traditionellen Gattungen. Die Preziosität nahm ab, der eleg. Ton s. Verse, mit André Chéniers Gestimmtheit verwandt, blieb ohne Preisgabe des Niveaus derselbe (*Les lendemains*, 1885; *Apaisements*, 1886; *Épisodes, sites et sonnets*, 1891; *Les jeux rustiques et divins*, 1897; *Les médailles d'argile*, 1900; *La cité des eaux*, 1902; *La sandale ailée*, 1906; *Le miroir des heures*, 1911; *Vestigiae flammae*, 1921; *Œuvres. Poésie*, VII 1922–31). Im metabol. Programmgedicht *Le vase (Jeux rustiques et divins)* erklärt der Lyriker wie →Mallarmé u. →Valéry den Schöpfungsakt zum Inhalt der Kunst. An den Distichen der *Élégie double*, am Sonett *Portraits des mains (Les médailles d'argile)* kann abgelesen werden, welche Macht das Vanitasbewußtsein über R. gewonnen hat. Die anaphernreiche *Odelette (Jeux rustiques et divins)*, die der Form nach an Ronsard, Chénier u. Leconte de Lisle erinnert, verkündete ohne die herkömml. mytholog. Befrachtung e. mittelmeer. Idealwelt, in der sich seel. Kontraste in ästhet. Genuß umwandeln. In Romanen bildete R. e. Sensibilität nach, wie sie der Lit. des 18. Jh. eigen war (*Le mariage de minuit*, 1903; weitere Erzählungen *Œuvres romanesques*, V 1929 f.).

P. Léautaud, R., 1904; J. de Gourmont, R. et son œuvre, 1908; H. Berton, R., le poète et le romancier, 1910; E. Jaloux, Souvenirs sur R., Lausanne 1941; H. Morier, Le rhythme du vers libre symboliste, Bd. 2: R., Genf 1943; Bouvier-Sunière, R., poète de l'amour, 1945; E. Buenzod, R., Avignon 1966; M. Maurin, R. Le labyrinthe et le double, Montréal 1972.

Régnier, Jehan, Ende 14. Jh. Auxerre – 1467, in burgund. Dienst, geriet 1432 in franz. Gefangenschaft, verfaßte hier die autobiograph. Dichtung *Fortunes et adversitez*, in der Reflexionen mit Verserzählungen und Refraingedichten abwechseln (hg. E. Droz 1923).

Régnier, Mathurin, 21. 12. 1573 Chartres – 16. 10. 1613 Rouen, Neffe von →Desportes, Sekretär des Kardinals François de Joyeuse, seit 1605 in Paris, wo er in Humanistenkreisen verkehrte, 1609 Kanonikus zur Chartres und Empfänger e. kgl. Rente, R. gelingt es, nach dem Vorbild von Horaz u. Ovid, die franz. Satire (*Satyres*, 1603–13, 19 Texte in Alexandrinern) zur seriösen lit. Gattung zu erheben, dadurch stellte er sich den Karikaturisten u. Polemikern Berthelot, Motin u. Sigogne entgegen; gleichzeitig bekämpfte er, der Rabelais, Montaigne u. die ital. Satiriker (vor allem Berni) schätzte, Malherbes Antihumanismus. Die Unregelmäßigkeit s. Gedichte war kunstvoll; als Themen wählte er das Hofleben, die Ehrsucht, menschl. Torheit, Unverläßlichkeit der Vernunft, den Liebesschmerz (außerdem *Inscriptions,* 1610; *Œuvres complètes,* hg. J. Plattard 1930, n. G. Raibaud 1958).

J. Vianey, R., 1896, n. Genf 1969; P. Perceau, R. et les satyriques, 1930; K. F. Reger, R.s lit. geschichtl. Bedeutung, Diss. München 1937; R. Mollan, La langue de R., Diss. Sheffield 1956.

Régnier, Paule, 19. 6. 1890 Fontainebleau – 6. 12. 1950 Paris (Selbstmord), stellte ihre relig. Konflikte im Roman (*La vivante paix,* 1924; *L'abbaye d'Evolayne,* 1934; *Tentation,* 1941; *L'aventure d'Hermione Capulet,* 1946; *La face voilée,* 1947; *Les filets dans la mer,* 1952), in e. autobiograph. Werk (*Fêtes et nuages,* 1956) u. in ihrer Korrespondenz, u. a. mit Ch. Du Bos u. Claudel (*Lettres,* 1955), dar.

Régnier-Desmarais, François Séraphin, 1632 Paris – 1713 ebda., Abbé, Mitgl. der Florentiner Akademie der Crusca, seit 1670 auch der Ac. frçe., nach 1684 ihr Secrétaire perpétuel. Außer Lyrikübertragungen (*Poésies françaises, italiennes, latines,* 1707 f.) u. intensiver Mitarbeit am Wörterbuch der Akademie (s. Text e. Vorrede u. Widmung wurde freil. verworfen) beschäftigten ihn s. *Mémoires* u. ein *Traité de la grammaire française* (1705 u. ö.).

Reimanordnung, für die Grundtypen gelten im Franz. folgende Bezeichnungen: 1. ›rime continue‹, fortgesetzter Reim aaa ohne obligate stroph. Gliederung; 2. ›rimes plates‹, auch ›rimes suivies‹ oder ›rimes jumelles‹, Paarreim, Schlagreim aa bb cc, seit dem 16. Jh. mit übl. Wechsel von männl. u. weibl. Reimen aa b'b' cc; 3. ›rimes embrassées‹, umschlingender Reim abba; 4. ›rimes croisées‹, auch ›rimes entrelacées‹ oder ›rimes alternantes‹, Kreuzreim abab.

La reine morte ou comment on tue les femmes, Drama in drei Akten von Henry de →Montherlant, entstanden Mai–Juni 1942, EA 1942, Urauff. 8. 12. 1942 Com. frçe. Nach der Stoffbearbeitung des Luis Vélez de Guevara *(Reinar despues de morir),* mit der ihn J.-L. Vaudoyer 1941 bekannt gemacht hatte, schrieb Montherlant e. neue Inès de Castro-Dichtung. Seit zwei Jahren ist Inès die Geliebte u. seit e. Jahr die heiml. Gattin des portug. Infanten Pedro, von dem sie jetzt e. Kind erwartet. Der Prinz verweigert die polit. geforderte Eheschließung mit der Infantin von Navarra. S. Vater, Kg. Ferrante, setzt alle Autorität ein, um den verliebten u. verblendeten Erben umzustimmen. Dabei identifiziert er s. Willen mit der göttl. Vorsehung u. erklärt Pedro, der nicht im Zwiespalt zwischen der Infantin u. Inès, zwischen Pflicht und Neigung leben kann: ›Ich sehe da kein Zerrissensein, sondern vernünftige Teilung‹ (I, 3). Mit dieser Anspielung auf das Ethos der Trag. Corneilles werden Vater u. Sohn zu ungleichen Gegnern; Ferrante kann sich auf Recht und formale Ordnung, Pedro nur auf s. Glücksbedürfnis berufen. Als Inès ihre heiml. Eheschließung dem Kg. mitteilt, läßt Ferrante s. Sohn verhaften, da er dessen Feigheit verachtet. Nach dieser ersten Peripetie entschließt sich die Infantin zur Rückkehr nach Navarra; sie versucht Inès, deren Leben sie in Gefahr weiß, zur gemeinsamen Abreise zu bewegen. Im III. Akt, der die zweite Peripetie bringt, gewähren Ferrante u. Inès einander so intime Einblicke in ihre psych. Verfassung, daß dem Kg., als er erfährt, wie Inès, die ihm ihre Schwangerschaft verkündet, von der herrl. Zukunft ihres Kindes schwärmt, nur der Tötungswille bleibt. Er bestraft Inès für ihre ›folle candeur‹ und erhebt sich damit zum Vollstrecker der Vorsehung: ›Vous mériteriez que Dieu vous envoie une terrible épreuve‹. Er kann s. Vernichtungsabsicht nicht einmal polit. überzeugend motivieren, s. Haß gegen das Leben u. die Individuen, die darin ihr privates Glück suchen, diktieren den Entschluß. Montherlant selbst nennt Ferrantes Tragik die der menschlichen Selbstentfremdung, wenn der einzelne von der Notwendigkeit s. Taten nicht mehr restlos überzeugt ist. Im Augenblick der Verkündigung des Todes von Inès stürzt auch Ferrante, ›e. großer Baum, der Schatten spenden muß‹: ›Oh, ich glaube, das Schwert Gottes ist über mich hinweggefahren‹. Er stirbt neben der Leiche s. Opfers. Inès hat ihm vertraut, u. er hat sie betrogen. Im Sterben sucht er die Nähe s. Pagen Dino del Moro, der ihm die eingebildete Erlösung aus kindl. Hand nicht mehr spenden kann. Der Nihilismus als Altersthematik u. spezif. Haltung der Herrschenden angesichts der Mittelmäßigkeit und Anpassung in ihrer Umgebung beschäftigte Montherlant auch weiterhin *(→Le cardinal d'Espagne, →La guerre civile).*

S. Cornil, Inès de Castro, Contribution à l'étude du développement littéraire du thème ..., Brüssel 1952; W. Hempel, Montherlant: R. (Das franz. Theater vom Barock bis zur Gegenwart, Bd. 2, hg. J. v. Stackelberg), 1968; M. Sito Alba, Montherlant et l'Espagne, les sources historiques de la R., 1978.

Reiseliteratur, Reisebeschreibungen, auch Darstellung utopischer Reisen, in aufklärer. oder unterhaltender Absicht, u. a. bei Montaigne, Chapelle, Chappuzeau, Cyrano de Bergerac, Fontenelle, Foigny, Veiras, Voltaire, Bernier, Bougainville, Brosses, Cendrars, Loti, Gide.

H.-G. Funke, Stud. zur Reiseutopie der Frühaufklärung, 1982; F. Wolfzettel, Ce désir de vagabondage cosmopolite, 1986.

Reixach, Rittmeister u. Nachfahre e. revolutionären Adligen im Roman →*La route des Flandres* von Simon; s. Todessehnsucht gibt dem erinnernden Ich des Romans, Georges, dem Liebhaber von Corinne de R., Rätsel auf.

Réjane (eig. Gabrielle-Charlotte Réju), 6. 6. 1856 Paris – 14. 6. 1920 ebda., Schauspielerin, Rivalin der Sarah →Bernhardt, spielte vor allem Rollen zeitgenöss. Stücke (Meilhac, Sardou, Bernstein, Bataille).

La religieuse, Roman von Denis →Diderot, entstanden 1760, EA 1796, krA J. Parrish, Genf 1963. 1770 berichtete Diderot in der *Correspondance littéraire,* wie sein Freund Grimm u. er selbst sich an den Fall der 1758 um die Annullierung ihrer Klostergelübde prozessierenden Suzanne Simonin erinnerten u. den Marquis de Croismare mit fingierten Briefen der Verzweifelten für den Konflikt zu interessieren suchten. Kritik am Klosterleben, vor allem am erzwungenen Eintritt in die Orden, wurde im aufklärer. 18. Jh. wiederholt vorgetragen (Monvel, Flins des Oliviers, La Harpe, Sade). Suzanne Simonin, wohl e. außerehel. Kind, wird vor allem von ihrer Mutter genötigt, in e. Kloster einzutreten. Die vier Teile des Romans stellen vier Aspekte ihres Leidenswegs dar – Noviziat, Mystizismus, Fanatismus u. schwere Neurosen. In der Niederschrift ihrer ›mémoires‹, wie Suzanne die Icherzählung bezeichnet, zweifelt die Heldin an der Wirksamkeit ihres Appells an den mitfühlenden Marquis. Ihr ekelt vor lesb. Anfechtungen, dem Sadismus u. der Heuchelei der Oberinnen wie der Mitschwestern. Anstatt sie zu sublimieren, korrumpiert das Ordensleben die menschl. Natur. Die anmutige Protagonistin kontrastiert umso wirkungsvoller mit der unmenschl. Klosterwelt, als sie Offenheit mit ursprüngl. Religiosität verbindet. Nachdem sie ihren Prozeß verloren hat, gelingt ihr nach weiterer Demütigung mit Hilfe e. Geistl. die Flucht. Thema der pathet. Geschichte, vom Opfer des Martyriums zur eigenen Rechtfertigung mitgeteilt, ist die Pervertierung der Empfindsamkeit durch institutionalisierte Frömmigkeit. Die wirkl. Gläubigkeit der Suzanne, die um Menschlichkeit u. nicht etwa um Erfüllung sexueller Bedürfnisse kämpft, erhöhen die Überzeugungskraft des Konflikts u. machen grundsätzl. gemeinte Einwände gegen das Genre der pikanten Klostergeschichte gegenstandslos. Um ungewollte Assoziationen mit vorliegenden Prosatexten zu vermeiden, schwankte Diderot zwischen ›roman‹, ›conte‹, ›mémoires‹ u. ›ouvrage‹ als Gattungsbezeichnung für *R.*

G. May, Diderot et la R., New Haven/Paris 1954; A. Vial, R., 1970.

Rémusat, Charles de, 14. 3. 1797 Paris – 6. 6. 1875 ebda., Jurist, Politiker u. Literat, Mitarbeiter des *Globe,* Gegner der Restauration u. der Lehren Lamennais', Beziehungen zu Guizot u. Thiers, 1846 Mitgl. der Ac. frçe., 1871 Außenminister. R. erkannte bereits 1819, daß die Schönheit des romant. Dramas aus s. Entgrenzung u. s. Schwächen aus fortgesetzter Regelbeachtung herrühren; s. Ansicht nach gewinnt der Geschichtsdramatiker an Aussagekraft, wenn er die Formerwartung des Klassizismus hinter sich läßt. R. verfaßte 1838 das philosoph. Drama *Abélard* (nie aufgeführt); weitere Werke: *Essais de philosophie* (1842), *Passé et présent* (1847), *Philosophie religieuse* (1864), *Mémoires de ma vie* (V 1958–67).

P. Moreau, R., doctrinaire et dilettante du Globe, RLC 1968.

Remy, Pierre-Jean (eig. Angremy, auch Ps. Nicolas Meilcour), geb. 21. 3. 1937, Diplomat, Ministerialbeamter, Ac. frçe. 1988. Autor zahlreicher histor. und psycholog. Romane, die er wechselweise bei Albin Michel u. Gallimard veröffentlicht (für unterschiedl. Zielgruppen), darunter *Le sac du Palais d'été* (Prix Renaudot 1971), *Les enfants du parc* (1977), *Nouvelles aventures du chevalier de La Barre* (1978), *Cordelia ou l'Angleterre* (1979), *Pandora* (1980), *Salue pour moi le monde* (1980, Bayreuth 1930 bis heute), *Un voyage d'hiver* (1981, Don Juan-Stoff), *Le dernier été,* 1983, Sommergäste auf der Flucht 1943; *Le vicomte épinglé,* 1985; *La vie d'un héros,* 1985; *Annette ou l'éducation des filles,* 1988; erfolgreiche Drehbücher, z. B. *Orient-Express* (1979). R. schreibt mit sicherem Gespür für aktuelle Themen (Besatzung, Wagnerkult).

Renaissance, seit dem 14. Jh. belegte kulturgeschichtl. Bezeichnung für geistige Erneuerung durch Nachahmung der Antike, 1718 ins Wörterbuch der Ac. frçe. aufgenommen u. von Fénelon, Voltaire (›renaissance des lettres‹) sowie Rivarol – von diesem allerdings mit Einschränkungen – propagiert. Die franz. R. (etwa 1470–1598) wurde z. T. durch außenpolit. Vorgänge eingeleitet und durch innenpolit. Konflikte abgebrochen. Während der Italienfeldzüge Karls VIII. (1494), Ludwigs XII. (1498) und Franz' I. (1515 ff.) empfingen die Franzosen Impulse von der eleganten u. individualist. Lebensart ital. Stadtstaaten (Mailand, Florenz, Ferrara, Urbino, Venedig, Bologna, Neapel), e. neuen Architektur (deren Formelemente seit 1502 in die franz. Gotik eindrangen) sowie e. systemat. u. antischolast. Stud. griech. u. röm. Autoren. Die neue Wissenschaftslehre breitete sich 1470 an der Sorbonne aus (Guillaume Fichet, Robert Gaguin), 1507 eröffnete Josse Bade aus Gent e. Druckerei in Paris, die klass. u. ital. Autoren druckte; seit 1502 erschienen Übs. aus dem Griech., seit 1507 wurde Griech. gelehrt, allerdings von der Sorbonne vorerst kaum gefördert. Franz I., der seit 1530 am Collège des lecteurs royaux (→Collège de France) philolog. u. nat.-wiss. Stud. ermöglichte, wurde von Gebildeten der Titel ›Père des Lettres‹ verliehen. Clément →Marots Aufenthalt am ital. Hof der Renée de France, das Wirken von Humanisten wie Jérôme Aléandre oder →Lefèvre d'Étaples ermöglichten den besseren Zugang zur Antike, die von allegor. Auslegung befreit wurde; ihren Geist, individualist. Lebensgefühl u. ma. Daseinslust verschmolz erstmals →Rabelais. Die R. ›entdeckte‹ die Antike nicht, sie begriff ihre Schönheit u. hist. Wahrheit. Die lit. Strömungen der R. von Marot bis Montaigne u. Malherbe wurden vor allem von der →Pléiade u. dem Einfluß der →Marguerite de Navarre bestimmt. Poetolog. Bemühungen seit 1544 (Peletier Du Mans, Sebillet, Du Bellay, Aneau, Des Autelz, Ronsard) bestritten bzw. akzeptierten den Modellwert antiker Dichtung, die beschleunigt übersetzt und gemäß verengender Stiltrennungsregeln kommentiert wurde. Sonett u. Farce als ma. Gattungen entgehen jedoch dem Reinigungsprozeß. Bei aller pedant. Normierung, die neue Kategorien strenger verfocht als das MA einst die nun überfälligen, leitet die R. den mod. Humanismus, den Rationalismus u. gleichzeitig s. notwendige krit. Infragestellung ein. Rabelais sprach von ›lumière dissipant les ténèbres gothiques‹; für Amyot begann Franz I. damit, ›de faire renaître et florir en ce noble royaume les bonnes lettres‹. Während die Pädagogik bis ins 15. Jh. Lehre vor allem als Reproduktion von Kommentaren ansah, gehört zum Unterricht jetzt die direkte Textlektüre; dem entspringt e. neues Verhältnis zur Bibel u. Philosophie (→Ramus). Lehnwörter auch aus dem Griech., Stilanleihen aus alten u. roman. Sprachen dringen ins Franz. ein, das zwar im Gebrauch gefestigt, im Unterschied zu den klass. Sprachen jedoch nicht eindeutig in Regeln gefaßt war. Das Ital., das über Neapel (Herrschaft der Anjou) u. vor allem über Avignon, das Zentrum des Petrarkismus, vom franz. Sprachgebrauch lexikal. assimiliert wurde, festigte s. Modellwert am Hof der Medici-Königinnen, hielt sich auf die Dauer jedoch länger in der Provinz als in Paris. Kaum e. Franzose, abgesehen von Marguerite de Navarre oder Brantôme, konnte während der R. Span., trotz der Heirat Franz' I. mit der Schwester Karls V. Kennzeichnend für die R. ist das Aufleben der Satire, die gegen Verblendete u. Abtrünnige gerichtet wird (Calvin, Agrippa d' →Aubigné, →*Satire Ménipée*). Die R. besiegte nicht das MA, wie im vulgärsymbol. Verständnis die Wiedergeburt der Helligkeit über das Dunkel triumphiert. Sie kultivierte wieder ausgewogene Kompositionen in allen künstler. Bereichen, erstellte e. Lit.kanon u. begriff den Menschen als abstraktes Wesen.

J. Michelet, Histoire de France au 16e siècle, 1855; A. de Gobineau, R. Scènes historiques, 1877; E. Cassirer, Individuum u. Kosmos in der Philos. der R., 1927; L. Febvre, Le problème de l'incroyance au XVIe siècle, 21947; A. Buck, Das Geschichtsdenken der R., 1957; ders. (Hg.), Zu Begriff u. Problem der R., 1969; A. Tilley, The literature of French R., New York II 21958; The French R. and its heritage. Essays presented to A. M. Boase, London 1968; S. Dresden, L'humanisme et la R., 1968; F. Simone, Umanesimo, rinascimento, barocco in Francia, Mailand 1968; B. Jeffery, French R. comedy, 1552–1630, Oxford 1969; D. Stone, France in the 16th century, London 1969; J. Ch. Payen, Les origines de la R., 1969; Mélanges d'histoire littéraire offerts à R. Lebègue …, 1969; Bibl. internationale de l'humanisme et de la R., 4 Bde. bis 1970; Mélanges de langue et littérature du moyen âge et de la R., offerts à J. Frappier, Genf II 1970; M. Raymond (Hg.), La poésie frçe. et le maniérisme, Genf 1971; A. Buck (Hg.), R. u. Barock I, II, Neues Handbuch der Lit.wiss. 9–10, 1972; Cl. Pichois (Hg.), Littérature frçe., Bde. 3–5 (R. I–III, éd. Y. Giraud, E. Balmas, J. Morel), 1973 f.; I. D. McFarlane, A literary history of France, 1470–1589, London 1974; F. Simone (Hg.), Culture et politique en France à l'époque de l'Humanisme et de la R., Turin 1974; J. Jehasse, La R. de la critique. L'essor de l'Humanisme érudit de 1500 à 1614, Saint-Etienne 1976; Histoire de l'exégèse au 16e siècle, Colloque 1976, 1978; T. Cave, The cornucopian texte. Problem of the writing in the French R., Oxford 1979; D. G. Coleman, The Gallo-Roman Muse. Aspects of Roman literary tradition in 16th century France, Cambridge 1979; M. Fumaroli, L'âge de l'éloquence, Genf 1980; W. Wehle, Novellenerzählen. Franz. R.novellistik als Diskurs, 1981; L'automne de la R. (1580–1630), Colloque 1979, 1981; Pratiques et discours alimentaires à la R., Colloque 1979, 1982; I. Mieck, Die Entstehung des mod. Frkr. 1450 bis 1610, 1982; Interpretation. Das Paradigma der europ. R.-Lit., Festschr. A. Noyer-Weidner, 1983; A. Saunders, A 16th century French emblem book, 1988; C. Blum, La représentation de la mort …, II 1989; G. Gurst (Hg.), Lexikon der R., 1989; K. W. Hempfer (Hg.), R., 1993.

Rênal, im Roman →*Le rouge et le noir* von Stendhal Bürgermeister von Verrières, engagiert Julien Sorel als Hauslehrer. S. Frau wird die Geliebte des Seminaristen, denunziert ihn, als s. Verbindung mit Mathilde de la Mole bevorsteht u. überlebt s. Mordanschlag.

Renan, Ernest, 27. 2. 1823 Tréguier/Côtes-du-Nord – 2. 10. 1892 Paris, 1845 Theologiestud. abgebrochen, 1848 Agrégé de philosophie; 1862, nach versch. Forschungsreisen, Professor am Collège de France für Hebräisch. 1864 erschien *La vie de Jésus,* das Lebensbild e. naiven Revolutionärs, mit dem R. die *Histoire des origines du christianisme* eröffnete. Die Publikation kostete den Autor s. Lehrstuhl, den er erst nach dem Zusammenbruch des Second Empire wieder einnehmen konnte. Sainte-Beuve setzte sich damals vergebens für ihn ein. 1878 wurde R. in die Ac. frçe. gewählt, 1883 zum Verwalter des Collège de France bestellt. R. arbeitete als Orientalist, Religionshistoriker u. Lit.kritiker (*L'avenir de la science,* 1890; *Œuvres complètes,* X 1947–61). Er leugnet jeden absoluten ästhet. Kanon u. betont – wie vor ihm u. a. Mme de Staël u. Stendhal – die geschichtl. Bedingtheit des Geschmacksideals. Der Wert des Kunstwerks ist e. gesellschaftl. Größe.

A. Cresson, R., sa vie, son œuvre, 1949; R. Dussaud, L'œuvre scientifique de R., 1951; H. Peyre, Sagesse de R., 1968; ders., R., 1969; K. Gore, L'idée de progrès dans la pensée de R., 1970; J. Pommier (Hg.), Un témoignage sur R., 1971; H. Peyre, R. et la Grèce, 1973; H. W. Wardman, R. historien philosophe, 1979; S. Fraisse, R. au pied de l'Acropole, 1979; F. Pérez Gutiérrez, R. en España, Madrid 1988.

Renard, Jules 22. 2. 1864 Châlons-du-Maine/Mayenne – 22. 5. 1910 Paris, Kindheit in Chitry-les mines/Nièvre, unglückl. Familienverhältnisse; Gymnasium Nevers u. Paris. 1883 begann R. zu schreiben, 1886 erschienen erste Verse, *Les roses.* Er gab den Kaufmannsberuf auf, um sich seit s. Heirat (1888) mit Marinette Morneau durch Schreiben s. Lebensunterhalt zu verdienen. Die Erzählungen *Crime de village* erschienen 1888 noch im Selbstverlag; 1890 gehörte R. zu den Mitbegründern des *Mercure de France,* wo er fortan regelmäßig publizierte, außerdem im *Gil Blas, L'Écho de Paris, Figaro.* Durch Tristan Bernard wurde er 1894 mit Toulouse Lautrec bekannt, durch Rostand mit Sarah Bernhardt. Bis 1899 waren s. bedeutendsten Werke erschienen: →*L'écornifleur,* →*Poil de carotte;* Erzählungen *Coquecigrues* u. *La lanterne sourde* (1893), *Le vigneron dans sa vigne* (1894), →*Histoires naturelles; Le pain de ménage* (1899;) später erschienen noch die Romane *Les Philippe* (1907) u. *Ragotte* (1908) sowie die Dorfgeschichten *Bucoliques* (1905). 1900 wurde die dramatisierte Version von *Poil de carotte* zu e. außerordentl. Erfolg. 1906 ließ sich R. zum Bürgermeister von Chitry wählen; er unterhielt Beziehungen zu den Sozialisten Jean Jaurès u. Léon Blum, schrieb auch in der *Humanité.* Seit 1907 Mitgl. der Ac. Goncourt. Aus s. Tagebuch (*Journal 1887–1910,* 1960) geht hervor, daß R. um 1900 s. lit. Werk als abgeschlossen ansah u. keine Weiterentwicklung mehr für mögl. hielt. Daraus erklärte sich u. U. auch s. geringes Interesse an der Verbreitung s. Werkes u. der Vertonung der *Histoires naturelles* durch Ravel. R. war sich bewußt, daß s. dichter. Talent für große Synthesen, Romanzyklen u. den mitreißenden lyr. Aufschwung nicht ausreichte. Dagegen gelingt es ihm bemerkenswert gut, banale Ereignisse aus iron. Distanz so darzustellen, daß sie interessant erscheinen. Nur wenn R.s Werk bloß unter dem Gesichtspunkt s. Stoffwahl u. nicht als e. gebrochene Nachbildung eth. u. sozialer Strukturen aufgefaßt wird, kann der Erzähler, wie dies in Frkr. geschieht, als Kinderbuchautor mißverstanden werden (*Œuvres complètes,* hg. Léon Guichard II 1970 f.).

L. Guichard, L'œuvre et l'âme de R., 1936; ders., R., 1961; P. Schneider, R. par lui-même, 1956; Dans la vigne de R. Inédits recueillis et présentés par L. Guichard 1965.

Renart →Jean R.

Renaud, Madeleine, geb. 21.2. 1903 Paris, Ausbildung am Conservatoire national d'art dramatique zur Schauspielerin, debütierte 1921 in e. Mussetrolle an der Com. frçe., Pensionnaire bis 1947. R. ist in dritter Ehe mit Jean-Louis →Barrault verheiratet, sie gründeten die Compagnie R.-J.-L. Barrault, e. der bekanntesten Ensembles der Nachkriegszeit, das auch eine eigene Zs. unterhält. Die Schauspielerin kreierte Rollen in *La reine morte* von Montherlant, *Le soulier de satin* von Claudel, *La répétition ou l'amour puni* von Anouilh, *Oh! les beaux jours* von Beckett, *L'amante anglaise* von Duras u. a. 1973 wurde ihr der Grand Prix National du théâtre verliehen.

Renaud de Montauban (auch *Les quatre fils Aymon*), Epos des späten 12. Jh., krA P. Verelst, Gent 1988. Das umfangreiche Werk (ca. 28 000 Alexandriner) gehört zu den →Empörerepen. Die dargestellte Sage von den vier Haimonskindern stammt aus den Ardennen; sie geht auf die Epoche von Karl Martell, der in der Fabel mit Kaiser Karl identifiziert wird, zurück. Obwohl die Sippe Haimons mit Karl verfeindet ist, schickt der Vater s. vier Söhne an den Hof. R., der älteste, erschlägt beim Schachspiel e. Neffen des Kg.s; die vier Brüder werden geächtet, fliehen an die Maas, nach SW-Frkr. u. an den Rhein, wohin sie der rachsüchtige Kg., auf dessen Seite ihr eigener Vater steht, verfolgt. Auf die Aussöhnung R.s mit Karl folgt e. Bußfahrt ins Hl. Land u. der Verzicht auf die Ritterschaft. R. arbeitet am Dom von Köln mit; aus Neid ermorden ihn Kameraden und stürzen die Leiche in den Rhein. In Dortmund wird er als Hl. verehrt. Den Vasallenkonflikt gestaltete auch die dt. (L. Tieck, 1796; J. A. Gleich, 1809) u. span. Lit. (Lope de Vega, *Las pobrezas de Reynaldos,* 1604, Drama, das auf weitere Bühnendichter, darunter Goldoni, wirkte). In Tassos Epos *Rinaldo* (1562) ist der galante Ritter wichtiger als der Empörer; auch Goldoni fügt e. Liebeskonflikt in den Stoff ein. Keine Chanson de geste übertraf *R.* an ep. Synkretismus u. stoffl. Ergiebigkeit (in Frkr. auch e. Prosafassung im 15. Jh.; *La conqueste du très-puissant empire de Trébisonde,* 1517; J.-F. Arnould-Mussot, *Les quatre fils Aymon,* Pantomime 1779).

E. Frenzel, Stoffe der Weltlit., 1962; A. Adler, Rückzug in ep. Parade. Stud. zu Q. ..., 1963; H. E. Keller (Hg.), Romance epic, Kalamazoo 1987.

Renaudot, Théophraste, 1586 Loudun – 1653 Paris, Mediziner u. Journalist. Seit 1612 in Paris, Protégé des Père Joseph, der Kardinäle Richelieu u. Mazarin; kgl. Leibarzt. 1637 gründete R. die erfolgreiche Wochenzs. *La Gazette* (seit 1762 *Gazette de France,* erschien bis 1914; sie verbreitete Informationen aus dem Ausland, den Provinzen u. der Hauptstadt), später das Handelsblatt *Feuilles d'adresses* u. e. wiss.-lit. Zs., die nach s. Tod als *Journal des savants* (u. a. von Chapelain u. Gomberville redigiert) weitergeführt wurde. Seit 1926 wird der →Prix Théophraste-R. als Lit.preis vergeben.

F. Duplantier, R., 1947.

Rencesvals, altfranz. Entsprechung für →Roncesvalles (*Chanson de Roland,* v. 892 u. ö.).

René, Roman von François-René de →Chateaubriand, entstanden 1796–1801, EA in *Le génie du christianisme* 1802, hg. A. Weil ³1961, J.-M. Gautier 1970. Schauplatz der Rahmenhandlung ist Nordamerika, die Geschichte steht in didakt. Bezug zu Chateaubriands Apologie des Christentums. Den Titelhelden kannten die zeitgenöss. Leser bereits als Gesprächspartner des Chactas aus →*Atala*. Er berichtet seinerseits dem Indianer u. Pater Souël s. Lebensgeschichte u. die Gründe s. Europamüdigkeit. R. verbrachte in Frkr. e. einsame Kindheit, die allein durch die zärtl. Zuneigung s. Schwester Amélie erhellt wurde. In Bildungsreisen versuchte er vergebens, Befriedigung u. Ausgleich zu finden. Nach s. Rückkehr beschäftigt ihn das zwiespältige Verhalten s. Schwester, die jetzt s. Gegenwart zu meiden sucht, ohne ihm wirkl. Abneigung zu bezeugen. Seine Trauer und die Melancholie einer einsamen Herbstlandschaft bringen R. dem Selbstmord nahe; Amélie eilt herbei u. bewirkt e. Sinneswandel. Tage fiebriger Empfindsamkeit folgen, dann tritt Amélie plötzlich in e. Orden ein. Bei ihrer Einkleidungszeremonie wird R. ungewollt Zeuge e. furchtbaren Geständnisses: Sie bittet um Vergebung für ihre inzestuöse Leidenschaft, die unerwidert blieb. R. flieht in die paradies. Welt der Wilden, um s. Seelenruhe zurückzugewinnen. Allein die abschließende Invektive (wohl erst nach 1800 eingebracht) des Paters, der R. ermahnt, ›ennui‹ u. ›mal du siècle‹ in tätiger Liebe und gemeinschaftsverbundener Arbeit zu überwinden, rechtfertigt die Einfügung der Geschichte in *Le génie du christianisme.* Für die Attraktivität des Weltschmerzes bei der jungen Generation macht Chateaubriand Rousseau u. Goethe als Autor des *Werther* verantwortl. (Vorrede zur Ausgabe von 1805). Der didakt. Gehalt des Werkes steht allerdings in keinem Verhältnis zur breiten Darstellung einer letztlich gegenstandslosen Traurigkeit des Helden, der den ›Abgrund der Existenz‹ als Angeklagter, Richter u. Henker in e. Person genießt. ›Je trouvai même une sorte de satisfaction inattendue dans la plénitude de mon chagrin.‹ Lit. vorgeformt war das Inzestmotiv (M. A. de Roumier, Constand d'Orville, Restif de la Bretonne, L.-S. Mercier, Baculard d'Arnaud), Amélie ist kein Porträt von Lucile, der Schwester des Erzählers Chateaubriand. Der Typus des trag. jungen Helden, den er 1802 vorstellte, wurde für die Romantik schulbildend. R. lebt in e. ›extase du cœur‹, genießt das Ungewöhnl., selbst wenn es sein Unglück ist. Von flüchtigen Empfindungen gezeichnet, trachtet er danach, sich einmal von der Last der Existenz zu befreien, ein andermal, den Abgrund, als den sie sich darbietet, zum Faszinosum zu stilisieren. ›Notre cœur est un instrument incomplet.‹ R. treibt die Selbstmordanalyse weiter als die Gestalten →Bernardin de Saint-Pierres u. →Senancours, er profaniert die Gewissenserforschung u. kostet das Reuegefühl aus. Der Leser vergißt, daß das innere Chaos des Helden nicht um s. selbst willen, sondern als Verirrung, die zur Läuterung bereitmachen soll, dargestellt wird. Die Melancholie verselbständigt sich. Lamartine, Sainte-Beuve u. George Sand ging bei der Lektüre auf, daß die Geschichte R.s ihr romant. Lebensgefühl antizipierte. Vom Schicksal gezeichnet u. doch von selbstherrl. Einzigartigkeit, vollendet R. s. Existenz zwischen Gefallenheit u. Erlösung.

J.-M. Gautier, L'exotisme américain dans l'œuvre de Chateaubriand, Manchester 1951; P. Moreau, Chateaubriand: R., Mémoires d'outre-tombe, Centre de documentation universitaire o. J.; D. G. Charlton, The ambiguity of R., FS 1969; P. Barbéris, R. de Chateaubriand, un nouveau roman, 1973; R. Lebègue, Aspects de Chateaubriand. Vie, voyage en Amerique, 1979.

René d'Anjou, 16. 1. 1409 Angers – 1480 Aix-en-Provence, Hzg., Parteigänger Karls VII. von Frkr., Kriegsgefangener des burgund. Hzg.s, 1435 Erbe des Kg.reichs Neapel, das er bereits 1442 wieder verliert; Autor didakt. u. allegor. Werke (*Traité de la forme et devis des tournois,* 1450; *Le mortifiement de vaine plaisance,* 1455; *Le livre du cœur d'amour espris,* 1457).

P. Champion, Le roi René écrivain, Monaco 1925; M.-L. Des Garets, Le Roi R., 1980.

Renée (1887), Zolas Dramatisierung der Romanfabel von →*La curée* (1871).

Renée de France, 1510 Blois – 1575 Montargis/Loiret, Tochter Ludwigs XII., wurde 1528 durch ihre Heirat mit Ercole d'Este Hzgin. von Ferrara. R. nahm Clément Marot, der nach der →Affaire des placards aus Frkr. fliehen mußte, bis 1536 u. Calvin 1536 an ihrem Hof auf. Sie selbst mußte

1560 nach dem Tod Ercoles Italien verlassen u. lud auf Schloß Montargis verfolgte Protestanten ein.

J. Pannier, R., 1929.

Renée Mauperin, Roman von Edmond u. Jules de →Goncourt, entstanden 1862/63, ED *Opinion nationale* Dezember 1863 – Februar 1864, EA 1864, Dramatisierung H. Céard. R. u. ihr Bruder Henri sind e. ungleiches Geschwisterpaar, sie repräsentieren Widersprüche in *La jeune bourgeoisie* (so der Arbeitstitel des Romans). Die Autoren bemühten sich nach e. Notiz von E. de Goncourt von 1875, mit so wenig Aufwand an Fiktion wie mögl. ›e. Gemälde des mod. jungen Mädchens zu entwerfen, wie es sich durch die künstler. u. unweibl. Erziehung der letzten 30 Jahre herausgebildet hat‹; Henri sei der Typ des jungen Mannes in der Julimonarchie, dessen geistiges Profil durch das Heraufkommen der →Doctrinaires u. die Herrschaft des Parlamentarismus geprägt wird. Renée, liberal erzogen, die schon in der Einleitungsszene, als sie mit e. Freund in der Seine badet, ihre Abneigung gegen die Ehe ausdrückt, begreift nicht, wie ihr Bruder die Tochter s. Mätresse, der Frau Bourjot, heiraten kann u. ist empört darüber, daß er sich überdies mit einem Adelstitel schmückt, der ihm nicht zukommt. Sie informiert den rechtmäßigen Besitzer des Titels, Henri muß sich duellieren u. kommt dabei um. Von Skrupeln gepeinigt, siecht Renée an e. Herzleiden dahin. Die Autoren irrten, wenn sie im Geschwisterpaar des Romans zeittyp. Figuren in zeittyp. Situationen darzustellen meinten. Vor allem der phys. Zusammenbruch Renées ist zwar das Ergebnis e. unheilvollen Verstrickung unter den Voraussetzungen bestimmter sozialer Rollenerwartungen, kann jedoch nicht als repräsentativ angesehen werden, auch wenn man ihn mit dem Selbsthaß der großbürgerl. Klasse in Zusammenhang bringt; interessierter Leser Thomas Mann.

Renoir, Jean, 15. 9. 1894 Paris – 12. 2. 1979 Beverly Hills, Sohn des Malers Auguste R., der den fünfjährigen Sohn porträtierte. R. führte seit 1924 (1940–47 in den USA) in 35 Filmen, darunter auch Lit.verfilmungen (*Nana,* 1926; *Madame Bovary,* 1934; *La bête humaine,* 1938), Regie. Außer s. Memoiren (*Ma vie et mes films,* 1974) schrieb er den Roman *Le crime de l'anglais* (1979; postum *Œuvres de cinéma inédites,* 1982).

J. Leprohon, R., 1967.

Renouveau catholique, Erneuerung kathol. Prinzipien in der Lit., am Ende des 19. Jh. entstanden aus Überdruß am vermeintl. Fortbestand von Aufklärung, Libertinage, Positivismus u. Naturalismus, vorbereitet durch apologet. Schriften u. Erzählungen von →Chateaubriand, Bonald, de Maistre, →Lamennais, Ozanam, Montalembert, Veuillot, Feuillet, Paul Féval, →Barbey d'Aurevilly, Hello, Blanc de Saint-Bonnet. Der R. verband sich in den 80er Jahren auch mit dem Kampf gegen die Innenpolitik der III. Republik. Der I. Weltkrieg baute die Gegnerschaft zwischen Katholiken u. Kirchengegnern z. T. ab, allerdings lebte in der →Action française der reaktionäre Überrest des R. weiter. Als maßgebende Autoren des R. gelten →Bloy, →Bourget, →Huysmans, →Claudel, →Jammes, →Péguy, →Baumann, →Mauriac, →Bernanos, →Green, →Jouhandeau, →Cayrol, →Maritain. Die Forderung nach konfessionell gebundener Lit. brachte kein ästhet. Programm hervor.

J. Calvet, R. dans la littérature contemporaine, 1927; E. M. Fraser, Renouveau religieux d'après le roman français de 1886 à 1914, 1934; L. Chaigne, Anthologie de la renaissance catholique, IV 1938–47; H. Weinert, Dichtung aus dem Glauben, [2]1948; J.-L. Prévost, Le roman catholique a cent ans, 1958; G. Truc, Histoire de la littérature catholique contemporaine, 1961; R. Griffiths, The reactionary revolution. The catholic revival in French literature 1870–1914, London 1966, franz. Ausgabe Révolution à rebours, 1971; K.-H. Bloching, Die Autoren des lit. R. Frkr.s, 1966; L. Guissard, Littérature et pensée chrétienne, 1969.

La répétition ou l'amour puni, Schauspiel in fünf Akten von Jean →Anouilh, entstanden 1950, EA 1951, Urauff. 26. 10. 1950 Théâtre Marigny, Paris. Durch e. ›pièce rose‹, die in e. ›pièce noire‹ eingelassen ist, erzielt Anouilh höchste Doppelsinnigkeit bei anhaltender Illusionsdurchbrechung. E. Gruppe adliger Amateure probt *La double inconstance* von Marivaux. ›Tigre‹ spielt den Prinzen, der Silvias Liebe gewinnen will, u. er offenbart der bürgerl. Lucile, die diese Rolle übernahm, s. Zuneigung. S. Frau u. s. Mätresse Hortensia finden diese Zuneigung zu e. Mädchen, das sich der Lebensart zyn. Aristokraten nicht anpassen kann, lächerl. Sie veranlassen einen falschen Freund des Liebhabers, Héro, das zarte Verhältnis verleumder. zu zerstören. Lucile scheitert in ihrem Kampf um ein Absolutes, das sie ebenso wie Thérèse in →*La sauvage,* Antigone oder Jeannette *(→Roméo et Jeannette)* nur negativ bestimmen kann.

Résistance, polit. und militär. Widerstand gegen die dt. Okkupation u. die Pétainregierung, die am 22. 6. 1940 e. Waffenstillstand abschloß, während Charles de Gaulle von London aus zur R. aufrief. Seit 1942 bildeten sich R.zentren sowohl in der besetzten wie in der freien (südl.) Zone, darunter ein kommunist. Kampfverband. Seit der Landung der Alliierten in Nordafrika war die polit. Führung der R., die de Gaulle beanspruchte u. im November 1943 auch übernahm, umstritten. Lit. Ereignis wurde die R. in Werken von →Vercors, →Sartre, →Camus, →Beauvoir, →Vailland, →Éluard, →Aragon, M. Clavel (*Les incendiaires,* 1947), A. Salacrou *(→Les nuits de la colère),* D. Rousset (*Les jours de notre mort,* 1947), R. Gary (*Éducation européenne,* 1945), J. Cassou (*Trente trois sonnets composés au secret,* 1944), R. Merle (*La mort est mon métier,* 1953). Während der R. wurden die Zss. *Poésie 40, Fontaine, Confluences* u. *Les Lettres françaises* sowie der Verlag der →Éditions de minuit gegründet.

H. Michel, Histoire de la R. en France, 1958, [5]1969; ders. Les courants de la pensée de la R., 1962; R. Freiberg, Die Presse der franz. R. 1940–44, Diss. Berlin 1962; R. Cerf-Ferrière, Chemin clandestin 1940–43; 1968; H. Frenay, La nuit finira, 1973; P. Seghers, R. et les poètes, 1974; R. Aron, Histoire de l'épuration, IV 1967–75; C. Bourdet, L'aventure incertaine. De la R. à la Restauration, 1975; K. Kohut (Hg.), Lit. der R. u. Kollaboration in Frkr., III 1982–84; A. Brossat, Les tondues, 1993; L. B. Dorléac, L'art de la défaite 1940–44, 1993.

Restauration, Wiederherstellung der Bourbonenherrschaft nach dem Sturz Napoleons 1814, beendet durch die Julirevolution 1830; Regierungszeit Ludwigs XVIII. u. Karls X.

Restif (Rétif) de la Bretonne, Nicolas Edme, 23. 11. 1734 Sacy/Yonne – 3. 2. 1806 Paris, das 8. von 14 Kindern e. Bauern, Druckerlehre in Auxerre, seit 1755 übte er diesen Beruf in Paris aus. Nach 1767 verfaßte R. 47 Werke, die 194

Bde. füllen und Rousseau, soweit sie ihm noch bekannt waren, als erzähler. Illustration s. Kulturpessimismus erschienen *(→Le paysan perverti)*. Nicht nur in s. Autobiographie *Monsieur Nicolas ou le cœur dévoilé* (1794–97, krA P. Testud II 1989), sondern auch in *Les contemporaines ou aventures des plus jolies femmes de l'âge présent* (XLII 1780–86), →*Les nuits de Paris, La vie de mon père* (hg. G. Rouger 1970) breitet der Autor immer wieder persönl. Erlebnisse aus. R. vertraute optimist. auf die soziale Wirkungskraft der Lit. Weil die Didaxis bei ihm das letzte Wort hat, erhalten erot. Motive unbesorgt breiten Spielraum; darin führte R. weniger die Konzeption Marivaux', den er bewunderte, als diejenige Richardsons zu e. drast. Ende. R. ist jedoch klassenbewußter als →Beaumarchais; angeregt von den Utopisten, proklamierte er seit den 70er Jahren das Ideal kommunist. Gruppen, verwarf wie →Morelly u. →Babeuf das Privateigentum, argumentierte aber, als die Revolution ausbrach, weniger polit. als moral. Von 1798–1802 arbeitete er für die Polizei des Directoire u. Napoleons als Übs. Der totale Bekenntnischarakter des Werkes von R. war beabsichtigt; die Erfahrungen des III. Standes, gemeinsame Erlebnisse mit L.-S. Mercier, Bonneville, Fontanes u. Joubert, die tatsächl. oder eingebildete Untreue s. Frau bildete den Wirklichkeitszusammenhang, den er als ›Anatom der Sittlichkeit‹ zergliederte. An Aufrichtigkeit wollte er Rousseau noch übertreffen, umso mehr, als dieser sich selbst zum Idol wurde, während R. sich als ›homme ordinaire‹ schilderte. Um s. Einfall die Originalität zu sichern, datierte er den Entschluß zur Selbstdarstellung auf 1762 zurück. Nerval hat 1852 *(Les illuminés)* die Selbstergriffenheit R.s analysiert: da er sich bereit erklärte zu leiden, erlaubte er sich jede Tabuverletzung. R. bereicherte die franz. Spr. u. a. um die Neuschöpfungen ›éditer‹, ›mutualité‹, ›urbanité‹ u. plante e. Rechtschreibereform nach phonolog. Kriterien.

M. Thiébaut, P. ou Paris dévoilé, 1959; K. Sasse, Die Entdeckung der ›courtisane vertueuse‹ in der franz. Lit. des 18. Jh.: R. u. seine Vorgänger, 1967; Ch. A. Porter, R.'s novels or an autobiography in search of an author, New Haven 1967; R. Joly, Deux études sur la préhistoire du réalisme, Diderot, R., Quebec 1970; M. Poster, the utopian thought of R., New York 1971; P. Testud, R. et la création littéraire, Genf 1977; A. Farge, Vivre dans la rue à Paris au XVIIIe siècle, 1979; N. Rival, R., 1982; W. Koneffke, Fiktion u. Moral, 1992.

Le retour de l'enfant prodigue (1907), Parabel von André →Gide. Diese Deutung des bibl. Gleichnisses vom verlorenen Sohn reflektiert die Themenwahl der frühen Werke Gides. Der Ausbruch des Sohnes, der als verloren galt, erscheint ebenso sinnvoll wie die Rückkehr zu den Schätzen der Tradition. Der Vater bestätigt ihm, daß s. Abenteuerlust kein Verrat an der Heimat war, wie es der ältere Bruder behauptet. Daß zumindest der Dichter in dieser Eskapade mehr als nur e. individuelle Verirrung sieht, eher schon e. Akt der Selbstemanzipation im Sinne e. als intellektuelle Leidenschaft verstandenen Neugier, stellt sich heraus, als der kleine Bruder gleichfalls weggeht.

Retour de l'U.R.S.S. (1936), Schrift von André →Gide, die im Anschluß an s. Reise in die Sowjetunion entstand, auf der ihn →Dabit begleitete (er starb während der Rückkehr auf der Krim). Da sich der Autor ausdrückl. zur psycholog. Perspektive bekennt u. sich in ökonom. Fragen für nicht kompetent erklärt, interessiert s. Schrift vor al-

lem unter dem Aspekt der Selbstverständigung e. bürgerl. Autors. Solange Gide im Kommunismus die christl. Tugenden unverfälscht zu finden meinte, beschäftigte er sich nur beiläufig mit Problemen des Profits u. der Ausbeutung in e. sozialist. System. Was er vor und nach der Reise mit dem Paradox des ›kommunist. Individualismus‹ bezeichnete, geht an den tatsächl. Problemen vorbei.

Retté, Adolphe, 25. 7. 1863 Paris – 8. 12. 1930 Beaune, Hg. der Zss. *La Vogue* u. *L'Ermitage;* s. Bewunderung für Mallarmé u. Wagner schwand in den frühen 90er Jahren, R. engagierte sich für die soziale Frage, deren Lösung ihm im Katholizismus mögl. erschien (symbolist. Lyrik *Cloches en la nuit,* 1889; Prosagedichte *Thulé des brumes,* 1892, unter Drogeneinfluß verfaßt; *Une belle dame passa,* 1893). Nach der Verlockung durch den Anarchismus (*Réflexions sur l'anarchie* 1894; *Promenades subversives,* 1896) entdeckte der Lyriker R. die Liebes- u. Naturthematik (*L'archipel en fleur,* 1895; *La forêt bruissante,* 1896; *Campagne première,* 1897). 1905 brachte die Lektüre des *Purgatorio* von Dante die endgültige weltanschaul. Hinwendung zur Religion; R. schloß sich Huysmans u. Bloy an. In *Le symbolisme* (1903), *Au pays des cygnes noirs* u. *Le règne de la bête* rechnete er mit der Lit. der letzten Jahrzehnte des 19. Jh. ab (*Œuvres complètes,* II 1898). Zuletzt wurde R. e. Anhänger der →Action frçe. (*La maison en ordre,* 1924).

W. Kenneth Cornell, R. (1863–1930), New Haven 1942; F. d'Auxois, Du diable à dieu: R., 1958.

Retz, Jean François Paul de Gondi, baron de, 20. 9. 1613 Montmirail – 24. 8. 1679 Saint-Denis, mit neun Jahren erhielt er bereits den Titel Abbé, 1644 Titularbischof u. Koadjutor des Erzbischofs von Paris; ruhmsüchtiger Prälat, der s. freizügigen Lebenswandel zu verbergen verstand. R. übertrug die Darstellung der Verschwörung des Fiesco zu Genua ins Franz. (ED erst 1665, 1682 überarbeitet; hg. D. A. Watts 1967). 1648 gehörte er zu den führenden Köpfen der →Fronde, die päpstl. Kurie erhob ihn 1652 gegen den Willen Mazarins in den Kardinalsrang; diese Würde bewahrte ihn nicht vor zweijährigem Kerker. Im Sommer 1654 floh er nach Spanien. Die Begnadigung wurde von s. Resignation als Bischof abhängig gemacht (Februar 1662). R. zog sich in mehrere Klöster zurück, zuletzt nach Saint-Denis. Zwischen 1673 u. 1676 verfaßte er seine dreiteiligen geschichtsphilos. *Mémoires* (postum EA Amsterdam 1717, hg. M. Allem/E. Thomas 1956). Sie heben die Rolle der Pariser Bevölkerung während der Fronde hervor u. relativieren entsprechend die Rolle ihrer hochadligen Anführer, vor allem des Condé. In das zeitgenöss. Panorama ist e. bis zum Zynismus unverhüllte Selbstporträt des Prälaten eingelassen, der s. Ambitionen u. Amouren ausbreitet. S. Diktion folgt häufig den Wendungen des Sprechstils, ohne weitschweifig zu sein, er bevorzugt lakon. u. dabei paradoxe Antithesen u. sentenziöse Schlüsse. Klass. Prosa im strengen Sinn schreibt R. nicht, näher kommt er dem polem. Tenor Pascals. Der Roman *Le lion devenu vieux* (1924) von Jean Schlumberger schildert den alternden Kardinal, dessen Memoiren moral. zensiert werden, im Stil des Dargestellten selbst. Die Pléiadeausgabe der *Œuvres* (éd. M.-Th. Hipp / M. Pernot 1983) macht seit langem wieder die wichtigsten Schriften

zugänglich (*La conjuration* ..., Pamphlete, Memoiren).

L. Batiffol, Biographie du cardinal de R., 1929; J. Castelnau, R. et son temps, 1955; J. T. Letts, Le cardinal de R., historien et moraliste du possible, 1966; J. Matrat, Le cardinal de R. ou de la guerre civile considérée comme un des beaux arts, 1969; J. H. M. Salmon, Cardinal de R.: Anatomy of conspiration, London 1970; A. Bertière, R. mémorialiste, 1977; D. A. Watts, Cardinal de R., London 1980; S. Bertière, R., 1990.

Le rêve de d'Alembert, Dialog von Denis →Diderot, entstanden 1769, EA 1830 zusammen mit *L'entretien entre d'Alembert et Diderot* sowie der *Suite de l'entretien*. Die Gesprächssituation ist so arrangiert, daß keiner der Dialogpartner – d'Alembert, der Doktor Bordeu, Mlle de L'Espinasse – durchdachte u. vorformulierte Lehrmeinungen mitzuteilen scheint; offenbar kommen den Personen ihre Ideen im Lauf des Gesprächs. Es handelt von der Materie, die, mit Sensibilität ausgestattet, alle Formen des Lebens hervorbringen kann.

H. Dieckmann, Die künstler. Form des R., 1966.

Le rêve et la vie, Titel der Buchausgabe 1855 der Novelle →*Aurélia ou le rêve de la vie* von Nerval.

Le réveil d'Épiménide à Paris, Verskom. in einem Akt von →Flins des Oliviers, Urauff. 1. 1. 1790 Théâtre de la Nation, Paris. Nach 100jähr. Schlaf erwacht der kret. Philosoph Epimenides u. stellt fest, daß der Kg. von Frkr. den Luxus von Versailles aufgegeben hat u. wieder im Louvre wohnt, daß ehrbare Berater ihn umgeben, die Zensur aufgehoben ist u. die Aufklärung geehrt wird. Die Fiktion des Jh.schlafs (vgl. auch L.-S. Mercier, *L'an 2440*) liefert dem Autor e. geschichtskrit. Perspektive zur Bewertung revolutionärer Errungenschaften. Wahrscheinl. ist dieses Lehrstück das früheste Revolutionsdrama (vgl. auch M.-J. Chénier, Ducancel, Maillot). 1806 verfaßte Ch.-G. Étienne *Le nouveau r.*

Revenons à nos moutons, sprichwörtl. Redensart aus der Gerichtssitzung der Farce *Maistre Pierre Pathelin*, Aufforderung, zur Sache zu sprechen.

Reverdy, Pierre, 13. 9. 1889 Narbonne – 21. 6. 1960 Solesmes, seit 1910 in Paris, befreundet mit Apollinaire, Goll u. den Kubisten, gründete 1916 die Zs. *Nord-Sud*, 1926 Konversion. Der Lyriker R. folgte Rimbauds Poetik u. intendierte e. method. Deformation gewohnter Sinneseindrücke; den Künstler definierte er als Ausdrucksmaschine. Was R. selbst artikulierte, war Erstarrung, Zerstückelung, Verfinsterung im Cauchemar. Bilder der Vereisung, des Erblindens u. Eingeschlossenseins wiederholen sich symptomat. in Texten, die wie im Traum gesprochen erscheinen. Die Essenz des Dichtens liegt für R. in der Entgrenzung der Bewußtseinsinhalte, die explosionsartig erfolgt u. imaginären Horizonten zustrebt; daß die Botschaft dissonant. klingt, gehört zu ihrem Stilgesetz (*Poèmes en prose*, 1915; *La lucarne ovale*, 1916; *Les jockeys camouflés*, 1918; *Les ardoises du toit*, 1918; *La guitare endormie*, 1919; *Cœur de chêne*, 1921; *Les épaves du ciel*, 1924; *Écumes de la mer*, 1925; *Grande nature*, 1925; *La peau d'homme*, 1926; *Sources du vent*, 1929; *Ferraille*, 1937; *Plupart du temps*, 1945; *Main d'œuvre*, 1960; Essays *Le gant de crin*, 1927; *Le livre de mon bord*, 1948; *En vrac*, 1956). Die Surrealisten feierten R. als Vorbild.

J. Rousselot/M. Manoll, R., 1951; E. Stojkovic, L'œuvre poétique de R., 1951; M. Guiney, La poésie de R., 1967; R. W. Greene, The poetic theory of R., 1967; E.-A. Hubert, Bibl. des écrits de R., 1976.

Reverzy, Jean, 1914–59, Mediziner; Erzähler, 1954 mit dem Prix Théophraste-Renaudot für *Le passage* ausgezeichnet. Thema seiner Romane ist e. autobiograph. begründete Todesangst (*Place des Angoisses,* 1956; *Le silence de Cambridge* 1960; *Œuvres,* 1977).

La révolte des anges, Roman von Anatole →France, ED *Le Gil Blas* Februar–Juni 1913, EA 1914. Das Werk gilt als ideolog. Testament des Autors. Mit prometheischem Pathos inszeniert France die Wiederholung des Aufstands der Engel, die den Menschen Humanität, Kunst u. sittl. Größe verheißen, während Gott als Dämon in s. kosm. Unnahbarkeit sie betrügt. Als die rebell. Engel Satan aufsuchen, der in e. Urwaldtempel am Ganges thront u. ihn zu ihrem Anführer erwählen, sieht der gefallene Engel prophet. im Traum die Auswirkungen s. Weltherrschaft voraus: Er regiert ebenso tyrann. wie Gott. Schmeicheleien zugängig, mißtrauisch gegenüber den Geschöpfen, die Freude und Freiheit beanspruchen, verdammt er hartherzig die Intelligenz und haßt die Wißbegierde. Er verbirgt sich hinter neuen Mysterien u. berauscht sich an theolog. Spekulationen, die ihn s. Allmacht versichern. Arcade, den Anstifter der Rebellion, verbannt er von s. Thron. Indessen bereitet der gestürzte Gott die Aufklärung der Welt vor. Satan erwacht u. lehnt den Antrag ab. ›Dieu vaincu deviendra Satan, Satan vainqueur deviendra Dieu.‹ Das Herrschaftssystem würde sich nicht ändern, ehe nicht Unwissenheit u. Furcht im Menschen getilgt sind. Die Lust zu fabulieren, Freude an exot. Motiven u. die humanitäre Verpflichtung, in antiklerikaler Weise zu agitieren, kommen in *R.* zusammen; auf der Grundlage der oriental. Lehrerzählung, wie Voltaire sie ausgebildet hat, thematisiert France das Prinzip der Selbstverwirklichung, das die Verachtung der Götter voraussetzt. Er verschafft durch die durchgängige Ironisierung, die sich bereits in der method. altertüml. Formulierung der Kapitelüberschriften niederschlägt, ästhet. Genuß und aufklärer. Denkanstöße.

D. Schlumbohm, Der Aufstand der Engel. A. France u. s. lit. Vorläufer, 1966.

Revolution, zunächst astronom. Begriff, der seit der Renaissance als geschichtsphilosoph. Kategorie metaphor. auf polit. Veränderungen angewandt wurde u. vorläufig Umgestaltung als Verbesserung meinte (noch J. Bernardi, *Essai sur les r.s du droit françois ... ou projet de réformation dans l'administration de la Justice Civile,* 1785). Seit dem R.artikel in der *Encyclopédie,* von →Jaucourt verfaßt, war deutl. geworden, daß mit »changement« auch Kritik am →Absolutismus, der zum Despotismus entartet, konnotiert sein konnte. Wenn sich der geschichtsphilos. Blick bislang auf vergangene Werte gerichtet hatte, Ordnung die Bewahrung e. Systems war, zielte er fortan auf e. neu zu gestaltende, vollkommenere Zukunft. 1789 wurde im Selbstverständnis der R. zur Epochenschwelle. Aus dem erkannten Zusammenhang von Gesellschafts- u. Literatursystem folgerten zwischen 1815 u. 1830 zahlreiche Autoren, am deutlichsten Hugo, daß die polit. R.sprognose endl. auch kulturell fällig war; mit diesem Rückgriff sperrten sich die Vertreter des »Liberalismus in der Lit.« gegen die

Verallgemeinerung der Restaurationsidee (vgl. Beaumarchais, Mirabeau, Sieyès, Saint-Just, Robespierre, Danton, Marat, Desmoulins, Chénier, Babeuf, Napoleon, Lamartine, Michelet, Commune, Vallès).

D. Guérin, La lutte des classes sous la Première République 1793–97, 1946, ²1968; F. Dornic, La France et la révolution, 1970; P. Gaxotte, La révolution frçe., ²1970; A. Soboul, La civilisation et la révolution frçe., 1970; F. Furet/D. Richet, La révolution, II ²1970; Cl. Mazauric, Sur la révolution frçe. Contribution à l'histoire de la révolution bourgeoise, 1970; Ch. Tilly, La Vendée, révolution et contre-révolution, 1970; B. Groethuysen, Philosophie der franz. R., 1971; B. Weyergraf, Der skept. Bürger. Wielands Schriften zur franz. R., 1972; K.-H. Bender, R.en. Die Entstehung des polit. R.begriffs in Frkr. zwischen MA u. Aufklärung, 1977; H.-U. Gumbrecht, Funktionen parlamentar. Rhetorik in der Franz. R., 1978; F. Furet, Penser la R., 1978; E. Hinrichs u. a. (Hg.), Vom Ancien Régime zur Franz. R., 1978; Sondernr. Europe, 1988; H. Krauß (Hg.), Lit. der franz. R., 1988; B. Didier, Ecrire la Révolution, 1989; W. Engler (Hg.), Die Franz. R., 1992.

Les Révolutions de Paris, rousseauist. Wochenblatt, Mitarbeit u. a. S. →Maréchal (vgl. auch *L'Ami du peuple, Le Tribun du peuble)*.

Revolutionstheater →*Charles IX ou l'école des rois,* →*L'ami des lois,* →*L'intérieur des comités révolutionaires,* →Maréchal, →*Les justes,* →Gatti, →*Pauvre Bitos.*

Revue, 1. Zs. (1792, nach engl. ›review‹). 2. (1834) satir. Zusammenfassung epochaler oder banaler Geschehnisse während e. Jahres in e. Aktualitätenkom., häufig mit den Mitteln der Parodie u. Facétie. Die R. war typ. für das Theater der Julimonarchie und hielt sich, in entpolitisierter Form, bis in die Dritte Republik. Ausstattungsrevuen (*Moulin Rouge,* 1903; *Casino de Paris,* 1917; bis heute *Folies-Bergères*) sowie amerikan. Revuefilme seit den 30er Jahren (mit Fred Astaire u. a.) u. Ufa-Produktionen entwickelten die Gattung mit veränderten Rezeptionsvorgaben weiter. Reste der R. noch in Karnevalssitzungen.

F. Nies (Hg.), Genres mineurs, 1978.

La Revue blanche, von Alexandre Natanson gegr. Lit.zs. (1891–1903), Mitarbeiter u. a. Léon Blum, Debussy, Mallarmé u. H. de Régnier.

A. B. Jackson, La r., 1960; O. Barrot/P. Ory (Hg.), R., 1989.

La Revue britannique, 1825–1902, von Saulnier, Galibert u. Amédée Pichot hg., informierte über das polit. u. kulturelle Leben in Großbritannien, brachte auch Übs.

La Revue de Paris, Lit.zs., 1829 gegr. u. hg. von Véron; Mitarbeit fast aller Romantiker. Die R. veröffentlichte auch Fortsetzungsromane, u. a. →*Madame Bovary* von Flaubert. 1851 wurde die Zs. mit *L'Artiste* zusammengelegt; 1894 Neugründung.

La Revue des deux mondes, Kulturzs., 1829 als polit. Organ mit 14tägigem Turnus gegr., seit 1831 maßgebende lit. u. philos. Beiträge (Mitarbeiter u. a. G. Planche, Balzac, Hugo, Musset, George Sand, Sainte-Beuve, Vigny). Die *R.,* die die franz. Romantik unterstützte, wurde unter der Leitung von Brunetière, Francis Charmes u. René Doumic zum Sprachrohr der bürgerl. Kulturauffassung; auf die Preisgabe der avantgardist. Position folgte der Verzicht auf Aktualität. Die Zahl der Abonnenten stieg von 350 im Jahr 1834 auf 25 000 im Jahr 1868. Veuillot griff die *R.* aus ideolog., Flaubert aus ästhet. Gründen an, seitdem er wußte, daß Texte von George Sand u. Turgenev in der Redaktion um ihren originellen Stil gebracht worden waren. Während er der Zs. keine Zeile zur Veröffentlichung anvertraute, publizierte Maupassant in der *R.*

R. Le livre du centenaire, 1929; N. Furman, R. et le romantisme (1831–48), Genf 1975; G. de Broglie, Histoire politique de la R., 1979.

La Revue fantaisiste, Zs. der Parnassiens, 1861–63, gegr. von Catulle Mendès, brachte u. a. auch Beiträge von Villiers de l'Isle-Adam, Champfleury und Louis Bouilhet.

La Revue française, Januar 1828 – September 1830 (16 Bde.), gegr. von Guizot u. Rémusat als Ergänzung zu →*Le Globe,* Organ der →Doctrinaires, brachte wichtige Beiträge zur Philosophie, Politik u. Ökonomie.

La Revue indépendante 1. Lit. u. polit. Zs. (1841–48), die George Sand, die Sozialisten Pierre Leroux u. Louis Viardot herausgaben. – 2. Kulturzs. (Mai 1884–95), die in vier Serien erschien, nach 1886 unter der Leitung von É. Dujardin u. Gustave Kahn; das maßgebende Organ der Symbolisten mit Beiträgen von Barrès, Laforgue, Mallarmé, Moréas, Wyzewa.

La Revue parisienne (1840), Lit.zs. (3 Nr.), die Balzac herausgab; enthielt s. Besprechung der *Chartreuse de Parme* (25. 9. 1840), die Stendhals Roman als ›le chef-d'œuvre de la littérature d'idées‹ in der Gegenwart vorstellte.

La Revue wagnérienne (1885 – Juli 1888), Lit.- u. Musikzs., geleitet von É. Dujardin, der zeitweilig auch die *Revue indépendante* herausgab; aus der Perspektive von Mallarmé u. a. präsentierte die *R.* Richard Wagner als Komponisten u. Textdichter, der die geforderte Musikalität symbolist. Lyrik bestätigte.

I. de Wyzeswska, R. Essai sur l'interprétation de Wagner en France, 1934.

Rhétoriqueurs, formalist. Lyriker der ersten beiden Jahrzehnte des 16. Jh. in der Nachfolge von →Guillaume de Machaut u. Alain →Chartier, deren Traumvisionen u. Allegorien sie modifizieren. Die R. vertreten die Auffassung, daß Dichtung lehr- u. lernbar sei. Bevorzugte Gattungen sind Ballade, Chant royal, Rondeau; ihre Metrik neigt zu verwickelten Reim- u. Strophenschemata (Guillaume →Crétin, Jean →Marot, Jean →Bouchet, Pierre →Gringoire). Als stärkster Vertreter gilt Jean →Lemaire de Belges. Cl. Marot leitet die lyr. Entwicklung zur →Pléiade über.

P. Zumthor, Le masque et la lumière. La poétique des grands r.s, 1978.

Les rhinocéros, Schauspiel in drei Akten von Eugène →Ionesco, entstanden 1959, EA 1959, Urauff. 31. 10. 1959 Schauspielhaus Düsseldorf. In e. franz. Provinzstadt erscheint e. Nashorn, dem bald e. Schar s. Artgenossen folgt. Die Bevölkerung unterwirft sich ihrer Herrschaft. Mit Erschrecken stellt Bérenger fest, daß sich s. Freunde u. schießl. auch s. Braut den Nashörnern assimilieren. Er widersetzt sich der Verwandlung, als letzter Mensch, der nicht kapituliert, lebt er die in e. kollektivierten Welt. Das Nashorn ist die Norm geworden, die von keinem außer ihm hinterfragt wird. ›Il faut suivre son temps‹ erklärt der angepaßte Botard, der Räsonneur des Stücks. Der Aufbau des Stücks kommt dem traditionellem Theater, das Ionesco in Frage stellte, wieder näher; der erste Akt enthält die Exposition, der zweite schürzt den Konflikt, der dritte liefert den Entschluß Bérengers, sich von der fanatisierten Masse nicht mitreißen zu lassen; für s. Person hat er den Konflikt gelöst. Während frühere Stücke (→*La cantatrice chauve,* →*La leçon*) zykl. angelegt waren, so daß die letzte mit der ersten Szene übereinstimmte, hat *Rh.* e. lineare Struktur. Ionesco wurde von der Kritik vorgehalten, er, der Mythen aufheben wollte, schaffe selbst den Privatmythos des heroischen Kleinbürgers (vgl. auch *Tueur sans gages*).

W. Leiner, Ionesco, Rh. (Das franz. Theater vom Barock bis zur Gegenwart, Bd. 2, hg. J. v. Stackelberg), 1968.

Ribemont-Dessaignes, Georges, 19. 6. 1884 Montpellier – Juli 1974 bei Grasse, Arztfamilie, sorglose Jugend in Neuilly-sur-Seine, Privatunterricht, ohne Abitur; erste Ölgemälde seit 1905 im Stil des Impressionismus. Freundschaft mit Marcel Duchamp und Picabia. Während des Krieges verfaßt er im Kriegsministerium s. erstes dadaist. Stück, *L'empereur de Chine,* 1919 *Le serin muet,* 1926 *Le bourreau du Pérou.* R. beteiligt sich 1920–22 an fast allen Dada-Veranstaltungen als Autor, Schauspieler, Komponist, Bühnenausstatter; lebt danach vorwiegend als Landwirt auf s. Gut u. unterhält im Dauphiné bis 1940 e. Pension. 1929 endgültiger Bruch mit Breton. Nach 1944 Übs. der Sonette Michelangelos u. der Lyrik Nietzsches; profunde Darstellung der Kunstentwicklung im 20. Jh. (*Déjà jadis,* 1958).

F. Jotterand, R., 1966; J. Grimm, Das avantgardist. Theater Frkr.s, 1982.

Riccoboni, Lodovico, 1674 oder 1677 Modena – 5. 12. 1753 Paris, Schauspieler u. Theatertheoretiker. R. nannte sich Lelio, s. Frau, die Schauspielerin →Balletti, Flaminia; er spielte seit 1716 an der Com. italienne in Paris und schrieb in Ital. u. Franz. über das Schauspiel (*Dissertation sur la tragédie moderne,* 1728; *Observations sur la comédie et le génie de Molière,* 1736; *Réflexions historiques et critiques sur différents théâtres de l'Europe,* 1738; *De la réformation du théâtre,* 1743). S. Angriff auf die stereotype Galanterie u. Phraseologie des klass. Theaters forderte die polem. Erwiderung des Traditionalisten G. Desfontaines (*Lettre d'un comédien français au sujet de l'histoire du théâtre italien,* 1728) u. e. Zustimmung von J. B. Rousseau (*Lettre à M. R.,* 1729) heraus. Seit den 30er Jahren bezweifelte R. die moral. Nützlichkeit des Schauspiels u. forderte das staatl. kontrollierte Theater, in dem ältere Stücke gegebenenfalls in überarbeiteter Form aufgeführt werden sollten.

X. de Courville, Un apôtre de l'art du théâtre au XVIIIe siècle, Genf III 1943–59.

Riccoboni, Marie-Jeanne Laboras de Mézières, Mme, 1714 Paris – 6. 12. 1792, seit 1735 mit Antoine-François R., dem Sohn des L. →R. verheiratet. Beide waren Schauspieler u. offensichtl. wenig erfolgreich. Mme. R. wandte sich der Schriftstellerei zu, schrieb den 12. Teil der unvollendeten *Vie de Marianne* von Marivaux (1750) und behandelt in eigenen Werken vor allem das Frauenproblem (*Lettres de Mistress Fanny Butlerd,* 1757; *Histoire de Miss Jenny Level,* 1764). Für Germaine de Staël stand ihr Romanwerk ebenbürtig neben *La princesse de Clèves* und *Paul et Virginie;* Marie-Antoinette versteckte es in e. falschen Einband, um ungestört darin lesen zu können. Typ. für ihre Handlungsführung ist der

Konflikt zwischen der Empfindsamkeit der Frau, die erst in dieser Verfassung zur Liebe fähig ist, u. dem berechnenden Doppelspiel des moral. unterlegenen Partners. Die Frauen leiden auch weniger unter seiner Untreue als unter verletztem Selbstgefühl. Die R., die auch Goldoni übersetzte, korrespondierte mit dem Philosophen Hume u. dem Schauspieler Garrick (hg. J. C. Nicholls 1976).

E. A. Crosby, Une romancière oubliée, Mme R., 1924; J. Hinde Stewart, The novels of R., Chapel Hill 1976.

Richelieu, Armand-Jean du Plessis, duc de, 9. 9. 1585 Paris – 4. 12. 1642 ebda., 1608–24 Bischof von Luçon/Poitou, 1616 Staatssekretär, dann kurze Verbannung vom Hof, 1622 zum Kardinal, 1624 zum Ersten Minister im Staatsrat Ludwigs XIII. ernannt. R., der selbst Dramen schrieb, organisierte das Autorenkollektiv der →Cinq auteurs, förderte die Gründung der →Ac. frçe. Vigny *(→Cinq-Mars)* und Hugo *(Marion Delorme)* karikierten R. als e. machtbesessenen und amoral. Kardinal-Minister, beraten vom zwielichtigen Père Joseph, obwohl er in Wirklichkeit s. innenpolit. Auseinandersetzung mit den Hugenotten u. die Lösung Frkr.s aus der span.-habsburgischen Umklammerung (Eingreifen in den 30jährigen Krieg) mit moral. Prinzipien in Einklang zu bringen suchte (*Mémoires du cardinal de R.*, X 1907–31; *Testament politique,* hg. L. André 1947).

L. Lacour, R. dramaturge et ses collaborateurs, 1926; L. Battifol, R. et Corneille, 1936; C. J. Burckhardt, R.; III 1935–67; V. L. Tapié, La France de Louis XIII et de R., ²1967; M. Carmona, R., 1983; Ch. Jouhaud, La main de R., 1991.

Richelieu, Louis François Armand du Plessis, duc de, 13. 3. 1696 Paris – 8. 8. 1788 ebda., Großneffe des Kardinals →R., Diplomat, Heerführer u. Statthalter des Languedoc seit 1738; Korrespondenz mit Voltaire. Der Schauspieler u. Dramatiker →Monvel brachte das ausschweifende Leben R.s in *La jeunesse du duc de R. ou le Lovelace français* (1796, in Zusammenarbeit mit A. Duval) auf die Bühne. R. schrieb Memoiren, die teilweise verfälscht wurden (*Mémoires authentiques du maréchal de R.*, hg. A. de Boislisle 1918). *Lettres*, hg. S. Charléty (1939).

M. Pollitzer, Le maréchal galant, 1952.

Richepin, Jean, 4. 2. 1849 Médéa/Algerien – 12. 12. 1926 Paris, Arztsohn, Absolvent der ENS, führte ein abenteuerl. Leben, ehe er Gedichte, Romane u. Dramen schrieb; 1908 Aufnahme in die Ac. frçe. François Villon u. E. A. Poe wurden s. Leitbilder bei der Darstellung der asozialen wie der phantast. Welt; mit dem Lyrikzyklus *La chanson des gueux* (1876) und dem Erzählband *Les morts bizarres* (1876) stand zu Beginn des Schaffens diese zweifache stoffl. Ausrichtung fest. Für den Lyrikband, in dem R., fasziniert von der Häßlichkeit des Milieus, die Revolte des Lumpenproletariats besang, wurde er wegen Verletzung der öffentl. Moral zu 3 Tagen Haft verurteilt. Den Vagabunden stilisierte er zum Typus, der R.s zwiespältige Einstellung gegenüber der Klasse, aus der er stammte, in der Amoral wie in der Verletzung sprachl. Tabus radikalisiert; die Ausgestoßenen kennen e. Geheimnis, das den Seßhaften verborgen bleibt, sie sind die ›Söhne der Chimäre‹. In der Slg. *Les caresses* (1877) konfrontiert er ihre Liebesfähigkeit mit der bürgerl. Haltung: ›Vos amours, ô bourgeois, sont des fromages mous; / Le nôtre, un océan d'alcool plein de remous‹. Der Haß auf soziale Institutionen und e. formale Moral gewinnt nun diatrib. Eigenbewegung; Vernunft, Natur u. Fortschritt werden in *Les blasphèmes* (1884) als falsche Götter gestürzt. Besessen auch von priap. Bildern, glaubt der Lyriker den Schlüssel für jede Kosmogonie gefunden zu haben, das Schauspiel der Natur wird in *La mer* (1886) zur multiplen Prostitution. In s. Dramen, die auch eigene Romanstoffe (*La Glu,* 1881; *Contes sans morale,* 1922) bearbeiten (*Nana Sahib,* 1883; *M. Scapin,* 1886; *Le flibustier,* 1888; *Par la glaive,* 1892; *Vers la joie,* 1894; *Le chemineau,* 1897; *La martyre,* 1898; *Théâtre en vers,* IV 1919–24), wählte R. die Versform.

J. Ernest-Charles, Le théâtre des poètes, 1910; J.-L. Lecompte, R., son œuvre, ses idées et son inspiration, 1950; H. Sutton, The life and work of R., Genf 1961.

Richer, Henri, 1685 Longueil – 12. 3. 1748 Paris, Anwalt beim Parlement in Rouen, bis er sich ausschließl. der Lit. widmete. R. übersetzte die Eklogen von Vergil u. die Heroiden von Ovid (1717 u. 1723), schrieb Fabeln (*Fables nouvelles mises en vers,* 1729), Trag. (*Sabinus et Éponine,* 1735; *Coriolan,* 1748) u. e. Maecenas-Biographie (*Vie de Mécénas,* 1746).

Rictus, Jehan (eig. Gabriel Randon de Saint-Amant), 21. 9. 1867 Boulogne-sur-Mer – 8. 11. 1933 Paris, natürl. Sohn e. engl. Adligen, kurze Zeit Angestellter der Pariser Stadtverwaltung; Lyriker u. Chansonnier (Kabarett Chat Noir u. Quat'z'arts), der pathet. Elendsdichtungen schuf, in denen Unterdrückte u. Außenseiter ihr Argot sprechen (*Les soliloques du pauvre,* 1897; *Doléances,* 1900; *Cantilènes du malheur,* 1902; *Le cœur populaire,* 1920; Sammelausgabe der Lyrik 1955; außerdem die Kom. *Dimanche et lundi férié,* 1905, u. der Roman *Fil de fer,* 1906). Apostrophe u. Selbstgespräch, wie im Gebet der Mutter am Grab ihres hingerichteten Sohns (*Jasante de la vieille),* evozieren häusl. Elend u. Krankheit. Die infantile Wortwahl der verzweifelten Frau kontrastiert mit Verbrechen ihres Kindes; der Autor emotionalisiert so ihre Rat- u. Hilflosigkeit. R. orientierte sich deutl. an Villon, ohne deswegen ein archaist. Stilideal zu vertreten.

R. Martineau, Quelques aspects de R., 1935; R. Hubert, R., 1936; G. L. Godeau, R., 1954; Th. Briant, R., 1960; G. P. Sozzi, R., Urbino 1971.

Riéu, Charles, 1. 11. 1846 Paradou/Bouches-du-Rhône – 1924 Fontvieille / Bouches-du-Rhône, Bauernsohn, wurde Hirte und Landarbeiter,; provenzal. Lyriker des →Félibrige, inspirierte sich am bäuerl. Jahreszyklus (*Li cant dou terraire,* 1897; *Li nouvéu cant dou terraire,* 1900; *Li darrié cant dou terraire,* 1911).

M. Mauron, R., 1953.

Rieux, Arzt in →*La peste* von Camus, Protagonist und Chronist der Existenztragödie. Als Sprachrohr des Autors entwickelt R. das Ethos der ›honnêteté‹, hier ein Einzelkämpfertum, das sich gegen ›héroïsme‹ u. ›sainteté‹ abgrenzt.

Rigaut de Berbezilh (R. de Barbezieux), um 1150 Schloß B./Saintonge – um 1215 Spanien, Trobador, lebte am Hof der Marie de Champagne (Kontakt mit Chrétien de Troyes, Conon de Béthune u. Gace Brulé), später in Spanien am Hof von Diego López de Haro, dem Herrn von Biskaya. Von R. sind 18 Kompositionen überliefert, Liebesgedichte für die Gemahlin Jaufres von Taunay, e. Tochter des Fürsten Jaufre Rudel von Blaya. Er nennt sie in s. Liedern ›Besser-als-Herrin‹ u. führte als Neuerung Tiervergleiche ein. R. beeinflußte die Entwicklung der ital. u. katalan. Lyrik (*Liriche*, hg. A. Varvaro, Bari 1960; *Le canzoni*, hg. M. Braccini, Florenz 1960).

R. Lejeune, Analyse textuelle et histoire littéraire: R., Moyen Age, 1962; J. Duguet, L'identification du troubadour R., Bulletin de la société des antiquaires de l'Ouest 1968.

Rilke, Rainer (René) Maria, 1875 Prag – 1926 Val Mont bei Montreux, am franz. Symbolismus orientierter Lyriker, der bis 1926 auch franz. Gedichte verfaßte *(Vergers, Les quatrains valsains, Exercices et évidences, Ebauches et fragments)*. Übs. von Labé, Verlaine, Mallarmé, Gide, Valéry.

Karin Wais, Stud. zur R.s Valéry-Übertragungen, 1967.

Rimbaud, Arthur, 20. 10. 1854 Charleville – 10. 11. 1891 Marseille, Sohn e. Berufsoffiziers, der sich 1860 von s. Frau trennte. R., e. überdurchschnittl. begabter Schüler, schrieb s. ersten Verse im Stil der bewunderten Schule des →Parnasse; *Les étrennes des orphelins* erschien im Januar 1870 in der *Revue pour tous.* S. neuer Lehrer, Georges Izambard, besorgte dem lesehungrigen R. Bücher, die ihm unerreichbar waren, darunter Vigny, Hugo u. Parnasse-Lyriker. 1870 entstanden die Gedichte *Sensation, Le forgeron, Le buffet, Ophélie, Bal des pendus, Les morts de Valmy, Le dormeur du val, Le châtiment de Tartuffe* u. *Venus anadyomène,* Parodie des Mythos der Schaumgeborenen u. implizit auch derjenigen Gattung, die bes. eng mit erot. Thematik verbunden war, des Sonetts. Anstatt den gefeierten Mythos ästhet. zu zelebrieren, deformiert ihn R. Mit der Trennung des Häßl. vom moral. Minderwertigen in *Les assis* (1871) setzte sich diese Provokation des traditionellen Schönheitsempfindens verschärft fort. Am 28. 8. 1870 verließ R. fluchtartig s. Mutter, reiste nach Paris, wo er gleich von der Polizei aufgegriffen wurde, ein zweites Mal brach er im Oktober aus; die Teilnahme am Aufstand der Pariser Commune im Frühjahr 1871 ist umstritten, er hätte allenfalls vom 17. 4. bis 13. 5. in der belagerten Hauptstadt sein können. Das Gedicht *Le cœur supplicié* unterscheidet sich von früheren Arbeiten durch e. höheres Konfliktbewußsein, das auf →*Une saison en enfer* vorausweist. 1871, als sich R. mit Babeuf u. Proudhon beschäftigte, entstanden die Prosafragmente *Les déserts de l'amour* u. →*Le bateau ivre.* In zwei Briefen an Izambard u. Paul Demeny (13. u. 15. 5. 1871) formulierte R. s. ›théorie du voyant‹, die Leitsätze der Poetik Baudelaires weiterentwickelte: Der Dichter als Seher erarbeitet sich e. neue Sprache, die herkömml. Hierarchien, wie sie in den Werturteilen ›sublim‹ u. ›widerwärtig‹ zum Ausdruck kommen, einebnet u. in unerhörten Dissonanzen Impulsen e. ›âme universelle‹ entspricht. Explosionsartiger Stil gilt als Paradigma des Objekts der Dichtung, sie vollzieht e. Entgrenzung, deren Ziel unbekannt ist u. darum den Dichter bis zur Selbstvernichtung beansprucht. Im Oktober 1871 verließ Rimbaud endgültig Charleville u. lebte in Paris mit →Verlaine zusammen. Im Gedicht *Voyelles* übertrug er Verfahren der Alchimie auf die Dichtung, um die Magie der Synästhesie, die schon Nerval *(Vers dorés)* u. Baudelaire *(Correspondances)* gerühmt hatten, zu begründen. In *Une saison en enfer*

(1873) erläuterte er die Bedeutung der ›alchimie du verbe‹ für den selbstbewußten Dichter angesichts e. zerfallenden Kulturwelt. R. ist überzeugt, daß der ästhet. Welt kein empir. Modell zugewiesen ist. Das Kunstschöne, jedem Naturschönen übergeordnet, inspiriert sich an ›peintures idiotes‹, ›toiles de saltimbanques, einseignes, enluminures populaires, la littérature démodée, latin d'église, livres érotiques, romans de nos aïeules … opéras vieux, refrains niais, rythmes naïfs‹. Damit war die rhetor. Feierlichkeit des Parnasse herausgefordert. Nach R.s Anschluß an Verlaine entwickelten sich die dichter. Konzeptionen der Lyriker nicht weiter, menschl. war ihre Beziehung von Anfang an e. Katastrophe; Verlaines Frau u. Schwiegermutter sahen in dem Gast e. ungehobelten Provinzler, der s. Freund zum Trinken verleitete u. ihn zur Rebellion gegen bürgerl. Konventionen anstiftete. Die Reisen, die R. u. Verlaine im Sommer 1872 nach Belgien u. England u. 1873 wieder nach Belgien unternahmen, endeten im Jähzorn, als Verlaine am 10.7. 1873 mit der Pistole auf R. schoß u. ihn verletzte; 1875 trafen sie sich e. letztes Mal in Stuttgart. Später veröffentlichte Verlaine die →*Illuminations,* als er R. irrtüml. für tot hielt. In Wirklichkeit hatte R. 1874 die Dichtung aufgegeben, war durch Italien gezogen, 1876 in die holländ. Armee eingetreten, auf Sumatra wieder desertiert, hatte in Hamburg als Dolmetscher bei e. Zirkus gearbeitet, sich 1880 u. später in Zypern, Arabien u. Afrika u. a. als Kaffee- u. Waffenhändler betätigt, bis ihn 1891 e. Tumor im Knie zur Heimkehr zwang. S. Schwester Isabelle begleitete ihn nach der Amputation e. Beins nach Marseille, wo er starb. Hugo Friedrich bezeichnet das Schweigen des erst 19jähr. Lyrikers R. als e. Akt der dichter. Existenz selber. ›Als er an die Grenze kam, wo s. die Welt wie das Ich deformierendes Dichten sich selbst zu zerstören begann, hatte er … Charakter genug, zu verstummen.‹ Deformation u. absoluter Traditionsbruch, der weit über die Parodie z. B. bei →Laforgue hinausreicht, e. dissonant. Diktion, die den Rang der sittl. begründbaren Harmonie einnahm, korrelieren mit der Eigenmächtigkeit kreativer Phantasie. Jacques Rivière nennt R. den großen Zerstörer aller Solidarität unter den Dingen, der überall wieder die Einsamkeit aufrichtet. R.s diktator. Phantasie machte die Welt unzusammenhängend, sie setzte ihre Bestandteile frei u. montierte mit verstümmelten Elementen e. neues Universum. Dafür priesen ihn die Surrealisten. Postum wie die *Illuminations* erschienen die Gedichte *Le reliquiaire* (1891), *Les mains de Marie-Jeanne* (1919) u. *Un cœur sous une soutane* (1924). 1896 schrieb Mallarmé in e. Artikel für die amerikan. Zs. *The Chap Book* über R. als e. Kind, das zu früh, vor Beginn s. eigentl. Existenz, vom Flügel der Lit. gestreift wurde; in dieser Situation entstand e. Werk, das wie e. Meteor aufflammte u. verlosch. Gegen diese Deutung protestierte wieder Claudel, der den vermeintl. Mystiker R. retten wollte (*Œuvres complètes,* hg. R. de Renéville/J. Mouquet ²1963, krA A. Adam 1972; *Poésies,* hg. H. de Bouillane de Lacoste III 1939; *R. Lettres de sa vie littéraire,* hg. J.-M. Carré 1931; *Correspondance 1888-1891,* hg. J. Voellmy 1965; *Œuvres,* éd S. Bernard, n. hg. A. Guyaux 1981).

R. Etiemble, Le mythe de R., II 1952–61; ders., Nouveaux aspects du mythe de R., 1964; C. Chadwick, Études sur R., 1960; Y. Bonnefoy, R. par lui-même, 1961; M. Eigeldinger, R. et le mythe solaire, Neuchâtel 1964; J. Plessen, Promenade et poésie, L'expérience de la marche et du mouvement dans l'œuvre de R., Den Haag/Paris 1967; H. Friedrich, Die Struktur der mod. Lyrik, 21967; C. A. Hackett, Autour de R., 1968; P. Caddau, Dans le sillage du capitaine Cook ou R. le tahitien, 1968; Études rimbaldiennes, 1968 ff.; R. Kloepfer/U. Oomen, Sprachl. Konstituenten mod. Dichtung. Entwurf e. deskriptiven Poetik – R., 1970; P. Gascar, R. et la Commune, 1971; J. Chauvel, L'aventure terrestre d'A. R., 1971; H. Peyre, R. vu par Verlaine, 1975; F. Eigeldinger/G. Schaeffer, Table de concordances ... des Poésies de R., Neuchâtel II 1981; B. Scheuermann, Titel u. Text. Das Beispiel R., 1982; P. Petitfils, R., 1982; E. Riedel, Strukturwandel in der Lyrik R.s, 1982; H. Wetzel, R.s Dichtung, 1985; J. P. Houston, Patterns and thoughts in R. and Mallarmé, Lexington 1986; A. Fongaro, Fragments rimbaldiens, Toulouse 1989; S. Murphy, Le premier R., Lyon 1990; J. L. Steinmetz, R., 1991.

Rime de (en) goret ›Ferkelreim‹, Spottname des späten MA, das einzig den Vollreim anerkennt, für die →Assonanz.

Rime → Reimordnung.

Rime tiercée, Terzine, Reimschema aba.bcb.cdc ...; charakterist. ist, daß das mittlere Reimelement der dreizeiligen Strophen den 1. u. 3. Reim der folgenden Strophe bestimmt. Die R. wurde nach dem Vorbild der Terzine Dantes in der *Divina Commedia* von Jean Lemaire de Belges 1513 in die franz. Poesie übernommen. Anders als die Italiener schloß er jeden Dreizeiler auch syntakt. in sich ab. Die R. wurde in Zehnsilbern, später Alexandrinern, nachgeahmt von Clément Marot, Du Guillet, Saint-Gelais, Baïf, Jodelle, Salel, Tyard, Des Autelz, Desportes, V. Hugo, den Parnassedichtern, Heredia u. Valéry.

R. Baehr, Einführung in die franz. Verslehre, 1970.

Le rivage des Syrtes (1951), Roman von Julien →Gracq. Angeregt durch *Auf den Marmorklippen* (1939) von E. Jünger, stellte Gracq den ›ennui supérieur‹ dar, e. polit. Lethargie, die über dem fiktiven Mittelmeerstaat Orsenna liegt u. die Aldo am heftigsten befallen hat. Aldo läßt sich als ›observateur des forces dans la mer des Syrtes‹ versetzen; myth. Kräfte der Landschaft treiben ihn hier zu erhöhter Aktivität. Die Begegnung mit Vanessa bestätigt ihn in der Absicht, das gegner. Farghestan zu provozieren und e. vor langer Zeit abgebrochenen Krieg wieder aufflammen zu lassen. Der Erwartungszustand, der Orsenna in Dekadenz versinken ließ u. bei Aldo in Vanessas Gegenwart e. ›obsession du possible‹ auslöst, begünstigt den inneren Verfall des Staates, der nur noch von s. ruhmreichen Vergangenheit lebt u. seine Geschichte museal feiert. Aldo sehnt sich nach Veränderung, die den Zusammenbruch besiegelt, anstatt ihn aufzuhalten; er ist von Gracq als hochpathet. Gestalt gezeichnet, da s. Handeln vom Lebens- u. Todestrieb der Kaste, der er angehört, zugleich motiviert wird. Dies trennt ihn von Theseus, wie Gide ihn gesehen hat *(Thésée)* u. vom mittelmeer. Menschen im Werk von Camus. Aldo erkennt zum Schluß, daß er auf e. Aufforderung reagiert hat, der sich kein Individuum entziehen kann, die Parole ›Qui vive?‹. Damit hat er Orsennas polit. Zukunft einer Zwangsläufigkeit ausgeliefert, die unaufhaltsam ist wie der Weg der Gestirne u. die Gesten der Liebe. Als Schlüsselmetapher kehrt das Bild des verrotteten Schiffs wieder: wer es in die Tiefe stößt, verursacht sorglos s. Untergang, aber er verletzt s. Geschick nicht. Aldo erfüllt die Gesetze e. Reichs des Untergangs.

M. Guiomar, Trois paysages du R., 1982; R. Amossy, Parcours symbolique chez J. Gracq. R., 1982; Sondernr. RhlF 2, 1983; M. Murat, R., 1983.

Rivarol, Antoine comte de (eig. A. Rivaroli), 26. 6. 1753 Bagnols/Gard – 13. 4. 1801 Berlin, aus e. Gastwirtsfamilie, die ihre adlige Genueser Herkunft behauptete; der Bischof von Uzès ermöglichte R. das Theologiestud. in Avignon, ohne ihn an die Kirche binden zu können. R. ging als Journalist nach Paris (Mitarbeit beim *Mercure de France*), er brillierte in der Gesellschaft der 80er Jahre durch s. blendende Konversation. Voltaire sprach von ihm als dem ›Français par excellence‹. 1784 pries R. die Beispielhaftigkeit s. Muttersprache, deren europ. Rang der franz. Politik von hohem Nutzen war *(→Discours sur l'universalité de la langue française)*. Er agitierte im *Journal politique national* gegen die Abschaffung des Kg.tums, kritisierte jedoch auch das Manifest des Hzg.s von Braunschweig. Er emigrierte über Belgien, die Niederlande u. England schließl. nach Dtl., wo er zuerst in Hamburg u. seit 1800 in Berlin lebte. R. war e. Konterrevolutionär; mit den Waffen des Moralisten (*Discours sur l'homme intellectuel et moral,* 1797; *De l'influence des passions,* 1797) kämpfte er gegen e. Herrschaft des III. Standes, dem er vorwarf, die Masse könne im Aufruhr nichts als Hinrichtungen vollziehen. Daher glaubte er auch an das Bedürfnis nach e. ganz auf der Sprache begründeten Konkurrenzunternehmen zur →*Encyclopédie;* von diesem u. e. anderen Projekt, e. Theorie der Staatskunst, sind nur Fragmente erhalten. R.s Ziel war es, aus der Staatsidee die wirkende Vernunft, deren verborgene Existenz er hypostasierte, herauszulösen. Gemessen an Zeitgenossen wie →Babeuf hat er, der im Geschichtlichen e. Befleckung des Immergültigen sah, die Ereignisse nach 1789 nicht begriffen; der Adelskomplex s. in Wirklichkeit kleinbürgerl. Abkunft drängte ihn in e. reaktionäre Haltung, die er als wirkungsvolle Kampfposition ansah, da er sie sprachl. gewandt zu verteidigen wußte (*Essai sur les causes de la révolution française,* 1827; *Œuvres complètes,* 1852).

E. Jünger, R. (zur Übs. von Maximen), 1956; J. Vercruysse, R. conteur philosophique, 1968; B. Fay, R. et la Révolution, 1978; J. Lessay, R. 1989.

Rivaudeau, André de, um 1538 Poitou – 1579, Jurist, Kammerherr Heinrichs II., Autor der Trag. *Aman* u. von eleg. Gedichten (*Œuvres poétiques,* 1567). In e. enkomiast. Versepistel, die er an Belleau richtete, stellt er Ronsard noch über den Adressaten.

Rivière, Jacques, 15. 7. 1886 Bordeaux – 14. 2. 1925 Paris, befreundet mit André Gide u. Alain-Fournier, seit 1909 dessen Schwager, 1919–25 Leitung der *NRF;* von Bedeutung ist vor allem s. Lit.kritik (neben polit. Prosa u. zwei Romanen, *Aimée,* 1922; *Florence,* Fragment 1935), die sich auch im Briefwechsel mit Artaud artikulierte (*Études,* 1912; *Freud et Proust,* 1927; *Moralisme et littérature,* 1932; *Nouvelles études,* 1947). Claudel, Proust u. Jammes verdanken R. erste Würdigungen, s. *Rimbaud* (1930, n. 1977) gehört zu den aufschlußreichsten Darstellungen über diesen Dichter. S. Konversion von 1913 begründete R. in der autobiograph. Schrift *A la trace de dieu* (1925). Postum erschien s. Briefwechsel mit Alain-Fournier (1926–28), Claudel (1926) u. Proust (hg. Ph. Kolb ^{2}1976).

F. Mauriac, Le tourment de R., 1926; A. Gide, R., 1931; A. Jans, La pensée de R., 1938; M. Turnell, R., New Haven 1953; B. Cook, R., London 1958; M. Raymond, Études sur R., 1972.

Rivoyre, Christine de, geb. 21. 11. 1921 Tarbes, Journalistin bei *Le Monde* u. *Marie-Claire,* schrieb in den fünfziger u. sechziger Jahren zahlreiche Erfolgsromane, fand seit *Boy* (1973, Nähe zu Fitzgerald) u. *Le voyage à l'envers* (1977, Liebesroman) e. neue themat. Linie.

Robbe-Grillet, Alain, geb. 18. 8. 1922 Brest, wuchs in Paris auf, Lycée Buffon u. 1940–42 Lycée Saint-Louis, Interesse an Nat.wiss., Stud. Institut national agronomique, 1945 Abschluß als Ingénieur agronome, bis 1950 Mitarbeiter des staatl. Instituts für Statistik u. Wirtschaftsplanung u. e. biolog. Labors. 1950/51 als Beauftragter des Institut scientifique des fruits et agrumes in Marokko, Franz.-Guinea u. auf den franz. Antillen. 1953 erschien s. erster Roman, →*Les gommes* (das Frühwerk *Un régicide* wurde erst 1962 teilweise in der Zs. *Méditations* veröffentlicht), 1961 der erste Film, *L'année dernière à Marienbad* (spätere Drehbücher u. Ciné-Romans: *L'immortelle,* 1963; *Trans-Europe-Express,* 1967; *L'homme qui ment,* 1968; *L'Eden et après,* 1970). Seit 1955 ist R. mit dem Verlag Éditions de minuit vebunden, hier erschienen die meisten s. Werke (Romane u. Erzählungen →*Le voyeur,* →*La jalousie, Dans le labyrinthe,* 1959; *Instantanés,* 1962; →*La maison de rendez-vous,* 1965; →*Projet pour une révolution à New York;* Artikelslg. *Pour un nouveau roman,* 1963; Romane *Topologie d'une cité fantôme,* 1976; Frühwerk *Un régicide,* 1978; *Souvenirs du triangle d'or,* 1978, Motive des erot. u. des Kriminalromans, die R.s frühere Werke zitieren; *Djinn,* 1981, phantast. Erzählung, deren wirkl. Gegenstand die Grammatik ist; *Le miroir qui revient,* 1985; *Angélique ou l'enchantement,* 1987). R.s Kriminal-, Schauer- u. Ehebruchsgeschichten scheinen auf den ersten Blick nach gängigen Kompositionsschemata der Triviallit. angelegt, doch die gewählte Erzählform zerstört provokativ jede Einstimmung in vertraute Strukturen. Bei Kafka entdeckte R., daß der Roman keinen sinn- u. bedeutungsmächtigen Wirklichkeitszusammenhang voraussetzt, da er eigene, dem Werk immanente Bedeutungen schafft. Dem Roman droht aus s. eigenen Gattungsgeschichte das Gespenst der Scheinobjektivierung (vgl. hingegen Gide, *Les faux-monnayeurs*), der allwissende Autor als unfehlbarer Informant wird aus der Erzählung verbannt. Die von R. häufig gebrauchte Bezeichnung →›Nouveau roman‹ für diesen Erzählstil könnte paraphrasiert werden durch ›jeweilig zeitgenöss. u. zeitgemäßer Roman‹. So ist es zu verstehen, wenn R. feststellt, Flaubert habe den Nouveau roman von 1860 u. Proust den von 1910 geschrieben. Stoff der neuen Romangattung sind alle sinnl. wahrnehmbaren Dinge; das Wesen der Dinge ist ihr Sosein, ihre Beschaffenheit drückt aus, warum sie da sind. ›Leur surface est nette et lisse, intacte, sans éclat louche ni transparence‹. Substantive u. Adjektive, die opt. Dimensionen bezeichnen, überwiegen bei R., die Fachsprache der Technik, Mathematik u. Geometrie werden lit.würdig. Für den Romancier R. gilt als Leitsatz: ›L'homme regarde le monde, et le monde ne lui rend pas son regard‹ *(Pour un nouveau roman).* Durch kein mag. Wort kann e. Tiefendimension der Welt beschworen werden. Dafür ist die Sprache bei R. zugleich Objekt- u. Metasprache, sie bezeichnet Gegenstände u. reflektiert ihr eigenes Funktionieren bei der Bezeichnung. R. intendiert in s. Werk nicht die Darstellung der Entfremdung u. Verdinglichung im orthodoxen Sinn, denn der Tauschwert der Dinge, ihr gesellschaftl. Charakter, erscheint in s. Romanen nicht als Natureigenschaft. Wiederholt bestreitet R. die Möglichkeit e. lit. Vermittlung polit. u. sozialer Ideen; dem widerspricht der interpretator. Aufweis, daß er in s. Romanen den Mythos von der bedrohten Privatheit des Menschen im Labyrinth darstellt.

K. Wilhelm, Der Nouveau Roman, hg. W. Stolz 1969; W. Engler, Zur Romantheorie von R., NSp 1969; K. Netzer, Der Leser des Nouveau roman, 1970; J. Beyer, R. (Franz. Lit. der Gegenwart in Einzeldarstellungen, hg. W.-D. Lange), 1971; P. Gascar, L'ombre de R., 1979; M. Rother, Das Problem des Realismus in den Romanen von R., 1980; J.-C. Vareille, R. l'étrange, 1981; M. Nowak, Die Romane R.s. 1982; P. S. Deduck, Realism, reality and the fictional theory of R. and A. Nin, London 1983; A. Fletcher, R., London 1983.

La robe rouge, Schauspiel in vier Akten von Eugène →Brieux, EA 1900, Urauff. 15. 3. 1900 Théâtre du Vaudeville, Paris. Die Darstellung der Gerichtswelt bot dem Autor die Möglichkeit, sich zum Richter über die Justiz zu erheben u. das Streben nach der roten Robe – der Beförderung – als eitles u. unmoral. Verlangen auszumalen. Der Untersuchungsrichter Mouzon u. der Staatsanwalt Vagret wollen ihre Chance nutzen, als sie e. mysteriösen Mordfall zu bearbeiten haben. Während der Staatsanwalt im letzten Moment erkennt, daß er sich von s. Diatriben, deren Rhetorik sich verselbständigte, zu unhaltbaren Anschuldigungen gegen den Bauern Etchepare hinreißen ließ, versucht der Richter auch noch Yanetta, die Frau des Angeklagten, bloßzustellen und ihren Mann moralisch gegen sie aufzubringen. Etchepare wird freigesprochen, verdammt u. verstößt nun jedoch s. Frau. Mouzon erhält s. Beförderung, wird aber von der gepeinigten Yanetta erstochen. Dies sollte nach der Anlage des Stücks Befriedigung auslösen, da der coup de théâtre ja den Bösewicht richtete (vgl. auch Bourget, *Le disciple).*

Robert de Blois, 13. Jh., Autor ep. Werke *(Beaudous, Floris et Lyriopé)* u. relig. Gedichte *(De la Trinité, La création du monde);* origineller sind s. didakt. Schriften in elegantem Stil *(Enseignement des princes, Chastoiement des dames).*

Robert de Boron, 12. Jh., Dichter im Dienst des Gautier von Montbéliard, verband durch Zwischenschaltung der Gestalt des →Merlin die Artusepik (→Geoffrey of Monmouth, →Wace) mit der Erlösungsgeschichte. Ausgehend von der Passion führte er die Geschichte des Abendmahlkelches (*Joseph d'Arimathie,* v. 395 ff.) u. der Gralssuche bis zum Untergang des Reichs von Kg. →Artus fort. Der Zyklus *Joseph d'Arimathie, Merlin* u. *Perceval* ist in Prosaauflösungen der teilweise verlorenen Versromane überliefert. Mit diesen Umsetzungen beginnt die Geschichte der Prosaerzählung in Frkr.

R. Brummer, Die erzählende Prosadichtung in den roman. Lit. des 13. Jh., 1948; A. Micha, De la chanson de geste au roman, Genf 1976.

Robert de Clari (Cléry), um 1170 Pikardie – nach 1216, Teilnehmer am IV. Kreuzzug. Anders als →Villehardouin sah er in s. *Histoire de chiaux qui conquistrent Constantinoble* (nach 1210) das Unternehmen aus der Perspektive des unzufriedenen kleinen Adels, der leer ausging.

R. Hartman, La quête et la croisade, New York 1977.

Robert Greslou, Protagonist des Romans →*Le disciple* von Paul Bourget, der als Schüler des Positivisten Adrien Sixte s. Geliebte zum Versuchsobjekt empir. Psychologie macht u. dadurch in den Selbstmord treibt.

Robespierre, Maximilien Marie Isidore de, 6. 5. 1758 Arras – 28. 7. 1794 Paris (hingerichtet), Notarsfamilie, Vater Advokat; Stipendiat, glänzende jurist. Stud., Verteidiger u. Rechtsgutachter in Fällen von überregionaler Bedeutung; daneben lyr. Gedichte u. ein *Éloge de Gresset* (1786). 1789 Wahl in die Generalstände, 1790 Vorsitzender des Jakobinerclubs, galt seit 1791 bei der Pariser Bevölkerung als ›incorruptible défenseur du peuple‹. R., der e. beispiellose moral. Autorität genoß, vertrat die unteilbare Demokratie auf der Basis der allgemeinen u. direkten Wahlen, des Rechts auf Arbeit u. der persönl. sowie kulturellen Freiheit. Die Verlagerung der Macht vom Feudaladel auf das Besitzbürgertum allein (vgl. Barnave) entsprach nicht s. revolutionären Konzeption, ebensowenig der mod. Atheismus. Als Mitgl. des →Comité de salut public führte R., der die militär. Auseinandersetzung mit dem nichtrevolutionären Europa zunächst vermeiden wollte, den Krieg im Norden, Osten u. am Mittelmeer, wo die Royalisten mit den Engländern paktierten, u. im Innern, wo nicht allein die Aufstände in der Vendée, sondern auch die girondist. Agitation 62 von 84 Départements ergriffen hatte. In dieser Situation rettete R. Frkr. u. den Bestand der Nation. S. Theorien von der Unterordnung der Einzelinteressen unter den Willen der Republik, weiterentwickelt indirekt meist aus dem Rousseauismus, u. die damit verbundene, immer fanatischer geforderte Reinigung des Staats von Feinden und Verdächtigen in der Terreur diskreditierten schließl. die republikan. Ideale. S. Maxime, Tugend u. Schrecken seien die Triebfedern der Revolutionsregierung, die sich des Moderantismus wie der Ultrarevolutionäre erwehren müsse, versagte in der polit. Auseinandersetzung mit →Danton u. der Commune de Paris, die dem bürokrat. Zentralismus geopfert wird. Die Einrichtung von vier republikanischen Feiertagen, die dekretierte Idee e. Höchsten Wesens u. der Unsterblichkeit der Seele (Mai 1794) verordnen Staatsbürgertugenden; weder verschleiern sie den exzessiven Terror, noch beruhigen sie den atheist. Flügel der Montagnards, deren Fraktionsbildung jetzt nicht mehr zu übersehen ist. R., der die Terreur u. militär. Erfolge nicht voneinander trennen will, unterliegt der Gruppe, die auf Kriegsbegeisterung allein setzt. Am 10. Thermidor des Jahres II werden er u. 21 s. Gesinnungsgenossen ohne Verhandlung u. ohne Urteil exekutiert; ob R. zuvor versucht hatte, sich das Leben zu nehmen (er war am Unterkiefer verletzt), ist nicht bewiesen. Die polit. Gestalt wurde in der engl. (Coleridge, 1794; Carlyle, 1837) u. dt. Lit. (Büchner, *Dantons Tod,* 1835; R. v. Gottschall, 1845; R. Griebenkerl, 1850; K. Bleibtreu, 1888 u. a.) intensiver dargestellt als in der franz. (Sardou, Drama *R.,* 1898; Rolland, Drama *R.,* 1939, Audiberti, *La guillotine,* 1964; bei Hugo in *Quatrevingt-treize* u. A. France in *Les dieux ont soif* tritt R. als Romangestalt auf; vgl.

auch Anouilh →*Pauvre Bitos ou le dîner de têtes*).

F. Furet/D. Richet, La révolution; Des états généraux au 9 thermidor, 1965, Du 9 thermidor au dix-huit brumaire, 1966; R. Actes du colloque R., 1967; J.-Ph. Domecq, R., derniers temps, 1984.

Robinet, Jean Baptiste René, 23. 6. 1735 Rennes – 24. 3. 1820 Paris, Aufklärer; neben s. Hauptwerk *De la nature* (Amsterdam 1761) entstanden noch die Untersuchung *Analyse de Bayle* (IV 1770) und e. *Dictionnaire universel des sciences morales* ...(London, XXX 1773–83). Zum großen Ärger von Voltaire verkaufte R. Mss. von ihm an e. Buchhändler. Um s. Lebensunterhalt zu verdienen, übersetzte R. aus dem Engl.; später bewarb er sich erfolgreich um e. Posten als kgl. Zensor. Nach der Revolution machte er s. Frieden mit der Kirche.

Roblès, Emmanuel, geb. 4. 5. 1914 Oran, Stud. Algier, Lehrer, Journalist, lernte 1937 Camus kennen, Autor e. Abhandlung über F. García Lorca (1950). Die Romane und Dramen von R. schöpfen aus der existentialist. Philosophie, die den Menschen, wie den Protagonisten in →*Montserrat,* vor e. ausweglose Wahl stellt (Romane u. Erzählungen: *L'action,* 1937; *La vallée du paradis,* 1943; *Travail d'homme,* 1943; *Nuits sur le monde,* 1946; *Les hauteurs de la ville,* 1948; *La mort en face,* 1951; *Cela s'appelle l'aurore,* 1952; *Les couteaux,* 1956; *Fédérica,* 1954; *L'homme d'avril,* 1959; *Le Vésuve,* 1962; *La remontée du fleuve,* 1963; *La croisière,* 1968, erot. Roman; *Un printemps d'Italie,* 1970, handelt von der dt. Besatzung 1944 in Rom; *Saison violente,* 1974; *Un amour sans fin,* 1976; *Les sirènes,* 1977; *L'arbre invisible,* 1979; *Venise en hiver,* 1981; Dramen: *La vérité est morte,* 1952; *Porfirio,* 1953; *L'horloge,* 1958; *Plaidoyer pour un rébelle,* 1965; *Mer libre,* 1965). R., der Präsident des PEN-Clubs von Nordafrika war, gibt bei den Éditions du Seuil die Reihe *Méditerranée* heraus. Daneben Übs. aus dem Span.

J. Frigiotti, R. dramaturge, 1972; M. A. Rozier, R. ou la rupture du cercle, Ottawa 1973.

Rochefort, Christiane, geb. 17. 7. 1917 Paris, Journalistin, Filmschauspielerin u. Romanschriftstellerin, bekannt vor allem durch die (1962 von R. Vadim verfilmte) Darstellung der rückhaltlosen Unterwerfung e. Mädchens unter den Willen e. Alkoholikers, *Le repos du guerrier* (1958). Seit 1966 versucht sie gelegentl. den Stil des Nouveau roman nachzuahmen (*Cendres et or,* 1956; *Les petits enfants du siècle,* Prix populiste 1961; *Les stances à Sophie,* 1963; *Une rose pour Morrison,* 1966; *Printemps au parking,* 1969). Der Roman *Archaos ou le jardin étincelant* (1972), e. Kontamination von Rittergeschichte u. Travestie, wie sie vor allem von Audiberti ausgebildet wurde, thematisiert die individuelle Liebe in e. vom Prinzip des ökonom. Fortschritts bestimmten Welt. Themen der Kindheit u. Erotik bestimmen ihre Romane seit 1975 (*Encore heureux qu'on va vers l'été,* 1975; *Quand tu vas chez les femmes,* 1982; *Le monde est comme deux chevaux,* 1984; Autobiogr. *Ma vie, revue et corrigée par l'auteur,* 1978; Übs. John Lennon 1965).

Rod, Édouard, 31. 3. 1857 Nyon/Genfer See – 29. 1. 1910 Grasse, Hg. der *Revue contemporaine,* Wagnerianer, 1887–93 Prof. für Komparatistik in Genf, Romancier. Wenngleich sich R. kaum vom Naturalismus beeinflußen ließ u. seel. Konflikte, losgelöst von Milieuzwängen, gestaltete (*Palmyre Veulard,* 1881; *La course à la mort,* 1885;

→*Le sens de la vie, La vie privée de Michel Teissier,* 1893; *La seconde vie de M. T.,* 1894; *Les roches blanches,* 1895; *Là-haut,* 1897), würdigte er doch die Errungenschaften Zolas. 1891 stellte er das Ende des Naturalismus fest, da er Ausdruck e. positivist. u. materialist. Bewegung sei, die den Anforderungen der Gegenwart nicht mehr entspreche; ihm sei jedoch Genauigkeit u. Dynamik des Stils zu verdanken.

H. Bordeaux, R., Genf 1893; H. Moro, Les idées morales d'É. R., Genf 1912; E. Tissot, Les années et les œuvres de début d'É. R., 1912; D. L. Van Raalte, L'œuvre d'É. R., Diss. Amsterdam 1926; Ch. Beuchat, R. et le cosmopolitisme littéraire, 1930; M. Weidmann, Versuch über den Stil R.s., Diss. Zürich 1942; C.-R. Delhorbe, Une amitié littéraire: R. et Nancy Vuille, 1960; M. G. Lerner, R. and the introduction of Ibsen into France, RLC 1969; ders., R. et É. Zola jusqu'en 1886, Cultura neolatina 1969; ders., R. et É. Zola from La course à la mort to Dreyfus, Nottingham French studies 1969; ders., R. and E. Zola, L'affaire Dreyfus et la mort de Zola, Cahiers naturalistes 1970; J.-J. Marchand, R. et les écrivains italiens, Genf 1980.

Rodenbach, Georges, 16. 7. 1855 Tournai – 25. 12. 1898 Paris, bis 1887 Anwalt in Belgien, seitdem Schriftsteller in Paris, beeindruckt von Coppée u. den Goncourts; dekadentist. Lyriker (*Le foyer et les champs,* 1877; *Tristesses,* 1879; *Le règne du silence,* 1891; *Les vies encloses;* 1897; *Le miroir du ciel natal,* 1898). Der eschatolog. Tenor, der an Baudelaire *(Le coucher du soleil romantique)* anknüpfen konnte, verrät sich durch Leitmotive wie stagnierender Kanal, blinder Spiegel, welke Blume. Im Sinne der Analogien u. Korrespondenzen, die Baudelaire, Nerval u. Rimbaud ausgearbeitet hatten, löste R. die Objektivität der Außenwelt auf; das Geheimnis des Zerfalls kann an banalen Vorgängen lichtsymbol. dargestellt werden. Vom Erzähler R. (*Le musée des béguines,* 1894; *Le carillonneur,* 1897; *Les rouets des brumes,* 1901; *Œuvres,* II 1923–25) stammt der erste symbolist. Roman von Rang, →*Bruges la morte* (vgl. später Hellens).

J. Mirval, Le poète de silence, R., 1940; A. Bodson-Thomas, L'esthétique de R., Brüssel, 1942; P. Maes, R., Gembloux [2]1952.

Rodogune, princesse des Parthes, Trag. von Pierre →Corneille, EA 1647, Urauff. 1644 Hôtel de Bourgogne. Die dramat. Spannung dieser Trag. erwächst nicht mehr wie in früheren Werken *(→Le Cid, →Horace, →Cinna, →Polyeucte)* aus dem Willen der Gegenspieler zu immer glänzenderer sittl. Integrität, sondern aus zwei Mordplänen. Cléopâtre, Kgin. von Syrien, will demjenigen ihrer Zwillingssöhne die Erstgeburt verraten, der die verhaßte pers. Prinzessin Rodogune umbringt; Rodogune verspricht dagegen dem Muttermörder ihre Hand. Cléopâtre läßt den e. ihrer gleichermaßen vor dem Mord zurückschreckenden Söhne, Seleucus, töten – den andern, Antiochus, will sie beim Hochzeitsmahl zusammen mit s. Frau vergiften. Um ihre Unschuld am Tod des Seleucus, der während des Hochzeitsfests gemeldet wird, zu beweisen, muß Cléopâtre als erste aus dem verdächtigen Pokal, der das Gift enthält, trinken; sie stirbt, ohne das Geheimnis der Erstgeburt zu verraten. Die symmetr. Spannungsmechanismen sind ins Unwahrscheinliche überzogen. Lessing war im Recht, als er diese Lieblingstrag. des Autors u. den extremen psych. Härtegrad der monoman. Frauenfiguren scharf kritisierte, s. Urteil wurde Corneille insgesamt jedoch nicht gerecht, da es von e. der schwächsten Stücke, in dem äußere Umstände die Personen zur Entscheidung zwingen, auf den lit. Rang der klass. franz. Trag. überhaupt schloß. Aigue d'Iffremont bearbeitete den Stoff 1667 im zweiteiligen Roman *Rodogune, histoire asiatique et romaine.*

Rodrigue, 1. Hauptgestalt des →*Cid* von Pierre Corneille; 2. Hauptgestalt in →*Le soulier de satin* von Paul Claudel.

Le roi des aulnes (Prix Goncourt 1970), Roman von Michel →Tournier. Abel Tiffauges, Protagonist des aus Tagebuchaufzeichnungen u. Bericht komponierten Romans, der als Einzelgänger geradezu symbolsüchtig geworden ist, findet als Kriegsgefangener in Ostpreußen Befriedigung durch Heraldik u. nazistische Mythologie; Göring, ›l'Ogre de Rominten‹, u. Hitler, ›l'Ogre de Rastenburg‹, sind Abels Vorbilder, als er sich selbst zum Menschenfresser stilisiert. Er berauscht sich am Blutzoll, den die dt. Jugend für Führer u. Reich entrichtet. Bis zum Vormarsch der Roten Armee bleibt das Kriegsgeschehen für Abel myth. bedingt; im Kugelhagel sieht er vor e. schwarzen Himmel e. Faust, die sich schließt u. aus der Blut tropft. S. Untergang – er flieht mit e. jüd. Kind durch e. Moorlandschaft – spielt schließl. auf den Erlkönig u. den Christophorus-Stoff an.

C. Klettke, Der postmoderne Mythenroman. R., 1991.

Le roi pêcheur, Prosadrama in vier Akten von Julien →Gracq, EA 1948, Urauff. 25. 4. 1949 Théâtre Montparnasse, Paris. Durch s. Verfehlung – er ließ sich von Kundry verführen – hat Amfortas über die Welt lähmende Trauer verhängt; Parzival respektiert ihn nicht als Sinnbild der Leere, wenn er als Fischerkg. nutzlos seine Netze durch den See von Brumbân zieht. Dennoch bleibt bis zuletzt offen, ob das Erlöserdrama einmal die Mimesis der Verlassenheit sinnstiftend überhöhen wird. Im Vorwort stellt Gracq der antiken Mythologie, die den Menschen als ›procès-verbaux implacables d'échec‹ einkerkert, die Mythen des MA entgegen; sie bestrafen den Helden nicht willkürl., sondern locken mit ständiger Versuchung u. Belohnung. Die Gralslegende erfüllt den Ritter mit hehrem Ehrgeiz; indem er s. Schicksal annimmt, findet er s. Identität.

Le roi s'amuse, Versdrama in fünf Akten von Victor →Hugo, EA 1832, Urauff. 22. 11. 1832 Com. frçe.; hg. F. Bouvet 1963. Der Hofnarr Triboulet wird das Opfer s. Torheit. Kg. Franz I., den er zu immer neuen Liebesaffären ermunterte, verführt s. eigene Tochter; Triboulet will s. Herrn dafür ermorden lassen, statt dessen wird das Mädchen, das s. Verführer liebt, getötet. In e. Sack erhält Triboulet die Leiche. Wie in →*Lucrèce Borgia* entsteht das grausige Mißverständnis aus der Situation, die e. bühnensicherer Dramatiker arrangiert, als er das erfolgreiche Mélodrame durch e. Skandalstück, das nach e. Monat Spielzeit verboten wird, überbieten will. Diese Absicht verdeckt e. pessimist. Idee, die Hugos heilsgeschichtl. Visionen überraschend korrigiert.

F. Lambert, Le manuscrit du R., 1964.

Le roi se meurt, Einakter von Eugène →Ionesco, EA 1963, Urauff. 14. 12. 1962 Théâtre de l'Alliance française, Paris. Das Thema der Beengung, des erzwungenen Verzichts u. der gnadenlosen Einsamkeit gewinnt im Endstadium als Agonie an Pathos. Ionesco vermeidet durch wiederholte Illusionsdurchbrechung u. groteske Zwischenmotive die Gefahr, ins Melodrama abzugleiten. Gleichwohl ergreift Katharsis das Publikum, denn Kg. Bérenger I. ist Jedermann, der e. Endzeit erlebt. S. erste Frau, Marguerite, will Bérengers Untergang u. überzeugt ihn von der Notwendigkeit, im Zustand der Kraftlosigkeit Existenz u. Amt hinzugeben. Alle Themen des bisherigen Schaffens von Ionesco vereinigen sich – Schrekken vor der Vermassung, aber auch vor dem kosm. Nichts, Zwangsvorstellungen vom Mißerfolg des Daseins u. von der Abdankung, die zu früh gefordert wird. Die Handlungsfolge läßt e. wenn auch absurde Kausalität erkennen. Gegen Ende des Stücks wird die Unverflochtenheit des Dialogs beseitigt, wenn der Arzt als Raisonneur das Phänomen, daß die Herzschläge des Sterbenden Wände zum Einsturz bringen, erklären muß: Jedesmal, wenn e. Welt ins Nichts zurückfällt – das Individuum als Mikrokosmos –, teilt sich ihre erschütterte Vitalität allen mit. Als Antwort auf die Sinnfrage nach der Existenz in e. aberwitzigen Welt bleibt nur die Einsicht: Sterben ist absurder als Selbstmord u. Mord.

Roi Soleil, Sonnenkg., Beiname →Ludwigs XIV.

Roland de la Platière, Marie-Jeanne, gen. Manon, 1754 Paris – 8.11. 1793 ebda. (hingerichtet), Tochter e. Graveurs, las Plutarch mit acht u. Rousseau mit 21 Jahren; fortan schwärmte sie für die *Nouvelle Héloïse* u. organisierte seit 1780 ihre Ehe mit dem Inspecteur des manufactures Jean-Marie R. nach dem Beispiel des Verhältnisses von Julie u. Saint-Preux. Begeistert begrüßte sie den Ausbruch der Revolution u. versammelte maßgebende Politiker in ihrem Salon; 1792 wurde ihr Mann Innenminister. Manon gewann selbst polit. Einfluß (*Mémoires,* 1795) u. intrigierte gegen Danton; sie wurde mit den Girondisten gestürzt u. endete auf der Guillotine; ihr Mann konnte fliehen u. beging am Tage nach ihrer Hinrichtung Selbstmord. In Fortsetzung der *Maréchale d'Ancre* plante Vigny die Dramatisierung ihrer Biographie als Plädoyer gegen die Todesstrafe.

G. May, Madame R. and the age of Revolution, New York 1970.

Rolandslied →*Chanson de Roland.*

Rolin, Dominique, geb. 22.5. 1913 Brüssel, Erzählerin, die seit 1936 psycholog. Konflikte, vor allem in der Ehesituation, darstellt (Novellenbd. *La peur,* 1936; Romane *Les Marais,* 1942; *Les deux sœurs,* 1946; *L'ombre suit le corps,* 1950; *Le souffle,* 1952; *Les quatre coins,* 1954; *Le gardien,* 1955; *Artémis,* 1958; *Le lit,* 1960; Annäherung an den Stil des Nouveau roman in *Le for intérieur,* 1962; *La maison, la forêt,* 1965; *Maintenant,* 1967; *Le corps,* 1969; *Les éclairs,* 1971; *L'infini chez soi,* 1980; *La voyageuse,* 1983; *Trente ans d'amour fou,* 1988; *Vingt chambres d'hôtel,* 1990; *Deux femmes un soir,* 1992; Novellen *Les géraniums,* 1993). R., die 1952 den Prix Fémina erhielt, war 1959–65 auch Mitgl. der Jury.

Rolla, dramatisches Gedicht in Alexandrinern von Alfred de →Musset, ED *Revue des deux mondes* 15.8. 1833, EA Brüssel 1835. Klage um die verlorene Reinheit e. arkad. Kindheit; Darstellung e. jugendl. Existenz, die vom Weltschmerz gezeichnet ist u. im Selbstmord endet. Die Liebe zwischen R. u. Marie zerbricht an e. vom Geist Voltaires geprägten Welt: Mussets Invektive gegen s. Jh. u. den Geist der Aufklärung ist das typ. Zerrbild jenes Teils der Romantik, die e. von Leidenschaften aufgewühlte Existenz zum Vorwurf gegen die angebl. Verödung der Gegenwart stilisiert.

Rolland, Romain, 29.1. 1866 Clamecy/Nièvre – 30.12. 1944 Vézelay, burgund. Besitzbürgertum, Vater Notar, der R. den Musikerberuf verbot; Lycée Louis-le-Grand Paris, 1886–89 Stud. ENS, Interesse für Tolstoj und Spinoza; Agrégé d'histoire; befreundet mit Claudel u. Suarès; Aufenthalt in Rom 1889–91, Bekanntschaft mit Malvida v. Meysenbug, die R. ›e. letzte Spiegelung des alten idealist. Dtl. von 1848‹ nannte; sie vermittelte ihm die Philosophie Nietzsches u. brachte ihn nach Bayreuth, wo das Wagnererlebnis s. Musikbegeisterung noch vertiefte. 1891–1912 lehrte R. an der ENS u. der Sorbonne Musik- u. Kunstgesch.; unter s. Schülern war Péguy, der später den Romanzyklus →*Jean Christophe* in s. *Cahiers de la quinzaine* veröffentlichte. Zuvor waren von R. schon erschienen: die Studie *Les origines du théâtre lyrique moderne* (1895), *Les tragédies de la foi – Saint Louis* (1897), *Aërt* (1898), *Le triomphe de la raison* (1899), *Théâtre de la révolution – Les loups* (1898), *Danton* (1899), *Le quatorze juillet* (1902), e. Beethovenbiographie (1903) sowie die Abhandlung *Théâtre du peuple* (1903): E. theaterfremden Massenpublikum sollte auf geschichtlicher Grundlage Kunst nahegebracht werden um zu erkennen, daß das Ziel des Werks nicht der Traum, sondern das Leben ist. Stärker noch als frühere Ideendramatiker (Brieux, E. Fabre, P. Hervieu, Curel) war R. auf rhetor. Exegese des szen. Ablaufs angewiesen u. wollte sozialidealist. die pragmat. Aktualität des Revolutionsgeschehens einprägen. R. sah im Sozialismus, dem er etwa seit 1895 zuneigte, e. polit. Lehre, deren ökonom. Implikation ihm nicht relevant erschien, vielmehr zog ihn das moral. Element an (vgl. auch Gide). Ausbruch u. Verlauf des I. Weltkriegs erschütterten ihn tief; er erinnerte sich, daß 1870 wenigstens die besten Kräfte des Volks gegen den Krieg agitiert hatten, während ihn die Sozialisten 1914 nicht zu verhindern versuchten. Die russ. Oktoberrevolution ließ R. wieder hoffen, wenngleich er jetzt die innere Freiheit bedroht sah. S. Künstlerbiographien riefen weite Zustimmung hervor (*Michelange,* 1905; *Haendel,* 1910; *Vie de Tolstoi,* 1911; *Beethoven, les grandes époques créatrices,* VII 1928–50; *Ch. Péguy,* II 1944), ebenso die Darstellung Ghandis (1924), Vivekanandas (1930) sowie das letzte Revolutionsdrama, *Robespierre* (1939). 1925 kehrte er mit →*Le jeu de l'amour et de la mort* zum Theater zurück. Nach der Verleihung des Großen Lit.preises der Ac. frçe. (1913) u. des Nobelpreises für Lit. (1915) erschienen die Romane →*Colas Breugnon,* →*Clérambault, Pierre et Luc* (1920) u. der Zyklus *L'âme enchantée* (1922–34), Essays u. autobiograph. Schriften (darunter *Essai sur la mystique et l'action de l'Inde vivante,* III 1929 f.; *Quinze ans de combat 1919–34,* 1935; *Compagnons de route,* 1936; *Le voyage intérieur,* 1942; *Journal des années de guerre,* 1952; *Œuvres complètes,* X 1930–34; *Choix de lettres à M. de Meysenbug,* 1948; *Correspondance entre R. et L. Gillet,* 1949; *R. Strauß et R., correspondance,* 1951; *Correspondance entre H. Hesse et R.,* 1954 und 1972; *R. et J. Rodin,* 1955; *R. et Lugné-Poe,* 1955; *Correspondance Ch. Péguy – R.,* 1955; *Choix de let-*

tres de R. à S. B. Guerrini-Gonzaga, 1959; *Ghandi et R., correspondance, extraits du journal,* 1969; *Textes politiques, sociaux et philosophiques,* hg. J. Albertini 1970). Während R. 1935 in der UdSSR von den Leistungen u. der Eintracht des Volkes überwältigt war (*Voyage à Moscou,* 1992), bezweifelte er schon 1938 die humane Zielsetzung des Bolschewismus; seit 1940 war für ihn maßgebend, daß der Sozialismus die Religiosität vernichtet. S. Pazifismus orientierte sich immer stärker an ind. Idealen der Gewaltlosigkeit u. Meditation; nach längerem Aufenthalt in der Schweiz, wo er vom Ausbruch des I. Weltkriegs überrascht worden war, kehrte er 1937 wieder in s. burgund. Heimat zurück. R. gilt in Frkr. als der am stärksten myst. orientierte Autor s. Generation.

E. R. Curtius, Die lit. Wegbereiter des neuen Frkr.s, 1919; H. L. Götzfried, R. Das Weltbild im Spiegel s. Werke, 1931; R. Arcos, R., 1951; T. di Scano, R. l'uomo e l'opera, Parma 1957; A. Weber, Das Problem der Religion bei R., 1957; K. El-Taweel, R. romancier, 1960; R. Robichez, R., 1961; M. Kempf, R. et l'Allemagne, 1962; R. Cheval, R., l'Allemagne et la guerre, 1963; J.-B. Barrère, R. L'âme et l'art, 1966; J. Pérus, R. et M. Gorki, 1968; R. suivi de la correspondance inédite de R. avec Adolphe Ferrière et Heinz Haeberlin, Neuchâtel 1969; D. D. Nedeljkovic, R. et Stefan Zweig, 1970; W. Th. Starr, R., one against all. A biography. Den Haag 1971, Sondernr. RhlF 6, 1976.

Rollinat, Jean Auguste Maurice, 29. 12. 1846 Châteauroux – 26. 10. 1903 Ivry bei Paris, Patenkind der George Sand, Angestellter der Pariser Stadtverwaltung; Lyriker, von Parnasse und Symbolismus geprägt, der vor allem das Landleben im Berry, wo R. seit der Trennung von s. Frau lebte, besang; außerdem Todesdichtungen (*Dizains réalistes,* 1876; *Dans les Brandes,* 1877; Baudelaire-Einfluß in *Névroses,* 1883; *L'abîme,* 1886; *La nature,* 1892; *Les apparitions,* 1896; *Ce que dit la vie, ce que dit la mort,* 1898; *Paysages et paysans,* 1899; *En errant,* 1903; *Lettres inédites,* 1912).

E. Vinchon, R., 1936.

Romains, Jules (eig. Louis Farigoule), 26. 8. 1885 St.-Julien-Chapteuil/Haute-Loire – 18. 8. 1972 Paris, Vater Lehrer; Stud. ENS, 1909 Agrégation de philosophie, Lehrer in Brest, Laon, Nizza, Schriftsteller seit dem Ende des I. Weltkriegs, 1960 Wahl in die Ac. frçe. R. ist der maßgebende Dichter des →Unanimismus, wie er in der →Abbaye schulbildend wurde; Apollinaire erkannte im Lyriker R. e. Rivalen (*La vie unanime,* 1908; *A la foule qui est ici,* 1909; *Premier livre de prière,* 1909; *Un être en marche,* 1910; *Odes et prières,* 1913; *Europe,* 1916; *Les quatre saisons,* 1917; *Amour couleur de Paris,* 1921; *Ode génoise,* 1925; *L'homme blanc,* 1937; *Pierres levées,* 1945; *Maisons,* 1953). In zwei Artikeln formuliert R. 1905 das unanimist. Programm als Abkehr von symbolist. Esoterik u. Lit.tradition. Das Besingen des Lebensakkords war vorsätzl. als ›poésie impure‹ angelegt. Wiederholt wird im Gedicht Paris als weibl. Wesen apostrophiert. R.s Neigung, auch das Banale in Odentöne einzuhüllen, entsprang der Absicht, wie →Hugo das ›écho sonore‹ der Epoche zu sein. Das trunkene Aufgehen in e. als beseelt vorgestellten Kosmos und Kollektiv brachte e. ›poésie immédiate‹ hervor, die sowohl die private Biographie des Dichters als auch die Historie als Stoff ausschloß. Zusammen mit Georges Chennevière verfaßte R. einen →*Petit traité de versification,* als Einführung in den unanimist. Verslibrismus, der die Silbenzahl wieder bis auf sechzehn erhöhte u. mit Reim, Assonanz u. konsonant.

Übereinklang operierte. Seit 1906 *(Le bourg regénéré)* schrieb R. auf der Basis unanimist. Theorien erzählende Dichtungen; die Kollektivseele kristallisiert in jeder Situation u. in jedem Moment neue Gruppen von Individuen aus. In *Les copains* (1913) u. der Trilogie *Psyché* (*Lucienne,* 1922; *Le dieu des corps,* 1928; *Quand le navire,* 1929) erprobte R. die ep. Tragfähigkeit des Unanimismus an Motiven der Freundschaft u. der Liebe, ehe er mit der Arbeit am Zyklus →*Les hommes de bonne volonté* begann; als e. Art zweiter Epilog erschien 1956 *Fils de Jerphanion.* Die späteren Romane (*Une femme singulière,* 1957; *Le besoin de voir clair,* 1958; *Mémoires de Mme Chauverel,* 1959; *Un grand honnête homme,* 1961) blieben daneben belanglos. In der enormen Produktion R.' nehmen auch Schriften zur Moral, Politik und Medizin e. breiten Raum ein (*Manuel de déification,* 1910; *La vision extrarétinienne et le sens paroptique,* 1920, [2]1964; *Le couple France-Allemagne,* 1934; *Retrouver la foi,* 1944; *L'an mil,* 1947; *Examen de conscience des français,* 1954; *Hommes, médecins, machines,* 1958; *Souvenirs et confidences d'un écrivain,* 1958; *Pour raison garder,* 1961–63; *Lettres à un ami,* 1964; *Lettre ouverte contre une vaste conspiration,* 1966; *Amitiés et rencontres,* 1970). Die häufig im Stil der Posse gehaltenen 19 Stücke von R. orientieren sich wie s. Gedichte u. Romane an der Kunst- u. Lebenslehre des Unanimismus. Der einzelne ist gegen Bluff u. die Macht der Suggestion wehrlos, wenn es zur kollektiven psychischen Ansteckung kommt (→*Knock ou le triomphe de la médecine;* weitere Stücke *L'armée dans la ville,* 1911; *Cromedeyre le vieil,* 1920; *M. Le Trouhadec saisi par la débauche,* 1921; *Le mariage de M. Le Trouhadec,* 1925; *Amédée et les messieurs en rang,* 1926; *Le dictateur; Démétrios,* 1926; Bearbeitung von *Volpone,* in Zusammenarbeit mit St. Zweig, 1929; *Le déjeuner marocain,* 1929; *Théâtre,* VII 1924–35; *Donogoo,* 1931; *Boën ou la possession des biens,* 1935; *Jean le Maufranc,* [2]1959; *Musse ou l'école de l'hypocrisie,* 1959). S. nachgelassenen Ms. befinden sich seit 1977 in der BN.

Hommage à R., 1924; A. Cuisenier, R. et l'unanimisme, II 1935–49; A. Figuéras, R., 1951; M. Berry, R., 1953; I. Scheller, Das Generationsproblem bei R., G. Duhamel u. A. Maurois, Diss. Tübingen 1953; P. J. Norrish, Drama of the group. A study of unanimism in the plays of R., New York/Cambridge 1958; W. Widdem, Weltbejahung u. Weltflucht im Werk R.s, Genf 1960; A. Bourin, Connaissance de R. discutée par R., 1961; G. Romains, 1914–18 ou les années d'un futur académicien, 1969; D. Boak, R., New York 1974; Cahiers R. 1976 ff.; Katalog der Ausstellung R. in der BN, 1978; S. Zoppi, Unanimismo, R., Rom 1978; H. Krischel-Heinzer, Kom. Heros u. trag. Führerfigur, Diss. Freiburg 1987.

Roman antique →antiker Zyklus.

Le roman bourgeois, ouvrage comique von Antoine →Furetière, EA 1666, hg. J. Prévot 1981. In der Tradition von Ch. →Sorel und →Scarron führte der Autor die Welt des Pariser Bürgertums in den Roman ein u. wählte entsprechend die mittlere u. niedere Stillage. Das durch e. Liebesgeschichte locker zusammengehaltene Werk besteht aus zwei Teilen, die wiederum in zahlr., z. T. inkohärente Episoden zerfallen. E. breiten Raum nimmt darin vor allem die Berufskomik der Juristenwelt ein. Furetière parodiert den Roman der heroisch-galanten Abenteuer, dessen romaneske Künstlichkeit er indirekt offenbart. Langatmige Interieurbeschreibungen, die einigen kulturgeschichtl. Wert aufweisen, fortgesetzte Tölpelhaftigkeit im Personenverhalten sowie unfreiwillige Rüpelszenen sind auf falsche Erhabenheit in den Romanen der Scudéry oder von La Calprenède gemünzt. Hauptfiguren sind die beiden Mädchen Javotte und Lucrèce sowie ihre Bewerber, der junge Jurist Nicodème und der Advokat Bedout. Nicodème soll zwar Javotte heiraten, wird jedoch von Lucrèce, der er leichtsinnigerweise einmal e. Eheversprechen gegeben hat, zur Einlösung s. Wortes gedrängt, als sie von e. Marquis e. Kind erwartet; schließl. heiratet sie Bedout, während Javotte, die ins Kloster gegangen ist, von Pancrace entführt wird. Im zweiten Teil steht e. Karikatur des Erzählers Charles Sorel im Mittelpunkt. Die Auflösung der traditionellen Romanfabel in unzusammenhängende und häufig in sich unwahrscheinl. Szenen irritierte das Publikum. Überdies fingierte Furetière e. mangelhafte Kompetenz und steigerte die iron. Erzählung bis zur Aufforderung an den Leser, Szenen, die mißlungen seien, in anderen Werken nachzulesen. Wer daran Anstoß nehme, möge sich vergegenwärtigen, daß s. Werk ›kein Roman genannt sein will‹. ›Dem Übermaß an Idealismus eines d'Urfé hat Furetière mit e. ebensolchen Übermaß an Realismus geantwortet‹ (v. Stackelberg). Der Dialog mit dem hypothet. Leser hat gleichfalls die Funktion, romaneske Erwartungen zu enttäuschen. Fünf Neuauflagen 1704–14 u. wiederholt 1854–88.

G. Goebel, Zur Erzähltechnik in den ›Histoires comiques‹ des 17. Jh., Diss Berlin 1965; E. Reichel, Gesellschaft u. Gesch. im R., Diss. Kiel 1966.

Romances sans paroles, Gedichtbd. von Paul →Verlaine, entstanden 1872 – Februar 1873, EA Sens 1874. Die Slg. mit den themat. Komplexen *Ariettes oubliées* (darunter das bekannte *Il pleure dans mon cœur . . .*), *Paysages belges, Birds in the night* u. *Aquarelles* unterscheidet sich von früheren Zyklen (vgl. *Poèmes saturniens, Fêtes galantes, La bonne chanson*) durch den freieren Gebrauch metr. Schemata u. die Bevorzugung des ›vers impair‹ sowie – wohl unter dem Einfluß Rimbauds – durch das Bestreben, e. dissonant. Weltbild zu entwerfen (u. a. *Charleroi, Chevaux de bois*).

Roman-charogne, von Théophile Gautier (Vorrede zu *Mademoiselle de Maupin*) gewählte Bezeichnung der Leichenhaus- und Kerkerlit. nach dem Vorbild der engl. Schauerromantik. Jules →Janin parodierte den R. in *L'âne mort et la femme guillotinée* (1829).

Le roman comique, zweiteiliges Romanfragment von Paul → Scarron, entstanden nach 1648, EA 1651–57; der dritte unvollendete Teil wurde verschiedentl. abgerundet; hg. R. Garapon 1980, Y. Giraud 1981. Nach dem strukturellen Vorbild des span. Schelmenromans erzählte Scarron mit ständig wechselndem Erzähltempo in lockerer Szenenverknüpfung, durch Digressionen u. eingelegte Novellen unterbrochen, e. Komödiantenroman (so ist der Titel zu verstehen). Mit e. Truppe reisen zwei Liebespaare durch Maine. Das Werk parodiert den heroisch-galanten Romanstil der Madeleine de →Scudéry; s. neuer Realismus liegt im genau beobachteten Detail, während die Motivverknüpfung noch nicht frei ist von romanesken Unwahrscheinlichkeiten. Brüche der Denk- und Schreibweise sind jedoch intendiert, der Erzähler verfügt über die dargestellte Wirklichkeit, er leugnet die Formerwartung

s. Fabel. Digressionen und auktorialer Kommentar, das Spiel mit der Fiktionalität und die Karikatur drücken e. Autarkie aus, die gesellschaftl. begründet ist. Der bürgerl. Autor, der die humorist. Attitüde wählt, befreit sich von themat. u. stilist. Normen.

C. A. Hock, Der Realismus in Scarrons R., Diss. Bonn 1920; G. Goebel, Zur Erzähltechnik in den ›Histoires comiques‹ des 17. Jh., Diss. Berlin 1965; J. E. De Jean, Scarron's R., 1977; Ch. Dédéyan, R., 1983.

Roman courtois, höf. Roman, höf. Epos, franz. Gattung des 12. Jh., verfaßte in paarweise gereimten Achtsilbern, zwischen 8000 u. 30 000 Versen. Anders als die →Chanson de geste kennzeichnet den für e. adliges Publikum verfaßten R. das feudale Ethos e. märchenhaften Welt, in der Ritter ohne eigentl. geschichtl. Auftrag nach Selbstverwirklichung streben u. sich e. Kette von Proben unterwerfen, wobei Liebe in der Regel Anlaß zu Waffengängen ist. Zum R. gehört als Gestalt der ›chevalier errant‹, dessen Ethos auf Ehre, höf. Sitte, Tapferkeit, Treue zum Dienstherrn, Großmut u. Großherzigkeit gründet. Höhepunkte sind für ihn nicht Schlachten, sondern Abenteuer. →Chrétien de Troyes, die Autoren des →antiken Zyklus u. der →Matière de Bretagne verschmolzen Motive der oriental., kelt. u. provenzal. Lit. zum neuen Heldenbild. Der Autor des R. verpflichtet sich zur Wissensvermittlung; die antike wie die breton. Sagenwelt erhält den Wert der Präfiguration, sie kündigt den höf. Kulturkreis an. Die Artus- u. Gralsromane geben auf e. wunschbildhaftes Menschenideal der ritterl. Welt die ästhet. Antwort. Der R. wird nicht mehr wie die Chanson de geste vorgesungen, sondern im adligen Kreis rezitiert. Nach dem 12. Jh. wurde die Gattung zwar weitergepflegt, doch nicht mehr weiterentwickelt; mit dem →*Roman de la rose* (zweiter Teil) entbrennt e. Diskussion um höf. Minneideale, die für bürgerl. Autoren u. Leser keinen absoluten Modellcharakter haben.

R. Bezzola, Les origines et la formation de la littérature courtoise en Occident, VI 1944 ff.; Chanson de geste u. höf. Roman. Kolloquium Heidelberg 1961, 1963; A. Fourrier, Le courant réaliste dans le roman courtois en France au moyen âge, 1960 ff., G. Roulleau, Étude chronologique de quelques thèmes narratifs dans les r.s, 1967; G. D. West, An index of proper names in French Arthurian verse romances 1150–1300, Toronto 1969; P. Ménard, Le rire et le sourire dans le r. en France au moyen âge, Genf 1969; E. Köhler, Ideal u. Wirklichkeit in der höf. Epik, [2]1970; E. Vinaver, The rise of romance, Oxford 1971; De la chanson de geste au r., Festschr. A. Micha, 1976; G. Raynaud de Lage, Les premiers romans frç., 1976; E. Köhler (Hg.), Der altfranz. höf. Roman, 1978; Grundriß roman. Lit. MA IV, 1, 1978; B. Schmolke-Hasselmann, Der arthur. Versroman ..., 1980.

Roman d'Alexandre, antikisierender Roman, zykl. Dichtung des 12. u. 13. Jh., die den Übergang von der →Chanson de geste zum →Roman courtois schrittweise vollzieht. Alexanders profane Übergröße stellt sich gegen die Gestalten der hagiograph. Lit. Die älteste Bearbeitung antiker Quellen (lat. Übs. des griech. Alexanderromans) durch →Albéric de Besançon (Fragment, 1120–30, dessen ursprüngl. Umfang durch die dt. Übertragung bekannt ist) wurde um 1160 von e. Dichter aus dem Poitou in zehnsilbige, später von weiteren Stoffbearbeitern (→Lambert le Tort, →Alexandre de Bernay) erweitert u. in über 20 000 zwölfsilbige Verse (→Alexandriner) umgedichtet. In einer märchenhaften Welt – der Held benutzt e. Unterseeboot u. läßt s. Luftschiff von Greifen ziehen – wird Alexander zum großen Magier, edlen Ritter u. weisen Weltherrscher, der freil. die ›feine Liebe‹ noch nicht beherrscht. S. Tod mußte nach ma. Vorstellungen gerächt werden: vor 1181 schrieb Jean le Venelais e. *Venjance Alixandre,* um 1190 Gui de Cambrai das *Vengement Alixandre.* (*The Medieval French R.,* hg. E. C. Armstrong u. a., VI 1976).

A. Agel, R., Brüssel 1955; G. Cary, The medieval Alexander, Cambridge 1956; P. Noble u. a. (Hg.), The medieval Alexander legend and romance epic, London 1982.

Roman de Fauvel, zweiteiliger allegor. Roman in 3280 Achtsilbern, 1310–14 wohl vom kgl. Notar Gervais du Bus verfaßt, hg. A. Långfors 1914–19; Nachahmung des →*Roman de la rose.* Der Name des emblemat. Pferdes F. setzt sich aus den Initialen von Flatterie, Avarice, Vilenie, Variété, Envie u. Lâcheté zusammen. Als Ausbund der Untugend stürzt das Idol F. die sittl. Ordnung, durch Vermählung mit Vaine Gloire zeugt es die weltweite Unmoral fort. Maillon de Pestain versah 1316 diese Satire mit lyr. Einlagen.

G. Ulrichshofer, Der R. 1310–14 unter bes. Berücksichtigung der Zeitsatire, Diss. Wien 1959.

Roman de Helcanus, Prosaroman des 13. Jh. (1285–1289) aus dem Stoffkreis des *Roman des sept sages,* hg. H. Niedzielski, Genf 1966. Der Kaiser von Konstantinopel, Cassidorus, u. s. Sohn Helcanus ziehen auf Abenteuer aus. Die perspektiv. geograph. Verkürzung – das Erzbistum Mainz liegt e. halbe Tagesreise vom span. Reich entfernt – ermöglicht es dem Autor, e. Vielzahl unerwarteter Liebes- u. Kampfesepisoden in schneller Folge ablaufen zu lassen. Während der Kaiser e. ›femme fatale‹ verfällt, entgeht Helcanus den Nachstellungen der span. Königstochter Nera u. s. verbrecher. Halbbruders Peliarmenus. Zum Schluß wird e. Fortsetzung versprochen.

Le roman de la momie, Roman von Théophile →Gautier, ED *Moniteur universel* 11. 3. – 6. 5. 1857, EA 1858. Der fiktive Erzähler des *R.* berichtet rückblickend e. Ereignis von legendärem Rang, die Flucht des jüd. Volkes aus Ägypten. Die schöne Tahoser, Tochter e. Priesters, herrscht seit dem Untergang Pharaos im Roten Meer über das Reich am Nil. Bei ihrer Mumie fand sich die Erzählung, deren lat. Version Gautier als Vorlage s. Werks ausgibt. S. Interesse gilt vorrangig der Nachbildung einer exot. Wirklichkeit. Die Mumie erhält gleichzeitig den Symbolwert des Unverwesl. u. Ewigen, der sonst nur der Kunst eignet. Der Roman, zu dem Gautier auch Anregungen aus e. Kunstkatalog, Nervals *Voyage en Orient* u. Rossinis Oper *Moses in Ägypten* schöpfte, fällt dort stilist. ab, wo der Autor die Begebenheiten des Buches Exodus rekapituliert; die anfängl. deskriptive Pracht seiner Prosa weicht e. oberflächl. pittoresken Darstellung, wie sie vom Publikum, das an Unterhaltung durch Triviallit. gewohnt war, verlangt wurde.

A. Mouret, Note sur une source du R. de Th. Gautier, RhlF 1899.

Roman de la rose, Traumallegorie in paarweise gereimten Achtsilbern von →Guillaume de Lorris u. →Jean de Meung (4058 bzw. 17722 Verse), um 1229–36 u. 1275–80 entstanden; hg. E. Langlois V 1914–24, L. Thuasne 1929, D. Poirion 1974. Zwei Autoren schufen die ungleich langen u. in ihrer Liebeskonzeption stark voneinander abweichenden Teile des *R.* Guillaume de Lorris beruft sich auf eine Traumvision im zwanzigsten Lebensjahr, die ihm in allegor. Form die Liebe offenbart habe. S. Darstellung kontaminiert den Stil der höf. Liebesdoktrin mit dem der spätantiken Personifikation; über die ältere geistl. Allegorik, mit der er konkurrierte, ging er jedoch in e. entscheidenden Punkt hinaus: die ›allegor. Welt gibt sich zum erstenmal als reine Fiktion‹ (Jauß). Im Traum betritt der Erzähler e. Maiengarten, in dem Amor herrscht. Fünf Pfeile, die ihn treffen, allegorisieren Bedingungen der edlen Liebe. Bel Accueil, als Personifikation von der Trobadorpoesie ausgeformt, u. Franchise verteidigen s. Wunsch, die Rose des Gartens zu brechen, während Danger, Jalousie u. Male Bouche es ihm verwehren. Das Werk wurde von den Zeitgenossen als unvollendet angesehen, vor 1275 entstand e. apokrypher Abschluß u. als Parodie der *Roman de la poire* e. nicht identifizierten Thibaut. Dann bediente sich der außerordentl. gebildete, nicht-adlige Jean de Meung der Fiktion, führte weitere allegor. Gestalten ein u. verknüpfte die Minnekasuistik Guillaumes de Lorris samt der stilist. Polyvalenz mit den Lehren des radikalen Averroismus, die er an der Sorbonne aufgenommen hatte, zu e. Art Enzyklopädie in poet. Gewand. E. ird. Glückseligkeitslehre beherrscht nun das Geschehen u. den Kommentar; Zynismus u. Frauenverachtung sprechen sich in der Abwertung der Keuschheit wie der Ehe aus. Mit Hilfe der Heuchelei dringt die Liebe in den Garten vor. Ehe der Dichter die Rose pflückt, erörtert er in umfangreichen Einschüben die Verschlagenheit der Kleriker u. greift ihre Machtstellung an den Universitäten an. S. erot. Metaphorik bezog Jean de Meung von →Alain de Lille, den intellektualisierten Adelsbegriff von →André Le Chapelain; möglich ist, daß er die *Clef d'amors* kannte. Relikte ep. Stils wurden im Schlußkampf des Heers der Venus verarbeitet. Die Frau ist für Jean de Meung nicht mehr Gegenstand höf. Verehrung, sondern Objekt fortgesetzter Lust, die als höchstes Gut der Natur an die Stelle Gottes tritt. E. umfangreicher Wissensstoff, wenngleich nicht immer dem Wissensstand des späten 13. Jh. entsprechend, wird aufgeboten, um den Leser zu belehren, daß nicht der Status in der sozialen Hierarchie, abenteuerl. Waffenfahrten, sondern e. Entgrenzung des geistigen Horizonts den humanen Rang bedingen. Im Zeitalter des wachsenden bürgerl. Selbstbewußtseins wird die aristokrat. Ethik fragl. gemacht. Die Traumfiktion des Rosenromans wirkte auf den →*Roman de Fauvel*, →*Songe du vergier* u. das Schaffen von →Guillaume de Digulleville; →Gerson, →Christine de Pisan u. Martin →Le Franc bekämpften s. libertinist. Moral. Die zeitgenöss. Theologie war sich mit Jean de Meung in der Frauenfeindlichkeit weitgehend einig. Das Werk war in ca. 300 Hss. verbreitet, zu Recht wurde es das letzte europ. Ereignis des franz. MA genannt. Jean Molinet schrieb e. Prosaparaphrase, *R. moralisé* (1483). Erstmals wurde der *R.* in Lyon 1481 gedruckt u. bis 1528 vierzehnmal aufgelegt. E. Textbearbeitung von Clément Marot erschien 1526.

H. R. Jauß, Entstehung u. Strukturwandel der allegor. Dichtung (in: La littérature didactique, allégorique et satirique), 1968; J. Fleming, The r. A study in allegory and iconography, Princeton 1969; P. B. Milan, The Golden Age and the political theory of Jean de Meung: a myth in Rose scholarship, Symposium 1969; C. Dahlberg, Love and the r., Studies in philology 1969; M.-R. Jung, Études sur le poème allégorique en France au moyen âge, Bern 1971; P.

Potanski, Der Streit um den Rosenroman, 1972; D. Brüning, Cl. Marots Bearbeitung des Rosenromans (1526), 1972; E. Hicks (Hg.), Le débat sur le R., 1977; K. A. Ott, Der Rosenroman, 1980; P.-Y. Badel, R. au XIVe siècle, 1980; E. J. Richards, Dante and the R., 1981; J. Dufournet (Ed.), Etudes sur R., 1984; P. Nykrog, L'amour et la rose, Lexington 1986.

Le roman de la violette, Abenteuerroman (1226–29) von → Gerbert de Montreuil. Die Geschichte e. Wette um die Tugend e. Dame (vgl. auch Jean Renart) wird mit pathet. Höhepunkten erzählt. Graf Lisiard erfährt durch List, daß Euriaut, die Freundin Gérards von Nervers, e. Muttermal in Veilchenform auf der rechten Brust hat. S. Kenntnis von diesem intimen Detail bestätigt scheinbar die Untreue der Dame. Gérard, der sie verstoßen hat, entdeckt später die Wahrheit; Lisiard wird zum Duell gezwungen u. findet dabei den Tod. Wie Jean Renart dichtete auch Gerbert Liedeinlagen zum Roman.

Le roman d'Énéas, Versroman des →antiken Zyklus, Autor unbekannt, entstanden um 1160 im Auftrag des Kg.shauses der Plantagenets, hg. J.-J. Salverda de Guevara II 1925–31. In der Bearbeitung der *Aeneis* (ca. 10000 Achtsilber) sind märchenhafte u. verhängnisvolle Liebesepisoden, die Kenntnis der Theorien Ovids verraten, vorrangig; der mytholog. Hintergrund ist im Hinblick auf den Bildungsstand des Publikums reduziert. Der Autor beabsichtigt, diesem die Schichten des menschl. Gemüts in unterhaltender u., soweit Vorverständnis vorauszusetzen ist, belehrender Absicht vorzuführen. Teilweise ist der *R.* noch dem Stil der →*Chanson de geste,* die krieger. Konfrontationen breit ausmalte, teilweise schon dem →Roman courtois u. s. subtilen Liebespsychologie verpflichtet.

R. P. Grillo, The courtly background in the R., Neuphilolog. Mitteilungen 1968; H. C. R. Laurie, Enéas and the doctrine of courtly love, MLR 1969; ders., A new look at the marvellous in Enéas and its influence, Romania 1970; D. J. Blask, Geschehen u. Geschick im altfranz. Eneas-Roman, 1984.

Le roman de Renart, Tierepos in 27 Branchen, entstanden 1174–1250; hg. M. Roques VI 1948–63 (Branches I-IX), H. Jauß-Meyer 1965 (Auszüge mit dt. Übs.; J. Dufournet/A. Meline, II 1985). Von den zahlreichen Autoren dieser verzweigten Tiergeschichte sind drei identifiziert; Pierre de Saint-Cloud (Branche II, offenbar die älteste), e. Kleriker von La-Croix-en-Brie (IX) u. Richard de Lison (XII); Modell war das in Distichen verfaßte lat. Versepos *Ysengrimus* (Mitte 12. Jh.) e. fläm. Dichters. Der Fuchs als Verkörperung des Witzes, aber auch der Kompromißbereitschaft zum Unidealen, Unheroischen (z. B. VII), u. der Wolf sind Gegenspieler, Renart täuscht u. bestiehlt die meisten Tiere, mißbraucht die Wölfin u. entkommt dem tolpatschigen Ysengrin, der den Missetäter freil. vor das Gericht des Kg.s Noble bringt. Der Nuntius der Kurie ist hier e. Kamel, das mit e. Sprachengemisch zur Urteilsfindung beitragen will. Der Fuchs flieht jedoch, ehe s. Bestrafung feststeht. Die Peripetien sind als Kontrafaktur des →Roman courtois zu verstehen; die typolog. Allegorese der →Bestiaires wirkt auf diese ep. Welt nicht mehr ein. Der Stoff wurde von →Rutebeuf aufgegriffen; das *Couronnement de Renart* (1251–88) e. anonymen Dichters richtete sich satir. gegen die Bettelorden, *Renart le contrefait* nahm die Fabel nur noch als Vorwand zu enzyklopäd. Didaxis

(41150 Verse u. Prosateile). Bei Jaquemart Gielee (*Renart le nouvel,* 1288–92) treten Allegorie u. Parodie wieder stärker hervor.

L. Foulet, R. 1914; R. Bossuat, R., 1957; H. R. Jauß, Untersuchungen zur ma. Tierdichtung, 1959; J. Flinn, R. dans la littérature frçe. et les littératures étrangères au moyen âge, Toronto 1964; Medioevo Romanzo XIV, 1989.

Roman de Rou (1161–74), Reimchronik (Achtsilber, einzelne Alexandrinerlaissen) der normann. Hzg.e u. Kg.e von →Wace, nach suspekten lat. Quellen u. teilweise aus persönl. Anschauung verfaßt; hg. F. Pluquet, Rouen 1827, A. J. Holden 1970. Wace brach das Werk beim Jahr 1106 ab, als Heinrich II. →Benoît de Sainte-Maure damit beauftragte, gleichfalls e. Geschichte des Herzogshauses zu dichten.

Ph. A. Becker, Die Normannenchronik. Wace u. s. Bearbeiter, ZrP 1943.

Le roman de Thèbes, Roman des →antiken Zyklus (älteste Verwendung paarweise gereimter Achtsilber in erzählender Dichtung), anonymer Autor aus dem Poitou, entstanden 1149–56, hg. G. Raynaud de Lage II 1966–68. Statius' Epos vom theban. Bürgerkrieg *(Thebais)* ist die Ödipusgeschichte vorgeschaltet. Der antike Stoff wurde im *R.* der Feudalstruktur anverwandelt; der Fatalismus der Vorlage ist weitgehend getilgt. Das Motiv der feindl. Brüder war durch die Chanson de geste bereits geläufig *(→Raoul de Cambrai).* Romanhaft im Stil des höf. Epos (→Roman courtois) ist im *R.* die Verknüpfung von Heroismus u. Liebeswerben.

A. Micha, Couleur épique dans le R., Romania 1970; G. Raynaud de Lage, Courtois et courtoisie dans le R. (Mélanges de langue et de littérature du moyen âge et de la Renaissance offerts à J. Frappier, Bd. 2), 1970; L. G. Donovan, Recherches sur R., 1975; U. Schöning, Thebenroman – Eneasroman – Trojaroman, 1990.

Roman de Tristan de Léonois (1225 – Ende 13. Jh.), zahlr. Mss. bieten Fragmente versch. Prosaredaktionen des →Tristan-Stoffs, die teils Auflösungen der älteren Versromane, teils Anhäufungen episod. Stoffmassen ohne höheres Ordnungsprinzip sind (éd. R. L. Curtis, II 1976).

Roman de Troie (um 1165), antikisierender Roman in 30108 paarweise gereimten Achtsilbern von →Benoît de Sainte-Maure, dem Homers Epos unbekannt war; er schöpfte den Stoff aus lat. Darstellungen des 4. u. 6. Jh. n. Chr. u. spannte den Bogen des Geschehens von der Argonautensage bis zum Tode des Odysseus (hg. L. Constans VI 1904–12). Die Irrfahrten konnten typolog. auf die Kreuzzüge bezogen werden. Benoît nimmt die Liebesauffassung der Trobadors, wenn auch ohne ihre kasuist. Komplikationen, zum Maßstab; so verkörpert Achill für ihn bespielshaft das höf. Ideal. Wahrscheinl. erfand er die Liebesgeschichte zwischen Troilus u. Briseis, die u. a. Boccaccio *(Filostrato),* Chaucer *(Book of Troylus and Cryseyde)* u. Shakespeare *(Troilus and Cressida)* aufgriffen.

W. Greif, Die ma. Bearbeitungen der Troianersage, Bd. 1, Benoît de Sainte-Maure, 1885; I. Hansen, Zwischen Epos u. höf. Roman, 1971; F. Vielliard, R. en prose, Genf 1979.

Le roman du lièvre (1903), Roman von Francis →Jammes. Der Hase imponiert dem hl. Franz v. Assisi, weil er nicht wie die anderen Tiere unter der Härte des Winters zu leiden scheint; er soll daher Schafe, Wölfe u. Vögel, die die Kälte nicht überstanden haben, in den Himmel geleiten, wo sie die Freuden e. Tierparadieses genießen. Hier vermißt er die Risiken s. ird.

Existenz, kehrt zurück u. läuft e. Jäger vor die Flinte. Da Jammes sichtl. kein zoolog., sondern ein anthropolog. Problem gleichnishaft darlegen will, verbindet er die Franziskuslegende mit dem idyllisierten Orpheusstoff. Durch metasprachl. Distanzierung, schon in der Exposition, von der naiven Fabellit. schafft der Autor Voraussetzungen für e. Verständnis der Vorgänge, die nicht mimet. gemeint sind; darin zeigt er sich symbolist. Stilwillen verpflichtet.

Roman épistolaire, Roman par lettres, Briefroman, kombiniert die personale Erzählhaltung mit dem method. Wechsel der Erzählperspektive; beliebte Gattung des 18. Jh., wurde von Victor Hugo gegenüber dem ›dramat. Roman‹ nach dem Vorbild Walter Scotts abgewertet.

F. Jost, L'évolution d'un genre: R. dans les lettres occidentales (Essais de littérature comparée, Bd. 2), Fribourg 1968; Y. Giraud, Bibl. du roman épistolaire en France, des origines à 1842, Fribourg 1977; Sondernr. RhlF 6, 1978; L. Versini, R., 1979; J. Derrida, La carte postale, 1980.

Roman-feuilleton, Gesellschaftsroman von künstler. ungleichem Wert, häufig Darstellung der unteren Klassen, Vorliebe für Schwarzweißzeichnung, melodramat. Konflikte u. Dialogform, erschien seit 1836 in Tageszeitungen *(Le Siècle, La Presse)* als Fortsetzungsroman, auch in der *Revue de Paris,* der *Revue des deux mondes.* Nisard zählte ihn zur ›littérature facile‹, Sainte-Beuve zur ›littérature industrielle‹. Neben Sue schrieben auch Dumas père, Soulié, Sand u. Balzac Fortsetzungsromane. Alle Bände der *Rougon-Macquart* von Zola erschienen zuerst im Feuilleton, in einzelnen Fällen *(Nana, Germinal, La terre)* begann der ED, noch ehe das Ms. bis zum Schlußpunkt gediehen war. Im R. manifestierte sich der Warencharakter der Lit., wie er für die Neuzeit typ. ist.

A. Nettement, Étude sur le feuilleton-roman, II 1845 f.; N. Atkinson, E. Sue et le roman-feuilleton, 1930; R. Guise, Le r. et la vulgarisation des idées politiques et sociales sous la Monarchie de Juillet (Romantisme et politique 1815–51), 1969; P. Dumont, Étude de mentalité. La petite bourgeoisie vue à travers les contes quotidiens ..., 1973; Sondernr. Europe, Juni 1974; H. Grubitzsch, Materialien zur Kritik des Feuilleton-Romans ..., 1977; H.-J. Neuschäfer u. a., Der franz. Feuilletonroman, 1986.

Roman-fleuve, Zyklenroman, von →Balzac ästhet. begründet u. in →*La comédie humaine* realisiert, Vorbild für die →*Rougon-Macquart* von Zola, →*Les hommes de bonne volonté* von Romains, →*Jean-Christophe* von Rolland, →Proust, →Martin du Gard, →Aragon, →Troyat, →Druon, →Gallo.

H. Gmelin, Der franz. Zyklusroman 1900–45, 1950.

Roman historique →Hist. Roman.

Romaniste, 1. Angehöriger der röm. Kirche (1556), – 2. Romanautor (so Bayle über Lafayette), – 3. Vertreter der Wiss. des Röm. Rechts (1870), – 4. Vertreter der Roman. Philologie, Romanist (1872), – 5. fläm. Maler des 16. Jh.s, der Italiener nachahmt (20. Jh.).

Roman-journal, Form des Ichromans (in der Nähe des Briefromans), der seit dem frühen 19. Jh. den Diskurs des Tagebuchs poet. nutzt (Nodier, *Le peintre de Saltzbourg,* 1803; Gide).

V. Raoul, The French fictional journal, Toronto 1980.

Roman noir, romant. Schauerroman, Blütezeit 1800–40, imitiert Horace Walpole, Ann Radcliffe, Matthew Lewis, der sich seinerseits

u. a. an Cazotte orientierte. Kennmotive sind Verfolgung der Unschuld, Teufelspakt, kriminelles Monstrum, Geistererscheinungen bei Ducray-Duminil, →Pigault-Lebrun, dem frühen Victor Hugo u. Nodier, Pétrus →Borel u. →Janin. Die phantast. Erzählung bei Nerval, Sue, Balzac u. Gautier dämpft die morbiden Motive u. die grellen Stilmittel des R., dessen Motivhorizont in den →*Chants de Maldoror* von Lautréamont ausgeweitet wird.

A. M. Killen, Le roman terrifiant ou r. de Walpole à Ann Radcliffe, et son influence sur la littérature frçe. jusqu'en 1840, 1924; M. Praz, La carne, la morte e il diavolo nella letteratura romantica, Florenz ³1948.

Roman pastoral, Schäferroman, beispielhaft von Honoré d'Urfé in →*Astrée* ausgebildet. Die Personen des R. sind als Schäfer fiktiv, als liebende Individuen jedoch wahr: äußerer Rahmen u. Thematik sind damit bezeichnet. 1694 wurde auf Figuren des R. der Begriff ›romantique‹ angewandt, um schwärmer. Verhalten zu kritisieren. Bei →Florian erweitert sich die Stofferwartung der Gattung um nationale Motive.

H. Broglé, Die franz. Hirtendichtung in der 2. Hälfte des 18. Jh., Diss. Leipzig 1903; A. Rauchfuß, Der franz. Hirtenroman, Diss. Leipzig 1913; G. Heetfeld, Stud. zum dt. u. franz. Schäferroman, Diss. München 1954.

Roman policier (1842 *Revue des deux mondes*), Kriminalroman, als Konfliktschema (Geheimnis, Verfolgung, Aufdeckung, Sühne) durchaus nicht spezif. für Triviallit. (vgl. Nouveau Roman); in Frkr. seit dem 19. Jh., teilweise in Anlehnung an E. A. Poe u. A. Conan Doyle, bei →Sue, →Gaboriau, →Leroux, →Simenon, →Véry, →Aveline, →Faye, als →*Arsène Lupin* u. →*Fantomas.*

F. Hoveyda, Petite histoire du r., 1956; P. L. Boileau/ Th. Narcejac, R., 1964; J. J. Tourteau, D'Arsène Lupin à San Antonio, le r. frç. de 1900 à 1970, 1971; F. Lacassin, Mythologie du r., II 1974; U. Schulz-Buschhaus, Formen u. Ideologien des Kriminalromans, 1975.

Romantik →Romantisme.

Romantique, Adjektiv im franz. Sprachgebrauch seit 1675 (›avoir parlé en termes romantiques des vallées, des montagnes ...‹), bezogen zuerst auf die engl. Landschaft u. das Verhalten von Personen, die sich wie Gestalten des →Roman pastoral geben (1694). Auf die etymolog. Verwandtschaft mit dem engl. ›romantic‹ wird im 18. Jh. wiederholt verwiesen. 1776 trennte Le Tourneur den Begriff von ›pittoresque‹ sowie ›romanesque‹; Salonkultur u. die durch r. bezeichnete Gefühlseinstellung sind unvereinbar. Als r. gilt im 18. Jh. das Erleben der weiträumigen Natur, des Meeres u. des geheimnisvollen Waldes, es äußert sich in Gleichgestimmtheit u. Melancholie. Darum entzieht es sich den sozialen wie auch ästhet. Normen, die bestimmte soziale Strukturen zur Voraussetzung haben. In der Einsamkeit e. Tals besinnt sich das Individuum auf sich selbst u. gewinnt e. negatives Verhältnis zur städt. Zivilisation (beispielhaft Saint-Preux in *Julie ou la Nouvelle Héloïse* von Rousseau; vgl. auch Mercier, Bernardin de Saint-Pierre, Florian, Senancour, Chateaubriand, Nodier). Seit der Kontroverse um *De l'Allemagne* von Mme de Staël war der Begriff (Epitheton u. Substantiv) als Antonym zu ›classique‹ geläufig, während Nodier 1821 versuchte, ›classique‹ als ahist. Stilbegriff zu retten: ›Le r. pourrait bien n'être autre chose que le classique des modernes.‹ Stendhal (→*Racine et Shakespeare*) relativierte dagegen die klass. Norm. Das Wörterbuch der

Ac. frçe. gab 1835 die folgende Definition: ›R. se dit des écrivains qui affectent de s'affranchir des règles de composition et de style établies par l'exemple des auteurs classiques.‹ Mit dieser Beschreibung in negativen Kategorien waren allein die formalen, nicht die stoffl. Neuerungen berücksichtigt (→Romantisme).

E. Eggli/P. Martino, Le débat romantique, 1933; D. Asselineau, Bibl. romantique ..., n. Genf 1967; H. Eichner (Hg.), Romantic and its cognates, Manchester 1972; L.-F. Hoffmann, Le nègre romantique, 1973; E. F. Herr, Les origines de l'Espagne romantique, 1974; G. Gusdorf, Fondements du savoir romantique, 1982; B. V. Daniels, Revolution in the theatre, London 1983.

Romantisme, Epochen- u. Stilbegriff, im 18. Jh. bereits von Le Tourneur gebraucht (→Romantique), bezeichnet die Periode 1804–1830. Definitionen von R. durch Hugo, Vitet u. Stendhal, die vom polit. Liberalismus, Protestantismus u. hist. Relativismus ausgehen, knüpfen an die ästhet. Diskussion seit Mme de →Staël u. →Chateaubriand an. Der R. als hist. Form verfügt über charakterist. Merkmale: die Natur, mit der e. individuelle Seelenlage in Korrelation tritt, der Herbst als Jahreszeit, die zum Punkt der Epiphanie für den weltschmerzler. Einzelgänger wird, wenn s. selbstgewollte Isolierung zum Ausschluß aus der Gesellschaft führt, die Ästhetik des MA wie der Renaissance, die Kathedrale, in deren Aufbau sich Schönheit u. Groteske vereint haben. Daß e. lit. Erneuerung durch die polit. Umwälzung seit 1789 notwendig geworden war, betont →Hugo ebenso wie →Nodier, →Rémusat oder →Sainte-Beuve; die royalist. →Société des Bonnes-Lettres stimmt darin, unabhängig von der Zielrichtung der intendierten Innovation, mit republikan. Romantikern überein (→Mélodrame, →Roman noir). Der R. schöpft Anregungen u. Ideen aus Shakespeare, Ronsard, Schiller, den Brüdern Schlegel, Sismondi, Goethe, →Diderot, L.-S. →Mercier, A. →Chénier, Byron. Seit 1821 bildeten sich aus polit. und lit. Antrieb Zirkel, die eine museale klassizist. Dichtung zu überwinden suchten; abgesehen von V. Hugo waren es jedoch einzelgängerische Leistungen (→Delavigne, →Dumas, →Lamartine, →Stendhal), denen die Entwicklung von Drama, Lyrik u. Roman entscheidende Veränderungen verdankte (→Hist. Roman, →*La Muse française*). Wenngleich im R. Subjektivität u. Gefühlskult, Verlangen nach individueller Energie ebenso wie melanchol. Passivität das Verhalten der Protagonisten u. des lyr. Ich bestimmen, wurden einzelne Autoren von der Restauration offiziell anerkannt; 1825 erhob die Regierung Hugo u. Lamartine zu Rittern der Ehrenlegion, Nodier wäre fast zum Baron ernannt worden, jedenfalls wurden er, Hugo u. Lamartine mit der Abfassung panegyr. Texte zur Krönung Karls X. betraut. Während der R. bis 1815 den Individualismus gegen die napoleon. Unterdrückung der freien Meinungsäußerung feierte (→Napoleon I., →Constant), im nächsten Jahrzehnt im Einklang mit Legitimismus u. Katholizismus e. Persönlichkeitskult entfaltete, der dem Regime nicht gefährl. erschien u. sich zum →L'art pour l'art-Standpunkt weiterentwickelte, reagierte der R. von 1830 gegen das bürgerl. Gewinnstreben wie gegen frühsozialist. Modelle (→Vigny, →Musset). 1831 bekämpfte die Zs. →*Le Globe* den R. als falschen Liberalismus; ›la souveraineté de chacun appliquée aux beaux-arts, c'est l'anarchie‹. Der Sieg der Julirevolution wurde, zumindest im Verständnis von Blanqui, auch gegen den R. u. s. Bindungen an die Ideologie der Restauration errungen. Der →Cénacle zerbrach spätestens 1833; Lamartine u. Musset hatten sich Hugos Führungsanspruch ohnehin nie unterworfen, Vigny, →Brizeux oder →Barbier mißtrauten s. Rhetorik. Den Cénacle ersetzte e. neue Bohème, deren Enthusiasmus eher der Selbstdarstellung als dem Kampf um Erneuerung der Lit. galt (→Jeune-France). 1862 verfaßte Baudelaire das Sonett *Le coucher du soleil romantique* (*Épaves,* 1866); im *Salon de 1846* hatte er die Frage ›Qu'est-ce que le r.?‹ mit dem Hinweis auf e. romant. ästhet. Haltung beantwortet u. R. von jeder Stofferwartung getrennt: ›Pour moi, le r. est l'expression la plus récente, la plus actuelle du beau.‹ Daraus folgt die Gleichsetzung ›r.‹ = ›art moderne‹, d. h. für Baudelaire in diesem Kontext ›intimité, spiritualité, couleur, aspiration vers l'infini, exprimées par tous les moyens que contiennent les arts‹. Die vom R. eingeleitete Entgrenzung prägte die ästhet. Entwicklung des 19. Jh. u. rief e. antiromant. Bewegung hervor (J. de →Maistre, →Nisard, →Maurras), die sich an Musset u. George →Sand als Trägergestalten entzündete u. schon deswegen das Kernproblem verfehlte. Der R. verdrängte das klass. Schauspiel zu e. Zeitpunkt, als sich bereits der Roman zur übergeordneten Gattung entwickelt hatte. Weitreichender war die Überwindung von Gattungsgrenzen in der Lyrik (→Poème en prose). Die Frontstellung gegen die Klassik entsprang keiner geschichtsfeindl. Argumentation, sondern e. veränderten Geschichtsbewußtsein: Die Vertreter des R. konnten die Höhenkammlit. e. vergangenen Epoche, deren soziale Voraussetzungen zudem hinfällig geworden waren, nicht als überzeitl. Modell gelten lassen. In dieser relativist. Einstellung führten sie die Diskussion der →Querelle des anciens et des modernes in zeitgemäßer Weise weiter. Die Lit. emanzipiert sich aus den Zwängen der Tradition, da ihr die Korrelation mit der Gesellschaft, in der sie entsteht u. von der sie rezipiert wird, zum Bewußtsein kommt; dieses Bewußtsein reicht noch bis in die Ablehnung der Philisterwelt, die dem Genie s. Investitur versagt.

J. Merlant, Le roman personnel de Rousseau à Fromentin, 1905; E. Estève, Byron et le r. frç., 1907; L. Maigron, L. r. et les mœurs, 1910; J. Hytier, Les romans de l'individu: Constant, Sainte-Beuve, Stendhal ..., 1928; A. Béguin, L'âme romantique et le rêve, 1937; R. Bray, Chronologie du romantisme, 1932; Ph. van Tieghem, Le préromantisme, II 1948; J.-B. Barrère, Sur quelques définitions du r., RSH 1951; A. J. George, The development of French romanticism, Syracuse 1955; P. Moreau, Le r., 1957; Ch. A. E. Jensen, L'évolution du r. L'année 1826, Genf 1959; Vl. Jankélévitch, L'aventure, l'ennui, le sérieux, 1963; A. Monglond, Le préromantisme frç., II 1965 f.; Pèlerinages romantiques, préface R. Minder, 1968; J. B. Halsted, Romanticism, selected documents, London 1969; L. R. Furst, Romanticism in perspective, London 1969; R. et politique 1815–51, 1969; Studies in romanticism, Boston 1970; J.-P. Richard, Études sur le r., 1971; H. Peyre, Qu'est-ce que le r., 1971; M. Milner, Le R. I, 1820–43, 1973; Cl. Pichois, Le R. II, 1843–69, 1979; P. Bénichou, Le sacre de l'écrivain, 1973; ders., Le temps des prophètes, 1977; A. Billaz, Les écrivains romantiques et Voltaire, Thèse 1974; R. Mortier, La poétique des ruines en France, Genf 1974; R. Bourgeois, L'ironie romantique (Staël-Nerval), Grenoble 1974; L. M. Porter, Le rêve littéraire dans le R. frç., 1979; J. Fabre, Lumières et R., [2]1980; P. Michel, Un mythe romantique, les barbares, Lyon 1981; Zs. Romantisme, 1971 ff.

Rome n'est plus dans Rome, Schauspiel in fünf Akten von Gabriel →Marcel, EA 1951, Urauff. 19. 4. 1951 Théâtre Hébertot, Paris. Während der Koreakrise gelangt der rechtsgerichtete Lit.prof. Pascal Laumière zur Überzeugung, die kulturellen Errungenschaften der Nation seien im Ausland am besten zu hüten; durch Vermittlung s. Frau wird ihm in Brasilien e. Lehrstuhl angeboten. Nachdem Laumière sie an Carlos Martins, der ihm die Existenzgründung in Südamerika ermöglichte, verloren hat u. wegen s. Beziehung zur Schwägerin Esther von der mächtigen Kirche in die Situation e. Angeklagten getrieben wurde, bekennt er öffentl. s. Irrtum: Hochmütig glaubte er, der nun die Stichhaltigkeit des Corneille-Zitats aus *Sertorius,* das sinngemäß die ethn. u. eth. Unabhängigkeit des Individuums hypostasiert, zu bezweifeln beginnt, daß Entwurzelung geistige Mobilität verspricht. In Wirklichkeit ist aber Emigration gleichbedeutend mit Verrat u. Selbstverstümmelung.

Roméo et Jeanette, Drama in vier Akten von Jean →Anouilh, entstanden 1945, EA 1946, Urauff. 1946 Théâtre de l'Atelier, Paris. In dieser Replik auf Shakespeares Liebestrag. verlagert sich die Schuldfrage; Roméo, hier der junge Jurist Fréderic, hätte Julia geheiratet, trotz der Antipathie, die s. Mutter für den lebensuntüchtigen Vater der Schwiegertochter empfinden muß. Die Begegnung mit der Schwester s. Verlobten, Jeannette, erschüttert s. früheres Bild von der unkomplizierten Frau, die einfache Gefühle äußern u. sich den sozialen Institutionen anpassen kann. Jeannette ist schamlos u. provozierend; sie will nicht erwachsen werden; weil Erwachsensein Preisgabe e. höheren Reinheit ist, die einzig der Tod zurückgeben kann. Frédéric gibt der Verlockung der Kind-Frau nach, löst s. Verlobung u. verläßt mit Jeannette das Haus s. Schwiegervaters. Bei der Nachricht vom Selbstmordversuch Julias läßt er Jeannette kurz allein, sie kehrt zum früheren Liebhaber, dem Schloßbesitzer Azarias, zurück u. heiratet ihn. Am Hochzeitstag erscheint sie im weißen Kleid vor Frédéric u. suggeriert ihm den gemeinsamen Freitod im Meer; sie will nicht sühnen, sondern die Erfüllung ihrer Träume selbst bestimmen. Als ihr der Partner entgegenhält, jeder entwachse s. Träumen u. werde erkennen, daß nicht alles so schön sei, wie man es als Kind erwartete, verabschiedet sie sich u. steigt in die Fluten. Frédéric folgt ihr, sie sterben vereint.

Romieu, Jacques de, 1540 Viviers – 1600 ebda., bekleidete bei Hof das Amt e. Sekretärs u. wurde Kanonikus in s. Heimat. Als Lyriker ahmte R. immer wieder antike Dichter nach, so Catull im epikureischen Lied ›Vivons, ma maîtresse, vivons ...‹ Ein Sammelband von 1574 enthielt Hochzeitsgedichte, Hymnen, Sonette u. Chansons. Unter seiner Anleitung dichtete s. Schwester Marie de R. (Biographie unbekannt) Hymnen u. Sonette.

Roncevaux, franz. Name für →Roncesvalles.

Roncesvalles, span. Pyrenäenort in Navarra, an der Straße Pamplona – Orthez unmittelbar vor dem Ibañeta-Paß (1056 m). 778 wurde hier die Nachhut des karoling. Heers von Basken überfallen u. vernichtet. Die Begebenheit wurde in der →*Chanson de Roland* u. im okzitan. *Ronsasvals* besungen, danach ist der Ort benannt, nicht umgekehrt.

Rondeau (ma. Bezeichnungen Reondet, Rondel), Refraingedicht, belegt seit dem frühen 13. Jh., als Einlagen in Romanen, seit dem 14. Jh. nicht mehr auf das Minnethema beschränkt. Im Laufe der Entwicklung wurde der vorangestellte Refrain (›Rentrement‹) stark gekürzt u. metabol. Strophenbau mögl. R.dichter sind vor allem Guillaume de Machaut, Eustache Deschamps, Christine de Pisan, Chartier, Garancières, Charles d'Orléans, Crétin, die beiden Marot, Des Périers, Saint-Gelais. Im 16. Jh. wurde der Zehnsilber zur Regel; nachdem Du Bellay das R. als ›episserie‹ disqualifiziert hatte, mieden die Dichter der Pléiade die Gattung, die im 19. Jh. jedoch von Musset, Banville u. Mallarmé wieder gepflegt wurde.

Ronsard, Pierre de, 10. oder 11. 9. 1524 (1525?) Schloß La Possonnière/Vendômois – 27. 12. 1585 Saint-Côme/Touraine, das Haupt der →Pléiade. R. stammte aus niederem Adel, wurde 1536 Page des Dauphin, später von Charles d'Orléans, in deren Begleitung er nach Schottland, Flandern u. an den Rhein reiste. Als er 1542 von Taubheit befallen wurde, mußte er die diplomat.-militär. Karriere aufgeben; er bemühte sich um kirchl. Pfründe u. faßte den Entschluß, Clément →Marot als Lyriker den Rang streitig zu machen; Begegnung mit →Peletier Du Mans (›*Ode à Peletier*‹, 1547), 1541–49 Schüler des Archäologen u. Literaten Lazare de →Baïf u. des Hellenisten Jean →Dorat am Collège de Coqueret; Lektüre antiker u. ital. Autoren, 1545 in Blois Begegnung mit Cassandra Salviati *(→Les amours),* 1547 in Poitiers mit →Du Bellay, an dessen Manifest →*Deffence et illustration* er mitwirkt u. dessen Forderungen er als Lyriker beispielhaft verwirklicht (*Les odes, Les bocages,* 1554; *Les hymnes,* 1555, 1556; *Églogues,* 1560–67; →*La Franciade*). Als selbstbewußter Jünger von Homer, Pindar, den ihm Dorat vermittelte, Anakreon (Entdeckung 1554), Vergil, Tibull, Marull, Catull und Petrarca, dem die kürzeren Gattungen wie Sonett u. Odelette besser gelingen als beispielsweise der große Stil der Ode (die allerdings durch ihn in die franz. Dichtung Eingang fand) oder die Hymne (von der in der *Deffence et illustration* noch nicht die Rede war), erprobt R. alle bekannten Dichtungsmodelle u. stellt in der Poesie die großen Schicksalsfragen nach Leben, Liebe, Natur, Vaterland u. Tod, so daß sich die gesamte franz. Lyrik in der zweiten Hälfte des 16. Jh. mit ihm auseinandersetzen mußte. 1560 berief ihn Karl IX. zum Hofdichter (*Institution pour l'adolescence de Charles IX,* 1562; *Discours,* 1560–70; *Abrégé d'art poétique,* 1665). R. nahm an den Sitzungen der →Académie du Palais teil; 1574 verdrängt ihn →Desportes aus der kgl. Gunst, R. zog sich krank auf s. Pfründen, darunter die Abtei Saint Côme, zurück. E. Ausgabe letzter Hand s. *Œuvres* erschien postum Ende Dezember 1586, sie erlebte bis 1630 sieben Neuauflagen (hg. I. Silver, Chicago 1966 ff.) Unter dem Eindruck von Malherbes negativer Beurteilung wandte sich das Publikum von ihm ab, bis im 19. Jh. der junge Sainte-Beuve u. Nodier R. erneut feierten (*Œuvres complètes,* hg. G. Cohen II 1938; *Poésies choisies,* hg. P. de Nolhac 1963; *Hymnes,* krA A. Py, Genf 1978; *OC,* krA I. Silver/R. Lebègue, XX 1966–76); *Les quatre saisons*, hg. G. Gadoffre 1984; *OC*, krA J. Céard u. a. 1993).

P. Laumonier, Tableau chronologique des œuvres de R., 2 1923; M. Raymond, L'influence de R., II 1927; F. Desonay, R., poète de l'amour, Brüssel 1952–59; R. Lebègue, R., 1961; I. Silver, The formative influences in R.'s poetry, Studies in philology 1966; K. Maurer, R. u. die dunklen Dichter (Ideen u. Formen, hg. F. Schalk), 1965; D. Stone, R.'s sonnet cycles. A study in tone and vision New Haven/London 1966; R. A. Katz R.s French critics 1585–1828, Genf 1966; L. Terreaux, R.

correcteur de ses œuvres: Les variantes des Odes et des deux premiers livres des Amours, Genf 1968; D. Janik, Gesch. der Ode u. der ›Stances‹ von R. bis Boileau, 1968; E. Armstrong, R. and the Golden Age, Cambridge 1968; M. Dassonville, R., étude historique et littéraire, Genf III 1969-76; A. Gendre, R., poète de la conquête amoureuse, Neuchâtel 1970; A. L. Gordon, R. et la rhétorique, Genf 1970; J. Pineaux, La polémique protestante contre R., 1973; M. Glatigny, Le vocabulaire galant dans les Amours de R., Lille II 1976; D. Ménager, R., Genf 1979; M. Quainton, R.'s ordered chaos, Manchester 1980; R. Garapon, R. chantre de Marie et d'Hélène, 1981; I. Silver, R. and the Hellenic Renaissance in France, Genf 1981; Le cas R., Œuvres et Critiques VI, 2, 1981 (1982); A. Nilges, Imitation als Dialog. Die europ. Rezeption R.s, 1988; Y. Bellenger (Ed.), R. en son IVe centenaire, II 1989.

Roquentin, Protagonist des Tagebuchromans →*La nausée* von Sartre.

Rosalie, Tochterrolle in Dramen von Nivelle de la Chaussée, *Le Fils naturel* von Diderot, *Les philosophes* von Palissot.

Rosanette, die Geliebte des Kunsthändlers Arnoux u. des Frédéric Moreau in →*L'éducation sentimentale* von Flaubert, für Aragon in *Blanche ou l'oubli* Präfiguration der Marie-Noire.

Rosa Spartacus, Prototyp der kämpfer. Sozialistin nach dem Bild von Rosa Luxemburg in *Rosa Spartacus prend le pouvoir* (1971) von →Gatti.

Rosette, die trag. Liebende in →*On ne badine pas avec l'amour* von Musset, die moral. nicht imstande ist, e. Verwechslungskom. mitzuspielen u. vor Schmerz über die Liebesenttäuschung stirbt.

Rosine, weibl. Hauptrolle in →*La précaution inutile ou le barbier de Séville* von Beaumarchais, Bartholos Mündel, das Graf Almaviva mit Hilfe des listenreichen Figaro heiratet; als Gräfin Almaviva in →*La folle journée ou le mariage de Figaro* verbündet sie sich mit ihrer Zofe Suzanne gegen die Untreue des Grafen (vgl. später *La mère coupable*).

Rosny, Ps. der Brüder Joseph-Henri-Honoré Boëx, 17.2. 1856 Brüssel – 15.2.1940 Paris, u. Séraphin-Justin-François Boëx, 21.7. 1859 Brüssel – 14.6. 1948 Paris, verfaßten bis 1909 gemeinsam Romane. Der ältere Bruder hatte 1887 das →*Manifeste des cinq* im *Figaro* mit unterzeichnet. Als Naturalisten schildern sie nicht Privatschicksale, sondern die Auswirkung gesellschaftl. Umstände im Leben des einzelnen (u.a. *Le bilatéral,* 1886; *L'indomptée,* 1895; *Le serment,* 1896; *Les âmes perdues,* 1899; *Thérèse Degaudy,* 1902; *Le crime du docteur,* 1903; *Le docteur Harambur,* 1904; *Le millionaire,* 1905; *Sous le fardeau,* 1906). Die Brüder R. waren Mitgl. der Ac. Goncourt.

J. Sageret, La révolution philosophique et la science: J.-H. R. aîné, 1924; P. Massé, J.-H. R. aîné, Nizza 1937.

Rostand, Edmond, 1.4. 1868 Marseille – 2.12.1918 Paris, Herkunft aus dem Besitzbürgertum; Stud. Philos., Lit. u. Gesch. 1889 heiratete er Louise Rose, die von Mme de Genlis abstammte. 1890 erschien s. erste Lyrikslg. *Les musardises* (später noch polit. Haßgesänge *Le vol de la Marseillaise,* 1919; *Le cantique de l'aile,* 1922); seit 1894 schrieb R. vor allem Dramen. Er verwandelte das hist. Schauspiel in gehobenes Unterhaltungstheater u. lieferte breiten Publikumskreisen problemlose Schönheit als Fluchtpunkt aus der polit. u. soziales Praxis; die dramat. Ereignisse sind pittoresk u. ohne weitere Relevanz (*Les romanesques,* 1894; *La princesse lointaine,* 1895; *La samaritaine,* 1897;

→*Cyrano de Bergerac,* →*L'aiglon,* →*Chantecler*). Das nachgelassene zweiteilige Don-Juan-Drama *La dernière nuit de Don Juan* (entstanden 1913, Urauff. 1922) entdämonisiert den Frauenhelden: Liebe zu e. einzigen s. Opfer könnte den Verführer vor der Verdammnis retten; der Erotomane kennt jedoch nur Objekte s. Lust, keine Liebespartner. Dies degradiert ihn bei R. zur kom. Figur. Der Versuch des Autors, das romant. Versdrama zu aktualisieren, blieb ohne Wirkung (*Théâtre,* VI 1921–29; *Œuvres complètes,* 1926). R. wurde 1903 in die Ac. frçe. aufgenommen.

P. Faure, Vingt ans d'intimité avec R., 1928; J. W. Grieve, L'œuvre dramatique de R., 1931; E. Katz, L'esprit français dans le théâtre de R., Toulouse 1937; Ch. Pujos, Le double visage de Cyrano de Bergerac, 1951; E. Ripert, R. Sa vie et son œuvre, 1968; M. Dabadie, Lettre à ma nièce sur R., 1970; M. Andry, R., 1986.

Rostand, Maurice, 26. 5. 1891 Paris – 21. 2. 1968 Ville d'Avray. Sohn von Edmond →R., schrieb Versdramen im Stil des Vaters, teilweise in Zusammenarbeit mit Rosemonde Gérard (Ps. für Louise Rose), seiner Mutter (*La gloire,* 1921; *Le phénix,* 1923; *Le masque de fer,* 1923; *Le secret de sphinx,* 1924; *L'homme que j'ai tué,* 1924 nach dem gleichnamigen Roman von 1921; *L'archange,* 1925; *La nuit des amants,* 1926; *La déserteuse,* 1926; *Napoléon IV,* 1929; *Le dernier tsar,* 1929; *Le procès d'Oscar Wilde,* 1935; *Charlotte et Maximilien,* 1946; *Madame Récamier,* 1949). R. verfaßte außerdem Lyrik (*Poèmes,* 1910; *Le page de la vie,* 1913) u. Romane (*Le cercueil de cristal,* 1920; *Le pilori,* 1921), Memoiren (*Confession d'un demi-siècle,* 1948) u. e. Studie über die Schauspielerin Sarah Bernhardt (1950), die zahlr. Rollen s. Vaters gespielt hatte.

La rôtisserie de la Reine Pédauque (1893), Roman von Anatole →France. Der Aufstieg des Küchenjungen Jacques Ménétrier ›Tournebroche‹ zum Bouquinisten, von ihm selbst berichtet, vollzieht sich in den Etappen e. Schelmenromans; als Schüler u. Vertrauter e. toleranten Priesters, Abbé Coignard, der als Entführer e. Mädchens verfolgt u. getötet wird, als Famulus des Alchimisten Astarac, dessen Haus bei e. Experiment verwüstet wird, lernt Jacques aus den Fehlern s. Lehrer u. mißtraut dem Zufall. Schließl. stellt er die Beschäftigung mit weisen u. zierl. Büchern über die Befriedigung des Hungers u. des Eros. France verlegte die Fabel, deren geograph. Auftakt die Pariser Rue Saint-Jacques u. deren Zielpunkt die Seine-Quais sind, in das beginnende 18. Jh., e. von ihm in verklärtem Licht geschilderte Epoche.

La Rotonde, Pariser Literatencafé, hieß ursprüngl. La Brasserie; Treffpunkt realist. Maler (Courbet u. a.) sowie von Lit.- u. Kunstkritikern; außerdem verkehrten hier Baudelaire, Montégut, Alfred Delvau, Jules Vallès, Champfleury, Duranty. In der R. wurde die Courbet-Ausstellung in der avenue Montaigne beschlossen, nachdem s. Bild *Les baigneuses* 1855 offiziell zurückgewiesen worden war.

Rotrou, Jean de, 21. 8. 1609 Dreux/Eure-et-Loire – 28. 6. 1650 ebda., Jurist, der 1628 für das Theater zu schreiben begann. R. war der erste von der Stoff- u. Stilerwartung der span. Comedia beeinflußte Autor in Frkr. (vgl. auch D'Ouville, Scarron u. Quinault). Nach dem Tod von Hardy schrieb vor allem er für das Repertoire der Comédiens du Roi Tragikom.

Chapelain versuchte 1632, ihn davon abzubringen u. von der Notwendigkeit der klass. Regeln zu überzeugen (Kom. *Diane,* 1633; Trag. *Hercule mourant,* 1634); seit 1633 protegierte ihn Richelieu (→Cinq auteurs). 1639 verließ R. Paris u. kehrte als Gentilhomme ordinaire de Son Éminence nach Dreux zurück. 1640 übertrug er die *Iphigenie* des Euripides. In s. Plautusbearbeitungen u. in den an Situationskomik reichen Lustspielen *Clarice* (1642) u. *La sœur* (1647) überwog wieder der ital. Einfluß. Mit diesen Stücken sowie den Trag. →*Le véritable Saint-Genest* (1647) u. *Venceslas* (1647, krA W. Leiner 1956) reihte sich R. unter die fähigsten Dramatiker der Epoche ein; er vollendete die Dramaturgie Garniers u. Hardys, die Corneille freil. bereits überwunden hatte.

I. Buffum, Studies in the Baroque from Montaigne to R., New Haven 1957; F. Orlando, R. Dalla tragicommedia alla tragedia, Turin 1963; J. van Baelen, R., le héros, tragique et la révolte, 1965; G. Schüler, Die Rezeption der span. Comedia in Frkr. in der 1. Hälfte des 17. Jh.: Lope de Vega u. R. Diss. Köln 1966; R. J. Nelson, Immanence and transcendence. The theatre of R., Ohio 1970; J. Morello, R., Boston 1980; C. Scherer, Comédie et société sous Louis XIII, 1983.

Rotrouenge, heterometr. Liedform mit Kehrreimen, im 12. Jh. zur Bezeichnung der meisten nichthöfischen Liebesgedichte gebraucht.

F. Gennrich, Die altfranz. R., 1925.

Roubaud, Jacques, geb. 5. 12. 1930 Caluire (Rhône). Mathematiker, Autor von Sonetten (1967) und Verf. e. Thèse über das Sonett bei Marot u. Malherbe (1990). Erzähler im Stil des →OuLiPo (*Graal fiction,* 1978; *La belle Hortense,* 1985; *L'enlèvement d'Hortense,* 1987; *L'exil d'Hortense,* 1990), der den Leser zum eigenmächtigen Komplizen beim Aufbau der Fiktion bestellt.

R. Davreu, R., 1985.

Roucher, Jean-Antoine, 22. 2. 1745 Montpellier – 25. 7. 1794 (hingerichtet), Jesuitenschüler, brach die Ausbildung zum Theologen ab u. zeichnete sich bald durch Gelegenheitsgedichte, etwa zur Hochzeit des Thronfolgers, aus. Turgot wurde auf R. aufmerksam und verschaffte ihm die Salzsteuereinnehmerei von Montfort-l'Amaury. R. war mit J.-J. Rousseau befreundet. Während e. großes Gedicht über Gustav Wasa unvollendet blieb, brachte R. das Gedicht in zwölf Gesängen *Les mois* (1779), das s. Ruhm begründete, zum Abschluß. Wenngleich La Harpe s. lockere Komposition u. die Verwendung entlegener Periphrasen tadelte, ist das Werk den *Saisons* von →Saint-Lambert überlegen. Denn R. verarbeitet e. umfangreiches Wissen, s. Stil löst sich von Gemeinplätzen, u. a. auch durch den Einsatz archaischer Wörter. Er begrüßte den Ausbruch der Revolution, deren Verlauf er nicht billigte; während der Schreckensherrschaft wurde er zweimal verhaftet u. schließl. hingerichtet. S. letzten Briefe erschienen 1797 u. d. T. *Consolation de ma captivité.*

A. Guillois, Pendant la Terreur: Le poète R., 1890; A. Lecomte, Le poète R., Amiens 1901; É. Faguet, R., Revue des cours et conférences März–April 1904.

Le rouge et le noir. Chronique de 1830, Roman von →Stendhal, entstanden 1829–30, EA November 1830, krA P.-G. Castex 1973. Stendhal wählte e. Kriminalfall, der im Dezember 1827 in der *Gazette des tribunaux* veröffentlicht worden war, zur Romanfabel, nicht, um e. Abenteuer nachzuerzählen, sondern um die psycholog. Motivation e. Verstrickung darzustellen. In e. Sensationsprozeß vor der Cour d'assises des Dép. Isère in Grenoble wurde der Sohn e. Hufschmieds, Antoine Berthet (Privatlehrer, später Theologiestudent, als solcher relegiert, Notariatsgehilfe), für schuldig befunden, am 22. 7. 1826 in seinem Dorf Brangues auf Frau M. . . ., deren Kinder er 1822 unterrichtet hatte, während der Messe geschossen zu haben; als Motiv nannte Berthet Liebe und Eifersucht. Stendhal verwendet die Personen des Prozesses: Berthet wird zu seinem Helden Julien Sorel, Frau M. . . . zu Mme Rênal, Herr de Cordon zum Marquis de la Mole, dessen Tochter Mathilde de la Mole. Die Fabelzeit, 1824–30, ist übersichtlich. Zur Exposition gehört der Entschluß des Bürgermeisters von Verrières, M. de Rênal, den Sohn des Sägewerksbesitzers u. Seminaristen Julien Sorel, einen schwärmer. Napoleonanhänger, als Hauslehrer s. Kinder zu beschäftigen. Die Heiratspläne ihrer Zofe machen Mme de Rênal eifersüchtig; auch sie verliebt sich in den jungen Mann, der s. Einfluß auf Frauen entdeckt u. berechnend reagiert. Auf die erste Peripetie folgt die nächste, als Julien zufällig die Hand von Mme de Rênal berührt, die sie zurückzieht. Diese Geste macht ihn eroberungswillig, verwegen verführt er die ältere Frau, s. Kühnheit sieht er als militär. Heldentat. Stendhal schildert s. Protagonisten nicht nur als Arrivisten, vielmehr ist er auch so leidenschaftl., daß ihm s. Kalkül entgleiten kann. Zwar hat Julien gelernt, daß Heuchelei die Welt von 1830 regiert, daß Offenheit für s. Karriere gefährl. ist, doch er bleibt der Kleinbürger mit außerordentl. verletzbarem Stolz. In der napoleon. Ära wäre er Soldat geworden u. hätte von den Chancen in der Grande Armée profitiert, in der Restaurationszeit steht ihm als Nichtadeligem einzig die kirchl. Laufbahn offen; ehe er im Seminar von Besançon s. Ausbildung beendet hat, verläßt er die Provinz u. wird durch Vermittlung e. Abbé in Paris Verwalter des Marquis de la Mole. In ihrer Lust am Risiko verliebt sich dessen Tochter Mathilde in Julien, der Seelenadel der beiden ›êtres supérieurs‹ überbrückt e. soziale Kluft. Da entlarvt ihn Mme de Rênal in e. Brief als gottlosen Heuchler (Julien hatte in s. Verblendung dem Marquis geraten, in Verrières Erkundigungen über ihn einzuholen): ›couvert par une apparence de désintéressement et par des phrases de roman, son grand et unique objet est de parvenir à disposer du maître de la maison et de sa fortune‹. Juliens Reaktion entspringt angeborener Spontaneität, die er nicht länger unterdrücken will. Er reist nach Verrières u. schießt in der Kirche auf Mme de Rênal. Mit Antoine Berthet hat Julien, der zum Tode verurteilt wird, nur die Tat, nicht das Motiv gemeinsam. Der Deklassierte weiß, daß er s. Umwelt in eth. Hinsicht übertrifft, obgleich sie ihn entsprechend ihren gesellschaftl. Spielregeln verachten darf. Er stirbt stolz, doch zugleich irritiert über die Verstrickung, in die die Verhältnisse ihn gebracht haben: ›J'ai aimé la vérité ... où est-elle ... Non, l'homme ne peut pas se fier à l'homme.‹ Mathilde erinnert sich nach Juliens Hinrichtung an e. Geste der Marguerite de Navarre u. bestattet das Haupt ihres Geliebten, von dem sie e. Kind erwartet, mit eigener Hand; Mme de Rênal stirbt drei Tage nach der Guillotinierung den Seelentod der romant. Heldinnen. ›Die qualvolle Liebe zwischen Julien u. Mathilde entspricht den Bedingungen der Charaktere, der Sozietät u. Herkunft. Beide, der Emporkömmling u. die Adelsstolze, sind füreinander bestimmt durch die Souveränität, welche sie vor anderen auszeichnet‹ (Killy). Der Roman, der die Interdependenz individueller psych. Regungen u. gesellschaftl. Mechanismen nachbildet, galt beim Erscheinen u. noch Jahrzehnte danach als amoral. Werk, insbes. die weibl. Leserschaft war empört über die zyn. u. illusionstötende Geschichte. Daß der Verführer nicht wie Don Juan, sondern eher wie Tartuffe auftritt, hat gesellschaftl. Gründe. Weil er nach Ansehen strebt, ist der Kleinbürger gezwungen, Masken zu tragen, um s. Karriere nicht zu gefährden. Die Ehrlichkeit des Autors Stendhal, der den Roman mit e. Spiegel vergleicht, erlaubt es gerade dem Leser, die notwendige Unehrlichkeit des Protagonisten zu begreifen. Schlüsselwörter des Romans stammen aus dem Bereich der militär. Taktik, signifikant sind überdies Ausdrücke wie ›dédain‹, ›indifférence‹, ›impassible froideur‹, ›mépris‹. Darin äußert sich Sorels Macht über die Herzen der Privilegierten. Er bricht ihren Stolz, indem er ihre soziale Stellung scheinbar mißachtet, bis sie die Macht der Leidenschaft anerkennen u. ihre eigenen Vorrechte bezweifeln. Daraus erklärt sich auch s. Unvermögen, rückhaltlos glückl. zu werden.

A. Le Breton, R., 1933; P.-G. Castex, R., ²1970; W. Killy, Der Roman als Geschichte, Stendhal, R. (Romane des 19. Jh.), 1967; R. Grün, ›Hommes-copies‹, ›Dandies‹ u. ›Fausses passions‹, Genf/Paris 1967; J. Bruyas, La psychologie de l'adolescence dans l'œuvre de Stendhal, Aix-en-Provence 1967; D. Trouiller, Le monologue intérieur dans R. Stendhal Club 1969; R. Fonvieille. Le véritable Julien Sorel, 1971; H.-F. Imbert, Conjectures sur l'origine scottienne du titre de R., Revue de littérature comparée 1971; G. Mouillaud, R. de Stendhal, 1973; P. Bürger, Stendhal, R., in: K. Heitmann (Hg.), Der franz. Roman I, 1975; W. Engler, Der Blick auf Verrières, ZfSLC, 1990.

Rougemont, Denis de, 8. 9. 1906 Neuchâtel – 1985, Kulturkritiker, seit 1950 Präsident des Europ. Kulturzentrums, steht der personalist. Philosophie nahe. R. schrieb u. a. *Penser avec les mains* (1936), *Journal d'un intellectuel en chômage* (1937), →*L'amour et l'occident, Lettres sur la bombe atomique* (1946), *L'aventure occidentale de l'homme* (1957), *Les mythes de l'amour* (1967), *Le cheminement des esprits* (1970), *Lettre ouverte aux européens* (1970). R. war korrespondierendes Mitgl. der Ac. des siences morales et politiques u. seit 1963 Prof. in Genf.

A. Reszler/ H. Schwamm (Ed.), R., Neuchâtel 1976.

Rouget de Lisle, Claude-Joseph (Ps. Auguste Hix), 10. 5. 1760 Lons-le-Saulnier – 26. 6. 1836 Choisy-le-Roi, Offizier, Autor patriot. Gedichte, darunter *Hymne dithyrambique sur la conjuration de Robespierre* (1794), *Chants des vengeances* (1798), *Chant de combat* (1800), *Cinquante chants français* (1825) sowie Vf. von Libretti (*L'école des mères,* 1798; *Macbeth,* 1827). Berühmt wurde R. durch den *Chant de guerre pour l'armée du Rhin,* der als →*Marseillaise* zur franz. Nationalhymne erhoben wurde.

Les Rougon-Macquart, Romanzyklus in 20 Bden. von Émile →Zola, EA 1871–93, hg. P. Cogny VI 1970, dt. hg. R. Schober XX 1954–76. Seit 1868 arbeitete Zola an der ›Natur- u. Gesellschaftsgeschichte e. Familie im Second Empire‹, die fünf Generationen umfaßt. Adélaïde Fouque, die im Wahnsinn endet, u. der Gärtner Rougon, mit dem sie sich 1786 verheiratet, sowie der Trinker Macquart, ihr Liebhaber seit 1789, begründen die zwei genealog. Linien, deren Stammbaum Zola im letzten Bd. publiziert hat. Alkoholismus, Nervenkrankheiten u. erbl. Leiden lassen die Geschichte dieser Familie, die damit zum getreuen Spiegelbild der polit. Geschichte des II. Kaiserreichs wird, in die Katastrophe münden. Zola wollte in s. Romanzyklus nachweisen, daß die Vererbung ihre Gesetze hat wie die Schwerkraft; die zusätzl. Determinierung der Individuen durch ihr Temperament u. das Milieu führt mit ›mathemat.‹ Genauigkeit von e. Punkt im Stammbaum zum nächsten. Physiolog. ist er durch die ›lente succession des accidents nerveux et sanguins qui se déclarent dans une race‹, soziolog. durch die bäuerl. Herkunft geprägt. Die persönl. Konflikte der einzelnen Familienmitgl. sind repräsentativ für die Auseinandersetzungen in der Gesellschaft des Second Empire. So entstand das Bild e. ›étrange époque de folie et de honte‹. Zola kehrt zur prozeßhaften Darstellung der Sozialgeschichte zurück, indem er das Motiv der ungleichen Familienzweige verwendet, den Kampf der Bastarde gegen die legitimen Kinder der Adelaïde u. ihre Aussöhnung schildert. Den Protagonisten kommt in den meisten Fällen die gesellschaftl. Dialektik nicht zum Bewußtsein, erst der Leser bringt sie auf den Begriff. Die Romanfabeln haben ganz Frkr. zum Schauplatz, die handelnden Personen spielen alle maßgebenden Rollen in e. versinkenden Welt des Großbürgertums u. des Adels. Der Arbeiter, Bauer u. Soldat, der Beamte u. der Arzt, der Journalist u. die Prostituierte, der Priester u. der Künstler leben unter der Herrschaft der Besitzenden, ertragen sie bewußt oder dumpf u. rebellieren, geblendet von der Morgenröte der Revolution, bereits dagegen. Trotz des wiss. Ansatzes ergreift Zola Partei für die Ausgebeuteten u. Unaufgeklärten; was er über sie weiß, bezieht er freil. noch häufig aus schriftl. Quellen. Der Umfang s. dokumentar. Recherchen am Ort der Handlung, in der Beauce, im nordfranz. Kohlerevier, in den Markthallen u. hinter den Kulissen der Boulevardbühnen darf nicht überschätzt werden; gelegentl. verifizierte der Romancier lit. Motive erst im nachhinein. Kein authent. Beleg durfte im übrigen den Generalplan des Zyklus zerstören. Übl.weise erschienen die *R.* im Feuilleton versch. Blätter (u.a. *Le Siècle, La Cloche, Le Bien public, La République des Lettres, Le Voltaire, Le Gil Blas, La Vie populaire, La Revue illustrée*) u. wurden gelegentl. im Wettlauf mit den Ausgaben verfaßt. Im Vertrauen auf die Sinngebung der dargestellten Wirklichkeit durch die Wissenschaft, konnte sich Zola auf die Serienproduktion einlassen. Ihr wirtschaftl. Erfolg stellte sich erst 1877 mit *L'assommoir* ein. Er ermutigte den Verleger, *Nana* 1880 in e. Erstauflage von 55000 Exemplaren herauszubringen. Die Titel der Einzelbände sind →*La fortune des Rougon,* 1871; →*La curée,* 1872; *Le ventre de Paris,* 1873; →*La conquête de Plassans,* 1874; →*La faute de l'abbé Mouret,* 1875; *Son excellence Eugène Rougon,* 1876; →*L'assommoir,* 1877; *Une page d'amour,* 1878; →*Nana,* 1880; *Pot-bouille,* 1882; *Au bonheur des dames,* 1883; *La joie de vivre,* 1884; →*Germinal,* 1885; →*L'œuvre,* 1886; →*La terre,* 1887; *Le rêve,* 1888; →*La bête humaine,* 1890; →*L'argent,* 1891; →*La débâcle,* 1892; →*Le docteur Pascal,* 1893.

A. Wilson, É. Zola. An introductory study of his novels, London 1952; H. Guillemin, Présentation des R., 1964; St. Max, La métamorphose de la grande ville dans les R., 1966; M. Descotes, Le personnage de Napoléon III dans les R., 1970; N. de Faria, Structures et unité dans R., 1977; J. Noiray, Le romancier et la machine. L'univers de Zola, II 1981; R. Ripoll, Réalité et mythe chez Zola, II 1981; A. Dezalay, L'opéra des R., 1983; Ph. Hamon, Le personnel du roman (R.), Genf 1983; M. van Buuren, R. De la métaphore au mythe, 1986; S. Schmidt, Die Kontrasttechnik in den R., Diss. Bonn 1988; E. Kaiser, Wissen u. Erzählen bei Zola, 1990.

Rouillet, Claude, um 1520 Beaune – nach 1578 Paris, Humanist. Autor neolat. Gedichte u. Trag., parodierte bereits 1556 in lat., 1563 in franz. Fassung *(Philanire, femme d'Hippolyte)* die klass. Vernichtungstrag.: Philanire gibt sich dem Profoss hin, um ihren verurteilten Gatten frei zu bekommen – der Henker überbringt ihn ihr als Enthaupteten. Zur Strafe muß er Philanire unverzügl. heiraten u. wird selbst hingerichtet. Die unmoral. Handlung, die an den Stoff der Witwe von Ephesus anklingt, verstößt gegen die Vraisemblance wie gegen die Bienséance (vgl. auch Jodelle, Grévin).

Rouletabille, Amateurdetektiv in Kriminalromanen von Gaston →Leroux.

Roumain, Jacques, 4. 7. 1907 Port-au-Prince/Haiti – 1944 Mexiko, Stud. in Bern u. Zürich, Europareisen, 1927 Rückkehr nach Haiti, Gründung der KP Haiti u. der *Revue indigène;* 1939 Stud.aufenthalt USA, Gesandter in Mexico, wo R. starb. Er ist e. der wesentl. Autoren der Négritude (*Choix de poèmes,* 1944; *Bois d'ébène,* 1945), vor allem als Erzähler (*La montagne ensorcelée,* 1931; *La proie et l'ombre,* 1931; *Les fantoches,* 1931; Hauptwerk *Gouverneurs de la rosée,* 1944).

J.-P. Makouta-Mbouko, R., Thèse 1978; C. Fowler, A knot in the thread, the life and work of R., Washington 1980.

Roumanille, Joseph, 8. 8. 1818 Saint-Rémy / Bouches-du-Rhône – 24. 5. 1891 Avignon, Arbeitersohn, Lehrer u. Buchhändler, Mitbegründer des →Felibrige, Hg. des provenzal. Almanachs der Dichtergruppe, anerkannter Lyriker (*Lis oubreto,* 1860–64) u. Erzähler (*Li conte prouvençau e li cascareleto,* 1884); bevorzugt heimatl. Motive.

E. Ripert, R., 1946

Rousseau, Jean-Baptiste, 6. 4. 1671 Paris – 17. 3. 1741 Genette bei Brüssel, Sohn e. Schuhmachers, der ihm die Ausbildung bei den Jesuiten im Louis-le-Grand ermöglichen konnte. Boileau führte R. in die Poesie ein. Der erfolglose Dramatiker (Kom. *Le café,* 1694; *Le flatteur,* 1696; *Le capricieux,* 1700; *La ceinture magique,* o. J.) klagte die Stammgäste des Café Laurent, wo er selbst (u. a. auch Fontenelle) verkehrte, der Intrige an; die Couplets, die er 1710 gegen sie richtete, trugen ihm im April 1712 ewige Verbannung aus Frkr. ein, da er auch hochgestellte Persönlichkeiten u. die Religion angriff. Mit illegalen Mitteln versuchte R., die Urheberschaft Saurins nachzuweisen. Im 18. Jh. genoß er als Lyriker hohes Ansehen, erst Sainte-Beuve disqualifizierte s. rhethor. Poesie als deklamator. u. platt (*Odes, cantates, épigrammes, épîtres et poésies diverses,* 1723; *Œuvres diverses,* /Amsterdam 1726 u. Brüssel 1723, 1732; *Épîtres nouvelles,* Brüssel 1736; *Odes, cantates, poésies diverses,* 1790; *Œuvres complètes,* IV 1795; *Œuvres lyriques,* 1876; *Correspondance,* II 1911 f.).

H. de Landasle, R. refugié en Suisse, en Autriche et aux Pays-Bas, 1911; H. A. Grubbs, R. His life and works, Princeton 1941.

Rousseau, Jean-Jacques, 28. 6. 1712 Genf – 2. 7. 1778 Ermenonville, Sohn e. protestant. Uhrmachers, Lehrling in e. Kanzlei u. bei e. Graveur; Hinneigung zum Katholizismus als e. Religion des Gefühls. 1728 verließ R. Genf, machte in Annecy die Bekanntschaft von Mme de Warens, e. s. späteren Geliebten, die ihn zur Konversion veranlaßte, aber vergebens zum Theologiestud. aufforderte. Nach weiteren Reisen in die Schweiz u. nach Paris nahm er 1832, wiederum auf Veranlassung von Mme de Warens, in Besançon e. Musikstud. auf, das erfolglos verlief. 1741 trug R. e. musikal. Entdeckung in Paris die Bekanntschaft von Fontenelle, Marivaux, Réaumur u. Diderot ein; das Jahr 1743 verbrachte er als Sekretär des Grafen Montaigu in Venedig, 1744 kehrte er nach Paris zurück. Während dieser Zeit arbeitete er an mehreren Opern, die z. T. in privaten Zirkeln aufgeführt wurden. Er war mit Thérèse Levasseur liiert, die ihm fünf Kinder gebar; sie kamen sämtl. ins Waisenhaus. Bekanntschaft mit Mme d'Épinay. R. verfaßte für die *Encyclopédie* die Musikartikel. Unter dem Eindruck der Erkenntnis- u. Kulturkritik von Diderot entstanden der →*Discours qui a remporté le prix à l'académie de Dijon en l'année 1750* ... u. der →*Discours sur l'origine et les fondements de l'inégalité parmi les hommes;* in der Zwischenzeit erschienen das Singspiel *Le devin du village* (1752), die Kom. *Narcisse* (1752) sowie die Abhandlung *Lettres sur la musique frçe.* (1753); gleichfalls 1755 veröffentlichte R. den *Discours sur l'économie politique.* S. Bruch mit der Aufklärungsphilosophie der Enzyklopädisten zeichnete sich in der *Lettre à M. d'Alembert sur son article ›Genève‹ dans le septième volume de l'Encyclopédie, et particulièrement sur le projet d'établir un théâtre de comédie en cette ville,* (1758) klar ab; R. wertete das Schauspiel von s. Publikumswirksamkeit her und folgerte aus der Theatergeschichte, daß durch Aufführungen in den Augen des Publikums weder die Tugend liebenswerter noch das Laster verwerflicher geworden ist. Molières Stücke seien e. ›Schule des Lasters u. schlechter Sitten‹, gefährlicher als entsprechende Lektüre; davor solle Genf bewahrt bleiben. Der Romancier *(→Julie ou la Nouvelle Héloïse)* u. Staatstheoretiker R. *(→Du contrat social)* wurde 1762 nach der Veröffentlichung des →*Émile* verfolgt, er floh in die Schweiz u. nach England (Einladung des Philosophen Hume); 1767, als er ein Komplott Humes u. Voltaires zu entdecken glaubte, inkognito Rückkehr nach Frkr. In den *Lettres de la montagne* (1764), den →*Confessions,* dem Dialog *R. juge de Jean-Jacques* (1776) u. den *Rêveries du promeneur solitaire* (1782) rechtfertigte er s. Verhalten. S. Bekenntnisse wurden vom Pariser Publikum irritiert aufgenommen; R. versuchte, e. s. Mss. auf dem Altar von Notre-Dame zu deponieren; Condillac, an den er sich wandte, wies ihn verständnislos ab. In den Straßen von Paris verteilte er e. Sendschreiben an die Nation. Im Oktober 1776 wurde er von e. Wagen angefahren u. verletzt, 1778 nahm er kurz vor s. Tode die Einladung des Marquis de Girardin nach Ermenonville an. Zu Lebzeiten wurde R. vor allem von Palissot in der Kom. →*Les philosophes* der Lächerlichkeit preisgegeben; 1778 stellte ihn Diderot *(Essai sur les règnes de Claude et de Néron)* als Verbrecher dar, der die Maske des Heuchlers gewählt habe; 1782 erweiterte er den Text um e. polem. Zusatz. Von den meisten Aufklärern wurde Diderots Kritik als Blasphemie zurückgewiesen. R.s Anhänger, zu denen Bernardin de

Saint-Pierre, L.-S. Mercier, Germaine de Staël zählten, entdeckten nach s. Tod Übereinstimmungen zwischen der kulturpesssimist. Thematik des Werks u. der Lebensführung des Autors, sie rühmten Rousseau – im Unterschied zu Voltaire – wegen s. Ehrlichkeit. Diese psycholog. Wertung verdeckt die ästhet. u. philosoph.; sie verlangt bei der Lektüre Anteilnahme u. sichtbare Rührung, wer sie nicht zu zeigen vermag, gilt als gefühlskalt. Obwohl 1789 s. sozialpolit. Ideen weit weniger verbreitet waren, als lange angenommen wurde, obwohl s. Konzeption der ›volonté générale‹ u. des Repräsentationsprinzips sowohl den polit. Modellen der Girondisten wie denen der Robespierregruppe nicht entsprach, blühte der revolutionäre R.kult. Im Jakobinerklub u. in der Nationalversammlung wurden Büsten aufgestellt, Straßen wurden nach R. benannt, s. Überreste 1794 ins Panthéon überführt. Saint-Just u. →Babeuf bekannten sich als Rousseauisten, das Leben des Autors wurde bereits dramatisiert (Bouilly, *R. à ses derniers moments,* Einakter, Urauff. 30. 12. 1790; Andrieux, *L'enfance de R.;* Einakter, Urauff. 23. 5. 1794), →Mercier stellte ihn als Initiator der Revolution, Mme de →Staël als empfindsamen Erzähler dar, Théodore Desorgues veröffentlichte 1794 das Gedicht *R. ou l'enfance.* Aus R.s theoret. Einwänden gegen die Form des gesellschaftl. Zusammenlebens lasen die Romantiker den Sinnverlust der Sozialstruktur überhaupt heraus, s. individuellen Kollisionen mit der Pariser Gesellschaft wurden als typ. für das einzelgänger. Genie mißverstanden. Fasziniert von R.s Lob des Edlen Wilden übersah man leicht s. polit. Ansatz: da für den Menschen des 18. Jh. der Weg zurück zum verlorenen Paradies einzig ästhet. offen bleibt, gilt es, Staatsverfassungen in solchem Umfang zu verbessern, daß die natürl. Anlagen der Bürger optimal entfaltet werden können. Der Mensch als gesellschaftl. Wesen muß davor bewahrt werden, in restloser Fremdbestimmung aufzugehen; dies meinte R. mit ›l'homme artificiel‹ (*Œuvres complètes,* hg. V. D. Mussett-Pathay XXII 1823 f. B. Gagnebin u. a. IV 1959–69; *Correspondance générale,* XX 1924–34, hg. R. Leigh XLV 1965–86).

I. Fetscher, R.s polit. Philos., 1960; J. McDonald, R. and the French revolution, London 1965; M. Einaudi, The early R., New York 1967; M. Launay, R., 1968; R. Grimsley, R. and the religious quest, Oxford 1968; W. Blanchard, R. and the spirit of revolt, 1967; A. and W. Durrant, R. and revolution, New York 1967; R. Masters, The political philosophy of R., Princeton 1968; Cl. Salomon Bayet, R. ou l'impossible unité, 1968; J.-L. Lecercle, R. et l'art du roman, 1969; P. Spurlin, R. in America 1760–1809, Alabama 1969; R. Ellrich, R. and his reader: The rhetorical situation of the major works, Chapel Hill 1969; J. Shklar, Men and citizens; A study of R.'s social theory, 1969; R. Grimsley, R.: Religious writings, Oxford 1970; J. Terrassse, R. et la quête de l'âge d'or, Brüssel 1970; H. Gouhier, Les méditations métaphysiques de R., 1970; R. Trousson, R. et sa fortune littéraire, 1971; R. Wolff, Die Ästhetisierung aufklärer. Tabukritik bei Montesquieu u. R., 1971; J. Roussel, R. en France après la Révolution, 1973; M. Eigeldinger, R., Neuchâtel 1978; Sondernr. RhlF 2–3, 1979; W. Acher, R. créateur et l'anamorphose d'Apollon, 1980; C. Fleuret, R. et Montaigne, 1980; P. M. Conlon, Ouvrages frç. relatifs à R., 1751–99, Genf 1981; G. Macchia, Le rovine di Parigi, Mailand 1985; R. Barny, Prélude idéologique à la Révolution frçe., 1985; A. Horowitz, R., nature and history, Toronto 1987; R. Trousson, R., 1988.

Roussel, Raymond, 20. 1. 1877 Paris – 14. 7. 1953 Palermo (Selbstmord), Finanzbourgeoisie; Musikstud. u. unabhängige Schriftstellerei. S. ersten größeren Werke, e. Roman in über 5000 Alexandrinern, *La doublure* (1897) u. e. imaginärer Reisebericht, *Impressions d'Afrique* (1910) bleiben ohne jede Resonanz, bis die Dramatisierung des Afrikaromans 1911 e. Skandal auslöst. Wiederum Mißerfolg 1913 mit dem Roman *Locus solus* u. 1922 in der Dramatisierung wiederum Theaterskandal. Dennoch weitere Dramen u. in Alexandrinern die *Nouvelles impressions d'Afrique* (1932). Alkohol- u. drogenabhängig, lebte seit 1925 wiederholt in e. Wohnmobil u. seit 1933 in Hotelzimmern in Palermo. Die Vergegenwärtigung der Welt über die Phantasie folgt bei R. stärker als bei Proust Regressionsbedürfnissen, bezieht ihre Eigenart jedoch aus der sprachlichen Konstruktion seltsamer Maschinenwelten. Die Surrealisten entdeckten R., Robbe-Grillet formulierte Teile s. Romanpoetik in der Auseinandersetzung mit der ›vue imaginaire‹ des Autors u. führte den Oberflächenrealismus des Dingromans, die Ablehnung von Transzendenz u. Humanismus auf R. zurück. Postum erschien R.s Programmschrift *Comment j'ai écrit certains de mes livres* (1935; *Œuvres complètes,* VIII 1963–65), 1972 die Textslg. *Épaves*.

J. Ferry, R., 1953; [2]1964; M. Foucault, R., 1963; F. Caradec, Vie de R., 1972; A.-M. Amiot, Un mythe moderne. Impressions d'Afrique de R., 1977; L. Hutcheon, Narcissisme rousselien et nouveau roman, in: B. T. Fitch (Hg.), Ecrivains de la modernité, 1981; Sondernr. Europe 714, 1988.

Rousset, David, geb. 18. 1. 1912 Roanne/Loire. Licencié en philosophie, Reisen in Europa und Nordafrika, Teilnahme am Span. Bürgerkrieg auf republikan. Seite, Résistancekämpfer, 1943 von der Gestapo verhaftet, im Gefängnis Fresnes gefoltert, in ein KZ deportiert, 1945 befreit; Beziehungen zu den Surrealisten u. Existentialisten, Mitbegründer des Rassemblement démocratique révolutionnaire, ein Jahr danach (1949) Bruch mit der Linken. Seine Reportagen u. Romane stellen die Welt der KZ dar (*L'univers concentrationnaire,* Prix Théophraste-Renaudot 1946; *Les jours de notre mort,* 1946; *Le pitre ne rit pas,* 1948; *Entretiens sur la politique,* mit Sartre und Gérard Rosenthal, 1949); 1968 Wahl zum Abgeordneten, gehörte bis November 1971 der gaullist. Fraktion der UdR an, seitdem fraktionslos.

Roussin, André, 22. 1. 1911 Marseille – 4. 11. 1987 Paris, aus e. Industriellenfamilie, Jurastud., wird jedoch Versicherungsagent, Journalist, Schauspieler, Kodirektor des Ensembles Rideau gris (mit Louis Ducreux) u. seit 1943 Lustspielautor. S. Vorbilder sind Bourget, Achard u. Feydeau (*Am-Stram-Gram,* Urauff. 14. 5. 1941; *Une grande fille toute simple,* 1944; *La sainte famille,* 1946; *Nina,* 1949; *La main de César,* 1951; *Lorsque l'enfant paraît,* 1952; *Le mari, la femme et la mort,* 1954; *L'amour fou,* 1956; *La mamma,* 1957; Verskom. *Les glorieuses,* 1956; *Une femme qui dit la vérité,* 1960; *Un amour qui ne finit pas,* 1963; *La locomotive,* 1967). R., der mit →*La petite hutte* zum erfolgreichen Boulevardautor geworden ist, integriert erot. Motive, den Vater-Sohn-Konflikt (*Les œufs de l'autruche,* 1948) u. das Spiel mit der Fiktionalität e. Theateraufführung (*Bobosse,* 1950, mit F. Périer in der Titelrolle) in die Unterhaltungskom.; *Patiences et impatiences,* 1953; *Un contentement raisonnable,* 1965; *Rideau gris et habit vert,* 1983. 1973 Aufnahme in die Ac. frçe.

La route des Flandres (1960), Roman von Claude →Simon. Der Roman besteht aus drei ungleich langen Partien. E. Liebesnacht von Georges u. der Witwe des 1940 in Flandern gefallenen Rittmeisters de Reixach, Corinne, nimmt im Herbst 1946 e. jähes Ende, da die Frau ihren Liebhaber verläßt. Georges, der in der Schwadron Reixachs gedient hat, erinnert sich an Kriegsereignisse u. die Gefangenschaft, als Corinne s. Traumliebe wurde. Die Erinnerungen steigen in Fetzen u. ungeordnet auf, leitmotiv. nur verknüpft durch das entsetzl. Bild vom Tod des Offiziers. Georges kann nur vermuten, daß Reixach, der von Corinne mit s. Jockey Iglésia betrogen wurde, absichtl. den Tod gesucht hat. Die Ereignisse von 1940 werden von e. Episode aus der Franz. Revolution überlagert: ein Vorfahre Reixachs, Mitgl. des Konvents, hat sich unter mysteriösen Umständen erschossen. Die Todessehnsucht der beiden trag. Figuren kann von Georges u. anderen Soldaten nur vermutet, nicht jedoch enträtselt werden.

K. Wilhelm, Simon als Nouveau Romancier, ZfSL 1965.

Routisie, Albert de, Ps. für Louis →Aragon in der Neuausgabe des Romans *Irène* (1968).

Roxane, 1. Figur der eifersüchtigen Geliebten in der Trag. *Bajazet* von Jean Racine; 2. die untreue Haremsdame in Montesquieus *Lettres persanes,* ihre Anklage gegen das paschahafte Verhalten Usbeks denunziert den launenhaften Alleinherrscher überhaupt und stellt die beiden Handlungsstränge des Briefromans (Haremsgeschehen und Zeitkritik) in Korrelation; 3. die unerreichbare Traumgeliebte des Titelhelden in *Cyrano de Bergerac* von Edmond Rostand.

Roy, Claude, geb. 28. 8. 1915 Paris, Sohn e. Malers aus der Charente, während des Kriegs Flucht in die unbesetzte Zone u. Teilnahme an der Résistance, bis 1946 Kriegsberichterstatter, seitdem zahlr. Reportagen über die USA (1949), China (1953), Nordafrika, Skandinavien u. Korea (*Journal des voyages,* 1960; *Nous,* 1972). In s. Lyrik (*L'enfance de l'art,* 1942; *Le poète mineur,* 1949; *Un seul poème,* 1954) ahmte R. vor allem Aragon nach. S. Gesellschaftsromane leiden, mit Ausnahme von *A tort ou à raison,* unter dem auktorialen, kommentierenden Verhältnis des Erzählers zu s. Figuren; R. vertraut nicht auf die Aussagemächtigkeit der Romanhandlung, durch die er die polit. u. gesellschaftl. Konflikte bloßlegen will. Vor allem durch Analogieschlüsse verwandelt sich erzählte Wirklichkeit in ein polit. Sujet, das zu Meditationen Anlaß bietet (*La mer à boire,* 1944; *La nuit est le manteau des pauvres,* 1948; *Le soleil sur la terre,* 1956; *Le malheur d'aimer,* 1958; *Léone et les siens,* 1963; *La dérobée,* 1969). Ungleich ist auch die Qualität der Kritiken (*Descriptions critiques,* V 1953–60; *L'art primitif,* 1957; *Art phantastique,* 1960; *Défense de littérature,* 1968; *Le verbe aimer et autres essais,* 1969; *Somme toute,* 1976; *Sais-tu si nous sommes encore loin de la mer,* 1979; *La traversée du Pont des Arts,* 1979, Liebesgeschichte; *Les chercheurs de dieux,* 1981, Essay zur Religionsgesch. u. kommunist. Heilslehren; Anthologie *La poésie populaire,* 1981; *La conversation des poètes,* 1993; *Le pas du silence,* 1993).

R. Grenier, R., 1971.

Roy, Gabrielle, geb. 22. 3. 1909 St. Boniface/Manitoba, Lehrerin, 1937–39 Europareise, lebt seit 1939 in Montréal, Romanautorin (*The thin flute,* 1945; *Bonheur d'occasion,* 1947; *La petite poule d'eau,* 1950; *Alexandre Chenevert,* 1954;

Rue Deschambault, 1955), erhielt 1947 den Prix Fémina.

Roy, Jules, geb. 22. 10. 1907 Rovigo/Algerien, Theologiestud., militär. Laufbahn, schied 1953 als Oberst aus der Luftwaffe aus. S. Fliegerromane sind Repliken auf Darstellungen des einsamen Piloten bei Saint-Exupéry (*Passion et mort de S.,* 1964), dessen Werk ihn zum Erzählen anregte. (*La vallée heureuse,* 1946; *Le navigateur,* 1954; *La femme infidèle,* 1955; *Les flammes de l'été,* 1956; *Les belles croisades,* 1959; *Les chevaux du soleil,* VI 1968–75, Kolonialroman, n. 1980; *Une femme au nom d'étoile,* 1968). In Essays äußerte sich R. über die Funktion des Militärs u. sprach sich 1960 für die Unabhängigkeit Algeriens aus (*Le métier des armes,* 1957; *L'homme à l'épée,* 1957; *La guerre d'Algérie,* 1960; *La bataille de Dien Bien-Phu,* 1963; *Voyage en Chine,* 1965; *Le grand naufrage,* 1966, über das polit. Schicksal Pétains). Die Autobiographie *L'amour fauve* (1971) zeichnet Etappen der Abkehr von der maßgebenden franz. Gesellschaft der IV. u. V. Republik nach. Von R.s Dramen (*Beau sang,* 1952; *Les cyclones,* 1954; *Le fleuve rouge,* 1957) ist das hist. Drama von 1952 über die Verfolgung des Templerordens durch Philipp den Schönen hervorzuheben (*Théâtre,* 1970; Tagebücher *Permis de séjour 1977–82,* 1983; *Vézelay ou l'amour fou,* 1990; *Amours barbares,* 1993).

Royer-Collard, Pierre-Paul, 21. 6. 1763 Sompuis – 4. 9. 1845 Châteauvieux, Politiker u. Philosoph, der sich wie Maine de Biran gegen den Sensualismus Condillacs wandte; seit 1811 lehrte er Philos.geschichte an der Sorbonne. R. wurde der Wortführer e. legitimen u. gleichzeitig konstitutionellen Kg.tums, das zwischen dem extremen Chaos der Terreur u. der extremen Ordnung des Empire die Mitte halten sollte; er bereitete die Justemilieu-Politik der →Doctrinaires vor, verlor seit der Julirevolution jedoch an Einfluß.

Royère, Jean, 1871 Aix-en-Provence – 1956 Paris, Politiker u. Literat, Hg. der Zss. *Écrits pour l'art* u. *La Phalange,* symbolist. Lyriker (*Exil doré,* 1898; *Eurythmies,* 1904; *Sœurs de Narcisse nu,* 1908; *O quêteuse, voici,* 1928; *Orchestration,* 1936) u. Autor von Studien über die Liebesgedichte von Baudelaire (1928), Boileau, La Fontaine (1930).

C. Piérard, Le musicisme de R., 1937.

Rue de Picpus, Pariser Straße, beim Kloster der Chanoinesses de Saint-Augustin wurden die Karmeliterinnen begraben, die Gertrud von Le Fort *(Die letzte am Schafott)* u. Bernanos *(Le dialogues des carmélites)* als Märtyrerinnen darstellen; hier befinden sich auch die Gräber von André Chénier u. Montalembert.

Rue de Richelieu, Pariser Straße, Sitz der Bibliothèque nationale; Molière wohnte von Juli 1672 bis 17. 2. 1673 im Haus Nr. 40; Diderot starb im Haus daneben. Voltaire beabsichtigte 1778, in die R. zu ziehen; s. Nichte wohnte bis 1790 in dem Haus (Nr. 102), das er noch vor s. Tod gekauft hatte.

Rue de Rome, Pariser Straße, wo Mallarmé (Haus Nr. 89) von 1874–98 wohnte u. zu den Mardis empfing: u. a. Régnier, Jarry, Vielé-Griffin, Verhaeren, Oscar Wilde, Valéry, Gide.

Rue de Valois, Pariser Straße, wo Richelieu den Gründungsmitgl. der Ac. frçe. im Hôtel Mélusine e. Versammlungsraum anwies u. die Gelehrtengesellschaft des Lycée sich zu den Vorträgen von Condorcet, Marmontel u. La Harpe versammelte (Haus Nr. 2).

Rue d'Ulm, Sitz der ältesten → École normale supérieure in Paris.

Rügelied →Sirventes.

Rue Notre-Dame-des-champs, Pariser Straße, hier wohnten Victor Hugo (1827–30) u. Sainte-Beuve (1828–30).

Rue Raynouard, Pariser Straße, trägt den Namen von François →Raynouard. In der Straße wohnte Béranger, Franklin, Maeterlinck u. von 1842–48 inkognito Balzac (Nr. 47; als M. de Brugnol); das Haus ist als Museum eingerichtet.

Rue royale, Pariser Straße, wo der kgl. Zensor Suard, der die Aufführung der *Mariage de Figaro* zu verhindern suchte, u. Mme de Staël (1815–17) wohnten.

Rue Sébastien-Bottin, Pariser Straße, Sitz des Verlags →Gallimard.

Rue vieille-du-Temple, Pariser Straße, hier mietete die Schauspieltruppe von Montdory e. Saal, wo im Jan. 1637 die Uraufführung des *Cid* stattfand. In der R. steht auch das Palais des Kardinals Rohan, der in die →Halsbandaffäre verwickelt war.

Rue Visconti, Pariser Straße, hier wohnten Racine u. die Schauspielerin Adrienne Lecouvreur, unterhielt Balzac von 1827–29 e. Druckerei; Delacroix hatte von 1836–44 im selben Haus (Nr. 17) s. Atelier.

Rulhière, Claude-Carloman de, 12. 6. 1734 Bondy – 30. 1. 1791 Paris, zehn Jahre lang Gendarm, dann Adjutant des Marschalls Richelieu, Botschafter in Sankt Petersburg und Beamter im Außenministerium. R. schrieb Verse, deren Vollkommenheit Voltaire entzückten (*Œuvres poétiques,* hg. M. Dallonville 1800). Neben Voltaire war R. der originellste Historiograph der Epoche; er informiert umfassend u. schreibt ohne Umschweife (*Éclaircissements historiques sur les causes de la révocation de l'Édit de Nantes,* 1788; *Anecdotes sur la révolution en Russie,* 1762, 1797; *Histoire de l'anarchie de Pologne,* 1807; unvollendet). 1787 Wahl in die Ac. frçe.

Rumänien – Frkr., rumän. Autoren, die franz. Werke verfassen: →Istrati, →Tzara, →Éliade, →Cioran, →Ionesco, →Dumitriu.

I. H. Radulescu, Le théâtre frç. dans les pays roumains (1826–52), 1965.

Rußland – Frankreich, Lit.beziehungen seit dem 18. Jh. (→Diderot), Motive bei Xavier de →Maistre u. in der phantast. Erzählung (→Mérimée); persönl. Beziehungen Turgenevs zu Flaubert u. Maupassant, Gorkijs zu Rolland u. Hellens, Majakovskijs zu Aragon (E. →Triolet), Vermittlerrolle von →Vogüé, vgl. auch die lit. Produktion von →Troyat, →Oldenbourg, →Salmon, →Cendrars, →Sarraute, →Triolet.

M. Cadot, L'image de la Russie dans la vie intellectuelle frçe. 1839–56, 1967.

Rutebeuf (Rustebeuf, Rustebues; Vorname unbekannt), vor 1248 Champagne (?) – um 1285, Jongleur von niederer Herkunft. R., den die Brüder Ludwigs IX. protegierten, brach mit den Regeln der höf. Dichtung (→Trobadors), füllte s. Werke (sämtl. in Versen, meist Alexandrinern u. Achtsilbern, ca. 50 Titel) temperamentvoll u. stellenweise in parodierender Absicht mit subjektiven Gehalten *(La griesche d'hyver, Mariage Rutebeuf, Pauvreté Rutebeuf, La mort Rutebeuf)* u. richtete als Parteigänger der Laienprofessoren nach 1253 Invektiven gegen die Bettelorden *(Complainte de Constantinoble, Dit d'hypocrisie)*; dazu aktualisierte er den satir. Tenor des →*Roman de Renart* in e. *Renart le Bestourné* (in Terzettstrophen): Renart tritt als Franziskaner verkleidet auf u. verkörpert die Habgier. Um 1261 dramatisierte R. e. dem Fauststoff verwandte Legende (*Le miracle de Théophile,* hg. G. Frank ^{2}1949). Wie lange nach ihm →Villon gelangen R. neben sarkast. u. satir. Versen, darunter auch Fabliaux, innige Lieder (Paraphrasen des *Ave Maria, Les neufs joyes de Notre-Dame,* hg. T. F. Mustanoja, Helsinki 1952). Stets blieb s. Spontaneität unnachahml.; richtungsweisend wurde s. Engagement (*Onze poèmes concernant la croisade,* hg. J. Bastin/E. Faral 1946; dies., *Œuvres complètes,* II 1959; mod. Version M. Zink II 1989–90; *Poèmes concernant l'université de Paris,* hg. H. Lucas 1952).

U. Leo, Stud. zu R., 1922; H. Lucas, Les poésies personelles de R., Thèse Strasbourg 1938; A. Serper, Renart le Bestourné poème allégorique, Romance philology 1966; ders., Le roi Saint Louis et le poète R., Romance notes 1967; ders., R.: poète satirique, 1969; O. Jodogne, L'anticléricalisme de R., Les Lettres romanes 1969; N. F. Regelado, Poetic patterns in R., New Haven 1971; J. Dufournet, Sur trois poèmes de R., Travaux de linguistique et de littérature 18, 1980; J.-Ch. Payen, Le »je« chez R., in: H. Krauss/D. Rieger (Hg.), Mittelalterstudien, 1984.

Ruy Blas, Versdrama in fünf Akten von Victor →Hugo, entstanden nach 1835 (?), EA 1838, Urauff. 8. 11. 1838 Théâtre de la Renaissance, Paris; hg. A. Ubersfeld 1971. Der Titelheld, vormals Scholar u. jetzt Lakai, wird von Don Salluste, der sich für s. Entlassung u. Verbannung an der span. Krone rächen will, im 17. Jh. als Strohmann e. inszenierten Skandals gedungen. Mit polit. Geschick u. persönl. Erfolg spielt R. den falschen Aristokraten; die Kgin. verliebt sich in ihn, der sie schon lange verehrte. Diese Peripetie bringt ihn in e. Gegensatz zum Auftraggeber, über den er sich sittl. erhebt u. den er vernichtet. Doch das Ende des Schurken tilgt nicht restlos die Schuld, die R. auf sich geladen hat. Erst s. eigener Untergang rettet die Kgin. vor der Kabale u. gibt ihr die Freiheit, R. ihre Liebe zu gestehen. Als Replik auf Molières *Précieuses ridicules* gestaltet Hugos Drama das Problem der Demaskierung, Entmachtung u. des Identitätsverlusts am Fall e. in Wirklichkeit Ohnmächtigen, dem die Eingliederung in e. Privilegienstruktur mißlingt. Zwar vermag der Diener, dem zu falschem Prestige verholfen wurde, den Herrn, der die Reichweite s. Macht aus takt. Gründen verbirgt, zu überwinden; aber er rettet seine Seele erst, als das Spiel zuende ist. Das Stück gehört zu den häufigsten aufgeführten Dramen Hugos. Die Hell-Dunkel-Effekte sind unterhaltsam, wenn auch nicht immer stringent motiviert, u. die Figur des ›Stellvertreters‹, der e. polit. u. romaneske Rolle zu spielen versucht, bleibt einprägsam.

R. Warning, Hugo: R. (Das franz. Theater vom Barock bis zur Gegenwart, Bd. 2, hg. J. v. Stackelberg), 1968; A. Ubersfeld, R.: Genèse et structure, RhlF 1970.

Sabatier, Robert, geb. 17. 8. 1923 Paris, kämpfte als 19jähriger in der Résistance, gab in Roanne die Poesiezs. *La Cassette* heraus; symbolist. Lyriker (*Fêtes solaires,* 1951, erweiterte Fassung 1955; *Dédicace d'un navire,* 1958; *Les poisons délectables,* 1965; *L'oiseau de demain,* 1981, Lyrik seit 1975; poetolog. Reflexionen *L'état princier,* 1961); erfolgreicher Erzähler, bevorzugt Kompositionsformen des pikaresken Romans (*Alain et le nègre,* 1953; *Le marchand de sable,* 1954; *Boulevard,* 1956, n. 1960; *Canard au sang,* 1958; *La sainte farce,* 1960; *Dessin sur un trottoir,* 1964; *Le chinois d'Afrique,* 1966; *Les allumettes suédoises,* 1969; *Trois sucettes à la menthe,* 1972; *Les enfants de l'été,* 1978, e. phantast. Kinderwelt in provenzal. Idylle; *Les fillettes chantantes,* 1980; Roman *Les années secrètes de la vie d'un homme,* 1984). S. besticht durch dokumentar. Beschreibung; was stört, sind Vorausschau u. auktoriale Besserwisserei, vor allem bei den zahlr. lit. Anspielungen. S., seit 1971 Mitgl. der Ac. Goncourt, war 1965–72 lit. Direktor des Verlags Albin Michel; Autor e. Lyrikgesch. 1974 ff.

Sablé, Madeleine de Souvré, marquise de, 1598 oder 1599 – 16. 1. 1678, verkehrte nach dem Tod ihres Mannes im Hôtel de Rambouillet; seit 1655 Anhängerin des Jansenismus. Der Chevalier de Méré u. La Ménardière zählten zu ihren Vertrauten, La Rochefoucauld suchte ihr Urteil über die *Maximes,* die sie nicht durchweg billigte. In den Schlüsselromanen der Madeleine de Scudéry erscheint die S. porträtiert. Ihre Autorschaft der 1678 veröffentlichten *Maximes et pensées* ist nicht völlig gesichert.

Sachs, Maurice (eig. M. Ettinghausen), 16. 9. 1906 Paris – 14. 4. 1945 Hamburg-Fuhlsbüttel, durch Maritain zur Konversion veranlaßt, zeitweilig im Priesterseminar, Sekretär von Cocteau, den er hinterging, Bibliothekar u. Lektor bei Gallimard; Fremdarbeiter u. Gestapospitzel (G 117) in Dtl., dennoch Einlieferung in das KZ Fuhlsbüttel, wurde beim Vormarsch der Engländer von e. fläm. SS-Mann erschossen. S. verfaßte Romane, von denen zu s. Lebzeiten allein *Alias* (1935) herauskam, u. autobiograph. Werke wie die Chronique scandaleuse *Le sabbat* (1946); in Anspielung auf Pascal wollte S. diese provozierend wirkende Darstellung s. Erlebnisse seit den 20er Jahren nicht als Memoiren, sondern als ›Mémorial‹ verstanden wissen. Violette Leduc, s. Gefährtin während des Krieges, zählte zu den ersten verständnisvollen Lesern. *La chasse à courre* (1949) setzt *Le sabbat* fort. Postum erschienen außerdem *La décade de l'illusion* (1950), *Derrière cinq barreaux* (1952), *Abracadabra (1952), Tableau des mœurs de ce temps* (1954), *Histoire de John Cooper d'Albany* (entstanden 1942, EA 1955), *Le voile de Véronique* (1959). Der Stil von S. bringt alle Voraussetzungen zur Satire mit, er ist knapp u. beißend; wenn er Gide oder Max Jacob porträtiert, wird die satir. Pointierung der Charakterdarstellung nutzbar gemacht.

J.-M. Belle, Les folles années de S., 1979.

Sade, Donatien-Alphonse-François, marquis de, 2. 6. 1740 Paris – 2. 12. 1814 Charenton, der Kavallerieoffizier verbrachte, mit kurzen Unterbrechungen, 27 Jahre in Haft u. Internierung (Vincennes, Bicêtre, Bastille, Charenton), verurteilt wegen Ausschweifung, Verführung u. polit. Vergehen; während der Terreur sollte er hingerichtet werden. S. korrespondierte mit Rousseau, nach s. Befreiung aus der Bastille am 14. 7. 1789 legte er für die Republik Lippenbekenntnisse ab, während er überzeugter Monarchist blieb. Die Hinrichtung des Kg.s bedeutete für ihn die Auflösung aller Normen; der polit. Gegner Robespierres u. später Napoleons büßte für s. Überzeugung. In der Bastille entstand wie das meiste, was S. schrieb, →*Aline et Valcour,* vom Autor als s. Hauptwerk gewertet. S., der der Sexualität e. zentrale Funktion im menschl. Zusammenleben zuweist, geht davon aus, daß d. Vernunft keine inhalt. Ziele setzt; alle Affekte stehen zu ihr im selben indifferenten Verhältnis. Jede Formalisierung der Vernunft impliziert für S. den Bannfluch über e. Skala von Gefühlen. Er ersetzt Gott durch den Naturbegriff, Tugend u. Laster sind verschiedenartige, jedoch nicht verschiedenwertige moral. Verhaltensweisen; Reue gilt nur dem Ungewohnten. Im Gegensatz zur Aufklärung u. zur Revolution behauptet S., daß die Natur nur zu besiegen, nicht zu erlösen sei; soziale Anforderungen u. individuelle Lustbefriedigung sind unvereinbar. Seine Ehe mit Renée-Pélagie de Montreuil konnte ihn nicht vom Gegenteil überzeugen. Als Erzähler wählt S. zur Darstellung des entfesselten Individualismus Klischeevorstellungen des amoral. Familien- u. Klosterlebens (*Les cent-vingt journées de Sodome ou l'école du libertinage,* entstanden 1785, EA 1904, ^{2}1931–35; *Justine ou les malheurs de la vertu,* II 1791, ^{4}1794; *La philosophie dans le boudoir,* 1795; *La nouvelle Justine,* VI 1797 u. *Histoire de Juliette, sa sœur;* Drama in drei Akten *Oxtiern ou les malheurs du libertinage,* 1799; *Novellenslg. Les crimes de l'amour,* IV 1800, parodiert Samuel Richardson; Roman *La marquise de Ganges,* 1813; *Dorci ou la bizarrerie du sort,* hg. A. France 1881; *Historiettes,* 1924; *Histoire secrète d'Isabelle de Bavière,* 1953; *Œuvres complètes,* 1953 ff.; *Idée sur les romans,* hg. J. Glastier 1970; *Journal inédit,* 1970; *Papier de famille,* éd. M. Lever/Th. de Sade, 1993; Mss. mehrerer Werke sind verschollen). Die Tatsache, daß S. während s. Aufenthalts in Charenton Theateraufführungen leitete, verarbeitete P. Weiss in e. Drama (1964, vgl. auch Marat).

E. Dühren, Neue Forschungen über den marquis de S., 1904; P. Klossowski, S. mon prochain, 1947; S. de Beauvoir, Faut-il brûler S., 1955; P. Favre, S. utopiste, 1967; Marquis de S. Actes du colloque d'Aix-en-Provence 1968; M. Horkheimer/Th. W. Adorno, Juliette oder Aufklärung u. Moral (Dialektik der Aufklärung), 1969; G. Cerruti, Il marchese di S. La sua recente fortuna 1958–68, StFr 1969; R. Barthes, S. Fourier, Loyola, 1970; A. M. Laborde, S. romancier, Neuchâtel 1974; M. Delon, Dix années d'études sadiennes, Dix-huitième Siècle 11, 1979; H.-U. Seifert, S., Leser u. Autor, 1983; A. Le Brun, S., 1986, M. Lever, S., 1991.

Sagan, Françoise (eig. F. Quoirez), geb. 21. 6. 1935 Carjac/Lot. Tochter e. Fabrikanten, in Klosterschulen erzogen, 1951 Baccalauréat. S. schrieb nach e. Mißerfolg an der Sorbonne in wenigen Wochen ihren Bestseller →*Bonjour tristesse,* der 1954 mit dem Prix des critiques ausgezeichnet wurde. Seitdem verfaßte sie neben weiteren Romanen auch Dramen (*Blanche et Ophélie,* 1957; →*Château en Suède, Les violons parfois,* 1961; *La robe mauve de Valentine,* 1963; *Bonheur, impair et passe,* 1964; *Le cheval évanoui, suivi de l'Écharde,* 1966; *Un piano dans l'herbe,* 1971; *Zaphorie,* 1973; Fernsehspiel *Les Borgia ou le sang doré,* 1977; Ehedrama *Il fait beau jour et nuit,* 1979, mit Anna Karina in der Hauptrolle), Ballettszenarien und Drehbücher (bisher 36 Titel). S. war mit dem Verleger Guy Schoeller und dem Bildhauer Robert

Westhoff verheiratet. Charakterist. für S.s Romane ist das Zusammenspiel von mondänem Stoff – durchschnittl., wenngleich materiell privilegierte Personen in interessantem Milieu: Riviera, Paris, Hollywood –, stereotypen Empfindungen u. gezielt banaler, darum stringenter Form. Von Stendhal u. Radiguet hat S. gelernt, Figuren zu skizzieren, die auf Haltung bedacht sind, d. h. sich nichts vergeben, um nicht düpiert zu werden (*Un certain sourire,* 1956; *Dans un mois, dans un an,* 1957; →*Aimez-vous Brahms, Les merveilleux nuages,* 1961; *La chamade,* 1965; *Le garde du cœur,* 1968; →*Un peu de soleil dans l'eau froide, Des bleus à l'âme,* 1972; *Le chien couchant,* 1980, die Liebe e. alten Kupplerin, nach der Novelle von Jean Hougron, *Les humiliés; La femme fardée,* 1981, die mondäne Atmosphäre e. Kreuzfahrt; Novellen *Musiques de scènes,* 1981; *Un orage immobile,* 1983, erneut Idylle u. Skandal in der Jet-Society; Autobiogr. *Avec mon meilleur souvenir,* 1984; Essay *Sarah Bernhardt,* 1987; *La laisse,* 1989; *Les faux-fuyants,* 1991; *... et toute ma sympathie,* 1993). Alternde Frauen sind in der Luxuswelt bes. gefährdet, als Ausweg bleibt ihnen Hedonismus oder Resignation. Keineswegs kennen S.s Figuren nur das Ziel, sich zu arrangieren u. dem Leben e. Höchstmaß an Genuß u. Annehmlichkeit abzugewinnen, da die Autorin die Glanzwelt selbst ihres Scheincharakters überführt. S.s Protagonisten jagen Klischeevorstellungen nach, deren Nichtigkeit sie in ihrer Lebenspraxis erfahren müssen; vorrangig sind die männl. Helden fremdbestimmte u. apolit. Figuren, die nach Bestätigung e. letzten Endes metaphys. Konzeption ihrer Persönlichkeit verlangen, geliebt werden wollen. S. stellt vor allem e. spezif. Schicht der Bourgeoisie dar, Geschäftsleute, Verleger, Journalisten, Filme- u. Modemacher, routinierte Lebemänner. Sie häuft entsprechende Inhaltsmerkmale an, die den Helden mit falschem Selbstvertrauen u. den Leser mit Skepsis gegenüber ihrer Wirklichkeitstreue erfüllen.

G. Gohier/J. Marvier, Bonjour Françoise! 1957; G. Hourdin, le cas S., 1958; J. Lignière, S. et le succès, 1957; S. Kienzle, S. (Franz. Lit. der Gegenwart in Einzeldarstellungen, hg. W.-D. Lange), 1971; M. Franzbach, Zum Problem der Triviallit.: S., Zs. für Lit.wiss. u. Linguistik 2, 1972; J. Graves Miller, S., Boston 1988.

Sagesse, Gedichtslg. von Paul →Verlaine, EA 1881, enthält vor allem Texte relig. Inhalts, die der Lyriker im Gefängnis u. später verfaßt hat. Entschlossen, s. Irrweg durch die ›corruption contemporaine‹ (Vorrede) zu beenden, sucht Verlaine die abgeklärte Ruhe im Glauben. Wie gefährdet s. Existenz dennoch bleibt, zeigt das Gedicht →*Gaspard Hauser chante;* denn der Text intendiert nicht allein die poet. Überhöhung des Kaspar Hauser-Stoffs, vielmehr verweist das Rollengedicht, das den legendären Einzelgänger als Opfer der Weltordnung sieht, auf Verlaines gestörtes Verhältnis zur Umwelt. Ed. J.-H. Bornecque 1975.

L. Morice, Verlaine, le drame religieux, 1946.

Saint Alexis, Heiligenlegende, →Alexius, 625 Verse, im ältesten Zehnsilber, assonierende fünfzeilige Strophen, hg. G. Rohlfs [2]1953, A. G. Elliott 1983. Der unbekannte Verfasser war möglicherweise ein Kanonikus von Rouen, der um 1050 lat. Heiligenviten in franz. Verse übersetzt hat. Er muß jedenfalls Kunstdichter gewesen sein. Quelle s. Werks war e. Vita; die Entstehungsgesch. der Legende weist in den byzantin. Raum u. weiter nach Syrien: Alexius, röm.

Patrizier, verläßt in der Hochzeitsnacht s. Braut (v. 56–75), um der eitlen Welt zu entsagen; 17 Jahre verbringt er als Bettler in Kleinasien u. nochmals 17 Jahre unerkannt unter der Treppe des Elternhauses. Als er dort stirbt, wird s. Identität entdeckt: der Leichnam hält e. Brief in der Hand, den erst der Papst entgegennehmen kann (v. 348 ff). Alexius wird als heiligmäßig erkannt u. verehrt. S. Ablehnung der ehel. Gemeinschaft hat man neuerdings als kathar. Zug gedeutet; die Aversion kann jedoch von der dogmat. Askese abgeleitet werden. Der schöpfer. Initiative des Autors gelang e. durchkomponiertes Seelengemälde, das die Empfindungen aller mit dem Helden verbundenen Personen nuanciert wiedergibt. Die volkstüml. Hagiographie wird von komplizierten psycholog. Konflikten überdeckt. Im 12. Jh. entstand durch Interpolationen e. wesentl. umfangreichere Fassung, im 13. Jh. e. Umarbeitung in Laissen u. im 14. Jh. e. stroph. Version in Alexandrinern. Die Hs. von Hildesheim (12. Jh.) enthält e. Prolog in Prosa.

E. R. Curtius. Zur Interpretation des Alexiusliedes, ZrP 1936; K. Gierden, Das altfranz. Alexiuslied der Hs. L., 1967; R. Baehr, Das Alexiuslied als Vortragsdichtung (Serta romanica, Festschrift für G. Rohlfs), 1968; C. Story, An annotated bibl., Genf 1987.

Saint-Amant, Antoine Girard, sieur de, 30. 9. 1594 Queville bei Rouen – 29. 12. 1661 Paris, aus e. normann. Hugenottenfamilie, Soldat, unternahm Seereisen nach Amerika, Afrika, den Kanar. Inseln u. Indien; Protégé des Hzg.s von Montmorency, Mitgl. der Ac. frçe. S. war mit den Barockdichtungen des Italieners Marino u. des Spaniers Góngora, die damals als ›modern‹ galten, vertraut. Wie s. Freunde Boisrobert u. Viau kritisierte er den pedant. Humanismus, der antike Autoren zu zeitlosen Vorbildern erhob, u. ebenso Malherbe, der e. alten Kanon durch neue Vorschriften ablöste. S.s Lyrik ist vornehml. deskriptiv u. konzeptist. (*Les visions,* 1628; *Le passage de Gibraltar,* 1640; *Albion,* 1644; *La solitude,* 1654; *Dernier recueil,* 1658), sie wirkte auf Tristan L'Hermite. Seit 1638 arbeitete er an der ›idylle héroïque‹ *Moïse sauvé* (1653), ihr deskriptiver Stil wurde mit Spott aufgenommen (*Œuvres poétiques,* hg. L. Vérané 1930; *Œuvres,* krA J. Bailbé/J. Lagny, V. 1967–79).

J. Buls, Das Naturgefühl bei S., Diss. Rostock 1913; W. Leiner, Von der Ruinenpoesie des 16. Jh. zur Schloß- u. Parkpoesie des 17. Jh.; GRM 1966; S. Borton, Six modes of sensibility in S., Den Haag 1966; Ch. Wentzlaff-Eggebert, Forminteresse, Traditionsverbundenheit u. Aktualisierungsbedürfnis als Merkmale des Dichtens von S., 1970; E. M. Duval, Poesis and poetic tradition in the early works of S., York 1981; J. Kohls, Aspekte der Naturthematik ... bei S., 1981.

Saint-Aulaire, François-Joseph de Beaupoil, marquis de, 6. 9. 1648 Schloß Bary/Limousin – 17. 12. 1742 Paris, Autor e. schmalen lyr. Werks (Madrigale, Episteln, Elegien). Gegen den Widerstand von Boileau wurde S. 1706 in die Ac. frçe. gewählt.

La Saint-Barthélemy →Bartholomäusnacht.

Saint-Cyr, heute Saint-Cyr-L'École, Ort im Dép. Seine-et-Oise, nahe Versailles. Ludwig XIV. u. Mme de Maintenon gründeten hier 1685 e. Mädchenpensionat für Töchter verarmter Adliger, in das 1808 e. Militärakademie einzog.

Sainte-Beuve, Charles-Augustin de, 23. 12. 1804 Boulogne-sur-Mer – 13. 10. 1869 Paris, Medizinstud., seit 1824 Beschäftigung mit

Lit., rezensierte im *Globe* (8.7. 1826) →*Cinq-Mars* von Vigny u. befreundete sich in diesem Jahr mit Victor Hugo. Zwischen 1827 u. 1830 stand er polit. unentschlossen zwischen den Royalisten u. pietist. wie martinist. Schwarmgeisterei, die ihm, den das Elend der Massen und der Egoismus der Herrschenden deprimierten, myst. Fluchtwege verhieß. Er erhob die romant. Erneuerung in den Rang der Pléiade (→*Tableau historique et critique de la poésie française et du théâtre français au XVI*e *siècle*, 1828). Im Zyklus *Vie, poésies et pensées de Joseph Delorme* (entstanden 1823–29, EA 1829) dichtete er selbst in Strophenformen des 16. Jh. Bis 1837 verfaßte er weitere Lyrik, die oft unromant. Genremalerei ist (*Les consolations*, 1830; *Pensées d'août*, 1837), u. den Roman →*Volupté*. Seitdem widmete er sich ganz der Kultur- u. Lit.kritik (*Histoire de Port-Royal*, V 1840, hg. M. Leroy III 1953–55; *Portraits littéraires*, 1844; *Portraits de femmes*, 1844; *Portraits contemporains*, 1846; → *Causeries du lundi; Chateaubriand et son groupe littéraire*, 1860; *Nouveaux lundis*, 1863–70, *Souvenirs et indiscretions*, 1872; *Correspondance générale*, hg. J. Bonnerot XVI 1935–70). Von 1840 bis zur Februarrevolution war S. Bibliothekar an der Mazarine, 1848/49 Professor in Lüttich, 1857–61 an der ENS in Paris, 1865 am Collège de France (für lat. Poesie). 1854 Wahl in die Ac. frçe. Als Senator (seit 1865) stellte sich S. 1867 gegen die Innenpolitik des Second Empire, indem er für Renan eintrat u. Pressefreiheit forderte. Nach der Februarrevolution wurde S. zur Autorität für die offizielle Kritik, während die eigentlich bedeutende zeitgenöss. Lit. sich gegen ihn durchsetzen mußte. 1868 bekannte er: ›C'est à la médecine que je dois l'esprit de philosophie, l'amour de l'exactitude et de la réalité physiologique, le peu de bonne méthode qui a passer dans mes écrits littéraires‹; dem entspricht die Selbstcharakteristik e. ›naturaliste des esprits‹. Er überträgt das naturwiss. Schema von den Gattungen u. Arten auf die Lit.geschichte u. inventarisiert, am typischsten in der Form des lit. Porträts, ›familles d'esprit‹ in der Dichtung, wobei er die Methode e. Schriftstellers, s. Stellung in der Umwelt u. Klassifikationsmerkmale e. Gruppe herauszuanalysieren sucht. S. Wertung e. Autors hängt vom Nutzen des Werks für die Gesellschaft ab, obgleich er stets behauptet, objektiv zu urteilen. S.s Überzeugung bestimmt die Auswahl u. Gruppierung der Texte; im Falle von Montesquieu z.B. optierte er für den Menschen gegen den Aufklärer. Balzac, Flaubert u. Baudelaire wurden von ihm in ihrem Rang nicht erkannt, Feydeau verteidigte er. Proust warf ihm später vor, s. Methode sei zur Darstellung der ästhet. Innovation überhaupt untauglich: Über der Vielzahl biograph. Informationen habe er den Blick für die Eigengesetzlichkeit der ästhet. Produktion verloren. Für S. war die Lit. vom Individuum nicht abtrennbar; Einflüsse der Rasse, Umwelt u. Zeit wirken nur mittelbar durch die Dichterpersönlichkeit. Die Individualität des Künstlers determiniert s. Werk – nicht die menschl. Natur u. nicht die Klassenlage. Sie wird zu S.s Fetisch, erlaubt ihm aber auch, gegen die falsche Dichotomie von Kunst u. Moral zu polemisieren.

Sondernr. Revue des deux mondes Dezember 1969; Sondernr. RSH 1969; F. Bartfeld, S. et A. de Vigny, 1970; S. Lamartine. Colloque 8-11-1969, 1970; R. Fayolle, S. et le XVIIIe siècle ou comment les révolutions arrivent, 1973; J.

Thomas, S., in: W.-D. Lange (Hg.), Franz. Lit. des 19. Jh.s III, 1980; G. Antoine, Vis-à-vis ou le double regard critique, 1982.

Sainte-Marthe, Scévole de, 2. 2. 1536 Loudun – 29. 3. 1623 ebda., 1571 Contrôleur des finances in Poitiers, 1579 u. 1607 hier Bürgermeister, 1580 Trésorier général des Poitou; Lyriker (lat. u. franz. Dichtungen in der Nachfolge der Pléiade, *Premières œuvres,* 1569; *Œuvres mêlées,* 1573; *Œuvres poétiques,* 1579), vollendete die Trag. *Médée* s. Freundes La Péruse u. edierte die Werke von Michel de l'Hospital (1585) sowie Nicolas Rapin (1610). 1583 stellte er sich energ. auf die Seite Heinrichs III. gegen die Liga. Urbain Grandier hielt ihm die Leichenrede.

Sainte-Soline, Nelly Fouillet, gen. Claire, 18. 9. 1899 Melleran/Deux-Sèvres – Oktober 1967, Philologin, unterrichtete in Paris, gehörte zur Jury des Prix Fémina. In ihren Novellen u. Romanen entdeckt S. hinter harmlosen Bildern des Alltags Abgründe unausgesprochener Sehnsucht u. Beschämung (*Journée,* 1934; *D'une haleine,* 1935; *Antigone ou l'idylle en Crète,* 1936; *Les sentiers détournés,* 1937; *Les Haut-du-seuil,* 1938; *La montagne des alouettes,* 1940; *Irène Maurepas,* 1942; *Belle,* 1947; *Le mal venu,* 1949; *Le dimanche des rameaux,* 1952; *Reflux,* 1953; *Mademoiselle Olga,* 1954; *D'amour et d'anarchie,* 1955; *La mort de Benjamin,* 1957; *Castor et Pollux,* 1959; *Noémi Strauss,* 1965; *En souvenir d'une marquise,* 1969).

Saint-Évremond, Charles de Marguetel de Saint-Denis, seigneur de, Anfang Januar 1614 Saint-Denis-le-Gast/Normandie – 20. 9. 1703 London, Offizier, Autor der satir. Typenkom. *La comédie des académistes pour la réformation de la langue française* (1638, überarbeitet 1705, krA P. Carile 1976), die u. a. Molière zu *Les femmes savantes* anregte; fiel 1649 beim Condé in Ungnade, quittierte vorübergehend den Dienst, um 1652 s. militär. Karriere fortzusetzen. S., der gegen den Pyrenäenfrieden (1659) opponierte, mußte Frkr. verlassen, floh 1661 zunächst in die Niederlande, dann nach England, schlug 1689 e. Amnestie aus. Der Autor, dessen große Belesenheit bekannt ist, fand durch Gassendi u. Isaac Vossius (1618–89) zum moral. Epikureismus, zur Toleranz u. zur Relativität jeder Ästhetik u. forderte die Entfernung aller Fabeln u. Legenden aus hist. Darstellungen (*Réflexions sur les divers génies du peuple romain,* 1663; *Dissertation sur l'Alexandre de Racine,* 1666; *De quelques pièces de Corneille,* 1667; *Dissertation sur la tragédie ancienne et moderne,* 1679; *Discours sur Épicure,* 1684). S. Haltung in der Querelle des anciens et des modernes fand im Essay *Sur les poèmes des anciens* (1685) den exemplar. Ausdruck (Absage an ahist. Poetik, Abhängigkeit des lit. Kanons vom Geschmacksideal, nicht von der unveränderl. Vernunft, Trennung von Meisterwerk u. Modell, damit Neuverständnis der imitatio). S. kritisierte die Verzärtelung der Liebesthematik in der franz. Trag. seit Racine; in der Trag. soll die Fabel Vorrang vor den Charakteren, das Schauspiel vor der bloßen Demonstration der ›comédie humaine‹ behalten. Beim Vergleich von antiker u. mod. Kunst betonte S. die hist. Verschiedenartigkeit, allerdings nahm er die Religion von s. relativist. Geschichtsbild aus. Erst von s. Lesern konnte die Methode auch gegen den Glauben ins Feld geführt u. S. für die Frühaufklärung beanspruht werden

(*Véritables œuvres,* London V 1706; *Œuvres,* hg. R. de Planhol III 1927; *Œuvres en prose,* hg. R. Ternois IV 1962–69; *Œuvres mêlées,* hg. L. de Nardis 1966; *Textes choisis,* hg. A. Niderst 1970).

A.-M. Schmidt, S., 1932; G. Hess, Wege des Humanismus in Frkr.: S., RF 1939; L. Büschges, S.s krit. Werk in s. Vordeutung auf das 18. Jh., Diss. Marburg 1944; H. T. Barnwell, Les idées morales et critiques de S., 1957; P. Carile, La comédie des académistes di S., Mailand 1969.

Saint-Exupéry, Antoine-Marie-Roger de, 29. 6. 1900 Lyon – 31. 7. 1944 (Absturz vor Nizza), seit dem Tod s. Vaters (1904) von der Mutter auf Schloß La Mole erzogen, 1909–14 Jesuitenkolleg Le Mans, 1917 Baccalauréat, zwei Jahre Architekturstud. 1921 Militärdienst bei der Luftwaffe, flog später für die Luftfahrtgesellschaft Latécoère die Linie Toulouse-Casablanca-Dakar. 1929 wurde S. Direktor e. argentin. Luftpostgesellschaft; 1934, als er bereits als Erzähler bekannt geworden war, trat er in die Air France ein. 1939 wurde er Pilot e. Aufklärungsstaffel. In s. Romanen, für die er 1931 mit dem Prix Fémina u. 1939 mit dem Großen Lit.preis der Ac. frçe. ausgezeichnet wurde, verarbeitete S. s. Berufserfahrungen sowie ein elitäres Ethos zur Zivilisationskritik u. Apologie individueller Größe (→*Courrier Sud, Vol de nuit,* 1931; *Terre des hommes,* 1939; *Pilote de guerre,* 1942; →*Le petit prince, Lettre à un otage,* 1944; →*La citadelle, Carnets,* 1953; *Œuvres complètes,* 1950; *Œuvres,* hg. R. Caillois 1953; *Lettres de jeunesse* 1923–31, 1953; *Lettres à sa mère,* 1955; *Lettres aux américains,* 1960). Die Überbewertung s. Werkes, das zu selbstlosem Heroismus u. Selbstverwirklichung unter extremen Bedingungen aufrief, geht vor allem auf das Konto der dt. Kritik, die irrationalist. Elan, antipolit. Affekte u. schlichten Ausdruck als lit. Leistung feierte u. S. als maßgebenden bürgerl. Schulbuchautor empfahl. Die von R. Aron eingeleitete Ausgabe der *Ecrits de guerre* (1982), Texte aus den Jahren 1938–44 (Toulouse, New York, Algerien), belegen die Schwierigkeit des Soldaten S. mit der Flugtechnik sowie s. gebrochenes Verhältnis zu Vichy und De Gaulle in London, dem er sich nicht anschloß.

E. A. Racky, Die Auffassung vom Menschen bei S., 1954; P. Chevrier, S., 1958; L. Estang, S. par lui-même, 1956; M. Migeo, S., 1958; P. Nayrac, L'angoisse de S., 1958; J. Roy, Passion et mort de S., 1963; C. Borgal, S., 1964; J. Theisen, S., 1969; B. Vercier, Les critiques de notre temps et S., 1971; P. Chevrier/M. Quesuel, S., 1971; R. Quellet, Les relations humaines dans l'œuvre de S., 1971; Cahiers S., 1980 ff.

Saint-Foix, Germain-François Poullain de, 5. 2. 1698 Rennes – 25. 8. 1776 Paris, Musketier, gefeierter Lustspieldichter, vor allem Prosaeinakter (u. a. *La veuve à la mode,* 1726; *Le philosophe dupe de l'amour,* 1727; *L'oracle,* 1740; *Le rival supposé,* 1749; *Le financier,* 1761). Seit den 60er Jahren befaßte sich S. in erster Linie mit Geschichtsschreibung im Dienst des Hl. Geist-Ordens.

Saint-Gelais, Mellin de, 3. 11. 1487 Angoulême – Oktober 1558 Paris, möglicherweise der Sohn des Bischofs von Angoulême u. Rhétoriqueurs Octavien de Saint-Gelais (1466–1502). Er studierte in Poitiers, Bologna u. Padua Rechtswiss., wurde Bibliothekar in Fontainebleau u. Hofdichter Franz.' I. S. gelangen als Gelegenheitsgedichte geistvolle Epigramme u. Madrigale; in den 30er Jahren führte er oder Clément Marot das Sonett in Frankreich ein (*Œuvres,* 1547; Epigramme, Madrigale). S. Prosaübertragung der *Sophonisbe* des Italieners Trissino, die 1554 u. 1556 in Blois aufgeführt wurde, beeinflußte die Entwicklung der klass. Trag. maßgebend (vgl. ergänzend Jodelle, Grévin). Vergebens wehrte er sich gegen den Prestigezuwachs der Pléiade. Der Reiz s. Gedichte, namentl. der Epigramme u. Sonette, liegt im graziösen Wortspiel u. in e. Blumensymbolik, die mit dem Motiv des Verwelkens sowohl den traditionellen epikureischen Aufruf als auch das Gelöbnis ewiger Liebe verbindet. Im Sonett benutzt S. noch die chaot. Aufzählung mit dem charakterist. Trait final als verblüffendem Abschluß *(Il n'est point tant de barques à Venise ...)*. S. Gedichtstil orientiert sich also nicht am feierl. Tenor u. an der Selbstergriffenheit der Pléiade. Die wohl durch den relativ späten Beginn seines Dichtens bedingte themat. u. stilist. Geschlossenheit s. Werkes wurde immer wieder hervorgehoben.

Ph. A. Becker, S., Wien 1924; V.-L. Saulnier, S., Pernette du Guillet et l'air Conde claros, Bibliothèque d'humanisme et de renaissance 1970.

Saint-Georges de Bouhélier (eig. Stéphane-Georges de B. Lepelletier), 19. 5. 1876 Rueil/Seine-et-Oise – 20. 12. 1947 Montreux/Genfer See, Lyriker, der den Stilzwang des Symbolismus abstreifen u. sich direkt an der Natur (Naturisme) inspirieren wollte (*Les chants de la vie ardente,* 1902; *Romance de l'homme,* 1912). In absichtsvoll vorklass. Achtsilber u. stilisierter Prosa verfaßte er Dramen, in denen er legendäre Gestalten mit gegenwartsbezogenen Konfliktlagen verband u. so hochpathet. Kontraste herbeiführte (*La victoire,* 1898; *Le roi sans couronne,* 1906; →*La vie d'une femme, Œdipe, roi de Thèbes,* 1919; *La tragédie de Tristan et Iseult,* 1923; *La célèbre histoire,* 1928, Hamlet-Stoff; *Le sang de Danton,* 1931; *Napoléon,* 1933; *Jeanne d'Arc,* 1934; *Le roi soleil,* 1938). Das sozialkrit. Pathos des frühen Romans *Histoire de Lucie, fille perdue et criminelle* (1902) kontrastiert in *Le carnaval des enfants* wirksam mit dem Maskenmotiv.

G. Lanson, L'œuvre dramatique de B., 1934.

Saint-Hélier, Monique (eig. Betty Briod-Eymann), 2. 9. 1895 La Chaux-de-Fonds/Jura – 9. 3. 1955 Chambines, Schulbildung in ihrer Heimat, in Bern, Genf u. Paris, durch schwere Krankheit jahrzehntelang an das Bett gefesselt; befreundet mit Rilke u. Hesse. Ihre Gesellschaftsromane, die das Schicksal westschweizer. Familien darstellen, orientieren sich an der Konzeption Balzacs (*La cage aux rêves,* II 1934–36; *La chronique du Martin-Pêcheur,* II 1953–55; *Quick,* 1954).

Hommage à S., 1961.

Saint-John Perse (eig. Marie-René-Alexis Saint-Léger Léger), 31. 3. 1887 Saint-Léger-des-feuilles/Guadeloupe – 20. 9. 1975 Giens (Var), Jurastud. Bordeaux. Der junge S. schloß Bekanntschaft mit Jammes, Alain-Fournier, Larbaud, Gide u. Claudel, der ihn dazu bewog, die Diplomatenlaufbahn einzuschlagen. 1914 trat er in den diplomat. Dienst ein, wurde 1916 Legationssekretär in Peking (bis 1921) u. reiste durch Innerasien. 1922 begann die Zusammenarbeit mit Aristide Briand, der ihn 1925–32 zum Direktor des Kabinetts machte; 1933 wurde S. zum Botschafter u. Generalsekretär des Außenministeriums ernannt. 1938 begleitete er Daladier nach München. 1940 emigrierte er in die

USA, wo er Bibliotheksrat der Library of Congress wurde u. zur Umgebung von Präsident Roosevelt gehörte. Erst 1959 kehrte S., dem die Vichy-Regierung die Staatsbürgerschaft aberkannt u. die Gestapo in s. Pariser Wohnung Mss. geraubt hatte, nach Frkr. zurück. Im Jahr darauf wurde ihm der Nobelpreis für Lit. verliehen. S. Werk, über dessen Entstehung er auch bei der Preisverleihung in Stockholm nur zurückhaltend sprach, entwikkelte sich in zwei Phasen: von 1904–24 u. nach 18jährigem Schweigen wieder seit 1942. Der junge Lyriker übertrug Pindar aus dem Griech. u. versuchte sich 1907 selbst in sechs pindar. Hymnen *(Pour fêter une enfance, →Eloges)* zum Preis des Antillenparadieses; 1908 entstand die von Conquistadorenromantik geprägte Alexandrinerdichtung *Des villes sur trois modes.* Von 1904–09 schrieb S. am Bekenntnisgedicht *Images à Crusoé* (Zweitfassung 1911), das die Aussetzung des geretteten Robinson in der Einsamkeit der Großstadt zum Thema hat. In Peking, nach e. Reise durch die Wüste Gobi, verfaßte der Diplomat *→Anabase.* Die Entgrenzung schwang im ersten Gedicht der zweiten Schaffensperiode, *Exil* (1942), noch weiter aus. S. wurde in dem Maße e. enzyklopäd. poeta doctus, als er zur Tilgung der ›durée‹ zeitl. u. räuml. geschiedene, in ihrer Vereinzelung jedoch präzise Bildungsstoffe und Motive gleichsetzte. Jedes Exil, auch s. eigenes, wird entpolitisiert, zeit- u. ortlos gemacht. Aus negativierend. Metaphorik entsteht der Triumphgesang am Nullpunkt. E. mallarméische Verknüpfung des Unsagbaren mit dem Weißen (›les premières neiges de l'absence‹) kulminiert in *Neiges* (1944) im Erlöschen in diaphaner Eigenschaftslosigkeit. Gleichzeitig entstanden *Poème à l'étrangère* (1943) u. *Pluies* (1943). Die Nichtigkeit entfaltet sich im Worttheater eines bedeutungsschweren Prunkgedichts, dessen Emphase in *Vents* (1946) weiter zunahm. Claudel begriff dieses Werk als ep.-lyr. Zivilisationsentwurf der Neuen Welt; eher ist *Vents* jedoch, sichtl. an Nietzsche orientiert, ein Hymnus auf die Erneuerung der conditio humana durch tellur. Mythen. Permanenter Aufbruch u. Unbotmäßigkeit werden zur eigentl. Domäne des Menschen erhoben. Seit 1948 publizierte S. Bruchstücke des Zyklus *→Amers,* den er 1957 vollendete. Aus den acht Gesängen von *Chronique* (1960) spricht in abendl. Konstellationen abgeklärte Sagesse; nicht mehr die hohe See lockt den Schweifenden, sondern die euras. Weite; die ›Meer-Entstiegenen‹ planen die Zerstörung ihrer Schiffe. Die Unpersönlichkeit des eleg. Tons steigerte sich seit *Éloges* merklich u. gewann an Stilkraft. In *Oiseaux* (1962) reduzierte S. s. entlegenen Sprachschatz u. die synkretist. Korrelationen. Der Text meditiert über das emblemat. Vogelmotiv in einzelnen Radierungen von Georges Braque. Der Vogel, dessen ›Reife‹ im Bett des Windes erwacht, zieht ins Unbetretene, er wird zum Signum der Tilgung, des sprechenden Schweigens. S. Losung ist diejenige des Theseus bei Gide: ›Passer outre‹. Naturgestalten in geistige Arabesken, den Rhythmus der Natur in immaterielle Spannung zu verwandeln, der Faszination der exot. Stoffülle entgegenzutreten, setzt method. Reflexionen über die Poesie voraus. In s. florentin. Festrede (*Pour Dante,* 1965) definierte S. Dichtung als Akt der Ontologie: der Dichter als der ›ex-istant par excellence‹ dringt am weitesten zu den Prinzipien des

Seins vor. Anschauungsfreudiger Formungsoptimismus, Begrifflichkeit der Landschaft, durchgängige Summationsschemata, Verflüchtigung der Kontingenz durch ein manierist. Sprachaufgebot, das sich erst in den 60er Jahren lichtete, verbinden S. mit denjenigen Strömungen der lyr. Tradition, die Wirklichkeitsentbundenheit, Intellektualisierung anstrebten. Er wies den Sinnbildern e. aufschlußreiche Polyvalenz zu. An ihnen erweist sich das fundamentale Realitätsdefizit des Daseins, sie entschärfen aber auch das Nichtige, da sie in der Selbstbezogenheit der Sprache kreative Kräfte freisetzen. Die Dichtung thematisiert Rituale (der Verunreinigung, Reinigung, Einweihung, Artikulation), wobei sie diese in Analogien übersetzt. Die Forschung bezeichnet das poet. Verfahren S.s als Spannung zwischen referentieller Teilgenauigkeit der Motive u. totaler Aufhebung der Lebenswirklichkeit im Text. Im Rückgriff auf Dante erhob S. selbst die Poesie zur eig. Ontologie. T. S. Eliot, Hofmannsthal, Jorge Guillén u. Archibald MacLeish rühmten den Dichter S. als motiv. u. formalen Erneuerer. S. hatte vom Prosagedicht Impulse empfangen, die er nach Rimbaud in weitere Höhen hinaufhob; endgültig befreite er das Poème en prose vom Odium unlyr. Stilkürze. S. Werk strebt zur Metapoesie, die mit der Lyrik Claudels die langflutenden Freiverse, nicht die Ideologie gemeinsam hat (*Œuvres complètes,* 1972; *Amitié du Prince,* 1924, krA A. Henry 1979).

M. Saillet, S., poète de la gloire, 1952; R. Caillois, Poétique de S., [3]1954; Pierre Guerre, S. et l'homme, 1955; Ch. Murciaux, S., 1961; M. Parent, S. et quelques devanciers. Études sur le poème en prose, 1960; K. Wais, Die lyr. Jugendwerke von S. (Franz. Marksteine von Racine bis S.), 1958; A. Loranquin, S., 1963; Honneur à S., Hommages et témoignages ..., 1965; R. Little, Word-index of the complete poetry and prose of S., Diss. Durham 1965; J.-M. Grassin, Le nouveau monde dans l'œuvre de S., Thèse Poitiers 1967; I. Kim, Transposition poétique de l'Asie dans l'œuvre d'H. Michaux et de S., Thèse Paris 1967; E. Yoyo, S. et le conteur, 1971; R. Galand, S., New York 1972; P.-M. Van Rutten, Le langage poétique de S., Den Haag 1975; H. Levillain, Le rituel poétique de S., 1977; Sondernr. RhlF 3, 1978; Cahiers S., 1978 ff.; M. Aquien, S., 1985; G. Féquant, S., 1987.

Saint-Just, Louis-Antoine de, 25. 8. 1767 Decize/Nièvre – 28. 8. 1794 (hingerichtet), Sohn e. Kavallerieoffiziers, 1790 Lieutenant-colonel der Nationalgarde, 1792 Abgeordneter des Dép. Aisne in der Convention; in s. ersten Rede vor der Versammlung forderte S. die Hinrichtung des Kg.s. 1793 schrieb er, der schon 1791 die Schrift *Esprit de la Révolution et de la constitution de France* veröffentlicht hatte, e. Gegenentwurf zu Condorcets Verfassungskonzept, 1794 formulierte er die Anklage gegen Danton. Als engster Mitarbeiter Robespierres wurde S. mit ihm gestürzt. Er vertrat die unbarmherzige Diktatur der Bergpartei, die die sittl. u. ökonom. Einheit der Nation vor den Angriffen ihrer Gegner, die weitgehend die wirtschaftl. Macht kontrollieren, retten sollte: ›Ce qui constitue une République, c'est la destruction totale de ce qui lui est opposé‹ (Rede vom 26. 2. 1794; *Œuvres choisies,* hg. J. Gratien 1968).

A. Ollivier, S. et la force des choses, 1954; M. E. Blanchard, S. et Cie. La Révolution et les mots, 1980.

Saint-Lambert, Jean-François, marquis de, 26. 12. 1716 – 9. 2. 1803 Paris, Jesuitenzögling, Offizier im Dienste des poln. Kg.s u. Hzg.s von Lothringen. S. Verhältnis mit Mme Du Châtelet, die er in Lunéville kennengelernt hatte, endete trag., als sie bei der Geburt s. Kindes 1749 starb; durch Mme d'Houdetot lernte er Rousseau kennen. Erst nach 1756 schlug S. zielstrebig die Literatenkarriere ein (Comédie-ballet *Fêtes de l'Amour et de l'Hymen; Recueil de poésies fugitives,* 1759; 1764 Mitarbeit an der *Encyclopédie*). S. Hauptwerk, *Les saisons* (1754 begonnen), e. Lehrgedicht in vier Gesängen mit e. *Discours sur la poésie,* erschien 1769. S. wandte sich später von der deskriptiven Lyrik ab, schrieb nach pers. Vorbild e. Sammelbd. *Fables orientales* u. aktualisierte in e. umfangreichen Laienbrevier, *Principes des mœurs chez toutes les nations ou catéchisme universel* (1798), das Ideengut von Helvétius u. Holbach; er verfaßte auch e. Abhandlung über Leben u. Werk von Helvétius. Die Revolutionsjahre verbrachte er mit Mme d'Houdetot in ländl. Abgeschiedenheit.

E. Pierrot, Étude sur S. poète, Nancy 1875.

Saint Léger (10. Jh.), Vita Leodegars (gest. 679 oder 680), des Abts von Saint-Maixent u. späteren Bischofs von Autun, psycholog. vergröbernde Versfassung (Achtsilber) nach e. lat. Prosavorlage des Priors Ursinus von Ligugé (7. Jh.).

Saint-Loup, Romanfigur in →*A la recherche du temps perdu* von Proust, Marquis aus dem Geschlecht der Guermantes, Neffe des Baron Charlus, polit. aufgeschlossen. S. heiratet Gilberte Swann.

Saint-Martin, Louis-Claude de, 18. 1. 1743 Amboise – 31. 10. 1803 Paris, Jurasstud., Militärdienst; 1768 Einweihung in die Freimaurerloge, die Martinès de Pasqually in Bordeaux leitete; seitdem publikumswirksamer Mystiker u. Theosoph, der jedoch nach der Entdeckung Jakob Boehmes während e. Straßburgaufenthalts (1788–91) okkultist. Praktiken aufgab (*Le nouvel homme,* 1792). S. verwarf die revolutionäre Auslegung der ›volonté générale‹ (Rousseau, *Du contrat social*), da sie s. theokrat. Idealen zuwiderlief (*Lettre à un ami sur la Révolution française,* 1795; *L'éclair sur l'association humaine,* 1797). Gesteigerte Empfindsamkeit u. Meditation werden zu entscheidenden Kriterien; sie erleichtern den Romantikern u. Balzac die Annäherung an S.s Weltschau.

R. Amadou, S. et le martinisme, 1936.

Saint-Pierre, Bernardin de →Bernardin de Saint-Pierre.

Saint-Pierre, Charles-Irénée, abbé de, 1658–1743, Staatsphilosoph, Gründer d. Société de l'entresol. Von 1712–17 verfaßte er drei Schriften über den ewigen Frieden (*Mémoire pour rendre la paix éternelle en Europe,* Köln 1712; *Projet pour rendre la paix éternelle en Europe,* 1713, u. *Projet de paix éternelle entre les souverains chrétiens,* Utrecht 1717). S. Projekt sah die Ewige Union der europ. u. afrikan. Souveräne vor, die als Sicherheitsorgan die Machtpolitik der Mitgliedstaaten kontrollieren u. verhindern soll, daß ein Fürst über zwei Territorien herrscht. Als Mittelpunkt der Union kommen in Frage: Genf, Utrecht, Köln oder Aachen. Rousseau war dieser Entwurf bekannt. Als S. im *Discours sur la polysynodie* (1718) die Administration des Kg.reichs angriff, verlor er s. Sessel in der Ac. frçe.; die *Annales politiques* sind e. krit. Darstellung der Regierungsepoche Ludwigs XIV. S.s Pläne wurden, wohl wegen ihres utilitarist. Ansatzes, von den meisten Zeitgenossen nicht verstanden, allerdings sah Montesquieu in S. ein Vorbild s. eigenen sozioökonom. u. polit. Arbeiten. Voltaire läßt S. 1767 in →*Le dîner du comte de Boulainvil-*

liers zu Wort kommen u. Frérets Orthodoxiekritik bestätigen.

Saint-Pierre, Michel de Grossourdy de, 12. 2. 1916 Blois – 19. 6. 1987 Beuzeville, aus normann. Landadel, verwandt mit Montherlant, arbeitete als 18jähriger in den Werften von Saint-Nazaire. Erfahrungen der Arbeitswelt u. der Résistance, journalist. Tätigkeit auf der polit. Rechten, Differenzen mit Arbeiterpriestern liefern ihm die Themen s. Romane (*Vagabondage,* 1938; *Contes pour les sceptiques,* 1945; *Ce monde ancien,* 1948; *La mer à boire,* 1951; *Les aristocrates,* 1954; *Les écrivains,* 1957; *Les nouveaux aristocrates,* 1957; *Les murmures de Satan,* 1959; *Les nouveaux prêtres,* 1964; *Sainte colère,* 1965; *Ces prêtres qui souffrent,* 1966; *L'accusée,* 1972; *Monsieur de Charette,* 1977; *Les aristocrates; Laurent,* 1980; Roman *Le double crime de l'impasse Salomon,* 1984; Aufsätze *Sous le soleil de Dieu,* 1984). Er schrieb den Essay *Montherlant, bourreau de soi-même* (1949), Biographien der Bernadette von Lourdes u. des Pfarrers von Ars (1959).

Saint-Pol-Roux (eig. Pierre Paul Roux), 15. 1. 1861 Saint-Henry bei Marseille – 18. 10. 1940 Brest, Licencié en droit, exstat. Lyriker, den die Surrealisten als Wegbereiter rühmten. In den Litaneiton chaot. Aufzählungen mischen sich barocke Concetti, wobei die Stilfragmente des Gongorismus im Belieben der halluzinator. Bildmontage stehen (*Lazare,* 1886; *Le bouc émissaire,* 1889; *Les reposoirs de la procession,* 3 Bücher, 1893–1907; *La rose et les épines du chemin,* 1901; *Anciennetés,* 1903; *De la colombe au corbeau par le paon,* 1904; *Des féeries intérieures,* 1907; *La mort du berger,* 1907; *Bretagne est univers,* 1941; *L'ancienne à la coiffe innombrable,* 1946). S. schrieb das Monodrama *Les personnages de l'individu* (1894), Drama *La dame à la faulx* (1899). Mit dem Begriff des ›Idéoréalisme‹ bezeichnete er e. phantast. Ästhetik.

P. T. Pelleau, S. le crucifié, 1946; T. Briant, S., 1961.

Saint-Réal, César Vichard, abbé de, zwischen April 1643/März 1644 Chambéry – 2. 9. 1692 ebda., lebte in Paris u. Savoyen, mit Racine, Boileau u. La Fontaine befreundet; Kenner Machiavellis; unzuverlässiger Historiker (*De l'usage de l'histoire,* 1671; *Dom Carlos,* 1672; *La conjuration des espagnols contre la République de Venise,* 1674) u. freidenker. Theologe (*La vie de Jésus-Christ,* 1678; *Œuvres complètes,* VIII 1757) mit moralist. Zielen. An La Rochefoucauld erinnert der Pessimismus s. Erkenntniskritik u. Ethik, S. mißt gleichfalls dem Zufall u. den maskierten Lastern e. weitreichenden Einfluß auf den Lauf der Geschichte zu. Voltaire überschätzte s. Bedeutung.

A. Mansau, S. et l'humanisme cosmopolite, 1976.

Saint-Saturnin, Roman von Jean →Schlumberger, ED *NRF* Juni – September 1931, EA 1931. Der jahreszeitl. Zyklus, dem die vierteilige Romanhandlung vom Herbst bis zum nächsten Sommer folgt, vermittelt e. geschlossenes Weltbild. Mehr noch als realer Besitz ist das Gut S. moral. Zentrum u. Selbstdarstellung der Familie Colombe. Nach dem Tod von Frau Colombe u. dem monatelangen Siechtum ihres Mannes, durch dessen Verhalten der Besitz zuletzt in Gefahr gebracht wurde, übernimmt e. der Söhne, Nicolas, S., rettet das Erbe u. das Ethos der Familie.

Saint-Simon, Claude-Henri de Rouvroy, comte de, 17. 10. 1760 Paris – 19. 5. 1825, Nachkomme des Duc de →S., Vertreter eines relig. gefärbten Staatssozialismus. Er verkündete die Machtergreifung e. neuen Klasse, der ›industriels‹, darunter verstand er die produktiv Tätigen im Gegensatz zu den Parasiten der Volkswirtschaft (bei ihm Aristokraten, Klerus, Juristen). Bankiers, Intellektuelle u. Arbeiter verfolgen dieselben Interessen u. sehen noch keine Veranlassung zum Klassenkampf. Die Minderheit bedarf keiner Gewaltmittel, um die Proletarier in Unterordnung zu halten, wenn sie diese Klasse über e. suggeriertes Interesse am Gemeinwohl u. an der öffentl. Ordnung fesselt, Grundeigentum überträgt u. dem Arbeiter polit. Ansehen zuerkennt. Das Eigentum ist e. gesellschaftl. Tatsache, darum muß die Eigentumsverfassung geändert werden. Die neue Gesellschaft entsteht jedoch nicht durch Gütergemeinschaft, die das Prinzip des Wetteifers aufhebt u. den Anteil des Müßigen ebenso groß hält wie den des Fleißigen. Das Produktionsprinzip leitet e. Neuverteilung der Löhne nach Maßgabe der Leistung ein. S. sieht die Gemeinschaft der Tätigen, die Mehrwert schaffen u. in den Genuß ihrer Mühen kommen, in myst. Licht. S. Schüler (u. a. Barthélemy-Prosper Enfantin, Saint-Armand Bazard, Pierre →Leroux, Constantin Pecqueur und Philippe-Benjamin Buchez) systematisierten 1828–30 die Lehre zum Saint-Simonismus u. lenkten die Aufmerksamkeit auf S.s Schriften (s. Zss. *L'Industrie,* 1816–19; *La politique; Catéchisme des industriels,* 1823; *Nouveau catéchisme,* 1825).

H. J. Hunt, Le socialisme et le romanticisme en France. Étude de la presse socialiste de 1830 à 1848, Oxford 1935; P. Louis, Histoire du socialisme en France depuis la Révolution jusqu'à nos jours, [4]1950; M. Hahn, Präsozialismus. S., 1970; S. Alexandrian, Le socialisme romantique, 1979.

Saint-Simon, Louis de Rouvroy, duc de, 16. 1. 1675 Versailles – 2. 3. 1755 Paris, verbrachte s. Jugend auf dem väterl. Schloß Ferté-Vidame, zwischen Dreux u. Chartres, u. im Pariser Palais; kam 1691 an den Hof, trat in das Regiment der Grauen Musketiere ein, 1694 zum Oberst befördert, 1695 Heirat. 1702 quittierte S. den Dienst, als er bei e. erwarteten Beförderung übergangen wurde; fortan beobachtete er das Leben in Versailles aus intimer Nähe u. versuchte polit. Einfluß zu gewinnen; während der Régence war er Mitgl. des Staatsrats, 1723 verließ er den Hof. Von s. Einsichten berichtete er, wobei er weitere Zeugnisse heranzog, in den →*Mémoires,* s. Hauptwerk (*Écrits inédits,* hg. P. Faugère VIII 1881–93).

J. Cabanis, S. l'admirable, 1974.

Une saison en enfer, Prosagedicht von Arthur →Rimbaud, entstanden Sommer 1873, EA Brüssel 1873, hg. É. Noulet 1954. Das Werk wurde im April 1873 konzipiert, als Rimbaud zum vollständigen Bruch mit der Wertwelt s. Vergangenheit entschlossen war. Die sieben verschieden langen Teile sind durch wiederkehrende Motive verknüpft, ohne daß Rimbaud s. geistige Entwicklung memorialist. ausbreitete. Die Sinnfragen nach Gott, dem Glauben, der Sünde u. der Begründung des Daseins klingen immer wieder an. Aus dem Arbeitstitel *Livre païen* oder *Livre nègre* spricht die Sehnsucht nach e. Zeit der Sündelosigkeit, die durch die christl. Offenbarung beendet wurde. Aber Rimbaud sieht sich in e.

Hölle u. muß erkennen, daß ihm die Welt des Heidentums verschlossen ist. Das Trauma der Religion u. der europ. Kultur, die sich Rimbaud nur im Stadium der Dekadenz vorstellen kann, veranlassen ihn, die Flucht als geistiges u. existentielles Abenteuer zu planen (vgl. auch *Le bateau ivre*). Er erkennt, daß s. Person durch e. kulturelle Tradition, die er nicht aufheben kann, im Kern geprägt ist u. daß er an s. Situation unschuldig ist. Unbeantwortbare Fragen, die gehäuft auftreten, u. Invektiven artikulieren die Befangenheit des Dichters in den verhaßten Denk- u. Lebensgewohnheiten. Die häufigen, dabei nachlässigen Selbstzitate fungieren gleichzeitig als Merkmale des dichter. Selbstbewußtseins wie als Abrechnung mit dem Idol des ›voyant‹; sie tragen zudem e. poet. Absicht, die den Leser für den vielfältigen Wortsinn disponiert. Am Ende des Prosagedichts stehen als Signale e. inhaltlose ›Modernität‹ u. die ›strahlenden Städte im Morgenrot‹; die Generation von Rimbaud und →Zola verlegte in diesen symbol Fixpunkt ihre ›Wahrheit‹.

R. Artus, Commentaire de la S., 1938.

Salacrou, Armand, 9. 8. 1899 Rouen – 23. 11. 1989 Le Havre, Medizinstud. nach zwei Jahren aufgegeben, beschäftigte sich mit Philos. und Rechtswiss., wurde Journalist, Sekretär des Regisseurs Dullin, Direktor e. Reklamebüros; Mitglied im PCF bis 1983; 1949 Mitgl. der Ac. Goncourt, seit 1962 mit Unterbrechungen Präsident d. Dramatikerverbands. Seit 1916 verfaßte S. ca. 30 Dramen, die vor allem von Lugné-Poe u. Dullin herausgebracht wurden. 1925 entdeckte er als erster franz. Dramatiker die Filmtechnik des Flashback für die Bühne (*Tour à terre,* nach *Le casseur d'assiettes,* 1924) u. praktizierte sie wiederholt in *La vie en rose* (1931), *Les frénétiques* (1934), →*L'inconnue d'Arras, Le soldat et la sorcière* (1944), →*Les nuits de la colère, Sens interdit* (1952), um dadurch den Helden über Raum u. Zeit hinweg mit sich selbst in e. Dialogsituation zu versetzen. Da Gottes Kreatur ›in Konkurs‹ gegangen ist, bietet sich dem Menschen das Leben als verschlossenes Buch dar u. führt zum Scheitern s. Projekte (*Patchouli,* 1930; *Atlas-Hôtel,* 1931). 1938 erschien S.s Leitthema der Theodizee wieder im monologreichen Savonarola-Stück →*La terre est ronde,* 1939 in der Boulevardfabel von *Histoire du rire.* Die agnostizist. Stücke der 20er u. 30er Jahre unterscheiden sich deutl. von der späteren Produktion, die zum Unterhaltungstheater tendiert (→*L'archipel Lenoir, Dieu le savait,* 1951; *Les invités du bon dieu,* 1953; *Théâtre,* VIII 1947–66). Die Originalität s. Theaters ist dann gegeben, wenn der Autor in den handelnden Personen das Bewußtsein von der Unwiderruflichkeit der Akte weckt, bis die Existenz als der Skandal schlechthin empfunden wird (vgl. später Sartre, →*Huis clos,* →*Les jeux sont faits*). Die Rückblende erweist die Vergeblichkeit der Bemühungen um Korrektur des Lebens, das Kehrtwendungen nicht erlaubt. Die Gottverlassenheit determinierter Geschöpfe nimmt Konstellationen des existentialist. Theaters vorweg. Beispielhaft erweist S.s Werk auch, daß Ideentheater keine spezif. Formerwartung erfüllen muß.

S. Radine, Anouilh, Lenormand, S. Trois dramaturges à la recherche de leur vérite, Genf 1951; P.-L. Mignon, S., 1960; F. di Franco, Le théâtre de S., 1970: A. Ubersfeld, S., 1970; Ph. Bébon, S., 1971.

Le salaire de la peur (1950), Roman von Georges →Arnaud. Den Lohn der Angst will sich e. Gruppe von Desperados verdienen, die in e. mittelamerikan. Land Nitroglyzerin im LKW zu e. brennenden Ölquelle, die nur durch Sprengung zu löschen ist, transportiert. Der Romancier zieht e. Maximum an Spannung aus der riskanten Situation, der auf direkte oder indirekte Weise alle Abenteurer zum Opfer fallen. Der erfolgreich verfilmte Roman (Regie Clouzot 1952) wurde bis 1954 in ca. 120 000 Ex. verkauft.

Salammbô, Roman von Gustave →Flaubert, entstanden August 1857 – April 1862, EA November 1862, hg. E. Maynial 1959. In e. Schaffensperiode, da Flauberts Ekel vor den ›choses laides‹ u. den ›vilains milieux‹ zunahm, verwies ihn Théophile Gautier auf den exot. Stoff von *S.;* während der Arbeit am Roman reiste Flaubert nach Algerien u. Tunesien. Das Entstehen des Werkes wird in der Korrespondenz mit den Goncourts u. Feydeau registriert; nach Flauberts expliziter Absicht sollen die Techniken des mod. Romans an e. entlegenen Stoff erprobt werden. Die ›Wiederbelebung der Vergangenheit‹ (›résurrection du passé‹) entspringt keinem bloß archivar. Interesse an der Geschichte, sondern dient e. ästhet. Zielsetzung. Zur Darstellung gelangt die Zeit nach dem I. Pun. Krieg. S., Tochter des Hamilkar, hütet den Schleier der Göttin Tanit, den ihr der Anführer aufständ. Söldner, der Lybier Mâtho, entreißt. Das Sakrileg bricht den Kampfesmut Karthagos. S. wird beauftragt, den sakralen Gegenstand zurückzugewinnen; sie begibt sich zu Mâtho. Betört von s. glühenden Liebe, vergißt sie fast ihren Auftrag (vgl. Giraudoux, *Judith*). Als Mâtho ihr den Schleier schließl. überläßt, wendet sich das Kriegsglück wieder. Die Rebellen werden vernichtet, Mâtho wird vom karthag. Volk zu Tode gemartert; er stirbt vor den Augen S.s. An der Schlußszene läßt sich die mytholog. Struktur des Romans bes. deutl. aufweisen: Mâtho, im Roman die Inkarnation des Gottes Baal, geht mit der Sonne, s. Sinnbild, unter. Wie ›lange Pfeile‹ treffen die letzten Strahlen sein Herz, das ihm e. Moloch-Priester aus dem Leib geschnitten hat. Mit ihrem myth. Gemahl stirbt auch S., die Verkörperung der Mondgöttin Tanit, sie bricht bei dem grausamen Ritual zusammen. Beider Liebe endet zwangsläufig in der Vernichtung, die ständige Korrelation krieger. u. erot. Motive im ganzen Roman erhält dadurch ihren Sinn. Die Hauptfiguren zerbrechen an ihrer Sehnsucht nach absoluten Werten, die ihnen in hekt. Traumbildern erscheinen; Mystizismus u. Nihilismus, die sich scheinbar ausschließen, bedingen sich in *S.* wechselseitig. Unter den ersten Lesern gehörte George Sand zu den wenigen, die sofort begriffen, wie irrelevant die hist. Verifizierung der Romanmotive ist, die der Archäologe Froehner in der *Revue contemporaine* verlangt hatte. In zwei Tagen wurden 2000 Ex. des Romans verkauft, bald auch Parodien u. Karikaturen verbreitet. Gautier konzipierte nach *S.* ein Opernlibretto für Verdi, das Projekt wurde jedoch nicht zu Ende geführt. 1879 nahm Camille Du Locle den Plan wieder auf, Reyer schrieb die Musik (Urauff. 10. 2. 1890 Théâtre de la Monnaie, Brüssel). Seit 1911 wurde der Stoff wiederholt verfilmt.

G. Doublet, La composition de S., 1914; F. A. Blossom, La composition de S., 1914; J. R. Dugan, Flaubert's S., a study in immobility, ZfSL 1969; G. Giorgi, S. tra esotismo e storia contemporanea, Belfagor 1970; C. Carlut, A concordance to Flaubert's S., II 1979; G. Bonaccorso, L'oriente nella narrativa di G. Flaubert I, Messina 1979; M. Frier – Wantiez, Sémiotique du fantastique. Analyse textuelle de S., Bern 1979; J. Bem, Modernité de S., Littérature 40, 1980; L. Czyba, Mythes et idéologies de la femme dans les romans de Flaubert, Lyon 1983.

Salel, Hugues, um 1504 Casals – Ende März 1553 oder später, Kammerherr Franz' I., der ihm auch die Abtei Saint-Chéron als Pfründe übertrug. S. gehörte zu den Marotiques; der Lyriker mit hellenist. Neigungen schieb vor allem Episteln, Epigramme, Tercets, Eklogen u. Dizains (*Les œuvres,* 1539). Auf Anregung Franz' I. übertrug S. die ersten zehn Bücher der *Ilias* in Zehnsilbern (1545).

Salle Gémier →Théâtre national populaire.

Salmon, André, 4. 10. 1881 Paris – 1969 Sanary-sur-Mer, verbrachte s. Jugend in Rußland, kam 1903 wieder nach Paris u. verkehrte im Kreis Picassos, Apollinaires u. der späteren Surrealisten, deren geistige Welt neben Rußland die meisten s. erzähler. u. lyr. Werke inspiriert hat. Als er die Oktoberrevolution besang (*Prikaz,* 1919) ahmte er den Stil von Cendrars u. Larbaud nach (weitere Lyrik: *Les féeries,* 1907; *Le calumet,* 1910; *Le livre et la bouteille,* 1920; *Peindre,* 1921; *Tout l'or du monde,* 1927; *Odeur de poésie,* 1944; *Vocalises,* 1957; Romane *Tendres canailles,* 1912; *L'entrepreneur d'illuminations,* 1921; *Une orgie à Saint-Petersbourg,* 1923; *Sylvère,* 1956; *Le monocle à deux coups,* 1968; *La négresse du Sacré-Cœur,* 1968). S. verfaßte Essays über Cézanne (1923), Derain (1923), den Zöllner Rousseau (1943), Modigliani (1958) u. die dreiteilige Autobiographie *Souvenirs sans fin* (1955–61).

P. Berger, S., 1956.

Salome, Tochter der Herodias, die nach ihrem Tanz vor Herodes vom Kg. den Kopf Johannes des Täufers forderte; Stoff, der in ma. Mysterienspielen (*Mystère de la passion et de Saint Jean Baptiste,* 1462; *Mystère de la passion de Saint Jean Baptiste,* Anfang 16. Jh.), später von →Mallarmé, →Flaubert, →Laforgue u. in →*A rebours* von Huysmans gestaltet wurde. Die *Salomé*-Version (1894, danach Oper von R. Strauss, 1905) von O. Wilde war ursprüngl. in franz. Sprache geschrieben. Apollinaires Tanzlied ›Salomé‹ *(Alcools)* ironisiert die dekadente Stofferwartung.

H. Zagona, The legend of S. and the principle of art for art's sake, Genf 1959.

Salon, 1. Bezeichnung (seit 1664) für regelmäßige, von meist adligen Damen organisierte Zusammenkünfte (vgl. auch Cénacle, Académie) nach ital. Vorbild, bei denen die Geselligkeit gepflegt, polit., relig., eth. u. ästhet. Probleme erörtert wurden u. sich ein Geschmacksideal ausbildete. Zum Kreis der Teilnehmer gehörten von Anfang an Aristokraten wie Bürgerliche (→Hôtel de Rambouillet, →Scudéry, →Sévigné, →Lespinasse, →Lenclos, →Du Deffand, →Geoffrin, →La Sablière, →Tencin, →Doublet, →Staël, →Roland, →Récamier, →Beauharnais, →Agoult, →Colet, →Mathilde, →Noailles, →Vilmorin). Im S. der Nina de Callias verkehrten Parnasse-Dichter, ebenso bei Mme de Ricard; bei Mme de Loynes trafen sich 1860–1908 France, Barrès, Hermant, Faguet. – 2. Bezeichnung für Gemälde- u. Skulpturausstellungen (seit 1667). – 3. Bezeichnung für Ausstellungsberichte von →Diderot u. →Baudelaire.

L. P. Abrantès, Histoire des s.s de Paris, 1836–38; Mme Ancelot, S.s de Paris, foyers éteints, 1858; R. Picard, Les s.s littéraires, 1943; M. M. Glotz, S.s du 18e siècle, 1949; L. Rièse, Les s.s littéraires parisiens du Second Empire à nos jours, Toulouse 1962; I. Maclean, Woman triomphant. Feminism in French literature 1610–52, Oxford 1977; Ch. Strosetzki, Konversation, 1978; R. Baader, Dames de lettres, 1986; B. Krajewska, Mythes ... S. de Mme de Rambouillet, 1990.

Salut public, Gemeinwohl, Begriff der Revolutionszeit, →Comité de s.; Malraux begründete als Propagandist des Rassemblement du peuple français 1947/48 die Notwendigkeit der Rückkehr de Gaulles an die Macht mit d. S.

Samain, Albert, 4. 4. 1858 Lille – 18. 8. 1900 Magny-les-hameaux, brach wegen materieller Not s. Stud. ab, seit 1882 Angestellter der Pariser Präfektur; Mitbegründer des *Mercure de France*. Die Sonettkunst von S. – gelegentl. modifizierte er die klass. Form durch Hinzufügung e. 15. Verses oder e. weiteren Terzetts – verband sich mit s. Bewunderung für Baudelaire; gerade in Repliken auf Gedichte der *Fleurs du mal* in *Au jardin de l'infante,* (1893) wird der esoter. Fortschritt der franz. Lyrik in vier Jahrzehnten meßbar. In *Aux flancs du vase* (1898) finden sich vor allem bildbeschreibende Gedichte. Der Traum von Orplid faszinierte u. irritierte S., wie schon Baudelaire, bis zuletzt (*Le chariot d'or,* 1901). In den *Contes* (1902) wie im Drama *Polyphème* (Urauff. 1904 Théâtre de l'Œuvre) verarbeitete er hellenist. Motive (vgl. auch Pierre Louÿs). Postum erschienen e. dreibänd. Gesamtausgabe (1924) u. S.s Briefwechsel (*Lettres 1887–1900,* 1933; Korrespondenz mit Jammes, hg. J. Mouquet 1946).

L. Bocquet, S., sa vie et son œuvre, 1921; G. Bonneau, La philosophie du symbolisme et la poésie d'A. S., Montpellier 1924; A. de Bersaucourt, S., 1925; F. Russel, L'art d'A. S., Toulouse 1928.

San-Antonio (eig. Frédéric Dard), geb. 29. 6. 1921 Jallieu, Autor von ca. 150 Romanen (seit 1946, sowohl unter Ps. als unter s. Namen), am erfolgreichsten Kriminalgeschichten mit Argoteinschlägen (*OC,* XXII 1967 ff.).

Sand, George (eig. Aurore Dudevant, geb. Dupin), 1. 7. 1804 Paris – 7. 6. 1876 Nohant/Indre, zu ihren Vorfahren zählt Kg. August II. von Sachsen; Erziehung im Couvent des Anglaises in Paris; seit 1821 materiell unabhängig, jedoch geprägt vom Widerspruch zwischen kleinbürgerl. Enge u. feudalem Glanz, der von Schloß Nohant, dem Besitz ihrer Großmutter, ausging. Aus der unglückl. Ehe mit Baron Dudevant (Heirat 1822) stammten zwei Kinder. 1831 zog S. allein nach Paris u. lebte im Kreis der Romantiker. Charakterist. für ihre Liebesromane (*Rose et Blanche,* 1831; →*Indiana, Valentine,* 1832; →*Lélia, Jacques,* 1834; →*Consuélo, La comtesse de Rudolstadt,* 1843–45) ist die Entzauberung der Ehe. Während in diesem Genre sonst zumeist die Überwindung von Widerständen dargestellt wird, bis das Paar zueinander findet, u. sei es auch im Liebestod, verlegt S. in die gesellschaftl. sanktionierte Partnerschaft, nach der die Liebenden streben, alle Tragik. Da sie das Pflichtbewußtsein durch das Glückstreben ersetzte, bedrohte sie in den Augen krit. Zeitgenossen die soziale Struktur. Über der Ehe steht für S. unabdingbar die Freiheit des einzelnen, sie verkörpert die höchste Tugend. Zweifellos rechtfertigte die Autorin damit primär ihre eigene Revolte gegen Zwänge ihres Milieus. Sie erwählte ihre Partner, den Schriftsteller Jules Sandeau, mit dem sie e. Roman schrieb (unter dem gemeinsamen Pseudonym Jules Sand), Musset *(→Les amants de Venise),* Liszt, Michel de Bourges, der für sie die Reinkarnation Robespierres war, Chopin, Berlioz, Delacroix, Balzac. Mit dem Sozialisten Pierre →Leroux verbanden sie auch philosoph. Interessen. Veranlaßt durch s. Schrift *De l'humanité* (1840) beschäftigte sie sich mit der sozialen Frage in Frkr. *(→Le compagnon du tour de France)* u. dem Dilemma von individueller Freiheit und gesellschaftl. Gleichstellung. In ihren Bauernromanen freil. galten ihr sozialpolit. Doktrinen wenig (→*La mare au diable,* →*La petite Fadette,* →*François le Champi, Les maîtres sonneurs,* 1853), bezeichnenderweise sprach die Erzählerin auch von ihrer ›églogue humaine‹. Sowohl die Figur des Arbeiters wie die des Bauern verkörpern für S. natürl. Sittlichkeit. Seit 1844 bekundete sie ihre Sympathie für den Prinzen Louis Napoléon, in dem sie damals, wie auch Victor Hugo, den Garanten der Freiheit sah. Im Februar 1848 agitierte sie zusammen mit Sozialisten für die Republik. Während des Second Empire zog sie sich aus der Politik zurück, u. obwohl sie 1854 in der *Histoire de ma vie* noch bekannte, Balzac habe sie gelehrt, daß an die Stelle e. idealen Individuums in ihren Liebesromanen die Kritik der Verhältnisse treten müsse, entsagte sie als Autorin der sozialen Mission. Sie nahm in modifizierter Form, d. h. abgeklärter als in den 30er Jahren, das Thema der Leidenschaft erneut auf u. stimmte Théophile Gautier zu, der Nützlichkeit als Verunreinigung des künstler. Akts denunziert hatte (Vorrede zu *Mont-Revêche,* 1852; *Le marquis de Villemer,* 1860; *Jean de La Roche,* 1860; *La confession d'une jeune fille,* 1865; *Mlle de Merquem,* 1868). Ihr Frühwerk hatte als Appell zur Emanzipation der Frau auf die europ. Lit. gewirkt. Balzac literarisierte S. als Félicité des Touches in *Béatrix*. Das Gesamtwerk u. die Korrespondenz S.s erschienen teilweise postum (*Œuvres complètes,* CXV 1852–1926; *Théâtre complet,* IV 1866 f.; *Œuvres autobiographiques,* hg. G. Lubin II 1970 f.; *Correspondance,* hg. G. Lubin 1971 ff.; *Lettres à A. de Musset,* 1897; *Lettres à Flaubert,* 1904; *Correspondance S. et M. Dorval,* 1953). 1982 wurde in Grenoble der Verlag Aurore mit dem Ziel gegründet, in den nächsten Jahrzehnten das Gesamtwerk von S. zu publizieren.

P. Vernois, Le style rustique dans les romans champêtres après S., 1963; C. Carrère, S., amoureuse, ses amants, ses amitiés tendres, 1967; R. Joly, Recherches bibliographiques sur les contes, nouvelles et divers récits de S., Le Livre et l'estampe, 1967–69; Hommage à S., 1969; H. Guillemin, La liaison Musset-S., 1972; J.-P. Lacassagne, Histoire d'une amitié, P. Leroux et S., 1973; Sondernr. RhlF 4, 1976; F. Mallet, S. 1976; R. Jordan, S., London 1976; R. Baader/D. Fricke (Hg.), Die franz. Autorin vom MA bis zur Gegenwart, 1979; G. Schaeffer, Espace et temps chez S., Neuchâtel 1981; J. Barry, S. ou le scandale de la liberté, 1982; R. Wiggershaus, S., 1982; F. van Rossum-Guyon (Ed.), S. Recherches nouvelles, Amsterdam 1983 u. 1991; P. Vermeylen, Les idées politiques et sociales de S., Brüssel 1984; A. Lo Giudice, S., romanticismo e modernità, Rom 1990.

Sandeau, Jules, 19. 2. 1811 Aubusson – 24. 4. 1883 Paris, Mitarbeiter der *Revue des deux mondes,* zeitweilig liiert mit George Sand (sie verfaßten gemeinsam 1831 unter dem Pseudonym Jules Sand den Roman *Rose et Blanche*); Bibliothekar der Mazarine u. in Saint-Cloud (bis 1870), 1858 Mitgl. der Ac. frçe. S. schrieb Gesellschaftsromane (*Madame de Sommerville,* 1834; *Marianna,* 1839; *Le docteur Herbeau,* 1841;

Mlle de Kérouare, 1842; *Mlle de La Seiglière,* 1848; *Sacs et parchemins,* 1851; *La maison de Pernarvan,* 1858; *Un début dans la magistrature,* 1862; *La roche aux mouettes,* 1871; *Jean de Thommeraye,* 1873) u. in Zusammenarbeit mit E. Augier Dramen (*La pierre de touche,* 1853; *Le gendre de M. Poirier,* 1854).

M. Silver, S., 1936.

Sandoz, autobiograph. angelegte Figur des Schriftstellers in →*L'œuvre* von Zola. Im Unterschied zum Ästheten, dem Maler Claude Lantier, der an der Kunst u. am Leben scheitert, engagiert sich S. für die soziale Frage.

Le sang des autres, Roman von Simone de →Beauvoir, entstanden 1941–43, EA 1945. Während der Résistancekämpfer Jean Blomart bei s. sterbenden Geliebten Hélène wacht, erinnert er sich an s. früheres Leben: Er distanzierte sich vom bürgerl. Lebensstil s. Familie, deren Mentalität ihm fremd geworden war, trat in die KPF ein, die er wieder verließ, um sich gewerkschaftl. zu organisieren. Die Modezeichnerin Hélène war mit e. Freund Blomarts verlobt; um von ihm u. s. Freunden nicht ständig als Kleinbürgerin verspottet zu werden, versuchte sie, deren Klassenbewußtsein zu erschüttern. In narzißhafter Versponnenheit hoffte sie dabei gleichzeitig auf eine Veränderung ihrer individuellen Verfassung, zu der der Anstoß von anderen kommen sollte. Nicht ihr Verlobter, sondern Blomart sollte sie in e. neue Existenz führen. Hélène ließ in Blomarts Zimmer e. Abtreibung vornehmen, um ihn durch Gewissensbisse u. Mitgefühl an sich zu fesseln. Erst später, als sie es fertig gebracht hat, daß Jean nach Paris abkommandiert wird, woraufhin er sich nach kurzer Zeit des Zusammenlebens endgültig von ihr trennt, gewinnt sie die Einsicht, daß sie ihr Dasein nicht rechtfertigt, wenn sie den Geliebten wie ein Objekt inventarisiert. Hélène schließt sich der Widerstandsbewegung an, riskiert ihr Leben, damit es endl. e. Sinn bekommt.

Santeuil, Jean, Held des Romans →*Jean Santeuil* von Proust.

Santeuil, Jean Baptiste, 12. 5. 1630 Paris – 5. 8. 1697 Dijon, Kleriker, wurde von Ch. Perrault protegiert, Autor kirchl. Hymnen (*Recueil de nouvelles odes sacrées, Opera omnia,* III 1729).

J. A. Vissac, De la poésie latine en France au siècle de Louis XIV, 1862.

Sarasin, Jean-François, 25. 12. 1614 Caen – 5. 12. 1654 Pézenas/Hérault, als preziöser Dichter Rivale von Voiture, gehörte von 1644 bis 1648 zur Umgebung des späteren Kardinals de Retz u. in den Kreis der Académie putéane. Mit Scarron war er eng befreundet. 1648 machte Fürst Conti S. zu s. Sekretär. Er verfaßte hist. Untersuchungen (*Histoire du siège de Dunkerque,* 1649; *Conspiration de Walstein,* 1651). Als Lyriker imitierte er zunächst Viau (*Discours familiers,* 1639); s. späteren Elegien sind vom Geist der →*Astrée* erfüllt, während sich die Eklogen direkt an Vergil inspirierten. In den Balladen lieferte S. ein Pastiche des tändelnden Marotstils, wie ihn auch Voiture pflegte. Voiture regte ihn wohl 1649 zur Abfassung von Versepisteln an (*Œuvres,* 1656, mit e. Vorwort von Pellisson; *Nouvelles œuvres,* 1674). Von 1653 an nahm S. an den Samedis der Madeleine de Scudéry teil. Chaulieu imitierte u. a. auch S.

A. Mennung, S., 1902–04.

Sarcey, Francisque, 8. 10. 1827 Dourdan/Seine-et-Oise – 16. 5. 1899 Paris, Gymnasiallehrer u. Lit.kritiker (*P.-L. Courier écrivain,* 1876; *Comédiens et comédiennes,* 1878–84; *Le théâtre,* 1893; *Quarante ans de théâtre,* VIII 1900–02). S. Kriterium war der ›bon sens‹, wobei er sich weitgehend am 18. Jh. orientierte. Dramatiker, die im Verlauf der Bühnenhandlung ihren moral. Standpunkt klar zu erkennen geben u. den Erwartungen e. breiten Publikums entsprechen, fanden s. Beifall; auf Stücke wie *Ubu roi* von Jarry reagierte er empört. S. begriff sich als Interessenvertreter des Volkes, ohne im Widerspruch zwischen der Heterogenität des ›peuple‹ u. der Homogenität e. Minderheit von Eingeweihten e. Problem zu sehen. Zusammen mit Edmond About gründete er 1872 die Zeitung *Le XIX*ᵉ siècle. Außerdem Vf. der Kriegschronik *Le siège de Paris* (1871).

H. Behrens, S.s Theaterkritik, Diss. Greifswald 1911; A. de Luigi, S., professeur et journaliste, Florenz 1919; L. Straus-Horkheimer, S. als Theaterkritiker, 1937.

Sardou, Victorien, 7. 9. 1831 Paris – 8. 11. 1908 Marly, Stud. Medizin, Lit. u. Gesch., seit 1860 umfangreiche Dramenproduktion (Sittenkom., Geschichtsdramen, Vaudevilles). Fast alle s. Bühnenstücke (meist mit V. Déjazet u. S. Bernhardt in der Hauptrolle) waren erfolgreich; die Dialoge sind witzig, der Aufbau der Handlung ist auf äußere Effekte abgestellt. Dabei bleibt die psycholog. Motivierung flach. S.s bekannteste Werke sind: *Les premières armes de Figaro* (1859), *Les pattes de mouche* (1860), *Les vieux garçons* (1865), *La famille Benoîton* (1865), *Patrie* (1869), *Divorçons* (zusammen mit E. de Najac, 1880), *Fédora* (1882), *Théodora* (1884), *La Tosca* (1887, vertont von Puccini), *Thermidor* (1891), →*Madame Sans-Gêne, Robespierre* (1899), *Dante* (1903; *Théâtre complet,* XV 1934–61; *Correspondance,* 1934). S. trug wenig zur Erneuerung des Unterhaltungsstücks bei, s. Stilmittel sind der Romantik u. Scribe nachempfunden. Banville schrieb das Gedicht *Molière chez S.* (*Odes funambulesque,* 1857).

G. Mouly, La vie prodigieuse de S., 1931.

Sarment, Jean (eig. Jean Bellemère), 13. 1. 1897 Nantes – 1976, Schauspieler u. Dramatiker, zwei Bearbeitungen des Hamlet-Stoffs (*Couronne de carton,* entstanden 1918, Urauff. 1934; *Le mariage de Hamlet,* 1922), Einfluß von Musset u. Laforgue. Zyn. spielt Hamlet s. eigenes Schicksal u. tötet in e. zweiten Existenz Polonius wieder (vgl. Sartre, *Les jeux sont faits*). Psychopathie, Willensschwäche u. Melancholie prägen die Reaktionen der Helden auch in *Le pêcheur d'ombres* (1921), *Je suis trop grand pour moi* (1924), *Les plus beaux yeux du monde* (1926), *Léopold le bien-aimé* (1927), *Sur mon beau navire* (1929), *Le plancher des vaches* (1931), *Peau d'Espagne* (1933), *Madame Quinze* (1935), *Les deux pigeons* (1945), *Nous étions trois* (1951). S., der die Psychoanalyse Freuds verwertete, schrieb auch Romane (*Jean-Jacques de Nantes,* 1922; *Le livre d'or de Florimon; Cavalcadour,* 1977). Außer Shakespearedramen bearbeitete er Schillers *Don Carlos* (1942).

Sarraute, Nathalie (eig. Černiak), geb. 18. 7. 1900 Ivanovo-Vosnesensk/Gouvernement Vladimir in Rußland, kam 1904 mit der Mutter in die franz. Schweiz u. nach Paris; sie verbrachte ihre Kindheit abwechselnd in Frkr. u. St. Petersburg, studierte in Frkr., Oxford u. Berlin

Anglistik u. Rechtswiss., die sie mit der Licence abschloß. S. heiratete e. Anwalt u. praktizierte selbst bis 1937 als Anwältin. 1932 schrieb sie ihre erste Prosaarbeit, *Tropismes* (1939), e. Darstellung seel. Machtkämpfe aus nichtigem Anlaß, die nicht moral. motiviert sind, sondern nach den Gesetzen von Anziehung und Abstoßung verlaufen. Dazu entwickelte sie in *Portrait d'un inconnu* (1949), →*Martereau*, →*Le planétarium*, →*Les fruits d'or*, →*Entre la vie et la mort* u. *Vous les entendez?* (1972) e. eigenen Stil des Aneinander-vorbei-sprechens u. der Hörspieltechnik im Roman, mit dem sie sich ausdrückl. vom Dingroman Robbe-Grillets distanzierte. Für S. existieren keine unersetzl. Individuen, wie Sartre im Vorwort zum *Portrait d'un inconnu* notierte, sie beharrt jedoch auf definierbaren Gefühlen, psych. Spannungen, Reaktionen auf Reize; den Leser erreicht das Werk bereits in gebrochener Spiegelung. Sartre nannte den Stil, dem S. ausgebildet hatte, tastend, besorgt, strauchelnd; so stellt sie die Existenz als Dialektik zwischen dem Authentischen u. dem Nichtauthent. dar. S. reflektiert die Chancen des Romanerzählens im Essay →*L'ère du soupçon*. Sie schrieb außerdem Hörspiele, u. a. *Le silence. Le mensonge* (1967), *Isma* (1970); *Théâtre* (1978, alle Stücke von *Le silence* bis *Elle est là*), *Pour un oui ou pour un non* (1982, Dialog zweier Freunde, e. Erfolgreichen u. e. Träumers; Dialogerzählung *Tu ne m'aimes pas,* 1989; Roman über die Lebenslust im Alter, *Ah! l'amour, toujours l'amour,* 1993). Selbst die Autobiogr. *Enfance* (1983) ist als Zwiegespräch mit dem Ich der Kindheit in Rußland formuliert. 1982 Verleihung des Grand Prix National des Lettres.

R. Abichared, S., 1960; M. Cranaki/Y. Belaval, S., 1965; R. Micha, S., 1966; J.-L. Jaccard, S., Zürich 1967; J. Roudaut, S., 1967; G. Zeltner, Die eigenmächtige Sprache, 1967; dies., S. (Franz. Lit. der Gegenwart, hg. W.-D. Lange), 1971; K. Wilhelm, Der Nouveau Roman, hg. W. Stolz, 1969; Ch. B. Wunderli-Müller, Le thème du masque et les banalités dans l'œuvre de S., Zürich 1970; M. Tison-Braun, S. ou la recherche de l'authenticité, 1971; E. Eliez-Rüegg, La conscience d'autrui … S., 1972; B. Coenen-Mennemeier, Der Roman im Zeitalter des Mißtrauens, S., 1974; F. Calin, La vie retrouvée … S., 1976; A. S. Newman, Une poésie des discours … S., Genf 1976; A. Allemand, L'œuvre romanesque de S., Neuchâtel 1980; V. Minogue, S. and the war of the words, Edinburgh 1981; H. Watson-Williams, The novels of S., Amsterdam 1981; A. J. Clayton, S. ou le tremblement de l'écriture, 1989.

Sartre, Jean-Paul, 21. 6. 1905 Paris – 15. 4. 1980 ebda. (Lungenödem), Bürgertum, s. Großvater war e. Onkel von Albert Schweitzer. Schulbildung in La Rochelle u. Paris (1915 Lycée Henri IV); nach dem Baccalauréat (Juni 1921 u. Juni 1922) Vorbereitung zur Aufnahme in die ENS, die er 1924–29 besuchte; obwohl der erste Versuch 1928 gescheitert war, schloß er im folgenden Jahr die Agrégation de philosophie mit Auszeichnung ab. Aus den frühen 20er Jahren stammen einige Kapitel des Romans *Jésus de la chouette, professeur de province* (veröffentlicht in der *Revue sans titre*). Auf der ENS lernte S. Raymond Aron u. Simone de Beauvoir, s. Gefährtin bis in die 60er Jahre, kennen (*Lettres au Castor et à quelques autres,* 1926–63, II 1983). 1929–31 Militärdienst; 1931 – Sommer 1933 Philos.lehrer in Le Havre. Im September ging er als Stipendiat des Institut français nach Berlin u. entdeckte die Phänomenologie Husserls u. Heideggers; in Berlin entstand die zweite Fassung des Romans →*La nausée.* 1934 unternahm S. mit Simone de Beauvoir Reisen durch Dtl., Österreich u. nach Prag. 1934–36, während s. erneuten Unterrichtstätigkeit in

Le Havre, zeigte er gewisse Affinitäten zur KPF. 1936 erschien der Essay *L'imagination;* Paulhan beurteilte das Ms. *Mélancolie* sehr positiv, aber der Verleger Gallimard lehnte es ab, bis Dullin u. Pierre Bost zugunsten des Autors 1937 intervenierten u. Gallimard das Werk unter dem von ihm vorgeschlagenen Titel *La nausée* herausbrachte. S. war 1936/37 in Laon tätig, im Herbst 1937 wurde er ans Lycée Pasteur nach Paris versetzt. Damals konzipierte er →*Les chemins de la liberté.* 1939 erschienen →*Le mur* u. *Esquisse d'une théorie des émotions.* S. wurde eingezogen u. mit s. Einheit ins Elsaß verlegt; er hatte während der Drôle de guerre Gelegenheit, viel zu schreiben. Die *Carnets de la drôle de guerre* (Nov. 1939 – März 1940) und die gleichzeitig (1983) veröffentlichten *Cahiers pour une morale* (1947–48) gehören als Entwürfe e. Theorie der Verantwortlichkeit zusammen. Im Kriegsgefangenenlager in Trier (1940 – März 1941) hielt er e. Heideggervorlesung für Mithäftlinge (vor allem Pfarrer) u. verfaßte e. Weihnachtsstück. Nach der Rückkehr ans Lycée Pasteur galt S. bei den Kommunisten als Agent provocateur, als er versuchte, mit der Résistance Kontakt aufzunehmen. Im Sommer 1941 ging er in die Zone libre, organisierte e. Widerstandsgruppe; Begegnung mit Gide. Vom Herbst 1941–44 war er Philos.lehrer am Lycée Condorcet in Paris. In diesen Jahren entstanden →*L'être et le néant,* →*Les mouches* u. →*Huis clos.* Im Mai 1944 lernte S. im Café de Flore Jean Genet in Begleitung von Camus kennen; acht Jahre später schrieb er den Essay *Saint-Genet, comédien et martyr;* bereits die Baudelairestudie von 1947 war Genet gewidmet. (Beide Dichter interessierten S., weil sie, motiviert durch ein traumat. Jugenderlebnis, sich selbst gegen die bürgerl. Gesellschaft ›gewählt‹ hatten. Genet beschloß, Dieb zu werden, weil s. Umwelt ihn dafür hielt. Der Figur des Verbrechers bürden die ›anständigen Leute‹ ihre eigenen zerstörer. Komplexe auf, die sie nicht ausleben können. Aus Gründen der sozialen Zweckmäßigkeit machte die Gesellschaft Genet zum Kriminellen.) In Genets Lebensführung fand S. die Ethik, wie sie zur Ontologie von *L'être et le néant* paßte. Genet, der unter dem Blick der Selbstgerechten sein negatives Ethos wählte, realisierte das Böse, mit dem Baudelaire nur gespielt hatte. 1945 wies S. – ebenso wie Camus – die Légion d'honneur zurück; mit Merleau-Ponty, Simone de Beauvoir u. a. gründete er die Zs. *Les Temps modernes* (Titel nach dem bekannten Chaplin-Film). In rascher Folge entstehen Dramen, in denen S. vom esoter. Stil der frühen Stücke abrückt u. gegen die ›mauvaise foi‹, die ›salauds‹ u. die Idee e. metaphys. Wesensverfassung des Menschen polemisiert (→*Morts sans sépulture,* →*La putain respectueuse,* →*Les jeux sont faits,* →*Les mains sales;* vgl. auch *L'engrenage,* 1948). Seit 1947 schrieb S. an der Essayfolge *Situations* (X 1977), als Bd. 2 erschien die lit.soziolog. Darlegung →*Qu'est-ce que la littérature.* 1948 kam der gesamte S. auf den Index der von der kathol. Kirche verbotenen Bücher. 1949 setzte sich der Autor in Kontroversen u. a. mit Mauriac u. Lukács auseinander; später bezweifelte er den aufklärer. Effekt der Lit. bei der Darstellung paradigmat. Ereignisse *(→Les mots).* Lukács versuchte S. e. Widerspruch zwischen der Heideggernachfolge in *L'être et le néant* u. dem Kantianismus in *L'existentialisme est un humanisme* (1946) nachzuweisen, was

S. in e. Replik im *Combat* (20. 1. 1949) zurückwies. Seit 1951 erschienen wieder Stücke (→*Le diable et le bon dieu,* die Bearbeitung des →*Kean* von A. Dumas, *Nekrassov,* 1956, →*Les séquestrés d'Altona* u. e. Bearbeitung der *Troerinnen* des Euripides, 1965). Die Tetralogie *Les chemins de la liberté* blieb unvollendet; seither hat S. keinen Roman mehr geschrieben. E. Parteigründung, Rassemblement démocratique révolutionnaire, schlug 1948 trotz der Sympathie von Camus, A. Breton, D. Rousset fehl. Seit 1953 verbrachte S. die Sommermonate häufig in Rom; er unternahm, zumeist in Begleitung von Simone de Beauvoir, Reisen in die UdSSR, nach China (1955) und Cuba (1960), Jugoslawien, Brasilien, erneut in die UdSSR (1962), CSSR (1963 u. 1968), Griechenland (1966), Japan. 1956 verurteilte S. in *L'Express* die sowjet. Intervention in Ungarn. 1957 begann er mit der Niederschrift von →*Critique de la raison dialectique;* im Frühjahr des gleichen Jahres agitierte er gegen de Gaulles Rückkehr zur Macht. 1960 wurde die Zs. *Les Temps modernes* verboten; Anciens combattants forderten auf den Champs-Élysées: ›Fusillez S.‹, da er das ›Manifest der 121‹ mit unterzeichnet hatte. Im Juli 1961 u. im Januar 1962 wurden gegen s. Wohnung in der Rue Bonaparte Bombenanschläge verübt. S. arbeitete damals an e. groß angelegten Studie über Flaubert (1957 ff., →*L'idiot de la famille*). Am 16. 10. 1964 lehnte S. den Nobelpreis für Lit. ab. 1965 adoptierte er Arlette El Kaïm. 1966 nahm er am Vietnam-Tribunal von Bertrand Russel teil; darüber kam es im März 1967 zu e. Briefwechsel mit de Gaulle. In e. *Spiegel*-Interview vom Juli 1968 äußerte S. die Überzeugung, daß die KPF die Mairevolution verraten habe; 1969 unterstützte er die Präsidentschaftskandidatur von Alain Krivine, im Dezember trat er im ORTF auf und verurteilte die amerikan. Kriegsgreuel in Vietnam. Er engagierte sich für den Fortbestand der linksextremen Zs. *La Cause du peuple,* deren Leitung er am 7. 4. 1970 übernahm; in der Folgezeit übernahm er auch die Direktion der Monatszs. *Tout* (zu S.s Rolle seit der Mai-Revolte von 1968 vgl. auch S. de Beauvoir, *Tout compte fait,* 1972). Im Juni 1971 wurde er der Beleidigung von Polizeiorganen angeklagt, nachdem die Staatsanwaltschaft auf Veranlassung des Innenministers seit e. Jahr gegen Unbekannt ermittelt hatte. Er solidarisierte sich 1971 mit dem Secours rouge. Als Philosoph, Romancier u. Dramatiker stellt S. die Einsamkeit, Freiheit u. Verantwortung des Menschen dar; fiktive Personen können nicht in jedem Fall als Sprachrohr s. eigenen Weltsicht angesehen werden, sondern verkörpern oft eine radikal zu Ende gedachte Idee, deren Problematik S. aufdecken will. 1951 erklärte der Autor, vor dem Krieg habe er sich nicht sonderl. für gesellschaftspolit. Fragen interessiert; die Erfahrung des Krieges u. der Gefangenschaft habe ihn dazu bestimmt, ein militanter Schriftsteller zu werden. Die Entdeckung der Kategorie der Gemeinschaft und der Wirksamkeit des Theaters entsprechen derselben Gesinnung. Im Dezember 1961 führte S. e. Diskussion mit Roger Garaudy, Jean-Pierre Vigier und dem Hegelianer Jean Hyppolite über die Frage, ob Dialektik ein Denk- oder ein Naturgesetz sei; er sprach sich entschieden gegen die Hypothese e. Naturdialektik aus. Andererseits kritisierte er (Interview *Quinzaine littéraire* 1966) die Postulate des Strukturalismus. Entscheidend ist demnach nicht, was man aus dem Menschen macht, sondern was er aus dem, was mit ihm vorgenommen wird, machen kann: ›Ce qu'on a fait de l'homme, ce sont les structures, les ensembles signifiants qu'étudient les sciences humaines. Ce qu'il fait, c'est l'histoire elle-même, le dépassement de ces structures dans une praxis totalisatrice.‹ Der Philosoph denkt diesen transzendierenden Akt. S. widerspricht Althusser, wo dieser hypostasiert, der Mensch mache Geschichte, ohne es zu wissen; dadurch privilegierte Althusser die Strukturen zuungunsten der Geschichte. Für S. stehen ›machen können› u. ›machen müssen‹ in einer dialekt. Zuordnung; die philosoph.-spekulative Einstellung u. das eth.-praktische Verhalten beeinflussen sich wechselseitig. S. wird respektiert, aber immer noch wesentl. weniger gelesen als z. B. Camus. *L'Humanité* versucht ihn als Feind der Arbeiterklasse anzuprangern, da er sich als Gegner fixierter Doktrinen, die nicht weiter hinterfragt werden dürfen, ausgewiesen hat. S. unterstützt die franz. Maoisten, ohne die Worte des Vorsitzenden Mao als Heilslehre zu verehren, da er sich jeder essentialist. Ideologie widersetzt. S. Zielprojektion der klassenlosen Gesellschaft setzt die Intensivierung der Angriffe gegen Unterdrücker durch revolutionäre Aktionen u. das Einvernehmen darüber voraus, daß Über- u. Unterbau jederzeit aufgehoben u. neu konstituiert werden können (*Œuvres romanesques,* krA M. Contat/M. Rybalka 1982, mit unveröffentlichten Texten; *Cahiers pour une morale,* 1983; *Les carnets de la drôle de guerre,* 1983; *Le scénario Freud,* 1984; *Mallarmé,* 1986; *Ecrits de jeunesse,* 1990; Textauszüge *Situations philosophiques,* 1990; *La reine Albemarle,* 1991).

G. Varet, L'ontologie de S., 1948; L. Richter, S., 1961; W. Biemel, S. in Selbstzeugnissen u. Bilddokumenten, 1964; K. Kohut, Was ist Literatur? Die Theorie der ›littérature engagée‹ bei S., Diss. Marburg 1965; G. A. Zehm, S., 1965; C. Audry, S. ou la réalité humaine, 1966; A. Manser, S., London 1966; K. Hartmann, S.s Sozialphilos., 1966; F. Jeanson, S. par lui-même, ²1967; L. Pollmann, Camus u. S., 1967; A. Gorz, Le socialisme difficile, 1967; W. F. Haug, S. u. die Konstruktion des Absurden, 1966; F. von Krosigk, Philos. u. polit. Aktion bei S., 1969; D. McCall, The theatre of S., New York/London 1969; H. Krauß, Die Praxis der ›littérature engagée‹ im Werk S.s 1938–48, 1970; M. Contat – M. Rybalka, Les écrits de S., 1970; J. Beaufret, Introduction aux philosophies de l'existence, 1971; P. M. W. Thody, S. A biographical introduction, 1971; P. Verstraeten, Violence et éthique. Essai d'une critique de la morale dialectique à partir du théâtre de S., 1972; E. Werner, De la violence au totalitarisme. Essai sur la pensée de Camus et de Sartre, 1972; J. Lecarme, Les critiques de notre temps et S., 1973; M. Greene, S., New York 1973; R. Gutwirth, La phénoménologie de S., 1974; E. u. C. Lapointe, S. and his critics (Bibl. 1938–75), 1975; R. Wilcocks, S., a bibl., Alberta 1975; Ph. Hodard, S., 1979; Autour de S., ouvrage collectif, 1981; D. Hollier, Politique de la prose (S. et l'an quarante), 1982; M. Whitford, Merleau Ponty's critique of S.'s philosophy, Lexington 1982; I. Galster, Le théâtre de S., 1986; Ch. Miething, S., in: W.-D. Lange (Hg.), Franz. Lit. XX. Jh., 1986; Sondernr. Magazine littéraire, Nov. 1990; Sondernr. Les Temps Modernes 531–33, 1990; D. Mettler, S.s Baudelaire, 1990; Ph. Thody, S., Basingstoke 1992.

Satire Ménipée, entstanden 1593, EA Tours 1594, hervorragendste Kampfschrift des 16. Jh. in mit Prosa vermischten Versen, gegen die Ansprüche der →Ligue gerichtet. Bürgerl. Kleriker u. Humanisten, meist Juristen (Jacques Gillot, Jean Leroy, Nicolas Rapin, Jean Passerat, Gilles Durant, Florent Chrestien, Pierre Pithou), verfaßten gemeinschaftl. e. Satire über die Politik der Guise, die 1593 die Generalstände einberiefen, um e. kathol. Kg. zu wählen, über die imperialist. Absichten Philipps II. von Spanien u. die Haltung der Sorbonne u. verteidigten mit legitimist. Pathos →Heinrich IV. Das Gift, unter dem die Zeit leidet, nennen die Autoren im Prolog Catholicon; die Anführer der Ligue treten als moral. u. polit. Karikaturen auf u. charakterisieren sich selbst. Sie haben Paris zu e. Spelunke für Spanier, Wallonen u. Neapolitaner, ›ung asyle et seure retraicte de voleurs, meurtriers et assasinateurs‹ gemacht. Die *S.* wurde im 16. Jh. in sechs Auflagen verbreitet (hg. Ch. Nodier 1824, J. Franck 1884).

C. Lenient, La satire en France ou la littérature militante au XVIe siècle, II ²1877.

Satires von Nicolas →Boileau-Despréaux, entstanden 1661–1711, ED 1664–1708, TA 1666 u. 1668, hg. A. Adam 1941. Formal u. themat. an antiken Modellen (Horaz, Juvenal, Martial) orientiert, führte der Autor drei Kategorien satir. Gedichte in die franz. Lit. ein. Er praktizierte die lit. Satire als Polemik gegenüber 20 Autoren (u. a. seinem Mentor Chapelain, Cotin, Deshoulières, Boursault, Perrin, Georges de Scudéry); die Angegriffenen anworteten z. T. mit neuen Invektiven (Cotin, Boursault, Kom. *Satire des satires,* 1669; Perrin), in die sie auch B.s Freunde Furetière u. Molière mit einbezogen. Boileau bearbeitete ferner Topoi der antiken u. der Renaissancesatire – Stadtleben, goldenes Zeitalter, üppige Tafelfreuden, Vanitas vanitatum, Untreue der Frauen, menschl. Unvernunft –, wobei er, anders als in s. →*Art poétique,* als Gassendist u. Sympathisant des Jansenismus die Suprematie des Verstandes in Frage stellte. Aus der Perspektive des krit. ›bon sens‹ entstand die moral. Typologie der dritten Kategorie, die u. a. in der Typenkom. u. bei Furetière Anregungen fand (*Poésies diverses,* 1655); sie liefert den Pedanten, Bigotten, Libertin, Geizigen u. Verschwender der Lächerlichkeit aus. Boileau stellte der Teilausgabe von 1666 ein panegyr. Gedicht auf Ludwig XIV. voran (vgl. s. Biographie nach 1668). Die X. Satire folgte formal den lit. Porträts, wie sie La Bruyère in den *Caractères* entworfen hatte.

E. Delaplace, Les s. de Boileau, avec un commentaire manuscrit de Le Verrier . . ., 1894; G. Ascoli, Boileau, Satires I–IX, 1967.

Saurin, Bernard Joseph, 1706 Paris – 17. 11. 1781 ebda., Advokat, Sekretär des Hzg.s von Orléans; durch e. Pension, die Helvétius ihm aussetzte, unabhängig geworden, begann S. für die Bühne zu schreiben (Kom. *Les trois rivaux,* 1743; Trag. *Aménophis,* 1758; *Spartacus,* 1760, in der Vorrede zu dieser Trag. unterscheidet S. zwischen drei Varianten des Tragischen: ›terrible‹, ›grand‹, ›pathétique‹). Anerkennung erntete er vor allem mit empfindsamen Dramen (Einakter *Les mœurs de ce temps,* 1761; *Blanche et Guiscard,* 1764, nach Thomsons *Tancred and Sigismunda; Béverlei,* 1768, nach Lillos *The London merchant*). Gleichzeitig entstanden die exot. Erzählung *Mirza et Fatmé,* die *Épîtres sur la vieillesse et sur la vérité* (1772) u. *Épîtres d'Héloïse à Abélard* (1774, nach Pope). J. B. Rousseau versuchte, S. die Autorschaft der satir. Texte, für die er zur Verbannung verurteilt wurde, anzulasten. S. war Mitgl. der Ac. frçe.

La sauvage, Drama in drei Akten von Jean →Anouilh, EA 1934, Urauff. 10. 1. 1938 Paris. Die Eltern der Thérèse Tarde (›musiciens ratés‹) wünschen die Heirat ihrer Tochter mit dem reichen Florent; ihr Milieu gesteht Thérèse kein echtes Liebesempfinden zu, jeder glaubt an Berechnung, fördert sie noch. Dabei hätte nur e. moral. Versagen des untadeligen Florent Thérèse aus ihrer zwiespältigen Haltung gegenüber e. privilegierten Lebensführung erlösen u. ihr Vertrauen in die Festigkeit des Liebesglücks geben können. Sie verzichtet auf die Ehe, wählt die Armut und flieht. Das ungleiche Paar scheitert an der Gegensätzlichkeit der materiellen Ausstattung, die Thérèse u. Florent als ihr Schicksal akzeptieren; ihr verbietet es den Kompromiß mit bürgerlichen Glücksvorstellungen, er dagegen glaubt, auch das Leiden sei e. Privileg, das nicht jedem zuteil wird (vgl. später *L'invitation au château, Pauvre Bitos*).

Savez-vous planter des choux? Prosalustspiel in drei Akten von Marcel →Achard, EA 1947, Urauff. 4. 11. 1946 Lyon. Die Posse verbindet Sexualkomik mit Spott über d. kleinbürgerl. Existenz des Bahnhofsvorstehers Sylvain Caporal, dem reichl. Pflanzenkost zum erhofften Kindersegen verhilft. Die bange Frage nach der Treue s. Frau, die sich der beispielhafte Vater stellt, als ihm ein verschlüsselter Brief in die Hände kommt, die Selbstbezweiflung s. Potenz werden hinfällig, als sich die hübsche Stieftochter Violette als Adressatin entpuppt.

Savoir, Alfred (eig. A. Posznanski), 23. 1. 1883 Lodz/Polen – 26. 6. 1934 Paris, Jurastud. in Frkr., Autor von Possen und Farcen, Darstellung der Frau als e. zerstörer. sinnl. Wesens (*Le troisième couvert,* 1906; *La sonate à Kreutzer,* 1910; *Le bluff,* 1913; *Madame,* 1914; *La huitième femme de Barbe-Bleue,* 1921; *Ce que femme veut,* 1924; *La grande-duchesse et le garçon d'étage,* 1924; *Le dompteur,* 1925; *La petite Catherine,* 1930; *La voie lactée,* 1933, Satire auf die Theaterwelt; *Maria,* 1933; *Le joli monde,* 1934).

Scaliger, Julius Caesar, 23. 4. 1484 Riva/Gardasee – 21. 10. 1558 Agen, Mönch, Mediziner, naturalisierter Franzose seit März 1528; Auseinandersetzungen mit Erasmus u. Rabelais. S. normative Dichtungslehre (*Poetices libri septem,* postum Lyon/Genf 1561, Reprint, Einführung A. Buck ²1982), richtete den franz. Klassizismus an der durch ital. Kommentare gefilterten u. deformierten aristotel. Autorität aus. Stiltrennungsregeln, Style noble u. Ständeklausel gelten fortan bis ins 18. Jh. als unverbrüchl. Prinzipien; von der Figurenpsychologie u. den erregenden Momenten der dramat. Handlung ist bei S. noch nicht die Rede (vgl. auch Sebillet, Du Bellay, Lazare de Baïf, Peletier du Mans, Jodelle, La Taille, Chapelain). S. nennt als höchste Gattung die Hymne, gefolgt von Ode, Epos, Trag. u. Kom.

M. Costanzo, Introduzione alle Poetica di Giulio Cesare Scaliger, Giornale storico della letterature italiana 1961; A. Grafton, S. I, London 1983.

Scaramouche, Figur der Commedia dell'arte (Scaramuccia), Variante des Capitano u. Karikatur des wortstarken u. funktionsschwachen span. Adels, seit 1655 auf der franz. Bühne bekannt.

Scarron, Paul, 14. 7. 1610 Paris – 7. 10. 1660 ebda., Sohn e. frommen Parlamentsrats, der gegen Richelieu opponierte. 1633 bis 1640 lebte er im bischöfl. Dienst in Le Mans. 1638 befiel ihn eine wahrscheinl. tuberkulöse Arthritis, die allmählich zu s. Lähmung führte. S. kehrte nach Paris zurück u. blieb fortan an den Sessel gefesselt. Acht

Jahre vor s. Tod heiratete er e. junge Waise, Françoise d'Aubigné, die spätere Mme de →Maintenon. Zu seinen zahlr. Freunden zählten Ménage u. Ninon de Lenclos. 1643, 1646 u. 1651 erschienen drei Bände *Œuvres burlesques.* 1651 verfaßte der Frondeur die heftigste Satire gegen Mazarin. S. führte mit *Typhon ou la gigantomachie* das burleske Genre, die Darstellung von Ernsthaftem in lächerl. Stil, in Frkr. ein; der Autor konnte dabei Ansätze bei Ménage und Saint-Amant weiterentwickeln. Später verfaßte er neben galanten Stanzen weitere Satiren (1658 u. 1659) u. beendete *Le Virgile travesti* (1648–59). Als er für die Bühne zu schreiben begann (1645), war die span. Comedia das am stärksten beachtete Modell. Nach dem Typus des Gracioso schuf S. e. neue Dienerfigur, die sich vom bisherigen ital. Vorbild durch e. Mischung von Verschlagenheit u. Feigheit unterscheidet (*Jodelet ou le maître valet,* 1645; *Les trois Dorothées ou le Jodelet souffleté,* 1646). Farcenhafte u. burleske Elemente kennzeichnen das frühe Dramenwerk S.s (Wort- u. Situationskomik, Gauloiserie vermischt mit Preziosität; Wirkung auf Molières Dienerfiguren). S. späteren Kom. (*Dom Japhet d'Arménie,* 1647; *L'héritier ridicule,* 1649; *Le gardien de soy-mesme,* 1655; *Le marquis ridicule,* 1655; *La fausse apparence,* 1662; *Le prince corsaire,* 1662) u. die Tragikom. *L'écolier de Salamanque* (1654) waren eher romaneske als kom. Dramen, die den kastil. Ehrbegriff als dramat. Motiv entwickelten u. stürm. Liebesszenen, die möglicherweise Racine beeinflußt haben, gestalteten. S.s bedeutendste Leistung ist s. →*Roman comique.* Nach span. Modell (Maria de Zayas y Sotomayor, *Novelas amorosas y ejemplares,* 1634) entstanden die *Nouvelles tragi-comiques* (1655–1657), in auktorial-kommentierender Haltung erzählt (*Œuvres complètes,* VII 1786; hg. Ch. Beaumont II 1877; *Poésies diverses,* hg. N. Gauchie 1948).

P. Morillot, S., étude biographique et littéraire, 1888; N. F. Phelps, The queen's invalid, a biography of S., Baltimore 1951; Y. Giraud, Classiques et burlesques, RhlF 1970; U. Krämer, Originalität u. Wirkung der Kom. S.s, Genf 1976; L. S. Koritz, S. satirique, 1977; P. Lerat, Le ridicule et son expression dans les comédies frçes. de S. à Molière, Lille 1980; J. Serroy, Roman et réalité, les histoires comiques au 17e siècle, 1981.

Scènes de la (ab 1852: **vie de) bohème,** Roman von Henri →Murger, entstanden 1845–49, ED *Le Corsaire* 1746–48, EA Brüssel 1851, hg. F. Geisenberger 1964; dramatisiert *La vie de bohème* in Zusammenarbeit mit Th. Barrière, EA 1849, Urauff. 22. 11. 1849 Théâtre de Varìètés, Paris; Oper *La bohème* von G. Puccini, Urauff. 1. 2. 1896 Turin; Oper *La bohème* von R. Leoncavallo, Urauff. 1897 Venedig. Murger umgibt die Armut u. Krankheit von Künstlern – dem Dichter Rodolphe, s. Freundin →Mimi Pinson, dem Maler Marcel, dem Philosophen Colline – mit romant. Schimmer. Die ungeordnete Existenzform der Bohème, die ihre Tage mit Liebe, ästhet. Diskussionen u. auf der Suche nach ihrem Unterhalt bei den verachteten Philistern verbringt, bis schließl. für einzelne die Anerkennung der künstler. Leistung aller Regellosigkeit e. versöhnl. Ende setzt, hat mit der Realität wenig gemein. Murger schreibt für ein Publikum, das er unterhalten, nicht schockieren will. Wenn die Opernbearbeitungen den Stoff ins Sentimentale abbiegen, lag die Schuld bereits beim Erzähler, das zeigt sich bes. in der Gestalt der Mimi, die die pathet. Spannung von Erotik u. schwesterl. Mitgefühl unglaubwürdig erscheinen läßt.

A. Delvau, H. Murger et la bohème, 1866; G. Montorgueil, H. Murger, romancier de la bohème, 1929; A. Moss, The legend of the Latin quarter, 1946; A. Warnod, La vraie bohème de Murger, 1947.

Scève, Maurice, um 1501 Lyon – um 1560 ebda., Jurastud. Avignon, wo S. 1534 das Grab Lauras (vgl. Petrarcas *Canzoniere*) entdeckt zu haben glaubte. Universalbegabung, zugleich Maler, Architekt, Musikexperte, Astrologe u. Übs. aus dem Ital. u. Span. Als Autor der →*Délie* wurde S. zum führenden Mitgl. der →Lyoner Dichterschule. Später erschienen die Ekloge *La Saulsaye* (1547) u. das Lehrgedicht *Microcosme* (1562, éd. E. Giudici 1976). Während es S. in weit höherem Maße als Marot u. Mellin de Saint-Gelais zu verdanken ist, daß der Petrarkismus in die franz. Lit. Eingang fand, hat er bei der Rezeption antiker Gattungen keine wesentl. Rolle gespielt (*Œuvres poétiques complètes,* II 1971).

A.-M. Schmidt, La poésie scientifique en France au XVIe siècle, 1939; V.-L. Saulnier, S., II 1948; H. Staub, Le curieux désir. S. et Peletier du Mans poètes de la connaissance, Genf 1967; A. Glauser, Le poème-symbole de S. à Valéry, 1967; D. Gabe Coleman, S., poet of love, Cambridge 1975; P. Ardouin, S. …, l'amour à Lyon au temps de la Renaissance, 1981.

Schauspieler, Schauspielerinnen, →Basoche, →Confrérie de la Passion, →Montdory, →Floridor, →Gros-Guillaume, →Champmeslé, →Du Parc, →Jodelet, →Béjart, →Grange, →Baron, →Tabarin, →Lemaître, →Molé, →Quinault, →Taconet, →Balletti, →Benozzi, →Biancolelli, →Legrand, →Lecouvreur, →Le Kain, →Clairon, →Talma, →Dumesnil, →Mars, →Colon, →Dorval, →Rachel, →Copeau, →Lugné-Poe, →Dullin, →Bernhardt, →Réjane, →Pitoëff, →Baty, →Cartel des quatre, →Jouvet, →Barrault, →Renaud, →Brasseur, →Meurisse, →Marais, →Fresnay, →Périer, →Moreau, →Flon, →Philipe, →Vilar, →Planchon.

Schauspieler-Autoren →Molière, →La Noue, →Monvel, →Moncrif, →Riccoboni, →Dancourt, →Destouches, →Belloy, →Legrand, →Maillot, →Guitry, →Sarment, →Camus, →Roussin, →Verneuil.

Schéhadé, Georges, 2. 11. 1907 Alexandria/Ägypten – 17. 1. 1989 Paris, aus libanes. Familie, Schulbildung u. Stud. an franz. Instituten u. in Paris, Licence in den Rechtswiss., Generalsekretär der École supérieure des lettres in Beirut. In s. dichter. Schaffen folgt auf e. am Surrealismus orientierte lyr. Periode (*Étincelles,* 1928; *Poésies I–III,* 1938–49; *Rodogune Sinne,* 1947; *L'écolier sultan,* 1950; *Poésies zero,* 1951; *Les poésies,* 1952) e. Phase der phantast. Dramen (→*Monsieur Bob'le,* →*La soirée des proverbes,* →*Histoire de Vasco,* →*Les violettes,* →*Le voyage,* →*L'émigré de Brisbane, L'habit fait le prince,* 1973; *Le nageur d'un seul amour,* 1985). Sch. durchtränkt die Mimesis des Ritus mit Lyrismen, um die Künstlichkeit u. den Entrückungscharakter der Fabeln zu akzentuieren. Halbbewußte Gralssuche (vgl. auch Julien Gracq), Spaltung der Identität u. die absurde Reise in den Tod, Mißverständnisse, die e. Wahrheit ans Licht bringen, welche e. Gesetz der Absurdität gehorcht, sind Kennmotive der märchenhaften Stücke. Akademiepreis für Frankophonie 1986.

H. Béhar, Étude sur le théâtre dada et surréaliste, 1967; K. Schoell, Das franz. Theater seit dem II. Weltkrieg, Bd. 2, 1970.

Schélandre, Jean de, 10. 2. 1584 Gametz – Oktober 1635, aus protestant.-dt.stämmigem Adel, Stud. z. T. in Heidelberg, Teilnahme am 30jähr. Krieg, wo er tödl. verwundet wurde; Autor e. schmalen, epigonalen Werks (Tragikom. *Tyr et Sidon,* 1608, krA J. Barker 1975; Vorbild Jodelle, Garnier, Montchrestien; satir. Gedichte nach d'Aubigné, *Les tragiques: Les sept excellents tableaux de la pénitence de saint Pierre,* 1636; Epos *La Stuartide,* vgl. Montchrestiens Trag. *L'écossoise*).

Schlumberger, Jean, 26. 5. 1877 Guebwiller/Elsaß – 25. 10. 1968 Paris, aus e. Industriellenfamilie, Sch. optierte 1892 für die franz. Staatsangehörigkeit; Mitbegründer der *NRF,* Verwalter des →Théâtre du Vieux-Colombier (1913), Autor psycholog. Romane (*Heureux qui comme Ulysse,* 1906; *Un homme heureux,* 1920; *Le camarade infidèle,* 1922; *Le lion devenu vieux,* 1924, Romanbiographie des Kardinals de Retz; *Les yeux de dix-huit ans,* 1928; →*Saint-Saturnin, Histoire des quatre potiers,* 1935; *Stéphane le glorieux,* 1940; *Passion,* 1956). Neben Theaterstücken (*Théâtre,* 1943) u. Essays über Corneille (1936) sowie über die Beziehungen zwischen André u. Madeleine Gide (1956) erschienen tagebuchähnliche Aufzeichnungen (*Rencontres,* 1968) u. e. Werkausgabe (*Œuvres,* VII 1958–62), Korresp. mit Gide (1993).

M. Delcourt, S., 1945; J. D. Hosbach, S., 1962; Sondernr. NRF 1969.

Schuré, Édouard, 21. 1. 1841 Strasbourg – 7. 4. 1929 Paris, Wagneranhänger, schrieb neben musikwiss. u. theosoph. Schriften manierierte Gedichte (*La vie mystique,* 1893), Romane (*Le double,* 1893; *L'ange et la sphinge,* 1897) u. Theaterstücke (*Le théâtre de l'âme,* III 1900–05).

C. Schneider, Sch.s Begegnung mit R. Steiner, 1933; A. Mercier, Sch., Thèse Nanterre 1971.

Schwarz-Bart, André, geb. 1928 Metz, Sohn e. poln. Juden, der 1924 nach Frkr. einwanderte, Teilnahme an der Résistance. S. autobiograph. Roman →*Le dernier des justes* (Prix Goncourt 1959) wurde e. ungewöhnl. Publikumserfolg. In *La mulâtresse Solitude* (1967) gestaltet Sch. Rassenkonflikte der zweiten Hälfte des 18. Jh. in Westafrika u. auf Guadeloupe. S. Frau Simone, die schon an *Un plat de porc aux bananes vertes* (1967), e. der hervorragendsten Werke des Autors, mitgearbeitet hatte, veröffentlichte 1972 den Roman *Pluie et vent sur Télumée Miracle,* der auf Guadeloupe spielt.

Schwob, Marcel, 23. 8. 1867 Chaville/Seine-et-Oise – 12. 2. 1905 Paris, Journalist, Übs. (Shakespeare, Defoe), Prosalyriker (das symbolist. *Livre de Monelle,* 1894) und Erzähler (*Cœur double,* 1891, ^{2}1921; *Le roi au masque d'or,* 1892; *Les vies imaginaires,* 1896, ^{2}1921; *La croisade des enfants,* 1896; *La lampe de Psyché,* 1903), der in geschichtl. entlegenen Vorgängen u. im Mythos Entsprechungen zur Gegenwart aufdeckt. Die Weltgeschichte erscheint Sch. als Text, in dem sich die individuellen Schicksale wie Worte zu e. Sinn zusammenfügen müssen. S. lit. Studien (*Villon et les compagnons de la coquille,* 1890; *Spicilège,* 1896) bestärkten ihn als Dichter in dieser ahistor. Haltung (*Œuvres complètes,* XV 1927–30).

P. Champion. Sch. et son temps, 1927; W. Goddard, Sch., 1950; G. Trembley, Sch., faussaire de la nature, Genf 1969.

Science-fiction (um 1950, Amerikanismus), Untergattung der

Utopie. Die S. bezieht sich motiv. auf spektakuläre techn. Innovationen u. Spekulationen über das Leben im Kosmos. Das Werk von Verne u. Villiers de l'Isle-Adam markiert in der Erzählung den Umschlag von der Darstellung außergewöhnl. Reisen zur Ausstattung e. Fabel mit fortgeschrittener Technik u. Elektronik, ohne Erotik auszublenden (Boulle, Merle). Bildgeschichten u. Trickfilme setzen diese Orientierung voraus. 1953 erschien in Frkr. das 1. Spezialmagazin, *Fiction*.

J. Sadoul, Histoire de la S., 1911–70, 73; I. u. G. Bogdanoff, S., 1976; D. Suvin, Pour une poétique de la S., 1978; J. Goimard, L'année 1977–78 de la S. et du phantastique, 1978; H.-J. Schulz, S., 1986; H. Alpers u. a., Lexikon der S.-Lit., 1988.

Scribe, Eugène, 24. 12. 1791 Paris – 20. 2. 1861 ebda., Bühnenautor, der in Zusammenarbeit u. a. mit E. Legouvé ca. 400 Stücke, meist Vaudevilles u. Situationskom. sowie kom. Opern (darunter →*Fra Diavolo, La dame blanche,* 1825; *La muette de Portici,* 1828; *La juive,* 1835; *Les huguenots,* 1836; *Le prophète,* 1849) verfaßte. In s. Lustspielen, die am Théâtre des Variétés, Gymnase u. an der Com. frçe. herauskamen, legte S. die Handlungsführung auf spannende Situationen, nicht auf seel. Widersprüche an; der Zuschauer interessiert sich für den Protagonisten, weil bis zum Schluß offen bleibt, in welche dramat. Konstellation der Autor ihn noch stellen wird (*Le prétendu sans le savoir,* 1810; *Une nuit de la garde nationale,* 1815; *Le secrétaire et le cuisinier,* 1821; *Le mariage de raison,* 1826; *Bertrand et Raton,* 1833; →*Le verre d'eau, Adrienne Lecouvreur,* 1849; *Les contes de la reine de Navarre,* 1850; *Bataille des dames,* 1851; *Œuvres complètes* LXXVI 1874–85). Vom romant. Schauspiel übernahm S. polit. Motive (Verschwörung, Aufruhr), um sie zu Salonintrigen aufzulösen u. dem theatral. Zufall zu unterwerfen. S. Stücke errangen 1820–50 die größten Publikumserfolge, obgleich die Kritik ihre Kunstlosigkeit stets betont hat. S. kannte offenbar die Stimmung s. bürgerl. Parterre, er schmeichelte polit. Neigungen, wenn er der Übereinstimmung mit der Mehrheit sicher war. Darum betonte er den Vorrang finanzieller Kriterien, in der Liebe wie in der Politik; stets entscheidet über den Ausgang der ›Profit‹. Die Nutznießer der ›Trois glorieuses‹ von 1830, die sich auf die monarchist. Seite geschlagen hatten, verstanden S.s Lektion. In *Bertrand et Raton* werden Aufrührer zu lächerl. Querulanten degradiert, die Hoffnung der Bourgeoisie auf Stabilisierung der wirtschaftl. Verhältnisse erfüllt sich auf der Bühne. Th. Gautier beschrieb 1840 dieses Publikum als die ›honnêtes bourgeois, plus ou moins pères de familles, qui, sans se préoccuper d'art, de style et de poétique, vont se délasser le soir au théâtre des travaux de la journée.‹

J. Rolland, Les comédies politiques de S., 1912; M. Descotes, Le public de théâtre et son histoire, 1964; H. Koon/R. Switzer, S., Boston 1980.

Scudéry, Georges de, 21. 8. 1601 Le Havre – 14. 5. 1667 Paris, Bruder der Madeleine de →S., von 1623 bis 1630 mit Begeisterung Soldat, 1644–47 Gouverneur der Festung Notre-Dame-de-la-Garde von Marseille. S. ließ zwischen 1631 und 1644 15 Trag., Tragikom. u. Kom. (darunter *La comédie des comédiens,* 1634) aufführen; 1631 legte er e. Lyrikband im deskriptiven Stil Viaus u. der Barockmanier des Italieners Marino vor. Der Erfolg von Mairets *Sophonisbe* veranlaßte ihn, Geschichtstrag. zu schreiben (*Mort de César,* 1635, nach Plutarch; *Didon,* 1636, nach der *Aeneis*); da er damit nur wenig Erfolg hatte, kehrte er zur Tragikom. zurück. Mit *L'amour tyrannique* (1637), e. melodramat. Kontrafaktur des Cid-Stoffs, glaubte er, Corneille den Ruhm streitig machen zu können; im Poetikstreit um die Regelmäßigkeit u. Originalität des →*Cid* zog S. den Fall vor die Ac. frçe., deren Mitgl. er 1650 wurde. In s. Lyrikbd. *Poésies diverses* (1649, Sonette, Stanzen, Oden, Elegien u. Versepisteln) blieb S. dem früher erwählten Stilideal, namentl. Marinos, treu; beschreibende u. enkomiast. Texte sind bei weitem in der Mehrzahl. Möglicherweise arbeitete er an den ersten Romanen s. Schwester mit. S. Epos *Alaric ou Rome vaincue* (1654), der schwed. Kgin. Christine gewidmet, wurde von Boileau abgelehnt.

A. Batereau, S. als Dramatiker, Diss. Leipzig 1902; R. Reumann, S. als Epiker, Diss. Leipzig 1911; Ch. Clerc. Un matamore de lettres, S., 1929; E. Dutertre, S. et la querelle du Cid, XVIIe Siècle 1969.

Scudéry, Madeleine de, 15. 10. 1607 Le Havre – 2. 6. 1701 Paris, Schwester des Dramatikers und Corneillegegners Georges de →S. Sie war seit 1653 Mittelpunkt e. preziösen Salons, der sich samstags meist bei ihr versammelte (etwa zwölf Personen, darunter Pellisson, Conrart u. Chapelain), über Ästhetik u. Liebeskasuistik diskutierte u. Gelegenheitsgedichte austauschte. Die Gestalten ihrer vielbändigen pseudohist. Barockromane, an denen ihr Bruder bis 1653 möglicherweise mitarbeitete (vgl. auch Gomberville, Chevreau, La Calprenède), leben nach Normen der →Préciosité (*Ibrahim ou l'illustre Bassa,* 1641; *Artamène ou le Grand Cyrus,* 1649–53; *Clélie, histoire romaine,* 1654–60; *Almahide,* 1660–63). Heliodor u. Honoré d'Urfé sind die gefeierten Vorbilder, La Calprenède, obwohl stellenweise detailliert nachgeahmt, bleibt absichtl. unerwähnt. Die Romanfiguren der S. spielen wiederholt die Rolle berühmter Zeitgenossen, Ludwigs XIV., des Condé oder der Marquise de Sablé, in e. salonhaften Atmosphäre; spätpetrarkist. Frauenkult (→Carte du Tendre) u. übermenschl. Heroismus liefern diesen idealisierten Gestalten, deren Seelenadel langatmig zergliedert wird, Impulse. Einzelne Modelle erkannten sich in ihren lit. Rollen wieder u. ließen sich die sublimen Konturen gefallen. S. erfindet immer neue Peripetien, weil Episodenfülle ihr erst die Voraussetzung zu psych. Konflikten u. deren Analyse liefert. 1702 veröffentlichte Marie-Jeanne L'Héritier de Villandon (1664–1734) eine *Apothéose de S.* (Vers u. Prosa).

V. Cousin, La société française au 17e siècle d'après le Grand Cyrus de S., 1858; C. Aragonnès, S., reine du Tendre, 1934; G. Mongrédien, S. et son salon, 1946; ders., La vie littéraire au XVIIe siècle, 1947; R. Nunn, S. Clélie, Diss. Columbia University 1966; R. T. Keating, The literary portraits in the novels of S., 1970; A. Niderst, S., P. Pellisson et leur monde, 1976; N. Aronson, S., Boston 1978; R. Godenne, Les romans de S., Genf 1983; R. Baader, Dames de lettres, 1986; E. Goldsmith, Exclusive Conversations, 1988; D. Mayer, Une amitié parisienne au grand siècle, 1990.

Sebillet, Thomas, 1512 Paris (?) – 1589 ebda., Advokat am Parlement, Übs., der in s. →*Art poëtique françoys pour l'instruction des jeunes studieus et encor peu avancez en la Poësie françoyse* (1548) wenige Monate vor dem Erscheinen der →*Deffence et illustration de la langue françoise* die herrschende Konzeption der Dichtkunst widergab. S. fußt auf der Poetik des Horaz u. der platon. Ästhetik, dabei stärkt er die poetolog. Selbstbesinnung der traditionsbewußten Autoren s. Zeit, aus den ma. Gattungen sollten die Dichtungsformen der Renaissance angemessen u. ohne Bruch weiterentwickelt werden.

H. Chamard, Histoire de la Pléiade, [2]1961.

Secrétaire perpétuel, ständiger Sekretär der →Académie française, dessen Stelle bereits bei der Gründung eingerichtet wurde. Erster S. war Conrart, später bekleideten u. a. d'Alembert, Duhamel, Genevoix dieses Amt.

Sedaine, Michel-Jean, 4. 7. 1719 Paris – 17. 5. 1795 ebda., Dramatiker; Autodidakt, denn nach dem Tode s. Vaters (1732) mußte S. das Collège des Quatre-Nations mit e. Maurerwerkstatt vertauschen, bis ihm e. Mäzen eine Rente aussetzte. Seitdem verkehrte er unter Literaten (Diderot, d'Alembert, Favart) und schrieb außer Lyrik (Slg. 1752, 1760) nach antiken (Amphytrion, Philemon u. Baucis), ma. (Aucassin u. Nicolette, Ritter Blaubart, Richard Löwenherz, Wilhelm Tell, *Maillard ou Paris sauvé,* 1779) u. zeitgenöss. Stoffen (Einakter *La gageure imprévue,* 1768; →*Le philosophe sans le savoir; Œuvres dramatiques,* V 1800) romaneskes u. sentimentales Theater, das zur Abkehr vom klass. Schauspielideal beitrug. 1768 wurde S. Mitgl. der Ac. frçe. Er verfaßte Libretti für kom. Opern von Grétry u. Monsigny.

A. Rey, Notes sur mon village: La vieillesse de S., 1906; E. Guieysse-Frère, S., ses protecteurs et ses amis, 1907; L. Günther, L'œuvre dramatique de S., 1909.

Sée, Edmond, 20. 3. 1875 Bayonne – 1959 Paris, Jurastud., 1902 Promotion; schrieb seit 1894 im Stil von Porto-Riche erfolgreiche Boulevardkom. (*Théâtre,* V 1923–35); außerdem Theaterkritik (*Le théâtre des autres,* 1913–15; *Ce soir, notes et impressions dramatiques,* 1921; *Le théâtre français contemporain,* [2]1950).

Ségalen, Victor Ambroise Désiré (Ps. Max Anély), 14. 1. 1878 Brest – 21. 5. 1919 Huelgoat/Bretagne, Medizinstud., 1902 Promotion. Schiffsarzt, von der chines. u. polynes. Kultur fasziniert, sammelte den Nachlaß von Gauguin auf Tahiti. S. verfaßte symbolist. Lyrik (*Stèles,* 1912; *Peintures,* 1916; *Odes,* 1926; hg. A. Joly-Ségalen 1964), das Drama *Orphée-Roi* (1921), zu dem Debussy die Musik komponierte, exot. Romane (*Les immémoriaux,* 1907; *René Leys,* 1921) und archäolog. Werke.

A. Joly-Ségalen, S., 1950; H. Bouillier, S., 1961; J. L. Bédouin, S., 1963.

Seghers, Pierre, 5. 1. 1906 Paris – 4. 11. 1987 ebda., Verleger u. Lyriker, der sich an Éluard u. Desnos orientierte (*Bonne espérance,* 1938; *Le chien de pique,* 1943; *Domaine publique,* 1945; *Futur antérieur,* 1947; *Jeune fille,* 1948; *Six poèmes pour Véronique,* 1950; *Racines,* 1958; *Piranèse,* 1961); Bd. 164 der Reihe *Poètes d'aujourd'hui,* die in s. Verlag seit 1945 erscheint, ist S. selbst gewidmet. Auf s. Initiative hin richtete die Stadtverwaltung von Paris im Forum des Halles e. Maison de la Poésie ein.

C. Seghers, S., 1981.

Segrais, Jean Regnault de, 22. 8. 1624 Caen – 25. 3. 1701 ebda., entfernter Verwandter von Malherbe, Jesuitenschüler; 1648–72 im Dienst der Montpensier, der er ins Exil folgte; 1662 Aufnahme in die Ac. frçe. S., der in s. Jugend e. Trag., *La mort d'Hippolyte,* verfaßt hatte, war mit Ménage, Scarron u. später mit Mme de Lafayette enger befreundet. In s. Lyrik (darunter die Stanzen *Sur la →Carte du Tendre*) blieb er epigonal. S. erzählenden Dichtungen, namentl. die *Nouvelles françoises* (1658), entsprachen e. gattungstrennenden Fiktionsbegriff; während der Roman eher die Bienséance entwickelt, soll die Novelle Geschichtlichkeit garantieren. Andererseits vermag der Roman die Lücken in der Geschichtsschreibung auszufüllen. S. wählt in der Novellistik exakte Schauplätze im Roussillon, in Burgund, England u. der Türkei. Im Ansatz zumindest erneuerte S. die heroisch-galante Epik (vgl. Gomberville, La Calprenède, Madeleine de Scudéry, Villedieu) durch e. neuen Glaubhaftigkeitsanspruch. Ihm verdankt es die franz. Erzählung, daß in der Fiktion hist. verbürgte Ereignisse u. erfundene Motive demselben Wahrheitsanspruch auftreten können.

M. A. Raynal, La nouvelle frçe. de S. à Mme Lafayette, 1926; J.-D. Hubert, Les Nouvelles frçe.s de Sorel et de S., CAIEF 1966; J. v. Stackelberg, Von Rabelais bis Voltaire, 1970.

Ségur, Sophie Rostopčina, comtesse de, 19. 7. 1799 St. Petersburg – 9. 2. 1874 Paris, Autorin erfolgreicher Kinderbücher (*Nouveaux contes de fée pour les petites enfants,* 1857; *Les petits filles modèles,* 1858; *Les vacances,* 1859; *Les malheurs de Sophie,* 1864; *L'auberge de l'ange gardien,* 1864; *François le bossu,* 1864; *Jean qui grogne et Jean qui rit,* 1865; *Un Bon petit diable,* 1865; *Œuvres,* XX 1930–32; *OC,* III 1990).

R. Gobillot, La comtesse de S., vie et œuvre, 1925; M. d'Hédouville, La comtesse de S. et les siens, 1953; M.-F. Doray, S., une étrange paroissienne, 1990.

Séide, Sohn des Scheichs Zopire u. s. fanatisierter Mörder in →*Mahomet* von Voltaire; danach das Substantif ›le s.‹ (Dorat 1774; Wörterbuch der Ac. frçe. 1878) zur Bezeichnung e. stellvertretend tätigen Kriminellen.

La semaine sainte, Roman von Louis →Aragon, entstanden 1957, EA 1958. Die Mischform, Chronikroman unterlegt mit Denkprosa, die das ep. Geschehen von der erlebten Gegenwart des Dichters her distanzierend kommentiert und dadurch jede Nähe zur Einfühlungsästhetik vermeidet, legitimiert Aragons Vorhaben, die Ereignisse der Karwoche 1815 darzustellen u. dabei persönl. Erfahrungen auf die hist. Zentralgestalt, die in der geschilderten Weise gedacht u. gehandelt haben könnte, zu übertragen. Damit stellt sich das Problem des Anachronismus. Da der Maler Théodore →Géricault, der im Gefolge Ludwigs XVIII. u. s. Marschälle vor dem aus dem Exil auf Elba zurückkehrenden Napoleon nach Norden flieht, keine Unterhaltungsfigur im Dumasschen Sinne der *Trois mousquétaires* werden darf, sondern Aragons Erlebnisse von 1940, s. Begegnung mit Streikenden u. s. Sozialhumanismus erfahren u. praktizieren, jedoch den hist. versicherten Rahmen der Geschichte nicht überschreiten soll, muß er in beispielhafte Situationen, die der Leser jeweils pragmat. verstehen lernt, gebracht werden. Der Autor verlegt die entscheidende Szene als Géricaults ›Damaskuserlebnis‹ in die Mitte des Werkes. Der Maler beobachtet heiml. e. Verschwörergruppe, deren schlichtes patriot. Sehnen nach gleichem Glück für alle Franzosen ihn anrührt; in diesen Kleinbürgern u. Arbeitern entdeckt Géricault, der als Künstler u. Soldat von den Privilegierten abhängig war, emphatisch ›die anderen‹. Er, der sich zu e. ›christl. Ideal, aber ohne die Religion‹ bekennt, wird sich bewußt, daß Güte trag. Mut verlangt. Anders als der →hist. Roman nach dem Modell W. Scotts, das in Frkr. seit Vigny beachtet wird, läßt *S.* nur e. pragmat. Verhältnis zum Geschichtlichen gelten; Aragon verfaßte e. nationalen Erziehungsroman, wie ihn J. Romains, R. Rolland oder R. Martin du Gard inauguriert haben.

V. Heinrichs, L. Aragons Erzählkunst in S., Diss. Köln 1968; S. Ravis-Françon, Temps historique et temps romanesque dans S., RhlF 2–3, 1975; R. Begon, S., 1978.

Sembène, Ousmane, geb. 1923 Senegal, Erzähler, dessen Themen der Kolonialismus u. später die Krisen der unabhängigen afrikan. Staaten sind (*Le docker noir,* 1956; *O pays, mon beau peuple,* 1957; *Les bouts de bois de Dieu,* 1957; *Xala,* 1974); produziert seit 1968 auch Filme.

M. T. Bestman, S. et l'esthétique du roman négroafricain, Sherbrooke 1981.

Le Semeur, pazifist.-fortschrittl. Zs., die der Titelheld des Romans →*Jean Barois* von Martin du Gard im November 1895 gründete.

Semprun, Jorge, geb. 1923 Madrid, Exilspanier, der in Paris lebte; Teilnahme an der Résistance, 1943 Deportation in das KZ Buchenwald (dargestellt im Roman *Le grand voyage,* 1963). Interesse für Revolution u. Spionage (*La deuxième mort de Ramón Mercader,* 1969), Autor erfolgreicher Drehbücher (*La guerre est finie,* verfilmt von A. Resnais; *Z, L'aveu*); Monographie über Y. Montand (1982).

Senancour, Étienne Pivert de, 16. 11. 1770 Paris – 10. 1. 1846 Saint-Cloud, Vater Conseiller du Roi in der Finanzverwaltung, Collège de la Marche bis 1789; floh in die Schweiz, als der Vater den Eintritt in e. Priesterseminar verlangte, lebte in Saint-Maurice, dann Fribourg als Pensionsgast e. ehemaligen Offiziers. S. heiratete im September 1790 e. s. Töchter. Als er plante, sich im Aostatal niederzulassen, weigerte sich s. Frau, den Großen St. Bernhard zu überqueren, das Paar kehrte nach Fribourg zurück; bis 1793 drei Kinder. 1796 ging S., als die Schweiz alle Ausländer auswies, allein nach Frkr. zurück, erhielt nach schwierigen Bemühungen e. Hauslehrerstelle im Valois. Seit 1792 publizierte er kulturkrit. Essays (*Les premiers âges,* 1792, n. 1968; *Sur les générations actuelles,* 1793; *Rêveries sur la nature primitive de l'homme,* 1795; *De l'amour,* 1806; *Observations sur le Génie du christianisme,* 1816; *Libres méditations d'un solitaire inconnu sur le détachement du monde,* 1819; hg. B. Le Gall, Genf 1970) u. Briefromane (*Aldomen,* 1795; →*Oberman*). Nach 1814 unternahm S. Reisen in die Vogesen, nach Südfrkr.; erbitterter Gegner des Empire, Bonalds u. Chateaubriands. 1825 erschien das *Résumé de l'histoire des traditions morales et religieuses chez les divers peuples,* das in der aufklärer. Thematik Voltaires *Essai sur les mœurs* nahekam; S. wurde 1827 deswegen zu neun Monaten Haft u. e. Geldstrafe verurteilt, in zweiter Instanz jedoch freigesprochen. Sainte-Beuve, Nodier u. G. Sand wiesen wiederholt auf den Rang des in Vergessenheit geratenen Autors hin; seit 1800 litt er unter Lähmungen, seit den 30er Jahren konnte er ohne fremde Hilfe nicht mehr gehen u. essen. 1838 setzte ihm Thiers e. Pension aus. In der Ära des wortgewaltigen Victor Hugo war S. unzeitgemäß geworden. Seine Originalität in *Oberman,* die nicht im Rückzug des Individuums in die Innerlichkeit, sondern in der Hervorkehrung der individuellen Innerlichkeit bestand, hinterließ Spuren, die bei Nerval, Sand, Matthew Arnold, Fromentin u. dem Spanier Unamuno nachgewiesen wurden. Da S. weder Verslyriker noch Dramatiker war, blieb s. Einfluß im 19. Jh. allerdings beschränkt. Die Mischform s. Prosa geriet in den Schatten von *Corinne, René, Adolphe,* wo ideolog. Probleme des Individualromans in seel. Konflikte aufgelöst wurden; S. versuchte hingegen, die Schuld für das Naturwidrige in der Welt dem Individuum abzunehmen u. in e. Kosmogonie, in der Elemente des Manichäismus verarbeitet werden, zu verlegen. S.s Kom. *Valombré* (1807) wurde 1972 von Z. Lévy in Genf ediert.

J. Merlant, S. Poète, penseur et publiciste, 1907; G. Michaut, S., ses amis et ses ennemis, 1909; A. Monglond, S. en Suisse, RLC 1930; ders., Jeunesses, 1933; W. Haedicke, S. u. s. geistesgeschichtl. Stellung in der franz. Lit., Diss. Greifswald 1936; W. Engler, Die Krise des Idyllischen in den Rêveries sur la nature primitive de l'homme von S., ZfSL 1962; M. Laroutis, Monde primitif et monde idéal dans l'œuvre de S., RhlF 1962; B. Le Gall, L'imaginaire chez S., 1966; M. Raymond, S. Sensations et révélations, 1966; J. Senelier, Hommage à S., textes et lettres inédits, bibliographie, 1971; Z. Lévy, S., dernier disciple de Rousseau, 1979; B. Didier, S., 1985.

Senghor, Léopold Sédar, geb. 9. 10. 1906 Joal-la-portugaise/Sénégal, Stud. Klass. Philologie Dakar u. Sorbonne, Agrégation, 1935–40 Unterrichtstätigkeit in Frkr., 1944 Prof. an der École nationale de la France d'Outre-Mer, 1946 Deputierter der franz. Assemblée nationale, 1955 Staatssekretär für wiss. Forschungen, 1959 Parlamentspräsident der Föderation Mali, seit 1960 Präsident der Republik Sénégal, ausgezeichnet mit dem Friedenspreis des dt. Buchhandels. S. frühe Lyrik, die den kulturellen Gegensatz Frankr.-Afrika thematisierte, entstand unter dem seel. Druck des Heimwehs (*Chants d'ombre,* 1945; *Hosties noires,* 1948). In den Liebesgedichten *Chants pour Naett* (1949) verkörpert die Afrikanerin die Geliebte u. kulturelle Geborgenheit. Mündl. tradierte Negerpoesie u. afrikan. Lokalkolorit werden im Verlauf s. Entwicklung immer stärker in S.s ergriffenen Hochgesang verwoben. Dabei arbeitet der Dichter auf e. ›kulturelles Mestizentrum‹ hin, um auch Europäer anzusprechen. S. spielt auf die *Aithiopika* des spätantiken Dichters Heliodor an (*Éthiopiques,* 1956) u. wetteifert mit dem Eulogienton des Hohenliedes (*Nocturnes,* 1961; *Élégie des alizés,* 1969; Lyrik *Lettres d'hivernage,* 1973). Das Gedicht kann Lösungen erbringen, die die Faktizität verbietet; das Bild vergleicht nicht, sondern ist Ideogramm, die Prosodie richtet sich nach Gebärden der Folklore u. Magie. Die häufig wiederkehrende Metapher des Panthers evoziert Angst sowie Tod u. ruft als Gegenspiel den Tanz herauf. Selbstbewußt begreift sich S. als Sprachrohr der afrikan. Kultur (*Négritude et humanisme,* 1964, →Négritude; *Négritude et civilisation de l'universel,* 1977; *Anthologie de la nouvelle poésie nègre et malgache de langue frçe.,* 1977; *La poésie de l'action,* 1980, Autobiogr. in Form des Dialogs mit e. tunes. Dichter).

J. Jahn, Muntu, 1958; A. Guibert, S., 1962; G. Moore/U. Beier, Modern poetry from Africa, 1963; G. Bonn, S., 1968; I. Hanf-Donner, S., 1971; R. Tillot, Le rythme dans la poésie de S., 1979; Sondernr. RhlF 1988.

Le sens de la vie (1889), autobiograph. Roman von Edouard →Rod, die Geschichte e. ichbezogenen wohlhabenden Mannes, der sich selbst zum Altruismus zwingt. S. Existenz ist frei von Schicksalsschlägen u. materieller Not, er kann s. Glück, auch in der Ehe, nicht fassen u. flüchtet sich in Melancholie. Ein Gottesdienst in Saint-Sulpice bereitet ihm ästhet. Vergnügen, bewegt ihn jedoch nicht zu frommer Anteilnahme. Rod definiert die Haltung s. Protagonisten als Dilettantismus, d. h. als intellektuelle Veranlagung, der nichts verborgen bleibt u. die doch den Einsatz scheut. Als Kritik am Naturalismus gehört das Werk in e. Reihe mit Romanen von Paul Margueritte *(→Jours d'épreuves)*, Bourget u. Barrès; sie alle entwickeln ein Ethos der Solidarität, das gegen die Verhältnisse u. Neigungen errungen wird.

J. Lemaitre, Les contemporains 5e série, o. J.

La sepmaine ou Création du monde, Epos in sieben Gesängen von Guillaume de Salluste →Du Bartas, entstanden 1572–1578, EA 1578 oder 1579, hg. J. Chouet, Genf 1581, krA Y. Bellenger, II 1981. Das Alexandrinerepos von der Schöpfungswoche folgt dem siebenteiligen bibl. Bericht, intendiert jedoch bei aller Ausschmükkung keine deskriptive, sondern e. hymn. Leistung: der Weltenschöpfer wird als Held des Epos gerühmt. Du Bartas' Prunkstil ist bis zur Unleserlichkeit manieriert (Häufung von Metaphern, Hyperbeln, Oxymora, Antithesen); s. Erfolg – in sechs Jahren über 30 Auflagen – verdankte das Gedicht der parteiischen Begeisterung e. protestant. Publikums sowie dem Umstand, daß den Dichtern der →Pléiade der große ep. Wurf nicht gelungen war. Du Bartas plante, das Epos stoffl. zu erweitern u. die Reformation teleolog. in den Heilsplan einzubeziehen.

K. Reichenberger, Du Bartas u. s. Schöpfungsepos, 1962.

Sept-Épées, im Schauspiel *→Le soulier de satin* von Claudel die Tochter der Doña Prouhèze, Begleiterin von Don Rodrigue u. Don Juan de Austria.

Les séquestrés d'Altona, Drama in fünf Akten von Jean-Paul →Sartre: EA 1960, Urauff. 23. 9. 1959 Théâtre de la Renaissance, Paris (Regie François Darbon). Sartre gestaltet erneut das Motiv der Hölle auf Erden *(→Huis clos)* mit Elementen der Schicksalstragödie: unerwartete Heimkehr, Familienfluch, Inzest, Besessensein von e. Ideologie. Der Vater-Sohn-Konflikt (Franz, der sich als Kriegsverbrecher im Haus des Reeders v. Gerlach verborgen hält, verschließt sich s. Vater, der vom Zweitgeborenen, Werner, enttäuscht wird) überschneidet sich mit e. Vater-Tochter-Konflikt (Leni Gerlach identifiziert den geliebten Bruder Franz emphat. mit der Vatergestalt). Alle Personen des Stücks, ausgenommen Werners Frau Johanna, ziehen den Wahn der Wahrheit vor, klammern sich an Denkklischees ihrer Klasse – Leni am heftigsten – u. illustrieren Sartres Doktrin von der uneigentl. Existenz, sind ›salauds‹. Lenis Ödipuskomplex, den sie in inzestuöser Bruderliebe kompensiert, ist sinnfällige Unfreiheit, Bejahung der Determinierung e. Herrenmenschen. Franz, der sich selbst in e. Zimmer einschließt, die Huis clos-Situation wählt, sucht nicht Selbstbestrafung wie der antike Ödipus, sondern die Verhüllung der unerträgl. gewordenen Wahrheit. Wie andere Stücke Sartres auch *(→ Morts sans sépulture, →Les mains sales)* bietet dieses Trauerspiel Rechtfertigungsdramatik; ins Zwielicht geratene Taten müssen im nachhinein begründet werden. Franz hat sich für die ›mauvaise foi‹ entschieden, indem er, statt sich zu s. Eigenverantwortung zu bekennen – im 2. Weltkrieg hat er russ. Kriegsgefangene foltern lassen –, in die Vorstellungen von Kollektivschuld und -sühne ausweicht; er spricht von ›crimes préfabriqués‹, die der Soldat als Befehlsempfänger auf sich nehme (IV, 4). In diesem Aspekt wird auch der von Sartre ausdrückl. mitintendierte Zeitbezug des Stückes zum Algerienkonflikt deutlich. Das Drama schließt zykl.: Franz, der s. todkranken Vater wieder zu sich einläßt, erinnert ihn an e. Autofahrt über die Elbchaussee, als er noch ein Kind war. Gerlach sagte damals: ›Frantz, il faut t'aguerrir, nous ferons de la vitesse.‹ Sie fahren jetzt dieselbe Strecke u. tarnen ihren gemeinsamen Selbstmord als Unfall. Leni – ›Il faut un séquestré, là-haut‹ – wird die Rolle des Bruders weiterspielen. Sie läßt sich von der falschen Sicherheit eines ›être en soi‹ verführen u. genießt die Abgeschlossenheit. Die ›Hölle‹ der Immanenz der Dinge wird zur Zuflucht, da sie den Menschen scheinbar aus der Verantwortung entläßt.

M. D. Boros, Un séquestré, l'homme sartrien, 1968; M. Contat, Explication des S. de J.-P. Sartre, Archives des lettres modernes 1968; R. Lorris, S., terme de la queste orestienne, FR 1970; J. N. J. Palmer, S., Sartre's black tragedy, FS 1970.

Serments de Strasbourg, Straßburger Eide, ältestes franz. Sprachdenkmal (842), das →Nithard, der den Text möglicherweise selbst redigierte, zitiert (*Hist.* I. III, 5). Als sich die beiden jüngeren Brüder, Ludwig der Dt. u. Karl der Kahle gegen Lothar, der die Einheit des karoling. Reichs zu wahren suchte, verbündeten, sprach Ludwig die Eidesformel des Beistandspakts am 14. 2. 842 in Straßburg in ›lingua romana‹, Karl in adh., damit die beiden Heere die Vereinbarung verstanden. Die Vasallen legten den Eid auf die Übereinkunft in ihrer Muttersprache ab. Der Text der S. ist mundartl. noch nicht zu fixieren.

M. Tabachovits, Le texte roman des S., Uppsala 1952; W. v. Wartburg, Évolution et structure de la langue frçe., Bern [8]1967.

Sermon joyeux, dramat. Predigtparodie des 15. u. 16. Jhs. Als Prediger kostümiert deklamiert ein Schauspieler in makkaron. Latein u. Umgangsfranz. närr. Gebote (*Sermon de Monseigneur Saint Jambon et de Madame Sainte Andouille, Sermon de Saint Raisin*). Der S. diente häufig der ma. Misogynie (vgl. Monologue dramatique, Monodrama).

Serventois →Sirventes.

Servitude et grandeur militaires, drei Novellen (*Laurette ou le cachet rouge, La veillée de Vincennes, La vie et la mort du capitaine Renaud ou la canne de jonc*) von Alfred de →Vigny, entstanden 1832–35, ED *Revue des deux mondes* 1. 3. 1833, 1. 4. 1834, 1. 10. 1835, erweiterte EA 1835, hg. F. Germain 1965, J. Cruickshank, London 1966. Vignys Pessimismus (→*Stello*, →*Chatterton*) ist in den drei Novellen auf die Beispielfigur des Soldaten bezogen. Er ist wie der Dichter zum Paria der Gesellschaft geworden, seit ihn das auf dem Prinzip des unbedingten Gehorsams begründete Militärwesen zum willenlosen Sklaven degradiert hat. Einzige Grundlage s. Verhaltens ist s. Ehre, die relig. Werte ersetzt. Aus e. rotgesiegelten Brief erfährt der Kapitän e. Schiffs, daß er s. Gefangenen, der Spottverse auf das Directoire verfaßt hat, exekutieren soll (*Laurette ou le cachet rouge*). Verzweifelt führt er die unmenschl. Order aus; Laurette, die Frau des Hingerichteten, verliert den Verstand. Der Soldat nimmt sich der Witwe an u. gibt sie als s. kranke Tochter aus. Die Geschichte schließt mit der Mitteilung, die Irre sei im Spital gestorben u. ihr Fürsorger bei Waterloo gefallen. Vigny mißt das entartete Bild vom Militär, das durch die Revolution nicht verändert wurde, an Idealvorstellungen vom Soldaten als Citoyen, der Werte, zu deren Schutz er bestellt ist, auch selbst anerkennt. Teilweise orientierte er sich dabei an Montesquieus Romidee.

P.-G. Castex, Stello, S., 1963.

Sète, Hafenstadt im Languedoc, Geburtsort Paul Valérys *(→Le cimetière marin).*

Séverine Roubaud, weibl. Hauptgestalt in Zolas Roman →*La bête humaine,* Geliebte des Jacques Lantier, der sie, u. nicht wie geplant, ihren Mann, den Bahnbeamten R., ermordet.

Sévigné, Marie de Rabutin-Chantel, marquise de, 5. 2. 1626 Paris – 16. 4. 1696 Schloß Grignan/Drôme, 1633 Vollwaise, in der Familie ihres Vaters erzogen, 1644 Heirat mit e. breton. Adligen, Henri de Sévigné (4. 2. 1651 im Duell gefallen). Als Witwe zog sie 1654 mit ihren beiden Kindern nach Paris; die schöne u. geistreiche Frau stand bald im Mittelpunkt des gesellschaftl. Lebens u. bot wiederholt Anlaß zu skandalösen Gerüchten. Ihr Salon gehört 1661 zu den zwanzig bedeutendsten in Paris; Chapelain, Conrart, Ménage u. Mme de La Fayette sind ihre Vertrauten. Bei Hof erschien sie nur selten. Am 29. 1. 1669 heiratete ihre Tochter Françoise, die jahrelang v. Dichtern u. Aristokraten umschwärmt worden war, den Grafen Grignan, den ihre Mitgift vor dem Ruin rettete. Mme de S. bezog 1677 das Hôtel Carnavalet, seit 1694 lebte sie bei ihrer Tochter, wo sie an den Blattern starb. Die Korrespondenz, die ihren lit. Ruhm begründete, wurde postum veröffentlicht (EA 1697 ff., versch. Gesamtausgaben 1734 ff., krA Gérard-Gailly III 1953–57; Pléiadeausgabe R. Duchêne, III 1972–78). Die Forschung hat Mme de S.s *Lettres* als wertvollstes kulturhist. Dokument der Epoche bezeichnet. Überwiegend sind die rd. 1500 Briefe an Françoise gerichtet. Die tändelnde Leichtigkeit des Stils lernte Mme de S. bei ihrem Lieblingsautor Voiture, lakon. Spott schien ihrem Temperament zu entsprechen. Die Briefe geben, häufig im paratakt. Stil, vor allem Eindrücke wieder; Ursachen aufzuspüren u. zu explizieren, ist kaum ihre Absicht. Darin vergleicht sie Proust, der ihre Darstellungsweise außerordentl. schätzte, mit der impressionist. Ästhetik Claude Monets. Wie aus ihren Bemerkungen zu Zeiterscheinungen hervorgeht, hat Mme de S., die das Scheitern der →Fronde beklagte, stets aristokrat. Ethos bewundert; sie vermutete es weniger am Hof von Versailles als bei d. adligen Familien in der Provinz. In der Epistolarlit. des 17. Jh. (Balzac, Voiture, Chapelain, Peiresc, Mme de Sablé, Mme de Maure) ist ihr kein Name ebenbürtig, denn sie nimmt mit ihrem spontanen, anspielungsreichen Stil u. den witzigen Aufzählungen bereits, wie A. Adam bemerkt, Errungenschaften des 18. Jh., etwa Voltaires, vorweg. Sie überwand die herkömml. Stiltrennung der Briefgattung, indem sie Rhetorik, Didaxis u. Badinage talentiert vermischte.

R. Nicolich, Mme de S. and the problem of reality and apparances, Diss. Michigan State University 1965; G. Munk, Mme de S. et Mme de Grignan dans la correspondance et dans la critique, 1966; A. Adam, Histoire de la littérature frçe. au XVIIe siècle, Bd. 4, 1968; B. Bray, Quelques aspects du système épistolaire de Mme de S., RhlF 1969; R. Duchêne, S. et la lettre d'amour, 1970; ders., Partage des biens et partage des affections: Mme de S. et ses enfants, Annales de la faculté des Lettres d'Aix-en-Provence 1970; E. Gérard-Gailly, Mme de S., 1971; F. Nies, Gattungspoetik u. Publikumsstruktur. Zur Gesch. der S.briefe, 1972; Sondernr. RhlF 6, 1978: La lettre au 17e siècle; Ch. G. S. Williams, S., Boston 1981; R. Duchêne, Ecrire au temps de S., 1981; ders., S. ou la chance d'être femme, 1982; C. M. Howard, Les fortunes de S. au 17e et au 18e siècles, 1982.

Sextine, Sestine, komplizierte Sonderform der Kanzone, im 12. Jh. vom Trobador →Arnaut Daniel ausgebildet; Gedicht von sechs Strophen mit jeweils sechs Versen, zusätzl. e. Geleit von drei Versen; die sechs Reimwörter der ersten Strophe kehren in festgelegter Reihenfolge in den nächsten Strophen wieder. Die S. kam durch den Petrarkismus nach Frkr. zurück, wurde jedoch nur vereinzelt wieder kultiviert (Pontus de Thyard, F. de Grammont, J. Soulary).

F. de Grammont, S.s, précédés de l'histoire de la s., 1872; R. Baehr, Einführung in die franz. Verslehre, 1970; J. Riesz, S., 1971.

Seyssel, Claude de, 1450 Aix-en-Provence – 1520, Diplomat, 1509 Bischof von Marseille, später Erzbischof von Turin, Autor der *Louenges du roy Louys XII,* (1508); außerdem theolog. u. hist. Schriften sowie Übs. (Xenophon, Thukydides, Seneca u. a.), die J. Colin auf Anweisung Franz' I. herausgab, Ansätze zur Apologie des Absolutismus.

Sganarelle, in den Kom. Molières wiederholt auftretende, farcenhaft u. grotesk gezeichnete Figur (*Sganarelle ou le cocu imaginaire,* 1660; *L'école des maris,* 1661; *Dom Juan ou le festin de pierre,* 1665; *Le médecin malgré lui,* 1666). Vorbild war →Jodelet.

Le siècle de Louis XIV, Geschichtswerk von →Voltaire, entstanden seit 1732, EA Berlin 1752, revidierte Ausgaben 1756, 1763, 1768. Voltaire sah Ludwig XIV. als bedeutenden Herrscher an, obwohl er durch s. Außenpolitik Leid über zahllose Menschen gebracht hatte; was für den Autor jedoch mehr zählt, ist die Kulturpolitik der Ära u. der damalige Ruhm Frk.s in Westeuropa. Voltaire verstand s. Buch als Denkmal der Größe e. Nation, genauer ihrer Kunst, Lit., Architektur u. wiss. Errungenschaften; die Zeitgenossen kritisierten es als Schmähung Ludwigs XV., dessen Leistungen von den Taten des Roi Soleil in den Schatten gestellt wurden. Da Voltaire sich bemühte, e. zivilisator. Fortschritt nachzuweisen, verbot sich die teleolog. Methode, wie sie →Bossuet angewandt hatte, für ihn von selbst; daß die Weltgeschichte kein Abglanz e. heilsgeschichtl. Plans ist, hatte er im übrigen bereits im →*Essai sur les mœurs et l'esprit des nations* nachgewiesen. Die Gestalt des Monarchen erscheint deswegen so strahlend, weil sich das 17. Jh. über zurückliegende Epochen hinausentwickelt hat. Voltaire preist Ludwig XIV., ist aber eigentlich der Panegyriker der Zeit des Sonnenkg.s: der Roi Soleil glänzte am europ. Firmament, weil die wiss. u. ästhet. Errungenschaften s. Ära Frkr. an die Spitze der Nationen stellten.

Le siège de Calais, Nationaldrama von →Belloy, EA 1765, Urauff. 13. 2. 1765 Com. frçe. Das Stück ist Ludwig XV. gewidmet. Nach dem Vorbild von Voltaire, der franz. Ritter *(→Zaïre)* u. die Ära des 100jähr.

Kriegs *(Adelaïde du Guesclin)* auf die Bühne gebracht hatte, gestaltet Belloy die Belagerung von Calais durch Edward III. (1347). Er schöpft die hist. Fakten aus Froissart. Zur Strafe für die verlustreiche Belagerung der Stadt will der engl. Kg. sechs Notablen hinrichten lassen; unter den zahlr. Freiwilligen ist auch der Bürgermeister, Eustache de Saint-Pierre, u. s. Sohn Aurèle. Bis in den 5. Akt ist ihr Schicksal ungewiß, Edward läßt Gnade vor Kriegsrecht ergehen, als Aurèle ihn an den Tod s. eigenen Vaters erinnert. Es gelang mit diesem Stück, nationale Hochgefühle auszulösen, ohne Klassen gegeneinander auszuspielen. Der Autor erreichte dies vor allem durch e. anachronist. Einfärbung des Patriotismus. Edward ist durch die Königstreue der Franzosen gerührt u. gibt s. Anspruch auf den franz. Kg.sthron auf. Diese Läuterung paßt zum pathet. Stil des bürgerl. Schauspiels; epigonal bleiben ep. Einlagen (vgl. schon Voltaires Kritik am Bericht auf der Bühne). Aufführungen fanden außer in der Com. frçe. in Versailles, gratis in den Markthallen u. in Garnisonen statt. Grimm berichtet 1773 von e. Reprise, der der Dauphin beiwohnte. Die Aufklärer kritisierten, sobald der gedruckte Text vorlag, den banalen Royalismus u. den holprigen Stil des Dramatikers.

M. Moffat, S. et l'opinion publique en 1765, RhlF 1932.

Siegfried, Prosaschauspiel in vier Akten von Jean →Giraudoux, entstanden 1928 nach der Romanvorlage *S. et le Limousin* (1922), EA 1928, Urauff. 3. 5. 1928 Com. des Champs-Élysées, Paris. Jacques Forestier wird vom Schicksal in die paradoxe Lage versetzt, Deutscher u. Franzose zugleich zu sein; s. Existenz gewinnt an Interesse, da er als unschuldig Betroffener nach Einsicht in s. Geschlagenheit sucht: Gedächtnisverlust, hervorgerufen durch e. Kriegsverletzung, löschte den franz. Dichter Forestier aus. Das dt. Milieu, in dem er gepflegt wird u. das s. neue Identität als plausible Möglichkeit konstituiert, ermöglicht die glänzende Karriere des Ministers S. als Herold e. dt. Nationalismus. Das Auftreten von Geneviève, der franz. Verlobten des Helden, benutzt Giraudoux zu e. effektvollen Corneilleparodie, denn die Unentschlossenheit des Protagonisten gegenüber den eigentl. patriot. Argumenten, die den Franzosen treffen u. wecken sollten, die sinnlos erscheinende Wahl zwischen dem Applaus der Masse u. der rührenden Zuneigung s. Hundes, e. Existenz im Rampenlicht u. der ›vie sourde‹, zeigen den Umfang der Aporie in dem Stück. Der Held, der sich mit Ödipus vergleicht, verzagt: ›Que peut bien choisir un aveugle‹. Dabei begreift er Frkr. u. Dtl. als moral. Antagonismus. Giraudoux karikiert den klischeehaften Gegensatz von franz. Kalkül u. dt. Empfindsamkeit, der spätestens seit Victor Hugo wirkl. Nationalpsychologie verhindert hat. An der dt.-franz. Grenze, deren Demarkationslinie Anlaß zum grotesken Intermezzo wird (IV, 1), überreden franz. Generäle S. zur Heimkehr u. versuchen ihm ein Bekenntnis zum Patriotismus zu suggerieren, das er ablehnt. Er will in Frkr. als Siegfried u. Forestier leben. In e. veränderten Fassung des Schlußakts findet Siegfried zu keiner Entscheidung, er wird im Schloßpark von Nymphenburg von Verschwörern erschossen. Angesichts des Todes findet er seine Identität wieder. Das Motiv des Gedächtnisverlusts und die damit verbundene Chance zur Wahl der Existenz regte Anouilh zu →*Le voyageur sans bagage* an.

R. M. Albérès. La genèse de S. de J. Giraudoux, 1963.

Sieyès, Emmanuel Joseph, 3.5. 1748 Fréjus – 20.6.1836 Paris, Revolutionär von 1789 u. 1799, Kanonikus in der Bretagne, Generalvikar von Chartres, Autor der beiden berühmten Kampfschriften *Essai sur les privilèges* (1789) u. *Qu'est-ce que le tiers état* (1789, hg. R. Zapperi, Genf 1970), die ihn neben Mirabeau zum Wortführer gesellschaftspolit. Neuordnung qualifizierten. Obwohl er für die Hinrichtung des Kg.s stimmte, hatte s. Meinung in der Convention kein Gewicht mehr. Doch überlebte er die Terreur (›J'ai vécu‹ als Antwort auf die Frage nach s. Tätigkeit während der Schreckensherrschaft); 1798 Gesandter der Republik bei Friedrich Wilhelm III., spielte Bonaparte die Macht zu und wurde Zweiter Konsul. Als ›Königsmörder‹ war er 1815–30 zum Exil verurteilt. Polit. *Schriften 1788–90,* mit Glossar, Bibl., hg. E. Schmitt / E. Reichhardt ^{2}1981.

P. Bastid, S. et sa pensée, 1939, ^{2}1970; M. Adler-Bresse, S. et le monde allemand, II 1977.

Sigognac →Fracasse.

Sigogne, Charles Timoléon, seigneur de, um 1560 – 16.4. 1611 Dieppe, Gouverneur von Châteaudun u. Dieppe, Freund Heinrichs IV., verlor s. Vertrauen infolge e. Liebesintrige. Als Satiriker, dessen ›médisances‹ (meist Achtsilber) seit 1607 erschienen, neigte S. zur Karikatur u. Verleumdung.

Silbermann (1922), Roman von Jacques de →Lacretelle. Der Antisemitismus ist das Hauptthema dieses Entwicklungsromans; Protagonist u. Erzähler reagieren verschieden auf den gesellschaftl. Druck, dem der Jude S. bereits als Schüler ausgesetzt ist. S. bestechende Intelligenz u. s. waches polit. Bewußtsein, das sich die Veränderung der bestehenden Verhältnisse zum Ziel setzt, bewahren S. letztl. nicht vor der Resignation; er zieht es vor, in den USA reich zu werden. Dem Erzähler, e. Protestanten, den e. fanatisierter Kamerad zum Judenhasser gemacht hat, imponiert S.s anfängl. Haltung, er wird s. Freund; nach dessen Emigration paßt er sich jedoch dem herrschenden Chauvinismus wieder an. Die Fortsetzung *Le retour de S.* (1930) entschuldigt die Haltung der Konservativen z. T., so etwa wenn es heißt, daß S. aus Handlungsunfähigkeit scheiterte, die der Autor als rass. Merkmal erscheinen läßt.

Le silence de la mer, Kurzroman von →Vercors, entstanden 1941, anonyme EA 1942. Der dt. Offizier Werner von Ebrennac, preuß.-hugenottischer Herkunft, wird bei e. französischen Tischler u. s. Nichte einquartiert. Einst hatte ihm sein Vater nach dem Sturz von Briand das Versprechen abgenommen, Frkr. erst wieder zu betreten, wenn er in Uniform einziehen werde. Nun träumt der Sohn als Besatzungssoldat davon, s. Vaterland und Frkr. unter dt. Hegemonie zum neuen Europa zu vereinigen. Während e. Parisurlaubs erfährt er, daß die Militärregierung die Zerschlagung Frkr.s. beschlossen hat. Daraufhin beantragt er s. Versetzung an die Ostfront; die Französin, die s. Höflichkeit u. Verehrung bisher mit ablehnendem Schweigen quittierte, flüstert ihm ein ›Adieu‹ zu. Sartre notiert in *Qu'est-ce que la littérature,* beim Erscheinen habe das Buch den Lesern im besetzten Frkr., die mit dt. Offizieren zu tun bekamen, das richtige Bild vermittelt. Es machte allen klar, wie der Widerspruch von kultiviertem Europäer u. Okkupanten zu ertragen war. Bereits ein Jahr später jedoch las sich *S.* wie e. falsche Idylle; e. schlecht informiertes Publikum nahm die Geschichte als angenehme, ein wenig zerdehnte Erzählung aus dem II. Weltkrieg.

Si le Roi m'avait donné . . ., Anfangsvers des schlichten Liebesgedichts, das Alceste im Lit.streit mit dem manierierten Oronte rezitiert (Molière, *Le misanthrope,* I. 2).

Silvestre, Charles, 2. 2. 1889 Tulle – 1. 4. 1948 Bellac, regionalist. Erzähler, 1926 mit dem Prix Fémina ausgezeichnet (*Cœurs paysans,* 1924; *Prodige du cœur,* 1926; *Le vent du gouffre,* 1928; *La prairie et la flamme,* 1929; *Le voyage rustique,* 1929; *Monsieur Terral,* 1931; *L'abbaye d'Évolayne,* 1933; *Le nid de l'épervier,* 1934; *Le démon du soir,* 1936; *La prairie et la flamme,* 1939).

Silvestre, Paul-Armand, 18. 4. 1837 Paris – 19. 2. 1901 Toulouse, Absolvent der École polytechnique (1859), Beamter im Finanzministerium, 1892 Inspecteur des Beaux-Arts, pantheist. orientierter Parnasse-Lyriker (*Rimes neuves et vieillies,* 1866, Vorwort G. Sand; *Les renaissances,* 1870; *Poésies,* 1866–74; *La chanson des heures,* 1878; *Les ailes d'or,* 1880; *Le pays des roses,* 1882; *Roses d'octobre,* 1889; *L'or des couchants,* 1892), daneben Autor skatolog. Erzählungen seit 1884 (u. a. *Contes pantagruéliques,* 1884; *Histoires joviales,* 1890; *Fariboles amusantes,* 1895) sowie Lit.- u. Kunstkritiker.

Silvia →Benozzi, Zanetta Rosa.

Simenon, Georges (Ps. G. Sim), 13. 2. 1903 Lüttich – 4. 9. 1989 Lausanne, 1919 Journalist bei der *Gazette de Liège,* ging 1923 nach Paris. S. schrieb seit 1921 *(Au pont des arches)* ca. 200 Romane, die Kriminalfälle, soziale u. psycholog. Konflikte gestalten. Vor allem durch die umfangreiche Maigret-Serie (seit 1929) machte er sich einen Namen als Autor von Detektivgeschichten. Bereits 1938, als Gallimard *Ceux de la soif* ankündigte, verwies der Autor darauf, daß er außer publikumswirksamen Reissern, die ihm e. falsche Reputation eingebracht haben, gesellschaftkrit. Romane verfaßt habe. Später erklärte er, wenn s. Schaffen nach e. Werk beurteilt werden sollte, dann nach →*Les anneaux de Bicêtre,* dem Rechenschaftsbericht, den sich René Maugras, Zeitungsverleger, nach e. Schlaganfall über s. zurückliegendes Leben selbst erstattet. Seit *Trois chambres à Manhattan* (1946), *Le président* (1958) schärfte sich S.s Blick für psych. Ungereimtheiten, für Abhängigkeiten der Helden von Kindheits- u. Jugenderlebnissen, die die Vernichtung der handelnden Personen herbeiführen – so in *Le chat* (1967), wo eine verkrüppelte Artistin die Katze, an die ihr Mann s. ganze Zuneigung verschwendet, in pan. Eifersucht erschießt; ihr eigener Tod erschüttert den verbitterten alten Mann, der nun nicht mehr weiterleben kann. Wo es keine moral. Schuld gibt, ist der Detektiv dem Kriminellen, der Untätige dem Täter nicht mehr überlegen, verläuft die Romanhandlung nach keiner klass. Kurve, die Exposition, Klimax u. Lösung voraussetzt. Die unbestreitbare Frische v. S.s Werken, die sich leicht zu Filmdrehbüchern verarbeiten lassen, rührte wohl z. T. daher, daß der Erzähler sie in der Klausur e. Hotelzimmers jeweils in wenigen Tagen niederzuschreiben pflegt (u. a. *La tête d'un homme,* 1931; *Liberty Bar,* 1932; *Le testament Donadieu,* 1937; *L'homme qui regardait passer les trains,* 1938; *La neige était sale,* 1948; *Les volets verts,* 1950; *En cas de malheur,* 1956; *Le roman de l'homme,* 1959; *L'ours en peluche,* 1960; *Maigret et les vieillards,* 1960; *Le confessional,* 1966; *Le démenagement,* 1966; *La main,* 1968; Kolonialroman *Le blanc à lunettes,* 1969; *Il y a encore des noisetiers,* 1969). Man hat S. häufig mit Balzac verglichen; dabei wurde übersehen, daß es in s. Kriminalgeschichten erstrangig um die Identität des Individuums geht: Personen, die sich über ihr Verhalten im unklaren sind, bringt der Detektiv zur Einsicht in ihre Beweggründe. Er ist ihnen u. dem Leser an Intuition u. Kombinationsgabe, jedoch nicht in eth. Hinsicht überlegen; Maigret jagt keinen Verbrecher, er fixiert ihn; nach s. Geständnis ist moral. für den Täter u. das Publikum nichts gewonnen. S.s letzter Roman, *Maigret et M. Charles* (1972), erregte wegen s. Einfallslosigkeit u. kompositor. Mängel den Unwillen der Kritik. Mit s. Gesamtwerk steht S. innerhalb der Weltauflagen hinter der Bibel, Lenins Schriften u. Jules Verne. Seit den 70er Jahren veröffentlichte er zahlreiche autobiograph. Werke, von z. T. peinlicher Mitteilsamkeit über s. Intimleben. Memoiren *Quand j'étais vieux,* 1970; *Mémoires intimes,* 1981.

G.-A. Martius, Die Bedeutung der Maigret-Romane von S. im Rahmen der mod. Detektivlit., Diss. Göttingen 1954; A. Parinaud, Connaissance de S., 1957; L. Thoorens, Qui êtes-vous, S., 1959; Th. Narcejac, Le cas S., 1960; Q. Ritzen, S. avocat des hommes, 1961; R. Stéphane, Le dossier S., 1961; P. Vandromme, S., 1962; Mélanges S., 1973; G. Henry, Commissaire Maigret qui êtes-vous, 1977; C. Gothot-Mersch, Lire S., 1980; A. Arens, Das Phänomen S., 1988.

Simon, Claude, geb. 10. 10. 1913 Tananarive/Madagaskar, Sohn e. Offiziers, kam 1914 nach Frkr., Kindheit in Perpignan, 1923–29 Collège Stanislas in Paris, bis 1930 Lycée Saint-Louis, wegen e. Verstoßes gegen die Schulordnung relegiert, arbeitete im Atelier des Malers André Lhôte; Mai 1940 dt. Gefangenschaft, November 1940 Flucht. Im April 1941 schloß S. s. ersten Roman ab (*Le tricheur,* 1945); 1947 erschienen autobiograph. Skizzen *(La corde raide),* danach weitere Romane: *Gulliver* (1952), *Le sacre du printemps* (1954), *Le vent* (1957), →*L'herbe,* →*La route des Flandres, Le palace* (1962), *La séparation* (1963), *Histoire* (1967), *La bataille de Pharsale* (1969), *Les corps conducteurs* (1971), *Le triptyque* (1973); *L'acacia* (1989). Seine Romantheorie hat S. in *Orion aveugle* (1970) entwickelt. Wie bei M. →Butor werden banale Vorgänge mythisiert, extreme, oft schon manierist. Langsätze kennzeichnen S.s Romanstil. S. Gestalten gewinnen an Interesse, da sie durch falsches Bewußtsein charakterisiert sind, ihr Schicksal – anders als bei Faulkner, e. der Vorbilder S.s – als unumstößl. hinnehmen, ohne es moral. zu qualifizieren. Die Lebenspraxis stellt sich aus der Figurenperspektive als Kette widersinniger Ereignisse dar. In S.s Romanen ist die Chronologie dementsprechend nicht linear; scheinbare Erklärungen führen in weitere Aporien. Darum klammert sich der Tricheur an die Maxime: ›La vie est une chose absurde terminée par une autre absurdité qui est la mort‹; Fatalität u. Agonie sind Punkte der Epiphanie dieses Romanwerks. S.s Ideologiekritik wendet sich gegen die Vernebelung des ›désastre final‹. Der Zeitfluß betrügt darüber hinaus die Hoffnungen der span. Republikaner *(Le palace)*. S. definiert Revolution im Wortsinn als Kreisbewegung, daher kann er sich kaum e. Geschichte denken, die von Menschen hervorgebracht wird. Während die Bauform der beiden ersten Werke noch auffällig Faulkner verpflichtet ist, bildet später die Romankomposition das Wirken der Erinnerung u. Imagination selbst nach. S. leugnet ausdrückl. den Nutzen der Dichtung zur Bewältigung e. erlittenen Entfremdung. Als private Geste ist u. a. s. Unterzeichnung des Manifests der 121 gegen die Fortsetzung des franz. Kriegs in Algerien zu würdigen. *Les géorgiques* (1981), Darstellung der Revolution, des Span. Bürgerkriegs u. der franz. Niederlage 1940 auf mehreren Zeit- u. Handlungsebenen, kann als Parodie des Nouveau Roman gelesen werden. Nobelpreis für Literatur 1985.

K. Wilhelm, S. als Nouveau Romancier, ZfSL 1965; J. Sturrock, The French new novel: S., M. Butor, A. Robbe-Grillet, Oxford 1969, J. Loubère, The novels of S., Ithaca 1975; J. Ricardou (Hg.), S., analyse, théorie, 1975; S. Sykes, Les romans de S., 1979; K. L. Gould, S.'s mythic Muse, York 1979; Sondernr. Critique 37, 1981; A. Ch. Pugh, S.: Histoire, London 1984; L. Dällenbach, S., 1988; T. R. Kuhnle, S. u. der Nouveau Roman, RZLG 1991.

Simon Agnel, gen. Goldhaupt, der Erdbeherrscher im Drama →*Tête d'or* von Claudel.

Simultanbühne, Bühnenform des MA für Mirakel-, Mysterien- u. Passionsspiele, wobei alle Schauplätze nebeneinander aufgebaut u. ständig sichtbar sind. Nicht die Szene wechselt, sondern die Akteure bewegen sich in der Dekoration. Rückgriff auf die Technik der S. bei Claudel, Anouilh *(L'alouette)* oder Gatti.

Sirventes, provenzal. Rügelied (12.–13. Jh), nach dem formalen Vorbild der Kanzone, tadelt Personen, insbes. den rivalisierenden Dichter (Peire d'Alvernhe), kritisiert die Zeitgeschichte u. ruft auch zum Kampf auf (Bertran de Born, Kreuzzugslieder des Marcabru, Folquet de Marselha). Im 14. Jh. bezeichnet S. (franz. Serventois) auch das Marienlob.

J. Storost, Ursprung u. Entwicklung des altprovenzal. S., 1931; E. Winkler, Das altprovenzal. S., 1941; D. Rieger, Gattungen u. Gattungsbezeichnungen der Trobadorlyrik. Unters. zum altprovenzal. S., 1976.

Société de l'entresol, liberaler Zirkel 1724–31; der sich beim Präsidenten Hénault an der Place Vendôme zusammenfand, bis ihn der Kardinal Fleury verbot.

Société des Bonnes-Lettres, gegr. Januar 1821 zur Abwehr des Liberalismus in der Lit., Mitgl. u. a. Fontanes, Chateaubriand, Chênedollé, Émile Deschamps, Hugo, Lamartine, Nodier, Soulié, Soumet, Vigny, Villemain. Die Gesellschaft setzte sich zum Ziel, Legitimität als polit. u. ästhet. Prinzip zu verteidigen; sie verteilte seit 1823 Preise für Poesie u. Rhetorik, jede Sitzung bestand aus e. Vorlesung u. e. lit. Vortrag aus meist unveröffentlichten Werken. In der S., zu der auch Duviquet, im *Journal des débats* e. der reaktionärsten Verteidiger des klass. Schauspielideals stieß, versammelten sich die elegante Welt der Restauration, angesehene Gelehrte u. junge Professoren, Autoren, deren Ruhm schon verblaßte, u. junge Dichter, wie Victor Hugo u. s. Bruder, die 1821 bei ihrem Auftritt noch wenig Publikum anlockten. Der mangelnden gesellschaftl. Homogenität entsprach die unentschiedene polit. Haltung vieler Mitgl., die nicht konsequent royalist. argumentierten. Darin spiegelte sich das zerfallene Selbstverständnis der Restauration. Das Organ der S. waren die →*Annales de la littérature et des arts.*

La société des gens de lettres de France, Interessenverband franz. Schriftsteller, 1837 von Zs.redakteuren ins Leben gerufen, seit 1838 von Autoren, darunter V. Hugo u. Dumas, unterstützt. Die ersten Präsidenten waren Villemain u. Balzac. Heute gehören dem Berufsverband, der die Rechte s. Mitgl. u. a. auch bei der Verfilmung ihrer Werke vertritt, Unterstützungen gewährt u. lit. Preise verleiht, ca. 3000 Literaten an.

Sodome et Gomorrhe, Prosadrama in zwei Akten von Jean →Giraudoux, entstanden 1943, EA 1943, Urauff. 11. 10. 1943 Théâtre Hébertot, Paris. Die Entartung des Menschengeschlechts äußert sich sinnfällig durch die geschlechtl. Gespaltenheit; Mann u. Frau nehmen bereits ontolog. entgegengesetzte Positionen ein. Nach fünfjähriger Ehe mit Jean will sich Lia mit dem Absoluten vermählen. In vier Peripetien, die vier Möglichkeiten der Rettung anbieten, ist der Untergang von Sodom besiegelt, denn es fand sich, wie Gott verlangt hatte, kein einziges glückl. Paar mehr in der Stadt. Lia, Elektra *(→Électre)* u. Lucile *(→Pour Lucrèce)* idealisieren die Liebesbeziehungen sowie die ird. Existenz u. scheitern an ihrem eigenen Reinheitsstreben.

La soirée des proverbes, Stück in drei Akten von Georges →Schéhadé, entstanden 1953, EA 1954, Urauff. 30. 1. 1954 Théâtre Petit Marigny, Paris. Der Dichter Argengeorge entdeckt in e. prophet. Anagnorisis s. eigenes Altern in Gestalt des seltsamen Jägers Alexis, als er e. Gruppe skurriler Idealisten begegnet, die bei e. Sprichwörterabend die verlorene Reinheit der Jugend zurückgewinnen wollen. Er erkennt das Vergebliche ihres Selbsterlösungsversuchs u. befürchtet, selbst kompromißbereit zu werden. Darum bittet er s. gealtertes Ebenbild, Alexis, ihn zu töten u. vor der Befleckung durch das Leben zu bewahren. S. unbewußte Gralssuche endet vorzeitig im Tod.

Les soirées de Médan (1880), Novellenslg. der Freunde von Émile →Zola, die sich in s. Haus in M. versammelten: G. de Maupassant, →*Boule de suif,* J. K. Huysmans, *Sac au dos,* Henry Céard, *La saignée,* Léon Hennique, *L'affaire du Grand 7,* Paul Alexis, *Après la bataille,* Zola selbst hat *L'attaque au moulin* beigesteuert. Die gemeinsame Thematik bildet der franz.-preuß. Krieg von 1870/71 (krA C. Becker 1981).

L. Deffoux/E. Zavie, Le groupe de Médan suivi de deux essais sur le naturalisme, 1920.

Sokrates, griech. Philosoph (469–399 v. Chr.), in der Aufklärungslit. geschätzte Gestalt, deren krit. Verhalten u. trag. Ende zur Dramatisierung reizte (Voltaire, 1759; Billardon de Sauvigny, 1762; Linguet, 1764; Collot d'Herbois, 1791; L.-S. Mercier, 1809); Diderot plante ein S.drama (vgl. *De la poésie dramatique*). Später schrieb Banville *Socrate et sa femme* (1885), e. Kom. über d. lächerl. Ehemann S.

R. Trousson, La conscience en face du mythe: Socrate devant Voltaire, Diderot et Rousseau, 1967.

Sollers, Philippe (eig. Ph. Joyaux), geb. 28. 11. 1936 Bordeaux, gefördert von Ponge (über den er 1960 schreibt) u. Mauriac, zunächst angefeindet von Aragon. Erzähler u. Ecriture-Theoretiker (*Le défi,* 1957; *Une curieuse solitude,* 1958). S. schreibt von Anfang an in →*Tel Quel,* deren Orientierung er seit 1963 sowohl polit. als poststrukturalist. bestimmte. Zunächst Interesse am Nouveau Roman, bis zum Bruch mit Robbe-Grillet 1964. 1961 Prix Médicis für *Parc.* Seit *Drame* (1965) stärkere Orientierung am Strukturalismus; später: *Nombres* (1968), *Logiques* (1968), *Lois* (1972), *H* (1973), *Femmes* (1983), *Portrait du joueur* (1984), *Lys d'or* (1989), anon. *Sade contre l'Etre Suprême* (1989), *La fête à Venise* (1991), *Le secret* (1993). 1966 Begegnung mit Julia Kristeva, s. späteren Frau; bis 1971 Kontakte zum PCF, 1978 endgültiger Bruch mit dem Marxismus, Gastprof. in New York. Nach dem Ausscheiden beim Seuil 1982 Gründung der Zs. *L'infini* (1983–87 bei Denoël, seitdem Gallimard). S. postuliert, wenn auch unter revidierten Prämissen, e. Einheit von Texttheorie u. Text, die erot. Szenen nicht ausschließt.

Ph. Forest, S., 1992.

Sonett, lyr. Gattung (Umfang 14 Zeilen, variable Versart und Reimanordnung) im Werk von Mellin de Saint-Gelais, Marot, Scève, Ronsard, Du Bellay, Labé, Tahureau, Magny, Baïf, Passerat, Desportes, Vauquelin des Yveteaux, Scarron, Brébeuf, Hugo, Nerval, Sainte-Beuve, Musset, Leconte de Lisle, Baudelaire, Ménard, Banville, Mendès, Mallarmé, Heredia, Ricard, Verlaine, Corbière, Rimbaud, Verhaeren, Samain, Jammes, Valéry, Gregh, H. de Régnier, Berry, Guillevic, Péguy, Le Dantec, Goll, Jouve.

H. Vaganay, Le sonnet en Italie et en France au XVIe siècle, Lyon 1903; M. Allem (Hg.) Sonnets du XVIe siècle, 1953; C. A. Mayer, Le premier sonnet frç., RhlF 1967; D. H. T. Scott, Sonnet theory and practice in 19th century France, Hull 1977; H. J. Schlüter u. a., S., 1979; F. Rigolot, Qu'est-ce qu'un sonnet? RhlF 1, 1984; S. L. Bermann, The sonnet over time, Chapel Hill 1988.

Le songe du vergier (1378), anonyme Traumdichtung, in e. an Karl V. gerichteten Prolog, 468 Dialogkapiteln u. e. Epilog erörtert der anonyme Autor (möglicherweise Philippe de Maizières, e. der Räte des Kg.s) das Verhältnis von kirchl. u. weltl. Macht sowie aktuelle polit. Probleme; dabei bekennt er sich zum Gallikanismus. Das Dokument, dem e. umfangreichere lat. Version vorangegangen war, wurde wegen s. Argumentation noch im 18. Jh. geschätzt.

Le songe vert, anonymes Kreuzzugsgedicht des 14. Jh., 1800 Verse, in England entstanden, das zu den frühesten lit. Zeugnissen des Pestthemas in franz. Sprache gehört.

Sonnets, Zyklus von Louise →Labé, 24 Sonette (davon eins in ital. Sprache), entstanden um 1548, EA Lyon 1555 (zwei weitere Sonette: *Las! cestuy jour, pourquoy l'ay-je du voir . . .* u. *Sonnet pour Olivier de Magny* wurden später entdeckt), *Œuvres poétiques,* hg. M. Fombeure 1961. In diesen Gedichten, die sich sowohl vom Konzeptismus Maurice →Scèves als auch von der feierl. Ästhetik der →Pléiade abheben, äußert sich die Liebesinitiative e. selbstbewußten Frau; den wechselnden Gefühlslagen, die von sinnl. Freude bis zur Depression reichen, passen sich die weichen Verse an. Die ungestillte Sehnsucht des lyr. Ich drückt sich häufig im paradoxen Trait final aus (z.B.: ›Sentant mon œil estre à mon cœur contraire.‹ ›Bien je morrois, plus que vivante, heureuse‹). Petrarkist. Topoi, etwa das blonde Haar der Geliebten oder das Pfeilmotiv in der Kontamination Diana-Amor, erscheinen bei Louise Labé als angeeignete Stilmittel e. lebendigen Tradition. Dazu paßt auch die Absicht, e. erkennbare themat. Struktur des Zyklus zu schaffen (Erkennen u. Verlieben, Leidenschaft, Erfüllung, Enttäuschung u. Liebesklage). Rilke (1917) u. a. haben die Sonette übersetzt.

D. Derndarsky, Labé u. Rilke, RF 1947.

Sophonisbe, Trag.stoff; S., Tochter Hasdrubals von Karthago, macht ihren zweiten Gatten Massinissa zum Feind der Römer, während Syphax, mit dem sie zuvor verheiratet war, als Gefangener der Römer Scipio vor S. warnt. Massinissa kommt e. röm. Auslieferungsverlangen zuvor u. schickt S. Gift. Der pathet. Stoff kam über Italien (Trissino, *Sofonisba,* 1515, übs. v. Saint-Gelais) nach Frkr. (Claude Mermet, 1584; N. de Montreux, Habert, Montchrestien). Die Trag. *S.* von →Mairet war das älteste regelmäßige franz. Schauspiel, dagegen blieb Corneilles Bearbeitung (1663) für die Weiterentwicklung des Stoffs wirkungslos. E. S.-Version von La Grange-Chancel wurde nach der Urauff. am 10. 11. 1716 noch dreimal gespielt, jedoch nie gedruckt. Im 20. Jh. schrieben A. Oizat (1913) u. Y. Péneau (*Les barbares,* 1952) S.-Dramen.

A. José Axelrad, Le thème de S. dans les principales tragédies de la littérature occidentale, Lille 1956.

Sorbonne, Pariser Universität, von Robert de Sorbon 1253 als Collège für Stipendiaten der Theologie gegründet, entwickelte sich zur maßgebenden theolog. Fakultät u. zum Gegner von Protestanten, Jansenisten u. Aufklärern; architekton. Erweiterung durch Richelieu, der in der S.kapelle beigesetzt ist. 1792 wurde die S. aufgelöst, 1806 von Napoleon wieder institutionalisiert, weitere Umbauten 1885–1901. 1885 wurde die theolog. Fakultät ausgegliedert. Das Universitätsgesetz von 1968 löste die S. in 13 Universitäten auf, von denen sieben im Pariser Stadtgebiet, einzelne aber in Vincennes, Nanterre, Sceaux, Créteil und Saint-Denis liegen.

J. Bonnerot, S., 1927; F. H. Higman, Censorship and the S. (1520–51), Genf 1979; S. Guenée, Les universités frçes. des origines à la Révolution, 1982.

Sordello di Goito, um 1200 Goito bei Mantua – spätestens 1272 Abruzzen (?), bekanntester ital. Trobador, der auf Provenzal. dichtete (43 Lieder, in der Mehrzahl Streit- und Rügelieder sowie Spruchdichtungen; *Poesie,* hg. M. Boni, Bologna 1954). Dante (*De vulgari eloquentia I; Purgatorio* VI, VII) galt S. als rhetorisch hochstehender u. patriot. Autor. Robert Browning nahm die Biographie des Dichters zum Gegenstand e. Epos, *Sordello* (London 1840).

Sorel, Charles, sieur de Souvigny, zwischen 1599 u. 1602 Paris – 7. 3. 1674 ebda., 1635 kgl. Historiograph, der s. dichter. Werke meist anonym oder pseudonym erscheinen ließ, so daß der Umfang s. Schaffens nicht mit Sicherheit feststeht. 1616 begann er mit e. Gelegenheitsgedicht *Epithalame sur l'heureux mariage du très chrétien roi de France.* In romanesken Werken, *L'histoire amoureuse de Cléagénor et de Doristée* (1621) u. *Le palais d'An-*

gélie (1622), strebte er wie in den späteren *Nouvelles françoises* (1623) nach glaubhafter Darstellung auch unwahrscheinl. Leidenschafts- und Entführungsszenen. Mit →*La vraie histoire comique de Francion* (1623), dessen Autorschaft er verleugnete, setzte S.s parod.-satir. Schaffensperiode ein, die die bukol. u. heroisch-preziöse Verklärung z.T. grob entlarvte (*L'anti-roman ou le berger extravagant,* 1627 f.; *Polyandre,* 1648). Das Romanwerk von S. stellt die idealist. Klassik in Frage, s. Kritik, *De la connoissance des bons livres* (1671, hg. L. Moretti Cenerini, Rom 1974), denunziert vor allem den heroisch-galanten Roman aus der Sicht des bürgerl. Autors. Von s. ästhet. Verfahren profitierten →Scarron u. →Furetière. S. verfaßte die Abhandlungen *La science universelle* (1641) u. *La bibliothèque françoise* (1664).

A. Lefranc, Le berger extravagant, Francion et Polyandre de S., 1906; F. E. Sutcliffe, Le réalisme de S., 1965; H. D. Béchade, Les romans comiques de S., Genf 1981; J. Serroy, Roman et réalité: les histoires comiques au 17e siècle, 1981.

Sotte chanson, parodist. Untergattung zur Verspottung der Liebeskanzone.

Sottie (ältere Schreibung Sotie), Narrenspiel (paarweise gereimte Achtsilber, Umfang 300–500 Verse), allegorisierende Tendenz, Blütezeit 15. Jh. (E. Picot, *Recueil général des s.s,* III 1902–12). Die S. kannte im Unterschied zur Farce nur feste Narrenrollen (Prince des sots, Mère sotte) u. allegor. Figuren; Aufführung durch →Basoche oder →Enfants sans souci. In satir. Form spielte sie auf polit., kirchl., soziale u. eth. Defekte an, so beispielhaft bei →Gringoire. Die S. stand auch im Dienst der Auseinandersetzung Ludwigs XII. von Frkr. mit Papst Julius II. Wenn Gide die Gattungsbezeichnung aufnimmt (für *Le Prométhée mal enchaîné, Les caves du Vatican),* zieht er aus der Paradoxie von bizarrem Handlungsverlauf und eingestreuter Didaxis aufklärer. Nutzen.

L. C. Porter, La farce et la s., ZrP 1959; B. Goth, Untersuchungen zur Gattungsgesch. der S., 1967; J.-C. Aubailly, Le monologue, le dialogue et la s., 1976; H. Arden, Fool's plays, a study of satire in the s., Cambridge 1980.

Soubrette, kom. weibl. Rolle, verkörpert (bei Molière, Marivaux, Beaumarchais) gesunden Menschenverstand, Lust an der Intrige u. Keckheit (beispielhaft Suzanne in →*La folle journée ou le mariage de Figaro*).

M. R. Demers, Le valet et la s. de Molière à la Révolution, 1971.

Souday, Paul, 1869 Le Havre – 1929 Neuilly-sur-Seine, Journalist, schrieb Theaterkritiken, seit 1912 leitete er das Feuilleton in *Le Temps;* obwohl S. e. klassizist. Lit.kanon verteidigte (Slg. *Les livres du temps,* 1913–30), würdigte er bereits die lit. Leistung von Proust, Valéry u. Gide (*La société des grands esprits,* 1929; *Dialogues critiques,* 1929).

Soulary, Joseph-Marie, gen. Joséphin, 23. 2. 1815 Lyon – 23. 2. 1891 ebda., Verwaltungsangestellter u. Bibliothekar, Lyriker, der außer humorvollen Gedichten auch schwierige Sextinen schrieb (*A travers champs,* 1838; *Les cinq cordes du luth,* 1838; *Éphémères,* 1846; *Sonnets humoristiques,* 1858).

P. Mariéton, S. et la pléiade lyonnaise, 1884.

Soulié, Melchior Frédéric, 23. 12. 1800 Foix – 23. 9. 1847 Bièvres, Sohn e. Steuerbeamten, Jurastud., verkehrte seit 1824 in Pariser Salons; nach 1837 bekannter Unterhaltungsautor (zuvor Mißerfolg der Romane *Les deux cadavres,* 1832; *Le comte de Toulouse,* 1834; *Le vicomte de Béziers,* 1834). S. zitiert in *Les mémoires du diable* (VIII 1837 f.) Sade, um vor Unmoral zu bewahren (vgl. auch Borel, Janin); Giftmorde, Duelle, Inzest, Ehebruch u. Justizmord werden als negative Ereignisse aufgereiht; weitere Schauerromane: *Le lion amoureux* (1839), *La confession générale* (1840), *La comtesse de Monrion* (1846), *La lionne* (1846), außerdem Melodramen in Zusammenarbeit mit A. Dumas (*La closerie des genêts,* 1846; *Hortense de Blengy,* 1848).

R. W. Hartland, W. Scott et le roman frénétique, 1828; H. March, S. novelist and dramatist of the Romantic period, New Haven 1931; H. Reinholdt, Die moral., relig. u. sozialen Ideen in den Romanen S.s, Diss. Münster 1935.

Le soulier de satin ou le pire n'est pas toujours sûr, ›span.‹ Schauspiel in vier Teilen (journées) von Paul →Claudel, entstanden 1919–24, EA 1925, Urauff. 27. 11. 1943 Com. frçe., Mitwirkung von Jean-Louis Barrault an der gekürzten Bühnenfassung, Bühnenmusik von Arthur Honegger, Urauff. des 4. Teils Brangues 1972. Dieser ›mascarade énorme, un mélange de tragique, de mysticité et de bouffonnerie‹ (so Claudel an Darius Milhaud 1924), ist ein portug. Motto vorangestellt: ›Gott schreibt mit krummen Linien gerade‹. Die Bühnenhandlung erstreckt sich über fast hundert Jahre, 1545–1640; Schauplatz des Geschehens ist Spanien einschl. s. Besitzungen u. der Weltmeere. Um ein konventionelles Dreiecksverhältnis, die Liebe des Eroberers Don Rodrigue zur Französin Prouhèze, die mit dem Spanier Don Pélage verheiratet ist, rankt sich e. barockes Geflecht von Nebenhandlungen nach dem Vorbild der Shakespearedramen. Rodrigue begegnet Prouhèze, die zum Ehebruch bereit gewesen wäre u. vorher ihren seidenen Schuh vor dem Bild der Madonna niederlegte, um auszudrücken, daß sie behindert in die Sünde gehen wolle, nach einiger Zeit als Statthalterin im afrikan. Mogador, an der Seite e. zweiten Gemahls, Don Camille. Ihre Tochter, Sept-Épées, begleitet fortan Rodrigue; nach e. Kriegsverletzung in Japan lebt er verarmt u. verkannt in der Heimat. Die zahlr. retardierenden Momente u. Trennungen des Liebespaars sind Stilmerkmale, die in der franz. Lit. vom heroisch-galanten Roman des 17. Jh. ausgebildet worden sind. Sie werden in die theolog. Grundidee integriert; denn die Welt ist Unordnung, diese muß restlos durchgespielt werden, um die metaphys. Ordnung zur Gewißheit zu machen. Don Rodrigue erklärt: ›Où il y a de l'ordre, là est le Paradis‹ (IV, 8). Die international gemischten dramatis personae – Europäer, Afrikaner, Asiaten –, die Motive der Reise, des Ozeans, des emphat. Gebets u. der Sühne können als Sinngebung des Katholizismus aufgefaßt werden. Der seidene Schuh ist seit Baudelaire Sinnbild der Liebeslyrik; Claudel knüpft an das legendäre Motiv die Prinzipien von Loyalität u. Großmut. Da diese Eigenschaften Rodrigue fehlen, büßt er den Mangel mit der Verletzung u. dem Verlust s. Beins. Wahrscheinl. ist auch, daß Claudel die Amputation des Dichters Rimbaud, dem er die Rückkehr zum Christentum verdanken wollte, mit in das Schicksal der Eroberergestalt hineinnimmt. Immer aber geht es im *S.* um das Heil der Welt – dies nicht im pietätvollen Sinn, sondern als dramat. Aktion im Bühnenspiel, das mit Ansagerrollen u. Fiktionsüberlegenheit einzelner Mitwirkender konsternierendes Welttheаter ist, nach Claudels Absicht e. ›Anti-Tristan‹.

D. Willems, Introduction au S., 1939; M. Dosedal, Claudel, Der Seidene Schuh, 1948; E. Lerch, Versuchung u. Gnade. Betrachtungen über Claudel u. s. Schauspiel ›Der seidene Schuh‹, Wien 1956; P. Brunel, S. devant la critique, 1964; H. Weinrich, P. Claudel: S. (Das franz. Theater vom Barock bis zur Gegenwart, Bd. 2, hg. J. v. Stackelberg) 1968; A. Baudot, S. est-il une antitragédie? Études frçes. (Montreal) 1969; V. Cerny, Le ›baroquisme‹ du S., RLC 1970; R. Chambers, La quatrième journée du S., Essays in French literature, 1970; A. Fuss, S., Claudels großes Welttheater, Lit.wiss. Jb. Görres-Gesellschaft 1981.

Soumet, Alexandre, 29.1. 1786 Castelnaudary – 30.3. 1845 Paris, romant. Lyriker (*L'incrédulité,* 1810; *La pauvre fille,* 1814), später unter dem Einfluß von Klopstock (*La divine épopeé,* 1841, kommentiert von Th. Gautier), Autor hist. Schauspiele (*Jeanne d'Arc,* 1825; *Elisabeth de France,* 1828; *Une fête de Néron,* 1830; *Norma,* 1831; *Le gladiateur,* 1841; *Jane Grey,* 1844). Er erregte 1814 Aufsehen mit *Les scrupules littéraires de Mme la baronne de Staël ou réflexions sur quelques chapitres du livre de l'Allemagne,* worin er die Kulturphilosophie u. Ästhetik der berühmten Autorin verteidigte und sie gleichzeitig aufforderte, noch dezidierter überalterte Formen bloßzustellen. Klopstock, Milton u. der Dramatiker Schiller sollen als neue Vorbilder gelten. Seit 1824 Mitgl. der Ac. frçe. (Auswirkungen auf die Zs. →*La Muse française*).

Soupault, Philippe, 2.8. 1897 in Chaville/Seine-et-Oise – 12.3. 1990 Paris, Begründer der Zs. *Littérature* (zusammen mit Aragon u. Breton, 1919), Dadaist u. Surrealist, Ausschluß 1927; (Gedichte *Aquarium,* 1917; *Rose des vents,* 1920; →*Les champs magnétiques, Westwego,* 1922; *Wang-Wang,* 1924; *Georgia,* 1925; *Odes,* 1946; *Chansons,* 1949; *Poèmes et poésies,* 1973; *Poèmes retrouvés,* 1982; Romane im surrealist. Stil *Le bon apôtre,* 1923; *A la dérive,* 1923; *Les frères Durandeau,* 1924; *En joue!,* 1925; *Le nègre,* 1927; *Le grand homme,* 1929; *Cinquante-deux contes de tous les pays,* 1953). S. verfaßte Essays über den Zöllner Rousseau (1927), Lautréamont (1927), Apollinaire (1928), William Blake (1928), die chaplineske Filmfigur Charlot (1931), Baudelaire (1931), Debussy (1932) u. James Joyce (1943). 1938 gründete er e. Radiostation in Tunis, 1945 leitete er den Auslandsdienst des franz. Rundfunks u. wurde Afrikabeauftragter der UNESCO. Unbeachtet blieb lange, daß S. 1919–34 zahlreiche Filmkritiken für *Littérature* u. *L'Europe nouvelle* schrieb, 1922 ›Kinogedichte‹ von Walter Ruttmann verfilmte u. 1934 e. Drehbuch, *Le cœur volé,* vorlegte, das Jean Vigo realisieren sollte (*Ecrits de cinéma,* 1979; *Mémoires de l'oubli,* III 1981–86).

H. J. Dupuy, S., 1958; B. Morlino, S., qui êtes-vous, 1987; S. Nowotnik, S., der vergessene Surrealist, 1988; G. Löschnig, Das erzähler. Werk S.s, Diss. Ffm. 1990.

Sous l'œil des barbares →*Le culte du moi.*

Souvarine, russ. Anarchist in →*Germinal* von Zola, aus e. adligen Familie, Medizinstud., arbeitet als Maschinist im Voreux-Schacht, nachdem s. Attentat auf den Zaren mißglückte u. er fliehen mußte. Er bezeichnet den von Étienne Lantier geleiteten Streik der Bergarbeiter als ›Dummheit‹, da die ›ursprüngl. formlose Gesellschaft‹ nur mit ›Feuer, Gift und Dolch‹ zu gewinnen ist. Der ukrain. Anarchist Lifschitz nannte sich S.

Souvestre, Émile, 15.4. 1806 Morlaix – 5.7. 1854 Paris, Büroangestellter, Journalist, Lehrer an e.

Verwaltungsakad., Romantheoretiker u. Romancier, der 1851 m. d. Preis der Ac. frçe. ausgezeichnet wurde (*Les derniers bretons,* 1835–37; *Pierre et Jean,* 1842; *Le foyer breton,* 1844; *Les reprouvés et les élus,* 1845; *Un philosophe sous les toits,* 1851; *Au coin du feu,* 1851; *Confession d'un ouvrier,* 1851). Im Oktober 1936 veröffentlichte S. in der *Revue de Paris* das Manifest *Du roman:* Der Roman sollte als ernsthafte Gattung das Wissen s. Zeit weitergeben, nicht aber e. zweckfreies Kunstideal, wie Gautier es in der Vorrede zu *Mademoiselle de Maupin* entworfen hatte, realisieren; noch weniger sollte der Romancier es natürl. als s. Aufgabe ansehen, das Publikum wie Paul de →Kock mit groben Scherzen zu amüsieren. S. setzte s. Ideen vom ›roman social‹ nicht in die Romanpraxis um; s. Reflexionen bestärkten u. a. Hugos Konzeption des sozialkrit. Romans.

E. Rimella, S., Diss. Göttingen 1928.

Souza, Adélaïde Filleul, marquise de S.-Botelho, 1761 Paris – 1836 ebda., emigrierte während der Revolution, bei der ihr Mann ums Leben kam, nach England u. dann nach Hamburg, heiratete nach ihrer Rückkehr 1798 den portug. Botschafter S.-Botelho. Mme de S. verfaßte empfindsame Romane, z. T. mit Bekenntnissen aus ihrem Leben (*Adèle de Senanges,* 1794; *Émilie et Alphonse,* 1799; *Eugénie de Rothelin,* 1808; *Eugénie et Mathilde,* 1811; *Mademoiselle de Tournon,* 1820; *La comtesse de Fargy,* 1822; *Œuvres complètes,* VI 1921 f.).

Soziale Fallhöhe, Vorschrift der klass. Trag.theorie, die in der phys. oder psych. Vernichtung des sozial hochgestellten Protagonisten (→Ständeklausel) den einzig geeigneten Vorgang sah, der Schrecken u. Furcht beim Zuschauer auslöst. Das →›drame‹ des 18. Jh. ebnete aus polit. Erwägungen die S. ein (vgl. auch Distanzklausel). Cocteau kehrt in *La machine infernale* die Funktion der S. um: ›Pour que les dieux s'amusent beaucoup, il importe que leur victime tombe de haut.‹

Sozialroman, ideolog. markierte Gattung, Darstellung des kollektiven Schicksals von Handwerkern, Bauern u. Industriearbeitern (im Gegensatz zum psycholog. Individualroman) bei →Sand, →Sue, →Balzac, →Hugo, →Zola, →Vallès, →Populisme, →Art social, →Aragon, themat. ausgerichtet sowohl am Prinzip der individuellen Schuld u. Läuterung als an der Sozialreform (utop. Sozialismus, Saint-Simonismus, Proudhon, Marx, Anarchismus).

F. Wolfzettel (Hg.), Der franz. S. des 19. Jh.s, 1981.

Spanien – Frankreich, motiv. Einflüsse (Ehrkonflikte) sowie Orientierung an der span. Comedia, dem Schäferroman, dem pikaresken Roman u. dem gongorist. Hermetismus u. a. in den Werken von d'→Urfé, →Rotrou, →Corneille, →Scarron, →Scudéry, →La Fayette, →Lesage, →Florian, →Beaumarchais, →Chateaubriand, →Hugo, →Gautier, →Mérimée, →Cassou, →Montherlant, →Arrabal, →Del Castillo; Darstellung des span. Bürgerkriegs 1936–39 bei →Malraux, →Simon.

H. Thomae, Franz. Reisebeschreibungen über Spanien 17. Jh., Diss. Bonn 1961; L.-F. Hoffmann, Romantique Espagne, 1961; M. Bertrand de Muñoz, La guerre civile espagnole et la littérature frçe., 1972; A. Gutierrez, La France … dans la littérature espagnole … 1598–1665, 1977.

Spectacle, Schauspiel, in der Dramendiskussion von Voltaire seit

1730 gebrauchter Begriff, mit dem höhere visuelle u. akust. Befriedigung des Theaterpublikums, das sich von klass. Inszenierungsprinzipien abwandte, gefordert wird; Einfluß des engl. Theaters, das Voltaire kannte. Während Voltaire in Vorreden die Notwendigkeit des S. begründete, in der Bühnenpraxis jedoch die Tradition kaum antastete, richteten sich die Dramatiker Baculard d'Arnaud u. Gresset in den 40er Jahren des 18. Jh. bereits nach dem veränderten Geschmacksideal (mit bisher tabuierten Aktionen, die aus den Kulissen heraus auf die Bühne verlegt werden, Verminderung ep. Stilmittel: Botenbericht, Mauerschau). Belloy schränkte in →*Le siège de Calais* ihre Errungenschaften bereits wieder ein; sie blieben freil. im →Mélodrame erhalten.

Le Spectateur français, unregelmäßig erscheinende Zs., Paris 1721–24, von P. de Marivaux redigiert, nach dem Modell engl. moral. Wochenschriften; Berücksichtigung lit. Probleme.

Spens, Willy de, 17. 2. 1911 Bordeaux – 25. 3. 1989 Paris, Philologiestud., Schriftsteller seit 1940. Histor. Romane, u. a. *La route de Varennes* (1962), *La loi des vainqueurs* (1988). Mitarbeiter *NRF*, Rundfunk u. Fernsehen.

Sperber, Manès, 12. 12. 1905 Zablotow/Ruthenien – 5. 2. 1984 Paris, aus jüd. Familie, Kindheit u. Jugend in Polen und Österreich, Psychologiestud., war in Wien Schüler u. Mitarbeiter Alfred Adlers; 1927–33 Berlin, bis 1937 Anhänger des Kommunismus, Emigration über Jugoslawien nach Frkr.; Verlagsleiter in Paris. S. schreibt teils dt. (vor allem polit. Essays), teils franz.; unter der Patronage von Malraux fand er zum Gesellschaftsroman. S. Trilogie *Et le buisson devint cendre, Plus profond que l'abîme, La baie perdue* (begonnen 1940, EA 1949–53) behandelt den Zeitraum von 1931–45 in chronikal. Form, wobei der Erzählfluß immer wieder durch reflektierende Monologe unterbrochen wird: S., der seit 1976 s. Erinnerungen veröffentlichte *(Porteurs d'eau, Au delà de l'oubli)*, erhielt 1983 den Friedenspreis des Deutschen Buchhandels.

Spleen, außergewöhnl. Empfindung (vgl. auch Ennui), seit Diderot (Brief vom 28. 10. 1760 an Sophie Volland) in den Augen franz. Literaten typ. engl. Attitüde; selbst Baudelaire, der den Begriff in *Les fleurs du mal* u. den *Petits poèmes en prose* aus der nationalpsycholog. Bindung löste, weist in *De l'essence du rire* auf diesen Zusammenhang hin. Für Laforgue sind S. u. Ennui offensichtl. Synonyme; er trägt den S. freil. weniger zur Schau wie Pétrus Borel, der in s. *Contes immoraux (→Champavert)* Todessehnsucht zum S. stilisierte.

Sponde, Jean de, 1557 Mauléon/Basses-Pyrénées – 18. 3. 1595 Bordeaux, Sohn des Sekretärs der Jeanne d'Albret, bask. Hugenotte, konvertierte 1593, Gräzist in Basel u. Genf, als Gelehrter bedeutender denn als Lyriker, der nach petrarkist. Vorbild Liebes- u. Todesprobleme in gesuchten Antithesen formulierte (38 Sonette, einige Stanzen). S. Dichtung wurde im 20. Jh. wiederentdeckt (*Poésies,* hg. F. Ruchon/A. Boase 1950).

M. Richter, Lettura dei Sonnets à la mort di S., Bibliothèque d'humanisme et renaissance 1968.

Staël, Anne Louise Germaine, baronne de S.-Holstein, 22. 4. 1766 Paris – 14. 7. 1817 ebda., Tochter des Bankiers u. späteren Finanzministers →Necker, lernte als Elfjährige die Probleme der Aufklärung im Salon ihrer Mutter kennen; 14. 1. 1786 Heirat mit dem schwed. Botschafter in Paris, Baron von S. Vor dem Ausbruch der Revolution schrieb sie die →*Lettres sur les écrits et le caractère de J.-J. Rousseau;* sie begeisterte sich für polit. Liberalismus u. die Republik, geriet bald in polit. Gegensatz zu Bonaparte, der ihre Schriften für gefährl. ansah (*De l'influence des passions sur le bonheur,* 1796; →*Essai sur les fictions,* →*De la littérature,* →*Delphine,* →*Corinne,* →*De l'Allemagne*), er zwang sie 1803, Paris zu verlassen. Frau von S. reiste 1803–04 u. erneut 1807 nach Dtl.; Begegnungen mit Fichte, Goethe, Schiller, Wieland, Freundschaft mit A. W. Schlegel. Coppet am Genfer See, schon 1792 ihr Refugium, wird zum Treffpunkt des kulturellen Europa. Napoleon, der die Erstauflage des Dtl.buchs 1810 vernichten ließ, ordnete die polizeil. Überwachung in Coppet an. 1811, als Benjamin →Constant, der seit 1794 zu ihrem intimen Bekanntenkreis zählte, wieder nach Dtl. ging, heiratete S. heiml. den Offizier Albert de Rocca. Nach dem Sturz Napoleons lebte sie in Paris, wo sie die *Considérations sur les principaux événements de la Revolution française* (1818) u. ihre Memoiren (*Dix années d'exil* 1821, hg. P. Gautier 1904) vollendete. Neben →Chateaubriand ist S. die Wegbereiterin der franz. Romantik, deren Blick sie auf die Lit. des Nordens, namentl. Dtl.s, lenkte. Sie begründete ein lit.soziolog. Verfahren u. trug durch romantheoret. Ansätze zur Anerkennung des Romans als seriöser Gattung im 19. Jh. bei. Polit. Liberalismus und gesellschaftl. Emanzipation bestimmten ihre Haltung, ihr notwendig negatives Verhältnis zu Napoleon trug S. wiederum die Feindschaft Stendhals ein, der ihr für sein Italienbild fraglos viel verdankte. Lit. Bedeutung kommt vor allem ihren motiv. Erfindungen u. poetolog. Reflexionen zu; formal hat S. zur Entwicklung des Romans wenig beigetragen, da sie den Spielraum des Briefromans nicht zu nutzen wußte. Der Aufklärung verbunden, wo sie die Idee der Vervollkommnung (vgl. Perrault, Querelle des anciens et des modernes, Voltaire, Condorcet) zum Leitprinzip erhob, u. aufgeschlossen für die german. Kulturwelt außerhalb Englands, auf die sich längstens seit Voltaire u. Diderot die Blicke der Kosmopoliten richteten, sicherte sie in e. Motivationskrise der franz. Dichtung lit. Formen, in denen soziale Wirkung gespeichert war, u. rezipierte Weltbilder, die den Rousseauismus neu belebten (*Œuvres complètes et œuvres posthumes,* III 1836, n. 1968; *Correspondance générale,* hg. B. W. Jansinski 1962 ff.; *Lettres inédites de S. à H. Meister,* 1903; *Lettres à B. Constant,* 1928; *Lettres à Mme de Récamier,* 1952; *Lettres à Narbonne,* hg. G. Soloviev 1960; *Lettres à Ribbing,* hg. S. Balayé 1960; *S. et le duc de Wellington. Correspondance inédite,* hg. V. de Pange 1962; *Correspondance de S. et Don Pedro de Souza,* éd. B. d'Andlau 1979).

D. G. Larg, S. La vie dans l'œuvre, 1924; F. C. Lonchamp, L'œuvre imprimée de S. Description bibliographique raisonnée et annotée de tous les ouvrages publiés par ses soins ou ceux de ses héritiers (1786–1821), Genf 1949; J. H. Bornecque, De Mme de S. et de ses ouvrages, 1955; J. Chr. Herold, Mme de S., mistress of an age, Indianapolis 1958; B. d'Andlau, Mme de S., Genf 1960; Fr. d'Eaubonne, Une femme témoin de son siècle, 1966; Sondernr. RhlF 1966; P. Cordey, S. ou le deuil éclatant du bonheur, Lausanne 1967; R. Pilaum, S. (La famille Necker, S. et sa descendance), 1969; R.

de Luppé, Les idées littéraires de S. et l'héritage des lumières (1795–1800), 1969; G. E. Gwynne, S. et la Révolution frçe., 1969; S., ses amis, ses correspondants, 1970; S. et l'Europe, Colloque de Coppet 1966, 1970; S. Balayé, Les carnets de Mme de S., contribution à la genèse de ses œuvres, Genf 1971; E. Sourian, S. et Henri Heine, les deux Allemagne, 1974; Le groupe de Coppet, Colloque 1974, 1977; E. Koppen, Mme de Staël, in: W.-D. Lange (Hg.), Franz. Lit. des 19. Jh.s I, 1979; Gh. de Diesbach, S., 1983.

Ständeklausel, Vorschrift der klass. Schauspieltheorie, die die Stofferwartung von Trag. u. Kom. regelte; während die Trag. dem ergreifenden Schicksal hochgestellter hist. (→Distanzklausel) Personen (Fürsten, Hohepriester) vorbehalten ist (→Soziale Fallhöhe), sollen alltägl. Konflikte mit nichtadligem Personal gespielt werden (vgl. dagegen die ›comédie héroïque‹, *Don Sanche d'Aragon* von Corneille u. das ›drame‹).

Les stances, Lyrikslg. von Jean →Moréas, entstanden 1897–1910, TD *La Plume* April 1899 (Buch I–II) u. 1901 (Buch III–VI), EA Buch I-VI 1905, Buch VII 1920. In neun Büchern – von denen er nur sieben vollenden konnte – beabsichtigte Moréas als Stanzendichter der lyr. Dunkelheit der Mallarméschule entgegenzutreten u. die franz. Poesie zur griech.-lat. Klarheit, die er bei den Trobadors, bei Guillaume de Machaut, Villon, Ronsard u. A. Chénier rühmt, zurückzuführen. Doch anders als die Stanzendichter Racan, Maynard u. Malherbe verfolgt er das Ideal e. konzisen Gedichts in Achtsilbern u. Alexandrinern, das ›blitzartig‹ auf den Leser wirken soll. S. Ideal der Stilkürze entspricht vor allem der 8- u. 12zeilige Text. Neben Miniaturen u. Stilleben sind die didakt. S. neu in einer Epoche der ontolog. Versponnenheit, wie sie die Symbolisten kultivieren. Ihre Apostrophen enthüllen die Schattenhaftigkeit des Lebens u. verkünden aus der steten Selbstbespiegelung des Dichters heraus das Lob der Stimmungen u. abgeklärten Sagesse, die nicht mit Impassibilität zu verwechseln ist. Konventionell sind die Sinnbilder der verblühenden Rose oder des gespaltenen Marmorsteins. Moréas' Leistung liegt in der Schaffung e. halblauten, mediterranen Novembergestimmtheit, die nie nach Romantikerart orator. zerdehnt oder analog zur Manier Baudelaires dissonant. verschärft wird.

E. Raynaud, J. Moréas et les s., 1929; J. D. Butler, Moréas and S., Diss. Stanford 1963.

Stanze, 1. lyr. Gattung, Variante der →Ode, am Ende des 16. Jh. namentl. durch Ronsard u. Desportes verbreitet; Gedicht mit spezif. Motiverwartung (Liebe, Freundschaft, Religion). S.dichter waren Bertaut, Racan, Maynard, Malherbe, Voiture, Moréas *(→Les stances)*, Sully-Prudhomme, Déroulède, Cocteau. – 2. im 16. Jh. auch Bezeichnung für Strophe.

D. Janik, Gesch. der Ode u. der ›Stances‹ von Ronsard bis Boileau, 1968; M.-F. Hilgar, La mode des s.s dans le théâtre tragique frç. 1610–87, 1974.

Stello, Roman in Dialogform von Alfred de →Vigny, ED *Revue des deux mondes* 1.10.–1.12. 1831, erweiterte EA 1832, hg. F. Germain 1970. Der Docteur-Noir erzählt dem genialischen Dichter S., den er psych. heilen will, die Geschichte der Dichter →Gilbert, Chatterton u. André →Chénier, Opfer des jeweiligen Regimes, das ihre Wirksamkeit fürchtete. Die Lehrerzählungen sollen die These vom Dichter als Paria illustrieren, die Vigny in →*Chatterton* thematisiert (vgl. auch *Servitude et grandeur militaires*). Um die drei Opfer der absoluten Monarchie (Gilbert), der konstitutionellen Monarchie (Chatterton) u. der Republik (Chénier) als ›poètes maudits‹ vorzuführen, dramatisiert der Docteur-Noir ihre Biographien. Entsprechend s. Lektion gibt es für den Dichter nur den Ausweg in die selbstgewählte Einsamkeit. Hinter der satir. Dimension der dialekt. Form e. Konsultation erscheinen die beiden Dialogpersonen als zwei Prinzipienträger, die e. seel. Gespaltenheit des Autors selbst veranschaulichen. S. inkarniert Enthusiasmus, Intuition, göttl. Berufung des Dichters u. Gesellschaftsfeindlichkeit, der Docteur-Noir dagegen Ernüchterung, Skepsis, krit. Intelligenz u. Kompromißbereitschaft. Der Schluß der Unterredung ist e. Replik auf die Aufklärungsdialoge Diderots. Während sich dort beziehungsvoll die Nebel zerteilen, der Himmel klar wird, ereignet sich in *S.* das Gegenteil. Als der Tag anbricht, verlassen das Genie die Kräfte; die ›bruits odieux du jour‹ sind unerträgl. Wirklichkeit. Vigny stellt selbst in Frage, ob S. nicht die Allegorie des Gefühls u. der Docteur-Noir diejenige des ›raisonnement‹ sei, die e. Konflikt austragen, der ihm vertraut sei. Die Sehnsucht nach dem Elfenbeinturm wurde mit *S.* zum erstenmal lit. artikuliert.

Stendhal (eig. Henri Beyle), 23. 1. 1783 Grenoble – 23. 8. 1842 Paris, Sohn e. Prokurators am Parlement Grenoble, verlor 1790 s. Mutter, starke Bindung an d. Großvater, Dr. Gagnon. Als Schüler entdeckte er 1796 Shakespeare in der Übs. von Letourneur, interessierte sich für Mathematik u. bereitete 1799 die Aufnahme in die École polytechnique vor, stellte sich jedoch nicht zur Aufnahmeprüfung. Ein Verwandter besorgte ihm e. Posten im Kriegsministerium. 1800 wurde er nach Italien abgeordnet u. zum Sous-lieutenant bei den Dragonern ernannt; 1801 Aide de camp des Generals Michaud, übersetzte Goldoni u. schrieb an e. Tagebuch. 1802 quittierte er s. Dienst bei der Armee, er will Dichter werden; studierte Helvétius, Tracy, Mme de Staëls lit.-soziolog. Werk u. Chateaubriand, plante Kom., verliebte sich 1804 in die Schauspielerin Mélanie Guilbert, folgte ihr 1805 nach Marseille. 1806 Rückkehr nach Paris. Dtl.reise in staatl. Auftrag, Verwalter der Güter des Hzg.s von Braunschweig, 1809 in Wien Direktor des Militärlazaretts, 1810 in Paris Ernennung zum Auditeur beim Staatsrat. S. führte das Leben e. vermögenden Dandys, Liaison mit der Schauspielerin Angéline Bereyter. 1811 erneuter Italienaufenthalt (Mailand, erneuert s. Beziehungen zu Angela [Gina] Pietragrua), Plan e. Studie über die ital. Malerei. Im Juli 1812 traf S. beim napoleon. Generalstab in Moskau ein; während des Rückzugs der Grande Armée verlor er s. Ms. *Histoire de la peinture en Italie*. Verwaltungsaufgaben in Schlesien; brach 1814 zu e. Erholungsurlaub nach Mailand auf. Mit der Niederlage Napoleons verlor S. s. Amt u. Einkommen. Er verfaßte die *Lettres sur Haydn, Mozart et Métastase* (ED 1815 als *Les lettres sur Haydn*, s. Erstling). 1816 reiste S. wieder nach Italien, schrieb erneut die *Histoire de la peinture en Italie* (1817), verfolgte von Mailand aus die Geschehnisse der Hundert Tage, Waterloo u. den Einmarsch der Alliierten in Paris. Die Italienreisen u. die Lektüre engl. Lit. u. Zss. trugen dazu bei, daß sich S. vom Klassizismus löste, doch schätzte er die Prosa Chateaubriands u. Lamartines Lyrik kaum. 1817 erschien *Rome,*

Naples et Florence. S. plante e. Napoleonbiographie (erschien 1818), bezeichnete sich als ›romantique furieux‹ u. konzipierte zahlr. Dramen. Die Liebe zu Métilde Dembowski inspirierte ihn zur Studie →*De l'amour,* an der er 1820 arbeitete. 1821 Rückkehr nach Paris, wo S. 1822 im Kreis von Delécluze, Rémusat, Leclercq verkehrte; Mitarbeit an engl. Zss. Er konzipierte →*Racine et Shakespeare,* e. Rossinibiographie (1824) u. s. ersten Roman →*Armance.* Im Dezember 1827 wies ihn die österr. Polizei aus Mailand aus. S. bemühte sich um e. Bibliothekarsposten, war 1829 in Spanien persona non grata; während dieser Zeit skizzierte er →*Le rouge et le noir* u. verfaßte Novellen zu den →*Chroniques italiennes.* An der Julirevolution nahm er begeistert Anteil, hoffte auf e. Präfektur, erhielt das Konsulat in Triest, jedoch nicht die Akkreditierung. Der Vormund s. Geliebten Giulia Rinieri widersetzte sich e. geplanten Heirat. 1830–42 war S. Konsul in Civitavecchia; dort entstand 1832–36 das Romanfragment →*Lucien Leuwen.* Ein Jahr vor s. Beurlaubung (1836–39) begann S. mit der Niederschrift von *La vie de Henry Brulard* (postum 1890). In den folgenden Jahren entstanden weitere Novellen, →*La chartreuse de Parme* u. der Kurzroman *Lamiel.* 1839 suchte Mérimée S. in Italien auf; gemeinsame Reise nach Rom u. Neapel. 1841 wurde S. wegen s. angegriffenen Gesundheit erneut beurlaubt, lebte das letzte halbe Jahr in Paris, erlitt in der rue Neuve-des-Capucines e. Schlaganfall u. erlangte das Bewußtsein nicht mehr. Testamentar. hatte er s. Besitz in Civitavecchia s. Freund Donato Bucci vermacht, darunter auch s. Handexemplar von *Le rouge et le noir,* Briefe u. Mss. Nach dem II. Weltkrieg erwarb der Florentiner Verleger Federico Gentile den Nachlaß u. bot ihn der franz. Regierung an; doch der ital. Staat intervenierte. S., der es bedauerte, nicht als venezian. Edelmann um 1650 geb. zu sein, äußerte Abscheu vor der Industrialisierung u. den Anzeichen des Frühkapitalismus, die er für die Zerstörung des individuellen Glücks verantwortl. machte. Außer franz. Staats- u. Wirtschaftstheoretikern kannte er engl. Autoren des 18. Jh., denen er die Konzeption der ›utilité‹ als sozialem Kriterium verdankte; der Gebrauch der Vernunft soll nicht der Rechtfertigung der bestehenden Verhältnisse während der Restauration und Julimonarchie dienen, sondern ihre Grundlagen bloßlegen. S. setzte voraus, daß vorurteilslose Einsicht in nützl. und schädl. Wirkungen menschliche Energien freisetzt und so ein intensives Glücksstreben begünstigt. S. Werk handelt von Kollisionen der Individuen mit Normen u. Tabus der Gesellschaft; da die Protagonisten aus allen Klassen vom Kleinbürgertum bis zum Adel stammen u. daher unterschiedl. Wunschbilder zu verwirklichen suchen, erscheint S. auch die kommentierende Begleitung der Romanaktionen als notwendig. Von den Anforderungen der verist. Wirklichkeitsnachbildung sollen ausdrückl. leidenschaftl. liebende Frauengestalten ausgenommen werden. Mit der wiederholt gebrauchten Metapher des Spiegels ist bei S. die darstellende Funktion erzählender Lit., die an Wahrscheinlichkeit dem konventionell konzipierten Schauspiel überlegen ist, gemeint; die Metapher der Maske bezeichnet die eth. Strategie des Helden als Konsequenz der Bedrohung seines individuellen Kerns. Diesen Konflikt mußte S. durch die detailsichere Beschreibung zeitgenöss. polit. u. sozialer Ereignisse glaubhaft machen. Als Erzähler verfügt S. souverän über die ›bezeichnenden Details‹, er vermag Beschreibungen mit kommentierendem Eingriff abzubrechen, um den Fiktionscharakter hervorzuheben. Dies ist um so bemerkenswerter, als S. in der Regel s. Mss. rasch diktierte oder niederschrieb u. den Retuschen Neufassungen vorzog. Die S.kritik war 1830–60 überwiegend voreingenommen gegenüber e. Werk der ›petits faits vrais‹; dem Stil wie der Gesinnung nach wurde der Erzähler wiederholt als Voltairianer disqualifiziert. Sainte-Beuve entdeckte in *La chartreuse de Parme* animal. Züge, Barbey d'Aurevilly tadelte den Geist der Negation bei S., den er als Quintessenz der Aufklärungsphilosophie deutete. Mit Taine u. Bourget erst setzte die Würdigung d. Innovationen S.s ein, die vor allem darin zu sehen sind, wie die Episoden u. Digressionen im Roman linear oder kontrapunkt. der Hauptaktion zugeordnet werden. Das Thema des gesellschaftl. fundierten Charakter-, nicht Typenromans, erfordert e. verfeinerte Psychologie, die sich auch in unwahrscheinl. romanesken Szenenketten manifestieren kann. Hier setzte Zolas Kritik an, der S. zwar als ›notre père à tous‹ apostrophierte, aber doch die vorrangige u. stringente Darstellung der Außenwelt vermißte. Nicht daß S. die soziale Wirklichkeit übergangen hätte, primär fesselte ihn jedoch der ›égotisme‹, die Ethik der ›happy few‹, e. militanter, wenngleich hoffnungsloser Individualismus. Der 1820 in Mailand entworfene Grabspruch: ›Errico Beyle milanese/Visse, scrisse, amò/Quest' anima adorava Cimarosa, Mozart et Shakespeare‹, in den *Souvenirs d'égotisme* (1892) mitgeteilt, sagt nichts über S.s Romanverständnis aus. Ideen sind wesentlicher als der Stil, der darum nicht orator., sondern nüchtern wie der *Code civil* oder e. anatom. Protokoll sein soll (*Œuvres complètes,* hg. H. Martineau LXXV 1927–39, V. del Litto / E. Abravanel, Genf L 1966–1974; *Romans complets,* hg. S. de Sacy II 1969; *Journal,* hg. H. Debraye/L. Royer 1936; *Romans et nouvelles,* hg. H. Martineau II 1947; *Œuvres intimes,* éd. V. del Litto, II 1981 f.; *Correspondance,* hg. V. del Litto / H. Martineau III 1963–68; *Voyages en Italie,* hg. V. del Litto 1973; *Voyages en France,* hg. V. del Litto 1992).

G. Blin, S. et les problèmes du roman, 1954; W.-G. Klostermann, Der Wandel des S.bildes von Bourget bis Gide, Diss. Kiel 1961; V. del Litto, Bibl. stendhalienne, Lausanne 1962; ders., La vie intellectuelle de S., ²1965; ders., S.en Dauphiné, 1968; C. Baumann, Lit. u. intellektueller Kitsch. Das Beispiel S., 1964; F. W. Hemmings, S. A study of his novels, Oxford 1964; J. Atherton, S., London 1965; H. Martineau, L'œuvre de S., éd. revue et complétée, 1966; C. G. Jones, L'ironie dans les romans de S., Lausanne 1966; J. Prévost, La création chez S., ²1967; H.-F. Imbert, Les métamorphoses de la liberté ou S. devant la Restauration et le Risorgimento, 1967; ders., S. et la tentation janséniste, 1970; F. Rude, S. et la pensée sociale de son temps, 1967; C. Cordié, Ricerche stendhaliane, Neapel 1967; A. Doyon/Y. Du Parc, Les amitiés parisiennes de S., Lausanne 1968; K. G. McWatters, S. lecteur des romanciers anglais, Lausanne 1968; V. Brombert, S.: Fiction and the themes of freedom, London 1968; M. Heisler, S. et Napoléon, 1969; J.-P. Weber, S., les structures thématiques de l'œuvre et du destin, 1969; J. Montello, Un maître oublié de S., 1970; R. Bolster, S., Balzac et le féminisme, 1970; P. Trout, La vocation romanesque de S., 1970; S. Felman, La folie dans l'œuvre romanesque de S., 1971; M. Wood, S., London 1971; M. Tillett, S., the background of the novels, London 1971; F. Michel, Études stendhaliennes, 1972; R. André, Écriture et pulsions dans le roman stendhalien, 1977; M. Lerowitz-Treu, L'amour et la mort chez S., Aran 1978; S. et Balzac, la province dans le roman, Colloque 1971, 1978; J. Attuel, Le style de S., 1980; V. del Litto, Essais stendhaliens, 1981; M. Crouzet, S. et le langage, 1981; ders., S. et l'italianité, 1982; ders.; La vie de Henry Brulard ou l'enfance de la révolte, 1982; F. Landry, L'imaginaire chez S., Lausanne 1982;

M. Guérin, La politique de S., 1982; H. C. Jacobs, S. u. die Musik, 1983; J. Laurent, S. comme S., 1984; Sondernr. RhlF 2, 1984. Seit 1958 erscheint die Zs. *Stendhal Club* (Nachfolge des früheren *Divan*, 1908 ff.); Ch. Weiand, Die Gerade u. der Kreis, 1984; M. Crouzet, Le héros fourbe chez S., 1985; M. Reid, S. en images, Genf 1991; D. Diefenbach, S. u. die Freimaurerei, 1991; M. Nerlich, S., 1993.

Straßburger Eide →*Serments de Strasbourg.*

Strophe, das Franz. kennt dafür folgende Ausdrücke: 1. ›couplet‹ (vom afrz. ›cople‹, altprovenzal. ›cobla‹) 14.–17. Jh.; 2. ›strophe‹, von Ronsard 1550 zur Charakteristik der pindar. Odenstruktur eingeführt, ist heute der wiss. Terminus; 3. ›stance‹, 1550 von A. Héroët als verallgemeinernde Übersetzung von ital. ›stanza‹ geprägt, wird im 19. Jh. durch ›strophe‹ verdrängt.

Style indirect libre, erlebte Rede in der 3. Person, dadurch geschieden vom →Monologue intérieur in der Ichform; Erzähltechnik bei Flaubert, die Unmittelbarkeit erzeugt u. den Wechsel von Figurenperspektiven motiviert.

M. Lips, S., 1926; G. Storz, S. oder die erlebte Rede, Deutschunterricht 1955; G. Steinberg, Erlebte Rede, II 1971; B. Wagner, Innenbereich. Äußerung. Flaubertsche Formen indirekter Darstellung u. Grundtypen der erlebten Rede, 1972. F. Lebsanft, Perspektiv. Rededarstellung ... franz. u. span. MA, ZrP 97, 1981.

Style jacobin, aggressive Stilmischung vor allem im Revolutionstheater, Mischung aus platter Burleske u. republikan. Agitation, etwa bei Sylvain →Maréchal u. s. Epigonen.

H. Welschinger, Le théâtre de la Révolution 1789–99, 1888.

Style noble, adäquater sprachl. Ausdruck der klass. Dichtung, namentl. Trag., Epos u. Lyrik; durch die Stiltrennungsregel von der Diktion der Kom. abgehoben.

Suard, Jean Baptiste Antoine, 15. 1. 1734 Besançon – 20. 7. 1817 Paris, Journalist, Übs. aus dem Engl., Lit.kritik (*Mélanges de littérature,* 1803–05). Der Hof verhinderte zwei Jahre lang die Aufnahme des Aufklärers in die Ac. frçe. (gewählt 1772); 1777 wurde S. kgl. Zensor.

Suarès, André (eig. Félix André Yves Scantrel), 12. 6. 1868 Val d'Oriol bei Marseille – 7. 9. 1948 Saint-Maur-des-fosses, Stud. ENS, befreundet mit R. Rolland, Mitarbeiter der *NRF.* Für den Kulturkritiker S. war die Zivilisation des Okzidents ohne Begegnung mit dem Orient wertlos; Prometheus verband sinnbildl. beide Sphären, er büßte an der Nahtstelle der beiden Reiche. In e. meist schwelger. Stil zeichnet S., der über Wagner zu Nietzsche vorgedrungen war, große Einzelgänger u. Nonkonformisten, so Villon, Lionardo da Vinci, Benvenuto Cellini, die Kämpfer der Fronde, aber auch Napoleon als Kulturträger; bes. Bewunderung empfand er für B. Constant, Abscheu dagegen vor totalitären Staaten u. kirchl. Doktrin, die er unpolit. aufeinander bezog. In s. Briefen an R. Rolland spiegelt sich die Enttäuschung des Kritikers u. Lehrmeisters, dessen Ideen wirkungslos blieben; polit. Macht erschien S. vulgär, es sei denn, sie entfaltet sich in Schönheit (*Images de la grandeur,* 1901; *Voici l'homme,* 1905; *Sur la vie,* III 1909–12; *Trois hommes.* Pascal-Ibsen-Dostoïevski, 1913; *Essais,* 1913; *Portraits,* 1913; *Remarques,* 1918; *Vues sur Napoléon,* 1933; *Pages,* 1948; *Correspondance avec P. Claudel,* 1951; *Cette âme ardente. Lettres à R. Rolland,* 1954; *Ignorées du destinataires.* Lettres inédites, 1955; S.-Georges Rouault, *Correspondance,* 1960; S.-A. Gide, *Correspondance,* hg. S. D. Braun 1963). Neben den Essays schrieb S. vom Unanimismus geprägte Gedichte (*Marsilho,* 1931; *Nef de Paris, Rêves de l'ombre,* 1937) u. Schauspiele (*La tragédie d'Électre et d'Oreste,* 1905; *Cressida,* 1913).

J. Larnac, S., 1948; M. Dietschy, Le cas S., Genf 1967; F. Busi, S., 1969; Y.-A. Favre, La recherche de la grandeur dans l'œuvre de S., 1978.

Sue, Eugène (eig. Marie-Joseph S.), 10. 12. 1804 Paris – 3. 8. 1857 Annecy, Vater Arzt; Medizinstud., Marinearzt. In materieller Unabhängigkeit begann er 1829 Romane zu schreiben, zunächst Piraten- u. Abenteuergeschichten (u. a. *Kernoch le pirate,* 1830; *Plick et Plock,* 1831; *Atar-Gull,* 1831; *La salamandre,* 1832; *Latréaumont,* 1837; *Arthur,* 1838; *Les fanatiques des Cévennes,* 1840), den Skandalroman *Mathilde ou mémoires d'une jeune femme* (1841) u. im Jahr darauf →*Les mystères de Paris.* Vom mondänen S., der s. Ruf als Dandy kultivierte u. s. bürgerl. Herkunft zu überspielen suchte, erwartete s. Publikum alles andere als diesen Schauerroman, der dem Autor die Sympathien der Unterdrückten einbrachte, obwohl er an die Kreise im Faubourg Saint-Germain gerichtet war. Im Dschungel der Städte spielten auch die weiteren Zyklen, →*Le juif errant, Martin l'enfant trouvé* (1847), *Les sept péchés capitaux* (1847–49) u. die 16bänd. *Mystères du peuple* (1849–57). Durch den Abdruck s. Romane im Feuilleton, z. B. des *Journal des débats,* erreichte Sue e. breite Leserschaft, von deren Wünschen er sich auch leiten ließ. 1848 trat er als Anhänger von Fourier u. Proudhon auf, als republikan. Abgeordneter wurde er 1851 aus Paris verbannt. Philanthrop. Empfindungen, die S. geschickt zur Schau stellen kann, u. e. leichte Hand bei der Stofffindung, namentl. in der Darstellung unheiml. Viertel von Paris, begeistern das Publikum, das in der Fiktion Vorgängen beiwohnt, vor denen es im Leben erschreckt fliehen würde. In S.s Schilderungen wiederholen sich bestimmte Motive, wie die mysteriöse Herkunft der Helden, die verfolgte u. wundersam beschützte Unschuld, der Verdacht schreckl. Verbrechen, die Konspiration; sie sind typ. für den →Roman noir, den S. von der Frenesie (vgl. Janin, Soulié) zu reinigen versuchte. Übereinstimmend sah die Kritik jedoch in d. Lehrhaftigkeit den schwächsten Aspekt seines Werks, das Balzacs Erfolg lange im Wege stand. Den Roman, der in Fortsetzungen erschien, versah S. mit neuen Spannungselementen; Etappen u. Episoden erhalten dabei bes. Gewicht. Zahlreiche Verfilmungen u. Fernsehspiele seit 1910.

N. Atkinson, S. et le roman-feuilleton, 1930; J. Moody, Les idées sociales d'E. S., 1938; J.-L. Bory, S., dandy mais socialiste, 1973; H.-J. Neuschäfer, S. et le roman-feuilleton, RZLG 2, 1978; W. Hirdt, S., in: W.-D. Lange (Hg.), Franz. Lit. des 19. Jh.s I, 1979.

Sully, Maximilien de Béthune, duc de, 1559–1641, Finanzminister Heinrichs IV. S. Memoiren (*Économies royales,* 1745) enthalten auch den Plan von Heinrichs europ. Neuordnung, der auf e. franz.-engl. Bündnispolitik abzielte. Die stets umstrittene Position des Ministers wird von Collé in →*La partie de chasse de Henri IV* in der Exposition dargelegt. 1763 erhielt Thomas von der Ac. frçe. e. Preis für s. S.-Eulogie.

Sully-Prudhomme (eig. René François Armand Prudhomme), 16. 3. 1839 Paris – 7. 9. 1907 Schloß Châtenay bei Paris, arbeitete in der Industrie (Schneider-Creuzot), bei e. Notar, studierte Jura u. Philos., ehe er sich dem →Parnasse anschloß u. ein umfangr. lyr. Werk schuf (*Stances et poèmes,* 1865; *Les épreuves,* 1866; *Les solitudes,* 1869; *Les destins,* 1872; *La révolte des fleurs,* 1874; *La France,* 1874; *Le Zénith,* 1875; *Les vaines tendresses,* 1875; *La justice,* 1878; *Le prisme,* 1886; *Le bonheur,* 1888; *Épaves,* 1908), das er auch theoret. reflektierte (*Réflexions sur l'art des vers,* 1892; *Testament poétique,* 1901; *Journal intime,* 1922; *Œuvres,* III 1888–1908). Das Gebot der Verwissenschaftlichung der Dichtung, wie es Leconte de Lisle formuliert hatte, erfüllte S. oft übergenau, andererseits unterdrückte er nur unvollständig s. romant. Reizbarkeit, von der er sich geheilt glaubte. 1881 Aufnahme in die Ac. frçe. 1901 erhielt S. den Nobelpreis für Lit. – e. Auszeichnung, die zu s. Leistung des Nachempfindens in keiner Relation stand.

C. Hémon, La philosophie de S., 1907; E. Zyromski, S., 1907. E. Estève, S., poète sentimental et poète philosophe, 1931.

Supervielle, Jules, 16. 1. 1884 Montevideo – 17. 5. 1960 Paris, franz.-bask. Herkunft, Schulbildung in Paris, Stud. Polit. Wiss. u. Jura ebda. S. lebte in Uruguay u. Frkr. 1955 erhielt er den Lit.preis der Ac. frçe., 1960 wurde er zum Dichterfürsten gewählt. S. verwirklichte s. dichter. Ideal, das er in *Éléments d'une poétique* (1946) u. *En songeant à un art poétique* (1951) a posteriori reflektierte, am vollkommensten in den Lyrikslgg. *Gravitations* (1925) und *1939–1945, poèmes* (1946). Die teils stroph., teils stich. Gedichte, im Stadium der Vollendung Hymnen an das Leben, entstanden aus kontrollierten Traumbildern. Vom Unanimismus lernte S., daß triviale Anlässe lyr. Verzückung auslösen können; Rilke nannte ihn e. ›Brückenbauer im Weltenraum‹. Die räuml.-zeitl. Entgrenzung als Abfolge von ›apparition‹ – ›disparition‹ – ›abolition‹ schafft e. durchsichtige poet. Form; Motive wie Dünung, Morgenröte, Pferd u. Schiff, denen als Schlüsselbegriffe ›naître‹, ›sortir‹, ›découvrir‹, ›monter‹, ›s'enfoncer‹ zugeordnet sind, ergeben ein Bewegungsgefüge, in dem das lyr. Ich unpersönl. Gravitationspunkt ist. Im Gedicht *Plein ciel* wechseln Passagen des bildl. Aufgesangs mit kommentierenden Verzögerungen; der irreale Ritt auf dem Pferd, das zugleich als Schiff erscheint, in die höchsten Sphären, ist metaphys. ziellos; das Leben als das Numinose will über die ganze Welt verfügen u. schließt jede Gottheit aus (agnostizist. Hymnen in *Le forçat innocent,* 1930; *Naissance,* 1951; *L'escalier,* 1956). S. hat s. vers libres häufig überarbeitet, während er die Siebensilber meist in der ersten Fassung beließ. Von den surrealist. Lyrikern ist Éluard s. animist. Weltbild am stärksten wesensverwandt; doch war sich S. bewußt, daß s. ep. Neigungen ein Gegengewicht bildeten zur lyr. Verinnerlichung und zu s. Hinneigung zu Bergsons Lehre vom ›élan vital‹ (*Brumes du passé,* 1900; *Comme des voiliers,* 1910; *Les poèmes de l'humour triste,* 1919; *Débarcadères,* 1922; *Uruguay,* 1928; *Saisir,* 1928; *Les amis inconnus,* 1934; *La fable du monde,* 1938; *Poèmes de la France malheureuse,* 1941; *Le petit bois,* 1942; *Orphée,* 1946; *Choix de poèmes,* 1947; *Dix-huit poèmes,* 1948; *Oublieuse mémoire,* 1949; *Le corps tragique,* 1959). S. verfaßte außerdem phantastische Erzählungen (*L'homme de la pampa,* 1923; *Le vo-*

leur d'enfants, 1926; *Le survivant,* 1928; *L'enfant de la haute mer,* 1931; *L'arche de Noé,* 1938) u. Schauspiele (*La belle au bois,* 1932; *Bolivar,* 1936, Opernmusik von Darius Milhaud; *Première famille,* 1936; *Robinson,* 1948; *Schéhérazade,* 1949; *Les suites d'une course,* 1959). Wie Hellens u. Paulhan hat S. den jungen Henri Michaux bes. gefördert. Jeannine Étiemble edierte s. Briefwechsel mit René Étiemble (*Correspondance 1936–59,* 1969).

T. W. Greene, S., Paris/Genf 1958; R. Étiemble, S., 1960; R. Vivier, Lire S., 1972; P. Viallaneix, Le hors-venu ou le personnage poétique de S., 1972; Y.-A. Favre, S., 1981; A.-M. Mathiot (Hg.), Lectures de Les Amis inconnus de S., 1981.

Sur des pensers nouveaux faisons des vers antiques, Vers des Gedichts *L'invention* von André →Chénier, Bekenntnis zum Formkult; s. Argumente fanden in die Poetik des →Parnasse Eingang.

Surnaturalisme, Begriff, mit dem Guillaume →Apollinaire im Anschluß an s. Posse →*Les mamelles de Tirésias,* die er bereits ›drame surréaliste‹ nannte, s. Ästhetik definierte: ›Orphisme ou s., c'est-à-dire un art qui n'est pas le naturalisme photographique uniquement‹. Ob ihm Gérard de Nervals Begriffsbestimmung in *Les filles du feu* (Vorwort) geläufig war, ist nicht sicher. Breton jedenfalls zitiert sie 1924.

La surprise de l'amour, Kom. in drei Akten von →Marivaux, EA 1723, Urauff. 3.5. 1722 Théâtre italien, Paris; hg. F. Deloffre in: *Théâtre choisi,* 1959. Der Weiberfeind Lélio macht e. kom. Figur, da s. Misogynie auf gekränktem Stolz basiert: ›Je me croyais un petit prodige, mon mérite m'étonnait: ah! qu'il est mortifiant d'en rabattre‹! S. Liebesbereitschaft ist im Innersten davon jedoch nicht betroffen. Als Arlequin ihm berichtet, in der Nachbarschaft sei e. Gräfin ansässig geworden, spielt Lélio der Dame gegenüber zunächst den Verächter; freil. durchschaut Colombine, ihre Zofe, die Maskierung. Von Arlequin erfährt sie bald den wahren Grund. Die Liebeserfüllung wird bei Marivaux nicht, wie es in der franz. Kom. seit Grévin fast die Regel ist, durch den Starrsinn alter Männer, sondern durch mangelhafte Selbsterkenntnis der Partner verhindert. In der Exposition wird auch deutl., daß die anfängl. Liebesfeindschaft der Gräfin denselben Grund wie die Lélios hat. ›Sie trotzen im Grunde nicht der Gesellschaft, sondern der eigenen Natur‹ (Steland); der Raisonneur des Stücks, der Baron, bringt die beiden zur Einsicht, daß ihr Verstand auf e. Position beharrt, die durch die Neigung bereits preisgegeben ist. So kommt ihnen die Lächerlichkeit der Liebesfeindschaft zum Bewußtsein. Aber noch verschweigen u. verdunkeln die Protagonisten ihre Empfindungen; Colombine formuliert klar, was Lélio u. die Gräfin mit ihren Worten u. ihrem Verhalten erst andeuten. Allmähl. gestehen sie sich selbst ihre Zuneigung ein, um sie sich zum Schluß gegenseitig zu offenbaren. Das Publikum hat es so kommen sehen. Obgleich die Nebenfiguren Arlequin u. Colombine aus der Typenkom. stammen, tragen sie zu e. psycholog. plausiblen Konfliktlösung bei.

D. Steland, Marivaux: S. (Das franz. Theater vom Barock bis zur Gegenwart, Bd. 2, hg. J. v. Stackelberg), 1968.

Surréalisme, Kunst- u. Lebenslehre als Reaktion auf den →Dadaismus, führte zur Bildung einer

Gruppe, deren Sprecher seit 1924 André →Breton war (→*Manifeste du s.*, →Tzara, →Soupault, →Aragon, →Éluard, →Desnos, →Artaud, →Vitrac). Die Surrealisten faßten ihre Bewegung nicht als Revolution der Ästhetik auf, sondern als Weg zur Erkenntnis des Unterbewußten, das sie als Leser S. Freuds systemat. erforschen wollten, u. setzten sich die Veränderung der Lebenspraxis zum Ziel. Für Aragon, den Périer 1920 ›surréaliste‹ nannte, war der Surrealismus die durchschaute u. damit nutzbar gemachte Inspiration. Ihre Methode der ›écriture automatique‹ wandten Breton u. Soupault erstmals in den Traumprotokollen →*Les champs magnétiques* an. Die Gruppe unterhielt ein Büro in der rue de Grenelle, publizierte in den Zss. *Littérature, La Révolution surréaliste* (1924–29), *Le Surréalisme au service de la Révolution* (1929–33). Die Marxismusdebatte schwächte den S., Aragons Bekenntnis zum sozialist. Realismus, Éluards Ausschluß 1938 waren Etappen der Selbstzerstörung. Freil. überlebte die Bewegung noch den II. Weltkrieg als Ferment des polit. u. kulturellen Widerspruchs (Zielsetzungen der Zss. *Kitsch* u. *Change*).

J.-L. Bédouin, Vingt ans de s. 1939–59, 1961; ders., La poésie surréaliste; M. Nadeau, Histoire du s., [4]1964; Dictionnaire abrégé du s., 1969; J. Baron, L'an I du s., 1969; H. S. Gershman, A bibl. of surrealist revolution in France, Michigan 1969; P. Bürger, Der franz. Surrealismus, 1971; R. Bréchon, Le s., 1971; X. Gauthier, S. et sexualité, 1971; A. Thirion, Révolutionnaires sans révolution, 1971; B. Lecherbonnier, Le s. Théories, thèmes, techniques, 1971; L. Somville, Devanciers du surréalisme, Genf 1971; Sondernr. Tel quel Sommer 1971; G. Durozoi/B. Lecherbonnier, Le s., 1972; Le manifeste et le caché … textes réunis par M. A. Caws, 1974; W. Spies, Max Ernst Collagen, 1974; F. Simonis, Nachsurrealist. Lyrik, 1974; A. u. O. Virmaux, Les surréalistes et le cinéma, 1976; Le S. dans le texte, Colloque 1975, Grenoble 1978; P. Bürger (Hg.), S., 1982; A. Biro/R. Passeron, Dictionnaire général du S. et de ses environs, 1982; J. Pierre, Tracts surréalistes et déclarations collectives 1922–69, II 1982; M. Fauré, Histoire du S. sous l'Occupation, 1982; H. Béhar, S., 1984; W. Engler, Bretons Nerval 1924, Lendemains 33, 1984; H. T. Siepe (Hg.), S., 1987; B. P. Robert, Antécédents du S., Ottawa 1988; M. Hardt (Hg.), Lit. Avantgarde, 1989; M.-Ch. Barilland/E. Lange (Hg.), Spuren, Entwürfe. S.kolloquium, 1991.

Le sursis →*Les chemins de la liberté* von Sartre.

Suzanne, Kammerzofe der Gräfin Rosine in →*Le mariage de Figaro* von Beaumarchais, Figaros Braut, die listenreich alle Pläne des Schürzenjägers Almaviva vereitelt. Damit wird sie zur tragenden Rolle für den dramat. Aufbau des Stückes.

Suzanne, Protagonistin in →*Le demi-monde* von Dumas fils, die scheinbar ehrbar gewordene Kokotte, deren Berechnungen der Raisonneur des Stücks, Olivier, durchkreuzt.

Suzanne Simonin, Protagonistin des Romans →*La religieuse* von Diderot.

Swann, Charles, zentrale Romangestalt in →*A la recherche du temps perdu* v. Proust, Vertreter der ›belle bourgeoisie‹. Der Erzähler lernt ihn als vermögenden u. eleganten Nachbarn s. Großeltern in Combray kennen *(Du côté de chez S.)*, s. Weltgewandtheit stellt das Kastenbewußtsein der Familie des Helden in Frage. S. heiratet →Odette de Crécy, ihre Tochter Gilberte wird als Frau von Robert de Saint-Loup eine Guermantes. Im Alter entwickelt sich S. vom kultivierten Besitzbürger zum ›Propheten‹.

Symbolisme, Poesie in sinnbildl. u. esoter. Stil am Ausgang des 19. Jh., begriffl. fixiert von →Moréas, der 1886 e. École symboliste bildete (→Kahn, →Merrill, →Viélé-Griffin, →Ghil); bis in die Formulierungen hinein war s. Poetik →Mallarmé verpflichtet, darum wurde der S. – ein Begriff, den etwa H. Friedrich vermeiden will – durch s. Ontologie der →Poésie pure u. s. hermet. Stilgefüge schulbildend für die europ. Lit. der nächsten Generation (→Valéry, →Saint-John Perse).

H. Hatzfeld, Der franz. Symbolismus, 1923; A. Poizat, S., 1924; P. Martino, Parnasse et s., 1925; G. Kahn, Les origines du s., 1936; A. Jaulme, H. Moncel, Le mouvement symboliste, 1936; G. Michaud, Message poétique du s., III 1947; K. Cornell, The symbolist mouvement, New Haven 1951; H. Friedrich, Die Struktur der mod. Lyrik, ²1967; A.-M. Schmidt, La littérature symboliste, 1957; M. Décaudin, La crise des valeurs symbolistes, Toulouse 1960; N. Richard, A l'aube du s., 1961; R. Shattuck, The Banquet years, New York 1961; J. R. Lawler, The language of French symbolism, Princeton 1969; A. Mercier, Les sources ésotériques et occultes de la poésie symboliste, 1969; M. Gsteiger, Franz. Symbolismus in der dt. Lit. der Jh.wende, Bern 1972; H. Peyre, Qu'est-ce que le symbolisme, 1974; Symbolism and Modern literature, Festschr. W. Fowlie 1978; G. Bernardelli, Simbolismo francese, Mailand 1978; J. Porter Houston, French symbolism and the modernist movement, Baton Rouge 1980; L'histoire des religions dans le mouvement symboliste européen, Colloque 1978, 1980.

La symphonie pastorale, Roman von André →Gide, konzipiert 1893, ED *NRF* Oktober–November 1919, EA 1919, krA Cl. Martin 1970. Diese Kritik e. Form des Selbstbetrugs, wie Gide das Thema s. Romans umschrieb, sollte zunächst u. dem T. *L'aveugle* erscheinen. Aus Tagebucherzählung u. Bericht wird ein trag. Figurenroman komponiert. Ein protestant. Pfarrer nimmt Gertrude, e. blindes Mädchen, in s. Familie auf u. hält s. erwachende Leidenschaft für Nächstenliebe; scheinbar selbstlos reagiert er mit erzieher. Maßnahmen auf die Zuneigung s. Sohnes zu Gertrude. Die seelsorger. Begründung s. Verhaltens macht ihn blind für die Enttäuschung, die er s. Familie bereitet. Nach e. erfolgreichen Augenoperation begeht Gertrude Selbstmord, da sie die quietist. Weltenharmonie, die ihr während der Krankheit vorgegaukelt worden ist, als trüger. Selbsttäuschung durchschaut. Sie sieht das Ärgernis, das ihr Verhältnis zum Pastor bedeutet. Gide verkehrt den aufklärer. Sinn des Motivs der Blindheit (vgl. vor allem Diderot): als die blinde Gertrude die *Pastoralsymphonie* hört u. daraus schließt, die ganze Welt genüge Kriterien ästhet. Harmonie, wagt ihr Betreuer nicht zu widersprechen. Der Titel ist iron. gemeint. Denn das Wunschbild der Protagonistin, das an die idyll. Thematik Beethovens gebunden ist, steht im Gegensatz zur wirkl. Disharmonie, unter der sie leidet u. zerbricht.

K. I. Perry, The religious symbolism of G., Den Haag 1970.

Tabarin (eig. Antoine Girard), 1584–1633, Komödiant, der zwischen 1619 u. 1628 bes. gefeiert wurde. Er war, vielleicht selbst Lombarde, mit e. ital. Schauspielerin verheiratet; seit 1619 trat er mit ihr u. s. Bruder Philippe in Paris auf, u. a. spielten sie Lustspiele vor Maria de' Medici. Zum Repertoire T.s gehörten vor allem kom. Monologe, die er selbst verfaßte. Boileau u. La Fontaine bezeugen s. Berühmtheit. Der Ausdruck ›faire le t.‹ heißt ›Späße improvisieren‹.

Y. Giraud, Les fantaisies du farceur T., 1976.

Tableau de Paris, Schrift von Louis-Sébastien →Mercier, entstanden 1781–88, EA Neuchâtel II 1781, IV 1783, vollständig in zwölf Büchern 1788. Notizen, die sich der Autor jahrelang jeden Tag gemacht hatte u. die er oft unverbunden aufreihte, bilden die dokumentar. Grundlage des umfangreichen Werks, in dem die sozioökonom. Lage der Hauptstadt am Ende des Ancien Régime in Schwarzweißmanier dargestellt wird. Bei allen denkbaren Einwänden, u. a. auch gegen die Flüchtigkeit der Niederschrift, bleibt Merciers *T.* die früheste auf Vollständigkeit angelegte Beschreibung von Paris. Sie handelt von Paris u. den Parisern, dem Leben auf der Straße, der feinen Welt, der Mode, der Lit., dem Theater u. den Gemäldesalons, den Tafelfreuden, kleinen Leuten u. leichten Mädchen, von Krankheit, Tod, Bettelei, Lotterien u. Beutelschneiderei, der Justiz, den Kirchen u. dem Wunderglauben. Das Panorama ist chaot., doch voll neuer Einblicke in die Lebenspraxis des Großstadtmenschen, die bisher, als nicht lit.würdig, allenfalls in Kolportagelit. abgehandelt wurde. Mercier stellt zum Schluß die Frage, was einmal aus Paris werden soll. Der verderbl. Wohlstand, der sich in den Händen e. Minderheit vereinigt, wird zerstört werden. Das →Erdbeben von Lissabon rettete Portugal polit., da es die Reform begünstigte, die Privatvermögen gleichstellte, die Gemüter in nationaler Gesinnung verband. Mercier, der an anderer Stelle notiert, wenn er in Paris auf mehr Elend als Wohlstand, mehr Unruhe als Freude gestoßen sei, könne dies nicht der Erfindung des Autors angelastet werden, überläßt es dem hellhörigen Leser, s. Schlüsse über die Verhältnisse in der Hauptstadt u. notwendige Veränderungen zu ziehen. Grimm, der den Dramentheoretiker Mercier in der *Correspondance littéraire* mit Hohn überschüttet hatte, mußte diesmal konzedieren, daß die Grundidee des Werks glückl. sei. 1799/1800 folgte als Fortsetzung u. Bestätigung *Le nouveau Paris.*

Tableau historique et critique de la poésie française et du théâtre français au XVIe siècle, literarhist. Schrift von Charles Augustin →Sainte-Beuve, entstanden 1826–28, EA II Juli 1828. Sainte-Beuve entdeckt die Leistung der Dichtung um 1550 neu u. sieht in der →Pléiade e. dichter. Schule, der die Romantiker um Hugo ebenbürtig sind. Der umkämpften Bewegung von 1827 soll dadurch e. Tradition nachgewiesen werden. Freil. legte Hugo schon jetzt den Schwerpunkt nicht mehr auf die Lyrik, sondern auf die dramat. Lit., mit der der Eigenwert der neuen Ästhetik durchgesetzt werden sollte. Den Irrweg des romant. Dramas konnte Sainte-Beuve noch nicht vorhersehen.

Table ronde →Matière de Bretagne.

Tablettes universelles, répertoire des événements, des nouvelles et de tout ce qui concerne l'histoire, les sciences, la littérature et les arts, avec une bibliographie générale (XI 1820–24), Zs. hg. von J.-B. Gouriet, Alphonse Rabbe, Rémusat, Mignet, Thiers u. a., bis zur Gründung des →*Globe* das Organ der →Doctrinaires.

Tabourot, Étienne, 1547 Dijon – 1590 ebda., Sohn e. Anwalts beim Parlement von Burgund, selbst Jurist, Erzähler *(Escraignes dijonnaises)* u. hintersinniger Lyriker *(Les bigarrures, Les touches)*, der e. neue Form des Epigramms kreiert hat: auf das Gedicht folgt e. Einwand bzw. e. Richtigstellung.

Taconet (Taconnet), Toussaint-Gaspard, 4. 7. 1730 Paris – 29. 12. 1774 ebda., Schauspieler u. Dramatiker; s. Stücke (Prosakom., auch Einakter, Opéras comiques, Parodien) kamen größtenteils an Jahrmarktsbühnen heraus. T. selbst wurde von Vaudeville-Autoren als dramat. Figur auf die Bühne gebracht (vgl. J.-B. Artaud).

Tahureau, Jacques, 1527 Le Mans – 1555, kämpfte im Heer Franz' I., bis ihn s. angegriffene Gesundheit zwang, den Dienst zu quittieren. T. unternahm e. Italienreise u. widmete sich der Dichtung; s. Liebeslyrik inspirierte sich vor allem an Petrarca (*Premières poésies; Sonnets, odes et mignardises à l'admirée,* beide 1554). T.s postum veröffentlichte *Dialogues* kündigen die Skepsis Montaignes an (krA M. Gauna 1981).

Tailhade, Laurent, 16. 4. 1854 Tarbes – 2. 11. 1919 Combe-la-ville/Seine-et-Marne, sollte zum Priester ausgebildet werden, bekannte sich als Journalist zum Anarchismus, wurde 1894 bei e. Attentat schwer verletzt. S. Lyrik steht im Zeichen des Parnasse (*Le jardin des rêves,* 1880; *Au pays du mufle,* 1891; *Vitraux,* 1892; *Terre latine,* 1898; *Poèmes aristophanesques,* 1904; *Poèmes élégiaques,* 1907; *Poésies posthumes,* 1925; *Lettres familières,* II 1904–21; *Imbéciles et gredins,* hg. J.-P. Rioux 1969). T. schrieb e. Essay über Ulrich von Hutten (1926).

Taillemont, Claude de, um 1506 Lyon – nach 1558, Lyriker u. Erzähler (*Discours des Champs Faez,* 1553; *La Tricarite,* 1556), der auch die Akzentsetzung modernisierte.

Taine, Hippolyte, 21. 4. 1828 Vouziers – 5. 3. 1893 Paris, Stud. ENS, scheiterte vor konservativen Prüfern in der Agrégation, Philologe (Thèse über La Fontaine, 1853, daraus entstand das Buch *La Fontaine et ses fables,* 1861; *Essai sur Tite-Live,* 1856; *Essais de critique et d'histoire,* III 1858–94; *Histoire de la littérature anglaise,* V 1864), Kunsthistoriker (*La philosophie de l'art,* 1865–69) u. Historiker (*Les origines de la France contemporaine,* 1876–94), Autor von Reiseberichten u. Mitarbeiter der *Revue des deux mondes* sowie seit 1857 des *Journal des débats;* 1864–83 (mit kurzer Unterbrechung 1876/77) Prof. für Kunstgesch. an der École des Beaux-Arts. Bei der Ausarbeitung s. Thèse entdeckte T. als Gesetzmäßigkeit der Kunst, daß ihre Produktion auf Konstanten u. Variablen beruht. Die als konstant zu setzenden Faktoren sind dieselben wie in der Geschichte: ›race‹, ›milieu‹ u. ›moment‹. Die Methode des Positivisten T. ist dem literarkrit. Verfahren Sainte-Beuves, obschon dieser sich ›naturaliste‹ nennen konnte, radikal entgegengesetzt. Als Hegelianer will T. die geschichtl. Perioden als Knotenpunkte in e. umfassenden Prozeß erkennen. Lit. hängt von der Gesellschaft u. vom Zeitgeist ab, u. deren dialekt. Umschläge, die T. ›voltefaces‹ nennt, sind durch psych. Veränderungen ausgelöst worden. Zola, der sich außer auf Claude Bernard vor allem auf T. beruft, ist in höherem Maße Materialist als er. Bei T. ist der menschl. Geist Gesetzen unterworfen, die auch für die materielle Welt gelten; die ›faculté maîtresse‹, die er für das Genie gelten läßt, durchbricht das System, auf dem die Lit.kritik →Brunetières aufbaut.

M. Barrès, T. et Renan, 1922; H. Gmelin, Franz. Geistesform in Sainte-Beuve, Renan u. T., 1934; H. T. Cresson, T., 1951; R. Wellek, H. Taine's literary theory and criticism, Criticism 1959; S. Jeune, Poésie et système. T. interprète de La Fontaine, 1968; J. Feldhoff, Zur Politik der egalitären Gesellschaft, 1968; L. Weinstein, T., New York 1972; C. Evans, T., 1975; F. Léger, La jeunesse d'H. T., 1980.

Tallement des Réaux, Gédéon, 2. 10. 1619 La Rochelle – 10. 11. 1690 Paris, Angehöriger der hugenott. Hochfinanz, Kontakte mit der lit. Preziosität, heiratete 1646 Elisabeth de Rambouillet; gemeinsame Italienreise mit →Retz. Nach der Aufhebung des Toleranzedikts von Nantes konvertierte T. 1685; s. Frau hatte sich nach dem Zusammenbruch der väterl. Bank, an der R. beteiligt war, von ihm getrennt. Von s. lit. Schaffen (Lyrik, Trag.entwurf *Œdipe, Mémoires pour la régence d'Anne d'Autriche,* mit wiederholten Selbstzitaten, vermutl. z. T. fingiert) überdauerte die Chronique scandaleuse der →*Historiettes*.

P. Brun, A travers les manuscrits de T., 1899; E. Magne, La joyeuse jeunesse de T., 1921; ders., La fin troublée de T., 1922.

Tallien, Thérèse, 1773–1835, ihre Ehe mit Marquis de Fontenay wurde geschieden, Wiederverheiratung mit dem Journalisten Jean-Lambert Tallien, der 1794 ihre Freilassung aus polit. Haft erwirkte; um T., gen. Notre-Dame de Thermidor, sammelte sich e. girondist. Anhängerschaft. Sie wurde die Mätresse von Barras, glänzender Mittelpunkt der Gesellschaft des Directoire, vor allem tonangebend in der antikisierenden Kleidermode. Öffentl. wurde 1795 über sie gespottet, man rette die Republik nicht mit e. röm. oder span. Figur (Anspielung auf ihren Vater, span. Bankier), mit nackten Armen u. griech. Gewand. Ihre Musselinkleider in antikem Faltenwurf, mit hoher Taille, entblößten Schultern u. Armen wurden allgemein nachgeahmt, ebenso faszinierte ihre Lebenslust, 1805 heiratete sie in dritter Ehe Graf Caraman, später noch den Fürsten Chimay.

Talma, François-Joseph, 15. 1. 1763 Paris – 19. 10. 1826 ebda., Schauspieler; verbrachte e. Teil der Kindheit in England, wo sich s. Vater aufhielt; debütierte 1787 an der Com. frçe. T.s darsteller. Kunst ist es zu verdanken, daß sich der Klassizismus auf der Bühne behaupten konnte (vgl. auch Rachel); er verstand es, die Sentenzenhaftigkeit klassizist. Stücke zu dämpfen, u. spielte das traditionelle Repertoire so, wie das Publikum romant. Neuerungen dargestellt sehen wollte. 1791 trennte er sich mit e. Teil des Ensembles von der Com. frçe; Napoleon protegierte ihn. T., der in Museen hist. Kostüme studierte, kleidete sich erstmals als Römer, zum Schrecken der Mitspieler u. zum Entzücken des Publikums. Er verhalf den Shakespearebearbeitungen von →Ducis zum späten Erfolg, da er den Stil engl. Komödianten kannte, ehe sie in Paris auftreten u. ein Publikum finden konnten; 1825 war *Hamlet* T.s großer Erfolg.

A. Augustin-Thierry, T., 1942.

Tancrède, Trag. in fünf Akten von →Voltaire, entstanden 1759/60, EA 1761, der Pompadour gewidmet (fehlerhafter Text Paris, autorisierte Version Genf), Urauff. 3. 9. 1760 Com. frçe. *T.* spielt 1005 in Syrakus, der Titelheld wurde aus der Stadt verbannt, Orbassan ist s. polit. Gegner u. Nutznießer s. Vermögens. Aménaïde, mit der sich Tankred in Byzanz verlobt hatte, teilt ihm in e. Brief ohne Adresse die Lage in Syrakus mit u. fordert ihn zur Rückkehr auf; der Inhalt ihres Schreibens wird bekannt u. als Konspiration mit dem Sarazenenkg. Solamir, der Syrakus belagert u. Aménaïde begehrt, mißverstanden. Obwohl Tankred, der unerkannt heimkehrte, von Aménaïdes Treulosigkeit überzeugt ist, kämpft er für sie u. tötet im Duell Orbassan. Er fällt selbst im Krieg mit den Belagerern; sterbend erfährt er die Bestimmung des Briefes.

J. Henderson, Voltaire's T.: Author and publisher, Genf 1968.

Tardieu, Jean, geb. 1. 11. 1903 Saint-Germain-de-Joux/Ain, s. Vater Maler; Jugend in Lyon u. Paris, hier Philologiestud., Verlagsangestellter, Programmdirektor bei ORTF. Der Lyriker T., den A. Gide förderte, artikuliert Ausgesetztsein u. Auflehnung nicht selten in fast geschmeidigen Versen, die auf den Einfluß Hölderlins hindeuten: T. übertrug dessen Gedichte (ebenfalls Goetheübs.) u. verfaßte e. *Tombeau de Hölderlin*. Aber er spielt auch mit den Formen u. kultiviert Ironie wie Frenesie, um der Belastung durch apokalypt. Stimmungen Herr zu werden (*Accents,* 1939; *Le témoin invisible,* 1943; *Figures,* 1944; *Un mot pour un autre,* 1951; *Une voix sans personne,* 1954; *L'espace et la flûte,* 1958; *Choix de poèmes,* 1961; *Histoires obscures,* 1961; *Le fleuve caché,* 1968; *Les portes de toile,* 1969; *La part de l'ombre,* 1972; *L'obscurité du jour,* 1974; *Formeries,* 1976; *Les tours de Trébizonde,* 1984; *Margeries,* 1986; *Poèmes à voir,* 1990; *Le miroir ébloui,* 1993). Die Angst vor dem Bild des Doppelgängers spielt bei T. e. Rolle. In s. späteren Gedichten gab T. den Kampf gegen Traumtäuschung, Substanzverlust u. Niedergangsstimmung auf, identifizierte das poet. Bewußtmachen mit dem Verschweigen u. einem Zustand der Lichtlosigkeit. In s. Kammerspielen, meist Einaktern, seit 1947 entstanden (*Théâtre de chambre,* 1955; *Poèmes à jouer,* 1960, n. 1990, darunter →*Les amants du métro; Théâtre,* IV 1984, *La comédie du drame,* 1993), erstarren die Menschen angesichts e. Maschinenwelt, in der die Liebe unmögl. geworden ist, u. im Bewußtsein ihrer Todesverfallenheit zu Marionetten. T. parodiert Stilelemente der herkömml. Dramaturgie, die bei ihm mechanisiert erscheinen. Sodann komponiert er Stücke nach musikal. Strukturen; die Symbiose der Künste ist bei ihm, der auch Texte zu Zeichnungen Picassos verfaßte (*Les portes de toile,* 1969), bes. ausgeprägt. T. schrieb Essays über die Maler Lapique (1945), Villon (1961) u. Hartung (1962).

É. Noulet, T., 1964; K. Schoell, Das franz. Drama seit dem Zweiten Weltkrieg, Bd. 2, 1970; M. M. Raether, T. (Franz. Lit. der Gegenwart in Einzeldarstellungen, hg. W.-D. Lange), 1971; E. Kinds, T. ou l'énigme d'exister, 1973; P. Vernois, La dramaturgie poétique de T., 1981; J.-Y. Debreuille, Lire T., Lyon 1988.

Tartarin de Tarascon →*Les aventures prodigieuses de T.*

Le Tartuffe ou l'imposteur, Verskom. in fünf Akten von →Molière, EA 1669, Urauff. der Akte I–III 12. 5. 1664 Versailles, des abgeschlossenen u. überarbeiteten Werkes 5. 8. 1667 Palais Royal, Paris. Mit dem *T.* rächte sich Molière für Winkelzüge s. frömmler. Gegner in der Auseinandersetzung um →*L'école des femmes.* Er stellte dar, welch leichtes Spiel in der Gesellschaft, die e. formalist. Frömmigkeit vertritt, ein Betrüger in der

Maske des Bigotten hat. Orgon fällt Tartuffe zum Opfer, weil er zwischen authent. u. falschen Gesten der Religiosität nicht zu unterscheiden weiß. S. Tochter Mariane will er mit dem heiligmäßigen Mann verheiraten (II, 1); zuvor versucht dieser noch Elmire, Orgons Frau, zu verführen (III, 3). Als Damis s. Vater davon unterrichtet, glaubt Orgon ihm nicht, jagt ihn aus dem Haus u. besänftigt Tartuffe mit e. Vermögensüberschreibung (III, 7). Erst als er in e. fingierten Szene (IV, 5) sieht, wie Tartuffe s. Frau nachstellt, sagt er sich von ihm los. Der Heuchler, im Besitz des Hauses, läßt die Familie gerichtl. ausweisen (V, 4). Nur die kgl. Gerechtigkeit kann jetzt noch direkt helfen, der Betrüger wird im Augenblick s. Triumphs festgenommen. Zahlr. Bestandteile der Kom.fabel beruhen auf zeitgeschichtl. verbürgten Vorfällen, auch Scarron hatte in Novellen bereits darüber geschrieben (*Les hypocrites,* 1624). Molière griff im *T.* die wirkl. Frömmigkeit nicht an, freilich nahm er sie auf der Bühne auch nicht in Schutz. Absichtl. ließ er die Frage, ob der Betrüger dem Priester- oder Laienstand angehört, offen; möglicherweise war die Rolle in der Frühfassung als Kleriker angelegt. Das Risiko, das Molière mit *T.* auf sich nahm, war beträchtl.; tatsächl. wurde in e. Pamphlet auch s. Verbrennung als Ketzer verlangt. Daher ist das räsonierende Element im Stück bes. wichtig. Die Verhaftungsszene zum Schluß, e. Abbild realer Machtverhältnisse, macht e. apologet. Grundzug des Stückes manifest. Orgon dankt dem Fürsten statt dem Himmel für die Erlösung aus der Verblendung durch den bigotten Seelenführer. Dadurch wird der relig. Komplex in den gesellschaftl. eingebettet u. den Gegnern das Argument der Blasphemie entzogen. Die Entflechtung des Dramenkonflikts in der fünfaktigen Fassung spiegelt unverhüllt die Intervention Ludwigs XIV. in der Auseinandersetzung um den *T.* Als Typus des Maskenträgers konnte die Tartuffe-Figur später zum polit. Opportunismus in Beziehung gesetzt werden (Lemercier, *Le T. révolutionnaire,* 1796).

P. Bürger, Molière: T. (Das franz. Theater vom Barock bis zur Gegenwart, Bd. 1, hg. J. v. Stackelberg), 1968; P. F. Butler, T. et la direction spirituelle au XVIIe siècle (Vinaver Festschrift), 1969; R. Horville, T. de Molière, 1973; E. Kern, The absolute Comic, Columbia 1980; G. Ferreyrolles, T., 1987; L. O. Riggs, Molière and plurality, New York 1989.

Tastu, Amable, 1798 Metz – 1885 Paris, Lyrikerin, die vor allem durch elegante, von Sainte-Beuve gerühmte Elegien bekannt wurde (*Poésies,* 1826; *Poésies nouvelles,* 1834). Sie schrieb je e. Abriß der italien. (1843) u. dt. Lit. (1844) sowie nach 1848 aus finanziellen Gründen Jugendbücher.

Techener, Jacques Joseph, 1802, Orges/Haute-Marne – 1873 Neuilly-sur-Marne, eröffnete 1827 in Paris e. Spezialbuchhandlung (Hss., seltene Ausgaben) u. veranlaßte die Schaffung des *Bulletin du bibliophile* (1834 ff.); zusammen mit s. Sohn schrieb er die *Histoire de la bibliophilie ou recherches sur les bibliothèques des plus célèbres amateurs* (1861 ff.).

Tel Quel, Kulturzs. (Editions du Seuil) 1960–82. Erster Hg. bis 1963 war Jean-Edern →Hallier, zu den Redakteuren gehörte →Sollers, der das Profil der Zs. bestimmte. In T. publizierten Philosophen, Semiotiker, Lit.wissenschaftler; seit der Mitte der 60er Jahre sprach man von der T.-Gruppe, die sich ständig veränderte (Faye, Pleynet, Ricardou, Thibaudeau, Derrida, Kristeva ...). Bedeutend war die Diskussion e. neuen écriture-Konzepts u. die Veröffentlichung von Artaud, Bataille, Ponge; vorübergehend maoist. Tendenzen u. Apologie der chines. Kulturrevolution.

K. W. Hempfer, Poststrukturale Texttheorie u. narrative Praxis ... T., 1976; M. Condé, T. et la littérature, Littérature 44, 1981.

Le temps du mépris (1935), Novelle von André →Malraux. Der Kommunistenführer Kassner kommt nach neun Tagen aus der Nazihaft frei, als e. Genosse s. Leben für ihn aufs Spiel setzt u. behauptet, der eigentl. Gesuchte zu sein. Kassner reist nach Prag, wo er s. Frau Anna wiedersieht, u. setzt den Kampf gegen den Nationalsozialismus fort. Malraux selbst deutete das Geschehen in *T.* als Widerstand des Individuums gegen das Kollektiv, bis der Mensch, aus s. Irrtum befreit, erkennt, daß s. Wesen von der Gemeinschaft abhängt. Der Schlüsselbegriff der ›fraternité virile‹ bezeichnet für den Autor das höchste moral. Prinzip. Trotz der Kennzeichnung als Novelle enthält *T.* zahl. lyr. Passagen, die den Widerstreit von Anarchie u. Disziplin, Brutalität, Heroismus u. Brüderlichkeit verklären. Die zeitgenöss. Kritik registrierte in *T.* e. größere Nähe zum kommunist. Denken als in →*La condition humaine.*

Les Temps modernes, Zs. für Philos. u. Lit., 1945 von Sartre, Simone de Beauvoir, Raymond Aron, Paulhan, Merleau-Ponty, Albert Ollivier u. Michel Leiris gegr., entwickelte sich zum polit. Organ Sartres im Kampf gegen Imperialismus u. Kolonialismus.

Tencendur, Streitroß Karls (*Chanson de Roland,* v. 2993, 3342, 3622).

Tencin, Claudine Alexandrine Guérin, marquise de, 27. 4. 1682 Grenoble – 4. 12. 1749 Paris, die Mutter von d'→Alembert, e. romaneske Intrigantin, die ihr Kind aussetzte; bei den Dienstagszirkeln ihres Salons versammelten sich seit 1733 Montesquieu, Marivaux, La Motte, Prévost d'Exiles. Wertvoller als das anonym veröffentlichte sentimentale Romanwerk (*Mémoires du comte de Comminges,* 1735; *Le siège de Calais,* 1739; *Les malheurs de l'amour,* 1747; *Œuvres,* VII 1786; IV 1812) ist ihr Briefwechsel (*Correspondance du Cardinal de T. ... et de Mme de T. sa sœur avec le duc de Richelieu sur les intrigues de la cour de France depuis 1742 jusqu'en 1757,* II 1790; *Lettres au duc de Richelieu,* 1806).

P. M. Masson, Une femme d'intrigue et de lettres au XVIIIe siècle, 1909; Ch. de Coynart, Les Guérin de T., 1910; J. Sareil, Les T. Histoire d'une famille au XVIIIe siècle, Genf 1970.

Tenson, Tenzone, Streitgedicht provenzal. Ursprungs, dessen Dialogpartner fingiert sein können; häufig betreffen die strittigen Fragen Minneprobleme (→Partimen). Die Trobadors →Guiraut de Bornelh u. →Raimbaut d'Aurenga wechselten 1168 die erste Tensó.

D. J. Jones, La t. provençale, 1935; E. Köhler, Zur Gesch. des altprovenzal. Streitgedichts, 1950; E. M. Ghil, L'âge de parage, 1989.

La tentation de l'Occident (1926), kulturtheoret. Schrift von André →Malraux in Tagebuch- u. Dialogform; e. 25jähr. Franzose u. e. um zwei Jahre jüngerer Chinese korrigieren ihr durch Lektüre gewonnenes Bild des anderen Kulturkreises. Vgl. auch H. Massis.

La tentation de Saint-Antoine, Roman von Gustave →Flaubert, entstanden mit Unterbrechungen seit 1839, TD 1856 u. 1857, EA 1874, hg. E. Maynial 1966. Wahrscheinl. ist *T.* unter dem Eindruck des Breughelbildes von der Versuchung des Wüstenhl. Antonius, das Flaubert 1845 in Genua besichtigte, von e. Marionettenspiel zur großen Phantasmagorie weiterentwickelt worden. Flaubert, dessen Freunde von diesem Projekt abrieten, verarbeitete e. ungeheures Wissen über Gnosis, Manichäismus, frühchristl. Hagiographie. Zahlr. phantast. anmutende Szenen sind nachgewiesenermaßen exakte Bildbeschreibungen. Derartige Einblendungen von ersichtl. Zitatcharakter machen die Originalität der *T.* aus; das Motiv des Buchs im Buch, über dem Antonius meditiert, ist der Schlüssel des lemur. Treibens. Dem Leser wird e. Szene vorgestellt, deren Mittelpunkt der Anachoret bildet; die Lektüre e. Buches löst bei ihm makabre, von Todessehnsucht erfüllte Visionen aus. S. Schüler Hilarion steigert u. verschachtelt sie weiter zu apokalypt. Bildern. Antonius wird von der Lektüre verführt, s. Einbildungen werden übermächtig u. vernichten ihn: ›Ma conscience éclate sous cette dilatation du néant‹! Kulturelle Übersättigung – das Schicksal von Flauberts eigener Klasse – schlägt in Leere, Vitalität in Fäulnis um. Der Sadismus zahlr. Episoden ist philosoph. begründet: das Fiasko wird zum Weltprinzip erhoben. Darin liegt e. themat. Übereinstimmung der *T.* mit *Salammbô* u. *Bouvard et Pécuchet.*

E. Pantke, G. Flauberts T., e. Vergleich der drei Fassungen, 1936; R. J. Sherrington, Illusion and reality in T., Journal of the Australian universities modern language association 1965; M. Butor, La spirale des sept péchés, Critique 1970.

Terrasson, Jean, 1670 Lyon – 1750 Paris, Abbé, Mitgl. der Ac. des sciences 1707, Ac. frçe. 1732, seit 1721 Prof. der griech. u. lat. Philos. am Collège de France, Parteigänger der Modernen in der →Querelles des anciens et des modernes. Er ahmte den Bildungsroman →Fénelons in *Sethos* (1731) nach u. schrieb e. Abhandlung über die *Ilias,* um an diesem Werk die vernunftbegründete Ästhetik zu demonstrieren (1715).

La terre, Roman des Zyklus →*Les Rougon-Macquart* (Bd. 15) von Émile →Zola (1887), Bauernroman, spielt in der Beauce. Jean Macquart, Enkel der Adélaïde Fouque, fand, nachdem er die Armee verlassen hatte, Arbeit auf dem Hof des Hourdequin. Als Beobachter ländl. Lebensverhältnisse, die von der ›joie brutale de la possession‹ gekennzeichnet sind, gewinnt er u. mit ihm der Leser Einblicke in e. Welt, die ohne idyll. Veredelung (vgl. George Sand), aber auch ohne indirekten Bezug auf die drohende soziale Revolution (vgl. Balzac, *Les paysans*) dargestellt wird. Zola kannte die Welt der Bauern nur wenig u. rekurrierte immer wieder auf schriftl. Zeugnisse, s. Enquête am Ort der Romanhandlung war flüchtig. Der Erzähler verwendet in *T.* Klischees wie ›der Bauer liebt s. Erde‹, ›s. Sitten sind grob‹, ›s. Sinnlichkeit gerät leicht außer Kontrolle‹, reinigt sie jedoch von Periphrasen u. Euphemismen u. verzichtet bei der Wiedergabe erot. Szenen auf die vom Publikum erwartete dezente Zurückhaltung. Ohne Beschönigung zeigt der Roman, wie Ehebruch, Inzest u. Mord in der dumpfen Atmosphäre, wo die Empfindungen roh bleiben müssen, geplant u. ausgeführt werden. Die Habgier der

caines, 1918; *Marrakech ou les seigneurs de l'Atlas,* 1919; *Le chemin de Damas,* 1923; *Cruelle Espagne,* 1937) sowie Essays über Ravaillac (1913), Péguy (1926) u. Barrès (1926); 1951 die Autobiographie *La double confidence.* Romant. ist der Geschmack an exotischen, zeitlich u. räumlich entfernten Geschehnissen, realist. die Bemühungen um detaillierte Dokumentation; Th.s Werk bleibt unberührt von der ästhet. Erneuerung am Ende des 19. Jh. (*Œuvres,* IV 1929 f.)

D. Halévy, Éloge de Th., 1954.

Theater, staatl. subventionierte Bühnen (in Paris →Com. frçe., Théâtre national de l'Odéon, Théâtre de la ville, Théâtre de l'Est parisien [TEP], vgl. außerdem Théâtre national populaire [TNP] sowie allein im Pariser Raum ca. 50 Privatbühnen (ohne die Cafés-théâtres). Dem Théâtre National de Strasbourg ist e. Schauspielschule angegliedert. Der Staat subventioniert 19 Theaterzentren in Frkr., das bekannteste ist Villeurbanne.

R. K. Dixon, The decentralized theatre in France, FR 54, 1980.

Théâtre de l'Atelier, Pariser Bühne an der Place Dancourt, 1822 gegr. als Théâtre Montmartre. Charles Dullin leitete das Th., das im 19. Jh. jungen Schauspieltalenten die erste Chance bot, u. a. auch 1932 Jean-Louis →Barrault.

Théâtre de l'Œuvre, Pariser Bühne, 1890 von Paul Fort in der Absicht, dem symbolist. Drama zum Erfolg zu verhelfen, gegen das →Théâtre-Libre gegr. 1893–1929 leitete →Lugné-Poe das Th., brachte u. a. →*Ubu roi* von Jarry (den er auch beschäftigte) heraus. Von zeitgenöss. Autoren spielte das Th. u. a. Adamov.

Théâtre des italiens →Com. italienne.

Théâtre du Marais, im März 1634 eröffnete Bühne im Ballspielsaal des Pariser Maraisviertels (3. u. 4. Arrondissement). Die Truppe von Charles Le Noir u. →Montdory, dem hervorragendsten Schauspieler der Epoche, die seit 1629 als Wanderbühne in Paris spielte, fand hier ihr festes Haus u. entwickelte sich seitdem, namentl. durch Corneilleaufführungen, zur Konkurrenz des Hôtel de Bourgogne, der Bühne der →Comédiens français ordinaires du Roi. Das Ensemble verfügte zu Beginn über mehr qualifizierte Schauspielerinnen (Beauchasteau, Beaupré, Le Noir, Villiers) als andere Theatertruppen. 1637 geriet es in Schwierigkeiten, Corneille als Hausautor sicherte den Fortbestand; seit den 40er Jahren brachte das Th. häufig Ausstattungsstücke heraus, 1673 wurde es geschlossen. 1791 bezog das Ensemble der Com. italienne, dem Beaumarchais verbunden war (Urauff. *La mère coupable,* 26. 6. 1792), das Haus im Maraisviertel.

S. W. Deierkauf-Holsboer, Le théâtre du M., II 1954–58.

Théâtre du Vieux-Colombier, Pariser Bühne in der rue du V., gegründet von Jacques →Copeau u. von ihm geleitet bis 1924, Eröffnung 23. 10. 1913 mit Molière, *L'amour médecin,* Mitwirkende u. a. Dullin u. Jouvet. Spielplan: Kontrastprogramm zum kommerziellen Theater, Klassiker u. werkgerechte Inszenierung junger Dramatiker ohne Kulissenaufwand (Claudel, Gide, Sartre, Camus). Nach längerer Schließung (1975) auf Betreiben von Jack Lang u. Giorgio Strehler Umwandlung in

e. Bühne der Com. frçe. u. Neueröffnung 10. 4. 1993 mit zwei Stücken von Nathalie Sarraute *(Le silence, Elle est là)*. Gemischter Premierenerfolg.

J. Copeau, Les registres, du V., IV 1979 ff.; M.-F. Christout/N. Guibert/D. Pauly, Th., 1993.

Le théâtre et son double (1938), Slg. theoret. Schriften von Antonin →Artaud. Unter dem Eindruck von Jarry u. Apollinaire, vor allem aber der Aufführungen e. Theatertruppe aus Bali (1931) definierte Artaud e. neues Totaltheater, in dem Mimik ebenbürtig neben sprachl. Kommunikation steht u. die Distanz Szene–Parkett aufgehoben ist. Als mag. Akt weckt die Aufführung im Zuschauer unterdrückte amoral. Neigungen. Die Grausamkeit des mod. Theaters liegt in s. Beschwörung, die keinen Zuschauer unbeteiligt läßt. Artaud fordert für das Spiel, das Happeningcharakter annimmt, Spontaneität u. Hypnose; darum bemängelt er am abendländ. Drama, daß es mit Wörtern operiert, die abgeschlossene Gedankenprodukte u. keine aktivierende Signale mit destruktiver Wirkung sind. Wie e. Epidemie muß die Aufführung die Ruhe der Sinne aufwühlen, krankhafte Neigungen freilegen u. überwinden. In dieser Theaterkonzeption kommt dem Regisseur e. wichtige Funktion zu, da Stücke für ihn nur Vorlagen sein können.

K. A. Blüher, A. Artauds Theater der Grausamkeit, RF 1968.

Théâtre-Libre, Pariser Abonnentenbühne, von André →Antoine 1887 gegr., 1896 Umbenennung in Théâtre Antoine u. regelmäßige Aufführungen. Das Th. führte Werke von Zola, Ibsen, Hauptmann, Strindberg, Turgenjev u. a. auf.

A. Thalasso, Th., 1909.

Théâtre National de l'Odéon, Pariser Bühne, Einweihung des Theatersaals 1782; 1959–68 Sitz des Théâtre de France unter der Leitung von Jean-Louis →Barrault; mit der Spielzeit 1971/72 Umbenennung in Th., unter der Leitung von Pierre Dux, der auch Verwaltungsdirektor der Com. frçe. war. Nach der neuen Satzung vom 1. 9. 1971 soll das Odéon Aufführungen aus dem Repertoire der Com. frçe., vor allem mod. Autoren, übernehmen u. darüber hinaus für Inszenierungen von Tourneebühnen sowie des Jeune théâtre national (Absolventen des Konservatoriums) offen stehen. Im Mai 1968 wurde das Th. zur Szene der polit. Selbstdarstellung der Linken.

Ch. Genty, Histoire du Th., 1981.

Théâtre National populaire (TNP), Pariser Bühne, hervorgegangen aus dem Théâtre du Trocadéro (Einweihung am 11. 11. 1920), umfaßt zwei Theatersäle (2600 bzw. 530 Plätze/Salle Gémier). Erster Direktor war bis 1933 Firmin Gémier, 1951–63 →Vilar.

Théâtres de la foire, Jahrmarktstheater aller Schattierungen, von der Menagerie bis zur kom. Bühne, die der Com. frçe. an Qualität in nichts nachstand, allerdings durch den Mangel an Privilegien in ihrer Existenz bis ans Ende des Ancien régime stets gefährdet war. Ma., d. h. unklass. Traditionen waren bis ins 18. Jh. lebendig geblieben; zwar wurden den Th. bis 1720 Dialog, Monolog u. Tanz untersagt u. allein Pantomimen bei reduziertem Orchester zugestanden, doch inszenierten diese Ensembles seit Lesage, der speziell für diesen Rahmen über 100 Stücke produzierte, u. verstärkt, seitdem 1716 die ital. Truppen mit ihnen zusammenarbeiteten, neben Farcen auch Kom. mit Gesangs- u. Tanzeinlagen (Opéra-comique). Seit 1741 galt →Favart als maßgebender Autor dieses Genres (*Le théâtre de la foire ou l'opéra-comique*, X 1721–37).

M. Albert, Les th., 1900; M. Spaziani, Il teatro della Foire, Rom 1965.

Thélème, Abtei in Rabelais' →*Gargantua,* deren Regeln unter das humanist. Prinzip ›Fay ce que vouldras‹ gestellt sind. Angelegt wie ein Renaissanceschloß – ohne Klostermauer, ohne Stundeneinteilung, ohne Gelübde des Gehorsams, der Armut u. Keuschheit –, soll das Eliteinstitut der Entfaltung sämtl. menschl. Fähigkeiten dienen. Die Abtei Th. ersetzt das herkömml. Mönchsideal durch e. christianisierten Epikureismus u. hebt konsequent auch die Geschlechtertrennung auf.

E. Köhler, Die Abtei Th. u. die Einheit des Rabelaisschen Werkes, GRM 1959; H. D. Saffrey, ›Cy n'entrez pas, hypocrites ...‹ Th., une nouvelle Académie, Revue des sciences philosophiques et théologiques 1971.

Théramène, Erzieher des Hippolyte u. Berichterstatter s. trag. Untergangs, in Racines →*Phèdre.*

Thérèse Desqueyroux (1927), Roman von François →Mauriac. Die Selbstbehauptung e. hochbegabten Frau an der Seite e. Mannes, der sie aus materiellen Gründen geheiratet hat u. ihr als Vater ihrer unerwünschten Tochter nicht sympathischer wird, gipfelt in der Verzweiflungstat e. Giftmordes, der mißlingt. Das Gericht spricht Thérèse frei, da Bertrand s. Frau, freil. nur aus Angst vor e. Skandal deckt, dann verborgen hält u. endl. nach Paris bringt, wo sie sich selbst überlassen bleibt. Die Vorgeschichte wird in e. Rückblende während der Heimkehr vom Gerichtsgebäude nachgeholt. In →*La fin de la nuit* erzählt Mauriac, wie die Verbrecherin Th. von der Gnade angerührt wird. Wie in anderen Romanen (z. B. →*Nœud de vipères*) will Mauriac nachweisen, daß Gott denen am nächsten ist, die sich scheinbar am weitesten von ihm entfernt haben.

H. Davignon, De la Princesse de Clèves à Th., Brüssel 1963; M. A. O'Meara, La stylistique des points de vue dans Th., Diss. Iowa 1967; G. Sutton, Phèdre and Th., une communauté de destin, FR 1970.

Thérèse Raquin, Roman von Émile →Zola, ED *L'Artiste* u. d. T. *Un mariage d'amour,* EA 1867. Der Titel der Frühfassung (als Novelle schon 1866 im *Figaro*) ist sarkast. gemeint. Das Liebesdrama handelt von zwei ›brutes humaines‹ (Vorrede 1868). Thérèse entschädigt sich durch e. ehebrecher. Verhältnis mit dem Maler Laurent für ihre bedrückende Ehe. Das Paar plant den Mord an Herrn Raquin, führt die Tat aus u. wartet zwei Jahre bis zur Heirat. Da beide ihr Verbrechen nicht verdrängen können, wird die neue Ehe ihnen zur Hölle. Diese Krise hat nach den Worten des Romanciers einzig physiolog. Gründe; Spannung u. Erschütterung bestehen in organ. Unordnung: ›L'âme est parfaitement absente‹: Auch die Selbstbestrafung der Täter im Selbstmord wird als das Ende instinkthafter Verwirrung dargestellt. Zola nimmt als Erzähler in s. ersten naturalist. Roman für sich die ›curiosité du savant‹ in Anspruch. ›En un mot, je n'ai eu qu'un désir: étant donné un homme puissant et une femme inassouvie ... noter scrupuleusement les sensations et les actes de ces êtres‹. Für Zolas weitere Romanpraxis entscheidend war e. Bemerkung von Taine, die Konzentration des Fehlverhaltens auf nur zwei Protagonisten verfehle den Anspruch, enzyklopäd. zu erzählen (→*Les Rougon-Macquart*).

A. Krakowski-Faygenbaum, La femme dans l'œuvre de Zola, Thèse Paris 1962.

Thérèse Tarde, Hauptfigur in →*La sauvage* von Anouilh, kompromißlose Heldin, die vor dem trüger. bürgerl. Glück, das sie an der Seite von Florent erwartet, flieht.

Thérive, André (eig. Roger Puthoste), 19. 6. 1891 Limoges – 4. 6. 1967 Paris. Lit.kritiker u. Romancier des →Populisme (*L'expatrié,* 1921; *Le voyage de M. Renan,* 1922; *Le plus grand péché,* 1924; *La revanche,* 1925; *Les souffrances perdues,* 1927; *Sans âme,* 1928; *Le charbon ardent,* 1929; *Noir et or,* 1930; *Anna,* 1932; *Fils du jour,* 1936; *Comme un voleur,* 1947; *L'envers du décor,* 1948; *L'homme fidèle,* 1963; *Le baron de paille,* 1965, Abkehr v. d. populist. Intention). Daneben verfaßte Th. bedeutende sprach- u. lit.krit. Werke (*Le français langue morte,* 1923; *Querelles de langage,* III 1931–40; *Galerie de ce temps,* 1931; *Moralistes de ce temps,* 1948; *Clotilde de Vaux,* 1957).

Thésée, Erzählung von André →Gide, konzipiert 1911/12, entstanden 1944 in Algier, EA 1946. Die Icherzählung gliedert sich in zwölf Kap. ohne Überschriften; die Anlage ist symmetr., da Kap. 1–2 Vorauserzählungen des jungen Helden sind, der die Geschichte zur Belehrung s. Sohns Hippolyte (der jedoch schon tot ist) zusammenstellte, Kap. 3–10 die kret. Abenteuer zum Inhalt haben u. Kapitel 11–12 aus der Situation des gealterten Theseus heraus zu verstehen sind. Gide konnte die Fabel als bekannten lit. Gegenstand (Racines →*Phèdre,* Theseus-Oper von Quinault, Medea-Stoff) voraussetzen u. den Protagonisten zum Konfliktträger eigener aufklärer. Ideen machen: Individualethik im Widerstreit mit Normen des Familienlebens, der spontan handelnde Mensch als größter Widerstand seiner selbst, Beharren in der Tradition u. Entgrenzung als eth. Haltung. Theseus soll die Mission von Prometheus u. Ödipus (→*Le Prométhée mal enchaîné,* →*Œdipe)* im Kampf gegen Götter u. formale Traditionen vollenden; die parod. Verkleinerung des Mythos vom Labyrinth, die Angleichung der Übergröße des Helden an das Format des Lesers dient der Didaxis. Theseus' Wahlspruch lautet ›passer outre‹ – als willensstarke Selbstverwirklichung und zugleich als Engagement für das Glück der Menschheit. ›Les premières et les plus importantes victoires que devait remporter l'homme, c'est sur les dieux‹ (Kap. 2). Theseus erscheint als Gegenspieler Pascals (→*Pensées);* während der Jansenist auf Gott setzt, bleibt Theseus e. ›enfant de cette terre‹ u. verlangt vom Menschen, daß er mit den Karten spielt, die ihm in die Hand gelegt sind (Kap. 12). Das Schicksal des Ödipus hat sich auf Beschluß der Götter erfüllt. ›Si je compare à celui d'Œdipe mon destin, je suis content: je l'ai rempli‹. Th. gab das Beispiel e. glückl. u. freien Existenz. ›Pour le bien de l'humanité future, j'ai fait mon œuvre. J'ai vécu.‹ Dies gilt auch für den Autor selbst, der s. dichter. Werk als Verursachung, nicht Folge s. Lebenspraxis verstehen wollte.

L. Poetzsch, A. Gide u. die Antike, Diss. Tübingen 1956; P. Renauld, Gide, Plutarque et la légende de Th. ZfSL 1968.

Theuriet, André, 8. 10. 1833 Marly-le-Roi/Seine-et-Oise – 23. 4. 1907 Bourg-la-Reine, Jurist im Finanzministerium, Autor von Lyrikslgg. im Parnasse-Stil (*Le chemin des bois,* 1867; *Le bleu et le noir,* 1873; *Les nids,* 1879; *La ronde des saisons et des bois,* 1892) u. regionalist. Romanen, die in der Manier, das Milieu der Helden als Projektion ihrer moral. Verfassung darzustellen, Balzacs mächtige Nachwirkung zeigen. Doch gelingt es Th., vor allem gegenüber den Bauernromanen von Georges Sand, e. Schicht darzustellen, die noch halb bäuerl. u. schon halb verstädtert denkt u. lebt; während Julien →Sorel in dieser Lage Energie entwickelt, verfallen Th.s Helden häufig in Resignation u. vereinsamen, wie beispielhaft Séverin in *L'amoureux de la préfète* (1889; außerdem *Le mariage de Gérard,* 1875; *Raymonde,* 1877; *Le filleul d'un marquis,* 1878; *La maison des deux Barbeaux,* 1879; *Le fils Maugars,* 1879; *Eusèbe Lombard,* 1885; *Contes de la forêt,* 1888; *Charme dangereux,* 1891; *La Chermeresse,* 1893; *Les Maugars,* 1901; *La sœur de lait,* 1902). 1897 wurde Th. in die Ac. frçe. aufgenommen.

J. Lemaitre, Les contemporains, 5e série, o. J.

Thévet, André, 1502 Angoulême – 1590 Paris, Mönch, der u. a. 1555 über e. Brasilienexpedition berichtete *(Singularités de la France antarctique);* später wurde er zum kgl. Kosmographen ernannt (*Cosmographie universelle,* 1571).

Thibaudet, Albert, 1. 4. 1874 Tournus – 16. 4. 1936 Genf, Schüler von Bergson, dessen Philos. er in die franz. Lit.wiss. einbrachte (*Le bergsonisme,* 1923); seit 1925 war Th. Prof. in Genf. Als wesentl. Voraussetzung für das Lit.verständnis gilt ihm die Einfühlung in die schöpfer. Verfassung des Autors; ›le sentiment par lequel nous épousons la beauté des œuvres ne diffère pas en nature du sentiment qui les a créées‹. Intelligenz ist darum nur e. Teil des krit. Instrumentariums, mit dem Th. das Werk von Mallarmé (*La poésie de M.,* 1912), Maurras (*Les idées de Charles M.,* 1920), Barrès (*La vie de Maurice B.,* 1921), Flaubert (1922), Verlaine u. Rimbaud (*Triptyque de la poésie moderne: V., R., Mallarmé,* 1924), Valéry (1924), Baudelaire, Fromentin u. F. Amiel (1924), Mistral (1930), Stendhal (1931) erschließen wollte. Er unterschied zwischen krit. Ansätzen des Fachgelehrten, Rezensenten u. des Autors selbst (*Physiologie de la critique,* 1922). Die Probleme der Gattungsdefinition sowie die Frage der ›lit. Generation‹ beschäftigten Th. in s. zahlr. Beiträgen zur *NRF (Chronique de la Nouvelle Revue Française,* IV 1937), den *Réflexions sur la littérature* u. den nachgelassenen Notizen zur *Histoire de la littérature française de 1789 à nos jours* (1937); der Bergsonsche ›élan vital‹ sollte auch hier die Erklärung liefern. Damit hat Th. den romant. wie den symbolist. Geniebegriff in Frage gestellt u. die Lit.theorie von →Taine problematisiert.

J. C. Davies, L'œuvre critique d'A. Th., 1955; P. Moreau, La critique littéraire en France, 1960; M. Devaud, Th., 1967.

Les Thibault, Romanzyklus von Roger →Martin du Gard, entstanden 1920–39, EA *Le cahier gris, Le pénitencier,* 1922; *La belle saison,* 1923; *La consultation, La Sorellina,* 1928; *La mort du père,* 1929; *L'été 1914,* 1936; *Épilogue,* 1940, insgesamt 9 Bde., n. VII 1953. Schicksal u. Lebensauffassung der konservativen kathol. Familie Th. u. der liberalen protestant. Familie de Fon-

tanin stoßen in diesem Gesellschaftsroman, dessen Zentralfiguren die Thibaultsöhne Jacques u. Antoine sind, aufeinander. Der ältere Antoine paßt sich dem autokrat. Vater, Oscar Th., zunächst leichter an als s. Bruder, dessen Freundschaft mit Daniel de Fontanin mißverstanden u. verleumdet wird. Jacques wird in e. Besserungsanstalt interniert, Antoine befreit ihn später aus der unwürdigen Umgebung. Jacques verliebt sich in Jenny de Fontanin, verläßt sie u. s. Familie jedoch u. geht in die Schweiz, wo er als Schriftsteller u. Pazifist wirkt. Antoine wird Arzt; er holt Jacques an das Sterbebett des Vaters, e. Szene, die die Begegnung der neuen Zeit mit der erlöschenden alten Welt symbolisieren soll. Alle Vorahnungen, die diese Konfrontation involviert, bewahrheiten sich beim Ausbruch des I. Weltkriegs. Jacques ist in die Schweiz zurückgekehrt, er u. s. sozialist. Freunde hoffen, mit e. Generalstreik die militär. Auseinandersetzung zu verhindern. Jacques, dem Genossen vorwerfen, er sei nur deshalb zu ihnen gestoßen, weil er hoffte, e. individuelle Heldentat zu vollbringen, wird nach Paris geschickt, um Kontakt mit Jaurès aufzunehmen. Indessen plant s. Bruder den Aufbau s. Praxis u. e. Forschungsinstituts für Kinderkrankheiten. Die Nonchalance und Selbstgefälligkeit Antoines irritieren Jacques; er kritisiert dieses Verhalten als Eitelkeit der Bourgeosie, die es dem Adel gleichtun will. Der Kontrast der ungleichen Brüder erweist sich auch an ihrer unterschiedl. Beurteilung von Poincaré, für Jacques e. Kriegstreiber, für Antoine, der mit s. unpolit. Haltung kokettiert, ein friedliebender Staatsmann. Antoine sieht darum das Attentat von Sarajewo als isolierten Unfall, Jacques erkennt die polit. Verflechtungen des dt. u. österr.-ungar. Reiches. Antoine begreift sich als Fachmann, der hofft, daß die Berufspolitiker ihr Metier so ernst nehmen wie er s. Tätigkeit u. ihn von aller Verantwortung entlasten. Jacques hält ihm entgegen (*L'été 1914,* Kap. 17), er sei Revolutionär geworden, weil es ihm als Angehörigem des Besitzbürgertums unerträgl. sei, aus e. Sozialordnung Nutzen zu ziehen, die er als verwerfl. erkannt habe. Das Gespräch wird unterbrochen, als Jenny de Fontanin erscheint u. Antoine um Hilfe bittet: ihr Vater hat e. Selbstmordversuch unternommen. Jacques reist im Sommer 1914 von Paris nach Berlin, trifft e. Vertrauten Karl Liebknechts, befördert Papiere e. österr. Obristen, die e. Kriegsschuld des dt. und österr. Generalstabs beweisen, nach Brüssel; e. Veröffentlichung im sozialdemokrat. *Vorwärts* wäre zu diesem Zeitpunkt takt. unklug. Jacques verfaßt e. Friedensappell an die Soldaten beider Fronten, wirft sie vom Flugzeug aus selbst ab; als die Maschine abstürzt, wird er als Spion verhaftet u. hingerichtet. Antoine, der an die Somme und in die Champagne eingezogen wurde, sieht Jenny wieder; sie lehnt sein Angebot, sie zu heiraten, ab, da sie von Jacques e. Kind erwartet. Antoine selbst leidet unter den Folgen e. unheilbaren Gasvergiftung, wie er Jenny im Juni 1918 eröffnet. Der Zyklenroman *Th.* gestaltet Konflikte zwischen versch. Charakteren, Temperamenten, Generationen u. Klassen. Die Personen bleiben meist in der großbürgerl. Mentalität befangen u. rebellieren – mit Ausnahme von Jacques – kaum gegen ihre Zwänge. Antoine ist für den krit. Leser e. ›ideolog.‹ Figur, da er sich über Ursache u. Reichweite gesellschaftl.

Gegensätze täuscht u. s. saturierte wirtschaftl. Lage für unerschütterl. hält. Bis 1973 erreichte der Zyklenroman e. Auflage von ca. 720 000 Ex., e. franz. Fernsehfassung mit Charles Vanel in der Rolle des alten Dr. Thibault wurde im Dezember 1972 u. Januar 1973 ausgestrahlt.

H. C. Rice, R. Martin du Gard and the world of the Th., New York, 1941; J. Schlobach, Gesch. u. Fiktion in L'été 1914, 1965; D. L. Schalk, R. Martin du Gard, the novelist and history, Cornell 1967; H. Jacobsson, L'expression imagée dans les Th. de R. Martin du Gard, Lund 1968; R. Garguilo, La genèse de Th., 1974; R. F. Wehrmann, L'art de Martin du Gard dans Th., 1986.

Thibaut de Champagne, 30. 5. 1201 Troyes – 7. 7. 1253 Pamplona, Sohn Thibauts III. von Champagne u. Blancas v. Navarra, nahm 1226 am Albigenserkrieg teil u. bestieg 1234 den Thron v. Navarra. Er war ein rebell. Vasall d. franz. Krone, s. Bündnispläne mit d. südfranz. Adel scheiterten jedoch. 1239 wurde s. Kreuzzugsheer in Palästina geschlagen. V. s. lyr. Werk sind 71 Kompositionen (darunter 37 Kanzonen, 9 Jeux-partis, 1 lyr. Lai) gesichert; ihre Gestimmtheit wechselt häufig, so macht vor allem der Umschlag in Ironie ihren bes. Reiz aus (*Chansons de Th.*, hg. M. A. Wallensköld 1925; Konkordanz u. Index hg. G. Lavis / M. Stasse, Lüttich 1981). Durch s. souveräne Kraft der Anverwandlung provenzal. Tradition erhob sich Thibaut, wie schon die Zeitgenossen bereitwillig anerkannten, über das Niveau der übrigen Trouvères (Blondel de Nesle, Conon de Béthune, Gace Brulé, Guy de Thourotte, Gautier de Dargies, Guiot de Provins).

Th., Colloque Reims 1980, Lyon 1987.

Thierry, Augustin, 10. 5. 1795 Blois – 22. 5. 1856 Paris, Absolvent der ENS, unterrichtete bis 1814, wurde dann Sekretär des Grafen Saint-Simon (1814–17); seit 1821 widmete sich Th. vor allem hist. Stud.; er erblindete 1826. Mit romant. Lokalkolorit zeichnete er u. a. die franz. Geschichte des frühen MA in den *Récits des temps mérovingiens* (II, 1835–40) nach u. hob ihre barbar. Züge sowie e. frühe Tendenz zum Partikularismus hervor (*Œuvres complètes,* X 1856–60, IX 1883).

A. Dupront, Th., 1936; R. N. Smithson, Th., Genf 1973.

Thomas, Antoine-Léonard, 10. 10. 1732 Clermont-Ferrand – 17. 9. 1785 Oullins bei Lyon, Justizangestellter, später Lehrer am Collège de Beauvois. S. erstes lit. Werk, *Réflexions philosophiques et littéraires sur le poème de La religion naturelle* (1756), polemisierte gegen Voltaire, der fortan statt von ›galimatias‹ von ›Gali-Thomas‹ sprach. Th.s. Domäne wurde die Eulogie (auf Marc Aurel, Sully, Descartes u. a.), die er 1773 auch theoret. begründete *(Essai sur les éloges)*. Mit Unterstützung der Mitgl. des Salons der Mlle de Lespinasse u. der Mme Geoffrin wurde er nach erhebl. Schwierigkeiten 1766 in die Ac. frçe. gewählt. In s. Antrittsrede, *De l'homme de lettres considéré comme citoyen,* propagierte er ein aufklärer. Rechtstaatsprinzip (*Œuvres complètes,* hg. N.-L. Desessarts VII 1802).

E. Micard, Un écrivain académique au XVIIIe siècle, Th., 1924.

Thomas, Henri, 7. 12. 1912 Anglemont/Vogesen – 3. 11. 1993 Paris, Schulbildung in Saint-Dié, Stud. Philos., 1930 preisgekrönte Abhandlung. Th. lebte 1947–58 in London, er wurde anschließend Lektor für dt. Lit. im Verlag Gallimard, wo er Lyrik (*Travaux d'aveugle,* 1941; *Signe de vie,* 1944; *Le mon-*

de absent, 1947; *Nul désordre,* 1950; *Poésies,* 1970; *A quoi tu penses,* 1980; 68 kurze Gedichte; *Joueur surpris,* 1982, 70 Gedichte) u. Romane veröffentlichte (*Le seau à charbon,* 1940; *Le précepteur,* 1942; *La vie ensemble,* 1945; *Les déserteurs,* 1951; *La dernière année,* 1960; *John Perkins suivi d'Un scrupule,* 1960; *Le promontoire,* 1961; *Le parjure,* 1964; *La relique,* 1969; Kriminalroman; Erzählungen *La cible,* 1955; *Histoire de Pierrot,* 1960; *Sainte-Jeunesse,* Slg. 1973; Novellenbd. *Les tours de Notre-Dame*, 1977; Erinnerungen *Le migrateur,* 1983). Th. übersetzte u. a. E. Jünger u. verfaßte Studien über T. Corbière (1972) u. Fargue (1992); Slg. s. Kritiken (*La chasse aux trésors,* II 1961–92). Charakterist. für s. Gestalten, deren Alter meist die Form des Entwicklungsromans erwarten läßt, ist das Unvermögen, sich Lebensgemeinschaften anzupassen oder e. Ausschluß aus der Gemeinschaft zu verhindern. Der Titel *La vie ensemble* ist von Th. sarkast. gemeint; der Erwachsene kann dem Zwang des Zusammenlebens entfliehen, das Kind ist zur Gemeinschaft verurteilt u. stößt sich daran wund (vgl. auch Jules Renard). Liebesgemeinschaften, wirtschaftl. Partnerschaften, die auf Dauer gegründet sein sollen, sind bei Th. die Quelle von Trag. Als Auswege bleiben Flucht oder Mord; das objektive Korrelat für den Rückzug auf sich selbst bilden verschwiegene Räume, stille Winkel auf dem Feld, e. Insel. Th. lehnt gängige Mythen u. Ideologien ab u. wählt e. negativen Freiheitsbegriff für s. Gestalten.

Y. Berger, Th. (Écrivains d'aujourd'hui 1940–1960, hg. B. Pingaud), 1960.

Thomas à Becket, 21. 12. 1120 London – 29. 12. 1170, wurde zu Weihnachten 1154 Kanzler von England, am 21. 5. 1162 auf Wunsch Kg. Heinrichs II. außerdem zum Erzbischof von Canterbury gewählt. Er legte nun s. Kanzleramt nieder u. kämpfte für die Unabhängigkeit der Kirche von der Krone; 1164 Flucht nach Frkr. 1170 kehrte Th. nach Canterbury zurück, wo ihn vier fanat. Adlige aus der Normandie in der Kathedrale töteten. Den Mord im Dom bearbeiteten u. a. Guernes de Pont-Sainte-Maxence (1174), C. F. Meyer (*Der Heilige,* 1879), T. S. Eliot (*Murder in the Cathedral,* 1935), Jean Anouilh *(→Becket ou l'honneur de Dieu).*

Thomas d'Angleterre, 12. Jh., lebte wohl am Hof Heinrichs II. Autor e. der ältesten Bearbeitungen des →Tristan-Stoffs (anglonormann. Mundart, 3150 Verse erhalten), die in 8 Fragmenten aus 5 Hss. überliefert ist (hg. J. Bédier II 1902–05, B. Wind 1950). Th., der s. Stil an →Wace u. den Romanen des →antiken Zyklus geschult hatte, eliminierte märchenhafte Unwahrscheinlichkeiten des Stoffs u. gestaltete die Trag. des Eros, die über die Sinnlichkeit hinausführt. S. Bild der sublimen Liebe wirkte auf Gottfried von Straßburg.

R. S. Loomis, The romance of Tristram and Isolt by Thomas of Britain, New York 1951; G. N. Bromiley, Th.'s Tristan, London 1986.

Thomas l'imposteur (1923), Roman von Jean →Cocteau. Persönl. Geltungstrieb e. ehrgeizigen Jungen u. Ehrsucht der Gesellschaft, die sich durch Umgang mit glänzenden Namen in ihrem Wert bestätigt fühlt, motivieren die Verwandlung des 16jähr. Thomas aus Fontenoy in den Schwindler Thomas de Fontenoy. E. ruhmsüchtige Clique, für die Fontenoy – der Name e. siegreichen Heerführers – e.

Begriff ist, akzeptiert die Verfälschung des Ortsadverbs ›de‹ in e. Adelsprädikat. Als Thomas sich in s. Euphorie zum Helden berufen fühlt u. an der Front als Meldegänger eingesetzt wird, fällt er. Bis zuletzt identifiziert er sich mit e. Wunschbild u. gehorcht s. Rolle, die von ihm e. glanzvollen Abgang verlangt. Der Schwindler leidet nicht wie der Protagonist in →*Bacchus* unter s. gespaltenen Bewußtsein, er hat sich in den trüger. Schein verliebt u. opfert ihm s. Leben.

Thou, Jacques Auguste de, 8. 10. 1553 Paris – 4. 7. 1616 ebda., Pariser Magistratsbeamter und Historiker, von ihm stammt das bedeutendste Geschichtswerk der Renaissance (vgl. auch Fauchet, Pasquier), die *Historia sui temporis* (1604–08), worin er, geleitet von der Methode des Titus Livius, den Zeitraum von 1544–1607 in Europa u. Amerika behandelte; Bossuet u. das 18. Jh. schätzten s. Leistung als Übs. Th., Parteigänger Heinrichs IV., war mit der Erarbeitung des Edikts von Nantes betraut, er wurde 1590 Vizepräsident des Parlements.

S. Kinser, The works of Th., Den Haag 1966.

Tierdichtung, meist erzählende Dichtung; die Gattung entsprach dem Bedürfnis, e. kategor. Heroismus in durchschaubarer Tiergestalt Unzulänglichkeiten entgegenzuhalten (→*Roman de Renart,* →Rutebeuf), ohne e. Gegenideal zu postulieren u. ohne das Geschehen e. theolog. Beziehungsspiel zu unterwerfen (→Bestiaires). Die Naturbeobachtung mischt sich mit Naturentstellung (vgl. auch die Fabeln von La Fontaine, den *Roman du lièvre* von Jammes; →Katze).

H. R. Jauß, Untersuchungen zur ma. T., 1959; E. Rombauts / A. Welkenhuysen (Hg.), Aspects of the Medieval animal epic, 1975; F. P. Knapp, Das lat. Tierepos, 1979.

Tiers état, der III. Stand, im Ancien Régime unterprivilegiert. Nachdem er zur ökonom. führenden Bevölkerungsschicht geworden war, suchte er in der Revolution von 1789 die polit. Anerkennung durchzusetzen. S. polit. Programm (→Sieyès) wurde von den Sansculotten u. →Babeuf angegriffen.

Tiffauges, der mythensüchtige Protagonist in →*Le roi des aulnes* von M. Tournier.

Tillard, Paul, 1914 Soyaux/Charente – 27. 7. 1966 Paris, in der Résistance, 1943 KZ Mauthausen, im Mai 1945 befreit; Autor von Kriegs- u. Gefangenenromanen, die sich bis 1956 am sozialist. Realismus orientierten (*On se bat dans la ville,* 1946; *Les combattants de la nuit,* 1947; *Les roses du retour,* 1952; *Le montreur de marionettes,* 1956; *L'outrage,* 1958; *La rançon des purs,* 1960; *Le pain des temps maudits,* 1965).

Tillemont, Sébastien Lenain de, 30. 11. 1637 Paris – 10. 1. 1698 ebda., Jansenist, Hagiograph u. Kirchenhistoriker (*Mémoires pour servir à l'histoire ecclésiastique des six premiers siècles,* XVI 1693–1712; *Vie de saint Louis* u. a. Schriften, hg. J. de Gaulle 1847 ff.).

Tillier, Claude, 10. 4. 1801 Clamecy – 18. 10. 1844 Nevers, Lehrer, der wegen s. liberalen Haltung s. Amt verlor u. verhaftet wurde; später arbeitete er als Journalist u. satir. Erzähler (*Mon oncle Benjamin,* 1841, hg. A. Massé 1930; *Œuvres complètes,* hg. F. Pyat IV 1846; *Pamphlètes,* hg. M. Gérin 1906).

L. Marx, T., Diss. Heidelberg 1915; F. P. O'Hara, T., 1935.

Tintagel, Residenz des →Artus in Cornwall.

Tocqueville, Alexis Charles Henri Clérel comte de, 1805 Verneuil/Seine-et-Oise – 1859 Cannes, Jurist, 1827 Richter; Stud.-aufenthalt USA 1831–32; 1839 Abgeordneter, polit. Gegner von Guizot, 1849 Außenminister. Seit 1841 war T., der sich mit s. Schriften →*De la démocratie en Amérique* u. →*L'ancien régime et la révolution* e. Namen gemacht hatte, auch Mitgl. der Ac. frçe. (*Œuvres complètes,* hg. J.-P. Mayer, XII 1952 ff.; *Souvenirs* (TD 1893), préface F. Braudel 1978).

B. Fabian, T.s Amerikabild, 1957; D. Hoeges, Guizot u. T., Histor. Zs. 218, 1974; M. Hereth, T., 1979; S. Neumeister, T., in: W.-D. Lange (Hg.), Franz. Lit. des 19. Jh.s. II, 1980; X. de la Fournière, T., un monarchiste indépendant, 1981; P. Manent, T. et la nature de la démocratie, 1982.

Toepffer, Rodolphe, 31. 1. 1799 Genf – 8. 6. 1846 ebda., Sohn e. aus Süddtl. eingewanderten Malers, selbst bildender Künstler u. Erzähler, seit 1842 Hg. des *Courrier de Genève.* Resignation u. behagl. Enge kennzeichnen die bürgerl. Welt, die er humorvoll beschrieb (*La bibliothèque de mon oncle,* 1832; *Le presbytère,* 1839; *Voyages et aventures du docteur Festus,* 1840; *Nouvelles genevoises,* 1841; *Voyages en zigzag,* 1843–53; *Rose et Gertrude,* 1845; *Nouvelles, romans, albums et inédits,* hg. Skira 1943; *Œuvres complètes,* V 1852–61) Sainte-Beuve schätzte den Erzähler T.

M. Gagnebin, T., 1948.

Toesca, Maurice, geb. 25. 5. 1904 Confolens/Charente, Schüler Alains im Pariser Lycée Henri IV, Docteur ès lettres (Thèse über George Sand), Schul- u. Verwaltungsdienst, seit 1959 Produzent von Fernsehsendungen; schrieb seit 1942 in der *NRF* Erzählungen, die später gesammelt u. d. T. *Jeux de vie, jeux de vilains* (1944) herauskamen, 1946 erschien s. erster Roman, *Le soleil noir* (weitere Titel: *Les scorpionnes,* 1947; *Le singe bleu,* 1948; *Le scandale,* 1950; *Simone ou le bonheur conjugal,* 1952; *Le dernier cri d'un homme,* 1954; *L'expérience amoureuse,* 1954; *Paris, un jour d'avril,* 1956; *Les rêveries d'un pêcheur solitaire,* 1957; *Les fonctionnaires,* 1959; *La valse du sous-préfet,* 1960; *Le bruit lointain du temps,* 1962). S. Geschichten sind Verhaltensstudien über das menschl. Zusammenleben, vor allem von Liebes- u. Ehepaaren, die in e. feinen sensualist. Stil verfaßt sind. Wenn T. gelegentl. mit Mérimée u. France verglichen wird, so bezieht sich dieser Vergleich auf die iron. Verkürzung moral. Porträts in s. Romanen. Neben Essays über Fontainebleau (1949) u. die Frauenfrage (*La question des femmes,* 1949) schrieb T. zwei Bücher über G. Sand (*Une autre G. Sand,* 1945; *Le plus grand amour de G. Sand,* 1965), Reiseberichte sowie Adaptationen altfranz. Texte (*Roman de Renart,* Chrétien de Troyes). 1972 erschien *Vigny ou la passion de l'honneur.*

Toleranzidee →Bayle, →Calas, →Voltaire.

Tombeau, lit. Grabgedicht, Gattung seit der Renaissance; N. Denisot, *T. de Marguerite de Navarre* (1551), Binet, *T. de Ronsard,* O. Magny, *T. d'Hugues Salel,* Mallarmé, →*Le t. de Charles Baudelaire, Le t. d'Edgar Poë,* L. Deubel, *T. du poète* (1913), P. Emmanuel, *T. d'Orphée* (1941), Pichette, *T. de G. Philipe* (1962).

H. Schleicher, Die Struktur der Tombeaux von Mallarmé, Diss. Köln 1971.

Le tombeau de Charles Baudelaire, Sonett von Stéphane →Mallarmé, ED 1.1. 1895 *La Plume* (u. nicht, wie geplant, in der Sondernr. vom 15.1. zu Ehren Baudelaires), aufgenommen in →*Poésies*. Das Gedicht gilt als e. der dunkelsten Texte Mallarmés, der Motive u. Themen der *Fleurs du mal* aufnimmt: Totenreich, ägypt. Mythologie, Sexualität in den Quartetten; die ›fleur du mal‹ im zweiten Terzett. Wenn keine der vorliegenden Exegesen das rätselhafte Sonett restlos erhellen kann, so scheint doch sicher zu sein, daß die Baudelairebegeisterung Mallarmés von 1864 *(Symphonie littéraire)* verflogen ist.

F. Nobiling, T., NSp 1929; G. Davies, Les tombeaux de Mallarmé, 1950; Ch. Chadwick, Mallarmé, sa pensée dans sa poésie, 1962; J. Pommier, T. de Mallarmé (Interpretationen franz. Gedichte, hg. K. Wais), 1970.

Le tombeau sous l'Arc de Triomphe (1924), Trag. in drei Akten von Paul →Raynal. Raynals zweite Bühnendichtung wurde mit ca. 9000 Aufführungen das meistgespielte europ. Weltkriegsdrama. Durch äußerste Beschränkung der Personenzahl – ein namenloser franz. Soldat, s. Vater u. s. 20jähr. Braut Aude (so hieß auch Rolands Braut!) – sowie die Beachtung der Einheit von Ort u. Zeit sucht Raynal den sublimierenden Anschluß an die klass. Tragödie. Das Vater-Sohn-Motiv bringt den zentralen Generationskonflikt: die wahren Angehörigen des Soldaten, der vier Stunden Hochzeitsurlaub bekommen hat, sind die gefallenen Frontkämpfer, nicht die siegestrunkenen u. buhler. Alten in der Heimat. In e. bitteren Invektive des 2. Akts greift der Heimkehrer die herzlos steife Trauer der Nation um ihre toten Söhne an. Der Soldat kehrt überstürzt an die Front zurück u. bereut, e. verständnislose Generation mit dem Ethos der Feuerlinie konfrontiert zu haben. Ein jammernder alter Mann u. e. tapfere Soldatenbraut, die des Helden würdig ist, bleiben am Schluß dieses pathet. Stücks auf der kahlen Bühne zurück.

Topaze, Kom. in vier Akten von Marcel →Pagnol, EA 1931; Urauff. 9.10. 1928 Théâtre des Variétés. In dieser bei aller Theaterwirksamkeit ein wenig unverbindl. Gesellschaftssatire über das Zauberlehrlingsmotiv entwickelt sich ein idealist. weltfremder Internatslehrer, T., den nach der schmachvollen Entlassung ein betrüger. Stadtrat als Strohmann s. Affären vorschiebt, zum gerissenen Betrüger, der s. Meister enteignet. Ernestine, die Tochter des Direktors, um deren Hand er früher anzuhalten gewagt hatte, was ihn ins Unglück stürzte, bemüht sich jetzt umsonst um die Erneuerung ihres Verhältnisses; T. liiert sich statt dessen mit der Kokotte Suzy.

Totengespräche, Dialoge zwischen berühmten Verstorbenen, wobei Gesprächspartner aus versch. Nationen u. Epochen miteinander konfrontiert werden können; antike Gattung, von Boileau in die franz. Lit. eingeführt, später bei →Fénelon, →Fontenelle, →Vauvenargues; Maurice Joly, *Dialogue aux enfers entre Machiavel et Montesquieu* (1864).

Toulet, Paul-Jean, 5.6. 1867 Pau – 6.9. 1920 Guéthary/Basses-Pyrénées, kreol. Herkunft, Kindheit u. Jugend auf der Insel Mauritius, in Algerien u. Südfrkr.; seit 1898 in

Paris, gehörte als Lyriker zur →École fantaisiste. T. neigte zu Ironie u. epigrammat. Kürze, sowohl in der Gedichtslg. *Contrerimes* (1920) als in Maximen (hg. R. de Gourmont 1922), ästhet. Notizen u. Erzählungen (*Monsieur de Paur, homme public,* 1898; *Le mariage de Don Quichotte,* 1902; *Les tendres ménages,* 1904; *Mon amie Nane,* 1905; *Les contes de Béhanzigue,* 1920; *La jeune fille verte,* 1920; *Les demoiselles La Mortagne,* 1924, n. 1985).

T. Derème, En rêvant à T., 1927; J. Drussard, L'aventure de T., 1928; F. Carco, Amitié avec T., 1934; P.-O. Walzer, T., 1949; M. Bulteau, Présence de T., 1985.

Tournier, Michel, geb. 19. 12. 1924 Paris, beide Eltern Germanisten, kränkl. Kind, Erholungsaufenthalt in Gstaad, 1946–50 Philosophiestud. Tübingen, Übersetzungen, 1954–58 bei Europe 1, dann im Verlag Plon (1968 entlassen) u. Gallimard. T., der erst Anfang vierzig zu publizieren begann, wurde mit drei Titeln berühmt: →*Vendredi ou les limbes du Pacifique,* →*Le roi des aulnes, Les météores* (1975); s. Leistung ist der Mythenroman, für den er e. von Symbolen freie, die konkrete Welt beschreibende Erzählsprache ausarbeitete. Je detaillierter Robinson, der Erlkönig, die Zwillinge oder Blaubart (*Gilles et Jeanne,* 1983) präsentiert werden, desto leichter wird dem Publikum das von T. intendierte pragmat. Textverständnis; dies gilt auch für die Bibelparaphrase (*Gaspard, Melchior et Balthazar,* 1980). Dieser Stilwille erklärt T.s Vorliebe sowohl für Jules →Renard als für Thomas Mann. Seit 1977 veröffentlichte er zahlreiche Novellen, Essays u. autobiograph. Prosa (*Le vent Paraclet, Des clefs et des serrures, Le coq de bruyère, Le vagabond immobile; La Goutte d'or,* 1985; *Le médianoche amoureux,* 1989). Er ist Mitglied der Ac. Goncourt.

Sondernr. Sud. 1980; A. Bouloumié, T., 1988; dies. u. M. de Gandillac (Ed.), Images et signes de T., 1991.

Tourvel, Präsidentin, das Opfer des Verführers Valmont im Roman →*Les liaisons dangereuses.*

Tous contre tous, Prosadrama in zwei Teilen von Arthur →Adamov, EA 1953, Urauff. 14. 4. 1953 Théâtre de l'Œuvre, Paris. In e. imaginären Staat werden die verfeindeten Gruppen von ›Einheimischen‹ u. ›Flüchtlingen‹ zu oppositionellen Abstraktionen. Unterdrückung, Verfolgung u. Rehabilitierung der jeweiligen Minderheit durch die Mehrheit, die aus der Machtposition herausmanövriert werden kann, stilisiert der Dramatiker gleichsam zur Allegorie. Der Fanatismus des Arbeiters Jean Rist, der demagog. gegen die andern kämpft, doch schließl. selbst entrechtet u. hingerichtet wird, erwächst nicht aus polit. Prinzipien, sondern aus persönl. Enttäuschung darüber, daß er s. Freundin Marie an e. Repräsentanten der Gegenseite verlor.

Tousseul, Jean (eig. Olivier Degée), 7. 12. 1890 Landelle-sur-Meuse – 9. 2. 1944 Seilles bei Lüttich, arbeitete in e. Steinbruch, begann 1916 zu schreiben; s. Romane, in denen die soziale Frage im Vordergrund steht, spielen im Milieu von Arbeitern u. Bauern (*La mort de la petite Blanche,* 1918; *La maison perdue,* 1925; *Jean Clarambeaux,* V 1927–37, Einfluß von R. Rolland; *L'épine blanche,* 1936; Essay *Aux hommes de bonne volonté,* 1921; Autobiographie *Images et souvenirs,* 1931).

J. Bonnami, Témoignages sur T., 1941.

Tout finit par des chansons, Maxime von Beaumarchais; Schlußvers des letzten Couplets in *La folle journée ou le mariage de Figaro,* das der Stotterer Brid'Oison singt. Daher lautet das sprichwörtl. Zitat genau: ›Tout finit-it par des chansons‹.

Tout-Paris, die maßgebenden Kreise der Pariser Bevölkerung, Bezeichnung, die während des Second Empire aufkam.

Tovaritch, Stück in vier Akten von Jacques →Deval, EA 1935, Urauff. 13. 10. 1933 Théâtre de Paris. Die Handlung entwickelte sich aus e. hochpathet. Konfrontation: Großfürst Mikail lebt inkognito im Pariser Exil; als der sowjet. Kommissar Gorotschenko in Frkr. russ. Petroleumvorkommen feilbietet, um Devisen einzuhandeln, reagiert der Aristokrat patriot. u. übergibt dem polit. Gegner den Zarenschatz, den er vor dem Zugriff der Revolutionäre ins Ausland gerettet hat. Das Stück, ein Extrembeispiel für e. auf Einfühlung beruhende Dramaturgie, setzt e. Publikum voraus, das gerührt sein will. Der polit. Konflikt wird ins Sentimentale abgebogen u. gewinnt e. operettenhaften Anstrich.

Tragédie, mitleiderregendes u. erhabenes Schauspiel. Der Begriff wurde Ende d. 14. Jh. durch Aristotelesübs. ins Franz. eingeführt, jedoch vorerst noch nicht als Gattungsterminus gebraucht. 1537 definierte der *Elektra*-Übs. Lazare de Baïf die T. noch von der ma. Moralité her als pathet. Fabel mit →sozialer Fallhöhe. 1543 wird das Wort T. in ein lat.-franz. Lexikon aufgenommen. Sebillet behandelt 1548 als erster Renaissancepoetiker die T. im Zusammenhang mit der Stiltrennungsregel (→Comédie), nach ihm Du Bellay (1549), Peletier du Mans u. Jean de la Taille, der 1572 die Regeln der drei Einheiten (Handlung, Zeit u. Ort) definiert. Die Renaissancetheorien nennen als konstitutive Elemente der T.: e. wahrscheinl., trag. Geschehniszusammenhang, hochadliges Personal (→Ständeklausel), zur Katastrophe führende Aktion, höchste Stillage, damit verbunden die moral. u. ästhet. Bienséance (→Style noble; Notwendigkeit von Botenbericht u. Mauerschau), u. Einteilung in 5 Akte. Das klass. Versmaß der T. ist seit Jodelle (*Didon se sacrifiant,* 1555?) der Alexandriner. Der Anteil der →Pléiade an der Ausformung der klass. Dramenkonzeption u. Theaterpraxis war gering. Die im 17. Jh. beachtete →Distanzklausel (→Chapelain, →Rotrou, →Corneille, →Racine, →Quinault, →Pradon) wurde im 18. Jh. wieder aufgehoben, als ma. Stoffe in die T. Eingang fanden (La Motte, Voltaire, Gresset, →Trag.nationale) u. diese in den Dienst der Toleranzidee gestellt wurde. Trotz der poetolog. Erneuerung durch →Diderot u. →Hugo überwand erst der Dramatiker →Claudel die der klass. T. zugrundeliegende aristotelische Dichtungstheorie mit äußerster Konsequenz.

R. Bray, Formation de la doctrine classique, [2]1963; J. Morel, T., 1964; G. Brereton, Principles of tragedy, London 1968; P. A. Bloch, Schiller u. die franz. klass. Trag., 1968; P. Leblanc, Les écrits théoriques et critiques frç. des années 1540–61 sur la T., 1972; D. Stone, French humanist tragedy, Manchester 1973; J. Truchet, La t. classique en France, 1975; J. Thomas, Stud. zu e. Poetik der klass. franz. Trag. 1673–78, 1977; F. Charpentier, Pour une lecture de la t. humaniste, Saint-Etienne 1979; C. J. Gossip, An introduction to French classical tragedy, London 1981; Ch. Delmas (Ed.), Recueil de t.s à machines, Toulouse 1985; M. Herr, T.s bibliques, 1988; G. Jondorf, French Renaissance tragédie, Cambridge 1990.

Tragédie bourgeoise, (T. domestique), antiklass. Gattungsbezeichnung, von Fréron (*Année littéraire* 1755) pejorativ, von Diderot (→*Entretien avec Dorval)* zur Beschreibung der neuen Stofferwartung gebraucht.

Tragédie nationale, von Marie-Joseph Chénier propagierter Begriff zur Bezeichnung klass. Trag., die entgegen der Distanzklausel nationale Geschichtsstoffe gestalten (Vorrede zu →*Charles IX,* 1789) u. in Prosa abgefaßt sein können: F. Bérot, *La tragédie de feu Gaspard de Coligny,* 1574; F. Du Duc, *L'histoire tragique de la pucelle d'Orléans,* 1580; P. Matthieu, *La Guisiade,* 1589; L. Léger, *Chilpéric, roi de France, second de nom,* 1594; V. des Graviers, *Tragédie de Jeanne d'Arques,* 1600; drei der acht Trag. von Claude Billard, *Gaston de Foix,* 1607; *Mérovée,* 1607, *Henry le Grand,* 1612; F. Hélin, *La pucelle d'Orléans,* 1641; C. Boyer, *Clotilde,* 1659; L. Ferrier, *Anne de Bretagne,* 1678; J. Gresset, →*Édouard III;* Voltaire, →*Zaïre, Adelaïde du Guesclin, Amélie ou le Duc de Foix,* 1752, →*Tancrède;* Ch.-J.-F. Hénault, *François II, roi de France,* 1747; P.-L. Buirette de Belloy, →*Le siège de Calais,* die erfolgreichste T. des 18. Jh.; M. Sedaine, *Maillard ou Paris sauvé,* 1771; L.-S. Mercier, *La destruction de la Ligue,* 1782; *La mort de Louis XI,* 1783; E. Billardon de Sauvigny, *Gabrielle d'Estrées,* 1778; M.-J. Chénier, *Jean Calas ou l'école des juges,* 1791; *Fénelon,* 1793. Für Stendhal war T. ident. mit zeitgemäßer Trag. *(Racine et Shakespeare).*

G. B. Daniel, The development of the t. in France from 1552–1800, Chapel Hill 1964.

Tragicomédie, zur szen. Aufführung bestimmte Dichtung, die die klass. Stiltrennungsregeln durchbricht, meist auch die Einheit von Zeit u. Ort nicht wahrt u. mit hochgestelltem dramat. Personal e. glückl. Konfliktlösung herbeiführt (→Comédie, →Tragédie); beliebte Gattung des Barock (vgl. Garnier, Hardy, Ogier, Rotrou, Du Ryer, Corneille, →*Cid*). Davon zu unterscheiden ist der von Diderot geprägte Terminus ›genre sérieux‹, der nicht wie die T. die Kontamination prestigereicher Bauformen u. ihrer jeweiligen Stoffe, sondern die Orientierung an der Komplexität der Lebenspraxis bezeichnet.

M. T. Herrick, Tragicomedy in Italy, France and England, 1962; K. S. Guthke, Die mod. T., 1968; R. Guichemerre, T., 1981.

Les tragiques, Epos in sieben Gesängen von Agrippa d'→Aubigné, entstanden 1577–89; das über 9000 Alexandriner umfassende Werk zirkulierte als Hs. seit 1593, EA 1616, hg. J. Bailbé 1968. Das erste Buch, *Misères,* e. Bild der Zerrissenheit Frkr.s in den Religionskriegen, gibt dem Autor Anlaß zu bitteren Invektiven gegen die unfähigen Machthaber, die sich in *Princes* gezielt gegen das Haus Valois, in *La chambre dorée* gegen die Beamten u. Juristen richten. In allegor. Gestalt treten die Laster auf. Mit der franz. Entartung konfrontiert d'Aubigné als Idealfigur Elisabeth von England u. die Opfer der Kg.swillkür in s. Heimat *(Les feux, Les fers).* S. fester Glaube an e. göttl. Gericht, das bereits in der Geschichte wirksam wird, um desto dringlicher auf den Jüngsten Tag zu verweisen, äußert sich in *Vengeances;* ekstat. evoziert der Epiker die Auferstehung der Toten als Zielpunkt des menschl. Leidens *(Jugement).* Der Kampf Satans gegen Gott wird einst endgültig entschieden, die katastrophalen Zeitumstände erscheinen den Beteiligten wie dem Leser der *T.* als vorübergehend. Die Leiden während der Religionskriege erfahren ewige Belohnung, so erhält der Geschichtsverlauf aus theolog. Sicht e. Sinn.

J. Bailbé, A. d'Aubigné, poète des T., Caen 1968; V. Crosby, T. The conquest of profound time, Diss. Univ. of Southern California 1969; G. Fasano, T. un'epopea della morte, 1970.

Traité, Traktat, bezeichnet in der franz. Lit. sowohl systemat. Abhandlungen (→*Traité des passions de l'âme,* →*Traité sur les beaux-arts ...,* Fénelon, *Traité de l'éducation des filles,* 1687) als auch dichter. Prosaschriften mit e. bestimmten Tendenz (Ghil, Aragon, Valéry).

Traité des passions de l'âme (1649), Abhandlung von René →Descartes. In s. Ethik erfaßt Descartes den Menschen wieder abstrakt, d. h. s. Ansatz geht hinter →Montaigne zurück. Er klassifiziert die Leidenschaften nach sechs Grundaffekten u. 33 Unterarten; allein der Wille, obgleich auch den ›passions‹ zuzurechnen, steht im Einklang mit der Vernunft u. ist befähigt, alles Empfinden u. Handeln zu ordnen. ›La joie d'avoir vaincu‹ ist der Lohn dieser asket. Strategie. Descartes bildet hier e. moral. Methode aus, die s. Darstellung des Erkenntnisakts an Präzision gleichkommt. Pascal ebenso wie die aufklärer. Anthropologie, beispielsweise bei Voltaire *(Lettres philosophiques),* stellen Descartes sittl. Optimismus, dessen Sieg auf Kosten körperl. Bedürfnisse u. psych. Neigungen errungen wird, wieder in Frage.

Traité sur les beaux-arts réduits à un même principe (1746), ästhet. Abhandlung von Charles →Batteux. Der Künstler orientiert sich an der ›belle nature‹ u. ahmt nur sie nach; das Geschmacksideal entwickelt sich aus dieser produktionsästhet. Kategorie der verschönerten Wirklichkeit. Geschmacksentscheidungen sind primär vernunftgelenkt u. erst in zweiter Linie vom Gefühl bestimmt. Während sich die ästhet. Diskussion in Frkr., vor allem unter dem Einfluß Diderots, von diesem Rationalismus abwandte, lieferte er der klass. Poetik in Dtl. (Übs. 1751) Argumente.

M. Schenker, Batteux u. s. Nachahmungstheorie in Dtl., 1909.

Les travailleurs de la mer, Roman von Victor →Hugo, entstanden Juni 1864 – April 1865, EA Paris/Brüssel 1866, éd. Y. Gohin 1975. Ort der Handlung ist Guernsey 1820. Das Dampfschiff La Durande des Reeders Lethierry ist auf e. Felsen gelaufen; der Fischer Gilliatt macht es wieder flott. Er schlägt jedoch den Lohn für s. gefährl. Unternehmen, die Heirat mit Lethierrys Tochter Deruchette, aus, weil er weiß, daß das Mädchen den Pastor Joë Ebenezer liebt, u. sucht den Tod in der Flut. Um zu beweisen, ›que le travail peut être épique‹, zeigt Hugo den Menschen im Kampf mit den Elementen der Natur, u. a. auch in e. phantast. Kampf mit e. Krake. Gilliatt ist e. geheimnisvoller Einzelgänger, den die Bevölkerung der Hexerei verdächtigt, jedenfalls kein typ. Arbeiter, wie der Titel vermuten lassen könnte. Gegner in s. Kampf ist nicht die besitzende Klasse, sondern die Urgewalt der Natur, verkörpert in der stürm. See u. im Untier aus der Tiefe. Diese Gigantomachie, in der er der trag. Sieger ist, entbehrt jeder hist. u. sozialen Notwendigkeit.

M. Carlson, L'art du romancier dans T., 1961.

Traz, Robert, 14. 5. 1884 Paris – 9. 1. 1951 Nizza, Jurastud., Gründer der *Revue de Genève;* Autor von Liebes- u. Gesellschaftsromanen (*Au temps de la jeunesse,* 1908; *Vivre,* 1910; *Les désirs du cœur,* 1912; *La puritaine et l'amour,* 1917; *Fiançailles,* 1922; *Complices,* 1924; *L'écorché,* 1927; *A la poursuite du vent,* 1932; *L'ombre et le soleil,* 1942; *La blessure secrète,* 1944; Essay *Témoin,* 1952).

Trébutien, Guillaume-Stanislas, 1800 Fresney-le-Puceux – 1870 Caen, Literat, befreundet mit Barbey d'Aurevilly, Hg. der Werke von Maurice u. Eugénie de →Guérin.

Trésor de la langue française, Lexikon der franz. Sprache des 19. u. 20. Jhs. (1789–1960); hg. vom Centre national de la recherche scientifique 1972 ff., bearbeitet vom linguist. Zentrum Nancy, Leitung B. Quemada. Die Beispiele sind zu ca. 80% lit. Zeugnissen entnommen, der T. verzeichnet auch Regionalismen im Sprachgebrauch; 15 von 16 geplanten Bd.en bis 1993 erschienen.

F. J. Haussmann, Splendeurs et misères du T., ZfSL 3, 1977.

Trésor du felibrige (1878–86), provenzal. Lexikon von Frédéric →Mistral ediert.

Triboulet, Hofnarr Franz' I. in Hugos Drama →*Le roi s'amuse.*

Triolet, achtzeilige Frühform des →Rondeau, bei der drei Verse sich nicht wiederholen, meist Achtsilber; seit dem späten 15. Jh. als eigene Gattung mit spezif. Thematik angesehen (statt Liebeshuldigung nun Scherz oder polit. Invektive).

W. Th. Elwert, Franz. Metrik, 1961.

Triolet, Elsa, 12. 9. 1896 Moskau – 16. 6. 1970 Arnoul-les-Yvelines, von Gorki zum Schreiben angeregt (Veröffentlichungen seit 1925). Ihre ältere Schwester, Lili Brik, war die Geliebte von Majakowski, von dem T.e. Werkausgabe übersetzte u. hg. (*Vers et proses,* 1957). Verheiratet mit André-Pierre T., 1918 nach Frkr. emigriert, 1928 Begegnung mit →Aragon, ihrem Lebensgefährten, der sie in zahlr. Gedichten als s. Laura apostrophierte. Erzählerin, die seit 1938 franz. schrieb (*Bonsoir Thérèse,* 1938 u. 1949; Novellen *Mille regrets,* 1942; *Le cheval blanc,* 1943, 1945, 1955 u. 1963 illustrierte Ausgaben; *Les amants d'Avignon,* 1943; *Qui est cet étranger qui n'est pas d'ici,* 1944 u. 1945 mit Zeichnungen von Matisse; Novellen *Le premier accroc coûte 200 francs,* Prix Goncourt (1944) 1945; *Personne ne m'aime,* 1946; *L'inspecteur des mines,* 1948; *Le cheval roux,* 1953; *Le rendez-vouz des étrangers,* 1956; *Le monument,* 1957; *L'âge de nylon,* III 1959–63; *Les manigances,* 1962; *Le grand jamais,* 1965; *Écoutez-voir,* 1968; *Le rossignol se tait à l'aube,* 1970). T. sucht die Vermittlung autobiograph., sozialkrit. u. avantgardist. Erzählweisen. Essays über russ. Lit. Mit Aragons Texten erschienen ihre Werke als *Œuvres romanesques croisées* (XLII 1964–74).

Sondernr. Europe, Juni 1971; D. Desanti, Les clés d'Elsa, 1983; U. Hörner, Das Romanwerk Elsa T.s. im Spannungsfeld von Avantgarde u. Sozialist. Realismus, Diss. Berlin 1993.

Trissotin, Karikatur des Abbé Charles →Cotin in →*Les femmes savantes* von Molière.

Tristan, Sohn des Kg.s →Léonois u. Neffe des Kg.s. von Cornwall, →Marc, wirbt für s. Onkel in Irland um →Iseut la Bloie (Isolde), deren Verwandten →Morhault er im

Zweikampf erschlagen hat. Auf der Überfahrt nach Cornwall trinken T. u. Isolde versehentl. e. Liebestrank, der für Marc bestimmt war; auf das Vergehen ihrer ehebrecher. Beziehungen folgen Bestrafung, ein hartes Leben in der Wildnis u. schließl. die Entfremdung der Liebenden. T. heiratet Iseut aux Blanches Mains. Als Narr verkleidet kehrt er nach Cornwall zurück, s. Hund erkennt ihn an der Stimme, Isolde am Ring. Wieder in Britannien, wird T. im Kampf verwundet u. vergiftet, die Ankunft s. Geliebten wird ihm von s. Frau verheimlicht; Isolde stirbt an T.s Leiche. Spätestens seit der Mitte 12. Jh. war T. als Liebhabergestalt provenzal. u. anglonormann. Autoren geläufig (Cercamon, Bernart de Ventadorn, Marie de France, *Chèvrefeuil*), u. wohl noch vor 1170 wurde der Stoff als Exemplifikation trag. Liebe im Umkreis von →Artus angesiedelt (→Matière de Bretagne). Nach dem Archetypus der *Estoire* (Mitte 12. Jh.), die aus der vorhöf. Fassung des Eilhart von Oberge (um 1170–80) als der Basis der gesamten ma. T.dichtung erschlossen werden muß, richten sich →Thomas d'Angleterre, →Bérol, die Bearbeiter der →*Folie T.* sowie des →*Roman de T. de Léonois* in Prosa. Das höf. Epos des Gottfried von Straßburg, *T. u. Isolde,* entstand um 1210.

R. L. Curtis, T.stud., 1969; A. Ewert (Hg.), The romance of T., II 1970; J. T. Schaefer, Towards a poetic of a medieval Tristanian universe, Tristania 6, 1980; E. Baumgartner, T. et Iseut, 1987.

Tristan, Flora, 1803 Paris – 1844 Bordeaux, Tochter e. peruvian. Adligen u. e. Französin aus Bordeaux; reiste, als sie ihren Mann verließ, nach England und Südamerika, verarbeitete ihre Autobiographie in Briefen u. Reiseberichten (*Pérégrinations d'une paria,* 1838; *Promenades dans Londres,* 1840; *Le tour de France 1843–44,* EA 1973, n. II 1980; *Lettres,* présentées par S. Michaud 1980). Vorkämpferin der Emanzipation und gewerkschaftl. Organisation (*L'union ouvrière,* 1843; *Œuvres et vie mêlées,* textes présentés par D. Desanti 1973).

J. Puech, La vie et l'œuvre de T., 1925; J. Baelen, La vie de T., socialisme et féminisme au XIXe siècle, 1972; P. Leprohon, T., 1979; B. v. Randow, Melancholie u. Sozialismus, T., in: R. Baader/D. Fricke (Hg.), Die franz. Autorin vom MA bis zur Gegenwart, 1979.

Tristan l'Hermite, François, sieur du Solier, 1604 Schloß Solier/Calvados – 11. 9. 1655 Paris. Nach e. abenteuerl. Jugend (autobiograph. Roman *Le page disgracié,* 1642, éd. J. Serroy 1980) im Dienst von Gaston d'Orléans, den er 1646 enttäuscht verließ, um sich dem Hzg. von Guise anzuschließen. Mit *Plaintes d'Acante* (Anvers 1633), *Amours* (1638) u. *Lyre* (1641) schuf er die bedeutendste Lyrik während der Epoche Ludwigs XIII.; darin gehen versch. Strömungen wie der Petrarkismus, die barocke Sinnenhaftigkeit des Italieners Marino u. der Einsamkeitskomplex Viaus e. einmalige Verbindung ein. Da Boileau sich nicht über s. Schaffen äußerte, geriet T. als Lyriker in Vergessenheit. S. Trag. (*Mariane,* 1635, hg. F. A. Jannini 1970; *La folie du sage,* 1642; *La mort de Sénèque,* 1643; *La mort de Chrispe,* 1645; *Théâtre complet,* krA C. Abraham u. a., 1975) wurden u. a. vom Illustre théâtre aufgeführt, sie bereiteten den Stil Racines vor. Der Kanzler Séguier unterstützte 1649 T.s Wahl in die Ac. frçe. T. beschloß s. Bühnenschaffen mit der burlesken Kom. *Le parasite* (1653; mögl. Einfluß auf Molière, *L'étourdi*).

N. M. Bernadin, Un précurseur de Racine, 1895; A. Carriat, T., 1955; D. Guillumette, La libre pensée dans l'œuvre de T., 1972; M. L. Gude, Le page disgracié, 1979; C. K. Abraham, T., Boston 1980.

Tristesse d'Olympio, Gedicht der Slg. *Les rayons et les ombres* von Victor →Hugo, entstanden Oktober 1837. In e. Antithese von Gefühl u. Natur apostrophiert das lyr. Ich das ›friedl. Fest‹ der Landschaft, das in keinem Einklang mit s. Enttäuschung steht. Die Liebe zu Juliette Drouet hat, unabhängig vom naturhaften Rahmen, in dem sie ihre Erfüllung fand, Bestand; die einzige Zuordnung, die ihr angemessen bleibt, ist die kosm. Menschl. Beziehungen stehen in Analogie zu Empfindungen versch. Individuen u. versch. Epochen, sie werden im Leben geknüpft u. im Jenseits vollendet.

Le triomphant mystère des actes des apôtres, geistl. Schauspiel von Simon Gréban, dem Bruder von Arnoul →Gréban, entstanden 1460–70, über 60000 Verse; die Aufführung, an der Arnoul Gréban mitwirkte, dauerte mehr als 30 Tage. Das Mysterienspiel stellt die Missionsreisen der Apostel nach kanon. u. apokryphen Vorlagen dar, es schließt mit dem Martyrium des Petrus.

Trivelin, Dienerfigur bei Marivaux (*La fausse suivante,* Herr der Sklavenrepublik in →*L'île des esclaves*); wie Frontin (→*Turcaret*) Vorläufer des Figaro (→*La folle journée ou le mariage de Figaro*).

Trobadors (von ›trobar‹ = finden, erfinden, →Trouvères), provenzal. Dichter. Von rund 500 T., →Trobairitz, darunter 50 anonymen Dichtern, sind im Zeitraum von ca. 1100–1300 etwa 2600 provenzal. Lieder (40% Kanzonen, 23% Sirventese, 8% Tenzonen) überliefert. Die in ihrer lexikal. u. syntakt. Struktur bemerkenswert homogene Trobadorsprache konnten sich auch ital. u. katalan. Dichter (→Sordello di Goito, →Cerveri de Girona) aneignen; sie kommt dem Idiom von Toulouse nahe, ohne daß dieses Gebiet als Ursprungsbereich gesichert wäre. Die ältesten bekannten T. sind nicht auch die Erfinder dieser ersten roman. Kunstlyrik, die den obligaten Reim u. die Silbenzählung einführte. Der Dichter war gleichzeitig der Komponist der Liedmelodie. Gesteigerte Formerwartung entsprach der sublimen Thematik: ›Höfischkeit‹ (cortesia) als Maß des Humanen zu besingen, wobei e. spiritualisierende Minneauffassung (weltimmanente ›fin'amor‹, Anrede der Dame unter e. Decknamen, ›senhal‹) als Verherrlichung der unerreichbaren Frau des Lehensherrn ins Zentrum rückte. Neben diesem Liebesparadox, das namentl. von →Jaufré Rudel ausging, behauptete sich e. illusionslos-krit. Strömung, an deren Beginn →Guilhem de Peitieu u. →Marcabru standen. Jedenfalls ahmt die Lyrik der T. nicht, wie behauptet wurde, das Muster der röm. Liebeslyrik nach; die gelegentl. beobachtete Rezeption von Stoffen des Ovid verrät Mißverständnisse u. Umdeutungen. E. standardisiertes Vokabular (um 2500 Wörter) u. kanonisierte Stoffe werden immer wieder variiert (→Bertran de Born, →Bernart de Ventadorn, →Peire Cardenal, →Rigaut de Berbezilh), Worte u. Melodie, ›motz e son‹, kontrafaktiert. Neben esoter. Stil (→Trobar clus) bildet sich e. Stilhierarchie prunkenden Virtuosentums und eingängiger Dichtkunst aus (Trobar ric, Trobar leu). Als typ. Trobadorgattung erscheint die

Ichlyrik der Cansó (→Chanson). Das Spannungsverhältnis zwischen dem unglückl. Liebenden, der Dame u. der stehenden Figur des Verleumders versinnbildlicht paradigmat. die unvollständige Anerkennung des niederen Adels durch die Hocharistokratie. Liebeskasuistik, Probleme der Poetik u. höf. Ethik werden in Diskussionsgedichten (→Partimen, Jeu-parti), zeitgeschichtl. Fragen im →Sirventes aufgegriffen; gerade das Rügelied gestattete e. sehr weitgehende dichter. Freiheit. Weitere stoffspezif. Gattungen: Alba (→Aube), Pastorela (→Pastourelle), Planh (Totenklage, →Complainte), Spruchdichtung (Coblas esparsas), Devinhal (Rätsellied), Plazer (Freudenlied) u. Gab (Prahllied). Die Form der Trobadorlyrik, die ursprüngl. ihre Resonanz in e. höf. Gesellschaft entscheidend mitbestimmt hat, erstarrte in sechs Generationen. Die Verheerung Südfrkr.s während der Albigenserkriege ließ die Poesie der T. in Epigonalität versinken u. endl. verstummen. In der Provence erlosch die weltl. Trobadorlyrik mit →Guiraut Riquier, als Liebestheologie lebte ihre Minnetheorie modifiziert im ital. Dolce stil nuovo fort. Im 14. Jh. wurden Reimarten u. Strophen der T. in den →*Leys d'amors* kodifiziert (→Arnaut Daniel, →Arnaut de Mareuil, →Cercamon, →Folquet de Marselha, →Gaucelm Faidit, →Guilhem de Cabestanh, →Guilhem de Figueira, →Guiraut de Bornelh, →Johan Esteve, →Mönch von Montaudon, →Peire d'Alvernhe, →Peire Vidal, →Raimbaut d'Aurenga, →Raimbaut de Vaqueiras). Vor allem dem Gelehrten →Raynouard verdankte das 19. Jh. die Wiederentdeckung der T., während im 18. Jh. unter ›genre troubadour‹ die Dramatisierung pittoresker ma. Stoffe (Richard Löwenherz z. B.) verstanden worden war.

A. Jeanroy, La poésie lyrique des troubadours, 1934; K. Vossler, Die Dichtung der T. u. ihre europ. Wirkung (Südl. Romania), 1950; I. Frank, Répertoire métrique de la poésie des troubadours, II 1953–57; E. Hoepffner, Les troubadours, 1955; R. Lavaud/R. Nelli (Hg.), Les troubadours, II 1960–66; E. Köhler, Trobadorlyrik u. höf. Roman, 1962; H. Davenson, Les troubadours, 1964; R. Baehr (Hg.), Der provenzal. Minnesang, 1967; W. M. Wiacek, Lexique des noms géographiques et ethniques dans les poésies des troubadours du XIIe et XIIIe siècles, 1970; M. Raupach, Franz. T.lyrik, 1979; I. F. de la Cuesta/R. Lafont, Las cançons dels trobadors, Toulouse 1979; J. Roubaud, Les t., 1980; R. Pernoud, La femme au temps des cathédrales, 1980; P. Bec, Burlesque et obscénité chez les t., 1984; I. Kasten, Frauendienst bei T., 1986; J. Ch. Huchet, L'amour discourtois, Toulouse 1987.

Trobairitz, Frauennamen in der Liste der →Trobadors, wobei womögl. nicht alle 20 Namen Personen bezeichnen, sondern als senhal verwendet wurden.

A. Rieger, T. Edition des Gesamtcorpus, 1991.

Trobar clus, verschlossenes, kompliziertes Dichten, e. der Stilmöglichkeiten der Trobadorlyrik, durch Aufgebot aller sprachl. u. poet. Mittel den dunkelsten Wortsinn zu erzeugen u. den Gehalt des Gedichts durch die hermet. Form vor leichtem Verständnis durch jedermann zu schützen. ›Die Dunkelheit erscheint als einzige sinngemäße Entsprechung e. komplizierten und ernstgenommenen Wahrheit‹ (Köhler). Vom Eingeweihten wird sie folgl. nicht als Verdunkelung, sondern als Erhellung gefeiert. In Weiterentwicklung antiker Stiltraditionen, wobei die klass. Stilhierarchie neu begründet wurde, setzte zuerst der Trobador →Marcabru das T. durch. Insbes. die Minne verlangt im höf. Kreis nach der geheimnisreichen Stilart, die →Peire d'Alvernhe pflegt. Bereits →Guiraut de Bornelh kritisierte die Hochschätzung esoter. Intentionen. Da s. Trobar leu (= unkomplizierter, eingängiger Dichtungsstil) jedoch der pastoraltheolog. begründeten verständl. Ausdrucksform relig. Schrifttums entsprach, wertete Guiraut de Bornelh die ritterl. Dichtung nicht etwa ab, sondern versah sie mit neuem Prestige. Er handelt damit sowohl im Interesse der höf. Denkweise als auch des niederen Adels.

E. Köhler, Zum T. der Trobadors, RF 1952; L. Pollmann, T., Bibelexegese u. hispanoarab. Lit., 1965; U. Mölk, T., trobar leu: Stud. zur Dichtungstheorie der Trobadors, 1968; J. Gruber, Die Dialektik des Trobar, 1983.

Les trois mousquetaires, Roman von Alexandre →Dumas père, entstanden 1844, ED *Le Siècle,* 14. 3.–14. 7. 1844, EA 1844, Dramatisierung in Zusammenarbeit mit A. Maquet *La jeunesse des mousquetaires,* 1849. Dieser Mantel- u. Degenroman entspricht eher als die Werke von Vigny *(Cinq-Mars),* Mérimée *(Chronique du règne de Charles IX)* u. Hugo *(Notre-Dame de Paris)* der dramat. Struktur, die Walter Scotts hist. Romane vorbildl. gemacht haben. 1625 reitet der 18jähr. D'Artagnan aus der Gascogne nach Paris, wo er sogleich in die Auseinandersetzung zwischen den Musketieren des Königs u. der Garde Richelieus gerät u. sich den königstreuen Athos, Aramis u. Porthos anschließt. Sie jagen die schöne Spionin Milady de Winter, die im Auftrag des Kardinals Kgin. Anne kompromittieren u. den Hzg. von Buckingham, den Verbündeten der Protestanten in La Rochelle, ermorden soll. Die vier Freunde entlarven sie, wobei Athos sie als s. Gattin wiedererkennt, u. übergeben sie dem Henker. Richelieu reagiert erleichtert u. befördert die Draufgänger. Dumas schrieb zwei Fortsetzungen dieses erfolgreichsten hist. Romans der franz. Lit., *Vingt ans après* (1845) u. *Vicomte de Bragelonne* (1847), die die Zeit der Fronde u. der Herrschaft Cromwells mit einbeziehen. Zahlr. Verfilmungen seit 1909.

H. d'Alméras, A. Dumas et les T., 1929; A. Adler, Dumas u. die Böse Mutter, 1979.

Les trophées, Gedichtzyklus von José-Maria de →Heredia, entstanden 1865–92, EA 1893, éd. A. Detalle 1981. In der Zueignung an Leconte de Lisle versteht Heredia die mit ›poésie pure‹ bezeichneten *T.* als Beute, die der Vergänglichkeit entrissen u. ästhet. verewigt wird. Der Aufbau, mit der griech. Heroenzeit beginnend u. mit Naturgedichten aus der Bretagne endend, spiegelt die Entstehungschronologie nicht wider. Baudelaire hat in den *Fleurs du mal* vorbildl. gezeigt, daß strenger Bauwille eine Lyrikslg. vor zufälliger Anordnung der Texte bewahren muß. An kulturgeschichtl. Breite übertrifft Heredia Leconte de Lisle, da er auch Sujets des MA u. der Renaissance aufnimmt. In der verächtl. Darstellung des Christentums *(Épiphanie)* stimmt er freil. mit dem Meister überein. E. häufig vorkommendes Motiv ist die ›Sonne‹ – Heredias wehmütige Huldigung an die kuban. Heimat. Die durchweg streng ausgefeilte Lyrik hat mit dem gleichzeitigen franz. Symbolismus wenig gemeinsam; die sensualist. Verklärung und die deskriptive Stillage überwiegen. Erlesenes Traditionsbewußtsein verrät Heredias Hinwendung zur Form des Bildgedichts *(Vitrail, Médailles, Vélin doré, La dogaresse),* zur Terzine *(Romancero),* mit der er Th. Gautier (*Ribeira,* 1844) u. V. Hugo (*Aux Feuillantines,* 1846) zu überbieten hoffte, zu sieben versch. Möglichkeiten der Reimordnung des Terzetts in den 118 Sonetten der Slg., wenngleich das ›sonnet régulier‹ (abba abba ccd ede) vorherrscht (72 Texte). Die Formerwartung der epigrammat. Zuspitzung des Sonetts wird ebenso streng beachtet wie die klass. Zäsur des Alexandriners. Heredias Verhältnis zur versunkenen kraftvollen Welt der Antike u. der Erobererepochen ist an Nervals zykl. Weltbild *(→Vers dorés)* wie an Leconte de Lisles Pessimismus orientiert: unfühlend ist der Mensch gegenüber den Zeichen der Erdmutter, die in jedem Frühling neben der zerbrochenen Tempelsäule Akanthusblätter sprießen läßt *(L'oubli; Sur un marbre brisé)*. Als Sonettkunst sind die *T.* seither nicht mehr übertroffen worden.

H. Fromm, T. von J.-M. de Heredia, Diss. Greifswald 1913; M. Librovac, La source des T., 1923.

Troubadour →Trobadors, →Trobairitz, →Trouvères.

Troupe de Monsieur le Prince d'Orange, Theatertruppe, die 1618 in der Bretagne, 1620 in Lille, hauptsächl. jedoch in den Niederlanden auftrat. Seit 1620 war ihr Leiter Charles Le Noir, der von 1630 bis 1634 die Truppe des Marais leitete u. später das Hôtel de Bourgogne übernahm. 1625 ließ sich die T. in Paris nieder u. rivalisierte mit den Comédiens français ordinaires du Roi.

La Troupe du Roi →Molière.

Trouvères (abgeleitet von ›trouver‹, →Trobadors), ma. Dichter u. Vortragskünstler. Thematik und Technik der provenzal. dichtenden Trobadors eignen sich im 12.–14. Jh. auch nordfranz. Dichter an (→Chrétien de Troyes, →Thibaut de Champagne, →Conon de Béthune, →Gace Brulé, →Blondel de Nesle, →Adam de la Halle). Die Höfe von →Aliénor, →Marie de Champagne u. Richard Löwenherz stellten kulturelle Verbindungen her. Da die lyr. Spracherwartung des Publikums bis ins 13. Jh. auf das Provenzal. ausgerichtet war, versuchten nordfranz. Dichter ihr Sprachbild durch typ. empfundene Substantiv- u. Verbalendungen (-ade, -at, -az) zu provenzalisieren. Im erweiterten Sinn bezeichnet Trouvère in dieser Zeit auch den Spielmann sowie den Autor ep. Dichtungen.

P. Zumthor, Langue et techniques poétiques à l'époque romane, 1963; ders., Essai de poétique médiévale, 1972.

Troyat, Henri (eig. Lew Tarassow), geb. 1. 11. 1911 Moskau, s. Familie emigrierte über Istanbul u. Venedig nach Frkr., Stud. Paris, bis 1941 Verwaltungsbeamter bei der Préfecture de la Seine; Erzähler, der in Dostoevskij (Essay 1940), Tolstoj (Biographie 1965), Balzac und Zola s. Vorbilder fand. Für s. dritten Roman, *L'araigne* (1938, nach *Faux jour,* 1935; *Grandeur nature,* 1936) erhielt T. den Prix Goncourt. Während der Kriegsjahre entstanden *La fosse commune* (1939), *Le mort saisit le vif,* (1942), *Du philanthrope à la rouquine* (1944), *Le signe du taureau* (1945); in der Trilogie *Tant que la terre durera* (1947–50) entwarf T. ein farbenprächtiges Bild vom Zusammenbruch der zarist. Gesellschaft 1917 und den Revolutionskämpfen bis 1920, teilweise mit autobiograph. Einschlag. Der spätere Zyklus (*Les compagnons du coquelicot,* 1959; *La Barynia,* 1960; *La gloire des vaincus,* 1961; *Les dames de Sibérie,* 1962), vier Gutsbesitzergeschichten aus der Epoche von 1814–25 (Einmarsch der Alliierten in Paris, Dekabristenaufstand nach d. Tod Zar Alexanders I.) schöpft mehr aus zweiter Hand u. zählt wie die übrige jüngere Produktion wegen der Anhäufung von Klischees zur Unterhaltungslit. (*Les semailles et les moissons,* 1953–58; *La rencontre,* 1958; *Les Eygletière,* 1965; *La faim des lionceaux,* 1966; *La malandre,* 1966; *Les héritiers de l'avenir,* 1968–70; *La pierre, la feuille et les ciseaux,* 1972, Geschichte eines Homosexuellen; *Anne Prédaille,* 1972, Unterhaltungsroman über den Schmuggel sowjet. Mss. nach dem Westen). Als Dramatiker war T., der seit 1959 der Ac. frçe. angehört, wenig erfolgreich (*Les vivants,* 1946; *Sébastien,* 1949; *Le vivier,* 1952); er verfaßte außerdem Reiseberichte (*La case de l'oncle Sam,* 1948; *De gratte-ciel au cocotier,* 1955; *La vie quotidienne en Russie,* 1959). Gestützt auf vorliegende Darstellungen, vor allem aber auf die Korrespondenz des Dichters, schrieb er e. Gogolbiographie (1971), in der vom Romanerzähler Fragen beantwortet werden, die die Geschichtsschreibung offen lassen mußte (zur Biographie romancée vgl. auch A. Maurois). Seit den 70er Jahren verfaßte er vor allem Romanbiogr. russ. Herrscher (*Youri,* 1992) sowie Schriftsteller (*Zola,* 1992) u. rührselige Bilder der Kinderwelt (*Viou,* 1980; *Le pain de l'étranger,* 1982; *La dérision,* 1983; vgl. Ajar, Sabatier).

Troyes, im MA geistiges Zentrum der Champagne, Geburtsort von Chrétien de T., Pierre de Larivey u. Édouard Herriot.

Tschen, Terrorist in →*La condition humaine* von Malraux, der in ekstat. Todessehnsucht e. erfolgloses Attentat auf General Tschiang Kaischek plant und, schwer verletzt, Selbstmord begeht.

Tueur sans gages, Stück in drei Akten von Eugène →Ionesco, entstanden Sommer 1957, EA *Théâtre* II, 1958, Urauff. 14. 4. 1958 Landestheater Darmstadt, Pariser Premiere Februar 1959 Théâtre Récamier. Ionesco dramatisierte hier s. Novelle *La photo du colonel* (1955). Bérenger verfolgt e. Mörder, dessen Steckbrief nach Angaben s. Opfer, die für kurze Zeit ins Leben zurückgekehrt waren, verfaßt wurde. Obwohl s. Personenbeschreibung allgemein bekannt ist, tötet er weiter; schuld sind die Opfer, die stets an den Ort des Verbrechens zurückkehren. Bérenger beschließt, im Alleingang der absurden Situation e. Ende zu machen. Er stellt den Kriminellen u. versucht ihn in e. pathet. Apostrophe, auf die der andere nur mim. reagiert, zur Besinnung zu bringen, verspricht ihm alle Annehmlichkeiten e. geordneten kleinbürgerl. Existenz, will ihn finanziell unterstützen. Da die Existenz doch sinnlos sei, erlöse der Kriminelle durch s. Taten niemand: ›Laissez les gens tranquilles, vivre stupidement ...‹ Als er kein Zeichen des Einverständnisses gibt, droht Bérenger ihn zu erschießen, schreckt jedoch vor der Entschlossenheit des Mörders zurück u. ergibt sich ihm. Der Mörder, der die Negativität gewählt hat, verfügt in e. sich auflösenden Welt allein noch über e. irritierend sicheres Prinzip (vgl. auch Jean Genet).

Turcaret, Kom. in fünf Akten von Alain-René →Lesage, EA 1709, Urauff. 14. 2. 1709 Com. frçe.; hg. T. Lawrenson, London 1969. Entstanden in e. Periode wirtschaftl. Depression, trifft diese Satire den Parvenü, der als arrivierter Lakai alles mit Geld gewinnen zu können meint: Anstand, Liebe, Kunst. Lesage wählt das kom. Motiv des betrogenen Betrügers, der Titelheld wird als unbeholfener Ehebrecher u. als Finanzmann hereingelegt. S. Bauform nach ist das Stück e. Episodendrama: im Umgang mit s. Personal, s. Klientel, s. Frau u. s. Mätresse, e. Baronin, die es ebenso auf s. Reichtum abgesehen hat wie alle von ihm Abhängigen, offenbart T. s. vulgär-gespreiztes Wesen (vgl. später Dumas fils, *La question d'argent;* Mirbeau, *Les affaires sont les affaires*). Durch diesen Facettenstil geht das Stück über Molières Kom.typus hinaus. Frontin, intelligent u. amoral., tritt die Nachfolge des ruinierten Finanzmannes an; wieder steigt e. Lakai auf. Der Zynismus, mit dem die Geldfrage ausgespielt wird, irritierte das Publikum von 1709, nach der 7. Vorstellung wurde das Stück, offenbar auf Druck der Geschäftswelt, abgesetzt. Lesage hat mit *T.* e. neue Gattung geschaffen, die nicht mehr in das vertraute Schema der Com. de caractères paßt, sondern als Com. de conditions zu begreifen ist. Denn die Satire gegen die Finanzwelt individualisiert u. moralisiert nicht, sie zielt auf die Lebensbedingungen in e. konkreten Krisensituation. Der Dramatiker Diderot machte sich e. halbes Jh. später Lesages Innovation zunutze.

A. Sauro, T., Bari 1957.

Turnèbe, Adrien, 1512 Les Andelys – 12. 6. 1565 Paris, Humanist, seit 1547 Lecteur royal (→Collège de France) für klass. Philologie u. griech. Philos.; versch. Editionen u. Kommentare. T. kämpfte an der Seite von Ramus für die Durchsetzung des Platonismus, er galt, wie H. Estienne u. Montaigne bezeugen, in Europa als Koryphäe (*Opera,* Straßburg 1600).

Turoldus, umstrittene Person, die im Schlußvers der Oxforder Fassung der *Chanson de Roland* genannt wird. ›Ci falt la geste que Turoldus declinet‹ dürfte folgendermaßen zu verstehen sein: ›Hier hört die Geschichte auf, die Turoldus beendet‹. T. könnte demnach sehr wohl der Autor u. nicht nur der Kopist des Heldengedichts sein. Der Name ist im Normann. belegt, im 11. Jh. tragen ihn Bischöfe von Bayeux u. Peterborough.

H. H. Christmann, Declinet u. kein Ende, ZfSL 1966.

Tyard, Pontus de, 1521 Bissy-sur-Fley – 23. 9. 1605 Bragny-sur-Saône, Kleriker aus adliger Familie, seit 1543 Hinwendung zur Dichtung (*Erreurs amoureuses,* in der Mehrzahl Sonette, 1549–53), mit Maurice Scève befreundet, später Mitgl. der Pléiade; 1578 Bischof von Chalon-sur-Saône. T.s Dichtung zeichnet sich durch formale Vielfalt aus (Ode, Sonett, Terzine, Sextine), stilist. steht sie zwischen dem Manierismus u. der klassizist. Rhetorisierung von Desportes (*Odes,* 1522; *Solitaire,* 1552; *Œuvres poétiques,* 1573). Er gab später die Lyrik auf u. wandte sich dem philosoph. Dialog zu (*Discours philosophiques,* 1587); Montaigne bezieht sich gelegentl. auf den leisen Skeptizismus T.s angesichts metaphys. Fragen wie Unsterblichkeit u. Vorherbestimmung (*Œuvres poétiques complètes,* éd. J. C. Lapp 1966).

F. Flamini, Du rôle de T. dans le pétrarquisme frç., 1901; S. F. Baridon, T., Mailand 1950; K. M. Hall, T. and his Discours philosophiques, Oxford 1963; L. K. Donaldson-Evans, Love's fatal glance, 1980.

Tzara, Tristan, 14. 4. 1896 Moinești/Rumänien – 25. 12. 1963 Paris, gründete zusammen mit Hugo Ball, Richard Huelsenbeck u. Hans Arp 1916 in Zürich die Dada-Bewegung und vermittelte nach 1919 den Dadaismus an den Pariser Surrealismus, vor allem Aragon, Breton u. Soupault. 1920 organisierte er mit ihnen kulturrevolutionäre Veranstaltungen. 1934–38 lebte er in Spanien, kämpfte an der Seite der Republikaner, während des II. Weltkriegs in der Résistance tätig, nach Kriegsende Mitbegründer des Instituts für okzitan. Stud. in Toulouse. T. konstruierte mit *La première aventure céleste de M. Antipyrine* (1916) das Modell e. Texts, der die Negativität, wie der Zufall sie hervorbringt, zum ästhet. Ziel hat, er bereitete surrealist. Praktiken der semant. u. grammatikal. Entgrenzung vor (*Vingt-cinq poèmes,* 1918; *Cinéma calendrier du cœur abstrait,* 1920; *Sept manifestes dada,* 1920; *Mouchoir de nuages,* 1925; *Indicateur des chemins du cœur,* 1928; *De nos oiseaux,* 1929; *L'arbre des voyageurs,* 1930; *L'homme approximatif,* 1931; *Où boivent les loups,* 1932; *L'antitête,* 1933; *Le cœur à gaz,* 1938; *La main passe,* 1935; *Le poids du monde,* 1951; *La face intérieure,* 1953). Zwangsläufig kam es zur Auseinandersetzung zwischen T. u. Breton, dem Begründer des Surrealismus, da der Dadaismus, wie ihn T. vertrat, von prinzipieller Kunstfeindlichkeit durchdrungen war; seit 1922 wurden Spannungen spürbar. Bei der Aufführung von *Cœur à gaz* kam es im Juli 1923 zu handgreifl. Auseinandersetzungen zwischen den Anhängern T.s und den Jüngern Bretons, die Angst vor zersetzenden Umtrieben bekamen. Der Surrealismus verdankt jedoch T.s Beitrag s. Hoffnung auf e. Veränderung des Lebens u. die Umgestaltung der Welt durch Befreiung von Positivismus u. falscher Fortschrittsgläubigkeit; was er ihm vorwarf, war das Verharren in e. Protestschematismus (*OC,* éd. H. Béhar, VI 1975 ff., Texte 1912 ff.).

M. Nadeau, Histoire du surréalisme, 1945; R. Lacoste, T., 1960; P. Bürger, Der franz. Surrealismus, 1971, Sondernr. Europe, Juli–August 1975; I. Kümmerle, T. dramat. Experimente 1916–40, 1978; M. Dachy, T. dompteur des acrobates, 1993; M. Sanouillet, Dada à Paris, ²1993.

Ubu roi, Drama von Alfred →Jarry, entstanden nach 1888, zunächst als Schülersketch (in Zusammenarbeit mit Charles Morin u. a.), seit 1891 von Jarry allein weitergeführt, Motive in *César-Antéchrist* (1895), EA der fünfaktigen Version (nach Vorabdruck in der Zs. *Le Livre d'art,* 1896, H. 5–6) 1896, Urauff. 10. 12. 1896 Théâtre de l'Œuvre, Paris. Vater Ubu wird von s. Frau zur Usurpation angestiftet, zusammen mit dem Offizier Bordure stürzt er Kg. Venceslas, dessen Sohn Bougrelas mit der Kgin. dem Massaker entkommt. Den verräter. Bordure läßt Ubu einkerkern; der Gefangene entkommt u. zieht mit dem Zaren u. dem Kronprinzen gegen ihn. Ubu wird geschlagen u. flieht über die Ostsee ins ›süße Frkr.‹, wo er ein Schloß besitzt u. nach dem Amt e. Maître des finances strebt. Im Prolog erklärte Jarry, er verstehe das Stück weder als Geschichts- noch als Kostümdrama, sondern als Marionettensatire. Die Dekorationen nehmen illusionsvernichtende Funktionen wahr, das Spiel ist nicht auf Wahrscheinlichkeit hin angelegt. In *U.* schrieb Jarry über eine Kg.smördertrag. eine Posse; das Premierenpublikum, verschreckt durch das Initial- und Losungswort ›merdre‹, wehrte sich gegen den ungewohnten Widersinn, weil es den Vorsatz des Autors durchschaute, der hohen u. niederen Stil unvorhersehbar mischt, erhabene Dichtung parodiert, makabre Traumnatur nachahmt u. naturhafte Zwänge zum Angriffsziel nimmt, schließl. die Anomalie zum Lit.prinzip erhebt. Die kom. Auflösung e. Trag.handlung war von Jarry erstrangig als Vernichtung von Theaterkonventionen konzipiert u. wirkt erst als solche ideologiekrit. In Ubu sind menschl. Idealtypen der Lächerlichkeit preisgegeben: der Schulmeister, der Kriegsheld, der düstere Aufrührer. Die Machtergreifung des Narren entlarvt die Theaterwelt u. dahinter die gesellschaftl. Wirklichkeit der III. Republik als Tollhaus; da ihm Resonanz zuteil wird, nimmt der Narr s. Cäsarenwahnsinn ernst.

W. Engler, A. Jarry: U. (Das mod. franz. Drama, hg. W. Pabst), 1971; H. Béhar, Le monstre et la marionnette, 1973; J. Cooper, U., New Orleans 1974; J.-P. Lasalle, U. et quelques mots jarryques, Toulouse 1976; M. Labelle, A. Jarry, Nihilism and the theater of the Absurd, New York 1980.

Unanimisme, Unanimismus, Lebens- u. Kunstlehre der Künstlergruppe der →Abbaye, in der Jules →Romains die maßgebende Rolle spielte. Sie propagierte, unabhängig von der vergleichbaren Soziologie Durkheims, die myst. Idee der Gruppenseele, die allgegenwärtig Individuen zusammenführt, u. bestritt den Wert e. rationalist. Analyse der Existenz u. die fakt. Isolierung des einzelnen. Bei Romains impliziert der U. sowohl Massenpsychose *(→Knock ou le triomphe de la médecine)* wie Elitebildung *(→Les hommes de bonne volonté)*.

G. Guisan, Poésie et collectivité, 1938; A. Cuisenier, J. Romains, L'u. et les hommes de bonne volonté, 1969.

Unités, in der Poetik des klass. Schauspiels die Einheit der Handlung (Ausschluß von Nebenhandlungen), Einheit der Zeit (umstrittene 24-Stundenregel, →Chapelain), Einheit des Orts (möglichst geringe räuml. Verlagerung der Szene; →La Taille).

Urfé, Anne d', 1555 Provence – 1621, Bruder von Honoré d'→U., verheiratet mit Diane de Châteaumorand, die nach der Auflösung der Ehe Honorés Frau wurde; Autor mittelmäßiger Verse, vor allem Sonette (Zyklus *La Diane,* 1573).

Urfé, Honoré d', 10. 2. 1557 Marseille – 1. 6. 1625 Villefranche-sur-Mer, aus e. Familie, die durch Herkunft u. Neigung der ital. Renaissance bes. verbunden war; Anhänger der Ligue, nach deren Zusammenbruch er nach Savoyen flüchtete, wo s. frühen Dichtungen (Pastorale, Epistel, Allegorie) entstanden. Seit 1593 arbeitete U., der früher schon e. Schäfergedicht in Versen, *Sireine,* begonnen hatte, am bukol. Roman *→Astrée.* 1600 heiratete er, wahrscheinl. aus ökonom. Überlegungen s. Schwägerin, Diane de Châteaumorand. 1603 wurde er kgl. Edelmann. Die letzten Lebensjahre verbrachte er auf ausgedehnten Reisen durch Frkr. u. Italien. S. Abkehr vom Stoizismus u. Hinwendung zum Platonismus zwischen 1595 u. 1603 spiegelt sich in den *Epistres morales.*

Colloque commémoratif du quatrième centenaire de la naissance d'U., Forez 1970; L. K. Horowitz, U., Boston 1984.

Usbek, pers. Adliger, der zusammen mit s. Vertrauten Rica nach Europa reist u. briefl. über s. Eindrücke berichtet, in *→Lettres persanes* von Montesquieu.

Utopie, Fiktion e. imaginären Welt, die in der Zukunft oder im

Unbekannten liegt, weniger technolog. ausgestattet als die →Science-fiction; im 19. Jh. gebräuchl. Gattungsbezeichnung e. Dichtungsform, die seit dem 16. Jh. in Frkr. entwickelt wurde (→Reiselit., →Thélème, →Morelly, →Mercier, Frühsozialisten, Zolas Spätwerk).

F. Krey, Der utop. Roman, 1973; H. J. Augspurger, Die Anfänge der U. in Frkr., 1975; H. Hudde, Die lit. Gattung U., RZLG 1, 1977; R. Trousson, Voyages au pays de nulle part, Brüssel 1975; B. Baczko, Lumière de l'u., 1978; Le discours utopique, Colloque 1975, 1978; J.-J. Wunenburger, U. ou la crise de l'imaginaire, 1979; 1848 – Les u. sociaux, préface de M. Agulhen 1981; U.forschung, interdisziplinäre Stud., hg. W. Voßkamp, 1982; H. Hudde / P. Kuon (Hg.), De l'utopie à l'uchronie, 1988.

Vaché, Jacques, 1885 – 1919 Nantes (Überdosis Opium), Kultfigur der Surrealisten, obgleich außer s. *Lettres de guerre* (1919), die Breton, der V. seit 1916 kannte, hg., keine Texte vorliegen.

Vacquerie, Auguste, 19. 11. 1819 Villequier – 19. 2. 1895 Paris, Theaterkritiker und Dichter, schrieb im *Globe,* gründete 1848 mit V. Hugo die Zs. *Événement,* 1851 – Mai 1852 in polit. Haft; V. war während Hugos Exil sein Pariser Agent u. Propagandist; befreundet mit Mallarmé. Er schrieb romant. Verse (*L'enfer de l'esprit,* 1840; *Demi-teintes,* 1845), Dramen (*Antigone,* 1844; *Souvent homme varie,* 1859; *Les funérailles de l'honneur,* 1861) u. Essays (*Profils et grimaces,* 1856; *Aujourd'hui et demain,* 1875). S. Bruder heiratete Léopoldine Hugo (→*A Villequier*).

Vadé, Jean-Joseph, 17. 1. 1719 Ham/Pikardie – 4. 7. 1757 Paris, Sohn e. Kaufmanns, der 1725 nach Paris zog. Erst durch die Protektion des Hzg.s von Agenois, der ihn zum Sekretär bestellte, verbesserten sich s. bescheidenen Lebensverhältnisse (Contrôleur du vingtième in Soissons, Laon, Rouen). In Muße schrieb V. nach 1744 zahlr. Kom., Vaudevilles, Schäferspiele, kom. Opern (u. a. *Les troqueurs,* 1753; *Les troyennes en Champagne,* 1755; *Nicaise,* 1756). Er erneuerte die burleske Dramatik durch Darstellung des Milieus der Markthallen (*Œuvres poissardes de J.-J. V. et de l'Escluse,* 1796; zum ›genre poissard‹ vgl. Ducancel, Maillot, Jarry). V. schrieb außerdem Episteln, Fabeln u. den Briefroman *Lettres de la grenouillère* (*Œuvres complètes,* Troyes VI 1798). Er starb an den Folgen e. Operation.

Vailland, Roger, 16. 10. 1907 Acy-en-Multien – 11. 5. 1965 Meillonas bei Bourg-en-Bresse, aus e. savoyard. Bauernfamilie, Stud. Philos. ENS, Kontakte zum Surrealismus. 1930 wurde V. Journalist u. arbeitete als Auslandskorrespondent, später als Kriegsberichterstatter auf dem Balkan, im Nahen Osten, in Abessinien u. Amerika. Bei der Résistance war er Spezialist für Eisenbahnsabotage. In dieser Situation, von s. Gruppe abgeschnitten, schrieb er 1944 den ersten Roman, →*Drôle de jeu;* er zeichnet darin das Bild e. entpolitisierten Résistance, die sinnbildl. für Eroberung u. Männlichkeit steht. Die überraschende Bekehrung der Helden zu kommunist. Eintracht in *Les mauvais coups* (1948), *Beau masque* (1954) u. *325 000 francs* (1956) widerspricht ihrem Charakter u. erscheint als rhetor. Unterwerfung unter die Parteilinie. V. gehörte 1952–56 der KPF an; während dieser Epoche entstanden außerdem *Bon pied, bon* *œil* u. *Un jeune homme seul* sowie die Essays *Quelques réflexions sur la singularité d'être français* (1946), *Esquisse pour le portrait du vrai libertin* (1946), *Laclos* (1953), *Expérience du drame* (1953), *Éloge du cardinal de Bernis* (1956), außerdem die Dramen *Héloïse et Abélard* (1947) u. *Le colonel Foster plaidera coupable* (1951). Auch nachdem sich V. unter dem Eindruck der sowjet. Intervention während des ungar. Aufstands 1956 vom Kommunismus losgesagt hatte, verharrte er doch in s. Gegnerschaft zur Bourgeoisie. Seit →*La loi* treten erot. Motive in den Vordergrund (*La fête,* 1960; *La truite,* 1964); V. begab sich in epigonale Abhängigkeit von Choderlos de Laclos u. identifizierte individuelle Freiheit mit Donjuanismus; er verfaßte Filmdrehbücher, u. a. nach den *Liaisons dangereuses,* und nahm in den Essaybd. *Le regard froid* (1963) s. wichtigsten moralist. Arbeiten auf. V. beabsichtigte, mit der zentralen Darstellung sexueller Konflikte die Repressivität puritan. Normen anzugreifen u. e. Entfremdung rückgängig zu machen, darin glaubte er sich in Übereinstimmung mit dem Marxismus. Aber er selbst inszenierte, zumindest in *La loi,* e. sadist. Ritual. Die *Écrits intimes* (1968) u. *Lettres à sa famille* (1972) aus den Jahren 1926–44 geben Einblick in die polit. Konflikte V.s, s. Reaktionen beim Tode Stalins u. bei der Entstalinisierung sowie s. Verhältnis zum ital. Kommunismus. V. definiert hier s. Romane als Variationen des Kampfes, den Sankt Georg dem Drachen liefert, damit betont er ihre heroische Grundstruktur.

D. Fernandez, V. (Ecrivains d'aujourd'hui 1940–1960, hg. B. Pingaud), 1960; F. Bott, Les saisons de V., 1969; J. Recanati, Esquisse pour la psychanalyse d'un libertin: V., 1971; M. Picard, Libertinage et tragique dans l'œuvre de V., 1972; J.-E. Flower, V., London 1975; Ch. Petr, Le devenir écrivain de V., 1988; Y. Courrière, V., 1991.

Vairasse →Veiras.

Va jouer avec cette poussière, Carnets 1958–1964, Tagebuchaufzeichnungen von Henry de →Montherlant, EA 1966. Das Jh., in dem er lebt, ist die negative Folie, die Montherlant zur Darstellung s. Besonderheit braucht. Denn die Franzosen sind heute keine Leute mehr, mit denen man auf die Jagd nach Wahrheiten, den ›andern Tigern‹, gehen könnte, notiert er im Zusammenhang mit zurückhaltenden Besprechungen s. Romans →*Le chaos et la nuit.* Wenn Montherlant Lesefrüchte herumreicht, ist es meist Erlesenes u. Stoisches, Antikes wird mit größter Selbstverständlichkeit angedeutet u. wohl auch ausführl. zitiert. S. ganzer Hohn gilt dem ›Pariser Gesellschaftszirkus‹, in dem e. Charge zu übernehmen er sich weigert. Über dem Verdruß, der Geburt e. Zivilisation von trunkenen Heloten beiwohnen zu müssen, verleugnet der Autor nicht s. spezif. Hedonismus. Er ist sichtl. angetan von der Publikumswirkung s. unzeitgemäßen Art zu denken u. zu formulieren; mit Stolz vermerkt er, daß die Kritik ihn e. Schriftsteller des 19. Jh. nannte. Machtmenschen, die s. Phantasie in Bewegung setzen, nennt er ›Pflüger des Meeres‹, sie befriedigen, wie Pompejus, →*Malatesta,* Cisneros *(→Le cardinal d'Espagne)* ihre Lust an der Willkür, die Dinge von der Stelle zu rücken.

Valéry, Paul Ambroise, 30. 10. 1871 Sète – 20. 7. 1945 Paris, Schulbildung in Sète u. später Montpellier, wo er sich mit Pierre Louÿs anfreundete, wurde durch ihn mit Mallarmé u. Gide bekannt.

1892, nachdem V. bereits symbolist. Gedichte in *La Conque* (Hg. P. Louÿs) u. anderen avantgardist. Zss. veröffentlicht hatte (*Album de vers anciens,* 1920), entsagte er der Poesie u. widmete sich Problemen der Philos. und Mathematik (Essay *Introduction à la méthode de Léonard de Vinci,* 1895, ²1919, →*Monsieur Teste*). 1897–1900 Beamter im Kriegsministerium, dann Tätigkeit in der Nachrichtenagentur Havas. Mit dem Gedicht →*La jeune parque* begann 1917 die zweite Periode im Schaffen des Lyrikers V. (→*Le cimetière marin,* Slg. *Charmes,* 1922; *Vers et prose,* 1925; →*Poésies,* 1929, ²1966). 1925 wurde er Mitgl. der Ac.frçe. und 1937 Prof. für Poetik am Collège de France. V. begreift das dichter. Wort als ›Mittel des Geistes, sich im Nichts zu vervielfachen‹; der metalinguist. Ansatz macht den Stil des Gedichts sich selbst themat. Wie bei s. Lehrmeister Mallarmé ist Trennung in Botschaft u. Form des Werks unzulässig. Die Darstellung d. lit. Produktionsprozesses, gereinigt von romant. Implikationen, wird mit großer Willensanstrengung vollzogen. Im Vergleich zum lyr. Werk, zu dem die dramat. Skizze *Mon Faust* (entstanden 1940, EA 1941, Teil-Urauff. *Le solitaire* 17.4.1945 Com. frçe.) spät hinzukam, sind theoret. Abhandlungen über die Kombinationsfähigkeit des artistischen Bewußtseins ungleich umfangreicher (*Eupalinos ou l'architecte,* 1923, zus. mit →*L'âme et la danse; Variété,* V 1924–44; *Une conquête méthodique,* 1925; *Propos sur l'intelligence,* 1926; Aphorismen *Rhumbs,* 1926; *Autres rhumbs,* 1927; *Littérature,* 1929; *De la diction des vers,* 1933; *Pièces sur l'art,* 1934; *Analecta,* 1935; *Degas, danse, dessin,* 1938; *Introduction à la poétique,* 1938; *Tel quel,* II 1941–43; *Souvenirs poétiques,* 1946; *Essais et témoignages,* 1946; außerdem kulturphilos. Schriften wie *Regards sur le monde actuel,* 1931, ²1945, ein Essay über Stendhal, 1927; *Discours en l'honneur de Goethe,* 1932; *Œuvres complètes,* XII 1931–1950; *Œuvres,* hg. J. Hytier II 1957–60; *Correspondance avec A. Gide,* 1955; *Cahiers 1894–1914,* 1987 ff.). Von allen Symbolisten begriff V. am hellsichtigsten, daß kein Weg über Mallarmés Metaphysik der Sprachkunst hinausweist, daß alle Kritik hier ansetzen muß. Er verfährt als Dichter in e. Weise, daß prosaische Zusammenfassungen der Gedichte unmögl. werden. Dichter. Eingebung erfolgt im Zustand der ›vigilance‹ (Gedicht *Les pas*), nicht dem der Dämmerung im chronolog. wie psych. Sinn; V. führt das Genialische der Inspirationslyriker ad absurdum, da über Eingebung auch Geisteskranke verfügen; gewiß sei J. S. Bach die Musik nicht von den Sphären diktiert worden. Bei V. verwandelt sich Poetik in Epistemologie, in der ›absence‹ und ›présence‹ tragende Begriffe sind. Wie schon Mallarmé gestattete sich V. höchstens die Freiheit des ›vers libéré‹, pflegte den Alexandriner, Zehn- u. Achtsilber, die Ode, das Sonett mit s. Varianten. Die Entwicklung des Poème en prose u. des Freiverses berührten ihn nicht. 1921 galt V., wie eine Umfrage in Frkr. erbrachte, als bedeutendster Lyriker des Jh., durch Übs. von Rilke u. Rychner wurde er auch e. größeren dt. Publikum bekannt.

J. Hytier, La poétique de V., 1953; P. Guiraud, Langage et versification d'après l'œuvre de V., 1953; E. Huber, V.s Metaphorik u. der franz. Symbolismus, Diss. Tübingen 1951; P.-O. Walzer, La poésie de V., Genf 1953; H. Laitenberger, Der Begriff der »absence« bei V., 1960; J. R. Lawler, Lecture de V., une étude de Charmes, 1963; K. Wais, Stud. zu Rilkes V.-Übertragungen, 1967; A. Glauser, Le poème-symbole de Scève à V., 1967; E. Noulet (Hg.), Entretiens sur V., 1968; H. Charney, Le scepticisme de V.,

1969; L. Taumann, V. ou le mal de l'art, 1969; M. Maka-De Schepper, Le thème de la pythie chez V., 1969; Ch. Krauß, Der Begriff des Hasard bei V., Diss. Heidelberg 1969; M. Parent, Cohérence et résonance dans le style de Charmes, 1970; J. Schmidt-Radefeldt, V. linguiste dans les Cahiers, 1970; K. Löwith, V. Grundzüge s. philos. Denkens, 1971; J. Bellemin-Noël, Les critiques de notre temps et V., 1971; H. Harth / L. Pollmann, V., 1972; Ch. M. Crow, V. Consciousness and nature, Cambridge 1972; Entretiens sur V. Actes du colloque de Montpellier (1971). Textes recueillis par D. Moutote, 1972; H. Laurenti, V. et le théâtre, 1973; Cahiers V., 1975ff.; M. Goth, Rilke u. Valéry. Aspekte ihrer Poetik, Bern 1981; R. Pietra, V., 1981; J. M. Houpert, V., 1986; P. Gifford, V., 1989; Cl. Launay, V., Lyon 1990; M. Jarrety, V. devant la littérature, 1991.

Valjean, Jean, die Hauptfigur des Romans →*Les misérables* von V. Hugo; ehemaliger Strafgefangener u. Opfer e. korrupten Gesellschaft. V. begreift sich als ›fonctionnaire de Dieu‹ u. hofft auf e. Erlösung nach dem Tod, da sein Läuterungsversuch von der Gesellschaft nicht anerkannt wird.

M. Reboussin, Vautrin, Vidocq et V., FR 1969.

Vallès (eig. Vallez), Jules, 11. 6. 1832 Le Puy-en-Velay – 14. 2. 1885 Paris, Sohn e. Lehrers, verbrachte s. Kindheit u. Jugend in Le Puy, Saint-Étienne u. Nantes. In Nantes u. Paris, wo er versch. Tätigkeiten ausübte, ehe er als Journalist, u. a. beim *Figaro,* arbeitete, engagierte er sich für den Sozialismus. 1852 ließ ihn s. Vater in e. Nervenheilanstalt einweisen, V. kam wieder frei und kehrte nach Paris zurück. Während des Second Empire stand er in entschlossener Opposition (Pamphlet *L'argent,* Nantes 1857; Porträtslg. *Les réfractaires,* 1866). Seit 1866 Chefredakteur der Zs. *La Rue.* Bei Kriegsausbruch wurde er verhaftet, die Commune befreite ihn, er leitete den *Cri du peuple* u. kämpfte in der Sektion des XV. Arrondissements. Nach dem Zusammenbruch der Revolution floh V. nach London, 1872 wurde er in Abwesenheit zum Tode verurteilt. In England entstand der autobiograph. Romanzyklus →*Jacques Vingtras.* 1880 wurde V. amnestiert, kehrte nach Paris zurück, wo er den *Cri du peuple* 1883 neu herausgab. V. agitierte mit zunehmender Heftigkeit für den Sozialismus (*Les enfants du peuple,* 1879; *Les chroniques de l'homme masqué,* 1882; *La rue à Londres,* 1883, hg. L. Scheler 1951; *Les blouses,* 1919; *Souvenirs,* 1932; *Le tableau de Paris,* 1932; Roman *Le proscrit,* 1952; Drama *La commune de Paris,* 1970; *Œuvres* (1857–70), éd. R. Bellet 1975; *Œuvres complètes,* hg. L. Scheler/M.-C. Bancquart, XIII 1970; Roger Bellet, III 1975–89, Pléiadeausgabe). Bei s. Beerdigung kam es zu Demonstrationen. Während ihn das bürgerl. Publikum als Aufrührer u. Barrikadenkämpfer ablehnte, nahm ihn der Marxismus als Kronzeugen für sich in Anspruch; in Wirklichkeit war V. e. Anhänger Proudhons, der wenig Neigung u. Begabung zur polit. Theorienbildung erkennen ließ. Als Schriftsteller plante er die objektive Darstellung s. Epoche; daß er sich jedoch zur Selbstverteidigung angesichts der etablierten bürgerl. Mentalität hinreißen ließ, die Konflikte der Kindheit, des Stadtlebens u. vor allem der Pariser Commune exaltierte, macht s. Originalität aus.

L. Séché, V., 1886; A. Zévaès, V., son œuvre, 1932; G. Fink, V., Diss. Berlin 1931; G. Gille, V., II 1941; V. Brombert, The intellectual hero, Philadelphia/New York 1961; P. Pillu, État présent des études sur V., L'Information littéraire 1966; G. Delfau, V. L'exil à Londres 1871–80, 1971; M.-C. Bancquart, V., 1971; A. Münster, Das Thema der Revolte im Werk von V., 1973; G. Fischer, The Paris Commune on the stage ..., Bern 1982; M. Gallo, V. ou la révolte d'une vie, 1988.

Vallotton, Benjamin, 10. 1. 1877 Gryon/Vaud – 19. 5. 1962 Sanary-sur-Mer bei Toulon; regionalist. u.

bis 1914 auch humorvoller Erzähler (*Portes entr'ouvertes,* 1905; *M. Potterat se marie,* 1906; *La famille Profit,* 1909; *Leurs œuvres les suivent,* 1912; *Ce qu'en pense Potterat,* 1915; *Ceux de Barivier,* 1919; *Achille et Cie.,* 1921; *Sur le roc,* 1923; *Suspects,* 1930; *Tu y viendras,* 1944; *Sous le même toit,* 1952).

Valmont, männl. Hauptfigur in →*Les liaisons dangereuses* von Choderlos de Laclos.

Valois, franz. Kg.shaus, regierte 1328–1589, ihm folgte mit Heinrich IV. das Haus Bourbon nach.

Val sans Retour, Val des Faux Amants, von der Fee Morgue verzaubertes Tal, dessen Bann →Lancelot bricht *(Lancelot du Lac).*

Valville, Liebhaber der Titelheldin in →*La vie de Marianne* von Marivaux, der e. Mésalliance scheut.

Vanderk, Protagonist der Prosakom. →*Le philosophe sans le savoir* von Sedaine.

Vanessa, weibl. Hauptfigur im Roman →*Le rivage des Syrtes* von Gracq, Verkörperung des Makabren u. der Katastrophe, die über den Staat Orsenna hereinbricht.

Vannec, Claude, autobiograph. geformte Romangestalt in →*La voie royale* von Malraux, europaflüchtiger Archäologe, der nach dem Scheitern s. Kambodschaexpedition die ›fraternité désespérée‹ als Ethik entdeckt.

Variété, Unterhaltungstheater, im späten 19. Jh. entstanden; kennzeichnend ist die abwechslungsreiche Folge von Sketchs, Chansons u. Akrobatik (vgl. auch Kabarett).

Varillas, Antoine, 1624 Guéret – 1696 Saint Côme, 1648–53 Historiograph von Gaston d'Orléans u. kgl. Bibliothekar bis 1662; Autor e. missionar. Geschichte der Religionskriege, die unter dem Druck der Sorbonne in antiprotestant. Propaganda endete (*Histoire des révolutions arrivées dans l'Europe depuis 1574 jusqu'en 1658;* vgl. auch Bossuet, Mézeray).

Le vase étrusque (1830), Novelle von Prosper →Mérimée. Auguste Saint-Clair, der e. heiml. Verhältnis mit der verwitweten Gräfin Mathilde de Coursy unterhält, erfährt bei e. Essen mit Freunden, sie sei einmal die Geliebte des – inzwischen verstorbenen – Massigny gewesen. Saint-Clair kann den Verleumder nicht Lügen strafen, da keiner s. Geheimnis erfahren soll. Dabei erinnert er sich mit Entsetzen an e. etrusk. Vase, die Massigny der Gräfin geschenkt hat u. die sie bes. schätzt. Als er schließl. von Mathilde erfährt, daß er sich mit s. Verdacht täuscht, fordert er Thémine, der die Ehre der Dame ins Gerede gebracht hat, zum Duell. Dabei wird er selbst erschossen. Die Gräfin verbringt drei Jahre, ohne jemand zu empfangen, sie kränkelt u. stirbt; ihr Arzt diagnostiziert als Ursache häusl. Kummer. In →*La double méprise* greift Mérimée die Thematik des Mißverständnisses noch einmal auf u. entwickelt s. Kunst der psycholog. Analyse im Stil der Salonkonversation weiter.

Vathek (1786), orientalisierende Erzählung des Engländers William Beckford, um 1782 in Franz. verfaßt u. als anonyme Übs. aus dem Arab. ausgegeben. Die Bearbeitung des Faust-Stoffs in der Gestalt des Teufelsbündners, der als Enkel Harun-al-Raschids vorgestellt wird, fand noch in der zweiten Hälfte des 19. Jh. anerkennende Leser; Mérimée plante e. Neuausgabe, Mallarmé verfaßte 1865 die Vorrede zur Edition von 1876.

Vaudeville (Verballhornung aus ›vaux de vire‹ Trinklieder von Olivier Basselin, 1. Hälfte des 15. Jh., hg. Jean le Houx 1616), im 17. u. 18. Jh. Singspiel u. Jahrmarktstheater, im 19. Jh. Unterhaltungskom. (V.autoren: Désaugiers, Favart, Barrière, Scribe, Caillavet, Labiche, Halévy, Meilhac, Feydeau). Voltaire kennt noch die ursprüngl. Bedeutung, wenn er bei der Beschreibung des *Hamlet* davon spricht, daß die Totengräber ›v.s‹ singen (*Lettres philosophiques,* 18e lettre). Sedaine verfaßte e. didakt. Gedicht mit dem Titel *V.* (1760). →Boulevard.

L. Matthes, V. Unters. zu Gesch. u. lit.systemat. Ort e. Erfolgsgattung, 1983; A. Steinmetz, Scribe, Sardou, Feydeau, 1984; H. Gidel, V., 1986.

Vaugelas, Claude Favre, sieur de, baron de Pérouges, vor dem 6. 1. 1585 Meximieux/Bresse – 26. 2. 1650 Paris, trat 1607 in den Dienst des Hzg.s von Nemours; in Paris mit Coëffeteau, Malherbe, Balzac u. Racan befreundet; er verdiente sich s. bescheidenen Lebensunterhalt u. a. durch Denunziationen, in der Hoffnung auf Zuweisung konfiszierter Güter. V., der Marino im Hôtel de Rambouillet einführte, entwarf 1635 den Plan für das *Dictionnaire* der Ac. frçe. 1647 veröffentlichte er die *Remarques sur la langue françoise* (hg. J. Streicher 1934), an denen er seit längerem gearbeitet hatte. Darin wies er, entgegen rationalist. Argumentationen erstmals nach, daß der Sprachgebrauch e. intellektuellen Elite am Hof u. in den Salons maßgebendes Kriterium ist (vgl. auch Meigret).

R. A. Hall, Some recent studies on Port-Royal and V., Acta linguistica 1969.

Vauquelin de la Fresnaye, Jean, 1536 (?) im Calvados – 1606 Caen, mit →Du Bellay verwandt, mit →Ronsard befreundet; 1575 kgl. Statthalter in Caen, 1588 Vertreter der Generalstände in Blois. Heinrich III. bestellte bei dem Lyriker e. *Art poétique* (1574 begonnen, ED Caen 1605), die der Autor als Kompilation lieferte, in der Aristoteles traditionsgemäß nach den Maßstäben der ital. Kommentatoren beurteilt wird. Originell ist die Ausbildung e. christl. Ästhetik, die auch die ma. Dichtung wieder vorurteilsloser berücksichtigt und den lit. Paganismus der Pléiade in Frage stellt. V.s Dichtungen umfassen Idyllen (*Foresteries,* 1555) u. Satiren (*Poésies complètes,* Caen 1612). Bes. delikat sind s. bukol. Gedichte, da sie nicht allein lit. Topoi, sondern auch Motive der normann. Landschaft verarbeiten. V.s Sohn, Vauquelin des Yveteaux (1567–1649), war Prinzenerzieher u. als solcher Autor e. *Institution du prince.*

P. Schunk, Um den zeitl. Vorrang bei der Gattungsnachahmung. Zum Werk von V., ZfSL 1969.

Vauthier, Jean, 20. 9. 1910 Bordeaux – 5. 5. 1992 Paris, Jugend in Portugal, studierte Malerei, schrieb seit 1947 Hörspiele und Dramen (→*Capitaine Bada, L'impromptu d'Arras,* 1951; *La nouvelle Mandragore,* 1953, nach Machiavelli; →*Le personnage combattant, Le tramway,* 1954; →*Les prodiges, Le rêveur,* 1960; *Chemises de nuit,* 1962, zusammen mit Ionesco u. Billetdoux; *Les abysses,* 1963; *Médéa,* 1967, nach Seneca; *Le sang,* 1970; e. Bearbeitung von Shakespeares *Romeo and Juliet,* 1971; Bearbeitung des *Othello,* Urauff. 1974 Caracassonne, TV-Fassung 1979). V. spielt, wie früher

Crommelynck u. Audiberti, mit der Dialektik von Lyrismus u. Trivialität; s. Protagonisten sind Dädalusnaturen, die als Künstler unter der Inauthentizität der Fiktion u. als Verliebte unter der Herrschsucht der Frau leiden. Ihre Selbsterlösungsversuche – u. d. h. bei V. immer: ihre Versuche, die Selbstentfremdung aufzuheben – durch e. reines Gefühl oder e. Opus mißlingen. In s. Stücken, die auf traditionelle Intrigen verzichten, zeigt V. die Protagonisten in der Stunde der Wahrheit, da sie die Fesselung durch e. uneigentl. gewordene Denkweise u. Lebensform abwerfen wollen, im Selbstgespräch oder im Dialog. Mimik u. Gesten versinnbildlichen die inneren Vorgänge, die sich auf der Bühne abspielen; in V.s Dramaturgie nimmt der Rhythmus e. spezif. Rang ein, denn der Rollenträger, der seine widersprüchl. Gefühle zu artikulieren versucht, bedient sich der strukturierten Sprache u. Bewegung.

K. Schoell, Das franz. Theater seit dem II. Weltkrieg, Bd. 2, 1970.

Vautrin, Romangestalt der →*Comédie humaine* von Balzac, tritt als Krimineller im *Père Goriot,* als falscher Kanonikus Carlos Herrera aus Toledo in den *Illusions perdues* u. als Polizeichef unter dem Namen Saint-Estève in *Splendeurs et misères des courtisanes* auf.

M. Reboussin, V., Vidocq et Valjean, FR 1969.

Vauvenargues, Luc de Clapiers, marquis de, 6. 8. 1715 Aix-en-Provence – 28. 5. 1757, Offizier aus verarmtem Adel, Vater war seit 1722 Marquis. V. glaubte sich zum Soldaten geb., kämpfte möglicherweise schon 1734 in Italien, sicher 1741–43 in Böhmen u. Italien, ruinierte s. Gesundheit u. mußte den Dienst in der Armee quittieren. Hoffnungen auf e. Diplomatenkarriere erfüllten sich nicht. In der Einsamkeit entstand das Hauptwerk →*Réflexions et maximes* (im Anhang zur *Introduction à la connaissance de l'esprit humain*), das Voltaire sehr schätzte (s. Handexemplar mit Verbesserungsvorschlägen gehört der Bibliothèque Méjanes in Aix-en-Provence). V. u. Voltaire verbindet der Glaube an die eth. Kraft, die e. Zeichen des Göttl. im Menschen ist; kontrovers ist dagegen ihre Pascalbeurteilung. Voltaire sieht in Pascal e. Menschenverächter, Vauvenargues bewundert s. Apologie des Gefühls u. s. Bekenntnis zur übersinnl. Welt. Gestützt auf Pascal überwindet V. La Rochefoucaulds Menschenbild, dessen Pessimismus er als method. Haltung jedoch zu würdigen weiß. Auf die Denunziation eth. Zerrbilder in der Moralistik folgt notwendig das neue Ideal. Nach V. hat alle Philosophie ihren Urgrund im Herzen, wobei ›cœur‹ bei ihm sowohl e. gefühlsmäßige Kraft als auch e. höhere Einheit von ›raison‹ u. ›passion‹, etwa im Sinne von intuitivem Denken, meint. V.' Verhältnis zum Fortschritt war zwiespältig, ihm erschien e. Vervollkommnung von Zivilisation u. Wiss. undenkbar. Oberstes Gesetz der Natur ist Abhängigkeit u. Unterordnung; mit s. Bemerkung, die Großen u. die Masse des Volkes hätten weder dieselben Tugenden noch dieselben Laster, argumentierte V. gegen das Naturrecht, mit dem die Aufklärung die moral. Gleichheit begründete. S. Elitebegriff, der sich für ihn mit e. trag. Lebensgefühl verband, hinderte ihn daran, mit den fortschrittl. Kräften des aufgeklärten Bürgertums gemeinsam gegen die fortgesetzte Entwürdigung der Mehrheit des franz. Volkes Stellung zu beziehen, obwohl er selbst zu den Opfern des Absolutismus gehörte. S. *Dialogues des morts* stehen Fénelons geordneter Welt näher als Fontenelles Paradoxien in den Totengesprächen; neu ist der Versuch, die Dialogpartner nicht zum Sprachrohr eigener Ideen zu formen, sondern ihnen Selbstdarstellung zu ermöglichen (*Œuvres complètes,* hg. D.-L. Gilbert II 1857, H. Bonnier II 1969 f.).

G. Lanson, Le marquis de V., [2]1930; G. Cavalucci, V. dégagé de la légende, 1938; A. Hof, État présent des incertitudes sur V., RhlF 1969; J. Vercruysse, V. trahi. Prolégomènes à une édition authentique, 1970.

Veillantif, Streitroß Rolands (*Chanson de Roland,* v. 1153, 2032, 2127, 2167). Roland erhielt es von Karl, nachdem er ihm das Leben gerettet hatte *(→Aspremont).*

Veiras (auch Vairasse), Denis, sieur d'Alais, um 1635 Alais – um 1685 Niederlande (?), Advokat, 1665 in England Beziehungen u. a. zu Locke; 1672 im Gefolge der engl. Botschaft in Den Haag, 1674 Rückkehr nach Frkr., wo er als Sprachlehrer tätig war. Nach der Revokation des Edikts von Nantes (1685) kehrte er in die Niederlande zurück. V. brachte 1675 in London in engl. Sprache den utop. Roman *The history of the Sevarites* (spätere franz. Version *Histoire des Sévarambes,* 1677) heraus. Das Werk ist ein Gesellschaftsentwurf aus rationalist. Geist (Platon, Thomas Morus, Bacon), mit den folgenden Forderungen: garantierte Diskussions-, Glaubens- u. Gewissensfreiheit (vgl. Bayle), staatl. Kindererziehung u. Bildungsförderung, die bewußt den Jesuiten aus der Hand genommen werden soll (vgl. das utop. Reisemotiv auch bei Foigny u. später bei Voltaire). V. schuf in seinem Roman wahrscheinlich den Begriff des ›grand Tout‹, der typ. wurde für die Aufklärungsdiskussion des 18. Jh. Er bezeichnet den kosm. Allzusammenhang u. legt die Grundlage für e. relig. Synkretismus.

E. v. der Mühll, V., 1938.

Vendée, Dép. im Poitou, Präfektur La Roche-sur-Yon. Die Zivilverfassung für den franz. Klerus u. die Mobilmachung führten 1793–99 in der V., Bretagne und im Anjou zu Bauernrevolten (guerres de V.), die von folgenden Autoren lit. gestaltet wurden: Mme de Staël (*Delphine,* [3]1808), Balzac *(→Le dernier chouan ou la Bretagne en 1800, Mlle de Vissard, Béatrix),* Barbey d'Aurevilly (*→Le chevalier Des Touches, L'ensorcelée,* 1852), A. Dumas *(Les blancs et les bleus, Les louves de Machecoul),* V. Hugo *(→Quatrevingt-treize),* G. Augustin-Thierry (*La tresse blonde,* 1889), A. de Châteaubriant (*La meute,* 1927), La Varende (*Cadoual,* 1952). 1993 Gedenkfeiern.

Vendredi ou les limbes du Pacifique, Roman von Michel →Tournier, EA 1967, überarbeitete Fassung 1972. Freitag, Robinsons Gefährte auf der Insel, rückt in den Mittelpunkt des Geschehens, von dem Daniel Defoe (*The life and strange surprising adventures of Robinson Crusoe of York, mariner,* London 1719) e. puritan.-aufklärer. Version vorgelegt hatte. Bei Tournier zerstört er die eth. u. ökonom. Ordnung, die der Schiffbrüchige in s. Inselreich etablierte; Robinson fürchtet die Bedrohung, die von ihm ausgeht, u. interessiert sich doch für den Freiheitsmythos, den s. Sklave verkörpert. Im Umgang mit Freitag entdeckt Robinson kosm. Energien, deshalb ist es folgerichtig, wenn er zum Schluß die Insel nicht verläßt, denn ihn lockt nicht mehr die Zivilisation, sondern ein neuer Sonnenstaat der Elemente. S. neuer Gefährte, ein Schiffsjunge von der Whitebird, mit der Freitag abgereist ist, soll in Erinnerung an den höchsten Gott Donnerstag heißen.

Vengeance Raguidel, höf. Epos des frühen 13. Jh. in 6182 Versen, mit →Gauvain als betrogenem Liebhaber im Mittelpunkt. Den Autor des Werkes hat man wahrscheinl. zu Unrecht in →Raoul de Houdenc vermutet.

La Vénus d'Ille, Novelle von Prosper →Mérimée, ED *Revue des deux mondes* 1837. Die geheimnisvolle Geschichte von der Statuenhochzeit verwirklicht die komplizierteste Art der phantast. Erzählung, denn sie bietet das Rätsel als unbezweifelbare Wahrheit an; die Zeugenschaft e. Gelehrten garantiert die Faktizität der Ereignisse. Der Erzähler, e. Archäologe wie Mérimée selbst, hält sich in den östl. Pyrenäen auf, um die vieldeutige Inschrift e. Venusstatue zu entziffern. Während e. Ballspiels steckt der junge Peyrehorade der Figur e. Ring an, der für s. Braut bestimmt ist, vergißt ihn u. will ihn zurückholen, als er bei der Trauung vermißt wird. Venus hat jetzt jedoch den Finger gekrümmt u. gibt den Ring nicht mehr frei. Am Morgen danach wird der Bräutigam im Bett erwürgt aufgefunden, der Ring liegt im Zimmer. Der Autor hielt *V.*, e. dämon. Abwandlung des Pygmalionstoffs, für s. gelungenste Novelle.

Vercel, Roger (eig. R. Crétin), 1894 Le Mans – 1957 Dinan, Autor von Abenteuer-, insbes. Seefahrerromanen (*Le capitaine Conan*, Prix Goncourt 1934; *Remarques,* 1935; *Léna,* 1936; *Jean Villemeur,* 1939; *Aurore boréale,* 1947; *Le roman d'Agrippine, Sous le pied de l'archange, La fosse aux vents,* 1950).

Vercors (eig. Jean Bruller), 26. 2. 1902 Paris – 10. 6. 1991 ebda., Elektroingenieur, Graphiker, der seit 1927 schriftsteller. tätig war (*Hypothèse sur les amateurs de peinture,* 1927; *Un homme coupé en tranches,* 1929; *Nouvelle clef des songes,* 1934; *L'enfer,* 1935; *Visions intimes et rassurantes de la guerre,* 1936; *Silences,* 1937), zusammen mit P. de Lescure organisierte er den Résistance-Verlag Éditions de minuit, wo s. erfolgreichstes Werk, der Kurzroman →*Le silence de la mer,* erschien; ihm folgten weitere Kriegsromane und Liebesgeschichten (*Le songe,* 1945; *Les armes de la nuit,* 1946; *Les yeux de la lumière,* 1948; *La puissance du jour,* 1951; *Les animaux dénaturés,* 1952; *Colères,* 1956; *Sur ce rivage,* III 1958 f., *Sylva,* 1961, Metamorphose e. rothaarigen Mädchens in e. Füchsin; *Sillages,* 1972; *Les chevaux du temps,* 1977; *Moi, Aristide Briand,* 1981, fiktive Autobiogr.), außerdem Essays (*Souffrances de mon pays,* 1945; *Portrait d'une amitié,* 1946; *Les pas dans le sable,* 1954; *Les divagations d'un français en Chine,* 1956; P.P.C., 1957) sowie seit 1936 Dramen (darunter *Zoo ou l'assassin philanthrope, Œdipe-Roi,* 1967; *Le fer et le velours,* 1969). V. war nach dem Krieg Präsident der französischen Sektion des PEN-Clubs. Nachdem er lange mit der KPF sympathisiert hatte, sagte er sich 1957 von s. polit. Freunden los.

R. D. Konstantinovic, V. écrivain et dessinateur, 1969.

Verdurin, Pariser Familie in Prousts Zyklus →*A la recherche du temps perdu;* Swann verkehrt im bürgerl. Salon der Mme. V., wo sich der Komponist Vinteuil, der Maler

Elstir, der Literat Bergotte u. Odette de Crécy treffen.

Verhaeren, Émile, 21.5. 1855 Saint-Amand-sur-Escaut – 27.11. 1916 Rouen, Anwalt in Brüssel, Mitbegründer der Jeune Belgique-Bewegung, Lyriker. Die Sinnbildhaftigkeit abstrakter Innenräume, auf die Mallarmés Poetik ausgerichtet war, forderte V. zur Gegenreaktion heraus: im Laufe s. Entwicklung erschien ihm diese aristokrat. Ästhetik immer mehr als eth. Dürre u. Flucht vor dem polit. Engagement (*Les flamandes,* 1883; *Les moines,* 1886; *Les soirs,* 1888; *Les débâcles,* 1888; *Les apparus dans mes chemins,* 1891). Die Wende kam mit dem Zyklus *Les flambeaux noirs* (1891), prometheisches Pathos löste in *Les villes tentaculaires* (1895), *Les forces tumultueuses* (1902), *La multiple splendeur* (1906) u. *Les flammes hautes* (1916) die idyll.-myst. ›impersonnalité‹ s. früheren Stils ab. Der traditionelle Versbau wurde aber auch in V.s aktivist. Periode, für die Gedichte typ. sind, in denen Phantasmagorie, Allegorie u. polit. Agitation ohne stroph. Zäsur aufeinanderfolgen, nicht völlig verworfen. Die Hochtonstellen des Gedichts *L'Europe* in *La multiple splendeur* sind in Alexandriner gefaßt. Die Auffassung von den Wechselbeziehungen zwischen dem Leid des Individuums u. der Dynamik sozialer Organismen wie der Großstadt entwickelt sich bei V. nicht aus Einsichten in den Primat der Gesellschaft, sondern durch Intuition, wie sie auch der Unanimismus bezeugt (*Œuvres,* IX 1912–36; *V. à Marthe V., 219 lettres inédites 1889–1916,* 1937). Stefan Zweig übersetzte 1910 drei Dramen V.s (*Le cloître,* 1900; *Philippe II,* 1904 u. nach dem Ms. *Helenas Heimkehr*).

L.-Ch. Baudoin, Le symbole chez V., Genf 1924; E. Starkie, Les sources du lyrisme dans la poésie de V., 1927; E. Estève, Un grand poète de la vie moderne, V., 1928; M. de Pocheville, Vie de V., 1953; J.-M. Culot, Bibl. d'É. V., Brüssel 1954; L. Christophe, V., 1955; P. Mansell Jones, V., London 1957; S. I. Kalinowska, Les motifs décadents dans les poèmes de V., Warschau 1967; V. Colloque 1983, Brüssel 1984.

Le véritable Saint-Genest, Trag. von Jean de →Rotrou, EA 1647, Urauff. 1646 (?) Hôtel de Bourgogne, Paris. Anläßl. der Vermählung der Tochter Diokletians mit dem Mitkaiser Maximian spielt e. Truppe das Martyrium des Adrian, den der Bräutigam hat hinrichten lassen. Genest, der Schauspieldirektor, spielt die Hauptrolle mit eindrucksvoller Ekstase. Der Hofstaat genießt das Binnenstück, bis allen Zuschauern auf der Bühne klar wird, daß das Spiel in Ernst umschlägt. Genest identifiziert sich mit s. Rolle u. erbittet das eigene Martyrium. Der Topos des theatrum mundi wird von Rotrou potenziert: das Spiel im Spiel deutet das Gesamtgeschehen, indem es den relig. Sinngehalt freilegt. Die Widersprüche zwischen verordnetem Rollenverhalten u. göttl. Gebot erschließen sich dem Schauspieler in bes. Maße. Genest ahmt schließl. keinen Vorgang nach, sondern fühlt sich berufen, Zeugnis abzulegen. Das Barockstück war weit weniger Angriffen ausgesetzt als Corneilles *Polyeucte,* offenbar, weil Genest s. Bekenntnis zum übergeordneten Hofstaat Gottes nicht mit Ansprüchen s. persönl. Ethos verbindet.

P. Bürger, Illusion u. Wirklichkeit im S. von Rotrou, GRM 1964; W. Leiner, Rotrou: V. (Das franz. Theater vom Barock bis zur Gegenwart Bd. 1. hg. J. v. Stackelberg), 1968.

Vérité (1903), Roman von Émile →Zola. Maillebois, wo der Lehrer Marcus Froment s. Ferien verbringt, ist in e. klerikales u. e. republikan. Lager gespalten, versinnbildlicht durch die vom kath. Schulorden geleitete Schule u. die nichtkonfessionelle Volksschule. Die klerikale Partei erhält Auftrieb, als man den Neffen des jüd. Lehrers Simon tot auffindet. Simon wird trotz mangelnder Beweise des Mordes angeklagt: wie im Fall →Calas u. →Dreyfus findet der Minoritätenhaß s. neues Opfer. Durch e. anfechtbaren Indizienbeweis wird Simon überführt u. verurteilt, in e. neuen Verhandlung billigt ihm das Gericht zwar mildernde Umstände zu, hält ihn aber dennoch für schuldig. Marcus übernimmt nun die Lehrerstelle in Maillebois, endl. wird auch der wahre Schuldige gefunden: e. Mönch – die Gestalt aus dem Schauerroman – hat den Jungen mißbraucht u. getötet. Marcus preist das neue Frkr., das vor der Gefahr des Untergangs, dem die kath. Staaten anheimfallen, gerettet wird, wenn es sich zur Wahrheit bekennt, den zivilisator. Auftrag der republikan. Volksschule unterstützt. Das neue Evangelium heißt für die Familie u. die durch Arbeit begründete Stadtgemeinschaft Gerechtigkeit durch Wahrheit (vgl. die früher erschienenen Romane der *Quatre évangiles: Fécondité,* 1899; *Travail,* 1901; *Justice* blieb Fragment). Tatsächl. wurden 1901 in Frkr. allen staatl. nicht zugelassenen Schulorden der Konfessionsunterricht entzogen u. 1903 die notwendige Genehmigung überhaupt versagt.

Verlaine, Paul, 30. 3. 1844 Metz – 8. 1. 1896 Paris, Jugend in Metz, Montpellier u. Paris, 1864 Baccalauréat am Lycée Condorcet; Angestellter der Pariser Stadtverwaltung. V.s frühe Lyrik steht noch im Zeichen des Parnasse *(→Poèmes saturniens, →Fêtes galantes);* seit 1870 gewinnen s. Gedichte e. persönlichere Tönung (→*La bonne chanson,* →*Romances sans paroles,* →*Sagesse,* →*Gaspard Hauser chante, Jadis et naguère,* 1884; →*Art poétique, Amour,* 1888; *Parallèlement,* 1889; *Femmes,* 1890; *Bonheur,* 1891; *Chair,* 1896; *Invectives,* 1896; *Œuvres complètes,* V [3]1943; *Œuvres poétiques complètes,* hg. Y.-G. Le Dantec 1938; *Œuvres poétiques,* hg. J. Robichez 1969; *Correspondance,* hg. van Bever, VII 1941; *Poésies,* hg. von M. Décaudin 1980). Zwei Jahre nach der Hochzeit verließ V. s. Frau Mathilde u. zog mit Rimbaud, dem er sich 1871 angeschlossen hatte, durch Belgien u. England. Im Juli 1873 verletzte er im Zustand der Trunkenheit den Freund mit zwei Pistolenschüssen und verbrachte zwei Jahre Haft in Mons; s. Frau erwirkte die Trennung. Die Bekehrung zum Katholizismus als Ergebnis s. moral. Erschütterung wirkte bereits 1881 nicht mehr: V., der kurze Zeit als Lehrer in England tätig war, verfiel erneut dem Alkohol u. ruinierte in kurzer Zeit s. Gesundheit. Obgleich er theoret. die Musikalität des Verses als oberstes Prinzip der Lyrik forderte, lehnte V. doch den Vers libre u. das Prosagedicht ab, wagte ästhet. weniger als Rimbaud. Dabei artikulierte er hellsichtig die Position des Dichters außerhalb der bürgerl. Gesellschaft (*Les Poètes maudits,* 1884; *Mémoires d'un veuf,* 1886; *Mes hôpitaux,* 1891; *Mes prisons,* 1893; *Confessions,* 1895; *Voyages en France,* 1907). Nerval u. V. gleichen sich in der ungestillten Sehnsucht nach himml. Liebe, die ihre ihnen selbst fragwürdig gewordene Identität bestätigen sollte. V.s Arbeit an e. geschmeidigen, melodiösen Lyrik wurde von den Symbolisten anerkannt.

J.-H. Bornecque, Études verlainiennes, II 1952–59; A. Adam, V., l'homme et l'œuvre,

1953; L. u. E. Hanson, V., London/New York 1957; V. P. Underwood, V. et l'Angleterre, 1957; J. Richter, V., 1960; O. Nadal, V. Essai critique, 1961; C. Cuénot, Le style de V., 1963; A. E. Carter, V. a study in parallels, Toronto 1969; G. Zayed, La formation littéraire de V., ²1970; A. K. Diedrichs-Maurer, Le thème de l'angoisse chez V., 1971; Ph. Stephan, V. and the decadence, Manchester 1974; A. Vial, Verlaine et les siens, 1975; Ch. Wentzlaff-Eggebert, V., in: W.-D. Lange (Hg.), Franz. Lit. des 19. Jh.s II, 1980; P. Petitfils, V., 1980; ders. Album V., 1981; G. Le Rouge, Verlainiens et décadents, 1993.

Verne, Jules, 8.2. 1828 Nantes – 24.3. 1905 Amiens, Jurastud.; Autor von Opernlibretti, Dramen (zusammen mit A. Dumas fils), vor allem aber Science-fiction in Romanform (*Cinq semaines en ballon,* 1863; *Voyage au centre de la terre,* 1864; *De la terre à la lune,* 1865; *Le désert de glace,* 1866; *Une ville flottante,* 1867; *Autour de la lune,* 1869; *Vingt mille lieues sous les mers,* 1869 f.; *L'île mystérieuse,* 1870; *Le tour du monde en 80 jours,* 1873; *Œuvres complètes,* XXIII 1966 f.). Die Möglichkeiten der Ballonfahrt, des Eisenbahnverkehrs, der Dampfschiffahrt u. der Photographie inspirieren V. zu Utopien, die optimist. die technolog. Errungenschaften der Gegenwart ins Monumentale vergrößern u. Erwartungen, die an den Trivialroman u. an populärwiss. Schriften gestellt werden, gleichzeitig befriedigen. V.s Weltsicht war geprägt durch Saint-Simon, Cabet, Fourier u. das Erlebnis von 1848, allerdings zerfiel in den letzten Romanen s. anfängl. Fortschrittsgläubigkeit; in der Science-fiction drücken sich jetzt Kritik an der techn. Entwicklung u. Mißtrauen gegenüber den Technokraten aus.

R. Escaich, Voyage à travers le monde vernien, 1951; M. Moré, V. 1961; J. Chesneaux, Lecture politique de V., 1970; S. Vierne, V. et le roman initiatique, 1973; F. Raymond/D. Compère, Le développement des études sur V., 1976; H.-J. Neuschäfer, Populärromane im 19. Jh., 1976; E. J. Gallagher u. a., V., a primary and secondary bibl., Boston 1980; J. Noiray, Le romancier et la machine, II 1982; F. Wolfzettel, V., 1988; J. M. Margot, Bibl. documentaire sur V., 1989; O. Dumas, V., Lyon 1990; A. Martin, The mask of the prophet, Oxford 1990; D. Campère, V., Genf 1991.

Verneuil, Louis (eig. Louis Collin Barbié du Bocage), 14.5. 1893 Paris – 3. 11. 1952 (Selbstmord) ebda., aus dem Besitzbürgertum, Schauspieler in Revuen, schrieb Boulevardkom. u. Filmdrehbücher (*Le danger de l'autre,* 1913; *La jeune fille au bain,* 1919; *Le traité d'Auteuil,* 1919; *Mlle ma mère,* 1920; *L'amant de cœur,* 1921; *Régine Armand,* 1923, mit Sarah Bernhardt; *Le fauteuil 47,* 1923; *La banque Némo,* 1931; *Théâtre complet,* 1941–44), außerdem e. Biographie der S. Bernhardt (1942) sowie Memoiren (*Rideau à neuf heures,* 1944).

Le verre d'eau ou les effets et les causes, Prosakom. in fünf Akten von Eugène →Scribe, EA 1840, Urauff. 17. 11. 1740 Com. frçe. Die Szene zeigt den engl. Hof während des span. Erbfolgekriegs. Als Lord Bolingbroke Kgin. Anne zum Frieden zu bewegen sucht, argumentiert die Hzgin. von Marlborough aus Eigennutz für den Krieg; Bolingbrokes Partei siegt, die Hzgin. wird aus der Umgebung der Kgin., die auf ihre Liebe zu Fähnrich Masham verzichtet, entfernt. Theatral. wie die Exposition u. Peripetie ist die Auflösung des Konflikts, die weder psycholog. noch polit. motiviert wird. E. Glas Wasser, das die Kgin. Masham reichte, um ihn auf ihre Zuneigung aufmerksam zu machen, löste Intrigenspiel u. Parteienbildung am Hof aus, bis der Konflikt wieder durch äußere Einwirkung entknotet wird.

Vers, Verslehre, zur franz. Metrik vgl. im einzelnen →Achtsilber, →Alexandriner, →Assonanz, →

Ballade, →Chanson, →Dizain, →Epigramm, → Laisse, →Ode, →Pantoun, →Quatrain, →Rime, →Rondeau, →Tercet, →Virelai, →Zehnsilber.

Vers dorés, Sonett des Zyklus →*Les chimères* von Nerval, 1845 in *L'Artiste* u. d. T. *Pensée antique* veröffentlicht. Auf die axiomat. Darstellung der Allbelebtheit des Kosmos (I) folgt e. enzyklopäd. geführter Beweis. Die orph. Mysterien der Pythagoräer veranlassen Nerval, die Individualität des Menschen zu bezweifeln; die Entmachtung des Individuums (III) korreliert mit der Vergöttlichung der Materie (IV). Da aber der Logos an die Materie gebunden ist, verfügt der Dichter über Sprachmagie. Damit evoziert er den Gott, der sich in der wirkl. Welt stets erneuert. Nerval setzte das Gedicht, das s. Theorie des sinnbildhaften Dichtens in die programmat. Konzision des Sonetts faßt, an den Schluß des Zyklus.

Vers libre, metr. nicht gebundene Versform der Symbolisten (Rimbaud, G. Kahn, Laforgue, Viélé-Griffin u. a.), die auf Silbenzählung, Reimzwang u. stroph. Gliederung verzichten; nicht zu verwechseln mit den →Vers mêlés des 17. u. 18. Jh. Ch. Vildrac griff die Innovation in s. Satire *Le verslibrisme* 1901 an.

E. Dujardin, Les premiers ouvriers du v., 1922; H. Morier, Le rythme du v. symboliste, Genf III 1943 f.; U. Maulbetsch, Stud. zur Rolle des Alexandriners im V., RF 1967; F. Carmody, La doctrine du v. de G. Kahn, CAIEF 1969.

Vers mêlés, auch vers irréguliers und mißverständlich vers libres genannt, Mischform aus verschieden langen Versen, in stichischer Abfolge ohne festes Reimschema. Autoren des 17. Jahrhunderts (H. d'Urfé, Pastorale *Sylvanire;* Corneille, *Andromède* u. *Agésilas;* Molière, *Amphitryon,* Racine, Chöre in *Esther* u. *Athalie;* La Fontaine, *Fables*) übernahmen die unregelmäßige Form aus der ital. Dichtung. Die V. sind nicht zu verwechseln mit dem symbolist. →Vers libre des ausgehenden 19. Jahrhunderts.

Ver-Vert (1734), burleskes Kleinepos von Jean-Baptiste-Louis →Gresset. Nach Anrufung der Muse, hier e. ungenannten Äbtissin, kündet der Dichter vom erhabenen Unglück s. Helden, ›un perroquet non moins brillant qu'Énée‹, dessen Schicksal beweist, wie gefährl. Reisen u. Kenntnisse der weiten Welt sind. Im Kloster der Visitantinerinnen zu Nevers wird ein intelligenter Papagei gehalten, dessen Renommée sich bis nach Nantes ins Mutterhaus verbreitet hat. Dort fordert man das Wundertier an, das auf ein Schiff verfrachtet wird u. stromabwärts reist. Mit s. frommen Sprüchen macht er sich bei Matrosen, Dragonern u. Mädchen lächerl., so daß er sich beeilt, deren Wortschatz zu übernehmen. Der Skandal bei der Ankunft ist groß, Rückschlüsse auf die klösterl. Zucht in Nevers liegen auf der Hand. Als V. jedoch wieder in s. gewohnten Umgebung lebt, freil. bestraft mit Entzug von Zärtlichkeiten u. Bonbons, bessert er sich rasch. Beim Versöhnungsfest verendet er, ›bourré de sucre et brulé de liqueurs‹. Er wird im Garten begraben, durch Metempsychose lebt s. schwatzhafter Geist in den Nonnen fort. Die harmlose Klostersatire wurde zum größten Publikumserfolg Gressets.

Véry, Pierre, 17. 11. 1900 Bellon/Charente – 1960 Paris, Autor von Kriminalromanen u. Drehbüchern (*Les disparus de Saint-Agil,*

1938; *L'assassinat du père Noël,* 1941; *Goupi mains-rouges,* 1942; *Un grand patron,* 1953, [2]1969). Bei V. tritt kein Polizist auf, es sei denn, er ist selbst der Kriminelle.

Veuillot, Louis-François, 11. 10. 1813 Boynes/Loiret – 7. 3. 1883 Paris, Sohn e. Küfers, der vom Land in die Hauptstadt zog. V. vertrat nach 1830 als Journalist, zunächst in Rouen, dann in Périgueux, ohne Überzeugung die Politik des ›juste milieu‹. Die kath. Religion, der s. Familie u. er formal angehörten, befriedigte s. Bedürfnis nach Idealismus; vor allem bekannte er sich zur himml. Glückseligkeit, die jenen verheißen wird, deren ird. Existenz von Ungerechtigkeit u. Not gezeichnet ist. Dabei erschien ihm das Schicksal s. Vaters als negatives Beispiel. Katholizismus bedeutete fortan für ihn Glaubenshaltung u. ultramontane polit. Entscheidung zugleich. Den militanten V. beschäftigten das rationalist. Bürgertum, die kulturellen Einrichtungen, die es sich geschaffen hat, u. der Parlamentarismus *(Libres penseurs, Les odeurs de Paris).* Er beschuldigt die Bourgeoisie, den Lohnabhängigen den Glauben u. damit die Chance, ihre Identität in der geistigen Dimension zu finden, geraubt zu haben. Damit habe sie Rebellion u. Anarchie provoziert. Als Redakteur, später als Chefredakteur bekämpfte er seit 1843 im kathol. *Univers* die →Doctrinaires, Liberalen u. Anhänger des Gallikanismus, verteidigte die Politik Napoleons III. Hugo (*Études sur V.H.,* 1885), Lamartine u. Thiers werden zur Zielscheibe s. Pamphlete. S. Temperament u. Engagement entspricht die Satire *(Les couleuvres, Satires)* u. der didakt. Roman (*L'honnête femme,* 1844; *Ça et là,* 1860; *Les nattes,* 1844; *Corbin et d'Aubecourt,* 1850). V.s Bild von der geschichtl. Vergangenheit wie von e. utop. Zukunft entspringt der Haltung des Visionärs, der die Einlösung des Egalitätsversprechens verwirklicht sieht, wenn alle Menschen in christl. Gemeinschaft leben; Tugend u. Güte sind für ihn Früchte des Glaubens *(→Renouveau catholique).* Balzac verlegte in die Revolution den Keim der gesellschaftl. Korruption; V. kritisierte alle Christen, die revolutionäre Prinzipien in ihre Apologetik aufnehmen (*Mélanges religieuses, historiques et littéraires,* VI 1856–75; *Molière et Bourdaloue,* 1877; *Œuvres complètes,* XXXIX 1924–37).

J. Lemaitre, Les contemporains, 6e série, 1896; E. Veuillot, V., IV 1899–1914; E. Gauthier, V., 1953; M. Lasserre, Essai sur les poésies de V., 1957.

Les viaducs de la Seine-et-Oise, Prosadrama in zwei Akten von Marguerite →Duras, EA 1960, Urauff. 8. 5. 1960 Marseille. Die Irritation, die von e. zu völliger Kommunikationslosigkeit verurteilten menschl. Existenz ausgeht, treibt zwei alte Leute zum Mord: Marcel u. Claire töten ihre taubstumme Nichte Marie-Thérèse, zerstückeln die Leiche u. werfen die Teile von e. Viadukt auf fahrende Güterzüge. Nach der Tat vermögen sie sich keine Begründung mehr zurechtzulegen, das Motiv ist ihnen entglitten. Zwar verraten sich die beiden in e. Bar – verkleidete Polizisten bringen sie zum Sprechen –, aber ihre Rechtfertigungsversuche münden ins Unsagbare.

Vialar, Paul, geb. 23. 9. 1898 Saint-Denis, Lyriker *(Les lauriers coupés),* Dramatiker (*Un premier amour, L'âge de raison,* 1922; *Les hommes,* 1930), als Erzähler 1939 für *La rose de la* *mer* mit dem Prix Fémina ausgezeichnet, Autor von Tier- u. Jagdgeschichten (*La caille,* 1945; *L'homme de chasse, Le roman des oiseaux et des bêtes de chasse,* 1964, *La cravache d'or,* 1968, Pferderennen; *Safari-vérité,* 1970, Liebe u. Jagd an der Elfenbeinküste; *La chasse de décembre,* 1979; *Rien que la vérité,* 1980; *L'homme du fleuve,* 1981), bekannt vor allem durch zykl. Gesellschaftsromane (*La mort est un commencement,* VIII 1945–51; *La chasse aux hommes* X 1952 ff.; *Chronique du XX*[e] *siècle,* X 1956–61).

Cl. Roy, V., 1987.

Vialatte, Alexandre, 1907 Paris – 3.5. 1971 ebda., Übs. (Kafka, Nietzsche, Th. Mann, Brecht) u. Erzähler beängstigender Geschichten (*Battling le ténébreux,* 1928; *Le fidèle berger,* 1942; *Les fruits du Congo,* 1951). Postum erschienen Artikelslg.en (*Dernières nouvelles de l'homme,* 1978; *Et c'est ainsi qu'Allah est grand,* 1979, Beiträge für e. Zeitung in Clermont-Ferrand), der Novellenbd. *Badonce et les créatures* (1982); *Almanach des quatre saisons* (1992); *Salomé* (1992).

Vian, Boris, 10. 3. 1920 Ville d'Avray/Seine-et-Oise – 23. 6. 1959 Paris, Stud. École centrale des arts et manufactures Angoulême, legte 1942 in Paris das Ingenieurexamen ab. Raymond Queneau veröffentlichte 1946 V.s frühe Prosa, *J'irai cracher sur vos tombes;* gleichzeitig erschienen *Les morts ont tous la même peau,* später *On tuera tous les affreux* (1947), *L'écume des jours* (1947), *Les fourmis* (1949), *L'herbe rouge* (1950), *L'arrache-cœur* (1953), *L'automne à Pékin* ([2]1956), *Les lunettes fourrées* (1962). V. verbarg sich zunächst hinter dem Ps. Vernon Sullivan, die Kritik hielt s. Pastiches für originellen amerikan. Stil. Exakte Deskriptionen u. Umsetzung ins Unvertraute, Berechenbarkeit e. phantast. Maschinenwelt kennzeichnen die themat. u. formale Vielfalt s. Romane. Schauerl. u. bedrückende Einfälle, die psychoanalyt. nicht restlos zu klären sind, markieren auch die Handlung s. Dramen (*L'équarrissage pour tous,* 1950; *Le goûter des généraux,* 1951; →*Les bâtisseurs d'empire ou le Schmürz, Le dernier des métiers,* 1964; *Théâtre inédit,* 1970). Sie wurden deshalb von Cocteau mit Apollinaires surrealist. Drama → *Les mamelles de Tirésias* verglichen; das erste Stück trug den Untertitel ›paramilitär. Vaudeville in e. langen Akt‹ u. verhöhnte das patriot. Pathos der franz. Befreiungsarmee. Später wich der sardon. Tenor, Todesangst breitete sich aus. V. war nicht nur Ingenieur u. Schriftsteller, sondern auch Chansonnier, Jazztrompeter, Musikkritiker u. Filmschauspieler (z. B. in Filmen von Roger Vadim). Er starb nach der Vorführung e. Films (nach *J'irai cracher sur vos tombes*), den er nicht autorisiert hatte. Aus dem Amerikan. hat er u. a. Raymond Chandler u. die Memoiren des Generals O. N. Bradley übersetzt. 1966 erschienen *Textes et chansons,* 1970 u. d. T. *Loup-garou* dreizehn unveröffentlichte Novellen, die von schwarzem Humor geprägt sind. Postum auch e. Slg. von Drehbüchern (*Rues ravissantes,* 1989); *Romans, nouvelles, œuvres diverses,* éd. G. Pastureau 1991.

D. Noakes, V., 1965; J. Duchateau, V., 1969; M. Rybalka, V. Essai d'interprétation et de documentation, 1969; H. Dickhoff, Die Welt des V., 1977; V., Colloque 1976, II 1977; P. Birgander, V. romancier, Lund 1981; U. Westerweiler, Surrealist. Elemente in Romanen von V., Diss. Gießen 1988, 1992.

Viau, Théophile de, 1590 Clairac im Agenais – 25. 9. 1626 Chantilly, Hugenotte, um 1615 in Paris im

Dienst des Grafen Candal, später der Hzg.e von Liancourt u. Montmorency. 1619 erwirkten die Ultramontanen s. zeitweilige Verbannung, 1623 verdächtigten ihn die Jesuiten, den obszönen *Parnasse satyrique* verfaßt zu haben; nach 25 Monaten Untersuchungshaft wurde V. zur erneuten Verbannung aus Paris verurteilt. Extrem individualist. u. epikureisch eingestellt, lehnte V. polit.-relig. Autoritäten ebenso ab wie ästhet. (Malherbe). In s. manifestartigen *Fragments d'une histoire comique* (1623) warnte er mit hist. Argumenten vor jedem sklav. Verhältnis zur Tradition; V. relativierte nicht nur die exemplar. Größe der Alten, sondern auch diejenige Ronsards; dazu regte ihn Mathurin Régniers Methode an. Mit s. Lyrik vollzog er die Abwendung von der galanten Dichtung u. vom Petrarkismus, wobei er zunächst die Ode bevorzugte, später unter Verwendung des Alexandriners hauptsächl. Elegien u. Satiren schrieb (*Œuvres complètes,* 1621 ff.; *Œuvres poétiques,* krA J. Streicher, Genf 1958; *Prose,* hg. G. Saba, Turin 1965; *Œuvres,* krA G. Saba, III 1979). In seinen reifen Gedichten gestaltete V. eine Lebensauffassung, die der Philosophie Montaignes nahekommt: idealist. Rationalismus ist Selbstbetrug des Individuums, das in Wirklichkeit von s. Emotionen gelenkt wird. Die Ronsardepigonen lehnten V. ab, das Hôtel de Rambouillet ignorierte s. Leistung. Mallarmé zählte ihn zu s. bevorzugten Dichtern.

A. Adam, V. et la libre pensée frçe. en 1620. Thèse Lille 1936; G. Müller, Untersuchungen des poet. Stils V.s, 1968; K. Meyer-Minnemann, Die Tradition der klass. Satire in Frkr. Themen u. Motive in den Verssatiren V.s, 1969; C. Lynn Gaudiani, The cabaret poetry of V., 1981.

Vicaire, Gabriel, 1848 Belfort – 1900 Paris, Autor von Landschaftslyrik (*Émaux bressans,* 1884), Mitverfasser der →*Déliquescences d'Adoré Floupette* u. der *Farce du mari refondu* (1895, zusammen mit J. Truffier). S. Balladenslg. *A la bonne franquette* ist Coppée gewidmet.

H. Corbel, Un poète, V., 1902; J. Vicaire, Bibl. de V., 1926.

Victor ou les enfants au pouvoir, satir. Drama von Roger →Vitrac, EA 1929, Urauff. 24. 12. 1928 Théâtre Alfred Jarry, Paris. Kinder ersticken am Infantilismus der Erwachsenen und imitieren mit grellen Gesten deren Galanterie und erot. Verhalten. Am 12. 9. 1909, als Victor s. 9. Geburtstag feiert, entdeckt er, daß s. ehrbarer Vater e. Verhältnis mit Thérèse, der Mutter s. sechsjähr. Gespielin Esther, unterhält. Der Einblick in die verdorbene und kom. Erwachsenenwelt – außer e. vertrottelten General tritt auch e. Dame auf, die hörbar unter Blähungen leidet – macht es Victor leicht, ihre moral. und phys. Defekte vorübergehend egoist. auszunutzen. Er gewinnt Macht über die Familien Paumelle und Magneau. Doch Kinder, so stellt sich heraus, dürfen sich wohl altklug geben, sie sollen jedoch nicht hellsichtig ihre Umwelt irritieren. Esthers Vater erhängt sich voll Verzweiflung über die Treulosigkeit s. Frau, Victors Eltern erschießen sich, der Knabe stirbt an s. Ehrentag i. e. moral. aus den Fugen geratenen bürgerl. Welt. Dieser unter dem deutl. Einfluß Jarrys (→*Ubu roi*) entwickelte schwarze Humor fesselte überraschenderweise →Anouilh. Seit 1983 im Repertoire der Com. frçe.

Vidocq, François-Eugène, 1775–1857, Bäckersohn aus dem Artois, Krimineller, der in den Polizeidienst übernommen wurde u. e. Sondereinheit leitete; nach s. Ausscheiden 1827 erschienen s. Memoiren (IV 1828), deren Autorschaft allerdings umstritten ist; Modell für →Vautrin bei Balzac.

M. Reboussin, Vautrin, V. et Valjean, FR 1969.

Une vie, Roman von Guy de →Maupassant, entstanden 1877–82, ED *Le Gil Blas* 27. 2.–6. 4. 1883, EA 1883. Die Baronesse Jeanne Le Perthuis des Vauds wird aus Berechnung von einem Nachbarn des väterl. Besitztums in der Normandie geheiratet. Auch in der Ehe gibt Vicomte Julien de Lamare s. liederl. Leben nicht auf, bis ihn e. betrogener Ehemann umbringt. Jeanne wird nun von ihrem Sohn Paul erpreßt u. zugrunde gerichtet, sie siecht in geistiger Umnachtung dahin. Der Bovarysme der weibl. Hauptfigur – der Romanschluß ist Flauberts Erzählung *Un cœur simple* u. dem Goncourt-Roman *Renée Mauperin* nachempfunden – impliziert e. scharfe Kritik an der Illusionsbereitschaft des Menschen (Maupassant hatte Schopenhauer studiert): die empfindlichsten Enttäuschungen hindern Jeanne nicht daran, sich immer wieder an neue Chimären zu verlieren. Maupassants Romanprojekt war bei Flaubert auf begeisterte Zustimmung gestoßen.

A. Vial, La genèse d'Une v., 1954.

La vie de Marianne ou les aventures de la comtesse de+++, unvollendeter Roman von →Marivaux, entstanden 1731–41, ED 1. Teil 1731, 2. Teil 1734, 3. Teil 1735, 4.–6. Teil 1736, 7. Teil 1737, 8. Teil Den Haag 1737, 9. Teil o. O. 1741, 10. Teil 1741, 11. Teil Den Haag 1741, krA F. Deloffre 1967. Marivaux will das Ms., das angeblich in einem Wandschrank entdeckt wurde, ledigl. stellenweise stilist. überarbeitet haben. Marianne, die sich auch Gräfin nennt, schreibt einer anonymen Adressatin von ihrem früheren Leben. Das Werk gehört also wie →*Le paysan parvenu* zu den Memoirenromanen, die jedoch die Bauform des Briefromans voraussetzen. Die Ereignisse sind aus der Perspektive der Protagonistin gesehen u. gewertet; Überhöhung u. Schemenhaftigkeit der Umwelt erklären sich daraus. Durch e. Überfall auf e. Postkutsche wurde Marianne zur Waise. Der Dorfpfarrer, dann s. Schwester, die nach Paris zieht, nehmen sich ihrer an. Wieder ist e. Geistlicher der Retter, als ihre Wohltäterin stirbt; er empfiehlt die mittellose Marianne Herrn de Climal, der das 15jähr. Mädchen bei der Putzmacherin Dutour unterbringt. Bald durchschaut Marianne s. wirkl. Absichten, beginnt sich zu verstellen u. lernt Climal zu beherrschen, wobei sie an der Koketterie Gefallen findet. Auf dem Kirchweg verstaucht sie sich den Fuß, e. Gelegenheit, Herrn Valville auf sich aufmerksam zu machen; später, als sich das Paar verliebt hat, erweist es sich, daß Climal der Onkel des jungen Herrn ist u. nun mit s. Neffen um Marianne rivalisiert. Obwohl Climal die Angebetete durch e. Teil s. Vermögens, das er ihr vererbt, reich macht, will Valville keine Mésalliance eingehen. Marianne trennt sich von ihm und gewinnt die Freundschaft der Mme de Miran – der Mutter Valvilles, wie die nächste Anagnorisis ergibt. Durch Seelengröße beschämt Marianne ihre adlige Umwelt u. verzichtet von sich aus auf sozialen Aufstieg durch Heirat. Während Valville sich mit e. anderen Dame liiert, hält e. 50jähriger um Mariannes Hand an. Damit bricht der Roman, der von mehreren Autoren fortgesetzt wurde (u. a. Mme Riccoboni), ab. *V.,* e.

Verteidigung der moral. Natur d. Individuums, die als vom Milieu weitgeh. unabhängig gedacht wird, ist auch e. Zeugnis für das wachsende Selbstbewußtsein des III. Standes. Die Heldin ironisiert jene Publikumserwartung, die einzig durch die Nachbildung von Schicksalen höchster Kreise befriedigt werden kann. Aus der Perspektive ihrer Rolle spricht sie indirekt über die stoffl. Erneuerung der Romanlit.: ›Je n'étais rien, je n'avais rien qui pût me faire considérer; mais à ceux qui n'ont ni rang ni richesse qui en imposent, il leur reste une âme … elle peut faire face à tout‹ (4. Teil). Dies bestätigt ihr sogar e. Minister. Abbé Claude François Lambert verfaßte e. pathet. Imitation, *La nouvelle Marianne ou les mémoires de la baronne de …* (Den Haag 1740). Seit J. Janin 1842 den Text neu edierte, steigerte sich, trotz Sainte-Beuves negativer Beurteilung, das Publikumsinteresse an *V.*

R. Baader, Wider den Zufall der Geburt. Marivaux' große Romane …, 1976; B. Didier, Narratrices et narrataires dans V., Saggi e ricerche di letteratura francese 19, 1981; dies., Structures temporelles dans V., Revue des sciences humaines 182, 1981.

Vie et aventures de Salavin, Romanzyklus in fünf Bänden von Georges →Duhamel, EA 1920–32. Thema des Zyklus' ist das immer wieder scheiternde Bemühen e. Menschen, s. individuelle Isolierung zu überwinden. Der Angestellte Salavin wird nach e. arglosen Versuch, mit s. Vorgesetzten in menschl. Beziehungen zu treten, entlassen (*Confession de minuit,* 1920). Die Freundschaft mit dem Chemiker Loisel läßt ihn s. Melancholie jedoch nur zeitweilig überwinden (*Deux hommes,* 1924), s. anschließenden Lehrjahre der Heiligkeit, die er durch Askese u. karitatives Wirken zu erringen sucht, enden in Krankheit (*Journal de Salavin,* 1927). Als Mitgl. e. marxist. Gruppe wird er bei e. Razzia verhaftet (*Le club des Lyonnais,* 1929); unter falschem Namen reist er nach Tunesien u. arbeitet, nachdem er e. Kind das Leben gerettet hat, als Pfleger von Pestkranken. S. eigener Diener verletzt ihn mit der Waffe; nach Frkr. zurückgekehrt, stirbt Salavin – die Flucht endet in Einsamkeit u. Weltschmerz (*Tel qu'en lui-même …,* 1932). Wie bei Balzac ist die Umwelt des Romanhelden Projektion s. seel. Verfassung: e. kleinbürgerl. Horizontverengung entsprechen die Motive des schmalen Raums, der Ecke, des Käfigs. Salavin träumt in der Evasion vom ›homme nouveau qui se dispose à briser sa coque‹. Duhamel selbst weist auf die Verwandtschaft s. Helden mit Don Quijote hin, beide sind von allen Illusionen geheilt, als sie am Ende ihres Lebenswegs angelangt sind.

L. Schrader, G. Duhamel: V. (Der mod. franz. Roman, hg. W. Pabst), 1968; J. J. Zéphir, Psychologie de Salavin de G. Duhamel, 1970.

La vieillesse (1970), Abhandlung von Simone de →Beauvoir, Informationen über humanbiolog. Fakten u. persönl. Erfahrungen des Alterns, Bewertung des alten Menschen in versch. Gesellschaftsformen u. Entwurf e. Sozialordnung, die den alten Menschen integriert, nicht verdrängt.

La vie imaginaire de l'éboueur Auguste Geai, Schauspiel in vier Teilen von Armand →Gatti, ED *L'Avant-scène* 272, 1962, EA *Théâtre,* III 1962; Urauff. Théâtre de la Cité, Villeurbanne. Der Straßenkehrer Auguste Geai wird - wie der Vater des Autors – bei e. Streikdemonstration von Polizisten tödl. verletzt. In der Agonie ziehen die Bilder s. Lebens an ihm vorüber: s. Kindheit im Bidonville von Marseille, die Entstehung e. Neurose, als das Erlebnis der Sexualität vom schwarzen Baron (dem Priester) verurteilt wird, die Unterdrückung durch den weißen Baron (den Kapitalisten), der den Streik der Müllarbeiter verschuldet und die Streikenden mit Hilfe des Polizeiinspektors Perdsnous verfolgt. S. Sohn Christian wird die sexuelle u. gesellschaftl. Unterdrückung u. die proletar. Revolte verfilmen. Geai lernt die repressiven Instanzen zunächst im Zusammenhang mit s. privaten Sphäre kennen. Erst in s. Todesstunde durchschaut er die Normen u. Sanktionen in ihrem Systemcharakter – als Ausdruck e. tabuierten bürgerl. Herrschaftsstruktur. Dem sterbenden Arbeiter wird die Uneinigkeit s. Klasse bewußt. Er hofft, daß s. Sohn die schwarze wie die weiße Autoritätsfigur beseitigen wird. Der Rückblick des Protagonisten auf s. Leben ermöglicht ihm den Dialog mit sich selbst u. die Einsicht in s. Fehlverhalten; Spannung entsteht nicht aus der Unabgeschlossenheit e. Ereignisreihe, sondern durch den Prozeß der Bewußtseinsveränderung gegen starke innere Widerstände.

Viélé-Griffin, Francis, 26. 5. 1864 Norfolk/USA – 12. 11. 1937 Bergerac/Dordogne, seit 1872 in Frkr., begann unter dem Einfluß von Mallarmé, Verlaine u. Laforgue Gedichte zu schreiben (*Cueille d'avril,* 1886; *Les cygnes,* 1887; *Joies,* 1889; *Poèmes et poésies,* 1895). Nach e. moral. Krise in den späten 90er Jahren (*Phocas le jardinier,* 1898; *La partenza,* 1899) überwand V. s. Pessimismus durch die Aufhebung des Gegensatzes von Intellekt und Sinnlichkeit in e. weltanschaul. Synkretismus (*La légende ailée de Wieland le forgeron,* 1900; *L'amour sacré,* 1903; *Plus loin,* 1905; *Lumière de la Grèce,* 1912; *Les voix d'Ionie,* 1914; *Le domaine royal,* 1923; *La sagesse d'Ulysse,* 1924; *Le livre des reines,* 1925; *Saint François aux poètes,* 1927; *Œuvres,* V 1924–30). Die letzten Gedichte assimilieren die Gestimmtheit der Pléiade; aus der Gesamtausgabe verbannte V. Texte, von deren Niedergeschlagenheit er sich distanzierte. V. übersetzte Swinburne u. Whitman, als e. der ersten entdeckte er die lit. Fähigkeiten von Gide. 1966 erschien s. Briefwechsel mit Jammes (hg. R. Kuhn, Genf).

R. Scalamandrè, V. e il simbolismo, Catanzaro 1950; ders. Itinerari Griffiani, Catanzaro 1951; ders., V. e il platonismo, Rom 1981; R. Kuhn, The return of reality. A study of V., Genf 1962.

Vies des dames galantes, Chronik von Pierre de Bourdeille, seigneur de →Brantôme, entstanden nach 1598, EA Leyden VIII 1665/66. Aus dem Blickwinkel des Kammerherrn erzählt Brantôme im Konversationston Anekdoten, Zoten u. Kapitel aus der Chronique scandaleuse s. Zeit. Die zahlr. ›personnes de haute condition‹ werden in s. Panorama oft nur durch den Zufall zusammengebracht. Die lit. Qualitäten der V. sind fraglos zweitrangig, aber trotz der stilist. Planlosigkeit behält das Werk als e. Sittengemälde des 16. Jh. s. Bedeutung, denn Brantôme weiß vom Hochadel (Franz I., Heinrich II., Louise von Savoyen, Katharina von Medici, Margarete von Valois) wie von den Mätressen s. eigenen Standes Denkwürdiges zu berichten. Allerdings hat die Geschichtsforschung inzwischen nachgewiesen, daß sich das 16. Jh. weniger sittenlos benahm, als es der

Chronist aus der Perspektive s. persönl. Libertinage schilderte.

R. Gaucheron, Brantôme, the writer as portraitist of his age, Genf 1970.

Le Vieux cordelier, Revolutionszs. 5.12. 1793 – 24.1. 1794, sieben Nummern, hg. u. geschrieben von Camille →Desmoulins (hg. Mathiez/Calvet 1936). Die Formulierung ›Les dieux ont soif‹ (vgl. den gleichnamigen Roman von A. France) findet sich in der letzten Nummer der Zs.; Appelle gegen die Schreckensherrschaft.

Vigneron, Fabrikantenfamilie in →*Les corbeaux* von Becque, die von skrupellosen Geschäftsleuten auf formal ›rechtmäßige‹ Weise ins Elend gestürzt wird.

Vigny, Alfred de, 27.3. 1797 Schloß Loches/Touraine – 17.9. 1863 Paris, aus e. Adelsgeschlecht, das durch die Revolution ruiniert wurde. 1799 zog die Familie nach Paris, wo V. am Lycée Condorcet s. Ausbildung absolvierte u. sich auf die École polytechnique vorbereitete. 1814 Eintritt in die bourbon. Armee (1. Regiment der Gendarmes de la maison rouge). Am 20. März 1815 eskortierte er die kgl. Karosse nach Béthune, war während der Cent jours in Amiens interniert. Bis 1827 führte V. ein ödes Garnisonsleben in Vincennes, Rouen, Orléans, Straßburg u. Bordeaux; 1825 hatte er Lydia Bunbury, die Tochter e. Siedlers aus Englisch-Guayana, geheiratet. In s. frühen Lyrik (*Poèmes,* 1822; →*Le cor;* →*Eloa* u. →*Moïse* in den *Poèmes antiques et modernes,* 1826) bevorzugt V. bibl. Stoffe zur sinnbildl. Darstellung einsamer u. verlassener Größe. Die trag. Sonderstellung des unverstandenen Genies wird bereits jetzt zum Zentralthema s. Schaffens. Vignys Pessimismus ist sozial begründet; der einsame Dichter u. der zu bedingungslosem Gehorsam verpflichtete Soldat, der s. Ehrbegriff durch e. pragmat. Politik in Frage gestellt sieht, sind typ. für die nachrevolutionäre Ära u. die Krise des Bourbonenstaats (→*Cinq-Mars,* →*Stello,* →*Chatterton,* →*Servitude et grandeur militaires).* Um 1830 empfand V. Sympathien für die Saint-Simonisten, da sie gleichfalls e. intellektuellen Ideal folgen. Im Zusammenhang mit der Idee e. höchsten Wahrheit wird ihm das Chaos der eigenen Zeit begreifl.; die Menschheit hat den Kontakt mit geistigen Dimensionen verloren u. geht ihrem Untergang entgegen (Eposfragment *Daphné,* 1837). Abgesondert vom niedrigen Tagesgeschehen, ist der Dichter e. Gestalt ohne Genealogie, der Verkünder des ›reinen Geistes‹ (→*La maison du berger,* →*L'esprit pur;* Zyklus *Destinées,* postum 1864, hg. V.-L. Saulnier 1947). Seit 1832 war V. mit der Schauspielerin Marie →Dorval liiert, seit 1838 mit der Amerikanerin Julia Battlegang, 1854 mit Louise Colet, 1858 mit Augusta Froustey-Bouvard; 1862 starb s. Frau. Bei der Gestaltung hist. Stoffe im Roman u. Drama (Übs. *Romeo and Juliet,* 1828; *Othello,* 1829; *The merchant of Venice;* das Motiv des Justizmordes in *La maréchale d'Ancre;* Entwürfe zu weiteren Stücken – *Roland, Julien l'Apostat* u. *Antoine et Cléopâtre* – wurden vom Autor vernichtet) verfuhr V. nach dem Prinzip ›l'histoire apportant ses preuves aux pieds de l'idée. L'idée règne‹ (*Journal d'un poète,* 1841). Es erlaubt, den Widerspruch zwischen d. Individuum u. s. Schicksal als notwendig zu gestalten (vgl. auch *Lettre à Lord*+++ *sur la soirée du 24 octobre 1829 sur un système dramatique*).

Wenn V. das hist. Drama zugunsten des hist. Romans aufgeben wollte (vgl. auch Stendhal, Balzac), dann um der höheren Illusionsfähigkeit der erzählenden Gattung willen. Wenngleich nicht die ideale Form, verstümmelt der Roman die Protagonisten in geringerem Maße als das Schauspiel. Scott warf er jedoch vor, das Pittoreske zum Kern s. Romanform gemacht zu haben, während er alle Motive auf e. Zentralidee zuordnen will; der Wahrheitsanspruch der Fiktion stützt sich auf die Geschichtsidee, nicht auf die Kompilation vereinzelter wahrer Details. Darin unterscheidet sich V. wieder von Stendhal. V. warf der Romantik, zu deren größten Vertretern ihn Lit.kritik. u. Lit.gesch. stets zählten, vor, Historie u. Romanästhetik zu verwechseln, wobei er e. traditionellen Gegensatz von subjektiver u. objektiver Geschichtsbetrachtung als idealtyp. voraussetzte (*Œuvres complètes,* hg. F. Baldensperger, II 1948 f., 1986; *Mémoires inédits,* hg. J. Sangnier 1958; *Lettres d'un dernier amour,* hg. V.-L. Saulnier 1952).

P. Flottes, La pensée politique et sociale de V., 1927; F. Baldensperger, V., 1929; P. Moreau, Les Destinées d'A. de V., 1936; G. Bonnefoy, La pensée religieuse et morale d'A. de V., 1944; E. Laurrière, V., sa vie, son œuvre, 1946; P.-G. Castex, V. L'homme et l'œuvre, 1952; H. Guillemin, V., Homme d'ordre et poète, 1955; F. Germain, L'imagination de Vigny, 1962; B. de La Salle, V., 1963; M. Eigeldinger, V., 1965; F. Bartfeld, V. et la figure de Moïse, 1968; C. Mignot-Ogliastri, Baudelaire et V., RSH 1968; U. Nitschke, Stud. zum Schicksalsgedanken u. s. dichter. Gestaltung bei V., 1969; P. Flottes, V. et sa fortune littéraire, Bordeaux 1970; Relire les Destinées d'A. V., Colloque 1978, 1980; F. Bassan, V. et la Com. frçe., 1983; W. Engler, V. 1789 ist nicht der Anfang vom Ende, Lendemains 55–56, 1989; N. Casanova, V. sous le masque de fer, 1990.

Le vilain mire, Fabliau aus der Mitte oder 2. Hälfte des 13. Jh. (392 Achtsilber, in: *Zwei altfranz. Fablels,* neu hg. H. H. Christmann 1963). Die Geschichte vom Bauern als Arzt gestaltet e. altind. Märchenstoff, der bes. durch Molière bekannt gemacht wurde *(→Le médecin malgré lui).* Von s. adligen Frau, die er aus Eifersucht mißhandelte, wird e. Großbauer als Doktor an den Kg.shof vermittelt. Doch stellt er sich nicht bloß, wider Erwarten ist er s. Rolle gewachsen.

Vilar, Jean, 25. 3. 1912 Sète – 28. 5. 1971 ebda., Schauspieler u. Regisseur, Schüler von Dullin, übernahm 1943 die Leitung des Pariser Théâtre de poche, gründete 1947 das Theaterfestival von Avignon u. wurde 1951 Direktor des →Théâtre national populaire im Palais Chaillot (Klassikerinszenierungen, u. a. *Phèdre* mit V. in der Rolle des Théramène, Pirandello, Shakespeare, Brecht, Tschechov). 1963 (Rücktritt) wurde Georges Wilson V.s Nachfolger am TNP. Die Autobiographie *Chronique romanesque* (1971) unterrichtet u. a. über die Auseinandersetzungen des Bühnendirektors mit der Regierung, die Gründe s. Demission u. die Angriffe auf s. Inszenierungsprinzipien, die nicht allen Kritikern mit der Konzeption e. Volksbühne vereinbar schienen. Postume Werke: *Le théâtre* (1975), *Mémento* (1981, Memoiren).

Cl. Roy, V., 1968; G. Leclerc, Le TNP de V., 1971.

Vildrac, Charles, 23. 11. 1882 Paris – 25. 6. 1971 Saint-Tropez, griff 1901 in der Satire *Le verslibrisme* (→Vers libre) die metr. Innovationen von G. Kahn u. Viélé-Griffin an, gehörte später zur Gruppe der →Abbaye, die den →Unanimismus begründete. 1910 verfaßte V. mit G. Duhamel die *Notes sur la technique poétique.* Bei dem Lyriker V. prägte sich der Unanimismus als eth. Haltung (*Images et mirages,* 1908) u. Einführung in die Kriegstrag. (*Chants du désespéré,* 1920) aus; s. eleg. Tenor, auch in *Poèmes* (1905), *Le livre d'amour* (1910), *Poèmes de l'Abbaye* (1925), beeindruckte u.a. Éluard. Der Dramatiker V. gilt als beispielhafter Vertreter des ›théâtre de l'intimité‹, das sich durch Kargheit des Gefühlsausdrucks u. indirekte Dialoge auszeichnet. S. Protagonisten sind Kleinbürger u. Arbeiter, die mit unbeholfenen Worten ihr kleines Glück suchen; stumme Szenen werden bei V. aussagemächtig. Die Intrigen sind banal: Liebesverzicht zugunsten einer Verwandten (*Mme Béliard,* 1925), Streit unter alten Freunden (*La brouille,* 1930), ungewollte Rivalität in →*Le paquebot Tenacity (Théâtre,* I 1943; *Théâtre,* II 1948). V. schrieb außerdem Reise- u. Kinderbücher (*L'île rose,* 1924; *Les lunettes du lion,* 1932; *Amadou le bouquillon,* 1949) u. autobiograph. Werke (*Enfance,* 1945; *Pages de journal 1922–1966,* 1968).

G. Bouquet/P. Menanteau (Hg.), V., 1959.

Villanelle, Refraingedicht in bukol. Stil, das Du Bellay, Jean Passerat, Desportes, später Banville u. Leconte de Lisle nach ital. Vorbild gestalteten. Durch Passerat erhielt die V. e. feste Form: isometr. Terzette auf zwei Reime, wobei die erste u. die dritte Zeile des Eingangsterzetts wechselweise die folgenden Refrainzeilen bilden u. zum Schluß die Refrainzeilen in e. vierzeiligen Strophe vereinigt werden.

La ville, Versdrama in drei Akten von Paul →Claudel, 1. Fassung entstanden 1890, anonymer ED 1893, 2. Fassung entstanden 1897, EA 1901, Urauff. 25. 2. 1931 Brüssel, Pariser Premiere 2. 12. 1955 (Inszenierung Vilar). Vier Männer repräsentieren versch. sozialpolit. Konzeptionen, als es gilt, e. Gesellschaftsform zu konstituieren; Isidore de Besme vertritt die technokrat., s. Bruder Lambert die opportunist., der Arbeiterführer Avare die revolutionäre u. Cœuvre die gottesstaatl. Lösung. Claudel inspirierte sich am Babylonmythos, um darzutun, daß einzig relig. fundierte Ordnungsprinzipien Gültigkeit u. Bestand haben können.

J. Petit, Genèse et thèmes de V., Thèse 1960.

Villedieu, Marie-Catherine-Hortense Desjardins, gen. Mme, 1640 Alençon oder Paris – 20. 10. 1683 Saint-Rémy du Plain/Maine, kam als Minderjährige allein nach Paris, verfaßte Pastiches u. Verse (*Recueil,* 1662), deren Liebesthematik u. eleg. Stil sie berühmt machten. Manche Zeitgenossen stellten die Dichterin über Madeleine de → Scudéry, wie diese schrieb V. seit 1660 heroisch-galante Romane u. Novellen (*Alcidamie,* 1661; *Lisandre,* 1663; *Anaxandre,* 1667; *Cléonice ou le roman galant,* 1669; *Le journal amoureux,* VI 1669–71; *Annales galantes,* II 1670; *Les galanteries grenadines,* II 1672; *Les amours d'Alcibiade,* 1680) u. Dramen (*Manlius Torquatus,* tragicomédie, 1662; *Nitétis,* tragédie, 1664; *Le favory ou la coquette,* 1665, von Molière inszeniert; *Œuvres de Mme de V.,* X 1702; *Œuvres de Mme de V.,* XII 1720, n. Genf 1970). Wenn sie Begebenheiten aus dem 10.–17. Jh. erzählt, bleibt die Intrige fiktiv, der kulturhist. Rahmen erhebt jedoch Anspruch auf dokumentar. Wert. Mit *Le portefeuille* (1675) entwickelte sich ihre Erzählkunst zum Sittenroman weiter.

B. Morrissette, The life and works of M. C. Desjardins-Mme de V., Washington 1947; M. Cuenin, M.-D. Desjardins. Mme de V., mise au point biographique, Répertoire analytique de littérature frçe. 1970–71; A. Flannigan, V.'s Les désordres de l'amour, London 1982.

La ville dont le prince est un enfant, Schauspiel in drei Akten von Henry de →Montherlant, entstanden 1951, EA 1951, Urauff. 8. 12. 1967 Théâtre Michel, Paris. Aus Eifersucht auf die Freundschaft s. Lieblingsschülers Serge Souplier mit dem sensiblen André Servais verdächtigt der Präfekt des Internats, Abbé de Pradts, ihre Beziehungen. Es gelingt ihm, das Abitur von Servais annullieren zu lassen u. den Rivalen von der Anstalt zu verweisen; doch auch Serge muß die Schule verlassen. Der Rektor überzeugt de Pradts, der s. Priesteramt aufgeben will, da er auf den Knaben verzichten soll, daß Gott von ihm dieses Opfer verlangt. Montherlant zögerte lange, das Stück zur Aufführung freizugeben.

Villehardouin, Geoffroy de, maréchal de Champagne u. maréchal de Romanie, 1150 Schloß Villehardouin bei Bar-sur-Aube – 1218 Thrakien. Der Autor des ältesten franz. Geschichtswerks, der *Conquête de Constantinoble* (hg. E. Faral II 1938 f.), e. Darstellung des IV. Kreuzzugs (→Robert de Cléry), verfaßte diese Chronik zur Rechtfertigung der Führer des Unternehmens, die ihre relig. Ziele verraten hatten. Das Werk behandelt die Zeit von 1198 bis 1207; es wurde nicht als Tagebuch geführt, sondern aus der Rückschau kontinuierl. niedergeschrieben. V.s Darstellung ist im allgemeinen verläßl., er erzählt chronikal. u. in knappem Stil; die von V. entwickelte polit. Motivation des franz.-venezian. Einvernehmens erschien der Geschichtsforschung nicht immer als schlüssig. Die Abwendung von der Verschronik war ein entscheidender Schritt zur lit. Legitimation der altfranz. Prosa.

J. M. A. Beer, V. Epic historian, Genf 1968.

Villemain, Abel-François, 1790 Paris – 1870 ebda., 1816 Sorbonneprof. für Rhetorik, während der Julimonarchie zweimal Erziehungsminister, systematisierte als Lit.kritiker die Ideen der Mme de Staël u. verband Lit.kritik mit Lit.gesch. (*Discours et mélanges littéraires,* 1823; *Mélanges historiques et littéraires,* 1827; *Cours de littérature française,* 1828; *Études de littérature ancienne et étrangère,* 1846; *Choix d'études sur la littérature contemporaine,* 1857).

G. Vauthier, V., 1913.

Villers, Charles de, 1765 Boulay/Lothringen – 1815 Göttingen, Sohn e. Steuerbeamten, Schulzeit in Metz, Interesse für Nat.wiss. (Roman über den Mesmerismus: *Le magnétiseur amoureux,* Genf 1787); Kritiker der Revolution (*De la liberté,* 1791), Emigrant (1792), lebte in Göttingen u. Lübeck, unterhielt Beziehungen zu Klopstock, Jacobi, Voss u. a. V. gelangte in der Emigration zur Überzeugung, daß der franz. Geist an den german. assimiliert werden müßte; als die lit.soziolog. Schrift *De la littérature* von Mme de Staël erschien, wurde behauptet, ihre Ideen seien von V. in der Substanz vorweggenommen worden (*Idée sur la destination des hommes de lettres sortis de France et qui séjournent à l'étranger, Considérations sur l'état actuel de la littérature allemande,* beide Aufsätze in der Zs. *Le Spectateur du Nord,* 1798; *La philosophie de Kant,* 1801; *Érotique comparée,* 1806; *Coup d'œil sur les universités et le mode d'instruction publique de l'Allemagne protestante,* 1808).

Villers-Cotterets, Stadt bei Soissons, in der Franz I. am 15. 8. 1539 e. Ordonnanz zur Gerichtsreform erließ u. in Artikel 110 u. 111 festlegte, daß allein die ›langaige maternel et non autrement‹ als Gerichtssprache zulässig ist. Davon wurden alle Regionalsprachen, vor allem das Provenzal., betroffen, obwohl Latein als Amtssprache gemeint war.

Villiers de l'Isle-Adam, Auguste, comte de, 7. 11. 1838 Saint-Brieuc/Bretagne – 19. 8. 1889 Paris, aus e. der ältesten Adelsgeschlechter Frkr.s. V. suchte in der Lit. den Ruhm zu gewinnen, den ihm die polit. Verhältnisse versagten (*Premières poésies,* 1859; Roman *Isis,* 1862; Dramen *Elën,* 1865; *Morgane,* 1866; *La révolte,* 1870). Er arbeitete am *Parnasse contemporain* mit u. gewann die Freundschaft von Mallarmé. V. gründete die Zs. *Revue des lettres et des arts,* in der s. ersten Erzählungen, *Claire Lenoir* (1867). u. *L'intersigne* (1868) erschienen; später vereinigte er s. Kurzprosa zur Slg. →*Contes cruels.* Im Roman *L'Ève future* (1886) bereitete er die Horroratmosphäre von Aldous Huxleys *Brave new world* vor: e. Naturwissenschaftler mit dem bedeutungsschweren Namen Edison schafft mit Hilfe der Elektrizität e. künstl. Frau (Pygmalionstoff); s. Freund verliebt sich in den Roboter, der bei e. Schiffsbrand vernichtet wird. Die hybriden Möglichkeiten der Technik werden in diesem Werk grell beleuchtet. Die *Nouveaux contes cruels* (1888) bieten e. Zusammenfassung der Thematik des Autors: *Les amies de pension* schildert die Eitelkeit von Kokotten. *Sylvabel* weist schon auf den ›meurtre gratuit‹ von Gide voraus. *L'enjeu* nennt Theomanie u. Glaubenskälte als Kennzeichen e. Spätzeit; *Sœur Natalia* stellt den Maria-Magdalena-Stoff in e. mysteriösen Klosterrahmen. Mit *L'amour du naturel* liefert V. e. Travestie von Longos' *Daphnis und Chloë.* Während der Erzähler V. durch Ironie Pseudowissenschaftlichkeit u. Kunstfeindlichkeit bloßstellte, – so auch in der Novelle *Tribulat Bonhomet* (1887) – wählte der Dramatiker pathoshaltige Stoffe *(→Axël).* In s. Synkretismus aus Katholizismus, Hegelianismus u. okkultist. Theorien sucht V. e. Ausweg aus der unpoet. Gegenwart der Nutznießer u. Positivisten (*Œuvres complètes,* XI 1914–31; *Œuvres,* hg. J. Bornecque 1957; *Textes politiques inédits de V.,* éd. A. Nery 1981; *OC,* krA P.-G. Castex/A. Raitt, II 1986).

C. J. van den Meulen, L'idealisme de V., 1925; M. Daireaux, V., Brügge 1936; G. Jean-Aubry, Une amitié exemplaire, 1942; A. Lebois, V., 1952; P.-G. Castex, V. au travail, RSH 1954; G. Vanwelkenhuyzen, V. vu par les belges, Brüssel 1959; A. W. Raitt, V. et le mouvement symboliste, 1965; J.-M. Bellefroid. Nouvelles reliques, 1968; J.-P. Gourevitch, V. ou l'univers de la transgression, 1971; A. W. Raitt, The life of V., Oxford 1981.

Villon, François (eig. François de Montcorbier oder des Loges), 1431 oder 1432 Paris – nach Jan. 1463, nannte sich nach s. Onkel – Guillaume de Villon –, e. Geistlichen, der ihn erzog u. an der Sorbonne studieren ließ. An der Artistenfakultät bestand V. im Sommer 1452 die Magisterprüfung. Im Juni 1455 floh er wegen e. Totschlags aus Paris. Ende 1456 beteiligte er sich an e. Einbruch im Collège de Navarre u. mußte erneut untertauchen. 1461 in Meung-sur-Loire, 1462 wegen Diebstahls im Pariser Châtelet inhaftiert. Nach e. Messerstecherei wurde Villon 1463 zum Tod am Galgen verurteilt, jedoch am 5. 1. zu zehnjähriger Verbannung aus Paris begnadigt. Seit diesem Zeitpunkt verlieren sich s. Spuren im Dunkel, möglicherweise der fortgesetzten Kriminalität. Der Dichter V. suchte die Auseinandersetzung mit der anerkannten Lyrik des 15. Jh.; 1457 erschien er zum

Wettstreit am Dichterhof von →Charles d'Orléans. An den prestigereichen Gattungen der Ballade u. des Rondeau erprobte er s. Kraft der Anverwandlung. Nach den 40 Achtzeilern des sog. Kleinen Testaments (*Le lais,* 1456), die über Villons Vagabundenleben Auskunft geben, sind die mehr als 2000 Verse des sog. Großen Testaments (→*Testament,* 1461/62) s. Hauptwerk, das ihm im 16. u. wieder im 19. Jh. einzelgänger. Ruhm einbrachte. Die Fiktion e. Inventars, das im *Lais* freizügig an die Nachwelt verteilt wird, bildet die Grundlage e. heftigen Satire; in der Gestalt des Scholaren, Liebhabers u. Kavaliers spricht V. versch. Schichten der Gesellschaft an. Aufbruch als Mittel der moral. u. sozialen Distanzierung motiviert den Titel u. die Anlage des *Testament,* das die Todesthematik mit einbezieht. Reicher an Digressionen, somit auch der Gefahr e. antholog. Vereinzelung ausgesetzt, u. in höherem Maße als der *Lais* auch Anlaß zu poetolog. Selbstverständigung, finden die Texte des *Testament* ihre Einheitlichkeit im unkonventionellen themat. Zusammenschluß von Liebe, materiellem Besitz, Flüchtigkeit alles Irdischen u. Tod. Das 19. Jh. wurde dem Autor nicht gerecht, wenn es ihn als vulgäre Gestalt ohne Größe u. Reue kennzeichnete oder s. Werk auf den ›Esprit gaulois‹ reduzierte. Der Parnasse entdeckte V.s Verskunst, ohne die romant. Vorurteile abzubauen. (*Œuvres,* Ms. Coislin, krA R. Van Deyck/R. Zwaenepoel, II 1974; *Le lais Villon et les poèmes variés,* krA J. Rychner/A. Henry, Genf II 1977; *Poésies,* éd. J. Dufournet 1992).

P. Champion, V., sa vie, son temps, II 1913; G. Brunelli, V., con bibl. e. indici, Mailand 1961; R. Las Vergnas, V. Poète et clerc tonsuré, 1963; J. Dufournet, Recherches sur le Testament de V., [2]1971; D. Kuhn, La poétique de V., 1967; P. Guiraud, Le jargon de V. ou le gai savoir de la Coquille, 1968; ders., Le Testament de V. ou le gai savoir de la Basoche, 1970; I. Siciliano, Mésaventures posthumes de V., hg. A. u. J. Picard 1973; A. J. Van Zoest, Structures de deux testaments fictionnels ..., 1974; P. Brockmeier, V., 1977; J. Deroy, V., coquillard ..., 1977; G. Pinkernell, V.s Lais, 1979; J. Dufournet, Nouvelles recherches sur V., 1980; J. Favier, V., 1982; J.-C. Muhlethaler, Poétiques du 15e siècle (V., M. Taillevent), 1983; D. Ingenschay, Alltagswelt u. Selbsterfahrung. Deschamps u. V., 1986; M. Jullian, Je suis F. V., 1987; W. Pöckl, Formen produktiver Rezeption V.s im dt. Sprachraum, 1990; R. Sturm (Hg.), Bibl. u. Materialien, II 1990; J. Thomas, Lecture du Testament, Genf 1992; G. Pinkernell, V. et Charles d'Orléans, 1992.

Vilmorin, Louise de, 4. 4. 1902 Verrières-le-Buisson – 26. 12. 1969 ebda., aus adliger Familie, verheiratet mit Graf Palffy; wurde von Malraux zum Schreiben angeregt, war außerdem mit Saint-Exupéry befreundet. Seit 1933 verfaßte sie Novellen u. Romane, häufig mit Liebesthematik, von denen einige auch verfilmt wurden, so *Madame de ...* u. *Julietta* (beide 1951). Auf Schloß Verrières-le-Buisson unterhielt die Autorin e. berühmten Salon. Außer erzählenden Werken (*Sainte Unefois,* 1934; *La fin des Villavide,* 1937; *Le lit à colonnes,* 1941; *Le retour d'Erica,* 1946; *Les belles amours,* 1954; *La lettre dans un taxi,* 1958; *Migraine,* 1959; *Le violon,* 1960; unvollendete Erzählung *Le lutin sauvage,* 1971) schrieb sie Gedichte im Stil Apollinaires u. Cocteaus (*Fiançailles pour rire,* 1939; *Le sable du sablier,* 1945; *L'alphabet des aveux,* 1955; *Poèmes,* Vorwort von Malraux 1970; *Solitude, ô mon éléphant,* 1972). 1970 erschienen ihre *Carnets.*

A. Levêque de V., Essai sur Louise de V., 1972.

Vinaver, Michel (eig. Michel Grinberg), geb. 1927 Paris, Sohn e. Antiquars u. e. Anwältin (geb. V.). Angestellter bei Fa. Gillette. Erzähler (*Lataume*, 1950; *L'objecteur*, 1951) sowie Dramatiker (*Les coréens*, Urauff. Lyon durch Roger Planchon; *Les huissiers*, 1958; *Iphigénie Hôtel*, 1963; *Pardessus bord*, 1972; *La demande d'emploi*, 1973; *Les travaux et les jours*, 1979; *A la renverse*, 1980; *Les voisins*, 1986; *L'émission de télévision*, 1990).

A. Ubersfeld, V., 1989.

Vincent de Beauvais (Vincentius Bellovacensis), †1264, Mönch im Dominikanerkloster zu Beauvais, über dessen Person nur bekannt ist, daß er Ludwig IX. freundschaftl. verbunden war. V. verfaßte die bedeutendste, häufig zitierte Enzyklopädie des 13. Jh., das *Speculum majus* in vier Teilen; mit dieser Exzerptenslg. erreichte der ma. Enzyklopädismus e. Höhepunkt. V., der auch die pädagog. Abhandlung *De eruditione filiorum nobilium* zur Prinzenerziehung verfaßte, verarbeitete u. systematisierte e. breites hagiograph. u. legendäres Material.

A. L. Gabriel, The educational ideas of V., Indiana 1956; E. Ruhe, Les proverbes Senle le philosophe: Zur Wirkungsgesch. des Speculum historiale von Vinzenz von Beauvais ..., 1969.

Vinet, Alexandre, 1797 Ouchy/Vaud – 1847 Clarens, Theologe u. Lit.wiss., von Sainte-Beuve u. Brunetière geschätzt, Autor e. Abhandlung über Pascal (1848) u. der *Études sur la littérature française au XIXe siècle* (III 1849–51).

U. Beichel, V. Seine Kritik der franz. Lit. des 19. Jh., 1969.

Les vingt et un jours d'un neurasthénique (1902), Roman von Octave →Mirbeau. Dies ist ein Roman ohne Intrige u. ohne Protagonisten; der Erzähler Georges Vasseur berichtet von Bekanntschaften in e. Pyrenäenort, wo er zur Kur weilt. S. Porträts erheben den Anspruch, typ. Vertreter ihrer Klasse zu zeichnen. Mirbeau spielt wiederholt auf die →Dreyfus-Affäre an, in der er sich an der Seite Zolas engagiert hatte, wenn er Militärs als bösartige Dummköpfe bezeichnet, in deren Macht es freil. steht, die III. Republik in Schwierigkeiten zu bringen. Der Autor beschreibt Einzelerscheinungen wie die Arroganz der Offiziere, die Klassenjustiz, die Prostitution als Teile e. polit. Systems, das er in s. sozialist. Phase zu bekämpfen sucht.

Violaine, heiligmäßige Zentralgestalt des Mysterienspiels →*L'annonce faite à Marie* von Paul Claudel.

Les violettes, Schauspiel mit Chansons in elf Bildern von Georges →Schéhadé, entstanden 1959, EA 1960, Urauff. 21. 9. 1960 Schauspielhaus Bochum. In der Pension von Mme Borromée produziert ein Atomphysiker Kernenergie aus Veilchen. Als er alle Gäste, vor allem die Freunde von Pierrette, der Nichte der Wirtin, von der Notwendigkeit s. Experimente u. ihrer Erprobung im Hühnerstall überzeugt hat, als auch der pathet. Atomwaffengegner Baron Fernagut s. Projekt unterstützt, kommen ihm selbst die heftigsten Bedenken. Während er mit Pierrette aus der techn. Welt nach Arkadien flieht, weiht Fernagut s. Leben der Bombe.

Vion d'Alibray, Charles de, um 1600–1654, Libertin, mit Corneille u. Pascal befreundet, ein Kenner der ital. u. span. Lit. Als Lyriker von Saint-Amant abhängig (*Œuvres poétiques*, 1653).

Vipère au poing (1948), Roman von Hervé →Bazin. Jean, der ungeliebte Sohn der ›Folcoche‹ (von ›folle cochonne‹), wird von s. tyrann. Mutter zum Ertragen ständiger Erniedrigungen gezwungen, bis er die Erwachsenen selbst zu demütigen lernt. Der Knabe, der mit e. Schlange in der Hand s. erste Mutprobe ablegte, gewinnt in dieser Auseinandersetzung mit s. Mutter, die ständig neue Formen der Züchtigung erfindet, u. mit armseligen Abbés, die als Hauslehrer engagiert sind, an Format. Daß er zum Schluß in e. Jesuitenkolleg geschickt wird u. so den Zwängen s. Familie entrinnt, erweist ihn als eigentl. Sieger dieses Generationenkampfes. In *La mort du petit cheval* (1950) u. *Cri de la chouette* (1972) setzte der Romancier die Familienchronik bis zum Tod der Folcoche fort. Während *V.* zu e. Bestseller wurde, erregten die späteren, konventionell motivierten Bände weniger Aufsehen.

Virelai (auch Chanson balladée, 13. Jh.), Gedicht mit vorangestellter Refrainstrophe (→Rondeau), bevorzugt im Siebensilber. Von Guillaume de Machaut sind 38 V.s bekannt, die noch dem provenzal. Tanzlied (dansa) nahestehen. Von späteren Dichtern wird die Dreistrophigkeit aufgegeben, Christine de Pisan verwendet zwei Strophen, so meist auch Deschamps (84 Fälle). Zahlr. V.s sind an die Geliebte gerichtet, insgesamt bietet die Gattung dem Gefühl bes. Resonanz. Als ma. Gattung wurde das V. in der Renaissance aufgegeben, am Ende des 16. Jh. scheint es kaum noch bekannt gewesen zu sein.

P. Le Gentil, Le v. et le villancio, Paris/Lissabon 1954.

Vitaly, Georges, geb. 15. 1. 1917 Simferopol/Rußland, Regisseur, inszenierte u. a. Stücke von Audiberti; übernahm 1953 die Leitung des Pariser Théâtre La Bruyère.

Vitel, Jean de, Februar 1569 Poilley bei Avranches – ?, Stud. Rennes, als Lyriker Ronsardschüler (Slg., 1588), verfaßte u. a. das Totengedicht *Dialogue entre l'ombre et V.*

Vitet, Louis, gen. Ludovic, 18. 10. 1802 Paris – 5. 6. 1873 ebda., Jurastud., Mitarbeiter des *Globe,* plädierte für die Weiterentwicklung des ästhet. Geschmacks (›Le goût en France attend son 14 juillet‹, 2. 4. 1825), Theoretiker des Romantisme (vgl. auch Hugo, →*Préface de Cromwell,* Stendhal, →*Racine et Shakespeare*); Autor hist. Dialoge u. Dramen (*Les barricades,* 1826; *Les états de Blois,* 1827; *La mort d'Henri III,* 1829; *La Ligue, précédée des États d'Orléans,* 1883; *Essais historiques et littéraires,* 1862; *Études sur l'histoire de l'art,* IV 1875). 1839 Mitgl. der Ac. des inscriptions et belles-lettres, 1845 Ac. frçe.

Vitrac, Roger, 17. 11. 1899 Pinsac/Lot – 22. 1. 1952 Paris, gehörte bis 1925 der Surrealistengruppe an, wurde als erster ausgeschlossen, gründete 1927 mit Antonin →Artaud das Théâtre Alfred Jarry. *Les mystères de l'amour* (1924) u. →*Victor ou les enfants au pouvoir* – Parodien der Kriminalkom., Entlarvung von Gemeinplätzen u. Verkettung fakt. Irrealitäten in unvorhersehbaren Peripetien – wiesen V. als fähigsten vom Surrealismus geprägten Bühnendichter aus. Der Ruin bürgerlicher Verhaltensnormen zeigt sich im Zerfall der Episodenstruktur von Operette und Vaudeville: Im lächerl. gewordenen Bühnenstil wird wie bei Jarry dem Publikum e. Zerrspiegel vorgehalten. Die Anwesenheit des Autors im Spielverlauf, die Unbestimmbarkeit der Schauplätze u. reine Absurditäten vernichten jeden mimet. Ansatz; V. spielt mit dem lit. Code, der bei ihm keine sozial vereinbarte Zeichenmenge mehr ist. In s. späteren Stücken kehrt V. zu herkömmlicheren u. zugänglicheren Formen zurück, ohne die Tendenz zum makabren Humor zu verleugnen (*Le peintre,* 1930; *Le coup de Trafalgar,* 1935; *Les demoiselles du large,* 1938; *Le camelot,* 1938; *Le loup-garou,* 1946; *Le sabre de mon père,* 1951; *Théâtre,* I–IV 1946–64; außerdem *Dés-lyre, poésies complètes,* hg. H. Béhar 1964). V. schrieb daneben Essays über Chirico (1928) u. Jacques Lipschitz (1929). V. ist, weil er die Schwächen kleinbürgerl. Existenzen weder soziolog. noch ontolog. übersetzt, e. bedeutender Vermittler zwischen Jarry, Apollinaire sowie Beckett u. Ionesco.

M. Esslin, Das Theater des Absurden, 1964; H. Béhar, V. un réprouvé du surréalisme, 1966; J. P. G. Andreoli, Les drames de V. et le théâtre d'avant-garde, Diss. Colorado 1968; J. Grimm, V., 1977; H. Béhar, V., théâtre ouvert sur le rêve, 1980.

Vladimir, Gefährte des Estragon in →*En attendant Godot* von Beckett, die Rolle mit Spielführerfunktion.

Vogüé, Eugène Marie Melchior, vicomte de, 24. 2. 1848 Nizza – 24. 3. 1910 Paris, Diplomat, 1876–82 St. Petersburg, 1889 Wahl in die Ac. frçe., 1893–98 Abgeordneter, Autor zahlr. Reiseberichte (u. a. *Syrie, Palestine, mont Athos,* 1876; *Souvenirs et visions,* 1887; *Journal 1877–83,* hg. F. de V. 1932) u. idealist. Romane (*Jean d'Agrève,* 1886; *Les morts qui parlent,* 1899; *Le maître de la mer,* 1903). V. wirkte auf die franz. Lit.entwicklung durch s. Schrift *Le roman russe* (1886), die Tolstoj u. Dostoevskij bekannt machte – wenn auch unzureichend, wie Gide bemerkte. V. war von der Religiosität russ. Autoren fasziniert u. stellte sie über die franz. Realisten u. Naturalisten, was s. konservativen Haltung entsprach. Unzeitgemäß wie s. aristokrat. Weltsicht erschien den Zeitgenossen der gelehrte u. durchgefeilte Stil, den er pflegte. ›Il a au front le pli soucieux de Vauvenargues et de Vigny, auxquels il fait songer; et c'est le Chateaubriand de la troisième République‹ (Lemaitre).

J. Lemaitre, Les contemporains, 6e série, 1896; E. Tillmann, V., Diss. Bonn 1934; M. Röhl, Le roman russe de V., Stockholm 1976.

La voie royale (1930), Roman von André →Malraux. Der franz. Archäologe Claude Vannec u. der Däne Perken brechen in den kambodschan. Dschungel auf, der eine in der Absicht, die Tempel am Königsweg zu finden, der andere mit dem Ziel, bei unaufgeklärten Bergstämmen ein Kg.reich zu errichten. Ihre Expedition scheitert; Perken kommt um, Vannec wird in die Zivilisation zurückkehren. Der Roman paßt nicht mehr in das vertraute Klischee des Abenteuerromans, da nicht e. Fülle spannender Episoden, sondern Reflexionen, die sich mit der Existenz u. dem Verlöschen des Individuums befassen, s. Substanz bilden. Alle Ideen u. Ideologien, die das Leben für sinnerfüllt u. nützl. erachten, sind ›Kadaver‹ geworden; so bedarf es dem Tod gegenüber e. neuen Haltung. Es bedeutet extremen Mut, die Nichtigkeit der Existenz zu akzeptieren, mit ihr zu leben wie mit e. erkannten Krebsgeschwür, ›die Feuchtigkeit des Todes in der Hand‹. Wenn das Individuum auch hofft, während s. Lebens die Erde ›zu verwunden‹, bleibt s. Tod doch e. ungeheure Anklage gegen die

Weltordnung. Die Einsicht, daß jede Existenz nichtig u. absurd ist, wird am Ende durch nichts, was versöhnl. stimmen könnte, abgemildert – umso weniger, als in Perkens Todesstunde keine Freunde, sondern nur Zeugen anwesend sind. Der Held, der phys. u. eth. Herausforderungen annimmt, alle mögl. Risiken eingeht, fingiert bloß s. Freiheit. S. Situation ist trostloser als etwa das Weltverständnis des absurden Menschen bei Camus *(Le mythe de Sisyphe)*.

E. Fallaize, Malraux, V., London 1982.

Voisenon, Claude Henri de Fusée de, 8. 7. 1708 Schloß V. bei Melun – 22. 11. 1775 ebda., mondäner Abbé, Generalvikar der Diözese Boulogne, Bevollmächtigter des Bischofs von Speyer; der Erzähler u. Dramatiker (Einakter *L'heureuse ressemblance,* 1738; *L'école du monde,* 1739; *Les mariages assortis,* 1744; *La coquette fixée,* 1746; *La jeune grecque,* 1762) wurde in der Ac. frçe. 1763 Nachfolger des älteren Crébillon. Er war mit Voltaire befreundet.

Voiture, Vincent, 24. 2. 1597 Amiens – 25. 5. 1648 Paris (beim Duell), Sohn e. Weinhändlers; Jurastud. Orléans. Als V. wahrscheinl. 1625 der Marquise de Rambouillet (→Hôtel de Rambouillet) vorgestellt wurde, verkehrte er bereits in maßgebenden Literatenkreisen. Gleichzeitig wurde er Conseiller du Roi, 1627 Introducteur des ambassadeurs beim Bruder des Kg.s, 1634 Mitgl. der Ac. frçe., 1639 Maître d'hôtel des Kg.s. V. war vermögend wie kein anderer Autor s. Zeit. Er zeigte in s. Episteln, Stanzen, Rondeaux u. Sonetten, wie mondäne Galanterie zum Stilprinzip der Lyrik gemacht werden kann (*Œuvres,* 1649); die span. Dichtkunst erschien ihm bei diesem Verfahren zur Überraschung der Zeitgenossen hilfreicher als die ital. S. galanten Briefe an adlige Damen machten den stilist. Ausdruck zum eigentl. Inhalt (*Poésies,* krA H. Lafay 1971).

E. Stieler v. Heydekampf, V.s Briefstil, Diss. Greifswald 1913; E. Magne, V. et l'Hôtel de Rambouillet, II 1929–30; M. Pretina, V., creation and reality. A study of his prose, Diss. Yale 1967.

La voix humaine, Einakter von Jean →Cocteau, EA 1930, Urauff. 17. 2. 1930 Com. frçe., Vertonung Francis Poulenc 1959. Das Monodrama wahrt alle drei Einheiten – der Handlung, indem eine Person an einem Problem, der enttäuschten Liebe, zerbricht, des Raums u. der Zeit, da Fabel- u. Spielzeit ident. sind. E. Frau telephoniert mit ihrem Liebhaber, der e. andere heiraten will; sie spricht mit ihm, versucht ihn ein letztesmal dazu zu bewegen, ehrl. zu sein; ihr Mienenspiel drückt die Reaktion des Partners in den Sprechpausen aus. Mit Vorwürfen beleidigt sie den Mann, der auflegt; während sie im Selbstgespräch darauf wartet, daß er wieder anruft, wickelt sie sich das Kabel um den Hals u. erdrosselt sich. Cocteau hat den Sprechstil sehr bewußt herausgearbeitet, wie e. Reihe von ›grammat. Schnitzern‹, geflügelte Worte, Platitüden u. Wiederholungen zeigen; in der Szenenanweisung verlangt er von der Schauspielerin, daß sie die Selbstmörderin nicht romant. exaltiert, aber auch nicht iron. spielt. Die Rolle verlangt die Darstellung e. ›mittelmäßigen Opfers‹, das s. Liebe verströmt u. daran zugrunde geht.

Volney, Constantin François Chassebœuf, comte de, 3. 2. 1757 Craon – 25. 4. 1820 Paris, Mediziner, Archäologe u. Historiker, bekannt durch *Voyage en Syrie et en Égypte* (1787) u. *Les ruines ou méditations sur les révolutions des empires* (1791), in denen V. e. kulturgeschichtl. Katastrophentheorie lyrisiert. Der Autor gehörte zum Kreis von Holbach u. Helvétius.

J. Gaulmier, Un grand témoin de la Révolution et de l'Empire: V., 1959.

Volonté générale →*Du contrat social* von Jean-Jacques Rousseau.

Voltaire (eig. François-Marie Arouet), 21. 11. 1694 Paris – 30. 5. 1778 ebda., Sohn e. Notars, 1704–11 Jesuitenschüler im Lycée Louis-le-Grand; 1704 vermachte Ninon de Lenclos V. 1000 Franken für Bücheranschaffungen. 1706 entstanden die frühesten Trag., deren Texte nicht mehr auffindbar sind. 1711/12 Jurastud., 1713 Botschaftssekretär in Den Haag, während dieser Zeit schrieb V. e. *Ode sur les malheurs du temps;* im Dezember Rückkehr nach Paris u. Wiederaufnahme des Stud. V. verkehrte unter den Libertins der Epoche, trug 1715 in Sceaux s. Trag. *Œdipe* (1718) vor, begeisterte sich für Heinrich IV., arbeitete an der →*Henriade,* an Satiren über die Unmoral des Adels, verspottete schließl. den Regenten selbst, wurde nach Tulle verbannt, erwirkte die Ausweisung nach Sully-sur-Loire; wegen Verleumdung verhaftet u. von Mai 1717 bis April 1718 in der Bastille eingekerkert. 1718 nahm er den Namen Voltaire, ein Anagramm s. Familiennamens, an. Seine folgende Tragödie, *Artémire* (Uraufführung 15. 2. 1720 Comédie française), spielte wieder im antiken Griechenland, sie wurde im Unterschied zu *Œdipe,* dem e. glänzender Erfolg beschieden war, vom Publikum abgelehnt. V. bemühte sich um e. diplomat. Mission, schrieb →*Le pour et le contre,* liierte sich mit der Frau des Parlamentspräsidenten Bernières aus Rouen, war enttäuscht über die Aufnahme der Trag. *Mariamne* (1724). 1726 wurde er erneut in der Bastille inhaftiert. 1727 arbeitete er im engl. Exil an der →*Histoire de Charles XII, roi de Suède,* begeisterte sich für das Land der Gedankenfreiheit u. Toleranz u. für die engl. Philosophie *(→Lettres philosophiques).* V. konzipierte die Trag. *Brutus* (1730), erhielt 1729 die Erlaubnis, wieder in Paris zu wohnen, begann 1732 mit →*Le siècle de Louis XIV,* erlebte den Triumph der Trag. →*Zaïre,* schrieb *Adelaïde du Guesclin* u. →*Alzire, Éryphile* (1732) sowie die Satire *Le temple du goût* (1733). 1734 wurde wegen der Veröffentlichung der *Lettres philosophiques* Haftbefehl gegen den Autor erlassen, V. floh zu Mme →Du Châtelet nach Cirey in die Champagne, schrieb hier *La pucelle,* lernte →Meslier kennen. 1735 wurde *La mort de César* aufgeführt, 1736 *L'enfant prodigue;* die Korrespondenz mit →Friedrich II. von Preußen setzte im gleichen Jahr ein. 1739 erschienen *La vie de Molière* u. *Pièces fugitives en vers et en prose* (beschlagnahmt; vgl. auch den *Discours en vers sur l'homme*). 1740 begegneten sich V. und Friedrich II., V. überarbeitete den *Antimachiavel* s. kgl. Briefpartners. 1741, während V. mit der Arbeit am →*Essai sur les moœurs* begann, kam →*Mahomet* heraus, 1743 die Trag. *Mérope,* 1745 *La princesse de Navarre.* Am 1. 4. 1745 wurde V. zum kgl. Historiographen ernannt; er machte die Bekanntschaft von J.-J. Rousseau u. liierte sich mit Mme Denis. Am 25. 4. 1746 wurde er in die Ac. frçe. gewählt, zum Gentilhomme ordinaire de la chambre du roi bestellt; mehrere Erzählungen, darunter →

Zadig, sowie die Trag. *Sémiramis* entstanden bis 1750, als V. zum Kammerherrn Friedrichs II. ernannt wurde u. nach Berlin zog. 1753 überwarf er sich mit dem Kg. u. verließ den preuß. Hof, Ludwig XV. verbot ihm, sich Paris zu nähern. In diesen Jahren entstanden bzw. erschienen die Dramen *Nanine* (1749), *Oreste* (1752), *Rome sauvée* (1752), →*L'orphelin de la Chine,* die Erzählung →*Micromégas,* die *Diatribe du docteur Abakia* (1752), das →*Dictionnaire philosophique portatif.* 1754 zog V. nach Genf, arbeitete an der *Encyclopédie* Diderots u. d'Alemberts mit, verfaßte e. philos. Gedicht über das →Erdbeben von Lissabon, →*Candide,* die *Histoire de la Russie sous Pierre le Grand* (1759–63) u. →*Tancrède.* 1758 kaufte er Ferney u. Tournay bei Genf; er verschärfte s. Angriffe gegen die kathol. Staatsreligion, brach die Beziehungen zu J.-J. Rousseau 1760 ab, arbeitete 1761 an e. Corneillekommentar u. engagierte sich als Ankläger im Justizskandal des Falls →Calas. An hervorragenden erzähler. Werken entstehen in den 60er Jahren →*L'ingénu,* →*L'homme aux quarante écus, La princesse de Babylone* (1769), gleichzeitig die Kampfschriften *Profession de foi des théistes* (1768), *Relation de la mort du chevalier de La Barre* (1766–68), *Singularités de la nature* (1768), *Droits des hommes* (1768), *Dieu et les hommes* (1769) u. e. Reihe von Dialogen (→*Catéchisme de l'honnête homme,* →*Les anciens et les modernes ...,* →*Le dîner du comte de Boulainvilliers,* →*L'A, B, C, ...).* In der *Histoire du parlement de Paris* (1769), würdigte V. die Verdienste des Gerichtshofs unter Heinrich IV., forderte gleichzeitig e. Erneuerung dieser Institution; er kritisierte die Inqusition in der oriental. Erzählung *Les lettres d'Amabed.* In der Folgezeit widmete er sich dann den umfangreichen *Questions sur l'Encyclopédie* (IX 1770–72), erinnerte 1772 in e. Ode an die →Bartholomäusnacht u. schrieb mit *Les lois de Minos* (1772) u. *Irène* (1777, Urauff. März 1778) s. beiden letzten Trag. V. begrüßte die Politik Turgots; die Bevölkerung von Ferney verehrte ihren ›Patriarchen‹, e. Besucherstrom besichtigte die florierende Seiden- u. Uhrenfabrikation, die V. organisiert hatte. Am 10. 2. 1778 kehrte V. nach Paris zurück, in der Ac. frçe. emphat. begrüßt; er plante, e. Teil des Jahres künftig in der Hauptstadt zu verbringen. Er starb im Hause des Marquis de Villette am linken Seineufer, Nr. 27, quai Voltaire. 1791 wurden V.s Überreste im Panthéon beigesetzt. Noch zu s. Lebzeiten (1775) war e. vom Autor selbst edierte Gesamtausgabe s. Werke erschienen. Decroix, Beaumarchais u. Condorcet besorgten dann die in Kehl hergestellte Gesamtausgabe in 72 Oktavbänden (1784–89), an der Beaumarchais allein e. Million Livres einbüßte (weitere Ausgaben: *Œuvres complètes,* hg. M. Beuchot LXX 1829–34, L. Moland LII 1877–82; *The complete works of V.,* krA hg. Th. Besterman, Toronto 1969 ff.; e. Gesamtausgabe der auf 20000 Briefe geschätzten Korrespondenz V.s wird seit 1953 von Th. Besterman ediert; *Correspondence 1704–48,* hg. Th. Besterman II 1964 f.; *Romans et contes,* hg. R. Groos 1933, H. Bénac 1960; *Œuvres historiques,* hg. R. Pomeau 1958; *Mélanges,* hg. E. Berl 1961; *Dialogues et anecdotes philosophiques,* hg. R. Naves 1966; *Correspondance,* hg. Th. Besterman, adapté par F. Deloffre 1975 ff.; *Romans et contes,* krA F. Deloffre/J. Van Den Heuvel 1979). V. hat sich fast jeder lit. Gattung s. Epoche bedient, er schrieb Oden, Elegien, Madrigale,

Epigramme u. berühmte Episteln (u. a. an Katharina II. von Rußland, den Kg. von Dänemark, den Kg. von Schweden, an imaginäre Adressaten wie Horaz u. Boileau), wies sich als Historiker u. Dramatiker, vor allem Trag.dichter, aus, während er erst relativ spät Vers- u. Prosaerzählungen sowie Dialoge verfaßte. Gerade der Dialog als genuine Form der Aufklärungslit., die Widersprüche austrägt, geht bei V. zurück auf s. Vertrautheit mit der Tradition u. auf persönl. Erfahrungen, die er sowohl in Salons wie an den Fürstenhöfen, wo Standpunkte im eleganten Gespräch verteidigt u. angegriffen wurden, gesammelt hatte. Von allen Aufklärern hat er die Bedeutung e. Verbindung von Philosophie u. Dichtung in der Form der oriental. Erzählung für die Verbreitung der Aufklärung am besten erkannt. V.s Angriffe gegen relig. Fanatismus u. dumpfe Lebensangst waren so treffsicher, daß sich der Aberglaube davon nicht mehr erholen konnte; darum erregt er die Philister noch heute. Er gehörte im 18. Jh. zur großen Gruppe bürgerl. Schriftsteller, die hofften, im Einvernehmen mit der Krone u. dem Hof die Ziele der Aufklärung durchzusetzen. Auf den III. Stand, ihren eigenen, konnten sie sich dabei nicht stützen, weil dieser sich noch kaum organisiert u. konsolidiert hatte. Obzwar V. s. Kampf gegen die institutionalisierte Unvernunft also auf e. rückständige – deswegen aber noch nicht reaktionäre – Basis stellte, erreichte er mehr als Lessing in Dtl., der sich auf das Bürgertum stützte. Um ideolog. wirken zu können, begab sich V. zeitweilig aus takt. Gründen in Abhängigkeit von Monarchen u. Finanzleuten. Von Ferney aus wirkte V. mit s. Reichtum für die europ. Aufklärung. Da er allerdings kein dem →*De l'esprit des lois* oder →*Du contrat social* vergleichbares polit. Werk geschaffen hatte, wurde er 1789 weniger geschätzt als Montesquieu, Rousseau, selbst Condorcet oder Mably. In der Zusammenschau erst lassen die über Jahrzehnte verstreuten Äußerungen Leitlinien s. Weltsicht erkennen: aus der Geschichte können philosoph. Einsichten gewonnen werden, Aufklärung u. Fortschritt sind unter dem Zaren Peter wie unter der engl. Verfassung mögl. Hier machte sich V. vom Staat eine ästhet. Vorstellung: die Politik sei gleich der Kunst dazu berufen, divergierende Kräfte zur Harmonie zu führen. Der Fürst ist ebenso ein Künstler wie der Schriftsteller, wenn er den Fortschritt herbeiführt. Ausnahmen, Genealogien u. Privilegien sind auf diesem Weg hinderl., darin widersprach V. Montesquieu. Ständische Gliederungen ergeben sich andererseits aus den unterschiedlichen Besitzverhältnissen, die er pragmat. voraussetzt. Die Unnachgiebigkeit, der beißende Spott, mit dem V. metaphys. Lösungen diesseitiger Konflikte verfolgte, irritierte das 19. u. 20. Jh.; Hugo warf V. 1824 (in *La Muse française*) vor, ›il dépensa le génie en esprit‹. Zu Lebzeiten hatten ihn →Fréron, →Palissot, die Hofkamarilla in Versailles u. Potsdam, La Beaumelle, seit 1760 auch Rousseau mit Schmähungen überhäuft; s. Leichnam mußte heiml. aus Paris, wo er nicht kirchl. bestattet werden durfte, weggeschafft werden. Bis mindestens in der Zeit der III. Republik hinein kennzeichnet das Reizwort Voltairianer e. Feind echter Gefühle, gesunder Sittlichkeit u. kreatürl. Demut vor dem Überirdischen. Das Institut et musée V. in

Genf, das unter der Leitung von Th. Besterman steht, ist Mittelpunkt der neueren V.-Forschung u. Hg. der Serie *Studies on V. and the 18th century*.

G. Desnoiresterres, V. et la société frçe. au XVIIIe siècle, VIII 1867–76; G. Bengesco, V. Bibl. de ses œuvres, IV 1882–90, Ergänzung J. Malcolm, Table de la bibl. de V. par Bengesco, Genf 1953; H. v. Müller, Die dt. V.lit. des 18. Jh., 1921; G. Brandes, V. u. s. Jh., II [3]1923; H. Célarié, V., sa famille et ses amis, 1928; M. M. Barr, A century of V.studies, 1929; dies., Quarante années d'études voltairiennes. Bibl. analytique des livres et articles sur V. 1926–65, 1968; R. Naves, Le goût de V., 1938; ders., V. et l'Encyclopédie, 1938; R. Pomeau, V., 1955; Ch. Rih, V. Recherches sur les origines du matérialisme historique, Genf 1962; H. Bellugou, V. et Frédéric II au temps de la marquise du Châtelet, 1962; J. N. Pappas, V. and d'Alembert, Bloomington 1962; H. T. Mason, V. and P. Bayle, Oxford 1963; D. Guiragossian, V.'s facéties, Genf 1963; D. Williams, V. literary critic, Genf 1966; J. Sareil, V. et la critique, Englewood Cliffs 1966; J. Orieux, V. ou la royauté de l'esprit, 1966; M. Fontius, V. in Berlin. Zur Gesch. der bei G. C. Walther veröffentlichten Werke V.s, 1966; V. Topazio, V. A critical study of his major works, New York 1967; J. van der Heuvel, V. dans ses contes, 1967; G. Picot, La vie de V., V. devant la postérité, 1967; J. Vercruysse, Bibl. des écrits frç. relatifs à V. 1719–1830. Studies on V. and the 18th Century, 1968; W. Bottiglia (Hg.), V. A collection of critical essays, Englewood Cliffs 1968; U. Schick, Zur Erzähltechnik in V.s Contes, 1968; I. Wade, The intellectual development of V., Princeton 1969; Th. Besterman, V., London 1969 (dt. 1971); M. Sina, L'Anti-Pascal di V., 1970; B. Schwarzbach, V.'s old testament criticism, Genf 1970; M. Giacomelli-Deslex, L'aggetivazione nei Contes di V. da Zadig a Candide, Turin 1970; J. Vrooman, V.'s theatre. The cycle from Œdipe to Mérope, Genf 1970; W. Trapnell, V. and his portable dictionary, 1972; L. Willens, V.'s comic theatre, Banbury 1975; J. Vercruysse, Les éditions encadrées des Œuvres de V. de 1775, Oxford 1977; R. v. Bitter (Hg.), V.s Leben u. Werk in Daten u. Bildern, 1978; J. Sareil, V. et les grands, 1978; Sondernr. RhlF 2–3, 1979; R. Mortier, V. Les ruses et les rages du pamphlétaire, London 1979; V. and the English, Colloque 1978, Oxford 1979; H. Baader (Hg.), V., 1980; M. M. Hasquin, V. et l'antiquité grecque, Oxford 1981; H. Mason, V., a biography, London 1981; J. Mohsen Fahmy, V. et Paris, 1981; K. Discherl, Der Roman der Philosophen, 1985; R. Peyrefitte, V., sa jeunesse et son temps, 1985; C. Sherman, Reading V.'s Contes, Chapel Hill 1985; Ch. Mervaud/S. Menant (Ed.), Le siècle de V., Oxford 1987; A. J. Ayer, V., London 1988; G. Schlüter, Die franz. Toleranzdebatte im Zeitalter der Aufklärung, 1992.

Volupté, Roman von Charles-Augustin →Sainte-Beuve, entstanden 1831–34, EA 1834. Unter dem irreführenden Titel legt Sainte-Beuve e. moralist. Autobiographie, vergleichbar dem Romanfragment →*Cécile* von Constant, vor. Der Held, Amaury, steht zwischen drei Frauen, Lucy, Amélie u. Mme R. Weite Passagen des in der Ichform geschriebenen Romans sind Zergliederungen der Leidenschaft, stufenweise wird in ihr Wesen u. Wirken eingeführt. In dieser sensualist. Lektion bleibt allerdings das Tabu der Sexualität noch respektiert. Die klass. Schulbildung macht den Protagonisten erstmals mit der ›voluptas‹ bekannt, s. sensualist. Neugierde ist geweckt; Frauenbekanntschaften vermögen sie nicht zu stillen. Amaury leidet unter dem Fluch der Wollust, aber er erlebt sie nicht so, daß sie vom Erzähler in Handlung zu transponieren wäre. Gipfelpunkte des Romans sind Analysen, Deskriptionen von Stilleben u. Intérieurs (vgl. die Schloßbeschreibung in Kap. 4). Die Geschichte endet in Regression, denn Amaury vermag alle Empfindungen immer nur mit Maßstäben der versunkenen heilen Welt der Jugend zu registrieren; mit fortschreitendem Alter empfindet er den Verlust der intakten Zeit als unerträgl. Erniedrigung des Individuums. Allein noch der Glaube rettet Amaury, der Priester wird. Sainte-Beuve verarbeitete in *V.* auch s. eigenes Verhältnis zur Frau Victor Hugos, den er in der Rolle des Marquis de Couaën darstellte. Balzac u. Flaubert *(→L'éducation sentimentale)* nahmen die Thematik der gescheiterten ›Lehrjahre‹ erneut auf.

M. Allem, Sainte-Beuve et V., 1935; Y. Le Hir, L'originalité de Sainte-Beuve dans V., 1953.

Voreux, Schachtanlage im Roman →*Germinal* von Zola, zum Moloch metaphorisiert.

Le voyage, Stück in acht Bildern von Georges →Schéhadé, EA 1961, Urauff. 17. 2. 1961 Théâtre de France, Paris. Die Weltblindheit des Helden, e. Angestellten in e. Knopfladen, ist das Zeichen s. Unschuld, aber sie kostet ihn nicht das Leben wie Vasco *(→Histoire de Vasco).* Mit der Seemannsuniform, die ihm e. gehetzter Maat überläßt, wird Christopher e. anderer Mensch und lädt dessen furchtbares Schicksal auf sich. Da er, der vom Fernweh ergriffen ist, darauf besteht, derjenige zu sein, als den die Kleidung ihn ausweist, muß er sich vor e. Femegericht für e. Mord verantworten. Was aus voreingenommener Perspektive wie e. Eifersuchtstat aussieht, stellt sich vor e. ordentl. Seegericht als Unfall dar. Christopher wird freigesprochen, ist vom Reisefieber geheilt u. kann mit s. Frau in der bescheidenen Gegenwart leben.

Voyage au bout de la nuit, Roman von Louis-Ferdinand →Céline, entstanden 1928–32, EA 1932. Dieser Stationenroman – dargestellt wird der Irrweg e. Medizinstudenten u. späteren Armenarztes, Gelegenheitsarbeiters, Zuhälters u. Assistenten in e. Psychiatr. Klinik, der den Helden in die Schrecken des Krieges, nach Schwarzafrika, in die USA u. zurück nach Paris führt – konnte als Karikatur des Schelmenromans verstanden werden. Pikaresk ist das erzähler. Verfahren, durch die Ich-Form zahlr. Episoden zusammenzuhalten; die Geschehnisreihe intendiert jedoch weit mehr als Gesellschaftskritik, da die Reise in e. Pandämonium führt, dessen Perversionen u. Todessehnsüchte eher auf e. anarch. als e. pessimist. Weltsicht schließen lassen. Célines Sarkasmus äußert sich in der reinen Revolte, er versagt sich die Erklärung der vielfältigen Entartungserscheinungen, die der Protagonist erlebt. Der Romancier schuf e. Sprache, die gesprochenes ›français populaire‹ nicht bloß dokumentiert, sondern in homologen Phrasen u. Wortgebilden als Deformation der Norm erkennbar macht; es hängt wahrscheinl. mit der Künstlichkeit des Stils zusammen, wenn sich s. Wirkung im Lauf der Lektüre etwas abnützt. *V.* war die lit. Sensation des Jahres 1932; während die linke Lit.kritik, vertreten durch Nizan, das Werk begrüßte, obgleich es kein revolutionäres Ziel ansteuerte, nahm Gide den Roman nicht zur Kenntnis.

Voyage autour de ma chambre, Roman von Xavier de →Maistre, entstanden 1790, EA vorgebl. Turin 1794, in Wirklichkeit Lausanne 1795. In planlos assoziativem Stil, der ebenso Digressionen wie Brüche der Geschehnisreihe hervorbringt, schreibt ein Offizier während e. Arrests 42 kurze Kapitel in der Manier der *Sentimental journey* von Sterne. Empfindsam u. boshaft zugleich spricht er immer wieder vom Menschen (›l'homme est composé d'une âme et d'une bête‹, Kap. 6), für den im Leben nichts a priori fixiert ist. Er wird in e. Situation verwickelt; wenn er sie überwunden hat, zeigt sie oft e. neue Facette. Rührendes u. Kom. sind durch keine moral. u. ästhet. Regel zu scheiden. Nach 1817 griff Maistre das Thema nochmals auf u. schrieb die *Expédition nocturne autour de ma chambre* (EA 1826), in der er den Zerfall der Erinnerungskraft als Produkt der Zeit beklagt; Dissonanzen lassen sich nicht mehr liebenswürdig aufheben wie 1794. Die Situation des Menschen ist weniger kom. als widersinnig geworden.

Le voyage du jeune Anacharsis en Grèce, Kulturroman von Jean-Jacques →Barthélemy. In der Form e. Reiseschilderung beschreibt e. Barbar die griech. Welt des 4. Jh. v. Chr. In Athen begegnet der Skythe A. Aristoteles, Platon, Demosthenes u. Xenophon. Dank der Romanform erreichte der Autor e. Publikum, das sich sonst e. wiss. Belehrung verschlossen hätte, andererseits aber gerade in den 80er Jahren des 18. Jh. neuen Geschmack an klassizist. Inhalten u. Formen fand (vgl. die Lit.theorie von Fontanes, die Werke von M.-J. Chénier, die jakobin. u. napoleon. Affinität zum antiken Stil). Balzac zitiert 1842 das Werk als negatives Modell des Gesellschaftsromans.

L. Bertrand, La fin du classicisme et le retour à l'antique, 1897; M. Badolle, Barthélemy et l'hellénisme en France dans la seconde moitié du XVIIIe siècle, 1926.

Le voyageur sans bagage, Schauspiel in fünf Akten von Jean →Anouilh, entstanden 1936, EA 1936, Urauff. 16. 2. 1937 Théâtre des Mathurins, Paris (Inszenierung Pitoëff, Musik Milhaud). Anouilh konstruierte um ein Motiv, das Pirandello u. Giraudoux aufgebracht hatten – den Gedächtnisverlust –, ein Enthüllungsdrama. Gaston, der sich nach dem Krieg nicht mehr an s. Identität u. Herkunft erinnern kann, wird der Familie Renaud vorgestellt; allem Anschein nach sind es endl. s. Angehörigen. Aber das rekonstruierte amoral. Bild s. Ichs stößt ihn ab, er besinnt sich auf s. Chance: ›Je suis sans doute le seul homme, c'est vrai, auquel le destin aura donné la possibilité d'accomplir ce rêve de chacun ... Je vous refuse.‹ S. Geistestrübung wird zum Alibi, als er intellektuell in die Welt zurückgefunden hat. Gaston wählt e. engl. Familie, die gleichfalls e. Vermißten sucht; damit flieht er vor dem Zwang, e. Rollenerwartung genügen zu müssen, die s. Umwelt konstruiert hat.

Voyant →Rimbaud.

Le voyeur (1955), Roman von Alain →Robbe-Grillet. Die Handlung entwickelt sich nach e. scheinbar rationalen Schema: Mathias kommt mit dem Schiff auf e. kleinen Insel an, die er genauer zu kennen scheint u. fährt mit dem Fahrrad von Haus zu Haus, um Uhren zu verkaufen. Versch. Indizien sprechen dafür, daß er die kleine Jacqueline Leduc, auch Violette genannt, ermordet hat, der junge Julien Marek scheint die Tat sogar gesehen zu haben. Den Protagonisten verfolgen Zwangsvorstellungen von runden bzw. achtförmigen Gebilden – e. Stück Schnur, Handschellen – bei s. Bemühen, s. Aufenthalt auf der Insel durch e. lückenloses Alibi abzudecken. Er wird tatsächl. von der Bevölkerung nicht offiziell verdächtigt u. reist nach drei Tagen wieder ab. Möglicherweise bezieht sich der Romantitel auf das voyeurhafte Verhalten der Einwohner, die die Beseitigung e. Mädchens, dessen Verhalten ihren moral. Normen widersprach, passiv hinnehmen. Diese Deutung setzt das Verbrechen als geschehen voraus. Doch die Geschichte, die der Erzähler u. schließl. Mathias vorbringen, klingt immer mehr nach Erfindung: die Chronologie der Ereignisse wird brüchig, die Konstellation der Dinge, ohne Kontinuität, ist häufig traumhaft; andererseits bewirken mentale Szenenwiederholungen keine Enthüllung, sondern – im Unterschied zum früheren Roman *Les gommes* – tiefere Verstrickung in die Täuschung. Mathias u. Julien Marek irren sich u. lügen, die Kongruenz der beiden Perspektiven muß noch keinen Wahrheitsbeweis liefern. Das scheinbar prophet. Motiv der Zeitungsnotiz, die von e. Sexualverbrechen berichtet, könnte Mathias' Phantasie dazu angeregt haben, e. Geschichte zu montieren, in der er u. die Umwelt, die ihn im Auge zu behalten scheint – der starre Blick der Möwen beunruhigt ihn gleichermaßen wie die Verfolgung durch Marek –, die Rolle von Mörder u. Rächer spielen.

G. Goebel, A. Robbe-Grillet: V. (Der mod. franz. Roman, hg. W. Pabst), 1968; P. J. Johnson, Camus et Robbe-Grillet. Structure et techniques narratives dans le Renégat de Camus et le V. de Robbe-Grillet, 1972; A. Goulet, V., 1982.

La vraie histoire comique de Francion, Roman von Charles →Sorel, EA 1623, hg. E. Roy IV 1924–31. Der Autor erweiterte den Umfang der *V.* 1626 von sieben auf elf u. 1633 auf zwölf Bücher. Francions gehetzter Weg durch alle sozialen Schichten, wo ihn Liebesabenteuer, Verwechslungen u. Nachstellungen unerwartet treffen, parodiert den Idealismus des idyll. Romans, er war im span. pikaresken Roman vorgezeichnet. Im Gegensatz zum Protagonisten des span. Schelmenromans ist Francion jedoch kein Mitglied der besitzlosen Klasse, sondern e. Edelmann, der auf Abwege gerät. Dadurch wirken s. hochgesteckten Lebenserwartungen auch glaubwürdiger. Einzelne Szenen des Romans, dessen Bauform e. unbegrenzte Episodenverknüpfung erlaubt, besitzen über den ästhet. Wert hinaus zeitgeschichtl. Rang. Der Vielfalt der Stände entspricht bei Sorel e. breites sprachl. Spektrum; er versucht, die schichtspez. Redeweise s. Personen, namentl. soweit sie zu den unteren Rängen der Gesellschaft gehören, scharf abzugrenzen. An Begegnungen Francions mit Gesprächspartnern in Schlössern, Spelunken u. auf dem flachen Land, schließl. auf dem Weg nach Rom, dem Reiseziel des Helden, der sich auf e. Bild hin in e. Südländerin verliebt hat, mangelt es nie. Sorel nimmt die Sprachprobleme wichtig u. begründet damit zum Schluß der *V.* e. Innovation der Romangattung: Nachdem genügend Liebes- u. Kriegsromane vorliegen, sollen sich die Erzähler neuen u. alltägl. Stoffgebieten zuwenden – gerichtl. Auseinandersetzungen, Geldproblemen, dem Handel. Von Sorels linguist. Interesse u. von dieser notwendigen Erneuerung der Romangattung her wird das Attribut ›comique‹ im Titel verständl.: es bezieht sich auf die Stil- u. Stofftrennungsregel, die der Komödie banale Konflikte vorschreibt.

G. Goebel, Zur Erzähltechnik in den ›Histoires comiques‹ des 17. Jh., Diss. Berlin 1965; H. Hinterhäuser, Qui est Francion? (Studi in onore di I. Siciliano), Florenz 1966.

Vraisemblance, Wahrscheinlichkeit, Anforderung der klass. franz. Schauspieldoktrin an die Glaubhaftigkeit hist. nicht verbürgter Motive, die vor allem seit der Aufführung des →*Cid* problemat. wurde. In der Vorrede zu *Médée* wich Corneille der Prüfung der V. in dieser Trag. bewußt aus. Dabei hatte Jean Chapelain bereits 1630 in der *Lettre sur les vingt-quatre heures* als wahrscheinl. definiert, was der Wirklichkeit täuschend ähnl. nachgebildet ist. Die Einheit der Zeit diente s. Meinung nach der V. Der Abbé d'Aubignac bezeichnete in *La pratique du théâtre*

(1657) die Wahrscheinlichkeit als Essenz des Schauspiels ›et sans laquelle il ne se peut rien faire ni dire de raisonnable sur la scène‹ (Buch II). Boileau (*Art poétique,* III. Gesang) postuliert: ›Jamais au spectateur n'offrez rien d'incroyable: / Le vrai peut quelquefois n'être pas vraisemblable.‹ Im 18. Jh. verfocht Houdar de la Motte die Auffassung, daß Liebesmotive der V. nicht abträgl. sind (*Premier discours sur la tragédie,* 1721). Die Gegner des klass. Schauspiels, vor allem V. Hugo, ersetzten im 19. Jh. die Anforderungen der Wahrscheinlichkeit, die mit den drei Einheiten korrelierte, durch e. Primat des Wirklichen *(Préface de Cromwell).*

Vrigny, Roger, geb. 19. 5. 1920 Paris, gründete 1950 e. Studentenbühne, arbeitete beim Rundfunk; Autor von Romanen, die das Existenzthema stellen u. myst. Aspekte des mod. Terrorismus entdecken (*La nuit de Mougins,* Prix Fémina 1963; *Un ange passe,* 1979; *Le migrateur,* 1983; *Pourquoi cette joie,* 1974, Tagebuch).

Wace, Robert, um 1100 auf Jersey – 1174 Caen(?), anglonormann. Dichter, studierte u. lehrte auf dem Festland u. in England, Vf. von Hl.viten, vor 1169 wurde er zum Kanoniker von Bayeux eingesetzt. Auf der Grundlage versch. Legenden vollendete er 1155 die Reimchronik *Roman de Brut* (oder *Geste des Bretons,* e. Amplifikation der *Historia* des →Geoffrey von Monmouth, in der König →Artus erwähnt wird), sie wurde →Aliénor überreicht. Deren Gemahl, Heinrich II., regte den →*Roman de Rou* (1161–74) an. Zu Waces Stileigenarten gehören Antithesen u. effektvolle Wortwiederholungen.

M. Pelan, L'influence du Brut de W. sur les romanciers frç. de son temps, 1931, n. 1974; M. Delbouille, Le témoignage de W. sur la légende arthurienne, Romania 1953; H. E. Keller, Étude descriptive sur le vocabulaire de W., 1953; J. Marx, W. et la matière de Bretagne (Mélanges Frappier, Bd. 2), 1970.

Wagner, Richard, 22. 5. 1813 Leipzig – 13. 2. 1883 Venedig, zur Wirkung s. Musik (Leitmotivtechnik) u. Textbücher auf Frkr. vgl. Baudelaire, *Revue wagnérienne,* Bourges *(→Le crépuscule des dieux),* Villiers de l'Isle-Adam *(→Axël),* Schuré, Rolland, Claudel *(→Tête d'or);* Claudel nannte *Le soulier de satin* e. ›Anti-Tristan‹.

K. Jäckel, W. in der franz. Lit., Breslau II 1931 f.; L. Guichard, La musique et les lettres en France au temps du wagnérisme, 1963.

Wallas, Detektiv in →*Les gommes* von Robbe-Grillet, der auf der Suche nach der Wahrheit wie Ödipus ohne Verschulden zum Vatermörder wird.

Warnery, Henri, 11. 6. 1859 Lausanne – 23. 9. 1902 ebda., lehrte in Neuchâtel u. Lausanne franz. Lit. W. stellt in s. Lyrik die Sinnfragen der Existenz; Formkult nach Art des Parnasse (*Poésies* 1886, *Sur l'Alpe,* 1894; *Aux vents de la vie,* 1904).

Waterloo, Dorf in Belgien, wo Napoleon am 18. 6. 1815 von den Alliierten vernichtend geschlagen wurde. In →*La chartreuse de Parme* von Stendhal erscheint Fabrice begeistert, jedoch zu spät auf dem Schlachtfeld; weiter gestalten V. Hugo *(Les misérables),* Erckmann-Chatrian (Roman *W.,* 1865) u. Grosjean (*Clausewitz,* 1973) die militär. Auseinandersetzung.

Weihnachtsspiele, e. Subgattung des geistl. Dramas. Außer dem →*Jeu d'Adam* u. mehreren *Nativités* gehören zu dieser Gattung mindestens ein provenzal. Drama des 13. Jh., das in Périgueux aufgeführt wurde, u. aus demselben Jh. das *Esposalizi de Nostra-Dona* (792 gereimte Achtsilber) nach kanon. u. apokryphen Quellen.

Weil, Simone, 1909 Paris – 1943 Asford/Kent, aus einer Familie nichtorthodoxer Juden, Stud. ENS, Agrégation de philosophie 1931, Philos.lehrerin in der Provinz. Sie kritisierte am Marxismus, daß er die Befreiung der Produktionskräfte mit humaner Erlösung gleichsetzte; Annäherung an den Anarchosyndikalismus. Das Scheitern der franz. Volksfront u. der Untergang der span. Republik, für deren Bestand sie im August 1936 aktiv in der Internationalen Brigade eintrat, führten die Sozialkritikerin zum Mystizismus (1938 ff.). Im Juni 1940 ging sie nach Marseille, 1942 emigrierte sie mit ihrer Familie nach den USA, kehrte nach London zurück u. arbeitete im Stab der Provisor. Franz. Regierung. Sie starb an willentl. herbeigeführter Unterernährung. In Sammelbänden erschienen postum ihre polit., philosoph. u. relig. Werke (*L'enracinement,* 1949; *L'attente de dieu,* 1950; *La pesanteur et la grâce,* 1950; *La source grecque,* 1953; *Oppression et liberté,* 1955; *Cahiers,* III 1951, 1955, 1963; *OC,* 1988 ff.).

A. Krogmann, W. in Selbstzeugnissen u. Bilddokumenten, 1970; S. Pétrement, La vie de W., II 1973.

Weingarten, Romain, geb. 5. 12. 1926 Paris, Dramatiker in der Nachfolge von Artaud, lyr. Akzente. Audiberti begrüßte die Innovation in *Akara* (1948) u. verglich sie in der Wirkung mit *Hernani* von Hugo, während Boisdeffre den Autor von *La fève, Les nourrices* (1961) u. *L'été* (Urauff. Darmstadt 1965, Paris 1966 u. 1990) zu den Epigonen des Antitheaters zählt. Im Märchenspiel *L'été,* e. dramat. Erzählung in sechs Tagen u. sechs Nächten (Vers u. Prosa), sind zwei Kater Antagonisten der Liebenden, die ihren herrschsüchtigen Ritualen zum Opfer fallen. Spätere Stücke: *Alice dans les jardins du Luxembourg,* 1970; *Comme la pierre,* 1970; *La Mandore,* 1973; *Neige,* 1979. W. inszenierte auch Vitrac (1980).

P. de Boisdeffre, Une histoire vivante de la littérature d'aujourd'hui, [5]1964.

Weiss, Jean-Jacques, 1827–1891, Journalist, Lehrer, Staatsrat, Lit.kritiker (*Essai sur Hermann et Dorothée,* 1865; Artikel über Favart, Piron u. Gresset in der *Revue des cours littéraires,* 1865; *Essai sur l'histoire de la littérature française,* 1865; *Le théâtre et les mœurs,* 1889). Weitläufige Filiationen (›Le prologue d'*Amphitryon* contient en germe *Orphée aux enfers* et la *Belle Hélène*‹) u. hyperbol. Beurteilungen, die häufig nur Gemeinplätze amplifizieren, kennzeichnen s. Beiträge für die *Revue bleue* u. das *Journal des débats.* Im Vergleich zu dem biederen →Sarcey mußte er dennoch als geistreich erscheinen. Régnard, Marivaux, Gresset, Piron, Favart, Beaumarchais, Scribe u. Dumas père sind s. unbestrittenen Lieblingsautoren, da ihnen die verhaßte Roheit des sittl. Verhaltens, die er sowohl am 17. wie an bestimmten Abschnitten des eigenen Jh. tadelt, fremd ist. Den Dichtern, die sich am philosoph. Positivismus orientieren, warf W. vor allem vor, daß sie Pessimismus u. Passivität verbreiten.

J. Lemaitre, Les contemporains, 1ère série, 1886; E. Lovinesco, W. et son œuvre, 1909.

Werner v. Ebrennac, dt. Besatzungsoffizier in Frkr., Typus des kultivierten Eroberers in →*Le silence de la mer* von Vercors.

Wilhelmszyklus, altfranz. Epen. Durch Kontamination hist. (→ Guillaume) u. legendärer Motive, die vor allem in Klöstern tradiert u. seit dem 10. Jh. weiter ausgesponnen wurden, entstand die heroisch-kom. Geschichte e. Grafenfamilie, die in Südfrkr. u. Katalonien gegen die Araber kämpft, sich mit den Heiden aber auch verschwägert (→*Aimeri de Narbonne,* →*Chanson de Guillaume,* →*Couronnement de Louis,* →*Charroi de Nîmes,* →*Prise d'Orange,* →*Enfances Vivien,* →*Aliscans).* Das Fragment *Folque de Candie* (entstanden zwischen 1180 u. 1187) erzählt die Abenteuer e. Verwandten des Grafen Wilhelm, der sich in die Schwester des sarazen. Feldherrn Tiebaut verliebt. Der erbaul. Ausklang der Geste (*Moniage Guillaume,* zwei ungleich lange Fassungen 12. Jh.) nähert sich wieder, wenn auch mit humorist. Peripetien, der Biographie des Titelhelden.

J. Fappier, Les chansons de geste du cycle de Guillaume d'Orange, 1968.

Willems, Paul, geb. 4. 4. 1912 Edegen b. Antwerpen, Autor phantast. Dramen (*Le bon vin de M. Nuche,* 1948; *Lamentable Julie,* 1949; *Peau d'ours,* 1950; *Off et la lune,* 1954; *Un merle n'est pas un merle,* 1957; *Il pleut dans ma maison,* 1958; *Phébus ou la plage aux anguilles,* 1961; *Warna ou le poids de la neige,* 1964; *Le soleil sur la mer,* 1970) u. e. Märchenromans, in dem der Zugang zur Schwanenchronik Kulturträger u. Philister trennt (*La chronique du cygne,* 1949; vgl. auch das Romanwerk von Bosco u. Hellens). W., Generalsekretär des Palais des Beaux Arts in Brüssel, idyllisiert in poet. Seelenkom. Widerstände, die sich der Selbstverwirklichung s. träumer. Gestalten entgegenstellen.

Willy, Henry Gauthier-Villars, gen., 1859 Villiers-sur-Orge – 1931 Paris, Verlegerfamilie; Musikliebhaber, vor allem Wagneranhänger. W. verfaßte freizügige Liebesromane (*Lettres de l'ouvreuse,* 1890; *Bains de sons,* 1893; *Un vilain monsieur,* 1898) u. schrieb zusammen mit s. Frau →Colette an der *Claudine*-Serie. 1925 erschienen s. *Souvenirs littéraires . . . ou autres.*

Wittig, Monique, geb. 13. 7. 1935 Dannemarie/Haut-Rhin, Tätigkeit in der BN, dann bei Verlagen, Lehraufträge an amerikan. Universitäten; Autorin e. Entwicklungsromans im Stil Robbe-Grillets, *L'Opoponax* (1964), psycholog. Skizzen, *Les guérillères* (1969), u. e. engagierten Darstellung der Homosexualität, *Corps lesbien* (1973), Anlaß für W., auch den ›männl.‹ Stil der geläufigen Lit. zu kritisieren. Spätere Romane: *La politique, fiction* (1982), *Virgile, non* (1985).

Wolff, Pierre, 1. 1. 1865 Paris – 27. 7. 1944, erfolgreicher Autor von Boulevardstücken (*Leurs filles,* 1891; *Celles qu'on respecte,* 1893; *Le béguin,* 1900; *Le secret de Polichinelle,* 1903; *L'âge d'aimer,* 1905; *Le ruisseau,* 1907; *Marionettes,* 1907; *Les ailes brisées,* 1920; *Le temps d'aimer,* 1927; *La belle de nuit,* 1932).

Wolmar, der Ehemann der Romanheldin in →*Julie ou la Nouvelle Héloïse* von Rousseau.

Wyzewa, Téodor de (eig. T. Wyzewski), 1862 Kalusik/Polen – 1917 Paris, Licencié ès lettres in Nancy, befreundet mit É. Dujardin

u. Laforgue, e. der ersten Mallarmékommentatoren, Mitarbeiter der *Revue wagnérienne.* Nach s. Konversion schrieb er außer *Contes chrétiens* (1892) die krit. Beiträge von *Nos maîtres* (1895) u. *Écrivains étrangers* (1896–1900). Dickens, Poe, E. Brontë, Stevenson u. Novalis waren s. Leitbilder. Im Alter arbeitete er mit G. de Sainte-Foix an e. Werk über Mozart, das erst nach 1917 vollendet wurde.

E. Liverman Duval, W. Critic without a country, Genf 1961; P. Delsemme, W. et le cosmopolitisme littéraire en France à l'époque du symbolisme, Brüssel 1967; N. di Girolamo, W. dal simbolismo al tradizionalismo, Bologna 1969.

Yacine, Kateb, geb. 26. 8. 1929 Condé-Smendou/Dép. Constantine, stammt aus altem Dichtergeschlecht (arab. ›kateb‹ = Schriftsteller), Schulbildung in Sétif, als 18jähriger erstmals wegen polit. Betätigung verhaftet; Berichterstatter des *Alger-Républicain* in Paris. Nach dem Tod s. Vaters 1950 wurde Y. Hafenarbeiter in Algier, 1951 kam er zum drittenmal nach Frkr. u. arbeitete bei Bauern u. im Baugewerbe, bis ihm materielle Unterstützung von Freunden die notwendige Unabhängigkeit verschaffte. Bei Y. besteht e. enge Übereinstimmung zwischen der polit. Haltung u. der ästhet. Zielsetzung, s. Dichtung (Lyrik, *Soliloques,* 1946; Roman *Nedjma,* 1956; Dramen *Le cercle des représailles,* 1959; *Le cadavre encerclé,* 1959) entstand aus e. patriot. Selbstbewußtsein u. ist von revolutionärer Kraft erfüllt. Ihre Thematik ist die Unterdrückung u. Selbstentfremdung der Araber, die mit legendenhaften Visionen überwunden werden soll. Wie Genet u. Gatti schreibt Y. revolutionäres Theater nicht mit den Mitteln der Dokumentation, sondern der Poesie; die dichter. Entgrenzung wird zum Paradigma der polit. Befreiung. Y. bemächtigt sich der Sprache der Unterdrücker, weil sie mit kultureller Sprengkraft erfüllt ist, u. wendet sie gegen die Franzosen. Das Versdrama in acht Bildern, *L'homme aux sandales de caoutchouc* (1970), exaltiert den vietnames. Befreiungskampf. Die Satire *Mohammed, prends ta valise* (1972), 37 Szenen im Stil der Commedia dell'arte, verwendet erstmals Umgangsarab.; als Straßentheater soll sie auch die Masse der Emigranten in Frkr. erreichen.

J. Howlett, Y. (Écrivains d'aujourd'hui 1940–60, hg. B. Pingaud), 1960; P. Sarter, Kolonialismus im Roman, 1977.

Yourcenar, Marguerite (eig. Marguerite de Crayencour), 8. 6. 1903 Brüssel – 17. 12. 1987 Bar Harbor (Maine, USA), Stud. in mehreren europ. Ländern, lehrt franz. Lit. am Sarah-Lawrence-College in New York. Autorin psycholog. u. hist. Romane (*Alexis ou le traité du vain combat,* 1929; *La nouvelle Eurydice,* 1931; *La mort conduit l'attelage,* 1933; *Denier du rêve*, 1934, überarbeitet 1971; *Feux,* 1936; *Les songes et les sorts,* 1938; *Nouvelles orientales,* 1938; erweiterte Ausgabe 1963; *Le coup de grâce,* 1939; →*Mémoires d'Hadrien, Sous bénéfice d'inventaire,* 1962; *L'œuvre au noir,* 1968; *Yes, peut-être, shaga,* 1969; *Souvenirs pieux,* 1974; *Archives du Nord,* 1977, e. Familiengesch. als histor. Paradigma); außerdem Übs. amerikan. u. griechischer Autoren, e. Pindarbiographie (1932), e. Anthologie von Negro Spirituals (1964). Die Wahl von Stoffen aus der polit. u. kulturellen Geschichte ermöglicht es Y., das Drama der Macht u. des Intellekts zu durchleuchten; dabei ist ihr Stil von unvergleichl. Genauigkeit u. Unbeteiligtheit, wie sie den Grundsätzen Flauberts entspricht. 1971 erschien e. Slg. von Stücken, z.T. Dramatisierungen früherer Romane (*Théâtre* I–II; *Œuvres romanesques,* 1982; *Comme l'eau qui coule . . .,* 1982, frühe Novellen; *Le temps, ce grand sculpteur,* 1983, Essays; *Contes bleus,* 1993). Gegen heftigen Widerstand, den insbesondere A. Chamson artikulierte, wurde Y. als 1. Frau am 6.3.1980 in die Ac. frçe. gewählt (Nachfolge Caillois) u. am 22.1. 1981 rezipiert.

Sondernr. Sud 55, 1984; M. Boussuges, Y., Grenoble 1987; E. Pessini (Ed.), Y. et l'art, Tours 1990; J. Savigneau, Y., 1990.

Ysé, Zentralfigur des Dramas →*Partage de midi* von Claudel, Geliebte u. Erlöserin zugleich. Der Name weist auf den japan. Mythos von Amaterasu zurück.

M. Watanabe, Le nom d'Y. Le mythe solaire japonais et la genèse du personnage, RhlF 1969.

Yvain *(Le chevalier au lion),* Roman (1177–79) von →Chrétien de Troyes in 6808 Achtsilbern, hg. T.B. W. Reid 1961. Auf e. Bericht hin zieht Yvain vom Artushof zur kult. Quelle im Wald von →Brocéliande, tötet den Schloßherrn u. heiratet dessen Witwe →Laudine. Der Konflikt zwischen Ritter- u. Ehepflichten (vgl. schon *Érec et Énide*) bringt Yvain dem Wahnsinn nahe; der Kampf e. Löwen, dem er beispringt, mit e. Schlange ruft ihm sinnbildhaft die eigene Situation ins Bewußtsein. Er sucht nach neuen Mutproben, um Laudines wieder würdig zu werden. Dieser Individuationsprozeß vergegenwärtigt mit sakralen Indizien das Ausmaß der Treue des Protagonisten. Das Werk, das scheinbar unvereinbare Motive harmon. zusammenfügt, gilt als vollkommenster arthur. Roman.

K. Uitti, Ch. de Troyes, Y. Fiction and sense, Romance philology 1969; J. J. Duggan, Y.'s good name, Orbis litterarum 1969; Z. P. Zaddy, The structure of Chrétien's Y., MLN 1970; M. Wigger, Tempora in Chrétiens Y., 1978; O. Kratins, The dream of chivalry, London 1983; T. Hunt, Y., London 1986; P. Walter, Canicule. Essai de mythologie . . ., 1988.

Zadig ou la destinée. Histoire orientale, Roman von →Voltaire, entstanden vor Sommer 1747 u. wohl nicht, wie wiederholt vermutet, am Hof in Sceaux, EA u. d. T. *Memnon, histoire orientale,* vorgebl. London, in Wirklichkeit Amsterdam 1747, krA. G. Ascoli ²1962. Zadig aus Babylon ist offensichtl. zum Weisen geb.; er zügelt s. Leidenschaften u. spricht von den Frauen doch nicht verächtl. Er heiratet Sémire, die ihn betrügt, nachdem er sich ihretwegen im Kampf mit Entführern verletzte; die Hoffnung, e. weniger kapriziöses Mädchen mache ihn glücklicher, erfüllt sich nicht, da sie e. Aversion gegen das Alter entwickelt. S. Befürchtung, ›qu'il est difficile d'être heureux dans cette vie‹, wird übertroffen, als ihm Diebstahl u. Gefangenenbegünstigung, die er nie begangen hat, angelastet werden. E. Schriftgelehrter, der 13 Bde. mit Erörterungen über die Eigenschaften des Vogels Greif gefüllt hatte, klagt ihn der Blasphemie, e. Neider der Majestätsbeleidigung an, letzterer fügt als Beweis e. verstümmelten Text bei; zum Glück für Zadig entwendet e. Papagei des Kg.s die vollständige Strophe u. bringt die Wahrheit ans Licht. ›Zadig commençait à croire qu'il n'est pas difficile d'être heureux‹. Die weiteren Peripetien der

Parabel, die den Helden von seiner geliebten Astarte trennen, ihn zuerst erhöhen und danach zum Sklaven erniedrigen, überzeugen Zadig von der Macht des Schicksals, die durch abergläubische Praktiken nicht zu verringern ist. Die Probe, die er bestanden hat, als er dann Kg. in seiner Heimat wird, ist gleichbedeutend mit der Unterwerfung unter die Vorsehung. Die Ereignisse in → *Candide* und die Lehre, die der Protagonist aus der prästabilierten Harmonie zieht, wirken als Replik auf Z.

M. Clément, Z., 1972.

Zaïre, Trag. von →Voltaire, EA Rouen 1733, Urauff. 12. 8. 1732 Com. frçe., hg. E. Jacobs, London 1975. Z. ist das erste franz. Drama, in dem – nach engl. Vorbild – Helden der nationalen Kreuzzugsgeschichte auftreten; zudem hat Voltaire in diesem Stück höchst unterschiedl. Elemente vermischt. Die Titelheldin, Tochter des in Jerusalem gefangenen Lusignan, lebt als im islam. Glauben erzogene Sklavin am Hof des Sultans Orosmane, der sie heiraten u. ihretwegen der Polygamie entsagen will. In dieser Situation identifiziert sie ihr Vater u. stürzt sie in e. ausweglosen Konflikt zwischen Liebe zum ritterl. Heiden u. christl. Geboten. Auf diese Anagnorisis folgt die Gefährdung durch den eigenen Bruder, Nérestan, der Z. zur Konversion überreden will; Orosmane mißdeutet e. Gespräch der Geschwister als Treubruch Z.s. E. doppelsinniger Brief Nérestans an die Schwester erhärtet noch den Verdacht. Bei e. verabredeten Zusammenkunft gibt sich der Sultan als Nérestan aus u. erdolcht in rasender Eifersucht s. Geliebte; als er die Hintergründe erfährt, gibt er sich selbst den Tod, nachdem er s. christl. Gefangenen freigelassen hat. Die Trag. *Bajazet* von Racine u. *Mahomet II* von Chateaubrun enthielten bereits exot. Motive, die bei Voltaire den dekorativen Rahmen zum Liebes- u. Religionskonflikt liefern. Z. leidet unter der Unnachgiebigkeit von Vater u. Bruder; Voltaire wollte damit zeigen, daß Religionszugehörigkeit e. Erziehungsprodukt ist, – was die Figuren nicht erkennen. Die christl. Ritter verabsolutieren den Religionsunterschied; das ritterl. Verhalten des Sultans, dessen Eifersucht e. Merkmal s. moral. Größe ist, enthüllt die Fragwürdigkeit ihres Fanatismus. *Z.* bedeutete e. Etappe im Kampf der Aufklärung für Toleranz u. gesellschaftl. Gleichstellung Andersgläubiger. Voltaires Gegner bemängelten gerade die gewollte Unempfindlichkeit der Protagonistin für das Wirken der Gnade u. konfrontierten Z. mit Pauline in Corneilles *Polyeucte*. Die Mehrzahl des Publikums sah in *Z.* jedoch die längst geforderte Liebestrag. Voltaires. Sie blieb das meistgespielte Stück des Autors bis ins 20. Jh. In Italien übersetzte Carlo Gozzi das Werk.

R. Arndt, Zur Entstehung von Voltaires Z., Diss. Marburg 1906; R. S. Ridgway, La propagande philosophique dans les tragédies de Voltaire, Genf 1961; D. Beyerle, Voltaire: Z. (Das franz. Theater vom Barock bis zur Gegenwart, Bd. 2, hg. J. v. Stackelberg), 1968.

Zazie dans le métro, Roman von Raymond →Queneau, entstanden 1945, 1952–58, EA 1959. Weil Zazies Mutter mit e. Liebhaber zwei ungestörte Tage verbringen will, schickt sie ihre zwölfjährige Tochter zu Onkel Gabriel u. Tante Pauline nach Paris. E. Wunschtraum des Mädchens aus dem Vorort, mit der Metro zu fahren, erfüllt sich nicht, da gerade gestreikt wird. In Gesellschaft ihres Onkels, der als Transvestit in e. Kabarett auftritt, lernt Z. Kleinbürger u. Ganoven, die Welt der Bars u. Bistros kennen. Als sie schließl. gefragt wird, was sie in Paris erlebt hat, erwidert sie nur: ›J'ai vieilli‹. Aus der altklugen Antwort spricht die Resignation darüber, daß das Erleben in der Zeit u. das Bewußtwerden des Zeitflusses auseinanderklaffen. Queneau hält in Z. e. Stilniveau ein, das der gemeinen Umgangssprache nachgebildet ist.

J. Langenbacher, Das néo-français ... Queneau, 1981; W. D. Redfern, Z., London 1980.

Zehnsilber, Versart mit (Gliederung 4 + 6, 6 + 4 u. 5 + 5) und ohne Zäsur, war in Frkr. wohl schon vor der *Chanson de Roland* verwendet worden. Der Gliederungstypus 4 + 6 wird zum Standardvers der Chansons de geste; wenn auf die vierte Silbe vor der Zäsur noch e. tonlose Silbe folgt, liegt ep. Zäsur vor. Die Form 6 + 4 erschien seit dem 12. Jh. Die frühen franz. Sonettdichter benutzen den Z. als Entsprechung des ital. Endecasillabo (zehn betonte + 1 unbetonte Silbe); mit der Entscheidung der Pléiade gegen das ital. Vorbild wurde auch der Z. zurückgedrängt, bis ihn Béranger, Sainte-Beuve u. Valéry wiederbelebten.

M. Burger, Recherches sur la structure et l'origine des vers romans, Neuchâtel 1957; R. Baehr, Einführung in die franz. Verslehre, 1970.

Zensur, staatl. Präventivkontrolle der Buch- und Schauspielproduktion 16.–19. Jh. (zuvor ausschließl. theolog. Z. bei der Sorbonne), im 18. Jh. streng organisiert in der Direction de la librairie de France (→Malesherbes). Zeitweise arbeiteten für den Lieutenant général über 100 Zensoren; nach ihren Gutachten wurde e. formelle (→privilège) oder stillschweigende Druck- und Verkaufserlaubnis (→permission tacite) erteilt. Sonst blieb dem Autor nur der Ausweg, s. Werk im Ausland oder mit fingiertem Druckort erscheinen zu lassen. Am 13. 1. 1791 wurde durch Dekret der Nationalversammlung die Z. aufgehoben u. die Freiheit der Bühne ausdrückl. verkündet (Freiheit der Theatergründung, Freiheit des Repertoires), am 2. August 1793 dahingehend eingeschränkt, daß allein patriot. Stücke aufgeführt werden sollten. Im März 1794 ließ sich die Commune de Paris Spielpläne zur Billigung vorlegen, am 14. 5. 1794 war die Z. formell wieder eingerichtet. Das Directoire hob sie nicht auf, 1797 wurde die Kontrolle noch verschärft. Im 19. Jh. war die Überwachung vor allem nach 1822 spürbar, die Aufhebung der Z. 1828 führte zur Reaktion u. trug zum Sturz Karls X. 1830 bei; 1835 wurde die Z. wieder eingeführt. Anspielungen auf Revolution u. Empire mußten schon während der Restauration unterbleiben. Die Regierung operierte dabei mit Comités de lectures, die einzelnen Theatern zugeordnet waren. Während z. B. N. Lemercier für die Bühne schrieb, fungierten sechs Zensoren, die als Klassizisten bekannt waren; oft korrigierten sie eingereichte Mss. bis zur anschließenden Unleserlichkeit durch. Hintersinnige Sätze, die e. Zensor passieren ließ u. die in der Premiere beklatscht wurden, konnten nachträgl. gestrichen werden; wurden angeordnete Kürzungen nicht beachtet, drohte das Verbot der Aufführung. Stücke, die von der Zensur zurückgewiesen wurden, durften zwar nicht gespielt, aber doch als Lesedramen gedruckt werden (A. Duval, *Œuvres complètes,* 1824, einige Titel von Lemercier u. Hugo waren nicht freigegeben). Die Zensur der Restauration verhielt sich royalist. u. romantikfeindl. Die späteren Prozesse gegen Baudelaire u. Flaubert wegen Verletzung der öffentl. Moral waren Z.maßnahmen des Second Empire, sie setzen sich in den Anklagen gegen die Verleger Losfeld u. Pauvert während der IV. u. V. Republik im Namen e. nicht definierten sittl. u. ästhet. Konsensus fort u. blieben Ausdruck e. fortgesetzten Immoralismusprozesses, den Leser u. Autoritäten gegen die Lit. anstrengten.

A. Bachmann, Censorship in France from 1715 to 1750: Voltaire's opposition, New York 1939; G. Mongrédien, La censure sous Louis XIV, Mercure de France 346, 1962; N. Herrmann-Mascard, La censure des livres à Paris à la fin de l'Ancien Régime 1750–1789, 1968; H.-J. Martin, Livre, pouvoirs et société à Paris au XVIIe siècle, Genf 1969; F. Weil, La fiction narrative de langue frçe. de 1728 à 1750 et la Librairie, Thèse 1980; O. Krakovitch, Les pièces de théâtre soumises à la censure, 1800–30, 1982; G. Berger (Hg.), Zur Geschichte von Buch u. Leser … Ancien Régime, 1986; F. Weil, L'interdiction du roman et la librairie 1728 – 1750, 1986; P. Fouché, L'édition frçe. sous l'Occupation, 1987; R. Darnton/D. Roche (Ed.), Revolution in print, Berkley 1989.

Zermatten, Maurice, geb. 22. 10. 1919 Saint-Martin/Valais, Autor e. als Fremd- wie Selbstkritik aufschlußreichen Essays, *Connaissance de Ramuz* (1947), regionalist. Romane (u. a. *Le cœur inutile,* 1936; *Le chemin difficile,* 1938; *Le sang des morts,* 1942; *La montagne sans étoiles,* 1956; *Le lierre et le figuier,* 1957; *A l'assaut de la face Nord,* 1958; *Un lys de Savoie, la bienheureuse Loyse,* 1960; *Le bouclier d'or,* 1961; *Une soutane aux orties,* 1971; *La porte blanche,* 1973) u. der Biographie romancée *Les années valaisiennes de Rilke* (1941).

Zimmer, Bernard, 30. 4. 1893 Grandpré/Ardennen – 1964 Paris, Jurist, Journalist; 1924 brachte Dullin s. erstes Stück, *Le veau gras,* heraus, dem weitere Grotesken u. Satiren, die in Boulevardtheatern u. an der Com. frçe. gespielt wurden, folgten (*Les zouaves,* 1925; *Les oiseaux, Le coup du 2 décembre,* 1928; *Bava l'africain, Pauvre Napoléon,* 1929; *Le beau Danube rouge,* 1932; *Le tourbillon,* 1946); außerdem Bearbeitungen von Aristophanes u. Shakespeare sowie Filmdrehbücher.

Zisterzienser →Cîteaux.

Zola, Émile Édouard Charles Antoine, 2. 4. 1840 Paris – 29. 9. 1902 ebda., Sohn e. Tiefbauingenieurs ital. Herkunft, der 1847 starb. Z. verbrachte s. Kindheit in Aix-en-Provence, Freundschaft mit Cezanne. 1858 zog er mit s. Mutter nach Paris; Lycée Saint-Louis, im Baccalauréat scheiterte er zweimal am Fach Franz. 1860 arbeitete Z. bei der Zollverwaltung am Dock Napoléon u. träumte von e. lit. Karriere. Im Februar 1862 trat er bei Hachette ein, wo er zunächst im Versand, dann in der Werbung arbeitete; schrieb an den *Contes à Ninon* (1864). E. Wendepunkt in s. künstler. Orientierung bedeutete →*La confession de Claude.* Z. formulierte s. erste ästhet. Theorie im Zusammenhang mit dem Frühwerk: ›in e. künstler. Werk erblicken wir die Welt durch e. Menschen, durch das Medium eines Temperaments … Glasscheiben von versch. Färbungen verleihen ebenso den Dingen unterschiedl. Tönungen …‹ Der ›Bildschirm des Realisten‹ ist e. einfache Fensterscheibe, die die Wirklichkeit unverzerrt wiedergibt. 1866 verließ Z. Hachette, plante Theaterstücke u. schrieb in versch. Blättern (Artikelslgg. *Mes haines,* 1866; *Mon salon,* 1866), entdeckte die stoffl. Entgrenzung in →*Germinie Lacerteux* der Goncourts u. entwickelte, nach *Le vœu d'une morte* (1866) u. *Les mystères de Marseille*

(1867), Prinzipien der naturalist. Ästhetik in →*Thérèse Raquin.* Während der Arbeit an *Madeleine Férat* (1868) plante er wohl schon das Hauptwerk, den Zyklus →*Les Rougon-Macquart,* der ihn als Romancier bis 1893 beschäftigte; daneben entstanden die *Nouveaux contes à Ninon* (1874), *L'attaque du moulin* für →*Les soirées de Médan,* die Romane *Le capitaine Burle* (1882) u. *Naïs Micoulin* (1884) sowie die theoret. Schriften *Le roman expérimental* (1880), →*Le naturalisme au théâtre, Nos auteurs dramatiques* (1881), *Les romanciers naturalistes* (1881), *Une campagne* (1881), *Documents littéraires* (1881); außerdem dramatisierte er eigene Werke für die Bühne: *La laide* (1865), *Madeleine* (1865), *Thérèse Raquin* (1873), *Les héritiers Rabourdin* (1874), *Le bouton de rose* (1878), *Renée* (1887). Zola, der für den Impressionismus in der Malerei eintrat, versammelte e. Anhängerschaft jüngerer Autoren um sich, die sich später z. T. wieder von s. Lit.theorie distanzierten: →Alexis, →Céard, →Hennique, →Huysmans, →Maupassant *(→Manifeste des cinq).* Seit 1877 (Veröffentlichung von *L'assommoir*) hatte sich Z. als Romancier durchgesetzt u. gelangte sogar zu Wohlstand. S. apolit. Haltung änderte sich mit der →Dreyfus-Affäre, in die er mit →*J'accuse ...!* eingriff. Er erkannte die dominierende Rolle der Bourgeoisie auf polit.-wirtschaftl. Gebiet; Großgrundbesitz, Kirche u. Militär bekämpfte er fortan als Grundübel der III. Republik. Er sah Frkr. in zwei Gruppen gespalten, die reaktionäre u. die fortschrittl.-republikan. Dieser Antagonismus erscheint in *Les trois villes* (*Lourdes,* 1894; *Rome,* 1896; *Paris,* 1898) u. *Les quatre évangiles* (*Fécondité,* 1899; *Travail,* 1901; →*Vérité,* Fragment *Justice*). Z.s Vorbild, gegen das er s. Konzeption des experimentierenden Romans durchsetzen mußte, war Balzac; wie dieser stellt Z. die Gesellschaft s. Zeit im Romanzyklus dar; beide intendieren e. Verwissenschaftlichung der Erzählkunst, Z. jedoch von e. mehr determinist. Position aus (als Leitbilder wählte er Claude →Bernard u. H. →Taine). Dabei sah Z. den Menschen weniger ausschließl. als Balzac in sozialen Abhängigkeiten, s. Protagonisten sind vorrangig phys. Wesen u. passen nicht in Balzacs Typologie, die für den sozialist. Realismus grundlegend geworden ist. Darum rangiert Z. schon im bekannten Brief Friedrich Engels' an Miss Harkness vom April 1888 weit unter Balzac. Z.s. Naturalismus brachte aber die Kraft auf, die deprimierende Lebenslage der Arbeiter u. Bauern darzustellen; der Autor erkannte erst spät, daß s. determinist. Methoden der Komplexheit der sozialen Welt nicht gerecht wurden. Er hatte stets an der These festgehalten, wonach neues Leben Vernichtung voraussetzt; die Metapher des ›Axthiebs in den Schoß‹ *(La joie de vivre)* veranschaulicht s. Auffassung von Vergehen u. Entstehen, Dunkel und Hell, Alt u. Modern, die typ. Strukturachsen s. Konflikte. Z. wurde 1908 im Panthéon beigesetzt (*Œuvres complètes,* hg. H. Mitterrand XV 1966–70); *Contes et nouvelles,* krA R. Ripoll 1976; *Correspondance* 1978 ff.). E. Ereignis war die Publikation der Materialien, *Carnets d'enquêtes* 1987 durch Henri Mitterand.

A. Wilson, Z. An introductory study of his novels, London 1952; M. Bernard, Z. par lui-même, 1952; Sondernr. Europe Nov.–Dez. 1952; A. Lanoux, Bonjour M. Z., 1954; G. Vanwelkenhuysen, C. Lemonnier et Z., Brüssel 1955; J. H. Mathews, Les deux Z., Genf 1957; R. Ternois, Z. et son temps, 1961; L'atelier de Z., textes ... réunis et présentés par M. Kanes, Genf 1963; J. C. Lapp, Z. before the

Rougon-Macquart, Toronto 1964; H. Suwala, Z. journaliste, 1968; N. Kranowski, Paris dans les romans d' É. Z., 1968; R. Niess, Z., Cézanne and Manet, Ann Arbor 1968; Sondernr. Yale French studies 1969; Ph. Walker, Z., New York 1969; H. Mitterand, Z. livre d'or, 1970; J. Borie, Z. et les mythes ou de la nausée au salut, 1971; C. Becker, Les critiques de notre temps et Z., 1972; A. Dezalay, Lectures de Z., 1973; A. de Lattre, Le réalisme selon Zola, 1975; R. Daus, Z. u. der franz. Naturalismus, 1976; Ch. Bertrand Jennings, L'Eros et la Femme chez Z., 1977; H.-U. Gumbrecht, Z. im histor. Kontext, 1978; R. Ripoll, Réalité et mythe chez Z., II 1981; J. Noiray, Le romancier et la machine I, L'univers de Zola, 1981; P. Brady, Le bouc émissaire chez Z., 1981; P. Müller, Z. 1981; B. Nelson, Z., selective analytical bibliogr., London 1982; ders., Z. and the Bourgeoisie, London 1983; J. Kaempfer, Z. D'un naturalisme pervers, 1989; Cl. Seassau, Z., Le réalisme symbolique, 1989; H. Mitterand, Z., l'histoire et la fiction, 1990; A. Pagès, Z., un intellectuel dans l'affaire Dreyfus, 1991; R. Schober, Der junge Z. zwischen Reklame u. Revolte, Lendemains 68, 1992; H. Troyat, Z., 1992; C. Becker, Z. de A à Z, 1993.

Zyklenroman →Roman-fleuve.

BIBLIOGRAPHIE

I. BIBLIOGRAPHIEN

1. Allgemein und Überblick

G. Lorenz, Unters. zu lfden. Bibl. auf dem Gebiet der Romanistik, 1970 – K. Schreiber, Bibl. lfder. Bibl. zur roman. Lit.wiss., 1971 – G. A. Zischka, Index lexicorum. Bibl. der lexikal. Nachschlagewerke, Wien 1959 – L.-N. Malclès, Manuel de bibl., ²1969 – O. Lorenz u. a., Catalogue général de la librairie frçe., 1877 ff. – Zs. für roman. Philologie. Supplementhefte Bibl. 1878 ff. – Catalogue général des livres imprimés de la BN, 1897 ff. – The years's work in mod. language studies, Oxford (später Cambridge) 1931 ff. – La librairie frçe., 1931 ff. – Biblio, 1934 ff. – Bibl. de la France, 1943 ff. (wöchentl. Erscheinungsweise).

2. Französisch

Ch. B. Osburn, Research and reference guide to French studies, Metuchen/N. J. ²1981 – D. C. Cabeen (General editor), A critical bibliography of French literature. 1: The medieval period, hg. U. T. Holmes, Syracuse ²1952; 2: The sixteenth century, hg. A. H. Schutz, ebd. 1956; 3: The seventeenth century, hg. N. Edelman, ebd. 1961; 4: The eighteenth century, hg. G. R. Havens/D. F. Bond, ebd. 1951, Supplement hg. R. A. Brooks, ebda. 1968 – Studi francesi (mit ›Rassegna bibliografica‹) 1957 ff. – H.-W. Klein, Französisch. E. krit. Bibl. für Lehrende und Studierende, 1960 – O. Klapp, Bibl. der franz. Lit.wiss., 1960 ff. – Roman. Bibl., 1961 ff. – P. Langlois/A. Mareuil, Guide bibliogr. des études littéraires, ³1965 – R. Rancœur, Bibl. de la littérature frçe. du moyen âge à nos jours, 1967 ff. (vgl. auch die lfde. Bibl. in der Revue d'histoire litt. de la France) – R. Trousson, Encyclopédie de la philologie romane. Partie littéraire. Répertoire bibliogr., Brüssel 1968– R. Federn, Répertoire bibliogr. de la littérature frçe. des origines à nos jours, avec une préface de R. de Gourmont, New York ²1968 – H. F. Raux, Répertoire de la presse et des publications périodiques frçes., ⁴1968 – A comprehensive bibliography of French language and literature ..., New York 1969 – Répertoire analytique de littérature frçe., Bordeaux 1970 ff. – P. Ronge, Studienbibl. Franz., II 1971 – G. u. G. R. Gabel, La littérature frçe. (Bibl. zur Romanistik: Diss.), 1981 – R. Kempton, French literature. An annotated guide to select bibl., New York 1981 – B. Beugnot/J. M. Moureaux, Manuel bibliographique des études littéraires, 1982 – H. G. Hall, A critical bibl. of French lit., Syracuse 1983.

3. Epochen

R. Bossuat, Manuel bibliogr. de la littérature frçe. du moyen âge, Melun 1951, Supplément 1955, 1961 – B. Woledge, Bibl. des romans et nouvelles en prose frçe. antérieurs à 1500, Genf 1954 – B. Woledge/H. P. Clive, Répertoire des plus anciens textes en prose frçe. depuis 842 jusqu'aux prem. années du XIIIᵉ siècle, Genf 1964 – M. Françon, Guide bibliogr. pour servir à l'étude de l'histoire litt. en France aux XIVᵉ et XVᵉ siècles, Cambridge 1941 – G. Brunet, La France littéraire au XVᵉ siècle. Catalogue raisonné des ouvrages en tout genre ..., Genf ²1967 – A. Cioranesco, Bibl. de la littérature frçe. du 16ᵉ siècle, 1959 – Bibl. internationale de l'Humanisme et de la Renaissance, Genf 1965 ff. – G. Lanson, Manuel bibliogr. de la littérature frçe. moderne, XVIᵉ, XVIIᵉ, XVIIIᵉ et XIXᵉ siècles, ³1931 – J. Giraud, Manuel de bibl. littéraire pour les XVIᵉ, XVIIᵉ et XVIIIᵉ siècles français. 1921–35, 1939; 1936–45, 1956; 1946–55, 1970 – Bibliographie of French seventeenth century studies, 1953 ff. – A. Cioranescu, Bibl. de la littérature frçe. du 17ᵉ siècle, III 1965–66 – ders., Bibl. de la littérature frçe. du XVIIIᵉ siècle, III 1969–70 – The 18th century. A current bibliography for 1970, Iowa 1971 – A. Monglond, La France révolutionnaire et impériale. Annales de bibl. méthodique et descriptive des livres illustrés, Grenoble/Paris 1930 ff. – J.-M. Quérard, La France littéraire ou dictionnaire bibliogr. des savants, historiens et gens de lettres de la France ... plus particulièrement pendant les XVIIIᵉ et XIXᵉ siècles, XII 1827–64, Reprint 1964 – Bibl. de l'Empire français, III 1813 – M. Escoffier, Le mouvement romantique 1788–1850. Essai de bibl. synchronique et méthodique, 1934 – French VI, 19th century French literature bibl., New York 1962–69 – H. Talvart/J. Place/G. Place, Bibl. des auteurs modernes de langue frçe. (1801 ff.), Paris 1928 ff. – H. P. Thieme, Bibl. de la littérature frçe. de 1800 à 1930, III 1933, Supplément hg. S. Dreher/M. Rolli Lille/Genf 1948, M. L., Drevet ebda. 1954 – French XX bibliography. Critical and biograph. references for the study of French literature since 1885, 1949 ff. – J. M. Place/A. Vasseur, Bibl. des revues et journaux littéraires des 19e et 20e siècles, II 1973 f. – D. W. Alden/R. A. Brooks, A critical bibl. of French literature. The 20th century, Syracuse III 1980 – J. Jurt/M. Ebel/U. Erzgräber, Franz.sprach. Gegenwartslit. 1918–87, 1989.

4. Gattungen

L. Petit de Julleville, Répertoire du théâtre comique en France au moyen âge, 1886 – A. Jeanroy, Bibl. sommaire des chansonniers frç. du moyen âge, 1918 – C. J. Stratman, Bibliography of Medieval drama, Berkeley 1954 – Ph. Kolb, Bibl. des franz. Buches im 16. Jh., 1971 – W. F. Jekel de Jongh, A bibliography of the novel and short story in French from the beginning of printing till 1600, Albuquerque 1944 – R. W. Baldner, Bibliography of seventeenth-century French prose fiction, New York 1967 – Catalogue collectif des périodiques du début du XVIIe siècle à 1939, 1967 ff. – S. P. Jones, A list of French prose fiction from 1700–50, with a brief introduction, New York 1939 – C. D. Brenner, A bibliogr. list of plays in the French literature 1700–89, Berkeley 1947 – R. Estivals, La statistique bibliogr. de la France sous la monarchie au XVIIIe siècle, Den Haag 1965 – H. Hatzfeld/Y. Le Hir, Essai de bibl. critique de stylistique frçe. et romane (1955–60), 1961 – P. Delarue/M.-L. Tenéze, Le conte populaire frç. Catalogue raisonné …, 1957 ff. – Serie von Bibl. zur Gattungspoetik in ZfSL 1972 ff. – K. V. Sinclair, French devotional texts … a bibl., London 1982.

5. Frankophonie

J.-M. Culot/R. Brucher u. a., Bibl. des écrivains frç. de Belgique, Brüssel 1958 ff. – Ch. Vandenberghe-Robert, Répertoire des périodiques littéraires frç. de Belgique, 1830–80, Brüssel 1964 – J. E. Hare, Bibl. du roman canadien-frç. 1837–1962, Montréal 1965 –J. Arnaud u. a., Bibl. de la littérature nord-africaine d'expression frçe. 1945–62, 1965 – J. Jahn, Die neoafrikan. Lit. Gesamtbibl. von den Anfängen bis zur Gegenwart, 1965 – A. Viatte, La Francophonie, 1969.

II. LEXIKA

1. Lexikographie, Biographie, Enzyklopädie

J. et Cl. Dubois, Introduction à la lexicographie: Le dictionnaire, 1971 – Brockhaus Enzyklopädie in 20 Bden., 1966 ff. – Grand Larousse encyclopédique, X 1960–64, Supplément 1968 – P. Grimal, Dictionnaire des biographies, II 1958 – J. Michaud, Biographie universelle ancienne et moderne, XLV 1843–65 – J. Ch. F. Hofer, Nouvelle biographie générale …, XLVI 1853–66 – Nouveau dictionnaire national des contemporains, 1961 ff. – Who is who in France, 1981 ff. – B. Schmidt u. a., Frkr.-Lexikon, II 1981 ff. – Der Frkr. Brockhaus, 1982 – A. Rey, Encyclopédies et dictionnaires, 1982.

2. Geschichte, Mythologie

H. Coston, Dictionnaire de la politique frçe., 1967 – B. Melchior-Bonnet, Dictionnaire de la Révolution et de l'Empire, 1965 – J. Hillairet, Dictionnaire histor. des rues de Paris, 1966 –

J. Matignon/D. Hollier u. a., Nouveau dictionnaire de citations frçes., 1970 – H. Hunger, Lexikon der griech. und röm. Mythologie, mit Hinweisen auf das Fortwirken antiker Stoffe u. Motive ..., Wien [6]1969 – P. Grimal, Dictionnaire de la mythologie grecque et romaine, [4]1969 – R. Reichhardt/E. Schmitt, Handbuch polit.-sozialer Grundbegriffe in Frkr. 1680–1820, 1985 ff. – F. Châtelet/O. Duhamel/E. Pisier (Hg.), Dictionnaire des œuvres politiques, 1986.

3. Sprachwörterbücher

A. Tobler/E. Lommatzsch, Altfranz. Wörterbuch, 1925 ff. – W. v. Wartburg, Franz. etymolog. Wörterbuch, 1928 ff. – F. Godefroy, Dictionnaire de l'ancienne langue frçe. et de tous les dialectes du IXe au XVe siècle, X 1880–1902, Reprint Vaduz/New York 1961 – J. Dubois/R. Lagane, Dictionnaire de la langue frçe. classique, 1960 – P. Robert, Dictionnaire alphabétique et analogique de la langue frçe. Les mots et les associations d'idées, VI 1966; Supplément 1970 – J. Dubois/R. Lagane u. a., Dictionnaire du frç. contemporain, 1966 – O. Bloch/W. v. Wartburg, Dictionnaire étymologique de la langue frçe., [5]1968 – E. Gamillscheg, Etymolog. Wörterbuch der franz. Sprache, [2]1969 – K. Baldinger/J. Gendron/G. Straka, Dictionnaire étymolog. de l'ancien français, 1971 ff. – Grand Larousse de la langue frçe. en six volumes, 1971 ff. – Trésor de la langue frçe., 1972 ff. – Introduction aux dictionnaires les plus importants pour l'histoire du frç. Recueil d'études ... direction de K. Baldinger, 1974 – F. J. Hausmann, Einführung in die Benutzung der neufranz. Wörterbücher, 1977.

4. Lexika der Weltliteratur

Dizionario universale della letteratura contemporanea, Mailand V 1959–63 – Dizionario letterario Bompiani degli autori ..., Mailand III 1956 f. – Dizionario letterario Bompiani delle opere e dei personaggi ..., Mailand IX 1960 f.; Appendix und Index II 1964 ff. – Lexikon der Weltlit. im 20 Jh., II 1960 ff. – P. Clarac (Hg.), Dictionnaire universel des lettres, 1961 – H. Pongs, Das kleine Lexikon der Weltlit., [4]1961 – P. Monnet, Dictionnaire pratique de propriété, 1962 – Dictionnaire de littérature contemporaine, sous la direction de P. de Boisdeffre, [2]1963 – G. v. Wilpert (Hg.), Lexikon der Weltlit., II [3]1988–93 – Kindlers Lit.lexikon, Zürich VII 1965–72 – S. Kienzle, Schauspielführer der Gegenwart, [5]1990 (KTA 369) – W.-D. Lange (Hg.), Krit. Lexikon der roman. Gegenwartslit., 1984 ff. – J. Demougin, Dictionnaire historique, thématique et technique des littératures, 1986 – W. Jens (Hg.), Kindlers Neues Lit.lexikon, XX 1988–92.

5. Lexika der französischen Literatur u. a.

G. Grente u. a., Dictionnaire des lettres frçes. 1951 ff. (bisher: Le moyen âge, 1964 – Le XVIe siècle, 1951 – Le XVIIe siècle, 1954; Le XVIIIe siècle, 1960; Le XIXe siècle A–K, 1971; L–Z, 1972) – S. D. Braun, Dictionnary of French literature, Totowa/N. J. [2]1965 – Sir P. Harvey/J. E. Heseltine, The Oxford companion to French literature, Oxford [3]1966 – F. Simone (Hg.), Dizionario critico della letteratura francese, Turin II 1972 – A. Bourin/J. Rousselot, Dictionnaire de la littérature frçe. contemporaine, 1967 – N. Story, The Oxford companion to Canadian history and literature, Toronto/London/New York 1967 – P. Saie (Hg.), Dizionario della letteratura mondiale del secolo XX, Turin IV 1968 – J. Rousselot, Dictionnaire de la poésie frçe. contemporaine, 1968 – J.-J. Thierry, Dictionnaire des auteurs de la Pléiade, 1960 – J. V. de Lecourt, Dictionnaire des anonymes et pseudonymes, XVe siècle à 1900, 1960 ff. – H. Coston, Dictionnaire des pseudonymes, 1961 – Dictionnaire des auteurs frç., 1967 – P.-L. Mignon u. a., Dictionnaire des hommes de théâtre frç. contemporains, 1967 – Dictionnaire des écrivains pour la jeunesse, 1969 – L. Lesage/A. Yon, Dictionnaire des critiques littéraires. Guide de la critique frçe. du XXe siècle, Pennsylvania 1969 – J. Muller, Dictionnaire abrégé des imprimeurs éditeurs frç. du XVIe siècle, Baden-Baden 1970 – Literaturlexikon, 20. Jh., hg. H. Olles, III 1971 – J. Malignon, Dictionnaire des écrivains frç., 1971 – R. Bellour/J.-J. Brochier, Dictionnaire du cinéma, 1966 – C. Giteau, Dictionnaire des arts de spectacle, 1970

– Dictionnaire des œuvres de tous les temps et de tous les pays, V 1955 – Dictionnaire biogr. des auteurs de tous les temps et de tous les pays, II 1957–58 – Dictionnaire des personnages littéraires et dramatiques de tous les temps et de tous les pays, ²1963 – F. Flutre, Table des noms propres avec toutes leurs variantes figurant dans les romans du moyen âge . . ., 1962 – J. M. H. Reid (Hg.), The Concise Oxford dictionnary of French literature, London 1976 – K. Engelhardt/V. Roloff, Daten der franz. Lit., II 1979 – G. Jourdain/Y.-A. Favre, Dictionnaire des auteurs de langue frçe., 1980 – H. Lemaître, Dictionnaire de littérature frçe. et francophone, 1981 – F. Pic, Dictionnaire des pseudonymes de la littérature occitane, Béziers 1981 – J. P. de Beaumarchais, D. Couty, A. Rey, Dictionnaire des littératures de langue frçe., IV 1984–87 – M. Naumann (Hg.), Lexikon der franz. Lit., 1987 – J. Sgard, Dictionnaire des journaux 1600–1789, 1991 – G. Hasenohr/M. Zink (Hg.), Le moyen âge (= Neubearbeitung von Grente, Bd. 1, 1964), 1992 – A. Kom (Hg.) Dictionnaire des œuvres littéraires négroafricaines de langue frçe. des origines à 1978, Sherbrooke 1983.

6. Sachwörterbücher

W. V. Ruttkowski/E. Blake, Lit.wörterbuch, Bern 1969 – G. v. Wilpert, Sachwörterbuch der Lit., ⁷1989 (KTA 231) – Kleines lit. Lexikon, hg. H. Rüdiger/E. Koppen, ⁴1969 ff. – Dictionnaire international des termes littéraires, sous la direction de R. Escarpit, Bern 1979 ff. – C. Aziza u. a., Dictionnaire des figures et personnages, 1981 – O. Best, Handbuch lit. Fachbegriffe, 1986 – W. Habicht/W.-D. Lange (Hg.), Der Lit.-Brockhaus, III 1988 – R. Hess/G. Siebenmann/M. Frauenrath/T. Stegmann, Lit.wiss. Wörterbuch für Romanisten, ³1989.

III. ALLGEMEINE DARSTELLUNGEN

1. Kulturgeschichte

W. v. Wartburg, Die Entstehung der roman. Völker, ²1951 – Handbuch der Frkr.kunde, ³1962 – St. Suchanek-Fröhlich, Kulturgeschichte Frkr.s, 1966 – W. Mönch, Frkr.s Kultur, Tradition und Revolte, 1972 – K. Hänsch, Frkr., 1973 – Ch. Beaumont Wicks, The parisian stage, Alabama V 1950–79 – N. Elias, Die höf. Gesellschaft, 1969 – C. Bellanger u. a., Histoire générale de la presse frçe., V 1969–76 – J. Voß, Das MA im histor. Denken Frkr.s, 1972 – F. Furet/J. Ozouf, Lire et écrire, II 1977 – R. Mandrou, Histoire des protestants en France, 1977 – R. Pernoud, Pour en finir avec le Moyen Age, 1977 – dies., La femme au temps des cathédrales, 1980 – I. Mieck, Die Entstehung des modernen Frkr. 1450–1610, 1982 – M. Erbe, Gesch. Frkr.s von der Großen Revolution bis zur 3. Republik, 1982 – G. Duby, Les trois ordres ou l'imaginaire du féodalisme, 1978 – ders., Le chevalier, la femme et le prêtre, 1981 – J. Lough, Writer and public in France, Oxford 1978 – P.-M. de La Gorce, Apogée et mort de la IVᵉ République, 1979 – H. Hamon/P. Rotman, Les intellocrates, 1981 – G. Heller, Un allemand à Paris, 1981 – B. Didier, Ecriture-femme, 1981 – C. Nicolet, L'idée républicaine en France, 1982 – Histoire de France, sous la direction de G. Duby, III 1982 – M. Yardeni (Hg.), Modernité et non-conformisme en France à travers les âges, Leyden 1983 – J. Flower, Literature and the Left in France, London 1983 – H.-J. Martin/R. Chartier (Hg.), Histoire de l'édition frçe., III 1985 – R. Chartier, Lectures et lecteurs dans la France d'Ancien Régime, 1987 – L. Versini (Hg.), La vie intellectuelle, Nancy 1988 – D. Roche, La culture des apparences. Une histoire du vêtement, 1989 – ders. u. J. Delumeau, Histoire des pères et de la paternité, 1990 – G. Hirschfeld / P. Marsh (Hg.), Collaboration in France, Oxford 1989 – Henri Amouroux, Les règlements de comptes, 1944–1945, 1991 – R. Darnton, Edition et sédition (VIIIᵉ siècle), 1991 – M. Jeismann, Das Vaterland der Feinde. Stud. zum nationalen Feindbegriff u. Selbstverständnis in Dtld. und Frkr. 1792–1918, 1992 – P. Birnbaum, La France aux français. Histoire des haines nationalistes, 1993 – F.-J. Albersmeier, Theater, Film u. Lit. in Frkr., 1992.

2. Romanische Philologie

G. Rohlfs, Einführung in das Stud. der roman. Philologie, Bd. 1, ²1966 – R. Rohr, Einführung in das Stud. der Romanistik, ²1968 – E. Auerbach, Introduction aux études de philologie romane, ³1965 – J. Grimm u. a., Einführung in die franz. Lit.wiss., 1976 – W.-D. Lange (Hg.), Einführung in das Studium der franz. Lit.wiss., 1979.

3. Literaturtheorie

R. Wellek/A. Warren, Theory of literature, London ³1966 – E. Auerbach, Mimesis, ⁵1971 – J. Hytier, Questions de littérature, Genf 1967 – R. Escarpit (Hg.), La littérature et le social. Éléments pour une sociologie de la littérature, 1970 – H. Friedrich, Aufsätze 1 – Frkr., 1972 – J. Pérus, Méthodes et techniques de travail en histoire littéraire, 1972 – H. Dontenville, Mythologie frçe., ²1973 – R. Jakobson, Questions de poétique, 1973 – W. Benjamin, Das Kunstwerk im Zeitalter s. techn. Reproduzierbarkeit, 1963 – ders., Über Lit., 1969 – E. Köhler, Esprit und arkad. Freiheit, ²1973 – ders., Der lit. Zufall, das Mögliche und die Notwendigkeit, 1973 – H. R. Jauß (Hg.), Die nicht mehr schönen Künste, 1968 – ders., Nachahmung und Illusion, Kolloquium Gießen 1963, ²1969 – ders., Lit.geschichte als Provokation, 1970 – Tel Quel, Théorie d'ensemble, 1968 – F. J. Raddatz, Marxismus und Lit., III 1969 – V. Žmegač, Marxist. Lit.kritik, 1970 – P. Macherey, Pour une théorie de la production littéraire, ²1970 – W. Krauss, Essays zur franz. Lit., 1968 – ders., Grundprobleme der Lit.wiss. Zur Interpretation lit. Werke, 1968 – ders., Werk und Wort. Aufsätze zur Lit.wiss. und Wortgeschichte, 1972 – J. Trabant, Zur Semiologie des lit. Kunstwerks, 1970 – M. Hardt, Poetik u. Semiotik, 1976 – A. Sparmacher, Narrativik u. Semiotik, 1981 – M. Naumann (Hg.), Gesellschaft, Lit., Lesen, 1975 – M. Bal, Narratologie, 1977 – F. K. Stanzel, Theorie des Erzählens, 1979 – H. R. Jauß, Ästhetische Erfahrung u. lit. Hermeneutik 1, 1977 – J. Strelka, Methodologie der Lit.wiss., 1978 – M. H. Abrams, Spiegel u. Lampe, 1978 – M. Riffaterre, La production du texte, 1979 – Les sujets de l'écriture, textes réunis par J. Decottignies, Lille 1981 – Théorie de la littérature, présenté par A. Kibédi Varga, 1981 – M. Robert, La vérité littéraire, 1981 – J. Molino/N. Tamine, Introduction à l'analyse linguistique de la poésie, 1982 – G. Genette, Palimpsestes. La littérature au second degré, 1982 – ders., Nouveau discours du récit, 1983 – R. Hess, Die Theorie der mod. Erzählung in den roman. Lit., Festschrift G. Siebenmann, 1983 – P. Ricœur, Temps et récit, III 1983–85 – M. Angenot/J. Bessière/D. Fokkema/E. Kushner (Hg.), Théorie littéraire, 1988 – J.-M. Schaeffer, Qu'est-ce qu'un genre littéraire, 1989 – Sondernr. ZfSL C, 1990 – M. Pierrsens, Savoirs à l'œuvre. Essais d'épistémocritique, Lille 1990 – P. Brunel, Mythocritique, 1992.

4. Linguistik, Komparatistik, Rhetorik, Poetik

W. Bahner, Kurze Bibl. für das Stud. der roman. Sprachwiss. mit bes. Berücksichtigung des Franz., 1962 – H. Fromm, Bibl. dt. Übs. aus dem Franz. 1700–1948, VI 1950–53 – F. Baldensperger/W. P. Friederich, Bibliography of comparative literature, New York ²1960 – M. Horn-Monval, Répertoire bibl. des traductions et adaptations frçes. du théâtre étranger du XVᵉ siècle à nos jours, IX 1958–67 – H. Morier, Dictionnaire de poétique et de rhétorique, 1961 – A. F. Scott, Current literary terms. A concise dictionary of their origin and use, London 1965 – Ph. Martinon/R. Lacroix de l'Isle, Dictionnaire des rimes frçes., 1962 – P. Desfeuilles, Dictionnaire des rimes, 1967 – I. Braak, Poetik in Stichworten, ³1969 – H. Lausberg, Handbuch der lit. Rhetorik, II 1960 – ders., Elemente der lit. Rhetorik, ²1963 – J. Charpentreau u. a., Le livre et la lecture en France, 1968 – R. Brun, Le livre frç., 1969 – L. Spitzer, Études de style, 1970 – A. Kibédi Varga, Rhétorique et littérature, 1970 – P. Guiraud/P. Kuentz, La stylistique, 1970 – T. Todorov, Poétique de la prose, 1971 – H. Weinrich, Lit. für Leser, 1971 – L. Pollmann, Lit.wiss. und Methode, II 1971 – G. Poulet, La conscience critique, 1971 – E. Noulet, Le ton poétique, 1971 – M. Riffaterre, Essais de stylistique structurale, 1971 – W.-D. Stempel (Hg.), Beiträge zur Textlinguistik, 1971 – G. Schiwy, Der franz. Strukturalismus, 1969 – ders., Neue Aspekte des Strukturalismus, 1971 – Y. Le Hir, Styles, 1972 – J. Link, Lit.wiss. Grundbegriffe, 1974 – F.-R. Hausmann u. a. (Hg.), Franz. Poetiken, II 1975 – J. Proust, L'objet et le texte, Genf 1980 – J. M.

Lotman, Die Struktur lit. Texte, ²1981 – P. Ricoeur, La métaphore vive, 1975 – R. Behrens, Problemat. Rhetorik, 1982 – W. G. Müller, Topik des Stilbegriffs, 1981 – B. Johnson, The critical difference, Essays in the contemporary rhetoric of reading, 1981.

5. Themen und Stoffe

J. Calvet, Les types universels dans la littérature frçe., II 1928 – ders., L'enfant dans la littérature frçe., II 1930 – E. Frenzel, Stoffe der Weltlit., ⁸1992 (KTA 300) – M. Kesting, Vermessung des Labyrinths, 1965 – P. Albouy, Mythes et mythologies dans la littérature frçe., 1969 – M. Fuhrmann (Hg.), Terror und Spiel. Probleme der Mythenrezeption, 1971 – P. Gaillard, Le mal de B. Pascal à B. Vian, 1971 – E. Hesse-Fink, Études sur le thème de l'inceste dans la littérature frçe., Bern 1971 – J. B. Barrère, L'idée du goût de Pascal à Valéry, 1972 – P. Brunel, Le mythe de la métamorphose, 1974 – D. Thoss, Stud. zum locus amoenus im MA, Wien 1974 – A. Dabezies, Visages de Faust au 20ᵉ siècle, 1967 – J. Gillet, Le paradis perdu ... de Voltaire à Chateaubriand, 1975 – M.-L. Dufrenoy, L'Orient romanesque en France, Amsterdam III 1946–75 – M.-H. Huet, Le héros et son double, 1975 – G. Mathieu-Castellani, Les thèmes amoureux dans la poésie frçe. (1570–1600), 1975 – L. Serrano, Jeux de masques, essai sur le travesti dérisoire ..., 1977 – R. Favre, La mort dans la littérature ... 18ᵉ siècle, Lille II 1977 – M. Albistur/D. Armogathe, Histoire de féminisme frç. du Moyen Age à nos jours, 1977 – J. Eymard, Ophélie ou le narcissisme au féminin ..., 1977 – M. Schmeling, Das Spiel im Spiel, Diss. Saarbrücken 1977 – ders., Métatexte et intertexte, 1982 – M. Nerlich, Kritik der Abenteuer-Ideologie (1100–1750), II 1977 – Ph. Ariès, L'homme devant la mort, 1977 – ders., Images de l'homme devant la mort, 1983 – S. Felman, La folie et la chose littéraire, 1978 – P. Pia, Les livres de l'enfer, bibl. critique des ouvrages érotiques ..., II 1978 – M. Bethlenfalvay, Les visages de l'enfance dans la littérature frçe. du 19ᵉ siècle, Genf 1979 – J.-B. Baronian, Panorama de la littérature fantastique de langue frçe., 1979 – Ch. Mazouer, Le personnage du naïf dans le théâtre comique ..., 1979 – Aimer en France 1760–1860 ... par P. Viallaneix et J. Ehrard, II 1980 – G. Forestier, Le théâtre dans le théâtre ... 17ᵉ siècle, Genf 1981 – R. Trousson, Thèmes et mythes, Brüssel 1981 – N. Reichel, Der Dichter in der Stadt, 1982 – M. Milner, La fantasmagorie, 1982 – R. Girard, Le bouc émissaire, 1982 – La guerre et la paix ... (1925–39), Reims 1983 – Ph. Muray, Le XIXᵉ siècle à travers les âges, 1984 – M.-A. Morita-Clément, L'image de l'Allemagne dans le roman français de 1945 à nos jours, 1985 – J.-P. Aron, Misérable et glorieuse. La femme du XIXᵉ siècle, 1981 – M. Herr, Les tragédies bibliques au XVIIIᵉ siècle, 1988 – F. Richard, L'anarchisme de droite dans la littérature contemporaine, 1988 – Festschrift J. Truchet: Thèmes et genres littéraires au XVIIᵉ et XVIIIᵉ siècle, 1992.

6. Literaturgeschichte im Überblick

E. v. Jan, Französische Literaturgeschichte in Grundzügen, ⁶1967 – J. O'Brien, The French literary horizon, New Brunswick 1967 – M. Girard, Guide illustré de la littérature frçe. moderne, 1968 – E. Bouvier/P. Jourda, Guide de l'étudiant en littérature frçe., ⁶1968 – P. Fraiture, Aperçu de l'histoire de la littérature frçe., Lüttich ²1968 – A. Chassang/Ch. Senninger, Les grandes dates de la littérature frçe., 1969 – P. Brunel/D. Huisman, Introduction à la littérature frçe., 1969 – J. Theisen, Geschichte der franz. Lit., ⁶1982 – P. Abraham/R. Desné, Le manuel d'histoire littéraire de la France, III 1969 – Franz. Lit. im Überblick, dt. Bearbeitung von e. Kollektiv unter Leitung von R. Schober, 1970 – Histoire littéraire de la France. Ouvrage commencé par des religieux bénédictins ... et continué par des membres de l'Institut, 1733 ff. – K. Wais, Franz. Marksteine von Racine bis Saint-John Perse, 1958 – Littératures frçes., connexes et marginales, publiées sous la direction de R. Queneau, ²1978 – Neuf siècles de littérature frçe. des origines à nos jours, 1958 – Storia delle letterature moderne ... dir. da C. Pellegrini I: Letteratura provenzale. Letteratura francese, Mailand 1958 – J. Vier, Histoire de la littérature frçe., 1959 ff. – R. Jasinski, Histoire de la littérature frçe., nouvelle éd. revue et complétée 1966 – P. Guth, Histoire de la littérature frçe., 1967 ff. – A. Adam u. a., Littérature frçe., II 1967–68 – Franz. Lit. von Ronsard bis Rousseau und von Beaumarchais bis Camus, hg. D. Steland II 1968 f. – C. Pichois (Hg.), Littérature frçe., XVI 1968–79 – P. Bornecque/J.-H.

Borneque, La France et sa littérature, Lyon ³1968 ff. – French literature and its background, hg. J. Cruickshank, London VI 1968–79 – Histoire de la littérature frçe. Sous la direction de J. Roger et J.-Ch. Payen, 1969 ff. – Histoire littéraire de la France, sous la direction générale de P. Abraham et R. Desné, XII 1973 ff. – L. Pollmann, Geschichte der franz. Lit., 1974 ff. – H.-J. Lope, Franz. Lit.gesch., 1978 – P. Brockmeier/H. H. Wetzel (Hg.), Franz. Lit. in Einzeldarstellungen: Von Rabelais bis Diderot, Von Stendhal bis Zola, Von Proust bis Robbe-Grillet, III 1981 f. – H. Mitterand (Hg.), Littérature. Moyen âge – XVIᵉ siècle, 1988 – J. Grimm (Hg.), Franz. Lit.gesch., 1989 – M. Zimmermann, Periodisierungsprobleme der neueren franz. Lit.gesch., 1920–50, Le Français aujourd'hui, 1992.

7. *Frankophonie, Neue Romania*

G. Tougas, Les écrivains d'expression frçe. et la France, 1973 – A. Viatte, Histoire comparée des littératures francophones, 1980 – J. de Caluwé, Textes litéraires frç. de Belgique, 1974 – A. Jans (Hg.), Lettres vivantes. Deux générations d'écrivains frç. en Belgique, 1975 – R. Frickx/J. Muno, Littérature frçe. de Belgique, 1979 – M. Quaghebeur u. a., Alphabet des Lettres belges de langue frçe., Brüssel 1982 – M. Gsteiger, Zur Lit. der franz. Schweiz, 1968 – R. de Courten, Bibliothèque nationale suisse. Bibl. des Lettres romandes, Lausanne 1982 ff. – R. Duhamel, Manuel de littérature canadienne-frçe., Montréal 1967 – J. Nantet, Panorama de la littérature noire d'expression frçe., 1972 – J. Déjeux, Bibl. méthodique et critique de la littérature algérienne de langue frçe. 1945–77, Algier 1981 – J.-G. Prosper, Histoire de la littérature mauricienne de langue frçe., 1978 – S. F. Baridon/R. Philoclète, Poésie vivante d'Haïti, 1978 – R. Cornevin, Littérature d'Afrique noire de langue frçe., 1976 – A. Gérard, Etudes de littérature africaine francophone, Dakar-Abidjan 1977 – J. Rancourt, Poètes et poèmes (Afrique noire ... depuis 1950), Thèse 1981 – J. v. Stackelberg, Klass. Autoren des schwarzen Erdteils, 1981 – A. Kom (Hg.), Dictionnaire des œuvres littéraires négro-africaines ..., Sherbrooke 1983.

8. *Metrik*

W. Th. Elwert, Franz. Metrik, ²1966 – F. Deloffre, Le vers frç., 1969 – R. Baehr, Einführung in die franz. Verslehre, 1970 – P. Guiraud, La versification, 1970 – U. Mölk/F. Wolfzettel, Répertoire métrique de la poésie lyrique frçe. des origines à 1350, 1972 – M. Gauthier, Système euphonique et rythmique du vers frç., 1974 – J. Mazaleyrat, Eléments de métrique frçe., 1974 – J. Roubaud, La vieillesse d'Alexandre, 1978 – C. Scott, French verse art, Cambridge 1980 – B. de Cornulier, Théorie du vers, 1982.

9. *Geschichte von Doktrinen und Gattungen*

Ph. Van Tieghem, Les grandes doctrines littéraires en France, de la Pléiade au surréalisme, ⁸1968 – K. W. Hempfer, Gattungstheorie, 1973 – W. Hinck (Hg.), Textsortenlehre – Gattungsgesch., 1977 – F. Nies (Hg.), Genres mineurs, 1978 – Le genre, Colloque 1979, 1981 – H. Weber, Das Gattungssystem der franz. Frühaufklärung, 1680–1750, 1983.

Epos, Moralistik: L. Pollmann, Das Epos in den roman. Lit., 1966 – H. R. Jauß, La littérature didactique, allégorique et satirique, II 1968–70 – T. Todorov, Introduction à la littérature fantastique, 1970 – M. Lobet, Écrivains en aveu. Essai sur la confession littéraire, 1962 – Ph. Lejeune, L'autobiographie en France, 1971 – G. Bauer (Hg.), Les moralistes frç., 1962 – Die franz. Moralisten, übersetzt und eingeleitet von F. Schalk, ⁴1962 ff. – K. Werner, Die Gattung des Epos nach italien. u. franz. Poetiken des 16. Jh.s, 1977.

Drama: P. Voltz, La comédie, 1964 – M. Lioure, Le drame, ²1966 – J. Morel, La tragédie, ³1968 – J. v. Stackelberg (Hg.), Das franz. Theater vom Barock bis zur Gegenwart, II 1968 – R. Lebègue, Etudes sur le théâtre frç., II 1977 f. – M. Descotes, Histoire de la critique dramatique en France, 1980 – K. Schoell, Die franz. Kom., 1983 – G. Wickam, The medieval theater, New York 1974 – K. Schoell, Das kom. Theater des franz. MA, 1975 – J. C. Aubailly, Le théâtre médiéval profane et comique, 1976 – C.-A. Chevallier (Hg.), Théâtre comique au moyen âge, 1982 – R. W. Vince,

Ancient and medieval theatre, 1984 – ders., Renaissance theatre, 1984 – M. Lazard, Le théâtre en France au 16ᵉ siècle, 1980 – G. Versini, Le théâtre frç. depuis 1900, 1970 – P. Larthomas, Le théâtre en France au 18ᵉ siècle, 1980 – K. Heitmann, Das franz. Theater des 16. u. 17. Jh.s, 1977 – J. Duvignaud/J. Lagoutte, Le théâtre contemporain, 1974 – C. Godard, Le théâtre depuis 1968, 1980 – W. Pabst (Hg.), Das mod. franz. Drama, 1971 – R. Daus, Das Theater des Absurden in Frkr., 1977 – M. Corvin, Le théâtre nouveau en France, [5] 1980 – M. Borie, Mythe et théâtre aujourd'hui, 1981 – K. A. Blüher (Hg.), Mod. franz. Theater, 1982 – J. Grimm, Das avantgardist. Theater Frkr.s 1895–1930, 1982 – J.-M. Thomasseau, Le mélodrame, 1984.

Lyrik: R. Champigny, Le genre poétique, Monte-Carlo 1963 – A. Kibédi Varga, Les constantes du poème. A la recherche d'une poétique dialectique, 's-Gravenhage 1963 – K. Wais (Hg.), Doppelfassungen franz. Lyrik von Marot bis Valéry, [2]1963 – J. Moulin, La poésie féminine, II 1963–66 – J.-Ch. Payen/J.-P. Chaveau, La poésie des origines à 1715, 1968 – K. Wais (Hg.), Interpretationen franz. Gedichte, 1970 – K. Pestalozzi, Die Entstehung des lyr. Ich. Stud. zum Motiv der Erhebung in der Lyrik, 1970 – Sprachen der Lyrik, Festschr. H. Friedrich, 1975 – H. Hinterhäuser (Hg.), Die franz. Lyrik (Villon – Gegenwart), II 1975 – R. Sabatier, Histoire de la poésie frçe., VII 1975–82 – W. Pabst (Hg.), Die mod. franz. Lyrik, 1976 – ders., Franz. Lyrik des 20. Jh.s, 1983 – P. Bec, La lyrique frçe. au moyen âge, 1977 – R. W. Linker, A bibl. of old French lyrics, 1979 – H. Spanke, Stud. zur latein. u. roman. Lyrik des MA, hg. U. Mölk 1983 – H. Lafay, La poésie frçe. du ... 17ᵉ siècle, 1975 – H. A. Stavan, Le lyrisme dans la poésie frçe. de 1760–1820, 1976 – P. Flottes, Histoire de la poésie politique et sociale en France 1815–1939, 1976 – D. Rincé, La poésie frçe. du 19ᵉ siècle, 1977 – J. Kristeva, La révolution du langage poétique ..., 1974 – M. A. Caws, The inner theater of recent French poetry, Princeton 1977 – Sondernr. Critique 386/7, 1979.

Roman: H. Coulet, Le roman jusqu'à la Révolution, 1967 – M. Raimond, Le roman depuis la Révolution, 1981 – K. Heitmann (Hg.), Der franz. Roman vom MA bis zur Gegenwart, II 1975 – W. Krömer (Hg.), Die franz. Novelle, 1976 – W. Engler, Gesch. des franz. Romans. Von den Anfängen bis Marcel Proust, 1982 (KTA 346) – M. Zéraffa, Roman et société, 1976 – J. Decottignies, L'écriture de la fiction, 1979 – J.-P. Goldenstein, Pour lire le roman, 1980 – H. Mitterand, Le discours du roman, 1980 – H. Sanders, Institution Lit. u. Roman, 1981 – M. Robert, En haine du roman, 1982 – E. Ruhe/R. Schwaderer (Hg.), Der altfranz. Prosaroman, 1979 – J. v. Stackelberg, Von Rabelais bis Voltaire, 1970 – G. Molinié, Du roman grec au roman baroque, Toulouse 1982 – M. Lever, Bibl. de la fiction narrative en prose au XVIIᵉ siècle, 1976 – ders., Le roman frç. au XVIIᵉ siècle, 1981 – J. Serroy, Roman et réalité. Les histoires comiques du 17ᵉ siècle, 1981 – A. Martin u. a., Bibl. du genre romanesque frç. 1751–1800, London 1977 – A. Weinstein, Fiction of the Self 1550–1800, Princeton 1981; V. G. Mylne, The 18ᵗʰ-century French novel, Cambridge [2]1981 – D. Hornig, Aspekte des franz. Desillusionsromans, Wien 1980 – H. Pfeiffer, Roman u. histor. Kontext (Roman um 1857), 1983 – C. Witkowski, Monographie des éditions populaires, 1848–70, 1980 – H.-J. Neuschäfer, Populärromane im 19. Jh., 1976 – R. Fortassier, Le roman frç.au 19ᵉ siècle, 1982 – F. Wolfzettel (Hg.), Der franz. Sozialroman des 19. Jh.s, 1981 – M. Mercier, Le roman féminin, 1976 – P. Ajamé/M. Brucker, 300 héros et personnages du roman frç. D'Atala à Zazie, 1981 – P. Ajamé, 300 héros du roman frç. II: Du roi Arthur à Zadig, 1982 – R. Galle, Geständnis u. Subjektivität, 1986 – B. Steinwachs, Epochenbewußtsein u. Kunsterfahrung, 1986 - B. Winklehner, Legitimationsprobleme e. Gattung. Zur Romandiskussion des 17. Jh. s., 1989 – V. Žmegač, Der europ. Roman. Geschichte s. Poetik, 1990.

Kritik: R. Wellek, A. history of modern criticism: 1750–1950, New Haven 1955 ff. – N. Oxenhandler (Hg.), French literary criticism, London 1966 – P. Moreau, La critique littéraire en France, 1967 – W. Fowlie, The French critic. 1549–1967, Carbondale/Edwardsville 1968 – B. Pivot, Les critiques litteraires, 1968 – P. H. Nurse (Hg.), The art of criticism. Essays in French literary analysis, Edingburgh 1969 – J. Starobinski, La relation critique, 1970 – W.-D. Lange (Hg.), Franz. Lit.kritik der Gegenwart in Einzeldarstellungen, 1975 (KTA 445) – D. Hoeges, Lit. u. Evolution. Stud. zur franz. Lit.kritik im 19. Jh., 1980 – F. Wolfzettel, Einführung in die franz. Lit.gesch.schreibung, 1982 – J. Altwegg / A. Schmidt, Franz. Denker der Gegenwart, 1987 – J.-Y. Tadié, La critique litteraire au XXᵉ siècle, 1987.

10. Periodica

Arcadia – Archiv für das Studium der neueren Sprachen und Literaturen – Archives des Lettres modernes – Beiträge zur Romanischen Philologie – Bulletin critique du livre français – Bulletin des jeunes romanistes – Comparative Literature – Critique – Dix-huitième Siècle – XVIIe Siècle – The French Review – French Studies – Germanisch-Romanische Monatsschrift – Kritikon Litterarum – Lendemains – Les Lettres Romanes – Littérature– Neophilologus – Die Neueren Sprachen – Nottingham French Studies – Œuvres et Critiques – Poetica – Poétique – Publications of the Modern Language Association of America – Praxis des neusprachlichen Unterrichts – Répertoire analytique de littérature française – Revue de littérature comparée – Revue des Lettres modernes – Revue des Sciences Humaines – Revue d'histoire littéraire de la France – Revue romane – Romance Notes – Romance Philology – Romania – The Romanic Review – Romanische Forschungen – Romanistisches Jahrbuch – Romanistische Zeitschrift für Literaturgeschichte – Romantisme – Studi Francesi – Tel Quel – Travaux de Linguistique et de Littérature – Yale French Studies – The Year's Work in Modern Language Studies – Zeitschrift für französische Sprache und Literatur – Zeitschrift für Literaturwissenschaft und Linguistik – Zeitschrift für romanische Philologie. (Vgl. ergänzend das Abk.verzeichnis in *The Year's Work in Modern Language Studies.*)

IV. EPOCHEN

Vgl. ergänzend die Bibliographien zu den Stichwörtern Renaissance, Aufklärung, classique, Revolution, Romantisme, romantique, Symbolismus, Surrealismus.

1. Mittelalter

P. Zumthor, Histoire littéraire de la France médiévale, 1954 – ders., Essai de poétique médiévale, 1972 – R. Bossuat, Le moyen âge, 1967 – E.-R. Curtius, Europ. Lit. u. latein. MA, [6]1967 – Grundriß der roman. Literaturen des MA, hg. H. R. Jauß u. E. Köhler 1972 ff. (Directeurs: G. Tavani, R. Lejeune, J. Frappier, R. R. Grimm, W. Mettmann, H.-U. Gumbrecht) – K. Baldinger (Hg.), Beiträge zum roman. MA, 1977 – R. Rohr, Matière, sens, conjointure. Methodolog. Einführung in die franz. u. provenzal. Lit. des MA, 1978 – Roman. MA, Festschr. R. Baehr, 1981 – J.-Ch. Payen, Le moyen âge I, 1970 – D. Poirion, Le moyen âge II, 1971 – ders., Précis de littérature frçe. du moyen âge, 1983 – D. Boutet/A. Strubel, Littérature, politique et société dans la France du Moyen Age, 1979 – H. R. Jauß, Alterität u. Modernität der ma. Lit., 1977 – J. M. A. Beer, Narrative conventions of truth in the Middle Ages, Genf 1981 – H.-U. Gumbrecht, Lit. in der Gesellschaft des Spätmittelalters, 1980 – J. Le Goff, Pour un autre moyen âge, 1977 – ders., La naissance du purgatoire, 1981 – Sondernr. Littérature 41, 1981: Intertextualités médiévales – H. Krauß (Hg.), Europ. HochMA, 1981 – G. Duby, Hommes et structures du moyen âge, II 1988 – N. Wilkins, The lyric art of Medieval France, 1988 – J. de Jomaron, Histoire du théâtre en France, vol. 1: Du moyen âge à 1789, 1988 – H. R. Loyn, The Middle Ages, London 1989 – F. Garnier, Le langage de l'image, II 1989 – J. J. Murphy, Medieval rhetorics, a selected bibl., 1989 – U. Ernst, Stud. zur altfranz. Verslegende, 1989 – J. Cerquilini, Histoire, image, littérature 74, 1989.

2. Renaissance

A.-M. Schmidt, XIVe et XVe siècles frç., 1964 – P. Champion, Histoire poétique du quinzième siècle, II 1923 – J. Plattard, La Renaissance des lettres en France de Louis XII à Henri IV, 1967 – M. Françon, Leçons et notes sur la litterature frçe. au XVIe siècle, Cambridge/Mass. [4]1967 – V.-L. Saulnier, La littérature frçe. de la Renaissance, [8]1967 – F. Simone, Umanesimo, rinascimento, barocco in Francia, Mailand 1968 – Y. Giraud/M.-R. Jung, Littérature frçe. La Renaissance I, 1972 – E. Balmas, La Renaissance II, 1974 – J. Morel, La Renaissance III, 1973 – A. Buck (Hg.),

Renaissance und Barock (Neues Handbuch der Lit.wiss., Bde. 9/10), 1972 – A. Parent, Recherches sur les métiers du livre à Paris 1535–60, Genf 1974 – C.-G. Dubois, La conception de l'histoire en France au 16e siècle (1560–1610), 1977 – Y. Bellenger, Dix études sur le 16e et le 17e siècles, 1982 – K. W. Hempfer/G. Regn (Hg.), Interpretation. Das Paradigma der europ. Renaissance-Lit. Festschr. A. Noyer-Weidner, 1983 – K. W. Hempfer/E. Straub (Hg.), Italien u. die Romania in Humanismus u. Renaissance. Festschr. E. Loos, 1983 – K. W. Hempfer (Hg.), Renaissance, 1993.

3. 17. Jahrhundert

J. Vier, Histoire de la littérature frçe. 16e et 17e siècles, 1959 – Mélanges d'histoire littéraire (XVIe–XVIIe siècles), offerts à R. Lebègue par ses collègues . . ., 1969 – G. Macchia, La letteratura francese dal tramonto del Medioevo al classicismo, Florenz II 1970 – J. Tortel, Le préclassicisme frç., 1952 – P. Sage, Le préclassicisme, 1962 – H. Gaillard de Champris, Les écrivains classiques, mis au point par H. Berthaut et J. Calvet, 1960 – L. Émery, L'âge class., Lyon o. J. – Manuel d'histoire littéraire de la France. De 1600 à 1715, coordination assurée par A. Ubersfeld et R. Desné 1967 – F. Lebrun, Le XVIIe siècle, 1967 – A. Adam, Histoire de la littérature frçe. au 17e siècle, V 1962–68 – ders., L'âge classique, I, 1968 – P. Clarac, L'âge classique. 1660–80, 1969 – J.-C. Tournand, Introduction à la vie littéraire du XVIIe siècle, 1970 – V.-L. Saulnier, La littérature frçe. (1600–1800), 1970 – R. Pomeau, L'âge classique, III 1971 – P. Martino, L'orient dans la littérature frçe. au XVIIe et au XVIIIe siècle, 1906 – F. Fleuret/L. Perceau, Les satires frçes. du XVIIe siècle, II 1922 – H.-C. Lancaster, A history of French dramatic literature in the seventeenth century, Baltimore IX 1929–42 – G. Chinard, L'Amérique et le rêve exotique dans la littérature frçe. au XVIIe et au XVIIIe siècle, ^{2}1934 – G. Mongrédien, La vie littéraire au XVIIe siècle, 1947 – R. Bray, La formation de la doctrine classique en France, ^{2}1963 – T. E. Lawrenson, The French stage in the 17th century, 1957 – J. Lough, Paris theatre audiences in the 17th and 18th centuries, London 1957 – L. Lockert, Studies in French classical tragedy, Nashville 1958 – A. Adam (Hg.), Romanciers du XVIIe siècle (Sorel. Scarron, Furetière. Mme de Lafayette), 1958 – A. Lang, Gesellschaft und Wirtschaft Frkr.s im Spiegel der klass. Lit. des 17. Jh. (1660–1750), Diss. Bonn 1959 – J. Scherer, La dramaturgie classique en France, 1959 – F. Bar, Le genre burlesque en France au XVIIe siècle, 1960 – J.-J. Demorest (Hg.), Studies in seventeenth-century French literature presented to M. Bishop, Ithaca 1962, London 1963 – F. Deloffre, La nouvelle en France à l'âge classique, 1967 – H. Mattauch, Die lit. Kritik der frühen franz. Zss. (1665–1748), 1968 – J. Rathje, Le roman picaresque en France au XVIIe siècle avant Francion . . ., Thèse Strasbourg 1968 – H.-J. Martin, Livre, pouvoirs et société à Paris au XVIIe siècle (1598–1701), Genf 1969 – K. Meyer-Minnemann, Die Tradition der klass. Satire in Frkr., 1969 – R. Picard, La poésie frçe. de 1640 à 1680, II ^{2}1969–70 – R. Mandrou, La France au XVIIe et XVIIIe siècle, 1967 – P. M. Conlon, Prélude au siècle des Lumières en France, Genf VI 1970–75 – Critique et création littéraires en France au XVIIe siècle, Colloque 1974, 1977 – W. Leiner (Hg.), Onze études sur l'image de la femme dans la littérature du 17e siècle, 1978 – S. Guellouz, Dialogue et critique littéraire en France de 1671 à 1687, Thèse 1980 – G. Mongrédien/J. Robert, Les comédiens frç. du 17e siècle . . ., ^{3}1981 – R. Jasinski, A travers le 17e siècle, II 1981 – D. L. Rubin, The Knot of artifice. A poetic of the French lyric in the early 17th century, Columbus 1981 – F. Nies/K. Stierle (Hg.), Franz. Klassik, 1985 – M. Moriarty, Taste and ideology in 17th century France, Cambridge 1988 – W. Leiner (Hg.), Horizons européens de la littérature frçe. au XVIIe siècle, 1988.

4. 18. Jahrhundert

E. Haase, Einführung in die Lit. des Refuge, 1959 – G. Atkinson, The sentimental revolution. French writers of 1690–1740, hg. A. C. Keller, Seattle/London 1965 – J. Lough, An introduction to eighteenth-century France, London 1960 – J. Fabre, Lumières et romantisme, ^{2}1980 – W. Krauss, Lit. der franz. Aufklärung, 1972 – ders. (Hg.), Die franz. Aufklärung im Spiegel der dt. Lit. des 18. Jh., 1963 – F. Schalk, Stud. zur franz. Aufklärung, 1964 – ders., Perspektiven und

Probleme. Zur franz. und dt. Aufklärung und andere Aufsätze, 1965 – R. Mortier, Clartés et ombres du siècle des Lumières, Genf 1969 – Roman et lumières au XVIIIe siècle. Colloque sous la présidence de W. Krauss, R. Pomeau, R. Garaudy et J. Fabre, 1970 – V.-L. Saulnier, La littérature frçe. du siècle philosophique, [9]1970 – R. J. White, The Anti-Philosophers, London 1970 – B. Groethuysen, Philosophie de la Révolution frçe., 1956 – F. Furet/D. Richet, La Révolution, II 1965–66 – J. M. Roberts, French Revolution documents, Oxford 1966 ff. – G. Walter, La Révolution frçe., 1967 – M. Carlson, The theatre of the French Revolution, Ithaca 1967 – A. Soboul, La civilisation et la Révolution frçe., 1970 ff. – Ph. van Tieghem, Le sentiment de la nature dans le préromantisme européen, 1960 – M. Weiner, The French exiles 1789–1815, London 1960 – J. Vidalenc, Les émigrés français 1789–1825, Caen 1963 – A. Monglond, Le préromantisme français, II [2]1965–66 – D. Mornet, Le sentiment de la nature en France de J.-J. Rousseau à Bernardin de Saint-Pierre, Thèse Paris 1907 – P. Trahard, Les maîtres de la sensibilité frçe. au XVIIIe siècle, IV 1931–33 – ders., La sensibilité révolutionnaire, 1936 – V. Klemperer, Geschichte der franz. Lit. im 18. Jh., II 1954–66 – A. Chérel, De Télémaque à Candide, 1958 – H. Berthaut, De Candide à Atala, 1958 – R. Etiemble (Hg.), Romanciers du XVIIIe siècle, II 1960–65 – R. Mauzi, L'idée du bonheur dans la littérature et la pensée frçes. au XVIIIe siècle, 1960 – M. Milner, Le diable dans la littérature frçe. de Cazotte à Baudelaire. 1772–1861, Thèse Paris II 1960 – P. Brockmeier, Darstellung der franz. Lit.geschichte von Claude Fauchet bis Laharpe, 1963 – J. Ehrard, L'idée de nature en France dans la première moitié du XVIIIe siècle, 1963 – R. Laufer, Style rococo, style des lumières, 1963 – A. Tilly, The decline of the age of Louis XIV, New York 1968 – P. A. Bloch, Schiller und die franz. Trag., 1968 – P. Juliard, Philosophies of language in 18th-century France, Den Haag 1970 – W. Krauss/M. Fontius, Franz. Drucke des 18. Jh. in den Bibliotheken der DDR, 1970 – R. Niklaus, A literary history of France: The eighteenth century, 1715–89, London 1970 – Livre et société dans la France du XVIIIe siècle, Den Haag II 1970 – P. E. Knabe, Schlüsselbegriffe des kunsttheoret. Denkens in Frkr. von der Spätklassik bis zum Ende der Aufklärung, 1972 – J. Ehrard, Le 18e siècle I, 1974 – ders., Etudes sur le 18e siècle, 1979 – R. Mauzi, Le 18e siècle II, 1974 – B. Didier, Le 18e siècle III, 1976 – H.-J. Lope, Aufsätze zum 18. Jh. in Frkr., 1979 – P. Jansen/J. Varloot, L'année 1768 à travers la presse traitée par ordinateur I, 1977 – Etudes sur la presse au 18e siècle, Lyon 1978 – Le journalisme d'Ancien Régime, Colloque 1981 – H. J. Lüsebrink, Kriminalität u. Lit. im Frkr. des 18. Jh.s, 1982 – R. Darnton, The literary underground of the Old Regime, London 1982 – P. Conlon, Le siècle des lumières. Bibl. chronologique I: 1716–22, Genf 1983 – R. Mortier, L'originalité. Une nouvelle catégorie esthétique au Siècle des Lumières, Genf 1983 – J. Schlobach (Hg.), Correspondances littéraires inédites, Genf 1987 – M. Delon, L'idée d'énergie au tournant des lumières 1770–1820, 1988.

5. 19. Jahrhundert

R. Lalou, Histoire de la littérature frçe. contemporaine (de 1870 à nos jours), II [2]1953 – V. Klemperer, Geschichte der franz. Lit. im 19. und 20. Jh. 1800–1925, II 1956 f. – V.-L. Saulnier, La littérature frçe. du siècle romantique, [6]1961 – H. Clouard, Histoire de la littérature frçe. du Symbolisme à nos jours, II 1947–49, [2]1962 – A. Leroy, La civilisation frçe. du XIXe siècle, 1963 – A. W. Raitt, The nineteenth century, London 1965 – M. Bonfantini, Ottocento francese, Turin [2]1966 – P. E. Charvet, The nineteenth century, 1789–1870, 1870–1940, London/New York 1967 – R. Th. Dénommé, Nineteenth century French romantic poets, London 1969 – H. Peyre, Qu'est-ce que le romantisme?, 1971 – H. Friedrich, Die Struktur der mod. Lyrik. Von der Mitte des 19. bis zur Mitte des 20. Jh. Erweiterte Neuausgabe 1967 – Charles Chadwick, Symbolism, London 1971 – L. Badesco, La génération poétique de 1860, 1971 f. – R. Schober, Von der wirklichen Welt in der Dichtung, 1970 – R. Shattuck, The banquet years. The origins of the avant-garde in France, 1885 to the World War I, London [2]1969 – W. Iser/F. Schalk (Hg.), Dargestellte Geschichte in der europ. Lit. des 19. Jh., 1970 – F. W. J. Hemmings, Culture and society in France 1848–98, London 1971 – H.-G. Loose, Urteile franz. nationalist. Literaten über Deutschland vor 1914, Diss. Würzburg 1971 – M. Milner, Le Romantisme I, 1973 – Cl. Pichois, Le Romantisme II, 1979 – R. Pouilliart, Le Romantisme III, 1968 – W.-D. Lange (Hg.), Franz. Lit. des 19. Jh.s, III 1979 f. – M. H. Jones, Le théâtre national en France de 1800–1830, 1975 – W. D. Howarth, Sublime and grotesque, a study of French Romantic drama, London 1975

– J.-B. Barrère, Le regard d'Orphée ou l'échange poétique, 1977 – H.-W. Knapp, Die franz. Arbeiterdichtung in der Epoche der Julimonarchie, 1978 – Ph. Perrot, Les dessus et les dessous de la bourgeoisie, 1981 – K. Biermann, Lit.-polit. Avantgarde in Frkr. 1830–70, 1982 – G. Gusdorf, Fondements du savoir romantique, 1982 – P. Bénichou, Le sacre de l'écrivain, 1973 – ders., Le temps des prophètes, 1977 – ders., Les mages romantiques, 1988 – ders., L'école du désenchantement, 1992 – D. Sangsue, Le récit excentrique, 1987 – M. Gauchet (Hg.), Philosophie des sciences historiques, Lille 1988 – P. T. Comeau, Diehards and innovators, 1988 – E. Hoffmann / A.-L. Delacrétaz (Hg.), Le groupe de Coppet et la Révolution, Lausanne 1988 – I. C. Wimmers, Poetics of reading, Princeton 1988.

6. 20. Jahrhundert

J. Duvignaud, Pour entrer dans le 20e siècle, 1960 – B. Pingaud (Hg.), Écrivains d'aujourd'hui, 1940–60, 1960 – J. Nathan, Histoire de la littérare contemporaine, ²1960 – E. Bouvier, Les lettres frçes. au XXe siècle, 1962 – G.-E. Clancier (Hg.), Écrivains contemporains, 1965 – H. Clouard/R. Leggewie (Hg.), French writers of today, New York 1965 – A. Jeanneau/L. Chaigne, Petit guide de la littérature d'aujourd'hui, 1966 – H. Hatzfeld, Trends and styles in 20th century French literature, Washington ²1966 – G. Marcel, Die franz. Lit. des 20. Jh., 1966 – H. T. Moore, Twentieth-century French literature to World War II, Carbondale/Ill. 1966 – ders., Twentieth-century literature since World War II, ebda. 1966 – P.-H. Simon, Histoire de la littérature frçe. au XXe siècle, II 1967 – ders., Témoins de l'homme. La condition humaine dans la littérature du XXe siècle, 1967 – W. Bahner (Hg.), Zur Gegenwartslit. in den roman. Ländern, II 1968 – G. Picon, Panorama de la nouvelle littérature frçe., ²1968 – P. de Boisdeffre, Une histoire vivante de la littérature d'aujourd'hui (1939–68), ⁷1968 – ders., Abrégé d'une histoire de la littérature d'aujourd'hui, 1969 – ders., Les écrivains frç. d'aujourd'hui, ⁴1969 – J. Majault/J. M. Nivat/Ch. Jéronimi, Littérature de notre temps. Étude générale sur la littérature frçe. du XXe siècle, ³1969 – J. Bersani u. a., La littérature en France depuis 1945, ³1980 – R. M. Albérès, Bilan littéraire du XXe siècle, ³1971 – W.-D. Lange (Hg.), Franz. Lit. der Gegenwart in Einzeldarstellungen, 1971 – M. Girard, Guide illustré de la littérature frçe. moderne, ²1971 – Littérature en 70. Dépouillement sélectif de périodiques littéraires parus en 1970, Tournai 1971 – H. Juin, Écrivains de l'avant-siècle, 1972 – G. Brée/M. Guiton, An age of fiction. The French novel from the Gide to Camus, New Brunswick 1957 – J. Cruickshank (Hg.), The novelist as philosopher. Studies in French fiction 1935–60, London 1962 – P. A. G. Astier, La crise du roman frç. et le nouveau réalisme, 1969 – R. Lalou, Le roman frç. depuis 1900, ¹¹1969 – Positions et oppositions sur le roman contemporain . . . Textes recueillis et présentés par M. Mansuy, 1971 – J. Ricardou, Pour une théorie du nouveau roman, 1971 – F. Bacqué, Le Nouveau roman, 1972 – G. Marcel, L'heure théâtrale, 1959 – F. H. Crumbach, Die Struktur des ep. Theaters, 1960 – M. Kesting, Das ep. Theater, ²1962 – K. Schoell, Das franz. Drama seit dem Zweiten Weltkrieg, II 1970 – S. Kienzle, Schauspielführer der Gegenwart, ⁵1990 (KTA 369) – R. Picard, Nouvelle critique ou nouvelle imposture, 1965 – Cl. Mauriac, De la littérature à l'alittérature, 1969 – B. Meyer, Das Naturgefühl in der franz. Lyrik des beginnenden XX. Jh., Diss. München 1966 – W. Raible, Mod. Lyrik in Frkr., 1972 – A. M. Boase, The poetry of France 1900–65, London 1969 – S. Brindeau (Hg.), La poésie contemporaine de langue frçe. depuis 1945, 1973 – R. Pierce, Contemporary French political thought, London 1966 – N. Glocker, Civilisation und culture in Frankreich seit 1930, Diss. Tübingen 1967 – M. Nerlich, Kunst, Politik und Schelmerei (u. a. Ch. de Coster, R. Rolland, Gide), 1969 – P. A. Löffler, Chronique de l'Association des écrivains et des artistes révolutionnaires. Le mouvement littéraire progressiste en France, 1930–39, 1971 – J. Wilhelm, Franz. Gegenwartslit., 1974 – J. Theisen, Gesch. der franz. Lit. im 20. Jh., 1976 – P. O. Walzer, Le XXe siècle I, 1975 – G. Brée, Le XXe siècle II, 1978. – Y. Trottignon, La France au XXe siècle, II 1968–72 – R. Fredal, La socitété frçe. à travers le film 1914–45, 1972 – M. Zimmermann, Die Lit. des franz. Faschismus, 1979 – J. Brenner, Tableau de la vie littéraire en France d'avant-guerre à nos jours, 1982 – Histoire littéraire de la France, 1939–70, sous la direction d'A. Daspre et de M. Décaudin, 1980 – P. Combes, La littérature et le mouvement de mai 1968, 1984 – L. Pollmann, Gesch. der franz. Lit. der Gegenwart, 1984 – W. Asholt, Gesellschaftskrit. Theater im Frkr. der Belle Epoque, 1984 – W.-D. Lange (Hg.), Franz. Lit. des 20. Jahrhunderts, 1986 – P. V. Zima, Roman u. Ideologie,

1986 – Magazine littéraire 247, 1987: 50 ans de poésie frçe. – G. Poulet, La pensée indéterminée 2: Du romantisme au XXe siècle, 1987 – D. Scott, Picturalist poetics, 1988 – Art et littérature, colloque 1986, Aix-en-Provence 1988 – A. Ryker, Théâtres du Nouveau Roman, 1988 – Th. Teabhart, Modern and post-modern mime, Basingstoke 1989 – K. Schoell, Lit. u. Theater im gegenwärtigen Frkr., 1991 – W. Pabst, Franz. Lyrik des 20. Jh.s, 1983 – J.-J. Thomas, La langue, la poésie, Lille 1989 – P. Loubier, Ville et poésie, Thèse Paris 1991 – A. King, French women novelists, Basingstoke 1989 – J.-Y. Tadié, Le roman au XXe siècle, 1990 – W. Engler, Der franz. Roman im 20. Jh., 1992 – ders., Franz. Lit. im 20. Jh., 1993.